Oskar Föller

Charisma und Unterscheidung

Systematische und pastorale Aspekte
der Einordnung und Beurteilung
enthusiastisch-charismatischer Frömmigkeit
im katholischen und evangelischen Bereich

D1672452

Dr. Oskar Föller
Eppingen-Adelshofen 28.2.1997

R. BROCKHAUS VERLAG WUPPERTAL UND ZÜRICH

Die THEOLOGISCHE VERLAGSGEMEINSCHAFT (TVG)
ist eine Arbeitsgemeinschaft
der Verlage R. Brockhaus Wuppertal und Brunnen Gießen.
Sie hat das Ziel, schriftgemäße theologische Arbeiten zu veröffentlichen.

Die Deutsche Bibliothek – CIP-Einheitsaufnahme

Föller, Oskar:
Charisma und Unterscheidung: systematische und pastorale
Aspekte der Einordnung und Beurteilung enthusiastisch-
charismatischer Frömmigkeit im katholischen und
evangelischen Bereich / Oskar Föller. – 2. Aufl. – Wuppertal;
Zürich: Brockhaus, 1995
　(TVG: Monographien und Studienbücher)
　Zugl.: Heidelberg, Univ., Diss., 1994
　ISBN 3-417-29396-0

© 1994 R. Brockhaus Verlag Wuppertal und Zürich
Druck: Weihert-Druck, Darmstadt
ISBN 3-417-29396-0

VORWORT

Die vorliegende Dissertation ist erwachsen aus einer systematisch-theologischen Seminararbeit bei Prof. Dr. Albrecht Peters, dem es von den ersten Anfängen der akademischen Tätigkeit an ein Anliegen war, den Theologiestudierenden das Miteinander und Ineinander von wissenschaftlich-theologischer Arbeit und existentiellem Frömmigkeitsvollzug nahezubringen. Er lebte und verkörperte zusammen mit seiner Frau diese Verbindung auch selbst. Viele Heidelberger Studenten haben in den Vorlesungen und Seminaren, in den Mittwochsgottesdiensten und Gebetswachen in der Peterskirche und im gastfreien Zuhause in Peterstal von daher bleibende Eindrücke und Anstöße empfangen. In seinem theologischen Arbeiten verband Prof. Peters in Bescheidenheit eine eigene Position mit großer geistiger und geistlicher Weite. Durch die Aufforderung, in der theologischen Diskussion das Gegenüber nicht nur "gegen den Strich zu bürsten", sondern in optimam partem auch "mit dem Strich", suchte er zu schnelle und zu kurze Antworten zu weiten und die Achtung vor der Leistung auch des Andersdenkenden zu vermitteln. Sich selbst hat er manchmal scherzhaft als "altkirchlichen Lutheraner mit pietistischem Einschlag" bezeichnet.

Die Thematik des Charismatischen und der rechten Unterscheidung, eine Frage der systematisch-theologischen Reflexion eines Feldes gelebter Frömmigkeit (oder wie man heute sagt, der "Spiritualität") hatte Prof.Peters in Berücksichtigung meiner Herkunft aus dem pietistisch-evangelikalen Bereich und meiner Interessen damals vorgeschlagen und mit Aufmerksamkeit zur Kenntnis genommen. Eine ausführlichere Behandlung hat er angesichts der Aktualität für wichtig erachtet und gern die Betreuung dieser Arbeit übernommen. Etwa ein Jahr später, am 26.Oktober 1987, wurde er völlig unerwartet, wenige Tage nach der Rückkehr von einer Vortragsreise in Fernost, aus diesem Leben abberufen. Die offene Frage des Fortgangs der Arbeit klärte sich dann dahingehend, daß Herr Prof. Dr. Walther Eisinger freundlicherweise bereit war, die aufgenommene Thematik weiter zu betreuen. Der Wechsel von der Systematik zur Praktischen Theologie legte sich von dem starken Praxisbezug der Fragestellung dieser Arbeit nahe. Danken möchte ich Herrn Prof. Eisinger, daß er sich immer Zeit nahm, wenn es nötig war, über die Gesamtanlage und Einzelheiten der Arbeit zu sprechen. Seine Rückfragen und Anmerkungen halfen an Knotenstellen zur weiteren Klärung. Auf dem Langstreckenlauf wirkte sein Optimismus und Humor immer wieder belebend und erfrischend.

Im Rückblick auf die vergangenen Jahre habe ich weiter Freunden wie Dr. Otto W. Hahn, Dr. Werner Neuer u.a. zu danken, die mir als Gesprächspartner manchen nützlichen Hinweis gaben und mich ermutigten. Zu danken habe ich auch Herrn Prof. Dr. Günther Schnurr, der das Zweitreferat erstellte. Vor allem aber gilt mein Dank den Brüdern und Schwestern der Kommunität Adelshofen, die mich freistellten und manche zusätzliche Verpflichtung an meiner Stelle auf sich nahmen.

Zur Veröffentlichung dieser Arbeit hat der "Arbeitskreis für evangelikale Theologie" (AFeT) mit einem namhaften Druckkostenzuschuß maßgeblich beigetragen. Mein Dank gilt auch den Verantwortlichen der "Evangelischen Landeskirche in Baden", die als Zeichen der Verbundenheit mit einem freien Werk innerhalb der Kirche trotz knapper werdender Finanzmittel mit einem Zuschuß die Drucklegung ermöglichten.

Eppingen-Adelshofen, im Juni 1994   Oskar Föller

Kapitel A

Enthusiastisch-charismatische Bewegungen der Gegenwart als Herausforderung der verfaßten Kirchen und Freikirchen

A.1
ANMERKUNGEN ZU VERFAHREN UND ZIELSETZUNG DIESER ARBEIT

A.2
ASPEKTE DER GESCHICHTE UND ERSCHEINUNGSFORM GEGENWÄRTIGER ENTHUSIASTISCH-CHARISMATISCHER FRÖMMIGKEIT

Kapitel B

MODERIERENDE INTEGRATION
Die Einordnung und Beurteilung des Enthusiastisch-Charismatischen im römisch-katholischen Bereich

B.1

"ZWISCHEN GOTTESMYSTIK UND CHRISTUSZEUGNIS"
(K.Rahner)
ÜBERLEGUNGEN ZUR CHARISMATIK UND ZUR BEURTEILUNG AUßERORDENTLICHER PHÄNOMENE AUF DEM HINTERGRUND DER TRANSZENDENTALTHEOLOGIE

B.2

"GLAUBENDE KONTEMPLATION DER CHRISTLICHEN GESTALT"
(H.U.v.Balthasar)
CHARISMATIK UND "UNTERSCHEIDUNG DER GEISTER" IM RAHMEN EINES SYSTEMATISCH-THEOLOGISCHEN ENTWURFS IN TRINITARISCH-CHRISTOZENTRISCHER UND KIRCHLICHER AUSRICHTUNG

B.3

"GEMEINDE-ERNEUERUNG AUS DEM GEIST GOTTES" ALS WEG AUS DER KRISE (*H.Mühlen*)

"UNTERSCHEIDUNG DER GEISTER" IM RAHMEN EINES "CHARISMATISCHEN", KIRCHLICH-SAKRAMENTAL EINBINDENDEN, VOLKSMISSIONARISCHEN PASTORALMODELLS

B.4

"DER GEIST MACHT LEBENDIG!" (Joh 6,63)
(Katholische Charismatische Gemeinde-Erneuerung in der Bundesrepublik Deutschland)
CHARISMATIK UND UNTERSCHEIDUNG IN DER KIRCHENAMTLICH BESTÄTIGTEN THEOLOGISCHEN UND
PASTORALEN SELBSTDARSTELLUNG

B.5

"MODERIERENDE INTEGRATION"
SCHLUßBEMERKUNGEN ZUR EINORDNUNG UND BEURTEILUNG
DES ENTHUSIASTISCH-CHARISMATISCHEN IN DER RÖMISCH-KATHOLISCHEN KIRCHE......166

Kapitel C

ZWISCHEN ABLEHNUNG, MODERIERENDER INTEGRATION UND PROGRAMMATISCHER FORCIERUNG
Der Streit um die Legitimität, Einordnung und Beurteilung des Enthusiastisch-Charismatischen im evangelischen Bereich

C.1
"KATHOLIZITÄT DES DENKENS" AUSGEHEND VON DER MITTE DES EVANGELIUMS
(Edmund Schlink)
DER HEILIGE GEIST UND DIE ERKENNTNIS SEINES WIRKENS IN EINEM HEILSÖKONOMISCH-TRINITARISCHEN DOGMATISCHEN ENTWURF IN "ÖKUMENISCHER" METHODIK

C.3

ENTHUSIASTISCH-CHARISMATISCHE FRÖMMIGKEIT IM PRO UND CONTRA DER MEINUNGEN

STIMMEN UND STELLUNGNAHMEN ZWISCHEN SCHARFER ABLEHNUNG, KRITISCH-BEOBACHTENDER BIS WOHLWOLLENDER TOLERANZ, MODERIERENDER INTEGRAGTION UND PROGRAMMATISCHER FORCIERUNG

Kapitel D

Anfragen und Anstöße zum Weiterdenken

D.1

ZU GRUNDSÄTZLICHEN SYSTEMATISCH-PASTORALEN ASPEKTEN DER EINORDNUNG UND BEURTEILUNG DES ENTHUSIASTISCH-CHARISMATISCHEN

D.2

G. TERSTEEGENS RAT UND VERHALTEN ALS MODELL EINES MODERIERENDEN PASTORALEN UMGANGS MIT ENTHUSIASTISCH-CHARISMATISCHEN ERSCHEINUNGEN

D.3

E X K U R S E:

A B B I L D U N G E N

A B K Ü R Z U N G E N

Über das Verzeichnis der TRE von Siegfried SCHWERTNER (Berlin/ New York 1976) hinaus:

CE   = *Charismatische Erneuerung*
CB   = *Charismatische Bewegung*
GGE = *Geistliche Gemeinde-Erneuerung*
KCE = *Katholische Charismatische Erneuerung*
KCGE = *Katholische Charismatische Gemeinde-Erneuerung*
PB   = *Pfingstbewegung*
UdG = *Unterscheidung der Geister*

Enthusiastisch-charismatische Bewegungen der Gegenwart als Herausforderung der verfaßten Kirchen und Freikirchen

A.1
Anmerkungen zu Verfahren und Zielsetzung dieser Arbeit

1.1 Die Aktualität der Thematik

Die Aktualität der Thematik "Charisma und Unterscheidung" ist mit dem rasanten weltweiten Wachstum der Pfingstkirchen und der charismatischen Bewegung gegeben, das eine unübersehbare Herausforderung an die Großkirchen darstellt. In den zurückliegenden Jahren verzeichneten die Pfingstbewegung und die freien Charismatiker große Mitglieder-zuwachsraten, während die Großkirchen deutliche Rückgänge zu vermelden hatten. Auch innerhalb der meisten etablierten Groß- und Freikirchen sind charismatisch ausge-richtete Segmente entstanden, die in Gestalt von "Arbeitskreisen", missionarischen Initia-tivgruppen, Lebensgemeinschaften, Kerngemeinden usw. durch ihre Existenz und kon-krete (Mit-)Arbeit vor Ort, durch ihre Seminare, Kongresse, Seelsorge usw. örtliche und überregionale Ausstrahlungskraft haben. Diese Tatbestände und die damit gegebene Not-wendigkeit der Klärung grundsätzlicher und spezieller Fragen der Charismatik waren ein Anlaß, die Thematik der "Unterscheidung" in diesem Feld aufzunehmen. Die lange Ver-nachlässigung bzw. vorrangig negativ abwehrende Beschäftigung mit diesem Frömmig-keitstypus und seinen Phänomenen hat vor allem im evangelischen Bereich einen großen Nachholbedarf an systematischer und praktisch-theologischer Reflexion mit sich ge-bracht.[1]

1.2 Die Schwierigkeiten des Feldes

Wer mittels Literatur und durch eigene Anschauung sich in das Feld enthusiastisch-charismatischer Bewegungen und Frömmigkeit begibt, wird mit einem breiten Spektrum und einem verwirrend vielfältigen Erscheinungsbild - von der klassischen Pfingstbewegung über neupfingstliche Gruppierungen und freie Charismatiker bis zur innerkirchlichen cha-rismatischen Erneuerung - konfrontiert.[2] Neben den unterschiedlichsten Organisations-, Gestaltungs- und Arbeitsformen findet sich ein breites Spektrum an Lehrausprägungen und ganz unterschiedliche Mischungsverhältnisse von Praktiken und Ausdrucksformen (enthusiastisch-) charismatischer Frömmigkeit. Vieles ist im Fluß. Immer wieder tauchen neue Trends und Themen auf. Herausragende Führergestalten treten ins Rampenlicht, be-wegen die Gemüter, sind für einige Zeit prägend, um dann nicht selten sehr plötzlich wieder von der Bildfläche zu verschwinden und anderen Platz zu machen. Nationale Vor-gänge stehen in enger Korrelation mit internationalen Entwicklungen. Anhand der Redner-listen von nationalen und internationalen Konferenzen, anhand übersetzter Bücher und des Vertriebs von Audio- und Videocassetten ließe sich ein Netzwerk von Querverbindungen und gegenseitigen Beeinflussungen deutlich machen. Nationale Entwicklungen müssen deshalb immer auch im weltweiten Kontext gesehen werden. Zugleich lassen sich anhand einer nationalen Situation verallgemeinernde Rückschlüsse auf das Gesamtphänomen ziehen. Der Übersichtlichkeit halber richten wir in dieser Arbeit unser Augenmerk vor allem auf den deutschsprachigen bzw. europäischen Raum, haben aber die internationalen Zusammenhänge immer mit im Blick.

Das komplexe Gesamtphänomen enthusiastisch-charismatischer Frömmigkeit könnte unter ganz verschiedenen Gesichtspunkten angegangen werden. Wir richten unser Augenmerk auf *kombinierte systematische und praktisch-theologische Aspekte*. Relevante exegetische, historische, psychologische, soziologische und religionswissenschaftlich-vergleichende Fragen sind im Hintergrund mit bedacht, auch wenn sie nicht immer ausdrücklich erwähnt werden.

Trotz der nur angedeuteten Vielgestaltigkeit und Komplexität lassen sich in der sich einerseits konsolidierenden, andererseits dynamisch fortschreitenden Entwicklung der pfingstkirchlichen und "transkonfessionellen" enthusiastisch-charismatischen Bewegungen *Hauptströme* und *Haupttypen*, gemeinsame Grunderfahrungen und Grundüberzeugungen feststellen. Dementsprechend ist es auch möglich, *Grundlinien der Beurteilung* aufzuzeigen, die im Blick auf jeweils zu benennende spezifische Gruppierungen, Vorgänge und Einzelphänomene dann allerdings zu präzisieren wären.

1.3 Zur Vorgehensweise

Nach einleitenden *Ausführungen zur Begrifflichkeit* und einigen *Aspekten der Geschichte und Erscheinungsformen* enthusiastisch-charismatischer Frömmigkeit in Kapitel A wollen wir in den beiden Hauptteilen Kapitel B und C *systematischen* und *pastoralen* Aspekten der Einordnung und Beurteilung im katholischen und evangelischen Bereich nachgehen. Im Schlußteil Kapitel D soll dann ein gewisses *Resümee* gezogen werden.

In den beiden Hauptteilen werden wir jeweils ausgehend von *grundlegenden systematischen Aspekten* auf die Frage der *Charismen* und dann noch spezieller auf die Frage der *Unterscheidung* und ihrer *Kriterien* zugehen. Die systematischen Überlegungen stecken den weiteren Rahmen, z.B. der Pneumatologie, ab, in den enthusiastisch-charismatische Frömmigkeit einzuordnen ist. Bereits in den jeweiligen Grundentscheidungen liegen Ansätze zur Beurteilung. Erst nach dieser "Weitung" der Fragestellung stoßen wir auf die konkretere Frage der Charismen und dann der Unterscheidung zu. Mit dieser Vorgehensweise suchen wir sowohl ein Steckenbleiben im Prinzipiellen zu vermeiden als auch der Gefahr zu begegnen, in der Fülle der Einzelfragen unterzugehen.

Das stark *darstellende Moment* hat sich auf Grund der unterschiedlichen Positionen nahegelegt, die nicht ohne weiteres miteinander zu vermitteln sind, und auf Grund der offenen Frage, was in diesem diffusen Feld angemessene Unterscheidung ist. Dieser mehr *induktive* Weg entspricht auch unserem Anliegen, zu eigener differenzierender Urteilsbildung zu helfen. Ein Hineinführen in die Fragen scheint uns eher angemessen, als ein deduktiver Ansatz mit der Gefährdung, satzhaft zu sehr festgelegt und nicht offen für Anfragen an die eigene Position zu sein. Gerade im Bereich dieser Spiritualität gerät man schnell in engführende Argumentationsmuster und zu einfache Entweder-Oder-Kategorien. Daß wir uns für diese Vorgehensweise entschieden haben, bedeutet nicht Standpunktlosigkeit, wohl aber - um den anderen in seiner Andersartigkeit und seinem Anliegen wirklich zu hören - die zumindest vorübergehende Zurücknahme von Polemik bzw. des eigenen Urteils und der eigenen Sicht. Diese kommt eher indirekt, vor allem in den Abschnitten der Würdigung und Kritik und im Schlußkapitel, zum Ausdruck.

Meine eigene Ausgangsposition ist das Verwurzeltsein in einer an der Heiligen Schrift und den Grundentscheidungen der Reformation ausgerichteten *pietistisch-evangelikalen Tradition*. Von daher und durch das Eingebundensein in das Leben einer *Kommunität* ist mir das Anliegen einer lebendigen praxis pietatis und das Spannungsfeld von bloßer Orthodoxie und schwärmerischem Enthusiasmus vertraut. Die starke missionarische Komponente unserer Lebensgemeinschaft und das Bemühen, den Menschen in der Zeit zu dienen, geht parallel mit Anliegen der charismatischen Bewegung. Gleiches gilt für den Bereich der Seelsorge und für Überlegungen zu neuen Gestaltungs- und Lebensformen und die Frage des Gemeindeaufbaus. Im Sinne der Notwendigkeit der ecclesia semper reformanda möchte ich mich von daher Anfragen durch die enthusiastisch-charismatischen Bewegungen und ihre Frömmigkeit stellen.

Leitender Gesichtspunkt bei der Auswahl der theologisch-grundsätzlichen Ausführungen war die Frage: *Wo finden sich überhaupt bzw. besonders einflußreiche Äußerungen* zum Charismatischen bzw. zur Unterscheidung, in denen *möglichst beide Aspekte aufeinander bezogen* werden? Dies bestimmte auch die Auswahl der Äußerungen zum konkreten Vollzug der Unterscheidung und ihrer Kriterien. Hinzu kam das Anliegen, sofern möglich, eine repräsentative Breite von Ansätzen zu Wort kommen zu lassen.

Der ausführliche *Anmerkungsteil* hängt mit der Vielschichtigkeit des Phänomens, der Kombination systematischer und pastoraler Aspekte und der Aufnahme des katholischen wie evangelischen Bereichs zusammen. Er bietet Hintergrundmaterial zur eigenen Urteilsbildung und nimmt weitverstreute Artikel und Kleinliteratur auf, die im Gemeindealltag von Bedeutung ist.

Insgesamt hoffen wir, mit dieser Arbeit einen Beitrag zur Erhellung des in vieler Hinsicht ungreifbar-schwebenden Gesamtphänomens enthusiastisch-charismatischer Frömmigkeit zu leisten, Leitlinien der Einordnung und Beurteilung zu vermitteln und das theologische Gespräch der verschiedenen Seiten miteinander anzuregen.

1.4 Zur Begrifflichkeit

Als generelle *Leitthematik* dieser Dissertation wurden wie zwei elliptische Brennpunkte die beiden Stichworte "*Charisma*" und "*Unterscheidung*" gewählt. Damit soll der weite Rahmen des Feldes und zugleich die hier möglicherweise vorhandenen Fragen, Spannungen und Aufgaben angedeutet werden. Der Allgemeinbegriff "*Charisma*" steht a) sowohl für *das Charismatische als Strukturprinzip der Kirche*, b) als auch für *die* spezifischen *Charismata*, c) als auch für den *enthusiastisch-charismatischen Frömmigkeitstypus*. Der Begriff "*Unterscheidung*" steht a) für *das allgemeine Bemühen um theologische Klärung* in diesen drei Bereichen, b) für den *speziellen Vorgang einer "Unterscheidung der Geister"*. - Im Untertitel wird dann das Feld der Untersuchung noch klarer abgesteckt und deutlich gemacht, daß es um systematische und pastorale Aspekte der Einordnung und Beurteilung charismatischer Frömmigkeit gehen soll. Daß wir etwas allgemein vom römisch-katholischen und evangelischen "Bereich" sprechen, hängt damit zusammen, daß wir auf evangelischer Seite auch freikirchliche und unabhängige Bewegungen mit im Blick haben und so nicht einfach von der evangelischen "Kirche" oder den evangelischen "Kirchen" sprechen können. Mit Bereich meinen wir die Bandbreite der protestantischen Konfessionsfamilie von den Großkirchen über die klassischen Freikirchen bis hin zu pfingstkirchlichen Denominationen.

Zur Terminologie in den weiteren Ausführungen nun noch einige kurze Anmerkungen. Wenn wir den Begriff "*Charisma, charismatisch*" alleinstehend verwenden, meinen wir damit *neutestamentlich-paulinisch* eine von Gott geschenkte "Gnadengabe" zum Dienst an Gemeinde und Welt. Bei Paulus schließt diese Bezeichnung neben extraordinären, staunenerregenden Erscheinungen gerade auch ganz Alltägliches mit ein.[3] Der *paulinisch-theologische* Gebrauch muß vom *religionssoziologischen* unterschieden werden,[4] ohne daß die Typisierungen von M.Weber für den christlichen Bereich einfach hinfällig wären. Gerade im pfingstkirchlich-charismatischen Spektrum treffen sie vielfach zu. Hier wird der Begriff "charismatisch" oft mehr im weber'schen als im paulinischen Sinn gebraucht. - Da die auffälligen Erscheinungen der Glossolalie, der Prophetie, der Heilungen und Wundertaten in unserem Jahrhundert vor allem im pfingstkirchlichen Kontext auftraten und diesem entstammen, verbindet man mit der Sache und dem Wort "charismatisch" vielfach starke ekstatische, emotionale und teilweise exzentrische Elemente. Hiervon versucht etwa H.Mühlen den Begriff freizuhalten.[5]

Das Wort *Charisma* meint in den seltenen, frühesten Belegen seines Vorkommens in der hellenistisch-jüdischen Literatur allgemein: Gabe, Gunstbezeugung, Wohltat, Geschenk. Diese weite Grundbedeutung findet sich auch bei Paulus (Röm 1,11; 6,23). Daneben verwendet er den Begriff im Anklang an die für ihn zentrale *charis auch spezieller zur Bezeichnung der "Gabe, die aus der Heilstat Gottes kommt" (I Kor 1,7; II Kor 1,11; Röm 5,15f). In der Auseinandersetzung mit den korinthischen Enthusiasten gewinnt das Wort bei Paulus eine deutlichere Füllung als Gnadengabe des göttlichen Geistes zum Dienst und Nutzen der Gemeinde (I Kor 12-14). In diesem Abschnitt und dem dort aufgeführten Katalog der Charismata geht es um eine Reihe von außerordentlichen Wirkungen des Geistes wie Prophetie, Heilungsgaben, Kraftwirkungen, Glossolalie usw., die bei den Korinthern einen überhöhten Stellenwert besaßen. Paulus rückt diese Einschätzung zurecht und gibt Anweisungen zum rechten Gebrauch in der Gemeinde.
     In der Charismenliste von Röm 12,7f fehlen die übernatürlichen Begabungen völlig. Hier rechnet Paulus ganz alltäglich erscheinende Fähigkeiten zu den Geistesgaben. - In I Petr 4,10 bezeichnet "Charisma" als Oberbegriff die kerygmatischen und diakonischen Gaben im Dienst der Liebe in der Gemeinde. - In den Pastoralbriefen bezeichnet das Wort das durch Handauflegung übertragene Amtscharisma (I Tim 4,14; II Tim 1,6).
     Die Bezeichnung *"charismatisch"* wurde von Max Weber aus dem christlichen Bereich übernommen und zu einem neutralen *religionssoziologischen Arbeitsbegriff* weiterentwickelt. Weber charakterisierte damit den Besitz oder die Vermittlung von außergewöhnlichen, übernatürlichen oder übermenschlichen Kräften und Fähigkeiten. Idealtypisch beschrieb Weber mit diesem Wort einen von traditionaler und rationaler Herrschaftsweise unterschiedenen Führungstypus. Der charismatische Führer übt seine Herrschaft auf Grund seiner außerordentlichen Kräfte und Befähigungen aus. Er hat eine neue Wahrheit bzw. Offenbarung und einen neuen Lebensstil anzubieten. Seine Anhänger bzw. Untertanen sehen ihn als göttlich begnadetes und beauftragtes Werkzeug und Vorbild. Von daher erklärt sich ihre Ergebenheit und ihre Willigkeit als einsatzbereite Nachfolger im Dienst einer großen Sache, Opfer zu bringen. Klassische charismatische Führergestalten sind der Messias und der radikale prophetische Erneuerer. Da er von Gott gesandt und für seinen spezifischen Auftrag übernatürlich begabt ist, kann er Gehorsam verlangen und besondere Verpflichtungen auferlegen. Das Element der unmittelbaren Offenbarung durchbricht die Alltagsroutine immer wieder und ist ein unberechenbarer Faktor. Der charismatische Führer fühlt sich nicht an gängige Konventionen und Erwartungen gebunden und kann Grundsätze und Praktiken je nach Bedarf ändern. Für die nötige Verwaltung beruft er sich einen Mitarbeiterstab aus seinen Jüngern. Auswahlkriterien sind vorrangig deren eigene charismatische Talente bzw. ihre enge Bindung an den Leiter. Die Aufgaben und Kompetenzen sind nicht starr festgelegt. Als unumstrittener Leiter kann der charismatische Führer nach Belieben unmittelbar in den Verwaltungsablauf eingreifen. Mit dem Wachstum einer Bewegung und ihrem Älterwerden wird das charismatische Element in der Regel schwächer und traditionelle Elemente geordneter Leitung und Verwaltung werden aufgenommen.

Die Bezeichnungen *"Das Charismatische"* oder *"Das Enthusiastisch-Charismatische"* stehen neutral für das dynamische Strukturprinzip bzw. das spirituell-unmittelbare Element von Glauben und Kirche. - In den Verbindungen "charismatische" bzw. "enthusiastisch-charismatische" Frömmigkeit oder Bewegungen ist zunächst ebenfalls ohne Wertung ein bestimmter Typus von Spiritualität umschrieben, der sich im besonderen auf den Heiligen Geist beruft und in dem extraordinäre Phänomene wie Glossolalie, Prophetie, Heilungen etc. eine wichtige - um nicht zu sagen zentrale - Rolle spielen. Hierbei gehen wir von einer großen Bandbreite der Erscheinungen aus und unterscheiden etwa *"massiven"* von *"gemäßigtem"* Enthusiasmus. - Gelegentlich verwenden wir wegen der unterschiedlichen Mischungsverhältnisse von Frömmigkeitselementen bzw. wegen häufig fließender Grenzen weitere Doppelbildungen, wie *"charismatisch-prophetisch"* oder *"charismatisch-mystisch"*. Das Adjektiv *"pfingstlerisch"* gebrauchen wir ohne Wertung zur Bezeichnung der spezifischen Frömmigkeitsgestalt der klassischen Pfingstbewegung. Im deutschsprachigen Raum, wird es besonders im kirchlichen und pietistischen Bereich negativ-abgrenzend verwandt und steht synonym für *"übertrieben* enthusiastisch", *"geisttreiberisch"* bzw. *"dämonisch-fremdgeistig* inspiriert". - Katholische charismatische Autoren verwenden vielfach den Begriff *"pfingstlich"*, um damit ganz allgemein und positiv vom Heiligen Geist bewirkte Impulse, die erwartungsvolle Haltung ihm gegenüber bzw. das Leben aus dem Geist, zu beschreiben. - Zur Kennzeichnung der spezifischen Frömmigkeit der Pfingstkirchen verwenden sie in Übersetzung des englischen *"pentecostal"* den Ausdruck *"pentekostal"* oder *"neo-pentekostal"* für die Frömmigkeit des charismatischen Neuaufbruchs der sechziger Jahre. - Für den in der zweiten und dritten Generation zu beobachtenden Wandel der Frömmigkeit in Richtung auf einen gemäßigten Enthusiasmus und der Kirchengestalt in Richtung auf ein etabliertes und gut geordnetes evangelikales Freikirchentum steht die Kennzeichnung *"pfingstkirchlich"*.

1.5 Kategorien und Differenzierung

Der "enthusiastisch-charismatische", man könnte auch sagen "spiritualistische" Frömmigkeitstypus bedeutete in der Geschichte des Christentums in der Regel eine Infragestellung der traditionellen kirchlichen Geist- bzw. Heilsmitteilung durch Schrift, geschichtliche Offenbarung und Amt. In den Auseinandersetzungen der Vergangenheit wurden von kirchlicher Seite zur Abgrenzung und Abwehr sehr unterschiedliche Erscheinungen, Vertreter und Bewegungen häufig pauschal mit Schlagworten wie *"Enthusiasmus"*,[6] *"Mystizismus"* oder *"Spiritualismus"*[7] negativ belegt und abgelehnt. Trotz der Schwierigkeiten auf Grund der fließenden Grenzen spiritueller Phänomene ist ein Bemühen um inhaltliche und begriffliche Klarheit geboten. Dies gilt besonders für Erscheinungen des *"Ekstatischen"*.[8] Negative Vor- und Pauschalurteile sollten durch die Zur-Kenntnisnahme unterschiedlicher Akzentsetzungen und Mischungsverhältnisse überwunden werden. Durch Differenzierung und sachliche Präzision kann eine Beurteilung gerade an Schärfe und Gewicht gewinnen. Untersuchungen aus außertheologischen Bereichen, etwa der Soziologie oder Psychologie, können zwar nicht das theologische Urteil ersetzen, aber wertvolle Dienste im Prozeß der Urteilsbildung leisten. Was charismatisch-enthusiastische Frömmigkeit angeht, sind etwa Forschungen über unterschiedliche Bewußtseinszustände, Elemente von *Trance* im Zusammenhang mit Glossolalie oder *Suggestion* im Zusammenhang mit Massenveranstaltungen, relevant. Besonders Sorgsamkeit ist im Vergleich mit und in der Abgrenzung von *Schamanismus* und *Besessenheit* geboten.

Exkurs: <u>Zur Differenzierung der Begrifflichkeit</u>

Unter **Enthusiasmus** (von griech.: entheos) versteht man in der vergleichenden Religionswissenschaft ohne theologische Wertung: *Erscheinungen unmittelbarer Gotterfülltheit und Gottesbegeisterung*. Solche finden sich in allen Religionen zu allen Zeiten. Gegenüber dem Normalzustand ist eine deutlich veränderte Intensität religiösen Erlebens gegeben. Der Mensch ist in seiner Ganzheit betroffen, was sich bis hinein in den leib-seelischen Bereich auswirkt. Er ist "ergriffen" vom Göttlichen und "erleidet" dieses. Umstritten ist die Anwendung des Begriffs auf die alt- und neutestamentliche Prophetie insofern sie in der heidnischen Umwelt in der Regel ein Sprechen in Trance und rauschhafte Zustände beinhaltet.

Im 17. und 18.Jahrhundert wurden die Schlagworte "Enthusiasten, Enthusiasmus" in der kirchlichen Polemik zur negativen Sammelbezeichnung von ganz verschiedenartigen spiritualisierenden religiösen Einzelgestalten und Strömungen.

Mit dieser Kategorie versuchte man, die aus rechtgläubiger Sicht abzulehnenden Erscheinungen zu erfassen, die bereits die Reformatoren bei den "*Schwärmern*" oder "*Schwarmgeistern*" verurteilten. Im frühen 19. Jahrhundert verwandte man dafür dann allgemeiner die Bezeichnungen: "*Mystik*" oder abwertend "*Mystizismus*", "religiöser *Subjektivismus*", oder man sprach von den "*Vertretern des inneren Wortes*". Die Bezeichnung "*Spiritualismus, Spiritualisten*" wurde in der Mitte des 19.Jahrhunderts für das Quäkertum und andere religiöse Bewegungen der englischen Revolutionszeit angewandt. In der reformationsgeschichtlichen Forschung hat **Alfred Hegler** den Begriff Spiritualismus bzw. mystischer Spiritualismus *zur Unterscheidung von Täufertum und Antitrinitarismus* eingeführt. **Ernst Troeltsch** verstand den Spiritualismus synonym mit der Mystik als *religiöses Phänomen im Gesamtverlauf der Kirchengeschichte* und sah soziologisch darin einen *dritten Typus neben dem der Kirche und der Sekte*. **Walther Köhler** verallgemeinerte den Spiritualismus zum *durchgehenden dogmengeschichtlichen Motiv*. Im gegenwärtigen Gebrauch wendet man den Begriff einerseits auf ganz unterschiedliche *Einzelerscheinungen und Bewegungen* an, andererseits beschreibt man damit ein *allgemeines Motiv*.

Kennzeichen des Spiritualismus im engeren Sinn ist der *Protest gegen die Kirche als rechtlich verfaßte Heilsanstalt*, der Protest *gegen die ausschließliche Bindung der Gnadenvermittlung an Wort und Sakrament* und der Protest *gegen den Gebrauch der heiligen Schrift als alleiniger Quelle und Norm für Glaube und Leben*. Demgegenüber setzt der Spiritualismus beim Geist an. Dieser ist für ihn die ausschließliche oder primäre Konstitutive des Glaubens und der Gemeinschaft. Wurzeln des neuzeitlichen Spiritualismus sind u.a. Elemente aus dem Neuplatonismus, der mittelalterlichen Mystik und augustinische Gedanken.

Im Blick auf das weite Feld von Phänomenen religiöser Unmittelbarkeit in der Religions- und Frömmigkeitsgeschichte ist es geboten, so weit als nur möglich zu *differenzieren*. Bei naher Verwandtschaft und Ähnlichkeit sind etwa in der *Mystik* und im *Spiritualismus* auch andere z.T. *gegenläufige Elemente und Motive* wirksam. So ist ein typisches Kennzeichen des Enthusiasmus das *Getrieben- und Gelenktwerden* durch den Geist, während in der Mystik *Schauung und Versenkung* im Mittelpunkt stehen. Ziel der Mystik ist, die selbstvergessene unio, das unmittelbare Erfaßt- und Hingerissen-Sein von der Gegenwart des Göttlichen. Spiritualismus kann sich in einem rein geistigen Verstehen, z.B. eines Textes, äußern ohne die andrängende Unmittelbarkeit des Enthusiasmus.Bei den Mystikern und im Spiritualismus findet sich im Gegensatz zum *aktiv-dynamischen* und *sozial nach außen gewandten* Element des Enthusiasmus ein vorrangig *individualistisch-privater* und *quietistisch-kontemplativer* Grundzug. Eine exakte Grenzziehung aber ist wegen der fließenden Übergänge von bloßer seelischer Erhobenheit und geistlichem Gedrängtsein zum Enthusiasmus und wegen der in der Praxis vorkommenden Mischformen von mystisch-spiritualistischen und prophetischen Frömmigkeitstypen nicht möglich.

Enthusiastische Vorgänge berühren bzw. überschneiden sich *religionsphänomenologisch* mit anderen Erscheinungen wie Ekstase, Inspiration, Schamanismus und Besessenheit. Im Vorgang der *Inspiration* ist im Unterschied zur Trance und Besessenheit die Persönlichkeit nicht ausgeschaltet oder gedämpft sondern beibehalten und eher gesteigert.

Bei Erfahrungen der **Ekstase**, des Außer-sich-Seins (von griech.: ekstasis) bzw. Nicht-bei-sich- Seins des Menschen, scheint eine vorübergehende Trennung des menschlichen Selbst vom Leib stattzufinden, damit entweder ein Gott die Stelle des menschlichen Selbst einnehmen oder die Seele sich zum Göttlichen erheben kann. Solche Ausnahmezustände in trancehafter Form oder in Gestalt unbeherrschter Erregung werden meist numinosen Mächten zugeschrieben. Sie finden sich in allen Religionen und können unvermittelt, ohne eigenes Zutun auftreten oder auch mit Hilfe bestimmter Mittel und Techniken bewußt hervorgerufen werden. Hierzu gehören als innere Mittel z.B. Versenkung, Selbsthypnose und Hunger. Als äußere Mittel können Drogen oder Fixationsobjekte zur Ausschaltung des Denkens dienen. Ebenso können von außen nach innen wirkende Mittel wie langanhaltende Wiederholungen, rhythmische Schreie, Musik und Tanz Ekstase auslösen. - In den letzten Jahren hat sich die Bestimmung der Ekstase als "*altered state of consciousness*" (außergewöhnliche, nichtnormale Bewußtseinszustände) durchgesetzt.

Im *Schamanismus beherrscht* der Schamane *die Situation*. Zwar erlebt auch er eine Persönlichkeits- und Bewußtseinsveränderung, hat Visionen, verkehrt mit Geistern, reist in den Himmel und die Unterwelt, aber er ist dabei *Herr* der Geister.[9] Grundlegendes Kennzeichen des Schamanismus ist die *institutionalisierte* und *formgebundene* ekstatische Verbindung von Menschen mit der Geisterwelt *im Dienst ihrer sozialen Gruppe*.[10]

Als Charakteristisches Kennzeichen von *Besessenheit* gilt das Erfüllt- bzw. Besessensein von einer fremden numinosen Macht, die der eigenen Persönlichkeit nicht zugehört und die Ausschaltung des eigenen Wollens und Denkens. Die *Verfügungsgewalt* des Menschen über seine eigenen psychischen Funktionen ist *beschränkt oder ganz aufgehoben*. Außerdem sind *zerstörerische Auswirkungen* festzustellen.[11]

In großer Nähe zur Besessenheit stehen trancehafte Zustände. Semasiologisch bedeutet *Trance* (mittelengl., von lat. transire) dasselbe wie der Begriff Ekstase. Oft wird Trance aber als psychologischer Gegensatz dazu definiert, als schlafwandlerischer Zustand, in dem spiritistische Medien zum Organ von Geistern werden.[12]

Exkurs: Zur psychologisch-phänomenologischen Differenzierung

W. Gruehn unterschied drei Stufen des mystisch-ekstatischen Erlebens: 1) die *exaltierte* Stufe, 2) die eigentlich *mystische* Stufe, 3) die *ekstatische* Stufe. Während bei 1) die Ich-Versenkung noch mit der Außenwelt verbunden ist, hat sie sich bei 3) von ihr gelöst.[13]

Carl Albrecht hat phänomenologisch differenziert zwischen dem 1) *ekstatischen*, 2) *somnambulen* und 3) *Versunkenheits-Bewußtsein* und charakterisiert folgendermaßen: 1) a) *kein völliges Erlöschen* des Ich-Bewußtseins - b) *Überwältigung durch ein Außerbewußtes*, das "Ankommende" - *Aufhebung der Subjekt-Objekt-Spaltung*; 2) *getrübtes oder unterwaches Bewußtsein*, häufige motorische Automatismen, *Abläufe ohne Ich-Kontrolle*; 3) *geordnetes und überwaches Bewußtsein*, verlangsamter Erlebnisstrom, Grundgestimmtheit der Ruhe, das *passiv-rezeptive Ich ist* (unter Wahrung der Subjekt-Objekt-Spaltung) Träger einer Innenschau.[14]

Klaus Thomas unterscheidet neben unter- und überwachen noch *außerwache* Bewußtseinszustände:[15]

Abb. 1 **Bewußtseinsstufen des überweltlichen Erlebens**

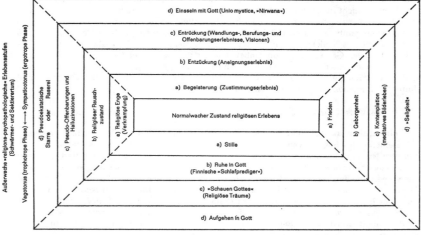

Exkurs: Zu wissenschaftlichen Untersuchungen des Phänomens der Glossolalie

Eine kompakte Darstellung der verschiedenen Versuche, sich dem Phänomen Glossolalie zu nähern, bietet ein Aufsatz von W.Smet, dem wir hier das Wort geben.[16]

Die *linguistische* Untersuchung offenbart, daß es sich *nicht* um *strukturierte, semantisch logische Sprache* handelt (Goodman, Samarin).

Neuere *psychologische* Forschungen machen eine *Korrektur der verbreiteten Sicht* notwendig, *Glossolalie sei pathologisch* und stehe im Zusammenhang mit Hysterie oder Schizophrenie (Alland, Boisen, Gerrard, Hine, Kiev, Plog, Vivier, Wood). - Auch die Behauptung einer direkten Verbindung mit ekstatischen bzw. trancehaften Bewußtseinszuständen läßt sich im Blick auf die weitaus größte Zahl der Beispiele heute so nicht mehr aufrecht erhalten.[17]

Pfister, Lapsley und Thomson deuten Glossolalie vom Freud'schen Unbewußten her als *infantile Regression zu auto-erotischer Befriedigung* bzw. als *Befreiung unterdrückter Gefühle der Vergangenheit.* Kritik ist anzumelden an der Pauschalisierung dieser Deutung ohne genügendes Faktenmaterial. - Andere Autoren wollen Glossolalie als infantiles, regressives Verhalten verstehen, als *Ausdrucksmittel für Gefühle der Allmacht oder Egozentrizität oder der Frustration über unerfüllte Wünsche* (Worseley, Oman, Oates). Auch hier fehlt es an der Fundierung durch Einzeluntersuchungen. Samarin widerspricht aus linguistischer Sicht, da sich trotz der Nähe einzelner Beispiele von Glossolalie zu kindlicher Sprache, wesentliche Unterschiede zu deren vorgrammatischer Stufe zeigen.

Bei den *psycho-sozialen* Erklärungsversuchen wird vor allem der Begriff des *"learned behaviour"*, des durch die Umgebung induzierten, übernommenen Verhaltens ins Spiel gebracht (Vivier, Jaquith, Samarin, Gerlach, Hine, Goodman, Kildahl). Dies ist aber nur eine Teilerklärung, wichtige Fragen bleiben unbeantwortet. - Ein Teil der Forscher messen dem *suggestiven Element* große Bedeutung bei (so z.B. Cantrill, Toch, Sargant, Frank, Alland, Kimball, Goodman, Samarin und Kildahl). Kildahl etwa bewertet Glossolalie als *Regression "im Dienst des Ego", induziert durch "Suggestion".*

Unter *sozial-anthropologisch*em Aspekt wird Glossolalie auch als wesentlicher *Faktor der Dynamik des Wachstums der Gruppe* gesehen (Hine). - Daß Imitation, soziales Lernen, Suggestion und Autosuggestion in zungenredenden Gruppen eine Rolle spielt, kann akzeptiert werden. Da dieses Phänomen Teil einer religiösen Bewegung ist, sind auch soziale Faktoren mit im Spiel. Dies schließt aber eine direkte Einwirkung des Heiligen Geistes nicht aus, da Gott normalerweise auch die Naturgesetze gebraucht. Weiter darf nicht vergessen werden, daß Suggestibilität auch die Basis für normale Sozialisationsprozesse, Erziehung und erfolgreiche Psychotherapie darstellt. Die Entwicklung eines "Abhängigkeitssyndroms" (Kildahl) sollte in pfingstlerischen und charismatischen Gruppen aber nicht gefördert werden.

Weil sie nicht durch Data belegt werden können, sind eine Reihe von Theorien wissenschaftlich von geringem Wert, wenngleich ihr Bemühen anzuerkennen ist, die Glossolalie in einen breiteren antropologischen Rahmen zu stellen suchen; so z.B. Kelseys Deutung von C.G. Jungs Theorie vom "kollektiven Unbewußten" her. Er sieht in der Glossolalie einen Beweis für das Wirken des Geistes Gottes im Unbewußten, dafür, daß er den Menschen zu einer neuen Ganzheit, einer neuen Integration der ganzen Psyche bringt (nach Kelsey das, was die Kirche traditionell "Heiligung" nennt). Kelseys Interpretation wurde von Lapsley und Thompson und Bittlinger aufgenommen. Auch R. Laurentin vertritt ähnliches.

Exkurs: Zu massenpsychologischen und suggestiven Vorgängen in Großveranstaltungen

Ein sensibler Bereich sind religiöse Großveranstaltungen und die dort vielfach eingesetzten Elemente des Suggestiven und der Massenpsychologie. - Unter *Suggestion* ist das *Einschleusen von Vorstellungen ins Unbewußte* zu verstehen. Sie kann wachgerufen und gesteigert werden *durch feierliches Ritual*, durch den sog. *Carpentereffekt* bei Massenvorgängen (beobachtete vorgestellte Bewegungen bewirken, sofern sie in der Aufmerksamkeit gehalten werden, die Tendenz zur Nachahmung und innervieren entsprechende Muskelgruppen), durch *hartes, dauerndes Einhämmern der gleichen Parolen* (Hitler, Stalin) oder durch *Einreden unter weichen gemütsansprechenden Umständen* (Musik, Farben), durch *Appell an die Sexualität* (sexappeal). Treffen Suggestion und Gläubigkeit (auch Aberglaube und Magie) zusammen, kann es zu Wunderheilungen kommen.[18]

Im Vorgang *propagandistischer Kommunikation* werden Informationen bewußt ausgewählt, um Einstellungen von einzelnen oder Gruppen zu beeinflussen. Vorhandene Denk-, Gefühls- und Handlungsschemata werden als Bezugssystem mobilisiert und das Propagandaobjekt wird so dargestellt, daß es als Teil dieses Systems wahrgenommen wird. Andere gegenläufige Bezugssysteme werden nicht erwähnt und gemieden. "Es handelt sich um den Prozeß einer bewußten Verschärfung der Eigen- und Fremdgruppenbeziehung und damit um eine systematische Stereotypisierung und Vorurteilsbildung mit einprägsamen formelhaften Phrasen und Slogans (Bewertungs- und Entscheidungsschablonen). Wichtige *Voraussetzung der Wirksamkeit*: 1) Vertrauenswürdigkeit des Kommunikators, 2) Fehlen von interferierenden (i.e. widersprechenden, unterbrechenden) Einstellungen, 3) Konsonanz mit individuellen Erfahrungen und 4) Fehlen von Gegen-Propaganda".[19]

Der Schweizer Psychiater **K.G.** **Rey**, der sich nach anfänglichem Engagement in der katholischen CE von dieser wieder entfernte, schreibt im Blick auf evangelikale und pfingstlerisch-charismatische Großveranstaltungen aus tiefenpsychologischer Sicht: *"Die Masse ist ein hervorragendes Mittel, die Menschen für diese Gedanken und Bilder zu öffnen und sie für sie empfänglich oder suggestibel zu machen, wenn man in ihnen die entsprechende emotionale Erregung erzeugt, in der das Suggerierte durch die Intensität der Gefühle und den dadurch entzündeten Mechanismus der Ansteckung sich rasch festsetzt und ausbreitet. Freilich hat der Leiter oder Verkündiger einer solchen Veranstaltung eine große Verantwortung, weil gerade in dieser suggestiven Multiplikationskraft der Masse große Gefahren für das Leben der Einzelnen lauern. Er muß um die Versuchung der Geltung und Macht wissen, die die Masse für ihn darstellt. Er muß sich der Auswirkungen der Masse auf die Menschen bewußt sein. Er muß wissen, wo die Freiheit der Einzelnen bewahrt, vielleicht schützt und stützt und wo sie sie gefährdet oder sogar zerstört. Denn gerade in der höchsten Empfänglichkeit für Gott besteht die größte Gefahr der Manipulation. Gerade an dieser Nahtstelle kann der Druck der Masse, wenn sie außer Kontrolle gerät oder sogar bewußt als Hypnoticum gebraucht wird, den Einzelnen seiner Freiheit berauben, so daß er nicht mehr frei wählen kann, sondern einem Zwang erliegt, sich der Suggestion zu unterwerfen, und nicht mehr anders kann, als sich so oder so zu verhalten. - Von einem bestimmten Grad der Emotionalisierung an wirkt die Masse wie eine Hypnose auf den einzelnen. Das Bewußtsein wird auf wenige Inhalte oder Sätze, die in stereotypen Formen immerzu in rhythmischen Abständen wiederholt werden, eingeengt. Gleichzeitig wird dessen Wachheit herabgesetzt, so daß die intellektuellen Leistungen abfallen, das logische sowie selbst- und fremdkritische Denken vermindert werden. Die Realitätskontrolle schwindet. Das Ich-Ideal wird durch das Massenideal ersetzt. Die persönliche Eigenart verblaßt. Die Individualität wird eingeschränkt. Im Extremfall ereignet sich ein Identitätsverlust. Jeder wird ein bloßer Teil, ein Beitrag in der Masse, zu der er hinzuaddiert wird. Er verliert sich in der Summe, die man auch als riesigen Mutterbauch oder Uterus bezeichnen könnte, von dem er sich trägt, bergen und schließlich aufsaugen läßt und in dem er in einen primitiv-frühkindlichen Urzustand zurückversinkt. Als Teil der als mächtig empfundenen Masse oder Mutter fühlt er sich, sosehr er sich andererseits kindlich schwach fühlt, auch mächtig. Er partizipiert an dem Energiepotential der Masse, das ihm das Gefühl uneingeschränkter Sicherheit und unendlicher Möglichkeiten gibt. Alles wird möglich. In diesem Zustand laufen manche Gefahr, das gewaltige Macht- und Schutzerlebnis mit einem Gotteserlebnis zu verwechseln. Freilich kann das völlige Einssein mit der Masse als Sinnbild der Einheit mit dem Göttlichen erlebt werden. Wenn wir jedoch ein Sinnbild für die Wirklichkeit halten, wird es zur Illusion. Wer immer das Massenerlebnis mit einem Gotteserlebnis verwechselt, fällt einer Täuschung zum Opfer... So kommt es nicht selten vor, daß nach solchen Erlebnissen manche in ein schwarzes Loch stürzen und nach der Hochstimmung, die abklingt, in depressive Verstimmungen oder sogar Depressionen fallen, die nicht aufgefangen werden können. Die Masse, die sie ausgelöst hat, besteht ja nicht mehr, und der Evangelist weckt schon anderswo wieder neue Begeisterungsstürme. Freilich wirkt nicht jede Masse auf so zwingende, regressive und persönlichkeitsgefährdende Weise. Die strukturierte Masse birgt weniger Gefahren in sich..."[20]*

Spezifischer geht Rey in seinem Buch "Gotteserlebnisse im Schnellverfahren" auf Faktoren der Suggestion ein, in dem er sich kritisch mit dem Zungenreden, vor allem aber mit dem **Phänomen des Umfallens beim Gebet**, des "Slain in the Spirit" od. "Ruhens im Geist" im pfingstlerisch-charismatischen Kontext auseinandersetzt.[21] In einem weiteren Kapitel greift er den Zusammenhang von Hypnose und Heilung auf.[22] - Das "Ruhen im Geist" beurteilt er als Phänomen, das sich aus der Masse bildet und Masse bildet. *"Es ist ein Massenphänomen, das die einzelnen der Individualität beraubt und sie einer suggerierten Idee unterwirft, um so in ihnen mystische Erlebnisse zu erzeugen. Wenn wir es positiver ausdrücken, können wir 'Ruhen im Geist' als*

Versuch definieren, sich in einem psychosomatischen Schnellverfahren unter Umgehung stufenweiser geistlicher Entwicklung Gott ganzheitlich hinzugeben, ihn möglichst rasch zu erfahren und von ihm geheilt zu werden. Daß Menschen bei diesem Versuch umfallen, ist nicht die Folge des direkten Eingreifen Gottes durch den Heiligen Geist, sondern das Resultat einer massenpsychologisch unterstützten Suggestivmethode, in der die Übertragung unbewußter infantiler Liebesgefühle auf den Heiler oder auf die Heilerin und die Massenansteckung eine große Rolle spielen."[23] Rey schließt nicht aus, daß Heilerinnen wie etwa Kathrin Kuhlmann als Medien wirken und mentalsuggestive und parapsychologische Element ineinander wirken. Als *Gefahren* nennt Rey: 1) Vermassung; 2) Manipulation; 3) Fixierung; 4) Regression; 5) Egozentrizität; 6) Bindung an Menschen; 7) Selbsttäuschung; 8) Aktivierung von Krankheitsherden; 9) geistliche Bequemlichkeit; 10) Ablehnung.[24]

A.2
Aspekte der Geschichte und Erscheinungsform gegenwärtiger enthusiastisch-charismatischer Frömmigkeit

Nach diesen einleitenden Anmerkungen zur Begrifflichkeit und zu möglichen Kategorien wenden wir uns einigen Aspekten der Geschichte und Erscheinungsform enthusiastisch-charismatischer Frömmigkeit zu, die uns von allgemeinerem Interesse zu sein scheinen. Eine ins einzelne gehende Darstellung würde den Rahmen dieser Arbeit bei weitem sprengen. Hierzu kann außer auf W.Hollenwegers Standardwerke[25] inzwischen auf eine Fülle von weiteren Veröffentlichungen im angelsächsischen und deutschsprachigen Raum verwiesen[26] und nicht zuletzt auch auf das Handbuch "Dictonary of Pentecostal and Charismatic Movements"[27] zurückgegriffen werden.

2.1 Nicht ganz neu: Ein Blick in die Kirchengeschichte

Wie ein Blick in die Geschichte der christlichen Kirche zeigt, hat mystisch-spiritualistische oder enthusiastisch-charismatische Frömmigkeit die Kirche immer begleitet, so daß man bei allen historischen und theologischen Unterschieden bis in die Parallelität von Details Gemeinsamkeiten findet und nicht von einer grundsätzlich neuen Erscheinung sprechen kann. Zu erinnern wäre etwa an die Bewegungen des Montanismus (Kleinasien, 2.-3.Jh.), an die Messalianer od. Euchiten (Syrien, 2.Hälfte des 4.Jh.), an den Priscillianismus (Spanien, 2.Hälfte des 4.Jh.), an die Bogomilen und Katharer des Mittelalters (Balkan, Südfrankreich), an Joachim da Fiore und die Franziskanerspiritualen (12.- 13.Jh.) oder auch an die Laienkonvente der Beginen und Begarden zur selben Zeit und an die großen visionären Einzelgestalten der mittelalterlichen Mystik. Auf evangelischer Seite wäre etwa zu verweisen auf apokalyptisch-visionäre Erscheinungen im linken Flügel der Reformation, auf die Anfänge des Quäkertums (England, 2.Hälfte des 17.Jh.), die Camisardenbewegung in Südfrankreich zur gleichen Zeit und auf den radikalen Flügel des Pietismus in Deutschland, besonders die "Inspiriertengemeinden". Auch die auffälligen körperlichen Begleiterscheinungen der Erweckung in Neuengland bzw. der Anfänge der methodistischen Bewegung in England können hier angeführt werden. Von heutigen Vertretern der CE/ CB wird auch auf die von J.Irving begründete Bewegung der "Katholisch-Apostolischen Gemeinden" (Mitte des 19.Jh.) als einem ihrer Vorläufer verwiesen. Auch in ihr spielte Glossolalie und Prophetie eine wichtige Rolle.

Rückkehr eines verdrängten Problems

Kirchenhistorisch könnte man vielleicht sagen, daß ein aus Europa nach Amerika verdrängtes Phänomen, der independent-spiritualistische Frömmigkeitstypus, sich dort entwickeln konnte und nun in einer bestimmten Ausprägung mit verstärkter Macht zurückkehrt[28] bzw. inzwischen zu einem weltweiten Strom geworden ist. Die Erscheinungen selbst sind nicht neu, neu ist die Kombination der theologischen Motive und Frömmigkeitselemente, die starke Betonung der Geisterfahrung als "Geistestaufe" und der auffälligen Charismen, wie Glossolalie, Prophetie, Heilung, Exorzismus etc. und die weite Verbreitung seit der "Initialzündung" der Pfingstbewegung am Anfang dieses Jahrhunderts.

Wiederbelebung mystisch-spiritualistischer Frömmigkeitsmotive und -elemente

Ganz allgemein könnte man vielleicht von einer Wiederbelebung mystisch-spiritualistischer Frömmigkeitsmotive sprechen. Diese zeigt sich allerdings weniger individualistisch-quietistisch, als vielmehr expressiv, enthusiastisch, prophetisch-charismatisch und aktiv-missionarisch. Über die Pfingstkirchen, die Neo-Pfingstbewegung und über die Charismatische Erneuerung sind diese Elemente praktisch in alle traditionellen Kirchen und Denominationen getragen worden, wobei dort in anderer Gestalt Vorhandenes neubelebt und überformt wird.

Die mystisch-spiritualistische Traditionslinie   Abb. 2

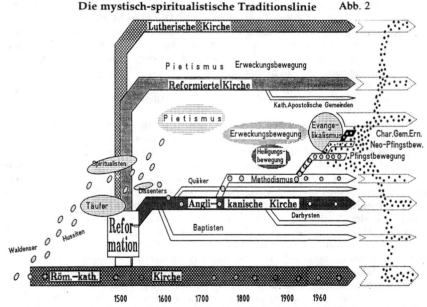

Die mystisch-spiritualistische Traditionslinie läuft über die Nachfahren des linken Flügels der Reformation, über den Pietismus (J.Arndt, G.Arnold, G.Tersteegen, N.L. Graf von Zinzendorf u.a.), aber auch über die eigenständige Aufnahme mystischen Gedankenguts bei John Wesley, der sich von anglokatholischen Erbauungsschriftstellern anregen ließ.[29] Nicht ohne Grund stellen katholische Theologen im Blick auf Heiligung und Spiritualität eine bemerkenswerte Nähe zum Methodismus fest (Wachstums-, Stufen-, Prozeßdenken).[30] Wesley betonte neben der Rechtfertigung aus Glauben bzw. der Bekehrung auch die Heiligung, bei der er ebenfalls ein punktuelles, von der Bekehrung verschiedenes und ihr folgendes Krisiserlebnis erwartete.

Wurzeln der Pfingstbewegung

Der mystisch beeinflußte Methodismus wirkte vor allem im amerikanischen Zweig der *Heiligungsbewegung* weiter,[31] wo man sich gegen die calvinistisch-kongregationalistische Anschauung vom "Aufstehen und Fallen" im Christenleben wandte und nach einer höheren Stufe, nach *"additional grace"*, nach *"higher life"*, nach *"entire satisfaction"*, nach *"perfection of love"*, *"entire, full sanctification"*, strebte.[32] Aufbauend auf Wesleys "Ganzheiligungslehre" verkündeten die Vertreter der Heiligungsbewegung eine "zweite Heilserfahrung" (*"second blessing"*).[33] Zunehmend wurde diese auch *"Geistestaufe"*,[34] "Feuertaufe" oder "Pfingsterfahrung" genannt und als besondere Ausrüstung zu einem siegreichen Christenleben und vollmächtigen Zeugnis, Verkündigungs- und Seelsorgedienst verstanden. Wichtigste Vertreter waren die Theologen des Oberlincollege Theodore C. Upham (1799-1872), Asa Mahan (1799-1899), Charles Grandison Finney (1792-1876) und nach ihnen der Evangelist Reuben Archer Torrey (1856-1928). In der Heiligungsbewegung und der parallel zu ihr laufenden Evangelisationsbewegung liegen die Wurzeln der späteren Pfingstbewegung. Heiligungs- und Evangelisationsbewegung sind u.a. auch Protest gegen ein säkularisiertes und formalisiertes Christentum.[35] In veränderter Gestalt kehren die intensiven religiösen Erfahrungen der "class-" und "campmeetings" der frühen Revivals wieder, in denen die "Heiligung" als Durchbruchserfahrung Höhepunkt der Lagerversammlung war.[36] Auch andere für die spätere PB typische Elemente finden sich, wie: feurige Erweckungspredigten, religiöse Massenveranstaltungen, volkstümliches Liedgut, das Ansprechen des Emotionalen, der Aufruf, zu einer bewußten Glaubensentscheidung nach vorne zu treten ("altarcall").

Seelenverwandtschaft mystischer und pfingstlerischer Spiritualität

Daß man in idealtypisch-vereinfachender Weise von einer mystisch-spiritualistischen Traditionslinie sprechen kann, wird bestätigt durch die Tatsache, daß Pfingstler und Katholiken bei der Begegnung unerwartete spirituelle Gemeinsamkeiten entdecken. So bereitete das via Wesley und die Heiligungsbewegung aus dem Katholizismus kommende "Stufenschema" der pfingstlichen Lehrtradition katholischen charismatischen Theologen überraschenderweise kaum Schwierigkeiten.[37] Die Werte und Phänomene der katholischen mystischen Tradition und der Pfingstbewegung sind so ähnlich, daß man beim Aufkommen der charismatischen Bewegung in der katholischen Kirche ihre Spiritualität als "in tiefer Harmonie mit der klassischen spirituellen Theologie der Kirche" bewertete.[38] Man empfand sie nicht als Entlehnung aus einer fremden Tradition, sondern als konaturale eigene Entwicklung. Manche katholische Theologen gingen sogar so weit, die klassischen pfingstkirchlichen Denominationen als lediglich "quasi-protestantische Kirchen" zu bezeichnen.[39] Umgekehrt bestätigen auch pfingstkirchliche Theologen wie Vinson Synan die Verwandtschaft. Er nennt als Gemeinsamkeiten mystischer und pfingstlerischer Spiritualität die Kategorien der Erfahrung der Gegenwärtigkeit Gottes, des unmittelbaren Gebets, des Lobpreisens inklusive begleitender Ekstase, Glossolalie, Trancen oder Visionen und die Kategorie der Kraft, die sich in Prophetie, Wundern, Heilungen, Exorzismen u.a. auffäligen Gaben zeigen kann.[40] Synan zeigt sich durch das Kennenlernen der Erfahrungen und Lehren von Franz von Assisi, Theresa von Avila, Johannes vom Kreuz, Franz Xavier, Bernhard, Katharina von Genua u.a. überzeugt, "that we are on most points indeed soul-brothers".[41] Unter dem Blickwinkel der mystischen Geistesverwandtschaft könnte man nach W.Hollenweger die PB in der Tat als "eine der römisch-katholischen Hierarchie nicht angeschlossene, in wesentlichen Zügen aber katholische Frömmigkeit aufnehmende Bewegung" einordnen,[42] bzw. "sie sogar als einen Versuch bezeichnen, katholisch zu werden oder zu bleiben, ohne der katholischen Hierarchie untertan zu sein; jedenfalls würde diese Hypothese durch die starke Verbreitung der Pfingstbewegung in katholischen Ländern gestützt".[43] Hollenweger selbst sieht die PB aber mehr noch als das Ergebnis einer Verbindung von katholischer und schwarzer Spiritualität auf amerikanischem Boden. Dies mache die Ablehnung der PB und der CE durch den strikten Evangelikalismus verständlich.[44]

2.2 Hauptströme enthusiastisch-charismatischer Frömmigkeit in der Gegenwart

Nach diesen allgemeinen frömmigkeitsgeschichtlichen Überlegungen sollen nun die Hauptströme gegenwärtiger enthusiastisch-charismatischer Frömmigkeit kurz charakteriert werden. Man könnte auch von pfingstlerisch-charismatischer Frömmigkeit sprechen, da die Pfingstkirchen einen der Hauptströme bilden und auch die späteren "charismatischen" Bewegungen in einem engen Zusammenhang mit der zu Anfang des 19.Jahrhunderts entstandenen PB und ihrer Frömmigkeit stehen. Seit der "Initialzündung" der PB 1906/07 und seit dem Aufkommen der Neo-PB, CB bzw. CE in den frühen sechziger Jahre sind Gemeinsamkeiten und Unterschiede deutlicher zutagegetreten, und es ist möglich, unbenommen aller bestehenden Querverbindungen und fließender Übergänge zu differenzieren.[45]   Je nach kategorialer Einteilung sind drei, vier oder fünf Hauptströme auszumachen. A.Bittlinger unterscheidet 1) die *"klassische"* PB (Pentecostals), 2) die *Neu-Pfingstler* (Neo-Pentecostals), 3) die *"Charismatische Gemeinde-Erneuerung"* und 4) die *unabhängigen "Charismatiker".*[46]   W.Hollenweger erinnert 5) ferner immer wieder auch an die *unabhängigen Kirchen in der dritten Welt,*[47] die wir aber nicht weiter berücksichtigen. Graphisch können die vier bzw. fünf Hauptströme pfingstkirchlich-charismatischer Frömmigkeit in ihrer historischen Zusammengehörigkeit, Verschiedenheit und Parallelität etwa so dargestellt werden:

**Hauptströme pfingst-
kirchlich-charismatischer
Frömmigkeit** (Abb.3)

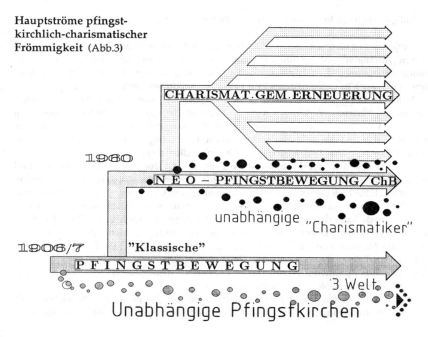

2.2.1 Die "klassische" Pfingstbewegung (Pentecostals)

Anzusetzen ist der Beginn der "klassischen" PB in den Jahren 1901 bzw. 1906/07. In der Bethel-Bibelschule in Topeka (Kansas) kam es unter dem reisenden Heilungsevangelisten Charles F. Parham zu einem Durchbruch ekstatisch-enthusiastischer Phänomene. Unter Berufung auf Act 2 lehrte er, jede wahre Geistestaufe sei von Zungenreden begleitet. Für die weltweite Ausbreitung entscheidend waren aber die Vorgänge in der "Azusa-Street-Mission" in Los Angeles, wo es unter dem von Parham angeregten ehemaligen Negersklaven William J. Seymour 1906/07 zu den lang ersehnten und angestrebten "Geistestaufen" mit Prophezeiungen, Heilungen und besonders dem Zungenreden als dem "initial sign" kam.[48] Wie ein Lauffeuer verbreitete sich die Nachricht von den Ereignissen. Dreieinhalb Jahre hielt man dreimal täglich enthusiastische Erweckungsversammlungen. Hunderte von Predigern und Scharen von Neugierigen aus dem ganzen Land und aus aller Welt fanden sich ein, um die Geschehnisse in Augenschein zu nehmen, und erlebten ebenfalls "Geistestaufen". Auf diese Weise wurde die Bewegung mit ihren auffälligen Erscheinungen in kürzester Zeit in den USA und weltweit weitergetragen.

Als die ersten Pfingstler wegen ihres massiven Enthusiasmus mit seinen rohen Negroismen und wegen ihres niedrigen Sozialniveaus von den übrigen Denominationen, deren Mitglieder meist der weißen Mittelklasse angehörten, abgewiesen wurden, bildeten sie eigene Gemeinschaften mit der ihnen typischen expressiven Frömmigkeit. Kam es in früheren Erweckungen zu sporadischen enthusiastischen Aufbrüchen, die nach einem Aufbranden wieder abebbten, wurde in der Pfingstbewegung Enthusiasmus nun bewußt gepflegt und auf Dauer gehalten. Aus spontanem Enthusiasmus wurde ein prinzipieller und methodischer.[49] Die "Geistestaufe" wurde als Hochziel des Glaubens und jedem Christen zugänglich gepriesen und bekam in Verbindung mit der Zungenrede quasi-sakramentale Bedeutung.[50]

Lehrmäßige Ausprägung und denominationelle Entwicklung

Äußeres Kennzeichen der "klassischen" PB nach den zunächst "quäkerisch-spiritualistischen" Anfängen[51] ist die *Bildung eigener Denominationen*. Die ersten "Pfingst"- Gemeinden übernahmen die Glaubensgrundlage der "Azusa-Street-Mission",[52] die mit Ausnahme von 3) auch in vielen anderen evangelikalen Freikirchen vertreten wurde:
1) *Rechtfertigung* durch Glauben,[53] 2) *Heiligung* als von der Bekehrung/ Wiedergeburt unterschiedenes Werk der Gnade, 3) *Taufe im Heiligen Geist* ("gift of power upon the sanctified life") mit dem äußeren Zeichen des *Zungenredens*,[54] 4) *Heilung* als "im Sühnetod Christi enthalten"[55] und 5) die leibliche *Entrückung* der Gläubigen bei der Wiederkunft Christi *vor dem Tausendjährigen Reich* ("premillennialism"). [56]
Von Wesley und der Heiligungsbewegung her ist auch die PB theologisch und praktisch grundlegend durch eine "*arminianisch*"[57] *ausgerichtete Anthropologie und Gnadenlehre* bestimmt. Sie bedeutet eine bewußte Absetzung vom Calvinismus. In der Geschichte des Methodismus meint "arminianisch", Gottes Heilswille ist allgemein; aufgrund der vorlaufenden Gnade kann der Mensch sich dafür oder dagegen entscheiden. Diese Überzeugung bewirkte einen starken Missionseifer und Verkündigungselemente, in denen die Aktivität des Menschen eine wesentlich größere Rolle spielte.[58] Lehrte der klassische Calvinismus: "*Total depravity, unconditional election, limited atonement, irresistible grace, perseverance of the saints*", stellte der Arminianismus dagegen: "*Human ability, conditional election, general atonement, resistible grace, possible falling from grace*".[59]
Im Lauf der ersten Jahre haben vor allem die weißen Pfingstkirchen die wesentlichen Positionen des amerikanischen *Fundamentalismus* übernommen. Bis heute sind die west-

lichen Pfingstkirchen und die von ihnen gegründeten Missionskirchen hiervon geprägt.[60] Das fundamentalistische Schriftverständnis wird von ökumenischen Kritikern als Widerspruch zum ureigenen pentekostal-spiritualistischen Ansatz gewertet.[61]   Schärfste Kritik an pfingstlerischer Frömmigkeit kam in den Anfängen und kommt heute gerade von ausgeprägt fundamentalistischer Seite. Heute ist ein Großteil der Pfingstkirchen dem Strom des neueren Evangelikalismus zugehörig, der sich in einer Reihe von Aspekten vom exklusiven, rational-dogmatistischen *Fundamentalismus* absetzt.[62]   Die *Ekklesiologie* des überwiegenden Teils der PB ist *baptistisch-kongregationalistisch-freikirchlich*.[63]

In die Pfingstbewegung eingeflossene Lehrelemente (Abb.4)

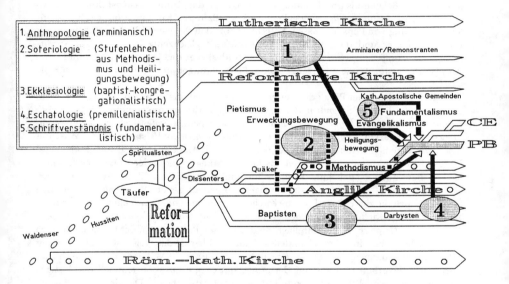

Typologie der Pfingstkirchen

Die anfängliche, vor allem auf der gemeinsamen Erfahrung beruhende, wunderbare Einheit der Pfingstgläubigen zerbrach schon bald, als man sich zunehmend auch lehrmäßig der eigenen Position klar werden mußte. Es kam zu immer neuen auch in persönlichen Streitigkeiten bedingten Spaltungen und Gemeindegründungen. Zählte man 1925 bereits 38 Pfingstdenominationen,[64] sind heute 300 bzw. 600 verschiedene Gruppierungen namhaft zu machen.[65] Trotz der verwirrenden Vielfalt gibt es aber gemeinsame Grunderfahrungen und -überzeugungen (Geistestaufe, Charismata, Zeichen und Wunder heute) im großen Strom der PB, in dem W.Hollenweger folgende Haupttypen unterscheidet:[66] 1) Pfingstler, die einen "*zweistufigen Heilsweg*" (Bekehrung-Geistestaufe) lehren (größte Gruppe; z.B. Assemblies of God und die meisten europäischen P.); 2) solche mit "*dreistufigem Heilsweg*" (Bekehrung-Heiligung-Geistestaufe) (z.B. Church of God, Cleveland); 3) die "*Jesus-only*"-Gruppen (Taufe allein auf den Namen Jesus) (Mehrheit der schwarzen P.);[67] 4) Pfingstler mit *konfessionell*em, z.B. quäkerischem, reformiertem, lutherischem oder methodistischem Lehreinschlag; 5) *unabhängige afrikanische Pfingstkirchen*;

6) die *Spätregenbewegung*; 7) Bewegungen des *"apostolischen Typus"* (mit institutionalisierten Ämtern von Propheten und Aposteln).

Entwicklungsphasen und das Verhältnis zu anderen Kirchen

Neben dieser frömmigkeitsgeschichtlichen Betrachtungsweise lassen sich auch entwicklungsgeschichtliche Beobachtungen machen. So scheinen Pfingstkirchen im Lauf von drei bis vier Generationen vier Phasen zu durchlaufen:[68] 1) zunächst treten sie als *ökumenische Erneuerungsbewegung* mit losen und fließenden Organisationsformen auf, die allen Kirchen dienen will; 2) in der zweiten Phase konsolidieren sie sich und bilden in Abgrenzung von den übrigen Kirchen lokale *eigene Gemeinden*, wobei zugleich eine Evangelikalisierung von Bekenntnis und Frömmigkeit erfolgt; 3) die dritte Phase ist durch *regionale und nationale Institutionalisierung* gekennzeichnet (Bau von Kirchengebäuden, Bibelschulen, Einrichtung von Pensionskassen, Katechismen); 4) in der vierten Phase öffnet man sich für die *Ökumene* und die *wissenschaftliche Theologie*,[69] gleichzeitig kommt es zur *Absplitterung von Gruppen,* die zu den ursprünglichen Idealen zurückkehren möchten und wieder bei der ersten Phase ansetzen.[70] Diese Beobachtungen gelten in etwa auch für die CB/CE.

Das Verhältnis der PB zu den anderen Kirchen stand bis zum 2.Weltkrieg vor allem unter dem Zeichen der *Separation,* der eigenen missionarischen Ausbreitung und des *Aufbaus eigener Strukturen.*[71] Nach Lernprozessen auf beiden Seiten setzten in der Nachkriegszeit verstärkte *Bemühungen um ein besseres gegenseitiges Verstehen* ein.[72] Waren in den USA bereits bei der Gründung der "National Association of Evangelicals" 1942 Pfingstkirchen mitbeteiligt und damit das heutige Miteinander in der weltweiten evangelikalen Bewegung angebahnt, kam es auch auf ökumenischer Ebene zu Begegnungen und Gesprächen.[73] Nach wie vor bestehen aber grundlegende Vorbehalte gegen den ÖRK und auch die römisch-katholische Kirche.[74] Kann man die Entwicklung im Verhältnis zu den anderen Kirchen im allgemeinen mit den Stichworten *"Ablehnung", "Ambivalenz", "Öffnung zum Gespräch"*[75] umschreiben, sind alle drei Positionen in der PB bis heute auch unverbunden nebeneinander zu finden. Unübersehbar ist das weltweite Wachstum der PB seit ihren Anfängen. Sie bildet inzwischen mit über 50 Millionen ihr zugerechneter Menschen die größte Gruppierung der protestantischen Konfessionsfamilie[76] und ist nach wie vor der am schnellsten wachsende Teil der Weltchristenheit.[77] Die deutsche PB ist im Weltvergleich bescheiden, aber auch hier gibt es Wachstum und verstärkende Impulse aus dem weltweiten Spektrum.[78]

2.2.2 Die Neu-Pfingstler (Neo-Pentecostals)

Der neu-pfingstlerische Strom hat seinen Ursprung im Neuaufbruch pfingstlerisch-charismatischer Frömmigkeit Ende der fünfziger, Anfang der sechziger Jahre in den USA. Er wurde angebahnt durch den sozialen Aufstieg eines Teils der Pfingstler in die Mittelschicht und in die Geschäftswelt. War die "klassische" PB auch ein Protest unterer sozialer Schichten gegen die vorherrschende Gesellschaft und Kultur, grenzte man sich nun nicht mehr nur negativ ab, sondern arrangierte sich mit dem sozio-ökonomischen und sozio-kulturellen Umfeld. Maßgeblich beteiligt an der Vermittlung pfingstlerisch-charismatischer Frömmigkeit über die Grenzen der "klassischen" PB hinaus waren Heilungsevangelisten wie Oral Roberts und die Vereinigung der "Geschäftsleute des vollen Evangeliums".[79] In Deutschland fand die neu-pfingstlerische "Charismatische Bewegung" Eingang durch David Wilkerson (Teen-Challenge) und die "Jesus-People".[80]

Kennzeichen der neu-pfingstlerischen Bewegung ist einerseits die *weitgehende Über-nahme von Praxis, Theologie und Terminologie der "klassischen" PB* mit ihren Stufentheorien und deren Akzentuierung der Glossolalie.[81] Andererseits bestehen insofern Unterschiede, als man versucht, sowohl Lehraussagen als auch Gemeindestrukturen, wo sie sich bilden, "überkonfessionell"[82] *offenzuhalten.* Die Anhänger *bleiben meist Mitglieder ihrer angestammten Kirche,* besuchen *daneben* aber "interkonfessionelle" *charismatische Gebetsgruppen, Gottesdienste und Sonderveranstaltungen* und suchen die "charismatische" Erfahrung, pfingstlerische Lehre und Frömmigkeitsstil in ihre eigenen Gemeinden zu tragen. Die Übergänge zur "klassischen" PB und zur innerkirchlichen CE bleiben fließend, was etwa an der in der Neo-PB verbreiteten Literatur, am Redner- und Teilnehmerspektrum bei Veranstaltungen und Konferenzen sichtbar wird.[83]

2.2.3 Die "Charismatische-Gemeinde-Erneuerung" in den Kirchen

Ein wesentliches Kennzeichen des Neuaufbruchs pfingstlerisch-charismatischer Frömmigkeit zu Beginn der sechziger Jahre war das konfessionsüberschreitende Moment. Als historisch greifbarer Anfang der sich bald entwickelnden innerkirchlichen CB/CE gelten die Geistestauf- und Glossolalie-Erfahrungen des episkopalistischen Pfarrers Dennis J. Bennett und seiner Gemeinde in Van Nuys/ Kal. im Jahr 1959-1960.[84] Über persönliche Kontakte und eine ungewöhnliche Resonanz in den Medien wurden bald auch andere Denominationen erfaßt: Lutheraner (1962), Presbyterianer (1962), Baptisten, Methodisten (1967) und Mennoniten.[85] Zur Überraschung vieler sprang die Bewegung im Jahr 1967 auch auf die röm.-kath. Kirche über, in der sie weite Verbreitung und offizielle Anerkennung fand.[86] In weniger als zehn Jahren nach den Ereignissen von Van Nuys bekannten etwa 2000 *Kleriker* in den USA von sich, geistgetauft zu sein. Die meisten *blieben in ihren Kirchen und wirkten* dort *als Multiplikatoren,* so daß die "charismatische" Erfahrung zu einer weithin akzeptierten und integrierten Frömmigkeitsvariante der großen Denominationen wurde.[87] Nach Deutschland kam die CE im evangelischen Bereich im Jahr 1963 über die Lutheraner Larry Christenson und Arnold Bittlinger.[88] Am stärksten wurden die Impulse bei den Baptisten aufgenommen, wo in den siebziger Jahren ein Drittel der Pastorenschaft charismatische Erfahrungen gemacht hatte. - Die römisch-katholische CE begann etwa 1971 durch Kontakte mit charismatischen Katholiken in den USA und über Zentren in Frankreich. Die ersten Jahre der Bewegung im deutschsprachigen Raum wurden wesentlich durch den Paderborner Systematiker H.Mühlen geprägt.[89] Im Vergleich mit der Verbreitung in anderen Ländern ist die CE in Deutschland zahlenmäßig eher bescheiden.

Waren die ersten Vertreter der angelsächsischen innerkirchlichen CB/CE noch stark von pfingstkirchlichen Interpretationsmustern geprägt, suchten die Verantwortlichen immer stärker, die neue Erfahrung *in die eigene Tradition, in die eigene kirchliche Wirklichkeit und Theologie zu integrieren und von dorther zu interpretieren.* Am ausgeprägtesten geschah dies in der röm.-kath. CE, in der von Anfang an Ordensleute und Universitätstheologen maßgeblich beteiligt waren. So grenzte man sich etwa gegen die Stufentheorien der PB ab und deutete die "Geisttaufe" im Kontext sakramentaler Theologie als "Freisetzung" des Geistes bzw. "Tauf-" od. "Firm-Erneuerung". Oder man distanzierte sich von dynamistischen und supranaturalistischen Einseitigkeiten, von einem biblischen Fundamentalismus, von drängerischen Praktiken und der Überbetonung bestimmter Charismen.

Im Unterschied zu spiritualistisch-independentistischen Tendenzen der "über-" oder "interkonfessionellen" neupfingstlerischen Gruppierungen stellte man sich in der CE bewußt in den vorgegebenen Rahmen der angestammten Kirche und Konfession. Vom paulinischen Charismenverständnis her interpretierte man die "Geist-Erfahrung" und die damit in Zusammenhang stehenden Charismen als Impuls zur geistlichen Erneuerung von Gemeinde und Kirche. Von daher setzte sich dann auch die Bezeichnung "Charismatic Renewal"/CE für die innerkirchliche CB durch. In Deutschland nannte man sich "Charismatische-Gemeinde-Erneuerung" bzw., um den Eindruck eines Monopolanspruchs für das Charismatische zu vermeiden, auf evangelischer Seite "Geistliche Gemeinde-Erneuerung".[90] Soziologisch betrachtet ist in der CE pfingstlerisch-charismatische Frömmigkeit in die obere Mittelklasse transferiert worden, wo sie nun dem Kontext entsprechend gemäßigter, geordneter und weniger spontan als in den klassischen Pfingstkirchen auftritt.[91] Mit der soziologischen Ausweitung geht ein Zurücktreten der alten Theologiefeindlichkeit, des sektiererischen, ethischen Rigorismus und der Spaltungstendenzen der PB einher. Nicht zu Unrecht kann man die Gesamtentwicklung der "Pentekostalisierung" der traditionellen Kirchen unter ökumenischem Aspekt zugleich auch als "Entprotestantisierung" charakterisieren.[92]

2.2.4 Die freien "Charismatiker"

Im weiteren Verlauf der Entwicklung des Neuaufbruchs der sechziger Jahre entstand neben und nach den neupfingstlerisch und den konfessionell ausgerichteten Strömen ein dritter Strom enthusiastisch-charismatischer Frömmigkeit in Gestalt unabhängiger charismatischer Zentren, Gemeinden und Bewegungen um charismatische Führergestalten mit theologischen Sonderbetonungen. Die Entwicklung zu independenten Gemeinden ist besonders ausgeprägt in den USA und England, aber auch in Deutschland machen sich die Tendenzen verstärkt bemerkbar. Ein guter Teil der Anhängerschaft rekrutiert sich aus enttäuschten konfessionellen Charismatikern, deren Hoffnungen auf die Erneuerung ihrer Kirchen sich nicht wie erwartet erfüllen bzw. ganz aufgegeben werden, und aus ehemaligen Pfingstlern, die sich vom Traditionalismus ihrer Gemeinden abwenden. Im Strom der freien "Charismatiker" sind vier Akzentuierungen auszumachen, die teilweise auch ineinander übergehen und sich gegenseitig verstärken:[93] 1. Die "*Wort des Glaubens*"-*Bewegung* (Unterscheidung von *logos und *rhema, allgemeinem Wort und aktualem Geist-/Kraftwort) mit der Betonung des "*positiven Bekennens*" ("claim it and have it") bzw. der "*Visualisierung*" (imaginativ-geistigen Vorwegnahme und Herbeiführung einer gewünschten Wirklichkeit) und der Betonung von *Gesundheit und Wohlstand* ("Health and Wealth") als im Erlösungswerk Christi eingeschlossen und göttliches Recht jedes Gläubigen ("Prosperity-Theology") (Vertreter: K.Copeland, K.Hagin, Y.Cho u.a./ in D: J.Angelina, S.Müller, W.Margies u.a.).[94] - 2. Der "*Wiederherstellungs*"-*Strom* ("Restorationism"), der die *Wiedergewinnung neutestamentlicher Gemeindegestalt* (5 Ämter nach Eph 4) *und geistlicher Kraft* (Charismata) anstrebt, wie z.B. die englische Hauskirchen-Bewegung, in der sich Lehre und Frömmigkeit der Plymouth Brethren, der Catholic Apostolic Church und der CB verbinden.[95] - 3. Die "*(Königs)-Herrschaft*"-*Bewegung* ("Dominion"-Movement/ "Kingdom"-Theology), die Gottes Herrschaft in allen Lebensbereichen auch einer säkularen Welt proklamiert und aufrichten möchte.[96] - 4. Die "*Power Evangelism*"-*Bewegung* (Evangelisation mit Zeichen und Wundern), in der man die Bedeutung von "*Power-Encounters*" betont. Hierunter versteht man Konfrontationen mit dämonischen Mächten und deren Überwindung im Namen Jesu durch "geistlichen Kampf" ("spiritual warfare"), Machttaten, Heilungen und Exorzismus (Vertreter: John Wimber und C.Peter Wagner).[97]

Insgesamt scheint der Typus der unabhängigen Charismatiker stärkeren Zulauf zu finden, während der Typus der innerkirchlichen CE eher langsam wächst. Unübersehbar sind die herausfordernden und den massiven Enthusiasmus verstärkenden Wirkungen der freien Charismatiker auf die "klassische" PB, Neo-PB und CE.

2.2.5 Die Kennzeichnung der Ströme als "drei Wellen" des Heiligen Geistes

C.P.Wagner, Gemeindewachstumsexperte und Professor am Fuller Theological Seminary in Pasadena, hat die Unterscheidung von vier bzw. fünf Hauptströmen pfingstlerisch-charismatischer Frömmigkeit dahingehend umgestaltet, daß er von drei aufeinanderfolgenden Wellen spricht.[98] In seinem Modell bildet die "klassische" PB die erste Welle. Ihr Kennzeichen ist die Lehre der Geistestaufe als Krisiserlebnis mit begleitender Zungenrede und die vorrangige Verbreitung bei unteren sozialen Schichten. - Als zweite Welle sieht Wagner den neopfingstlerisch-charismatischen Aufbruch der sechziger Jahre, der vornehmlich die Mittelschicht und die Großkirchen erfaßte. Kennzeichen der zweiten Welle nach Wagner ist das Anliegen geistlicher Erneuerung der verfaßten Kirchen. Die Geisterfahrung wird stärker als dynamischer Prozeß gesehen und in kirchliche Lehrtradition eingebunden. Zungenreden ist zwar erwünscht, gilt aber nicht als unbedingt nötig bzw. wird nicht als Beweis für die erfolgte Geistestaufe gewertet. Die seit etwa 1980 rollende "dritte Welle" erfaßt besonders konservativ-evangelikale Christen und Gemeinden. In ihr spricht man von "Geisterfüllung" oder von "Bevollmächtigung durch den Geist" (J.Wimber) statt von Geistestaufe. Neben einer fundamentalen Anfangsbegegnung mit dem Heiligen Geist unterstreicht man auch die Notwendigkeit immer neuer "Erfüllung" bzw. "Ausrüstung". Zungenrede ist nicht das hervorgehobene Charisma, wenn sie auch meist geübt wird. Ein weiterer Kreis von Personen, die nicht die Sprachengabe haben, aber einen "Dienst in der Kraft des Geistes" ausüben, werden der Bewegung zugerechnet. Evangelisation, Gemeindegründungen und Transformation bestehender Gemeinden sind Kennzeichen und Ziele dieser Welle. Insgesamt ist man bemüht, trennend wirkende Begrifflichkeit und Frömmigkeitselemente zurückzunehmen. Ein besonderes Anliegen ist die Befähigung und Ermutigung aller Christen zum vollmächtigen Dienst "in der Kraft des Geistes". Jeder wird ermutigt, für Kranke zu beten und alle Gaben einzusetzen. Die "dritte Welle" ist stark von J.Wimber und der "Vineyard Christian Fellowship", Anaheim/Kal. und dem Konzept des "PowerEvangelism" geprägt.[99]

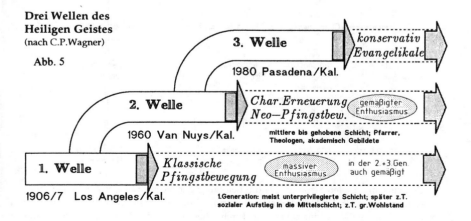

Drei Wellen des Heiligen Geistes
(nach C.P.Wagner)

Abb. 5

3. Welle

konservativ Evangelikale

1980 Pasadena/Kal.

2. Welle

Char.Erneuerung Neo—Pfingstbew. gemäßigter Enthusiasmus

1960 Van Nuys/Kal. mittlere bis gehobene Schicht; Pfarrer, Theologen, akademisch Gebildete

1. Welle

Klassische Pfingstbewegung massiver Enthusiasmus in der 2.+3.Gen. auch gemäßigt

1906/7 Los Angeles/Kal. 1.Generation: meist unterprivilegierte Schicht; später z.T. sozialer Aufstieg in die Mittelschicht; z.T. gr.Wohlstand

D. B. Barrett ordnete 1985 etwa 20 Millionen Menschen der "dritten Welle" zu. Mit den Anhängern der ersten (150 Mill.) und zweiten Welle (97 Mill.) machte das 267

Millionen oder 19% der Gesamtchristenheit aus. Er prognostiziert entsprechend den bisherigen Wachstumsraten bis zur Jahrtausendwende einen Anteil von 29% oder 562 Millionen Anhängern pfingstlerisch-charismatisch geprägter Frömmigkeit.[100] Ob die Kennzeichnung einer "dritten Welle", wie sie Wagner vornimmt, durch den weiteren Gang der Dinge bestätigt wird, muß sich erst noch zeigen. Es könnte sein, daß nicht so sehr die Konservativ-Evangelikalen, sondern die unabhängigen Charismatiker die herausragende Erscheinung und Welle der kommenden Jahre sind.

Was die CE angeht, kann man in der bisherigen Geschichte *drei Phasen* unterscheiden:[101] 1) die *Anfangsphase* (ca.1960-1970), die von der Faszination des Neuen und der Auseinandersetzung mit Überschwang und Übertreibungen geprägt war; 2) die *Hochphase* als Zeit der großen Konferenzen, kirchlicher Gutachten (ca.1971-1979) und zunehmender Akzeptanz ("Konfessionalisierung"), der ein Abflachen der Bewegung folgte; 3) die *Zeit der Wandlungen* (seit etwa 1980), in der neue Themen in der Vordergrund treten (Fundamentalismus, Weltevangelisation, Machterweise, Gemeindewachstum und Gemeindegründung).

2.2.6 Gemeinsamkeiten und Unterschiede

Sowohl die Anhänger und Befürworter pfingstlerisch-charismatischer Frömmigkeit als auch die Gegner gehen von einer identischen gemeinsamen Grunderfahrung, gemeinsamen Anliegen und gemeinsamen Lehrelementen in den verschiedenen Strömen aus, die allerdings in unterschiedlichem ekklesiologischen und theologischen Kontext verschieden praktiziert und interpretiert werden.[102] **Gemeinsamkeiten und Unterschiede** (Abb.6) hat A.Bittlinger grob so skizziert:[103]

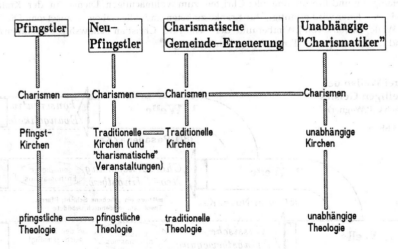

Gemeinsam ist allen Strömen: 1) die Betonung der Notwendigkeit einer lebendigen Beziehung zu Jesus Christus als Retter und Herrn, 2) das Rechnen mit der Kraft und den Gaben des Heiligen Geistes im Leben der Kirche heute und die Anwendung im Gottesdienst, 3) der Glaube an eine besondere Erfahrung des Heiligen Geistes, die zu vollmächtigem Zeugnis und Dienst führt.[104]

Während der *Gottesdienst* in gemäßigten Pfingstkirchen im Ablauf und Liedgut eher traditionell freikirchlich und geordnet erscheint, ist der charismatische Gottesdienst ungebundener und freier mit Elementen wie ausgedehntes Singen, Zungengesang, Klatschen, Tanzen, usw. - Während in vielen charismatischen Gemeinden u.U. zwei bis drei Jahre vergehen können ohne öffentliches *Zungenreden* mit Auslegung, würde dies in der PB als Erstarrung oder gar als Abfall gewertet. Während Charismatiker mehr den Aspekt der privaten Gebetssprache zur Selbstauferbauung und Ausrüstung betonen, sind viele Pfingstler damit zufrieden, wenigstens einmal im Leben als Erweis ihrer Geistestaufe in Zungen gesprochen zu haben. - In der CB/CE besteht die Tendenz, öffentliches Zungenreden mit Auslegung durch *Prophetie* zu ersetzen. Man betont Gebet, Evangelisation und Heilung im sonntäglichen Gottesdienst und bemängelt an Pfingstkirchen, daß sie nicht mehr dieser Gaben ausüben. - Was die *Einstellung zu Welt und Kultur* angeht, sind Charismatiker meist weltbejahender, besser akademisch gebildet und offen für Kunst, Wissenschaft und zeitgenössische Kultur. Die innerkirchlichen Charismatiker bemühen sich stärker um exegetisch-hermeneutische und theologische Durchdringung charismatischer Erfahrung. Im Unterschied zu den unabhängigen Charismatikern haben sie ein reicheres und volleres Verständnis der geschichtlichen Kontinuität der Kirche. Was die theologische Terminologie betrifft, ist man sehr sorgsam, weist Stufenkonzepte und die Funktionalisierung der Glossolalie als Beweis für die Geistestaufe zurück. Man distanziert sich von der "Health, Wealth and Prosperity"-Lehre unabhängiger Charismatiker und betont stattdessen ein Christsein der radikalen Nachfolge.[105]

2.3 Hauptmerkmale pfingstlerisch-charismatischer Spiritualität

2.3.1 Spürbare Erfahrung des Transzendenten im Jetzt und Hier

Fundamentaler Wesenszug pfingstlerisch-charismatischer Frömmigkeit ist das Moment der Erfahrung. "Das Transzendente wird hier und jetzt vernehmbar, spürbar, realpräsent. Es ist nicht immer 'sub contraria specie', unter seinem Gegenteil verborgen, nicht unanschaulich für die menschlichen Sinne und allein im Glauben - gegen allen Anschein - faßbar".[106] Hier wird, im Unterschied zur vorrangig kognitiven Glaubensvermittlung, das Göttliche unmittelbar, emotional und intuitiv beseligend und erschreckend erlebt. An die Stelle intellektueller Aneignung dogmatischer Wahrheiten tritt die innerlich spürbare Berührung durch die göttliche Gegenwart. Man erlebt Wunder als Bekundung der souveränen Schöpfermacht des Heiligen Geistes, dessen Hereinbrechen als Freiheits- und Neuwerdungsgeschehen erfahren wird.[107] Sowohl das Moment der Unverfügbarkeit und Freiheit als auch das dynamische Moment der "Kraft" des Geistes tritt heraus. Es geht nicht um eine Lehre oder verborgene, unsichtbare Wirklichkeit, jetzt und hier wird die Relevanz des Glaubens demonstriert und erlebt. Der Pfingstler und Charismatiker sagt *nicht "Ich glaube*, daß Gott gegenwärtig ist und handelt", *sondern "Ich weiß...".*[108] Der Gottesdienst dient dazu, die pfingstlerisch-charismatische Erfahrung immer wieder zu aktualisieren und die Relevanz des Evangeliums und seine übernatürliche Kraft im Vollzug zu erleben. Auf diese Weise wird der ganze Gottesdienst zum "existentiellen Argument" und zum effektiven Mittel der Bekehrung und Rekrutierung neuer Mitglieder.[109]

2.3.2 Rahmen, Inhalt und Wirkung der "Geist-Erfahrung"

Zentral ist eine gemeinsame initiatorische Kriseerfahrung ("Geistestaufe", "Geist-Erneuerung") bzw. eine kontinuierliche neue "charismatische" Spiritualität, die via persönliches "Zeugnis" vermittelt wird. Der *Rahmen* der Vermittlung ist gemeinschaftlich (Gebetsgruppe, Glaubenskurs, Konferenz). Vorbereitet wird die charismatische Erfahrung durch erwartenden Glauben, einen Akt der Umkehr, Aufgabe von Vorbehalten, aktives

Bitten und die Hingabebereitschaft für charismatische Vorgänge (z.B. Glossolalie) auf seiten des Suchenden. Die Gemeinschaft liefert den biblischen, theologischen und den Erlebens-Rahmen für Geist- und Gaben-Empfang und für deren Ausübung. Der *Inhalt* der charismatischen Erfahrung erscheint im pneumatologischen Kontext als Durchdrungenwerden mit dem Heiligen Geist und eine neue Art der Erfahrung seiner bleibenden Gegenwart. Gott wird darin als real, gegenwärtig und persönlich, als mächtig und voller Liebe erfahren. *Wirkungen* der charismatischen Erfahrung sind: 1) eine tiefe Gewißheit im Blick auf die Wahrheit der Offenbarung und im Blick auf die eigene Rettung; 2) eine Erneuerung des Bekennens; 3) Mut und Vollmacht im geistlichen Dienst; 4) Geistesgaben zum Dienst an der missionarischen Front und in der Gemeinde (Glossolalie, Prophetie, Heilung, etc.); 5) eine Erneuerung des Gebets, besonders des Lobes und der Anbetung; 6) eine neue Liebe zur Heiligen Schrift; 7) eine Neuentdeckung des geistlichen Priestertums aller Gläubigen und der Gemeinde als gegliedertem Organismus.[110]

2.3.3 Gottesdienst: Mündlichkeit, Beteiligung, Spontaneität, Offenheit

Auf die *Mündlichkeit* als einem typischen Moment pfingstlerisch-charismatischer Frömmigkeit und Liturgie im Unterschied zur Buchorientiertheit weist W.Hollenweger immer wieder hin. Er sieht darin einen der Hauptgründe für die weite Verbreitung dieses Typus in der dritten Welt, wo ein Großteil der Menschen sich nicht in logischen und systematischen Kategorien ausdrückt, sondern in Gleichnissen und Assoziationen, mit archetypischen Mitteln wie Singen und Tanzen. Wichtigste Kommunikationsmedien dieser Gesellschaften sind nicht Buch oder Zeitung, sondern Sprichwort, Refrain, Witz, Fernseh- und Radioprogramm.[111] Gegenwart und aktuale Unmittelbarkeit bedarf geradezu der Mündlichkeit, während mit Geschriebenem, Verobjektiviertem immer ein Moment von Distanz und Vergangenem verbunden ist.

Zentral für das Gemeindeleben ist der (Anbetungs-)Gottesdienst, der im Unterschied zu den traditionellen Kirchen nicht vortrags- und bedienungsorientiert, sondern auf *Beteiligung* und *Erleben* angelegt ist. Pfingstlerisch-charismatische Gottesdienste haben immer etwas von einem Happening an sich, einem aktualen Geschehen, in das alle Anwesenden einbezogen werden.

Wo Gottesdienste, Gebets-Meetings und Evangelisations-Veranstaltungen ursprünglich sind, eignet ihnen eine aus dem Hören auf Gott entspringende *Spontaneität*. Es finden sich zwar immer wiederkehrende Grundstrukturen und Bausteine, trotzdem laufen sie in scheinbar unvorhersehbarer Dynamik und mitreißender Dramaturgie ab. Zum Ausdruck von Gefühlen und zur Einbeziehung von Körpersprache (erhobene Hände beim Gebet, Proskynese in kleinen Gruppen), zu Singen, Klatschen, Beten, Zwischenruf und Tanz wird ermutigt.

Man lehrt die Notwendigkeit beständiger *Offenheit gegenüber der Person und dem Wirken des Heiligen Geistes*, animiert immer wieder dazu im Gottesdienst und ermutigt zu konkretem Glauben im Alltag. Man predigt auf sichtbare Manifestationen des Heiligen Geistes (Geistestaufen/ Geist-Erneuerung, Glossolalie, Prophetie, Visionen, äußere und "innere" Heilungen, Befreiung von dämonischer Belastung und Besessenheit, Gebetserhörungen, usw.) hin, erwartet sie und erfährt sie auch.

Weitere charakteristische Auffälligkeiten pfingstlerisch-charismatischer Frömmigkeit sind: Handauflegungen und Segnungen zum Geist- bzw. Gabenempfang und beim Heilungsgebet; das sogenannte "Singen im Geist"; Bilder, prophetische Worte bzw. sogenannte "Worte der Erkenntnis", die öffentlich mitgeteilt und interpretiert werden; in manchen Gruppen: Fallen im Geist ("slain in the Spirit"); heiliges Lachen; Jericho-Marsch, u.a.[112]

2.4   Entstehungszusammenhänge und Wachstumsfaktoren

2.4.1   Erleichternde Umstände für die rasche Ausbreitung in den USA zu Anfang des Jahrhunderts

Historiker der PB haben als erleichternde sozio-kulturelle Rahmenbedingungen der raschen Ausbreitung in den USA zu Anfang des Jahrhunderts eine Reihe von Faktoren namhaft gemacht. So förderte die mit dem Konglomerat der Einwanderungsbewegung in Zusammenhang stehende *Vielgestaltigkeit des kirchlichen Lebens ohne dominante Prägung* unkonventionelle Verhaltensweisen. Die *allgemeine religiöse Toleranz* und das Nebeneinander verschiedener Denominationen schuf Freiräume für neue Bewegungen. *Starke Laientätigkeit* und intensive religiöse Aktivitäten wie Evangelisationen, "campmeetings" u.a. waren durch den Grundsatz der "freiwilligen Assoziation" (Freiwilligkeitskirchen) ausgeprägt vorhanden. Ein *allgemeines Klima des Individualismus, Subjektivismus und Empirismus* verstärkte Tendenzen, auch religiöse Wahrheit durch Erfahrung zu verifizieren. Der durchgehende *Optimismus des 19.Jahrhunderts* mit seinen Erfindungen und Entdeckungen beeinflußte auch religiöse und ethische Überzeugungen und trug zu Konzepten der Möglichkeit moralischer Vollkommenheit bzw. der Sanierung der Weltverhältnisse bei (Perfektionismus der Heiligungsbewegung, "Social Gospel"). Eine wichtige äußere Mitursache und Vorbereitung der PB ist die *Entwurzelung der Menschen* im Zusammenhang der industriellen Revolution und der Masseneinwanderungsbewegung. Die schnellen Umbrüche (Milieuwechsel z.B. von Europa nach Amerika, vom Landleben zum Stadtleben usw.) ließen bei vielen Menschen ein *Orientierungsvakuum* entstehen. Das Bedürfnis nach Vergewisserung in dieser Situation wurde offensichtlich eher von einer enthusiastischen als von einer statischen Form der Religiosität gestillt. Der Erfolg der PB ist u.a. darin begründet, daß sie dem Zustrom der Bevölkerung in die großen Städte folgte und sich gerade an diese Menschen wandte. Wie die Heiligungsbewegung war auch die PB ein Protest gegen kirchlichen Formalismus. Hatte die starke *Säkularisierung* und *Institutionalisierung der größeren Kirchen* eine zunehmende religiöse Indifferenz entstehen lassen, war zugleich ein neues tiefes Verlangen nach selbsterlebter religiöser Wirklichkeit geweckt worden. Die durch und durch *demokratisch geprägte* amerikanische *Gesellschaft* mit dem Laienprinzip als kirchlicher Entsprechung förderte unkonventionelle, nichtliturgische Ausdrucksweisen. Im Kontext der sich bildenden Klassenunterschiede in der aufkommenden Industriegesellschaft ist die PB in gewisser Hinsicht als "radikale" und *"alternative" Klassenbewegung der Armen und Ungebildeten* und als *archaisch-religiöse Form des Protests* zu sehen.[113]

Zur raschen Ausbreitung in den Anfängen und später trug auch *der werbewirksame* hochdramatische, aufsehen- und ärgeniserregende *Stil der pfingstlerischen Veranstaltungen* bei. Im Unterschied zu den etablierten Denominationen, deren Angebot auf das Kommen der eingeschriebenen Mitglieder ausgerichtet war, gingen die Pfingstler auf die Straßen und Plätze und wo immer Menschen zu finden waren. Es entwickelte sich das *System der umherziehenden Evangelisten und der Zelt-Meetings.* Bald entdeckte man die Effektivität von evangelistischen und heilungsorientierten *Massenversammlungen,* durch die man Nichtpfingstler anzog und zugleich den eigenen Anhängern ein starkes Zusammengehörigkeitsgefühl vermittelte. Als erste religiöse Bewegung kam die PB in den vollen Genuß der *Möglichkeiten der Telegraphie, des Telefons,* der billigen *Massenmedien Zeitschrift und Illustrierte* und später von *Rundfunk* und *Fernsehen* und setzte sie entschlossen für die eigene Sache ein.[114]

2.4.2 Der charismatische Aufbruch der sechziger Jahre als christliche Variante einer Ant-
        wort auf die geistesgeschichtliche Krise[115] und Teil eines weltweiten religiösen Neu-
        aufbruchs[116]

Wie andere Geistbewegungen der Vergangenheit ist auch der charismatische Aufbruch der sechziger Jahre Ausdruck eines geistesgeschichtlichen Umbruchs und zugleich
ein Antwortversuch auf eine Krise, die mit einer tiefgreifenden Phase der Säkularisierung
der westlichen Kultur in Zusammenhang steht, die auch die Kirchen und die Theologie
erfaßte. Das Postulat einer auf Rationalität und Logik beruhenden nichtreligiösen Weltdeutung und Weltbewältigung war in den sechziger Jahren auch von einer Reihe von
Theologen übernommen und propagiert worden und hatte starke Wirkungen ausgelöst.
Angesichts der Erfahrung der "Grenzen des Wachstums" und der globalen Bedrohungen
(Bevölkerungsexplosion, Verknappung der Rohstoffe, Nord-Süd-Konflikt, Umweltzerstö-
rung u.a.m.) zerbrach der positivistische Optimismus und der Glaube an rationale und
technologische Machbarkeit. Es kam zu einer unterschwelligen Orientierungs- und Sinnkrise, die die Stimmung umschlagen ließ.[117] Parallel und im Gegensatz zur Säkulari-
sierungswelle brach ein immer breiter werdender neureligiöser Strom auf. Auf der Suche
nach Spontaneität, Kreativität, Gemeinschaft und Bewußtseinserweiterung wandte man
sich nun transzendentalen, ekstatisch-irrationalen und emotionalen Erfahrungen zu und
suchte im Protest gegen materialistisch-rationale Außensteuerung Vergewisserung aus dem
Jenseits bzw. in der "Wendung nach Innen". Statt abstraktem Vernunftdenken gab man
nun der unmittelbaren Erfahrung den Vorzug, dem einfachen "Jetzt-hier-Sein" vor
zukunftsorientierter Leistung.[118] In diesen allgemeinen Strom von Überdruß-, Alternativ-
und Such-Bewegungen (Aussteiger- und Drogenszene, Jugendreligionen, Ökologiebewegung, Spiritualismus, Esoterik, Magie und Okkultismus und "New-Age" als Sammelbewe-
gung)[119] als geistesgeschichtlicher Gesamterscheinung bzw. in den weiteren Kontext einer
weltweiten Renaissance des Religiösen sind auch die Neo-PB und CB/CE einzuordnen.
Über strukturellen und phänomenologischen Ähnlichkeiten dürfen aber nicht die unterschiedlichen Wurzelgründe und die unvereinbaren inhaltlich-lehrmäßigen Füllungen eingeebnet werden.[120]

2.4.3 Pfingstlerisch-charismatische Lehre und Frömmigkeit als "Funktion (od. Dysfunktion)
        der Lebensbewältigung" (W.Hollenweger)[121]

In Entstehung und Wachstum der PB spielen neben dem religiösen Moment auch
sozio-ökonomische, sozial-anthropologische und sozial-psychologische Faktoren eine
Rolle. Dies hat W.Hollenweger immer wieder hervorgehoben, der eine rein theologische
Betrachtungsweise der PB und pfingstlerisch-charismatischer Frömmigkeit für ungenügend und dem Phänomen nicht gerecht werdend erachtet. In seinen Veröffentlichungen
verweist er immer wieder auf entsprechende Untersuchungen.
        Die in der amerikanischen Soziologie lange vorherrschende Sicht, daß die PB mehr
oder weniger ausschließlich Ausdruck wirtschaftlicher Benachteiligung ist, muß - zumal
seit der Entstehung der Neo-PB, CB/CE - durch die Einbeziehung sozial-psychologischer
Aspekte modifiziert werden.[122] Daß wirtschaftliche Benachteiligung nur ein Moment ist,
hat bereits L.Pope in seinem Buch "Millhands and Preachers" für die Church of God in
Gastonia (Nord Carolina) gezeigt, der auf die Erleichterung vom psychologischen Druck
und die Stärkung des Selbstwertgefühls im pfingstlichen Gottesdienst aufmerksam
macht.[123] Der englische Soziologe B.R.Wilson hat die Versammlungen der von ihm
untersuchten Pfingstkirche als einen Ort der Geborgenheit und "Ersatz für Gruppentherapie"
bewertet. "Die Möglichkeit, aufzustehen und zu sprechen - und sei es in Zungen - für

Menschen, die normalerweise nichts dergleichen tun, oder sich irgendwie ins Gespräch einschalten zu können, seiner Meinung und seinen Gefühlen Ausdruck zu geben, und sei es noch auf die unartikulierte Weise, das heißt: neue Fähigkeiten entdecken".[124] Nach Wilson ereignet sich in der PB eine "Übernahme und Institutionalisierung individueller Neurosen". Gewiß habe die PB ihre eigenen Methoden, aber die Analogie zur Gruppentherapie unter Leitung eines Predigers habe viel für sich. "Die häufigen und intensiven Gottesdienste mit spontanen Zeugnissen schaffen eine dem Psychodrama verwandte Situation. Im Zentrum steht ein gemeinsames Schulderlebnis... Das Mitglied fühlt die Lösung einer Gefühlsspannung in drastischer Form, wenn es seine Gedanken nicht äußern kann oder sich fürchtet vor der Äußerung: Im Phänomen des Zungenredens kann die psychologische Blockade umgangen werden...".[125]

W.Hollenweger sieht die gruppentherapeutische Funktion des pfingstlerischen Gottesdienstes in ganz unterschiedlichem Kontext gegeben. "Ob bei den Landarbeitern Chiles, unter den Indianern Argentiniens, im Proletariat Nordamerikas, bei den Massen der afrikanischen Städte, unter den Zigeunern Frankreichs, den Gewerkschaftern Schwedens, den Armen Großbritanniens, überall hat die PB die Funktion, namen- und sprachlose Menschen ausdrucksfähig zu machen, sie vom Schrecken des Sprachverlustes zu heilen".[126] In diesen Gottesdiensten geschieht ein erstaunliches, in anderen Kirchen nie erreichtes Maß an Kommunikation zwischen Prediger und Hörer und untereinander. Hier, auf dem Gebiet der Liturgie und Homiletik, liegt nach Hollenweger der entscheidende Beitrag der PB.[127]

Zur Überraschung vieler, hat pfingstlerisch-charismatische Frömmigkeit die Grenzen der sozialen Unterschicht überschritten, Eingang in die Mittel- und Oberschicht gefunden und sich als eine auch für Gebildete durchaus attraktive und moderne Erscheinung erwiesen. So entdecken mit Verantwortung überhäufte Fabrikdirektoren, Ingenieure, Diplomaten, Universitätsprofessoren und Kleriker hier "'die andere Seite' ihrer Persönlichkeit", das Ursprüngliche, Spontane, individuell Menschliche und erleben es als persönlich hilfreich, dies in einem geschützten Rahmen zulassen und artikulieren zu dürfen.[128] Der pfingstlich-charismatische Gottesdienst kommt dem Verlangen nach unmittelbarem Gebet und Vereinfachung des Glaubens auf spontane persönliche Bezüge entgegen. Er spricht weniger das Denken an, aber er führt in den Glauben im Sinn unmittelbaren religiösen Erlebens und fügt nicht zu den mitgebrachten beruflichen und persönlichen Problemen noch die gedanklichen des Theologen.[129]

Die beiden Vorzüge der gruppentherapeutischen Funktion und der Predigt als Kontaktgeschehen sieht Hollenweger durch den Nachteil einer Reduktion auf innerpsychische Vorgänge wieder stark eingeschränkt.[130] Trotzdem wertet er die Pfingstkirchen grundsätzlich positiv und sieht sie in gewissen Gesellschaften als *"notwendige Inseln der Menschlichkeit"*, die den Armen ein Zuhause, relative wirtschaftliche Sicherheit, Fürsorge in Krankheit und minimale Bildungsmöglichkeiten bieten.[131] In Chile ist die PB eine Art Ersatz für die "Hacienda", die Produktions- und Konsumtionsgemeinschaft der Großgrundbesitzer. "Der Pfingstprediger übernimmt dabei die Funktion des ehemaligen Landherrn. Er sorgt für seine Gemeinde, findet Arbeit für sie - die Pfingstprediger werden von den Fabrikdirektoren gerne als Stellenvermittler beansprucht, weil die Pfingstler als gute und gehorsame Arbeiter bekannt sind -, man betet für die Kranken und organisiert die Freizeitgestaltung".[132] Soziologische Untersuchungen zeigen ähnliches für Brasilien. So stellt E.Willems heraus, welche unschätzbare Hilfe zum "Mündigwerden" des brasilianischen Analphabeten die PB anbietet.[133] C.P.F. de Camargo beschreibt die Pfingstgemeinde als "'Großfamilie', die mit ihren persönlichen und direkten Kontakten das Klima des Unpersönlichen in der Großstadt überwindet und das unbeachtete Alltagsleben des Brasilianers in einem religiösen Wertschema so interpretiert, daß die kleinen Entscheidungen des täglichen Lebens in einen heilsgeschichtlichen Zusammenhang eingeordnet werden".[134] In Süditalien ist die PB "die Religion der stolzen Armen", die dem anonymen, seines Menschseins beraubten Landarbeiter zur Persönlichkeitswerdung hilft.[135]

2.4.4 Wachstumsfaktoren

In einer sozial-anthropologischen Untersuchung haben L.P.Gerlach und V.H.Hine vor allem fünf Ursachen für das rasante Wachstum und die Ausbreitung der pfingstlerisch-charismatischen Bewegung ausgemacht:[136]

1. Die netzförmige, dezentralisierte, akephale Organisationsstruktur

Kennzeichnend für die Bewegungen ist ein Konzept des individuellen Zugangs zum Heil im weiten Rahmen eines persönlichen, freien Netzwerkes der Verbundenheit im Gegensatz zu organisatorischer und zentralistischer Einbindung und Kontrolle. Man kann von einer organisatorischen Spontaneität sprechen, in der immer neue selbsternannte oder von Gott berufene charismatische Laien-Führergestalten die Bewegung vorantreiben, die sich durch Teilung bzw. Spaltung vervielfältigt. Durch den Austausch von Leiterschaft über Gruppen und Grenzen hinweg regt man sich gegenseitig an und befruchtet sich. Über Barrieren hinweg schafft ein Netzwerk "reisender Evangelisten" Verbindungen. Hinzu kommen größere Vereinigungen mit Sammlungsfunktion, wie die Geschäftsleute des Vollen Evangeliums. Über die eigene Bewegung hinaus bestehen vielerlei Kontakte. Es gibt eine effektive informelle Kommunikation untereinander durch Mundpropaganda. Finanzen werden netzförmig und persönlich erhoben und verteilt. Die Gruppen-"Ideologie" wird dezentral und strukturell vielgestaltig über verschiedene Kanäle sehr effektiv weitervermittelt. Die Variabilität der ideologischen Interpretation, organisatorischen Form, Leitungsart, Mitgliedergewinnung, der Manifestation der Geistesgaben usw. trägt zu einer überraschend agilen Ausbreitung über ökonomische, bildungsmäßige, religiöse und kulturelle Grenzen hinweg bei. Die Vielgestaltigkeit ermöglicht es, eine große Bandbreite von psychologischen und soziologischen Bedürfnissen abzudecken, Nischen zu nützen und unerreichte Bevölkerungssegmente zu gewinnen.

2. Die Gewinnung neuer Mitglieder durch persönliche Einladung über gewachsene, tiefe Beziehungen

In der modernen, anonymen Massengesellschaft hat die Benutzung des Kommunikationsnetzes informeller, aber wirksamer persönlicher Beziehungen (Nachbarschaft, Freundschaft, Geschäfts- und Arbeitskollegen, Mitstudenten usw.) einen außerordentlich hohen Stellenwert. Die Untersuchung ergab, daß 52% der neuen Mitglieder über Verwandte, weitere 29% über enge Freunde gewonnen worden waren.[137]

3. Eine tiefgehende Identifikation mit der Gruppe und die Hingabe an die Sache aufgrund einer verifizierbaren, hochmotivierenden religiösen Erfahrung ("commitment by experience"), die zugleich einen Abkehr- und einen Hinkehrakt beinhaltet ("commitment by act")

Mit dem intensiven gefühlsmäßigen Erleben der Geistestaufe oder auch des Zungenredens ist eine kognitive Restrukturierung, eine tiefe Gewißheit und eine Leichtigkeit von Verhaltensänderungen verbunden. Es vollzieht sich ein Identitätswandel. Der Abkehr- und Hinkehrakt besteht meist in einem Bruch mit der bisherigen Kirche oder Familie. Die genannten Elemente sind wesentlich für die Bewegungsdynamik, da sie entschlossene Rekruteure und Leiter hervorbringen.[138]

4. Eine "Ideologie" - d.h. einfache, klare und in gewisser Weise starre Glaubensstrukturen -, die Verhaltensänderung motiviert und auslöst und in einem bestimmten Bereich zur Lebens- und Wertwandlung hilft

Nach E.Hoffer liegt die Effektivität einer Doktrin zunächst weniger in ihrem Inhalt als in ihrer Gewißheit. Kennzeichen einer Ideologie sind: a) die Ablehnung der Kluft zwischen Ideal und Wirklichkeit (die meisten zur PB Bekehrten waren nominelle Christen, die "Realität" suchten); b) das ernsthafte, entschlossene Engagement; c) ein "positiver Fatalismus", der eher zum Kampf als zum Rückzug anspornt, der Negativerfahrung positiv interpretiert und als Anzeichen kommender Segnungen nach vorne deutet, der zum Einsatz, zu Wagnis und Innovation ermuntert und so auch die ökonomische Situation der Anhänger verbessert.

5. Wirkliche (oder eingebildete) Opposition von seiten der Kirche und der Gesellschaft bildet den nötigen Gegenwind, der den "Drachen" erst recht steigen läßt

Eine genügende Menge an Widerstand, die nicht zur totalen Unterdrückung ausreicht, intensiviert die Hingabe, eint die örtliche Gruppe und schafft eine Grundlage zur Identifikation verschiedener benachbarter oder auch weit entfernter Gruppen untereinander.

Anders als in der abstrahierenden, mehr auf strukturale Aspekte des Wachstums abzielenden Untersuchung von Gerlach/Hine beziehen Missionswissenschaftler wie C. Peter Wagner stärker theologische, pastorale und geistliche Momente in ihre Überlegungen mit ein. So nennt Wagner als Gemeindewachstumsexperte folgende **internationale institutionelle Faktoren**: 1) den biblischen *Triumphalismus und Optimismus*; 2) die *Ausrichtung auf die Armen und Unterdrückten*; 3) die *Mehrgestaltigkeit der Wege in den geistlichen Dienst*; 4) den hohen Stellenwert der *Autonomie der örtlichen Gemeinde*; 5) *das apostolische Modell der Gemeindepflanzung* und 6) die *Schismen*.[139]

Als *lokale institutionelle Faktoren* für das Wachstum pfingstkirchlich-charismatischer Gruppen führt er an: 1) die *unbestrittene Grundlage biblischer Autorität, konservativevangelikaler Theologie* und der *Priorität der Seelenrettung*; 2) eine *straffe pastorale Führung* mit Optimismus und Vorwärtsorientierung, die zu radikalem Gehorsam gegenüber der Herrschaft Christi anspornt; 3) die vorrangige *Betonung und Praktizierung des Gebets* als Grundlage aller geistlichen Arbeit, mit vielerlei ermutigenden Gebetserhörungen; 4) das *Rechnen mit dem Eingreifen Gottes* und die *Offenheit für das Wirken des Heiligen Geistes* jetzt und hier; 5) das *Vorhandensein reicher Finanzmittel* durch die Gebefreudigkeit der Mitglieder, die von ihrer Kirche begeistert sind - den Zehnten zu geben ist die Norm, selbst unter Armen; 6) *inspirierende Gottesdienste*, in denen keiner unberührt bleibt und vielfältig mit einbezogen ist; 7) die *aktive Mitarbeit aller Gemeindeglieder* in vielgestaltigen Laiendienstprogrammen wird erwartet - vielerorts gibt es hierfür gemeindeeigene Schulungsprogramme auf hohem Niveau; 8) ein *ausgedehntes Angebot biblischer Lehrunterweisung*, die alltagsbezogen auf die wirklich vorhandenen Bedürfnisse der Gemeindeglieder ausgerichtet ist.[140]

Als die beiden *Kernelemente* für das Wachstum der PB und neuerer charismatischer Bewegungen kann man wohl a) die *Verbindung der geistlichen Grunderfahrung mit dem persönlichen Zeugnisgeben* nach apostolischem Vorbild (Act 1,8) und b) das Konzept der

Ausbreitung durch Zellteilung und Gemeindeneugründung, ausgehend von der örtlichen Gemeinde, ansehen.

So schreibt David DuPlessis über die Effizienz des Systems des "every member evangelism" in der weltweiten Ausbreitung: "Indem die Missionare der PB ihren Anhängern zwei sehr ausgeprägte Erlebnisse boten - die Begegnung mit dem lebendigen Christus zur 'Wiedergeburt' und eine Durchdringung mit dem heiligen Geist zur 'Zeugniskraft' -, gelang es ihnen, einheimische Kirchen viel schneller zu gründen als jene Missionare, die zwangsläufig auch eine besondere Lehre oder Theologie (und Kultur) verpflanzen mußten. Jeder einheimische Bekehrte legte für sein eigenes Volk in dessen Sprache und Sitte Zeugnis ab. Daher war für die Missionare der Pfingstbewegung der Übergang von Missions- zur einheimischen Kirche in keiner Weise schwierig".[141]

Wie das persönliche Zeugnisgeben sich auf der individuellen Ebene als wichtiger Wachstumsfaktor erwies, so auf der Gemeindeebene das wirksame Konzept der Vervielfältigung durch Zellteilung, in dem eine Mutterkirche kleine Tochtergemeinden bildet, die selbst wieder Mutterkirchen werden und nach der gleichen Weise weiter reproduzieren. Das missionarische Engagement wird noch verstärkt durch die Dringlichkeit des eschatologischen Moments.[142] In den letzten Jahren stellt man noch stärker als früher die Bedeutung von Machttaten, Zeichen und Wundern als Evangelisationsmittel, ja Evangelisationsmethode ("power evangelism") und Wachstumsfaktor heraus.[143]

Moderierende Integration

DIE EINORDNUNG UND BEURTEILUNG DES ENTHUSIASTISCH-CHARISMATISCHEN IM RÖMISCH-KATHOLISCHEN BEREICH

0.1 Vorbemerkungen

Im römisch-katholischen Bereich wurde die Frage des "Charismatischen" und der Kriterien seiner Echtheit, wenn auch in individualisierender Engführung der Mystik, immer mitbedacht. Vor allem in der "theologia cordis" reflektierte man die mystische Erfahrung. In der daraus entstandenen, vornehmlich an den Ordensschulen gelehrten, "aszetischen" oder "mystischen" Theologie[1] verhandelte man im Zusammenhang der mystischen Stufenwege zur Vollkommenheit der Gottes- und Nächstenliebe immer auch die außerordentlichen Phänomene und sekundären Begleiterscheinungen und entwickelte "Regeln" zur "Unterscheidung der Geister".[2] Besonders die Überlegungen und Weisungen von Ignatius von Loyola haben sich in der katholischen Kirche bis in die Gegenwart durchgehalten.[3] Die klassischen kirchlich-theologischen Lexika bieten von daher im Unterschied zu den evangelischen Pendants eigene Artikel,[4] und auch die großen systematischen Theologen zeigen sich in ihren Arbeiten mit den Fragen vertraut, wenn die Lehrbücher sie meist auch nur kurz und am Rand streifen.[5] Zu einer vertieften Beschäftigung mit dem Charismatischen kam es im Zuge der Vorbereitungen, im Verlauf und in der Folge des II.Vatikanum und durch das Aufkommen der charismatischen Erneuerung.[6]

Zur Darstellung der theologischen Diskussion über "Charisma und Unterscheidung" in der Gegenwart bietet sich für den katholischen Bereich ein Gang an bedeutenden Theologen entlang an, von denen jeder auf seine Weise zu diesem Themenkreis Grundlegendes gesagt hat. So ist *Karl Rahner* zum einen als einer der frühen Vordenker des Charismatischen in der Kirche zu berücksichtigen, wie auch wegen seiner Ausführungen zur Beurteilung von "Visionen und Prophezeiungen", die im katholischen Bereich bis heute Gültigkeit haben. - Als vertrauter Kenner der mystisch-charismatischen Tradition hat sich *Hans Urs von Balthasar* aus einem christozentrischen systematischen Ansatz zur "Unterscheidung" geäußert und auch zu gegenwärtigen Erscheinungen diakritisch Stellung genommen. - *Heribert Mühlen* hat als Systematiker bedeutende Beiträge zur Pneumatologie und Ekklesiologie geleistet und später im Rahmen der Charismatischen Erneuerung Akzente gesetzt. Er bindet das Charismatische ein in ein allgemeines Pastoralmodell. Von seinem personologisch-pneumatologischen Ansatz her hat er grundsätzliche Überlegungen zur Frage der "Unterscheidung der Geister" angestellt und einen Kriterienkatalog für die Praxis der CE entwickelt. - In der *theologischen und pastoralen Orientierung "DER GEIST MACHT LEBENDIG"*, dem 1987 von der Deutschen Bischofskonferenz angenommenen Grundlagenpapier, haben die Überlegungen zur Einordnung und Beurteilung des Enthusiastisch-Charismatischen im Bereich der BRD systematisch und pastoral einen vorläufigen Abschluß gefunden. In diese Grundlinien fügen sich Verlautbarungen aus der Weltkirche und Einzelveröffentlichungen zur CE und ihren Phänomenen bei nuancenhaften Akzentunterschieden problemlos ein.

Ehe wir zu diesem ersten Hauptteil unserer Arbeit kommen, soll in einem Rekurs die Geschichte des Topos der "Unterscheidung der Geister" skizziert werden.

0.2 Rekurs: Zur Geschichte des Topos der "Unterscheidung der Geister"

0.2.1 Frühchristliche Äußerungen zur "UdG" und ihrer Kriterien

Ansätze einer Lehre von der "UdG" finden sich bereits in nachapostolischen Schriften. Dabei ging es um die Frage der Bewertung innerer Impulse und um Klärung in der Frage falschen und echten Prophetentums.

Die *Didache* oder "Apostellehre"[7] geht davon aus, daß die Gemeinde jeden, der im Namen des Herrn kommt, i.e. jeden fremden zuwandernden Christen, prüfen kann (*dokimazo). Sie besitzt "Einsicht nach rechts und links", kann Gut und Böse unterscheiden (XII,1). Eine verbreitete Wandertätigkeit von Aposteln/Propheten wird - bei wachsender Bedeutung der örtlichen Gemeindeleitung - vorausgesetzt. Apostel und Propheten werden noch als selbstverständliche Einheit zusammen genannt. Vom prophetischen Dienst wird mit Hochachtung gesprochen.[8] Daneben tritt aber das Problem auf, daß Schwindler umherziehen, die lediglich die materiellen Vorzüge des prophetischen Standes genießen wollen.[9]

Als unterscheidende Kennzeichen des falschen Propheten[10] werden deshalb genannt: a) er bleibt länger als ein bis zwei Tage, d.h. er fällt zur Last und zieht nicht weiter (XI,5); b) er hat nicht das Wesen, die Lebensart des Herrn (XI,8: *tous tropous tou kyriou);[11] c) er tut selbst nicht, was er lehrt (XI,10); d) er ist genußsüchtig und habgierig, verlangt Geld (XI,9. 12).[12] - Geprüft wird also vor allem die Lebenspraxis, die Übereinstimmung von Lehre und Leben und nicht, wie bei Paulus, primär das Bekenntnis I Kor 12,3. Mit dem Achten auf absolute Uneigennützigkeit und vorbildliches Verhalten wird zumindest ein Teilaspekt des Kriteriums "Früchte" (Mt 7,16ff) aufgenommen. Der Aspekt dämonologischer Verführung ist kaum artikuliert. Die Kriterien sind mehr praktisch-moralisch als grundsätzlich-theologisch. Zu fragen ist, ob hier eine für die nachapostolische Zeit typische Schwerpunktsverlagerung in Richtung "neues Gesetz" vorliegt,[13] ob es ein formalisiertes Feststellungsverfahren gab[14] und die ursprüngliche pneumatisch-unmittelbare Dimension der "UdG" verlorenging.[15]

Die längste frühchristliche Abhandlung der Frage der "UdG" findet sich im *Hirt des Hermas*, einer apokryphen Apokalypse mit starkem jüdischen Einschlag.[16] Hermas nimmt die traditionelle Lehre der "zwei Wege" auf, die mit zwei "Engeln" oder "Geistern" in Zusammenhang gebracht wird. An Werken und Wirkungen kann "gut" und "böse" erkannt werden.[17] Neben dieser Anwendung im Blick auf das eigene Lebensverhalten befaßt sich Hermas aber auch ausführlich mit der Unterscheidung "wahrer" von "falscher", "echter" von "unechter" Prophetie (mand XI). Diese Frage war durch heidnisch-divinatorische Praktiken im christlichen Umfeld von Hermas brennend.[18]

Geprüft wird das Werk und Leben des (angeblichen) "Geistträgers".[19] Auch hier wird der Blick vorrangig auf den ethisch-moralischen Aspekt gerichtet. Wenn auch nicht in exorzistisch-massiver Form, wird doch weiter eine Verbindung der Kennzeichen und Vorgänge zu Geistwesen gesehen und damit eine dämonologische Deutung gegeben. Es geht um Inspiration. In jedem Fall wird die ganze mantische Erscheinung abgelehnt.[20]

Der falsche Prophet, der als Wahrsager (*mantis) bezeichnet wird,[21] verdirbt die Einsicht, das Denken (*dianoia) derer, die ihm anhangen. Ihnen fehlt das geistliche Unterscheidungsvermögen bzw. sie verlieren es. Im besonderen wendet sich der Falschprophet an die "Zweifler" und "leeren" Menschen, die als wankelmütige (*dipsychoi), schwachgläubige, unsichere Knechte Gottes charakterisiert werden.[22] Sie sind der Erhörung ihrer Gebete nicht gewiß und werden dadurch in die Arme des falschen Propheten getrieben. Dieser läßt sich wie ein heidnischer Orakelgeber[23] von ihnen über das, was ihnen zukünftig begegnen wird, befragen.[24] Offensichtlich stellt er sich intuitiv auf seine Klienten ein, antwortet das, was sie gerne hören wollen und füllt damit ihre Seelen.[25] Die an den "mantis" gestellten Fragen entspringen unklaren, verkehrten Motiven, den Begierden und der Verwirrtheit der Frager. Was den Inhalt der Antworten angeht, heißt es: der Wahrsager antwortet "Leere den Leeren", d.h. Flachheiten und Banalitäten, die nicht wirklich weiterhelfen. In diesem Ausdruck ist zugleich die wesensmäßige Parallelität, eine "pneumatologische Affinität" von Befragtem und Fragern, zwischen dem Geist des Falschpropheten und den Zweiflern angezeigt.[26] Aufgrund dieser Affinität ist der "mantis" erfolgreich, d.h. letztlich hat nicht der Mensch Erfolg, sondern der falsche Geist in ihm. Wirklich eintreffende Orakel werden dämonologisch gedeutet. Manchmal nämlich sagt der falsche Prophet, "vom Geist des Diabolos erfüllt", der versucht, "Gerechte zu brechen", auch Wahres. Der Starke im Glauben des Herrn ist kräftig im Heiligen Geist, diesen Versuchen zu widerstehen. Er folgt solchen Geistern nicht, hält sich fern[27] und glaubt diesem Geist nicht.[28] Die Befragung eines Pseudopropheten ist verbotene Wahrsagerei, Götzendienst, d.h. Versündigung am 1. Gebot.[29]

Daß es falsche Propheten gibt und er davor warnen muß, führt Hermas nicht zu einer grundsätzlichen Ablehnung von Prophetie überhaupt. Er kennt echte aktuale Prophetie, bejaht sie und ruft dazu auf, dem göttlichen Geist zu glauben.[30] In der Versammlung gerechter Männer, die "Glauben an den göttlichen Geist haben", wird unter dem gemeinsamen Gebet der Prophet erweckt. Es "erfüllt (ihn)...der Engel des prophetischen Geistes, der bei ihm wohnt", im Heiligen Geist zur Gemeinde zu reden, was Gott will. So wird der göttliche Geist offenbar.[31]

Als Kennzeichen des wahren Propheten nennt Hermas: Er ist sanft, ruhig, demütig, enthält sich aller Bosheit und nichtiger Gier nach den Dingen dieser Weltzeit und macht sich ärmer (od. geringer) als alle anderen Menschen. Weiter antwortet er nicht, wenn er wie ein Orakelgeber befragt wird. Er redet nicht im Geheimen und nicht, wenn der Mensch es will, sondern wenn Gott es will.[32]

Im Unterschied zur tiefen Selbstbescheidung des wahren Propheten ist der falsche Prophet an seiner Überheblichkeit zu erkennen. Er erhöht sich selbst und will als "Geistträger" immer den ersten Platz einnehmen.[33] Er ist keck und unverschämt, geschwätzig, lebt in Luxus und anderen trügerischen Dingen. Vor allem aber nimmt er Bezahlung für seine prophetische Tätigkeit. Bekommt er kein Geld, so prophezeit er nicht.[34] Gerade dies macht deutlich, daß es sich um einen "irdischen" Geist handelt, der "leer, kraftlos und töricht" ist.[35] - Der falsche Prophet bewegt sich wohl innerhalb der christlichen Gemeinschaft und nimmt vermutlich auch an ihren Aktivitäten teil, aber seine Orakelgabe praktiziert er heimlich im privaten Kontext.[36]

Hermas beschreibt auch einen pneumatisch-aktualen Prüfungsvorgang im Gemeinschaftskontext, bei dem durch die Kraft des wahren Geistes der falsche Geist offenbar wird. Dies geschieht durch gemeinsames Gebet. So wie der wahre Prophet in die Versammlung gerechter Männer geht, die den Geist Gottes haben, und unter deren Gebet angeregt wird zum prophetischen Reden und so der göttliche Geist und seine Kraft offenbar wird;[37] genauso wird auch die Kraftlosigkeit und Leere des irdischen Geistes des Falschpropheten offenbar,[38] wenn geisterfüllte, gerechte Männer in der Versammlung anfangen zu beten. In dem falschen Propheten entsteht eine Leere, der "irdische" Geist (*epigeion) flieht aus Furcht, der Mensch verstummt, wird ganz gebrochen und hat keine Kraft mehr zum Reden. Der im Gebet wohnende echte Gottesgeist offenbart und verdrängt den nur geschöpflichen, falschen Prophetengeist.[39] Dieser "irdische" Geist kommt letztlich vom Diabolos. Mit dieser Kennzeichnung artikuliert Hermas den dämonologischen Aspekt.[40] Er weiß um einen letzten Gegensatz zwischen Gott und Gegengott, der sich in der Falschprophetie zeigt, die nicht tolerabel ist.

Überblickt man mand XI als Ganzes, so treten drei Arten von Kriterien der Unterscheidung heraus: a) sittlich-moralische im Blick auf das Leben; b) formal-psychologische im Blick auf den prophetischen Vorgang ("wenn er gefragt wird"-"wenn Gott will"); c) ein äußeres ekklesiologisches Kriterium ("geheim"-"nicht im Verborgenen").[41] Hinzu kommt als Besonderheit bei Hermas die Beschreibung einer Diakrisis in actu, die vom Heiligen Geist selbst durch die versammelte Gemeinde erfolgt.[42]

Die Frage der Unterscheidung des Charismatischen bzw. des Ekstatisch-Prophetischen wurde in den Auseinandersetzungen um die Protest- und Erneuerungsbewegung des *Montanismus*[43] zu einer Kernfrage. Ihre Beantwortung hatte weitreichende Auswirkungen für den weiteren Weg der Kirche.

In Phrygien in Kleinasien war unter dem kurz zuvor zum Christentum übergetretenen Montanus und seinen beiden Prophetinnen Priscilla und Maximilla eine ekstatisch-enthusiastische Bewegung entstanden. Die Dynamik dieser frühen, im eigentlichen Sinn "prophetischen" Phase führte unter hohem Sendungsbewußtsein zu rascher und weiter Ausbreitung und zur Gründung eigener Gemeinden. Aufgrund seiner eschatologisch verstandenen Geistbegabung beanspruchte Montanus allgemeine Verbindlichkeit seiner Erkenntnis und Worte. Er war überzeugt, durch eine neuartige, unmittelbare Offenbarungsquelle das ursprüngliche Christentum zu überbieten und erst wirklich zu erfüllen. Während frühere Propheten nur von mehr oder weniger lokaler Bedeutung waren und ihre Überzeugungen sich im wesentlichen im kirchlichen Rahmen bewegten, war diese Erscheinung in ihrem Begründungszusammenhang und umfassenden Anspruch ein Novum. Die "neue" Prophetie forderte im Selbstverständnis einer von Christus verheißenen eschatologischen Geistesausgießung und unter Berufung auf die einzigartige Inspiriertheit ihrer Propheten von jedermann Gehorsam.[44]

Neben den radikalen asketischen Forderungen und der eschatologischen Leidenschaft[45] war es vor allem das massiv ekstatische Auftreten, an dem sich der Widerspruch festmachte. Umstritten war die eigenartige, ungewohnte Form der Prophetie. Der Mensch schläft gewissermaßen ein, verliert sein Bewußtsein, und eine fremde Macht nimmt von ihm Besitz. In tranceartigem, willenlosem Zustand des Werkzeugs ereignet sich die Inspiration. Montanus gebraucht als Vergleich für diesen Vorgang das Streichen des Plektrons über die Saiten der Lyra: "(Der Geist spricht aus Montanus also:) Siehe, der Mensch ist wie eine Leier, und ich fliege herzu wie der Schlegel; der Mensch schläft, und ich wache. Siehe, der Herr ist es, der die Herzen der Menschen erregt (in Ekstase versetzt) und gibt den Menschen ein (neues) Herz".[46] Gegen diese Art der Prophetie in Ekstase bzw. Trance richtete sich die Hauptkritik.[47] Prophetie und Ekstase wurden nicht grundsätzlich abgelehnt, wohl aber die hier vorkommenden Erscheinungen, in denen beide Elemente eigentümlich verquickt waren. Ein Reden im bewußtlosen Rausch konnte aus der Sicht der kirchlich Verantwortlichen unmöglich vom Geist Gottes bewirkt sein, es mußte dämonische Besessenheit zum Ursprung haben. Die Anhänger sah man durch den falschen Geist verführt und geblendet, da sie die Warnungen des Herrn vor falschen Propheten nicht ernstgenommen hatten.

Da die Montanisten in der Lehre im wesentlichen orthodox waren, ließen sich die dogmatischen Kriterien, wie sie in der Auseinandersetzung mit der Gnosis entwickelt und angewandt wurden, nicht ins Feld führen. Kernpunkt der Unterscheidung und Abgrenzung wurden die ekstatischen Phänomene als solche, die ja auch von den Montanisten selbst als besonderes Kennzeichen hervorgehoben wurden. Damit verschoben sich Methode und Kriteriologie der Prüfung vom Ethisch-Moralischen auf das Psychologische bzw. Parapsychologische,[48] der dämonologische Aspekt wurde entscheidend.

In der Polemik werden weitere Kriterien und Argumente gegen die Montanisten ins Feld geführt. So wandte man u.a. ein, daß Jesus gesagt habe, nach Johannes gäbe es keine

Propheten mehr. Auf Grund nicht eingetroffener angekündigter Kriege und Verwüstungen schloß man auf die trübe Quelle dieser Weissagungen (vgl. Dtn. 18,20-22). Weiter spräche gegen die neuen Propheten, daß keiner von ihnen um Christi willen von Juden oder Gottlosen verfolgt, gegriffen, gesteinigt oder ausgepeitscht wurde. Einer exorzistischen Prüfung des Geistes hätten sie sich entzogen. Auch der Vorwurf eines oberflächlichen Lebenswandels taucht auf.[49] Zu den Äußerlichkeiten, an denen man sich stieß, zählten auch: die ungewohnte Rolle der Frauen, die Ansprüche für das abgelegene Pepuza als "neues" Jerusalem, der Märtyrerstolz und das Drängen zum Martyrium.[50]

Nach der Verurteilung des Montanismus gerieten in der Kirche grundsätzlich alle krasseren Formen des Enthusiasmus und der Ekstase in den Verdacht, Kennzeichen dämonischer Besessenheit zu sein. Enthusiastische Eingebungen, Entrückungen und Visionen werden an den Rand der Kirche und in die Ketzerei abgedrängt. Eine neue Heimstatt und geordnete Entwicklungsmöglichkeiten verschafft ihnen erst wieder das Mönchtum.[51] Die fortschreitende Hellenisierung des Christentums, die Hervorhebung des geistigen und vernünftigen Charakters des christlichen Glaubens drängte die archaischen, enthusiastisch-ekstatischen Züge des Prophetischen weiter zurück. Rationale und lehrhafte Elemente gewinnen die Oberhand. Die Gestalt des Propheten wird von den Gestalten der "Lehre", den Katecheten, Predigern und heiligen Philosophen abgelöst.

In der Auseinandersetzung mit dem Montanismus wurden für die Kirche weitreichende Grundfragen entschieden: die Zuordnung von Tradition, Schrift, Amt und Geist bzw. Vergangenheit, Gegenwart und Zukunft bzw. Schöpfung, Erlösung und Vollendung.[52] Das Selbstverständnis des Montanismus als weiterführende heilsgeschichtliche Stufe und der Anspruch auf unmittelbare, verbindliche Geistoffenbarung wurde zurückgewiesen. Der werdende "Kanon" als bewahrende Norm gewann als heilige Grenze scharf ausschließende Bedeutung (eine Entwicklung, die selbst die Montanisten entgegen ihrem eigenen Ansatz mitvollzogen).[53] Das objektive Amt bekam in der kirchlichen Leitung den Vorrang vor charismatischer Sonderbegabung, die Institution vor dem Charisma.

0.2.2 Zur weiteren Geschichte der "UdG" und ihrer Kriterien[54]

Im weiteren Verlauf der Kirchengeschichte verlagern sich die Überlegungen als Folge des allgemeinen Rückgangs des Prophetismus von den Fragen der Prophetie und außergewöhnlicher ekstatischer Erscheinungen mehr auf die Beurteilung innerer Antriebe. Ein Überflug soll wichtige Stationen aufzeigen:

Origenes reflektiert sorgfältig die Herkunft menschlicher Gedanken, wobei er als drei mögliche Quellen die eigene Natur, feindliche Mächte, Gott oder heilige Engel nennt. Er behält auch die menschliche Seite der Versuchung im Auge. Die Fähigkeit der Unterscheidung ist ein besonderes Kennzeichen des "pneumatikos". Kriterien der Unterscheidung sind die Früchte und der innere Friede.[55]

Bei den *Wüstenvätern*[56] taucht die UdG im Zusammenhang mit dem Dämonenkampf der Asketen auf. Die populärste Darstellung findet sich in der "Vita Antonii" des Athanasius, einer Werbeschrift für das Mönchtum (357 n.Chr.). Mit Attacken des Feindes muß der Einsiedler vor allem an entscheidenden Stellen seines Weges zur Vollkommenheit rechnen. Der Dämon stellt dem Anfänger die Annehmlichkeiten und Vergnügungen des Lebens vor Augen. Wirkt dies nicht, greift er zu Phantasien und Trugbildern bis hin zu massiven Angriffen, oder er verstellt sich als Lichtengel, der zur Vernachlässigung oder Übertreibung der Askese oder zu Eitelkeit verführt. Grundlegendes Unterscheidungsmerkmal ist wiederum Friede bzw. Friedelosigkeit.[57]

Evagrius Pontikus[58] hat die Spiritualität der Wüste theoretisch und theologisch dargestellt und die östliche wie die westliche Mystik maßgebend beeinflußt. Er teilte die Dämonen nach den Hauptsünden in acht Gruppen (Unmäßigkeit, Unkeuschheit, Geiz, Zorn, Traurigkeit, geistliche Trägheit, Ruhmsucht, Hoffart), charakterisierte ihre Vorgehensweise und gab Ratschläge zum Umgang mit ihren Angriffen und Gedanken. Er weiß, daß Dämonen auch falschen Frieden eingeben können. Nicht immer hilft der Widerstand gegen Gedanken. Manchmal ist es besser, sie gewähren zu lassen und erst im Nachhinein, wenn Ruhe in die Seele eingekehrt ist, das Ganze zu reflektieren und auf Grund des daraus Gelernten umso besser kämpfen zu können.

Cyrill von Jerusalem[59] stellt in seinen Katechesen Wesen und Wirkungen der bösen und guten Geister einander antithetisch gegenüber. So charakterisiert er den bösen Geist als gewalttätigen reißenden Wolf, der die Sinne verwirrt, das Verstehen verdunkelt, zu Bosheit und Raub fremder Güter anstiftet und den Körper des Menschen unter Zwang benützt. Von ihm rühren trancehafte Phänomene her. - Der Heilige Geist dagegen tut alles zum Wohl und Heil des Menschen. Sein Kommen ist sanft, seine Besitzergreifung zart, sein Joch leicht. Von seiner Gegenwart gehen Strahlen des Lichts und der Erkenntnis aus. Er kommt wie ein wahrer Freund, um zu retten, zu heilen, zu unterweisen, zu warnen, zu stärken, zu trösten, zu erleuchten.

Diadochus von Photike[60] betont das Moment der Erfahrung, den Erlebnischarakter in geistlichen Vollzügen. So kann er auch im Blick auf die UdG Ausdrücke wie "Sinn", "Geschmack", "Gespür" u.ä. verwenden. Der Heilige Geist ist erkennbar an dem unzweideutigen Frieden, den er bringt. Zweifel wäre ein Hinweis darauf, daß eine Tröstung nicht von Gott kommt. Körperliche Visionen, Lichterscheinungen und Stimmen beurteilt Diadochus als teuflische Manöver.

Bei *Johannes Cassian*,[61] der die geistlichen Schätze des Ostens an den Westen vermittelt, wandelt sich die Unterscheidung der Geister zur "discretio", zur "Klugheit", die das Maß der Mitte zwischen den Extremen zu halten versteht. Die "discretio" wird für das geistliche Leben als Gabe von unschätzbarem Wert erachtet.

Die aufgezeigten Linien tauchen auch im Mittelalter auf und werden dort weitergeführt. Bei *Bernhard von Clairvaux*,[62] dem "Letzten der Väter", stößt man auf die ganze Fülle der patristischen Überlieferung und eine noch ungebrochene Verbindung von Lehre und Leben. Seinen Ausführungen liegt geistliche Erfahrung zugrunde, und Lehre soll dem geistlichen Leben dienen. Auf den Menschen sieht er folgende "Geister" Einfluß nehmen: a) Gott, Engel, Teufel; b) der "Geist des Fleisches"; c) den "Geist der Welt". Bernhard richtet das Hauptaugenmerk auf die spürbaren Anregungen und Eingebungen Gottes. Die Möglichkeit, eigene Regungen bzw. den bösen Geist mit dem göttlichen zu verwechseln, sieht er als Hauptgefährdung. Dann tritt an die Stelle des wahren Trostes mit Licht, Wärme und Eifer das Gift falschen Trostes. Aber es gibt Kennzeichen des bösen Geistes, wie Bitterkeit und Zwietracht. Der Geist des Fleisches treibt in die Weichlichkeit, der Geist der Welt in die Eitelkeit, der Geist der Bosheit in Bitterkeit, Zorn, Ungeduld und Neid. Der Hl.Geist dagegen bewirkt Zerknirschung, die Sünde verzehrt, Devotion, die Wunden salbt und heilt, Erkenntnis, die stärkt wie das Brot. Er scheint zu berauschen, indem er alle Güter mehrt, die er in uns gelegt hat und seine Liebe eingießt. - Weder das Vorhandensein von Trost noch seine Abwesenheit kann als absolutes Zeichen der Gegenwart Gottes gewertet werden. - Neben dem Charisma ermöglicht auch Erfahrung und Studium unter göttlichem Licht eine zutreffende Unterscheidung. Der Anfänger, der die geistliche Erfahrung noch nicht erlangt hat, soll den Ratschlägen der Alten folgen.

Bei *Thomas von Aquin*[63] geht die "discretio" ganz in der aristotelischen Kardinaltugend der "prudentia" auf. Sein Interesse richtete sich weniger auf spirituelle Erfahrungen und die Reflexion geistlichen Lebens als auf eine wissenschaftlich-systematische Durchdringung des christlichen Glaubens, so daß die konkrete Betrachtungsweise der Väter hinter die Untersuchung metaphysischer Strukturen und Gesetze zurücktritt.

Auf dem Hintergrund der unruhigen Zeiten, der Weltuntergangsstimmung, religiöser Erregung und Abneigung gegenüber der sichtbaren Kirche hatten kleine Geistgemeinschaften im 14. und 15.Jahrhundert Hochkonjunktur. Visionen und Prophezeiungen erfreuten sich großer Beliebtheit. Von daher ist es nicht verwunderlich, daß die großen Traktate des Mittelalters über die UdG die Frage wahrer und falscher Prophetie aufnehmen. So versucht der Augustiner-Eremit *Heinrich von Friemar*[64] z.B. die Geister zu klassifizieren und unterscheidet vier Instinkte: 1. Der instinctus oder motus interior, der göttlich ist und zu größerer Konformität mit Christus treibt, zu größerer Demut, zu besserer Ausübung der Tugenden und geistlich stärkt. - 2. Der instinctus angelicus beruhigt zuerst, tröstet aber danach; er verbirgt sich, um sich danach wieder zu manifestieren; er führt zu guten und nützlichen Dingen und reizt den guten Willen an. - 3. Der instinctus diabolicus führt den Menschen zum Schlechten und bewirkt das Gegenteil der beiden ersten Instinkte. - 4. Der instinctus naturalis muß absolut gemieden werden, denn er widerstrebt dem Menschen, der geistlich voranschreiten möchte. Diese Unterscheidungsmerkmale werden später von Dionysius dem Kartäuser als ungenügend kritisiert.

Johannes Gerson[65] konstatiert die Unmöglichkeit, eine absolut sichere Unterscheidung zwischen wahren und falschen Offenbarungen zu treffen. - In seiner Schrift "De distinctione verarum revelationum a falsis" nennt er eine Reihe von empirischen Kriterien: Wie sich Falschgeld vom richtigen unterscheidet durch das richtige Gewicht, seine Geschmeidigkeit, seine Festigkeit, seine Prägung und Farbe, so sind wahre Offenbarungen zu erkennen an der Demut (= Gewicht), an der Bescheidenheit oder Umsicht (= Geschmeidigkeit), an der Geduld (= Festigkeit), an der Wahrheit (= Prägung und Inschrift) und an der Liebe (= Farbe). - In "De examinatione doctrinarum" bringt er den ekklesialen Aspekt ins Spiel, wenn er als Rangfolge der Autoritäten der Unterscheidung anführt: 1) Ein allgemeines Konzil, 2) der Papst, 3) die Prälaten in ihrer Jurisdiktion, 4) die Lizentiaten und Doktoren der Theologie, 5) gelehrte Kenner der hl. Schriften ohne Grade, 6) Personen, die das freie Geschenk des Charismas der UdG empfangen haben. Offenbarungsgnaden dürfen angenommen werden: a) je nach ihrer Übereinstimmung mit hl. Schrift und Tradition; b) nach Bedingung, Qualität und Charakter ihres Gegenstandes; c) nach der Rangordnung derer, die sie zulassen; d) nach dem Anliegen ihrer Verbreitung. In allem gilt es mit Vorsicht und Klugheit zu verfahren. - In "De probatione spiritum", einer dritten Schrift zur UdG, erwähnt Gerson neben den beiden Prüfungsweisen "per modum artis et doctrinae generalis" und durch das Charisma der UdG auch eine Prüfung "per inspirationem intimam seu internum saporem, sive per experimentalem dulcedinem quandam".[66] - Felder der Prüfung geistiger Bewegungen strukturiert Gerson nach den Frageworten. So solle man achten auf das Woher (unde), das Wozu (cui), den Inhalt (quid), den Träger (quis), die Erscheinungsform (qualiter) und den Grund (quare).[67]

Auch *Dionysius der Kartäuser*[68] kennt drei Arten der UdG: 1) Beim Charisma der UdG wird durch eine gratia actualis der Verstand befähigt, sich selbst und bei anderen darüber zu urteilen, ob die Geister aus Gott sind. - 2) Weiter ist es möglich, durch einen inneren Geschmack und durch erfahrungsmäßige Erleuchtung als "übernatürlich eingegossene Tugend" den Unterschied zwischen wahren Offenbarungen und trügerischen Täuschungen zu erspüren. - 3) Hinzu kommt die Möglichkeit "erworbener Unterscheidung", die aber grundsätzlich kein sicheres Urteil fällen kann, weil ein solches nur auf Grund von Offenbarung möglich ist. Drei Arten von Kriterien der UdG werden angewandt: a) moralische (der gute Geist befördert in den Tugenden); b) psychologische (wegen der möglichen Täuschungen hält D. nicht viel von diesen); c) doktrinale (Inhalt, Wahrheit, Tiefe, Erkenntnis, Offenbarung - Ist die geringste Unwahrheit enthalten, stammt eine Offenbarung vom bösen Geist; ebenso, wenn Überflüssiges gesagt wird).[69]

Auch in der *spätmittelalterlichen Mystik*[70] finden sich Ausführungen zur UdG. So achtet z.b. die *englische Schule* besonders auf die Auswirkungen der Impulse auf die devotio, das Gebet und die Tugenden. *Thomas à Kempis* unterscheidet nach der Zielrichtung von Motiven: Egoismus oder Verherrlichung Gottes. Wirkungen des Bösen sind Hinderung und Verringerung des Gebets, der Liebe und der imitatio Christi.[71]

Die bedeutendsten Überlegungen zur UdG in der Neuzeit stammen von *Ignatius von Loyola*.[72] Sie sind bis heute nicht überholt und wirken im Raum der katholischen Kirche bis in die Gegenwart. Ignatius schöpft aus der Tradition, entwickelt aber aus dieser ein psychologisch-pragmatisches Verfahren zur Unterscheidung und Entscheidungsfindung. In der Verbindung der UdG mit der "Wahl" liegt sein eigener Beitrag. Er schlägt vor, in einer Art Gedankenexperiment das Ergebnis von Antrieben vorwegzunehmen. Die dabei erfahrene innere Tröstung oder Trostlosigkeit gilt als wesentliches Unterscheidungskriterium dafür, ob ein Impuls von Gott ist oder nicht. Ignatius versteht dies als innere Führung durch den Geist. Die konkrete Gestalt der geistlichen Tröstung ist ein Entflammtwerden zu Gottesliebe, Schmerz über die Sünde oder das Leiden des Herrn (Tränen), jede Vermehrung des Glaubens, der Hoffnung, der Liebe, jede innere Freude, die die Seele zu himmlischen Dingen zieht, dazu bewegt, ihr Heil zu befördern und Ruhe und Frieden in Gott zu suchen.[73] Unter Trostlosigkeit versteht er das Gegenteil: Verwirrung, Verfinsterung, Zug zu irdischen Dingen, Beunruhigung durch Versuchungen, Zweifel am Heil, Verlust der Hoffnung, Erkalten der Liebe, Traurigkeit, Trägheit, Lauheit.[74] - Ignatius weiß natürlich, daß es auch eine von Gott zugelassene oder bewirkte Trostlosigkeit gibt, die anders einzuordnen ist. Er gibt praktische seelsorgerliche Ratschläge, wie göttliche und satanische Trostlosigkeit zu bewältigen ist. Im Zustand der Trostlosigkeit soll man z.B. keine Entschlüsse aus Zeiten der Tröstung ändern, sondern beten, sich prüfen, mehr Bußwerke verrichten und ausharren.[75] - In den Regeln der II. Woche[76] nennt Ignatius die Erzeugung wahrer Fröhlichkeit und geistlicher Freude, die Entfernung aller Traurigkeit und Verwirrung, Tröstung ohne äußere Ursache, den Antrieb, in der Tugend voranzuschreiten als Wirkung Gottes und seiner Engel. Weil der böse Geist sich in einen Engel des Lichts verwandelt und langsam zum Abweichen verführt, ist es nötig, den ganzen Verlauf der Gedanken zu beobachten. Wenn Anfang, Mitte und Ende gut sind und auf Gutes zielen, ist das ein Hinweis darauf, daß ein guter Engel uns bewegt und regiert. Der gute Geist ist mild, sanft und lieblich, der böse Engel dagegen scharf, geräuschvoll und ungestüm. - Äußere Richte der Innenvorgänge Trost und Trostlosigkeit bei der "Wahl" bilden ganz rationale, sachliche Überlegungen wie: Wird Gottes Ehre gefördert und dem eigenen Heil genützt? Welche Nachteile, welcher Nutzen entspringt aus der Sache? Würde man einem guten Freund so raten? Kann man damit in der Todesstunde und im Gericht bestehen? Was ist Gott wohlgefällig und worauf weist das Beispiel Jesu Christi?[77]

Vielgelesene Darstellungen der UdG veröffentlichten nach Ignatius Kardinal Bona und J.B. Scaramelli.[78]

Die Definitionen der *katholischen Lexika* fassen zusammen, was unter dem Stichwort "**Unterscheidung der Geister**" zu rechnen ist: 1) die Unterscheidung und *Beurteilung der Motive und Antriebskräfte* eines Menschen; 2) die Unterscheidung und *Beurteilung außergewöhnlicher Gaben, Offenbarungen, Visionen und Manifestationen;* 3) die *Unterscheidung der Gnaden des höheren Gebets.*[79] Das Augenmerk wurde vor allem auf die Aspekte 1) und 3) im Blick auf den Heilsweg des einzelnen gerichtet.

In allen Feldern wird von *drei möglichen Ursprüngen* der Erscheinungen ausgegangen: a) sie sind entweder *natürlicher Art,* rühren vom Menschen her; oder b) sie stammen *von bösen Engeln oder Geistern;* oder c) sie sind *von guten Engeln bzw. vom Heiligen Geist* verursacht.

Die **Fähigkeit der Unterscheidung** gibt es als *besonderes Charisma*. Aber der gewöhnliche Weg besteht in der *sorgfältigen Anwendung der Regeln, die die Meister des geistlichen Lebens entwickelt haben*. Die zur rechten Seelenführung unbedingt notwendige Kunst der Unterscheidung ist schwierig zu erlernen. Unfehlbare Urteile sind auf diesem Weg nicht möglich, weil die Phänomene oft ambivalent sind. Als Mittel zur Erlernung der Unterscheidungskunst werden genannt: 1) das Gebet um Weisheit; 2) das fleißige Studium der hl. Schrift, der Kirchenväter (bes. der Wüstenväter), der Asketen und Theologen, des Gewissens und Lebens der Heiligen; 3) die persönliche Erfahrung, das Lernen aus dem Umgang mit geistlichen Vätern; 4) die eigene Ausübung der Tugenden; 5) das Ausräumen von Hindernissen (wie: Vertrauen auf die eigene Urteilskraft, stattdessen: Demut und Rücksprache bei anderen; allzugroße Vertraulichkeit, stattdessen: heilige Distanz); 6) Sorgfalt und Sicherheit im Urteil wird durch wiederholte Übung gewonnen (spitzfindige Begründungen sind zu vermeiden, ebenso ein vorschnelles Urteil).[80]

Nach diesem geschichtlichen Rekurs zur Frage der "Unterscheidung der Geister" wenden
wir uns nun systematischen und pastoralen Überlegungen in der Gegenwart zu.

B.1
"ZWISCHEN GOTTESMYSTIK UND CHRISTUSZEUGNIS" [1]
(Karl Rahner)
Überlegungen zur Charismatik und zur Beurteilung außerordentlicher
Phänomene auf dem Hintergrund der Transzendentaltheologie

Karl Rahner gehörte zu jener Gruppe junger katholischer Philosophen, die in den
dreißiger Jahren die Grenzen der neuscholastischen Schulphilosophie und Schultheologie
aufsprengten und frischen Wind in das kirchliche Leben und Denken brachten. Die in
der eigenen Tradition verfangene Dogmatik konfrontierten sie mit erfahrbarer Lebens- und
Geschichtswirklichkeit, führten sie neu auf ursprüngliche Quellen zurück und brachten so
wieder in Verbindung, was auseinanderzubrechen drohte. Im Zentrum des ungeheuer
großen und einflußreichen Lebenswerkes von K.Rahner stehen die 16 Bände der *Schriften
zur Theologie*. Hinzu kommen geistliche Schriften, Predigten, Meditationen und Gebete sowie die Herausgeberschaft und Mitarbeit bei grundlegenden lexikalischen Werken und
theologischen Reihen (*Lexikon für Theologie und Kirche, Handbuch der Pastoraltheologie,
Sacramentum Mundi, Quaestiones Disputatae*, u.a.).[2] In mannigfaltigen Vorstößen gab Rahner
Impulse zur Erneuerung von Papstamt, kollegialem Dienst der Bischöfe, zur pastoralen
Arbeit, zum Charismatischen in der Kirche, zu Recht und Pflicht der Laien, zu
Basisgemeinde, zum Ordensleben und zu einer zeitgerechten Nachfolge. Von erheblicher
Bedeutung war der Einfluß Rahners auf das II. Vatikanische Konzil. Mit diesem verband
er den Durchbruch zu einer wahrhaft ökumenischen Weltkirche, den er in seiner Be-
deutung in die Nähe des Überschritts des Apostels Paulus vom Juden-Christentum zum
Hellenismus rückte.[3] Durch das gesamte Werk Rahners zieht sich als "Doppelskopus"
die Verbindung einer transzendental-existentialen theologisch-philosophischen Meta-
physik mit der asketischen Mystik der Exerzitien.[4] Bei der Geist-Erfahrung, wie er sie in
den ignatianischen Exerzitien erlebte, nahm sein Theologisieren seinen Ausgangspunkt.
Durch die Betrachtung der Geheimnisse Christi sucht der Mensch dabei für sich den Willen
Gottes, findet ihn in der "Trost"-Erfahrung und kann und soll ihn dann in einer
"Dienst-Mystik" verwirklichen. Von E. Przywaras "Theologie der Exerzitien" her, hat sich
Rahner das radikale Verwiesensein auf den stets größeren Gott ("Deus semper maior")
erschlossen. Immer wieder gilt es demnach zu fragen, ob es nicht noch etwas Größeres und
Gott weniger Unangemessenes gibt. Jede theologische Schulformel muß aufgebrochen
werden und hineingehalten in das "'Schweigen der Unbegreiflichkeit Gottes, der sich selbst
in den Tod gebende Liebe ist'".[5]

1.1 "Das Charismatische in der Kirche"

Auch wenn man Karl Rahner nicht schlichtweg als den "Vorläufer und Anbahner"
des gegenwärtigen katholischen theologischen Denkens über die Frage der Charismen bezeichnen wird, so ist doch unbestritten, daß er entscheidende Impulse hierfür gegeben hat.
Bereits Ende der fünfziger Jahre gab er zu bedenken, ob nicht vielleicht der Zeitpunkt gekommen sei, an dem nicht mehr die Abwehr des Überschwangs der Charismatiker durch
die kirchliche Institution geboten ist, sondern im Gegenteil für das Charismatische Raum
geschaffen werden muß. Das Gewicht der Institution dürfe nicht die Freiheit des einzel-

nen Gläubigen und die Kreativität des Heiligen Geistes erdrücken.[6] Rahner unternahm damit bahnbrechende und zur damaligen Zeit riskante Vorstöße in dieser Richtung. Aus der tiefen Überzeugung, daß das charismatische Element zum Wesen der Kirche gehört, hat er versucht, die strukturelle Zuordnung von Amt und Charisma aufzuweisen. Weder im Sprachgebrauch des Neuen Testaments noch in der Sache besteht für ihn zwischen beiden ein feindlicher Gegensatz. "Die Kirche ist nicht nur durch ihre Wahrheit, Gestiftetheit durch Christus, ihre Sakramente und durch das in ihr anwesende Heil die 'Heilige Kirche'... Sie ist... auch im ganzen heilig durch den tatsächlichen Glauben und die Gottesliebe ihrer Glieder und tritt als solche glaubensfordernd und -begründend in Erscheinung und muß so ihr Wesen bezeugen (D 1794). Dies ist aber nur möglich durch Charismen (zumal ja auch die Sakramente nur heiligend wirksam werden können durch disponierende, außersakramentale Gnade Gottes - D 798f 819 - und auch der sakramental Gerechtfertigte außersakramentaler Gnade u.U. in außergewöhnlichem Maß bedarf - D 132). Somit gehört das Charismatische ebenso notwendig und dauernd zum Wesen der Kirche wie das Amt und die Sakramente. Es ist nicht nur zur Erleichterung ihres Anfangs da, wie man öfters nach der Krise des Montanismus verschüchtert zu sagen pflegte, weil der Blick zu sehr das Charismatische in bestimmten historischen Erscheinungsformen suchte, die überholt waren, obwohl es doch gerade zur Natur des Charismatischen als eines Wesenszugs der Kirche gehören muß, daß es (im Unterschied zum Amt und seiner Weitergabe) in immer neuen Formen aufbricht und darum so immer neu entdeckt werden muß".[7] Solche Charismen sind durchaus auch den kirchlichen Ämtern zugedacht, ohne die letztere nicht recht verwaltet werden und sind eine Verheißung für diese.

1.1.1 Das Charisma des Amtes

Für Rahner ist grundlegend, daß der Geist dem Amt in der Kirche verheißen und gegeben ist. Auch der Amtskirche gilt die Verheißung Christi, mit seinem Geist bei der Kirche zu bleiben bis ans Ende. Weil die Gnade Gottes der Kirche "als siegreiche Gnade, als mächtiger als die Sünde zugesprochen ist, darum ist schon im voraus von Gott und von ihm allein her sicher, daß das Amt der Kirche nicht von den Menschen als Waffe gegen Gott im Eigentlichsten und Wesentlichen gebraucht werden wird (obwohl es möglich wäre). Insofern ist das Amt in der Kirche selbst etwas Charismatisches".[8] Es ist mehr als bloß etwas Institutionelles, menschlich Verwalt- und Berechenbares. Weil die Kirche des Amtes von Gottes Gnade gegen einen grundlegenden Mißbrauch geschützt werden muß, "darum gehört zum Amt in der Kirche als solchem das Charismatische, das Überamtliche", der "Beistand des Heiligen Geistes für das Amt und seine Träger", d.h. "eine Macht, die selbst nicht mehr fehlbar ist".[9]

1.1.2 Nichtinstitutionelle Charismen

Über die "amtlichen" Charismen hinaus muß es auch nichtamtliche Charismen geben, da die Kirche ja nicht nur durch ihre Amtsträger konstituiert ist, sondern das "Heilige Volk Gottes" ist. Wohl ist die Kirche eine "absolute" Größe, weil sie mit Christus eins ist, aber dies darf nicht in dem Sinn "totalitär" mißverstanden werden, daß man Amt und Charisma gleichsetzt. Das Charismatische ist nicht vor dem Amt vorbehalten. "Es gibt Charisma, d.h. Impuls und Leitung des Geistes Gottes für die Kirche auch neben und außerhalb des Amtes".[10] Dies ist nicht nur theologische Privatmeinung, sondern Aussage des Lehramts und der Schrift. So in der Enzyklika "Mystici corporis" AAS 35/1943 von Pius XII. festgestellt. - Charismatiker sind demnach nicht lediglich Befehlsempfänger des Amtes, sondern können Werkzeuge Christi sein, durch die er die Kirche "unmittelbar" leitet, ohne daß dadurch das Amt aufgehoben ist. Die Harmonie zwischen der institutionellen und der charismatischen Struktur kann auf Dauer nur durch den einen Herrn der beiden Strukturen, also selbst wieder charismatisch, garantiert werden.[11] Neben der Gefährdung des Amtes durch das Charisma muß auch die Gefahr gesehen werden, daß das Amt in Nichtbeachtung seines ihm gegebenen Wesens und seiner Bestimmung das unbequeme Charisma ausschaltet.[12]

Das Charismatische muß nicht notwendig oder in jedem Fall mirakulös außerordentlich auftreten, weil jedes wirklich christliche Leben Dienstleistung am Leib Christi ist, wenn auch vielleicht an einem "unauffälligen" Platz in der Kirche. In der Kirche als ganzer muß es im Sinne eines Glaubenszeichens auch den Charakter des Auffallenden haben, weil diese durch ihre unerschöpfliche Fülle an Heiligkeit selbst der Beweis ihrer göttlichen Stiftung und Sendung ist.[13]

Rahner findet auch bei Paulus, daß Ämter Geistesgaben sein können, aber sich nicht auf diese beschränken. Auch andere, nicht institutionell verwaltete, Charismen sind ihm zum Aufbau des Leibes Christi ebenso wichtig. "Bei diesen außerordentlichen Charismen braucht es sich nicht immer und notwendig um mystisch-außerordentliche Dinge zu handeln. Die schlichteste Hilfe, der nüchternste Dienst kann Charisma des Geistes sein".[14] Hier finden sich fließende Übergänge zwischen Charismen und Tugenden.[15]

Eine Unterscheidung von Gnade, die den Empfänger selbst innerlich heiligt ("gratia gratum faciens") und Gnade, die nur zum Nutzen anderer und der Kirche gegeben ist ("gratia gratis data"), trifft Paulus nicht. Auch Rahner hält diese nicht für sehr entscheidend.[16]

Daß das Charismatische zum Wesen der Kirche gehört, wird auch durch den Tatbestand bewiesen, daß es dieses in der Kirche faktisch immer gegeben hat.[17] Dazu muß man aber mehr in die verborgene Kirchengeschichte des Alltags schauen, als in die "große", amtliche Kirchengeschichte.

Nicht das kleinste der immer neuen Wunder des Geistes ist dabei für Rahner, daß der Geist auch das Amt und alles Institutionelle immer wieder dazu gebracht hat, sein Wehen anzuerkennen.[18] Weil sich der erste Aufbruch charismatisch-enthusiastischen Geistes "fast immer vor und außerhalb, ja dem äußeren Eindruck nach fast gegen das Institutionelle in der Kirche" ereignet, muß man daran erinnern, daß "auch die institutionell verfaßte Weitergabe und 'Kanalisation' solcher Gnadengaben des Geistes zum Charismatischen in der Kirche gehören".[19] Die Amts-Kirche als die Kirche des Charismatischen ist dessen "institutionalisierende" Verwalterin.

1.1.3 Kleine und große Charismen

Wenn die amtliche Kirche Hüterin und Leiterin des Charismatischen ist, kann dieses nicht nur im ganz Seltenen und Außergewöhnlichen gesucht werden, das einer solchen Leitung schon fast nicht mehr zugänglich ist und ihrer kaum bedarf. Es gibt in der Kirche aber viel mehr Charismatisches, als man denkt. Rahner verweist auf den stillen Dienst des Gebetes, der Anbetung und des Schweigens, wie er in vielen Klöstern geschieht, auf das Leben einer Krankenschwester oder einer Mutter. Das Charismatische zeigt sich "in der verborgenen Treue, in der selbstvergessenen Güte, in der männlichen Tapferkeit, die phrasenlos ihre Pflicht tut, in der inneren Lauterkeit der Gesinnung, in einem reinen Herzen, in dem kompromißlosen Bekenntnis zur Wahrheit, auch wenn sie unbequem ist, in der unsagbaren Liebe des Herzens zu seinem Gott, in dem unerschütterlichen Vertrauen des armen Sünders, daß Gottes Herz größer ist als unseres und er reich ist an Erbarmen".[20] In diesen Dingen vollzieht sich das allereigenste Leben der Kirche.[21]

Dabei will Rahner das "Charismatische" aber nicht zum exklusiven Privileg der Kirche allein erklären. Für ihn kann es Gnade Gottes und Christi auch außerhalb der Kirche geben. "Der Christ weiß, bekennt und empfindet es durchaus nicht als eine Bedrohung der Unvergleichlichkeit und Notwendigkeit seiner Kirche, daß es Gottes und Christi Gnade auch außerhalb der Kirche gibt und geben kann, und er schreibt auch dieser Gnade nicht vor, zu welchen Höhen sie den Menschen erheben kann, ohne und bevor sie ihn durch das sichtbare Sakrament dieser Gnade, der Kirche, eingegliedert hat".[22]

Nach Ausführungen über die vielfältigen "kleinen" Charismen müßte man in einer Geschichte des Charismatischen in der Kirche dann auch ausdrücklicher als es bisher geschah von den "großen" Charismen sprechen, von den großen Heiligen, den großen Führern und Hirten der Kirche, von den großen Dichtern und Denkern und den großen Künstlern.[23] "Diese Charismen sind nun... nicht nur Wesenseigentümlichkeiten der Kirche, die nur der Glaube sieht (dazu gehören alle Charismen), sondern auch glaubensüberführende Kriterien, an denen die Kirche als Werk Gottes erkannt werden soll".[24] Das Charismatische in der Kirche kann in seiner Fülle, dauernden Gegebenheit und immer neuen Lebendigkeit ein Glaubensmotiv sein.

1.1.4 Duldung und prüfende Pflege des Charismas durch das Amt

Das Amt und die Institutionen der Kirche müssen sich immer wieder sagen, daß sie nicht allein in der Kirche herrschen dürfen. Das ergibt sich aus der doppelten Struktur der Kirche. "In der Kirche, zu der das Charismatische gehört, sind die Untergebenen gar nicht bloß diejenigen, die die Befehle von oben auszuführen haben. Sie haben noch andere Befehle auszuführen: die des Herrn selbst, der auch unmittelbar seine Kirche lenkt und seine Befehle, seine Antriebe den gewöhnlichen Christen nicht immer und zuerst durch die kirchlichen Vorgesetzten übermittelt... Es gibt in der Kirche nicht nur Regungen, die von der amtlich höheren Instanz veranlaßt sein müßten, um legitim zu sein".[25] Von daher erinnert Rahner das Amt daran, sich nicht zu wundern oder unwillig zu sein, wenn sich Leben des Geistes ungeplant regt. Der Gehorsam des Untergebenen und die Kompetenz des Amtes machen weder den Untergebenen dem Amt gegenüber rechtlos, noch sind sie eine Garantie dafür, daß jede Handlung des Amtes auch immer das gottgewollt Richtige trifft.

1.1.5 "Demokratische Kirche"

Zwischen Charisma und Amt besteht ein unaufhebbarer, gottgewollter Dualismus, und von daher ist auch die "monarchische", "von oben her autoritative" Kirche nicht ein totalitäres System, sondern so etwas wie eine Demokratie, ein Pluralismus voneinander verschiedener Mächte, wodurch der einzelne durch die eine vor der Übermacht der anderen geschützt wird. "Undemokratisch" ist die Kirche, "weil ihr Amt und Recht...eine letzte Instanz sind, gegen die es kein absolutes Widerstandsrecht gibt und zu geben braucht, weil Gott selbst die Garantie ist, daß dieses Amt sein formales Recht nicht material in entscheidender Weise mißbraucht".[26] Zum einen ist es gar nicht möglich, ein absolutes Monopol von Macht restlos durchzuführen, zum anderen will das Amt gar nicht allen Einfluß an sich ziehen. "Es bescheidet sich selbst, und diese Bescheidung, die anderen Kräften nichtamtlicher Art ihren Raum einräumt, ist selbst durch Gott garantiert. Insofern ist also die Kirche ein nur in Gott selbst adäquat hierarchisiertes System und insofern ein System, in dem Macht und Gewalt aufgeteilt sind, also eine Art Demokratie eigener Art".[27] In dieser kann durchaus etwas "vom Volk ausgehen", vom Volk Gottes in der Kirche, das auch unmittelbar von Gott geleitet wird. Immer wieder gab es Zeiten der Kirchengeschichte, in denen manche Gabe Gottes an seine Kirche im einfachen, betenden Volk besser bewahrt wurde als durch "Kirchenfürsten".

1.1.6 Notwendiger Antagonismus[28]

Weil es in der Kirche wesensmäßig einen Pluralismus der Antriebe - einerseits über das Amt, andererseits unmittelbar an nichtamtliche Glieder der Kirche - gibt und geben muß, ist es unvermeidlich und als normal zu erwarten, daß es zu einem Ringen dieser Kräfte miteinander kommt. Dies wird meist schmerzhaft als Gegensätzlichkeit empfunden. Nur in dem einen Geist sind die verschiedenen Gaben eins. "Keiner ist das Ganze für sich. Keiner hat alle Funktionen. Alle Weite, aller Wille zur Integration, zum Verständnis, zur Assimilation kann diesen Pluralismus der Gaben nicht aufheben".[29] Auf der menschlichen Ebene in der Kirche kann nur die Liebe die Einheit herstellen, "die Liebe, die den andern anders sein läßt, auch dort, wo sie ihn nicht 'versteht'".[30] In der Liebe ist als Prinzip mitgegeben, "daß jeder in der Kirche seinem Geist folgen dürfe, solange nicht feststeht, daß er einem Ungeist nachgibt, daß also die Rechtgläubigkeit, die Freiheit, der gute Wille vorauszusetzen seien und nicht das Gegenteil".[31] Das bedeutet Geduld, Toleranz, Gewährenlassen des andern, solange das Verkehrte seines Handelns nicht sicher nachgewiesen ist. Es muß verschiedene Schulen und Richtungen in der Theologie, im geistlichen Leben, in der kirchlichen Kunst, in der Praxis der Seelsorge geben. Aus dieser Feststellung darf aber nicht der falsche Schluß gezogen werden, daß man in der Kirche alles laufen lassen müsse, daß man sich einer bestimmten Tendenz nicht widersetzen dürfe, nicht vor ihr warnen und zu echtem und ernstem Kampf herausfordern dürfe. Die verschiedenen Antriebe und Tendenzen in der einen Kirche müssen gerade das Gegengewicht des anderen erfahren. "Man muß also auch den Mut haben können (da ja gerade das die vom Geist gegebene Funktion eines bestimmten Gliedes sein kann), ein Nein in der Kirche zu sagen, aufzustehen gegen bestimmte Strömungen und Geister, und zwar schon, bevor das Amt selbst alarmiert worden ist, da ja ein solches Nein das Mittel Gottes sein kann, das Amt zu seiner Tätigkeit anzuregen. Man muß diesen Mut haben, selbst wenn man, der eigenen Endlichkeit des Urteils bewußt, sich sagen muß, daß man vermutlich durch die weitere Geschichte der Kirche nicht völlig recht bekommt und auch nur einer der vielen Knechte des einen Herrn der Kirche war, der diesen Herrn nicht allein vertrat, so wenig, daß dieser Herr auch in jenem andern wirkte, den in seine Schranken zu weisen man selbst den Auftrag hatte".[32]

1.1.7 Das Leid des Charisma

Weil es das Gegengewicht des anderen Charismas gibt, ist das eigene Charisma immer mit Leiden verbunden. "Denn, in dem einen Leib bleibend, den Auftrag seines Charismas, seiner Gabe erfüllen und den (unter Umständen ebenso berechtigten) Gegendruck der Tätigkeit des andern aushalten, das ist Leiden. Immer ist die eigene Gabe begrenzt und gedemütigt durch die Gabe des andern. Sie muß unter Umständen warten, bis sie zur Entfaltung kommen kann, bis ihr Kairos kommt, wenn der eines andern vergangen ist oder abklingt".[33] Selbst bei allem Wohlwollen und aller Duldung wird man dem Auftrag des anderen und seiner Gabe nicht das Verständnis und den Enthusiasmus entgegenbringen, den er für seine Sendung erwartet und für berechtigt ansieht. Vielleicht wird er von den Brüdern gerade geduldet, vielleicht abgelehnt, jedenfalls erfährt er wenig Verständnis. "Die Echtheit eines Charismas, das ja eine Sendung an die Kirche und in sie hinein, nicht aus ihr heraus ist, zeigt sich darin, daß der so Gesendete dieseUnvermeidlichkeit des Leides seiner charismatischen Begabung demütig und geduldig erträgt, keine Winkelkirche baut, um es leichter zu haben, sich nicht verbittern läßt, sondern weiß, daß es der eine Herr ist, der die Kraft und den Widerstand dagegen, den Wein der Begeisterung und das Wasser der Nüchternheit in seiner Kirche schafft und keinem seiner Knechte den Auftrag gegeben hat, ihn allein zu vertreten".[34]

Dabei ist festzuhalten, daß das Leid des Widerspruchs gegen das Charisma in der Kirche kein Beweis gegen seine Echtheit und göttliche Sendung ist. "Die Kirche hat zwar das Recht und die Pflicht der Prüfung der Geister bis zu der völligen Ablehnung des Anspruchs, daß dieser Geist von Gott sei. Aber darum ist noch nicht jeder Widerspruch, jedes Zögern, jedes Mißtrauen, die sich in der Kirche oder bei ihren Autoritäten gegen ein Charisma regen, schon ein Zeichen, daß dieser Prophet nicht von Jahwe gesendet sei".[35] Die rechte Anwendung der Regeln der Unterscheidung in der Kirche und der differenzierten Regeln über den Gehorsam ist in schwierigen Fällen selbst ein Charisma.

Daß das Einbringen eines Charismas mit Leid verbunden sein wird, ist kein Freibrief für die Autoritäten und Nichtcharismatiker, sich möglichst unverständig und eigensinnig zu verhalten. "Man kann zwar den Geist in der Kirche nicht auslöschen. Dafür sorgt Gott. Aber es ist dem Menschen, seiner Trägheit, Gleichgültigkeit und Herzenshärte durchaus möglich, einen wahren Geist im andern auszulöschen. Eine Gnade kann nicht nur unfruchtbar sein in dem, der sie für sich erhält durch den Widerstand eben dieses Menschen, sie kann einem für einen andern gegeben werden... und unfruchtbar bleiben durch die Ablehnung von seiten dessen, für den sie gegeben wurde".[36] Kirchliche Obrigkeiten dürfen nicht auf das Wort Gamaliels sündigen und es so interpretieren, "daß ein Geist sich schon durchsetzen werde, auch gegen ihren Widerstand, wenn er wirklich von Gott komme. Sie schaffen sonst Leid über das Unvermeidliche hinaus, tun Unrecht gegen Gott, die Charismatiker und die Kirche".[37]

1.1.8 Mut zu neuen Charismen

K. Rahner folgert weiter, daß es wichtig ist, Charismen bereits bei ihrem Aufbruch zu sehen und zu fördern und die Propheten nicht erst zu würdigen, wenn sie bereits tot sind und ihr Charisma anerkannt ist. Dies ist gar nicht so leicht, weil die Institution immer dieselbe ist und sich aus den ihr von Anfang an mitgegebenen Prinzipien heraus entwickelt. Wesen des Charisma dagegen ist Neuheit und Überraschung, auch wenn es in einer geheimen inneren Kontinuität mit dem Früheren steht. Daß alles in dem bleibenden Ganzen der Kirche geschieht, sieht man nicht auf den allerersten Blick. "Denn man sieht oft auch erst durch das Neue, daß der Raum der Kirche von Anfang an weiter ist, als man bisher angenommen hatte. So hat das Charismatische, wenn es neu ist (und beinahe möchte man sagen, nur so lange sei es charismatisch), etwas Schockierendes an sich. Es kann mit Schwärmerei, Änderungssucht, Umsturzversuchen, Mangel an Gefühl für Tradition und bewährte Erfahrung der Vergangenheit verwechselt werden. Und gerade die, die fest im Alten verwurzelt sind, die ein lebendiges Christentum als heiliges Erbe der Vergangenheit bewahrten, sind in Versuchung, den neuen Geist, der sich nicht immer auf die Bewährtesten niederläßt und doch ein heiliger Geist sein kann, auszulöschen und im Namen des heiligen Geistes der Kirche zu bekämpfen, obwohl er Geist vom selben Geist ist".[38]

1.1.9 Die Aufnahme des Charismatischen im II. Vatikanum

Was die Pneumatologie angeht, haben orthodoxe, protestantische und anglikanische Beobachter dem Konzil ein Zuwenig entgegengehalten. Y. Congar und Chr. Schütz widersprechen diesem Einwand. Nach ihrer Sicht ist der Geist direkt oder indirekt selten in so nachhaltiger Weise zur Sprache gekommen wie auf dem II. Vatikanum.[39]

Wenn auch der Begriff "Charisma" im großen und ganzen zurückhaltend gebraucht wurde, so kann man doch sagen, daß es zu einer ausdrücklicheren Theologie des Charismatischen in der Kirche kam.[40] Das Charismatische wurde voll in die Ekklesiologie zurückgeholt. Charismen sind der Kirche nicht nur gegeben, sondern für ihr eigenes Leben konstitutiv. Man hielt fest, daß die Kirche sich nicht nur durch institutionelle Mittel aufbaut, sondern auch durch die Vielfalt der Gnadengaben. Jedem Glaubenden erwächst aus dem Empfang der Charismen das Recht und die Pflicht, sie in Kirche und Welt zum Wohl der Menschen und Aufbau der Kirche zu gebrauchen. Gaben schenkt der Geist besonders auch zum Vollzug des Apostolats.[41] Sie können außergewöhnlicher oder auch einfacher und weit gestreut sein. Die Prüfung ihrer Echtheit kommt dem Amt zu.

Die frühere pyramidenhafte klerikale Ekklesiologie wurde durch die Einbeziehung der "Dienstämter" neugestaltet. Die verschiedenen Ämter, Dienste und Charismen werden als eng zusammenhängende Wirkungen des einen Heiligen Geistes gesehen, durch die er die Kirche baut.[42] Mit der Wiederaufwertung der Charismen hat das Konzil zugleich auch eine Wiederaufwertung der Ortskirchen vorgenommen. Die Gesamtkirche erscheint als Gemeinschaft von Kirchen und der Heilige Geist als das Prinzip ihrer Gemeinschaft.

Durch seine frühen Äußerungen hat K. Rahner zusammen mit Y. Congar ("Der Laie in der Kirche") u.a. die Diskussionen und Verlautbarungen des II.Vatikanischen Konzils zum Verständnis des Gottesvolkes und des Charismatischen mit angestoßen. Rahner selbst merkt zu den Konzilsaussagen an: "Die Worte 'Charisma' und 'charismaticus' kommen an 14 Stellen in den Texten des Zweiten Vatikanum vor. Freilich muß auch festgestellt werden, daß außer der Betonung, daß das Amt einerseits die Charismen respektieren müsse und andererseits sie zu prüfen habe, über das Verhältnis und das Zusammenspiel des Charismatischen und des Institutionellen im II. Vatikanum nicht sehr viel gesagt wird. Im Unterschied zur nachreformatorischen Ekklesiologie wird zwar vom Charismatischen in der Kirche ausdrücklich gesprochen, aber wie 'Lumen Gentium' zeigt, ist, trotz der Vorordnung des zweiten Kapitels über das Volk Gottes vor das dritte über das Amt, die Amtskirche immer noch im Mittelpunkt der ekklesiologischen Betrachtung. Wenn man einmal vielleicht etwas überspitzend die Lage der Ekklesiologie charakterisieren darf, so könnte man sagen: Früher wurde fast nur das Amt in der Ekklesiologie betrachtet und es im besten Fall auch als Vermittlung von Charismen gesehen, heute wird das Charismatische in etwa als die notwendige Motorik des Institutionellen empfunden. Es bleibt die Frage, ob nicht eine zukünftige Ekklesiologie das Amt sehen wird als das notwendige Regulativ des Charismatischen, das den eigentlichen Wesenskern der Kirche ausmacht. Wenn man bedenkt, daß die Eigentümlichkeit der Kirche gegenüber der alttestamentlichen Synagoge gerade darin besteht, daß sie die Gegenwart der irreversibel siegreichen Gnade ist und der Unterschied beider nicht im Institutionellen als solchen liegt, dann müßte es eigentlich durchaus möglich sein, die Kirche primär als die geschichtliche Greifbarkeit des durch den Geist Christi gewirkten Charismatischen zu sehen und das eigentlich Institutionelle an ihr nur als ein, wenn auch notwendiges, Regulativ dieses Charismatischen".[43]

1.2 Gnadenhafte Transzendenzerfahrung und enthusiastisch-charismatisches Erleben

Nach den allgemeinen Ausführungen zum Charismatischen in der Kirche hat K. Rahner sich vom Standpunkt des Dogmatikers aus auch grundsätzlich zum spezifisch enthusiastisch-charismatischen Erleben geäußert.[44] Dabei hatte er "Geisterfahrung, Glossolalie, das Erlebnis einer radikalen, durch den Geist Gottes bewirkten Umänderung des alten Menschen in einen neuen, ein radikales Bekehrungserlebnis und ähnliche Dinge, wie sie auch heute in den verschiedenen enthusiastischen Bewegungen in den Kirchen auftreten und als das eigentliche Christentum in Konkretheit erfahren werden", im Blick.[45] Er will den theologischen Ort, den locus dogmaticus, enthusiastischen Erlebens anvisieren und fundamentalste Voraussetzungen erheben, unter denen solche Phänomene überhaupt gnadenhafte Erfahrung des göttlichen Geistes sein können. Dabei bleibt zu einem gewissen Grad sowohl die Frage offen, ob eine dogmatische Einordnung das eigentlich Spezifische und Konkrete überhaupt schon berührt, als auch, ob so eine konkrete Unterscheidung der Geister auch nur in Ansätzen möglich ist, ob nicht viel konkretere, d.h. humanere, konkret-psychologische Normen entwickelt werden müßten, als dies von der Dogmatik her möglich ist.[46]

1.2.1 Unmittelbarkeit der Gotteserfahrung?

Bei seinem Unterfangen einfach von einer kirchenamtlich fixen und unbezweifelbaren Lehre auszugehen, ist für Rahner mehr oder weniger unmöglich. Die Lehren und Aussagen einer konfessionell verbindlichen Theologie, z.b. einer katholischen oder evangelischen Gnadenlehre, reichen nach seiner Sicht hier nicht aus.

Innerhalb der katholischen Theologie ist es zunächst überhaupt eine offene Frage, ob es so etwas wie eine unmittelbare Erfahrung des Geistes gibt. Es ist umstritten, ob der Geist "in den Bereich des Bewußtseins eintritt oder nur eine Wirklichkeit ist, die wir gleichsam durch eine bloß äußere Indoktrination von Schrift und Kirchenlehre als in uns zwar gegeben, aber als schlechthin jenseits unserer eigenen spirituellen Erfahrung stehend wissen".[47] Eine große, hauptsächlich auch von Jesuiten vertretene Schule lehrt "eine bewußtseinsjenseitige, bloß seinshafte" Rechtfertigung und lehnt eine eigentliche Erfahrung der übernatürlichen Rechtfertigungsgnade als habituelle oder aktuelle ab. Man spricht zwar in anderen Worten von Gnadenerfahrung und weiß auch um enthusiastisches Erleben, aber konsequenterweise müßte in dieser Schule gefolgert werden: all dies seien naturale Erfahrungen psychologischer Art. "Ein heilshafter übernatürlicher Glaubensakt besteht für diese Schule aus verbal, doktrinär, kirchenlehrhaft vermittelten Bewußtseinsinhalten".[48] Natürliche Akte können aber dort, "wo sie in Freiheit als freier Glaube getätigt werden, faktisch 'entitativ' durch den Heiligen Geist erhoben in einem Geschehen, das sich jenseits des Bewußtseins abspielt", "in einem 'entitativ' durch den Heiligen Geist veränderten Glaubensakt" heilshafter Glaube werden.[49] Unter dem Gesichtspunkt der göttlichen Providenz könnten die psychologisch erfaßbaren Momente als "natürliche medizinelle Gnade" betrachtet werden. Sie müßten aber streng unterschieden werden von der eigentlichen "pneumatischen, aber nur seinsmäßigen Erhobenheit dieses psychologischen Geschehens".[50]

Rahner distanziert sich eindeutig und bestimmt von dieser Schulrichtung. Nach seiner Überzeugung sprechen die Schrift und die größere und echtere Tradition dafür, daß sich Gnade, Heiliger Geist, Wirken des Geistes auch im menschlichen Bewußtsein auswirkt. "Pneuma bedeutet für uns in dem streng theologischen Sinn der übernatürlich erhebenden und vergöttlichenden Gnade eine wirkliche Selbstmitteilung Gottes in sich selbst".[51] Rahner versteht unter der Gnade "die Radikalisierung der Transzendentalität des Menschen". Durch diese Radikalisierung ist Gott nicht mehr nur der angezielte aber unerreichbare Endpunkt einer Bewegung auf Gott hin, sondern er wird wirklich erreicht.[52] "Gnade ist die Ermöglichung des Ankommens dieser geistigen Bewegung bei Gott in sich selbst. Gnade ist darum selbstverständlich vergöttlichend, vergebend und an der Heiligkeit Gottes anteilgebend".[53] Von diesem Ansatz bei der Transzendentalität des Menschen her kann Rahner diese Gnade auch dort am Werk sein lassen, "wo anscheinend eine unmittelbar christliche Vermittlung dieser rechtfertigenden Gnade nicht gegeben ist, wo die reflexe Interpretation dieser Erhobenheit der Transzendentalität des Menschen nicht gelingt oder nur sehr dunkel ausgesagt ist".[54]

1.2.2 Kern aller Enthusiasmusphänomene: Transzendentalität

Als Gemeinsames bei den unterschiedlichen Typen von enthusiastischen Erfahrungen nimmt Rahner eine "den Kern des religiösen Subjekts betreffende Transzendenzerfahrung" an, "in der das Subjekt eine Erfahrung Gottes mache".[55] Nach Rahner gibt es und soll es Transzendenzerfahrung in enthusiastischer Gestalt deshalb geben, "weil es nur sehr schwer und sporadisch gnadenhafte Transzendenzerfahrung in deutlicher und nicht nur in fast homöopathischer Dosierung und unreflektiert auftretender Mystik gibt und geben wird".[56] Er nimmt dabei in Kauf, daß die enthusiastische Gestalt vom Subjekt her und in ihrer Objektivation sehr viel mehr Kategorialität enthält und mehr Möglichkeiten der Depravation und Fehlinterpretation gegeben sind als in der eigentlichen Mystik. Von daher kann er den Enthusiasmus als "die Alltagsgestalt der Mystik" bzw. als "vulgäre Mystik" bezeichnen.[57]

Rahners Grundthese der dogmatischen Deutung der Enthusiasmusphänomene lautet: Mit diesen Phänomenen wird der Mensch mit sich, seiner Transzendentalität und darin mit seiner Freiheit und Verwiesenheit auf Gott konfrontiert. Dies geschieht in einer Weise, die die Alltagserfahrung seiner Transzendentalität übersteigt. In seinem Bewußtsein und in seiner Freiheit wird er grundsätzlich "mit der gnadenhaften Erhobenheit und Verwiesenheit seiner Transzendentalität auf die Unmittelbarkeit Gottes hin als in Freiheit angenommener oder anzunehmender konfrontiert", daß "im Ganzen des Enthusiasmusphänomens ein eigentlich gnadenhaftes Erlebnis gegeben ist".[58]

Nicht bestreiten will Rahner, daß sich auch in der Alltagsreligiosität und ihren Objektivationen, zumindest unthematisch, die eigentliche Transzendentalität des Menschen auf Gott selbst und deren gnadenhafte Radikalisierung auf Gottes Unmittelbarkeit hin irgendwie miterfahren wird. Im Unterschied zum enthusiastischen Erleben bleibt das Alltagsbewußtsein aber an den begrifflichen und satzhaften Objektivationen, an der gegenständlichen und kategorialen Alltagswirklichkeit, hängen, geht darin auf, verwechselt gewissermaßen Geist mit Buchstaben und erkennt nicht, daß Gott selbst in unmittelbarer Selbstmitteilung das Entscheidende ist.[59]

Andererseits will Rahner auch nicht behaupten, Enthusiasmusphänomene seien nur gnadenhafte Transzendenzerlebnisse und sonst nichts. Auch sie haben kategoriale Inhaltlichkeit, aber ihre Transzendenzerfahrung ist eindrücklicher und unausweichlicher und weniger durch die Alltäglichkeit verdeckt. "In ihnen gerät der Mensch 'außer sich'; die traditionelle, alltägliche Objektivation des eigentlich religiös Gemeinten, die gerade durch ihre beruhigte Herrschaft das verdeckt und in die Ferne rückt, wofür sie doch eigentlich Zeichen und Verweis sein will, gerät aus ihrer Gefügtheit; das Normale und so auch kirchlich-institutionell Verwaltbare wird in diesem Außersichgeraten als vorläufig und fragwürdig, als gegenüber dem eigentlich Gemeinten unangemessen erlebt; der Mensch wird auf seine eigene Subjektivität zurückgeworfen; diese erscheint ihm nicht mehr als adäquat durch die begrifflichen Objektivationen und satzhaften Normen verwaltbar; man wagt es, sich dem an sich selber anzuvertrauen, was nicht mehr durch die Zensur kategorialer Normativität hindurchgegangen und von daher positiv gebilligt wurde, sondern das gerade in seiner eigenen Unkontrollierbarkeit (wenigstens vorgängiger Art) als Vollzug jener Freiheit erfahren wird, die im Akt der Übergabe an die souveräne und nicht noch einmal von uns selbst zu rechtfertigende Verfügung Gottes west".[60] Die eigentliche transzendentale, von Gottes Selbstmitteilung getragene Verwiesenheit auf Gott kann, zwar nicht unmittelbar und rein, aber deutlicher erlebt werden. Die Erfahrung im Bewußtsein birgt jedoch auch die Möglichkeit in sich, die eigentliche Gnadenerfahrung zu verstellen, wenn sie sich als Zeichen an die Stelle des Angezeigten setzt.

1.2.3 Folgerungen

Mit der skizzierten Einordnung enthusiastischer Phänomene wollte Rahner ermöglichen, daß sie in ihrer menschlichen Wirklichkeit gewürdigt und auch kritisch in Frage gestellt werden können, ohne daß damit andererseits der Anspruch, Wirkungen des Geistes Gottes zu sein, fallengelassen werden muß. Es kann nicht zur Alternative kommen: entweder reine Wirkung des Geistes Gottes oder "Schwärmerei" bzw. menschliche oder religiöse Entgleisungen.

1. Insofern sich die Enthusiasmusphänomene von der eigentlichen Gnadenerfahrung unterscheiden, können sie menschlicher Kritik zu Recht ausgesetzt werden. Was ihren Ursprung, ihr Wesen, mögliche Auswirkungen und Depravationen angeht, unterstehen sie einer nüchternen Kritik nach zunächst innerweltlichen und humanen Kriterien. Festgehalten wird, daß es eine eigentliche Gnadenerfahrung gibt, die wenn auch nicht allein, so doch auch im enthusiastischen Erleben gegeben sein kann.[61]

2. Dem kategorialen Inhalt, der verwendeten Begrifflichkeit, ihren Bildern, den Einzelinhalten von Prophetie, den konkreten Antrieben nach, die der einzelne, eine Gemeinde oder die Gesellschaft aus ihnen erfahren, sind die enthusiastischen Erlebnisse zunächst einmal menschlichen Ursprungs. All dies darf nicht einfach als göttliche Eingebung verstanden werden, was aber nicht bedeutet, daß nicht eine echte, gnadenhafte Transzendenzerfahrung gegeben sein könnte. "Die Kritik an der kategorialen Inhaltlichkeit eines enthusiastischen Erlebens bedeutet nicht notwendig die Infragestellung der letzten Geist- und Gnadenerfahrung in sich selbst".[62] Ob eine solche vorliegt, müßte, soweit dies überhaupt möglich ist, mit anderen Kriterien entschieden werden als durch die Feststellung der Richtigkeit oder Unrichtigkeit des kategorialen Inhalts allein. Unter Umständen ist ein solches Erleben dem Inhalt nach akzeptabel, aber existentiell viel zu flach, zu oberflächlich und wenig radikal und keineswegs "enthusiastisch". Solche Kriterien wurden in der mystischen Theologie entwickelt.

3. Der kategoriale Inhalt der enthusiastischen Erlebnisse ist nicht einfach gleichgültig. Die Chance der Echtheit, d.h. daß eine einigermaßen richtige Objektivation der Gnadenerfahrung selber gegeben ist, ist größer bei objektiver Richtigkeit des kategorialen Inhalts, wenn dies auch nicht automatisch und einlinig rückgefolgert werden kann. Als Regeln für eine Prüfung sind alle jene anzuwenden, die auch allgemein für die Prüfung theologischer Inhalte und Aussagen gelten: Übereinstimmung mit der Botschaft des Evangeliums, mit der Schrift, mit dem Glaubensbewußtsein der Kirche usw.[63] - Deutlicher und akuter als beim sonstigen theologischen Reden stellt sich beim enthusiastischen Erleben die Frage, "wie die ursprüngliche Gnadenerfahrung in der Begegnung mit dem geschichtlichen Christusereignis, mit Jesus, dem Gekreuzigten und Auferstandenen... einerseits und die explizite Lehre des Christentums in Schrift und Tradition... anderseits gegenseitig zueinander vermittelt werden können".[64]

4. Im Unterschied zum eher individuell-privaten Kernphänomen in der Mystik treten enthusiastische Phänomene gerade innerhalb einer Gemeinde auf. So richtet sich etwa eine prophetische Botschaft von vornherein an die Gemeinde oder an die Kirche bzw. das enthusiastische Bekehrungserlebnis eines einzelnen ereignet sich in der Öffentlichkeit der Gemeinde und wirbt um Anerkennung durch dieselbe. Damit stellt sich die dogmatische Frage nach dem Verhältnis des enthusiastischen Erlebens zur christlichen Gemeinschaft, zur Kirche. Zur Beantwortung sind hier die systematischen Grundlinien über das Charismatische in der Kirche anzulegen, die von dessen Recht, Eingeordnetsein

und offenem Spannungsverhältnis zum Institutionellen handeln. Weiter soll gerade auch die vernachlässigte Lehre von der "Unterscheidung der Geister" (wenn auch nicht nur) dem Amt in der Kirche die Möglichkeit geben, Echtes und Unechtes zu unterscheiden. Die vorliegende Grundproblematik wird analog auch unter anderen Stichworten der Dogmatik verhandelt, so z.b.: im Zusammenhang des Verhältnisses der Fundamentaltheologie und der Immanenzapologetik; bei der Frage der Funktion der Glaubensgnade als Annahme der von außen kommenden Verkündigung; in der Spannung von Buchstabe und Geist in der Schriftlehre; in der Polarität von Pneuma und Institution in der Ekklesiologie. "Immer handelt es sich um ein Verhältnis zwischen zwei Größen, die weder identisch gesetzt noch beziehungslos voneinander getrennt werden dürfen, um ein Verhältnis, das im enthusiastischen Phänomen wiederkehrt, wenn darin, so spiritualistisch es sich zunächst ausnehmen mag, noch einmal unterschieden werden muß zwischen der eigentlichsten und ursprünglichsten Gnadenerfahrung in der Transzendentalität des Menschen einerseits und den kategorialen Inhalten darin anderseits, die sowohl Anlaß und Vermittlung für ein deutlicheres und existentiell radikaleres Innewerden der transzendentalen Gnadenerfahrung sein können als auch deren nachträgliche und unter Umständen geschichtlich und individuell höchst problematische Objektivation".[65]

5. Für eine Deutung des enthusiastischen Bekehrungserlebnisses, eines Geistempfangs, einer Geisttaufe samt der Frage, ob es dabei Stufen geben kann, bieten die traditionelle Moraltheologie und die Theologie der Mystik Ansätze. So z.B. die Unterscheidung zwischen einem existentiell peripheren und einem existentiell radikalen Akt in der Moraltheologie oder die Lehre der mystischen Theologie von der "Befestigung in der Gnade" einerseits und der Möglichkeit, dieser Befestigung innezuwerden, andererseits.[66]

1.3   Die Einordnung und Beurteilung von Visionen und Prophezeiungen

Spezifischer als in den obigen transzendentaltheologischen Ausführungen äußert sich Rahner in seiner theologischen Untersuchung zu "Visionen und Prophezeiungen",[67] die im katholischen Bereich immer noch maßgebend ist. Aufs Ganze gesehen wiederholt er, was die traditionelle Theologie der Mystik über diese Dinge sagt. Was hier und da "vielleicht in Richtung auf noch größere Vorsicht" darüber hinaus gesagt wird, will er als theologische Privatmeinung verstanden wissen. Seine Einzelmeinung zu vertreten sei aber ausdrückliches Recht des Theologen. Er darf, wenn er dies mit geziemendem Respekt tut, auch kirchlich "approbierte" Erscheinungen kritisch prüfen und in Zweifel ziehen. Wenn eine Theorie der Visionen, ihrer Ursprünge und Kriterien auch vielfach hypothetisch arbeiten muß, ist sie trotzdem nicht überflüssig und nutzlos. Ein wichtiger Grundsatz ist nämlich, daß der übernatürliche Ursprung einer Vision erst zu beweisen ist und nicht einfach vorausgesetzt werden darf. Die Beweislast liegt beim Bejaher, nicht beim Zweifler oder Verneiner, und solange eine bestimmte Erscheinung "natürlich" erklärt werden kann, ist der Erweis der Übernatürlichkeit nicht erbracht.[68]

Rahner fragt nach grundsätzlichen Beurteilungsmöglichkeiten. Dabei schickt er vorweg, daß er diese Phänomene nicht wie manche es tun, einfach von vorneherein als Schwindel, Hysterie oder "Aftermystik" abtun will, auch nicht mit dogmatischen Argumenten wie: Ablenkung von der wahren Frömmigkeit und der Bibel, albern, Gottes nicht würdig, dogmatisch unkorrekt usw. Andererseits entgegnet er den eifrigen Verfechtern, daß es von vorneherein ein schlechtes Zeichen wäre, wenn sie sich nicht willig, geduldig und ehrlich einer nüchternen und kritischen Prüfung aussetzen würden.[69] Erpressungsmannöver, mit denen bei Nichtannahme Strafen des Himmels angedroht werden, sprechen gerade gegen eine Echtheit. Die großen Lehrer der Mystik betonen, daß es gar nichts schade, wenn auch eine echte Vision abgelehnt werde. Nicht nur dem Glauben, auch der Vernunft gesteht Rahner mit Ignatius solchen Offenbarungen gegenüber ein Einspruchsrecht zu.[70]

1.3.1 Die Möglichkeit von Privatoffenbarungen

Weil Gott sich als persönlicher, freier Gott dem geschaffenen Geist vernehmbar machen kann, darum steht nach Rahner für einen Christen grundsätzlich die Möglichkeit von Privatoffenbarung durch Visionen und Auditionen fest. Gott kann sich gewissermaßen inkarnatorisch in einem konkreten "Hier und Jetzt, mit einem bestimmten Wort, Befehl, mit einer begrenzten Wirklichkeit oder Wahrheit" verbinden und sich der sinnlichen inneren oder äußeren Wahrnehmung des Menschen mitteilen.[71] Solche ganz unterschiedliche "geschichtliche Erscheinungen Gottes im geschöpflichen Zeichen" (durch Hören einer Stimme, Schau, Bilder und Symbole, Engelerscheinung, Traum, entrückte Zuständlichkeit) werden in der Schrift vielfach berichtet.[72] Nach dem Zeugnis der Schrift ist das Prophetische und Visionäre (im weitesten Sinn) aus der Geschichte des Christentums nicht wegzudenken. Die Zurückführung aller solcher Erscheinungen auf natürliche oder krankhafte Zusammenhänge würde die Bestreitung des geschichtlichen Handelns Gottes und des Charakters des Christentums als übernatürlicher, geschichtlicher Offenbarungsreligion bedeuten. Wenn es Visionen und Prophezeiungen zur Begründung der alttestamentlichen und christlichen Offenbarungsreligion gegeben hat, kann nach Rahner auch nicht a priori grundsätzlich bestritten werden, daß es solche auch in der nachchristlichen Zeit geben kann. Weil aber in Christus die letzte und endgültige Offenbarung und Selbsterschließung Gottes gegeben ist, müssen sie theologisch einen wesentlich verschiedenen Charakter haben.

Nach katholischem Urteil ist die absolute Leugnung der Möglichkeit besonderer Offenbarungen ein Verstoß gegen den Glauben. Die Bestreitung, daß solche auch nach der Zeit der Apostel noch vorkommen können, verstößt gegen eine theologisch sichere Lehre.[73]

Was die Zwecksetzung angeht, kann man zwischen (bloß) mystischen und (darüberhinaus noch) prophetischen Visionen unterscheiden. Während erstere sich nur auf das persönliche Leben und die Vervollkommnung des Visionärs beziehen, veranlassen oder beauftragen prophetische Visionen den Visionär, sich belehrend, warnend, fordernd oder die Zukunft voraussagend an seine Umwelt und die Kirche zu wenden. Psychologisch können beide denselben Verlauf aufweisen. Wegen des Anspruchs und ihrer größeren Tragweite sind prophetische Visionen hinsichtlich der Kriterien ihrer Echtheit verschieden zu bewerten.[74]

1.3.2 Die theologische Bedeutung von Privatoffenbarungen

In der Geschichte der katholischen Kirchen haben solche "prophetischen" Privatoffenbarungen, die vielen eine bestimmte Andacht nahelegten, zur Buße mahnten, bestimmte Weisungen erteilten, vor gewissen Lehren warnten, eine geistliche Lehre oder Lebensweise empfahlen, großen Einfluß ausgeübt.

In der Theologie der Mystik wurden vor allem die psychologischen Aspekte der Entstehung, ihrer Arten und Echtheits- und Wahrheitskriterien verhandelt.[75]Darüberhinaus wurde in ihr und in der Fundamentaltheologie nur die Möglichkeit ausgesagt, daß Gott sich in dieser Weise mitteilen kann, daß es möglich ist, die Echtheit und Wahrheit ihres Inhalts zu erkennen, und daß zumindest der unmittelbare Empfänger berechtigt oder sogar verpflichtet sein kann, den Inhalt im Glauben anzunehmen. Außerdem wurde eingeschärft, daß die "revelatio publica" mit dem Tod der Apostel abgeschlossen ist, solche späteren Offenbarungen deshalb nicht zur Glaubensgrundlage der Kirche gehören und

eben "Privatoffenbarungen" seien.   Es besteht keine Verpflichtung, sie mit dem "katholischen Glauben" zu glauben, und die Kirche kann oder muß sich mit ihnen nur insofern
beschäftigen,   als sie feststellen muß,   "ob sie mit der kirchlichen Glaubenshinterlage
vereinbar seien (oder nicht), um sie dann dem 'menschlichen Glauben' der Gläubigen
freizugeben".[76]

K. Rahner sieht die Notwendigkeit, die vorrangig psychologische Betrachtungsweise durch eine theologische Betrachtungsweise zu ergänzen. Die bisherigen knappen Ausführungen hierzu sind nach ihm in doppelter Hinsicht mangelhaft.   Einerseits ist diese
"Theologie" der Privatoffenbarungen zu negativ, andererseits zu positiv.

Zu negative Sicht

Vom Gesichtspunkt der Abgeschlossenheit der "öffentlichen Offenbarung" aus
sind spätere Offenbarungen als "private" lediglich negativ definiert. Eine theologische
Theorie ihrer Bedeutung und Notwendigkeit für die Kirche wurde nicht entwickelt.
Vielmehr zeigt die Geschichte der Theologie der Mystik eine theoretische Abwertung
des Prophetischen zugunsten einer Aufwertung der "reinen", eingegossenen Beschauung.[77]
Nicht ganz zu Unrecht ist man von praktischen Erfahrungen her mißtrauischer gegen die
prophetische Mystik, die sich auf Offenbarungen und direkte göttliche Weisungen beruft
und daraus das Recht in der Kirche ableitet, auf diese und ihre Menschen mahnend und
lenkend einzuwirken. Die möglichst bildlose, "unaussprechliche" Mystik reiner Kontemplation scheint ungefährlicher und weniger in Gefahr, mit dem Amt in Konflikt zu geraten.
Obwohl auch die prophetische Mystik ihre Grundlage in der Schrift hat und sie auch in
der Kirchengeschichte immer wieder vorkam, hat sich eine orthodoxe Theologie ihrer nie
angenommen. Als kaum bearbeitete Fragen müßten beantwortet werden: Gibt es auch in
der nachapostolischen Zeit Propheten? Wie kann ihr Geist erkannt und unterschieden
werden? Welche Funktion haben sie in der Kirche? Welche Bedeutung hat ihre Sendung
für die Geschichte der Kirche in ihrem inneren und äußeren Leben? - Eine Theologie des
Prophetischen könnte Elemente der mystischen Theologie aufgreifen, müßte aber deren
"private" Betrachtungsweise überwinden. Sie könnte einen wichtigen Beitrag dazu leisten,
daß der Geist nicht "ausgelöscht" wird.[78]

Zu positive Sicht

Zu positiv ist die durchschnittliche Theologie der "Privatoffenbarungen", weil sie
den grundlegenden Unterschied zwischen Offenbarungen vor und nach Christus nicht tief
genug sieht. Spätere Offenbarungen werden als Anwendungsfall der allgemeinen Theologie des Offenbarungsgeschehens gewertet, als "Offenbarung" minus der Verpflichtung an
alle. Damit gibt es keinen inneren Unterschied. Der psychologische Ablauf, der Inhalt und
die Kriterien der Echtheit kann bei den früheren Offenbarungen und denen der nachchristlichen Heilszeit gleich sein, lediglich der Adressat ist verschieden. Auch gibt es nach
den Prinzipien der Fundamentaltheologie keinen Grund, warum eine "Privatoffenbarung"
nicht von allen geglaubt werden muß, die von ihr Kenntnis erhalten und mit genügender
Sicherheit erkennen, daß sie von Gott stammt und damit Glaubensrecht und Glaubens-
pflicht (fides divina) gegeben ist. Der Unterschied bestünde dann nur darin, daß die Hut
des Geoffenbarten nicht der amtlichen Kirche anvertraut wäre. Das würde bedeuten, daß
damit kein wirklicher, das Wesen der Sache treffender Unterschied gefunden ist.[79]

Und doch besteht ein solcher, weil mit Christus ein unumkehrbarer und unüberhol-
barer Höhepunkt der Offenbarung gegeben ist. Rahner fragt: Was kann nach Christus
noch geoffenbart werden, wenn mit Christus und "nach" Christus das Ende der Zeiten ge-

kommen ist und Gottes Heilshandeln in ihm seine entscheidende, grundsätzlich unüberholbare und definitive Phase erreicht hat?[80] Neukonstitutive Offenbarungen kann es von
jetzt an nicht mehr geben. Aber nun offenbart sich Gott nach katholischem Verständnis
und nach Rahner gleichwohl auch in dieser Endzeit dem einzelnen und der Kirche,
zumindest in dem Sinn, daß das Charisma des einzelnen zum Segen des ganzen Leibes
gereichen soll. Rahners Frage ist von daher, wie die psychologisch vielleicht gleichar-
tigen, jedoch wesentlich, qualitativ verschiedenen nachchristlichen "Privatoffenbarungen"
sich in die endzeitliche Heilssituation einfügen.[81] Seine Antwort lautet: "Privatoffenbarungen sind in ihrem Wesen ein Imperativ, wie in einer bestimmten geschichtlichen
Situation von der Christenheit gehandelt werden soll; sie sind wesentlich keine neue
Behauptung, sondern ein neuer Befehl. In ihren Behauptungen sagen sie wirklich nur,
was man immer schon aus Glaube und Theologie weiß. Und dennoch sind sie nicht
überflüssig oder bloß ein himmlischer Repetitionskurs der allgemeinen Offenbarung oder
eine intellektuelle Mäeutik zur Erkenntnis von etwas, was man grundsätzlich auch ohne
diese Hilfe finden könnte".[82] Sie können helfen, den konreten Willen Gottes in einer
bestimmten Situation zu finden. Dieser läßt sich wohl eingrenzen, aber nicht logisch eindeutig ableiten aus den allgemeinen Prinzipien des Dogmas und der rationalen Analyse
der Situation. Es bedarf eines göttlichen Impulses, der nicht durch theoretische Überlegungen und Deduktionen zu ersetzen ist. So sehr auch das Charisma der Unterscheidung
der in der Kirche auftretenden Geister mit dem Amt verbunden ist, so wenig kann man
einfach davon ausgehen, daß immer hier die Einfallsstelle dieser göttlichen Bewegung zu
finden sei. Rahner hält fest: "Der von Gott einem Glied der Kirche inspirierte Imperativ für
das Handeln der Kirche in einer bestimmten geschichtlichen Situation - das scheint uns
das Wesen einer prophetischen 'Privatoffenbarung' zu sein".[83] Wie eine solche vom einzelnen auf die Kirche oder größere Teile von ihr übergreift, ist ihm eine sekundäre Frage.
In jedem Fall sollte man nicht zu schnell das Charisma der Propheten mehr oder weniger
als vorübergehendes Privileg der Urkirche betrachten. Neben dem durch Handauflegung weitergegebenen Amt muß es immer auch die menschlich unübertragene Berufung
des Propheten geben. Das Prophetische hat wegen seiner konkreten Wirkungen auf das
gläubige Kirchenvolk nach Rahner "trotz der Abgeschlossenheit der Offenbarung seine
unersetzliche Bedeutung in der Kirche, die weder durch die allgemeine Theorie der Theologie noch durch die natürliche und übernatürliche Klugheit des kirchlichen Amtes an sich,
noch durch Mystik... ersetzt werden kann".[84] Gerade wegen dieser positiven Aufnahme
ist nun die Frage dringend, wie echte Visionen, himmlische Botschaften, Prophezeiungen
von den menschlichen (natürlichen und krankhaften) und dämonisch bewirkten unterschieden werden können. Deshalb wendet sich Rahner der Psychologie von Erscheinungen zu.

1.3.3 Psychologische Aspekte von Visionen

In der volkstümlichen Sicht werden Visionen naiv-realistisch, analog zur normalen
Sinneswahrnehmung als direkte Eingriffe und Erscheinungen vom Jenseits her verstanden.[85] Hier muß nach K. Rahner die psychologische Seite beachtet und differenziert
werden. Mit den Theoretikern der Mystik unterscheidet er körperliche, einbildliche
(imaginative) und rein geistige Visionen.[86] Einbildliche Visionen wurden von den
Mystikern höher eingeschätzt als körperliche.

Körperliche Erscheinungen, in denen Wort und Geschehen physisch, unabhängig
vom Mystiker, also real-objektiv existieren, könnten auch von Unbeteiligten wahrgenommen werden. Rahner will nicht grundsätzlich bestreiten, daß es solche Visionen geben
könne, aber er hält dafür, daß man wohl nur ganz selten im Einzelfall eine solche

stringent nachweisen kann.[87] Rahner merkt an, daß die Tatsache des Realitätseindrucks noch kein Beweis für die Objektivität dieses Eindrucks darstellt. Rahner geht deshalb davon aus, daß es sich bei echten Visionen in den meisten Fällen um imaginative, einbildliche handelt.[88]

Gotteswirkung und Wunderhaftigkeit

Zur Frage, wie solche "einbildlichen" Visionen genauer zu denken sind, merkt Rahner zwei Dinge an. Einerseits richtet sich eine solche Vision nach den natürlichen psychischen Gegebenheiten, der inneren Struktur des betreffenden Menschen, an den sie ergeht, und hebt diese nicht einfach wunderhaft auf. Andererseits muß sie von Gott verursacht sein, soll sie als "echt" gelten können.

Dieses Von-Gott-gewirkt-Sein kann nun sowohl innerhalb als auch außerhalb der natürlichen Gesetze geschehen sein. Für den religiösen Menschen ist der Unterschied unerheblich. Auch eine "natürlich erklärbare Vision" könnte von daher, "sofern sie innerhalb des echt Christlichen, des Glaubens und der wahren Sitte verläuft, die seelische Gesundheit des Visionärs nicht schädigt, sondern ihn sittlich und religiös fördert, als 'gottgewirkt' und als Gnade gelten".[89] In besonderem Sinn gottgewirkt sind Visionen, die ihren Ursprung in einem übernatürlichen Eingreifen Gottes haben, das über die Gesetze der physischen und psychischen Natur hinausgeht. Dies kann in der Weise geschehen, daß Gott die Natur überformt und wesentlich Neues schafft, ohne die Gesetze der Natur aufzuheben, im Unterschied zur zweiten Art, dem Wunder im strengen Sinn, wo dies geschieht. "Entsteht eine Vision durch ein solches Eingreifen, dann wäre sie im eminenten Sinn als gottgewirkt zu bezeichnen".[90] Beide Momente können auch ineinander wirken. Im Blick auf die religiöse Bedeutung einer Vision ist das im technischen Sinn Wunderhafte ontologisch und ethisch nicht automatisch auch das Vollkommenere. "Schon ein ganz alltäglicher Tugendakt ist ontologisch und ethisch von größerer Bedeutung als eine imaginative Vision als solche".[91] Rahner hält es bereits für sinnvoll, daß die Kirche, auch ohne daß explizite Wunderhaftigkeit vorliegt, eine Vision bestätigt, und dabei lediglich feststellt: die Wirkung sei inhaltlich und nach ihrer Wirkung auf den Visionär und andere förderlich und in diesem Sinn "von Gott" oder sie sei ein legitimes Echo der eigentlich mystischen Erfahrung.[92]

Der Grundvorgang des visionären Geschehens

Der konkrete Vorgang ist so zu denken, daß Gott den Visionär in seiner Personmitte berührt und diese Berührung sich über die Psyche verleiblicht. Im Fall einer echten Vision wird von der göttlichen Bewirkung der sinnlichen Wahrnehmungsfähigkeit, einer "species sensibilis", ausgegangen. Diese kann einzelne "äußere" oder "innere" Sinne affizieren oder mehrere Sinne gleichzeitig betreffen. Dann geht der Inhalt des Bewußtseins von der Zuständlichkeit des Erlebenden in eine Vergegenständlichung über, er steht nun als "Gegenstand" vor dem Bewußtsein, und ist damit bereits "objektiviert". Die in der Tiefe des Geistes geschehene Begnadigung äußert sich in der menschlichen Objektivation und Reflexion des Wahrgenommenen. Diese Grundgegebenheit ist die Ursache dafür, daß auch eine echte Erfahrung falsch interpretiert und verzerrt werden kann. Die Gottgewirktheit und Echtheit einer einbildlichen Vision wäre aus dem Inhalt nur zu beweisen, wenn man darlegen könnte, daß dieser nicht aus den natürlichen Vorgaben (Gedächtnis, Phantasie, Unterbewußtsein, parapsychologische Fähigkeiten) abzuleiten ist. Das zu belegen, wird nur in den seltensten Fällen, wenn überhaupt, möglich sein. Der Inhalt der meisten Visionen ist dergestalt, daß er sich aus den schon vorher im Visionär vorhandenen

Inhalten aufbaut. Dies ist besonders bei Kindern zu beobachten. Theologisch ausgedrückt heißt das: "Im allgemeinen werden auch echte Visionen (was ihren Inhalt angeht) nicht 'quoad substantiam' übernatürlich sein, sondern nur 'quoad modum' (indem sie durch Gott hervorgerufen werden)".[93] Das bedeutet: "weder das scheinbare oder wirkliche Wahrnehmungserlebnis noch der Inhalt werden im allgemeinen ein striktes 'Kriterium der Echtheit', das heißt einer transsubjektiven Verursachtheit der einbildlichen Vision und eines göttlichen Ursprungs sein können".[94]

Primärereignis und sekundäre Wirkung

Aus grundsätzlichen Überlegungen und durch das Zeugnis der klassischen Mystik bestätigt, ist davon auszugehen, "daß auch bei imaginativen Visionen in der Regel die imaginative Vision als solche (also die Erregung der sinnlichen Fähigkeiten) nicht das von Gott primär und unmittelbar Bewirkte, sondern gewissermaßen nur Ausstrahlung und Echo eines viel innerlicheren und geistigeren Vorgangs ist".[95] In der Beschreibung der spanischen Mystik reicht diese "eingegossene Beschauung" von der "geistlichen Verlobung" bis zur "geistlichen Hochzeit", der vollen unio mystica.[96]

1) Aus dieser Unterscheidung von Primärgeschehen und sekundärer Wirkung erklärt sich die Zurückhaltung der Mystiker gegenüber imaginativen Visionen. Ausdrücklich betonen sie, daß man nicht fürchten müsse, durch die Ablehnung einer solchen Gott zu beleidigen, weil es allein ankomme "auf das Werk, das die mystische Gnade Gottes in der eingegossenen Beschauung in der Tiefe der Person tut, auf den reinen Glauben und die Liebe zu dem über alle Bilder erhabenen Gott".[97] - 2) Auch das große Mißtrauen der genuinen christlichen Mystik gegenüber imaginativen Visionen, wenn sie nicht im Zusammenhang mit einem solchen Kerngeschehen auftreten, wird verständlich. Während der Laie die massive Sinnenhaftigkeit als Beweis für die Echtheit ansieht, ist das z.B. für Johannes vom Kreuz gerade der Grund entschiedener Ablehnung.[98] - 3) Von dem Ansatz der Unterscheidung einer "tieferen" göttlichen Einwirkung und einer imaginären Folgewirkung her kann man nach Rahner einerseits von einer "echten" Vision sprechen und andererseits doch zugestehen, daß sie nach den allgemeinen psychologischen Gesetzen der sinnlichen Sphäre verläuft. Daß auch bei den Visionären die bekannten psychologischen Typen auftauchen oder daß sich ähnliche Phänomene auch in nichtchristlichen Religionen finden, ist kein Argument gegen Echtheit. Umgekehrt bedeutet dies aber auch, daß aus dem sinnlichen Geschehen kein positiver Beweis abzuleiten ist, denn "verschiedene Ursachen können in derselben Sphäre dieselben Erlebnisse hervorrufen".[99] - 4) Mit dem Achten auf die "Demut" als "Kriterium" der Echtheit meint die mystische Theologie demzufolge weniger die normale Frömmigkeit, Wahrhaftigkeit, Bescheidenheit, Zurückhaltung usw., sondern eine grundlegende religiöse Vertiefung und Wandlung des Menschen, die mit dem mystischen Erleben eintritt und sich auch hält. Diese tiefe Wandlung ist wichtiger als die psychologische Beschreibung des Geschehens bzw. seine Begleiterscheinungen.[100] - 5) Weil der Kernvorgang sich am Menschen ereignet und sich durch diesen wie in einem Echo mitteilt, fließen die subjektiven Bedingungen (Vorstellungselemente, Apperzeptionsschemata, selektive Erwartungshaltungen, religiöse Bildung, Zeitsituation, ästhetischer Geschmack usw.) des Menschen mit ein. Von daher wird der Inhalt einer imaginativen Vision wohl in verschiedener Mischung, aber unvermeidlich beide Elemente enthalten. Zwar kann man bei einer prophetischen Vision, die auch durch ein Wunder bestätigt ist, auch für das Bildhafte eine gewisse göttliche Bewahrung annehmen, aber allgemein gilt der Grundsatz: das göttliche Einwirken bietet keine Garantie dafür, "daß der imaginäre Inhalt auch einer 'echten' Vision nicht von der Eigenart des Visionärs so mitbestimmt ist, daß historisch Unrichtiges, theologisch Schiefes und

Falsches, Einseitiges, Geschmackloses mit in diesen Inhalt einfließen".[101]   Mit einer Vielzahl
von Beispielen illustriert Rahner dies und belegt damit seine These, daß auch die "echten"
imaginativen Visionen im allgemeinen nur mittelbar gottgewirkt sind.[102]
        Konsequenz dieser Sachlage ist für Rahner positiv, daß man ein Erlebnis, das sich
als Vision ausgibt, gar nicht ohne weiteres vor das strenge Dilemma stellen kann: entweder
"in allen Punkten richtig" oder "als Ganzes menschliche oder teuflische Illusion oder Betrug". Ein solcher logisch scheinbar klarer Rigorismus ist für ihn in Wirklichkeit ein psychologischer Mißgriff. Dagegen hält er es für vertretbar, in einer gewissen "Milde" wohlwollend visionäre Erfahrungen auch dann als gottgewirkt gelten zu lassen, auch wenn
nicht alles anerkannt werden kann. Negative Konsequenz der geschilderten Sachlage ist,
daß auch dann, wenn die "Echtheit" einer Vision im ganzen feststeht, damit nicht gesagt
ist, daß auch jede inhaltliche Einzelheit richtig ist und akzeptiert werden muß.[103] Wenn
bereits im Vorgang der Vision selbst das subjektive Element wirksam ist, wieviel mehr im
zeitlichen Nachhinein der Reflexion und Objektivation.

1.3.4   Kriterien und Verhaltensweisen

Ungenügende Kriterien

        Aus den erarbeiteten Gesichtspunkten ergibt sich nach Rahner für die Frage der
Kriterien: Negativ gesehen sind a) weder Frömmigkeit noch subjektive Ehrlichkeit
überhaupt ein Kriterium bzw. eindeutiger Hinweis auf Echtheit. Beide schützen nicht vor
Irrtum und wären als selbstverständlich vorauszusetzen. - Gleiches gilt b) auch für den
Aspekt der körperlichen und seelischen Gesundheit. Die unausgesprochene Logik, wenn
keine Echtheit vorliege, müsse der Visionär ja hysterisch oder verrückt sein, was im
Normalfall nicht zutrifft, greift aus mehreren Gründen nicht. Einmal übersieht sie
sowohl, daß es "isolierte" Verrücktheit bei sonstiger Normalität geben kann, als auch, daß
es auffällige Phänomene gibt, die natürlich und nicht krankhaft sind und keine transzendente Ursache haben.[104] - Ferner sind c) auch Deutlichkeit, Unausweichlichkeit und der
scheinbare Wahrnehmungscharakter keine eindeutigen Echtheitskriterien. Unter Umständen sprechen sie gerade für das Gegenteil. - Weiter scheiden d) auch solche extraordinären Momente am Gesamtkomplex aus, die man früher als durchschlagenden Beweis
für Übernatürlichkeit ansah, die aber in Wirklichkeit dem Bereich medialer, parapsychologischer Fähigkeiten zugehören. Dabei will Rahner nicht ausschließen, daß ein übernatürlicher Eingriff Gottes auch solche medialen Fähigkeiten in seinen Dienst stellt
oder unwillkürlich auslöst. - e) Persönliche Ehrenhaftigkeit, d.h. der gewinnende Eindruck aus persönlicher Begegnung, ist kein genügendes Argument für Echtheit. Sich dem
persönlichen Einfluß zu entziehen fällt dabei gar nicht leicht. - f) Auch ein bei ekstatischen
Zuständen vielfach angeführter "verklärter", "überirdisch" schöner Gesichtsausdruck ist
kein Beweis für Echtheit. Solcher kann auch bei gewöhnlichen Halluzinationen auftreten.[105]

Positive Kriterien und Verhaltensweisen

        Was den Visionär selbst betrifft so stellt eine starke sinnliche Wahrnehmung des
visionären Geschehens kein eindeutiges Echtheitskriterium dar. Sofern die imaginative
Vision allerdings verbunden ist mit einem echten tieferen mystischen Phänomen, ist es
möglich, daß er im Akt dieses ursprünglichen Erlebnisses nicht an seiner Gottgewirktheit
zweifeln kann. Vom echten Tiefengeschehen kann dann auch kausal die Echtheit des
visionären Vorgangs in Betracht gezogen werden. Im Nachhinein des mystisch-visionä-

ren Erlebnisses kann mit Hilfe von Kriterien durch Reflexion eine sekundäre Gewißheit erlangt werden, daß das zentrale Geschehen wirklich vorhanden war.

In jedem Fall ist das von den Lehrern der mystischen Theologie vorgeschriebene zurückhaltende und sorgsame Verhalten imaginativen Visionen gegenüber zu beachten. Im Vergleich mit dem Tiefengeschehen der eingegossenen Beschauung sind letztere abgeleitet, sekundär und relativ unwichtig. Hinzu kommt der Vorrang der alles andere überragenden Bedeutung des Glaubens und der Liebe und der übrigen sittlich-übernatürlichen Haltungen des Christen. - Liegt weder eingegossene Beschauung noch ein bestätigendes äußeres Wunder vor, ist eine eindeutige Bejahung der Echtheit einer Vision nicht möglich. Ist sie inhaltlich unbedenklich, weil sie weder gegen den Glauben noch die christliche Sitte verstößt und fördert sie das religiöse Leben des Visionärs, ohne ihn zu prophetischer Anmaßung und übertriebener Bewertung der Vorgänge zu verleiten, so muß er sich einerseits eines definitiven Urteils über die Echtheit enthalten, "andererseits kann er sie als Förderung seines eigenen geistlichen Lebens in Demut, Dankbarkeit und Schweigen für sich verwerten".[106]

Bei "mystischen" Visionen, die sich nicht an andere wenden, gelten für die Außenstehenden dieselben Kriterien wie für den Visionär selbst. Weil im Unterschied zu diesem aber kein unmittelbarer Zugang zum Kernereignis vorliegt, wird der Außenstehende nur im abgeschwächten Grad über das "daß" hinaus Sicherheit gewinnen können. Ohne das Hinzutreten des äußeren Kriteriums des Wunders wird man sich mit einer mehr oder weniger großen Wahrscheinlichkeit des Urteils begnügen müssen und dem Gesamtgeschehen mit der Achtung begegnen, "die man dem Seelenleben frommer und geistig gesunder Menschen schuldet".[107] Es bleibt Sache des eigenen freien Ermessens, ob das vom Visionär "Geschaute" für das eigene religiöse Leben etwas bedeuten kann. Keinesfalls ist man verpflichtet, viel Wert auf solche Dinge zu legen. Nach Rahner wird man praktisch selten irren, wenn man solche Visionen ohne eigentliche mystische Gnaden als parapsychologische, eidetische oder sonstige halluzinatorische oder pseudohalluzinatorische Vorgänge auffaßt. Er hält als Prinzip fest, daß übernatürliche Einwirkung nicht vorauszusetzen, sondern zu beweisen ist, und pflichtet auf Grund der Geschichte der Mystik dem Urteil A.Poulains bei, daß selbst bei frommen und "normalen" Menschen drei Viertel der Visionen gutgemeinte, harmlose, aber wirkliche Täuschungen sind. Besonders in aufgewühlten Zeiten ist man bei solchen Vorkommnissen mehr in Gefahr, durch Leichtgläubigkeit als durch Skepsis zu fehlen.[108]

Bei "prophetischen" Visonen, die eine Forderung an Außenstehende beinhalten, ist der einzige legitimierende Echtheitsbeweis ein physisches oder moralisches Wunder im strengen Sinn. Dieses an die christliche Grundoffenbarung angelegte Kriterium gilt erst recht im Blick auf Privatoffenbarungen. Und selbst dann verpflichten sie im allgemeinen nicht zu einem Glauben der fides divina wie die allgemeine Offenbarung, weil nicht feststeht, daß Gott bereit ist, jedem den dafür erforderlichen erleuchtenden Gnadenbeistand zu gewähren, wie er es im Blick auf die Grundoffenbarung tut. Die Ablehnung einer Privatoffenbarung ist, sofern sie die allgemein menschliche Verpflichtung der Vorsicht, Zurückhaltung und Ehrfurcht beachtet, keine "Ablehnung der Gnade Gottes". Nach Rahner kann im Gegenteil eine solche vom Ernst, mit dem der Mensch sich hüten muß, den "Geistern" ungeprüft zu glauben, gerade gefordert sein.[109]

Wenn die Untersuchungen und das Urteil der Kirche erklären, eine bestimmte Vision und Privatoffenbarung sei menschlich glaubwürdig, so ist eine solche Approbation in sich nicht notwendig unfehlbar. Dem Gläubigen ist es nach Rahner nicht verwehrt, dieses Urteil innerlich auf gewichtige Gründe hin für sachlich unrichtig zu halten und seine Meinung auch zu äußern, sofern er dies mit geziemender Bescheidenheit tut und nicht in grundsätzlicher Skepsis die Möglichkeit einer geschichtlichen Offenbarung

Gottes überhaupt leugnet. Erst recht muß nach Rahner eine kritische Stellungnahme zu Einzelheiten erlaubt sein.

Falsche Verhaltensweisen

Wenn eine mystische oder prophetische Vision als echt erkannt werden kann, so ist es dennoch möglich, daß unsere Stellungnahme, unsere Reaktion ihr gegenüber falsch ist. Einmal kann man taub und widerspenstig sein, wenn sie zur Buße ruft oder zu einer Andacht mahnt. Unter Menschen mit einer zu gefühlsmäßigen und unerleuchteten Frömmigkeit ist aber auch das andere Extrem möglich, daß sie Privatoffenbarungen mißbrauchen zur Befriedigung eines geistlichen Sensationsbedürfnisses. Rahner bewertet das Gieren nach Prophezeiungen, die so "klar" und "eindeutig sind, daß sie die Last verantwortlicher Entscheidung und das bedingungslose Vertrauen auf Gottes unberechenbare Vorsehung abnehmen", als Verlangen nach Wahrsagerei. Genauso kritisiert er das Verständnis von Privatoffenbarungen als Enthüllung von geistlichen Tricks und Methoden, wie man billig heilig werden kann. Wenn das ganze geistliche Leben nur noch um eine (durchaus echte) Offenbarung kreist, deren Inhalt im Vergleich mit der ganzen Weite der christlichen Wahrheit, aus der wir leben sollen, aber doch dürftig und eng ist, "hat man gewiß auch die echten Offenbarungen falsch verstanden und angewendet".[110]

Einerseits will Rahner "das kleine Tor einer Privatoffenbarung" nicht verachten, wenn Menschen dadurch den ersten Eingang in eine wirkliche Erfassung des Christentums finden. Keineswegs möchte er "die Menschen dieser kleinen Türe" zwingen, "durch die hohen Portale der großen Theologie oder des privaten Tiefsinns" den Weg ins Haus Gottes zu nehmen. Andererseits gibt er zu bedenken, daß man in der kleinen Tür nicht stehenbleiben darf.[111]

Wesentliche Kriterien

Wenn Gott auch zu uns auf mannigfaltige Weise redet, dann ist für Rahner a priori gar nicht ausgemacht, daß die wichtigsten Weisungen gerade durch Visionen ergehen. Diese stehen vielmehr im Evangelium und ertönen von den Lippen der Kirche in ihrer 'ganz gewöhnlichen' Verkündigung. Manchmal regt sich der Geist Gottes auch in den Theologen und "Bewegungen" der Kirche, auch wenn sie sich nicht auf Gott berufen können. "Auch die Liebhaber der Offenbarungen und Erscheinungen sollten nicht vergessen (was doch auch geschieht): im Armen und Notleidenden 'erscheint' uns Christus am gewissesten. Im Sakrament und in der Gnade des Heiligen Geistes, die sich jedem Christen anbietet, hat Gott seine lauterste Gegenwart. Das Kreuz ist die wahre Begnadigung und die Liebe das höchste Charisma. Wer die Hand, die uns schlägt, nicht als die heilende Hand des barmherzigen Gottes erkennt, findet ihn auch nicht in den 'Offenbarungen'. Gut in allen Geistern ist, was uns zu besseren Christen macht. Was uns dazu macht, das sagt uns eigentlich doch unser durch den Geist der Kirche gebildetes Gewissen ziemlich einfach. Mit diesem Kriterium können wir in der Praxis des Lebens hinlänglich durchkommen, wenn es auch nicht genügt, die - reichlich theoretische - Frage zu entscheiden, ob ein Kundwerden des Geistes unmittelbarer oder mittelbarer aus dem göttlichen Geist kommt".[112] Im Blick auf den Tatbestand, daß bei echten Vorgängen immer schwer scheidbar auch viel Menschliches im Göttlichen enthalten ist, legt Rahner den Befürwortern nahe, die Bestreiter nicht zu zwingen, das Göttliche gerade in diesem Menschlichen zu suchen. Umgekehrt sollen letztere nicht abstreiten, daß die anderen in diesem Menschlichen das Göttliche zu finden vermögen.[113]

Die amtliche Offenbarung, der kirchliche Sinn, das Lehramt und sogar der christliche "Hausverstand" haben im Blick auf Privatoffenbarungen jedes in seiner Art eine kritische Funktion. Ohne die Möglichkeit und theologische Berechtigung von Privatoffenbarungen zu negieren, ist ihre Relativierung mit der absoluten Selbsterschließung Gottes in Jesus Christus gegeben, die in Gnade, Kirche und in den Sakramenten immer präsent ist.[114]

1.3.5 Typologisierung von Prophezeiungen

Das bisher über Möglichkeit, Psychologie, Ineinander von Göttlichem und Menschlichem und Kriterien Gesagte gilt auch für Prophezeiungen, die Vorhersage von zukünftigen, nicht mit menschlichen Erkenntnismitteln errechenbaren Ereignissen. Rahner skizziert Grundlinien einer Typologie.[115]

Typen von Prophezeiungen

1) Zu einem ersten Typ rechnet er alles, was im abwertenden Sinn als "*Wahrsagerei*" bezeichnet werden kann, wie Orakelwesen, Astrologie, Chiromantie, Kartenlegen, Totenbefragung usw. All dies fällt unter den Begriff des Aberglaubens. Aberglaube bedeutet nicht nur, daß mit einem untauglichen Mittel ein Zweck erreicht werden soll und eine Praxis auf Irrtum beruht und zur Täuschung führt. Diese Praktiken wachsen vielmehr aus einer zutiefst widerreligiösen Haltung und schließen die Bereitschaft mit ein, sich auch dämonischen Einflüssen zu öffnen und sich derer zu bedienen. Rahner lehnt sie schon von einer "geistigen Hygiene" her ab, weil sie sich höchst nachteilig auswirken. Hinzu kommt die kindische Primitivität der Inhalte, die gerade dem Anspruch der "höheren" Erkenntnis spottet.[116] Vor allem aber sind sie abzulehnen wegen ihrer "irreligiösen Profanität". Widerreligiös ist "Wahrsagerei", weil sie "magisch" ist, insofern sie meint, eine Technik zu besitzen, mit der man Gott seine Geheimnisse zu entreißen vermag. Außerdem entbehrt sie einer echten religiösen Grundhaltung, "der demütigen Hingabe des Menschen an die souveräne Verfügung des lebendigen Gottes, dessen Wege und Ratschlüsse unerforschlich sind, so daß in dieser Hingabe, nicht in einem Wissen um die Zukunft, der Mensch den wahren Frieden des Herzens findet".[117]

2) Der zweite Typ von Prophezeiungen ist der "*parapsychologische*".[118] Diesem ordnet Rahner "Wahrträume", das sogenannte "zweite Gesicht", "Hellsehen", Vorauswissen der Todesstunde usw. zu. Trotz der menschlichen Außergewöhnlichkeit ist hier kein besonderes Eingreifen Gottes anzunehmen. Rahner führt diese Fälle auf natürliche Zusammenhänge zurück. Die Leistungen dieser Fähigkeiten sind ihm im ganzen religiös zu unbedeutend, als daß man an ein eigentliches übernatürliches Eingreifen Gottes denken dürfe. Eine Erklärung der Phänomene, die zwar wünschenswert wäre, will er nicht vornehmen. Zur typisierenden Abgrenzung ist eine solche auch nicht unbedingt erforderlich. Inhaltlich fehlt ihnen eine eigentlich religiöse Zwecksetzung, das Eingebautsein in eine theologische Sinndeutung der Geschichte. Sie sind psychologisch gesehen "Gesichte", in denen parapsychologisch isolierte Fetzen und Fragmente der Zukunft ohne Einordnung in einen größeren Zusammenhang, wenn auch vielleicht sehr detailliert, wahrgenommen werden. "Göttliche" Zukunftseröffnungen sind im Unterschied dazu (zumindest im Kern) "Wort"-Mitteilung. Sie "zeigen" nicht nur bildhaft ein Stück der Zukunft, sondern teilen etwas mit, indem sie diese deuten. Gerade weil, und nicht obwohl sie von Gott kommen, sind sie in den Einzelheiten undeutlich. Sie sprechen mehr vom Sinn der Zukunft und wollen gerade nicht ein Mittel sein, "sich gegen diese zu schützen und vorzusehen, da sie die wagende und auf Gott vertrauende Freiheit des Menschen

vor einer dunkel bleibenden Zukunft offenhalten" wollen.[119]   Deshalb fehlt ihnen der Stil einer mirakulösen detaillierten Zukunftsreportage. Stattdessen eröffnen sie dem Menschen von seiner jetzigen Situation aus den Blick in das Kommende, den er braucht, um in der Gegenwart Treue und Vertrauen zu üben. "Jene ist Gesicht, diese ist Wort; jene ist Vorwegnahme der Zukunft als eines Gegenwärtigen; diese Vorwegnahme der Zukunft als eines dennoch zukünftig Bleibenden".[120]   Eine religiöse Sinngebung, ein Heilszweck, ein von Gott persönliches Angeredetsein ist innerlich konstitutiv an der Mitteilung der Zukunft selbst.[121]

3) Die *ahnende geschichtsphilosophische und geschichtstheologische Vorwegnahme der Zukunft* ist Rahners dritter Typus.[122] Hier blicken große Geister der Menschheit in die Zukunft, ahnen das Kommende, warnen die Zeitgenossen durch Schilderung der zukünftigen Ergebnisse gegenwärtiger Taten oder trösten die jetzt Leidenden im Blick auf die zukünftige Ernte. Rahner nennt als sehr unterschiedliche Vertreter dieses Typus Augustin, Nikolaus von Kues, Savonarola, Rousseau, Heine, Donoso Cortés, Solowjew, Nietzsche usw. In ihren Schauen wirken zusammen: geschichtsphilosophische Hellsichtigkeit eines überragenden Geistes, Orientierung an der Schriftprophetie und ihrer Geschichtstheologie, u.U. auch parapsychologische Einschläge und hier und da vielleicht auch eigentlich übernatürliche Einflüsse. In diesem Typus wird Falsches und Richtiges, Klares und Undeutliches sich vermischen. Weil solche "Prophezeiungen" eigentlich Schlußfolgerungen aus einer Analyse der Gegenwart sind, werden sie soviel wert sein wie die richtige oder falsche, umfassende oder einseitige Beobachtung und Auswertung derselben.

4) Der vierte Typus sind *erdichtete Prophezeiungen*, nicht im Sinne von primitiven Fälschungen, sondern von bewußten Zweckdichtungen politischer oder religiöser Art zur Propagierung von welt- oder kirchenpolitischen Ideen in diesem Gewand.[123]

5) Die eigentliche *gottgewirkte Offenbarung* ist Rahners fünfter Typus. Daß es solche geben kann, wird der Christ, sofern er das Schriftzeugnis ernst nimmt, nicht bezweifeln können. Zusammen mit den Wundern hat Gott damit in der Heilsgeschichte seine Botschaft bezeugt und als gottgewirkt erkennbar gemacht.

Theologische Beurteilung

Rahner versteht diese fünf Grundtypen nicht als erschöpfende Aufzählung. Man könnte weiter fragen, ob es auch eigentlich dämonische Prophezeiungen geben kann, was z.B. die Kirchenväter sehr beschäftigt hat. Auch gesteht er zu, daß es nicht immer leicht ist, eine bestimmte Prophetie auch einem der genannten Typen zuzuordnen. Statt diesen Fragen wendet er sich der theologischen Beurteilung der Typen zu.

Wahrsagerei ist sittlich verwerflich, weil sie sowohl versucht, ein Ziel mit einem untauglichen Mittel zu erreichen, als auch ausdrücklich oder einschlußweise dämonische Mächte in Anspruch zu nehmen. Auch für die Christenheit sollte nach Rahner gelten: In Jakob gibt es keine Zeichendeutung und keine Wahrsagerei in Israel (4 Mose 23,23; vgl. 3 Mose 19,26.31; 5 Mose 18,9-14). Nach dem Kirchenrecht (CIC can. 2325) soll der Bischof "Aberglauben" bekämpfen, was zweifellos auch für Wahrsagerei gilt. Die Teilnahme an spiritistischen Gesprächen und Kundgebungen ist dem Katholiken untersagt. Eine Ausnahme betrifft die exakte wissenschaftliche Untersuchung natürlicher parapsychologischer Phänomene unter Zugrundelegung einer "animistischen" Theorie.[124]

Parapsychologische "Prophezeiungen" sind zwar außerordentlich, aber dennoch natürlich. Weil sie ohne freie Initiative auftreten, liegen sie nach Rahners Sicht außerhalb der sittlichen Verantwortung des "Sehers", zumal ihm kaum (oder selten) die Möglichkeit geben, sich aufgrund seines Wissens anders zu verhalten, als er es sonst auch täte.

Sofern *geschichtsphilosophische oder -theologische Ahnungen* sich auf die Prinzipien der Offenbarung berufen oder deren Prophetie interpretieren, ist die Richtigkeit der Deduktionen und Interpretationen zu überprüfen.[125] Wirklich *von Gott gegebene Offenbarungen über die Zukunft* kann es nach dem Zeugnis der Schrift geben und hat es auch gegeben. Rahner verweist auf die Vorhersage des Untergangs Jerusalems durch Christus. Eine Bestreitung dieser Möglichkeit verstöße gegen den katholischen Glauben. Was den göttlichen Offenbarungsvorgang angeht, so muß sich dieser nach katholischem Verständnis an das Ganze der menschlichen Geistigkeit wenden und kann im ganzen nicht in Mantik oder parapsychologischen Zuständen bestehen. Alle Erkenntniskräfte des Menschen können in Dienst genommen werden, aber Freiheit und verantwortete Logik werden nicht überspielt werden.[126] Die prophetische Gabe soll nach Rahner "bleibendes Angeld der Kirche und ein Beweis ihrer übernatürlichen Sendung" sein. "Darum wird der prophetische Geist in der Kirche nicht aussterben. Immer wieder werden Männer charismatischer Begabung in der Kirche sich finden, die, wie die alten Propheten in die Zukunft blickend, zur rechten Entscheidung in der Gegenwart mahnen".[127] Das bedeutet aber nicht, daß auch jede Prophetie in der Kirche echt und wahr sein muß. Ein eindeutiges Kriterium vor ihrer Erfüllung stellt allein ein in unmittelbarem Zusammenhang mit ihr stehendes Wunder als göttliche Beglaubigung dar. Irgendein Wunder, etwa im Zusammenhang einer Wallfahrt, stellt keine Garantie dar.[128]

Der Sinn göttlicher Prophezeiungen ist nicht, den Raum der menschlichen Freiheit aufzuheben. Die Last und Gnade einer freien Entscheidung in wagendem und vertrauendem Glauben soll gerade nicht abgenommen werden. Es kann nicht darum gehen, mit ihrer Hilfe trickreich Fährnisse der Biographie zu umgehen und ein irdisch gefahrloses und bequemes Leben zu haben und dem Kreuz Christi zu entfliehen. Zweck gottgewirkter Prophetie ist es, den lebendigen Gott als den Herrn der Geschichte, auch der dunklen, zu erweisen. Das scheinbar Hoffnungs- und Ausweglose der Weltgeschichte und des Reiches Christi zeugt nicht gegen Gott. Es ist von ihm von Anfang an in den Plan seiner Vorsehung eingerechnet, weil er in unserer Schwachheit siegreich sein will. Göttliche Prophetie warnt vor innerweltlichem Optimismus und Fortschrittswahn und verkündigt stattdessen immer wieder eine dunkle Zukunft. "Wahre Prophezeiungen wollen uns mahnen zur Buße, zur Bekehrung zum Gebet, zum Vertrauen auf den Sieg Christi, zur Hoffnung auf die Ewigkeit Gottes".[129]

Soll nachchristliche Prophetie als echt anerkannt werden, muß sie sich im Rahmen der Schriftprophetie halten. Sie wird über die Zukunftsperspektive und Zukunftsdeutung der Schrift hinaus nichts wesentlich Neues sagen, sondern gegenwartsbezogener Imperativ derselben sein. Gegenüber der Liebe sind Prophetien Stückwerk (I Kor 13,9). Nur sie hat die Kraft, "auch das bleibende Dunkel einer Zukunft zu umfassen, die durch keine Prophetie wirklich so aufgehellt wird, daß sie ungefährlich würde. Denn die Liebe allein kann eine solche Zukunft aus der Hand Gottes entgegennehmen als die Gabe seiner Weisheit und seiner Liebe".[130] Nach Rahner wird es im Reich Christi immer falsche Propheten geben (Mt 10,41), und deshalb wird auch die Anweisung gültig bleiben, den Geist nicht auszulöschen, die Prophetengabe nicht zu verachten, sondern alles zu prüfen und das Gute zu behalten (I Thess 5,19-21).

1.4 Würdigung und Kritik

Es kann hier nicht darum gehen, die fast nicht mehr überschaubaren weltweiten Wirkungen des großen, umfassenden Rahnerschen Werkes zu würdigen. Lediglich einige Anfragen zum Ansatz und Anmerkungen im Blick auf unsere spezielle Thematik seien erlaubt:

1) Ohne Frage kommt Rahner großes Verdienst zu für sein *mutiges Eintreten für "das Charismatische in der Kirche"*. Er hat mit dazu beigetragen, institutionalistisch-juridische Engführungen in der römisch-katholischen Ekklesiologie und kirchlichen Praxis aufzubrechen. Dadurch, daß er deutlich machte, daß das Charismatische wesensmäßig zur Kirche gehört, hat er die Erwartung und Offenheit für gegenwärtige erneuernde, auch gerade nicht-institutionelle, Wirkungen des Geistes Gottes, für neue Bewegungen und neue Wege der Verwirklichung des Evangeliums gefördert. Wichtig scheinen mir seine Anmerkungen sowohl zum konstitutiven Leid des Charismas und dem notwendigen Antagonismus in der Kirche als auch zum feinfühligen Verhalten des kirchlichen Amtes. Der charismatische Impuls, seine demokratisierenden und in gewisser Weise antiinstitutionalistischen Tendenzen sind bei Rahner gleichwohl eingebunden in ein Verständnis der Kirche als insgesamt charismatischer. Rahners Charismatik ist keineswegs antikirchlich oder separatistisch.[131] - Wie in anderen Zusammenhängen will er auch im Blick auf das Charismatische die Grenzen der Kirche ausgeweitet wissen. - Auch die Reformatoren anerkennen Charismen unter den Heiden, unterscheiden dabei aber deutlich zwischen Schöpfungs- und Heilsdimension!

2) Was Rahners Ausführungen über *gnadenhafte Transzendenzerfahrung und enthusiastisch-charismatisches Erleben* angeht, so ist allgemein festzuhalten, daß sich die Gnade auch dem menschlichen Bewußtsein mitteilt. Aufgabe des Heiligen Geistes ist ja doch wohl gerade die wirkliche Vermittlung oder Mitteilung des Ewigen an den Menschen in seiner Ganzheit (Vertreter der charismatischen Erneuerung wie H.Mühlen und N.Baumert sprechen geradezu von einer "Sinnenfälligkeit" der Geisterfahrung). - Nach Rahner kann sich die Gnadenerfahrung auch, wenn auch nicht allein, in einem enthusiastischen Erleben zeigen. Ohne die Unterschiede einzuebnen, setzt Rahner, wie bereits in seinen Ausführungen über das Charismatische, hier fließende Übergänge zwischen eher gewöhnlichen und mehr extraordinären Erscheinungen voraus. Wenn die "kleinen" Charismen gewürdigt sind, darf auch deutlicher von den großen gesprochen werden. So wie es das schlichtere alltägliche religiöse Erleben in seiner tieferen Bezogenheit auf die Transzendentalität des Menschen gibt, kann und muß es nach Rahner auch das deutlichere, enthusiastische Erleben als Verweis auf die Transzendentalität geben. - Durch die philosophisch abstrakte, mehr neutral-strukturell-verallgemeinernde Beschreibung der Transzendenzerfahrung besteht die Gefahr, daß die neutestamentliche Klarheit und Eindeutigkeit der Christusoffenbarung, das konkrete Du des Gegenübers, verschwimmt.[132] Die christliche Gnadenerfahrung ist nicht nur irgendein anonym-numinoses Awe-Erleben, sondern hat ein konkretes Angesicht und eine klare inhaltliche Füllung und kommt in der Externität des Wortes auf den Menschen zu. Genau darin liegen auch exklusive Elemente, die Rahner in seinem universalistischen Anliegen zurückdrängt. Grenzmarkierungen, wie sie z.B. Paulus oder Johannes setzen, können doch nicht einfach übergangen bzw. gnadenmonistisch entschärft werden? So kann es für Paulus keine Gemeinschaft mit dem Götzenwesen, den dahinterstehenden dämonischen Kräften (vgl. II Kor 6,14-17) und heidnisch-ekstatischen Vorgängen geben. Paulus nennt in ausgesprochen kategorialer Eindeutigkeit und konkreter Füllung das Christusbekenntnis als unterscheidendes Merkmal (vgl. I Kor 12,2-3) bzw. das Rechtfertigungsevangelium (Gal 1,8; vgl. auch II Kor 11,3-4.14) und kann ein anathema aussprechen (vgl. auch I Joh 4,1-3). Hieran wäre doch wohl Enthusiasmus und alles Visionäre gerade auch zu messen! (Ganz fehlen diese Gesichtspunkte auch bei Rahner nicht. In seinen Überlegungen zum wahrsagerischen Typus von Prophezeiungen und zu wesentlichen Kriterien der Unterscheidung tauchen sie auf. Ihre Schärfe tritt aber in seinem integrierenden Gesamtkonzept eher zurück) - Vor

allem, wenn es um die letzten Fragen des Heils geht, sind nach reformatorischem Verständnis auch Entweder-Oder Kategorien nicht zu umgehen. A.Peters merkt bei Rahner das Fehlen des streng endzeitlichen Horizontes an, in dem das reformatorische Bekenntnis und auch die Zurückweisung von Irrlehren erfolgt.[133]

3) Durch die strukturelle *Unterscheidung von Kern- bzw. Primärgeschehen und seiner Wirkung bzw. Objektivation und Kategorialität* wird es Rahner möglich, ein bestimmtes enthusiastisches Erleben sowohl anzuerkennen als es gleichzeitig auch einer kritischen Überprüfung auszusetzen. Bei Rahner kommt es so nicht zur Alternative: entweder rein von Gott oder "Schwärmerei" bzw. menschliche oder religiöse Entgleisung. Die menschliche Komponente in solchen Vorgängen kommt stärker in den Blick und ermöglicht ein differenzierteres Urteilen. Dies schlägt sich dann in der Anwendung auf Visionen und Prophezeiungen im christlichen Bereich entsprechend nieder, wo Rahner in der Tradition der Mystik die subjektive Seite visionärer Vorgänge analysiert und hilfreiche Unterscheidungen trifft. Die fast ausschließlich individualpsychologischen Überlegungen Rahners wären durch Beobachtungen der Tiefenpsychologie und bei Massenveranstaltungen besonders der Sozialpsychologie zu erweitern.[134]

4) Was die *theologische Einordnung enthusiastischen Erlebens* angeht, deutet Rahner als mögliche Ansätze in der katholischen Theologie die Unterscheidung zwischen einem existentiell peripheren und einem existentiell radikalen Akt in der Moraltheologie bzw. die Unterscheidung von der "Befestigung in der Gnade" und dem Innewerden derselben in der mystischen Theologie an. Hier wäre zu überprüfen, inwieweit diese Kategorien auch in einer evangelischen Dogmatik aufgegriffen werden könnten bzw., ob sich eine Unterscheidung von peripherem und zentralem Geschehen oder primären und sekundären Inhalten nicht auch im Zeugnis der Heiligen Schrift Alten und Neuen Testaments findet. Extraordinäre Zustände oder Erfahrungen sind wohl nicht grundsätzlich auszuschließen. Wenn sie aber denkbar und möglich sind, stellt sich die Frage ihrer Bewertung und des rechten Umgangs mit ihnen. Nach evangelischem Verständnis dürften sie nicht zum Fundamentalprinzip werden bzw. nicht zur Heiligen Schrift und dem allein seligmachenden Glauben in Konkurrenz oder gar in Gegensatz treten. - Von Rahner her stellt sich auch die Frage nach dem relativen Recht und den Gefährdungen eines Sprechens vom Wachstum im Glauben, von "Stufen" bzw. Graden. Diese wären in der Unterscheidung des "Totalaspekts" der Rechtfertigung vom "Partialaspekt" der Heiligung bei letzterer einzuordnen. Als sekundären Momenten könnte wohl einem Sich-Selbst-Bewußtwerden und -Bewußtsein, wie auch äußerlich erkennbaren Merkmalen des inneren Glaubensvollzugs relative Bedeutung eingeräumt werden. Damit stellt sich aber auch hier die Frage nach dem rechten Umgang im privaten wie im gemeinschaftlichen Bereich. - Die Kategorien und Erfahrungen der Nacht des Kreuzes bzw. des Deus absconditus werden zu Recht gegen enthusiastisch-perfektionistische Geistoptimismen und Kategorien des Besitzens und der Verfügbarkeit in Anwendung gebracht, sprechen aber nicht grundsätzlich gegen die Möglichkeit besonderer Glaubens- und Geisterfahrungen. Zwar können solche Erfahrungen nicht tragendes Fundament des Glaubens, wohl aber ermutigende Zeichen auf dem Weg sein. - Für den evangelischen Bereich stellt sich die Frage, ob im Blick auf Frömmigkeits- und Lebensgestalt nicht auch Ausprägungen mit stärkerer Einbeziehung "enthusiastischer" Momente möglich sind, ohne daß diese vom Zentrum wegführen und den Glaubensgrund verunsichern.

5) Rahner hält das weitere *Vorkommen von Visionen und Prophezeiungen* auch in der Zeit nach Christus und den Aposteln bis in die Gegenwart für möglich. Er charakterisiert sie als gottgeschenkte "Imperative" und Hinweise, wie auf der Grundlage und im Rahmen der unveränderlichen allgemeinen Offenbarung in einer bestimmten Situation gehandelt werden soll. Sie können über Christus hinaus nichts Neues offenbaren, sind

aber trotzdem wichtig für den Weg des Volkes Gottes. - In der Unterscheidung von Primärereignis und sekundärer Wirkung bzw. Objektivation kann Rahner mit menschlicher Täuschung und menschlichen Irrtümern rechnen, ohne ein Geschehen grundsätzlich als unecht bezeichnen zu müssen. Daraus folgt eine milde, positiv-kritische Grundeinstellung gegenüber Visionen und Prophezeiungen. Rahner will sie einerseits weder grundsätzlich abwerten, noch kann er andererseits einer Überbewertung zustimmen. Keinesfalls ist er bereit, sich solche als göttlich zu glauben aufzwingen zu lassen.

Was die Grundsatzfrage angeht, so wird auch der evangelische Christ an der Abgeschlossenheit und Unüberholbarkeit der Offenbarung in Christus und des alt- und neutestamentlichen Zeugnisses festhalten. Die Möglichkeit aktualisierender "Imperative" in diesem Rahmen wird er wohl nicht grundsätzlich ausschließen. Die Frage unmittelbarer "Führung" oder "Geistesleitung" ist in der reformatorischen Tradition aber vom "Sola scriptura"-Prinzip her insgesamt eher abgelehnt bzw. äußerst restriktiv gehandhabt worden. Auf Visionen und Prophezeiungen wurde kein Wert gelegt. Im Täufertum, Spiritualismus, Pietismus und in der Erweckungsbewegung wurde diesem Element - mit allen Fehlentwicklungen - in unterschiedlichen Graden Raum gegeben. Dieses Feld ist theologisch nicht aufgearbeitet.

Was Marienerscheinungen, den Marienkult und andere über die Schrift hinausgehende Lehrinhalte und Praktiken angeht, kann der evangelische Christ nicht folgen und wird scharfen Einspruch erheben. Hier ist nach evangelischem Verständnis der Rahmen des Christuszeugnisses und der Schriftoffenbarung überschritten und inhaltlich erweitert worden und führt vom Zentrum weg. Von daher sind die grundsätzlichen Anfragen an die visionären Vorgänge im katholischen Raum überhaupt zu verstehen.

6) Mit scharfer Logik hat Rahner eine Reihe von *volkstümlichen Kriterien* für Echtheit als nicht genügend nachgewiesen. So spricht für die großen Mystiker die Eindrücklichkeit, Sinnenfälligkeit und Massivität eines Erlebens eher gegen als für die Echtheit, während die naive volkstümliche Sicht genau umgekehrt urteilt. - Als positives Kriterium für Echtheit nennt Rahner mit den Mystikern die "Demut", eine dauerhafte Lebensveränderung auf Grund einer tiefen inneren Begnadung. Als richtiges Verhalten ist für den Visionär bescheidene Zurückhaltung angezeigt. Der Außenstehende ist nicht göttlich verpflichtet, sie anzunehmen. Es steht in seinem freien Ermessen zu erwägen, ob etwas für ihn Bedeutsames dabei ist. Das Recht und die Aufgabe der Prüfung ist in jedem Fall unbenommen. Das Wesentliche des Glaubens findet sich nach Rahner im Evangelium, im Kreuz als wahrer Begnadigung und in der Liebe als höchstem Charisma. In der absoluten Selbstschließung Gottes in Christus und ihrer bleibenden Präsenz in der Kirche und den Sakramenten ist die Relativierung jeglicher "privaten" Offenbarung gegeben. Die bleibende Gegebenheit dieses Äons, daß Falsches neben bzw. in dem Wahren auftritt, macht eine Prüfung erforderlich. Einerseits soll der prophetische Geist nicht ausgelöscht werden, andererseits muß man sich davor hüten, sich leichthin jeder Äußerung anzuvertrauen. Die sichtende Prüfung wird das Gute entdecken, das zu behalten wert ist.

B.2
"GLAUBENDE KONTEMPLATION DER CHRISTLICHEN GESTALT"
(Hans Urs von Balthasar)
Charismatik und "Unterscheidung der Geister" im Rahmen eines
systematisch-theologischen Entwurfs in trinitarisch-christozentrischer
und kirchlicher Ausrichtung[1]

Hans Urs von Balthasar ist im Rahmen dieser Arbeit wegen bedeutender Beiträge zur
Pneumatologie und Spiritualität und dabei besonders auch zu Charismatik, Mystik und
zur Frage der "Unterscheidung der Geister" zu berücksichtigen. Als einer der bedeutendsten katholischen Theologen des 20. Jahrhunderts hat er in einer Person mehrere Berufungen gelebt, die jede für sich schon aufzehrend genug sein konnten. Er vereinigte in sich
den geistlichen Meister, den Theologen, den Schriftsteller, den Übersetzer, den Gründer,
den Herausgeber und Verleger sowie den Leiter einer geistlichen Gemeinschaft.[2] Seinen
eigenen theologischen Beitrag verstand er "als eine Art Johannesfinger auf die Fülle der
Offenbarung in Jesus Christus", wie sie in ihrer Weite und Tiefe in der Geschichte der
Kirche und vor allem in der Meditation der Heiligen rezipiert wurde.[3] Die "Theologie der
Heiligen", das "kniende", betende Reflektieren war sein Ideal von Theologie.[4] Sich selbst
empfand er als einsamen Denker gegen die Trends, mehr am Rande der aktuellen kirchlich-theologischen Entwicklungen stehend.[5] Er wollte den christlichen Glauben nicht nur
sachlich, "dogmatisch" darlegen, sondern wußte sich unter einem göttlichen Auftrag, der
dem Betrachter "eine eigentümliche Einheit von Schau und Tat, Glauben und Zeugnis, Sein
und Existenz aufzwingt".[6]

H.U.v. Balthasars breites schriftstellerisches Wirken[7] zeugt von einer organisch gewachsenen Einheit und Geschlossenheit des Denkens. Es umfaßt patristische Veröffentlichungen (Origenes, Gregor von Nyssa, Evagrius Ponticus, Maximos der Bekenner
u.a.),[8] die Übersetzung französischer Dichter (P. Claudel, Ch. Péguy, G. Bernanos),[9] philosophische Untersuchungen (Versuch einer existentialen Interpretation der deutschen Philosophie und Dichtung),[10] eine Vielzahl kleinerer Abhandlungen (SKIZZEN ZUR THEOLO-
GIE I-V) und das fünfzehnbändige dreiteilige Hauptwerk: HERRLICHKEIT. Eine theologische Ästhetik I-III; THEODRAMATIK I-III und THEOLOGIK I-III.[11] - Eine einschneidende Richtungsveränderung für den Lebensweg und das theologische Schaffen Balthasars
hatte die Begegnung mit den meditativen und visionären Einsichten Adrienne von Speyrs
gebracht, die im Jahr 1940 bei ihm zur katholischen Kirche konvertierte.[12] Sie wies Balthasar
den "erfüllenden Weg von Ignatius zu Johannes" und legte damit den Grund für fast
alles, was er seit 1940 veröffentlichte.[13] Mit seinem aus dieser Richtungsänderung resultierenden Austritt aus dem Jesuitenorden handelte er sich viele Widerstände ein.

Balthasar setzt in seinem theologischen Denken bei der *objektiven Gestalt der Offenbarung* in Jesus von Nazareth ein, die er *trinitarisch* faßt, und beschreitet in der Entfaltung den Weg der *Analogie*.[14] Jeder Art von Subjektivismus in der Offenbarung erteilt er
eine klare Absage. Die *objektive Offenbarungsgestalt* aber bleibt nicht für sich allein, sie
zielt auf die *subjektive Glaubensgestalt* und ruft nach dieser, so daß man sagen kann, daß bei
unumkehrbarer Vorordnung des ersten hier die beiden Pole des theologischen Werkes
liegen.[15] Es geht ihm um die *"glaubende Kontemplation der christlichen Gestalt"*, um die
einzig angemessene Antwort des glaubend-gehorsamen Menschen auf die einzigartige,
grundsätzlich unübertreffliche Offenbarungsgestalt Gottes in Jesus Christus mit ihrem
Höhepunkt in Kreuz und Auferstehung.[16] Grundvorgang der glaubenden Kontemplation
ist *"Rezeptivität"*, das bereitwillige Empfangen der geschenkten Gottesliebe.[17] Hier führt
Balthasar Maria als Urbild und "Typos" der Kirche bzw. das *"marianische Prinzip"*[18] und die
"marianische Spiritualität" ein, was besagt, daß sich das vereinzelte, private Bewußtsein,

indem es sich Gott zur Verfügung stellt, in die Kirche hinein enteignen und zur "anima ecclesiastica" weiten läßt. *Kirchlichkeit* ist das Kennzeichen wahrer Spiritualität.[19] In der Mitte des kirchlichen Leibes Christi steht das Amt mit seiner Einheitsfunktion. Ihm kommt in seinem "objektiven Vorweg" die Aufgabe zu, die verschiedenen Einzel-Sendungen in den Gehorsam des Gliedes gegenüber dem Ganzen des Leibes in der gemeinsamen Beziehung auf das Haupt einzuüben, alles Subjektivistische auf die immer schon vorgegebene größere Liebe Gottes hin "zu objektivieren". Dem kirchlichen Amt ist die Vollmacht gegeben, dem einzelnen seine Maßstäbe zu entwinden und dem Herrn der Kirche einzuhändigen. Das Amt ist der Garant dafür, "daß der Wurm der Sektiererei, nämlich der subjektiven, sich an sich selbst messenden Charismatik, vom Holz der Kirche ferngehalten werden kann".[20]

2.1   Akzente der Pneumatologie bei H.U.v. Balthasar

In seiner Dissertation "Streben nach Vollendung" hat Kossi K.J. Tossou die Pneumatologie H.U.v. Balthasars aus der Breite des Gesamtwerks heraus entwickelt.[21] Balthasar dankt Tossou dafür, daß er für den Zugang zum Geist "den ganzen breiten Unterbau von Anthropologie (und Weltgeschichte), von Christologie (und Kirche in ihrer Sendung) aufgeführt" hat,[22] weil "einzig in dieser Fülle...die unfaßliche Weite des Geistes ahnbar" wird.[23] Dies gibt Balthasar, in Anbetracht der latenten Gefährdung, "den Geist in kleine geistliche Flaschen abzuziehen", Charismatikern aller Färbung zu bedenken.[24]

2.1.1   Das analogische anthropologische Grundmodell

Philosophische Grundlage des Geistverständnisses bei H.U.v. Balthasar ist ein analogisch gebrauchtes anthropologisches Modell.[25] Balthasar nimmt die Erfahrung der mitmenschlichen Liebe, das Verhältnis von Mutter und Kind, das Angerufensein und Antworten des Menschen auf und überträgt diese Analogie auf das Verhältnis Gott-Mensch. *Liebe* ist dabei das Erste und das Letzte. Auf Liebe kann nur mit Liebe geantwortet werden.[26] Als weitere, neue Dimension tritt in der Entwicklung zum Du das Erwachen des Kindes zur Liebe und zur Erkenntnis hinzu. Aufgabe des Menschen - als der geistigen Präsenz des Seins in der Welt - ist es, die letzte grundlegende *Präsenz* zu erkennen und nach ihr zu streben. - Wo Menschen aufeinander zugehen, entsteht ein personales Beziehungsnetz, das etwas von dem großen *Dialog* vermittelt, zu dem die ganze Schöpfung berufen ist, der auch die *Sinnfrage* beantwortet. Die Erfahrung des menschlichen Du verweist auf das göttliche Du. - Als ontologisches Grundgesetz erhebt Balthasar in der philosophischen Analyse des Seins: "Alles Seiende lebt im Offenen des Seins und damit auch seiner Selbst".[27] Im Erwachen zum Selbstbewußtsein entdeckt der Mensch sich als Gnade, als Geschenk. Sein Dasein gründet im Angerufensein durch die Liebe. Er hat sich nicht selbst gesetzt, sondern existiert als Angerufener und Angesprochener. Darin liegt auch das Bezogensein auf ein letztes Ziel, auf das die immanente Zukünftigkeit verweist. Die "Noch-Nicht-Struktur" der menschlichen Existenz zwischen Geburt und Tod betont Balthasar und deutet sie biblisch als Verheißungsdimension. Die *Unabgeschlossenheit* des Daseins, die Fragmentarität des Lebens und der Geschichte, verweist so auf die Vollendung durch das Wirken des Geistes, der in Person der Vollender ist.[28]

2.1.2 Indirektheit-Verweisgestalt-Unfaßbarkeit der Person des Geistes

Mit der THEOLOGIK III hat H.U.v. Balthasar am Ende seines Lebens selbst noch einen pneumatologischen Entwurf vorgelegt.[29] In den einführenden Präludien stellt er sich u.a. die Frage, ob angesichts der besonderen Erscheinungsform des Heiligen Geistes eine solche Theologie des Geistes überhaupt möglich ist,[30] ob der Geist, der in der Anbetung untrennbar von Vater und Sohn ist, je als "objektiviert" erscheint und nicht vielmehr als das- oder derjenige, durch den etwas "Gegenstand" geistlichen Verstehens wird? Der Geist "will uns nur durchatmen, sich uns nicht vergegenständlichen, sondern sehendes Auge in uns sein".[31] In dieser *Indirektheit* sieht Balthasar einen Wesenszug des Geistes, der das selbstlose Streben hat, "anonym" zu bleiben. Von daher läßt sich weder eine Theologie des Geistes in einer Art Parallele zu der des Sohnes oder des Vaters entwickeln, noch kann es überhaupt authentische Theologie geben außer "im" Heiligen Geist. Theologische Rede "über" den Geist kann es nicht geben ohne den Geist selbst, der primär und grundlegend das göttliche "Subjekt" der Theologie und des kirchlichen Lebens ist. Nur der Geistbegabte kann "im Geist" göttliche Dinge verstehen und von ihnen sprechen.[32]

Dennoch kommt in zweifacher Weise der Heilige Geist auch als angesprochenes Gegenüber in den Blick: 1) er kann mit der Bitte *"veni creator spiritus"* um die Ausübung seiner Funktionen gebeten werden und wird 2) in der trinitarischen *Doxologie* zusammen mit dem Vater und dem Sohn angebetet.[33]

Die Indirektheit jeder Erfassung oder "Erfahrung" des Geistes macht es auch unmöglich, "ihn auf irgendeinen anthropologisch maßgeblichen Zugang festlegen zu wollen".[34] Sichere Zeichen für die Gegenwart des Geistes Gottes können weder der in sich zweideutig bleibende Enthusiasmus (I Kor 12,2), noch ekstatische Phänomene im frühen jüdischen Prophetentum, noch die Erhabenheit von weltlicher Weisheit, noch der Todesmut von Märtyrern sein. Grundlegendes Kennzeichen des Heiligen Geistes ist für Balthasar, daß dieser sich selbst zurücknimmt und stets auf ein anderes verweist: "Nie verweist der Geist auf sich selbst oder setzt sich selber ins Licht, immer ist er der Geist des Sohnes und des Vaters, auf deren Liebe sein Licht fällt, ohne daß dessen Quelle sich als solche enthüllt".[35]

H.U.v. Balthasar versteht den Heiligen Geist in der heilsgeschichtlichen Darstellung des Johannes zentral als "Ausleger" der Selbstkundgabe Gottes in Christus und als "Einführer" in die Wahrheit, die Christus ist. In die johanneische Deutung fügen sich für ihn die vielfältigen Aspekte der paulinischen, lukanischen und synoptischen Geisttheologie ohne Schwierigkeiten ein.[36]

Was die Personalität des Heiligen Geistes angeht,[37] so zeigt das hierzu vor allem zu befragende Neue Testament an einer näheren Bestimmung derselben kein Interesse, so wenig wie an einer systematischen Trinitätslehre. In einer breiten Sphäre erscheint der Geist als quasi-unpersönliche Kraft Gottes. Andererseits ist, wie bereits schon im Alten Testament, der Heilige Geist immer auch Subjekt und "personartiges Wesen". Im Neuen Testament wird weder eine reine Unpersönlichkeit noch eine dem Vater und Sohn gleichartige Personalität ausgesagt. Der "Ort" des Geistes wird einerseits als zwischen Gott Vater und Sohn bestimmt, andererseits liegt gerade in dieser Bestimmung etwas Ungreifbares. Damit sieht Balthasar weniger die personale Freiheit des Geistes als seine Unfaßbarkeit als Person, "die absolute Undurchschaubarkeit der personalen Eigentümlichkeit" (H. Mühlen) ausgesagt.[38]

Bezieht man auch die Spannung der Einheit und Verschiedenheit zwischen dem geistbegabten und mehr noch dem erhöhten Sohn und dem Heiligen Geist in die Überlegungen ein, verstärkt sich die Nichterfaßbarkeit der personalen Eigentümlichkeit. Die höchste Annäherung schließt immer auch eine Unterscheidung mit ein. Bei Johannes wird die Differenz am deutlichsten offenbar: Jesus muß gehen, damit der Geist kommen kann. An einer begrifflichen Näherbestimmung dieser "Identität in Differenz" ist das Neue Testament nicht interessiert.[39]

Die "Antlitzlosigkeit" des Geistes im neutestamentlichen Zeugnis, die z.b. in den Umschreibungen Wind, Feuer, Wasser zum Ausdruck kommt, und seine Bestimmung als Ausleger faßt Balthasar mit den Worten zusammen: "Ein unfaßbarer, antlitzloser Gott läßt auf dem Antlitztragenden die Herrlichkeit Gottes aufstrahlen, die wir widerspiegeln und in die wir verwandelt werden können (2 Kor 3,17f), dieses Antlitz aber wird zur Auslegung Gottes, den 'niemand je gesehen' (Joh 1,18), weil er, obschon zugänglich geworden, 'im unzugänglichen Licht wohnt'(1 Tim 6,16). So, nur so ist der Geist Einführer und Ausleger der unergründlichen 'Tiefen Gottes' (1 Kor 2,10)".[40]

2.1.3 "Filioque" - Die innertrinitarische Bestimmung des Geistes

Im Blick auf das Mysterium der Trinität gibt es für H.U.v. Balthasar nur die Möglichkeit einer Annäherung in gegenläufigen Sätzen. Dem sucht er in seinen Überlegungen Rechnung zu tragen.

Von der johanneischen Grundentscheidung her hält er, wie K.Barth, gegen viele Theologen der jüngeren Zeit bewußt am *Filioque* fest.[41] Einzig das westliche Modell und das Filioque erlauben für ihn, "Gott mit dem Grundattribut 'Liebe' zu benennen, wie die Schrift es tut".[42] Hierbei ist das augustinische "principaliter (a Patre)" ebenso selbstverständlich zu wahren wie die dadurch bedingte Form des "per (Filium)". Indes darf diese Modifikation das Geschenk der Gottheit mit ihrer souveränen Macht der Hervorbringung, das der Vater dem Sohn in der generatio macht, in keiner Weise einschränken. - Das westliche Trinitätsmodell und dessen "taxis", mit der vorausgesetzten Einheit, bewahrt vor einer kaum synthetisierbaren Zersplitterung, die droht, wenn man im Blick auf die Pneumatologie bei der Vielheit der Geistäußerungen in Heilsgeschichte und Kirche ansetzt.

Die Entscheidung für das westliche Modell bedeutet bei Balthasar aber nicht Einebnung der Eigentümlichkeit des Geistes.[43] Die Gottheit des Geistes vorausgesetzt, will er, ohne die innertrinitarische Stellung des Geistes zu verlassen, von der Ökonomie her konkretisieren, was "ekporeusis" positiv bedeutet, und die Eigentümlichkeiten ("idiotetes", "proprietates") des Geistes deutlich machen. Auf der Suche nach *Kennworten*, in denen sich der lebendige Gott besonders in seiner Seinsweise als Heiliger Geist bekundet, drängen sich ihm vor allem die Stichworte *Gabe, Freiheit, inneres und äußeres Zeugnis* auf, die sich gegenseitig durchdringen.[44]

Die eigene trinitätstheologische Akzentuierung findet Balthasar bei Richard von St.Viktor vorgebildet, der die zwischenmenschliche Liebe als Hauptbild zur Beschreibung des Mysteriums der Gottheit heranzieht. Zum Weiterbedenken der Personalität des Geistes nennt er als sachgemäßen Ort "die Stelle, an der die gegenseitige Liebe zwischen Vater und Sohn zwar 'nach Analogie der Wir-Vereinigung' betrachtet werden kann, aber als solche noch nicht die Person des Geistes ist, so wenig...die Vereinigung der Eltern schon das Kind ist. Vielmehr muß gesagt werden: 'Der Vater und der Sohn bringen in einem ihnen streng gemeinsamen Wir-Akt den Heiligen Geist als jenes innergöttliche 'Du' hervor, auf welches sie sich gemeinsam und zugleich beziehen".[45] Scholastisch heißt das: "'Die spiratio activa ist... nicht eine eigene Person', wohl aber ist 'die spiratio passiva... der zur Person gewordene Wir-Akt von Vater und Sohn".[46] Der Geist ist also *gleichzeitig beides*: "Die Liebe zwischen Vater und Sohn... und die davon abgehobene *Frucht und Bezeugung dieser Liebe...*",[47] er ist "zugleich der Ausdruck des 'Subjektivsten' der göttlichen Liebe - und der 'objektive' Zeuge dieser 'subjektiven' Liebe zwischen Vater und Sohn".[48]

Balthasar lehnt die palamitische Energienlehre ab, weil sie nach seiner Sicht die Trinität soteriologisch funktionslos macht.[49] - Im Blick auf die Scholastik weist er den Vorwurf der "Geistvergessenheit" zurück. Daß die Scholastiker den Gaben des Geistes im Menschen nachgehen, sich damit mehr mit Fragen der Gnade beschäftigen und der Vielfalt der Wirkungen des Geistes als des Auslegers nachgehen, kann er nicht als "Verarmung" gegenüber den Vätern, als "Verzettelung" oder "Vernachlässigung des dritten Glaubensartikels" ansehen.[50]

In der Neuzeit[51] sieht Balthasar einige wesentliche Einsichten der Vergangenheit neu bedacht und teils von Zutaten gereinigt. So anerkennt er, daß die Reformatoren, besonders Calvin, "erneut den schlichten Sinn der Sendung des Geistes als Auslegers der Christusoffenbarung (und das heißt der Liebe von Vater und Sohn) unter den vielen Aspekten mittelalterlicher Geisttheologie freigelegt haben".[52] Zugleich merkt er jedoch kritisch an, daß in der Festlegung des Geistes auf das Schrift- und Kirchenwort gegenüber dem überlieferten Gedanken des Geistes als Ausleger auch eine Engführung eingetreten sei: "Anstelle der nach allen Dimensionen sich frei entfaltenden Auslegung Jesu Christi und damit seines Verhältnisses zum offenbarenden Vater ist die eine Dimension von Schriftwort (und Sakrament) getreten, was alsbald zu gewissen Verhärtungen in der protestantischen Orthodoxie führen mußte".[53]

Bei den neueren Ansätzen greift H.U.v.Balthasar Anregungen des Personalismus und die Geistphilosophie Hegels auf.[54]

2.1.4 "Die beiden Hände des Vaters" - Die Untrennbarkeit von Sohn und Geist

Christologische Grundlegung der Pneumatologie

Für H.U.v. Balthasar hängt die Pneumatologie unaufgebbar zentral mit der Christologie zusammen. Erst die einzigartige Existenz Jesu, der der ganzen Menschheit durch seinen stellvertretenden Gehorsam die versöhnende Liebe des Vaters nahebrachte, eröffnet den Zugang zu Gott und die Sendung des Geistes.[55] Christus ist die Mitte der göttlichen Offenbarung. Er ist die Vollgestalt Gottes als Liebe ("Verbum Caro"), das endgültige Wort Gottes an die Menschen. Er ist die Selbstmitteilung Gottes selbst, die einzigartige personale "Gott-zwischenmenschliche-Verbundenheit",[56] die Menschwerdung des ewigen Wortes.[57] Zu dieser lebendigen, personhaften Wahrheit soll der Mensch im mitgeteilten Geist Gottes gelangen. Dies ist nur möglich auf Grund des Sendungsgehorsams, der Selbsterniedrigung bis zum Tod am Kreuz. Allein diese Lebensform des menschgewordenen Gottessohnes, seine Kenosis, sein Gehorsam aus freier Liebe bis in die äußerste Gottesverlassenheit (bis in die Stille des Karsamstags), eröffnet dem Menschen die Möglichkeit, am Leben Gottes teilzunehmen.

Im Denken Balthasars hat das Kreuz eine zentrale Bedeutung. "Von dieser Mitte aus wird der Sinn der ganzen Christologie und damit auch ihrer Voraussetzung, der Trinitätslehre und ihrer Folgerung, der Ekklesiologie, entschieden".[58] Das Kreuz ist die verborgene Enthüllung der göttlichen Liebe in Jesus. Aus dieser strömt die Herrlichkeit (Kabod) Jahwes. Gerade hier, in der nackten Gewalt des Kreuzes, wird die nicht reduzierbare Einzigartigkeit und Analogielosigkeit des Lebens Jesu Christi sichtbar.[59] Die Erniedrigung Christi ist der restlose Einsatz der göttlichen Freiheit. Im "Anprall" des Kreuzes konvergieren alle vorlaufenden Linien des Heilshandelns Gottes. Und zugleich ist die "Stunde" des Kreuzes der Ausgangspunkt eines neuen Wirklichkeitsverständnisses.[60] An diesem Ort, in der äußersten Erniedrigung und Ohnmacht am Kreuz offenbart sich Gottes Herrlichkeit am stärksten. Hier nimmt Balthasar die johanneische Dialektik der Verherrlichung im Kreuz auf und stellt sie ins Zentrum seines Denkens.

Da Jesus seinen Weg nicht "geworfenerweise", sondern als Gesandter geht, verweist sein Geschick auf das Geheimnis der Trinität selbst,[61] auf die Wesensidentität der drei "Personen" in der Gottheit und ihre Unterscheidung in der Ökonomie. Die Vollendung seiner irdischen Sendung im Höhepunkt des Kreuzes und der Auferstehung "machen das Moment der Übergabe des Geistes von Seiten des Sohnes in die Hände des Vaters und zugleich seiner Aussendung in die Welt von Seiten des Vaters und des Sohnes als des gemeinsamen Hauchprinzips aus".[62]   Der "Augenblick" des Kreuzes ist das vorherige "Anzeichen" des kommenden Geistes. Wenn der Sohn alles vollbracht hat, erfolgt die Freigabe des Geistes und damit die Ermöglichung einer neuen Unmittelbarkeit der Welt zu Gott, die Ermöglichung der Teilnahme der Menschen an der Liebes-, Sendungs- und Existenzform Christi.[63]   Diese Unmittelbarkeit ist eine Art "Gleichzeitigkeit" mit Christus, ermöglicht durch die Einbeziehung des Christen "unter das eschatologische Gesamtschicksal des Herrn" auf Grund der Geistmitteilung aus der Gnade des Gekreuzigt-Auferstandenen.[64]

     Wie Christus bereit war zum radikalen Loslassen, zum radikalen Verzicht auf das eigene Haben und Selbstsein, so führt auch der Weg des Jüngers und der Kirche durch das eigene "Sterben" und Nichts-Haben hindurch. Auch die Pfingstgabe trägt diese Kreuzesgestalt und weist in doppelter Richtung auf den Todesverzicht der werdenden Kirche hin: auf die missionarische Öffnung zur Welt und die Nachfolge Christi bis ins Martyrium.[65]

"Pneumatologie in christologischer Konstellation"

     Die enge Verklammerung von Christologie und Pneumatologie wird auch im Wirken des Heiligen Geistes im Christusgeschehen deutlich. H.U.v. Balthasar beschreibt die Beziehung unter dem Gesichtspunkt der geistbestimmten Dynamik der Sendungsexistenz Jesu.[66] Die primäre Präsenz und Tat des Geistes im Leben Jesu war die Voraussetzung der Freiwerdung des Geistes nach der Vollendung. Diese Primärpräsenz zeigte sich in drei Etappen des Lebensweges Jesu: 1) in der Menschwerdung des Gottessohnes, 2) in seinem öffentlichen Auftreten und 3) in Kreuz und Auferstehung.[67]

     Bei der Menschwerdung erschien der Geist in der Form des väterlichen Willens bzw. als Schöpfungsmacht des Vaters. Aber nicht nur der Geist, auch der Sohn war in diesem Geschehen aktiv. Indem er sich ganz überließ, wurde er in gewisser Hinsicht Produkt des Geistes, obwohl innertrinitarisch der Geist Produkt der gemeinsamen Hauchung von Vater und Sohn ist. - Im Leben und Wirken Jesu zeigte sich der Heilige Geist dann als inneres Moment, als Gehorsamsgeist, als ökonomische Gestalt des ewigen Einverständnisses zwischen Vater und Sohn und als Kraft Gottes. - Im Kreuz, in der völligen Verfügbarkeit Jesu im Endpunkt der Kenosis, und in der Auferstehung wurde der Heilige Geist als Geist der Verherrlichung, als Geist des erhöhten Sohnes, als Geist Jesu Christi offenbar.[68]

"Trinitarische Inversion"

     Mit dem Begriff "trinitarische Inversion" will H.U.v. Balthasar den Umschlag der Beziehungen von Sohn und Geist im Übergang von der immanenten zur ökonomischen Trinität kennzeichnen.[69] Er will damit aussagen, daß der Geist einerseits in der Trinität an dritter Stelle hinter dem Sohn steht, andererseits sich aber im Leben Jesu als ein "Über-dem-Sohn", als "Regel" und Objektivierung des väterlichen Sendungswillens erwies. In dem neuen Verhältnis zwischen dem gehorsamen Sohn und dem sendenden Vater kam dem Geist eine neue Aufgabe zu. Er vermittelte zwischen Vater und Sohn und blieb schwebend "in-über" diesem. "Der Geist in-über ihm aber ist es, der in seiner ökonomischen Gestalt durch die Weise, wie er dem Sohn den Willen des Vaters vermittelt, dessen Gehorsam ermöglicht".[70]

Mit der Vollendung und Erhöhung Jesu scheint "eine Umkehr der Kompetenzen" stattzufinden: einst brachte der Geist den Sohn in die Welt, jetzt sendet der Sohn den Geist in dieselbe.[71]

Das gemeinsame Wirken in der Bewegung zur Welt hin

Die Untrennbarkeit von Sohn und Geist, als vom Vater umschlossener Bewegung zur Welt hin, besteht auch nach der Auferstehung und in der Geistsendung in die Kirche hinein weiter. Die Sendung des Geistes löst nicht die des Sohnes ab, sondern beide Sendungen treten in ein neues Stadium. Die zwei Hände des Vaters wirken nicht getrennt nebeneinander oder nacheinander, sondern in sehr differenzierter Weise mit- und ineinander, da der Geist immer auch der eigene Geist Christi ist: "Der Vater zeigt sich im Sohn, der selbst auf den Vater zeigt, und auf dieses gegenseitige Hinzeigen, welches Gott als die Liebe offenbart, zeigt sich ihrer beider Geist".[72]

Die "Dyas im gemeinsamen Wirken" behandelt Balthasar in der THEOLOGIK III unter den Gesichtspunkten "Vergöttlichung und Einverleibung", "Theoria und Praxis", "Konkret und universal".[73]

Der auf den Vater blickende Sohn "wirkt" dem Vater "nach"; gleichzeitig läßt der Vater, Sohn und Geist sendend, beide "unter seinem Blick" wirken. Der Vater erscheint jenseits von Schau und Tat. Beides geht von ihm aus und kehrt zu ihm zurück. - Der Geist lenkt unseren Blick auf den Sohn, der in seinem Tun den Vater offenbart. Er öffnet die Augen für eine erste "Theoria" der Praxis des Sohnes: sein Leben, Sterben und Zurückkehren zum Vater, und nimmt den Menschen mit hinein in dieses Geschehen.[74]

Die Spannung, die in der konkreten geschichtlichen Gestalt Jesu und seinem gleichzeitigen universalen Anspruch liegt, löst sich trinitarisch, genauer: pneumatologisch. Von dem Zusammenwirken der "beiden Hände des Vaters" her eröffnet sich die Antwort: Von Ostern und Pfingsten an übernimmt der Geist, der schon in den universalen Worten und Taten Jesu anwesend war, die Universalisierung des von Jesus Geleisteten. Das Nichtaufhören des Zusammenwirkens und Ineinanders der "beiden Hände" zeigt sich am besten im Mysterium der Eucharistie. So sehr man auf die Epiklese des Geistes Wert legen mag, so unbestreitbar ist, daß der Geist die Vergegenwärtigung des leibhaften Christus nicht im Alleingang, sondern in innigster Verbindung mit dem Sohn wirkt.[75]

2.1.5 Geist und Kirche[76]

Doppelbewegung: Kirche zu Welt - Welt zu Kirche

Die Universalität des von Gott in Christus der Welt angebotenen Heils ist für H.U.v. Balthasar gekennzeichnet durch die Doppelbewegung der Kirche zur Welt und von der Welt zur Kirche. In Gottes Heilsplan geht es nicht darum, die Kirche zu erlösen. Sein Ziel ist das Heil der Welt. Der Universalität des Werkes des Sohnes, der alle Feinde unterwerfen und das Reich dem Vater zu Füßen legen wird (I Kor 15,24), entspricht die Universalität des Geistes, der "über alles Fleisch" ausgegossen werden soll (Joel 3,1f = Act 2,17). Bei Paulus findet sich der ekklesiologische Aspekt zusammen mit dem umfassend kosmischen der Versöhnung und Herrschaft Christi.[77] In Christus und seinem Geist ist die Diastase sichtbare Kirche-Welt je schon überwunden. Das bedeutet, "daß die Kirche in ihrem innersten Wesen (auch mit ihren Sakramenten und organischen Ordnungen) missionarisch auf Welt hingeordnet wird".[78] Aus diesem Grund ist es für Balthasar nicht möglich, wie H. Mühlen eine "pneumatische Ekklesiologie" zu entwerfen, "die sich ausschließlich mit der

Frage befaßt, in welchem Verhältnis der Heilige Geist zu Christus und zur Kirche steht, ohne die kosmische Dimension des Geistes und die missionarische (sozusagen inchoativ-kosmische) der Kirche mitzubedenken".[79]

In der Existenz der Doppelbewegung: 1) von sich weg zu den Völkern und diese so die Wahrheit lehrend, daß sie verstehen und annehmen können, und 2) in der Zusammenbindung und Einbergung der Vielheit in die eigene "pleromatische" Einheit[80] hat die kirchliche Mission zwei Chancen der Anknüpfung. Sie kann 1) das naturgesetzlich Vorhandene ins Christliche transponieren und 2) das implizit Christliche außerhalb der Kirche explizit machen.[81] Die Verkündigung an Nichtchristen wird mit irgendeiner Form der "Christologie von unten" beginnen. Dabei könnten nach Balthasar alle Formen des Transzendenzbewußtseins einbezogen werden wie auch die kosmische Christologie Teilhards des Chardin. Das Anliegen der Anknüpfung kann so weit als möglich vorangetrieben werden, muß jedoch die Grenze beachten, daß sie nie in eine "Christologie von oben" umschlagen kann oder mit dieser in ein geschlossenes System gebracht werden kann.[82] Weiter nimmt Balthasar die Frage der Spannung zwischen der Partikularität der Kirche und ihrem gleichzeitigen Katholizitätsanspruch auf.[83]

Sohn und Geist in der Kirche

Die Gemeinsamkeit von Sohn und Geist, wie sie in der Bewegung zur Welt hin bereits skizziert wurde, gilt auch für das innerkirchliche Wirken. Für H.U.v. Balthasar ist es unmöglich, dabei Christus und Geist als "Haupt" und "Seele" der Kirche in Gegensatz zu bringen.[84] "Die Einigung des verklärten Christus mit seiner Kirche...erfolgt sicherlich in einer Mitteilung des Heiligen Geistes, aber nicht minder durch Christi Selbsthingabe in seinen Sakramenten, zuhöchst in der Eucharistie".[85] - "In der Einheit dessen, was der vorösterliche Jesus begründet hat..., und dessen, was er als Auferstandener seiner Kirche im Geist schenkt, wird die Struktur der irdisch pilgernden Kirche erst faßbar; denn für uns im Fleische Weilende muß alles Geisthaft-Charismatische in sichtbare Strukturen eingebunden sein, aber diese Strukturen sind innerlich mit den Gütern des auferstandenen, pneumatisch gewordenen Christus erfüllt".[86] Die Kirche ist, solange sie auf Erden wallt, zugleich vor- und nachösterlich. Ihr objektiv-institutionelles und subjektiv-existentielles Moment ergibt sich aus der christologischen Spannung zwischen vor- und nachösterlicher Existenz Jesu. Beide Sphären begegnen sich in seinem Tod. Er beschließt sein irdisches Leben in einem höchsten Opferakt und gibt damit gleichzeitig den Geist für die Kirche frei.

Alle Charismen des Geistes setzen die Opferexistenz voraus, alle Sakramente zielen auf diesen Punkt. Für das Priestertum gilt zentral und in besonderer Weise: "Vom Leben Jesu her ist es 'Institution', vom Auferstandenen her wird es Charisma als bleibendes Amt sein, aber da es auf das Kreuz hin eingesetzt wird..., obliegt es dem Priester, 'die Einheit von existentieller und institutioneller Heiligkeit' zu leben; er hat eine mittlere Funktion zwischen einem 'religiösen System' und der einmaligen Selbsthingabe Christi, er hat deshalb 'kein Privatleben mehr', er muß... diese 'Objektivierung des inneren Geistes' so darleben, daß er 'das Opfer Christi in Raum und Zeit, hier und jetzt, darstellen kann'".[87] Ein bloß objektivistischer, ein bloß antidonatistischer Priester des Opus operatum entspricht dem nicht.

Die Kirche hat die Aufgabe, den Geist als "Sinnmedium des Heils" in ihrer Mitte zur "Anwesenheit und Gegenwart" kommen zu lassen, indem sie sich selbst auf den Geist hin übersteigt. In der Unterstellung unter Christus und seinen Geist vollzieht sie ihr "Magd-Sein" und wird in diesem Verwalterdienst zum "sacramentum mundi". Der Heilige Geist als letzter Grund der Kirche-Institution ist auch die absolute Garantie dafür, daß sich im "menschlich Greifbaren" die Unmittelbarkeit und Gegenwart Christi ereignet. Der Heilige Geist spricht nicht von sich selbst, sondern von Christus, d.h. er verkündigt die Wahrheit des Kreuzes. Er schützt die Gegenwart Christi vor dem Zugriff der Menschen und vor Entstellung. Die Abhängigkeit vom Heiligen Geist erinnert bleibend an die Vorläufigkeit des Institutionellen und daran, daß die Kirche unterwegs ist zur Vollendung.[88]

Geist subjektiv und objektiv[89]

Die Spannung zwischen dem objektiv-institutionellen und dem subjektiv-existentiellen Moment in der Kirche wurzelt auch im pneumatologischen Doppelaspekt des ewigen Heiligen Geistes in Gott, der zugleich innerster Herd der subjektiven Liebesbewegung von Vater und Sohn ist wie auch als Frucht deren objektive Bezeugung. Eine reinliche Trennung zwischen "objektivem" und "subjektivem" Heiligen Geist in seinem Strukturieren und Durchheiligen der Kirche ist nicht möglich.[90] Theologisch kann man jeweils nur von der Prävalenz des einen oder anderen Aspektes in der Kirche sprechen: "Im Objektivistischen an ihr äußert sich die göttliche Subjektivität, und zwar nicht nebenbei, sondern für den irdisch strebenden Menschen als eine stets über ihm schwebende, subjektiv nicht einzuholende Liebesnorm (vgl. Phil 3,12-14). Im Subjektivistischen aber kann sich der gleiche strebende Mensch wohl Gott nahe fühlen, aber da die Objektivität der absoluten Liebe (inkarniert in Schrift-Sakrament-Tradition-Amt) ihn stets übersteigt, in seinen Liebeserfahrungen sich nie zur Ruhe setzen".[91] Amt-Tradition-Sakrament-Schrift-Predigt sind gesamthaft geisterfüllt und Wege zur Liebe, das ganze juridische Element steht im Dienst am pneumatischen.

Von der getroffenen christologisch-pneumatologischen Grundentscheidung her bedenkt Balthasar die *Zweieinheit von objektiver und subjektiver Heiligkeit der Kirche* dann weiter.[92] Diastase und Zuordnung der beiden Aspekte sind an den repräsentativen Gestalten der Kirche, *Maria und Petrus*, veranschaulicht. Beide durchwalten das Ganze der Kirche in deren Gegenüber zu Christus. Beide sind unterscheidbar vom allgemeinen Priestertum, wenn auch verbunden mit diesem. Beide Aspekte bewegen sich aufeinander zu. So wird die Kirche als Leib und als Braut die eine Kirche Jesu Christi. - Die "Zweieinigkeit" des Geisteswirkens zeigt sich auch an der Doppelwirkung der Hervorbringung von *Amt und Charisma*.[93]

Geist objektiv[94]

Geistgetragenheit und Geistdurchdrungenheit der objektiven Elemente der Kirche bedenkt H.U.v. Balthasar zunächst in den zusammenhängenden Bereichen von *"Tradition-Schrift-Amt"*.[95] Der Geist - nie von Christus getrennt - ist souveräner Herr der Tradition, Herr der Schrift und Herr des Amtes. Balthasar möchte in diesem ersten Fragenkreis ein "bewegtes Gleichgewicht" der drei Elemente wahren, in denen der Geist als "Beseeler der ganzen Kirche" waltet.[96] Den protestantischen Ansatz des "sola scriptura" lehnt er ab. Das Neue Testament versteht er als "stehengebliebenen Vorgang der neuen Auslegung der Schrift von Christus her" (J. Ratzinger), ohne jeglichen Willen zur Selbständigkeit, eingebunden in die Tradition und ihre Träger.[97] "Sufficientia" will er der Schrift nur zugestehen innerhalb der geistbegabten und mit dem behütenden Amt begabten Kirche, nicht jedoch im Sinn des "Scriptura sola - Prinzips", bei dem die Schrift aus dem "Sakrament" der Kirche herausgehoben und dieser als Norm gegenübergestellt wird. Der Ansatz der Reformatoren, die die Bibel von Tradition und Amt abgelöst und so mit dem Heiligen Geist verbunden haben, daß er ihr "Selbstevidenz" gab, hat nach ihm zu einer Verengung des Christentums in Richtung auf eine Buchreligion geführt.[98]

Im Themenkreis von *"Verkündigung und Liturgie"*[99] ist Balthasar vor allem die ereignishafte Vergegenwärtigung des objektiven Heilsgeschehens im Gottesdienst der Gemeinde und in der Erstverkündigung in der Mission wichtig. In den aufeinander verweisenden Formen der Predigt gibt er auch dem Aspekt des subjektiven Heiligen Geistes des Verkündigers Raum. Neben der Predigt hat die feiernde Vergegenwärtigung des Heilsgeschehens in der Liturgie grundlegende Bedeutung.

Bei den Überlegungen zum Geisteswirken in den *"Sakramenten"*[100] erinnert Balthasar gegen eine einseitige Betonung des objektiven Aspekts daran, "daß das vom Geist Gottes gewirkte Werk (opus operatum) im stets zweiseitigen Bundesgeschehen ein Mitwirken des menschlichen Partners (opus operantis) nie entbehren kann".[101]

Weitere Felder des Geisteswirkens im Objektiven bilden *"Kirchenrecht"* und *"Theologie"*.[102]

Geist subjektiv

Auch diese Charakterisierung meint bei H.U.v. Balthasar nicht eine getrennte Sphäre, sondern steht im Zusammenhang des Doppelaspektes der einen und untrennbaren Personhaftigkeit. Die subjektive Wirkung des Geistes beim Aufbau und bei der Durchseelung der Kirche und des kirchlichen Menschen darf nicht von den objektiven Voraussetzungen getrennt werden, will man nicht "in Formen eines subjektivistischen Pietismus oder Charismatismus" abgleiten.[103]

Aus der Fülle der möglichen Themen greift Balthasar unter dem Leitgedanken des Geistes als Ausleger der Christusoffenbarung einige als zentral heraus. So geht er an erster Stelle dem Zusammenhang von *"Geist und Gebet"* nach.[104] Als zweiten subjektiven Aspekt des Geistes bedenkt er die christliche *"Vergebung"* als geistliches Geschehen, in dem die Sphäre sowohl der kosmischen als auch der gesellschaftlichen Gerechtigkeit überschritten wird.[105] Weiter reflektiert er die *"Erfahrung des Geistes"*[106] und die *"Unterscheidung der Geister"*.[107] Hinzu kommt der Bereich des *"Lebenszeugnisses"*, die Inanspruchnahme der ganzen glaubenden Existenz. Mit dem Geist zusammen zeugt diese für die Liebe Gottes, die sich in Christus selbst bezeugt. Ihre Glaubwürdigkeit besteht letztlich in nichts anderem als in der Liebe als Lebenshingabe.[108]

2.1.6 Geist und Welt

In dieser Frage nimmt H.U.v. Balthasar kurz das theologische Gespräch mit einzelnen Kirchenvätern und weiter mit J.Calvin und K. Barth auf, die Geist und Schöpfung in einem gewissen Zusammenhang sehen.[109] Er selbst möchte sowohl die scharfe patristische These, daß außerhalb der Kirche kein Heil sei, als auch Joachims Thesen vom kommenden Zeitalter des Geistes, das die Klerikerkirche ablöst, vermeiden. Kirche kann es für ihn nur so geben, daß sie bereit ist, sich missionarisch in den Raum der Welt hinein zu überschreiten, wo sie "spermata pneumatika" vorfinden wird. Der Geist treibt nicht nur die Kirche, sondern die von Christus grundsätzlich erlöste Welt ihrer Vollendung entgegen.[110]

In W.Pannenbergs trinitarischem Schöpfungskonzept der Selbsttranszendierung des Lebens ist ihm die Differenz zwischen dem weitgehend kosmologischen Pneumabegriff des Alten Testaments und dem soteriologischen des Neuen Testaments zu sehr eingeebnet zugunsten des ersteren "in Richtung auf eine gewisse Identität des transzendierenden menschlichen Geistes und eines irgenwie als 'Weltseele' aufgefaßten göttlichen Geistes".[111]

Den Heiligen Geist aus den frühen kosmologischen Texten zu verstehen, hält Balthasar für ebenso unangebracht wie die befreiungstheologische Auslegung des Feindbegriffs von den alttestamentlichen Figuren her. Nach ihm muß die Schrift gemäß ihrer

Flußrichtung auf die Erfüllung der Typen in Christus ausgelegt werden. Das heißt konkret: "Wenn der Geist im Neuen Bund als Geist Christi ein Geist der Demut, des Dienstes, des Abstiegs auf den letzten Platz, also auf den Platz der Lebenshingabe als Sühne für alle geschildert wird, dann wird es schwerlich möglich sein, ihn innerhalb der Evolution des geschaffenen Universums zum Motor des Aufstiegs, der Selbsttranszendenz der (logoshaften) Formen und damit wohl oder übel zum Geist der Macht, des Sieges des Stärkern umzustilisieren".[112]

Die Abstandnahme W.Pannenbergs von Hegel ist Balthasar nicht hinreichend genug. Mit Augustin und Klemens möchte er das treibende Prinzip der Menschheits- und Weltgeschichte nicht als ein göttlich-trinitarisches, sondern als ein der Schöpfung zugehöriges verstehen bzw. natürliches und gnadenhaftes Pneuma unterscheiden.[113] Wohl kann man mit Paulus von Eph 3,9 her sagen, daß die Völker ins Licht des Christusmysteriums, seines Kreuzes und seiner Auferstehung, treten, aber schwerlich, daß sich dieses Licht auch auf das "Stirb und Werde" der Natur bezieht. Dieses kann als Gleichnis für das heilsgeschichtlich zentrale Ereignis dienen (I Kor 15,42-44), aber Kreuz und Auferstehung sind weder einsichtiger Höchstfall innerhalb einer Naturreligion noch Grundgesetz der menschlichen Geschichte. "Hier geht es nicht um eine oberste Stufe von Transzendenz, sondern um die nur von Gott her erfindbare Überwindung des Widerspruchs zwischen seiner Liebe und der menschlichen Sünde... Man wird deshalb gut daran tun, das zuhöchst Schöpferische des Heiligen Geistes ('Creator Spiritus') sich mit dem Stigma von Kreuz und Auferstehung behaftet über alle Welt ausbreiten zu lassen, immer an diesem Merkmal erkennbar".[114]

2.1.7 Geist und Vollendung

Ziel der Heilsgedanken Gottes ist die letzte Heimkehr aller Dinge zum Vater, ein ewiger Sabbat, in welchem auch er selbst tätig ruht.[115] Nicht nur der Sohn und der Geist kehren heim zum Vater, mit ihnen und durch sie auch die gesamte Schöpfung. Die Verheißung des Landes an Israel und der Ausblick, daß alle Völker am Endheil Israels teilhaben werden, weiten sich im Neuen Testament auf eine eschatologische Ankunft des pilgernden Gottesvolkes, ja auf eine Pilgerschaft der ganzen Menschheit zur Ruhe Gottes. Aber auch hier zentriert Balthasar auf das Christusgeschehen. Ohne die ganz besondere Heimkehr Jesu Christi gibt es keine kosmische Heimkehr. Die Universalität des in Christus gebrachten Heils schließt auch die Menschheit in ihrer Geschichte ein: "Nicht Einzelne nur, sondern die Weltgeschichte soll in die Wohnungen des Vaters heimgebracht werden".[116]

Mit dem forschenden Heiligen Geist zusammen soll der Christ immer tiefer und unabschließbar in das Wunder und Mysterium der grundlosen Liebe des Vaters und der ihr entströmenden Liebe des Sohnes und des Geistes eindringen (Eph 3,18f).[117] Das letzte Ziel ist das Schauen der Herrlichkeit Gottes. Um seiner ansichtig werden zu können, müssen wir Menschen am göttlichen Wesen teilnehmen. Das Schauen und Erkennen ist vollkommen, und dennoch bleibt ein letztes Geheimnis des Quellgrundes der Liebe des unsichtbaren Vaters. Die unendliche Liebe läßt sich nicht fassen, aber je mehr Liebe vorhanden ist, umso mehr kann sie in das Unfaßliche eindringen. Nach Balthasar muß es bei der Aussage bleiben, "daß wir durch die Herrlichkeit des Sohnes hindurch den Abgrund der Liebesherrlichkeit des unsichtbaren Vaters erscheinen sehen, und dies in der Doppelgestalt des Heiligen Geistes der Liebe, indem wir, als aus dem Geist Geborene, im Feuer der Liebe existieren, in der Vater und Sohn sich begegnen, und damit, zusammen mit dem Geist, gleichzeitig auch die Zeugen und Verherrlicher dieser Liebe sind".[118]

2.2   Charismatik und "Unterscheidung der Geister" bei H.U.v. Balthasar

2.2.1   Das Verständnis des Charismatischen

H.U.v. Balthasar hat seinem Kommentar zum Prophetietraktat der Summa Theologica von Thomas von Aquin eine wichtige, bis heute grundlegende systematisch-historische Einführung in die Charismatik vorangestellt.[119]

Die Stellung der Charismatik in der Heilsökonomie

In der Frage der Einordnung der Charismatik in die Heilsökonomie geht Balthasar dabei weniger vom Begriff und seiner Geschichte als von der bezeichneten Sache aus: der im Alten Testament und in den Evangelien verheißenen *Geistausgießung.* Diese ereignete sich zentral an Pfingsten und zeigte sich durch die Apostelgeschichte hindurch in ihren Auswirkungen. In Korinth erreichte sie eine Art Höhepunkt. In der nachapostolischen Kirche bestand sie dann in einem Abklingen noch eine Zeitlang fort.[120]

Die grundlegende Geistverleihung an Pfingsten, die durch Christus vom Himmel her an die Kirche erfolgte, war ein außerordentlich elementares und wuchtiges Ereignis. Eine Überfülle an Geisteswirkungen zeigte den gewaltigen Neuanfang zeichenhaft an.[121]

Die Sendung des Geistes in die sichtbare Kirche vollzog sich in einer Art Analogie zur Menschwerdung des Sohnes. Lag aber bei letzterer der Ton auf der Sichtbarwerdung im Fleisch, so hier nun auf der Geisthaftigkeit und damit Unsichtbarkeit, auf dem wesentlichen Geschenk der "Teilnahme an der göttlichen Natur".[122] Damit ist eine dialektische Spannung von Sichtbarkeit und Unsichtbarkeit der Heils gegeben: "Das Charisma (gratia gratis data) ist der Ausdruck des möglichen Vorhandenseins des Heiligen Geistes und seiner heiligmachenden Gnade in der Kirche und verhält sich dazu wie Zeichen zu Bezeichnetem. Aber sofern die Sichtbarkeitsordnung der Kirche sich zu ihrem unsichtbaren Wesen und Gehalt dialektisch verhält (da ein Mehr in der sichtbaren Ordnung nicht auf ein Mehr in der unsichtbaren schließen läßt), gibt es für die Kirche als ganze eine gewisse Ablösbarkeit der charismatischen von der wesentlichen Gnadenordnung, ohne daß die Ablösung je eine vollständige werden könnte".[123]

Charis und Charisma zeigen sich im Ursprung des Pfingstereignisses in einer unmittelbaren, problemlosen Einheit. Das Charisma ist der Erweis der Anwesenheit der Charis in ihrer Überfülle in der Kirche. Dagegen ist in Korinth insofern eine Verschiebung und Veräußerlichung eingetreten, als das Zeichen gegenüber dem Bezeichneten überbewertet wird und damit die Einzelperson hervortritt. Paulus kann die Ordnung nur so wiederherstellen, daß er "das Zeichen in seiner bloßen Zeichenhaftigkeit und das Bezeichnete in seiner nackten Wesentlichkeit heraushebt und entsprechend die Person in ihre bloße Funktionalität (als 'Glied' im 'Leib') zurückbindet".[124] In seiner Korrektur hat es Paulus aber nicht zu einem Riß kommen lassen, wie in der Unterscheidung von gratia gratis data und donum Spiritus Sancti in der späteren Theologie auftrat. In der "kirchlichen Sozialdialektik" von I Kor 12,14f hat er beide zusammengebunden und damit ein optimales Gleichgewicht zwischen Charismatik und Mystik gefunden.[125]

Unter dem Gesichtspunkt der *Heilsgeschichte* ist die Charismatik der Urkirche für Balthasar ein "sehr delikates Phänomen". Einerseits hat es den Charakter einer befristeten Sonderzeit, andererseits besteht es weiter: "Durch die Einmaligkeit der heilsgeschichtlichen Situation (die Fülle der Zeit) bedingt, besitzt es eine Vergänglichkeit, ohne doch in seinem Wesentlichen vergehen zu können".[126] Nur aus der Lage zwischen Altem Bund und nachfolgender Kirchengeschichte kann die urchristliche Charismatik recht verstanden werden: "Die Charismatik der Apostelkirche wächst heraus aus der Prophetik des

Alten Bundes und wächst hinein in die Mystik der Kirchengeschichte: sie ist der genaue Bindestrich zwischen beiden: das Woraufhin der Prophetik und das Wovonher der Mystik und als die übergängliche Mitte zwischen beiden auch in einer bestimmten... Weise das Maß, das beide regelt".[127]

Balthasar sieht bei Paulus ein Gleichgewicht zwischen dem charismatischen und mystischen Element gegeben. Von daher tritt er für eine Korrektur der üblichen, fast abfälligen Bewertungen des Charismatischen (gratiae gratis datae) in der modernen mystischen Theologie ein.[128]

Die Stellung der Charismatik im kirchlichen Leben

Die Dialektik der Charismen - einerseits wirkliche Äußerung der in der Kirche vorhandenen Fülle an Geist und Gnade, andererseits aber Verwehrung eines unfehlbaren Rückschlusses auf Vorhandensein von Gnade und Heiligkeit im einzelnen Charismatiker - verweist auf ihren sozialen Sinn, den Paulus so stark betonte.[129] Durch alles hindurch ist die "Auferbauung" ein entscheidendes Kriterium. Der "transitive Charakter" und der Wesenszug der "Äußerlichkeit" rücken das Charisma in nächste Nähe zu den kirchlichen Ämtern.[130] In der Diskussion um das Verhältnis von "Amt und Charisma" sollten nach Balthasar nicht Unterscheidungen der späteren Theologie in die apostolische Zeit zurückprojeziert werden. Im "Urzustand", aus dem sich die Unterscheidungen entwikkelten, lagen Amt und Charisma in theologisch bedeutsamer und tiefsinniger Weise noch ineinander.[131] Dieser Urzustand sollte die Kirche daran erinnern, "daß einerseits das Amt (auch wenn es von einem Sünder versehen werden 'kann') unerbittlich und von innen her die Heiligkeit und Würdigkeit des Trägers fordert..., daß andererseits alle kirchliche Heiligkeit eine soziale ist und zum Aufbau des mystischen Leibes gehört, ein Auftrag, eine Sendung, eine Funktion und in diesem Sinne ein Amt ist (I Kor 12-14; Eph; Kol)".[132] Balthasar lehnt von daher eine scharfe Trennung von Amt und Charisma - z.B. in Gestalt einer Verdoppelung der Hierarchie in eine essentielle und akzidentielle oder in Gestalt einer Unterscheidung von gebundener oder freier Wirkweise - ab.[133]

Eine strenge Systematisierung der Charismen widerspricht der "freien Achtlosigkeit" der Streuung durch den Geist in der ersten Kirche. In den Listen ist weder Vollständigkeit intendiert noch findet sich eine scharfe Unterscheidung der einzelnen Charismen voneinander noch kann aus dem Sozialcharakter geschlossen werden, jeder in der Gemeinde besitze irgendein Charisma. "Alles hat hier in einer Schwebe zu bleiben, die der scheinbaren Wahllosigkeit des Geistes, der weht wo Er will, entspricht".[134]

Charis und Charisma: Unterscheidbarkeit und Doch-nicht-Scheidbarkeit[135]

Der Heilige Geist kann in unvergleichlicher Weise zugleich das Allgemeinste und Konkreteste sein. Dies prägt die neutestamentliche Gnade, die zugleich "allgemeine" Gnade des gesamten mystischen Leibes Christi und "besondere", persönlichste Gnade des Einzelnen in seiner konkreten Einmaligkeit und Gottebenbildlichkeit ist.[136] Ebenso ist "die (allgemeine) Charis... notwendig zugleich (besonderes) Charisma. 'Ein jeder hat sein besonderes Charisma, der eine von dieser, der andere von jener Art' (1 Kor 7,7)".[137] Paulus kann die Je-Besonderheit der Charis in den Charismata akzentuieren, um diese sogleich wieder in die allgemeine Charis hinein zu übersteigen (Röm 12,3.6). Lebendiger kirchlicher Sinn wird sich nach Balthasar am Verständnis der geheimnisvollen Analogie zwischen Charis und Charisma zeigen, d.h. am Verständnis "für die Unableitbarkeit des Besonderen aus dem Allgemeinen und für die Darstellung eines Wesenszuges des Allgemeinen in jedem Besonderen".[138] Die Schriftstellen zur Charismatik machen für ihn deutlich, "daß das Je-Besondere des einzelnen Charismas immer geformt wird aus dem Stoff des Kirchlich-Allgemeinen; es ist, wie man sagen kann, 'das Besondere des Allgemeinen', ohne daß... eine Deduktion des Besonderen aus dem Allgemeinen möglich wäre".[139] Trotz seiner Zielrichtung auf das Ganze darf das Besondere des Charismas nicht einfach eingeebnet oder vom Allgemeinen "ver-dienstet" oder "versachlicht" werden. Ihm eignen unaufhebbar Einmaligkeit, Schönheit und Selbstzwecklichkeit gerade im Dienst am Ganzen.[140]

Amt und Charisma: Einheit und Verschiedenheit

Vor der Differenzierung muß nach H.U.v. Balthasar die tiefere Einheit gesehen werden. Christus, das "Grund-Charisma", ist die eine gemeinsame Quelle von Amt und Charisma. Aus dem nicht mehr differenzierbaren Schoß des einzigen königlichen und prophetischen Priestertums Jesus Christi stammen alle Gnaden, die hierarchischen wie die den Laien zukommenden.[141] Wohl ist bis zu einem bestimmten Punkt eine Unterscheidung von Amt und Charisma notwendig, aber eine adäquate Trennung ist nicht möglich: "Die Eph 4,11 angeführten Ämter: Apostel, Propheten, Evangelisten, Hirten und Lehrer gehören zur Ausgliederung der Einheit (aus der Freiheit Christi, der sendet), mit dem genau angegebenen Zweck jedoch, 'die Heiligen zur Ausübung ihrer Diakonie heranzubilden zur Auferbauung des Leibes Christi'. Die Dienstleistungen oder 'Charismen' der Laien gehören demgemäß zur nachfolgenden Wiedereingliederung der Fülle in die nunmehr auch subjektiv besessene Einheit; die 'Ämter' sind Egreß, die Charismen Regreß".[142]
Einheit und Verschiedenheit von Amt und Charisma hängen auch mit trinitätstheologischen Gegebenheiten zusammen. Balthasar stellt in der THEOLOGIK III unter den Stichworten "Zweieinheit" und "Die beiden Hände Gottes" die enge Verbundenheit des Geistes mit dem Sohn und die Bezogenheit der beiden aufeinander in ihrem Wirken in der Heilsökonomie heraus. Das Werk des geisthaft gewordenen erhöhten Herrn ist untrennbar von dem des Heiligen Geistes, der vom Herrn der Kirche eingehaucht wird. Die Untrennbarkeit zeigt sich auch in der Ausstattung der Kirche mit allen nötigen Organen. Diese wird sowohl dem verherrlichten Herrn (Eph 4,10ff) als auch dem Geist zugeschrieben, der die Dienstleistungen oder Charismen nach seinem Willen zuteilt (I Kor 12,11).[143]
Was den Geist angeht, so erscheint er in seiner Freiheit zugleich "in" und "über" der Ordnung der Kirche, in der von Anfang an ein Gegenüber von "angeordnetem Dienstamt und Gemeindecharismen" besteht.[144] Der Geist ist zunächst über beidem "in" und "über". Er ist "in", insofern er "die von Christus begonnene Ordnung der Dienstämter" vollendet und bestätigt. Er ist "über", indem er mit seiner göttlichen, uns unübersehbaren Ordnung die menschliche Erstarrung der Ordnung immer wieder erschüttert, um sie zu erneuern. Der Geist ist "in" den Gemeindecharismen, insofern er diese den Einzelnen zuteilt, zum Dienst anvertraut und sie mit Geistbegabung ausstattet. Er ist "über", insofern "kein Glied am Leib Christi sich auf sein Charisma vertrotzen und es gegen die umfassende Leibordnung der Kirche durchsetzen darf".[145] Von daher erklärt sich "das schwebende Zueinander zwischen amtförmigem Charisma und personalem Gemeindecharisma, deren spannungsvolles Gespräch nur durchführbar ist einmal in der Achtung des geistgeschenkten Charismas des Partners (wobei auch das Amt, ohne sich zu kompromittieren, auf Gemeindecharismen zu achten hat, diese aber entsprechend das Amtscharisma zu achten haben), sodann im gemeinsamen Horchen beider Partner auf das göttlich-freie Wehen des Geistes über der ganzen Kirche".[146]
In den Evangelien und bei Paulus laufen Amt und Charisma bis zur Verwechselbarkeit ineinander. An der Spitze der Charismenlisten finden sich die bleibenden Ämter, und die Charismen verleihen ihren Inhabern amtsähnliche Funktion in der Gemeinde.

Dennoch sind beide auch zu unterscheiden. Das Apostelamt des Paulus z.B. ist nicht unter die Charismen zu zählen. Die nichthierarchischen Charismen heben sich von den amtlichen ab, ohne daß letzteren charismatische Züge fehlen würden. Dies ist aus den Funktionen der Ämter ersichtlich, zu denen auch Prophetie, Lehre, Weisheitsrede und Geisterunterscheidung gehören.

In der Schilderung der Liebe als dem "überschwenglichen Weg", ohne den selbst die höchsten Charismen nutzlos sind, drückt sich die vom Geist gewirkte *Einheit* der beiden Aspekte aus. "Charismen ohne Liebe sind (theoretisch) möglich, aber um wirksam zu sein, bedürfen sie eines Lebens in der Liebe und in den eingegossenen theologischen Kardinaltugenden".[147] Für Paulus ist echtes christliches Leben grundlegend Leben im Heiligen Geist, Leben in Glauben, Hoffen und Lieben und damit bereits an sich charismatisch, ehe "Amt" und "Charisma" im engeren Sinn unterschieden werden. Amt und besonderes Charisma erscheinen relativiert in der allgemeinen grundlegenden Charismatik des Christseins.

Nicht nur die Einheit zwischen den im kirchlichen Amt vorhandenen charismatischen Elementen und den nichtamtlichen kirchlichen Charismen, auch die Diastase stammt nach beiden Richtungen vom gleichen Heiligen Geist. Eventuell auftretende Spannungen sind innerhalb des kirchlichen Friedens in demselben Heiligen Geist auszutragen. Hierbei obliegt dem Amt in besonderer Weise die Prüfung der Geister, obwohl sie auch von der ganzen Gemeinde ausgeübt werden soll (I Joh 4,1; I Thess 5,21). Echtheit kann ein "charismatischer" Geist auch dann besitzen, wenn er Kritik an kirchlichen Verhältnissen übt oder den Auftrag hat, etwas zeitgemäßes Neues in die Kirche einzuführen, was dem Amt nicht oder noch nicht einleuchtet. Im kirchlichen und zugleich göttlichen Gehorsam sind hier u.U. äußerste Spannungen auszuhalten und geduldig auszutragen, worauf ein besonderer Segen und eine Fruchtbarkeit des Heiligen Geistes ruhen wird. Balthasar gibt der Hierarchie, der in besonderer Weise die Prüfung der Geister obliegt, zu bedenken, "daß die geistgewollten und -geführten Neuaufbrüche innerhalb der Kirche in seltenen Fällen von ihr ausgehen, sondern aus den Reihen der nichtamtlichen Gläubigen aufblühen".[148] Das Charisma großer Päpste und Bischöfe erstreckt sich hauptsächlich auf die Neubelebung (*anazopyrein II Tim 1,6) der Kirche oder der Diözese im Ganzen. Meist werden ihnen die Charismen der Weisheit, der Erkenntnisrede, der Ermahnung, Leitung und Prophetie geschenkt, weniger das Charisma der Gründung von Gemeinschaften. Vielfach haben sie aber solche in den Dienst der großen Heiligungs- und Missionsaufgabe der Gesamtkirche in den Dienst gestellt.

Zuletzt sollte nach Balthasar nicht übersehen werden, "daß zwischen dem Empfang der besonders geistverleihenden Sakramente (Taufe, Firmung) durch alle Gläubigen und den gar nicht 'außergewöhnlichen' Charismen... fließende Übergänge bestehen".[149] Jeder Christ soll der ihm von Gott verliehenen Berufung und damit seinem "Charisma" nachleben. Wenn er andererseits auch "nach höheren Charismen streben" soll (I Kor 12, 31), wird er zugleich auf den "überhinausliegenden Weg" der Liebe gewiesen und gestellt.

2.2.2 Vorerwägungen zur "Unterscheidung der Geister"

Beim Topos der "Unterscheidung der Geister"[150] geht es zum einen "sozial-kirchlich um die Unterscheidung von Wesen und Weg des wahren Gottesgeistes von anderen, vielleicht widergöttlichen Geistern", zum anderen um die Unterscheidung des echten Geistes Gottes für Wahl und Entscheidung des Einzelnen.[151] Eine "Unterscheidung der Geister" sieht Balthasar auch geboten im Blick auf die Machtfrage sowohl innerkirchlich[152] als auch in der prophetischen Konfrontation mit der Weltwirklichkeit.[153]

Verbindung zwischen Gott und Mensch?

Unter der philosophischen Fragestellung der Vermittlung zwischen Endlichem und Unendlichem, zwischen Relativem und Absolutem, Göttlichem und Menschlichem konstatiert Balthasar in seinen "Vorerwägungen" zunächst die Unfaßbarkeit des lebendigen Gottes.[154] Wenn es wirklich um Gott und die Möglichkeit einer Beziehung des Menschen mit ihm gehen soll, kann von einer direkten Erfahrung nicht die Rede sein: "'Si comprehendis, non est Deus: wenn du es zu begreifen meinst, ist es sicher nicht Gott".[155] Die menschliche Aporie im Blick auf das Ewige löst sich allein in der Einzigartigkeit der Selbstkundgabe Gottes im Leben, Sterben und Auferstehen Jesu Christi. Indem Gott, der Ewige, sich in Freiheit liebend hingibt und selbst übersteigt, ist das Endliche des Menschen durch die Unendlichkeit Gottes nicht mehr bedroht.

Die Verbindung Gottes mit dem Menschen vollzieht sich im und durch den Heiligen Geist, "der vom Vater und vom Sohn ausgeht und ihre gegenseitige Liebe ist" und "als personifizierte Liebe Gottes die höchste, freieste Macht..., und zugleich die unendliche *Verletzlichkeit*" darstellt.[156] Der Heilige Geist wird in den raumgebenden Menschen gesandt und eingesenkt, wo er "als der gleichsam nackte Kern der ewigen Liebe, der (versehrbarste) Punkt [ist], an dem der menschliche Geist den göttlichen hüllenlos berührt".[157]

Gott, dem Raum gegeben wird, ist innertrinitarisch selbst schon ein raumgebender Gott: "als Gott Vater, der dem Sohn Raum in Gott gewährt, als Gott Sohn, der sich als das Raumgewähren des Vaters versteht und deshalb dem Vater allen Raum in sich freigibt..., als Geist, der erweist, daß dieses gegenseitige Raumgewähren die innerste Göttlichkeit Gottes ist".[158] Das Kennzeichen des Heiligen Geistes innerhalb der Trinität ist zugleich absolute *Rezeptivität* (er läßt sich "als das Ergebnis zweier personaler Aktivitäten werden") und Ausdruck der aktivsten göttlichen *Spontaneität* (er ist als Ergebnis der "Begegnung von Vater und Sohn in ihrer ewigen Liebe der vollendende, besiegelnde Akt der Gottheit"). In dieses innertrinitarische Paradox des Heiligen Geistes wird auch der geistliche Mensch einbezogen werden: "wo er am rezeptivsten, am gefügigsten ist, wird er auch am spontansten sein können und müssen, sonst stünde seine Rezeptivität im Verdacht, keine christliche zu sein".[159] Das Wirken des Heiligen Geistes entfremdet uns nicht unserer geschöpflichen Freiheit und überwältigt diese nicht machtartig.[160]

Unmittelbarkeit der Geisterfahrung?

Eine grundlegende Vorfrage der "Unterscheidung der Geister" für die römisch-katholische Theologie ist die Frage nach der Erfahrbarkeit des Heiligen Geistes überhaupt und nach der Gewißheit hierüber. Schon die Väter hat die Frage bewegt, ob der Christ wissen kann, daß der Heilige Geist in ihm wohnt und als "die ungeschaffene Liebe" die Gnade "geschaffener Liebe" wirkt. Im Montanismus und Messalianismus wurde dies uneingeschränkt bejaht. Diadochus von Photike und Leo der Große nahmen eine vorsichtige, aber nicht einfach ablehnende Stellung dagegen ein. Thomas von Aquin faßt zusammen, was die Scholastiker vor und nach ihm mit subtilen Distinktionen auch sagten: "Einer, der die übernatürliche Liebe hat, kann aufgrund wahrscheinlicher Zeichen vermuten, daß er die Liebe hat..., aber mit Gewißheit kann keiner es wissen, außer Gott selbst offenbare es ihm".[161]

Die Frage der Gewißheit des Heils war für die Reformation grundlegend. Hier setzte das Tridentinum der eindeutigen Bejahung der Reformatoren ein vorsichtig differenzierendes Nein entgegen.[162]

Für Balthasar ergibt sich die Verifikation des In-Christus-Seins durch den Geist "einzig aus dem Gesamtduktus der glaubend-hingegebenen Existenz".[163] Ohne die Ausübung des Liebesgebotes im Gesamtleben des Christen ist das Belehrt-Werden durch den Geist, der Empfang seines Zeugnisses für Balthasar nicht existent.[164]

Balthasar nimmt hierbei den dreifach abgestuften Begriff christlicher Geisterfahrung von Jean Mouroux auf.[165] Mouroux unterscheidet: 1) die Ebene der "empirischen Erfahrung", d.h. gefühlshafter Erfahrungen des Göttlichen (Tröstungen, Begeisterung u.a.), deren Symptome immer zweideutig bleiben;[166] 2) die Ebene "experimenteller Erfahrung", d.h. religiöser Erfahrung, die auf bewußt angewandten Techniken beruht; 3) die Ebene der Erfahrung aus der Totalität des Lebens der Person (Mouroux verwendet hier das Adjektiv "expérientiel", für das es kein deutsches Äquivalent gibt).

Einzig die dritte Ebene zeigt den Weg zur Gewißheit. Er führt durch die Konvergenz vieler "Zeichen" hindurch, die "hierarchisch gestuft integriert" in die Einfachheit eines Daseins für Gott (und damit für sein Werk in der Welt) eingehen.[167] Dieses Dasein wird nach Balthasar "eine Existenz aus dem (paulinisch verstandenen) Glauben sein, der aber wiederum in seiner Isolierung genommen mit Thomas (und entgegen der Glaubensgewißheit der Reformatoren) nicht als ein unfehlbares Kriterium beansprucht werden darf, sondern sich in den Ausprägungen einer gelebten Glaubensexistenz (also durch Zeichen) als echt zu bewähren hat".[168]

Der Weg der Kirche und des einzelnen Christen ist für Balthasar mit Mouroux ein "Wandern im Dunkel des Glaubens, in 'Spiegel und Rätsel', so daß 'eine wesentliche Dunkelheit jede Erfahrung des Geistes einhüllt, so leicht sie im übrigen erscheinen mag: eben die Dunkelheit des Glaubens. Wir erfassen den Geist nur durch Zeichen hindurch'".[169]

Von daher sind auch die Aussagen der christlichen Tradition über "geistliches Fühlen" oder "Schmecken" zu beurteilen. Nur in der Erhebung von der ambivalenten untersten Stufe auf die dritte Ebene, durch eine innere Wandlung und Läuterung, in der sie ihre primitive Unmittelbarkeit einbüßen, haben sie ihr Recht. Auch die in den Evangelien berichteten Erfahrungen waren solche des Glaubens. Schlüssel und Zusammenfassung der ganzen Frage ist für Balthasar das Wort Jesu, daß die entscheidenden christlichen Erfahrungen an den "Früchten" erkennbar sind (Mt 7,16f). Auch hier wird auf das Gesamtergebnis und Gesamtgehaben einer Existenz verwiesen.[170]

Eine vom Geist gelenkte Existenz wird nach Balthasar zwei Merkmale aufweisen: 1) Als Ausleger Christi wird der Geist immer neu auf die Zeugnisablage (martyrion) verweisen, von daher sind "nicht die Enthusiasten, sondern die echten Martyrer... der geistliche Ort, an dem, wie immer, so heute, die Erfahrung des Geistes am authentischsten gemacht werden kann".[171] - 2) Christliche Erfahrung ist ferner offen auf die eschatologische Zukunft hin. Nicht das Pochen auf die eigene Erfahrung, sondern die bescheidene und unerschrockene Begegnung mit der geschichtlichen Wirklichkeit bekräftigt den christlichen Anspruch. "'Pneumatologie' wird sich im nüchternen Sich-Aussetzen der jeweiligen Geschichte bewähren, vom 'Ganzen' sollte nur in der Haltung der hoffenden Erwartung gesprochen werden.[172]

Erfahrung durch "Nichterfahrung"

H.U.v. Balthasar hält Pfingstkirchen und charismatischen Gruppen, die unbewußt oder bewußt eine "Direktheit" der Geisterfahrung behaupten, entgegen: "Gott ist wesenhaft nur durch Nichterfahrung hindurch erfahrbar".[173] Das heißt christlich gewendet: "Nur durch jenen entscheidenden Verzicht, der im christlichen Glauben, Hoffen und Lieben liegt".[174] Wenn von diesen drei "zentrifugalen Bewegungen" weg von mir selbst "etwas auf mich bestätigend zurückstrahlt, so gehört dies nicht zum Sinn der Bewegung selbst, noch viel weniger werde ich die Bewegung um jener Bestätigung willen vollziehen. Die Dinge verhalten sich vielmehr paradox: je weniger einer sich und seine Erfahrung sucht, um so eher kann ihm eine solche zuteil werden; je mehr er dagegen nach seiner Befriedigung schielt, um so weniger erhält er sie, oder die gewonnene Erfahrung wird christlich falsch. Sie ist allenfalls eine seelische Erregung, ein lustvoller Enthusiasmus, wie man ihn religionsgeschichtlich und religionspsychologisch in sehr vielen nichtchristlichen religiösen Versammlungen findet".[175]

Balthasar verweist auf die überlieferten klassischen "Regeln zur Unterscheidung der Geister", die immer wieder auf die "Gebrochenheit" solcher Erfahrung aufmerksam machen. Erst dort, wo der Christ und Beter "eine gewisse Endgültigkeit der Loslösung von sich selbst und seinen Erfahrungserwartungen erreicht hat", klärt sich Erfahrung zur Eindeutigkeit.[176] Der Heilige Geist, der nichts anderes möchte, als in uns "Christus auszugestalten" (Gal 4,19), wird dessen Verhalten in uns ausprägen. Und Christus "lebte nicht sich selbst zu Gefallen" (Röm 15,3). Er "suchte nicht sein eigene Ehre" (Joh 5,41), "hielt nicht an seiner Gottgestalt (und damit an seiner Gotteserfahrung) fest" (Phil 2,6). "Die Entäußerung kennzeichnet den Sohn in seiner Erniedrigung; um uns ihm gleichzugestalten, wird der Geist uns vor allem in diese Abstiegsbewegung einüben: das wird das Echtheitszeichen der Pfingstkirchen sein".[177]

Voraussetzung der Unterscheidung: "Im"-Geist-Sein

Nur "im" Heiligen Geist, der sich nicht vereinnahmen läßt, ist für den Menschen die im Evangelium gebotene Unterscheidung der Geister möglich.[178] Nur in der offenen Bereitschaft für sein Wirken, im Hören und Geltenlassen seiner Stimme wird er sein unterscheidendes Wirken entfalten: "Je weniger Widerstand durch vorgefaßte Meinungen, fertige Systeme, kategorische Grundsätze, abschließende Planungen er antrifft, desto deutlicher kann er sich äußern, desto klärender unterscheiden. Damit gibt er uns auch schon etwas von seiner Unterscheidungskraft, wir erhalten Anteil an seinen Kriterien".[179]

Wollte man materiell klar erkennbare Grenzen (hier Glaube, dort Unglaube) festlegen, steht man nach Balthasar in Gefahr, es sich zu leicht zu machen: "Schwerer und zugleich klarer erkennbar sind die beiden gegensätzlichen Geister, die aber nur 'an ihren Früchten' feststellbar sind, oder wenn man will, an den Richtungen, in denen sie wehen, in die sie uns treiben. Wir müssen den Finger netzen und in den Wind heben, um zu wissen, 'von wannen er kommt und wohin er treibt'. Wir müssen, mit anderen Worten, im Geist sein. In unserem Geist Raum lassen für den Heiligen Geist, der sich nicht von uns treiben läßt, wohin wir wollen, sondern uns treibt, wohin er will. So getrieben, können wir Unterscheidung der Geister treiben".[180]

2.2.3 Kriterien der Unterscheidung

Oberste Richte: Einheit von Sohn und Geist - Christusförmigkeit des Heiligen Geistes

Mit dem Tatbestand, daß unsere Teilnahme am Heiligen Geist immer bedingt bleibt durch den vom Vater gesandten Sohn, ist auch die Grundlage für die christliche "Unterscheidung der Geister" gegeben. Hier ist das oberste Richtmaß angezeigt: "die Einheit des sich (im Tode eucharistisch) selbst verströmenden Wortes Gottes und des in dieser Verströmung ausgehenden Geistes, der die eigentliche Bestätigung und Verteidigung und pneumatische Exegese Jesu in seiner menschgewordenen göttlichen Gesinnung ist".[181]

Der Heilige Geist steht in engster Verbindung mit dem Bekenntnis zur Menschwerdung des Gottessohnes (I Joh 4,1-3). Gewiß ist der Geist auch "vaterförmig" (Joh 14,26; 15,26), aber er ist ebenso wesenhaft "sohnförmig", er ist ausdrücklich der Geist des Sohnes (Joh 14,16.26; 15,26; 3,34; 7,38f; 18,30; 20,22).[182] "Wer also die Quelle des Geistes, den Sohn, hinter sich lassen und 'einen Schritt voran' tun will, trennt das Wasser von der Quelle und hat weder den Vater noch den Sohn (II Joh 9). Für Johannes ist dieser 'Fortschrittling' (proagon) der eigentliche Häretiker, der 'Jesus auflöst'. Daß nach oder hinter Christus her noch ein eigenes Reich oder Verhalten des Geistes kommen könnte, war in der Tat die von den Montanisten bis zu den Joachimiten, den Aufklärern und Idealisten immer wiederkehrende Mißdeutung der Christusförmigkeit des Geistes, und damit die Verkennung der untrennbaren Einheit von Trinität und Inkarnation".[183]

Allgemeine Kriterien

Die Kennzeichnung des Heiligen Geistes als "Geist Christi" ist für Balthasar der Fingerzeig, wo der freiwehende, unzähmbare Geist gefaßt werden kann. Aus der Verbindung des Geistes mit der Christusgestalt lassen sich vier allgemeine Kriterien erheben, die aber nur verschiedene Seiten des Grundvorgangs sind, daß der Geist "durch sich selbst als Feuer, Braus, Schwert seine Unterscheidung schafft. In der Demütigung unserer 'kritischen Vernunft' hebt er unseren Geist dorthin empor, wo er als der Herr der Ganzheit die Teile beurteilt".[184]

Ein erstes scharfes Kriterium ist, ob jemand seine *eigene Ehre* sucht *oder die Ehre dessen, der ihn gesandt hat* (Joh 7,18). Hochmut, der seine eigene Ehre sucht, kann selbst von Nichtchristen, die um sachliche Auftragserfüllung wissen, als falsch erkannt werden. Geht es dem Menschen darum, zu helfen und selbstlos zu dienen, oder will er (unter dem Vorwand des Weiterhelfens) herrschen und dominieren.[185] Die jeweilige Haltung wird sich immer auch "atmosphärisch" entsprechend bemerkbar machen, so daß Heiliger oder unheiliger Geist erkennbar wird.[186]

Als weiteres Kennzeichen des Ungeistes nennt Balthasar, daß er das Bestreben hat, zu *banalisieren, gleichzumachen* und alles auf bereits Bekanntes zurückzuführen.[187] Dagegen gilt es festzuhalten: "Es gibt in der Welt relativ Einmaliges, das sich nur noch indirekt unter Kategorien einreihen läßt: so sind Menschen zwar als Subjekte gleich strukturiert, aber als Personen unvertauschbar. Und es gibt für den Christen *absolut Einmaliges*: Dasein und Ereignis Jesu Christi, und was immer von ih̶ ̶ ̶ ̶ ̶ ̶ ̶ ̶ ̶ ̶ ̶ ̶ ̶ ̶ ̶ ̶ ̶ und repräsentiert, amtlich oder existentiell".[188] An der Einzigartigk̶ ̶ ̶ ̶ ̶ ̶ ̶ ̶ ̶ ̶ ̶ ̶ ̶ ̶ ̶ ̶ scheiden sich die Geister (I Joh 4,2).

Ein drittes Kriterium bildet für Balthasar das *Prinzip* "Erfo̶ ̶ ̶ ̶ ̶ ̶ ̶ ̶ ̶ ̶ ̶ ̶ bei, der sagt: "Erfolg ist keiner der Namen Gottes". Kennzei̶ ̶ ̶ ̶ ̶ ̶ ̶ ̶ ̶ ̶ Fruchtbarkeit, nicht jedoch irdischer Erfolg. Dem Jünger wi̶ ̶ ̶ ̶ ̶ ̶ ̶ ̶ sicht gestellt. Er steht nicht über dem Meister. "Jesus hat erf̶ ̶ ̶ ̶ ̶ ̶ ̶ ̶ nicht vom Geist des Erfolgs getrieben, sonst hätte er sich klüge̶ ̶ ̶ ̶ ̶ des Christlichen liegt darin, daß gerade die weltliche *Erfo̶* ̶ ̶ ̶ ̶ Kreuz, der Höhepunkt christlicher *Fruchtbarkeit* war".[190]

Ein viertes Kennzeichen des Ungeistes ist, daß er das *"̶ ̶ ̶ ̶ eignisses und seine Auswirkungen "leicht macht" und desinkarni̶ ̶ ̶ siert, verkürzt, auflöst:[191] "Ein Geist, der beim Bedenken,̶ ̶ ̶ sieren und Akkomodieren des Gehaltes der christlichen Off̶ ̶ ̶ ̶ macht, die Substanz verdünnt, sie als Ballast über Bord wirft, um unbeschwerter in die Zukunft auszufahren oder um ganz einfach besser 'anzukommen': dieser Geist ist nicht aus Gott".[192]

2.2.4 Unterscheidung im konkreten Fall: "Charismatische Bewegung"

Die "charismatische Bewegung" hat zentral mit dem Heiligen Geist und seinen Charismen zu tun, und eine dieser Gnadengaben ist die "Unterscheidung der Geister". Von daher ist für H.U.v. Balthasar unumgänglich, die Unterscheidung der Geister in Grundlinien auch auf diese Bewegung anzuwenden.[193] Für Balthasar steht zunächst außer Zweifel, daß die charismatischen Gebetsgruppen, die sich über die ganze Welt ausbreiten und Millionen von Katholiken erfaßt haben, einen echten Aufbruch in der Kirche bedeuten, zumal wenn sie von verständigen geistlichen Leitern geführt werden. Dabei bezieht er sich auf die ausdrückliche Anerkennung durch das Konzil (LG 12,2).[194] Zugleich sieht er sich auch genötigt, kritische Rückfragen zu stellen und Leitlinien für echtes Geisteswirken zu nennen.

Anfragen an die Selbstbezeichnung "charismatisch"

Eine erste kritische Anfrage betrifft die Selbstbezeichnung "charismatische (Erneuerungs-)Bewegung". Hier merkt Balthasar an, daß bei Paulus das Wort "Charisma" eine viel größere Bedeutungsbreite als die speziellen Charismenlisten (I Kor 12-14; Röm 12; Eph 4) hat. Er sieht viele andere kirchenerneuernde Bewegungen der Gegenwart ebenfalls unzweifelhaft vom Heiligen Geist angeregt und getragen, ohne daß sie diesen zum zentralen Inhalt oder Kriterium ihrer Frömmigkeitsrichtung erheben.[195]

Wesentliches Kriterium: Einfügung in die Catholica bzw. die Pfarrgemeinde, der Überstieg zum Dienst am Ganzen

Wesentliches Echtheitskriterium für Balthasar ist, ob solche "charismatischen" Gruppen sich in die sie umgreifende Kirche und damit zunächst in die Pfarrgemeinde einfügen und sie befruchten,[196] ob sie bereit sind, sich auf das Eine und Ganze der auch sichtbaren Catholica hin auszurichten und zu übersteigen.[197] "Die Gruppe ist nur Glied an diesem Leib und wird durch die Strukturgesetze des gesamten Organismus bestimmt: primär nicht der Äußerlichkeit einer Organisation, sondern aus tieferen Bedürfnissen des Geistes Gottes, der zum besten des ganzen Leibes 'jedem seine Gaben zuteilt, wie er will'".[198] Nicht nur auf dem Niveau der Einzelnen, sondern auch auf dem der Gruppe sind die Gesetze der Charismatik, wie sie Paulus immer von der Gesamtkirche her entwickelt, anzuwenden (Röm 12; I Kor 13; Eph 4): "Nach dem Maß ihrer Bereitschaft zum Überstieg auf das Ganze erweist sich die Echtheit einer charismatischen Gruppe, die dann befugt ist, ihre Spontaneität innerhalb des Ganzen anzumelden, zu betätigen und gemäß den Proportionsgesetzen des Ganzen durchzuführen".[199]

Dieses Grundkriterium des Überstiegs auf das Ganze liegt in der Linie der theologischen Grundbestimmung, daß der Heilige Geist nicht sein eigenes Werk betreibt, sondern als der "Ausleger" Christi dessen Werk betreut und zur Entfaltung bringt. Ob eine Pneumatologie gesund ist, kann man von daher an ihrem Hinweis auf Christus sehen.[200] Der Heilige Geist lehrt Christus als Herrn bekennen (I Kor 12,3), und seine "Charismen" haben keine andere Absicht, als den "Leib Christi" aufzubauen. Die Austeilung geschieht zum Nutzen aller, d.h. für die anderen (12,7). Die scheinbar erlaubte Ausnahme der Selbsterbauung durch Glossolalie (14,4) zeigt für Balthasar nur die aus dem Zusammenhang erwartbare Abwertung dieser Gabe an. "Die Gemeinde soll erbaut werden" (14,12). Mit dem Hinweis auf das Bild vom Füreinander der Glieder lehnt Balthasar die Versuche ab, auf Seiten der charismatischen Bewegung den sozialen Charakter der Charismen in I Kor 12 in Frage zu stellen und auch Charismen zur Selbstauferbauung zu erlauben.[201]

Kritische Anmerkungen zu Glossolalie und Heilungspraxis

H.U.v. Balthasar möchte im Blick auf die auffälligen Phänomene Glossolalie, Heilung und Prophetie falsche Überbetonungen korrigieren, die sich aus der Rücksichtnahme Pauli auf eine vereinzelte, dazu noch schwierige und nicht gerade vorbildliche Gemeinde herleiten.[202]

Es verwundert ihn, daß gerade das Charisma der *Glossolalie* in charismatischen Gruppen so hochgeschätzt wird, "auf das Paulus zwar eingeht, weil es der vereinzelten korinthischen Gemeinde so wichtig schien, das er aber, sozial gemessen, als das unbedeutendste einschätzt".[203] Balthasar merkt zur Glossolalie kritisch an: 1) das Pfingstphänomen ist nicht "Zungenreden", sondern verständliches Reden in mehreren Sprachen (Xenoglossie) und bei Lukas wohl mehr von theologischer als historischer Bedeutung gewesen; 2) entsprechendes wird von keiner anderen Gemeinde als nur Korinth berichtet, so daß man Glossolalie nicht allgemein als "urchristliches Phänomen" bezeichnen kann; 3) außerdem stellt Glossolalie kein spezifisch christliches Phänomen dar; Vergleichbares findet sich auch bei den Schamanen; 4) das Zungenreden spielt in den neuen protestantischen und katholischen Bewegungen eine seltsam dominierende Rolle (die Literatur hierüber ist immens), während die religiöse Fruchtbarkeit fragwürdig ist; 5) während Paulus strikt einen "Ausleger" für dieses unverständliche Sprechen verlangt (I Kor 14), fehlt dieser in den heutigen Versammlungen meistens.[204]

Zur Frage, warum das Zungenreden eine solche Faszination ausübt, nennt Balthasar den natürlichen Wunsch, die Kontrolle über das eigene Sprechen "lockerzulassen" und den Erwartungsdruck durch die Gruppe, für die das Zungenreden "das leibliche Zeichen einer verbindlichen Eingliederung in die charismatische Erneuerung" darstellt. Zustimmend nimmt er kritische Äußerungen verschiedener Autoren auf, die auf die Rolle des (auto-) suggestiven Moments hinweisen (K.G.Rey) und von "Erfahrungszwang", "Faszination der Erfahrung" oder "psychischer Naschhaftigkeit" im Blick auf das "Ungewöhnliche" sprechen (Y. Congar).[205] Balthasar pflichtet K.G. Rey bei, der sagt: "Ich meine, daß Gott uns in sehr seltenen Fällen durch Glossolalie etwas sagen will... Man sollte deshalb von dieser Praxis des Zungenredens Abstand nehmen", zumal in öffentlichen Gottesdiensten, wo dies nur Ärgernis erregt.[206]

Analoges gilt nach Balthasar auch für das Charisma der *Heilung*. Er will nicht leugnen, daß sie als charismatische Gabe bestehen kann, aber die jesuologische Begründung, Jesus habe unsere Krankheiten im gleichen Sinn getragen, wie er unsere Sünde trug (Mt 8,17; Jes 53,4), und das Heilungscharisma sei eine Art normaler Nachfolge Christi, ist für ihn unannehmbar: "Jesu leibliche Heilungen sind immer Zeichen seiner seelischen (proleptisch auf das Kreuz hin erfolgenden) Erlösungen. Geduldige Annahme von schweren Leiden und Tod kann für das Reich Gottes fruchtbarer sein als wiedererlangte Gesundheit (was auch durch den Arzt erfolgen kann)".[207] Auch hier stimmt er K.G. Rey zu, der auf die enorme Wirkung von oft nur (temporär wirkender) Hypnose aufmerksam macht, und hält Reys etwas boshaften Buchtitel "Gotteserlebnisse im Schnellverfahren" im Blick auf beide Erscheinungen für richtig gewählt. Reys kritischer Relativierung und Infragestellung des Phänomens des Umfallens bei Handauflegung kann er nur beipflichten: "Wir erneuern die Kirche nicht, wenn wir umfallen. Es wäre schon besser..., mit beiden Füßen auf dem Boden der Wirklichkeit des Alltags die Grundforderungen des Evangeliums zu erfüllen".[208]

Prophetie, das dritte "Außergewöhnliche", von Paulus den Korinthern gegenüber höchstgeschätzte Charisma versteht Balthasar im engeren Sinn als "eine vom Heiligen Geist einem Einzelnen für die versammelte Gemeinde gegebene und mitzuteilende Weisung". Im weiteren allgemeineren Sinn jedoch als "Inspiration", als Gabe, die den

Lehrern, Predigern, Katecheten, "Evangelisten" der Gemeinde und natürlich dem Apostel geschenkt ist. Wegen ihres gemeindeerbauenden Charakters steht sie an der Spitze der Charismen, wenngleich sie, wie die übrigen, ohne Liebe unnütz bleibt (14,1; 13,2).[209]

Kriterien eines echten Neuaufbruchs im Heiligen Geist

Der Aufzählung von Kennzeichen eines echten geistlichen Aufbruchs stellt Balthasar zunächst zwei Grundaussagen voran: I) die Kirche beginnt nicht mit dem Pfingstereignis;[210] dieses vermittelt den Jüngern vielmehr nur Kraft und Mut, die Wirklichkeit Jesu teils durch Verkündigung, teils durch Nachfolge ans Kreuz vor aller Welt unerschrocken zu offenbaren; II) der Geist Christi schickt die ganze Kirche - "mit ihren objektiven wie subjektiven Geistdimensionen als einem unteilbaren Ganzen" in die Welt hinaus und begleitet sie.[211]

In der Sendung der ganzen Kirche in die Welt unterscheidet Balthasar fünf Aspekte:

1) Der Heilige Geist verweist immer neu auf die zentrale Tat Jesu: "das Kreuz und die nur durch dieses zugängliche Auferstehung" [212]

Wenn die Kirche von Pfingsten an verfolgt wurde, die Apostel sich über Schmach um Jesu willen freuten, Paulus gerade in Korinth nichts anderes kennen und von nichts anderem als dem Gekreuzigten reden wollte, muß dies - sicher in Einheit mit der Auferweckung - im Zentrum "charismatischer" Schriftbetrachtung stehen: "Nur von hier aus kann dem Vater der vollkommene Lobpreis entgegenklingen, den seine Liebe verdient. Jede Art von Frömmigkeit, persönliche oder gemeinschaftliche, die sich davon abwenden wollte, statt... sich da hinein zu versenken, fällt aus dem Zentrum heraus an eine bedeutungslose Peripherie".[213]

2) Alle Charismen haben nach Paulus nur Wert aufgrund des "überschwenglichen Weges" der Liebe (I Kor 13,1)

Große Theologie hat von daher die Geistesgaben verstanden als vom Heiligen Geist dem lebendig glaubenden, hoffenden und liebenden Menschen geschenkte Vervollkommnung, die einen "instinctus divinus" verleiht, damit er "geeignet sei, göttlich bewegt zu werden" bzw. als "innere Haltungen, durch die der Mensch befähigt wird, dem Heiligen Geist schnell und willig (prompte) zu gehorchen" (Th.v. Aquin).[214] Zur Erhöhung der "göttlichen Tugenden" durch die Geistesgaben kann bei Thomas auch das Erlangen gewisser Charismen hinzutreten, wie die Gnade des Wunderwirkens oder der Prophetie.

Kriterium für charismatisch-mystische Erfahrung ist nicht die Intensität derselben, sondern die selbstlose Liebe: "Der Maßstab, an dem der Christ (der Mensch überhaupt) in Gottes Gericht gemessen wird, ist seine Gottes- und Nächstenliebe und nicht der Grad seiner religiösen Erfahrung... Außergewöhnliche Charismen werden von Paulus weder abgewertet noch überbewertet; sie sind Teilaufträge Einzelner für die Gemeinschaft, die den damit Begabten auf keine höhere Vollkommenheitsstufe stellen. Der 'darüberhinausliegende Weg' (1 Kor 12,31) ist für alle derselbe: die Liebe. Sie bleibt, während die Charismen vergehen (1 Kor 13,8f)".[215]

3) Der Heilige Geist gibt Kraft zur Sendung in alle Welt

Dies steht gegen die Beobachtung, daß in den neuen Geistbewegungen das Konventikeltum zunimmt, aber die sozialen Einsätze sich verringern. Balthasar sieht in der Apostelgeschichte die Kirche wohl auch gemeinschaftlich beten und brotbrechen, aber ebensosehr auf mühsamen apostolischen Wegen und gerade dabei vom Geist geführt: "Gebetet wird nicht nur in privaten Zusammenkünften, sondern ebensosehr auf allen Straßen der Welt".[216] Und dabei ist nie der Geist der nachgesuchte Gegenstand der Verkündigung: "Man betet im Geist durch Christus zum Vater, man verkündet im Geist Christus als den Messias der Juden, den der Vater gesandt hat, und als den Retter der Heiden. Man sieht nirgends, daß sich die Andacht der Kirche auf den Geist konzentrierte; durch ihn erfolgt rechtes Gebet und rechte Verkündigung Gottes, des Vaters, der in Jesus sich selbst offenbart hat und um Jesu willen gepriesen wird".[217] Eine Konzentration auf den Geist als Gegenstand der Andacht führt nach Balthasar zu einem "pietistischen 'Jesuanismus'". In den charismatischen Kreisen meint man, etwas vom Geist und von Jesus "unvermittelt" zu erfahren, wo sich doch echte Glaubenserfahrung "nur in der gelebten und durchgehaltenen Bewährung im christlichen Leben" ereignet.[218] Balthasar will nicht bezweifeln, daß Jugendliche eine gewisse existentielle "Erfahrung" von Christlichkeit in ihrer Umgebung oder in Zusammenkünften brauchen, "um sich aus dem Nest zum Flug des Glaubens entschließen zu können", ja daß auch Erwachsene gewisse Kontakte brauchen, um ihren Glauben lebendig zu erhalten. Der bleibende Drang aber zum Konventikeltum kann auch "ein Symptom von Infantilismus" sein.[219]

> *4) Die Kirche geht von Pfingsten aus als untrennbar objektive und*
> *subjektive, "rechtliche" und "charismatische" in die Welt*

Die Kirche ist eine organische Ganzheit des objektiven und subjektiven Elements. In der frühen Kirche wurde dies nie voneinander getrennt. Paulus "beweist" sein objektives Apostolat durch seine subjektiven Christusleiden. Erst die Montanisten, Messalianer, Donatisten und Joachimiten haben die "subjektive" Heiligkeit der des Amtes entgegengestellt. Charismatismus, der nicht von guten Priestern oder Ordensleuten geführt wird, steht oft in Gefahr, "einem strukturlos subjektiven Kirchenbegriff zu verfallen".[220] Balthasar hält es für sinnvoll, von den Gruppen zu verlangen, daß sie möglichst wenig eigene Strukturen entwickeln, damit sie sich besser in die umgreifende strukturierte Kirche einordnen und sich nicht einbilden, der "sozialen Gemeinde" gegenüber etwas Besonderes zu sein. "Richtig gelenkt wird der Gruppe das Schwierige gelingen, in eine (irgendwie als geistlos empfundene) Pfarrei sich einzugliedern, und das noch Schwierigere, in ihr und über sie hinaus das zu sein, was Christus will: Sauerteig, Salz der Welt".[221]

> *5) Es kann keine Einheit "im Geist" losgelöst von der objektiven Kirchengestalt geben*

H.U.v. Balthasar lehnt die Sicht ökumenisch ausgerichteter charismatischer Gruppen ab, die meinen, "im gemeinsamen Beten sei auch liturgisch die Einheit der Kirche von oben, durch den Heiligen Geist selbst" bereits hergestellt. Er stimmt Y. Congar zu, der "eine Einheit auf dem Gebiet der Früchte und der geistlichen Wirklichkeiten" einräumt, aber, da die Kirche "Sakrament und nicht bloß Kommunion im Geist und durch ihn" ist, eine wirkliche Einheit nicht gegeben sieht. Kirche ist für Balthasar "nicht nur Kirche des Herzens, sondern auch der objektiven Struktur". Von daher fragt er kritisch sowohl die Aussage an, die charismatische Erneuerung fördere "den geistlichen Ökumenismus", als auch die Schau: "Die gegenwärtige Bewegung, hervorgebracht durch den Heiligen Geist, ist daran, im Westen eine ganz neue Kirche zu erschaffen, die weder katholisch noch protestantisch, sondern schlicht evangelisch sein wird".[222]

Diese fünf Punkte hält Balthasar im Blick auf die "Charismatische Bewegung" für wichtig und legt sie dieser zum ernsthaften Bedenken, zur eigenen Unterscheidung und Ausrichtung gemäß dem Geist der Gesamtkirche nahe: "Denn charismatisch ist nur die ganze Kirche Jesu Christi, in welcher jedes lebendige Glied seine Geistesgabe hat. Sie allein kann, aufgrund der Verheißung und der Gabe Christi, sich des (unverfügbaren) Geistbesitzes rühmen, des Geistes, 'der jedem seine Gabe zuteilt, wie er will (I Kor 12,11)'".[223]

2.3 Würdigung und Kritik

Bei der Beschäftigung mit H.U.v. Balthasar stößt man auf eine ungeheure Weite des Horizontes und einen ausgeprägten ästhetischen Sinn in Sprache und Gestaltung vor allem seiner großen Trilogie. Hinter dem Fragmentarischen mancher Veröffentlichungen steht gleichwohl ein ausgeprägter Wille zur Konzentration auf die grundlegende Gestalt des Christlichen. Auffallend ist die starke Einbeziehung und Betonung der spirituellen Dimension von Kirche und Theologie. Gegen rationalistische, intellektualistische Engführungen stellt er die Gebets- und Geistgewirktheit jeglicher Theologie heraus. Wie in anderen Zusammenhängen kann Balthasar auch in seinen Ausführungen zu Pneumatologie, Charismatik und Unterscheidung aus seiner profunden Kenntnis der patristischen und dogmengeschichtlichen Tradition schöpfen. In der THEOLOGIK III fallen dem evangelischen Leser die jeweiligen ausführlichen bibeltheologischen Grundlegungen auf.

Im Blick auf die Frage der Unterscheidung der Geister kann man bei Balthasar sehen, wie ein konsequent verfolgter systematischer Ansatz sich in einer entsprechenden Aktzentuierung von Pneumatologie, Charismatik und in einer entsprechenden Kriteriologie niederschlägt. Daran zeigt sich, daß "Unterscheidung" bereits im theologischen Ansatz erfolgen kann und nicht erst in der konkreten Auseinandersetzung beginnt. Balthasar geht von der objektiven Offenbarungsgestalt in Christus aus, in dem die ganze Trinität in Erscheinung tritt. Diese objektive Gestalt der Offenbarung ruft nun die subjektive Glaubensgestalt im Leben der Kirche und des einzelnen Christen hervor. Das objektive Moment ist dabei immer dem subjektiven vorgeordnet.

In der Beschreibung der Gestalt und Wirkungen des Heiligen Geistes folgt Balthasar der johanneischen Darstellung und dem westlichen Trinitätsmodell des Filioque. Das bedeutet eine Betonung der trinitarischen Einheit und die enge Anbindung des Geistes an die Christusgestalt. Der Heilige Geist ist der "Ausleger" derselben, verweist auf diese und tritt selbst hinter sie zurück. Bei der Darstellung des Geisteswirkens in seinen verschiedenen Bezügen geht es Balthasar immer wieder darum, daß die Anbindung an Christus und die unterscheidenden Kennzeichen, Kreuz und Auferstehung, sichtbar werden. Die Pfingstgabe trägt Kreuzesgestalt. Durch Sterben, Verzicht, Loslassen wird sie freigesetzt und geschenkt.

Mit der Formel "die beiden Hände des Vaters" umschreibt Balthasar die Untrennbarkeit von Sohn und Geist im Wirken Gottes zur Welt hin. Die Pneumatologie ist untrennbar mit der Christologie verklammert und umgekehrt. In der Kirche zeigt sich im Zueinander und Ineinander von Sohn und Geist zugleich auch das Zueinander und Ineinander des objektiv-institutionellen und subjektiv-institutionellen Momentes. Balthasar spricht auch von einer "Zweieinigkeit" z.B. von Amt und Charisma. Dialektisch kann er dabei Einheit und Verschiedenheit unterscheiden und aufeinander beziehen. Ihre vorgängige Einheit ist Christus, das "Grund-Charisma".

Was die Differenzierung in Einzelcharismen angeht, so gründet diese in der vorgängigen "marianischen", d.h. kirchlichen Spiritualität, folgt dieser nach und mündet immer wieder in sie ein. Einen freischwebenden, vagabundierenden Subjektivismus und Spiritualismus kann es für Balthasar nicht geben. Das Subjektive ist immer wieder auf das Objektive hin zu übersteigen. Gerade darin zeigt sich die Kirchlichkeit von Charismen. Das Amt stammt aus der unmittelbaren Sendung Christi, gehört zu dem "objektiven Vorweg" der Kirche und wirkt dahingehend Einheit, daß es dem einzelnen seine subjektiven Maßstäbe entwindet und sie dem Herrn der Kirche einhändigt.

Balthasar tritt entschlossen für mystische Frömmigkeit ein. In diesem Zusammenhang würdigt er auch die Charismatik und setzt sich für eine Korrektur der abwertenden Haltung ihr gegenüber ein, wie sie in der modernen mystischen Theologie üblich ist. Die Behauptung unmittelbarer Geisterfahrung weist er jedoch zurück. Erfahrung wird immer gebrochen sein. Der Glaube kennt auch die Nacht der Nichterfahrung und weiß um das Noch-nicht der eschatologischen Vollendung. Hilfreich sind die Kriterien der Unterscheidung, die Balthasar von der Christusgestalt und dem Gesichtspunkt der Kirchlichkeit her entwickelt. Die Anbindung des Charismatischen an das Objektiv-Leibhaftige, an sichtbare Strukturen, wehrt subjektivistische Verselbständigungen und Engführungen ab. Balthasar vertritt im Blick auf das Verhältnis von Amt und Charisma eine Dialektik, die letztlich aber in das vorgängige Objektive hinein aufgehoben wird.

Kritisch anzufragen ist Balthasar im Blick auf die starke Anbindung des Geistes an die vorgängige Kirchlichkeit. Eine prinzipielle Kritik an der römisch-katholischen Kirche ist nicht möglich. Mit dieser Grundentscheidung ist immer die Gefahr der Domestizierung des Geistes gegeben, wie die Betonung des Objektiven immer in Gefahr steht, die subjektiven Momente des Glaubensvollzugs grundsätzlich in Frage zu stellen, zurückzudrängen bzw. zu absorbieren. Die dialektische Art, wie Balthasar das Charismatische behandelt, scheint uns darüber hinaus die Dynamik des Charismatischen zu neutralisieren, dem dynamischen, ja dynamistischen Aspekt des Geistes nicht gerecht zu werden. So sehr es zutrifft, daß es keinen Solipsismus des Charisma, der Je-Besonderheit des einzelnen Christen und des Heils geben kann, ist doch zu fragen, ob Balthasar die "Individualität" ernst genug nimmt, wenn er die "Enteignung in die Kirche hinein" so stark betont. - Was die johanneische Grundfigur seiner Theologie angeht, stellt sich die Frage, ob es erlaubt ist, das gesamte Zeugnis des Neuen Testaments über den Heiligen Geist so stark nur von Johannes her zu interpretieren. - Eine gewisse Inkonsequenz des theologischen Gesamtentwurfs scheint uns zu sein, daß Balthasar, der sonst durchgehend johanneisch denkt, im Blick auf das Verhältnis Kirche-Welt, den dualistischen Zug, die johanneisch-diastatische Schärfe zurücknimmt. Auch der Gedanke eines kommenden Gerichts ist in Balthasars pneumatologischem Entwurf praktisch ausgeblendet. Ein Richten des Menschen findet existentialistisch-präsentisch in der immer wieder betonten Beugung unter die Kreuzesgestalt statt.[224] Mit einem doppelten Ausgang des Endes wird offensichtlich nicht gerechnet. Hier zeigt sich die Nähe zu K. Barth in der Betonung des Liebesgedankens und des Triumphs der Gnade.

Dem evangelisch-reformatorisch denkenden Theologen ist die Christozentrik des Balthasar'schen Ansatzes vertraut. Auch wird er eine Nähe zur lutherischen theologia crucis empfinden. Der Ansatz beim Filioque hat auch in der protestantischen Tradition antienthusiastisch gewirkt. Daß Balthasar das Charismatische in den weiten Raum des Geisteswirkens stellt, hat ebenfalls eine relativierende Wirkung. Neben der Anbindung an die Christologie ist die Einbindung und Ausrichtung auf die Catholica das stärkste Korrekturelement für Geistenthusiasmus. Dem Kirchen- und Amtsverständnis Balthasars wird der Protestant allerdings nicht folgen können, so wenig wie seinem durch das katholische Kirchenverständnis relativierten Schriftverständnis. Nicht daß die Reformatoren bestritten hätten, daß der Geist durch die Kirche und das Amt wirkt. Was sie kritisierten, war die unmittelbare pneumatologische Legitimation kirchlicher Entscheidungen, der "pneumatologische Maximalismus" Roms. Wohl bedient sich Gott im Geist der Kirche, des Amtes, der Predigt, der Sakramente usw., aber nur als "Mittel", und dieses Wirken des

Geistes durch "Mittel" bedarf der Prüfung. Für die Reformatoren war die christologische und damit auch wortgebundene Bezogenheit des Geistes das grundlegende Kriterium der Prüfung. Nach evangelischem Verständnis wird das Amt durch das Wort und nicht unmittelbar aus dem Geist legitimiert. Nicht das Amt ist vorgeordnet, sondern die Schrift.[225]

B.3

"GEMEINDE-ERNEUERUNG AUS DEM GEIST GOTTES" ALS WEG AUS DER KRISE
(Heribert Mühlen)
"Unterscheidung der Geister" im Rahmen eines "charismatischen", kirchlich-sakramental einbindenden, volksmissionarischen Pastoralmodells[1]

Heribert Mühlen ist als "der Hauptvertreter der katholischen Pneumatologie im deutschsprachigen Raum",[2] wegen seines prägenden Einflusses auf die Entwicklung der katholischen charismatischen Erneuerung und wegen seiner speziellen Äußerungen zur Frage der "Unterscheidung der Geister" zu berücksichtigen.[3] Von ihm gingen konfessionsübergreifende Wirkungen auf die Pneumatologie und die charismatische Bewegung vor allem im europäischen Raum aus. Vom Schwerpunkt seiner Lehrtätigkeit und von seiner geistlichen Biographie her finden sich bei ihm in besonderer Weise grundsätzlich-theologische Reflexion und Erfahrung des Charismatischen, verbunden mit pastoralen Überlegungen. Vor allem seine späteren Veröffentlichungen zeigen diese Verbindung. Mühlen hält die Frage der "Unterscheidung der Geister" für die Zukunft der charismatischen Erneuerung für "zentral" und "lebenswichtig" und für einen "Brennpunkt" der zukünftig aufgetragenen theologischen Arbeit.[4]

3.1 Akzente der Pneumatologie bei Heribert Mühlen[5]

Wegen der grundlegenden Bedeutung seines Beitrags zur systematischen Theologie sollen vor den speziellen Ausführungen zur Charismatik und zur "Unterscheidung der Geister" Mühlens pneumatologische Akzentsetzungen wenigstens kurz dargestellt werden.

3.1.1 Der philosophische Ansatz bei der "Personologie"

Auch H. Mühlen legt wie H.U.v. Balthasar seinem pneumatologischen Entwurf ein anthropologisches Analogiemodell zugrunde. Er versucht eine Vermittlung zwischen den beiden großen philosophischen Strömungen des 20.Jahrhunderts, der transzendentalen Philosophie (die zur Existentialphilosophie gewandelt ist) und der Ich-Du Philosophie (oder dialogischen Philosophie). Diese Vermittlung nennt er "Personologie".[6] In der personologischen Methode ergänzen sich der phänomenologische und der transzendentale Aspekt. Mit der Phänomenologie beschreibt Mühlen personale Vollzüge der menschlichen Existenz. Der transzendentalphilosophische Aspekt ermöglicht ihm einen Rückstieg nach innen und die Erhellung der "Bedingung der Möglichkeit" personaler Vorgänge. Mit Hilfe der Transzendentalphilosophie kann er zugleich geschichtlich nach vorne ausgreifen. Mühlen nimmt F. Ebners und M. Bubers Grundthese auf: "Ohne Du kein Ich". Diese erweitert er mit Hilfe der Überlegungen D.von Hildebrands: "Neben dem Urmodus des 'Ich-Du' steht der Urmodus des 'Wir'". Während das *Zueinander* die Charakteristik der Ich-Du-Begegnung ist, zeichnet sich die Wir-Vereinigung durch das *Miteinander* aus. Dabei sind zwei Personen je für sich Subjekt eines einzigen, gemeinsamen und gleichgerichteten Aktes.[7] In der Verbindung von Phänomenologie und Transzendentalität geht Mühlen der Frage nach dem "Wir" nach, das er nicht nur als Folge, sondern auch als Ursprung des "Ich-Du" sieht.[8]

3.1.2 "Der Heilige Geist als Person": Personale trinitarische Pneumatologie[9]

H. Mühlen setzt in seinem grundlegenden Werk "Der Heilige Geist als Person" beim phänomenologischen Verhältnis von Person zu Person an.[10] Hier sieht er "das beherrschende Analogat für ein Glaubensverständnis der Mysterien der Trinität, der Inkarnation (bzw. Salbung) Jesu und der Gnade" gegeben.[11] Mit Hilfe der skizzierten Analogien aus der menschlichen Gemeinschaftserfahrung entwickelt Mühlen eine "soziale Trinitätslehre". Im Unterschied zu einem Ansatz bei drei menschlichen Personen, aus dem fast unausweichlich Tritheismus folgt, geht er von der einfachsten sozialen Einheit, der Zweiergruppe, aus. In dieser lassen sich drei Momente unterscheiden: "Die Zuwendung des anderen zu mir, meine Zuwendung zu ihm und die daraus entstehende Gemeinsamkeit. So ergeben sich drei 'Standpunkte': Der Standpunkt des '*Ich*', der Standpunkt des '*Du*' und der gemeinsame Standpunkt, der sprachlich im '*wir*' zum Ausdruck kommt. Wenn ein Mitglied der Zweiergruppe 'wir' sagt, hat es einen *Standpunktwechsel* vollzogen: Vom eigenen zum gemeinsamen Standpunkt. In einer Dreiergruppe kann dieser gemeinsame Standpunkt auch von einem Mitglied dieser Gruppe repräsentiert werden, und zwar nach innen und außen".[12]

H. Mühlen akzentuiert nach der Erhebung relevanter Schriftbezüge und einem Durchgang durch trinitätstheologische Entwürfe, besonders die von Thomas von Aquin und Richard von St.Viktor, den Geist als *das innertrinitarische Wir*. Der Heilige Geist ist "*das 'Wir' in Person* zwischen dem Vater und dem Sohne",[13] "die absolute Nähe im Verhältnis von Person zu Person zwischen dem Vater und dem Sohne"[14] und die Weggabe seiner selbst innerhalb seines eigenen Wesens. "Das Pneuma ist die eine göttliche Selbstweggabe, die göttliche Selbstüberschreitung, selbst und als solche".[15] Die innertrinitarische Hingabe drängt nach dem Außer-sich-Sein in der Heilsökonomie, in der Schöpfung, im Christusgeschehen und in der Vollendung. Graphisch stellt H.Mühlen dies so dar:[16]

Abb. 7

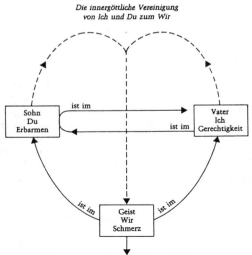

Die innergöttliche Vereinigung
von Ich und Du zum Wir

Im Heiligen Geist sind Vater und Sohn zugleich anwesend,
zeigt sich uns das eine göttliche Herz.

Als zweiten Schwerpunkt arbeitet Mühlen in "Der Heilige Geist als Person" die Nichtidentität der Salbung Jesu mit der Inkarnation des Logos heraus. Die Salbung Jesu mit dem Heiligen Geist bei seiner Taufe ist heilsökonomisch als die grundlegende Sendung des Geistes nach außen anzusehen. Christus- und Geistereignis werden von Mühlen in dieser Weise eng miteinander verbunden. Logisch und der Natur nach folgt die Salbung der Inkarnation nach.[17] Sie ist "eine heilsgeschichtliche Erscheinungsweise des innertrinitarischen Wir-Aktes".[18] Der Heilige Geist zeigt sich in der heilsgeschichtlichen Erfahrung der Schreiber des Neuen Testaments "in *anderer* Weise" als der Sohn, so daß die Inkarnation als solche unterschieden werden muß von der Salbung Jesu mit dem Geist: "Der Sohn ist Mensch geworden, der Hl. Geist aber nicht. In diesem Sinne ist es eine Eigentümlichkeit des Sohnes, Mensch geworden zu sein. Auf der anderen Seite ist es aber auch eine Eigentümlichkeit des Hl. Geistes, bei der Salbung Jesu wirksam zu sein und dann im weiteren Verlauf der Heilsgeschichte als der Spiritus Christi die Getauften mit Christus und untereinander zu verbinden. Auf diese Weise hängt das 'Wir' der Christen aufs engste mit der Einwohnung des Geistes zusammen: *Der Hl. Geist tritt im 'Wir' der Christen heilsgeschichtlich in Erscheinung*".[19] - "Es ist eine Eigentümlichkeit des Sohnes, EINE menschliche NATUR personhaft zu machen. Die Eigentümlichkeit des Hl. Geistes dagegen ist es, VIELE PERSONEN mit Christus und untereinander zu verbinden".[20] Das Mysterium des Geistes geht also über in das Mysterium der Kirche. "Derselbe Geist, der in Jesus wirksam ist, wohnt den Christen ein, dadurch nehmen sie an der Gnadenfülle Jesu teil. Diese Teilnahme ist das personale Sich-Verhalten des Menschen gegenüber Gott, und zwar im Geist, durch Christus zum Vater".[21] - Als Ergebnis der ersten beiden Hauptkapitel hält Mühlen fest: "Sowohl innertrinitarisch als auch heilsökonomisch ist es eine dem Hl. Geiste eigentümliche Funktion, Personen miteinander zu verbinden: Er ist das 'Wir' in Person".[22]

Als dritten Fragenkreis behandelt Mühlen die Pneumatologie im Horizont des Gnadenbundes.[23] Hauptgesichtspunkt dabei ist, daß der Heilige Geist als göttliche Person "ein unmittelbares und direktes Verhältnis zur begnadeten menschlichen Person" hat.[24] "Dem Hl. Geist kommt... die ganz besondere Eigentümlichkeit zu, daß wir zu ihm eine *direkte* Beziehung haben, zu den beiden anderen Personen aber eine durch den Hl. Geist *vermittelte*".[25] - In "Una Mystica Persona" definiert Mühlen den Geist entsprechend als "die sich selbst vermittelnde Vermittlung",[26] "die sich selbst vermittelnde Unmittelbarkeit unserer personalen Opposition zu Christus".[27]

3.1.3 "Una Mystica Persona": Pneumatische Ekklesiologie

In seinem zweiten großen Werk "Una Mystica Persona" schreibt Mühlen den innertrinitarischen pneumatologischen "Wir"-Ansatz in die Ekklesiologie hinein weiter. Er entwirft eine "pneumatische" Ekklesiologie, in der er die Kirche im Unterschied zu früheren katholischen Definitionen nicht als Fortsetzung der Inkarnation, sondern unter Einbeziehung der alttestamentlichen Vorstellung vom "Groß-Ich" (corporate personality)[28] als heilsgeschichtliche Fortdauer der Salbung Jesu mit dem Heiligen Geist darstellt.[29] Der Heilige Geist ist "eine Person in vielen Personen", in Christus und in den Christen.

Mühlen versteht Kirche dabei nicht als Groß-Ich des Heiligen Geistes, sondern als Groß-Ich Christi, da er es ist, der "seinen" Geist übermittelt und sie als den "Leib Christi" beseelt. Mit der Betonung des Wir-Aspektes des Heiligen Geistes stärkt Mühlen den Gesichtspunkt des Miteinanders in der Kirche. Mit der Darstellung unter dem Ereignis der Geistsalbung akzentuiert er Ausrüstung und Sendung, die dynamisch-missionarische Dimension von Kirche,[30] und kommt zu einem ausgesprochen pneumatologischen Verständnis christlicher Existenz. - Was die Gotteslehre angeht, erscheint Gott in der analogischen Beschreibung Mühlens im Unterschied zu mehr statischen Konzepten sowohl ontologisch als auch heilsökonomisch als dynamische und lebendige Bewegung und Beziehung.[31]

3.1.4 Antwort auf die Folgen einer "nicht-sozialen Gottesvorstellung"[32]

Mühlen sieht die traditionelle Geistvergessenheit in Theologie und pastoraler Praxis entscheidend verursacht durch eine einseitige monokratische Gotteslehre bzw. durch den Ansatz der Gotteslehre beim absoluten Sein. Eine wir-lose altkirchliche Gotteslehre mit einem trinitarischen Monarchianismus hat sich als bestimmender Grundansatz bis in die Gegenwart durchgezogen. Die theologische Reflexion hat in der Auseinandersetzung mit dem griechisch-jüdischen Denken über Gott den neutestamentlichen Ansatz bei der Geisterfahrung, die wesensmäßig "Wir"-Erfahrung war, strukturell nicht aufgenommen. "Hätte sie zunächst versucht, das Geheimnis des 'Gottes in uns' zu reflektieren, dann wäre die Trinitätslehre eingebunden geblieben in den Erfahrungshorizont des Christentums, dann wäre eine Gott-ist-tot-Theologie nie möglich geworden".[33] Der Gott der klassischen griechischen Philosophie hatte keinen inneren Geschichtsbezug. Ganz anders dagegen der Gott des Alten und Neuen Testaments, als der Gott, der mitgeht. "Es geht hier nicht um Gott als absolute Person an sich, sondern um den Gott *unter uns*, und dieser wird im Neuen Testament eben 'Pneuma' genannt".[34] Mühlen charakterisiert das Kreuzesgeschehen als Akt der Selbstweggabe und Selbstüberschreitung und die Geistsendung als göttlichen Wir-Akt. Von der Geisterfahrung ausgehend, möchte Mühlen die gesamte Theologie neu strukturieren und die Geschichtlichkeit und Dynamik Gottes zum Tragen bringen.[35]

Das wir-lose Verständnis der Gesamtwirklichkeit hatte nach Mühlen in der geschichtlichen Entwicklung auch schuldhaft-katastrophale ökonomische Konsequenzen. "Es wurde auch nicht in einem allerersten Ansatz wahrgenommen, daß Gott nicht nur allmächtiges, beherrschendes Subjekt über uns ist, sondern als Heiliger Geist auch *ordnende Dynamik zwischen den Menschen*, und zwar nicht nur innerhalb der Kirche, sondern auch innerhalb der Gesellschaft".[36] In der nicht-charismatischen, nicht-sozialen Gotteserfahrung sieht Mühlen zumindest eine der außerökonomischen Ursachen der im ökonomischen Bereich institutionalisierten Sünde. Nur durch einen gleichzeitigen charismatischen Aufbruch hätte die Fehlentwicklung der europäischen Geschichte der letzten zweihundert Jahre vermieden oder aufgehalten werden können. So aber wurde eine sozialkritische Bewußtseins- und Strukturänderung verhindert.[37]

3.1.5 Revision des spekulativen Ansatzes zugunsten einer "Pneumatologie von unten"

H. Mühlen hat den frühen Ansatz einer "Pneumatologie von oben", die ihren Ausgang beim Trinitätsmysterium nimmt, später revidiert zugunsten einer "Pneumatologie von unten". Entsprechend dem Zusammenhang von Geist und Kirche beschreitet er nun den umgekehrten Weg und geht in enger Anlehnung an das Schriftzeugnis von der immer wieder in Erscheinung tretenden konkreten Geisterfahrung aus. Pneumatologie ist damit wesentlich theologische Reflexion über gemachte Erfahrung. Von dieser "ökonomischen" Pneumatologie kann dann "aufgestiegen" werden zur "immanenten" Pneumatologie, zum Heiligen Geist an sich und zu seiner Stellung innerhalb der Trinität.[38]

Mühlens spätere systematische Überlegungen sind gekennzeichnet durch die Reflexion von der konkreten Glaubenserfahrung her und auf diese hin. Die konkrete Geisterfahrung, der Ansatz bei der "Pneumatologie von unten" ist der theologische Ort der charismatischen Gemeinde-Erneuerung, mit der Mühlen in Kontakt kam und in der er sich seit Jahren engagiert. Zur charismatischen Erneuerung hat Mühlen Zugang gefunden, weil er hier das verwirklicht und gelebt sah, was er früher mehr theoretisch postulierte.[39] Hier ereignete sich eine Entbündelung der Gnadenerfahrung. In einer tiefgreifenden Krise der Christenheit sah er die charismatische Dienst-Gnade wieder in Erscheinung treten. Damit ist nach Mühlen den Beginn einer neuen Epoche der Kirchengeschichte markiert. Waren in deren Verlauf die charismatischen Gaben von der Institution des Amtes und von der individualistisch verstandenen heilig-machenden Gnade der mystischen Tradition aufgesogen worden, und hatten sie damit ihren missionarischen Charakter verloren, so entfalteten sie nun von neuem ihre Kraft.[40] Die charismatische Gemeinde-Erneuerung spielt in der späteren theologischen Reflexion bei Mühlen eine wesentliche Rolle als Antwort auf die gegenwärtigen und zukünftigen Herausforderungen. Er setzt große Hoffnungen auf sie im Blick auf die Erneuerung des kirchlichen Lebens und das Zusammenfinden der getrennten Konfessionen. Auf dem Weg der charismatischen Konvergenz scheint ihm das ökumenische Anliegen eines universalen Konzils aller Christen erreichbar.[41]

3.1.6 Herausforderung der Kirche: Ein epochaler geistesgeschichtlicher Umbruch

H. Mühlen stellt im Anschluß an das II. Vatikanum gesellschaftlich und kulturell zutiefst gewandelte Lebensbedingungen des modernen Menschen fest, denen sich die Kirche stellen muß. Geistesgeschichtlich sieht er eine Wende vom Ich zum Wir vollzogen. Die Entdeckung der Eigengesetzlichkeit der irdischen Wirklichkeiten (Politik, Kultur und Wissenschaft, Technik und soziale Organisation) steht am Anfang einer neuen "Epoche". Der Übergang von einer statischen zu einer dynamischen Wirklichkeitserfahrung in einem gesellschaftlichen Sozialisationsprozeß bringt nach Mühlen unausweichlich auch eine Veränderung der Gotteserfahrung mit sich.[42] An die Stelle der früheren naturalen und individualistischen Gotteserfahrung muß nach seiner Sicht eine soziale Gotteserfahrung treten, an die Stelle von Volks- und Staatskirche eine Gemeindekirche der überzeugten Christen.

Auch in späteren Veröffentlichungen nimmt Mühlen immer wieder die Frage epochaler Veränderungen auf. Er unterscheidet z.B. theologiegeschichtlich drei Epochen: a) die *biblische Epoche* bzw. die *Epoche der Märtyrerkirche*, b) die *konstantinische Epoche*, die jetzt zu Ende geht, und c) die *kommende Epoche*, auf die es sich einzustellen gilt. Die Glaubensgestalt der neutestamentlichen Epoche war 1) die "*Umkehrgemeinschaft*"; die der *konstantinischen Epoche* 2) die "*bekehrte Öffentlichkeit*". Mit dem II. Vatikanischen Konzil hat nach Mühlen 3) die Gestalt der "*Kollegialität*" begonnen.[43]

Die Grundgestalt der *Umkehrgemeinschaft* im Neuen Testament beinhaltete nach dem Zeugnis der Apostelgeschichte: a) die zur Umkehr führende Verkündigung; b) das Sakrament der Taufe; c) den Empfang des Heiligen Geistes (inklusive der Charismen); d) das "Amt" (Petrus als Sprecher des Apostelkollegiums).[44] Die Umkehr des einzelnen war im Blick auf die Vergangenheit ein abgeschlossener punktueller Vorgang, im Blick auf die Zukunft der Anfang eines sich steigernden Prozesses, der das Leben immer mehr durchdrang. Kirche und "Welt" waren deutlich getrennte Größen.

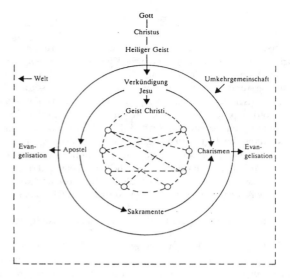

Die Glaubensgestalt
der ntl. Epoche
"Umkehrgemeinschaft"[45]

Abb. 8

Mit Konstantin und der Einführung des Christentums als Staatsreligion kam es entsprechend der neuen Beziehung von Kirche und "Welt" zu einem grundlegenden Wandel der Glaubensgestalt, die Mühlen als die *"bekehrte Öffentlichkeit"* bezeichnet. Bereits mit der Bewerbung zur Taufe galt jemand juristisch als "Christ". Das Katechumenat verlor seine Bedeutung als Weg der Hinführung zu einer persönlichen Glaubensentscheidung. Die Übereinstimmung mit öffentlichen Meinungen, Grundhaltungen und Normen trat zunehmend an die Stelle persönlicher Glaubensentscheidung. Die Lehre erhielt den Vorrang vor dem persönlichen Glaubenszeugnis. Die gegenseitige Durchdringung von Staat und Kirche führte zu einer neuen Ausprägung des kirchlichen Amtes. Das alttestamentliche monarchisch-theokratische Einheitsmodell wurde bestimmend für das staatlich-kirchliche Ordnungsgefüge. Charismen blieben vor allem in den Orden lebendig. Das Gottesvolk war einzeln ausgerichtet auf Kanzel und Altar, eine Kommunikation untereinander war nicht vorgesehen.[46]

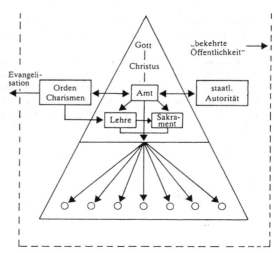

Die Glaubensgestalt
der "konstantinischen"
Epoche
"Bekehrte Öffentlichkeit"[47]

Abb. 9

Die "konstantinische" Glaubensgestalt, deren Strukturen in Europa zumindest äußerlich noch zum größten Teil erhalten sind, ist in eine fundamentale Krise geraten, seit sich die öffentlichen Rahmenbedingungen wandeln bzw. die öffentliche Meinung den Glauben des einzelnen nicht mehr trägt. Seit der Mitte unseres Jahrhunderts ereignet sich ein Traditionsbruch größten Ausmaßes. In vielen jungen Familien wird der Glaube faktisch nicht mehr weitergegeben, so daß man von einer "Überlieferungskrise des Glaubens" sprechen kann. Daraus ergibt sich die geschichtlich neue Notwendigkeit eines Erwachsenenkatechumenats und neuer Formen der Volksmission. Mühlen merkt zur erhobenen Forderung einer notwendigen "Neu-Evangelisierung" Europas angesichts des historischen Befundes an, daß man fragen muß, ob Europa überhaupt jemals in dem Sinn evangelisiert worden sei, daß jeder einzelne zu einer persönlichen Taufentscheidung geführt wurde.[48] Dem Kernproblem der ausgefallenen Grundentscheidung möchte Mühlen mit einem volksmissionarisch-kirchlichen Pastoralkonzept der Neu-Evangelisierung begegnen, das den in Westeuropa noch bestehenden volkskirchlichen Strukturen Rechnung trägt. Den nordamerikanischen Weg über einzelne, kirchlich ungebundene Erweckungsprediger oder "charismatische" Initiativen, ihren mehr praktisch-individualistischen Erweckungsstil, hält er hier nicht für angemessen.[49]

Mühlens pastorale Überlegungen sind einzuordnen in den Rahmen der nach ihm mit dem II.Vatikanischen Konzil beginnenden Glaubensgestalt der *"Kollegialität"*.[50] Mit der Deutung der Kirche ausgehend vom Heiligen Geist und einer sozialen Gotteslehre her wurde das "Prinzip einer monotheistisch begründeten Uniformität der Kirche" durchbrochen. Ein trinitarisch-pneumatologischer Ansatz ergänzt und "überbietet" das Amtsverständnis der "konstantinischen" Epoche, ohne es grundsätzlich aufzuheben: "Die Amtsträger bleiben nach wie vor das 'sichtbare' Prinzip der Einheit für ihren jeweiligen Verantwortungsbereich (LG 23), aber die Kirche erscheint auf allen Ebenen nunmehr als 'soziales Gefüge', in dem die vom Geist Christi gewirkte Vielfalt in Erscheinung tritt".[51] Diese Sozial- oder Beziehungsgestalt zeigt sich auf den verschiedenen Ebenen der Kirche. So besteht die Gesamtkirche "in und aus Teilkirchen". Die Diözesen und Bischöfe stehen in einer wechselseitigen Beziehung. Ihre Einheit ist "kollegial" und nicht uniform. Gleiches gilt auch für die Pfarrgemeinden, die als Wort- und Altargemeinden jeweils die konkreteste Verwirklichung von Kirche sind. Die Lebendigkeit der Pfarrgemeinden erwächst wiederum aus den "Hauskirchen", wo Kinder und Jugendliche durch ihre Eltern Glaubensunterweisung erhalten.

Für Mühlen wird die Kirche als "soziales Gefüge" bzw. "Gemeinschaft im Heiligen Geist" vorerst vor allem in der Kollegialität der Bischöfe sichtbar. Die "'Communio'-Ekklesia" ist zentraler und grundlegender Gehalt der Konzilsdokumente. "Die Gemeinschaft mit Gott durch Jesus Christus im Heiligen Geist geschieht im Wort Gottes und in den Sakramenten, vor allem in der Eucharistie (vgl. LG 11). Die Charismen werden vom Konzil zwar ebenfalls als grundlegendes Element der Kirche bezeichnet..., aber dies wird in den Gemeinden und 'Hauskirchen' noch kaum sichtbar, wenn man einmal von einigen kirchlichen Basis-Gruppen und den geistlichen Bewegungen absieht".[52]

**Die Glaubensgestalt
nach dem II.Vatikanum
"Kollegialität"**[53]

Abb. 10

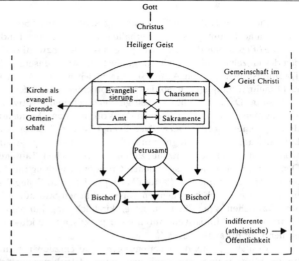

In dieser Gestalt ist im Unterschied zur "konstantinischen" Epoche an die Stelle der Lehre die umfassendere "Evangelisation" getreten. Diese ist zunächst "Selbstevangelisierung der Getauften, ja sogar in einem gewissen Sinn die der Diakone, Priester und Bischöfe selbst".[54] "Die umgreifende 'Glaubensgestalt' kann mit 'Gemeinschaft im Geist Christi' umschrieben werden, aber sie ist noch nicht im vollen Sinne 'Umkehrgemeinschaft', wie in der neutestamentlichen Epoche. Der Bischof von Rom ist auf geschichtlich neue Weise das einigende Prinzip: Er repräsentiert nicht nur Christus als Haupt der Kirche, sondern auch den in ihr wirkenden, Einheit und Vielfalt gewährenden Geist Christi".[55] Im Prinzip gilt das für jeden Amtsträger, aber es bleibt abzuwarten, ob und in welchem Maß die "kollegiale" Gestalt auf den Ebenen der Gemeinden einer Diözese, der Gruppen innerhalb der örtlichen Gemeinden und der Mitglieder einer "Hauskirche" aufgenommen wird.

3.2   H. Mühlens volkskirchliches Pastoralmodell: "Gemeinde-Erneuerung aus dem Geist Gottes"

3.2.1   Der volkskirchliche Rahmen

H. Mühlen hat in den letzten Jahren seine frühen Überlegungen zur charismatischen Erfahrung und Gemeinde-Erneuerung zu einem allgemeinen Pastoralmodell mit eigener Akzentuierung des "Charismatischen" weiterentwickelt. Die Grundlinien finden sich in dem Papier ERNEUERUNG AUS DEM GEIST GOTTES und in seinem Handbuch der Neu-Evangelisierung NEU MIT GOTT.[56] Mühlen möchte Wege zu einer lebendigen Gestalt von Volkskirche aufzeigen. Den Ansatz zur Volkskirche im biblisch theologischen Sinn, d.h. zur Glaubens- und Gemeindekirche, sieht er in der erneuten und vertieften Annahme des sakramentalen und charismatischen Gnadenangebotes Gottes durch den einzelnen Christen in einer persönlichen Grundentscheidung. Aus solchen "erneuerten" Christen können sich kleine, apostolisch tätige "christliche Mitwelten" (Hauskirchen, Basisgemeinschaften) bilden, in denen man das Leben miteinander teilt.[57] Ziel ist lebendige Gemeinde als "Gemeinschaft aus Gemeinschaften". Für Mühlen ist eine radikale Entgegensetzung von Glaubenskirche und Volkskirche nicht möglich. Dies entspricht nicht dem geschichtlichen Wirken des Heiligen Geistes, der gewachsene Traditionen nicht zerstört, sondern sie läutern will.[58] Die staats- und volkskirchlichen Systeme eröffnen trotz epochal bedingter Einseitigkeiten, trotz Sünde und Fehlentwicklungen, auch wichtige Möglichkeiten zur Weitergabe des Glaubens. "Der Prozeß einer konziliaren Erneuerung aus dem Geist Gottes trägt dazu bei, daß dieser noch vorhandene Rahmen mit evangelistischen Impulsen gefüllt wird".[59] Als eigentliches Problem der "konstantinischen" Epoche sieht Mühlen nicht die Taufe kleiner Kinder an, sondern das Fehlen pastoraler Angebote, die sakramentale und charismatische Gnade Gottes von Zeit zu Zeit erneut und vertieft anzunehmen. In dem von ihm entwickelten "Erwachsenenkatechumenat" und in der "Umkehrliturgie" ist für Mühlen und die Mitautoren des Papiers ERNEUERUNG AUS DEM GEIST GOTTES nicht ein "ungeschichtlicher Rücksprung in die neutestamentliche Epoche der Glaubensgeschichte" vollzogen, sondern "ein konkreter Weg zur lebendigen Volkskirche" gewiesen.[60]

Gemeinde-Erneuerung in ihrem Verständnis bedeutet die Intensivierung der allgemeinen Grundspiritualität der Kirche. Ziel des von Gott angestoßenen Prozesses ist auch die Erneuerung der Grundpastoral. "Diese führt hin zu den Grundvollzügen christlichen Daseins: zu Glaube, Hoffnung und Liebe, zur Grundentscheidung für Gott und die Kirche, zur Annahme des sakramentalen und charismatischen Gnadenangebotes Gottes".[61] Die Grundpastoral ist Voraussetzung für jede spezielle Pastoral und für die Weiterführung in Exerzitien und geistlichen Bewegungen. Die Grundpastoral beinhaltet das, was auch den neueren geistlichen Bewegungen gemeinsam ist, "daß die Bitte um eine Erneuerung der Tauf- und Firmgnade je einzeln vor einer Gemeinschaft ausgesprochen wird und nicht nur in der allgemeinen und gemeinsamen liturgischen Form".[62] Einige Erneuerungsbewegungen in der katholischen Kirche wirken im Bereich der "Taufspiritualität",[63] andere sind durch spezielle Charismen geprägt.[64]

H. Mühlen und die Mitarbeiter des Papiers ERNEUERUNG AUS DEM GEIST GOTTES verstehen unter "Geist-Erfahrung" zunächst die allen Gliedern und Gliederungen der Kirche gemeinsame Grunderfahrung, die die jeweilige "charismatische" Erfahrung einschließt, aber nicht mit ihr identisch ist.[65] Weil Gemeinde von ihrem Auftrag her offen sein muß für eine Vielfalt geistlicher Erfahrungen und Wege, darf "Gemeinde-Erneuerung" in diesem Sinn "nicht einseitig geprägt sein von den Impulsen, Methoden und Charismen einer bestimmten geistlichen Bewegung".[66]

In dem Gesamtkonzept Mühlens, seiner Einfügung und Interpretation des "Charismatischen" konnte die "Charismatische Erneuerung in der Katholischen Kirche" nicht mehr ihr eigenes Selbstverständnis als Bewegung wiederfinden. Die Differenz hat sich in unterschiedlichen Grundsatzpapieren und Erläuterungen zum jeweiligen Standpunkt niedergeschlagen.[67] Mühlen versucht seinen eigenen Ansatz als geistliche Erneuerung "im Sinne des II. Vatikanischen Konzils"[68] von der charismatischen Gemeindeerneuerung als "einer ursprünglich von der Pfingstbewegung angestoßenen geistlichen Bewegung" abzusetzen.[69] Dabei zeigt sich auch eine allgemeine Tendenz, das Erlebnishafte und Besondere des "Charismatischen" einzuebnen.

3.2.2 "(Neu-)Evangelisation"/"Katechumenat für Getaufte" - "Umkehrliturgie":
Umkehr - Tauferneuerung/Firmerneuerung - Lebensübergabe - Annahme der Charismen

Die veränderte glaubensgeschichtliche Situation mit dem lautlosen Auszug vieler Menschen aus der Kirche und der wachsenden Entchristlichung vieler Lebensbereiche macht die "Neu-Evangelisierung des alten Kontinents" zu einer dringlichen Aufgabe.[70] H.Mühlen möchte durch ein *"Katechumenat für Getaufte"*, das er in Anlehnung an das altkirchliche Katechumenat mit seinen Schritten zur "Eingliederung" Ungetaufter entwickelt, der Herausforderung der Gegenwart begegnen.[71] In seiner "Einübung in christliches Leben und Zeugnis" sollen Christen dazu eingeladen werden, "bewußt und personal jenen Weg nachzugehen, den sie in ihrer Jugend durch Katechese und Sakramente geführt worden sind".[72]

Unter "Neu-Evangelisierung" versteht Mühlen "eine neue und neuartige Verkündigung der Heilsbotschaft in Ländern und Kontinenten, in denen der christliche Glaube sich bei einer 'ersten' Evangelisierung mit der jeweiligen Kultur verbunden hatte... Sie ist eine *neuartige* Evangelisierung *innerhalb der Kirche*, eine 'Selbstevangelisierung der Getauften'".[73] An dieser "Selbstevangelisierung" ist das ganze Volk Gottes beteiligt. Dabei führen Christen *einander* in der Kraft des zwischen ihnen wirksamen Heiligen Geistes zu einer tieferen Begegnung mit Christus hin und ermutigen sich gegenseitig dazu, das Evangelium zeugnishaft und kraftvoll in eine Christus entfremdete oder neuheidnische Umwelt hineinzutragen. "Neu-Evangelisierung beginnt mit einer neuen und neuartigen Verkündigung der Frohen Botschaft innerhalb der Kirche und schließt die Hinführung zur erneuten und vertieften Annahme der schon empfangenen Taufgnade ein... Neu-Evangelisierung beginnt damit, daß die ganze Kirche und jeder einzelne sich von Gott neu die Grundhaltung des Empfangens schenken läßt".[74] Die Verkündigung der Neu-Evangelisierung *konzentriert sich auf zentrale Grundwahrheiten des Glaubens*. "Neu-Evangelisierung geht davon aus, daß Gott das Herz des Getauften schon berührt und ihm eine neue, gnadenhafte Freiheit geschenkt hat. Jeglicher Zwang zu einem intensiveren Christsein widerspricht geistgewirkter Freiheit".[75]

In den geistlichen Bewegungen haben sich verschiedene Gestalten des "Katechumenats für Getaufte" herausgebildet. H. Mühlen hat, von der charismatischen Erneuerung herkommend, die Form des "Glaubensseminars" gewählt.[76] Dieses führt hin zur "Geist-Erneuerung",[77] zu einer für die Taufe vorausgesetzten Umkehr bzw. zur Tauf-/ Firmerneuerung.[78] Für deren Vollzug hat Mühlen in Gestalt der "*Umkehrliturgie*" einen öffentlich-leibhaften, gottesdienstlichen Rahmen entworfen.[79] Die Umkehrliturgie versteht Mühlen als "eine Form der das ganze Leben umfassenden Bundeserneuerung. In ihr nimmt der Getaufte erneut und vertieft den Bund von Gott an, den er in der Taufe mit ihm geschlossen hat".[80] Sie ist ein wichtiges Element im Prozeß der Neu-Evangelisierung, ein Ausdruck von Kirche, der grundlegende Glaubensvollzüge einbezieht und den einzelnen tiefer in seine Gemeinde oder Gemeinschaft eingliedert.[81] Die Umkehrliturgie, die Mühlen auch als "erweitertes Taufbekenntnis" faßt, enthält drei Aspekte, die sich gegenseitig durchdringen und ergänzen:[82] 1) *Umkehr* als persönliche Glaubensentscheidung für Gott in der Gemeinschaft der Kirche;[83] 2) *Erneute Annahme des sakramentalen Gnadenangebotes Gottes*;[84] 3) *Offenheit für die Gaben des Geistes*.[85]

Wie zum liturgischen Kern der Antwort des erwachsenen Täuflings auf das Angebot Gottes zum Taufbund das Taufbekenntnis ("Ich glaube" - "Ich widersage") und die Handauflegung des Paten gehören, so auch das "erweiterte Taufbekenntnis" und patenschaftliche Handauflegung in der "Umkehrliturgie". Das "erweiterte Taufbekenntnis" kann als "Stufen" oder verschiedene Weisen der "umfassenden 'Bundeserneuerung'" auch folgende Formen annehmen: I. Die einfache Segnung; II. Vertiefte Annahme der sakramentalen Gnade Gottes; III. Lebensübergabe; IV. Die Bitte um einzelne Charismen.[86]

Nur durch eine neue Offenheit für die Charismen wird nach Mühlen die gegenwärtige Überlieferungskrise des Glaubens überwunden werden können. "Es geht ja nicht nur um die Weitergabe objektiver Glaubenswahrheiten, sondern vor allem um das persönliche Zeugnis von Person zu Person, um die Vermittlung der Gewißheit, daß Jesus lebt und durch seinen Heiligen Geist das Leben des einzelnen sowie ungerechte Strukturen in der Gesellschaft ändern und die Menschheit vor einer Selbstzerstörung bewahren will".[87]

Das Werk "CREDO"

Zur praktischen Umsetzung seiner Überlegungen hat H. Mühlen inzwischen mit "CREDO" ein kirchenamtlich anerkanntes "Katholisches Werk für Glaubenserneuerung und Evangelisierung" gegründet[88] und mit dem Buch NEU MIT GOTT einen Leitfaden für entsprechende Glaubensseminare vorgelegt. Er will damit Pfarrer, hauptamtliche kirchliche Mitarbeiter und Laien zur "Neu-Evangelisierung"[89] und zum missionarischen Gemeindeaufbau anleiten. Was die Zielsetzung von "CREDO" angeht, will Mühlen "vermitteln zwischen einer 'Erfassungspastoral' (Versuch, alle Gemeindeglieder mit gleicher Intensität zu erreichen) und einer 'Elitepastoral' (Konzentration auf einen kleinen, ausgewählten Kreis). Seine Vorstellung ist *eine 'Pastoral konzentrischer Kreise'*: Die aktiven und (noch) 'gläubigen' Gemeindeglieder schließen sich zu kleinen, apostolisch gesinnten Gemeinschaften zusammen und erreichen durch ihr persönliches Glaubenszeugnis auch die 'Suchenden' und 'Fernstehenden'".[90]

3.3 Akzentuierung, Zuordnung und Einbindung des "Charismatischen" bei H. Mühlen

3.3.1 Die Vorordnung des pneumatologischen "Wir" der Kirche

H. Mühlen tritt, in Abgrenzung von subjektivistisch-verengten Deutungen der Geisterfahrung, für eine ekklesiale Heilig-Geist-Frömmigkeit ein. In seinen beiden Hauptwerken "Der Heilige Geist als Person" und "Una Mystica Persona" thematisiert er den apriorischen, gesamtkirchlichen Erfahrungshorizont. Er betont, daß das pneumatologische "Wir" der Kirche in jeder Hinsicht *früher* ist als geistliche Aufbrüche und daß diese "nur innerhalb des umfassenden 'Wir' der Kirche lebensfähig bleiben und dem Aufbau dienen" können,[91] und wehrt damit subjektivistische Einengungen und separatistische Fehlwege der Geisterfahrung ab.

In dem Papier ERNEUERUNG AUS DEM GEIST GOTTES heißt es hierzu: "Gott wendet sich dem einzelnen Menschen nicht unabhängig von der Kirche zu. Daher darf die Antwort des einzelnen nicht aus dem Ganzen der Kirche herausgelöst werden. Ihr ist die Bibel anvertraut, ihr die Verkündigung des Wortes Gottes, das zu Glauben, Umkehr und Treuebindung an Gott ruft (vgl. Röm 10,14). Hinwendung zu Gott geschieht in und mit der Kirche und ist deshalb immer auch Entscheidung zur konkreten Kirche".[92] - "Kirche als pfingstliche 'Gemeinschaft im Geist' ermöglicht und trägt die Glaubensentscheidung des einzelnen. Kirche ist deshalb nicht lediglich der freie Zusammenschluß einzelner, zum Glauben gekommener Menschen, sondern ist mit allen ihr geschenkten Geistwirkungen der Glaubensentscheidung der einzelnen vorgegeben".[93]

Mühlen sieht in der Geschichte geistlicher Aufbrüche einen häufig vorkommenden verhängnisvollen Drei-Schritt: 1) zu Beginn steht meist die echte Erfahrung eines einzelnen oder einer Gruppe; daraus wird oft 2) eine "Bewegung" im kirchensoziologischen Sinn; und aus dieser entsteht dann 3) eine neue kirchliche Gemeinschaft oder Denomination. Innerhalb der röm.-kath. Kirche sieht er diese Gefahr einer ekklesiologischen Verselbständigung geistlicher Bewegungen weniger gegeben, wohl aber elitäre und gnostische Tendenzen.[94]

Einer neuen "transkonfessionellen" Geistkirche erteilte Mühlen von Anfang an eine eindeutige Absage.[95]

3.3.2   Die geistlich erneuerte Kirche als Ziel

H. Mühlen betont immer wieder, daß es nicht um eine neue Bewegung in der Kirche oder um eine neue Spiritualität gehe, sondern um eine Verlebendigung und Intensivierung der Taufspiritualität, d.h. der Grundspiritualität der Kirche. Er bemüht sich, die Erneuerung in die Großkirchen und in die Ortsgemeinden zu integrieren. Nicht eine neue charismatische Kirche, sondern eine charismatisch erneuerte Kirche sieht er als Ziel des Geistaufbruches.[96] Zustimmend nimmt er Kardinal Suenens auf, der bereits im Jahr 1974 über den Fortbestand der "Charismatischen Erneuerung" sagte: "Das Trachten der Bewegung zielt tatsächlich darauf hin zu verschwinden. Etwa so, wie auf anderen Gebieten die biblischen und liturgischen Bewegungen verschwunden sind... Wenn das Ziel erreicht ist, möchte man aufhören zu sein, wie das Wasser eines Flusses seinen Namen verliert, wenn er sich ins Meer stürzt".[97] - Mit dieser Ursprungs- und Wesensbeschreibung sowie Zielvorgabe wird das spezifisch Charismatische ganz in die Gesamtwirklichkeit von Kirche eingebunden. Das bedeutet einerseits eine Relativierung der speziellen Frömmigkeitserscheinungen und der Eigenständigkeit der Bewegung. Andererseits ist die Bedeutung des Pneumatisch-Charismatischen viel grundsätzlicher und die Zielvorstellung weit umfassender.

3.3.3   Charisma und Sakrament: *Sakramentale Rückbindung, Zuordnung und Ausrichtung des Charismatischen*

H. Mühlen bindet, wie andere Vertreter der katholischen Erneuerung, die Geisterfahrung zurück an die sakramentalen Akte der Taufe und der Firmung. Damit wird den Gefahren einer Verselbständigung, der quasi-sakramentalen Überhöhung und spaltungsträchtiger Verkürzungen des charismatischen Geisterlebens gewehrt. Um pfingstlerische Interpretationsmuster zu überwinden, vermeidet man den Begriff "Geist(es)taufe" und spricht stattdessen von Geist- bzw. Tauf- oder Firm-*Erneuerung*.[98]

Die Sakramente sind in der katholischen charismatischen Erneuerung entsprechend dem Dogma als objektive Geistwirkungen jeder subjektiven Erfahrung vorgeordnet. Die subjektive Geisterfahrung wird von daher stets auf die "sakramentalen Gnaden" bezogen und diesen zugeordnet.[99] Geisterneuerung schließt deshalb immer auch Erneuerung des sakramentalen Lebens, die erneute Annahme des sakramentalen Angebotes Gottes ein. Für Mühlen ist die Feier der Eucharistie der "Höhepunkt der Evangelisation".[100] Erweckung führt nicht nur hin auf den Vollzug der Sakramente, sondern diese haben selbst "erweckende" Kraft.

Der rechte *Ort der Geistesgaben* ist Firmung und Konfirmation. "Der Heilige Geist teilt seine Gaben aus, wie er will, aber der Mensch darf sie nicht gebrauchen, wie er will! Er muß sie vom Geiste Gottes ausdrücklich in den Dienst der Kirche stellen lassen, da ihre Ausübung immer auch von menschlicher Eigenmächtigkeit bedroht ist. Durch sie werden ja gerade die jedem von Geburt an gegebenen 'natürlichen' Begabungen intensiviert und von Gott überschritten. Sie müssen zugleich auch geläutert werden, damit sie nicht die Einheit der Kirche gefährden und zu Aufspaltungen führen. Charismen werden nicht gegen die bestehende Kirche verliehen, sondern für den Dienst in der einen Kirche. Nur so können sie auch zum Zeugnis für die Welt werden".[101]

Sakramente und Charismen sind einander zugeordnet und gehören zusammen mit der Überlieferung des Wortes und des Amtes zu den grundlegenden Wirkungen des einen Geistes in der Kirche. "Da der Heilige Geist ihr gemeinsamer Ursprung ist, stehen sie in einem organischen Verhältnis zueinander und bilden ein unauflösbares Ganzes".[102] - "Alle Geistwirkungen haben im Geist Jesu ihren gemeinsamen Ursprung. Deshalb darf keine aus

dem kirchlichen Ganzen herausgelöst, überbetont oder gar verabsolutiert werden. Die Geschichte der Kirche zeigt: Wortverkündigung oder Ausübung von Charismen ohne Rückbindung an die Sakramente und das kirchliche Amt führen leicht zu Verengungen und
Spaltungen. Andererseits hat ein Sakramentenempfang ohne lebendige Wortverkündigung
und persönliche Glaubenszustimmung... zur Folge, daß Christen die Sakramente 'passiv
empfangen oder über sich ergehen lassen'".[103]

Das Verhältnis zwischen der *Selbstüberlieferung des Heiligen Geistes* in seinen grundlegenden Wirkungen in Geschichte und Kirche im Unterschied zu den zur situationsbe-
zogenen Lebendigkeit unmittelbar von Gott gegebenen Charismen und geistlichen
Aufbrüchen sieht Mühlen so:[104]

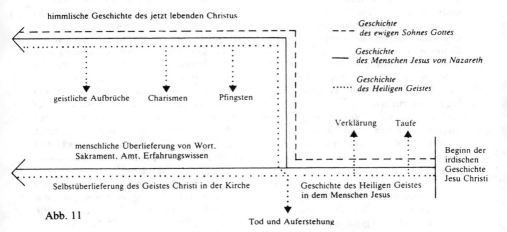

Abb. 11

Charismen sind dem Wort, den Sakramenten und dem Amt zugeordnet, aber sie
werden nicht in demselben Sinne wie diese in der Kirche "überliefert". "Sie sind ereignishafte und situationsbezogene Wirkungen des Hl. Geistes und können nur in jeweils
aktueller Hingabe an Gott empfangen und ausgeübt werden (vgl. Röm 12,1; Mt 7,22):
Während in der Überlieferung des biblischen Wortes, der sakramentalen Zeichen und der
Amtsvollmacht der übergeschichtliche Geist Gottes, trotz aller Sünde in der Geschichte der
Kirche und gegen sie, selbst eine Geschichte hat, sind Charismen Einbrüche des Geistes
'von oben', durch die er häufig Fehlentwicklungen in der Kirche korrigiert".[105]

Neben der oben skizzierten Einbindung und Zuordnung der Charismen wirkt auch
der liturgisch-gottesdienstliche äußere Rahmen - die objektive und soziale Gestaltung der
Umkehr und Tauferneuerung in einer "Umkehrliturgie" - individualistisch-subjektivisti-
schen Verselbständigungen und Engführungen entgegen.

3.3.4 Charisma und Amt: *Bleibend-vorgeordnetes Gegenüber des Amtes* zur *Gemeinde* in *der Gemeinde - Gegenseitige Ergänzung von Amt und Charisma*

Von Anfang an wurde der charismatische Aufbruch auf römisch-katholischer Seite in
die hierarchische Kirche integriert und von streng geschulter theologischer Reflexion
begleitet.[106] Dabei wurden in der Linie des II. Vatikanum klassische katholische Grundpositionen pneumatisch-spirituell aufgelockert und erweitert, aber grundsätzlich gewahrt.
Dies gilt neben anderen Lehrpunkten auch für das Amtsverständnis. So heißt es in dem

Papier ERNEUERUNG AUS DEM GEIST GOTTES: "Jesus Christus hat seinen Aposteln eine besondere Vollmacht zum Leitungs- und Heilsdienst gegeben, die heute 'kirchliches Amt' genannt wird. Als eine 'geistliche Gabe' (vgl. 1 Tim 4,14; 2 Tim 1,6-7), die über die apostolische Nachfolge der Bischöfe auf uns gekommen ist (LG21), bleibt sie dem Amtsträger und der Kirche (Gemeinde) unverfügbar vorgegeben. Sie dauert fort im Kollegium der Bischöfe in Einheit mit dem Papst (LG 22)... Der Amtsträger repräsentiert durch seine geistliche Gabe zugleich Christus als Haupt und die durch den Geist geeinte Kirche. Deshalb steht er sowohl der Gemeinde gegenüber als auch in der Gemeinde...".[107] Durch das Amt gewährleistet Christus die Einheit und Kontinuität der Kirche.[108]

Für H. Mühlen ist die Zuordnung des Charismas auf das Amt unbestritten, selbst in den frühen Veröffentlichungen, in denen er stärker das Gegenüber betont. Dort kann er einerseits sagen: "Die Charismen haben in der Kirche eine eigenständige, in ihrem Ursprung vom Amt unabhängige, erweckende und kritische Funktion" bzw. "Die Träger der Charismen haben eine kritische Funktion in der Kirche und müssen die aktuellen Anrufe Gottes in ihr deutlich machen".[109] Andererseits hält er fest, daß der Heilige Geist die Kirche durch die verschiedenen hierarchischen und charismatischen Gaben lenkt (LG 4), und ordnet beide auch wieder einander zu: "Diese beiden Wirkungen des einen Heiligen Geistes sind nicht voneinander ableitbar und stehen in einem grundsätzlichen Verhältnis der Ergänzung zueinander".[110] - "Sie ergänzen einander und sind aufeinander verwiesen. Wer ein Charisma von Gott empfängt, muß es in angemessener Weise in der Kirche deutlich machen. Dabei ist er auf das Amt hingeordnet, durch das der Geist den rechten Gebrauch der Charismen schützt und fördert (vgl. 1 Kor 14,33.37f; LG 12). Darum muß er sich dem Ganzen der Kirche einfügen und dem Amt unterordnen. Dabei auftretende Spannungen müssen im Geist der Wahrhaftigkeit und Liebe durchgetragen werden".[111]

H. Mühlen mißt mit dem II.Vatikanum den Charismata der Laien auch im Blick auf einen Dienst am Amt eine wichtige Rolle und Funktion bei: "Häufig 'ergänzen Laien von wahrhaft apostolischer Einstellung, was ihren Brüdern fehlt; sie stärken geistig die Hirten und das übrige gläubige Volk (vgl. I Kor 16,17f)' (AA 10; vgl. AA 3)".[112] Zum amtlichen Auftrag der Amtsträger gehört u.a., "die vielfältigen Charismen der Laien zu entdecken, anzuerkennen und zu fördern".[113] Da auch die Wirksamkeit des kirchlichen Amtes selbst getragen und gestärkt wird durch die entsprechenden Charismen (Gaben des Gebetes, prophetische Gaben, Leitungsgabe, Gabe der Lehre, der Unterscheidung usw.) und diese nur in aktueller Abhängigkeit von Gott empfangen und ausgeübt werden können, sollen die Amtsträger zur unmittelbaren Vorbereitung auf ihren Dienst Gott ausdrücklich um sie bitten.[114]

Trotz der Öffnungen des II. Vatikanum auf die Kirche als Gemeinschaft der vom Geist Berufenen und Begabten hin, bleibt eine grundsätzliche Unterscheidung von Amt und Laien weiterbestehen.[115] Öffnung und nach wie vor vorhandene Unterscheidung zeigen sich z.B. auch in der Frage der Führung charismatischer Gruppen. Der geistliche Leitungsdienst von Laien wird einerseits ermöglicht, andererseits wiederum dem amtlichen Leitungsdienst zugeordnet.[116] "Einigen schenkt Gott in besonderer Weise das Charisma der Leitung. Durch dieses festigt er die Zuordnung der übrigen Charismen zueinander und bewahrt - in Einheit mit dem Amt in der Kirche - die Gemeinschaft der Glaubenden vor Spaltung und Verwirrung".[117]

Eine geordnete Leitung durch charismatische Amtsinhaber und befähigte Laien sieht Mühlen als wichtiges, unaufgebbares Element für eine gesunde Weiterentwicklung der Erneuerung an: "Charismatisches Durcheinander dient nicht dem Aufbau der Gemeinde. Ordnung, Disziplin (vgl. 1 Kor 14,30.40; 11,34) und Kontinuität sind nicht weniger Gnadengeschenk Gottes, also 'charismatisch', als die überraschende Plötzlichkeit geistlicher Eingebungen (vgl. 1 Tim 4,14; 2 Tim 1,6)".[118]

3.3.5 Korrektur und Präzisierung der Begrifflichkeit: *Charisma / charismatisch*

Heribert Mühlen bemüht sich auch um die Präzisierung des Begriffs Charisma/ charismatisch und um die Überwindung von Mißverständnissen und Engführungen.[119] Er erhebt vier Bedeutungen des Wortes. Charismatisch kann heißen: 1) "*zum Charisma gehörig*", "*charismenhaft*", "*dem Charisma entsprechend*" als sprachliche Grundbedeutung,[120] 2) "*je besonders*" in der biblischen Grundbedeutung;[121] 3) "*ereignishaft, unmittelbar*" in theologischer Bedeutung;[122] 4) "*emotional intensiv*" in Verwechslung mit Erscheinungen in der neupfingstlerischen Bewegung.[123] Das häufige Mißverständnis "charismatisch" sei gleichbedeutend mit "gefühlsbetont", "überschwenglich", "religiös schwärmerisch" möchte Mühlen ausräumen. "'Charismatisch' ist nicht gleichzusetzen mit 'spontan' oder 'enthusiastisch' und steht *nicht im Gegensatz zu 'institutionell', 'amtlich' oder 'nüchtern'*".[124]

Im Eigenschaftswort "charismatisch" sind, entsprechend der "doppelten Sinnrichtung von Selbst-Gabe an Gott und an andere", drei Aspekte enthalten: "Gegenüber menschlichen Anstrengungen hebt es den *Geschenkcharakter* der gnadenhaften Befähigung hervor; gegenüber rein menschlicher Spontaneität die *Bereitschaft, sich vom Geist Gottes führen zu lassen*; gegenüber enthusiastischen Übertreibungen die *Nüchternheit des Dienens*".[125] Jeder Christ ist in diesem Sinne "Charismatiker". Von daher lehnt Mühlen es ab, die Bezeichnung "charismatisch", "Charismatiker" in einem elitären Sinn "zur Abgrenzung einer Personengruppe gegenüber anderen Christen" zu gebrauchen.[126] In seinen Veröffentlichungen hat der Begriff deshalb immer auch eine allgemein-gesamtkirchliche Weite.[127]

Unter einem Charisma versteht Mühlen "eine jeweils von Gott besonders zugeteilte Befähigung zum Leben und Dienen in Kirche und Welt. Sie ist nicht einfachhin aus den natürlichen Fähigkeiten abzuleiten, wiewohl sie häufig diesen entspricht. Sie werden vom Hl. Geist, der als der von Christus ausgehende zugleich der Schöpfer-Geist ist, geläutert, entfaltet und sie zugleich übersteigend in Dienst genommen".[128] Mühlen sieht die jeweils "besondere Gnadengabe" durch den Heiligen Geist souverän jedem mit der Taufe zugeteilt: "Keiner vereinigt in sich die Fülle aller Gaben, keiner hat die gleichen Gaben wie andere. Charismen sind deshalb so zahlreich und verschieden wie die Menschen selbst".[129] Die Charismenkataloge des Neuen Testaments haben nach Mühlen lediglich Beispielscharakter. Charismen sind nicht innewohnender Besitz des einzelnen, sondern werden ihm "jeweils unmittelbar, ereignishaft und situationsbezogen gegeben, und zwar auch dann, wenn er von Gott häufiger zur Ausübung desselben Charismas geführt wird".[130] Charismen haben den Charakter eines Angebots. Sie sind die Befähigung zum gemeinsamen Priestertum. Sie werden nicht in der Kirche "überliefert", sondern jeweils unmittelbar von Gott gegeben und empfangen. Der einzelne kann das ihm zugeteilte Charisma nicht an andere "weitergeben".[131] Manchmal durchkreuzen Charismen die eigene Lebensdynamik.[132] Das entscheidende Grund-Charisma ist die Liebe Gottes, die durch den Heiligen Geist in unsere Herzen ausgegossen ist und die sowohl durch Wort-Charismen als auch in Tat-Charismen nach außen in Erscheinung tritt. Die *charismatische Erfahrung* der Annahme der von Gott angebotenen Charismen ist zu unterscheiden von der *christlichen Grunderfahrung*, die mit Glaube, Hoffnung und Liebe gegeben ist. Letztere hat in allen Gliedern der Kirche dieselbe Grundstruktur und ist in allen ein und dieselbe.[133]

3.3.6 Abgrenzungen

H. Mühlen und die Mitautoren des Papiers ERNEUERUNG AUS DEM GEIST GOTTES grenzen sich gegen Akzentuierungen des Charismatischen ab, die mit römisch-katholischer Lehre und Frömmigkeit nicht zu vereinigen sind.

Falsche Unmittelbarkeit

Zu den größten Schwierigkeiten und Nöten im Dialog mit überkonfessionellen Initiativen rechnet Mühlen eine häufig anzutreffende falsche Unmittelbarkeit.[134] In dieser werden z.b. prophetische Worte als direktes Reden Gottes zu den Menschen verstanden. Ängste, seelische Verwirrung und Krankheiten werden vielfach auf direkte Einwirkung dämonischer Kräfte zurückgeführt. Die Kirche wird lediglich als menschliche Organisation gesehen und nicht als Mittel des Heils. Das Bibelwort spricht nach dieser Sicht nur direkt zu jedem einzelnen und bedarf keiner Auslegung durch die Kirche. Folge dieses Verständnisses von Unmittelbarkeit ist, daß bei der Frage nach der Echtheit von geistlichen Impulsen, Worten oder Handlungen nur die Alternative bleibt: entweder direkt vom Heiligen Geist oder direkt Einfluß dämonischer Mächte. "Die allen geistlichen Vorgängen eingeschlossene menschliche Selbst- und Gemeinschaftserfahrung, geschichtliche, kulturelle, religionspsychologische Gegebenheiten werden nicht bedacht".[135] Ökumenismus besteht in dieser Sicht in einer Übereinstimmung von Empfindungen und Erfahrungen, ohne daß man nach der Lehre fragt. Man sieht nicht die unauflösliche Beziehung von Wort, Sakrament und Charismen, beruft sich auf unmittelbare "Geist-Erfahrung" und lehnt deshalb häufig eine geistliche Prüfung derselben ab. Die Berufung auf Unmittelbarkeit macht Korrektur unmöglich. Hier liegt eine der Hauptursachen für Uneinigkeit und Spaltungen.

Fundamentalistisch verkürzte Bibelauslegung

Eine weitere Abgrenzung betrifft die fundamentalistisch verkürzte Bibelauslegung, wie sie in der Pfingstbewegung und den überkonfessionellen "charismatischen" Initiativen vielfach anzutreffen ist. Hier wird nach Mühlen übersehen, daß alles menschliche Denken und Sprechen geschichtlich bedingt ist. "Nicht nur die biblischen Schriftsteller waren geprägt von den Denk- und Sprechweisen ihrer Zeit, sondern auch jeder Leser trägt unausweichlich umweltbedingte Vorstellungen und Denkweisen an die Bibel heran. So kann gerade ein 'wörtliches', 'fundamentalistisches' Verständnis der Bibel nicht die Wahrheit erkennen, die Gott 'um unseres Heiles willen' aufgezeichnet haben wollte (vgl. DV 11 und 12). Die Erkenntnis dieser Wahrheit ist der Kirche als ganzer anvertraut: 'Die Kirche schließt die Schrift ein, so wie die Schrift die Kirche einschließt' (Kardinal Suenens)".[136]

Geisttaufe als höhere Stufe des Christseins

H. Mühlen wendet sich ferner gegen die pfingstlerische Lehre von der Geisttaufe als zweiter, von der Umkehr bzw. Wiedergeburt zeitlich getrennter "Stufe" des Christseins, in der der eigentliche Durchbruch zu einer Begegnung mit Gott erfolgt und der Heilige Geist ereignishaft über den Menschen kommt, was an der Sprachengabe äußerlich sichtbar wird.[137] Weil man erwartet, daß eigentlich jeder eine solche Intensitätsstufe der Geist-Erfahrung haben müßte, entsteht ein Erlebnisdruck, in dessen Folge häufig psychische Phänomene mit Wirkungen des Heiligen Geistes gleichgesetzt werden. "Dem Zeugnis des Neuen Testamentes und der Lehre der Kirche entsprechend wird der Heilige Geist jedoch bereits durch die Wassertaufe 'in reichem Maß über uns ausgegossen' (Tit 3,5f; vgl. Joh 3,5; 1 Kor 6,11). Seine Gegenwart 'in unseren Herzen' (vgl. Röm 8,15; Gal 4,6) kann mit verschiedenen Intensitätsgraden in Gefühl, Wille und Bewußtsein eines jeden Christen eintreten, und geistliches Wachstum hat viele Formen. Die Echtheit geistlichen Erlebens kann nur mit Hilfe mehrerer Kriterien erschlossen werden".[138]

Enthusiastischer Frömmigkeitsstil

In überkonfessionellen "charismatischen" Initiativen hat sich als eine eigene Gestalt der Anbetung der "Lobpreisgottesdienst" herausgebildet. Hierzu wird kritisch angemerkt, daß vielfach ein enthusiastischer Frömmigkeitsstil Raum gewinnt, der nicht mehr gemeindefähig ist. Meist ist die innere Hinordnung auf die Eucharistiefeier kaum mehr erkennbar, da in diesen Initiativen die Sakramente und das Amt ganz in den Hintergrund treten und die aller subjektiven Erfahrung vorgegebene, objektive Gegenwart des Heiligen Geistes nicht mehr wahrgenommen wird. Die Gegenwart des Geistes wird gewissermaßen von der subjektiven Ergriffenheit abhängig gemacht und entsprechend enthusiastisches Liedgut bevorzugt. "Wo man versucht, geistliche 'Erlebnisse' zu erzwingen oder sich - durch eine bestimmte Form 'motorischen' Betens und durch musikalische Mittel - in sie hineinzusteigern ('methodischer Enthusiasmus'), kann der Geist Gottes nicht wirken. Lob Gottes ist Geschenk der Gnade Gottes selbst und nicht eine sublime Form von Selbstgenuß. Die im Lob Gottes geschenkte Freude an Gott umgreift auch das Leid (I Petr 4,13). Wenn Geist-Erfahrung den Christen nicht enger an das Kreuz Jesu bindet, verfällt er einer verhängnisvollen Selbsttäuschung. Er verwechselt seine Gefühle mit dem Glauben an Jesus, den Gekreuzigten und Auferstandenen. Wenn als 'Lobpreis' nur ein enthusiastisches Liedgut gilt und enthusiastische Gebetsgebärden - wie etwa das betonte Ausstrecken der Hände nach oben - als wesentlich angesehen werden, sind Verkürzungen des Christseins die Folge... Ein übertriebener Enthusiasmus entspringt letztlich einem verkürzten Verständnis von der Gegenwärtigkeit des Heils. Zum Wesen christlicher Geist-Erfahrung gehört auch das Bewußtsein, daß die Vollendung der Heilszusage Gottes noch aussteht (vgl. 2 Thess 2,2; 2 Tim 2,18) und daß die Hoffnung sich in der Geduld bewährt".[139]

Überbetonung einzelner Geistesgaben

H. Mühlen und seine Mitautoren weisen eine einseitige Herausstellung der "leuchtenderen" Charismen wie Sprachengabe, Prophetengabe und Gabe der Heilungen zurück. Demgegenüber wird die Gleichwertigkeit der alltäglichen Dienste und das Gesamtwirken des Heiligen Geistes betont. "Für den einzelnen können... die unauffälligeren und 'schlichten' Geistesgaben (LG 12) die wichtigeren sein. Außerdem erwächst Gemeinde-Erneuerung nicht lediglich aus einigen Geistesgaben, sondern aus dem organischen Verhältnis aller Wirkungen des Heiligen Geistes in der Kirche".[140]

Überbewertung von Gefühlserlebnissen

Einer Überbewertung von Gefühlserlebnissen tritt man ebenfalls entgegen. Die berechtigte Wiedereinbeziehung der emotionalen Aspekte des Glaubens darf nicht dazu führen, daß der Glaube nach der Intensität des Gefühls bemessen wird. Eine Hingabe aus seelischem Erleben steht in Gefahr, mit dem Verschwinden des Gefühls, aus dem sie erwuchs, ebenfalls zu vergehen. Wo vermeintlich "geistliche" emotionale Erlebnisse "bewußt kultiviert und so zum Selbstzweck werden, kommt es zu einer ritualisierten Emotionalität, die von Gott trennen kann".[141] Die bloße Aufeinanderfolge von "geistlichen" Erlebnissen ist noch nicht Geist-Erfahrung, denn diese erwächst aus einem vielfältigen Lebensprozeß, in dem Gott den Menschen immer tiefer in die Nachfolge Jesu hineinführt. In diesem Prozeß soll die Erfahrung in das Nichtfühlen hinein übersetzen und Gott auch durch Nachterfahrungen hindurch in tieferer Weise erkannt werden.[142] In seiner personalen Zuwendung ergreift Gott immer den ganzen Menschen, nicht nur sein Gefühl.[143] Seelische Höhenflüge können schnell in seelische "Tiefs" mit entsprechenden Krisen umschlagen. Bei unausgeglichenen Personen sind auch ernsthafte Störungen nicht auszuschließen.

Flucht aus der Wirklichkeit

Der Tendenz zur Flucht aus der Wirklichkeit und zur Kultivierung einer weltabgewandten frommen "Verinnerlichung" soll ebenfalls entgegengewirkt werden. Ein unrealistischer Emotionalismus, der sich darin genügt, für kurze Zeit den Alltag zu vergessen, wird als pseudocharismatisch abgelehnt. Subjektivistisch-selbstzufriedene Innerlichkeit entspricht nicht dem Wesen der "sozialen Gotteserfahrung". Geisterfahrung und Charismen sind auf den Alltag und die Weltwirklichkeit ausgerichtet.[144]

3.4 "Unterscheidung der Geister" bei Heribert Mühlen

3.4.1 Grundsätzliche Vorbemerkungen zur Geisterfahrung

In seinem Aufsatz "Der gegenwärtige Aufbruch der Geisterfahrung und die Unterscheidung der Geister" hat sich H. Mühlen grundsätzlich zu unserer Fragestellung geäußert.[145] In diesem Beitrag geht Mühlen von der Beschreibung der pneumatischen Empirie aus. In einem ersten Reflexionsschritt versucht er dann, die in der pneumatischen Erfahrung enthaltenen rationalen und reflexiven Elemente ins Wort zu bringen.

Der Abgrund der Geisterfahrung und die Zuordnung theologischer Reflexion

Schon beim ersten Versuch, den phänomenalen Befund zur Kenntnis zu nehmen, kommt das Ganze der Theologie ins Spiel, da nach dem neutestamentlichen Befund der Heilige Geist dieselbe Wirklichkeit in Gott selbst, in der Kirche, in jedem einzelnen Christen, ja in allen Menschen und in der Schöpfung ist: "Er ist die sich selbst vermittelnde Vermittlung, die alles mit allem vermittelt, selbst aber keiner Vermittlung mehr bedarf, die universale Klammer um alles, was in Gott und in der Schöpfung geschieht".[146] Aus diesem Grund kann Geisterfahrung bei aller legitimen rationalen Analyse und Reflexion nie restlos zum "Gegenstand" werden. "Pneumatologische Aussagen sind nicht zunächst Aussagen über den Heiligen Geist, sondern jegliche theologische Aussage ist nur 'in' ihm möglich".[147] Erst die Pneumatologie bringt in letzter Klarheit den dogmatischen Grund-Satz "Deus est in effabilis!" zum Bewußtsein. Der Heilige Geist "ist nicht uns gegenüberständlich, wie letztlich Gott, der Vater und seine leibhafte Vermittlung zu uns hin, Christus. Er ist vielmehr das ungegenständlichste, ewig jenseits aller Objektivierung atmende Geheimnis, in dessen Licht Offenbarung überhaupt erst theologisch nachvollziehbar wird. Er will nicht selbst gesehen, gehört, erfahren werden, sondern ist in uns sehendes Auge, hörendes Gehör und in der Tiefe als die göttliche Dynamik in allem menschlichen Dynamismus immer miterfahren, ohne jemals selbst und als solcher zum personalen Gegenüberstand oder gar 'Gegenstand' unserer Erfahrung zu werden. Er ist als die uns 'nächste' göttliche Person zugleich der fernste Horizont, der in dem Maß zurückweicht, als wir nach ihm ausgreifen".[148]
Mühlen beschränkt sich bei der Beschreibung des phänomenalen Befundes auf die Gegenwart, insbesondere die charismatische Erneuerung.[149] Vor der Beschreibung gegenwärtiger Geisterfahrung gibt Mühlen zu bedenken, daß diese einen "normativen und sich bleibend durchhaltenden Anfang in der Geisterfahrung Jesu hat" und grundsätzlich immer Teilhabe an derselben ist.[150]

Mit einem ersten Vorbegriff von Erfahrung beginnt Mühlen seine Phänomenbeschreibung. Er setzt ein bei der Grundbedeutung von *jada und *ginoskein = erkennen. Im Alten Testament wird mit *jada "das Kennenlernen im Umgang" (R.Bultmann) bezeichnet, d.h. "Erkennen ist ein Wissen aufgrund eigener, sinnlicher Anschauung bzw. Begegnung. Erfahrung ist dann die Gesamtheit alles dessen, was dem Menschen in seinem Leben in Bewußtheit und Betroffenheit *widerfährt*".[151] Beschreibung der pneumatischen Empirie ist also "zunächst nicht Thematisierung der subjektiven Geisterfahrung..., sondern schaut zunächst in den *Abgrund* der Geisterfahrung..., die jeder *subjektiven* Wahrnehmung und vor allem auch theologischer Einordnung *vorausliegt*..., der in seiner Abgründigkeit nie voll in die theologische Reflexion eingeht".[152] Aus diesem Grund kann diese Erfahrung nie als solche Wissenschaft sein und werden. Wenn trotzdem der Theologie die Funktion des regulativen, geistlichen Urteils zukommt, so kann dies "nie erfahrungslose Reflexion der Erfahrung sein, sondern geschieht in *reflektierender Erfahrung der Erfahrung*".[153]

Prophetische Ich-Rede als Urform der Geisterfahrung

Urform der Geisterfahrung im Alten wie im Neuen Testament ist das prophetische Sprechen, das als Inbegriff des Charismatischen überhaupt angesehen werden kann. Die prophetisch-charismatische Grundstruktur der biblischen Botschaft zeigt sich vor allem in den "Ich-Reden", im *ani hu der alttestamentlichen Offenbarungsformel und im *ego eimi Jesu.[154] Für Mühlen ist es erstaunlich und erschütternd zugleich, daß diese Ur-Form prophetischen Sprechens in unserem Jahrhundert in allen christlichen Kirchen wieder aufgebrochen ist. Als exemplarisches Beispiel führt er eine Prophetie an, die auf dem ersten internationalen Kongreß der "charismatischen Gemeindeerneuerung" während der großen Eucharistiefeier am Pfingstmontag 1975 im Petersdom gegeben wurde.[155]

Interaktion in immer neuer Abhängigkeit von Gott

Kennzeichen des Propheten ist, daß er an der Stelle eines anderen und in seinem Auftrag so spricht, daß der Beauftragende selbst anwesend wird. "Im menschlichen 'Ich' erscheint, enthüllt sich ins Unbegreifliche verhüllend das göttliche 'Ich'".[156] Nun fragt Mühlen weiter, wie solche Interaktion zwischen Menschen so möglich ist, daß wirklich *Gott selbst* in ihr anwesend wird. Seine Antwort lautet: "Nur durch eine Umkehr zu immer tieferer Abhängigkeit von Gott! Diese aber kann nicht angezielt, gewollt, sondern nur erleidend angenommen werden".[157]

In das menschliche Ich-Sagen hinein, in dem die Person nicht "über" sich spricht, sondern als lebendiger Geist selbst konkret "anwesend" ist, entäußert sich Gott im prophetischen Vorgang. Er wird "selbst anwesend als der wirkend Lebendige, indem er dieses menschliche Person-Wort zugleich auf die Menschenwelt hin übersteigt, um durch dieses Wort in ihr sein Heil durchzusetzen. In der Selbst-Gegenwart des menschlichen Ich macht Gott sich selbst anwesend und damit dieses menschliche Ich zugleich von sich selbst abhängig".[158] Die subjektive Bedingung des menschlichen Hörenkönnens auf Gott ist durch Gott selbst mitkonstituiert. "Gott ist nicht nur der sich im Wort entäußernde, sondern er setzt dieser Entäußerung auch die von ihm selbst gegebene Möglichkeit des Hörenkönnens voraus".[159] Dies ist ein wesentlicher Aspekt der "Umkehr" im Alten und Neuen Testament.

Am Beispiel des Propheten Jeremia macht Mühlen den Unterschied "zwischen der aus vielen Erinnerungen '*gesammelten*' Geisterfahrung und der in erneuter und schmerzlicher Umkehr gemachten bzw. *durchgemachten* Geisterfahrung" deutlich.[160] Von Natur aus ist der Mensch nicht auf diese Umkehr aus und nicht bereit, seine Ich-Erfahrung durchkreuzen zu lassen. Jeremia macht eine beseligende Anfangserfahrung. Dann begegnet ihm Widerstand aufgrund seiner Botschaft und er gerät in eine Krise. Er ist sogar in Gefahr, die Abhängigkeit von Gott zu reduzieren und den inneren Impuls mit eigenen Vorstellungen zu vermischen. In dieser Situation ergeht eine erneute Aufforderung zur Umkehr an ihn. Mühlen resümiert hierzu: "Das bloße Aufsammeln und Zusammenordnen von Erinnerungen zu 'Erfahrung' läßt das 'Ich' relativ unbeteiligt. Erst der von außen her kommende Widerstand leitet einen Umkehrvorgang ein, in welchem die Erfahrung durch sich selbst hindurchsteigt, sich durch sich selbst hindurcharbeitet und so in sich selbst zum *Widerfahrnis* wird. Bei diesem Vorgang erkennt der Prophet seine Tendenz, eigene Vorstellungen an die Stelle der Impulse Gottes zu setzen. Erst wenn er bereit ist, die eigene menschliche Dynamik an Gott zurückzugeben und sie von der Dynamik Gottes durchkreuzen zu lassen, wird ihm eine vertiefte Abhängigkeit von Gott geschenkt, macht er eine *Erfahrung der Erfahrung* der Abhängigkeit von Gott durch. Aus der anfänglichen Umkehr, die noch nicht gereift ist an der Widerständigkeit der Botschaft, entspringt so die zweite, wahre Erfahrung dieser ersten Umkehrerfahrung und wird so zu einer *durchgemachten,* tiefer erlittenen Geisterfahrung".[161] Dieser Prozeß ereignet sich ständig. Die Geisterfahrung Jesu hat eine ähnliche Grundstruktur. Gleiches gilt für die Apostel, die erst durch die nicht erwartete Negativität des Todes Jesu hindurch zu einer "durchgemachten" Geisterfahrung und vertiefter Abhängigkeit geführt und so ermächtigt werden, "an Christi statt" bzw. "im Namen Christi" zu sprechen.

In dem gegenwärtigen weltweiten Aufbruch zeigt sich diese Umkehrstruktur ebenfalls. Prophetisches Sprechen setzt "eine im Augenblick des Sprachereignisses aktualisierte Auslieferung an Gott voraus", deren Grund in der "Lebensübergabe" gelegt ist.[162] Diese wird als Nachholung der ersten für die Taufe vorausgesetzten Umkehr in der Form der Tauferneuerung unter Handauflegung vollzogen. Aber nicht diese Anfangserfahrung, sondern meist "erst der Durchgang durch die oft nachfolgende Erfahrung der Verlassenheit und 'Wüste' und die erneute und vertiefte Selbstauslieferung an Gott befreien... in der Tiefe zu einem intensiven Hören auf die Eingebungen des Heiligen Geistes und zu einem bevollmächtigten Sprechen 'an Christi statt'".[163] Mühlen sieht das Sprachengebet als große Hilfe zu dieser vertieften Annahme der Abhängigkeit von Gott an.

Umkehr als Urform der Geisterfahrung

H. Mühlen stellt in den weiteren Überlegungen noch einmal die Umkehrstruktur der Geisterfahrung in ihrer grundlegenden Bedeutung in den Mittelpunkt. Nicht enthusiastische Phänomene im Sinn emotional-schwärmerischer Gefühlsausbrüche machen die Geisterfahrung aus. Solche Erscheinungen haben in der Kirchengeschichte vielfach die Tiefe der Geisterfahrung verdeckt und zurecht Vorbehalte geweckt. Hier hat nach Mühlen die theologische Reflexion den Dienst der Unterscheidung zu leisten und die Aufgabe, zwischen "spontaner Emotionalität" und "charismatischem Dienst" zu differenzieren. "Spontaneität entspringt aus der Dynamik des Geschöpfseins, dem Lebensdrang, der Sehnsucht nach Befreiung im Prozeß des Sich-Auslebens. Spontane Gottesdienste... entspringen nicht in jedem Fall auch der Dynamik des göttlichen Geistes. Im Vordergrund kann durchaus die aus der personalen Seinsbewegung erfließende Selbstdarstellung stehen. Diese wird zu einem *charismatischen,* vom Geist Gottes geführten Dienst in dem Maße, als die menschliche Spontaneität sich in empfangender Annahme des Geistes läutern und in den Dienst des Glaubenszeugnisses stellen läßt".[164]

Angesichts der immer drängender werdenden Problematik des Verhältnisses von Volkskirche und "Glaubenskirche" gilt es nach Mühlen eine pneumatologische Anthropologie, eine Pneumatologie der Entscheidung und Umkehr auszuarbeiten. "Es wäre... zu zeigen, inwiefern personale Relationalität erst in der unwiderruflichen Lebensentscheidung auf das Ende des Lebens hin und damit in der proleptischen Annahme des eigenen Todes konkret wird, zu ihrer Eigentlichkeit und Wahrheit vorstößt. Solche Entscheidung ist die Scheidung des gewesenen und zukünftigen Lebens, ist Umkehr zum eigentlichen, unverdeckten Leben ohne Maske und Rolle. Insofern Heiliger Geist göttliche Dynamik über und in der menschlichen Lebensdynamik ist, Inbegriff des ewigen, unzerstörbaren Lebens, ist eine end-gültige Entscheidung nur in seiner Kraft möglich".[165]

Diese Umkehr trägt einmaligen, grundsätzlichen Charakter, sie ist nach dem Zeugnis des Neuen Testaments "nicht ein Dauervorgang", sondern ein "einmaliges Ereignis".[166] Angesichts einer "Kirche ohne Entscheidung" ist nach Mühlen zu fragen, in welchem Sinne vor allem bei der Praxis der Kindertaufe die konkret in einer bestimmten Stunde vollzogene Umkehrentscheidung zum vollen Christsein hinzugehört. Das pastorale Angebot einer persönlichen Taufentscheidung ist deshalb nicht als irgendeine beliebige, neue "Methode" anzusehen. Vielmehr ist die Frage zu stellen, "ob sich die Kirchen nicht schuldig machen, wenn sie dieses Angebot verweigern und in ihrer Verkündigung den Eindruck erwecken, als sei mit der Taufe des Kleinkindes und dem damit gegebenen 'Gnadenstand' Umkehr bereits vollzogen. Der Appell, täglich neu umzukehren, kann geradezu ein *Hindernis* für eine durchgreifende Lebensentscheidung und damit auch erste Geisterfahrung sein!"[167]

Differenzierung von rechtfertigender Gnade und charismatischer Gnade

Weiter darf nach Mühlen nicht verschwiegen werden, daß die Ausübung der Geistesgaben in der Regel eine erneute und vertiefte Lebensübergabe voraussetzt, eine Erneuerung der ersten Umkehr. Mit Thomas von Aquin unterscheidet er zwischen der mit der Taufe gegebenen bleibenden "Einwohnung" des Heiligen Geistes bzw. der Gnade (inhabitatio gratiae) und einem weiteren Wachstum in der Gnade durch "Erneuerung" (innovatio per gratiam).[168] "*Charismatische* Geisterfahrung setzt... eine außerordentliche, für den Menschen neue Offenheit für das Wirken des in der Taufe bereits gegebenen Heiligen Geistes voraus".[169] Daraus ergibt sich für Mühlen als wichtige Differenzierung der Geisterfahrung die Unterscheidung von rechtfertigender Gnade und charismatischer Gnade. "Die *eine* Gnade Gottes, das Wirken des *einen* Heiligen Geistes, zeigt sich in zwei gegenläufigen Sinnrichtungen: In der mit der Taufe verliehenen *Rechtfertigungsgnade* (gratia gratum faciens) ordnet Gott den Getauften auf *sich selbst* hin, auf das ewige Leben... Durch die *charismatische* Gnade dagegen (gratia gratis data) ordnet Gott den Getauften auf *andere* Menschen hin (vgl. 2 Kor 5,20)".[170] In dem Maß, wie der Mensch fortschreitend bereit ist, "durch Gott 'beweglich'" zu werden und seine Eigendynamik dem Wirken des Heiligen Geistes zu unterwerfen bzw. von ihm läutern zu lassen", wird charismatische Interaktion in Abhängigkeit von Gott geschenkt.[171]

3.4.2 Das Charisma der "Unterscheidung der Geister"

Das Grundverständnis

Nach kurzen Ausführungen zur "Erbschuld einer nicht-sozialen Gottesvorstellung",[172] an deren Ende er die Theologie ernstlich mahnt, den Kairos des gegenwärtigen Geistaufbruchs nicht zu versäumen,[173] kommt Mühlen zur Frage der "Unterscheidung der Geister" selbst.[174] Mühlen weiß aus der Kirchengeschichte, daß da, wo Menschen sich dem Geist Gottes öffnen, zugleich auch die grundsätzlich konkupiszente Seinsverfassung des

Menschen offenbar wird und unlautere Motive, Betteln um Anerkennung und Mißbrauch der Geistesgaben in sublimem Selbstgenuß zutagetreten.[175]

Von daher sieht Mühlen es als eine Schicksalsfrage des gegenwärtigen Aufbruchs an, "ob zugleich mit den übrigen Geistesgaben auch das Charisma der 'Unterscheidung der Geister' (1 Kor 12,10; vgl. 14,29) auf den Knien von Gott erbeten und angenommen wird".[176] Auch bei diesem Charisma sieht Mühlen eine dem Menschen von Geburt an mitgegebene natürliche Fähigkeit, die menschliche Urteilskraft, durch den Heiligen Geist intensiviert, geläutert und in den Dienst von Kirche und Gesellschaft gestellt. Weil diese Gabe nicht allen in gleicher Weise gegeben ist, kommt sie - auch wenn immer die Gemeinden als ganze zur Prüfung aufgefordert sind und nur die ganze Kirche ein letztes Urteil abgeben kann - vor allem den Hirten und Lehrern zu. Mit Nachdruck unterstreicht Mühlen, daß es nicht lediglich um eine "Wahl" aufgrund von "pastoraler Klugheit" geht. "Wer diese Gabe ausübt, muß vielmehr bereit sein, durch den Geist Gottes und Jesu, der die menschlichen Fähigkeiten des einzelnen übersteigt und im voraus zu jeglicher Unterscheidung in der Kirche anwesend ist, sein Urteil in eine bestimmte Richtung drängen zu lassen, die unter Umständen sogar der eigenen menschlichen Dynamik widerstreitet, ohne daß dadurch die Arbeit des Verstandes, des Willens und des Herzens außer Kraft gesetzt würde".[177] Das Charisma der "Unterscheidung" zeigt sich "in einem gnadenhaften geistlichen Gespür für das, was vom Geist Gottes (1 Kor 2,14; Phil 1,9), aus dem Menschen selbst (vgl. 1 Kor 3,3; Röm 2,14f) oder aus widergöttlichen Quellen (1 Joh 4,3) kommt".[178] Einigen Menschen - oft gerade einfachen Menschen, die sich vom Geist Gottes leiten lassen - ist diese Gabe in besonderer Weise gegeben. Sie *kann jeweils nur in aktueller Abhängigkeit von Gott ausgeübt werden* und *übersteigt erworbene Kenntnisse und Lebenserfahrung.* Für den Vorgang der Unterscheidung sind in der Regel *Zeit, Besinnung und geistliche Reife* nötig. Stets sollten mehrere, unterschiedliche Kriterien angewandt werden. Aus dem jeweiligen Gewicht derselben und ihrer gegenseitigen Ergänzung ergibt sich der Gewißheitsgrad des Urteils. Wenn es um wichtigere Fragen geht, sollte *der einzelne* seine Eindrücke und Antriebe geistlich erfahrenen Menschen zur Prüfung vorlegen. Richten sich Impulse an eine *Gemeinschaft,* ist diese nach 1 Kor 14,29 in den Prüfungsprozeß einzubeziehen. Auch der Prozeß der Unterscheidung bedarf nach Mühlen wie jeder geistliche Vorgang einer Prüfung. Im Vorgang einer gemeinschaftlichen Prüfung wirken ja auch gruppendynamische Faktoren mit, die das Urteil beeinflussen können und kritisch zu befragen sind. Nach dem II. Vatikanum kommt die Aufgabe der Unterscheidung, das Urteil über die Echtheit und den geordneten Gebrauch der Charismen besonders jenen zu, "die in der Kirche die Leitung haben" (Konstitution über die Kirche, Art.12).[179]

Die drei zu unterscheidenden "Geister"

In der Bezeichnung des Charismas der Unterscheidung (*diakriseis pneumaton) wird angezeigt, was unterschieden und beurteilt werden soll: "die 'Geister' (*pneumata: 1 Kor 12,10; 14,12), die in jedem Christen immer zugleich, an sich unterschieden, aber für uns untrennbar am Werke sind".[180] Zunächst ist nach Mühlen hier 1) *das menschliche Pneuma* (vgl. Rö 8,16; 1 Kor 16,18; Gal 6,18; Phil 4,25; Phlm 25) gemeint, der "Inbegriff der psychischen Funktionen des Menschen", sein "Selbstbewußtsein", das wollende, lebendige "Ich". Pneuma meint im Zusammenhang der Unterscheidung auch 2) *das göttliche Pneuma,* das wirkt und in seinen Wirkungen offenbar wird. Insofern diese Geistwirkungen die menschlichen Fähigkeiten intensivieren, läutern und überschreitet, vollzieht sich dieses Offenbarwerden des göttlichen Geistes "in" der menschlichen Selbsterfahrung. Es wird durch diese "vermittelt" und ist gerade darum zugleich von dieser zu unterscheiden. Ferner bezeichnet Pneuma 3) *das widergöttliche Pneuma,* den "Geist der Täuschung", die

"bösen Geister des himmlischen Bereichs" (1 Kor 4,6; Eph 6,12), die hinter und in der Weltgeschichte, hinter und in der menschlichen Selbsterfahrung am Werk sind. Auch der
böse Geist ist nicht identisch mit dem menschlichen Geist. Er kommt von außen her wie ein
feuriges Geschoß in ihn hinein (Eph 6,16) und kann deshalb "immer nur ein Moment in
und an der menschlichen Selbsterfahrung" sein. Mühlen will den biblischen Befund sichern,
"daß... sowohl die Erfahrung des göttlichen Geistes als auch dämonische Kräfte nicht in
einem fundamentalistischen Sinn in unvermittelter Unmittelbarkeit geschieht, sondern
immer durch die menschliche Selbsterfahrung vermittelt ist".[181] Nur so kann nach ihm sinnvoll von einer "Unterscheidung der Geister" gesprochen werden. Ein Verständnis, das
Geisteswirkungen in "unvermittelter Unmittelbarkeit" direkt auf den Heiligen oder bösen
Geist zurückführt, lehnt er ab.[182]

Mühlen lehnt das zugrundeliegende fundamentalistische Bibelverständnis ab, das die
historisch-kritische Methode verneint und nach ihm der Vermitteltheit der biblischen Botschaft durch die Person des biblischen Schriftstellers, seiner Umwelt und Lebensgeschichte
nicht gerecht wird. Ebenso weist er es zurück, wenn Prophetien im Sinne eines göttlichen
"Diktates" verstanden werden, der Prophet nach Art eines Tonbandes spricht und lediglich
die Stimme Gottes hörbar macht. - Gleiches gilt, wenn in *Heilungsvorgängen* die "Eigengesetzlichkeit der geschöpflichen Zweitursache" nicht gesehen und auch gegen einen anders
lautenden medizinischen Befund dazu aufgefordert wird, zu glauben. - Beim *Sprachengebet*
weist Mühlen die Theorie der frühen "klassischen" Pfingstler zurück, die vertreten, daß der
Heilige Geist die Zunge nach Art eines Wunders unmittelbar in Bewegung setzt. - Wenn in
der traditionellen kirchlichen Praxis des großen *Exorzismus* der Exorzist aufgefordert wird,
Zahl und Namen der bösen Geister zu erfragen, ist das nach Mühlen eine ebensolche schlechte
Art von Unmittelbarkeit.

Das Verhältnis von göttlicher, menschlicher und dämonischer Selbsterfahrung

Weil Charismen "zum allgemeinen Besten" (1 Kor 10,7) gegeben werden, kann ihr Mißbrauch dem Ganzen von Kirche und Gesellschaft mehr schaden als die Verfehlung des
persönlichen Heils.[183] Deshalb ist nach Mühlen das Verhältnis von göttlicher, menschlicher und dämonischer Selbsterfahrung im Blick auf die Charismen noch gründlicher und
weiträumiger zu bedenken als im Bezug auf das je eigene Heil vor Gott.

Mühlen wendet sich gegen ein vor allem im freikirchlichen Raum verbreitetes Verständnis, daß in den Geistesgaben Gott in "unvermittelter Unmittelbarkeit" wirke. Die
Grundproblematik sieht Mühlen hierbei in einem unreflektierten anthropomorphen
Personbegriff, in dem vorausgesetzt wird, daß Gott - und analog Satan - ohne "äußere"
Vermittlung durch einen Menschen am einzelnen handelt. Mühlen möchte dagegen zeigen, "daß Geisterfahrung niemals ohne die Vermitteltheit der eigenen Selbsterfahrung geschieht, eben weil Gott sich selbst Vermittlung ist und nichts ohne Vermittlung geschieht".[184] Mit "Vermittlung" meint Mühlen "die dynamische Mitte, das Zwischen, das
Personen zueinander hin vermittelt".[185] Eine Trinitätslehre, die bei der christlichen Geisterfahrung ansetzt, wird deshalb nach ihm mit dem Wort "Gott" nicht die Vorstellung
einer unbestimmten Gott-Person, eines "Subjektes" verbinden, "sondern a priori die Vorstellung einer 'noch nicht' zu sich selbst gekommenen Wirheit".[186] Mit Bezug auf H.
Schlier und Verweis auf E. Jüngel formuliert Mühlen: "Die wirhafte göttliche Wesenheit
geht im Vater aus sich heraus, tritt im Sohn vor sich selbst hin und kommt im Heiligen
Geist (als Person) zu sich selbst. Dieser *Vorgang* der göttlichen Liebe ist in sich selbst
nochmals 'Geist'. In diesem Sinne ist der Heilige Geist der Vorgang, in welchem Gott sich
zu sich selbst hin vermittelt und sich so selbst als 'Wir' konstituiert".[187]

Zur Beschreibung der *menschlichen*, gnadenhaften Geisterfahrung muß einem Personverständnis, das bei der Subjekthaftigkeit ansetzt, entschieden der Abschied gegeben werden.[188] "Geisterfahrung ist nämlich gleichursprünglich die Erfahrung des dualen göttlichen Wir und die Erfahrung von dessen geschichtlicher Inexistenz im pluralen Wir der Jünger Jesu bzw. der Menschheit".[189] Das bedeutet für die "Unterscheidung der Geister":
1. Der Heilige Geist als die "Vermittlung" vom Vater her durch Christus und durch Christus zum Vater hebt die geschöpfliche Eigengesetzlichkeit nicht auf. Er "ersetzt" nicht die menschliche Selbsterfahrung und macht sie auch nicht lediglich zu einem "Moment" am Zusichselberkommen Gottes. "In der Geisterfahrung vermittelt Gott aber nicht nur sich selbst zu sich selbst hin, sondern er vermittelt sich eben an den Menschen, bringt ihn zu sich selber, intensiviert und läutert seine Selbsterfahrung".[190] So wird die Selbsterfahrung zur Vermittlung der göttlichen Selbstmitteilung im Heiligen Geist. Dies zeigt die Unangemessenheit der Rede von (unvermittelter) "Unmittelbarkeit" des Menschen zu Gott hin.
2. Die "Inexistenz des göttlichen 'Wir'... *im* pluralen Wir der Menschen" ist der zweite Grund für die unangemessene Rede von unvermittelter Unmittelbarkeit. "Geisterfahrung ist immer auch durch andere menschliche Selbsterfahrung vermittelt: Im Hören des Wortes Gottes wird der Hörende, werden die Hörenden, nicht *nur* von der göttlichen Dynamik getroffen, sondern auch von der untrennbar darin eingeschlossenen Dynamik des *menschlichen* Wortes".[191] Weil die Dynamik der "Gruppe" untrennbar mit dem Vorgang der Selbstmitteilung Gottes verbunden ist, muß Geisterfahrung immer daraufhin geprüft werden, "ob in ihr nicht *mehr* von außen her kommende menschliche Dynamik am Werke ist als die das Leben ändernde Dynamik Gottes".[192] Hier ist der theologische Ort des Phänomens der "Schwärmerei" und Überemotionalität.

Mühlen wendet nun im Schlußteil seines Aufsatzes den Gesichtspunkt der Vermitteltheit und der "Wir"-Gestalt auch auf das Phänomen *dämonischer* Selbsterfahrung an. Dieses ereignet sich nicht nur als "das" Böse in der menschlichen Selbsterfahrung, es ist eine Macht und Gewalt "für sich", eine nicht aus dem Menschen selbst ursprünglich entsprungene "Logik der Negativität". Nach Mühlen muß sie als schlechthin "mittel-los" gedacht werden, weder vermittelt noch unvermittelt, sondern schlechthin "ohne Mitte". Nach der traditionellen theologischen Lehre ist der Teufel keine individuelle personale Gestalt, sein Charakteristikum ist vielmehr, daß er sich ins Unfaßbare, Allgemeine und Anonyme hinein entzieht. "Weder der Heilige Geist noch der dämonische Ungeist kann und darf nach einer individuellen menschlichen Person vorgestellt oder gar bildhaft dargestellt werden".[193] Während der Heilige Geist das "Wir" in Person ist, muß der Teufel als total "wir-los" gedacht werden: "Er ist weder in sich selbst eine wirhafte Wirklichkeit, wie Gott, noch ist sein geschöpflicher Daseinsvollzug ein zu anderen Geschöpfen hin relationaler, wirhafter. Diese unfaßbare Wirklichkeit kann nicht einmal als eine auf sich selbst bezogene, zu sich selbst hin vermittelnde gedacht werden: sie ist weder reine 'Selbstliebe' noch überhaupt 'Liebe'. Sie hat in sich selbst nicht mehr die Möglichkeit, in eine Beziehung zu Gott zu treten, obwohl diese Beziehung ihre ganze Existenz ausmacht. Sie ist in sich selbst erstarrt zur Negation jeglicher Beziehung".[194] Weil sie nicht einmal zu sich selbst in Beziehung treten kann, ist diese "Un-Macht" darauf angewiesen, sich "in" menschlicher Selbsterfahrung zu vollziehen, in deren Mitte sie sich einschleicht. Ohne Inexistenz in der menschlichen Selbsterfahrung ist sie nichts. Die dämonische Inexistenz im Menschen äußert sich ihrem Wesen entsprechend in der Tendenz, jegliche Vermittlung zu zerstören. Sie versucht, den einzelnen Menschen in sich selbst zu spalten, Menschen voneinander und vor allem von Gott zu trennen. "Die dämonische Selbsterfahrung im Menschen erweckt den Eindruck, als sei menschliche Existenz möglich, die nicht durch andere Menschen vermittelt ist und sich unabhängig von Gott vollziehen könne".[195]

Nach Mühlen erhält von diesen Überlegungen her die Auffassung von einer "unvermittelten Unvermitteltheit" geradezu dämonischen Charakter: "Die Direktheit der Selbstmitteilung Gottes wird mit einer 'frommen' Begründung so *übertrieben*, daß sie in ihrer
Konsequenz umschlägt zu einem beziehungslosen Selbstbezug des Menschen, den der
wirhafte göttliche Geist ja gerade zu Gott und den Menschen in Beziehung setzen will".[196]

Die konstitutive Relativität des geistlichen Urteils

Wegen der "konstitutiven Vermitteltheit" jeglicher Geist- oder Ungeisterfahrung
durch die menschliche Selbsterfahrung kann nach Mühlen der Vorgang der "Unterscheidung der Geister" niemals mit der Feststellung enden: "In diesem Menschen oder diesem Vorgang ist keine Sünde mehr, er ist restlos ganz und unvermittelt vom Heiligen Geist
erfüllt! Oder: In diesem Menschen oder diesem Vorgang sind rein und unvermittelt dämonische Kräfte am Werke, er ist total besessen".[197] *Statt einer Totalaussage kann nur ein
relatives Urteil gefällt werden*: "In diesem Menschen oder diesem Vorgang ist *mehr* Heiliger
Geist als menschliche Dynamik am Werke oder *mehr* dämonische Tendenz zu Spaltung
und Mißbrauch als der Heilige Geist, der die Menschen mit Gott und untereinander
verbindet".[198] Nach Mühlen sind göttliche, dämonische und menschliche Selbsterfahrung immer gleichzeitig, ungetrennt, wenn auch "unvermischt" wirksam. Dabei macht die
noch so große Nähe der göttlichen oder dämonischen Selbsterfahrung zur menschlichen
Selbsterfahrung die *noch größere Unterschiedenheit* der drei Wirklichkeiten offenbar: "Je mehr
ein Mensch sich dem Heiligen Geist öffnet, der allein die 'Tiefen Gottes' erforscht (I Kor
2,10), ihn eindringen läßt in seine menschlichen 'Tiefen', um so mehr wird er in eben
diesen seinen Tiefen zugleich auch die 'Tiefen des Satans' (Offb 2,24) erfahren".[199] Für die
Beurteilung der Geistesgaben ergibt sich nach Mühlen - analog zum römisch-katholischen
Verständnis der Heilssicherheit (DS 1534) -, daß niemand mit absoluter Sicherheit, die jeden Zweifel ausschließt, wissen kann, ob "mehr" der göttliche Geist, "mehr" eigene Selbsterfahrung oder "mehr" dämonische Mächte wirksam sind.[200]

3.4.3 "Unterscheidung der Geister" konkret: Kriterien und Verfahren

Das Menschliche in der christlichen Geist-Erfahrung

Die oben skizzierte personologisch-philosophische Struktur der Vermitteltheit von
Geist- bzw. Ungeist-Erfahrung kehrt in den allgemeinverständlichen Veröffentlichungen
Mühlens zur Gemeindeerneuerung wieder. Meist faßt er seine Überlegungen thesenartig
zusammen. So heißt es z.B. in dem Papier ERNEUERUNG AUS DEM GEIST GOTTES: "1.
Gott berührt das Herz eines jeden Menschen zwar unmittelbar, aber er wirkt in ihm
und durch ihn nicht ohne seine Zustimmung und Mitwirkung. Gott setzt geschöpfliche
Eigentätigkeit nicht außer Kraft, sondern trägt, intensiviert, läutert und übersteigt sie als
deren Ursprung... Geisterfahrung des einzelnen... [ist] immer auch vermittelt durch seine
Selbsterfahrung und mitbestimmt durch seine persönliche Eigenart und Begrenztheit,
seine Lebensgeschichte und gesellschaftliche Umwelt.[201] 2. Die Mitwirkung des Menschen bleibt immer gefährdet durch die Neigung zur Sünde (vgl. DS 1515). Deshalb muß
der Mensch seinen 'geistlichen' Impulsen gegenüber wachsam bleiben und immer damit
rechnen, daß sie vom Streben nach Macht, Ansehen, menschlicher Zuwendung und
anderen persönlichen Interessen durchsetzt sind... 3. Obwohl Gottes Wirken klar und eindeutig ist, kann der einzelne von sich aus nie mit absoluter Sicherheit wissen, wie weit
er es richtig wahrgenommen und gedeutet hat... 4. Die Geist-Erfahrung des einzelnen
ist notwendig vermittelt durch die grundlegenden Wirkungen des Heiligen Geistes in der

Kirche und kommt deshalb nur im Ganzen der Kirche zu ihrer Vollgestalt. Sie kann deshalb nie in Widerspruch stehen zu dem geistgewirkten Erfahrungswissen und dem Glaubenssinn der ganzen Kirche...".[202]

Wo der Mensch die "Grundentscheidung" für Gott und die Kirche vollzogen hat und ernsthaft bemüht ist, aus dieser Beziehung zu leben, kann und darf er hoffen, daß der Heilige Geist das Menschliche in ihm zur Reife führt, läutert und intensiviert. Das Menschliche wird nicht ausgeschaltet, sondern befreit und erlöst. Zugleich darf aber die menschliche Selbst- und Gemeinschaftserfahrung nicht verwechselt werden mit geistlichen Vorgängen. Gerade deshalb bedarf es der Unterscheidung.

Wirklichkeit und Wirkweise des Bösen[203]

Bei der Frage nach der Echtheit geistlicher Vollzüge geht es aber nicht nur darum, zwischen geschöpflichen und geistlichen Vorgängen unterscheiden zu lernen. Auch die Wirkungen des Bösen müssen erkannt, unterschieden und geschieden werden. Satan, die widergöttliche Macht, der "Geist der Täuschung" (I Joh 4,6), der "Vater der Lüge" (Joh 8,44; vgl. Eph 6,12) sucht Einfluß zu nehmen auf den Menschen und ihn von der Begegnung mit Gott abzuhalten oder wieder von ihm abzubringen. Wer in der persönlichen Tauferneuerung (Geist-Erneuerung) dem Satan widersagt und sich Gott hingibt, bekommt es mit den Gott widerstreitenden Mächten zu tun.[204] Der Aufbruch der geistlichen Erneuerung macht nach Mühlen nicht nur für den Heiligen Geist sensibel, sondern auch für die widergöttlichen Mächte.

Wohl schreibt das Neue Testament Satan personale Tätigkeiten zu (er "lügt", "sündigt von Anfang", er "verblendet", "verführt", "ist ein Mörder" usw.), aber trotzdem darf er nicht - wie ein anderer Mensch - als eine uns gegenüberstehende Person vorgestellt werden. Er handelt nicht nach Art eines Menschen, sondern "er ist als personal handelnde Macht in und zwischen Menschen wirksam".[205] Da "reine Geister" im Unterschied zum Menschen wesentlich unabhängiger von Raum und Zeit sind, kann man den Teufel nicht "lokalisieren": "Man kann ihn sich überhaupt nicht 'vorstellen'. Von daher sind Abbildungen in Tiergestalt... oder als Mensch mit Bocks- oder Pferdefuß... theologisch irreführend und pastoral gefährlich... Wer sich den Teufel nach Art eines Menschen vorstellt und erwartet, daß er auch nach Art eines Menschen handelt, verharmlost diese übermenschliche Wirklichkeit auf gefährliche Weise. Man kann ihn nicht fassen, begreifen, nach seinem Namen fragen, er ist... nicht ein lokalisierbares 'Gegenüber'. Meistens wirkt er auf eine unerkannte und kaum erkennbare Weise".[206] Die personale Existenz des Teufels ist durch die Verweigerung jeglicher Beziehung total entstellt. Er versucht verzweifelt, er selbst sein zu wollen, obwohl er doch in seiner Existenz von Gott abhängig bleibt. "Er schleicht sich deshalb ein in die Beziehung des *Menschen* zu Gott, zu anderen Menschen, zu sich selbst, um teilzuhaben an diesen Beziehungen und wie ein Schmarotzer von ihnen zu leben. Wir nehmen deshalb den Teufel nicht als eine uns gegenüberstehende Person wahr, sondern als die Macht, die Beziehungen des Menschen zu Gott, zu sich selbst, zu anderen Menschen stört und verhindert. Er versucht, den einzelnen Menschen in sich selbst zu spalten, Menschen voneinander und von Gott zu trennen".[207] Dies gilt auch für die anderen widergöttlichen Mächte. "Da sie die zu ihrem Person-Sein gehörende Beziehung zu Gott aufgegeben haben, ist auch ihr Verhältnis zu sich selbst und zu anderen Geschöpfen absolut gestört. Sie sind nicht bei sich selbst zu Hause und suchen deshalb einen 'Ort', ein 'Haus', wo sie 'bleiben' und 'wohnen' können (Mt 12,43): die personale Beziehung des Menschen zu Gott, zu sich selbst und zu anderen Menschen. 'Sie ziehen dort ein und lassen sich nieder' (Mt 12,45). Sie wirken... in und aus der 'Tiefe' des menschlichen Herzens... Sie sind übermenschliche Mächte, die nicht mehr 'für sich' existieren können und sich deshalb in die personalen Beziehungen... einschleichen, um von ihnen zu leben".[208] Sie versuchen, menschliche personale Beziehungen gleichsam in sich aufzusaugen.

Nach H. Mühlen kann man durchaus von einer "Einwohnung" des bösen Geistes in uns sprechen, aber die Vorstellung, daß dabei ein böser "Jemand" in uns hause, ist nach ihm unbedingt zu vermeiden. Die personalen bösen Mächte wirken vielmehr durch unser "Unbewußtes" (biblisch: durch unser Herz) auf unser Bewußtsein ein, und dies auch nur dann, wenn wir uns ihnen bewußt öffnen und die Beziehung zu Gott aufkündigen. "Von der modernen Tiefenpsychologie her könnte man die 'finsteren Höhlen der Unterwelt' und die 'Finsternis' von II Petr 1,4 und Jud 6 als die 'Tiefe' des menschlichen Herzens, als das Unbewußte interpretieren, das für uns dunkel und verborgen bleibt. Die Mächte der Finsternis sind aber eben dort 'eingeschlossen' und werden von der siegreichen Gnade Gottes, von dem in uns wohnenden Heiligen Geist niedergehalten, wenn wir... beten...: 'Erlöse uns von dem Bösen'".[209] Mit diesem Verständnis der Einwirkung des Bösen grenzt sich Mühlen von der Auffassung ab, die er hinter den Berichten des Neuen Testaments über die Austreibung von Dämonen stehen sieht: die Rückführung von Krankheiten, deren Ursachen man nicht kannte, auf "Dämonen". Diese Jahrhunderte und Jahrtausende zuvor schon vorhandene Vorstellung, die im Glauben an die "Beseeltheit" aller Dinge wurzelt, war in der ganzen damaligen griechisch-römischen Welt verbreitet. "Alles, was unheimlich und rätselhaft ist, deutet auf dämonische Mächte hin, so z.B. Mondsucht (Mt 17,18) und vor allem Epilepsie (Mk 5,1-20; 9,14-29). Wenn von einem 'unreinen', 'stummen', 'tauben' Geist die Rede ist, dann war dies eine damalige Form *medizinischer Diagnose*. In diesem Sinn werden Apg 10,38 alle Krankenheilungen Jesu als Teufelsaustreibungen bezeichnet".[210]

Mühlen will den Bereich des "Okkulten" von dem Wirken dämonischer Mächte unterschieden wissen. Er bewertet "Übersinnliches" wie Telepathie, Hellsehen, Präkognition, Rutengängerei und andere außergewöhnliche Fähigkeiten als zur Schöpfung Gottes gehörend und warnt vor einer vorschnellen Einordnung ins Dämonische. "Diese 'okkulten' Phänomene sind - wie alle geschöpflichen Wirklichkeiten - gut, insofern sie in ihrer Beziehung zu Gott gesehen werden. Sie trennen von Gott, wenn sie an die Stelle seines alles umgreifenden Geheimnisses treten und den Menschen daran hindern, sich ihm anzuvertrauen".[211] Letzteres trifft z.B. auf magische, okkultistische und spiritistische Praktiken zu wie den Versuch der Kontaktaufnahme mit Verstorbenen, Satansbeschwörungen, Tötungsrituale usw. Wer sich auf diese Dinge einläßt, betreibt nach Mühlen keine harmlose Spielerei, sondern liefert sich der Macht des Bösen aus, mit der Folge seelischer Bindungen und Ängste und schwerer Beeinträchtigungen der Persönlichkeit. "Wer sich auf okkultistische oder spiritistische Praktiken eingelassen hat, muß sich deshalb ausdrücklich von ihnen lösen, ihnen widersagen. In der Regel ist dazu die Begleitung eines in diesen Dingen erfahrenen Menschen notwendig".[212] Im Dienst der Befreiung bedarf es besonderer Sorgfalt und zum Erkennen der bösen Mächte der Gabe der Unterscheidung.

Der Dienst der Befreiung hat seinen Grund in dem ein für allemal vollbrachten Sieg Jesu über den "Herrscher dieser Welt" (Joh 12,31). Von dorther hat Jesus auch seiner ganzen Kirche die Vollmacht hinterlassen, "Dämonen auszutreiben" (Mk 16,17). Einigen ist dieses Charisma mit einem außerordentlichen Gespür für das Böse in besonderer Weise gegeben. Dieses Charisma bedarf jedoch wie jedes andere ebenfalls der geistlichen Prüfung. In der alten Kirche entstand aus diesem Charisma das Amt des Exorzisten. Exorzismus ist nach Mühlen "das eindringliche Gebet der Kirche, Gott möge einen vom Bösen in ungewöhnlicher Weise bedrängten Menschen durch die Erlösungstat Jesu Christi befreien. Zu ihrer Erkenntnis ist in besonderer Weise die Gabe der Unterscheidung notwendig".[213]
Der Exorzismus wird entweder in direkter Anrede an den Teufel vollzogen oder in Form eines an Gott gerichteten Gebetes. Theologisch gesehen ist nach Mühlen auch der an den

Teufel direkt gerichtete Befehl ein Gebet zu Gott im Namen und Auftrag Christi, der allein Macht über "Mächte und Gewalten" hat. *"Theologisch* besteht zwischen der Anrede an den Teufel als 'Du' und einer an Gott gerichteten Bitte von den Einflüssen des Satans zu befreien, kein Unterschied".[214] Von daher tritt Mühlen aus pastoralen Gründen dafür ein, die direkte Anrede zu vermeiden, da ängstlichen Menschen auf diese Weise die Gegenwart eines "zweiten Subjekts" eingeredet wird und Aufspaltungstendenzen in der Person gefördert werden. Die alte Formel des Taufexorzismus lautete: "Ich beschwöre dich, du unreiner Geist, im Namen des Vaters und des Sohnes und des Heiligen Geistes: Fahre aus und weiche von diesem Diener (dieser Dienerin) Gottes". Auch an vielen Stellen des Neuen Testaments wird der Teufel mit Hilfe des Person-Worts "Du" angesprochen als stelle man sich ihn nach Art einer menschlichen Person vor. Nach den obigen Ausführungen zum Personbegriff ist dies aber nicht zutreffend. In den von der Römischen Gottesdienstkongregation überarbeiteten Gebeten des Taufritus 1972 ist die direkte Anrede vermieden worden. Mühlen erwähnt eines der Gebete, in dem der Exorzismus mit dem ihm wichtigen Anliegen innerer Heilung ver- bunden ist: "Herr Jesus, du bist die Quelle, nach der diese Bewerber dürsten... Voll Vertrauen öffnen sie ihre Herzen, bekennen ihre Schuld, *legen ihre verborgenen Wunden bloß.* Befreie sie liebevoll von ihrer Schwäche, heile sie in ihrer Krankheit, stille ihren Durst und schenke ihnen Frieden... *Befiehl dem bösen Geist,* den du durch deine Auferstehung besiegt hast".[215] In der Erneuerung ist das Bewußtsein für das Wirken dämonischer Mächte geschärft worden. Zugleich sieht Mühlen aber auch Übertreibungen des Dämonischen, die selbst dämonisch sind. "Der Teufel möchte nichts lieber als eine intensive Beschäftigung mit sich selbst, denn so kann er uns von Christus ablenken".[216] Ein unbedachtes und häufiges Reden über "böse Geister" hält Mühlen für schädlich.

In der römisch-katholischen Kirche wird zwischen dem "großen" und dem "kleinen" Exorzismus unterschieden. Der "große" Exorzismus, die Befreiung "Besessener" ist dem Bischof bzw. einem ausdrücklich von ihm beauftragten Priester vorbehalten. Wo Besessenheit angenommen wird, ist mit größter Sorgsamkeit vorzugehen. Erfahrene Ärzte und Psychologen sind zu Rate zu ziehen und es ist zu prüfen, ob die vorkommenden Phänomene nicht andere Ursachen haben. Für die Gebets- und Gemeindegruppen kommt diese Form des Exorzismus nicht in Frage. Dagegen findet Mühlen den "kleinen" Exorzismus, das "Gebet um Befreiung" angebracht und seelsorgerlich hilfreich. Die für *jeden* Taufbewerber gesprochenen "Gebete um Befreiung" können als Vorlage für die Tauferneuerung im Katechumenat für Getaufte dienen. Ein wesentliches Element dabei ist die Absage an den Satan. Die Gebete der Befreiung können in der Vorbereitung auf die Taufe *öffentlich* im Rahmen der Liturgie auch von einem beauftragten Katecheten gesprochen werden. Hier ist kirchenrechtlich zu unterscheiden zwischen der jedem Christen gegebenen *Vollmacht* und der *Ausübung* dieser Vollmacht, die abhängig ist von den Verantwortlichen der Kirche. - Das *"private"* Gebet um Befreiung kann mehrere Formen haben: a) das *Gebet des einzelnen für sich selber* (z.B.: "Erlöse *mich* von dem Bösen" oder: Weiche von mir, böser Geist, und gib Raum dem Heiligen Geist, dem Tröster"; dabei die konkrete Nennung der Ausprägung des Bösen ist möglich: "Weiche, Geist des Zorns,... der Ungeduld,... des Hochmuts" usw.); b) das *gemeinschaftliche Gebet einer Gruppe* (nach einem Prozeß gemeinschaftlicher Prüfung gemeinsam: "Weiche von uns, böser Geist, und gib Raum dem Heiligen Geist"); c) *Gebet um Befreiung für einen anderen.* Mühlen mahnt, sich im Blick auf eine zukünftige Pastoral des "Dienstes der Befreiung" um die alte Tugend der Maßes und der Ausgewogenheit zu bemühen. "Nichts ist gefährlicher als die dämonischen Mächte überhaupt nicht wahrzunehmen, nichts ist gefährlicher als eine übertriebene und übertreibende Beschäftigung mit ihnen. Beide Fehlhaltungen sind nämlich wiederum dämonischen Ursprungs. Die Mitte zwischen beiden Extremen kann nur der Heilige Geist Gottes selber der ganzen Kirche und in ihr dem einzelnen geben".[217]

Mühlen wendet sich gegen die "fundamentalistische" Tendenz, alles "Okkulte" auf den Einfluß dämonischer Kräfte zurückzuführen. So widerspricht er der Sicht des reformierten Pfarrers W.C. van Dam, der unter Absehen von dem geschöpflichen Zwischenbereich es für "unwahrscheinlich" hält, daß z.B. die Quelle magnetisierender Heilkräfte "göttlich" ist. Wahrscheinlicher ist diesem der dämonische Ursprung. Den bei aller wissenschaftlichen Untersuchung okkulter Phänomene bleibenden "unerklärbaren Rest" führt W.C. van Dam auf Dämonen zurück. Die Bibel leugne die Existenz dieser Phänomene nicht, verbiete aber die Betätigung entsprechender Fähigkeiten. Dagegen meint Mühlen: "Warum sollte es nicht grundsätzlich möglich sein, daß ein Mensch seine bioelektrische Ausstrahlung bewußt in den Heilsdienst der Kirche stellt und Gott bittet, er möge seine Befähigung in das "Charisma der Heilung" (vgl. I Kor 12,9.30) integrieren? Warum sollte man von vorneherein ausschließen, daß der Geist Gottes die Fähigkeit zum Vorauswissen in die Prophetengabe integrieren kann (...)? ... Wenn ein Mensch versucht, bewußt aus der Ganzhingabe an Gott zu leben, ihm alle Kräfte seines Geistes und seines Leibes übergeben hat, darf auch damit gerechnet werden, daß der Geist Gottes diese Kräfte läutert und intensiviert".[218] Allerdings bedarf es nach Mühlen *in jedem einzelnen Fall* einer sorgfältigen Prüfung mit der Bitte an Gott um die Verleihung der "Gabe der Unterscheidung der Geister".

Anzeichen des Bösen

Die Wirkweise des Heiligen Geistes ist prinzipiell deutlich unterschieden von der des bösen Geistes. Während der Heilige Geist als Geist der Wahrheit, des Vertrauens, des Lebens, der Liebe, der Selbsthingabe und der Freude Menschen mit Gott und untereinander verbindet, bewirkt der böse Geist das Gegenteil. Als Geist der Lüge, des Mißtrauens, der Vernichtung, des Hasses, der Ich-Betonung und des Unfriedens trennt er von Gott und voneinander. In der Lebenspraxis ist dieser Unterschied aber nicht immer so offensichtlich, weil das Böse zunächst ganz unscheinbar beginnt und sich erst nach und nach steigert und in seiner zerstörenden Wirkung offenbar wird.

Offenkundige Anzeichen des Bösen sind: 1) Die Versuchung, das Angebot Gottes zur Begegnung abzulehnen, Mißtrauen gegen Gott bis hin zur bewußten Leugnung der Existenz Gottes. 2) Feindselige Konfrontation, Haß und Vernichtungswille unter Menschen. 3) Der Zerfall menschlicher Beziehungen in Ehe und Familie mit seinen neurotisierenden Folgen ist ein Einfallstor des Bösen. 4) Tödliche Verzweiflung im Verhältnis des Menschen zu sich selbst, zerstörerische Ich-Betonung, verschiedene Formen von "Besessenheit".[219]

Schwer erkennbare Anzeichen sind: 1) Böse Folgen aus allerbesten Absichten, ohne daß der Mensch es zunächst bemerkt. Wo solches festzustellen ist, ist nach Mühlen das Wirken dämonischer Mächte zu vermuten.[220] 2) Übertreibung des Wahren und Guten. Der "Geist der Täuschung" verführt den Menschen dazu, das Gute und Wahre übertrieben zur Geltung zu bringen, und erreicht so negative Folgen aus besten Absichten. "Durch Übertreibung wird das Gute nicht besser und das Wahre nicht wahrer, sondern in sein Gegenteil verkehrt".[221] 3) Steigerung des Negativen. Der "Geist der Täuschung" verführt den Menschen weiter dazu, daß er sich so mit seinen charakterlichen Einseitigkeiten, negativen Lebenserfahrungen und inneren Verwundungen beschäftigt, daß er sich nicht der heilenden und befreienden Gnade anvertraut, sondern Gott mißtraut. Die Steigerung des Negativen kann sich äußern a) in einer Fixierung auf dasselbe, b) in einer Steigerung der Schattenseiten unserer Persönlichkeit und c) in einer Fixierung auf innere Verletzungen und Verwundungen. Gerade in den "Gehäusen" der negativen Aspekte der Persönlichkeit und den inneren Verwundungen "wohnen" die widergöttlichen Mächte.[222]

Die Echtheit geistlicher Erfahrung

Da der Geist Gottes im, am und durch den menschlichen Geist wirkt, können Selbsterfahrung und Geist-Erfahrung *nicht genau und mit Sicherheit* unterschieden werden. Deshalb muß in einem Prozeß der Unterscheidung gefragt und geprüft werden, ob Impulse, Worte, Vorgänge oder Handlungen ihren Ursprung eher in Gott oder mehr im Menschen haben, oder ob gar Einflüsse des Bösen zu vermuten sind.

H. Mühlen sieht die Schriften der großen Meister wie Thomas von Kempen, Ignatius von Loyola, Hildegard von Bingen, Theresia von Avila u.a. als große Hilfe zur

Einübung in geistliches Leben und die "Unterscheidung der Geister".[223] Gleichwohl bemängelt er die *individualistische Verengung des Verständnisses der Geist-Erfahrung und der "Unterscheidung der Geister"* in der Tradition. Es geht um mehr als um den Heilsweg des Einzelnen. Geist-Erfahrung ist primär "Wir-Erfahrung". Von daher hält Mühlen auch die gegenwärtig vorliegende Literatur für die konkrete Arbeit für wenig hilfreich.[224] Die in der Tradition gewonnenen Kriterien müßten nach Mühlen noch einmal ganz neu vom Wir-Ansatz her reflektiert werden.

In den verschiedenen Veröffentlichungen legt Mühlen ein Raster von Grundkriterien bzw. einen Fragenkatalog zur Feststellung der Echtheit geistlicher Vorgänge und Erfahrungen vor. Zur Anwendung der Kriterien hat Gott *der ganzen Kirche* und in ihrem Rahmen dem einzelnen ein geistliches Gespür, den "sensus fidei", gegeben. Aus diesem heraus wird ein Urteil möglich, das geistliche Wahrnehmungen in den Gesamtzusammenhang von Kirche stellt.

Grundkriterien

Vorgegebener Maßstab jeglicher Prüfung ist *das Wort Gottes und dessen Auslegung in der Lehre der Kirche.*[225] Wohl sind auch charismatische Äußerungen vom Heiligen Geist eingegeben, aber "alle Kirchen halten daran fest, daß *nur* die Glaubensaussagen der Bibel *absolut sicher und zuverlässig* sind".[226] Der vorgegebene Maßstab der Schrift und der Kirchenlehre enthält drei grundlegende Gruppen von Kriterien, die sich gegenseitig ergänzen und durchdringen:

1) *Inhaltliche* Kriterien

Mit Verweis auf Röm 12,6 ("Hat einer prophetische Rede, dann rede er in *Übereinstimmung mit dem Glauben*") und I Joh 4,2 (Bekenntnis zu dem ins Fleisch gekommenen Christus) hält Mühlen fest: "Eingebungen des Heiligen Geistes vollziehen sich immer in dem vorgegebenen Rahmen der biblischen Glaubensaussagen"[227] und sind deshalb an der geoffenbarten Wahrheit zu messen. - Weil geistliche Gaben nicht Privatsache des einzelnen sind, sondern der ganzen Kirche gehören, ist nach Mühlen weiter zu folgern: "Wenn... jemand... nicht bereit ist, seine Geisterfahrung dem geistlichen Urteil der ganzen Kirche zu unterwerfen, dann ist dies ein sicheres Kennzeichen dafür, daß er *mehr* (oder ganz) seinen eigenen Antrieben folgt, als dem Heiligen Geist".[228]

An anderer Stelle nennt Mühlen mit Verweis auf I Kor 12,3 als erstes objektives Merkmal der Unterscheidung die *Hinführung zu Christus und zur Kirche.*[229] Auch den *"Dienst am Aufbau der Gemeinde"* bzw. *"...von Kirche und Welt"* kann Mühlen als eines der grundlegenden bzw. das grundlegende Kriterium der Geist-Erfahrung bezeichnen.[230] Das Gegenteil von Aufbau ist Spaltung. Wo es dazu kommt, ist sicher nicht der Heilige Geist am Werk.

H. Mühlen betont, daß die charismatische Erneuerung nicht nur dem Aufbau der Kirche dient, sondern auch dem Aufbau und der Neuordnung der Welt.[231] Diese Akzentuierung des Sozialen und Politischen will individualistische und innerseelische Engführungen überwinden.

2) *Personale* Kriterien

Mit Hilfe personaler Kriterien kann die Übereinstimmung der Grundhaltung von Personen, die an geistlichen Vorgängen beteiligt sind, mit der Haltung und Gesinnung Jesu erschlossen werden.

Dabei ergibt sich bereits aus dem Begriff des Charismas als Dienstgnade, daß Charismen nur in der *Grundhaltung des Dienens* ausgeübt werden können. Dienstgesinnung war auch ein "unterscheidender" Wesenszug Jesu (Mk 10,45). "Die Echtheit charismatischer

Vollzüge zeigt sich deshalb darin, daß durch ihre Ausübung nicht das Ansehen der eigenen Person gesucht, sondern diese Haltung Christi spürbar wird".[232]

Personale Kriterien ergeben sich aus der Gestaltwerdung der "*Frucht des Geistes*" im Leben eines Menschen (Gal 5,22). Das Maß, in welchem Christus in ihm Gestalt gewonnen hat, ist Kennzeichen für die Echtheit charismatischer Vorgänge. Dies ist nicht an den Charismen selbst ablesbar, die auch plötzlich, unabhängig von geistlicher Reife, über einen Menschen kommen können. - An erster Stelle nennt Mühlen mit Paulus die *Liebe* als Grundkraft der Selbstweggabe,[233] die mehr ist als seelische Bewegtheit, die zum Zeugnis drängt, ohne fanatisch und ungeduldig zu machen, von der jegliche charismatische Äußerung getragen und durchformt sein muß. "Die Liebe ist nicht ein Charisma unter anderen Charismen, sondern die bewegende Dynamik in ihnen".[234] - Weiter nennt Mühlen die *Freude* als Ganzheitserfahrung, die auch die Erfahrung von Leiden mit einschließt und nicht solistisch ist, sondern als "soziale" Erfahrung die anderen Menschen mit einbezieht. Sie ist als Geschenk Gottes begleitet von Dankbarkeit und Gehorsam und verkündigt durch ihr Überströmen.[235] - *Friede*, der aus der Ordnung kommt, aus der Übereinstimmung mit dem Willen Gottes und mit anderen Menschen, nennt Mühlen als drittes Kriterium. Dieser Friede ist nicht lediglich Gemütsbewegung, sondern Folge der Hingabe an den Willen Gottes. Unruhe, Hin- und Hergerissensein und Verwirrung sind Hinweis auf untergründige Verweigerung gegenüber dem Heiligen Geist. Der Friede als 'Frucht' des Geistes steht nicht am Anfang des Christseins, er ist Folge der Auseinandersetzung mit den widergöttlichen Mächten und Zeichen des Sieges Christi. "Er bleibt uns auch dann erhalten, wenn wir äußerlich Konflikte und Widerstand erleiden".[236] Das Ereignis der charismatischen Erneuerung kann auch als "Verkündigung durch Frieden" charakterisiert werden.

Für Mühlen stehen diese Kriterien nicht gegen die Charismen. Frucht und Gaben sind einander vielmehr zugeordnet: "Charismen und 'Frucht des Geistes' ergänzen sich gegenseitig: Charisma ohne Liebe, Freude und Friede dient nicht der Auferbauung, sondern führt zu schwärmerischem Enthusiasmus und zur Spaltung (vgl. 1 Kor 13,1-3). Andererseits bleiben Liebe, Friede und Freude ohne missionarische Anziehungskraft, wenn der Mensch sie gleichsam für sich selbst verbraucht und nicht von Gott für andere in Dienst nehmen läßt".[237]

3) *Modale* Kriterien

Auch an der Art und Weise, wie Worte, Impulse oder Handlungen in der jeweiligen Situation in Erscheinung treten und empfunden werden, an den "personalen Reaktionen" kann Echtheit festgestellt werden. Zeichen für Echtheit ist die Wahrnehmung von: "Freude, Friede, Freiheit; Klarheit, Ernst, Betroffenheit; das Bewegtwerden zu Anbetung, Dank, Lobpreis".[238] Dagegen sind "Bedrückung, Niedergeschlagenheit, Verkrampfung; Verwirrung, Belanglosigkeit, Befremden; Unruhe, Distanz, Lähmung" Hinweise auf Unechtheit.[239] Im gemeinsamen Austausch über die Eindrücke bei einem geistlichen Vollzug kann Klarheit gewonnen und die Unterscheidung praktiziert werden.

Zur Feststellung der Echtheit geistlicher Vorgänge und Erfahrungen im einzelnen überführt Mühlen die Kriterien in *Hauptfelder der Prüfung* und strukturiert diese, indem er in einem kontrastierenden Raster nach *positiven oder bedenklichen Wirkungen* von Antrieben, Worten oder Handlungen fragt.[240] Felder, in denen Mühlen die Unterscheidung konkretisiert, sind: 1) Hingabe an Gott; 2) Liebe zur Kirche; 3) Dienst am Mitmenschen und in der Gesellschaft; 4) Nachfolge Jesu im Alltag; 5) Freude und Friede im Heiligen Geist.

Zu 1) *Hingabe an Gott*: Führen Impulse zur Hingabe, oder erzeugen sie Angst und Mißtrauen gegen Gott? Geschehen sie in aktueller Abhängigkeit von Gott, oder mehr im Vertrauen auf eigene Fähigkeiten und Methoden?

Zu 2) *Liebe zur Kirche*: Sind Impulse, Worte, Handlungen getragen von der Liebe zur Kirche, oder wird ein gestörtes Verhältnis zu ihr spürbar? Stimmen sie mit der "gesunden Lehre" überein, oder widersprechen sie der Bibel und dem Lehramt? Fügen sie sich ein in das Ganze des Leibes Christi, oder wird eine oder mehrere Grundwirkungen des Geistes: Wort, Sakramente, Amt, Charismen in den Hintergrund gedrängt? Bewirken sie den Aufbau der Gemeinde, oder feindselige Polarisierung und Spaltung? Sind Zusammenkünfte geprägt von Verkündigung, Gebet, missionarischen und diakonischen Impulsen, oder überwiegen Sympathien, menschliches Zusammengehörigkeitsgefühl, Gruppendynamik, menschliche Spannungen? Ist notwendige Kritik von geistlicher Vollmacht gekennzeichnet, oder von innerer Verletztheit, Resignation, Rechthaberei und Geltungsstreben?

Zu 3) *Dienst am Mitmenschen und in der Gesellschaft*: Ist die Art und Dienstgesinnung des Herrn erkennbar, oder die Tendenz zur Selbstdarstellung? Wird die Zuwendung zu allen Menschen in Vertrauen und Liebe gefördert, oder wird verengt und fanatisiert? Wird das Gespür für das Unrecht geweckt, das anderen widerfährt, oder werden die Augen dafür verschlossen? Wird zur Mitarbeit an einer gerechteren Gesellschaftsordnung und zum Kampf gegen Unrecht und Unterdrückung motiviert, oder zieht man sich zurück in selbstzufriedene Privatheit? Kommt die Gesellschaftskritik aus der Anbetung Gottes, oder ist sie rein innerweltliche Aktion?

Zu 4) *Nachfolge Jesu im Alltag*: Werden lediglich seelische Bewegtheit und oberflächliche Gefühle ausgelöst, oder erwächst bleibende Frucht und Bewährung im Alltag? Wird zur Wahrnehmung der Verpflichtungen in Familie, Beruf und Gesellschaft ermutigt, oder zur Suche nach außergewöhnlichen Erlebnissen und Phänomenen und zur Flucht aus der Wirklichkeit und den Enttäuschungen des Lebens verführt? Wirkt Geist-Erfahrung sich in alle Lebensbereiche hinein aus, oder führt sie zu einem geschlossenen Gruppenmilieu, zur Trennung von Alltag und "religiösem" Bereich?

Zu 5) *Freude und Friede im Heiligen Geist*: Lösen Antriebe, Worte oder Handlungen Gelassenheit, Klarheit, Betroffenheit, Befreiung, Frieden und geistliche Freude aus, oder stiften sie Unruhe, Verwirrung, Verkrampfung, Lähmung, Bedrückung und Niedergeschlagenheit? Zeigt sich die Grundhaltung selbstloser Liebe; der Freude, die auch das Leid umgreift; des Friedens, der aus der Übereinstimmung mit dem Willen Gottes kommt; der Sanftmut, die dazu befähigt, eigene Begabungen, Grenzen und Schattenseiten anzunehmen und nicht anders sein zu wollen, als man in Wahrheit ist? Lautet die Grundfrage: was dient zum Aufbau? oder: wie fühle ich mich, wenn ein anderer einen Dienst tut?

Das Verfahren der Unterscheidung

Die Gabe der Unterscheidung ist nach römisch-katholischem Verständnis eine Gabe der ganzen Kirche. Weil in schwerwiegenden Fällen die menschliche Kraft und geistliche Gabe des einzelnen in der Entscheidungsfindung überfordert ist, müssen andere an diesem Prozeß mitwirken. Nach Mühlen ist die Gabe der Unterscheidung zwar in erster Linie denen gegeben, die mit der Leitung betraut sind, aber auch der Leitende ist in seinem Dienst auf die Geistesgaben der anderen angewiesen. Dies kam darin zum Ausdruck, daß von Anfang an die Christen zu einem Konzil zusammenkamen, wenn es um das Ganze der Kirche oder ihre Zukunft ging. Diese wesenhaft "konziliare" Struktur zeigt sich immer, wenn Christen sich versammeln, nicht nur auf den großen ökumenischen Konzilien.

Zur Unterscheidung und Entscheidungsfindung schlägt Mühlen nun vor, daß man *je nach dem betroffenen Personenkreis* (Gebetsgruppe, Gemeinderat, Räte und Gremien der Diözesen, Landeskirchen usw.) zu einem kleinen "Konzil" zusammenkommt. Der Ablauf einer "charismatischen" Unterscheidungsfindung in der kleinen Gruppe oder einem kleineren Gremium kann dann folgendermaßen aussehen: Nach der kurzen Darlegung des Problems durch den Leiter folgt eine Gebetsstille von 15-20 Minuten, in der jeder Anwesende sich selbst und seinen Willen an Gott ausliefert, die Angelegenheit vor Gott ausbreitet und um Einsicht, Erkenntnis und Weisheit bittet. Anschließend werden dann die empfangenen Eindrücke und Erkenntnisse dem Kreis mitgeteilt, ohne Kommentierung und Diskussion. Der Leiter kann versuchen, übereinstimmende Meinungen zusammenzuordnen. Wenn Differenzen zwischen den Aussagen bleiben, schließt sich weiteres schweigendes Gebet an, in dem der einzelne das, was er gerade gehört hat, durchdenkt und durchbetet und prüft, ob er seine Meinung ändern, korrigieren oder anders ausdrücken muß. Dieser Vorgang kann öfter nötig sein. In diesem Prozeß haben auch das ordnende Bedenken und Besprechen, Analyse, Diskussion und sachliche Argumentation ihren Raum. Aber nicht menschliche Durchsetzungskraft sollte das Feld behalten, da es doch gerade darum geht, daß die eigenen Antriebe von denen des Heiligen Geistes unterschieden werden. Der Geist Gottes soll Raum gewinnen und die Führung übernehmen, und alle sollen innerlich dem Ergebnis zustimmen können.[241]

Bei charismatischen Vollzügen ist das Charisma der Unterscheidung zunächst von denen auszuüben, die bei einem geistlichen Vorgang anwesend sind. Die Personen, an die ein geistlicher Impuls ergeht, haben als erste die Pflicht zur Prüfung. Weiter sollten dann reife Christen im Umfeld, bzw. die für die Ortskirche Verantwortlichen, zu Rate gezogen werden.[242]

Die oben skizzierte Art der Entscheidungsfindung bezieht sich auf Fragen, die die jeweilige Gruppe betreffen, nicht aber grundlegende Glaubensfragen. Hier gilt nach katholischem Verständnis, daß die Gesamtheit der Gläubigen, wie sie in einem ökumenischen Konzil in Erscheinung tritt, die Salbung hat und im Glauben nicht irren kann. Die letzte Verantwortung für die charismatische Gemeindeerneuerung tragen nach der "Konstitution über die Kirche", Art.12,2 des II. Vatikanum die Bischöfe als Repräsentanten der ganzen Kirche. Dem Urteil der Kirche müssen sich charismatische Gruppen unterordnen. Nicht zuletzt darin, daß einzelne und Gruppen ihre geistlichen Erfahrungen dem Urteil der ganzen Kirche unterwerfen, wird sich nach Mühlen die Katholizität charismatischer Gruppen zeigen.[243]

3.5 Würdigung und Kritik

3.5.1 Der pneumatologische Ansatz: Der Heilige Geist als das "Wir" in Person

H. Mühlen entfaltet seine Pneumatologie und seine Überlegungen zur Charismatik streng trinitarisch von der Erfahrung des Heiligen Geistes als Wir-Gestalt aus. Er bringt mit seinem trinitätstheologischen und ekklesiologischen Ansatz Bewegung in die Reflexion dieser Topoi. Die Geschlossenheit seines Konzeptes beeindruckt.

Mühlen unterstreicht, daß Pneumatologie nicht ein Traktat neben anderen sein kann. Er will keine materiale Pneumatozentrik komplementär z.B. zur Christozentrik hinzufügen, sondern deutlich machen, daß Pneumatologie das formale Strukturprinzip der gesamten Theologie darstellt. Ähnlich wie K. Barth schlägt er vor, die Theologie neu zu strukturieren und die dogmatischen Traktate in anderer Reihenfolge zu behandeln: Ekklesiologie, Christologie, Trinitätslehre, Schöpfungslehre, Gnadenlehre, Sakramentenlehre, Eschatologie.[244]

Grundlegend ist Mühlens beständiges Hinweisen auf die Gegebenheit, daß - wie eigentlich im Blick auf jegliche theologische Aussage - auch "über" den Heiligen Geist nur "in" diesem selbst gesprochen werden kann.[245] Gerade hier geht es um ein "Kennenlernen im Umgang", um ein Erkennen als "Wissen aufgrund eigener sinnlicher Anschauung und Begegnung", um ein "reflektierende Erfahrung der Erfahrung".

Durch folgende *Anfragen* an Mühlens pneumatologisches "Wir-Konzept" sei auf einige kritische Aspekte aufmerksam gemacht:

1) Das "Wir-Konzept" scheint uns - bei berechtigter Betonung des "sozialen" Aspektes - zugleich dahingehend gefährdet zu sein, daß es den Aspekt der Personalität überlagert. Wird nicht die unaustauschbare Individualität bzw. "Personalität", die Wirklichkeit des je eigenen Wollens des Gemeinsamen der zu unterscheidenden "Personen" der Trinität abgeblendet? Ist das Gleichgewicht der paradoxen Zuordnung von Einheit und Dreiheit, Wirheit und Je-Besonderheit nicht verschoben? Die Ostkirche wird das "Wir-Konzept" wohl zurecht kritisch anfragen und innertrinitarisch die Gefahr der Einführung eines "Impersonalismus" in die Gotteslehre sehen, wie er dem Westen insgesamt vorgeworfen wird (Filioque; Heiliger Geist als "Wir"; als Relation)?[246]

2) In der anthropologischen Analogie, von der Mühlen ausgeht, scheint uns die Wir-Konstituiertheit des Menschen überbetont zu sein, gestaltet sich Menschsein doch vom vorgegebenen "Wir" her zum bewußten "Ich" und erst von diesem aus dann zu einem *bewußten "Wir"*. Auch in der Anthropologie, so scheint uns, sind "Wir" und "Ich" - ohne Unter- oder Überordnung bzw. wertende Vorordnung in einem unauflösbaren Paradox *einander zuzuordnen*, unbenommen von Entwicklungsstufen bzw. Prozessen der Selbst- und Wir-Bewußtwerdung und der Anerkennung der Vorgegebenheit des Wir. Freier Gehorsam und Hingabe sind doch nur denkbar als Akte eines sich selbst bewußtgewordenen Ich.

3.5.2 Die Überlegungen zur Erneuerung der Kirche

Für die volkskirchliche Wirklichkeit enthält Mühlens Pastoralmodell unter dem Gesichtspunkt der *"Gemeindefähigkeit"* eine Vielzahl von Anregungen und gangbaren Wegen zur Erneuerung des christlichen Lebens in unserem Land. Stärken seiner Überlegungen zur gegenwärtigen Situation sind:

1) Die Herausarbeitung der *Umkehrgestalt* der Geisterfahrung und der *Entscheidungsdimension* des Glaubens sowie die daraus folgende *Notwendigkeit der Neu-Evangelisierung*. Angesichts des gegenwärtigen Traditionsabbruchs bringt Mühlen neutestamentliche Kategorien ins Spiel und bricht volkskirchliches Besitzstandsdenken auf, ohne grundsätzlich mit den gewachsenen großkirchlichen Strukturen zu brechen.

2) Die Herausarbeitung der *pneumatisch-charismatischen und missionarischen Dimension von Kirche und Christsein* als Anteilhabe an der Salbung Jesu durch den Geist und der Fortführung seiner Sendung. Mühlen stärkt mit der Einbeziehung der Charismen als notwendige Dienstgaben des einzelnen für das Ganze den Gemeinschaftscharakter der Kirche. Wichtig ist auch seine Betonung der kleinen erneuerten Zellen, über die der Weg zur Erneuerung des Ganzen führt.

3) Mit der Betonung der *sozialen* und auch *politischen Komponente* wirkt Mühlen einer nur-innerlichen Frömmigkeit entgegen. Mit seinem anti-elitären und anti-enthusiastischen Verständnis von Charisma wehrt Mühlen Lehren und Praktiken ab, die die Grundspiritualität der Kirche abwerten oder in Frage stellen könnten. Mühlen bejaht das Charismatische und sieht die Erneuerungsbewegung als eine von Gott geschenkte Gnade an, zugleich grenzt er sich gegen ungebundene freikirchlich-pfingstlerische Einflüsse ab.

Wenn Mühlen die Geisterfahrung als Wir-Erfahrung im a priori der Kirche beschreibt und so die objektive und die subjektive Seite des Glaubens, die persönliche Umkehr mit der Sakramentstheologie, miteinander verbindet, begegnet er damit subjektivistischen Verselbständigungen. Andererseits stellen Kritiker aus den Reihen der Erneuerung wohl nicht ganz zu Unrecht die Frage, ob durch die starke Einbindung des Charismatischen und die Zurückdrängung enthusiastischer Züge nicht auf die Länge hin dieses zu sehr domestiziert und verkirchlicht wird. Muß es nicht durch die "Einschmelzung" in das Ganze der katholischen Tradition und ein volkskirchliches Pastoralmodell sein Spezifikum und seine Dynamik verlieren?

4) Hilfreich und weiterführend für das Gespräch könnte Mühlens *Differenzierung von "rechtfertigender" und "charismatischer" Gnade,* zwischen Grundgnade und Dienstgnade im Zusammenhang mit einem Wachstum in der Gnade, sein. Zur Einordnung evangelischer-seits bietet sich hier die reformatorische Figur der Unterscheidung und Zuordnung von Rechtfertigung und Heiligung an. Beide sind nicht voneinander zu trennen, aber doch zu unterscheiden. Evangelische Theologie wird die Vorordnung der Rechtfertigung festhal-ten und damit die Unterscheidung von Totalaspekt und Partialaspekt. Die Rechtfertigung aus Gnade allein um Christi willen durch den Glauben ist ein Totalgeschehen, ein Akt vom "extra nos" her, eine völlige Gerechtsprechung durch Gott, und eben deshalb gibt es Heils-"Gewißheit" als Geschenk und Wirkung des Wortes. Für die Heiligung ist das prozeßhafte Voranschreiten und damit der Partialaspekt kennzeichnend. Aus diesem Grund kann es von der Heiligung her keine absolute Gewißheit geben. Gleichwohl wird Lebensverände-rung und Gehorsam eine Auswirkung der Grundgnade sein und kann ein begleitendes Zeichen, ein Hinweis auf diese sein. Dies könnte analog auch auf die Charismen ange-wandt werden, für die weniger der Aspekt der privat-individuellen Heiligung als vielmehr der des sozial ausgerichteten geistlichen Dienstes kennzeichnend ist.

3.5.3 Die Überlegungen zur Unterscheidung der Geister

H. Mühlen reflektiert die Frage der Unterscheidung der Geister von seinem "wir"-haften Personverständnis her. Dabei arbeitet er die konstitutive "Vermitteltheit" jeglicher Geisterfahrung heraus und lehnt die Vorstellung einer "unvermittelten Unmittelbarkeit" ab. Damit kommt zugleich die menschliche Komponente an Geisterfahrungen und Geistäuße-rungen in den Blick. Die scharfe Antithese "nur" göttlich oder "nur" dämonisch, wie sie in Traditionen vorkommt, die die Unmittelbarkeit der Gottesbeziehung betonen, übersieht die menschliche Seite bzw. veranschlagt sie zu gering. Hier bedeuten Mühlens Überle-gungen eine wichtige Erinnerung, nicht zu schnell ein "Entweder-Oder"-Urteil zu fällen und die Untersuchung des Menschlichen in einem geistlichen Vollzug zu vernachlässigen.

Mit der Aufteilung der drei zu unterscheidenden "Geister" (menschlich, göttlich, dä-monisch) folgt Mühlen einer alten Tradition der aszetischen Theologie. Das Besondere bei ihm ist die Deutung vom "Wir-Konzept" her.

Die Struktur der "Vermitteltheit" ist die Ursache dafür, daß Erfahrungen immer eine menschliche Komponente enthalten, damit zweideutig sind und der Interpretation und Be-urteilung bedürfen. Eine absolute Gewißheit in der Beurteilung kann es für Mühlen nach der katholischen Tradition nicht geben. Das Urteil über einen geistlichen Vorgang kann immer nur komparativisch sein: "'Mehr' menschlich als göttlich", oder: "'Eher' dämo-nisch" u.ä. Diesem komparativischen Werten, das sein Recht hat und pauschaler Dämoni-sierung bzw. pauschaler göttlicher Verklärung wehrt, stehen andererseits neutestament-liche Aussagen gegenüber, die ein klares Entweder-Oder beinhalten. So erkennt z.B. Paulus (vielleicht nach einem Prozeß des Klarwerdens) in Philippi in der Sklavin, die ihnen nachläuft und nachruft, dämonische Kräfte, spricht den Wahrsagegeist direkt an und treibt ihn aus (vgl. Act 16,16-18). Der These Mühlens, daß (prinzipiell) nur ein graduelles Urteil möglich sei, steht der neutestamentliche Befund entgegen, der auch das Anathema kennt (Gal 1,8f), um Exorzismus weiß und um Ausschluß aus der Gemeinde (I Kor 5,5; II Joh 8-11). Sicher steht alles menschliche (Be-)Urteilen und Unterscheiden unter eschatolo-gischem Vorbehalt, aber greift nicht gerade hier das Charisma der Unterscheidung, bei aller möglichen Fehlsamkeit und seiner Einordnung in die Gesamtfunktionen des Leibes und in die Gesamtheit der Charismen?

Die Zurückhaltung Mühlens, im Blick auf Satan und die Dämonen einen naiven, vermenschlichten Personbegriff zu gebrauchen, ist berechtigt.[247] Andererseits darf dies nicht zu einer Verharmlosung des Bösen und der Kampfsituation des Christen in dieser Weltzeit führen. Vom biblischen Befund her sind hier Anfragen an die Ausfolgerungen des "Wir-Konzeptes" zu stellen. Es ist konsequent, wenn Mühlen von seinem Ansatz her das Dämonische als Negation des Wir-Aspektes und als Selbstbezogenheit charakterisiert. Beschreibt aber die Kennzeichnung des Bösen als Negation von Beziehung scharf genug die Tiefe der Bosheit, wo es doch schon im menschlichen Bereich "Gemeinschaft" des Bösen gibt? Es scheint uns nicht erlaubt, das konkrete Schriftzeugnis von einem eher philosophischen Theorem her einzuebnen, spricht doch Christus von einer "sozialen" Gliedertheit des Bösen (Mt 12,25f), und weisen andere Stellen auf eine bewußte Negativ-"Gemeinschaft" des Satanischen (Mt 25f), ja eine Art Anti-Trinität (Apk 13). Es gibt Zusammenrottung des Bösen, gezielte, gewollte, "gemeinsame" destruktive Aktion und Auflehnung gegen Gott und sein Reich.[248] Ein "personales" Moment bei den Mächten des Bösen ist zumindest in dem Sinn gegeben, "daß sie als ansprechende und ansprechbare Wesen von Intelligenz und Wille erfahren werden, daß sie als ein intentionales, rationales und voluntatives Gegenüber begegnen".[249] Nicht immer begegnen sie dabei als Individuen, sondern auch als "Exemplare einer Gattung", als "Vertreter eines Kollektivs", die als Macht, Kraft, Gewalt wesen.[250]

In seinen Ausführungen zum Pastoral der Befreiung versucht Mühlen, einen *Mittelweg zwischen massiven dämonistischen Vorstellungen und radikaler Entmythologisierung* der Frage des Bösen zu beschreiten. So kann er einerseits tiefenpsychologische Interpretationsmuster aufgreifen und andererseits an der übermenschlichen Wirklichkeit des Bösen festhalten.[251] Sein von der Tiefenpsychologie beeinflußtes Verständnis der "Einwohnung" des bösen Geistes im Menschen (und zwar in jedem) hat ein relatives Recht (vgl. Mk 7,21-23; Röm 7,17.21). Aber diese muß doch wohl deutlich unterschieden werden vom Zustand der Besessenheit und den Exorzismen, die im Neuen Testament berichtet werden. Wenn Mühlen die Vorstellungen hinter den Berichten von Dämonenaustreibungen als eine zeitbedingte, "damalige Form medizinischer Diagnose" bezeichnet und ablehnt, wird er dem biblischen Befund nicht gerecht. So pauschal, wie er es darstellt, werden die Krankenheilungen gerade nicht als Teufelsaustreibungen bezeichnet. Wohl gibt es fließende Übergänge, in denen Krankheiten als von Dämonen verursacht erscheinen, andererseits aber werden Exorzismen und Therapien in den Aufzählungen gerade getrennt erwähnt.[252] Berechtigt ist Mühlens Bemühen, extremen dämonistischen Deutungen und leichtfertiger Behauptung von Besessenheit entgegenzuwirken.

In der Bewertung paranormaler Fähigkeiten macht sich eine grundlegende Differenz in der Erbsündenlehre zwischen katholischer und evangelischer (und mehr noch: evangelikaler) Theologie bemerkbar. Nach katholischer Lehre ist die gefallene Natur des Menschen zwar durch die Sünde gestört, aber sie ist nicht grundsätzlich der Sünde unterworfen. Daraus ergibt sich eine neutral offene, wenn auch nicht unkritische Haltung gegenüber paranormalen Phänomenen und Begabungen. Evangelischerseits sieht man die menschliche Natur durch die Sünde als vollends verdorben und unfähig zum Guten an.[253] Diese Grundentscheidung zusammen mit dem Kampf gegen Götzendienst und den Mißbrauch okkulter Kräfte im Alten und Neuen Testament auf dem Hintergrund des ersten Gebotes sind die Gründe für die scharfe Abgrenzung und Abwehr im evangelikalen Bereich.[254] Dies liegt in der Linie der Gesamttendenz evangelischer Theologie, die von Luther und Calvin her sich eher polemisch-exklusiv, prophetisch abgrenzt, während katholische Theologie und Praxis eher inklusiv, integrativ anknüpft. - Im Blick auf Zauberei, Wahrsagerei und Götzendienst, Dämonen und dämonische Kräfte kann es nach dem Zeugnis der Schrift aber doch wohl keinerlei Gemeinschaft bzw. Vermischung und damit weder Anknüpfung noch "Heiligung" geben (vgl. etwa Dtn 18,9-14; II Kor 6,14-16; Gal 5,20f).

B.4

"DER GEIST MACHT LEBENDIG!" (Joh 6,63)
(Katholische Charismatische Erneuerung[1]
in der Bundesrepublik Deutschland)
Charismatik und Unterscheidung in der kirchenamtlich bestätigten
theologischen und pastoralen Selbstdarstellung

In dem offiziellen Grundlagenpapier der Charismatischen Erneuerung im Bereich der Deutschen Bischofskonferenz "DER GEIST MACHT LEBENDIG" kehren die bisher aufgezeigten theologischen Grundlinien zur Einordnung und Beurteilung des Enthusiastisch-Charismatischen wieder. Dieses von der Vollversammlung der Bischofskonferenz am 12.3.1987 als "Grundlage für die weitere Arbeit" bestätigte Papier hat eine doppelte Zielsetzung. Zum einen soll es von der geistlichen Erneuerung erfaßten katholischen Christen "eine Hilfe für ihr Leben bieten, ihre Dienste für Kirche und Gemeinde fördern und Fehlentwicklungen vermeiden oder korrigieren helfen".[2] Darüber hinaus will es eine authentische Darstellung der Bewegung in der Bundesrepublik geben und denen zur Urteilsbildung dienen, die ihr begegnen.[3]

Während H. Mühlens Konzept und Grundlagenpapier vom Anliegen der Erneuerung der Gesamtpastoral geprägt ist, stellt das Papier DER GEIST MACHT LEBENDIG auf Wunsch der deutschen Bischöfe stärker die spezifische Eigenart des charismatischen Aufbruchs heraus und ist straffer gefaßt.[4] Mit der Anerkennung der "Theologisch-Pastoralen Orientierung" durch die Bischofskonferenz hat ein wichtiger Abschnitt der Entwicklung der Charismatischen Gemeinde-Erneuerung in der Bundesrepublik einen klärenden Abschluß gefunden. Diese Konsolidierung wird als Grundlage für ein weiteres Wachstum der Bewegung im Rahmen der Kirche gesehen. Mit der Bestätigung dieses Papieres ist auch eine offizielle kirchliche Anerkennung und Wertschätzung ausgesprochen.

Die Unterschiede im Ansatz und Anliegen der beiden Papiere sind gleichwohl umgriffen von gemeinsamen katholischen Fundamentalkategorien. Vieles, was hierzu bereits H. Mühlen ausführte, gilt auch für die spezifischer ausgeprägte Gestalt der Katholischen Charismatischen Erneuerungsbewegung.

Verlautbarungen aus der Weltkirche zum Gesamtphänomen oder zu Teilaspekten der Charismatischen Bewegung lassen sich ohne größere Schwierigkeiten in die Grundlinien des Papieres einfügen.[5] Die Gemeinsamkeiten sind größer als die nuancenhaften Akzentunterschiede. Gleiches gilt für Einzelveröffentlichungen (vgl. hierzu die ausführlichen Anmerkungen).

Insgesamt wird im Lauf der Entwicklung die Einschätzung der Charismatischen Erneuerung durch die Kirchen immer positiver. Ihr Beitrag für das geistliche Leben des einzelnen, für die örtliche Gemeinde und die Gesamtkirche wird anerkannt. Man versucht, sie pastoral zu integrieren und kirchenfremde, nicht integrierbare Lehrelemente und Praktiken zu korrigieren und zurückzudrängen. Die kirchlichen Zuordnungen und Zuständigkeiten werden nicht aufdringlich, aber deutlich, in Erinnerung gerufen. Es wird hingewiesen auf die Notwendigkeit solider, katholischer Lehrunterweisung und die Heranbildung einer guten Leiterschaft. Priester und Theologen werden ermutigt, sich in der Bewegung zu engagieren.

4.1 Worum es in der charismatischen Erneuerung geht

In dem Papier DER GEIST MACHT LEBENDIG, dem wir nun entlanggehen, stellen die Autoren das an den Anfang, was katholische Christen in der Erneuerungsbewegung verbindet und was sie als ihren speziellen Beitrag für das gemeinsame Leben der Kirche sehen: eine neue Erfahrung der Kraft Gottes und eine tiefere Christusbegegnung.

4.1.1 Lebendige Gottesbeziehung[6]

Inhaltlich geht es in der Erneuerung um eine persönliche, lebendige Gottesbeziehung, um eine Erfahrung der Kraft und Liebe Gottes als grundlegendes Zum-Glauben-Kommen oder als Bestärkung auf dem Weg der Nachfolge. Die bewußte Annahme der Rettungsgnade und die Annahme der Charismen als Dienstgaben bilden die beiden Schwerpunkte der "charismatischen" Erfahrung. Die neue Gottesbeziehung äußert sich in einer bis dahin nicht gekannten Weise in Anbetung, Dank, Lobpreis und Liebe zu Gott. Weiter werden ein tieferes Verstehen des Wortes Gottes und ein innigerer Umgang damit, ein neues Bewußtsein der Führung durch Gott im Alltag und eine Vertiefung persönlicher Beziehungen bezeugt. In einer neuen Weise erwache auch ein Sinn für die Kirche und die Sakramente, und die Kraft des Geistes stärke für die Aufgaben in Beruf und Gesellschaft. Das "persönliche Pfingsten", als das viele die Erneuerung erleben, hat bei einigen einen starken Durchbruchscharakter, bei anderen äußert es sich verhaltener. Die Einzelerfahrungen werden als Teil eines langen Umgestaltungsprozesses verstanden.

In den verschiedenen *kirchenoffiziellen Stellungnahmen* aus der Weltkirche werden unter der Frage der "Früchte" bzw. der Stärken der charismatischen Erneuerung immer wieder genannt: *Die Neuentdeckung Jesu als lebendiger Persönlichkeit, Gotteserkenntnis, der Gewinn geistlicher Freiheit, Freude an der Heiligen Schrift und am Gebet, neue Liebe zu den Sakramenten und zur Kirche, herzliche Verbundenheit mit anderen Christen im Heiligen Geist, dauerhafte Lebensveränderung zum Guten, Entfaltung des Familienlebens, evangelistischer Eifer, Mühen um Außenseiter, u.a.*

So etwa in der <u>Erklärung der Belgischen Bischofskonferenz</u> vom Oktober <u>1979</u>: "Die Erneuerung hilft dem Christen, ohne menschliche Scheu und ohne Formalismus zu beten. Sie leitet ihn an, seinem Glauben und seinem Beten vollmenschlichen Ausdruck zu geben, so daß Geist, Gemüt und Körper auf ihre Weise mitbeten. Sie kennt alle Inhalte des christlichen Betens: Anbetung, Lobpreis, Vertrauen, Reue, Hingabe, Freude, Dank. Solch von Glaube und Lobpreis getragenes Beten ist zugleich eine religiöse, moralische und psychologische Therapie, die unserer Zeit bei ihrer religiösen Blutarmut so not tut".[7]

In einem <u>australischen Papier</u> aus dem Jahr <u>1975</u> heißt es: "The Movement has remained firmly Catholic in character. It succesfully encourages its members to draw closer to the Church and to strengthen their sacramental life. Most of its members seem to grow in faith, in prayer, in love of the Scriptures, and in personal devotion to the blessed Trinity. Probably the only people who might be harmed by their involvement are those who are badly instructed or emotionally unstable, or those who associate too closely with non-Catholic Pentecostal groups".[8]

In grundlegendes <u>amerikanisches Papier</u> aus dem Jahr <u>1975</u> fügt als eine weitere Auswirkung noch ein tieferes Verstehen der *Marienverehrung* hinzu: "Where the movement is making solid progress there is a strongly grounded spirit of faith in Jesus Christ as Lord. This in turn leads to a renewed interest in prayer, both private and group prayer. Many of those who belong to the movement experience a new sense of spiritual values, a heightened consciousness of the action of the Holy Spirit, the praise of God and a deepening personal commitment to Christ. Many, too, have grown in devotion to the Eucharist and partake more fruitfully in the sacramental life of the Church. Reverence for the Mother of the Lord takes on fresh meaning and many feel a deeper sense of and attachment to the Church".[9]

In der <u>theologischen Basis der internationalen katholischen Erneuerung</u> (ausgearbeitet von Kilian McDonnell) werden als Stärken genannt: "genuine conversion experience which leads to a living faith, a profound love of prayer, a love of the eucharist, a new appreciation for the sacrament of penance, healing of interpersonal relationship, moral transformation, renewed sense of discipleship, awareness of the necessity of firm doctrinal basis, fidelity to the bishops and to the pope. In some places, especially in Mexico and South America, involvement in the charismatic renewal has meant a new level of commitment in social and political programs. Pervading all these areas is the sense of the presence of the person of Christ, the power of the Spirit, and the glory of the Father. The response to presence is most characteristically praise".[10]

Was die Charakterisierung positiver Wirkungen und Stärken der CB/CE betrifft, ist auch auf wichtige *Einzelveröffentlichungen* zu verweisen.[11] So sieht etwa YVES CONGAR in dieser *zwei Wirklichkeiten aufgewertet*, die in der Kirche auf Grund geschichtlicher Zusammenhänge in der Vergangenheit beargwöhnt wurden: 1) das *persönliche Prinzip* und 2) die *geistliche Erfahrung*. Mit "persönlichem Prinzip" meint Congar, "daß den Initativen der Personen, dem, was sie aus Gewissensüberzeugung und einem persönlichen Beweggrund zu sagen haben, Raum gegeben wird".[12] In der geistlichen Erfahrung geht es um etwas Einfaches, um Kindlichkeit, um etwas Innerliches, um Kontakt mit dem Wesentlichen. "Aus dieser Erfahrung quellen eine Freude und ein Freiheitsgefühl, die man auch in den Sinnen verspürt. Die Pfingstbewegung bringt in das gewöhnliche Leben der Kirche die Betätigung von Zonen des Menschen, die in einer allzu organisierten und 'verhirnten' Welt brachliegen. Auch der Leib ist beteiligt in Händeklatschen, Aufheben der Arme, Schreien und Lärmen, stark rhythmischen Liedern, Tanz und Handauflegen. Dieser Erlebnischarakter der Erneuerungsbewegung, ihre Abwendung vom Intellektualismus, die Kommunikationskraft, die sie auslöst, die Schlichtheit dessen, was sie verlangt, das Hinweggehen über Menschenfurcht und über die Tabus der bürgerlichen Zurückhaltung, all dies kann der Erneuerung neue, interessante Möglichkeiten zur Evangelisation derer geben, an die die Statuskirche nicht herankommt".[13] - Congar begrüßt die CE, aber aus zwei Gründen bezweifelt er, daß sie sich auf die Kirche als Ganzes erstrecken kann: Zum einen sagt der *Stil ihrer Versammlungen* nicht jedermann zu, zum anderen scheint die Kirche in unserer Zeit dazu berufen zu sein, das Evangelium *in begrenzten Gruppen intensiv* zu verwirklichen. Als eine solche Gruppe *unter anderen* hat die Erneuerung die Chance die Kirche zu beeinflussen, auch wenn sich die Bewegung nicht auf die Kirche als ganze ausdehnen kann.[14]

KILIAN McDONNELL stellt als *wichtigstes Gefühl* der Geist-Erfahrung die *"Anwesenheit"* heraus. "Man erfährt, daß Jesus wirklich ist, daß er jetzt ganz aktuell da ist, nah, daß er sich um einen sorgt, daß er sich in demselben Bereich bewegt, wo einer sein konkretes Leben erfährt... Unmittelbar, unreflektiert antwortet man auf die Anwesenheit mit Lob. Man preist die Majestät Jesu, die Herrlichkeit seiner universalen Herrschaft, den Triumph seiner siegreichen Auferstehung, seine Fürsorge und Liebe. Was man auch sonst in Zweifel ziehen möchte, an einem kann man nicht zweifeln: Er, der nie genug gepriesen werden kann, ist anwesend".[15] - Als *Kennzeichen des Lebens im Geist* nennt er: 1) den *Mut zur religiösen Emotionalität*; 2) die *Erneuerung des sakramentalen Lebens*; 3) die *Charismen als Dienst an der Gemeinde*; 4) die *Offenheit für die soziale und politische Wirklichkeit*; 5) die *offene Gemeinschaft* und 6) den *Laiencharakter* der Bewegung.[16] - Nach McDonnell, der sich von Anfang an um eine *sachgerechte Bewertung pentekostaler Frömmigkeit* mühte, ist der Pentekostalismus weder eine Denomination noch eine Lehre, sondern eine *Erfahrung*, eine *Spiritualität*, ein bestimmtes *Frömmigkeitsverhalten* und kann sich deshalb in allen Denominationen einfügen: "Because Pentecostalism is not a denomination, not a doctrine, but a spirituality, an experience, *a way of life*, which has a scriptural basis, it can fit into a Roman Catholic, a Lutheran, a Presbyterian context".[17] - Entgegen dem ersten Eindruck geht es nicht in erster Linie um das Zungenreden, sondern um die Fülle des Lebens im Geist: "Tongues is not the consuming concern... The issue in Pentecostalism is not tongues, but fullness of life in the Holy Spirit, openness to the power of the Spirit, and the exercise of all gifts of the Spirit".[18] Dies gilt besonders für die "katholische Pfingstler". - Da Gebet das hervorstechendste Merkmal aller Pfingstler/ Charismatiker ist, könnte man nach McDonnell die Erneuerung geradezu ganz schlicht als *Gebetsbewegung* verstehen.[19]

Die weitverbreiteten *Mißverständnisse und Vorurteile* hängen ihm mit Fehlentwicklungen und dem übernommenen *sozio-kulturellen Ballast* ("cultural baggage") aus der Ursprungssituation der klassischen Pfingstbewegung zusammen, die sich - wenn auch in unterschiedlichem Maß - auch in der Gegenwart finden: "The public image of Pentecostalism contains so many negative elements that scarcely any but the most negative judgement upon it is possible. Pentecostalism conjures images of emotionalism, fanaticism, religious mania, illiteracy, antiintellectualism, credulity, messianic postures and panting after miracles. The public image was shaped by the history of classical Pentecostalism, which even classical Pentecostals will admit, was not without bizarre aspects. It should be honestly said that the public image even today is a true reflection of large areas of the classical Pentecostal world. One can find within classical Pentecostalism today all of the negative elements contained in the public image. The degree to which the public image is truly reflective of the Pentecostal realities will depend on the socioeconomic level, the ethnic background, and the geographical location of the group under consideration".[20] - "One of the greatest obstacles to an impartial inquiry is the presence in neo-Pentecostalism, both Catholic and Protestant, of what can be called cultural baggage. There is a classical Pentecostal subculture or contraculture, which includes speech patterns, prayer postures, mental processes, expectations. This culture belongs to a specific historic, sociocultural context, where it has its own validity. The classical Pentecostal culture is not necessarily lower than other religious cultures but it is decidedly different. Neo-Pentecostals very frequently forget that cultural baggage which has validity in one cultural context, does not have validity in another. Cultural baggage is not transferable".[21]

Daß man der charismatischen Erneuerung *in der katholischen Kirche* weit freundlicher begegnete als in protestantischen Kirchen, sieht McDonnell u.a. darin begründet, daß hier *das Konzept des "Wunderhaften" mehr zu Hause* ist.[22] - Von Anfang an wurde die Bewegung theologisch begleitet und die experimentelle Dimension wurde in die katholische Frömmigkeit integriert. Hierbei üben die objektiven Elemente katholischer Frömmigkeit (Gebet, sakramentales Leben, Strukturen) eine moderierende und zu einem gewissen Grad regulative Funktion aus.[23]

4.1.2   Gemeinschaft im Geist[24]

Als zweite Charakteristik der Erneuerung wird die Erfahrung einer neuen Gemeinschaft im Geist genannt. Wichtige Anstöße kamen dazu aus der evangelischen Kirche und den Freikirchen, vor allem pfingstlicher Prägung. Aber auch Impulse von innerkatholischen neuen Bewegungen wurden aufgenommen.[25] Die charismatische Erneuerungsbewegung sieht sich als Ausdruck ureigener Anliegen der Kirche selbst, wie sie in jüngerer Vergangenheit auch von anderer Seite artikuliert wurden. Sie sucht - eingebettet in die Kirche und im Dienst für sie - in eigenständiger Weise, Katholizität mit ökumenischer Weite zu verbinden.[26]

Die gemeinschaftsstiftende Wirkung des Geistes findet in der Erneuerung ihren Ausdruck in regelmäßigen Zusammenkünften von Gläubigen aller Altersstufen und Stände, "um das Wort Gottes zu hören, miteinander zu beten, geistliche Erfahrungen auszutauschen und die ihnen geschenkten Gaben des Geistes einzubringen".[27] Es entwickeln sich neue Formen des Erwachsenenkatechumenats und der Gemeindemission. Bestehende Gruppen und Verbände werden erneuert, pfarrgemeindliche und übergemeindliche Hauskreise und Gebetsgruppen entstehen, alte Ordensgemeinschaften erfahren Neubelebung und neue Kommunitäten bilden sich. Das Zusammengehörigkeitsbewußtsein der Menschen, die sich der Charismatischen Erneuerung zurechnen, liegt im Betroffensein durch den gleichen geistlichen Impuls. Es verbindet sie dieselbe Erfahrung. Von daher tritt die Erneuerung nicht als organisierter Mitgliederverband in Erscheinung, sondern als *offene Bewegung in der Kirche.*[28]

Weil es bei der charismatischen Bewegung nicht um eine verbandsähnliche Gemeinschaft geht, sondern um eine *"offene Strömung"* in der Kirche, erweist sich die klare Herausstellung ihres Spezifikums als nicht so einfach. "Sie ist nicht scharf abzugrenzen, sondern ist am ehesten mit Vorgängen wie der Liturgischen oder Ökumenischen Bewegung vergleichbar, sehr tiefgreifend und das ganze christliche Leben umfassend".[29] Nach Baumert ist CE "eher eine *Phase und Form der Frömmigkeitsgeschichte,* in der Grundwahrheiten, wie das charismatische Wirken des Geistes neu aufleuchten. Dies geschieht aber nicht durch ein theologisches Reformprogramm, sondern dadurch, daß Menschen vom Heiligen Geist in einer bestimmten Weise beschenkt werden. Konkrete Gnaden und Berufungen aber sind immer *geschichtlich begrenzt und nicht generalisierbar.* Sie können nur bezeugt werden".[30] Wohl ergibt sich aus der Breite dieser Erfahrung in der Weltkirche die Hoffnung, daß noch viele davon erfaßt werden.

Andererseits ist zu bedenken, "daß niemand sagen kann, wie lange derartige Gnadenge-schenke in dieser Breite anhalten werden".[31]

Die *Spannung* der Erneuerung liegt darin, einerseits die empfangenen Gaben Gottes in "spezifischer" Weise zu gestalten und andererseits doch so auf die Gesamtkirche und die Welt hin offen zu sein, daß dies für alle fruchtbar werden kann.[32] Es geht um die Spannung von "*partikulärem Ereignis*" und "*universalem Evangelium*", um die Frage, inwiefern hier ein An-ruf Gottes an alle vorliegt. N.Baumert antwortet hierauf: "Der Name 'Gemeinde'-Erneuerung erhebt... nicht etwa den Anspruch, die ganze Gemeinde nach eigenem Vorbild gestalten zu wollen, sondern will hervorheben, daß man einen Beitrag zur Erneuerung der Gemeinde leisten will, bei der schließlich alle vorhandenen und zu erwartenden Charismen zum Zuge kommen - je auf ihre Weise. Insofern ist *Charismatische Erneuerung als ein konkreter, partikulärer Impuls* zu unterscheiden von '*Gemeinde-Erneuerung*' oder '*Erneuerung der Kirche*' als dem alle lebendigen Glieder *umfassenden Prozeß*".[33] Von daher kann Baumert die "Charismatische Erneuerung" *in* der Kirche (spezifisches, partikuläres historisches Phäno-men) als Beitrag zur umfassenden charismatischen Erneuerung *der* Kirche bezeichnen. "Sie ist nicht die einzige Form charismatischen Wirkens des Geistes in unserer Zeit, sondern mit vielen anderen, auch charismatischen Impulsen, zusammen ein Instrument in der Hand Gottes. Insofern ist die Charismatische Erneuerung selbst ein Charisma, ein freies Geschenk Gottes zur Belebung der ganzen Kirche in unseren Tagen. Eben deshalb ist sie aber zu ihrem gesunden Wachstum auf die anderen 'Glieder' des Leibes angewiesen (I Kor 12) und Bedarf der Aufnahme und Korrektur. So besteht einerseits das Recht und die Pflicht zur Zellenbil-dung, damit der neue Impuls Gestalt gewinnen kann, andererseits besteht von Gott her den Auftrag zur Kommunikation, und zwar für alle Glieder der Kirche. Dann kann man es dem Herrn der Geschichte überlassen, welche Bedeutung schlußendlich dieser Aufbruch in der Kirche unserer Tage haben wird. Dies ist der beste Schutz gegen Selbstüberschätzung".[34]

4.2 Wirklichkeit und Wirken des Geistes Gottes

Im zweiten Abschnitt der "Orientierung" stellen die Autoren das spezifisch Charis-matische zunächst in den weiten theologischen Rahmen der Pneumatologie.

4.2.1 Die trinitarische Dimension

Das Wirken des Heiligen Geistes wird in seiner grundlegenden trinitarischen Di-mension gesehen. Auch in der Charismatischen Erneuerung geht es um eine "Beziehung zum Dreifaltigen Gott". Diese beinhaltet eine Beziehung zu *Jesus Christus*, der seit Pfing-sten "im Geist" bei den Seinen ist. Der Heilige Geist ermöglicht das Christusbekenntnis der Gläubigen. Weiter wird auch ein neues Vertrauensverhältnis zu Gott dem *Vater* geschenkt. Die innige Verbindung zu Jesus und dem Vater erschließt dem Christen das Wesen des *Geistes* als Band der Liebe zwischen Vater und Sohn. Der Heilige Geist bringt das Geheim-nis nahe, daß die Getauften hineingenommen sind in Gottes dreifaltiges Leben.[35]

4.2.2 Gnade der Erlösung

Grundlegender Inhalt der Geisterfahrung ist nach dem Verständnis der Charismati-schen Erneuerung die Gnade der Erlösung. Das Angenommensein von Gott wird als Erfahrung von innerer Reinigung und Befreiung, Erfrischung und Verlebendigung be-schrieben. Die neue Gemeinschaft mit Gott stärke die Glaubensgewißheit, und der Heilige Geist als Gabe des gekreuzigten und auferstandenen Christus wirke Heiligung und neues Leben. Alle Bereiche des Menschen bis hinein in körperliche und seelische Heilung wür-den dabei erfaßt. Wohl gegen ein enthusiastisches Mißverständnis dieser Aussagen wird festgehalten, daß die Kraft des Geistes oft gerade in der eigenen Schwäche und Ohnmacht offenbar wird.[36]

4.2.3   Herzschlag der Kirche

Wesen und Wirkung des Heiligen Geistes machen das Leben der Kirche aus. Diese grundlegende Wahrheit wird von den Autoren der "Orientierung" unterstrichen. Im gemeinsamen Gebet, im Austausch von Glaubenserfahrungen und im Zeugnis an die Welt ereignet sich die verheißene *Ausrüstung* mit dem Geist (Apg 1,8) zur Auferbauung der Kirche. - Die *verschiedenen Wirkweisen des Geistes* (Wort, Sakrament, christliches Leben, Charisma, geistliches Amt), die nach katholischem Verständnis immer auf die Kirche als "Sakrament des Geistes" hingeordnet sind, kommen erst in der Gemeinschaft der Glaubenden zur Vollgestalt. - Aus dem Vertrauen darauf, daß alle Strukturelemente in *Einheit und Verschiedenheit* vom gleichen Geist getragen werden, erwachsen: Freude über die Gaben anderer, Bereitschaft, sich selbst ins Ganze einzufügen, und die Fähigkeit, Spannungen in der Kirche auszuhalten und einen neuen Umgang zu wagen. - *Charisma und Amt* werden als aus einem gemeinsamen Lebensgrund erwachsend gekennzeichnet. "Amt" als Ordnung schenkende Geistvollmacht und "Charisma" als je neues Geschenk seien aufeinander verwiesen und nur im Miteinander lebensfähig. - Die Erfahrung, über rassische und konfessionelle Grenzen hinweg mit anderen Christen glauben, Gott bekennen und zu ihm beten zu können, macht der katholischen Erneuerung bewußt, daß das Wirken des Heiligen Geistes alle Getauften umgreift und daß er alles unter Christus als dem Haupt zusammenfassen möchte.[37]

4.2.4   Geist der Schöpfung und Vollendung

In einer neuen und tieferen Weise erschließt sich in der charismatischen Erneuerung der Geist auch als Geist der Schöpfung und Vollendung. Die Verbundenheit mit Gott im Alltag und das Staunen über das Getragen- und Umfangensein allen Lebens durch Gott lehrt den Heiligen Geist als Gottes Schöpferkraft verstehen. Zugleich wirkt dies ein neues Gespür für die Nöte der Menschen, für Natur und Kultur und die großen Menschheitsfragen. Auch das Suchen der Menschen nach Gott in den anderen Religionen wird gesehen im Umschlossensein des Lebens von Gott (Apg 17,27). Im Seufzen der gesamten Schöpfung und in einer neuen Sehnsucht nach der Wiederkunft Christi äußere sich der Geist als vorwärtsdrängende Zuversicht.[38]

4.3   Erfahrung des Geistes Gottes

Wie im ersten Grundlagenpapier von 1981 wird auch in DER GEIST MACHT LEBENDIG die Erfahrungsdimension in der Charismatischen Erneuerung ausführlich reflektiert.[39] Zu diesem Abschnitt und weiteren Passagen des Papiers merkte die Bischofskonferenz bei der Veröffentlichung an, man möge in der Erneuerung darauf achten, den Erfahrungscharakter des Glaubens nicht überzubetonen.[40]

4.3.1   Was bedeutet "Erfahrung"?

Die Autoren der "Orientierung" sehen in einem Mangel an geistlicher Erfahrung die Hauptursache für die Entfremdung vieler Menschen von der Kirche und von daher die Erneuerungsbewegung eine Antwort darauf. Der charismatische Impuls entspreche der Zeitlage, in der die Menschen sich nach Transzendenz-, nach Sinn- und Gotteserfahrung sehnen.

Der philosophisch und theologisch wenig geklärte Begriff "Erfahrung" wird in dem Papier in dem Sinn aufgenommen, daß er eine "*Wahrnehmung*" und ein "*Innewerden*" beschreibt, im Unterschied zu einem aktiven Handeln. Man weiß, daß sich die Begriffe *"Erlebnis"* und *"Erfahrung"* im konkreten Vollzug nicht eindeutig abgrenzen lassen. Mit "Erlebnis" meint man gewöhnlich die punktuelle intensive Einzelwahrnehmung. "Erfahrung" bezeichnet mehr die Summe vieler Erlebnisse und die daraus gewonnenen Erkenntnisse. Es wird daran erinnert, daß auch scheinbar plötzliche Erlebnisse, in denen sich eine umstürzende Wandlung vollzieht, in Wirklichkeit eingebettet sind in einen längeren Prozeß innerer Umgestaltung und Wahrnehmungsveränderung.[41]

"Erfahrung" meine *ganzheitliche Wahrnehmung* im Unterschied zu bloß gedanklicher "Kenntnisnahme". Besonders in der personalen Erfahrung werde der Mensch in seiner Ganzheit ergriffen, werden sowohl der Verstand als auch die Kräfte des Willens angesprochen und tiefreichende Gefühle geweckt. Das gelte nicht nur für positive Inhalte wie Freude und Erfüllung, sondern genauso für Erfahrungen der Leere, der Unfähigkeit und Endlichkeit, von Leid und Tod. In solchen Grenz-Erfahrungen könne der Mensch in eine personale Tiefe geführt werden, die er sonst nicht erreicht. - Eine Reduktion des Erfahrungsbegriffs auf rational-methodische Nachprüfbarkeit oder auf (lediglich vertiefte) Selbsterfahrung erreiche die Tiefe personaler Erfahrung nicht, in der es gerade auch um eine Offenheit für das Unverfügbare und im Glauben auch um eine außerhalb des Menschen liegende Wirklichkeit geht. *Personale Erfahrung* in der "Begegnung" gipfele im Empfangen und Schenken, im Austausch personaler Liebe. Was sich in menschlicher liebender Begegnung ankündige, finde in der Liebe Gottes, des absoluten "Du", seine Vollendung.[42]

4.3.2 Geistliche Erfahrung

In der Charismatischen Erneuerung weist man die Sicht zurück, Glaube und Erfahrung schlössen sich gegenseitig aus bzw. Gotteserfahrung sei etwas so Großes, daß sie nicht jedem zugänglich ist. Die Autoren der "Orientierung" verweisen auf das Zeugnis des Neuen Testaments, in dem sich Glaube und Erfahrung gegenseitig durchdringen. Es gehe darin um Glaubenserkenntnis, um die liebende Wahrnehmung der Heiligkeit und Liebe Gottes, was über bloße Sinneswahrnehmung und Selbsterfahrung hinausreiche. Es gehe gerade auch im Pfingstgeschehen um ein *wirkliches Betroffensein*.[43] Wenn heute Menschen vom Evangelium getroffen werden und begreifen, daß sie von Gott angenommen und geliebt sind, vollziehe sich Gleiches. Die Kirche nenne dies eine "Berührung" des Herzens durch den Heiligen Geist, wobei sie weiß, daß eine solche Gnadenerfahrung, auch dann, wenn sie ins Bewußtsein tritt und sich gewissermaßen "zeigt", zugleich in einer Tiefe wurzelt, die letztlich dem Menschen unverfügbar ist.

Das Papier bezieht sich weiter auf die geistliche Tradition, in der von täglichen "Anregungen des Heiligen Geistes" die Rede ist, die den Menschen betreffen und ihn verändern. Wenn Gott dabei *fühlbare Freude* (bis zum Jubel) oder Schmerz, Reue oder Mitleiden (bis zur "Gabe der Tränen")[44] gibt, werden solche geistliche Empfindungen als *begleitendes Geschenk* gewertet, das nicht den Kern der geistlichen Erfahrung ausmacht. Echte Be-geist-erung unterscheide sich von Enthusiasmus gerade dadurch, daß solche Gefühle in einer ganzheitlichen Glaubenserfahrung gründeten und dem geistlichen Geschehen angemessen seien. Mit dieser Abgrenzung wollen die Autoren der "Orientierung" Gefühle aber keineswegs für überflüssig erklären. Sie merken an, daß auch ein Zuwenig an Gefühlen, der Versuch, Gott von sich und seiner Gefühlswelt fernzuhalten, geistliches Wachstum hindern könne.[45]

4.3.3   Prüfung und Leid, Nacht und Trockenheit

Die neugeschenkte Gottesbeziehung schließt Erfahrungen von Prüfung und Leid, Nacht und Trockenheit nicht aus, sondern ein. Gerade in der Konfrontation mit der unerlösten Wirklichkeit in sich selbst und um ihn herum, in Mißerfolgen, Ohnmacht, Bedrängnis, Verfolgung, Leid und Tod, sehen die Verfasser des Papiers den Christen gefordert, an der erkannten geistlichen Wahrheit festzuhalten. Im Glauben wisse er, daß Christus, die wahre Freude, mit in das Dunkel hinabsteige und es wandle. In größter Bedrängnis könne in der geistlichen Mitte des Menschen Hoffnung und Freude aufleuchten. Die Gotteserfahrung werde durch Zeiten der "Trockenheit", wenn anscheinend alle Erfahrungsmomente ausfallen, geläutert.[46] Jede echte Gotteserfahrung wird von diesem "Ganz-anders-Sein" Gottes durchdrungen sein, und Perioden der Dunkelheit sind demnach ein wichtiges Kriterium für echten Gottesbezug.

4.3.4   Geschenk Gottes und Handeln des Menschen

In diesem Unterabschnitt wird nach dem Verhältnis der beiden Faktoren in der Geisterfahrung gefragt. Festgehalten wird zunächst: Von Gottes Seite her wird der Geist unmittelbar geschenkt. Der Mensch dagegen wird vom Geist "im Geflecht seiner Anlagen und seiner Gestimmtheit, seiner kulturellen und sozialen Einbindung, seiner Sprache und konkreten Situation" ergriffen.[47] Weder neben dem Menschen noch überhaupt ohne ihn, sondern in seiner Ganzheit vollziehe sich das Wirken des Geistes. Natürliche Gaben bewahrten ihre Eigengesetzlichkeit innerhalb der geistlichen Erfahrung. Christliche Spiritualität achte die Schöpfungsordnung nicht gering und beziehe die Erkenntnisse von Psychologie und Soziologie mit ein. Die natürlichen Fähigkeiten sieht man durch den Impuls des Geistes in ein höheres Sinngefüge eingebracht. Wie Gottes Gnade und menschliche Freiheit ineinander wirken, bleibe letztlich ein Geheimnis. Erlöstes, befreites Handeln sei immer ganz Gottes Geschenk und zugleich ganz eigenes Tun. Dies bewahre den Menschen sowohl davor, sich selbst zu rühmen, als auch, seine Gaben zu vergraben. Er werde frei, sich ganz einzusetzen und zugleich den Erfolg ganz Gott zu überlassen. Das wirke auch der Gefahr entgegen, frühere Erlebnisse selbst reproduzieren zu wollen.[48]

4.3.5   In der Gemeinschaft der Kirche

In dem Papier wird weiter die Hinordnung der Erfahrung des Geistes Jesu auf die Gemeinschaft seiner Kirche betont, der dieser Geist verheißen wurde. Man verweist auf Paulus, der bei der Behandlung der Geistesgaben die Einheit des Leibes der Kirche herausstellt. Echte geistliche Erfahrung werde demnach zur Einheit in der Wahrheit drängen und Spaltungen zu vermeiden suchen. Für den katholischen Christen wird als kirchliches Selbstverständnis die Einbindung in die römisch-katholische Kirche mit ihren Ämtern, in Einheit mit dem Bischof von Rom, festgehalten. Dies soll aber nicht die Bereitschaft lähmen, auf das Geistwirken außerhalb der Kirche zu hören und selbst über die Grenzen des Christentums hinweg damit zu rechnen, sondern diese Offenheit fördern.[49]

4.3.6   Erfahrung des Bösen

Aus der Begegnung mit Gott erwächst in der Erneuerung auch ein Bewußtsein der Wirklichkeit des Bösen, seiner vielfältigen Verästelungen und unterschiedlichen Wirkgrade im menschlichen Leben (Gen 8,21;6,5; Gal 5,19ff). Der Wirklichkeit des Bösen in sich selbst kann nicht aus eigenem Vermögen, sondern allein in der Kraft des Heiligen Geistes widerstanden werden. Oft würden sich die Kräfte des Bösen so verbergen, daß sie kaum zu erkennen seien. Weil aber alles, was den Menschen angeht, von dieser Wirklichkeit durchzogen ist, liege in jeder Erfahrung des Geistes Gottes auch ein Anruf zur Umkehr und Wachsamkeit im Blick auf diese bleibende Gefährdung.[50]

4.4 Kriterien der Unterscheidung[51]

Wegen der Relevanz für unser Thema und der Bedeutung im Alltag der Charismatischen Erneuerung sollen die in dem Papier entfalteten Kriterien der Unterscheidung ausführlich aufgenommen werden.

An den Anfang des Abschnitts über Kriterien und Maßstäbe stellen die Verfasser, wie Paulus, als *wichtigstes Unterscheidungsmerkmal* der Geist-Erfahrung das Bekenntnis zu Jesus Christus als dem Herrn (I Kor 12,3; vgl. auch I Joh 4,1-3). Von diesem Maßstab her sind dann alle weiteren Wirkungen des Geistes zu beurteilen. "Jedes weitere Kriterium vertieft ihn und macht ihn von neuem sichtbar, verändert aber nicht seine Grundgeltung".[52] - Die Auflistung der Kriterien erfolgt ähnlich wie bei H.Mühlen in drei Hauptkategorien:

4.4.1 Kriterien aus den *Glaubenswahrheiten*[53]

Da die Maßstäbe geistlicher Unterscheidung aus dem christlichen Glauben gewonnen werden, kann die Echtheit christlicher Geist-Erfahrung daran geprüft werden, *ob sie:* 1) zu glaubender und liebender Bindung an Jesus führt; 2) die Beziehung zu Gott als dem "Vater" vertieft; 3) Gott als den Dreifaltigen im Blick hat; 4) in Ehrfurcht vor dem Geheimnis Gottes steht und sich auch in Dunkelheit von ihm getragen weiß; 5) Sünde und Ungerechtigkeit aufdeckt und zur Umkehr führt; 6) im Einklang mit der Heiligen Schrift steht und sich durch diese verändern läßt; 7) zu einer neuen Beziehung zu den Sakramenten führt; 8) Offenheit für die Gemeinschaft der Glaubenden in ihrer Verschiedenheit schafft; 9) in Übereinstimmung mit der Lehre der Kirche steht und bereit ist, "den Prozeß der weiteren Wahrheitsfindung und Lehrentwicklung mitzutragen";[54] 10) bereit ist, sich in die Ordnung der Kirche mit ihren von Christus gegebenen Ämtern einzufügen und dort ihren Auftrag wahrzunehmen; 11) zu geistgewirkter, angemessener Kritik aus einer Haltung der Liebe zur Kirche befähigt; 12) offen macht für alle Menschen; 13) die schöpfungsmäßige Ordnung nicht verdrängt und Einsichten der Humanwissenschaften prüfend integriert.

4.4.2 Kriterien aus dem *Verhalten des Menschen*[55]

Nach der Grundregel der Didache wird der echte Prophet daran erkannt, daß er "die Art des Herrn" hat. Ein echter geistlicher Anstoß wird demnach *christliche Grundhaltungen* wecken und stärken, wie: 1) Glaube, Hoffnung, Liebe; 2) empfangende, von Gott abhängige Offenheit; 3) Klarheit der Erkenntnis und des Urteils; 4) Besonnenheit, Ausgewogenheit und Klugheit; 5) Selbstbejahung; 6) Gehorsam gegen Gott; 7) Umkehr, Reue und Einübung des Guten; 8) Willigkeit, zu lernen und sich korrigieren zu lassen; 9) Demut, eigene und fremde Schwachheit zu tragen; 10) Kraft zur Ausführung erkannter Aufträge; 11) Mut, für erkannte Wahrheit einzutreten; 12) Treue im Alltag; 13) Dienstgesinnung; Fähigkeit, zurückzustehen und sich unterzuordnen; 14) Bereitschaft, "sein Kreuz" aufzunehmen; 15) Langmut, Freundlichkeit, Güte, Treue, Sanftmut, Selbstbeherrschung (Gal 5,22f).

4.4.3   Kriterien aus der *Art und Weise der Erfahrung*[56]

Um Versuchungen zu entlarven, die unter dem Schein des Guten auftreten (z.B. Übertreibung des Richtigen, Verharmlosung des Bösen, schlimmer Untergrund bei guten Zielen), wurden in der Tradition "Regeln zur Unterscheidung der Geister" entwickelt, die solche Hintergründe aufdecken helfen. Die Befindlichkeit, Atmosphäre, Reaktion und Gestimmtheit, die ein Impuls auslöst, ist dabei der Indikator für Echtheit oder Fremdbestimmtheit.

Voraussetzung und Hilfe zum rechten Erfassen der inneren Zusammenhänge und zur Unterscheidung auf seiten des Prüfenden sind: 1) ein ganzheitliches Ausgerichtetsein auf Gott; 2) die Bitte um Reinigung und das Bemühen um Lauterkeit; 3) das Blicken auf vorbildliche Beispiele großer Christen; 4) die Erinnerung an eigene frühere Erfahrungen; 5) in schwierigen Entscheidungen das Gespräch mit erfahrenen Christen; 6) der geistliche Austausch mit Brüdern und Schwestern; 7) das Hineinstellen in das Urteil der Kirche.

Im Wechselspiel von "Trost und Trostlosigkeit"[57] erweisen sich aus der Erfahrung als *positive Merkmale*: 1) "Friede und Freude im Heiligen Geist" (Röm 14,17; Gal 5,22); 2) Schmerz über das, was Gott entgegensteht; 3) Beschämung oder Beunruhigung, die zur Umkehr führt; 4) Betroffenheit, die positive Kräfte freisetzt; 5) größere Freiheit und Gelöstheit, die ein Anruf eröffnet; 6) Mut und glaubensvolles "Hoffen wider alle Hoffnung"; 7) tiefgreifende Geborgenheit.

Als *Kennzeichen, die zur Vorsicht mahnen*, werden genannt: 1) Unfriede und lähmende Traurigkeit; 2) Beklemmung und Hoffnungslosigkeit; 3) hektische Unruhe und Verwirrung; 4) Zwanghaftigkeit oder Allmachtsgefühle; 5) ausweglose Schuldgefühle; 6) hemmungslose Kritiksucht; 7) ideologische Blickverengungen; 8) Unfähigkeit zum Gespräch; 9) andere Empfindungen, bei denen dem Menschen "nicht wohl" ist vor Gott.

Abschließend heißt es hierzu: "Geistliche 'Unterscheidung' geht niemals in logischer Eindeutigkeit oder in psychologischen und soziologischen Kriterien auf. Deshalb muß man sich Zeit nehmen, um seine Erfahrungen, das Zueinander von Trost und Trostlosigkeit länger zu beobachten, damit nicht eine heilsame Unruhe für eine Versuchung oder ein Augenblickserlebnis für eine tiefgreifende Geist-Erfahrung gehalten wird".[58]

4.4.4   *Nachträglich feststellbare Wirkungen*

Die Echtheit eines geistlichen Impulses ist im Nachhinein an den Taten zu erkennen, die aus ihm folgen. Jesus nennt die "Früchte" als Erkennungsmerkmal der falschen Propheten (Mt 7,15-23). Dabei dürfen nicht nur ausschnitthafte Lebensbereiche betrachtet werden, sondern das gesamte Tun, die Gesamtexistenz in ihren vielfältigen Bezügen, ist zu überprüfen.[59]

4.4.5   Die Anwendung der Kriterien

Die angeführten Kriterien werden als Hilfen zum Gebrauch und zur Entfaltung der Gabe geistlicher Unterscheidung verstanden, die von Gott geschenkt wird. Als Grundinstanz der Wahrnehmung und Prüfung geistlicher Erfahrungen nennt das Papier das menschliche Gewissen. Entsprechend dem Natur-Gnade-Schema wird "dessen 'geistlicher Spürsinn'... durch die 'Gabe der Unterscheidung' gestärkt".[60] Betont wird, daß die Kennzeichen dem jeweiligen Impuls selbst innewohnen müssen und nicht nachträglich von außen her kommen dürfen. Bei den genannten Kriterien genüge bereits die Feststellung einer bestimmten Tendenz und ein Wachstum in Richtung auf diese zur Urteilsbildung. Die Kriterien müßten nicht in vollkommener Gestalt vorhanden sein. Nie dürfe man sich mit einem einzigen Kennzeichen begnügen. Mehrere sollten sich im Zusammenspiel ergänzen. Bei wichtigen Entscheidungen wird geraten, seine Beobachtungen einem geistlich erfahrenen Menschen vorzulegen. Jeder wird mit seiner Erfahrung auf die Kirche verwiesen, da Gott nicht nur im Gewissen des einzelnen, sondern auch in der Gemeinschaft der Kirche wirke. - Die Autoren der "Orientierung" betonen, daß der Geist tiefer und umfassender in den Menschen eindringe, als es diesem in seiner "Erfahrung" zugänglich werde. Von daher sei der Glaube weiter und reiche tiefer als die Glaubens-"Erfahrung". - Eine Folgerung daraus ist, daß eine "geistliche Erfahrung" den Menschen nie seiner freien Entscheidung entbindet, sondern im Gegenteil zu größerer Freiheit und bewußterer Entscheidung führt. - Trockenheitserfahrungen werden als göttliches Mittel gesehen, den Menschen tiefer in die Treue und dahin zu führen, daß er sich nicht an bestimmte Erfahrungen, sondern an Gottes Wort und seine Verheißungen hält. Echte geistliche Erfahrungen wiesen über sich hinaus auf den größeren Gott und seien ein Ruf zu beharrlicher Liebe zu Jesus Christus und zu den Menschen.[61]

In der Presseerklärung der Bischofskonferenz zur Veröffentlichung der "Orientierung" wurde zur Frage der Unterscheidung der Geister angemerkt, man möge in der Erneuerung auf Klarheit achten im Blick auf die Instanzen.[62] Offensichtlich sah man die kirchliche Zuständigkeit nicht deutlich genug artikuliert.

Exkurs: <u>Zum Verständnis der "UdG" bei Y. Congar und einigen Vertretern der CE</u>

Y. CONGAR versteht mit J.D.G. Dunn das Charisma der Unterscheidung der Geister nicht als selbständige Gabe, sondern - analog zur Interpretationsgabe bei der Glossolalie - als *Kontrollgabe* im Blick auf *prophetische Äußerungen*. Absolut maßgebendes objektives Kriterium ist auch für ihn der rechte Glaube an Christus, der sich konkret in der Fähigkeit äußert, den Leib Christi aufzubauen.[63] Die *Prüfung* von Weissagungen, die nach Paulus nicht verachtet werden sollen, sondern nach prüfendem Abwägen aufzunehmen sind (I Thess 5,19-22), sollte nach Congar *in dreifacher Hinsicht* geschehen: Grundlegend ist 1) die *objektive Unterscheidung*. Hierzu gehört als erste Aufgabe eines geistlichen Begleiters, ein Spiegel zu sein, in dem wir die Regungen unseres Geistes prüfen können. Er bietet als objektive Kriterien: a) das Wort Gottes in seiner Gesamtheit; b) die Lehre der Kirche und der geistlichen Lehrer; c) die Standespflicht; d) die Beobachtung der Gebote; e) die Bereitschaft zum Gehorsam. - Hinzu tritt 2) die *subjektive, persönliche Unterscheidung*, in der innere Regungen im Blick auf die Erneuerung des Denkens und der Werturteile geprüft werden (Röm 12,2). Congar will hier auch Einsichten aus den Humanwissenschaften einbeziehen. Letztlich jedoch ist die christliche Lebensweise, die "Frucht des Geistes" (Gal 5,22), das hier maßgebliche Echtheitszeichen. In der Tradition wird vor allem Friede und Freude als Kriterium hervorgehoben bzw. bei Ignatius werden die Auswirkungen der Tröstung oder der Traurigkeit beachtet. - 3) Bei der *gemeinschaftlichen Unterscheidung* differenziert Congar: a) das gemeinsame Suchen des Willens Gottes im Blick auf eine bestimmte Situation einer Gruppe, wobei das objektive Kriterium die Frage darstellt, was dem Aufbau der Gemeinschaft dient (I Kor 14,26); b) die Frage nach der Entsprechung einer Sache im Blick auf die Bedürfnisse der Kirche und der allgemeinen Bewegung des Lebens. Hier sieht Congar denn Platz für die Entzifferung der Zeichen der Zeit, wofür er Sinn für die Geschichte, Interesse für das Ereignis, ein wenig prophetisches Gespür, vor allem aber einen geistlichen Sinn für das Werk Gottes erforderlich hält. In der Apostelgeschichte sieht er den Weg durch die Zeiten gefunden anhand von drei Kriterien: Erfahrung des Geistes, Abstützung auf ein Schriftzeugnis, Gutheißung durch die Kirche. - Wegen der Komplexität des Prüfungsgeschehens sind nach Congar auch *eine* ganze *Reihe von menschlichen Mitteln und Gaben* einzusetzen. "Der Geist weht, wo er will; einer seiner Titel ist 'Ratgeber'. Aber er spielt nicht die Rolle des Theatersouffleurs. Wir müssen auch unseren Verstand und unsere Eigenkräfte anwenden: 'Seid an Einsicht reife Menschen!' (I Kor 14,20).[64]

NORBERT BAUMERT S.J., Leiter des Theologischen Ausschusses der kath. CE in Deutschland, unterscheidet zwischen "einer *nur einzelnen* Menschen gegebenen, *je aktuell* vom Geist gewirkten *'Beurteilung' eines auffallenden Geistphänomens*... und der *für jeden geistlichen Menschen notwendigen Unterscheidungsgabe*".[65]   Die exegetische Grundlage für die je aktuelle "Beurteilung" ist I Kor 12,1-11.10, während der allgemeinen Unterscheidungsgabe Röm 12, 2-8 zugrundeliegt. - Aus der pluralischen Form "Beurteilungen" ! von Geistern" (I Kor 12,10) und der ursprüngliche Weite des Begriffs Charisma entnimmt Baumert, daß nicht das Können und die Befähigung gemeint sind, sondern jeweils aktuell gegebene Inhalte: "Das was hier dem einen oder anderen geschenkt wird, ist also stets ein konkretes Urteil über ein pneuma, über eine auffallende 'Manifestation des Geistes (12,7) oder auch dessen Imitation durch den bösen Geist".[66] - In Röm 12 dagegen sind nicht wie in I Kor 12 nur außerordentliche Geistphänomene im Blick, sondern vorwiegend die "schlichteren" Handlungen und Tugenden. "Unterscheidung" ist in beiden Fällen "Gabe" Gottes, nicht nur in dem besonderen Sinn von I Kor 12,8, sondern auch im allgemeinen Sinn von Rö 12, wie sie in den Exerzitien von Ignatius aufgenommen ist. - Baumert sieht Unterscheidung als "eine Gabe, mit der jeder Christ rechnen darf und um die er bitten soll, aber eben eine 'Gabe', nicht etwas, das man durch Anwendung von Regeln schulmäßig lernen könnte! Vielmehr ist es *je neu ein Geschenk des Geistes*, wenn in einem konkreten Tun die Erkenntnis aufleuchtet: 'Es ist der Herr!' 'Das sind seine Zeichen!' Die 'Regeln' sind nur eine Hilfe, mit solchen 'Geschenken' besser umzugehen. Damit ist der Mensch immer neu aufgerufen, sich ganz in die Hand seines Schöpfers und Herrn zu geben".[67]

In seinem Buch "Gaben des Geistes Jesu" behandelt Baumert die Frage der Unterscheidung bei der kurzen Skizzierung der Charismen, im Zusammenhang der Gefährdungen des Charismatischen und im dritten theologischen Teil bei der Frage der Echtheit. Die UdG "besteht nicht einfach in der Anwendung menschlicher Klugheitsregeln, sondern ist ein *Unterscheidungsvermögen, welches* - nach der Feststellung, daß eine Handlung nicht als schlecht ist - *aus der Art des Antriebes erkennt, ob man ihm zustimmen darf oder nicht*".[68] Dieser "*geistliche Spürsinn*" ist ein Geschenk des Geistes, durch das es möglich ist, das falsche vom wahren Licht zu trennen und auch die Versuchung unter dem Schein des Guten zu erkennen. Wenn Ignatius "Regeln" zur Unterscheidung aufstellt, dann will er damit nicht die "Gabe" der Unterscheidung ersetzen, sondern "Hilfen zu ihrem rechten Gebrauch und zu ihrer Entfaltung" geben. "Die Gabe selbst ist ein klares Urteil des Gewissens, in dem der Mensch erkennt, ob die in Frage stehende Handlung dem Geist Gottes konform ist oder nicht und wie sie sich in die bisher erkannte Ordnung Gottes einfügt. Dabei wird ruhiges klares Licht geschenkt, dem jede Schwarzweißmalerei fremd ist; es führt zu immer feineren Wahrnehmungen und Unterscheidungen in der Differenziertheit menschlichen Lebens (vgl. Phil 1,9f)".[69]

Die Gabe der UdG ist *zur Feststellung der Echtheit geistlicher Erfahrungen* gegeben. Da in allen geistlichen Vorgängen *immer auch der Mensch beteiligt ist*, ist es nicht einfach, sie von rein humanen Erlebnissen zu unterscheiden. Obwohl geistliche Erfahrung in ihrer reifen Gestalt alle Bereiche der menschlichen Person integriert, können bei einer intensiven Geisteswirkung einerseits natürliche Vorgänge stark in den Hintergrund gedrängt werden. Dies ist aber von ungesunder Spiritualisierung zu unterscheiden. - Andererseits kann es dadurch zu *Verzerrungen* kommen, daß die mit der geistlichen Erfahrung geweckten *natürlichen Kräfte* "sich in den Vordergrund spielen oder verselbständigen und so die eigentliche Mitte verdecken".[70] Dann werden natürliche Begabungen, Charaktereigenschaften und außergewöhnliche seelische Fähigkeiten als Geisteswirkungen ausgegeben. Auffallende Phänomene können etwa aus Sensationslust so sehr beachtet werden, daß die Gaben den Geber verdrängen. Eine weitere Gefahr ist nach Baumert der Versuch, *aus eigener Kraft* und *mit natürlichen Methoden und Techniken* tiefere seelische Erfahrungen zu erreichen und diese dann mit religiösen Vorgängen zu verwechseln. Nicht nur bei Anwendung außerchristlicher Techniken der Bewußtseinserweiterung, auch in der Praxis christlicher Frömmigkeit können Selbsterfahrung, Tradition oder andere innerweltliche Werte unversehens in die Mitte rücken und den Blick auf Gott verstellen. "Man kann auch hier *sich selbst suchen*... In allen Formen können sich die Proportionen so verschieben, daß das Geisteswirken nicht mehr die prägende Mitte ist, sondern von den Randphänomenen verdeckt wird".[71] Letzter Grund dieser Gefährdung ist die *Sündhaftigkeit des Menschen*, der in dieser Welt immer auch unter dem Einflußbereich des bösen Geistes steht.[72]

Der Weg des Geistes ist also nicht ohne Gefahren, weil es neben dem Echten die *Imitation* gibt, neben der Sendung religiöse *Scharlatanerie* und alle möglichen *Mischformen*. Durch die aktuelle Führung des Heiligen Geistes selbst (II Kor 2,13) kommt man zur Klärung. Nach Baumert hilft es wenig, alle möglichen Maßstäbe aufzustellen und diese lediglich von außen wie einen Normstab anzulegen. Vielmehr muß man *selber in den Prozeß des Geistes eintreten*, mit allen Kämpfen, die eine solche Klärung mit sich bringt. Einen ersten Hinweis zur Unterscheidung sieht er im *Vergleich der augenblicklichen Anregung mit der Atmosphäre solcher Stunden, in denen Gott offensichtlich nahe war*. Dies ist aber noch nicht genug. Vieles ist weiter zu beachten, wie *Gespräch und Prüfung in Gemeinschaft*. "Letztlich gibt es kein rational anwendbares Rezept, denn die Prüfung ist ein geistliches Geschehen und nur möglich, wenn man sich bemüht, im Vorgang der Prüfung selbst 'im Geiste' zu sein, also die Phänomene gleichsam mit den Augen Gottes zu sehen".[73] Genau dies ist Gnade/Charisma. Nach katholischem Glauben hat die Kirche als ganze dieses Charisma und übt es durch die in ihr Leitenden aus.

Da die *Maßstäbe* der Unterscheidung *in der Eigenart des Geistes* liegen und nur von dort her lesbar sind, muß jeder Mensch "in sich hineinhorchen, um den Unterschied wahrzunehmen, der besteht zwischen dem 'Frieden, wie die Welt ihn gibt' und dem 'Frieden, der Liebe und der Freude im Heiligen Geist'. Es ist die Wahrnehmung des 'Heiligen' (R .Otto), und zwar in seiner christologischen, inkarnatorischen Ausprägung. Der Mensch erkennt es grundlegend an der Ehrfurcht und Anbetung, die in ihm wach werden, und ebenso an der Demut und dem Gehorsam, mit dem sich dieser 'Geist' in die geschichtliche Begrenztheit einfügt".[74] Als konkrete inhaltliche und formale Hilfen und *Kriterien der Unterscheidung* listet Baumert auf:[75]

A. Mehr *objektive Kriterien:* 1) den Bezug auf Jesus; 2) die trinitarische Grundstruktur der geistlichen Erfahrung (I Kor 12,3; Röm 8,14); 3) die Übereinstimmung mit dem Wort der Schrift und der Lehre der Kirche; 4) die bleibende Dialektik des nahen und des fernen Gottes, die sich als Erfahrung und Nicht-Erfahrung im Erleben des Menschen niederschlägt; 5) ein positives Gottesbild, in dem der Mensch sich von Gott ständig getragen und geliebt weiß; 6) die Kirchlichkeit der Erfahrung und ihr Eingebundensein in das sakramentale Leben; 7) der Nutzen zum eigen geistlichen Fortschritt und zum Dienst am Aufbau des Leibes Christi; 8) psychische Gesundheit als menschliche Voraussetzung (das besagt nicht, daß nicht auch psychisch kranke Menschen mit dem Geist Gottes begabt sein können - nur muß man mit möglichen Verzerrungen rechnen).

B. Als *Kriterien, die mehr das "Subjekt" betreffen* (personale Verhaltensweisen, Reaktionen und Wirkungen): Grundhaltungen wie 1) Glaube, Hoffnung, Liebe; 2) geistliche Kraft und Besonnenheit, rechtes Maß und Klugheit; 3) Bereitschaft zum Dienen; 4) alle Tugenden wie: Langmut, Freundlichkeit, Güte, Treue, Sanftmut, Selbstbeherrschung (Gal 5,22f).

Diese Kriterien inhaltlicher Art reichen allein nicht aus, da eine Versuchung auch unter dem Schein des Guten auftreten oder in Übertreibung des Guten bestehen kann. Hier helfen C. *formale Kriterien* weiter, die in der Praxis deshalb meist einen breiten Raum einnehmen. Um festzustellen, ob ein Antrieb von Gott kommt, empfiehlt Baumert als erstes, zu schauen, "ob er 'mit uns betet'",[76] d.h. ob er sich in der Begegnung mit Gott bestätigt. Die geistliche Tradition lehre hier, auf die Reaktionen in uns zu achten, ob Friede und geistlicher Trost vorhanden sei. Für Echtheit spräche die Wahrnehmung von: Freude, Friede, Freiheit; Klarheit, Ernst, Betroffenheit; Bewegtwerden zu Anbetung, Dank und Lobpreis. Unechtheit zeigten an: Bedrückung, Niedergeschlagenheit, Verkrampfung, Verwirrung, Belanglosigkeit, Befremden, Unruhe, Distanz oder Lähmung.

Zur Klärung ist es hilfreich, solche *Beobachtungen einem anderen mitzuteilen* bzw. bei gemeinsamen Erfahrungen *miteinander auszutauschen*. Hilfe zur Unterscheidung von rein seelischer Bewegtheit ist die *bewußte Ausrichtung auf Gott* im Vorgang der Prüfung. Auch die *Erinnerung an frühere geistliche Erfahrungen*, in denen der Friede Gottes bzw. typische Auswirkungen des Bösen deutlich geworden waren, hilft zur Klarheit. Das *Gewissen* ist nach Baumert "die Fähigkeit zur Prüfung und geistlichen Unterscheidung". *Mehrere unterschiedliche Kriterien* sollen sich gegenseitig ergänzen. Je nach dem Gewicht der einzelnen Kennzeichen wird die Gewißheit verschieden groß sein. Wie Mühlen vertritt auch Baumert die katholische Position, daß niemand mit absoluter Sicherheit wissen kann, wie weit er Gottes Wirken richtig wahrgenommen und interpretiert hat. Bei wichtigeren Vorgängen sollte man deshalb *geistlich reife Menschen* zu Rate ziehen. Jeder Christ ist mit seiner Erfahrung letztlich auf *die Kirche als ganze* verwiesen (Kirchenkonstitution 12).

"Anhand dieser Maßstäbe und Fähigkeiten, die in der Gabe der Unterscheidung ge-schenkhaft zusammengefaßt sind, vermag der Christ, allmählich das Wirken des Geistes in seinem Leben und in seinem Umfeld zu erkennen. Er wird dabei auch achten auf die Ange-messenheit der jeweiligen Formen: Sind sie innerlich gedeckt oder nicht? Ist hier zuviel Kopf und zuwenig Herz, dort zuviel Geist und zuwenig Leib, dort zuviel Gefühl und zuwenig Erkenntnis? Dies ist freilich nicht an bestimmten Verhaltensweisen ablesbar, sondern selbst nur 'im Geist' feststellbar. Und dann ist man erstaunt, wieviel echtes geistliches Leben manchmal hinter einem bescheidenen, unbedarften Äußeren aufleuchtet (vgl. Mt 5,25-33), aber auch, wieviel Hohlheit sich hinter frommen Worten und Gesten verstecken kann (Lk 6,24-26). Das ist nicht nur ein Problem heutiger charismatischer Gruppen, sondern der Fröm-migkeit zu allen Zeiten. Nur wird man sich hüten, durch solche Mängel und Fehler sich den Zugang zu der gemeinten Sache verstellen zu lassen. Wenn andere eine Gabe mißbrauchen, dispensiert mich das nicht davon, selbst für diese Gabe vor Gott offen zu sein...".[77]

P. HANS BUOB (SAC) greift auf J.B. Scaramelli (S.J.), einen Klassiker der aszetischen Theologie, zurück und überträgt dessen Regeln der Unterscheidung in die Situation der CE, in der er engagiert ist.[78] Die UdG ist nach Buob "*ein gnadenhaft geschenktes, geistliches Gespür für das, was von Gottes Geist kommt*".[79] - Im Blick auf einen geistlichen Vorgang ist sie *auszuüben*: 1) von allen, die dabei anwesend sind; 2) von geistlich erfahrenen Menschen im Umkreis eines Christen als nächste Bezugsgruppe der Prüfung; 3) als weiterem Kreis nach dem Kon-zilsdekret von der Ortskirche. Grundsätzlich sind Charismatiker immer dem Amt/Apo-stelamt unterstellt.[80]

Buob skizziert als *objektive* **Unterscheidungskriterien:** 1) die Hinführung zu Christus und zu einer tieferen Liebe zu seinem mystischen Leib, der Kirche; 2) der Aufbau der Gemeinde; 3) die Übereinstimmung mit dem Wort Gottes und der Lehre der Kirche.[81] - Als *personale* Unterscheidungsmerkmale nennt Buob: 1) die Grundhaltung des Dienens; 2) die Früchte des Geistes; 3) personale Reaktionen; 4) Auswirkungen im Alltag.[82]

In einem *Schema der Unterscheidung* stellt er in zehn Punkten die Wirkungen des Geistes Gottes denen des Geistes der Täuschung gegenüber und illustriert sie mit Erfahrun-gen in der Erneuerung:[83]

1) *Gottes Geist verstößt nicht gegen die Liebe. Er tut nichts gegen unsere Freiheit, zwingt sich nicht auf, will gebeten sein.* - Die Geister der Verwirrung dagegen achten die Freiheit des Menschen nicht. Satan und die bösen Geister mißbrauchen jede Schwachstelle des Menschen, zwin-gen sich auf, dringen überall ein. - Gottes Geist führt hin zur Liebe; die Geister der Verwir-rung führen zu Haß, Neid, Eifersucht und Streit, fördern Rechthaberei und Besserwisserei.

2) *Der Geist Gottes schenkt innere Ruhe, Kraft und Sicherheit. Er erscheint nie forsch, fordernd, ungeduldig; er setzt nicht unter Druck. Gottes Geist wirbt und lädt ein. Er gebraucht nie Angst, Furcht oder Drohung.* - Die Geister der Verwirrung dagegen schaffen ein schlechtes, beunruhi-gendes Gewissen, sie treten immer bewußt und fordernd auf und erwecken falschen Lei-stungsdruck. Sie drohen Strafen oder Versäumnisse an und stellen Forderungen, die Unruhe, Unsicherheit und Mutlosigkeit erzeugen.

3) *Der Geist Gottes führt einen geraden, einsichtigen Weg, gibt klare Anweisungen und ent-scheidet nie sprunghaft.* - Die Geister der Verwirrung dagegen wählen oft verworrene Zick-Zack-Wege, drücken sich gerne auch verwaschen und unklar aus und ändern sehr oft ihre Meinung. Geister der Verwirrung wollen Übereifer erzeugen und damit Überforderung.

4) *Der Geist Gottes handelt nicht gegen die göttlichen Gesetze oder gegen die Naturgesetze.* - Die Geister der Verwirrung dagegen geben oft unnatürliche und widersinnige Anweisungen.

5) *Der Geist Gottes läßt reifen und wachsen. Er bittet und regt an und führt zum Nachdenken.* - Die Geister der Verwirrung dagegen bedrängen, stellen ultimative Forderungen.

6) *Der Geist Gottes gibt Anstöße zum Tätig-Werden, läßt uns mitwirken an seiner Schöpfung.* - Die Geister der Verwirrung dagegen lähmen unser Handeln, führen zur Passivität. Sie verharm-losen wichtige Aufgaben und halten ab von notwendiger Mitarbeit.

7) *Der Geist Gottes macht hellhörig für jede Sünde. Er deckt auf, aber nicht bedrängend, sondern erlösend und befreiend. Er gibt neuen Mut und Hoffnung. Er läßt auch das entdecken, was Gott mir für die anderen gegeben hat.* - Die Geister der Verwirrung dagegen machen rechthaberisch, lieblos und verbittert. Sie stellen Fehler und Schwächen in ein so trübes Licht, daß der Mensch hoffnungslos und passiv wird. Sie lassen den Menschen unnütz und hilflos erschei-nen. Sie erzeugen Angst und Furcht, bewirken Hilflosigkeit, Ratlosigkeit und Verzweiflung.

8) *Der Geist Gottes führt zu Jesus hin und nie von ihm weg.* Er *erweckt echte Demut, den Mut zum Dienst an den Menschen, zum Dienst für Gott und will keine außergewöhnlichen Leistungen.* - Die Geister der Verwirrung führen von Jesus weg. Sie wollen durch unsinnige Forderungen durcheinanderbringen, verursachen Unruhe und Unfrieden.
9) *Der Geist Gottes führt zu Vergebung und Versöhnung.* - Die Geister der Verwirrung weisen uns auf unsere Rechte hin, führen zu Trotzköpfigkeit und Starrsinn.
10) *Der Geist Gottes führt zum Wesentlichen hin.* - Die Geister der Verwirrung dagegen nehmen uns die Zeit, indem wir uns mit Unwesentlichem herumschlagen.

ANTON GOTS (OSC), in der CE engagierter österreichischer Kamillianer-Superior, versteht unter der Gabe der Unterscheidung der Geister "*die geistgewirkte Fähigkeit eines klaren und sicheren Urteils darüber, was von einem vorliegenden Phänomen zu halten ist, das sich als Weg oder Wort des Heils ausgibt*".[84] Die *Notwendigkeit der Unterscheidung* sieht er *in drei Bereichen gegeben.* Einmal in *Fragen des Alltags,* dann im Blick auf *Regungen des Herzens* sowie im gottesdienstlichen Bereich im Blick auf das *Phänomen des prophetischen Redens und der Bilderschau.* Wegen der mit der menschlichen Begrenztheit und der damit verbundenen Möglichkeit der Täuschung empfiehlt Gots mit der Bibel: a) eine Haltung der *Gelassenheit* (Mt 13,30), b) der *Nüchternheit und Wachsamkeit* (I Petr 4,7; 5,8) und c) der *Prüfung* (I Thess 5,21; I Joh 4,1). Da Gott im Charisma der Unterscheidung die natürliche Erkenntnis stärkt, darf auch bei der geistlichen Prüfung - wie überhaupt im Glaubensleben - nicht auf den *Gebrauch der gesunden Vernunft* verzichtet werden. *Allgemeine Felder der Prüfung* sind: 1) die *Persönlichkeit* des betreffenden Menschen und 2) der *sachliche Inhalt der "Botschaft".* Besondere Kriterien im Blick auf den Inhalt sind: a) die Übereinstimmung mit dem Wort Gottes und mit der gesunden Lehre der Kirche; b) die Freiheit von Gott her; c) der Dienst am Aufbau der Gemeinde; d) die Vermeidung von Übertreibung des Guten; e) persönliche Veränderung.
Im Anhang gibt Gots *Grundsätze der Unterscheidung im Fall von Offenbarungen und Visionen* wieder, wie sie sich bei P. Petrus Ibanez im Blick auf Theresa von Jesus finden.[85] Demnach kann folgendes für die Echtheit sprechen: 1) Demut; 2) Zurückgezogenheit und Änderung der Lebensweise zum Guten; 3) eifrige Übung des Gebets; 4) Ratsuchen bei erfahrenen Menschen, Haltung des Gehorsams; 5) Übereinstimmung des Urteils verschiedener erfahrener Beobachter; 6) Geduldiges Ertragen von Widerwärtigkeiten und Verfolgungen ohne Rachegedanken; 7) Reinheit des Gewissens und Vollkommenheit des Lebens; 8) gute Wirkung der Botschaften oder Visionen auf das Leben anderer Menschen; 9) inhaltliche Bedeutsamkeit und Nützlichkeit sowie die Übereinstimmung mit der allgemeinen Lehre der Kirche; 10) Bereitschaft, sich den Instanzen der Prüfung mitzuteilen; 11) Charakterfestigkeit und Gleichmut bei Mißverstandenwerden; 12) heftige Anfeindungen vonseiten des Bösen.

4.5 Geist-Erfahrung und Grundentscheidung

4.5.1 Geist-Erfahrung und Sakrament[86]

In diesem Abschnitt des Papiers wird ein *Brückenschlag* zwischen der *subjektiven Geist-Erfahrung* und der sakramentalen Geistmitteilung in *Taufe und Firmung* versucht. Dabei gehen die Verfasser davon aus, daß sich in der Erneuerung echte Gottesbegegnungen und Berufungen ereignen. Wenn dabei besonders eindrückliche Durchbruchserlebnisse als "persönliches Pfingsten" oder als "Pfingsterfahrung" bezeichnet werden, sieht man Bedarf an theologischer Präzisierung. Nicht akzeptabel für katholisches Denken ist z.B. die pfingstkirchliche Überzeugung, daß sich der Empfang des Heiligen Geistes immer in einer eindrücklichen sinnenhaften Erfahrung vollziehe ("*Geistestaufe*"), wobei die Sprachenrede als Zeichen der Echtheit dieses Höhenerlebnisses gilt. Nach katholischem Verständnis erhält ein Mensch den Geist in Taufe (Erwachsenen- oder Kindertaufe) und Firmung, auch wenn er dabei "nichts spürt". Wenn er den Geist Gottes zu einem späteren Zeitpunkt "erfahre", dürfe dies nicht als erste Geistmitteilung interpretiert werden. Manche Theologen der Erneuerung verstehen eine solche Erfahrung als deutlicheres "Bewußtwerden" des bereits sakramental empfangenen Geistes. Zur Erklärung herausragender Erfahrungen kann man darauf hinweisen, daß der Christ den Geist nicht in statischer Weise besitze, sondern in der ständigen "Sendung" des Geistes aus der göttlichen Liebe heraus lebe. Das bedeutet: man kann immer neu um die Sendung des Geistes bitten. Thomas von Aquin kennt neben der ständigen Einwohnung des Geistes (aufgrund von Taufe und Firmung) auch gelegentliche "Erneuerungen" oder *"neue Sendungen"* des Geistes, die den Christen zu einer neuen gnadenhaften Handlung befähigen bzw. ihn in einen neuen Gnadenzustand versetzen. Erfahrungen des Geistes können demnach als ein neues "Empfangen" des Geistes bezeichnet werden, ohne den Rückbezug auf die "Sakramente der Eingliederung" aufzugeben. - Andere Theologen verstehen die Geist-Erfahrungen mehr von der Bekehrungsgnade her.

Exkurs: <u>Zur katholischen Interpretation der Geistestaufe</u> [87]

Die katholische Kirche hat im Blick auf die Geistestaufe *nie eine offizielle Position* einge-nommen. Eine solche ist nach K. McDonnell auch nicht zu erwarten.[88] Die Geisttaufe findet sich im Kontext der Erneuerungsbewegung. Wo diese in Erscheinung tritt, taucht auch die Frage der Geisttaufe auf. Innerhalb der Erneuerung besteht Übereinstimmung darüber, daß die Vernachlässigung der Geisttaufe ein Stocken der Bewegung bedeuten würde. Diese An-nahme wurde von keiner katholischen Autorität angefochten. Die Geisttaufe gefährdet weder ein Sakrament noch unterminieren die mit ihr verbundenen Ansprüche eine historische theologische Position. Mit ihrer Preisgabe käme aber die Bewegung ins Wanken.[89]
Während im pfingstlerischen und protestantischen charismatischen Bereich zu ihrer Er-klärung in der Regel eine Zwei-(bzw.Drei-)Stufen-Theorie verwandt wurde, gibt es im katholischen Bereich *zwei Hauptansätze* der Interpretation: So wird die Geisttaufe im 1.Mechelner Dokument 1) als neue <u>*"Aktualisierung", als ein "Erwecken" der Gnade der christlichen*</u> <u>*Initiation*</u> (Taufe, Firmung, Eucharistie) verstanden. H. Mühlen interpretiert die Geisttaufe noch spezifischer als die Erneuerung des Firmsakraments. - Die Frage des Verhältnisses von sakramentalem Empfang und existentieller Aktualisierung sah K. Rahner bereits in der Unter-scheidung von *psychikoi und *pneumatikoi bei Origenes virulent. Auch bei Augustinus findet sich die Fragestellung.[90] - 2) Eine <u>*nicht-sakramentale Position*</u> vertritt Francis A. Sullivan. Sie ist im ökumenischen Gespräch mit nicht-liturgischen Kirchen eher konsensfähig. Sullivan versteht die Geisttaufe als eine neue Mitteilung des Geistes. Für die Möglichkeit nicht-sakra-mentaler Geistmitteilung beruft er sich auf Thomas von Aquin. K. McDonnell meint, für diese Position seien noch andere Belege zu finden, wenn man weiter zurückgeht.[91] Sullivan for-muliert seine Sicht so: "Ich glaube, was den Menschen in der Charismatischen Erneuerung widerfährt, ist, daß sie im *biblischen* Sinne 'mit dem Geist getauft' werden und daß der bibli-sche Sinn den theologischen wie den erfahrungsmäßigen Sinn in sich enthält. Mit anderen Worten, nach meiner Ansicht ist das, was die Menschen in der Charismatischen Erneuerung empfangen, eine echte Verleihung des Geistes, eine neue 'Ausgießung des Geistes' (der theo-logische Sinn) mit typischen Wirkungen, die ihnen bewußtmachen, daß der Geist auf eine neue Art in ihrem Leben wirkt (der erfahrungsmäßige Sinn)".[92]
N. Baumert sieht beide Ansätze *nicht in einem sich ausschließenden Gegensatz*. Er meint im Blick auf die Begriffe "Pfingsterfahrung" bzw. "Geisttaufe": "Wenn man sich bewußt bleibt, daß 'Taufe' in diesem Zusammenhang ein Erfahrungsbegriff ist, der an das Empfinden des 'Eingetaucht-Seins' anknüpft, kann dieser Begriff durchaus richtig verstanden werden. Man muß also bei seinem Gebrauch wissen, daß hier nicht sakramental gesprochen wird, als ob dies ein sichtbares Zeichen wäre, welches, von Menschen gesetzt, eine unsichtbare Gnade vermittelte und dann vielleicht mit Taufe und Firmung in Konkurrenz träte. Unbeschadet der Tatsache also, daß in den Initiationssakramenten der Heilige Geist zuverlässig, wenn auch keimhaft, vermittelt wird, will 'Geisttaufe' ein Erlebnis beschreiben, in dem ein Mensch die Fülle des Geistes deutlich spürt... Damit soll jedoch nicht gesagt sein, daß in den charis-matischen Gruppen, ob pfarrlich oder überpfarrlich, nur Menschen zu finden wären, die von einer solchen Pfingst-Erfahrung geprägt sind; wohl sind alle dafür offen..."[93]

4.5.2 Verschiedene Weisen der Geist-Erfahrung[94]

Gegen die Festlegung auf pfingstkirchliche Erfahrungsmuster und Interpretationen vertritt man in der Erneuerung eine Vielfalt von Erlebnisweisen der Geist-Erfahrung. Dieser allgemeine Begriff wird dem der "Geisttaufe" vorgezogen. Man will der Gefahr vorbeugen, nur eine bestimmte Art von Erfahrung gelten zu lassen und Gott gleichsam "zwingen" zu wollen, sich "pfingstlich" zu schenken. Damit wird auch die engführende Unterscheidung und Beurteilung der Menschen und ihrer Christlichkeit nach dem Gesichtspunkt, ob sie eine "Geisttaufe" erlebt und die Sprachengabe erfahren haben, vermieden. Diese Entgrenzung des Verständnisses der Geist-Erfahrung wird als Frucht des theologischen Klärungsprozesses der zurückliegenden Jahre festgehalten.

N. BAUMERT schlägt vor, das Wort "Geisttaufe" nur auf der deskriptiven Ebene, zur Beschreibung eines typisch "pfingstlichen Erfüllungserlebnisses zu gebrauchen. Wird der Begriff auf den allen Menschen verheißenen Geistempfang ausgeweitet, sieht er zwei Möglichkeiten des Mißbrauchs: "Entweder sagt man, daß jeder ein Erfüllungserlebnis dieser Art erwarten müsse (Gefahr des Vulgarismus), oder man schwächt dieses Erfahrungsmoment so ab, daß das Wort auf jede Art von Bekehrung und geistlicher Erfahrung anwendbar wird (Gefahr der Nivellierung dieses geschichtlichen Neuaufbruchs)".[95] Nach Baumert "muß man gleichzeitig festhalten, daß jeder Glaubende den Geist 'empfängt', aber eine Durchbruchserfahrung (sogenannte Geisttaufe) der Geist zuteilt, wie er will".[96] - Wegen der Nähe zum Sakrament der Taufe kann der Begriff "Geisttaufe" leicht mißverstanden werden. Von daher rät er, den Begriff überhaupt zu vermeiden und von "Geist-Erfahrung" zu sprechen. "Geist-Erfahrung ist also ein viel weiterer Begriff, der unauffällige und stark hervortretende Wahrnehmungen umfaßt. Dabei ist dann die Erfahrung, welche die Schritte der Hingabe des Menschen anregt und trägt, zu unterscheiden von dem Erfüllungserlebnis, das gelegentlich nach der Bitte um den Heiligen Geist eintritt. Selbstverständlich kann sie auch ganz am Anfang stehen, so daß bereits die Bekehrung selbst von einem Erfüllungserlebnis getragen ist".[97] An anderer Stelle weist Baumert darauf hin, daß die Theologie in jahrhundertelanger Reflexion gelernt habe, *verschiedene Wirkweisen des Heiligen Geistes zu unterscheiden.*[98] So werde z.B. unterschieden zwischen dem *schöpferischen* und dem *heilsgeschichtlichen* Wirken des Geistes. Aber auch innerhalb des Heilswirkens kann unterschieden werden zwischen der Wirkweise *im Alten* und *im Neuen Bund.* Und auch im letzteren wird weiter differenziert. "So ist auch *der Geist des Neuen Bundes immer der gleiche,* und doch müssen wir unterscheiden zwischen der *Inspiration bei den Autoren des Neuen Testamentes,* bei *anderen kirchlichen Schriftstellern und Verkündigern,* im '*Glaubenssinn des Gottesvolkes*' oder im *Vollzug des kirchlichen Lehramtes* (bei dogmatischen 'Definitionen' die sogenannte 'negative Assistenz', die Irrtum verhindert)".[99] - Obwohl jeder Christ schon in der Taufe den Heiligen Geist empfangen hat, wird bei Firmung und Weihe von neuem gesagt: "Empfange". Ja in jedem Sakrament wird nach katholischem Verständnis der Geist auf verschiedene Weise verliehen. Wieder anders wirkt der Geist in den *theologischen Tugenden,* in den "*sieben Gaben*", in der *heiligmachenden, aktuellen Gnade* oder in verschiedenen "*Geistesgaben*". Immer ist es derselbe Geist.

Von anderer Art als diese objektiven Kategorien auf der Seinsebene, sind *Unterscheidungen auf der Erfahrungsebene.* So schildert z.B. Lukas den Einbruch des Geistes als gewaltiges Brausen, während Johannes ihn eher wie einen stillen "Hauch" beschreibt. "Hier bleibt das Wirken des Geistes *verhalten* und *verborgen,* dort tritt es *deutlich* zutage; in Zeiten der Verlassenheit scheint es wie eine glimmende Glut, in Zeiten der Nähe wie ein loderndes Feuer. Geist-Erfahrung kann sich ereignen in schweigender Anbetung oder im Umgang mit Menschen, in der *Aktion* oder in der *Kontemplation,* im Erfolg oder im Mißerfolg. Es gibt die über lange Zeit *dauernde* Erfahrung der 'Gegenwart Gottes' und die *punktuellen* Eingebungen des Geistes. Eine jüdische Tradition sagt: 'Das Kommen des Reiches Gottes ist ein geistiges Ereignis - nicht mit unseren Kategorien vorausschaubar und dennoch vorstellbar. Es gibt zweierlei Geist, der ist wie rückwärts und vorwärts. Es gibt einen Geist, den der Mensch im Gang der Zeiten erlangt. Aber es gibt einen Geist, der über den Menschen kommt in großer Fülle, in großer Eile, schneller als ein Augenblick, denn er ist über der Zeit, es bedarf keiner Zeit zu diesem Geist'. Immer ist es der gleiche Geist, aber er 'weht, wo Er will. Unsere Schwierigkeit ist nur, daß jeder Mensch von seiner Art der Geist-Erfahrung her alle anderen Arten zu interpretieren versucht. Doch es gibt so viele Variationen, wie es Menschen gibt, und selbstverständlich alle Zwischenstufen zwischen den genannten Extremen".[100] - Eine andere Unterscheidung geht vom *Sitz der Geist-Erfahrung im menschlichen Organismus* aus. So werden geistige Erkenntnisse gern im Kopf, willentliche Antriebe im Herzen, starke Erlebnisse in den Eingeweiden, Empfindungen im Tastsinn angesiedelt.[101]

Die Lehrer des geistlichen Lebens unterscheiden *drei Wachstumsstufen* mit jeweils verschiedenen Erfahrungen: *Erleuchtung, Reinigung, Einigung.* Im Methodismus und der Heiligungsbewegung wird zwischen Bekehrung/ Rechtfertigung/ Wiedergeburt und "zweitem Segen"/ Heiligung/ oder "Geistestaufe". Die katholische Tradition spricht im letzteren Fall eher von "Zweiter Bekehrung", wobei es häufig um einschneidende, datierbare Erlebnisse geht. Die Betonung solcher herausragender Erlebnisse bringt - so Baumert - die Gefahr mit sich, "daß sie entweder zur heimlichen Norm werden oder zu Ablehnung reizen, indem man sie für übertrieben oder unecht erklärt" bzw. "zu einer Sonderkategorie, die den 'normalen' Christen nicht zugänglich sei".[102] Baumert sieht bei evangelischen Christen und besonders bei Pfingstlern starke Vorbehalte gegenüber der Vorstellung eines Geisteswirkens in den "objektiven" Sakramenten und einer kollektiv geprägten "Tradition", während Katholiken gegenüber dem erlebnishaften Moment mißtrauisch sind. Hier braucht es nach Baumert "eine große Weite des Herzens und des Geistes, um das Wirken Gottes nicht von vornherein einzugrenzen". Man dürfe die Unterschiede zwischen der christlichen Alltagserfahrung und derartigen Höhepunkten nicht so hervorkehren, daß man nicht mehr die "*grundsätzliche Gleichartigkeit*" sehe. Damit sei ein Doppeltes erreicht: "Wir haben einerseits die genannten Erfahrungen eingefügt in ein breites Spektrum, so daß sie nicht mehr als 'besonders' erscheinen, andererseits vielleicht das Auge dafür geschärft, wieviel an 'Erfahrung' in jedem echten christlichen Leben vorhanden ist".[103]

4.5.3 Grundentscheidung und Umkehr[104]

In diesem Abschnitt des Papiers wird als einer der Hauptimpulse, der von der Charismatischen Erneuerung ausgeht, die Notwendigkeit der Entscheidung des Menschen für Christus behandelt. Nicht nur in besonderen Gruppen, auch im normalen Leben der Pfarrgemeinde sollte für eine öffentliche Tauf- oder Firmerneuerung Raum sein. Die bereits bei H. Mühlen aufgezeigten Grundlinien und Vorschläge kehren hier wieder.

4.5.4 Persönliche Erfahrung und ganzheitliche Entscheidung[105]

Die Grundentscheidung für Gott muß nicht von einem gefühlsmäßigen Erlebnis begleitet sein. Entscheidend ist das Berührtwerden von Gott in der Personmitte und eine ganzheitliche Umkehr, die Verstand, Wille und Gefühl einbezieht. Diese ganzheitliche Umkehr wird verstanden als *langer Entwicklungsprozeß*, der aber *von plötzlichen Umkehrerfahrungen ausgelöst oder begleitet* sein *kann*.[106] Der geistliche Wert eines solchen Schrittes ist nicht an der Intensität der Gefühle abzulesen, denn die schlichteren Vorgänge könnten die tieferen sein. - In den geistlichen Vollzügen innerhalb der CE wird die *leibseelische Ganzheit* des Menschen ernst genommen, in der Innen und Außen in Wechselwirkung aufeinander bezogen sind. Innere Vorgänge werden in äußeren Zeichen ausgedrückt bzw. man weiß, daß ein bewußt vollzogenes äußeres Zeichen auch nach innen wirkt. Neben gewohnten liturgischen Vollzügen werden auch andere Gebetsformen neu belebt (lautes, freies Gebet; gemeinsames freies Beten und Singen; öffentliches Zeugnis; gegenseitiges Handauflegen; Erheben der Hände, Klatschen, Tanz - jeweils mit biblischem Beleg). In dem Papier wird daran erinnert, daß die Wiederbelebung solcher Ausdrucksformen Gespür für Echtheit, Taktgefühl für den geistlichen Weg und Rücksicht auf die Situation einer Gemeinde fordert.

4.6 Gnadengaben

4.6.1 Charisma und "charismatisch"[107]

In dieser Passage des Papiers geht es um eine begriffliche Klärung. Unter *"Charisma"* verstehen die Autoren *"eine aus der Gnade Gottes hervorgehende, jeweils von Gott besonders zugeteilte Befähigung zum Leben und Dienen in Kirche und Welt".*[108] Diese Geschenke können nach ihrem Verständnis nicht durch menschliche Weitergabe vermittelt werden. Neben der Befähigung zum "Dienen, Lehren, Trösten" werden weiter die prophetische Rede, verschiedene Heilungskräfte, das Sprachengebet und auch die Berufung zur Ehe und Ehelosigkeit genannt. Die Unterscheidung von "leuchtenderen" und "schlichteren" Charismen des II. Vatikanum wird aufgenommen. Auch der Aspekt, daß der Geist sie verteilt "wie er will" und dabei doch jedem Christen "ein ihm eigenes Charisma" schenkt, kehrt wieder. Charismen umfassen die ganze Breite des menschlichen Alltags, d.h. sie können nicht auf die paulinischen Listen eingegrenzt werden. Lebendig werden sie da, wo jemand seinen Auftrag von Gott wahrnimmt und ernst nimmt. In der Regel, aber nicht ausschließlich, greift der Heilige Geist dabei natürliche Fähigkeiten des Menschen auf und führt sie zur Vollendung.

Das Adjektiv *"charismatisch"* bezieht sich *im spezifischen Sinn auf die Charismen.* Im weiteren Sinn wird es *allgemeiner auf das ganze Dasein und Leben* angewandt, insoweit dieses vom freien und unvorhersehbaren Wirken des Geistes Gottes geprägt ist. Der weitere Sinn berührt sich mit dem, was in der Tradition unter den "Sieben Gaben des Heiligen Geistes" (Jes 11,2f) verhandelt wurde, und läßt sich nicht scharf davon abgrenzen. In der Verbindung "Charismatische Erneuerung" meint "charismatisch" nicht nur die Erneuerung einiger Charismen, sondern die *Erneuerung des ganzen christlichen Lebens* aus dem freien Wirken des Geistes heraus.

Exkurs: Zur Präzisierung der Begrifflichkeit "Charisma/charismatisch" im röm.-kath. Bereich

Im katholischen Bereich verstand man in der Vergangenheit die Charismen im Anschluß an THOMAS VON AQUIN als *"'Gratia gratis data' zur Unterweisung des Nächsten in Glaubensbedingungen: 1. zu vollkommener Erkenntnis, 2. als Bestätigung der Offenbarung, 3. als Hilfe zur Verkündigung des Wortes".*[109] - H.LECLERQ ergänzte und korrigierte diese Typenliste und unterteilte die Charismen: a) in Bezug auf die *Unterweisung der Gläubigen;* b) in *Hilfsdienste* und c) *Charismen der Leitung.* Ähnlich auch H.KÜNG, der Charismen der *Verkündigung* von solchen der *Hilfsdienste* und der *Leitung* unterscheidet.[110] Küng fügt der Liste allerdings noch weitere hinzu *(Diakonissen, Witwen, Episkopen;* auch das *Leiden* sieht er als Charisma und im Grunde genommen *jede "Berufung").* - Während J.BROSCH noch ganz stark im hierarchischen Denken zwischen Charismen rein *pneumatischer* Natur und *praktischen,* mit der kirchlichen Hierarchie verwandten Charismen unterschied, versteht E.DUSSEL Charismen im Sinn der funktionalen Soziologie als *"Formen des Schaffens und Vorandrängens"* und weitet den Charismabegriff über den Bereich des Biblisch-christlich-Innerkirchlichen hinaus *sozialpolitisch* aus. In Kritik der üblichen theologischen, meist auf den biblischen Befund eingeschränkten, Überlegungen schlägt Dussel neue Kategorien vor: 1) Charismen auf der prophetischen Ebene: *Kirche-Gesellschaftsform* (kerygmatisch-ideologische Ch. der Kritik/ praktische, wirtschaftlichpolitische, aufbauende Ch., prophetisch-wirtschaftliche, prophetisch-politische/ Ch. in anderen Religionen); 2) Ch. auf der prophetischen Stufe: *Kirche-Kirche* (Ch. *der Erneuerung des Dienstes,* *zur Gründung der Kirche,* *zur Belehrung der Gläubigen,* *des Dienstes an der Gemeinde,* *der Leitung der Gemeinschaft/* *nichtamtliche Ch. zur Belebung der Kirche,* *Ch. der Pfingstkirchen oder "Charismatiker",* *Ch. der Basisgemeinschaften,* *Ch. der Ordensgemeinschaften,* *theoretische Ch.);* 3) Ch. auf der Stufe: *Gesellschaftsform-Gesellschaftsform der Zukunft.*[111] - Dussels Ausweitung des Charismenbegriffs bedeutet wohl eine *Entgrenzung* des spezifisch biblischen Gebrauchs, andererseits bringt sie größere Unübersichtlichkeit mit sich. Insofern unsere Aufgabenstellung die theologisch geistliche Dimension einer spezifischen

Frömmigkeitserscheinung betrifft, helfen seine Ausführungen nicht weiter. Deshalb greifen wir zur Begriffsklärung auf spezifischere Äußerungen im Blick auf die PB/CE zurück.

RENÉ LAURENTIN, ein intimer Kenner der CB, hat in einem Aufsatz versucht, der Unbestimmtheit des Begriffs Charisma abzuhelfen.[112] Nach der Skizzierung des umgangssprachlichen und soziologischen Gebrauchs, bedenkt er die Verwendung im Neuen Testament und in der Kirchengeschichte bis zum II.Vatikanum. Seine Definition geht nach zwei Richtungen. Er versucht, Mißverständnisse zu b eheben und präzisiert *negativ*: a) Charismen sind *nicht ausschließlich der Urgemeinde vorbehalten* gewesen, sondern gehören zum dauernden Bestand der Kirche; b) Ch. sind *auch nicht Vorrechte, die gewissen Personen vorbehalten* wären. Alle Christen sind eingeladen, sie zu empfangen und auszuüben; c) sie sind *nicht außerordentliche* Gaben, sondern gehören zum ordentlichen Gnadenwalten Gottes in der Kirche; d) sie sind *nicht ekstatische Gaben*; e) wenn man die Ch. als "übernatürlich" bezeichnen kann, insofern sie vom Heiligen Geist kommen, so darf dies doch nicht in dem Sinn verstanden werden, als seien sie "gleichsam als Überbau *einfach der Natur aufgesetzt*..." Die Charismen setzen vielmehr die der Verschiedenheit der Menschen und Gemeinschaften entsprechenden natürlichen Gaben ein. Sie verbinden sich also mit der gesamten menschlichen Wirklichkeit, der individuellen und der kollektiven, mit dem Leiblichen und seelischen des Menschen, der Verschiedenheit der Berufung entsprechend";[113] f) die Ch. stellen *keine abgeschlossene Reihe* dar, sondern fächern sich ins Unendliche aus; g) sie sind *nichts ohne die Liebe*.

Positiv definiert Laurentin den Charismenbegriff so: "Die Charismen sind *Gnadengaben des Geistes zum Aufbau des Leibes Christi*".[114] Den Sinn dieser Worte präzisiert er dann weiter. So hebt er die Perfektform, *das abgeschlossene, vollendete Tun* sowie die Nebenbedeutung "*Freude*" der Wurzel von charis hervor. Im Wort charisma schwinge "die Freude einer har - monischen Befreiung der Energien der betreffenden Menschen im Dienst Gottes" mit.[115] - Weiter *kommen* die Charismen *vom Geist*. - Im Unterschied zu den mystischen Gaben haben die charismatischen Gaben den *Aufbau der Gemeinde zum Ziel*. Diesen Aspekt, daß die Charismen zum Nutzen der Kirche und nicht des Charismatikers bestimmt sind, sieht Laurentin in der klassischen Theologie überbetont: "In Wirklichkeit aber steht der Aufbau der Gemeinde in einem unlöslichen Zusammenhang mit dem Heil des Charismatikers. Gewiß hat das Charisma einen uneigennützigen Charakter, der manchmal bis zur Hingabe des Lebens im Dienst an den andern geht. Doch selbst noch in diesem Fall erscheint es als Überschuß und Überfluß der Überfülle dessen, was der Charismatiker selbst eben zur lebendigen Zelle, zum lebendigen Organ der Kirche aufbaut. In diesem Sinn entsprechen die Charismen Rollen, Funktionen und Diensten. Tiefer gesehen sind sie Betätigung der Agape in dem einen Geist (I Kor 12). Das Allzunge der klassischen Auffassung läßt sich durch die Autorität des Paulus selbst berichtigen, stellt er doch die Glossolalie als eine Geistesgabe dar, die der Erbauung des in Zungen Redenden dient: 'Wer verzückt redet, nützt sich selbst' (I Kor 14,5), was die heutige Erfahrung erst recht bestätigt".[116]

Zum Schluß versucht Laurentin auch eine *Typologisierung der Charismen*. Da Charismen Gaben sind, durch die der Heilige Geist die Kirche strukturiert, kann es *keinen Gegensatz zwischen Charisma und Institution* geben. "Charismen können unendlich vielfältig sein. Der zeitlichen Abfolge nach gibt es zunächst die <u>Gründungscharismen</u> wie die Inspiration der Bibelverfasser und das Apostolat der Zwölf. Darauf folgen die <u>Auslegungsgaben</u> (Schriftkundige, Exegeten, Schrifterklärer). Die Charismen können <u>Liturgie-, Lehr- und Leitungsfunktionen</u> betreffen". - Von der Zielbestimmung "Aufbau der Gemeinde" her eignet sich der Begriff *auch* "zur Bezeichnung der Gaben, die zur <u>Wahl und Verwirklichung von Lebensumständen</u> - Ehe und Zölibat - inspirieren".[117] - Schließlich trifft der Begriff Charisma *auch auf die sakramentalen <u>Charaktere</u>* (Tauf-, Firm-, Weihecharakter) zu, die die Einfügung in die Kirche als Leib Christi und das organische Funktionen in ihr bestimmen. - "Entscheidend ist: Diese Gnadengaben gehen aus der Freiheit des Gottesgeistes in der Freiheit des betreffenden Menschen hervor. Ihr Wert hängt weder von der Intensität der Inspiration noch vom äußeren Glanz ihrer Leistungen ab, sondern von der Liebe (I Kor 13,1-3), die ihr Maß und ihre Triebfeder ist kraft ein und desselben Geistes, der alles in allen wirkt. So integrieren sie sich auf organische (und somit dynamische und geordnete Weise) in die Kirche, den Leib Christi".[118]

Neben H. Mühlen hat sich in der CE vor allem NORBERT BAUMERT um die *Klärung der Begrifflichkeit* "Charisma/ charismatisch" verdient gemacht.[119] - Stärker als die meisten

Exegeten und Systematiker von der Semantik herkommend *versucht Baumert*, den Begriff "Charisma" *von späteren theologischen Fragestellungen, Eintragungen und Wertungen freizuhalten*. Konsens unter den Theologen ist, daß "Charisma" eine (vom Geist gegebene) Begabung bezeichnet. Viele heben den Dienstcharakter und das Ziel des Aufbaus der Gemeinde hervor. Während z.B. Bultmann, Gewiess und Rahner den *Wunderaspekt* betonen, schließen andere auch das "*Amt*" in den Begriff ein. In den letzten Jahrzehnten wurde der Aspekt der *Universalität* (jeder Glaube hat ein Charisma) hervorgehoben und das Charismatische als *unerläßliches Strukturprinzip von Kirche* betont. Baumert will sich streng auf die neutrale semantische Beschreibung einer Konkretion, die zunächst nur "*Geschenk*" meint, beschränken. Mit Schürmann grenzt er sich dabei nach zwei Seiten ab: "Die paulinische Betrachtungsweise steht jenseits und über der ekklesiologisch so wichtigen Unterscheidung zwischen (hierarchischen) Ämtern und (freien) Charismen. Wer das sieht, wird die paulinische Betrachtungsweise nicht (mit den Reformatoren) spiritualistisch gegen eine hierarchische Ordnung ausspielen, wird aber andererseits auch bedenklich werden gegenüber der unverkennbaren Unterbewertung derjenigen Gaben in einzelnen Perioden der Kirchengeschichte, die nicht hierarchischer Art sind".[120]

In seinem Aufsatz "'Charisma' - Versuch einer Sprachregelung"gibt Baumert einen Überblick über die semantische Entwicklung bis in die Gegenwart und greift *theologische Fragen* auf, die mit dem Begriff verbunden sind: So wurde a) *ursprünglich "Gott" als Geber* gesehen, der "durch" seinen Geist wirkt, während Ch. *heute, auf das Geistwirken eingeengt*, ein Zentralbegriff der Pneumatologie ist. *Der Schöpfungsaspekt ist zurückgetreten. - Lag b) ursprünglich der Akzent auf der Wirkung des Geistes, wurden unter den Gaben mehr und mehr nur noch Begabungen* verstanden. Auch eine Berufung wurde als solche verstanden. *Die Betonung verschiebt sich auf die subjektive Seite menschlichen Handelns.* Da die Spezifizierung des Begriffs primär bei I Kor 12,4-11 einsetzte, wurde bei einigen Vätern und in der Neuzeit das *Element des Wunderhaften* in den Spezialbegriff hineingenommen. Insofern zum Begriff Ch. tatsächlich gehört, daß es *göttliche Kräfte* sind, hat dies sein Recht. *Aber auch alltägliche Gnade ist gottgewirkt.* Der faktische Gebrauch hat inzwischen die Frage im Sinn des Vatikanums entschieden. Ch. sind "nicht nur auffallende, aber doch immer durch die göttliche Gnade gewirkte Realitäten. Darum sind Naturbegabungen etwas anderes als Charismen".[121] - Charismen werden c) heute zugleich verstanden als etwas Allgemeines, weil *jedem zugedacht*, und als etwas Besonderes, weil *jedem etwas anderes* gegeben ist. Ch. sind von jedem Christen zu erwarten und er muß sich für sie disponieren. "Denn wenn sie auch nicht berechenbar sind, kann man doch (wenigstens grundsätzlich) darum bitten und darf sich auf keinen Fall verschließen oder sie gar ablehnen".[122] Als Tätigkeiten in der neuen Heilsordnung werden sie in der Regel *nur Christen* auf der Grundlage von Glaube und Taufe *gegeben*. Sofern sie außerhalb geschenkt werden (vgl. Lk 9,49), sind sie auf die Gemeinschaft der Glaubenden hingeordnet. - Für die Frage d) *wann und unter welchen Voraussetzungen* Ch. gegeben werden, gilt: Ch. sind *wesensmäßig unableitbar.* Im Unterschied zu Tugenden, kann kein Mensch von vorneherein mit bestimmten Begabungen rechnen. Die Sicht, daß Ch. nur am Anfang der Kirche gegeben wurden, weil sie da besonders nötig waren, wird hinfällig mit der Ausweitung des Begriffs auf "alltägliche" Begabungen und mit dem faktischen Wiederauftreten in der Kirchengeschichte und in der Gegenwart. Dieses Wiederauftreten liegt in der Erziehungsweisheit Gottes, der in verschiedenen Phasen sein Volk unterschiedlich führt. Sobald der Begriff nicht mehr auf einige auffällige Gaben (I Kor 12,8-10) eingeengt wird, entkrampft sich auch der Streit um die "charismatischen" Bewegungen. "Sie wollen ja nicht etwa den Begriff Charisma für sich reservieren, sondern sollen neu auf ein Wesenselement der Kirche hinweisen, so daß alle Christen und alle Zeiten ihr je eigenes Charisma (neu) erkennen und dementsprechend sich gegenseitig erkennen, ergänzen und korrigieren... Charismen werden also zu allen Zeiten, aber in je verschiedener Gestalt gegeben, und jeder muß zumindest prüfen, ob darin für ihn ein Anruf liegt. Insofern 'gehört das Charismatische theologisch notwendig und dauernd zum Wesen der Kirche wie das Amt und die Sakramente'".[123] - Was e) die *Vermittlung* angeht wurde erst durch die Eingrenzung auf "Wunder" und die Entgegensetzung zu Recht und Amt der Charismenbegriff reserviert für ein unmittelbares Wirken des Geistes. Alles Wirken Gottes ist letztlich unverfügbar, aber im Unterschied zu der Selbstverpflichtung Gottes, z.B. in den Sakramenten, sind Ch. weder durch Weihe zu vermitteln noch durch bestimmte Gebete zu "garantieren", sondern *"unverfügt"*: "Der Mensch vermag die Weise ihrer Zuteilung nicht zu durchschauen, und sie ist uns auch nicht in der allgemeinen Offenbarung mitgeteilt. So wird in den Charismen in besonderer Weise die je neue Abhängigkeit von Gott eingeübt. Wer dagegen die Verleihung von Charismen wie ein Sakrament handhabt, verrät ihr Wesen. Er greift ins Leere oder verwechselt sie mit psychischen Phänomenen oder Imitationen".[124] Die Unterscheidung von Sakrament und Ch. des Vatikanum ist inzwischen Allgemeingut geworden. - Mißverständlich ist, wenn dann das Amt doch wieder als Charisma bezeichnet wird. Wenn man auch alle Strukturelemente der Kirche als "Geschenke Gottes" verstehen kann, so ist das zwar paulinisch, entspricht in dieser Weite aber nicht dem heutigen spezifischen Gebrauch von Charisma. - Ein Charisma ist nicht aus kirchlicher Vermittlung (wie Weihe) ableitbar, aber es ist auf kirchliche Annahme und Bestätigung hingeordnet. Es handelt sich um "Verleiblichung" im "Leib Christi".[125] - Was f) die *Frage des Wozu?* angeht, wendet sich Baumert mit Laurentin gegen die klassische Überbetonung des Dienstaspekts. Charisma kann nach ihm auch in der Form eines einfachen Lebensvollzuges und *auch zum Aufbau des Empfängers selbst* gegeben werden: "Selbstverständlich kommt jeder Lebensvollzug im Leib Christi auch anderen Gliedern zugute, aber man muß diese indirekte Wirkung des persönlichen Verhaltens doch unterscheiden von ausgesprochenen 'Diensten'. Es wäre gefährlich, von jedem Charisma eine 'Dienstgestalt' zu erwarten und ihm andernfalls diesen Titel zu verweigern. Die *Gefahr der Verzweckung* geistlicher Gaben ist dann mindestens so groß wie die einer religiösen Selbstgenügsamkeit, gegen die sich jene Charakterisierung richtet. Charismen sind immer dann 'Dienst-Charismen'..., wenn sie einen Auftrag für andere enthalten... I Kor 14 etwa wertet nicht das Sprachengebet grundsätzlich ab, sondern gibt nur im gemeinsamen Gottesdienst der Prophetie den Vorrang, verweist also ersteres, wenn es keine Auslegung erfährt, in den Raum des privaten Betens. Aber dort kann es den Empfänger selbst wirklich 'aufbauen' (14,2) und wird darum mit Recht heute als Charisma bezeichnet. Andererseits ist auch die Ausübung der Dienst-Charismen immer zugleich ein Akt der Gottesverehrung!"[126] Von daher nimmt Baumert den Dienstaspekt nicht in die Definition mit hinein. Die Betonung des Zusammenwirkens aller Charismen im Leib Christi darf nicht den Aufbau der Gemeinde so in den Vordergrund rücken, "daß die einzelnen keinen angemessenen eigenen Lebensraum behalten". Kirche ist kein Kollektiv. "Letztes Ziel der Charismen ist nicht etwa die Gemeinde oder gar der Aufbau einer (triumphalistisch mißverstandenen) 'Kirche', sondern die Erlösung der Menschen...".[127] - Baumert lehnt die Definition von Charisma als "natürliche" Begabung, die "vom Geist Gottes in Dienst genommen wird" ab. Diese von E. Käsemann, A. Bittlinger, H.Mühlen, F.Kuntner u.a. vertretene Deutung läßt Charisma grundlegend als Element der Schöpfungsordnung erscheinen. Baumert sieht bei Paulus aber vielmehr den Aspekt der neuen Heilsordnung. Von daher versteht er Ch. als *"die von Gott kommende neue Kraft, welche die Natur reinigt, integriert, und zugleich - oft weit! - übersteigt; aber es ist nicht die naturgegebene Kraft, insofern diese gereinigt ist!"[128] Dabei ist der Träger (das empfangende Subjekt) selbstverständlich die menschliche Natur, aber diese ist nicht logisches Subjekt des Begriffs. Die ordnende Kraft gehört selbst einer anderen Ordnung an. - g) Was das Erkennen von Charismen angeht, lehnt Baumert die naheliegende Alternative ab, die schlichteren Charismen als natürliche Gaben zu deuten und die "leuchtenderen" als übernatürlich. Dies sei theologisch keine gültige Unterscheidung. Hier wird "übernatürlich" im Sinn von paranormal mißverstanden. "Wie die 'schlichtere', mehr alltägliche Zuwendung Gottes, kann auch diese auffallendere nicht dadurch festgestellt werden, daß die natürlichen Grenzen überschritten sind..., sondern nur dadurch, daß der glaubende, zu Gott hin offene Mensch einen Strahl seiner Liebe erkennt hat und von ihr ergriffen wird. 'Der psychische (in sich verschlossene) Mensch hingegen kann es nicht fassen" (I Kor 2,14)".[129] - "Ein Mensch, der aus dem Geist lebt, ist in seinem ganzen Tun vom Geist getragen. Auch einfache menschliche Verhaltensweisen, wie Freundlichkeit, Geduld, Klarheit sind nicht 'rein natürlich', sondern sind eine Ausstrahlung der Kraft des Geistes in ihm. Geschöpfliche Anlage und Gnade der Erlösung mit ihren 'Wirkungen' sind hier so zu einer Einheit verwoben, daß die Kraft des Heiligen Geistes das Zentrum des Handelns bildet, welches die natürlichen Kräfte durchdringt und mehr und mehr 'integriert', d.h. in eine neue Ganzheit einfügt".[130] Nicht von den Grenzen der Natur, sondern *von der geistlichen Mitte her* ist nach Baumert die Frage anzugehen. Entscheidend ist, ob das Zentrum eines Vorgangs ein geistliches Geschehen ist und die typischen Kennzeichen des (Pfingst-) Geistes trägt, ob der Mensch im Gehorsam gegen Gott handelt, oder eigenmächtig. Die Echtheit "auffallender" Charismen wird nicht anders erkannt als die der schlichteren. Die Echtheit der schlichteren stützt aber erstere. - Der Unterschied zu paranormalen Naturgaben (heilende oder hellseherische Kräfte) liegt in der geistlichen Mitte. Der springende Punkt ist nach Baumert, ob diese Menschen von sich aus derartige Kräfte wecken und handhaben. "Ein echtes Charisma hingegen setzt nicht bei solchen Naturkräften an, sondern bei einem freien Impuls des Heiligen Geistes - dem der Mensch sich zwar öffnen kann, der ihn aber dann doch immer 'überrascht'. Das unterscheidet z.b. das Charisma der Lehre von rein menschlichem (auch theologischem) Wissen. Die schlichtere Form des Charismas ist freilich von der natürlichen Begabung nicht leicht zu unterscheiden und hat meist viel gelerntes Wissen integriert".[131] - Bei einem echten Charisma werden nach Baumert nicht besondere (paranormale) Kräfte vom Menschen her "eingesetzt". Dementsprechend darf es auch nicht definiert werden als "natürliche Anlage des Menschen, die vom Geist Gottes in den Dienst genommen wird", sondern als "Wirkung des Heiligen Geistes, in die naturhafte Anlage integriert werden".[132]

Da sich terminologische Entwicklungen nicht zurückdrehen lassen und man nicht mehr zur biblischen Weite des Begriffs zurückkehren kann, macht Baumert unter Berücksichtigung der verschiedenen Sachfragen einen **Vorschlag zur Sprachregelung**,[133] wobei er sich an den Grundoptionen des II.Vatikanum und der ökumenischen Dokumente orientiert. Danach hat *die ganze Heilsordnung* des Neuen Bundes Geschenkcharakter. Baumert unterscheidet bei diesen "Gnaden-Geschenken" Gottes:

"A *Objektive Heilsgüter*, die in irgendeiner Form ein SEIN (in Christus) besagen oder begründen, wie a. *das neue Leben selbst* (Gnade, Rechtfertigung, Heiligung) b. *Wort* (der Schrift und der Verkündigung) c. *Grundsakramente* (wie Taufe, Eucharistie; nicht Amt) d. *(unverfügte) Zeichen*, die der Geist schenkt, wie er will, etwa Heilung, eine Prophetie, ein Wunder als solches, also bestimmte Ereignisse selbst, z.B. auch 'Führungen'. Solche Inhalte hat Paulus bei I Kor 12 im Blick.

B *Subjekthafte Heilsgüter* oder besser: personale BEFÄHIGUNGEN zum HANDELN (in Christus): a. *Allen Menschen angebotene und aufgegebene Befähigungen und Verhaltensweisen*, z.B. theologische Tugenden, die 'Sieben Gaben', b. *je individuelle Befähigungen*, die entweder b.a an geschichtliche Weitergabe (traditio) gebunden (= *verfügt*) sind, wie kirchliche Beauftragung, Weihe, etc. b.b oder ereignishaft (*unverfügt*) je unmittelbar vom Heiligen Geist gegeben werden: *Charismen*".[134]

Nur für letzteres, nicht für alles vorher Genannte, sollte man nach Baumert den Begriff Charisma verwenden. "**Charisma** im theologischen Sprachgebrauch bedeutet dann heute:

eine:	im Unterschied zu:
- *Aus freiem Wohlwollen* (aus eigenem Antrieb)	- Aufgrund eines Rechtstitels, Verdienst o.ä.
- *von Gott, dem Hl. Geist*	- Proprium des Sohnes, etwa 'für uns gestorben'
- *ungeschuldet* ('freigewährt', als Zu-Gabe)	- zur Grundausrüstung gehörend
- *ereignishaft* (unmittelbar, unverfügt)	- durch Menschen tradierbar
- *je individuell* (unterschiedlich, verschiedenartig)	- allen Christen gegeben, wie die theol.Tugenden
- *jedem Gläubigen*	- nur einigen 'Charismatikern'
- *geschenkte* (nur im Empfangen vollziehbare)	- vom Menschen hervorgerufen, erlernbar, 'machbar'
- *Befähigung* (subjektive Begabung)	- Inhalte/ Geschehnisse selbst
- *der neutestamentlichen Heilsordnung* (neue Schöpfung, Gnade)	- Schöpfungsordnung, natürliche Anlage
- *zum Handeln* (in Freiheit zu vollziehen)	- Sein oder Haben in Christus
- *in der Gemeinschaft* (Kommunikation und geistlichen Prüfung)	- isolierte Gottunmittelbarkeit, Absolutsetzung ohne Dialog
- *von Glaubenden* (Kirche)	- vom Unglauben her verstehbar u.kritisierbar
- *ausgerichtet auf das Heil* (Erlösung in Christus, den Menschen verändernd)	- rein menschliches Wohl, soziale oder politische Werte als letztes Ziel
- *in Kirche* (im, durch oder hin auf den Leib Christi)	- Heilsindividualismus, Heilsegoismus
- *und Welt* (durch die Kirche hindurch auf alles Unerlöste in der 'Welt')	- auf die Kirche beschränkt, kollektiver Heilsegoismus der 'Kirche'".[135]

Aus dem Begriff heraushalten möchte Baumert die Unterscheidungen: a) *schlichter* oder *deutlicher,* b) *aktuell* oder auch *habituell,* c) primär *auf den eigenen geistlichen Lebensvollzug* oder auf den *Dienst am Heil anderer* ausgerichtet. Seine Kurzdefinition lautet dann: *"Charisma ist eine aus der Gnade Gottes hervorgehende, jeweils von Gott besonders zugeteilte Befähigung zum Leben und Dienen in Kirche und Welt".* [136]

Nicht weil man sie als höherwertig ansieht, sondern weil man sie für erklärungsbedürftig hält, greifen die Autoren von DER GEIST MACHT LEBENDIG einige Gaben besonders heraus:

4.6.2 Gaben des Gebetes

Ganz allgemein wird zunächst eine neue Liebe zum Gebet in seiner Vielgestaltigkeit als Kennzeichen der Charismatischen Erneuerung genannt. [137] Neben der neuen Erfahrung der Kraft der Fürbitte wird vor allem der neu aufbrechende *Lobpreis* als Geschenk empfunden. In ihm kommt zum Ausdruck, daß Gott und nicht der Mensch die Mitte des Betens ist. Den katholischen Charismatikern eröffnet sich von hier aus ein neuer Zugang zur Feier der "Eucharistie". - Das gemeinsame *"Singen im Geist"*, ein "freies Intonieren, das in einen harmonischen Zusammenklang der Stimmen mündet", wird vor allem als Lobpreis Gottes gedeutet. Die Verfasser des Papieres sehen Parallelen zum gregorianischen Halleluja-Singen, zu ostkirchlichen Gesängen bzw. zur "Jubilatio" der Tradition. [138] - Das *"Beten in Sprachen"* wird als ganzheitlicher Ausdruck des Betens des Heiligen Geistes in uns zu Gott verstanden: "Diese Hinwendung zu Gott drückt sich unmittelbar in Silben und Worten aus, die der Beter nicht versteht und die im allgemeinen keine tatsächliche Sprache bilden. Der Beter kann darin mit größerer Leichtigkeit das aussagen, was ihn vor Gott - bewußt oder unbewußt - bewegt, sei es Lob, Bitte, Freude, Klage, vor allem aber seine Liebe zu Gott. Dieses Beten ist eine Sprache des Herzens, jenseits der enggezogenen Grenzen bewußter sprachlicher Aussagekraft". [139] Dieses ruhige ungezwungene Sprechen könne der Beter in Freiheit beginnen oder beenden. Sein primärer Ort sei das private Gebet. Öffentliches Sprachengebet sollte ausgelegt werden. Für ein gemeinschaftliches Beten oder Singen in Sprachen wird geistliches Einfühlungsvermögen für nötig erachtet. Man müsse abschätzen können, ob dies in der Situation einer Gruppe oder Gemeinde angebracht ist.

Exkurs: <u>Zum Verständnis der Glossolalie bei einigen Vertretern der CE</u>

NORBERT BAUMERT wendet sich gegen das Mißverständnis, das in der Urkirche weit verbreitete "Sprachengebet" (Mk 16,17; Apg 2,4; 10,46; 19,7; I Kor 12,10.28; 14) sei "'verzückte Rede'" oder "unkontrolliertes Lallen". Es ist vielmehr "ein oft sehr ruhiges Sprechen vor Gott. Darin ist der Mensch gesammelt und ganz 'bei sich'; und dies umso mehr, je mehr er bei Gott ist". Bei einer gesunden Entwicklung wachsen im Umgang mit dieser Gebetsweise Freiheit und Gelassenheit. "Es hilft zu einer Klärung und Entfaltung des religiösen Gefühlslebens, zu einer Integration von Herz und Verstand (vgl. I Kor 14,14f). Der Verstand ist mit seiner ganzen logischen Kraft da, zugleich aber hat er eine existentielle Tiefe. Der Mensch 'denkt' gewissermaßen mit dem Herzen. Ratio und Emotion überwinden die Isolierung und werden eins". [140] - "Das Sprachengebet setzt an der Fähigkeit des Sprechens an, aber nun nicht nach einem gelernten Sprachmuster, sondern in einer ähnlichen Ursprünglichkeit, wie ein Kind redet, bevor es sprechen lernt. Es wird in dem Maße zum Gebet, als es aus dem 'Empfangen' herauswächst und Ausdruck der Gottesverehrung ist. Es ist also nicht schon als Phänomen in sich selbst geistlich bedeutsam, sondern ist, wie jedes Beten, an der Echtheit des Glaubens und der inneren Haltung zu messen. Es ist von seinem Ursprung her Sprache der Liebe und muß es immer bleiben. [141]

FRANCIS A.SULLIVAN analysiert in seinen Ausführungen zunächst die korinthische Glossolalie unter exegetischen Gesichtspunkten. Die Ergebnisse formuliert er in Thesen und faßt am Ende zusammen, wie die korinthische Glossolalie zu verstehen ist: "Sie war keineswegs bloß ein Hervorbringen ungegliederten Seufzens oder Stöhnens, sondern eher eine sprachähnliche Redeweise, unverständlich sowohl für den Redenden als auch für die Zuhörer; sie wurde von Paulus als eine Weise des Betens angesehen, besonders hilfreich zum persönlichen Gebet; sie bestand nicht im Sprechen wirklicher Fremdsprachen; sie war nicht Produkt von Ekstase, sofern wir Ekstase als einen Zustand verstehen, in dem eine Person die vernünftige Kontrolle über ihre Handlungen verliert".[142] - Sullivan fragt weiter nach der Praxis in der CE und bezieht Ergebnisse wissenschaftlicher Untersuchungen zur Urteilsbildung mit heran. So nimmt er etwa William J. Samarin auf, nach dem Glossolalie nicht eine wirkliche Fremdsprache ist. Die Aussage, die "Sprachen" seien im strengen Sinn des Wortes keine wirklichen Sprachen, bedeutet nach Sullivan aber nicht, daß glossolalische Äußerungen nicht wirkliche Gefühle und Gedanken ausdrücken können und dies auch tun. Analoges zieht ja auch die Rede von der "Sprache" der Musik, der Malerei und des Tanzes. Hier folgt Sullivan James R. Jaquith eine Form von "nicht linguistischem kommunikativem Verhalten" sieht, durch das analog dem religiösen Ritual Bedeutung ausgedrückt wird. Gegenüber den Berichten von Xenoglossalalie hält Sullivan eine gesunde Skepsis für angebracht, bis angemessene Beweise vorliegen. Andererseits will er nicht grundsätzlich ausschließen, daß einige Berichte in den pentekostalen Literatur echt sein könnten. Vor allem anderen ist Glossolalie eine Gabe für das Gebet. Daß sie nicht mit krankhaften ekstatischen oder trancartigen Sonderzuständen in Verbindung gebracht werden darf, haben neuere psychologische Untersuchungen gezeigt. Sullivan zitiert W.J. Samarin: "Wir sind unabhängig voneinander zu denselben Schlußfolgerungen gelangt, würden aber darin übereinstimmen, daß die Erlangung charismatischer oder pfingstlicher Glossolalie *manchmal von einem geringen Grad veränderten Bewußtseins begleitet* ist, daß dieses *gelegentlich* eine ungewollte motorische Aktivität einschließt oder, *selten* genug, ein völliges Schwinden des Bewußtseins und daß in jedem Fall ein späterer Gebrauch der Glossolalie (das heißt nach der Anfangserfahrung) *meist völlig frei* ist von dissoziativen Phänomenen".[143] - Was seine eigene Sicht betrifft,[144] geht Sullivan davon aus, daß der Mensch einerseits eine ausdrückliche Entscheidung trifft, ob er in Sprachen reden will oder nicht, die Wahl aber, welche Laute er hervorbringt, dem Unbewußten überläßt. Er sieht Analoges bei Tagträumen gegeben und ist der Überzeugung, daß Glossolalie eine *latente Fähigkeit jedes Menschen* ist, die aber nicht von allen aktiviert wird. Dies geschieht dann, wenn ein starkes Verlangen danach geweckt wird, wie z.B. in den "Leben im Geist"-Seminaren und der Mensch sich bis in die psychosomatische Ganzheit und bis in die Tiefe seines Unterbewußtseins losläßt. Charisma ist Glossolalie, insofern als sie eine neue Gabe des Betens ist, in der die Tiefen des menschlichen Geistes dazu befreit werden, etwas auszudrücken, wofür er in der verfaßten Sprache keine Worte findet. Manche sprechen von einem "vor-vernünftigen" oder "vor-begrifflichen" Beten. Unter der Voraussetzung, daß es sich bei der Glossolalie nicht um wirkliche Sprachen handelt, kann Auslegung nach Sullivan auch nicht als "Übersetzung" im normalen Sinn verstanden werden. Wenn Glossolalie mit Auslegung verbunden ist, sieht Sullivan sie nach Paulus als Wort an die Anwesenden mit Prophetie gleichgestellt. In den Gebetstreffen tritt sie so aber selten auf, meist ist sie Lobpreisgebet.

HERIBERT MÜHLEN setzt wie andere Charismatiker voraus, daß sich die gegenwärtigen Phänomene nicht von dem in der Apostelgeschichte und im I Korinther Berichteten unterscheiden, d.h. die heutige Erfahrungen können als "Erklärungsschlüssel" für die neutestamentlichen Berichte dienen. Mühlen ordnet das Sprachengebet als eine Gabe unter anderen ein in den weiten Rahmen des Geisteswirkens und der geistlichen Erneuerung. Eine einseitige Fixierung hierauf und einengende pfingstkirchliche Interpretationsschemata (Zeichen der "Geistestaufe") hält er für theologisch nicht sachgemäß. "In der Regel sind Schritte der persönlichen Umkehr, der inneren Heilung, der Lebensübergabe, also erste Stufen der Geist-Erneuerung, vorausgesetzt zur Annahme der Geistesgaben und damit auch des Sprachengebetes. Bei der Lebensübergabe geben wir uns selbst in ausdrücklicher Entscheidung an Gott zurück, den Anfang und das Ende unseres Daseins, negative Lebenserfahrungen, übertriebene Erwartungen, alle unsere Fähigkeiten und eben *auch unser Sprachvermögen*. So erlauben wir dem Heiligen Geist, unser Sprachvermögen in Besitz zu nehmen und werden befähigt, das unaussprechliche Geheimnis Gottes in einem für unseren Verstand sinnlosen Sprechen anbetend und lobpreisend auszusprechen".[145] Für nicht angemessen und mißverständlich hält er Bezeichnungen "Zungenrede", "verzücktes" Sprechen, Stöhnen oder Lallen.

"Das bloße Aussprechen unverständlicher Folgen von Vokalen und Konsonanten ist... noch kein Gebet, sondern zunächst ein psychologisches Phänomen. Erst als *Ausdruck der Selbstweggabe an Gott* wird es zu einer Form der Anbetung des unaussprechlichen Geheimnisses Gottes. Diese Gebetsweise ist durchaus *vernunftgemäß*, denn sie enthält das *bewußte* Eingeständnis, daß der transzendente Gott menschliches Denken und Sprechen unendlich übersteigt".[146] Nach Mühlen hilft es zum Verständnis dieser Gebetsweise nicht weiter, ekstatische Vorgänge im Alten Testament oder in der Religionsgeschichte zum Vergleich heranzuziehen. Nur vom Neuen Testament her kann es richtig gedeutet werden: "Es gehört zu den tiefsten Erfahrungen, daß im Vorgang des Sprechens zu Gott sein unaussprechliches Geheimnis in die Sprache eintritt. Deshalb ist streng genommen diese Form des Betens nicht nur ein Sprechen zu Gott, sondern der Betende läßt sich in die Dynamik des göttlichen Geheimnisses selbst hineinnehmen, die durch ihn hindurchströmt, und jene 'Tiefen Gottes', die nur der Geist Gottes selbst 'ergründet' (I Kor 2,10)... Wer in Sprachen betet, verzichtet darauf, menschliche Vorstellungen auf Gott zu übertragen und macht Ernst mit der Lehre der Bibel und der Kirche, daß kein menschliches Wort und auch nicht die Vielzahl menschlicher Worte Gott umgreifen können".[147] - "In der Regel ist das Sprachengebet eine Form der Anbetung, es kann aber auch Dank (I Kor 14,16f) oder Fürbitte (Röm 8,27; Eph 6,18) ausdrücken oder den Charakter der Verkündigung annehmen (Apg 2,11; 10,46). Da das Sprachengebet die Dimension des Geheimnisses eröffnet, Verkündigung und Prophetie aber ebenfalls aus dieser Dimension kommen (vgl. Eph 6,19f; I Kor 2,7), folgt manchmal auf ein Sprachengebet auch eine Prophetie. Diese bedarf dann der geistlichen 'Prüfung' wie jede andere Prophetie auch (vgl. I Kor 14,29)".[148] - Das gemeinsame *Singen im Geist* sieht Mühlen als "Intensivierung des rein menschlichen, 'natürlichen' Jubilierens" und zugleich als dessen "Läuterung zu einer nicht-verbalen, personalen Kommunikation jedes einzelnen und aller mit Gott zum Aufbau der Gemeinde".[149] Auf der psychologischen Ebene ist dieses Kommunizieren dem einer Mutter mit ihrem kleinen Kind vergleichbar. Sie verstehen und begegnen sich auf einer tieferen vor-sprachlichen Schicht personaler Beziehung. Von diesem Ansatz her interpretiert Mühlen auch exegetisch den Pfingstbericht der Apostelgeschichte: "Die Anwesenden 'verstehen' in einem noch nicht entfalteten 'Vorverständnis', daß die Betenden sich zu Jesus als dem Auferstandenen bekennnen. Da 'Verstehen' nie ohne 'Sprache' ist, hören die Anwesenden diese 'Botschaft' in ihrer eigenen 'Muttersprache'! Sie 'übersetzen' also ihre Wahrnehmung in ihren jeweiligen sprachlichen Verständnishorizont, so daß das 'Hören' hier den Charakter der 'Auslegung' erhält".[150] - *Geistesgeschichtlich* wertet Mühlen das Neuaufbrechen der Glossolalie im 20. Jahrhundert als Zeichen der *Wiederentdeckung des Mysteriums* in Gegenbewegung zu einem immanentistischen und verkopften Lebensgefühl. Er fragt, ob es nicht sein könnte, daß der heutige weltweite Aufbruch des Sprachengebets wie in den neutestamentlichen Berichten den Anbruch eines neuen epochalen Anfangs anzeigt.[151] - *Philosophisch* ordnet Mühlen das Sprachengebet ein in *das unaussprechliche Geheimnis von Person* und deutet es von C.G. Jung und seinem Schüler M. Kelsey her als "Einbruch von Inhalten aus den tiefsten Schichten des Kollektiv-Unbewußten in das Bewußtsein", was sich sich ganz in sein eigenes Konzept der Wir-Erfahrung bzw. sozialen Gotteserfahrung einfügt.[152] - Als *theologische Aspekte* der Sprachenrede erkennt Mühlen die *Unaussagbarkeit des Geheimnisses Gottes* und die *Offenbarung in Christus als "Gottes Sprachengabe an uns*".[153]

4.6.3   Weisung, Zuspruch und Prophetie[154]

Die Autoren der "Orientierung" stellen die Aussage des II.Vatikanum über die *Teilnahme des ganzen Gottesvolkes am prophetischen Amt Christi* (Kirchenkonstitution 12) an den Anfang ihrer Ausführungen über die besondere prophetische Sendung einzelner. Im Unterschied zur Glossolalie ist die Charakteristik prophetischer Rede ein Sprechen von Gott her zum Menschen hin. Grundsätzlich sei jeder Christ als Zeuge berufen, das Wort Gottes zu sagen. Jede vollmächtige Verkündigung trage prophetischen Charakter. Leibseelische und geistliche Basis vollmächtigen Sprechens sei vorbehaltlose und ganzheitliche Offenheit zu Gott hin, ein wachsames Wahrnehmen der Situation der Menschen und die Entwicklung eines geistlichen Gespürs für Gottes Sicht einer konkreten Situation. Diese seelsorgerliche

Sensibilität kann nach der Erfahrung der Verfasser des Papiers Vorstufe und Disponierung für die *spezielle Gabe der Prophetie* sein, die selbst immer unverfügbar ist.

Diese von der Wanderprophetie und der Prophetie der Leitenden zu unterscheidende *"Gemeindeprophetie"*,[155] die in der frühen Kirche eine wichtige Rolle in Gottesdienst und Gemeindeleben spielte, sieht man in der Erneuerung in der Weise wieder stärker hervortreten, daß einzelnen Menschen *Worte oder auch Bilder* "gegeben" werden, die nicht aus eigenen Überlegungen stammen. Dabei wissen die Verfasser des Papiers, daß solche Worte und Bilder ihre Gestalt durch die Vorstellung und Sprache des jeweiligen Menschen hindurch gewinnen. In jedem Fall habe dieser die Prophetie zunächst selbst zu prüfen und die Frage nach dem richtigen Ort und der richtigen Zeit der Mitteilung zu stellen. Echte Prophetie wirke nicht zwanghaft.

Der *Sache* nach ist Prophetie *Ermahnung, Verheißung, Ankündigung, Tröstung oder Aufdecken des Verborgenen und Verdeutlichung der Führung Gottes in der gegenwärtigen Situation*. In seltenen Fällen enthält sie auch Hinweise auf Zukünftiges.

Die Autoren der "Orientierung" gehen davon aus, daß prophetische Rede an Qualität, Reinheit und Kraft unterschiedlich sein kann, daß sich eigenes Wunschdenken einmischen und daß sie weitschweifig werden kann. Ja, auch Täuschung oder gar die Stimme des Bösen kann sich einschleichen. In die *Aufgabe der Prüfung* wird sowohl *jeder einzelne* als auch *die gesamte Gemeinde* einbezogen. Als Voraussetzung geistlicher Unterscheidung wird das hörende Offensein zu Gott hin genannt.[156] Als *Kennzeichen* echter Prophetie gelten *Einfachheit, Klarheit, Kürze und Dichte*.[157] Weil Gott das prophetische Charisma in besonderer Weise in die jeweilige Gemeinschaft und die Kirche als ganze hineingebunden hat, wird der wirklich prophetisch Beauftragte sich nicht selbst für absolut halten und sich der Prüfung stellen.

Exkurs: Zum Umgang mit dem Charisma der Prophetie bei einigen Vertretern der CE

NORBERT BAUMERT rät jemand der ein *prophetisches Wort* empfängt, zunächst selbst "nach den allgemeinen Unterscheidungskriterien" zu *prüfen*, ob er in diesem Impuls die "Stimme des guten Hirten" wiedererkennt. Äußerste Abgrenzung ist dabei, daß eine Prophetie *weder der Schrift noch der Lehre der Kirche widersprechen* kann. Aber nicht alles, was richtig ist, muß auch hier und jetzt angebracht sein. Deshalb sollte als weiteres Unterscheidungsmoment die *Frage der geistlichen Qualität* hinzutreten. Findet sich darin die gleiche Art und Kraft wieder, die der Betreffende aus anderen Begegnungen mit dem Herrn kennt? "Wenn ihm die Mitteilung nach einer ersten Prüfung vertrauenswürdig erscheint, hat er lediglich die Aufgabe, das Wort zu gegebener Zeit auszurichten und damit dem Urteil der Gemeinde oder des Empfängers zu übergeben (I Kor 14, 29-33). Erkennt der Adressat dabei eine Wahrheit wieder, der er von innen heraus zustimmen kann, verspürt er eine innere Resonanz, ein tiefes Angesprochensein, und zwar in einer Atmosphäre, die auch seinem geistlichen Leben vertraut ist..., so sind das positive Merkmale. Wo diese fehlen, darf er das Wort auf sich beruhen lassen, ohne zu grübeln oder sich in unguter Weise zu belasten. Niemand ist dem, der prophetisch auftritt, einfach ausgeliefert. Wenn allerdings die innere Freiheit und Gelöstheit eingeengt werden und psychischer Druck entsteht, ist Vorsicht geboten".[158]

F.A. SULLIVAN sieht das Charisma der "Unterscheidung der Geister" im Konsens mit den Neutestamentlern vorrangig in Verbindung mit dem Charisma der Prophetie. *Prophetie ist inspiriertes Reden* und "UdG" stellt fest, *durch welchen Geist* der Redende inspiriert ist. Mit J.D.G. Dunn versteht Sullivan das Wort *pneumata in *diakrisis pneumaton als Äquivalent von *pneumatika und übersetzt es mit "Inspirationen" oder mit "inspiriertem Äußerungen". Diakrisis pneumaton meint demnach "'eine Bewertung, ein Untersuchen, ein Abwägen der prophetischen Äußerung durch den Rest (der Versammlung oder der Propheten), um sowohl ihre Quelle bezüglich der Inspiration als auch ihre Bedeutung für die Versammlung festzulegen'".[159] Dies sieht er gestützt durch I Kor 14,29. - Für die Prüfung (vgl. auch I Thess 5,19-22) werden im Neuen Testament zwei Maßstäbe genannt: die *sittliche Lauterkeit des*

Propheten und die *Übereinstimmung der Prophetien mit dem rechten Glauben*. Die Fähigkeit, Zeichen und Wunder zu wirken, Dämonen auszutreiben und gewaltige Werke im Namen Jesu zu vollbringen sind kein zwingender Beweis für die Echtheit eines Propheten.[160] - Sullivan nennt als *Kriterien zur Anerkennung* eines prophetischen Beitrags in einer Gebetsgruppe 1) *im Blick auf den Redenden*: a) negativ: Unausgeglichenheit, Verwirrung, jede offensichtliche Unordnung in der Lebensführung, jedes Anzeichen für Effekthascherei; b) positiv: bisherige gute Auswirkungen auf die Gruppe durch seinen Dienst. Wichtig wäre ihm auch, zu wissen, daß der Betreffende ein Mensch des Gebetes ist und in seinem Leben in vieler Hinsicht Anzeichen dafür aufweist, daß er auf Gottes Reden gewissenhaft antwortet. 2) *Im Blick auf die Botschaft* betont Sullivan, daß sie primär an ihrem Inhalt und nicht an ihrem "prophetischen Stil" zu beurteilen ist. Weder aufgrund des Stiles noch aufgrund einer Formel wie "So spricht der Herr" o.ä. sollte eine Prophetie als göttliche Botschaft angenommen werden. An *negativen Kriterien* nennt Sullivan: a) die Abweichung von der Schrift oder den Lehren der Kirche; b) ein Gerichtetsein gegen die Liebe, die Einheit oder den Frieden; c) negative Auswirkung auf die Gruppe z.B. Schwächung und Trennung statt Aufbau in Liebe. Als *positives Kriterium* stellt er die *Wirksamkeit beim Aufbau der Gruppe* heraus. "Das sicherste Zeichen besteht in der Art, wie sie zum geistlichen Wachstum und zur Reifung der Gemeinschaft beiträgt".[161] Äußere Wahrheit, Zeitgemäßheit und Angemessenheit genügt noch nicht zur Anerkennung. "Ein wirkliches Wort vom Herrn wird eine Macht und eine Wirksamkeit haben, die ein nur menschliches Wort nicht hat. Ein Wort vom Herrn redet nicht nur, sondern bewirkt, was es sagt".[162]

Die von H.Mühlen geprägte L.SCHMIEDER nennt als *Voraussetzung für den besonderen Prophetendienst*: 1) *Belastbarkeit* ("Die Fähigkeit, Lasten anderer, auch in Form von Aggressionen und Anfeindungen, auf sich zu nehmen, erfordert emotionale Reife, gesundes Urteilsvermögen und eine Bereitschaft zum Durchhalten, die sich nicht in Selbstbehauptung und Durchsetzung zeigt, sondern im Bewußtsein der tragenden Gnade Gottes");[163] 2) *Flexibilität* ("Die Fähigkeit..., losgelöst von sich selbst und den bisherigen Vorstellungen und Erfahrungsinhalten, sich je neu auf Gottes Wort einzustellen... Andererseits muß er sich auch so öffnen für die konkrete Situation der Gemeinde, daß er den 'Kairos', die rechte Stunde wahrnimmt und sich selbst aufgibt, um den rechten Ton und die angemessene Aussageweise zu finden");[164] 3) *Erlittene Demut* ("Die aus der Bejahung der Zulassungen Gottes erwachsene Grundeinstellung des 'unnützen Knechtes', der den Auftrag erfüllt und immer neu bereit ist, die Aufgabe als Gabe zu sehen und deshalb auch immer wieder abzugeben... die marianische Haltung der unbedingten Offenheit des Empfangens und 'Darunterbleibens'/ hypomone");[165] 4) *Bereitschaft zur Prüfung und Korrektur*.

Als *Formen der Prophetie* kommen im biblischen Befund und in den Erfahrungsberichten der Gegenwart häufiger vor: der prophetische Zuspruch der *Ermahnung, Ermunterung*, der *Festigung und Auferbauung* des Glaubenslebens. Das "prophetische Wort" wird häufig in der Ich-Form in die versammelte Gemeinde gesprochen oder an den einzelnen gerichtet. Wenn es situationsgerechter erscheint, kann es auch in der Form einer "inspirierten Ansprache" gesagt werden. Weitere Formen sind: das *inspirierte Gebet*, das *prophetische Lied*, dessen Text und Melodie durch Eingebung des Geistes geschenkt Anbetung und Lobpreis vertiefen und die *"Offenbarung"*, als Kundgabe der Geheimnisse Gottes bzw. Offenbarung der Herzen. Diese "Enthüllung" kann auch durch "*Visionen und Bilder*" geschehen.[166]

Im Blick auf die *Prüfung* hält L.Schmieder fest, daß die Aussagen der Propheten gebunden sind an die *Glaubensnorm der Kirche*, an das *Urteil der anderen Propheten* und an die "gläubige Überzeugung der urteilsfähigen Christen", die aufgrund "geistlicher Unterscheidung" die Botschaft wahrzunehmen suchen, die abwägen und dann annehmen, was gut ist, und zurückweisen, was unklar ist oder nicht dem Bekenntnis entspricht. Die *Grundfrage in der Praxis* lautet dabei: "Kommt dieses Wort von Gott, ist es *vom Heiligen Geist* eingegeben, oder hört man daraus mehr *menschliches Wunschdenken* oder gar *verwirrende, gottwidrige Einflüsse*?"[167] Weiter ist dann noch einmal zu differenzieren zwischen "unguten" und "falschen" Prophetie. Als *Kennzeichen "unguter" Prophetien* führt L.Schmieder an: 1) Sie wirken *ungeläutert und unrein*; 2) "*schwach*" und "*kraftlos*", wirken wie Allgemeinplätze; 3) "*salopp*" und oberflächlich, d.h. ehrfurchtslos und unangemessen; 4) ein *drohender und verurteilender Ton*, der selbst bei inhaltlicher Richtigkeit nicht dem Geist Gottes entspricht. - *"Gute" Prophetien* werden an ihren Auswirkungen erkannt: "Sie bewirken durch die in ihnen freigesetzte Macht des Geistes Anbetung und Lobpreis Gottes, neue Entscheidung zur Umkehr und Buße, öffnen den Mut zum Dienst und für die Demut, in Schwierigkeiten auszuhalten".[168] - Zusammenfassend ergibt sich für die _Praxis:_ 1) Völlig "unbekannte" Propheten sollten nicht in öffentlichen, gottesdienstlichen Veranstaltungen sprechen, weil das gelebte Leben ein wesentliches Kriterium darstellt; 2) _Betroffenheit der Herzen_ ist ein Test für die Echtheit; 3) ein weiterer Test ist das _Erspüren des geistlichen Tons und seiner Auswirkungen;_ 4) die Kernfrage lautet: "Führt der prophetische Beitrag zur _Verherrlichung Gottes_, wird Gottes Anwesenheit erfahrbar? Hilft die Aussage zur persönlichen Begegnung mit Jesus Christus? Zeigen sich in den Wirkungen die Früchte des Geistes...?"[169]

4.6.4 Glaubenszeugnis und Evangelisierung

In der Charismatischen Erneuerung wird zum persönlichen Glaubenszeugnis Mut gemacht. Es wird als Mittel der Verkündigung und Evangelisierung positiv aufgenommen. Als Lernfeld wird genannt, daß der einzelne unter der Führung des Geistes herausfinden muß, wo er reden und wo er schweigen soll. Nicht der Mensch, sondern Gott soll im Mittelpunkt stehen. Persönliche Berichte können die universale Heilsbotschaft aktualisieren und auf sie hinführen. Dabei wird betont, daß sie Beispielcharakter haben und nicht normativ vorgetragen oder verstanden werden dürfen.[170]

4.6.5 Soziale und gesellschaftliche Dienste[171]

Nur kurz nimmt die "Orientierung" die Frage des sozialen Engagements auf. An den Anfang wird dabei die grundsätzliche Aussage gestellt, daß - vom Wesen der Kirche als "Zeichen und Werkzeug des Heils für die ganze Menschheit" her - Charismen auch einen Bezug zum Dienst an der Rettung der Welt haben. Sozialdiakonische Weltzuwendung ist aber nicht Primärprogrammatik der Erneuerung, sondern wird stark von der inneren Führung bzw. dem Impuls des Geistes abhängig gemacht. Das Papier erwähnt, daß sich in der Erneuerung einzelne Menschen und manche Gruppen zu sozialen und diakonischen Aufgaben gerufen wissen und daß verbindliche Lebensgemeinschaften sich bemühen, im menschlichen Zusammenleben neue Maßstäbe zu verwirklichen. Manchen werde in besonderer Weise Auftrag und Kraft gegeben zu einem Dienst im gesellschaftlichen, wirtschaftlichen oder politischen Leben. Man solle offen sein für konkrete Sendungen in die Gesellschaft hinein, aber prüfen, was aus dem Auftrag des Geistes komme und sich weder von innen noch von außen vorschnell zu "Aktionen" drängen lassen.

4.6.6 Heilung[172]

Die Autoren des Papiers eröffnen den Abschnitt über Heilung mit der Feststellung, daß die Verbindung der Verkündigung der christlichen Botschaft mit Heilung biblische Wurzeln hat. Man verweist darauf, daß an vielen Wallfahrtsorten Menschen bezeugen, Gott habe ihnen auf Gebet hin Heilung geschenkt. In der Gegenwart würde - nicht nur in der Charismatischen Erneuerung - wieder häufiger von Gebetsheilungen berichtet. Dieses Gebet wachse aus dem Vertrauen, daß Gottes Geist jede Krankheit heilen kann, und trage so alle Krankheiten vor ihn hin. Man überläßt es aber zugleich Gottes Hand, ob und wie er Heilung schenken will. Ein Drängen, als 'müsse' Gott heilen, stamme nicht aus dem Geist, sondern aus menschlichem Verlangen und sei nicht offen dafür, "mit Christus - wenn Gott es will - auch den Weg des erlösenden Leidens zu gehen (Mk 8,34; II Kor 4,7-11; Kol 1,24; Hebr 5,8)".[173] Mit dieser Akzentuierung grenzt sich die Erneuerung gegen enthusiastische Einseitigkeit ab.

Bei der speziellen "Gabe der Heilung" sieht man einem Menschen heilende Kräfte oder eine Heilungsbotschaft anvertraut. Gelegentlich empfange jemand beim Gebet um

Heilung auch das sogenannte "Wort der Erkenntnis",[174] d.h. während des Betens empfängt jemand die Klarheit, daß Gott in einem bestimmten Fall heilen will, und spricht u.U.
dem Betroffenen die Heilung auch zu. Heilung stehe aber nicht in der Verfügung des "Begabten", noch weniger sei sie eine Technik. Dieses Charisma muß verstanden werden als
je neu von Gott gegeben und bewirkt. Von daher sei vor allem bei öffentlichen Versammlungen Lauterkeit und Selbstbescheidung und die Abgrenzung von "Übertreibung" und
"suggestiver Effekthascherei" erforderlich.

Gegen eine einseitige Betonung des übernatürlichen Aspekts wird festgehalten, daß
wie bei allen Charismen auch hier, sowohl beim Kranken selbst als auch bei denen, die für
ihn beten, natürliche Kräfte freigesetzt werden. Diese seien aber in das geistliche Geschehen einbezogen. "Naturheilung" und sogenannte "Geistheilung" seien als rein natürlich von
charismatischer Heilung zu unterscheiden. Noch stärker müßten okkulte "Heilungs"-
praktiken hiervon unterschieden werden.[175] - Heilungen im Namen Jesu seien zu verstehen als "freigeschenkte 'Zeichen' für die anbrechende Gottesherrschaft", die die ärztliche
Wissenschaft nicht aufhöben.[176] Urteil und Unterstützung des Arztes wird als "stets von
Nutzen" erachtet. Gebetsheilungen - besonders von schweren Krankheiten - sollten immer
ärztlich bestätigt werden. - Zum Ausklang dieses Abschnitts wird der mögliche Zusammenhang von körperlichen und seelischen Leiden angesprochen. In das Gebet um körperliche oder seelische ("innere") Heilung wird deshalb auch die Frage der Schuld und der
Vergebung einbezogen, die vielfach in die Symptomatik hineinspielt. Von daher sei in der
Erneuerung ein Verständnis für den umfassenden Sinn des Sakraments der Krankensalbung geweckt worden.

Exkurs: <u>Zum Verständnis des Heilungsdienstes bei F.A. Sullivan und N. Baumert</u>

Nach der Skizzierung des Heilungsdienstes Jesu und seiner Jünger fragt F.A. SULLIVAN
im Blick auf pfingstlich-charismatische Konzepte, wie sich Heilung und Erlösung zueinander
verhalten.[177] Einerseits sind nach dem Zeugnis der Evangelien die Heilungen nicht nur Mittel,
die die Botschaft Jesu verbreiten helfen oder bestätigen, sondern *"unveräußerlicher Bestandteil der Botschaft selbst"* mit einer tiefgreifenden christologischen Bedeutung.[178] Andererseits
ist für Sullivan eine Gleichsetzung von Erlösung und Heilung, wie sie sich in pfingstlicher
und neupfingstlicher Literatur findet, unannehmbar, weil damit in Analogie zur Nichtannahme der Errettung, dem Kranken die Schuld zufällt, wenn er nicht geheilt wird. Dem
Kranken dürfe aber keine zusätzliche Last aufgebürdet werden. Nur dann könnte man theologisch von Heilung als integrativem Bestandteil der Erlösung sprechen, wenn: a) Heilung
die Wiedereinsetzung des Menschen in den Stand der ursprünglichen Gerechtigkeit bedeuten
würde bzw. b) wenn unsere Erlösung bereits vollendet wäre. Beides trifft aber nicht zu. Wir
sind noch immer dem Tod unterworfen und auch viele Heilige hatten mit Krankheitsnöten
zu tun.[179] Nach den Evangelien sind die Heilungen Jesu Teil seines Feldzuges gegen die
Macht des Bösen. Krankheit und Tod sind Folgen von Sünde und manifestieren die Macht
Satans über die gefallene Menschheit. Die Heilungen Jesu sind ein "Initial"-Angriff, eine "vorläufige" Niederlage des Bösen. Sie konstituieren nicht den vollständigen Sieg über den Tod.
Dieser steht noch aus. Jesus hat die Krankheiten nicht ausgerottet. Auch die Jünger nicht.
Heilungen sind aber gültige und wirkliche Zeichen des kommenden Sieges. Als charismati-
sche Zeichen lassen Heilungen die souveräne Freiheit und Unberechenbarkeit im Geisteswir-
ken aufleuchten. Aus der Art der Heilungen Jesu während seiner kurzen Wirksamkeit ist
kein Gesetz abzuleiten, das ihn binden würde, auch heute alle zu heilen, die ihn bitten. Beim
Gebet um Heilung diktieren wir Gott nicht, wie er zu antworten hat. Auch das geduldige
Annehmen von Siechtum will Sullivan als Sieg der göttlichen Gnade und des menschlichen
Geistes über den Tod verstanden wissen. Auch ein Gesundwerden durch natürliche Lebens-
kräfte oder durch ärztliche Hilfe sieht er als Sieg über den Tod.[180]

N. BAUMERT hat sich exegetisch, theologisch und pastoral ausführlich zum Heilungsdienst geäußert.[181] - Eine kritische Analyse der *Heilungsberichte des Neuen Testaments* läßt für
ihn entgegen verbreiteter anderer Hypothesen und weltanschaulicher Vorentscheidungen kei-

nen anderen Schluß zu, als daß die Verfasser durchweg *tatsächliche* Heilungen vermitteln und interpretieren wollen. Für den katholischen Christen werde dies gestützt und letztlich abgesichert durch den Glauben der Kirche, die diese Texte immer als *Zeugnis von wirklich Geschehenem* verstand. Wohl haben die Heilungen zugleich auch eine symbolische Bedeutung für die tiefer liegende Erlösung von der Sünde, aber sie stellen *Real*-Symbole und nicht nur Text-Symbole dar.[182]

Baumert wehrt die Bestreitung von Heilungen aufgrund einer ideologisch voreingenommenen Exegese ab, sieht aber auch eine *Schwierigkeit* aus der entgegengesetzten Richtung, *wenn behauptet wird*: Wer Krankheit im Glauben zu Jesus bringt, wird *in jedem Fall geheilt*. Dabei beruft man sich darauf, daß Jesus "alle" Krankheiten und Leiden heilte (Mt 4,23 u.a.). Nach den Gesetzen der Logik lag es dann am mangelnden Glauben, wenn ein Mensch weiter krank bleibt. Streng genommen dürfte es dann überhaupt keine gläubigen Kranken geben, ja alle altersbedingten Krankheiten müßten immer wieder geheilt werden und ein gläubiger Christ dürfte nie an einer Krankheit sterben. In dieser Argumentation liegen nach Baumert *zwei Fehler*: 1) Man hat die Evangelien nicht richtig gelesen, und die *Aussagen* "Jesus heilte alle" *überinterpretiert* und mehr hineingelegt, als diese sog. "Sammelberichte", die pauschal das Geschehene zusammenfassen, aussagen wollen. Jesus ist auch an Kranken vorübergegangen und hat sich manchmal bewußt den Heilungssuchenden entzogen. - 2) Man überträgt eine Aussage über den *irdischen* Jesus unbesehen auf den *erhöhten* Herrn. "Mit welchem Recht? Jesus von Nazaret hat manche Dinge getan, die er nachher nicht mehr in gleicher Weise fortsetzt. So 'antwortet' er heute selbstverständlich auf eine andere Weise als damals. Jesus nimmt gewiß auch heute noch jede Bitte um Heilung aufmerksam wahr, aber wir können nicht sagen, was er tun wird. Daß er in der Zeit seiner öffentlichen Tätigkeit keinem seine Krankheit ließ, der ihn um Heilung bat - wenigstens ist uns kein Fall berichtet -, läßt jedenfalls nicht den Schluß zu, daß dies nach der Auferstehung noch in der gleichen Weise gilt".[183] - Baumert verweist auf das Grundgesetz der *Heilsgeschichte*, daß Gott *bestimmte Zeiten und Orte, Personen und Völker* auswählt, um sich durch sie vor aller Welt und für alle Zeiten zu offenbaren. Von daher kann man nicht sagen: "Wenn die Christen nur Glauben hätten, würden an jedem Ort die gleichen Dinge geschehen wie in Lourdes oder wäre jedes Christenleben mit sichtbaren Wunderzeichen angefüllt".[184] Marias Leben verlief auch nach der Sendung des Geistes wohl sehr schlicht. "Es gibt Zeiten des Blühens und Zeiten des Reifens (Koh 3), und diese bestimmt Gott!"[185] - Auch im Leben Jesu sind unterschiedliche Zeitabschnitte festzustellen. In den Jahren des öffentlichen Wirkens Jesu wollte Gott etwas Besonderes tun. Sie waren anders als die 30 Jahre vorher und auch für die Zeit nach der Auferstehung gilt nicht einfach das Gleiche. Baumert folgert daraus, daß auch für die Christen *entscheidend* ist, *wie Jesus zu "hören", was* der Vater jeweils aufträgt. Sie müssen einerseits der Versuchung widerstehen, zur falschen Zeit vom Vater Zeichen zu verlangen, andererseits aber jederzeit auf sie gefaßt sein. Die Meinung, Zeichen und Geistesgaben - jedenfalls in dieser Häufigkeit - seien nur für den Anfang der Kirche nötig gewesen, ist nach Baumert durch nichts zu rechtfertigen. Dies sieht er als oft gebrauchten Vorwand für Kleinglauben und als Entschuldigung für geistliche Trägheit. "Wer will eine Zeit benennen, in der Zeichen nicht 'notwendig' gewesen wären? Aber dies ist eine falsche Kategorie, da *Zeichen* nicht aus der Not einer Zeit abzuleiten, sondern *freie Geschenke Gottes* sind - in der Kirchengeschichte immer wieder bezeugt. Wer könnte etwa die Möglichkeit eines 'neuen Pfingsten' von vornherein ausschließen?"[186]

Von der Unberechenbarkeit der Zeichen her, korrigiert Baumert auch eine *einseitige Interpretation des Wortes "Alles kann, wer glaubt"*. Jesus wollte damit die grundsätzliche Skepsis bei den damaligen Hörern überwinden und nicht Übereifrige noch mehr anspornen. Jesus habe bei seinen Heilungen zwar oft nach dem Glauben gefragt, aber nicht immer. Wesentlich für Jesus war, zu verstehen, welches "Werk" der Vater jeweils zeigte (Joh 2,4 u.a.). Ob ein Mensch geheilt wird oder nicht, liegt in letzter Hinsicht nicht in seiner Bereitschaft, seiner Sehnsucht oder seinem Glauben, sondern an der *freien Zuwendung Gottes*. "Sofern... der persönliche Glaube des Menschen eine Rolle spielt, muß zu dem allgemeinen Glauben an Gottes Allmacht und der menschlichen Sehnsucht nach Gesundheit auf der anderen Seite eine *je individuelle Anregung* und Einladung *des Geistes* hinzukommen, sozusagen das Geschenk eines 'konkreten' Glaubens".[187] Die Zeit der Heilung gehört Gott. Ob Gott in einem konkreten Fall Heilung will, ist nicht aus der "allgemeinen" Offenbarung abzuleiten. "Wir können Gott zwar darum bitten, aber immer im Hören auf seine Antwort. Daß Gott hier und jetzt auf wunderbare Weise heilen will, können wir also erst 'glauben', wenn Gott es konkret geoffenbart hat".[188] Dieses spezielle Glauben kann der Mensch nicht durch Anstrengung aus sich herausholen, es ist eine freie Zuteilung Gottes und nicht nur von unserer Glaubensbereitschaft abhängig. "Die sogenannte 'Logik', daß Jesus hier und jetzt heilen will, weil er ja angeblich 'alle heilt', führt also in eine Sackgasse".[189]

Die Unverfügbarkeit von Gebetsheilungen hängt mit ihrem Charakter als _Zeichen für das Reich Gottes_ zusammen. Nur in diesem Zusammenhang werden sie richtig verstanden. Wohl machen uns die Liebe Gottes zu den leidenden Menschen sichtbar, aber ihr Ziel ist, den Blick zu öffnen für eine tiefere Heilung, für die Versöhnung mit Gott durch Vergebung der Sünden (Mk 2,1-12). Die Gnade ist allen zugesagt, während es Geheimnis der Liebe Gottes bleibt, wann und wem er zeichenhafte Heilung schenkt. Baumert hält es deshalb pastoral für außerordentlich wichtig, daß das Gebet um Heilung _eingebettet_ ist _in die Verkündigung_ und _nicht Selbstzweck_ wird. Besonders bei Großveranstaltungen sieht er Bedarf, Grenzüberschreitungen zu regulieren. Vorsicht sei angebracht, wo Heilungsdienste marktschreierisch und ohne kirchliche Bindung angeboten werden. Andererseits sollte man nicht vergessen, daß Gott auch "aus den Steinen Kinder Abrahams erwecken kann" (Mt 3,9). Jesus verbiete den fremden Exorzisten nicht, in seinem Namen Dämonen auszutreiben (Lk 9,49). Jesus habe sich durch die Gefahr des Mißbrauchs und oberflächlichen Verstehens nicht abhalten lassen, seine Botschaft in Wort und Tat auszurichten.[190]

Baumert wendet sich _einerseits gegen Wundersucht, andererseits gegen_ eine weitverbreitete _Leidensmystik_, hinter deren Betonung von Kreuz und "Leidensnachfolge" sich krankhafte Motive und Fehlhaltungen verbergen: Mangel an Lebensbejahung; selbstzerstörerische Tendenzen und Masochismus; negative Leistungsfrömmigkeit und das Denken, das Schwierigere sei immer besser und Gott wohlgefälliger; heimlicher Stolz, der das Ertragen von Leid zur Selbstbestätigung mißbraucht; Mangel an Glauben, daß Gott heilen kann, verbunden mit falscher Demut, die sich mit dem "Gewöhnlichen" begnügen und Gott nicht "belästigen" will. Solch unerlöstes Christentum zeugt von einem düsteren Gottesbild, das zu wenig von der Auferstehung geprägt ist. Auch wenn Gott nicht das Leiden in sich will, so nimmt er diese Folge der Sünde nicht einfach hinweg und hat auch die Krankheit eine Funktion im Prozeß der Erlösung des Menschen. Sie kann der Ort sein, an dem "Gottes Kraft zur Vollendung kommt" (I Kor 12,9).[191] Baumert kann sich einer scharfen Unterscheidung von Krankheitsleiden und "apostolischem Leiden", wobei nur das weite als "Kreuz" bezeichnet werden darf, nicht anschließen. Die Ursachen von Leiden flössen oft so ineinander, daß man sie in der Praxis nicht trennen kann. In beiden Formen von Leid sei letztlich die Sünde, die eigene, oder die anderer Menschen oder die Ursünde. Entscheidend sei, daß Christus dem Menschen _in jeder Not_ zur Seite steht und daß folglich auch der Christ alle seine Bedrängnisse und Schmerzen, ganz gleich woher sie kommen, mit Christus zu bewältigen sucht. "Dann kann jede Krankheit zum Instrument des Heiles werden, ob nun durch Heilung Gottes Herrlichkeit offenbar wird oder ob sie zum Ort des Reifens und einer anderen Form der Christusbegegnung wird (vgl. Kol 1,24)".[192] Hinter dem Versuch, jede Krankheit sofort wegbeten zu wollen, kann sich ein grundsätzliches Aufbäumen und eine leidensscheue Ablehnung verbergen wie bei Petrus. Manche Bitten an Gott klingen so, als ob Gott Befehlsempfänger sei. Das widerspricht dem Wesen einer Bitte, die den anderen in Freiheit antworten läßt und ihn nicht unter Druck setzt. Daß mancherorts geraten wird, man den Satz Jesu "Dein Wille geschehe, nicht der meine" nicht zu beten, weil sich dahinter ein Mangel an Glauben verstecken kann, hält Baumert für theologisch und pastoral falsch. Dies könne verheerende Folgen haben, weil sich Menschen dann in eine selbstgemachte Frömmigkeit hineinsteigern. Das Anliegen, dem Mißtrauen kein Alibi zu geben, darf nicht durch Preisgabe grundlegender Wahrheiten erfolgen. Nach Baumert sind die beiden Extreme "Heilungssucht" und "Leidensmystik" nur _von der gesunden geistlichen Mitte her_ zu _überwinden_: "in der Hingabe an Jesus Christus immer neu zu erkennen, wohin der Geist uns jeweils führt".[193]

Wie bei anderen Charismen, stellt N.Baumert auch bei der Heilung die _Frage nach dem Verhältnis zu natürlichen paranormalen Befähigungen._[194] Heilung im Namen Jesu und Heilung durch besondere natürliche Kräfte sind zu unterscheiden. Baumert will letztere nicht von vornherein verdächtigt und abgewertet wissen. Er sieht hier neutrale "spirituelle" Kräfte der Natur nutzbar gemacht wie sie in der Menschheit irgendwie immer bekannt waren und verweist z.B. auf indianische Heiler und besonders sensible Menschen, die so etwas wie einen "sechsten Sinn" hatten (z.B. Spökenkieker, sog. Naturheiler u.a.) mit Arbeitsmethoden wie:

Augendiagnose, Pendeln, Händeauflegen, Hypnose, (indische) Meditation, Tanz u.ä. Ob im Einzelfall Scharlatanerie vorliegt oder eine echte Begabung, muß nach Baumert durch eine Überprüfung der Persönlichkeit geklärt werden. Er will solche nach seiner Auffassung "naturgegebenen" Heilkräfte nicht einfach ausschließen. Auf der anderen Seite betont er die Notwendigkeit, gut zu unterscheiden, "ob mit dieser Begabung *fremde Heilslehren* verbunden sind oder ob der Raum für Christus wirklich offenbleibt".[195] Baumert sieht den Heiligen Geist in allem ehrlichen religiösen Suchen am Werk (vgl. Apg 17,27f; Röm 2,14f) und rechnet auch in anderen Religionen mit echten Gebetsheilungen. Da in Christus aber alle anderen religiösen Wege grundsätzlich überholt sind, kann es für den Christen keinen Weg und keine Praktik geben, die sich nicht eindeutig Christus zuordnen lasse.[196] "Man wird also 'Heilungsdienste' daraufhin prüfen und sich nicht leichtfertig fremden Einflüssen aussetzen, auch wenn es sich um 'natürliche' Begabungen zu handeln scheint. Je tiefer wir in den Bereich des Geistes vordringen, um so klarer brauchen wir die Rückbindung an Christus, weil sonst in dieses Vakuum Einflüsse eindringen, die gern im Trüben fischen und letztlich von dem Widersacher Gottes (fern-)gesteuert werden".[197] Ohne auffällige Phänomene vorschnell auf dämonische Einflüsse zurückzuführen, muß man nach Baumert doch damit rechnen, daß sich der Böse tiefer innerpsychischer Vorgänge und psychischer Krankheiten zu bemächtigen sucht, wie er ja auch alle gesunden Kräfte in seinen Dienst zu stellen weiß.[198] - Wohl sind auch Heilungen "im Namen Jesu" in naturgegebene Vorgänge "eingebettet" und können seelische Kräfte eine Rolle spielen, aber diese sind für den Beter nicht im gleichen Sinn verfügbar wie für einen Naturheiler. Während "charismatische" Heilungen Zeichen für das heilsgeschichtliche Ereignis des Reiches Gottes sind, sind auffällige Naturheilungen nach Baumert theologisch gesehen dasselbe wie ärztliche Heilungserfolge.

Baumert korrigiert und präzisiert die *Rede vom "Heilungsauftrag der Kirche"*.[199] Dieser könne nicht bedeuten, daß jeder "beauftragt" ist und es gleichsam in der Hand hat, ob Zeichen geschehen oder nicht; wohl aber, daß die Kirche als ganze unter der Verheißung mitfolgender Zeichen steht (Mk 16,17f). Nicht jeder soll alle genannten Zeichen vollbringen, aber solche Zeichen werden immer wieder einmal in der Gemeinschaft der Glaubenden geschehen. Daraus ergibt sich für Baumert: "Wir Christen sollen im Gebet alle Kranken zu Jesus bringen, zu gegebener Zeit auch unter Handauflegung für sie beten, dann wird Gott hier und da - wo er will - solche Zeichen wirken".[200] Er sieht keine Berechtigung, den Auftrag Jesu an die Siebzig: "Geht und macht die Kranken gesund" (Lk 10,9), unbesehen auf jeden christlichen Missionar oder gar jeden Christen zu übertragen. Bereits innerhalb des Evangeliums sei der "Auftrag" eingegrenzt und so nur in einer bestimmten Phase gegeben worden (Lk 10,17), während wir sonst nichts davon hören, daß die Jünger ständig geheilt hätten. Baumert sieht bei den Evangelisten die *Unterscheidung zwischen* einem *aktuellen Heilungsauftrag* zu gegebener Zeit *und* einem *allgemeinen Gebet für Kranke*: "Niemals hören wir, daß die Apostel nach Ostern einen allgemeinen 'Auftrag', Kranke zu heilen, empfangen oder weitergegeben hätten".[201] Auch ging die Urkirche nicht davon aus, daß es eigentlich keine Kranken unter den Gläubigen geben dürfte. Wie das Alte Testament verstand sie Heilung als überraschende Gabe Gottes. "Die Kirche wird also ihrem 'Auftrag' gerecht, wenn sie die Kranken mit Glauben und Vertrauen Christus empfiehlt und dabei offen ist für zeichenhafte Heilungen".[202] Drängerischen Fehlformen sind nach Baumert vielleicht Reaktion auf ungläubigen Rationalismus auch in christlichen Gemeinden. Aber nicht extreme Gegenpositionen helfen hier weiter, sondern jeder sollte nach seinem "Maß" vor Gott fragen und dieses voll einzubringen suchen. Übereifer führe nur dazu, daß die *Gabe wichtiger werde als der Geber* und somit gerade ihre Zeichenfunktion verliere. Die Beobachtung zeige, daß, wie im gläubigen Leben des einzelnen so auch in Erweckungsbewegungen, auffallende zeichenhafte Geschehnisse häufig am Anfang stehen, ohne daß man sie zum Maß für alle weiteren Phasen machen dürfe. "Wo immer Menschen den Eindruck erwecken, daß sie über eine Heilungsgabe verfügen oder daß durch das rechte Gebet jede Krankheit zu beheben sei, unterliegen sie einer Täuschung oder täuschen andere, während Menschen mit einem echten Auftrag diesen in Bescheidenheit wahrnehmen und immer auf die Freiheit und Souveränität Gottes hinweisen werden".[203] Baumert hält es von daher für unglücklich, von einem "Heilungsauftrag der Kirche" zu sprechen. Im strengen Sinn des Wortes sei ein solcher immer nur einzelnen und auch ihnen nur in einzelnen Fällen gegeben. Die Gesamtheit der Gläubigen hat nach Baumert nur den "Auftrag", im Glauben an die Heilungsvollmacht Jesu für die Kranken zu "beten" (nicht: sie zu "heilen"). Sie stehen dabei unter der '"Verheißung' (nicht dem 'Auftrag'), daß hier und da 'Geschenke von Heilungen' 'folgen' werden (Mk 16,17f; I Kor 12,9). Dann kann aus dem Heilungs*gebet der* Kirche gelegentlich ein Heilungs*auftrag in der* Kirche erwachsen".[204]

Als *Grundelemente des Gebets um Heilung* sind nach Baumert festzuhalten:[205] 1) Jeder Christ darf und soll jede Krankheit, auch scheinbare Kleinigkeiten, klagend, fragend und als Bitte zu Gott bringen. - Gott sieht nicht nur die Not, sondern macht sich in Christus mit ihr solidarisch. Der Beter wird sich 2) bewußt machen, daß Christus selbst "meine Krankheit trägt" (Jes 53,4). - Er soll 3) zunächst Ja sagen zu seiner gegenwärtigen Situation. Das meint nicht, die Krankheit von vornherein als unabänderlich hinzunehmen, sondern den Glauben, daß auch dieser Zustand von Gott umfangen wird.- Weiter ist 4) danach zu fragen, ob der klare Glaube da ist, daß Gott *jede* Krankheit (sofort) heilen *kann* und am Ende "jede Träne abwischen wird" (Offb 21,4). Baumert hält es pastoral für sehr wichtig, zunächst diesen "allgemeinen" Glauben zu stärken, weil es 5) von dieser Grundlage her dem Menschen möglich ist, Gott konkret auch Heilung *im vorliegenden Fall* zuzutrauen. - Dann folgt 6) kindlich vertrauensvoll die eigentliche Bitte um Heilung. - Das Bitten wird kein pausenloses Hämmern sein, sondern 7) unterbrochen, oder noch besser, getragen von innerem Hören. - Im Gebet können sich nun zwei Richtungen herausbilden: Man kann a) allmählich eine innere Ermutigung erfahren, im Gebet fortzufahren, auch wenn nicht sofort Heilung eintritt. Oder b) es stellt sich im Verlauf des Betens innere Ruhe und Friede in der Richtung ein, daß der Kranke in sich die Kraft spürt, das Leiden auch weiterhin zu tragen und den Auftrag, diese Kraft aus Gottes Hand anzunehmen. - Es könnte aber c) auch sein, daß die Betenden keine innere Führung erfahren. Dann müssen sie innehalten und fragen, warum das Gebet geistlich unfruchtbar bleibt. Dabei wird vielleicht deutlich, daß nicht bewußt gewordene Sünden oder Fehlhaltungen das Gebet blockieren und Buße zunächst wichtiger ist als das Bittgebet. Und dies nicht nur bei dem Kranken, sondern u.U. noch mehr bei denen, die für ihn um Heilung beten. Manchmal liegt der Fehler darin, daß Menschen ohne inneren Einklang mit dem Kranken und ohne konkreten Auftrag zu beten beginnen.

4.6.7   Gebet um Befreiung[206]

In dem Papier heißt es zum Befreiungsgebet, daß in der Charismatischen Erneuerung wieder stärker bewußt geworden sei, daß Jesus aus der Macht der Finsternis befreit. Im Ernstnehmen der Realität des Dämonischen und der Bedrohung des Menschen durch diese Mächte hat sich mit dem "Gebet um Befreiung" ein Ritual entwickelt, das dem Exorzismus ähnelt. Zu einem verantwortlichen Verhalten in diesem Feld gibt die "Orientierung" Leitlinien.

Zunächst wird das Verständnis von dämonischer Besessenheit in kirchlicher Tradition skizziert (Ausschaltung der normalen freien Selbstverfügung des Menschen) und darauf hingewiesen, daß der Exorzismus im eigentlichen Sinn der ausdrücklichen Genehmigung des Ortsbischofs bedarf. Dies gelte auch für einzelne Elemente desselben, wie z.B. die direkte Anrede der Dämonen zur Feststellung ihrer Zahl und Identität.

Im Unterschied zum Exorzismus sei das "Gebet um Befreiung" eine *"Bitte an Gott* um wirksame Hilfe gegen tiefsitzende Bindungen und Abhängigkeiten, aber auch gegen aktuelle Angriffe des Bösen".[207] Die Anrede ergehe an Gott als Gegenüber. Die Notwendigkeit der Einordnung eines solchen Gebets "in eine kluge und diskrete seelsorgerliche und brüderliche Begleitung" wird betont. Der Gläubige müsse selbst lernen, aus dem Glauben heraus dem Bösen zu widerstehen. Konflikte dürften nicht "überbetet" werden. Grenzüberschreitungen in den Bereich, der nach kirchlichem Recht besonderer Beauftragung vorbehalten ist, seien zu vermeiden. Man müsse sich hüten, körperliche und seelische Krankheitsphänomene zu dämonisieren, weil dadurch die Heilung verhindert werden könne. Die Autoren des Papiers sehen hier die Gefahr, daß Menschen der Teufel eingeredet wird (Induktion).[208] Als "normale und ständige 'Waffen'" des Christen im geistlichen Kampf werden genannt: die Vater-Unser-Bitte "Erlöse uns von dem Bösen", das Gebet der Kirche, die Sakramente, die Segnungen der Kirche und ein Leben aus dem

Glauben. Außergewöhnliche Dinge sollten nicht dramatisiert, Auffälligkeiten nicht unnötig beachtet werden. Statt auf das Böse, solle der Christ die Aufmerksamkeit furchtlos auf Gott lenken, im Wissen, daß die Macht Satans durch die Auferstehung Jesu gebrochen ist.

Exkurs: <u>Grundlegende Äußerungen zur Praxis des Befreiungsdienstes im Rahmen der CE</u>

Maßgebend für diesen Bereich wurden die *pastoralen Leitlinien zur Befreiungspraxis* von Kardinal L.J. SUENENS (4. Mechelner Dokument). In diesem Papier tritt er dafür ein, die Anwesenheit des Geistes des Bösen in der Welt nicht zu unterschätzen, unterstreicht andererseits aber auch, daß man diesen nicht ohne das Unterscheidungsvermögen und die unbedingt nötigen Garantien der Kirche bekämpfen soll.[209] Im ersten Teil skizziert Suenens die *Lehre der Kirche über die Mächte der Finsternis*, wonach die Existenz des Dämons bejaht, aber gleichzeitig auch einem Abgleiten in Manichäismus gewehrt und auch einer Minderung der menschlichen Verantwortung und Freiheit entgegengewirkt wird.[210] Suenens stellt heraus, daß die Kirche die rechte Interpretin des Wortes Gottes allgemein und auch im speziellen Fall der Texte über Exorzismus ist.[211] Mk 16,17-18 ("Sie werden Dämonen austreiben") ist für ihn ohne Zweifel ein Versprechen des Herrn an seine zukünftigen Jünger. Zugleich gebe es aber *zahlreiche Weisen, über den Bösen zu triumphieren.* Jesus habe keine starre, stets gleiche Methode vorgelegt und sehr unterschiedlich reagiert. Weder hat er gesagt, daß dieser Kampf ein besonderes Duell sein müßte, noch, daß der direkte Zusammenstoß mit dem Dämon ein wesentlicher Teil unseres christlichen Lebens ist und daher alle in der so verstandenen "Befreiung" zu unterrichten seien, noch, daß man daraus eine Frömmigkeitsübung für den täglichen Gebrauch machen sollte. Der Herr hat auch nicht gesagt, daß der Dämon am Ursprung jeder Sünde der Menschen sei und daß alle Fehler auf seine Anstiftung hin begangen werden. Suenens faßt zusammen: "Man bekämpft den Dämon vorbeugend und positiv durch all das, was das christliche Leben nährt und stärkt, vor allem also durch die Zuflucht zu den Sakramenten. Und unter diesen ist die Eucharistie, als ihre einende Mitte, für uns die Quelle von Heilung und Befreiung schlechthin".[212] Der befreiende Charakter des sakramentalen Lebens der Kirche besteht in der fortwährenden Gegenwart Christi in der Kirche im allgemeinen, in der Taufe, in den Sakramenten, sowie in dem Ausweitung, den Sakramentalien.[213] Gegenüber der Tendenz die Aufmerksamkeit auf das Dämonische zu richten, stellt Suenens heraus, daß die *Sünde, der eigentliche Feind* ist: "Was uns zu 'Sklaven' der Mächte des Bösen macht, ist in der Regel nicht die 'diabolische Besessenheit'. Die Theologen sind sich einig in der Aussage, daß der Teufel nicht in das Geheimnis der Gewissen eindringen kann, wenn man sie ihm nicht willentlich ausliefert. Es ist die Sünde und ihre Einwirkung, die uns zu Sklaven macht... Die furchtbarste Waffe, über die der Teufel verfügt, ist nicht die Besessenheit, sondern die Sünde als solche. Sein Einfluß ist dort gegenwärtig, wo die Sünde herrscht... Befreiung ist also wesentlich und vorrangig Befreiung von der Sünde in uns, die uns zu Sklaven macht und unsere Freiheit mindert".[214] - Weiter hält Suenens fest, daß *der Mensch verantwortlich für seine Taten* bleibt und nicht das passive Spielzeug teuflischer Einflüsse ist, die ihn manipulieren. "Der nachdrückliche Hinweis auf die diabolischen Einflüsse darf nicht als Entschuldigung und Alibi dienen für die menschliche Schwäche und darf das Bewußtsein unserer Verantwortung nicht schwächen oder auslöschen".[215] - *Höchster Schutz* für den Menschen ist *der Glaube,* deshalb setzt der Widersacher Gottes mit Vorliebe an dieser Grundlage an. "Denn der Glaube bringt uns in direkte Verbindung mit Gott, und in diesen Gott allein vorbehaltenen Bezirk kann der Teufel nicht eindringen. Je mehr der Mensch aus dem Glauben lebt, desto mehr ist er für ihn unangreifbar. Der Glaube ist eine Festung, die vor seinen Angriffen schützt. Und deshalb versucht er, den Gläubigen von da herauszulocken, indem er ihm alle Spielarten des Außerordentlichen vorspiegelt. Dabei fällt es ihm leicht, Blendwerk vorzugaukeln, und so versucht er, den Gläubigen so weit zu bringen, daß er sich auf anderes stützt als auf den reinen Glauben".[216] Im Blick auf "Visionen", "Offenbarungen" und "Prophezeiungen" sieht Suenens hier die CE gefährdet.

Im zweiten Teil des 4. Mechelner Dokumentes geht Suenens näher auf *Vorgänge in der Erneuerung* ein. Zunächst hält er fest, daß der Heilige Geist Christus offenbar macht und deshalb im Kontrast dazu auch stärker zutagetritt, was sich Christus widersetzt und zum Antichristen gehört. Der Heilige Geist mache sensibel für die Bosheit der Sünde und für den geistlichen Kampf.[217] - Suenens wendet sich aber *gegen ausdifferenzierte Theorien über das Wirken, die*

Strategien und die Organisationstrukturen der Dämonen. Er hinterfragt auch die daraus folgenden Praktiken im Befreiungsdienst.[218] - Die Praxis der "Befreiung" von Dämonen in katholischen charismatischen Kreisen sei in Wirklichkeit ein Akt des Exorzismus, nur, daß man begrifflich abschwäche.[219] - Suenens stellt in Frage, daß die *Erfahrung* theologisch Maßstab für die Wahrheit sein kann und betont die Rolle der Kirche als der autorisierten Interpretin.[220]

In seinen psychologischen Anmerkungen zum Exorzismus hebt Suenens *zwei besonders neuralgische Punkte* heraus. Die erste Schwierigkeit sieht er in der *Aufstellung einer endgültigen Diagnose.* Hier sind nach Suenens auch wissenschaftliche Gegebenheiten zu berücksichtigen. Das übernatürliche Charisma der Unterscheidung darf die kritische menschliche Intelligenz nicht vernachlässigen. - Als psychologische Gefahren *für den "zu befreienden" Menschen* sieht Suenens, *daß dieser in seinem Selbstverständnis ein Trauma erleidet.* "Er betrachtet sich wie mit furchtbaren Ketten gefesselt und als ein Opfer schädlicher Einflüsse, die - ganz oder teilweise - sich seiner Verantwortung entziehen".[221] Hierdurch kann die persönliche Mitarbeit an der Heilung stark vermindert werden. "Es ist immer gravierend, wenn jemand in Minderwertigkeitskomplexe gegen sich selbst versetzt und seine Aktions- und Reaktionsfähigkeiten in seinen eigenen Augen herabsetzt".[222] Suenens empfiehlt, die Beweggründe näher zu untersuchen, die einen "Patienten" dazu treiben, um "Befreiung" zu bitten. Es könnte sein, daß er ein rasches Mittel sucht, das außerhalb seiner selbst liegt und ihn einer mühsamen Aszese entbindet. - Weiter macht Suenens auf das Phänomen der *Massenansteckung* im Zusammenhang der Befreiungspraxis aufmerksam. - Als Gefahren für *die bei der Befreiung Verantwortlichen* sieht Suenens die mögliche *Manipulation des fremden Gewissens.* Die Verantwortlichen erlangen großen Einfluß auf die Person, die in den Exorzismus einwilligt. In der Regel offenbart sie geheimste innere Schwierigkeiten und empfindet eine tiefe Dankbarkeit gegenüber ihrem "Befreier" und ist bereit, dessen Ratschläge für die Zukunft fast blindlings zu befolgen.[223] - Im dritten Teil des Dokuments lädt Suenens die Verantwortlichen der Erneuerung ein, sich auch im Bereich der "Befreiung" von den Bischöfen leiten zu lassen. Die Verantwortlichen der Kirche fordert Suenens auf, eine ungekürzte theologische Lehre in diesem Bereich zu entwickeln, die Kriterien des Rituale Romanum zu überprüfen und eine neue Pastoral des Exorzismus zu schaffen. Suenens schlägt zur Klärung des Grenzbereichs vor, daß nicht nur die Fälle von vermuteter Besessenheit, sondern auch die Fälle eines vermuteten spezifisch dämonischen Einflusses dem Bischof vorbehalten bleiben sollen.[224]

In abschließenden Überlegungen betont Suenens, daß *dieser Bereich vom Ostersieg Christi und von der Gesamtkirche her angegangen werden muß.* "Mein Credo stellt mich auf die Gegenseite einer Religion der knechtischen Furcht, die verfinstert ist durch die Zwangsvorstellung von den Mächten des Bösen... In der Mitte unseres Glaubens steht nicht die Lehre von den Dämonen, sondern Christus in der Kraft des Heiligen Geistes".[225] Die raffinierteste Falle des Bösen besteht darin, die Aufmerksamkeit auf sich selbst und sein Wirken zu lenken und nicht auf Jesus, den Heiland der Welt. Wenn zu viel Aufmerksamkeit darauf verwandt wird, die Dämonen anzusprechen und durch direkte Aufforderung auszutreiben, wird allzu leicht vergessen, daß dem Christen andere Hilfsmittel zur Verfügung stehen. Suenens verweist auf die *Macht des Gebetes,* das sich *an Gott* richtet und den Ostersieg des Herrn zur Geltung bringt und die *befreiende Kraft* die *aus den Sakramenten* strömt, vor allem aus jeder Feier der Eucharistie. Es verwundert ihn nicht, daß die dämonologischen Übertreibungen hauptsächlich aus Kreisen kommen, welche die Eucharistie nicht kennen. Auch in der *Anrufung des Namens Jesu* liegt Sieg. Von daher freut sich Suenens über den neuen Anklang den das "Herzensgebet" findet.[226] - Das Eingebundensein in die Gesamtkirche sieht er als große Hilfe im Kampf gegen die Mächte des Bösen, wobei er auf die tiefe Einheit auch mit der Kirche des Himmels und die Hilfe, die der Christ durch Maria, die Heiligen und die Engel erfährt, weist.[227]

N. BAUMERT relativiert die im Bereich der PB/CB/CE vielfach anzutreffende Grenzziehung zwischen *sog. ordentlichen und außerordentlichen Charismen* und lehnt es ab, nur letztere als etwas "Wunderbares" zu bezeichnen. Auch die schlichteren Gaben seien "übernatürlicher" Art, weil sie der neuen Heilsordnung angehören. Der *theologische Wunderbegriff* muß nach ihm von seinem Zentrum her entwickelt werden, dem zentralen Wunder der Selbstmitteilung Gottes. Dieses Urwunder kann sich "in allen Dingen" ereignen und ist doch noch einmal etwas anderes als Gottes Mitteilung in der Schöpfung. "Wunder" sind alle Auswirkungen der Heilsgnade. Weil der Christ ständig mit dem "Wunder" in diesem Sinn, d.h. mit dem persönlichen freien Entgegenkommen rechnet, sind auch die auffälligen Dinge nichts Besonderes mehr, sondern die "normale" Welt des Christen. Was gewöhnlich als "Wunder" bezeichnet wird, ist nicht eine Ausnahmehandlung Gottes, sondern nur eine "auffälligere" Tat, in der die Grundstruktur allen Heilswirkens unübersehbar vor Augen gestellt werden soll. Auffällige Zeichen haben Signalfunktion. Entscheidend ist dabei die geistliche Mitte, nicht der Aspekt des Außerordentlichen. Gefahr sieht er nicht da, wo besondere natürliche Kräfte im Spiel sind, sondern da, *wo sich die Natur verselbständigt und aus der Dienstfunktion herausfällt*. Die *Grenze* verläuft für ihn nicht zwischen nätürlichen Gaben und Heilsgaben, da beide von Gott kommen und sich ergänzen, sondern zwischen *geistlich und "nicht-geistlich"*.[228] Von diesem Ansatz her geht Baumert die Frage paranormaler natürlicher Kräfte und die Frage des Dämonischen an.

Erst nach einer solchen *"Entdämonisierung" aller natürlichen Kräfte* werden die wahren Konturen des Kampfes sichtbar, in den Christen gestellt sind. Nichts in der Welt ist von sich aus unrein (Röm 14,14; vgl. I Kor 10,26), *gleichwohl steht die Welt infolge der Sünde unter dem Fluch und ist in allen Bereichen dem Angriff des Bösen ausgesetzt.* Der Christ hat nicht mit Fleisch und Blut zu kämpfen. Wo in spektakulären Fällen die Wirkung des Bösen besonders auffällig erscheint, wollen solche Phänomene nach Baumert eher davon ablenken, daß er in versteckter Form überall sein Werk versucht. Baumert schlägt vor, wie auf der Seite der Geistwirkungen auch auf der "Schattenseite", *keine scharfe Trennungslinie zwischen auffälligen und gewöhnlichen Angriffen des Bösen* zu ziehen. Die versteckten können die schlimmeren sein. Alles Sündige im Menschen bedeutet bereits Herrschaft des Bösen und jede persönliche Schuld ist letztlich ein Paktieren mit dem Dämonischen. Ein Ernstnehmen dieser Glaubenswahrheit führt nach ihm als erstes zu Reue und Umkehr und bestärkt den Glauben, daß nur der Herr diesen Kampf gewinnen und Sünde vergeben kann. Dadurch kommen neue Entschiedenheit und neue Dankbarkeit in den christlichen Alltag. - Jede Beschäftigung mit dem Teufel selbst hält Baumert für unnütz und schädlich. Dem Teufel kann man nur widersagen. Wo ein Mensch sich auf ihn einläßt und sündigt, gerät er immer tiefer in Abhängigkeit und Sklaverei und seine wahre Freiheit wird eingeschränkt. Dies kann sich in allen Bereichen des menschlichen Lebens ereignen und auswirken und Denken, Wollen, Handeln und Fühlen betreffen. Den Begriff *dämonische "Besessenheit"* bezieht Baumert auf den Extremfall einer stark geminderten oder praktisch aufgehobenen Selbstbestimmung des Menschen. Bei starkem Bedrängtwerden von außen spricht er von dämonischer *"Umsessenheit"*.[229] - Die Kennzeichnung als "dämonisch" steht im spezifischen Sinn für die auffälligen Vorgänge, ähnlich wie "charismatisch" manchmal für die auffallenden Geisteswirkungen reserviert wird. Da sich auffällige Formen der Versklavung besonders im psychopathologischen Bereich finden, denkt man oft nur da an dämonische Einflüsse, wo Persönlichkeitsspaltung, okkulte Kräfte und außersinnliche Wahrnehmung im Spiel sind. Baumert gibt hier zu bedenken, ob es nicht auch bei scheinbarer psychischer Gesundheit Formen von Besessenheit gibt, etwa bei Ideologien, extremer Kriminalität, bestimmten Formen von Terrorismus, politischen Systemen und Tyrannei. Andererseits sind nach ihm auch manche "okkulte" Phänomene auf natürliche Kräfte zurückzuführen und dürften - auch wenn sie oft religiös oder pseudoreligiös interpretiert werden - nicht von vorneherein als dämonisch verdächtigt werden (z.B. das Pendeln). Baumert sieht in der prinzipiellen Verdächtigung der Kehrseite der Neigung, alle positiven seelischen Erlebnisse direkt auf den Heiligen Geist zurückzuführen, ohne die vielen natürlichen Einflüsse zu beachten und möchte auch hier alle menschlichen, psychologischen und parapsychologischen Erkenntnisse berücksichtigen.[230] Vom Glauben her hält er aber fest, daß es neben organischen und psychischen Erkrankungen *dämonische Einflüsse* gibt, die von jenen zu unterscheiden sind. Man macht es sich zu einfach - so Baumert -, wenn man die Besessenheiten, von denen das Neue Testament berichtet, als psychische Krankheiten deklariert, weil Jesus in der Sprache und dem Denkhorizont des Volksglaubens seiner Zeit gesprochen habe. Wenn die Menschen in massivem Aberglauben gelebt hätten, hätte er diesen nicht zurechtrücken müssen? Die Tatsache, daß im Neuen Testament stärker als in der Umwelt scheinbar unbefangen über Exorzismen gesprochen wird, könnte darin ihren Grund haben, daß hier die Konfrontation mit dem Bösen am schärfsten zutage tritt. Baumert stellt heraus, daß im Menschen Heil und Unheil geschieht und dieses noch etwas anderes ist als Gesundheit und Krankheit. Von daher sollte auf diesem Gebiet immer therapeutische und betende, seelsorgerliche Hilfe zusammenwirken. - Wenn von geistlichen Kriterien her ein stärkerer teuflischer Einfluß festzustellen ist, ist die *Frage des praktischen Verhaltens* wichtiger als die Grenzziehung zwischen natürlichen (pervertierten) Kräften und dämonischen Einflüssen. In der Konfrontation mit dem Bösen rät Baumert zu Folgendem:

1) Der erste Schritt ist, wie in allen Bereichen des sittlichen Lebens, um Überwindung des Bösen zu *beten*. Manche Menschen haben ein besonderes Charisma, um Heilung von okkulten Bindungen und Befreiung von dämonischen Mächten zu beten, oft unter Einbeziehung solider psychologischer Kenntnisse. Andererseits ist nach Baumert nicht selten auch eine Fixierung auf diese Phänomene anzutreffen und sind dabei versuchte Heilungsgebete nicht frei von magischen Elementen.

2) Weiter hält Baumert es für wichtig, *die guten Kräfte im Menschen zu wecken und den Menschen - soweit er noch Handlungsfreiheit hat - zum Widerstand zu stärken.* Dies müsse in Demut und Schlichtheit geschehen, weil jede Dramatisierung das Phänomen verschlimmere: "Wo immer Menschen daraus ein Spektakel machen oder Ängste kultivieren, sind sie dem Bösen schon auf den Leim gegangen. Man begegnet dem Dämonischen am besten als solches erkannt hat, immer noch am besten, wenn man ihm so wenig wie möglich Beachtung schenkt und sich in 'Gebet und Fasten' um so fester an Jesus Christus hält".[231] Baumert fragt sich, ob das Schweigen vieler Theologen über die Macht des Bösen Zeichen einer solchen Entdramatisierung ist, weil man um den Sieg Christi weiß, oder ob nicht naive Bagatellisierung, geheime Ängste oder sogar Unglaube dahinter stecken.

3) Die Frage nach dem Exorzismus beinhaltet die Frage, in welcher Weise man diesen Widerstand leisten sollte, ob a) durch *Fürbitte* (deprekative Form) oder b) auch durch *Gebieten*. Nach Baumert sollte der Weg des Gebietens erst erwogen werden, wenn die Phänomene durch Besinnung und Buße, eine sittliche Entscheidung und Fürbitte nicht zu packen sind.[232]

4) Beim *"privaten" oder "kleinen" Exorzismus* ("Erlöse uns von dem Bösen") gibt Baumert folgendes zu bedenken: a) Bei Angriffen auf die *eigene Person* sollte man seine Praxis im seelsorgerlichen Gespräch überprüfen. Die sog. "Absage" oder das "Gebieten" dürfe nicht eine u.U. notwendige Herzensumkehr überspielen, magisch mißverstanden oder als Abwehrmechanismus gegen Kreuz und Prüfung mißbraucht werden. - b) Betrifft der Exorzismus eine *andere Person*, so ist Vorsicht vonnöten, damit nicht leichtfertig über die Person des anderen hinweggegangen und gehandelt und diese so entmündigt wird. - Hier scheint Baumert der Hauptgrund dafür zu liegen, daß *der "große" Exorzismus* nur mit bischöflicher Genehmigung vollzogen werden darf: "Nicht so sehr, weil der Böse hier eine besondere Macht hätte, der nur noch ein Bischof gewachsen wäre, sondern diese Rückbindung an die kirchliche Autorität geschieht wohl vor allem deshalb, um die Würde der Persönlichkeit des angeblich Besessenen zu schützen, in zweiter Linie, um die Haltung der Schlichtheit und des Gehorsams des 'Exorzisten' zu stärken".[233]

5) An sich aber ist die *Abwehr des Bösen jedem Christen aufgegeben*. Die "Macht über die bösen Geister" gehört zur untersten Stufe, so daß z.B. in der mittelalterlichen Kirche das Amt des Exorzisten den "niederen" Weihen, d.h. dem vorsakramentalen Bereich, zugeordnet war. Der Christ muß nach Baumert aber wissen, daß nicht er selbst das Böse überwinden kann, gleichsam wie ein Dompteur, sondern nur Jesus Christus. Die eigentliche "Gefahr" sieht er in der Selbstgefälligkeit des Menschen und nicht in der Macht des Bösen als solcher. Damit es nicht zu einer ungesunden Dämonologie kommt, bedarf der einzelne der *persönlichen Seelsorge* und der *prüfenden Korrektur einer betenden Gemeinde*. Wo dies gegeben ist, muß nach ihm dem theologischen Laien das Recht zu einer einfachen Sprache belassen werden, auch wenn sie manchmal zu sehr "schwarzweiß" malt. Der Theologe muß manches differenzierter einordnen, sollte aber ein Gespür dafür haben, was dem Ratsuchenden hilft und nicht diesem mitten im Kampf die Waffen aus der Hand schlagen.

Baumert mahnt zur Vorsicht in diesem Bereich, nicht weil man den Teufel fürchten und sich durch irgendwelche Praktiken gegen ihn schützen kann oder soll, sondern vorwiegend, um die Würde des anderen nicht zu verletzen oder ihn durch falsche Reaktionen in seiner Abhängigkeit noch zu bestärken: "Der Teufelsspuk als solcher ist für den Glaubenden nicht 'gefährlich', da er letztlich 'nichts' ist. Vielmehr ist das eigentlich Teuflische in dem sittlichen Bereich zu sehen, nicht in dem ganzen Zauber gelegentlicher Demonstrationen".[234]

4.6.8 Die Fülle der Charismen und die Einheit des Geistes[235]

In der letzten Passage des Abschnitts über die Charismen wird deren sozialer, ekklesiologischer Charakter betont: "Da jedes Charisma von seinem Wesen her 'Teil' der Fülle Christi in der Kirche ist, bedarf es der 'Ergänzung' und damit auch der Prüfung durch andere. Diese 'Integration' ist in besonderer Weise denen aufgetragen, 'die in der Kirche die Leitung haben'".[236] Die Charismen werden als "je einmalige" Gaben des Geistes dem sakramentalen "Amt" als dem von Christus eingesetzten bleibenden Dienst zugeordnet und in ähnlicher Weise den Sakramenten der Kirche. "Erst im Zueinander von Amt und Charisma und von Sakrament und Charisma findet die Kirche Jesu Christi ihre Fülle".[237]

4.7 Wege in die Praxis[238]

In diesem Abschnitt werden Kristallisationspunkte genannt, an denen die Charismatische Erneuerung Wirkungen in das Leben des einzelnen, in Familien und Gemeinden und die ganze Kirche hinein entfaltet. Dazu gehören an erster Stelle *Bibel- und Gebetskreise*, zu deren Gestaltung, Leitung und Einordnung in die Gemeinde Einzelheiten mitgeteilt werden.[239]

Eine weitere spezifische Veranstaltungsform der Erneuerung sind die *Glaubenskurse*, eine Art Erwachsenenkatechumenat, das auf die christliche Grundentscheidung und die Bitte um eine neue Ausgießung des Heiligen Geistes hinführt.[240]

Der dritte Unterabschnitt handelt von den Auswirkungen der bewußt vollzogenen Grundentscheidung für die *persönliche geistliche Lebensgestaltung und für die Gemeinschaft*.[241] Neben der Erneuerung der privaten praxis pietatis geht es um die Erneuerung von Beziehungen und die Übernahme von Verantwortung in der Gemeinde. Mit dem Wachstum einer Gruppe müsse sich diese der Frage stellen, wer das Charisma der Leitung hat und wie es bestätigt wird. Dieser Dienst sei auf das kirchliche Amt hingeordnet, wenn auch nicht von ihm abgeleitet. Nicht zuletzt zeigt sich den Autoren die Kraft des Aufbruchs im Entstehen neuer geistlicher Gemeinschaften.

4.8 Einbindung in die Kirche

Die nun folgenden kurzen Unterabschnitte des Papiers betreffen die Einordnung des charismatischen Impulses in die Kirche. Sie sind von besonderer Relevanz für unsere Fragestellung. Aus diesem Grund nehmen wir sie im Unterschied zur "Orientierung" in einem eigenen Abschnitt ausführlicher auf.

4.8.1 Gemeinde-Erneuerung[242]

Nach katholischem Verständnis kommen alle geistlichen Impulse in der Pfarrgemeinde mit der sonntäglichen Eucharistiefeier zusammen. "Hier sammeln sich bestehende und neue Gruppen mit dem ihnen anvertrauten Charisma, werden altbewährte und neue Formen christlichen Betens und Lebens zusammengeführt".[243] Der Schritt zu einer bewußten Bindung an Gott läßt den einzelnen intensiver "Christ in der ihm vorgegebenen Gemeinde oder Gemeinschaft" sein. Als Tauf- und Firmspiritualität läßt sich dieses neue Erwachen nach den Verfassern des Papiers mit der besonderen Spiritualität und Struktur jeder bestehenden kirchlichen Gruppierung vereinbaren. Dieser geistliche Impuls bedeute eine Bereicherung für die verschiedenen Bereiche des Lebens in einer Pfarrei. "Charismatische Gemeinde-Erneuerung ist... - recht verstanden - kein 'hinzukommender Auftrag', sondern konkretisiert ein Grundanliegen christlichen Gemeindelebens".[244]

Wo sich eine Gruppe oder Hausgemeinde ohne Mitwirkung des Pfarrers bildet, wird sich diese - so die "Orientierung" - nach einer Zeit des geistlichen Wachstums fragen müssen, zu welchem Einsatz sie in der Gemeinde gerufen ist. Als Möglichkeiten werden genannt: Gestaltung der Gottesdienste, Kommunion- und Firmvorbereitung, Jugendarbeit o.a., wobei der Schwerpunkt darauf liegt, Gemeindegliedern und Fernstehenden zu einem lebendigeren Glaubensleben zu helfen. Der Einsatz wird sich nach den jeweiligen Erfordernissen und dem inneren Auftrag einer Gruppe richten. In jedem Fall ist sie angehalten, "für die Gemeinde und deren Bedürfnisse offen zu bleiben".[245] Als Grundhaltung und Zielvorstellung heißt es: "Alles muß getragen sein von der Hoffnung, daß eine solche Erneuerung *in* der Gemeinde zu einer fortschreitenden geistlichen Erneuerung *der* Gemeinde wird, in der jedes Glied nach seinen Gaben und Fähigkeiten zum Aufbau des Ganzen beiträgt (I Kor 12; Eph 4) und die ganze Gemeinde ihren missionarischen Auftrag wahrnimmt".[246]

4.8.2 Der Ort in der Kirche[247]

In diesem Abschnitt beschreiben die Autoren des Papiers das ekklesiologische Selbstverständnis der Charismatischen Erneuerung als *innerkirchlicher Bewegung*. Das Kerngeschehen der geistlichen Erneuerung, die "Veränderung des Menschen durch das Wirken des Geistes Gottes", habe seinen Ort "innerhalb der bestehenden kirchlichen Strukturen".[248] Das heißt u.a., daß die Menschen, die sich in diesem Anliegen zusammenschließen, auch als Gruppe offen sind zur Gemeinde und Gesamtkirche und "*keine neue Organisation*" bilden wollen.

Durch die selbstgegebene "ORDNUNG",[249] die im Jahr 1984 vom Ständigen Rat der Deutschen Bischofskonferenz zustimmend zur Kenntnis genommen wurde und damit in Kraft trat, werden Gruppierungen und Initiativen der Charismatischen Erneuerung in die Kirche eingebunden. Sowohl auf Gemeinde-, Diözesan- und Bundesebene wurden Gremien eingerichtet, die koordinierende und verbindende Aufgaben haben. Sie verstehen ihre Tätigkeit "als Bruderdienst untereinander und zugleich als 'Dienst am Ganzen der Kirche'".[250] In der gleichen Offenheit und Selbständigkeit stehen diese Gremien in Kontakt mit dem "Internationalen Rat der Charismatischen Erneuerung in der katholischen Kirche" (ICCRO = International Catholic Charismatic Renewal Office, Rom/ inzw.: ICCRS = ... Services), der in ähnlicher Weise weltweit koordinierend und verbindend tätig ist.[251]

Vom geistlichen Ansatz her gibt es in der Erneuerungsbewegung keine feste Mitgliedschaft, keine festgeschriebenen Rechte und Pflichten, wohl aber eine "*verbindliche Ausrichtung im Sinne der katholischen Kirche*".[252]

Auf *Gemeindeebene* ist in den Gruppen ein Leitungsdienst durch einen *Leiter* oder Leitungskreis anzustreben. Aufgabe der Verantwortlichen ist u.a., "die Gruppe *im Sinn der theologischen und pastoralen Orientierung* zu leiten und sie vor Fehlentwicklungen zu bewahren".[253] Weiter sollen sie die Verbindung mit der Kirche am Ort und den zuständigen Pfarrern pflegen und Kontakt halten mit den jeweiligen Diözesansprechern der Erneuerung.[254]

Auf der *Diözesanebene* werden von den Leitern der Gruppen je ein Priester/ Diakon und ein Laie als Sprecher gewählt, wobei Priester und Diakone für diesen Dienst der Bestätigung durch ihren Bischof und Laien seines Einverständnisses bedürfen. Aufgaben der beiden *Sprecher* sind: die Kontaktpflege mit den Gruppen, die Pflege von Zusammenkünften auf Bistumsebene, das Halten der Verbindung mit dem Bischof und die Vertretung des Anliegens der Erneuerung im Bistum. "Sie sollen darauf achten, daß die Leiter im Sinne der oben genannten theologischen und pastoralen Orientierung handeln".[255]

Auf der *überdiözesanen Ebene* gibt es als verantwortlichen Kreis im Bereich der Deutschen Bischofskonferenz den "*Rat* der Charismatischen Gemeinde-Erneuerung". Er soll geistliche, theologische und seelsorgerliche Impulse vermitteln. Für die laufenden Aufgaben wählt der Rat die "*Koordinierungsgruppe*", der er auch Leitlinien geben kann. Beiden ist ein "*Theologischer Ausschuß*" zugeordnet.[256]

Der *Rat* setzt sich zusammen aus den Diözesansprechern, der Koordinierungsgrup-pe, bis zu sechs vom Rat und bis zu sechs von der Koordinierungsgruppe zugewählten Personen und zwei von der Pastoralkommission benannten Mitgliedern. - Aufgaben der Koordinierungsgruppe sind: die Förderung der inneren Einheit unter den Mitgliedern der Gruppen, das Bedenken der geistlichen, theologischen und seelsorgerlichen Grundlagen der Erneuerung zusammen mit dem theologischen Ausschuß, die Einberufung nationaler Zusammenkünfte, die Verbindung zur Bischofskonferenz, internationale Kontaktnahme, Öffentlichkeitsarbeit. Von den Mitgliedern der Koordinierungsgruppe werden acht durch den Rat gewählt und diese wählen weitere drei hinzu. Die Koordinierungsgruppe wählt einen Sprecher, der zugleich Sprecher des Rates ist. - Der Theologische Ausschuß bedenkt und formuliert in Verbindung mit der Koordinierungsgruppe geistliche, theologische und seelsorgerliche Grundlagen der Erneuerung. Er soll deren Entwicklung theologisch begleiten und kritisch reflektieren, wobei er sich bemüht, auf die Führung des Heiligen Geistes zu hören und für die Gaben der Weisheit und der Erkenntnis offen zu sein. Von seinen sieben Mitgliedern werden fünf vom Rat gewählt. Sie sollen persönlich in der charismatischen Erneuerung engagiert sein und möglichst die verschiedenen theologischen und pastoralen Sachgebiete vertreten. Ein Mitglied ernennt die Pastoralkommission, ein weiteres entsendet die Zentralstelle Pastoral der Deutschen Bischofskonferenz.

4.8.3 Auf die Fülle der Kirche hin - Spirituelle Ökumene[257]

Das Ökumeneverständnis der Katholischen Charismatischen Gemeindeerneuerung liegt ganz in der Linie des II. Vatikanum. Die "Orientierung" nimmt Bezug auf den histo-rischen Ursprung der Erneuerung, in dem bereits starke Impulse für eine "geistliche" Ökumene gelegen hätten. "Katholische Christen haben hier erfahren, daß 'viele und bedeutende Elemente oder Güter, aus denen insgesamt die Kirche erbaut wird und ihr Leben gewinnt, auch außerhalb der sichtbaren Grenzen der katholischen Kirche existieren können' (Ökumenismusdekret 3) und daß Anstöße von außerhalb wichtig sein können für zentrale Anliegen der Kirche".[258] Nur im eigenen Schuldbekenntnis, im Verzicht auf über-hebliches Richten, in der Überwindung der Ängste voreinander und zugleich in der Treue zur erkannten Wahrheit und in der Liebe zu allen Christen werde die Christenheit wieder zusammenfinden.

Die vielfachen Kontakte zu evangelischen landeskirchlichen und freikirchlichen Initiativen würden sich als "oft fruchtbar" erweisen, aber zugleich brächten sie auch Span-nungen und Ängste mit sich und könnten Katholiken in ihrer eigenen Überzeugung verunsichern. Die Haltung der Ehrfurcht vor einem fremden Bekenntnis steht für die Autoren des Papiers keinesfalls im Gegensatz zum liebenden Bekenntnis der Wahrheit und Ordnung der eigenen Kirche. Als Leitlinie formulieren sie: "Der katholische Christ glaubt, daß man nur in ihr 'Zutritt zu der ganzen Fülle der Heilsmittel' hat (Ökumenismusdekret 3), daß Gottes Geist sie trotz der Schuld und Sünden ihrer Glieder in der Wahrheit Christi bewahrt und daß er ihr das Petrusamt der Einheit geschenkt hat".[259] Konfessionelle Festigkeit und Ehrfurcht vor dem Geisteswirken außerhalb der katholischen Kirche gilt als innere Einheit und Vorbedingung für das Beten und Arbeiten auf die erhoffte Einheit aller Bekenntnisse hin.[260]

4.8.4 Maria - Urbild der Kirche

Die Ausführungen über die Wege in die Praxis und den kirchlichen Ort der Erneue-rung abschließend, wird Maria als Urgestalt des "vom Geist erfüllten" (Lk 1,28) Menschen vor Augen gestellt.[261]

4.9 Gefährdungen der Erneuerung[262]

Am Schluß faßt das Papier DER GEIST MACHT LEBENDIG noch einmal spezifische Gefährdungen der Charismatischen Erneuerung ins Auge, damit sie vermieden werden und die Bewegung ihre positiven Kräfte um so stärker entfalten kann.

An erster Stelle der Auflistung, wie sie sich ähnlich in fast allen offiziellen Stellungnahmen findet, wird die Gefahr der *Überbetonung der Gefühle* genannt.[263] Bei labilen Menschen könne es zu seelischen Störungen kommen, wenn Hochstimmung ins Gegenteil umschlage. Weiter sieht man die Gefahr von hysterischen Erscheinungsformen oder - beim Ausbleiben von Erfahrungen - Resignation, als Folge von Versuchen, geistliche Erlebnisse durch enthusiastische Methoden zu erzwingen. Gegenüber einem solchen, nicht mehr der Wirklichkeit und Wahrheit entsprechenden Frömmigkeitsstil, betont man die fundamentale Bedeutung des täglichen christlichen Lebens "in Einfachheit und Demut". - *Falsche Unmittelbarkeit* wird als zweite Gefährdung aufgelistet.[264] Hier sehe man die mittelbaren Komponenten geistlicher Erfahrung (Gemeinschaft der Kirche, konkrete Menschen, Ereignisse und Lebensumstände) zu wenig und stehe in Gefahr, alles, was man als Widerstand auf dem geistlichen Weg erfährt, zu dämonisieren. - Weiter wird die Gefahr des *Fundamentalismus* genannt, wobei man sich gleichzeitig aber auch gegen eine schlagwortartige Diffamierung einer konservativ glaubenden Grundhaltung wendet.[265] - Ausführungen über *religiöse Selbstzufriedenheit*[266] und Flucht aus der Wirklichkeit schließen die Liste der Gefährdungen ab.

B.5

"MODERIERENDE INTEGRATION"
Schlußbemerkungen zur Einordnung und Beurteilung des Enthusiastisch-Charismatischen in der römisch-katholischen Kirche

Zur Kennzeichnung des Umgangs der römisch-katholischen Kirche mit enthusiastisch-charismatischer Frömmigkeit haben wir die beiden Begriffe *"Integration"* und *"Moderation"* gewählt. Der Vorgang der "Integration" bei gleichzeitiger "Moderation" im Blick auf Spiritualitäten, Bewegungen und Lehraspekte ist eine typische Figur römisch-katholischer Theologie und kirchlich-pastoraler Praxis überhaupt. Sie steht in engem Zusammenhang mit der fundamentaltheologischen Kategorie der Vervollkommnung der Natur durch die Gnade und dem ekklesiologischen Selbstbewußtsein und Anspruch der Catholica, die Fülle zu repräsentieren und alles zur Vollendung zu führen. Sofern die Eckpfeiler der Kirche, Amt und Hierarchie sowie die sakramentale Heilsvermittlung, nicht grundsätzlich in Frage gestellt werden, ist man bereit, vielerlei Erscheinungen und Bewegungen zu tolerieren bzw. sie zu integrieren und anzuerkennen. Man gibt Raum und Gelegenheit, die spezifische Berufung im größeren Ganzen der einen Kirche zu leben und die ihnen eigenen spirituellen Impulse weiterzugeben. Die Integration ist aber immer verbunden mit einem Moment der *"Moderation"*, d.h. der "Mäßigung" von Extremen, die die katholischen Vorgaben gefährden, an die Stelle des kirchlich-sakramentalen Fundamentalprinzips einen anderen, sei es spiritualistischen oder fundamentalistischen, Ansatz zur Norm erheben und die Einheit sprengen könnten (moderieren = mäßigen; von lat. "moderare", ein Maß setzen). Über die Wortbedeutung "Mäßigung" hinaus beinhaltet der Begriff "Moderation" in anderem Zusammenhang auch das Moment einer koordinierenden, lockeren, nichtdirigistischen Lenkung, etwa eines Rundfunkprogramms oder einer Veranstaltung durch einleitende und verbindende Worte. In der römisch-katholischen Kirche geschieht Moderation unter beiden Aspekten durch Papstworte, öffentliche Verlautbarungen und Stellungnahmen von Bischöfen und Bischofskonferenzen, die an den katholischen "modus", das kirchliche "Maß", erinnern und so Entwicklungen im katholischen Rahmen halten.[1] Was die CE betrifft, waren darüber hinaus von Anfang an Theologen und Priester - von der Hierarchie ermuntert - an vorderster Stelle innerhalb der Bewegung selbst engagiert. Als theologisch geschulte und kirchlich "geweihte" Charismatiker prägten sie den Kurs der Bewegung im Sinne der Gesamtkirche mit. Für den Bereich der Bundesrepublik Deutschland zeigt die selbstgegebene "Ordnung" der KCGE, wo man im Rahmen der Gesamtkirche und der Gesamtspiritualität seinen eigenen Ort sieht und wovon man sich abgrenzt. Die aus Laien und Klerikern zusammengesetzten Leitungsgremien und diözesanen Anlaufstellen der CE wirken als weiteres selbstauferlegtes kirchlich-moderierendes Regulativ.[2] Das hierarchisch-kirchliche und sakramentale "katholische" Vorzeichen vor der Klammer charismatischer Spiritualität und Bewegungen wird von den Leitern der Erneuerung nicht bestritten, ja, man zeigt sich sehr bemüht, extreme Positionen und separatistische Tendenzen theologisch und pastoral abzuwehren.

Was die *Integration des Charismatischen* angeht, tut sich die katholische Kirche offensichtlich leichter als die protestantische Tradition, die eher von der Struktur der Abgrenzung und der Exklusion als von der Integration geprägt ist. Man ist seit Jahrhunderten vertraut mit mystischen Phänomenen und hat das mirakulöse Moment in der Kirche nicht nur geduldet, sondern bewußt aufgenommen und gepflegt. Die im Unterschied zu den evangelischen Kirchen durchgehend positive Aufnahme der CE hängt u.a. mit diesem Tatbestand zusammen. Die Integration des Charismatischen, und speziell von Visionen und Offenbarungen, wird erleichtert durch die kirchenrechtliche Möglichkeit, theologische Aussagen in abgestufte Verbindlichkeitsgrade einzuteilen (vgl. Qualifikationen), bzw. durch die Unterscheidung von "öffentlicher" oder "privater" Gültigkeit von Offenbarungen. Was die pastorale Praxis angeht, können die Kirchenleitenden aus einem reichen Schatz der Erfahrung im Umgang mit Erneuerungsbewegungen schöpfen. Weil die Kirche als objektive göttliche Institution und größeres Ganzes vor allen Einzelbewegungen und die amtlich-sakramentale Heilsvermittlung unbestritten ist, kann man gelassener reagieren und sich im pastoralen Umgang flexibel und offen zeigen. Wie in anderen Zusammenhängen wendet man auch im Blick auf die CE das bewährte "Maß der Mitte" an, wodurch die Stellungnahmen von großer Ausgewogenheit und seelsorgerlicher Weisheit sind. Ihnen fehlt der emotionsgeladene, scharfe exkludierende Ton, wie er im Streit um die Einordnung und Beurteilung des Enthusiastisch-Charismatischen auf evangelischer Seite vielfach anzutreffen ist. Sollte es zu Konflikten zwischen einzelnen Gruppen bzw. der Bewegung als Ganzer mit der verfaßten Kirche kommen, wären die kirchlichen Zu-Ordnungen bzw. Vor-Ordnungen lehrmäßig und juridisch klar geregelt. Die *Unterscheidung der Geister* erfolgt vom Kirchengedanken her, dem die Schrift untergeordnet ist. Recht und Aufgabe der Unterscheidung steht vor allem den kirchenleitenden Verantwortlichen zu. Diesen nachgeordnet und zugeordnet haben dann auch Laienverantwortliche innerhalb der CE je für ihren Bereich Recht und Pflicht der Unterscheidung. Die Unterscheidung von Amt und Laien bleibt also grundsätzlich bestehen, wenn auch seit dem II. Vatikanum das Laienmoment gestärkt und mehr auf Christus bzw. den Heiligen Geist als die einen Quelle der Begabung und Beauftragung abgehoben wird. Eine Entgegensetzung bzw. Vorordnung des Charismatischen gegenüber dem Amtlichen, des Unmittelbaren gegenüber dem Vermittelten wird zurückgewiesen. Die CE wird nicht als fremdes Lehrkonzept verstanden, sondern als eine spezifische Ausprägung von "Spiritualität" neben möglichen anderen. Bei den Kriterien der "Unterscheidung der Geister" bilden die katholischen Propria (Kirche, Amt, Sakrament) als Fundamentalkategorien das entscheidende Vorzeichen vor der Klammer einer Reihe von seelsorgerlich- phänomenologischen Feinkategorien und Feinkriterien.

Bei jedem der drei in Kapitel B von uns aufgenommenen Theologen findet sich die Einbindung des Charismatischen in das Gesamtleben der Kirche und das Bemühen um Unterscheidung von den katholischen Propria her. Auch das Papier der KCGE, das die Spezifika der CE artikuliert, ist von den katholischen Grundvorgaben geprägt.

Karl Rahner hat sich in der Zeit vor dem II. Vatikanum mutig für eine neue Gewichtung des Charismatischen gegenüber Amt und Hierarchie eingesetzt und die Spannung der beiden Größen artikuliert. Die Betonung des Charismatischen und des notwendigen Antagonismus bedeutet aber keineswegs die Postulierung einer exklusiven Gegensätzlichkeit, wie sie im Protestantismus von manchen Theologen dezidiert vertreten wird. Bei allem Transzendieren der Grenzen ist Karl Rahners Kirchlichkeit an diesem Punkt nicht zu bestreiten, wie seine Rede vom "Charisma des Amtes" zeigt. Auf seine Vorarbeiten und die Bemühungen anderer Theologen wie Y. Congar und Kardinal Suenens geht die Kennzeichnung des Charismatischen als konstitutiv für das Leben der Kirche und seine Integration in die Ekklesiologie des II. Vatikanum zurück. Mit der Aufwertung des Charismatischen wurden auch die Ämter im Unterschied zu früheren mehr pyramidenhaften und klerikalen Beschreibungen nun stärker als "Dienst"-Ämter akzentuiert, wie auch die Bedeutung der Ortsgemeinde aufgewertet wurde. - Auch im Blick auf die Frage der Unterscheidung kann man von "moderierender Integration" enthusiastisch-charismatischer Phänomene sprechen. Durch die Unterscheidung von Kern- bzw. Primärgeschehen und seinen Wirkungen bzw. Objektivationen wird ein prüfend-differenzierendes Urteil möglich, das enthusiastisch-charismatisches Erleben nicht grundsätzlich ablehnt, aber doch kritisch sichtet und nichtakzeptable Elemente ausscheidet. Maßstab der Prüfung ist die unüberholbare Offenbarung in Christus, das, was als grundlegende Lehre der Kirche von allen zu glauben ist. Hiervon sind Privatoffenbarungen zu unterscheiden, die nicht als verbindlich und von jedermann zu glauben ausgegeben werden dürfen. Neben diesen lehrmäßigen Differenzierungen wendet Rahner auch psychologische Kategorien an und bezieht die klassischen Unterscheidungen der mystischen Theologie in seine Überlegungen mit ein.

Während Rahner ignatianisch spiritualisierend bzw. transzendierend ansetzt, geht *Hans Urs von Balthasar* die Fragen von Charisma und Unterscheidung offenbarungstheologisch-objektiv von einem trinitarisch-christozentrischen Ansatz aus an. Im Unterschied zu K. Rahner, bei dem sich auch kirchenkritische Töne finden, stärkt H.U.v. Balthasar Katholizität und Kirchlichkeit durchgehend. Auch er bindet das Charismatische kirchlich ein bzw. sieht es als das Je-Besondere aus dem Allgemein-Kirchlichen erwachsen. Von dieser Zuordnung bzw. Einbindung her kann er es dann auch stärker würdigen als es weithin in der Tradition geschehen ist. Enthusiasmuskritisch wirken insgesamt Balthasars enge Anbindung der Pneumatologie an die Christologie, wie auch - bei Anerkennung der berechtigten Differenzierung - die Betonung der Zusammengehörigkeit von Charis und Charisma bzw. Amt und Charisma sowie die Akzentuierung der Kreuzesgestalt und der Verhüllung Gottes in seiner Offenbarung. Im Blick auf die CE wendet Balthasar unter katholischem Vorzeichen schlicht die neutestamentlichen Kriterien der Einordnung und Beurteilung des Enthusiastisch-Charismatischen an, wobei er sich mehr auf die Grundlinien beschränkt und nur an einigen Stellen ins Detail geht.

Im Unterschied zu Rahner, dessen Veröffentlichungen noch aus der Zeit vor dem Aufkommen der CB/CE stammen, und zu Balthasar, der die CE von außen beurteilt, schreibt *Heribert Mühlen* aus innerster Kenntnis und eigenem Engagement in den frühen

Jahren der Bewegung. Während Balthasar johanneisch-christozentrisch ansetzt, kommt Mühlen stärker von einer heilsökonomisch-pneumatologischen Grundfigur her. Diese findet sich in seinen grundlegenden Arbeiten zur Pneumatologie und Ekklesiologie. Zunehmend bewegte ihn der geistesgeschichtliche epochale Umbruch, der Wandel der abendländisch-volkskirchlichen Gegebenheiten und die Frage nach adäquaten Antworten auf die Säkularisierung und Entkirchlichung. Mühlen sah und sieht "Evangelisation" bzw. "Neu-Evangelisierung" als grundlegend gebotene und vorrangige Aufgabe der Kirche. Die CE hat er als Chance der Erneuerung der Kirche, der Lebendigwerdung ihrer Glieder und der Einbeziehung aller in die gestellte Aufgabe gesehen. Spielte in den ersten Jahren das spezifisch Charismatische bei aller Beachtung der katholischen Rahmenbedingungen und Zuordnungen eine größere Rolle, entwickelte Mühlen zunehmend ein allgemeineres Pastoralmodell der Neu-Evangelisierung und kirchlichen Erneuerung, in dem die charismatischen Besonderheiten eher zurücktreten, ohne daß sie grundsätzlich aufgegeben wären. Ihm geht es nun konzeptionell und praktisch um die Umsetzung eines Kirchenmodells der "evangelisierenden Gemeinschaft", in dem Amt und Charisma, Sakrament und Evangelisation, wie auch das einheitsstiftende Petrusamt und die Bischöfe zusammenwirken. Von der Betonung des größeren Ganzen der Kirche und seinem Anliegen einer Gesamtpastoral her kam es zu Spannungen zwischen Mühlen und anderen Verantwortlichen der CE, die stärker das spezifisch-charismatische Profil im katholischen Kontext mit einer ökumenischen Weite akzentuieren wollten (vgl. das *Papier der KCGE "Der Geist macht lebendig"*). Trotz der Auseinanderentwicklung und der unterschiedlichen Betonungen gibt es aber bleibende Gemeinsamkeiten der "moderierenden Integration" des Enthusiastisch-Charismatischen. Dies zeigt etwa ein Vergleich der grundlegenden Zuordnungen von Charisma und Amt, Geisterfahrung und Sakrament in den von Mühlen angeregten Papieren, wie in der von der Deutschen Bischofskonferenz angenommenen Selbstdarstellung der CE, die insgesamt straffer gestaltet ist. Auch die Äußerungen zu Einzelerscheinungen des Charismatischen, wie das Verständnis der "UdG" und ihrer Kriterien, liegen nicht weit auseinander. Beide transponieren die Erfahrungen der Tradition auf die CE, markieren Gefahrenpunkte aus katholischer Sicht und geben seelsorgerliche "moderierende" Weisung. Mühlen kommt das Verdienst zu, die Frage der "UdG" über den pastoralen Aspekt hinaus auch grundsätzlich-systematisch bedacht zu haben.

Auch wenn evangelische Theologie die nicht mehr hinterfragbare Vorordnung der Kirche und das grundsätzliche Verwiesensein in der "UdG" auf das Lehramt und Bischofsamt so nicht teilen, das Zeugnis der Heiligen Schrift vorgeordnet betonen und zu Recht auch prophetisch-exkludierende Kategorien ins Spiel bringen wird, kann sie gleichwohl sehr viel von der systematischen Durchdringung des Feldes wie aus der pastoralen Weisheit des Umgangs mit enthusiastisch-charismatischer Frömmigkeit im römisch-katholischen Bereich lernen.

Kapitel C

Zwischen Ablehnung, moderierender Integration und programmatischer Forcierung

DER STREIT UM DIE LEGITIMITÄT, EINORDNUNG UND BEURTEILUNG DES
ENTHUSIASTISCH-CHARISMATISCHEN
IM EVANGELISCHEN BEREICH

0.1 Vorbemerkungen

Während es für den römisch-katholischen Bereich in der Frage der Einordnung und Beurteilung des Enthusiastisch-Charismatischen möglich war, einfach an den großen Theologen entlangzugehen, stößt man beim Versuch, für den evangelischen Bereich analog zu verfahren, auf gewisse Schwierigkeiten. Nicht daß dies grundsätzlich unmöglich wäre, aber die Äußerungen hier sind fast durchgängig fragmentarische Randbemerkungen, denen zuerst eine breitere Darstellung des systematischen Ansatzes und der Pneumatologie vorangestellt werden müßte. Von dort her wäre dann die Relevanz für die gegenwärtigen Fragen deutlich zu machen. Diese durchaus reizvolle Aufgabe einer Herausarbeitung der theologischen Fundamentalunterscheidungen ist im Rahmen dieser Arbeit angesichts des Umfangs des Werkes etwa von Karl Barth oder Paul Tillich und angesichts des Anliegens, die pastorale Dimension und gegenwärtige Vorgänge einzubeziehen, nicht zu leisten.

Eine Durchsicht der systematischen Entwürfe, der Lexika und anderer relevanter Veröffentlichungen zeigt, daß das ganze Feld von "Charisma und Unterscheidung", zumal in der gegenseitigen Bezogenheit der beiden Aspekte aufeinander, im evangelischen Bereich kaum beackert ist. Dies hat zum einen damit zu tun, daß von den Anfängen der Reformation her eine starke Sperre gegenüber unmittelbar-spiritualistischen Vorgängen bzw. eine dezidiert anti-enthusiastische Grundhaltung ausgeprägt ist. Aus der berechtigten Abwehr angemaßter Berufung auf den Heiligen Geist wurde weithin eine prinzipielle Infragestellung jeglicher Berufung auf ihn, ja teilweise eine Angst vor dem Geist. Das Charismatische war von der starken Betonung des Wortes und des geordneten öffentlichen Predigtamtes her keine bedeutsame Größe und erfuhr selbst in der praktischen Theologie kaum selbständige Behandlung.

Im Unterschied zum evangelischen Bereich zeigen sich die römisch-katholischen Theologen mit den Fragen von "Charisma und Unterscheidung" zumindest relativ vertraut, so daß es ohne größere Schwierigkeiten möglich ist, aus ihrem Werk zu grundsätzlichen systematischen Überlegungen ausgehend, zu Fragen der pastoralen Praxis in diesem Feld weiterzuschreiten. Offensichtlich tut sich der römisch-katholische Theologe im Umgang mit mystisch-charismatischer Frömmigkeit und außerordentlichen Phänomenen leichter. Dies hat zum einen mit den klaren kirchlich-sakramentalen Vor- und Zuordnungen, aber auch mit der traditionell größeren Wertschätzung des spirituellen Lebens, der Frömmigkeit im römisch-katholischen Bereich zu tun. Die Theologen - meist selbst Priester und Ordensleute - kennen geistliche Vollzüge aus eigener "praxis pietatis" und sind in der Regel vertraut mit den aus langer Erfahrung im Umgang gewonnenen Grunderkenntnissen der "mystischen" oder "aszetischen" Theologie, die Frömmigkeitsvorgänge auch grundsätzlich reflektiert.

Daß auf evangelischer Seite Überlegungen zu "Charisma und Unterscheidung" praktisch fehlen bzw. nur dürftige Auskünfte zu holen sind, die sich vielfach im Referieren des neutestamentlichen Befundes erschöpfen, hängt u.a. auch mit dem *Wegfall der "Aszetik"* in der evangelischen Tradition zusammen.

Die evangelische Theologie beschäftigte sich vorrangig unter rationalem Aspekt mit Grund und den Inhalten des Glaubens. Über die Dimension des "Frommseins", den personalen Aspekt der Gottes- und Weltbeziehung des Menschen, wurde wenig gearbeitet. Hierfür sind neben Faktoren der geistes- und theologiegeschichtlichen Entwicklung auch frühe Grundentscheidungen der Reformation verantwortlich.So hat die Kritik am Ordenswesen und CA Art. XXVII zu dessen Absterben im evangelischen Bereich und zu einer grundsätzlichen Infragestellung von Sondergestaltungen und Frömmigkeitsformen geführt. "Die Monoformität der congregatio als *Gemeinde*" setzte sich durch und ließ andere Formen der Gemeinschaft und Spiritualität, die bis dahin im Gegenüber und in ständiger Dialektik zur Großkirche eine eigene Individualität und Identität mit großer Breitenwirkung hatten, verschwinden.[1] Die bis dahin vorhandene Pluralität der Bildung und Vermittlung von Lehre und Leben (Lehramt, Konzil, Bischofsamt, Ordenstheologie, Fakultätstheologie) reduzierte sich. Mit der Problematisierung von Papst, Konzil und hierarchischem Bischofsamt fiel ein vergleichbares Leitungs- und Entscheidungsorgan. Mit den Orden verschwand auch die Ordenstheologie. Als einzige Träger der theologischen Belehrung und Tradition blieben im evangelischen Bereich die Fakultäten übrig und gewannen mit weitreichenden Folgen eine Monopolstellung.[2] War der altkirchliche Grundsatz, daß die lex credendi zugleich die lex orandi ist, in der stärker rationalen lateinischen Theologie schon nicht mehr durchgehalten worden, hatte gerade die Ordenstheologie die Einbettung theologischer Arbeit in das gemeinsame geistliche Leben bewahrt. Dieses methodische Element trat nun auch im evangelischen Bereich zurück. "Aus der gesunden Lehre, die im Kontext des konkreten geistlichen und geschichtlichen Lebens der Kirche steht, kann auf diese Weise der Heiligen Schrift fremde Begriff der 'reinen Lehre' werden. Aus der wechselseitigen Tragkraft und Begrenzung beider Elemente, von Lehre und geistlicher Erfahrung, wird eine zweiwertige Logik von richtig und falsch. Das in jener zirkulären Form enthaltene und bis zu einem gewissen Grad gelöste Problem von Theorie und Praxis entsteht in seiner vollen Schärfe".[3] Eine Folge dieser Entwicklung war die Akademisierung des ministerium ecclesiasticum.

Den Ausfall einer Tradition der "Aszetik" im Protestantismus beklagt u.a. M. Seitz, der sich für eine Wiedergewinnung dieser Dimension einsetzt. Mit "Aszetik" bezeichnete man im 17.Jh.die Einübung in christliche Frömmigkeit. G.Voetius etwa behandelte unter der Überschrift "Theologia ascetica" entlang der Trias "meditatio, tentatio, oratio" das geistliche Leben der christlichen Gemeinde. Nach dem 30-jährigen Krieg wurde "Aszetik" mehr und mehr auf den Pfarrerstand beschränkt verhandelt und ging dann in der aufblühenden Pastoraltheologie auf. Vor allem der Vorwurf der Unwissenschaftlichkeit im Kontext der Verschiebung des theologischen Interesses auf das Rationale und Ethische bedeutete ihr Ende. Es kam nicht zur Ausbildung einer eigenständigen theologischen Disziplin wie in der röm.-kath. Kirche. Seit dem Anfang des 19.Jhs. - zum letzten Mal wurde im Jahr 1820 an einer Theol. Fakultät "Aszetik" gelesen - fiel die Glaube, Frömmigkeit, Lehre und Kirche verbindende Betrachtungsweise aus bzw. man überließ sie erwecklichen Bewegungen, Gemeinschaften und Gruppen, denen das Rüstzeug zu gründlicher wissenschaftlicher Reflexion weithin fehlte. Meist standen sie in einem sehr distanzierten kritischen Verhältnis zur wissenschaftlichen Theologie überhaupt.[4]

In der evangelischen Theologie dieses Jahrhunderts hat erstmalig Rudolf Bohren für die Wiederaufnahme einer "Aszetik oder Lehre vom christlichen Leben" plädiert.[5] Inzwischen wurde u.a. auch auf Grund der Herausforderung durch die neue Religiosität und die Meditationswelle der Anstoß aufgegriffen. Eine Reihe von Veröffentlichungen nehmen sich des Anliegens der "Aszetik", der Verbindung von Theologie und Praxis, an und unternehmen erste Schritte zum Abbau des vorhandenen Defizits an Frömmigkeitsreflexion.[6] - Teilaspekte wurden in der Vergangenheit unter den Stichworten "Andacht", "Erbauung", "Erbauungsliteratur", "Frömmigkeit", "Gebet", "Meditation", "Mystik", "Nachfolge", u.a. verhandelt.

Inzwischen ist an die Stelle des Begriffs "Frömmigkeit" auch im deutschen Sprachraum weithin der Ausdruck *Spiritualität* getreten, der im französisch-katholischen und im internationalen ökumenischen Bereich schon länger gebräuchlich war ("spiritualité" bzw. "spiritua-

lity") und zum wissenschaftlichen Fachbegriff avancierte. Er meint eine spezifische Ausprägung von praxis pietatis im Rahmen eines theologischen Gesamtgefüges, die Korrespondenz
von religiösen Grundeinstellungen und -überzeugungen zum Lebensgottesdienst der
Christen.[7] - Konturen gewinnt dieses allgemeine "Hoffnungswort" (M. Seitz) jedoch erst durch
eine inhaltliche Näherbestimmung.[8]

Konnte auf römisch-katholischer Seite als maßgebliche Leitlinie des Umgang mit enthusiastisch-charismatischen Phänomenen und Bewegungen, zumal nach dem II. Vatikanum, die von uns so bezeichnete "moderierende Integration" ausgemacht werden, fallen die
Bewertungen im evangelischen Bereich weit auseinander und reichen von *radikaler, prinzipieller Ablehnung* über eine ebenfalls vorzufindende *"moderierende Integration"* bis zu einer
programmatischen Forcierung. Diese typisierenden Beschreibungen lassen sich an Einzelpersonen, Programmen und Bewegungen wie auch an bestimmten (Frei-)Kirchenkörpern
festmachen. Je nach dogmatischem Ansatz, ekklesiologischen und frömmigkeitsgeschichtlichen Grundentscheidungen und Entwicklungen (liturgisch, sakramental, spiritualistisch,
objektivistisch, subjektivistisch usw.) wird die Frage der Einordnung und Beurteilung
unterschiedlich beantwortet, oft in ein und derselben Kirche oder Gemeinschaft. Im
konreten Ringen um Klärung in der gegenwärtigen Situation sind neben theologischen und
pastoralen Verlautbarungen von verfaßten Kirchen auch Stellungnahmen und Äußerungen
von überdenominationellen Zusammenschlüssen, Bewegungen, Missionswerken und
Einzelveröffentlichungen von Identifikationspersonen von Bedeutung.
    Da die Vorgänge der Reformation bis heute nachwirken und auch in den gegen-
wärtigen Auseinandersetzungen eine Rolle spielen, sollen in einem vorangestellten Rekurs
auf M. Luther die Grundentscheidungen der Reformation aufgezeigt werden (C.0.2). Nach
einer Skizzierung der weiteren Geschichte der Behandlung der Fragen von "Charisma und
Unterscheidung" im evangelischen Bereich (C.0.3) folgen im Hauptteil C.1-3 vor einem
Kapitel zum konkreten Ringen in der Gegenwart zwei Kapitel unter stärker grundsätzlich-
systematischen Aspekt.

0.2   Rekurs auf die Anfänge: *Grundentscheidungen der Reformation*

Wie in den beiden Hauptteilen dieser Arbeit werden wir auch hier vom weiteren
Rahmen der Pneumatologie auf die speziellere Frage der Charismen und dann der "Unterscheidung der Geister" zugehen. Dies kann allerdings nur in groben Zügen geschehen und
bedürfte eigentlich einer eingehenderen Behandlung.

0.2.1   Akzente der Pneumatologie M. Luthers[9]

Christologische Orientierung

Der Heilige Geist nimmt in Luthers Denken eine zentrale Stellung ein, worauf bereits
der mehr äußere Tatbestand hinweist, daß Luther eine Reihe von Pfingstliedern, aber kein
Passionslied gedichtet hat. Gewicht und Bedeutung der Pneumatologie bei Luther wird
aber erst von seiner Christologie her deutlich, von der aus sie sich erschließt. Dem Heiligen
Geist kommt die fundamentale Aufgabe zu, den vom Menschen aus nicht zu überwinden-
den Abstand zwischen dem Christus incarnatus und uns zu überbrücken und das Heil
gegenwärtig zu machen. Hauptaufgabe des Geistes ist es, den Menschen zu Christus zu
bringen.

*"Ich gleube, das ich nicht aus eigener vernunfft noch krafft an Ihesum Christ meinen Herrn gleuben
odder zu yhm komen kan"* (WA 30 I,296 - Kl.Katechismus). - Gegen die Visionen und Auditionen

der Schwärmer wendet Luther ein, daß der Geist nicht von Christus weg, sondern gerade zu ihm hin führt. Er bringt nichts Neues über Christus hinaus. Das Wort ergreift das Herz und vermittelt lebendige Erfahrung von Christus. Wo Christus gepredigt wird, ist der Geist gegenwärtig: "*Denn wo man nicht von Christo predigt, da ist kein heiliger Geist, welcher die christliche Kirche machet, berüfet und zusammen bringet, außer welcher niemand zu dem Herrn Christo kommen kann*".[10]

Pneumatologie bedeutet bei Luther das Bekenntnis zur Alleinwirksamkeit Gottes und zur ausschließlichen Mittlerschaft Christi. Die Entsprechung zum solo Christo - solo verbo ist das sola per fidem auf seiten des Menschen. Dieser Glaube ist souveränes Wirken des Heiligen Geistes, Gabe Gottes, nicht ein Werk des Menschen. Im Geist wird das "extra me" über das Medium des Wortes zum "pro me". Mit der Rückbindung des Heilsempfangs an den Geist sichert Luther das "sola gratia". Auf diese Weise ist die Möglichkeit der Selbsterlösung abgewehrt und auch die Gewißheit des Heils begründet.

Das Heil ist nicht an menschliche Vorleistungen gebunden (keine *prima mortificatio carnis*) wie bei den Schwärmern. Auch Reue und Buße ist nicht Werk des Menschen. Ausgeschlossen ist der Weg menschlichen Emporstrebens zu Gott. In der Heilsfrage ist aus dem menschlichen Herzen und Geist keine Klarheit und Gewißheit zu begründen, auch der Schlüssel zur Schrift ist nicht dort zu finden. Licht in das Dunkel der menschlichen Heilssorge bringt allein die äußere Klarheit der Schrift, die sich selbst auslegt und in der mündlichen Predigt auf den Menschen zukommt. Der Weg zum Heil ist die Herabneigung Gottes zu dem Menschen. Es ist allein der Heilige Geist, der die Schrift öffnet und Glauben wirkt. Aus der Geistgewirktheit des Glaubens folgt die Gewißheit des Heils auf seiten des Menschen. - Im Unterschied hierzu betont das Tridentinum auf Grund seiner Lehre der "*cooperatio hominis cum Deo*" und der implizierten Unvollkommenheit des Menschen die Unmöglichkeit einer "*certitudo salutis*".

Wortbezogenheit

Das Wirken des Heiligen Geistes begreift Luther als Wortgeschehen und streitet gegen jede Trennung und Loslösung. Die Verbindung von Wort und Geist, die enge Anbindung des Geistes an das Wort folgt aus der christologischen Ausrichtung der Pneumatologie, denn das Geistwort ist das Evangelium, das Wort von Christus. Der Heilige Geist beruft "durchs Evangelion".[11]

"*Daß nun solcher Schatz nicht begraben bliebe, sondern angelegt und genossen würde, hat Gott das Wort ausgehen und verkünden lassen, darin den heiligen Geist geben, uns solchen Schatz und Erlösung heimzubringen und zueignen*".[12]

Betont stellt Luther heraus, daß Gott nicht unmittelbar am Menschen handelt, sondern durch äußere kreatürliche Mittel hindurch. Zwar unterscheidet auch er wie seine Gegner ein äußeres und inneres Wirken des Geistes, aber er verbindet beides zugleich aufs engste miteinander. Das äußere Wirken faßt er zusammen unter dem Stichwort Evangelium, womit er zunächst die *mündliche* Verkündigung meint.

Während bei Luther die viva vox evangelii für die Lehre von der Schrift eine wichtige Akzentuierung war und er das in der Schrift, was "Christum treibet" von anderem als zentral abhob, verschob sich die Betonung in der Dogmatisierung der Schriftlehre durch die Orthodoxie. Sie führte zu einer faktischen Gleichsetzung von Wort Gottes und Schrift bis in den Buchstaben hinein. In CA V und VII finden sich keine Ausführungen über die Verbalinspiration. Wohl als Gegenpol zum unfehlbaren Papst wurde sie in der Orthodoxie zu einem Hauptdogma entwickelt. Im Unterschied hierzu ist ein lebendiges Ineinander und Miteinander der verschiedenen Größen zu beachten: "Die drei durch die 'particula exclusiva' ('allein') ausgezeichneten Größen bestimmen sich wechselseitig: das 'sola scriptura' wird nicht nur interpretiert, sondern auch qualifiziert durch das mit dem personal verstandenen 'sola gratia' identische 'solus Christus'. Beide aber werden durch das 'sola fide' auf den Vollzug des Glaubens verwiesen, in dem der Heilige Geist Christus als die wirksame Wahrheit der Schrift vergegenwärtigt. Luther kennt also kein absolutes Schrift'Prinzip', sondern nur das Miteinander der drei 'Prinzipien': Christus - Schrift - Glaube. Innerhalb der Schrift wird ihm Christus, als Bringer von Gerechtigkeit und Leben, zum Sachkriterium (WA.DB 7,384,25f; WA 39 I,47, 19f). - Das Verständnis der von Christus regierten Schrift hängt ebensosehr an der scharfen Unterscheidung (und Zuordnung) von Gesetz und Evangelium wie an der strengen Bezogenheit (und Unterscheidung) von Wort und Geist: das Wort ist geisthaltig, der Geist wortgebunden (WA 48,316f)".[13] - (Calvin sprach dem in Wort der Schrift und der Predigt kommenden Geist mehr Selbständigkeit zu und stellte neben das äußere Zeugnis der Schrift das innere Zeugnis des Heiligen Geistes/"testimonium spritium sanctum internum"- Inst I,7,5).

Das inwendige Wirken beschreibt Luther als "illuminatio", die zur "praedicatio" hinzutritt. Der Geist öffnet dem Verstand die Botschaft der Schrift, läßt diese aus tötendem Buchstaben zur unmittelbaren gnädigen Anrede Gottes werden und in unser Innerstes eindringen, wobei aber die Vorordnung des äußeren Wortes unbedingt festzuhalten ist.[14]

"*Denn wider Du noch ich künnten immermehr etwas von Christo wissen noch an ihn gläuben und zum Herrn kriegen, wo es nicht durch die Predigt des Evangelii von dem heiligen Geist würde angetragen und in Bosam (= Busen) geschenkt*" (Gr.Katechismus).[15]
"*So nu Gott seyn heyliges Euangelion hat lassen ausgehen, handelt er mit uns auff zweyerlei weyse. Eyn mal eusserlich, das ander mal ynnerlich. Eusserlich handelt er mit uns durchs mündliche wort des Euangelij und durch leypliche Zeichen, als do ist Tauffe und Sacrament. Ynnerlich handelt er mit uns durch den heyligen geyst und glauben sampt andern gaben. Aber das alles der massen und der ordenung, das die eusserlichen stucke sollen und müssen vorgehen. Und die ynnerlichen hernach und durch die eusserlichen komen, also das ers beschlossen hat, keinem menschen die ynnerlichen stuck zu geben on durch die eusserlichen stucke; denn er will niemant den geyst noch glauben geben on das eusserliche wort und zeychen, so er dazu eyngesetzt hat*" (WA 18,136,9ff).
"Das äußere Wirken durch das von Menschen verkündete Wort des Evangeliums und die von Menschen vollzogene Sakramentshandlung dringt nur bis in die Ohren, bis in den Mund und Leib des Menschen, es bricht nicht hindurch in das Herz. '*Ich kann nit weiter kommen dann zu den Ohrn, ins Herz kann ich nit kommen, dieweil ich... den Glauben ins Herz nit gießen kann*' (WA 10 III,15,5ff). Der Heilige Geist allein dringt hindurch, er schafft im Glauben unser Herz neu, daß wir sein '*heimlich Einrunen: Dir sind vergeben deine Sunde!*' (WA 18,503,14) hören und bewahren"(A.Peters).[16] - Bei aller Betonung des äußeren Wortes setzt Luther es nie einfach mit dem Geist gleich, so daß er seine hoheitliche Freiheit einbüßen würde.[17]

Die göttliche Ordnung des Heils sieht Luther bei Karlstadt und den anderen Schwärmern genau auf den Kopf gestellt, mit der Konsequenz des Rückfalls aus dem Glauben in neue Gesetzlichkeit und Werkerei.[18] Weil sie damit das "sola gratia", die zentrale Entdeckung der Reformation, verlassen, kann Luther nicht anders als äußerst scharf gegen sie reagieren.

"*Wenn man sie aber fragt, wie kompt man denn zu dem selbigen hohen geyst hyneyn? So weysen sie dich nicht auffs eußerliche Euangelion sondern ynns schlauraffen land und sagen: steh ynn der lang weyle, wie ich gestanden byn, so wirstu es auch erfaren. Da wirt die hymlische stymme komen, und Gott selbst mit dir rede. Sihestu da den teuffel, den feynd göttlicher ordenung? wie er dyr mit den worten geyst, geyst, geyst das maul auff sperret und doch die weyl, beyde brücken, steg und weg, leytter und alles umbreyßt, dadurch der geyst zu dir kommen soll, nemlich die eußerlichen ordnung Gottes ynn der leyplichen tauffe zeychen und mündlichen wort Gottes und will dich leren, nicht wie der geyst zu dyr, sondern wie du zum geyst komen solt, Das du sollt lernen auff der wolcken faren und auff dem winde reytten, und sagen doch nicht, wie oder wenn, wo oder was, sondern solts erfaren selbst wie sie*" (Wider die himmlischen Propheten; WA 18,137,5).
"*Solchen Glauben zu erlangen, hat Gott das Predigtamt eingesetzt, Evangelium und Sakrament geben, dadurch er, als durch Mittel den heiligen Geist gibt, welcher den Glauben, wo und wenn er will,*

in denen, so das Evangelium hören, wirket... Und werden verdammt die Wiedertaufer und andere, so lehren, daß wir ohn das leiblich Wort des Evangelii den heiligen Geist durch eigene Bereitung, Gedanken und Werk erlangen" (CA V).[19]

"Summa: der Enthusiasmus sticket jnn Adam und seinen Kindern von anfang bis zu ende der welt, von dem alten Trachen jinn sie gestifftet und gegifftet, Und ist aller Ketzerey, auch des Bapstums und Mahomets ursprung, krafft und macht. Darumb sollen und müssen wir darauff beharren, das Gott nicht wil mit uns Menschen handeln, denn durch sein eusserlich wort und Sacrament. Alles aber was on solch wort und Sacrament vom Geist gerhümet wird, das ist der Teufel" (Schmalkaldische Artikel, 1536; WA 50,246,20-29).

"Und in diesen Stücken, so das mündlich, äußerlich Wort betreffen, ist fest darauf zu bleiben, daß Gott niemand seinen Geist oder Gnade gibt ohn durch oder mit dem vorgehend äußerlichen Wort, damit wir uns bewahren für den Enthusiasten, das ist Geistern, so sich rühmen, ohn und vor dem Wort den Geist zu haben, und darnach die Schrift oder mündlich Wort richten, deuten und dehnen ihres Gefallens, wie die Münzer tät und noch viel tun heutigs Tages, die zwischen dem Geist und Buchstaben scharfe Richter sein wollen und wissen nicht, was sie sagen oder setzen; denn das Papsttum auch eitel Enthusiasmus ist, darin der Papst rühmet, 'alle Rechte sind im Schrein seines Herzens' und, was er mit seiner Kirchen urteilt und heißt, das soll Geist und Recht sein, wenn's gleich über und wider die Schrift oder mündlich Wort ist. Das ist alles der Teufel und alte Schlange, der Adam und Eva auch zu Enthusiasten machte, vom äußerlichen Wort Gotts auf Geisterei und Dünkel führet und tät's doch auch durch andere äußerlich Wort, gleichwie auch unsere Enthusiasten das äußerliche Wort verdammen und doch sie selbs nicht schweigen, sondern die Welt voll plaudern und schreiben, gerade als künnte der Geist durch die Schrift oder mündlich Wort der Apostel nicht kommen. Aber durch ihre Schrift und Wort muß er kommen" (Schmalkaldische Artikel III,8).[20]

"Heiligung" als Inbegriff des Geisteswirkens

Sowohl das grundlegende Zu-Christus-Bringen als die daraus folgende Lebensveränderung kann Luther mit dem Stichwort "Heiligung" umschreiben. Dies ist bei ihm der Schlüsselbegriff des dritten Artikels. Das Werk des Heiligen Geistes ist "heilig machen".[21] Die Heiligung als Lebensveränderung erwächst aus der Rechtfertigung. Der Geist heiligt durch die tägliche Vergebung der Schuld.[22] Die Heiligung erwächst aus dem immer wieder neuen Hineinkriechen in die Taufe und "nimmt täglich zu". Sie entfaltet sich in dieser Rückbindung wachstümlich immer weiter, bis durch Sterben und Auferstehen hindurch der Mensch in der Vollendung gänzlich erneuert wird.[23] Konkret erfolgt sie unter dem Dekalog in den von Gott geordneten Berufen und Ständen. Heiligung meint bei Luther nicht privatistisch-individualistisches Heiligungsstreben, sondern ein Leben nach der göttlichen Liebe, in selbstvergessener Zuwendung zu den Nächsten und zur Welt. Sie ist auch nicht zu lösen von der kirchlichen Gemeinschaft, in der und aus der sie erwächst, in die der einzelne eingefügt ist.[24]

0.2.2 Grundlinien des Charismenverständnisses

Luther entwickelt *keine Theologie der Charismen oder des Gemeindeaufbaus* anhand von I Kor 12-14. "Die Wir-Gemeinschaft der Kirche mit ihrem charismatischen Dienen aneinander wird nicht eigenständig entfaltet; eine intensive Bemühung um den Katalog der Geistesgaben im ersten Korintherbrief (12,4-11) sucht man bei Luther vergebens".[25] Einzelaspekte greift er bei der Auslegung von Röm 12 und I Kor 12-14 in Predigten auf.

Gegenüber der römisch-katholischen Aufteilung von Klerikern und Laien stellt er von Soteriologie und Rechtfertigung her die Allgemeinheit und Gleichheit der Gottesgemeinschaft aller heraus. Auf Grund von Glaube und Taufe ist jeder Christ auch zum "Priester" geweiht und besteht eine prinzipielle Vollmachtsgleichheit zwischen Amtsträgern und Nichtamtsträgern.[26] Die klassischen Stellen hierfür sind I Petr 2,5.9; Apk 1,6;5,10;20,6. Daneben führt Luther des öfteren auch Joh 6,45 und I Kor 14, 27ff an, um zu zeigen, daß alle Glaubenden in gleicher Weise Anteil am Geist haben. Jeder Christ hat prinzipiell Recht und Pflicht der Wortverkündigung und des Beurteilens der Lehre, wie die Gemeinde das Recht der Vokation ins geistliche Amt hat. In der Praxis jedoch sind diese Grundsätze unter Berufung auf I Kor 14,40 vom Ordnungsgedanken her eingeschränkt.[27]

In seinen Predigten über I Kor 12 und die von Gott verliehenen Gaben betont Luther neben dem Einsatz *zur Ehre Gottes* und *zum Nutzen des Nächsten, Einheit und Zusammengehörigkeit* und vor allem, daß *man bei seinem Maß bleibe* und sich nicht fremde Gaben und Ämter anmaße. Nach dem Glauben sieht er im weltlichen Regiment keine größere Tugend und Weisheit, als sich zu bescheiden und in dem Zugewiesenen treu zu sein:[28] "*Nach dem Glauben (ist's) die größte Kunst, daß einer lernt, was sein Amt ist*".[29] - Müntzer und Karlstadt dagegen wurden durch ihren Dünkel und Mutwillen irregeleitet, daß sie nach Gaben griffen, die sie nicht hatten. "*So tun die Rotten: Was sie nicht können, das wollen sie tun, und hinwiederum: Was sie könnten (,tun sie nicht).... So wird ein zerrüttet Regiment in der Welt daraus*".[30]

Gerade gegenüber den umherziehenden täuferischen Wanderpredigern stellt Luther die ordentliche Berufung ins geistliche Amt heraus. Dieses gilt ihm in der vertrauten monarchischen Form als der Normaltypus. In der Folge entwickelte sich - wohl vom Beauftragungs- und Repräsentanzgedanken her gemildert - im Blick auf öffentliche geistliche Vollzüge ein *pfarramtliches* "Ausübungs*monopol*". Das allgemeine Priestertum, Recht und Praxis allgemeiner "charismatischer" Beteiligung, blieb *auf die Notsituation und den außerchristlichen Raum beschränkt.*[31]

"*Ein Pfarher kan ja rhümen, das er das Predigtamt... offentlich und mit recht jnne hat... Aber die frembde Schleicher... können solchs nicht rhümen und müssen bekennen, das sie frembde herkomen und jnn ein frembd ampt greiffen und fallen. Das kan nicht der heilige geist sein, sondern mus der leidige teuffel sein*" (WA 30 III,520,34ff). Kein Christ kann sich ein Amt selber anmaßen. Ein Amt empfängt man durch ordentliche Berufung. Dabei kann Luther durchaus *zwei Arten* der Berufung durch Gott unterscheiden: die *innere, unmittelbare,* wie sie den Propheten und Aposteln widerfuhr, und die *äußere, mittelbare* durch Menschen. Wo Gott seine geschichtlichen Ordnungen gelegentlich durchbricht, bestätigt er nach Luther aber solche Berufung durch Zeichen und Wunder, wenngleich hier auch Vorsicht nötig ist, da der Satan ebenfalls solche tun kann. Die äußere Berufung dagegen benötigt keine Zeichen. Sie zu übernehmen gebietet die Liebe. Wer von Menschen in ein Amt gerufen wird, ist von Gott selbst berufen, da ja dieser Liebe gebietet. Die Grundregel, daß niemand predigen darf ohne ordentliche Berufung, bezieht Luther ausdrücklich auf den *Bereich der christlichen Gemeinde.* - *Außerhalb* der christlichen Gemeinde, unter Nichtchristen in der Missionssituation soll man dagegen nicht auf eine Berufung warten, sondern predigen ohne äußere Berufung, wie die Apostel (WA 11,412,15; 16,35,6). Gleiches gilt auch für den Notfall, daß eine Schar Christen offensichtlich keinen rechten Lehrer hat (WA 11,412,35; 414,7;12,189,25). Die ordentliche Berufung ist aber der Normalfall. Sie ist nicht nur um der Ordnung der Kirche willen wichtig, sondern gerade auch für den Prediger selbst in den Anfechtungen seines Amtes. Luther hat sich dessen oft getröstet, daß er sich das Amt nicht selbst gesucht hatte: "*Das ist nu mein Beweisung, nicht daß ich durch ein Gesicht Gottes berufen sei zum Predigtamt, sondern daß ich dazu gezwungen werd durch andere Leut, und muß es um anderer Leut willen tun. Also hab ich die Beweisung des Geists der Liebe, die nicht das Ihre sucht, sondern fleißt sich anderer Leute nutz. Ich hab nichts davon denn Unruh, ich wollt lieber daheim bleiben in meinem Stüblein, aber ich bin es schuldig und verpflichtet aus dem Geist der Liebe*" (WA 20,222,35).[32] In der Schrift "*Daß eyn Christliche versamlung odder gemeyne recht und macht habe, alle lere tzu urteylen und lerer tzu beruffen, eyn- und abtzusetzen, Grund und ursach aus der schrifft*", 1523 (WA 11,408-416) führt Luther u.a. Schriftstellen wie Joh 10, 27.5.8 ("meine Schafe kennen meine Stimme"); Mt 7,15 ("Hütet euch vor den falschen Propheten"); I Thess 5,21 ("Prüfet alles, das Gute behaltet") an. Die Gemeinde hat nicht nur das Recht der Prüfung, sondern ist auf Grund ihres Taufversprechens bei ihrer Seligkeit hierzu auch verpflichtet. Ein

Christ hat das Recht und die Macht, auch unter Christen unbeauftragt von Menschen aufzutreten und zu lehren, wenn er sieht, daß der Lehrende sich irrt, nur soll es gesittet und zucht-
voll zugehen. Hierfür beruft sich Luther auf I Kor 14,30f.39, wobei er Weissagen mit Lehren
identifiziert (WA 11,413,1ff).

Neustrukturierung der sieben Geistesgaben (Jes 11,2f)

Wenn Luther im Kleinen Katechismus davon spricht, daß der Heilige Geist beruft
und "mit seinen Gaben erleuchtet",[33] bezieht er sich auf die fundamentalen Heilswirkungen
des Geistes und denkt an die sieben Geistesgaben von Jes 11,2f, wie sie in der kirchlichen
Tradition überliefert wurden.[34] Er gestaltet sie um und entwirft auf dem Hintergrund des
Dekalogs jeweils neue Kataloge, wobei er mit den Gaben allgemein das breite Spektrum
eines geistdurchwalteten Christenlebens umschreibt[35] und damit die ethische Dimension
einbezieht. Als Gaben des Geistes kann Luther dessen erneuerndes und umgestaltendes
Wirken, die Geistesfrüchte, bezeichnen. Er unterscheidet demnach nicht scharf zwischen
den Früchten des Geistes und "charismatischen" Gaben des Geistes. Spricht er allgemein
von den Gaben, meint Luther häufig Einzelaspekte der fundamentalen Heilsgabe, aber auch
die verändernden Wirkungen der Erlösung, die der Geist vermittelt. Die Erneuerung durch
den Heiligen Geist zeigt sich vor allem in der Befähigung, die Gebote Gottes aus freien
Stücken und willigem Herzen zu erfüllen.[36]

Wie die Heiligung bleiben bei Luther auch "charismatische" Gaben, wo er von solchen
handelt, als partiale Wirkungen streng rückgebunden an die vollkommene Wirkung der
Rechtfertigung.

"Totalaspekt" der Rechtfertigungsgnade - "Partialaspekt" der Heiligungsgaben

Die ethische Dimension kommt in Luthers Unterscheidung von *Gnade* und *Gabe*
(gratia und donum) in der Vorrede zum Römerbrief (1522) zum Tragen.[37] Gnade ist die
gnädige, rechtfertigende Totalzuwendung Gottes zum Menschen um Jesu Christi willen.
Die Geistesgaben sind partielle Wirkungen des Geistes im Leben des Christen, die auf eine
eschatologische Vollendung in Christus hin immer mehr zunehmen. Sie treten an die Stelle
der Werke des Fleisches. Da sich aber in diesem Leben der Geist nie vollkommen gegen
das Fleisch durchsetzt, haftet den Gaben immer etwas Relatives an, so daß Luther sich
ihnen auch nur relativ widmet.[38] Sein Hauptinteresse gilt der Gnade als Zeit und Ewigkeit
umgreifender Ganzrechtfertigung. *Luther ordnet die unteilbare Heilsgnade dem mannigfaltigen
partiellen Charismen unumkehrbar vor und über.*[39] Mit der fundamentalen Rückbindung an die
Rechtfertigung und der Unterscheidung von Rechtfertigung und Heiligung setzt Luther
gegenüber der katholischen Tradition, die mit Thomas von Aquin "heiligmachende" und
"frei geschenkte" Gnade unterscheidet,[40] einen anderen Schwerpunkt. Wo er von den Gaben
als Geschenken spricht, stellt er die Dankbarkeit des Beschenkten und den Einsatz zur Ehre
Gottes und zum Wohl des Nächsten heraus.

Charismen in der christlichen Gemeinde - Charismen im weltlichen Regiment

Die speziellen Charismen von I Kor 12 in der Gemeinde sieht Luther fast auf gleicher
Ebene mit den Geistesgaben im weltlichen Regiment. Von diesen unterscheiden sie sich
lediglich darin, daß sie auf die öffentliche Verkündigung des Evangeliums und damit auf
das Heilswerk des Geistes bezogen sind. Mit den Gaben im weltlichen Regiment haben sie
gemein, daß sie ihren Träger nicht aus dem eschatologischen Gericht reißen können.[41] Die

scharfe Unterscheidung zwischen der allein rettenden *Charis* Gottes und den *Charismata* des Geistes gilt auch für den weltlichen Bereich.

"Charis" und "Charisma" - "Rettender Glaube" und "wunderwirkender Glaube"

Das Verhältnis von "Charis" und "Charisma" und deren unterschiedliche Gewichtung bei Luther läßt sich deutlich machen an seinen Ausführungen über den "rettenden Glauben" und den "Wunderglauben" im Zusammenhang seines exegetischen Bemühens um I Kor 13,2; 12,9.[42] Der in diesen Versen erwähnte wunderwirkende Glaube, der sich nach außen kundtut, findet sich nach Luther auch bei Ketzern und Gottlosen, wie überhaupt alle in I Kor 12 erwähnten Geistesgaben. Es ist ihm keine Frage, daß etwa Bileam mit seinem Prophezeien und Segnen Wunder getan hat.

Die Spannung von Mk 9,39 und Mt 7,22 (einerseits positive Erwähnung von fremden Wundertätern, andererseits ewiges Verlorensein) deutet Luther so, daß *ursprünglich ein echtes, durch Liebe geprägtes Glaubensverhältnis* gegeben war, aus dem die Wundertaten erwuchsen. Von diesem sind die Betreffenden aber *im Lauf der Zeit abgefallen*, haben die Liebe verlassen und sind *eigenmächtig und vermessen* geworden. Der begeisterten Annahme des Evangeliums folgte kein Beharren im Glauben. Das ursprüngliche Hangen am Wort schlägt um in religiöse Eigenmächtigkeit (*praesumptio fidei*). So versteht Luther auch die korinthische Situation. Beispiele für diesen Vorgang des Abweichens vom Ursprung sind für Luther *Bileam, Saul, Ananias und Saphira, Müntzer*. Alle haben im rechten Glauben angefangen und Gutes gewirkt, sind dann aber andere geworden. Man rühmt sich noch des Glaubens, obwohl man ihn nicht mehr hat. *Die verliehene Wundergabe, das donum fidei, kann trotz des verlorenen Glaubens (fides) weiter wirksam bleiben.*[43]

Auch in Disputationen kehren diese Gesichtspunkte wieder.[44] Alle Stellen bei Paulus, Jakobus und Johannes, die von bloßem Glauben zur Liebe rufen, gelten nach Luther solchen, die sich ihres Glaubens und ihrer Geistesgaben rühmten, dabei aber selbstsüchtig, lieblos und stolz waren.[45] Wie I Kor 13,2 zeigt, haben sie einen "Glauben", mit dem sie Wunder tun können, aber er ist falsch, leer, eingebildet, "tot", weil er nicht an Christus hängt und in der Liebe tätig ist. Daß ein solcher toter Glaube lebendige Werke hervorbringen kann, hängt nach Luther mit der *öffentlichen Wirksamkeit des Amtes* - im kirchlichen wie im politischen Bereich - zusammen. Gott verleiht mit dem öffentlichen Amt wegen und zugunsten dieses Amtes im Dienst an anderen die Vollmacht, große Werke und Wunder zu tun. Nicht ihnen als Person, sondern *ihnen als Amtsträgern wird diese Vollmacht verliehen.* Luther unterscheidet hier antidonatistisch zwischen Person und Amt, analog zur Sakramentsverwaltung und zum Kirchenregiment durch Gottlose.

Die Unterscheidung zwischen dem Heilsglauben an Christi fremde Gerechtigkeit und dem Wunder wirkenden Glauben findet sich auch in den Disputationen. *Wer Wunder wirkt, kann im Blick auf sein Heil ungläubig sein und deshalb verlorengehen.* Dabei können die Wundertaten gleichwohl durch die Kraft des Heiligen Geistes (*per virtutem Spiritus sancti*) geschehen. Luther sieht den Geist Gottes nicht nur Glauben schaffend im Raum der Kirche am Werk, sondern auch im profanen Bereich in den großen Werken der Weltgeschichte. *Der Heilige Geist und seine Gaben können verliehen werden und dasein auch ohne Christusglauben und Liebe.*[46] Gaben des Geistes finden sich auch bei den Heiden.[47]

Auch die "*Heiden und Gottlosen...[haben] jre Propheten, Apostel und Theologos oder Prediger zum weltlichen regiment*" (WA 51,243f) - "*Denn Gott ist ein milder, reicher herr, der wirfft gros Gold, Silber, Reichtum, Herrschaften, Königreiche unter die Gottlosen, als were es sprew oder sand. Also wirfft er auch unter sie hohe vernunfft, weisheit, sprachen, Redekunst, das seine lieben Christen lauter kinder, narren und bettler gegen sie anzusehen sind*" (WA 51, 242,15-19).

Die *fides*, der Glaube an Christus, und das *donum* des Wunder wirkenden Glaubens habe je eine deutlich verschiedene Bedeutung. Die Gaben, Ämter und Wirkungen von I Kor 12,4-6 dienen nach I Kor 12,7 dem "gemeinen Nutzen", werden von Gott zum Besten der Kirche und der Völker gebraucht.[48] Im Unterschied zu dem um des Amtes verliehenen Wunderglauben tritt der rettende Christusglaube zunächst gar nicht öffentlich in Erscheinung. Er bezieht sich auf die Rechtfertigung vor Gott, auf das eigene Heil.[49] Während der Wunderglaube *primär aktiv* ist, ist es der Heilsglaube *erst sekundär*. Die Wunder, die dieser in der Liebe tätig werdende Heilsglaube dann ausrichtet, stehen den Zeichen des Wunderglaubens in nichts nach, befähigt er doch zu Dingen, die der Wunderglaube nicht vermag: Er überwindet die Sünden der Lieblosigkeit und triumphiert im Gehorsam gegen die Gerechtigkeit über Sünde, Welt und Teufel. Gott und den Nächsten gern und ohne Lohn beständig zu lieben, das heißt in der Tat, Tote auferwecken.[50] Gegenüber diesem in der Liebe tätigen Glauben sind nach Luther die Charismen also nicht überzubewerten. Die *Heiligung des Lebens* ist *den Charismen vorgeordnet.*

Grundtendenz: Restriktion auf das Heilsnotwendige und Gottes ordentliche Offenbarungsmittel

In Luthers Behandlung außerordentlicher charismatischer Erscheinungen stößt man ständig auf die Grundfigur der *Restriktion auf Fundamentales und Heilsnotwendiges*, sowie die *Verweisung auf die ordentlichen Wege Gottes, ohne daß die Möglichkeit des Extraordinären grundsätzlich ausgeschlossen wird*. Betonung und Hauptinteresse liegt aber unzweifelhaft auf dem Fundamentalen und den ordentlichen Offenbarungsmitteln. Diese können nicht fehlen, während *der Bereich des Außerordentlichen der Möglichkeit des Irrtums*, der Irreführung und damit *der Zweideutigkeit unterliegt*. Damit ist die Frage der Gewißheit des Heils getroffen, und Luther kann nicht anders als zurückhaltend reagieren und auf das grundlegende Schriftwort insistieren. *Das Außerordentliche darf nicht das Grundlegende in Frage stellen oder aufheben, eher ist darauf zu verzichten*. Existenzberechtigung hat es nur, sofern es *"dem Glauben gemäß"*, und das heißt bei Luther christus-, evangeliums- und schriftgemäß, ist.[51]

Trotz großer Zurückhaltung kein grundsätzliches Nein zur *Möglichkeit* besonderer Offenbarungen

Ein klares Nein spricht Luther gegenüber der Fülle der Traum- und Spezialoffenbarungen der mittelalterlichen Frömmigkeit. In diesen treten die Erscheinungen des Herrn immer mehr hinter Heiligen- und Marienvisionen und "colloquia maiestatis" (vertraute Gespräche mit der heiligen Majestät des Vaters) zurück. - Im Verlauf seiner reformatorischen Entwicklung wendet sich Luther auch entschieden von mystischen Offenbarungserlebnissen ab,[52] am radikalsten von der Einungsmystik des Dionysius Areopagita. Das Aufsteigenwollen noch über den Gottessohn, den Geist, ja selbst noch den Vater hinaus ins eine Gottwesen bewertet er als satanische Irreführung, die zu Vermessenheit oder Verzweiflung führt.[53]

Luther war mit der *spätmittelalterlichen Mystik* vertraut und hat starke Eindrücke von dort empfangen. Seine reformatorische Erkenntnis bedeutete eine entschiedene Abwendung bzw. eine kritische Sichtung und Umdeutung beibehaltener Elemente von der Rechtfertigungslehre her. Bei Bernhard von Clairveaux, Bonaventura und Johannes Gerson unterschied er zwischen richtigen und abzulehnenden Elementen. Positiv wertet er lediglich Tauler, aber eigentlich weniger als Mystiker denn als Kreuzestheologen. Durch die strenge Ausrichtung am Evangelium wandelt Luther die *unio mystica* in eine *communio fidei*. In Abgrenzung zu den Kontrahenten auf dem "linken Flügel" arbeitet er die Leibhaftigkeit der Christusgemeinschaft heraus und bindet die persönliche Frömmigkeit an die kirchliche Verkündigung und die Sakramente.

Offen ist, ob Luther selbst mystische Einungserfahrungen hatte. Gegen dies und für mißlungene Versuche könnten folgende Äußerungen angeführt werden: "*Bonaventura, den ich hierüber las, hätte mich schier toll gemacht*" (TR Nr.644; WA.TR I,302f). Oder: "*Ich bin auch auf derselben Treppen gewesen, ich hab aber ein Bein drüber zerbrochen*" (WA 23,732,8). - Für mystische Erfahrungen, die er aber vom Kreuz Christi her dann als satanische Verführungen beurteilen mußte, sprächen: "*Ego semel raptus fui in tertium celum*" (WA 11,117,35). - "*Si vero Parvulum hunc, natum de virgine ex oculis seposueris et speculationes de divinitate intelligenda interim sectatus fueris, nunquam Deum cognosces. Crede hic mihi. Nam fui et ego in ista schola, ubi putavi me sse inter choros Angelorum, cum tamen inter Diabolos potius sim versatus*" (WA 40 III,657,32).

"*Wenn sie mit dem Kopf durch den Himmel bohren und sehen sich in dem Himmel um, da finden sie niemand; denn Christus liegt in der Krippe und ins Weibes Schoße; so stürzen sie wieder herunter und brechen den Hals... Hebe unten an und nicht oben... in Christo sehe ich, was Gott in seinem heimlichen Willen (mit mir vor) hat*" (WA 9,406,17).

Gegen Dionysius wendet Luther vor allem ein: "*Christum, den Gekreuzigten lernst du da nicht*". Die hohen "Visionen und Offenbarungen" des Dionysius beurteilt er als Suggestionen und Illusionen des Teufels, der die Sinne mit süßen und seligen Gefühlen täuscht (WA 43,72). Wer diesen verfällt, betet in Wahrheit sein eigenes Phantasiegebilde als Gott an. Folgt er in Vermessenheit dieser Täuschung und meint, "*vor Freude trunken, auf diese Weise schon in Gottes Schoß zu sitzen*", ist ihm schwer zu helfen. Das Satanische dieser Art Mystik ist nämlich, "*qui ita fascinat sensus hominum, ut talia mendacia pro certissima veritate amplectantur*" (WA 39 I,390,7).

Wie bei Dionysius wertet Luther auch schneidend scharf die Offenbarungen Birgittas von Schweden als "*reine Illusionen Satans*" (WA 43,667, 30).

Mit äußerster Schärfe wendet sich Luther weiter gegen die Totenerscheinungen und die daraus hervorgegangene Fegefeuerlehre und die Praxis der Seelenmessen. Diese Erscheinungen wertet er als massiven Teufelsspuk.[54]

"*Da sprich nein dazu, (und sage:) sie haben die Evangelisten und Apostel, laß sie dieselben hören. Wenn sie sich beklagen, (die Apostel) seien verstummt, dann ist das ihr eigener Schade. Die Poltergeister sind nicht Gottes Geist, sondern der lebendige Teufel. Ein Christ kann in seinem Leben nicht sagen: ich traue auf mein Fasten und andre Werke. Viel weniger kann er es nach seinem Tode sagen... Die Poltergeister haben die Stiftungen angerichtet, indem sie (solche) Werke gefordert haben, die doch des Teufels sind... Wenn ein Poltergeist spricht: hilf mir mit deinen Messen Wallfahrten, so soll man antworten: wenns deine Messe täte, so wäre mein Christus, meine Taufe und Absolution gar nichts, ach du liebes Seelchen, jetzt leugnest du, daß Christus für mich gestorben ist, den du doch zuvor bekannt hast, du bist gar kein Seelchen, sondern der leidige Teufel...*".[55]

Auch wenn sich Luther von den reformatorischen Grunderkenntnissen her und um dieser willen sich hier ganz scharf abgrenzt, bestreitet er gleichwohl nicht die grundsätzliche Möglichkeit besonderer Offenbarungen. Zwar tut er es nur zögernd und eher widerwillig, aber er gesteht als Ausnahme doch ein Vorkommen echter, unmittelbarer Gottesoffenbarungen, Traumgesichte und Geistesleitungen zu.[56] Ein Urteil über die echten Erscheinungen traut er sich aber erst im Nachhinein auf Grund ihrer Auswirkungen zu.

"*Pater dat somnia, filius interpretatur, Spiritus sanctus exequitur. Haec ego appello vera et Prophetica somnia, quae non fallunt. Sed de his non sumo mihi iudicium, nisi a posteriori...*" (WA 44,249,27-36).

Luther konnte etwa eine Vision von Nikolaus von der Flüe aufgreifen und sie als Kritik auf das Papsttum ausdeuten ("Ein Gesichte Bruder Clausen in der Schweiz und seine Deutunge", 1528; WA 26,130-136; vgl. auch "Vorrede zu Commentarius in Apokalypsin ante Centum annos aeditus, 1528; WA 26,123f).

Mitteilungen durch Träume

In der Genesisauslegung von 1535-1545 bietet Luther längere Ausführungen über die verschiedenen Arten von Träumen und gesteht zu, daß es auch solche gibt, die vom Heiligen Geist gewirkt sind. Trotzdem bleibt er aufs Ganze gesehen sehr zurückhaltend und eher skeptisch.

Luther kennt *drei Arten* von Träumen:[57] 1) solche, die *göttlich* sind und prophetische Qualität haben; 2) solche, die *physisch-psychische*, natürliche Ursachen haben; 3) solche, die *falsch und lügenhaft* und vom Satan gewirkt sind.

"*Primus vero et praecipuus graduus somniorum est divinum quoddam genus prophetiae, de quibus inquit Ioel... Alterum est Diabolicum. Tertium physicum, de quo medici disputant, et inde colligunt qualis sit constitutio sanguinis aut totius corporis, ideo non quaeritur quid significent vel moraliter, vel theologice...*" (WA 44,388,38-389,8) (vgl. auch 247,17-248,34).

"*Somnia inde fiunt: Animus humanus kan nit rugen, so ist Satan auch beym schlaffenden menschen, sed es sind Engel auch dabey. Der Teuffel kan mich so engsten, das mir der schweys im schlaff ausgeht. Ego nec somnia nec signa curo. Ich habs verbum, da las ich mir an gnugen. Non vellem venire ad me Angelum; ich glaubt im doch nit izt, sed es mocht die zeit kommen in sonderlichen sachen, das ichs betet. Somnia autem et signa alias non dico valere nec curo, quia wir haben schon in scriptura, was wir haben sollen*" (WA.TR I,232,30-37).

"*Oravi Deum, ut non det mihi somnia, quae sunt valde dubia et fallacia, deinde neque ostendat signa sive Angelos, quia ich kan irer nicht gewarten, neque etiam opus eorum habeo, quandoquidem Deus dedit mihi verbum suum, quod nunc habeo; huic ego andhaerebo et credam*" (WA.TR I,382,10-14).

Auch wenn nicht alle Träume zu verachten seien, hat Luther trotzdem keine Lust zu solchen und mahnt zur Prüfung.[58] Er drängt darauf, daß man vorher die Schrift studiere und wirklich verstehen lerne, weil daraus alle Träume, Gesichte und Weissagungen, gute und böse Engel leicht beurteilt werden können. Als Beispiel für einen göttlichen Traum erwähnt er den Monikas mit seiner starken Wirkung auf Augustinus.[59] Zu erkennen sind göttliche Träume daran, daß sie wirklich eintreffen und, im Unterschied zur Verdunkelung der Wahrheit und zerstörerischen Wirkung bei satanischen Träumen, zur Seligkeit und Erlösung wirken, dem Menschengeschlecht nützlich und heilsam sind. Eine *Beurteilung* ist "*ab effectu*", am Ausgang und an den Wirkungen im Nachhinein möglich.[60] Bewirkt der Heilige Geist Träume, gibt er zugleich auch ihre Deutung und bringt sie zur Erfüllung.[61]

"*Gott hat alle Lehren, Träume und Gesichte verboten, aber die er gibt, hat er sich vorbehalten. Drum glaub den Träumen d.h. deinen Träumen nicht, sondern seinem Wort, seinen Gesichten und Träumen. Der Teufel kann die allerschönsten Träume machen, daß auch ein Christ verführt wird; er kann einen christlichen Traum machen, der sicher aussieht und ist doch etwas andres, ist viel mehr ein Wunsch, und ist kein Glaube dabei*" (Predigt vom 5.1.1528).[62]

"*Etsi igitur non sunt contemnendi Prophetae et somniantes, si prophetiae et somnia sunt analoga verbo Dei et fidei, tamen hoc maxime urgendum est, ut prius discatur Moses et Prophetae, hoc est, ut ante omnia habeamus purum verbum et verum eius intellectum. Ex eo poterimus interpraetari omnes visiones, omnia somnia et prophetias, quin etiam Angelos bonos et malos iudicare*" (WA 44,251,36-41).

Abstinenz für seine eigene Person

Weil sie aber nur schwer von satanischen Verführungen zu unterscheiden sind, wünscht Luther keine Sonderoffenbarungen für sich selbst. In der Genesisvorlesung spricht er davon, daß er wie Augustinus mit Gott einen Pakt geschlossen und ihn mehrfach gebeten habe, ihm keine Träume, Visionen oder Engelbotschaften zu senden. Jesus Christus, sein Wort und Sakrament seien ihm genug. Über diese sicheren Zeichen hinaus bedürfe es keiner Offenbarungen mehr bis ans Ende der Welt. Das Wort sei im Unterschied zu Träumen etc. unfehlbar und ein sicherer Schirm. Seine abstinente Haltung möchte Luther aber als persönliche Entscheidung gewertet wissen und Gleiches nicht anderen vorschreiben.[63]

"Quia non sum idoneus ad habenda aut interpraetanda somnia, neque eam facultatem aut scientiam mihi expeto, et pactum feci cum Domino Deo meo, ne vel visiones vel somnia, vel etiam Angelos mihi mittat. Contentus enim sum hoc dono, quod habeo scripturam sanctam, quae abunde docet et suppeditat omnia, quae sunt necessaria cum ad hanc, tum ad futuram vitam. Huic credo et acquiesco, ac certus sum, me non posse falli" (WA 44,246,9-15).

"Igitur in verbum et cor fidele non penetrat acies lucis Diabolicae, et eam ob causam ego magis delector verbo et fide, quam somno. Et oravi Dominum, ne mihi daret somnia qui sunt fallacia. Verbum autem es certum umbraculum et caligo, quam non possunt intueri Spiritus maligni, quantumlibet sublimes" (WA 44,251,32-36).

"Saepe autem dixit me ab initio causae mea semper rogasse Dominum, ne mihi vel somnia, vel visiones, vel angelos mitteret. Multi enim fanatici spiritus me adorti sunt, quorum alius somnia, alius visiones, alius revelationes iactabat, quibus nitebantur me erudire. Sed respondi me non expetere eiusmodi revelationes, et si quae offerentur, me iis non habiturum fidem. Idque ardentibus votis precatus sum, ut daret mihi Deus certum sensum et intellectum scripturae sanctae. Si enim verbum habeo scio me recta via ingredi, nec facile falli aut errare posse" (WA 44,387,19-26).

"Ego igitur non curo Angelos, et soleo Deum quotidie precari, ne quenquam ad me mittat, quacunque de causa... Verum in rebus spiritualibus non requiramus Angelos, Quia promissio Dei abunde in Christo exhibita et patefacta est. Reliquit is mihi verbum, quo me erudio et confirmo..." (WA 43,226,17ff).[64]

Zurückdrängen des Unmittelbaren

Das unmittelbare Element sucht er insgesamt aber auch in der Schriftauslegung zurückzudrängen. So deutet er etwa die Berufung Abrahams in seinen Anmerkungen zur Genesis als mittelbar geschehen, vielleicht durch den Urvater Sem. Diese Deutung steht in Zusammenhang mit Ausführungen darüber, daß Gott zu uns auch durch uns zu- und vorgeordnete Menschen redet.[65] Als allgemeine Leitlinie gilt, daß Gott heute nicht mehr in außerordentlicher Weise ohne Mittel reden möchte. Auch wenn er dies hier und da in Freiheit tut, sollen wir uns an sein ordentliches Wirken halten. Luther verweist auf das Sprichwort: *"Was über uns ist, geht uns nichts an!"*

"Manet igitur regula, de qua supra etiam dixi, quod Deus non amplius vult agere secundum extraordinariam... sed per creaturas suas... Si qua autem nonnunquam fiunt extra ministerium vel Angelorum, vel hominum: Ibi recte dixeris: Quae supra nos: nihil ad nos..." (WA 43,71,7ff).

Partikulare Relevanz für Innerweltliches

Nicht nur im Blick auf sich selbst, auch im Blick auf die Kirche stuft er Gewicht und Bedeutung außerordentlicher Phänomene zurück. Relevanz haben sie nur für Innerweltliches. Sie haben partikulare Bedeutung und betreffen nicht die Gesamtkirche. Wenn Gott ihn im Traum oder Schlaf anreden möchte oder *in zeitlichen Dingen* ihm Zeichen und Warnungen schicken würde, ließe Luther dies gelten. Im Blick auf die *ewigen Dinge* aber sind ihm Sonderoffenbarungen verdächtig.

"Quod si Deus vult me alloqui in somnio, et monere de rebus temporalibus, sicut monebat Magos redituros ad Herodem. Bene. Sed ad vitam aeternam nulla alia revelatione mihi opus est, nullam igitur cupio: Et si offerretur, suspecta mihi esset ob Satanae insidias, qui se in Angelum lucis transformare solet. Abunde enim se mihi Deus ostendit in Baptismo et ministerio" (WA 42,668,1-6; s. auch 13-18).

"Magnum autem donum est, quod divina misericordia hanc lucem verbi nobis iterum accendit, ut

sciamus, ubi quaerendus et vere inveniendus Deus, non Romae, non in Hispaniis ultimis, sed in baptismo, in Euangelii voce, in usu clavium, imo quoque apud quemlibet fratrem, qu mecum confitetur et credit in filium Dei. Hae sunt Epiphaniae, seu apparitiones omnibus Christianis communes. Ac in ista particulari apparitione, quam Moses hoc in loco describit, nihil est augustius et maius, quam quod Deus cum Abraha loquitur, tanquam cum familiarissimo amico" (668,32-39).

"*In dem, was zum Heil und Leben dienen soll, wollen wir keinen anderen Geist hören, auch wenns der Engel Gabriel wäre. Ich kanns wohl leiden, wenn ein Prophet von äußeren Dingen spricht, z.b. wie es Rom und dem Türken ergehen wird. Aber (wenn die Poltergeister fordern, daß) ich nach Rom gehen oder so und so viel Messen lesen sollte, das ist nicht auf weltliche Sachen gerichtet, sondern führt die Menschen vom Hauptartikel, der da heißt Christus, und führt sie auf die Werke [...] Der Heilige Geist kann wohl weissagen, das laß ich gelten, aber keine solche Offenbarung wird uns etwas vom Frommwerden sagen gegen (den Hauptartikel von der Rechtfertigung). Die heilige Agathe erschien der Lucia, wenns wahr ist. Solche Erscheinung und dgl. laß ich gelten, denn sie tun dem Artikel (von der Rechtfertigung) keinen Schaden. Aber die Erscheinungen, die rechtfertigende Werke fordern, mit denen man den Seelen helfen soll, die sind der Teufel und verleugnen Christus... Darum bleibe beim Wort Gottes und glaube im Artikel des Glaubens keinem Geist und keiner Erscheinung noch Offenbarung. Ja, wenn einer spräche: morgen wirds Regen geben, - das wollte ich noch leiden. Aber wenn einer spricht: so und so mußt du tun, dann soll er mir erst ein Wunderzeichen bringen, denn Christus wills nicht haben. Was Lehre und Leben angeht, so haben Mose und die Propheten genug davon geschrieben. Wenn der Herr noch etwas darüber hinaus offenbaren will, so will ichs nicht strafen, nur daß ich meinen Trost nicht darauf setze. Es hat mancherlei Weissagungen gegeben, die gesagt haben: so und so wirds gehen. Hab ichs nicht geglaubt, so hab ich doch nicht geirrt, denn es ist kein Artikel des Glaubens. Aber wenn mich einer lehrt, wie ich hier und dort glauben und lieben soll, da gilt kein Scherz. Und wenn ein solcher auch in der Gestalt Gabriels oder Gottes käme, so will ich die Augen schließen und sprechen: troll dich Teufel, denn wir haben Paulus und die Evangelien, die genugsam lehren, wie man leben soll; Gott wird mir kein Besondres machen, sondern es beim allgemeinen Evangelium, bei Tauf und Sakrament bleiben lassen"* (WA 34 I,534,3-537,14). [66]

Kampf und Kreuz als Kennzeichen göttlicher Verheißungen

Als Kennzeichen teuflischer Pseudoverheißungen nennt Luther, daß sie: mit Lust eingehen und angenommen werden; die Leute sicher und frech machen, so daß sie Gottes Zorn und Gericht nicht fürchten; mit der Vernunft zusammenstimmen, so daß sie von dieser leicht und ohne Zweifel angenommen werden. Dagegen bringen göttliche Verheißungen Kampf mit sich, weil die menschliche Vernunft und der natürliche Sinn sie für unmöglich erachten. Göttliche Verheißungen weisen sofort auf das Kreuz und verheißen erst danach Segen. Die Vernunft ärgert sich an ihnen, denn sie verachtet das Unsichtbare und in weiter Ferne Liegende als Nichts und verabscheut das Kreuz und flieht es wie ein Unglück, das kein Ende hat.[67]

Unterordnung unter die ordentlichen Offenbarungsmittel

Luther ordnet das ganze Feld besonderer Erscheinungen den grundlegenden Gottesstiftungen Evangeliumsverkündigung, Taufe, Abendmahl, Schlüsselamt und den Grundordnungen Gottes im weltlichen Regiment unter. Das Reden Gottes und seine wirkliche Zuwendung ist darin genauso wirklich und freundlich und vor allem täglich zugänglich wie in den besonderen Erfahrungen etwa Abrahams. Im Vergleich mit uns war diesem weit weniger gegeben.[68]

"*Habemus sermonem Dei, Eucharistiam, Baptismusm, decaloguum, coniugum, policitas ordinationes et oeconomiam: His acquiescamus, et exercamus nos usque in finum mundi"* (WA 43,226,29).
"*Imo si in manu mea res esset, non vellem Deum mihi loqui de coelo, aut apparere mihi. Hoc autem vellem, et tendunt huc quotidianae meae preces, ut in digno honore habeam et vere aestemem donum baptismi, quo sum baptisatus, quod video et audio fratres, qui habent gratiam et donum spiritus sancti,*

qui consolari, erigere verbo possunt, exhortari, monere, docere. Quam enim tu optas meliorem et utiliorem Dei apparitionem?" (WA 42,666,31-37).

"Ich sage: Petrus, Maria, bleibt droben im Himmel, in Sachen der Seligkeit und der Erlösung von Sünden und Tod will ich deine Offenbarungen nicht. Und wenns alle Engel wären, so will ich keine Offenbarung von ihnen, sondern spreche: es ist erlogen, denn ich habe meine Offenbarungen und Erscheinung schon, ich sehe Gottes Hand und Mund und habe seine leibliche Speise, indem er mir Leib und Blut gibt. Das Wort und das Gießen der Taufe ist meine Erscheinung. Desgleichen erscheint er mir durch das Wort des Lehrers, der Eltern und des Predigers. Desgleichen im Wort der Absolution: dir sind deine Sünden vergeben. Darum bedarf ich keines Mose noch Elias noch Paulus noch Gabriels, denn wenn sie auch am herrlichsten erscheinen, so dienen sie doch auch nur dazu! Ich habe aber den Herrn selber, der mit mir spricht. Ist das, was er selber eingesetzt hat, nicht genug? Dem heiligen Martin erschien der Teufel in Gestalt Christi und sprach: dein Gebet ist erhört, vertraue mir! Er hat bald eines Engels Gestalt angenommen, wie aus Matthäus zu ersehen ist. (Er sprach zu Martinus:) meinst du, du sähest einen Engel, (warum zögerst du, mir zu glauben, da du mich doch siehst?) Aber was tat Martinus? Martinus erschrak, weil er Gottes Namen (vernahm). Aber er sprach: nein, Christus hat nichts davon gesagt, daß er mit einer Königskrone wiederkommen werde, (sondern in der Gestalt des Kreuzes). Und schwipp, (weg war das Gesicht)" (Predigt vom 20.1.1538 - WA 46,148,3-12; 149,23-150,11).[69]

Die Notwendigkeit der Prüfung

Unumgänglich geboten ist eine *sorgfältige Prüfung* außerordentlicher Phänomene nach der *Analogie des Glaubens* und dem *Grundsinn der Schrift*.[70] Sie dürfen nicht einfach geglaubt und angenommen werden. Sind sie nicht "dem Glauben gemäß", sprechen sie gegen das geoffenbarte Wort, soll der Christ sie abweisen.[71] Propheten sind abzulehnen, selbst wenn sie Zeichen und Wunder tun (Dtn 13,1ff).[72] Ganz derb kann Luther sagen: "Du sollst auf das Wort hören; die Geisterei spei an und sag: Du bist der Teufel!"[73]

In "De servo arbitrio" legt Luther dar, daß die Prüfung der Geister nach I Thess 5,19 *von der Schrift her im Kontext der Kirche* zu erfolgen hat: *"Scriptura iudice omnes spiritus in facie Ecclesiae esse probandos".*[74] Das "in facie Ecclesiae" schließt auch die Norm der altkirchlichen Symbole mit ein. Weiter impliziert dies, daß die Schrift zunächst von der Kirche her zu hören und nicht vorschnell auf persönliche Erfahrungen zu lenken ist. Als drittes objektives Element nennt Luther seit den Reformschriften von 1520 die "Duces et praecones verbi", *das Predigtamt.* In der Auseinandersetzung mit den "Schleichern und Winkelpredigern" betont er den öffentlichen Befehl und Beruf, da sonst die Auflösung der Kirche droht.[75]

Zwar hat nach I Kor 2,15 jeder Christ die Fähigkeit, das Recht und die Pflicht in Glaubensdingen zu urteilen, was allerdings nach Luther zunächst nur für ihn privat gilt. Die öffentliche Scheidung und Unterscheidung der Geister zum Schutz und Besten der Gemeinde dagegen obliegt den "duces" und "praecones verbi" qua Amt. Nur wenn sie ihrem Auftrag nicht nachkommen, und nachdem er sie mehrfach gemahnt hat, ist der einzelne Christ berechtigt und verpflichtet, einzugreifen. Von daher verweist Luther die "Winkelprediger" immer wieder auf das öffentliche Predigtamt.

Prüfungsinstanzen

Luther kennt demnach ein *abgestuftes Ineinander* von mehreren Prüfungsinstanzen: *Schrift - Bekenntnisse - Dienstamt.* Grundlegend ist die Orientierung am Christuszeugnis der Schrift, das in den daraus abgeleiteten Bekenntnissen zusammengefaßt ist und durch berufene und ordinierte Diener über Verkündigung, Lehre und Sakramentsspendung zu den Menschen kommt. Diese strenge Rückbindung hat bei Luther das positive Ziel, das innere Zeugnis des Heiligen Geistes und die eschatologische Glaubensgewißheit zu sichern.

Bestätigung durch Wunderzeichen

Neben den genannten Größen bringt Luther ein weiteres äußeres Kriterium in Anschlag, für das er sich auf Dtn. 18 beruft: die Bestätigung jedes neuen Propheten durch
Zeichen und Wunder.[76] Danach fragt er alle, die bei ihm erscheinen und sich auf unmittelbare Offenbarungen berufen, und rät auch anderen, beim Erscheinen solcher Personen die
gleiche Frage zu stellen.

Die neue Lehre darf weder die alte umstoßen noch ihr in irgendeiner Weise wider-
streiten. Sie kann lediglich vertiefen oder erweitern. Selbst dann aber bedarf sie der Bestätigung durch Wunderzeichen.[77] Aber auch mit begleitenden Wunderzeichen ist die neue
Lehre nach der *analogia fidei* zu prüfen und zu wägen.

"Hic omnia regit analogiam fidei, wen sichs zum worth und glauben reymen. Nam sathan eciam potest
scripturas, visiones et somnia erigere, sed non sunt secundum analogiam fidei" (WA 29,376,12ff).

Luther sieht zwei Gründe warum Gott falsche Propheten auftreten und Rotten entste-
hen läßt: 1) *"auff das er die seinen versuche"* bzw. *"auff das die, so versucht und probiert sind, deste*
mehr herlicher werden" und 2) *"die andern undanckbarn und verachtern des worts gestrafft*
werden".[78]

Nur im Fall sorgfältiger Prüfung wird Gott in seiner Treue nicht zulassen, daß die
falschen Propheten Wunder tun. Überprüfen wir aber ihre Lehre nicht vor dem Angesicht
Christi, läßt Gott dies nach Luther zu Recht zu, so daß wir betrogen werden und zugrunde
gehen.[79]

0.2.3 Zum Verständnis einiger Einzelcharismen[80]

Luther bietet keine systematische Behandlung der Charismata, aber in seinen Predigten und Schriften finden sich vielerlei verstreute Anmerkungen zu Einzelaspekten.
Unser Interesse gilt vor allem den Fragen des Wunderwirkens, der Heilung, der Prophetie
und der Zungenrede.

Wundertaten

Was Zeichen und Wunder angeht, finden sich bei Luther je nach Zusammenhang
unterschiedliche Akzentuierungen: von der Aussage, daß sie *nicht mehr nötig* sind, da wir jetzt
gewissere Zeichen haben; von *Warnungen* vor einem Achten auf Wunder und der Gefährdung durch *Verquickung mit falscher Lehre*; bis hin zur *Ermutigung zum Glauben* und sehr
weitgehenden Aussagen, daß auch in der Gegenwart *jeder Christ*, wo es nötig ist und
besonders in der Missionssituation, *Wunder tun kann*. Eine Position der Verneinung der
Möglichkeit von Zeichen und Wundern für die Gegenwart ist von Luther her nicht zu
begründen, wohl aber eine relativierende Einschätzung von der heilsgeschichtlichen Sondersituation des Anfangs bzw. vom Fundamentalwunder der Erlösung und den zentralen
Dingen des Heils und der Heilsvermittlung ausgehend.

Am häufigsten und grundlegend ist die Bewertung von Zeichen und Wundern als
sinnenfällige Manifestationen, die besonders bei Jesus und in der Apostelzeit *zur Bekräftigung*
des Evangeliums gegeben wurden. Sie kennzeichnen den heilsgeschichtlichen Neuanfang
und sind von vorübergehender Bedeutung. Nachdem sie ihren Zweck der Mithilfe bei der
Etablierung der Kirche erfüllt haben und nachdem die Heilige Schrift, die Ämter und die
Taufe im Schwange sind, *treten sie hinter das Bezeugte zurück*. Sie sind nicht mehr nötig.
Nach Luthers Sicht wurde der Heilige Geist einmal an Pfingsten mit seinen Gaben, Zungen-

reden, Teufelaustreiben, Krankenheilen etc. den Aposteln "*sichtiglich*" gegeben, um den Anbruch der neuen Heilsepoche anzuzeigen. "Nu aber bis zum end der welt gibt er den heiligen geist und die gaben *heimlich und unsichtiglich* seinen Christen".[81] In der jetzigen Weltzeit
hat sich der Heilige Geist gänzlich der göttlichen Majestät entäußert und ficht nun mit Wort
und Sakrament gegen den Satan, damit der Glaube Raum hat.[82]

Luther unterscheidet analog den oben skizzierten Kategorien des "Partial"- und
"Total"-Aspekts zwischen *leiblichen und geistlichen Wundern*, zwischen *zeitlichen und ewigen
Wirkungen*. Größer als leibliche Wunder, die selten geschehen, ist, z.B. daß ein Mensch
Glauben faßt.[83] Leibliche Wunder tut Gott mit dem Ziel, daß unser Glaube gestärkt werde,
aber er tut sie nicht ständig. Mirakel sind im Vergleich mit dem Glauben und dem Evan-
gelium, den eigentlichen Wundern aus Gottes Sicht, wie Blei gegen Gold.

*"Es ist ein großer Unterschied unter den Wundern. Das allergrößte Wunder ist das, was Christus
für ein Wunder hält. Die Menschen haltens für ein Wunder, wenn ein Blinder das Gesicht erhält. Und
das sind auch Wunder, ja große Wunder. Aber das andre ist für höher zu achten, denn die Seele ist
immer mehr als der Leib. Es gibt also zweierlei Wunder. Und bei den zweien ists geblieben in der heiligen
Christenheit; denn Christus hat nie aufgehört, Wunder zu tun. - Leibliche Wunder tut er selten und
eigentlich nur bei seinen Lebzeiten. Was ist's, daß er drei Schock oder auch dreihundert Lahme heilt.
Das sind nicht viele. Diese Wunder sind nur geschehen, damit die christliche Kirche recht eingesetzt
würde und bis die heilige Schrift und die Taufe im Schwang waren. So hat Gott immer getan, wenn er
eine neue Lehre hat aufbringen und eine alte hat unterstoßen wollen: da ist's mit Wundern zugegangen.
So hat er getan, als er das Volk Israel aus Ägypten führte und den Pharao untergehen ließ. Aber als sie
ins Land Kanaan gekommen waren, da hörte es auf mit dem wunderbaren Manna und sie mußten vom
Korn des Landes leben. Denn die Wunderzeichen waren doch nur dazu gesetzt, daß er das Volk ins
Land brächte. Da dies geschehen war, hörten sie auf. Drum geschehen leibliche Wunder nicht allezeit
sondern selten. Und er tut sie nur unsertwegen, damit dadurch unser Glaube gestärkt werde. Als die
Taufe in der Christenheit eingewurzelt war und schon fast alle Fürsten und Herren den christlichen
Namen führten, da hörten die Wunder auf. Vordem als Jupiter und Diana und dergleichen die
Weltregierten, da schneite es Wunderzeichen. Wenn heut solche Wunder geschähen, dann wär's ein
Anfechtung. Es wäre soviel, als wenn einer sagen wollte: ich zweifle, ob die Taufe und die Lehre des
Evangeliums recht ist"* (WA 41,19,6-20,11; Predigt vom 27.1.1535).[84]

*"Nu folgt: Die Zeichen aber, die da folgen werden denen, die da glauben sind die. Damit hat der
Herr angezeigt: weil er eine neue Lehre ausgehen lassen wollte, gab er ein Zeichen vom Himmel, damit
man sein Wort als das seine erkenne. Denn es ist ein groß Übel, wenn etwas gepredigt wird, das Gott
nicht verheißen hat. Darum, wenn diese Wunder folgen, soll es das Zeichen sein, daß es seine Lehre ist.
Gleichermaßen tat Gott auch, als er Mose das Gesetz predigen ließ: er führte sie aus Ägypten durchs
Rote Meer. Das tat er, um das Gesetz zu bestätigen, damit man wüßte, daß es seine Lehre ist. Wenn du
das Evangelium liest, wie gewaltige Wunder hat er getan! Und hernach geschahen noch größere,
dazumal schneite und regnete es Wunder. Das meint der Herr, wenn er hier mit Zeichen bestätigen
will. Es wäre freilich genug am Glauben allein, aber er tuts, damit wir gewiß wären. Auch falsche
Propheten geben Zeichen und Wunder, wie 5.Mose 13,1f geschrieben steht: wenn ein Prophet oder
Träumer unter euch wird aufstehen und gibt dir ein Zeichen oder Wunder und das Zeichen oder
Wunder kommt, davon er gesagt hat,... sollst du nicht gehorchen. Es ist wahr und sind einfältige
Worte, die der falsche Prophet sprich. Aber darüber geht: wenn ein Prophet oder Träumer..., so sollst du
nicht gehorchen. Es gibt also zweierlei Zeichen. Kommt eine neue Lehre, so muß man auf Zeichen
warten, die bleiben dann auch nicht aus. Wo aber die Lehre nicht neu wird, da kommen auch Zeichen.
Die wollen gegen die Lehre sein. Von solchen laß dich nicht bewegen! Da gilt 5.Mose 13,2: wenn ein
Prophet dir ein Zeichen gibt und spricht: laßt uns anderen Göttern folgen, die ihr nicht kennet, und
ihnen dienen, so sollst du nicht gehorchen. Solche Zeichen sind durch die frühere Lehre verdammt. Da
soll man nicht glauben, und wenn es Zeichen regnete, wie II Thess 2,9 geschrieben steht von lügen-
haften Kräften und Zeichen und Wundern. Dergleichen Wunder sind die Wunder der Geister, die da
kamen und Messen erbaten oder Wallfahrten. Hier wird auf Werke gebaut, gegen die Lehre,
die zuvor durch Zeichen bestätigt ist. Dergleichen Zeichen sind die Zeichen Bennos [der heiligge-
sprochene Bischof Benno von Meißen, gest. um 1100]. Die hat der Teufel getan oder (sonst) ein
Gott, um die Leute zu verführen, daß die Heiligen für uns beten sollen. Das heißt: wir werden nicht*

durch Glauben selig, sondern auch durch Werke. Auch wenn Benno Wunder täte, so glaube ihm nicht. Ja, wenns eine neue Lehre wäre. Aber (weil es sich nicht um eine neue Lehre handelt), so sehe ich deine Wunder nicht an. Denn der Herr wird nicht gegen sich selber predigen. Als das Gesetz gegeben ward, da geschahen Zeichen. Aber als das Evangelium kam, durch das das Gesetz abgetan ist, da waren auch jene Wunder abgetan. Sie sagen uns: warum geschehen heut keine Wunder, wo doch auch eine neue Lehre vorhanden ist? Aber unsere Lehre ist in der ganzen Welt bekannt, sie könnens auch nicht leugnen. Wir predigen, was die Apostel bestätigt haben. Sie müssen selber sagen, daß es wahrhaftig das ist, was im Evangelium steht; nur von ihnen selber ist noch kein Dekret darüber vorhanden. Wenn diese Lehre an einem Ort verkündigt würde, wo man noch nie von Christus gehört noch seinen Namen genannt hat, dann würden gewiß auch die Zeichen folgen; denn sein Wort ist wahr. Auch wir selber könnten (Wunder tun), wenn der wahre Glaube vorhanden wäre. Denn der Glaube ist gegen die Wunder wie Gold gegenBlei. Gott sieht vielmehr den Glauben und das Evangelium an als die Wunder" (WA 15,550-554; Predigt zum Himmelfahrtstag 5. Mai 1524).[85]

Gegenwärtige Zeichen sind abzuweisen und als Teufelswerk zu verwerfen, wenn sie zur Stützung evangeliumswidriger Lehre dienen. Die apostolische Lehre, die ein für allemal von Gott mit Zeichen bestätigt wurde, steht über gegenwärtigen Vorgängen und richtet diese. Wunder sind für Luther also kein sicherer Indikator für die Gegenwart des Geistes.[86] Wenn sie nicht mit dem Wort zusammengehen, sind sie eher ein Zeichen für das Gegenteil. Die vielerlei von Mönchen und von Wallfahrtsorten berichteten Mirakel bewertet Luther in den allermeisten Fällen als teuflisches Blendwerk und Zauberei. Dabei macht sich Luther keine Illusionen über die faszinierende Wirkung dieser von Gott wegen der Verwerfung der gesunden Lehre zugelassenen Verführung auf die Menschen.

"Hüt dich aber! Gott läßt auch falsche Zeichen geschehen, wie unterm Papsttum. Solche Wunder kamen dann aus des Teufels List und machten, daß man vom Glauben ist auf die Werk gefallen. Drum versucht uns Gott. Der Teufel tut heut noch Wunder. So soll man einer neuen Lehre nicht glauben, sie sei denn durch Wunder bestätigt. Wenn aber die Zeichen mit dem Glauben und mit der alten Lehre nicht übereinkommen, (dann gelten sie nichts). Wenn einer wider die alte Lehre neue errichten wollte, so soll man ihm nicht glauben, auch wenn er Tote erwecken könnte. So ist die Lehre vom Fegfeuer gegen die Lehre und Predigt des Engels hier, desgleichen jene Lehre, daß man durch Werke selig werde. Es sind auch bei Wallfahrten Zeichen geschehen, daß z.B. Blinde das Gesicht wieder erhielten. Aber weil solches gegen die gesunde Lehre ist, soll man ihnen nicht glauben" (WA 27,511,3-13; Predigt vom 26.12.1528).[87]
"Darum hab ich nie ein Zeichen für unsre Lehre begehrt, weil ich gewiß bin, daß nichts damit geholfen wäre und doch alles von diesem verlorenen Heuchlergeschlecht dem Teufel und seinen Engeln zugeschrieben würde. Ich lasse mir daran genügen, daß sie doch durch die Macht der Wahrheit und das eigene Gewissen überführt sind und sich selbst verdammen müssen" (WA 38,601,35-602,20).[88]
"Denn gleichwie man der Schrift Lehre hören soll, wenn sie auch Herodes sagt und eitel Mord daneben tut, also soll man wiederum Menschenlehre nicht hören, wenn sie gleich St.Peter Paul oder ein Engel sagt und wenns gleich eitel Wunderzeichen dazu schüttet und schloßt..." (WA 10/1,604, 5-605,11; Predigt über Mt 2,1).[89]
"Das ist das zweite Stück, daß wir die Heiligen nicht um ihres Lebens und um ihrer Werke willen sollen ansehen, sondern um ihres Amts willen. Die zwei sind aufs tiefste zu scheiden: Werk und Wort, Leben und Lehre. Wenn ich jemand lobe um der Lehre willen, so kann ich ihn nicht höher loben. Ist das Wort nicht dabei, so sind alle Wunder nichts. Denn das Wort ist Gottes Gewalt und alles miteinander" (WA 17 I,284f; Predigt vom 24.6.1525).[90]
"Darumb habe ich gesagt, das der heilige Geist selbs mus da sein mit seiner offenbarung, das man das wort Christi und seine weissagung halte und darnach richte von allen Leren und zeichen, leben und thun, Das, so es wider diese Heubtlere und Artickel von Christo (davon Christus sagt, das der heilige Geist sol jn verkleren) gehet, sol mans nicht achten noch annemen, ob es gleich teglich schneiet mit wunderzeichen, Denn was wider diese Lere ist, das ist gewis erlogen und vom Teuffel auffbracht, die seelen zu verfüren. Wiltu wunder und zeichen sehen und treffen, so suche sie hie, Denn diese Lere ist ja mit wundern vom Himel herabe und allerley rechten, Göttlichen, warhafftigen zeichen bestetigt und nicht mit wenigern bis her wider den Teuffel und seine Lügen zeichen erhalten, Darumb laßt uns

bleiben bey dieser offenbarung oder verkündigung des heiligen Geists... Diese weissagung ist uns gewisser denn alle zeichen und wunder" (WA 46,65,13-29).

"Sieh nur die Mönche und Pfaffen an, gegen ihre Wunder sind die der Apostel nichts. Man muß nur ihre Bücher lesen, wo die Wunder aller Orden zusammengetragen sind. Da haben sie so viel Teufel ausgetrieben und Leute gesund gemacht und gehn an Zeichen weit über die Christenheit und Apostel hinaus. Als ich jung war, hab ich's selber gesehen unweit von Eisleben, wo Cyriak gnädig war. Da hat man Besessene hingeschickt und waren Mönche da. Zumal einer war da, ein Hurenjäger und Unflat und nichts Gutes an ihm. Der zauberte mit dem Teufel und legte ihnen den Finger ins Maul. Gewißlich hat er den Teufel ausgetrieben. Und das ist oftmals geschehen. Und dazu die andern Wunder, etwa vom Heiligen Blut" (WA 37,500,28-501,3; Predigt vom 26.7.1534 in Dessau).[91]

"Aus dem sihestu, das nicht zu wundern ist, ob zu weilen durch Gottlose zeichen geschehen, und der Teuffel die Leute damit betöret, Wie er bis her bey den Walfarten im namen der Marie und der verstorbenen Heiligen, Item mit erscheinung und poltern der todten, die welt betrogen hat, Denn hie hörestu, das Gott also die Leute versuchet, sonderlich zu diesen letzten zeiten davon gesagt ist, das der Teufel sol durch den Endchrist jnn der Christenheit gewaltiglich regieren, Denn es ist jm gar ein schlechte kunst zeichen und wunder thun (wenn im Gott raum lesset), wie wol es warhafftig nicht wunderwerck, sondern betrug ist, Denn er kan der leute augen und synne also gefangen nemen und bezeubern, das sie darauff schweren müssen, es seien rechte zeichen" (WA 46,64,1-10).

"Aber wo widerumb solt verfürung und finsternis angehen durch Gottes zorn und verhengnis... und der Teuffel durch einen falschen heiligen anfienge zeichen zu thun und etwo einen krancken gesund machet, Da soltestu wol sehen, wie der Pobel mit grosser gewalt würde zu fallen, das kein predigen noch wehren dawider helffen würde, Ja lieber (würden sie sagen, wie sie bis her mit den todten heiligen gethan), Sage, was du wilt, Ich habe dennoch gesehen und erfaren, das diesem also geholffen ist, der sich dahin gelobet oder den Prediger angenommen hat" (WA 46,64,37-65,8).

Gegenüber der Kraft Gottes und den beständigen Wundern der Erhaltung von Kirche, Wort und Sakrament, entgegen allen Versuchen des Teufels, sie auszurotten, und gegenüber dem fundamentalen Vorgang des Zum-Glauben-Kommens von Menschen, kann Luther auffällige Wunderzeichen als schwach, irdisch und gering, ja geradezu als *"kindisch"* bezeichnen.

"Es sind aber solche noch eitel geringe und fast kindische Wunderzeichen gegen den recht hohen Wundern, so Christus on unterlas in der Christenheit wircket durch seine Göttliche, allmechtige krafft, davon er offt anderswo sagt, Nemlich, das die selbige auff Erden verteidigt und erhalten wird, und noch etwo Gottes Wort und Glauben, ja noch ein Christen bleibt auff Erden wider den Teuffel und alle seine Engeln... Und kan dennoch ein einzeler Christen mit seiner Predigt und Gebet einer gantzen Stad und Land helffen und erhalten, Das der Teufel nicht kan wehren, er mus viel Leut (on seinen danck) lassen zur Tauffe komen, das Euangelium hören und leren, ja auch umb des wille beide, Haushaltung und Regiment bleiben lassen. Das heisset recht den Teufel ausgetrieben, Schlangen verjagt und mit newen Zungen gered fur die gleubigen und Christen, Denn jene sichtbare werck sind allein Zeichen (spricht S.Paulus 1.Korinth.14) fur die unverstendigen, ungleubigen Hauffen und umb dere willen so man noch erzu bringen mus, Wir aber, die schon solchs wissen und dem Euangelio gleuben, was dürffen wir der selben fur uns? Und wo es not were, weren sie viel leichter gethan... - Also gehen noch heutigs tags und jmerdar die grossen Zeichen und Wunder uber wunder, das eine Stad oder ein Heufflin und samlung der Christen in rechtem erkentnis Gottes und Glauben bleibt, so doch mehr denn hundert tausent Teufel auff sie gerichtet, und die Welt so vol Rotten und böser Buben und Tyrannen ist, und doch das Euangelium, Tauffe, Sacrament, bekentnis Christi on jren danck erhalten wird. Das man sihet ein fur die Heiden wol hat müssen eusserliche Zeichen geben, die man fur augen sehen und greiffen möchte, Aber die Christen müssen viel höhere himlische Zeichen haben, dagegen jene noch irdisch sind. Darumb ist nicht wunder, das sie nu auffgehöret, nach dem das Euangelium allenthalben erschollen und verkündigt ist denen, die zuvor nichts von Gott gewust haben, Die hat er müssen mit eusserlichen Wundern erzu füren und als den Kindern solche Epffel und Birn furwerffen. - Dagegen wir billich sollen preisen und rhümen die grosse herrlichen Wunderthaten, so Christus teglich in seiner Christenheit thut, das sie des Teufels krafft und macht uberwinden und so viel Seelen aus des Todes und der Hellen Rachen reissen, da wider der Teufel teglich fichtet und tobet in der Welt mit wütigem zorn und grim und doch den Christen weichen mus" (WA 21,408, 38-410,17).

Einerseits kann Luther sagen, daß Wunder in der Gegenwart *nicht mehr nötig* sind, weil das Evangelium schon überall hin ausgegangen und die Kirche begründet ist; *andererseits* hält er fest, daß *dieselbe Kraft und Wirkung Christi in der Christenheit bleibend vorhanden* ist und Wunder geschehen können, wo dies erforderlich ist. Die Notwendigkeit war beim Ersteintritt des Evangeliums in die Welt gegeben. Zu seiner Zeit hielt Luther dies für nicht notwendig erforderlich und warnt vor Eigenmächtigkeit im Blick auf Wunderzeichen. In Zeiten besonderer Bedrängnis könnte es aber wieder nötig werden. In diesem Fall hat ohne Unterschied jeder Christ die Vollmacht, Wunder zu tun. Besonders in der missionarischen Situation der Erstverkündigung des Evangeliums wird Gott nach Luthers Überzeugung bestätigende Zeichen und Wunder geben. Die entscheidende Kategorie für das Tun von Zeichen und Wundern ist für Luther die *Frage der Notwendigkeit.* Gott pflegt nach Luther da durch ein Wunder seine Macht zu erweisen, wo die ordentlichen Mittel zur Erhaltung der Haushaltung, des Weltregiments und der Kirche zu schwach sind.[92] "Alle Wunder, die einmal geschehen sind, geschehen auch noch bis auf den heutigen Tag *durch den Glauben".*[93]

"Hie haben die Rotten auch zu grübeln (von den zeichen) mit unnützen fragen, Ob sie auffgehort haben, und warumb sie nicht noch durch uns geschehen. Es ist aber hie von auch gnug zu wissen, das solche Zeichen gegeben sind zum zeugnis und öffentlicher beweisung dieser Predigt des Euangelij, Wie sie denn sonderlich im anfang desselben starck haben gehen müssen, bis das Evangelium in die Welt ist ausgebreitet worden, da sie nicht mehr so gmein sein, wie auch nicht not ist, nu diese Predigt schon durch alle Land und Sprachen gangen. Wiewol sie war ist, das allzeit die selbe krafft und wirckung Christi in der Christenheit bleibt, das wo es not were, auch noch wol solche wunder geschehen können, Wie denn auch offt geschehen ist und noch geschicht, das in Christi Namen der Teufel ausgetriben, Item durch anruffung des selben Namens und Gebet die Krancken gesund werden und vielen in grossen, beide, leiblichen und geistlichen nöten, geholffen wird, So wir auch noch jtzt das Euangelium mit newen Sprachen verkündet, da es zuvor unbekand gewest, Denn solche Zeichen sind der gantzen Christenheit gegeben, wie er hie sagt: 'Denen, die da glauben', Ob man gleich nicht allzeit bey einzelnen personen solche gabe sihet, wie sie auch die Aposteln nicht alle gleich gethan haben" (Zu Mk 16,14ff; WA 21,408,19-37).

"Denn ein Christenmensch hat gleiche Gewalt wie Christus, ist ein Kuchen mit ihm und hat gemeinsames Leben mit ihm... Wo *ein Christenmensch ist, da ist darum auch jetzt noch die Gewalt, solche Zeichen zu tun, wenn es nötig ist.* Es soll sich aber niemand unterstehen, sie auszuüben, wenn es nicht nötig oder erforderlich ist. Denn die Jünger haben sie nicht immer ausgeübt, sondern nur, um das Wort Gottes zu bezeugen und durch die Wunderzeichen zu bestätigen... Weil aber das Evangelium nun ausgebreitet und aller Welt kund geworden ist, ist nicht mehr vonnöten, Zeichen zu tun wie zu der Apostel Zeiten. Wenns aber die Not erforderte und sie das Evangelium ängsten und drängen wollten, dann müssen wir wahrlich auch dran und Zeichen tun, eh wir das Evangelium schmähen und unterdrücken lassen. Aber ich hoff, das werde nicht vonnöten sein und nicht dahinkommen, daß ich hier mit neuen Zungen reden muß. Es ist ja auch nicht vonnöten, denn ihr könnt mich alle gut vernehmen und verstehen. Wenn mich Gott aber irgendwohin schickte, wo sie meine Sprache nicht verstehen, könnte er mir wohl ihre Zunge oder Sprache verleihen, daß ich verstanden würde. Darum soll sich niemand unterstehen, ohne Not Wunderzeichen zu tun"* (Predigt vom 29.5.1522 über Mk 16, 14-20; WA 10 III,133-147.144-146.145,10-20).[94]

"8.Dise zeychen, so hie erzelett, geschehenn auch ym geyste biß ans ende der welt. Denn durch das Euangelion wirt der Fürst de finsternusse mit all seinen schlangen außgetribenn... Es können auch noch heüt des tages dise zeychen, welche die Apostel theten, leiplich geschehen, wenn es von nötten were" (Summa Mk 16,14-20: WA 10 IV,26731-268,5).

"Kurtzlich sol man nit verstehen, das diß alleyn die tzeychen sind, wilche die glawbigen thun werden, die hie Christus rürt, Auch nicht dencken, das es alle Christen thun werden, ßonder alßo meynts Christus, das es alle Christen konnen und mügen thun. Denn wenn ich glawbig bin, ßo kan ichs thun und stehet ynn meyner gewalt. Denn der glawb gibt mir ßo vil, das mir nichts unmüglich ist, und darumb, wenn es not wer und dienet datzu, das das Euangelion außgebreyttet wurde, ßo kundten wirs wol thun. Weyl es aber nicht not ist, ßo thun wirs nicht, denn Christus hat nicht also geredt, das sie ymmer also mussen ergehen und solchs thun, sonder das sie es macht haben und konnen thun. Und der

tzusagung habern wir vil hyn und her, als da Christus ym Euangelio spricht Joh 14 'Wer an micht gläwbt, der wirt die werck odder tzeychen auch thun die ich thu, und wird auch grossere denn diße thun'. Darumb sol man dise wort auch bleyben lassen und nit ander gloß daruber machen, wie ettlich gesagt haben, das die tzeychen sind gewest offenbarung des geysts ym anfang der Christenheyt und haben nun auffgehort, das ist nit recht, denn es ist noch yetzund eben solche krafft, und ob sie gleych nit ym brauch gehet, ligt doch nichts dran; denn wir haben dennoch die macht solche tzeychen zu thun" (WA 12,561,23-562,11).

Luthers Haltung gegenüber Zeichen und Wundern ist ähnlich der gegenüber besonderen Geistesleitungen und Offenbarungen. Auch wenn sie grundsätzlich möglich sind, ist *er selbst zurückhaltend* und begehrt die Gabe des Wundertuns nicht für sich selbst. Er will lieber beim Wort Gottes bleiben und damit umgehen und von diesem belehrt werden, da er so nicht irregehen kann.

"Ich hab offt gesagt, das ich nicht begere, das GOTT mir die gnade solte verliehen haben, Mirakel zu thun, sondern frewe mich, das ich stracks bey dem Wort bleiben mag und damit umbgehen, denn sonst würde man balde sagen: der Teufel thuts durch jn" (WA 46,753,13-16).
"Ich bin weder durch Zeichen noch besondere Offenbarungen belehrt worden, habe auch Gott niemals um Zeichen gebeten; ja ich habe vielmehr das Gegenteil erbeten, damit ich mich nicht erheben noch durch Betrug des Satans von dem gesprochenen Wort abgezogen werden möchte. Denn in dem Worte ist kein Wagnis, sondern es ist kräftig und wandelt die Herzen, die da nicht verkehrt sind. Die Rottengeister aber sind verkehrt, die alles nicht wie Schüler, sondern als Meister lesen, womit sie ihren Irrtum (nur) bekräftigen" (WA 25,120,7-16.7-12).

Wichtiger als die leiblichen Wunder sind Luther die geistlichen. Wichtiger als *fragmentarische Zeichen* sind die *Fundamentalwunder des Heils*, Kreuz, Auferstehung und Himmelfahrt Christi, sowie der Glaube, die Rettung des Sünders als geistliche Totenerweckung und seine künftige Auferstehung. Wichtiger als das mirakelhafte, *äußerlich sichtbare* Wirken des Geistes ist Luther das *verborgene, inwendige*. Die *partiellen und zeitlich befristeten* Wunderwirkungen verblassen vor dem *Zeit und Ewigkeit umfassenden* Wunder des Heilsglaubens mit seinem Totalaspekt. Daß die frühe Kirche auch über die Anfangszeit hinaus außerordentliche Erfahrungen der in Jesus hereingebrochenen Endzeit erlebte, war angesichts seiner tiefen Bußerfahrung und zentralen Heilsentdeckung keine bedeutsame Größe für ihn. Von seinem Ringen um letzte Gewißheit in Fragen des Heils her stellte er heraus, daß der Heilige Geist den Menschen unaufhörlich von sich selbst weg zu Christus und Gottes Wort ruft. Der Ungeist dagegen läßt den Menschen auf eigene Kräfte und Werke, Erkenntnisse, Visionen und Erfahrungen vertrauen.

Kritisch anzufragen ist Luther im Blick auf die *Tendenz zur "Spiritualisierung"* der *Auferstehungsmacht des Heiligen Geistes*, die doch auch in endzeitlichen Wundern, Krankenheilungen etc. die Macht des Todes bis ins Leibliche hinein schon jetzt, wenn auch nur teilweise und vorläufig, zurückdrängt. - Eine weitere Anfrage betrifft die Einschätzung der Situation seiner Zeit und der Sicht, daß das Evangelium überallhin durchgedrungen ist und die damit in Verbindung gebrachte *Kategorie der Notwendigkeit bzw. Nicht-Notwendigkeit von Zeichen und Wundern.* Damals wie heute konnte und kann man zu ganz anderen Ergebnissen kommen, je nach Weltdeutung, Ekklesiologie und Missiologie. Immerhin finden sich auch die Hinweise, daß es in bestimmten Umständen und besonders in der Missionssituation nötig sein könnte, Wunder zu tun. In den z.T. sehr weitgehenden Aussagen, die allerdings durch seine Einschätzung der Nichtnotwendigkeit relativiert sind, zeigt sich Luther in der Frage von Zeichen und Wundern offener, als man es von ihm erwarten würde. Sofern die fundamentalen Wahrheiten des Heils und der reformatorischen Erkenntnis nicht in Frage gestellt sind, könnte man positiv folgern, gibt es bei allen Bedenklichkeiten Raum für begleitende Zeichen und Wunder, besonders in der Verfolgung und im missionarischen Vorstoß in Neuland.

Heilung durch Gebet[95]

Beim Durchgang durch die Äußerungen Luthers finden sich *keinerlei Hinweise auf Vorstellungen eines dauernden speziellen Charismas der Krankenheilung* für die Gegenwart. Am häufigsten sind auch hier die Bezugnahmen auf die Evangelien und die Frühzeit der Kirche und die Bedeutung der Heilungen als besondere begleitende Zeichen zur Bestätigung der Evangeliumsbotschaft in der heilsgeschichtlichen Sondersituation. Das Verständnis Luthers von Krankheit und Heilung ist stark von seiner *Kreuzestheologie* geprägt, die ihn zurückhaltend sein läßt gegenüber sichtbaren Heilungsmirakeln und Krankheit und Leiden als unabwendbaren Teil des Lebens, als Erziehungsmittel und geradezu notwendig für die Erkenntnis Gottes werten läßt.[96] Auch im Zusammenhang mit Krankheit und Heilung gewichtet Luther *das Geistliche und Ewige* höher, als die *zeitlichen Güter*. Der Glaube ist vor allem auf die ewigen und unsichtbaren Dinge gerichtet, die wir "non in re, sed spe", auf Hoffnung hin haben.[97] Das Leben des erneuerten Menschen zeigt sich "*sub contraria specie*" und ist deshalb durch Leiden, Erniedrigung und das Tragen des Kreuzes gekennzeichnet.[98] Nichterhörte Gebete auch im Blick auf Heilung gehören zu dem unter seinem Gegenteil verborgenen Charakter des Reiches Gottes.

Eine Predigt über falsche Wunderzeichen im Heiligenwesen beendet Luther mit den Worten: "*Darum, wenn sie sagen, ihre Werke und Verdienste hülfen zur Seligkeit, dann gilts Christus allein. Denn sie wollen das Herz von Christus abführen, der doch der Fels ist, auf den man trauen soll. Ich will daheim bleiben und in die Kirche gehen und Gott in Christus anrufen. Kann St.Anna helfen, dann noch viel mehr Christus. Dann wirst du den Unterschied zwischen wahren und falschen Zeichen erkennen. Die Apostel haben auch viel Zeichen getan, aber sie waren alle dahin gerichtet, daß Christus anerkannt werde... Ein Christ... glaubt an Christus. Wenn er krank ist, so spricht er: willst du, so hilf mir, wo nicht, so will ich um deines Namens willen das Ungemach tragen*" (WA 45,260,18-264,19).[99]

Neben der starken Ausprägung der skizzierten Grundlinie, die das Aushalten und Drunterbleiben betont, zeigen andere Äußerungen Luthers aber auch, daß *er durchaus mit Gebetsheilungen rechnete.* Sein Glaube an die Allmacht Gottes, an die Möglichkeit seines souveränen Eingreifens und das Wissen um die Kraft des Gebetes waren groß. So berichtet Luther selbst von drei wunderbaren Heilungen in Todesnot. Sie betrafen ihn selbst, seine Käthe und seinen Mitstreiter Melanchthon, der im Jahr 1540 auf Luthers eindringliches Flehen hin dem Leben wiedergegeben wurde.

"*Wir haben drey todt wiederumb lebendig gebethen, mich, meyne Kethe und Philippum, welchem zu Weinbeer schon die Augen gebrochen waren*" (WA.TR 5,129,31ff; vgl. auch WA 43,326,24-26). - Von einer Heilung im Jahr 1541 auf Gebet Luthers hin berichtet auch Myconius, Pfarrer in Gotha.[100]
In einer Predigt zu Mk 16,14-20 geht Luther in einer längeren Passage auch auf die Frage rechter und falscher Wunderzeichen ein. Bei der Erstverkündigung des Evangeliums in der Missionssituation rechnet Luther mit mitfolgenden Zeichen zur Bestätigung. Er beschließt seine Predigt, indem er die *Macht des erhöhten Christus und seinen Sieg über Teufel und Tod* rühmt. Im Schlußsatz konkretisiert er das *Anteilhaben des Christen an dieser Macht im Blick* auf die *Heilung* von Kranken. Nicht eindeutig ist, ob Luther hier das geistliche Geschehen der Neuwerdung meint oder leibliche Heilung von Krankheit. Der Kontext der Predigt legt aber nahe, daß leibliche Heilung, wenn nicht allein anvisiert, so doch zumindest mit im Blick ist: "*Er sitzt zur rechten Hand Gottes, auf daß er Gott gleich sei. Und er hat verheißen, daß Zeichen in seinem Namen geschehen werden: wenn du einen Kranken siehst, so mach ihn in meinem Namen gesund, spricht Christus, denn das alles ist in meiner Hand*" (WA 15,550-554).[101]

In einer anderen Situation war Luther im Blick auf sich selbst nicht so zuversichtlich, daß Heilung eintreten würde (vgl. WA.B 4,319,7-11).

Wichtige Hinweise zum Heilungsgebet im privaten Rahmen und in der Gemeinde nach Jak 5,14ff gibt Luther 1545, ein Jahr vor seinem Tod, in einem Brief an Pfarrer Severin Schulze. Die darin enthaltenen Anleitungen zeichnen ein anschauliches Bild der nach Luther in Wittenberg geübten Praxis des Krankenbesuchs und Krankengebets unter Handauflegung.

"Dem würdigen Hrn. Schulzen, Pfarrern zu Belgern, meinem günstigen guten Freund. - Gnade und Friede im Herrn und Jesus Christus! Ehrwürdiger Herr Pastor! Es hat mir der Schösser zu Torgau und der Rat zu Belgern zugeschrieben und für die Frau von Hans Korner gebeten, ihr guten Rat und Trost zu geben, damit ihrem Manne möchte geholfen werden. Nun weiß ich wahrlich keinen weltlichen Trost, und wo die Ärzte nicht Hilfe wissen, so ist es gewiß nicht eine gewöhnliche Melancholie, sondern wohl mehr ein versuchlicher Anlauf des Teufels, dem man durch das Glaubensgebet in der Kraft Christi begegnen muß. Wir machen es folgendermaßen und pflegen uns an diese Regel zu halten: Es war nämlich ein Schmuckkästchenmacher genau so wie Herr Korner von einer Manie überfallen worden. Den haben wir durch das Gebet in Christus geheilt. Darum unternimm folgendes: Besuche ihn zusammen mit dem Hilfsprediger und zwei oder drei guten Männern - du selber in unumstößlicher Gewißheit, weil du im öffentlichen Kirchenamte stehst und Ortspastor bist - lege ihm die Hände auf und sprich: Friede sei mit dir, lieber Bruder, von Gott unserem Vater und von Jesus Christus! Danach bete mit vernehmlicher Stimme über ihm das Glaubensbekenntnis und das Vaterunser. Schließe mit folgenden Worten: Gott, allmächtiger Vater, der du zu uns gesprochen hast durch deinen Sohn: Wahrlich, wahrlich, ich sage euch, wenn ihr den Vater in meinem Namen etwas bitten werdet, so gibt er es euch - und wiederum durch ihn uns ganz dringend befohlen hast: Bittet, so werdet ihrs bekommen - ebenso Psalm 50: Rufe mich an am Tage tiefer Not, so reiße ich dich heraus, und du wirst mich verherrlichen - darum rufen wir armen Sünder auf das Wort und den Befehl deines Sohnes dein Erbarmen an mit aller unserer Glaubenskraft: Würdige diesen Menschen, daß ihn von allem Übel befreist. Zerstöre das Werk Satans in ihm zur Verherrlichung deines Namens und zum Wachstum des Glaubens und der Heiligen durch denselben unsern Herrn, deinen Sohn Jesus Christus, welcher mit dir lebt und regiert von Ewigkeit zu Ewigkeit. Amen.
Unmittelbar vor dem Weggehen sprich unter Handauflegung noch einmal: Die Zeichen, die denen folgen, die da glauben, sind diese: Auf die Kranken legen sie die Hände auf, und sie werden sich wohl befinden. - Dieses mache bis zu drei Mal am Tage. Darüber hinaus halte Fürbitten öffentlich im Gottesdienst von der Kanzel, bis Gott erhört. Wir alle wollen eins sein im Gebet und Fürbitte im Herrn mit aller unserer Glaubensvollmacht. Leb wohl! Einen anderen Rat habe ich nicht, der ich bin usw. 1545" (WA.B 11,111f).[102]

Prophetie

In der Auslegung des Johannesevangeliums (16,13) unterscheidet Luther *zwei Arten* der Prophetie. Die erste Art bezieht sich auf das *weltliche Regiment und zeitliche Dinge* und findet sich vor allem im Alten Testament.[103] Im Neuen Testament ist diese Art der Weissagung nicht so häufig. Da sie nicht die geistlichen Dinge der Christen betrifft, hält Luther sie auch für nicht notwendig. *"Doch wer sie hat, mag jr brauchen wie ander Gottes Gaben, Wer sie nicht hat, kan jr wol emperen"* (WA 46,61,7-10). Die zweite Art der Prophetie betrifft das *Reich Christi*, sein Wesen und Ergehen, Fallen und Aufstehen des Glaubens und der Kirche. Diese Weissagungen, die allein den Christen offenbart werden, waren vor allem den Aposteln gegeben. Wenn auch mit dunklen Worten und Bildern, ist das Buch der Offenbarung solche Prophetie. Luther rechnet damit, daß auch andere Väter der ersten Christenheit in dieser Weise prophetisch gesprochen haben, was uns aber nicht schriftlich überliefert sei.[104]

Im weiteren kann Luther einerseits sagen: *"Dieser geist der Weissagung bleibet auch noch jnn der Christenheit, wie wol nicht so hoch als jnn den Aposteln"*, und damit andeuten, daß

Prophetie nicht auf die biblischen Zeiten beschränkt ist.[105] Andererseits sieht er in der nachbiblischen Zeit das Moment der Unmittelbarkeit der biblischen Propheten zurück-getreten.[106] Wir können insofern prophezeien, als *"wirs von jnen genomen und aus jren büchern haben, Und doch dasselbig auch schwechlich"* (WA 46,61,27f). Zwar wünscht auch Luther, wie Paulus (I Kor 4,8) und Mose (Num 11,29), daß alle geistgelehrt, geisterfüllt und Propheten wären, *"denn wo das were, so hette man gut predigen und regieren, und gienge alles fein eintrechtig und recht, wie es gehen solt"* (WA 46,62,3f). Dies tut er aber mehr hypothetisch. Leider sähe die Wirklichkeit anders aus und bildeten sich viele nur ein, den Heiligen Geist und das rechte Verständnis zu haben. Die gegenwärtige Erleuchtung geschieht *nicht mehr unmittelbar* wie zur Zeit der Apostel, sondern *vermittelt* beim Lesen und Hören der Schrift. Die Rückbindung an die Schrift stellt Luther vor allem gegenüber den Spiritualisten heraus.

"Das man wol sihet, ob man schon die Schrifft hat und höret, das dennoch auch die offenbarung dazu gehört des heiligen Geists, der das Liecht gebe jnn solchem lesen und hören, das es verstanden werde, wie wol es war ist, das es der heilige Geist on predigen und leren nicht gibt, er wolle denn sonderlich wunder thun, wie zum ersten mit den Aposteln am Pfingsttage und mit Paulo, welche die ersten offenbarung solten haben on mittel, Nu aber die Apostel das wort gepredigt und jre Schrifft gegeben, und nichts mehr zu offenbarn ist, denn was sie geschrieben haben, darff er kein sonderliche newe offenbarung noch mirakel" (WA 46,62,6-15).
Auch in anderem Zusammenhang tritt die Rückbindung gegenwärtigen"prophetischen" Redens an die Schrift heraus, so in einer Predigt über den Lobgesang des Zacharias: *"Zacharias aber hat die Propheten nicht allein gelesen, sondern er versteht sie auch und wird selber drüber ein Prophet. Nicht die allein sind Propheten, die da weissagen wie Jesaias und dgl., sondern auch die, die die Propheten recht deuten. Sie müssen auch den Heiligen Geist haben, sonst können sie nicht recht deuten. Ist's aus eigner Vernunft, so ist's keine Prophetie, wie II Petr 1,21 geschrieben steht, daß noch nie eine Weissagung aus menschlicher Vernunft hervorgegangen sei. So ist auch, wer aus seinem Kopf die Schrift auslegt. Drum wer da will die Propheten verstehen, muß Saft und Kraft des Heiligen Geistes haben. Dieser Heilige Geist ist ausgegossen über den ganzen Weltkreis, wie Zacharias spricht... Drum wenn du die Heilige Schrift recht hast und sie wird recht von dir ausgelegt, dann muß wahrlich der Heilige Geist da sein. Ich muß den Geist haben, den die Patriarchen und Propheten hatten, oder ich muß fehlen in der Auslegung. Zacharias und dergleichen Leute haben den Geist auch durchs Wort gehabt. Drum spricht Lukas, Zacharias sei zum Propheten worden, weil er die Heilige Schrift angesehen hat... Es muß aber Prophetie in der Kirche geben. Christus spricht (Mt 23,24): ich sende Propheten, Weise und Schriftgelehrte. Desgleichen I Kor 12 (V.10): einem andern Weissagung, einem andern, Geister zu unterscheiden, einem andern mancherlei Sprachen, einem andern, die Sprachen auszulegen. Gott hat Apostel, Propheten, Evangelisten gegeben (Eph 4,11). Die muß die Kirche haben. Wo keine Prophetie des Heiligen Geistes ist, die die Apostel erleuchtet, da ist keine christliche Kirche. Denn wir beten und bekennen im Glauben: ich glaube an den Heiligen Geist. Es gibt keine Kirche, viel weniger eine 'heilige' Kirche, wenn sie nicht vom Heiligen Geist regiert wird... Zacharias hat die Schrift vordem auch gelesen, aber nicht verstanden. Nun aber macht ihn der Heilige Geist zum Propheten. - Da sprechen nun die Rottengeister: da seht ihr's, daß das mündliche Wort nichts ist, sondern der Heilige Geist muß kommen, - dann werden wir die Schrift verstehen! So warf Münzer die Bibel weg: ihr braucht das mündliche Wort nicht hören! So warfen sie Evangelium und Sakramente weg. Die Schwär-mer wollen zuvor voll heiligen Geistes sein und darnach die Heilige Schrift meistern nach ihrem Ver-stand. Ja, und darnach machen sie Rotten. Zacharias aber hat den Geist nicht ohne das Wort erlangt, - sondern aufs fleißigste gelesen, obschon er's nicht verstanden hat..."* (WA 46,463-471; Predigt vom 1.7.1538 über den Lobgesang des Zacharias).[107]

Neben der Unterscheidung von Prophetie im Blick auf das weltliche und das geistli-che Regiment findet sich bei Luther auch die Unterscheidung von Prophetie als *Vorhersage des Künftigen* und *Auslegung der Schrift* bzw. *Predigt.*

"Weyssagung ist zweierley, Eyne, die von zukünfftigen dingen sagt, wie alle propheten ym alten testament und die Apostel gehabt haben. Die ander ist auslegung der schrifft, wie I Cor 14 stehet: 'Der do weyssaget, ist grösser, denn der mit der zungen redet'. Aber weyl das Euangelion die letzte predigt und weyssagung ist fur das iungste tage, Darynnen allen offinbarlich geweyssagt ist, was ynn des

kommen solle, acht ich, S.Paulus rede hie nicht anders den von der weyssagung, da er I Cor 14 von sagt, nemlich, dadurch man die schrifft aus legt. Denn solche weyssagung ist auch eyn gemeyne, stettige, nutze gabe fur die Christen. Jhene weyssagung aber ist seltzam. Auch zeiget er selbs das an, mit dem das er spricht, die weyssagung solle dem glauben ehnlich seyn, und meynet on zweyffel den Christlichen glauben, der da zumal angieng. Nu wird yhe keyn ander glaube noch lere mehr komen. So denn die weyssagung soll disem gemeynen glauben eben und gemeß seyn, ists klar gnug, das er nicht von der zukunfftigen dingen weyssagung hie redet. So ist das seyne meynung, die ihenen, so gnade haben schrifft aus zulegen, sollen zu sehen, das sie also auslegen, das es sich mit dem glauben reyme... Merck aber, das S.Paulus hie die weyssagunge nicht gros achtet, so von zukunfftigen dingen saget, als bey disen letzten zeytten sind, Des Liechtenbergs, des Abts Joachim, dazu auch fasst des gantzen Apocalypsis. Denn solche prophecey, wie wol sie dem furwitz wolgefallen, das sie anzeygen, wie es konigen, fursten und ander stenden der wellt gehen soll, so ists doch ym neuen testament eyn unnöttige weyssagung, denn sie leret noch bessert den Christlichen glauben nicht. Darumb ist sie fast der geringsten gaben Gottis eyne, und zu weylen auch vom teuffel kompt. Aber die schrifft aus zu legen das ist die edliste höhiste und groste gabe der weyssagung. Denn auch alle Propheten des alten testaments damit den namen haben allermeyst, das sie propheten heyssen, das sie von Christo geweyssagt haben" (Predigt am 2.Sonntag nach Epiphanias über Röm 12,6ff; WA 17 II,38,26-39,29).

Weil das Evangelium die letzte und vollgenügsame Offenbarung vor dem jüngsten Tag ist, ist keine neue (und das heißt: unmittelbare) Lehre mehr zu erwarten. Von daher deutet Luther das Weissagen von I Kor 14 als Schriftauslegung und nicht auf zukünftige Dinge bezogen. Die Gabe der Schriftauslegung ist weit höher einzuschätzen als die Gabe der Zukunftsschau, weil sie den christlichen Glauben lehrt und bessert. Im Vergleich damit ist die Fähigkeit, Zukünftiges vorherzusehen, eine der geringsten Gaben Gottes, die außerdem zuweilen auch vom Teufel kommt. Von sich selbst sagt Luther, daß er die Gabe des Predigens habe, nicht aber die, von Zukünftigem zu reden. Die Wittenberger seien Weissager im Sinn der rechten Schriftauslegung.

"Weissagen est predigen vel reden Gottes wort. Die hoh weisheit, ut de futuris praedice, quam non habeo, sed predigen habeo. Alii gesicht, das sind stumme predigt, weissagung quando deus in visione offenbart, ut multae visiones patrum, et hodie, et per traum, spe factum et fit. Spiritus sanctus dividit ista, ut vult. Monica habuit traum... Alia somnia faciunt ein wanckelmutigen wahan. Sed vera truckens so ein, ut somniator sciat etc. Haec triplices offenbarungen. 1. qui durr ex scriptura predigen, quo norunt Christum et intelligunt scripturam et consolantur. Ista est propheticum donum dei. 2. vident visiones und treum. Allerley weissagungen, vult spiritus sanctus predigen per ista 3. Summa: Ecclesia abunde vult propicere, ut nihil mangel, si tantum 1.genus, satis" (Predigt am Pfingstmontag, 5.5.1536; WA 41,604ff.606,21-36).
"Weisagen heist nicht, ut prophetae olim de futuris rebus, sed die propheten auslegen, psalmen, Ut nos habemus hie zu Wittemberg, wir sind weissager. Oportet certe nos gloriari, quod simus vestri praedicatores... Nos exponimus Euangelium, psalmos. Qui ergo is est, cui hoc commissum, der hebe nichts an, si econtra, der bleyb bey der weissagung, ut cum fide zutrage. Non aliter scriptura zu deuten den so ferne, ut sich reime mit dem glauben, ne faciat novum articulum. Vult, ut quisque warte seins officii. Schwermer nhemen die schrifft und zihens auff yhr thun et gloriantur de spiritu sancto" (Predigt vom 15.1.1531; WA 34 I,104,27-105,8).
"Weissagen ist, wie im 14.Kapitel folgt, wenn jemand die Propheten und die Schrift durch Eingeben des Geistes wohl verstehen und auslegen kann... Aber die Geheimnisse wissen, das ist, daß man die Schrift geistlich deuten kann, wie man durch Allegorien spricht; wie es Paulus Gal 4,21 tut, da er sagt, Sara und Hagar seien die zwei Testamente, Isaak und Ismael seien die zwei Völker... Solches heißt St.Paulus ein Geheimnis, das ist der verborgene heimliche Verstand unter dem äußerlichen Verstand von den Geschichten" (Predigt über I Kor 13; WA 17 II,161-171; zu V.2).[108]
"Weissagen heißt, von den zukünftigen Dingen reden und die Schrift auslegen, wie es im 14.Kapitel auch gesagt ist" (Predigt vom 4.6.1524 über I Kor 12; WA 15,602-609).[109]

Luther selbst scheint, wenn auch nur marginal, ein gewisses unmittelbares Element bzw. andere Formen als allein die der Schriftauslegung zuzugestehen, wenn er ausführt, daß Prophetie daneben auch durch Visionen und durch Träume widerfahren kann.[110] Da jede Art, besonders aber Gesichte und Träume, von satanischer Irreführung bedroht ist, muß Prophetie immer nach der *Analogia fidei* geprüft werden. Sie muß *"dem Glauben gemäß"*, *"dem Glauben ähnlich"* sein, was bei Luther inhaltlich gefüllt ist mit dem *Christusevangelium im Sinn der Rechtfertigung* aus Gnade auf Grund des Glaubens, wie er es in der Schrift bezeugt sieht. Letztlich ist alle Prophetie Christuspredigt. Aus Joh 16,13 ("Er wird nicht aus sich selbst reden...") entnimmt Luther *"die rechte Regel, darnach man die geister prüfen sol"* (WA 46,58,8f). Der Heilige Geist wird daran erkannt, *"das er nicht von jm selbs redet (wie der Lügen geist, der Teuffel und seine Rotten), sondern von dem, das er hören wird"* (WA 46,58,18f), d.h. er wird allein von Christus reden und ihn verklären, damit die Leute an ihn glauben. Alles was dem Christus- und Gnadenevangelium widerspricht bzw. von diesem wegführt, ist verführerische Predigt, die unter dem "Anathema" steht.

"*'Si prophetiam', so reume sie sich mit dem glauben... Et sol darauff sehen, ut fide ehnlich. Da sticks auch. Omnes interpretes hoc studeant, ut eorum weissagung reime cum fide. Si non, non est prophetia"* (WA 41, 510,16-31). - "*Si econtra doces Evangelium, sed es des Teufels"* (511,21-23).

"*Weissagung non tantum de futuris, ut quidam, sed das rechtschaffen de Christo praedicamus, habemus visiones et somnia de eo, quae omnia hin lencken, ut auff Christum... Adversari non possunt ferre, quod wir alle weissagung, somnia auff Christum ziehen. Ro 12 'Analogia fidei', sed ut cum fide reime"* (Predigt vom 18.5.1535; WA 41,268,17-29).

"*Ein Prophet soll eigentlich der sein, der von Jesu Christus predigt. Darum, obwohl viele Propheten im Alten Testament von zukünftigen Dingen geweissagt haben, so sind sie doch eigentlich darum gekommen und von Gott geschickt, daß sie den Christus verkündigen sollten. Welche nun an Christus glauben, die sind alle Propheten; denn sie haben das rechte Hauptstück, was die Propheten haben sollen, ob sie gleich nicht alle die Gabe der Weissagung haben. Denn wie wir durch den Glauben des Herrn Christus Brüder, Könige und Priester sind, so sind wir auch durch Christus alle Propheten. Denn wir können alle sagen, was zur Seligkeit, Gottes Ehre und christlichem Leben gehöret, dazu auch von zukünftigen Dingen, soviel uns nötig zu wissen ist: nämlich, daß der Jüngste Tag kommen und wir von den Toten auferstehen werden. So verstehen wir die ganze Schrift. Davon sagt auch Paulus I Kor 14,31: 'Ihr könnt wohl alle weissagen, einer nach dem andern'"* (WA 14,29,8-21).

"*Spiritus sanctus habet quidem varias revelationes, sed omnes sollen cum fide reimen, quae est, quod Spiritus sanctus clarificat filium Dei. Wenn man die Regel hette gehalten, nihil periculi in Ecclesia"* (WA 49,682,12-18).

Der Herr selbst setzt *"dem Heiligen Geist ein ziel und mas seiner predigt, das er nicht newes noch anders sol predigen denn was Christus und sein wort ist, Auff das wir ein gewis warzeichen und prüfestein haben, die falschen geister zu urteilen, Das gewislich nicht der Heilig Geist ist, was jemand selb einfellet oder gutdüncket, und ausser oder neben dem Christo anfehet zu leren in der Christenheit, sondern des Leidigen Lügen geists, des Teuffels, davon Christus Joh 8 sagt: 'Wenn er Lügen redet, so red er von seinem eigenen', das ist: was er selbs erdacht hat"* (WA 46,58,21-28).

"*Si Gabriel e celo, dicit Paulus, et dare vellet doctrinam, quae non cum fide reimet, 'Anathema'... Si affers weissagung, vide, ut cum fide. Si non, dic: das hat der Teuffel gepredigt, spiritus sanctus dicit se hoc revelare, das sich reimet cum fide"* (Predigt vom 15.1.1531; WA 34 I,107,4-10).

"*Alle Weissagung die auff werck, und nicht lauter auff Christum füret, als den einigen trost, wie köstlich sie ist, so ist sie doch dem glauben nicht ehnlich. Als da sind die offenbarung der Poltergeister, die Messen, Walfarten, fasten, und Heiligen dienst suchen"* (Glosse zu Röm 12,7; WA.DB 7,67).

"*Alle lere sol sich alleyn auff den glauben reymen und zu treffen, das ja nichts anders denn der glaube geleret werdet... Das er... Christus sey, das ist: das er fur uns geben sey on alle unsere wercke, on alle unsere verdienste, uns den geyst Gottes erworben hat, das ist der glaube und heyst Jhesum Christum recht erkennen. Dis ist der brüffsteyn, das richtscheyd und die wage, damit yhr alle lere solt ab wegen..."* (Predigt vom 30.7.1525 über Mt 7,15ff; WA 17,364,36-365,19).

Was sein eigenes *Sendungsverständnis* betrifft, so hat Luther sich im Unterschied etwa zu Müntzer nicht als außerordentlich berufener und unmittelbar inspirierter Prophet gesehen.[111] Was ihm widerfuhr war eine Wiederoffenbarung des alten Evangeliums, der ursprünglichen apostolischen Lehre, keine geistunmittelbar-freie Neuoffenbarung. Aus diesem Grund bedurfte es auch keiner Wunder zur Bestätigung.

"Weil wir nu solche Weissagung gewis haben, und bis her also ergehet..., so ist nicht mehr not wunderwerck zu thun, solche lere zubestetigen, Denn die selbigen sind erstlich darumb gegeben, das durch solche mitfolgende zeichen (wie Marcus am letzten sagt) die newe predigt der Aposteln bestetiget würde, Wir aber habe diese predigt nicht new gemacht, sondern eben die selbige alte, bestetigte lere der Aposteln wider erfür bracht.. Zu solchem darff man keiner newen zeichen noch wunder, weil es am anfang bestetiget, itzt aber wider leuchtet und scheinet, das es eben die selbige erste lere der Apostel ist, Doch ist es nicht one des heiligen Geistes offenbarung wider erfür bracht... Doch also, das nu keiner wunderzeichen mehr not ist, weil die selbige Lere und Schrifft auch von dem Bapst und allen Secten angenommen ist, Und nu kein ander wort oder offenbarung zu warten ist. Zum ersten, da es noch grün und new war, da musst man die jungen beumlin an einen stecken binden, bis sie starck würden, Nu es aber also jnn die gantze welt aus gebreitet, so ist solches zu bestetigen kein not mehr. Wo aber eine newe Lere auffgebracht würde (als des Mahometths gewest), die sol man durch zeichen und wunder bestetigen (wie Deut. am 18.ca. geboten ist), Und zwar des Bapstum und seine Möncherey also bestetiget sind, aber durch den Teuffel..." (WA 46,62,23-63,19).

Grundlegend für Luther ist die den Propheten und Aposteln von Gott unmitelbar geschenkte, abgeschlossene und mit Zeichen und Wundern bestätigte Heilsoffenbarung von Christus. "Prophetie" heute ist rückgebunden an diese in der Heiligen Schrift festgehaltene, verbindliche Offenbarung, sie ist geistgewirkte Schriftauslegung. Daneben scheint es gewisse Spielräume für gegenwärtige Prophetie und ein gewisses unmittelbares Moment im Blick auf das weltliche Regiment bzw. auf zukünftige Vorgänge zu geben. Dies ist aber eher eine Randbemerkung und keine bedeutsame Größe. In jedem Fall ist auch sie dem zentralen Zeugnis der Heiligen Schrift untergeordnet und von dorther zu prüfen. Eine gewisse Offenheit für ein "freies", relativ unmittelbares Wirken des Heiligen Geistes zeigt Luther beim Gebet.

Zunächst weist er aber auch hier den Beter an, seinen Anfang bei etwas Festem zu nehmen, bei einem Gotteswort, dem Vaterunser usw. Dabei können dann, wie Luther von sich selbst berichtet, von einer einzelnen Vaterunserbitte aus unmittelbare Gedanken kommen, *"das ich die andern Sechse lasse alle anstehen, Und wenn auch solche reiche, gute gedancken komen, so sol man die andern gebete faren lassen und solchen gedancken raum geben und mit stille zuhören und bey leibe nicht hindern, Denn da predigt der Heilige geist selber, Und seiner predigt ein wort ist besser, denn unser gebet tausent, Und ich hab auch also offt mehr gelernet jnn einem gebet, weder ich aus viel lesen und tichten hette kriegen können"* (WA 38,363,10-16).

Zungenrede

Aus den kurzen Äußerungen Luthers zur Zungenrede wird deutlich, daß *er das "charismatische" Phänomen der Glossolalie* als enthusiastischer, geistgewirkt-unmittelbarer Rede in einer unverständlichen Sprache als gegenwärtige Erscheinung *nicht kannte*.

Ohne näher auf das Phänomen als solches einzugehen, erwähnt er es in seinen Auslegungen von Gal 3,2 als gottgegebenes äußeres Zeichen des Geistempfangs neben anderen Gaben. Hauptgesichtspunkt ist, daß der Geist den Heiden auf Grund des Glaubens ohne Gesetz und Beschneidung durch das Hören der Predigt gegeben wurde. Luther bewertet das Zungenreden offensichtlich als *singuläre Manifestation der Anfänge*. In der Kommentierung von Gal 4,6 unterscheidet er zwei Weisen und Zeiten des Geistempfangs, eine sichtbare manifeste in der frühen Kirche und eine spätere unsichtbare. Die erste Ausgießung mit sichtbaren Zeichen war nach Luther nötig wegen der Ungläubigen, wobei er sich auf I Kor 14,22 bezieht. Nach dieser unmittelbaren Bestätigung des Evangeliums durch Gott und nach der Aufrichtung der Kirche war eine sichtbare Manifestation der Geistverleihung nicht mehr erforderlich. Nun wird der Heilige Geist ohne sichtbare Form durch das Wort verliehen und in die Herzen gesandt, wo er neues Leben schafft.[112]

"*Venit magna tempestas, in dem praussen subito venit, ut viderentur linguae divisae, die haben geleucht wie flammen... 4. Lingguae, quibus inceperunt praedicare, das es brandte, sicut Petrus 3000 convertit. Das seindt die zeichen huius verbi. Habens nicht heimlich gethan, sed deus sua opera externis signis incipit. Sol eyner eyn Christ werden, indiget baptismo... Rex primo coronandus est. Ita Iesus Christus cum ecclesiam inciperet, Must er sich lassen sehen. Nunc autem cum stat ecclesia et fundata, non est opus isti signis. Den die werck des heiligen geistses: Ecclesia, praedicacio, sacramen- ta etc. stehen und syndt geordnet*" (Predigt am Pfingsttag 31.Mai 1531; WA 34 I,458-468. 459,27-460, 17-24). - "*Sic cum semel spiritus sanctus sol ecclesiam anfahen, must er sich so euserlich erzeygen signo, ut comprehenderetur. Da die Empter yhm schwang gangen hats auffgehoret*" (WA 34 I,460,6-9).

In seinen Glossen zur Bibel deutet er die Zungenrede in I Kor als das schlichte *Lesen oder den Gesang biblischer Texte ohne eine erklärende Auslegung*. In der Schrift "Wider die himmlischen Propheten, von den Bildern und Sakramenten" (1525) bezieht er das Zungenreden auf den *Gebrauch des Lateinischen als Fremdsprache bei der Messe und in der Verkündigung*. Auch in seinen Pfingstpredigten findet sich das Verständnis des *Redens in Fremdsprachen*. So nimmt Luther etwa in einer Pfingstpredigt von 1534 über Act 2 an, nicht nur Petrus allein habe gepredigt, "dort hat einer mit den Persern Persisch, mit den Römern Römisch, mit den Ägypten Ägyptisch geredet. Aus diesem Grunde sind an diesem Tage eine ganze Reihe von Predigten gehalten worden"(WA 37,40,22-26).

"*Mit zungen reden ist Psalmen oder Propheten in der Gemeine lesen oder singen, und sie nicht auslegen, wiewol sie der Leser verstehet. Weissagen ist den sinn von Gott nemen, und andern geben mügen. Auslegen ist den sinn andern furgeben. Also meinet S.Paulus mit zungen reden, bessert die Gemeine nicht, Weissagen oder auslegen bessert die Gemeine. Im Geist, heisset key jm selber*" (Glosse zu I Kor 14,4; WA.DB 7,125). - "*Mit dem sinn reden, ist eben so viel, als auslegen und den sinn den andern verkleren. Aber im Geist reden, ist den sinn selbs verstehen, und nicht auslegen*" (Glosse zu I Kor 14,15; WA.DB 7,125).

"*Also ists aber tzu gangen unter den ersten Christen tzur tzeyt der Apostel, und sollt auch noch so tzu gehen, das man teglich des morgens eyne stunde fure umb vier odder funffe tzu samen keme und daselbs lesen liesse, es seyen schuler odder priester, odder wer es sey, gleych wie man itzt noch die Lection ynn der metten ließet. Das sollen thun eyner odder tzween, odder eyner umb den andern, odder eyn Chor umb den andern, wie das am besten gefellet. Darnach soll der prediger odder welchem es befolhen wirt, er fur tretten und die selb lection eyn stuck aus legen, das die andern alle verstehen, lernen und ermanet werden. Das erst werck heyst Paulus I.Corin. 14. 'mit zungen reden'. Das ander 'auslegen' odder 'weyssagen' und 'mit dem synn odder verstand reden'*" ("Von ordenung gottis diensts ynn der gemeyne", WA 12,35-37.35).

Im Streit um die zwangsweise Abschaffung und Reformierung des Gottesdienstes durch Karlstadt und schreibt Luther: "*Ich hab wohl gelesen, 1.Kor. 14,27.28, daß der soll schweigen in der Gemeine, der mit Zungen redet, da niemand nichts von versteht. Man will aber ja überhüpfen, daß dabei stehet: nisi interpretetur quis, das ist, mit Zungen reden läßt S.Paulus zu 'wenns daneben wird ausgelegt', daß mans verstehe; drum er auch daselbst gebeut, sie sollen nicht wehren denen, die mit den Zungen reden etc... Ich wollt heute gerne eine deutsche Messe haben... Denn wer mit solchem Verstand zum Sakrament gehet, daß er die Wort deutsch oder deutlich im Herzen hat: 'Nehmet hin und esset, das ist mein Leib' etc., welchs er aus den vorhergehenden Predigten lernet und merkt, und drauf und damit das Sakrament empfängt, der empfängt es recht, und höret nicht eitel Zungen reden, sondern Verstand... Auch versteht der Narr S.Pauli Wort nicht recht, da er von Zungenreden schreibt, 1.Kor. 14,2-29. Denn S.Paulus schreibt vom Predigtamt unter der Gemeine, da sie soll zuhören und lernen, und spricht: Wer daselbst auftritt und lesen, lehren oder predigen will und redet doch mit Zungen, das ist, daß er Lateinisch vor den Deutschen oder sonst eine unbekannte Sprache führet, der soll schweigen und sich selbst allein predigen. Denn niemand höret es noch versteht, und kann sich niemand draus bessern; oder so er mit Zungen reden will, soll ers daneben auch verdeutschen oder sonst auslegen, daß es die Gemeine verstehe. Daß also S.Paulus mit Zungen reden nicht so störrig verbeut, als dieser Sündengeist tut, sondern heißt sie nicht verbieten, wenn die Auslegung daneben geschieht. Daher ist die Gewohnheit in allen Landen geblieben, daß man das Evangelium hart vor der Predigt zu lateinisch lieset; welchs heißt S.Paulus mit Zungen reden in der Gemeine. Aber weil die Predigt drauf balde gehet und die Zunge verdeutscht und auslegt, das verwirft noch verbeut S.Paulus nicht; warum sollt ichs denn oder jemand verdammen?"* (WA 18,123f).[113]

Entsprechend den genannten Deutungen der Zungenrede versteht Luther die Gabe der *Auslegung von Zungenrede* als *Texterklärung* oder *auslegende Verkündigung* oder als das *Übersetzen von Fremdsprachen*.

"'Auslegen', ich glaube, daß damit das Dolmetschen gemeint ist. Es ist eine Gabe Gottes, wenn eine Sprache in eine andre übertragen wird. Ich weiß davon ein Liedlein zu singen" (Predigt vom 4.6.1524 über I Kor 12; WA 15,602-609).[114]

Man kann auch im Blick auf die Glossolalie davon ausgehen, daß Luther, selbst wenn er im Blick auf das Phänomen besser informiert gewesen wäre, dieselben Grundkategorien angewandt hätte wie bei den bereits skizzierten Charismen. Mit Paulus hätte er sie in ihrer Bedeutung gegenüber den zentralen Dingen des Heils wie gegenüber Glaube, Liebe, Hoffnung und gegenüber Prophetie, Schriftauslegung und Predigt zurückgestuft.

0.2.4   "Unterscheidung der Geister" im Vollzug

Für Luther ist die "Unterscheidung der Geister" *eine große Gabe und Wirkung des Heiligen Geistes*, aber auch sie steht, wie alle geistlichen Vorgänge, nicht spiritualistisch frei in sich selbst, sondern ist eine Geistwirkung *in enger Verbindung mit der Heiligen Schrift*. Der Heilige Geist gibt *das rechte, der Schrift gemäße* (d.h. auch: Christus und dem Gnadenevangelium gemäße) *Urteil, ob ein Geist aus Gott redet oder nicht*.[115] Luther bezieht den Begriff "Geist" einerseits auf seine menschlichen Gegner, andererseits gebraucht er ihn auch allgemein für den sie bewegenden Geist und massiv als Synonym für den Teufel.[116] Von ihm sind die Häretiker inspiriert. Die Rottengeister sind *"des Teufels Maul"* (WA 37,240,6).Luther sieht eine Identität bis hin zur Besessenheit.[117] Ziel des Teufels in seinen immer wieder neuen Angriffen auf die Kirche ist u.a., den Christusartikel zunichte zu machen oder das leibliche Wort zu entreißen, indem er es spiritualisiert und so außer Kraft setzt.[118] Ebenso auch bei den Sakramenten. Der Teufel kann sich bei seinen Angriffen in einen Engel des Lichts verstellen, sehr fromm erscheinen, mit der Schrift argumentieren und zur Bekräftigung der Irrlehre auch falsche Zeichen tun.[119]

Wie Luther im konkreten Fall unterscheidet, welche Kategorien und Kriterien er anwendet, läßt sich exemplarisch an der Konfrontation mit den Zwickauer Propheten und mit Thomas Müntzer deutlich machen.

Das Auftreten der Zwickauer Propheten

Als Luther Ende Dezember 1521 auf der Wartburg vom Auftreten der Zwickauer Propheten hörte, reagierte er in seinen Briefen mit theologischen Überlegungen gelassen.[120] Er verwies seine Mitarbeiter, die durch das Sendungsbewußtsein der Propheten, deren Berufung auf unmittelbare Offenbarungen und durch ihre Kritik an der Kindertaufe beunruhigt waren, auf die Schrift (Dtn 13 und I Joh 4,1). Aus ihr könnten sie gewiß werden, daß sie nicht sündigten, wenn sie die Propheten hinhielten und die Geister zuerst einmal prüften, ob sie aus Gott seien. In der Zwischenzeit würde Gott das Nötige geben. Luther selbst war äußerst verdächtig, daß die Propheten sich rühmten, Unterredungen mit Gottes Majestät zu haben.[121]

In der Osterpredigt 1523 kritisiert Luther an den schwärmerischen Propheten, daß sie im Bewußtsein ihres Geistbesitzes mit der göttlichen Majestät ohne Furcht redeten "*wie mit einem Schusterknecht*" (WA 12, 497,13-505).

Nicht billigen konnte Luther Melanchthons Ängstlichkeit, den er daran erinnerte, daß er doch größeren Geist und größere Gelehrsamkeit als er, Luther, habe. Auch wenn die Propheten von sich selbst zeugten, bräuchte man sie nicht sogleich anzuhören. Nach Johannes seien die Geister zu prüfen, und wenn er dazu nicht in der Lage sei, hätte er doch den Rat Gamaliels (Act 5,38f), die Sache aufzuschieben. Nichts von dem, was die Propheten bis zu diesem Zeitpunkt gesagt oder getan hätten, könnte nicht auch der Teufel tun oder nachahmen. Luther beauftragt Melanchthon, an seiner Stelle nachzuforschen, ob die Propheten ihre Berufung beweisen könnten. Für Luther ist klar, daß Gott nie jemand gesandt hat, der nicht durch Menschen berufen (*per homines vocatum*) oder durch Wunderzeichen ausgewiesen (*per signa declaratum*) worden war, nicht einmal seinen Sohn. Die alttestamentlichen Propheten sieht Luther durch das Gesetz und ihren Prophetenstand legitimiert, was er als Entsprechung zur gegenwärtigen Berufung durch Menschen bewertet. Die Propheten dürften keinesfalls angenommen werden, wenn sie versicherten, durch bloße Offenbarung (*nuda revelatione*) berufen zu sein, da Gott nicht einmal mit Samuel reden wollte ohne Auftrag und Wissen Elis. Was die innere Gestalt der Geisterfahrung der Propheten betraf, sollte Melanchthon fragen, ob sie auch das heilige Erschrecken und Sterben der göttlichen Geburt erfahren hätten (*angustias et nativitates divinas, mortes infernosques*), eine Frage, die sich Luther wohl von seiner Erfahrung des deus absconditus nahelegte. Würde er, Melanchthon, davon hören, daß alles ruhig, lieblich, andächtig und geistlich sei, sollte er sie nicht gutheißen, auch wenn sie sagten, sie seien bis in den dritten Himmel entrückt worden, denn das Zeichen des Menschensohnes fehle (i.e. die Kreuzesgestalt), der einzige Prüfstein der Christen und das zuverlässige Mittel zur Unterscheidung der Geister.

Zur Kreuzesgestalt als Unterscheidungskriterium vgl. auch WA 25,139,13-19: "*Es hat aber Gott deswegen in dieser schwachen Gestalt erkannt werden wollen, damit er die menschliche Weisheit zu Schanden machte. Denn das ist die höchste Weisheit: an dieser schwachen Gestalt des gekreuzigten Christus hangen, und sich nicht an derselben ärgern, daß wir nichts Andres von Gott wissen oder gedenken, als daß er gekreuzigt ist. Die Gedanken an seine Majestät sind sehr gefährlich. Denn es kann sich ein böser Geist in die Gestalt der Majestät verstellen; in die Gestalt des Kreuzes kann er sich nicht verstellen, denn in dieser ist er überwunden und zu Boden geworfen worden, deswegen haßt er sie auch auf das feindseligste*" (Einleitung zu Jes 13, zit. nach W² 6,247).

Luther führt eine Reihe von Schriftstellen an, mit denen er belegt, daß da, wo Gott mit Menschen redet, diese erschrecken und vergehen. Auch die Träume und Gesichte der Heiligen seien schrecklich. Von daher sollte Melanchthon auch nicht einmal den verherrlichten Jesus hören, er habe ihn zuvor gekreuzigt gesehen (*Tenta ergo et ne Ihesum quidem audias gloriosum, nisi prius videris crucifixum*). - Im weiteren ging Luther auf die Bestreitung der Rechtmäßigkeit der Kindertaufe ein.[122] - An Spalatin schrieb Luther, er möge Sorge tragen, daß man keine Gewalt gegen die Propheten anwende.[123] - Auch in der direkten Begegnung in Wittenberg ließ sich Luther durch die Propheten nicht beirren.

So empfing er wohl durch Vermittlung Melanchthons Anfang April Stübner und seinen Freund Cellarius mit einem Zweiten. Stübner trug Luther seine Theologie vom Aufsteigen aus der Grobigkeit zur Weiligkeit und zuletzt zur Langweiligkeit vor. Im Lauf des Gesprächs diagnostizierte er Luthers geistlichen Stand als im ersten Grad der Beweglichkeit befindlich, doch würde auch er noch in den ersten Grad der Unbeweglichkeit kommen, in dem er, Stübner, sich bereits befände. Am Ende seiner Ausführungen ermahnte ihn Luther ernstlich, von seinen Ideen Abstand zu nehmen. Da nichts davon sich auf die Heilige Schrift stützen könnte, könne er sie nur als fürwitzige Gedanken oder sogar als gefährliche Eingebungen eines betrügerischen Geistes ansehen. Auf diese Antwort hin wurde Cellarius ausfällig und schrie, wie Luther es wagen könne, solch einen Verdacht gegenüber einem Mann Gottes zu hegen. Luther sagte zu Stübner, er würde ihm nur glauben, wenn er seine Lehren, die über die Schrift hinausgingen und gegen diese ständen, durch Wunder erweisen würde. Beide lehnten das ab, drohten ihm aber, er würde noch Wunder genug sehen und gezwungen sein, ihnen zu glauben. Worauf Luther antowrtete: "*Mein Gott wirds deinem Gott wohl verbieten, daß du kein Zeichen tust*". Als Luther Stübner, der sich rühmte, die Gedanken der Menschen erkennen zu können, bat, ihm zu sagen, was er dächte, antwortete er: "Du überlegst jetzt, daß meine Lehre wahr sei". Worauf Luther die Worte entfuhren: "*Der Herr schelte dich, du Satan!*", da er in der Tat - wie er später berichtet - auch dies erwogen hatte. Luther ging nicht auf die dringliche Bitte Stübners ein, ihm zu sagen, was er nun gedacht hätte, sondern beendete das Gespräch. Er stellte ihn auf den nächsten Tag, wo er es ihm mitteilen wollte, was er dann auch tat. Luther hatte durch das Auftreten der beiden Propheten, ihren Dünkel und Anmaßung, die Unzugänglichkeit für Korrektur, die Glätte ihrer Reden und vor allem den Wutausbruch des Cellarius einen denkbar schlechten Eindruck bekommen. Einen Brief mit verbindlichen Ermahnungen Stübners beantwortete Luther kurz mit den Worten: "*Ade, lieber Marcus*", worauf ihm dieser und Cellarius je einen Brief mit Schmähungen und Verwünschungen schickten.[124]

Die Auseinandersetzung mit Thomas Müntzer

Das Auftreten Müntzers sieht Luther im Kontext satanischer Gegenreaktion gegen das Evangelium, die sich in Gewalttätigkeit und im Aufbringen von Irrlehren, in der Sendung falscher Propheten und irriger Geister zeigt.[125] Dies begleitet nach Luther die Kirche von ihren Anfängen her und ist kein Grund zur Beunruhigung. Luther verweist auf I Kor 11,9: "*Es müssen secten seyn, auff das die, so bewerd sind, offenbar werden*" (WA 15,211,10).

Das fragwürdige Wesen dieses Geistes wird u.a. offenbar an seinem *Hochmut und Stolz*, der nicht geprüft sein will.[126] Als Ketzerei nennt Luther neben anderem, daß ihnen "*yhr creutz und leyden... theurer denn Christus leyden*" ist.[127] Luther greift Müntzer auch wegen seiner *Wendung vom "Wort" zur "Faust"* an[128] und fordert in Unterscheidung der beiden Regimente die Fürsten auf, "*aus schuld und Pflicht ordentlicher gewallt solchen unfug zu weren und den auffruhr zuverkomen*".[129] Das ist nach Luther ein schlechter Geist, der seine Frucht nicht anders zeigen kann als durch das Zerbrechen von Kirchen und Klöstern und das Verbrennen von Heiligenbildern.[130] Wäre der Geist gut, würde er sich nach I Joh 4 zuerst demütig prüfen lassen, wie es Christi Geist geschehen läßt, und nicht einfach mutwillig in seinem Ungestüm weiter rumoren.[131] Eine feine Frucht wäre, wenn er sich *öffentlich* vor Feinden und Widersachern *verantworten* würde und nicht lichtscheu im Winkel sein Wesen triebe.[132] Dies sei kein sehr mutiger heiliger Geist. Im Kontrast zu dessen Großtun führt Luther an, daß er sich selbst mit Zittern mehrmals in gefährlichen Situationen allein öffentlich verantwortet und in einem armen Geist mehr ausgerichtet habe als dieser.[133] Wie Paulus führt Luther dies zu seiner Verteidigung nur widerwillig ins Feld. Er rühmt sich nicht hoher Geistbegabung wie Müntzer, ist sich aber *gewiß, das Evangelium* zu haben *und* trotz seines Sünderseins, obschon nicht die Fülle, so doch *die Erstlingsgabe des Geistes zu haben*. Er wisse, was Glaube, Liebe und Kreuz sei, und daß es *nichts Höheres* gebe *als Glaube und Liebe*. Von dort her kann Luther rechte und falsche Lehre und auch diesen Lügengeist beurteilen, der anmaßend vorschreiben will, wie und wann Gott zu handeln habe.[134] Wenn dieser Geist sich als etwas Höheres und dem wittenbergischen überlegen ausgebe, wendet Luther ein, müsse er auch andere und höhere Früchte bringen. Er möchte gerne wissen, was diese im Unterschied zu den von den Wittenbergern gelehrten *Früchten des Geistes* (Gal 5,22), im Unterschied zur *Kreuzigung des alten Wesens* (Röm 8,13; Gal 5,24), zur *Erfüllung der zehn Gebote*, und mehr als *Glaube und Liebe*, seien.[135] Luther kann ein Zurückbleiben hinter den eigenen Idealen zugeben, während er Müntzers Schweigen hierüber gegen diesen in Anschlag bringt. Dem müntzerschen Geist bestreitet er ferner, sich für sein Niederreißen auf das Alte Testament berufen zu können. Mit keinem *Wunder* habe er aber bisher bewiesen, von Gott gesandt und ordentlich beauftragt zu sein.[136]

0.2.5 Gesamtbeobachtungen

Luthers Hauptinteresse gilt nicht der Vielfalt der Charismata, sondern der einen heilsnotwendigen, Zeit und Ewigkeit umfassenden Charis. Um dieses Zentrum kreist sein Denken, von dort her urteilt er. Neben der Betonung der soteriologischen Wirkung des Geistes tritt weiter der Aspekt der Heiligung des Lebens heraus. Luther erwähnt zwar hier und da den Gedanken einer Einschränkung der Geistesgaben auf das Urchristentum, aber er macht daraus kein Prinzip. Vielmehr wahrt er eine Offenheit auch für gegenwärtiges Auftreten. Insgesamt ist er zurückhaltend gegenüber Wundern und Zukunftsprophetie, aber er schließt auch sie nicht grundsätzlich aus. Sie sind aber nicht grundlegend und unentbehrlich wie die Schriftauslegung. Eine Aufforderung zur Entdeckung neuer Charismen hat Luther nicht gegeben. Kriterium für die Beurteilung aller Geistesgaben ist der Christusglaube und die Christusverkündigung im Sinn der Rechtfertigung aus Glauben allein.

In Luthers starker Betonung der ordentlichen Berufung liegt eine Tendenz zur Veramtlichung des Charismas, die sich in der weiteren Entwicklung verstärkt ausprägte. Die Wir-Gemeinschaft der Kirche in ihrem gliedhaften, charismatischen Dienen aneinander wird nicht entfaltet. Luther sieht I Kor 12-14 nicht als ein in der Gegenwart anzustrebendes Modell christlichen Gemeindelebens.

Gegenüber dem Zeugnis des Neuen Testaments ist auch Luthers Zurückdrängen der "revelationes speciales" und die exklusive Bindung der Kommunikation Gottes mit den Menschen an Wort und Sakrament eine Verengung. Paulus kennt in seinem Dienst auch unmittelbare Geistesleitung (vgl. Act 16,6f;19,21;20,22f;23,11;Gal 2,1), während Luther dieses Moment durch das Hören auf das Schriftwort und den Verweis auf die Standespflichten als Platzanweisung Gottes ersetzt.

0.2.6 Zu Akzenten der Pneumatologie und zum Charismenverständnis bei J.Calvin

In Calvins *Pneumatologie*,[137] auf die wir nicht im Detail eingehen können, finden sich auffallende Besonderheiten gegenüber Luther, aber in den Fundamentalfragen besteht zwischen beiden Übereinstimmung. Gemeinsam ist beiden etwa die *Rückbindung* des Geistes *an Christus*,[138] die Verbindung von *Wort und Geist* [139] und eine *antienthusiastische Stoßrichtung*. Bei Luther wie bei Calvin kommt dem Heiligen Geist im Geschehen von Rechtfertigung und Heiligung eine zentrale Rolle zu.[140] - Bestreben Calvins ist es, dem Heiligen Geist gegenüber den Media der Schrift oder der Sakramente eine *größere Eigenständigkeit* zu geben.[141] Eine weitere Besonderheit Calvins ist die breite Aufnahme des Geisteswirkens im Kosmos;[142]die Lehre des "*testimonium spiritum sanctum internum*", mit der Calvin die Unverfügbarkeit des Geisteswirkens betont (Inst.I, 7,4.5).[143] Differenz zu Luther besteht in der Deutung des Abendmahls.[144]

Im Blick auf die *Charismen* unterscheidet Calvin analog zu Luthers Differenzierung von *Gnade* und *Gabe* (gratia und donum) *Kindschaftsgeist* und *Charismengeist*, zwischen *zeitlichen Gaben* und *eschatologischer Gabe* des Geistes. Damit hat er auch eine Erklärung für das rätselhafte Phänomen, daß Menschen im Bundesbereich gelebt und gewirkt haben können und doch verworfen werden. Von der Prädestinationslehre her deutet Calvin etwa das Geschick von Saul und Judas so, daß diese den Kindschaftsgeist *nicht verloren*, sondern ihn *nie empfangen* haben. Gott hat ihnen die *dona particularia* entzogen.[145]

"Die Geistesgaben - gleichviel ob sie an Menschen außerhalb oder an Menschen innerhalb des Bundes verliehen werden - sind zweideutig; sie besagen nichts über Heil oder Verdammnis. Nicht selten glänzen gerade Menschen unreinen Herzens mit Gaben des Heiligen Geistes. Durch die Beleihung mit Gaben rettet Gott nicht; sie allein und als solche belassen den Menschen in der Verlorenheit. Auch der mit ihnen Begabte bleibt grundsätzlich im Bereich der sarx, bleibt alter natürlicher Mensch. Gott gibt sie mit ungleichem Maß und bewirkt und ermöglicht dadurch menschliche Kommunikation, er läßt sie in vielfältiger Gestalt zuteil werden und befähigt und ermächtigt so einzelne zur Ordnung und Gestaltung der menschlichen Sozietät. Die Verleihung von Gaben des Heiligen Geistes ist eine Form des erhaltenden Tuns Gottes. Sie sind Zeichen, in denen Gott der Erhalter zeigt, daß er sich nicht von der Menschheit zurückgezogen und sie sich nicht selbst überlassen hat. Es sind Gaben zur Bewahrung der gefallenen Menschheit vor dem Zerfall, damit Raum sei für die Verkündigung des rettenden Evangeliums. Sie sind darum von zeitlicher Dauer. Im Eschaton werden sie nicht mehr sein. Die eschatologische Gabe des Heiligen Geistes indessen, die den Menschen herausreißt aus der Herrschaft der sarx und ihn zur neuen Kreatur macht, wird zuteil allein durch den Mittler Jesus Christus" (W.KRUSCHE).[146]

Stärker als Luther versteht Calvin die **Kirche** als den *geistdurchwalteten Leib Christi*. Der Heilige Geist, der vom Haupt her den Leib durchströmt, ist das *Prinzip der Einheit* wie der *Gegliedertheit* des Leibes. Als Kindschaftsgeist bewirkt er die Einheit des pneumatischen Organismus, als Charismengeist die Gliederung des Leibes Christi. Die Differenzierung zeigt sich sowohl in einer großen *Vielfalt* der Gaben, wie auch in der Mitteilung *in unterschiedlichem Maß*. In dieser Unterscheidung sind die Glieder *beständig aufeinander angewiesen* und *zugleich vom Haupt abhängig*, das den Geist und die Gaben in vollem Maße besitzt, d.h. eine pneumatische Autarkie oder Verselbständigung eines Charismas kann es nicht geben.[147]

Die *charismatische Gliederung* des Leibes steht für Calvin in engster Verbindung mit der **Ordnung der Ämter**, deren Ausübung diese ja erst bewirken. Ämter sind nicht ohne *charismatische Begabung* denkbar, was Calvin aber *nicht* mit irgendwelchen *enthusiastisch-außerordentlichen* Vorstellungen verbindet. - Indem der Heilige Geist Gaben zur Leitung und Auferbauung der Kirche gibt, regiert er selbst die Kirche. *Die Gemeinde, die den Geist hat, erkennt* den geistbegabten Charismatiker als Amtsträger *an* und *unterstellt sich* als dem Heiligen Geist. - Die ordinatorische **Handauflegung** versteht Calvin als *bestätigendes Zeichen, nicht aber als Übertragung von Geistesgaben,* was als magische Kraftübertragung mißverstanden werden könnte. - Der Gehorsam, den die Gemeinde erweist, ist *nicht unkritisch,* sondern mit der Gabe der Geisterunterscheidung begabt, prüft sie alle Lehre an der Heiligen Schrift, dem lapis lydius. Der Heilige Geist leitet die Kirche *nicht* so, daß er neben und außerhalb der Schrift *neue Lehre* offenbart, sondern durch *immer neues Eröffnen* der apostolischen Lehre mittels der Auslegungsgabe.[148]

Die *Fülle* der Geistesgaben war der Kirche nach Calvins Sicht *nur für die erste Zeit gegeben,* zum Schmuck des Anfangs des Reiches Christi und um dem neuen Evangelium zu Ansehen zu verhelfen. Die Äußerungen im Kommentar zu Act 10,44, nach denen es so klingt, als ob die Charismen überhaupt aufgehört hätten und der Kirche nur der Kindschafts- bzw. Wiedergeburtsgeist geblieben wäre, betreffen die besonders auffälligen, *wunderhaften Gaben* (Heilung, Prophetie, Glossolalie, Exorzismus u.a.). Nirgendwo bietet Calvin aber einen Katalog dieser *zeitlich befristeten* Charismen. Er sieht Paulus im Katalog von I Kor 12,6ff gerade nicht die wunderhaften Gaben durchgehen. "Calvin hat es offenbar nicht gewagt, bestimmte Geistesgaben als nur noch historisch interessant hinzustellen. Und man wird hier unter keinen Umständen entschlossenere Aussagen machen dürfen: weder ist zu lehren, daß zu allen Zeiten die gleichen Geistesgaben in der Kirche da sein müßten, noch ist zu behaupten, daß bestimmte Geistesgaben (z.B. die Glossolalie!) für alle Zeiten erloschen seien und nie mehr in der Kirche in Erscheinung treten dürften... Calvin scheint die Verminderung der Geistesgaben im Blick auf den vielfältigen Reichtum zu Beginn des regnum Christi nicht als einen Mangelzustand der Kirche zu bewerten, und doch rechnet er andererseits damit, daß bestimmte Gaben der Kirche entzogen worden sind, weil sie mißbraucht wurden" (W.Krusche).[149]

Im Blick auf *besondere Geistesleitungen* ist Calvin ähnlich *restriktiv* wie Luther. Auch er verweist in dieser Frage zurück auf Schrift, Dekalog, Beruf, Umstände und Schicksal. Für Calvin ist grundlegend, daß der Heilige Geist zum Gehorsam gegen Gottes Gesetz befähigt. Der Christ bewährt sich durch Gehorsam gegenüber dem in der Heiligen Schrift offenbarten Gotteswillen. Besondere Geistesleitungen können nicht an diesem vorbeiführen oder ihm zuwiderlaufen. Calvin wendet sich gegen "Geistschwärmer", die die Meinung vertreten, man solle sich ganz dem Geist überlassen, er würde schon nicht Verkehrtes eingeben und die zugleich unsittlich leben (Inst.III 3,14).

Die Führungserfahrungen der Patriarchen, auf die er in der Schriftauslegung stößt, erkennt Calvin an, betont aber deren singulären Charakter, gab es doch zur Zeit der Erzväter noch kein Gesetz. Calvin warnt davor, aus diesen Einzelfällen Folgerungen allgemeiner Art zu ziehen. Ähnlich ist seine Meinung auch im Blick auf die Berichte der Evangelien und Apostelgeschichte. In der Apostelzeit bedurfte es besonderer Führungen und Machterweise zur Ausbreitung des Evangeliums. - Da Calvin ohnehin nur 6 bis 7 mal in Ich-Äußerungen spricht, gibt es keinen Hinweis auf eigene Führungserfahrungen. Aus seinen Gebeten wird jedoch deutlich, was er darunter versteht: der Heilige Geist macht klar, was ein bestimmtes Gebot oder eine Anweisung der Schrift in einer konkreten Situation meint. Er lenkt das Herz und macht bereit zum Gehorsam. Genau hierfür, zum rechten Erkennen und zum Tun, ist es nötig, um den Geist zu bitten. In diesem Sinn rechnet Calvin sehr wohl mit Geistesleitung, hat aber kein besonderes Interesse am Außergewöhnlichen und Sensationellen.[150]

Noch grundsätzlicher als Luther versteht Calvin *Prophetie* als geistgewirkte, vollmächtige *Schriftauslegung*. Da die Offenbarung in Christus zu Ende gekommen ist bedarf es jetzt nur noch deren rechter Auslegung (vgl. Kommentierung von Joh 16,12-14 und Hebr 1,1f). Dieses Verständnis zeigt sich auch überall da, wo er die neutestamentliche Prophetie behandelt (vgl. etwa die Kommentierung von Röm 12,6). Prophetie ist für ihn das richtige Verstehen der Schrift und besondere Fähigkeit zur Auslegung, wie sie durch die (ordinierten) Diener des Wortes geschieht. Derselben Meinung ist nach ihm auch Paulus, wenn er in I Kor 14 den Wunsch äußert, alle in der Gemeinde möchten prophezeien. Calvin sieht das prophetische Amt durchweg in dem des "Doktors", des theologischen Lehrers und Schriftauslegers. Das Apostelamt sieht er aufgegangen in dem Amt des Pastors, des Hirten der Gemeinde. Daß Calvin im Unterschied zu Zwingli die Prophetie nicht zu den bleibenden Ämtern rechnete, hängt u.a. mit seiner antitäuferischen und antischwärmerischen Haltung zusammen.[151]

0.3 Zur weiteren Geschichte der Behandlung der Fragen von "Charisma und Unterscheidung"

Das Charismatische und die damit verbundene Frage der "Unterscheidung der Geister" war im Verlauf der Geschichte der protestantischen Theologie *kein Gegenstand ausführlicher Behandlung*. Weder für die systematische noch für die praktische Theologie spielte dieser Themenkreis eine zentrale Rolle.[152] Nur hier und da wurden die Fragen am Rande gestreift, meist in der Reaktion der verfaßten Kirche auf enthusiastisch-charismatisch ausgerichtete Heiligungs- und Erweckungsbewegungen. Vorherrschend war dabei die polemische Abgrenzung im Rückgriff auf die Kategorien der Reformatoren bzw. mehr noch der orthodoxen Schultheologie. Das spiritualistisch-unmittelbare Element, die in den Bewegungen vorkommenden Frömmigkeitsmotive, Gemeindeformen und außerordentlichen

Erscheinungen wurden als "Schwärmerei" und gefährliche Bedrohung von Glaube und Kirche abgewiesen.

Die von der röm.-kath. Theologie (Th.v.Aquin) in die protestantische Orthodoxie übernommene Sicht der Charismata als *"peculiare privilegium ecclesiae apostolicae et primitivae"* wurde im Bereich des Pietismus und später der Erweckungsbewegung nicht prinzipiell geteilt. Wohl ging man von einer heilsgeschichtlichen Sondersituation der apostolischen Zeit aus, aber einer Einschränkung des Extraordinären auf diese konnte man nicht folgen. Der kirchliche Pietismus teilte mit dem radikalen Flügel die Überzeugung, daß es *neben dem "ordentlichen", vermittelten Geisteswirken* (durch Schrift/ Wort, Sakrament, Amt) *auch ein "außerordentliches"* Reden und Wirken des Geistes geben kann. Im Unterschied zum radikalen Flügel war man im Blick auf die extraordinären Phänomene aber zurückhaltend und setzte theologisch bei der Schrift und nicht grundsätzlich spiritualistisch an. - Die Frage der (extraordinären) Charismata wurde betont herausgestellt von den "Katholisch-apostolischen Gemeinden" ("Irvingianismus") seit der Mitte des 19.Jhs. und dann vor allem durch die Pfingstbewegung seit ihren Anfängen zu Beginn des 20.Jhs.

Während die **Orthodoxie** die Frage, ob Gott sich noch heutigen Tages durch Visionen den Menschen offenbare, durchweg *verneint* hatte, wurde im **Pietismus** *grundsätzlich bejaht,* daß sich Gott durch Träume, Gesichte und innere Eingebungen auch noch heute mitteilen könne. Dies sei zwar nicht der Normalfall, aber in Gottes Souveränität möglich. Spener und Francke beriefen sich dabei auf Ausführungen Luthers zu den Träumen Josephs in Gen 37. Mit der grundsätzlichen Bejahung und den konkreten ekstatisch-visionären Vorgängen bei einigen Einzelgestalten ihrer Zeit stellte sich für die führenden Pietisten die Aufgabe einer "Unterscheidung der Geister". So führte *Ph.J. Spener* etwa im Blick auf die Visionen der Rosamunde von Asseburg aus, daß bei solchen Vorgängen allgemein zu prüfen sei, ob: 1) bewußter Betrug, und damit ein *menschlich-natürlicher Ursprung* vorliege; 2) eine wirkliche *Verführung durch den Teufel* gegeben sei und man es mit einem falschen Propheten zu tun habe; 3) *krankhafte, unbewußte Regungen der Seele* die Ursache seien; 4) es sich um eine *wirkliche göttliche Mitteilung* handle.[153] Obwohl die pietistischen Theologen in die speziellen Frage außerordentlicher Offenbarungen nicht die orthodoxe Position vertreten, bildet das orthodoxe Lehrsystem insgesamt dennoch auch ihr tragendes Fundament. *A.H. Francke,* der in den Anfängen der pietistischen Bewegung visionären Erscheinungen in Quedlinburg gegenüber sehr aufgeschlossen war, hat zwanzig Jahre später ganz im Sinne der Orthodoxie geurteilt und die aufsehenerregenden camisardischen Exil-Propheten abgewiesen.[154]

Für die Mitbeteiligung der Laien in seinem Reformprogramm berief sich Spener ausdrücklich auf I Kor 14. Über die relative Korrektur des pfarramtlichen Redemonopols und der gottesdienstlichen Monostruktur durch die *"collegia pietatis"* hinaus entwickelte er aber *keine Programmatik* des Supranaturalen bzw. der Charismata oder des charismatischen Gemeindaufbaus anhand von I Kor 12-14. Sein Hauptinteresse lag nicht bei auffallenden äußerlichen Manifestationen und Machttaten des Heiligen Geistes als vielmehr bei dessen innerlich-geistlichen und lebensverändernd-ethischen Wirkungen.[155]

Die Sicht der älteren protestantischen Theologie, die lukanischen und paulinischen *Charismata* seien eine *zeitlich begrenzte historische Erscheinung* gewesen und bereits die Alte Kirche habe sie als *"peculiare privilegium ecclesiae apostolicae et primitivae"* verstanden (Gisbert Voetius), bestimmte in Lehre und Praxis den weiteren Weg der evangelischen Christenheit.[156] In der Folge der *aufklärerisch-rationalistischen Abwehr des Wunderhaften* verengte sich die Fragestellung und die Diskussion um den natürlichen bzw. übernatürlichen Charakter der Gnadengaben (F.Chr.Baur).[157] Die Interpretation der Charismen als jedem zum Christsein mitgegebene natürliche Anlagen bzw. Tugenden (so F. Schleiermacher) entsprach einem zunehmend ethisch orientierten Kirchenverständnis.[158]

Historisch ist die Position der Beschränkung der Charismata auf die Apostelzeit wohl nicht zu halten. Die Quellen bezeugen Verbreitung und Hochschätzung des Charismatischen auch danach bis in die erste Hälfte des 3.Jhs. In der zweiten Hälfte treten die Charismata dann aber deutlich zurück: "*In the first half of the third century, things change. We still find evidence that Latin-speaking Christians in the West were familiar with the gifts and open to unusual manifestations of God's presence. Nevertheless, we have to admit, that even in the West there were Christians who raised more than one eyebrow over the gifts. In the Greek East we hear of only 'traces' and we see that what people understand the gifts to be has changed. It is clear that the importance granted to spiritual gifts was passing. This impression is heightened when we realize that a much lower proportion of authors talk about the gifts in this period than before A.D.200. The gifts just did not occupy the place in the life and the thinking of the Church that they once had*" (R.A.Kydd).[159]

0.3.1 Die Frage des Charismatischen und der Charismata

In den *Erweckungsbewegungen des 19.Jahrhunderts* kam es verschiedentlich auch zu *Neuaufbrüchen* von Charismen, so etwa bei den Einzelgestalten *J.Chr. Blumhardt*[160]und *W. Löhe*.[161] Für beide waren die charismatischen Vorgänge aber mehr Begleiterscheinung ihres Dienstes und kein Hauptthema. Geistesgaben bewerteten beide als wichtig und unentbehrlich für die Ausbreitung des Reiches Gottes, aber keiner entwickelte eine Programmatik der Charismen oder des charismatischen Gemeindeaufbaus. Die charismatischen Erfahrungen der beiden Blumhardts und Löhes wirkten anregend auf das kirchliche Leben, vermittelten auch der Theologie Impulse, aber sie hatten keine Breitenwirkung, die zu einer grundlegenden Neubeschäftigung mit der Thematik geführt hätte.

J.Chr. Blumhardt d.Ä. kam von einer überwältigenden Geisterfahrung in seiner Gemeinde her, in der es im Anschluß an die Befreiung der Gottliebin Dittus von dämonischen Mächten zu einer weit ausstrahlenden Buß- und Erweckungsbewegung kam. Ganz unspektakulär ereigneten sich in diesem Kontext und später in Bad Boll vielfältige wunderbare *Heilungen*.

Die kräftigen Geistwirkungen wie sie im Neuen Testament zu finden sind und sein eigenes Erleben ließen Blumhardt die Armut und Geistvergessenheit im kirchlichen Leben besonders empfinden und weckten die *Hoffnung auf eine umfassende Geistausgießung*, um die er beständig betete. Fast jede Predigt endet mit der Bitte um ein erneutes Geisteswirken. In seiner Verkündigung differenzierte er zwischen dem *Heiligen Geist als Gabe*, wie er in den Diensten und in der Tradition der Kirche gegenwärtig ist (die "seligmachende, wiedergebärende Macht" als "soteriologische applicatio ad hominem"/ G. Sauter) und dem *Heiligen Geist als Person*, der als "Pfingstgeist" immer neu über die Kirche ausgegossen werden muß. *Hauptbestimmung* des "Pfingstgeistes" ist das *Wachstum und die universale Vollendung des Reiches Gottes*. Wohl sah Blumhardt Gott in der Geschichte hin und wieder durch einen "Mann Gottes" außergewöhnlich handeln, aber solches Charisma blieb die Ausnahme und war nicht das in Joel und an Pfingsten verheißene Wirken an vielen oder sogar allen. Blumhardt rechnete mit einer besonderen "*Heilszeit vor dem Ende*", die auf das Kommen Christi bereitet und durch eine *endzeitliche Verstärkung der Geistesgaben* eine universale Erneuerung und das Kommen der Herrschaft Gottes beschleunigt.

Nirgends entfaltet Blumhardt die einzelnen Charismen näher. Seine eigene besondere Gabe war die des *Glaubens* und der *Heilung*. Allem Drängerischen und Übertriebenen war er abhold. Seine ausgesprochen *nüchterne Art und antienthusiastische Haltung* zeigt sich u.a. in seiner oft sehr trockenen, zupackenden Seelsorge (So etwa: Sein Umgang mit einem bestaunten Knabenprediger und einer Frau, die sich durch Lichterscheinungen besonders begnadet vorkam).[162] - Oder seine Antwort an den Vater von Johannes Seitz, der Blumhardt von erstaunlichen Lichterlebnissen und einer Heilandserscheinung berichtete: "Da sagte ihm Blumhardt: *Seitz, Seitz, was hast du denn dabei gedacht? Du hast doch gedacht, jetzt muß ich doch etwas Besonderes sein. Und mein Vater hat es auch nicht geleugnet. Blumhardt sagte meinem Vater, wenn du glaubst, daß das Sternlein etwas Göttliches war, und daß das der Heiland wirklich war, da kannst du einen Luziferfall tun. Der Christus ist ein Teufel gewesen, der sich in Lichtsgestalt verkleidet hat, und das ist nur Futter für den Hochmut, der nicht sterben will*".[163]

Wilhelm Löhe hat als konfessionell lutherischer Vertreter der Erweckungsbewegung vielfältige Impulse für die Seelsorge, die Liturgie, Diakonie und Mission der Kirche gegeben. Sein Hauptwirkungsort war Neuendettelsau, wo er zunächst als Pfarrer und dann im Rahmen der von ihm gegründeten Diakonissenanstalt tätig war. Auch Löhe war charismatisch begabt. So wird von *Heilungen, Befreiungen von dämonischer Gebundenheiten und außerordentlichen Gebetserfahrungen* berichtet. Allerdings war dies nicht so ausgeprägt wie bei Blumhardt und führte auch nicht zu einem speziellen Dienst. Löhe kam ganz stark vom Kirchengedanken, von Schrift und Bekenntnis, Amt und Sakrament her. In diesem Rahmen glaubte er in gewissem Maß an eine Fortdauer der Charismen. Dem nach Jak 5 befohlenen *Amtsgebet am Krankenbett* schrieb er eine besondere Kraft und Erhörlichkeit zu. Hierfür hat er auch einen liturgischen Versuch vorgelegt.

Was die **Charismen** angeht, vertritt Löhe *einerseits traditionelle Positionen andererseits weitet er diese.* In seiner Schrift "Drei Bücher von der Kirche" stellt er im Gegenüber zur katholischen Sicht u.a. heraus, daß *Wunder oder Weissagungen nicht Kennzeichen der wahren Kirche* sein können. Wohl waren sie bei der Einführung der Kirche ein begleitendes Mittel der Ausbreitung für die Schwachen, nach ihrer Installation aber wurden sie weniger. Hinzu kommen die Warnungen der Schrift vor Verführung. Löhe gesteht gerne zu, daß Gott *auch heute noch Wunder tun kann,* um seine himmlische Wahrheit zu bestätigen. In der Schrift finde sich nichts, was hiergegen spricht. Eine Prüfung der Dinge ist aber unumgänglich und die unverbrüchliche Regel, daß *wahre Wunder nur zum Besten der reinen Lehre* geschehen, muß festgehalten werden. Ohne die längst bekannte reine Lehre des Gotteswortes beweisen weder Wunder noch Weissagungen etwas. "*Sie bedürfen erst der Sichtung und eines Kriteriums, welches eben in dem reinen Worte und dem wortgemäßen Bekenntnis der Kirche liegt. Sie legen kein klares Zeugnis ab; sie fordern ihrer Natur nach zur Prüfung auf - und das um so mehr, als die Kirche diese ungewissen Zeugnisse nicht einmal alleine hat, sondern Ketzer, Heiden und der Antichristus sich derselben auch rühmen und rühmen werden*". - *Auch die lutherische Kirche* könne, wie die katholische, *eine Fülle von wunderbaren Erfahrungen* anführen. Daß Löhe *auch in der Gegenwart* mit solchen rechnet, zeigt seine Aufforderung an die Diener der Kirche: "*Es ist Zeit, daß man Gottes Wort und Gebet gebrauche und das Kirchengebet zum Segen aller Leidenden übe! Die vorhandene Gabe kann schlafen, aber auch erweckt werden*" (GW 5/1, S.154-157). Besonders im Blick auf die Krankenheilung nach Jak 5 ermuntert er zum Glauben (GW 6/2, S.632-634).

In seinen Predigten differenziert Löhe immer wieder zwischen ordentlichen und außerordentlichen Gaben. Entscheidend sind die *ordentlichen Gaben* (bes. die Taufe). Gott gibt sie zu allen Zeiten seiner Kirche, alle können sie empfangen. Sie machen auf ewig selig, sind unentbehrlich und stehen *höher* als alle außerordentlichen (Zeichen, Wunder, Zungenrede). *Außerordentliche Gaben gleißen,* sind zeitlich, *machen herrlich, aber nicht selig.* Auch unbekehrte Menschen können sie haben (vgl. GW 6/1, S.15f.557f.571). - Hier besteht bei Löhe eine Spannung. *Einerseits ordnet er die ordentliche Gaben des Heils klar vor* und stuft die außerordentlichen im Verhältnis dazu zurück. *Andererseits* kann er von den ordentlichen Gaben herkommen dann auch von der Notwendigkeit besonderer Gaben zur Auferbauung der Kirche sprechen und zu glaubender Erwartung einer Erneuerung aufrufen.

"*Keine außerordentliche Gabe macht die ordentliche überflüssig, denn jene macht herrlich, diese aber macht selig - und selig sein ist nötiger als herrlich sein*" (GW 6/2, S.414). - "*Wer darf sagen, daß das Pfingsten der außerordentlichen Gaben höher sei als das der ordentlichen... Die außerordentlichen Gaben können verschwinden, können kommen und wieder gehen, wie es dem Herrn gefällt, weil sie nicht nötig sind zum ewigen Leben, weil sie zwar zur Aufrichtung des Reiches Gottes auf Erden große Dienste taten und tun können, aber die Seligkeit von ihnen nicht abhängt*" (GW 6/3, S.454; Löhe spricht dann weiter vom "Pfingsten des Sakraments": "*Wir sind getauft in früher Kindheit: damals begann unser Pfingsten*"). - "*Wer es mit der Kirche Gottes gut meint, der betet, daß die außerordentlichen Gaben nicht von ihr genommen werden, denn wo sie neben den ordentlichen mit Schwange gehen, da gibt es glückselige Zeiten der Kirche und Gottes Stadt leuchtet auf ihrem Berge weit in die Lande. Wo hingegen die rechten Wundermänner fehlen, da fehlt der Kirche zum mindesten ein äußerliches Gedeihen, welches ihr zum Heile der Menschen doch jedenfalls auch zu gönnen ist*" (GW 6/2, S.747). - "**Die Schrift sagt nirgends, daß die Gabe der Wunder und Weissagung aufhören sollen,** wohl aber können wir aus verschiedenen Zeiten der Kirchengeschichte das Gegenteil aufzeigen, und überdies redet die Weissagung des Alten wie des Neuen Testaments von Propheten, die am Ende der Tage Wunder tun und weissagen sollen. Es kann Menschen, Orte und Zeiten geben, bei denen nach Gottes Beschluß oder durch ihr eigenes Verschulden der Brunnen der ersten Gaben aller-

dings dermaßen versiegt ist, daß man es begreifen kann, wenn die Sage und Rede geht, es gäbe keine Wunder und Kräfte mehr. Der Herr aber kann die Zeiten wieder ändern und wenden, Wunder und Weissagung geben, wenn und wann er will, da er ja nirgends gesagt hat, er wolle und werde es nicht tun" (GW 6/3, S.150). - *"Der Geist ist noch auf dem Plan, und wo der Geist ist, da sind auch seine Gaben. Man sagt: die Erde verliert nichts; auch die Kirche verliert nichts von den Schätzen, die der Herr ihr anvertraut hat. Es ist mit den Geistesgaben wie mit dem Meere; da wechselt Ebbe und Flut. Gott kann wieder größeren Reichtum der Geistesgaben geben. Man kann nach den Gaben streben (V.31); des Strebens bester Teil aber ist das Gebet. Um eine Gabe sollte in Sonderheit eine Genossenschaft von Diakonissen an Pfingsten beten; nämlich um die Gabe der antiläpseis ('Helfer'; V.28). Die antiläpsis ist die Gabe der Diakonie".*[164]

(Ganz ähnlich wie Löhe geht auch *A.F.C.* Vilmar im Rahmen seines konfessionellen Kirchen-, Amts- und Sakramentsverständnisses von der *Möglichkeit einer Erneuerung der Gnadengaben* aus. Hierbei bedauert er besonders den achtlosen Umgang der evangelischen Kirche mit der *Firmung*, deren Bedeutung als Geistverleihung bzw. als Einpflanzung von Charismen ganz verlorenging.)[165]

Die Arbeit von *M. Lauterburg* "Der Begriff *des Charisma und seine Bedeutung für die Praktische Theologie"* (1898) fand zwar exegetische und theologiegeschichtliche Beachtung, nicht aufgenommen jedoch wurde seine Forderung, die Praktische Theologie insgesamt als "Lehre von den durch die Charismen vermittelten Thätigkeiten zur Erbauung der Gemeinde Christi" zu konzipieren, bzw. sein Postulat, Praktische Theologie sei ihrem Wesen nach *"nichts anderes als Charismatik".*[166]

Breit aufgenommen wurde der Einzelaspekt des Charismatischen als freies, dynamisches Element und Strukturprinzip von Kirche. Dies geschah vor allem *exegetisch und dogmengeschichtlich* in der kontroverstheologischen *Diskussion um das Verhältnis von Charisma und Amt, Geist und Recht* (A. Harnack, R. Sohm), bis in die Gegenwart.[167] Die *drei Grundpositionen*, die bis heute vertreten werden und im Ringen miteinander stehen, sind: a) die *Vorordnung* des Charismatischen, b) die *Harmonisierung* von Amt und Charisma, und c) die *Vorordnung* des Amtes.[168]

Nach dem zweiten Weltkrieg hat die neutestamentliche EXEGESE, angeregt durch die Gemeindeerfahrung im Kirchenkampf, die *paulinische Ekklesiologie* intensiv bearbeitet und die "*charismatische Gemeinde"* entdeckt.[198] In der exegetischen Literatur stößt man auf vier *Deutungstypen der paulinischen Charismenlehre:*[170] a) eine an der Rechtfertigungslehre orientierte *"ethische" Deutung,* die den Begriff auf alle Lebensbereiche ausdehnt; b) eine *"christologische" Deutung,* in der die speziellen Charismata von Christus als dem einen und entscheidenden Charisma her relativiert werden; c) eine *"situationsbezogene" Deutung,* in der Korinth als untypischer Ausnahmefall und seine enthusiastischen Erscheinungen als zeitlich befristetes Durchgangsstadium angesehen werden; und d) eine *"hierarchische" Deutung,* die, ausgehend von der Ämteraufzählung in I Kor 12,28, von einer heiligen Rangordnung spricht.

Eine verstärkte Beschäftigung mit Fragen der Pneumatologie und der Charismatik bewirkte die Begegnung mit den orthodoxen Kirchen im Rahmen der ÖKUMENISCHEN BEWEGUNG, die Impulse des II.Vatikanum, das weltweite Wachstum der Pfingstbewegung und das Aufkommen der charismatischen Bewegung mit ihrer Betonung bestimmter Geisterfahrungen.[171] Inzwischen ist aus der in der Vergangenheit beklagten "*Geistvergessenheit"*,[172] zumindest was die populäre, aber auch fachtheologische Literaturproduktion angeht, eine "*Geistüberflutung"*[173] geworden, ohne daß damit die "pneumatologische Unterentwicklung" überwunden ist.[174]

Die Behandlung in systematischen Entwürfen

In den DOGMATIKEN *bis zur Jahrhundertmitte* war die Pneumatologie mit wenigen Ausnahmen eher nebenbei, untergeordnet unter Haupttopoi behandelt worden, etwa im Rahmen der Trinitätslehre, der Ekklesiologie, der Lehre von der Heiligen Schrift oder der Gnadenlehre. Bezugnahmen auf Charismatik und Enthusiasmus waren eher beiläufig und meist sehr kurz.

Karl Barth hat zwar *keine ausgeführte Pneumatologie* vorgelegt, *dennoch* finden sich in seiner "Kirchlichen Dogmatik" *eine ganze Reihe von Abschnitten zu Person und Wirken des Heiligen Geistes.* Insgesamt spielt das pneumatologische Moment - gerade nicht zu verwechseln mit enthusiastischen Erlebnissen - in seinem Bemühen, den bewußtseins- und erfahrungstheologischen Ansatz Schleiermachers und der ihm typologisch verwandten Richtungen zu überwinden, eine entscheidende Rolle.[175] Gegen subjektivistische und unmittelbar-enthusiastische, aber auch kirchlich-sakramentalistische Mißverständnisse und Vereinnahmungen stellt Barth die *Christus- und Wortgebundenheit* des Geistes und die *objektive Dimension* des Geisteswirkens heraus. Der Heilige Geist ist weder der Heilsbesitz der Kirche noch außerordentliche charismatische Begabung noch beeindruckende menschliche Geisteskraft.[176] Bei allen seinen Wirkungen bleibt er freies gottheitliches Gegenüber.

Faßt man die Gesamtentwicklung Barths ins Auge, könnte man vom Subjekt-Objekt-Schema her auch für die Pneumatologie vereinfacht sagen, daß der frühe Barth gegenüber dem anthropologischen Subjektivismus theozentrisch das Objektive der Gottesoffenbarung herausarbeitet. In der mittleren Schaffensphase denkt er in christozentrischer, christusbezogener objektiv-subjektiver Zuordnung, während in der Spätphase die subjektive Fragestellung stärker ins Blickfeld rückt, ohne daß er den offenbarungstheologischen Ansatz verläßt.[177]

Im Rahmen der *Offenbarungs-* bzw. *Trinitätslehre* (KD I/1; I/2) beschreibt Barth den Heiligen Geist als den "Erlöser", als *"die subjektive Wirklichkeit"* und *"subjektive Möglichkeit"* der Offenbarung, "die subjektive Seite im Ereignis der Offenbarung", als "*Gott selbst, sofern er... dem Geschöpf gegenwärtig sein und... die Beziehung des Geschöpfes zu ihm selbst realisieren und... dem Geschöpf Leben verleihen kann".*[178]

Betonung der Christus- bzw. Wortgebundenheit und des eschatologischen Verweischarakters des Geistes

Barth betont, daß der Geist zwar nicht einfach mit Christus identisch, aber gleichwohl *der Geist Christi, des Wortes,* und keine über Christus hinausgehende selbständige Offenbarung, Erleuchtung oder Bewegung des Menschen ist.[179] Gegen die Gefährdung, den Geist isoliertunmittelbar mißzuverstehen, stellt Barth die Rückbindung an Christus, das Wort heraus. Gegen individualistisch-enthusiastische oder kirchlich-sakramentalistische Vereinnahmungen betont er die *objektive Dimension* gerade auch in der "subjektiven" Offenbarung.[180] Hinzu kommt die Erinnerung an das *eschatologische Moment* der Geistwirkung, an das Noch-nicht-vollendet-Sein des "Habens", die wesensmäßige *Glaubens-* und *Hoffnungsgewißheit*.[181] Die beim Menschen feststellbaren Wirkungen sind zwar nicht zu verachten, aber sie sind bestenfalls zeitliche, vergängliche *"Zeichen"*, aber nicht in sich selbst unzweideutig.

Festhalten am Filioque

Sein Festhalten am *Filioque* begründet Barth u.a. mit der nach seiner Sicht unvermeidlichen Konsequenz des exklusiven "ex patre", daß die Beziehung des Menschen "*entscheidend unter dem Gesichtspunkt Schöpfer und Geschöpf verstanden wird und dann einen mehr oder weniger ausgeprägt naturalistischen, unethischen Charakter bekommt, sodann: daß diese Beziehung nach Beiseitestellung des Offenbarungsmittlers, des Sohnes oder Wortes als des Grundes, von dem sie her ist, die Art einer unmittelbaren, direkten Beziehung, eines mystischen Einswerdens mit dem principium et fons Deitatis annehmen wird".*[182]

Abgrenzung gegen spiritualistisch-subjektivistische Irrwege und Fehlinterpretationen

Das berechtigte Anliegen des "*Subjektivwerdens der Offenbarung*" sieht Barth etwa im franziskanischen Geistchristentum gerade gegen die Einheit des Geistes mit Christus gerichtet, mit der Konsequenz einer allgemein-religiösen bzw. anthropologischen Umdeutung.[183] Barth stellt sich ganz auf die Seite Luthers, dessen Kampf gegen Papsttum und Schwärmer er als Kampf um die Einheit von Christus und Geist bzw. die objektive Dimension des Heils versteht.[184] Dem Neuprotestantismus wirft er vor, "*daß er eine Erkenntnis und ein Leben aus dem Heiligen Geist der Erkenntnis und dem Leben des Glaubens an Christus als ein selbständiges Thema gegenüberstellte*".[185] Das "*Nebenthema*" der Seelenvorgänge trat an die Seite des "*Hauptthemas*" und wurde wichtiger als dieses selbst.[186] Barth sieht es in diesem Zusammenhang als schreckliches Mißverständnis an, wenn man die Anteilnahme des Menschen an der Offenbarung Gottes in Richtung von *Entrückungs- und Trancezuständen* versteht. "*Solche Zustände gibt es freilich, wenn auch nur als Aufhebungen des Identitätsbewußtseins. Aber schon darum, weil sie nur das sind, sollte man das Wunder der göttlichen Möglichkeit nicht nach der Art solcher außergewöhnlichen, aber eben gerade nicht wunderbaren Phänomene interpretieren... Selbst wenn mit solchen Aufhebungen des Identitätsbewußtseins... zu rechnen wäre, müßte, wenn es um das Wunder dieses Empfangens als solches geht, nachdrücklich gesagt werden: dieses Wunder geschieht an dem in Wirklichkeit mit sich **identischen** Menschen. Es geschieht nicht an einem außer sich Seienden - auch die Lehre vom Heiligen Geist darf sich keines Doketismus schuldig machen - sondern es geschieht an dem bei sich selbst: sich selbst Seienden*".[187] Die Anteilnahme vollzieht sich im eigenen Erleben und Tun, "*in jenem Akte unserer Selbstbestimmung, den wir unsere menschliche Existenz heißen*", sie hat nichts zu tun "*mit einem magischen Einbruch übernatürlicher Faktoren und Kräfte in den zusammenhängenden Vollzug unseres leiblich-seelischen Menschenlebens*". Auch wenn sie eine "*Begrenzung und Unterbrechung*" der Existenz bedeutet und diese "*ein Außen, ein Gegenüber*" bekommt, "*von dem sie bestimmt wird, und zwar total bestimmt wird: aber eben **bestimmt** als Akt unserer Selbstbestimmung in der Totalität seiner Möglichkeiten*".[188] Weder passiv-rezeptive noch aktivspontane Haltung, weder Unsicherheit oder Verzweiflung noch gesteigerte oder normale Befindlichkeiten auf seiten des Menschen können als Anbahnung geltend gemacht werden. Sie dürfen nicht mit der von außen kommenden Wirklichkeit der Offenbarung in ursächlichen Zusammenhang gebracht werden. "*Jene Anteilnahme an der göttlichen Möglichkeit bedeutet nicht, daß innerhalb unserer Existenz irgendwo sozusagen ein leerer Raum entstünde, wo wir uns nicht zu verantworten und also nicht zu beaufsichtigen hätten, sondern irgendwie gehen und treiben lassen könnten in der Annahme, daß dort nun eben die uns gegebene göttliche Möglichkeit eingreifen werde. Was so entsteht und besteht, ist jene enthusiastische Magie oder jener magische Enthusiasmus, der sich zu der uns durch die Ausgießung des Heiligen Geistes gegebenen Möglichkeit verhält wie Götzendienst zu Gottesdienst, der sich freilich sowohl mit der Lehre von der eingegossenen Gnade wie mit der Lehre von der Offenbarungsmächtigkeit des natürlichen Menschen nur zu nahe berührt*".[189]

In seiner **Versöhnungslehre**, in der er die Dreiämterlehre (*priesterliches, königliches und prophetisches Amt Christi*) und die traditionelle Zweiständelehre (*Erniedrigung und Erhöhung Christi*) kunstvoll miteinander verschränkt, entfaltet Barth die Kirche unter den Stichworten *Versammlung, Erbauung, Sendung* und das Leben des einzelnen Christen unter den Aspekten *Glaube, Liebe, Hoffnung* vom Heiligen Geist her als subjektive Realisierung der von Christus bewirkten Versöhnung (KD IV/1-3).[190] In diesen Passagen findet sich keine selbständige, herausgehobene Thematisierung des Charismatischen, aber eingebunden in übergeordnete Gesichtspunkte nimmt Barth exegetisch und theologisch relativ breit auch zur Frage der Charismata Stellung.[191] Von Barths Abscheu vor den Niederungen der Seelenvorgänge her ist eine detailliertere phänomenologische Entfaltung aber nicht zu erwarten.

Sowohl mit der architektonischen Anordnung wie explizit stellt Barth auch in der **Versöhnungslehre** den engen Zusammenhang des Geisteswirkens mit Person und Werk Christi heraus.[192] Der Heilige Geist ist die Macht, in der Jesus Christus sich erweckend, belebend und erleuchtend selbst *bezeugt*. Weder die christliche Gemeinde noch der einzelne Christ kann sich des Geistes bemächtigen, ihn besitzen, über ihn verfügen, sein Werk steuern und meistern. Er macht den Menschen frei und bleibt dabei zugleich diesem gegenüber frei.[193]

Der Leib ist von Ewigkeit her Leib und nicht erst durch die Geistausgießung

Im Zusammenhang längerer Ausführung über "das Sein der Gemeinde" als "Leib Christi" betont Barth die objektiv-ewigkeitliche Vorgabe der subjektiven Realisierung durch den Geist: *"Nicht dieses Ereignis und also nicht der Pfingstgeist, nicht die Fülle seiner Gaben, nicht der durch ihn erweckte Glaube, nicht die sichtbaren, hörbaren greifbaren Folgen der Verkündigung und des Vernommenwerdens des Evangeliums, geschweige denn die Taufe oder das Abendmahl (als sogen. 'Sakramente')* **machen** *die Gemeinde zum Leib Christi, ihre Glieder zu Gliedern dieses Leibes. Sie ist, sie* **sind** *das in Jesus Christus, in seiner Erwählung von Ewigkeit her (Röm 8,29; Eph 1,4). Und sie* **wurde,** *sie* **wurden** *das in Vollstreckung ihrer ewigen Erwählung".*[194]

Einheit und Vielgestaltigkeit des Dienstes

Im Zusammenhang mit Ausführungen zu Sendung und Dienst der Gemeinde greift Barth die Frage der *Formen* des Dienstes und dabei auch den Aspekt von Einheit und Vielgestaltigkeit auf.[195] Er selbst differenziert den Dienst der Gemeinde nach Grundformen des *"Sprechens"* (Gotteslob, Predigt, Unterricht, Evangelisation, Mission, Theologie) und des *"Handelns"* (Gebet, Seelsorge, Vorbild, Diakonie, prophetisches Handeln, Gemeinschaft).[196] Dieser Differenzierung stellt er Überlegungen zu Einheit und Vielfalt des Dienstes voran, die vom paulinischen Bild des Leibes und seiner Glieder (I Kor 12) her kommen. Von Ursprung, Inhalt und Gegenstand des Zeugnisses her ist eine *konkrete* Einheit gegeben, die in ihrer Konkretheit zugleich Einheit in der *Mannigfaltigkeit* der Ausrichtung des Zeugnisses ist. Eine *Aufspaltung* des Tuns der Gemeinde darf es deshalb nicht geben, auch wenn ihr Dienst *nicht uniform,* sondern *gegliedert* und *vielförmig* geschieht. Die durch Gottes Ruf geschaffene Gemeinde ist durch diesen Ruf *eine* Gemeinde, aber nicht monolithischer Block, nicht das Kollektiv eines Ameisenhaufens, sondern ein durch lauter besondere Berufungen und Begabungen in Dienst gestelltes lebendiges Menschenvolk. Nicht in der menschlichen Individualität, sondern in der Mannigfaltigkeit der Berufungen und Begabungen von Gott her ist die Differenzierung begründet.[197]

Neben der "normalen", legitimen Vielfältigkeit gibt es aber auch eine *"abnormale",* die den Dienst gefährdende und weithin verhindernde *Vielförmigkeit,* die Barth als *"nicht von oben, sondern von unten"* stammend kennzeichnet, *"aus der menschlichen Natur und ihrer Verderbnis".*[198] Gerade die besondere Berufung und Begabung der Einzelnen wird zur Versuchung, das Eigene in seiner Natürlichkeit selbständig zur Geltung zu bringen, wodurch aus Gliederung *Spaltung* des Dienstes und Zeugnisses wird. Die normale Gliederung darf und muß sich in besonderen *Arbeits*gemeinschaften entfalten. Nicht alle Christen werden ohne weiteres zu diesen gehören, aber der *besondere* Dienst, das je besondere Denken, Reden und Handeln geschieht in Ausrichtung das allen Christen aufgetragenen Tuns. Neben der grundsätzlichen Bejahung des Besonderen warnt Barth zugleich vor den Gefährdungen der *Eigenmächtigkeit,* der *Separation* und des *Selbstgenusses: "Man sehe wohl zu, ob sich die Bildung solcher innerkirchlicher Richtungen und Gruppen wirklich auf gemeinsam vernommene göttliche Berufungen und Begabungen und nicht bloß auf die Eigensinnigkeit und Eigenmächtigkeit irgendwelcher gemeinsamer Launen und Einfälle begründe! Man sehe ferner wohl zu, daß sich wirklich innerhalb der die ganze Gemeinde umfassenden 'Gemeinschaft des Heiligen Geistes' vollziehe, diese also nicht sprenge, sondern in ihrer besonderen Weise betätige! Separationen, Schismen, Sektenbildungen können, wenn es in dieser Sache mit rechten Dingen zugeht, nicht entstehen. Und man sehe wohl zu - das dürfte das Kriterium der rechten Kirchlichkeit solcher besonderen Gemeinschaftsbildungen sein - daß es sich dabei nicht um untätige, bzw. nur auf die Befriedigung gewisser gemeinsam empfundener seelischer Bedürfnisse bedachte Zusammenrottung von Gleichgesinnten oder Gleichgestimmten, sondern wirklich um Arbeitsgemeinschaften handelt".*[199] Die Charismata sind nicht Besonderheiten des Wohllebens der Gemeinde, sondern ihrer *Tätigkeit.*[200] Neben dem Dienstaspekt betont Barth die *Einheit* und das *Aufeinanderangewiesensein* der Gaben und die Zielvorgabe der *Auferbauung des Ganzen: "Es ist ihnen, d.h. ihren besonderen Vertretern in der Gemeinde, von ihrem Ursprung in Gott, in Christus, im Heiligen Geist her unmöglich gemacht, daß eine von ihnen grenzenlos überhand nehme, alle anderen verschlucke und schließlich sich selbst als den einen Dienst, die eine Dienstgemeinschaft ausgebe und* *geriere. Sie bzw. die einzelnen oder vielen Christen, die sich gemeinsam zu solchem besonderen Tun berufen und begabt finden, haben miteinander der 'Auferbauung des Leibes Christi' (Eph 4,12) zu dienen, sie haben sich also in ihrem Verhältnis zueinander gegenseitig zu bescheiden. Gerade indem sie das tun, wird dafür gesorgt, daß kein Jota von dem, was ihnen im Besonderen anvertraut und aufgetragen ist, dahinfällt, nichts von ihrem besonderen Gesetz und nichts von ihrer besonderen Freiheit verleugnet oder preisgegeben werden muß. Daß alle diese Gruppen mit ihren besonderen Tendenzen sich nur eisern an die Regel halten: sie haben nichts für sich, nicht selbstgenügsam, nicht erobernd, meisternd, unterwerfend, sondern selbstlos zu sein!"*[201]

Gaben als bereichernde Fähigkeiten, Freiheiten und Kräfte für Leben und Dienst in Gemeinde und Welt

Im Abschnitt "Der heilige Geist und die christliche Liebe" (KD IV/2) geht Barth von I Kor 13 aus auch näher auf die *Geistesgaben* ein.[202]   Positiv führt er aus, daß der Heilige Geist "*die belebende Macht*" ist, "*die die Tat des einzelnen Menschen in der christlichen Gemeinde in ihrer Totalität begründet, ermöglicht, verwirklicht, die ihr je ihren bestimmten Charakter und Umfang, je ihre bestimmte Richtung gibt. Er erweckt den Menschen, einen Jeden in der Gestalt und zu der Aufgabe, die er ihm zudenkt. Er beschenkt ihn mit den entsprechenden neuen Fähigkeiten, Freiheiten und Kräften. Er beschenkt mit solcher Begabung des einzelnen Christen die gesamte christliche Gemeinde als solche. Er vertieft und bereichert damit ihr gemeinsames Leben. Er erweitert damit ihre Vollmacht zur Durchführung ihrer Sendung in der Welt*".[203]

Die Gefährdung der Gaben durch das Sündersein des Menschen machen eine Erinnerung an "das Eigentliche" erforderlich

Weil die *empfangenden Menschen* aber *Sünder sind* und sie in ihrem menschlichen Tun vom Geist in Anspruch genommen werden, *sind die Gaben des Geistes gefährdet.* Allzu leicht ereignet sich eine gravierende Umkehrung. Die anvertrauten geistlichen Reichtümer verwandeln sich in den Herzen und Köpfen der Menschen in "*menschliche, geistige, moralische, religiöse Reichtümer..., mit denen ein Jeder umzugehen beginnt, als hätte er sie hervorgebracht, als stünden sie zu seiner Disposition, als dürfte er sie als seinen Besitz, seine Macht, seinen Ruhm für sich in Anspruch nehmen und gegen die Anderen und das, was ihre entsprechenden Besitztümer zu sein scheinen, ausspielen: ohne Rücksicht auf die bestimmt nur relativ größere oder geringere Wichtigkeit des nun gerade ihm Anvertrauten*".[204] Die Konsequenz dieser Grundhaltung ist, wenn auch vielleicht nicht sofort die äußere, so doch die innere Auflösung der Gemeinde, die mehr oder weniger radikale Verkehrung ihres Lebens in das einer säkularen Religionsgemeinschaft sowie "*die persönliche Disqualifizierung der dieser Versuchung erlegenen Christen*".[205] Die *Versuchung* zu solch einer Umkehrung und die *Gefahr* ihrer Konsequenzen scheint *umso größer* zu sein, "*je intensiver das Wirken des Heiligen Geistes, je reicher und mächtiger seine Gaben*" sind. Umso dringlicher stellt sich auch die kritische "*Frage nach dem Eigentlichen*", die durch keine Berufung auf Kraft und Fülle des christlichen Lebens des Einzelnen und der Gemeinde abzuweisen ist. Gerade weil die durch den Geist erweckte Gestalt ihres Tuns eine *menschliche* ist, muß gefragt werden, was dieses Tun als *christlich* auszeichnet. Je intensiver die Erfahrungen sind, umso dringlicher ist es, zum Eigentlichen, "zur Sache *zurückzurufen*". Dieses Eigentliche ist die *Liebe.*[206]

"Theologia comparativa": Relative Bedeutung der Charismen - Fundamentalbedeutung der Liebe

Im Blick auf die korinthischen Vorgänge hält Barth zunächst fest, daß die Echtheit der Gaben von Paulus keinen Augenblick in Frage gestellt wird. Aber gerade im Blick auf ihre Echtheit und damit auf ihre Herkunft vom Heiligen Geist wird die Gemeinde gemahnt, den *einen, einheitlichen Ursprung* des Anvertrauten und die *Zusammengehörigkeit der Glieder* des Leibes Christi nicht aus den Augen zu verlieren (vgl. Kap. 12). In Kap. 14 wird an die größere oder geringere Wichtigkeit und damit nur relative Bedeutung der Gaben erinnert. Das in 12,31 angedeutete und in Kap. 14 durchgeführte Verfahren nennt Barth mit Bengel "*Theologia comparativa*".[207] Mit Kap.13 läßt Paulus gewissermaßen für einen Augenblick die speziellen Ausführungen zu den Charismen eingeklammert hinter sich, um ausdrücklich auf einen Faktor hinzuweisen, der den Schlüssel zum vorher und nachher Gesagten bildet: "*'Und noch darüber hinaus* (über alle Geistesgaben, über alles, was zum rechten Umgang mit ihnen zu sagen ist, hinaus) *will ich euch den Weg zeigen'* (12,31b). Den Weg, den die Christen unter allen Umständen, ob vom Heiligen Geist besonders begabt oder nicht, so oder so begabt, zu gehen haben! Das menschliche **Tun** als solches, das keine besondere, sondern die eine, allen besonderen vorangehende Befreiung und Begabung durch den Heiligen Geist zum Grunde hat: das Tun, dessen Geschehen das Kriterium des rechten Umgangs mit ihnen allen ist! Dieser Weg, dieses Tun, das 'über das Alles hinaus' (*kat' hyperbolen) notwendig, das das **unum necessarium** ist, ist das Eigentliche, nach dem der Christ vor und bei und nach allem Empfangen besonderer Charismen, soll er sie als Gaben der Gnade des Heiligen Geistes gebrauchen, gefragt ist".[208] Mit den Charismen, denen sie hier gegenübergestellt wird, hat die Liebe gemeinsam, daß auch sie "die urbildlich in Jesus Christus verwirklichte, durch den Heiligen Geist auch im Menschen erweckte Freiheit ist".[209]

Reale, reiche Begabung: Äußerung einer lebendigen Beziehung zu Christus, aber nicht als solche unfehlbarer Beweis von Heilsgeschehen

Von der Weite, Höhe und Tiefe der jedem Christen gegebenen Möglichkeiten, in der ihm zugemessenen Weise zu leben, zu wirken, zu handeln, kann man nach Barth gar nicht groß genug denken, weil es die belebende Macht des Heiligen Geistes ist, die dies bewirkt. "Gott erweist sich seinem Volk gegenüber als ein nicht nur gütiger, sondern nobler, freigebiger Herr, von dem viel, Großes und Größtes zu erwarten immer besser sein wird als zu wenig, als nur Kleines".[210] Die christliche Gemeinde kann und muß nach Barth von daher der Schauplatz vieler, ihren eigenen Gliedern und ihrer Umgebung ganz neuer, höchst erstaunlicher, auf außerordentlichen Befähigungen beruhender menschlicher Tätigkeiten werden. Wo von solchen gar nichts wahrzunehmen ist, stellt sich die Frage, ob sich die Christen, die Gemeinde hochmütig und träge der Befähigung entzogen haben und das Verhältnis zu ihrem lebendigen Herrn in Unordnung geraten und zu einer toten, bloß nominellen Beziehung geworden ist. Über die Realität dieser Beziehung aber kann eine solche Begabung nicht entscheiden. Selbst wenn eine solche Begabung echt ist und ihre Kraft sich in allerlei Erfolgen und Früchten manifestiert und Achtung und Bewunderung erzwingt, kann sie nicht direkter und einwandfrei erkennbarer Beweis der Macht des Heiligen Geistes sein bzw. als unmittelbare Tat Gottes angesprochen werden. Der Grund hierfür ist, daß sie unbeschadet der Echtheit ihres Ursprungs in den Taten Gottes immer noch menschliche Tätigkeiten sind und nicht eo ipso in ihnen das Eigentliche Ereignis wird. "Was in und mit ihnen geschieht, ist nicht an sich und als solches **Heilsgeschichte**. Sie können in Fülle, sie können in größtem extensivem und auch intensivem Glanz, in größter subjektiver und auch objektiver Kraft ausgeübt werden... ohne daß in und mit ihnen auch jenes Eigentliche, auch Heilsgeschichte geschieht".[211] Entscheidend ist nach Barth, daß das christliche Leben nicht nur aus dem Geist stammt, sondern im Geist gelebt wird, daß es nicht nur unter dem Namen Christi, sondern in seiner Nachfolge, daß es nicht unter der Anrufung Christi, sondern zur Ehre Gottes dargebracht wird. Bei aller Begabung kann gerade dies unterbleiben, was bedeutet, daß die von Gott gegebene Freiheit in menschlicher Willkür in irgendeine geistige, moralische oder religiöse Dynamik verkehrt wurde. Dann geschieht das Eigentliche nicht. Wo dieses aber nicht Ereignis wird, "fehlt diesen Tätigkeiten nicht weniger als Alles... Sie werden dann... faktisch im Dienst der Sache der Welt gegen die Sache Gottes getan... Das Eigentliche, das da geschehen müßte und dessen Nichtgeschehen Alles in Frage stellt, Alles, auch das Beste, was da geschehen mag, Lügen straft, ist das Tun der Liebe. **Die Liebe allein zählt**".[212]

Geistesgaben: Bejahung als Erscheinung zweiten Ranges

Barth stellt sich nicht grundsätzlich abwehrend etwa gegen das **Zungenreden**, kennt und betätigt es Paulus doch selbst auch und will dieser den Geist auch in dieser Hinsicht nicht "dämpfen" (I Thess 5,19).[213] Barth selbst versteht das Zungenreden als "Grenzfall des christlichen Redens", als "das Aussprechenwollen des Unaussprechlichen, bei dem die Zunge der zur normalen Rede notwendigen Anschaulichkeit und Begrifflichkeit gewissermaßen voraneilt und ausspricht, was eben als Seufzer oder Jauchzer vernehmbar werden kann, was darum (14,7) der Deutung, der Auslegung sofort bedürftig ist".[214] Daß sie hierzu fähig ist, spricht gegen die Vorstellung, es handle sich um "ein schlechthin 'unartikuliertes', schlechthin inhumanes, schlechthin bizarres Stottern und Stammeln".[215] Bloß "emotionale Eruptionen" hätte Paulus schwerlich als geistliche Befähigung anerkannt. "Wohl aber ein solches Reden, das gerade in seinen entscheidenden Aussagen alle plane Kohärenz hinter sich lassen, in seinen Elementen unerwartet **auseinanderbrechen**, oder in ebenso unerwarteten Gleichungen sie **zusammenfügen** muß, schließlich nur noch in Andeutungen mit gewal-

tigen Frage- und Ausrufzeichen verlaufen kann."[216] Barth fragt, das enge Verständnis von Glossolalie überschreitend und vom Fundamentalgeschehen her relativierend, *ob es überhaupt
christliche Rede,* ein Aussprechen des evangelischen Kerygmas gibt, *"das nicht in seiner Spitze
endlich und zuletzt zur 'Zungenrede' werden, in dessen entscheidenden Sätzen die Zunge den Anschauungen und Begriffen nicht voraneilen müßte: um dann freilich alsbald 'auslegend' zum Sprechen
in Anschauungen und Begriffen zurückkehren zu müssen?"*[217] Barth erinnert daran, daß Zungenrede, der Vorstoß zu jener Spitze, Grenzfall menschlichen Redens und nicht jedermann zugänglich ist, sondern eine Gabe, Erlaubnis, Freiheit voraussetzt. Paulus will diesen Vorstoß
nicht ausreden, rechnet aber mit der Möglichkeit, daß man bei geistgegebener Zungenrede
doch keine Liebe haben und die Hingabe an Gott und den Nächsten gänzlich unterlassen
kann, wodurch diese Befähigung Wert und Bedeutung verliert. *"...ganz gleichgültig, wie bedeutsam und ergreifend sie auch daherlärme - ganz gleichgültig, wie ernstlich sie Gott, Christus, den Geist
meine. Ist sie ohne Liebe, so hilft ihr alle gute Meinung so wenig wie aller Geistesreichtum, der in ihr
zur Aussprache drängt - nämlich nichts. Was in ihr klingt, ist dann doch nur der hohe Selbstgenuß und
die gewaltige Selbstdarstellung des Zungenredners: eine monotone, langweilige, unerquickliche, letztlich verdrießliche Angelegenheit... Die Liebe allein zählt, nicht die Zungenrede, nicht die gehaltvoll-
sten, auch nicht die im besten Sinn 'enthusiastisch' gesprochenen oder gesungenen Spitzensätze".*[218]

Prophetie versteht Barth als *"eine bestimmte, wichtige, nicht Jedem und Keinem gleich gegebene
Form christlicher Rede",* die aber im Unterschied zur Zungenrede von bestimmten Anschauungen und Begriffen Gebrauch macht. Sie ist höher einzuschätzen als jene (12,31; 14,1ff). In 12,29
erscheint der Prophet gleich nach dem Apostel. Das Wesentliche an der Prophetie ist nach
Barth wohl *nicht "Weissagung"* im Sinn von Vorhersage des Zukünftigen. Barth vermutet, daß
man vielleicht *"im Anschluß an das apostolische Kerygma"* an einen *"Aufweis der göttlichen Offenbarung im hic et nunc, den 'verstehbaren Ruf zum Glaubensgehorsam hier und heute'"* zu denken
habe, der dann durchaus auch bestimmte Ausblicke in die Zukunft eröffnen kann.[219] - Im Zusammenhang von Ausführungen zu Sendung und Dienst in der Welt betont Barth die
notwendig vorwärtsdrängende, prophetische Dimension des Tuns der Gemeinde als Ganzer.
Unter *"prophetischem"* Handeln versteht er *"ein Handeln in Erkenntnis des Sinnes der jeweils
gegenwärtigen Ereignisse, Verhältnisse und Gestalten ihrer eigenen Geschichte und auch der ihrer
Umwelt... zu dem von ihr bezeugten nahe herbeigekommenen Reich Gottes".* Die Gemeinde schreitet
auf die Stimme ihres Herrn lauschend in der jeweiligen *Gegenwart* und aus ihr hinaus hinüber
in die Zukunft. *"'Prophetisch' heißt nicht ekstatisch, nicht enthusiastisch, tumultuarisch. Prophetisches Zeugnis wird vielmehr nüchterne Eröffnung der allerdings hehren, entzückenden und heilsamen
Wahrheit sein, daß und inwiefern zwei mal zwei gerade jetzt und hier nicht, wie die Menge immer noch
meint, fünf, sondern ihr sehr unerwartet in neuem Sinn und neuer Kraft vier ist".*[220]

Im Blick auf das Erkennen und den *wunderwirkenden Glauben* hält Barth zunächst fest,
daß Paulus auch in diesem Bereich nichts problematisiert, sondern an *"maximale Möglichkeiten"*
denkt, *"die hier Wirklichkeit werden könnten: alle Geheimnisse, ganze Erkenntnis, ganzer Glaube -
Glaube, der (Mt 17,20) Berge versetzt!"*[221] Daß Paulus in der ersten Person redet, deutet an, daß
ihm diese Möglichkeiten wohlbekannt waren. Zugleich spricht er aber auch von der Möglichkeit, zu all dem ermächtigt zu sein, ohne Liebe zu haben. *"Und wenn es in höchster Vollkommenheit geschähe: sein Reden als Prophet könnte dann doch nur eitles Wortwerk, seine Erkenntnis nur
mystisch-rationales Spiel, sein wunderwirkender Glaube doch nur ein höherer Zauber oder eine massive,
aber sterile Orthodoxie sein. Er wäre dann seiner prophetisch-theologisch-hierurgischen Herrlichkeit
zum Trotz* *outhen, ein Nichts, eine Folge von vielen Nullen, vor der leider keine Eins steht... [vgl. Mt
7,22f]... Die Liebe allein zählt, nicht diese ganze Herrlichkeit, so groß sie innerhalb dieser Klammer
immer sein mag".*[222]

Im Rahmen seiner Erklärung des Apostolikums nach Calvins Katechismus bekräftigt Barth
die *Sichtbarkeit* der Wirkungen des Geistes, sichtbar allerdings für den Glauben. Als "Zeichen"
können sie nicht absolute Unterscheidungsmerkmale sein, als ob man Gottes Letztes Gericht
in Händen hätte. Barth *bejaht* die Frage nach speziellen *Offenbarungen, Zungenreden, Heilungen*
usw. als *mögliche Wirkungen* des Heiligen Geistes. Sie dürften allerdings nicht die vorausgesetzten, die solche, die sie erfüllen, zur Erklärung berechtigen, sie besäßen den
Heiligen Geist. Barth sieht Paulus in I Kor 12-14 über solche Gaben in einer einschränkenden,
zurückhaltenden Art sprechen und fordert deshalb auf: *"Sammeln wir uns um die Substanz
des Evangeliums, um Kreuz und Auferstehung! Das ist das Brot. Und solang man Brot braucht,
darf man nicht nach Kuchen schreien! Wenn wir von Brot genährt und gestärkt sein werden, dann*

werden wir einmal, vielleicht als Nachtisch, alle jene Delikatessen bekommen: die Zungenrede, die Heilungen usw."[223] Wenn man außerordentliche Offenbarungen verlange, müßte man sich ernstlich fragen, ob all das im Neuen Testament erwähnte Außerordentliche nicht ganz einfach in den Sakramenten enthalten und der Kirche angeboten ist. Barth stößt sich an der Behauptung, es gebe zu dem Wort Gottes - das ausgerufen, verstanden und befolgt werden kann und für jedermann, für Kinder und Erwachsene, eine klare Sache ist - für ein erlesenes Publikum, für Spezial-Christen noch besondere Gaben, die für einen Stand von Vollkommenen als unerläßlich angesehen werden. *"Wenn diejenigen, die diese besonderen Offenbarungen empfehlen, von der Kirche gehört werden wollen, dann mögen sie ihr diese Dinge zeigen, und dann hoffe ich, daß die ganze Kirche fähig sein wird, der Stimme der Wahrheit zu gehorchen".*[224] Barth spricht davon, daß es im Dienst der Gemeinde auch *Heilungen und Exorzismen* geben kann. Er rechnet sie als besondere Gestalt des christlichen Handelns unter die Seelsorge. Barth sieht sie als speziellste Berufung und Begabung in außerordentlichen Not- und Kampfsituationen, die nicht zur Programmatik gemacht werden dürfen.[225]

Relativierung vom Eschaton her

Die Art des Eigentlichen, das nach Barth *"im Gegensatz zur Realisierung aller - auch aller durch den Heiligen Geist gegebenen Möglichkeiten christlichen Lebens in der Liebe und nur in ihr geschieht... besteht darin: daß die Liebe siegt, überwindet, triumphiert".*[226] Sie ist *Nachglanz der Auf*erweckung Jesu Christi und *Vorglanz* der kommenden allgemeinen Auferstehung. In der *Liebe* wird *"die Herrlichkeit Gottes in Jesus Christus räumlich-zeitliches Ereignis".* Sie qualifiziert den Christen als solchen, dient sie zur Auferbauung und Zurüstung der Gemeinde für ihre Sendung in der Welt.[227] Nur in der Gestalt der Liebe hat die christliche Lebenstat *"schlechthin unvergänglichen Gehalt und insofern schlechthin, gewisse Dauer, ist sie Teilnahme an Gottes ewigem Leben... Nur indem und sofern der Christ liebt, wird und ist die ewige Zukunft seines und alles Daseins... schon Gegenwart".*[228] Insofern von der ersten Offenbarung Jesu Christi her die ganze Welt, jeder Mensch, die Gemeinde und in ihr jeder Christ als Zeuge der zukünftigen, endgültigen, universalen und unmittelbaren Offenbarung der Königsherrschaft Gottes in Jesus Christus entgegengeht, sind alle *Gaben* des Geistes *"Ermächtigungen des Volkes Gottes und seiner Glieder zu diesem Entgegengehen, zu dieser Wanderschaft".*[229] Darin besteht ihre *Größe*, aber auch ihre *Grenze*. Die Betätigung der Gaben geschieht zwischen den Zeiten als Dienst der Gemeinde. Sie kommen zu ihrem *Ziel* und in ihrer jetzigen Gestalt auch zu ihrem *Ende*, wenn der Auferstandene, der lebendige Christus wiederkommen wird. Die Liebe aber ist das Kontinuum, in dem der Dienst des wandernden Gottesvolkes das Jetzt, die Zwischenzeit überdauert, die Gestalt, in der er auch in der Vollendung geleistet wird. Insofern der Dienst hier in der Liebe geschieht, ist er identisch mit dem ewigen Dienst und geschieht im Vorglanz der Wiederkunft.[230] Der Liebe wird nicht die *Relativierung* vom Eschaton her widerfahren, der die anderen Größen unterworfen sind. Sie ist, so Barth, *"das Kontinuum zwischen Jetzt und Dann, zwischen 'Diesseits' und 'Jenseits'"* bzw. mit Troeltsch *"die Kraft des Jenseits, die als solche schon die Kraft des Diesseits ist".*[231] Prophetie, Zungenrede und Erkenntnis werden wie andere Lebensäußerungen des Christlichen im ewigen Licht in eine neue, höhere Gestalt aufgehoben und ihre jetzige Gestalt verlieren. Das Stückwerk wird aufhören. *"Die Propheten werden ihr Werk getan, die Zungenredner werden, weil der Grenzfall ein für allemal der Normalfall geworden sein wird, keine weiteren hymnischen Spitzensätze mehr von sich zu geben haben".*[232]Indem der Christ liebt, tut er - schon jetzt, in der Zeit - das schlechthin Beständige.

Auch bei diesen Ausführungen zur Ekklesiologie und speziell zur Frage der Charismata stehen Barths theologische Grundkategorien (offenbarungstheologischer Ansatz, Christozentrik, Betonung der Transzendenz, des Ewigkeitlich-Objektiven) im Hintergrund. Barth bindet den Geist und sein Wirken ganz eng an das Christusgeschehen an, mit der Gefahr einer "christologischen Engführung", in der das Moment der Selbständigkeit, Freiheit und Unberechenbarkeit des Geistes unterzugehen droht.[233] Weiter akzentuiert Barth auch im subjektiven Kommen des Geistes zum Menschen die transzendent-jenseitige Wirklichkeit, das bleibende Gegenüber des Heiligen Geistes. Der Gabecharakter tritt stark zurück.[234] Das prägt auch sein Verständnis des Charismas, die er gesamtkirchlich einbindet.

Barth bestreitet nicht die Existenz auch außerordentlicher Phänomene und Begabungen, betont aber deren Relativität gegenüber dem "Eigentlichen", der Liebe bzw. dem fundamentalen Heil. Die individuell-aktualistische Dimension des Charismatischen übersteigt er auf die vorgegebene, objektive, umfassende Dimension der Kirche als dem größeren Ganzen hin. Gegen privatistische Vereinnahmungen und Selbstgenuß stellt Barth die Bestimmung der Charismen zum Dienst an Kirche und Welt heraus.

Im Blick auf die gegenwärtigen charismatischen Bewegungen und Erscheinungen würde Barth wohl ähnliche Kategorien anwenden wie in der kritischen Auseinandersetzung mit dem Pietismus,[235] dessen Anliegen er in seiner Spätphase bei bleibenden Anfragen auch relativ positiv würdigen konnte. Barth wandte sich vor allem gegen individualistisch-separatistische Tendenzen, gegen die Unterscheidung von Bekehrten und Unbekehrten, gegen religiöse Mechanik und Psychologismus,[236] gegen alle Versuche subjektivistischer Selbstvergewisserung im Blick auf das Heil.[237] Barth würde sich vermutlich gegen die Ausprägung eines enthusiastischen "Erfahrungssakramentalismus" aussprechen, der sich an bestimmten Erlebnissen und Begabungen festmacht ("*Geistestaufe*").[238] Von der Freiheit der Gnade Gottes her wäre ihm vermutlich die Programmatik des "Power Evangelism" mit Begriffen wie "Demonstrieren", "Realisieren", "Freisetzen" der Kraft Gottes äußerst suspekt. Seine kritischen Anmerkungen markieren richtig die Gefährdungen erfahrungsbezogener Frömmigkeit. In der Tat kommt es leicht zu Verwechslung von Haupt- und Nebenthema. Andererseits spricht das Neue Testament durchaus nicht nur dialektisch oder restriktiv, sondern sehr wohl auch positiv und mutmachend von Erfahrungen des Glaubens und greifbaren Geistwirkungen, wie auch nicht nur skeptisch und warnend über die charismatische Dimension des Gemeindelebens und Gottesdienstes. Wie in der Theologie dem Heiligen Geist als Person und auch seinen vielfältigen Wirkungen ein stärkeres Eigengewicht zuzugestehen ist, so auch der Erfahrungsdimension in der christlichen Existenz.

Paul Tillich, der von seiner Position her etwa als Pendant zu K. Rahner behandelt werden könnte, bietet in seiner "Systematischen Theologie" zwar eine ausgeführte Pneumatologie,[239] im Unterschied zu Barth geht er überraschenderweise jedoch nirgends näher auf die Charismata ein. Den Begriff "Ekstase" - nicht gleichzusetzen mit ekstatisch-enthusiastischen Sonderzuständen - verwendet Tillich in seinem Symboldenken als Fundamentalkategorie.

Etwas unerwartet stößt man auch bei *Werner Elert* auf eine Passage über die Charismata als *sichtbare, sinnenfällige (Kraft-)Wirkungen des Heiligen Geistes*. Sie findet sich allerdings nicht in seiner Glaubenslehre, sondern - in der Konsequenz des scharfen Dualismus von Gesetz und Evangelium, Rechtfertigung und Heiligung - in der Ethik.[240]

Zu den wenigen Ausnahmen der Entwürfe, die sich der Pneumatologie und Fragen des Enthusiastisch-Charismatischen etwas ausführlicher annehmen, gehört die in der Tradition der Erlanger Theologie stehende "Dogmatik" von *Wolfgang Trillhaas*. Trillhaas widmet in seiner Dogmatik der Pneumatologie ein eigenes Kapitel und markiert Engführungen der reformatorischen Tradition. Von seinen religionspsychologisch-phänomenologischen Interessen her geht er auch auf die Fragen der Charismatik, des Enthusiasmus und der Unterscheidung der Geister ein.[241]

Sowohl *Hendrikus Berkhof* [242] als auch *John V. Taylor*[243] haben in ihren pneumatologischen Entwürfen die Frage enthusiastisch-charismatischer Frömmigkeit aufgegriffen und wohlwollend kritisch gewürdigt. Berkhof, der pneumatologisch eine dynamische Mitte zwischen verengter Christozentrik und subjektiv-normlosem Spiritualismus beschreiten möchte, tut dies unter dem Gesichtspunkt eines *dritten Moments der Gnade neben Rechtfertigung und Heiligung*. Taylor würdigt das Anliegen der Pfingstkirchen in seiner Entfaltung des Geisteswirkens in Kosmos, Welt und Kirche unter dem Leitgedanken der Mission als *"Dimension der Übernatur in einem säkularisierten Zeitalter"*. Die neueren dogmatischen Entwürfe haben die Pneumatologie und Aspekte des Charismatischen verstärkt aufgenommen. So setzt etwa *Helmut Thielicke*, der sich selbst in den theologischen Kiellinien von Barth und Brunner kreuzen sieht, bereits in der Grundlegung beim Heiligen Geist ein. In der speziellen Pneumatologie ("Der evangelische Glaube III") thematisiert er die Charismata als *"Wirkungen der Geistesmacht"* unter dem Gesamtaspekt des Heiligen Geistes als der *"unverfügbaren Macht der Vergegenwärtigung"*. Thielicke betont die *Wortgebundenheit* des Geistes und in Abgrenzung von allen substanzhaften Vorstellungen sein *bleibendes Gegenübersein*. Bei den Charismata stellt er den *Christusbezug*, den *Dienstcharakter*, ihre *Vorläufigkeit* und den *Selbstwiderspruch eines Sich-Rühmens von Begabung* heraus.[244]

Gerhard Ebeling orientiert sich an den *reformatorischen Fundamentalunterscheidungen*, die mit der *Geistinterpretation des Paulus* in Zusammenhang stehen, bei dem Ebeling den *Schnittpunkt aller theologischen Problemlinien im diakritischen Sinn* sieht. Erst bei ihm sieht er das spezifisch christliche Profil des Geistes hervortreten. Entscheidende *Kriterien* sind: 1) das *Christusbekenntnis* im Sinne der *theologia crucis*, 2) der *Glaubensbezug* und 3) der *Humanbezug*.[245] Wie Thielicke ordnet auch Ebeling die Fundamentalwirkungen des Geistes in Rechtfertigung und Heiligung bzw. Glaube, Hoffnung und Liebe den Charismata vor.

Wilfried Joest nimmt nach der Skizzierung des biblischen Geistzeugnisses kurz auf gegenwärtige Erscheinungen enthusiastisch-charismatischer Frömmigkeit Bezug. Diese möchte er weder en bloc als Suggestion abtun, noch kann er sich der Überhöhung anschließen. Abzulehnen seien Versuche, sie künstlich hervorzurufen. Gleichwohl dürfe vom Heiligen Geist ein Neuaufbrechen urchristlicher Freude und Hoffnung erwartet werden.[246]

Jürgen Moltmann geht in seiner Ekklesiologie "Kirche in der Kraft des Geistes" kurz auf die Charismen ein, wobei er E. Käsemanns Aufsatz "Amt und Gemeinde im Neuen Testament" aufnimmt. [247]

J. Moltmann unterscheidet bei den Charismata, die zum Aufbau der endzeitlichen Gemeinde dienen 1) *kerygmatische*, 2) *diakonische* und 3) *kybernetische* Kräfte. Aber auch die apostolischen Leidenserfahrungen rechnet er dazu.

Aus der *paulinischen Charismenlehre* hört Moltmann *für heute* heraus: 1) sie ist kein Gesetz, sondern *Konkretion des Evangeliums*; 2) dieser Entwurf ist begründet in der Erkenntnis der *Herrschaft Christi*, entwickelt aus den *Erfahrungen der Geisteskräfte*, entfaltet in der *Perspektive der eschatologischen Geschichte Gottes*. "Wo immer diese Begründung, diese Erfahrung und diese Perspektive der Kirche verlorengeht, geht auch die Vielfältigkeit der Charismata und die Einheit der charismatischen Gemeinde verloren. Dann entstehen Hierarchien und monarchische Episkopate auf der einen Seite und ein nur noch passives, unmündiges Kirchenvolk auf der anderen. Dann entstehen Apathie und enthusiastische Eruptionen. Die gemeinsame Hoffnung auf das Reich und die gemeinsamen Dienste an seiner Wegbereitung in der Welt weichen dann den Institutionen religiöser Volksbetreuung"; 3) "Will man Paulus heute folgen, so darf man seine Kritik am Enthusiasmus im Namen des Gekreuzigten nicht dogmatisieren, sondern muß auf die Voraussetzungen achten. Es gibt heute viele Kirchen, die durchaus nicht vom Enthusiasmus bedroht sind, sondern vielmehr unter der Dämpfung des Geistes leiden. Es gibt Kirchen, die keinesfalls an einer überschwenglichen und nicht mehr zu koordinierenden Vielfalt von Berufen und Ämtern leiden, sondern vielmehr an Usurpation aller Ämter und Aufgaben durch eine Hierarchie 'geistlicher Würdenträger' oder eine Aristokratie von Pastoren... Sollte man nicht... die Dämpfung des Geistes in solchen Gemeinden aufheben und die freie Fülle der Geistesgaben entdecken?"[248]

In den pneumatologischen Arbeiten der jüngeren Zeit sucht Moltmann Person und Wirken des Heiligen Geistes gegenüber der Christozentrik der reformatorischen und dialektischen Theologie stärker in ihrer relativen Eigenständigkeit zu entfalten.[249] In seiner "Pneumatologie vom Leben her", in der er die enge Wortbindung des Geistes wie die Ent-

gegensetzung von göttlicher Offenbarung und menschlicher Erfahrung mit Hilfe ganzheitlicher Kategorien und mystischer Metaphern weitet, geht er auch auf charismatische Phänomene ein.[250]

Wie schon in "Kirche in der Kraft des Geistes" folgt Moltmann zur Frage der Charismen
auch in "Der Geist des Lebens" im wesentlichen E. Käsemanns Aufsatz "Amt und Gemeinde"
und weitet ihn von seinem Ansatz beim Leben her. Aus der Zusammengehörigkeit und Aus-
tauschbarkeit von Berufung und Begabung, *klesis und *charisma folgt, daß jeder Christ ein
Charismatiker ist.[251] Die Herrschaft Christi greift tief in die Welt hinein. Nicht nur die besonderen Phänomene, sondern die ganze leibliche und soziale Existenz wird den Glaubenden zur
"charismatischen Erfahrung". "*Charismatisch ist das ganze Leben und jedes Leben im Glauben,
denn der Geist 'wird ausgegossen auf alles Fleisch', um es lebendig zu machen. Charismatisch werden
individuelle Kräfte in den Beziehungen, die den gemeinsamen Lebensprozeß gestalten*".[252] Moltmann
unterscheidet "*alltägliche Charismen des gelebten Lebens*" (vgl. Röm 12), d.h. alle charismatisch belebten und in den Dienst des befreienden Reiches Gottes gestellten individuellen Möglichkeiten von "*besonderen Charismen..., die durch den Heiligen Geist neu geschaffen werden und
also erst in der Nachfolge Jesu erfahren werden. Das sind für Paulus vor allem Gaben und Aufgaben im
Aufbau der Gemeinde Christi, die das kommende Reich bezeugt*".[253] Eine Aufteilung in "natürliche" und "übernatürliche" Charismen hält er wegen der fließenden Übergänge nicht für sinnvoll. Moltmann wiederholt die Differenzierung der Charismen unter den Aspekten 1) des
Kerygmatischen, 2) des Diakonischen und 3) des Kybernetischen. Ausdrücklich bezieht er mit
ein, daß auch Frauen in dieser Weise begabt sind.

Unter den Fragen, ob nicht Charismen abgesehen vom Nutzwert für die Gemeinde auch
einen Seinswert in sich selbst haben, bzw. abgesehen vom "gemeinsamen Nutzen" auch einen
Wert für die betroffenen Personen, will sich Moltmann unvoreingenommen den Phänomenen
der Zungenrede und des Heilens nähern.[254]

Das *Zungenreden* hält er für "*eine so starke innere Ergriffenheit vom Geist, daß ihr Ausdruck den
Bereich der verständlichen Sprache verläßt und sich in Glossolalie äußert, so wie sich starker Schmerz
im hemmungslosen Weinen ausdrückt oder starke Freude im Hüpfen und Tanzen*" bzw. "*als den Anfang, durch den stummen Menschen die Zungen gelöst werden und sie ausdrücken, was sie selbst erfahren und fühlen*".[255] Eine gewisse Analogie könnte nach ihm die Schreitherapie sein, obgleich
Zungenrede über menschliche Möglichkeiten hinausgehe. In jedem Fall ist ein neuer und
persönlicher Ausdruck für die Glaubenserfahrung. Moltmann wertet die Spontaneität und
Körperlichkeit der Expression und das persönliche Zeugnis gegenüber der Sterilität unserer
Gottesdienste positiv und mahnt: "*Bevor Landeskirchen und Bischöfe den Geist der 'charismatischen Bewegung' dämpfen, sollten wir alle dem Geist Freiheit einräumen, nicht nur im Gottesdienst,
sondern auch in unseren Körpern, die schließlich zum 'Tempel des Heiligen' Geistes werden sollten*".[256]

Kritisch sieht Moltmann andererseits in der charismatischen Bewegung die "*Vernachlässigung von Charismen*", nämlich *der alltäglichen*: "*Wo sind die Charismen der 'Charismatiker' im Alltag der Welt, in der Friedensbewegung, in den Befreiungsbewegungen, in der Ökologiebewegung?
Wenn Charismen nicht dazu gegeben werden, um aus dieser Welt in eine religiöse Traumwelt zu
fliehen, sondern zum Zeugnis der befreienden Herrschaft Christi in den Konflikten dieser Welt, dann
darf die 'charismatische Bewegung' nicht zu einer unpolitischen oder gar entpolitisierenden Religion werden*".[257]

Heilungen von körperlichen oder seelischen Leiden gehören zur charismatischen Erfahrung des Lebens. Im Kontext des Glaubens sind sie "*Zeichen der Neuschöpfung und der Wiedergeburt des Lebens*", "*Vorzeichen der Totenauferstehung und des ewigen Lebens*".[258] Moltmann bezieht
sich vor allem auf die Heilungen Jesu, in dessen Nähe Menschen "*nicht wie bei Paulus als 'Sünder', sondern als 'Kranke'*" offenbar geworden seien.[259] Die Heilungen Jesu als "Reich wunder"
(Chr. Blumhardt) begründen gegenwärtige Erwartungen an den Geist. Moltmann unterstreicht die *Interaktion* zwischen *Jesus* und der *Erwartung, dem Glauben und dem Willen der
Menschen* beim Heilungsvorgang. "*Das bedeutet, daß diese Heilungen kontingent sind. Sie werden
nicht 'gemacht', sie ereignen sich, wo und wann Gott es will. Es gibt keine Methode für solche Heilungen, denn sie sind nicht wiederholbar, und Wiederholbarkeit ist die Voraussetzung für jede Methode.
Um Heilung der Kranken wird gebetet*".[260] Weiter betont Moltmann den *psychosomatischen, ganzheitlichen* Aspekt. Die Heilungskraft Jesu liegt nach Moltmann nicht in seiner Übermacht über

Krankheiten, sondern in seiner Leidenskraft. *Der Gekreuzigte ist sowohl die Quelle der Heilungen wie der Trost im Leiden.*

Gegenüber einseitigen Betonungen in der charismatischen Bewegung, deren Berichte Moltmann oft wie "amerikanische Success-stories" klingen, spricht er auch vom "*Charisma des behinderten Lebens*". Die "Religion des Erfolgs" kann in Schmerzen, Versagungen und Behinderungen des Lebens keinen religiösen Sinn finden und entsprechend auch nicht in der "Theologie des Kreuzes". Auch die Schwachen, Törichten und Ungestalteten haben aber in der Gemeinde Christi ihr besonderes Charisma. Alle werden dem Gekreuzigten gleichgestaltet und haben schon jetzt Anteil am ewigen Leben. "*Jede Behinderung ist auch eine Begabung. Die Kraft Christi ist auch in der Behinderung mächtig*". - "*Gemeinden ohne Behinderte sind behinderte und behindernde Gemeinden. Die im christlichen Sinne charismatische Gemeinde ist immer auch diakonische Gemeinde, wenn anders charisma auch diakonia bedeutet*".[261]

Moltmann ist bemüht, gegenwärtige charismatische Erscheinungen in seine Überlegungen einzubeziehen, sein Primärinteresse ist aber nicht das Charismatische als solches. Der übergeordnete Gesichtspunkt ist für ihn das dynamisch-vorwärtsdrängende Eschatologische, Messianische bzw. heute noch mehr ein Geistkonzept der Einwohnung des Geistes in der Schöpfung, der ganzheitlichen Durchdringung und Umgestaltung durch seine erneuernde Lebenskraft. Mit seinem emanzipatorisch-dynamischen Kirchenverständnis, mit der Kategorie der Antizipation der Zukunft und der aktiven Weltgestaltung nimmt Moltmann Elemente des linken Flügels der Reformation auf und steht damit auch in einer gewissen strukturellen Affinität zu gegenwärtigen enthusiastisch-charismatischen Bewegungen. An diesen kritisiert er allerdings die unpolitische bzw. entpolitisierende Frömmigkeit.

Mit seinen Arbeiten hat Moltmann die ekklesiologische, trinitätstheologische und pneumatologische Diskussion in der Ökumene vielfältig angeregt. Kritische Rückfragen wären bei Anerkennung des Anliegens der Überwindung von Engführungen u.a. an die immanentisierenden und synthetisierenden Tendenzen zu stellen sein. So ist z.B. auffällig, daß die Dimension eines eschatologischen Gerichts praktisch nicht mehr vorkommt. Als Gegenpol gegen falsche Entgegensetzungen und die Trennung von Heil und Wohl mit entsprechenden Auswirkungen ist seine Stimme zu hören. Von den Reformatoren her wäre eine deutlichere Unterscheidung - nicht Trennung - von Schöpfungs- und Heilsdimension anzumahnen.

In dem mit J. Moltmann verwandten pneumatologischen Entwurf einer "*realistischen Theologie*" von **Michael Welker** "Gottes Geist" finden sich kurze Bezugnahmen auf die Fragen nach "Charisma und Unterscheidung".[262]

In den neueren evangelischen LEXIKA trägt man der durch die weite Verbreitung enthusiastisch-charismatischer Frömmigkeit und das Aufkommen neuer "charismatischer" Bewegungen veränderten Situation verstärkt Rechnung.[263]

0.3.2 Die Frage der "Unterscheidung der Geister"

Obwohl in Kirche und Theologie eine "UdG" immer als sehr wichtig erachtet wurde, fehlt eine eingehendere Darstellung und Definition. In der Regel verstand man unter "UdG" die dogmatische Auseinandersetzung mit fremden Lehrmeinungen. Das spirituell-unmittelbare Moment, das die Beheimatung des Begriffes im gottesdienstlich-charismatischen Kontext (I Kor 12,10) nahelegt, wurde wie dieser nicht tiefergehender bedacht.

Die Behandlung in den Lexika

Wer wie gewohnt zunächst zu den Lexika greift, findet weder in der RE³ noch im EKL² noch in der RGG³ ein eigenes Stichwort "Unterscheidung" oder "Unterscheidung der

Geister". Selbst in den aufgeschlüsselten Registern sucht man vergebens. Erst über andere Stichworte aus dem Gesamtfeld wie Schwärmerei, Enthusiasmus, Charisma, Geist, Spiritualismus, Mystik, Ekstase/ Verzückung oder über dem zuzuordnende Personen und Bewegungen ist es möglich, sich mühsam in etwa an die Sache heranzutasten und einzelne Aussagen aufzuspüren.

Daß sich im evangelischen Bereich kein eigener Topos der "UdG" ausgebildet hat und die klassischen LEXIKA keine Artikel bieten,[264] hängt mit der Abdrängung des Enthusiastisch-Charismatischen und der Mystik von den Anfängen der Reformation her und mit dem eingangs in C.0.1 skizzierten Wegfall der "aszetischen" Theologie zusammen.

Die Behandlung in systematischen Entwürfen

Auch die DOGMATIKEN geben nur dürftige Auskünfte. In den Inhaltsverzeichnissen und Registern der Entwürfe bis zu den sechziger Jahren findet sich kein Stichwort und keine spezielle Behandlung,[265] was aber nicht bedeutet, daß Anmerkungen zur Sache überhaupt fehlen würden. Es ist jedoch mühsam, über andere Stichworte und das Bibelstellenregister den verstreuten Äußerungen nachzuspüren.

Im Register der Kirchlichen Dogmatik *Karl Barths* findet sich kein Stichwort "Unterscheidung der Geister". Auf Umwegen kann man auf vereinzelte Bezugnahmen stoßen. Er selbst verstand sein theologisches Arbeiten als solches als "UdG". Barth unterscheidet, indem er immer wieder auf "*das Hauptthema*", "*die Sache*", "*das Eigentliche*" usw. dringt, dessen jenseitig-überzeitliche Dimension herausstellt und alle Lebenserscheinungen auf das Christuszentrum bezieht und von diesem her beurteilt.

In seiner *Auslegung von I Kor 15* im weiteren Kontext des Briefes bezieht Barth die *diakrisis pneumaton auf die grundsätzliche Zweideutigkeit* des Gebiets des Pneumatischen bzw. des Religiösen, wie Barth interpretiert. Die von Fall zu Fall erforderliche Prüfung geschah, so seine Vermutung, wohl nach Anleitung von I Kor 12,1-3.[266]
Für die Frage der "Unterscheidung der Geister" und ihrer Kriterien sind Ausführungen Barths im Zusammenhang seiner "*Lichterlehre*" KD IV/3,1 relevant, in der er die Möglichkeit wahrer, auch extra muros ecclesiae ergehender Worte bedenkt. Diese sind zwar nicht "endgültige" wahre Worte, aber sie können Gleichnis und Zeichen sein, die an der einzigartigen Offenbarung in Christus zu prüfen sind.[267] Weil ihre mögliche Wahrheit nicht in ihnen selbst liegt, sondern in Jesus Christus, wie er in der Schrift und in der Verkündigung bezeugt ist, sind solche "Worte" von außerhalb an ihm zu prüfen.[268] Barth nennt als Kriterien: 1) die *Übereinstimmung mit dem Zeugnis der Schrift;*[269] 2) das *Verhältnis zu dem an der Schrift orientierten kirchlichen Dogma und Bekenntnis;*[270] 3) die *Früchte solcher Worte für das Leben in der Welt und ihre positive Bedeutung "für das Leben der Gemeinde".*[271] - Wenn wirklich Jesus Christus durch sie redet, dann lediglich in ungewohnter Sprache, aber inhaltlich nichts anderes.[272] Außerordentliche Selbstbezeugungen Jesu Christi führen der Gemeinde "*das wohlbekannte Alte in neuer Gestalt*" vor Augen.[273] Sie sind als Kommentar zur heiligen Schrift dieser nachgeordnet, aber auch zugeordnet. Ihre Wahrheit erweist sich daran, daß sie nicht von der Schrift weg, sondern "*tiefer in sie hineinführen*".[274]
Eine kurze Bezugnahme findet sich in KD IV/3,2, wo Barth im Zusammenhang von Ausführungen zu Sendung und Dienst der Gemeinde auf die Heilige Schrift als literarische Quelle und Norm des ganzen kirchlichen Dienstes zu sprechen kommt. Barth betont die Notwendigkeit der Bibelkenntnis, des Bibelstudiums und der Lehrunterweisung. Jeder in der Gemeinde "*muß (das ist freilich nach I Kor 12,10 eine ganz besondere Gabe !) die Geister einigermaßen zu unterscheiden wissen. Er muß aber auch, was sein persönliches Leben betrifft, laut Röm 12,2 prüfen können, was der Wille Gottes ist, 'das Gute, das Wohlgefällige, das Vollkommene'. Das Alles kann er nicht ohne weiteres. Das Alles will gelernt sein. Zu dem Allem bedarf der Mensch des Katechismus und muß er auch ein bißchen gedächtnismäßig angeleitet werden*".[275]
Als Kennzeichen des Heiligen Geistes nennt Barth in seiner "Einführung in die evangelische Theologie" dessen im Fundamentalsinn *freimachende Wirkung*: "'*Wo der Geist des Herrn, da*

Freiheit' (II Kor 3,17) - jene Freiheit Gottes, sich selbst Menschen zu eröffnen und Menschen für sich zu erschließen und so ihrerseits für ihn frei zu machen. Der Herr Gott, der der Geist ist, tut das. Es gibt ja auch andere Geister: von Gott gut geschaffene wie der dem Menschen natürliche Geist, aber auch dämonische, irrende und verwirrende, nur eben auszutreibende Geister des Nichtigen. Sie alle sind nicht jene souveräne Macht. Von keinem von ihnen, auch nicht von den besten unter ihnen, ist zu sagen, daß, wo sie sind, jene Freiheit ist. Sie alle sind zu prüfen: auf ihre Windrichtung, auf ihre Herkunft von oben oder von unten, vor allem aber immer wieder zu unterscheiden von dem Geist, der, in jener göttlichen Freiheit wirksam, menschliche Freiheit wirkt".[276]

Wie bei Barths "Kirchlicher Dogmatik" findet sich auch im Register der "Systematischen Theologie" *Paul Tillichs* kein Stichwort "Unterscheidung der Geister".[277] Tastet man sich über das Inhaltsverzeichnis bzw. über verwandte Stichworte an die Fragestellung heran, stößt man auf kurze, verstreute Bezugnahmen. Auch Tillich würde wohl sein Theologisieren, die Anwendung seiner Symboltheorie als Fundamentalunterscheidung im weitesten Sinn verstehen, wobei er sich gegen dualistisch-exkludierende Kategorien wendet[278] und stattdessen korrelativ bzw. dialektisch denkt. Sein "Unterscheiden" - wenn man wirklich von einem solchen sprechen kann, insofern es keine letzte Scheidung gibt - besteht in der kritischen Befragung des Vorfindlichen vom "Unbedingten" her bzw. in der Forderung der Transzendierung des Seins.[279] Während Barth streng theologisch bleibt, bezieht Tillich stark auch religionsphänomenologische und -psychologische Aspekte in seine Überlegungen mit ein. Nachdenkenswert sind etwa die Strukturbeobachtungen zu den Fragen des Wunders, der Ekstase und des Dämonischen, wobei die inhaltlichen Umprägungen des symbolistischen Ansatzes (vgl. etwa sein Verständnis von Dämonie) von einem "biblischen Realismus" (A. Köberle) her kritisch zu befragen sind.

Offenbarung als "Ekstase"

Die Kategorie des "Ekstatischen" bringt Tillich in Verbindung mit der Offenbarung, die als "Offenbarung des Mysteriums" immer nur "Offenbarung für jemanden in einer konkreten Situation unbedingten Betroffenseins" ist. Eine "Offenbarung überhaupt" kann es nicht geben.[280] Den Begriff Ekstase gebraucht Tillich zur Bezeichnung des Betroffenseins durch das Unbedingte im weitesten Sinn. "*Es gibt keine Offenbarung ohne Ekstase*".[281] Er grenzt sich mit diesem Verständnis gegen ein enthusiastisches Mißverständnis und gegen Gruppen ab, die diesen Begriff für sich vereinnahmen. Tillich will zwar nicht grundsätzlich ausschließen, daß diese Gruppierungen wirklich echte "Ekstase" erfahren haben könnten, aber ihnen bei ihren Erfahrungen nicht erlauben, diesen Begriff zu usurpieren. "*Die sogenannten ekstatischen Bewegungen sind in fortwährender Gefahr - der sie ziemlich häufig erliegen - , religiöse Überreizung mit der Gegenwart des göttlichen Geistes oder mit dem Offenbarungsereignis zu verwechseln. In jeder echten Manifestation des Mysteriums geschieht etwas sowohl objektiv wie subjektiv. Im Zustand religiöser Überreizung geschieht etwas rein Subjektives, das häufig künstlich produziert wird. Deshalb hat es keine Offenbarungskraft. Aus solchen subjektiven Erfahrungen kann weder eine praktische noch eine theoretische Deutung dessen, was uns unbedingt angeht, abgeleitet werden. Die religiöse Überreizung ist ein Bewußtseinszustand, der mit psychologischen Begriffen vollständig umschrieben werden kann. Obwohl auch die Ekstase eine psychologische Seite hat, übersteigt sie die psychologische Ebene. Sie offenbart etwas Gültiges über die Beziehung zwischen dem Mysterium des Seins und uns. Die Ekstase ist die Form, in der das, was uns unbedingt angeht, sich im ganzen unserer psychologischen Struktur manifestiert".*[282]

Erhaltung der rationalen Struktur des Geistes

Was die Umstände des "Offenbarungsvorgangs" angeht, grenzt Tillich Offenbarungsekstase von dämonischer Besessenheit ab. "*Der ekstatische Zustand, in dem sich Offenbarung ereignet, zerstört nicht die rationale Struktur des Geistes*".[283] "*Während dämonische Besessenheit die rationale Struktur des Bewußtseins zerstört, bewahrt und erhebt göttliche Ekstase das Bewußtsein, obwohl sie es transzendiert. Dämonische Besessenheit zerstört die ethischen und logischen Prinzipien der Ver-*

nunft, göttliche Ekstase bejaht sie... Das Dämonische macht blind, es macht nicht offenbar. Im Zustand dämonischer Besessenheit ist der Geist nicht wirklich außer sich, sondern er ist in der Macht von partikularen Elementen seiner selbst, die sich in sein Zentrum drängen und es dadurch zerstören. Es gibt jedoch einen Punkt, in dem Ekstase und Besessenheit übereinstimmen. In beiden Fällen wird die normale Subjekt - Objekt - Struktur des Bewußtseins außer Kraft gesetzt. Aber während die göttliche Ekstase die Einheit des rationalen Bewußtseins nicht verletzt, wird sie durch dämonische Besessenheit geschwächt oder zerstört. - Offensichtlich hat die Ekstase eine stark emotionale Seite. Aber es wäre ein Irrtum, die Ekstase auf ein rein emotionales Erlebnis zu reduzieren. In jeder ekstatischen Erfahrung werden alle ergreifenden und umgestaltenden Vernunftfunktionen über sich hinausgetrieben, und das Gleiche gilt vom Gefühl. Das Gefühl ist dem Geheimnis der Offenbarung und ihrer ekstatischen Aufnahme nicht näher als es die kognitiven und die übrigen Vernunftfunktionen sind".[284]

Supranaturalistisches Mißverständnis des Wunders

Tillich befaßt sich relativ eingehend mit der Wunderfrage, da für ihn das Transzendenzproblem und die Vermittlung durch das Symbol grundsätzliche Bedeutung haben. Vor allem im Abschnitt "Vernunft und Offenbarung" geht Tillich darauf ein.[285] Er lehnt das traditionelle Wunderverständnis ab, da er es *"von der falschen Nebenbedeutung eines supranaturalen Eingreifens, das die natürliche Struktur der Ereignisse zerstört"*, bestimmt sieht.[286] Diese supranaturalistische Auffassung mache geradezu etwas Dämonisches aus dem Wunder, sie macht Gott zu einem Zauberer. *"Wunder können nicht als eine übernatürliche Durchbrechung der Naturprozesse gedeutet werden. Wenn eine solche Deutung richtig wäre, dann würde die Manifestation des Seinsgrundes die Struktur des Seins zerstören; Gott wäre in sich selbst zerspalten, wie es ja auch vom religiösen Dualismus behauptet wird. Ein solches Wunder würde man sinngemäßer als 'dämonisch' bezeichnen, nicht weil es von 'Dämonen' herrührt, sondern weil es eine Struktur der Destruktion aufweist. Es entspricht dem Zustand des 'Besessenseins' und könnte als 'Zauberei' bezeichnet werden. Die supranaturalistische Wundertheorie macht Gott zu einem Zauberer und zur Ursache der Besessenheit; sie verwechselt Gott mit dämonischen Strukturen im Bewußtsein und in der Wirklichkeit".[287]*

(In der Übertragung dieses Verständnisses auf Charismen würde sich Tillich in etwa mit H. Mühlen treffen, der einen geistlichen Vorgang in "unmittelbarer Unmittelbarkeit" gerade als Kennzeichen des Dämonischen bezeichnet).

Gleichwohl gibt es nach Tillich echte "wunderhafte" religiöse Erfahrung, für die er aber lieber den Begriff "*zeichengebendes Ereignis*" wählt.[288] Tillich wendet sich gegen einen "*irrationalen Rationalismus*", in dem der Grad der Absurdität einer Wundererzählung zum Maßstab des religiösen Wertes gemacht wird. "*Die Manifestation des Seinsgeheimnisses zerstört nicht die Struktur des Seins, in der sie sich manifestiert. Die Ekstase, in der das Mysterium empfangen wird, zerstört nicht die rationale Struktur des Bewußtseins, von dem sie empfangen wird. Das zeichengebende Ereignis, das das Mysterium der Offenbarung vermittelt, zerstört nicht die rationale Struktur der Wirklichkeit, in der es erscheint*".[289]   Das Wunder ist begleitet von numinoser Furcht, wobei dieses Gefühl nicht in sich selbst Offenbarung ist, aber jedes echte Offenbarungserlebnis begleitet.

Das Dämonische als angemaßte Unendlichkeit

Das Dämonische ist für Tillich ein "*Symbol*", das wesentlich zur Religion gehört, und zwar zu jeder. Tillichs Verständnis deckt sich mit C.G. Jungs "Manapersönlichkeit". Neben der Polarität von Heiligem und Profanem repräsentiert es als Kontrast zum Göttlichen die "*Zweideutigkeit*" der Religion.[290] Die eigentliche religiöse Fehlentwicklung liegt für Tillich in der falschen Unterscheidung von Heiligem und Profanem und daraus resultierenden unsachgemäßen Vermischung. Die Zweideutigkeit der Religion liegt in der sich immer wieder ereignenden Vermischung von Göttlichem und Dämonischem.[291] Charakteristikum des Dämonischen ist "*der Anspruch eines Endlichen, unendlich und von göttlicher Größe zu sein*".[292] "*Das Dämonische widerstrebt nicht der Selbst-Transzendierung, wie es das Profane tut, sondern verfälscht die Selbst-Transzendierung, indem es einen bestimmten Träger der Heiligkeit mit dem Heiligen selbst identifiziert... Hauptcharakteristikum des Tragischen ist der Zustand der Blindheit, das Hauptcharakteristikum des Dämonischen ist Gespaltenheit*".[293] - "*Eine Folge dieser Spaltung ist der Zustand der Besessenheit, d.h. der Zustand, in dem man in der Gewalt der Mächte ist, die Spaltung schaffen - der*

Gewalt des Dämonischen. Besessenheit ist dämonische Besessenheit. Die Freiheit, die mit der Zentriertheit des Selbst gegeben ist, ist durch die dämonische Spaltung verlorengegangen".[294]
Tillich wendet sich gegen das nach seiner Sicht verengende Mißverständnis der Worte "Geist" und "Geister" als *"individuelle körperlose Wesen",* weil dieses *"die Existenz eines Geist-Bereichs voraussetzt, der von den übrigen Bereichen des Lebens getrennt ist. Der Geist wird dann eine Art anorganischer Materie und verliert seinen Charakter als eine Dimension des Lebens, die potentiell oder aktuell in allem Leben gegenwärtig ist".[295]* Die Bejahung des Dämonischen hat für Tillich *"nichts zu tun mit einer mythologischen oder metapsychischen Bejahung einer Geisterwelt. Wohl aber erhält erst in geistigen Gestalten das Dämonische seine Schärfe... Im Geist kommt das Dämonische zur Erfüllung, aber die Kräfte, die in den Dämonischen zerstörerisch walten, sind unmittelbar anschaulich im Untergeistigen. Das Tierisch-Geistverzerrte ist das stärkste Bild des Dämonischen; denn es enthält diese Doppeldialektik von schöpferisch und zerstörerisch, von geistig und untergeistig. - In der geistigen Persönlichkeit kommt das Dämonische zur Erfüllung, und darum ist die geistige Persönlichkeit das vornehmste Objekt der dämonischen Zerstörung".[296]*
Tillich kommt der liberalistischen Auffassung nahe, wobei aber zu beachten ist, daß in seinem System das Symbolische und Archetypische grundsätzliche Bedeutung haben. Wenn er von "mythischen Ausdrücken", "mythologischen Namen" oder "konkret-poetischen Symbolen der Ideen oder Seinsmächte" spricht, meint er nicht bloß feuerbachsche Projektionen des Menschen, sondern ontologische Realitäten.[297]

Geisterfahrung als strukturierte "Ekstase"

Die Gegenwart des Geistes zeigt sich für Tillich in physischen und außerordentlichen Wirkungen, die seinen universalen und außergewöhnlichen Charakter zum Ausdruck bringen, und ist insofern "ekstatisch". Hierbei wird aber nicht die geschaffene Struktur des menschlichen Geistes zerbrochen. *"Die Gegenwart des göttlichen Geistes zerstört nicht die Struktur des zentrierten Selbst, des Trägers der Dimension des Geistes. Ekstase negiert Struktur nicht".[298]* Tillich verweist auf Paulus, der in Übereinstimmung mit den ntl. Berichten das in diesem Sinn "ekstatische" Moment der Erfahrung des Geistes betone. So deutet er die von Paulus oft benutzte Formel "in Christus sein" als *"ekstatische Partizipation an Christus, der 'der Geist ist', durch den man in der Gegenwart der 'Kraft des Geistes' lebt".[299]* Paulus wehre sich aber gegen ekstatische Erscheinungen, *"in denen die rationale Struktur der Person oder der Gemeinschaft zerrissen wird".* Klassisch habe er dies im I Korintherbrief ausgedrückt, wo er ekstatisches Zungenreden ablehnt, sobald es Chaos schafft und die Gemeinschaft zerstört. *"Er verwirft weiter persönliche ekstatische Erfahrungen, wenn sie Selbst-Überhebung erzeugen, und er unterstellt alle Gaben des Geistes der agape, der höchsten Schöpfung des göttlichen Geistes".[300]*
Auch die Kirche habe kontinuierlich mit dem Problem der paulinischen Geistlehre gerungen und war herausgefordert, die *"Verwechslung von Ekstase und Chaos"* zu bekämpfen und sich für die *"Erhaltung der Struktur"* einzusetzen. Hierbei kam es dann leicht zur *"institutionellen Profanisierung des 'Geistes'",* zur Verdrängung des "Charisma" durch das "Amt" (im heutigen Protestantismus mehr durch Lehre und Moral). Ständige Pflicht der Kirche ist es nach Tillich, sich für die Einheit von Struktur und Ekstase einzusetzen, *"weil eine Kirche, die in ihren institutionellen Formen lebt und Geist-geschaffene Ekstase mißachtet, den chaotischen und zerreißenden Formen der Ekstase Einlaß bietet und damit verantwortlich ist für die säkulare Reaktion gegen den Geist. Auf der anderen Seite setzt sich die Kirche, die die ekstatischen Bewegungen ernst nimmt, der Gefahr aus, daß die Wirkung des Geistes mit bloßer psychischer Überreizung verwechselt wird".[301]* Dieser Gefahr kann man bei Tillich dadurch begegnen, daß man das Verhältnis der Ekstase zu den verschiedenen Dimensionen des Lebens untersucht. Mit der Lehre von der vieldimensionalen Einheit des Lebens will Tillich auch eine auf die psychischen Vorgänge reduzierte Kritik der ekstatischen Manifestation des Geistes abwehren. Es ist für ihn selbstverständlich, daß sich die Dimension des Geistes innerhalb der Dimension des Psychischen und unter den Bedingungen des Biologischen aktualisiert.[302] Durch ihre Transzendierung der Subjekt-Objekt-Struktur erweist sich die Ekstase einerseits als große heilende Kraft im psychischen Bereich; andererseits ist sie gerade hier gefährdet. *"Ekstatische Ergriffenheit kann mit emotionaler oder biologischer Berauschtheit verwechselt werden. Aber solche Berauschtheit ist ein Herabsinken unter die Subjekt-Objekt-Struktur und nicht eine Erhebung über sie. Berauschtheit ist ein Versuch, der eigenen Geistigkeit zu entfliehen und auf diese Weise persönlicher Zentriertheit, Verantwortlichkeit und Rationalität zu entgehen... Auf die Dauer jedoch ist Berauschtheit zerstörerisch und verstärkt die Spannun-*

gen, denen der Mensch entgehen möchte. Das unterscheidende Merkmal von Rausch und Ekstase ist, daß im Rausch geistige und religiöse Schöpferkraft verschwinden, während sie in der Ekstase erhöht sind. Rausch ist Hinkehr zu leerer Subjektivität, die sich von den objektiven Inhalten der Realität entfernt. Was bleibt ist ein Vakuum. Im Gegensatz dazu führt die Ekstase... zum Ergreifen des Reichtums der objektiven Welt in ihrer Mannigfaltigkeit, aber auf eine Weise, in der diese Inhalte zugleich durch die Gegenwart des göttlichen Geistes transzendiert sind".[303] Das einzige Kriterium dafür, ob ein außergewöhnlicher Bewußtseinszustand Ekstase im Sinn der Ergriffenheit durch den göttlichen Geist oder bloßer subjektiver Rausch ist, sieht Tillich in der Frage, ob es sich um Schöpferisches oder Zerstörerisches handelt.[304]

Systemimmanente Ansatzpunkte einer Kriteriologie der Geistesgegenwart

Bei Tillich finden sich eine Reihe von Kategorien, die als Ansatzpunkte einer Kriteriologie der Gegenwart des göttlichen Geistes aufgegriffen werden könnten. Als Werte innerhalb der Klammer des Gesamtsystems sind sie jedoch von einer Fundamentalkritk am symbolisch-einebnenden Ansatz her von relativer Bedeutung bzw. sind entsprechend zu transponieren.[305]

Oberstes Kriterium ist für Tillich *"Das Neue Sein in Jesus als dem Christus"*. *Christus* ist die *"letztgültige"*, *"entscheidende, erfüllende und unüberholbare"* Offenbarung, *"Kriterium aller anderen Offenbarungen"*, weil *"sie die Macht hat, sich selbst zu verneinen, ohne sich selbst zu verlieren"*.[306] Durch den Weg ans Kreuz wurde alles Endliche geopfert und damit einer "Dämonisierung" entzogen. - In Jesus als dem Christus war der göttliche Geist in unzweideutiger Weise gegenwärtig,[307] woraus sich ein *"christozentrisches Kriterium"* und Kritik an antiken und modernen Geist-Theologien ableiten läßt, die lehren, daß die Offenbarungen des Geistes in der Kirche qualitativ über das hinausgehen, was im Sein des Christus gegeben ist.[308]

Kennzeichen der Geistgemeinschaft ist strukturierte Ekstase, *"eine Ekstase, die mit Glauben, Liebe, Einheit im Geist und Universalität vereinigt ist"*.[309] *"Alle diese Elemente... sind vom Bilde Jesu als des Christus und des Neuen Seins, das in ihm sichtbar ist, abgeleitet"*.[310]

Aspekte einer Kriteriologie für die Gegenwart des göttlichen Geistes im Leben des Einzelnen bieten Tillichs *"Vier Prinzipien, die das Neue Sein als Prozeß bestimmen"* (= Heiligung),[311] als da sind: 1) Das Prinzip des *wachsenden Bewußtwerdens*; 2) das Prinzip *wachsender Freiheit*; 3) das Prinzip des *wachsenden Verbundenseins*; 4) das Prinzip der *Selbst-Transzendierung*.

Auch die Ausführungen über die *Fehlwege der Selbst-Erlösung*,[312] die Kategorie des *"protestantischen Prinzips"*,[313] die Aspekte der *"Gerechtigkeit"* bzw. *"Ungerechtigkeit"*[314] bzw. der *"humanitas"* als das innere telos der Person[315] könnten aufgegriffen werden.

Behandlung der "Unterscheidung der Geister" in Aufsätzen und Monographien

Nur vereinzelt wurde die Frage der "UdG" als solche aufgegriffen. Dabei setzen die Autoren in AUFSÄTZEN oder MONOGRAPHIEN praktisch-theologisch bzw. systematisch unterschiedliche Akzente:

Eduard Steinwand verwies zur Illustration des neutestamentlichen Sachverhalts als vertrauter Kenner des ostkirchlichen Charismatikertums auf die *Herzensschau* der Starzen im Kontext der *Einzelseelsorge*.[316]

Gerhard Ruhbach, der sich in seinem theologischen Arbeiten stark um eine Erneuerung christlicher Spiritualität müht, sieht die UdG als *allgemeine Aufgabe von Kirche und Theologie* im binnenkirchlichen Ringen unterschiedlicher, ja gegensätzlicher Positionen und Gruppierungen.[317] Er plädiert für eine UdG als *geduldiges und liebendes Differenzieren und Bemühen um Verständnis im* gemeinsamen *Unterwegssein auf die Wahrheit hin*. Dabei geht er von der vorgegebenen und anzustrebenden Einheit der Kirche aus. Diesem Ziel hat die UdG von der Mitte des Evangeliums her zu dienen. Von der grundlegenden Gemeinsamkeit aus erscheint Ruhbach eine "Scheidung" der Geister als Selbstwiderspruch.

Für Ruhbach ist die Wahrheitsfrage nicht anders als im *Ringen um die Wahrheit auf dem Weg gemeinsamer Nachfolge* zu beantworten, so daß er lieber von der *via confessionis* als vom *status confessionis* sprechen möchte. Er fragt, ob nicht gerade eine theologia crucis ständig in Gefahr sei, unter der Hand zur theologia gloriae zu werden, insofern Christen sich vom Kreuz dispensieren und stattdessen auf den Richterstuhl Gottes setzen. Ruhbach mahnt zur Vorsicht, bestimmte Erfahrungen und eklatante Einzelfälle - in der Regel zu Recht angeführt - zum Maßstab von Grundeinstellungen zu machen. *"Immer können Erfahrungen über- oder unterschätzt werden; christliche Haltung ergibt sich am Evangelium, aber nicht an der Erfahrung, die höchstens das Material, aber nicht das Kriterium für Urteilsbildung darbieten darf"*.[318] Ruhbach fragt, ob Rigorismen aller Art nicht wider das Leben in seiner Vielfalt seien und ob jeder terrible simplificateur nicht in Gefahr stehe, unter Berufung auf das Evangelium der Freiheit des Evangeliums den Weg zu versperren.[319]

Was die **theologischen Erwägungen** angeht, blickt Ruhbach in das *NT*, in dem mehrfach von *Prüfung*, aber nirgends von *"Scheidung"* der Geister die Rede sei. Zum *Charisma der UdG* stellt er fest: a) *Unterscheidung* (diakrisis) und *Gericht* (krisis) werden deutlich voneinander abgehoben. Die Krisis ist allein Gottes Sache. Der Auftrag der diakrisis pneumaton habe *nicht* den Sinn einer das *Endgericht vorwegnehmenden Scheidung*, sondern der *Klärung und Wegweisung für die Gemeinde*. b) UdG als *Charisma* bedeutet: sie ist nicht naturhaft, sondern *personhaft, vom Urcharisma Christus her* gegeben und damit sowohl *vom Enthusiasmus wie vom Doktrinalismus abgegrenzt*. c) *Nicht jeder* besitzt dieses Charisma. Vermutlich besitzt es derjenige nicht, der auf den *nous* verzichtet, und auch der, der das *pneuma hagion*, den Christus praesens nicht nötig hat. *Theologische Arbeit und vita spiritualis* gehören zusammen. d) Auch dieses Charisma ist auf *Austausch mit anderen Charismen* angewiesen. UdG erfolgt immer in Zusammenarbeit mit allen Verantwortlichen in der Kirche. *"Nicht ein einzelner, nicht ein Berufsstand, nicht die Institution und ihre Repräsentanten allein üben "Unterscheidung der Geister" aus, sondern die ganze Kirche ist daran beteiligt. Aus diesem Grund ist solche Aufgabe immer mühsam und langwierig, jedenfalls nicht dem einen oder anderen zu überlassen"*.[320] e) UdG muß der *Auferbauung der Gemeinde* dienen, so daß ein wesentliches Kriterium für die Echtheit, ja für das Vorhandensein dieser Gabe *"Gemeindedienlichkeit"* ist - (Ruhbach sieht in der Rede von einer "Scheidung" der Geister einen Selbstwiderspruch, weil dies bedeute: ein Mensch setzt sich an die Stelle Gottes, statt sich gemeinsam mit dem Volk Gottes auf den Weg zu machen - Christus nach, der das Urcharisma und Maßstab aller Charismen und einzige Wahrheit der Kirche ist. Diese Wahrheit werde *in der Begegnung, in der Nachfolge* zuteil und nicht in noch so reformatorischen oder zeitgemäßen Sätzen). f) Die Christlichkeit der Kirche entscheidet sich immer neu an der Beziehung zu Christus. Ruhbach konkretisiert dies daran, ob sie wirklich Evangelium ansagt, Frieden lebt, den Menschen im Auge behält und nicht nur auf Argumente und Standpunkte achtet, ob sie Vergebung annimmt und gewährt und den Ruf zur Buße auch auf sich selbst anwendet.[321]

Ruhbach verweist auf die alte Tradition der UdG, die wegen ihrer individualistischen Engführung aber nur begrenzt wirksam wurde. Die Reformation habe diese Engführung durch Weltzuwendung überwunden, allerdings auf Kosten eines weitreichenden Verlusts an Spiritualität. Deshalb sieht Ruhbach als *vorrangige Aufgabe der Kirche nicht, sich der Frage des Kirchenausschlusses zu stellen, sondern evangeliumsgemäßen Glauben einzuüben*.[322] In der binnenkirchlichen Auseinandersetzung plädiert er für eine UdG, die von der vorgegebenen Einheit und verbindenden Mitte ausgeht. *Eine Scheidung der Geister, die eine substantielle Uneinigkeit voraussetzt, prinzipiell zum Gegensatz und zu Trennung führt*, verfehlt nach ihm den *Ursprung und das Ziel christlicher und kirchlicher Existenz* und erschwert notwendige Entscheidungen.[323] *"Zwar wird man im Vollzug der Auseinandersetzung vielleicht nicht um Scheidung herumkommen, aber es ist etwas anderes, ob sich Scheidung jeweils ergibt oder ob Scheidung zum Prinzip erhoben wird. Eine Haltung, die Auseinandersetzung um der Auseinandersetzung willen bejaht, die Predigten, Diskussionen und Bücher nur daraufhin abhört, wo man zu widersprechen und sich abzugrenzen habe, erscheint jedenfalls zutiefst unchristlich"*.[324]

Unterscheidung ergibt sich nicht von selbst. Sie *erfordert auch als Charisma "Arbeit, Differenzierung, Abwägen und Prüfen der Argumente, Berücksichtigung der jeweiligen Situation und vor allem ein Ernstnehmen des Gesprächspartners als Bruder vor Gott"*.[325] Ruhbach konkretisiert seine Überlegungen zur UdG und fragt nach möglichen *Kriterien* für die notwendige Abgrenzung gegenüber der Irrlehre. Dabei geht er davon aus, daß *nicht nur Lehraussagen, sondern auch Lebensvollzüge* und *kirchliche Strukturen* unter Häresieverdacht geraten können. Er erhebt aus dem NT drei evangeliumsgemäße Kriterien für die Verkündigung: 1. Wird Jesus Christus als *der Gekreuzigte und Auferstandene* verkündigt? 2. Dient die Verkündigung der *Auferbauung der Gemeinde*? 3. Bleibt die *Spannung zwischen alter und neuer Welt* erhalten? - Als zwei mehr systematische Kriterien nennt er: 1. Die *reformatorische Rechtfertigungsbotschaft*, die vom Evangelium ausgeht und nicht Parteinahme für eine bestimmte theologische Position ist. Mit Verweis auf Luthers Zurückhaltung, Häresie zu definieren, ist es nach Ruhbach nicht Aufgabe der Kirche, Häresie zu dekretieren und sich von den Grenzen her zu definieren. Sie habe Evangelium zu verkündigen und von daher zu prüfen, wer sich selbst vom Evangelium und der Kirche ausschließt. Einzig diesen Selbstausschluß hat sie gegebenenfalls in deutlicher Form festzustellen. (M. Luther sieht von seiner theologia crucis her incorrigibilitas und superbia als Kennzeichen des Häretikers, während der Gerechtfertigte sich nie am Ziel weiß, niemals die Wahrheit besitzt, sondern immer auf dem Weg zu ihr ist).[326] 2. Von der vorgegebenen Einheit der Kirche her kann Verkündigung und Lehre nach Ruhbach nur *ökumenisch, auf Einheit hin*, und nicht von der Absolutsetzung der Dogmatik einer Konfessionskirche her formuliert werden. Diese Einheit meine nicht Uniformität, sondern lebendige Vielfalt von Lehr- und Lebensäußerungen, die sich in Zeugnis und Dienst der Welt gegenüber zu bewähren haben.[327]

Ruhbach weist im ersten Teil seines Aufsatzes zu Recht auf die *Bedeutung nichttheologischer, sehr menschlicher Faktoren* im innerkirchlichen Streiten hin, ehe er auf die theologischen Aspekte zu sprechen kommt. Zuzustimmen ist Ruhbach auch darin, daß er nicht nur das Moment der *rechten Lehre*, sondern auch den *Lebensvollzug*, ja auch die *Kirchenstrukturen* in das Prüfverfahren einbezieht. Zu Recht wendet sich Ruhbach auch gegen zu schnelle Verurteilung und Verdammung anderer Gruppen in der Kirche und mahnt zum geduldigen Ringen um Verständigung. Andererseits geht der Streit ja gerade auch darum, worin diese Einheit besteht, was Kirche ist, wie das Heil zuteil wird, und gibt es hier auch sich ausschließende bzw. vom Evangelium ausgeschlossene Positionen. Ruhbachs starke Tendenz zum Verbindenden drängt den Aspekt auch scharfer Trennung, wie er sich im NT z.B. im Blick auf Götzendienst und Dämonisches findet, zurück. Er sagt Nachdenkenswertes über den rechten Umgang miteinander in der Kirche, aber UdG ist mehr als nur Differenzieren und Bemühen um Verständigung, sie kann und wird auch zu Scheidungen führen. Eine UdG in bezug auf enthusiastisch-charismatische Frömmigkeit nimmt Ruhbach von seiner Themenstellung her nicht näher in den Blick, die Fragen sind ihm aber nicht unbekannt.[328]

Hans P. Schmidt trat auf dem Deutschen Pfarrertag 1974 in Heidelberg (16.-18. September), der unter dem Gesamtthema "Der Geist und die Geister" stand, mit provozierenden Thesen unter bewußter Absehung von Bekenntnissen und Normen für eine *"Scheidung der Geister" allein auf Grund der Kriterien der Weltzuwendung und Nächstenschaft Jesu* ein und löste damit heftige Diskussionen aus.[329]

SCHMIDT bestritt im Rekurs auf W. Bauers Studie "Rechtgläubigkeit und Ketzerei im ältesten Christentum" (1934), daß irgend jemand ermächtigt sei, Lehrnormen aufzurichten oder gar selbst als normative Instanz, sei es im Namen der Bibel oder noch fragwürdiger im Namen der eigenen religiösen Erfahrung. Der Geist des Lebens läßt sich nach Schmidt *weder* in bestimmte *Bekenntnisformeln* fassen *noch* auf ein bestimmtes *Verhaltenssoll* bringen. Er sei weder an der einen rechten Lehre noch an einem rechten Leben zu messen, denn beide seien Ausdruck vorläufiger Erfahrung. Orthodoxie und Orthopraxie gingen beide von falschen Voraussetzungen aus. Die *Unterscheidung* dürfe *nicht von den einen über die anderen verfügt* werden, sondern sei ein *Prozeß der gemeinsamen Urteilsbildung aller Beteiligten*.

Anstelle der abgewiesenen Prüfungsnormen will Schmidt im Rekurs auf die Studie W. Kösters "Entwicklungslinien durch die Welt des frühen Christentums" (Tübingen 1971) nur zwei Kriterien gelten lassen: 1. Das *Menschsein Jesu*. 2. *Beispiele gelungener Bekenntnisse zu Wort und Tat Jesu* (im Sinne seines Menschseins) in der Geschichte.

Im "Lebensvorgang Jesu als Kriterium für die Scheidung von Geistern" sieht Schmidt *vier Charakteristika*, die er im einzelnen noch weiter ausführt:[330]

1) Wo Jesus auftrat, *fielen alle Schranken*. Er überschritt die Rechts- und Verkehrsformen einer geschlossenen Gesellschaft, die ihren Gliedern immer schon vorschreibt, was sie zu tun und zu lassen haben. Und er kam damit zu einer neuen geistesgegenwärtigen Weltzuwen-

dung. - 2) Wo Jesus auftrat, *wurden Menschen und Gruppen, die die Gesellschaft ausgrenzte* und wohl unterdrücken mußte, um sich selbst zu stabilisieren, *aus ihrer Isolation befreit.* - 3) Wo Jesus auftrat, *überschritt er die Grenzen,* die sorgsam *zwischen sakralen und profanen Bereichen* aufgerichtet waren. Er hat diese Aufteilung der Welt bestritten und wurde damit zum Anwalt jenes 'penetranten Immanenzwillens' Gottes (G.v. Rad). - 4) Wo Jesus auftrat, kamen *offene Meinungs- und Gruppenbildungen* in Gang. Er war nicht Stifter und Gründer einer monolithischen Kirche. Buchstabe und Geist müsse sorgsam unterschieden werden. Selbst gelungene Bekenntnisbildung von einst kann - geistlos rezitiert statt geistesgegenwärtig weitergeführt - zur Sünde werden. Schmidt sieht eine permanente Selbstgefährdung christlicher Gemeinden durch biblischen und morphologischen Fundamentalismus. In der Geschichte der europäischen Kirche sieht er Einschränkungen, Einengungen und Verzerrungen des Geistes in Richtung "Immobilismus", "Intellektualismus" und "Provinzialismus". Hier sei Scheidung der Geister an erster Stelle geboten.[331]

Schmidt macht richtige Beobachtungen im Blick auf verengende Entwicklungen im abendländischen Christentum. Sein Insistieren auf Weltzuwendung ist ein berechtigtes Anliegen. Trotzdem sind gegen sein Verfahren der "Scheidung" grundlegende Bedenken anzumelden. Sein eigener Ansatz wäre auf nicht ausgesprochene, rein immanente, soziopolitisch-emanzipatorische ideologische Prämissen zu hinterfragen. Zu Recht wurden in der Arbeitsgruppe die Ausblendung des Christus praesens und der Eschatologie kritisiert. Die Ermöglichung der Weltzuwendung aus der Rechtfertigung wird bei Schmidt nicht deutlich. Er will aus Zwängen befreien und steht doch in Gefahr, in seiner Forderung nach Nächstenschaft und Zuwendung zur Welt eine neue Gesetzlichkeit aufzurichten. Es fehlt die trinitarische Einbettung des Geisteswirkens und die ewigkeitlich-spirituelle Tiefendimension der "UdG". Schmidt zeigt im Blick auf den Gebrauch von Bibel und Bekenntnis Gefährdungen auf, denen die Christenheit erliegen kann (und in Teilen auch immer wieder erlegen ist), aber der Heilige Geist und sein Wirken dürfen nicht so grundsätzlich in Gegensatz zu Schrift und Bekenntnis gestellt werden, wie Schmidt es tut.

Die ausführlichste monographische Behandlung der Frage der "UdG" von *Wilhelm Dantine* "Der Heilige und der unheilige Geist" (1973)[332] ist primär eine theologiegeschichtliche Analyse und Kritik der seitherigen kirchlich-religiösen Geistinterpretationen. Dantine wendet sich dabei gegen die *Individualisierung, Verjenseitigung, Intellektualisierung und Domestizierung des Geistes im Religionismus und die Beschränkung auf das persönliche Heil.*[333] Er selbst betont die Zuwendung des Geistes zur geschichtlichen Wirklichkeit und gesamten Schöpfung. In einem knappen Schlußteil skizziert er sein Verständnis einer "UdG". Er lehnt die vergangenheitsorientierten Kategorien Orthodoxie und Orthopraxie als unbrauchbar ab und vertritt dagegen eine *gegenwarts- bzw. zukunftsbezogene "Anwaltschaft des Geistes"* in der Welt. Entscheidendes Kriterium für Dantine ist der Welt-, Geschichts- und Gesellschaftsbezug des Geistes. Eine positive Würdigung des Charismatischen bzw. der Charismata findet sich nicht. Ein Bezug der Aufgabe der "UdG" auf das Feld des Enthusiastisch- Charismatischen wird nur angedeutet und gänzlich von Kategorie und Kriterium sozial-ethischkosmischer Weltzuwendung bestimmt.

Die miteinander in Verbindung stehenden *Tendenzen zur Individualisierung und Verjenseitigung* brachten nach Dantine einen *Geschichtspessimismus* hervor und stehen auch mit der Neigung, das Geistwirken in die *Vergangenheit* zu verweisen, in Zusammenhang. Er sieht die jüdisch-christliche Welt- und Geschichtsbezogenheit des Gottes- bzw. Geisteswirkens griechisch-hellenistisch überlagert, vergeistigt, entweltlicht und damit grundlegend verändert. Nach ihm ist auch der emotionale Gegenschlag gegen die rationalistische und orthodoxe Verengung gescheitert, insofern sich spiegelbildlich dieselben Strukturen zeigen und nicht grundlegend neue Bahnen beschritten werden.[334] Dantine wendet sich *gegen religiösen Irrationalismus* in unterschiedlicher Gestalt, der nach seiner Sicht, wegen der Orientierung am intellektualistischen Dogma, ebenfalls scheitern muß. Besonders kritisiert er die Verschiebung von echtem Trost auf ein bloß innerseelisches Vertrösten, eine fatalistische Hinnahme der Weltwirklichkeit und damit eine Aufspaltung von Geist und Geschichte.[335] Auch die den *Glauben des einzelnen aktivierende Variante*, wie sie sich in *Pietismus, Erweckungsbewegung und den Jesus-People* (hier wäre heute auch die CB zu erwähnen) in den Stichworten "Bekehrung", "Erweckung", "Wiedergeburt" (heute auch: "Geisttaufe") zeigt, muß er kritisieren. Das hier geforderte Ja zum Heiligen Geist und das Nein zu allem Unheiligen beträfe nur den schmalen Bereich des *Verhältnisses der einzelnen Seele zu Gott* und brächte weder die Welt in Bewegung noch bräche sie in dieser dem Geist eine Bahn.[336] Dantine lehnt auch die dritte Variante der Identifizierung von Geist und Tat in den *Heiligungsbewegungen* ab,[337] weil sie trotz ihres berechtigten Widerspruchs gegen die Gebrochenheit des ethischen Elans christlich-kirchlicher Frömmigkeit nicht aus dem Schema der Heilsordnung ausbricht und "nur die *individuelle Tatbewährung in der heilsegoistischen Ewigkeitsversicherung*" meint.[338] Er sieht keine echte Brücke zur realen Welt führen, das sachlich ignoriert und als weltlich diffamiert werde.

Gegen die Geschichtslosigkeit stellt Dantine die Zuwendung des Geistes zur geschichtlichen Wirklichkeit und gesamten Schöpfung.[339] Dabei sieht er *den Menschen* als echten *autonomen Partner in der eschatologisch ausgerichteten Geistrelation* und versteht den *Geist* insgesamt *inkarnatorisch*. So kommt er zu einer ganzheitlichen, umfassenden, inklusiven Pneumatologie mit den Aspekten: *Geschichtlichkeit, Weltoffenheit und Weltbezug des Geistes, Gegenwärtigkeit, Inkarnation, kosmologisch-menschheitliche Universalität und Zukunftsbezogenheit*. Dantine weitet die Geistpräsenz auch auf den außerreligiösen, ja religionslosen Bereich aus. Als Funktionen des Geistes nennt Dantine: 1) Den Willen zum Gespräch (im Sinn dialogischer Wahrheitsfindung). 2) Den Willen zur Tat (als befreienden Ausbruch aus dem Gewohnten). 3) Den Willen zur Unterscheidung (auf Grund der Verbindung von Geist und Wahrheit).[340]

Dantines überstarkes Bemühen um die Verbindung zwischen Geist und Geschichte führt aber nicht dazu, die *Spannung zwischen dem Schon-Jetzt und dem Noch-Nicht des Reiches Gottes* aufzuheben. So kritisiert er etwa die Identifikation von Geist und Geschichte in jeglicher Vorsehungsreligiosität als ungeschichtlich. Hinzu kommt eine *Verbindung mit der Theologie des Kreuzes*, indem er Offenbarung immer auch zugleich als *Verhüllung* kennzeichnet und das Kreuz sowohl als Kulminationspunkt der Geschichtlichkeit der Offenbarung als auch als Tiefpunkt der Zwiespältigkeit der Geschichte und ihrer Mächte sieht.[341] Dantine wendet sich gegen eine Identifizierung des Geisteswirkens mit dem Inhalten optimistischer Fortschrittsgläubigkeit. Wohl bewirkt der Geist *Fortschritt* als Veränderung zum Wohl der Menschen, aber dieser ist *komparativisch* und nicht mit den Kategorien von Optimismus und Pessimismus zu beschreiben. Es geht nicht um eine moralische Aufwärtsentwicklung, sondern um verantwortliches Handeln aus dem Geist, in dem die Heilsfrage auch die Frage des Wohls, der Zukunft der Menschheit und des Kosmos einschließt.[342] Hier bringt Dantine die Kategorie der Verheißung zur Freisetzung von Tatkraft ins Spiel. Er unterscheidet dabei für die Zukunft offene - positiv gewertete - "Real-Utopie" von geschlossener ideologischer Utopie.[343]

Mit der *Ausweitung des Geistbegriffs* und der *Betonung der Geschichtsimmanenz* stellt sich unweigerlich die **Frage nach der Unterscheidung der Geister**. Auf diese kommt Dantine nach seinen breiten theologie- und geistesgeschichtlichen Überlegungen im knappen Schlußteil zu sprechen.[344] - Dantine lehnt die traditionelle *Verweisung der Unterscheidung in den Bereich der Lehre*, die Identifikation des Evangeliums mit einer abstrakt-unveränderlichen Wahrheit, die Intellektualisierung und Verkehrung des Glaubens in eine Weltanschauung, als *doketisch* ab. Hier werde das Evangelium in einen geistig-seelischen Vorgang aufgelöst. Nicht die Lehre allein könne Prüfungsfeld und Prüfkriterium sein. Von I Joh 4,1 her, dem Bekenntnis zur irdischen Leiblichkeit Jesu, zur Fleischwerdung, sei vielmehr der *Geschichts- und Weltbezug der Inkarnation* als Maßstab anzunehmen. Dieser wird in V.7 verbunden mit der *konkreten Liebestat an den Mitmenschen*.[345]

Dantine wendet sich gegen die Auslegungsgeschichte von I Joh 4,1ff, in nach seiner Sicht die pneumatische Funktion umgebogen wurde in ein Fürwahrhalten theologischer Lehrsätze. Er warnt davor, heute notwendige Unterscheidungen anhand zeitgeschichtlich bedingter Bekenntnisse vorzunehmen. Die Erkenntnis, daß traditionale dogmatische Formeln nicht für eine pneumatische, bevollmächtigte Unterscheidung taugen, mache überhaupt erst für diese Aufgabe frei.[346] Am Bekenntnis von Barmen zeigt sich nach Dantine, wie der Wandel der Situation die pneumatische Effektivität in kurzer Zeit verändert. Von daher betont er die

Notwendigkeit des stets neuen Bemühens um Klärung und je neuen existentiellen Bekennens. Mit der Geschichtlichkeit der Wahrheit hängen eng zwei wiederum voneinander zu unterscheidende Aspekte zusammen: a) die *Aktualität der Stunde;* b) die *"ständig neue Suche nach Wahrheit in unermüdlicher Kleinarbeit durch kritische Überprüfung bisheriger Antworten, durch Aufnahme von Kontakten und Konfrontationen mit den auftretenden geistigen Prozessen und durch sorgfältige Weiterentwicklung der eigenen Einsichten".*[347]

Dantine lehnt *Orthodoxie* wie *Orthopraxie* als unbrauchbare Unterscheidungskategorien ab: *"Das Richtigkeitsprinzip oder die Ortho-Struktur - schon im Bereich des verstehenden Erkennens eine unbrauchbare Unterscheidungsmethode - ist im ethischen Feld erst recht selber eine Quelle von Irrtümern und Fehlhandlungen und daher völlig ungeeignet, die Präsenz des Geistes feststellbar zu machen oder gar zu garantieren".*[348]Die Behauptung unmittelbarer, totaler Geistpräsenz bzw. des Geistbesitzes bei Institutionen oder Einzelpersonen läßt sich nicht überprüfen. Diese können lediglich auf ihre *Intention* befragt und beurteilt werden, wobei der *Übereinstimmung von Intention und faktischem Handeln* eine entscheidende kritische Rolle zukommt. Dantine sieht deshalb in Abkehr vom traditionellen Verständnis der Prüfung der Geister eine *"pneumatisch bestimmte Aufgabe der Geisterunterscheidung"* gegeben: *"Sie besteht nicht mehr in einer nach rückwärts gerichteten Verdammung oder Verherrlichung von Einzelmenschen, Gruppen und Institutionen, sondern in einer nach vorn ausgerichteten, die Zukunft der Menschheit verantwortlich auf sich nehmenden Arbeit, um der Klarheit des Geistes in dem rätselvollen Geschehen der Geschichte zum jeweiligen Durchbruch und zum Siege zu verhelfen".*[349] Dantine wehrt sich gegen eine Unterscheidung, in der eine Gerichtsinstanz - sei es ein kirchliches Gremium oder das einsame Gewissen eines einzelnen Geistträgers - von einem hohen Podest herunter Urteile fällt und das unwägbare Gericht Gottes vorwegnehmen will. Unterscheidung ist nach seiner Sicht *"eine Funktion, die von einer 'Anwaltschaft des Geistes' geprägt ist, um ihn in der Welt zu vertreten".*[350]In dieser Anwaltschaft sind *Wahrheitsvermittlung und Handlungsmotivierung aufs engste vereinigt,* so daß Theorie und Praxis, Wahrheit und Liebe nicht auseinanderfallen. Inhalt dieser Anwaltschaft, die sich in Sendung und Zeugnis der Christen ereignet, ist die kritische und prophetische und damit unterscheidende Funktion des Geistes in der Welt.[351]

Im Schlußkapitel handelt Dantine dann vom *"prophetischen Dienst der Christenheit an der Welt".*[352] Hier nimmt Dantine wieder die Kategorie der *"Real-Utopie"* auf. Die Christenheit soll ihre Gewißheit des Geisteswirkens in das Bewußtsein der Menschen einbringen, daß ihr Eintreten für den Heiligen Geist zugleich als Angebot für die Humanisierung der Menschheit verstanden wird. Sie soll stellvertretend aktualisieren, was dem Ganzen als Wahrheit und Hoffnung zugesprochen ist. Sie muß den Anspruch erheben, Vorwegnahme der zukünftigen Gestalt der Menschheit zu sein und hieran auch ihr Selbstverständnis ausrichten, ohne einem gesellschaftlichen Christianisierungsoptimismus zu verfallen.[353]

Im Unterschied zu H.P. Schmidt sind bei Dantine *reformatorische Grundkategorien* stärker berücksichtigt wie auch *christologisch-trinitarische und ekklesiologische Aspekte* zumindest in Ansätzen aufgenommen werden bzw. im Hintergrund mitbedacht sind. Der "inkarnatorische" Aspekt der Weltzuwendung und Wirksamkeit des Geistes in der Geschichte wird von Dantine zu Recht gegen subjektivistische, individualistische, vergeistigende Fehlentwicklungen ins Feld geführt. Nun allerdings mit einer Gefährdung in der anderen Richtung. Er tendiert dazu, den Heiligen Geist mit gesellschaftspolitischen Bestrebungen und Veränderungen zu identifizieren. Die Verbindung des Geistes mit der Geschichte und ihrer Bewegtheit ist eher hegelianisch, auch wenn Dantine stärker den Zukunftsaspekt betont und um den eschatologischen Vorbehalt weiß. Dantines einseitige Betonung der Zukunft verdrängt in nicht erlaubter Weise den Aspekt und die Bedeutung des Geisteswirkens in der Vergangenheit. Gott der Heilige Geist ist auch als Geist der Neuschöpfung derselbe, der auch in der Vergangenheit wirksam war und gegenwärtig ist. Gerade was die Aufgabe der Unterscheidung angeht, ermöglichen die Folgen vergangener Vorgänge eine Beurteilung, während die Folgen des Zukünftigen nicht zu überschauen sind. Wie sehr Dantine selbst für seine Zukunftskategorien die Vergangenheit als Negativfolie braucht, zeigt seine extensive Analyse (200 von 250 Seiten) früherer Geistinterpretationen. Die von ihm vorgeschlagenen Kategorien "Weltgewissen", "Freiheit", "Humanisierung" als Kriterien der Unterscheidung der Geister bilden allenfalls ganz grobe Raster, die außerdem sehr unterschiedlich gefüllt werden können. Auch seine Unterscheidung von geschlossener ideologischer Utopie und offener Reich-Gottes-Hoffnung bietet kein sicheres Kriterium, da z.b. weder die neo-marxistische Utopie total geschlossen noch die biblische Reichs-Gottes-Hoffnung ganz offen ist. Der Aspekt eines kommenden Gerichts fällt bei Dantine praktisch aus. Sein Verfahren, den Geist vor allem mit der Zukunft zu verbinden, läßt die enge ntl. Beziehung des Geistes zu Christus undeutlich werden und in der prophetischen "Real-Utopie" verschwimmen.[354] Zu Recht fragt H. Kägi kritisch: "*Führt Dantines Offenheit gegenüber der säkularen Welt, seine überaus positive Bewertung der Schöpfung nicht zur Entfaltung eines universellen, humanen Geistverständnisses, das von der biblischen Geistinterpretation losgelöst ist? Führt sein Weltbezug nicht zu einer ethisch-utilitaristischen Verflachung des Christuszeugnisses?*"[355]

So sehr Dantine zuzustimmen ist, daß "UdG" nicht nur die simple Rezitation und Übertragung von Bekenntnisformeln aus früherem Kontext sein kann, sondern die veränderte Situation zu berücksichtigen hat, muß doch die Abwertung des vergangenen Ringens um Wahrheit und seiner Ergebnisse zurückgewiesen werden. Sicher ist "UdG" ein pneumatisches Geschehen in actu, aber das pneumatische Element steht nicht im Gegensatz zu inhaltlich präzisierten Lehraussagen und ethischen Maßstäben. Dies widerspricht dem Zeugnis des AT und NT, das Bekenntnisformeln, dogmatische und ethische Kriterien kennt, positive Aussagen macht und nicht nur Fragen stellt. Wohl gibt es Gefährdungen der "Ortho-Struktur", aber Wort und Geist bzw. Dogma und Geist sind kein grundsätzlicher Gegensatz. Richtig ist die Herausarbeitung des Angewiesenseins auf den Geist im Vollzug der Unterscheidung. Auch wenn der Geist erfüllt, bleibt er immer auch noch kritisch gegenüber und kann weder von einer Einzelperson noch von einer Institution vereinnahmt werden. Richtig ist, daß "UdG" nicht nur rückwärtsgewandt sein kann, sondern zukunftsgerichtete "Anwaltschaft" des Geistes hier und heute meint. Dies will aber dogmatisch-ethisches Urteil auch sein. Dantines Entgegensetzung von Wort/Dogma und Geist bzw. Geistesgegenwart ist so nicht vertretbar, ja sie widerspricht seinem eigenen Konzept einer umfassenden "inkarnatorischen" Geistlehre. Wenn schon, dann muß auch das gedankliche Ringen um die Wahrheit und Relevanz der Offenbarung mit einbezogen werden. Bei Dantines Betonung der Geschichtlichkeit der Lehrausprägungen und der gesellschaftlich-kosmischen Weltzuwendung des Geistes besteht ernste Gefahr, daß das bleibend Wahre und Wirkliche der Gottes- und Christusoffenbarung (Heb 13,8) - die sehr wohl Gegenwartsrelevanz haben - und die konkreten Zukunftsaussagen der Schrift verschwimmen und sich verflüchtigen. Richtig ist, daß "UdG" nicht nur die Lehre, sondern auch das Leben betrifft und nicht nur negativ abgrenzend sein kann. Ziel der "UdG" muß es sein, zu einer positiven geisterfüllten Lebensgestaltung zu helfen. In seinem Kampf gegen dogmatistische, ekklesiozentrische und individualistische Geistverständnisse verdrängt Dantine diese Aspekte zu Unrecht. Die Kritik an einseitigen Entwicklungen darf nicht zu einer grundsätzlichen Ablehnung und Diffamierung werden. Hier ist das biblische Geistzeugnis integrativer und damit weiter als das Dantines. Im biblischen Zeugnis gibt es auch Platz für enthusiastische und emotionale Erscheinungen. Geistesgegenwart zeigt sich auch - um nicht zu sagen zentral und primär - im gottesdienstlichen Lob und Bekenntnis, auch in privater und gemeinschaftlicher Auferbauung und nicht nur in aktiver Weltzuwendung, wenngleich dieser Aspekt ebenfalls zur Weite des Geisteswirkens gehört.

Ganz im Gegensatz zu W. Dantine oder H.P. Schmidt versteht *Reinhard Slenczka* die "UdG" fundamental als "dogmatische" Aufgabe, als "*kirchliche Entscheidung in theologischer Verantwortung*".[356] Im akuten Konflikt vollzieht der Heilige Geist durch das theologische Urteil die Unterscheidung durch die Gemeinde und zugleich auch an ihr selbst.[357] Dies geschieht von der Offenbarung Gottes in Christus her im Bekenntnis zu ihm durch das Mittel der Heiligen Schrift.[358] Die Schrift ist als Selbstbezeugung Gottes die allein maßgebende Norm. Theologische UdG ist für Slenczka nach reformatorischem Verständnis ein schriftbezogen-pneumatisches Geschehen und bezieht sich auf die letzten Fragen des Heils. Die Kriterien der Unterscheidung in den konkreten Situationen des Schriftzeugnisses sind reduktiv, d.h. sie verweisen auf die Fundamente des Glaubens, auf das Bekenntnis zu Jesus Christus, das nach CA V von Wort und Sakrament bewirkt wird.

Slenczka wendet sich gegen Auffassungen vom theologischen Urteil und von der Aufgabe der Theologie, die andere nichttheologische Kriterien (etwa die Verantwortung vor anderen Wissenschaften oder vor dem Zeitbewußtsein und den Gesellschaftsproblemen) einführen und zu einer tiefgreifenden Vertauschung der Maßstäbe für das theologische Urteil führen. So kritisiert er etwa an der Vermittlungstheologie, daß nicht die Wirkung des Wortes Gottes nach der Heiligen Schrift im Vordergrund steht, "*sondern eine scheinbare Wirkungslosigkeit des Wortes Gottes, wie sie sich in der Erfahrung gegenwärtiger Wirklichkeit aufdrängt. Alles zielt dann auf Nachweise für die Möglichkeit des Glaubens gegenüber solcher erfahrener Unmöglichkeit. Die Unterscheidung von wahrem und falschem Glauben, von Glauben und Aberglauben und damit die durch den Heiligen Geist Jesu Christi gewirkte Prüfung und Scheidung der Geister tritt völlig in den Hintergrund, vielleicht wird sie sogar als überflüssig oder unmöglich angesehen*".[359] Das theologische Urteil ergibt sich, so Slenczka, "*aus der Tatsache, daß Gott in seinem Wort spricht. Damit ist für das theologische Urteil auch das vorausgesetzt, was durch das Wort Gottes gewirkt und aufgedeckt wird, nämlich Glaube und Unglaube, Gehorsam und Ungehorsam, Verstehen und Verstockung, ewiges Leben und ewige Verdammnis. Die alles zusammenfassende, die Vollmacht begründende und zugleich begrenzende Grundlage des theologischen Urteils aber ist das Wort des Herrn vom Binden und Lösen (Mt 16,19; 18,18; Joh 20,23)*".[360] Fehlen die pneumatischen Kriterien des theologischen Urteils, "*rücken die menschlichen Kriterien von Moral und Politik ein. Als moralisch gilt es dann, jede Meinung und Einstellung zu akzeptieren, die der Einheit und dem Frieden dient. Politische Kriterien aber strömen ein, wenn man sich an dem Verhältnis von Kirche und Gesellschaft bzw. Öffentlichkeit ausrichtet. Damit ist nicht allein das Wesen der Kirche verkannt, sondern die Unterscheidung von Kirche und Gesellschaft verschwindet, weil der Geist fehlt, der nur durch die Mittel von Wort und Sakrament gegeben und an ihnen erkannt wird*".[361] "*Die Kriterien für die Prüfung und Scheidung der Geister sind im akuten Konflikt reduktiv. D.h. regelmäßig wird die Gemeinde auf das zurückverwiesen, was ihren tragenden Grund ausmacht. Von den Taten bzw. Untaten von Menschen wird damit auch zurückverwiesen auf das Tun oder Nichttun des Geistes. Dies betrifft stets das vom Geist gewirkte Bekenntnis zu Jesus Christus (I Kor 3,11; 12,3; I Joh div; Act 15,8-9), das in diesem Sinne nicht bloß aus formulierten Lehrsätzen besteht, sondern Ausdruck für die Wirklichkeit des Geistes ist. Denn am Bekenntnis zu Christus zeigt sich, wer durch Christus im Gericht vertreten und daraus gerettet werden wird*".[362]

Slenczka sieht die Arbeit des Theologen im fundamentaltheologischen Sinn als "Unterscheidung der Geister", wobei er von Schrift und Bekenntnis ausgeht und die reformatorischen Grundkategorien auch auf die gegenwärtigen Gegebenheiten anwendet. Während G. Ruhbach das Einheitsanliegen im Vollzug der Unterscheidung in den Vordergrund stellt, betont Slenczka die im Wesen des Unterschieds von Kirche und Welt bzw. wahrer und falscher Kirche begründete innere Notwendigkeit von Trennungen. Zwar dürfen Trennungslinien nicht vorschnell und aus falschen Gründen gezogen werden, aber Unterscheidung schließt auch Scheidung mit ein. Die nicht von einem einzelnen, sondern von der gesamten Gemeinde zu treffende letzte Entscheidung steht unter der Norm der Schrift. Das Urteil der Menschen bekommt durch Gottes Gericht seinen Maßstab, seine Zeit und seine Grenze.[363] Slenczka erinnert in einer Zeit der Harmonisierung und Einebnung der Unterschiede und der Fremdbestimmung der Theologie durch anthropologische Größen zu Recht an letzte Kategorien und deren Anwendung als im Fundamentalsinn "theologische" Aufgabe der Unterscheidung. Seine Stärke liegt in der Vorordnung des Offenbarungstheologisch-

Objektiven, in der strengen Rückbindung an die Schrift und im Insistieren auf das Bekenntnis zu Jesus Christus als heilsentscheidendem Kriterium. So sehr ihm Recht zu geben ist in seinem "reduktiven" Vorgehen im Konflikt, d.h. im Rückgang auf die fundamentale Frage von Heil und Unheil, ist damit zugleich die Gefahr von Reduktionen in der Lebensgestalt, in der individuellen und gemeindlichen Verwirklichung des neuen Lebens gegeben. Gerade hier bedarf es nicht nur der Reduktion, sondern auch der Ermutigung und Entfaltung und der Überwindung von Engführungen der reformatorischen Tradition. Das "reduktive" Vorgehen von Paulus in der korinthischen Situation bestand im Korrigieren und Relativieren der Erscheinungen, aber nicht in grundsätzlicher Infragestellung oder Ablehnung. In Slenczkas Verständnis der "UdG" ist die enge reformatorische Anbindung des Geistes an das Wort vorausgesetzt, womit das intuitiv-unmittelbare charismatische Moment, das der Kontext von I Kor 12-14 für dieses Charisma nahelegt, zurückgedrängt wird.

Wie die bisherigen Ausführungen zeigen, verstehen die einzelnen Autoren die Aufgabe einer "Unterscheidung der Geister" sehr unterschiedlich. Ehe wir mit systematischen und pastoralen Überlegungen fortfahren, seien zur Erweiterung der Betrachtungsweise im Blick auf enthusiastisch-charismatische Vorgänge einige *exegetische Aspekte* aufgenommen.

0.3.3 Exegetische Aspekte der Frage der "Unterscheidung der Geister"

Als Beiträge der EXEGESE zur Frage der "UdG" wären die Untersuchungen zum Problem der *Falschprophetie* im ALTEN TESTAMENT heranzuziehen.[364] In den relevanten Texten tauchen vor allem zwei Kategorien von Unterscheidungskriterien auf. Als *Kriterien*, die 1) die *Botschaft* betreffen, werden angewandt: a) Erfüllung oder Nichterfüllung von Vorhergesagtem; b) die Verheißung von Wohlergehen oder Gericht; c) die Art des Offenbarungsempfangs (Verfügbarkeit, Methodik); d) die Übereinstimmung mit dem überlieferten Glauben Israels. Was 2) die *Person* der Propheten angeht, fragt man: a) nach ihrem Lebenswandel; b) nach ihren Motiven und Intentionen; c) nach Machtzeichen als Legitimation ihrer Sendung. Im akuten Konflikt, wenn Aussage gegen Aussage steht, bedarf es jedoch einer *unmittelbar-intuitiven Geistvollmacht*, um den falschen Geist zu benennen.

Im Alten Testament gibt es *keinen geprägten Begriff* einer "UdG", aber die Sache selbst ist bekannt. In verschiedenen Textzusammenhängen wird deutlich, daß der Mensch hineingestellt ist in Unterscheidungs- und Entscheidungssituationen mit hintergründigen Geistwirklichkeiten und -mächtigkeiten, in denen er Stellung nehmen muß zum Heil oder Unheil für sich und andere (z.B. Gen 2,17; 3,4; 4,7; 12,4; Ex 19,8; 24,3; Jos 24,15; u.a.). Die Schreiber der Bibel bringen besondere Manifestationen mit heilvollen, befreienden Wirkungen (z.B. Num 11,17.25; Jdc 3,10; 6,34; 14,6.19; 15,14; I Sam 11,6; 16,13), oder solche mit unheilvollen Wirkungen (z.B. Num 5,14.30; I Sam 14-16; 17,10; 19,9; Jdc 9,23) in Verbindung mit Geist und Geistern und unterscheiden zwischen gutem und bösem Geist. Die Notwendigkeit einer "UdG" wurde für das Volk und seine Führer durch das Auftreten "falscher" Propheten (Begriff "Pseudopropheten erst in der LXX), die ebenfalls Inspirationen hatten und sich auf Jahwe beriefen, besonders akut. Durch mehr als zwei Jahrhunderte zieht sich die Auseinandersetzung, in der man aufs ernsteste um die Frage rang, woran echte Offenbarung von falscher zu unterscheiden sei. J.L. Crenshaw hat die in Anwendung gebrachten Kriterien unterteilt in Kriterien, die die *Botschaft* betreffen, und solche, die die *Person* betreffen:[365]

I. Kriterien, die Botschaft betreffend

1. Erfüllung oder Nichterfüllung

Der wahre Prophet weist sich durch das Eintreffen seines Wortes aus (vgl. I Sam 3,19; I Reg 8,56; 22,28; Dtn 18,22; Jes 30,8; Jer 28,9; Ez 33,33). - Die Schwierigkeit dieses Kriteriums ist, daß es nicht in actu, sondern erst im zeitlichen Abstand angewandt werden kann. Hinzu kommt, daß es auch bei wahren Propheten Worte der (Noch-)Nichterfüllung gibt.

2. *Die Verheißung von Wohl oder Wehe*

Die wahren Propheten waren meist Ankündiger des Gerichts, während die falschen Propheten an falscher Stelle "Heil" riefen (vgl. I Reg 22,5ff; Mi 3,5; Jer 28). - Einer zu einlinigen Anwendung dieses Kriteriums steht entgegen, daß auch wahre Propheten Heilsaussagen machen und sich auch bei Falschpropheten Gerichtsworte finden. Trotzdem ist dies im allgemeinen ein Maßstab im Blick auf die klassische Prophetie. Zu den paradoxen Tiefen der alttestamentlichen Gotteserkenntnis gehört, daß auch betörende Falschoffenbarung auf Jahwe zurückgeführt werden kann (Dtn 13; I Reg 22; Jes 6,9f; Ez 14,9).

3. *Die Art des Offenbarungsempfangs*

Die Unmittelbarkeit und Wucht des echten Wortempfangs wird den ekstatisch-visionären Zuständen eines Offenbarungsmethodismus gegenübergestellt, auch wenn man nicht sagen kann, daß ekstatische Momente bei echter Prophetie grundsätzlich fehlen würden. "*That the true prophets experienced an ecstasy of concentration (in contrast to that of absorption) seems certain, so that one cannot deny ecstatic behaviour to genuine prophecy*".[366] - H.W. Wolff will im Blick auf das prophetische Erleben festhalten: "*1. daß sich das Erleben... auf einer Bewußtseinsstufe abspielt, die oberhalb des Unbewußten und Unterbewußten (Traum, Hypnose) und unterhalb der überwachen Zustände (Entrückung, Ekstase) zu suchen ist; 2. daß der Ursprung, der Anlaß und der Inhalt des Erlebens nirgendwo deutlicher zu erkennen ist als in dem von den Propheten selbst einmütig genannten: Jahwe, dem Gott Israels*".[367] - "*Ein waches Ich sieht sich vor eine Entscheidung gestellt. Weder der Gedanke der mystischen unio noch der ekstatischen Entpersönlichung trifft den Vorgang. Von einem klaren Ich-Du-Verhältnis wissen die Berichte... Die Stufe einer Exaltation muß... sorgfältig unterschieden werden von der Ekstase, die das Bewußtsein außer Funktion setzt. Der Prophet weiß sich berufen, nicht berauscht... Die Frage nach der Erlebnisform des Propheten muß sich dem Tatbestand unterordnen, daß die Suprematie des Wortes das wesentliche Kennzeichen des alttestamentlichen Propheten ist*".[368] - Bei Jeremia richtet sich die Kritik an falschen Propheten auf deren Offenbarungsempfang durch Träume (Jer 23,25-28). Aber auch dies ist kein eindeutiges Kriterium, da es im AT durchaus positive Wertung von Träumen gibt und der Traum besonders in der Weisheitsliteratur und apokalyptischen Literatur als Offenbarungsform von Bedeutung war.[369]

4. *Die Übereinstimmung mit dem überlieferten Glauben Israels*

Der falsche Prophet wird daran erkannt, daß er fremde Götter verkündigt, zum Abfall von Jahwe auffordert und damit gegen das Grundgebot und Grundbekenntnis verstößt (vgl. Dtn 13,2-6; 18,20; Jer 2,8; 23,13.27; Ez 14,9 - Diesem Kriterium entspricht das von Paulus genannte Christusbekenntnis in I Kor 12,3).

II. *Kriterien, die Person betreffend*

1. *Der Lebenswandel der Propheten*

Ein wichtiger Maßstab der Unterscheidung wahrer und falscher Propheten ist das Feld des Ethisch-Moralischen. Am überschaubaren praktischen Verhalten werden die falschen Propheten behaftet. Ehebruch, Lügen und Trunkenheit sprechen gegen sie (vgl. Mi 3,5.11; Ez 13,19; Jes 28,7; Jer 23,11.14; 29,23). - Auch wenn das moralische Kriterium nicht ein absolutes darstellt - auch gegen wahre Propheten kann manches vorgebracht werden -, so hält Crenshaw doch fest, "*that 'false prophets' often failed to live up to the higher morality of an Amos, Isaiah or Ezekiel. The most serious charge against these false prophets was their conspiracy of silence, a failure to speak out against wrong (Hos 4;5β)*".[370]

2. Die Motive und Intentionen der Propheten

Der falsche Prophet redet seinen Hörern zum Gefallen, macht sich und seine Botschaft abhängig vom Wohlwollen seiner Hörer und sucht seinen eigenen Profit. Der wahre Prophet dagegen ist vom Willen Gottes bestimmt und klammert auch unbequeme Fragen des Lebens nicht aus. *"Die klassischen Propheten sind der Schuld auf der Spur und verschweigen das Gericht nicht. Der falsche Prophet dagegen macht es seinen Hörern leichter. Zum zweiten zeigt der rechte Prophet keine Spur von Selbstsicherheit; er bleibt auf die Gewißheit angewiesen, die ihm sein Gott je und je mit dem Lauschen auf sein Wort schenkt; er durchleidet Zeiten des Wartens, die ihm Anfechtung und auch Verachtung bringen".*[371]

3. Machtzeichen als Legitimation der Sendung

Der wahre Prophet beweist durch Machttaten, daß er im Namen Gottes spricht (vgl. I Sam 2,34;10,7-8; II Reg 19,29; 20,9; Jer 28,16-17;44,29-30; Ez 24,27;33,22).

Diese Kriterien sind aber nicht einfach und schematisch anzuwenden. In der aktuellen Auseinandersetzung bedarf es der göttlichen Erleuchtung, des Seins im Geist, geistlicher Vollmacht. *"Eine rational kontrollierbare Norm echter Prophetie ist nicht aufzustellen; demonstrierbare Lösungen des Problems der falschen Prophetie gibt es nicht... Nur das charismatische Urteil des Pneumatikers selbst kann entscheiden, ob ein Prophet von Gott gesendet ist".*[372] - *"Durchsichtig und in concreto überzeugend anwendbar ist die kritische Norm stets nur für wenige, deren geistige Kraft auch im Drange des Widerstreits unwägbarer Kräfte der Wahrheitsfrage gewachsen ist. Diese wenigen aber sind wohl... nur unter Personen, welche selbst Propheten sind zu finden. Nur solche pflegen über das nötige Maß religiöser und sittlicher Urteilskraft und über die außergewöhnliche Sicherheit und Intuition zu verfügen, um in aktueller Sache den Fehlspruch oder die Heuchelei schon im Stadium der Verkündigung, bevor reale Indizien wirksam werden können, zu erkennen und zu kennzeichnen".*[373] - Trotzdem ist der Nichtcharismatiker nicht der Macht der Lüge preisgegeben. Die aufgezeigten Kriterien können im Konfliktfall als Orientierungspunkte herangezogen werden. *"Wer da auf die Überlieferungen des Volkes Gottes achtet, wer die Worte der Propheten in ihrer Beziehung zum Hörer prüft, wer auch die Früchte ihres Lebens ansieht, der wird nicht ganz hilflos sein im Widerstreit zweier Propheten, der wird zum pneumatischen Urteil des einen stehen, und in der Beugung seines Willens auf die Tat Gottes warten, die seinem Wort folgt".*[374]

Im Bereich des NEUEN TESTAMENTS sind die Passagen zu Charismatik und Prophetie bei Jesus und im frühen Christentum relevant. Zur "Unterscheidung der Geister" sind Texte wie Mt 7,15-23; I Kor 12,1-3.10; 14,29; I Thess 5,19-21; I Joh 4,1-6 zentral,[375] die von der Möglichkeit der Fremd- und Selbsttäuschung sprechen und zur Prüfung auffordern. Hierbei werden als Hauptkriterien das Christusbekenntnis und die Auswirkungen (Früchte, Liebe, Auferbauung) genannt. Die Anwendung von Kriterien ist kein Ersatz für das pneumatisch-charismatische Moment, sondern schließt dieses mit ein.

Zum *Charisma der "Diakrisis Pneumaton" im Kontext von I Kor 12-14* ist zu verweisen auf die ältere kleine Studie von *Ernst Lerle*, die aber nicht zuletzt wegen ihrer Kürze zur Klärung der Frage der Unterscheidung im charismatisch-enthusiastischen Kontext nur beschränkt beiträgt.[376]

Lerle versucht, I Kor 12,10 im Zusammenhang des Corpus Paulinum zu erhellen. Während in I Kor 14,29 Propheten beurteilt werden, sind nach seinem Verständnis in I Kor 12,10 das Objekt der Untersuchung *die Geister selbst.*[377] Nicht pneumatische Erscheinungen oder Lehrsätze sollen gerichtet werden, sondern auch die Geister selbst. - Lerle stellt die im Corpus Paulinum vorkommenden Wirkungen des bösen Geistes zusammen (Verführung zur Sünde, Überlistung der Gemeinde und des Apostels, Vernichtung von Menschen, Zerstörung und Hinderung des apostolischen Dienstes), wobei als dessen Ziel die Zunichtemachung der Christus- und Gnadenerkenntnis und die Verfälschung des Evangeliums heraustritt.[378] Auf dem Gebiet des sittlichen Handelns ist nach Lerle der Einfluß des guten und bösen Geistes eindeutig offenbar (vgl. Gal 5,19-22), so daß es hier keines Charismas der Unterscheidung bedarf.

Kriterien oder Charisma?

I Kor 12,3 ist für Lerle kein Kriterium der Geisterunterscheidung: "*Gäbe es ein Kriterium der Geisterscheidung, so wäre die Diakrisis kein Charisma mehr. Was durch Anwendung eines Kriteriums ausgeführt wird, dazu ist keine besondere, allein durch den Geistbesitz gegebene Fähigkeit notwendig*".[379] Hier spricht Lerle zu Recht den pneumatischen Charakter bzw. das pneumatische Element der Diakrisis an, aber gegen seine Entgegensetzung ist einzuwenden: Kriterien und Geistbesitz od. besondere Befähigung schließen sich nicht gegenseitig aus, sondern können ineinander gehen. Richtig ist, daß wie überhaupt so besonders in letzter Zuspitzung der Diakrisis in actu "Geistesgegenwart" und Geistvollmacht nötig ist.

I Kor 12,1-3: Bezug auf Ekstase oder nicht?

Lerle lehnt die verbreitete Deutung der Gegensatzpaare *anathema Iesous und *Kyrios Iesous als ekstatische Ausrufe ab und sieht in 12,1-3 lediglich eine allgemeine Einleitung zu den Kap. 12-14: "*Es ist schwer denkbar, daß besinnungslos verzückte Zungenredner tatsächlich Jesus lästern konnten. Auch schätzt Paulus das Zungenreden zu gering, um aus dessen Inhalt das Kriterium aufzustellen, nach dem man über den Geistbesitz urteilt*". - "*Hätte Paulus hier böse Geister am Wirken gesehen, so hätte er sie mit Leidenschaft bekämpft. Paulus, der im I Korintherbrief viele Ratschläge und Weisungen für das Gemeindeleben gibt, macht nicht einmal eine Andeutung, was mit den Ekstatikern geschehen soll, aus denen der böse Geist redet*".[380] - Die Prüfung der Propheten 14,29 geschieht nach Lerle durch die Gemeinde.

Anders als Lerle urteilt z.B. *H.Conzelmann* (mit Weiß): "*Der genaue Sinn der Anspielung (V.2) ist strittig... Sicher ist damit gesagt, daß sie nicht ihrer selbst Herr waren, aber das kann sowohl allgemein das Beherrscht-Sein durch die Dämonen, die Akteure des heidnischen Kultes (8,1-6; 10, 20), meinen als das Hineingerissen-Sein in die Ekstase... Entscheidend für die Auslegung ist die Tatsache, 'daß hier nicht ein Unterschied vom Heidentum hervorgehoben werden soll, sondern eine Analogie...*'"[381] Nach Conzelmann setzt Paulus bei Heiden und Christen Ekstase voraus, mache aber deutlich, daß Ekstase an sich kein Kriterium für das Walten des Geistes ist, sondern selbst eines solchen bedarf. Dieses Kriterium biete die 'Kyrios-Akklamation', die als feste Funktion im Kult diesen konstituiere und Wirkung des Geistes sei. Paulus führe nicht die eigenen subjektiven ekstatischen Erfahrungen ins Feld.[382] - Das *anathema Iesous wertet Conzelmann als ad hoc-Gegensatzbildung zu *Kyrios Iesous, dem bereits geprägten Bekenntnis.[383] Die *diakriseis pneumaton erklären sich für ihn aus 14,24f.[384] Die Prüfung von Prophetie 14,29 sieht er in Zusammenhang mit 12,1-3 und 12,10. "*Die anderen*" in 14,31 deutet Conzelmann auf andere Propheten.[385]

Für eine ekstatische Deutung tritt auch *ChristianWolff* ein: "*Da es Paulus in Kapitel 12-14 um die Abwehr einer Überbewertung ekstatischer Geistäußerungen, vor allem des Zungenredens, geht, legt sich... eine Bezugnahme auf den Enthusiasmus nahe*".[386] Als Deutungen anderer Exegeten von 12,2 listet er auf: 1) Wechsel von Gewißheit und Enttäuschung (Ph. Bachmann), 2) gedankenloser Traditionalismus (A. Schlatter), 3) Versklavtsein unter die Götzen (K.Maly). - "*Wenn Paulus darauf verweist, daß Enthusiasmus auch dem Heidentum bekannt ist, so äußert er damit seine Zurückhaltung gegenüber einer Überbewertung des Phänomens. Er will freilich nicht sagen, daß sich Pneuma und Ekstase gegenseitig ausschalten; er hatte ja selbst ekstatische Erlebnisse (14,18; II Kor 12,1ff), die er aber in den Hintergrund stellt... Nach dem nüchternen Urteil des Apostels muß Enthusiasmus nicht zwangsläufig Wirkung des Geistes sein*".[387] - Gegen die Annahme ekstatischer Phänomene spricht sich W. Grudem aus.[388]

Im Blick auf die angezeigten Probleme neige ich dazu, in 12,2 wirklichen Bezug auf Ekstase anzunehmen. Ob in 12,3 ein konkreter Fall gemeint ist, muß meines Erachtens offen bleiben. Gegen eine gänzlich neutrale oder positiv-unkritische Interpretation der V.1-3 ist an andurtslautende Äußerungen Pauli zu erinnern. Immerhin spricht Paulus im weiteren Kontext der Korintherbriefe von der Gefahr dämonischer Verführung und der Möglichkeit, einen anderen als den göttlichen Geist zu empfangen (vgl. II Kor 11,4), und fordert auch in I Thess 5,21f zur Prüfung auf.

Die ausführlichste Untersuchung in neuerer Zeit stammt von *Gerhard Dautzenberg,* der mit philologischer und religionsgeschichtlich-vergleichender Akribie versucht, die bisherige Deutung von I Kor 12,10 als "*Unterscheidung von 'Geistern*'" abzulösen durch eine Neuinterpretation als "*charismatische Deutung von Geistesoffenbarungen*".[389] Der von ihm so stark herausgestellte Aspekt der Deutung schwingt im prophetischen Kontext wohl mit, aber Vorgang und Begriff der "UdG" sind sicher breiter zu fassen und enthalten auch den Aspekt der Wertung und Unterscheidung, so daß Dautzenbergs These etwa von *W. Grudem* und *U.B. Müller* mit gewichtigen Gründen widersprochen wurde.[390] Richtig ist, im Kontext von I Kor 12-14 von einem engen Zusammenhang von Prophetie und "Diakrisis" auszugehen. Diese spezielle Diakrisis darf aber nicht von einer Diakrisis im weiteren Sinn isoliert werden, die auch auf andere außerordentliche Phänomene und geistliche Vorgänge überhaupt anzuwenden ist. Aus dem Gesamtzeugnis des Neuen Testaments ergibt sich eine Fundamentalunterscheidung von bösen Mächten und Geistern, die in offener oder subtiler Gegnerschaft zum Wirken des göttlichen Geistes und zur Herrschaft Gottes stehen. Von dieser Gegebenheit und der Möglichkeit der Irreführung auch von Christen auf Grund der menschlichen Fehlbarkeit werden die Warnungen und die Aufforderungen zur Wachsamkeit und Prüfung verständlich, die auch innergemeindliche Vorgänge betreffen. Wo in der konkreten Zuspitzung in actu deutlich wird, daß fremdgeistige Einwirkungen vorliegen, bedeutet "Unterscheidung der Geister" die Entlarvung dieser Einflüsse, ihre Zurückweisung und in der Konfrontation u.U. auch ein exorzistisches Handeln (vgl. Act 16,16-18) .

"Unterscheidung der 'Geister'" oder "Deutung von Geistesoffenbarungen"?

In der gesamten bisherigen Auslegungstradition wurde das Charisma der *diakriseis pneumaton von I Kor 12,10 mit I Thess 5,19-21; I Joh 4,1ff und Did 11,8 in Verbindung gebracht und als Vorgang der Unterscheidung von dämonischem und göttlichem Pneuma verstanden. Gegen dieses Verständnis hat sich G. Dautzenberg als von außen in den Text hineingetragen energisch ausgesprochen.[391] Nicht von "Unterscheidung der Geister" sei hier die Rede, sondern von "charismatischer Deutung von Geistesoffenbarung". Den in 14,29f beschriebenen Vorgang interpretiert Dautzenberg folgendermaßen: "*Das vom Propheten verkündete, ihm offenbarte Wort oder Bild (vgl. I Kor 14,30: *apokalyphthe) soll durch die Deutung der anderen zur Deutung Befähigten erschlossen werden*".[392] Dem Propheten werden nach Dautzenberg also zunächst nur "Worte und Bilder" offenbart, die der tieferen Erschließung bedürfen und erst über die sekundäre Deutung durch die anderen Propheten der ganzen Gemeinde zugänglich werden. Die entscheidende Rede für die Gemeinde wäre dann die so verstandene "Diakrisis", weil erst durch sie das Ziel der Prophetie, die Auferbauung der Gemeinde, erreicht wird.

Dautzenberg führt zur Begründung seiner Interpretation an, daß sonst bei der "Unterscheidung" die Größen angegeben würden, zwischen denen unterschieden wird. Ferner sei *diakrisis im Sinn von "Deutung, Auslegung"* im griechischen Bereich (wenn auch nur am Rand, aber doch auch als einer der termini technici der Orakel-, Traum- und Zeichendeutung) und im Umfeld der griechischen Bibel ausreichend belegt. Da in I Kor 12-14 eine Geister- und Dämonenlehre fehle, die Prophetie hoch geschätzt werde, Paulus eine Gefährdung durch zweifelhafte oder dämonische Prophetie nicht kenne[393] und es an Belegen für eine in den paulinischen Gemeinden geübte Unterscheidung der Geister mangele (I Joh 4,1ff und Did 11,8 seien zwei Generationen später anzusetzen), will Dautzenberg die bisherige Interpretation nicht mehr gelten lassen. "*Der Gedanke einer Bedrohung der christlichen Freiheit einer Gemeinde durch Propheten und Ämter, welcher durch eine 'Beurteilung' gesteuert werden müßte, ist erst aus späteren kirchengeschichtlichen Erfahrungen geboren und darf nicht in I Kor 12-14 eingetragen werden. Die diakrisis pneumaton ist kein Super-Charisma, sie ist der Prophetie nicht über-, sondern ihr zugeordnet. Sie meint eingegebenes Verstehen und Deuten, aber nicht eingegebenes Richten und Beurteilen*".[394]

Dautzenberg selbst trägt das zweistufige jüdisch- apokalyptische Offenbarungsverständnis als Analogie an I Kor 12,10 heran und deutet die Zuordnung von Prophetie und Diakrisis in 14,29 als tiefere Erschließung. Entsprechend dieser Grundentscheidung, daß es hier nicht um eine Unterscheidung von "Geistern" geht, kann I Kor 12,1-3 für Dautzenberg auch kein Kriterium hierfür sein. Die Eingangsverse sieht er als *allgemeine theologische Grundlegung* für die Lösung der verschiedenen Probleme, die anschließend behandelt werden. V.2-3 erklärt er im *Analogieverhältnis* und sieht keinerlei negative Wertung gegeben: "*Wie dem heidnischen Stand das Verfallensein an die Götter entsprach, so entspricht dem Leben unter der Macht des pneuma das Bekenntnis".*[395] Das Pneuma ist nicht zuerst Glossolalie und Außerordentliches, sondern die Macht, die das ganze christliche Leben ermöglicht und zu ihm treibt.[396]

Argumente gegen Dautzenberg

Da Dautzenberg die exegetischen Probleme seiner These nicht erörtert und sich auf die philologischen und religionsgeschichtlichen Parallelen beschränkt, fragt **Ulrich B. Müller** kritisch weiter: *"Paßt denn die Annahme zum paulinischen Kontext, daß erst die Diakrisis die Prophetie zum Ziel der Erbauung der Gemeinde führt? Durchaus nicht, für Paulus leistet dies das *propheteuein selbst, es ist ja ein Reden mit 'Verstand'. Was soll da noch weiteres Deuten? Dautzenberg versteht den Vorgang von I Kor 14,29f allzu sehr von der vermeintlichen Parallele PlatTim 72ab aus".*[397] - *"Auch die Annahme, daß Paulus in 14,29f stärker auf die korinthischen Vorgänge Bezug nimmt und deshalb Aussprechen der Offenbarungen und Deutungen derselben als zwei Aspekte des Prophezeiens trennt, geht nicht an. Dem widerspricht zu sehr die andere Stelle, wo die *diakrisis pneumaton erwähnt wird: 12,10. Dort werden Prophetie und Diakrisis als zwei einander zuzuordnende, aber doch jeweils von einander geschiedene Charismen aufgefaßt. Prophetie ist Prophetie und kommt zum Ziel ohne Diakrisis. Prophetie ist in 12,10 allzu sehr selbstgewichtig genannt... Auch 14,6 spricht dagegen, daß die Diakrisis sozusagen der eigentliche Deutevorgang prophetischen Redens ist. Gerade hier, wo die verschiedenen Weisen verständlichen und nützlichen Redens aufgezählt werden, hätte die Diakrisis genannt werden müssen, wenn sie gerade die von Dautzenberg herausgestellte Bedeutung gehabt hätte. Nein, es wird wohl bei der traditionellen Interpretation von "Prüfung bzw. Unterscheidung der Geister" bleiben müssen. Die Notwendigkeit der Prüfung ergibt sich aus 12,1-3, aus der Tatsache eben, daß es gute und schlechte Geistmanifestationen gibt (I Thess 5,21f). Die genauesten Parallelen zur *diakrisis pneumaton bei Paulus sind nicht sonstige Belege aus der Umwelt, sondern der frühchristliche Sprachgebrauch, etwa das *diakrinein in Did 11,7. Dort meint es eindeutig das Prüfen des Propheten, nicht die Deutung seiner Rede. Parallel zu *diakrinein steht in Did 11,7 *peirazein mit einer ganz ähnlichen Bedeutung. Von daher ist auch die Prüfung der Falschapostel in Apk 2,2 heranzuziehen, dazu *dokimazein in I Thess 5,21; I Joh 4,1. Wenn Paulus verlangt, daß die Prophetie sich am Glauben auszurichten habe (Röm 12,6), so fordert er anscheinend wieder die Unterscheidung und Beurteilung der Geister bzw. der Geistesäußerungen, nicht jedoch nur die Deutung des prophetisch Gesprochenen. Seine Gegner haben diese Beurteilung ihm gegenüber vorgenommen (vgl.*anakrinein in I Kor 4,3-5)".*[398]

W.A. Grudem analysiert Dautzenbergs Begründungen und findet sie nicht zwingend. So z.B. die Gruppierung der Charismata in 12,8-10 oder die angenommene besondere Zuordnung von Prophetie und Diakrisis. *"Even if we were to admit some kind of relationship between prophecy and *diakriseis pneumaton in 12,10, it would not need to be the kind of relationship which Dautzenberg seeks to establish, a relationship of functional interdependence".*[399] Es finden sich keine grammatischen oder stilistischen Hinweise für Dautzenbergs Gruppierungen. An verschiedenen Stellen kann Paulus Prophetie behandeln ohne irgendeinen Hinweis auf eine Diakrisis (Röm 12,6; I Kor 12,29; 14,5.24-25). *"In these contexts, if *diakrisis pneumaton had been essential to the proper functioning or understandability of prophecy, we might have expected it to be mentioned".*[400] - *"To use 14,29 as evidence for a special relationship between the two gifts in 12,10, while using the relationship between the two gifts in 12,10 to show that the same gift is discussed in 14,29, would simply be to argue in a circle".*[401] - *"Concerning the use of *diakrisis in 12,10 and *diakrino in 14,29, it must be noted that both the noun and verb have an extremely wide range of meaning. It is not at all impossible that Paul would have used *diakrisis in 12,10 to mean "distinguishing" (among different kinds of spirits) while using *diakrino in 14,29 to mean something quite different, such as "evaluate" or "judge" (prophetic utterances). In fact, in I Cor alone Paul uses *diakrino in several senses: in 11,31 it means "evaluate", in I Cor 11,29, "distinguish" (or "evaluate"), in 6,5, "give a legal judgement", and 4,7, "distinguish". In Rom 14,1 he apparently means "arguments" or "disputes" by *diakriseis. In view of this wide range of Pauline meaning, it would be overly bold to assume that *diakrisis in 12,10 must have the same sense as *diakrino in 14,29, and must refer to the same kind of activity or gift".*[402] - Wohl ist es zutreffend, daß *diakrisis/ *diakrino im hellenistischen Umfeld als einer der termini technici für Offenbarungsinterpretation gebraucht werden, aber: a) diese werden nicht generell zur Übersetzung von *paschar und *patar verwandt; b) und sind in der jüdischen und christlichen Literatur nicht grundsätzlich austauschbar mit anderen *krin-Worten in Interpretationstexten; c) nie beziehen sie sich in jüdischer oder christlicher Literatur auf Interpretation oder Erklärung von Prophetie; d) jüdische und christliche Autoren ziehen andere Begriffe vor, so daß die Bedeutung "Unterscheidung von Geistern" in 12,10 näherliegt.[403] Hinzu kommen: das religiöse Argument, das für die traditionelle Deutung spricht; der Kontext; die historische Bestätigung im NT ("*When there are examples of prophets in Acts, for example, no interpreter is ever mentioned - cf. Act 11,28; 19,6; 21,4.9.10-11 - Furthermore, these prophecies at least seem to have needed no interpretation: they were apparently immediatly understandable to the hearers*");[404] und der in dem *hoi alloi von 14,29 liegende Aspekt der Beurteilung ("*If only interpretation or explanation of the prophecies was intended, there would seem to be no good reason to forbid the prophet himself from being his own interpreter by saying, "Let the others interpret". But if evaluation or judgement was intended, then the prophet himself would not be sufficiently impartial to pass judgement on his own prophecy. Then the phrase *hoi alloi would become very understandable: others must evaluate the prophecy, for the prophet himself cannot do it*".[405]

Mit W.A. Grudem, U.B. Müller, Chr. Wolff[406] und J.D.G.Dunn[407] scheint auch mir die traditionelle Deutung bzw. ein weiteres Verständnis der Diakrisis, als Dautzenberg es vertritt, näherliegend. Die Belege für seine These sind im Verfahren genauso von außen an den Text herangetragen, wie er es der traditionellen Position vorwirft. Wenn Dautzenberg I Kor 2,6-16 als Beschreibung des christlichen Deuteverfahrens versteht,[408] so erscheint mir dies aus dem Kontext unzulässig zu sein. Der Bezug auf "das Wort vom Kreuz" ist nicht zu übersehen. Dessen Inhalt und Ziel ist klar umrissen und durch den Geist offenbar. Die Predigt vom Gekreuzigten bedarf nicht zusätzlicher Interpretationen. Diese Textstelle scheint mir eher ein Argument gegen seine Auslegung als "Deutung" zu sein, da der geistliche Mensch vom Geist selbst unmittelbar unterwiesen wird (vgl. auch I Joh 2,27).

Wegen seiner grundlegenden Arbeiten zum neutestamentlichen Verständnis der "Geistestaufe" und wegen kleinerer Abhandlungen zur Frage der "UdG" und ihrer Bedeutung in der biblischen und frühchristlichen Tradition sei *James D.G. Dunn* erwähnt. Er wendet sich gegen die röm.-kath. Interpretation der Zuordnung der "UdG" zum Amt und deutet *hoi alloi auf I Kor 14,29 auf andere Propheten.[409] Sein Augenmerk gilt u.a. der Frage des konkreten Vorgangs der Unterscheidung, wobei er eine "*dialektische Struktur*" des Verfahrens annimmt.

Zum "*Wie?*" der Ausübung der Unterscheidung merkt Dunn an, daß es nicht um die simple Postulierung eines Ja oder Nein, Richtig oder Falsch geht, sondern um einen *schwierigen und zeitraubenden dialektischen Prozeß*. Die Gabe wird dabei *nicht unabhängig von der* sorgfältigen und sensitiven *Anwendung der Kriterien durch die Gemeinschaft* ausgeübt. Der Gebrauch des *Kriteriums der Lebensführung* beinhaltet notwendigerweise die *Dialektik der Freiheit*, ein *sorgfältiges Abwägen der verschiedenen Faktoren*, eine Dialektik zwischen der Freiheit der Gemeinschaft, zu Konformität zu rufen, und der Freiheit des Individuums, nicht konform zu gehen. - Auch in der Anwendung des *Kriteriums früherer Offenbarung* geht es um einen dialektischen Prozeß. "*It cannot simply be a matter of referring back to the already accepted tradition, to past revelation. For what precisely is at stake her is what is the normative revelation for here and now... It may be that the process of evaluation has to reach the conclusion that the old tradition, the old revelation is no longer relevant and has been superseded*".[410] - Eine weitere Dialektik betrifft die *Frage der Autorität*. "*As the criteria do not provide us with a simple yardstick of judgement, so the achievement of an authoritative assessment is not left to a few members of the community, far less vested in a recognisable office*".[411] - "*The exercise of authority in assessing any claim to inspiration is dialectic in nature - a dialectic between the founding apostle, the particular act of ministry in word and deed, those who manifest that particular gift regularly, and the community as a whole... it is in and through this process that the community as a whole must seek the best evaluation... That is... to be open to the emergence of some pointer or other towards the right assessment of the charisma, perhaps some unexpected pointer, and must be ready to evaluate the different and competing claims to authority in relation to each case and its particular situation*".[412]

G. Therrien untersucht in "*Le Discernement dans les Écrits Pauliniens*" den Begriff *dokimazein, der bis auf wenige Ausnahmen *in moraltheologischem Kontext* (Lebensführung) auftritt. Zu unserer Fragestellung trägt diese Monographie nur beschränkt bei.[413]

Nach diesem Überblick über die Behandlung der Fragen von "Charisma und Unterscheidung" in der älteren und neuren Theologie nehmen wir nun in Anlehnung an das Vorgehen für den römisch-katholischen Bereich zwei evangelische Theologen der jüngeren Zeit auf, die sich breiter als andere unserer Thematik gewidmet haben. Es sind dies der Systematiker *Edmund Schlink* (C.1) von einem (groß-)kirchlichen, amtsbezogen-sakramentalen Ansatz aus und der praktische Theologe *Rudolf Bohren* (C.2) mit "prophetischen", eher amts- und kirchenkritischen Akzentuierungen. Während wir bei den römisch-katholischen Theologen von grundsätzlich-systematischen Überlegungen bis zum pastoralen Umgang mit charismatischen Phänomenen und zur Frage der Unterscheidung und ihrer Kriterien in concreto gelangen konnten, müssen wir uns für den evangelischen Bereich zunächst mit einer *mehr allgemeinen Klärung* der Fragen der Einordnung des Charismatischen und der Frage der "Unterscheidung der Geister" zufrieden geben. *Konkreter und spezifischer* wird es im anschließenden Kapitel (C.3), in dem wir auf das Pro und Contra im gegenwärtigen Ringen um die Einordnung und Beurteilung enthusiastisch-charismatischer Frömmigkeit und Bewegungen eingehen.

C.1
"KATHOLIZITÄT DES DENKENS"
AUSGEHEND VON DER MITTE DES EVANGELIUMS
(Edmund Schlink)
Der Heilige Geist und die Erkenntnis seines Wirkens in einem heilsökonomisch-trinitarischen dogmatischen Entwurf in "ökumenischer" Methodik

Bei dem Heidelberger Systematiker Edmund Schlink verbinden sich lutherische Tradition und ökumenisches Anliegen.[1] Schlink, einer der bedeutendsten Vertreter lutherischer Kirche und Theologie innerhalb der *"Dialektischen Theologie"*, hat den Neuaufbruch der *ökumenischen Bewegung* entscheidend mitgeprägt. Er war maßgeblich an der Anbahnung und Durchführung des Gesprächs zwischen den Konfessionen in der Nachkriegszeit beteiligt. Was unsere Fragestellung angeht, ist er vor allem wegen des ausführlichen Behandlung des Verhältnisses von *"Amt und Charisma"* im Rahmen der Ekklesiologie bzw. Pneumatologie zu berücksichtigen.

1.1 Der Entwurf einer "Ökumenischen Dogmatik"

1.1.1 Theologischer Lobpreis der großen Taten Gottes

Ertrag der jahrzehntelangen theologischen Forschungsarbeit und der reichen ökumenischen Erfahrungen und Erkenntnisse Schlinks ist die kurz vor seinem Tod erschienene "Ökumenische Dogmatik".[2] In diese "Summe des Glaubens" fließen frühere Studien z.T. bis in den Wortlaut hinein ein. In ihrem Gesamtduktus ist sie "explikativ, nicht argumentativ und erst recht nicht polemisch" (D. Ritschl).[3] Durch den immer neuen Ausgang beim Schriftzeugnis, seiner Mannigfaltigkeit, Verschiedenheit und in Einzelaussagen auch Gegensätzlichkeit, liest sich Schlinks Dogmatik auf weite Strecken wie eine biblische Theologie. Schlink nimmt wichtige Ergebnisse der exegetischen Forschung auf, bleibt aber nicht stehen beim analytischen Zugang zu den Texten,[4] sondern bringt die Fülle des biblischen Zeugnisses symphonisch-meditativ zum Sprechen. Dem dogmatischen Reflektieren geht immer ein Nacherzählen des Heilshandelns Gottes voraus. Bis auf wenige Randbemerkungen verzichtet Schlink auf die Auseinandersetzung mit neueren wissenschaftlich-theologischen Fragestellungen und Positionen, wie auch auf ökumene- und kirchenpolitische Aktualität. Um so konzentrierter wendet er sich den bleibenden Fundamenten und Grundvorgängen des Glaubens zu. Er skizziert die für das ökumenische Gespräch bedeutsamen theologiegeschichtlichen und kontroverstheologischen Fronten und geht dann den Grundstrukturen der theologischen Aussage nach. Ausgehend von primären Strukturen der Glaubensäußerung sucht er das allen Konfessionen Gemeinsame deutlich zu machen und so auf Einheit hin zu wirken. In diesem "integrativen" Theologisieren erweist sich Schlink als profunder Kenner der Dogmen- und Theologiegeschichte und ihrer großen Fragestellungen. Auch sein intimes Vertrautsein mit Theologie und Spiritualität der ökumenischen Gesprächspartner tritt zutage. Die bei aller systematischen Klarheit der Gedankenführung meditativ-verkündigende Sprachgestalt der "Ökumenischen Dogmatik" ist Ausdruck von Schlinks Bemühen um die Wiedergewinnung des doxologischen Moments der Theologie[5] und seines Bemühens um den Bezug auf die konkrete Wirklichkeit des Glaubens.

Die Doxologie ist für Schlink ein wesentlicher Faktor der Einigung der getrennten Christenheit, von deren Mitte her die Unterschiede in ein Gesamtlebensgefüge gestellt und relativiert werden: "Nicht daß die Doxologie die einzige Antwort des Glaubens wäre. Sie ist notwendig umgeben von Verkündigung und Lehre, von Bitte und Dank. Aber ihre Kraft für die Einigung ist im Vergleich zu den Differenzen der dogmatischen Lehren und der kirchenrechtlichen Ordnung oft unterschätzt worden. Erst von der Mitte des doxologischen Bekenntnisses her erhalten diese Differenzen ihren angemessenen Stellenwert im Lebensgefüge der einen Kirche. Öffnen wir uns für den Lobpreis Gottes in der ganzen Christenheit, dann erschließt sich uns die Gemeinschaft mit den Brüdern an allen Orten und mit den Vätern aus allen Zeiten, die Gemeinschaft mit den Propheten und Aposteln, mit den Frommen des alten und des neuen Bundes. Es erschließt sich die Einheit der kämpfenden mit der vollendeten Kirche und darüber hinaus die Gemeinschaft mit dem Lobpreis der Engel und der anderen Kreaturen. In die Selbstpreisgabe der anbetenden Glaubenden hinein vergegenwärtigt sich der dreieinige Gott, und die Freude, die im Himmel über einen Sünder besteht, der Buße tut, senkt sich herab auf die Erde und verwandelt die Leiden derer, die Gott verlassen hatten, in ein ewiges Fest".[6]

Dogma und Doxa, *lex credendi* und *lex orandi* gehören für ihn untrennbar zusammen, und es ist nicht verwunderlich, daß seine theologischen Ausführungen den Charakter eines indirekten Lobpreises der Heilstaten Gottes annehmen.[7]   Dabei bildet die Lehre von der *Auferstehung* so etwas wie die *Mitte* der Dogmatik Schlinks.[8] Die Auferstehung ist der tragende Grund der Christologie wie des gesamten Heilsgeschehens. Als analogielose Wirklichkeit ist sie Ursache und Ermöglichung von Glaube, Verstehen, neuem Sein und Vollendung und der Schnittpunkt aller Linien des Heilsgeschehens.

1.1.2   "Kopernikanische Wende" in der Betrachtung der Konfessionen

Ansatz beim apostolischen Christuszeugnis statt bei der eigenen konfessionellen Lehrgestalt

Das Besondere der "ökumenischen" Dogmatik liegt in der Neubestimmung des Verhältnisses der Konfessionen zueinander wie auch in der damit zusammenhängenden Neubeschreibung der ökumenischen Aufgabe, die als *"kopernikanische Wende"* zu bezeichnen ist: *"Wir haben die anderen christlichen Gemeinschaften nicht mehr so anzusehen, als ob sie sich um unsere Kirche als Mitte bewegen, sondern wir müssen erkennen, daß wir mit den anderen Gemeinschaften zusammen gleichsam wie Planeten um Christus als die Sonne kreisen und von ihm das Licht empfangen. Wir haben die andern nicht mit uns zu vergleichen, sondern wir haben uns mit ihnen zusammen mit dem apostolischen Christuszeugnis zu vergleichen und werden nur so, von Christus her, die eigene und fremde Wirklichkeit erkennen".[9]   Diese Wende im ekklesiologischen

Denken hält Schlink für unumgänglich, soll es in der ökumenischen Frage ein Weiterkommen geben. Die anderen Kirchen, ihre Traditionen und die in ihnen wirksamen Theologien sieht Schlink *nicht als Gegner*, die es zu widerlegen gilt, *sondern als Gesprächspartner*, die eine *spezifische Eigengestalt des gemeinsamen Evangeliums* in *das Ganze des Glaubens* einbringen.

1.1.3 "Ökumenische" Hermeneutik[10]

Das Evangelium als Vorgabe und angenommener Grundkonsens

Die "ökumenische" Methodik Schlinks besteht darin, daß er nicht von der Endgestalt der eigenen konfessionellen Lehrposition ausgeht und von dorther die anderen Lehrpositionen auf mögliche Verständigungspunkte hin untersucht oder nach Elementen der wahren Kirche in den anderen Konfessionen fragt, sondern bei einem der konfessionellen Differenzierung vorausgehenden, gemeinsamen Grundkonsens im Evangelium ansetzt. Die heutigen Unterschiede und Gegensätze in Bekenntnis und Lehre, Liturgie und Kirchenordnung sucht er von dort her neu zu verstehen und im Ganzen des christlichen Glaubens in neuer Weise zu gewichten. Entscheidende Grundeinsicht Schlinks ist dabei, daß es *unterschiedliche Formen und Strukturen der menschlichen Antwort* auf die Anrede Gottes in dem einen Evangelium gibt.

Grundgestalten und Strukturen der menschlichen Antwort auf das Evangelium: *Gebet, Doxologie, Zeugnis, Lehre, Bekenntnis*

Als die beiden elementaren **personalen Formen** der Antwort arbeitet Schlink das *Gebet*[11] als Anrede des göttlichen Du und das *Zeugnis*[12] als Anrede des menschlichen Du und Ihr heraus. Diesen beiden ordnet er als weitere Antwortgestalten die *Doxologie*[13] und die *Lehre*[14] zu, die **stärker von der Person** des angeredeten Menschen **abstrahieren** und mehr vom Moment des Objektiven geprägt sind.

Inhalt und Grund der *Doxologie*, der Anbetung Gottes, die unter den verschiedenen Gebetsformen einen besonderen Raum einnimmt, ist *Gottes Heilstat*. Sie ist die Widerspiegelung der ewigen göttlichen Herrlichkeit im sich selbst vergessenden Lob des Menschen. Der *Blick* ist weder auf sich selbst noch auf den Akt des Lobpreises, sondern *auf Gott* gerichtet. Ohne die Doxologie werden die anderen Aussagegestalten früher oder später verkümmern.[15]

"Das Anbeten ist die im eigentlichen Sinn theologische Entfaltung des Dankes für Gottes Tat, indem der Dank übergeht in den Lobpreis des ewigen Gottes selbst".[16] *- "Die Doxologie bleibt nicht bei dem Lobpreis der göttlichen Taten stehen, sondern rühmt den ewigen Herrn, der sie vollbracht hat... Derselbe Gott, der sich in seinen Taten offenbart hat, wird als der Ewige gepriesen. Die Taten sind weniger Inhalt als vielmehr Anlaß des Lobpreises".*[17]
"In der Doxologie bittet der Glaubende nichts für sich, er bittet Gott auch nicht um eine Tat an anderen Menschen, sondern er betet Gott an... In der Regel... spricht die Doxologie von Gott in der dritten Person: Gott wird nicht als Du angeredet, sondern als Er gepriesen... Die Doxologie ist die Widerspiegelung der ewigen göttlichen Herrlichkeit im Lobe des Menschen".[18] *- "In der Doxologie geht es letztlich um Gott selbst, um Gott aufgrund seiner Taten an uns Menschen, an der Welt, aber um Gott, der nicht in diesen Taten aufgeht, sondern in der Freiheit des allmächtigen und liebenden Herrn seine Taten tut... Es geht um seine ewige Wirklichkeit...".*[19] *- "Weicht in der Doxologie das Du dem göttlichen Er, so verschwindet in ihr zugleich das Ich des Menschen, der die Doxologie anstimmt. Zwar fehlt das 'wir' und 'unser' nicht immer (vgl. z.B. Apk 19,1), genau so wenig wie das Du. Aber das Ich des Beters tritt zurück. Er erbittet in der Doxologie nichts für sich, er dankt auch nicht für Gottes Tat an ihm, dem Beter. Wie das Ich des Beters, so wird auch sein Akt des Lobpreisens im Wortlaut der Doxologie letztlich nicht erwähnt. Zurück tritt auch das Wir der Gemeinde, so gewiß es Menschen*

sind, die die Doxologie anstimmen... Wenngleich die Doxologie Antwort des Menschen ist auf Gottes Tat an ihm, schweigt hier der Mensch von sich: Gott selbst ist in der Doxologie ein und alles. So erscheinen doxologische Aussagen im höchsten Maße 'objektiv'. Dabei bedeutet freilich das Fehlen des Ich im Wortlaut vieler doxologischer Aussagen kein unbeteiligtes Zuschauen, sondern äußerste Hingabe. Denn das Ich des Lobpreisenden fehlt zwar im Wortlaut, nicht aber im faktischen Vollzug der Anbetung: Das Ich wird in der Doxologie zum Opfer gebracht. Doxologie ist immer zugleich Lobopfer".[20]

Innerhalb der mehrgestaltigen Formen der zeugnishaften Anrede der Mitmenschen nimmt die *Lehre*, was ihre personale Struktur angeht, eine besondere Stellung ein. Sie hat es mit der Weitergabe des geformten Traditionsstoffes zu tun, wobei sie nicht nur auf die *Bewahrung*, sondern auch auf die *Erweckung und Ausbreitung des überlieferten Glaubens* zielt. Lehre ist ebenso wie Prophetie Wirkung des Geistes. *"Nicht nur durch die konkrete, Gehorsam fordernde Anrede, sondern auch durch die Überlieferung und somit durch die Lehre wirkt der erhöhte Herr".*[21]   Wie in der Doxologie tritt auch in der Lehre die Direktheit der Anrede des Gegenübers wie das menschliche Ich mehr zurück. Das menschliche Ich ist dienend der objektiven Größe der Lehre untergeordnet.[22]

Ihren konzentrierten Ausdruck finden die vier genannten untereinander verschränkten Äußerungen des Glaubens im gottesdienstlichen *Bekenntnis*.[23]   In ihm unterstellt sich der Glaubende Christus als gegenwärtigem Herrn und erkennt seine Herrschaft an. Die direkte Anrede tritt zurück hinter die Aussage in der dritten Person: "Er ist Herr". Diese "Sachlichkeit" entspricht dem objektiven Moment des von Gott ausgehenden Heilshandelns, worin gleichwohl anerkannt und ausgeprochen wird, daß er mein Herr ist. Gesprochen wird das Bekenntnis vor Menschen. Der einzelne Glaubende stimmt ein in das Bekenntnis der Gemeinde, aber es ist auch abzulegen vor Nichtglaubenden, Feinden und Verfolgern.

Symphonische Zusammengehörigkeit der verschiedenen Antwortgestalten

Die *Klärung von Grundformen der theologischen Aussagen* und ihrer Beziehungen zueinander ist für Schlink "nicht nur von phänomenologischem Interesse, sondern... von *normativer Bedeutung*, und da nicht in jeder einzelnen Grundform dasselbe, sondern nur in allen Grundformen zusammen ausgesagt werden kann, ist sie von *inhaltlicher Tragweite*".[24]   Wird die Antwort des Glaubens nur auf eine einzige Form beschränkt, ist dies für Schlink nicht nur eine morphologische Verarmung, sondern auch eine inhaltliche Verkümmerung, ja Ungehorsam gegen Gott, weil sie die volle Anerkennung seiner Heilstat und der in ihr geoffenbarten ewigen göttlichen Fülle verweigert.[25]

Die Beobachtung von Strukturveränderungen der theologischen Aussage

Zu diesem methodischen Ansatz bei der symphonischen Zusammengehörigkeit der verschiedenen Grundformen der Antwort auf das Evangelium, bei der Fülle der Heilsoffenbarung und dem Ganzen des Glaubens bringt Schlink als weiteres diakritisches Moment konfessioneller Ausprägungen *die Beobachtung von Strukturveränderungen der theologischen Aussage* bzw. die *Unterscheidung von Primär- und Sekundärgestalt* in die Diskussion ein.[26]   Jede der fünf personalen Grundformen kann *formalisierende Engführungen* erfahren. Während Bittgebet und Predigt von ihrem Wesen her in der Regel freier bleiben von festen Formeln, neigen Lehre, Bekenntnis und Doxologie wesensmäßig stärker zur Fixierung und zum Zurückdrängen des konkreten persönlichen und geschichtlichen Elements. Besonders bedenkt Schlink die *Strukturprobleme der dogmatischen Aussage*. Erwächst das Dogma mit seinen objektivierenden Aussageformen morphologisch aus dem doxologischen Bekenntnis, das nicht nur die Taten Gottes verkündigt, sondern auch von Gottes Wesen spricht, ist Dogmatik eine Ausweitung der kirchlichen Lehre. Vor allem in den großen Lehrkontroversen beobachtet Schlink *Verschiebungen* weg vom gottesdienstlich verankerten doxologischen Bekenntnis *auf reflektierende Interpretation und systematische Verknüpfung* und eine *Dominanz der Gestalt der Lehre.* "Im Verlauf ihrer Ausweitung hat die Lehre über ihre besondere Funktion hinaus die anderen Gestalten der Antwort des Glaubens nicht nur zu ihrem Gegenstand gemacht, sondern auch in die spezifische Struktur der Lehre überführt".[27] Unvermeidlich führt dies zu Spannungen mit den anderen Gestalten und ruft Gegenreaktionen hervor.[28]   Die Strukturverschiebungen bleiben nicht nur formaler Art, sondern wirken sich auch auf den Inhalt der dogmatischen Aussage aus: "Wo... eine Grundform isoliert und zur herrschenden Antwort des Glaubens schlechthin gemacht wird, da wirkt sie sich aus wie ein fremdes philosophisches Schema - sei es metaphysisch-ontologischer oder geschichtlich-existentialistischer Art - und führt zu einer Systemverhärtung, die die Fülle der von Gott gebotenen Antworten des Glaubens unterdrückt und die Lehre verdirbt".[29]

Rückübersetzung in die Primärstruktur und Vielgestaltigkeit[30]

Von besonderer Bedeutung ist die Beobachtung von Strukturveränderungen der theologischen Aussage im Vorgang der kirchlichen Trennungen. Schlink sieht in den großen Kontroversen *historisch-situative* Frontstellungen *fixiert* und bestimmte Wahrheiten und Erfahrungen *einseitig herausgestellt.* Durch die Rückübersetzung der unterschiedlichen Lehraussagen in die *Primärstruktur des gottesdienstlichen Bekenntnisses* und die Herausarbeitung der *ursprünglichen Fülle und Mannigfaltigkeit des biblischen Urzeugnisses* möchte Schlink die historischen Kontroversen auf tiefere Gemeinsamkeiten hin transparent machen und konfessionelle Verengungen überwinden. *Er relativiert* vom Zentrum, von der Pluriformität der Antwortgestalten und den Primärstrukturen her, *um* Brücken der Verständigung zu schlagen und *die Traditionen maximal* in eine *"ökumenische", weite Gestalt* des Glaubens *aufzunehmen.*[31]

1.1.4 Charakteristika des Aufbaus der "Ökumenischen Dogmatik"[32]

Heilsökonomisch-trinitarische Grundgestalt

Den Hauptteil seiner "Ökumenischen Dogmatik" gestaltet Schlink nach dem klassischen heilsgeschichtlich-trinitarischen Grundriß *"Schöpfung"* (Anthropologie), *"Erlösung"* (Christologie und Gnadenlehre) und *"Neuschöpfung"* (Pneumatologie und Ekklesiologie). Über diese Kerngestalt hinaus nimmt Schlink aber im Unterschied zur sonst üblichen Anordnung der weiteren dogmatischen Topoi einige *auffallende Modifikationen* vor.

Das Evangelium als Prolegomenon

So stellt Schlink *nicht* eine einführende Behandlung der *Prolegomena* an den Anfang, sondern setzt nach einer kurzen Beschreibung der Situation der gespaltenen Christenheit - genuin reformatorisch - beim *Evangelium vom Jesus Christus* ein, als der allen Teilen der Christenheit vorgegebenen Wirklichkeit und grundlegenden Voraussetzung aller kirchlichen Lehre.[33]   Das Evangelium ist der Ausgangspunkt für die christliche Lehre von Gott und seinen Taten, unbenommen seines geschichtlichen Ortes *nach* Schöpfung, altem Bund und Menschwerdung des Gottessohnes.[34]

Nachordnung der Gotteslehre

Am auffälligsten ist, daß Schlink den Topos der Gottes- bzw. Trinitätslehre erst nachgeordnet behandelt. In dieser Entscheidung unterscheidet er sich von Barth, dessen Hochschätzung des trinitarischen Denkens er teilt, aber auch von Schleiermacher, für den die Trinitätslehre nur Anhang ist. Schlink sieht die *Trinitätslehre* als *"abschließende Antwort des Glaubens auf alle Werke Gottes"*,[35] die nur von der *Doxologie* her zu verstehen ist.[36] Schlink wählt die Nachordnung, weil er die in ihrer Bedeutung für den Glauben in manchen Teilen der Christenheit unklar und fremd gewordene und nur formelhaft festgehaltene Trinitätslehre so *aus den Taten Gottes ableiten* möchte, daß *sie alle Teile der Dogmatik durchdringt.* So gestaltet er den Gesamtentwurf als Darstellung der Trinitätslehre in ökonomischer Perspektive[37] und ordnet aus noetischem Interesse die spezifische Gotteslehre nach, ohne damit den ontischen Gesichtspunkt außer Acht zu lassen. Beide Gesichtspunkte gehören zusammen. Das trinitarische Dogma ist *erste* Aussage in ontischer Hinsicht und *letzte* Aussage in noetischer Hinsicht.[38]

Die Lehre von der göttlichen Gnadenwahl als Schlußakkord

Obwohl die Prädestination als vorzeitlicher Ratschluß Gottes allen seinen Werken vorausgeht, behandelt Schlink sie nach der Lehre von den Taten Gottes und der Lehre von Gott als Abschluß der Dogmatik. Auch bei diesem Topos durchbricht Schlink den heilsgeschichtlichen Aufriß zugunsten der *noetischen Reihenfolge.* Wie andere Topoi wird auch die Prädestinationslehre vom doxologischen Moment getragen. Der Lobpreis der Gnade bleibt nicht stehen bei den *Gnadentaten* Gottes in Geschichte, Gegenwart und Zukunft, sondern rühmt auch den *ewigen Gnadenratschluß,* der diesen vorausgeht.[39]

Integrierte Behandlung von Ethik und Eschatologie

Weil die Gebote Gottes in seinen Taten gründen, verzichtet Schlink auf eine gesonderte Behandlung ethischer Fragen und integriert sie in die Abschnitte Schöpfung, Erlösung und Neuschöpfung.[40] - Auch die Eschatologie behandelt er im Rahmen der jeweiligen Hauptabschnitte, um so das alle Topoi durchdringende eschatologische Moment zum Tragen zu bringen und der Gefahr zu entgehen, daß die Eschatologie lediglich zum Anhang wird.[41] - Fragen der theologischen Prinzipienlehre nimmt Schlink im Anschluß an die Ekklesiologie auf.

1.2   Pneumatologische Aspekte der Schöpfungs- und Erlösungslehre

Ähnlich wie das doxologische Moment als ein Charakteristikum der "Ökumenischen Dogmatik" als Ganzes auffällt, so auch die *durchgehende Berücksichtigung des pneumatologischen Aspekts.* Schlink bedenkt das Wirken des Heiligen Geistes in *Aufnahme des biblischen Zeugnisses* und in konsequenter Anwendung der *trinitarischen Betrachtungsweise* aller Werke Gottes bereits im Zusammenhang seiner Ausführungen über Schöpfung und Erlösung und nicht erst bei der speziellen Pneumatologie, im dritten Hauptteil. Schlink wählt für die Behandlung des dritten Glaubensartikels den Begriff der *"Neuschöpfung",*[42] um die *Weite des Geisteswirkens* auszudrücken, das den *ganzen* Menschen bis hinein in die *Leiblichkeit* erfaßt und darüber hinaus auch *kosmische Auswirkungen* hat. Er gibt dem Begriff der "Neuschöpfung" den Vorzug vor dem der "Heiligung", der in der Tradition Luthers die evangelische Pneumatologie bestimmt. Schlink begründet dies mit den Verengungen im Verständnis des

Geisteswirkens auf den Menschen und die ethische Dimension des Glaubens, wozu eine vorrangige Orientierung am Begriff der Heiligung vielfach geführt hat.[43]

1.2.1 Geist und Schöpfung

Mitwirkung des Geistes in der Schöpfungstat am Anfang

Wie Schlink *trinitarisch* die Beteiligung Christi am Schöpfungswerk vom biblischen Zeugnis und Bekenntnis der Christenheit her aufnimmt,[44] so auch die Mitwirkung des Heiligen Geistes in der Schöpfungstat am Anfang.[45] Dabei nimmt er *noetisch* jeweils den *Ansatz beim Erlösungswirken*. Gott wird in Christus als Erlöser erfahren und dieser dann auch als Schöpfer bekannt (vgl. I Kor 8,6). In gleicher Weise auch der Heilige Geist. "*Hat Gott in seinem Erlösungshandeln die Sünder durch seinen Geist zu neuem Leben erweckt, so wird auch Gott der Schöpfer als der Herr bekannt, der durch seinen Geist das Leben gegeben und das Geschaffene zum eigenen Wirken erweckt hat. Hat er die Führer und Propheten des alttestamentlichen Bundesvolkes durch seinen Geist erweckt und hat er die neutestamentliche Gemeinde durch seinen Geist geschaffen, so ist er als derselbe zu bekennen, der durch seinen Geist am Anfang Himmel und Erde geschaffen hat. Sein Wort ist 'Kraftwort', sein wirkendes Reden ist Wirken seines Geistes. Hat dies der Glaubende erfahren, so kann er auch in den Schöpfungsaussagen nicht vom Wirken des Geistes absehen. Denn Gottes Geist ist ewiger Geist*".[46]

Der eine Gott in Schöpfung und Erlösung

Bei der Skizzierung des biblischen und dogmengeschichtlichen Befunds stellt Schlink fest, daß in den **neutestamentlichen Schriften** die Bezeugung der *Schöpferwirksamkeit* des Geistes *hinter* sein *neuschaffendes*, den Sünder erneuerndes und die Kirche aufbauendes *Tun* zurücktritt. War in der **alten Kirche** vom Anfangsschaffen des Geistes nur am Rande die Rede, bekam mit der **Trinitätslehre** das Beteiligtsein aller drei göttlichen Personen an allen Werken Gottes ein neues Gewicht, und der Geist wurde nun als Schöpfer gepriesen.[47] Schlink verweist auf *Calvin*, der von den Reformatoren das *Schöpferwirken* des Heiligen Geistes am stärksten akzentuierte, es zugleich aber auch vom *Erlösungs- und Kindschaftswirken* unterschied. Wohl um der Gefahr einer Aufspaltung oder Entgegensetzung zu begegnen, unterstreicht Schlink, daß *in beidem der eine Gott* handelt.[48]

Geist, Anrede und Ebenbildlichkeit

Auch in der **Anthropologie** im Zusammenhang der Frage nach Ursprung und Bestimmung des Menschen und speziell der *Ebenbildlichkeit*[49] greift Schlink den pneumatologischen Aspekt auf. So hält er als Mitte der christlichen Lehre von der Entstehung des Menschen fest: 1) daß kein Geschöpf Bestand hat ohne Gottes Schöpferwirken und sich ohne ihn noch weniger zu einem differenzierteren, komplexeren und bewußteren Lebewesen entwickeln kann; 2) daß Gott, der das All und den Menschen durch sein Wort geschaffen hat, diesen im Unterschied zu den anderen irdischen Geschöpfen auch *angeredet*, damit zu seinem *Du* gemacht und so herausgehoben hat; 3) daß diese Anrede wie sein Schöpferwort nicht losgelöst von der *Kraft des Heiligen Geistes* zu denken ist. "Wie sein Schöpferwort zugleich Geisteswirken war, durch das er das Leben schuf, so war seine Anrede an den Menschen zugleich Geistesgabe, durch die er ihn für sich erschlossen und erweckt hat".[50]

1.2.2 Geist und Erlösung

Schlink entwirft die Erlösungslehre[51] nicht grundsätzlich aus pneumatischer Perspektive - wie er auch keine spezifische "Geist-Christologie" entwickelt, kommt aber in seinem heilsgeschichtlich-trinitarischen Nachzeichnen des biblischen Zeugnisses unter den Stichworten *"Erniedrigung"* und *"Erhöhung"*, *"Evangelium"* und *"Mahnung"* an verschiedenen Stellen auf das Wirken des Geistes im Erlösungsgeschehen zu sprechen.

Die alttestamentliche Verheißung

So nimmt er etwa im Zusammenhang der *alttestamentlichen Vorbereitung*[52] unter dem Leitgedanken der "Verheißung" im Abschnitt *"Gottes Reden durch die Propheten"* die spezielle Frage des ekstatischen Moments auf,[53] wie auch die verheißene *Geistausgießung des neuen Bundes* als Erweckung zum neuen Leben und Lobpreis.[54]

Der Geist und der Gottessohn

Im Hauptabschnitt "Die *Erniedrigung des Gottessohnes"* geht Schlink auf das "Geheimnis der Menschwerdung" ein, das in den Anfängen des Matthäus- und Lukasevangeliums mit dem Heiligen Geist in Verbindung gebracht wird. "Beide Texte bezeugen, daß Jesus nicht erst im Laufe seines Lebens Gottes Geist empfangen hat, sondern daß er in Gottes Geist seinen Ursprung hatte".[55] Ähnlich wie die Auferstehung bleibt auch der analogielose Vorgang der Zeugung durch den Heiligen Geist verborgen.[56] Wie jene erst in den Erscheinungen des Auferstandenen sichtbar wurde, so diese in der Vollmacht seines erlösenden Wirkens. Im theologischen Streit um die Jungfrauengeburt sucht Schlink dahingehend zu vermitteln, daß er zwischen breit bezeugten *"Daß"-Aussagen* und weniger breit bezeugten, interpretierend hinzutretenden *"Wie"-Aussagen* bzw. zwischen *"Geheimnis"* und *"Zeichen"* unterscheidet.[57] - In seinen Ausführungen über *das "öffentliche Auftreten Jesu",* wie auch über das "Kommen des Reiches Gottes" und seine Heilungen, Zeichen und Wunder, erwähnt Schlink das pneumatische Moment nicht, was u.a. wohl damit zusammenhängt, daß er sich streng am 2. Artikel des Credo ausrichtet und den Gesichtspunkt der "Botschaft" herausstellt.[58]

Der Geist und das Evangelium: Zuspruch und Anspruch

Vom Heiligen Geist ist explizit erst wieder die Rede im Abschnitt über "*Das neutestamentliche Evangelium"*, das Schlink als *Zuspruch* und *Anspruch* entfaltet. Im Unterschied zum tötenden Buchstaben des Gesetzes macht der Geist lebendig (II Kor 3,6ff).[59] Das Lebendigmachen und Retten geschieht durch das Mittel des Evangeliums. Durch das Evangelium wirkt der erhöhte Christus und der Heilige Geist, der sich in ihm zugleich als Gabe gibt.[60] Gottes Rettungshandeln in der Menschwerdung des Sohnes und der Ausgießung des Geistes findet seine Fortsetzung im Wirken seiner Boten.[61] Schlink skizziert das Heilshandeln Gottes durch das Evangelium als *Rettung, Rechtfertigung, Lebendigmachung, Heiligung, Verwandlung* in Gottes Ebenbild und *Glauben.* An jedem ist der Heilige Geist beteiligt.[62] Am ausdrücklichsten wird sein Wirken aber bezeugt in den neutestamentlichen Aussagen über die *Heiligung* - ein Zusammenhang, der in der ostkirchlichen Tradition stärker im Bewußtsein blieb als im Westen.[63] - Auch bei der *Vergöttlichung* (*theopoiesis) spielt der Heilige Geist eine wichtige Rolle, vollzieht sie sich doch in der Einwohnung Christi in den Glaubenden durch den Heiligen Geist. Durch den Geist lebt Christus in den Glaubenden und sie in ihm. Ihre Vollendung findet die Vergöttlichung bei der Auferstehung der Toten. Trinitarisch bedeutet sie *Hineinnahme der Glaubenden in das ewige trinitarische Leben Gottes* des Vaters und des Sohnes und des Heiligen Geistes.[64] - Beim rettenden *Glauben* stellt Schlink mit Luther (Erklärung des 3. Artikels, Kl. Katechismus) heraus, daß er *Gottes Werk* und *Geschenk* als Wirkung des Heiligen Geistes ist: *"Gott öffnet das In-sich- verschlossen-Sein des Sünders und erhellt seine Verfinsterung durch seinen Geist"*.[65]

Schlink achtet bei der Beschreibung des Wirkens Gottes jeweils sorgfältig auf die klassische trinitarische Differenzierung, daß es *Gott* ist, der handelt, und zwar *"in"* Christus *"durch"* den Heiligen Geist.[66]

Das "Gesetz des Geistes": Die Ermöglichung freien Gehorsams

Bei der Entfaltung der *"Mahnung"* des Evangeliums[67] nimmt Schlink in den Abschnitten *"Gebet"* und *"Zeugnis"* nur kurz auf den Geist Bezug. Betet dieser im wortlosen Seufzen stellvertretend *im* Menschen (Röm 8,26), spricht er in der Verfolgungssituation zeugnishaft *durch* den Glaubenden (Mt 10, 19b.20b).[68] Etwas ausführlicher behandelt Schlink das *"Gesetz des Geistes"* als die Ermöglichung neuen Handelns.[69] Die Befreiung vom Gesetz durch Christus ist Befreiung durch den Heiligen Geist. Indem er den Menschen zum Glauben an Jesus Christus erweckt, befreit er ihn aus seiner Versklavtheit und schenkt ihm die *Freiheit,* die eigene Situation zu erkennen und sich für Gott und die Mitmenschen zu entscheiden. Er erweckt *Freude* an den Geboten Gottes und Lust zum Gehorsam ihnen gegenüber, stehen sie ihm doch nun nicht mehr einengend und bedrohend gegenüber, sondern sind ihm ins Herz gesenkt. *Der Geist drängt* dazu, das in Christus Geschenkte *zu verwirklichen* und vor allem *die empfangene göttliche Liebe Gott und den Nächsten gegenüber zu entfalten.* Der Geist erweckt in den Herzen die *Anrufung des Vaters* (Gal 4,6; Röm 8,15) und die *Bitte um das Kommen Christi* und *die Vollendung seines Reiches.* Er erweckt das *Zeugnis von Christus vor der Umwelt,* wie auch die *Liebe und das Gespür für die Not der Mitmenschen.* Zum erkannten Dienst gibt er auch die *Befähigung.* Durch seine Früchte (Gal 5,22f) wirkt er die Erfüllung der neutestamentlichen Mahnung. Mit all diesem läßt der Heilige Geist die große Bewegung des Handelns Gottes erkennen, wie sie sich von der Schöpfung an durch die Paradoxie von Welterhaltung und Weltregierung hindurch auf die Erlösung und Neuschöpfung hin vollzieht, ja, er nimmt den Glaubenden in diese Bewegung mit hinein. Der Heilige Geist macht den Menschen frei zur Entscheidung, frei zum Gehorsam gegenüber dem neuen Gebot und dem alten Gebot der Erhaltung. Auf ihrem Weg der Gottesherrschaft entgegen führt der Heilige Geist die Glaubenden und ermöglicht so ein Eingehen des Gehorsams auf die sich wandelnden Verhältnisse und Situationen. Zur neutestamentlichen Mahnung gehört im Unterschied zur Kasuistik *"von ihrem christologischen und pneumatologischen Ursprung her das* **Offenhalten des Raumes der Freiheit** *für neue Initiativen der Liebe innerhalb der Gemeinde und im Verhalten zur Welt"*.[70]

Die Taufe: Handeln Gottes am Menschen

Schlink folgt der lutherischen Zuordnung von *Wort und Sakrament* und schließt an die Entfaltung des neutestamentlichen Evangeliums Ausführungen über die Taufe und das Herrenmahl an.[71] Als *Begründungen* der Taufe nennt Schlink die prophetische Verheißung einer eschatologischen Reinigung, Lebendigmachung und Geistverleihung (Ez 36,25ff),[72] das Verweisen des Täufers auf den kommenden Stärkeren, der nicht nur mit Wasser, sondern mit Heiligem Geist taufen würde (Mk 1,7f),[73] und die Taufe Jesu am Jordan mit der dabei erfolgten Herabkunft des Geistes.[74]

Nach Jesu Tod und Auferstehung wird der Geist Gottes jedem Glaubenden zuteil, der so Glied der Gemeinde wird, das der erhöhte Christus durch den Geist in Dienst nimmt.[75]

Die christliche Taufe unterscheidet sich wie die Proselyten- und Johannestaufe von den jüdischen Waschungen durch ihre *Einmaligkeit* und von der Johannestaufe durch ihren Vollzug *im Namen Jesu* bzw. als Taufe in Christus und durch die *Geistverleihung*.[76] Schlink stellt heraus, daß das Hauptgewicht der neutestamentlichen Aussagen auf dem *Handeln Gottes* am Täufling liegt.[77]

Taufe "in Christus" - Taufe "durch den Heiligen Geist"

Als *Taufe "in Christus"* ist sie "Übereignung" an den Gekreuzigten und Auferstandenen, "Hineingabe in Jesu Tod und Auferstehung".[78] Die Taufe auf den Namen Jesu Christi ist zugleich *Taufe durch den Heiligen Geist*.[79] Der erhöhte Christus wirkt durch den Geist und übt so seine Herrschaft aus. Die Übereignung an Christus ist auch Hineingabe in den Wirkungsbereich des Heiligen Geistes. Christusherrschaft und Geisteswirken stehen nach dem Zeugnis des Neuen Testaments in engstem Zusammenhang (vgl. Röm 8,4.9; 14,17f; Gal 4,6; II Kor 3,17).

Taufe "durch den Heiligen Geist" meint nicht ein enthusiastisch-spiritualistisches Sondererleben, nicht eine zweite höhere Stufe des Christseins, sondern *grundlegende Übereignung an Christus*, Annahme an Kindes statt, Lebendigmachung, Indienstnahme: "*Der Heilige Geist übereignet den Glaubenden durch die Taufe Christus dem Herrn. Er gibt ihm Anteil an Christi Gerechtigkeit, Heiligkeit, Leben und Herrlichkeit. Er entmächtigt den zeitlichen Abstand, der uns von Jesu Tod und Auferstehung, aber auch von der Parusie des Erhöhten trennt. Er übereignet den Glaubenden dem Herrn, der als der Gekommene und Kommende gegenwärtig ist*".[80] Indem der Heilige Geist den Glaubenden hineingibt in Jesu Tod, gibt er ihm Anteil am Leben des Auferstandenen. "*Indem aber Christus in ihm lebt, hat er Anteil am ewigen Leben Gottes, das in Jesus Christus erschienen ist und in das der Mensch in der Menschwerdung des Sohnes Gottes hineingenommen ist. So entreißt der Heilige Geist den Menschen der Vergänglichkeit, dem Tod und der Verwesung und versetzt ihn, das Geschöpf, das im Unterschied zu Gott dem Schöpfer einen Anfang hat und das im Aufruhr gegen den Schöpfer das Leben verwirkt hat, in das ewige Leben mit Christus in Gott*".[81]

Die Einheit von Taufvollzug und Geisteswirken

Ebenso werden Taufvorgang und Geisteswirken im Neuen Testament als Einheit gesehen. Es wird nicht zwischen "Wassertaufe" und "Geisttaufe" unterschieden. Taufe und Geistmitteilung ist ein Akt (vgl. I Kor 6,11; II Kor 1,21f; Eph 1,12f; 4,30; I Joh 2,20.27; Tit 3,5f).[82] "*Der Heilige Geist übereignet den Glaubenden durch die Taufe Christus dem Herrn. Er gibt ihm Anteil an Christi Gerechtigkeit, Heiligkeit, Leben und Herrlichkeit. Indem der Geist den Menschen Christus übereignet, macht er ihn zum Kinde Gottes, macht ihn lebendig. So wirkt der Heilige Geist nicht nur auf den Menschen ein, sondern er geht in ihn ein, nimmt in ihm Wohnung, ist in ihm lebendig und treibt ihn an, gibt sich ihm als Gabe und nimmt ihn in Dienst. Die Ausgießung des Geistes ist zugleich der Anfang für ein Leben in der Erwartung weiterer Geistesgaben*".[83] Durch die Taufe auf den Namen Christi und durch den Heiligen Geist als göttlich souveränem Tun wird der Glaubende in die Kirche, in die "Gemeinschaft der Heiligen" aufgenommen. "*Als Getaufter ist er nicht mehr ein einzelner, sondern Glied des Gottesvolkes, in dem Gott die Glaubenden aller Zeiten in Christus durch den Heiligen Geist zusammenschließt*".[84]

Exkurs: Zum Verhältnis von Wassertaufe und Geistestaufe

Im Blick auf die Taufberichte der Apostelgeschichte, in denen Taufvollzug und Geistempfang nicht selbstverständlich in einem Akt zusammenfallen, konstatiert Schlink als *gemeinsame Gewißheit aller neutestamentlichen Schriften*, "*daß alle, die an Jesus Christus glauben und auf seinen Namen getauft sind, den Heiligen Geist empfangen*".[85] Bezeugt sieht Schlink den zeitlichen

Zusammenhang von Taufakt und Geistempfang im Pfingstbericht (Act 2,38; *"wurden hinzu-
getan"* = sie wurden durch die Taufe Gleider der Gemeinde). Bei der Taufe des Kornelius und
seines Hauses folgt die Taufe nach dem Empfang des Heiligen Geist, ja *weil* sie den Geist
empfangen hatten (Act 10,44.47f; vgl. 11,15.16f). Umgekehrt empfingen die ersten Christen in
Samaria den Heiligen Geist erst einige Zeit nach der Taufe durch Gebet und Handauflegung
der Apostel (Act 8,17). Schlink legt Wert darauf, daß trotz dieser Unterschiede im Blick auf
das zeitliche Verhältnis in keinem Bericht Taufe und Geistempfang grundsätzlich auseinandergerissen und verselbständigt sind.[86] *"Daß der Zusammenhang zwischen Taufe und Geistempfang als notwendig galt, wird auch bestätigt durch den Bericht über die Taufe der Jünger in Ephesus
(19,1ff)... Auch wenn Taufakt und Geistgabe nach den Berichten der Apostelgeschichte nicht immer
zeitlich zusammenfallen, stehen sie doch in einem so engen Zusammenhang, daß der Getaufte nicht
ohne Geisteswirkungen und der vom Geist Erfüllte nicht ohne Taufe bleiben kann. Wenn auch nicht in
jedem Fall **durch** die Taufe, so wird doch in einem notwendigen **Zusammenhang** mit der Taufe der
Geist dem Glaubenden gegeben".*[87]

Berichte, die eine zeitliche Differenz anzeigen

Trotzdem sieht sich auch Schlink genötig, die in diesen Berichten vorliegende *zeitliche
Differenz* zur Kenntnis zu nehmen. Die Zurückführung auf zwei unterschiedliche Taufver-
ständnisse (zunächst: Akt der Sündenvergebung - später: Akt der Geistverleihung; so A.
Seeberg) lehnt er ebenso ab, wie die Deutung E. Käsemanns mit der Annahme eines lukanischen Amtsverständnisses, nach dem der Geist *"nur von den Aposteln, deren anerkannten Emissä-
ren und Nachfolgern gespendet wird".*[88] Das umstrittene Verhältnis von Taufe und Geistempfang
ist nach ihm von der Besonderheit des lukanischen Geistbegriffs her verständlich. So fehle in
Act der Blick auf die inneren Wirkungen des Geistes bei dem, der ihn empfängt. *"Alles Interesse ist vielmehr gerichtet auf die Wirkungen, die der Heilige Geist durch den Empfänger in der Öffentlichkeit tut. So wird von Lukas noch nicht der Glaube als Geisteswirkung bezeichnet. Vielmehr ist er die
Voraussetzung für den Geistempfang. Ja nicht einmal die brüderliche Gemeinschaft der Glaubenden
wird als Geisteswirkung gekennzeichnet, vielmehr wird sie von Lukas schon vor der pfingstlichen Geistesausgießung vorausgesetzt (Act 2,1). So wird von ihm auch nicht die Sohnschaft, das Sein in
Christus, das Abba-Rufen im Gebet als Geisteswirkung gedeutet, sondern Geistempfang bedeutet vor allem die Entstehung der Freudigkeit zum öffentlichen Zeugnis, die Gabe der Prophetie, das
Zungenrede, die Vollmacht zu Taten in göttlicher Kraft. Dieser Geistbegriff... steht noch in großer
Nähe zu den alttestamentlichen Aussagen über Geisteswirkungen".*[89]

Eine gewisse Entsprechung sieht Schlink in den paulinischen Aussagen über die Charismen, und speziell über Prophetie und Zungenrede. *"Auch nach Paulus werden die Charismen
nicht notwendig bereits bei der Taufe zuteil. Vielmehr empfängt der in der Taufe durch den Geist 'Ab-
gewaschene, Geheiligte, Gerechtfertigte' Geistesgaben, wie der Geist sie einem jeden geben will. Der
Geist bestimmt auch nach Paulus in Freiheit den Zeitpunkt, in dem die Geistesgabe zuteil wird. So
mahnt der Apostel die Glieder der Gemeinde, die bereits den Geist empfangen haben, nach Geistesgaben
zu streben. Im Unterschied zu Paulus ist Lukas jedoch an der Geisteseinwohnung als solcher, nämlich
an der Erneuerung des Sünders durch den Geist, kaum interessiert. Alles Interesse ist vielmehr auf die
öffentlichen Auswirkungen des Geisteswirkens, also paulinisch gesprochen auf bestimmte Charismen
und Dienste, konzentriert".*[90]

Skopos der lukanischen Darstellung des Geisteswirkens: Die Ausbreitung des Evangeliums

Schlink sieht das *Zurücktreten der Wirkungen des Geistes auf den Empfänger* im lukanischen
Geistverständnis in Zusammenhang stehen mit dem Anliegen der *Darstellung der Vorstoßes der
Christusbotschaft* von Jerusalem bis nach Rom. Zurecht wird nach Schlink darauf aufmerksam
gemacht, daß es in den Berichten, in denen Geistempfang und Taufe auseinanderfallen, um
besondere heilsgeschichtliche Übergangssituationen und den Vorstoß des Evangeliums in
neue Bereiche geht (Kornelius, Samarien).[91] - Schlink sieht durch diese Berichte das Zeugnis
der anderen ntl. Texte, nach denen die Taufe auf den Namen Christi zugleich Taufe durch den
Geist ist, nicht widerlegt. Ausgeschlossen werde aber in radikaler Zuspitzung das Mißverständnis, als ob der Geist lediglich eine persönliche Beziehung zwischen den Getauften und
Christus herstelle. Sie machen vielmehr deutlich, daß *der Geist den Getauften in den Dienst* der
fortschreitenden Unterwerfung der Welt unter den erhöhten Herrn *stellt*. Darum gehe es auch

in den anderen ntl. Schriften, zumal in den paulinischen Aussagen über die Geistesgaben, unter denen die Prophetie nach dem Apostolat an erster Stelle genannt wird (I Kor 12,29; Eph 4,11).[92] - Die Berichte der Apostelgeschichte schließen darüber hinaus das Mißverständnis aus, als ob der Heilige Geist *nur* durch die Taufe zuteil würde. Er gibt seine Charismen, wann und wie er will (vgl. Act 18,25-28).

Im Blick auf die **Bedeutung der Handauflegung** schreibt Schlink: "*Behält man das besondere Geistverständnis des Lukas im Auge, dann kann aus den wenigen Stellen der Apostelgeschichte nicht gefolgert werden, daß in den frühen Gemeinden nicht durch die Taufe, sondern durch die Handauflegung der Heilige Geist empfangen worden sei. Auch nach paulinischem Verständnis fallen die Taufe und der Empfang konkreter Geistesgaben nicht notwendig zeitlich zusammen. Daß Charismen auf verschiedene Weisen zuteil werden, bedeutet keinen Widerspruch zu der in den neutestamentlichen Briefen und im Johannesevangelium ausgesprochenen Gewißheit, daß der Heilige Geist durch die Taufe wirkt*".[93]

Der Fehlweg einer zu engen Bindung an die Taufe

"*In der Geschichte der Tauflehre zeigt sich immer wieder die Gefahr, diese Freiheit des Geisteswirkens zu übersehen, nämlich die Freiheit, in der der heilige Geist das weitere Leben des Täuflings in neuen Akten des Kommens und des Gebens von Charismen und Weisungen in Dienst nimmt und leitet. Es findet sich häufig die Neigung, die Aussagen über den Geist mit der Taufe so eng zu verbinden, daß sein Wirken in das Taufgeschehen geradezu eingeschlossen zu sein scheint und sich als Ergebnis der Taufe der Besitz des Geistes oder einer geistlichen Eigenschaft an Stelle des Weiterwirkens des Geistes darstellt. Wie die Hineingabe in Christi Tod in der Taufe einmalig und für allemal endgültig erfolgt, so wird dann auch das Geisteswirken in der Taufe als einmalig-endgültig verstanden, und die Erstmalig- keit und Angeldhaftigkeit verblaßt. Ja, je mehr das Taufverständnis von der Geschichte Jesu Christi ge- löst wird, desto größer wird die Gefahr, das Geisteswirken im Gegensatz zu den neutestamentlichen Aussagen in den Taufakt gewissermaßen einzuschließen. - Dadurch wird aber zugleich die Mahnung betroffen, nach Geistesgaben zu streben und um sie zu bitten. Der Blick wird von der Richtung nach vorwärts zurückgelenkt auf den geschehenen Geistempfang in der Taufe, und an die Stelle der Zuver- sicht, daß Gott die immer neue Bitte um die Gaben und um die Führung des Heiligen Geistes erhören wird, tritt die Angst, das Empfangene schuldhaft zu verlieren*".[94]

Spiritualistische Gegenreaktionen

"*Wird aber das Geisteswirken in solcher Weise in das Taufgeschehen eingeschlossen, so kann als Gegenwirkung der Spiritualismus nicht ausbleiben, der die Taufe gering schätzt und seine Gewißheit auf 'Geistestaufen' und andere Erfahrungen gründet, die abseits von der Taufe gemacht werden. Dann wird die Taufe nicht mehr als 'Bad der Wiedergeburt und Erneuerung durch den Heiligen Geist' (Tit 3,5), sondern allenfalls als Hinweis auf die Wiedergeburt verstanden, oder es wird gar unter Verzicht auf die Wassertaufe die Wiedergeburt allein von enthusiastischen Erlebnissen erwartet. Diese spiritualistische Tendenz findet sich nicht erst bei den Quäkern, sondern begleitet die ganze Kirchengeschichte. Sie ergibt sich notwendig als Reaktion auf ein einseitiges, vom Hellenismus her naheliegendes Verständnis des Heiligen Geistes als einer in der Taufe zuteil werdenden Kraft und Substanz, während der Geist Geber und Gabe, Herr und Kraft zugleich ist und dies in der Freiheit seines Wirkens*".[95]

Grundsätzliche Anfragen an die Wassertaufe überhaupt

Als Resümee seiner Ausführungen über die "Gefahr des Auseinanderfallens der Aussagen über Wort, Wasserbad und Gottes Heilstat" schreibt Schlink: "*Je strenger die Geistestaufe und die Wassertaufe getrennt werden und je stärker das Gewicht auf das Erlebnis der Geistestaufe, des Mit-Christus-Sterbens und -Auferwecktwerdens, der Wiedergeburt gelegt wird, um so mehr wird die Wassertaufe überhaupt fragwürdig. Zwar ist sie von den Täufern mit großer Strenge als notwendiger Akt des Gehorsams gegenüber dem Taufbefehl festgehalten worden. Wird aber das Erlebnis der Geistestaufe in spiritualistischer Weise losgelöst vom äußeren Wort, dann liegt es auch nahe, den Gehorsam von den Weisungen der Schrift und damit vom Taufbefehl zu lösen und sich auf unmittelbare Geistesführungen zu verlassen. So finden sich im 16. Jahrhundert mancherlei Übergänge von den Täufern zu solchen Spiritualisten, die die Wassertaufe ablehnten*".[96]

Geist und Herrenmahl

Als Begründung und Voraussetzung für die Feier des Herrenmahls nennt Schlink u.a. auch die *Ausgießung des Heiligen Geistes*, weil er den Glauben an den gegenwärtigen Herrn erweckt und der Erhöhte durch ihn Anteil an seiner Gnade gibt und in den Dienst dieser Gnade stellt. Erst nach den österlichen Erscheinungen und nach der Ausgießung des Geistes erschloß sich die volle Bedeutung der Worte und der Handlung Jesu beim letzten Mahl.[97] Auch im Blick auf das *eschatologische Wort*, das Schlink besonders akzentuiert, ist das Moment der erfolgten Geistmitteilung zu beachten. *"In der Erhöhung Jesu ist die Vollendung der Gottesherrschaft verbürgt, und in der Gegenwart des Erhöhten ist die verbürgte Vollendung gegenwärtig. So ist das Herrenmahl nicht mehr wie Jesu letztes Mahl ein Abschiedsmahl, sondern das Mahl der Gemeinschaft mit dem erhöhten Gekreuzigten, der wiederkommen wird, ein Mahl der Freude und des Jubels im Heiligen Geist... Die erwartete Gemeinschaft mit dem kommenden Christus wird im Herrenmahl bereits zuteil".*[98] Die Kirche feiert das Herrenmahl in Erinnerung an das letzte Mahl Jesu und in Erwartung des zukünftigen Mahles im Reich Gottes. In der Anamnese des neutestamentlichen Gottesvolkes ist der gekreuzigte Christus gegenwärtig, weil hier der Heilige Geist ausgegossen ist, der die Worte und Taten Jesu vergegenwärtigt. Im Herrenmahl ist die ganze Heilsgeschichte, Kreuzestod, Parusie und die sich schenkende Gegenwart des Erhöhten, konzentriert.[99] Wie bei der Verkündigung der Christusbotschaft und bei der Taufe nimmt Schlink auch beim Herrenmahl die trinitarische Dimension auf. In der realen Präsenz Jesu Christi wirkt der dreieinige Gott. *"In dem erhöhten Christus ist Gott der Vater gegenwärtig. Er gibt uns im Herrenmahl Anteil an dem neuen Bund, den er in Jesu Tod in Kraft gesetzt hat. In dem erhöhten Christus ist zugleich der Heilige Geist gegenwärtig. 'Der Herr ist der Geist' (II Kor 3,17). Wo der Herr sich schenkt, wirkt zugleich der Heilige Geist. Er vereinigt im Herrenmahl die Versammelten mit Christus und macht sie zu Organen seiner Herrschaft. Wie durch die Christusbotschaft und durch die Taufe, so handelt auch durch das Herrenmahl der dreieinige Gott als der versöhnende und neuschaffende".*[100] Wichtig ist Schlink der eucharistisch-anamnetische Lobpreis bei der Mahlfeier, der Gott im Heiligen Geist dargebracht wird und sich von der Erhörung der Bitte um den Heiligen Geist getragen weiß.[101]

Im Streit um die *Verhältnisbestimmung von Zeichen und Sache* (Brot - Leib Christi, Wein - Blut Christi) sucht Schlink durch den *Ansatz* beim *glaubenden Empfang* zu vermitteln und die Einheit deutlich zu machen. Die Aufspaltung in ein "symbolistisch-spiritualistisches" und ein "kirchlich-realistisches" (Augustin), bzw. in ein "sichtbares" und "unsichtbares" Geschehen (Calvin), kann so überwunden werden. Was in der Reflexion unterschieden wird, liegt im Akt des glaubenden Empfangens ineinander. *"Der Abstand zwischen den Menschen hier auf Erden und Christus im Himmel wird **nicht nur** durch den Heiligen Geist **vermittelt**, sondern **Christus selbst tritt in der Kraft des Geistes** in die Mitte der Gemeinde".*[102]

Wie den Aspekt der *Realpräsenz* stellt Schlink - analog zum Taufgeschehen - auch beim Herrenmahl das *Handeln Gottes* heraus. *"Im existentiellen Vollzug des Herrenmahls... geht es nicht um das Tun der beteiligten Menschen, sondern um das Tun Christi und das **Wirken des Heiligen Geistes**: Die Menschen sind im Herrenmahl in allen ihren Worten und Handlungen ausgerichtet auf das Kommen und Sich-Schenken des Herrn... Er tritt ein in die Mitte der Versammelten. Er macht die Worte und Handlungen der Menschen, die seiner gedenken, zu seinen Worten und Handlungen. Er nimmt das Brot und den Kelch in seinen Dienst, um dadurch Anteil an seinem Leib und Bundesblut zu geben. Er macht sein ein für allemal vollbrachtes Opfer gegenwärtig. Er gibt Anteil am kommenden Mahl im Reiche Gottes".*[103]

1.3   Die Pneumatologie als "Lehre von der Neuschöpfung"[104]

Im dritten Hauptteil der "Ökumenischen Dogmatik" behandelt Schlink die Pneumatologie als "Lehre von der Neuschöpfung". Wie beim ersten und zweiten Glaubensartikel setzt Schlink auch hier bei den biblischen Texten ein und schreitet - der Grundeinsicht folgend, daß sich Gottes Wesen aus der Heilsoffenbarung erschließt - dann weiter zum Bekenntnis des Heiligen Geistes. Im ersten Kapitel behandelt er "Die Ausgießung des Heiligen Geistes", dem vier ekklesiologische Kapitel folgen ("Die Kirche" - "Charisma und Amt" - "Die Erhaltung der Kirche" - "Die Einheit der Kirche und die uneinige Christenheit"). Mit Ausführungen über "Die Vollendung der neuen Schöpfung" und "Das Bekenntnis Gottes des Neuschöpfers" beschließt Schlink seinen dritten Hauptteil.

1.3.1   Die Ausgießung des Heiligen Geistes[105]

Souveräne Tat Gottes

Zu Beginn seiner Ausführungen betont Schlink die Souveränität Gottes in diesem Geschehen. Wie die Sendung des Sohnes ist auch die Aussendung des Geistes *freie Tat Gottes, allein in seinem Erlösungs- und Vollendungswillen* und nicht im Verhalten des Menschen begründet. "*Die Ausgießung des Gottesgeistes war bereits verheißen im alten Bund... Aber nicht die Erwartung der Frommen, sondern Gott bestimmte souverän den Zeitpunkt und die Art der Erfüllung, wie er souverän die Zeit und die Erfüllung der messianischen Verheißung bestimmt hatte*".[106]

Engster Zusammenhang mit der Heilstat Gottes in Jesus Christus

Vom trinitarischen Ansatz her kann Schlink nicht anders, als auf den engen Zusammenhang der Geistausgießung mit der Heilstat Gottes in Jesus Christus, mit der Auferweckung des Gekreuzigten und dessen Einsetzung zur Rechten Gottes zu verweisen. Als der zur Rechten Eingesetzte sendet *Christus* den Heiligen Geist, den Schlink zugleich als "den Geist *vom Vater*" kennzeichnet. Vom neutestamentlichen Zeugnis und der Zentralität der Christusoffenbarung her unterstreicht Schlink die Rückbindung an Jesus Christus. Er, als der Erhöhte, herrscht *durch* den Heiligen Geist in göttlicher Kraft. "*Der irdischen Sichtbarkeit entschwunden, ist Christus durch den Heiligen Geist gegenwärtig und vollendet an der Menschheit das Werk, das er am Kreuz vollbracht hat*".[107] Zugleich handelt durch dieses Wirken *Gott selbst*, um das von ihm in der Schöpfungstat am Anfang Begonnene allem menschlichen Widerspruch zum Trotz zu vollenden.

Verschiedenheit der Geistsendung: *Zur Heilstat in Christus hinzutretendes Heilshandeln Gottes*

Unterstreicht Schlink einerseits die Zusammengehörigkeit der Sendung des Sohnes und der Sendung des Heiligen Geistes, stellt er andererseits heraus, daß es *nicht ein und dieselbe Sendung* ist. Das Kommen des Geistes ist ein anderes Kommen Gottes, das zu seinem Kommen in Christus hinzutritt. Er legt als "der andere Beistand" (Joh 14,16) Zeugnis ab von Christus als dem von ihm Unterschiedenen (Joh 15,26). Die Ausgießung des Heiligen Geistes folgt als Heilstat Gottes der Auferweckung Christi *nach* (bes. hervorgehoben von Lukas) bzw. setzt das irdische Wirken Jesu als abgeschlossen voraus. Schlink beschreibt die Ausgießung des Heiligen Geistes als "*die Heilstat Gottes, die zum Tod und zur Auferweckung Jesu Christi hinzukommt und durch die Gott den Menschen hineinnimmt in das Reich des Erhöhten*".[108] Der Heilige Geist kommt - *vom* Vater *durch* den Sohn gesandt - in die Welt, um in ihr sein besonderes Werk zu tun. Unterschieden vom Vater und Sohn legt er in der Welt

Zeugnis ab vom Vater und vom Sohn. In der Bewirkung des Abbarufes und des Christuszeugnisses steht er *zugleich* dem Vater und dem Sohn *gegenüber*. Der Heilige Geist begegnet der Welt in ihrem Streit mit Gott als *Anwalt Gottes* und als *Stellvertreter des erhöhten Christus*. Ebenso *steht* er aber *auch dem Menschen bei* und vertritt ihn, der nicht weiß, wie er vor Gott bestehen kann.

Verschiedenheit der Geistsendung: *Erstmaliges und immer neues Kommen und Wirken des Geistes*[109]

Während der Sohn Gottes *ein für allemal* Mensch geworden, gestorben und auferstanden ist (vgl. Röm 6,9f), wurde der Heilige Geist an Pfingsten ausgegossen, um *immer wieder* ausgegossen zu werden. Im Unterschied zur *Endgültigkeit* des Werkes Christi erfolgte das Herabkommen des Geistes an Pfingsten als "*Anfang einer in der folgenden Zeit sich über die ganze Erde ausbreitenden Geistausgießung*".[110] Sie erfaßt *immer neue Menschengruppen* (vgl. Act 2,38; 8,17;10,45; 19,6), *aber auch die, die den Geist bereits empfangen haben*, werden von neuem erfüllt (vgl. Act 4,31; 9,17f; 13,52). Wie die Ausgießung des Geistes an Pfingsten nicht auf diesen grundlegenden Anfang beschränkt werden darf, so auch nicht auf den Beginn des Christenlebens in der Taufe. Schlink betont gegenüber Tendenzen, Geistempfang und Geisteswirken auf ein Einst zu begrenzen, den Aspekt des *immer neuen Kommens und Wirkens des Geistes in der Welt und im Christenleben* und den Aspekt des *Vorwärtseilens* bis zur Vollendung. "*Wir haben immer wieder von neuem aufgrund von Pfingsten die Ausgießung des Geistes zu erwarten und zu erbitten. Der Empfang des Heiligen Geistes treibt den Menschen nach vorwärts zum Empfang immer neuer Geistesgaben bis hin zur völligen Verwandlung seiner Vergänglichkeit in der neuen Kreatur*".[111] Schlink, der Taufe und Geistempfang in engem Zusammenhang sieht, unterstreicht in seiner "Lehre von der Taufe" zugleich, daß aus dem Empfang der Taufe nicht bereits der Besitz aller Geistesgaben folgt. Die Ausgießung des Heiligen Geistes hat im Blick auf die Geistesgaben vielmehr *"Angeld"-Charakter*. Taufe ist "Anfang" des Empfangens der Gaben des Geistes, und der Getaufte darf und soll für seinen Dienst in der Gemeinde und an der Welt *weitere Gaben erbitten und sich nach ihnen ausstrecken.*[112]

1.3.2 Geistempfang als Indienstnahme[113]

Schlink mahnt angesichts der großen Mannigfaltigkeit der neutestamentlichen Aussagen über das die ganze menschliche Existenz ergreifende und neuschaffende Wirken des Geistes, keinen Augenblick zu übersehen, daß es *nie nur darum geht, was an den Menschen geschieht*. Immer geht es zugleich um das *Wirken* des Geistes *an der Welt* durch die vom Geist Erfüllten. Geistempfang bedeutet immer zugleich auch die *Indienstnahme* des Menschen. Das Geisteswirken *am* Menschen und *durch* den Menschen hindurch bilden eine *unauflösliche Einheit*, so daß ein Fehlen des Dienstes den Empfang des Geistes in Frage stellt. Daß geistliche Wirkungen sich nicht auf den Empfänger selbst beschränken ist allen neutestamentlichen Schriften gemeinsam. Schlink verweist darüber hinaus auf die Apostelgeschichte, die sich geradezu uninteressiert zeigt an dem, was der Geist an denen wirkt, die ihn empfangen. Das ganze Interesse ist auf das gerichtet, was der Geist durch die Zeugen an denen geschehen läßt, die ferne stehen.[114] Weil es im Verlauf der Kirchengeschichte, nicht nur unter dem Einfluß mystischer Strömungen, häufig zu einengenden Verschiebungen des pneumatologischen Interesses auf Geisteserfahrungen des Empfängers selbst kam, fragt Schlink bewußt nach dem, was Gottes Geist *durch* die Menschen *inmitten der Welt* tut. Schlink hebt die öffentlich-missionarische und die völkische Grenzen überschreitende einheitsstiftende Dimension des Geisteswirkens hervor. Es geht um mehr als nur die Entstehung des Glaubens und der brüderlichen Gemeinschaft.

Wirkungen der Geistausgießung: *Lobpreis und Freimütigkeit zum Vorstoß auf die Welt - öffentlicher Zeugendienst aller - Einheit über alle Schranken hinweg*

Der Heilige Geist wirkt a) vor allem den *Lobpreis 'der großen Taten Gottes' vor der Welt*, schenkt *Freimut und Unerschrockenheit* zum Angriff auf die Welt, die Freiheit von sich selbst bis hin zur Selbstpreisgabe im Zeugendienst. Auf seiten der Hörer bewirkt der Heilige Geist den Durchbruch des Glaubens und auch deren Indienstnahme für das Evangelium. Von den neutestamentlichen Aussagen her verbietet sich für Schlink eine Reduktion des Geisteswirkens auf die Herbeiführung der subjektiven Möglichkeit der Gotteserkenntnis und die Entstehung des Glaubens. Ebenso verbietet sich auch ein Träumen von stillem Besitz und Genuß der Geistesgabe in privater Innerlichkeit. "*Der Heilige Geist ist vielmehr der Vorstoß des erhöhten Christus in die Öffentlichkeit dieser Welt. Geistesgabe ist wesensgemäß 'Dienst'* (I Kor 12,4ff). *Der vom Geist Ergriffene ist Werkzeug der in die Welt hereinbrechenden Königsherrschaft Christi*".[115]

Eine weitere Wirkung des Heiligen Geistes ist, daß er sich öffentliche *Zeugen* erweckt. Im Unterschied zum alten Bund betrifft dies nun nicht mehr nur einzelne, sondern alle Glieder des Gottesvolkes. Der Heilige Geist wird auf alle ausgegossen, nicht nur auf einige Privilegierte (vgl. Joel 3,1f; Act 2,17ff; Jer 31,34; I Joh 2,20.27). "*Unbeschadet der Mannigfaltigkeit der Art und Weise, wie das Zeugnis der einzelnen Glieder des neutestamentlichen Gottesvolkes laut wird, gilt, daß jedes Glied Gottes Geist empfangen hat und durch Gottes Geist in Dienst gestellt ist. Jedem wird der Geist 'zum allgemeinen Nutzen' gegeben (I Kor 12,7)*".[116]

Der Heilige Geist beseitigt die Schranken zwischen Israel und den Heiden und schafft sich ein einiges Gottesvolk zum gemeinsamen Lobpreis seiner Taten. Nicht nur Diasporajuden, auch Proselyten werden einbezogen, ja weit darüber hinaus, auch Menschen die noch fernstehen aus allen Völkern der Erde. Der Heilige Geist nimmt die Getrennten hinein in den durch Christus gestifteten Frieden und überwindet alle völkischen, rassischen und sprachlichen Barrieren, Bildungs- und Standesunterschiede. "*Der Heilige Geist ist als der Sturmwind gekommen, der diese Trennungswände umwirft, als das Feuer, das die trennenden Gehäuse verbrennt*".[117] Die Geistausgießung greift aufs tiefste in die anerkannten Gegebenheiten dieser Welt. "*In der Ausgießung des Heiligen Geistes bricht das Ende der Welt und die allumfassende Neuschöpfung herein, die in der Auferstehung Jesu Christi begonnen hat*".[118] Zwar war der Heilige Geist auch zuvor schon am Werk, aber nicht in dieser Fülle und Radikalität des Neuen.

1.3.3 Erneuerung des Menschen als "Verwandlung *im Dienst*"

Die "Neuschöpfung" des Menschen durch den Heiligen Geist ist nicht von der Indienstnahme des Menschen durch den Geist zu trennen. Gerade *im Dienst* ereignet sich die erneuernde Wandlung. Der Heilige Geist handelt *am* Menschen und *in* ihm, wenn er *durch* ihn handelt.[119] Mit dieser Akzentuierung, die sich gegen hedonistisches Heils- und Heiligungsstreben bzw. gegen privatistische, quietistisch-innerliche Mißverständnisse des Heils, gegen eine Trennung von Heil und Dienst wendet, skizziert Schlink das neuschaffende Wirken des Geistes am und im Menschen.

Grundlegende Wirkung des Geistes ist a) des Menschen *Befreiung für den Glauben*.[120] Der Heilige Geist durchbricht die Blindheit für das Heilswerk Gottes in Jesus Christus und das Heilswort des Evangeliums. Er durchbricht des Menschen Versklavtheit an die Sünde und sich selbst und gibt ihm die Freiheit für Gott. - b) Durch die Taufe *übereignet* der Heilige Geist den Glaubenden *an Christus*, versetzt ihn in dessen Herrschaft, die zugleich Gemeinschaft mit ihm ist. Jesus Christus ist "*durch den Geist gegenwärtig als der Herr über uns, für uns, in uns und mit uns, und der Heilige Geist bestimmt unsere Existenz als Leben unter ihm, von ihm her, in ihm und mit ihm*".[121] - Indem der Heilige Geist die Menschen Christus übereignet, macht er sie c) zu *Gottes Kindern*.[122] - Die Übereignung des glaubenden Sünders an Christus, die Zueignung der Gotteskindschaft durch den Heiligen Geist bedeu- tet zugleich auch d) seine *Lebendigmachung*.[123] Indem der Heilige Geist ihn hineingibt in den Tod Jesu, gibt er ihm Anteil am Leben des Auferstandenen, am Leben Gottes. Der Mensch wird aus Vergänglichkeit, Tod und Verwesung herausgerissen und in das ewige Leben mit Christus in Gott versetzt. Dieses Lebendigmachen ist nicht nur Wiederaufrichtung der ursprünglichen aber verfehlten Verheißung des Lebens, sondern wirkliche Neuschöpfung, Hineinversetzung in das grundlegend neue Leben in Christus. Zwar ist dieses neue Leben *noch von der Vergänglichkeit verdeckt*, aber der in die Herzen der Glaubenden ausgegossene Heilige Geist verbürgt als *Angeld* die *kommende Vollendung* der Neuschöpfung. In seinem Wirken umgreift der Heilige Geist "*den ganzen Menschen, seine Entscheidungen und seine Leiblichkeit, seine Gegenwart und seine Zukunft*".[124] - Der Heilige Geist wirkt weiter e) die *neue Gemeinschaft*,[125] in der alle an Jesus Christus Glaubenden miteinander verbunden sind, in der sich die Frucht des Geistes zeigt (Gal 5,22; Eph 5,9). Schlink stellt auch hier den *Dienstgedanken* heraus. "*Diese Gemeinschaft des Geistes ist Gemeinschaft des gegenseitigen Dienens. Niemand empfängt eine Geistesgabe allein für sich selbst, sondern zum Dienst an der Gemeinde (vgl. I Kor 12,7). Gabe des Geistes und Erweckung zum Dienst ist ein und dasselbe. Darum gilt: 'Strebet nach der Liebe!' (I Kor 14,1). Sie ist die Geistesgabe, die alle anderen durchdringt und umschließt*".[126] Der Dienstaspekt betrifft aber nicht nur das Leben in der Gemeinde selbst, gilt *nicht nur nach innen, sondern auch nach außen in der Zuwendung zur Welt*: "*Weil Gottes Liebe in Christus der Welt zugewandt ist, kann die Gemeinde keine Geistesgabe für sich behalten wollen. Der Heilige Geist stellt sie durch seine Gaben in den Dienst an der Welt. Schlechthin entscheidend ist das Christuszeugnis vor der Welt. Darum sind alle Aussagen der Apostelgeschichte über die Geisteswirkungen auf dies öffentliche Zeugnis konzentriert. Darum nennt Paulus bei der Aufzählung der vielen Geisteswirkungen und -gaben das prophetische Zeugnis nach dem Apostelamt an erster Stelle (I Kor 12,29; vgl. 14,1). Indem der Heilige Geist die Bezeugung der großen Taten Gottes in der Welt wirkt, bricht durch dieses sein Wirken die Herrschaft des erhöhten Christus in die Welt herein*".[127]

Der Aspekt des Wirkens des Heiligen Geistes *durch* die Glaubenden *an der Welt* ist im Verlauf der Theologiegeschichte oft hinter Reflexionen über sein Wirken *in* den Gläubigen zurückgetreten bzw. er wurde auf das öffentliche Amt beschränkt. Trifft dies auf die röm.-kath. Kirche stärker zu als auf die Ostkirche, haben auch die Reformationskirchen trotz der Lehre vom allgemeinen Priestertum dem öffentlichen Geisteswirken durch die Glaubenden außerhalb des Amtes wenig Raum gelassen. Schlink würdigt hier das Verdienst pietistischer Erweckungsbewegungen, die dieses Moment erkämpften. Er sieht es als wichtiges Ereignis, daß heute quer durch die kirchlichen Grenzen hindurch *die allen Christen aufgetragene Aufgabe des Christuszeugnisses* zunehmend erkannt wird. Die besondere Aufgabe des kirchlichen Amtes braucht damit nicht angetastet werden.[128]

Neuschöpfung ist das Wirken des Heiligen Geistes insofern, als es die verfehlte ursprüngliche, schöpfungsmäßige Bestimmung des Menschen zum Ebenbild Gottes (Antwort der Liebe zu Gott, Gemeinschaft der Liebe untereinander, Herrschaft über die Erde) in neuer Weise ermöglicht und verwirklicht.[129]

1.4 "Ökumenische" Ekklesiologie: *Der Rückgang auf Grundstrukturen*

Im ekklesiologischen Teil der Entfaltung des dritten Artikels unternimmt Schlink den Versuch, hinter die verschiedenen Gestalten der Kirchen zurückzugehen und *Grundstrukturen kirchlichen Lebens* herauszuarbeiten.[130] Ähnlich wie bei den Überlegungen zur Struktur der theologischen Aussage unterscheidet Schlink auch ekklesiologisch zwischen *bleibenden Grundstrukturen* und *veränderlichen geschichtlichen Gestalten* der Kirche, wobei er auch hier neutestamentlich eine Vielgestaltigkeit annimmt.[131] In den geschichtlichen Gestalten der Kirche sind diese Grundstrukturen wirksam, aber nicht immer direkt sichtbar. Oft sind sie durch Einseitigkeiten verdeckt. Die Grundstrukturen sind nicht allen Kirchen in gleicher Klarheit bewußt, drängen aber doch überall nach Auswirkungen, selbst da, wo sie durch einseitige Verfestigungen der Kirchengestalt erschwert oder gehindert werden. Schlink nennt als Engführungen der Ekklesiologie, daß in Abwehr von Bedrohungen Zusammenhängendes voneinander getrennt wird und so *falsche Alternativen* entstehen, wie z.B. Kirche als Glaubens- oder Liebesgemeinschaft, Liebes- oder Rechtskirche, personalistisches oder kollektivistisches Kirchenverständnis, Bewegung aus der Welt heraus oder Bewegung in die Welt hinein, christologisches oder pneumatologisches Verständnis, Kirche des Wortes oder Kirche der Sakramente.[132] Schlink denkt auch in der Ekklesiologie komplementär bzw. auf eine ökumenisch weite Gestalt hin, maximal die verschiedenen Aspekte integrierend. Mit der Lehre von den Grundstrukturen möchte er "*die Weite und die Grenze aufzeigen, innerhalb derer die Kirche trotz der Mannigfaltigkeit der geschichtlich gewordenen und werdenden kirchlichen Gestalten in der Identität mit der apostolischen Kirche der Frühzeit leben kann*".[133]

1.5   "Ökumenische" Ekklesiologie: *Der weite Rahmen - die heilsgeschichtlichen Grundstrukturen*

1.5.1   Sammlung zur Sendung: *Die bleibende Doppelbewegung der Kirche*

Vor dem uns näher interessierenden Abschnitt über die Frage der Charismen skizziert Schlink *heilsgeschichtlich-ekklesiologische Grundstrukturen*.[134] Dabei geht er nach kurzen Überlegungen zum pneumatologisch-christologischen Ursprung der Kirche als dem neuen Israel auf die ihm besonders wichtige Doppelbewegung der Kirche ein. Die Kirche ist das durch die Christusbotschaft *aus der Welt herausgerufene* Gottesvolk,[135] das zugleich aber in prophetischem, priesterlichem und königlichem Auftrag zur Ausrichtung der Christusbotschaft *in die Welt hineingesandt* wird.[136] Beide Aspekte gehören untrennbar zusammen.

Insgesamt sieht Schlink die gegenwärtige westliche Christenheit in größerer Gefahr, sich nicht mehr herausrufen zu lassen zu ihrem Ursprung, der nicht von dieser Welt ist, und so der Welt nichts mehr sagen zu können, was sie nicht schon selbst wüßte. Als bloßer Lautverstärker der Stimmen der Welt wird sie dann wieder Teil der zwischen Utopie und Hoffnungslosigkeit hin und her gerissenen gottentfremdeten Menschheit.[137]

1.5.2   Die allgemeine Berufung und Beauftragung des Gottesvolkes: *prophetischer, priesterlicher* und *königlicher* Dienst

Wie beim einzelnen Christen betont Schlink auch bei der Kirche als Ganzes den Aspekt der Indienstnahme und *Sendung*: "*Gott hat die Kirche herausgerufen aus der Welt, um sie als sein Aufgebot in die Welt hineinzusenden. Er hat seinem Volk einen Ursprung gegeben, der nicht von der Welt ist, damit es von diesem Ursprung her in die Welt hinein wirke. Er hat die Glieder des Gottesvolkes nicht dazu aus den Bindungen befreit, daß sie sich zurückziehen und sich in der Abgeschiedenheit ihrer Erlösung freuen, sondern damit sie als die befreiten Christen in die Welt hineingehen und der Welt Christus in Worten und Taten verkündigen. Diese Sendung der Kirche hinein in die Welt gehört zu ihrem Wesen*".[138] In ihrer Sendung bekommt die Kirche durch den Heiligen Geist ebenbildlichen Anteil am dreifachen Amt Jesu Christi. Gab es im alten Bund einzelne Menschen als Propheten, Priester und Könige, ist nun das neutestamentliche Bundesvolk als ganzes das prophetische, königliche und priesterliche Volk. Als *prophetisches* Volk verkündigt die Kirche vor allem die Rettung durch den Glauben an Jesus Christus, wie die alttestamentlichen Propheten aber deckt sie auch die Unrechtstaten der Welt an den Schwachen und Rechtlosen auf.[139] - Der *priesterliche* Auftrag besteht in der Weitergabe der in Christi Opfertod am Kreuz geschenkten Vergebung und Versöhnung, in der Einladung zum Empfang des Opfers Jesu Christi und zum Einstimmen in den eucharistischen Lobpreis. Über die Einladung zum Herrenmahl und die Fürbitte für die Glaubenden hinaus beinhaltet die priesterliche Sendung im Gehorsam gegenüber den Geboten Gottes des Erhalters auch den Dienst an Entrechteten, Hungernden, Kranken und Sterbenden.[140] - In ihrer *königlichen* Sendung ist die Kirche Wirkung und Werkzeug der Königsherrschaft Christi. Im Paradox weltlicher Ohnmacht proklamiert sie die Herrschaft Christi und streitet mit den Waffen des Glaubens, des Wortes und Gebetes.[141]

1.5.3 Fundamentale Wesensbestimmung der Kirche: *Mission bis zum Ende*

Schlink stellt die *missionarische Dimension* und den Vorstoß der Kirche auf die Welt betont heraus. Wie die Kirche immer wieder aus der Welt herausgerufen wird, so wird sie immer neu auch mit der Christusbotschaft in die Welt hineingesandt, bis alle Völker durchdrungen sind und bis zum Ende der Weltgeschichte. *"Die Kirche ist von Gott gesandt, um immer neu um die Fernen zu ringen, solange es noch Zeit ist. Es ist ihr kein Stillstehen, kein Ausruhen und Schweigen erlaubt. Die Mission ist kein akzidentielles Unternehmen der Kirche, sondern sie gehört zu ihrem Wesen. Zwar gibt es Zeiten, in denen sie gewaltsam an der Durchführung ihres Auftrags gehindert wird, in denen ihr Dienst auf den Kultus und dieser auf wenig Raum beschränkt oder ganz verboten wird und schließlich nur noch in der Fürbitte und im Leiden besteht. Sind aber die Leiden der Kirche die eindrücklichste Manifestation des leidenden Christus, so wirkt eine bequem gewordene, auf ihre Geschichte zufrieden zurückblickende Kirche sich als Widerlegung dessen aus, was sie der Welt zu verkündigen hat. Verweigert die Kirche den Dienst an der Welt, dann hört sie schließlich auf, das herausgerufene Gottesvolk zu sein. Mag eine Kirche auch noch so entschlossen dem Ruf heraus aus der Welt gefolgt sein, so wird sie erstarren ohne den neuen Vorstoß in die Welt"*.[142]

1.5.4 Die Mitte des kirchlichen Lebens: *Die gottesdienstliche Versammlung*[143]

Bei der Skizzierung des neutestamentlichen Befundes zu Gestalt und Inhalt des Gottesdienstes geht Schlink seinem Ansatz gemäß wiederum von einer *Vielfalt* bei *gemeinsamen Grundstrukturen* aus. Neben der allgemeinen Versammlung mit *Wortverkündigung, Brotbrechen und Gebet* gab es wohl auch *besondere Versammlungen* mit stärker missionarischer Verkündigung, besondere Taufgottesdienste und Gebetsversammlungen. Von erheblichen Unterschieden ist bei der Gestalt des judenchristlichen und heidenchristlichen Gottesdienstes auszugehen. Schlink bemerkt den erstaunlichen Freiraum für spontane Beiträge der einzelnen Gemeindeglieder in Korinth, wobei aber offen ist, wie weit dies auch bei anderen heidenchristlichen Gemeinden der Fall war. Innerhalb der allgemeinen Grundstrukturen des Gottesdienstes erkennt Schlink auch diese *freiere Gestalt* mit pneumatischer Spontaneität der Versammelten als legitime Möglichkeit an.[144]

Als *gottesdienstliche Grundstrukturen* nennt Schlink a) den *Dienst Gottes an der Versammlung,* durch Wort und Mahl. In der Erinnerung der Heilstat ist Gott selbst anwesend, vergegenwärtigt durch diese Mittel den Kreuzessieg und die Parusie Christi und nimmt durch den Heiligen Geist immer wieder in sein Heilshandeln hinein.[145] - Die andere Seite des Gottesdienstes ist b) der *Dienst der Versammlung für Gott.* Er besteht vor allem in der Annahme des Dienens Gottes, in der Abkehr von sich selbst und in der Ganzhinwendung und Hingabe des Lebens an Gott. Der antwortende Dienst der Gemeinde auf die Anrede Gottes geschieht im *Sündenbekenntnis*, im *Lobpreis seiner Gnade*, in *Bitten für Kirche und Welt*, d.h. im Dank für Gottes Heilstat und in der Bitte um weitere Heilstaten. Auf Grund der Heilstaten verehrt die Gemeinde darüber hinaus in der *Doxologie* Gott als den, der er von Ewigkeit zu Ewigkeit ist.[146]

Die beiden Grundstrukturen beschreiben in dieser Reihenfolge eine *unumkehrbare innere Ordnung* des Gottesdienstes, die dem Tatbestand entspricht, daß die Heilstat Gottes in Christus der Kirche und ihrem Gottesdienst vorangeht.[147]

Indem Gott den im Gottesdienst Versammelten dient, vereinigt er sie mit sich selbst und untereinander. Die Verbindung mit ihm bedeutet aber nicht nur *Vereinigung der Anwesenden miteinander*, sondern auch *mit allen anderen gleichzeitig auf Erden stattfindenden Versammlungen*, wie auch *mit allen, die im Glauben vorausgingen*, und *denen, die bei der Parusie aus allen Ländern und Zeiten versammelt sein werden.*[148]

Der Gottesdienst bleibt aber nicht nur auf die Menschen beschränkt, mit ihrem Lobpreis stimmen sie ein in den *Lobpreis der himmlischen Wesen* und in den *Lobpreis der auf Gott hin geschaffenen außermenschlichen Kreatur*. Mit dem Erschließen der kosmischen Dimension des Lobpreises, die Schlink als Weitung einer geistlich verengten Sicht des Gottesdienstes wichtig ist, sind im gottesdienstlichen Geschehen die großen Taten Gottes, Schöpfung, Erlösung und Vollendung in eigentümlicher Weise konzentriert.[149]

1.5.5 Die eine Kirche: *Wachsende neue Schöpfung des dreieinigen Gottes*[150]

Schlink beschreibt die Kirche als wachsende neue Schöpfung Gottes entlang den neutestamentlichen Bezeichnungen *Ekklesia Gottes, Leib Christi und Tempel des Heiligen Geistes*. In diesen sieht er das Wirken des dreieinigen Gottes in seiner *Unterschiedenheit*, aber auch *Gemeinsamkeit*. Sind die Aussagen über das Gottesvolk und die Ekklesia primär Aussagen über *Gottes* Wirken, sind die Aussagen über die Kirche als Leib Christi *christologisch* und die über die Kirche als Tempel, Bau und Haus primär *pneumatologisch* bestimmt. Dem entspricht die Grundlegung der Kirche in Gottes Ratschluß und der Erwählung Israels, in Verkündigung, Tod und Erhöhung Jesu und in der Ausgießung des Heiligen Geistes.

Die trinitarische Einheit kommt darin zum Ausdruck, daß die Kirche "*nicht nur 'Ekklesia Gottes', sondern 'Ekklesia Gottes in Christus', und als solche wiederum nicht loszulösen von der Ausgießung des Heiligen Geistes*" ist. "*Die Glieder des 'Leibes Christi' sind in ihrer Verschiedenheit nicht nur von Christus, sondern von den Gaben und Kraftwirkungen des Heiligen Geistes bestimmt, 'der jedem Einzelnen seine Gabe zuteilt, wie er will' (I Kor 12,11). Die Kirche wird sowohl als 'Tempel des Heiligen Geistes' wie auch als 'Tempel Gottes' bezeichnet, und auch Christus wird bezeugt, als der am Bau des Tempels Beteiligte... Keine dieser Bezeichnungen der Kirche hat ihren Grund allein im Wirken Gottes oder Christi oder des Heiligen Geistes, sondern mit jeder dieser Bezeichnungen ist die Kirche... als Werk, Eigentum und Gegenwart Gottes des Vaters und Christi und des Heiligen Geistes anerkannt*".[151]

Im weiteren nimmt Schlink zur Beschreibung der Kirche die in der Ökumene gebräuchlichen notae ecclesiae des Constantinopolitanum auf. Bei den Aspekten der *Einheit*, *Heiligkeit* und *Katholizität* hebt er dabei auf die vorgegebene Wirklichkeit in Christus ab, bei der *Apostolizität* auf die apostolische Lehre.[152] Auf die reformatorischen notae "Wort und Sakrament" geht er in diesem Zusammenhang nicht ein. - Den Abschluß bilden Ausführungen über "*die Gemeinschaft der Heiligen*", die Gemeinschaft "mit dem Vater und seinem Sohn Jesus Christus" (I Joh 1,4) und Gemeinschaft der noch auf Erden Kämpfenden und Leidenden mit den bereits vollendeten Gerechten ist.[153]

1.6 "Ökumenische" Ekklesiologie: *Charisma und Amt - Grundstrukturen des Dienstes*[154]

Nach der Herausarbeitung der heilsgeschichtlichen ekklesiologischen Grundstrukturen wendet sich Schlink in einem ganzen Kapitel unter der Überschrift "Charisma und Amt" den *Fragen der Dienststruktur* der Kirche zu. Die darin behandelten speziellen Charismen und Ämter sind eingeordnet in den weiten Rahmen der oben dargelegten allgemeinen Berufung und Beauftragung der Kirche und gründen in der alle Glieder der Kirche umschließenden und tragenden Wirklichkeit des Heiligen Geistes.[155]

Wie bei anderen Themenkreisen erhebt Schlink auch in diesem Abschnitt aus dem mehrgestaltigen neutestamentlichen Zeugnis systematische Grundstrukturen und zielt auf das Gemeinsame bzw. eine ökumenisch weite Gestalt. Die kontroverstheologischen Fragen (z.B. Papstamt, Frauenordination) bleiben im Hintergrund und werden nicht explizit behandelt. Schlink setzt an beim grundlegenden *Amt der Apostel*, ehe er die Frage der *Zuordnung von Amt und Charisma* in der Kirche aufnimmt und dann auf das ökumenische Problem der apostolischen Sukzession zugeht. Während E. Käsemann u.a. die Charismen als Ausgangs- und Richtpunkt nehmen, läßt Schlink seine Überlegungen beim grundlegenden Apostelamt beginnen. Als Dogmatiker, der die Dinge auf den Begriff bringen muß, strukturiert er das diffuse Feld nach den Größen "Apostel - Charisma - Amt". Die ausführliche Behandlung dieser Fragen, eine Stärke Schlinks im Vergleich mit anderen Entwürfen, ist eine Frucht der ökumenischen Begegnung.

1.6.1 Der grundlegende Dienst der Apostel[156]

Schlink setzt in seiner "ökumenischen" Darstellung der Amtsfrage beim Dienst der Apostel an, deren Amt als *"Baumeister und Pflanzer der Kirche aller Zeiten und Orte" "schlechterdings einmalig"* ist und bleibt.[157] Die gemeinsame Anerkennung der grundlegenden Bedeutung der Apostel in den verschiedenen Kirchen ermöglicht das ökumenische Gespräch.[158]

Augenzeugenschaft und Sendung durch den Auferstandenen

Konstitutiv für den *Begriff* des Apostelamts ist die *Augenzeugenschaft* und die *Sendung durch den Auferstandenen.* Der Begriff selbst, der die Mitte eines neutestamentlichen Tatbestands umschreibt, muß aber eine gewisse Offenheit und Streuung behalten, wie sie bereits in der nicht rein exklusiven Verwendung des Neuen Testament (Offenheit der Grenzen des Apostelkreises, Nennung mit überschneidenden anderen Charismen) angezeigt ist.[159]

Christusverkündigung, Kirchengründung und -leitung, Einheitswirken

Inhalte des Aposteldienstes waren a) die *Verkündigung der* für die Kirche aller Zeiten autoritativen *Christusbotschaft* (Kreuz und Auferstehung, b) das *kirchengründende und -leitende Handeln,* c) das *einheitsstiftende Wirken.*[160] Durch den Dienst der Apostel wurde die Einheit der Gemeinden in Christus und im Heiligen Geist geschichtliche Wirklichkeit.[161]

Petrus. primus inter pares

Einen eigenen Abschnitt widmet Schlink der im Blick auf das Papstamt relevanten Frage nach der besonderen *Stellung des Petrus* im Apostelkreis. Nach dem neutestamentlichen Zeugnis steht er in einer besonders engen Beziehung zum irdischen Jesus. In der Gemeinsamkeit desselben Apostolats ist Petrus aus dem Jüngerkreis dadurch *hervorgehoben*, daß ihm der Auferstandene als erster erschien (I Kor 15,5; Lk 24,34) und ihn als Verleugner in besonderer Weise in Dienst stellte (Joh 21,15ff). Eine hervorragende Rolle spielt Petrus in den Anfängen der Urgemeinde (vgl. Act 1,15f;2,14ff;3,2ff;4,8ff;5,29ff;8,14ff). Schlink interpretiert das Verhältnis des Petrus zu den anderen Aposteln dahingehend, daß er nicht nur beauftragter "Repräsentant" oder "Sprecher", sondern *ihnen* in Verkündigung, Kirchengründung und -leitung vollmächtig *voranging*. Petrus geht den anderen im gemeinsamen Auftrag voran, steht ihnen dabei aber nicht als Einzelner oder Vorgesetzter gegenüber.[162] Das umstrittene Herrenwort Mt 16,18 sagt nach Schlink lediglich die besondere Bedeutung des Petrus im ersten kirchengründenden Geschehen aus.[163]

Die Apostel: kirchengründend gegenüber, abhängig von der gleichen Gnade, eingebunden in Dienstgemeinschaft

Wie Petrus im Verhältnis zu den anderen Aposteln nach Schlink nicht isoliert herausgehoben ist, so auch die **Apostel** nicht im *Verhältnis zur Kirche*. Treten sie a) auf Grund ihrer Berufung durch den Auferstandenen "im Dienst der Versöhnung" der Welt und der Kirche *gegenüber*, stehen sie b) andererseits *mit allen* Gliedern der Kirche *zusammen* als Sünder, die der Gnade bedürfen, *unter dem Herrn*. Was c) ihren *Dienst* betrifft, so geschieht er *in Gemeinschaft mit den anderen Gliedern der Kirche*: "*Indem die Gemeinde sich der Christusbotschaft des Apostels unterwirft, hat auch sie Anteil an Christus und an seinem Geist und ist befähigt und berufen, alles zu prüfen und zu beurteilen. Der Apostel tut seinen Dienst, umgeben von mannigfachen Diensten anderer Glieder der Gemeinden. Auch da, wo im Neuen Testament die Mannigfaltigkeit der Geistesgaben nicht ausdrücklich erwähnt wird, ist deutlich, daß der Apostel - sei er umgeben von Charismatikern oder von Ältesten - keine isolierte Autorität darstellt*".[164]

1.6.2 Einbeziehung des Charismatischen: Die Kirche als *Gemeinschaft der Charismen*[165]

Als Weiterführung und Ergänzung der Erörterung des grundlegenden Apostelamts richtet Schlink - wiederum entlang den neutestamentlichen Aussagen - sein Augenmerk auf die Grundgestalt der Kirche als "*Gemeinschaft der Charismen*". Die Ausgießung des Heiligen Geistes auf alle Glieder der Kirche bewirkt deren öffentliches Zeugnis (vgl. Act) und äußert sich in einer Mannigfaltigkeit von Geistesgaben, was besonders Paulus entfaltet. Jedem Glaubenden wird eine besondere Geistesgabe zuteil (vgl. I Kor 12,11.7; I Petr 4,10ff).

Charismen: Wesen der Kirche aller Zeiten

Da Paulus die Mannigfaltigkeit der Geistesgaben so grundsätzlich gelehrt hat, unterstreicht Schlink nachdrücklich, daß diese Aussagen *umfassende Gültigkeit* haben und einen Wesenszug der Kirche aller Orte und Zeiten beschreiben. Sie dürfen weder auf Korinth und Rom noch nur auf die paulinischen Gemeinden der Gründungszeit beschränkt werden. "*Paulus hat diese Aussagen so allgemein und grundsätzlich gemacht, daß sie nicht historisch relativiert werden können, sondern in die Lehre von der Kirche und vom Amt aufgenommen werden müssen, auch wenn in den meisten anderen neutestamentlichen Schriften nicht über diese Mannigfaltigkeit reflektiert wird*".[166]

Freiheit des Geistes in der Zuteilung der Gaben

Was die *Austeilung* der verschiedenen Gaben angeht, betont Schlink die *Souveränität* des Heiligen Geistes. Im Blick auf den *Empfang* der konkreten Gaben ist *keine bestimmte*

Ordnung überliefert. Während alle durch Glauben und Taufe den Geist empfangen und alle im gottesdienstlichen Geschehen immer wieder seine Wirkung erfahren, ist der Geist in der Verteilung der Gaben frei. Das Empfangen der Charismen kann sich *auf verschiedenerlei Weise* ereignen. Als mögliche Zusammenhänge des Zuteilwerdens nennt Schlink: a) den Moment der *glaubenden Annahme des Evangeliums*, b) die *Taufe*, c) *Handauflegung im Zusammenhang mit der Taufe*, d) ein *späteres Hören des Evangeliums*, e) beim Empfang des *Herrenmahls*, f) *auf Bitten und Flehen hin* ohne besondere Handlungen, g) *spontan* angesichts aufgebrochener Nöte und Bedürfnisse, deren Gott sich durch Geistesgaben erbarmt. Der Glaubende soll um Charismen bitten, wobei einige erstrebenswerter sind als andere (I Kor 12,31;14,1).[167]

Grundaussagen der Charismenlisten[168]

Aus den neutestamentlichen Charismentafeln (I Kor 12,4-10.28-30; Röm 12,6-8; Eph 4,11) greift Schlink die Aussagen heraus, die von besonderer grundsätzlicher Bedeutung auch für heute sind.

Kein fester Katalog - z.T. fließende Übergänge - Einerseits: Vorordnung der kerygmatischen Gaben - Andererseits: alle Gaben dienen dem Wort, sind auf Christus bezogen und haben Dienstcharakter

So gibt es offensichtlich a) *keinen festen Katalog* der Charismen, der für die Kirche aller Orte und aller Zeiten gelten würde. Schlink bringt dies auf die Formel: "*Nicht zu allen Zeiten ist mit denselben Geistesgaben in jeder Gemeinde, aber zu allen Zeiten ist mit Geistesgaben für jedes Glied der Gemeinde zur rechnen*".[169] - Insofern die spezifisch kerygmatischen Gaben in allen Tafeln voranstehen, ist es b) eine gewisse *Rangordnung*. - An erster Stelle werden c) die *Apostel* genannt, wobei hier das Moment des pneumatisch bevollmächtigten, kirchengründenden Charismatikertums im Vordergrund steht, bei dem verschiedene Charismen konzentriert vorhanden sind. - Aus den fließenden Übergängen z.B. zwischen Prophetie und Lehre wird deutlich, daß sich d) eine *scharfe Abgrenzung nicht immer vornehmen läßt*. - Es finden sich e) *Aussagen, die stärker die charismatische Wirkung bezeichnen,* wie auch solche, *die mehr personal gehalten* sind, im Wechsel (vgl. I Kor 12,28). Letzteres deutet darauf hin, daß die Gaben nicht willkürlich kommen und gehen, sondern auch eine gewisse Stetigkeit haben können. - Obwohl die kerygmatischen Gaben in allen Charismentafeln im Vordergrund stehen, darf aber nicht übersehen werden, daß f) "*alle Charismen dem Worte, nämlich der Bezeugung der Heilstat Gottes in Christus, dienen*". Schlink deutet das ganze Feld wortbezogen *christozentrisch.* Auch die nicht spezifisch kerygmatischen Charismen entfalten nach ihm Jesu Bild und dürfen als "*Ausstrahlungen des Logos*" bezeichnet werden, geschehen sie doch alle in der Kraft seines Namens und sind konkrete Entfaltung des Bekenntnisses: Jesus ist Herr. Weiter bringt Schlink die vielfältigen Charismen in Verbindung mit der einen Charis. "*In der Mannigfaltigkeit der Geistesgaben vergegenwärtigt sich... die Fülle des einen Christus in der Kirche. Er ist als Haupt des Leibes der Träger und der Ursprung aller Charismen, und wiederum sind sie alle auf ihn hin geordnet im Dienst. So besteht die Gemeinschaft der Charismen in der gemeinsamen Anteilhabe an der einen Charis Jesu Christi. Christus selbst ist der eigentliche Träger aller Charismen. Er ist der eine Apostel, Prophet, Lehrer und Evangelist, Hirte und Diakon des neuen Bundes. In diesem Sinn der gemeinsamen Teilhabe an der einen Gnade Jesu Christi ist die Kirche die Gemeinschaft der Geistesgaben*".[170] - Als weitere bleibende Erkenntnis aus dem Studium der Charismentafeln nennt Schlink g) den *Dienstcharakter der Gaben:* "*Weil jedes Charisma Teilhabe an der einen Charis Christi ist, ist die Mannigfaltigkeit der Charismen zugleich Mannigfaltigkeit wechselseitigen Dienstes der Glieder der Kirche aneinander*".[171] In konzentrierter Weise tritt der wechselseitige Dienst aller an allen in der gottesdienstlichen Versammlung in Erscheinung. Bei der Bewertung der Charismen ist das Maß der erbauenden Wirkung auf die anderen entscheidend. *"Je mehr ein Charisma den anderen dient, um so höher ist es zu achten".*[172] Aus diesem Grund ist die Liebe inmitten der Charismen "der köstlichere Weg". Pneumatische Willkür und Unordnung wird vom Apostel, und d.h. für Schlink von Christus selbst, untersagt. Zum Wesen der Charismen gehört das Eingebundensein und die Ausrichtung auf den Dienst. *"Die Legitimität der Geistesgaben erweist sich darin, daß sie in bleibender freiwilliger und totaler Zuordnung zum Christus-Leib verharren. Dem Wesen der Kirche gemäß vollzieht sich dieser Dienst an den Brüdern und sodann in Gemeinschaft mit den Brüdern an der Welt".*[173]

Paulinische Grundtendenz: Den Charismen ist in der Gemeinde Raum zu geben!

Weil die Charismen als Dienstgaben zum Wesen der Kirche gehören, deshalb ist ihnen in der Gemeinde Raum zu geben. Zwar sind sie zu prüfen und je nach ihrem Nutzen für die Auferbauung der Kirche zu bewerten und sind u.u. wie die Zungenrede zurückzudrängen bzw. sind falsche Geister vollends auszuschließen, aber das eigentliche Pathos der paulinischen Aussagen liegt nach Schlink bei der Mahnung, den Geist nicht zu dämpfen und nach den Geistesgaben zu streben.[174]

1.6.3 Die Sendung in den Dienst[175]

Legte Schlink bereits bei den zuvor behandelten Aspekten des Geisteswirkens die Betonung auf die Indienstnahme des Menschen bzw. des Gottesvolkes, geht er nun auf die Gestalt der Sendung in den Dienst ein, wobei er nach allgemeiner, charismatisch-unmittelbarer und äußerer Beauftragung differenziert.

Allgemeine und besondere Sendung, innere und äußere Berufung

Voraussetzung jedes Dienstes in der Kirche ist die *grundlegende Geistmitteilung* und die durch das Evangelium ergangene *allgemeine Berufung und Sendung des Gottesvolkes*. Im Rahmen dieser Berufung beauftragt und bevollmächtigt der Heilige Geist dann *einzelne* Glieder zu einem *besonderen* Dienst. Dies geschieht zum einen in der Weise, daß der Geist in seiner Freiheit mannigfaltige *Charismen* aufbrechen läßt, denen in der Regel kein konkretes berufendes Wort vorausgeht. Von dieser Begabung und Berufung ist der Dienst zu unterscheiden, der auf Grund einer *speziellen Berufung und Bevollmächtigung durch die Kirche* ausgeübt wird. Nicht ein innerer Drang treibt hierbei in den Dienst, das berufende *Wort* kommt *von außen*, bleibt als äußeres Wort über dem Menschen und fordert immer wieder Gehorsam von ihm in dem Dienst, in den es ihn gestellt hat. Das Verhältnis zu den freien Charismen beschreibt Schlink mit der Formel: *"Jedem Glaubenden wird ein Charisma, aber nicht jedem Glaubenden wird ein solcher konkreter Auftrag zuteil".*[176] Die besonderen Berufungen geschahen meist unter Handauflegung. Sie wurden nach den neutestamentlichen Berichten vor allem im Blick auf den Dienst der missionarischen *Kirchengründung und Kirchenleitung* sowie auf *Helferdienste bei diesen beiden Aufgaben* vollzogen. Schlink sieht diesen Vorgang analog zur Berufung der Apostel. *"Auch sie waren nicht spontan wirkende Charismatiker, denen dann nachträglich das Ja und Amen der Gemeinde zuteil wurde, sondern ihrem charismatischen Dienst ging die konkrete Sendung voraus. Freilich, sie wurden berufen durch den auferstandenen Herrn, alle Berufungen danach erfolgten durch Menschen".*[177]

Momente der besonderen Sendung[178]

Als *wichtigste Momente* der besonderen Sendung hebt Schlink hervor: a) auch wenn sie durch Menschen geschieht, ist sie *nicht der Willkür der Menschen überlassen* (vgl. Wahl, Fasten, Bitte um Geistesleitung); b) *Menschenwort und Menschenhände* dienen als *Werkzeug des sendenden Gottes*; c) *Gott bevollmächtigt durch die Berufung*. - Diese Bevollmächtigung kann geschehen a) als *Indienstnahme eines bereits vorhandenen Charismas* (z.B. Act 6,3), oder b) als *Verleihung des benötigten Charismas*. In dieser Hinsicht ist Handauflegung kein leeres Zeichen, sondern wirksame Zueignung. Dieses Moment ist im reformatorischen Verständnis der Ordination in der Auseinandersetzung mit der römischen Priesterweihe zwar zurückgetreten und wird dadurch oft übersehen. - Nach den neutestamentlichen Berichten wird die besondere Sendung von Menschen vollzogen, die selbst durch besondere Berufung in den Dienst gestellt wurden, andererseits aber auch von solchen, für die das nicht zutrifft.

1.6.4 Charisma und Amt: Kein Gegensatz, sondern Nebeneinander und Miteinander[179]

Nach Schlink muß die Lehre vom Amt die Tatsache im Auge behalten, daß auf der einen Seite in den paulinischen Briefen Gemeinde als Gemeinschaft mannigfaltiger charismatischer Dienste vorausgesetzt und angeredet wird ohne Hinweis auf eine besondere Berufung zu diesen. Andererseits spielt in der Apostelgeschichte und in den Pastoralbriefen die besondere Sendung eine betonte Rolle, während das andere Moment zurücktritt. Trotzdem hat diese Spannung der unterschiedlichen Begründungen und Gestalten des Dienstes die Gemeinschaft innerhalb der Urchristenheit nicht gesprengt. Dementsprechend geht Schlink auch in der Amtsfrage auf ein komplementäres Verständnis zu.

Gemeinsamkeiten

Als *Gemeinsamkeit in der Verschiedenheit* stellt er heraus: a) daß für jeden Dienst in der Kirche das *apostolische Amt* grundlegend ist; b) daß die *Selbstpreisgabe an Christus, den Herrn* (Glaube an das Evangelium, Taufe) Voraussetzung des spontan aufbrechenden wie des Dienstes aufgrund besonderer Sendung ist; c) daß nicht nur der freie charismatische, sondern auch der Dienst aufgrund besonderer Sendung seinen *Ursprung in der Freiheit des Heiligen Geistes* hat, da dieser in der vorausgehenden Prüfung anzeigt, wer berufen werden soll; d) weil die *Sendung durch den erhöhten Christus* geschieht, *der durch den Geist herrscht*, und mit dem Auftrag zugleich die Bevollmächtigung geschieht, ist auch der Dienst aufgrund besonderer Sendung *charismatischer* Dienst, und können beide Dienstgestalten *nicht als Charisma und Amt einander entgegengesetzt* werden; e) ebensowenig dürfen sie einander gegenübergestellt werden als "*Äußerungen eines enthusiastischen Wirrwarrs im Gegensatz zur Ordnung und als von Person zu Person springende Impulse im Gegensatz zu einer personalen Stabilität*",[180] vielmehr ist *auch bei den Charismen* mit *Stetigkeit* zu rechnen und sind sie in ihrer Wirkung kaum von festen Ämtern zu unterscheiden; f) auch das Tun der berufenen Diener bleibt der *Prüfung* und dem *Urteil der Gemeinde* ausgesetzt, insofern auch die vorgegebene Autorität ein Irren und Verfehlungen nicht ausschließt. "*Weil Gottes Geist in allen Gliedern der Kirche lebendig ist, ist jeder Charismatiker dem Urteil der anderen unterstellt, vor allem aber dem Urteil derer, die die Gabe der Geisterunterscheidung empfangen haben (I Kor 12,10; vgl. 14,29ff)*".[181] g) Der "freie" charismatische Dienst ist zwar nicht in einem besonderen Wort der Sendung begründet, aber doch *einem konkreten Wort zugeordnet*, insofern er der Prüfung und dem Urteil der Gemeinde ausgesetzt ist. "*Dieses Urteil kommt zum Ausdruck in dem 'Amen', mit dem die Gemeinde das Zeugnis in ihrer Mitte als Geistzeugnis anerkennt und sich zu eigen macht... Das Amen bedeutet das Ja des Geistes, der in der Gemeinde wirkt und zur Unter-*

scheidung wahrer und falscher Geister befähigt".[182] Der pneumatische Dienst ist weiter dem konkreten Wort der *Mahnung durch die Apostel* an die Gemeinden zugeordnet, einen in ihrer Mitte geschehenden Dienst anzuerkennen und sich ihm zu unterstellen (vgl. I Kor 16,15). *"Zu einem bereits geschehenden charismatischen Dienst kommt das konkrete Wort hier nachträglich hinzu als anerkennendes und Anerkennung forderndes Wort. Auch der ohne besondere Sendung erfolgende charismatische Dienst ist so umgeben von Gottes Wort, von der Sendung zum Zeugnis vor der Welt, die jedem Glied des neutestamentlichen Gottesvolkes gilt, und vom konkreten Wort des Urteils der Gemeinde und der Berufenen, durch das der Heilige Geist zu diesem Dienst sich bekennt. Dies Amen des Geistes ist als bestätigendes zugleich auch ein für den weiteren Dienst stärkendes und vertrauenerweckendes Wort".*[183]

Verschiedenheiten

Schlink möchte aber auch die **Verschiedenheiten** *innerhalb der Gemeinsamkeiten* ernst nehmen. Er geht im Blick auf die beiden Begründungen und Formen des Dienstes von einem *Nebeneinander und Miteinander von Anfang an* aus. So spreche a) nichts dafür, daß in Korinth und Rom zur Zeit der Abfassung des Korintherbriefs eine auf besondere Berufung begründete Ordnung von Ältesten oder Bischöfen bestand. Umgekehrt dürfe aber auch die Konzeption des kirchlichen Dienstes als Mannigfaltigkeit frei aufbrechender Charismen nicht verallgemeinert, und die Sendung als bloße Bestätigung bzw. als "Frühkatholizismus" gewertet werden. Der Dienst der Kirchengründung und -leitung wurde vielmehr in beiderlei Gestalt ausgeübt.[184] Weiter ist nach Schlink b) zu beachten, daß die neutestamentlichen Schriften *keine konstante* **Bezeichnung** kennen, *die unserem Amtsbegriff entspricht.* Die Begrifflichkeit ("Älteste", "Bischöfe", "Diakone", "Vorsteher", "Führende", "Hirten") bleibt fließend.[185] Ebenso gibt es c) auch *keine einheitlichen und genauen Aussagen über die* **Funktionen**. Der Begriff des kirchlichen Amtes ist also nicht vorgegeben, sondern Aufgabe einer systematischen Besinnung, Klärung und Entscheidung, die den verschiedenen Momenten der neutestamentlichen Möglichkeiten Rechnung trägt. Eine *einseitige Verallgemeinerung* bringt die Gefahr der *Unterdrückung* und damit die Gefahr kirchlicher *Spaltung* mit sich. Schlink wendet sich gegen ungeschichtliche Harmonisierungen der Unterschiede, weil damit die *von Anfang an bestehende Mannigfaltigkeit* aus dem Bewußtsein verdrängt und die Kirche gehindert wird, ihren Dienst in sich verändernden geschichtlichen Situationen angemessen zu ordnen.[186]

Der systematische *Begriff* des Amtes: Ansatz bei der besonderen Sendung bzw. bei der Notwendigkeit der Überlieferung des apostolischen Wortes[187]

Zur Bestimmung des Amtsbegriffs setzt Schlink nicht bei den frei aufbrechenden charismatischen Diensten ein, sondern bei der besonderen Sendung in den Dienst.

Ungenügende Begründungen

Die *Begründung* hierfür kann *nicht das kirchengeschichtliche Faktum* einer immer stärker amtlichen Ordnung des kirchlichen Dienstes und Verdrängung der freien charismatischen Äußerungen sein, weil sie auch zur Verengung und Erstarrung führen konnte. Auch der Verweis auf die früh einsetzende Entartung der freien Charismen in der Gnosis, im Montanismus oder bei den mittelalterlichen Geistbewegungen und den Schwarmgeistern der Reformationszeit ist ungenügend, da auch berufene Amtsträger der Irrlehre verfallen können und ihr Dienst in Herrschsucht usw. entarten kann und umgekehrt der Kirche freie Charismen als Wächter erweckt werden.

Die Notwendigkeit unverfälschter Überlieferung des apostolischen Worts angesichts des zunehmenden zeitlichen Abstands

Zur systematischen Begründung des Amtes setzt Schlink beim Tatbestand des zunehmenden zeitlichen Abstands an. Mit diesem *"mußte die Überlieferung der apostolischen Botschaft, Lehre und Anordnungen und im Zusammenhang hiermit die der Überlieferung dienende Sendung in den Dienst an Bedeutung gewinnen. Denn schlechterdings alles hängt davon ab, daß das apostolische Wort unverfälscht weiter verkündigt wird und daß alle in der Kirche laut werdenden Stimmen sich ihm unterstellen".*[188] Für Schlink findet das dem Leben der Kirche zugrundeliegende *Verhältnis von Wort und Geist* und *geschichtlicher Einmaligkeit der göttlichen Heilstat und ständigen Heilswirken des Geistes* seinen angemessenen Ausdruck in der *Betonung der besonderen Sendung*. Das Geisteswirken bezieht sich auf die geschichtliche Heilstat in Christus und das apostolische Wort und vergegenwärtigt sie, d.h. Geist und Tradition sind kein Gegensatz, sondern gehören zusammen. Darüber hinaus begründet Schlink seinen Ansatz bei der besonderen Sendung auch damit, *"daß die Mannigfaltigkeit der in den paulinischen Gemeinde aufgebrochenen charismatischen Äußerungen und Dienste faktisch nicht ohne Leitung eines durch besondere Sendung Bevollmächtigten geblieben war, nämlich nicht ohne die Leitung des Apostels"*[189] (vgl. die Anweisungen, Mahnungen usw. des Paulus). Mit dem Fortfall des Apostelamts und dem zeitlichen Abstand mußte der Dienst aufgrund einer besonderen Sendung auch in dieser Hinsicht ein stärkeres Gewicht bekommen.

Offenheit für andere Konzeptionen

Insofern eine durchgängige neutestamentliche Bezeichnung fehlt, ist der Begriff des kirchlichen Amtes, wie der des Apostolats und mehr als dieser, ein *dogmatischer* Begriff. Der Amtsbegriff umschreibt die Mitte neutestamentlicher Sachverhalte in systematischer Konzentration, wobei er nach Schlink Raum lassen muß für die Streuung und Mannigfaltigkeit der Dienste und keinen der in der Urchristenheit angelegten Ansätze grundsätzlich ausschließen darf. *"Verstehen wir unter dem kirchlichen Amt einen solchen charismatischen Dienst, der in einer besonderen Sendung gründet, so muß dieser Begriff also offen bleiben für das Verständnis der Kirche als Gemeinschaft von Charismen und darf das Wirken frei aufbrechender Charismen der Gemeindegründung und -leitung nicht grundsätzlich ausschließen".*[190]

Die *Aufgabe* des kirchlichen Amtes

Die Bestimmung des Auftrags des kirchlichen Amtes bedarf ebenso wie die Bestimmung seines Begriffs einer *systematischen* Besinnung. Für Schlink ist auch hier weder eine harmonisierende Addition der neutestamentlichen Aussagen über die verschiedenen Ämter noch eine einseitige Bevorzugung einer bestimmten Funktion erlaubt. Auch hier muß die neutestamentliche Mannigfaltigkeit aufgenommen werden. Schlink bestimmt die *Aufgabe des kirchlichen Amtes vom Wesen der Kirche* und ihrer gottesdienstlichen Mitte *her:* 1) als *Leitung der gottesdienstlichen Versammlung* (*"Das schließt ein die Wortverkündigung und das eucharistische Gebet, das Raum-Geben den mannigfachen Zeugnissen und Diensten der Charismatiker und das Ausscheiden von Irrlehrern und anderen groben Sündern [Schlüsselgewalt] sowie die Verwaltung der Gaben..."*);[191] 2) als *Leitung des Vorstoßes in die Welt* ausgehend von der gottesdienstlichen Versammlung; 3) als *Wahrung und Stärkung der Einheit* der Ortsgemeinde im Zusammenhang mit den anderen Gemeinden. Von der neutestamentlichen Streuung und Offenheit der Aussagen über die Funktionen der Presbyter, Bischöfe, Vorsteher usw. her rechnet Schlink von Anfang an mit *unterschiedlichen Akzentsetzungen* der Amtsdeutung, die sich auch in ihrer geschichtlichen Ausgestaltung nicht gegenseitig ausschließen. Für ihn ist "*ökumenisch bedeutsam, daß die... recht ver-schiedenen Konzeptionen der Pastoralbriefe, der Ignatianen und des I Klemensbriefes in der alten Kirche nicht als kirchentrennende Gegensätze empfunden worden sind*".[192] Als beste inhaltliche Bezeichnung legt sich Schlink aus der neutestamentlichen Vielfalt die Beschreibung des kirchlichen Amtes als *Hirten*dienst nahe.

Die *Gestalt* des kirchlichen Amtes[193]

Die vielgestaltigen, verstreuten und z.T. unbestimmten neutestamentlichen Aussagen über die Gestalt des Amtes erlauben nach Schlink weder einen einfachen Rückbezug noch eine Harmonisierung noch die Heraushebung eines einzelnen Akzentes. Als *Möglichkeiten der personalen, funktionalen und territorialen Differenzierung*, die wiederum in mehrfacher Weise miteinander kombiniert werden können, ergeben sich: a) die Wahrnehmung des Hir-tenamtes in einer Ortskirche durch *eine oder auch mehrere Personen*; b) eine *vielgestaltige personale Verselbständigung einzelner Funktionen* des Hirtenamtes in dienender Zuordnung zu diesem; c) *lokale, regionale und universale* Differenzierungen der *Verantwortung* des Hirten-amtes in Einzel- oder Mehrgestalt bzw. auch mit dienend zugeordneten Einzelfunktionen; d) verschiedene Möglichkeiten der *Über- und Unterordnung* zwischen den Ämtern der einzelnen Bereiche (So entspricht etwa in der missionarischen Ausbreitung dem Verhältnis von Mutter- und Tochtergemeinden das Verhältnis von Vätern und Söhnen im Hirtenamt); e) wie das Verhältnis von Universalkirche, Territorial- und Ortskirchen nicht das der Summe von Teilen ist, sondern gemeinsame Teilhabe an Christus, nicht additiv, sondern ein Ineinander ist, so auch das Verhältnis der Hirtenämter in diesen Größen. Es besteht nicht nur in Über- und Unterordnung, sondern als Gemeinschaft, Füreinander und Mitein-ander.

Diese "*dogmatische*" Fassung des Amtsbegriffs ist weiter als die *kanonischen Defini-tionen*, für Schlink eine ökumenisch bedeutsame Unterscheidung: "*Kirchenrechtliche Bestim-mungen sind oft durch eine bestimmte geschichtliche Gefährdung der kirchlichen Ordnung veran-laßt, sei es von der Entartung der frei aufgebrochenen Charismen, sei es von der Entartung des Amtes her, sei es durch Übergriffe des Staates. Aber diese kirchenrechtlichen Entscheidungen dürfen nicht gleichgesetzt werden mit dem dogmatischen Begriff des Amtes, der wesenhaft weiter ist als das, was jeweils in einer geschichtlichen Situation kirchenrechtlich in Geltung gesetzt wird. Der Reich-tum der neutestamentlichen Ansätze für die Kirchenordnung ist größer, als daß er nur in einer kirchlichen Rechtsordnung verwirklicht werden könnte*".[194]

"Synodale Grundstruktur der Kirche": Gegenüber, In-, Neben- und Miteinander von Hir-tenamt und Gemeinde in wechselseitiger Zuordnung unter der apostolischen Autorität

Schlink beschreibt das Verhältnis des Hirtenamtes zur Kirche analog zur Struktu-rierung des Apostelamts und setzt entsprechend seinem Amtsverständnis mit der Vorord-nung bzw. dem Gegenüber des Amtes ein, ehe er die gemeinsamen Aspekte skizziert.

Die Hirten stehen a) *im Gegenüber zur Kirche*, weil Christus selbst als Herr der Kirche durch dieses Amt redet. In diesem durch die objektive Größe der äußeren Berufung unter-strichenen Tatbestand liegt im Blick auf die Verkündigung, die Spendung der Sakramente und das Binden und Lösen für die Gemeinde und den Hirten gewisseste Tröstung. "*Zwar hat jedes charismatische Zeugnis und jeder charismatische Dienst Autorität in der Kirche; denn da-durch handelt der Geist, der der Herr ist. Aber der charismatische Dienst des Hirtenamtes hat inso-fern eine vorgegebene Autorität..., als er in der bevollmächtigenden besonderen Sendung gründet. Das Hirtenamt hat im Unterschied zu den freien charismatischen Diensten nicht nur eine im Voll-zug des Dienstes sich erweisende Autorität, die dann nachträglich von der Gemeinde anerkannt wird; vielmehr ist seine Autorität insofern vorgegeben, als dem Hirten aufgrund seiner besonderen Sendung von vorneherein mit der Erwartung begegnet werden darf, daß Gott durch ihn an der Gemeinde handeln wird*".[195] Die Autorität des Hirtenamts besteht aber nicht nur in der besonderen Berufung, sondern auch im immer neuen Gehorsam ihr gegenüber. "*Der Geist ist die uns verliehene Gabe, indem er zugleich der Herr ist und bleibt, der jeweils neu herbeigerufen werden und sich schenken will. Das Sein im Geist ist keine Eigenschaft des Menschen, sondern das immer neue Wirken des Geistes in der Treue Gottes des Neuschöpfers. So besteht die Autorität des Hirtenamtes nicht nur im historischen Faktum der Ordination, sondern im immer neuen Ergreifen dieser Sendung*".[196] - b) Die Hirten stehen aber nicht nur der Kirche gegenüber, sondern *mit allen Gliedern unter dem Herrn* und sind wie sie auf Vergebung und Fürbitte angewiesen. Das Amt bedeutet nicht persönlichen Vorrang gegenüber anderen, sondern Verantwortung. "*Nichts demütigt so wie dies Amt, nichts macht so zunichte wie das Wissen darum, zum Stellvertreter Christi eingesetzt zu sein. Die Ordination ist das Ende der eigenen Pläne, Wege, Mittel und Worte*".[197] - c) Der Dienst der Hirten geschieht *in der Gemeinschaft der Kirche*. Mit den anderen charismatischen Dienern zusammen leiten sie die Kirche; nicht im "Schema der Über- und Unterordnung", sondern "*in der ganz anderen Struktur der Gemeinschaft und der wechselseitigen Anerkennung*".[198] Schlink erinnert daran, daß im Neuen Testament das Amt von den anderen Charismen nicht durch eine besondere Bezeichnung getrennt ist und daß Paulus im Epheserbrief die Vorsteher, Lenker und Hirten *erst nach* den kerygmatischen Diensten nennt. - d) Entsprechen die ersten drei Relationen dem Verhältnis von Apostelamt und Kirche, tritt beim Hirtenamt insofern eine weitere Relation hinzu, als Ämter und freie Charismen in wechselseitiger Zuordnung *gemeinsam unter der apostolischen Autorität* stehen. "*Nicht nur das Hirtenamt steht der Gemeinde, sondern auch das freie charismatische Zeugnis in der Gemeinde steht dem Hirtenamt gegenüber. Christus handelt durch Hirten an der Gemeinde und an ihren Chrismatikern, und er handelt durch mannigfache Charismen an der Gemeinde und an den Hirten*".[199] Die *wechselseitige Zuordnung* betrifft auch den Vorgang der Prüfung, d.h. die charismatischen Zeugnisse der Gemeinde unterliegen nicht einseitig nur dem Urteil des Hirtenamts, sondern umgekehrt hat ebenso die Gemeinde Aufgabe und Vollmacht, alle Dienste, auch den der Hirten, zu prüfen.

Das Geschehen der Kirche ist nach Schlinks komplementärer Sicht auf keiner der genannten regionalen Ebenen allein vom Amt her zu bestimmen, so wenig wie allein durch Kirchenmitglieder unter Absehung von der vorgegebenen Autorität des Amtes. Die von Schlink anvisierte "synodale" Grundstruktur meint "*die Art und Weise, wie die Ämter und die Glieder der Ortskirchen, der regionalen und der universalen Kirche miteinander umgehen, einander dienen, die anderen höher achten als sich selbst, aufeinander hören, sich gemeinsam um Klärungen bemühen, gemeinsam Entscheidungen vorbereiten und sich für deren Durchführung einsetzen*".[200]

(Die weiteren ekklesiologischen Ausführungen Schlinks sind für unsere Fragestellung nur relativ bedeutsam und bieten inhaltlich nichts grundlegend Neues. In der Frage der "*apostolischen Sukzession*"[201] legt Schlink das Gewicht auf die Weiterführung des apostolischen Dienstes im Miteinander von Amt und Gemeinde. Dabei beurteilt er die presbyteriale und episkopale Sukzession als äquivalent und sieht die Unterschiede rein auf der juristischen Ebene - eine von der amtlichen Lehre der röm.-kath. Kirche nicht geteilte Sicht. - In dem Kapitel über die "Erhaltung der Kirche"[202] stellt Schlink als primäres Anliegen der drei Größen *Bibelkanon, Dogma und Kirchenrecht* stärker das Bleiben bei dem geschichtlichen Christus heraus, als das der Abgrenzung von der Welt. Schlink verweist auch bei den kirchenerhaltenden Faktoren auf die gottesdienstliche Verwurzelung und ihre pneumatische Dimension.[203])

1.7   Erkenntnis und Unterscheidung des Geisteswirkens

Im Blick auf die Aspekte des zweiten Pols unserer Fragestellung "Charisma und *Unterscheidung*" unterbrechen wir die heilsgeschichtliche bzw. trinitarisch-doxologische Linienführung Schlinks[204] und gehen nach den Ausführungen zur allgemeinen ekklesiologischen Einordnung des Charismatischen noch einmal zurück auf die pneumatologischen Grundfragen der Abschnitte "Der Heilige Geist als Kraft", "Der Heilige Geist als Herr" und "Die Erkenntnis des Geisteswirkens".[205]

1.7.1   Die überwältigende Dimension des Heiligen Geistes

An den Anfang der Beschreibung der dynamischen Seite des Geisteswirkens stellt Schlink die grundlegende Andersartigkeit und Differenz von göttlichem und menschlichem Geist. Der *Heilige Geist* ist *Gott* und steht als solcher dem *geschöpflichen Menschen* und *dessen Geist* gegenüber, ja er steht als der Heilige schlechthin im Gegensatz zum sündigen Menschen, zum "Fleisch". Als dieser ganz andere kommt er "*über*" den Menschen, "*erfüllt*" ihn (Act 9,17.31), "*wohnt*" in ihm (Röm 8,9.11; I Kor 3,16) und äußert sich nach dem neutestamentlichen Zeugnis als "Kraft aus der Höhe" (Lk 24,49; Act 1,8) in vielfältigen *Impulsen* und "*Kraftwirkungen*" (I Kor 12,6.10) im Leben der Gläubigen, die er "*antreibt*" (Röm 8,14) und in den *Dienst* stellt.

Das Wirken des Geistes und der Geister

Mit denselben Worten wie das Wirken des Heiligen Geistes wird im Neuen Testament auch das versklavende *Wirken der "Geister" und Verderbensmächte*[206] beschrieben als Eindringen in den Menschen, Wohnung nehmen, Antreiben. Auch die Geister nehmen den Menschen, seinen Mund oder die Glieder in ihren Dienst und wirken durch ihn Außerordentliches, wovon Schlink die Religionsgeschichte voll sieht.

Schlink erhebt vom Neuen Testament als Struktur der Erscheinungsweise der Geister, daß: a) ihr Wirken in der Regel *verborgen* geschieht, b) sie gegen ihren Willen *offenbar gemacht* werden, c) ihre Enthüllung zugleich ihre *Entmächtigung* ist, und d) ihre Macht nur eine *scheinbare, angemaßte* ist.[207] Wie die Engel sind auch sie nur erkennbar "*in einem Aufblitzen und Entschwinden*", erscheinen im Unterschied zu diesen aber nicht spontan, sondern gezwungen und als Feinde Gottes und Gegner der Menschen. Sind schon die Engel in den biblischen Berichten kein selbständiges Thema, so erst recht nicht die Geister. Sie werden von ihrer Besiegung durch Christus in den Blick genommen. Das Interesse an ihnen richtet sich auf ihre Entmächtigung, nicht auf ihren Bestand und ihre Beschreibung.[208] Schlink sieht in der Neuzeit das Problem der "Entdämonisierung" zu leicht genommen und die Wirklichkeit und Macht des Bösen verkannt. Nicht durch die Leugnung der Mächte oder durch rationale Umdeutung, sondern durch ihre Enthüllung und Austreibung geschieht Befreiung.[209]

Die angemessenen elementaren Strukturen der theologischen Aussage über sie sind nach Schlink: a) die *Warnung*, b) die *Mahnung*, c) die *Absage*.[210] - Unterweisung über die Macht der Versuchung, der Lüge und des Verderbens sollen die *Warnung* verdeutlichen und zur Wachsamkeit und zum Widerstand rufen und sich auf das hierzu Nötigste beschränken. Den Mächten ist keinesfalls zu gehorchen. Unter keinen Umständen sind sie anzurufen. - Die Struktur der *Mahnung* bezieht Schlink vor allem auf das Gebet und speziell auf die Bitte um Befreiung aus der Macht des Bösen, um Anteil am Sieg Jesu, der den Bann gebrochen hat (vgl. Vaterunserbitte: "Erlöse uns vom Bösen"). - Schließlich ist der angefochtene und gequälte Mensch dazu zu ermutigen, in einer ausdrücklichen *Absage* sich von diesen Mächten zu trennen. Zu Recht haben viele Kirchen nach Schlink die abrenuntatio diaboli festgehalten. Er hält es für eine "Wohltat", um die Möglichkeit zu wissen, sich im Namen Jesu gegen die personale Macht des Bösen stellen und sich von ihr lossagen zu können.[211]

Freiheit oder Vergewaltigung

Als grundlegenden Unterschied zwischen dem Wirken des Heiligen Geistes und dem Wirken der Geister stellt Schlink die Dimension der *Freiheit*, das freiwillige ganze Mit-Beteiligtsein des Menschen heraus. Wenn der Heilige Geist in Besitz nimmt und in einem Menschen wohnt, befreit er ihn zu wahrer Freiheit. Im Unterschied zu den psychopathologischen Phänomenen, Zwangsvorstellungen und Zwangshandlungen der Besessenheit überkommt der Heilige Geist den Menschen nicht als vergewaltigende Kraft, die das menschliche Ich ausschaltet und seine Glieder zu Worten und Taten benutzt, die er ablehnt.[212] *"Der Heilige Geist befreit den Menschen zu der ihm vom Schöpfer gegebenen Bestimmung. Er öffnet ihn dafür, in freiem Ja zu dieser Bestimmung zu leben. Der Heilige Geist nimmt das menschliche Reden und Tun in Dienst, indem er den Menschen zum freien Zeugen und zum Mitarbeiter Gottes macht".*[213] Das Wirken der Geister und das Wirken des Heiligen Geistes stehen diametral gegeneinander, sind so verschieden wie Tod und Leben, Finsternis und Licht. Während auf der einen Seite Gott der Schöpfer, Erlöser und Neuschöpfer dem Menschen die verlorene Freiheit neu erschließt, wirken auf der anderen Seite geschöpfliche Kräfte in der Verneinung der menschlichen Bestimmung. *"Sie wirken, indem sie im Sünder das Ich vergewaltigen, ihm seine eigene Stimme und seine eigenen Glieder zu anderen Zwecken entfremden und ihn ins Verderben stürzen".*[214]

Nicht Auslöschung des Ich, sondern Befreiung zur Gemeinschaft und zum Gehorsam

Die Erneuerung des Menschen geschieht in der Hineingabe des alten selbstischen Wesens in den Tod Christi. Im Sterben des eigenmächtigen Lebens ereignet sich zugleich aber, durch den Heiligen Geist bewirkt, die Erweckung zu einem neuen Leben für Gott. Der Mensch wird *"zu Gottes Du und zum neuen Ich in der Gemeinschaft mit Jesus Christus".*[215] Wenn die Theologie dieses Geheimnis der Gemeinschaft des Menschen mit dem Terminus "unio mystica" umschreibt, meint sie nicht eine Auslöschung des menschlichen Ich, sondern dessen Erneuerung und Befreiung für Gott. In diesem Sinn interpretiert Schlink Gal 2,20: *"Indem ich mit Christus sterbe und Christus in mir lebt, lebe ich. Das ist meine Freiheit".*[216]

Paradoxe Wechselbeziehung und Partnerschaft: Der überwindende Geist als Gabe

Mit der Erneuerung ist der Mensch in eine paradoxe Wechselbeziehung zum Heiligen Geist hineingenommen. Weil er durch den Geist freigemacht ist, gilt nun nicht nur, daß *der Geist den Glaubenden* hat, sondern umgekehrt auch, daß der *Glaubende den Geist* "hat" (vgl. Röm 8,9; I Kor 7,40; II Kor 4,13). Der Heilige Geist ist ihm wie eine "Gabe" "gegeben" (vgl. I Kor 12,7f; II Kor 1,22; Act 5,32). Dieses gnädige Paradox, daß der den Menschen überwindende Heilige Geist nun eine Gabe des Menschen ist, aufgrund derer und durch deren Kraftwirkung der Mensch nun in Freiheit wirkt, darf nach Schlink nicht abgeschwächt werden. Beides gehört zusammen und gilt zugleich: *Der Geist* ruft in unseren Herzen (Gal 4,6) und *wir* rufen im Geist (Röm 8,15) "Abba, lieber Vater", "der Geist wirkt durch die Glaubenden und die Glauben wirken durch ihn".[217] Im Gegensatz zur Besessenheit stellt der Heilige Geist die Menschen, die er ergreift, als freie Zeugen *neben* sich (vgl. Joh 15,26f; Act 5,32; 15,28).

1.7.2 Das bleibende Herrsein des Geistes

Das Paradox des Gegebenseins und immer neuen Kommens, der Einwohnung und des bleibenden Gegenüberseins

Neben die Akzentuierung des *Gabecharakters* des Heiligen Geistes stellt Schlink gleichgewichtig den Aspekt des *bleibenden Herrseins.* Der ausgegossene Heilige Geist bleibt zugleich *der Kommende.* Der Heilige Geist wohnt im Glaubenden und *begegne*t ihm und *umgreift* ihn doch zugleich. Daß sich der Mensch nach dem Geist sehnt, sich nach seinen Gaben ausstreckt und nach ihnen strebt, ist für Schlink gerade ein Kennzeichen des empfangenen Geistes. Gegen eine Vereinnahmung des Geistes durch den Menschen betont Schlink, daß sich der Geist, indem er sich gibt, nicht in eine geschöpfliche Kraft verwandelt, sondern gottheitliches Gegenüber bleibt. Der Glaubende wird niemals Herr über ihn.[218]

Souveränität des Geistes in seinem Tun

Schlink konkretisiert dies im Blick auf Wort und Sakrament, Taufe und Handauflegung. Bei der Verkündigung und der Spendung der Sakramente darf der Mensch aufgrund des göttlichen Auftrags und der göttlichen Verheißung darauf vertrauen, daß der Heilige Geist durch das menschliche Tun handelt. Dadurch wird er aber nicht Herr des Geistes, sondern bleibt in seinem Tun frei. *"Er bestimmt souverän, wann durch die Botschaft der Durchbruch in die Herzen der Hörer erfolgt und wann die große Reue und Erweckung des Glaubens entsteht".*[219] Auch wenn darauf vertraut werden darf, daß der Heilige Geist in der Taufe dem Glaubenden zuteil wird und dies auch danach immer wieder geschieht, bekommt doch der Mensch durch Taufe und Handauflegung nicht Gewalt über den Geist. Der Heilige Geist bleibt frei z.B. in der Austeilung der Gaben (vgl. I Kor 12,11).

Das Reden, Leiten und Regieren des Geistes als Zeichen seines Herrseins

Am deutlichsten tritt für Schlink das bleibende Herrsein des dem Menschen innewohnenden Geistes darin zutage, daß der Geist ihm zugleich als *Führer, Lehrer, Beistand* und *Warner* begegnet. Eine Vielzahl von neutestamentlichen Aussagen bezeugt dieses konkrete weisunggebende Reden des Heiligen Geistes.[220] - Auf die Manifestation des Geistes als gebietendem Herrn weisen auch die ernsten Warnungen davor, ihn zu "betrügen", ihn zu "schmähen" oder ihm zu "widerstreben" (Act 5,3;7,51; Hebr 10,29). Wäre der Geist nur als Kraft zu verstehen, würden diese und ähnliche Aussagen keinen Sinn machen.

Das Reden, Leiten und Regieren des Geistes ist in den neutestamentlichen Schriften *so selbstverständlich* vorausgesetzt und *so grundsätzlich* bezeugt, daß es nach Schlink *unmöglich* ist, dieses Geisteswirken - ebenso wie die Geistausgießung und die Mannigfaltigkeit der Geistesgaben - *auf die urchristlichen Gemeinden beschränken* zu wollen. Schlink verweist auf die vielen Zeugnisse aus der späteren Geschichte des missionarischen Vorstoßes der Kirche in die Welt, die der Verheißung der Leitung der Gemeinde durch den Heiligen Geist und den Vorgängen der Apostelgeschichte entsprechen. Gerade in seinem Leiten, Mahnen und Warnen erweist sich der Heilige Geist als der Herr.[221]

Mit dieser Akzentuierung übt Schlink vorsichtige Kritik am Zurückdrängen der neutestamentlichen Aussagen über Führungen und unmittelbare Geistesleitung in der Abwehr schwarmgeistiger Exzesse des 16. Jahrhunderts.[222]

Die Zusammengehörigkeit der Aussagen über den Geist als *Gabe* und als *Herr*

Der Heilige Geist ist einerseits die Kraft Gottes, durch die er die Glaubenden regiert bzw. die Kraft Christi, durch die die Glaubenden in Dienst genommen werden. Andererseits ist er aber nicht nur die Kraft von Christus her, sondern auch "der andere Paraklet", der auf Jesus als den von ihm Unterschiedenen, Erhöhten und Gegenwärtigen weist. Ebenso ist der Geist nicht nur die Kraft Gottes, sondern zugleich auch das Gegenüber zum Vater mit einem eigenen besonderen Werk nach der Schöpfungstat des Vaters und der Sendung des Sohnes.

Schlink betont vom trinitarischen Denken her die enge *Zusammengehörigkeit* der Aussagen über den Geist als *Gabe* und als *Herr*. *"Gottes Geist ist nicht im Menschen, ohne zugleich als Gegenüber am Menschen zu handeln. Gottes Geist ist nicht göttliche Kraft, ohne zugleich wollende, gebietende, handelnde göttliche Person zu sein".*[223] Explizit wendet sich Schlink gegen Bultmanns Entgegensetzung und Abwertung des personalen Moments als animistische Vorstellung im Unterschied zum dynamistischen als dem eigentlichen Verständnis. Beide Aspekte sind vielmehr zusammen zu sehen. *"Indem die Person des Geistes als Kraft in uns wirkt, indem der Geist, der Herr, sich uns als Gabe schenkt, vollendet Gott seine Selbsthingabe in der Liebe. Weil Gottes Geist Gabe und Herr zugleich ist, antwortet die Kirche auf die Heilstat der Geistausgießung, indem sie den Heiligen Geist als göttliches Du anruft und im Gebet herbeifleht: 'Komm, Heiliger Geist, erfüll die Herzen deiner Gläubigen!'"*[224] Auch wenn sich im Neuen Testament kein *Gebet zum Heiligen Geist* findet und dieser Schritt erst in der Tradition erfolgt, so ist dies nach Schlink doch die angemessene Antwort auf die neutestamentlichen Zeugnisse vom Herrsein des Geistes und entspricht der Botschaft von der Geistausgießung: *"Gott, der Herr, hat sich herabgelassen zu uns in Jesus Christus und geht in uns ein durch seinen Geist."*[225] Ohne daß er aufhört der Herr zu sein, wird Gott unser Diener, wird uns zur Gabe, *"damit wir durch ihn, unter ihm, mit ihm und in ihm leben".*[226] Gott ergreift die Glaubenden *von außen* durch das *Wort* und *von innen* durch den *Geist* und zieht sie hinein in sein göttliches Leben.

1.7.3 Grundstrukturen des Geisteswirkens

Dialektik von Offenbarsein und Verborgenheit

Einerseits wird das Wirken des Heiligen Geistes vor der Welt im öffentlichen Zeugnis, im Wandel und im Dienst der Glaubenden aneinander und in der Welt offenbar. Andererseits ist es zugleich unter Vieldeutigkeiten verborgen und nicht ohne weiteres einsichtig. So konnte etwa Jesus als "von Sinnen" oder "besessen" erklärt werden (Mk 3,21f; Joh 7,20), oder die Jünger am Pfingsttag als Betrunkene (Act 2,13). Das Wirken des Heiligen Geistes in der Welt ist verborgen unter *Schwachheit* und *Leiden* der Gläubigen und unterliegt der *Zweideutigkeit* und *Verwechselbarkeit* mit anderen Geistern, so daß es auch anderweitig interpretiert werden kann. Nur im Glauben, d.h. im eigenen Ergriffensein durch den Heiligen Geist kann dessen Wirken erkannt werden. Darauf weist für Schlink auch der Tatbestand, daß die "Unterscheidung der Geister" selbst eine Gabe des Geistes ist.[227]

Dialektik von Schon und Noch-Nicht

Auch für Selbstbeobachtung des Glaubenden ist die Offenbarung des Heiligen Geistes immer wieder *verborgen*, vielfach sogar *unter dem Gegenteil* (vgl. II Kor 4,10;6,4.9.10; 12,7ff). *"Das neue Ich ist Wirklichkeit in der Bewegung des Glaubenden weg von sich und im immer neuen Empfangen des Lebens, das ihm in Christus durch den Geist erschlossen ist. Die Dialektik der*

Verborgenheit des Geisteswirkens geht durch das Selbsterlebnis der Glaubenden mitten hindurch.
Das Neue wird paradox gegenwärtig in der Erfahrung des Vergehens des Gegenwärtigen und im
Leiden unter dem Noch-Nicht".[228]
Der Verborgenheitscharakter ist aber nur eine Seite des neutestamentlichen Zeug-
nisses, das andererseits voll von der Gewißheit der Gegenwart des Geistes und seines
Wirkens ist. Gerade in der Verborgenheit wird es auch wirklich offenbar. Schlink wendet
sich gegen eine Verwechslung des Verborgenheitscharakters mit einer "geistlosen Trägheit",
wie sie über vielen Christen liegt. *"Offenbarung in der Verborgenheit heißt vielmehr, daß in der*
Ohnmacht des Menschen die Kraft Gottes mächtig ist, - daß in dem Sterben des Menschen sich die
Auferstehungsmacht Christi manifestiert und daß in der Ratlosigkeit des Menschen der Geist die
Führung übernimmt".[229] Die neutestamentliche Dialektik von Verborgenheit und Offenbarung ist *"keine gleichbetonte Dialektik"*, sondern eine Dialektik, in der die Freude, die Freiheit
und das Leben den *Sieg* behält inmitten der Bedrängnis.[230]

Bleibendes Verwiesensein auf den Glauben

Daß im Neuen Testament Schilderungen und Erläuterungen der psychologischen Abläufe des "pneumatischen Erlebens" fehlen, hat nach Schlink damit zu tun, daß Gottes Geist
in der Verborgenheit offenbar wird. Eine psychologische Beschreibung des Redens im Geist
und der Freude im Geist wird nicht gegeben, weil die Freude eine *"geistliche Wirklichkeit"* ist,
die auch unter Traurigkeit erfahren werden kann, wie das Reden des Geistes in Verlassenheit und Ratlosigkeit. Gegenstand des theologischen Interesses ist nicht der Ablauf von Erlebnissen, so vielfältig sie dem Glaubenden wirklich zuteil werden. Dieser wird vielmehr
durch die pneumatische Dialektik von Leben und Sterben, Reichtum und Armut, Freudigkeit und Traurigkeit immer wieder auf den *Glauben* verwiesen. Daß das Geisteswirken nur
im Glauben zu erkennen ist, gilt bleibend sowohl für den Außenstehenden wie für den
Glaubenden selbst. Geisteswirken macht den Glauben nicht überflüssig, ersetzt ihn nicht
durch das Schauen.[231]

1.7.4   Woran wird der Heilige Geist erkannt? Die Frage der Kriterien

Wo Menschen besonders tiefgreifende enthusiastische Erlebnisse haben, sind sie gefährdet, dem Trugschluß zu verfallen, sie hätten die Schwachheit hinter sich gelassen und
bedürften des Glaubens nicht mehr. Der Glaube scheint vom Schauen überboten und abgelöst, die verborgene Neuschöpfung scheint gegenwärtig und vollendet. Gerade weil man
sich in den enthusiastischen Bewegungen auf den Heiligen Geist beruft (Schlink hat u.a.
den gnostizierenden korinthischen Spiritualismus, den Montanismus, die mittelalterlichen
Geistbewegungen und die Schwarmgeister der Reformationszeit vor Augen), ist die entscheidende Frage, woran erkannt wird, *"daß Gottes Geist gebietet und nicht andere Geister oder*
die Wünsche und Ängste, die aus dem Unterbewußten der eigenen Seele aufsteigen und als fremde
Weisung dem Bewußtsein begegnen".[232]

Ungenügende Kriterien

Daß der Heilige Geist am Werk ist, läßt sich a) *nicht* an der *überwältigenden Kraft* oder
der *zwingenden Gewalt des Erlebens* feststellen, wie die religionsgeschichtliche Schule das
Geisteswirken verstand. Insofern ein Grundzug des Geisteswirkens gerade nicht ein Vergewaltigen des Menschen, sondern seine Befreiung ist, scheidet dieses Moment als Kriterium aus. - Das Reden des Geistes ist b) aber auch an den *Auswirkungen und Folgen*, die sich
bei denen zeigen, die dem Geist gehorchen, nicht mit Sicherheit zu erkennen. Zwar wirkt

der Heilige Geist Liebe und Gemeinschaft, aber äußere Erfolge und die Größe einer Anhängerschaft sind nicht einfach ein Beweis für Geisteswirken. Oft genug, so Schlink, führt der Heilige Geist vielmehr in große Einsamkeit und bricht die Liebe Gottes störend in die Gemeinschaftsbindungen der Welt hinein.[233] - c) *Erlebnisse des Friedens und der Freude* sind ebenfalls kein sicherer Indikator für Echtheit, da der Heilige Geist, der solches wirkt, oft genug auch in Anfechtungen und Leiden führt.

Entscheidendes Kriterium: Der Inhalt des Zeugnisses, Jesu Wort und Werk[234]

Allein vom Inhalt des Zeugnisses her läßt sich nach Schlink letztlich erkennen, ob Gottes Geist am Werk ist oder nicht. Für den Heiligen Geist ist bezeichnend, daß er an die Worte Jesu "erinnert" (Joh 14,26), "nicht von sich selbst" redet (Joh 16,13), sondern Jesus "verherrlicht" (V.14), von sich weg auf ihn weist, durch den Gott sich umfassend und endgültig offenbart hat.[235] Der Heilige Geist fügt der Endgültigkeit des Redens Gottes in Christus nicht etwas anderes oder Neues hinzu. Er bestätigt Gottes Reden in Christus und macht es der Welt kund. "Die ganze Wahrheit", in die er einführt (16,13a), ist die Wahrheit in Christus; "das Zukünftige", das er verkündigt (16,13b) ist die in Christus angebrochene und von ihm erschlossene Zukunft. Indem er an Jesu Wort und Werk erinnert, macht der Heilige Geist die ein für allemal geschehene Heilstat gegenwärtig und die späteren Geschlechter mit ihr gleichzeitig.

Von daher bedeutet die Aufforderung, *die Geister* zu *prüfen*, ob sie aus Gott sind (I Joh 4,1), so Schlink, das Gebot, alle unter Berufung auf den Heiligen Geist laut werdenden Worte an der Überlieferung der geschichtlichen Heilstat in Christus zu prüfen. In diesem Sinn habe Paulus gegenüber den korinthischen Enthusiasten den gekreuzigten Christus gepredigt und gelehrt, das Wirken den Heiligen Geistes daran zu erkennen, daß der Gekreuzigte als der Herr bekannt wird. Entsprechendes besagt auch die Weisung des I Johannesbriefs, die Geister daran zu prüfen, ob sie bekennen, daß Christus wirklich Mensch geworden ist (I Joh 4,2f).[236]

Entfaltende Konkretisierung und Aktualisierung

Das Erinnern des Heiligen Geistes bedeutet aber nicht nur, daß er historische Jesusworte ins Bewußtsein ruft, sondern deren Konkretisierung und Entfaltung in jeweils neue geschichtliche Entscheidungssituationen hinein. Schlink sieht solches vergegenwärtigende und konkretisierende Erinnern des Geistes etwa in der synoptischen Tradition, im Johannesevangelium oder in der Apostelgeschichte. Die Sendung war den Jüngern von Jesus grundsätzlich aufgetragen, aber damit war für die Folgezeit nicht ohne weiteres klar, welche Personen im Auftrag der Heilsbotschaft wohin gehen sollten. Hierzu bedurfte es und bedarf es einer "sendenden Konkretisierung" durch den Heiligen Geist (vgl. Act 13,2).

Pneumatischer Zirkel: Unterscheidung durch den Heiligen Geist selbst

Auch wenn von einer historischen Vergleichung mit den Worten und Taten Jesu her schon viele pneumatische Anmaßungen enthüllt und gerichtet werden, genügt das nicht allein zur Feststellung der Wahrheit einer Geistesführung. Hierzu bedarf es des Geistes selbst, der Geistesgegenwart. Deshalb ist die "Unterscheidung der Geister" selbst eine Gabe des Geistes (I Kor 12,10).

Schlink weiß, daß mit der Anerkennung eines konkretisierenden Geisteswirkens und vollends mit der Berufung auf den pneumatischen Zirkel nicht unerhebliche Gefahren für die Kontinuität der apostolischen Nachfolge und der Identität der Kirche gegeben sind.

Andererseits kann die Kirche auf ihrem Weg durch die sich verändernden Verhältnisse und Frontstellungen diese Identität nicht bewahren, wenn nicht der Geist Gottes die Heilstat in Christus und das apostolische Zeugnis in die jeweilige Situation hinein *neu* vergegenwärtigt. Schlink sieht sich in seiner vorsichtigen Öffnung durch Paulus bestätigt, der trotz der *"Gefahr einer pneumatischen Verwilderung"* mahnte, den Geist nicht zu dämpfen (I Thess 5,19) und nach Geistesgaben zu streben (I Kor 14,1; 12,31), weil er darauf vertraute, daß die Kirche nie ohne die Gabe der "Unterscheidung der Geister" sein wird.[237]

1.8 Würdigung und Kritik

Im Blick auf die Gesamtkonzeption der "Ökumenischen Dogmatik" ist zunächst Schlinks *methodisches Verfahren* als weiterführender Impuls für das *zwischenkirchliche Gespräch,* aber auch als origineller *hermeneutischer Beitrag für das systematische Arbeiten* hervorzuheben. Durch sein *Zurückgehen auf das* allen christlichen Kirchen gemeinsame *Evangelium* als unverzichtbaren Ausgangspunkt, bleibende Grundlegung und bleibenden Inhalt ihrer Verkündigung und Unterweisung, aber mehr noch durch die *Beobachtung von Grundformen der menschlichen Antwort* auf das Evangelium und von *Strukturveränderungen der theologischen Aussage* zielt Schlink auf das Gemeinsame bzw. auf eine anzustrebende größere und weitere "una sancta oecumenica", in die er eine Vielfalt von Partikularanliegen und -gestalten symphonisch einmünden und zusammenklingen sieht.

Dieses Anliegen wird unterstützt durch die *trinitarisch-heilsgeschichtliche* Gesamtanlage, ist diese doch vom gemeinsamen Credo her allen christlichen Kirchen vertraut. Ebenso wirkt auch der *stete Rückgang auf das gemeinsame Schriftzeugnis* verbindend, wobei Schlink auf die versöhnte Vielfalt der Aussagen abhebt. Das Schriftzeugnis ist für ihn Modell und Ausgangspunkt des von ihm geübten und propagierten komplementären theologischen Denkens. Auch daß sich Schlink auf die fundamentalen und zentralen Fragen des Glaubens konzentriert, unterstützt sein Bemühen, das Gemeinsame herauszustellen und die Einheit zu stärken.

So sehr diesem Anliegen zuzustimmen ist, ist Schlink andererseits kritisch rückzufragen, ob er mit der Beurteilung der Differenzen als bloße Strukturunterschiede die Härte der Fundamentalpositionen, die auch ein ausschließendes Moment haben, nicht zu sehr abschwächt und vereinfacht (vgl. u.a. den trennenden Punkt des dogmatisch fixierten Papstamtes).

Was unsere Frage nach der *Einordnung und Beurteilung enthusiastisch-charismatischer Frömmigkeit* - und damit u.a. einer Frage der Pneumatologie - betrifft, so ist zunächst die allgemeine, *durchgehende Berücksichtigung der pneumatologischen Dimension* im Gesamtentwurf anzumerken. Insofern "charismatische" Frömmigkeit ganz stark Gebetsfrömmigkeit (mit einer Betonung des Lobpreises) ist, in der die subjektiv-existentielle erfahrungsbezogene Seite des Glaubens breiten Raum einnimmt, scheint uns Schlinks *Gewichtung des existentiellen Moments, der Primärvollzüge des Glaubens* (Gebet, Zeugnis, Gottesdienstgeschehen) wie auch die Aufnahme des *Doxologischen* von besonderer Bedeutung zu sein. Bei Schlink ist die subjektive Seite aber eingebunden, immer bezogen auf das Offenbarungstheologisch-Objektive und nach dorthin überstiegen. Schlink vermeidet damit anthropozentrisch-subjektivistische Engführungen. Der Blick ist gerade nicht auf den Menschen und sein Erleben gerichtet, sondern auf den Lobpreis der großen Taten Gottes und seine Verherrlichung. Gegenüber spiritualistisch-innerlichen und privatistischen Mißverständnissen des Geisteswirkens akzentuiert Schlink den Aspekt der umfassenden "*Neuschöpfung*" und stellt die *Indienstnahme des Menschen* bzw. die *Sendung in die Welt* heraus. Durch sein konsequent trinitarisches Denken wehrt Schlink einseitige Geistkonzepte und enthusiastische

Geistfrömmigkeit ab. Von dem weiten heilsgeschichtlich-trinitarischen Rahmen her, in dem Schlink denkt, und von der Vor- und Überordnung der einen Kirche bzw. deren apostolischer Kontinuität her sind Partikularerfahrungen, Partikularerkenntnisse und kirchliche Sonderbewegungen von relativer Bedeutung, die moderierend in das größere Ganze aufzunehmen sind bzw. dazu bestimmt sind, diesem zu dienen. Insofern könnte man Schlinks Ansatz als eine *evangelische* (od. ökumenische) *Version der* von uns im römisch-katholischen Bereich ausgemachten "*moderierenden Integration*" des (Enthusiastisch-)Charismatischen als einem partikularen Impuls in die Catholica bezeichnen. Eine spaltende Überhöhung oder Absolutsetzung kann er nach seiner Sicht Partikularem nicht zulassen, da sie die grundlegende Einheit der Kirche bzw. die Kontinuität des Apostolischen bedroht (vgl. seine Anmerkungen zu den schwärmerischen Geistbewegungen).

Im Blick auf die Frage der *Charismen* kommt Schlink das Verdienst zu, deren Relevanz auch für eine vom Amtsgedanken geprägte Ekklesiologie deutlich gemacht zu haben. Hatte er bereits in seiner "Theologie der lutherischen Bekenntnisschriften" hier eine Engführung gegenüber dem neutestamentlichen Zeugnis angemerkt, bezieht er in seiner ökumenischen Phase die paulinische Charismenlehre als *grundlegendes Moment der Dienststruktur der Kirche* in seine ekklesiologischen Überlegungen mit ein. Seinen Ansatz nimmt er allerdings nicht wie Käsemann u.a. bei einer Vorordnung des Charismatischen, sondern beginnt mit dem (Apostel-)Amt und dem Aspekt seines *vorgeordneten Gegenübers* zu den anderen Größen. Charisma und Amt stehen *zugleich* aber auch *nebeneinander und miteinander* im Dienst. Beide stehen wiederum in einer *Wechselbeziehung zur Gemeinde*. Empfangen Gemeinde und Charisma einerseits Weisungen und Korrektur durch das (Apostel-)Amt, hat andererseits die Gemeinde wiederum Recht und Aufgabe der Prüfung sowohl des Charismas wie des Amtes. Schlink sucht die verschiedenen Größen aufzunehmen, ohne daß eine von ihnen zu sehr herausragt. Sowohl die speziellen Ämter als auch die speziellen Charismen gründen in der allgemeinen königlich-priesterlich-prophetischen Berufung und Sendung und in der allgemeinen Geistmitteilung an das ganze Gottesvolk und sind in diese eingebunden.

Zwar betont Schlink, daß die Kirche "Gemeinschaft der Charismen" ist und daß das Gewicht der paulinischen Aussagen darauf liegt, den Charismen in der Gemeinde Raum zu gewähren, wie er auch eine größere Offenheit im Blick auf unmittelbare Geistesleitung anvisiert, trotzdem empfindet man zugleich ein gewisses Zögern, eine *Zurückhaltung und Vorsicht* gegenüber dem freien und dynamischen Moment des Geisteswirkens. Schlinks Hauptinteresse ist nicht eine speziell geprägte "ecclesia charismatica" oder die Beförderung des Charismatischen als selbständiger Größe, sondern die Weite und Fülle der einen Kirche und *eingebunden und eingeordnet* in diese dann auch das Moment des Charismatischen. Sorgfältig arbeitet er die Grundlinien der paulinischen Charismenlehre heraus, geht aber nirgends näher auf einzelne "charismatische" Vollzüge ein. Eine detailliertere Beschreibung und Entfaltung der Charismen findet sich nicht. Insgesamt neigt Schlink dazu, die Wortseite und den Christusbezug zu betonen. Als Lutheraner ist er in Gefahr, die spezifisch diakonische Dimension zu schwach zu artikulieren. Stark ist Schlink allerdings in der Herausstellung der allgemeinen *Indienstnahme für die Sache Gottes* und in der Betonung des *Missionsauftrags der Kirche* bis zum Ende. Mit beiden in engem Zusammenhang mit Geistausgießung und Geistverleihung stehenden Aspekten wehrt Schlink nur-innerliche, spiritualistische und individualistisch-quietistische Geistinterpretationen und die Gefahr der Einkrümmung auf "Selbstbeobachtung" und "Selbst"- Erfahrung ab.

Das dynamische Moment ist von Schlink in der heilsgeschichtlich-trinitarischen Entfaltung der Gottesoffenbarung auf Neuschöpfung und Vollendung hin strukturell relativ stark aufgenommen. Insgesamt ist jedoch zu fragen ob er von der Hochschätzung und Betonung der bleibenden kontinuierlichen Momente der apostolischen Nachfolge bzw.

der Kirche die freien dynamischen Initiativen bei allen Gefährdungen in ausreichendem Maße würdigt und ihnen auch den nötigen Freiraum zugesteht, damit sie ihre Impulse entfalten können. Schlink neigt von seinem großkirchlichen Ansatz her dazu, eher die Bedrohung und Gefährdung zu artikulieren. Vielfach gingen doch gerade auch von partikularen Erneuerungsbewegungen der Ruf zur Sache aus und mahnten diese zu radikaler Nachfolge und zur Wiedergewinnung verlorengeganger Aspekte des Glaubens. Hier kann man fragen, ob Schlinks Entwurf nicht vielleicht zu ausgewogen ist und ob die starke Gewichtung des Einheitsanliegens und der ekklesialen Kontinuität den Freiheits- und Überraschungsaspekt des Geisteswirkens, das Moment des Unmittelbaren und manchmal auch Überbordenden, wie auch den prophetischen Protest gegen die Kirche selbst, nicht zu sehr mit Vorsicht belegt und einschränkt.

Im Blick auf die Frage der *"Unterscheidung der Geister"* bietet Schlink weniger detaillierte Einzelgesichtspunkte als *Grundkategorien und Fundamentalkriterien* zur Unterscheidung des Wirkens des Heiligen Geistes vom Wirken anderer Geister.

Der entscheidende Unterschied zum Wirken der Verderbensmächte liegt darin, daß der Heilige Geist den Menschen nicht machtartig, das Ich vergewaltigend und ausschaltend überkommt, sondern ihn zur *Gemeinschaft, Partnerschaft* und zum *freien Gehorsam* und *aktiver Mitarbeit* befreit. Der Heilige Geist verliert außerdem nie sein hoheitliches Gegenüber, wird nicht verfügbarer Besitz des Menschen, sondern bleibt auch in seinem Sich-Schenken frei und souverän. Als Grundstrukturen des Geisteswirkens nennt Schlink weiter die *Dialektik von Offenbarsein und Verborgenheit, von Schon und Noch-Nicht* und das bei aller Erfahrungsunmittelbarkeit bleibende *Verwiesensein auf den Glauben*.

Im Letzten wird der Heilige Geist nicht an inneren Befindlichkeiten des Menschen oder an äußeren greifbaren Wirkungen erkannt, so gewiß er auch solche schenkt, sondern am *Inhalt* seines Zeugnisses, d.h. am *Bekenntnis zu Jesus Christus*.

Die Aufgabe der "Unterscheidung der Geister" ist einerseits - im Sinn des oben skizzierten Vorgeordnet- und Eingebundenseins - *dem Amt aufgetragen,* andererseits aber zugleich auch *Recht und Pflicht der Gemeinde.* In actu genügt es dabei nicht einen bloß rational-logischen Vergleich mit den Worten und Taten Jesu anzustellen. Um zu einem Urteil zu gelangen bedarf es der Ausrüstung mit der Gabe der "Unterscheidung der Geister", d.h. der Gegenwart des Heiligen Geistes selbst.

C.2
"DASS GOTT SCHÖN WERDE" - PRAKTISCHE THEOLOGIE ALS THEOLOGISCHE ÄSTHETIK IM HORIZONT DER PNEUMATOLOGIE
(Rudolf Bohren)
Die Frage des Charismatischen und der Unterscheidung der Geister in einer Pneumatologie der "theonomen Reziprozität" des Menschen

R.Bohren soll hier als praktischer Theologe zu Wort kommen, da er in seinen frühen Arbeiten von den beiden Blumhardts her die Dimension des Charismatischen aufgegriffen und immer wieder ins Spiel gebracht und mit dem Neuansatz der Predigtlehre die pneumatologische Diskussion über den Bereich der Praktischen Theologie hinaus angeregt hat. Im Zusammenhang mit der Einführung der Kategorien der "theonomen Reziprozität" und der "Vermengung" behandelt er auch die zugleich damit gegebene Notwendigkeit der Unterscheidung der Geister.

Für Bohren steht die Pneumatologie in engstem Zusammenhang mit Ästhetik, mit dem "Schönwerden" Gottes in Schöpfung, Kultur, Kunst und im Leben der christlichen Gemeinde.[1] Bohren führt ein intensives Gespräch mit der modernen Dichtung und ihrer kritischen Wahrnehmung des Zeitgeschehens.[2] In seinen Veröffentlichungen herrscht der essayistische Stil vor. Sein Schreiben ist selbst ein Stück Poesie. Das ästhetisch-kommunikative Sprachereignis bekommt Vorrang vor der systematischen Darlegung und abstrakt-begrifflicher Präzision, ohne deshalb unsystematisch zu sein.[3] Diese Darstellungsweise entspricht nach ihm mit ihrem Stückwerkscharakter und dem Moment der Überraschung der Pneumatologie eher als die streng rational gebundene, festgelegte dogmatische Redeweise. Seine Predigtlehre entwirft er so als "Sprachlehre" des Glaubens, der Hoffnung und der Liebe. Von der Pneumatologie her und auf Pneumatologie hin will er den Prediger in die Gegenwärtigkeit Gottes hineinziehen. "Offenheit für das Neue, Aufbruch ins Unbekannte und Hoffnung" sind für ihn Kennzeichen der Gegenwart des Heiligen Geistes.[4] Notwendig ist sein Reden und Schreiben immer auch ein Stück polemisch.[5] In kritischer Analyse und Deutung kirchlicher Wirklichkeit, mit einem Moment der Provokation dringt er institutionskritisch-prophetisch auf Änderung der Verhältnisse.[6] Von den vorliegenden systematischen Entwürfen steht Bohren wohl die "Systematische Theologie im Kontext biblischer Geschichte und Eschatologie" von H.-J.Kraus am nächsten.[7]

2.1   Polemische Grundakzente

2.1.1 Wider die Vergeistigung des Geistes und der Kraft[8]

R.Bohren wandte sich schon früh gegen Vergeistigung von Predigtinhalten und Predigtgeschehen und drang mit den Blumhardts auf die Sichtbarkeit der Geistwirkung und die Erfahrbarkeit der Kraft im Wunderwirken.

Der Christus praesens und die Gegenwärtigkeit der Charismen

Nicht annehmbar ist für Bohren vom Christus praesens her die Wertung der Charismen als vergangene, nur für die Frühzeit der Kirche gegebene Ausrüstung. "*Gottes Wort schafft neues Leben, indem es Sünde vergibt. Des zum Zeichen heilt es Kranke und weckt Tote auf. Gottes Wort ist Kraft und schafft damit Gegenwart*".[9] Bohren lehnt die Vorstellung von unsichtbaren Früchten und Wirkungen ab. "*Es ist ein Possenspiel, wenn man die Kraft Gottes so verinnerlicht und unsichtbar macht, daß sie überhaupt nicht mehr da ist*".[10] Nirgends werde ausgesagt, daß die Kraft abnehmen und die Zeichen schwinden müßten. Zur Meinung von P.Althaus, die Kirche bedürfe der Verkündigung und Lehre jederzeit, der Heilung und des Exorzismus aber nicht immer, fragt Bohren spitz, ob denn Geisteskrankheit und Körperkrankheit in gewissen Zeiten aufhörten in der Welt und nur Dummheit und Unkenntnis permanierten. Wenn wir an den Christus praesens glauben, dürfen wir nicht mit der alten Theologie die Geistesgaben als Charismen der apostolischen Kirche ansehen, die notgedrungen verblühen mußten, wie die Frühlingsblumen verblühen, wenn der Sommer kam.[11] Zwar sei es möglich, darauf hinzuweisen, daß im Neuen Testament die Zeichenforderung von Jesus abgelehnt wird, daß auch Paulus den enthusiastischen Pneumatikern entgegentritt und auf seine Schwachheit verweist, aber das Aussprechen der theologischen Richtigkeit, daß wahrer Glaube gerade nicht Mirakelglaube ist, darf nicht zur Entschuldigung der eigenen Sterilität gebraucht werden. Jesus habe den Kranken keine Vorträge über den rechten Glauben gehalten, sondern sie geheilt. Nach Bohren haben wir so lange kein Recht, wider die Zeichenforderung zu reden, als uns das Zeichen fehlt.[12]

Die Zusammengehörigkeit von Wort und Kraft, die Frage der Zeichen und Wunder

Vom Neuen Testament her sind Verkündigung und Zeichen zusammen zu sehen. Hier darf nach Bohren kein falscher Gegensatz konstruiert werden.[13] *"Wie bei Jesus liegt auch bei den Jüngern die Kraft einerseits im Wort, das die Menschen überwindet... Diese Kraft wird anderseits im Wunder manifest".*[14] Die Verbindung von Wort und Kraft bleibt auch nicht auf die Apostel beschränkt, sondern greift auf die Gemeinde über. Dies ist aus Gal 3,5 und dem Katalog der Charismen I Kor 12,8-11 ersichtlich, wo Verkündigung und Wunder einander deutlich zugeordnet sind.[15]

Bohren wendet sich gegen die Spiritualisierung des Predigtbegriffs etwa bei G. Wingren, der Gottes Schöpfungswerk allein ins menschliche Herz verlegt.[16] Demgegenüber betont er die Predigt als heilsgeschichtliches Faktum, als Schritt auf die Weltvollendung hin, als Anbahnung des Kommens des Reiches. *"Die Predigt hat... nicht nur ein Gefälle zur Menschheit hin... Die Predigt ergeht auch an die Gewalten und Mächte in den himmlischen Regionen (Eph 3, 10) und noch höher: sie darf Predigt sein vor Gott, darf ihn an seine Taten und Verheißungen erinnern, damit neue Taten geschehen, die Verheißungen sich erfüllen".*[17] An Wingren kritisiert er die Einschränkung der Wirkung des Wortes auf das Herz, wo doch im Zeugnis der Evangelien Krankenheilung und Predigt oft in einem Atemzug genannt und einander beigeordnet werden. *"Wenn die Predigt Gottes Schöpfungswort weiterleitet, wenn der Sieg über Krankheit und Tod jetzt im Wort Christi wohnt, wenn die Menschen im Text mit dabei sind, warum bleibt dieser Sieg verborgen? Warum kann er nicht zeichenhaft sichtbar werden? Warum haben die Menschen dann nicht auch leiblich Anteil am Heil?"*[18]

Bohren legt seinen Finger auf diesen Punkt, weil hier ein Zeichen dafür aufgerichtet sein könnte, daß in der Predigt reales Heilsgeschehen Ereignis wird. Dabei weiß er, daß das Zeichen der Heilung kein absoluter Beweis für das Heilsgeschehen ist. Noch weniger gelte dies aber für das Fehlen der *"mitfolgenden Zeichen"*. Das Ausbleiben der Wunder sollte ein Signal dafür sein, daß noch anderes fehle[19] und es einer neuen Ausgießung und der Gegenwart des Geistes bedarf.

Erfahrung des Geistes und menschliche Bereitung

Bohren fragt nach der Kraft der Predigt, was für ihn gleichbedeutend mit der Frage nach dem Heiligen Geist ist. Von E.Schweizer zu lernen, daß die Kraft zum Exorzismus eine der ersten Funktionen des Geistes war - wenn er gleich viel mehr ist -, kann davor bewahren, ihn *"mit Rom hierarchisch-sakramental zu kanalisieren, oder ihn mit dem Idealismus und Neuprotestantismus ins rein Spirituelle verdampfen zu lassen".*[20] Mit Blumhardt d.Ä. vertritt Bohren, daß der Geist der Joelweissagung als ein Persönliches aus Gott *"erkennbar, fühlbar, ja sichtbar"* sein muß. *"Er soll da sein als ein Geist mit außerordentlichen Kräften, welche die Bestimmung haben, die Kräfte der Finsternis vom Menschen auszureuten...".*[21] Bohren möchte die Rede vom Empfangen der Kraft, vom Angetanwerden mit Kraft, vom Getauft- und Erfülltwerden mit Heiligem Geist und vom Wandeln in ihm ernst nehmen. Um diese Wirklichkeit erfahren zu können, scheint eine Bereitung von seiten des Menschen erforderlich zu sein, wofür sich Bohren auf Blumhardts Äußerung bezieht: *"Der Geist will reinere Gefäße haben, als wir vorerst sind".*[22] Unbestritten bleibt, daß das Kommen des Geistes an das Sterben, Auferstehen und die Himmelfahrt Christi gebunden ist. Ist der Geist Gabe und Selbstmitteilung Gottes an den Menschen, darf dieser als Träger, als Gefäß und Tempel des Geistes nicht unterschätzt werden. Nicht so, *"als ob der Mensch mächtig wäre über den Geist, als ob er durch irgendwelche Machination der Technik ihn herbeizwingen könnte"*, aber so, *"daß der Mensch den Geist betrüben, dämpfen, vertreiben kann".*[23] Daß er sich an den Menschen bindet und mit ihm eins werden will, zeigt Knechtsgestalt und Freiheit des Geistes.

Zur menschlichen Seite des Geistempfangs gehört das Warten und das Bitten. In der Predigtaufgabe geht die Bitte um den Heiligen Geist und die Bitte um das vollmächtige Wort zusammen. *"Zu dieser Bitte um das Wort gehört unser ganzes Studium, die Exegese und die Dogmatik. Wie um das Wort, so darf auch um die Kraft gebetet werden. So bittet die Urgemeinde um Zeichen, und jedes Wunder ist erfüllte Bitte. Die Bitte um die Kraft gehört zur Bitte ums Reich, da das Reich in Kraft besteht. Und weil der Geist Angeld des Reiches ist, darum ist die Bitte um die Kraft ein Teil der Bitte um den Geist".*[24]

Wie in der Bitte um das Wort die menschliche Tat von Exegese und Dogmatik eingeschlossen ist, so auch die menschliche Vorbereitung *"in der Wüste"* (Stille, Gebet und Versuchung) in der Bitte um die Kraft.[25] *"Die Wüste ist... der Ort, wo Gott zu seinem Volk redet, der Ort, wo man betet. Die Wüste ist... der Ort der Dämonen, der Ort des Teufels, der Ort, wo man stirbt und umkommt. An diesem Ort müssen wir stehen, da wo wir ganz arm und hungrig sind, mit der Frage, die wir lieben, der Frage nach dem Geist. Wenn wir da stehen, haben wir den Geist noch nicht, aber die sichere Verheißung, daß die Bitte um den Geist erhört werde. Und vielleicht ist das die Not, daß wir nicht in die Wüste wollen und als Ungestorbene auf der Kanzel stehen".*[26] Die *"Wüste"* als Vorbereitung für das Handeln Gottes findet Bohren beim alttestamentlichen Bundesvolk, im Leben Jesu und Pauli, bei den Wüstenvätern, in Luthers Klosterzeit, Blumhardts Kampf, beim Pfarrer von Ars und bei Vater Serafim dem Starez.[27]

Wenn Bohren das Angewiesensein auf den Heiligen Geist und die Erfahrung seiner Kraft betont, hat er nicht privatistisch-spiritualistische Geisterfahrungen zum Ziel, sondern die Gegenwart und Herrschaft Gottes in dieser Welt, leibhafte Manifestation, ja Materialisierung des Geistes in Kunst, Kultur und Politik.[28]

2.1.2 Wider die monotonische Dämpfung gemeindlicher Begabung und Polyphonie durch das Amt

Vom Geistverständnis der beiden Blumhardts und Arbeiten von G. Eichholz, E. Schweizer und E. Käsemann herkommend, streitet Bohren für die Wiedergewinnung der neutestamentlichen Gestalt der Gemeinde als *"charismatischer Größe"*, die durch und durch von den Gaben und Wirkungen des Geistes bestimmt ist.[29]

"Charismatische" Gemeinde statt Einmannsystem

Die Begabung der Gemeinde mit dem Geist, zeigt sich in der Mannigfaltigkeit ihrer Dienste. Sie ist *"ein Volk von Königen, Priestern, Propheten und Lehrern. Alle dienen einander, und miteinander dienen sie der Welt*".[30] Stattdessen aber, beklagt Bohren, sind die Gaben weithin ins Pfarramt eingesargt. Wo aber alles auf den Pfarrer vereinigt ist, bleibt die Gemeinde unmündig. Der Pfarrer wird überlastet, und es unterbleibt der Dienst an der Welt. Im Unterschied dazu ist die Gemeinde nach dem Neuen Testament "*nicht eine Schar von Schwachbegabten, sondern ein Chor von Talenten, die sich zu entfalten haben, ein Orchester, in dem jeder sein besonderes Instrument spielt*".[31] Ein Amt in unserem Sinn kennt das Neue Testament nach Bohren wohl nicht, und damit erweist sich auch eine Unterscheidung von Priestern und Laien als unbiblisch. Die Anhäufung der Dienste auf den Pfarrer hält Bohren für eine Ungeheuerlichkeit, weil er dadurch zum "Heiland" der Gemeinde wird.[32] Die Fülle der Charismen in I Kor 12 und der alle Christen umfassende Dienst laufen dem Einmannsystem zuwider. Alle Getauften sind "Amtsträger", alle Christen sind Haushalter der vielfältigen Gottesgnaden. Der Heilige Geist schenkt sich der ganzen Gemeinde.[33]

Entdeckung und Einsatz der Gaben

Predigt und Seelsorge haben nach Bohren darauf ausgerichtet zu sein, die Gaben der Gemeindeglieder zu entdecken, zu benennen und einzusetzen.[34] Die Fülle der Gaben soll auch im Gottesdienst zum Ausdruck kommen, der ja zum Zeugnis in der Welt zurüsten und ausrüsten soll. "*In unseren Gottesdiensten aber wird das Volk von Königen und Priestern behandelt wie Kleinkinder, die wohl brav am Tisch sitzen und essen sollen, aber weder fragen noch reden dürfen*".[35] Daß die Gemeinde in den Jahrhunderten nach der Reformation noch nicht mündig wurde, führt Bohren darauf zurück, daß man ihr diese Gelegenheit gar nicht gibt. "*In unseren Gemeinden... bleiben die Gaben meist anonym. Der Gottesdienst macht den Laien mundtot*".[36] Bohren fragt: "*Wie sollen die Laien in der Welt plötzlich mündig sein und das Wort ergreifen, wenn es ihnen drinnen verboten ist? Wie sollen sie draußen nicht inkognito leben, wenn sie drinnen anonym bleiben?*"[37] Deshalb plädiert er betont dafür, den Laien die Freiheit des Wortes zu geben. Aber nicht nur dies, auch die Verwaltung des Sakraments sieht er als Sache des ganzen Gottesvolkes an. Entgegen anderslautenden Beteuerungen hat sich nach Bohren auch im evangelischen Bereich ein Priestertum etabliert, das sich grundsätzlich wenig vom römischen unterscheidet.[38]

Als praktische Schritte in Richtung auf eine Änderung der traditionellen Verhältnisse schlägt Bohren vor, mit außerordentlichen Gottesdiensten neue Wege zu gehen und das Gespräch über die Bibel zu fördern.[39] Mit Recht habe man darauf hingewiesen, daß eine pluralistische Gesellschaft pluralistischer Gemeinde- und Gottesdienstformen bedürfe.[40] Was die Dienste der Gemeinde angeht, seien diese statt nach der Tradition immer wieder neu nach den Bedürfnissen zu ordnen. Das beinhalte eine Offenheit auch für neue Charismen.[41] Der Pfarrer werde dabei nicht überflüssig, sondern frei, nach seiner Gabe und für eigentliche Aufgaben eingesetzt zu werden, als Trainer, Ausbilder, Lehrer für den Weltdienst der Laien, als "*Rektor geistlicher Dienste in der Gemeinde*" oder als Missionar, sofern er die Gabe hat.[42]

Der Weg über die Predigt

Der Weg zur charismatischen Gemeinde, der Weg zur Erneuerung der Gemeinde führt nach Bohren über eine Erneuerung der Predigt.[43] Laienfrage, Predigt und Heiligen Geist sieht er in engstem Zusammenhang. "*Die Laienfrage ist die Frage nach dem Heiligen Geist*".[44] - "*Gerade wenn es um die Veränderung der Kirche und der Welt geht..., müssen wir nach dem Geist fragen, denn der Geist macht den Laien*".[45] Bohren grenzt sich auch in diesem Zusammenhang vom Mißverständis ab, als ginge es ihm darum, irgendwelche enthusiastischen Phänomene zu postulieren.[46] Darum präzisiert er: "*Die Laienfrage als Frage nach dem*

Geistempfang ist praktisch zunächst die Frage nach der Predigt, denn der Geist wird empfangen aus der Predigt des Glaubens... Die Laien sind Werk des Gegenwärtigen. Aber dieser Gegenwärtige tut sein Werk nicht ohne uns, er schenkt seinen schöpferischen Geist durch unsern Dienst der Verkündigung. Darum 'macht' die Predigt den Laien... Die Laien sind Kreaturen der Predigt".[47] - *"Der Laie muß entdecken, was er ist, er muß sein wirkliches Sein entdecken. Dazu soll ihm die Predigt helfen: So ist die Predigt Offenbarung, daß sie ihm zeigt, wer er im Geiste, als neue Kreatur ist".*[48]

Konkretion: Seelsorge

Bohren konkretisiert dies für das Feld der Seelsorge. Er wendet sich gegen eine *"Klerikalisierung"* und betont stattdessen die Geistpräsenz in der Gliedhaftigkeit der Gemeinde.[49] Seelsorge Gottes heute dürfe nicht auf das Amt reduziert werden, auf die Tätigkeit von Fachleuten, sondern müsse *"Seelsorge des Leibes Christi"* sein.[50] Zur Entklerikalisierung kann der Pfarrer nach Bohren zweierlei beitragen: recht von der Gemeinde predigen und diese zur Seelsorge mahnen. Rechte Predigt von der Gemeinde erinnert diese daran, daß der Geist Gottes bei ihr wohnt, daß Christus in der Gemeinde lebt. *"Der Erhöhte und Wiederkommende existiert jetzt in der Gemeinde auf Erden. Er wohnt und bleibt in den Gliedern seiner Gemeinde. Er handelt in ihnen als der wahre Seelsorger. Die reale Präsenz Christi in der Gemeinde ist Gottes Seelsorge auf dieser Welt. Und die muß gepredigt werden!"*[51] Analog zu den Mahnungen der apostolischen Briefe gilt es ferner, die Gemeinde zur gegenseitigen Seelsorge aufzurufen. Die Glieder des Leibes sollen realisieren, was sie schon sind. *"Hier muß unsere Bemühung einsetzen, daß in unseren Gemeinden die Verantwortung der Glieder füreinander stark wird, daß einer für das Heil des andern sorgt, daß alle für das Heil der Welt sorgen und also nach dem Reich Gottes und seiner Gerechtigkeit trachten, daß der Leib Christi wirklich Leib sei".*[52] Seelsorge sollte nach Bohren nicht so sehr Betreuung, sondern Rekrutierung und Ausbildung von Bauleuten sein. Die Entdeckung der Wirkweisen Christi in den Gliedern und Auffindung der schlummernden Gaben sieht er als wesentlichen Teil der Seelsorge des Pfarrers.

Aus der *"babylonischen Gefangenschaft"*, in die die Seelsorge durch die Rolle des Amtes in älteren Seelsorgekonzepten, aber auch im Konzept des CPT[53] geraten ist, möchte Bohren mit seiner These *"Gemeinde ist Seelsorge"* diese befreien und wieder in biblische Weite führen.[54]

2.2 Neuansatz der Praktischen Theologie bei der Pneumatologie

In seinen beiden größeren Arbeiten, der "Predigtlehre" und der ihr folgenden Einführung in die Praktische Theologie "Daß Gott schön werde" setzt Bohren bewußt bei der Pneumatologie an, um theologiegeschichtliche Engführungen und Aporien zu überwinden.

2.2.1 Der Heilige Geist als das Woher der Predigt

Überwindung der *"Sprachlosigkeit"* des Predigers

Für den Bereich der Homiletik hat sich Bohren der Neuansatz bei der Pneumatologie zur Überwindung der erfahrenen *"Sprachlosigkeit"* des Predigers angeboten. Einerseits will er an der Theologie des Wortes Gottes, von der er herkommt, festhalten, andererseits sieht er, daß sie in den bisherigen Formen nicht mehr genügt.[55] Ein Rückzug auf Orthodoxie oder ein Ausweichen auf Sozialaktivismus sind für ihn Sackgassen. Wer sich zur Überwindung der Sprachlosigkeit auf das Festhalten der reinen Lehre verlegt, wird nach seiner Einschätzung bald *"mit der Reinheit tödlicher Sterilität"* hantieren.[56] Wer sich auf soziales Engagement verlegt, wird in eine Wortlosigkeit geraten, die verzweifeln läßt.[57] Weil

Bohren als elementare Antwort auf die Not des Predigers den Heiligen Geist erkennt, setzt er hier an: *"Ich brauche zum Predigen vor allem den Heiligen Geist. Diesen Geist kann eine Predigtlehre nicht vermitteln; aber sie kann immer wieder auf ihn hinweisen, an ihn erinnern, der Geistvergessenheit wehren und versuchen, die Erkenntnis des Geistes zu mehren".*[58]

Wiedergewinnung biblischer Weite des Geisteswirkens von den beiden Blumhardts her

Sowohl in der reformierten als in der lutherischen Tradition findet Bohren kräftige Stimmen, die auf den Geist verweisen. Daß der Heilige Geist zunehmend als ein Geist der Innerlichkeit verstanden wurde, will Bohren in der Zeit nach Freud nicht pauschal diskriminiert, sondern neu durchdacht wissen. Zu beklagen sei jedoch *"die Reduzierung des Geistes auf das Werk im Herzen".*[59] Zur Wiedergewinnung der biblischen Weite führt Bohren nicht Bibelstellen an, sondern konfrontiert das Geistverständnis von Blumhardt Vater und Sohn miteinander, deren Einsichten er als beispielhaft und nur von wenigen erreicht ansieht. Zwischen beiden besteht die Spannung der konkreten Erwartung eines neuen Pfingstwunders einerseits und einer im Weltgeschehen präsenten und zu entdeckenden Geistwirksamkeit andererseits. Genau dies entspricht nach Bohren auch der Weite der biblischen Geistaussagen und stellt eine Spannung dar, die auch in einer Predigtlehre auszuhalten ist.[60]

Dialektik von Hoffnung und Erfüllung, Zukunft und Gegenwart

Einerseits gibt Bohren dem Sohn gegenüber dem Vater darin recht, daß sich die Apostelzeit nicht wiederholt, wie es der ältere Blumhardt meinte. Andererseits hält er die Aussage des Jüngeren für problematisch, nicht mehr um den Geist zu bitten, weil er ihn bereits sähe. (Angesichts anderer Aussagen vom Noch-Ausstehen der Verheißungen und ihrer Erfüllung sollte diese Äußerung aber nicht allzu prinzipiell aufgefaßt und das rhetorische Moment mit verrechnet werden. Zugleich wird für Bohren die Fragwürdigkeit allen prophetischen *"Sehens"* deutlich, die trotzdem nicht von der Aufgabe entbindet, das Wirken des Geistes in der Gegenwart zu entdecken.[61] Präsentischer und futurischer Aspekt finden sich sowohl beim älteren wie jüngeren Blumhardt und sind nach Bohren zusammenzudenken: *"Nur wer auf den Heiligen Geist in Person für alle Kreatur hofft, wird die Möglichkeit haben, sein Wirken in der Gegenwart zu entdecken. Nur wer hier entdeckt, wird zu sagen haben. Wer blind bleibt, wird auch nichts zu sagen haben. Was der Vater meint, das meint auch der Sohn, nur daß der Sohn nicht mehr biblizistisch in der Welt des Biedermeier lebt, sondern sozusagen in der Moderne".*[62]
Bohren will nicht nur vom älteren zum jüngeren Blumhardt lesen, sondern auch zurückbuchstabieren: *"Gerade wer nicht biblizistisch auf eine Wiederkehr der Apostelzeit hoffen kann oder hoffen will, sollte bedenken, daß die Apostelgeschichte die erste Zeit als eine qualifizierte, als eine Idealzeit schildert, als Modell der Hoffnung also, eine Art Genesis der Neuschöpfung. Gerade als solche hat sie ihre Wirkungsgeschichte. Als Geschichte des idealen Anfangs - oder als idealisierte Geschichte des Anfangs - eignet ihr eine besondere Qualität der Verheißung: Sie ist um unserer Zukunft willen erzählt worden und wird um unserer Zukunft willen weiter erzählt. Darum sind von ihr immer wieder Impulse der Erneuerung ausgegangen. In ihr - und nicht erst in der Apokalyptik - findet der Glaube seine Futurologie".*[63]
Gegen die Erfahrung der Abwesenheit Gottes und des predigenden Leerlaufes setzt Bohren die massive Erwartung des Geistes des älteren Blumhardt. *"Gottes Offenbarwerden allein kann die Erfahrung seiner Abwesenheit überholen und die Leerformeln füllen. Gott in seinem Offenbarwerden ist sein Geist. Was unser Predigen braucht, ist Geist, damit erkennbar wird, daß das Reich Gottes nicht nur in Worten, sondern in Kraft besteht (I Kor 4,20)".*[64] Aus dem Gespräch mit den beiden Blumhardts ist nach Bohren für die Predigt zu lernen, daß nur eine neue

Ankunft des Geistes unsere Sprachlosigkeit überwindet, "*und schon ist der Geist in der Welt intensiver am Werk als wir ahnen. So gilt beides in einem, den Geist in der Zukunft zu erwarten und in der Gegenwart zu entdecken*".[65] Der pneumatologische Ansatz "*wird auf die Verheißung des Geistes in der Predigt insistieren, damit der 'verhältnismäßig kleine Anfang der Erfüllung' von Pfingsten zur Vollendung komme*".[66]

Partnerschaftliche Einbeziehung des Menschlichen in das Theologische

Bohren sieht vor allem zwei Vorzüge des pneumatologischen Ansatzes für die Predigtlehre. Er macht es sowohl möglich, "*am Ansatz der dialektischen Theologie festzuhalten und den theologischen Primat der Predigtlehre wie des Predigens zu behaupten*", als auch "*dem anthropologischen Aspekt gerecht zu werden*", das Menschliche und Machbare neu zu betonen und in Freiheit aufzunehmen.[67] Im Horizont der Pneumatologie kann der Prediger und der Hörer neu zu Ehren kommen.

2.2.2   Pneumatologie als Horizont der Praktischen Theologie

Erzählbare Geschichte

Der Horizont, den das Pneuma in der Pneumatologie eröffnet, ist zwar nicht direkt beschreibbar, weil wir Gott nicht schauen, sondern glauben, weil er aber der Horizont einer *Geschichte* ist, ist er erzählbar.[68] Dieser Geschichte von der Schöpfung bis zur Vollendung geht Bohren in seiner Einführung "Daß Gott schön werde" erzählend und Einzelzüge des Geisteswirkens im Schriftzeugnis kommentierend nach.[69] Zu den Wirkungen der Chaosüberwindung, der Schöpfung, Erhaltung und Geistausrüstung im Alten Testament treten die Wirkungen des Geistes bei Geburt, Tod und Auferstehung Christi und in Erweisung der Kraft im Neuen Testament. Das Pfingstfest als Fest der Landgabe bringt die Erde ein und bleibt ihr treu.[70] Weiter eröffnet Pfingsten als Fest der Ernte den Horizont der Freude und neue sprachliche Möglichkeiten.[71]

Weite und Gegenwart

Als Imperfekt ermöglicht das Pfingstgeschehen zugleich Zukunft und weist nach vorne, so daß der pneumatologische Horizont sich als "Rundblick" erweist, "der von der Schöpfung zur Neuschöpfung führt und alle Horizonte überholt, die äußeren und die inneren".[72] Praktische Theologie im Horizont der Pneumatologie reflektiert nach Bohren demnach kirchliche Praxis von diesem erzählten Horizont her und zu ihm hin: "*Pneumatologie ist die Lehre vom Geist, die Lehre vom Lebendigsein Gottes bei uns, in uns, unter uns, die Lehre von seinem Atmen, seinem Begleiten, seinem Sprechen und Schenken... Pneumatologie ist die Theorie vom Gottsein Gottes post Christum in der Immanenz. Die Theorie also vom Praktisch-Werden Gottes... In diesem Praktisch-Werden Gottes ist Gott selbst aus auf neue Horizonte. Indem er aus ist auf neue Horizonte, ist er aus auf unser Heil*".[73]

2.2.3   Pneumatologie im Rahmen der Trinitätslehre

Das theologische Wesen der Praktischen Theologie besteht für Bohren darin, daß sie "*Praxis von Gott her auf Gott hin*", "*den praktisch-werdenden Gott*" reflektiert. Die Reflexion des Gottes, "*der in seinem Aus-Sein auf neue Horizonte sich von Gott unterscheidet, der sich selbst von neuen Horizonten neu bestimmen läßt und uns durch sein Anwesen neu bestimmt*", erfolgt im Rahmen der Trinitätslehre.[74] Diese hält Bohren für die Theoriebildung der Praxis für grundlegend. Die Trinitätslehre soll den pneumatologischen Horizont erklären, denn der Geist *"ist nichts anderes als Gott der Vater und Gott der Sohn in unserer Gegenwart"*.[75] Gott wird für uns nur im Geist praktisch. Die Zeit zwischen den Zeiten ist die Zeit des Geistes, in der Gott aus sich heraustritt und auf neue Horizonte aus ist.

Lebendiger Christus statt Historismus und Doketismus

Fehlt die trinitarische Sichtweise und spielt die Pneumatologie keine Rolle, hat das im Blick auf die *Christologie* gravierende Auswirkungen. Bohren konstatiert in der wissenschaftlichen Theologie, so sehr man sich auch an der Inkarnation orientiere, als Folge bloß historischen Denkens die Tendenz zu Restauration und zur Formalorthodoxie. Die Christologie wird doketisch. Es gibt wohl noch Historie, aber keine Gegenwart mehr. Mit der Dimension der Zukunft entfällt zugleich die Dimension des Schöpfers und seiner Schöpfung, mit dem Verlust des trinitarischen Dogmas der Horizont zur gegenwärtigen Welt und den Menschen.[76] *"Der lebendige Christus bleibt solange verdeckt, als sein Lebendigsein nicht oder nicht genügend reflektiert wird; und sein Lebendigsein wird nicht genügend reflektiert, wenn es nicht im Verbund mit dem Lebendigsein des Vaters einerseits und mit dem Lebendigsein des Geistes andererseits gesehen wird... Sein Lebendigsein in der Praxis zu reflektieren, das ist die Aufgabe einer praktischen Theologie, die sich als Pneumatologie versteht"*.[77]

Schöpfungsbezogene Allmacht statt bloßer Innerlichkeit

Im Blick auf die *Schöpfungslehre* ereignet sich beim Verlust trinitarischen Denkens Analoges wie bei der Christologie. Der Schöpfer bekommt deistische Züge. Schöpfung und Natur, Geschöpf und Geschöpflichkeit treten zurück, Innerlichkeit bestimmt das Feld. Vordringlich ist deshalb nach Bohren heute, Gott als der omnipotente Schöpfer des Himmels und der Erde zu bekennen.[78]

Freiheit und Dynamik des Geistes statt Domestizierung

Wird der *Heilige Geist* nicht trinitarisch gedacht, sondern christologisch reduziert, hat das seine Relativierung, Domestizierung oder Klerikalisierung zur Folge. Bohren dokumentiert an einer Predigt E. Jüngels, wie eine christologisch strukturierte Pneumatologie den Horizont des Geistes nach seiner Sicht eingrenzt.[79] *"Jüngel hat das chaotische Element des Geistes gezügelt zu dem Ende, daß er der Christologie gegenüber keinen Sprachgewinn macht. Pfingsten hat seinen Überschuß verloren"*.[80]

"Materialistische Tendenz" des Geistes

Die traditionelle Lehre vom Ausgang des Geistes vom Vater und vom Sohn ist für die kritische Überprüfung der Frage wichtig, wer der Geist ist, der am Wirken ist. Eine bloß formalorthodoxe, negativ abgrenzende Wiederholung der trinitarischen Formel ist Bohren aber zu wenig. Er möchte das Heute des Glaubens einbeziehen. *"Der Geist geht nicht nur vom Vater aus, der Vater geht vielmehr im Geist aus sich heraus. Der Geist geht nicht nur vom Sohn aus, der Sohn geht vielmehr im Geist aus sich heraus: Im Geist ist der Vater außer sich. Im Geist ist der Sohn außer sich. Der Vater und der Sohn treten aus sich heraus und werden öffentlich"*.[81] Dabei ist nach Bohren zu bedenken, was es bedeutet, daß der Geist auf seinem Gang von Osten nach Westen sein Geschlecht wechselte: *"Der Geist ist als 'ruach' in Kanaan weiblich, als 'pneuma' in Hellas sachlich und als 'spiritus' in Rom männlich. Männlich bleibt er auch in Wittenberg und Genf"*.[82] Gegenüber Engführungen der griechisch-metaphysischen Denkge-

stalt plädiert Bohren für eine ökonomisch gedachte Trinität, da von dieser her *"die mate-
rialistische Tendenz"* des Schöpfergeistes deutlich wird. *"Der Geist mischt sich in die Geschichte hinein, auch in die natürlichen, schöpfungsmäßigen Gegebenheiten wie Mann, Frau, Kind,
Ehe, Familie, Gruppe, Gesellschaft, Staat etc. Der Geist tut das Werk des Vaters und des Sohnes so,
daß er sich in diese natürlichen Gegebenheiten begibt"*.[83]

2.2.4 Die Kategorien der *"theonomen Reziprozität"* und der *"Vermengung"* im pneumatologischen Denken

Bohren nimmt in seinem pneumatologischen Ansatz Überlegungen des niederländischen Systematikers Arnold A. van Ruler auf, der sich in einem Aufsatz zu *"Strukturunterschiede[n] zwischen dem christologischen und dem pneumatologischen Gesichtspunkt"* geäußert
hat,[84] und sucht sie für die Praktische Theologie fruchtbar zu machen. A.A.v. Ruler hatte
sich zunehmend von K. Barth und seiner Christozentrik abgewandt, die er als bedenkliche
Engführung wertete, in der die Herrlichkeit der Schöpfung, die Mündigkeit des Menschen
und die Eigenständigkeit des Geisteswirkens an den Rand gedrängt wird.[85] Nach van Ruler
folgt das *"Gott in Christo"* anderen Gesetzen als das *"Gott in uns"*, womit er sich gegen Barth
wendet, für den der Heilige Geist der Christus praesens ist. Er kommt fast zu einer Entgegensetzung und zieht den Gedanken einer Art Rückgängigmachung der Inkarnation durch
den Geist in Betracht: *"Man kann sich fragen, ob man nicht sagen soll, daß die Inkarnation schon
im Werk des Geistes anfängt, rückgängig gemacht zu werden. Jedenfalls wird sein harter Kern, die
Stellvertretung, dadurch auf viele Weisen angegriffen"*.[86] Van Ruler spricht von einer *"Ausbreitung"* in der Trinität und stellt die Ausgießung des Geistes gegenüber der Fleischwerdung
des Wortes als neue Tat Gottes heraus.[87] Er tendiert dazu, die Verschiedenheit der trinitarischen Personen stärker zu betonen als ihre Einheit.[88]

Strukturunterschiede zwischen christologischer und pneumatologischer Betrachtungsweise
nach A.A. van Ruler

Es sind vier von neun Strukturunterscheidungen van Rulers, die Bohren aus dessen
Gegenüberstellung von Christologie und Pneumatologie, von Enhypostasie Christi und
Einwohnung des Geistes im Menschen aufgreift:
1) In der Pneumatologie kann die christologische Zentralaussage "Gott wird Mensch",
Christus ist "wesenseins" mit Gott, nicht wiederholt werden. Während nach der Lehre der
Enhypostasie (Einpersonung der göttlichen Person in der menschlichen Natur) die mensch-
liche Natur Christi ohne eigene Persongestalt *in* seiner göttlichen *Person* existiert, wohnt der
Geist Gottes anders im Menschen. Der Mensch wird nicht wesenseins mit Gott. Weder vom
Christen noch von der Kirche noch von der Schrift kann gesagt werden, daß sie Gott sind.
Sie bleiben im Gegenüber.[89]
2) In der christologischen Fragestellung geht es um die menschliche Natur allgemein, "die
vom Logos angenommen... ist", in der Pneumatologie dagegen geht es *"nicht um die menschliche Natur, sondern gerade um die menschliche Person, um mich und um dich, um die vielen
menschlichen Personen und um ihre Gemeinschaft, denen der Geist einwohnt"*.[90]
3) Während in der Christologie die Zentralkategorie für die Mittlerschaft Christi die der
Stellvertretung ist, wirkt der Geist *"nicht nur in uns und an uns, sondern eigentlich immer auch
mit uns - im Sinne von 'zusammen mit' uns"*.[91] An die Stelle der Kategorie der Stellvertretung
in der Christologie tritt nach van Ruler in der Pneumatologie nun die Kategorie der
"Reziprozität", und zwar *"theonomer Reziprozität"*. Kennzeichen des Werkes des Geistes ist,
"daß er uns ans Werk setzt".[92] Mit der Kategorie der "theonomen Reziprozität" bezeichnet van

Ruler eine gottgesetzte Wechselseitigkeit und Gegenseitigkeit, eine Art Austausch und Partnerschaft, die das Intolerante aufhebt, "das der Christologie eigen ist".[93]

Im Unterschied zum Aspekt der Vollkommenheit in Werk und Person Christi zeigt sich das Werk des Geistes fragmentarisch. Während man in einem christologischen Kontext entschieden perfektionistisch reden muß, ist der Perfektionismus pneumatologisch für van Ruler eine "lebensgefährliche Ketzerei".[94] (Die Abwehr des Perfektionismus im pneumatologischen Bereich bedeutet, daß das Menschliche und Machbare, aber auch Wunderbare im Bereich des Fragwürdigen bleibt. Bohren versteht das fragmentarische und zeichenhafte Wirken des Geistes analog zum Skandalon des Kreuzes).[95]

4) Die "Kategorie der Vermengung" wurde in der Christologie abgewiesen, weil sie zum Monophysitismus führt, d.h. die Vermengung des Wesens Gottes und des Wesens des Menschen bedeutet. In der Pneumatologie dagegen ist sie für die inhabitatio des Geistes nach van Ruler eine legitime Kategorie. Das göttliche Heil in Jesus Christus mischt sich mit der geschaffenen und gefallenen Existenz des Menschen. Es geschieht wirkliche Zueignung, aus- und umgestaltende Weiterwirkung. Christus gewinnt in jedem Menschen, jedem Volk, in jeder Kultur, in jedem Jahrhundert anders Gestalt.[96] (Diese Kategorie wehrt nach Bohren einer Spiritualisierung der Pneumatologie, indem sie den Heiligen Geist mit Schöpfung, Geschichte und Kultur in Zusammenhang bringt).

Einen weiteren, für die Predigtlehre wichtigen Strukturunterschied vermißt Bohren bei van Ruler, nämlich den zwischen Einzahl und Mehrzahl. Während in der Fleischwerdung des Wortes das Wort einstimmig spricht, bewirkt das Einwohnen des Geistes im einzelnen und in einer Gesamtheit eine grundsätzliche Mehrsprachigkeit. Gegenüber der - nicht wertend gemeinten - "Monotonie Jesu" steht die *"Polyphonie des Geistes"*.[97]

Gewinn der pneumatologischen Betrachtungsweise: Verbindung von Wunderbarem und Machbarem - Dabeisein des Menschen

Bohren wendet die Kategorien van Rulers in der Praktischen Theologie an, weil im Horizont der Pneumatologie "mit dem Menschen auch das Machbare, das, was der Mensch kann, eine besondere Dignität bekommt" und nun etwa in Blick auf die Predigt *"das Machbare und das Wunderbare"* nicht auseinanderfallen.[98] *"Unter dem Gesichtspunkt der Pneumatologie ist alles Machbare auch wunderbar. Wunder und Technik sind - pneumatologisch gesprochen - keine Gegensätze, sie signalisieren lediglich verschiedene Aspekte der theonomen Reziprozität".[99]* Methode, Kunst, Technik und Wissenschaft werden in die *"Partnerschaft des Geistes"* einbezogen, auch wenn sie in die Krisis des Geistes hineingeraten.

Im Schlüsselbegriff der theonomen Reziprozität kann Bohren den Primat Gottes umschreiben, ohne das Dabeisein des Menschen zu vergessen: *"Die Geistesgegenwart gerät in Bewegung, die Begriffe werden austauschbar. Die Gegenwart des Geistes wird zur Geistesgegenwart des Sprechenden und Hörenden, ohne in ihr aufzugehen".[100]*

Differenz, aber kein grundsätzlicher Gegensatz zur Christologie

Auch wenn Bohren immer wieder die Verschiedenheit des pneumatologischen Aspekts vom christologischen betont,[101] darf dies nicht im Sinn eines Gegensatzes verstanden werden. Er setzt den engen Zusammenhang beider voraus.[102] Worum es ihm geht sind *"Strukturunterschiede in der jeweiligen Optik".[103]* Er polemisiert nicht gegen ein christologisches Denken als solches, sondern *"nur gegen ein Denken, das die Präsenz Christi in der Geistesgegenwart nicht genügend bedenkt und das mit dem Geist auch die Gegenwart verkennt und verliert",[104]* gegen ein Denken, *"das Gott als Heiligen Geist nicht zu seinem Recht kommen läßt und seiner Person die Ehre nicht gewährt, die ihm zukommt, gegen ein Denken also, das die Doxolo-*

gie der Kirche nicht einholt, genauer: gegen ein Denken, das nicht unterwegs ist zur Doxologie".[105] Es geht ihm darum, daß die Christologie *"ins Fleisch der Gegenwart"* geführt wird[106] und der Mensch im Licht seiner Zukunft gesehen wird.[107] Pneumatologisches Denken beinhaltet nach Bohren immer die Dimensionen a) des Gerichts, der Krisis des Vorfindlichen, b) des Leidens an den Defiziten und c) des Lobes im Ausblick auf die Vollendung.[108] *"Pneumatologisches Denken kann nicht beim einzelnen Menschen stehenbleiben, es muß zur Menschheit fortschreiten. Es kann sich nicht mit einer individuellen Zuteilung begnügen, es muß auf der Zuteilung des Geistes an alle Glieder der Gemeinde insistieren, weil es im Horizont der ganzen Schöpfung denkt"*.[109]

"Einmischung" des Geistes in die Verhältnisse: Verkleinerung und Stückwerk

Pneumatologie innerhalb der Trinitätslehre bedeutet nach Bohren auch die *"Lehre von der zunehmenden und fortschreitenden Verkleinerung Gottes"*.[110] Sie denkt nach über den Machtverzicht Gottes und seine zunehmende Wehrlosigkeit, seine Entäußerung und Verhüllung. Die Kategorie des "unvermischt und ungetrennt" im Geschehen der Inkarnation wird durch Pfingsten *"überholt"*.[111] Der Gegenwart Gottes im Menschen eignet eine andere Modalität als seiner klar identifizierbaren Gegenwart in Christus. *"Der Geist wird anonym, ist kaum mehr zu identifizieren, er mischt sich mit dem Menschlichen. Er kann sich im Menschlichen verstecken, er kann sich verlieren; denn nun vereinigt er sich nicht nur mit dem Sündlosen aus Nazareth, sondern mit dem Sünder von überall und anderswo, und dieses Vereinigen und Vermischen hat vielerlei Gestalt. Als Impuls und als Gabe, das Gute und Schöne zu tun in aller Welt, als Creator des neuen Menschen. Der Geist, der Glauben schafft und Wiedergeburt, ist der gleiche Geist, der in aller Welt wirkt... Indem er sich ins Menschliche mischt, geht er über das Menschliche hinaus, geht er hinein ins Materielle. Er wirkt, indem er sich einmischt; das Geschöpfliche, das Gemachte, wird sein Vehikel. In solchem Einmischen wird der Geist einerseits fragwürdig, wortbedürftig und andererseits stellt er unsere Denkgewohnheit in Frage. Denn er ist der Schöpfergeist einer neuen Welt"*.[112] Insofern in dem Praktischwerden Gottes in die Materie hinein weder die Materie noch die Praxis Gott werden, eignet dieser Gestalt des Kommens Gottes der Charakter der Entäußerung und Verhüllung.[113]

Zum Kleinwerden und Hineinmischen des Geistes ins Menschliche und Materielle gehört für Bohren auch das grundsätzlich Fragmentarische, der Stückwerkscharakter der Geistwirkung, der sich etwa an den Geistesgaben zeigt (vgl. I Kor 13,12): *"Wo der Geist in seinen Gaben epiphan wird, sehen wir noch nicht in die letzte Klarheit, sondern immer noch ins Dunkel. Im Stückwerkscharakter liegt sein Geheimnis, als Stückwerk voraus zu sein auf das Vollkommene"*.[114]

Handeln in *"theonomer Reziprozität"*

Bohren verbindet den Gedanken der Verkleinerung Gottes mit dem der "theonomen Reziprozität", der Kooperation des Menschen in Gottes Tun, den er etwa an der Heilung des Blindgeborenen (Joh 9,7 - "Geh und wasche dich...") exemplifiziert oder an der Bitte des Psalmisten um einen bereitwilligen Geist (Ps 51,14). *"Gott tut sein Werk, indem vom Geist ein Impuls ausgeht, der den Menschen auf den Weg schickt, und unterwegs gibt ein Wort das andere. Der Geist initiiert nicht nur, er begleitet... Gott wird im Geist zum Genossen des Menschen, und der Mensch wird zum Genossen Gottes. In dieser Genossenschaft bleibt Gott Gott und der Mensch Mensch. Aber beide sind unterwegs, und der Mensch wird hier durchaus zum Partner; ohne dessen Mitwirkung kommt es nicht zur Veränderung"*.[115] Theonom ist diese Mitwirkung, insofern der Impuls von Gott ausgeht und das Tun des Menschen durch den Geist ermöglicht und getragen wird. *"Der Mensch und sein Werk wird zum Glied Gottes und seines Werkes. Besser: Gott und sein Werk bekommt nun eine Parallele im Menschen und in seinem Werk... Das Werk des im Geiste Gegenwärtigen initiiert ein Werk des Menschen. Gott wird praktisch in des Menschen Werk. Gott wird in und mit menschlicher Praxis praktisch".[116]* Bohren kann in diesem Zusammenhang davon sprechen, daß Gott den Menschen in doppeltem Sinn des Wortes "brauche" und auf ihn angewiesen sei. Dieses Angewiesen-Sein bedeutet aber nicht eine grundsätzliche Aufgabe der Allmacht Gottes, sondern gehört zum Wesen der Liebe: *"Wer liebt, bedarf des anderen, verlangt nach dem anderen, kann sozusagen nichts tun ohne den anderen. Weil Gott Liebe ist, auch als Heiliger Geist die Liebe ist, darum braucht er den Menschen in der Weise, daß er sich abhängig macht vom Menschen".[117]* Indem sich Gott so erniedrigt, erhöht er den Menschen. Er macht sich selbst klein und den Menschen groß, indem er ihn als seinen Mitarbeiter einbezieht.

2.2.5 Begabung mit dem Geist

Nicht ohne die anderen

Bohren sieht den Standort des einzelnen im Horizont der Pneumatologie *"zwischen dem Pfingsten des Lukas und dem Pfingsten, das die Propheten der Kirche angesagt haben"*, liegen.[118] Sich selbst in der "theonomen Reziprozität" entdecken, von einem Geschehen her auf ein neues Geschehen hin, bedeutet nach ihm, zunächst selbst an den Heiligen Geist zu glauben und sich als geistbegabt zu erkennen.[119] In diese Erkenntnis ist die Entdeckung eingeschlossen, daß andere neben mir wie ich selbst ganz individuell und je verschieden durch den Heiligen Geist begabt sind. Empirisch kann mir die Begabung des anderen wie meine eigene zunächst verborgen sein. Der Zuspruch des Wortes jedoch - vor aller Empirie - schafft den Glauben, *"daß mir der Heilige Geist geschenkt ist und daß der andere ein Mitmir-Beschenkter ist"*, und indem *"der Glaube glaubt, macht er Erfahrung, entdeckt er auch die Gaben des Geistes beim anderen".[120]* Ohne jene anderen kann ich den Heiligen Geist nicht haben. Beide können wir ihn nicht ohne Sprache haben. Wir brauchen gegenseitige Belehrung über das, was wir vom Geist haben. *"Der Geist schenkt sich nicht ohne das Wort, auch wenn er sich zunächst wortlos schenkt. Ob der Geist erfahren wird und das Wort dazukommt, oder ob das Wort kommt, das uns der Geist entdeckt, steht allemal in der Freiheit des Geistes".[121]* Niemand sollte jedoch sagen, er könne mit dem Heiligen Geist nichts anfangen, denn er habe ihn nicht erfahren, weil er damit das Moment der Verkleinerung des Geistes übersieht und den verachtet, der bekennt: *"Der Heilige Geist ist auch mir gegeben".* Mit solch einer Rede verdeckt und verstellt man sich die Erfahrung der anderen.[122]

Leid des Charismas

Bohren nimmt Karl Rahners Ausführungen über das "Leid des Charismas" auf, das darin besteht, daß niemand den Geist in Fülle und alle Gaben hat, sondern angewiesen bleibt auf die anderen. Die *"Verkleinerung Gottes"* ist - so Bohren - zwar heilsam, aber *nicht ohne Schmerz* für uns Menschen. Mit der Austeilung sind zugleich *Konflikte* verbunden. Die Vielfältigkeit und der Reichtum machen die Armut und Begrenzung der eigenen Begabung deutlich. Der Geistbegabte neigt als endliches Wesen und Sünder dazu, *"seine eigene Gabe absolut zu setzen und damit den eigenen Horizont zu kanonisieren".[123]* Insofern konstatiert Bohren bei jedem Charismatiker *"eine gewisse Neigung zum Papsttum": "Jedes Charisma bekommt leicht etwas Päpstliches. Es tendiert auf Unfehlbarkeit und will möglichst keine Bischöfe neben sich haben. In dieser Tendenz setzt es sich absolut und betrübt den Geist in den andern".[124]* Der Charismatiker setzt sich selbst an die Stelle des Charismas. Damit betrübt er auch den ihm gegebenen Geist, weil solche Absolutsetzung des Charismas Verrat am Charisma ist.

Diese Gefährdung wird überwunden, wo das Leid angenommen wird, das die Echtheit des Charismas garantiert und bewährt. *"Im Leiden an der Kirche bewährt sich das Charisma und der Charismatiker in der Proexistenz für das Ganze".*[125]

Einheit in der Liebe

Dieses Ringen um die Einheit in der Liebe aus einem Leiden an der Zerrissenheit und Zertrennung der Geistbegabten ist wesentlicher Teil der Paränese des Apostels Paulus.[126] Die Einheit wird christologisch begründet (vgl. Röm 15,7; Phil 2,1-11). *"Das Chaotische und Auseinanderstrebende des Geistes in den Geistes- und Geistbegabten bekommt hier ein Korrektiv, indem zurückverwiesen wird auf den, von dem der Geist ausgeht".*[127] Zugleich erinnert Paulus an Geistwirkungen wie Ermahnung, Zuspruch, Gemeinschaft, Mitgefühl und drückt damit auch die Unvollkommenheit aus, die dem Pluralismus des Geistes im Sich-Ausgießen eigen ist, und nimmt die Gemeinde in die Pflicht. Daß Paränese nötig ist, zeigt die Wortbedürftigkeit des Geistes. Paulus mahnt *"zum Handeln im Kollektiv, damit sich in der Kollektivierung der Gaben ein Stil bilde, eine gemeinsame Bezogenheit des Handelns, eine gemeinsame Praxis".*[128] Die vielen Gaben sollen in theonomer Reziprozität gemeinschaftlich gebraucht werden. *"Der Geist, der sich plural schenkt, sich im Leichtsinn der Liebe Gottes grenzenlos verstreut, der Geist, der sich verkleinert, stellt die Aufgabe der Einheit".*[129] Diese ist nach Bohren *"unsere Angelegenheit"*[130] auf Grund der Liebe als fundamentaler Geistwirkung. Ihr sind die Charismen unterzuordnen, statt sie absolut zu setzen.

Mut zu neuen Charismen

Bohren wendet sich einerseits *gegen eine biblizistische Verengung* der Charismenlehre auf die korinthischen Erscheinungen und eine postularische Forderung der neutestamentlichen Charismen für heute. Andererseits hält er es für töricht, sie für die Gegenwart zu leugnen, und unterstreicht die Notwendigkeit, die Kirche und die einzelnen Christen zu den Charismen zu ermutigen und zu ermuntern. Angeregt durch K. Rahners Wort vom "Mut zu neuen Charismen" fragt Bohren nach der Entdeckung von solchen etwa in den heutigen Möglichkeiten der Technologie. Sei es in der Weise, daß 1) die Technologie (z.B. die Massenmedien) selbst im Dienst des Charisma steht oder gar selbst eines sein kann; oder, daß die Technologisierung 2) zur Entdeckung von Charismen führt, die gerade von den Zwängen der Technik unabhängig sind und neue Wege weisen; oder so, daß 3) Charismen mit Hilfe der Technik zur Freiheit von dieser helfen. Bohren geht davon aus, daß es Charismen auch extra muros ecclesiae gibt, nämlich überall dort, wo der Geist schöpferisch wirkt. *"Vielleicht sind wir deshalb so blind für die Charismen in der Kirche, weil wir die Charismen nicht sehen, die der Geist außerhalb der Kirche gibt".*[131]

Entdeckung und Wahrnehmung: Zufall und Planung

Weil in der Gemeinde jeder begabt ist und Christsein zugleich Charismatikersein bedeutet, ist der Katechismussatz "Ich glaube an den Heiligen Geist" dahingehend zu variieren, daß man bekennt: *"Ein Charisma ist auch mir gegeben, und mein Charisma soll dazu dienen, daß andere zu dem ihren kommen".*[132] Der Ort, an dem Charismen entdeckt, benannt, ausgebildet und in Dienst genommen werden, ist *die Gemeinde.* Schon im Empfangen sind sie als Gabe auch Aufgabe und wahrzunehmen. Von der paulinischen Aufforderung her, nach Charismen, vor allem nach der Prophetie, zu eifern, sieht Bohren in den Charismen *"die Ausbildung der Wortfähigkeit der Gemeinde"* eingeschlossen. Unter diesem Leitgedanken schaut er die traditionellen Fächer der Praktischen Theologie zusammen. Demnach ist Aufgabe der Praktischen Theologie - als Charismatik -, auch eine Theorie und Technik für die Entdeckung von Charismen zu entwickeln.[133] Hierzu macht er allerdings nur kurze Andeutungen. Zunächst sei die *Spannung zwischen Frucht und Werk* zu beachten. Weiter komme dem *Spielerischen* und der *Geistesgegenwart* als ein Ausnutzen des Zufalls eine entscheidende Bedeutung zu. Das Charisma und seine Entdeckung rechnet Bohren unter die Zufälle im tiefen Sinn des Wortes. Nicht der Zufälligkeit sollte jedoch der Gebrauch des Charismas überlassen bleiben. Insofern gebe es hier Raum auch für Planung und Strategie. *"Zufall und Planung sind im Blick auf das Charisma keine absoluten Gegensätze, sondern gehören zu einer paradoxen Dialektik. Wer die Charismen wahrnehmen will, muß etwas mit ihnen anfangen können und wollen, muß ein Interesse an ihnen haben. Und das wird nur geschehen, wenn eine Planung geschieht. Ohne Planung, ohne ein Interesse am Charisma bleiben die Charismen ungenützt. Eine Auferbauung der Gemeinde ohne Planung ist nicht möglich; wobei zu beachten ist, daß auch das Planen auf einem Charisma beruht".*[134] Vom Aspekt der Planung und Strategie her kommt Bohren auf die Notwendigkeit des Institutionellen zu sprechen, auf die *Kirche* als *"Behausung der Charismen".* Sicher bedürfe nicht jedes Charisma dieser Behausung und könne die Institution Charismen nicht garantieren, aber gerade zur Wahrnehmung und kritischen Nachprüfung der Charismen seien Institutionen notwendig.[135]

Bezugnahme auf Einzelcharismen

Bohren bietet keine zusammenhängende Darstellung der Charismen und geht nicht weiter auf Details der Praxis im Gemeindealltag ein. In seinen Veröffentlichungen finden sich aber immer wieder Bezugnahmen auf das Charismatische im allgemeinen und auf einige Einzelcharismen. In seiner Predigtlehre greift er etwa die Frage der *Prophetie* im Zusammenhang des Predigtgeschehens als *Zukunft eröffnende kritische Deutung der Gegenwart* auf.[136] Die Predigt als Machtwort bringt er in Verbindung mit dem *Exorzismus.*[137] Das Phänomen der *Glossalie* würdigt er, wie den Dadaismus, unter dem Aspekt des Sprachgewinns positiv.[138] Weil die Gegenwart Gottes im biblischen Zeugnis sich auch in *Zeichen und Wundern* manifestiert, bezieht Bohren auch diese in seine Überlegungen ein. Einerseits gilt es mit dem Eingreifen Gottes zu rechnen, andererseits ist aber der Wert der Predigt nicht an den mitfolgenden Zeichen zu messen, weil damit zu gering vom Wort gedacht wird. Die Gefährdung des Zeichen ist seine Verabsolutierung.[139] Weiter mißt Bohren *Traum und Vision* als glaubender Projektion vom und für den Hörer im Predigtgeschehen Bedeutung bei.[140] In der seinem theologischen Denken eigenen Dialektik nimmt er dabei das biblische Zeugnis auf, erhebt daraus das Paradigmatische, übersteigt die biblischen Aussagen pneumatologisch und dringt auf Gegenwärtigkeit und Zukunft und Weitung über das Innerkirchliche hinaus. Damit kritisiert er zugleich aufklärerische Verkürzungen wie biblizistische Repristination.[141] Natürliches und Wunderbares sieht er im Sinn der Kategorie der Vermengung auch auf dem Feld der Charismen zusammen und ineinander.[142] Geschöpfliches, Natur, Technik und Kunst kann in Dienst genommen werden und Instrument des Geistes sein. Der Heilige Geist kann sich einmengen und im Natürlichen Wunderhaftes wirken. Von daher ergibt sich auch für das Feld des Charismatischen die Notwendigkeit der "Unterscheidung der Geister".

2.3 "Vermischung ruft nach Entmischung": Die Notwendigkeit der Prüfung der Geister

2.3.1 Gefährdungen des Geistes

Die pneumatologischen Kategorien der theonomen Reziprozität und der Vermengung implizieren notwendig die Aufgabe der "Unterscheidung der Geister".

Die "unmögliche Möglichkeit" der Usurpation der Theonomie

In der Wechselseitigkeit der theonomen Reziprozität liegt nach Bohren - eine Formulierung K. Barths aufnehmend - die unmögliche Möglichkeit der Usurpation des göttlichen Werks durch das menschliche: "*Der Mensch, der sein will wie Gott, macht sich selbst zum Schöpfer, oftmals im Gewand der Demut und unter dem Anschein der Verehrung des Schöpfers. - Weil der Mensch gestalten kann, weil die großen Taten nun von kleinen Leuten zu tun sind, werden sie zwielichtig, fragwürdig; das menschliche Werk ist nie über jeden Zweifel erhaben*".[143] Aus diesem Grund bedarf gerade auch das fromme Werk des Menschen der kritischen Nachprüfung. Die Theonomie im Wechselverhältnis mit dem Menschen kann nicht ein für allemal ausgemacht werden, sondern bleibt in der Reziprozität in einer Spannung mit diesem und ist je neu festzustellen.[144]

Die Möglichkeit der Verwechslung mit anderen Geistern

Die "Verkleinerung" des Heiligen Geistes macht seine Verwechslung mit anderen Geistern möglich und erfordert daher die Unterscheidung. "*Indem der Geist klein wird und sich mit Geistern mischt, ist nicht mehr ausgemacht, was denn Heiliger Geist sei. Weil der Heilige Geist im Prozeß der Verkleinerung und Vermischung in die Krisis gerät und die Geister mit ihm, wird die Diakrisis notwendig. Da der Geist in den Geistern geistet, muß festgestellt werden, welcher Geist denn in welchem Geist geistet..., ist zwischen Geist und Geist zu unterscheiden*".[145] Notwendig wird die Unterscheidung auch, insofern "*der Heilige Geist plural wirkt und weil er in seinem pluralen Wirken einer bleibt*".[146]

Bohren sieht das Skandalon des Kleinwerdens und der Verwechselbarkeit in der Pneumatologie in struktureller Parallele zum Skandalon des Kreuzes in der Christologie. Die Verkleinerung ist nicht nur Kundgabe der Werke der Trinität, sondern zugleich auch ihre Verhüllung.

2.3.2 Grundstruktur der "Unterscheidung der Geister"

Die Feststellung des Geistes "*Schon jetzt*"

Wie das Skandalon des Kreuzes nach der Parusie ruft, schreit das Skandalon der Verwechselbarkeit des Geistes und sein "Noch nicht" danach, daß Gott alles in allem werden möchte. "*Die Prüfung der Geister enthebt den Heiligen Geist aus dem Zwielichtigen und ermöglicht aufs neue die Einheit des Geistes, wie sie von dieser herkommt. Die Vermischung des Geistes mit dem Menschlichen ruft nach 'Entmischung'. Der Geist soll erkannt und benannt werden'*.[147] In der Prüfung der Geister wird der Heilige Geist als "*Schon jetzt*" festgestellt.

Markierung der Grenzen der Kirche

Bohren sieht im Vorgang der Unterscheidung etwa bei Paulus auch die Markierung der Grenzen der Kirche. Mit apostolischer Leidenschaft wendet sich Paulus gegen die Predigt eines anderen Evangeliums und das Empfangen eines anderen Geistes (II Kor 11,2.4). Er bringt die Pseudoprediger, die das Evangelium in Gesetz verkehren, in Verbindung mit dem Satan selbst, der sich in einen Lichtengel verstellt, um Lüge als Wahrheit an den Mann zu bringen und von der Einfalt in Christus wegzuführen. In diesem Fall gilt es zwischen Jesus und Jesus, Evangelium und Evangelium, Gesetz und Gesetz zu unterscheiden. Unterscheidung der Geister ist dabei mehr als bloß räsonierende Kirchenkritik. Durch sie "wird Kirche zur Kirche, zur Grundfeste der Wahrheit für die Welt. Himmel und Erde und alles menschliche Werk werden auf ihre unhörbare Stimme hin verhört, werden nach ihrer 'Aussage nach Gott hin' befragt und danach, was in ihnen von Gott her zur Sprache komme".[148]
Die Aufgabe der Unterscheidung der Geister betrifft also nicht nur die Unterscheidung zwischen Gott und Göttern, Christus und Antichristus, sondern gerade innerhalb der Kirche die für die Praxis fundamentale Frage der Unterscheidung zwischen Gesetz und Evangelium und des rechten Gebrauchs beider. Hier geht es nach Bohren weniger um die "Differenz zwischen Wahrheit und Irrtum" als um "den rechten Gebrauch der Wahrheit".[149]

Doppelaspekt: Positive Bestätigung - Negative Abgrenzung

Möglich ist Unterscheidung der Geister, weil der Heilige Geist, der in alle Wahrheit leitet (Joh 16,13), sich manifestiert und selbst aus dem Zwielicht der Verkleinerung und Vermischung befreit. Er kommt "aus der Entfremdung... zurück zu sich selbst".[150] Immer sind darin zwei Elemente enthalten, die positive Bestätigung und die negative Abgrenzung, "ein Auffinden und... ein Ausscheiden".[151] "In der Unterscheidung der Geister wird zwischen Geist und Geist unterschieden, wird geschieden zwischen heiligem und unheiligem Geist, wird zugleich der Heilige Geist geehrt und geheiligt, werden der oder die Geistträger als gerecht erwiesen".[152] - Bohren nennt den positiven Aspekt der Unterscheidung die "induktive" Funktion und den Negativaspekt die "kritische Funktion". Unterscheidung "inthronisiert und diffamiert", "setzt ein und setzt ab".[153]
Im weitesten Sinn bestimmt Bohren die Prüfung der Geister als "Sprachanalyse", die auf Wahrheit reduziert, sprachreinigend wirkt und so dem Sprachgewinn dient.[154]

2.3.3 Kriterien der Unterscheidung

Das Bekenntnis

Von I Joh 4,1ff her erhebt Bohren drei Kriterien für die Unterscheidung der Geister. Da ist zunächst das Bekenntnis, mit dem Kommen Jesu Christi ins Fleisch als inhaltlicher Füllung. Nach urchristlicher Tradition ist der Geist Gottes "ein Geist des Bekenntnisses". Am Bekenntnis scheiden sich die Geister.[155]
Insofern diese Stelle sich offensichtlich auf die innerkirchliche Auseinandersetzung mit der Irrlehre bezieht, sieht sie eine Prüfung der Geister wohl "nur für den innerkirchlichen Dienstgebrauch" vor.[156] Für Bohrens weites Verständnis des Geisteswirkens kann dies nicht genügen. Er bezieht z.B. die Felder von Kunst und Wissenschaft mit ein, was neben dem Prüfen der Geister in der Kirche ein weiteres Prüfen der Geister außerhalb der Kirche erforderlich macht. Gerade für letzteres reicht nach Bohren die Aussage von I Joh 4,2f nicht aus.

Mit W. Dantine wendet sich Bohren dagegen, dieses Schriftwort in eine dogmatische Belegstelle zu verwandeln und Rechtgläubigkeit an der formalen Bejahung des Lehrsatzes der Inkarnation zu messen. *"Weil es die Lüge gibt und weil alles menschliche Bekennen zur Heuchelei pervertieren kann, darum ist eine formale Festlegung auf korrektes Bekenntnis des Namens durchaus ungenügend"*.[157]

Auch wenn das in I Joh 4,2f genannte Kriterium nicht ausreiche, sei es doch grundsätzlich *"notwendig und unumgänglich"*. Bohren hält fest, *"daß die Prüfung der Geister sich am Namen Jesu Christi entscheidet: Die Sprache verrät den Geist, und im Akt des Bekennens muß einer mit der Sprache herausrücken. An dem, was einer über Jesus sagt und wie einer über ihn spricht, verrät einer, wes Geistes Kind er ist. Die Art und Weise, wie einer von Jesus spricht oder nicht spricht, macht sein Verhältnis zu dem von Jesus ausgehenden Geist deutlich"*.[158]

Das Hören

Aus I Joh 4,6 erhebt Bohren als weiteres Kriterium das dem Bekennen korrespondierende Hören eines Menschen. *"Auf wen einer hört, wem einer Gehör schenkt, dessen Geist empfängt er. Im Hören wird Geist empfangen"*.[159] Wer die Geister prüft, wird deshalb danach fragen, auf wen einer hört. *"Im Hören oder Nichthören auf die apostolische Predigt stellt sich heraus, wem einer gehört. Dem ich Gehör schenke, des Geistes Kind werde ich sein"*.[160] Weil aber auch das Hören auf die apostolische Predigt nicht der Zweideutigkeit entnommen ist und rein formal geschehen kann, reicht auch dieses Kriterium nicht aus, um den Geist des Hörens auszumachen.

Die Liebe

Aus diesem Grund sieht Bohren in I Joh 4,7-9 als weiteres Kriterium die Liebe genannt. *"Wenn die Bekenner und Hörer sich als solche erweisen, die aus Gott sind, dann erweist sich auch der Liebende als 'aus Gott' stammend; denn die Liebe ist 'Gottes Art'* (Schnackenburg)".[161]

Bei der Anwendung des Kriteriums der Liebe stellt sich aber die Frage, wie Liebe wahrgenommen wird. Ungenügend ist die Gestalt einer bloß semantischen "Information", da die Erklärung der Liebe gelogen sein kann. *"Liebe will erfahren sein"*.[162] Aber auch die Erfahrung bietet kein letztgültiges Kriterium, weil Liebe geheuchelt sein kann und die Erfahrung sich täuschen kann. Als menschliches Werk bleibt auch das Lieben und die Liebe im Bereich der Fragwürdigkeit.

Die Übereinstimmung von Wort und Tat

Gemeinsam ist den bisher genannten Kriterien, daß der Geist von seinen Äußerungen her beurteilt wird, von einer Nachricht, die er vermittelt. Beim Kriterium der Liebe zeigt sich, daß diese Nachricht nicht nur im Sagen besteht, sondern auch auf andere Art und Weise übermittelt werden kann. Die Nachricht kann auch in einem Tun bestehen, so daß man als ein weiteres Kriterium die "Orthopraxie" verwenden kann (vgl. I Joh 3,18). Wenngleich auch diese der menschlichen Fragwürdigkeit unterliegt, bildet sie trotzdem eine Möglichkeit der Überprüfung. Die Unterscheidung der Geister wird deshalb *"auch auf die Differenz von Sagen und Tun achten"*.[163] Auch das menschliche Sein und die Verhältnisse, in denen es ist, sind nach Bohren zu entschlüsseln und zu deuten. Auch sie haben Nachrichtencharakter. Die Prüfung der Geister wird daher das praktische Verhalten oder kirchliche Strukturen nicht ausklammern. Sie wird sich nicht auf theologische Lehrsätze

beschränken, sondern Wort und Tat reflektieren und Theorie und Praxis in ihrer gegenseitigen Bezogenheit untersuchen.[164]

2.3.4 Der Vorgang der Unterscheidung

Ein mehrdimensionaler Prozeß

Da der Geist vielerlei Wirkweisen hat und in vielen Geistern geistet, kann und darf
es nach Bohren *"keine einlinige Prüfung und Beurteilung der Geister"* geben.[165] In einem mehrdimensionalen Prozeß, in dem verschiedene Faktoren zusammenspielen, sind die Nachrichten, die der Geist gibt, auszulegen.[166] Bohren versteht die Prüfung der Geister als *"Akt
der Auslegung von Nachrichten verschiedenster Art"*, als *"Exegese der Geistesgegenwart"*, analog
zur Exegese Heiliger Schrift, *"die in der Schrift selbst die Geister unterscheidet, indem sie Sach-
kritik übt"*.[167]

Die Schrift als "Wegmarke unterwegs zur Wahrheit"

Da es in der Unterscheidung der Geister primär um den "Namen" geht, wie Bohren
Wahrheit und Wirklichkeit des dreieinigen Gottes und seine Gegenwart umschreibt,[168]
wird die Heilige Schrift als Verurkundung dieses "Namens" sich als Hilfe zur Unterscheidung der Geister erweisen. *"Die Auslegung der Geistesgegenwart kann nicht von der Auslegung Heiliger Schrift abstrahieren, wie denn auch die Exegese selbst nicht von der Auslegung der
Geistesgegenwart abstrahieren kann, wenn anders der Gott, der in der Heiligen Schrift redet, heute
redet"*.[169] Bohren geht im Blick auf die Predigtaufgabe und im Vorgang der Prüfung näher auf
die Bedeutung der Schrift ein. Die Schrift, und zwar die Schrift in ihrer Gesamtheit,[170] erweist sich als Hilfe in der Unterscheidung, weil wir in ihr den *"Niederschlag der Selbstvor-
stellung Gottes"* haben, sie uns den Namen vorbuchstabiert und uns dessen Geschichte erzählt.[171] Grundsätzlich geht Bohren dabei von einer *Spannung* *"zwischen dem Geschriebenen
und dem Lebendigen"*, *"zwischen dem Geist als Gegenwart des Genannten im Namen und dem
Buchstaben als Fixierung des Namens"* aus.[172] *"Der Geist wirkt, bevor es Schrift gibt, und den
Namen gibt es, bevor die Schrift entsteht. Der Geist wirkt auch nach der Schrift"*.[173] Gegenüber
dem im Namen Anwesenden ist die Schrift also ein Sekundäres, was für Bohren aber nicht
heißt, daß man auf die Schrift verzichten könnte. Ohne sie wird die Rede vom Geist zur
Schwärmerei und die Betonung des Namens Magie. Größer aber ist nach Bohren heute die
*"Gefahr, aus dem Sekundären ein Primäres zu machen, die relative Sicherung... durch Schrift und
Text zu verabsolutieren und also die Bibel heimlicherweise zu vergötzen"*.[174] Dieser *"falsche
Biblizismus"* vergesetzlicht und verengt die Schrift und übersieht in konservativer oder mo-
dernistisch-historistischer Gestalt den Horizont des systematischen Denkens. In beiden hält
man sich nach Bohren fundamentalistisch *"an den Buchstaben, statt an den im Geist und Wort
präsenten Christus"*.[175] Die Schrift hat nicht aufteilbar eine Doppelfunktion: 1) als Kriterium
zum Prüfen des Geistes und 2) als Vehikel des Geistes zum Schenken des Wortes.[176] Prüft
man Worte von außerhalb der Schrift, ist besonders sorgfältig auf die Worte der Schrift zu
hören.[177] Nicht in jedem Fall, sondern nur bei rechtem Gebrauch ist die Schrift nach Bohren
Kriterium der Wahrheit.[178]

In der Gemeinde durch die Gemeinde

Wie in der Exegese allzuleicht der einsame Gelehrte zum Kanon für die Prüfung der
Geister wird, so in der kirchlichen Praxis der Pfarrer als studierter Ausleger. Bohren sieht

den Pfarrer gefährdet, sich selbst als Spezialist für theologische Erkenntnis zu wichtig zu nehmen, die Gemeinde als sein Besitztum mißzuverstehen und dadurch das Wirken des Geistes zu verengen oder zu verunmöglichen.[179] So mache er sich und der Gemeinde das Prüfen zu leicht, das als Prozeß in der Gemeinde und von dieser durchgeführt erfolgen soll. *"Die Prüfung der Geister ist nicht ein Prozeß, den ein Einzelner und Einsamer für sich allein durchführen kann, sondern der Prozeß einer Gruppe, der Gemeinde; wenn man so will, ein gruppendynamischer Prozeß".*[180] In diesem ist beides nötig, theologischer Sachverstand und Sachverstand der Laien. Bohren macht aufmerksam auf die mögliche Polarität zwischen einem einzelnen und der Gruppe. Da einer gegen viele oder alle recht haben kann, ist die Prüfung der Geister nicht durch demokratische Abstimmung zu verifizieren. In der Zeit der Gemeinde wird der Prozeß der Unterscheidung *grundsätzlich nie abgeschlossen* sein. Dieser ist ein *"Prozeß der Selbstreinigung"* in Form eines Gesprächs, durch den die Gemeinde zur Einheit des Geistes findet. *"Der Geist setzt sich durch, indem wir uns auseinandersetzen, und um uns auseinanderzusetzen, müssen wir uns zusammensetzen - zu einem Gespräch, zu einem theonomen Dialog, in dem sich der Geist selber durchsetzt, in dem er die Wahrheit evident macht".*[181] Ziel der Prüfung der Geister ist nicht der status quo, sondern die Auferbauung der Gemeinde, und das bedeutet nach Bohren Veränderung.

2.3.5 Konkretionen der Unterscheidung

Außerkirchliche Konkretion: Kunst

Die Aufgabe der "UdG" als dem Theologen aufgetragene Fundamentalaufgabe,[182] die zugleich der ganzen Gemeinde gestellt ist, betrifft inner- wie außerkirchliche Lebensäußerungen und Phänomene. Exemplarisch skizziert Bohren sie im Rahmen einer theologischen Ästhetik am Schön-Werden Gottes in der Kunst. Das Prüfen und Beurteilen eines Kunstwerkes gehört nach Bohren mit zur Aufgabe einer theologischen Ästhetik. Wenn sie auch nicht die einzige Aufgabe ist, so hat sie doch etwas Paradigmatisches, *"weil im Kunstwerk sich Klage und Lob artikuliert und darin so oder so etwas vom Ziel der Schöpfung zum Vorschein kommt".*[183] Notwendig ist "UdG" kritisch, indem sie die Gottesfrage, die Frage nach dem Dreieinigen, an die Geister stellt.[184] Voraus geht das Kleinwerden des Geistes, in dem sich Gott in die *"Vermischung mit der schönen Lüge"* hineingibt. *"Er macht sich gemein mit dem Unreinen. Wie Jesus mit den Sündern und Zöllnern tafelt, so vermischt sich der Heilige Geist mit den Geistern der Zeit und bleibt gerade in der Vermischung der Richter".*[185] Kultur und Kunst sind nach Bohren weder zu verteufeln noch anzuhimmeln, sondern mit kritischem Verstand zu prüfen und in theologisch verantworteten Gebrauch zu nehmen. *"Sie sind nach dem Geist zu fragen, der in ihnen atmet, der nie rein ist, sondern im Gemisch von vielerlei Geistern Anteil hat an der Lüge so gut wie an der Wahrheit. Nimmt die Lüge überhand, werden Kultur und Kunst verlogen".*[186] Bohren mahnt zu äußerster Vorsicht in der Verwendung des Begriffs des Dämonischen in diesem Streit. Er sollte nicht zu schnell und undifferenziert gebraucht und nicht einfach mit dem Nicht-Christlichen, Heidnischen identifiziert und verwechselt werden. Vor allem ist seine Verwendung als Seinskategorie zu vermeiden. *"So wenig der Heilige Geist sich mit dem Geschaffenen identifiziert, so wenig wie der Heilige Geist Fleisch wird - obwohl er ins Fleisch eingeht und dort wohnt -, so wenig - und noch viel weniger! - kann sein Widerspiel Fleisch werden, obwohl es äffisch sich ins Fleisch mischt, dort zu wohnen".*[187] Bohren wendet sich besonders gegen die Verwendung des Stichworts "dämonisch" zur Abwehr und Tabuisierung von Kritik und damit zur Stabilisierung bestehender Verhältnisse. In diesem Fall verteufelt man, um nicht Buße tun zu müssen. *"Als dämonisch wird... angeprangert, was Zustände kritisch darstellt, als dämonisch wird die Negation des Bestehenden bezeichnet, ohne zu fragen, ob solche Negation etwa konform gehe mit der Krisis des Heiligen Geistes".*[188] Leitend beim "*kurzen, scharfen Blick auf das Dämonische*" in der Kunst ist für Bohren die Frage, "*welcher Geist in welchem Kunstwerk was verneint*".[189] Zu untersuchen ist aber auch, welche Verneinung nicht geleistet wird. Da sich das Dämonische als Geist der Lüge tarnt und mit Wahrheit schmückt, ist nach Lüge und Wahrheit zu fragen. Bohren veranschaulicht dies am Vergleich des realistischen Bildes eines hessischen Bauernmalers im 3.Reich mit Bildern von G. Grosz und O. Dix. Auf den ersten Blick würde niemand das erstere mit der Kategorie des Dämonischen belegen wollen und doch sieht Bohren die Kunst des Bauernmalers darin dämonisch werden, daß sie der Lüge und Verführung des Nationalsozialismus Vorschub leistet und die Tyrannei verschweigt. Die theologische Prüfung eines Kunstwerks wird seine Stellung zu den Herrschenden analysieren, sowie die Herrschenden selbst.[190] "*Wo Kunst nicht mehr aus ist auf Veränderung einer Wirklichkeit, die unter dem Vorzeichen der Erbsünde steht, spiegelt sie das Verlogene unter dem Schein der Wahrheit. Sie wird und wirkt - 'dämonisch'*".[191]

Innerkirchliche Konkretion: Erweckung

Bezieht Bohren die Aufgabe der Unterscheidung im Vorhergehenden paradigmatisch auf den außerkirchlichen Bereich der Kunst, äußert er sich an anderer Stelle zur innerkirchlichen Erscheinung der Erweckung.[192] Hierbei geht es weniger um frömmigkeits-geschichtlich-konfessionelle Aspekte als um die Gottesfrage. Bohren verweist auf das Gebet des Psalters, das auch den Aspekt hat, den als untätig erfahrenen Gott aufzuwecken. "*Wo Gott wie abwesend erfahren wird, rufen ihn die Beter herbei. Ein erwachter, ein aufgeweckter, ein sehender Gott ist anders anwesend als ein schlafender; seine Kraft wird aktiv. Wo Gott anfängt, aufzuwachen und zu sehen, da wird er nicht untätig bleiben. Die Frage der Erweckung ist demnach die Frage nach dem Handeln Gottes zum Heil, nach seiner aktiven Gegenwart*".[193] Andererseits gehören Erleuchtung und Erweckung zum Glauben und entspricht der Erweckung Gottes die Erweckung des Menschen. Bohren nimmt K. Barth auf, der von der "Erweckung zur Umkehr" spricht und davon, daß Christen "*Erwachende*" sind, "weil sie *Erweckte* sind" (KD IV/2, S.626f). In diesem Erwachen geht dem Menschen etwas auf, was ihm vorher verschlossen und unverständlich war. Durch den Heiligen wird ihm eine Sensibilität für Gott geschenkt, aber damit ist er noch nicht am Ziel. "*Erweckung als Werk des Heiligen Geistes am Menschen bleibt - im Gegensatz zur Auferweckung Jesu Christi - allemal Imperfekt. 'Christen sind Erwachende'. Ihre Erweckung ist im Werden. Die Erweckten sind noch nicht Verwandelte, sind noch nicht im Himmel*".[194] Bereits der Begriff "Erweckung" zeigt nach Bohren die Fragwürdigkeit an. Einerseits ist sie notwendig, andererseits ist sie nicht über jeden Zweifel erhaben. Von daher müssen auch die Geister der Erweckung geprüft werden und dürfen sie nicht unbesehen mit dem Göttlichen identifiziert werden. "*Die Frucht des Geistes ist noch nicht der Geist selbst. Im Prüfen der Geister muß... vom Sichtbaren zum Unsichtbaren hin gedacht werden. Das Beispiel von Korinth lehrt, die Gefahr zu meiden, das Sichtbare zu verabsolutieren und zum Kriterium der Wahrheit zu machen: etwa am Phänomen der Zungenrede. Wo der Geist wirkt, sind Gaben. Aber nicht überall, wo Gaben sind, ist der Geist*".[195]

Als Lehrstück der Unterscheidung der Geister, wenn es zur Erweckung kommt, stellt Bohren E. *Thurneysens Dialog mit E. Brunner über die* **Oxfordgruppenbewegung** vor.[196] Während Brunner von dieser "*Erweckungsbewegung großen Stils*" beeindruckt war und zu ihrem Fürsprecher wurde, blieb Thurneysen zurückhaltend. Freunde hatten ihm über das Erleben der Ermatinger Tagung 1932 berichtet. Er schreibt Brunner, daß er aus allem "*so viel ernsthaftes Suchen, Wollen und Trachten*" sah, daß er sich nur mitbeteiligt wissen könne und keinen Grund sehe, sich dagegen zu äußern. Allerdings sah er auch keinen dringenden Grund, so rückhaltlos ja dazu zu sagen, wie er es bei Brunner wahrnahm.[197] Dafür waren ihm eine Reihe von Bedingungen, was die bleibende Spannung von sichtbarem und unsichtbarem Wirken des Heiligen Geistes angeht, nicht gegeben. Thurneysen will sich nicht an äußerlichen Seltsamkeiten aufhalten. Bedenken wecken bei ihm die Begründung Brunners selbst, den er fragt: *"Gibt es das denn nun doch wieder, diese Stelle, wo allem bloßen Erkennen und in Gedanken Leben eine andere Seite gegenüber liegt, auf der nun - wie du so beschwörend schreibst - 'wirklich, Eduard, wirklich etwas geschieht'? Was ist da gemeint?... Gut, ich bin ganz dabei, ich sehe das alles* [Industrieller der jetzt ehrlich, Aufgabe von Rassenhass, Sündenbekenntnisse von Pfarrern etc.] *auch als ernst und wichtig an, ich bezweifle keineswegs, daß hier 'wirklich etwas geschehen' ist. Aber, aber: das wissen wir doch, und das darf doch keinen Augenblick vergessen werden, und das wird doch unseren Jubel über solche Ereignisse zum mindesten nicht so eindeutig laut werden lassen (mögen die Anderen es noch so sehr tun), daß auch diese Geschehnisse auch im besten Falle Geschehnisse auf dieser Erde sind, also auch sie wahrhaftig von sündigen Menschen herrührend, auch sie also ganz sicher niemals eindeutig gut, niemals sichtbar und wirklich als solche Ereignisse des heiligen Geistes. Wenn etwas feststeht, dann das! Sondern sie sind es, sofern sie Gott annimmt um Christi willen und nur so. Sofern sie also in der Kraft der Vergebung der Sünden zu Opfern werden (aber in der absoluten **Verborgenheit des Glaubens** und nur da, in der wirklichen humilitas der Rechtfertigung und nur so!), zu Opfern werden (sie sind es als solche nie und nimmer), die Gott wohlgefällig sind. Und darum, weil das so ist, darum allerdings würde ich ganz anders zurückhaltend von diesen Dingen reden und gerade damit Gott die Ehre zu geben vermeinen. Hier aber wird in einer Weise laut von hunderten solcher menschlichen Erfahrungen geredet, daß mir allerdings die Angst aufsteigt, es könnte wiedereinmalmehr der Mensch, der Mensch wichtig werden mit seinen frommen Erfahrungen - und Gott und sein Tun, eben jenes Opfer Christi, eben jenes Tun des Gottes, dem gegenüber unsere sichtbar werdenden Bekehrungen nur unendlich schwache, wenig oder gar nicht entsprechende Zeichen sind, das würde wieder zu kurz kommen, auch wenn man noch so laut neben den Bekehrungsversammlungen mit ihren Zeugnissen auch vom Opfer Christi redet".*[198] Thurneysen konnte die ihm hier entgegentretende, nach seiner Sicht gegen die Rechtfertigung streitende Zweiheit nicht anerkennen: *"Dogmatik auf der einen und Erfahrung auf der anderen Seite, bloßes Erkennen und wirkliches Geschehen".*[199] Mit dem Verweis auf das entscheidende wirkliche Hören auf Wort und Werk Christi allein, dem wirklich Besonderen, wollte er nicht etwas Verurteilendes gegen Ermatingen sagen oder grundsätzlich bestreiten, daß der Heilige Geist auch dort sein Werk an den Menschen getan habe. *"Aber sofern es das Werk des heiligen Geistes gewesen ist, der dort etwas an den Menschen tat, so ist es gerade nicht das so merkwürdig Sichtbare und in seinem Sichtbarwerden uns Gerühmte, sondern das ganz und gar Verborgene, das ganz und gar nicht auch nicht durch irgendeine Methode von quiet hours Erzielte, das Eine, Einfache, daß Menschen zum Glauben ans Wort und nur ans Wort (und nicht an ihren Guidance und sonstigen Erfahrungen) gekommen sind. Ich weiß, ich rede da einseitig, du wirst sagen: Eben das schließe sich nicht aus, rein, es schließt sich nicht aus, aber es ist, da wo es beieinander liegt, doch etwas toto genere anderes".*[200] Bedenken meldete Thurneysen dagegen an, Buchman mit Blumhardt d.Ä. in eine Linie zu rücken. Anfragen hatte er weiter gegen die starke Betonung der öffentlichen Beichte und das Interesse an den Sünden, sowie das reichliche Wiedergeben von Führungserfahrungen. Im Neuen Testament fand er diesbezüglich eher Zurückhaltung und bei Jesus sogar das Verbot, von Erfahrenem zu reden. Bei der *Methodik des "Schweigens",* den *"quiet hours",* sah er als ständige Gefährdung die Verwechslung der eigenen inneren Stimme mit der des Heiligen Geistes und vermißte die nachdrückliche Verweisung aufs Wort als dem Gegenstand und Halt wirklicher Besinnung in stillen Stunden.[201]

Bohren sieht Thurneysen gegenüber Brunner theologisch darin im Recht, daß er bei der Anerkennung des Heiligen Geistes als Beweger in einem konkreten Fall zugleich festhält, daß die Bewegung nicht der Heilige Geist ist, und resümiert: *"Der Heilige Geist drängt auf Sichtbarkeit, auf Früchte, aber was uns zu Gesicht kommt, die Frucht, ist nicht der Heilige Geist selbst. Nicht sollen seine Früchte madig gemacht werden, aber ebensowenig darf die Frucht mit dem*

Ursprung verwechselt werden".[202] Andererseits fragt er, "*ob es im Schatten der Orthodoxie genügt, Recht zu haben?*" und ob nicht die pneumatologische Kategorie der Vermischung anstelle der Argumentation Thurneysens "*nach dem Denkmodell der Christologie im Modus der Abgrenzung*" in dem zur Trennung führenden Streit hätte weiterhelfen können.[203]

Bohrens Verständnis der Unterscheidung im Feld der Erweckung wird auch aus Anmerkungen zur Rolle der Erfahrung und der Frage der Vollmacht deutlich. So sieht er es als Fehlentwicklung an, wenn Theologie vom Moment der *Erfahrung* abstrahiert. Wird jedoch die Erfahrung zum Kanon der Schriftauslegung, dominiert und verfälscht sie die Theologie.[204] Wieder stoßen wir auf die für Bohren typische dialektische Gestalt der Unterscheidung: einerseits grundsätzliche Bejahung von der Kategorie der Vermischung her, andererseits kritische Sichtung des Menschlich-Göttlichen zur Feststellung des göttlichen Geistes. - Auch *Vollmacht* gibt es - wie Bohren im Zusammenhang mit Ausführungen über Macht in Kirche und Theologie anmerkt[205] - nur in dieser Weise. Als ihr besonderes Moment gegenüber dem Charisma nennt Bohren das Kämpferische, neben ihrer Gestalt als Macht "von" jemand, ihre Gestalt als "Übermacht".[206] Der Geist und seine Macht mischt sich mit dem Menschlichen, so daß Vollmacht nie "rein" und "an und für sich" ist.[207] "*Vollmacht ist nicht und nie eine unio mystica, nie eine Verschmelzung und Identifizierung. Vollmacht ist juristisch zu verstehen, aber nicht abtrennbar von der Person... Vollmacht ist 'nur' Vollmacht und nie Allmacht. Vollmacht, die Macht des Dreieinigen als Gabe, ein Komplementärbegriff für Charisma, wird in der Vermischung mit menschlicher Mächtigkeit fragwürdig. Auch und gerade die Vollmacht bedarf einer Kontrolle*".[208]

2.4 Würdigung und Kritik

Im Blick auf unsere Fragestellung ist Bohren im Zusammenhang mit seinem originellen Beitrag der Konzipierung der praktischen Theologie als "theologische Ästhetik" und seiner Predigtlehre als "Sprachlehre" des Glaubens, der Hoffnung und der Liebe wegen seines Ansatzes bei der Pneumatologie und der Einführung der Kategorie der "theonomen Reziprozität" zu würdigen. Damit hat er nicht nur der praktischen Theologie wichtige, weiterführende Anstöße gegeben, sondern - in einer Zeit, in der auf evangelischer Seite der Geist eher stiefmütterlich behandelt wurde - die grundlegende Bedeutung der Pneumatologie ins Bewußtsein gerückt und die pneumatologische Diskussion angeregt und gefördert.

Von den beiden Blumhardts her hat sich Bohren die **Wiedergewinnung der biblischen Weite des Geisteswirkens**, die durch die Spannung eines *Ausseins auf ein neues Pfingstwunder* einerseits und die Entdeckung der *im Weltgeschehen präsenten Wirklichkeit des Geistes* andererseits gekennzeichnet ist, zum Anliegen gemacht. *Hoffnung* und *Erfüllung*, *Zukunft* und *Gegenwart* sind dialektisch aufeinander bezogen und bewahren in dieser Polarität sowohl vor einem falschen Sich-Abfinden mit dem Vorfindlichen als auch vor einer Zukunftsorientierung, die die Erde flieht und die Gegenwärtigkeit des Geistes vergißt. Bohren wendet sich zu Recht gegen einen vielfach anzutreffenden "pneumatologischen Doketismus", der - oft als Entschuldigung der eigenen Geistesarmut und Vollmachtslosigkeit - die Vorläufigkeit und Gebrochenheit der Erfahrung des Geistes so stark betont, daß die Wirklichkeit der Erstlingsgabe sich zu verflüchtigen droht. Dem und einer Umdeutung des Geisteswirkens auf Nur-Innerlichkeit gegenüber betont Bohren die *Tendenz des Geistes zur Leiblichkeit* bzw. gegenüber der Eingrenzung auf Kirchlichkeit seine *Tendenz hin zur Welt und deren Durchdringung*.

Durch den **Ansatz bei der Pneumatologie** und die Verwendung der pneumatologischen **Kategorien der "Vermischung"** bzw. **der "theonomen Reziprozität"** kann Bohren das theologische Anliegen der dialektischen Theologie festhalten und zugleich den Menschen und sein Tun partnerschaftlich-"theonom" in Gottes Handeln einbeziehen. Damit wird die Engführung der schroffen Diastase überwunden, die Anthropologie unter dem Vorzeichen der Theonomie neu gewürdigt und heimgeholt und werden neue, fruchtbare Perspektiven des In- und Miteinanders von Wunderbarem und Machbarem für die Felder und Fragen der praktischen Theologie eröffnet.

Im Blick auf die Herausarbeitung der **Strukturunterschiede zwischen christologischem und pneumatologischem Aspekt** bei A.A. van Ruler, auf den Bohren sich bezieht, ist kritisch anzumerken, daß man beide nicht so gegeneinander stellen darf, wie van Ruler es tut, der davon spricht, daß das Werk Christi durch den Geist "angegriffen" werde. Demgegenüber wendet H. Berkhof zu Recht ein, daß das Werk Christi durch den Geist "nicht angegriffen", sondern "durchgeführt" wird. So richtig es ist, daß das Werk des Geistes eine eigene Gestalt hat, so sehr ist der enge Zusammenhang mit dem Werk Christi zu betonen. Berkhof sieht im Neuen Testament bei weitem mehr "Strukturparallelen" als Strukturunterschiede. Das Werk des Geistes ist gerade "die Symmorphie mit Christus als dem neuen Menschen". So würden etwa "die christologischen Prädikate Sohn, Gesalbter, Prophet, Priester, König, Bild Gottes, Auferstehung, Sitzen zur Rechten Gottes, Herrlichkeit... auch uns entweder pneumatologisch oder eschatologisch zugesprochen".[209] - Bohren selbst geht es auch weniger um eine Entgegensetzung der Aspekte, wenn er auf die Differenz zwischen christologischer und pneumatologischer Betrachtungsweise abhebt, sondern darum daß die Christologie wirklich ins Fleisch kommt, daß die Präsenz Christi in der Geistesgegenwart genügend bedacht und in das Leben einbezogen wird.

Was die **Ekklesiologie** betrifft, steht Bohren - im Unterschied zu E. Schlink, der das Bleibende im geschichtlichen Wandel im Blick hat und von der Kontinuität des Apostolischen (Lehre, Wort) bzw. von der vorgegebenen Größe der einen Kirche mit einem der Gemeinde vorgeordnet-zugeordneten Amt her denkt - vorfindlicher Kirchlichkeit und dem Amtswesen ausgesprochen kritisch gegenüber. Von der paulinischen Charismenlehre her ist ihm fraglich, ob das Neue Testament überhaupt einen Amtsbegriff in unserem Sinn kennt. Deshalb setzt er im Unterschied zu Schlink u.a. ekklesiologisch mit E.Käsemann und H.-J. Kraus bei der charismatisch begabten Gemeinde ein. Er würde sich im wesentlichen wohl mit Kraus einverstanden erklären, der die charismatische "ekklesia" als Vorhut des Reiches Gottes der organisierten Kirche gegenüberstellt. Die "ekklesia" ist nach Kraus die Krisis der institutionellen Kirche, die er mit ihren Kennzeichen (Organisation und Herrschaft, Tradition und Ordnungsmacht, unbedingter Kontinuitätswille, unablässige Vorsorge für den zukünftigen Bestand) dem Heiligen Geist geradezu widerstreben sieht. Könnte man Schlinks Ansatz in Aufnahme der Charakterisierung von J.L. Leuba vielleicht als gleichgewichtige, dialektische Zuordnung von "Institution und Ereignis" (in dieser Reihenfolge!) kennzeichnen, liegt bei Bohren die Betonung eher auf dem Ereignis und zwar im Sinn eines immer neuen dynamisch vorwärtsdrängenden Ausseins auf die Erfahrung der neuschaffenden Gegenwart des Geistes, eines Übersteigens des Vorfindlichen auf Vollendung hin. Aufgabe der praktischen Theologie kann nach Bohren nicht die Bestätigung des Bestehenden und dessen Konservierung sein, sondern eine Überholen der kirchlichen Praxis, ein Bedenken auf ihr Ende hin. Bohren faßt "das Novum" und damit das Überflüssigwerden der Kirche ins Auge. - Gegenüber kirchlichen Vereinnahmungen des Heiligen Geistes, rückwärtsgewandtem Konservativismus und Immobilismus und einem Sich-Abfinden mit Geistesarmut und Vollmachtslosigkeit akzentuiert Bohren zu Recht den Aspekt der Freiheit des Geistes, das dynamisch-vorwärtsdrängende Moment und den Aspekt der "Kraft" des Geistes und weckt die Sehnsucht nach Erfahrung der Gegenwart Gottes in dieser Welt im Unterwegssein auf die Vollendung hin. - Kritisch anzumerken ist, daß über der prononcierten Artikulation dieser Aspekte, die heilsame Unruhe auslösen kann und soll, das *Moment des Stetigen, des Durchgehenden, der Kirchlichkeit* von Bohren überhaupt nicht oder zu wenig auch in seiner positiven Bedeutung gewürdigt wird. Richtig ist, daß das Wort aus ist auf neues Heil (vgl. G. von Rad), zugleich findet sich aber neben dem aktualen *Heils*- und *Rettungs*wirken auch ein durchgehendes *Segens*wirken Gottes (vgl. C. Westermann).

Im Blick auf die Frage nach den **Charismen** wendet sich Bohren gegen deren historische Verweisung in die Frühzeit der Kirche und betont, ausgehend von der Wirklichkeit des "Christus praesens", ihre Bedeutung für die Gegenwart. Auch die Wiedergewinnung der "Kraftdimension" des Geistes, die sich z.b. im Exorzismus zeigt, ist darin eingeschlossen. Bohren wendet sich gegen aufklärerische Verflüchtigungen wie gegen eine biblizistische Repristination des biblischen Zeugnisses. Wie auch in anderen Zusammenhängen erhebt Bohren das Paradigmatische der biblischen Aussagen und sucht sie in der Dialektik von Gegenwärtigkeit und Zukunft über den innerkirchlich-christlichen Bereich hinaus zu weiten. Die Kategorien der "Vermengung" und "theonomen Reziprozität" wendet Bohren im Feld des Charismatischen ebenfalls an. Ohne eine spezielle Programmatik des Charismatischen oder des "charismatischen" Gemeindeaufbaus im heutigen Sinn zu entwickeln, kritisiert Bohren eine auch im evangelischen Bereich weithin gegebene Dämpfung der "Polyphonie" der charismatisch begabten Gemeinde durch die "Monotonie" des Amtes. Über die Predigt und vielgestaltige Gottesdienst- und Gemeindeformen möchte Bohren das Einmannsystem und die Entmündigung der "Laien" überwinden und stattdessen allen in der Gemeinde Gelegenheit geben, Gaben - auch ganz neue - zu entdecken und sie einzusetzen. Sehr anregend für die gegenwärtigen Fragen sind die verstreuten Anmerkungen zu Einzelcharismen im Kontext der Predigtaufgabe. - Im Blick auf gegenwärtige "enthusiastisch-charismatische" Frömmigkeit würde sich Bohren wohl gegen hier gegebene Tendenzen zur Vereinnahmung des Geistes oder auch selbstbezogen-spiritualistisch-innerliche Akzentuierungen kritisch äußern. Bei aller Betonung der "Einmischung" ist doch auch der Gesichtspunkt der Theonomie festzuhalten. Der Geist wird nicht handhabbarer Besitz des Menschen, sondern in der Bewegung nach vorne in einer sich immer wieder selbst übersteigenden Dialektik des Schon und Noch-Nicht erfahren. Vermutlich würde Bohren aber auch bürgerliche und kirchlich-institutionelle Abwehr und Kritik gegenüber diesen Bewegungen und Erscheinungen kritisch hinterfragen.

Bohren, der sich für die Wiedergewinnung der Aszetik einsetzt, ist einer der wenigen evangelischen Theologen, die sich zur Frage der ***"Unterscheidung der Geister"*** geäußert haben. Die Anwendung der Kategorie der "Einmischung" bzw. der "Verkleinerung" des Göttlichen ins Menschliche bringt die Notwendigkeit einer "UdG" unumgänglich mit sich, da mit der "Vermischung" auch die Möglichkeit der Verwechslung mit anderen Geistern bzw. der Usurpation der Theonomie durch den Menschen gegeben ist. - Eine "UdG" ist nach Bohren nicht nur innerkirchlich notwendig, sondern auch im Blick auf Vorgänge außerhalb, geht er doch auch von Wirkungen des Geistes im Welthorizont, extra muros ecclesiae aus. Die beiden Arten der Unterscheidung exemplifiziert Bohren an einem "Erweckungs"-Vorgang und für den Bereich der Kunst an einem Bild.

Im Vollzug der "UdG", einem *mehrdimensionalen Prozeß innerhalb der Gemeinde durch die Gemeinde,* wird positiv die Gegenwart des Heiligen Geistes festgestellt und bestätigt und negativ die Grenze der Kirche markiert, wird Geist und Ungeist geschieden. Bohren nennt als *Felder der Prüfung* das *Bekenntnis,* das *Hören,* die *Liebe* und die *Übereinstimmung von Wort und Tat.* - Die *Heilige Schrift* ist im Vorgang der Unterscheidung als "Verurkundung des 'Namens'" eine nicht zu vernachlässigende "*Wegmarke unterwegs zur Wahrheit*". Gegenüber der Gefahr, die Schrift orthodox zu vergesetzlichen und zu verengen, ja - insofern aus einem nach seiner Sicht Sekundären ein Primäres gemacht wird - zu vergötzen, betont Bohren das "Prä" und bleibende "Über" des Geistes bzw. der lebendigen Wirklichkeit Gottes selbst. Nicht an den Buchstaben haben wir uns nach ihm zu halten, sondern an den im Geist und Wort gegenwärtigen Christus. Dieser reformierten Akzentuierung einer relativen Entgegensetzung von Wort bzw. Buchstabe und Geist würde R. Slenczka wohl widersprechen und den engsten Zusammenhang betonen. Gegenüber spiritualisierenden Tendenzen bindet Slenczka die "UdG" bekenntnisgemäß streng an die Heilige Schrift als der alleinigen Richtschnur und dem in seinem Wortsinn klaren Medium des Heiligen Geistes. - Wie Schlink bietet auch Bohren mehr den allgemeinen pneumatologischen Rahmen und allgemeine Grundlinien der "UdG", aber keine weitergehende Spezifizierung auf die CB/CE.

C.3
ENTHUSIASTISCH-CHARISMATISCHE FRÖMMIGKEIT IM PRO
UND CONTRA DER MEINUNGEN
Stimmen und Stellungnahmen zwischen scharfer Ablehnung,
kritisch-beobachtender bis wohlwollender Toleranz, moderierender
Integration und programmatischer Forcierung

Nachdem wir an E. Schlink und R. Bohren ohne aktuelle Bezugnahmen auf gegenwärtige Vorgänge den *weiten systematisch-pastoralen Rahmen* der Einordnung und Beurteilung des Charismatischen aufgezeigt haben, soll nun die Frage von "Charisma und Unterscheidung" *spezifischer* ins Auge gefaßt werden.

Im Blick auf gegenwärtige enthusiastisch-charismatische Frömmigkeit und Bewegungen kann man im evangelischen Bereich von *drei Grundpositionen* ausgehen. Vereinfachend und z.T. überzeichnend könnte man sie in Aufnahme der Hauptüberschrift für den evangelischen Bereich mit den Stichworten *scharfe Ablehnung, kritisch-beobachtende bis wohlwollende Toleranz bzw. moderierende Integration* und *programmatische Forcierung* umschreiben. Dabei sind wir uns bewußt, daß es *Übergänge* und *Zwischenpositionen* gibt. So werden manche "Ablehner", die der PB und CB/CE oder bestimmten Erscheinungen sehr kritisch gegenüberstehen, damit nicht grundsätzlich auch das Charismatische bzw. die Charismen ablehnen. Umgekehrt werden manche Befürworter die Kategorie des "Programmatischen" oder der "Forcierung" als nicht auf sie und eher auf andere zutreffend erklären. Bei unserer Charakterisierung ging es weniger um eine exakte, vollständige Beschreibung des Feldes, als um eine Markierung der Haupttypen des Umgangs bzw. der Bewertung und ein Aufzeigen der Bandbreite der Stellungnahmen.

Historisch und theologisch sind PB und CB/CE der weltweiten *"evangelikalen" Bewegung* zuzuordnen, deren Grundpositionen sie teilt, darüber hinaus sich aber durch eine Betonung des Charismatischen auch wieder von anderen Ausprägungen unterscheidet. Von daher ist es nicht verwunderlich, daß das konkrete Ringen um Einordnung und Beurteilung enthusiastisch-charismatischer Frömmigkeit wegen der großen *Nähe* und zugleich *Verschiedenheit* am intensivsten innerhalb der evangelikalen Bewegung stattfindet. Hier stößt man auf die schärfste Ablehnung und Kritik wie auf dezidierteste Befürwortung (vgl. den evangelikalen Buchmarkt).

Im *deutschen* Evangelikalismus kann man *drei Hauptrichtungen* mit entsprechend unterschiedlichem Verständnis von "Charisma und Unterscheidung" ausmachen: 1) Evangelikale im Umfeld der *Deutschen Evangelischen Allianz*; 2) die Evangelikalen der *Bekenntnisbewegung*; 3) die *"Pfingst"-Evangelikalen*.[1] Haben die Allianz-Evangelikalen (freikirchlich und landeskirchlich) das missionarische Anliegen zum Schwerpunkt, setzen sich die Bekenntnis-Evangelikalen (EKD) in besonderer Weise für die Geltung von Schrift und Bekenntnis ein, trachten die Pfingst-Evangelikalen (freikirchlich und EKD) nach Belebung der Gemeinden durch die Erneuerung der Charismen.[2]

Während man in Deutschland der PB und CB von seiten der Allianz-Evangelikalen und mehr noch vonseiten der Bekenntnisbewegung sehr kritisch bis scharf ablehnend gegenübersteht, sind die "Pfingst-Evangelikalen" in der weltweiten evangelikalen Bewegung als zahlenmäßig bedeutsamer Strang anerkannt und aktiv auch in Leitungsgremien mitbeteiligt. In Deutschland sind die Beziehungen ambivalent. Noch ist der Einfluß pfingstkirchlich-charismatischer Gruppen in evangelikalen Gremien hier eher begrenzt, doch kann man wohl davon ausgehen, daß er kontinuierlich zunehmen wird. Insofern es auch in anderen Ländern bei unterschiedlichen Gesamtkonstellationen vergleichbare Vorbehalte und äußerst kritische Anfragen an Theologie und Praxis von PB und CB/CE gibt, erscheint uns die typisierende Beschreibung des deutschen Pro und Contra in den wesentlichen Punkten heuristisch auch dorthin übertragbar.

Über den evangelikalen Bereich hinaus liegen z.T. ausführliche Äußerungen und Stellungnahmen von Leitungsgremien oder Sonderkommissionen größerer Denominationen bzw. auch von übergreifenden kirchlichen Zusammenschlüssen (ÖRK, LWB) vor.[3] Insgesamt kann man im Vergleich der Stellungnahmen aus der Anfangszeit der CB/CE mit den folgenden bis zu den gegenwärtigen eine größere Differenzierung und bei bleibenden Anmerkungen zu den Gefährdungen auch eine positivere Würdigung feststellen.

In der typisierenden Darstellung der Grundpositionen richten wir unser Augenmerk auf die Einordnung und Beurteilung enthusiastisch-charismatischer Frömmigkeit und speziell auf das Charismenverständnis und die "Unterscheidung der Geister".

3.1 "Subtile, endzeitliche Verführung durch fremde Geistesmächte" - Das Verständnis von "Charisma und Unterscheidung" in der Haltung scharfer Ablehnung

Eine scharf ablehnende Position findet man in Deutschland innerhalb der *Bekenntnisbewegung*, im innerkirchlichen *Gnadauer Gemeinschaftsverband* und in streng *fundamentalistisch- dispensationalistischen* vorwiegend *freikirchlichen Gemeinden* und Kreisen. In allen drei Strängen ist man sich - bei konfessionell-ekklesiologischer Verschiedenheit - u.a. einig: 1) in der Anerkennung der *Heiligen Schrift* als allein maßgebender Norm (mit Unterschieden im Verständnis der Inspiration und der Irrtumslosigkeit; "gemäßigter" und "strenger" Biblizismus)[4] und 2) in den Grundlinien der *biblischen Eschatologie* (zunehmendes endzeitlich-apokalyptisches Gefälle der Verführung mit dem Höhepunkt einer antichristlichen Weltherrschaft; sichtbare Wiederkunft Christi).[5]

Bis in die Gegenwart wirkt die sog. *"Berliner Erklärung"* (1909) nach, in der führende Vertreter der Gemeinschaftsbewegung und Vertreter der Evangelischen Allianz aus dem freikirchlichen Bereich sich nach anfänglichem Zögern und längerem Ringen aufs schärfste von der aufkommenden "Pfingstbewegung" distanzierten.[6] Die Kernaussage lautet: "Die sogenannte Pfingstbewegung ist nicht von oben, sondern von unten; sie hat viele Erscheinungen mit dem Spiritismus gemein. Es wirken in ihr Dämonen, welche, vom Satan mit List geleitet, Lüge und Wahrheit vermengen, um die Kinder Gottes zu verführen. In vielen Fällen haben sich die sogenannten 'Geistbegabten' nachträglich als besessen erwiesen".[7] Im Blick auf die abgelehnten körperlichen Machtwirkungen (Hinstürzen, Gesichtszuckungen, Zittern, Schreien, widerliches, lautes Lachen usw.) wollte man dahingestellt sein lassen, wieviel davon dämonisch, wieviel hysterisch oder seelisch ist.[8] Auf keinen Fall konnten diese Erscheinungen von Gott gewirkt sein. - Eine wichtige Rolle für die scharfe Abgrenzung spielten neben den Entartungserscheinungen der Kasseler Versammlungen 1907 in der Anfangszeit auch exorzistische *Prüfungen der Geister* bzw. die *Selbstentlarvung der Pfingstgeister* bei Exorzismen an Anhängern der neuen Bewegung.[9] Die massiv-dämonistische Argumentationsweise trat in der weiteren Auseinandersetzung mehr in den Hintergrund, besonnenere Kritiker nahmen auch ein starkes psychologisches Moment an,[10] blieb aber unterschwellig virulent und wird auch heute vertreten.[11]

3.1.1 Äußerungen und Stellungnahmen aus dem Raum der "Bekenntnisbewegung: 'Kein anderes Evangelium'"

Im Raum der Bekenntnisbewegung "Kein anderes Evangelium" finden sich Stellungnahmen zu enthusiastisch-charismatischer Frömmigkeit, die sich mehr an den reformatorischen Grundentscheidungen orientieren, wie solche mit starker dämonistischer Akzentuierung.

W.Künneth: "Enthusiasmus" - innerste Gefährdung des biblischen Glaubens

In seiner kurzen Dogmatik "Fundamente des Glaubens" geht W. Künneth im Zusammenhang mit Ausführungen zur "Realität des Glaubens" und der "neuen Existenz" kurz auch auf die Gefährdung durch den Einbruch enthusiastischer Strömungen ein, durch die er eine biblisch begründete Glaubensexistenz im Innersten bedroht sieht.[12] Anfällig für enthusiastische "Geistigkeit", eine Reaktionserscheinung auf öden Materialismus und geistlosen Rationalismus, sind nach ihm gerade Gruppen und Kreise, die die Wirklichkeit des Glaubens ernst nehmen. Vom Neuen Testament her sind spezielle "geistige" Vorgänge wie das "Zungenreden" *nicht grundsätzlich zu verachten* (I Kor 12,12-30; I Thess 5,19), wegen des *zweideutigen Charakters* aber bedürfen sie einer *beständigen Kontrolle und prüfender Überwachung.*

Arteigene Merkmale des Heiligen Geistes

Um einer verhängnisvollen Verwechslung enthusiastischer Geistigkeit mit der Präsenz des Heiligen Geistes zu wehren, gilt es nach Künneth, zur Unterscheidung dessen *"arteigene Merkmale"* aufzuzeigen.[13] Er ist grundlegend die *"Selbstbezeugung des Deus revelatus in der geschichtlichen Konkretheit des Incarnatus, Crucifixus, Resurrectus Christus".* Nur in christologisch-soteriologischer Interpretation wird sein Geheimnis begreifbar, das wesenhaft *christozentrisch* geprägt, weder gegenständig-objektiv noch spirituell-neutral, sondern *personal* ist. Hinzu kommt das Merkmal der *Wortgebundenheit* ("*Wort nicht ohne Geist und Geist nicht ohne Wort*") und seine *schöpferische Funktion* (Ermöglichung des menschlich Unmöglichen: Erweckung aus Gottesferne und Todverfallenheit zu neuem Leben in Christus; Ermöglichung der pneumatischen Christusgemeinde: Glaube, Hoffnung, Liebe; Bewirken der Früchte des Geistes; Auferbauung im Reichtum der charismatischen Gaben). - Signatur der Fremdgeister ist die *"Verflachung und Nivellierung des Unterschieds, ja des Gegensatzes zwischen Heiligem Geist und allgemeiner Geistigkeit"* und die Emanzipation von der biblischen Begründung und Kontrolle.[14]

Enthusiastisch-ekstatische Seelenvorgänge

Im Blick auf enthusiastisch-ekstatische Ausbrüche von "Geistigkeiten" merkt Künneth grundsätzlich an, daß sie als *gesteigerte Formen seelischer Erlebnisse* in allen Religionen zu finden sind. Da es sich um jenseits der intellektuellen Einsehbarkeit liegende irrationale Vorgänge handelt, ist der Betroffene in der Regel für verstandesmäßige Argumente nicht mehr zugänglich. "*Der enthusiasmus zielt auf eine Unmittelbarkeit der Seele des Menschen mit dem Göttlichen. Man ringt um das Erlebnis der Gottesnähe, wobei alle Grenzen des Menschseins übersprungen und durchbrochen werden".*[15] Wird im Unterschied zu dieser "*Vereinerleiung*" und "*Identifizierung des Menschen mit dem Göttlichen*" in der "*Gottesgemeinschaft des Glaubens in Jesus Christus*" ein deutlich *personales Ich-Du-Verhältnis* begründet, läßt das Einheitserlebnis das Wissen um die Heiligkeit Gottes hinter sich.[16]

Gefahren des Enthusiasmus

Im Enthusiasmus kommt es zu einer "*Verdunkelung des biblischen Fundaments und damit zu einer Entfernung der alles beherrschenden Christusbotschaft*".[17] Typisch ist eine "*Geringschätzung des Wortes Gottes, die Verachtung der Lehre und des Sakramente*", an deren Stelle "*emotionale Verhaltensweisen, religiöse Hochstimmung, Gefühlsüberschwang bis hin zu ekstatischen Rauschzuständen*" treten.[18] Anders im apostolischen Glaubensverständnis, in dem die klare, verständliche Rede, die deutend-aufklärende Weissagung, die überzeugende Lehre den Vorrang vor der Zungenrede bekommt. Künneth betont, daß die Offenbarungsbotschaft die *unbedingte Klarheit der verkündigenden Sprache* erfordert.[19] Künneth, der das Pfingstgeschehen als Hörwunder versteht, verweist darauf, daß in der Urgemeinde Zungenrede nur unter der Bedingung einer folgenden Auslegung und bei geordnetem Verlauf erlaubt war, der die Erbauung der Gemeinde nicht störte. Voraussetzung und begrenztes Recht dieser besonderen Gabe ist nach seinem Verständnis allein die Christusverkündigung (Act 10,34-46). Eine folgenschwere Gewichtsverlagerung tritt ein, wo Zungenreden oder andere Formen des Enthusiasmus als Spezialoffenbarungen das biblische Zeugnis ergänzen oder sogar ersetzen, weil damit *"die an das Wort gebundene Christusmitte an die Peripherie gerückt, und alles auf das neue 'Geistererlebnis' konzentriert"* wird.[20] Dies bedeutet die innerste Auflösung des christlichen Glaubens selbst, weil man sich nicht mehr mit dem Glauben an das Gotteswort begnügt, sondern krampfhaft nach einem *"mehr"* als Glauben und *"mehr"* als *die geschehene Heilsoffenbarung* strebt. *"Das Spektakuläre, das Aufsehenerregende ist allein erstrebenswert und erfährt eine derartige Hochschätzung, daß man der Illusion erliegt, in diesen Erlebnissen schon in den Genuß der himmlischen Welt gekommen zu sein und eine Vorwegnahme des verheißenen 'Schauens' bewirkt zu haben".*[21] Eine Auswirkung dieser Fehlhaltung ist das *hochmütige Verachten* all derer, die solche Geisterfahrungen noch nicht gemacht haben. Die *"Christusmitte"* ist verlorengegangen oder an den Rand gedrängt und das neue *"Ich-Erlebnis"* erhebt Herrschaftsanspruch. Der Mensch rückt ins Zentrum, der Subjektivismus dominiert. Künneth sieht den Rechtfertigungsglauben pervertiert zu "nomistischer" Erlebnisgläubigkeit. Statt zu "geistgewirkter Wiedergeburt" kommt es unter manipulativen Vorgängen oft lediglich zu einer *psychisch bedingten* "Selbstgeburt", wird der im Offenbarungswort wirkende Heilige Geist mit einem widergöttlichen Fremdgeist verwechselt.[22]

P. Beyerhaus: "Geisterfüllung und Geisterunterscheidung"

P. Beyerhaus, der seit Jahren den Weg des ÖRK kritisch begleitet, hat dabei sein Augenmerk u.a. auch auf die Entstehung und Entwicklung der CB mit ihren Querverbindungen gerichtet und in Vorträgen und Veröffentlichungen hierzu Stellung genommen. Bei stärkerer Differenzierung und dem Bemühen, nicht nur abzugrenzen, sondern auch positive Alternativen aufzuzeigen, vertritt er in den Grundlinien auch heute noch die Position der kleinen Schrift "Geisterfüllung und Geisterunterscheidung" (1977).[23]

Beyerhaus sieht in dem neuen Fragen nach dem Heiligen Geist durchaus auch berechtigte Anliegen (Überwindung geistlicher Kühle und Trockenheit in den Gemeinden, Erfahrung innerer Führung und Sieghaftigkeit), andererseits sieht er das gesunde Streben nach einem größeren Erfülltsein mit dem Heiligen Geist umschlagen in *"ungesunde Lüsternheit"* nach außergewöhnlichen Offenbarungen und Erfahrungen. *"Man möchte Kraft empfangen, Einfluß gewinnen. Man möchte die unsichtbaren Dinge, denen wir uns doch nur im Glauben anbetend nähern können, gewissermaßen in den Griff bekommen, um sich auf diese Weise dann als besonders begabter Christ gegenüber anderen Christen hervorheben zu können".*[24] - Im weiteren skizziert er unter der Frage der Geisterfüllung das Wesen des Heiligen Geistes, das er mit der Kennzeichnung des Schwarmgeistes kontrastiert.

Merkmale des Heiligen Geistes

Für den *Heiligen Geist*[25] ist grundlegend: 1) der *personale Charakter* (dritte Person der Dreieinigkeit, nicht Es, Fluidum, Kraft); 2) sein *rettendes Werk* der Zueignung der in Christus geschehenen Erlösung; 3) die Ermöglichung der *Gemeinschaft mit Gott*; 4) die Vermittlung *geistlicher Erkenntnis* (I Kor 2,14; Joh 14,26); 5) das Bewirken der *Frucht des Geistes* (Gal 5,22); 6) die Mitteilung der verschiedenen *Charismen* zum Dienst (Beyerhaus unterscheidet "Taufcharisma" und *"Dienst*charisma/-ta"[26]); 7) die Einbeziehung in die *Gemeinschaft des Leibes Christi*.[27]

Erfüllung mit dem Geist

Dem grundlegenden Geistempfang zu Beginn jedes Christseins auf Grund von Buße und Glaube folgt *ein immer stärkeres Erfülltwerden*. Dieses vollzieht sich a) durch den treuen *Gebrauch der Gnadenmittel* (Wort und Sakrament), b) in Verbindung mit treuem *Gebet* und c) durch die immer neue *Reinigung des Herzens* (Sündenerkenntnis, Bekenntnis, neue Hingabe) und d) *Gehorsam* gegenüber den Aufträgen Gottes in den Weisungen des Neuen Testaments.[28]

- Merkmale des Erfülltseins sind: der Glaube an Jesus Christus als den Gekreuzigten; seine Mittelpunktstellung im Fühlen, Denken und Wollen; die Freude im geistlichen Leben; der liebende Dienst und das mündliche Zeugnis; das Bemühen um Heiligung; die Unterstellung des Lebens unter die Herrschaft Gottes und seine Leitung.[29]

Merkmale des "Schwarmgeistes"

Im Unterschied dazu möchte der vom *"Schwarmgeist"* bestimmte Mensch die Grenzen der von Gott geordneten heilsgeschichtlichen Zwischenzeit überspringen. Statt zu glauben, möchte er *schauen*, spüren, schmecken, fühlen; statt dulden, *genießen* (volle Kraft, Gesundheit); statt aus der Gnade zu leben, will er *"Sündlosigkeit"*; statt sich dienend in die Gemeinde einzufügen, sucht er sich selbst zu verwirklichen und will herrschen.

Beyerhaus unterscheidet zwischen ins Schwärmen geratenen Christen, die sich noch korrigieren lassen, und solchen, die sich von der schwärmerischen Tendenz immer weiter leiten lassen bis zum Durchbrechen der Schranken und dem Sich-Öffnen für den Schwarmgeist. Gefährliche *"Schwärmerei"* ist durch die Unterstellung unter brüderliche Korrektur gemildert, disponiert aber für den zerstörerischen *"Schwarmgeist"*, der nicht nur eine menschlich ungesunde Haltung ist, sondern *geistige Beeinflussung (Inspiration) aus dem Abgrund"*, *"Wirkungsweise des Satans, d.h. letztlich personale Besessenheit"*.[30]

Ansatzpunkte und Wirkweisen

Einbruchsmöglichkeiten des Schwarmgeistes sind: 1) geistliche *Unachtsamkeit* (Sich-beeindrucken-Lassen von den eigenen Gefühlen oder anderen Menschen; kein Prüfen mehr an Gottes Wort); 2) *Unlauterkeit* (Festhalten an sündigen Verhaltensweisen bei weiterer geistlicher Betätigung); 3) *Hochmut* (heiliger sein wollen als andere, Herrschsucht).[31]

Ein Wesenszug des Schwarmgeistes ist die *Imitation*. So gibt es kaum eine Erscheinung des Heiligen Geistes, die er nicht nachahmt (vgl. hinduistische Ekstasen, animistisches Zungenreden, Hellseherei, magische Heilungen). Die grundsätzliche Testfrage *"Was ist der Ursprung solcher Kraftwirkungen?"* ist im christlichen Bereich nach Beyerhaus dahingehend zu stellen, ob der Betreffende noch unter dem Einfluß jener okkulten Bindungen gehandelt haben könnte, in denen er zuvor stand. Der Schwarmgeist, der alle Geistesgaben imitieren kann, schafft sich menschliche Träger, durch ihn vermitteln, "Pseudo-Apostel" und "Pseudo-Propheten". Beyerhaus sieht die Geschichte schwarmgeistiger Bewegungen *"als ein beständiges Präludium... für den Schlußakt der Erscheinung des Antichristen selber"*, der sich an die Stelle Christi setzen wird.[32]

Zu den typischen Wirkweisen des Schwarmgeistes[33] rechnet Beyerhaus u.a.: a) das Angebot eines *starken gefühlsmäßigen Erlebnisses;* b) die Verheißung *neuer, außerordentlicher Offenbarungen;* c) das Versprechen *körperlicher Gesundheit;* d) der *Drang, die selbstempfangene Kraft* durch körperliche Berührung (z.B. Handauflegung) oder suggestive Beeinflussung ohne Rückfragen nach dem geistlichen Stand *an andere zu übertragen* (besonders bedenklich bei psychisch belasteten oder in Okkultismus verstrickten Menschen - Beyerhaus hält eine Lossage von solcher Handauflegung für nötig). Nächstes Stadium schwarmgeistigen Wirkens ist e) das *Drängen* des mit solchem Geist Erfüllten *auf Alleingültigkeit ihrer Erfahrung in der Gemeinde* mit der Folge von *Spaltung* bei Widerstand, f) in manchen Fällen *Usurpation der Leitung* und *geistliche Tyrannei*. - Neben der Tendenz zur Separation beobachtet Beyerhaus zugleich die Entwicklung einer neuen ökumenischen Gemeinsamkeit auf Grund schwarmgeistiger spiritueller Erfahrungen, eine Einheit auf Kosten von Lehre und Wahrheit.[34] (Inzwischen treten die Verbindungen der CB zur röm.-kath. Kirche und zum Ökumenischen Rat der Kirchen noch stärker als Anbahnungen einer kommenden synkretistischen Welteinheitsspiritualität in den Blick).[35]

Abwehr und Zurückweisung

Der schwarmgeistigen Bedrohung ist nach Beyerhaus zu begegnen mit: 1) *geistlicher Vorbeugung* (regelmäßiger Gebrauch der Gnadenmittel, Gemeinschaft, Austausch mit erfahrenen Christen, die helfen, Echtes und Unechtes zu unterscheiden); 2) der *Bitte um die Gabe der "Unterscheidung der Geister";* 3) *Wachsamkeit und Widerstand*. - Die Gabe der "UdG" versteht Beyerhaus als "besondere, geistlich intuitive Fähigkeit" der jedem Christen aufgetragenen

Prüfung der Geister. Nicht jedem wird die Gabe im Vollsinn geschenkt. Um so wichtiger ist der Dienst der so Ausgerüsteten, und die Gemeinde soll auf ihr Urteil hören. In jedem Fall muß das Urteil auf biblische Lehrkriterien gründen. Beyerhaus fragt: 1) nach der Verkündigung des *Kreuzes Christi*, seines Blutes, wahrer Buße, Vergebung und Gnade (im Unterschied zu ständigem Reden vom dynamischen Wirken des Geistes); 2) nach dem *Gebrauch der Heiligen Schrift* (nur selektiv oder das ganze Zeugnis der Schrift?); 3) nach der *Eschatologie*; 4) nach der *Demut* (Offenheit für Korrektur oder Fanatismus?).[36]

Abgrenzungen nach der anderen Seite

Warnt Beyerhaus vor schwarmgeistiger Verführung, weiß er zugleich auch um die Gefahr, etwa die Bindung des Heiligen Geistes an die Schrift so stark zu betonen, daß es zu einer unbegründeten Ineinssetzung mit Bibelwort bzw. Predigt kommt, die der Persönlichkeit und dem dynamischen Wirken des Geistes nicht mehr gerecht wird.[37] Beyerhaus wendet sich auch gegen die grundsätzliche Leugnung der Möglichkeit einer Fortdauer bzw. Wiederkehr bestimmter urchristlicher Charismen. Der neutestamentliche Weg ist für ihn die *Offenheit* für echtes Geisteswirken *bei gleichzeitiger Prüfung*, die *Einbindung der Gaben in die Gemeinde* und ihre *Unterstellung unter die unverkürzte biblische Lehre*.[38]

R. Bäumer: Zur Frage des Zungenredens

Die Bekenntnisbewegung hat in ihrem Kampf für Bibel und Bekenntnis auch zur aufkommenden CB kritisch Stellung genommen, so R. *Bäumer 1971* zur Frage des *Zungenredens*.[39] Er lehnt dieses mit Auslegung nicht grundsätzlich ab, zeigt aber gegenüber Fehlentwicklung *biblische Grenzmarkierungen* auf. Abgewiesen wird etwa die Meinung, nur wer in Zungen rede, habe den Heiligen Geist empfangen, sowie ein Erzwingen der "Gabe" oder die Haltung des stolzen Besitzens. Da Zungenrede *Danksagung an Gott* ist, wird Weisung an Menschen in Zungenform abgelehnt. Bei "Ich-Jesus-Worten" sieht Bäumer falsche Geister in die Gemeinde drängen und die Christusoffenbarung der Schrift ergänzen oder ersetzen. "Verständliche" Rede ist nach Paulus ungleich wertvoller als die Zungenrede, die *keine missionarische Bedeutung* hat, *nur in begrenztem Umfang* und unter der Bedingung der *Auslegung* erlaubt ist. Wohl gibt es unter den Arten der Zungenrede auch ein Singen in Melodien, aber auch dieses steht unter dem Verbot gleichzeitigen Zungenredens. Wo eine ganze Schar gleichzeitig singend zungenredet, kann es sich nach Bäumer nicht mehr um eine Gabe des Heiligen Geistes handeln. Das biblische Zeugnis ist auch da verlassen, wo das Zungenreden ausschließlich von einer Handauflegung abhängig gemacht wird. Sind Christen unter den Einfluß eines falschen Geistes geraten, führen Buße, Absage und neue Hinwendung zu Christus zur Befreiung.

Bekenntnisbewegung: "Stellungnahme zur 'Charismatischen Bewegung'" (1983)

Aufgrund des wachsenden Einflusses der CB in Landes- und Freikirchen sah sich die Bekenntnisbewegung immer wieder genötigt, warnende Artikel zu veröffentlichen,[40] die im April 1983 in einer von R. Bäumer, P. Deitenbeck und S. Findeisen unterzeichneten scharf abgrenzenden Stellungnahme zur Bewegung als ganzer eine Zuspitzung erfuhren.[41]

Herausforderung und Gefährdung

Im ersten Teil wird die "*Herausforderung*" durch die CB beschrieben, deren Umsichgreifen in Kirchen, Freikirchen und Gemeinschaften als "gefährliche Ansteckung" bewertet wird, vor der nur gewarnt werden kann.[42] Besonders Christen, die in ihrer Ortsgemeinde kaum geistliches Leben finden, werden von den Angeboten *besonderer, zusätzlicher Erfahrungen* in "Heilungs- und Segnungsgottesdiensten" und von dem äußeren Erscheinungsbild "charismatischen Gemeindelebens" mit dem *scheinbaren Vorhandensein der urchristlichen Kraft des Heiligen Geistes* angezogen und fasziniert. Die Herausforderung wird von den Verfassern besonders in dem *Anspruch der CB* gesehen, "*größte Erneuerungsbewegung der bisherigen Kirchengeschichte*" zu sein, in der dort geäußerten Einschätzung, daß eine Verbindung von altem Pietismus und neuer charismatischer Erweckung von schicksalhafter Bedeutung für die deutschen Kirchen ist. Zur Stellungnahme nötigten weiter die Hoffnungen, die seit der Reformation bestehende Trennung von der katholischen Kirche überwinden zu können, und das zunehmende *Fragen, ob man nicht endlich alte Vorurteile und Ängste abbauen und aufeinander zugehen müßte.*[43]

Zusammenhang mit der Pfingstbewegung

Im zweiten Teil der "Stellungnahme" wird dann die Frage nach dem *geschichtlichen Ursprung* der CB gestellt. Daß sie *historisch mit der "klassischen"PB in Zusammenhang* steht, wird für die Beurteilung als ein Tatbestand von allergrößter Bedeutung angesehen. Die kurze Skizzierung der "klassischen" PB steht ganz unter dem Zeichen der Kasseler Entartungserscheinungen und dem Urteil der "Berliner Erklärung" (1909), in dem nicht nur die Erscheinungen sondern die ganze Bewegung als nicht vom Heiligen Geist, sondern vom Schwarmgeist bewirkt, als "nicht von oben, sondern von unten" bezeichnet wird.[44] - Die Skizzierung der CB, ihrer Anfänge und ihrer Ausbreitung steht unter dem Aspekt der *Weiterverbreitung (von "Geistestaufe" und "Zungenrede") durch Handauflegung.* Daß man in der Gemeinde-Erneuerung statt von "Geistestaufe" von "Geisterneuerung" spricht, wird als Begriffskosmetik gewertet, da es sich um dasselbe Phänomen handelt.[45]

Als *Ergebnis* der Frage nach dem geschichtlichen Ursprung wird der auch von führenden Vertretern der CB bestätigte genetische Zusammenhang mit der "klassischen" PB und damit die *schwarmgeistige Wurzel und Wesensbestimmung* festgestellt. Obwohl viele Pfingstler zur CB Abstand halten und trotz der betonten Eigenständigkeit der 'Charismatiker' gegenüber der PB, entspringen beide Ströme "demselben Quellgebiet..., das die Väter der 'Berliner Erklärung' als *Schwarmgeist* entlarvten".[46] Das scheinbar differenzierte Bild ist nur oberflächlich. "Bei aller Betonung der Ruhe und Diszipliniertheit in den Veranstaltungen der CB treten Erscheinungen zutage, die mit der Pfingstbewegung zum großen Teil deckungsgleich sind".[47] Das Bemühen der Vertreter der CE, als theologisch seriös, nüchtern und nicht separatistisch anerkannt zu werden, und das Bemühen, die starken enthusiastischen Begleiterscheinungen zurückzudrängen, wird als nicht dem wahren Tatbestand entsprechend bewertet, nach dem "in beiden Bewegungen... der eine Schwarmgeist" wirkt.[48] Dementsprechend wird der "Charismatische Aufbruch" als erneuter Versuch desselben Geistes bewertet, unter Angleichung an Lehre und Frömmigkeitstypus der evangelischen bzw. katholischen Kirche bzw. im Blick auf den Pietismus an das Anliegen der Erweckung in diese einzudringen.

Irreführungen des Schwarmgeistes

Als wichtigste *Kennzeichen des Schwarmgeistes*[49] werden in der Stellungnahme genannt: 1) Daß er eine *zusätzliche Geistestaufe (bzw. "Geisteserneuerung")* verlangt, die durch *Handauflegung* erfolgt. Die Notwendigkeit einer zusätzlichen Geistestaufe wird mit Verweis auf Eph 1,13 und I Kor 12,13 verworfen. - Da nach ihrer Sicht in Wirklichkeit ein falscher Geist übertragen wird, warnen die Autoren ausdrücklich davor, sich von "Charismatikern" die Hände auflegen zu lassen. - 2) Die *Nachahmung der urchristlichen Zungenrede.* Die Autoren verweisen auf gegenwärtige Seelsorgefälle, in denen Christen ihre Zungenrede *außerhalb* der CB prüfen ließen, worauf sich dämonische Geister selbst entlarvten. Gleiches geschah bei Prüfungen in den Anfängen der PB (mit Zitaten!?) - "Solche Selbstentlarvung geschieht, wenn einige Brüder mit einem Zungenredner beten, daß der Geist offenbar werde. Dann kommt der falsche Geist so in Bedrängnis, daß er seinen wahren Charakter zeigen muß".[50] - 3) Das *Wort Gottes wird in den Hintergrund gedrängt* durch unmittelbar inspirierte an die Gemeinde gerichtete "prophetische Botschaften", "Weissagungen", "Visionen" z.T. auch als Zungenrede und in "Ich-Jesus"-Rede. Kritisiert wird, daß Prophetie nicht ausschließlich als Schriftauslegung verstanden wird und daß dem endgültig abgeschlossenen Wort der Heiligen Schrift das "gegenwärtige Wort" gleichrangig an die Seite gestellt wird, sowie ein neues Prophetenamt mit autoritativer Gewalt aufgerichtet wird. Typisch für den Schwarmgeist sei die Lösung des Heiligen Geistes von der Heiligen Schrift und von der Person Christi. "Wo solche pseudocharismatischen Erscheinungen unter Berufung auf 'unmittelbare Geistesleitung' auftreten, kann die Einwirkung dämonischer Kräfte nicht mehr geleugnet werden".[51] Die Autoren der Stellungnahme betonen mit Verweis auf Heb 1,1f; Joh 14,26; Apk 22,18f dagegen das reformatorische "*allein* die Schrift". - Als weiteres Kennzeichen des falschen Geistes wird 4) *die Verführung zu einer unbiblischen Einheit* genannt. Zur Wertschätzung der CE durch die katholische Hierarchie und der dort genannten Wirkungen (Neuentdeckung der Messe, der Intensivierung des Marien- und Heiligenkultes, größere Ergebenheit gegenüber dem Papst usw.) stellen die Autoren fest, daß eine vom Heiligen Geist gewirkte Erneuerung die Trennung von den Irrlehren der katholischen Kirche zur Folge hätte. Das schwarmgeistige Fundament der "charismatischen Ökumene" sehen sie durch den Generalsekretär des Weltkirchenrates Ph.Potter offengelegt, der die CB als einendes Band zwischen den Kirchen der Reformation, der röm.-kath. Kirche, den konservativen Evangelikalen und den Orthodoxen bewertet und als Unterstützung in dem Ziel der Einheit des Volkes Gottes und aller Menschen auf der Welt.[52]

Ernste Warnung

Im *seelsorgerlichen Schlußwort* wird ernsthaft vor dem Schwarmgeist gewarnt. Die *CB* wird als *Teil des apokalyptischen Großangriffs auf die Gemeinde Jesu* (Apk 3,10) gesehen und das Urteil der "Berliner Erklärung" über die PB als "*in vollem Umfang*" auch auf die CB zutreffend erklärt. Als *Einbruchstellen* des Schwarmgeistes werden genannt: a) *geistliche Neugier und Unachtsamkeit*; b) *Unlauterkeit und Selbstsicherheit*; c) *Gesetzlichkeit und Hochmut* bzw. *Geltungsstreben*. Wer wissentlich oder unwissentlich unter den Einfluß des Schwarmgeistes geraten ist, kann Befreiung nur erfahren durch "ehrliches Bekenntnis, demütige Bitte um Vergebung, Absage an den falschen Geist und Lossage von allem, was man durch die Befleckung mit dem Schwarmgeist an 'Gaben', 'Heilung', 'Segnung' usw. empfangen hat".[53] Weiter wird eine völlige Aufgabe geistlicher Gemeinschaft mit den 'Gabenträgern' und Distanz zu den charismatischen Kontaktstellen für erforderlich gehalten.

"Wenn aber das Vollkommene kommen wird..."

Was sein *Charismenverständnis* angeht, sieht S. *Findeisen* als einer der Hauptvertreter der scharfen Ablehnung und dämonistischen Deutung die Gemeinden der Apostelzeit noch in einem "*Vorstadium*", in dem sie mit Unvollkommenem auskommen mußten, "bis der Geist seine ihm im Neuen Bunde entsprechende, die endgültige und schriftliche Gestalt gefunden hatte" (i.e. *die Schrift* als Kanon, "*das Vollkommene*" im Sinn des vollgenügsamen Mittels der Gottesbegegnung). In diesem Stadium des "Unvollkommenen" waren die drei Gaben *Zungenrede, Prophetie und Erkenntnis* (Gnosis) von vorübergehender Bedeutung. Findeisen sieht bei diesen drei Gaben eine grundlegende Gefährdung durch ihre wesenhafte "*Risiko-*" und "*Mangel-Struktur*". Ein erstes Risiko ist die *Nähe zum Schamanismus*, des spiritistischen Direktkontakts mit dem "Geist" mit der Absicht des Machtzuwachses. Ein zweites Risiko besteht in der *Gefährdung des Menschen*. Insofern er die Gabe gewissermaßen "in sich" hat, ist Selbsterhebung und Stolz unausweichlich die Folge. Als drittes Risiko der einem bestimmten Menschen gegebenen Gabe nennt Findeisen die *Tendenz zur Vereinzelung*. Aufgrund des Risiko- und Mangelcharakters habe Paulus schon damals bei den im Vorstadium von Gott noch gebrauchten Gaben auf den "überlegeneren" Weg der Liebe gewiesen und deutlich gemacht, daß der alte "Gaben-Weg" durch "das Vollkommene" abgelöst werden würde. Sollten die drei speziellen Gaben wieder auftreten, was Paulus nach Findeisen nicht ausschließt, so wären sie "in bewußter und willentlicher Entscheidung" als Kennzeichen eines unreifen, kindischen Stadiums "abzutun". Treten jene drei Gaben auf, ist das nach Findeisen ein "Zeichen von Unreife mangels Zugang zur Schrift". Daß die CB in Selbstbezeichnung, Konzept und Praxis gerade diese Gaben hervorhebt und sie "ihr Eigentliches" sind, ist eine folgenreiche Schwerpunktverlagerung und Öffnung für dämonische Verführung. Zwar gibt es in der CB auch berechtigte Anliegen, da diese aber mit Unberechtigtem verbunden sind bzw. das Unberechtigte das Eigentliche der Bewegung ist, kann man nach Findeisen weder zum Ganzen einladen noch hier zusammenarbeiten.[54]

Biblische Orientierungshilfe: "Das neue Fragen nach dem Heiligen Geist" (1992/93)

Angesichts der weiter voranschreitenden Ausbreitung der CB mit neuen Akzentuierungen und Entwicklungen und im Blick auf die bleibende Aktualität der "Geist-Frage" in
der Ökumene wie in der allgemeinen geistesgeschichtlichen Entwicklung hat der "4. Internationale Bekenntniskongreß", Börkop/Dänemark (24.-27.August 1992) "Das neue Fragen
nach dem Heiligen Geist" zu seinem Schwerpunktthema gemacht und eine "biblische Orientierungshilfe" verabschiedet.[55] Dieses in einem längeren Diskussionsprozeß entstandene
Konsenspapier unterscheidet sich von pauschalen, klischeehaft-stereotypen Abgrenzungsvo-
ten durch ein verstärktes Bemühen um Differenzierung und positive Entfaltung der Pneumatologie. Man kritisiert nicht nur, sondern gesteht auch berechtigte Anliegen zu und stellt
selbstkritische Rückfragen. Zu den Unterzeichnern gehören scharfe Ablehner der CB wie
auch einzelne der CE nahestehende Theologen. Bereits im Diskussionsprozeß wurde die
Spannung zwischen solchen sichtbar, denen die Abgrenzung nicht scharf und prinzipiell
genug war, und solchen, denen das Gewicht noch viel zu stark auf der Abgrenzung und zu
wenig im Aufzeigen positiver Gestaltung lag (so wird z.b. nirgends näher auf Charismen
eingegangen; moniert wird auch die Verwendung des nichtbiblischen Begriffs "Schwarmgeist"). Im Vergleich zur "Stellungnahme" von 1983 ist die "Orientierungshilfe" aufgrund
ihrer stärkeren theologischen Fundierung, differenzierteren Kritik und der Breite der Trä-
gerschaft auch über den deutschen Sprachbereich hinaus von größerer Bedeutung.

Ursachen des neuen Interesses am Geist

Auf den ersten Seiten wird *"Die heutige Hinwendung zum Geist"*[56] skizziert, die sich in
einer *Suche nach der unsichtbaren Wirklichkeit* äußert, in der Zuwendung der "Postmoderne" zur
transzendenten Über- und Innenwelt und in den entsprechenden okkult-esoterischen Angeboten. In der Ökumene zeigt sich dieses Motiv im Bemühen um eine "neue Spiritualität", in
der Theologie in einer verstärkten Zuwendung zum dritten Glaubensartikel. Fast alle Kirchen
sind seit den 60er Jahren durch die CB herausgefordert, die Evangelikalen durch die sog.
"Dritte Welle" mit ihrem "Power Evangelism".
Bei der Frage nach den *Ursachen* für das neue Interesse wird *kulturgeschichtlich* die elementare Sinnkrise des rationalistisch-technologischen Wirklichkeitsverständnisses (im weitesten Sinn die "Geistvergessenheit" des aufklärerischen Weltbildes) gesehen, sowie *theologiegeschichtlich* die Vernachlässigung des Heiligen Geistes in der westlichen Theologie der nachreformatorischen Zeit bis in die Gegenwart und die dadurch mitverursachte "intellektualistische Dürre der Schultheologie" bzw. das "unterentwickelte Frömmigkeitsleben in den
Kirchen".
Grundsätzlich anerkannt wird das Anliegen, den Mangelerscheinungen abzuhelfen, wobei
positiv auf Neuaufbrüche in den Bereichen Evangelisation, Gemeinde-Erneuerung und
Gemeindegründung, wie auch auf den Beitrag von Kommunitäten und Bruderschaften
hingewiesen wird. Bei den spirituellen Neuangeboten der jüngeren Zeit sieht man aber neben
der *Aufnahme genuin christlicher Elemente* auch solche, die aus *zweifelhaften* oder *eindeutig
nichtchristlichen Quellen* stammen. Im Blick auf die "neue ökumenische Spiritualität" wird vor
allem die synkretistische Einbeziehung "spiritueller Wege" aus den anderen Religionen
genannt, im Blick auf die CB (speziell die "Dritte Welle" und die "Erfolgstheologie") die Einbeziehung von Erscheinungen, die in großer Nähe zu außerchristlichen bzw. okkult-spiri-
tistischen Vorgängen stehen. Hier stellen sich tiefgreifende *Fragen*, etwa nach der *Legitimität*,
der nötigen *Grenzziehung*, ob und inwiefern man mit solchen Gruppierungen überhaupt
zusammenarbeiten kann, ob *grundsätzliche Ablehnung* geboten oder eine *flexiblere Haltung*
möglich ist usw.[57]

Kirchengeschichtliche Einordnung der CB

Kirchengeschichtlich sieht man die "drei Wellen" der pfingstlich-charismatischen Bewegung in der Tradition des *Montanismus* und der *"himmlischen Propheten"* der Refomationszeit

bzw. in der Tradition von Geistbewegungen, die ein verbreitetes Verlangen nach Geistesfülle zu befriedigen scheinen, aber ein widersprüchliches Ineinander von biblischer Verkündigung und Frömmigkeit mit "*schwärmerischem* Überschwang oder gar *schwarmgeistigen* Tendenzen" darstellen.[58] Dies kann auf grundsätzlich fremdgeistigen Ursprung einer ganzen Bewegung deuten bzw. auf die nachträgliche Entartung einer echten Erweckungsbewegung durch Sonderlehren, Schwerpunktverlagerungen und das Eindringen dämonischer Kräfte aufgrund mangelnder biblischer Lehre.

Anliegen der "Orientierungshilfe"

Die "Orientierungshilfe" versteht sich als *Ruf:* 1) "zu *wahrer Erweckung und Erneuerung* der Gemeinde aus dem Wirken des Heiligen Geistes"; 2) "zur *Wachsamkeit* gegenüber den Verführungen durch neue und alte Erscheinungsweisen des Schwarmgeistes"; 3) "zum *Ringen um wiederhergestellte Gemeinschaft* mit getrennten Glaubensgeschwistern in der gemeinsamen Beugung unter das biblische Zeugnis vom Heiligen Geist".[59]
Sie *wendet sich:* a) in erster Linie an *alle bibeltreuen Christen und Gemeinschaften*, die sowohl um geistliche Erneuerung als auch um die rechte Unterscheidung ringen; b) an die *Kirchenleitungen*, die genötigt sind, auf das Suchen nach geistlicher Vertiefung einzugehen und im Blick auf ökumenische und charismatische Angebote zugleich Unterscheidungen vorzunehmen haben; c) an *Missionswerke*, die in ihrem Bemühen, den Auftrag der Weltevangelisation zu erfüllen, das faszinierend erscheinende Angebot der "Dritten Welle" zu prüfen haben; d) an *Christen*, die sich in ihrem Suchen nach geisterfülltem Leben *charismatischen Gruppen* angeschlossen haben, über die Richtigkeit dieser Entscheidung aber in Unruhe und Zweifel sind; e) an die *Führer der CB* selbst, die an die von ihnen übernommene Verantwortung für das Seelenheil ihrer Anhänger erinnert und gebeten werden, die Legitimität ihrer Verkündigung und die zwiespältigen Erscheinungen ihrer Praxis am heilsgeschichtlichen Zeugnis der Bibel zu prüfen.[60]

Das biblische und altkirchliche Zeugnis vom Heiligen Geist

Den Ausführungen über die Gefährdungen und Irrwege des Geistverständnisses der pfingstlich-charismatischen Bewegung wird mit vielen Textverweisen das *biblische und altkirchliche Zeugnis vom Heiligen Geist* vorangestellt.[61] Da dies im wesentlichen das bei E. Schlink aufgezeigten Grundlinien entspricht, erwähnen wir hier nur die besonderen Akzentuierungen.
So wird in der Darstellung von *Person und Wirken des Heiligen Geistes* der *göttlich*-trinitarische *personale* Charakter herausgestellt (Unterscheidung vom menschlichen Geist und geschöpflichen, guten und bösen Geistesmächten). Er offenbart sich durch die Anrede im Wort Gottes und die Mitteilung seiner Gnaden. Neben der gottheitlich-personalen Seite findet sich auch eine "*dynamisch-funktionale*" des Geistes als "*Gabe*" bzw. eine "*energetisch-dynamische*" des Geistes als "*Kraft*". In der Nichtbeachtung dieser biblisch begründeten Unterscheidung bzw. im isolierten Betrachten jeweils nur eines der genannten Aspekte sieht man die Ursache für viele Verirrungen. So könne eine mangelnde Beachtung des energetischen Aspekts zu einer Unterentwicklung von Lehre und Praxis der Heiligung und der Geistesgaben führen. Eine Verselbständigung des Kraft-Aspekts steht in der Gefahr eines unerlaubten Verfügenwollens über den Geist bzw. der Verwechslung mit fremdgeistigen Kraftwirkungen.[62]
Das *heilsgeschichtliche Kommen des Heiligen Geistes*[63] wird von seinem *ewigkeitlichen Ausgang* vom Vater durch den Sohn her in Blick genommen. Unterschieden wird das *universale vorpfingstliche* Wirken, das *heilsgeschichtliche* Wirken in der *atl. Geschichte Israels*, das neutestamentliche Werk *an und durch Jesus Christus* und die *Ausgießung an Pfingsten* als Geburtstag der christlichen Kirche. Nach Abschluß der Geschichte der Endgericht entgegeneilenden Welt vollendet sich das heilsgeschichtliche Kommen des Heiligen Geistes in der *Neuschöpfung* von Himmel und Erde im Zusammenwirken der göttlichen Dreieinigkeit.
Alle echten *geistlichen Erweckungen der Kirchengeschichte* werden als Aktualisierung des einmaligen Pfingstereignisses verstanden. Als Kennzeichen echter Erweckung nennt die "Orientierungshilfe" die Wirkungen a) *Buße*, b) *Heiligung* und c) Ausrüstung mit *Gaben zum Dienst*, wobei der Schwerpunkt auf die Erneuerung der Sünden- und Gnadenerkenntnis (a) gelegt wird.

Das Wirken des Heiligen Geistes in den Gläubigen[64] als Vermittlung des Lebens Gottes und seiner Segnungen wird mit den Begriffen des "ordo salutis" (Berufung, Erleuchtung, Rechtfertigung, Kindschaft, Heiligung, Erneuerung) beschrieben. Nicht um auf sich selbst aufmerksam zu machen, sondern um *Christus* und sein Heilswerk zu verherrlichen wurde er in die Welt gesandt (d.h. es besteht eine untrennbare heilsgeschichtliche Gemeinschaft zwischen der zweiten und dritten Person der Gottheit, wie bereits im innertrinitarischen Hervorgehen des Geistes). Der Heilige Geist fügt die Christen zu einem Leib zusammen, bevollmächtigt die Amtsträger (!) und befähigt alle Glieder mit Gaben zum Dienst.

Mittel und Instrumente des Heiligen Geistes[65] sind das gepredigte und geschriebene *Wort* und die *Sakramente*, sowie im weiteren Sinn biblische *Segenshandlungen*, "die für bestimmte Anlässe geistliche Gaben bzw. Wirkungen vermitteln" (z.B. Handauflegungen zur *Heilung* oder zur *Bevollmächtigung* für den kirchlichen Dienst oder die vielfach unter Handauflegung zugesprochene *Sündenvergebung*). Dabei bleibt die Gabe des Heiligen Geistes freies Gnadengeschenk, das erbeten (vgl. *Epiklese*), aber nicht durch menschliche Handlungen mit Terminbestimmung erzwungen werden kann .

In einem weiteren Abschnitt wird die *Erfahrungsdimension des Geisteswirkens*[66] in Abgrenzung zum Postulat der Ungreifbarkeit bzw. Nur-Jenseitigkeit positiv aufgenommen. Zugleich wird aber auch zwischen Kernvorgang und begleitender Wirkung unterschieden und auf das "extra nos" verwiesen. Weil das überführende, rettende, heiligende und begabende Werk des Geistes den Menschen in seiner ganzen Existenz (Denken, Fühlen und Wollen) betrifft, ist die Zuwendung Gottes auch wahrnehmbar. Der Mensch spürt sie im "Herzen", u.U. auch stark sinnenfällig mit *Gefühlen* von Freude und Frieden oder auch von Furcht und Trauer. "Erlebnisse der Gottergriffenheit *begleiten* das heilsvermittelnde Geschehen (Röm 14,17), sind aber nicht grundlegend und müssen sich an Gottes Wort prüfen lassen. Der Glaube macht Erfahrungen, aber er ist nicht von ihnen abhängig. Er *gründet* vielmehr in der außerhalb des Glaubenden liegenden Erlösung Jesu Christi und in den Verheißungsworten Gottes"[67] und bewährt sich gerade auch in Zeiten der Anfechtung und Trockenheit. - Eine *unmittelbare Führung* durch den Heiligen Geist wird vor allem im missionarischen Dienst erfahren (vgl. Act), wobei solche intuitiv gewonnenen Einsichten nicht lehrhaft verallgemeinert und auch nicht für andere Christen bindend gemacht werden dürfen. Stets sind sie auf ihre Übereinstimmung mit dem Wort Gottes hin zu prüfen und ggf. auch der Gemeinde zur Beurteilung vorzulegen.

Nur in der durch den Heiligen Geist ermöglichten und immer neu gewährten lebendigen Verbindung mit Gott kann der einzelne Christ und die Gemeinde existieren. *Auf ihn* bleibt sie *grundlegend angewiesen*. Ohne den Heiligen Geist verliert sie ihr Leben und wird verführbar. Nur durch erneute Bevollmächtigung durch den Heiligen Geist kann auch der unvollendete Auftrag zur Weltmission erfüllt werden. Darum sollen Christen überall um Erweckung und Erneuerung der Gemeinde aus dem Heiligen Geist beten.[68]

Gesamtrahmen des Geisteswirkens ist der für das Verständnis der "Orientierungshilfe" grundlegende *"Kampf der Geister"*,[69] der Widerstreit zwischen dem Heiligen Geist und den gottfeindlichen Geistesmächten. Durch diese wirkt Satan, täuscht und verführt durch Imitation und Uminterpretation des Göttlichen (vgl. II Kor 11,4). Kerngeschehen der Verführung ist der "Versuch des dämonisch inspirierten Menschen, sich göttlicher Kräfte zu bemächtigen und seinen selbstsüchtigen Zwecken dienstbar zu machen".[70] Dabei werden okkult-spiritistische Quellen angezapft und Zauberei und Magie als Kraft des Heiligen Geistes ausgegeben. - Aus diesem Grund werden Christen dazu aufgefordert, sich in der "diakrisis toon pneumatoon" zu üben (I Kor 12,10; I Joh 4,1), Widerstand zu leisten (I Petr 5,9) und sich zum Kampf zu wappnen (Eph 6,10ff). In Abgrenzung von Theorie und Praxis der sog. "geistlichen Kampfführung" gegen die "territorialen Geister" wird darauf verwiesen, daß dieser Kampf nach dem apostolischen Zeugnis eher *defensiv* als *offensiv* zu führen ist.

Die rechte Haltung gegenüber dem Heiligen Geist

Weil Christen bleibend auf den Heiligen Geist angewiesen sind, werden vor der Betonung der Abgrenzung von widergöttlichen Geisteswirkungen positive biblische Aussagen zur rechten Haltung gegenüber dem Heiligen Geist aufgenommen. So etwa die *Aufforderung, sich vom Geist "erfüllen" zu lassen* (Eph 5,18),[71] einem immer neuen wachstümlichen Geschehen, das von der grundlegenden Geistmitteilung zu unterscheiden ist. Von Act her wird das Wachsen in seinem Wirken auch als *Kraft* und *Gabe* gesehen, was aber nicht zu lösen ist vom Gehorsam gegenüber dem Heiligen Geist als *Person* und gegenüber Jesus Christus, mit dem er den Menschen verbindet. - Weiter wird die *heiligende Umgestaltung des Lebens* durch den Geist, das Bewirken der *Frucht* des Geistes (Gal 5,22f) hervorgehoben, aber auch das Erstarken in der *Vielfalt der Gaben* zum Dienst. Hierbei ist die Einheit festzuhalten und isolierender Überbewertung einzelner Gaben zu widerstehen. - Als vornehmliche Mittel des geistlichen Wachstums werden genannt: *Wort Gottes, Gebet, Gemeinschaft,* Gründung des Glaubens in der *Taufe* und dessen Stärkung im *Abendmahl.* Weiter wird verwiesen auf Anleitungen zu einer *vita spiritualis* in der Tradition, aber auch in der Gegenwart (Literatur, Angebot der Einkehr in Zentren geistlichen Lebens).

Gegenüber liebloser und prinzipiell separatistischer Abgrenzung wird an die *Aufforderung* erinnert, "*die Einigkeit des Geistes zu wahren durch das Band des Friedens*" (Eph 4,3).[72] Christen sind wegen der Fragmentarität und Mannigfaltigkeit der Begabungen aufeinander angewiesen. Nur im Miteinander gibt es Wachstum und Auferbauung des Leibes. Was für die einzelnen Christen gilt, kann analog auf kirchliche Gemeinschaften und Traditionen übertragen werden. Im Blick auf ihre besonderen Prägungen, Erkenntnisse und Anliegen sieht die "Orientierungshilfe" einen Auftrag der einzelnen Konfessionen und Denominationen aneinander, "der in gewissenhafter Verpflichtung gegenüber der Wahrheit, in immer erneutem, prüfendem Hören auf das Zeugnis der Heiligen Schrift wahrzunehmen ist".[73] Als Beispiel wird etwa die Begegnung mit den Orthodoxen Kirchen genannt, durch die den evangelischen Kirchen die Wichtigkeit der trinitarischen Verankerung ihrer Christozentrik deutlich wurde.

Die *Mahnung, den Heiligen Geist nicht zu "betrüben"* (Eph 4,30),[74] wird bezogen auf ein Nachlassen im Eifer und in der Heiligung, auf ein Vergessen des Gegensatzes von Fleisch und Geist bzw. ein Nachgeben hierin (Folge: Verlust der Sündenerkenntnis, Selbstgerechtigkeit). Aber auch ein gesetzlich rechthaberisches Abwenden von anderen Christen und Gemeinschaften aufgrund von Fehlentwicklungen, das ein unbefangenes Prüfen verhindert, wird als Betrüben des Heiligen Geistes gesehen.

Die Aufgabe der Unterscheidung der Geister[75]

Die *Notwendigkeit* der Geisterunterscheidung ergibt sich aus dem heilsgeschichtlichen Widerstreit der beiden radikal gegensätzlichen Geistesmächte und der Gefahr ihrer Verwechslung. *Möglich* wird die Unterscheidung durch den Heiligen Geist, der als "Geist der Wahrheit" (Joh 14,17) den Christen, der in aufrichtiger Glaubenshingabe an Jesus Christus unter seiner Herrschaft lebt, befähigt, die ungöttlichen Mächte zu entlarven, ihnen sieghaft zu widerstehen und die Scheidung zu vollziehen (Mt 12,28; Eph 6,10-17; I Kor 2,15). Da alle Christen in diese geistliche Auseinandersetzung gestellt sind, wird *die ganze Gemeinde* zur *Prüfung* der Geister aufgefordert (I Joh 4,1) und werden hierzu lehrmäßige Kriterien gegeben. Wenn der einzelne Gläubige sein Leben immer wieder an der Heiligen Schrift ausrichtet und korrekturbereit in Gemeinschaft mit anderen bibeltreuen Christen lebt, kann er sich so vor grober Täuschung schützen. - Über die allgemeine Befähigung hinaus gibt der Heilige Geist *einzelnen* Gliedern der Gemeinde das besondere *Charisma* der "UdG" (I Kor 12,10). Dieses wird beschrieben als "besondere Sensibilität, ein geistliches Gespür für den Ursprung religiöser Erscheinungen", besonders bei schwer zu unterscheidenden, "im Hinhören auf das biblische Wort".[76] - Beide Gestalten der Prüfung sind nötig. Um das Charisma soll die Gemeinde besonders beten und dieses hoch schätzen. Hilfreich können Erfahrungen früherer Generationen sein, wie Luthers Entgegnungen auf die Schwarmgeister seiner Zeit oder die Berichte und Abgrenzungen gegenüber dem PB zu Anfang des Jahrhunderts ("Berliner Erklärung"). Bleibend gültige Kriterien gibt vor allem anderen gibt die Heilige Schrift.

Folgende *Testfragen bei der Prüfung der Geister*[77] ergeben sich aus den vorangestellten biblischen Grundaussagen zum Heiligen Geist: 1) Begegnet der *göttliche Herr* oder vornehmlich ein Fluidum, eine unpersönliche Kraft? - 2) Wird die *Person und das Werk Jesu Christi verherrlicht,* oder steht der angeblich redende Geist im Mittelpunkt? - 3) Geht es um die Überführung von *Sünde und Schuld,* um Buße und *Glaube an das Evangelium* oder vor allem um sinnenfälligen Machtzuwachs, körperliche Heilung oder faszinierende Hochstimmung? - 4) Stimmt die Äußerung mit den *Worten der Bibel* überein, oder steht sie neben diesen, geht über sie hinaus bzw. führt zu esoterischer Umdeutung? - 5) Wird an die *Gemeinde* verwiesen und deren Einheit zu allen Zeiten und an allen Orten bestätigt oder in die Absonderung, hochmütige Isolation und Sektengründung getrieben? - 6) Wird die *heilsgeschichtliche Spannung* des "schon jetzt" und "noch nicht" festgehalten, oder werden Heilsgüter des Kommenden zum Normalzustand schon hier erklärt?

Erinnert wird auch an Jesu Wort, daß falsche Propheten *"an ihren Früchten"* zu erkennen sind (Mt 7,16). Wo geistlicher Anspruch mit Hochmut, Lieblosigkeit, Streitsucht (Judas 19), Habgier und sexueller Zügellosigkeit einhergeht, ist offensichtlich nicht der Heilige Geist am Werk.

Ziel der Geisterprüfung ist die *Erbauung der Gemeinde*.[78] Prüfung einer Bewegung kann, so die "Orientierungshilfe", *nicht* meinen, sie schon im voraus pauschal zu *verurteilen*, da der Heilige Geist auch heute echte Bewegungen entstehen lassen kann, die verschüttete biblisch-reformatorische Erkenntnis erneuern, zu erweckend-reinigender Neubegegnung mit dem gegenwärtigen Herrn oder auch zu neuer Bevollmächtigung durch Ausrüstung mit Geistesgaben bzw. deren Wiederentdeckung führen. - Prüfen heißt auch *nicht*, sich im Fall eines bedenklichen Ergebnisses *sofort zurückzuziehen* und die Irregeleiteten sich selbst zu überlassen. Hier sei aus dem Umgang des Apostels Paulus mit den Korinthern Grundlegendes zu lernen (I Kor 12-14). - Ziel der Prüfung ist "nicht die Friedhofsruhe einer gegen jede außerordentliche geistliche Bewegung verschlossenen Gemeinde", sondern die Unterscheidung zwischen trügerischer und echt geistgewirkter Lebendigkeit.

Gefährdungen und Irrwege im Geistverständnis

Eine "UdG" wird in der "Orientierungshilfe" vor allem im Blick auf vier gegenwärtige Gestalten der Verirrung im Geistverständnis für nötig erachtet. So wird näher eingegangen auf: a) die pfingstlich-charismatische Bewegung allgemein; b) auf die sog. "Dritte Welle" im besonderen; c) die ideologisch-politische Umdeutung des Geistes; d) auf den synkretistischen Irrweg.[79]

Im Blick auf *die pfingstlich-charismatische Bewegung* (PB und CB/CE) werden *berechtigte Anliegen* und *biblische Wahrheitsmomente* anerkannt, so etwa der Wunsch nach einem erneuten Ernstnehmen des in Kirche und Theologie vielfach nicht genügend zum Tragen gekommenen besonderen Werkes des Heiligen Geistes oder die Indienststellung der Charismen im Leben der Gemeinde. Von Anfang an seien aber "bedenkliche *Fehlansätze und -entwicklungen*" sowie auch Fremdeinwirkungen dämonischer Herkunft" damit verbunden gewesen, die nun in der "Dritten Welle" bzw. in der "Herrlichkeitstheologie" zum Durchbruch kämen.[80]

Als *besonders fatale Verirrungen*, die sich bereits in der PB und z.T. auch in der CE finden, werden aufgelistet:[81]

1) Die *Abwertung des Versöhnungswerkes Christi* und der *Sündenvergebung* zu bloßen Vorstufen einer *vollen* Heilserfahrung und die Überbetonung der charismatischen Geistbegabung.- 2) Die *Loslösung der Erfahrung und Lehre vom Heiligen Geist von Person und Werk Christi*. - 3) *Unterschätzung der sündhaften Trennung von Gott* und Überschätzung der dynamischen und emotionalen Geisterfahrung; *Schwerpunktverlagerung auf den Menschen*. - 4) *Dogmatisierung* einzelner Segenserfahrungen zu einem *allgemein-verbindlichen Schema* ("Geistestaufe" als höhere Heilsstufe). - 5) Die *einseitige Herausstellung der übernatürlichen* bzw. *überrationalen Charismen* (Wunderheilung, Prophetie, Glossolalie). - 6) Die *Trennung von Geisterfahrung und Bibelwort* und dementsprechend die ungenügende Prüfung von vermeintlichen Gottes- oder Krafterfahrungen, Botschaften, "Eindrücken" usw. - 7) Die *Verdinglichung des "Geistes"* zu einer neutralen, menschlich verfügbaren Kraft. - 8) *Lähmung oder Zerstörung der Personalität* des Menschen als *verantwortliches Gegenüber* Gottes durch verordnete *Passivität* (bloßer "Kanal", Medium). - 9) *Überheblichkeit, Richtgeist, Unbelehrbarkeit, Neigung zur Abspaltung* aufgrund vermeintlicher oder echter geistlicher Erfahrungen. - 10) *Übersehen des heilsgeschichtlichen Bestimmtseins des Heiligen Geistes* (a. Verkennung der Einmaligkeit von Pfingsten; Ausdehnung zu einer permanent wiederholbaren Pfingsterfahrung - b. Übersehen der realen Gegenwart des Hl. Geistes im Leben der Gemeinde und jedes Wiedergeborenen; Ersatz durch immer höher geschraubte Erwartungen des Außerordentlichen; - c. Hineinziehen des apostolischen Zeitalters in die Gegenwart und damit Verlust der einzigartigen Grundlegung der Gemeinde; - d. Eigenmächtige Vorgriffe auf künftige Heilsgüter in eschatologischer Ungeduld). - 11) *Einbeziehung spiritueller Ersatzbefriedigungen* aus (nicht erkannten) okkulten Quellen über die mediale Disposition "prophetischer" Führer .

Nicht alle diese Verirrungen seien in allen Richtungen der PB und CB zu finden, manche aber entwickelten sie in extremer Form weiter. Das *Wesen* der PB bzw. CB liege allerdings nicht in einer festen *Lehre*, sondern in der Betonung außerordentlicher Geist-*Erfahrungen*.

Kritik des "Power-Evangelism" und der "Erfolgstheologie"

Nach dieser zusammenfassenden Kritik am pfingstlich-charismatischen Geistverständnis allgemein werden als zwei Hauptrichtungen der sog. *"Dritten Welle"* mit ihrem geradezu heils- geschichtlich-eschatologischen Anspruch ("größte Erweckungsbewegung der Kirchengeschichte") die *Power-Evangelisations-* und die *"Wort des Glaubens"-Bewegung* (auch "Erfolgs"- oder "Herrlichkeits-Theologie" genannt) beschrieben und kritisiert.[82]

Neben pfingstlich-charismatischen Grundüberzeugungen sieht man hier auch *säkulare und fremdreligiöse Ideen und Praktiken* (z.B. aus dem amerikan. *"New Thought"*, *"Human Potential"*, der neugnostischen *"Christian Science"*, aus der *Tiefenpsychologie* C.G. Jungs und dem fernöstlichen *Schamanismus*) aufgenommen und christlich assimiliert. Hinzu kommt eine unkritisch aufgenommene Dämonenlehre der *frühjüdischen Apokalyptik*.[83]

Als Befürworter solcher unzulässiger Vermischung werden W. Hollenweger und A. Bittlinger (beides Ökumeniker pfingstlich-charismatischer Herkunft) erwähnt, die eine allgemeine, neutrale parapsychologische Tiefenschicht der menschlichen Seele annehmen und dementsprechend Schamanismus, Spiritismus, Yoga-Techniken, psychosomatische Heilung, Okkultismus und mystische Meditation in den verschiedenen Religionen auf gleicher Ebene mit biblischen Vorgängen sehen. Die Anwendung schamanistischer Praktiken wird vor allem dem Koreaner Yonggi Cho vorgeworfen, einer der Vorzeigegestalten sowohl des Power-Evangelism wie der Erfolgstheologie. - In den *neo-gnostischen Einflüssen* zeigt sich für die Autoren der Orientierungshilfe auch eine *innere Verbindung zur "New-Age-Bewegung"*.[84]

Gemeinsame Grundüberzeugungen der "Dritten Welle" sind:[85] 1) die Vorstellung des Heiligen Geistes als *Machtstrom* ("power"); 2) Zugang zu einer übersinnlichen Erkenntnisquelle; 3) Begabung aller mit außerordentlichen Charismen; Wiederholung der ntl. Wunder in noch größerer Fülle; 4) ein starkes Interesse an der Person Satans und den Dämonen (aggressive "geistliche Kriegsführung"); 5) systematische Schulung der Anhänger im Erlernen neuartiger psychosomatischer Techniken hierfür; 6) Erwartung des Einbrechens des Reiches Gottes in seiner Machtfülle schon jetzt; 7) triumphales Bewußtsein des Sieges und die Überzeugung, die Segnungen des Reiches Gottes schon jetzt in der Vollmacht des Geistes in Anspruch nehmen zu dürfen.

Am *"Power-Evangelism"* kritisieren die Verfasser der "Orientierungshilfe" die Übertragung des "human potential"-Konzepts in die Pneumatologie, insofern man von einem *charismatischen Potential* ausgeht, das den Christen durch die Geisterfüllung verliehen und verfügbar wird. Daneben werden auch die auffälligen Sondererscheinungen des *Überwältigtwerdens* beanstandet (Durchflutetwerden von Licht- und Feuerströmen; Rückwärts-Umfallen und regloses Liegenbleiben / "Ruhen im Geist" od. "slain in the Spirit"; manchmal stundenlanges "heiliges" Gelächter).[86] Die theologische Hauptkritik richtet sich gegen das vorrangige Suchen und Bezeugen von *Heilung und Befreiung* von seelischen Schädigungen, Ängsten und Gebundenheiten und darüber das deutliche Zurücktreten des Ansprechens des *Gewissens*, der Aufdeckung von *Schuld* und der zentralen Verkündigung des *Kreuzes* als Versöhnungsgeschehen, das mehr ist als nur Vorstufe zur Geistesfülle und Heilung. Insgesamt wird die Theologie der "Dritten Welle" als *theologia gloriae* abgelehnt, insofern man hier schon in dieser Zwischenzeit die Herrlichkeit des kommenden Reiches vorwegnehmen will.[87]

An der *"Erfolgs-Theologie"* werden die neu-gnostischen Wurzeln und die entsprechende *vergeistigende Uminterpretation der Wirklichkeit, der Erlösung und des Glaubens* zurückgewiesen,[88] so etwa die Lehren:

Die *Wirklichkeit* ist *geisthaft*. Die sichtbare, körperliche Welt ist den geistigen Kräften unterworfen und wird von diesen her umgestaltet. - "Der *Mensch* ist ein *Geist*, der eine Seele hat, die in einem Leib wohnt". - Durch den Kontakt mit dem "Heiligen Geist" hat der Mensch Zugang zu höherer, besonderer "Offenbarungserkenntnis". - "Jesus starb geistlich" (i.e. Jesus nahm die dämonisch verdorbene menschliche Natur, die *nach* seiner leiblichen Kreuzigung in der Hölle verbrannte. Mit einer göttlichen Geist-Natur versehen erstand er wieder auf. An deren Wesen bekommt der Mensch durch die Geistverleihung Anteil, wird dadurch sündlos vollkommen und dem Wesen nach *vergottet* und befähigt zu geradezu grenzenlosen Wundertaten) - Die geistliche Bevollmächtigung des Menschen, der als Erlöster *Anspruch* auf Gesundheit und Wohlstand hat, zeigt sich vor allem in der Beherrschung seiner leiblichen und sozialen Existenz. - Durch sog. *"Visualisierung"* bzw. sog. *"Success prayer"* (i.e. durch Einsatz geistiger Energie) wird Gewünschtes in substantielle Wirklichkeit verwandelt. - Abgelehnt wird die optimistische Überzeugung, schon hier das Reich Gottes aufrichten und die Erde von der Beherrschung durch Satan und seine Mächte befreien zu können.

Weiter beanstandet die Orientierungshilfe an der "Erfolgs-Theologie" das merkwürdige *Zurücktreten* sowohl der *Gestalt Jesu Christi* wie der *Person Gottes des Vaters* als eigentlich Handelnde und die Verschiebung im Glaubensverständnis, insofern "Glaube" hier "nicht das kindliche Vertrauen gegenüber Gott, sondern eher der *Glaube an die eigene Glaubensmacht*" ist.[89] Die Vorstellung, daß der bevollmächtigte Christ - weil Christus den Satan bereits völlig entmachtet habe und Gott den Christen die Gesetzmäßigkeit seiner Herrschaft kundgetan habe - an Gottes Statt handle, wird als *gnostische Form des philosophischen Deismus* gewertet.[90]

Als *grundlegende Irrtümer der "Dritten Welle"*[91] werden aufgelistet: 1) Die Lehre von einer geistigen *Erkenntnis* (Überfremdung der Botschaft der Bibel durch neue Offenbarungserlebnisse. - 2) Der *Heilige Geist* wird zur reinen Energie bzw. zum Erfüllungsgehilfen menschlicher Wünsche. - 3) *Jesus Christus* wird eher als Bringer außerordentlicher Kräfte verstanden, denn als Lamm Gottes, das die Sünde der Welt trägt und das Haupt des Leibes ist. - 4)Die *Geschöpflichkeit und Sündhaftigkeit des Menschen* wird nicht mehr ernstgenommen, insofern der Mensch nach seiner Befreiung aus dämonischer Bindung und Geisterfüllung faktisch zum vollkommenen Heiligen und Gott ebenbürtigen Wundertäter wird. - 5) *Sünde* wird als Bindung an einen dämonischen Geist verstanden. - 6) *Erlösung* ist nicht mehr die täglich benötigte Vergebung von Schuld und die Versöhnung mit Gott, sondern Entfaltung des geistlichen Potentials des Menschen. - 7) Das *Reich Gottes* wird nicht mehr in der heilsgeschichtlichen Spannung (schon erschienenes *Gnaden*reich - noch ausstehendes *Herrlichkeits*reich) gesehen, sondern als bereits vollständig verwirklichtes bzw. von den Christen zu verwirklichendes Reich verstanden. - 8) In der starken Betonung der Lehre von *Satan* und seinen *Dämonen* wird der Hochmut gegenüber ihrem Schöpfer - wozu sie auch den eigenmächtigen Pseudo-Charismatiker aufstacheln - als ihr eigentliches Wesen nicht erkannt. Besonders verkannt wird ihre gegenwärtige Stellung als Herrschaftsmächte des alten Äons, die zwar keinen Rechtsanspruch mehr auf die in Christus geborgene Gemeinde haben und bei der im Glauben aufgenommenen Proklamation der Erlösung und des Sieges Christi weichen müssen, endgültig aber erst bei der Wiederkunft Christi entmachtet und vernichtet werden. (Angesichts der sich heute abzeichnenden antichristlich-apokalyptischen Entwicklungen und des biblischen Realismus über die kommende Herrschaft des Antichristen sehen die Autoren der "Orientierungshilfe" das exorzistische Binden sog. "territorialer Mächte" als Anmaßung und Karikatur. Durch die damit einhergehenden Praktiken sieht man im geraden Gegenteil zum Angestrebten die Gefahr, daß man - wie auch bei der "Visualisierung" - unter den Einfluß fremder Geistesmächte kommt).[92]

Im weiteren werden die Irrwege der ideologischen Geistinterpretation (Universalisierung, Pantheisierung, Psychologisierung) und der religiös-synkretistischen Spiritualität skizziert.[93] Daß auch das pfingstlich-charismatische Geistverständnis und das der "Dritten Welle" in der gleichen Gefahr stehen wie diese, sieht man an den theologischen Indizien der Auflösung grundlegender Unterscheidungen ("von allgemeiner und besonderer Offenbarung, von Schöpfungs- und Heilsgeschichte, von Kirche und Welt; die Nichtbeachtung des unendlichen Abstands zwischen Gott dem Schöpfer und dem menschlichen Geschöpf; die Vergöttlichung kosmischer Energien bzw. die Verdinglichung von Gottes personalem Geistwirken und... die fahrlässige Öffnung für die dämonischen Geistermächte").[94]

Den Abschluß der "Orientierungshilfe" bildet ein Ruf zur Buße, zum Streben nach geistlicher Gemeinschaft, zur Wachsamkeit und zur seelsorgerlichen Verantwortung. Nur bei der Abwendung von Irrwegen und dem Verzicht auf manipulative Elemente und "missionarischen" Eroberungswillen sieht man die Möglichkeit einer Zusammenarbeit.[95]

3.1.2 Äußerungen und Stellungnahmen aus dem Raum des Pietismus und der Gemeinschaftsbewegung

Während in der "Bekenntnisbewegung" das apologetisch-abgrenzende Moment der Lehre überwiegt (Betonung des *"Wächteramts"*), ist dieses im Bereich des Pietismus und der

Gemeinschaftsbewegung bei ähnlich deutlicher Abgrenzung von PB und CB/CE stärker mit Anliegen der praxis pietatis, des "geistlichen Lebens" verbunden (Evangelisation, Mission, Seelsorge, "Gemeinschaftspflege"; "*Wachen* und *Weiden*"). Die Haltung des Gnadauer Verbandes gegenüber der PB ist bis heute von den Auseinandersetzungen zu Beginn des Jahrhunderts und der scharfen Abgrenzung durch die "*Berliner Erklärung*" (1909) geprägt, mit der die führende Vertreter der Allianz und Gnadaus nach ihrem Urteil einen schlimmen Dammbruch dämonischer Verführung verhinderten.[96]

H. Haarbeck: "Laß dir an meiner Gnade genügen" (1965)

Die Absage des Gnadauer Verbandes an die PB wurde 1923 erneuert[97] und auch danach immer wieder bekräftigt,[98] da man in der Welt-PB in den Fundamentalfragen keine grundlegende Korrektur und Abwendung vom falschen Geist der Anfänge feststellen konnte. Zwar nahm man in der Welt-PB Bemühungen um eine stärkere Betonung der Schrift als alleiniger Norm wahr, ebenso auch lehrmäßige Korrekturen im "Mülheimer Verband" (Abkehr von Stufentheorien und von der Lehre des Zungenredens als Zeichen der Geisterfüllung), da aber keine grundsätzliche Absage vom Geist des Anfangs und Trennung von der Gesamtbewegung erfolgte, sah man selbst im Blick auf die Mülheimer keine Möglichkeit der Zusammenarbeit (man war lediglich dazu bereit, deren Mitarbeit im Rahmen der Allianz "schweigend zu dulden").[99] Die Abgrenzung von der PB erfolgte und erfolgt u.a. in Anwendung der reformatorischen particula exclusiva *sola scriptura, solus christus, sola gratia, sola fide.*[100]

So formulierte H. Haarbeck 1965 jeweils nach vorangehender positiver Entfaltung thesenhaft abgrenzend: 1) "*Das Wort allein*": "*Es gibt nur eine Offenbarung Gottes... Was über diese Offenbarung Gottes... hinausgeht oder neben dieser... einen selbständigen Platz behauptet oder aus einer anderen Quelle Licht empfängt, können wir nicht als Offenbarung Gottes anerkennen...*" - "*Gottes Wort ist eine vollgenugsame Offenbarung... Ein Geist, der in Gottes Wort nicht die ganze Fülle göttlicher Offenbarung, Weisheit und Gnade sieht, sondern zu diesem Wort hinzu, an diesem Wort vorbei oder über dieses hinaus uns zu einer anderen 'Fülle der Weisheit und Erkenntnis' führen zu können meint, kann nicht Gottes Heiliger Geist sein... Wir können eine Haltung nicht als geistgewirkt ansehen, die besondere Offenbarungen, Botschaften, Weissagungen und Prophezeiungen als Regelfall oder als eine höhere Stufe des Christseins begehrt*".[101] - 2) "*Christus allein*": "*...ist Urheber und Mittler unseres Heils... Wir können darum eine Lehre nicht als biblisch anerkennen, die in dem Heiligen Geist nicht eine Person, sondern eine unpersönliche Kraft sieht, die Person und Werk des Heiligen Geistes aus dem Zusammenhang der Offenbarung Gottes herauslöst und die Einheit des göttlichen Heilswerkes auseinanderreißt...*"- "*Er ist im Heiligen Geist gegenwärtig und wirkend... Wir können darum eine Lehre nicht als biblisch erkennen, die ein 'neues Pfingsten' als gottgeschenktes Geschehen verkündigt oder die uns auf ein 'neues Pfingsten' warten heißt, als richte der Heilige Geist nicht so, wie Gott es will und gibt, **ständig** sein Werk aus unter denen, die sich ihm öffnen, und als könne oder müsse der Heilige Geist erneut ausgegossen werden*" - "*Der Heilige Geist verherrlicht Jesus... Wir können darum eine Lehre nicht als biblisch erkennen, die das Wirken des Heiligen Geistes trennt vom dem Wirken Jesu Christi, als sei uns durch das Heilandswerk Jesu Christi nur der Anfang des neuen Lebens geschenkt und als müsse und könne dem Werk Jesu Christi durch den Heiligen Geist ein anderes, vollkommeneres und noch größeres Heil hinzugefügt werden*".[102] - 3) "*Die Gnade allein*": "*Nur in der Gnade Jesu Christi sind wir vor Gott gerecht und heilig... Wir können darum eine Lehre nicht als biblisch anerkennen, die Rechtfertigung und Heiligung voneinander trennt, als sei es möglich, daß Gottes Gnade nur ein halbes Werk tue, indem sie einen Menschen aus der Schuldverlorenheit errettet und gerecht spricht, ihn aber unter dem Zwang des Sündigenmüssens beließe. Der Gerechtfertigte ist auch ein Geheiligter vor Gott*" - "*Sie ist Gottes vollkommenes Heilswerk... Wir können darum eine Lehre nicht als biblisch anerkennen, die die 'Fülle des Heils' in besonderen und außerordentlichen Erfahrungen, Zuwendungen und Erlebnissen sucht und sieht, die uns nicht dankbar und demütig erkennen heißt, daß uns in der Rechtfertigung und Heiligung die ganze Fülle der Gnade Gottes zuteil wird, über die hinaus wir in diesem Leben nichts begehren wollen*" - "*Die Gnade ist ein* *freies Geschenk...* Wir können darum eine Lehre nicht als biblisch anerkennen, die uns dazu treibt, durch eigene Anstrengungen in Ringen und Beten uns in eine Steigerung des Verlangens nach dem Heil hineinzuversetzen oder auf irgendeine andere Weise etwas dazu beizutragen, daß Gottes Gnadengeschenk uns zuteil wird" - **"Gottes Gnade begründet und umfaßt die ganze Gemeinde der Gläubigen**... Gott verleiht je und dann auch dem einen oder anderen vermehrte Kraft zum Leiden und zum Lastentragen und richtet durch besondere Gnadenerweisungen Zeichen seiner Barmherzigkeit und Treue auf. Aber wir können eine Lehre nicht als biblisch anerkennen, die aus besonderen Zeichen der göttlichen Gnade ein Schema oder gar ein Gesetz macht, die durch solch ein Schema die Kinder Gottes in verschiedene Klassen oder Stufen einteilt, als sei der eine nur wiedergeboren, der andere aber besonders geheiligt und durch die Geistestaufe in einen höheren Christenstand versetzt".[103] - 4) **"Der Glaube allein"**: **"Wir haben das Heil nicht im Schauen**... Darum können wir eine Lehre nicht für biblisch erkennen, die lehrt, man müsse oder könne durch wunderbare Geistesmitteilungen es fühlen, spüren und in unwidersprechlichem deutlichem Erleben nachweisen, daß Gott sein Werk an uns habe, oder man müsse oder könne es nach außen hin durch besondere Gaben und Fähigkeiten zeigen, die Geistestaufe empfangen zu haben und dadurch in den wahren Christenstand versetzt worden zu sein" - **"Wir haben das neue Leben nur im steten Kampf und in der Spannung des 'Schon' und 'Noch nicht'**... Wir können darum eine Lehre nicht für biblisch ansehen, die die Vollkommenheit anders sucht und anders sieht, als daß sie uns in dem geschehenen und geschehenden vollkommenen Werk Jesu Christi geschenkt ist, an dem wir jetzt schon im Glauben Anteil haben. Wir bleiben in der Anfechtung und Versuchung und darum in dem Kampf und im Gebet, bei Jesus zu bleiben und in ihm erfunden zu werden, bis wir den Sieg nach diesem Leben vollkömmlich erlangen" - **"In dem neuen Leben bewirkt Gott Geistesfrucht und befähigt zum Dienst durch Geistesgaben nach seinem Wohlgefallen**... Wir können darum eine Lehre nicht als biblisch erkennen, welche die Geistesgaben über die Geistesfrüchte setzt und für heilsnotwendig erklärt. Heilsnotwendig für uns ist allein das Wirken des Geistes, der uns Anteil gibt an der Gnade unseres Herrn Jesus Christus, indem er uns Glauben, Liebe und Hoffnung schenkt. Die Geistesgaben hingegen sind notwendig für den Dienst der Gemeinde und ihrer Glieder in der Welt, daß Gottes Reich komme und Gottes Name verherrlicht und gepriesen werde".[104]

Auch spätere Verlautbarungen des Gnadauer Verbandes bekräftigen die biblischreformatorische Erkenntnis vom Heiligen Geist, insbesondere die Rückbindung an die Heilige Schrift, die enge Verbindung mit dem Werk Jesu Christi und sein Hinweisen auf ihn, das fundamentale Heilswirken in Buße und Glaube, Rettung und Erneuerung und die Ausrüstung mit Gaben zum Dienst, wobei man von Christus als dem einen fundamentalen Charisma her auf die vielgestaltigen fragmentarischen Charismen zugeht. Insgesamt betont man die Souveränität Gottes in der Zuteilung, den Dienstcharakter und bei aller Vielfältigkeit die Einheit in Christus und weist die einseitige Hervorhebung auffälliger Charismen, Stufentheorien, die Verwendung manipulativ-suggestiver und massenpsychologischer Techniken in Veranstaltungen sowie ein enthusiastisches Überspringenwollen der Kreuzesgestalt der Gemeinde zurück.[105]

"Gnadengaben stehen im Dienst der Verkündigung des Evangeliums. - Einzelne Gaben dürfen weder überschätzt noch unterschätzt werden. - Keiner hat alle Gaben. Damit bleiben wir aufeinander angewiesen und der Leibescharakter der Gemeinde bleibt gewahrt. - Gnadengaben müssen kein bleibender Besitz sein. - Der Heilige Geist schenkt seine Gnadengaben in großer Vielfalt, wie die Gemeinde ihrer bedarf. - Niemand verfügt über die Charismen. Sie sind Gaben von oben, die Gott gibt, wann, wo und wem er will".[106]
Im Verständnis der Charismen nimmt man die Akzentuierungen von I Kor 12-14 auf und unterscheidet bei den Charismenlisten *Wortgaben, liturgische* Gaben, *diakonische* Gaben und *Leitungsgaben.*[107] Zum *Grundverständnis der Gaben,* ihrem *übernatürlichen* oder *natürlichen* Charakter schreibt J. Berewinkel: *"Der Geist knüpft... nicht ohne weiteres an die natürliche Begabung an. 'Vielmehr wird eine natürliche Gabe in den Prozeß des Sterbens des alten Menschen einbezogen, so daß der Mensch in jeder Beziehung auf ein neues, göttliches Schenken angewiesen ist. Von daher dürfen Gnadengaben nicht verwechselt werden mit irgendwelchen seelischen Kräften, die der Mensch aus den Tiefen seiner Seele durch eine besondere Technik zur Auswirkung gelangen lassen könnte. Für Paulus erwachsen die Gnadengaben keineswegs auf dem Boden der Naturbestimmtheit, und der Geist zieht nicht den Naturorganismus in seinen Dienst, sondern der Geist gibt dem Menschen*

Möglichkeiten, die er von Natur nicht hat. Dadurch, daß Paulus die Wirksamkeit des Geistes in den Gnadengaben Gestalt gewinnen sieht, hebt er die geistlichen Erscheinungen aus dem dumpfen, unge-klärten Bereich des Naturhaften heraus und stellt sie in den Bereich der bewußten geistlichen Verant-wortlichkeit'. Nur wo einem Menschen die Gnade der Neuschöpfung durch Christus zuteil geworden ist, wird er mit allen Gaben, die ihm der Schöpfer verliehen hat, vom Herrn in Dienst genommen. Nur durch Gott geheiligte Gaben können dem Bau und dem missionarischen Auftrag der Gemeinde dienen".[108]

Chr. Morgner: "*Herausgefordert* - Wie begegnen wir den charismatischen und pfingstlerischen Bewegungen?" (1992)

Die Stellungnahmen der jüngeren Zeit sind bei bleibenden grundsätzlichen An-fragen durch das Bemühen geprägt, pauschale Urteile zu vermeiden und der veränderten Situation entsprechend stärker zu differenzieren. Dies zeigt etwa das "*Wort*" von Präses Morgner "*an die Mitarbeiterinnen und Mitarbeiter in der Gemeinschaftsbewegung*" (1992), das auch kritische Rückfragen an die eigene Bewegung stellt und sorgsam ist mit einer ein-linigen Übertragung der "Berliner Erklärung" auf die gegenwärtigen Erscheinungen.[109]

In seinem "Wort an die Mitarbeiterinnen und Mitarbeiter" setzt Chr. Morgner positiv ein beim *Beschenktsein durch Gottes Geist* und skizziert kurz dessen rettendes und heiligendes Wirken, die Befähigung und Bevollmächtigung zu Zeugnis und Dienst in der Gemeinde und an der Welt. Herzensanliegen der Gemeinschaftsbewegung sei es, den Heiligen Geist weder zu dämpfen (I Thess 5,19) noch zu betrüben (Eph 4,30). Von daher danke man erfreut und staunend für das vielgestaltige Wirken des Heiligen Geistes in den eigenen Reihen wie auch in der weltweiten Christenheit und rechne man getrost und zuversichtlich mit seinem heilbrin-genden Wirken bis zur Wiederkunft Christi und der Vollendung seines Reichs.[110]
Im zweiten Kapitel stellt Morgner *gegenwärtige charismatische und pfingstlerische Bewe-gungen* dar, durch die sich die Gemeinschaftsbewegung herausgefordert sieht (PB, Neo-PB, CE, "Dritte Welle").[111] Was die "*Berliner Erklärung*" angeht, plädiert Morgner dafür, sie "*als ein historisches Dokument stehenzulassen, sie ernstzunehmen, geschichtlich und theologisch intensiv auf-zuarbeiten und in ihrem sachlichen Gehalt zu würdigen*".[112] Er hält es für unangemessen, das da-malige Ringen um Klärung und die Entscheidung der Brüder von heute aus benoten zu wollen. Ein respektvolles Hören und Bedenken bedeute andererseits aber nicht eine sklavi-sche, pauschale und blinde Übernahme von Antworten der Vergangenheit. Diese garantierten nicht die Lösung gegenwärtiger theologischer und praktischer Fragen, deren gründliche Aufarbeitung Gott nicht erspare.

Pauschalurteile helfen nicht weiter

Im dritten Kapitel geht es Morgner darum, gegenwärtige pfingstlerische und charismati-sche Frömmigkeit vor jedem Urteil möglichst *zutreffend wahrzunehmen und zu beschreiben*. Ver-zerrte Bilder und übernommene Vorurteile hält er für schlechte und ungeistliche Ratgeber. Wegen der Mängel in den eigenen Reihen verbietet sich für Morgner ein selbstsicheres Urtei-len von oben herab. "*Nur als bescheiden, um Klarheit ringende Christen, die darum wissen, wie begrenzt es um ihr eigenes Wissen bestellt ist, können wir uns den anstehenden Fragen stellen*".[113] Charismatikern und Pfingstlern das Christsein abzusprechen, hat nach Morgner von I Kor 12,3 her niemand ein Recht. In der Diskussion gehe es nicht um das *Heil*, sondern um Fragen *angemessener Lehre* und der daraus erwachsenen *Gestalt des Glaubens*. Aus geistlichen und theologischen Gründen kann Morgner nicht lediglich Warnschilder vor dämonischen bzw. satanischen Einflüssen aufrichten. Solch ein Schwarz-Weiß-Denken werde weder der Proble-matik noch den Menschen gerecht, die in diesen Bewegungen ihre geistliche Heimat haben.[114]

Differenzierte Wahrnehmungen und Stellungnahmen

In 16 **Wahrnehmungen** und **Feststellungen** werden im dritten Kapitel Einzelfragen charis-matischer und pfingstlerischer Frömmigkeit aufgenommen und dazu Stellung genommen:

Bedauert werden **1)** beidseitig vorgekommene *pauschale Verurteilungen,* da sie weder der Komplexität der geistlichen und theologischen Fragen gerecht werden und außer acht lassen, daß unser Wissen lediglich "Stückwerk" ist (I Kor 13,9), das der Vollendung durch Gott und bereits hier des Prüfens und Ergänzens im Raum der Gemeinde bedarf. - Angesichts der missionarischen Herausforderungen und des atheistischen und materialistischen Gegenwinds sollten die Kräfte nicht im Gegeneinander verzehrt, sondern für das Evangelium in unserem Land eingesetzt werden.[115] - **2)** Für voreilig und destruktiv wird eine *undifferenzierte Identifizierung* der CGE mit der pfingstlerischen Bewegung bzw. eine *einheitliche Einordnung und Beurteilung* gehalten. Demgegenüber stellt man *fließende Grenzen* der Erscheinungen und der Denominationsgrenzen fest. So sieht man z.b. die Möglichkeit eines auch theologisch guten Miteinanders mit einzelnen Pfingstgemeinden, während bei manchen Freikirchen, denen man sich im Rahmen der Allianz verbunden weiß, wegen der charismatischen Ausrichtung vor Ort eine Zusammenarbeit undenkbar sei. Mehr denn je müsse die Frage eines evtl. Miteinanders an *inhaltlichen Maßstäben* festgemacht werden.[116] - **3)** Gegenüber der Tendenz des "homo religiosus", über das hinauszugreifen, was Gott uns zugedacht hat, gegenüber der *Tendenz zum "Mehr"* - einer Gefahr der CB und PB - betont Morgner, daß es *über das im Vertrauen auf das Wort Jesu hinaus Geschenkte nichts* geben kann, *was zusätzlich Halt und Vergewisserung bietet.* Spürbares Erleben im Glauben wird dankbar anerkannt, abgewehrt wird aber entschieden jede Versuchung, den Glauben auf Erlebtes zu gründen. "*Erlebtes kann vergehen und verblassen. Es kann von Negativem überlagert werden. Wer sein Glaubensfundament auf Erlebnisse baut, wird ständig nach neuen, überbietenden Erfahrungen streben. Ein solcher Glaube lebt von der Steigerung seiner Erlebnisse. Er trägt in sich den Keim ständiger Eskalierung*".[117] - **4)** In charismatischer und pfingstlerischer Frömmigkeit sieht man die *Anfangsgestalt des Glaubens* idealisiert *und* als Normalgestalt *fixiert* mit der Folge, daß "*der hier entstehende Glaube infantil [bleibt], weil er vom Sichtbaren lebt. Er hängt sich an Menschen. Er bedarf immer neuer, gesteigerter Anreize*".[118] - Demgegenüber stellt Morgner heraus, daß der Glaube des Wachsens und Reifens bedarf, der Bewährung in Widerständen und Krisen.[119] - **5)** Gegenüber dem ausgeprägten *Hang* unreifen Glaubens *zu extravaganten Erlebnissen* und der Tendenz, sich den konkreten, kontinuierlichen Aufgaben und Verpflichtungen in der Gemeinde zu entziehen, betont Morgner das Eingefügtsein in die Gemeinde, deren Kennzeichen die Knechtsgestalt ihres Herrn ist. "*Treue zu Jesus hat sich in der 'Treue im Kleinen', in der Anfechtung und unter manchen Lasten zu bewähren. Wir haben der Tendenz zu wehren, vor den örtlichen Aufgaben zu fliehen, um in scheinbar ungetrübten Gefilden ungestört seines Glaubens leben zu können. Was sich jenseits der örtlichen Gemeinde zuträgt, muß sich daran messen lassen, inwieweit es Freude an der Gemeinde weckt und zum Dienst in ihr ermutigt*".[120] - **6)** Morgner wendet sich gegen die *Tendenz, bestimmte Gaben* (Heilung, Glossolalie, Prophetie) z.B. durch bevorzugte Behandlung auf Kongressen *besonders herauszuheben.* Hiervon ist - entgegen der theoretischen Betonung der Gleichwertigkeit aller Gaben - auch die CGE nicht ausgenommen. - Eine derartige Bevorzugung von Gaben ist biblisch nicht zu begründen und bedeutet eine Vernachlässigung der anderen von Gott der Gemeinde anvertrauten Gaben. "*Alle Gaben sind, da sie zu einem Leib gehören, in gleicher Weise unentbehrlich und wertvoll (I Kor 12,12ff ... Eine Aufteilung der Gaben erster und zweiter Kategorie geht an der biblischen Fülle vorbei, achtet Gottes Güte gering und spaltet überdies die Gemeinde*".[121] - **7)** Entgegen offiziellen Äußerungen sieht man die Betätigung von Gaben hier und da zur *Herausstellung und Glorifizierung von Gabenträgern* geraten, die *Menschenverehrung* und *Elitedenken* fördert. Dies widerspreche der Bestimmung der Gaben zum ausschließlichen Nutzen der Gemeinde und zur Erfüllung ihres Auftrags.[122] - **8)** Gegen eine mehr oder weniger ungenierte *missionarische Funktionalisierung von Phänomenen aus dem Bereich des dritten Artikels* (Glossolalie, Heilungen, prophetisches Reden) als beweiskräftiges Werbematerial des Evangeliums betont Morgner die *bleibende Doppeldeutigkeit* aller sichtbaren Erscheinungen. Weder bei Jesus noch bei den Jüngern würden die Zeichen als Mittel für irgendeinen Zweck vorangetragen. Im Gegenteil setze sich Jesus immer wieder kritisch mit der Zeichensucht seiner Hörer auseinander (Mt 12,29; Joh 4,48; Lk 16,27ff). "*Zeichen sind 'mitfolgende' Bekräftigungen (Mk 16,20), jedoch kein strategisch einzusetzendes Werbematerial... Sichtbares bleibt stets unterschiedlich deutbar. Der 'verborgene Gott' (deus absconditus) begegnet nicht nur in den rätselhaften und schwierigen Stunden des Lebens, sondern auch in den hellen und freundlichen Augenblicken. Keine Situation, und mag sie noch so erhebend sein, ist in sich 'gott-haltig', so daß sie uns Gott offenbaren könnte (deus revelatus). Allein der Blick auf Jesus zeigt den Vater (Joh 14,9). Gott offenbart sich im gekreuzigten und auferstandenen Jesus Christus*".[123] - **9)** In Abgrenzung zur *Rede vom "Doppelamt"* Christi (predigen und heilen) und der Ableitung eines *"Doppelauftrags"* der Gemeinde aller Zeiten wird die befreiende *Botschaft als Inhalt der Sendung Jesu* festgestellt (Mk 1,15). *"Die Wunder, die Jesus getan hat, fügen seiner Botschaft inhaltlich nichts Substantielles hinzu, sondern dienen als bestätigender Ausweis seiner Sendung (Act 2,22) und als Zeichen seiner göttlichen Vollmacht (Mk 14,33). Sie lassen bruchstückhaft, kurzzeitig und vorläufig die neue Welt aufleuchten, die Gott einmal heraufführen wird."*[124] Weil der Inhalt der Sendung Jesu und der Sendung der Gemeinde in der Verkündigung der Heilsbotschaft besteht, bringt auch eine Jesusverkündigung ohne öffentlich sichtbare Zeichen das volle Heil (Lk 19,9). - 10) Daß in *Heilungsversammlungen* durch entsprechende Verkündigung angeheizt (*"Wenn du richtig glaubst, wirst du gesund. Gott will - heute abend - jede Krankheit heilen"*) bei kranken Menschen außergewöhnliche Erwartungen geweckt werden, beurteilt Morgner als *"fromme Scharlatanerie"*. Hier werde mit den Hoffnungen leidender Menschen Schindluder getrieben, da beim Nichteintreten von Heilung dieses negative Ergebnis auf den Kranken zurückfalle. Nach dem ntl. Befund könne Krankheit in Gottes Souveränität auch bestehenbleiben und auch das begrenzte Leben ein gesegnetes und erfülltes sein.[125] - 11) Daß charismatische und pfingstlerische Einflüsse die *"Sehnsucht nach schnellen und griffigen Lösungen"* fördern und die Vorstellung, menschliche Probleme seien mit Handauflegungen, Segnungen etc. umgehend zu beheben, sieht Morgner in Parallele zur säkularen Mentalität des *"Ich will alles, und das sofort"*. Demgegenüber hält er fest, daß Gott einem Menschen durchaus auch geradezu blitzartig helfen kann, dies aber als den christlichen Normalzustand zu betrachten, entspreche nicht dem biblischen Zeugnis. Dort sei häufig von schwachen, leidenden und bekümmerten Menschen die Rede (vgl. I Thess 5,14), und deshalb müsse davon ausgegangen werden, daß *zahlreiche körperliche oder seelische Schäden nur bedingt heilbar sind.*[126] -12) Daß in manchen charismatischen, vor allem aber in pfingstlerischen Versammlungen *in der "Ich-Form" prophetisch geredet* wird bis hin zur Form "Ich, Jesus..." bzw. "Ich, der Geist...", sieht man als unzulässige Überschreitung des biblischen Zeugnisses und als Ursache für Spaltungen. - Demgegenüber wird festgestellt, daß es ein prophetisches Reden, das substantiell über die Heilige Schrift hinausgeht, nicht geben kann, daß der Heilige Geist von sich weg auf den Sohn und den Vater weist und die Worte Jesu konkretisiert und vergegenwärtigt. - Morgner betont den engen Zusammenhang von Wort und Heiligem Geist, der dieses wirke und heute verständlich mache. Das schließe auch die Möglichkeit ein, daß er sich einem Menschen auch unmittelbar offenbaren könne. Unentbehrlich sei in diesem Fall aber das gemeinsame Prüfen (I Joh 4,1). *"Dort, wo die Kategorie des menschlichen 'Ich' als Offenbarungsträger besonders betont wird, weil man meint, das Ich Gottes drücke sich im Menschen aus, wird die Botschaft, die ein einzelner an die Gemeinde richtet, nicht mehr hinterfragungsfähig. Damit wird ein einzelner unangreifbar. Hierbei gerät die neutestamentliche Kategorie des 'Prüfens' (u.a. Röm 12,2; I Thess 5,19ff) in den Hintergrund".*[127] - 13) In charismatischen, besonders aber in pfingstlerischen Kreisen sieht Morgner den *dynamischen Geistaspekt* in auffallender Weise betont (vgl. häufiges Reden in Mengenkategorien: "Fülle", "mehr" u.a.). Im NT dagegen sei *der personale Aspekt* dem dynamischen *vorgeordnet* und sei der Heilige Geist vor allem als Subjekt ernstzunehmen.. *"Der Heilige Geist darf von uns nicht verdinglicht werden. Er stellt keine verfügbare Masse dar, die per menschlicher Regie einsetzbar wäre. Er wirkt auch nicht rauschhaft und lustorientiert. Er degradiert den Menschen auch nicht zur willenlosen Marionette, die z.B. umgeworfen wird...* ('Ruhen im Geist')".[128] - 14) In Abgrenzung von Tendenzen, auf der gegenwärtigen allgemeinen Welle von *Wundersucht* und Religiosität mitzuschwimmen und den *christlichen Glauben als "Gesundheitsreligion"* zu verkaufen, stellt Morgner fest, daß uns nirgends versprochen sei, Glaube müsse körperliches Gesundsein einschließen. Jesus garantiere nicht Gesundheit, Erfolg und materiellen Wohlstand. Oft genug spreche das Neue Testament von Lasten und Mühsal. Das skizzierte Wunschdenken, das den Glauben als Mittel zum übergeordneten Zweck der Gesundwerdung funktionalisiert, erinnert Morgner eher an das Menschenbild des New-Age.[129] - 15) Gegenüber wahrgenommenen zunehmend *autoritären Zügen mit hierarchischen Elementen* ("kühne Leiter", die als "Felsen in der Brandung" stehen und "nach geistlichen Maßstäben neue Leiter berufen") wird festgestellt, daß solche autoritären Elemente zwar einer verbreiteten Sehnsucht, nicht jedoch dem biblischen Gemeinde- und Leiterbild entsprächen. Dies sieht Morgner mehr von der *Kreuzes- und Dienstgestalt* geprägt (Joh 13,16: "Der Apostel ist nicht größer als der, der ihn gesandt hat"). Außerdem werde im NT *allen solistischen Tendenzen gewehrt*, durch die sich einzelne beherrschend in Szene setzen möchten oder von anderen in eine solche Rolle gedrängt würden. *"Gemeindeglieder, mit welcher Gabe und in welcher Funktion auch immer, sind nichts als 'Diener' (I Kor 3,5), die immer wieder im Zusammenspiel mit anderen zu* '*prüfen*' *haben, was Gottes Wille ist* (u.a. *Röm 12,2)*".[130] - 16) In Abgrenzung von einem sich im Gefolge der "Dritten Welle" aufbauenden "erheblichen *Respekt vor Dämonen*" und der Aufforderung, sie durch "*geistliche Kampfführung*" zu überwinden, betont Morgner, daß Christen vom Ostersieg herkommen und immer und überall auf der Seite des Siegers stehen und in diesem Glauben getrost als Zeugen Christi in die Welt hineingehen können. Er fragt: "*Wo lesen wir, was P. Wagner von Missionaren schreibt: 'Im Namen Jesu beanspruchten sie den Herrschaftsanspruch über dieses Gebiet'... Wann jemals haben Paulus oder seine Mitarbeiter in einer heidnisch verseuchten Welt Städte und Dörfer freigebetet?*"[131] Morgner wendet sich gegen magisches Denken in diesem Bereich, das er so nicht im NT findet (vgl. I Kor 8,5f). Er sieht dem Teufel und seinen Dämonen hier viel zu viel Ehre angetan. Andererseits soll mit dieser Abgrenzung keineswegs der Teufel, der das Spiel verloren hat, unterschätzt werden.

Theologische Differenzen

In vierten Kapitel werden aus dem Wahrgenommenen Grunddifferenzen festgestellt. Daß die Gemeinschaftsbewegung der Aufforderung zu einem "*Schulterschluß*" mit den Charismatikern nicht folgen könne, liege nicht am fehlenden Willen zum Miteinander, sondern an entscheidenden, nicht ausgeräumten *theologischen Differenzen*. Man möchte keine scheinbare Einheit um der Liebe willen, die nicht auch vom Inhalt und von der Wahrheit her abgedeckt ist. Hier sei Aufarbeitung des sachlich Trennenden nötig und nicht vereinnahmende stellvertretende Buß- und Versöhnungsakte (Gemeindekongreß 1991 in Nürnberg).[132]

Morgner sieht den Unterschied zwischen Gnadau und der CB nicht darin, daß hier auf bestimmten Gebieten weniger erlebt werden würde als dort, sondern in der *grundsätzlich anderen Einordnung* und dem *anderen Umgang* mit dem Erlebten. So würde man mit wunderbaren Erfahrungen nicht marktschreierisch und werbewirksam an die Öffentlichkeit treten, sondern keusch und zurückhaltend sein.[133]

Eine Grunddifferenz zur PB und CB sieht Morgner in der *Glaubensgestalt*. Aus einer auf die Faszination des Sichtbaren und Fühlbaren abhebenden Verkündigung könne kein Glaube erwachsen, der sich in der Krise allein mit dem Wort begnügt und daran genug hat. Die Fixierung auf die erlebnisorientierte, zu Schwarz-Weiß-Kategorien und zum Überschwang neigende Anfangsgestalt des Glaubens verhindere nötige Reifungsschritte. Weil in diesem Glauben zählt, "*was vor Augen ist*", rumore in ihm "*das Sehen- und Erlebenwollen, der Trend zum Effektiven und Machbaren*", mache sich hier von korinthischem Enthusiasmus und Separatismus durchsetzt der adamitische Geist aus Gen 3 bemerkbar ("*sein wollen wie Gott*").[134]

Als unverträglich für das gemeinsame Miteinander bezeichnet Morgner den "*geradezu anmaßenden Stil*" (R. Scheffbuch), den ausgesprochenen oder unausgesprochenen *Absolutheitsanspruch*. Schwierigkeiten bestünden weniger auf der "oberen Ebene", wo es Kontakte und Abstimmungen in manchen Bereichen gäbe, als im Zusammenleben an der Basis, insofern bedeutet werde, daß der pietistischen Frömmigkeit Entscheidendes fehle. Morgner wehrt sich gegen eine Vereinnahmung von Begriff und Sache des "Charismatischen". Im Blick auf die zweitrangige Frage der Art und Weise des Betens plädiert er für vielgestaltige Freiheit. "*Wenn die Anbetung Gottes in ihren vielfältigen Formen stärker in die Mitte des gemeindlichen Lebens rückt, ist das nur zu begrüßen, aber wir sind so frei, auch auf andere Gebetsformen hinzuweisen, die ebenso ihr Recht haben. Auch Lobpreisgottesdienste in allen Ehren. Aber wenn diese zur alleinigen Veranstaltungsform werden, liegt darin eine gefährliche Verkürzung*".[135]

Gegenüber einer befremdlichen "*Power-Mentalität*" charismatischer Gruppen wird nachdrücklich die "*Theologie des Kreuzes*" betont. Das Kreuz sei weder nur Bestandteil noch lediglich Durchgangsstadium des Glaubens, sondern dessen unabdingbares Vorzeichen und Dreh- und Angelpunkt der Verkündigung der Gemeinschaftsbewegung.[136] - Außerdem wehrt man sich von Gnadauer Seite gegen das Gebärden charismatischer Gruppierungen, als hätten sie ein *Privileg*, *Erweckung* zu ermöglichen, und dagegen, daß als "Erweckungsbremse" hingestellt wird, wer sich ihrer Sichtweise nicht anschließen kann.[137]

Begrüßt wird das Bemühen der GGE, sich von der PB und speziell deren extremen Flügel durch theologische Arbeit deutlich abzugrenzen. Irritierend sei andererseits, zu welchen Kongressen und Veranstaltungen (mit welchen Rednern!) durch und mit der GGE eingeladen werde, wodurch eindeutig *pfingstlerisches Treibgut* angespült würde, von dem man sich nur distanzieren könne.[138] - Im übrigen erinnert Morgner manches an parallele gesamtgesellschaftliche Ausdrucksformen des Protests und das Ausbrechen in *Protest-Nischen*.

Anfragen, Anregungen und Abgrenzungen

Morgner sieht die PB und CB andererseits als *Anfrage an die eigene Bewegung* und *Ruf zur Umkehr.*[139] Positiv aufzunehmen sei etwa die Erinnerung daran, daß das Heil nicht nur die Seele sondern *den ganzen Menschen* betrifft, konkret das Recht der *Bitte um körperliche Heilung.* - Er ermutigt zur *Offenheit für überraschendes Wirken des Heiligen Geistes,* zu neuer Beweglichkeit und Flexibilität, wenngleich dies im Kreis der Brüder und Schwestern an der Schrift zu prüfen ist. - Morgner sieht Gottesdienste und Gemeinschaftsstunden vielfach zu "trocken" und rein lehrhaft gestaltet und ermuntert zur Einbeziehung des *Elements der Hingabe und Anbetung,* zur Ermöglichung spontaner Äußerungen, zur *Berücksichtigung des Emotionalen* und der Einbeziehung angemessener Anbetungslieder. - Was den Umgang miteinander und die Gestaltung der Stunden angeht, sei man angefragt im Blick auf *Freundlichkeit, Herzlichkeit und Liebe.* - Weiter macht Morgner Mut zum *Gebet der Ältesten über Kranken* nach Jak 5,14f, zu neuem Lernen und Einüben des Glaubens an die Macht Jesu. - Das *Thema Gaben* des Heiligen Geistes sollte *in der Verkündigung einen angemessenen Platz* haben. Daß Mitarbeiter ihre speziellen Gaben entdecken und zum Nutzen aller einsetzen, fördert ihr Selbstwertgefühl und wehrt zudem einer Konzentration auf den Hauptamtlichen. - Ein besonderes Augenmerk ist nach Morgner auf die *Anleitung zu geistlicher Lebensgestaltung* der Mitglieder und vor allem der ehrenamtlichen Mitarbeiter zu richten. - Insgesamt unterstreicht er die Notwendigkeit einer *vergewissernden Verkündigung* aus der Mitte des Evangeliums.

Was konkrete *Anregungen* angeht, schlägt Morgner u.a. vor, Besucher an der Eingangstür *persönlich zu begrüßen,* mit den bereits Anwesenden *Lieder und Chorusse zu singen,* in den Zusammenkünften neben den gewohnten auch *neue variable Gestaltungsformen und Elemente* einzusetzen, auch kinder- und jugendgemäße *neuere Lieder* zu singen, *Mitarbeiter* zu beteiligen.[140]

Wenn er auch ein kontinuierliches und breit angelegtes Miteinander pietistischer und charismatischer bzw. pfingstlerischer Gruppen vor Ort in der Regel nicht für möglich hält, so doch Kontakte für begrenzte Zeit und punktuelle Anliegen, in denen um eines größeren Ziels willen ein Minimalkonsens und gedeihliches Zusammenarbeiten möglich ist. Eine *Zusammenarbeit* ist nach Morgner *nicht denkbar, wenn*: die Botschaft vom gekreuzigten und auferstandenen Jesus nicht erkennbar und prägend die Mitte bildet; ein mehrstufiges oder perfektionistisches Christsein gelehrt oder der eschatologische Vorbehalt geleugnet wird; und andere Gruppen als Missionsfeld betrachtet und entsprechend bearbeitet werden.[141]

Auf Äußerungen und Stellungnahmen aus dem zahlenmäßig und kirchenpolitisch bedeutsamen württembergischen Pietismus, etwa von W.Tlach, G. Maier oder R. Scheffbuch, gehen wir nicht weiter ein, da sie in den Grundlinien mit den Stellungnahmen Gnadaus übereinstimmen.[142]

3.1.3 Die grundsätzlich ablehnende Position des strengen Calvinismus und fundamentalistischen Dispensationalismus

Während in den oben skizzierten sehr kritischen, die PB und CB und die dortigen Erscheinungen z.T. scharf ablehnenden Voten die Möglichkeit des gegenwärtigen Vorkommens auch außerordentlicher Charismen (Glossolalie, Prophetie, Heilungen, etc.) nicht grundsätzlich bestritten wird, ist dies der Fall in einer streng reformierten Position und im Dispensationalismus,[143] wie er in streng fundamentalistischen, meist baptistisch-darbystischen Freikirchen, aber auch darüber hinaus im evangelikalen Bereich zu finden ist.

Hier unterscheidet man zwischen *zeitlich befristeten,* auf die Anfangszeit der Kirche beschränkten Gaben und der Kirche *bleibend gegebenen* Gaben. Als *befristet* gelten etwa 1) die "Amtsgaben"/"Fulfilled Servant Gifts" (*Apostel, Propheten*), 2) die "Dienstgaben"/"Fulfilled Service Gifts" (*Wort der Weisheit, Wort der Erkenntnis, Unterscheidung der Geister*), 3) die "Zeichengaben"/"Fulfilled Sign Gifts" (*Gabe der Heilungen, der Wundertaten, Arten von Zungen, Auslegung von Zungen*). Als *bleibend* gelten 1) die "Amtsgaben"/"Fulfilling Servant

Gifts" (*Evangelisten, Pastoren, Lehrer*), 2) die "Dienstgaben"/"Fulfilling Service Gifts" (*Gaben des Regierens, Leitens, Dienstes, Glaubens*), 3) die "Zudienenden Gaben"/"Fulfilling Serving Gifts" (*Gaben des Ermahnens, der Hilfeleistungen, der Barmherzigkeit, des Gebens*).[144] Je nach Argumentationsweise nimmt man ein Ende der Wunder- und Zeichen- bzw. Offenbarungsgaben bereits im 1.Jahrhundert oder mit der Kanonbildung ca. 200 n.Chr. als gegeben an. Auf die z.T. akribische biblisch-exegetische Begründung dieser Sicht kann hier nicht weiter eingegangen werden. Allgemein argumentiert man vom periodisch gehäuften Auftreten von Zeichen und Wundern zur Einführung einer neuen heilsgeschichtlichen Epoche und nachherigen Zurücktreten her. Im Blick auf die Charismen vergleicht man weiter die Listen der ntl. Briefe I Kor 12-14; Röm 12; Eph 4; Eph-II Tim in zeitlicher Abfolge (Datierung von 56 n.Chr.- ca.67 n.Chr.), wobei man ein Zurücktreten und schließliches Aufhören feststellt (zahlenmäßige Abnahme; Glossolalie nur in I Kor; keine Zeichengaben in den letzten beiden Listen; Paulus kann Timotheus, Epaphroditus und Trophimus nicht heilen: I Tim 5,23; Phil 2,26; Hebr 2,3-4 spricht von den Gaben als vergangenen).[145] Dies wird z.T. gestützt mit der Deutung von I Kor 13,8 (*"Wenn aber das Vollkommene kommen wird, wird das Stückwerk aufhören"*) auf den Kanon bzw. auch mit kirchengeschichtlichen Beobachtungen des Zurücktretens der Charismen (*Äußerungen der Kirchenväter; späteres Vorkommen der Glossolalie nur in häretischen Randgruppen*).

Im angelsächsischen Bereich wirken hier bis heute Ausführungen von *Benjamin B. Warfield* (1851-1921), dem letzten hervorragenden Vertreter der neucalvinistischen theologischen Schule des "Princeton Theological Seminary", nach, der sich wie andere Princeton-Theologen in konsequenter Anwendung des "sola scriptura" scharf gegen deistisch-aufklärerische Einflüsse und gegen die Einbeziehung mystisch-subjektiver Erfahrungen in die theologische Prinzipienlehre wandte.[146] In den "Thomas Smyth Lectures 1917-1918" bestritt er die Behauptung der Fortsetzung der apostolischen Charismata in der nachapostolischen Zeit und bewertete die Mirakelberichte aus der Väterzeit, Mittelalter und jüngerem Katholizismus als Mischung aus psychischen bzw. psychopathologischen und magisch-okkulten Vorgängen. In gleicher Weise kritisierte er auch die Erscheinungen des Irvingianismus und die Geistheilungen der "Christian Science". Die Vorlesungen wurden unter dem Titel *"Counterfeit Miracles"* veröffentlicht und immer wieder neu aufgelegt.[147]

Im deutschsprachigen Raum findet man die dispensationalistische Sichtweise in darbystischen Freikirchen, aber auch in von dorther beeinflußten evangelikal-pietistischen Kreisen. Sie wird mit der entsprechenden Beurteilung von PB und CB etwa an der "*Freien Theologischen Akademie*" (FTA), Gießen vertreten oder auch in den Zeitschriften "*Bibel und Gemeinde*" (ZS des Bibelbundes)[148] und "*Gemeindegründung*" (ZS der Konferenz für Gemeindegründung - KFG).[149]

Mit die schärfste Abgrenzung und Ablehnung der PB/CB und ihrer Praktiken vollzieht *A. Seibel*, der sich in seinen Veröffentlichungen und Vorträgen - mit vielen Zitaten und Beispielen aus dem pfingstlich-charismatischen Bereich untermauert - vehement gegen die Einbeziehung psychotechnischer und fremdreligiöser okkult-spiritistischer Praktiken wendet.[150] Vor dieser Unterwanderung und endzeitlichen Verführung durch fremde Geistesmächte, der er die PB und CB erlegen sieht, kann er nur warnen und zur Umkehr und Absage aufrufen. Vor allem über die dort propagierte *Passivität* (sich dem "Geist" öffnen und überlassen u.ä.) und über *unbiblische Handauflegung* (Geist- bzw. Kraftübertragungen) sieht Seibel die Menschen unter den Einfluß dämonischer Mächte kommen bis hin zur Besessenheit. - In ähnlicher Weise wie Seibel macht auch *W.Bühne* auf bedenkliche Hintergründe und Querverbindung der "drei Wellen des Geistes" aufmerksam. Er warnt vor der "Verführung der Christenheit" und vor dem "Spiel mit dem Feuer"[151] und ruft zur Umkehr zu den biblischen Maßstäben.

Auf eine eingehendere Behandlung von A.Seibel und W.Bühne können wir hier verzichten, da in der oben breit entfalteten "Orientierungshilfe" die von ihnen vorgebrachten Hauptkritikpunkte enthalten sind.

3.2 **"Prüfet alles, das Gute behaltet!"** (I Thess 5, 21) - Das Verständnis von "Charisma und Unterscheidung" in der Haltung kritisch-beobachtender od. wohlwollender Prüfung und Toleranz bzw. "moderierender Integration"

Den obigen Äußerungen und Stellungnahmen, die ganz stark von der Abgrenzung und dem Blick auf Gefährdungen bzw. von der Beurteilung der PB und CB und ihrer Frömmigkeit als grundsätzliche Fehlwege und der scharfen Position als dämonistische Verführung herkommen, können sich andere aus unterschiedlichen biblisch-theologischen und praktischen Gründen so nicht anschließen. Wie bei der von uns in 3.1 typisierend vereinfachend gekennzeichneten Haltung der Ablehnung eine gewisse Bandbreite von Positionen gegeben ist, so auch in der von uns mit der Charakterisierung "Prüfet alles, das Gute behaltet" versehenen "mittleren" Position. Hier hat man z.T. ebenfalls ernste Anfragen an Theologie und Praxis der PB und CB, diese laufen aber nicht auf ein letztes scharfes Entweder-Oder hinaus. Im Bild gesprochen könnte man vielleicht sagen, man kann sich nicht dem Verfahren anschließen, ausgehend von einem berechtigt oder vermeintlich festgestellten grundsätzlich falschen (z.B. dämonistischen) Vorzeichen alles innerhalb der Klammer bestimmt zu sehen und dementsprechend zu relativieren bzw. abzulehnen. Man bejaht prinzipiell die Möglichkeit echter gegenwärtiger charismatischer Begabung und bemüht sich von dorther darum, differenzierend zu unterscheiden - was durchaus auch die Feststellung von fremdgeistigem Ursprung im Einzelfall und in Einzelelementen und deren Ausscheiden beinhaltet. Man fragt stärker nach dem zentral Verbindenden und sucht den positiven Beitrag und die berechtigten theologischen und praktischen Anliegen der PB und CB zu würdigen, die Brüder stehenzulassen und ist u.U. offen dafür, Teilelemente auch in die eigene Tradition und Kirche zu integrieren.

3.2.1 Äußerungen und Stellungnahmen im evangelikalen Bereich

A. Kuen: "Die charismatische Bewegung" - Stärken und Gefährdungen (1975)

In seinem mit 60 Theologen und Laien abgestimmten Buch "Die charismatische Bewegung"[152] bemüht sich A. Kuen, die vielfach affektgeladene, von Vorurteilen und instinktiven Ängsten bestimmte und enggeführte Diskussion (*Meisterwerk Gottes oder des Teufels*) zu versachlichen und zu einer Urteilsbildung zu helfen, die Anfragen der anderen Seite aufnimmt und sie nicht leichthin zurückweist. Er selbst findet in der CB zu viel Positives, um in ihr nicht eine Wirkung des Heiligen Geistes in der gegenwärtigen Kirche zu sehen. Kuen wendet sich gegen die Einschätzung, daß Initiative und Erfolg der Bewegung vom Gegenspieler Gottes herrührt, womit man nach seiner Sicht an die Allmacht und den Sieg des Teufels statt an die Macht Gottes glaubt. Selbst wenn der Widersacher - der sich immer einzumischen sucht, wenn Menschen erweckt werden - die Absicht hatte, diese Bewegung für seine eigenen Ziele auszunützen, sieht Kuen Gott unter Verweis auf Prov 11,6.18 und Röm 8,28 souverän hierüber stehen.[153]

Zu den **positiven Aspekten** der CB[154] auch im röm.-kath. Bereich rechnet er: 1) die sich ereignenden *Bekehrungen*; 2) die intensive *Eingliederung in eine geistliche Gemeinschaft*; 3) den hier aufgebrochenen *Geist des Gebetes und Lobpreises*; 4) die *wechselseitige Bereicherung* der verschiedenen Kirchen, Freikirchen und Gemeinschaften; 5) das persönliche missionarische *Zeugnis*; 6) die *evangelikale Ausrichtung* der Bewegung; 7) die *Wieder-*

entdeckung vergessener Werte, wie das glaubensvolle Rechnen mit dem wunderbaren Eingreifen des Heiligen Geistes auch in seinen freien dynamischen nichtlogischen Kräften. Neben den positiven Wirkungen finden sich allerdings auch **fragwürdige Aspekte - Schwächen und Gefahren,** über die man bei aller Offenheit für das, was Gott durch die CB sagen will, nicht einfach hinweggehen kann. Hier stellt sich die Aufgabe der Unterscheidung der Geister. Kuen nennt: 1) einen kollektiven *Gefühlsüberschwang,*[155] vielfach mit mehr oder weniger künstlichen Mitteln erzeugt, in dem man menschliche Psyche und Heiligen Geist nicht genügend unterscheidet. "Das Handeln des Heiligen Geistes kann Emotionen wecken, aber Emotionen können niemals ein Handeln des Heiligen Geistes bewirken" (A.R. Hay). - 2) *Isolationismus,*[156] d.h. selbstbezogenen Rückzug in die kleine Gruppe, in der man ohne Dienst seine Spezialfrömmigkeit pflegt. - 3) *Spaltungen,*[157] verursacht etwa durch schriftwidriges Beharren auf der Notwendigkeit einer "Geistestaufe" samt Zungenrede. (Kuen sieht Konflikte und Trennungen als untäuschbare Merkmale des diabolus/ "Entzweier", andererseits verweist er auch auf überzogene ungeistliche Reaktionen von Nicht-Charismatikern als Ursache von Spaltungen). - 4) *Charismanie - Sucht nach Charismata,*[158] d.h. eine Überbewertung vor allem der auffälligen Charismata (Kuen verweist mit anderen darauf, daß das NT mehr als zwanzig Charismata kennt, von denen die meisten sich seit dem 1.Jh. durchgehend in den Kirchen finden. Im Blick auf das Zurücktreten der auffälligen Gaben in der nachapostolischen Zeit kann er sich nicht Warfields Theorie von ihrem grundsätzlichen Verschwinden anschließen. Die vorhandenen Gegensätze scheinen ihm nicht unüberwindlich, sofern Christen innerhalb der CB - Bemühungen, die Kuen wahrnimmt und begrüßt - sich gegen eine Überbewertung der wunderhaften Charismen und die unbiblische Unterscheidung von "natürlichen" und "übernatürlichen" Gaben wenden und andererseits Christen außerhalb der Bewegung theoretisch und praktisch zugeben, "daß Gott die Freiheit und die Macht hat, heute wie im 1.Jahrhundert, die ganze Skala der Geistesgaben seiner Kirche beizulegen, wenn er es für nötig hält."[159] - 5) Der *privilegierte Platz der Glossolalie.*[160] Auch wenn man die Glossolalie nicht wie in der PB als das "obligatorische" Zeichen der "Geistestaufe" versteht, so sieht man sie doch als das Normale für jeden Christen an (vgl. A. Bittlinger: "Ohne Glossolalie hätte es keine charismatische Bewegung gegeben") und ermutigt dazu, nach ihr zu streben. Man erkennt zwar an, daß sie in den Listen als die letzte und kleinste Gabe erscheint, fügt aber hinzu, daß man deshalb gerade bei ihr beginnen bzw. sie besonders umsorgen solle. Vielfach versteht man sie als "Türöffner" für die Dimension des Charismatischen überhaupt. Kuen macht auf die schwache biblische Basis für eine hervorgehobene Stellung der Glossolalie aufmerksam (*sekundärer Platz in der Urkirche: fünf von acht ntl. Autoren erwähnen sie überhaupt nicht; Pls. nur in einem Brief und mit der Tendenz, sie zu dämpfen; Lk nur an heilsgeschichtlichen Einschnitten; Joh überhaupt nicht; in Act geht es jeweils um das erste Kommen des Geistes, Zungenrede wird nie gesucht, sondern ist unvermutetes überraschendes Ergriffenwerden; das mit als Hauptargument angeführte "Ich will, daß ihr alle in Zungen redet"/ I Kor 14,5 ist relativiert durch die Frage "Reden alle in Zungen?"/ 12,30 mit zu erwartendem "Nein!" und dem Kriterium des Nutzens für die anderen / 12,4; 14,12 - gegen eine betonte Hervorhebung des "thelo de pantas" kann die in 7,5 [Ehelosigkeit] analoge Verwendung in hypothetischem Sinn eingewandt werden).* Da die Glossolalie auch außerhalb des Christentums vorkommt bzw. auch psychologisch und chemisch hervorgerufen werden kann, kann sie nicht als Kriterium für die Gegenwart des Heiligen Geistes dienen. - Eine starke Gefährdung und Öffnung für unheilvolle Einflüsse sieht Kuen mit anderen "in dem Maß" gegeben, "wie das Streben nach dem Zungenreden den Christen dazu führt, seine Intelligenz 'abzuschalten' und wissentlich die Kontrolle über sein Seelenleben zu lockern".[161] Da in der Erweckung von Wales Passivität als Hauptursache dämonischer Verführungen festgestellt wurde und führende Charismatiker beim Zungenreden von einer *natürlichen* Grundlage ausgehen, die zum Lob Gottes eingesetzt, aber auch von psychologischen oder sogar dämonischen Kräften ausgelöst und gebraucht werden kann, nimmt Kuen Berichte ernst, nach denen bei (exorzistischen) Prüfungen von Zungenreden viele sich als dämonisch herausstellten. Unabhängig von der zahlenmäßigen Verteilung von echten und unechten Erscheinungen und von möglicher unbewußter suggestiver Beeinflussung durch die Prüfer hält Kuen wegen der grundsätzlichen Möglichkeit dämonischer Einflußnahme *Vorsicht* für angezeigt. "Die echten Gaben... nehmen uns niemals unsere menschliche Freiheit noch behindern sie den Gebrauch unserer bewußten Fähigkeiten. Unsere Intelligenz kann ruhen (I Kor 14,14), sie bleibt aber wach und klar".[162] Wegen den verschiedenen Möglichkeiten des Ursprungs (göttlich, psychisch, dämonisch) bzw. wenn es sich - wie eine Reihe von charismatischen Theologen annimmt - um eine psychische Grundstruktur des Menschseins handelt, kann Glossolalie *weder Kriterium des Glaubens noch Basis für die Einheit der Christen* sein. Kuen stimmt der Warnung vor Absolutsetzung bzw. Ausschließlichkeit und damit Vergötzung einer Gabe zu, weil dann nicht mehr Christus allein Grund und Mitte des Glaubens ist, mahnt jedoch, nicht das Kind mit dem Bad auszuschütten und Glossolalie grundsätzlich abzulehnen. Er geht davon aus, daß diese Gabe durch die Jahrhunderte einzelnen Christen geschenkt wurde, die sie in ihrem privaten Gottesdienst ausübten. Paulus stufe sie zwar zurück (I Kor 14,4-6.19) und schränke den Gebrauch ein, aber er verbiete sie nicht grundsätzlich (V.39), wenn sie ausgelegt wird. Da nicht alle diese Gabe erhalten, braucht niemand, der sie nicht empfangen hat, sich benachteiligt vorkommen. Zur gebotenen Prüfung der Geister (I Joh 4,1) verweist Kuen auf den siebenfachen Test von A.W. Tozer, der danach fragt, wie eine Gabe Verhalten und Beziehung zu *Gott, Christus, der Heiligen Schrift, mir selbst, den anderen Christen, der Welt und der Sünde gegenüber* verändert.[163] Fallen diese Prüfungen positiv aus, sieht Kuen keinen Grund, der Ausübung der Glossolalie im privaten Gebrauch und, wenn die Bedingungen von I Kor 14,13.27.28 erfüllt sind, beim Zusammensein mit anderen zu mißtrauen. - Was die Einheit zwischen zungenredenden und nicht-zungenredenden Christen angeht, ist von beiden Seiten viel Liebe und Takt nötig. Kuen verweist auf Bewegungen, Missionen und Bibelschulen, die hilfreiche Leitlinien für das Miteinander geben, "damit nicht die Freiheit der einen zum Zwang für die anderen wird" (A. Kennedy).[164] In diesen wird die *Einheit* bzw. das gemeinsame Ziel (Evangelisation, Mission, Ausbildung) der jeweiligen Überzeugung *übergeordnet*. Zungenreden darf weder grundsätzlich untersagt, noch anderen zur Pflicht gemacht werden. Die gemeinsamen Veranstaltungen dürfen von keiner Richtung ausgenutzt werden, um ihre eigene Position zu forcieren, wie überhaupt Parteibildungen bzw. proselytisierendes Bearbeiten der anderen untersagt werden. Interdenominationelle Missionen lassen in gemeinsamen Andachten und Gottesdiensten um der Liebe und Einheit willen öffentliches Zungenreden meist nicht zu. Persönliche Überzeugungen des Pro oder Contra müssen nicht verleugnet werden, dürfen aber nicht öffentlich propagiert werden. In privater Andacht oder im Rahmen einer charismatischen Denomination wird Zungenrede nicht verboten. Vom höheren Weg der Liebe her, die nicht das eigene Wohl, sondern das des Nächsten sucht, erwartet man im Blick auf das Miteinander jeweils Selbstbeschränkung.[165] - Als weitere Schwäche und Gefahr der CB nennt Kuen 6) die *Verwirrung in der Lehre*[166] z.B. im Blick auf die nicht schriftgemäßen Lehren und Praktiken der katholischen Kirche. Zustimmung nimmt er Kritik daran auf, daß man sich in der CB in der gemeinsamen Erfahrung genug sein läßt und die lehrmäßige Auseinandersetzung zurückdrängt. Andererseits sollte nach ihm die berechtigte Kritik und legitime Sorge um die Korrektheit der Lehre nicht vergessen lassen, daß Gott hier am Werk ist. Weitere Entwicklungen seien abzuwarten. Auch die Reformation sei nicht an einem Tag durchgeführt worden. - Von seinem streng schriftbezogenen freikirchlichen Verständnis her kritisiert Kuen weiter 7) *die unscharfe Ekklesiologie,*[167] insofern die CB ihre Anhänger auffordert, in den Großkirchen zu bleiben. Gegenüber der Traditionsverhaftung tritt er für "Gemeinden nach Gottes Bauplan" (i.e. nach ntl.

Vorbild mit Ältesten, Glaubenstaufe, Gemeindzucht usw.) ein. Zwar sei für viele charismatische Christen in der Tat die Gebetsgruppe ihre *ekklesia*, in der sie das Wesentliche finden, was Christus in der Ortsgemeinde geben will, die Gruppe sei aber nicht Ziel in sich selbst (hier gibt Kuen katholisch-charismatischen Theologen biblisch-freikirchlich gewendet recht), sondern Instrument für den Aufbau der größeren Christusgemeinde. - 8) Durch *Schwärmerei*[168] und darin sich ereignende dämonische Verführung sieht er vor allem Gruppen gefährdet, in denen berauschende Erfahrungen und höhere Stufen des Christseins angestrebt werden, in denen die schriftliche Offenbarung gegenüber unmittelbarer Inspiration abgewertet wird und Prophezeiungen und Botschaften in Zungen großen Raum einnehmen. - Für besonders gravierend hält Kuen die Verkehrung des berechtigten Anliegens erlebter Erfahrung (biblisches Erkennen geschieht durch existentielles Engagement des ganzen Seins) in eine 9) *Theologie der Erfahrung*,[169] in der nicht mehr die Schrift erste und letzte Instanz ist, sondern die religiöse Erfahrung vor- und übergeordnet ist und zur Quelle neuer Offenbarungen wird, in der die inneren Realitäten die Oberhand über die äußere Autorität gewinnen (Gleichgültigkeit in der Lehre, fließendes mystizistisch-religiöses Erleben als verbindendes Element). Kuen sieht die Möglichkeit, daß die CB wegen ihrer großen Nähe zur Wahrheit und dem attraktiven Angebot besonderer Erfahrungen durch das Festhalten und Zusammenfließen unbiblischer Lehren (kath. Dogmen und liberale Positionen) zu einer der gefährlichsten Verführungen werden könnte. - Scharf akzentuiert sieht Kuen die Gefahr der CB darin, daß nicht die biblische Bekehrung, sondern **10)** eine *zweite Erfahrung*,[170] genannt "Geistestaufe" od. "Ausgießung des Geistes", das zentrale Geschehen ist, ohne die der verbleibende Rest nicht mehr die Neo-PB ist. Er widerspricht der Lehre von einer zweiten Erfahrung aufgrund der Heiligen Schrift, nach der alle Glaubenden den Heiligen Geist im Augenblick ihrer Wiedergeburt erhalten, der Ausdruck "getauft vom Heiligen Geist" sich immer auf die *erste* christliche Erfahrung (*Bekehrung od. Wiedergeburt*) bezieht, es keine spezielle "zweite", sondern viele Erfahrungen im Reifen und Wachsen des Glaubens und der Liebe gibt, und keine Erfahrung vom täglichen Nachfolgegehorsam und der Gemeinschaft mit den Brüdern dispensiert. Zeichen der Geistesfülle ist weder das Zungenreden noch sonst eine außergewöhnliche Erfahrung, sondern ein erneuertes Leben (Eph 3,16-19), die Früchte des Geistes (Gal 5,22f), Loben und Danken (Eph 5,19f) und ein durchschlagendes Zeugnis für Christus (Mt 12,34; Act 1,8). - Kuen lehnt die Lehre von einer "zweiten Erfahrung" ab, weil sie in gefährlicher Weise das Werk Jesu von dem des Geistes, sowie Leben und Kraft, Frucht und Gaben trennt, eine willkürliche und antibiblische Diskriminierung unter den Gaben Gottes und eine willkürliche Trennung unter den Christen schafft, zu unvernünftigen Nachforschungen führt und ungerechtfertigte Frustrationen fördert und bösen Geistern Tür und Tor öffnet.[171] Wenn Kuen die Lehre einer "Geistestaufe" ablehnt, so doch nicht die von Menschen gemachte Erfahrung als solche. Was er bestreitet ist das theologische Interpretament als "zweite Erfahrung", zu dem es nach seiner Sicht durch ungenügende biblische Unterweisung bzw. einseitige Ausprägungen von Frömmigkeit kommt. Das, was viele als "Geistestaufe" bzw. "zweite Erfahrung" bezeugen, sei in Wirklichkeit 1) ihre *Wiedergeburt* (bes. im großkirchlichen Kontext) oder 2) der Durchbruch zur *Heilsgewißheit* oder 3) eine *Wachstumskrise* bzw. eine Durchbruchserfahrung in der *stufenweisen Aneignung der Heilsfülle* oder 4) der *Akt der Ganzhingabe* oder 5) eine *Rückkehr zu Gott* nach vorhergehendem Abweichen oder 5) ein *Angetanwerden mit Kraft* für besondere Aufgaben und Situationen (in göttlicher Souveränität, je individuell und temperamentsbezogen verschieden). Dem Konzept der "Geistestaufe" kann Kuen nicht zustimmen, tritt aber nachhaltig für die biblische Wirklichkeit eines geisterfüllten Lebens ein.[172]

J.I. Packer: "Auf den Spuren des Heiligen Geistes" - Alternative Interpretation (1984/89)

Ähnlich wie Kuen schätzt auch der in reformiert-evangelikaler Tradition stehende J.I. Packer, Professor für Systematische Theologie und Theologiegeschichte am Regent College Vancouver/Kanada, die CB ein. In seinem im englischsprachigen Raum weit verbreiteten Buch "Keep in step with the Spirit" /(dt. "Auf den Spuren des Heiligen Geistes")[173] sucht er, eingeschränkte Betrachtungsweisen des Geisteswirkens (*Beschränkung auf den Aspekt der Kraft, auf die Charismen, auf Reinigung und Buße oder auf zur Entscheidung führende Bewußtmachung*) zu einer komplementären Sicht zu weiten.[174] Ehe er auf den Bereich des charismatischen Lebens eingeht, akzentuiert er gegenüber weitverbreiteten egozentrischen und aktivistischen Ausprägungen von Frömmigkeit den Aspekt der Heiligung als eine der fundamentalen Wirkungen des Heiligen Geistes.[175]

Gemeinsamkeiten und Unterschiede

Packer sieht die Spannungen zwischen Charismatikern und traditionellen Evangelikalen in der nahen Verwandtschaft und doch zugleich gegebenen Verschiedenheit begründet. Betonen die Evangelikalen das Festhalten an Gottes offenbarter Wahrheit und ringen sie darum, daß durch diese die Kirchen und die christliche Welt erneuert wird, feiert die CB/CE das Wirken des Heiligen Geistes im Leben des Christen und vertraut auf die Überzeugungskraft ihrer geistlichen Erfahrungen. Betonen die Evangelikalen Bekehrung und die Einführung in eine nüchterne, disziplinierte Nachfolgefrömmigkeit, ruft die CB/CE die Gläubigen dazu auf, sich dem Heiligen Geist zu öffnen und in der daraus folgenden Gemeinschaft mit Gott auch außerordentliche nichtrationale Erfahrungen zu erwarten. Insgesamt vermißt Packer bei der CB/CE ein intensives Bemühen um theologische Klarheit und den entschiedenen Einsatz für die Gültigkeit der offenbarten Wahrheit der Heiligen Schrift.[176] Als Gemeinsamkeiten sieht er u.a.: *Glaube* und *Buße*; die *Liebe zu Jesus Christus*, der vergibt und rettet; *Lebensveränderung durch die Kraft des Heiligen Geistes*; die *Bibel* als *Mittel, um von Gott über ihn zu lernen*; erwartungsvolles, sehr persönliches, *freies Gebet*; *Dienst in kleinen Gruppen*; *Freude am Singen neuer schwungvoller Lieder*. Zu Recht bezeichnet er die CB/CE als "Halbschwester des Evangelikalismus" und sieht beide Bewegungen als "zwei sich" auf weite Strecken "überlappende Kreise",[177] deren Zwistigkeiten nicht nur Ausdruck geschwisterlicher Konkurrenz, sondern auch theologischer Verschiedenheit sind. Um zu einer gerechten Urteilsfindung und Wahrnehmung des Geisteswirkens zu kommen, muß man sich nach seiner Überzeugung freimachen von persönlichen Erfahrungen, seien sie negativ oder positiv gewesen. Verallgemeinerungen aufgrund von Einzelerfahrungen bilden hierfür eine zu schmale Basis. Deshalb bemüht er sich zunächst darum, die **Eigenheiten der CB/CE**[178] präzise zu erfassen, die er in fünf Punkten der Lehre und Praxis sieht:
    1) in einer bedeutsamen, *der Bekehrung folgenden Bereicherung der christlichen Erfahrung, die das Bewußtsein stärkt für: a. Gottes uneingeschränkte Liebe; b. die Nähe und Vollgenügsamkeit Jesu Christi; c. das Innewohnen des Heiligen Geistes, sein Zurüsten und Unterstützen; d. die Wirklichkeit des Dämonischen*); 2) im *Zungenreden (verstanden als normale Begleiterscheinung und Zeichen der "Geistestaufe"; als Gebetssprache zum Lob Gottes und zur eigenen Auferbauung*); 3) in der *Überzeugung und Erwartung einer Erneuerung aller ntl. Geistesgaben*, auch der außerordentlichen "Zeichengaben", und des *Gemeindemodells von I Kor 12-14*; 4) in einer spezifischen Art und Weise der *Anbetung im Heiligen Geist (freiere Gestaltung des Gottesdienstes, Raum für spontane Beiträge, Anliegen des Angesprochenwerdens durch Gott bis in die tiefsten Schichten des Seins*); 5) in der Überzeugung, *Gottes Werkzeug der Erneuerung* zu sein. - Von den beiden Grundmodellen charismatischer *Theologie* steht Packer das Modell der "**Verwirklichung**" bzw. "Freisetzung" (*realization bzw. release*) des Geistes bzw. der Gaben

als etwas bereits Empfangenes näher als das Modell der *"Wiederherstellung"* (*restoration*), bei dem man von einem Neuempfang ausgeht. Mit dem Grundkonzept verbindet sich die starke arminianische Prägung der pfingstlerischen Theologie, d.h. eine starke Gewichtung der menschlichen Aktivität. Man ist überzeugt, daß Gottes Tun für sein Volk davon abhängt, inwieweit der einzelne *"den Segen herbeiglaubt"*. Gottes Hände sind in gewisser Weise gebunden an einen eigenständigen Beitrag des Menschen. Protestantische Charismatiker unter pfingstlerischem Einfluß verstehen die Charismen und außerordentlichen Erscheinungen des NT als ein Muß für alle Gemeinden an allen Orten. Von daher betrachten sie Christen und Gemeinden, die nicht nach ihnen suchen und sie daher auch nicht finden, zumindest in dieser Hinsicht als nur zweitklassig. Die meisten katholischen und ein Teil der protestantischen Charismatiker verstehen die heutigen Phänomene als Entsprechung der im NT geschilderten Vorgänge, die Gott aber aus freiem Entschluß gewährt, wenn er es für nötig hält, d.h. sie verstehen sie als *"kann"* und nicht als *"muß"* und vertreten nicht die Programmatik einer Wiederherstellung urchristlicher Verhältnisse. Packer hält das Wiederherstellungsmodell für nicht zutreffend; z.T. weil die heutigen Phänomene nicht ganz denen von I Kor 12-14 entsprechen; z.T. weil ihm die Annahme vermessen scheint, Gott müsse überall und in jedem Zeitalter wiederholen, was er im 1. Jahrhundert tat; z.T. weil er die Sicht nicht teilt, Gott seien - wenn er diese Phänomene erneut auftreten lassen wollte - nur deshalb die Hände gebunden, weil er nicht ausdrücklich darum gebeten wird.[179]

Die Prüfung von Glauben und Leben

Packer möchte die CB/CE nicht wie manche ihrer Kritiker a priori (z.B. vom Ansatz einer Beschränkung der Zeichengaben auf die Apostelzeit) als exzentrisch, neurotisch oder gar dämonisch ablehnen, sondern zwei biblische Maßstäbe anwenden. Im Blick auf den *Glauben* fragt er von I Kor 12,3 und I Joh 4,2-3 her danach, *ob Christus* durch Bekenntnis, Haltung und Handeln *Ehre gemacht wird,* was einem ständigen Bemühen des Heiligen Geistes entspräche. - Der *ethische* Test beinhaltet die Frage, ob jemand Gottes Gebote hält, die Sünde meidet und seinen Bruder in Christus liebt (vgl. I Joh 2,4;3,9f.17.24;4,7-13.20f;5,1-3). Aufs Ganze gesehen findet Packer die CB/CE in der Hauptsache einen festen Glauben an die Dreifaltigkeit, persönliche Gemeinschaft mit Jesus Christus als Erlöser und Herrn, Buße, Gehorsam und praktische Liebe zu Mitchristen und Eifer für die Ausbreitung des Evangeliums bewirken. Aus diesen Gründen kann er nicht anders als festzustellen: *Gott wirkt in der CB/CE.* Dies gelte, auch wenn man meine, Gefahren und vielleicht sogar Fälle von dämonischer oder vorgetäuschter Spiritualität ausmachen zu können, Erscheinungen, die es auch im Umfeld anderer Erweckungsbewegungen gegeben habe.[180]

Zu den *positiven Aspekten*[181] rechnet Packer: 1) daß *Christus im Mittelpunkt steht* (auch wenn der Schwerpunkt auf dem Wirken des Heiligen Geistes liegt, werde Christus nicht von dem Platz verdrängt, der ihm als Haupt des Leibes, Erlöser und Herr zusteht, noch aus dem Zentrum der Zuneigung und Anbetung seines und unseres Vaters; man betone die persönliche Gemeinschaft und Hingabe an Christus); 2) das Anliegen eines *Lebens in der Kraft des Heiligen Geistes;* 3) daß Raum gegeben wird, Herzlichkeit und *Gefühle auszudrücken;* 4) das *intensive Gebetsleben;* 5) die Akzentuierung der *Fröhlichkeit und Freude* des Glaubens; 6) die *Beteiligung jedes Gläubigen am Gottesdienst;* 7) das Anliegen, daß *jeder mit seiner Gabe zum Ganzen beiträgt* (Priestertum aller Gläubigen); 8) den *missionarischen Eifer;* 9) daß man die *Wichtigkeit kleiner Gruppen für das persönliche und gemeindliche Wachstum* erkannt hat und diese pflegt; 10) das *Mühen um Veränderung kirchlicher Strukturen* aus dem Anliegen, Raum für das Wirken des Geistes zu schaffen; 11) *innovative Impulse für das Leben und die Gestalt der Gemeinde* (Großfamilien, Lebensgemeinschaften); 12) die *Gebefreudigkeit.*

Daneben sieht Packer auch *Gefährdungen und negative Aspekte,*[182] wie: 1) das Entstehen eines *Elitebewußtseins* und Überlegenheitsgefühls; 2) *sektiererische Tendenzen;* 3) eine
übermäßige Gefühlsbetontheit, die Gefahr des Aufgehens in Gruppengefühlen als Ego-Trip
und Flucht vor der Wirklichkeit; 4) die Tendenz zum *Anti-Intellektualismus,* durch vorrangige Beschäftigung mit eigenem Erleben und Erfahrungen; eine oft naive Vereinfachung
von Glaubens- und Lebensfragen oder einseitiges Behandeln nur bestimmter Themen; 5)
Illuminationsglaube; das ständige Abheben auf *unmittelbare Offenbarung und Geistesleitung;* 6)
"Charismanie"; die Neigung, geistliches Wachstum und Reife an auffälligen Gaben zu messen; 7) *"Supra-Supranaturalismus";* ein ständiges Aussein auf Wunderbares, bei dem man
dann am glücklichsten ist, wenn man zu erkennen meint, Gott habe der Natur und dem
gesunden Menschenverstand entgegen gehandelt (nach Packer eine romantisch unreife
Haltung der Abwertung des Natürlichen, die von geringer Erkenntnis des grundlegenden
Werkes Gottes in Schöpfung und Vorsehung zeugt); 8) *Eudämonismus,* womit Packer die
Überzeugung kennzeichnet: Gott möchte in jedem Fall, daß sich der Mensch in dieser
gefallenen Welt wohlfühle, seine Absicht sei Wohlhabenheit, Erfolg und Gesundheit seiner
Kinder; 9) *Okkulte Zwangsvorstellungen* (Neben den segensreichen Beiträgen im Feld der
befreienden Seelsorge wertet Packer - analog zum überzogenen Supranaturalismus - die
Tendenz als sehr ungesund, das gesamte Leben als Kampf mit Dämonen zu verstehen bzw.
jede Krankheit, schlechte Gedanken und böses Verhalten dämonistisch zu interpretieren);
10) *Konformismus und Gruppendruck.*

Nach dieser Auflistung hält es Packer für nötig, daran zu erinnern, daß *keine Form* der
christlichen Religiosität *frei* von Gefahren und Schwächen ist, die gerade aus den jeweiligen
Stärken hervorgehen. Auch den nichtcharismatischen Kreisen könne man nicht unbedingt
ein besonderes Maß an christlicher Reife bescheinigen.

Insgesamt bezweifelt er, daß die *charismatische Erfahrung* einzigartig ist. So verweist er
etwa auf die von den Puritanern gelehrte *"Versiegelung",* die wesleyanische Erfahrung
"vollkommener Liebe", die *"Bevollmächtigung"* von Evangelisten, die *"Keswick-Erfahrung"* und
die vielen Berichte eines vertrauten Umgangs mit Gott in der katholischen und evangelischen mystischen Tradition. - Was die *Zungenrede* angeht, sieht er eine *"fundamentale funk-
tionale Ähnlichkeit"* (R.Baer) z.B. zum stillen Gottesdienst der Quäker oder auch dem liturgischen Gottesdienst der katholischen und episkopalen Kirche. In allen drei Praktiken ruhe
das analytische Denken, damit die tieferen Dimensionen des Menschen von Gott berührt
werden könnten. Packer hat den Eindruck, daß sich die Religiosität von Charismatikern
und Nicht-Charismatikern mehr im Wortschatz, Selbstbild und den ihnen nahestehenden
Gruppen und den Büchern und Zeitschriften, die sie lesen, unterscheiden als in dem, was
tatsächlich ihre Gemeinschaft mit Gott ausmacht. Auch Nicht-Charismatiker suchten und
erführen Heilung durch Gebet und würden erfolgreich exorzistisch beten.[183]

Alternative Deutung der charismatischen Erfahrung[184]

Wie Kuen sieht Packer in der CB/CE einerseits Gott am Werk, muß aber andererseits
der Theologie, auf die man sich beruft und mit der man die besonderen Eigenheiten begründet, als unbiblisch widersprechen. Im Blick auf den erfahrungsorientierten Ansatz
betont Packer das wesensmäßige Hineingeflochtensein jeder Erfahrung in die Menschlichkeit und die damit gegebene grundsätzliche Fehlbarkeit. Aus diesem Grund müsse
Erfahrung an der Schrift geprüft werden und sei nicht schon deshalb von Gott, weil man sie
gemacht habe bzw. schon deshalb christlich, weil ein Christ sie mache. Wenn Erfahrung als
Beweis für unbiblische Glaubensansichten angeführt wird, bleibe nur, sie entweder als
wahnhaft oder gar dämonisch abzulehnen oder die enthaltene Wahrheit biblisch-theologisch anders zu fassen. Angesichts des euphorischen Hochmuts, mit dem in der CB/CE oft

irrige Behauptungen aufgestellt würden, des vielfach naiven Umgangs mit der Bibel und des häufig unbekümmerten Umgangs zahlreicher Vertreter mit Fragen der Wahrheit kann Packer die grundsätzlich ablehnende Haltung verstehen. Da er aber in der CB/CE die Hand Gottes erkennen kann, beschreitet er den Weg einer theologisch alternativen Deutung.[185]

Packer verweist auf die Arbeiten von J.D.G. Dunn, F.D. Bruner, J.R.W. Stott und A.A. Hoekema und lehnt die Lehre von der "*Geistestaufe*" ab, weil sie ein Werturteil über die nicht-charismatische Christenheit fällt, der angeblich Lebenswichtiges fehle und die noch auf einer niedrigeren Stufe stehe. Die "Theologie der Geistestaufe" sei nicht schriftgemäß. Die Befürworter könnten weder überzeugend widerlegen, daß I Kor 12,13 sich auf die *Bekehrung* und das *Hineingenommensein in Christus* bezieht; noch daß in Act *Glaube, Buße* und die *Gabe des Geistes* in der Fülle seines Amtes *miteinander* einhergehen; noch daß die gestuften Erfahrungen in Act mit der heilsgeschichtlichen Sondersituation zusammenhängen und nicht als allgemeines Grundmuster gelten müssen; noch daß Paulus auf seine Frage "Reden alle in Zungen?" (I Kor 12,30) ein Nein erwartet;[186] noch daß die charismatische *Glossolalie* (häufig eine erlernte Fähigkeit und Technik, der es an Sprachstruktur mangelt und vorwiegend für den persönlichen Gebrauch eingesetzt) mit der Zungenrede in I Kor 12-14 (für die Gemeinschaft bestimmt; "Zeichen" für Ungäubige - negativ: des Gerichts) gleichgesetzt werden kann.[187] - In den exegetisch sehr unterschiedlich beantworteten Fragen nach Wesen, Wert und Ursprung der Glossolalie (Xenolalie? Wirkliche Sprache od. unverständliche Laute? Act und I Kor verschiedene Phänomene? öffentlich od. privat? nur Zeichen der Apostelzeit? durch die Liebe abgelöst? für alle od. nur für einige usw.) mahnt Packer angesichts der komplexen Zusammenhänge und Deutungsmöglichkeiten, nicht die eigene Sicht zu verabsolutieren. Er selbst bezieht bei aller gebotenen Vorsicht auch nicht-theologische Untersuchungen mit ein, die darin übereinstimmen: a) daß Glossolalie nicht eine Sprache im üblichen Sinn ist, aber gleichwohl dem Selbstausdruck und der Kommunikation dienen kann; b) manchmal spontan auftritt, meist aber erlerntes Verhalten ist; c) nicht psychopathologisch ist; d) ein Element der Suche nach engerer Gemeinschaft mit Gott ist und das Gefühl seiner Gegenwart und seines Segens verstärken kann; e) gewöhnlich von Menschen gesucht, gefunden und angewandt wird, die die Gemeinschaft der in Zungen Redenden als geistlich etwas "Besonderes" betrachten und die gesamte Gruppenerfahrung miterleben möchten.[188] - Auch was die *Auslegung* von Zungenrede, *Heilungen* und *Prophetie* angeht, kann Packer die Sicht der CB/CE, hier würden die urchristlichen Erscheinungen wiederhergestellt, nicht übernehmen. So zeigt nach ihm etwa der Vergleich mit der Apostelzeit, daß die Gabe der *Heilung* weit mehr umfaßte als das, was die charismatischen Heiler heute aufweisen können. - Statt anzunehmen, sie sei ein lange verschwundenes, erst jetzt wiederbelebtes, begrifflich von anderen Formen christlichen Redens der vergangenen achtzehn oder neunzehn Jahrhunderte abzuhebendes Charisma, sollte man anerkennen, daß *Prophetie* seit den Anfängen der Kirche in jeder Predigt und zwanglosen "Botschaft" begegnet, die das Gewissen trifft und zur Umkehr ruft. Packer bestreitet nicht, daß Gott Menschen dadurch segnet, daß jemand spontan in der ersten Person Singular biblische Wahrheiten auf Situationen und Personen anwendet, bereits Geschehenes preist und Zukünftiges ankündigt, wohl aber, daß dies wesentlich verschieden von der sonstigen Praxis des Tröstens und Ermahnens und eine wiederhergestellte neutestamentliche Zeichengabe sei.[189] Packer bestreitet nicht, daß es bei den Charismatikern (aber auch bei anderen) Vorgänge gibt, die dem zu entsprechen scheinen, was die Apostel und Christus auszeichnete und beglaubigte. Ebensowenig bestreitet er, daß innerhalb und außerhalb charismatischer Kreise durch die ganze Kirchengeschichte Menschen besondere Geisteszuteilungen erfuhren, die dem Pfingstgeschehen zu entsprechen scheinen. Was er bestreitet ist eine überzeugende Begründung für die Lehre der "zweiten Erfahrung" und die Theologie der "Wiederherstellung". Ohne damit sagen zu wollen, die Erfahrungen hätten keine wirkliche geistliche Substanz, erinnert er an die psychologische Beobachtung, daß religiöse Erlebnisse so ablaufen, wie sie gelehrt, erwartet und gesucht werden.[190]

In seiner *alternativen theologischen Deutung* der charismatischen Erfahrung geht Packer davon aus, daß das in ihr Geschehende im wesentlichen dem entspricht, was Gott überall im Leben aller wiedergeborenen Gläubigen tut, nämlich sie zu erneuern und immer mehr in das Bild Christi umzugestalten.[191] Die Erfahrungen der sogenannten "Geistestaufe" sind nach Packer vor allem Erfahrung eines Geschenks tieferer Gewißheit (vgl. Röm 8,15-17; Eph 3,16-19). "Sie sind genaugenommen keine Erfahrungen des Geistesempfangs, obwohl sie den Menschen mit einem neuen Bewußtsein für die Gegenwart des Geistes in ihm erfüllen; noch sind sie eigentliche Erfahrungen der Heiligung, obwohl sie sich heiligend auswirken; sie sind auch nicht Erfahrungen der Bevollmächtigung, obwohl sie Vollmacht verleihen. Sie sind vielmehr im wesentlichen *Erfahrungen der Gewißheit*, d.h. sie sind die subjektive Erkenntnis dessen, was es bedeutet, mit Christus eins zu sein".[192] - Die *körperlichen Nebenerscheinungen* (Rufen, Glossolalie, Zuckungen, Durchströmung der Glieder, Trancezustände und andere Symptome starker Gemütserregung) können nach Packer unberücksichtigt bleiben, weil sie eher ein Ausdruck des eigenen, mehr oder weniger eigenartigen Temperaments und der eigenen Psyche sind und nicht so sehr ein Gradmesser dafür, wie Gott die Gewißheit und das Gefühl der Gemeinschaft des betreffenden Menschen mit dem Erlöser stärkt und vertieft.[193]

Lehnt er die pfingstlerisch-charismatische Theologie einer zweiten, "höheren" Erfahrung aufgrund der nicht gegebenen überzeugenden biblischen Grundlage und wegen ihrer diskriminierenden Wirkung ab, unterstreicht Packer doch, daß - unabhängig von einer theologisch einwandfreien Begründung - "*das ehrliche, bußfertige, erwartungsvolle Suchen nach einer intensiveren Gotteserfahrung... immer die Wurzel geistlicher Erneuerung*" ist.[194]

Was die *Zungenrede* betrifft, akzeptiert Packer sie im Rahmen der vielgestaltigen Möglichkeiten christlicher Erfahrung und Ausprägung von Frömmigkeitsstilen als "*Form des nicht in Begriffe gekleideten Ausdrucks der Persönlichkeit vor Gott*".[195] Besonders bei Menschen, die der Geschäftigkeit, Oberflächlichkeit und Brüchigkeit des modernen Lebens zum Opfer gefallen und sich selbst entfremdet sind, kann er sich vorstellen, daß sie als Segen empfunden wird. Als Hilfe zur Ausrichtung auf Gott hält er sie - wie alles, was dazu beiträgt, sich auf Gott zu konzentrieren, seine Gegenwart zu erfahren und sich seinem Einfluß zu öffnen - für eine gute Gabe, für eine positive, charakterstärkende und zur "*Kontemplation*" führende Möglichkeit. Könne Glossolalie zumindest für manche Menschen hilfreich sein, könne sie für andere Menschen die von Gott befähigt sind, aus vollem Herzen mit dem Verstand zu beten, in ihrer Situation "ungeistlich und unerheblich" sein.[196] Daß manche Zungreden als Bereicherung erfahren haben, während andere es als nicht relevant empfinden, ist für Packer kein Widerspruch. Er legt nahe, daß keiner dem anderen seine Ansicht aufzwingen oder ihn wegen seines Andersseins geringachten sollte. Wer in Zungen betet, bete ebenso zum Herrn wie der, der dies in anderer Form tue, und stehe und falle seinem Herrn und nicht seinen Mitbrüdern. Wie es in Christus keinen Unterschied zwischen Juden und Griechen, Mann und Frau usw. gebe, so auch nicht zwischen Zungenrednern und Nicht-Zungenrednern. Selbst wenn die heutigen Zungenredner nicht - wie Packer vermutet - in solchen Zungen sprechen, wie sie in Korinth gesprochen wurden, sollte niemand ihnen wehren, umgekehrt sollten sie aber auch nicht erwarten, daß jeder angehende Super-Christ in Zungen reden müsse.[197]

Packer sieht die CB/CE insgesamt als "*ein von Gott gesandtes Korrektiv gegen Formalismus, institutionelle Erstarrung und Intellektualismus*". Er erkennt an, daß sie mit ihrer Musik, mit der Art der Gottesdienste, mit ihrem spontanen Lobpreis und den mutigen Vorstößen in der Gemeindearbeit dem Evangelium auf kreative Weise Ausdruck verleiht und, wenn auch weniger durch theologisch-begriffliche Präzision, so doch durch die Kraft des erneuerten Lebens eine unangenehme Herausforderung darstellt.[198] - Wonach die Charismatiker in der Hauptsache streben, ist nach seiner Einschätzung weniger eine besondere Erfahrung als solche, als nach einer alles durchdringenden, ungehinderten *Totalität* der Erkenntnis der Gegenwart Gottes und der Antwort auf seine Gnade. Auch wer die charismatische Art nicht übernehmen könne, sei gefragt, wie er in seiner Kirche und Gemeinschaft eine vergleichbare Totalität dem Herrn gegenüber verwirklichen möchte.[199] - Alle Christen sollten von den *Stärken* der CB/CE lernen, die *Zeichen einer echten geistlichen Erneuerung* sind, wie der Glaube an einen lebendigen Gott, das Verlangen, aus der Bibel mehr von Gott zu lernen, die Offenheit gegenüber dem Heiligen Geist, die enge Gemeinschaft in Gebet und Lobpreis, eine Sensibilität für Nöte und die Bereitschaft zu helfen, die Erwartung, daß Gott Gebet erhört.[200]

Mit den Stärken geht aber auch *theologische Unreife* als eine der Schwächen der CB/CE einher. So haben ihre Vertreter nach Packer nicht in jedem Fall gelernt, den dreieinigen Gott in den Mittelpunkt zu stellen. Gelegentlich scheine eher der Mensch und seine Erfahrung im Zentrum des Interesses zu stehen, verträten sie eine tritheistische Theologie und ließen sich wie Kinder unbekümmert vom Augenblick faszinieren. Die *Vorliebe für* körperliche und geistige *Euphorie* spiegele zwar einen starken Glauben an das Übernatürliche, aber nur ein schwaches Verständnis der sittlichen Implikationen der Erlösung, der Wichtigkeit von Selbstverleugnung, der Annahme von Schwächen und Versagen in der Nachfolge, der Bedeutung harten Nachdenkens, vergeblichen Bemühens, erduldeter Schmerzen, hingenommener Verluste und von Treue und Beständigkeit im Alltag wider. Als Hauptursache für die mit der Stärke einhergehende Labilität der CB/CE sieht Packer, daß man sich nicht genügend auf Jesus Christus konzentriert. Damit meint er nicht, die Charismatiker würden nicht auf Jesus vertrauen, ihn lieben und anbeten, sondern daß sie nicht in genügendem Maß den Zusammenhang zwischen dem, was Jesus in seiner Erdenzeit und Erniedrigung war und wozu auch der einzelne Christ und die ganze Christenheit aufgerufen ist, begreifen.[201] - Obwohl die CB/CE in vielen Bereichen, die zu einem gesunden biblischen Christentum gehören, echte Erneuerung bewirkt hat, weist sie nach Packer nicht alle Züge auf, die zu Gottes Werk der Erweckung gehören. So fragt er kritisch, ob sie neben einer Haltung der Anbetung und Liebe auch ein realistisches Sündenbewußtsein fördert bzw. ob der euphorische Charakter die Anhänger nicht eher zu naivem Stolz als zur Demut führt.[202] Im Vergleich mit dem klassischen evangelikalen Verständnis von Erweckung (J. Edwards) habe charismatische Frömmigkeit mit dem "*Mehr*" einer durchgehenden "*Ader des 'Supra-Supranaturalen'*" einen Zug, der in der evangelikalen Erweckungserfahrung eher als beunruhigendes Anzeichen von Unreife diagnostiziert wurde. Auf der anderen Seite bleibe sie in gravierender Weise darin hinter dem evangelikalen Verständnis von Erweckung zurück, daß "*Demut und Ehrfurcht vor dem heiligen Gott, die Notwendigkeit, sich der Sündhaftigkeit der Sünde bewußt zu werden*" kaum angesprochen werden.[203]

Wer nicht wahrnehme, daß Gott durch die CB/CE in vieler Hinsicht neues Leben geschenkt hat und schenkt, spricht sich nach Packer selbst das Urteil. Wer nur die Frage der Zeichengaben im Blickwinkel habe, erfasse die Bewegung nicht in ihrer Gesamtheit. Ebenso kurzsichtig sei, wer über die eher seltsamen Seiten hinweg nicht die fröhliche Einfalt des Glaubens und ansteckende Wärme der Liebe als göttliches Korrektiv kirchlicher Verfestigung und Lähmung erkenne. Andererseits weist Packer die Ausschließlichkeit, mit der führende Persönlichkeiten der CB/CE manchmal ihre Position vertreten, die Überzeugung, das "non plus ultra" von Erneuerung zu sein, zurück. Wie jede Bewegung weise die CB/CE neben Qualitäten auch Mängel auf. Deshalb müsse man sich nicht von ihr abwenden oder an ihr vorbeigehen, sondern durch sie hindurch und dann über sie hinaus gelangen. Zur Erneuerung der Kirche gehöre mehr als das, was die CB/CE normalerweise als wichtig herausstellt. Packer, der insgesamt zu einer christozentrischen Haltung ruft, sieht als bleibende Herausforderungen: a) die Gestaltung des kirchlichen Lebens, b) den Radikalismus im Bereich von Kirchenordnung und Kirchenorganisation, c) die Frage, wie andere mit Liebe zu erreichen sind, d) die Notwendigkeit immer neuer Erweckung.[204]

"Gespannte Nähe" - Zum Verhältnis von traditionellem Pietismus/Evangelikalismus und Charismatikern

Während es in England schon 1977 zu biblisch-theologischen Gesprächen zwischen traditionellen Evanglikalen ("Church of England Evangelical Council") und Charismatikern kam, die mit einer gemeinsamen Erklärung abschlossen,[205] in dem man *"voll Dankbarkeit"* feststellte, *"daß die Erkenntnisse, die uns verbinden, bei weitem wesentlicher sind als jene, bei denen ein Teil von uns immer noch verschiedener Meinung ist"*, [206] bestehen in Deutschland von seiten des traditionellen Pietismus/Evangelikalismus nach wie vor starke historisch und theologisch bedingte Vorbehalte und eine entsprechende Zurückhaltung im Blick auf Zusammenarbeit.[207]

Ein Ansatz zu einem besseren Miteinander schien sich 1981 in den Gesprächen zwischen Mitgliedern des "Evangelisch-Kirchlichen Gnadauer Gemeinschaftswerkes in der DDR" und Vertretern des "Arbeitskreises für Geistliche Gemeindeerneuerung" aufzutun,[208] in denen man sich darum bemühte, Mißverständnisse auszuräumen und - ohne die Differenzen zu verschweigen - die Gemeinsamkeiten im Blick auf die Fragen des Heiligen Geistes und der Charismen festzuhalten. Dieser Ansatz wurde aber nicht weiterverfolgt.

Ohne eine lehrmäßig geklärte Übereinstimmung in den Fragen des Heiligen Geistes und des charismatischen Lebens zur Voraussetzung zu haben, gibt es seit der Gründung im Jahr 1985 eine enge Zusammenarbeit zwischen Evangelikalen und Charismatikern im Rahmen der *"Arbeitsgemeinschaft für Gemeindeaufbau"* (AGGA).[209] Man weiß sich eins im evangelikalen Verständnis der fundamentalen Heilsfragen und übergeordneten missionarischen Anliegen bzw. im Anliegen des Gemeindeaufbaus und stellt Streitfragen und Abgrenzungen zurück. Unter dem übergeordneten positiven Ziel des Gemeindeaufbaus veranstaltet man gemeinsam Seminare und Kongresse, wie den von der AGGA und von der Geistlichen Gemeinde-Erneuerung (GGE) durchgeführten Gemeindekongreß im November 1991 in Nürnberg. Bei diesem rief man man angesichts der zunehmenden Entchristlichung zu einem "Schulterschluß" zwischen Evangelikalen und Charismatikern auf, um die Evangelisation voranzubringen und Erweckung nicht weiter zu behindern, und vollzog einen öffentlichen - von den nicht gefragten Evangelikalen als Manipulation empfundenen, nicht akzeptierten - stellvertretenden Versöhnungsakt.[210]

Auf internationaler Ebene hat die Mitarbeit von Pfingstlern und Charismatikern und der Einfluß ihrer Theologie in Rahmen der evangelischen Allianz oder in der *"Lausanner Bewegung"* in den letzten Jahren stark zugenommen. Dies wurde etwa auf dem II. Kongreß für Weltevangelisation 11.-20. Juli 1989 in Manila an Rednern und Seminarveranstaltungen sichtbar.[211] Auf diesem Kongreß trat einerseits die große Übereinstimmung in Fundamentalfragen (z.B. der Autorität der Schrift, der Einzigartigkeit Jesu, der Rettung aus Glauben allein und des unaufgebbaren Auftrags und der Dringlichkeit von Evangelisation und Mission) zutage, aber auch die Differenzen in der "charismatischen Frage" brachen auf.[212] Zu den Differenzen in der Art und Weise der Anbetung stellte die Kongreßleitung fest, daß es in der Lausanner Bewegung keine Festlegung hierin gibt, sondern Raum für die Freiheit des Geistes und für die individuelle Ausdrucksweise gegeben ist und niemand in irgendeiner Weise gedrängt werden soll. Im Blick auf die unterschiedlichen Sichten in der Frage von Zeichen und Wundern mahnte man, sich gegenseitig stehen zu lassen und sich darin zu verbünden, das Evangelium voranzutreiben (*"covenant together to promote the Gospel"*).[213] Einen Versuch der Vermittlung bilden die Formulierungen im Abschnitt "5. Gott, der

Evangelist", des von John Stott entworfenen "Manifests von Manila": "*Obwohl Wunder Jesu etwas Besonderes waren, nämlich Zeichen seiner Messianität und Vorwegnahme seiner vollkommenen Herrschaft..., haben wir nicht die Freiheit, der Macht des lebendigen Schöpfers heute Grenzen zu setzen. Wir weisen sowohl den Zweifel zurück, der Wunder verneint, als auch die Anmaßung, die Wunder fordert; sowohl die Ängstlichkeit, die vor der Fülle des Geistes zurückschreckt, als auch das Siegesverlangen, das die Schwachheit zu meiden sucht, in der doch die Kraft Christi sich mächtig erweisen will*".[214] Auf dem Kongreß fand man zwar eine pragmatische Konfliktlösung (Charismatiker und Nicht-Charismatiker haben Platz in der Lausanner Bewegung. Keine Gruppe sollte ihre Erkenntnis und ihre Praxis absolut setzen. Vorrang hat Evangelisation), nicht jedoch eine grundsätzlich- theologischen Klärung.[215]

Für den Abbau von Polarisierungen und einen neuen Umgangsstil zwischen Pietisten und Charismatikern setzt sich **Horst Marquardt**, der Vorsitzende des Deutschen Zweigs der Lausanner Bewegung, ein.[216] Er ruft dazu auf, das Gemeinsame zu sehen und statt sich gegenseitig zu bekämpfen, die Kräfte auf die evangelistisch-missionarischen Herausforderungen zu konzentrieren. Als Leitlinien für das Miteinander nennt er u.a.: "*1. ...Ich überbewerte nicht meine eigene geistliche Erfahrung. Erkenntnisse des anderen werte ich nicht ab... 3. Ich rechne damit, daß der Heilige Geist bei anderen anders wirkt, als ich es gewohnt bin oder mir vorstellen kann... 6. Ich will mich bemühen, das Gemeinsame der verschiedenen christlichen Gruppierungen zu entdecken und zu bejahen. Eigene geistliche Erfahrungen, die der andere nicht gemacht hat, bewahre ich dankbar, ohne mich deshalb über den anderen zu erheben. Ich erhebe besondere Erkenntnisse und dogmatische Spezifika meiner Denomination nicht in den Rang von Heils-Tatsachen... 8. Ich sehe, daß Gott wirksam ist in den Kirchen, Freikirchen, in den verschiedenen Gemeinschaften, in den sogenannten freien Werken und auch bei Gemeindeneugründungen...*".[217] Marquardts Votum hat insofern Gewicht, als er durch seine langjährige leitende Tätigkeit und seinen Verkündigungsdienst im Rahmen des Evangeliums-Rundfunks im evangelikalen Raum weit bekannt ist und großes Vertrauen genießt. Seine Befürwortung eines Brückenschlags bzw. der Zusammenarbeit konkretisierte er in einem für die weitgestreute Einladungszeitung des zweiten von der AGGA und GGE verantworteten Gemeindekongresses im September 1993 in Nürnberg geschriebenen Grußwort.

Angestoßen durch die dynamische Weiterentwicklung der CB/CE im internationalen Bereich und im eigenen Land (viele örtliche Allianzen sind tangiert) sucht man von seiten der **Deutschen Evangelischen Allianz**, dem traditionellen Sammelbecken pietistisch-evangelikaler Christen, verstärkt das Gespräch mit den innerkirchlichen Charismatikern. Diese stimmen weitgehend der Glaubensbasis der Allianz zu, haben ebenfalls das Anliegen, die Einheit in Christus und die Liebe der Gotteskinder zueinander zum Ausdruck zu bringen, und wollen den bleibenden und drängenden Auftrag der Evangelisation erfüllen.[218] Von seiten des Hauptvorstandes möchte man klären, inwieweit auf der Basis der Allianz in den fundamentalen Punkten Klarheit und Einheit zur erreichen und gemeinsames Zeugnis und gemeinsamer Dienst möglich ist. Von der Bibel her lehnt man Erscheinungen wie das "*Lachen im Geist*" und das "*Ruhen im Geist*" ab. Zurückgewiesen werden auch Lehren wie: Zungenrede ist Erweis der Geisterfüllung; oder: Jeder, der glaubt, wird geheilt; oder das Wohlstandsevangelium. Weitere kritische Anfragen betreffen die Spannung des Schon und Noch-Nicht, die Befolgung der biblischen Vorgaben für die Praxis des Zungenredens, das Verständnis von Prophetie und den Umgang mit nicht eingetroffenen Ankündigungen. Für das Miteinander wäre die Verpflichtung zu "*allianzgemäßem*" Verhalten[219] Voraussetzung, d.h. die Bereitschaft zur Zurückstellung von Sonderüberzeugungen und Praktiken um der Einheit im Fundamentalen, im Bekenntnis zu Jesus Christus willen. Für wichtig hält der Hauptvorstand auch die Frage, ob die Verantwortlichen der landes- und freikirchlichen Erneuerung bereit sind, sich öffentlich gegenüber Persönlichkeiten und Gruppierungen abzugrenzen, die extreme Lehren und Praktiken vertreten. Aus allem zeigt sich, daß man anders als etwa in der "Lausanner Bewegung" oder den Allianzen in anderen Ländern stärker auf theologisch-lehrmäßige Klarheit für das Miteinander bzw. die abgrenzende Anwendung biblischer Maßstäbe auch in diesen Fragen Wert legt. Unverkennbar wirken in Deutschland die den belasteten historischen Beziehungen zugrundeliegenden theologischen und pastoralen Vorbehalte nach.

3.2.2 Äußerungen und Stellungnahmen im kirchlichen Bereich

Während auf seiten der römisch-katholischen Kirche die CB/CE schon recht früh durchweg eine positive Aufnahme fand, die sich auch in z.T. sehr ausführlichen Papieren und offiziellen Stellungnahmen niederschlug, verlief die Auseinandersetzung mit dem Phänomen auf evangelischer Seite landeskirchlich-regional unterschiedlich und aufs Ganze gesehen eher zögerlich. An die Stelle der grundsätzlichen Abwehr oder des rein kirchenpolitischen Abwartens und Taktierens tritt zunehmend Dialogbereitschaft.

Aus lutherischer "ökumenischer Sicht" vom Kirchengedanken her kommend hat das *Institut für ökumenische Forschung in Straßburg* die "transkonfessionelle" CB/CE (in Parallele zur "aktionszentrierten" und "evangelikalen" Bewegung) als ambivalente Erscheinung gewertet, die sowohl Hoffnungszeichen als auch Gefahrenquelle ist. Kann sie einerseits Christen über kirchliche Trennungen hinweg miteinander verbinden, kann sie an anderer Stelle zugleich neue, z.t. sehr scharfe Polarisationen schaffen.[220] Tendenziell sieht man den transkonfessionellen Bewegungen gemeinsam als Gefährdung innewohnen: den *Primat der Erfahrung*, eine *anti-institutionelle Grundhaltung* und aus beidem folgend *hermeneutische Engführungen*.[221] Als spezifische Gefährdung der CB/CE benennt man die Tendenz zu einem Christsein der *"Herrlichkeit ohne Kreuz"*, in dem die Wirksamkeit des Geistes vor allem in geistlicher Kraft, Heilung und Freude gesehen, seine Gegenwart und seine Aktivität in Leiden, Schwachheit, Angst und Anfechtung aber nur selten wahrgenommen wird. Dagegen erinnert lutherische Theologie an die unter Kreuz und Niedrigkeit verborgene Offenbarung Gottes, die außerdem in der Knechtsgestalt des äußeren Wortes begegnet.[222]

"Dialogische Pluralität" als vorgeschlagenes Modell der Zuordnung von Kirche und CB/CE

Angesichts der real vorhandenen Schwächen und Defizite in vielen Kirchen schlägt man von seiten des Straßburger Instituts vor, sich der Herausforderung durch die neuen Bewegungen zu stellen. Dabei sollten *Kritik und Offenheit* gegenüber den Bewegungen und *Selbstkritik und Betonung der in der eigenen Kirche positiv verwirklichten christlichen Tradition* miteinander verbunden und von dieser Grundhaltung aus das Verhältnis von Bewegung und Kirche näher bestimmt werden. Als unangemessene Lösungen wertet man: a) eine Eliminierung durch Ausschluß (in Fällen eindeutiger häretischer und schismatischer Tendenzen vielleicht unvermeidlich); b) eine billige Toleranz/ Koexistenz, die die Klärung der eigenen Identität und die kritische Auseinandersetzung scheut; c) eine absorbierende oder domestizierende Integration (der Ansatz einer Absorption verkennt, daß Anliegen einer Bewegung nie voll zu absorbieren sind und für ihre Wirksamkeit ihrer Träger bedarf; der Ansatz der Domestizierung bezieht zwar in die Kirche ein, verkennt aber die der Bewegung eigene Lebendigkeit und die Notwendigkeit einer eigenständigen Stellung). - Um Spaltungen und Isolierung zu verhindern und die Möglichkeiten für einen Dialog offenzuhalten, hält man den Versuch einer strukturellen Integration (Vertretung in Synoden, Kommissionen etc.) "strategisch" zwar für vertretbar, aber sachlich für eine noch nicht ausreichende Lösung. Für angemessen hält man allein das Modell der "dialogischen Pluralität", weil es die größten Chancen für eine Klärung des Verhältnisses von Kirche und Bewegung bietet. Im Rahmen und in den Grenzen einer kirchlichen Tradition soll hierbei nicht nur einer legitimen Vielfalt von theologischen Überzeugungen und kirchlichen Lebensformen Raum gegeben, sondern diese biblisch und theologisch begründet und bejaht werden. Mit Vielfalt oder Pluralität ist nicht ein bloßes Nebeneinander gemeint, sondern Aufeinanderbezogensein in gegenseitiger Befruchtung und Korrektur.[223]

In der im deutschen Raum bisher ausführlichsten historisch und frömmigkeitstheologisch beschreibenden *Stellungnahme zur CB/CE von seiten der evangelischen Kirchen in der ehemaligen DDR* (1977-79) befürworten die Verfasser für das kirchliche Miteinander ebenfalls das Modell der "dialogischen Pluralität".[224] Im Blick auf die Spannungsfelder sehen sie die CB/CE vor die Aufgabe gestellt, ihren eigenen *ekklesiologischen Ort* eindeutig zu machen, d.h. sich als Bewegung in der Kirche zu realisieren ohne in eine "ecclesiola" abzugleiten. Sie stehe vor der Frage, inwieweit sie bereit und in der Lage ist, auf Dauer die Spannungen auszuhalten, die sich aus der bewegungssoziologischen Eigendynamik und dem zugleich erklärt kirchlichen Wollen ergeben. Ist die CB/CE nach ihrer Bereitschaft und Fähigkeit zu fragen, ob sie sich auf Dauer als Bewegung unter anderen artikulieren kann, ist die Kirche nach ihrer Bereitschaft und Fähigkeit gefragt, ihre Pluralität auch auf eine solche wesentlich kritische Bewegung auszudehnen und sich ihrem radikalen Erneuerungswillen zu stellen.[225] Im Blick auf ihre *konfessionelle Identität* sehen die Verfasser die CB/CE vor der Frage, inwieweit sie bereit und in der Lage ist, als Bewegung innerhalb der Kirche das geschichtliche Bekenntnis bleibend mitzuverantworten und Tendenzen zum Aufbau einer neuen charismatisch-überkonfessionellen Geistkirche zu widerstehen. Umgekehrt sehen sie die Kirchen nach den Maßstäben zur Bestimmung ihrer Identität gefragt.[226] - Ein weiteres Spannungsfeld ist die Frage der *Kommunizierbarkeit mit der Kirche*. Die Autoren sehen das bekundete kirchliche Wollen ins Leere laufen, wenn in Subbereichen der täglichen Praxis, der Sprache und des Bekennens ein eigener Plausibilitätsbereich mit gegenläufigen Mechanismen entsteht, bei dem gemeinsame Grundlagen verlassen und Brücken des Verstehens abgebrochen werden. Die CB/CE sei gefragt, ob und inwiefern sie bereit und in der Lage ist, der Gefahr eines zumindest partiellen Exodus aus der Kirche zu begegnen. Umgekehrt stehe die Kirche vor der Frage, wieweit der Vorwurf einer Anpassung an die Welt in Hermeneutik, Weltverständnis und Frömmigkeitspraxis zu Recht besteht und hier eine Mitschuld an der Gefährdung der Einheit aufgedeckt wird.[227] Im Blick auf die Frage nach der *geistlichen Autorität* sieht man die CB/CE vor der Aufgabe, deutlich zu machen, welche Kirche und welche Einheit sie meint, wenn sie von der Einheit der Kirche spricht. Die Verfasser fragen danach, ob sich die CB/CE der Gefahr für das kirchliche Amt bewußt ist, die in der von ihr angewandten Unterscheidung zwischen "äußerer" und "innerer" Kirche liegt, und "*ob sie bereit und in der Lage ist, die Konsequenzen daraus zu ziehen, daß auch von ihr grundsätzlich jede christliche Gemeinde und Kirche als charismatisch begründet und strukturiert verstanden wird*".[228] Die CB/CE müsse sich fragen lassen, ob sie nicht im Interesse der Einheit der Kirche bereit sein müßte, die von ihr beanspruchte geistliche Autorität und ihre spezifischen Erfahrungen und Erkenntnisse *von der ganzen Kirche* prüfen und beurteilen zu lassen und auch vor der Kirche zu verantworten.[229]

Bischofsworte

Die *Bischofskonferenz der Vereinigten Evangelisch-Lutherischen Kirche in Deutschland* hat anläßlich ihrer Klausurtagung auf dem Schwanberg im Mai 1976 wenn auch relativ zurückhaltend, so doch grundsätzlich positiv zur CB/CE Stellung genommen. Mit den einleitenden Worten des an die Gemeinden gerichteten Papiers wurde die Berechtigung der Entstehung neuer Glaubenszellen und das Anliegen der CB/CE anerkannt: "*Wir sehnen uns nach einer Erneuerung der Kirche. Solche Erneuerung ist uns Menschen nicht verfügbar. Sie will von uns als Gabe erbeten werden. Weil Gott zu allen Zeiten seine Kirche erhalten und geleitet und in ihrer Geschichte immer wieder mit den Gaben des Geistes erstarrte Verhältnisse überwunden und angefochtene Christen erweckt hat, lassen wir nicht davon ab, auf Gottes erneuerndes Handeln auch heute zu hoffen und zu warten".*[230] Die Bischöfe sprechen davon, daß sie *"mit Aufmerksamkeit und Hoffnung"* auf die charismatische Erneuerung von Gemeinden blicken. In ihr werde der ganze Mensch, Denken, Fühlen und Handeln von Gott in Anspruch genommen. In ihrer Bitte an Gott, *"er möge das Werk der Erneuerung seiner Kirche mit ihren Gemeinden auch in den charismatischen Bewegungen und durch sie vorantreiben"*, kommt zum Ausdruck, daß sie von der umfasssenderen Erneuerung der *Kirche* her denken und die CE - eine Korrektur überhöhter Ansprüche - als eine Erneuerungsbewegung neben anderen, etwa der kommunitären Bewegung, sehen. Im nächsten Abschnitt wird betont, daß zu den Geistesgaben auch gehört, nach dem Maßstab der Schrift die Geister zu unterscheiden. Die Bischöfe erinnern an die Gewißheit der lutherischen Kirche, daß der Geist da gegenwärtig wirkt, wo Gottes Wort schriftgemäß ausgerichtet und die Sakramente dargereicht werden. Auf diesem Grund wachsen Früchte und Gaben des Geistes, wozu auch schlichte Freundlichkeit und Liebe, Redlichkeit und Treue im Beruf, Diakonie und theologische Arbeit gehören.[231]

Seitdem hat sich die Situation verändert. Die CE in Deutschland und weltweit hat sich dynamisch weiterentwickelt und festere Formen gefunden, so daß die lutherischen Bischöfe sich auf ihrer Klausurtagung im März 1988, wiederum auf dem Schwanberg, speziell und intensiver mit der Frage der Erneuerung der Kirche und mit der "Geistlichen Gemeinde-Erneuerung" befaßt haben. Die daraufhin an die Gemeinden gerichtete "Erklärung" zeugt von einem tieferen Verständnis und von einer grundsätzlichen Offenheit für die Anliegen der CE.[232] - In der "*Grundlegung*" wird an die Bitte um das Kommen des Heiligen Geistes in vielen Liedern des Gesangbuchs und in gottesdienstlichen und persönlichen Gebeten - ein Bekenntnis zum ständigen Wirken des Heiligen Geistes - erinnert. Man differenziert zwischen dem fortwährenden Wirken des Heiligen Geistes in der Kirche in seiner Gegenwärtigkeit durch das Wort und die Sakramente und einem aktualen immer neuen Kommen des Heiligen Geistes. Die Kirche lebe von beidem, vom bleibenden Beistand und von seiner immer neuen Heimsuchung. Dieses aktuale Wirken sieht man auch in den vielfältigen geistlichen Aufbrüchen und Bewegungen, die als "*Geschenke Gottes an die ganze Kirche und Herausforderungen für sie*" verstanden werden.[233] Weil allein der Heilige Geist Glauben wirken kann, erbitten die Bischöfe die Erneuerung der Kirche und die Erweckung des Volkes durch ihn. Die Gemeinden werden ermutigt, nicht nachzulassen im Gebet um den Heiligen Geist, und dazu, missionarischen Arbeitsformen genügend Raum zu geben. Damit bringen die Bischöfe zum Ausdruck, daß sich die traditionelle Kirche neuen Aufbrüchen bewußt öffnen möchte. - Im zweiten Abschnitt "*Ermutigung*" nehmen sie vom Einheitsgedanken her den Begriff des Charisma auf. Im Blick darauf, daß alle Gaben dem Aufbau des einen Leibes dienen sollen, bringen sie ihre Dankbarkeit für die verschiedenen geistlichen Bewegungen zum Ausdruck, die auf dem Boden der Heiligen Schrift und des lutherischen Bekenntnisses der Erneuerung der Kirche dienen möchten, und bekräftigen, daß in der Kirche Raum für vielfältige Formen der Frömmigkeit, der Verkündigung und des Dienstes ist. In diesem weiteren Sinn des Charismatischen sehen die Bischöfe auch in den Impulsen, die von der GGE ausgehen, *"eine Gabe Gottes an seine Kirche"*.[234] Weil nach ihrer Überzeugung keine Kirche, keine Gemeinschaft und keine Bewegung das Ganze des Christseins voll verwirklicht, bitten sie sowohl einzelne Christen als auch die Bewegungen unterschiedlicher Prägung, sich als Glieder des Leibes Christi anzunehmen und miteinander für die Erneuerung der Kirche zu beten und zu wirken. Die Bischöfe kritisieren die Neigung, sich selbst absolut zu setzen und über die anderen zu erheben, besonders im Miteinander von traditionell-kirchlicher Frömmigkeit und neuen Aufbrüchen. Gegen lieblose Kirchenkritik mahnen sie bei allen Anfragen eine positive Grundhaltung an. Was die Geistmitteilung angeht, setzen die Bischöfe beim grundlegenden Geistempfang in der Taufe ein. Wenn sie hinzufügen, daß dieses große Geschenk angenommen sein will, greifen sie ein Anliegen u.a. der CE auf, das sie aber vielgestaltig offenhalten ("*im täglichen Gebet und der täglichen Buße, in der Beichte, im persönlichen Bekenntnis zu Jesus Christus, im gottesdienstlichen Taufgedächtnis oder im Empfang eines persönlichen Segens*"). Das Wirken des Heiligen Geistes erbitten und erwarten die Bischöfe besonders in den Gottesdiensten, sei es in ökumenisch-verbindender liturgischer oder in charismatisch-freier Gestalt. In allen sollen Anbetung, Lobpreis und Fürbitte ihren Platz haben. Erst jetzt, von Taufe und Gottesdienst als Bezugspunkten her, werden die Gaben des Heiligen Geistes thematisiert, die "*erbeten, geweckt, genutzt, gepflegt und zur Erbauung des einen Leibes Christi eingesetzt werden*" wollen. Alle sollen zu ihrem Recht kommen, die unauffälligeren wie die auffälligeren. Sie sollen sich aber auch der Prüfung durch die Gemeinde und ihre Leitung stellen. Als *Maßstäbe* für die "*Unterscheidung der Geister*" nennen die Bischöfe: *die Übereinstimmung mit Schrift und Bekenntnis, die Hingabe an den Dreieinigen Gott, Nachfolge Jesu im Alltag, den Aufbau der Gemeinde und die Liebe zum Nächsten.* Als *Gefährdungen* sehen sie: *eine Überbetonung der Gefühle, das Herausstellen einzelner Geistesgaben über andere, Flucht aus der Wirklichkeit* (zu ihr gehören auch Leidenserfahrungen) *und Spaltungen.* - Am Schluß wird noch einmal die Vielfalt der geistlichen Wege und Erfahrungen betont und die Absolutsetzung von Gruppen zurückgewiesen. Jede müsse bereit sein, mit anderen Gliedern am Leib Christi zusammenzuarbeiten und "*den Dienst des Amtes der Einheit und Gemeindeleitung*" anzunehmen. Vom Ansatz bei der einen Kirche wird die Frage der Erneuerung über partikulare Bewegungen und Aufbrüche und die eigene Kirche hinaus ökumenisch geweitet auf die ganze Christenheit.[235]

In einem "*Wort zum Pfingstfest 1990: 'Charismatische Gruppen' in unserer Kirche*" an die Pfarrer und Mitarbeiter der Landeskirche thematisierte der württembergische *Bischof D. Theo Sorg* die hier sich stellenden Fragen.[236] Im einleitenden Abschnitt erkennt er die Notwendigkeit neuer Impulse für die Kirche an, die durch die Gleichgültigkeit vieler ihrer Mitglieder und die Verfestigung von Arbeitsformen gefährdet ist. Ausdrücklich spricht er von Anstößen und Anregungen,die auch von den charismatischen Gruppen ausgehen, und erkennt sie damit grundsätzlich an. Im Blick auf die zugleich damit auftauchenden Fragen (z.B. nach der Bezeichnung "charismatisch", nach dem Eindruck des "Besonderen", nach der Verträglichkeit mit der traditionellen Gemeindearbeit) hält er für nötig, zu einer größeren Klarheit zu kommen. Sorg erwähnt die von den Vätern des Pietismus und der Gemeinschaft zu Beginn des Jahrhunderts gewissermaßen stellvertretend für die ganze evangelische Kirche geführte Auseinandersetzung mit den Pfingstgruppen ("Berliner Erklärung" - 1909) hält aber angesichts der veränderten Lage ein neues Nachdenken und neue Antworten für erforderlich.[237] - Unter der Überschrift "*Den Geist dämpfet nicht!*" erinnert Sorg daran, daß vieles, was in den charismatischen Kreisen begegnet, aus der Heiligen Schrift vertraut ist, wobei er kurz auf wichtige Passagen der Geistmitteilung im Alten und Neuen Testament Bezug nimmt. Bei den Ausführungen zu I Kor 12-14 stellt er heraus, daß Charismen der ganzen Gemeinde gegeben sind und jede Gemeinde recht verstanden "charismatisch" ist bzw. daß jeder, der mit Ernst Christ sein will, als "Charismatiker", als vom Heiligen Geist mit Gaben Beschenkter, gelten kann. Weiter meine "charismatisch" im biblischen Sinn nicht "Spektakuläres", sondern das, was sich unter dem Wirken des Geistes bei allen finden kann, die im Glauben leben.[238] Insofern Erfahrungen mit dem Heiligen Geist eine Quelle der Erneuerung sind, sieht Sorg die Kirche durch die CB/CE angefragt, z.B. im Blick auf: a) ein erwartungsvolles und lebendiges Rechnen mit dem Wirken des Heiligen Geistes; b) die Freude am Ostersieg Christi; c) das freimütige Berichten von Glaubenserfahrungen; d) Lebendigkeit und Vielfalt der Gottesdienste; e) die Dimension des Segens und des Segnens; f) die Elemente Lobpreis und Anbetung im Gebet; g) den Heilungsauftrag; h) das konkrete Rechnen mit Weisungen und Führungen im kirchlichen Alltag. Erst von einer ernsten Selbstkritik aus hält es Sorg für rechtens, auch an andere Fragen zu stellen.[239] - Unter dem Leitwort *"Prüfet aber alles..."* kommt er dann auf Entwicklungen zu sprechen, die bei manchen Gemeindegliedern Ratlosigkeit und Befremden auslösen oder zu Widerspruch und Abgrenzung herausfordern. Weil Gaben Gottes in unseren Händen zu Gefährdungen der Gemeinde werden können, sind die Aufforderungen zur Prüfung und Unterscheidung der Geister ernstzunehmen (I Thess 5,21; I Joh 4,1; I Kor 12,7.10). Nach biblisch-reformatorischem Zeugnis ist nach Sorg Wachsamkeit da geboten: a) wo aus dem notwendigen Bitten um den Geist, den Gott schenkt, wann und wo er will, ein ungeistliches Drängen nach ständig neuen und vermehrten Geisterfahrungen wird oder man sich seines Geistbesitzes rühmt; b) wo einzelne Charismen besonders herausgehoben und zum Ausweis echten Glaubens gemacht werden; c) wo eine einseitige Theologie der Herrlichkeit verkündigt wird, die Künftiges vorwegnehmen will und Leidenserfahrungen ausklammert; d) wo sich elitäre Kreise bilden, die sich von der Gemeinde der "normalen Christen" absondern oder Gemeinde-Neugründungen anstreben; e) wo man den Geist Gottes in menschliche Regie zu nehmen sucht und Kategorien der Machbarkeit und des Erfolgs in den Vordergrund treten.[240] - Sorg bittet alle, die sich charismatischen Strömungen öffnen, Fragen zu bedenken, wie: a) Kann man - so gewiß es ist, daß Gott die Rettung aller Menschen will - Glauben *"machen"* und Erweckungen *"planen"*? b) Besteht nicht - bei dankbarer Bejahung der Wundermacht Gottes - auch die Gefahr allzumenschlicher Wundersucht? c) Ist Verkündigung nur vollmächtig, wenn sie von Zeichen und Wundern begleitet ist? d) Sind nicht bei Erweckung und Gemeindeaufbau auch geistliche Wachstumsgesetze zu beachten? e) Kommt es im Zusammenhang mit der Wiederentdeckung der Erfahrungsdimension des Glaubens und der Ausübung bestimmter Charismen nicht oft zu starken Bindungen an Einzelpersonen bzw. auch zur Bildung von Personalgemeinden, die sich von der größeren kirchlichen Gemeinschaft absetzen? f) Schließt die Liebe zu Christus, dem Haupt, nicht auch die Liebe zur Gemeinde als seinem ganzen Leib ein und damit die Bereitschaft, an ihrer Unvollkommenheit zu leiden, für sie zu beten und zu arbeiten und sich gerade nicht von ihr zu trennen? - Sorg erinnert an die reformatorische Erkenntnis, daß die Gemeinde Jesu in dieser Weltzeit angefochten ist und auch zu jedem Christsein Erfahrungen der Anfechtung und "Wüste" gehören. Im Aufmerken auf das Wort in der Anfechtung, nicht im Jagen nach großen Erfahrungen geschieht geistliche Reifung.[241] Weiter hebt Sorg den Glauben als die grundlegende, durch kein Charisma und kein Glaubenserlebnis zu überbietende Wirkung des Geistes hervor. Persönliche Glaubenserlebnisse und Glaubenserfahrungen dürfen nicht dem sorgfältigen und hörbereiten Umgang mit dem biblischen Wort vorgeordnet und zum Maßstab seines Verstehens gemacht werden. Mit den Vätern und Müttern des Glaubens ist das Wort Gottes als bleibende Mitte des Glaubens und aller Bemühungen um Gemeindeaufbau und Erneuerung der Kirche festzuhalten. Sorg übernimmt kirchlich verallgemeinert Grundanliegen der CE, wenn er im Schlußabschnitt *"...und das Gute behaltet"* schreibt : *"Mit den Brüdern und Schwestern der charismatischen Gruppen und Kreise beten wir um Erweckung unserer Gemeinden und um die geistliche Erneuerung der Kirche..."*.[242] Solche sieht er von Gott in der Geschichte durch Pietismus, Erweckung, durch liturgische Bewegungen und in neuerer Zeit auch durch Anstöße aus verschiedenen Kommunitäten geschenkt. Die Ermunterung zur Bitte "Komm Schöpfer Geist", die nicht nur an Pfingsten gilt, verbindet Sorg mit der Erinnerung an "Gründe zur Freude", wie: das Geschenk der Taufe; die Gottesdienste und Versammlungen der Gemeinde (*"Sie wollen geistliche Orte sein, an denen Gott uns sein Wort austeilt, seinen Geist schenkt und seine Gaben erweckt. Sie sind zugleich Orte, wo uns Gottes Segen zugesprochen wird"*);[243] das Heilige Abendmahl; die geschwisterliche Gemeinschaft in vielen Kreisen und Gruppen (*"wo eines für das andere in Gebet und Fürbitte, Seelsorge, Beratung und Begleitung Verantwortung übernimmt, wo Schuld bekannt und Vergebung zugesprochen wird, wo eines durch das andere Orientierung und Ermutigung und - wenn Gott es wirkt - auch äußere Heilung erfahren kann").*[244] Besonders weist Sorg auf den alltäglichen Gottesdienst des Lebens. Er mahnt, offen zu sein für neue, durch die Schrift erschlossene Erfahrungen und dazu, den Geist Gottes nicht durch Unbußfertigkeit, Überheblichkeit, Selbstsicherheit und Rechthaberei, Starrsinn und mangelnde Bereitschaft zum Prüfen und Sich-Prüfen-Lassen zu betrüben. Braucht die Kirche neue Impulse, Ergänzung und Korrektur durch geistliche Bewegungen, so brauchen nach seiner Sicht umgekehrt die Bewegungen die Kirche. Im Wissen um die eigene *Ergänzungsbedürftigkeit* macht er Mut, *aufeinander zuzugehen*, das Gespräch zu suchen und um des Zeugnisses an eine zunehmend entchristlichte Welt willen *aneinander festzuhalten.*[245]

H.-D. Reimer: "Wenn der Geist in der Kirche wirken will"

Durch seine wohlwollende, aber nicht unkritische Begleitung der CB/CE aus kirchlicher Sicht hat der langjährige Fachreferent in der Evangelischen Zentralstelle für Weltanschauungsfragen, Hans-Diether Reimer, Brücken gebaut und wesentlich zur Verbesserung der Beziehungen beigetragen. Er machte keinen Hehl daraus, daß er die CE bzw. GGE als Geschenk Gottes an eine erneuerungsbedürftige Kirche sah,[246] wofür er mehrere Beobachtungen anführte:[247] 1) In der CE ist ein echter, lebendiger, ursprünglicher *Glaube* aufgebrochen (bibelorientiert; auf den in Christus erschienenen Gott bezogen; vornehmlicher Ausdruck im Gebet). - 2) Ihr Beitrag liegt vor allem im Bereich der Frömmigkeit, in der *praxis pietatis*, und trifft damit eine im volkskirchlichen Protestantismus unterbelichtete Dimension. - 3) In der CE wird Gott als *dynamische, wirksame Gegenwart* erlebt ("*Daß der auferstandene Christus als Kraft [dynamis] gegenwärtig ist, daß von ihm Wirkungen ausgehen, daß er Gaben schenkt, Begabungen freisetzt - das ist eine Kernbotschaft der Charismatiker an die ganze Kirche".*[248] - Reimer sieht hier die existentielle Seite des Glaubens [Vertrauen] und die rationale Seite [Sinngefüge] ergänzt durch die Erfahrungsqualität und wertet die Einbeziehung der dynamischen Dimension z.B. in der Erwartung des Wunders vom neutestamentlichen Urbild des Glaubens her positiv).[249] - 3) Die CE ist - ein lebensnotwendiges Element von Glaube und Kirche gerade in unserer Zeit - auf *Gemeinschaft* bezogen (vgl. die Bedeutung von Kleingruppen, Gebetskreisen, seelsorgerlichen Beziehungen usw.) und macht in neuer Weise Gemeinde als Gemeinschaft bewußt. - 4) Die CE ist auf den *Gottesdienst*, auf die geistliche Mitte der Kirche, nach innen ausgerichtet. Von dort her möchte sie alles durchdringen. - 5) Sie sieht sich auf die *konkrete vorgegebene Kirche* bezogen, die sie vor allem von ihrer inneren Gestalt und ihrer wesensmäßigen Einheit her versteht. - 6) Die CE hat den *Christen* als *Gabenträger* wiederentdeckt und aktiviert und damit die Thematik des "Priestertums aller Gläubigen" bzw. der "mündigen Gemeinde" neu auf die Tagesordnung gesetzt. - 7) Über den engeren Bereich der CE hinaus sind vielfältige *Impulse, Anregungen und Ermutigungen* für Leben und Dienst von Gemeindegliedern und Hauptamtlichen ausgegangen, sind theologische Themen neu beleuchtet, sind Forschung und Praxis vielfältig angeregt worden. Zu den speziellen Beiträgen für die Kirche rechnet Reimer u.a.: die Vielfalt der Gebetsformen; das Element des Lobpreises und der Anbetung; die Lieder; Segnung; den charismatischen Gottesdienst als neue, vom sonntäglichen Gemeindegottesdienst nicht abzudeckende Form des zentralen christlichen Gottesdienstes; Heilungsgebet und Heilungsdienst; geistliche Seelsorge; geistliche Vollzüge als normale Vorgänge im Leben von Kirche und Gemeinde.[250]

Aus kirchlicher Sicht nimmt Reimer als *Grenzen und Bedingtheiten* der CE wahr: a) die Erweckungs- und Bekehrungsfrömmigkeit, von der sie herkommt; b) das Zurücktreten der aktiv-weltgestaltenden Dimension über den "geistlichen", inneren Anliegen; c) das Zurücktreten der Reflexion hinter die Erfahrung. - Daß es aufgrund eines Entscheidungsglaubens mit starker Erfahrungsakzentuierung zu Erschütterungen traditioneller Kirchlichkeit und Christlichkeit kommt, liegt in der Sache und ist nicht zu vermeiden. So gehören Spannungen wesensmäßig zum Verhältnis von Kirche und Glaubensbewegungen und dürfen nicht als solche schon zum Vorwurf gemacht werden. Reimer sieht dies in der eschatologischen Dimension der Kirche begründet, die immer dann sichtbar wird, wenn das Reich Gottes "hereindrängt".[251]

Als mögliche *Gefahrenpunkte*[252] der CB/CE sieht Reimer u.a.: 1) daß der Glaube von faszinierenden besonderen *Erfahrungen* her verstanden wird; 2) ein Steckenbleiben im *Emotionalen* ("geistliches Genießen"); 3) unreflektierte Vereinnahmung der *Bibel* von der eigenen Erfahrung her (sie wird nicht mehr als eigenständiges Zeugnis des Glaubens ernstgenommen); 4) *Elitedenken* der "beati possidentes", der glücklichen Geistbesitzer; 5) die fundamentalistische Versuchung *gesetzlicher Rechtgläubigkeit* (womit Reimer das Grundanliegen der CE verraten sieht); 6) die schamanistische Versuchung zur *Funktionalisierung und Instrumentalisierung* (aus dem Geschenk wird eine Fähigkeit, die von Gott verliehene Vollmacht wird ein Recht bzw. Vorrecht, der Geist wird zum Mittel); 7) als fremdes "Treibgut", das die CB/CE mit sich führt, sieht Reimer: a) einen gesetzlichen Biblizismus bzw. Fundamentalismus, b) einen überzogenen Teufels- und Dämonenglauben, c) einen unbiblischen Dualismus und d) allerhand "Amerikanismen" (übertriebenen Pragmatismus, Methodismus, "know-how"- und "positives" Denken). - All dies zeigt nach Reimer, wie notwendig es ist, genau hinzusehen und hinzuhören, was unter dem Titel "charismatische Erneuerung" angeboten wird bzw. was in einzelnen Gruppen zum Tragen kommt. "Die Geister müssen unterschieden werden, um dem Guten zur Wirkung zu verhelfen; und diesen Dienst hat der Apostel Paulus der ganzen Kirche bzw. Gemeinde aufgetragen".[253]

Was die gespannten Beziehungen zwischen traditionellem Pietismus/Evangelikalismus und CB/CE betrifft, kommt er rückblickend auf die Vorgänge zu Beginn des Jahrhunderts zur Einschätzung, daß der damalige pfingstlerische Aufbruch geistlich nicht bewältigt wurde. In der krisenhaften Auseinandersetzung von der offiziellen Kirche und der Theologie alleingelassen, ohne Erfahrung im Umgang mit enthusiastische Versammlungsformen und ohne die heutigen psychologischen Erkenntnisse haben die Gemeinschaftskreise nach seiner Sicht psychische Zusammenhänge der Ereignisse nicht genügend berücksichtigt. Von ihren Voraussetzungen her verständlich - man ging in jedem Fall von *übernatürlichen* Vorgängen aus - kamen sie zu verhängnisvoll einfachen Alternativen (*göttlich-dämonisch; von oben-von unten*). In stark phänomenologisch-psychologischer Betrachtungsweise kann er die Deutung, damals sei ein "fremder Geist" importiert worden, nicht übernehmen.[254] - Die Spannungen zwischen Pietismus/Evangelikalismus und CB/CE sieht Reimer aber nicht lediglich historisch oder in der großen Nähe der Bewegungen ("Bruderzwist", "Konkurrenzdenken"), sondern auch in einem wesentlichen *Unterschied im zentralen Anliegen* begündet. Im sich reibenden "orthodoxen" Anliegen rechten biblischen Glaubens und Lehrens und im "pneumatischen" Anliegen unmittelbarer Gottesverbindung und Geisterfahrung tritt die Urspannung von "Geist" und "Wort" zutage, wobei Reimer fragt, ob hier wirklich ein Gegeneinander begründet ist, ob diese Spannung nicht vielmehr Ergänzung und gegenseitige Herausforderung bedeutet. Jede Seite hat nach seiner Sicht ein wichtiges Anliegen in die Kirche einzubringen, dem sie treu bleiben sollte, aber doch zugleich das der anderen Seite erkennt, es ernstnimmt und sich in unmittelbarer Begegnung damit auseinandersetzt.[255]

3.3 *"Die größte Erweckungsbewegung aller Zeiten!"* - Das Verständnis von "Charisma und Unterscheidung" in einer Haltung der uneingeschränkten Bejahung bzw. programmatischen Forcierung des Charismatischen

Mit der Überschrift "Die größte Erweckungsbewegung aller Zeiten!" nehmen wir eine - wenn auch unterschiedlich laut und selbstbewußt artikulierte - gemeinsame Überzeugung der Vertreter der drei pfingstlerisch-charismatischen Wellen auf. Aufgrund der weltweiten Verbreitung und des erstaunlichen Wachstums ihres Frömmigkeitstypus sehen sie sich in der Wichtigkeit und Betonung der Charismata bzw. von Zeichen und Wundern bestätigt und bestärkt. Bei unterschiedlichen Sichtweisen der Ekklesiologie (freikirchlich-großkirchlich) und der Geisterfahrung (Geistestaufe-Geisterneuerung) treten die verschiedenen Richtungen nach ihrem Verständnis mit guten biblisch-theologischen Gründen für die Erneuerung der Charismen (inklusive Glossolalie, Prophetie, Heilung, Wundertaten) als prinzipiell von Gott dem einzelnen Christen bzw. der Gemeinde aller Zeiten zugedachte Normalerfahrung und Ausrüstung für Leben und Dienst ein. Die Gesamthaltung hierzu ist grundsätzlich positiv, wenn man auch um Gefährdungen weiß. In der im vorhergehenden Abschnitt geschilderten nicht prinzipiell ablehnenden Position liegt das Gewicht auf traditionellen theologischen Schwerpunkten, von denen aus Abgrenzung, Moderation oder Integration des Charismatischen und Wunderhaften erfolgt. Hier wird in stark erfahrungsbezogener spiritualistischer Gesamtausrichtung das Feld uneingeschränkt bejaht und angestrebt bzw. programmatisch forciert. Wie bei den in 3.1 und 3.2 dargestellten Haltungen gibt es auch bei der uneingeschränkten Bejahung bzw. programmatischen Forcierung eine *Bandbreite von Einstellungen,* was den ekklesiologisch-theologischen Gesamtrahmen, das Erscheinungsbild (Intensität und Extensität charismatischer Praxis) und die programmatische Betonung (gemäßigte bis extreme pfingstkirchliche Gruppen, Evangelisten und Leiter; offensive neupfingstlerische, freicharismatische, "Wort des Glaubens"- und "Dritte Welle"-Gruppen und -Gemeinden bis zu gemäßigten innerkirchlichen Charismatikern) angeht. Bei unterschiedlicher Akzentuierung weiß man sich aber eins in der "charismatischen" Grundüberzeugung bzw. -erfahrung, was etwa an den Querverbindungen (Literatur, Konferenzen, gemeinsame Aktionen, "überkonfessionelle" Gruppen etc.) abzulesen ist, oder auch an der Tatsache, daß man sich nicht scharf voneinander abgrenzt.

Im folgenden richten wir unser Augenmerk auf das Charismenverständnis allgemein und speziell auf das Verständnis des Charismas der "Unterscheidung der Geister", wobei wir Äußerungen aus der klassischen PB und solche aus der CE gesondert darstellen.

3.3.1 "Charisma und Unterscheidung" in pfingstkirchlicher Sicht

H. Horton: Charisma - *übernatürliche* Ausrüstung der Gläubigen für Dienst und Anbetung

Das in der klassischen PB vorherrschende Verständnis der Charismen als *übernatürliche* Ausrüstung des Christen und die Eingrenzung auf die in I Kor 12,8-10 genannten Gaben findet sich dezidiert etwa bei dem englischen Pfingstler H. Horton.[256] Danach entspricht ohne die Charismen (*"ohne Kraft und übernatürliche Begleiterscheinungen"*) weder der Dienst noch die Anbetung göttlicher Ordnung und göttlichem Willen.[257] Demzufolge sind sie unbedingt anzustreben, zu erwarten und zu praktizieren. Die neun Charismen faßt Horton in drei Gruppen zusammen: Gaben 1) der *Offenbarung* 2) der *Kraft* und 3) der *Inspiration (Sprechgaben).* Alle Gaben sind *"ein Wunder, 100prozentig wunderbar. In ihnen gibt es kein Element des Natürlichen. Sie liegen alle jenseits und unabhängig von jeder Erkenntnis und Fähigkeit, die der Mensch besitzt oder auch ohne sie haben kann".*[258] Im Unterschied zu den Gaben entstammt nach Horton keine einzige Frucht des Geistes, die ebenfalls in neunfacher

Gestalt auftritt, dem Wunder. - Zu 1) den Offenbarungsgaben rechnet Horton: a) das Wort der *Weisheit* als "übernatürliche Offenbarung göttlicher Absicht"; b) das Wort der *Erkenntnis* als "übernatürliche Offenbarung von Tatsachen aus dem Geist Gottes"; c) die *Unterscheidung von Geistern* als "übernatürlichen Einblick in das Reich der Geister". - Zu 2) den Kraftgaben zählt er: a) *Glauben* als "übernatürliches Vertrauen (passiv) in Gott in bezug auf Wunder"; b) *Wunderwirken* als "übernatürliches Eingreifen (aktiv) in den gewöhnlichen Lauf der Natur"; c) Gaben der *Heilung* als "übernatürliche Kraft zur Heilung von Krankheiten". - Zu 3) den Gaben der Inspiration gehören: a) *Weissagung* als "übernatürliche Äußerung in einer bekannten Sprache; b) *verschiedene Arten von Sprachen* als "übernatürliche Äußerung in einer unbekannten Sprache"; c) *Auslegung von Sprachen* als "übernatürliches Übertragen der Bedeutung anderer Zungen".[259]

Die Gabe der "*Unterscheidung von Geistern*"[260] ist nach Horton wie das Zungenreden "*voll und ganz übernatürlich*", insofern sowohl der Vorgang als auch der Gegenstand, auf den sie sich bezieht, übernatürlich ist. Das ist auch der Unterschied zu den anderen beiden Offenbarungsgaben (Wort der Erkenntnis, Wort der Weisheit), bei denen sich ein übernatürlicher Vorgang oft auch auf natürliche Dinge bezieht. "*Die Unterscheidung von Geistern läßt uns einen übernatürlichen Blick in das geheime Reich der Geister tun. Sie offenbart den eigentlichen Geist, welcher einen Menschen antreibt, der übernatürliche Kräfte oder Erkenntnisse darbietet, während das Wunder stattfindet. Folglich gibt uns diese Gabe auf übernatürliche Weise Auskunft, die wir ohne diese Gabe nicht erhalten könnten. Durch ihre Tätigkeit können wir die wahre Quelle und das Wesen irgendeiner übernatürlichen Kundgebung erfahren: ob göttlich oder satanisch*".[261] Bei der Gabe der UdG geht es nach Horton nicht allgemein um einen besonderen Scharfblick oder eine besondere Wahrnehmungs- und Urteilskraft, sondern um die Unterscheidung von *Geistern*. UdG ist nach ihm *nicht* zu verwechseln mit der *Kennzeichnung des Charakters oder der Gedanken des menschlichen Herzens*. Sie hat *nichts zu tun mit Psychologie*, d.h. mit natürlich entwickelten menschlichen Urteilskräften, ja sie ist genau das Gegenteil. Ist bei den drei Inspirationsgaben Zungenrede, Auslegung, Weissagung der *Wille des Menschen beteiligt*, werden die "*größeren Gaben des Geistes*" nach Horton "*einzig und allein durch den Willen des Geistes* ausgeübt (I Kor 12,6.11)".[262] Von dort her vollzieht er auch die Abgrenzung zu Hellseherei, Hypnotismus, Zauberei, Okkultismus und Spiritismus, in denen sich ebenfalls übernatürliche Mächte, aber satanischen Ursprungs zeigen. Typisch für diese ist nach Horton, daß sie insgesamt auf den verderbten Willen des Menschen eingehen.[263] Die Gabe der UdG ist nach Horton gegeben, um:[264] 1) dämonisch Angefochtenen, Unterdrückten, Umhergeworfenen und Gequälten Hilfe und Befreiung zu schaffen (Mt 12,22; Mk 5,5; 9,17.25; Lk 9,39; 13,11.16; Act 5,16; 10,38); 2) einen Diener des Teufels zu entdecken (Act 13,9-10); 3) die Pläne des Widersachers aufzudecken (Act 16,16); 4) glaubhafte Irrtümer zu entblößen (I Tim 4,1; II Petr 2,1); 5) dämonischen Wundertätern die Maske herunterzureißen (II Thess 2,9; Apk 16,14).

Etwas weniger stark betont wie sein Landsmann und Zeitgenosse Horton vertritt der in den dreißiger bis fünfziger Jahren international bekannte und vielgelesene englische Pfingstler **Donald Gee** den wunderhaften Charakter der Charismen. "*Es gibt nur einen Weg, um das ganze Thema der geistlichen Gaben richtig zu behandeln, und der besteht darin, daß man in ihnen samt und sonders ein gewisses Maß von übernatürlicher Wirkung des Heiligen Geistes wahrnimmt. Keine andere Ansicht wird den klaren Erfordernissen des Zusammenhangs gerecht*".[265] Wie alle Pfingstler legt er das Gewicht auf das Wort "*Strebet nach den Gaben*", die er als normale Erfahrung und Ausrüstung der Gemeinde und der einzelnen Christen ansieht. Die Gabe der UdG bezieht Gee auf die "*ständige Erfahrung des Übernatürlichen*", dessen sich die Urkirche in ihren Gottesdiensten und im täglichen Leben ihrer Glieder erfreute, was auch in jedem Zeitalter der Kirche so sein sollte. Die Gabe der UdG ist die göttliche "Schutzwehr" gegen täuschende Nachahmung und Irreführung durch betrügerische Geister, eine Gefährdung, die im Bereich des Übernatürlichen wirklich gegeben ist. Daß dem so ist, sollte aber nicht zu Ablehnung oder angstbestimmter Enthaltung führen. Gee ist erstaunt und betrübt über diese Folgerung, unterschätzt sie nach seiner Sicht doch die wachsame und gnädige Vorsehung des großen Hauptes und nimmt an, es werde sein bluterkauftes Volk eine leichte Beute des Feindes werden lassen. Gerade um dies zu verhindern sei doch die Gabe der UdG gegeben. [266]

J. Zopfi: Dämonisiert durch den "Schwarmgeist?"

Jakob Zopfi, der Vorsitzende der Schweizerischen Pfingstmission und Präsident des Pfingst-Europa-Komitees, bekennt sich uneingeschränkt zu den "pfingstlichen" Positionen, weil sie nach seiner und aller Pfingstler Überzeugung "biblische" Positionen sind (Geistestaufe als von der Wiedergeburt zu unterscheidende Erfahrung der Kraftausrüstung, in der Regel begleitet von Zungenrede; Eifern nach den Gaben; Ausübung im Gottesdienst und im persönlichen Bereich; öffentliche Heilungsveranstaltungen, etc.).[267] In seiner kleinen Schrift "Schwarmgeist?" wehrt er sich gegen den massiven Vorwurf der Dämonisiertheit der PB, wie er zu Beginn des Jahrhunderts in der "Berliner Erklärung" oder in neuerer Zeit von seiten der Bekenntnisbewegung bzw. von evangelikaler Seite erhoben wurde, und gegen die Art und Weise, wie hier die Geister geprüft werden.[268] Zopfi kommt bei der Befolgung der Aufforderung der Gegener der PB zu *biblischer* Prüfung zu einem ganz anderen Urteil als diese. Mit vielen Verweisstellen belegt er nach seinem Verständnis aus der Schrift die Richtigkeit der Position der PB und sucht so Verunsicherungen in den eigenen Reihen durch die Vorwürfe entgegenzuwirken. Dabei geht es ihm nach seinem Bekunden nicht um eine Verteidigung der PB, sondern um den *Gesamtleib Christi*, um *biblische Wahrheiten*, die zur gesunden Entfaltung des Lebens der Gemeinde nach seinem Verständnis unverzichtbar sind.[269] Den Kritikern, die sich auf die Bibel berufen, hält er entgegen, daß "Schwärmerei" und "Schwarmgeisterei" keine biblischen, sondern lutherische Begriffe seien,[270] und empfiehlt ihnen, doch im Blick auf all die Halbheiten des Großkirchentums ebenso unerbittlich auf Biblizität zu dringen. Zopfi wendet sich gegen die nach seiner Sicht weit überzogene Dämonenfurcht der heutigen Gegner und gegen die seltsamen "Geisterprüfungen" in den Anfängen der PB. Er bestreitet die von den Widersachern vertretene heilsgeschichtliche Sicht vom Ende der Prophetie bzw. die Meinung, das ganze Feld sei so gefährlich, daß man besser die Hände davon läßt. Stattdessen seien gerade auch hier *biblische Prüfsteine* für falsche Propheten anzuwenden. So würden diese im Alten Testament 1) aufgrund ihrer *Botschaft* entlarvt (Dtn 13,1-5) bzw. 2) am *falschen Frieden*, den sie verkündigen, erkannt (Jer 8,11;14,15; Hes 13,10). "*Nicht direkte oder indirekte Rede, nicht Gleichnishandlungen, nicht Visionen oder irgendeine Form der Botschaft war zu prüfen, sondern die Botschaft selbst*".[271] Zopfi bestätigt die unüberhörbaren Aufforderungen des Neuen Testaments zur Prüfung falscher Propheten, falscher Lehrer und falscher Geister, aber er wehrt sich gegen die Sicht, hier sei man auf höchst unsicherem und hochgefährlichem Terrain. Statt pauschal zu verdächtigen, sollten *biblische Maßstäbe* angewandt werden, wie die Frage 1) nach den *Früchten* (Mt 7,16.20) (die Prüfung der PB nach diesem Maßstab mache deutlich, daß sie nicht vollkommen sei, aber doch eine mächtige Ernte an Frucht eingebracht habe); 2) nach dem *Tun des göttlichen Willens* (Mt 7,21) oder von I Joh 3,1ff.4,1ff her die Frage nach der *Stellung* a) zur *Sünde,* b) zum *Bruder,* c) zu *Jesus Christus,* d) zur *Welt.* Von diesen Maßstäben her werde die Unhaltbarkeit der Behauptung, die PB sei "von unten", deutlich.[272]

Zopfi verteidigt im weiteren Geistestaufe, Zungenrede und Weissagung als biblisch legitim und wirft den Ablehnern, die hier den Einfall des "Schwarmgeistes" festmachen, vor, *unbiblische Prüfsteine* anzuwenden. Im einzelnen bekräftigt er die Geistestaufe als zweite, jedermann verheißene Erfahrung, wobei die Pfingstler kein "zweites Pfingsten" erwarteten, im Sinn einer *"Wiederholung des historischen Pfingstereignisses, sondern die Fort-setzung der Pfingsterfahrung"*.[273] - Was das *Zungenreden* angeht, weist er mit Bezug auf Lk 11,9-13 (Gott gibt keinen Skorpion) die Warnung, man könne auch eine dämonische Zun-genrede empfangen, als unbegründete Angstmache zurück. Den Vorwurf, die Pfingstler seien "Jesus-Plus-Leute" (Jesus *und...* Zungenrede, etc.) kontert er mit der Aussage, dann müßte man auch die Betonung von Bekehrung, Wiedergeburt etc. als ein "Jesus-Plus-..." be-zeichnen, bzw. mit der Aussage, jede Vernachlässigung an Gottes Verheißungen sei ein Minus dem lebendigen Herrn gegenüber. Zopfi wendet sich auch dagegen, mit dem Ver-weis auf die Liebe als köstlicheren Weg (I Kor 12,31) echte Gaben des Geistes geringzuach-ten. Weder Gabe und Frucht noch Gabe und Geber noch Liebe und Gaben dürften gegen-einander ausgespielt werden. Nirgends kann Zopfi eine Aufforderung finden, Zungen zu prüfen. Er lehnt dies ab, weil hier nach seiner Sicht Zweifel gesät, in Unglauben geführt, der Glaube an das Böse gestärkt und dem Teufel mehr Ehre gegeben wird als Gott. Statt auf die Stimme der Schlange zu hören, solle man auf Gottes Stimme hören. Die Bibel sei im Blick auf Geistesgaben wunderbar positiv (vgl. I Kor 14,1.12.5.13.18.39).[274] - Auch die Kritik am *Weissagen,* die u.a. an der direkten Rede festgemacht wird, weist Zopfi zurück und fordert stattdessen dazu auf, dieses über die Zungenrede hinaus anzustreben und ihm viel Raum zu geben.[275] - Daß dämonische Angriffe auch *innerhalb* der Grenzen der Gemeinde ernst genommen werden müssen, ist für Zopfi keine Frage und u.a. daraus zu ersehen, daß Gott der Gemeinde die Gabe der *Unterscheidung der Geister* anvertrauen muß, die eine übernatür-liche Fähigkeit ist, göttliche, menschliche und widergöttliche Mächte zu unterscheiden. Zopfi beklagt, daß durch ein überspitztes falsches "Prüfen" viel Schaden angerichtet wird, und betont die Notwendigkeit eines "göttlichen Gleichgewichts" zwischen dem "Prüfet alles" (I Thess 5,19) - wobei er daran erinnert, daß diese Aufforderung auf den *Inhalt* von Weissagungen und nicht auf *Geister* bezogen ist - und dem "Forschet nicht" (I Kor 10,25).[276]

Voraussetzungen für einen *geistlichen* Gebrauch der Gabe der UdG[277] sind nach Zopfi: 1) die *geistliche Beurteilung der Schrift* ("Die Gabe der UdG steht niemals außerhalb, nicht neben, sondern unter dem Worte Gottes. Echte Geisterunterscheidung wirkt ein mächtiges Zeugnis im Innern, ist aber immer im Einklang mit dem Worte Gottes..."); 2) eine *geistliche Gesinnung* ("'Dinge, die des Geistes Gottes sind..., müssen geistlich beurteilt werden' - II Kor 2,12ff. Ohne Liebe, ausgegossen ins Herz durch den Heiligen Geist, wird auch diese 'Gabe' hart, ja, sie wird zur Waffe, mit der ich den Bruder töte: '...denn der Buchstabe tötet, der Geist aber macht lebendig!' - II Kor 3,6"); 3) geistliche Erfahrung ("Wie will jemand geistliche Erfahrungen beurteilen, ohne selber in deren Gebrauch geübt zu sein? Wenn Paulus in Korinth den Gebrauch des Sprachenredens und der Weissagung 'durchrichtet' und korrigiert, kann er zugleich sagen: 'Ich sage Gott Dank, mehr als ihr alle rede ich in Zungen' - I Kor 14,18. Eine Voraussetzung, Gutes und Böses zu unterscheiden, ist 'durch Gewohnheit geübte Sinne' zu haben - Hebr 5,14"); 4) geistliche Vollmacht ("Die Gabe der Geisterunterscheidung beschränkt sich nicht nur auf Abwehr, sie ist auch für den Angriff gegeben. Wird eine Quelle bloßgelegt, wird in der Regel auch die Vollmacht da sein, zu befreien"); 5) der geistliche Nutzen für die Gemeinde ("Auch diese Gabe soll dazu dienen, daß die Gemeinde ge-baut und nicht niedergerissen wird; sie ist für den Reichtum 'zur Erbauung der Gemeinde' uner-läßlich - I Kor 14,3.12! Diese herrliche und notwendige Gabe muß, wie alle andern Geistesgaben, in die Gemeinde eingebettet sein").*

R. Ulonska: Prüfung von *Prophetie* ist etwas anderes als die Unterscheidung von *Geistern*

Auch R. Ulonska, Präses des "Bundes Freikirchlicher Pfingstgemeinden" (BFP), stellt die mit den klassischen Stellen in Act begründete *Geistestaufe* an den Anfang seiner Ausführungen über die "Geistesgaben in Lehre und Praxis".[278] Er bestreitet, daß die PB - mit Ausnahme weniger Außenseiter - einen zwei- oder mehrstufigen *Heilsweg* lehrt. Zwar lehre sie viele Erfahrungen mit Gott, dem Heiligen Geist, diese seien aber Schritte auf dem Heilsweg, den der Christ mit der Wiedergeburt betreten hat, nicht aber Stufen im Sinne einer Überhöhung des Vorherigen. *"Wir glauben nicht, daß der Christ durch die Geistestaufe eine höhere Stufe einnimmt und auf andere herabschauen kann. Er ist auf dem Weg der Gnade einen Schritt weitergegangen. Er hat eine neue wichtige Erfahrung gemacht, durch die ihm Christus größer und sein Christenleben vertieft und bevollmächtigt wird".*[279] Es geht nicht um eine höhere "Heils*stufe*," sondern um ein tieferes Eindringen in das "Heils*erbe*".[280]

Die *Charismen* bewertet Ulonska dem paulinischen Verständnis entsprechend als Gaben zum *Dienst*. Sie sind Offenbarungen Gottes zur *Erbauung der Gemeinde* und weder als geistliche Statussymbole noch zur frommen Selbstbestätigung gegeben. Der rechte Umgang mit diesen Geschenken des "Geistes der Gnade" ist durch Liebe und Demut geprägt. Eine Überschätzung der "Sensationscharismata" und deren Gleichsetzung mit "Vollmacht" sieht auch Ulonska kritisch.[281] Daß der Geist Gottes die Gaben austeilt, "wie er will" (I Kor 12,11), darf nach seiner und aller Pfingstler Überzeugung nicht gegen die Aufforderung zum "Eifern" um die Gaben (I Kor 12,31; 14,1) gestellt werden. Analog zur Heilsgnade sieht er auch bei den Gnadengaben zwei Aspekte nebeneinanderstehen: einerseits ganz Gnade, andererseits muß sie/müssen sie gesucht und gewollt werden.[282] Ebensowenig darf nach seinem Verständnis von I Kor 13 die Liebe gegen die Charismen gestellt werden. Unter anderem wendet sich Ulonska gegen eine Geringschätzung, weil sie ja ohnehin vergingen, bzw. gegen die Meinung, man könne auf sie verzichten, da sie ja nur Stückwerk sind.[283] Das Fehlen von Geistesgaben sieht er in Unkenntnis und mangelnder Belehrung, in geistlicher Selbstgenügsamkeit und Hochmut, in einer Verabsolutierung der Ratio, in Angst oder auch in Unglauben begründet.[284] Nach den Gaben ist zu eifern a) zur Verherrlichung des Herrn, b) zur Erbauung der Gemeinde, c) um der verlorenen Welt willen und d) aus demütigem Gehorsam gegen die Schrift.[285] Ulonska wendet sich gegen ein Charismenverständnis, nach dem alle Gaben in den Dienst Gottes gestellte Naturtalente sind, und die pfingstlerische Betonung von neun übernatürlichen Geistesgaben eine Verengung ist. Er tut dies, indem er, ausgehend von der Begrifflichkeit in Röm 12,6-8, Charismen im allgemeinen Sinn, in Beziehung zur *Gnade*, von den speziellen, eigentlichen Gnadengaben des *Geistes* in I Kor 12 und 14, einem Sektor aus dem breiten Feld, unterscheidet.[286]

In seinem Buch stellt Ulonska von daher die neun übernatürlichen, im pfingstlerischen Verständnis *eigentlichen* "Geistes*gaben"* dar. In diesem Rahmen behandelt er auch die uns speziell interessierende Frage der UdG, wobei er das "Prüfen von *Prophetie"* von der "Unterscheidung der *Geister"* abhebt.

Bei der von Paulus hoch geschätzten Gabe der *Prophetie,* die Ulonska stark als Gabe der Seelsorge versteht, werden die Zuhörer kerygmatisch, visionär, auditionär, glossolalisch oder auch in Form einer Zeichenhandlung erbaut, ermahnt und getröstet.[287] Im Blick auf den prophetischen Vorgang, der die Aspekte des Empfangs vom Heiligen Geist und der Wiedergabe durch den Menschen enthält, weist Ulonska sowohl das Mißverständnis zurück, der Heilige Geist sei verfügbar, als auch die Meinung, der Redende sei bloßer "Kanal" oder "Lautsprecher". Bei der Wiedergabe der von Gott empfangenen Botschaft ist der in Dienst genommene Mensch verantwortlich beteiligt, d.h. hier kann sich Menschliches einmischen, und deshalb ist Prüfung erforderlich. Bei der *Prüfung von Prophetie* geht es *nicht* um *falschen oder Heiligen Geist,* wie bei der UdG, sondern um die Prüfung der *Botschaft* von Christen, die den Geist Gottes haben.[288] Wie Prophetie im Rahmen der Gemeinde erfolgt, so auch die Prüfung. Prophetie im kleineren Kreis muß bereits durch die Anwesenden geprüft oder den Verantwortlichen der Gemeinde zur Prüfung vorgelegt werden. Für besonders nötig hält Ulonska eine Prüfung bei unbekannten, gemeindefremden Propheten. Die Prüfung hat die Aufgabe, nicht nur zwischen echter und falscher Inspiration zu unterscheiden, sondern auch zwischen Gutem und menschlichem Beiwerk (I Thess 5,19f). Das Ziel der

Prüfung ist ein positives, nämlich "das Gute" und Wichtige zu behalten. Hauptanliegen der Prüfung ist nach Ulonska "*ein Dienst der Förderung, eine Hilfe zur besseren Entfaltung der Geistesgabe*". Im speziellen Fall müssen aber auch Fehler, falsche Inspiration und ungeistliche Handhabung aufgedeckt und korrigiert werden.[289] Wer den Dienst der Prophetie grundsätzlich ablehne, werde nicht recht prüfen können. Ein "Prüfen", das Prophetie abwürge oder an den Rand dränge, betrübe und dämpfe den Heiligen Geist. - Für die *Praxis* des Prüfens schlägt Ulonska vor, zunächst **1)** positiv hörend zu fragen, "*Spricht Gott zu mir? Was sagt er mir? Was geht mich an?*" Dann sollte **2)** auch gefragt werden: "*Was wollte Gott durch dieses Bild oder durch diese Gedanken sagen? Was ist die Botschaft (= das Gute) und was ist menschliche Unzulänglichkeit?*" - Für solche Prüfung, die grundsätzlich jedem Christen zugetraut werde (vgl. I Thess 5,19f; I Kor 14,29), ist nach Ulonska geistliche Reife und Gesinnung nötig. Damit nicht leichtfertig, einfach aufgrund von Stimmungen, Gefühlen und Eindrücken geurteilt wird, empfiehlt Ulonska, *feste* **Kriterien** *und objektive Grundsätze* anzuwenden, wie sie das Neue Testament vorgibt. So könne **1)** etwa vom allgemeinen *Auftrag* her (Erbauung, Ermahnung, Tröstung) geprüft werden, ob eine Prophetie evangeliumsgemäß sei oder nicht. Ein weiteres Prüfungsmoment ist **2)** das *Wort Gottes* (vgl. Röm 12,7). "*Neutestamentliche Prophezeiungen können niemals etwas anderes sagen, als was mit den Linien der Heiligen Schrift übereinstimmt. Keine heutige Prophetie kann als Lehrquelle dienen. Die Quelle der Lehre ist einzig die Heilige Schrift*".[290] **3)** Auch die *Qualität und Klarheit* der Botschaft ist zu prüfen. Hier kann sich z.b. der schwache geistliche Stand des Charismatikers zeigen. Manchmal ist es nötig, eine Prophetie oder einen Propheten auch öffentlich zu korrigieren. Das ist besonders dann geboten, wenn die Prophetie unbiblische und dem Auftrag fremde Elemente enthält oder herrschsüchtig und hochmütig erfolgt. "*Wo durch Prophetie gesetzliche Forderungen aufgestellt werden oder eine von der Schrift abweichende Lehre verkündigt bzw. befestigt wird, haben wir einen klaren Mißbrauch dieser Gabe - oder sogar die Inspiration eines falschen Geistes. Der Geist Gottes ist der Geist der Schrift und des Evangeliums. Ein Geist, der klare Lehren der Schrift für unwichtig hält oder falsche Lehren verkündigt, ist nicht der Geist Gottes*".[291] Abzuweisen sind prophetische Heiratsvermittlungen, Geldforderungen, Berufsberatung oder Schicksalserforschung. Prophetie ist nach Ulonska kein Weg der Ämterberufung oder Gemeindeleitung, darf nie einer Bekenntniserpressung dienen und sollte auch nicht als Krankheitsdiagnose Anwendung finden. Sie darf nicht in falsche Abhängigkeit bringen. Christen sollen den Herrn und nicht die Propheten befragen. Prophetie sollte nie in persönlichen Streitfällen als Waffe gebraucht werden. Auf keinen Fall darf sie das Wort Gottes verdrängen und zur Lehrquelle werden.[292]

Bei der **Unterscheidung der Geister** geht es nach Ulonskas Verständnis nicht um die Beurteilung von Geistesgaben, sondern um die Entlarvung falscher *Geister*.[293] Er nennt diese Gabe "Charisma zur Bewahrung". Unterscheiden und entscheiden kann jemand, der in der Nachfolge stark geworden und im Wort Gottes verwurzelt ist (vgl. Hebr 5,14). "Durch ständigen Umgang mit dem Worte Gottes - im Hören der Predigt und Lesen der Bibel -, durch ständiges Wirkenlassen des Heiligen Geistes und sorgfältiges Hinhören auf das Zeugnis treuer Christen gewinnt man diese Fähigkeit. Diese Urteilsfähigkeit kommt aus der Kenntnis und Unterordnung unter das Wort Gottes".[294] Neben dem *Maßstab der Schrift* sind auch die Maßstäbe *der Gnade* und *der Erbauung* anzulegen ("*Was die Gnade verdunkelt und so zum gesetzlichen Wesen führt, ist nicht nach dem rechten Maß der Bibel gesehen... Es ist nicht alles schlecht, was uns fremd ist; aber auch nicht alles gut, was neu ist. Man sollte es immer wieder daran messen: Dient es zur Erbauung der Gemeinde? Führt es zur Gemeinde hin? Macht es Nachfolge verbindlich und gegen die Wahrheit der Bibel treuer?*").[295] Ist einerseits durch Wort und Geist, Erfahrung und geistliches Wachstum ein großes Maß an Beurteilungsvermögen erlernbar, so reicht doch Erfahrung nicht aus, um in jedem Fall Geister zu erkennen und zu entlarven. "*Fehler oder das Gute im Dienst mit dem Charisma der Prophetie zu* *erkennen, kann man lernen, aber hinter einer selbst völlig richtigen Prophetie einen falschen Geist zu entdecken, dazu braucht es die Geistesgabe der Geisterunterscheidung".*[296] Zum Verständnis dieser Gabe verweist Ulonska auf die Vorgänge in Act 8 und 13 (Konfrontation mit den Zauberern Simon und Elymas) bzw. auf Act 16 (die wahrsagende Magd). Gerade bei letzterer wird für Ulonska deutlich, daß Diakrisis, wie der Wortsinn *"Durchrichten"* anzeigt, kein leichtfertiges Blitzurteil aufgrund von Vorurteilen und Mißtrauen ist. Vielmehr ist von einem *Prozeß* auszugehen, in dem nach seiner Erfahrung der Heilige Geist zunächst a) eine *innere Unruhe* schafft (Warnsignal), der b) ein *inneres Abwägen und Fragen* folgt, bis Gott c) *Klarheit und Gewißheit* schenkt (oft mit einer Vision oder einem Einblick in das Verborgene des Herzens), worauf d) die *Entlarvung und Ausscheidung* des falschen Geistes geschieht.[297] Verdächtig sind Naturbegabungen oder übersinnliche Offenbarung *vor* der Erlösung. Nicht jeder, der vom "wahren Gott" spreche, diene ihm auch. Nicht alles "Übersinnliche" oder "Übernatürliche" sei deswegen schon göttlich. Weil es auch eine böse übernatürliche Wirklichkeit gibt, ist nach Ulonska zu fragen: *"In wessen Namen geschehen die Wunder? Zu welchem Zweck geschehen sie? Aus welchen Quellen fließen die Wunder? Führen diese Wunder zum 'Wunder aller Wunder', zu Seinem Heil und Seiner Nachfolge?"*[298] - Im Blick auf wunderhafte Kraftwirkungen fragt er danach, ob sie: a) zu Gott führen und das Kreuz und das Erlösungswerk Jesu verherrlichen; b) die Gemeinde bauen; c) das Wort bekräftigen und der Wahrheit dienen.[299]

3.3.2 "Charisma und Unterscheidung" in der innerkirchlichen CB/CE

Charismatische Erfahrung: Erfahrung des gegenwärtigen Wirkens des Heiligen Geistes

In der repräsentativen Selbstdarstellung der lutherischen CB/CE "KOMM HEILIGER GEIST" (1987/1989) bringen die Verfasser ihre Überzeugung zum Ausdruck, daß sich in der CB/CE eine *Erneuerung des "biblischen Glaubens und der geistlichen Erfahrung"* ereignet, deren Hauptmerkmal eine tiefe Begegnung mit dem dreieinigen Gott ist, der sich selbst in der Heiligen Schrift offenbart hat.[300] Die Autoren betonen, daß es bei der charismatischen Erfahrung um ein Geschehen von Gott her handelt und nicht um bloße Subjektivität. Die Merkmale charismatischer Erfahrungen müssen durch Gottes Wort und die Gemeinschaft der Glaubenden überprüft und ihre Echtheit bestätigt werden.[301]

Aspekte der charismatischen Erfahrung sind: 1) die Anfangserfahrung der "Taufe im Heiligen Geist" bzw. "Geisterneuerung" und 2) das daraus folgende kontinuierliche "Leben im Geist" bzw. das "erneuerte Leben". *"Von zentraler Bedeutung bleibt für die Erneuerung die Überzeugung, daß charismatische Erfahrungen ein normaler, ja unerläßlicher Bestandteil des christlichen Lebens sind".*[302]

Inhalt der charismatischen Erfahrung ist in erster Linie *"eine Begegnung mit dem auferstandenen Jesus Christus, durch die ein Mensch mit dem Heiligen Geist erfüllt wird. Dazu gehört auch eine Stärkung des Vertrauens in die ständige Gegenwart des Heiligen Geistes".*[303] Die charismatische Erfahrung ist *"deutliches Zeichen der Offenbarung Gottes. Der einzelne Christ nimmt wahr, daß er direkt und persönlich mit der göttlichen Wirklichkeit konfrontiert wird. Gott begegnet ihm sowohl mit majestätischer Macht und umgibt ihn zugleich mit liebevoller Nähe. Gott ist real, gegenwärtig und persönlich zugewandt. Dieses intensive mit Freude erfüllende Bewußtsein von Gottes Anwesenheit verleiht dem persönlichen Glaubenszeugnis eine große Unmittelbarkeit".*[304]

Auswirkungen der charismatischen Erfahrung sind: 1) neue *Zuversicht, Gewißheit und Kraft* im persönlichen Leben und Dienst; 2) die *Ausübung der Charismen* ("In theologischer Hinsicht kann man sicher keinen Unterschied machen zwischen einem Christen, der der Bewegung angehört, oder einem, der ihr fernsteht, denn 'jeder Christ ist ein Charismatiker'... In der

CB begegnet einem jedoch eine bewußtere Erwartung und auch Erfahrung der ganzen Fülle der in der Bibel erwähnten Geistesgaben. Die Gaben werden ernsthaft ersehnt und gesucht... Man betrachtet sie als unerläßlich für den Aufbau des Leibes Christi, der Gemeinde");[305] 3) **Erkenntnis des Übernatürlichen**, eine neue Wahrnehmung der unsichtbaren Wirklichkeit; 4) **Anbetung und Gebet**; 5) **Lebensveränderung und Dienst**.[306]

Umkehr als Grundentscheidung - Sichtbare Manifestation des Geistempfangs

In der längeren *biblischen Grundlegung*[307] suchen die Verfasser von "KOMM HEILIGER GEIST" die Breite des neutestamentlichen Zeugnisses über das Geisteswirken aufzunehmen. Dabei akzentuieren sie die grundlegende Bedeutung einer *bewußten* **Umkehr des Menschen zu Gott**.[308] *"Gewiß gilt: Die Taufe ist das Sakrament der Umkehr. In ihr wirkt Gott die 'neue Schöpfung'. Der getaufte Mensch ist der geisterneuerte Mensch im Embryonalzustand. Aber: Die Wiedergeburt erfolgt, wenn der Mensch in entschiedenem Glauben Gottes Taufwirken aufnimmt und ihm damit in seinem Leben umfassenden Raum gibt... Der Glaube eines Menschen... wird immer zur Glaubenserfahrung. Zwar reicht Glaube in jedem Fall weiter und umfaßt mehr als die aus ihm herauswachsende Erfahrung; auch schafft er nicht kontinuierlich Erfahrung, aber in der Bibel ist die im Glauben vollzogene Umkehr als Ganze nie ein Vorgang, der sich nur in unbewußten Tiefen des Menschen ereignet. Sie ist immer auch ein bewußter Schritt. Im Neuen Testament sind mit diesem Schritt Geistwirkungen verbunden, die in der Regel wahrnehmbar waren".*[309] Zur volkskirchlichen Taufpraxis gehört nach dem Verständnis der CB/CE mit Notwendigkeit die *Umkehrpredigt* und die *Institution des Umkehrvollzugs*, wobei die Umkehr sich in einer großen Breite von Ausdrucksformen vollziehen kann (entschiedener Glaube nach längerem Prozeß; Hingabe im privaten Gebet; Hingabegebet vor einem oder mehreren Christen; im öffentlichen Gottesdienst).[310]

Was den *Geistempfang* und die Akzentuierung *sichtbarer Auswirkungen* angeht, sehen die Verfasser von "KOMM HEILIGER GEIST" bei den Pfingstkirchen entsprechend dem lukanischen Zeugnis die *"Strategie des Heiligen Geistes"* in der missionarischen Ausbreitung genau erfaßt, wonach *"eine Zeichen setzende Ausgießung"* nötig sein kann, *"wenn das Innewohnen von Christus bei den Christen zu wenig intensiv ist oder Christen starkem Widerspruch ausgesetzt sind".*[311] Auch wenn vom katholisch-sakramentalen bzw. vom protestantisch-wortbezogenen Verständnis der Geistvermittlung grundsätzliche Anfragen an den pfingstkirchlichen Ansatz ("Geistestaufe") bestehen und Korrekturen angezeigt sind, fragen die Autoren, ob der Heilige Geist nicht trotzdem möchte, daß Katholiken und Protestanten pfingstlerischer Exegese und Theologie respektvoller begegnen als bisher. Als Teil einer göttlichen Strategie verstanden, scheint ihnen *"die Ausgießung der Macht des Heiligen Geistes deshalb notwendig zu sein, weil nur so Zeugnis und Dienst beginnen oder erneuert werden können".*[312] Im Blick darauf, daß Pfingstler und Charismatiker ihre persönliche Sicht und Erfahrung des Heiligen Geistes - vielleicht in Reaktion auf andere Systematisierungen - zu sehr systematisiert haben, betonen die Autoren, daß Systematisierungen bestenfalls hilfreiche Annäherungen sind, daß sich das Wirken des Heiligen Geistes nicht in ein System pressen läßt, und daß es entscheidend darum geht, sich auf sein dynamisches Wirken einzulassen. *"Vielleicht stimmen wir nicht ganz damit überein, wie die Pfingstler das Kommen des Geistes erklären, aber wir erkennen an, daß sie die Strategie des Geistes verstanden haben: er ermutigt die Gläubigen, eine persönliche Ausgießung des Geistes zu empfangen, er lädt sie ein, sich mit dem Heiligen Geist in einem noch ungeahnten Maß und auf eine noch unbekannte Weise erfüllen zu lassen".*[313] Von daher sehen sie die Vorstellung, daß wir tatsächlich alles besitzen, was wir lehrmäßig verkündigen in der Pneumatologie, als eines der größten Mißverständnisse an. Die Kirche soll sich über einen intellektuellen Glauben an die dritte Person der Dreieinigkeit hinauswagen und sich öffnen für die Erweise des Geistes und seiner Kraft und sein Wirken in den Dimensionen der Bibel erwarten. Der dynamischen Strategie des Geistes entspricht dabei sowohl das evangelikale Interpretament eines Neu-in-Anspruch-Nehmens von bereits Empfangenem, wie das pfingstkirchliche eines Neuempfangs von Verheißenem.[314] Auswirkungen des Geistempfangs sind u.a. ein Leben in der Fülle des Geistes, vollmächtiges missionarisches Zeugnis und vollmächtiger Dienst.[315]

Im dritten Teil von "KOMM HEILIGER GEIST" nehmen die Autoren Betonungen der *lutherischen Theologie* neu in Blick.[316] Von anderen Aussagen Luthers und der Bekenntnisschriften her wenden sie sich dabei gegen enggeführte Prinzipialisierungen der *particula exclusiva*, die stärker auch in ihrer dialektischen Beziehung zu den Topoi, von deren Absolutsetzung sie abgrenzen, zu sehen sind. Nach ihrem Verständnis ist danach in der lutherischen Theologie Raum für die Anliegen der CB/CE.[317] So bedeute das "Christus allein" weder eine Vernachlässigung der Trinität noch eine unmenschliche Theologie, wie auch das "allein aus Gnaden" weder einen Verzicht auf die Gnadenmittel noch eine Ablehnung der Werke noch eine Aufhebung des Gesetzes meine. Das "allein aus Glauben" sei weder eine Front gegen Wort und Sakrament noch gegen die Notwendigkeit der Entscheidung noch gegen die Erfahrung. Ebenso sei das "allein die Schrift" weder eine Front gegen die Tradition noch gegen Gottes gegenwärtige Einflußnahme noch gegen das gegenwärtige Wirken des Heiligen Geistes.[318] - Über die vier klassischen "allein" hinaus finden die Verfasser von "KOMM HEILIGER GEIST" von den Bekenntnisschriften aus der Schrift abgeleitet vier weitere "allein", die auch für eine charismatische Theologie wichtig sind: allein das Gebet, allein die Kirche, allein die Taufe, allein der Geist. Dabei steht das "allein das Gebet" nicht im Widerspruch zur Gnade noch verneint es die Gnadenmittel. Das "allein die Kirche" richtet sich weder gegen Christus noch gegen die Welt noch gegen das Amt noch gegen die verschiedenen Konfessionen. "Allein die Taufe" bedeutet weder Ablehnung des Wortes noch des Glaubens noch der Buße noch der Gnadengaben noch der Konfirmation noch des Abendmahls.[319]

Im vierten Teil gehen die Autoren auf eine Reihe von *Lehrfragen* ein und legen die Sicht der CE hierzu dar (Bedeutung des biblischen Weltbilds, Kritik des Säkularismus, Rechtfertigung und Heiligung, Theologie des Kreuzes, Wahrheit und Autorität u.a.).[320] Für unbefriedigend und nicht sachgemäß halten sie die einfache Entgegensetzung der Theologie des Kreuzes gegen eine Theologie der Herrlichkeit im Zusammenhang der charismatischen Erfahrung. Nach ihrem Verständnis sind beide Größen dialektisch zueinander in Beziehung zu setzen.[321]

Das "Leben in den *Geistesgaben*" wird im fünften Teil "Das Gemeindeleben innerhalb der CE" behandelt.[322] Die Autoren setzen bei bei der Notwendigkeit der Geisterfüllung bzw. Geist-Erneuerung an und schicken der speziellen Behandlung der Charismen Prophetie, Sprachengebet und Heilung zwei Kapitel über Heiligkeit bzw. Gehorsam und Einübung in die Jüngerschaft voraus. Eine Beschränkung der Charismen auf die Frühzeit der Kirche weisen sie zurück und betonen in den Grundlinien von I Kor 12-14 deren Wichtigkeit für heute.[323] Das zu Prophetie, Sprachengebet und Heilung Gesagte entspricht - z.T. in direkter Bezugnahme - im wesentlichen dem, was wir bereits bei der katholischen CE erhoben haben. Weil dort die Fragen noch ausführlicher reflektiert sind, können wir hier auf eine Darstellung verzichten. - Den Abschluß des fünften Teils und des ganzen Buches bildet die relativ breite Entfaltung eines von den Erfahrungen der CE geprägten *charismatischen Gemeinde- bzw. Kirchenmodells*.[324] In den einzelnen Kapiteln entwickeln die Autoren die Aspekte einer Kirche als "Werkstatt des Heiligen Geistes", das Verhältnis von "Institution und unabhängigen Bewegungen", der Kirche als "geordnetem Leib", als "anbetende", "missionarische", "diakonische", "kampfbereite Gemeinschaft" (Exorzismus) und als "Gemeinschaft der Hoffnung".[325]

Charismen: natürlich-übernatürliche "*Funktionen für das Reich Gottes*"

Während in der PB das übernatürliche Moment als das Eigentliche der Charismen herausgestellt und dementsprechend bestaunt und angestrebt wird, sind die Vertreter der innerkirchlichen CB/CE aus exegetischen und systematischen Gründen zurückhaltend, bei den Charismen zwischen natürlichen und übernatürlichen zu unterscheiden.

Arnold Bittlinger, einer der Väter der innerkirchlichen CB/CE in Deutschland,[326] setzt in seinen auch im englischsprachigen Bereich vielgelesenen Bibelstudien "Im Kraftfeld des Heiligen Geistes" beim Gedanken der Treuhänderschaft des Christen mit den von Gott *schöpfungsmäßig anvertrauten Gaben* an. "*Gott hat jedem einzelnen von uns bestimmte Anlagen, bestimmte Fähigkeiten und Gaben mit auf den Lebensweg gegeben, durch die wir... mithelfen können, daß die Schöpfung wieder neu wird, daß das Reich Gottes auf Erden anbricht. Diese Gaben sind im natürlichen Menschen oft verschüttet oder sie werden mißbraucht und entstellt durch ihre Anwendung unabhängig von Gott. Wenn wir nun Gott unser Leben zur Verfügung stellen, dann wird Gott alle Gaben und Talente, die er in uns gelegt hat, beleben und durch sie hindurch seine Gnade und seinen Geist erneut sichtbar werden lassen. Unsere natürlichen Gaben werden dadurch zu Gnadengaben*".[327] Eine Unterscheidung von natürlichen und übernatürlichen Gaben lehnt er ab, da auch Paulus keine solche vornimmt und anstatt phänomenologisch zu werten von der *Funktion* her urteilt (Auferbauung der Gemeinde etc.). In Länge zitiert Bittlinger hierzu W.Hollenweger und kommt zur vorläufigen Definition von Charisma als "*natürliche Begabung, die durch den Heiligen Geist befreit und zur Verherrlichung Christi zum Aufbau seines Leibes in Dienst gestellt wird*",[328] wobei im Hintergrund vor allem die exegetische Arbeit von E.Käsemann steht.

In den *Theologischen Leitlinien der CGE in der Evangelischen Kirche 1976* heißt es dementsprechend: "*7. Jeder Christ, der durch Glauben und Taufe wiedergeboren ist, lebt in dieser charismatischen Wirklichkeit [in der Kraft des Heiligen Geistes, die in Früchten und Gaben sichtbar und konkret wird]... 8. 'Charismatisch' ist das Leben eines jeden Christen, der sich durch den Geist Gottes zu einer ursprünglichen, gottgewollten und in der Schöpfung angelegten Begabung und Lebensentfaltung befreien läßt und sich der Sendung der Gemeinde zur Verfügung stellt... 10. Jede Rangordnung unter den Charismen ist undenkbar... 11. Alle Charismen sind Zeichen der erneuerten Schöpfung, nicht ein 'übernatürliches' Geschehen... 13. Bei der Ausübung der Charismen geht es nicht um die äußere Erscheinungsform, sondern um ihre Funktion für den Aufbau des Reiches Gottes...*".[329]

Während die beiden vorangehenden Voten - wohl im Bemühen, sich vom pfingstlerischen Verständnis abzugrenzen - stärker die Dimension des "Natürlichen" akzentuieren, bezieht *Wolfram Kopfermann* beide Aspekte mit ein und betont den engen Zusammenhang des Charismas mit der Erfahrung der "Geist-Erneuerung". Er geht auf die mit dem Begriff "Charisma/charismatisch" meist in Verbindung gebrachten Vorstellungen "außerordentliche Fähigkeit", "Enthusiasmus"/"Ekstase", "spontaneitätsbetont", "übernatürlich" ein und macht deutlich, daß sie nicht genügen, um das Wesen dessen zu erfassen, was das Neue Testament Charisma nennt. "*Alle diese Behauptungen treffen eine mögliche Seite bei der Ausübung, beim Praktizieren von Charismen. Es **kann** kraft des Heiligen Geistes zu außerordentlichen, seltenen Befähigungen kommen. Es **kann**, hervorgerufen durch den Heiligen Geist, ein Überschwang geistlicher Erfahrungen mit allen positiven und negativen Auswirkungen erlebt werden... Es **kann** zu nicht geplanten, spontanen Aussagen und Handlungen kommen, wo der Geist Gottes Menschen ergreift. Schließlich ist es **möglich**, ja biblisch legitim, daß der Heilige Geist eine oder alle der 9 Manifestationen des Heiligen Geistes wirkt, die in I Kor 12,8-10 aufgezählt werden und die in unserem intellektuellen Koordinatensystem so schwer untergebracht werden können... Charisma im paulinischen Sinn kann sich als außerordentliche Befähigung **und** als Kraft zum alltäglichen Dienen, als Gefühlsüberschwang **und** nüchterne geistige Arbeit, als spontaner Glaubensausdruck **und** als Nacherleben traditionell gestalteter geistlicher Vollzüge, als leuchtende, heute noch geheimnisumwitterte Fähigkeit etwa zu prophetischem Reden oder zur Krankenheilung **und** als wirklich geistliche Wahrnehmung von Verwaltungsgeschäften... darstellen*".[330] Weil die Unterscheidung von "natürlich" und "übernatürlich" dem biblischen Denken fremd und auch wissenschaftlich bedenklich ist, muß eine sachgemäße theologische Definition so weit sein, daß sie *alle* in den verschiedenen Charismenlisten enthaltenen Fähigkeiten umfaßt. Kopfermann schlägt von daher vor, mit dem Begriff Charisma *"jede gottgegebene Fähigkeit, sofern sie durch den Geist Jesu Christi der Selbstverfügung entrissen und in den Dienst der Gemeinde gestellt worden ist"* zu bezeichnen.[331] Diese Definition beinhaltet für ihn: a) daß ohne Vollzug der Geisterneuerung keine Freisetzung von Charismen zu erwarten ist; b) daß auch danach die ausdrückliche Übereignung an Jesus Christus unabdingbar ist, damit etwas als Charisma bezeichnet werden kann; c) daß um biblisch bezeugte Charismen gebeten werden darf, sofern es um den Aufbau der Gemeinde geht, wie d) auch um bisher nicht in der Gemeinde vorhandene und nicht im Neuen Testament genannte Charismen; e) daß die Frage offenbleibt, wie weit eine ruhende geschöpfliche Anlage vorhanden gewesen sein mag.[332]

Paul Toaspern, eine der führenden Persönlichkeiten der CB/CE in der ehemaligen DDR, hat in einem Arbeitspapier für die Gespräche zwischen Verantwortlichen des "Gnadauer Gemeinschaftswerks" und des "Arbeitskreis für geistliche Gemeindeerneuerung" in der DDR im November 1981 die Charismen als *"hilfreiches 'Stückwerk' für die Gemeinde bis zur Wiederkunft Jesu"* bezeichnet.[333] Den Gaben ist nicht nur Raum zu geben, sondern nach ihnen ist auch zu streben. Es bedarf einer inneren Bereitschaft und des aktiven Engagements der ganzen eigenen Existenz. Allgemeine Richtpunkte für die Charismen sind: a) ihre Bestimmung zur *Auferbauung der Gemeinde;* b) ihr Geprägtsein von der *Liebe;* c) die *Übereinstimmung mit den zentralen Aussagen des Glaubens;* d) ein von der Herrschaft Jesu geprägtes Leben der Gabenträger (*Hingabe, Demut* usw.). - Im Blick auf die Praxis betont Toaspern - in Kenntnis entsprechender Kritik von seiten der Gemeinschaftsbewegung -, daß darauf zu achten ist: 1) daß nicht bestimmte Gaben besonders hervorgehoben werden;[334] 2) daß keine Gabe zum Maßstab für das Leben im Heiligen Geist gemacht wird; 3) daß die Charismen in den Gesamtzusammenhang von Glaube und Gemeinde gestellt und nicht übertrieben werden;[335] 4) daß Gabenträger nicht herausgestellt, und Gaben nicht ohne Wachsamkeit und Prüfen gebraucht werden.

"Unterscheidung der Geister" im Verständnis der CE:[336] *Besonderes (intuitives) Charisma-Jedem Christen aufgetragene Aufgabe - Bezogen: a) auf "Geister" b) auf Charismen c) auf Prophetie*

Ist die letzte Zeit nach *Paul Toaspern* "*in besonderer Weise eine Zeit starker Wirkungen des Geistes Gottes"*, bedarf es in ihr zugleich der "*besonderen Wachsamkeit im Blick auf Irrlehre, falsche Prophetie und messianische Selbstautorisierung von Menschen".*[337] Bei der gebotenen Prüfung unterscheidet Toaspern *das besondere Charisma der "UdG"*, das nur bestimmten Menschen gegeben ist, und *ein allgemeineres, jedem Christen aufgetragenes Prüfen und Unterscheiden* aufgrund von Kriterien.[338] Überwunden werden müssen nach ihm unbiblische Prämissen und Vorurteile, die zu Maßstäben erhoben werden und das Wirken des Geistes hindern (Hier hat Toaspern wohl radikal ablehnende Positionen und entsprechende Prüfungsverfahren im Blick, wie wir sie in 3.1 skizziert haben). Zum Respekt gegenüber der Souveränität Gottes gehört es nach ihm, nicht einzelne Gaben zu hindern oder auszuschließen. Wo Gaben geschenkt würden, müsse der Freiraum eines Wachstums- und Reifungsprozesses zugestanden werden, dürfe das damit verbundene Risiko nicht dazu führen, den ganzen Bereich der Charismen zurückzudrängen.[339]

Sehr wichtig ist die Gabe des Prüfens im Blick auf *Prophetie* (vgl. I Kor 14,29), die nach Toaspern auch heute in Ich-Form auftreten kann. Eine genaue Prüfung hält er besonders dann geboten, wenn sie sich auf bestimmte Personen bezieht und so von starkem Einfluß auf deren Leben sein kann.[340] Toaspern fragt im Blick auf Prophetie und z.T. auch im Blick auf Visionen: "*Ist der Heilige Geist am Werk, oder hat sich Menschlich-Seelisches mit eingemischt? Ist die Stimme des guten Hirten am Werk oder sind es andere Stimmen oder Einflüsse?".*[341] Für die jedem Nachfolger Jesu aufgetragene *UdG* bzw. *Beurteilung von Charismen* bzw. *Prüfung von Prophetie,* die von der Schrift und von seinen geistlichen Erfahrungen her erfolgt, listet Toaspern eine Reihe von **Maßstäben** auf, die sich auf *Leben* und *Lehre* der beteiligten Personen beziehen: 1) *Auferbauung der Gemeinde* ("*Von den Gaben gehen Ermutigung und Klarheit für die Gemeinde, gehen positive, heilende, verbindende Kräfte aus, die Gemeinschaft in Christus aufbauen und festigen, nicht Gemeinschaft zerstören*").[342] - 2) *Verherrlichung Jesu* ("*Der Heilige Geist verherrlicht Jesus und zieht zu Jesus hin. Er rühmt durch die Gaben den Geber der Gaben, niemals den Menschen. Der Geist Gottes ist nicht am Werk, wo Menschen sich über ihren Gaben bewundern lassen, darin ihr Geltungsbedürfnis befriedigen und sich zu Sonderstellungen erheben möchten, die ihre Gliedschaft am Leibe Christi gefährden oder sprengen*").[343] - 3) *Übereinstimmung mit den zentralen Glaubensaussagen der Heilgen Schrift* ("*Prophetische Worte verdunkeln oder entwerten niemals die Heilige Schrift, sondern stellen sie in ihrer Einzigartigkeit ins Licht und helfen mit, sie für das Leben verbindlich zu machen*").[344] - 4) *Glaubwürdiges Leben des Gabenträgers* ("*Lebt er in der Demut oder bricht immer wieder Hochmut auf, so daß er sich nichts sagen läßt? Sucht er Gottes Ehre und Verherrlichung oder insgeheim doch seine eigene Ehre? Stimmen Wort und Leben überein? Hat er geistliche Heimat in der Gemeinde Jesu...? Ist er bereit zu brüderlicher Öffnung, Begleitung, Hilfe und Korrektur..., oder wehrt er das ab und läßt sich nichts sagen? Ist in seinem Leben alles klar und offenbar, ehrlich und ordentlich? Ist er nicht bestimmt von frommer Geltungssucht, von Überheblichkeit gegenüber anderen, von Geldliebe, zweideutigem Lebenswandel, von Zank und Richtgeist? Sind seine Glaubensüberzeugungen biblisch begründet? Läßt er sich nicht ausfragen wie ein Wahrsager und redet er auch nicht anderen nach dem Munde, sondern ist allein abhängig vom Wirken des Heiligen Geistes, orientiert am biblischen Wort? Bindet er Menschen an sich und macht sie von sich abhängig, statt sie an Christus zu binden und zu geistlicher Mündigkeit zu führen? Ist in seinem Leben Frucht des Geistes (Gal 5,22) erkennbar oder nicht? Ist sein Leben bestimmt von Frieden und Geborgenheit in Gott, von Geduld und Ertragenkönnen, oder ist er aufbrausend und empfindlich und sieht sich vielleicht sogar im Verständnis seines Wirkens von Gott her als 'unfehlbar' an, so daß er Wirken und Wirkungen krampfhaft verteidigen muß?*").[345] - 5) *Bekenntnis zu Jesus Christus als dem "ins Fleisch Gekommenen, dem Gekreuzigten und Auferstanden, als dem Herrn in der Mitte* (vgl. I Joh 4,2f; I Kor 12,3) ("*Das Wirken der Gaben des Geistes erschließt die Erfahrung einer großen Jesus-Nähe, auch der Sehnsucht nach den Brüdern und Schwestern. Es will nicht Einzelgängertum, Isolierung Abkapselung, auch nicht Trennung und Fallenlassen von Menschen, die Anfragen haben oder kritisch urteilen oder anders geführt sind*").[346] - 6) *Kein Gegeneinander der Gaben* ("*Menschen, die im heiligen Geist leben, streiten nicht gegen Geistesgaben, die das Neue Testament kennt, oder hindern ihr Wirken. Sie zielen in ihrem Bemühen vielmehr auf Entfaltung der Gaben, auf Einmütigkeit im Geist, auf Überbrücken und Überwinden von Trennungen und helfen Spaltungen verhindern..., weil alle Trennung den gemeinsamen Zeugenauftrag hindert*").[347] - 7) *Heilende missionarische Impulse vom Evangelium her* (Die Gaben des Geistes "*helfen mit, Sünden aufzudecken, Menschen zur Umkehr, zur Vergebung, zu einem heilen Verhältnis mit Gott zu führen und in der Geborgenheit und Freude des Evangeliums zu leben*").[348] - 8) *Friede, Freiheit, heilige Natürlichkeit* ("*Das Wirken des Heiligen Geistes durch die Gaben gibt Frieden ins Herz, macht still und dankbar, macht nüchtern, wirkt Gewißheit und Harmonie, nicht Unrast, Aufregung und zwanghafte Eile. Das Wirken des Geistes nimmt hinein in die Freiheit, die der Geist des Herrn wirkt; von ihm geht nichts Zwanghaftes, Krampfhaftes, Unfreies, Bedrängendes, Bedrückendes aus. Vielmehr macht das 'Übernatürliche' des Wirkens des Heiligen Geistes den Menschen ganz 'natürlich', frei von Zwängen. Vom Wirken des Geistes gehen Tröstung und Hoffnung aus, Festigkeit im Glauben und Ewigkeitsgewißheit*").[349] - 9) *Umkehr, Reinigung, Heiligung, neue Hingabe* ("*Das Wirken des Geistes durch die Gaben... weckt immer wieder ein Verlangen nach dem Heiligen Abendmahl, auch nach immer neuem Vergeben gegenüber anderen, und weckt in ihnen die Bitte, daß ihnen von anderen vergeben wird. Es gibt Mut auch zu einseitigem Vergeben. Bewußte Sünde oder auch okkulte Bindungen hindern das Werk des Geistes in den Geistesgaben. Menschen, die im Heiligen Geist und in den Gaben leben, haben eine Abscheu gegen alles Okkulte; sie suchen Lösung aus jeglichen be-*

wußten und unbewußten okkulten Bindungen und gehen auch nicht gedanklich mit Okkultem um. Bewußte Sünde und Okkultes sind Einfallstore für andere Mächte. Der Heilige Geist ist nicht am Werk, wenn Botschaften im Zustand von Trance oder anderer Bewußtseinstrübung empfangen werden").[350] - 10) *Erfüllung oder Nichterfüllung von Vorhergesagtem* kann ein Prüfungskriterium sein. - 11) "*Das Wirken des Geistes in den Gaben will durch Menschen geschehen, die geistlich gesund, die ohne krankhafte seelische Störungen sind und sich zu den zentralen christlichen Heilswahrheiten bekennen. Das Wirken durch die Gaben ist ein sanftes Geschehen. Es ist fern von Enthusiasmus und Schwärmerei, von Künstlichkeit, überschwenglicher Euphorie und emotional Gewolltem.*"[351]

In einem Aufsatz zur Frage der "UdG" hat *Wolfram Kopfermann systematische und pastorale Überlegungen* aus evangelischer Sicht angestellt, wobei er sich von einer "*extremen evangelikalen Position*" abgrenzt.[352]Kopfermann verweist darauf, daß im Neuen Testament zwar betont, aber nicht in dem Sinn naiv vom Wirken des Heiligen Geistes gesprochen werde, daß man nicht um die Möglichkeit einer fälschlichen Berufung auf das Pneuma wüßte. Die Warnungen vor Verführung durch falsche Christusse und falsche Propheten mit falschen Zeichen und Wundern setzten Ähnlichkeiten mit echtem Geschehen, zwischen dem Wirken des Heiligem Geistes und dem von Lügengeistern voraus (vgl. Mk 13,21f; Mt 24,23f; Apk 16,13;19,20;20,10). Nicht aus konservativer Grundhaltung, sondern weil es die eindeutige Sicht des Neuen Testaments ist und weil die tiefsten Christuszeugen - er bezieht sich auf Luther und Blumhardt - zugleich am eindringlichsten mit den personalen Mächten des Bösen gerechnet haben, kann Kopfermann nicht umhin, dasselbe zu tun, auch wenn das moderne protestantische Denken damit Schwierigkeiten hat. Aus der Realität dieser Mächte ergibt sich die *Notwendigkeit der Geisterunterscheidung.*[353]

Nicht im Blick zu haben scheint das Neue Testament nach Kopfermann als *dritte Möglichkeit*, daß eine im Bereich von Kirche und Gemeinde wahrnehmbare menschliche Äußerung *nur menschlich* ist. Im Blick auf Geister denke es dualistisch ("entweder - oder"), weil es im Zusammenhang der entsprechenden Warnungen um eine letzte Verführung, um Heil oder Unheil geht. Tieferer Grund für diesen Dualismus sei - besonders betont bei Paulus und Johannes - die allgemeine Lehre, daß der Mensch nur als Glaubender oder Nichtglaubender, im Licht oder in der Finsternis existieren kann. Hier würden nicht die geschöpflichen Begabungen des Menschen in Betracht gezogen, ein Aspekt, der, wenn er auch nicht zentral sei, doch im Neuen Testament nicht gänzlich fehle. Kopfermann führt u.a. an, daß Jesus seine Hörer als solche bezeichnet, die, obwohl böse, ihren Kinder dennoch gute Gaben geben könnten (Mt 7,1; Lk 11,13). Oder er verweist auf die unbekümmerte Erwähnung der heidnischen Magier aus dem Osten, die einerseits durch astrologisches Wissen zum neugeborenen Jesus geleitet, andererseits im Traum göttliche Weisung empfangen (Mt 2,1-12). Auch außerhalb der Jüngergemeinde habe es Dämonenaustreibungen gegeben (Mt 12,27). Aus diesen Hinweisen ist nach Kopfermann zu folgern, daß "*die Geschöpflichkeit auch des unerlösten Menschen nicht soweit pervertiert [ist], daß er nicht positiver Handlungen fähig wäre, die im Rahmen des Vollzugs der Geisterunterscheidung nicht einfach als satanisch abgetan werden dürfen*".[354]

Was die *Kriterien der Geisterunterscheidung* betrifft, fragt Kopfermann a) nach *Inhalt*, b) nach dem *Subjekt*, c) nach der *Wirkung* und d) nach dem (verborgenen) *Ursprung* einer Geistäußerung. - Von I Joh 4,1-3 her darf der *Inhalt* einer Geistäußerung nicht dem Bekenntnis zum fleischgewordenen Gottessohn bzw. der offenbarten Wahrheit des Evangeliums widersprechen. Der Heilige Geist stimmt mit dem Urzeugnis der Kirche überein (vgl. Joh 14,26). Von daher ist auch die reformatorische Lehre zu verstehen, daß der Geist sich an das Wort der Schrift bindet und demzufolge alles, was gegen die Schrift ist, nicht aus dem Heiligen Geist stammt.[355] - Im Blick auf das *Subjekt* der Geistäußerung ist von Mt 7,15-23 her nach *Früchten* als Erweis geistlicher Echtheit zu fragen. Hier halten "Charismatiker" zwar am Christusbekenntnis fest, sind im übrigen aber Gesetzesübertreter. Für die Einschätzung des Charismatischen folgt aus diesem Abschnitt: *"Wo ein Mensch in offensichtlicher Weise... den Glaubensgehorsam verweigert, sind auch seine angeblichen Geistäußerungen zurückzuweisen".*[356] Kopfermann zieht den Aspekt eines in der Person liegenden Problems weiter aus und sieht neben bewußtem Ungehorsam auch *fehlende psychische Gesundheit* als Hindernis hier eingeschlossen. In diesem Fall könnten auch richtige Impulse wirksam werden, die sich aber mit kranken psychischen Einflüssen verbinden, wodurch das Ergebnis verwirrend ist. Wenn Menschen mit neurotischen und psychotischen Störungen das Bedürfnis haben, sich häufig, etwa prophetisch, vor der Gemeinde zu äußern, sind solche Beiträge liebevoll aber bestimmt zurückzuweisen. - Leitender Gesichtspunkt bei der Frage nach der *Wirkung* der Geistäußerung ist nach I Kor 14,4.12 die *Auferbauung der Gemeinde.* Bei der Entscheidung über das, was als auferbauend anzusehen ist, darf nicht kurzschlüssig nach subjektivem Eindruck oder nach dem Prinzip der Majorität verfahren und Unangenehmes abgewehrt werden. Oft löst gerade Provozierendes und Beunruhigendes eine Prozeß der Veränderung aus und bringt die Gemeinde weiter. - In Act 5,1-11 und 16,16-18 wird hinter einem vordergründig frommen Phänomen (Geldspende, "richtige" Aussage der wahrsagenden Magd über die Diener Gottes) die heimliche Lüge bzw. der satanischen *Ursprung* der Geistäußerung entlarvt. Beide Begebenheiten zeigen, daß falsche Geistäußerungen nicht immer auf Grund ihres Inhalts oder durch offensichtliche Verkehrtheit des Gabenträgers erkennbar werden. Vielmehr bedarf es einer geistlichen *Intuition*, um zu erkennen, welcher Geist wirksam ist. Ergebnis dieser Art von Prüfung muß nicht die Feststellung satanischen Einflusses sein; es könnte sich auch um (vielleicht als Prophetie ausgegebene) lediglich menschliche, selbstgemachte Richtigkeiten und keineswegs um Inspiration handeln. Dieser letztgenannte Aspekt der Geisterunterscheidung ist in gewisser Weise der schwerste, weil hier *"weder Schriftkenntnis noch theologischer Durchblick; weder der unbestechliche Blick in das Leben der Person noch die pastorale Weisheit, welche spürt, was der Gemeinde jetzt zum Aufbau dient"* genügen, sondern *"ein Stück unverfügbarer persönlicher Offenbarung"* nötig ist.[357]

Im Blick auf den **konkreten Vollzug der Geisterunterscheidung** betont Kopfermann, daß die Feststellung des Prüfergebnisses *nicht Selbstzweck* ist, sondern a) *bestärken* soll, was aus dem Heiligen Geist kommt, aber noch schwach ist. Werde deutlich, daß es sich um eine fromme, aber geistlose Imitation des göttlich Gewirkten handelt, habe sie b) zu *neuer geistlicher Fundierung oder Vertiefung* zu führen, wozu *Umkehr* nötig ist. Stellt sich heraus, daß Menschen an böse Geister gebunden sind, brauchen sie c) *Befreiung.* Im Dienst der Geisterunterscheidung müssen demnach verschiedene Gaben (Lehre, Predigt, Gemeindeleitung, Seelsorge, Intuition bzw. Herzensschau) zusammenwirken.[358]

Nähere Anmerkungen macht Kopfermann zum **pastoralen Verhalten** im Fall der Aufdeckung des *Wirkens eines widergöttlichen Geistes* im Leben eines Menschen.[359] Hier bedarf es der *Lösung von okkulten Bindungen.* Diese haben ihre Ursache in der Regel in von Gott verbotenen Grenzüberschreitungen des Menschen in den Bereich der Geister, um Kenntnisse über Zukünftiges, übersinnliche Kräfte zur Machtausübung und Beeinflussung anderer oder Heilung zu erlangen (Spiritismus, Totenbefragung, Wahrsagerei, Magie etc.). Dies alles ist nicht wertneutral, sondern bindet die Menschen, was sich in einem Widerstand gegen Bibel, Gottesdienst, andere Christen, Gebet, die Anrufung des Namens Jesu u.a. äußern kann. Kopfermann betont, daß auch Christen, die sich auf den Prozeß der Geisterneuerung eingelassen haben, unter nicht gelösten okkulten Bindungen leiden können, die u.U. von okkulten Betätigungen der Vorfahren oder auch vom Verfluchtwordensein durch Verwandte herrühren. Zu unterscheiden ist zwischen *okkulter Besessenheit*, seelsorgerlich nach Kopfermanns Einschätzung z.Zt. eher die Ausnahme, und *okkulter Behaftung.* Der Exorzismus gegenüber Besessenen (im evangelischen Bereich nicht nur dem Bischof vorbehalten) sollte nach Kopfermann von dazu Berufenen, in der Regel nicht von Frauen, vorgenommen werden. Angeraten ist ein Arbeiten im Team. Im Fall okkulter Behaftung kann das Befreiungsgebet auch durch weniger erfahrene Seelsorger erfolgen. Hat sich der Mensch auf nichtchristliche Religionen eingelassen, gehören zur Lösung und Befreiung die Absage an die fremden Götter und die Vernichtung von Kultgegenständen, wie bei okkulter Betätigung zur Befreiung die Absage an die Mächte und die Vernichtung okkulter Gegenstände und Bücher gehören.

Kopfermann wendet sich *abgrenzend* a) *gegen ein spekulatives Interesse* an Wesensaussagen über die dämonischen Mächte, an ihrer Beschreibung und Katalogisierung. Dies führe vom Neuen Testament und einer guten geistlichen Lebenspraxis fort. Hier werde nicht nur ein Scheinwissen produziert und der Blick von Jesus Christus abgezogen, es können auch neue Ängste entstehen. - Zurückzuweisen ist b) auch die *These, daß hinter jeder ernsteren Sünde ein Dämon stehe*, der ausgetrieben werden muß. Paulus, der sehr wohl mit der Wirklichkeit der Dämonen rechne (I Kor 10,20-22), empfehle im Blick auf grobe Sünden nicht den Exorzismus, sondern spreche von "Werken des Fleisches" und skizziere zur Bekämpfung ein anderes seelsorgerliches Verfahren (vgl. Gal. 5,16-18.19-21.24f; Röm 8,1-14). - Daß Seelsorger, die bei einem Beichtkind nicht vorankommen, minuziös dessen Vergangenheit bzw. das Leben der Vorfahren nach Okkulteinflüssen durchgehen, ist nicht an sich schon abzulehnen, da hier in der Tat Ursachen für geistliche Unfreiheit liegen *können*. Zurückzuweisen ist nach Kopfermann aber c) "eine Haltung, die im Okkulten den *Generalschlüssel* für jedes hartnäckige seelsorgerliche Problem sieht, ob er nun in die Tür paßt oder nicht".[360] - Dringend warnt Kopfermann davor, d) bei *psychotischen Erkrankungen* "Dämonen" austreiben zu wollen, weil dadurch schwerster Schaden entstehen kann. Theologisch zulässig sei es, in Psychosen wie in anderen Krankheiten ein Wirken Satans zu sehen (vgl. Act 10,38). Eine Psychose *könne* im Einzelfall auch einen dämonischen Anteil haben. Zulässig, ja biblisch geboten ist gläubiges Gebet auch für psychotisch Erkrankte. Unverantwortlich ist für Kopfermann aber die grundsätzliche Ablehnung einer psychiatrischen Fachbehandlung mit dem Verweis darauf, hier habe man es doch mit Dämonen zu tun. - Weiter kritisiert er e) eine Haltung, die *gewisse Praktiken oder Behandlungsmethoden* - aufgrund eines eingeengten Konzepts über die geschöpflichen Möglichkeiten oder uneingestander Dämonenfurcht - *generell als dämonisch erklärt*. Er möchte differenzieren und etwa Homöopathie und Akupunktur nicht grundsätzlich verwerfen, ebenso Entspannungsmethoden wie die Unterstufe des autogenen Trainings oder andere rein technisch betriebene Übungen der körperlichen Ruhigstellung. Zwar *könnten* diese Teil fremder weltanschaulicher Indoktrination sein, aber nicht automatisch, sondern abhängig vom Vermittler. Nicht verwerfen kann er außerdem fachärztlich-therapeutisch eingesetzte Hypnose und bestimmte abendländische Meditationsformen. Zu warnen sei allerdings vor fernöstlichen Formen, wie sie religiös und auch psychotherapeutisch Verwendung finden.[361]

Kritik übt Kopfermann *an einer extremen evangelikalen Position,* in der Geistesgaben und Geisteswirkungen pauschal als dämonisch verdächtigt werden.[362] Er bezieht sich dabei vor allem auf die von seiten der Bekenntnisbewegung (1983), Teilen des Pietismus und Evangelikalismus vertretene radikale Ablehnung pfingstlerisch-charismatischer Frömmigkeit, wie wir sie in 3.1 dargestellt haben. Im einzelnen bestreitet Kopfermann 1) *historisch* das *Gesamturteil* der Berliner Erklärung von 1909 über die damalige Geistbewegung. Daß es negativ zu bewertende Phänomene gab, sei von niemand zu bestreiten, nach seiner Meinung lassen sich von den vorliegenden Zeugnissen her aber auch totale Verdammungsurteile nicht halten. - 2) *Dogmatisch* widerspricht er einer *Dämonenlehre,* die nach seinem Urteil in spekulativer Weise über das Neue Testament hinausgeht, das a) den Begriff "*Schwarmgeist*" nicht kennt. Auch im I Korintherbrief, wo er am ehesten zu erwarten wäre, begegne er nirgends. Paulus kritisiere zwar Unordnung, Lieblosigkeit und falsche geistliche

Akzente, führe diese aber nicht auf einen Dämon zurück. - b) Das Neue Testament spreche nicht von *Bewegungen*, hinter denen ein führender Dämon steht (I Tim 4,1: *Lehren*), wohl aber von Einzelmenschen, in denen Dämonen wohnen. - c) Weder dem Wortlaut noch der Sache nach kenne das Neue Testament so etwas wie eine *dämonische Infektion* (automatische Übertragung von Dämonen durch die Begegnung mit bestimmten Menschen), noch nenne es Haltungen, die eine solche Infektion erleichtern. - d) Das Neue Testament spreche davon, daß *Gläubige* in Schuld fallen, dem Glauben untreu werden, Irrlehren folgen, ja, die Sünde wieder den Heiligen Geist begehen können, nirgends werde aber gesagt, daß Dämonen in Gläubige Einzug halten, um in ihnen zu "wohnen". Daß dies in der Heiligen Schrift nicht erwähnt werde, schließt für Kopfermann die Möglichkeit nicht grundsätzlich aus, sei aber eine Warnung vor Pauschalbehauptungen. - 3. Eine Berufung auf I Kor 12,1-3 hält Kopfermann *exegetisch* für mehr als fragwürdig. - 4. Die *psychologisch* sehr effektive Angst vor "falschen" Geistwirkungen entspringt nach Kopfermann einer Mentalität, die im deutlichen Kontrast zu der des Neuen Testaments steht. Wo dort wirklich vor falschem Geist gewarnt werde, würden klare Kriterien angegeben.[363]

In der Selbstdarstellung der lutherischen CE "*KOMM HEILIGER GEIST*" stellen die Verfasser *drei Fundamentalkriterien* für echte Geistesgaben an den Anfang ihrer Einschätzung: 1) Bestätigung des Grundbekenntnisses "*Jesus ist Herr*"; 2) *Auferbauung* der Gemeinde; 3) Regiertsein von der *Liebe*.[364]
Darüber hinaus nennen sie in Anlehnung an Überlegungen in der KCE *drei Gruppen von Kriterien* zur Überprüfung der Echtheit von Charismen, die sich gegenseitig ergänzen und durchdringen. "*Mit Hilfe inhaltlicher Kriterien wird die Übereinstimmung mit der biblischen Wahrheit festgestellt; mit Hilfe personaler Kriterien wird die Übereinstimmung der Grundhaltung des Charismatikers mit der Grundhaltung Jesu geprüft; die Art und Weise wie die Vorgänge in Erscheinung treten und empfunden werden, ermöglicht die Unterscheidung einer dritten Gruppe*".[365] Die Spezifizierung der einzelnen Kriterien in drei Fragenkatalogen lehnt sich an H. Mühlen und N. Baumert an, die wir im römisch-katholischen Teil behandelt haben, so daß wir hier auf eine Auflistung verzichten können.[366]
Nach einer anderen Aufteilung kann man a) eine "*prinzipielle theologische*" und b) eine "*spezielle geistgewirkte*" *Echtheitsprüfung* durch das Charisma der UdG unterscheiden. Die Maßstäbe für die theologische Echtheitsprüfung werden aus der *Heiligen Schrift*, aus der *Bekenntnistradition* und aus der *gesunden geistlichen Weisheit* der erneuerten Vernunft gewonnen, wobei die Heilige Schrift maßgebend ist. Die *charismatische* Echtheitsprüfung beruht auf Eingebung durch den Heiligen Geist. Beide Prüfungen sind nicht das Werk geistlicher Solisten, sondern haben ihren Ort in der Gemeinde, sind Ausdruck der gemeinsamen Teilhabe am Heiligen Geist.[367]

Deutlich akzentuiert wird der *Gemeinschaftsaspekt* im Vorgang der "Unterscheidung der Geister" in der in der Anfangszeit der CB/CE viel verwendeten katholisch-evangelischen "*Einübung in die christliche Grunderfahrung*". So wird die Gabe der UdG als "*Gabe der ganzen Kirche*"[368] beschrieben (nach katholischem Verständnis besonders den Bischöfen anvertraut). Dem Grundgedanken stimmen die evangelischen Mitherausgeber zu, wenn sie auch anmerken, daß das Verhältnis zwischen Bibel, Kirche und dem einzelnen im evangelischen Bereich nicht so eindeutig geklärt ist wie in der römisch-katholischen Kirche, insofern manche Evangelische lieber den Begriff "Gemeinde" gebrauchen und das bürokratisch-behördliche Moment von "Kirche" kritisch sehen.
Im Blick auf die *Rolle der Kirche/Gemeinde im Vorgang der UdG* empfehlen die evangelischen Mitherausgeber, zwei Situationen zu unterscheiden: a) die Entscheidung für

eine Gruppe oder eine Gemeinde in einer aktuellen Situation; b) die Entscheidung von *Glaubensfragen für die Gemeinschaft aller Christen.*[369] Ergeht z.B. eine prophetische Weisung an eine *bestimmte Gemeinde oder Gruppe,* müssen die Angesprochenen um die Gabe der UdG bitten. Im Prozeß der Klärung sind allgemeine und persönliche Unterscheidungsmerkmale hilfreich, wie auch die spontane Betroffenheit ein Hinweis auf Gottes Wille sein kann. In der Gruppe getroffene Entscheidungen haben nur für diese und ihre spezielle Situation Bedeutung. Eine absolute Gewißheit über die Richtigkeit einer Entscheidung gibt es nicht. Oft müssen die Wirkungen auf die Länge hin das Urteil sprechen. Empfehlenswert ist es, vor der Entscheidung den Rat anderer einzuholen. Dieser muß nicht unter allen Umständen befolgt werden, da es verschiedene Einsichten und Gewissensentscheidungen geben kann. Die Stellung zur aktuellen Entscheidung einer Gruppe darf nicht zum Maßstab des Christseins gemacht werden. Es ist darauf zu achten, daß durch die getroffene Entscheidung nicht die Gemeinschaft mit den anderen Gruppen oder Gemeinschaften zerstört wird.[370]

Was die *Entscheidung von Glaubensfragen für die Gemeinschaft aller Christen* angeht, gibt es im evangelischen Bereich keine oberste Instanz, die mit letzter Verbindlichkeit für die Kirchen auf der ganzen Erde sprechen könnte. Statt autorisierter Personen sind *inhaltliche* Kriterien für die Entscheidungsfindung maßgebend. Übergeordnetes Kriterium ist die Übereinstimmung jeder neuen Artikulation des Glaubens mit der geschichtlichen Offenbarung Gottes in Jesus Christus. Als Hilfen zur Prüfung sind gegeben: 1) Die *Heilige Schrift* als das ursprüngliche Zeugnis von der Christusoffenbarung; 2) das *Bekenntnis* als Antwort der Gemeinde und Wegweiser zum rechten Verstehen der Bibel; 3) das *Zeugnis der Christen in Vergangenheit* ("Väter") *und Gegenwart* ("Brüder"); 4) das *geistliche Amt,* dem in besonderer Weise die Weitergabe des Evangeliums aufgetragen ist. - Alle diese Faktoren wirken im Vorgang der Unterscheidung zusammen, wobei die Heilige Schrift den Vorrang hat, die nach evangelischem Verständnis in Fragen des Heils klar und eindeutig ist. - Weil die Amtsträger in besonderer Weise Verantwortung für die Lehre haben, ist es zunächst ihre Aufgabe, sich unter Beachtung der skizzierten Kriterien um eine Entscheidung zu bemühen. Diese kann nur in einem konziliaren Prozeß, im gemeinsamen Hören aufeinander und im Gebet, getroffen werden. Selbst dann aber wird sie erst verbindlich, wenn sie durch die Gemeinden rezipiert wird, d.h. wenn auch die Gemeinde in Ausübung der ihr geschenkten Gabe der UdG ihr Prüfungsamt wahrnimmt. Verpflichtend für die ganze Kirche kann nur eine Entscheidung sein, die der geschichtlichen Offenbarung Gottes in Jesus Christus entspricht. "Neue Offenbarungen" (Visionen etc.) können - sofern sie der Wahrheit und Liebe entsprechen - für den einzelnen oder für bestimmte Gruppen eine Hilfe sein, sind aber nie für die ganze Kirche verpflichtend.[371]

3.4 Anmerkungen zum Streit um die Legitimität, Einordnung und Beurteilung enthusiastisch-charismatischer Frömmigkeit

In den vorangehenden Abschnitten C.3.1-3 haben wir im Bemühen um eine so weit als möglich gehende Gleichbehandlung die verschiedenen Postionen selbst zu Wort kommen lassen. Abschließend soll nun nicht der Versuch einer Synthese unternommen werden, lediglich einige Anmerkungen zum Pro und Contra bzw. zum Streit um den rechten Weg seien hier angefügt. Unserer eigenen Sicht entspricht im wesentlichen die mittlere Stellung des "Prüfet alles, das Gute behaltet!", m.a.W. wir können uns weder der Position der radikalen und prinzipiellen Ablehnung und Verdammung von PB und CB/CE anschließen, noch der unkritischen Sicht vieler Pfingstler und Charismatiker, daß mit ihnen die Erweckung beginnt. Im Blick auf die Charismen haben wir Mühe mit einer Sicht, die sie nur für die Frühzeit der Kirche gegeben sieht, aber ebenso mit einer programmatischen

Forcierung der Wiederherstellung. Wir halten es für nötig, daß auch kritische theologische Fragen an die enthusiastisch-charismatischen Bewegungen (insbesondere im Blick auf bestimmte Lehrausprägungen, Praktiken und besondere Phänomene) gestellt werden. Das vorrangig erfahrungsorientierte und pragmatisch-unkritische Denken und Verhalten ("It works!") und der Machbarkeits- und Erfolgsoptimismus bedürfen der Überprüfung und Korrektur von der Schrift her. Zu Recht erinnern hier etwa "Bekenntnis"-Evangelikale an biblisch-reformatorische Grunderkenntnisse (Kreuzestheologie, Betonung von Buße und Glaube, Verkündigung der radikalen Verlorenheit und Sündhaftigkeit des Menschen usw.). Viele ihrer Anfragen sind zumindest als Aufweis von Gefahrenpunkten berechtigt. Zwischen gesunder Theorie und real-existierender Praxis bestehen auch in der Gemeinde-Erneuerung hier manchmal offensichtliche Diskrepanzen. Dem totalen Verdammungsurteil über die PB und die CB/CE und der ihm zugrundeliegenden Argumentation können wir uns so allerdings nicht anschließen. Nicht umsonst differenzieren hier bei bleibend harten Anfragen die "Orientierungshilfe" (1992/93) und das Gnadauer Papier "Herausgefordert" (1992) inzwischen stärker und erkennen auch berechtigte Anliegen an.

Zurückhaltung scheint uns vor allem im Blick auf eine *enggeführte, rein dämonistische Betrachtungs- und Argumentationsweise* angezeigt. Paulus, der sehr wohl um dämonische Gefährdungen auch im innerchristlichen Bereich und im Feld außerordentlicher Phänomene weiß, argumentiert im Blick auf die Gaben in Korinth weniger nach der Struktur entweder "'von oben' oder 'von unten'", entweder "göttlich oder dämonisch", als daß er auf die Fundamente des Glaubens zurückweist und von dort her (zusammen mit Ausführungen zu Wesen und Bestimmung von Charismen und Leitlinien zum rechten Gebrauch) Mißbräuche und falsche Betonungen korrigiert. Zwar findet sich in II Kor 11,4 ein Hinweis auf die Möglichkeit, auch "einen anderen Geist" zu empfangen und in I Kor 12,1-2 (je nach Interpretation) vielleicht ein Hinweis auf (ekstatische) Fremdgeistwirkung, aber keine scharfe Warnung im Zusammenhang mit den Charismen. Eine solche wäre zu erwarten, würde Paulus das ganze Feld als so extrem gefährlich ansehen wie manche radikalen Ablehner. Mit dieser Anmerkung soll nicht die grundsätzliche Möglichkeit dämonischer Verführung ausgeschlossen oder diese Gefahr verharmlost werden. Die neutestamentlichen Aufforderungen zur Prüfung der Geister und zur Wachsamkeit dürfen nicht abgeschwächt werden. Gerade im endzeitlichen Gefälle sind sie besonders ernst zu nehmen. Unsere Anfrage betrifft jedoch eine total negative Wertung der korinthischen Situation bzw. eine grundsätzliche Dämonisierung der PB und CB/CE. Nach unserem Verständnis sollte eine kritische Prüfung von den Zentralaussagen der Schrift, vom Zentrum her (Kreuz und Auferstehung) erfolgen und nach dem Bekenntnis zu Jesus Christus und seinen praktischen Konsequenzen im Alltag fragen. Gegenüber enthusiastischen Tendenzen betont Paulus das Wort vom Kreuz bzw. die Kreuzeslinie der Nachfolge. Für den Umgang mit Charismen und ihre Ausübung in der Gemeinde sind seine Anweisungen auch für heute verbindlich. Die Aufforderung zur Prüfung, die Zurückweisung von Fehlerscheinungen, die Warnungen vor Verführung und das Gebot, sich von allem Dämonischen zu trennen, dürfen nach unserem Verständnis nicht zu einer grundsätzlichen Ablehnung von Impulsen und Wirkungen des Heiligen Geistes (auch mehr unmittelbaren und "transrationalen", wunderhaften Charakters) systematisiert werden. Umgekehrt ist aber auch eine überbewertende, forcierende Systematisierung, die das "Übernatürliche" ("Zeichen und Wunder") ausgesprochen oder unausgesprochen zum eigentlich Erstrebenswerten, "Höheren" oder zur ständig zu erlebenden Normalität erhebt und damit zur Pflicht macht, in Frage zu stellen. Dämonische Gefährdungen sind besonders dann gegeben, wenn im Leben des "Geistvermittlers" oder derer die den "Geist", "power" oder "Gaben" begehren, falsche Motive, unbereinigte massive Sünde oder unentdeckte Okkultbestimmtheit vorliegen. Auch in massenpsychologisch aufgeheizten Veranstaltungen, bei drängerisch-manipulativen

Vorgängen, beim gewaltsamen Erzwingenwollen der "Geistestaufe" oder anderer übernatürlicher Erfahrungen, bei Zurhilfenahme schamanistischer Techniken besteht die Gefahr der Einmischung fremder Kräfte. Kritisch sind auch Handauflegungen durch unbekannte Reiseprediger und "Segensausteiler", die weder nach dem geistlichen Stand, noch nach den Motiven der zu ihnen Kommenden fragen bzw. bei denen sich die "Segenssucher" naiv unkritisch für alles öffnen. Bedenklich sind Vorgänge der "Selbstentwerdung", des Sich-einfach-passiv-treiben-Lassens. Dämonische Einflüsse sind vor allem bei trance- und zwanghaften Erscheinungen anzunehmen. So wäre etwa bei der Glossolalie danach zu fragen, ob sie zwanghaft auftritt, ob beim Empfang der Gabe die Persönlichkeit ausgeschaltet war (Bewußtlosigkeit, Nicht-mehr-Verfügenkönnen über Zunge und Kiefer). Ein deutlicher Hinweis wäre das Auftreten ernsthafter geistlicher Störungen seit dem Empfang der Gabe. Wo keine eindeutigen Hinweise auf fremdgeistige Wirkungen bzw. Besessenheit gegeben sind, sollte man zurückhaltend sein, das Feld der außerordentlichen Charismen von vorneherein und pauschal unter dieser Perspektive zu sehen. Die gebotene Wachsamkeit und der Auftrag, vor Verführung zu warnen, darf nicht dazu führen, daß aus Angst die positive Gestaltung geistlicher Vollzüge nicht mehr gewagt wird. Hier tragen Brüder, die stark auf die Macht des Bösen fixieren und eine Luftschutzbunkermentalität des Rückzugs und der bloßen Abwehr vertreten, eine große Verantwortung. Die Gemeinde Jesu hat einen Auftrag bis zum Ende und auch die Verheißung der Gegenwart ihres Herrn. Hier ist einem Teil der radikalen Ablehner auch zu bedenken zu geben, daß sie unter umgekehrtem Vorzeichen eine Art "Stufenchristentum" aufrichten bzw. - was sie der PB und CB/CE vorwerfen - auf andere Weise Trennung bewirken, indem sie scharf zwischen der kleinen Schar derer unterscheiden, die die richtige ("anticharismatische") Erkenntnis und Haltung haben bzw. die (noch) richtig stehen, und der Schar der anderen, die teilweise oder ganz irregeführt sind. - Äußerste Sorgsamkeit scheint uns im Blick auf die Praxis exorzistischer Geisterprüfungen angezeigt. Hier ist die die Möglichkeit induzierter Besessenheit mit in Betracht zu ziehen. Für bedenklich und nicht schriftgemäß halten wir eine Argumentation, die sich auf Aussagen von Dämonen beruft, da eine bereits vorher vorhandene Okkultbelastung vorgelegen haben könnte und grundsätzlich mit dem Versuch der Irreführung und Täuschung durch die Lügenmächte zu rechnen ist. - Im Blick auf die grundsätzliche Infragestellung der PB und CB/CE und das ablehnende Totalurteil über sie aufgrund von festgestellten Fällen dämonischer Besessenheit durch Handauflegungen, den Empfang von Pseudo-Glossolalie etc. scheint uns zur Versachlichung und Beendigung einer schwebend-unbestimmten Argumentation und Polemik nötig, diesen schwerwiegenden Vorwurf 1) mit Fallbeispielen zu dokumentieren und 2) so weit das nur irgend möglich ist, auch statistisch zu untersuchen und auch für andere überprüfbar zu belegen. - Bei Unsicherheit über die Echtheit von Gaben ist in jedem Fall ein Gebet angeraten, wie es der Schweizer Pfarrer J.Hitz vorgeschlagen hat: *"Lieber himmlischer Vater! Im Namen Jesu bitte ich dich... Erforsche mich, Gott, und erkenne mein Herz; prüfe mich und erkenne, wie ichs meine. Und sieh, ob ich auf bösem Wege bin und leite mich auf ewigem Wege (Ps 139,23). Du weißt, daß ich Dir dienen will mit allen Gaben, die Du mir verliehen hast und schenkst. Ich danke Dir von Herzen für jede Gabe Deines Heiligen Geistes und bitte Dich inständig: Erhalte und belasse sie mir! - Solltest Du aber bei mir eine oder mehrere Gaben sehen, die nicht vom Heiligen Geist gewirkt sind und Dir deshalb nicht gefallen, dann nimm sie mir weg. Du kennst ja die Gabe(n), um welche es sich bei mir handelt, zum Beispiel... Schenke und schaffe Du volle Klarheit. Ich will ja nur Deinen Willen tun und alles unterlassen, was Dir mißfällt. Darum danke ich Dir von Herzen für dein Erhören und Vergeben! Amen."*

Vertreter beider Seiten berufen sich in der Auseinandersetzung auf die Heilige Schrift und sehen ihre Sicht- und Argumentationsweise als "biblisch" oder "rein biblisch" an, wobei vielfach die Heilige Schrift unreflektiert für die eigene Position vereinnahmt wird und gegenläufige Aussagen abgeblendet werden. (Dies ist z.T. auch auf den Gebrauch der Allgemeinbegriffe "reformatorisch", "biblisch-reformatorisch" u.a. anzuwenden). Hier sei deshalb daran erinnert, daß, mehr als den Beteiligten meist bewußt ist und eingestanden wird, in der Argumentation und in der Art und Weise der Auseinandersetzung und für das Urteil auch *nichttheologische Faktoren* eine wichtige Rolle spielen. Zumal bei persönlich stark betreffenden und herausfordernden Infragestellungen kann niemand seine *Herkunft*, seine *geistliche Prägung*, seine *Grundentscheidungen*, seine *positiven und negativen Erfahrungen*, seine *Anliegen* und seine *Persönlichkeitsstruktur* einfach ablegen. Es bedarf eines hohen Maßes an Selbsterkenntnis und Selbstkritik und auch der Selbstzurücknahme, um gegenläufige Positionen in ihrer Andersartigkeit (und vielleicht auch in ihrem teilweisen Recht) als solche zunächst überhaupt wahrzunehmen und neben dem Kritischen auch Positives zu sehen und zu würdigen. Gegenzusteuern ist vor allem den natürlichen, meist unbewußten Abläufen der Abwehr bzw. des selektiven Sehens und Hörens bei Infragestellung (Überhören von Gesagtem; Andersinterpretieren von Gesagten; Karikieren und Übertreiben, um zu Diffamieren, etc.). Auch bei scharfen Meinungsverschiedenheiten sollte unsere Auseinandersetzung von Fairness, Sachlichkeit und Geistlichkeit geprägt und vom positiven Anliegen der Förderung des geistlichen Lebens und der Schriftgemäßheit bestimmt sein. - Im Ringen um Klarheit, im Streit und bei der Prüfung der Geister sollte man neben den theologischen Grundentscheidungen auch seine eigene Persönlichkeitsstruktur kennen und sich dieses Faktors im Entscheidungsprozeß bewußt sein. So wird etwa eine robust-starr-stabile Persönlichkeit großen Wert auf exakt formulierte Grundsätze legen und eher auf einmal erkannten Lehrüberzeugungen beharren, als eine intuitiv-emotional-weitherzige Persönlichkeit, die mehr Wert auf die Praxis legt und stärker auf die Situation eingeht. Stoßen solche Typen aufeinander, ist eine Konfrontation nicht zu vermeiden. Eine labil-ängstlich-feinfühlige Persönlichkeit wird dazu neigen, sich anzupassen und steht in Gefahr, von einem Extrem ins andere zu fallen bzw. sich dem jeweiligen Trend anzuschließen. (Wie stark Persönlichkeit, Theologie und Frömmigkeitsvollzug zusammenhängen und wie sich zwei unterschiedliche Persönlichkeitsstrukturen miteinander schwertun, läßt sich an J.A. Bengel und N.L. Graf von Zinzendorf zeigen. Beide haben nach unserer Einschätzung richtige Dinge gesehen und betont, beide waren in bestimmten Punkten gefährdet und bedurften der Korrektur und Ergänzung). Gerade hier scheint uns geboten, stärker von der Ergänzung, von der Komplementarität her zu denken und nicht so sehr vom Entweder-Oder. Wie jede Persönlichkeit Gaben, Grenzen und Gefahren hat, so auch entsprechende Ausprägungen von Theologie und Frömmigkeit. Ohne, daß man werden muß wie sie bzw. ohne daß man ihr ganzes Konzept übernehmen muß, sollte man doch ernsthaft fragen, was von den anderen zu lernen ist bzw. ernsthaft erwägen, ob sie nicht auf Defizite und Engführungen der eigenen Tradition aufmerksam machen.

Zum Abschluß einige *Fragen nach links und nach rechts*. So sind nach unserem Verständnis die *Befürworter und Forcierer* der charismatischen Weise u.a. zu fragen: *Forciert Paulus die Dinge so wie ihr es tut? Sind ihm die außergewöhnlichen Phänomene so wichtig wie euch? Steht ihr nicht in Gefahr, Nebenfragen zu Hauptfragen zu machen? Seht ihr die Gefährdung der Faszination des Sichtbaren? Seid ihr kritisch genug gegen euch selbst und eure Erfahrungen? Sei ihr nicht zu harmlos und optimistisch gegenüber der Tiefe der Sündhaftigkeit des Menschen und der Macht des Bösen? ...gegenüber der Möglichkeit der Verführung durch falsche Geister? Identifiziert ihr nicht zu naiv und kurzschlüssig viele der Vorgänge in euren Versammlungen mit dem Wirken des Heiligen Geistes? Wer erhebt bei euch seine Stimme gegen den Einsatz von manipulativ-suggestiven oder schamanistischen Techniken? Gibt es bei euch eine ehrliche Auseinandersetzung mit der Diskrepanz zwischen Anspruch und Wirklichkeit (z.B. bei Heilungsfeldzügen)? Könnt ihr Versagen oder Niederlagen zugeben, oder müßt ihr solche kaschieren, weil in einer triumphalistischen Theologie (etwa nach dem Werbegrundsatz: "Nichts ist erfolgreicher als der Erfolg!") nicht sein kann, was nicht sein darf? - Umgekehrt sind die *radikalen Ablehner* u.a. zu fragen: Ist*

Paulus im charismatischen Feld so abwehrend, wie ihr es weithin seid? Wie steht es bei euch mit der positiven Alternative und Lebensgestalt in den Feldern des Streites? Seid ihr zufrieden mit bloßen Sätzen der Rechtgläubigkeit und Abgrenzung? ...mit der Abschreckung durch Angst? Gebt ihr euch Rechenschaft über eure hermeneutischen Vorentscheidungen? Laßt ihr euch nicht stärker vom Blick auf die apokalyptische Verführung als vom Blick auf den auferstandenen und siegreichen Herrn prägen? Was tut ihr zur Förderung einer glaubenden, offenen, zuversichtlichen und einsatzbereiten Haltung und der Einheit unter Christen? Rufen die Charismatiker nicht zu Recht den Glaubensfaktor bzw. die Wirklichkeit des gegenwärtigen Christus und seiner Macht in Erinnerung? Streitet ihr zu Recht für das Extra Nos, die objektive Grundlage des Heils und die Wortgebundenheit des Geistes, erinnern die Charismatiker nicht zu Recht an die Freiheitsdimension des Geistes und das Moment auch der subjektiven Erfahrbarkeit (und damit an ein urpietistisches Element)?

Kapitel D

Anfragen und Anstöße zum Weiterdenken

In dreifacher Weise soll nun abschließend auf Grund der Beobachtungen im Feld enthusiastisch-charismatischer Frömmigkeit und in Aufnahme von Anstößen aus dem Durchgang durch die behandelten Äußerungen zu "Charisma und Unterscheidung" ein gewisses Resümee gezogen werden. Zunächst fragen wir 1) nach dem *systematisch-pastoralen Ort des Charismatischen* und möglichen Kategorien der Einordnung. Dann soll als ein mögliches Modell pastoralen Umgangs 2) *Rat und Verhalten Gerhard Tersteegens* im Blick auf außerordentliche Phänomene vorgestellt werden. 3) In *Thesen zum Thema "Charisma und Unterscheidung"* sollen wichtige Leitlinien und Grenzmarkierungen festgehalten werden.

Ein abschließendes, ein für allemal geltendes dogmatisches Urteil über die Strömungen und Phänomene zu geben, ist nicht beabsichtigt. Die komplexen Zusammenhänge, das Spektrum der Erscheinungsformen sowie enthaltene berechtigte Anliegen lassen keine einlinigen und nur abwehrenden Antworten zu. In der gesamten Arbeit waren wir bemüht, mehr induktiv in die Fragen einzuführen, zu eigener Urteilsbildung zu helfen und zum rechten Umgang anzuleiten. Die Aufgabe der "Unterscheidung der Geister" ist jedem Christen bleibend aufgetragen. Niemand kann sich davon dispensieren. In unserem Fall bezieht sie sich sowohl auf persönliche wie gemeinschaftliche Frömmigkeitsvollzüge als auch auf theologische Fundamentalfragen wie das Verhältnis von Geist, Gnade, Kirche, Amt, Schrift. Die hier getroffenen Vorentscheidungen sollten im Umgang miteinander und in der Auseinandersetzung nicht überspielt, sondern bewußt gemacht und klar benannt werden. Sie sind nicht einfach zu überspringen. Im geduldigen Gespräch könnten aber Engführungen der eigenen Tradition bewußt werden und zu weiterem Nachdenken und verantwortungsvollen Korrekturen führen, die sowohl dem anvertrauten Erbe als auch zukünftigen Entwicklungen Rechnung tragen.

D.1
Zu grundsätzlichen systematisch-pastoralen Aspekten der Einordnung und Beurteilung des Enthusiastisch-Charismatischen

1.1 Charisma (*Berufung und Dienst*) als Differenzierung der Heiligung bzw. als drittes Moment der Gnade neben Rechtfertigung und Heiligung[1]

Es läßt sich nicht bestreiten, daß bei den Reformatoren die charismatische Dienstgemeinschaft der Kirche wenig entwickelt ist. Gerade hier liegt eine der berechtigten Anfragen der Pfingstkirchen und der CB und einer ihrer Beiträge. Diese Dimension ist eigenständiger zu entfalten. Indirekt kann man dabei aus dem Verständnis und der Zuordnung von Rechtfertigung und Heiligung bei den Reformatoren lernen.[2] Wie Rechtfertigung und Heiligung im Spannungsfeld zwischen dem ersten und zweiten Adam erfolgen, so auch die charismatische Betätigung. Der weite Horizont ist die trinitarische Verankerung und die eschatologische Ausrichtung. Das Charismatische könnte etwa unter der Kategorie der *Berufung* bzw. des *Dienst*es als *Differenzierung des Heiligungsgeschehens* auf den Nächsten, auf Gemeinde und Welt hin eingeordnet werden. Nach reformatorischem Verständnis ist dabei die *Rechtfertigung bleibend vorgeordnet*. Während die Rechtfertigung durch den *Totalaspekt* gekennzeichnet ist, ist für die Heiligung und das charismatische Dienen der *Partialaspekt*, das Fragmentarische und der Wachstumscharakter auf Vollendung hin charakteristisch.

Charismen sind wichtig für die Auferbauung der Gemeinde und für den Dienst, aber sie sind nicht gleichrangig mit der Heilsfrage und sollten nicht mit dieser verquickt werden. Die Felder sollten unterschieden, aber auch nicht getrennt oder einander entgegengesetzt werden. Insgesamt stellt sich die Aufgabe, die Polarisierung der beiden Größen Charis und Charisma zu überwinden.[3] Daß die Lehre vom Heiligen Geist und die Dimension der charismatischen Gaben und Wirkungen in der dogmengeschichtlichen Entwicklung des Mittelalters mehr oder weniger in der Gnadenlehre aufging, die Charis gewissermaßen die Charismata absorbierte, ist eine Engführung.[4] Wo die unumkehrbare Zuordnung und Gewichtung beachtet wird, spricht nichts gegen eine Differenzierung und Neugewinnung dieser Seite des Geisteswirkens, ja unter dem Gesichtspunkt des Dienstes am Leib der Gemeinde und in der missionarischen Sendung ist sie unverzichtbar. Die Rede von einem dritten Moment der Gnade sollte nicht im Sinn einer höheren, von den anderen beiden Aspekten unabhängigen, losgelösten Stufe mißverstanden werden. Sie könnte jedoch helfen, die Dimension des Charismatischen deutlich ins Bewußtsein zu rücken, den Einsatz und die Einbindung der Charismen zu fördern und einem freien Vagabundieren wehren. Nach dem Zeugnis der Schrift gibt es Raum für die Verschiedenheit der Glieder und Gaben, für Differenzierung auf dem Grund der einen Charis, in dem einen Herrn und einen Geist (I Kor 12,4-6).

1.2 Mögliche Verortung des Charismatischen im Ansatz reformatorischer Theologie bzw. im volkskirchlichen Kontext: *Konfirmation - Erwachsenen-Katechumenat/ Glaubenskurs - Evangelisation - Gemeindeaufbau*

Peter Brunner hat in klassisch lutherischer Position vom Taufsakrament her die grundlegende Geistverleihung bzw. vom Amtsgedanken her - d.h. in Differenzierung bzw. im Gegenüber zum Amt[5] - die *Begabung der Christen mit den Charismen* thematisiert und von einem zunehmenden *Wachsen im Geistbesitz und den Gaben* gesprochen.[6] Brunner sieht die *Taufe* in notwendiger Verbindung mit *missionarischer Verkündigung und katechetischer Unterweisung* stehen sowie mit einer unter Handauflegung vollzogenen *Charismen erweckenden Segnung des Täuflings.*[7] Im volkskirchlichen Rahmen ist nach Brunner der rechte *Ort* dieser Segnung und Charismenverleihung die *Konfirmation.*

Auch wenn man die lutherische amtsbezogen-sakramentale Ausprägung mit der starken Gegenüberstellung von Amt und Gemeinde nicht teilt,[8] sind seine Ausführungen bedenkenswert. Sie müßten allerdings im Blick auf die Tauf- und Konfirmationsnot in der real-existierenden volkskirchlichen Wirklichkeit der Gegenwart neu bedacht und in diese bzw. im Blick auf die sich abzeichnenden langfristigen Veränderungen transponiert werden. Hier ist etwa von H. Mühlens Pastoralmodell und seinen Gestaltungsvorschlägen zu lernen, die er im Kontext des epochalen Umbruchs der abendländischen (Kirchen-)Geschichte macht. Er sucht dabei die sakramental-ekklesiale Tradition mit evangelistisch-missionarischen, pietistisch-charismatischen Elementen zu verbinden (vgl. Neu-Evangelisierung des Gottesvolkes, Katechumenat für Getaufte, Umkehr-Liturgie, Tauf-Erneuerung, Firm-Erneuerung). Da die Rahmenbedingungen eines lebendigen Hineinwachsens in den Glauben immer seltener gegeben sind, müssen neue Wege gegangen werden. Die Grundherausforderung besteht darin, die Menschen zu einer bewußt erfahrenen und gelebten Christusbegegnung, -beziehung und einer entsprechenden Lebensgestaltung zu führen. Angesichts der diffuser werdenden religiösen Gesamtsituation und des leisen Auszugs vieler Menschen aus der Kirche ohne ein Nein zu Christus stellt sich im volkskirchlichen Rahmen - solange er noch gegeben ist - mehr denn je die Frage nach Bedeutung, Ort und Gestalt des neutestamentlichen Rufs zur Umkehr in diesem. Ohne zu sehr zu drängen, aber auch ohne zu ängstlich zu sein, gilt es, die Menschen zum Glauben und zu verbindlicher

Christusnachfolge einzuladen und herauszufordern. Mühlen betont zu Recht, daß *bewußter auf Umkehr hin* zu *predigen und* zu *handeln* ist, und nimmt damit ein klassisches Anliegen von Pietismus und Erweckung auf. Im Entwurf einer Umkehrliturgie sucht er dies in der Gestalt einer *Tauf-* bzw. *Firm-Erneuerung* mit seiner katholischen kirchlich-sakramentalen Tradition zu verbinden und ein bewußtes *öffentliches Stellen zum sakramentalen Grundgeschehen* zu ermöglichen. Tauf- bzw. Firm-Erneuerung akzentuiert Mühlen bewußt pneumatologisch und bindet die Betonung einer besonderen *Geist-Erfahrung und charismatischer Begabung,* wie sie in PB und CB vertreten werden, unter dem Aspekt einer *Differenzierung der Gnade als Dienstbegabung* neben der Rechtfertigungsgnade in diesen Vorgang ein.

Auch wenn man der in PB, Neo-PB und Teilen der CB üblichen Interpretation der Geisterfahrung als "Geistestaufe" im Sinne einer höheren Stufe nicht folgen kann und auch die Erwartung eines enthusiastischen Durchbruchserlebens mit Glossolalie als Normalgestalt aus guten biblischen Gründen nicht teilt, ist doch die *Herausforderung* gegeben, in Verkündigung und Lehre wie im geistlichen Vollzug *den Heiligen Geist und seine Wirkungen deutlicher zu akzentuieren,* als es in der Vergangenheit geschehen ist.[9] Hier liegen Anfragen an Lehre und Praxis sowohl des volkskirchlich-sakramentalen Modells als auch an das traditionelle pietistisch-evangelikale Evangelisations- und Bekehrungs- Modell[10] und Aufgaben für die Zukunft. Sowohl die klassischen Formen von Evangelisation und Gemeindeaufbau als auch die Bemühungen um zeitbezogene neue Wege sollten theologisch und pastoral im Blick haben, falsch *enggeführte Christozentrik und Soteriozentrik pneumatologisch-trinitarisch* bzw. *stärker nachfolge- und dienstbezogen zu weiten.* Dabei geht es nicht um eine Vermischung der Kategorien von Rechtfertigung und Heiligung bzw. Dienst, sondern um eine bewußte Einbeziehung und Zuordnung bei bleibender Unterscheidung auch unter dem Aspekt einer *Vergewisserung und Ermutigung zum Dienst.*

Insgesamt ist festzuhalten, daß der Heilige Geist und die Charismen nicht von der konkreten Gestalt Jesu von Nazareth[11] und unserem Leben unter seiner Herrschaft zu trennen sind. Daß die Kirche ihren Ort im dritten Glaubensartikel hat, gilt es zu realisieren. Dies geschieht in der rechten Weise aber nicht durch eine einseitige Konzentration auf den Geist, sondern trinitarisch. Einem Pneumatozentrismus ist die trinitarische Gestalt des christlichen Gottesglaubens korrigierend entgegenzuhalten. Geisterfahrung kann es ferner nicht losgelöst vom Evangelium geben. Sie gehört in den Kontext von Umkehr, Glaube, Taufe, Konfirmation, Gemeinschaft im Herrenmahl, Sündenbekenntnis und Absolution. Daß auf eine vergewissernde Erfahrung zugearbeitet wird, ist nicht grundsätzlich abzulehnen. Vermieden werden sollte aber ein Starren und falsches Fixiertsein auf punktuelle Erlebnisse und außerordentliche Erfahrungen. Zu leicht übersieht man darüber die Wegdimension von Glaube und Nachfolge. Das Durchdrungenwerden von der Gewißheit des Geistes führt notwendig zum *Zeugendienst.* Eine Einengung des Geisteswirkens auf den seelischen Innenbereich gilt es zu überwinden, reicht es doch - wenn in dieser Weltzeit auch fragmentarisch - etwa als Heilung sehr real hinein auch in unsere *Leiblichkeit.*[12] Was die Charismen angeht, ist die *Mannigfaltigkeit* und der *Dienstaspekt* herauszustellen. Die Charismen können sich je nach sich verändernder Situation in Kirche und Welt wandeln. Sie stehen zugleich in Zusammenhang mit der unverwechselbaren Lebensgestalt des einzelnen.

1.3 Umkehr-Erfahrung, Geist-Erfahrung und Charismatik: *S p a n n u n g und Z u s a m m e n g e h ö r i g k e i t von Wachstum und Krisis, alltäglichem Gehorsam und Erwartung des Außergewöhnlichen, Natürlichem und "Über"-Natürlichem*

Sowohl die Akzentuierung eines *Wachsens aus der grundlegenden Umkehr heraus,* wie sie im Pietismus oder in der CE (H. Mühlen) zu finden ist, als auch die Betonung der *Umkehr als täglichem "Wiedergang und Zutreten zur Taufe"* (GK IV,79) in der lutherischen Tradition können ein gewisses Recht für sich in Anspruch nehmen. Exemplarisch verkörperten im letzten Jahrhundert J.Chr. Blumhardt und W.Löhe diese beiden Pole der Zuordnung von Rechtfertigung und Heiligung. Während Blumhardt sich stärker im Vorschein des endzeitlichen Einbruchs der Christusherrschaft in die Satanstyrannei weiß und *das Außerordentliche* in den Blick nimmt, drängt Löhe nicht ohne weltweites Engagement und ökumenische Impulse beharrlich auf den schlichten *Alltagsgehorsam*.[13]

Die Spannung, die sich zwischen Alltag und Besonderem bzw. zwischen Gottes gewöhnlichem und außergewöhnlichem Wirken auftut, zeigt sich auch im Feld des Charismatischen, hier häufig festzumachen an der nicht unproblematischen Unterscheidung von "*Natürlichem*" und "*Übernatürlichem*".[14] Paulus kennt, wenn man so will, beides und unterscheidet gerade nicht so. Indem er den Begriff des Charismas verwendet, faßt er beide Aspekte zusammen und korrigiert damit eine Aufspaltung und Überbewertung des Extraordinären.

Geistliche Gaben und *natürliche Begabungen* dürfen nicht einfach identifiziert, aber auch ebensowenig einfach getrennt werden. Sie sind nicht schlechthin wider die Natur. Manche erscheinen als charismatische Potenzierung natürlicher Begabung, andere ohne erkennbare natürliche Voraussetzungen gegeben. Für eine natürliche Fundierung spricht die Tatsache, daß sie die Einheit des Leibes gefährden können, was nicht der Fall sein dürfte, wären sie reine Geisteswirkungen unter Ausschluß aller natürlichen Faktoren. "*Es bricht eben durch die Gaben und ihren Gebrauch immer zugleich die in ihnen geweckte und gesteigerte Natürlichkeit hervor. Mit den Geistesgaben gehen nur allzuleicht natürliche Schwächen, Eitelkeit, Selbstsucht u.dgl. Hand in Hand. Darum muß zu den Geistesgaben die Heiligung der Herzen hinzukommen*".[15] Nirgends erscheinen die *Charismen* als Zerstörung der natürlichen Voraussetzungen in der Gemeinde. **Sie setzen die natürliche Ausstattung weder außer Kraft, noch heben sie diese auf oder verneinen sie.** "*Sie sind immer so etwas wie eine höhere Ausrüstung der Gemeinde durch den Heiligen Geist. Und doch gelten für diese Ausrüstung besondere Bedingungen. Man ist nämlich dieser Ausrüstung nie sicher. Gott behält diese Gaben in seiner Hand. Sie weisen in eine absolut jenseitige, zukünftige Ordnung hinein. Sie haben, unerachtet ihrer Korrelation zur Natürlichkeit, etwas Unirdisches an sich. Sie entziehen sich dem von uns aus ermeßbaren und verfügbaren Zusammenhang von Ursache und Wirkung. Wir können sie nicht bewirken, sondern nur erbitten. Wir können sie nicht verdienen, können ihrer aber unwürdig werden. Wir können sie zwar hüten, pflegen und ehrerbietig bewahren, wir können sie aber nicht behalten, wenn Gott sie wegnimmt*" (W.Trillhaas).[16]

1.4 "Syllogismus Charismaticus" ?!

In weiten Teilen der PB wird das Zungenreden als objektiv verifizierbarer Beweis für den Empfang des Heiligen Geistes bzw. der "Geistestaufe"/ Geistesfülle gewertet. Für den einzelnen hat die Erfahrung der "Geistestaufe" bzw. des Zungenredens eine ähnliche Bedeutung und vergewissernde Funktion wie die Bekehrungserfahrung in der pietistisch-evangelikalen Bewegung, allerdings verstanden als höhere, zweite oder dritte Stufe der Heilserfahrung. Dies ist vom Gesamtzeugnis des Neuen Testaments und vom Verständnis der Rechtfertigung her abzulehnen, die eine solche Aufteilung nicht stützen. Zurückzuweisen ist auch das Mißverständnis der Glossolalie als Beweis für Geistbesitz im Sinne einer "securitas".[17] *Charismatische Erfahrungen können wegen ihres Partialcharakters, ihrer Vorläufigkeit und Teilhabe an der Zweideutigkeit dieses Äons nicht Grund der Heilsgewißheit sein.*[18] Analog zum "Syllogismus practicus" im Verhältnis von Rechtfertigung und Heiligung könnte man *aber eine abgeleitete, bestärkende Funktion auf dem Weg der Nachfolge*, einen "Syllogismus charismaticus", zugestehen, sofern die Gefährdungen von Besitz- und Substanzkategorien vermieden werden. Wie bei Calvin und Luther sollte die relative Anerkennung einer sekundären Vergewisserung des Glaubenden aber klar unterschieden und bleibend umgriffen bleiben von der allein heilsentscheidenden Rechtfertigung kraft der fremden Gerechtigkeit Christi.[19] Charismen und charismatische Erfahrungen sind *der Heilsfrage nachgeordnet.* Nach dem Zeugnis der Schrift sind sie weiter *der Lebensveränderung, den Früchten des Geistes beigeordnet,* wenn nicht sogar nachgeordnet (vgl. Mt 7,15-23; Lk 10,20; I Kor 13). Mit dieser Zuordnung sind Charismen und charismatische Erfahrungen - ein leicht entstehendes Mißverständnis - keineswegs für überflüssig erklärt, sondern *gerade von der Relativierung und Einordnung her sind dann positiv auch wirklich Freiräume zu eröffnen* und ist *zum Entdecken und zur Ausübung zu ermuntern.*

1.5 Korrektur einseitiger Frömmigkeitsprägungen ?!

Die Herausforderung an die klassischen Denominationen durch PB und CB/CE besteht u.a. in der betonten Akzentuierung der Erfahrungsdimension in Gestalt bewußter Integration des Emotionalen und Nicht-Rationalen in den Glaubensvollzug.[20] Während man stark vereinfacht sagen kann, daß in der reformatorischen Tradition das Schwergewicht auf dem *kognitiven Element* der Wahrheitserkenntnis des Evangeliums liegt,[21] die täuferische Tradition vorrangig durch das *willentliche Moment* (Gehorsam, Nachfolge und Heiligung) geprägt ist und der Pietismus das *Emotionale* in der christlichen Erfahrung (aber mehr ruhig, nach innen gekehrt als Friede, Ruhe, Ehrfurcht) betont, äußert sich pfingstlerisch-charismatische Frömmigkeit *emotional-expressiv.*[22] Auch wenn man implizit oder explizit erhobene Ansprüche, dies sei der eigentliche und einzig rechte Ausdruck wirklichen Christseins (Liedgut, Gottesdienste, Umgang miteinander, etc.) zurückweisen muß, stellen PB und CB/CE doch vor die Aufgabe, diese Aspekte von Frömmigkeit und Glaube zu bedenken und verantwortlich in die eigene Tradition, in volkskirchliche Wirklichkeit (und Kultur!) zu integrieren.[23] Nach evangelischem Verständnis muß dies ohne Zwang in Freiheit und Sorgsamkeit geschehen und kann nicht zur Pflicht gemacht werden. Gegenüber Superioritäts- und Alleinvertretungsansprüchen ist daran zu erinnern, daß es sich *auch* um *allgemeine Zeiterscheinungen* (um nicht zu sagen Modeerscheinungen) *von Religiosität* handelt, die der prüfenden Sichtung bedürfen, und daß auch Persönlichkeits- und Sozialisationsfaktoren eine nicht unerhebliche Rolle spielen und zu beachten sind. Es kann nicht darum gehen, als Gegenbewegung zur emotional defizitären, positivistisch-technisch- rational geprägten Moderne, Rationalität nun einfach durch ekstatisch-irrationale Ich-, Gemeinschafts- und Weltgefühle abzulösen. Die *theologisch-kirchliche Aufgabe* besteht darin, *Rationalität und Emotionalität aus der Tiefe des Glaubens zu verbinden* und die gegenwärtigen Bewegungen und Erscheinungen zu *prüfen und positiv-kritisch zu würdigen.*

Die Betonung der *Auferstehungs-, Sieges- und Freuden-Seite des Christseins* als vorherrschendes Moment "charismatischer" Frömmigkeit ist als *Korrektur überstarker Ausprägungen von Kreuzes- und Buß-Frömmigkeit* bzw. *von Engführungen aus der Betonung der Gefallenheit der Welt und der tiefen und bleibenden Sündhaftigkeit des Menschen* als Anfrage zu hören und als weitender Impuls aufzugreifen.[24] Gleiches gilt für die *Akzentuierung der Allmacht Gottes* und das *glaubensvolle Rechnen mit Gottes Eingreifen,* das *aktive Vorwärtsschreiten und Gestalten* im Kontrast zu *quietistisch-fatalistischer und pessimistischer Ergebenheits-Frömmigkeit.* Abzuwehren sind aber *triumphalistische Fehlwege,* Konzepte, *die* allein von der Auferstehung herkommend *das Kreuz hinter sich lassen möchten* und die bleibende Bezogenheit von Kreuz und Auferstehung auflösen bzw. *den "eschatologischen Vorbehalt" verdrängen,* das "Noch nicht" aufheben und nur im "Schon" leben wollen. Die *dynamische Dialektik von "Schon" und "Noch-nicht", von Kreuz und Auferstehung ist in glaubendem Erwarten von Zeichen des Eingreifens Gottes im Unterwegs zur Vollendung auszuhalten.*[25] Die Dialektik ist insofern dynamisch, als sie um Geist-Ausrüstung und Glaubensvollmacht weiß und im Vertrauen auf

Gottes Verheißungen Zeichen der Herrschaft Gottes schon jetzt erwartet und erbittet.[26] Eine Dialektik der Unbeweglichkeit und Untätigkeit entspricht nicht dem Zeugnis des Neuen Testaments, das von einem tiefen Wissen um die Zuwendung und Nähe Gottes und einer bewegenden Hoffnung auf Vollendung geprägt ist, das zu frohem Zeugnis befähigt und Mut hat zum glaubenden Handeln z.B. im Blick auf Krankheit und Heilung.

1.6 HERAUSFORDERUNGEN: Vom Einmann-System zur Teamarbeit und Einbeziehung aller - Von Versorgungsmentalität zur Dienstgemeinschaft - Von Besitzstandsdenken zu missionarischer Denk- und Lebensweise - Von der Monostruktur zur Vielfalt von Gottesdienst-, Gemeinde- und Lebensformen

Eine weitere grundlegende Herausforderung der klassischen Denominationen durch PB und CB/CE betrifft die *Ekklesiologie*, etwa darin, daß sie das paulinische Konzept des "*all member ministry*"[27] gegenüber traditionellem Amts- und Ordinationsdenken dezidiert vertreten und praktizieren.

Sicher ist der Ansatz der Reformation beim Evangelium von der Rechtfertigung des Sünders allein aus Gnaden und die Betonung des Miteinanders von Verheißung und Glaube und das damit verbundene Verständnis der Kirche als Geschöpf wie Dienerin des Gotteswortes bleibend von Bedeutung und fundamental. Daneben gilt es aber auch, *historisch bedingte Engführungen* zu *erkennen* und zu *korrigieren*.[28]Dies betrifft etwa die Heraushebung des öffentlichen Amtes der Verkündigung und Sakramentsspendung in der lutherischen Tradition im Unterschied zur Mehrgestaltigkeit der neutestamentlichen Ämter und die *nicht zum Zuge gekommenen Ansätze zu einem allgemeinen bzw. charismatischen Priestertum der Gläubigen*. In der reformierten Tradition sind die Ämter und Dienste stärker aufgefächert und bemühte man sich bewußter um die Eigengestalt der Gemeinden nach Vorgaben der Schrift, aber die Umsetzung des allgemeinen Priestertums ist auch dort nur begrenzt durchgeführt.[29] Hier ist von der täuferischen, pietistischen und erwecklichen Tradition, den klassischen Freikirchen, wie von der PB und CB/CE zu lernen, in deren Gemeindeleben und missionarischer Tätigkeit die *"Laien"* (als *gleichberechtigte Brüder und Schwestern im gemeinsamen Dienst bis hin zur Verkündigung und Sakramentsverwaltung und nicht nur als Zuträger eines eigentlichen Amtes* - wiewohl auch hier Theorie und Praxis nicht immer zusammenstimmen) und ihre Zurüstung zu mündigem Dienst tragende Faktoren sind.[30] Nicht zuletzt hier liegen die Gründe ihres Wachstums.

Von daher sind im volkskirchlichen Rahmen *alle Bemühungen zu unterstützen und zu verstärken, die* Fehlentwicklungen korrigieren und *zur Gesamttätigkeit des Leibes und zur Befähigung der Glieder zu Zeugnis und Dienst beitragen.*

Eine verantwortliche Praxis des Gemeindebaus muß nach Kl. EICKHOFF ("Gemeinde entwickeln für die Volkskirche der Zukunft") unbedingt folgende Aspekte enthalten: 1) das *Gewinnen,* 2) das *Sammeln,* 3) das *Schulen* und 4) das *Senden* von Gemeindegliedern und Mitarbeitern.

Diese vier Schwerpunkte hat zuvor auch B. KRAUSE als die vier *vorrangigen Mandate des Gemeindeaufbaus* herausgestellt, mit denen den volkskirchlichen Widersprüchen einer folgenlosen Taufe,[31] einer individualisierten Frömmigkeit,[32] einer pfarrerzentrierten Versorgungsmentalität[33] und eines privatisierten Evangeliums[34] zu begegnen ist. Er kennzeichnet die Aufgaben mit den Stichworten: 1) *Einladen* (Glaube) - 2) *Teilgeben* (Gemeinschaft) - 3) *Anleiten* (Dienst) - 4) *Befähigen* (Gaben):[35]

Abb. 12

Mandat I	Mandat II
EINLADEN	**TEILGEBEN**
Gott handelt durch Jesus Christus in der Kraft seines Geistes an Menschen und befreit sie zu ihrer persönlichen Antwort des Glaubens auf sein Wort.	Diese Menschen gewinnen Anteil am Leib Christi in einer den Glauben vertiefenden und gestaltenden Gemeinschaft mit anderen Christen.
GLAUBE	**GEMEINSCHAFT**
Mandat IV	**Mandat III**
ANLEITEN	**BEFÄHIGEN**
Sie wenden ihre Gaben an, indem sie als werbende Wahrheitszeugen für das Evangelium am diakonisch-missionarischen Dienst der Gemeinde teilnehmen.	Sie entdecken dabei die Gaben, die Gott ihnen schenkt, nehmen sie an, entfalten sie und üben sich darin ein, sie zur Ehre Gottes auszuüben.
DIENST	**GABEN**

Ähnliche Akzente setzt M. HERBST mit seinen drei "*kybernetischen Grundentscheidungen*" (Pfarrer, Laien, Fernstehende) im Programm eines "missionarischen Gemeindeaufbaus in der Volkskirche".[36] Die erste Grundentscheidung betrifft "die *geistliche Erneuerung und kybernetische Ausbildung des Pfarrerstandes*". Herbst plädiert hier für ein neues Selbstverständnis des Pfarrers, in dem eine einseitige Zentrierung und Vorordnung des Amtes vom Gedanken des allgemeinen Priestertums, des Leibes Christi und der charismatischen Begabung aller Glieder korrigiert und geweitet ist.[37] Er sucht einerseits das steile Verständnis eines radikalen Gegenübers des Amtes zur Gemeinde zu überwinden, andererseits aber auch die Auflösung des Amtes in eine bloße Delegationstheorie zu vermeiden.[38] Aufgaben des Pfarrers im missionarischen Gemeindeaufbau sind: 1) die elementare, werbende Bezeugung des Evangeliums; 2) das Entdecken und Fördern der Charismen;[39] 3) der Dienst an der Einheit;[40] 4) die Sorge um das geistliche Leben der einzelnen und der Gemeinde ("Der Pfarrer als Spiritual"); 5) neben der Zurüstung der Brüder und Schwestern zum Dienst auch selbst im Alltag der Welt Zeuge Christi zu sein;[41] 6) so zu leiten, daß die "Geleiteten" selbständig und ihrerseits wieder zu Leitern und Multiplikatoren werden.[42] Auf diesem Weg wird sich die Struktur der Gemeinde langfristig ändern. Dem Pfarrer werden mündige Schwestern und Brüder erwachsen und die Gemeinde wird weniger pfarrerzentriert sein. Das Ziel des Miteinanders von Pfarrer, Mitarbeitern und Gemeinde faßt Herbst zusammen in der Formel: "Der Pfarrer für die Mitarbeiter - die Mitarbeiter für die Gemeinde".[43] - In der zweiten Grundentscheidung, in der es um *die Laien* geht, nimmt Herbst eine "liegengebliebene Aufgabe der Reformation"[44] auf und skizziert Schritte bzw. Elemente auf dem Weg zu verantwortlicher Mitarbeit. Grundlegender Ansatzpunkt ist dabei der Ruf zur Umkehr, zu einer bewußten Annahme des Christusheils, die Herbst als "Tauferneuerung" entfaltet.[45] Er geht davon aus, daß sehr viele Getaufte nur christianisiert, aber nie evangelisiert wurden.[46] Ohne die wirkliche Erfahrung der Gnade bleibt das Priestertum aller Gläubigen aber eine Fiktion und der Dienst des Laien in der Welt ein hartes, unerfüllbares Gesetz. "Die theologisch entscheidende Reihenfolge von Indikativ und Imperativ wird verkehrt... Gesetz und Evangelium vermischt, wenn dem allgemeinen Priestertum der Glaubenden nicht die Hinführung zum persönlichen Glauben vorausgeht".[47] Weiter geht es in der zweiten Grundentscheidung um die Einführung in eine persönliche praxis pietatis, die sich an die Schwestern und Brüder gewiesen weiß und die

Sendung in den Dienst in Welt und Kirche annimmt. Unter dem Doppelaspekt der Sammlung und Sendung kommt im missionarischen Gemeindeaufbau dabei den kleinen geistlichen Zellen eine entscheidende Bedeutung zu.[48] Wort, Gebet und Gemeinschaft sind als Primärelemente im Leben des Mitarbeiters unabdingbar. Erst in zweiter Hinsicht geht es dann um den Dienst. Hier ist dann auch der Ort der Charismen.[49] - Die dritte kybernetische Grundentscheidung betrifft *die Fernstehenden* und hier besonders die Aufgabe von Mission und Evangelisation.[50]

Aus den Erfahrungen der Praxis des Gemeindeaufbaus hat Herbst sein Konzept modifiziert und die drei Grundentscheidungen auf sechs erweitert:[51] 1) Das schöne, einfache Evangelium Jesu Christi will gefeiert sein (Gottesdienst) - 2) Die Leiterschaft in der Gemeinde bedarf der geistlichen Erneuerung (Weitung des Blicks vom Pfarrer auf das Leitungsteam) - 3) Gemeindeglieder, die sich schon zum Leben der Gemeinde halten, werden in Hauskreisen gesammelt und sowohl zum eigenen geistlichen Leben als auch zum Dienst in Gemeinde und Gesellschaft zugerüstet - 4) Mitarbeiter und Mitarbeiterinnen wollen gesammelt, "gepflegt" und gesendet sein - 5) Wir wünschen uns einen der Liebe entsprechenden Lebensstil - 6) Wir wollen fernstehende Gemeindeglieder zur Umkehr einladen und in die Gemeinde integrieren.

Angesichts der zunehmenden Säkularisierung unserer Gesellschaft, aber auch der zunehmenden äußeren und inneren Emigration vieler (Noch-)Kirchenmitglieder und der abzusehenden Entwicklung auf eine Minderheitensituation der Christen hin, stellt sich die Aufgabe der *"Evangelisierung" nach innen und außen* und der Befähigung der Gemeinde hierzu mit verstärkter Dringlichkeit.[52] Die Fragen "Wie wird man Christ?" und "Wie bleibt man Christ?" bleiben brennend. Ebenso die Frage nach der Gestalt von Kirche und Gemeinde in der Zukunft. Die Volkskirchen stehen vor einem unausweichlichen Strukturwandel und schmerzhaften Umdenkungsprozessen. Unmissionarische, monopolistische Besitzstände wahrende Konzepte und Strukturen werden sich mehr und mehr als ungenügend erweisen, und die Kirchenleitungen tun gut daran, auf die Zeichen des Wandels zu achten, zu denen auch das Aufkommen und die Verbreitung enthusiastisch-charismatischer Bewegungen und Gemeindegründungen gehören. Geistbewegungen waren in der Geschichte der Kirche meist Such- und Reaktionsbewegungen im Übergang und bei allem Überbordenden und auch zu Recht zurückgewiesenen Einseitigkeiten zugleich auch Träger vorwärtsweisender Impulse. Es gilt es prüfend und das Gute behaltend aufzunehmen und verantwortlich in die eigene Tradition zu integrieren. Das emanzipatorisch-dynamische Moment des Geistes enthält zugleich mit den entsprechenden Gefährdungen die Kraft zu Neuem, zur Überwindung von Erstarrungen und Engführungen der Vergangenheit. Ein Feld des Lernens von enthusiastisch-charismatischen Bewegungen betrifft die evangelistisch-missionarische Kreativität und Vielfalt und die Anleitung zum Bekenntnis aus persönlicher Erfahrung des Heils. Hierher gehören auch neue diakonisch-missionarische Bemühungen an sozialen Brennpunkten der Gesellschaft.

Ein Umdenken wird wohl verstärkt auch im Blick auf das Konzept einer flächendeckenden, gleichgerichteten, parochialen Versorgung einsetzen müssen. Das Parochialsystem erreicht viele Menschen nicht mehr und ist durch deutlicher *zielgruppen- und richtungsorientierte Angebote und Gestaltungen* zu ergänzen.Besonders im städtischen Bereich, aber nicht nur da, sind je nach örtlichen Gegebenheiten, Gaben und Kräften verstärkte kreative Bemühungen um ein *"zweites oder drittes Programm"*, z.B. im Blick auf das gottesdienstliche Angebot angezeigt (Raum für Spontaneität, Partizipationsmöglichkeit für viele, Verbindung von Alltag und Gottesdienst, Elemente von Fest und Feier etc.).[53] Aber nicht nur im Blick auf den Gottesdienst, auch im Blick auf die grundlegende Gestalt und Ausrichtung der Gemeinde sind angesichts des gesellschaftlichen Pluralisierungsprozesses Überlegungen zu ergänzenden Alternativen anzustellen, die eine stärkere Identifikation ermöglichen und Wahlmöglichkeiten bieten. Ohne den "Regelfall" der parochialen Ortsgemeinde aufzugeben,[54] sollten Kirchenleitungen dieser Entwicklung nicht nur negativ abwehrend begegnen, sondern *juristisch und praktisch Raum* für solche Initiativen und Neugestaltungen wie kommunitäre Wohn- und Lebensgemeinschaften,[55] Hauskirchen und Basisgemeinden,[56] Richtungsgemeinden in Stadt- bzw. Dekanatsbezirken,[57] Missionsstationen[58] und Tochtergemeinden (Neugründungen)[59] etc. *schaffen*. Für alle genannten Möglichkeiten ist aus den weltweiten Erfahrungen der PB, CB und CE zu lernen. Mit der Öffnung für alternative Gemeindeformen und größerer Differenzierung stellt sich zugleich auch verstärkt die Aufgabe, die Einheit in der Vielfalt deutlich zu machen, ist um Klärung des Verbindenden zu ringen, sind mit neuen Modellen der Zuordnung auch neue Dialogstrukturen zu entwickeln.

D.2

G. Tersteegens Rat und Verhalten als Modell eines moderierenden pastoralen Umgangs mit enthusiastisch-charismatischen Erscheinungen

Auch wenn man G.Tersteegens mystisch-quietistische Akzentuierung des Christseins[1] so nicht teilt und zu Recht das aktive, weltgestaltende bzw. missionarische Moment, den Dienst- und Gemeinschaftsaspekt sowie die Bedeutung von Lehre und Kirchengestalt stärker betont, sind seine Äußerungen zu Fragen des Enthusiastisch-Charismatischen auch für die gegenwärtigen Fragestellungen aktuell. Transponiert man sie auf das stärker vom Dienst-, Gemeinschafts- und Sendungsgedanken geprägte expressiv-aktive Erscheinungsbild der enthusiastisch-charismatischen Bewegungen der Gegenwart, bieten sie hilfreiche Leitlinien zum Umgang im Einzelfall und im Blick auf das Gesamtphänomen. Tersteegen wehrt nicht grundsätzlich ab, aber er korrigiert Überbetonungen und Fehldeutungen und führt auf Wesentliches. Seine Einschätzung und Beurteilung ist ein Modell der "Unterscheidung der Geister", der Prüfung, Würdigung und Grenzmarkierung in evangelischer Tradition. Gerade weil sein Hauptbeitrag für Kirche und Theologie im Bereich der Spiritualität, des geistlichen Lebens, liegt, haben seine Ausführungen besonderes Gewicht, geht es doch auch im Feld des Charismatischen ganz stark - um nicht zu sagen vorrangig - um den Frömmigkeitsvollzug, um die Erfahrungsdimension des Glaubens bzw. des Geistes. Daß in diesem Feld auch theologische Grundfragen und Einzelaspekte christlicher Lehre zur Debatte stehen, soll nicht übersehen werden.

2.1 Grundzüge der Frömmigkeit Gerhard Tersteegens

Tersteegen hatte nach persönlicher Gottesbegegnung gesucht und nach schweren Durchgängen einen neuen Zugang hierzu gefunden. Ausgangspunkt war nicht die pointierte reformatorische Frage nach der Heilsgewißheit, sondern die Frage nach den Bedingungen unmittelbarer Gotteserfahrung in einer zunehmend säkularisierten Welt. Er kam zu einer inneren Erfahrung der quietistisch-mystischen Grundantwort, die zusammengefaßt werden kann in dem Wort Jesu *"Nicht mein, sondern dein Wille geschehe!"*, d.h. im Durchkreuztwerden des Eigenen. Die menschliche Eigenmächtigkeit war ihm als Grundhindernis des rechten Umgangs mit Gott deutlich geworden. Diese *"Eigenheit"* kann sich in verschiedenen Formen zeigen: in diesseitiger Gleichgültigkeit, in frommer Selbstbehauptung und Rechthaberei - sei sie pietistisch oder orthodox -, oder in der bewußten Hervorkehrung und Verteidigung menschlicher Selbstbestimmung und Unabhängigkeit.[2] Der Grundzug seiner Frömmigkeit ist *quietistisch* und nicht aktivistisch. Alles ungeduldige

Drängen und Machen ist dem Kindessinn, der Einfalt, Stille, Sanftheit und Demut zuwider. Die wahrhaft christliche Grundhaltung ist die "mystische", das "Sich-Lassen" des Menschen, das Ja-Sagen zum Kreuz, Selbstentwerdung, Selbstverleugnung und der schlichte, stille Wandel in der Gegenwart Gottes.[3]

Mystik als Erfahrungserkenntnis

Tersteegen trat entschieden für die Pflege der "mystischen Theologie" ein,[4] die er als "*christliche Gottseligkeit in ihrer besten Kraft, Schönheit und Völligkeit*" verstand.[5] Er belegte ihre Legitimität mit Schriftstellen und wies den gegen sie erhobenen Enthusiasmusvorwurf zurück. Unter Mystik verstand er "denjenigen Grad der Erfahrungserkenntnis Gottes, welchen Paulus und alle Mystiker nach ihm genannt haben die *Erleuchtung, welche der Apostel den Gläubigen* (Eph 1,17.18f) *noch erbittet* (weit unterschieden von der anfänglichen Erleuchtung; Act 26,18; Hebr 10,32)".[6] Zur Mystik gehört nach Tersteegen "demnach und ferner... das *Bleiben in Jesu;* das *Anhangen an Gott, um Ein Geist mit ihm zu werden;* das *Wandeln in der Gegenwart Gottes;* das *Anbeten im Geist und in der Wahrheit;* die *wirksame* und *leidendliche Reinigung von allen Befleckungen des Fleisches und des Geistes* (welche was anderes ist als die anfängliche Reinigung von den toten Werken); die *Ausgießung der Liebe Gottes ins Herz,* eine Liebe, welche endlich alle Furcht austreibet; *die Salbung,* welche in allen Dingen lehret; das *Beschauen der Herrlichkeit Gottes* mit aufgedecktem Angesicht; die *Offenbarung oder Inwohnung Gottes in der Seele* (welche auch den gläubigen Korinthern noch eine Verheißung war); *das Leben Gottes,* da der Mensch oder das Ich nicht mehr lebet sondern *Christus in ihm;* das *Wandeln im Himmel;* der *Friede Gottes,* welcher über allen Verstand ist; das *Vollkommensein in eins,* usw. - Dieses und unzählig anderes, welches wir wörtlich in der Schrift ausgedrückt finden, heißt und ist mystische Theologie, wovon sich die Leute so fürchterliche Vorstellungen machen".[7]

Mystik als Entfaltung und Weiterführung des neuen Lebens

Mystische Theologie besteht für Tersteegen in der Entfaltung und Weiterführung des geistlichen Lebens *auf der Grundlage der Schrift und des Versöhnungswerkes Christi.* Diese Grundlagen sind unaufgebbar, *aber bei der Anerkennung derselben will es der Mystiker nicht belassen. Er strebt danach, weiter voranzuschreiten,* ohne die Grundlagen zu verachten: "Ein Mystiker setzt zum Voraus zum unbeweglichen Fundament alle Wahrheiten der heiligen Schrift, auch besonders die durch Christum geschehene Versöhnung; aber er läßt es nicht dabei bewenden, daß er nur allein und immerdar dieses Fundament besehe und davon rühme, sondern er siehet hauptsächlich zu, daß auch was Schönes, Gold, Perlen und Edelsteine auf dieses Fundament gebauet werde... Dennoch aber kann ein wahrer Mystiker auch nach den Umständen mit unverstellter Andacht und Herzensveneration sogar von den ersten Anfängen christlicher Lehre reden, lesen, und hören. Nichts ist ihm zu klein und gering, was von seinem göttlichen Vorwurf kommt, was von demselben zeuget und dahin weiset...".[8]

Einbildung auf vermeintlich höhere Geistlichkeit würde dem Verständnis und Grundanliegen der mystischen Theologie zuwiderlaufen. Tersteegen schreibt hierzu: "Ein hochmütiger Mystiker ist eine Mißgeburt, eine sich selbst widersprechende Redensart".[9]

Una sancta mystica

Ekklesiologisch vertrat Tersteegen einen Standpunkt der "*Unparteilichkeit*". Mystiker können nach ihm bei Katholiken, Protestanten und Orthodoxen "ohne Präjudiz ihrer besonderen Lehrsätze und Religionsübungen" gefunden werden.[10] Er streitet nicht mit anderen Konfessionen. Damit will er aber nicht sagen, daß es nicht auf Lehrfragen ankomme. "Keineswegs! Zuvörderst müssen alle zur Seligkeit erforderlichen Grundwahrheiten ihre Richtigkeit bei uns haben; in allem übrigen ist ein jeder im Gewissen verpflichtet, so zu glauben und zu handeln, wie er's vor Gott und nach der Schrift am richtigsten zu tun urteilet".[11] In zentralen Lehrpunkten kann es keine Gleichgültigkeit geben, aber in den übrigen Fragen muß die Freiheit des Gewissens gewahrt werden. In einem Brief fügt er hinzu, was er als entscheidend für das Christsein erachtet: "Ich glaube, daß sowohl in der Partei der Römisch-Katholischen als unter den Lutheranern, Reformirten, Mennonisten die Seelen, nicht weniger als unter den Separatisten zu den höchsten Gipfeln der Heiligung und Vereinigung mit Gott gelangen können. Wenn aber einer in seinem Gewissen überzeugt ist, diese oder jene Kirchengebräuche seien wider Gott, und ihm an seiner Heiligung hinderlich, ist er verpflichtet, sich solcher Dinge zu enthalten... Mir selbst und aller Kreatur zu sterben, damit ich in Gott leben möge in Christo Jesu, das ist mein ganzes Geheimniß des Glaubens".[12]

In diesem Sinn glaubt Tersteegen eine "una sancta mystica". In der Vorrede zu den Lebensbeschreibungen heiliger Seelen schreibt er: "Die Kirche ist nichts anderes als die Versammlung der Heiligen oder *die von Zerstreuung in Creatur und Eigenheit zu Gott versammelten und mit ihm in Christo vereinigten Seelen*. Aller andere Name oder Unterschied gilt vor Gott nichts. Sagst du nun: diese heiligen Seelen sind nicht von meiner Partei, schneidest du dich damit ab von der Gemeinschaft des Hauptes und der Glieder".[13]

Tersteegen, der sich anfänglich an den schroffsten Separatisten orientiert hatte, nahm zunehmend eine kritische oder distanzierte Haltung zu neuen kirchlichen Sonderbildungen, z.B. gegenüber den Herrnhutern[14] oder der Ellerschen Sozietät ein. Sein Interesse war auf die Gemeinde der wahren Heiligen über alle Grenzen hinweg gerichtet. So kann er schreiben: "Ein Separatist kann auch ein Mystiker sein oder werden, obgleich ein wahrer Mystiker nicht so leicht ein Separatist wird: er hat wichtigere Sachen zu tun".[15]

2.2   Akzentuierung des Geisteswirkens

Innere und äußere Heiligung

Die "mystischen" Anliegen Tersteegens prägen auch seine Sicht des Wirkens des Heiligen Geistes. Auch in diesem Topos tauchen die Gesichtspunkte der *Heiligung*, der *Durchkreuzung der alten Natur*, der *Weltverleugnung und Selbstverleugnung* und das "*Sich- Lassen*" des Menschen auf.

Zwei überlieferte "Geistliche Reden" zu Pfingsttagen[16] machen deutlich, wie stark er das Wirken des göttlichen Geistes in der inneren und äußeren Heiligung des Lebens sieht. Der Gesichtspunkt *des missionarischen Zeugnisses oder auffällige Erscheinungen* und Kraftwirkungen des Geistes *spielen* in diesen Ausführungen *keine Rolle*.

Vorbereitung auf den Empfang des Geistes

In der ersten Rede handelt Tersteegen von der "nöthigen Vorbereitung um den werthen heiligen Geist empfangen zu können" und in der zweiten von der "Pflicht, welche uns oblieget, den von GOtt empfangenen Gast gebührend zu behandeln".[17] Die Erfüllung mit dem Geist ist Gottes Tun, in welchem er uns "wofern wir seiner Verdienste theilhaftig werden sollen,... auch seiner Göttlichen Natur theilhaftig machen (muß) und die Gerechtigkeit, von dem Gesetz erfordert, durch seinen Geist auch in uns erfüllen, wie er sie außer uns erfüllet hat".[18]

Im weiteren behandelt Tersteegen dann fünf "zur Feyrung des Pfingst-Tages und Empfangung des heiligen Geistes höchst nöthige Vorbereitungs-Stücke".[19] Zur Vorbereitung gehören: das willige Eingehen auf die ersten Rührungen zur Buße; das beständige Weitergehen in der eingeschlagenen Richtung; der vertraute und kontinuierliche Umgang mit anderen Gotteskindern; äußere und innere Sammlung zum Gebet sowie ein aufrichtiges Verlangen und ein unermüdliches Erwarten der Mitteilung des Geistes.[20]

Hauptwirkung des Geistes: Überwindung des alten kreatürlichen Wesens

In den Darlegungen zum fünften Hauptpunkt stellt Tersteegen als "Haupt-Wirckung und recht merckliche Eigenschaft des Pfingst-Geistes" heraus: "Je mehr der GEist JEsu Christi in das Hertz kommt, destomehr wird durch dessen Kraft, als durch einen gewaltigen Wind, die Welt und Creatur darinnen zu Boden geschlagen...".[21] - "Die Geringschätzung also der irdischen Dinge und unserer selbst ist die erste und wesentliche Wirckung des heiligen Pfingst-Geistes. Zum andern entzündet dieser Geist auch in unsern Hertzen die Liebe GOttes und JEsu Christi... Denn wenn der feurige Wind, das göttliche Liebes-Feuer, in das Hertze kommt, so wird alles was irdisch und vergänglich ist, zu Boden geschlagen, GOtt aber allein hoch und werth geschätzet. Man spüret in seinem Innwendigen die zarteste Neigungen zu seinem GOtt und Heylande...".[22]

Befestigung und Bewahrung, Erneuerung und Umgestaltung

Als weitere Wirkung des Geistes nennt Tersteegen, daß er das Herz "ganz voll machet, also, daß die Welt darinnen keinen Raum und Platz mehr findet, weil dieser Gast sich gantz allein HErr und Meister davon machet. Die erste Jünger und Gläubige waren von der seligen Ober-Herrschaft dieses Pfingst-Geistes so gar eingenommen, daß sie weder ihrer Zungen noch eines andern Gliedes mehr mächtig waren, sondern gleichsam gezwungen waren, so zu reden, wie der Geist ihnen gab auszusprechen. Sie konnten nicht mehr reden, wie sie nach ihren Kopf, nach ihrer Gelehrsamkeit und Wissenschaft wolten, nein! sondern sie mußten reden und thun, wie der heilige Geist wolte. Eben also gehet es mit einem jeden Menschen, bey welchem der heilige Geist seine Wohnung machet, da erfähret man die selige Ober-Herrschaft unsers HERRN JESU CHristi in dem Hertzen. Dann der heilige Geist ist der Scepter, so aus Zion in unsere Hertzen gesandt wird, der sich alles unseres Willens und Verlangens, alles unseres Thuns und Unterlassens und aller unserer Neigungen und Begierden bemächtiget und uns sich gantz unterthänig machet".[23]

In der zweiten Rede behandelt Tersteegen zunächst das fortwährende Wirken des Geistes an der Seele: sein Befestigen, Bewahren, Umgestalten und Erneuern.[24] Im Anschluß daran spricht er dann seelsorgerlich über Verhaltensweisen auf seiten des Menschen, die den Geist Gottes betrüben.[25]

"Sich lassen"

Auch zwei Pfingstlieder weisen auf Tersteegens Akzentuierung des Geisteswirkens. So umkreist er in dem Lied "O Gott, o Geist, o Licht des Lebens"[26] in den Versen 2-4 den *Heiligungs- und Reinigungsaspekt* und und in den Versen 6-8 das *Sich-Öffnen der Seele* für das sanfte Wirken des Geistes. Der Mensch kann und soll sich durch Stille und Einkehr bereiten, aber alles Göttliche und Wesentliche muß ihm geschenkt werden. Er soll "sich lassen" und das Handeln Gottes an sich geschehen lassen. Drängerei und Unruhe, d.h. Eigenes, wäre dem sanften Wirken des Geistes eher im Wege. Sie laufen dem sanften Wesen des Geistes zuwider:

"2. *Entdecke alles und verzehre,*
was nicht in deinem Lichte rein,
Wenn mir's gleich noch so schmerzlich wäre,
Die Wonne folget nach der Pein!
Du wirst mich aus dem finstern Alten
In Jesu Klarheit vergestalten.
3. *Mein'm Sündengift ist nicht zu steuern,*
Durchsalbe du mich, dann geschicht's,
Du mußt von Grund auf mich erneuern,
Sonst hilft mein eignes Trachten nichts;
O Geist, sei meines Geistes Leben,
Ich kann mir selbst kein Gutes geben!
4. *Du Atem aus der ew'gen Stille,*
Durchwehe sanft der Seele Grund,
Füll mich mit aller Gottesfülle
Und da, wo Sünd' und Gräuel stund,
Laß Glaube, Lieb' und Ehrfurcht grünen,
Im Geist und Wahrheit Gott zu dienen!"[27]
6. *O Geist, o Strom, der uns vom Sohne*
Eröffnet, und krystallenrein
Aus Gottes und des Lammes Throne,
Nun quillt in stille Herzen ein.
Ich öffne meinen Mund, und sinke,
Gib mir dies Wasser, daß ich trinke.
7. *Es hilft kein Wollen, Laufen, Zwingen,*
Ich halte mich nur eingekehrt,
Und lasse mich von dir durchdringen,
O Kraft, die mein Gemüt begehrt.
Doch mein Begehren sinket nieder
Und läßt sich dir zu Grunde wieder.
8. *Ich lass' mich dir und bleib' indessen*
Von allem abgespänt dir nah,
Ich will's Geschöpf und mich vergessen,
Dies innigst glauben: Gott ist da.
O Gott, o Geist, o Licht des Lebens,
Man harret deiner nie vergebens."[28]

Komm, Heil'ger Geist

Mit seinem Pfingstlied "Komm Heil'ger Geist, komm niederwärts" knüpft Tersteegen an die klassische Tradition der *Bitte um das Kommen des Schöpfergeistes* an. Mit einer Fülle von Bildern und Vergleichen umschreibt er dabei dessen lebendigmachende Wirkung. Der Heilige Geist erfüllt das kalte und finstere Herz mit Licht, Wärme und Liebe (V.1.5). Er ist der Geber guter Gaben (V.2.9), der Tröster der Betrübten (V.3.4), schenkt Leben, Kraft und Tugend (V.6), er reinigt und heilt (V.7), weicht Verhärtungen auf und bringt zurecht (V.8), gibt Gnade, Tugend und Heiligkeit und führt schließlich zur Vollendung (V.10).[29]

Individualistisch-innerliche Tendenz

In den beiden geistlichen Reden und in den beiden erwähnten Liedern hat Tersteegen das *Wirken des Geistes* ganz stark im Blick auf *Innenvorgänge* reflektiert. Damit ist eine Gefährdung zu individualistischer Innerlichkeit gegeben, auch wenn hier und da der Aspekt des Dienens anklingt. Die Kirche als objektive Größe kommt nicht vor. Die Aussagen über Gemeinschaft und brüderliche Liebe betreffen die Versammlungen und das Miteinander der wahren Gläubigen. Im zweiten Lied wird der Heilige Geist angerufen, daß er als der *"Geber guter Gaben"* kommen möchte (V.2) und dem armen Haufen derer, die ihm vertrauen, "ins Herz die heil'ge Siebenzahl" (nach Jes 11,2) seiner hohen Gaben schenken möchte (V.9). *Die paulinische Sicht mit der Vielfältigkeit der Gaben ist nicht reflektiert.* Seine Zurückhaltung im *Blick auf außerordentliche Phänomene* liegt in der Linie der enthusiasmus-kritischen Korrekturen am korinthischen Geistverständnis. Die reformatorisch-lutherische Akzentuierung und *Betonung des Zusammenhangs zwischen Geisteswirken, Schrift und Predigt findet sich nicht.*[30]

Gaben des Geistes

Geistaussagen besonders unter dem Blickwinkel der Gabenverleihung tauchen bei Tersteegen im Zusammenhang mit Überlegungen zu Himmelfahrt auf. So im zweiten Teil des Geistlichen Blumengärtleins im Anhang an die "kurzgefaßten Betrachtungen" zu Einzelworten aus den vier großen Propheten "auf das innere Leben gerichtet". Hier findet sich ein Reim, in dem er die *Gabenverleihung auf Grund der Inthronisation des Gottesohnes* über den Bereich der christlichen Gemeinde *auf die ganze Menschheit hin* ausdehnt.[31] In einem weiteren Reim freut er sich über die Segenswolken, die nun reichlich ausregnen werden und *bittet um ein Überströmtwerden mit der Taufe des Geistes.*[32]

In dem Himmelfahrtslied "Siegesfürste, Ehrenkönig, höchst verklärte Majestät" beschreibt Tersteegen den Zusammenhang zwischen der Ausgießung des Geistes und der *Ausbreitung und Vollendung der Herrschaft Christi.*[33]

2.3 Die Bewertung außerordentlicher Gaben, Phänomene und Erfahrungen

Keine grundsätzliche Ablehnung - Akzentuierung der zentralen Dinge des Christseins

Tersteegen bestritt das Vorkommen besonderer Gnadengaben und außerordentlicher Erfahrungen und Phänomene nicht. Er wußte aber auch um die dabei gegebenen Gefährdungen und den *untergeordneten Stellenwert* im Vergleich mit den wesentlichen Dingen des Christseins. Ihm ging es in seiner quietistisch-mystischen Gesamtschau um die *"wahre Gottseligkeit".* Und der Inhalt derselben kann *nichts sein, was nur einzelnen wenigen und nicht allen Gläubigen und auch nicht zu allen Zeiten geschenkt wird und widerfährt.* Hierzu rechnet er die besonderen Erscheinungen, Offenbarungen, Weissagungen, Wunderglaube usw. Wer solche besitzt, hat keinen Grund, sich etwas einzubilden. Wer solche nicht hat, soll sich hüten, aus Eigenliebe danach zu streben.[34]

Tersteegen sah *das Entscheidende des Christseins in wahrem Glauben, wahrer Liebe und echter Kreuzesnachfolge.*[35] "Gesichte, Offenbarungen, Einsprachen, Weissagungen und manche andere außerordentliche Dinge können zwar einem Mystiker auch ungesucht begegnen, gehören aber so gar nicht zum Wesentlichen der Mystik, daß alle erfahrenen Mystiker in Ansehung solcher außerordentlicher Sachen die wichtigsten Erinnerungen geben".[36]

Wissen um Gefährdungen

Tersteegen lehnte besondere Erscheinungen nicht grundsätzlich ab und verurteilte solche nicht von vornherein. *Insgesamt* aber war er sehr *zurückhaltend* und riet zumal wegen der naheliegenden Gefahr der Verführung durch fremde Geisteskräfte zu *gründlicher und behutsamer Prüfung.*

Die *Hauptgefährdung* der Besitzer von besonderen Charismata sah Tersteegen in *Stolz, Überheblichkeit und voreiliger falscher Sicherheit und Selbstzufriedenheit*: "Hat man nun dergleichen Gnadengaben, so gefällt man sich durchgehends darin und denkt oft heimlich, man sei nun Gottes Schoßkind, nun sei man heilig, ja besser als andere und könne einem der Himmel nun nicht mehr entgehen. Da vergißt denn die Seele oft die wahren allein sicheren Wege der Verleugnung und des Kreuzes und legt sich in das sanfte Bette der empfindlichen Erquickungen zur Ruhe nieder und will Hütten bauen, ehe die Reise vollendet ist".[37]

Kreuz und reine Liebe stehen über den Gaben

Verschiedene Reimsprüche geben Tersteegens Akzentuierung und sein Hauptanliegen prägnant wieder. So tritt die *Betonung des Kreuzes, der Selbstverleugnung, der Liebe und des ehrfurchtsvollen, stillen Durchdrungenseins von der Gegenwart Gottes* in den folgenden drei Reimen heraus:

> *"Ich erwarte nicht Gesichter,*
> *Wundergaben, hohe Lichter;*
> *Kreuz und reine Liebe haben,*
> *Acht' ich mehr als alle Gaben."* [38]

> *"Offenbarung, Wundergaben,*
> *Trost und Süßigkeiten haben,*
> *Ehre, Welt und Geld verachten,*
> *Vieles wissen und betrachten,*
> *Fasten, lesen, singen, beten*
> *Und mit Engelzungen reden:*
> *Alles dieses acht ich nicht,*
> *Wo man nicht den Willen bricht."* [39]

> *"In Liebesehrfurcht stumm*
> *Im stillen Herzensheiligtum,*
> *Von Gottes Gegenwart durchdrungen,*
> *Gilt mehr, als ein Gebet der Zungen."* [40]

Gaben, Geber und Demut

Das Anliegen des sich und die Gaben vergessenden *Überstiegs zu Gott selbst* als dem Geber und der *Haltung der Demut* ihm gegenüber kommt in folgenden Reimen zum Ausdruck:

> *"Gießt Gott viel Gaben in dich ein,*
> *So gieß sie wieder in die Quelle,*
> *So bleiben Gottes Gaben rein*
> *Und du im Nichts als deiner Stelle!"* [41]

> *"Gib Gott für alle Gaben Preis,*
> *Doch geh zum Geber durch die Gaben!*
> *Die beste Gabe, die ich weiß,*
> *Ist, ein gebeugtes Herze haben."* [42]

Da für Tersteegen Demut ein Grundkennzeichen des Christlichen schlechthin ist, gilt auch im Zusammenhang mit besonderen Geisterfahrungen seine seelsorgerliche Mahnung, alles, was ins Hohe und Außerordentliche führt, zu meiden wie die Pest.[43]

Nackter Glaube, Dunkelheit und Nichterfahrung

Tersteegen will Gott um Gottes willen lieben, und diese Liebe beweist ihre Echtheit gerade in Dunkelheit, in der Nichterfahrung, im Dennoch des nackten Glaubens:

> *"Wer da liebt und viel will haben,*
> *Liebt sich selbst und Gottes G a b e n;*
>
> *Lieben mit viel Trost und Licht*
> *Ist die beste Liebe nicht.*
> *Liebe G o t t im bloßen Glauben,*
> *Laß dir alles andre rauben,*
> *Kehrt Gott selbst sich auch von dir -*
> *Lieb, und Gott um Gott verlier!"* [44]

> *"Du mußt Gott folgen ohn' Verstehen,*
> *Nicht immer fühlen, schmecken, sehen.*
> *Wer glaubet, der gibt Gott die Ehr';*
> *Gefällst du ihm, was willst du mehr?"* [45]

In Zeiten der Nacht wird die Nähe Gottes in tieferer Weise erfahren. Gerade da, wo das Herz allen Empfindungen abgestorben ist, kann es tiefste Seligkeit erfahren, tiefer und verborgener als im Bereich der Sinne. Äußerer Gemütsbewegtheit, natürlicher Emotionalität und dem Verlangen nach solcher muß der Christ absterben. In der Nähe von geistlicher Verzückung zur Sinnlichkeit sieht die romanische Mystik und mit ihr Tersteegen die Hauptgefährdung. Ungeordnetes, religiös verdecktes sinnliches Begehren und das Stehenbleiben bei Erfahrungen fixiert die Seele auf Vorstufen der Reinigung und hindert ihr Voranschreiten.[46]

2.4 Traktat über das "Verhalten bei außerordentlichen Geistesgaben, Gesichten und Offenbarungen"

Tersteegens Verbindungen zum radikalen Pietismus

G. Tersteegen hatte in der Frühzeit seiner geistlichen Entwicklung engen Umgang mit den schroffsten Separatisten, so z.B. mit Hochmann von Hochenau, den er sehr verehrte. In die erste Zeit seiner Erweckung fallen auch Kontakte mit Inspirierten. Bei seinen Besuchen im Wittgensteinischen hat er wohl die Inspirationen und Bewegungen Rocks selbst miterlebt. Auf diese Verbindung führte er den Tatbestand zurück, daß er in jener Zeit von fremden Geistern und Wirkungen angefallen wurde. Es wird berichtet, daß, wenn er von der Arbeit zum Gebet in die Stille ging, sein Körper so in Bewegung geriet, daß alle Glieder zitterten. Tersteegen, der - so sein Biograph - "Gott und dessen sanftes und seliges Wesen auf eine innigere Weise" kannte, gab diesen fremden und erschreckenden Wirkungen keinen Raum, sondern ging wieder an seine Arbeit. Nachdem er beim Auftreten dieser Erscheinungen mehrmals so reagiert hatte, "hörete das Zittern auf und diese Versuchung nahm ein Ende".[47] Tersteegen lernte aus Erfahrung, daß Unklarheit, Kompliziertheit, Zwang oder Unruhe nicht aus dem Wirken des Heiligen Geistes stammen, sondern aus dem Eigenen oder aus fremden Kräften. In einem Reim mit der Thematik der Prüfung der Geister formuliert er dies so:

> *"Reinheit, Einfalt, Freiheit, Ruh*
> *Gottes Wirken nur kann geben;*
> *Wirkt was Fremdes, wirkest du,*
> *Schau, gibt das ein solches Leben?"* [48]

Tersteegen entfernte sich in seiner weiteren Entwicklung von den Inspirierten wieder, hatte aber bleibende Verbindungen zu den radikalen Separatisten und mystischen Spiritualisten in der Wetterau und im Wittgensteinischen, und er stand im Briefverkehr mit den Auswanderern aus ihren Reihen bis nach Pennsylvanien. [49]

"Prüfet alles, das Gute behaltet!"

In einem eigenen Abschnitt im "WEG DER WAHRHEIT" handelt Tersteegen "Von dem Verhalten bei außerordentlichen Geistesgaben, Gesichten und Offenbarungen". [50] Er faßt darin frühere Ausführungen zu dieser Thematik zusammen. [51] Auf Grund seiner eigenen geistlichen Erfahrung und der langjährigen persönlichen Kenntnis der Erscheinungen ist seine maßvolle und verständnisvolle Stellungnahme besonders gewichtig.

Bereits das dem Titelblatt beigefügte Schriftwort I Thess 5,19-21 deutet die Richtung seiner Erwägungen an: "Den Geist dämpfet nicht. Die Weissagung verachtet nicht. Prüfet aber alles, und das Gute behaltet".

Der Weg des reinen Glaubens ist unentbehrlich und unbetrüglich

Tersteegen beginnt seinen seelsorgerlichen Rat mit der Grundaussage, daß der Weg des reinen Glaubens, auf dem sich die Seele "dem Zug des Geistes Jesu in ihrem Grunde folgend sich ausführen läßt aus sich selbst und allem Geschaffenen, um Gott im Geist und in der Wahrheit anzuhangen, zu dienen und seiner Gemeinschaft teilhaftig zu werden, der unbetrüglichste, sicherste, auch unentbehrliche" sei.

Besondere Erfahrungen und Offenbarungen daneben sind gefährdet, aber nicht prinzipiell zu verachten

Dagegen sei der Weg, der daneben und darüber hinaus noch "außerordentliche Gnadengaben, Lichter, Entzückungen, Offenbarungen und andere übernatürliche Mitteilungen" habe, gerade darin mancherlei Betrug und Gefahr unterworfen. [52] - Daraus dürfe aber nicht geschlossen werden, daß die, die solche Erfahrungen haben, auch wirklich betrogen und verführt seien. Gott habe Mittel und Möglichkeiten, aufrichtige Seelen, die ihn suchen, auch auf unebenen Wegen sicher zu leiten. - Wir Menschen sollten allerdings den sichersten Weg erwählen und uns nicht aus Selbstliebe nach außerordentlichen Dingen gelüsten lassen. Im übrigen aber sollten wir Gott nicht in seinen Führungen und Mitteilungen begrenzen, sondern alles achten, was von ihm komme und zu ihm führe. [53] Selbst wenn etwas als göttliche Ansprache oder Offenbarung angegeben werde, das nur eine schöne und Gott verherrlichende Wahrheit aus eigenen Gedanken sei, nähme man keinen Schaden, würde man diese zur eigenen Erbauung und Verherrlichung Gottes gebrauchen. Tersteegen meint damit gottgefälliger zu handeln, als wenn er sich ohne göttliche Gewißheit zum Richter erhöhe und sich in Gefahr begäbe, "Gottes Gaben in seinen Heiligen zu verschmähen oder zu verwerfen". [54]

Möglicher Ursprung: *Dämonisch, menschlich, göttlich*

Tersteegen unterscheidet "unrichtige, böse Gesichte und Offenbarungen" falscher Propheten sowie menschliche Phantasien, die aus zu starker oder zu schwacher Einbildungskraft stammen, von richtigen, "aus gutem und göttlichen Ursprung herstammenden" Gesichten, Offenbarungen und Weissagungen. Er findet die heilige Schrift voll davon, und auch in der Kirchenhistorie und andern echten Schriften häufige Spuren und Beweise. Den Gedanken einer Beschränkung der Kräfte des Heiligen Geistes auf die Zeit des Neuen Testamentes weist Tersteegen zurück. Vielmehr würden die alten Propheten für die letzten Tage die Allgemeinheit dieser außerordentlichen Gaben voraussagen.[55]

Weder ungeprüfte Annahme, noch ungeprüfte Verwerfung - Warnung vor dem Streben nach Außerordentlichem

Weil es die Möglichkeit des bösen Ursprungs von Gesichten, Offenbarungen, Weissagungen und dergleichen gäbe, solle man nicht leichtfertig und ungeprüft etwas annehmen. Da es andererseits aber auch wahrhafte und göttliche Erscheinungen gäbe, müsse man alle Vorsichtigkeit gebrauchen, damit man nicht alles ungeprüft verwerfe.[56] Nach Tersteegen hat gegenüber Menschen, die außerordentliche Dinge erlebten oder erleben könnten, die Warnung geübter und erleuchteter Mystiker ihr Recht, "man solle dergleichen außerordentliche Dinge ja nicht begehren und, wo man solche empfangen, nicht groß achten, sich nicht dabei aufhalten, vielmehr vorbeigehen, damit man weder verführet noch aufgehalten werde, sondern in freier Geistesabgeschiedenheit und reinem Glauben Gott über alle Dinge anhange und zu seiner unmittelbaren Vereinigung fortschreite".[57]

Kein Beweis größerer Heiligkeit

Etwas anders sei die Sachlage unter der Fragestellung, wie wir selbst nun solche Erscheinungen ansehen und aufnehmen sollten. Hier meint Tersteegen, daß wir verpflichtet seien, solche Sachen - nachdem sie bewährt erfunden seien - "mit gebührender Ehrfurcht anzunehmen und uns selbige bestens zunutze zu machen" hätten. Allerdings sei zuzustehen, daß nichts Außerordentliches ein bindender Beweis der Heiligkeit - geschweige denn der größeren Heiligkeit - einer Person sein könne. Manchmal würden nämlich auch "noch gar nicht weit geförderten Seelen" solche Dinge mitgeteilt werden.[58]

Schwierigkeiten der Prüfung

Die Prüfung außerordentlicher Phänomene bereite freilich einige Schwierigkeiten. Ganz abgesehen davon, daß nicht jeder Christ den Geist der Prüfung inwendig bei sich habe, lägen die Schwierigkeiten auch in der Sache selbst. So hätten auch Gottlose bisweilen richtige Offenbarungen und Weissagungen gehabt, während wahre Propheten auch einmal aus eigenem Geist oder Gutdünken geredet hätten. Noch öfter hätten Propheten auf Befehl Gottes etwas geweissagt, das nach dem Buchstaben nicht erfüllt worden sei. Entweder hätten sich die betreffenden Menschen zum Guten oder Bösen geändert und Gott habe darauf auch sein Wort gewendet oder Gottes Wort sei nicht nach Gottes Meinung verstanden und angewandt worden.[59]

Kriterien: *Früchte, Demut, Auferbauung, inhaltliche Übereinstimmung mit der Schrift, Eintreffen von Vorausgesagtem*

Ungeachtet dieser Schwierigkeiten geht nach Tersteegen derjenige sicher und gottgefällig zu Werke, der sich an den "Probierstein" des Heilands selbst hält. An den Früchten sind wahre und falsche Propheten zu erkennen: "Solchemnach, wenn ich finde, daß eine Person in unaffektierter Gottseligkeit und Demut gelebet, daß ihr Gemüt und Wesen beruhiget und ihr Umgang erbaulich gewesen ist; daß sie auch bei Erfahrung solcher außerordentlicher Dinge noch gottseliger und demütiger geworden..., daß sie solche zu erfahren oder auszubreiten nicht triftig gewesen, sondern dabei vielmehr in heiliger Furcht und Abgeneigtheit gestanden; daß sie auch bis zum seligen Tod Gott getreu geblieben; und was den Inhalt ihrer Offenbarungen, Gesichte usw. betrifft, daß selbiger mit der Heiligen Schrift übereinstimmet, oder doch derselben im geringsten nicht zuwider, sondern Gott verherrlichend und zu Gott leitend sei; und wo auch noch über dieses im Punkt der Weissagungen einiges, so man natürlicherweise nicht vorher wissen können, durch den Ausgang schon als Wahrheit ist bewiesen worden; wenn ich, sage ich, solche Merkmale in einer Person und ihren außerordentlichen Dingen finde, da würde ich mich einer großen Verwegenheit und strafbaren Undankbarkeit gegen Gott schuldig machen, wo ich solche Zeugnisse noch verwerfen oder in den Wind schlagen und nicht vielmehr mit gebührender Hochachtung annehmen wollte". [60]

Außerordentliches in besonderen Zeiten der Erweckung

Tersteegen beurteilt seine Zeit als eine besondere "Zeit der gnädigen Heimsuchung Gottes". In solchen Zeiten umscheine, rühre und bewege Gott ein Land, einen Ort, einen Menschen "auf eine nachdrücklichere und sonderliche Weise" und der Herr lasse die Verkündigung seiner Wahrheit manchmal mit außerordentlichen Mitteilungen seiner Gnadengaben, mit großer Kraft, ungewöhnlichen Rührungen, Bewegungen und Bewirkungen begleitet gehen. Gott tue dies, 1) um der Hauptsache ein größeres Gewicht zu geben, oder 2) um "durch diese Lockspeise die Seelen an sich (zu) ziehe(n)", oder 3) wie an Pfingsten durch solche in die Sinne fallenden Dinge die Aufmerksamkeit zu erregen, damit die Menge, über das Außerordentliche verwundert, zusammenkäme, zugleich die "selige neue Zeitung höre und einen Stich durchs Herz bekomme zur Bekehrung". Dies ist nach Tersteegen der wahre Endzweck Gottes bei allen solchen außerordentlichen Sachen, die von ihm herkommen.

Ob diese aber alle von Gott kommen würden, sei nicht immer leicht von vorne zu beurteilen, wohl aber im Nachhinein. Wenn die Frucht gut und bleibend sei, müsse auch der Baum gut sein. [61]

Beurteilung auffälliger körperlicher Erscheinungen

Tersteegen, der die Inspirierten und ihre auffälligen Erscheinungen aus eigener Anschauung kannte, nimmt im Weiteren nun zu diesen "mächtige(n) Affizierungen oder Rührungen, seltsame(n) Leibesbewegungen und dergleichen in die Augen fallende(n) Wirkungen" Stellung. Nach seiner Beobachtung lag der Ursprung derselben entweder in einem "inwendigen guten oder bösen Principio" oder sie waren "von außen entweder übergeleitet oder übernommen" (Eine wichtige psychologische Einsicht!). Von manchen hatte er keine guten Gedanken, da auch die Folgen negativ waren. Er führte sie auf ein böses inneres Principium zurück oder beurteilte sie als "affektiert und nachgemacht". - Einige seien "durchs Reden oder Ansehen anderer übergeleitet" worden, die Betroffenen hätten sich nicht dagegen wehren können, aber sich ganz einfältig verhalten. Die Wirkungen seien neutral gewesen und hätten die Menschen gelassen wie sie waren. - Andere der Phänomene seien am Anfang ziemlich gut gewesen, aber nachher durch Selbstgefallen menschlich und böse geworden. - Manche seien starke Anfangserscheinungen einer gründlichen Bekehrung gewesen, denen dann "das stille, sanfte Sausen folgte, worin erst der Herr war".[62]

Gefährdung durch Partizipation am Sinnlichen

Beseligende Erfahrungen und Schauungen werden nach Tersteegens Sicht in Zeiten der Heimsuchung Gottes vermehrt geschenkt. Die inneren Sinne des Menschen, die nach dem Sündenfall zugedeckt und unbrauchbar seien, könnten erweckt werden, so daß sie "Vorwürfe (i.e. wohl: Vorgänge) der engelischen Welt oder des Paradieses" nicht nur sehen und hören, sondern sogar schmecken, riechen und fühlen würden. Im künftigen Leben seien solche Erfahrungen unschuldig und ungefährdet. In diesem Leben aber unterlägen sie "um so viel mehr der Gefahr der Selbstgefälligkeit, der Vermischung mit dem Menschlichen und dem Betrug des Feindes..., je mehr sie an dem Sinnlichen partizipieren". Aus diesem Grund führe Gott seine Kinder in diesem Leben eher durch den Glauben. Dieser würde zwar zu seiner Zeit auch mit Licht, Erfahrungen und Mitteilungen begleitet werden, die aber "unglaublich wesentlicher, geistlicher und unmittelbarer und heiligender" seien.[63] Auserwählung bedeutet Leiden, wesentliche Gnaden vernichten und heiligen.

Tersteegen sieht an Paulus den gewissen Tatbestand, daß die, die solche außerordentlichen angenehmen Erfahrungen machten, zuvor oder danach - als Gegengift gegen die Selbstgefälligkeit - auch außerordentliche Leiden erführen.[64] Paulus habe von Gott weit wesentlichere und höher zu schätzende Gnaden empfangen als seine besonderen Offenbarungen. "Die wesentlichen Gnaden, und welche im Geist mehr unmittelbar empfangen werden, sind nach ihrer Art zwar sehr beseligend; aber auch tief vernichtend, gründlich heiligend und alle Tugend einflößend..." Solche wesentlichen Gnaden sind die Erkenntnis Christi, das Mitgekreuzigtsein mit Christus, das Leben aus seiner Kraft u.a. Die außergewöhnlichen Dinge könnten auch wenig abgestorbene und wenig geförderte Christen erhalten, aber die wesentliche Gnade der "Innewohnung Gottes im Herzen" bedürfe der Reinigung des Herzens und des Geistes, des Nachjagens der Heiligung.[65]

Verantwortung für andere: Warnung vor Gelüsten nach Außerordentlichem - Mäßigung - Sorgsamkeit im Urteilen

Aus dem bisherigen sei nun leicht zu folgern, wie man sich im Blick auf solche außerordentlichen Erscheinungen zu verhalten habe. Menschen, mit denen umzugehen man verpflichtet sei, sollte man "nachdrücklich warnen, auf daß sie sich keinerlei außerordentlicher Dinge gelüsten lassen, damit sie nicht betrogen werden, und wo sie dergleichen haben, sollen sie sich sehr vor allem Selbstgefallen in acht nehmen, weil solche Sachen an und für sich selbst uns nicht besser oder Gott angenehmer machen, daß sie auch nicht bei solchen Dingen zu sehr stehen bleiben, sondern nur einen guten Gebrauch davon machen und sodann da vorbeigehen sollen, zum Wesentlichen der wahren Bekehrung, Erneuerung des Herzens und Vereinigung mit Gott, durch Glauben und Liebe".[66]

Auffallende Erscheinungen, "heftige Leibeserschütterungen, Affizierungen, Rührungen" und dergleichen sollte man versuchen, auf sanfte Weise zur Mäßigung zu bringen. Was die Betroffenen oder man selbst nicht so sanft und mit Gelindigkeit verhindern oder mäßigen könnte, sollte man Gott befehlen und laufen lassen. Man sollte sich in Acht nehmen, weder in diesen noch anderen außerordentlichen Dingen vermessentlich zu urteilen, viel weniger zu verurteilen. Man sollte Gott keine Schranken setzen, "dessen Wege weit über uns erhaben sind und der, vornehmlich in den letzten Tagen, viele sonst außerordentliche Dinge wird geschehen lassen".[67]

2.5 Grundzüge der "Unterscheidung der Geister" bei G. Tersteegen

Sucht man G. Tersteegens Weise der "Unterscheidung" zu charakterisieren, zeigen sich etwa im Vergleich mit M. Luther zwar deutliche Unterschiede, aber durchaus auch Gemeinsamkeiten. Auf Grund der anderen historischen Situation und des Gewichts der zur Debatte stehenden Grundfragen ist Luther wesentlich schärfer in der Auseinandersetzung. Für ihn ging es fundamental um die Heilsfrage. Da die mystischen Bereitungen und inneren Geistoffenbarungen die neugewonnene Erkenntnis der zugesprochenen Rechtfertigung aus Gnade allein durch den Glauben um Christi willen und den Ansatz bei der Schrift allein gefährdeten, konnte er nicht anders reagieren. Hier ging es für ihn ums Ganze, um das zeitliche und ewige Heil, um einen Kampf der Geister, um Sein oder Nichtsein auch der Reformation. Wie unser Rekurs auf Luther aber deutlich macht, lehnte Luther das Charismatische und dabei auch außerordentliche Erfahrungen nicht grundsätzlich ab. Sofern die Zentralfragen und die Zuordnungen gewahrt bleiben, kann er dafür Raum geben. In der Auseinandersetzung verfährt er reduktiv, d.h. er relativiert die Bedeutung dieser Dinge und weist auf das Grundlegende, unterscheidet Zentrales und Peripheres. G. Tersteegen, der in einer ganz anderen zeitgeschichtlichen Situation steht, von einer anderen Fragestellung herkommt und das Verbindende sucht, verfährt ähnlich reduktiv. Während Luther das ganze Gewicht auf die Rechtfertigung legt und daraufhin zurückführt, ist Tersteegens Betonung der Weg der Heiligung auf der Grundlage der Rechtfertigung. Mit den Stichworten Rechtfertigung und Heiligung sind die Spannungen zwischen Reformation (noch mehr: Orthodoxie) und Pietismus markiert, die Gewichtungen von Lehr- und Lebensgestalt. Der Vergleich mit Luther zeigt, daß Tersteegen in der Beurteilung des Charismatischen und außerordentlicher Phänomene nicht so weit von diesem entfernt ist. Das läßt sich etwa an den Stichworten "Glaube", "Kreuz", "Demut", "Gnade", "Liebe" etc. und an der Verweisung auf Christus und die Schrift festmachen, die allerdings bei Tersteegen einen mystischen Beiklang bekommen haben.

D.3
Einige Thesen zum Thema "Charisma und Unterscheidung"

Die Charismen

1. Im Zentrum des Glaubens steht *der Herr selbst*, nicht die Gaben. Wesentlich ist die Gemeinschaft mit ihm, die Verwurzelung in ihm, im Glauben an seine Erlösungsmacht. Dies schließt sowohl eine Überschätzung wie auch eine Mißachtung der Gaben aus. Die *charismata* sind partiale Konkretionen der einen allumfassenden *charis* Gottes, aus der sie entspringen. Sie sind unverdientes Geschenk und nicht Frucht menschlicher Leistungen, unbenommen der Aufforderung, nach ihnen zu streben. Voraussetzung für den Empfang einer Geistesgabe ist die Gotteskindschaft, die Wiedergeburt aus Wasser und Geist, das empfangene "Charisma des ewigen Lebens" (Röm 6,23). Charismen sind weder besondere Auszeichnungen oder Belohnung für Wohlverhalten noch Zeichen höherer Geistlichkeit (Heiligung) noch zur Dekoration ihrer Träger gegeben, sondern als *Werkzeuge zum Dienst*. Charismen sind nicht eigentlich ihren Trägern, sondern der *Gemeinde* gegeben. Sie gehören zum Angriff der Gnade Gottes auf die Welt und sind Zeichen der hereinbrechenden Gottesherrschaft.

2. Es gibt *keine hinreichenden Gründe,* die charismatischen Wirkungen des Heiligen Geistes *auf die ersten beiden Jahrhunderte* der Geschichte der Christenheit *zu beschränken.* Gott kann auch heute Gnadengaben in großer Vielfalt schenken. Gaben zum Dienst dürfen erbeten werden (vgl. I Kor 14,1; Lk 11,13; Act 1,4.14), wollen gepflegt sein und sind u.U. neu zu entfachen (vgl. II Tim 4,6). Gibt es keine hinreichenden Gründe für eine zeitliche Befristung der Gaben, so auch nicht für eine zahlenmäßige oder inhaltliche Einschränkung der Gaben z.B. auf I Kor 12,8-10 (nur die wunderhaften Vorgänge sind wirkliche Gaben des *Geistes*). Die Charismenlisten (I Kor 12,8-10.28; Röm 12,6-8) sind nicht im Sinn der Vollständigkeit gemeint. Über sie hinaus kann es *noch mehr Charismen* geben, weitere Begabungen mit *unterschiedlichen Schwerpunkten zu verschiedenen Zeiten.* Es widerspricht dem Wesen der Charismen als *Gnaden*gaben, wenn einzelne Gaben oder ein bestimmter Katalog zur Pflicht und damit zum Gesetz gemacht werden. Vom breiteren Spektrum des Neuen Testaments her können an eine Erhebung Korinths zur Normgemeinde aller Zeiten und speziell an die enthusiastischen Erscheinungen zumindest starke kritische Rückfragen gestellt werden. Im Blick auf menschliche Versuche der Schematisierung und programmatischen Forcierung von Geisteswirkungen ist daran zu erinnern, daß der Heilige Geist die Gaben austeilt "wie er will" (I Kor 12,11). Charismen lassen sich nicht erpressen. Gebet, das Gott zum Handeln zwingen möchte, verletzt die *Souveränität des Herrn* und die *Freiheit des Geistes.* Geistesgaben dürfen nicht aus selbstsüchtigen Motiven erstrebt werden. Die Verheißung des Empfangens gilt Menschen, die ihren Willen, ihre Ziele und Wünsche dem Willen Gottes und der Ausbreitung seiner Herrschaft unterstellen.

3. *Zurückzuweisen ist eine Gleichsetzung* der Charismen mit *außerordentlichen, enthusiastischen* oder sogar *ekstatischen* Phänomenen. Die Kraft des Geistes kann sich zwar auch darin zeigen, aber eine Gleichsetzung bzw. Überbewertung und daraus folgend eine Abwertung von nicht wunderhaft ins Auge fallenden Fähigkeiten im Dienst an Kirche und Welt widerspricht Paulus. Die Charismen legitimiert "nicht das fascinosum des Übernatürlichen, sondern die Erbauung der Gemeinde" (E. Käsemann). Dementsprechend sind auch eine vorrangige Befassung mit extraordinären Phänomenen und besonders Versuche der methodisch-macherischen Herbeiführung von solchen zu kritisieren.

4. *Unzulässig* ist biblisch-theologisch eine Einteilung von Christen in "*Charismatiker*" und "*Nicht-Charismatiker*", weil niemand Christ sein kann ohne den Heiligen Geist und es keine Gliedschaft am Leib Christi ohne Aufgabe und damit auch Gabe gibt.

5. Die Gegenwart des Heiligen Geistes bleibt *nicht ohne Wirkungen und Zeichen.* Es ist jedoch ein *Irrtum,* zu meinen, *eine ganz bestimmte Gabe* (etwa das Zungenreden) *sei nötig* als Erweis des Geistempfangs *und müsse sich* bei jedem wahrhaft Geistbegabten *finden.* Maßgebend sind die Bewertungen und die Anweisungen der Schrift selbst. Die biblische Lehre hat Vorrang vor der Erfahrung.

6. Sattheit und Lauheit sind Hindernisse für tiefere Segnung und Begabung. Vermehrten Segen und Gaben empfängt, wer für das bereits Empfangene dankt und es treu einsetzt. *Das Werk des Heiligen Geistes auch in seinen Gaben ist unverzichtbar.*

7. Geistesgaben *müssen geprüft werden.* Sie sind gefährdet durch das Fleisch und können auch durch böse Mächte nachgeahmt werden. Trotz redlichen Bemühens ist die Möglichkeit des Irrtums und der Fehlbarkeit nicht auszuschließen.

Die "Unterscheidung der Geister"

1. Die UdG ist *der Gemeinde Jesu Christi und jedem einzelnen Christen aufgetragen,* solange sie hier auf Erden leben. Kennzeichen dieser Weltzeit ist die Zwiespältigkeit. In ihr ist auch der unheilige und böse Geist am Werk, der gegen Gott und sein Reich und sein Wirken im Heiligen Geist streitet. Die UdG findet ihr Ende mit der von Gott selbst vollzo-

genen Unterscheidung und Scheidung der Geister, mit dem Gericht über alles Böse und den Bösen, über Satan und seine Engel und alle, die ihm folgten, und mit der zukünftigen Vollendung.

2. UdG ist *nötig und geboten* auch *innerhalb der christlichen Gemeinde,* weil die Kirche ein *corpus permixtum* ist bzw. weil der einzelne Christ in seinem Mensch-Sein (Konkupiszenz) bleibend anfällig ist für die Einflußnahme des unheiligen und bösen Geistes, der sich in einen Engel des Lichts verstellen kann (vgl. II Kor 11,14), bzw. weil auch ganze Gruppen und Gemeinden verführt werden und auf Abwege geraten können (vgl. Apk 3-4).

3. *Grund und Kriterium* der UdG ist *der Heilige Geist selbst,* der sich im aktuellen Fall selbst durchsetzt. - *Ziel* der UdG ist *Klärung, Scheidung* und *Reinigung vom unheiligen Geist* mit dem Ziel der *Bewahrung und Stärkung des einzelnen und der Gemeinde* auf die Vollendung hin bzw. die *Freisetzung von Menschen* in der missionarischen Konfrontation, die Proklamation der Herrschaft Gottes und ihre Durchsetzung in einem konkreten Fall. Ist Abwehr der dämonischen Versuchung die eine Seite der UdG, so die Aufnahme und Verstärkung der Anregungen des Heiligen Geistes die andere. - Ihren *Ort* hat UdG im *persönlichen Lebensvollzug* der Heiligung, in der *Einzelseelsorge,* in der *Gemeinde* (speziell im *Gottesdienst*), im *Kreis der Verantwortlichen,* in der *missionarischen Situation.* - *Anlaß* der UdG können *allgemeine* geistesgeschichtliche, gesellschaftlich-politische u.a. *Vorgänge und Erscheinungen* sein (Ideen, Bewegungen, Personen), speziell aber: *Konfliktsituationen in der Gemeinde* und besonders *auffallende spirituelle Phänomene* außerhalb oder innerhalb der christlichen Gemeinde. Geistlich ist die Situation, in der nur UdG weiterhilft, oft dieselbe, in der *Exorzismus* (vgl. Act 16) oder das *Anathema* (I Kor 5,5) geboten ist. - Im *Ablauf und Vollzug* der UdG ist *einerseits ein gründliches Prüfen* angezeigt (Beobachten, Feststellen, Strukturieren, Werten, Anwenden von Kriterien) und damit *Zeit* erforderlich, andererseits bedarf es in der Zuspitzung und Konfrontation in actu eines unmittelbaren Durchblicks und vollmächtigen Handelns im Augenblick. - Die UdG geschieht einerseits *individuell,* durch einzelne Menschen (in der Selbstprüfung bzw. in der missionarischen Situation nach außen), andererseits *gemeinschaftlich* (die ganze Gemeinde/ -versammlung bzw. die anderen Charismatiker) bzw. sie kann auch einen gewissen "*amtlichen*" Charakter haben (die Leitungs- und Lehrverantwortlichen, Älteste, etc.). - *Prüfungsfelder* sind im einzelnen: a) die *Lehre* (Inhalt - vgl. I Kor 12,3; I Joh 4,1-3; Joh 14,26); b) das *Leben* (Person - vgl. Mt 7,21ff; Gal 5,22); c) die *Wirkungen* (Folgen - vgl. I Kor 14,26; 12,7 - z.B. Aufbau, Einheit im Gegensatz zu Spaltung, Änderung des Lebens zum Guten, zum Dienst etc.); d) die *Begleiterscheinungen* (Art und Weise der Geistäußerung); e) der *Stellenwert* (Gewichtung - Akzentverschiebungen? vgl. Gal 1,8 - Was bildet die Mitte einer Bewegung? des Glaubens? - Ist das Zentrum tangiert oder nur die Peripherie?); f) der *Ursprung* (Herkunft, Auslöser - Wie wurde die "Gabe" vermittelt? - Welcher Geist ist am Werk? - Göttlich- menschlich-dämonisch? vgl. Act 16; I Kor 11,14).

4. Zur Unterscheidung befähigt Gott in der *Erneuerung des Lebens und Denkens* durch seinen Heiligen Geist *grundsätzlich jeden Christen* (vgl. I Kor 2,12-15; I Joh 2,20). Deshalb ergeht auch an jeden Christen die Aufforderung, zu prüfen und zu unterscheiden, was von Gott kommt und was nicht (vgl. I Joh 4,1ff; I Thess 5,19-21).

5. Das *allgemeine Unterscheidungsvermögen* des Christen wird *vertieft und geschärft im Vollzug und Wachstum in der Hingabe und Heiligung* (vgl. Röm 12,1-2; Hebr 5,14), *im treuen Gebrauch des Wortes Gottes* (Hören, Lesen, Tun) (vgl. Joh 8,31f; Hebr 4,12; Eph 6,17) und *im gehorsamen Eingehen auf die Winke des Heiligen Geistes.* Durch Studium, Erfahrung und lange Beobachtung kann das Unterscheidungsvermögen verfeinert und erweitert werden. UdG ist nicht einfach die rational-logische Anwendung von Schriftstellen im Sinn von abgrenzenden dicta probantia, wenngleich die Schrift alleinige Richterin (*iudex*), Richtschnur (*norma*), Maßstab (*regula*) und der Prüfstein (*Lydius lapis*) der Lehre ist. Da es nicht

nur um Lehre geht, sondern auch um Lebensgestalt und "Spiritualität", ist bei der UdG immer auch ein "geistliches", spirituelles, d.h. auch intuitives und prophetisches Moment vorhanden. Es bedarf der geistlich richtigen Anwendung der Schrift (vgl. Mt 4: Versuchung Jesu).

6. Über das allgemeine Unterscheidungsvermögen hinaus schenkt Gott der Gemeinde in einzelnen Menschen mit der *besonderen Gabe* der "Unterscheidung der Geister" (I Kor 12,10) ein *unmittelbares Erkennen durch Offenbarung.* Jeder Christ darf für bestimmte Situationen um diese *diagnostische Gabe* bitten und sie erwarten. Besonders sorgsam sollte die Gemeinde auf das Wort von *Menschen* hören, *deren Einschätzung und Urteil sich in der Vergangenheit immer wieder als zutreffend und hilfreich erwiesen hat* (vielfach sind dies schlichte Menschen, die nicht viel aus sich machen, aber in inniger Verbindung mit Gott wandeln). Durch das Vorhandensein des besonderen Charismas der UdG ist aber *weder der einzelne Christ noch die Gemeinde als Ganze von der ihm bzw. ihr gegebenen Verantwortung des Prüfens entbunden.* Die Gabe der UdG ist *kein "Super-Charisma",* das weit über allen anderen steht und diese aufhebt, sondern trägt wie alle anderen *Ergänzungscharakter.* Auch der mit diesem Charisma Begabte kann irren. Gerade im Blick auf Prophetie ist der *Gemeinschaftsaspekt* betont (I Kor 14,29: *hoi alloi). UdG ist nicht der einzige Lebensvollzug der Gemeinde, wenn auch ein Beitrag von großer Wichtigkeit. Zusammen mit anderen Gaben wie Verkündigung, Lehre, Prophetie, Hirtenamt, Lenkungsamt u.a. trägt dieses Charisma dazu bei, daß die Gemeinde auf rechtem Kurs bleibt.

7. Als *Hilfe zur Unterscheidung* echter Erfahrungen des Heiligen Geistes von Wirkungen des bösen Geistes nennt die Heilige Schrift *unterscheidende Merkmale.*

Oberstes Kriterium ist a) das *Bekenntnis zu Jesus Christus* (I Kor 12,3; I Joh 4,1f). Der Heilige Geist bekennt Jesus Christus. Er verkündet und vergegenwärtigt das Heilswerk Gottes in Jesus Christus. Er verherrlicht Christus und führt Menschen durch ihn zum Vater. Der Heilige Geist befähigt zur Anbetung Gottes, zu Dank, Gebet und Lobpreis. Er befähigt zum vollmächtigen Zeugnis von Jesus Christus. Das Wirken des Heiligen Geistes geschieht in Übereinstimmung mit dem Wort Gottes.

Der Heilige Geist wirkt b) die *Einheit und Auferbauung des Leibes Christi.* Hierzu teilt er auch seine Gaben aus. Er bewirkt die Weggabe des eigenen Lebens *zum Nutzen anderer und zur Verherrlichung Gottes,* befähigt zum Helfen und Dienen, zu Opfer und Hingabe. Die Charismen sind *in die Gemeinde integriert,* d.h. sie haben ihren Ort innerhalb einer angemessenen Autoritätsstruktur. Die Gemeinde prüft und beaufsichtigt ihre Ausübung. Gaben tragen nicht zur Unordnung bei, sondern sind zum Frieden und zur Einordnung fähig. Sie sind *ergänzend aufeinander angewiesen,* da keiner alles und jeder etwas hat. Es herrscht eine Balance zwischen Frucht und Gaben des Geistes, zwischen dem Charisma des einzelnen und dem Wächteramt der Gemeinde, zwischen charismatischem Reden und Handeln. *Nicht der Absicht und dem Wesen des Heiligen Geistes entsprechen:* Die Dominanz einer Gabe über die anderen; Charisma und Stolz; Charisma unter Ausschaltung des Verstandes und Willens; Charisma ohne Lehre; Charisma als Ursache von Separation; Charisma ohne Dienst; Charisma als Macht- und Herrschaftsmittel; Charisma als Sensation und Anlaß der Menschenverherrlichung; Charisma als Ersatz für Heilsgewißheit; Charisma als Umgehung des Kreuzes; Charisma als Ersatz für Heiligung; Charisma als Flucht aus der Wirklichkeit.

Der Heilige Geist wirkt als Frucht: Liebe, Freude, Friede, Geduld, Freundlichkeit, Gütigkeit, Glaube, Sanftmut, Keuschheit (Gal 5,22). Seine Grundwirkung ist c) *Liebe* (I Kor 13) (und *Demut*). Der Heilige Geist prägt als der Geist Jesu Christi im einzelnen Christen und in der Gemeinde dessen Bild und Wesen aus. Sein Wirken trägt die Gestalt der immer neuen *Durchkreuzung des alten Wesens.* Gerade darin schafft er das Neue. Es geht durch Sterben zum Leben, durch Tod zur Auferstehung. Die Kreuzes- und Nachfolgegestalt des christlichen Lebens kann durch keine noch so intensive Geisterfahrung und kein Charisma übersprungen werden. Das Wirken des Heiligen Geistes führt zur *Umkehr* und zur *Hingabe des Lebens an Gott.* Wird der Heilige Geist in grundlegender Umkehr (Buße und Glaube) überhaupt erst empfangen und schenkt er sich darin selbst, führt er im Lauf der Nachfolge zu immer neuer und vertiefter Umkehr und Hingabe, schafft so Raum für die Auferstehungswirklichkeit, Raum auch für vermehrte Frucht und Gaben zum Zeugnis und Dienst.

8. Konkrete Unterscheidung der Geister kann nur vollziehen, *wer selbst im Geist lebt und offen ist für sein aktuales Leiten und Weisen, wer ihm das Recht gibt, durch die Schrift, durch andere Christen und sein unmittelbares Überführen im eigenen Leben zu richten und zu scheiden.* So wird er befähigt und begabt, diesen Dienst an anderen und für andere zu tun. Eine grundlegende und jeden Tag neu aktuelle Aufgabe der Scheidung betrifft die Unterscheidung und Scheidung von *Fleisch und Geist, Psyche und Pneuma.* Was allgemein für jeden Christen und jede Gemeinschaft gilt, trifft in besonderem Maß auf die stark erfahrungsbezogene und emotional bestimmte pfingstlerisch-charismatische Frömmigkeit zu. In ihr spielt das Menschlich-Seelische eine große Rolle. Eine *Engführung* der Frage nach dem Ursprung religiöser Erfahrungen, die auf die einfache Alternative *"göttlich oder dämonisch",* *"'von oben' oder 'von unten'"* hinausläuft, blendet das weite **Feld des Menschlich-Psychischen** aus und führt in vielen Fällen zu unangemessener Polarisation. - Damit soll nicht die dämonische Gefährdung verharmlost und ein Überprüfen nach dieser Seite überhaupt in Frage gestellt werden. Worum es geht, ist die Erhaltung eines Freiraums für eine Vielfalt von Akzentsetzungen, Gestaltungen, Lebensformen und Ausdrucksweisen des Glaubens, sofern nicht durch Einseitigkeiten die Mitte des Evangeliums verlassen und die Grundvorgänge des Glaubens pervertiert werden. Ein Frömmigkeitsverhalten, das meinem Typ, meiner Persönlichkeitsstruktur und religiösen Sozialisation nicht entspricht, darf ob seiner Andersartigkeit und Fremdheit nicht von vornherein verdächtigt und abgelehnt werden (Verstandes-, Gefühls- und Willensmenschen; unterschiedliche Volksmentalität etc.; jede Ausprägung hat Stärken, Grenzen und Gefahren). In der Gemeinde Jesu ist bei unaufgebbarer Verwurzelung im einen Geist, einen Herrn, einen Gott in der Zugehörigkeit zum einen Leib Christi *Raum für Vielfalt* und nicht Uniformität vorgeschrieben. Entscheidend ist, daß Christus als Herr bekannt und anerkannt wird und durch alles hindurch Gott die Ehre bekommt. (Augustinus: Im Wesentlichen Einheit, in Nebenfragen Freiheit, in allem die Liebe!" - "Ich muß nicht werden wie sie!").

9. Da *auch die Unterscheidung der Geister* durch Menschen vollzogen wird, *unterliegt* sie wie andere Gaben der Möglichkeit der Beeinflussung und damit der **Möglichkeit des Irrtums.** Deshalb muß UdG die verschiedensten Bezüge berücksichtigen und sorgsam sein im endgültigen Urteil. Nicht nur der einzelne Charismatiker, auch die Verantwortlichen der Gemeinde, ja alle Glieder haben darin eine *Mitverantwortung.* UdG in der Gemeinde ist ein *mehrdimensionaler Prozeß,* in dem sowohl nach der Herkunft von Geistesäußerungen als auch nach den Auswirkungen zu fragen ist. Neben der Lehre ist auch die Lebensgestalt zu überprüfen. Wo in konkreter Situation Stellungnahme und Spruch geboten sind, stehen diese unter *eschatologischem Vorbehalt.* Nicht aufzuheben ist die Spannung, daß UdG in gewisser Weise in der Kraft des Geistes in einem konkreten Bezug eine Vorwegnahme des letzten Gerichts darstellt und zugleich durch den Gang der Dinge und durch Gott selbst bestätigt werden muß.

ANMERKUNGEN: *A.1 Verfahren und Zielsetzung* + *A.2 Geschichte und Erscheinungsform*

1   Angesichts der weiten Verbreitung pfingstlerisch-charismatischer Frömmigkeit ist es unverantwortlich, diese Strömung, wie lange üblich, einfach zu ignorieren oder zu bagatellisieren. Eine simplifizierende Etikettisierung als emotionale Frömmigkeit und ein Abdrängen derselben in den kirchlichen Randbereich oder eine grundsätzliche Ablehnung, weil die Gemeinden "beunruhigt" werden, nimmt - zum eigenen Schaden - das Phänomen und seine grundsätzlichen Anfragen nicht ernst. Hier ist zumindest differenzierend-kritische Offenheit des Fragens und Bereitschaft zu ernsthafter Auseinandersetzung angezeigt.

2   Einerseits kann man z.B. in der Pfingstbewegung auf baptistisch-freikirchlich wohlorganisierte Gemeinden mit weltweiter Verbreitung stoßen. Hier finden sich bei aller Betonung des Spirituell-Unmittelbaren starke Elemente festgefügter Denominationen, um nicht zu sagen Kirchenkörper mit klaren Leitungsstrukturen und lehrmäßigen Festlegungen. Andererseits ist dieses Erscheinungsbild überlagert und durchdrungen von ungebundenen, freien dynamischen Elementen bzw. es gibt ganze Stränge enthusiastisch-charismatischer Frömmigkeit, die sich nicht in dieser Weise festlegen und festlegen lassen und soziologisch eher als im Fluß befindliche Bewegungen zu bezeichnen wären.

3   vgl.: BAUMERT, Norbert: Zur Begriffsgeschichte von *charisma im griechischen Sprachraum, in: ThPh 65(1990), S.79-100; ders.: Charisma und Amt bei Paulus, in: VANHOYE, A.: L'Apôtre Paul, BEThL 73, Leuven 1986, S.203-228; ders.: Das Fremdwort "Charisma" in der westlichen Theologie, in: ThPh 65(1990), S.395-415; ders.: Zur Semantik von *charisma bei den frühen Vätern, in: ThPh 63(1988), S.60-78; BROCKHAUS, Ulrich: Charisma und Amt. Die paulinische Charismenlehre auf dem Hintergrund der frühchristlichen Gemeindefunktionen, Wuppertal 1987[3], S.128-142; CONZELMANN, Hans: Art. "*charisma", in: ThWNT, Bd.9, S.393-397; GEWIESS, Josef: Art. "Charisma, I.Begriff/II.Hl.Schrift", in: LThK[2], Bd.3, S.1025-1027; LAUTERBURG, Moritz: Der Begriff des Charisma und seine Bedeutung für die praktische Theologie, BFChTh 2/1, Gütersloh 1898; MERKEL, Helmut: Art. "Charisma, 1.Im Neuen Testament", in: EKL[3], Bd.1, S.641f; OSWALD, Nico: Art. "Charisma, III.Judentum", in: TRE, Bd.7, S.685-688; SCHMIDT, Ludwig: Art. "Charisma, II.Altes Testament", in: TRE, Bd.7, S.682-685; SCHÜTZ, John H.: Art. "Charisma, IV.Neues Testament", in: TRE, Bd.7, S.688-693 - (Zur Sache vgl. auch: BERGER, Klaus: Art. "Geist/ Heiliger Geist/ Geistesgaben, III.Neues Testament", in: TRE, Bd.12, S.178-196.179f.183-185.191f; KÄSEMANN, Ernst: Amt und Gemeinde im Neuen Testament, in: Exegetische Versuche und Besinnungen I, Göttingen 1965[4], S.109-134; ders.: An die Römer, HNT 8a, Tübingen 1974[3], S.310-330; ders.: Art. "Geist, IV.Geist und Geistesgaben im NT", RGG[3], Bd.2, S.1272-1279).

Das Alte Testament kannte zwar nicht den Begriff, wohl aber die Sache einer Geistausrüstung und Befähigung von Menschen, die Gott auserwählt und für bestimmte Aufgaben vorgesehen hatte. Hierzu gehörten besonders die Berufungen und Tätigkeiten der Richter, Könige und Propheten.

4   vgl.: KEHRER, Günter: Art. "Charisma", in: HANDBUCH RELIGIONSWISSENSCHAFTLICHER GRUNDBEGRIFFE, hg. von CANCIK, Hubert, Bd.II, Stuttgart/Berlin/ Köln 1990, S.195-198; RATSCHOW, Carl Heinz: Art. "Charisma, I.Zum Begriff in der Religionswissenschaft", in: TRE, Bd.7, S.681f; WAGNER, Rudolf W.: Art. "Charismatische Bewegung, 1.Religionswissenschaftlich", in: EKL[3], Bd.1, S.644-646; WALLIS, Roy: Art. "Charisma, 2.Religionssoziologisch", in: EKL[3], Bd.1, S.643f

Bei der Verwendung des Adjektivs "charismatisch" sollte deutlich zwischen dem spezifisch paulinischen und dem allgemeinen religionssoziologischen Gebrauch unterschieden werden. Ein undifferenzierter, oszillierender Gebrauch, wie er vielfach üblich ist, ebnet die paulinische Eingrenzung auf die Charismen, ihre Bezogenheit auf die Gnade und den innerchristlichen und gottesdienstlichen Ort ein. Außerdem wird durch die religionssoziologische Füllung die theologische Korrektur des Pneumatika-/Charismata-Verständnisses durch Paulus rückgängig gemacht. - Mit dieser Einschränkung sollen aber die durchaus auch für den christlichen Bereich zutreffenden soziologischen Beobachtungen nicht entwertet werden.

5   vgl.: MÜHLEN, Heribert: Art. "Charisma/ charismatisch, in: Praktisches Lexikon der Spiritualität, hg. von SCHÜTZ, Christian, Freiburg/ Basel/ Wien 1988, S.183-187; ders.: Warum "Geistliche Gemeinde-Erneuerung?" Eine katholische Stellungnahme zu Wolfram Kopfermann: "Charismatisch ist nicht gleich charismatisch", in: ERNEUERUNG IN KIRCHE UND GESELLSCHAFT, Heft 19, 2/1984, S.44-55.50f

6   vgl.: TRILLHAAS, Wolfgang: Dogmatik, Berlin/ New York 1980⁴,   S.421-426; ders.: Art. "Enthusiasmus", in: RGG³, Bd.2, S.495f; WALDENFELS, Hans: Art. "Enthusiasmus", in: LEXIKON DER RELIGIONEN, hg. von WALDENFELS, Hans, Freiburg 1988², S.141f
        Zur Verwendung des Begriffs "Enthusiasmus" in der kirchlichen Polemik   vgl.: GOETERS, J.F.G.: Art. "Spiritualisten, religiöse", in: RGG³, Bd.6, S.255-257.255; THIEME, Karl: Art. "Verzückung, Enthusiasmus, Schwärmerei", in: RE³, Bd.20/1908, S.586-593.587-590; WALCH, Johann Georg: Art. "Enthusiasterey" und "Entzückung", in: Philosophisches Lexicon, Bd.1, Nachdr. der 4.Aufl. Leipzig 1775, Hildesheim 1968, S.1026- 1032.1036-1041

        Das röm.-kath. Lexikon SACRAMENTUM MUNDI nennt als im Spiritualismus zur Frage stehende Aspekte "die Heilsbedeutung der Erlösung für die materielle Schöpfung" und "die Bedeutung von Zeichen, Riten und Symbolen, gesellschaftlichen Strukturen für die Heilsvermittlung sowie für den religiösen Akt" (WALDENFELS, Ernst: Art. "Spiritualismus", in: SM/D, Bd.IV, S.670-673.671). "Wo die Zuordnung von Schöpfungs- und Erlösungsordnung spiritualisierend verzeichnet wird, wo ferner der religiöse Akt nicht mehr als Gesamtvollzug menschlichen Daseins in allen seinen Dimensionen (also auch in denen von Leib, Welt, Geschichte, Gemeinschaft) begriffen wird und statt dessen der Geist - sei es in mystischem oder rationalistischem Verständnis - das alleinige oder wenigstens primäre Konstitutiv religiösen Vollzugs und religiöser Gemeinschaftsbildung ist, wird die Forderung nach reiner, unvermittelter Gottbezogenheit erhoben, wird Heilsvermittlung in Wort und Sakrament fragwürdig, ja sogar zum Anstoß... Deutlich wird solche Spiritualisierung vor allem im Verständnis des kirchlichen Amtes, des Kultes und des Sakramentes. Eine unvermittelte Gottbeziehung verkürzt kirchliches Amt ausschließlich auf Ordnungsfunktion, jedes darüber hinausgehende Verständnis wird verdächtigt, sich ungebührlich in die Beziehung des Menschen zu Gott hineinzudrängen. Das Wort des Herrn von der Anbetung des Vaters 'in Geist und Wahrheit' (Joh 4,23) wird in dieser Sicht nicht nur... als Forderung nach der Reinigung des Kultes vom veräußerlichtem Vollzug sowie von Aberglaube und Magie verstanden; die Reinheit und Glaubwürdigkeit dieser Anbetung ist in spiritualistischer Auffassung die Ablehnung jeder kultischen Form. Die Heilsnotwendigkeit und Wirkkräftigkeit der Sakramente werden ebenso übersehen, sie werden zu Symbol- und Gedächtnishandlungen, die den Gläubigen das innerliche Heilsgeschehen sinnbildlich nahebringen, depotenziert" (a.a.O., S.672f).

7   vgl. TRILLHAAS, W.: a.a.O., S.496

        Idealtypisch hat Friedrich Heiler die Differenz in der Darstellung des polaren Gegensatzes von "*mystischer*" und "*prophetischer*" Frömmigkeit herausgearbeitet (vgl. HEILER, Friedrich: Das Gebet. Eine religionsgeschichtliche und religionspsychologische Untersuchung, München 1921³, S.248-283). - Heilers Gegenüberstellung ist in der Wirklichkeit so nicht vorhanden. Die Beobachtung zeigt, "daß Mystik eine interreligiöse Größe ist, die auch in der Geschichte einer prophetischen Religion auftreten und an Bedeutung gewinnen kann" (LANCZKOWSKI, Günther: Einführung in die Religionsphänomenologie, Darmstadt 1978, S.124).
        Die Unterscheidung von mystischer und prophetischer Religion korrespondiert mit der Beobachtung von zwei psychischen Grundtypen, dem "Extravertierten" und "Introvertierten" (C.G. Jung). - (vgl. hierzu: JUNG, Carl Gustav: Psychologische Typen, verm. Aufl., Zürich/Leipzig 1942; REMPLEIN, Heinz: Psychologie der Persönlichkeit. Die Lehre von der individuellen und typischen Eigenart des Menschen, München/ Basel 1975⁷, S.442-465). - Diese heuristisch hilfreiche Typisierung C.G. Jungs vereinfacht im psychologischen Bereich ebenso stark wie Heilers Unterscheidung im religiösen. Hier ist die Forschung in der Zwischenzeit zu weitergehenden Differenzierungen vorangeschritten (vgl.: REBELL, Walter: Psychologisches Grundwissen für Theologen. Ein Handbuch, München 1988, S.67-80; SCHNEEWIND, Klaus A.: Persönlichkeitstheorien, Bd.1: Alltagspsychologie und mechanistische Ansätze, = Erträge der Forschung 168, Darmstadt 1982; Bd.2: Organismische und dialektische Ansätze, = Erträge der Forschung 216, Darmstadt 1984).
        Charakteristisch für die beiden Grundtypen ist: 1) die *vorrangig sittliche Betätigung, der Dienst an der Welt und am Nächsten, der zielstrebige Aufbau und Ausbau der religiösen Gemeinschaft* bei den Extrovertierten; 2) die *Hinwendung zur Innerlichkeit* bei den Introvertierten. - Während dem ersten Typus die Gefahr droht, in ethizistischem Rigorismus, starre religiöse Gruppenbindung oder sterilen kirchlichen Institutionalismus zu geraten, ist der zweite Typus in Gefahr, der Induvidualreli- giosität, Privatfrömmigkeit und geistlichem Selbstgenuß zu erliegen (vgl. MANN, Ulrich: Einführung in die Religionspsychologie, Darmstadt 1973, S.110.121.131). - Beide Richtungen haben ihr Recht und ihren Sinn im lebendigen religiösen Erleben: "Ohne Introversion, ohne die Tendenz zum tiefen und reinen Erleben des Mysteriums bleibt die Religion leerer Kultbetrieb und neigt zu institutiona- listischer Erstarrung. Ohne Extraversion, der Tendenz zu kräftiger Selbstdarstellung in der Umwelt und zu regem Wirken in dieser, bleibt die Religion vage, verschwommen und letztlich unverbind-

lich. Beides zusammen erst macht den Spannungsbogen des vollen religiösen Lebens aus" (MANN, U.: a.a.O., S.145). - Natürlich gibt es auch hier vielerlei Mischformen (vgl. a.a.O., S.137).

8 Zum Feld des Ekstatischen vgl. etwa: BOURGUIGNON, Erika (Hg.): RELIGION, ALTERED STATES OF CONSCIOUSNESS, AND SOCIAL CHANGE, Columbus/ Ohio 1973 (= Fallstudien von christlichen und nichtchristlichen Bewegungen mit enthusiastisch-ekstatischen und trancehaften Erfüllungs- und Besessenheitzuständen; soziologisch-beschreibend); COLPE, Carsten: Art. "Ekstase", in: EKL[3], Bd.1, S.1007-1009; ELIADE, Mircea/ GARDET, Louis/ u.a.: Art. "Extase", in: DSp, Bd.4/2, S.2045-2189; OEPKE, Alfred: Art. "*ekstasis, existemi", in: ThWNT, Bd.2, S.447-457; PFISTER, Fr.: Art. "Ekstase", in: RAC, Bd.4, S.944-987; SCHIMMEL, Annemarie: Art. "Ekstase", in: RGG[3], Bd.2, S.410-412; dies.: Art. "Ekstase", in: LEXIKON DER RELIGIONEN, S.138; SCHMITHALS, Walter: Art. "Ekstase", in: BHH, Bd.1, S.385f; SPOERRI, Th.(Hg.): BEITRÄGE ZUR EKSTASE, Bibliotheca Psychiatrica et Neurologica 134, Basel/ New York 1968; WISSMANN, Hans: Art. "Ekstase", in: TRE, Bd.9, S.488-491; ZINSER, Hartmut: Art. "Ekstase", in: HANDBUCH RELIGIONSWISSENSCHAFTLICHER GRUNDBEGRIFFE, Bd.II, 253-258

Th.Spoerri nennt als gegensätzliche Deutungen der Ekstase: "Lösung des Seelisch-Geistigen vom Physischen - einheitlich psycho-physische Veränderung; nur körperlicher - nur seelischer Vorgang; Erleben der Wirklichkeit Gottes - des Teufels; Fremdhypnose und Autosuggestion - spontan in höchster Freiheit u.a." (SPOERRI, Theophil: Zum Begriff der Ekstase, in: ders./ Hg.: BEITRÄGE ZUR EKSTASE, S.1-10.3).

9 vgl. KELLER, Carl A.: Enthusiastisches Transzendenzerleben in den nichtchristlichen Religionen, in: HEITMANN, Claus/ MÜHLEN, Heribert, Hg.: Erfahrung und Theologie des Heiligen Geistes, Hamburg/ München 1974, S.49-63. 50f

10 vgl. QUACK, Anton: Art. "Schamane/ Schamanismus", in: LEXIKON DER RELIGIONEN, S.580-582

M. Gusinde sieht als äußere Kennzeichen der schamanistischen Ekstase die Aufhebung des Körper- und Umweltbewußtseins, die Reduktion wichtiger biologischer Funktionen und das Auftreten anomaler physischer Phänomene, wie Konvulsionen, erhöhte Muskelkraft und Levitation. "Aufs höchste gesteigert ist die Ekstase in der Sonderform des Besessenheitsschamanismus, bei der das persönliche Ich des Schamanen ganz ausgeschaltet und er nur noch Verkörperung und Sprachrohr übermenschlicher Mächte ist" (GUSINDE, M.: Art. "Schamanentum/ Schamanismus", in: LThK[2], Bd.9, S.366f. 367). Im Vergleich mit Prophetie und Mystik nennt er als Unterschiede: das spezifische Gotteserlebnis des Propheten und den Inhalt der Verkündigung. Im frühen Prophetentum fänden sich Einzelelemente eines massiven Enthusiasmus, bei den klassischen Propheten dagegen fehlten Vollekstase, Seinswandel und rituelle Gebundenheit. Die Mystik diene primär individuellen, nicht sozialen, Zielen.

11 vgl.: MENSCHING, Gustav: Art. "Besessenheit", in: RGG[3], Bd.1, S.1093; THUM, B./ SCHNACKENBURG, R./ RODEWYK, A./ RAHNER, K.: Art. "Besessenheit", in: LThK[2], Bd.2, S.294-300; ZINSER, Hartmut: Art. "Besessenheit", in: HANDBUCH RELIGIONSWISSENSCHAFTLICHER GRUNDBEGRIFFE, Bd.II, hg. von CANCIK, H., Stuttgart/ Berlin/ Köln 1990, S.131-135

12 vgl. COLPE, Carsten: Art. "Ekstase", in: EKL[3], Bd.1, S.1007f; WALDMANN, Michael: Trancen und Ekstasen in ihrer psychologischen Gegensätzlichkeit, in: GuL, 25/1952, S.54-67

13 vgl. SPOERRI, Th.: in: a.a.O., S.3; s. auch GINS, Kurt: Werner Gruehn - ein Wegbereiter für experimentelle Forschung an Mystik und Ekstase, in: ARPS, Bd.19, Göttingen 1990, S.219-242

14 SPOERRI, Th.: in: a.a.O., S.3; eine kurze Zusammenfassung der bewußtseinspsychologischen Forschungsergebnisse von C.Albrecht bietet LINNEWEDEL, Jürgen: Mystik-Meditation-Yoga-Zen. Wie versteht man sie, wie übt man sie, wie helfen sie - heute?, Stuttgart 1984[3], S.119-129

15 THOMAS, Klaus: Meditation in Forschung und Erfahrung in weltweiter Beobachtung und praktischer Anleitung, Seelsorge und Psychotherapie Bd.1, Stuttgart 1973, S.14f

Bei Kl. Thomas finden sich noch weitere hilfreiche Tabellen und Abbildungen zur Differenzierung, so etwa: Bilderschau und Erlebnisse in seelischen Sonderzuständen (in: Die künstlich gesteuerte Seele, S.168f = in: ders.: Meditation, S.80-83); Meditation als Fortschreiten in außerwache

religiöse Bewußtseinszustände (in: Meditation, S.58f); Psychiatrische, religionspsychologische, theologische Gefahren mißverstandener Mystik (in: Meditation, S.177-179).
Während Thomas gegenüber pfingstlerischer Frömmigkeit sehr kritisch ist (vgl. THOMAS, Klaus: Die Bekehrung als religiöses Erlebnis unter dem gewaltsamen Drängen von Sektierern und unter der freien Begleitung von Seelsorgern, in: THOMAS, Klaus: Die künstlich gesteuerte Seele. Brainwashing, Haschisch und LSD - chemische und hypnotische Einflüsse auf Gehirn und Seelenleben, Stuttgart 1970, S.72-102 oder ders.: Schwärmer- und Sektierertum als außerwache "religions-psychopathologische" Erlebnisstufen und die Schlafprediger, in: ARPS, Bd.7/ 1962, hg. von W. Keilbach, S.149-167), ist er gegenüber nichtchristlichen Meditationsformen und dem autogenen Training tolerant bis positiv. Er tendiert dazu, dem therapeutischen Aspekt und der phänomenologischen Betrachtungsweise den Vorrang vor dem theologischen Urteil zu geben.

16 SMET, Walter /SJ: Survey of the scientific literature on tongue-speaking with an evaluation, in: ONE IN CHRIST, Vol.XIII/ 1977/ No.1, S.51-63

     Verwiesen sei auch auf den umfassenderen Forschungsüberblick von Mc DONNELL, Kilian: Charismatic Renewal and the Churches, New York 1976, S.79-144 und die ausführliche Studie zur Einschätzung des Phänomens Glossolalie von C.G. Williams (WILLIAMS, Cyril Glyndwr: Tongues of the Spirit. A Study of Pentecostal Glossolalia and Related Phenomena, Cardiff/GB 1981). Williams tritt für eine multidisziplinäre Betrachtungsweise ein. Das glossolalische Geschehen müsse in seiner *Totalität* gesehen werden, bei gleichzeitiger Berücksichtigung der *Interrelation der Teile*. Damit soll die Untersuchung der Teile nicht vernachlässigt werden. Nicht akzeptabel ist für ihn ein Reduktionismus, der seine Einschätzung und sein Verständnis nur auf einen Aspekt begrenzt, sei es der sprachliche, emotionale oder der theologische.
     Watson E. Mills, der selbst eine theologisch-exegetische Untersuchung vorlegte (MILLS, Watson E.: A Theological/Exegetical Approach to Glossolalia, Lanham/ New York/ London 1985) hat wichtige exegetische, historische, theologische, psychologische und sozio-kulturelle Aufsätze zur Glossolalie aus der neueren Zeit zusammengestellt und herausgegeben (MILLS, Watson E./ed.: Speaking in Tongues. A Guide to Research on Glossolalia, Grand Rapids/ Mich. 1986).

17 Die frühen Forschungen bezogen sich vor allem auf gesellschaftliche Randgruppen, auf ökonomisch und sozial benachteiligte und wenig gebildete Menschen und konzentrierten sich auf Aspekte der Suggestion, verschiedene Formen infantiler Regression, auto-erotischer Befriedigung und neurotischer Erscheinungen (vgl. McDONNELL, K.: Charismatic Renewal and the Churches, 86-109). Eine Änderung der Forschungslage und der Beurteilung in Richtung auf Normalität brachten das Aufkommen der charismatischen Bewegung und die dort vorgenommenen Untersuchungen mit sich. Hier finden sich Glossolalie und andere Ausdruckselemente pentekostaler Frömmigkeit im Kontext der Mittel- und Oberschicht (vgl. McDONNELL, K.: a.a.O., S.111-144).
     Neben anderen haben W. SAMARIN, J.P. KILDAHL und L.M. VIVIER mit ihren Untersuchungen zur Korrektur und Differenzierung der psycho-pathologischen Sichtweise beigetragen:
     Samarin stimmt den Ergebnissen von Gerlach und Hine zu, die nur von gelegentlichen Sonderzuständen ausgehen: "Glossolalia is *sometimes* associated with *some* degree of altered state of consciousness, that this *occasionally* involves motor activity that is involuntary or *rarely* a complete lack of consciousness, and that in any case a subsequent use of Glossolalia (that is, after the initial experience) ist more often independent of dissociative phenomena" (SAMARIN, William: Tongues of Men and Angels, New York/ London 1972, S.33). - *Kildahl*, der Glossolalie als durch Suggestion induzierte Regression "im Dienst des Ego" wertet, resümiert im Blick auf den Aspekt seelischer Gesundheit als Quintessenz seiner Untersuchung: "Perhaps the most significant finding of this research is that one group is not in any way more mentally healthy than another. On any broad criteria of emotional well-being, the tongue-speakers and the none tongue speakers are about the same" (KILDAHL, John P.: The Psychology of Tongue Speaking, London 1972, S.48). - *Vivier* führt nach der Darstellung seiner Testergebnisse zu den psychologischen Aspekten aus: "It would appear that glossolalia, as practiced in its religious context, is manifested in normal, non-neurotic persons. It can serve a cathartic purpose. In a case which Jung would describe as an automatism arising from the subliminal or marginal consciousness, thought not strong enough to change the well-built ego complexes, we find that glossolalia, as described here, brings about a change in the person and a significant change in the ego complex. The change tends towards the more mature, and tends, furthermore, to add quality and enrichment of feeling and depths of meaningfulness. The ecstatic function tends toward higher efficiency of association to the point of ultimate hypermnesia" (VIVIER aus ENTFELDT, L.M.: The Glossolalic and his Personality, in: SPOERRI, Th./ Hg.: BEITRÄGE ZUR EKSTASE, S.153-175.172f; = ders.: Zungenreden und Zungenredner, in: HOLLENWEGER, Walter J.: Die Pfingstkirchen, Stuttgart 1971, S.183-205). Als religiöse Wirkung der Glossolalie nennt Vivier, daß die

Zungenrede erbaut, stärkt und tröstet sowie gewisse Ichfunktionen im positiven Sinn verändert. Daß er zur positiven Wertung gegenwärtiger Glossolalie und historisch und das meint auch theologisch auf Luther und Calvin verweist (a.a.O., S.156. 172), ist m.E. eine gravierende Fehlinterpretation und unerlaubte Vereinnahmung der Reformatoren.

K.McDonnell beurteilt mit anderen Glossolalie psycho-sozial als "learned behaviour" im weiteren Sinn, als durch die Umgebung induziertes, übernommenes Verhalten. Dabei geht er von einer natürlichen, jedem Menschen gegebenen Anlage aus. Nicht folgen kann er demnach übertrieben supranaturalistischen Deutungen als völlig neuer übermenschlicher Begabung und vertritt gegenüber Tendenzen der Trennung von Natur und Gnade deren Zusammengehörigkeit und Verbindung (vgl. a.a.O., S.84.154-156). Im Blick auf trancehafte und suggestive Momente resümiert er: "8.Psychological factors such as suggestion and trance may be present either at what ist called baptism in the Holy Spirit, the first experience of tongues, or at subsequent exercise of tongues. A light trance is not unusual the first time a person begins to speak in tongues. Sometimes there is deep trance. - 9. The presence of trance does not deprive the experience of its religious meaning. The ability to enter a trance seems to be a common, normal faculty rather than an abnormal and unusual one. - 10. There is insufficient evidence to indicate that trance is present in every exercise of tongues. The more likely position is that trance is not always present. - 11. Suggestion is part of the total process of socialization and this must be considered when evaluating the role of suggestion in the onset of tongues. Susceptibility to suggestion is more likely a sign of normality than of the presence of most neurotic and psychotic states. Dissociative states (trances), which may or may not be present, seem to be found within the range of normal behavior. - 12. A leader and a group may use suggestion and social pressures to such an extent that the religious quality of the experience of tongues may be greatly diminished. - 13. The experience of tongues does not seem to be related in any necessary way to a leader or group. There are sufficient instances to indicate that one can experience tongues without previous aquaintance with the phenomenon and without previous aquaintance with persons who speak in tongues" (a.a.O., S.153f).

Zu psychologischen Anspekten der "Glossolalie" vgl. auch: ETZOLD, Eckhard: Der heilige Atem - Physiologische und psychische Beleiterscheinungen der Glossolalie, in: MATERIALDIENST der EZW 1/91, S.1-12; HUTCH, Richard A.: The Personal Ritual of Glossolalia, in: JSStR 19(1980), S.255-266; MALONY, H.Newton: Debunking some of the Myths about Glossolalia, in: ROBECK, Cecil M.jr.: Charismatic Experiences in History, Peabody/ Mass. 1985, S.102-110; RICHARDSON, James T.: Psychological Interpretations of Glossolalia: A Reexamination of Research, in: JSStR 12(1973), S.199-207; SPOERRI, Th.: Ekstatische Rede und Glossolalie, in: ders. (Hg.): BEITRÄGE ZUR EKSTASE, S.137-152

An dieser Stelle sei auch *G. Theißen* das Wort gegeben, der in die exegetische Arbeit sehr stark auch psychologische und soziologische Aspekte einbezieht (THEISSEN, Gerd: Psychologische Aspekte paulinischer Theologie, FRLANT 131, Göttingen 1983, S.269-340). - In der *Traditionsanalyse* von I Kor 14 verweist er a) auf den sozialen Aspekt in dionysischen Parallelen, b) zur Erhellung des Selbstverständnisses der Glossolalen auf die Reflexion anthropologischer Aspekte des Ekstatischen in der platonischen Inspirationstradition und c) auf die linguistischen Aspekte in der Tradition der apokalyptischen Himmelssprache (vgl. a.a.O., S.276-291). - Als Ergebnis seiner *lerntheoretischen Analyse* hält er fest: "Glossolales Verhalten ist von einer bestimmten sozialen und historischen Lernsituation abhängig: vom Ein tritt in eine neue religiöse Gemeinschaft, die sich in ihren Werten von der Umwelt scharf abhebt. Diese Gemeinschaft ist entscheiden der Stimulus, Verstärker und Modell glossolalen Verhaltens. Es wird ausgelöst durch Zusammenkünfte in der Gemeinde (I Kor 14,23), wird zum Modell für nachahmendes Verhalten (I Kor 14,27) und erfährt durch die Überzeugung, daß in ihm eine unmittelbare Wirkung des heiligen Geistes vorliegt, eine ungeheure soziale Verstärkung. Funktional dient Glossolalie dazu, die emotionale Kohärenz der Gruppe zu fördern, teils durch Abgrenzung nach außen, teils durch Integration zurückgesetzter Gruppen, die unabhängig von Sozialstatus und Bildungsgrad am glossolalen Geschehen teilnehmen können. Paulus deckt die möglichen ambivalenten Wirkungen der Glossolalie auf: Nach außen kann sie abstoßend wirken. Im Innern kann sie die Gruppenkohärenz in Frage stellen, wenn sich glossolale Untergruppen bilden, die dazu neigen, in der Glossolalie das entscheidende Kriterium für Geistbesitz und Vollmitgliedschaft in der Gemeinde zu sehen" (a.a.O., S.291-303.302). - Die Deutung der Glossolalie als sozial gelerntes Verhalten beschreibt das Phänomen aber nicht ausreichend. Es ist nicht nur von sozialen Stimuli, Verstärkern und Modellen abhängig, sondern auch von inneren Faktoren und Prozessen. Als *psychodynamische Motive* glossolalen Verhaltens nennt Theißen: "Es führt 1. zu einer Erweiterung des Bewußtseins, indem es auf eine sehr diffuse Weise Zugang zu unbewußten Inhalten ermöglicht. Diese können 2. in Spannung zum Alltagsbewußtsein stehen, ja sogar verdrängt sein. 3. Drittens ist Glossolalie Erweiterung des Verhaltensrepertoires durch

Rückgriff auf kindliche Verhaltenszüge, die noch vor der Sozialisation mit ihren Einseitigkeiten liegen" (a.a.O., S.303-314.314). - Theißen modifiziert die psychodynamische Betrachtungsweise unter Einbeziehung von Röm 8,26 in glossolalischer Deutung, vom Kontext her "kognitiv" (vgl. a.a.O., S.314-320). Glossolalie ist nicht nur "Ausdruck einer Spannung unbewußter Inhalte zur alltäglichen Welt", sondern zugleich auch "Reduktion dieser Spannung" (a.a.O., S.320). Durch die eschatologische Deutung (Röm 8,18-30) verleiht Paulus ihr eine neue Funktion. "Die Verwandlung regressiver Energie in eine progressive Tendenz geschieht durch Deutung der Glossolalie, durch ihre Integration in die symbolische Welt der Gemeinde. Die Symbole sind hier nicht nur Ausdruck psychischer Prozesse, sondern bestimmen deren Richtung. So gewiß Glossolalie durch die äußere Lernwelt angeregt und durch innere Prozesse motiviert wird, ihre Funktion ist immer auch von der Deutung abhängig, die man ihr zuteil werden läßt" (ebd.). Als *kognitive Elemente* behandelt Theißen: 1. die Strukturierung glossolalen Verhaltens durch die *hermeneia (a.a.O., S.321-326); 2. die Umstrukturierung des sozialen Umfelds durch die Leib-Metaphorik (I Kor 12) (a.a.O., S.326-329); 3. die Umstrukturierung psychischer Dynamik durch die Einbeziehung des *nous (I Kor 14) (a.a.O., S.329-332). Im Schlußabschnitt setzt Theißen glossolales Erleben nach Röm 8,18-30 als Integrationsvorgang in Beziehung zur Gesamtwirklichkeit: 1. als Zeichen einer Überwindung des Sarx-Pneuma-Konfliktes; 2. als Ausdruck einer in der ganzen Schöpfung angelegten Sehnsucht nach Vollendung; 3. in der Akzentuierung ekstatischen Erlebens als Gegenwärtigkeit Gottes im Leiden ("Seufzen") (a.a.O., S.332-340).

18 vgl.: HOFER, G.: Art. "Suggestion", in: RGG[3], Bd.6, S.518f; ders.: Art. "Hypnotismus", in: RGG[3], Bd.3, S.503f; ULRICH, E.: Art. "Suggestibilität", in: LEXIKON DER PSYCHOLOGIE, Bd.3, Freiburg/ Basel/ Wien 1987, S.2249f; ders.: Art. "Wunderheilungen", in: a.a.O., S.2566f; ROTH, H.: Art. "Ideomotorisches Gesetz", in: LEXIKON DER PSYCHOLOGIE, Bd.2, S.1698

19 NEUBAUER, W.: Art. "Propaganda", in: LEXIKON DER PSYCHOLOGIE, Bd.2, S.1698

20 REY, Karl Guido: Gotteserlebnis in der Masse. Zur Problematik religiöser Massenveranstaltungen, in: GuL 59/1986, S.185-194.189f

W. Sargant hat in seinen Untersuchungen die Bedeutung der Suggestion in diesem Feld und besonders bei Massenveranstaltungen - wenn auch vorrangig physiologisch-mechanistisch - eindrücklich deutlich gemacht (SARGANT, William: Battle for the Mind. A Physiology of Conversion and Brainwashing, London 1957; ders.: The Mind Possessed. A Physiology of Possession, Mysticism and Faith Healing, London/ Melbourne/ Toronto 1973).

21 REY, Karl Guido: Gotteserlebnisse im Schnellverfahren. Suggestion als Gefahr und Charisma, München 1985, S.72-95

22 a.a.O., S.97-122

23 a.a.O., S.123

24 vgl. a.a.O., S.124-132

25 HOLLENWEGER, Walter J.: Enthusiastisches Christentum. Die Pfingstbewegung in Geschichte und Gegenwart, Wuppertal/ Zürich 1969 (=EChr); ders.(Hg.): Die Pfingstkirchen. Selbstdarstellung, Dokumente, Kommentare, KW 7, Stuttgart 1971 (= PK)

26 Hier nur eine kleine Auswahl ganz unterschiedlicher Gestalt: BITTLINGER, Arnold (Hg.): THE CHURCH IS CHARISMATIC, Genf 1981; BIRNSTEIN, Uwe: Neuer Geist in alter Kirche? Die charismatische Bewegung in der Offensive, Stuttgart 1987; BLOCH-HOELL, Nils: The Pentecostal Movement. Its Origin, Development and Distinctive Character, Copenhagen/ Stockholm/ Göteborg 1964; BÜHNE, Wolfgang: Spiel mit dem Feuer, Bielefeld 1989; EDEL, Rainer F. (Hg.): KIRCHE UND CHARISMA. Die Gaben des heiligen Geistes in Neuen Testament, in der Kirchengeschichte und in der Gegenwart, Marburg 1966; GROSSMANN, Siegfried: Haushalter der Gnade Gottes. Von der charismatischen Bewegung zur charismatischen Erneuerung der Gemeinde, Wuppertal/ Kassel 1978[2]; ders.: Der Geist ist Leben. Hoffnung und Wagnis der charismatischen Erneuerung, Wuppertal/ Kassel 1990; QUEBEDEAUX, Richard: The New Charismatics II. How a Christian Renewal Movement became a Part of the American Religious Mainstream, San Francisco 1983; REIMER, Hans-Diether/ EGGENBERGER, Oswald: Neben den Kirchen. Gemeinschaften, die ihren Glauben auf besondere Weise leben wollen, (Bibel-Kirche-Gemeinde, Bd.12), Konstanz 1979,

S.124-175; REIMER, Hans-Diether: Wenn der Geist in der Kirche wirken will. Ein Vierteljahrhundert charismatische Bewegung, Stuttgart 1987; HAMILTON, Michael P.(Hg.): The Charismatic Movement, Grand Rapids 1975; SULLIVAN, Francis A.: Die charismatische Erneuerung. Die biblischen und theologischen Grundlagen, Graz/Wien/ Köln 1986²; SYNAN, Vinson: The Holiness-Pentecostal Movement in the United States, Grand Rapids/ Mich. 1971; ders.: In the Latter Days. The Outpouring of the Holy Spirit in the Twentieth Century, Ann Arbor/Mich. 1984; WIEDERENTDECKUNG DES HEILIGEN GEISTES, hg. von LIENHARD, Marc/ MEYER, Harding, ÖkPer 6, Frankfurt a.M. 1974; ZOPFI, Jakob: ...auf alles Fleisch. Geschichte und Auftrag der Pfingstbewegung, Kreuzlingen-CH 1985

27 BURGESS, Stanley M./ McGEE, Gary B./ ALEXANDER, Patrick H. (Hg.): DICTIONARY OF PENTECOSTAL AND CHARISMATIC MOVEMENTS, Grand Rapids/ Mich. 1988 (= DPCM)

28 E. Benz sieht in Überlegungen zum Zusammenhang der europäischen und amerikanischen Kirchengeschichte das europäische Staats- und Landeskirchentum durch die Emigration der Radikalen in den vergangenen Jahrhunderten in eine Anämie geraten und heute mit der Rückkehr der Propheten konfrontiert. Die einst aus Europa verdrängten bzw. die in Europa zurückgedrängten Elemente spiritualistisch-independentistischer Frömmigkeit kehren zurück (vgl. BENZ, Ernst: Kirchengeschichte in ökumenischer Sicht, ÖS III, Leiden/ Köln 1961, S.75-111).

29 Wesley und der Methodismus waren vertraut mit mystischem Gedankengut und ließen sich durch Lektüre von Thomas à Kempis, W.Law, J.Tauler, J.Böhme, Anne Bourignon, Franz von Sales, Fénelon, Madame Guyon, Molinos, Bernières von Louvigny u.a. anregen. Wesley selbst hat zwischen 1750-1756 in seiner "Christian Library" auch röm.-kath. Mystiker veröffentlicht, wobei er durchaus kritisch differenzierte (vgl.: RACK, Henry D.: Reasonable Enthusiast. John Wesley and the Rise of Methodism, London 1989, S.73-75.96-102.169f.401; SCHMIDT, Martin: John Wesley, Bd.II: Das Lebenswerk John Wesleys, Zürich/ Frankfurt a.M. 1966, S.323-332):
"Die Mystik hat er als Konkurrentin des Glaubens sehr ernst genommen und verschieden behandelt. Die romanische Mystik, die sich an den Willen wandte und die uneigennützige Liebe zu Gott als den Gipfel christlicher Haltung pries, hat er hoch eingeschätzt... Die deutsche Mystik... hat er ebenso scharf abgelehnt, weil sie die Wahrheit von Rechtfertigung und Glauben durch überflüssige kosmische Spekulationen verdunkelte, den Schöpfungsglauben und die Sündenanschauung durch ihre androgynen Phantasien... entstellte und mit alledem um ein falsches Zentrum kreiste" (SCHMIDT, M.: a. a.O., S.331f). - Quietistisches "Warten" auf Gnadenbezeugung wies Wesley zurück. Er sah darin eine Wendung gegen kirchliche Institutionen und Bräuche, Gottesdienst, Abendmahl und Bibellesen. Im Unterschied dazu schätzte er die "Gelassenheit" des frz. Quietismus als Mittel gegen die Vielgeschäftigkeit im Alltag (vgl. SCHMIDT, M.: a.a.O., S.44f).

30 L. Cognet sieht Wesley faktisch immer weiter weg von den Positionen des Protestantismus entwickelt und der traditionellen katholischen Ethik angenähert. Er habe eine "sehr anziehende Synthese zwischen das europäische von der protestantischen Gnadenlehre und der katholischen Ethik der Heiligung" hergestellt (COGNET, Louis: Die Kirche im Zeitalter des Absolutismus und der Aufklärung, in: HANDBUCH ZUR KIRCHENGESCHICHTE, Bd.V, hg.v. JEDIN, Hubert, Freiburg 1970/1985, S.473-477. 476f).
Auch in den Methodistisch/Römisch-katholischen Dialogen wird festgehalten, daß man in Fragen der Spiritualität, des Lebens im Geist und im Blick auf die Heiligung eine bemerkenswerte Nähe zueinander (vgl. MEYER, Harding/URBAN, Hans Jörg/VISCHER, Lukas (Hg.): DOKUMENTE WACHSENDER ÜBEREINSTIMMUNG. Sämtliche Berichte und Konsenstexte interkonfessioneller Gespräche auf Weltebene 1931-1982, Paderborn/ Frankfurt 1983, S.388.475.389.400.455.458).

31 Zur Heiligungsbewegung vgl.: BLUMHOFER, Edith L.: Purity and Preparation: A Study in the Pentecostal Perfectionist Heritage, in: BURGESS, Stanley M. (Hg.): REACHING BEYOND. Chapters in the History of Perfectionism, Peabody/Mass. 1986, S.257-282; COCHLOVIUS, Joachim: Art. "Gemeinschaftsbewegung", in: TRE, Bd.12, S.355-368.358f; DAYTON, Donald W.: Theological Roots of Pentecostalism, Grand Rapids/Mich. 1987, S.63-84; DOBSON, Ed/ HINDSON, Ed/ FALWELL, Jerry: The Fundamentalist Phenomenon. The Resurgence of Conservative Christianity, Grand Rapids/Mich. 1986², S.27-46; FLEISCH, Paul: Die moderne Gemeinschaftsbewegung in Deutschland, Bd.1: Die Geschichte der deutschen Gemeinschaftsbewegung bis zum Auftreten des Zungenredens (1875-1907), Leipzig 1912³, S.14-32; HOLLENWEGER, Walter J.: Art. "Heiligungsbewegung", in: ÖL, S.534f; HUGHES, Richard T.: Christian Primitivism as Perfectionism: From Anabaptists to Pentecostals, in: REACHING BEYOND, S.213-255; LANGE, Dieter: Eine Bewegung bricht sich Bahn. Die deutschen Gemeinschaften im ausgehenden 19. und beginnenden 20.Jahrhun-

dert und ihre Stellung zur Kirche, Theologie   und Pfingstbewegung, Gießen/ Dillenburg 1979,
S.29-45; SULLIVAN, Francis A.: Art. "Pentecôtisme, in: Dictionnaire de Spiritualité, Ascétique et
Mystique. Doctrine et Histoire, Tome XII/1, Paris 1984, S.1036-1052.1036-1039 = ders.: Pfingstbe-
wegung und charismatische Gemeindeerneuerung. Geschichte-Spiritualität-Stellungnahme, (leicht
gekürzt und übers. von Josef Sudbrack), in: GEIST UND LEBEN, 59.Jg./1986, S.165-183.165-169;
SYNAN, Vinson: Holiness-Pentecostal Movement, S.33-54

32 vgl. REUBER, Kurt: Mystik in der Heiligungsfrömmigkeit der Gemeinschaftsbewegung, Gütersloh 1938, S.1-9.1f
      Zu den methodistischen Wurzeln vgl.: BLOCH-HOELL, Nils: The Pentecostal Movement, S.5-17;
DAYTON, Donald W.: Theological Roots of Pentecostalism, Grand Rapids/Mich. 1987, S.35-60;
SYNAN, Vinson: The Holiness-Pentecostal Movement, S.13-32
      "Die entscheidende Lehre der Pfingstbewegung, nämlich die Lehre von der Geistestaufe als
zweiter Segen im Leben eines Christen, stammt... nicht unmittelbar aus dem Neuen Testament,
sondern hat ihre Wurzeln in einer Tradition, die über Parham, die Heiligungsbewegung, den Methodismus und anglokatholische Erbauungsschriftsteller in das römisch-katholische Mönchtum zu-
rückreicht" (BITTLINGER, Arnold: Papst und Pfingstler. Der römisch-katholisch-pfingstliche Dialog
und seine ökumenische Relevanz, Studien zur interkulturellen Geschichte des Christentums 16,
Frankfurt a.M./ Bern/ Las Vegas 1978,S.173-174.175).

33 Biblisch gesprochen ist damit (zeitlich fixierbar) der Glaubende nach Römer 8 durchgebrochen
und hat Römer 7 hinter sich gelassen (vgl. dazu z.B. A.B. Simpson - Christian and Missionary
Alliance): "Die Erfahrung Jesu als des Heiligers bedeutet ein bestimmtes und unterscheidbares
Krisiserlebnis im Leben einer Seele. Wir wachsen nicht in die Heiligung hinein, sondern wir überschreiten eine bestimmte Grenze so klar wie die Heerscharen Josuas, als sie über den Jordan setzten, um ins Gelobte Land zu kommen, an welcher sie zur Erinnerung an jene dramatische Stunde
einen Steinhaufen aufschichteten" (zit. bei HOLLENWEGER, W.J.: EChr, S.361).

34 vgl.: BRUNER, Frederick Dale: A Theology of the Holy Spirit. The Pentecostal Experience and
the New Testament Witness, Grand Rapids/Mich. 1983[2], S.35-129.323-341; DAYTON, Donald W.:
Theological Roots, S.87-113; EICKEN, Erich von: Heiliger Geist - Menschengeist - Schwarmgeist.
Ein Beitrag zur Pfingstbewegung in Deutschland, Wuppertal 1964, S.7-32 = ders.: Die charismatische
Frage - Heiliger Geist oder Schwarmgeist, (Neuaufl. mit einem Vorwort von BLUNCK, Jürgen),
Moers 1988, S.15-40; SCHMIEDER, Lucida (OSB): Geistestaufe. Ein Beitrag zur neueren Glaubens-
geschichte, (Paderborner Theologische Studien Bd.13), Paderborn 1982, S.66-257 (neben BRUNER
wohl die ausführlichste Dokumentation der Entwicklung mit Quellenbelegen); WILLIAMS, J.R.:
Art. "Baptism in the Holy Spirit", in: DPCM, S.40-48

35 vgl.: QUEBEDEAUX, Richard: The New Charismatics II, S.35; s. auch: BERKHOF, Hendrikus:
200 Jahre Theologie. Ein Reisebericht, Neukirchen-Vluyn 1985, S.251-264 und HART, D.G.:
Divided between Heart and Mind. The Critical Period for Protestant Thought in America, in:
JOURNAL OF ECCLESIASTICAL HISTORY, Vol.38/No.2/1987, S.254-270; McLOUGHLIN,
William G.: Revivals, Awakenings and Reform. An Essay on Religion and Social Change in
America 1607-1977, Chicago 1978, S.141-178

36 vgl. HOLLENWEGER, W.J.: in: ÖL[2], S.534

37 vgl.: HOLLENWEGER, Walter J.: Art. "Charismatische Bewegung", in: TRT[4], Bd.1, S.244;
ders. (Hg.): PK, S.328f; ders.: EChr, S.111f.503).

38 vgl. O'CONNOR, Edward D.: Spontaner Glaube. Ereignis und Erfahrung der charismatischen
Erneuerung, Freiburg/ Basel/ Wien 1974, S.166ff.166

39 vgl. SYNAN, Vinson: The Role of the Holy Spirit and the Gifts of the Spirit in the Mystical
Tradition, in: ONE IN CHRIST, Vol.X/1974/No.2, S.193-202, zit. S.198

40 vgl. SYNAN, V.: in: a.a.O., S.194.201f

41 SYNAN, V.: in: a.a.O., S.202

42 HOLLENWEGER, Walter J.: Art. "Pfingstbewegung", in: ÖL[2], S.964

43 HOLLENWEGER, W.J. (Hg.): PK, S.323

44 "...one could somewhat simplified say, that Pentecostalism is in part the result of an encounter of Catholic spirituality and black spirituality on American soil. Hence the fierce resistance of all strictly evangelical Christians both to Pentecostalism and to the charismatic renewal. In spite of some common ground, they rightly sense the difference between Pentecostal/charismatic spirituality and their own. Only to the extent that Pentecostalism loosens its roots in Catholic and black spirituality, does it become acceptable to evangelicalism. But it is the very same ingredients, namely the Catholic and black spirituality, that account for the success of American neo-Pentecostalism in the Third World..." (HOLLENWEGER, Walter: Roots and Fruits of the Charismatic Renewal in the Third World: Implications for Mission, in: THEOLOGICAL RENEWAL, Nr.14/Feb.1980, S.11-28.12f).

45 Diese Entwicklung schlägt sich in der zweiten Auflage des Ökumene-Lexikons 1987 in entsprechend differenzierten Artikeln nieder (vgl.: HOLLENWEGER, Walter J.: Art. "Afrikanische Unabhängige Kirchen", in: Ökumene-Lexikon, Frankfurt 1987 ² = ÖL², S.25f; ders.: Art. "Charismatische Bewegung", in: ÖL², S.212-214; ders.: Art. "Pfingstbewegung", in: ÖL², S.963-967; MÜHLEN, Heribert: Art. "Charismatische Gemeindeerneuerung", in: ÖL², S.214-217).

46 vgl. BITTLINGER, Arnold: Charismatische Erneuerung, in: HANDBUCH DER PRAKTISCHEN THEOLOGIE, Bd.4: Praxisfeld: Gesellschaft und Öffentlichkeit, Gütersloh 1987, S.90-99.92
(In früheren Veröffentlichungen wandte Bittlinger zum damaligen Zeitpunkt richtig lediglich die ersten drei Kategorien an (BITTLINGER, Arnold: Charismatic Renewal - An Opportunity for the Church?, in: ders./ Hg.: THE CHURCH IS CHARISMATIC, Genf 1981, S.7-13, bes. S.10 = THE ECUMENICAL REVIEW 31/1979, S.247-251; vgl. auch: ders.: Charismatische Erneuerung der Kirche, in: MOHAUPT, Lutz/ Hg.: MODELLE GELEBTEN GLAUBENS. Gespräche zur lutherischen Bischofskonferenz über Kommunitäten und charismatische Bewegungen im Auftrag der Bischofskonferenz, ZUR SACHE - Kirchliche Aspekte heute, Heft 10, Hamburg 1976, S.78-89.78-80; ders.: Charismatische Erneuerung - Eine Chance für die Gemeinde, Charisma und Kirche 6, Metzingen 1979, S.7f).
Zu den Hauptströmen vgl. auch: SYNAN, Vinson: Pentecostalism: Varieties and Contributions, in: ONE IN CHRIST, Vol. XXIII/ Nos. 1-2/ 1987, S.97-109

47 Walter J.Hollenweger hat sich im Blick auf die unabhängigen Pfingstkirchen in der Dritten Welt besonders eingesetzt z.B. für die afrikanischen Sonderbildungen, die von den anderen, westlichen Pfingstlern weithin als Rückfall ins alte Heidentum bzw. als Synkretismus abgelehnt werden. Er möchte einer vorschnellen Verurteilung entgegenwirken und plädiert für ein nichtdogmatisches Verstehen und Tolerieren z.B. von Praktiken der Ahnenverehrung und des Umgangs mit den Geistern.
vgl.: HOLLENWEGER, Walter J.: Art. "Afrikanische unabhängige Kirchen", in: ÖL², S.25f; ders.: Art. "Junge Kirchen", in: TRE, Bd.17, S.454-461 und die Abschnitte: "uMoya-der Geist bei den unabhängigen Bantukirchen", in: HOLLENWEGER, W.J.: EChr, S.162-190; "Pfingsten von N'Kamba" = Kimbanguisten in Zaire, in: ders.: Christen ohne Schriften. Fünf Fallstudien zur Sozialethik mündlicher Religion, (Erlanger-TB, Bd.38), Erlangen 1977, S.49-69
Als Kennzeichen dieser Kirchen nennt er: Visionen, Krankenheilungen, afrikanische Symbolik und die große Bedeutung von Musik, Tanz, Liedern und farbigen Kultgewändern. "Sie sind Kirchen der Jugend, sind wirtschaftlich arm und ziehen keine Kirchensteuern ein. Sie können keine großen Kollekten erheben und sich darum nur wenige teure Kirchenbauten leisten. Mit den Kranken zu beten ist für sie wichtiger als westliche Medizin. Vision, Träume und Prophetie erscheinen ihnen zuverlässiger als eine psychiatrische Behandlung. Die meisten ihrer Pfarrer absolvierten keine theologische Ausbildung im europäischen Sinn." - "Ihre Gemeindefrömmigkeit fußt nicht auf der persönlichen Lektüre der Bibel, sondern wie in Europa bis zur Erfindung des Buchdrucks auf der lebendigen Erfahrung der Gemeinschaft der Heiligen, auf der Erfahrung des Gebets, vor allem des Gebets um Heilung, auf dem Auswendiglernen von Geschichten, Liedern. Theologisch gesagt sind sie - im Gegensatz zur Kirche des Buches - Kirchen des Geistes. Sozialpsychologisch gesagt sind sie - im Gegensatz zu den Kirchen der Katechismen und Bekenntnisse - Kirchen der Lieder und Geschichten. Liturgisch gesagt sind sie - im Gegensatz zu den Kirchen der gedruckten Gottesdienstformen - Kirchen der Abendmahlsbankette und liturgischen Festlichkeiten" (ÖL², S.25) - (ähnlich: DILLON-MALLONE, Clive: Neue Religionen in Afrika, in: CONCILIUM 19/1983, S.57-63).

48 vgl.: BLOCH-HOELL, N.: Pentecostal Movement, S.18-52; FLEISCH, Paul: Geschichte der Pfingstbewegung in Deutschland von 1900-1950, (Neuaufl.: Telos-Dokumentation 915), Marburg

1983, S.7-16; HOLLENWEGER, W.J.: EChr, S.20-27; KENDRICK, Klaude: Vereinigte Staaten von Amerika, in: HOLLENWEGER, W.J. (Hg.): PK, S.29-37 (Zungenreden war bereits 1892 unter der Verkündigung R.G. Spurlings aufgetreten; s. a.a.O., S.29); KRUST, Christian Hugo: 50 Jahre Deutsche Pfingstbewegung Mülheimer Richtung, Altdorf/b.Nürnb. o.J., S.40-45; QUEBEDEAUX, Richard: The New Charismatics II, S.26-31; ROBECK, C.M.jr.: Art. "Azusas Street Revival", in: DPCM, S.31-36; SYNAN, Vinson: Frank Bartleman und sein Verhältnis zur Azusa-Straße, Vorwort zu: BARTLEMAN, Frank: Feuer fällt in Los Angeles, Hamburg 1983, S.7-24; SYNAN, Vinson: The Holiness-Pentecostal Movement, S.95-116

49 vgl. HEYER, Friedrich: Konfessionskunde, Berlin/New York 1977, S.711f

50 "Anstatt wie Luther zu sagen: 'Baptismatus sum', anstatt wie der Katholik sich auf das Sakrament zu verlassen und wie der Reformierte auf das gepredigte Wort zu vertrauen, soll der Pfingstler sagen: Dort in jener Geisttaufe mit Zungenreden ist Gottes Geist objektiv in mich gekommen. Unabhängig davon, was ich jetzt fühle und erlebe: diese eine Tatsache bleibt nun einmal unerschütterlich. Man könnte diese Position eine Art Sakramentalismus des Zungenredens nennen" (HOLLENWEGER, W.J.: EChr, S.15).

51 Zum frühesten Selbstverständnis, nämlich dem "quäkerischen" Ansatz einer "ökumenischen Erweckungsbewegung" möchte W.J. Hollenweger gerne zurücklenken:
"In den ersten Jahren dachten die Pfingstler nicht daran, sich als neue Denomination zu organisieren. Man sagte: 'Die menschliche religiöse Organisation steht dem Wesen nach im Widerspruch zur Gemeinde des lebendigen Gottes'. Da 'Gott uns aus dem alten, toten Kirchentum herausgebracht... (und) zu einem freien Volk gemacht (hat), kehren wir nicht nach "Babylon" zurück'... Nun... kamen als wunderbare Befreiungsbewegung die Pfingstgemeinden, um all dem Streit in der Christenheit ein Ende zu setzen. Die dogmatischen Schranken sollten nicht durch eine Minimaldogmatik, sondern durch den Verzicht auf dogmatische Fixierung überhaupt überwunden werden. Das Verbindende sollte die Gegenwart des lebendigen Gottes, die Realität des heiligen Geistes sein, die man in Bekehrung, Heiligung, Geistestaufe und Geistesgaben zu erleben hoffte. In Erwartung der baldigen Wiederkunft Jesu verzichtete man auf theologische Klärung... Als der Herr verzog, erwies sich in Folge der verschiedenen ethischen und dogmatischen Auffassungen innerhalb der Pfingstbewegung eine Minimaldogmatik als notwendig" (HOLLENWEGER, Walter J.: Charismatische und pfingstlerische Bewegungen als Frage an die Kirche heute, in: MEYER, H./ Hg.: WIEDERENTDECKUNG DES HEILIGEN GEISTES, Frankfurt 1974, S.53-75.54f).
Hollenweger möchte den quäkerischen Ansatz und die revolutionären gesellschaftsverändernden interrassischen Elemente des Anfangs (vgl. a.a. O., S.53) in den gegenwärtigen weltweiten sozialen, rassischen und politischen Konflikten fruchtbar machen. In fast allen seinen Veröffentlichungen kommt er auf diese Aspekte zurück, mahnt sie bei den Pfingstkirchen an und hebt neuere Beispiele für die Verwirklichung dieses Ansatzes hervor (vgl. HOLLENWEGER, Walter J.: Christen ohne Schriften. Fünf Fallstudien zur Sozialethik mündlicher Religion, Erlangen 1977).

52 vgl. SYNAN, Vinson, in: BARTLEMAN, Frank: Feuer fällt in Los Angeles, Hamburg 1983, S.19 - Spätere Bekenntnisse der "Apostolic Faith Movement", "Assemblies of God", "Church of God (Cleveland)", "Schweizerischen Pfingstmission" finden sich bei HOLLENWEGER, W.J.: EChr, S.584-594 und ders. (Hg.): PK, S.358f.

53 Thomas B. Barratt, einer der Pioniere der europäischen PB, charakterisierte die pfingstlerische Lehrpostition so: "As regards salvation by justification, we are Lutherans. In baptismal formula, we are Baptists. As regards sanctification, we are Methodists. In aggressive evangelism we are as the Salvation Army. But as regards the Baptism in the Holy Spirit, we are Pentecostal, inasmuch we believe and preach, that it is possible to be baptized in or filled by the Holy Ghost just as on the day of Pentecost" (zit. bei BLOCH-HOELL, N.: Pentecostal Movement, S.123.175).
Bloch-Hoell widerspricht dieser groben Selbstcharakterisierung im Blick auf die Beanspruchung der lutherischen Rechtfertigungslehre. Hier sei nur eine oberflächliche Übereinstimmung gegeben. In der PB werde im Unterschied zu Luther die Rolle des Menschen bei der Entstehung des Glaubens betont und der (freie) Wille des Menschen angesprochen. Das kognitive Element und das Willenselement würden stärker betont als das Mysterium. Hinzu komme, daß die Rechtfertigung im gesamten Lehrgefüge der PB nicht den zentralen Platz einnehme wie im Luthertum. Die Heiligung stehe als weiterer Lehrpunkt gleichwertig neben ihr, oder sei sogar als höhere Stufe akzentuiert (vgl. a.a.O., S.124-126).

54 In der Lehre, daß niemand von sich behaupten könne "im Heiligen Geist getauft zu sein", der nicht "das Anfangszeichen" des Redens in anderen Zungen erlebt hatte, lag das Hauptärgernis, da praktisch alle Christen von sich behaupteten, geistgetauft zu sein: Großkirchler bei der Taufe bzw. Firmung, Evangelikale bei der Bekehrung, Mitglieder der Heiligungsbewegung beim Empfang des "zweiten Segens" oder der "vollen Heiligung" (Zum Streit mit den Heiligungsdenominationen s. SYNAN, V.: Holiness-Pentecostal Movement, S.141-146; vgl. auch: KENDRICK, K.: Art. "Initial Evidence, A Historical Perspective", in: DPCM, S.459f).

55 Göttliche Heilung war durch A.B.Simpson (Gründer und Leiter der Christian and Missionary Alliance) und unabhängige Heilungsevangelisten popularisiert worden (vgl.: DAYTON, Donald W.: Theological Roots, S.115-141; HARTZFELD, David F./ NIENKIRCHEN, Charles /Hg.: The Birth of a Vision. Essays on the Ministry and Thought of Albert B. Simpson - Founder of the Christian and Missionary Alliance, = HIS DOMINION SUPPLEMENT, no.1, Saskatchewan/Can. 1986; NIEN-KIRCHEN, Charles: A.B. Simpson: Forerunner and Critic of the Pentecostal Movement, in: The Birth of a Vision, S.125-164; SAWIN, John: The Fourfold Gospel, in: The Birth of a Vision, S.1-28; SIMPSON, Albert B.: Evangelium 4x, Frankfurt a.M. o.J., S.40-53).

56 Hier übernahm die PB die Geschichtsdeutung und die Endzeitlehren des Darbysmus ("dispensational premillennialism", d.h. die Lehre einer geheimen Entrückung der Gläubigen vor Anbruch der "großen Trübsal", dem zweiten Kommen des Herrn und dem Tausendjährigen Reich), wie sie durch die Erläuterung der Scofield-Bibel in der zweiten Hälfte des 19.Jhs. weite Verbreitung gefunden hatten. Hatte sich in der ersten Hälfte des 19.Jhs., vorbereitet durch J.Edwards, in den Erwekkungbewegungen Ch. Finneys der geschichtsoptimistische Postmillenarismus, der die Verwirklichung einer christlichen Gesellschaft auf Erden und ein Hineinwachsen in das Millenium, an dessen Ende die Wiederkunft Christi steht, durchgesetzt, vollzog sich in der zweiten Hälfte ein bedeutsamer Umschwung. Das optimistische ethische Sendungsbewußtsein und Weltgefühl schlug um in die prämilleniaristische Katastrophenerwartung und pessimistisch-apokalyptische Geschichtsdeutung (vgl.: BAUCKHAM, Richard: Art. "Chiliasmus, IV.Reformation und Neuzeit", in: TRE, Bd.7, S.737-745.741-743; DAYTON, D.W.: Theological Roots, S.143-171; HUTTEN, Kurt: Seher, Grübler, Enthusiasten. Das Buch der traditionellen Sekten und religiösen Sonderbewegungen, Stuttgart 1984[13], S.246-249; MOORHEAD, James H.: The Erosion of Postmillenialism in American Religious Thought 1865-1925, in: CHURCH HISTORY, Jg.53/1984, S.61-77; QUEBEDEAUX, R.: The New Charismatics II, S.33.180.204f; SCHWARZ, Hans: Jenseits von Utopie und Resignation. Einführung in die christliche Eschatologie, Wuppertal/ Zürich 1990, S.199-214; SEEBASS, Gottfried: Art. "Apokalyptik/Apokalypsen, VII.Reformation und Neuzeit", in: TRE, Bd.3, S.280-289.285f).
    Die im dispensationalistischen Schema mitenthaltene Beschränkung der wunderbaren Charismen und Machtzeichen auf die Apostelzeit, wurde nicht übernommen (vgl. ARRINGTON, F.L.: Art. "Dispensationalism", in: DPCM, S.247f). Zu stark war das Erleben der "Geistausgießung" und ihrer Wirkungen. Zu stark war der Eindruck eines Vorgangs von heilsgeschichtlicher Bedeutung, der Erfüllung der "Spätregen"-Verheißung von Joel 3,1-4 wie man sie in der Spätregen-Bewegung als Wiederherstellung der Vollmacht, Wunder und Zeichen des "Frühregens" der Apostelgeschichte unmittelbar vor der Wiederkunft erwartete ("Latter Rain Movement" nach Jak 5,7f mit Joel 3 und Act 2,16-18 verbunden; Anfänge 1866, Richard G. Spurling. - vgl.: HOLLENWEGER, W.J.: EChr, S.48f; HUTTEN, Kurt: Seher, Grübler, Enthusiasten, S.304; WACKER, Grant: "America's Pentecostals - Who They Are", in: CHRISTIANITY TODAY, 16.Okt. 1987, S.16-21.19).

57 Im England des 17.Jh. wurde die hochkirchliche, weitherzige Richtung des Anglikanismus "*Arminianism*" genannt (Kennzeichen: u.a. Toleranz im Blick auf die Zeremonien, Indifferenz in manchen Lehrpunkten; theol. Ansatz bei der universalen Versöhnung; Willensfreiheit; größere Freiheit in der Lebensgestaltung als im strengen prädestinatianischen Puritanismus).
    Wesleys Eltern waren aus Gewissensgründen von den streng prädestinationsgläubigen Independenten zur Staatskirche übergewechselt. Von daher verwarf auch Wesley die Prädestinationslehre (vgl. hierzu auch die innermethodistischen Streitigkeiten mit George Whitefield: RIECKER, Otto: Ruf an alle. George Whitefield - Bahnbrecher der modernen Evangelisation und Erweckungsträger in zwei Kontinenten, Wuppertal 1984[2], S.83-86; SCHMIDT, M.: John Wesley, Bd.II, S.31f).
    "In arriving at his mature theological convictions, Wesley borrowed from many sources. His doctrines were distilled primarily from the Anglo-Catholic tradition in which he was educated, rather than from the continental Reformed Protestant tradition. Methodism, with its strong Arminian base, was in essence a reaction against the extreme Calvinism which had dominated English social, religious, and political life during much of the seventeenth century. If the Calvinist taught that only the elect could be saved, the Methodist taught, that anyone could find salvation. If the Calvinist could never be certain that he was in the elect circle, the Methodist could know from a crisis experience

of conversion, that he was saved. From the beginning, Methodist theology placed great emphasis on this conscious religious experience. This empirical evidence of salvation is what Wesley and his followers have since offered to the world..." (SYNAN, Vinson: Holiness-Pentecostal Movement, S.14).

Der *ursprüngliche Arminianismus* geht zurück auf den niederländischen reformierten Theologen Jakob Arminius (1560-1609), der gegen die strenge supralapsarische Prädestinationslehre (in der Gott zum Urheber der Sünde und Verdammnis der Menschen gemacht wird) biblische und moralische Einwände vorbrachte. Er trat stattdessen für eine "bedingte" Vorherbestimmung ein, in der der Glaube des Menschen ein größeres Gewicht bekommt (Glaube wird nur durch die göttliche Gnade erlangt, aber die Gnade ist nicht unwiderstehlich; der Hl.Geist befähigt den Menschen zum Glauben, daß er wirklich glaubt ist aber zugleich des Menschen eigenes Werk; der Mensch kann sich darauf vorbereiten; die Möglichkeit des Abfalls vom Glauben ist nicht ausgeschlossen). Ersten Anstoß erregte er mit einer Predigt über Röm 7,13-25, in der er vom strengen Calvinismus abwich. Er deutete die Stelle auf Paulus vor dessen Bekehrung und verwarf damit die reformatorische Deutung auf die Wiedergeborenen und das simul iustus et peccator. Den Vorwurf des Pelagianismus und Sozianismus wies er zurück. Er bestritt den Vorwurf, mit seiner Lehre Gott vom Willen des Menschen abhängig zu machen. Glaube sei nicht Bedingung für die Erwählung, sondern eine Gnade Gottes, aber der Mensch bekäme die Gelegenheit, sich der Gnade anzupassen (vgl.: DANKBAAR, Wilhelm F.: Art. "Arminianer", in: RGG³, Bd.1, S.620-622; ders.: Art. "Arminius, Jacobus/ Jakob Harmensz, 1560-1609", in: RGG³, Bd.1, S.622; HERON, Alasdair: Art. "Arminianismus", in: EKL³, Bd.1, S.271-273; HOENDERDAL, Gerrit Jan: Art. "Arminius, Jacobus/Arminianismus", in: TRE, Bd.4, S.63-69; ROGGE, H.C.: Art. "Arminius, Jakobus, gest. 1609 und der Arminianismus", in: RE³, Bd.2/1897, S.103-105).

58 vgl. LINDSTRÖM, Harald: Wesley und die Heiligung, = Beiträge zur Geschichte des Methodismus Bd.6, Frankfurt a.M. 1961, S.172 - (Zum Wandel der Erweckungstheologie von einem calvinistischen zum "arminianischen" Ansatz vgl. auch ERNST, Eldon G.: Art. "Erweckungstheologie, 2. Nordamerika", in: EKL³, Bd.1, S.1094-1096)

59 zit. bei: FIEDLER, Klaus: Ganz auf Vertrauen. Geschichte und Kirchenverständnis der Glaubensmissionen, Gießen/ Basel 1992, S.210-220.212

60 vgl.: HAAB, Walter: Fundamentalismus, in: HOLLENWEGER, W.J.(Hg.): Die Pfingstkirchen, S.149-156; HOLLENWEGER, W.J.: EChr, S.323-346.579-581; QUEBEDEAUX, R.: The New Charismatics II, S.4.37; SYNAN, V.: Holiness-Pentecostal Movement, S.204-210; ders.: Art. "Fundamentalism", in: DPCM, S.324-327

K. Hutten schreibt über den Fundamentalismus der PB: "Sie bekennen sich zum 'vollen Evangelium' ohne jede Abstriche und Konzessionen. Aber während 'die Fundamentalisten' die Lehre von der Verbalinspiration heranziehen - jedes Wort wurde den biblischen Schreibern vom heiligen Geist diktiert -, und damit der Bibel eine unantastbare göttliche Autorität zuerkennen, gehen die Pfingstler einen anderen Weg: Wer vom heiligen Geist erfüllt wird, der bekommt 'erleuchtete Augen' und vermag Gott recht zu erkennen, während der natürliche Mensch an seine 'menschliche Weisheit' gebunden ist und keinen Zugang zur einfachen 'verborgenen Weisheit' Gottes hat (Eph 1,17ff; 1 Kor 2,6ff). Der geisterfüllte Gläubige bedarf keiner verstandesmäßigen Argumentationshilfen (wie es auch im Grunde die Lehre von der Verbalinspiration ist), sondern der heilige Geist erschließt ihm die Fülle der biblischen Wahrheit und läßt sie ihn erfahren. Und was man selbst erfährt, ist gewiß und wahr und über jeden kritischen Einwand erhaben" (Seher, Grübler, Enthusiasten, S.341).

61 Neben W.Hollenweger macht z.B. auch A.Bittlinger auf die Spannung zwischen Spiritualismus und Fundamentalismus der PB aufmerksam (vgl. BITTLINGER, A.:Papst und Pfingstler, S.176).

Die PB wurde in ihren Anfängen nicht nur von liberalen Kirchen, sondern gerade auch von Fundamentalisten abgelehnt, "weil sie nicht nur wie diese 'an das Übernatürliche in der Vergangenheit' sondern auch an das 'Übernatürliche in der Gegenwart' glaubte. Die 'World Christian Fundamental Association' verwarf in einem Beschluß 1928 in Chicago jede Verbindung mit 'Zungenrednern'" (HUTTEN, K.: Seher, Grübler, Enthusiasten, S.354).

62 vgl.: DOBSON, E./ HINDSON, E./ FALWELL, J.: The Fundamentalist Phenomenon, S.24.38-40. 92-94.133-142; GELDBACH, Erich: Art. "Evangelikale Bewegung", in: EKL³, Bd.1, S.1186-1191; NEUE TRANSKONFESSIONELLE BEWEGUNGEN. Dokumente aus der evangelikalen, der aktionszentrierten und der charismatischen Bewegung. Ökumenische Dokumentationen III, hg. von GASSMANN, Günther/ MEYER, Harding/ ANSONS, Gunars J., Frankfurt a.M.   1976, S.15-17.   45-102.; ROBECK, C.M.jr.: Art. "National Association of Evangelicals", in: DPCM, S.634-636; SANDIDGE, Jerry L.: Roman Catholic/ Pentecostal Dialogue (1977-1982). A Study in Developing Ecumenism, Vol. I, S.12f.40f; SYNAN, V.: Art. "Evangelicalism", in: DPCM, S.281-284

63 vgl.: HOCKEN, P.D.: Art. "Church, Theology of", in: DPCM, S.211-218; HUNTER, H.D.: Art. "Ordinances, Pentecostal", in: DPCM, S.653f; WILSON, D.J.: Art. "Church Membership", in: DPCM, S.196f

64 vgl.: SULLIVAN, F.A.: Charismatische Erneuerung, S.57; SYNAN, V.: Holiness-Pentecostal Movement, S.147-163

65 vgl.: ERNEUERUNG IN KIRCHE UND GESELLSCHAFT, Heft 7/1980, S.28; WACKER, Grant: "America's Pentecostal - Who They Are", in: a.a.O., S.16.

66 vgl.: HOLLENWEGER, W.J.: EChr, S.77f.2f; ders.: in: WIEDERENTDECKUNG DES HEILIGEN GEISTES, S.55-57; ders.: Art. "Pfingstkirchen", in: EKL³, Bd.3, S.1162-1170.1166

67 vgl. REED, D.A.: Art. "Oneness Pentecostalism", in: DPCM, S.644-651

68 vgl. HOLLENWEGER, W.: EKL³, Bd.3, S.1166f

69 vgl.: HOCKEN, P.D.: Art. "European Pentecostal Theological Association", in: DPCM, S.268; ROBECK, C.M.jr.: Art. "Seminaries and Graduate Schools", in: DPCM, S.772-776); SANDIDGE, Jerry L.: Roman Catholic/ Pentecostal Dialogue, Vol.I, S.15-18.44-48.359f.403; SPITTLER, R.P.: Art. "Society for Pentecostal Studies", in: DPCM, S.793f; WILSON, L.F.: Art. "Bible Institutes, Colleges, Universities", in: DPCM, S.57-65

70 Auch die Pfingstkirchen sind nicht von Prozessen der Verkirchlichung und der Abkühlung des Enthusiasmus ausgenommen. Auch an ihnen läßt sich die kirchengeschichtliche Beobachtung belegen, daß eine Reaktionsbewegung sich nach und nach in Richtung auf genau die religiöse Körperschaft oder Denomination hin entwickelt, gegen die sie ursprünglich als Reformbewegung angetreten war (vgl. BLOCH-HOELL, N.: Pentecostal Movement, S.176f).

Mit den abgewandelten Kategorien des Troeltsch-Weber´schen Kirche-Sekte-Kontinuums etwa von Harold W. Pfautz, Geoffrey K. Nelson oder William H.Swatos lassen sich Veränderungen bei Pfingstdenominationen soziologisch erfassen (vgl. SANDIDGE, Jerry L.: Roman Catholic/ Pentecostal Dialogue, Vol. I, S.8-11.37-40):

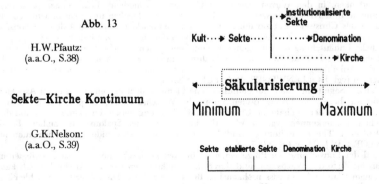

Abb. 13

H.W.Pfautz:
(a.a.O., S.38)

Sekte-Kirche Kontinuum

G.K.Nelson:
(a.a.O., S.39)

W.H.Swatos ordnet die "klassische" PB im Entwicklungsverlauf von einer abgelehnten, abgeschlossenen, dynamischen Sekte mit Monopolansprüchen zu einer akzeptierten Denomination und Kirche mit gewissen pluralistischen Öffnungen als "'etablierte' Sekte" auf der Mitte ein (a.a.O., S.40):

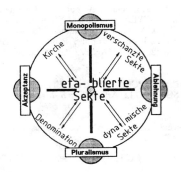

Abb. 14

Die "etablierte Sekte" als mittlere Stufe
im Kirche–Sekte Kontinuum

Unter der Perspektive "Organisation und Weltbezug" hat M.R. Welch einige Pfingstkirchen
folgendermaßen eingeordnet (a.a.O., S.39):

Abb. 15

Organisation und Weltbezug

71   vgl.: HUTTEN, K.: Seher, Grübler, Enthusiasten, S.354f; STEINER, Leonhard, in: PK,
S.265-277.266f

72   Durch die Erschütterungen des Krieges war man bereiter geworden zu kritischer Selbstprüfung
und zum Umdenken. In den Wirren hatten sich Christen verschiedener Bekenntnisse persönlich
näher gekommen. In der Nachkriegszeit wuchs das ökumenische Denken und man öffnete sich für
andere Weisen des Christsein. Ebenso führte der sich anbahnende Umbruch auf den Missionsfel-
dern mit seinen Problemen zu Kontakten über die Grenzen der eigenen Denomination hinweg.
Schmerzliche Enttäuschung in den eigenen Reihen ließen auch manche Vertreter der PB in der
Selbsteinschätzung bescheidener werden. Die Wahrnehmung von Erscheinungen der Verkirchlichung und der Abkühlung des Enthusiasmus ließen das Verständnis für die Probleme der großen
Kirchen wachsen (vgl. HOLLENWEGER, W.J.: EChr, S.33-43).
Auf kirchlicher Seite lernte man, das enthusiastische Element nicht nur unter negativen Aspekten
zu sehen und war bereit, die PB als "dritten Strom" der Weltchristenheit, die pfingstliche Antwort
auf die Frage der nach der Teilhabe an Christus und der Erlösung neben der katholischen und der
protestantischen, anzuerkennen (vgl. NEWBIGIN, Leslie: Von der Spaltung zur Einheit, Basel/
Stuttgart 1956/ engl. The Household of God). - Die wichtigsten Abschnitte finden sich auch in:
HOLLENWEGER, W.J. (Hg.): PK, S.267-269.
Auf Grund der Entwicklung der PB zu einem etablierten Freikirchentum und zu gemäßigterem
Enthusiasmus im Zuge des Wachstums und durch das Aufkommen der innerkirchlichen CE kam
es auch zu einem Wandel in der wissenschaftlichen Betrachtungsweise. Die früher fast ausschließlich
angewandte religionspsychologische Kategorie "ekstatisch" mit dem negativen Unterton "psychopa-
thologisch" wurde überwunden und durch religionssoziologische und kirchenhistorische Fragestellungen geweitet und man entdeckte in einer offeneren Haltung auch positive Züge "enthusiastischer"
Frömmigkeit (vgl.: McDONNELL, Killian: Charismatic Renewal and the Churches, New York 1976,
S.79-144; SAHLBERG, Carl-Erik: From Ecstasy to Enthusiasm. Some Trends in the Scientific

Attitude to the Pentecostal Movement, in: EVANGELICAL REVIEW OF THEOLOGY, Vol.9/ No.1/1985, S.70-77).

73 In Norwegen, Holland, in den USA, in Schweden und Deutschland kam es nach den Weltpfingstkonferenzen London 1952 und London 1955 zu Gesprächen zwischen verfaßten Kirchen und den entstandenen nationalen Pfingstvereinigungen, die zu einem "nachbarschaftlichen Verhältnis" mit den protestantischen Kirchen führten (HUTTEN, K.: Seher, Grübler, Enthusiasten, S.359; vgl. auch: HOLLENWEGER, W.J.(Hg.): PK, S.269-272; SANDIDGE, Jerry L.: Roman Catholic/Pentecostal Dialogue, Vol. I, S.XCV.XCIX.C.).

Ohne offizielle Autorisation von seiten der PB bemühte sich David du Plessis (Generalsekretär der Weltpfingstkonferenzen von 1949-1958) auf Grund einer Prophetie seit 1951 um ökumenische Beziehungen und nahm Kontakte zum ÖRK und zur röm.-kath.Kirche auf (vgl.: BITTLINGER, A.: Papst und Pfingstler, S.316-338; Du PLESSIS, David: The Spirit Bade Me Go. The Astounding Move in the Denomination Churches, Oakland/Cal. 1960; Enthusiastisches Christentum, S.9f; QUEBEDEAUX, R.: The New Charismatics II, S.110-114; SLOSSER, Bob: Man nennt ihn Mr.Pentecost. Die Geschichte von David Du Plessis, Schorndorf 1977; SPITTLER, R.P.: Art. "Du Plessis, David Johannes", in: DPCM, S.250-254; STEINER, L., in: PK, S.272; s. auch: A Statement by Pentecostal Leaders, in: GOODALL, Norman/ Hg.: Missions under the Cross, London 1953, S.249f - Zu den frühen ökumenischen Kontakten vgl. auch: EChr, S.501-504.513; PK, S.275f; HUTTEN, K.: Seher, Grübler, Enthusiasten, S.358; KRUST, Christian: Die Pfingstkirchen und die ökumenische Bewegung, in: GOODALL, N./ MÜLLER-RÖMHELD, W./Hg.: Bericht aus Uppsala 1968, Genf 1968, S.358-362).

Die von DuPlessis angestoßenen *römisch-katholisch-pfingstkirchlichen Dialogrunden* gelten als Krönung seiner ökumenischen Bemühungen (vgl. SANDIDGE, J.L.: Art. "Dialogue, Roman Catholic and Classical Pentecostal", in: DPCM, S.240-244).

Die *erste Dialogrunde 1972-1976*, an der neben Pfingstlern und Mitgliedern des röm.-kath. "Sekretariats für die Einheit der Christen" auch Vertreter der CB in den orth., anglik. und ev. Kirchen beteiligt waren, wurde von A.Bittlinger in seiner Dissertation "Papst und Pfingstler" dokumentiert und kommentiert (Zusammenfassungen bei SANDDIDGE, Jerry L.: Roman Catholic/Pentecostal Dialogue, Vol.I, S.60-131.132-173; REIMER, Hans-Diether: Der katholisch-pfingstlerische Dialog, in EZW-MD, 42.Jg./ 1979, S.196-203.204-209; vgl. auch: ders.: Laßt uns miteinander sprechen. Der katholisch-pfingstlerische Dialog, in: CHARISMA. Geistliche Erneuerung heute-morgen, hg. von BIALLY, Gerhard und PASSON, Klaus-Dieter, Schorndorf 1985, S.178f. - Der offizielle Schlußbericht ist abgedruckt in: DOKUMENTE WACHSENDER ÜBEREINSTIMMUNG. Sämtliche Konsenstexte interkonfessioneller Gespräche auf Weltebene 1931-1982, hg. u. eingel. von MEYER, H./ URBAN, H.J./VISCHER, L., Paderborn/Frankfurt a.M. 1983, S.476-486/ engl. in: ONE IN CHRIST, Vol.XII/No.4/1976, S.309-318; die Referate finden sich in: ONE IN CHRIST, Vol. X/No.2/1974, S.106-215; Vol. XII/No.4/1976, S.306-353; Vol. XIII/No.1/1977, S.1-97).

Lokale und nationale Dialoge, an denen Pfingstler beteiligt waren, gab es in der Folge in den USA, Südafrika, Neuseeland, Belgien und der BRD (vgl. SANDIDGE, Jerry L.: Roman Catholic/ Pentecostal Dialogue, Vol. I, S.152-159.400-403).

In der *zweiten Gesprächsrunde 1977-1982* war der Teilnehmerkreis auf Vertreter der klassischen PB und der röm.-kath. Kirche beschränkt, um noch mehr Pfingstkirchen am Dialog zu beteiligen und die Positionen der klassischen PB stärker in den Blick zu bekommen. Gesprächsthemen waren neben den Fragenkreisen Glossalalie und Heilung u.a. die kontroversen Sichten im Bereich der Schriftauslegung, der Bewertung der Tradition, der Ekklesiologie, der Mariologie und des Amtsverständnisses. Ähnlich wie für die erste Dialogfolge liegt in Gestalt einer Dissertation inzwischen eine ausführliche Darstellung und Bewertung vor: SANDIDGE, Jerry L.: Roman Catholic/Pentecostal Dialogue (1977-1982): A Study in Developing Ecumenism, Studien zur interkulturellen Geschichte des Christentums Bd. 44, Vol. I (Darstellung)/Vol. II (Dokumente), Frankfurt a.M./Bern/New York/Paris 1987. - Eine kurze Zusammenfassung der Gespräche findet sich in: CHARISMA. Geistliche Erneuerung gestern- heute-morgen, S.180f.

Zur *dritten Dialogrunde 1985-1989* vgl. ERNEUERUNG IN KIRCHE UND GESELLSCHAFT, Heft 23/2.Quartal 1985/S.31f; ONE IN CHRIST, Vol.XXIII/ No.4/ 1987, S.368f; Vol. XXIV/No.1/ 1988, S.82-87; SANDIDGE, Vol.I, S.381-386.408-411.

74 Im Schema der premilleniaristischen Eschatologie wird in der Endzeit der große Abfall vom wahren Glauben und das Entstehen einer Welteinheitskirche/-religion erwartet ("Hure Babylon"), die die wahren Gläubigen verfolgt, von der man "ausgehen" und der man sich nicht verbinden soll, weil man sonst mit ihr dem Gericht Gottes verfällt.

Das ist die nach wie vor bestimmende Grundüberzeugung. Von daher wurde der Beitritt zweier chilenischer und einer brasilianischen Pfingstgruppe zum ÖRK 1962 (vgl. HOLLENWEGER, W.J.: EChr, S.496-499; STEINER, L., in: PK, S.272-275.290-293) als gefährliche Vermischung und Anbahnung der Verführung und des Abfalls abgelehnt (vgl.: EChr, S.45-47.496-501.588f; WILKERSON, David: Die Vision, Erzhausen 1987[11], S.92-94.99-101; BITTLINGER, A.: Papst und Pfingstler, S.1-14). Ein großer Teil der PB nimmt kaum Notiz von dem röm.-kath.-pfingstkirchlichen Dialog, andere distanzieren sich ausdrücklich davon (vgl.: DELFS, Hermann: Art. "Pfingstbewegung/ Pfingstkirchen", in: TRT[4], Bd.4, S.100; SANDIDGE, J.L.: Roman Catholic/Pentecostal Dialogue, Vol.I, S.323-335.364-368.376f.391-395).

Wie umstritten der ganze Komplex ökumenischer Kontakte innerhalb der PB ist, wird exemplarisch aus dem Beschluß der Jahrestagung des "Bundes Freikirchlicher Pfingstgemeinden" (BFP) im Mai 1984 deutlich, nicht länger als Gastmitglied (seit 1970) in der ökumenischen "Arbeitsgemeinschaft Christlicher Kirchen" (ACK) zu verbleiben. - Dies ist ein bisher einmaliger Vorgang in der Geschichte der ACK. Gründe für diesen Rückzug waren die vorherrschenden großkirchlichen Fragestellungen in diesem Gremium und der Widerstand der Basis in den Pfingstgemeinden (vgl. REIMER, H.- D.: Ökumenische Gewissensbisse, in: EZW - MD, 47.Jg./1984, S.281f).

75   Trotz der Zwiespältigkeit der Beziehungen kann man aber doch von einer "Milderung der Gegensätze", von einem verstärkten Bemühen um Verstehen und hier und da von einer wachsenden "Bereitschaft zur Zusammenarbeit" sprechen (HUTTEN, K.: Seher, Grübler, Enthusiasten, S.355.359; vgl. auch HOLLENWEGER, W.J.: EChr, S.242f; SANDIDGE, J.L.: a.a.O., Vol.I, S.413-466.418-422).

76   V.Synan nennt 1984 folgende Mitgliederzahlen: Pfingstler 51 167 000; Anglikaner 49 804 000; Baptisten 47 550 000; Lutheraner 43 360 000; Presbyterianer 40 209 000; Methodisten 29 782 000; nichtkonfessionelle Charismatiker 11 000000 (vgl.: In the Latter Days, S.17; WAGNER, C.P.: Art. "Church Growth", in: DPCM, S.180-195.181)

Die Geschichte und der zur damaligen Zeit aktuelle Stand der PB ist von W.J.HOLLENWEGER dokumentiert worden (vgl. etwa: EChr, S.3-318.65-78; PK, S.29-130.365-391). Eine gute Zusammenfassung mit relativ aktuellem Zahlenmaterial bietet: HUTTEN, K.: a.a.O., S.303-340.305-322.

Über den aktuellen Stand, Entwicklungstendenzen und Wachstumsraten von Pfingstkirchen und pentekostalen Strömungen im globalen Rahmen informiert am umfassendsten: BARRETT, David B. (Hg.): WORLD CHRISTIAN ENCYCLOPEDIA. A Comparative Study of Churches and Religions in the Modern World AD 1900-2000, Oxford/ Nairobi/ New York 1982. Er bietet ausführliche Statistiken: global S.6.14; kontinental S.782ff; länderweise S.133ff; ders.: Art. "Statistics, Global", in: DPCM, S.810-830 (Barretts statistisches Verfahren wird in der World Christian Encyclopedia auf S.37ff erläutert. - W.Hollenweger geht anders vor als Barrett; vgl. PK, S.378).

Die Gesamttendenzen sind wohl zutreffend beschrieben, eine gewisse Zurückhaltung ist aber beim absoluten Zahlenmaterial angezeigt, da nur ein Teil der pfingstkirchlichen Gemeinschaften Mitgliederlisten führt, andere grob schätzen, wieder andere den fluktuierenden Versammlungsbesuch zugrundelegen. Kinder werden meist nicht mitgezählt. Der schnelle Wechsel, rasantes Wachstum und die Tendenz zur Übertreibung bereiten Schwierigkeiten in der exakten Erfassung (vgl.: O' CONNOR, Edward D.: Spontaner Glaube. Ereignis und Erfahrung der charismatischen Erneuerung, Freiburg 1974, S.257, Anm.24). Trotzdem bleibt das Urteil N.Bloch-Hoells bestehen: "It can be justly claimed that the Movement is the largest and most wide-spread of all the ecstatic movements in Church history" (BLOCH-HOELL, N.: a.a.O., S.173).

77   vgl.: REIMER, Hans Dieter: Starkes Wachstum, in: MATERIALDIENST DER EZW, 43.Jg., Nr.11(1980), S.310-312

Ein auffälliges Beispiel für atemberaubendes Wachstum ist die unter den Farbigen Amerikas verbreitete *"Church of God in Christ"*, die von 1964 bis 1983 ihre Mitgliederzahl von *425 000* auf *3 709 861* steigern konnte (vgl. SYNAN, V.: In the Latter Days, S.53).

Die Zahl der Mitglieder und Anhänger der *Assemblies of God* weltweit wuchs von 1955: *411 851* auf 1965: *1 632 531* auf 1975: *4 594 780* auf 1985: *3 175 751*. Das bedeutet Jahrzehnt-Wachstumsraten von 296% (1955-1965), 181% (1965-1975), 187% (1975-1985) (vgl. DPCM, S.185).

Auch die größten Einzelgemeinden im evangelischen Bereich weltweit sind Pfingstkirchen: 1) *Yoido Full Gospel Church/* P.Y.Cho/ Seoul, Korea: 180 000 Gottesdienstbesucher; 2) *Vision del Futuro/* O.Cabrera/ Santa Fe, Argentinien: 80 000; 3) *Deeper Christian Life Ministry/* W.Kumuyi/ Lagos, Nigeria: 70 000; *Waves of Love and Peace/* H.Jimenez/ Buenos Aires, Argentinien; *Jotabeche Methodist Pentecostal Church/* J.J. Vasquez/ Santiago, Chile: 50 000 (vgl.: VAUGHAN, John N.: Pentecostal/ Charismatic Megachurches, in: GLOBAL CHURCH GROWTH, Vol. XXVIII, No.4/ Oct.-Dec. 1991, S.9f.10; SYNAN, V.: In the Latter Days, S.22).

78 Über Geschichte, Ausrichtung und zahlenmäßigen Stand informieren die Handbücher: HUTTEN, K.: Seher, Grübler, Enthusiasten, S.323-340; REIMER, H.-D./EGGENBERGER, O.: Neben den Kirchen, S.130-135.140-142.159-168; RELLER, H./KIESSIG, M.(Hg.): HANDBUCH RELIGIÖSE GEMEINSCHAFTEN, Gütersloh 1985³, S.151-173. - Aktuelle Informationen bietet laufend der MATERIALDIENST DER EZW. Im statistischen Überblick über die traditionellen *Sondergemeinschaften in der BRD* (EZW-MD, 52.Jg./1989, S.18f) werden für die **PB** angegeben:

	Mitglieder	*Zugehörige*	*Weltweit*
insgesamt:	35 000	60 000	50 Mill.
BFP:	20 000	30 000	zunehmende Tendenz
Mülheimer			
Verband :	3 500	8 000	abnehmende Tendenz
andere:	12 000	25 000	

79 "Geschäftsleute des vollen Evangeliums Internationale Vereinigung" (GDVEIV)/ "Full Gospel Business Men's Fellowship International" (FGBMFI) (vgl.: SHAKARIAN, Demos/SHERILL, Elizabeth: Die glücklichsten Menschen auf Erden, Erzhausen; HOLLENWEGER, W.J.: EChr, S.7-8; HUTTEN, K.: Seher, Grübler, Enthusiasten, S.337-339; QUEBEDEAUX, R.: The New Charismatics II, S.59f.119-122; REIMER, H.-D./EGGENBERGER, O.: Neben den Kirchen, S.169).
Zum Wandel der gesellschaftlichen Einstellung zur PB in den USA von der Ablehnung zur Akzeptanz vgl. SYNAN, V.: Holiness-Pentecostal Movement, S.185-215. - Wichtig war auch die "Allianz" der Geschäftsleute des vollen Evangeliums mit den unabhängigen Heilungsevangelisten: "During the mid-1960's this lay association (FGBMFI)... formed an unspoken alliance with the independent healing revivalists who now had a new platform and a more educated, wealthier constituency. The style was still revivalist and the theology was not over-refined but the climate was different. ... the healing ministry was being exercised in a new social context, with a different kind of sophistication" (Mc DONNELL, Kilian: Presence, Power, Praise. Documents on the Charismatic Renewal, Vol.I, Collegeville/Minnesota 1980, S.112f).

80 vgl. etwa: HOLLENWEGER, W.J.: Die Weisheit der Kinder, in: ders.: Christen ohne Schriften, S.93-109 und: "Jesus People - Nur eine Episode?", INFORMATION, Nr.50, III/72, der EZW Stgt.

81 vgl. hierzu etwa die Glaubensgrundlage der GDVEIV Pkt.7: "Wir glauben an die göttliche Heilung, weil diese im Sühnopfer Christi enthalten ist", und Pkt.8: "Wir glauben, daß die Taufe im Heiligen Geist/Apg.2,4 ebenso wie die neun in 1 Kor 12 aufgeführten Gaben des Heiligen Geistes auch in unserer Zeit erfahren werden kann. Dabei sehen wir, daß die Taufe im Heiligen Geist eine von der Wiedergeburt zu unterscheidende Erfahrung ist und in der Regel begleitet wird vom äußeren Zeichen des Betens 'in anderen Sprachen, wie der Heilige Geist es ihnen eingab auszusprechen'" (Informationsbroschüre der GDVEIV).
Andererseits heißt es dort auch: "Unser Ziel ist es, Gottes Gegenwart und Kraft in der Welt von heute zu bezeugen und Gemeinschaft und Einheit unter allen Christen zu fördern. Unsere Vereinigung ist keine Kirche. Wir haben keine Priester und Pastoren und feiern auch keine Sakramente. Wir ermutigen unsere Mitglieder aktiv und glaubensvoll in ihren Kirchen mitzuarbeiten" (Informationsbroschüre der GDVEIV). - Auf der Europakonferenz 1982 wurde z.B. erstmalig eine röm.-kath. charismatische Messe angeboten (vgl. CHARISMA. Geistliche Erneuerung gestern-heute-morgen, Schorndorf 1985, S.92-94).

82 H.-D.Reimer lehnt diese Bezeichnung aus theologischen Gründen ab. Er wird zwar von vielen pfingstkirchlichen und independenten Gruppen und Missionswerken gebraucht, aber unter diesem scheinbar neutralen Begriff wird das eigene Glaubens- und Kirchenverständnis propagiert (vgl. REIMER, H.-D.: Wenn der Geist in Kirche wirken will, S.126).

83 In Deutschland sind der Neo-PB u.a. zuzurechnen: 1) die bereits genannten "Geschäftsleute des vollen Evangeliums", 2) die Frauengruppe "Women's Aglow Fellowship", 3) das "Glaubenszentrum Bad Gandersheim", 4) "Jugend mit einer Mission", 5) das "Christliche Zentrum Berlin"/ Kirche am Südstern (ehem. V.Spitzer/ jetzt P.Dippl), 6) das "Charismatische Zentrum" in München, 7) die "Jesus-Haus-Gemeinde" in Düsseldorf, 8) das "Jugend-, Missions- und Sozialwerk Altensteig" (H.Riefle).

84 vgl.: BENNETT, Dennis J.: In der dritten Stunde, Erzhausen 1972; HOLLENWEGER, W.J.: EChr, S.5-7; QUEBEDEAUX, R.: a.a.O., S.61-64; REIMER, H.-D.: a.a.O., S.19-22

85 vgl.: BUNDY, D.D: Art. "United Methodist Charismatics", in: DPCM, S.858-860; CHRISTEN-
SON, L.: Art. "Lutheran Charismatics", in: DPCM, S.562-565; HEWETT, J.A.: Art. "Baptist Charis-
matics", in: DPCM, S.48f; ders.: Art. "Mennonite Charismatics", in: DPCM, S.600-602; HOCKEN,
P.D.: Art. "Charismatic Movement", in: DPCM, S.130-160; IRISH, C.M.: Art. "Episcopal Renewal
Ministries", in: DPCM, S.261-263; SYNAN, V.: Art. "Presbyterian and Reformed Charismatics", in:
DPCM, S.724-726

Bekannteste innerkirchliche Charismatiker der Anfänge sind neben D. Bennett als Episkopalist,
Harold Bredesen (ref.), Larry Christenson (luth.), Morris Vaagenees (luth.), Rodney Williams
(presb.) und in England Michael Harper (anglik.) (vgl. QUEBEDEAUX, R.: a.a.O., S.64-72).

86 vgl.: GROSSMANN, Siegfried (Hg.): DER AUFBRUCH. Charismatische Erneuerung in der
katholischen Kirche, Kassel 1973; MOHR, Johannes: Jesus ist der Herr, RUNDBRIEF für Charismatische Erneuerung in der Katholischen Kirche, 1/1987, S.4-9; O'CONNOR, Edward: Spontaner
Glaube. Ereignis und Erfahrung der charismatischen Erneuerung, Freiburg/ Basel/ Wien 1974,
S.29-107; REIMER, H.-D.: a.a.O., S.23-26; SULLIVAN, F.A.: Art. "Catholic Charismatic Renewal",
in: DPCM, S.110-126

Nach Schätzungen gehören in der röm.-kath. Kirche in etwa 130 Ländern ca. 62 Millionen Men-
schen der CE an. In Deutschland zählt man etwa 12000 regelmäßige Teilnehmer in annähernd 1000
Gebetsgruppen (vgl.: BAUMERT, Norbert (Hg.): JESUS IST DER HERR. Kirchliche Texte zur
Katholischen Charismatischen Erneuerung, Münsterschwarzach 1987, S.157.162; ders.: Gaben des
Geistes Jesu. Das Charismatische in der Kirche, Graz/ Wien/ Köln 1986,S.56-60; KOTHGASSER,
Alois M.: Über den Weg der Erneuerung im Heiligen Geist, in: RUNDBRIEF für charismatische
Erneuerung in der Katholischen Kirche, 2/1992, S.16-20.17).

87 Das rasante Wachstum und die schnelle Ausbreitung in den USA ist ablesbar an den Teilneh-
merzahlen der großen Konferenzen der Anfangszeit, so z.B. der Jahreskonferenzen der röm.-kath.
CE (Universität Notre Dame/ Ind., USA): 70 (1967); 150 (1968); 500 (1969); 1 500 (1970); 5 000
(1971); 12 000 (1972); 23 000 (1973); 37 000 (1974). Seitdem wurden die Treffen regionalisiert und
nicht weiter statistisch ausgewertet. In der folgenden Phase verlief das Wachstum weniger dramatisch (vgl. BITTLINGER, Arnold: Charismatische Erneuerung - eine Chance für die Gemeinde,
Reihe: Charisma und Kirche, Heft 6, Hochheim 1979, S.5).
Auch eine Gallup-Umfrage von 1979 bestätigte die Verbreitung pfingstlerisch-charismatischer
Frömmigkeit (vgl. KANTZER, Kenneth S.: The Charismatics Among Us, in: CHRISTIANITY
TODAY, 22.Feb. 1980, S.25-29). Danach bezeichneten sich 19% der amerikanischen Gesamtbevöl-
kerung, 18% der röm.-kath. Erwachsenen und 22% aller Protestanten (26% aller Baptisten, 18% aller
Methodisten, 20% aller Lutheraner, 16% aller Presbyterianer) als Pfingstler oder Charismatiker. Ande-
rerseits wurde aber auch deutlich, daß nur ein kleiner Prozentsatz von diesen je in Zungen gesprochen hatte (1/10 der röm.-kath. Charismatiker; 1/5 aller prot. = 1/7 der luth., 1/10 der methodist., 1/16
der baptist. und ein noch geringerer Teil der presbyterian. Charismatiker). Auch in den klassischen
Pfingstkirchen haben 50-66 % der Mitglieder nie in Zungen gesprochen (a.a.O., S.26).

88 vgl. REIMER, H.-D.: a.a.O., S.26-37

89 vgl. REIMER, H.-D.: a.a.O., S.41f

90 vgl.: KOPFERMANN, Wolfram: Charismatisch ist nicht gleich charismatisch. Zur Verdeutlichung einer Selbstbezeichnung, in: ERNEUERUNG IN KIRCHE UND GESELLSCHAFT (= ERN),
Heft 19 (2/1984), S.43f; MÜHLEN, Heribert: Warum "Geistliche Gemeinde-Erneuerung?" Eine katholische Stellungnahme zu Wolfram Kopfermann: "Charismatisch ist nicht gleich charismatisch", in:
a.a.O., S.44-55

91 "Charismatic renewal has been characterized by a very large representation of individuals from
the middle and upper-middle socioeconomic levels of society... wealthy business people and other
professionals, 'mainline' clergy, even intellectuals..." (vgl. QUEBEDEAUX, R.: a.a.O., S.5f.11).

92 vgl. MEYER, Harding: Pneumatische Herausforderung. Eine Einführung, in: WIEDERENT-
DECKUNG DES HEILIGEN GEISTES, S.7-25.13f

93 vgl. LEDERLE, Henry I.: The Spirit of Unity: a Discomforting Comforter. Some Reflections on
the Holy Spirit, Ecumenism and the Pentecostal- Charismatic Movements, in: ER, Vol.42/ Nos.3-4/

Juli-Okt.1990, S.279-287.285; s.auch: POUSSON, Edward K.: The Emergence of the Independent Charismatic Church, in: GLOBAL CHURCH GROWTH, Oct.-Dec. 1991/ Vol.XXVIII , No.4, S.7f; STRANG, S.: Art. "Nondenominational Pentecostal and Charismatic Churches", in: DPCM, S.638-641

94 vgl.: BARRON, Bruce: The Health and Wealth Gospel. What's going on today in a modern movement that has shaped the faith of millions?, Downers Grove/Ill. 1987; CHO, Paul Yonggi: Errettung-Heilung-Erfolg. Unser dreifacher Segen in Christus, Köln 1987; FARAH, Charles: Von der Zinne des Tempels. Glaube oder Vermessenheit, Hamburg 1984, S.10ff; HUNT, Dave/ Mc MAHON, T.A.: Die Verführung der Christenheit, Bielefeld 1987; LOVETT, L.: Art. "Positive Confession Theology", in: DPCM, S.718-720; McCONNELL, Donald R.: A Different Gospel. A Historical and Biblical Analysis of the Modern Faith Movement, Peabody/ Mass.1988; = ders.: Ein anderes Evangelium? Eine historische und biblische Analyse der modernen Glaubensbewegung, Hamburg 1990

95 BENNET, Gail: Great Britain's Alternative Churches, in: CHRISTIANITY ODAY, 16.Okt. 1987, S.56-59; LOONEY, John Thomas: Nondenominational Churches: Vision of a New Testament Community; unveröffentl. Master of Divinity Thesis, Union Theological Seminary, New York 1981; MORTON, Tony: Das Volk des Neuen Bundes, Hamburg 1988; THURMAN, Joyce V.: New Wineskins: A Study of the House Church Movement, Studien zur interkulturellen Geschichte des Christentums Bd.30, Frankfurt a.M./ Bern 1982; WALKER, Andrew: From Revival to Restoration: the Emergence of Britain's New Classical Pentecostalism, in: SOCIAL COMPASS, XXXII/1985, S.261-271; ders.: Restoring the Kingdom. The Radical Christianity of the House Church Movement, London 1989²; VIRGO, Terry: Die Wiederherstellung der Gemeinde, Hamburg 1988

96 vgl.: HOUSE, Wayne H./ ICE, Thomas: Dominion Theology: Blessing or Curse? An Analysis of Christian Reconstructionism, Portland/Or. 1988; WIMBER, John: Kingdom Evangelism: Proclaiming the Gospel in Power, London 1989

97 vgl.: WAGNER, C.Peter: Spiritual Power and Church Growth, London 1987 (= ders.: Look out! The Pentecostals are Coming, 1973); WIMBER, John/ SPRINGER, Kevin: Vollmächtige Evangelisation. Zeichen und Wunder heute, Hochheim 1986; WILLIAMS, Don: Signs, Wonders and the Kingdom of God. A Biblical Guide for the Reluctant Skeptic, Ann Arbor/ Mich. 1989

98 vgl.: BARRETT, D.B.: Art. "Statistics, Global", in: DPCM, S.810-830.820f; WAGNER, C.Peter: Der gesunde Aufbruch. Wie Sie in Ihrer Gemeinde für Kranke beten können und trotzdem gesund bleiben, Lörrach 1989, S.11- 58; ders.: Art. "Third Wave", in: DPCM, S.843f; ders.: Art. "Church Growth", in: DPCM, S.180-195.184; WIMBER, John/ SPRINGER, Kevin (Hg.): Die Dritte Welle des Heiligen Geistes. Was kommt nach der Erneuerung?, Hochheim 1988, S.1-32.229-234 (engl.Titel: "Power Encounters").

99 GROSSMANN, Siegfried: Evangelisation in der Kraft des Geistes. Eindrücke vom "John- Wimber-Kongreß" in Frankfurt, in: ERN, Heft 34/1.Quartal 1988, S.39-41; KOPFERMANN, Wolfram: Eine Dritte Welle des Heiligen Geistes?, in: RUNDBRIEF der Geistlichen Gemeinde- Erneuerung in der EKiD = RB der GGE, Nr.18, März 1985, S.20-22; MALICH, Immanuel: Damit die Heiligen zum Dienst ausgerüstet werden... (Eph 4,12). - "Signs and Wonders and Church Growth Part II". Bericht über eine viertägige Konferenz mit John Wimber und Team in Harrogate, England, vom 3.-6.11. 1986, in: RB der GGE, Nr.22, Dezember 1986, S.12-17; ders.: Bevollmächtigung zum Dienst... Rückblick auf den Wimber-Kongreß, in: RB der GGE, Nr.26, Dezember 1987, S.4-8; ders.: War der Wimber-Kongreß erfolgreich? Leitertagung in Gnadenthal, in: RB der GGE, Nr.27, März 1988, S.22-27; ders.(Hg.): Informationen und Impressionen vom II. Mitarbeiter-Kongreß mit John Wimber (GGE, Dezember 1988); REIMER, Hans-Diether: Die charismatische Bewegung in ihrer weltweiten Entwicklung, EZW-MD, 49.Jg./1986, S.284-296.290f; ders.: Der John-Wimber-Kongreß "Evangelisation in der Kraft des Geistes", in: EZW-MD, 50.Jg./1987, S.336-340; ders.: Power-Evangelism und Christusgeist. Gedanken zum John Wimber Kongreß, in: EZW-MD, 50.Jg. 1987, S.355-364 (ebd. S.372-374: "Kongreß-Impressionen"); WIMBER, John: Gott möchte in seiner Kirche herrschen, in: RB der GGE, Nr.23/24, Juni 1987, S.6-9; ders.: Wenn der Geist kommt... Zu den körperlichen Manifestationen des Geistwirkens, in: RB der GGE, Nr.23/24, Juni 1987, S.9-13

100 vgl. WAGNER, C.P.: Art. "Church Growth", in: DPCM, S.184

101　vgl.: BATTLEY, D.H.: Die Charismatische Erneuerung. Betrachtungen eines Insiders, in: ORIENTIERUNGEN UND BERICHTE der Evangelischen Zentralstelle für Weltanschauungsfragen, Nr.14, VI(87), S.3-9.3f; REIMER, H.-D.: Wenn der Geist in der Kirche wirken will, S.46-57

J.R.Hale vergleicht die drei Stadien mit Durchgangsphasen von Initiationsriten und spricht von "präliminaler", "liminaler" und "postliminaler" Phase. "Das 'präliminale' Stadium war die Phase der Trennung, der räumlichen Trennung des Initiierten vom Bekannten und Vertrauten, ein beabsichtigtes Zurücklassen der Vergangenheit, während man sich auf etwas Neues vorbereitet. Das 'liminale' Stadium besteht in einer Art Pilgerschaft..., bei der man sich von einem Territorium in ein anderes begibt. Der Pilger befindet sich im 'Allerheiligsten', im inneren Schrein, er oder sie schreitet auf einem immer sakraler werdenden Weg voran. Die Riten schaffen für den Handelnden Bedingungen von communitas, eine Zeit des Wunderbaren und einen Ort intensiver Beziehungen. Schließlich besteht in dem neuen Art Pilgerschaft. Der Novize hat seine Trennung von der Vergangenheit vollzogen, er hat die Schwelle der 'Grenzen' des neuen Landes überquert und befindet sich im Status der Neueinpassung ('reaggregation'). Man geht in einer neuen Struktur auf, die nicht nur wegen der neuen Situation für die Initianden neu ist, sondern deren neue Situation auch eine veränderte Struktur schafft. Weber sagt es so: Das Charisma wird zur Routine. Die spontanen Formen von früherer Trennung und Gemeinschaftsbildung werden umgewandelt in institutionalisierte Strukturen" (HALE, J. Russell: Die Zähmung der Charismatiker. Neues aus der religiösen Szene Amerikas, in: PTh, Jg.77/1988, S.509-518.513f).

102　vgl. ENGELSVIKEN, Tormod: The Gift of the Spirit. An Analysis and Evaluation of the Charismatic Movement from a Lutheran Theological Perspective, PhD Diss. Dubuque/Iowa 1981, S.9-85.300-319.562-585

Der gemeinsamen "charismatischen" Erfahrung liegt eine in allen Gruppen feststellbare, gemeinsame charismatische "Fundamental-" bzw. "Minimal-Theologie" zugrunde, ohne die es nicht zur Erfahrung kommt und die inhärenter und integraler Bestandteil ist. Dies arbeitet T.Engelsviken anhand der unterschiedlichen Richtungen der norwegischen CB/CE heraus: "There is a *mutual interdependence* between Charismatic experience and Charismatic theology. Without the theology the Charismatic experience would not be feasible and communicable. Without the Charismatic experience there would be no Charismatic Movement with certain distinctive marks. There is thus an inherent and integral relationship between Charismatic experience and Charismatic doctrine. The Charismatic Movement contains both" (a.a.O., S.579)

Obwohl die charismatische Erfahrung eine spezielle denominationelle Theologie als Basis nicht nötig zu haben scheint, kann sie nicht abgesehen von einer solchen existieren und tritt immer in einem bestimmten *ekklesiologischen und dogmatisch-theologischen Rahmen* mit spezifischer Interpretation auf. Hier setzt etwa die Kritik der konfessionellen Charismatiker an, die sich z.B. von den Interpretamenten der klassischen PB und Neo-PB abgrenzen, ohne die Identität einer gemeinsamen existentiellen Geist-Erfahrung mit PB und Neo-PB zu bestreiten. Auch die lehrmäßige Basisübereinstimmung wird anerkannt und als biblisch legitim gegenüber anderen vertreten. Engelsviken z.B. kommt so zur Unterscheidung eines pfingstlerischen und eines lutherischen Typus der CB/CE und grenzt sich aus lutherischer Sicht mit biblischer Begründung vom Stufenmodell, von einemHyper-Supranaturalismus, von Eingrenzungen auf die ntl.Charismenlisten bzw. einseitiger Hervorhebung der auffälligen Charismen und der Funktionalisierung der Glossolalie bzw. von Charismen als Beweismittel der Heilsgewißheit bzw. Heilssicherheit ab und unterstreicht die Christusbezogenheit des Geistes wie die kritische Funktion der Heiligen Schrift.

103 BITTLINGER, A.: Charismatische Erneuerung, in: HPrTh 4, S.93

104 vgl.: BITTLINGER, Arnold: Der neutestamentliche charismatische Gottesdienst im Lichte der heutigen charismatischen Erneuerung der Kirche, in: PANAGOPULOS, Johannes (Hg.): PROPHETIC VOCATION IN THE NEW TESTAMENT AND TODAY, Leiden 1977, S.186-209.189; FARAH, Charles: Differences within the Family, in: CHRISTIANITY TODAY, 16.Oct.1987, S.25

105 So die Charakterisierung der Unterschiede nach Ch. Farah aus amerikanischer Perspektive

106 MEYER, H.: in: WIEDERENTDECKUNG DES HEILIGEN GEISTES, S.23

107 vgl. BENZ, Ernst: Der Heilige Geist in Amerika, Düsseldorf/ Köln 1970, S.208-214

108　vgl. McDONNELL, Kilian: The Ideology of Pentecostal Conversion, in: JES, 5(1986), S.105-126. 107-110

109 vgl. a.a.O., S.111

110 vgl. etwa: KÄGI, Hansjörg: Der Heilige Geist in charismatischer Erfahrung und theologischer Reflexion, Zürich 1989, S.17-34; KOPFERMANN, Wolfram: Charisma und Kirche, in: MÜHLEN, H. (Hg.): Geistesgaben heute, MAINZ 1982, S.12-32

111vgl. HOLLENWEGER, Walter J.: Das Charisma in der Ökumene. Der Beitrag der Pfingstbewegung an die allgemeine Kirche, in: UNA SANCTA, 25(1970), S.150-159

"Weil die PB eine mündliche Liturgie entwickelt hat, gestattet sie dem von der schriftlichen Kultur des Bürgertums abgeschnittenen, als gleichberechtigter Partner, als Evangelist, als Sänger, als Prophet im Gottesdienst- und Verkündigungsgeschehen mitzuwirken, während er in den traditionellen Kirchen erst über einen langen Schulungsumweg eine Rolle spielen kann, eine Rolle, die ihn zum voraus als Benachteiligten einstuft" (a.a.O., S.157).
Pfingstliche Frömmigkeit scheint besonders die Menschen einer vorliterarischen und nachliterarischen Kultursituation anzusprechen (vgl. HOLLENWEGER, W.J.: EChr, S.101f).

112 SPITTLER, R.P.: Art. "Spirituality, Pentecostal and Charismatic", in: DPCM, S.804-809.806-809

113 vgl.: BLOCH-HOELL, Nils: The Pentecostal Movement, S. 5-17; QUEBEDEAUX, R.: The New Charismatics II, S.25-26; SYNAN, V.: Holiness-Pentecostal Movement, S.202-204).

114 vgl. QUEBEDEAUX, R.: The New Charismatics II, S.38-41

115 vgl.: GROSSMANN, Siegfried: Haushalter der Gnade Gottes, S.65-78; QUEBEDEAUX, R.: The New Charismatics II, S.XIII-XV.1-2; REIMER, H.-D.: Wenn der Geist in der Kirche wirken will, S.13f

116 HOLLENWEGER, Walter J.: Art. "Charismatische Bewegung", in: TRT⁴, Bd.1, Göttingen 1983, S.243-246.243; ders.: Art. "Charismatische Bewegung", in: ÖL², S.212-214.213 - vgl. auch: COLPE, Carsten: Art. "Krisenkulte", in: TRT⁴, Bd.3, S.158-160; ONYEKE, G./ HUMMEL, R./ REHBEIN, F.C./ SCHWAMBORN, I.: Art. "Neureligiöse Bewegung", in: LEXIKON DER RELIGIONEN. Phänomene-Geschichte-Ideen, begr.von KÖNIG, Franz unter Mitwirkung zahlreicher Fachgelehrter hg. von WALDENFELS, Hans, Freiburg 1987, S.450-458; STEINBAUER, Friedrich: Art. "Krisenkulte/ Messianische Kulte", in: LEXIKON DER RELIGIONEN, S.355-358; WAGNER, Rudolf G.: Art. "Charismatische Bewegung, 1.Religionswissenschaftlich", in: EKL³, Bd.1, S.644-646; WALLIS, Roy: Art. "Charisma, 1.Religionssoziologisch", in: EKL³, Bd.1, S.643f

Manche Religionssoziologen unterscheiden im Blick auf die neureligiösen Bewegungen scharf zwischen den Bewegungen in der Dritten Welt und den Neureligionen in Europa und Amerika. Bryan Wilson bewertet erstere als "religiöse Transformationen von Modernisierung und Veränderung", während er letztere im Zusammenhang mit "epiphenomenalen Symptomen eines weiteren Stadiums der fortdauernden Säkularisierung und Privatisierung der Religion" sieht. - Andere (z.B. Robert Bellah) wollen in den westlichen Erscheinungen "Symptome einer größeren kulturellen Wandlung westlicher Sensibilität und Spiritualität erkennen" (COLEMAN, John: Die neuen religiösen Bewegungen, in: Conc/D, 19/1983, S.1-4.2).

117 vgl.: AICHELIN, Helmut: Abschied von der Aufklärung? Zu den Anzeichen einer neuen Religiosität, EZW-INFORMATION, Nr.44/XII/1970; ders.: Das Wiedererwachen des Mythos. Was ist neu an der "Neuen Religiosität"?, EZW-INFORMATION, Nr.56/IX/1974; HEMMINGER, Hansjörg: Was hat es mit dem New Age auf sich?, in: ders. (Hg.): Die Rückkehr der Zauberer. New Age - Eine Kritik, Hamburg 1987, S.9; KÜENZLEN, Gottfried: Das Unbehagen an der Moderne: Der kulturelle und gesellschaftliche Hintergrund der New Age-Bewegung, in: HEMMINGER, Hansjörg (Hg.): Die Rückkehr der Zauberer, S.187-222

118 vgl. COLEMAN, J.: in: Conc (D), 19(1983), S.1-4.2

Die neureligiösen Bewegungen bilden Laboratoriumsmodelle von Gegenkulturen mit neuen Idealen und treten so in Konkurrenz zur herrschenden westlichen Kultur. Der Konflikt wird durch folgende Kontrastpaare gekennzeichnet: "1. ekstatische Erfahrung gegen technische Vernunft; 2. Holismus (= Ganzheitsdenken) gegen analytische Unterscheidung; 3. Einanderannehmen gegen problemlösenden Aktivismus; 4. intuitive Gewißheit gegen pluralistischen Relativismus" (COLE-MAN, John: a.a.O., S.2).

119 Zum New Age vgl. auch: AICHELIN, Helmut: Prüfet die Geister. Neue Religiosität und christlicher Glaube, in: "Prüfet die Geister", IM LICHT DER REFORMATION - (Jahrbuch des Evangelischen Bundes XXXI), Göttingen 1988, S.43-54; HUMMEL, Reinhart: Zwischen den Zeiten und Kulturen: Die New Age Bewegung, in: HEMMINGER, Hansjörg (Hg.): Die Rückkehr der Zauberer, S.15-57; KNACKSTEDT, Wilhelm/RUPPERT, Hans-Jürgen: Die New Age-Bewegung. Darstellung und Kritik, EZW-INFORMATION, Nr.105, V/1988; RUPPERT, Hans-Jürgen: Durchbruch zur Innenwelt. Spirituelle Impulse aus New Age und Esoterik in kritischer Beleuchtung, Stuttgart 1988; SUDBRACK, Josef: Neue Religiosität - Herausforderung für die Christen, Mainz 1987

"Die New Age-Praxis besteht zu einem nicht geringen Teil in dem Bestreben, diese Philosophie (i.e. "daß das Bewußtsein das Sein bestimmt und nicht umgekehrt") zu bestätigen und die Macht des Bewußtseins über die Materie sichtbar zu demonstrieren. Darum das tiefsitzende Bedürfnis - um nicht zu sagen: die Sucht - nach dem Paranormalen und Parapsychischen und nach der erfolgreichen Demonstration verborgener Kräfte. Kosmische Spiritualität ist stets, wie von einem Schatten, von der Magie begleitet worden. Magie ist die Kehrseite kosmischer Spiritualität. Bei aller Fremdheit ist sie dem Geist der Moderne doch verwandt: Der Glaube an die technische Machbarkeit stehen einander näher, als es beiden Seiten lieb ist. Die gängige Bezeichnung alter und neuer Meditations- und Psychopraktiken als "Bewußtseinstechnologien" ist gerade in dieser Hinsicht aufschlußreich" (HUMMEL, R.: Zwischen den Zeiten und Kulturen, in: a.a.O., S.21).

120 vgl. REIMER, Hans-Diether: Neue Frömmigkeit in den Kirchen und ihr Verhältnis zur New Age-Bewegung, in: HEMMINGER, H. (Hg.): Die Rückkehr der Zauberer, S.223-256

121 HOLLENWEGER, Walter J.: Funktionen der ekstatischen Frömmigkeit der Pfingstbewegung, in: SPOERRI, Th. (Hg.): Beiträge zur Ekstase, Bibliotheca Psychiatrica et Neurologica 134, Basel/New York 1968, S.53-72.69

W.Hollenweger beurteilt etwa den Exorzismus als Rationalisierung des Unberechenbaren und Tragischen, als Neuinterpretation und Rationalisierung des Mythus. "Da die komplizierten Erklärungsversuche von Theologie, Philosophie und Medizin entweder als ungenügend oder als unzugänglich empfunden werden, suchen viele Menschen eine einfachere, rationalistische Deutung, in der das komplizierte Gewebe sich stets ändernder Funktionen durch ein einfaches, direkt zugängliches x (in unserem Beispiel der Heilige Geist) und die diesem widerstrebenden Kräfte durch ein ebenso einfaches y (in unserem Beispiel die Dämonen) ersetzt werden" (a.a.O., S.54-57.55). Die Erfahrung der Geistestaufe versteht Hollenweger individual-psychologisch als Vorgang der "Integration des Emotionalen", als "ein befreiendes, enthemmendes, das Emotionale und manchmal auch das Erotische integrierende Erlebnis" von biographisch einschneidender Bedeutung (a.a.O., S.58-63.58).

122 "The fact that depravation is present is not in itself sufficient basis for predicting which way people will react to it, whether the reaction will go in the direction of movement formation or direction of apathy and suicide. Relative depravation cannot predict if a movement will arise, where it will arise, or who will be involved. The social disorganisation theory is helpful in understanding the growth of Pentecostalism among the emigrant Puerto Ricans in New York City but not why it spreads among those who remain in Puerto Rico. Economic and social depravation give some understanding why Pentecostalism grew among poor southern whites and the millhands of Gastonia/North Carolina, but not why it spreads among the doctors, lawyers, business executives, college professors of an affluence suburb of Minneapolis" (McDONNELL, Kilian: Charismatic Renewal and the Churches, New York, 1976, S.17-40.38f).

123 W. Hollenweger faßt die Beobachtungen Popes zusammen: "'Das Leben in einer Textilfabrik ist langweilig. Der mechanisierte Produktionsprozeß gibt dem Arbeiter wenig Gelegenheit zu echter Entscheidung. Aber die Church of God ist eine Laienbewegung, wo alle Mitglieder an den Gottesdiensten verantwortungsvoll teilnehmen' und nicht nur diejenigen, die über eine gewisse minimale Kultur verfügen. Im Gegenteil, die unreflektierte, emotionale, 'atmosphärische' Äußerung gilt als die spontanere und darum inspiriertere. Besonders eindrücklich ist für die Textilarbeiter in Gastonia die Tatsache, daß ihre Prediger selber Fabrikarbeiter sind und im Nebenamt predigen oder früher Fabrikarbeiter waren und von einer Gemeinde zum Prediger berufen worden sind... Nicht unterschätzen darf man die enorm gesteigerte Selbsteinschätzung, die ein Arbeiter durch die Aufnahme in die 'Gemeinde Gottes' erfährt. Er sieht eine geistliche Karriere vor sich, die nicht nur weit über die

Möglichkeiten eines Arbeiters hinausgeht, sondern ihm auch die Chance gibt, über den ihm sonst unerreichbaren Status der reicheren Glieder der Methodistenkirche hinauszukommen. Als Mitglied der 'Gemeinde Gottes' ist er gewiß und endgültig gerettet. Dazu kann er auch noch geheiligt... und geistgetauft, vielleicht sogar Prediger werden" (HOLLENWEGER, W.J.: Funktionen der ekstatischen Frömmigkeit, in: a.a.O., S.59f).

124 in: a.a.O., S.67-69.68

125 ebd.

126 HOLLENWEGER, W.J.: EChr, S.519f.519

127 "Im pfingstlichen Gottesdienst - der nur von dilettantischen Beobachtern als unstrukturiert und unliturgisch beschrieben wird - kann sich jeder mit seinen Sprachmitteln ausdrücken. Das Kriterium ist nicht die Klarheit der Begriffe, sondern die Kommunikabilität. Der gute Pfingstprediger hält keinen Vortrag. Zwischen ihn und die Gemeinde schiebt sich nicht das Papier einer theologischen oder exegetischen Vorbereitung. Er ist 'kein Satzmensch' der 'Papierreden, d.h. vorgelesene Aufsätze' hält, 'die das entscheidende Moment der Rede, die Lebendigkeit der unmittelbaren Entstehung in der Wechselwirkung zwischen Prediger und Hörer, durch die Niederschrift eingebüßt haben'. Er bleibt darum auch nicht stecken, denn 'das Phänomen des Steckenbleibens stammt eindeutig aus der Welt des Manuskripts, des Lernens, des nachgestalteten Sprechens'. Die Gestik hinkt der Rede nicht nach. Er spricht nicht mit überhöhter Stimme. Er läßt sich vom sozialen Feld seiner Zuhörer 'stören', ja diese gestalten Inhalt und Form seiner Aussage mit. 'Es lohnt sich, einem guten Pfingstprediger zuzuhören, denn er hat die Gabe der Mitteilung. Seine Predigt ist keine Rede, sondern ein Gespräch'" (EChr, S.530f).

128 vgl. HOLLENWEGER, W.J.: EChr, S.532

129 vgl. HOLLENWEGER, W.J.: EChr, S.526; ders.: Das Charisma in der Ökumene, in: a.a.O., S.150

130 vgl. HOLLENWEGER, W.J.: EChr, S.531

131 vgl. a.a.O., S.532

132 HOLLENWEGER, W.J.: EChr, S.530

vgl. auch: D'EPINAY, Christian Lalive: Chile, in: HOLLENWEGER (Hg.): PK, S.102-104; und ders.: Politisches Regime und Chiliasmus in einer Dependenzgesellschaft. Überlegungen zur Pfingstbewegung in Chile, in: Conc (D), 19 (1983), S.46-57

133 "In der Pfingstversammlung lernt er, sich eine Meinung zu bilden und diese auszudrücken. Ferner übt die Gemeinde eine sittliche Kontrolle über ihre Glieder aus, die die sonst in Brasilien übliche doppelte Sexualmoral stark eindämmt... In der Pfingstgemeinde (wie in allen protestantischen Kirchen) werden an Mann und Frau die gleichen sittlichen Ansprüche gestellt, was in der von Pfingstlern erreichten brasilianischen Unterschicht zu einer starken Aufwertung der Stellung der Frau führt. Eine Vorstufe des Gespräches unter gleichberechtigten Ehepartnern ist die Einführung des Tischgebets und des Singens am Familientisch, beides Sitten, die in der brasilianischen Männergesellschaft unmöglich sind. Durch das Tischgebet wird... das Familienmahl zur Begegnung zwischen Mann und Frau. Im Gegensatz zu den übrigen Brasilianern der gleichen sozialen Schicht setzt sich der Pfingstler nicht wortlos an den Tisch, verspeist so rasch wie möglich seine Nahrung und verschwindet wieder wortlos. - Parallel mit dieser Aufwertung der durch die 'Familie der Gemeinde' kontrollierten Kleinfamilie geht die Verbesserung des Arbeitsrenommees des Pfingstlers. Er genießt (wie die übrigen Protestanten) den Ruf eines zuverlässigen Arbeiters. Er wird daher bei der Einstellung von den Personalchefs der großen Firmen bevorzugt" (EChr, S.104f).

134 HOLLENWEGER, W.J.: EChr, S.104f

vgl. hierzu auch PRIEN, Hans-Jürgen: Art. "Assembleias de Deus no Brasil" (EKL[3], Bd.1, S.294f): "In soziologischer Sicht ist die Expansion Pfingstbewegung eine religiöse Antwort auf gesellschaftliche Entwurzelung und Bindungslosigkeit im Zusammenhang mit intensiven Sozialumstrukturierungsprozessen auf dem agrarischen und städtischen Sektor in Brasilien. Der Pfingstglaube ist die Religion der Armen genau wie der Volkskatholizismus oder der Umbandakult. Er ist eine Form symbolischen Protestes gegen das herrschende soziale System, der aber keine systemverändernden Kräfte freisetzt, da die 'crentes' sich durch die kollektive Arbeit des gottesdienstlichen Gebets in die Werteskala der symbolischen Welt einstimmen, die eine Umkehrung zur täglich erfahrenen Welt darstellt. In der symbolischen Welt sind sie die Erwählten des Herrn, die von ihm Heilung erfahren und sein 1000jähriges Reich in nächster Zeit erwarten".

135 HOLLENWEGER, W.J.: EChr, S.523

"In der Pfingstbewegung entdeckt der verachtete und ausgebeutete Italiener seine Menschenwürde. Er wird als Gotteskind neben anderen Gotteskindern ernstgenommen. Er bekommt einen Auftrag (Missionierung seines Dorfes), den er nur ausführen kann, wenn er die jahrhundertealte hierarchische Struktur seines Dorfes zu relativieren den Mut hat. So vollzieht sich ein sozialpsychologischer Prozeß von weittragender Bedeutung. Mit einem auswendig gelernten Liedervers und einer Gitarre geht er ins Nachbardorf und singt: 'Dimmi la storia di Gesù!'. Und wird die Verachtung Jesu, seine Verspottung, die 'Jahre der Sorge', 'das Leid, das er trug' seine Angst und Einsamkeit so beschreiben, daß der Zuhörer seine eigene Angst im Leiden Jesu wiedererkennt. Er kann in der Verherrlichung, Auferstehung und Herrschaft Christi seine eigene Menschwerdung und Auferstehung zu einem neuen Leben nachvollziehen. Eines ist dazu nötig: Die Türe des menschlichen Herzens ist nur von innen zu öffnen. Nach außen hat sie keine Türpfanne. 'Wenn du willst, daß Jesus zu dir kommt, öffne die Türe von innen!' Dieser Entscheid ist für die Pfingstler von großer biographischer und sozialpsychologischer Bedeutung. Damit ist der erste Schritt zur Überwindung einer jahrhundertealten hierarchischen Gesellschafts- und Kirchenstruktur getan" (EChr, S.300).

136 GERLACH, Luther P./ HINE, Virginia H.: Five Factors Crucial to the Growth and Spread of a Religious Movement, in: JSSR, 7(1968), S.23-40

137 vgl. hierzu auch die kleine Studie: HARRISON, Michael I.: Sources of Recruitment to Catholic Pentecostalism, in: JSSR, 13(1974), S.49-64. Sie macht deutlich, daß vor allem Menschen über persönliche Kontakte angezogen werden, die durch Vorprägung die angebotene Problemlösungsperspektive teilen und noch nicht in starke konkurrierende soziale Verpflichtungen eingebunden sind.

138 Auf den engen theologischen *Zusammenhang zwischen Hingabe und Geist-Erfahrung bzw. dem geisterfüllten Leben und dem enthusiastischen Zeugnisgeben* (Act 1,8) weist auch K.McDONNELL (McDONNELL, K.: The Ideology of Pentecostal Conversion, in: JES, 5/1968, S.105-126.113-115). Das freudige Bekennen ist selbstverständliche Folge wie das Ziel der Initiation. Obwohl Pfingstgemeinden dazu tendieren, sich auf den Prediger auszurichten bzw. durch den Leiter dominiert zu werden, wird das "Apostolat" als "Dienst des Leibes" verstanden. Jeder ist essentiell ein Redner, jeder hat eine Botschaft. Diese mit dem Christsein/Geisterfülltsein wesensmäßig verbundene Berufung zum Zeugnis und der daraus folgende hohe Anteil von Laien in der Verantwortung ist ein wesentlicher Wachstumsfaktor der PB.

139 WAGNER, C.P.: Art. "Church Growth", in: DPCM, S.193f

140 a.a.O., S.194

141 PLESSIS, David J.du: Art. "Pfingstbewegung", II.Mission der PB, in: RGG³, Bd.5, S.310

142 vgl. McDONNEL, K.: The Ideology of Pentecostal Conversion, in: a.a.O., S.115-119

143 vgl. etwa: WAGNER, C. Peter: Spiritual Power and Church Growth. Seminal Lessons from the amazing growth of Pentecostal Churches in Latin America, London 1988; SILVOSO, Edgardo: Aus der Kraft des Geistes. Die geistliche Wende in Argentinien, in: RB der GGE, Nr. 28/Juni 1988, S.4-7 (Argentinien ist nach C.Peter Wagner zusammen mit China der Prototyp für Gemeindewachstum in der heutigen Welt)

ANMERKUNGEN: *B.0.1 Vorbemerkungen* + *B.0.2 Zur Geschichte der "UdG"*

1 Die "*aszetische Theologie*" ist eine *eigene Unterabteilung der theol.* *Wissenschaften*, die geistliche Lebensvollzüge und Erscheinungsformen "unter dem Gesichtspunkt der Intensivierung und Vervollkommnung" (Anfänger, Fortgeschrittene, Vollkommene bzw. Reinigung, Erleuchtung, Einigung) bedenkt. Aszetik und Mystik wurden vor allem in den Ordensschulen gelehrt. Meist sind heute beide Bereiche miteinander verbunden und man verwendet die Bezeichnung "geistliche Theologie" (theologia spiritualis). (vgl. FISCHER, Heribert: Art. "Mystik", in: SM/D, Bd.III, S.649-661; TRUHLAR, Karl: Art. "Aszetik", in: LThK², Bd.1, S.968-973; WULF, Friedrich: Art. "Aszese/Aszetik", in: Herders Theologisches Taschenlexikon, Bd.1, Freiburg 1972, S.202-210; THALHAMMER, Dominik: Art. "Askese, III. Theologisch", in: LThK², Bd.1, S.932-937; zur Differenzierung von "mystischer" und "aszetischer" Theologie ADNÈS, Pierre: Art. "Mystique, II.Théories de la mystique chrétienne. B.XVI-XXe Siècles, in: DSp, Bd.10, S.1919-1939.1924-1937)
Neben den dogmatischen, moraltheologischen, exegetischen und historischen Bezügen, werden heute sehr stark auch die anthropologischen Wissenschaften: Physiologie, Psychologie, Charakterologie, Soziologie usw. in die Überlegungen einbezogen (vgl. etwa: CATALAN, Jean-François: Art. "Psychisme et vie spirituelle", in: DSp, Bd.12/2, S.2569-2605, s. auch S.2569f; MacAvoy, Joseph: Art. "Direction, IV. Direction spirituelle et psychologie, in: DSp, Bd.3, S.1143-1173). - Eine Vielzahl von populären und wissenschaftlichen Veröffentlichungen zeigt die Bedeutung und den angestammten Platz der "geistlichen" Theologie im katholischen Raum.
Das bekannteste übergreifende Organ ist GEIST UND LEBEN - Zeitschrift für Askese und Mystik, Würzburg 1947ff; vormals ZEITSCHRIFT FÜR ASZESE UND MYSTIK. Unter den älteren kompendienartigen Handbüchern der Aszese und Mystik, die die mystische Tradition systematisieren, wären etwa zu erwähnen: POULAIN, August (S.J.): Handbuch der Mystik, Freiburg 1925³; SCARAMELLI, Giovanni Battista (S.J.): Anleitung in der mystischen Theologie (2 Teile), Hildesheim/ New York 1973 (Reprint der Ausgabe Regensburg 1855-56); TANQUEREY, Adolphe-Alfred (S.S.): Grundriß der Aszetischen und Mystischen Theologie, Paris/ Tournai/ Rom 1931. - Das neuere englische Kompendium AUMANN, Jordan (O.P.): Spiritual Theology, London 1980 wiederholt Bekanntes (zur UdG, s.S.399-441).
Eine ausführliche Geschichte der Spiritualität bietet das Handbuch HISTOIRE DE LA SPIRITUALITÉ CHRÉTIENNE I-III - BOUYER, Louis: La spiritualité du Nouveau Testament et des Pères, Paris 1966; LECLERCQ, Jean/ VANDENBROUCKE, François/ BOUYER, Louis: La spiritualité du Moyen Age, Paris 1966; BOUYER, Louis: La spiritualité Orthodoxe & La spiritualité Protestante et Anglicaine, Paris 1965; COGNET, Louis: La spiritualité Moderne, Paris 1966.
Am umfangreichsten informiert gegenwärtig über das Feld das mehrbändige französische Speziallexikon DICTIONNAIRE DE SPIRITUALITÉ, ASCÉTIQUE ET MYSTIQUE, Paris 1932ff.
Das allgemeinverständliche, ökumenisch erarbeitete PRAKTISCHE(S) LEXIKON DER SPIRITUALITÄT, hg.v. SCHÜTZ, Christian, Freiburg/ Basel/ Wien 1988, möchte dem stark gewachsenen Interesse an Religiosität bzw. "Spiritualität" in unserer Zeit Rechnung tragen.
Um Herausforderungen der Gegenwart aufzunehmen, haben die Hochschulen der Franziskaner und Kapuziner 1978 in Münster ein "Institut für Spiritualität" gegründet. Leiter bis zum Herbst 1988 war Anton Rotzetter, der die Ergebnisse der ersten Seminare in vier Sammelbänden herausgegeben hat (ROTZETTER, Anton, Hg.: Seminar Spiritualität I-IV, Zürich/ Einsiedeln/ Köln, 1979/1980/1981/1982). -
Durch seine Veröffentlichungen zu Fragen der Spiritualität und Mystik ist Joseph SUDBRACK (SJ) weithin bekannt geworden. Er war u.a. auch Dozent für geistliche Theologie an der Universität Innsbruck). - In seinem Lexikonartikel (SUDBRACK, Joseph: Art. "Spiritualität", in: Herders Theologisches Taschenlexikon, Bd.7, S.115-130 = ders.: Art. "Spiritualität", in: SM/D, Bd.IV, S.674-691) möchte er "Spiritualität" vertiefen, indem er Fehlformen markiert, die es zu vermeiden gilt. Solche *Fehlformen* sind: *Enthusiasmus* und *Institutionalisierung, Spiritualisierung* und *Rationalisierung* oder der *Dualismus* (S.117-119).
Unter *christlicher Spiritualität* versteht er die "*Mysteriendimension des objektiven Heilsgeschehens*". Sie hat im Unterschied zu säkularen "Spiritualitäten" ihren *Ursprung in Wort und Sakrament* und lebt aus dieser Quelle (S.120f).
(vgl. auch: AUER, Alfons: Art. "Frömmigkeit, II.F. als menschliche Grundhaltung", in: LThK², Bd.4, S.400-405; WULF, F.: Art. "Frömmigkeit II, kath.Sicht", in: ÖL², S.417-419)

2 In der röm.-kath. Kirche gibt es eine alte Tradition der "Unterscheidung der Geister". Neben der rationalen Theologie, die in der Geschichte zunehmend die Oberhand gewann, neben dem Strom der "Lesemeister" lief die spirituelle Dimension der "Lebemeister" (Tauler) immer mit. Die "theologia cordis" achtete im Unterschied zur "theologia mentis" besonders auf die Erfahrungsdimension (vgl. SUDBRACK, Josef: Unterscheidung der Geister - Entscheidung im Geiste, in: NIEDERWIMMER, Kurt/ SUDBRACK, Josef/ SCHMIDT, Wilhelm: Unterscheidung der Geister. Skizzen zu einer neu zu lernenden Theologie des Heiligen Geistes, Kirche zwischen Planen und Hoffen 7, Kassel 1972, S.35-63.43f). So wurde die Frage der "Unterscheidung der Geister" vor allem im Möchtum bedacht und ausgeübt. Sie galt als wichtige Grundtugend. - In der Tradition bleibt die *Begrifflichkeit fließend*. Mal tritt die eine Seite des Doppelaspekts des Geistbegriffs: "*Geistwesen*", mal stärker der Aspekt: "*Gesinnung*" in den Vordergrund.

Die Wurzeln einer Unterscheidung der Geister werden in der zoroastrischen Religion vermutet, von wo sie über Qumran und ähnliche Gruppen auch zum alten Möchtum kam. Bei den Kirchenvätern war sie ein wichtiges Thema. Origenes stellte dieses subtile Instrument der Beurteilung subjektiver Erfahrungen unter das doppelte Kriterium: innere Ruhe (Trost) und Frucht (soziale Dimension). Im Mittelalter wurden ihr unter der Frage nach den Kennzeichen wahrer und falscher Prophetie umfangreiche Traktate gewidmet. Das Instrumentarium vergröberte sich zur Beurteilung dämonischer Besessenheit (SUDBRACK, Josef: Art. "Unterscheidung der Geister", in: PLSp, S.1328-1330).

Ignatius von Loyola belebte die alte Lehre wieder und verhandelte sie in seinen Geistlichen Übungen an zentraler Stelle. Er faßt dabei die Erkenntnisse der älteren Tradition zusammen. Neu bei ihm ist die Verbindung der "UdG" mit der "Wahl". Dabei soll die Frage geklärt werden: Was will Gott in einer konkreten Situation, wenn die Umstände nicht eindeutig sind und vernünftiges Nachdenken nicht zur Klärung führt? Ignatius entwickelte hierzu ein differenziertes psychologisches Instrumentarium. In einer ersten Phase versucht er den Menschen zu einer totalen Offenheit vor Gott (Indifferenz) zu bringen. In täglich 4-5 einstündigen Meditationen des Lebens Jesu sucht er dann die Seele des Menschen zu bewegen. In diese innere "Bewegung" hinein sollen die Alternativen der Wahl gehalten werden, um dann an der Rückwirkung auf die Seele zu erkennen, wohin Gott führen will. Wesentliches Unterscheidungskriterium in diesem Durchgang ist die erfahrene innere Tröstung oder Trostlosigkeit "als Erfahrung der Offenheit oder Versperrtheit des Wahlgegenstandes auf Gott hin" (WULF, H.: LThK², Bd.10, S.534). Dieses auf den ersten Blick subjektivistisch erscheinende Verfahren sichert Ignatius durch eine Reihe von objektiven Elementen ab (Konfrontation mit Jesus, 30 Tage immer neue Überprüfung, Gespräch mit dem Exerzitienmeister, vernünftiges Abwägen, Unterstellung unter das Urteil der Kirche). In der dritten Phase soll der Mensch dann eigenverantwortlich seine Vernunft gebrauchen.

3 Für die Spiritualität des Jesuitenordens ist die Frage der "Unterscheidung der Geister" von zentraler Bedeutung, wie sich an der Vielzahl der Bücher und Artikeln hierüber ablesen läßt.

Vgl. etwa: BAKKER, Leo: Freiheit und Erfahrung. Redaktionsgeschichtliche Untersuchungen über die Unterscheidung der Geister bei Ignatius von Loyola, Studien zur Theologie des geistlichen Lebens Bd.III, Würzburg 1970; COMMUNAL DISCERNMENT: NEW TRENDS, Rom 1975; ESSAYS ON DISCERNMENT, Dossier 'Deliberatio' C, Centrum Ignatianum Spiritualitatis, Rom 1981²; FRIELINGSDORF, Karl/ SWITEK, Günter (Hg.): ENTSCHEIDUNG AUS DEM GLAUBEN. Modelle für religiöse Entscheidungen und eine christliche Lebensorientierung, Mainz 1978; RAHNER, Hugo: Die "Anwendung der Sinne" in der Betrachtungsmethode des hl.Ignatius von Loyola, in: ZKTh 79(1957), S.434-456; "Werdet kundige Geldwechsler". Zur Geschichte der Lehre des heiligen Ignatius von der Unterscheidung der Geister, in: IGNATIUS VON LOYOLA. Seine geistliche Gestalt und sein Vermächtnis 1556-1956, hg. von WULF, Friedrich, Würzburg 1956, S.301-341; (= ders.: Ignatius von Loyola als Mensch und Theologe, Freiburg/ Basel/ Wien 1964, S.312-343); RAHNER, Karl: Die ignatianische Logik der existentiellen Erkenntnis. Über einige theologische Probleme in den Wahlregeln der Exerzitien des heiligen Ignatius, in: IGNATIUS VON LOYOLA. Seine geistliche Gestalt und sein Vermächtnis 1556-1956, S.343-405; SCHNEIDER, Michael: "Unterscheidung der Geister". Die ignatianischen Exerzitien in der Deutung von E.Przywara, K.Rahner und G.Fessard, Innsbrucker Theologische Studien 11, Innsbruck/ Wien 1983 (Lit.!!); SWITEK, Günter: Geistliche Unterscheidung in Gemeinschaft. Möglichkeiten und Grenzen, in: GuL 49(1976), S.445-457

Hier und da werden Brücken zur charismatischen Frömmigkeit geschlagen (vgl. etwa: GYR, Meinrad: Laßt euch im Geist erneuern! 8 Tage der Stille nach der Art geistlicher Übungen, Freiburg-CH/ Konstanz 1987, S.95-121.142-164; SPOHN, William: Charismatic Communal Discernment and Ignatian Communities, in: THE WAY SUPPLEMENT 20/1973, S.38-54; SUDBRACK, Josef: Geist-liches zu geist-lichen Übungen, notiert am Rande der Pfingstfrömmigkeit, in: GuL 46/1973, S.430-445). In der röm.-kath. charismatischen Erneuerung sind weltweit neben

Angehörigen anderer Orden gerade auch Jesuiten an führender Stelle mit engagiert (N.Baumert, F.A.Sullivan, M.u.D.Linn, u.a.).

4 KLINGER, Elmar: Art. "Unterscheidung der Geister", in: SM(D), Bd. IV, S.1108-1114 (= dass., in: RAHNER, Karl/ Hg.: HTTL, Bd.8, S.7-12.371); WULF, Hans: Art. "Unterscheidung der Geister", in: LThK², Bd.10, S.533-535; vgl. auch die bereits erwähnten Artikel in DThC und DSp.

5 Ohne Auskunft bleibt man bei DIEKAMP, Franz: KATHOLISCHE DOGMATIK (I-III) nach den Grundsätzen des heiligen Thomas, 12. und 13. neubearb. Aufl., hg.von JÜSSEN, Klaudius, Münster 1958-1962.
  Kurze Ausführungen zur Charismatik finden sich bei *M.SCHMAUS* unter der Darstellung der "Kirche als Geistkirche" (SCHMAUS, Michael: DER GLAUBE DER KIRCHE. Handbuch katholischer Dogmatik, Bd.1-2, München 1969-1970; Bd.2, S.58-65). Er unterscheidet dabei drei Arten des Geisteswirkens: 1) die "außergewöhnlichen, ungewöhnlichen, unerwarteten Geistwirkungen" (I Kor 12); 2) die Wirksamkeit des Geistes im "alltäglichen Leben der Christen", besonders in der "gegenseitigen opferbereiten Liebe und in der Bereitschaft, das Kreuz des Herrn zu tragen"; 3) das Wirken des Geistes "in der amtlichen Tätigkeit der von Christus aufgestellten Amtsträger" (vgl. a.a.O., S.58). - In der großen Ausgabe der Dogmatik taucht das Stichwort "UdG" im Zusammenhang mit den Vorzeichen der Wiederkunft Christi, dem großen Abfall und der endzeitlichen Verführung als nötige Geistesgabe kurz auf - vgl. SCHMAUS, Michael: KATHOLISCHE DOGMATIK, Bd.IV/2: Von den letzten Dingen, München 1959⁵, S.171f).
  L.OTT erwähnt die Charismen im Zusammenhang der Gnadenlehre bei den verschiedenen Einteilungen der Gnade. Dabei wird nach der Kirchenlehre unterschieden zwischen "gratia gratis data" und "gratia gratum faciens". Zu den "gratiae gratis datae" (nach Mt 10,8), die zum Heil anderer verliehen werden, gehören die außerordentlichen Gnadengaben und die ordentlichen Vollmachten der Weihe- und Jurisdiktionsgewalt. Ihr Besitz ist unabhängig von der persönlichen sittlichen Beschaffenheit des Inhabers. - Im Unterschied dazu ist die "gratia gratum faciens", die Heiligungsgnade, für alle Menschen bestimmt und zur persönlichen Heiligung verliehen. Sie heiligt den Empfänger entweder formell (heiligmachende Gnade) oder bereitet ihn vor bzw. bewahrt und vermehrt die Heiligung (aktuelle Gnade). Weil die "gratia gratis data" auf die "gratia gratum faciens" zielt, ist letztere innerlich erhabener und wertvoller als die erstere (vgl. I Kor 12,21ff) (OTT, Ludwig: GRUNDRISS DER KATHOLISCHEN DOGMATIK, Freiburg/ Basel/ Wien 1961⁵, S.268). - Kurze Erwähnung findet das charismatische Element noch im Zusammenhang der Lehre von der Kirche. Ott spricht davon, daß die Charismatiker in der apostolischen Zeit einen wesentlichen Anteil am Aufbau der Kirche hatten, zugleich aber macht er auch geltend, daß Paulus die Unterordnung der Charismen unter das apostolische Amt verlangt habe (vgl. a.a.O., S.336.475).
  Die Fülle von Verweisen unter den Stichworten "Charisma", "Heiliger Geist", "Pneumatologie" im Registerband von *MYSTERIUM SALUTIS* zeigt die Aufnahme und Bedeutung dieses Aspekts in diesem Standardwerk röm.-kath. Dogmatik an. So z.B. das Stichwort "Charisma" u.a. in folgenden Zusammenhängen: - in der kirchl. Lehrverkündigung I, S.517.555.559.685; - Geistwirkungen in der Urkirche II/113.116.123f.127; - Charisma und Institution im AT III/1, S.147.149.173.198; - Ch. und Hierarchie III/2, S.312; - Amt und Charisma IV/1, S.212f; - Begriff des Charismatischen in der Kirche IV/1, S.347f; - Charismatisches Moment der Kirche nach dem Vaticanum II IV/1, S.276; - Institution und Charisma IV/1, S.340-348; bes. zahlreich sind die Verweise in Bd.IV/2: S.171f.176. 348f.369.373.375f.404.410-420.445.467f.497f.623.970 - Diakonische Ch. S.415f.489f - Freie und institutionalisierte Charismen S.416f.419.498 - Kerygmatische Ch. S.412-415 - Leitungscharismen S.416f - Ordenscharisma S.467-473 - Verhältnis von Amt und Charisma, S.417-420.498. - Ein Stichwort "UdG" findet sich im Zusammenhang der Ausführungen zur Angelologie und Dämonologie in Bd.II, S.996-1019.1011f (MYSTERIUM SALUTIS. Grundriß heilsgeschichtlicher Dogmatik, Bd.I-V, hg. von FEINER, Johannes/ LÖHRER, Magnus, Einsiedeln/ Zürich/ Köln 1965-1976).
  Ein Stichwort "UdG" mit Verweis auf den Zusammenhang von Fragen der "Offenbarung und Offenbarungen" und des Wesens der Kirche findet sich auch in zwei neueren Fundamentaltheologien: FRIES, Heinrich: Fundamentaltheologie, Graz/ Wien/ Köln 1985 und WALDENFELS, Hans: Kontextuelle Fundamentaltheologie, Paderborn/ München/ Wien/ Zürich 1985).

6 Das charismatisch-dynamische Element der Kirche hatte K.Rahner schon früh in die Diskussion eingebracht (vgl.: RAHNER, Karl: Das Charismatische in der Kirche, in: StZ 160/1957, S.161-186; ders.: Das Dynamische in der Kirche, QD 5, Freiburg 1962²; ders.: Die enthusiastische und die gnadenhafte Erfahrung, in: ders.: SCHRIFTEN ZUR THEOLOGIE, Bd.XII: Theologie aus Erfahrung des Geistes, Zürich/ Einsiedeln/ Köln 1975, S.54-75; ders.: Erfahrung des Geistes und existentielle Entscheidung, in: ders.: SCHRIFTEN ZUR THEOLOGIE, Bd.XII, S.41-53; ders.: Die Kirche als Ort der Geistsendung, in: ders.: SCHRIFTEN ZUR THEOLOGIE, Bd.VII: Zur

Theologie des geistlichen Lebens, Zürich/ Einsiedeln/ Köln 1966, S.183-196; ders.: Löscht den Geist nicht aus!, in: ders.: SCHRIFTEN ZUR THEOLOGIE, Bd.VII, S.77-90).
Die pneumatisch-charismatische Gestalt der Kirche hat G.Hasenhüttl herausgearbeitet (HASENHÜTTL, Gotthold: CHARISMA. Ordnungsprinzip der Kirche, ÖF.E 5, Freiburg/ Basel/ Wien 1969). - Aufgenommen ist dieser Aspekt auch bei: KASPER, Walter/ SAUTER, Gerhard: Kirche - Ort des Geistes, ÖF.Erg.Abt. 8, Freiburg/ Basel/ Wien 1976; KÜNG, Hans: Die charismatische Struktur der Kirche, in: Conc (D), 1(1965), S.282-290; ders.: Die Kirche, Serie Piper, München 1980², S.181-244; ders.: Strukturen der Kirche, QD 17, Freiburg 1962

Das Feld charismatischer Frömmigkeit und die Frage der Unterscheidung hat die Zeitschrift CONCILIUM (D) in mehreren Themenheften aufgenommen: 9.Jg/ Heft 11(1973): "Geistliche Erneuerungsbewegungen"; 13.Jg./ Heft 11(1977): "Die Charismen"; 14.Jg./ Heft 11(1978): "Unterscheidung des Geistes und der Geister"; 15.Jg./ Heft 10(1979): "Der Heilige Geist im Widerstreit": BOROS, Ladislaus: Scheidung des Geistes, in: Conc (D), 13.Jg./ Heft 11(1977), S.594-599; BELLOSO, Josep M. Rovira: Wer ist fähig zu unterscheiden?, in: Conc (D), 14.Jg./ Heft 11(1978), S.613-618; CASTILLO, José M.: Die "Nachfolge Christi" und "Der Weg". Zum Thema "unterscheidendes Erkennen", in: Conc (D), 14.Jg./ Heft 11(1978), S.585-590; DUQUOC, Christian/ FLORISTAN, Casiano: Unterscheidung des Geistes und der Geister, in: Conc (D), 14.Jg./ Heft 11(1978), S.567; DUSSEL, Enrique: Unterscheidung - Frage der Orthodoxie oder der Orthopraxis?, in: Conc (D), 14.Jg./ Heft 11(1978), S.591-598; McNAMARA, Martin: Kriterien zur Unterscheidung wahrer und falscher Propheten in Israel, in: Conc (D), 14.Jg./ Heft 11(1978), S.568-574; PETERS, William A.M.: Die "Unterscheidung der Geister" bei Ignatius von Loyola, in: Conc (D), 14.Jg./ Heft 11(1978), S.581-585; SIMON, René: Das Sittengesetz und die Unterscheidung der Geister, in: Conc (D), 14.Jg./ Heft 11(1978), S.606-612; LONNING, Inge: Die Reformation und die Schwärmer, in: Conc (D), 15.Jg./ Heft 10(1979), S.515-518; YODER, John H.: Die Schwärmer und die Reformation, in: Conc (D), 15.Jg./ Heft 10(1979), S.519-522; BOUCHET, Jean René: Die Unterscheidung der Geister, in: Conc (D), 15.Jg./ Heft 10 (1979), S.550-552; PANTSCHKOWSKI, Iwan: Geist und Geistesgaben: Orthodoxe Stellungnahme, in: Conc (D), 15.Jg./ Heft 10(1979), S.552-556; URBINA, Fernando: Religiöse Erweckungsbewegungen und christliche Unterscheidung der Geister, in: Conc (D), 9.Jg./ Heft 11(1973), S.631-638

Didache

7 Entstehungszeit vor 150 n.Chr.

vgl.: AUNE, David E.: Prophecy in Early Christianity and the Ancient Mediterranean World, Grand Rapids 1983, S.225f; DIBELIUS, Martin: Der Hirt des Hermas, (HNT, Ergänzungsband: Die apostolischen Väter 4), Tübingen 1923, S.539; DREWS, P.: Apostellehre (Didache), in: HENNECKE, Edgar (Hg.): Handbuch zu den neutestamentlichen Apokryphen, Tübingen 1904, S.256-283. 272-278; FUNK, Franz Xaver (Hg.): Die Apostolischen Väter, (Kirchen- und dogmenschichtliche Quellenschriften, Zweite Reihe: I), Tübingen 1906², S.1-8.6-8; HENNECKE, Edgar: Apostellehre (Didache), in: ders. (Hg.): Neutestamentliche Apokryphen, Tübingen 1924², S.555-565. 564f; NIEDERWIMMER, Kurt: Die Didache, KAV 1, Göttingen 1989, S.209-232; TUILIER, André: Art. "Didache", in: TRE, Bd.8, S.731-736

David E. Aune ordnet die Didache ein in den Kontext ländlicher syro-palästinischer Christenversammlungen. Die Anweisungen zur Prüfung deutet er sozialpsychologisch allgemein aus der mißtrauischen Haltung ländlicher Kleinbauern ("rural peasants") gegenüber Fremden. Dieser Faktor ist sicher mit zu berücksichtigen, kann aber nicht einziges Erklärungsmoment der komplexen Zusammenhänge sein.

8 1. Propheten gehören zu den "Geehrten" der Gemeinde (XV,2) (zugleich findet sich aber auch schon eine Gleichstellung der Diakone und Bischöfe: "sie leisten euch auch den Dienst der Propheten und Lehrer"). - 2. Jeder Prophet ist seiner Nahrung wert (XIII,1; die Erstlinge sollen - wie im AT den Priestern - den Propheten gegeben werden, "sie sind eure Hohenpriester"; sind keine Propheten in der Gemeinde vorhanden, sollen die Gaben den Armen gegeben werden). - 3. Ein Prophet, der in Ekstase redet, soll nicht "auf die Probe gestellt", nicht versucht und kritisiert und nicht gerichtet werden (XI,7; *ou peirasete = wohl: die scharfe, prüfende Beobachtung des Verhaltens; *oude diakrineite - wohl speziell auf das prophetische Rede bezogen). - (Heißt das: der Prophet darf nicht in Frage gestellt werden? Dies würde 1.Kor 14,29 widersprechen. Als Begründung wird die mögliche "Sünde wider den Hl.Geist" genannt. - Hat es überzogene oder dauernde Kritik an den Propheten gegeben, die zu einer grundsätzlichen Infragestellung führte und sollte dem mit der obigen Anweisung gegengesteuert werden?, wie P.Drews annimmt (a.a.O., S.273). Er sieht das Hauptinteresse des Verfassers darin, die Gemeinden vor der Versündigung an den echten Propheten zu bewahren und weniger in der Sorge vor Ausbeutung der Gemeinde durch falsche Propheten. - Oder liegt hier eine "bei Paulus unbekannte abergläubische Scheu" vor den geistlichen Wundermännern vor? (so CAMPENHAUSEN, Hans von: Kirchliches Amt und geistliche Vollmacht in den ersten drei Jahrhunderten, (BHTh 14), Tübingen 1953, S.59-81.78). - 4. Neben den fragwürdigen Erscheinungen des Wanderprophetentums, kennt die Didache weiter echte Prophetie. Es gibt "erprobte"/"geprüfte" (dedokimasmenos), wahrhaftige Propheten (XI,11). Diese sollen, wenn sie vom "irdischen Geheimnis der Kirche" handeln (eine schwer zu deutende Stelle; wohl: nach Eph 5,32 - Ehelosigkeit? - Euphemismus für das asketische Zusammenwohnen mit einer "Schwester"?), - und nicht zu tun lehren, was sie selber tun - nicht gerichtet werden. Ihr Gericht steht bei Gott.

9 Martin Dibelius sieht in der Didache den Beweis, "daß das Prophetentum in den Gemeinden im Ansehen sinkt" (a.a.O., S.539). Die Gründe seien die Mißbräuche und die Einschränkung des Geltungsbereichs der wandernden Propheten durch das wachsende Ansehen der "seßhaften Funktionäre" (XIII, 1 und XV,1.2).

10 In der Didache wird nicht klar abgegrenzt zwischen apostolischem und spezifisch prophetischem Dienst. Die Bezeichnung "falscher Prophet" kann auch meinen: "falscher Apostel" bzw. im weitesten Sinn einfach "Scharlatan".

11 Der Plural spricht gegen eine engführende Deutung der "Wesensart des Herrn" auf dessen "apostolische Armut", obwohl aus dem Kontext die Gewichtigkeit dieses Aspekts ersichtlich ist (gegen BACHT, Heinrich: Die prophetische Inspiration in der kirchlichen Reflexion der vormontanistischen Zeit, in: THEOLOGISCHE QUARTALSSCHRIFT 125/ SCHOLASTIK 19/1944, S.1-18.17).

12 H.Windisch hebt zu stark auf die "Art der pneumatischen Befehle" (XI, 8-12) als Erkennungszeichen des falschen Propheten ab (WINDISCH, Hans: Die katholischen Briefe, = HNT 4,2 , Tübingen 1911, S.123).

13 "Das Christusbekenntnis hat seine zentrale, paulinische Stellung als 'das Evangelium' verloren und die Gemeinde steht... in Gefahr, sich einem - nun freilich neuen, vermeintlich christlichen - Gesetz und bestimmten 'geistesmächtigen' Führern zu überliefern" (CAMPENHAUSEN, H.: Kirchliches Amt, S.78f).

14 Die Tendenz ist, im Blick auf die Prüfung und Annahme der Echtheit von Prophetie, eher davon auszugehen, daß einfach die Bewährung des Propheten über einen längeren Zeitraum hinweg beobachtet wurde (AUNE, D.E.: a.a.O., S. 226).

15 Ernst Lerle sieht das bereits in den paulinischen Gemeinden vernachlässigte Charisma der UdG in der nachapostolischen Zeit verflacht und schematisiert und durch - z.T. recht banale Kriterien ersetzt. Er bemängelt, daß die "UdG" "kein Charisma mehr, keine Offenbarung des Geistes, sondern eine mechanische Anwendung von Kriterien ist" (LERLE, Ernst: Diakrisis Pneumaton bei Paulus, Ev.theol.Diss./ masch., Heidelberg 1947, S.99). - "In der Didache werden nicht mehr Geister gerichtet, sondern selbstsüchtige Menschen, die sich als Propheten ausgeben. Paulus verlangt von seinen korinthischen Pneumatikern, sie sollen erkennen, daß seine Schrift des Herrn Gebot ist. Die Gemeinden der Didache hatten dieses unmittelbare Erkennen nicht mehr, sie brauchten Maßstäbe und Regeln, durch deren mechanische Anwendung es sich herausstellen soll, ob ein Prophet echt oder falsch ist. Das ist keine "diakrisis pneumaton" mehr. Man weiß nicht mehr, ob ein falscher Prophet ein Satansdiener ist und daß es einer Geistesgabe bedarf, um dies zu erkennen" (a.a.O., S.100).
    Lerle beobachtet hier sicher etwas Richtiges, aber Charisma und Kriterien müssen sich im Vollzug der "UdG" nicht gegenseitig ausschließen, sie können auch zusammen- und ineinandergehen. Hier steht das Grundverständnis von Charisma zur Debatte. Ist es paulinisch, nur Übernatürlich Unmittelbares als "charismatisch" zu bezeichnen?

Hirt des Hermas

16 Entstehung um 140 n.Chr.

vgl.: AUNE, D.E.: Prophecy, S.226-228.299-310; BROX, Norbert: Der Hirt des Hermas, KAV 7, Göttingen 1991, S.249-269.502-505.538-546; DIBELIUS, Martin: Der Hirt des Hermas, (HNT, Ergänzungsband: Die apostolischen Väter 4), Tübingen 1923, S.536-543; FUNK, Franz Xaver (Hg.): Die apostolischen Väter, S. 144-238. 179-181 (mand XI; gr. Text auch bei REILING: a.a.O., S. 177-179); REILING, Johannes: Hermas and Christian Prophecy: A Study of the Eleventh Mandate, (Novum Testamentum Supplements, Vol.37), Leiden 1973; STAATS, Reinhart: Art. "Hermas", in: TRE, Bd.15, S.100-108; SWITEK, Günter: "Discretio spirituum". Ein Beitrag zur Geschichte der Spiritualität, in: ThPh 47(1972), S.36-76.38-40; WEINEL, Heinrich: Der Hirt des Hermas, in: HENNECKE, Edgar (Hg.): Handbuch zu den neutestamentlichen Apokryphen, Tübingen 1904, S.290-323. 305f; ders.: Der Hirt des Hermas, in: HENNECKE, Edgar (Hg.): Neutestamentliche Apokryphen, Tübingen 1924², S.327-384.352-354

17   "Ich fragte: Herr, wie kann ich ihre Wirkungsweise erkennen, wenn beide Engel bei mir wohnen? - Höre, sprach er, und verstehe! Der Engel der Gerechtigkeit ist zart, bescheiden, sanft und ruhig. Wenn er in deinem Herzen Wohnung nimmt, dann redet er alsbald mit dir von Gerechtigkeit, Keuschheit, Heiligkeit, Selbstgenügsamkeit und von allerlei gerechten Werken und herrlichen Tugenden. Wenn dies alles in deinem Herzen wohnt, so wisse: der Engel der Gerechtigkeit ist bei dir... Schaue nun auch die Werke des Engels der Bosheit! Vor allen Dingen ist er jähzornig und heftig und unverständig; und seine Werke sind böse und verführen die Knechte Gottes... Wenn Jähzorn oder Heftigkeit dich überfällt, so wisse, daß er in dir ist; sodann Verlangen nach vielerlei Geschäften, Üppigkeit beim Essen, Trinken, Rausch und allerlei ungehörigem Luxus, Begierde nach Weibern, Habsucht, Hochmut und Prahlerei und alles, was dem gleicht. Wenn alles dies in deinem Herzen Wohnung nimmt, so wisse, daß der Engel der Bosheit in dir wohnt" (mand VI, 2,2-5; übers. DIBELIUS, M.: a.a.O., S.522f - vgl. auch mand VIII,3-10; mand V,1,2-3).

18   vgl. REILING, J.: a.a.O., S.73-96; s. auch AUNE, David E.: Magic in Early Christianity, in: PRINCIPAT 23/2: Religion (Vorkonstantinisches Christentum: Verhältnis zu römischem Staat und heidnischer Religion/ Forts.), hg. von W.HAASE, AUFSTIEG UND NIEDERGANG DER RÖMISCHEN WELT. Geschichte und Kultur Roms im Spiegel der neueren Forschung II, Berlin/ New York 1980, S.1507-1557

Reiling versucht eine **Einordnung und Typisierung falscher Prophetie** (vgl. REILING, J.: a.a.O., S.58-66). Ausgehend vom Neuen Testament unterscheidet er vier Arten von Falschpropheten: 1) *reisende F.* (Mt 7,15ff: "They prophesy, they cast out demons and they perform miracles; and they think they are genuine prophets. But their behaviour is totally imcompatible with their prophetic activities"; a.a.O., S.58); 2) *apokalyptische F.* (Mk 13,22; Mt 24,11.24; Apk: "They attempt to authenticate themselves and their message by means of signs and miracles"; a.a.O., S.59); 3) *heidnische F.* (Act 13,6ff) und 4) *falsche Lehrer* (I Joh 4,1ff; II Pet 2,1: "Here the content of their teaching discloses the false prophets as what they are... It is quite natural to assume that the false prophets were teachers. The prophetic and the teaching ministry overlap"; ebd.).
Was den Begriff des Pseudopropheten angeht, so schließt Reiling auf **zwei Konzepte**, die seit dem Ende des 1.Jahrhunderts n.Chr. wirksam sind: Ein allgemeineres, das sich nicht nur auf Propheten sondern auch auf Lehrer bezieht und ein engeres, das auf das spezifisch prophetische Moment bezieht und dieses betont ("The prophet, whether true or false, is inspired and commissioned"; a.a.O., S.64). - "The false prophet of Hermas belongs clearly to the type of false prophets described by Irenaeus A.H. IV 33,6: people who claim the gift of prophecy but who prophesy under the influence of the spirit of the devil. It is this claim, and its denial, which distinguishes them from the false teachers whose doctrine is judged to be false" (a.a.O., S.63).

19   Im Abschnitt mand XI, 7-17 belehrt der Hirt des Hermas, daß vom sittlichen Verhalten, vom Leben und von den Werken her (mand XI,7: "apo tes zoes"; mand XI,16: "apo ton ergon kai tes zoes") Unterscheidung möglich ist. Feld der Beurteilung/Prüfung ("dokimazein") ist primär das Leben. Geprüft wird zunächst der Mensch, der sich Geistträger nennt, und erst in zweiter Linie der Geist. - ("dokimazein" = term.techn. für die Erprobung/Prüfung von Propheten, Lehrern od. anderen Dienern der Kirche; vgl.: Did. XII,1; 1 Joh 4,1; 1 Tim 3,10; 1 Clem 42,4; 44,2).

20   "All concepts and materials which the author uses serve a single purpose, namely to picture the contrast between the prophet and the false prophet and what they stand for: on the one hand the Spirit, the church and the faithful, on the other hand, the spirit of the devil, paganism and the double-minded Christians" (REILING, J.: a.a.O., S.57).

"Hermas does not use the word *daimon. *Daimonion..., where it occurs refers to some form of human behaviour..., identifying as it were a certain sin. This is equivalent to the identification of a sin with a *pneuma and it shows that the demonology of Hermas is virtually part of his dualistic pneumatology. Only twice this pneumatology is connected with the devil...: the bad spirits originate from the devil, and they act as if they were more or less personal beings. This is also true of the spirit in the false prophet" (REILING, J.: a.a.O., S.86).

"For the ancient Christian writers there were not two distinct ways of divination, one through the *daimon paredros and one directly through the devil. All divination was from the devil, whether under his direct inspiration or through demons or through other means" (REILING, J.: a.a.O., S.87).

21 mand XI, 2

22 mand XI, 1-2.13

Die Bezeichnung "dipsychoi" verwendet Hermas häufiger. Sie ist Gegenbegriff zu "von ganzem Herzen". - Nach Weinel handelt es sich hier um haltlose, fahrige Menschen, die ihre Entschlußlosigkeit durch solche Prophezeiungen zu überwinden suchen (in: HENNECKE/Hg.: Handbuch zu den Apokryphen, S.305).

23 M.Dibelius übers. "Zauberer"

24 mand XI, 2.4.6

25 mand XI, 3

26 vgl. REILING, J.: a.a.O., S.33

27 mand XI, 4.17

28 mand XI, 21

29 vgl. Dtn 18,9-14; Lev 19,26.31; 20,6.27; II Reg 17,17; 21,6

30 mand XI,21

31 mand XI,9

32 mand XI,8

Im Unterschied zur falschprophetischen Praxis (Orakelbefragung gegen Bezahlung ist griech.-röm. heidnische Praxis) spricht der Geist Gottes spontan und nicht auf Anfrage hin, d.h. er kann nicht durch den Menschen kontrolliert/reguliert werden (mand XI, 5).
Hier zeigt sich im Vergleich mit I Kor 12-14 eine Differenz im Kontext des prophetischen Geschehens, aus der wohl auch die relative Spannung zu dem paulinischen "die Geister der Propheten sind den Propheten untertan" entspringt. Der christliche Prophet ist kein "Mantis". Christliche Prophetie ist nicht Sache des eigenen Willens (vgl. II Pet 1,21) (vgl. REILING, J.: a.a.O.,S.97-103).
"Hermas' deepest concern... is to bring out that the man whom God wants to speak as a prophet is under the constant guidance and the quiet influence of the Spirit... The influence of the divine Spirit... makes him fit to speak *kathos ho Kyrios bouletai" (a.a.O., S.120).

33 Dibelius sieht Selbstempfehlung als typisches Kennzeichen des synkretistischen Prophetentums (a.a.O.,S.540). - Reiling liest aus diesen Worten den Anspruch des Propheten auf Autorität und Maßgeblichkeit (a.a.O., S.52).

34 Die Hervorhebung der Geldnahme für prophetische Tätigkeit als Negativkriterium deutet nach Reiling auf einen Konflikt zwischen der jüdisch-christlichen prophetischen Tradition (Hermas) und der griechisch-römischen Tradition der Divination/Wahrsagerei (der von Hermas angegriffene "mantis"), in welcher es üblich war, gegen Bezahlung zu prophezeien.

35 mand XI,11f

36 Nicht er kommt in die offizielle Versammlung, die "Orakelsucher" kommen zu ihm. Die Sonderveranstaltungen der falschen Propheten finden geheim statt, weil von der Kirche verboten ist, was dort geschieht (REILING, J.: a.a.O., S. 54).

Dibelius sieht hier "Entartungen des urchristlichen Prophetentums" zutage treten, eine Entwicklung "... von der Intuition zur Technik, vom Pneumatikertum zur Zauberei", die in der Religionsgeschichte häufig zu beobachten sei (DIBELIUS, M.: a.a.O., S.539). Außerdem schlage sich die religiöse Renaissance des 2.Jahrhunderts n.Chr. nieder, mit einer damit verbundenen Wiederbelebung des heidnischen Orakelwesens. Diese Einflüsse bekämpft Hermas.

37 mand XI, 9-10

38 mand XI, 14.15

39 vgl. DIBELIUS, M.: a.a.O., S.542

E.Lerle sieht ebenso wie in der Didache auch bei Hermas eine Verflachung, Schematisierung und Veräußerlichung der UdG vorliegen. Wenn er meint, daß hier die "UdG" noch "weit mechanischer" durchgeführt würde (LERLE, E.: a.a.O., S.100), hat er den oben skizzierten pneumatischen Prüfvorgang nicht erkannt.

40 mand XI,17: "...denn er kommt von dem Diabolos" (vgl. auch mand XI,3)

Auch die sprachlichen Ausdrücke (z.B. "dynamis") weisen in diese Richtung. "Dynamis" ist das, was die Magier und Wahrsager behaupten zu besitzen. - "The concept of power is to be understood in terms of possession" (REILING, J.: a.a.O., S.46).

41 vgl. WEINEL, H. in: HENNECKE/Hg.: Handbuch zu den neutestamentlichen Apokryphen, S.305

42 "Where the Didache forbids to test a prophet when he speaks *en pneumati, the Shepherd shows a *diakrisis pneumaton in actu, which supplements the testing on the basis of conduct. For him the latter cannot be the final because, in the last analysis, it is not the man but the spirit that is in him which makes him a false prophet" (REILING, J.: a.a.O, S.71).

Reiling sieht das Verständnis von Geisterfüllung, des Verhältnisses von Geist und Gemeinde, u.a. bei Hermas im wesentlichen ganz in der Linie der apostolischen und früh-nachapostolischen Zeit liegen (vgl. a.a. O., S.122-154.127).

"(1) The Holy Spirit is the eschatological gift; the Christian church lives in the last days; (2) the Holy Spirit is given to the church; life in the Spirit is corporate life; (3) the Holy Spirit relates to the moral life of the Christians" (a.a.O., S.139).

"In the last analysis there is no primitive Christian 'Pneumatikertum' in the sense of a group or a person with greater and higher endowment with the Spirit than the rest of the church. The church itself is a corporate 'Pneumatikertum', consisting of *pneumatikoi even if the Spirit may manifest itself in its members in different way and to different degrees" (a.a.O., S.146).

Montanismus

43 Die nach ihrem Begründer und Führer Montanus seit dem 4.Jh. "Montanismus" genannte Bewegung (vermutl. Selbstbezeichnung: die "Neue Prophetie") entstand plötzlich um 156/157 (171?) n.Chr. in Phrygien in Kleinasien (daher die andere Bezeichnung "kata-/phrygische" Sekte). Sie verbreitete sich rasch in Kleinasien und von dort auch nach Gallien, Rom und Nordafrika. Nach einer *dynamischen Frühzeit* entwickelte sich der Montanismus zu einer gut organisierten Gegenkirche mit eigener Berufspriesterschaft. Noch im 3.Jh. wies er eine beträchtliche Anhängerschaft auf. Bedeutendster theologischer Vertreter in einer fortgeschrittenen Phase der Bewegung war Tertullian.

In der Frömmigkeit dieses *modifizierten Abschnitts* tritt die Prophetie als lebendige Gegenwartserscheinung zurück. Tertullian erkennt zwar die Sammlung der neuen Prophetenworte (die neben AT und NT als dritte Offenbarungsurkunde treten) an, verwendet sie aber sparsam und beruft sich lieber direkt auf den Parakleten. Der Enthusiasmus ist gemäßigt und tritt eher unauffällig und zurückhaltend auf. Hierfür steht ein Bericht Tertullians über eine Frau, die während des Gottesdienstes innere Offenbarungen empfängt, die sie aber erst im Anschluß an den Gottesdienst den Verantwortlichen mitteilt, die sie prüfen (vgl. MOHR, Johannes: Montanismus und charismatische Erneuerung - zwei ungleiche geistige Aufbrüche in der katholischen Kirche, in: KRÄMER, Peter/MOHR, Johannes: Charismatische Erneuerung der Kirche. Chancen und Gefahren, Trier 1980, S.13-77.26-28). - Tertullian gesteht Frauen nicht die Rolle zu, wie sie Priscilla und Maximilla in der Frühzeit einnahmen (keine priesterliche Funktion; Verbot, zu lehren oder im Gottesdienst aufzutreten; Prophetie nur für den privaten Bereich). - Er rückt auch von allzu konkreten prophetischen Angaben ab, versucht, die Bewegung von den starken personalen und lokalen Bezügen der Frühzeit zu lösen und zu verallgemeinern. Dabei entwickelt er das Konzept einer Drei-Zeitalter-Lehre (die montanistische Geistausgießung als drittes Zeitalter nach dem ersten des Vaters/AT und dem zweiten des Sohnes/NT). - Andererseits verteidigt Tertullian die Erscheinung der Ekstase in einem verlorenen siebenbändigen Werk und hebt im Streit mit den "Psychikern" der Großkirche Ekstase gerade als Unterscheidungsmerkmal hervor.

Nach den Auseinandersetzungen mit der Großkirche und deren Sieg, war der *Zerfall* des Montanismus nicht mehr aufzuhalten. Splittergruppen begegnen aber noch Ende des 4.Jh. in Spanien und zu Beginn des 5.Jh. in Rom (im Osten vielleicht bis ins 9.Jh.?).

vgl.: ALAND, Kurt: Bemerkungen zum Montanismus und zur frühchristlichen Eschatologie, in: ders.: Kirchengeschichtliche Entwürfe (Alte Kirche-Reformation und Luthertum-Pietismus und Erweckungsbewegung, Gütersloh 1960, S.105-148; ders.: Augustin und der Montanismus, ebd., S.149-164; BACHT,Heinrich: Art. "Montanismus", in: LThK², Bd.7, S.578-580; ders.: Die Prophetische Inspiration in der kirchlichen Reflexion der vormontanistischen Zeit, in: THEOLOGISCHE QUARTALSSCHRIFT 125/ SCHOLASTIK, 19(1944), S.1-18; BEYSCHLAG, Karlmann: Grundriß der Dogmengeschichte, Bd.1: Gott und Welt (Grundrisse Bd.2), Darmstadt 1982, S.147-149; BONWETSCH, Gottfried Nathanael: Grundriß der Dogmengeschichte, Gütersloh o.J.3, S.47-49; ders.: Art. "Montanismus", RE³, Bd.13(1903), S.417-426; CAMPENHAUSEN, Hans von: Die Entstehung der christlichen Bibel, (BHTh 39), Tübingen 1968, S.245ff.257-290; ders.: Kirchliches Amt und geistliche Vollmacht in den ersten drei Jahrhun- derten, Tübingen 1953, S.195-233; EUSEBIUS (Caesariensis): Kirchengeschichte, hg. u. eingel.v. KRAFT, Heinrich (Übers. v. HAEUSER, Philipp neu durchges. v. GÄRTNER, Hans Armin, München 1967; FICKER, G.: Aussprüche des Montanus und seiner Prophetinnen, in: HENNECKE, Edgar (Hg.): Neutestamentliche Apokryphen, Tübingen 1924², S.425-429; HARNACK, Adolf: Lehrbuch der Dogmengeschichte, Bd.1: Die Entstehung der kirchlichen Dogmas, Freiburg/ Leipzig 1894³, S.389-403; KNOX, Ronald A.: Christliches Schwärmertum. Ein Beitrag zur Religionsgeschichte, Köln/Olten 1957, S.36-58.43-47; KOEHLER, Walther: Dogmengeschichte. Als Geschichte des christlichen Selbstbewußtseins, Bd.1: Von den Anfängen bis zur Reformation, Zürich 1951³, S.68f; LOHSE, Bernhard: Askese und Mönchtum in der Antike und in der alten Kirche, Religion und Kultur der alten Mittelmeerwelt in Parallelforschungen, hg.v. COLPE, Carsten und DÖRRIE, Heinrich, Bd.1, München/ Wien 1969, S.145-148; KRAFT, Heinrich: Die altchristliche Prophetie und die Entstehung des Montanismus, in: ThZ 11(1955), S.249-271; NIGG, Walter: Das ewige Reich, Zürich 1954, S.78-89; ders.: Das Buch der Ketzer, Zürich 1962⁴, S.95-111

44 Wesen und Tragweite der neuen Prophetie waren erst langsam bewußt geworden. Zwar hatten falsche Propheten, Schwindler und Illusionäre hier und da das prophetische Element in Mißkredit gebracht, dies hatte aber lediglich zu Vorsicht und Mißtrauen geführt, nicht aber zu einer grundsätzlichen Ablehnung des prophetischen Elements. Konflikte zwischen Geistbegabten und Trägern der kirchlichen Autorität hatte es auch zuvor gegeben, aber man hatte immer wieder ein Verhältnis zueinander gefunden. Nun jedoch kam es zu einer grundsätzlichen Auseinandersetzung, weil zwei grundlegend verschiedene Ansätze aufeinandertrafen.

K.Beyschlag sieht den Montanismus als eine der drei "*Emanzipationsbewegungen*" des 2.Jhs. Verabsolutierte das Judenchristentum den ersten Glaubensartikel auf Kosten des zweiten und tat der Marcionismus das Umgekehrte, verabsolutierte der Montanismus den dritten Artikel gegenüber den beiden ersten im selben eines ausgesprochenen Primatsanspruchs. Es handelt sich nicht nur um ein "Wiedererwachen" prophetisch-apokalyptischen Geistes im Rahmen einer bereits stark enteschatologisierten Kirchlichkeit, sondern um "den akuten... Versuch, das Ganze des Christentums - statt (wie bisher) wesentlich 'protologisch', d.h. von den 'Anfängen' her - nunmehr ausschließlich 'eschatologisch', d.h. vom bevorstehenden Ende der Zeiten aus zu verstehen und zu beurteilen. Nicht das christliche Woher, sondern das Wohin, speziell aber die apokalyptische Naherwartung wird zum Schlüssel aller christlichen Erscheinungen" (so BEYSCHLAG, K.: Grundriß der DG I, S.148). Damit traten sonst an der Kirche an den Rand gedrängte Perspektiven in den Mittelpunkt: 1) die Überordnung des prophetisch-charismatischen Elements über die kirchliche Tradition, einschließlich der Schriften des werdenden NT; 2) die Betonung der asketischen christlichen Sonderexistenz, der unbedingten Heiligkeit der eschatologischen Personalgemeinde; 3) heilsgeschichtlich das Verständnis der montanistischen Geistausgießung als dem "dritten" Zeitalter nach dem des Vaters/AT und des Sohnes/NT (so jedenfalls Tertullian) (ebd.). *W.Koehler* deutet - als Sympathisant des Spiritualismus - den Montanismus als Versuch, gegenüber der Entwicklung des Christentums zur Buchreligion (Kanonbildung) und gegenüber der Einschränkung des Geistes (Abgrenzung der apostolischen Frühzeit/Epoche) die alte Zeit der eschatologischen Prophetie wieder heraufzuführen. Koehler bedauert, daß man die "'geistige' Höhenlage", in der selbst apostolische Anordnungen umgestoßen und die Weiterführung der Offenbarung angenommen wurde, preisgab. Die prophetische Lebendigkeit erlahmte und der Montanismus erstarrte selbst zur Buchreligion (Sammlung und Autorisierung der eigenen Prophetensprüche, Anerkennung der apostolischen Glaubensregel und des Kanons). - In der Kanonwerdung (vgl. die Formel "completus numerus prophetarum" des Muratorischen Fragments, die das apostolische Zeitalter in Parallele setzt zur abgeschlossenen vorchristlichen Offenbarungsstufe des Prophetischen) sieht Koehler das Eingrenzen des besonderen Geisteswirkens und der besonderen Geistesgaben auf das apostolische Zeitalter - und nur dieses - angebahnt. Salopp spricht er von der Einführung eines "numerus clausus" für die Propheten und davon, daß der Geist nun "auf Flaschen gezogen" im Buch sei (KOEHLER, Walter: Dogmengeschichte, Bd.1: Von den Anfängen bis zur Reformation, S.68f).

45 Neben der *Ekstase* war die hochgespannte, zeitlich und lokal fixierte *apokalyptische Naherwartung* der Wiederkunft Christi ein zweites, auffälliges Charakteristikum (Herabkunft des himmlischen Jerusalem im kleinasiatischen Pepuza; Montanus, Maximilla und Priscilla als letzte Propheten vor diesem Ereignis; Maximilla: "Nach mir wird es keinen Propheten mehr geben, sondern nur die Vollendung"). Göttlich darin vergewissert sah man sich durch die massivekstatischen prophetischen Phänomene. Die neue Prophetie wurde als letzte und höchste Offenbarung vor der nahen Wiederkunft sowohl den alttestamentlichen und frühchristlichen Propheten als auch der apostolischen Verkündigung übergeordnet wurde. - Einige Zeit nach dem Tod der Maximilla (sie überlebte Montanus und Priscilla) wich die gespannte Erwartung. Wie der offensichtliche Nichteintritt der vorausgesagten nahen Wiederkunft wirkte, ist nicht genau zu erheben. Das Zurücktreten der Eschatologie läßt auf eine gewisse Ernüchterung schließen. Die apokalyptische Dringlichkeit und Grundstimmung der Frühzeit forierte einen ethischen Rigorismus als drittes Kennzeichen der Bewegung. Die Askese wurde verschärft (Verbot der zweiten Ehe; Virginität empfohlen - Maximilla und Priscilla hatten selbst ihre Ehe verlassen; Enthaltsamkeit als Vorbedingung von Offenbarungsempfang; strenges Fasten; Flucht vor dem Martyrium untersagt; rigoristische Bußdisziplin). Das ganze Leben sollte von dem Kommenden bestimmt sein und darauf vorbereiten. Jetzt löste das Mannesalter die Kindheitsstufe ab. Was früher noch erlaubt war, ist jetzt abzulegen.

46 Epiphanius, Arzneikasten 48,4.10, zit. in: RITTER, Adolf Martin: Kirchen- und Theologiegeschichte in Quellen, Bd.1: Alte Kirche, Neukirchen-Vluyn 1987[4], S.29f.30 - (Zur Verbindung von Geistsendung und Erneuerung vgl. Jer 24,7; Ez 36,26).

47 Die wachsenden Bedenken der kleinasiatischen Bischöfe und ihr Mißtrauen richteten sich auf den abstrusen Charakter der Offenbarungen, den "fanatischen Rigorismus" und vor allem die "rasende Wildheit der Ekstasen" (CAMPENHAUSEN: Kirchliches Amt und geistliche Vollmacht, S.200). - "Man stieß sich weniger an der Ekstase im allgemeinen als an den Symptomen des mantischen Furors und an der Verdrängung des Ichbewußtseins durch das Pneuma" (BACHT, H.: LThK[2], Bd.7, S.580). -
"Der urchristliche Begriff der Prophetie hatte das ekstatische Element nicht ausgeschlossen; aber hier wurde es auch nicht zur Rechtfertigung ihres übermenschlichen göttlichen Wesens benutzt. Bei Paulus galt die Prophetie immer als Kraft der überführenden und überzeugenden Rede, die als solche mit 'Vernunft' geübt werden muß und auch bei ihren Hörern - an das wache vernünftige Urteil appelliert" (CAMPENHAUSEN, H.v.: Kirchliches Amt, S.207).
Die fragmentarischen Nachrichten über den Montanismus und seine Prophetie lassen Zurückhaltung angezeigt sein, im Anspruch ein zutreffendes Bild entwerfen und sicher urteilen zu können. Trotzdem kann man wohl davon ausgehen, daß die montanistische Prophetie "mindestens graduell" von den in der Kirche bekannten und akzeptierten prophetischen Erscheinungen unterschied (BONWETSCH, N.: RE[3], Bd.13, S.420).

48 vgl.: CAMPENHAUSEN, H.v.: Kirchliches Amt, S.205-209.207; ders.: Die Entstehung der christlichen Bibel, S.260-262

49 Man warf den Montanisten vor, sie würden Geld, Geschenke und kostbare Kleider nehmen, selbst von den Armen; sie färbten ihre Haare und Augenbrauen, frönten dem Brett- und Würfelspiel und verliehen Geld auf Zinsen. Diese Nachrichten müssen aber mit Zurückhaltung zur Kenntnis genommen werden. Sie sind nicht grundlegend und es ist zu fragen, ob es sich angesichts der sittlichen Strenge des montanistischen Programms nicht um böswillige Verleumdungen handelt, oder, falls sie zutrafen, um untypische Einzelfälle.
(Zur kirchlichen Kritik am Montanismus vgl. vor allem EUSEBIUS: Kirchengeschichte, V,16-19)

50 vgl. CAMPENHAUSEN, H.v.: Die Entstehung der christlichen Bibel, S.260

51 CAMPENHAUSEN, H.v.: Kirchliches Amt, S.209

52 *K.Baus* sieht die Abwehr des Montanismus *aus der Sicht der röm.-kath. Kirche* als historisch notwendige Zurückweisung maßloser Übertreibung und Verzerrung richtiger Elemente und Anliegen. Erst bei näherem Hinsehen sei der kirchengefährdende Gegensatz offenbar geworden. Durch die siegreiche Abwehr des Montanismus sei die Eigenart der Kirche in der Folge schärfer hervorgetreten (Amt-Glaubensregel-Kanon). - "Dadurch, daß sie es ablehnte, das übersteigerte asketische Programm der Montanisten zu einer alle Christen verpflichtenden Norm zu machen, entging sie der Gefahr, zu einer unbedeutenden Sekte von Schwärmern herabzusinken, und bewahrte sich für ihre Aufgabe, allen Menschen die Botschaft Christi zu bringen und sie inmitten jeder kulturellen Umwelt wirksam werden zu lassen" (BAUS, Karl: Von der Urgemeinde bis zur frühchristlichen Großkirche, HKG/J: Bd.1, Freiburg/ Basel/ Wien 1962, S.231-237.236). - Durch die "Ausschaltung des unkontrollierbaren Subjektivismus mit seinem Anspruch auf die alleinige Führung der Gläubigen" wurde eine "objektive Leitung" für die Gemeinschaft der Christen durch die Amtsträger und deren "Berufung nach sachlichen Kriterien" gesichert (a.a.O., S.237).

K.Aland sieht als evangelischer Kirchenhistoriker den Ausschluß des Montanismus um des größerene Ganzen willen ebenfalls gerechtfertigt (ALAND, Kurt: Bemerkungen zum Montanismus und zur frühchristlichen Eschatologie, in: ders.: Kirchengeschichtliche Entwürfe, S.105-148): "100 Jahre früher wäre der Montanismus... vielleicht noch erträglich gewesen, aber im 2.Jahrhundert bedeutete er einen Versuch der Restauration, der auf keine Anerkennung rechnen konnte. Im Zeitalter des sich festigenden Kanons und der an Bedeutung gewinnenden Tradition war eine neue Offenbarungsquelle noch weniger tragbar als vielleicht am Ausgang des ersten Jahrhunderts. Und eine Kirche, welche auf ihrem Wege in die Welt die alte Eschatologie gerade erfolgreich relativiert hatte, konnte sich nicht mehr zurückrufen lassen zur Erwartung eines unmittelbar vor der Tür stehenden Weltendes" (a.a.O., S.142f).

Für *K.D. Schmidt* ist *aus lutherischer reformatorischer Sicht* der Montanismus "nicht... ein Reformversuch", sondern "eine Weiterbildung der Kirche in spiritualistische Bahnen" (SCHMIDT, Kurt Dietrich: Grundriß der Kirchengeschichte, Göttingen 1979⁷, S.71). Theologischer Hauptgrund der Ablehnung ist für ihn, neben der ekstatischen Form der Prophetie und dem überspannten ethischen Rigorismus, die Ergänzung des gerade entstehenden Kanons. Hinzu kommt die auch sonst zu machende kirchengeschichtliche Beobachtung, daß mit schwärmerischem Enthusiasmus immer auch Gesetzlichkeit einhergeht und daß der Montanismus "wie jeder Enthusiasmus über den neuen Prophetie den geschichtlichen Christus" verliert (a.a.O., S.72).

Freikirchler wie *E.H. Broadbent* und *J .Kennedy* neigen dazu, den Montanismus zu entschuldigen und befürworten im Gegensatz zur institutionellen Verfestigung und dem Konzept der Großkirche den spiritualistischen Ansatz bzw. den Ansatz der Auswahlgemeinde (vgl.: BROADBENT, E.H.: Gemeinde Jesu in Knechtsgestalt. Ein Gang durch ihre zweitausendjährige Geschichte, Dillenburg 1965, S.12; KENNEDY, John: Die Fackel des Glaubens. Geschichte der Gemeinde Jesu, Wetzlar 1977, S.123.131.133f). - Dagegen kann *G.S. Wegener* deutlicher von einer subtilen "schwarmgeistigen" Bedrohung der Christenheit sprechen (WEGENER, Günter S.: Die Kirche lebt. Der Weg der Christen durch zwei Jahrtausende, 1963², S.49f).

In der heutigen *charismatischen Erneuerung* wird das spiritualistische bzw. prophetisch-charismatische Element als berechtigtes Anliegen bewertet. So möchte *Johannes Mohr* als Vertreter der katholischen charismatischen Erneuerung dem Montanismus Gerechtigkeit widerfahren lassen, wobei er auf eine bereits gemäßigte Form der Ekstase abhebt (MOHR, Johannes: Montanismus und charismatische Erneuerung - zwei ungleiche geistige Aufbrüche in der katholischen Kirche, in: a.a.O., S.13-36.37-77.23-29). Mohr verweist auf die Orthodoxie der ursprünglichen Montanismus. Lediglich in der Eschatologie sei er an den Rand der kirchlichen Lehre geraten. Wahre heterodoxe Elemente seien erst später im Zusammenhang mit Spaltungen aufgetreten (S.31f). Im Unterschied zum Montanismus sieht Mohr die charismatische Erneuerung als Rückkehr zum ursprünglichen Geistwirken "im Zentrum des Glaubens" (vgl. S.48-68). Sie trage ihren Sinn nicht in sich selbst, sondern diene der Erneuerung der Kirche. Glossalie werde im Wachbewußtsein ohne Ekstase praktiziert (S.56). Prophetien seien "frei von falschem Selbstbewußtsein" und enthielten sich gewagter Voraussagen und ethischer Rigorismen. Wesentliche Voraussetzung für prophetische Worte ist nach röm.-kath. Sicht die Bereitschaft, "sich und seine Botschaft dem von Christus eingesetzten Amt in der Kirche zu unterstellen... Ohne lebendige und beständige Einbettung in die 'fundamentale Gabe' der Kirche läuft die Gabe der Prophetie Gefahr, der Spaltung und Sektenbildung Vorschub zu leisten" (S.58f). Elitäre separatistische Anwandlungen würden in den maßgebenden Äußerungen und in der Praxis der charismatischen Erneuerung zurückgewiesen (S.66).

Aus der Geschichte der Auseinandersetzungen um den Montanismus möchte Mohr u.a. festhalten, daß das prophetische Wort allezeit Heimatrecht in der Kirche hat und niemand den Geist und seine Gaben geringschätzen darf - (Die Aufstellung des Kanons sieht Mohr unter dem Gesichtspunkt der Gewinnung eines Maßstabs zur Beurteilung prophetischer Aussprüche. Die Montanisten hätten nicht genügend zwischen möglichen aktuellen prophetischen Mahnungen und der abgeschlossenen Offenbarung von Glaubensinhalten unterschieden) (S.44f). - Weiter sei festzuhalten, daß Amt und persönliche Frömmigkeit nicht notwendigerweise zusammenfallen - (Daß aber nach Tertullians Kirchen- und Heilsverständnis nur durch die prophetisch-charismatischen Führer Heil vermittelt werde, mußte zur Ablehnung und Isolierung durch die Kirche führen) (S.46).

53 "Der kritische Punkt, über den der Montanismus zur Sekte geworden ist, liegt... nicht unmittelbar in seiner Stellung zum Kanon; er liegt vielmehr in seiner heilsgeschichtlichen Selbstbeurteilung, die mit dem kanonischen Normgedanken allerdings kollidieren mußte. Indem die Montanisten nicht darauf verzichten wollten, die überschwengliche Autorität ihres Geistes und ihrer Gründerpropheten absolut zu setzen, entzogen sie sich notwendigerweise jeder weiteren Prüfung, auch der Prüfung unter dem 'Zeugnis Jesu', das für den Apokalyptiker Johannes mit 'dem Geist der Prophetie' noch identisch war. So gingen sie über den christlichen 'Anfang' und darum auch über den Kanon hinaus, der ihn feststellen und bewahren sollte. Doch blieben diese Konsequenzen der 'neuen Prophetie' für das erste ihren Gegnern wie ihren Anhängern noch verborgen" (CAMPENHAUSEN: Die Entstehung der christlichen Bibel, S.259f).

"Die Montanisten verzichten auch später nicht darauf, ihre Visionen und Martyrien aufzuzeichnen, als erbauliche Dokumente ihres Geistes in die Welt zu senden und gottesdienstlich verlesen zu lassen. Tertullian nimmt dieses stolze Verfahren ausdrücklich in Schutz. Es ist, sagt er, ein Vorurteil, daß nur die vergangenen Macht- und Gnadenerweise beachtet und geschätzt werden. 'Jene Leute, die die einheitliche Kraft des einen heiligen Geistes nach chronologischen Epochen aburteilen, mögen sich in acht nehmen.' Die neuen Dinge sind weit höher zu achten; denn sie gehören schon in die Endzeit hinein sind als überschwengliche Gnadenmehrung zu bewerten, 'die Gott nach dem Zeugnis der Schrift gerade für diesen Zeitraum bestimmt hat'. Tatsächlich bedeutete die Versendung und hohe Schätzung geistlicher Mahnschreiben und Berichte keine Neuerung und entsprach einer auch sonst geübten Praxis. Jetzt aber verband sie sich mit den bewußt erhobenen Ansprüchen des neuen Parakleten und erschien darum als Angriff auf die ursprüngliche, grundlegende Offenbarung und somit als freche 'Lästerung des Herrn, der Apostel und der heiligen Kirche'. Um so größere Bedeutung gewinnt der werdende katholische Kanon, der das Zeugnis des Anfangs bewahrt. Er wird nicht mehr - wie gegenüber der Gnosis - bloß als Quelle und gegebenenfalls als Richtschnur christlicher Wahrheit aufgefaßt, sondern erscheint als heilige Grenze, über die keine Lehre und Verkündigung jemals hinausgehen darf. Ganz besonders gilt die Abfassung neuer, autoritativer Schriften jetzt als Anmaßung und Verbrechen" (CAMPENHAUSEN: Die Entstehung der christlichen Bibel, S.266-268).

Zur weiteren Geschichte der "UdG" und ihrer Kriterien

54 Zur Geschichte der "UdG" vgl. BROULLARD, R.: Art. "Discernement des Ésprits", in: CATHOLICISME. Hier, aujourd'hui, demain, Bd.3, Paris 1952, S.874-877; CHOLLET, A.: Art. "Discernement des Ésprits", in: DThC, Bd.4/2, Paris 1911, S.1375-1415; GUILLET, Jaques/ BARDY, Gustave/ VANDENBROUCKE, François/ PEGON, Joseph/ MARTIN, Henri: Art. "Discernement des Ésprits", in: DSp, Bd.3, S.1222-1291; MADINGER, Herbert: Die Unterscheidung der Geister, in: MYSTISCHE THEOLOGIE, 4(1958), S.169-198; ders.: Der unmittelbare göttliche Antrieb, in: a.a.O., S.199-210; SWITEK, Günter (S.J.): "Discretio spiritum". Ein Beitrag zur Geschichte der Spiritualität, in: ThPh 47(1972), S.36-76 (vgl. auch DERVILLE, André: Art. "Illusions", in: DSp, Bd.7/2, S.1392 -1401.1394f und weitere Stichworte in: DThC und DSp wie "Discrétion", "Direction spirituelle"/ Seelenführung, "Prophetisme")

55 vgl.: BARDY, G.: in: DSp, Bd.3, S.1248f; LIENHARD, Joseph T. (S.J.): On "Discernment of Spirits" in the Early Church, in: Theological Studies 41 (1980), S.505-529; SWITEK, G.: a.a.O., S.41-44

"Wenn wir sehen, daß eine Seele von Sünden, von Fehlern, von Trauer, von Zorn, von Begierden, von Habsucht verwirrt wird, dann wissen wir, daß sie es ist, die der Teufel 'nach Babylon hinwegführt'. Wenn hingegen im Grunde des Herzens Stille, Heiterkeit, Friede ihre Frucht treiben, so wissen wir, daß 'Jerusalem' in ihr wohnt, d.h. die 'Schau des Friedens' innen in ihr ist". - " Daher ist es möglich, durch diese offenbare 'Unterscheidung' zu erkennen, auf welche Art die Seele durch die Gegenwart des guten Geistes bewegt wird: nämlich wenn sie durch die gegenwärtige Einsprechung nicht die geringste Verdüsterung des Geistes erleidet" (zit. bei SWITEK, G.: a.a.O., S.44).

56 vgl.: BARDY, G.: in: DSp, Bd.3, S.1249; SWITEK, G.: a.a.O., S.44-48 sowie die Stichworte "Dämonen" und "Unterscheidungsgabe" in: WEISUNG DER VÄTER. Apophthegmata Patrum, auch Gerontikon oder Alphabeticum genannt, (Einl. NYSSEN, Wilhelm/ Übers. MILLER, Bonifaz), SOPHIA. Qellen östlicher Theologie Bd.6, Trier 1980²

Das Kriterium des Trostes wird von Athanasius so beschrieben: "Es ist leicht und gar wohl möglich, die Anwesenheit des Guten oder Bösen zu unterscheiden, da Gott diese Gabe verleiht. Denn der Anblick der Heiligen bringt keine Verwirrung mit sich: 'Nicht wird er streiten noch schreien, noch wird jemand hören seine Stimme'. Ihre Erscheinung erfolgt so ruhig und sanft, daß sogleich Freude und Fröhlichkeit und Mut in die Seele kommt. Denn mit ihnen ist der Herr, der unsere Freude ist, die Kraft aber ist Gottes, des Vaters, die Gedanken der Seele aber sind ohne Verwirrung und Erregung..." - "Der Ansturm und das Gesicht der Bösen aber ist voll Verwirrung, er erfolgt unter Getöse, Lärm und Geschrei wie das Getümmel von ungezogenen Jungen und Räubern. Daraus entsteht sogleich Furcht in der Seele, Verwirrung und Unordnung in den Gedanken, Scham, Haß gegen die Asketen, Sorglosigkeit, Schmerz, Erinnerung an die Verwandten, Furcht vor dem Tode: und dann Begierde nach dem Schlechten, Nachlässigkeit in der Tugend und Verschlechterung des Charakters..." (zit. bei SWITEK, G.: a.a.O., S.47).

57 vgl.: BARDY, G.: in: DSp, Bd.3, S.1250; SWITEK, G.: a.a.O., S.48-50

58 vgl.: BARDY, G.: in: DSp, Bd.3, S.1249f

"Alles, was keinen festen Körper hat, wird im allgemeinen Geist genannt. Da nun auch die Dämonen keinen solchen Körper haben, werden sie Geister genannt. Doch ist ein großer Unterschied. Wenn nämlich der unreine Dämon auf eine Menschenseele eindringt, stürzt er sich auf sie, wie ein blutgieriger Wolf sich auf das Schaf stürzt, bereit, es zu verschlingen. Gar wild ist er, wenn er sich zeigt, gar furchtbar, wenn man ihn zu fühlen bekommt; die Seele wird finster. Mit Unrecht greift er an und raubt fremdes Eigentum. In seiner Gewalttätigkeit bedient er sich des fremden Körpers und fremden Werkzeuges, wie wenn es sein Eigentum wäre. Wer steht, den bringt er zu Fall. Er ist aus dem Gesinde dessen, der vom Himmel gefallen ist. Er macht wirr die Sprache, läßt krampfhaft die Lippen bewegen; statt der Worte tritt Schaum hervor. Der Mensch wird finster. Die Augen sind weit geöffnet, und doch sieht die Seele nicht mehr mit den Augen. Es zittert und zuckt der arme Mensch vor seinem Tode. Wahrlich, die Dämonen sind Feinde der Menschen und unbarmherzig gehen sie mit ihnen um". - "Nicht von dieser Art ist der Hl.Geist. Das sei ferne! Im Gegenteil, seine ganze Tätigkeit zielt auf das Gute und Heilsame ab. Zunächst ist sein Erscheinen milde. Wo er einkehrt, verbreitet sich Wohlgeruch. Gar leicht ist seine Last. Vor seiner Ankunft leuchten Strahlen des Lichtes und der Erkenntnis. Er kommt mit dem Herzen eines wahren Beschützers. Er kommt, um zu erlösen, zu heilen, zu lehren, zu mahnen, zu kräftigen, zu trösten, zu erleuchten, und zwar vor allem die Seele dessen, der ihn aufnimmt, dann auch durch Vermittlung dieses, die Seelen anderer. Wie einer, der zuerst in der Finsternis war, dann plötzlich die Sonne schaute, durch die Erleuchtung des körperlichen Auges deutlich das sieht, was er zuvor nicht gesehen hatte, so schaut der, welcher des Hl.Geistes gewürdigt ist, durch die Erleuchtung seiner Seele in übermenschlicher Weise das, was er nicht gewußt hätte..." (Cat 16,15-16/ PG 33,940a-941b) (zit. nach: Des Heiligen Cyrillus Bischofs von Jerusalem Katechesen, aus dem Griech. übers. und mit einer Einl. versehen von HÄUSER, Philipp, BKV 34, München/ Kempten 1922, S.296f).

59 vgl.: BARDY, G.: in: DSp, Bd.3, S.1253; SWITEK, G.: a.a.O., S.50-52

60 vgl.: BARDY, G.: in: DSp, Bd.3, S.1251; SWITEK, G.: a.a.O., S.52-54

61 vgl.: SWITEK, G.: a.a.O., S.55-59; VANDENBROUCKE, F.: in: DSp, Bd.3, S.1255-1257

62 vgl.: SWITEK, G.: a.a.O., S.59-62; VANDENBROUCKE, F.: in: DSp, Bd.3, S.1258

63 vgl.: SWITEK, G.: a.a.O., S.62f; VANDENBROUCKE, F.: in: DSp, Bd.3, S.1258f

64 vgl.: CHOLLET, A.: in: DThC, Bd.4/2, S.1319f; SWITEK, G.: a.a.O., S.64; VANDEN-BROUCKE, F.: in: DSp, Bd.3, S.1263f

65 zit. bei SWITEK, G.: a.a.O., S.64

66 ebd.

67 vgl. KLINGER, E.: in: SM (D), Bd.4, S.1112

68 vgl.: SWITEK, G.: a.a.O., S.64-66; VANDENBROUCKE, F.: in: DSp, Bd.3, S.1264-1266

69 vgl. SWITEK, G.: a.a.O., S.66

70 vgl.: SWITEK, G.: a.a.O., S.67-70; VANDENBROUCKE, F.: in: DSp, Bd.3, S.1260-1263

71 G.Switek faßt die zwei Reihen von Kennzeichen bei Thomas à Kempis zusammen: "Die Natur ist verschlagen, sie täuscht, sie sträubt sich gegen das Absterben, gegen jede Beschränkung, gegen freiwilliges Unterwerfen, sie arbeitet auf ihren Vorteil hin, empfängt gerne Ehre, liebt Muße, strebt nach Schönem und Besonderen, ist betrübt über zeitlichen Verlust, zieht das Nehmen dem Geben vor, neigt zu den Geschöpfen und dem eigenen Fleisch, liebt den äußeren Trost, der den Sinnen schmeichelt, sucht den eigenen Vorteil, prahlt mit ihren hochgestellten Freunden und Bekannten, sieht alles unter ihrem eigenen Gesichtswinkel, jagt ständig Neuem nach. Die Regungen der Gnade sind dem genau entgegengesetzt: die Gnade geht einfältig zu Werk, legt keinen Hinterhalt, bemüht sich um Abtötung, ist bereit, sich Gottes wegen allen Geschöpfen zu fügen, sie achtet auf den Nutzen der anderen, lenkt alle Ehre auf Gott, sucht die Arbeit, hat Freude am Einfachen und Schlichten, sie hängt nicht an Zeitlichem, hat Gemeinsinn und hält das Geben für seliger als das Nehmen, sie entsagt den Geschöpfen, sucht nur in Gott ihren Trost, liebt auch ihre Feinde, hält eher zu den Armen als zu den Reichen, bevorzugt nicht ihre eigene Meinung gegenüber der Meinung anderer, kümmert sich nicht um Neuigkeiten, denn es gibt nichts Neues und Dauerhaftes auf Erden" (SWITEK, G.: a.a.O., S.69).

72 vgl.: PEGON, J.: in: DSp, Bd.3, S.1266-1275; SWITEK, G.: a.a.O., S.71-76

73 I.Woche: 3.Regel; vgl. LOYOLA, Ignatius von: Die geistlichen Exerzitien des hl.Ignatius, hg. von BRUCKNER, Jakob (S.J.), Freiburg 1921⁹, (= Geistliche Exerzitien), S.294

74 I.Woche: 4.Regel; vgl. ebd.

75 I.Woche: 5.-9.Regel; vgl. Geistliche Exerzitien, S.294-296

76 II.Woche: 1.-7.Regel; vgl. Geistliche Exerzitien, S.308-311

77 vgl. Geistliche Exerzitien, S.301-304

78 vgl. PEGON, J: in: DSp, Bd.3, S.1275-1279

79 vgl. MARTIN, H.: in: DSp, Bd.3, S.1281-1285

80 vgl.: CHOLLET, A.: in: DThC, Bd.4/2, S.1402f; SCARAMELLI, J.B.: Die Unterscheidung der Geister zu eigener und fremder Seelenleitung, Regensburg 1988², S.38-59

ANMERKUNGEN: *B.1. Karl Rahner*

1 So die Kennzeichnung der Pole der Thelogie Karl Rahners durch Albrecht Peters.

2 Zum Ansatz und Werk K.Rahners vgl.: FISCHER, Klaus: Art. "Rahner, Karl", in: RAKTISCHES LEXIKON DER SPIRITUALITÄT, S.1027-1030; LEHMANN, Karl: Karl Rahner, in: Bilanz der Theologie im 20.Jahrhundert, Bd.IV: Bahnbrechende Theologen, hg.von VORGRIMLER, Herbert/ GUCHT, Robert van der, Freiburg/ Basel/ Wien 1970, S.143-181; PETERS, Albrecht: Zwischen Gottesmystik und Christuszeugnis. Zur Theologie Karl Rahners (5.3.1904-30.3.1984), in: ThR 51 (1986), S.269-314

3 vgl. PETERS, A.: a.a.O., S.310f

4 vgl. PETERS, A.: a.a.O., S.276

Den Ansatz der Transzendentaltheologie versteht Rahner so, daß diese sich des Instrumentars der Transzendentalphilosophie bedient und von genuin theologischen Fragestellungen her "die apriorischen Bedingungen im glaubenden Subjekt für die Erkenntnis wichtiger Glaubenswahrheiten" thematisiert (vgl. RAHNER, Karl: Art. "Transzendentaltheologie", in: HTTL, Bd.7, S.324-329.324). Rahner setzt die Wirklichkeit und Faktizität der christlichen Offenbarung voraus und fragt von da aus nach den subjektiven, anthropologischen und religionsphilosophischen Bedingungen, "warum der Mensch als in Freiheit erkennende und handelnde Personalität von seiner eigenen 'Natur' sich auf so etwas wie 'Offenbarung' einlassen kann und darf" (LEHMANN, K.: a.a.O., S.158-164.159). Die Erfahrung der Gnade ist der Kristallisationspunkt des Verhältnisses von menschlichem Dasein, Gott und Gnade. "Das 'Objektivste' der Heilswirklichkeit, nämlich Gott und seine Gnade, erscheint zugleich als das Subjektivste des Menschen, nämlich die Unmittelbarkeit des geistigen Subjekts zu Gott durch diesen selbst" (LEHMANN, K.: a.a.O., S.166). Gott selbst trägt durch seine eigene Selbstmitteilung als Konprinzip den Akt des Hörens mit. Gott, das absolute Sein, das absolute Gute, bezeichnet, "was schon immer und ursprünglich, wenn auch vielleicht unthematisch, in der unbegrenzten apriorischen Transzendentalität menschlicher Erkenntnis und Freiheit gegeben ist" (LEHMANN, K.: a.a.O., S.168). Gnadenhaft erhöht und befreit, bezeugt die Transzendentalität als letztes Woraufhin aller Erkenntnis und Freiheit die einmalige Höhe der Offenbarungsgeschichte in Christus. Beim Aufweis der Erfahrung der Gnade geht Rahner von Phänomenen aus, die der gewöhnlichen menschlichen Erfahrung nahestehen bzw. diese radikalisieren, so z.B. die Analyse von Schuld, Gewissensentscheidung, Tod. Weil alle menschliche Transzendenz sich in der Geschichte vollzieht und geschichtlich vermittelt wird, kann die Erfahrung der Gnade nicht lediglich individualistische und ungeschichtliche Introspektion des Menschen sein. Die geschichtlich-kategoriale Selbstauslegung der Offenbarung, die gegenständliche Objektivierung der übernatürlichen, transzendentalen Erfahrung, gehört wesensmäßig zum gnadenhaften Widerfahrnis hinzu. Das transzendentale und das geschichtlich-kategoriale Moment bilden eine Einheit und bedingen sich gegenseitig (vgl. LEHMANN, K.: a.a.O., S.169). K.Rahner ist zu einer Neukonzeption des Verhältnisses von Welt- und Heilsgeschichte vorgestoßen, in der die Heilsgeschichte koexistent wird mit der geistigen Geschichte der Menschheit. Die konkrete Geschichte ist dabei nie einfach Offenbarungsgeschichte, aber letztere vollzieht sich in unauflöslicher Einheit, durch Irrtum, Fehlinterpretation, Schuld und Mißbrauch hindurch, in ersterer. Hier fügen sich Rahners Überlegungen zu den "anonymen Christen" ein. Die diakritische Möglichkeit der Unterscheidung echter Offenbarung in der Menschheitsgeschichte ist am Ende nur von Christus her zu gewinnen: "Er selbst ist die einmalige Höhe der Offenbarungsgeschichte, die sich - von der Gnade Gottes getragen - in ständiger Selbsttranszendenz der Welt auf diesen Punkt Omega hinbewegt. Das transzendental zu verstehende Verhältnis zwischen Geist (-Gnade) und Geschichte (-Offenbarung) impliziert als Höhepunkt der Geschichte der Gnade in der Welt den absoluten Heilbringer, den 'Gott-Menschen'. Er ist die geschichtliche, unüberbietbare, irreversible und darum eschatologische Erscheinung der siegreichen Selbstmitteilung Gottes an die Welt" (LEHMANN, K.: a.a.O., S.171).

5 vgl. PETERS, A.: ebd.

6 RAHNER, Karl: Das Charismatische in der Kirche, in: ders.: Das Dynamische in der Kirche, QD 5, Freiburg 1958, S.38-73 (vgl. auch: RAHNER, Karl: Amt und freies Charisma, in: ARNOLD, F.X./ RAHNER, K./ SCHNURR, W./ WEBER, L.M. (Hg.): Handbuch der Pastoraltheologie Bd.I, Freiburg 1964, S.154-160; ders.: Bemerkungen über das Charismatische in der Kirche, in: GuL 42(1969), S.251-162; ders.: Art. "Charisma, III.Das Charismatische in der Kirche", in: LThK2, Bd.2, S.1027-1030 = dass.: in: HTTL, Bd.1, S.379-381; ders.: Löscht den Geist nicht aus!, in: ders.: SCHRIFTEN ZUR THEOLOGIE, Bd.VII: Zur Theologie des geistlichen Lebens, Zürich/ Einsiedeln/ Köln 1966, S.77-90

7 RAHNER, K.: Art. "Charisma, III.Das Charismatische in der Kirche", in: LThK², Bd.3, S.1027

8 Das Charismatische in der Kirche, in: a.a.O., S.39

9 a.a.O., S.40f

"Man kann Amt und Charisma in der Kirche nicht auffassen als zwei Größen, die adäquat verschieden wären und bloß wie zufällig in einer Person sich einmal vereinigten, die ein Amt und doch auch ein Charisma hätte. Das Amt selbst (und nicht nur der faktische Amtsträger) ist durch das Charismatische gekennzeichnet, wenn anders die Kirche als hierarchisch verfaßte die Kirche des bleibenden Geistes bis zum Ende sein soll, die durch Gottes Gnade und durch sie allein nicht imstande ist, aus der Gnade Gottes (seiner Wahrheit, seiner Heiligkeit) als ganze auszubrechen und die greifbare Repräsentanz dieser Gnade, die die Kirche ist, zur geistentleerten Synagoge zu machen" (a.a.O., S.42f).

10 a.a.O., S.44

11 vgl. a.a.O., S.45f

12 vgl. a.a.O., S.46f

13 vgl. a.a.O., S.48

14 a.a.O., S.49

15 "Die Charismen, die in allen Christen sein können und in jedem Gerechtfertigten als einem im Leib Christi seine Funktion besitzenden Glied der Kirche keimhaft sind, unterscheiden sich... teilweise nur so von den christlichen Tugenden, daß sie in diesen Tugenden das für eine christliche Tugend in der Kirche unvermeidliche, wenn auch in verschiedenem Grad gegebene Merkmal des Sozialen, des Offenkundigen, des Bekenntnisses und Zeugnisses und der Sendung für die Kirche hervorheben. Aus dem Zusammenhang von Tugend und Charismatischem ergibt sich, daß neben den großen charismatischen Begabungen und "enthusiastischen" Bewegungen, die es in de Kirche immer wieder gab und geben muß, doch auch die heroische Treue in der Bewältigung des Alltags, im Durchhalten in geistesgeschichtlich ungünstigen Situationen und ähnliches durchaus charismatisch sein kann, wenn es durch seine Dauer, unzerstörbare Macht im Ganzen eines Einzellebens oder im Leben der Kirche die Macht des Geistes Gottes deutlich werden läßt" (RAHNER, K.: Art. "Charisma, III.Das Charismatische in der Kirche", in: LThK², Bd.3, S.1028).

16 Rahner verweist an anderer Stelle auf Jungfräulichkeit, Asketentum und Martyrium, die in der nachapostolischen Zeit als charismatische Gaben betrachtet werden. Seit der montanistischen Krise fehlt eine offene und unbefangene Würdigung des Charismatischen. Das Möchtum sieht sich von Anfang an als Erbe der urkirchlichen Charismatik. In den ersten Hagiographien ist deshalb der sittlich Heilige gleichursprünglich auch der charismatische Wundertäter. In der späterenTheologie des Mönchtums tritt das Prophetisch-Charismatische der Sendung zum Dienst der Erbauung der Kirche zurück hinter die einsame Mystik der individualistischen Gotteseinung. Messalianismus und Donatismus können als Radikalisierung der charismatischen Gnadenerfahrung gegen das Sakramental-Institutionelle verstanden werden. Die Ordensgründungen des Mittelalters entspringen meist einem unableitbaren Berufungserlebnis. Daneben gibt es eine Geschichte prophetischer und mystischer Sendung von einzelnen Frauen in die Kirche hinein. Auch die "enthusiastischen" und doch kirchlichen Bewegungen wie die Armutsbewegung und andere Bewegungen der "Verinnerlichung" sind hier zu erwähnen. Rahner denkt auch an Bewegungen, die von Erscheinungs- und Wallfahrtsorten ausgingen und an den Einfluß, den Vissionen und Privatoffenbarungen auf die Kirche ausgeübt haben, an ausgesprochene Charismatiker unter den Heiligen und Predigern. Dieses Charismatische in der Kirche ist nach Rahner zu sehen vor dem Hintergrund eines heterodoxen Charismatismus (vgl. RAHNER, K.: Art. "Charisma, III.Das Charismatische in der Kirche", in: LThK², Bd.3, S.1028f).

17 "Es braucht hier noch nicht auf eine Unterscheidung eingegangen zu werden, die vielleicht möglich, aber auch nicht sehr entscheidend ist, zwischen wirksamer aktueller Gnade zu übernatürlich christlichem Tun einerseits und charismatischen Gnadengaben im engeren Sinn. Man kann natürlich eine solche Unterscheidung machen, wenn man unter dem Charismatischen das in etwa empirisch Außergewöhnliche versteht, das einem für den Nutzen von Anderen von Gott gegeben wird. Aber wenn man bedenkt, daß jede individuell heiligende Gnade eines Einzelnen immer auch dem Ganzen des Leibes zugute kommt, es also eine bloß individuell einen Einzelnen heiligende Gnade gar nicht gibt, wenn man darauf reflektiert, daß auch eine, zum Nutzen Anderer gegebene amtliche Vollmacht oder nicht-institutionelle Begabung von dessen Träger nur sittlich richtig verwendet werden, wenn aus der heiligenden Gnade heraus der Vollzug solcher Begabungen auch ihren Träger heiligt (wie dies bei sakramentalen Vollmachten und ihrem Gebrauch ja deutlich wird), wenn schließlich nicht übersehen wird, daß zwischen dem Gewöhnlichen und Außergewöhnlichen des christlichen Lebens durchaus fließende Übergänge bestehen, dann ist die Unterscheidung zwischen aktueller, wirksamer Gnade einerseits und Charismen anderseits eine sehr sekundäre Unterscheidung" (RAHNER, K.: Bemerkungen über das Charismatische in der Kirche, in: GuL 42/1969, S.252).

18 vgl. a.a.O., S.50-52

19 a.a.O., S.52

20 a.a.O., S.57

21 "Nicht in der Kultur, nicht in der Lösung der sozialen Fragen, nicht in der Kirchenpolitik und den gelehrten Abhandlungen der Theologen, sondern in Glaube, Hoffnung und Liebe, in Sehnsucht nach der Ewigkeit, in Geduld des Kreuzes, in der Fröhlichkeit des Herzens. Und die ganze Kirche ist letztlich nur dazu da, daß es solche Dinge gibt, daß ihre Ewigkeitsbedeutung bezeugt werde, daß es immer wieder Menschen gibt, die im Ernst glauben, daß diese Gaben hier auf Erden und dort in der Ewigkeit wichtiger sind als alles andere..." (Das Charismatische in der Kirche, a.a.O., S.59).

22 a.a.O., S.56

"Es ist sogar noch keineswegs in der Theologie ausgemacht, daß das, was wir (auch im einzelnen Akt) an Verwirklichung eines natürlichen Sittengesetzes irgendwo in der Welt wahrnehmen, tatsächlich nur ein natürlicher Akt ohne übernatürlich erhebende Gnade Christi dann sei, wenn dieser Akt nicht gerade von einem Christen aus bewußt übernatürlichen Motiven getan wird. Man kann durchaus annehmen, daß faktisch in allen oder fast allen Fällen dort, wo wirklich ein eigentlich geistig sittlich guter Akt vollbracht wird, er auch tatsächlich mehr ist als nur ein solcher Akt. Die Gnade Christi umschließt den Menschen mehr, als wir denken, sie setzt tiefer, verborgener und umfassender im Grund seines Wesens an, als wir oft meinen. Es ist durchaus denkbar, daß überall dort, wo ein Mensch wirklich (ausdrücklich oder im tatsächlichen, unreflexen Vollzug seiner Daseinstranszendenz auf das absolute Geheimnis Gottes hin) das Sittliche als absolute Verpflichtung bejaht, er jene Haltung eines eigentlichen Glaubens (wenn auch nur virtuell) hat, der mit der Liebe zusammen zur Rechtfertigung genügt und somit eigentliche Heilsakte, die positiv zum ewigen Leben hinführen, ermöglicht" (a.a.O., S.56f).

23 vgl. a.a.O., S.59f

24 a.a.O., S.60

25 a.a.O., S.62

26 a.a.O., S.64

27 ebd.

28 vgl. hierzu auch: RAHNER, K.: Bemerkungen zum Charismatischen in der Kirche, in: GuL 42(1969), S.260-262; ders.: Löscht den Geist nicht aus!, in: SCHRIFTEN ZUR THEOLOGIE, Bd.VII, S.86-90

"Nicht dort, wo die amtliche Maschinerie der Kirche reibungslos und leise läuft, nicht dort, wo ein totalitäres Regime exerziert würde, ist der Geist des wahren Gehorsams, sondern wo mitten im gemeinsamen Kampf um den Willen Gottes vom Amt das nichtamtliche Walten des Geistes respektiert und vom Charismatiker in Treue zum eigenen Auftrag das Amt gehorsam respektiert wird und Gott und er allein aus diesem notwendigen Antagonismus und Pluralismus der Geister, Aufgaben und Dienstleistungen in der Kirche die eine Kirche und ihre wahre, von Gott gewollte Geschichte auferbaut, die auch anders aussieht als die, wie sie in den amtlichen Plänen des kirchlichen Amtes ausgedacht, mit Recht und pflichtschuldig geplant worden ist. - Zu den Voraussetzungen für das Lebendigwerden des Geistes gehört auch der Mut zu diesem unvermeidlichen Antagonismus in der Kirche. Die Kirche ist nicht so 'ein Herz und eine Seele', daß es in ihr keinen Kampf, kein Leid des gegenseitigen Nichtverstehens geben dürfte" (Löscht den Geist nicht aus!, in: a.a.O., S.86f).

29 a.a.O., S.65

30 a.a.O., S.66

31 ebd.

32 a.a.O., S.68

33 a.a.O., S.68f

34 a.a.O., S.69

35 a.a.O., S.70

36 a.a.O., S.71

37 a.a.O., S.72

38 a.a.O., S.73

39 vgl.: CONGAR, Y.: Der Heilige Geist, S.147-153.147.152f; ; SCHÜTZ, Christian: Einführung in die Pneumatologie, S.136-140.136

Die Pneumatologie des II.Vatikanischen Konzils trägt vor allem heilsökonomische Züge und ist von der paulinischen und johanneischen Theologie geprägt. Daß man den christologischen Ansatz beibehalten und nicht eine "Pneumatozentrik" entwickelt hat, ist nach Congar biblisch und eine wesentliche Voraussetzung zu einer gesunden Pneumatologie. Daß man daran festhielt, daß der Heilige Geist die Treue zur Tradition und die Wahrheit der feierlichen Aussagen des Lehramtes gewährleistet, hält er für richtig und wahr (a.a.O., S.148). Das Konzil habe aber die Idee des Mystischen Leibes nicht als die Definition der Kirche vorgelegt und sich auch nicht an das Schema von der Kirche als Fortsetzung der Inkarnation gehalten (ebd.). Weiter sei man auch über den "prätrinitarischen Monotheismus" (H.Mühlen) hinausgegangen und habe eine trinitarische Schöpfungs- und Gnadenökonomie aus der Logik des a, per, in, ad (vom Vater durch den inkarnierten Sohn im Geiste zum Vater) entwickelt (vgl. a.a.O., S.149f).
Grundlegend ist die Auffassung von dem kraft des Geistes gewirkten "allumfassenden Heilssakrament" der Kirche, d.h. besonders die kirchenbildende Rolle des Geistes wird hervorgehoben. Der Heilige Geist "macht die Kirche - sie einend mit Christus dem Hohenpriester - zur Kultgemeinde und eint sie durch die *koinonia, die communio, die Gemeinschaft, und durch die Dienstleistung. Dies wird zu einem durchgehenden Motiv der Konstitution: die Kirche ist Kommunikationseinheit in der heiligen Eucharistie, im Heiligen Geiste, in der sichtbaren (hierarchischen) Leitung und in den verschiedenen Dienstleistungen. Sie ist beseelte Leibeinheit in der Verschiedenheit der Glieder und Dienste. Auch die hierarchische Ordnung, nicht bloß die charismatische Begabung ist eine Selbstmitteilung des Geistes. Er verleiblicht sich so in der Kirche und macht so 'eine mystische Person aus vielen Personen'" (GRILLMEIER, A.: Dogmatische Konstitution über die Kirche. Kommentar zum I.Kapitel, in: LThK², E.I, S.160f). Der Geist wird gewissermaßen an die und in die Kirche überliefert und ist das Prinzip der Einheit, des Lebens, des Gebetes, der Erneuerung, des Glaubens oder der Verkündigung, der Heiligkeit und der Liebe. Von ihm geht fortwährende Kraft zur Erneuerung von Kirche und Welt aus. Er verkörpert in der

von ihm gewirkten Überlieferung von Wort, Amt und Sakrament geradezu das Traditionsprinzip der Kirche (vgl. SCHÜTZ, Chr.: a.a.O., S.138f).

Da in Christus, dem Haupt, die Fülle zusammengefaßt werden soll und deren Stoff in der Weltgeschichte bereitet wird, wirkt der Geist auch in dieser. Er erfüllt das All, lenkt den Lauf der Zeiten und erneuert das Antlitz der Erde, er bearbeitet das Herz des Menschen und lenkt es auf Gott (CONGAR, Y.: a.a.O., S.152).

40 vgl.: CONGAR, Y.: a.a.O., S.150f; GEROSA, Libero: Charisma und Recht. Kirchenrechtliche Überlegungen zum "Urcharisma" der neuen Vereinigungsformen in der Kirche, Sammlung Horizonte NF 27, Einsiedeln/ Trier 1989, S.58-72; McNAMEE, John J.: The Role of the Spirit in Pentecostalism. A Comparative Study, Kath.Theol.Diss. Tübingen 1974, S.310-336; SULLIVAN, Francis A.: Die Charismatische Erneuerung. Die biblischen und theologischen Grundlagen, Graz/ Wien/ Köln 1986², S.7-15; SCHÜTZ, Chr.: a.a.O., S.139f

Auf dem II.Vatikanischen Konzil kam es in der Gestalt von Kardinal Ruffini und Kardinal Suenens zum Ringen zweier verschiedener Anschauungen über die Charismen miteinander. Ruffini vertrat die Sicht, daß Charismen außerordentliche Phänomene und seltene Gaben seien. Suenens vertrat dagegen den Standpunkt, daß Charismen im Leben der Kirche nicht nur seltene Zugaben, "weder Randerscheinungen noch Zufälle", sondern allgemein und lebenswichtig für den Aufbau des mystischen Leibes sind. Jeder Christen, ob gebildet oder schlicht, hat seine Gabe im alltäglichen Leben. Diese Sicht Suenens setzte sich schließlich durch und wurde für die Verlautbarungen des Konzils bestimmend (vgl. SULLIVAN, F.A.: a.a.O., S.8-10). Die wichtigsten Textpassagen finden sich in LG 12,2 und AA 3,4 (weitere Erwähnungen von "Charisma", "charismaticus" in: LG 25.30.50; AA 30; DV 8; AG 23.28; PO 4.9; LG 4.7; AG 4).

Lumen Gentium 12: "*Das heilige Gottesvolk nimmt auch teil an dem prophetischen Amt Christi, in der Verbreitung seines lebendigen Zeugnisses... Die Gesamtheit der Gläubigen, welche die Salbung von dem Heiligen Geist haben (vgl. 1 Jo 2,20 u. 27), kann im Glauben nicht irren... Durch ihn dringt es mit rechtem Urteil immer tiefer in den Glauben ein und wendet ihn im Leben voller an.*

Derselbe Heilige Geist heiligt außerdem nicht nur das Gottesvolk durch die Sakramente und Dienstleistungen, er führt es nicht nur und bereichert es mit Tugenden, sondern 'teilt den Einzelnen, wie er will' (1 Kor 12,11), seine Gaben aus und verteilt unter den Gläubigen jeglichen Standes auch besondere Gnaden. Durch diese macht er sie geeignet und bereit, für die Erneuerung und den vollen Aufbau der Kirche verschiedene Werke und Dienste zu übernehmen gemäß dem Wort: 'Jedem wird der Erweis des Geistes zum Nutzen gegeben' (1 Kor 12,7). Solche Gnadengaben, ob sie nun von besonderer Leuchtkraft oder aber schlichter und allgemeiner verbreitet sind, müssen mit Dank und Trost angenommen werden, da sie den Nöten der Kirche besonders angepaßt und nützlich sind. Außerordentliche Gaben soll man aber nicht leichthin erstreben. Man darf auch nicht vermessentlich Früchte für die apostolische Tätigkeit von ihnen erwarten. Das Urteil über ihre Echtheit und ihren geordneten Gebrauch steht bei jenen, die in der Kirche die Leitung haben und denen es in besonderer Weise zukommt, den Geist nicht auszulöschen, sondern alles zu prüfen und das Gute zu behalten (vgl. 1 Thes 5,12 u. 19-21)" (LThK², E.I, S.189.191).

Libero Gerosa hat in seiner Untersuchung nach einer einführenden Darstellung der theologischen Diskussion des Charismatischen, der Skizzierung der Charismatheologie des II.Vatikanum und ihrer dogmengeschichtlichen Vorgaben vor allem das *Gründercharisma* im Blick auf neue Gemeinschaften in der Kirche (nach H.U.v.Balthasar: "Urcharisma") kanonistisch/ kirchenrechtlich bedacht.

In den Ausführungen (LG 4,1; 7,3; 12,2; AA 3,3-4) kommt nach Gerosa der neutestamentliche Begriffsgehalt zum Tragen. Die Charismen werden verstanden als a) "dona peculiaria", b) die der Geist Gläubigen jeden Standes austeilen kann, c) "zum Aufbau der Kirche" und "in Kirche und Welt zum Wohl der Menschen" (vgl. GEROSA, L.: a.a.O., S.68).

Als Charakteristika des "*Urcharisma*" nennt Gerosa folgende vier Eigentümlichkeiten: 1) es besteht in einer neuen Form der Nachfolge Christi; 2) es ermöglicht dem Gründer/ der Gründerin gegenüber anderen geistliche Vaterschaft bzw. Mutterschaft auszuüben; 3) es hat eine Kraft, die aus ihr hervorgegangene Gemeinschaft mit missionarischem Geist zu durchdringen; 4) dank der gemeinsamen Teilnahme am "Urcharisma" ist das Personale in diesen Gemeinschaften ekklesial und umgekehrt das Ekklesiale personal geprägt (vgl. GEROSA, L.: a.a.O., S.209).

Für die Echtheit eines "Urcharismas" wurde in den gemeinsamen Entscheiden der Kongregationen für die Bischöfe, der Ordensleute und Säkularinstitute (1975/1978) festgehalten: Kennzeichen eines echten Charismas sind: "a) eine ungewöhnliche Herkunft vom Geist, verschieden, wenn auch nicht getrennt, von den besonderen persönlichen Begabungen, die im

Handeln und Organisieren zutage treten; b) ein tiefes, glühendes Verlangen,   sich Christus gleichzugestalten, um einen bestimmten Aspekt seines Mysteriums zu bezeugen; c) eine aufbauende Liebe zur Kirche, die absolut davor zurückschreckt, in ihr irgendwelche Zwietracht hervorzurufen" (zit. bei GEROSA, L.: a.a.O., S.267).   - Diese drei Gesichtspunkte lassen sich auf vier andere Kriterien des Konzils   zurückführen: 1)   das treue Festhalten an der Rechtgläubigkeit ("klare Zustimmung zur katholischen Glaubenslehre und zum Lehramt der Kirche"); 2) die Übereinstimmung mit der Zielsetzung der Kirche (volle Übereinstimmung "mit den Evangelisierungszielen der Kirche"); 3) die Gemeinschaft mit dem Bischof (die konkrete Verwirklichung der Konzilslehre über die Rolle der Bischöfe als "sichtbares Prinzip und Fundament der Einheit in ihren Teilkirchen" (LG 23,1); 4) die Anerkennung der Pluralität von Vereinigungen (eine Praxis "des Respekt, der Wertschätzung und der Aufgeschlossenheit gegenüber anderen Vereinigungsformen") (zit. ebd.).

41 *Apostolicam actuositatem 3: "Pflicht und Recht zum Apostolat haben die Laien kraft ihrer Vereinigung mit Christus, dem Haupt. Denn durch die Taufe dem mystischen Leib Christi eingegliedert und durch die Firmung mit der Kraft des Heiligen Geistes gestärkt, werden sie vom Herrn selbst mit dem Apostolat betraut...*
Das Apostolat verwirklicht sich in Glaube, Hoffnung und Liebe, die der Heilige Geist in den Herzen aller Glieder der Kirche ausgießt...   Allen Christen ist also die ehrenvolle Last auferlegt, mitzuwirken, daß die göttliche Heilsbotschaft überall auf Erden von allen Menschen erkannt und angenommen wird.
Zum Vollzug dieses Apostolats schenkt der Heilige Geist, der ja durch den Dienst des Amtes und durch die Sakramente die Heiligung des Volkes Gottes wirkt, den Gläubigen auch noch besondere Gaben (vgl. 1 Kor 12,7); 'einem jeden teilt er sie zu, wie er will' (1 Kor 12,11), damit 'alle, wie ein jeder die Gnadengabe empfangen hat, mit dieser einander helfen' und so auch selbst 'wie gute Verwalter der mannigfachen Gnade Gottes' seien (1 Petr 4,10) zum Aufbau des ganzen Leibes in der Liebe (vgl. Eph 4,16). Aus dem Empfang dieser Charismen, auch der schlichteren, erwächst jedem Glaubenden das Recht und die Pflicht, sie in Kirche und Welt zum Wohl der Menschen und zum Aufbau der Kirche zu gebrauchen. Das soll gewiß mit der Freiheit des Heiligen Geistes geschehen, der 'weht, wo er will' (Jo 3,8), aber auch in Gemeinschaft mit den Brüdern in Christus, besonders mit ihren Hirten. Ihnen steht es zu, über Echtheit und geordneten Gebrauch der Charismen zu urteilen, natürlich nicht um den Geist auszulöschen, sondern um alles zu prüfen und was gut ist, zu behalten (vgl. 1 Thess 5,12.19.21)" (LThK2, E.II, S.611.613.615).

42   vgl. FORTE, Bruno: Kirche, Charismen und Dienste in der Erneuerung der katholischen Ekklesiologie, in: EvTh 49(1989), S.39-52

43 RAHNER, K.: Bemerkungen über das Charismatische in der Kirche, in: GuL 42(1969), S.253f

44   vgl.: RAHNER, Karl: Das enthusiastisch-charismatische Erlebnis in Konfrontation   mit der gnadenhaften Transzendenzerfahrung, in: HEITMANN, Cl./ MÜHLEN, H. (Hg.): ERFAH-RUNG UND THEOLOGIE DES HEILIGEN GEISTES, S.64-80 (= Das enthusiastisch-charismatische Erlebnis); der genannte Aufsatz ist zum größten Teil identisch mit RAHNER, Karl: Die enthusiastische und die gnadenhafte Erfahrung, in: ders.: SCHRIFTEN ZUR THEOLOGIE, Bd.XII: Theologie aus Erfahrung des Geistes, Zürich/ Einsiedeln/ Köln 1975, S.54-75 (vgl. auch ders.: Transzendenzerfahrung aus katholisch-dogmatischer Sicht, in: ders.: SCHRIFTEN ZUR THEOLOGIE, Bd. XIII: Gott und Offenbarung, Zürich/ Einsiedeln/ Köln 1978, S.207-225) -
(vgl. zu dieser Thematik im weiteren Sinn auch: ders.: Erfahrung des Geistes und existentielle Entscheidung, in: ders.: SCHRIFTEN ZUR THEOLOGIE, Bd.XII, S.41-53; ders.: Die Logik der existentiellen Erkenntnis bei Ignatius von Loyola, in: ders.: Das Dynamische in der Kirche, S.74-148)

45 Das enthusiastisch-charismatische Erlebnis, in: a.a.O., S.64

46 vgl. a.a.O., S.65

47 a.a.O., S.65

48 a.a.O., S.67

49 ebd.

50 ebd.

51 a.a.O., S.67f

Die oben skizzierte, in der katholischen Theologie durchaus weitgehend vertretene, aber von Rahner abgelehnte Schulmeinung, scheint auf den ersten Blick viel für sich zu haben. Vom Gesichtspunkt der Religionspsychologie, Religionsgeschichte und Religionsphänomenologie könnte man im Blick auf den modernen, "bis zu einem gewissen Grad naiv und selbstbewußt auftretenden", innerchristlichen Enthusiasmus nämlich Vergleichbares in der gesamten Religionsgeschichte nachweisen und zu dem Ergebnis kommen, das sei nichts spezifisch Christliches, sondern alles Psychologie und Ausdruck der natürlichen Möglichkeiten des Menschen. Die abgelehnte Schulrichtung könnte dann gegen die religionistische Einebnung als alleinige und wahre Verteidigerin des eigentlich Chrislichen erscheinen (vgl. a.a.O., S.68).

52 "Ich verstehe unter dieser Gnade die Selbstmitteilung Gottes an die Transzendentalität des Menschen, insofern durch diese Selbstmitteilung diese Transzendentalität des Menschen notwendig und immer, reflex oder unreflex, thematisch oder unthematisch, auf die Unmittelbarkeit Gottes hingeordnet ist so diese geistige, immer transzendentale Verwiesenheit des Menschen auf Gott in der Weise dynamisiert ist, daß die Vollendung dieser geistig transzendentalen Bewegung die vision beatifica, die unmittelbare Erkenntnis Gottes in Schau und Liebe ist, in der Gott unmittelbar, ohne Vermittlung einer geschöpflichen Wirklichkeit, besessen wird" (a.a.O., S.69).

53 a.a.O., S.69

54 ebd.

55 a.a.O., S.71

56 a.a.O., S.71f

57 vgl. a.a.O., S.72.75

58 a.a.O., S.72

59 vgl. a.a.O., S.73f

Im Zusammenhang mit Überlegungen zum Visionären merkt Rahner an, daß in einer gewissen Hinsicht die Zweieinheit von Gott und Zeichen im Visionären, die vom Zeichen her einen "geschichtlichen" Charakter erhält, mehr dem Grundcharakter des Christentums entspreche als eine unio mystica bloß "bild"-loser Art. Solche reine Geisttranszendenz bleibt nur solange christlich, als sie nicht vergißt, daß sie "solange wir fern vom Herrn pilgern, sich als grundsätzlich bloß auf dem Weg seiend wissen muß, daß sie anderseits sich begreifen muß als Mitvollzug der Kenose Christi (er allein lebt die wahre mystische 'Entleerung' durch das Kreuz, Tod und Grab), daß weiter solche bildlose Mystik, die Gott in sich zu ergreifen sich auf dem Weg macht, dieses von Gott aus Gnade geschenkte Unterfangen nochmals in seine freie Verfügung gibt, ihm, der weil er mehr ist als reiner Geist, einmal auch dem 'bildlosen' Mystiker sich als der Gott der verklärten Erde erweisen wird, daß endlich solche Entwerdung im Menschen der Erde letztlich nicht im Training reiner Innerlichkeit gelingt, sondern nur in dem realen Geschehen, das Demut, Dienst, Nächstenliebe, Kreuz und Tod heißt und den Abstieg Christi mitvollzieht, der seine Seele verliert, nicht direkt an den Gott über allen Namen, sondern an seine armen Brüder, denen er dient. Anderseits ist von dieser inkarnatorischen Grundstruktur der unvermischten Einheit Gottes und des Geschöpflichen aus auch wieder zu begreifen, daß man im Zeichen (auch in der Gestalt der Vision) Gott nur hat, wenn man das Zeichen nicht so festhält ('noli me tangere'), als sei es das Endgültige und Eigentliche, Gott selbst, sondern immer wieder es bejahend überschreitet, es ergreifend losläßt" (a.a.O., S.15f Anm. 12).

60 a.a.O., S.74f

61 vgl. a.a.O., S.75f

Eine für Rahners Grundposition typische Stellungnahme zu charismatischem Erleben findet sich in dem kleinen Bändchen von BAAR, Hanne: Kommt, sagt es allen weiter. Eine Christin berichtet über charismatische Erfahrungen, Mit einem Nachwort von Karl Rahner, Freiburg/ Basel/ Wien 1986[3], S.71-78.
Rahner unterscheidet in seinen Ausführungen Lebensbericht und theologische Reflexion über gemachte Erfahrung. Dagegen, daß die Autorin bei Erfahrungen mit nicht-katholischen charis-

matischen Bewegungen beginnt, hat Rahner nichts einzuwenden, "weil es selbstverständlich auch
außerhalb der katholischen Kirche und der katholischen Frömmigkeit echte Geisterfahrungen
gibt, die von Katholiken unbefangen anerkannt werden dürfen, und zwar auch dann, wenn diese
Wirkungen des in seiner Führung souveränen Geistes Gottes nicht empirisch greifbar eine Tendenz
auf die katholische Kirche hin wahrnehmen lassen" (a.a.O., S.73). Natürlich hält er es für
wünschenswert, daß diese charismatischen Erfahrungen den Katholiken deutlicher und lebendiger
in das Leben der Kirche eingliedern und nicht zu elitären Kleingruppen führen. Die innerkirchliche
katholische charismatische Gemeindeerneuerung und die amerikanische Pfingstbewegung sind
nicht dasselbe, trotzdem müssen sie sich nicht als Feinde betrachten.
        Es ist für Rahner legitim, solche religiösen Erfahrungen, die wie selbstverständlich in sich
ruhen, noch einmal zum Gegenstand theologischer und anthropologischer Reflexion zu machen.
"Es gibt gewiß eine religiöse Urerfahrung, in der Mensch sich gewissermaßen selber verläßt und
dort ankommt, wo die namenlose Unbegreiflichkeit Gottes sich vergebend und liebend mitteilt.
Aber normalerweise ist im Christenleben diese Urerfahrung, die sich durch sich selber fraglos
legitimiert, vermittelt, 'kategorialisiert' durch partikulär Gegenständliches, durch Wort, durch
individuell Biographisches, durch einzelne Emotionalitäten usw. Die Urerfahrung legt sich in
Einzelerfahrungen aus und da kann theologisch, psychologisch und anthropologisch gefragt werden, ob und wie diese vermittelnden Auslegungen gelingen. Es kann ein Mediziner an 'natürliche'
Mechanismen psychosomatischer Art bei charismatischen Gebetsheilungen reflektieren. Die
Sprachengabe ist durchaus möglicher Gegenstand weiterer psychologischer Erklärung. Es ist möglich, Unterschiede, ja selbst Widersprüche in der verbalen Selbstauslegung charismatischer Erfahrungen verständlich zu machen, ohne daß man immer und notwendig eine charismatische
Urerfahrung in dem einen oder dem andern Fall schlechthin leugnen müßte" (a.a.O., S.76f).
        Solch eine reflektierende Theologie des Charismatischen könnte das Verhältnis zu
mystischen Erfahrungen klären. Sie könnte verständlich machen, daß es charismatisches Erleben in unreflexer Weise auch im Alltag gibt. Sie könnte helfen, elitäre Absonderungen zu
vermeiden und Zusammenhänge und Unterschiede zwischen christlicher Charismatik und östlicher Spiritualität und Kontemplation herauszuarbeiten und deutlich zu machen (vgl. a.a.O., S.77f).

62 vgl. a.a.O., S.76-78.77

63 Im Zusammenhang seiner Ausführungen über die unmittelbare ignatianische Wahlerkenntnis
entgegnet Rahner den Befürchtungen, es werde einem unkontrollierbarem Mystizismus Tür und
Tor geöffnet, daß 1) die Gegenstände einer Wahl in sich indifferent oder gut sein müssen und 2)
sich dazu noch im Bereich der Lehren und Verwirklichungen der heiligen Mutter, der
hierarchischen Kirche, halten müssen. "Eine vorausleuchtende, den grundsätzlichen Rahmen
sachhafter und kirchlicher Art absteckende Erkenntnis ist also schon vorausgesetzt. Der
Individualwahl konkreter Art
ist als Bedingung eine essentiale Erkenntnis schon vorgegeben" (in: Das Dynamische in der Kirche,
S.89).

64 Das enthusiastisch-charismatische Erlebnis, in: a.a.O., S.78

65 a.a.O., S.79f

66 a.a.O., S.80

        K.Rahner sieht in der Theologie der Mystik immer - wenn auch etwas individualistisch
verengt - Fragen der Charismatik und Prophetik behandelt. Bei Ignatius sieht er eine noch nicht
eingeholte "Logik der existentiellen Erkenntnis der charismatischen Antriebe Gottes" entwickelt
(RAHNER, K.: Art. "Charisma, III.Das Charismatische in der Kirche", in: LThK², Bd.3, S.1029).

67 RAHNER, Karl: Visionen und Prophezeiungen (unter Mitarbeit von P.Th. Baumann SJ.
ergänzt), QD 4, Basel/ Freiburg/ Wien 1960³ (= Visionen und Prophezeiungen); ders.: Art.
"Privatoffenbarung", in: LThK², Bd.8, S.772f; ders: Art.: "Propheten, III.Theologisch", in:
LThK², Bd.8, S.800-802

        (vgl. hierzu auch: ADNÉS, Pierre: Art. "Révélations privées", in: DSp, Bd.13, S.482-492;
BOVIS, André de: Art. "Inspirations divines", in: DSp, Bd.7/2, S.1791-1803; DERVILLE, André:
Art. "Paroles intérieures", in: DSp, Bd.12/1, S.252-257)

68 vgl. Visionen und Prophezeiungen, S.13f

69 vgl. a.a.O., S.11f

"Die wahren Mystiker haben sich gegen eine solche Prüfung nicht gewehrt" (a.a.O., S.12).

70 vgl. a.a.O, S.12f

71 vgl. a.a.O., S.15

72 vgl. a.a.O., S.16f

73 vgl. a.a.O., S.17f

74 vgl. a.a.O., S.18f

75 vgl. a.a.O., S.20

76 a.a.O., S.21

In der katholischen Kirche gibt es eine differenzierte Abstufung des Verbindlichkeitsgrades von theologischen Aussagen. Die gebräuchlichen sog. "Qualifikationen" sind: 1) Wahrheiten göttlichen Glaubens (übernatürliche Offenbarung); 2) göttlichen und katholischen Glaubens (übernatürlich offenbart und vom Glauben vorgestellt); 3) an den Glauben grenzend (von der Kirche vertreten aber nicht ausdrücklich als gottgeoffenbart vorgelegt); 4) (bloß) kirchlichen Glaubens (nicht formell in der Offenbarung enthalten, aber im engen Zusammenhang mit ihr stehend und durch das Lehramt zu glauben vorgestellt); 5) theologisch sicher; 6) allgemein vertretene These; 7) fromme Meinung; 8) vertretbare Meinung; 9) geduldete Meinung (vgl. hierzu KOLPING, A.: Art. "Qualifikationen", in: LThK², Bd.8, S.914-919).

77 Visionen und Prophezeiungen S.21

78 vgl. a.a.O., S.22f

79 vgl. a.a.O., S.23f

80 vgl. a.a.O., S.24f

"Mit Christus ist die 'letzte Zeit' da, nicht vorläufig, sondern so endgültig, daß wir im Äon Christi nichts mehr erwarten dürfen, was unsere Heilssituation wesentlich verändern könnte. Während solch eine Änderung von den Menschen vor Christus nicht nur erwartet werden durfte, sondern mußte, kann der Christ nur noch die Enthüllung der in Christus schon geschehenen Endgültigkeit des dialogischen Dramas zwischen Gott und Mensch, den Jüngsten Tag, erwarten. Die existentielle Theologie einer möglichen und zu erwartenden 'Offenbarung' Gottes in der Geschichte für den Menschen vor Christus ist für den nachchristlichen Menschen ersetzt durch eine theologische Eschatologie, und seine Theologie der Offenbarung hat nur noch die (freilich wichtige) Bedeutung der Retrospektion, aber keine prospektive Tendenz mehr: die Erwartung der Offenbarung Gottes in der Geschichte ist abgelöst durch die Erwartung der Offenbarung Gottes, die die Geschichte aufhebt" (a.a.O., S.25f).

81 vgl. a.a.O., S.26

Es genügt nicht zu sagen, "die 'Privatoffenbarungen' wenden sich nicht an die Kirche (oder die Menschheit) als ganze und ihr Inhalt sei nicht positiv garantiert durch das kirchliche Lehramt", oder "der Inhalt der Privatoffenbarungen sei im Verhältnis zu dem der christlichen revelatio publica nicht sehr 'bedeutend', unwesentlich oder so ähnlich" (a.a.O., S.26). Dann erhebt sich die Frage, "ob etwas 'unwichtig' sein könne, was Gott offenbart, und woher man wissen könne, daß das Geoffenbarte nicht zum depositum fidei divinae hinzugefügt, grundsätzliche Änderungen in der bisherigen Heilssituation bedeute" (ebd.). Wird gesagt, "Privatoffenbarungen enthielten immer nur das, was, schon unabhängig von ihnen, aus der allgemeinen Offenbarung erkannt werden könne (etwa Möglichkeit und Nutzen einer neuen Andacht), so entsteht die Frage, warum Gott dies dann noch offenbare und eine solche Ableitung nicht einfach dem Scharfsinn der Theologien überlasse" (a.a.O., S.26f).

82 a.a.O., S.27

83 a.a.O., S.28

84 a.a.O., S.30

85 vgl. a.a.O., S.31ff

86 vgl. a.a.O., S.32

87 vgl. a.a.O., S.41

88 vgl. a.a.O., S.36.38

89 a.a.O., S.41-43.43

90 a.a.O., S.44f.45

91 a.a.O., S.46

92 ebd.

93 vgl. a.a.O., S.48-55.54

94 a.a.O., S.54

95 a.a.O., S.56

"So, wie die Ekstase als Bindung der sinnlichen Tätigkeit nur ein Begleitphänomen, eine Auswirkung des zentralen mystischen Vorgangs ist, die sogar bei einer vollendeten mystischen Entwicklung auf der höchsten Stufe wieder verschwindet, ja sogar in gewissem Sinn ein Anzeichen der 'Schwäche' der Natur des Mystikers ist, der das Übermaß der mystischen Mitteilung Gottes nicht aushält, so ist die imaginative Vision, die eine solche eingegossene Beschauung als gegeben voraussetzt, nur deren Ausstrahlung und Reflex in der sinnlichen Sphäre des Menschen, die Verleiblichung des mystischen Vorgangs im Geist" (a.a.O., S.57).

96 Zur "geistlichen Hochzeit" vgl. ADNÉS, Pierre: Art. "Mariage Spirituel", in: DSp, Bd.10, S.388-408

97 a.a.O., S.58

98 vgl. a.a.O., S.59f

99 a.a.O., S.61

100 vgl. a.a.O., S.61f

101 vgl. a.a.O., S.62f.63

102 vgl. a.a.O., S.64-72

103 vgl. a.a.O., S.73f

104 vgl. a.a.O., S.76f

105 vgl. a.a.O., S.77f

106 vgl. a.a.O., S.79f.80

107 vgl. a.a.O., S.80f.81

108 vgl. a.a.O., S.81

109 vgl. a.a.O., S.82f

110 a.a.O., S.84

111 ebd.

112 a.a.O., S.85

113 ebd.

114 vgl. RAHNER, K.: Art. "Privatoffenbarung", in: LThK², Bd.8, S.773

115 vgl. Visionen und Prophezeiungen, S.89-107

116 "Das Ergebnis solcher Praktiken, die so entstehenden Prophezeiungen sind so gut wie immer kindische Primitivitäten, die dem geistigen und ethischen Niveau ihrer Adepten entsprechen und schon dadurch zeigen, daß in ihnen keine 'höhere' Quelle der Erkenntnis erschlossen wird. Wo zum Beispiel haben die 'Geister' spiritistischer Sitzungen schon einmal etwas gesagt, was nicht genauso albern oder unbedeutend ist wie die Ideen und Vorstellungen, die schon vorher in den Köpfen der Veranstalter solcher Sitzungen waren?" (a.a.O., S.92).

117 a.a.O., S.92

118 vgl. a.a.O., S.92-97

119 a.a.O., S.96

120 ebd.

121 a.a.O., S.97

122 vgl. a.a.O., S.97-99

123 S.99f

124 vgl. a.a.O., S.101f

125 vgl. a.a.O., S.102f

126 vgl. RAHNER, K.: Art. "Propheten, III.Theologisch", in: LThK², Bd.8, S.800

127 Visionen und Prophezeiungen, S.103

128 vgl. a.a.O., S.103-105

129 a.a.O., S.106

130 a.a.O., S.107

131 In Erweiterung des Kirchenbegriffs kann Rahner die Erfahrung des Geistes unter Berufung auf den universalen Heilswillen Gottes über den Bereich des verbalisierten und organisierten Christentums ausweiten und doch die Aussage festhalten, daß die Kirche der Ort der Geistsendung ist. Zu letzterem hat sich Rahner in einem Aufsatz geäußert (vgl. zu dieser Frage RAHNER, K.: Die Kirche als Ort der Geistsendung, in: ders.: SCHRIFTEN ZUR THEOLOGIE, Bd.VII, S.183-188).

Pfingsten ist "das Fest der Herabkunft des Heiligen Geistes, das Fest in Geisttaufe, das Fest der 'Ausgießung des Gottesgeistes über alles Fleisch', der Anfang jenes dauernden Wohnens des Geistes 'im Gefäß des Fleisches und der Kirche'... nicht eine vorübergehende Inspiration, eine blitzartige mystische Verzückung, nicht einmal in erster Linie eine charismatische Gnadengabe für die Apostel persönlich, gleichsam als private Mystiker oder Geistesmänner, sondern Pfingsten ist in all seinen äußern seltsamen Vorgängen im Grunde nur das Sichtbarwerden der viel wesentlicheren Tatsache, daß der Geist von nun an nie mehr ganz aus der Welt weichen wird bis zum Ende der Zeiten, weil dieses Wohnen des Geistes in der Welt ohne Ende nur die Auswirkung jener Geistüberschattung ist, die sich in der Menschwerdung des Sohnes des Vaters vollzogen hat. Und weil die Kirche nichts anderes ist als die Sichtbarkeit des Geistes in der Welt, darum tritt die Kirche... an Pfingsten zum ersten Male sichtbar in die Erscheinung" (a.a.O., S.183f).

Aufgrund der Fleischwerdung des Logos gibt es seit Pfingsten die *dauernde* Sichtbarkeit des Unsichtbaren. Nun ist diese "im Hier und Jetzt des sakramentalen Zeichens" der Taufe, die Petrus anbietet. "In der Kirche legte Gott das ganze Wirken des Geistes nieder. Und wo der Geist wirkt, da geschieht wenigstens von ferne schon ein Stück der Bildung des sichtbaren Leibes der Kirche. - So ist katholisches geistliches Leben immer und überall in der Kirche. Und alles andere ist nicht Leben des Heiligen Geistes sondern Schwarmgeisterei. Es gibt keinen Heiligen Geist ohne den heiligen Leib, der die Kirche ist. Wir werden darum nur Geistliche, d.h. vom Heiligen Geist Ergriffene und Durchformte, im Heiligen Geist und aus ihm Handelnde, wenn wir in die Kirche hinein leiblich werden" (a.a.O., S.186).

Wohl ist gewiß, daß der Heilige Geist immer in seiner Kirche bleibt. Sie wird immer der Ort sein, an dem er wohnt und auf die herabzufallen, die bereiten Herzens auf ihn warten. Geisterfüllt in der Kirche ist aber nicht, wer den Buchstaben hält, sondern "nur, wer kirchlich und selbständig, demütig und wagemutig, gehorsam und um eigene Verantwortung wissend, ein Beter und ein Täter ist, der Vergangenheit und der Zukunft der Kirche verbunden ist, nur der schafft den Raum, daß Gottes stürmender Pfingstgeist... in ihm wirkt" (a.a.O., S.187).

Auf die Frage, wo der Geist in uns ist, die wir ihm bei allem Versagen ein williges Herz darbieten, antwortet Rahner: "In Feuerzungen und Wunderzeichen kommt der Geist, wann es ihm gefällt. Uns hat er geboten, an ihn zu glauben, an seine Kraft und Gegenwart, auch wenn wir sie nicht spüren. Und wenn der Herr uns befahl, nicht vorauszudenken, wie wir für ihn Zeugnis ablegen werden, ...dann hat er uns damit gewarnt, eigensinnig die fühlbare und wahrnehmbare Sicherheit seines Erlebnisses haben zu wollen. Unsere Aufgabe ist es, unsere Schwachheit als Zeichen seiner vollendeten Kraft zu betrachten, gegen alle Hoffnung in Hoffnung zu leben" (a.a.O., S.188). - "So wollen wir in dieser Zeit um den Heiligen Geist, um den guten Geist beten, den der Vater allen seinen Kindern gibt, die ihn darum bitten. Wir wollen ihn in seiner Kirche suchen, wollen mit Maria, der Geistüberschatteten, und mit Petrus wie einst im Abendmahlssaal 'einmütig im Gebet verharren'. Wir wollen Gott bitten um ein demütiges und mutiges Herz, das aufnahmebereit ist für den Geist der Freiheit und der Liebe, um ein gläubiges Herz, das nicht Zeichen und Wunder verlangt, sondern den Glauben daran, daß der lebendige Gott nicht in Gepränge, sondern in der Stille und Sammlung die Herzen seiner Gläubigen erfüllt mit dem Heiligen Geist, der ewiges Leben ist" (ebd.).

132 vgl. PETERS, A.: Zwischen Gottesmystik und Christuszeugnis, in: ThR 51 (1986), S.287f

133 vgl. PETERS, A.: a.a.O., S.287-289.312

134 vgl. SUDBRACK, Josef: Mystik. Selbsterfahrung - Kosmische Erfahrung - Gotteserfahrung, Mainz/ Stuttgart 1988, S.82f

So haben etwa B.Grom und K.G.Rey auf Elemente der Suggestion und Manipulation in charismatischen Vollzügen und Großveranstaltungen aufmerksam gemacht (GROM, Bernhard: Religionspsychologische Bemerkungen zur charismatischen Bewegung, in: Wort und Antwort 1974/75, S.136ff, zit. in: Konfessionskundliche Informationen. Evangelischer Bund - Landesverband Württemberg, Heft 3/75, S.38-43; REY, Karl Guido: Gotteserlebnis in der Masse. Zur Problematik religiöser Massenveranstaltungen, in: GuL 59/1986, S.185-194; ders.: Gotteserlebnisse im Schnellverfahren. Suggestion als Gefahr und Charisma, München 1985).

ANMERKUNGEN: *B.2 Hans Urs von Balthasar*

1 Kurzcharakterisierung angeregt durch M. Kehl und M. Plathow (vgl.: KEHL, Medard: Kirche und Institution. Zur theologischen Begründung des institutionellen Charakters der Kirche in der neueren deutschsprachigen katholischen Ekklesiologie, FTS 22, Frankfurt/M. 1976, S.239-311.239; PLATHOW, Michael: Heiliger Geist - Hoffnung der Schwachen, Hannover 1985, S.70).

2 vgl.: Geleitwort von K. Lehmann und W. Kasper zu: LEHMANN, Karl/ KASPER, Walter (Hg.): Hans Urs von Balthasar - Gestalt und Werk, Köln 1989, S.9-11; BAUMER, Iso: Vermittler des Unzeitgemäßen. Hans Urs von Balthasar als Autor, Herausgeber und Verleger, in:LEHMANN, Karl/ KASPER, Walter (Hg.): Hans Urs von Balthasar - Gestalt und Werk, S.85-103; GREINER, Maximilian: Die Johannesgemeinschaft. Ein Gespräch mit Cornelia Capol und Martha Gisi, a.a.O., S.133-151; HENRICI, Peter: Erster Blick auf Hans Urs von Balthasar, a.a.O., S.18-61

Das theologische Werk dieses "großen Nonkonformisten moderner katholischer Theologie" ist "ebenso eigenwillig wie kirchlich, ...ebenso raffiniert wie einfältig, ebenso breit in der Interpretation wie spekulativ hoch in der Schau" (P.Eicher zit. in: TOSSOU, Kossi K.Joseph: Streben nach Vollendung. Zur Pneumatologie im Werk Hans Urs von Balthasars, FThSt 125, Freiburg/ Basel/ Wien 1983, S.28).

In seinem Schaffen zeigen sich die von ihm selbst so beschriebenen drei Gesichter der Theologie: das anbetend-preisende, das verkündigende und das dialogische Gesicht, das zuhört und sich exponiert (VORGRIMLER, Herbert: Hans Urs von Balthasar, in: BILANZ DER THEOLOGIE IM 20.JAHRHUNDERT, Bd.IV: Bahnbrechende Theologen, hg.v. VORGRIM-LER, Herbert/ GUCHT, Robert van der, Freiburg/ Basel/ Wien 1970, S.122-142.142).

Die eigene Person hat er in all seinem Tun ganz zurückgenommen und "seine Subjektivität unter das Schauende und Anbetende gezwungen". Dies sah er als zum Wesen seines Auftrags gehörend an, "um der Evidenz eines anderen nicht im Weg zu stehen" (VORGRIMLER, H.: a.a.O., S.142).

3 Geist und Feuer, in: HERDER KORRESPONDENZ 30(1976), S.73 - zit. bei: LOCHBRUNNER, Manfred: Analogia Caritatis. Darstellung und Deutung der Theologie Hans Urs von Balthasars, FThSt 120, Freiburg/ Basel/ Wien 1981, S.51

4 Im seinem Aufsatz "Theologie und Heiligkeit" (1948) schreibt er: "Die Theologie war, solange sie eine Theologie der Heiligen war, eine betende, eine kniende Theologie. Darum ist ihr Gebetsertrag, ihre Fruchtbarkeit für das Gebet, ihre gebetserzeugende Macht so unabsehbar gewesen. Irgendwann einmal geschah die Wendung von der knienden Theologie zur sitzenden Theologie" (Verbum Caro, S.224 - zit. bei LOCHBRUNNER, M.: a.a.O., S.69). - Diesen Umbruch sieht H.U.v.Balthasar sich im Aristotelismus des 13.Jahrhunderts vollziehen.

Zu Balthasars Ideal von Theologie vgl. auch SICARI, Antonio: Theologie und Heiligkeit. Dogmatik und Spiritualität bei Hans Urs von Balthasar, in: LEHMANN, Karl/ KASPER, Walter (Hg.): Hans Urs von Balthasar - Gestalt und Werk, S.191-206

5 Im polemischen Teil seines Büchleins "Wer ist ein Christ?" (1965) z.B. wehrt sich H.U.v. Balthasar *"gegen* vier Trends, die die katholische Christenheit faszinieren: *den Trend zur Bibel,* weil die Gefahr besteht, daß die ganze Tradition der Auslegung (durch die Heiligen, durch die Kirche) unter Ideologieverdacht gestellt wird; gegen den *Trend zur Liturgie,* weil in der reformierten Liturgie Schweigen, Sammlung und Anbetung fehlen; gegen den *Trend zur Ökumene,* weil zu fürchten ist, daß die Einheit nicht vom Zentrum des Glaubens her gesucht, ondern durch Diplomatie hergestellt wird; gegen den *Trend zur 'weltlichen Welt'.* Diese Haltung ist für von Balthasar typisch. Was zum Trend geworden, was modisch und modern ist, hat von vornherein das Evangelium gegen sich, weil es 'der durch die unübersehbare Menge der Wanderer ausgetretene Weg ist, der schon rein phänomenologisch als der 'breite Weg' bezeichnet werden muß'" (VORGRIMLER, H.: a.a.O., S.137; Hervorhebungen O.F.).

6 VORGRIMLER, H.: a.a.O., S.122

Die eigenartige Weise seines Theologisierens, die Zirkelstruktur seines Denkens, hat vielen den Zugang zu seinem Werk erschwert. Bei tiefgründiger Logik und deutlichen Fundamentalakzentuierungen durchzieht ein Widerstreben gegen jegliches Systemdenken seine theologischen Schriften. "'Das Ganze im Fragment' ist nicht nur ein Buchtitel Balthasars, sondern Erklärung eines

theologischen Programms" (LOCHBRUNNER, M.:   a.a.O.,   S.55).   Theologische Fachtermini gebraucht Balthasar spärlich.   Stattdessen nimmt er ganz die johanneische Denk- und Sprachgestalt,
das Bildhaft-Metaphorische, die dichterischen Tiefendimensionen der Schrift auf. Seine bevorzugte
Argumentationsfigur ist die *"Konvergenz und Integration"*.   In immer neuen Variationen umkreist er
die zu behandelnden Fragestellungen und bezieht dabei alle Erfahrung und Denktradition in die
meditierende Reflektion mit ein (vgl. LOCHBRUNNER, M.: a.a.O., S.56f). Die häufig von ihm
verwandte phänomenologisch-beschreibende Methode entsprach am ehesten seinem Ringen um
das Ursprüngliche und Konkrete und ermöglichte die Einbeziehung der Erfahrungsdimension.

    Zu Balthasars Theologieverständnis und seiner Denk- und Sprachgestalt vgl. LOCH-
BRUNNER, M.: a.a.O., S.53-76:
"Ein Stachel gegen jedwedes Systemdenken durchzieht das ganze Werk Balthasars. Dieser
Stachel gibt dem überaus geordneten und gegliederten Werk, das ästhetischen Sinn für Proportionen zeigt, einen *unsystematischen*, ja einen *anti-systematischen Grundzug*. Obwohl Balthasars Geist
einen deutlichen Ordnungswillen und eine außergewöhnliche Gestaltungskraft besitzt, entbehrt
sein Werk jeder beabsichtigten Fachsystematik" (LOCHBRUNNER, M.: a.a.O., S.54).
"Vom Universale Concretum Jesus Christus her erhält das Denken Balthasars die *Dynamik
des Ursprünglichen.* Die Ursprünglichkeit - das johanneische Bleiben (*menein) und die johanneischen Immanenzformeln - gibt seiner Theologie eine spürbare Frische. Der Hinwendung zum
ursprünglich Konkreten kommt die *phänomenologische Methode* entgegen. In weiten Partien seines
Werkes bedient sich Balthasar dieser Methode... Der Blick für das Lebendig-Konkrete und die
beschreibende Methode der Phänomenologie erlauben es, eine Fülle von *Erfahrungsmomenten*
einzubringen. Die Erfahrung kann sich zur Weisheit verdichten, die sich öfters in 'Weisheits-
sätzen' artikuliert" (LOCHBRUNNER, M.: a.a.O., S.57).

7   H.U.v. Balthasar schrieb über 85 eigene Bücher. Hinzu kommen zahlreiche Einzelbeiträge in
Zeitschriften, Sammelwerken und Lexika.

    Zu *Leben und Werk* vgl.: BAUMER, Iso: Vermittler des Unzeitgemäßen. Hans Urs von
Balthasar als Autor, Herausgeber und Verleger, in: LEHMANN, Karl/ KASPER, Walter (Hg.):
Hans Urs von Balthasar - Gestalt und Werk, Köln 1989, S.85-103; HENRICI, Peter: Erster Blick
auf Hans Urs von Balthasar, in: LEHMANN, Karl/ KASPER, Walter (Hg.): Hans Urs von
Balthasar - Gestalt und Werk, S. 18-61; LOCHBRUNNER, Manfred: Analogia Caritatis, S.27-52.
323-327
    Zur *Bibliographie* vgl.: Hans Urs von Balthasar Bibliographie 1925-1975, Einsiedeln 1975;
LOCHBRUNNER, M.: Analogia Caritatis, S.328-342; TOSSOU, K.K.J.: Streben nach Vollendung,
S.24ff.538-552; VORGRIMLER, H.: a.a.O., S.122-142

8   vgl.: KANNENGIESSER, Charles: In der Schule der Väter. Balthasars Beschäftigung mit der
patristischen Theologie, in: LEHMANN, K./ KASPER, W. (Hg.): Hans Urs von Balthasar -
Gestalt und Werk, S.78-84; VORGRIMLER, H.: a.a.O., S.123f

9   vgl. VORGRIMLER, H.: a.a.O., S.124-126

10   vgl.: HAAS, Alois M.: Hans Urs von Balthasar 'Apokalypse der deutschen Seele'. Im
Spannungsbereich von Germanistik, Philosophie und Theologie, in: LEHMANN, K./ KASPER, W.
(Hg.): Hans Urs von Balthasar - Gestalt und Werk, S.62-77; VORGRIMLER, H.: a.a.O., S.126f

11   Zu den Werken "Das Ganze im Fragment", "Herrlichkeit" und "Theodramatik" vgl.:
LOCHBRUNNER, M.: Analogia Caritatis, S.133-146.147-190.201-227; VORGRIMLER, H.: a.a.O.,
S.138-142

    Schon früh klingen die ***drei immer wiederkehrenden Grundthemen*** seines Lebens an: 1) *Welt*
(Germanisch-romanische und slawische Kulturwelt); 2) *Gott* (Trinität und Inkarnation); 3) *Nachfolge
als Sendung* (Der Christ in der Welt) (vgl. BAUMER, I.: Vermittler des Unzeitgemäßen, a.a.O.,
S.88-102).
    Sein Anliegen der ***"Nachfolge Christi mitten in der Welt"***, das nicht nur den Säkularinsti-
tuten, sondern jedem Christen aufgegeben ist, charakterisiere er mit den Stichworten:
1. *consecratio*: totale Übernahme des Gerufenen durch Christus und ihre Weihe an den Vater; 2.
devotio: unteilbare und endgültige Hingabe als Gehorsam; 3. *communio*: Übernahme in die
Gemeinschaft mit Jesus in der Gesinnung des Dienens, der Lebenshingabe für die andern, schließ-

lich der Passion und des Kreuzes; 4. *apostolatus*: wie Christus vom Vater gesandt ist, so ist der Jünger von Christus gesandt und mitgeteilt; 5. *saecularitas*: Sendung in die Welt hinaus (BAUMER,I.: a.a.O., S.101).

12 vgl.: HENRICI, Peter: Erster Blick auf Hans Urs von Balthasar, in: LEHMANN, K./ KASPER, W. (Hg.): Hans Urs von Balthasar - Gestalt und Werk, S.18-61.23-43; ROTEN, Johann G.: Die beiden Hälften des Mondes.   Marianisch-anthropologische Dimensionen in der gemeinsamen Sendung von Hans Urs von Balthasar und Adrienne von Speyr, a.a.O., S.104-132

Bei Adrienne von Speyr trat mehrfach Stigmatisation auf.   Auch Heilungen und andere Wunder werden berichtet. Dazu eine Fülle von Schauungen (vgl. HENRICI, P.: a.a.O., S.36f).

13 vgl.: VORGRIMLER, H.: a.a.O., S.127-129.128

14 H.U.v. Balthasars Werk ist getragen vom Verständnis der *"fides quaerens intellectum"*, dem Denken aus Glauben. Er setzt nicht mit dem Erweis von vorgängigen "praeambula fidei" an, sondern nach Inhalt und Methode ausdrücklich (offenbarungs-)theologisch. - Die drei Transzendentalien sieht H.U.v. Balthasar in eins.   In seinem Gesamtentwurf entfaltet sich die Offenbarung theologisch "im dynamischen Ineinander des Schönen, Guten und Wahren, die entsprechend eine theologische 'Ästhetik', 'Dramatik' und 'Logik' grundlegen" (vgl. FISICHELLA, Rino: Fundamentaltheologisches bei Hans Urs von Balthasar, in: LEHMANN, K./ KASPER, W. (Hg.): Hans Urs von Balthasar - Gestalt und Werk, S.298-311.300)
    Die *Objektivität der Offenbarungsgestalt* in Jesus von Nazareth prägt die Theologie Balthasars.   Hier liegt das Schwergewicht.   Jeder Art von Subjektivismus in der Darstellung der Offenbarung erteilt er eine klare Absage.   Das Geheimnis Jesu kann nach ihm weder von dieser noch von jener theologischen "Tendenz" erklärt werden, sondern nur von einer Theologie, die sich als schlichte Deuterin der Selbstauslegung der Offenbarungsgestalt in den Dienst nehmen läßt. "Das Ganze" der Gestalt Christi allein kann Kriterium für die Auslegung der Offenbarung sein (vgl. a.a.O., S.309).
    Zur Objektivität der Offenbarungsgestalt tritt als zweiter wesentlicher Grundzug die *trinitarische Dimension* hinzu. Die objektive Offenbarung wird christologisch-trinitarisch zentriert, da sich in der Gestalt Jesu den ganze Dreieinigkeit zeigt (vgl. ebd.).
    Der *Denkweg der Analogie* ist für Balthasar methodisch die einzig mögliche Weise theologischen Redens, weil nur so das Geheimnis Gottes gewahrt bleibt und zugleich dem Gläubigen ermöglicht wird, dem, was ist, seinen Namen zu geben. - M. Lochbrunner hat als Leitmotiv bei Balthasar den Liebesgedanken herausgearbeit und die "Analogia Caritatis" als Formal- und Materialprinzip des theologischen Entwurfs aufgenommen (vgl. LOCHBRUNNER, M.: a.a.O., S.281-304).

15 M. Lochbrunner hat die theologischen Facetten des Liebesbegriffs als Deutungs- und Ordnungsprinzip der Dogmatik bei Balthasar nach den Gesichtspunkten 1) "der objektiven Offenbarungsgestalt" und 2) "der subjektiven Glaubensgestalt" skizziert (a.a.O., S.267-275.275-280).
    Die Liebe zeigt sich *objektiv*: a) in der Mitte der Offenbarungsgestalt, in Jesus Christus; b) in der Trinität als Voraussetzung der Christologie; c) im dreieinigen Gott als Liebendem; d) als Motiv von Schöpfung und Erlösung; e) in der Kirche als Braut Christi; f) in Maria-Ecclesia; g) in der Eucharistie, als leiblicher Fruchtbarkeit der Liebe Christi am Kreuzpunkt von Geschichte und Ewigkeit; h) in der Eucharistie, als proleptischem Vorspiel der eschatologischen "Hochzeit des Lammes".
    Die *subjektive* Glaubensgestalt der Liebe zeigt sich: a) im Überstieg der Vernunft im Glauben; b) im Überstieg des Glaubens in die Liebe; c) in Kontemplation und Aktion; d) in der Theologie, als theoretischem, praktischen und ästhetischen Anerkennen des objektiven Offenbarungsgestalt.

16 KEHL, Medard: Kirche als Institution. Zur theologischen Begründung des institutionellen Charakters der Kirche in der neueren deutschsprachigen katholischen Ekklesiologie, FTS 22, Frankfurt/M. 1976, S.239-311.239; vgl. auch FISICHELLA, R.: a.a.O., S.303-308

17 Im rezeptiven Grundakt der glaubenden Kontemplation unterscheidet H.U.v. Balthasar verschiedene Elemente: 1) Wahrnehmen (ein gnadenhaftes Sehenkönnen der Offenbarungsgestalt); 2) Hören (die "Haltung einer durchgehend offenstehenden Seele, die im Hören des Wortes dauert"); 3) Anbetung (ein "bedingungsloses Anerkennen und Geltenlassen der Göttlichkeit, der sich im Kreuz offenbarenden Gottesliebe"); 4) Gehorsam, als entscheidendes Moment der Glaubens-

kontemplation (das uneingeschränkte Über-sich-verfügen-Lassen durch die Liebe Gottes) - (vgl. KEHL, M.: a.a.O., S.140-245).
Balthasar verstand die "glaubende Kontemplation" als unumgängliches Grundverhalten jedes Christen. Deshalb trat er auch betont für die Pflege des rein kontemplativen Lebens in der Kirche ein, weil er hierin die reine Darstellung des "marianischen Prinzips", das Enteignetwerden von aller Subjektivität in die Objektivität der Kirche hinein, sah. Den kontemplativen Christen sollten die eigene Persönlichkeit, private Glaubenserfahrungen oder äußere Erfolge eigentlich nicht mehr interessieren, da er nach seiner Berufung reine Funktion der Liebe Gottes in der Kirche ist (vgl. KEHL, M.: a.a.O., S.250-253).
"Der Christ, der sich zum kontemplativen Leben entschließt, geht in die Mitte der Kirche; er verzichtet gleichsam darauf, ein einzelner Mensch, ein einzelnes Kirchenglied zu sein. Er wird anonym, er schenkt sein Herz der Kirche und erhält von der Kirche ihr Herz. Er übersteigt das Teilsein um der Ganzheit willen... Niemand ist deshalb so gänzlich expropriiert wie der Kontemplative. Niemand kann so wenig wie er auf persönliche Befriedigung hoffen und warten. Er ist nicht nur diese Einzelperson, über die Gott zugunsten des Ganzen verfügt, er ist ein Aspekt dieses Ganzen, über das Gott zugunsten der Teile verfügt" (SPONSA VERBI, S.382f; zit. bei KEHL, M.: a.a.O., S.252).

18 *Rezeptivität* als typisch "weibliche" Haltung sieht Balthasar abgebildet in Maria, der eine zentrale Rolle im Heilsgeschehen zukommt. Der Topos "männlich" - "weiblich", das Gegenüber von gestaltender Aktivität und empfangender Passivität, mit dem übergreifenden Ziel des Fruchtbringens in der Einigung, kehrt bei Balthasar immer wieder. Das sogenannte "marianische Prinzip" wird bei ihm zu einer allgemeinen "Denkform", die er zur Beschreibung fast aller theologischen Verhältnisbestimmungen heranziehen kann (vgl. KEHL, M.: Kirche als Institution, S.240-248).
Maria ist *Urbild und "Typos" der Kirche*, und auf Grund ihrer heilsgeschichtlichen Stellung tragender, ermöglichender Grund des Vollzugs der Glaubenskontemplation. Ihre glaubende Kontemplation ist bereits kirchliche Kontemplation, da Gott ihr vereinzeltes, privates Bewußtsein zu einem kirchlichen Bewußtsein, zur "anima ecclesiastica" weiten konnte. Sie war bereit, Gott ganz über sich verfügen zu lassen, sich gewissermaßen selbst enteignen und in Verantwortung für die Kirche nehmen zu lassen. Wenn dies das Grundmodell schlechthin ist, kann es christliche Spiritualität nur als "marianische Spiritualität" geben, d.h. als Spiritualität in kirchlicher Form (vgl. KEHL, M.: a.a.O., S.248f). - Vor der Differenzierung, der ausgeteilten Vielheit der Charismen steht das Grundcharisma der Kirche selbst als der reinen Braut Christi. Archetypisch ist dies verwirklicht in Maria. Als beauftragte Einzelperson wird sie, durch die Kraft des Geistes "verflüssigt" und "universalisiert", zum Prinzip aller Kirchlichkeit. "Marianische Spiritualität ist aller Differenzierung in Einzelcharismen voraus; sie gibt ebendamit den wahren und allgemeinen, grundlegenden Geist aller Einzelcharismen, als 'Spiritualität der Spiritualitäten'" (BALTHASAR, Hans Urs von: Das Evangelium als Norm und Kritik aller Spiritualität, in: ders.: SPIRITUS CREATOR. Skizzen zur Theologie III, Einsiedeln 1967, S.247-263.259f). - Maria und Kirche durchdringen sich "perichoretisch" gegenseitig, so daß man von der "Kirchenförmigkeit" Marias und von der "Marienförmigkeit" der Kirche sprechen kann.
Das Thema "Maria als Typos und Urbild der Kirche" nimmt auch K.K.J. Tossou in der Darstellung der Pneumatologie H.U.v. Balthasars auf. Er definiert von dort aus die Rolle der Kirche in Welt und Geschichte, ihr Wesen und ihre Sendung (vgl. TOSSOU, K.K.J.: a.a.O., S.364-378).
H.U.v. Balthasar will keine isolierte Mariologie, sondern eine "kirchlich-christologisch" eingebettete, vertreten. Maria ist "christusförmig" und "kirchlich-urbildlich", weil ihr Gott einen Raum der Teilnahme zur Verfügung gestellt hat, in dem sie zur "anima ecclesiastica" wurde. In dem "Gott-über-sich-verfügen-Lassen" tritt auch eine "trinitarische Dimension" des Marianischen in Erscheinung. Maria steht in großer "Nähe zum Heiligen Geist, dessen erwähltes Gefäß sie ist und der als göttliche Person, das wirksame, aber immer 'verschwindende', diskrete Raumgeben für die gegenseitige Liebe von Vater und Sohn ist" (S.378). - Bei und in Maria vollzieht sich eine urbildliche Verwirklichung der Beziehung zwischen Gott und Mensch: "Das Urbild Maria ist da, um die Kirche die trinitarische Dimension ihres ehelichen Geheimnisses nie vergessen zu lassen, wie ja auch Christus in seinem Erdenwandel sie immerfort auf dies Offenheit für das dreieinige Leben hingewiesen hat" (SPONSA VERBI, S.170; zit. bei TOSSOU, K.K.J.: a.a.O., S.373).

19 Die *Kirchlichkeit* christlicher Grundhaltung wird sich nach Balthasar konkret zeigen: a) als *Sendung und Hineinsterben in die Kirche* bei mystischer bzw. charismatischer Begnadung. - Sowohl das persönliche Streben nach Vervollkommnung als auch der Einsatz der individuellen Gnadengaben können sich nur im gliedhaften, kirchlichen Gehorsam vollziehen. Balthasar sieht bei den Heiligen die geglückte Form eines solchen, von allem Selbstinteresse gelösten, Glaubens-gehorsams. Die private Existenz wird zur Erfüllung eines kirchlichen Auftrags gänzlich von Gott gebraucht und verbraucht. Im Verzicht auf das Eigene zur Verantwortung hin, erhält nach Balthasar der Mensch sein "wahrhaft Eigenes". Er wird verwandelt in die "forma Christi". Die einzelne fromme Seele wird gewandelt in eine "anima ecclesiastica". Mystische Begnadung ist an der urkirchlichen Charismatik zu messen, aus der die Mystik erwachsen ist, d.h. sie wird immer kirchlich-sozialen Charakter tragen. - Kirchlichkeit zeigt weiter: b) als kirchliche Gesinnung d.h. in der *Identifizierung mit der Kirche* (vgl. KEHL, M.: a.a.O., S.253f); c) als *kirchlicher Gehorsam*, in der Teilnahme am gemeinsamen Gehorsam der Kirche (vgl. a.a.O., S.254-259). Dem institutionalisierten Amt kommt hierbei die entscheidende Funktion zu, die verschiedenen Einzel-Sen-dungen in den Gehorsam des Gliedes gegenüber dem Ganzen des Leibes und in der gemeinsamen Beziehung auf das Haupt des Leibes, Christus, einzuüben. Mit seiner Einheitsfunktion steht das Amt in der Mitte des kirchlichen Leibes Christi. Die Amtsträger sind nicht nur Lehrer, sondern "amtlich-personal-geistig und leibhaftig-... Einzeuger der Einheit Christi in die Gemeinde hinein" (PNEUMA UND INSTITUTION, S.146). Eine Kritik an Amt und Hierarchie kann es von daher nur aus der grundsätzlichen Bejahung ihres Wesens und ihrer Funktion geben. Diese kann nur ein Zurückrufen von Abirrung sein, nicht aber eine grundsätzliche Ablehnung. Das institutionelle Amt besitzt gegenüber allen Charismen in der Kirche einen besonderen "objektiven" Charakter. Es "stammt aus der unmittelbaren Sendung Christi, ist mit ihm zusammen kirchenbegründend und gliedert sich nicht aus den innerkirchlichen Charismen aus" (zit. bei KEHL, M.: a.a.O., S.256). Mit Wort und Sakrament gehört es zu dem von Christus gegebenen "objektiven Vorweg" der Kirche. Dadurch hat das Amt nach Balthasar eine Vollmacht, in der es "den einzelnen ihre Maß-stäbe entwindet, um sie dem Herrn der Kirche einzuhändigen" (zit. a.a.O., S.257). Zu den genannten konkreten Weisen der "Kirchlichkeit" gehören noch: d) die kirchliche "Hinnahme" der Hingabe Gottes in den Sakramenten und e) die Liebe, die das Miteinander in der Kirche prägen soll (vgl. a.a.O., S.259-262).

20 zit. bei KEHL, M.: a.a.O., S.257

21 Zu dem von K.K.J. Tossou beobachteten Zögern Balthasars vor einer weiter ausgebauten Pneu-matologie bemerkt dieser selbst: "Der Dritte in der immanenten Trinität... ist in der ökonomi-schen Trinität vor allem der ungesehene und nicht gesehen sein wollende Beleuchter und Bele-ber dessen, was in Jesus Christus vom dreieinigen Gott sichtbar wurde, und er ist in der Bestätigung dieser Sichtbarkeit und Konkretheit derjenige, der uns unablässig das patristische 'si comprehendis non est Deus' einschärft. So bleibt er erst recht innergöttlich der - zum Glück der Glaubenden und zur Beschämung der Rationalisten - Unfaßbare jenseits der Scheinklarheit des Verhältnisses zwischen Vater und Sohn" (Geleitwort zu TOSSOU, K.K.J.: Streben nach Vollen-dung, a.a.O., S.VIIf).

22 Geleitwort zu TOSSOU, K.K.J.: Streben nach Vollendung, S.VIII

23 a.a.O., S.VIII

24 a.a.O., S.IX

25 vgl. a.a.O., S.69-160

26 Manfred Lochbrunner hat den metaphysischen Ansatz H.U.v.Balthasars nach breiterer Darstellung auf die Kurzformel "Sein als Liebe" gebracht (vgl. LOCHBRUNNER, M.: a.a.O., S.79-112.112). - Im dritten Teil seiner Dissertation stellt er die begriffs- und motivgeschichtlichen Variationen der Liebe im Werk v.Balthasars zusammen (vgl. a.a.O., S.243-266). Dabei werden die enzyklopädische Breite von Balthasars Bildungswissen und die geistesgeschichtlichen Haftpunkte deutlich. Der Denkstrang der Platoniker tritt als durchgängige Kraftlinie in Erscheinung. Hinzu kommt der starke Gewichtung der "Metaphysik der Heiligen" (vgl. a.a.O., S.266). "Als *durch-gehende Thematik* kristallisiert sich das Eros-Agape Problem heraus, das in die umfassende Sicht der *Analogia Entis* integriert wird" (a.a.O., S.266).

27 zit. bei TOSSOU, K.K.J.: a.a.O., S.158

28 vgl. TOSSOU, K.K.J.: a.a.O., S.159f.525f

29 BALTHASAR, Hans Urs von: THEOLOGIK, Bd.III: Der Geist der Wahrheit, Einsiedeln 1987

H.U.v. Balthasar bedauert den Zwang, wegen der Überfülle der Fragen und der Literatur vieles nur skizzenhaft darstellen zu können (vgl. Theologik III, Vorwort S.9).

30 In diesem einführenden Abschnitt stellt er sich zuvor der Anfrage, 1) wie der Geist in die Logik kommt und fragt anschließend, ob es 3) eine Geistchristologie gibt (vgl. Theologik III, S.13-53). Die erste Frage beantwortet sich damit, daß der Heilige Geist "der unentbehrliche Ausleger der trinitarischen Wahrheit" ist und somit auch abschließender Gegenstand der Theologik sein muß (vgl. a.a.O., S.13-20.20).

Im dritten "Präludium" bestimmt H.U.v. Balthasar die Frage näher, ob es eine *Geistchristologie* gibt, d.h. ob die Christologie nicht in den größeren Rahmen einer Pneumatologie eingebettet werden könnte oder müßte (vgl. a.a.O., S.28-53). In der weiter zu entfaltenden theologischen Zuordnung hält er dies für möglich. Zunächst erinnert er aber daran, daß die gesamte Zuwendung Gottes zur Welt von Anfang an trinitarisch war und wendet sich dann dem Thema der sogenannten "*trinitarischen Inversion*" zu. Damit bezeichnet H.U.v. Balthasar den Tatbestand, daß die christologische Mitte der Ökonomie von einer vorauslaufenden und nachfolgenden Pneumatologie eingerahmt wird.

Weiter skizziert er einige naive frühchristliche "Geistchristologien", den spekulativen Entwurf Hegels, biblische Ansätze zu einer Geistchristologie und neuere Forderungen nach einer pneumatischen Christologie.

31 vgl. Theologik III, S.22

H.U.v. Balthasar zitiert eine exegetische Einsicht zum Verweis- und Bezogenheitscharakter des Geistes: "Eine Christologie läßt sich nie ohne eine *indirekte* Pneumatologie entwickeln, entsprechend aber auch keine Pneumatologie, außer als Eingang in die Christologie und von ihr gemessen" (ebd.).

32 vgl. Theologik III, S.22f

"Indem der einleuchtende Geist (als "lux beatissima") den ganzen Theologie betreibenden Geist ("cordis intima") in Besitz nimmt, läßt er durch sein Mysterium Einsicht gewinnen in das Mysterium des den Vater deutenden Sohnes, Ein-Sicht in ihn und sein Verhältnis zum Vater..." (a.a.O., S.25).

33 vgl. Theologik III, S.23f

34 a.a.O., S.26.

35 a.a.O., S.27

36 H.U.v. Balthasar widmet dieser für ihn grundlegenden Deutung des Geistes (vgl. Untertitel des Werkes!) das erste Hauptkapitel der THEOLOGIK III (vgl. a.a.O., S.56-94). Die breiten bibeltheologischen Ausführungen schließt er mit einem kurzen Vorblick auf die Väterzeit ab.

37 H.U.v. Balthasar behandelt die Personalität des Geistes im zweiten Hauptkapitel der THEOLOGIK III (vgl. a.a.O., S.97-150).

Ist das göttliche Pneuma etwas, das die ungeteilte Fülle (das "Wesen") Gottes ausdrückt, oder etwas in Gott, das weder der Vater noch der Sohn ist? Oder ist es vielleicht beides gleichzeitig: "ein Drittes neben Vater und Sohn und zugleich irgendwie die Rekapitulation der ganzen (dreieinigen) Gottheit"? (a.a.O., S.97f)

38 vgl. Theologik III, S.101

39 vgl. a.a.O., S.101f

Eine weitere Spannung liegt in der "Differenz zwischen der vollen Präsenz des Pneumas im irdischen Jesus und seiner Ausspendung in die Kirche bzw. 'über alles Fleisch' anläßlich seiner Auferstehung und verherrlichenden Erhöhung" (vgl. a.a.O., S.104).

40 Theologik III, S.105

41 vgl. a.a.O., S.189-200

Nach kurzer Darstellung der historischen Zusammenhänge macht H.U.v. Balthasar auf die seltsame Tatsache aufmerksam, daß man sich gegenseitig mehrfach die gleichen Dinge als unzulässig vorwirft. Er wägt die Argumente in den Hauptpunkten gegeneinder ab und gibt dem westlichen Trinitätsmodell den Vorzug.

42 Theologik III, S.203

43 Der besonderen "Rolle des Geistes im Heilswerk" widmet H.U.v. Balthasar ein eigenes kurzes Kapitel der THEOLOGIK III (vgl. a.a.O., S.203-230).

44 vgl. Theologik III, S.205f

Diese Kennworte, zumal das dritte, beziehen sich ebenfalls auf das Wirken des Vaters und des Sohnes. Wenn sie auf den Geist zielen, stehen sie immer in einer Beziehung auf das Heilswirken des Sohnes, in dem das ewige Wirken des Vaters der Welt offenbart wird.

45 Theologik III, S.129

46 ebd.

47 ebd.

48 Theologik III, S.130

Im augustinischen Bild der drei Funktionen im einen Geist vermißt H.U.v. Balthasar "die Personalität dieser Funktionen und damit die Überschreitung des Selbstbewußtseins auf personbegründende Kommunikation" (Theologik III, S.144). Es ist für ihn unmöglich, den Heiligen Geist "anders als von zwei Seiten her anzunähern als (subjektiver) "In"-begriff der gegenseitigen Liebe von Vater und Sohn, als deren Band (nexus) er dann erscheint, und als (objektive) dieser Liebe entstammende, sie bezeugende Frucht" (a.a.O., S.146). *Der Geist ist* "mehr... als das bloße Zueinander von Vater und Sohn (so sehr er dieses wesentlich auch ist), nämlich über das Sich-Einander-Schenken hinaus das substantiierte Geschenk, *donum schlechthin*" (a.a.O., S.148).

Nach H.U.v. Balthasar muß man sich aber hüten, dem Geist den Namen "donum" so exklusiv zuzuschreiben, daß die Selbsthingabe des Vaters, die den Sohn erzeugt, nicht auch als "donum" erscheint. Eigentlich müßte man von daher den Geist "donum doni" nennen. Bonaventuras Unterscheidung des Hervorgangs des Sohnes als "per modum naturae" und den des Geistes als "per modum voluntatis od. liberalitatis" sollte man ebenfalls nicht verwenden, da Gott jenseits von notwendig und frei steht. Von der Zweiheit der Prozessionen ist schließlich auch jeder Gedanke fernzuhalten, als ob die erste des Sohnes nicht genüge, um Gottes Ziele zu erreichen und erst die des Geistes diese zu vollenden vermöchte. Sohn und Geist sind unzertrennlich (vgl. a.a.O., S.149f).

Nähe und Korrektur der trinitätstheologischen Bestimmungen H.U.v. Balthasars zum augustinischen Ansatz hatte bereits K.K.J. Tossou in der Skizzierung der innertrinitarischen Bestimmung des Geistes aufgezeigt (vgl. TOSSOU, K.K.J.: a.a.O., S.306-349).

Der Heilige Geist ist zunächst das *aktive Prinzip der Einheit von Vater und Sohn.* Er "gründet" in der Gottheit und legt diese aus. In der Heilsdimension legt H.U.v. Balthasar den Akzent auf die heilsökonomische Verbundenheit des Geistes mit dem Vater und dem Sohn. Diese Verbundenheit zeigt in der Ausgießung durch Vater und Sohn auch die innergöttliche Herkunft des Geistes. In seinem Mitwirken an und in der Schöpfung hat er wesenhaft sowohl an der Göttlichkeit Gottes als auch an der Geschichtlichkeit des inkarnierten Logos teil (vgl. a.a.O., S.307). - Analog zur zwischenmenschlichen Beziehung von Mann und Frau und der gemeinsamen Hervorbringung eines Dritten, ist der Geist eine dritte personale Einheit, in die Vater und Sohn eingegangen sind (vgl. a.a.O., S.308f). - Der Heilige Geist als Einheit Gottes ist aber nicht nur eine Art "Bindestrich" zwischen den beiden anderen Personen, sondern er ist Bestimmung Gottes selbst als Wesen und als Person. Im Geist "ist" Gott wesensmäßig "ewig bei sich, indem er zu sich kommt" (a.a.O., S.309). Der Heilige Geist ist das Eigenste und Tiefste Gottes. Und dieses als Offensein über sich hinaus, und gerade nicht als abgekapselte, in sich ruhende "Innerlichkeit" (vgl. a.a.O., S.309f). Gott entströmt im Geist als Person immerfort als Liebe sich selbst.

Die *Personaliät* des Heiligen Geistes skizziert Tossou an den bei H.U.v. Balthasar am häufigsten vorkommenden Benennungen. Nicht nur als "Vermittlung" und "Communio" zwischen Vater und Sohn bzw. als "Einheit" Gottes erscheint die Personalität des Geistes. Sie zeigt sich auch in verschiedenen anderen Bestimmungen. So vor allem in der Bestimmung des Geistes als "Liebe" (vgl. a.a.O., S.311-317). H.U.v. Balthasar hebt drei Charakterisierungen hervor, die sowohl das einander durchdringende Wirken als auch die Erscheinungsweisen der dritten Person der Gottheit ausdrücken. So läßt sich der Geist nicht anders definieren als im Verhältnis zu seinem Ursprung, d.h. 1) das "Ergebnis"-Sein ist eine Wesensdimension des Geistes. Mit diesem Aspekt verbindet H.U.v. Balthasar 2) die Dimension der "Verfügbarkeit". Der Geist verselbständigt sich nicht, sondern läßt über sich verfügen. Ferner tritt der Heilige Geist darin selbst zurück, daß er nicht primär seine eigene Freiheit, sondern 3) die "Freiheit" Gottes erkennen läßt. - Der Heilige Geist ist nicht nur die Darstellung der Freiheit Gottes, er ist zugleich der Geist als Freiheit, die "personifizierte Freiheit" (vgl. a.a.O., S.317-325), d.h. er kann als Person zugleich über sich selbst verfügen. Er ist im absoluten Sinn "frei".

Zum *Freiheitsaspekt des Geistes* findet sich in BALTHASAR, H.U.v.: Katholisch. Aspekte des Mysteriums, Einsiedeln 1975, S.19 folgende Betrachtung:
"Die Haupteigenschaft des Geistes, der sich im Gehorsam vom Vater und vom Sohn in die Welt aussenden läßt, ist seine Freiheit. Er weht, wo er will, ist in keine Gestalt festzubannen, erscheint als "Schwebe" ("Taube"), Mitteilung ("Zunge"), verzehrende Wandlung ("Flamme"), Durch-Zug, der aufatmen läßt ("Wind"); die geheimnisvolle Gestalt Jesu wird von ihm "ausgelegt" auf ihr Gottsein, ihre trinitarische Dimensionen, ihren mysterialen Charakter hin: darin ist er der Beweiser und "Überführer" (Joh 16,8). Er entzieht Jesus jedem rationalistischen Zugriff, entzieht auch die von ihm eingehauchte Schrift, das auslegende Dogma, die kirchliche Disziplin der Verzwängung ins Innerweltliche. Er leiht seine Flügel dem apokalyptischen Weib, um in die Wüste zu fliehen. Er läßt auf keine Weise einfangen, auch nicht durch pneumatische Gebets-"Methode". Nur wer Jesus nicht festhält, sondern auffahren läßt "zu meinem Vater und eurem Vater", somit in der Bereitschaft bleibt, die keine Bedingungen stellt, dem beweist der Geist in seiner Freiheit, daß die ganze katholische Offenbarung - Gott, Christus, Kirche - das Unternehmen der freien Liebe Gottes war und bleibt" (zit. in: TOSSOU, K.K.J.: a.a.O., S.319f).

49 vgl. Theologik III, S.106-119

Unter der Überschrift *"Person im Geheimnis"* fragt H.U.v.Balthasar 1) nach der trinitarischen Subsistenzweise, 2) nach Trinität und Zahl und 3) nach Trinität oder Energie?
In der letzten Fragestellung stimmt er selbst - gegen J.Meyendorff, E.Jüngel und L.Bouyer - der Interpretation von Dorothea Wendebourg zu, die dafür hält, daß die palamitischen Energien die Trinität "soteriologisch funktionslos" machten. Mit K. Barth weist er diese, die ökonomische Selbstmitteilung vereitelnde, Lehre zurück, in welcher Gott unbeteiligt über seiner eigenen Beteiligung steht (vgl. a.a.O., S.117-119): "Für die einzelnen Hypostasen liegt der Bezug über sich hinaus in ihnen selbst, da sie ja relativ auf die andern sind; für den Heiligen Geist, der schon innergöttlich 'donum' ist, braucht zu seinem Wesen kein 'donatum' hinzugefügt zu werden; der Bezug des dreieinigen Gottes über sich hinaus liegt nicht in seiner Essenz, sondern in seiner Freiheit" (a.a.O., S.118).

50 vgl. Theologik III, S.120-130

51 vgl. a.a.O., S.131-143

52 a.a.O., S.134

Die innere Kraft der Argumentation Calvins liegt "in der strengen Korrelation zwischen Wort (Schrift) und innerem Geistzeugnis, das im objektiven Wort der Schrift über alle menschlichen Vernunftgründe hinaus den glaubenden Christen von der göttlichen Wahrheit überzeugt" (a.a.O., S.135). Der Heilige Geist ist Zeuge in dreifacher Hinsicht: 1) er sagt aus und legt aus, was er selber gehört hat und vergegenwärtigt damit den lebendigen Christus; 2) er tritt in einer Art Kenose vor Vater und Sohn zurück; 3) er lenkt - im Gegensatz zu Montanus und allen Pfingstbewegungen - den Blick von sich ab, "so daß keine Introspektion das Wirken des Geistes zu beobachten vermag; der Geist zeigt auf Christus" (ebd). Luther, der die Objektivität des Wortes Gottes schützen wollte, hat im wesentlichen dasselbe Verständnis.

53 Theologik III, S.136

54 vgl. a.a.O., S.136-143

55 Aus diesem Grund behandelt Tossou im zweiten Teil seiner Arbeit die Personhaftigkeit der Liebe in Christus als "Ausstrahlung der Mitte" bevor er zur eigentlichen Pneumatologie kommt (vgl. TOSSOU, K.K.J.: a.a.O., S.161-214.10-12)

Hierzu auch M. Kehl: "Die Christologie als reflektierende Glaubenskontemplation der Gestalt Christi steht im Zentrum der Theologie Balthasars. Alle ekklesiologischen Aussagen sind nur 'Ausstrahlungen' von dieser Mitte her" (KEHL, M.: Kirche als Institution, S.270-279.270).

56 vgl. TOSSOU, K.K.J.: a.a.O., S.169-182

57 vgl. KEHL, M.: a.a.O., S.270f

58 Diskussion über Hans Küngs "Christsein", S.87; zit. bei TOSSOU, K.K.J.: a.a.O., S.183

59 "Balthasar geht bewußt in seiner Christologie nicht von der Reich-Gottes-Verkündigung Jesu aus, sondern von den Voraussetzungen im Leben Jesu, die zur Verkündigung der Gemeinde über ihn geführt haben. 'Die erste Frage wird also nicht einmal die sein: Welches war das Hauptanliegen Jesu bei seiner Verkündigung?, sondern: Was blieb als Haupteindruck von seinem irdischen Dasein bestehen?'" (KEHL, M.: a.a.O., S.271)

60 vgl. TOSSOU, K.K.J.: a.a.O., S.191f

61 vgl. TOSSOU, K.K.J.: a.a.O., S.193f.526f

62 TOSSOU, K.K.J.: a.a.O., S.527

63 vgl. TOSSOU, K.K.J.: a.a.O., S.212-214

Im Zusammenhang seiner Überlegungen zu "Geist und Kirche" im fünften Hauptkapitel der THEOLOGIK III schlägt H.U.v. Balthasar den Bogen trinitätstheologisch weiter und fragt im vierten Abschnitt, wie der menschgewordene aber nunmehr verherrlichte Sohn und der Heilige Geist sich zueinander verhalten (Theologik III, S.268-281). Bei Paulus findet er in II Kor 3,17 die größtmögliche Annäherung, aber der Kontext und andere Stellen zeigen zugleich auch die Unterscheidung. H.U.v. Balthasar unterstreicht die Notwendigkeit, zur Lösung der Frage auf das stellvertretende Sterben Christi zurückzukommen. Der *Tod Jesu* als "Vollendung" seiner Hingabesendung ist *sowohl Ursache als Urbild der kirchlichen Teilnahme an ihm.* Ferner haucht der im ewigen Geist sich für alle Hinopfernde im Tod diesen Geist sowohl zum Vater als auch zur Welt hin aus. Die ökonomische Diastase im Geist und damit die "Inversion" heben sich hier wieder auf. Der Sohn gibt nach seiner Auferweckung durch die Geisteskraft des Vaters nun der Welt den Heiligen Geist, ununterscheidbar als Geist des Sohnes und als das trinitarische Geschenk.

Mit der Aufsichnahme der Weltschuld beginnt wesenhaft schon die Universalisierung des Leibes Christi am Kreuz. Die vollkommene "Verflüssigung" in der *Pneumatisierung des Auferstehenden ist* nur deren *Folge.* "Das Mysterium besteht darin, daß der auferstandene Sohn in der Gabe des Heiligen Geistes sich selbst, als der Sohn, der er ist, mitverschenkt, weil man umgekehrt genauso sagen kann, daß im Geist als Geschenk der Schenkende vollkommen anwesend ist. Das ist der Grund, weshalb der Geist in der Kirche immerfort auf die vollkommene Leibhaftigkeit drängen wird, jeder idealistischen Spiritualisierung feind bleibt, weshalb auch die Catholica (mit ihrer Einheit vom Amt mit petrinischer Einheitsverbürgung, Sakrament, Schrift und Tradition) gegenüber den "getrennten Kirchen" an ihrer Leibhaftigkeit als Zentrum aller kirchlichen Einheit erkennbar sein wird" (Theologik III, S.272).

Trotz der festgestellten Untrennbarkeit und Einheit des erhöhten Herrn und des Heiligen Geistes muß die vom irdischen Jesus selbst angesagte *Diastase* zwischen seiner faßbaren Gestalt und seiner pneumatischen Seinsweise beachtet werden (Joh 15,28). Der *"Entzug"* ist die Vorbedingung für die Sendung des Geistes und für Christi geisthafte Wiederkehr (vgl. a.a.O., S.274-277).

64 vgl. TOSSOU, K.K.J.: a.a.O., S.214

65 Nur durch einen radikalen Verzicht auf das eigene Selbst, auf das Besitzen des faßbaren, sichtbaren, erlebbaren Jesus, ist der Heilige Geist, das höchste Geschenk Gottes, zu erwarten.

"Die nachösterliche Gemeinde, die angewiesen wird, im Flehgebet den Heiligen Geist zu erwarten, wird durch den sich ihr entziehenden Herrn in seine eigene Nachfolge gestellt, der wohl weiß, daß die Heilsgabe, die er hinterlassen wird, aus seiner Todeswunde erfließt" (Theologik III, S.276).

66 Die enge Verklammerung des Heiligen Geistes mit dem Christusgeschehen bei H.U.v. Balthasar stellt K.K.J. Tossou im dritten Teil seiner Arbeit dar (TOSSOU, K.K.J.: a.a.O., S.255ff).

H.U.v. Balthasar selbst wendet sich der Frage der *Zusammengehörigkeit und Zuordnung von Sohn und Geist* im dritten Hauptkapitel der THEOLOGIK III zu (vgl. a.a.O., S.153-200). - Wie in den anderen Abschnitten, schickt er auch bei der Reflexion der "Dyas im Akt der Offenbarung" dem spekulativen Teil einen kurzen biblischen Passus voraus (vgl. a.a.O., S.156-168).

67 vgl. TOSSOU, K.K.J.: a.a.O., S.234-272

68 vgl. a.a.O., S.273-305

69 Dieser Zusammenhang liegt den verschiedenen Beschreibungen des Geisteswirkens der neutestamentlichen Zeugen zugrunde (vgl. TOSSOU, K.K.J.: a.a.O., S.297-305).

70 zit. bei TOSSOU, K.K.J.: a.a.O., S.279

H.U.v. Balthasar spricht in diesem Zusammenhang auch vom "doppelten Gesicht" des Geistes. Einerseits erscheint er als Ausdruck der einigenden Freiheit von Vater und Sohn, als die "Objektivierung ihrer Subjektivität". Andererseits ist gerade darin der "objektive Zeuge ihrer Differenz in der Einheit oder Einheit in der Differenz" (zit. bei TOSSOU, K.K.J.: a.a.O., S.280).

71 vgl. Theologik III, S.156-161

72 a.a.O, S.169

73 vgl. a.a.O., S.169-188

Die griechischen Überlegungen zur "Vergöttlichung" und die lateinischen zur "Einverleibung in Christus" sieht Balthasar in diesem Zusammenhang als Einheit (vgl. Theologik III, S.169-174). - Das Ineinanderwirken von Sohn und Geist zeigt sich auch in der Untrennbarkeit im Offenbarungsbereich von Orthodoxie und Orthopraxie (vgl. a.a.O., S.175-180).

74 Das Paradox, daß das Je-mehr von Vergöttlichung des Menschen auch das Je-mehr der Vermenschlichung Gottes ist, liest H.U.v. Balthasar am Geschick der kirchlichen Heiligen ab: "Ihre volle Inkarnation oder Personwerdung ist immer zugleich das Durchsichtigwerden ihrer geisthaften Sendung" (Theologik III, S.177).

75 vgl. Theologik III, S.180-183

76 Im fünften Hauptkapitel der THEOLOGIK III wendet sich H.U.v. Balthasar dem unabsehbar weiten Feld des Zusammenhangs von Geist und Kirche mit seinen vielen Einzelfragen zu (vgl. a.a.O., S.231-380). - Weil der vorliegende Band der Theologik zugleich ein abschließender sein soll, will er in seinem synthetischen Überblick keinen wesentlichen Aspekt auslassen. Im Eindruck des Überwuchernden kommt für Balthasar sowohl die Befindlichkeit im Zentrum des Mysteriums zum Ausdruck als auch das Wesen des Geistes, der um seiner eigenen, undurchschaubaren Systematik willen alle kunstvollen menschlichen Systembildungen immer wieder auf- und durcheinanderwirbelt (vgl. a.a.O., S.234).

77 vgl. Theologik III, S.234-238

78 a.a.O., S.236

79 ebd.

Zwei Daten vermitteln die Sendung der Kirche in die Welt: 1) die Existenz der vielerlei christlichen Gemeinschaften, denen eine gültige Taufe nicht abgesprochen werden kann. Dieses

Faktum widersetzt sich nach H.U.v. Balthasar jeder unmittelbaren Entgegensetzung von Kirche und "Welt"; 2) die evidente Ausstrahlung christlichen Glaubens- und Gedankenguts über die Grenzen der Kirche hinaus, die anonyme Durchsäuerung aller Kulturen mit christlicher Substanz (vgl. Theologik III, S.237f).

80 vgl. Theologik III, S.238-245.238

81 vgl. a.a.O., S.240

82 vgl. a.a.O., S.241f

83 vgl. a.a.O., S.253-267

Im zweiten Abschnitt der Überlegungen zum Verhältnis von Kirche und Geist greift H.U.v. Balthasar drei Entwürfe auf, die versuchen, die dynamische Einheit der Kirche, die angesichts der Welt partikulär erscheint und dennoch Katholizität beansprucht, zu begreifen. Zunächst reflektiert er Augustins Entwurf der "Civitas Dei". Als zweiten Entwurf bedenkt er das von jüdischen Theologen und K. Barth aufgenommene Gleichnis Pauli vom Ölbaum. Danach richtet er kritische Anfragen an das von H. Mühlen eingeführte Konzept des Groß-Ich.

Zum Ölbaumgleichnis merkt Balthasar an, daß die Tatsache, daß das Heil aus den Juden kommt, nicht aufzuheben ist. Neben der "ecclesia ex gentibus" sollte es nach der Apokalypse in einem lebendigen Miteinander immer auch die "ecclesia ex circumcisione" geben. Trotzdem ist festzuhalten, daß alttestamentarische Vorgeschichte und Vorschattung in einer nicht umkehrbaren Entwicklung zur neutestamentlichen Ekklesia steht, d.h. die "Ecclesia ab Abel" ist dynamisch prospektiv zu verstehen. "Die Vorausschau des Alten Bundes auf den Neuen...ist Vorausschau auf den Erlöser - jenseits jedes partikulären Bundes - der gesamten Menschheit, so daß in dem 'Einen' (und seiner konkreten Kirche) zugleich eine Rückschau hinter den mit Abraham beginnenden Alten Bund jenes Bündnis Gottes in Noah mit der totalen Menschheit, ja Schöpfung erscheint, wie es von Christus aus sich wieder eröffnet (Kol 1,15-20; Hebr 1,1-3). In Jesus wird jeder partikuläre Bund ins Universale der Schöpfung aufgesprengt, weshalb denn sein 'mystischer Leib', die Kirche... in ihrer Sendung zu allen Völkern die schlechthin universale Ausdehnung hat... In der Vollendung wird sie sich nicht in die Totalität der (erlösten) Schöpfung hinein auflösen, sondern die erlöste Schöpfung wird in sie, die de jure immer schon universal und katholisch ist, eingehen" (a.a.O., S.262).

Das von H. Mühlen in diese Fragestellung eingeführte "Groß-Ich" als dem dritten aufgenommenen Modell hält H.U.v. Balthasar für eine nicht angemessene Kategorie. Zumal in der Loslösung von ihrem zeit- und kulturbedingten soziologischen Boden und in der Übertragung auf das Neue Testament und das Verhältnis Christi zu seinem "Leib", zur Kirche, ist sie ihm zweifelhaft (vgl. a.a.O., S.263f). An Mühlens theologischem Skopus kritisiert er die immer wiederkehrende Ablenken von der Idee einer Inkorporation des einzelnen Gläubigen in den Leib Christi und die Betonung der primär durch den Heiligen Geist vermittelten Einheit zwischen Christus und der Kirche. Mühlen wehrt die Figur der "trinitarischen Inversion" in der Ökonomie ab, der für H.U.v. Balthasar grundlegend ist, vertritt innertrinitarisch eine Vorordnung der "Sohnschaft" vor der "Geisthauchung" und sucht aus dieser die letzte Differenz zwischen Inkarnation und Kirche zu erklären. Für Balthasar ist die entscheidende Frage zu beantworten, "wie der über den gesamten Kosmos herrschende erhöhte Christus zu der von seinem Geist strukturierten Kirche steht" (a.a.O., S.265). An H. Mühlen, der versucht, die Strukturen der katholischen Kirche in Richtung auf eine Einwohnung des einen Geistes Christi auch in den getrennten Kirchen hin zu überschreiten, richtet er zwei Anfragen: 1) Ist in dieser Pneumatologie das Verhältnis des vergeistigten Christus zur geistspendenden Kirche hinreichend bedacht, die Frage der grundlegend missionierenden Grundstruktur der Catholica und der übrigen Kirchen? 2) Ist der erhöhte, geisthaft gewordene Christus hinreichend in seiner eucharistischen Hingegebenheitsgestalt bedacht und das eucharistische Mysterium nicht zu sehr spiritualisiert? (vgl. a.a.O., S.266f)

84 vgl. Theologkik III, S.278-281

85 a.a.O., S.279

86 a.a.O., S.280

87 a.a.O, S.281

88   vgl. hierzu die Ausführungen Tossous über die "Kirche - Ort der Erfahrung des Heiligen Geistes" (TOSSOU, K.K.J.: a.a.O., S.350-423).

In diesem 3. Kapitel des dritten Teils seiner Arbeit behandelt Tossou das Verhältnis von Geist und Kirche bei H.U.v. Balthasar, wobei er zeigen will, "in welcher Weise der Geist die Kirche bildet, ihre Existenz erhält, ihre Zeugnisgabe in der Geschichte initiiert und begleitet in der Erwartung auf die Endvollendung" (a.a.O., S.349).

Tossou erörtert das für die Kirche konstitutive Verhältnis zum Geist in drei Punkten. So geht er zunächst auf die *"kenotische" Struktur der Existenz der Kirche* ein. Die Rede von der "Kenose der Kirche in der Kraft des Heiligen Geistes" besagt den Mitvollzug der Kenose des Sohnes durch die Erniedrigung der Zeitlichkeit bis zum Kreuz. Im Unterschied zur göttlichen, "eigentlichen" Kenose des Sohnes kann die der Kirche nur "uneigentlich" genannt werden (vgl. a.a.O., S.353-363). Nach den Ausführungen über *Maria als Typos und Urbild der Kirche* (a.a.O., S.364-378) wendet sich Tossous als drittem Aspekt der *Kirche als "Gemeinschaft des Geistes"* zu (a.a.O., S.379-423).

Der Geist Gottes und Jesu Christi ist auch der Geist der Glaubenden. Nur "im" Heiligen Geist ist Kirche Kirche. Für H.U.v. Balthasar bilden Institution und Inspiration keine Gegensätze. Beide sind dem Geist Christi wesenhaft zugehörig als objektiver und subjektiver Aspekt (vgl. a.a.O., S.379-387). - Die Kirche hat die Aufgabe, den Geist als "Sinnmedium des Heils" in ihrer Mitte zur "Anwesenheit und Gegenwart" kommen zu lassen, indem sie sich selbst auf den Geist hin übersteigt. In der Unterstellung unter Christus und seinen Geist vollzieht sie ihr "Magd-Sein". Sie muß sich Gottes Recht unterwerfen, um es dann in der rechten Weise mitverwalten zu können. In diesem Verwalterdienst wird sie selbst zum "sacramentum mundi" (vgl. a.a.O., S.387-391). - Dabei finden sich in ihr als "casta meretrix", als "reiner Dirne" zugleich beide Momente: Heiligkeit und Sündhaftigkeit. Unter der Wirkung des Heiligen Geistes geht die Kirche der Vollendung entgegen, wo diese Spannung aufgehoben und die Sünde überwunden sein wird (vgl. a.a.O., S.391-401). - Solange die Kirche unterwegs ist, ist sie, was der Heilige Geist in sie legt und in ihr wirkt. Nur durch seine "Erniedrigung" in die Herzen der durch Christus erlösten Menschen, wird diesen die Antwortgestalt des Glaubens möglich (vgl. a.a.O., S.401f). Zu dem vom Heiligen Geist gewirkten Wesen der Kirche gehört zentral die von Christus empfangene Sendung, der Missionsauftrag. Außerdem bewirkt der Heilige Geist auch die "Katholizität", die Einheit der Kirche (vgl. a.a.O., S.403-412). - Den Problemhorizont des Institutionellen im Verhältnis von Geist und Kirche behandelt Tossou zum Schluß des dritten Kapitels (vgl. a.a.O., S. 412-416). - Die Charakterisierung der Weisen der bleibenden Gegenwart Christi, im Amt, im normativen Wort der Heiligen Schrift, in der normativen Tradition, in den Sakramenten und im Kirchenrecht nach H.U.v. Balthasar, beschließen Tossous drittes Kapitel (vgl. a.a.O., S.416-423).

89 In H.U.v.Balthasars Verwendung des subjektiven und objektiven Doppelaspekts des Heiligen Geistes finden sich wohl Ähnlichkeiten zu Hegel, aber noch größere Unähnlichkeiten. Die Ähnlichkeiten hängen einerseits mit der theologischen Herkunft Hegels zusammen, andererseits mit der "Unentbehrlichkeit des objektiven Geistes für die Vollendung des Geistes im Absoluten" (Theologik III, S.224). Die größere Unähnlichkeit liegt in der in der Nichtentsprechung der hegelschen Abfolge "subjektiver - objektiver - absoluter Geist" zur trinitarischen "taxis". Hegel hat sein Konzept an einem innerweltlichen Werde-Schema abgelesen. H.U.v. Balthasar hält die Rede von subjektiv und objektiv in Gott letztlich für unangebracht. In der "Logik der Liebe" könnten die beiden Aspekte des Geistes dennoch unterschieden werden im ewigen Verwirklichtsein des Geistes, im Gegensatz zu Hegels Deutung als Momenten der Selbstverwirklichung des absoluten Geistes (vgl. a.a.O., S.225).

90 Wie das Ringen Jesu am Ölberg und am Kreuz zeigt, kann sich die Spannung im Nachfolgegehorsam subjektiv gerade dort am fühlbarsten machen, wo die objektive Auflösung am nächsten ist.

91 Theologik III, S.282-285.284

92 vgl. a.a.O., S.285-293

Auf den Aspekt der Zweieinheit des objektiv-subjektiven Geisteswirkens hatte H.U.v. Balthasar bereits im Zusammenhang mit seinen Ausführungen zum Kennwort "Zeugnis" für den Geist verwiesen. Beide Aspekte seiner Wirkweise dürfen nicht auseinandergerissen werden (vgl. Theologik III, S.225-229).

93 vgl. Theologik III, S.290-293

94 H.U.v.Balthasar befaßt sich im fünften Abschnitt des Kapitels "Geist und Kirche" mit der Geistgetragenheit und Geistdurchdrungenheit der objektiven Elemente der Kirche (vgl. Theologik III, S.294-339).

95 vgl. Theologik III, S.294-302

96 vgl. a.a.O., S.296

97 vgl. a.a.O., S.298f

98 vgl. a.a.O., S.300f

99 vgl. a.a.O., S.302-309

Die Klagen K.Barths darüber, daß die katholischen Dogmatiken von der Gnaden- und Kirchenlehre direkt zu den Sakramenten übergingen und ein "silentium altissimum" über Verkündigung und Predigt hielten, sieht H.U.v. Balthasar nach dem II.Vatikanum als überholt an. Mit seinen Ausführungen zu den Wirkungen des Geistes im Zusammenhang mit der Verkündigung, will er dem bestehenden Reflexionsdefizit etwas abhelfen.

100 vgl. Theologik III, S.309-325

101 a.a.O., S.309

Bei "Taufe-Firmung" unterscheidet H.U.v.Balthasar mit dem Lehramt die "grundlegende Teilnahme" an der Priester- und Königswürde Christi durch die Taufe und die "Intensivierung" derselben durch die Firmung. Die Firmung vollendet und stärkt, was in der Taufe bereits grundgelegt ist. Es folgen dann weiter kurze Reflektionen über "Beichte", "Eucharistie", "Ehe", "Priesterweihe" und "Salbung angesichts des drohenden Todes". Bei der Eucharistie stellt er die epikletische Dimension und Einbeziehung der Kirche durch den Geist in das Opfer Christi heraus. Bei der Priesterweihe kommt dem Heiligen Geist im Sinne einer besonderen Geistvermittlung ebenfalls eine wichtige Rolle zu.

102 vgl. Theologik III, S.325-330.330-339

103 vgl. a.a.O., S.340

"Ein begeisterter Frommer ist damit noch kein Heiliger; dem Heiligen Geist aber obliegt es vor allem, innerhalb der Fülle der göttlichen und kirchlichen Gaben wahrhaft Heilige heranzubilden; und diese bedürfen der objektiven kirchlichen Heiligkeit, um sich selber ganz in die Sache Jesu Christi und damit des dreieinigen Gottes hinein zu übergeben" (ebd.).

104 vgl. Theologik III, S.340-347

Die Deutung der bekannten Stelle *Röm 8,26* auf Glossolalie hält H.U.v. Balthasar für nicht zutreffend. Durch den Geist sieht er die menschlich-zeitliche Begrenztheit überstiegen und alles Private in der Heilssuche überholt. Im Kontext kann er die Stelle nur so deuten, daß nur dann, wenn wir uns solidarisch erklären mit dem Leiden der Schöpfung und mit dem Leiden Christi für die Schöpfung, der Geist unserem Gebet bei Gott Wirkung verschaffen kann (vgl. Theologik III, S.345). - Andererseits ist damit nicht gesagt, daß wir uns mit der eigenen Schwäche abfinden sollten. Hier ergänzt I Kor 14 das Bild, wo Paulus darauf besteht, "daß die unverständliche Geistrede (Glossolalie) durch eine für alle verständliche Auslegung (Prophetie) zum Nutzen aller umgestaltet werde" (a.a.O., S.346). Auf das Wohl der Kirche hin betrachtet, ist der Prophet wichtiger als der Zungenredner (I Kor 14,5). Dies gilt nicht nur im Blick auf die Gemeinde, sondern auch für das private Beten. Betet der Beter bloß im Geist, bleibt sein Verstand ohne Frucht (I Kor 14,14). "Ekstasen können für den Geist des Menschen fruchtbar sein, der dabei in Gebetstiefen eingesenkt wird, die er als alltäglicher Mensch nie geahnt hätte, aber diese Tiefen müssen auch für sein praktisches apostolisches Leben fruchtbar werden. 'Der Verstand' muß daran Anteil erhalten... (14,15)" (ebd.). Mit Adrienne von Speyr visiert er die Einheit von Beten im Geist (Glossolalie) und Beten im Verstand (Prophetie) an, die in den Zusammenhang der Charismen gehören und damit auf die eine oder andere Weise für die Kirche fruchtbar zu werden haben.

105 vgl. Theologik III, S.347-350

106 vgl. a.a.O., S.350-355

107 vgl. a.a.O., S.355-375

108 Wie bereits bei den anderen Abschnitten, geht H.U.v.Balthasar auch hier bei der Untersuchung des Wesenszusammenhangs zwischen Zeugnis und Heiligem Geist stark am biblischen Zeugnis entlang (vgl. Theologik III, S.375-380).

109 vgl. a.a.O., S.383-386

110 a.a.O., S.384

111 vgl. a.a.O., S.387-390.389

Bei grundsätzlicher Bejahung des Anliegens der Spekulationen W. Pannenbergs - und analog P. Tillichs und John V. Taylors - über das Verhältnis von Heiligem Geist und dessen allkosmischer und allgeschichtlicher Wirksamkeit, kann H.U.v. Balthasar der vorliegenden Überschreitung der von der christlichen Offenbarung gesteckten Grenzen nicht folgen (vgl. Theologik III, S.391-395.391). Die Grenzen liegen einmal in der vortrinitarischen Sprechweise des Alten Bundes. So bleiben dort die Übergänge zwischen der kosmologischen Seite des Gottesgeistes und seinem heiligenden Wirken im Bundesverhältnis Jahwes zu Israel fließend. Auch zwischen "Wort" und "Geist" Jahwes finden sich diese Übergänge, die eine von vornherein trinitarische Deutung nicht erlauben. Ebenso sind die "Begabungen", die der Geist Jahwes verleiht, mehr dem Bereich der Geschöpflichkeit zuzuordnen. Diese tragen nicht schon das Kennzeichen des christlichen Geistes des Kreuzes als "Umsturz des natürlichen Geistes".

112 Theologik III, S.392

113 Gleichwohl muß man das aufstrebende Evolutionsprinzip nicht einfach als ein auf das bloße Ich zustrebendes, dem "selbstlosen" absteigenden Prinzip der Gnade entgegenstellen (vgl. a.a.O., S.393f).

Daß die meisten Pneumatologien nach einem raschen Kapitel über die Naturbezogenheit des Geistes sich bald dessen soteriologischer Wirksamkeit zuwenden, weist auf die Schwierigkeit, den Zusammenhang deutlich zu machen. Im Anliegen der Öffnung der theologischen Pneumatologie in Richtung auf die Naturwissenschaften ist jedenfalls eine Rückprojektion der innergeschichtlichen Heilsereignisse auf die Evolution nicht der Weg, um die Einheit des göttlichen Plans zu verdeutlichen.

114 Theologik III, S.394f

115 vgl. a.a.O., S.399-410

Auch K.K.J. Tossou beschließt seine Dissertation mit einem ausführlichen Kapitel über "Geist und Eschatologie" bei H.U.v. Balthasar (vgl. TOSSOU, K.K.J.: a.a.O., S.424-523). Er geht darin u.a. der Frage nach, wie die Heilstat Jesu durch den Geist in die Menschheitsgeschichte hinein universalisiert wird. Tossou akzentuiert den Welteinsatz des Christen und das antizipatorische Moment der Vollendung. Als Grundzüge des Balthasarschen Konzeptes erhebt er:
Der sündige Gang der Kirche durch die Zeit unter der Führung des Geistes Heiligen erweist als eschatologische Kraft. Der Heilige Geist wird erfahren als konkrete Freiheit im tätigen Leben. Die Befreiung von der Sünde ereignet sich sakramental in der Kirche als Akt des Geistes Christi im hier und jetzt. Stufenweise wird im Geist, der die unmittelbare Einheit Gottes und Christi mit dem Glaubenden ist, in der Geschichte das Wachstum der "Verherrlichung" Christi in seinen Jüngern erreicht.
Archetypisch und prototypisch vollzog sich diese Verherrlichung bereits in den vierzig Tagen des Auferstandenen, in denen die kommende "Ewigkeitsfülle" nahe gebracht wurde. Christus zeigt sich in seiner neuen Existenzform als das wahre "universale in re", das die ganze Welt und Geschichte nun in seinem Geist auf die endgültige Integration hin bestimmt.
Antizipatorisch vollzieht sich in der Kraft des Geistes die letzte Erlösung der Fragmentarität. Im Geist und durch dessen Wirken als theologischem Subjekt kommt der Mitarbeit und Zeug-

nisgabe des Christen eine wichtige Bedeutung zu. Der Welteinsatz im Hoffen für die Welt und ihre Geschichte soll motiviert und geprägt sein vom Einsatz Gottes und Jesu Christi her. Größte Sorge ist darauf zu richten, daß der göttliche Urgrund der Hoffnung für die Welt und die Transparenz der Kirchen- und Christengestalt nicht verwischt werden, geht es doch darum, "Eindeutigkeit" in die Zweideutigkeit hineinzutragen.

Von der Kirche und den Christen geht ein Existenzmodell aus, das eine Vorahnung des auferstandenen Lebens vermittelt. An diesem Existenzmodell zeigt sich die wirklichkeitsverändernde Kraft des tätigen Glaubens. Auch folgt daraus ein neues Geschichtsverständnis, eine theologische Betrachtung der Kirchen- und Menschheitsgeschichte als Ort der pneumatischen Präsenz Christi.

Durch das machtvolle Wirken des österlichen Geistes geschieht schon jetzt Verwandlung des Fragmentarischen. Diese Verwandlung wirkt fort bis zum endgültigen Sieg über die Sünde. Das Aussehen des absoluten Endes, die absolute Zukunft, bleibt offen, ihre endgültige "Form" kann nicht vorausgesagt werden (vgl. TOSSOU, K.K.J.: a.a.O., S.521-523.529f).

116 Theologik III, S.402f.403

Die allgemeinen religiös-philosophischen Überlegungen einer Rückkehr zum Ursprung (egressus-regressus) (vgl. Theologik III, S.399-401), an die im Dialog angeknüpft werden kann, erscheinen H.U.v. Balthasar im Vergleich mit der christlichen Botschaft "wie Schematismen, denen zum Leben nur das eine fehlt, was von der Welt her nicht erratbar und konstruierbar ist: die in Jesus Christus sichtbar gewordene trinitarische Liebe als Wesen alles Seins" (a.a.O., S.404).

117 vgl. a.a.O., S.405-408

118 a.a.O., S.410

119 BALTHASAR, Hans Urs von: THOMAS VON AQUIN. Besondere Gnadengaben und zwei Wege menschlichen Lebens. Kommentar zu SUMMA THEOLOGICA II-II, 171-182, in: DEUTSCHE THOMAS-AUSGABE, Bd.23, Heidelberg/ Graz/ Wien/ Salzburg 1954, S.252-464 ("Charisma, Prophetie, Mystik")

In diesem wichtigen Beitrag zur Ekklesiologie und zur Charismatik ordnet Balthasar die urchristliche Charismatik auf der Mitte zwischen alttestamentlicher Prophetie und kirchengeschichtlicher Mystik ein.

120 vgl. Deutsche Thomas-Ausgabe Bd. 23, S.255

121 "Die zentrale Sache, die verheißene Geistverleihung durch Christus vom Himmel her an die Kirche, geht mit einer solchen Fülle und Wucht vor sich, ist so sehr ein elementarer Anfang, Quellpunkt, Schöpfungsakt, daß der gleichsam achtlos hingestreute Reichtum des Geistes als eine 'Überfülle', ein 'Überschuß', der nicht aufgeht', ein 'Luxus der Gnadenordnung' (Prat) diese Fülle zeichenhaft anzeigt" (Deutsche Thomas-Ausgabe Bd.23, S.255).

122 vgl. Deutsche Thomas-Ausgabe Bd.23, S.255f

123 a.a.O., S.256

124 ebd.

125 vgl. a.a.O., S.258f

126 a.a.O., S.256

127 ebd.

H.U.v. Balthasar geht dann in Kürze dem Zusammenhang von Charismatik und der alten Prophetie, von Geist und revelatorischer Wirkung im Neuen Testament nach. Auf Grund dieses Zusammenhangs ist es ihm nicht verwunderlich, daß in den urchristlichen Gemeinden, die Prophetie unter den Charismen nicht nur genannt, sondern oft den ersten Rang unter diesen einnimmt, ja sogar geradezu zum Inbegriff der ganzen Charismatik wird (vgl. Deutsche Thomas-Ausgabe Bd.23, S.257-259.257).

128 vgl. a.a.O., S.259

Zu Balthasars Gesamtverständnis der Mystik vgl. BALTHASAR, Hans Urs von: Zur Ortsbestimmung christlicher Mystik, in: ders.: PNEUMA UND INSTITUTION. Skizzen zur Theologie IV, Einsiedeln 1974, S.298-324

129 vgl. a.a.O., S.259-263

130 vgl. a.a.O., S.259

131 vgl. a.a.O., S.259f

132 a.a.O., S.260

133 vgl. a.a.O., S.260f

134 a.a.O., S.262

Die Charismenlisten der Paulusbriefe (Röm 12; I Kor 12) zeigen im Vergleich eine gewisse Zufälligkeit und Situationsgebundenheit der Aufzählung. Eine eindeutige Abgrenzung der verschiedenen Charismen ist nicht in jedem Fall möglich. Einzelne stehen mehr für sich (Heilungsgabe, Almosengeben, Barmherzigkeit, Gastfreundschaft), andere scheinen sich gegenseitig zu durchdringen. So z.B. das Ermahnen, das andernorts allen aufgetragen wird oder das "Glauben" als besonderer Intensität einer allgemeinen christlichen Eigenschaft oder besonders die "Prophetie" in der Berührung mit den Gaben der Weisheit und Erkenntnis. Prophetie bedeutet nach H.U.v. Balthasar "die Fähigkeit..., das von Gott je-jetzt Gewollte der Kirche vermitteln zu können" (Theologik III, S.291).

Prophetie kann in der Kirche durchaus in verschiedenen Geistesgaben weiterbestehen, die sich nicht in den paulinischen Katalogen finden. Hierunter wäre einerseits eine echte, im Heiligen Geist ausgebildete *Theologie* zu rechnen, oder andererseits die bei Paulus zwar gegenwärtige, aber noch nicht mit diesem Begriff belegte, Wirklichkeit der *"Mystik"*. Es geht nach Balthasar nicht an, Charismatik und Mystik gegeneinander abzugrenzen. So stellt er heraus, daß die "mystisch" genannten Gründercharismen z.B. von Benedikt, Ignatius von Loyola, Johannes vom Kreuz und Theresa von Avila ebenso "charismatisch", d.h. "zum Nutzen" der Gesamtkirche und der jeweiligen Gemeinschaft gegeben wurden. Gleiches gilt auch für die tiefen Intuitionen großer Kirchenväter wie Origenes, Basilius, Augustinus und großer "Mystikerinnen" wie Hildegards von Bingen, Mechthilds von Hackeborn, Mechthilds von Magdeburgs und einer Juliana von Norwich (Theologik III, S.291f).

135 vgl. BALTHASAR, Hans Urs von: Charis und Charisma, in: ders.: SPONSA VERBI. Skizzen zur Theologie II, Einsiedeln 1961, S.319-331.324

136 "Das Unvergleichliche des Heiligen Geistes, zugleich das Allgemeinste und das Konkreteste sein zu können, prägt der neutestamentlichen Gnade die Eigenart auf, zugleich 'allgemeine' Gnade des mystischen Leibes Christi zu sein - Gnade, die das Individuum in seiner Beschränktheit sprengt und dem Lebenskreislauf des höchsten gott-menschlichen Lebens eingliedert - und 'besondere', persönlichste Gnade als Erhöhung und Vollendung durch den Heiligen Geist gerade jener konkreten Einmaligkeit und Gottebenbildlichkeit des geschaffenen Geistsubjekts. Anders käme der Glaubende nicht in die eschatologische Fülle, sondern allenfalls in einen geistlichen Kommunismus, der unweigerlich seine geistlichen Gaben gefährden müßte" (Charis und Charisma, a.a.O., S.320f).

137 Charis und Charisma, a.a.O., S.321

"'Einem jeden von uns ist die Gnade nach dem Maße (*metron) verliehen, in dem Christus sie ausgeteilt hat' (Eph 4,7; vgl. 4,16: *en metro henos hekastou). 'Jeder nach dem Maß (*metron) des Glaubens, den Gott ihm zugeteilt hat' (Röm 12,3). Die allgemeine, katholische Pistis erscheint an der letztangeführten Stelle geradezu als je-besondert in die Wesenheiten der beondern Sendungen und Aufträge hinein, aber Paulus läßt gleich darauf wiederum das Charisma in die allgemeine Charis transzendieren, indem er beifügt: 'ausgestattet aber mit unterschiedlichen Charismen je nach der uns gegebenen Charis: ist es die Prophetie, so (sollen wir sie üben) nach Analogie der Pistis' (12,6)" (Charis und Charisma, a.a.O., S.321).

138 Charis und Charisma, a.a.O., S.327

"Man kann sagen, daß lebendiger kirchlicher Sinn immer ein Verständnis der geheimnisvollen Analogie zwischen Charis und Charisma ist: für die Unableitbarkeit des Besonderen aus dem
Allgemeinen und für die Darstellung eines Wesenszuges des Allgemeinen in jedem Besonderen. Es
bedarf freilich, um diese Analogie der Gnade festhaltend zu bedenken, eines freien, furchtlosen
Geistes, der nicht bei jedem Windhauch zittert um die kirchliche Einheit oder gar um die Präro-
gativen der hierarchischen Ämter. Es bedarf eines weiten Geistes, der die Spannung, um die es
hier geht, in sich überbrücken kann: zwischen der Besonderheit des ('charismatischen') Privilegs
und der Allgemeinheit jener Gnade, die der Privilegierte - von der Einheit her auf die Einheit hin
- zugunsten der Allgemeinheit darstellt" (Charis und Charisma, a.a.O., S.327f).

139 Charis und Charisma, a.a.O., S.327

"Die Kirche kann die Charismen nicht selber nach ihren wirklichen oder vermeintlichen
Bedürfnissen hervorbringen. Sie kann die fälligen Aufträge, die ihr nötigen Heiligen nicht selbst
produzieren oder bei Gott 'bestellen'. Sie muß sie sich schenken lassen - in ihr offenes Flehen
hinein" (a.a.O., S.327).

140 "Wenn auch alles 'Charismatische' mit dem Gliedcharakter des Einzelnen zusammenhängt und
somit seinen Dienst in der Gemeinschaft unterstreicht, so darf die ihm zuteil gewordene, besondere Gnade deshalb doch keineswegs 'ver-dienstet' und in dieser Weise 'versachlicht' werden. Sie
ist, als Ausprägung des allgemeinen Wesens der Kirche, sosehr die einmalige Zuwendung des gnädigen Gottes an ihn, daß sie unbedingt auch in ihrer Selbstzwecklichkeit gesehen werden muß. Das
Organ des Leibes dient zwar dem Ganzen, ist aber zugleich Entfaltung seiner Fülle, einmalige Gestalt und Schönheit, die auch in der Rückbeziehung auf die Einheit, im Regreß zum Ganzen,
nicht verschwindet, sondern in der 'Vollgestalt des ausgewachsenen Mannes' durchaus erhalten
bleibt" (Charis und Charisma, a.a.O., S.330).

141 vgl. Charis und Charisma, a.a.O., S.327
    Die Setzung in Christus macht eine demokratische Deutung des allgemeinen Priestertums
für Balthasar unmöglich:
    Weil das allgemeine königliche Priestertum des neuen Bundesvolkes in Christus mitgesetzt
ist, "darum ist jede 'demokratische' Deutung dieses allgemeinen Priestertums hinfällig: es hat an der
Wurzel wie den Charakter des Allgemeinen, so den Charakter der je besonderen Ausspendung
von Christus her, also des 'Charisma' (im umfassenden Sinn von 2 Tim 1,6; vgl. 1 Kor 12,28), wodurch beides verbürgt wird: die Christus-Unmittelbarkeit der neuen 'hierarchischen'Ämter, aber
auch eine letzte Übereinkunft aller Charismen, der hierarchisch-amtlichen wie der übrigen, den
Laien zukommenden, in der einen unerforschlich freien Zuteilungsgewalt des Hauptes an die
Glieder (1 Kor 12,5; Eph 4,11f), des Heiligen Geistes an alle 'Charismatiker' (1 Kor 12,11). In
diesem Sinne, und in diesem allein, stammen alle, auch der hierarchischen Gnaden dem einen,
nicht mehr differenzierbaren Schoße des einzigen königlichen und prophetischen Priestertums Jesu
Christi, aus dem alle noch so differenzierten Charismen gleichzeitig als die univoke 'heiligmachende' kirchliche Gnade des allgemeinen königlichen und prophetischen Priestertums der Gläubigen
hervortreten" (Charis und Charisma, a.a.O., S.324).

142 Charis und Charisma, a.a.O., S.326

143 vgl. Theologik III, S.228f
    H.U.v. Balthasar nimmt die Frage der Gemeinsamkeit und Unterschiedenheit von
amtlichem und gemeindlichem Charisma auch im Zusammenhang seiner Ausführungen über die
"objektive" und "subjektive" Gestalt des Geisteswirkens auf (vgl. Theologik, S.282-380).

144 Theologik III, S.229

145 ebd.

146 ebd.
    Daß Geistzeugnis und Kirchenzeugnis nicht einfach identisch oder auch nur gleichge-
ordnet sind, ergibt sich aus dem Geistspruch Joh 16, 26f: "Der Geist wird über mich zeugen, und

auch ihr werdet zeugen". Die Übernahme dieser Hauptaufgabe wird für die Kirche erst möglich, indem sie betend die "Kraft aus der Höhe", die Taufe des Heiligen Geistes empfangen hat (vgl. Theologik III, S.229f).

"Zwischen Amt und Charisma waltet lebendige Analogie. Der nicht-hierarchische Laie ist in der Kirche mit seinem Charisma keineswegs amtlos, und die Hierarchen sind verpflichtet, auch diese in den göttlichen Aufträgen liegenden 'Ämter' wahrzunehmen, anzuerkennen und mit aller Kraft zu entfalten. Ja, sie haben ihr eigenes privilegiertes Amt sosehr auf diese Dienstleistungen der Laien auszurichten, daß sie dieses ihr Amt viel mehr als Charisma denn als Amt auffassen und ausüben müßten: als eine besondere Gnade Gottes zugunsten der andern, die aber täglicher 'Neuentfaltung' bedarf - im Schmelzofen der Demut und Selbsthingabe -, um ihrem Amtscharakter, wenn auch noch so unvollkommen, zu entsprechen und dem Geist des Amtes als den leibhaften Heiligen Geist zu erweisen" (Charis und Charisma, a.a.O., S.331).

147 Theologik III, S.290

148 a.a.O., S.292

149 a.a.O., S.293

150 vgl.: BALTHASAR, Hans Urs von: Theologik III, S.350-355; ders.: Vorerwägungen zur Unterscheidung der Geister, in: ders.: PNEUMA UND INSTITUTION, Skizzen zur Theologie IV, Einsiedeln 1974, S.325-339.325-329

151 vgl. Theologik III, S.357-375

H.U.v. Balthasar ist vertraut mit der spirituellen Tradition der "Unterscheidung der Geister" und skizziert hierzu in der Theologik III zunächst den Dualismus von göttlichem und wiedergöttlichem Geist vom Alten zum Neuen Testament und in der kirchlichen Tradition bis zur Unterscheidung bei Ignatius von Loyola und die dabei angewandten Kriterien (vgl. Theologik III, S.356-362).

152 Als weiterer Themenkreis im Rahmen der "Unterscheidung der Geister" drängt sich H.U.v. Balthasar das Verhältnis zwischen dem Geist Christi und der Macht auf (vgl. Theologik III, S.369-375).

Balthasar geht am biblischen Befund entlang. Auch in dieser Frage ist vom Vorbild Christi auszugehen. Die Macht Christi ist anvertraute Macht. "Diese 'Macht' des Sohnes ist restlos durch die empfangende Beziehung zum Vater bestimmt, so sehr, daß sie auch die paradoxe Form der Kreuzesohnmacht annehmen kann, in der (sub contrario) die Macht, die Welt mit Gott zu versöhnen, ihre vollendete Gestalt annimmt. Hier werden die 'Mächte' dieser Welt 'entmachtet', ihr Fürst entthront" (a.a.O., S.370). Letzte Ohnmacht als höchste Macht wird auch zum Losungswort des Paulus (II Kor 12,9). Die vom Herrn mit geistlicher Vollmacht ausgestatteten Jünger, sollen sich von jeglicher weltlichen Macht entblößen, sie sind wie Schafe unter die Wölfe gesandt (Mt 10). Geistliche Vollmacht ist nicht mit Geld zu kaufen (Act 8,18f). Die Vollmacht der Kirche, zu Binden und zu Lösen, zielt in der Gesinnung Christi auf Heil. "Nirgends ist die Rede davon, daß die Zeugen Jesu... sich weltlicher Macht bedienen sollten, um den geistlichen Bereich der Vollmacht Christi auszudehnen" (a.a.O., S.373). Wenn das Zeugnis an der Weigerung der Welt abprallt, gilt es, einfach weiterzugehen (Mt 10,14). Außerdem st das zugewiesene Arbeitsgebiet nicht zu überschreiten (II Kor 10, 13). Von den Heiligen wird im Zusammenstoß mit der weltlichen Macht vor allem die Standhaftigkeit bis in den Tod gefordert. Mehr als Zeugnis wird von einem Anhänger Jesu nirgends verlangt. Der Freiheit zum Unglauben ist christlich nur durch das überzeugende Beispiel eines totalen Lebenszeugnisses zu begegnen.

Im letzten Punkt wird etwas offensichtlich, was heute selten bedacht wird: "daß nämlich die Kirche im Gegensatz zu den meisten Sekten, keine Propaganda für sich macht. Sie wirbt nicht für sich, läßt vielmehr ihre Zeugnisgabe sich auswirken. Sie überlegt einzig, welche Form ihres Zeugnisses die im Sinne Christi authentischste ist. Nicht die nach weltlichen Maßstäben 'wirksamste'. Das ist eine theologische Feststellung und zugleich eine ernste Warnung im Zeitalter der Propaganda, der Reklame, der Werbungswissenschaft, des Sich-Aufdrängens mit allen Mitteln. Die stärkste Werbekraft der Kirche liegt darin, daß sie überhaupt nicht für sich wirbt. Dieser Satz ist deshalb heute aktuell, weil junge kirchliche 'Bewegungen' (im Gegensatz zu den alten großen Orden, die nur Zeugnis abgelegt haben) eine starke Tendenz haben, für sich selbst zu werben, in der naiven Überzeugnung, im heutigen kirchlichen Durcheinander jeweils die authentische katholische Linie zu vertreten" (a.a.O., S.374).

153 H.U.v. Balthasar kommt im Zusammenhang mit Ausführungen über das Verhältnis von Kirche und Welt auf die Frage der Unterscheidung der Geister in der Weltwirklichkeit zu sprechen. Das Christliche hat auch im politischen und wirtschaftlichen Bereich seine Auswirkungen, obwohl es keine Synthese vom Weltlichen her geben kann, die den eschatologischen Vorbehalt beiseitesetzt. Gerade hier sieht Balthasar ein Wirkungsfeld des Charismas der Unterscheidung der Geister. Er würdigt dabei den Akzent der Arbeit Dantines, für den der Geist die Funktion hat, "alle Kreuzigungsmächte in ihrer makabren Gottlosigkeit und Unmenschlichkeit offenbar zu machen". Der prophetische Dienst der Kirche an der Welt hat sich nach Dantine vor allem durch den erwählten Einzelnen in einem "harten" kritischen Dialog in jeder Weltstunde neu zu vollziehen. Balthasar faßt Dantines Thesen zustimmend zusammen und bringt die Überlegungen auf den Punkt: "Das letzte Kriterium, an dem sich Geistesunterscheidung zu bewähren hat, ist die Frage, ob weltliche Macht sich in den reinen Dienst christlich-machtloser Liebe stellt, oder ob christliche Liebe sich weltlicher Macht bedient, um (angeblich!) zu ihren Zwecken und Zielen zu gelangen" (vgl. Theologik III, S.243-245.244).

154 "Wäre Gott nicht unerfaßlich, so wäre er nicht Gott, sondern ein ideologischer Überbau des menschlichen Geistes. Könnte jedermann Jesus von Nazareth seine Gottessohnschaft unmittelbar ansehen, nachweisen, sie anderen erklären, wie man eine historische Tatsache aufzeigt, so wäre er gewiß nicht die Erscheinung des wesenhaft unfaßlichen Gottes in der Welt, sondern ein bloßes Glied in der Kette der geschichtlichen Ereignisse" (Vorerwägungen, a.a.O., S.325).

155 Vorerwägungen, a.a.O., S.326

Weder innerseelische Vergewisserungsversuche noch kritisch-rationale Analyse können die göttliche Wirklichkeit einfangen und erfahrbar machen. - In der hartnäckig auch in der Kirche erhobenen Forderung nach "Erfahrbarkeit" sieht Balthasar ein unbewußtes Nachgeben gegenüber dem Zeitgeist (vgl. Vorerwägungen, a.a.O., S.326).

156 Vorerwägungen, a.a.O., S.328

157 a.a.O., S.329

158 ebd.

159 a.a.O., S.330

160 vgl.a.a.O., S.331

161 zit. in: Theologik III, S.351

Die Unsicherheit ergibt sich aus der Ähnlichkeit zwischen der natürlichen Liebe und der gnadenhaft gegebenen (caritatis). Auch die Lust (delectatio) beim Vollzug ist kein hinreichender Beweis. Letzte Sicherheit der Unterscheidung von einem bloßen "habitus acquisitus" ist nicht möglich.

162 "Man sollte auch nicht behaupten, die wahrhaft Gerechtfertigten sollten ohne jedes Zweifeln an sich selber feststellen, sie seien gerechtfertigt, ...als ob, wer das nicht glaubte, an Gottes Verheißungen und an der Wirksamkeit des Todes und der Auferstehung Christi zweifelte. Denn wie kein frommer Mensch an Gottes Erbarmen, an Christi Verdienst und an Kraft und Wirksamkeit der Sakramente zweifeln soll, so kann doch jeder, der auf seine eigene Schwäche und Unzulänglichkeit blickt, um seine Begnadung fürchten und sich bekümmern, da keiner mit Gewißheit des Glaubens, die irrtumslos sein müßte, wissen kann, er habe die Gnade Gottes erlangt". DS 1534 (zit. in: Theologik III, S.350)

163 Theologik III, S.352

Balthasar verbindet die Gewißheitsfrage mit den paulinischen Aussagen vom Mit-gestorben- und Mit-auferstanden-Sein mit Christus und nicht mit der Rechtfertigung des Sünders. Damit umgeht er die scharfe Fragestellung der Reformation. Im Ersten Johannesbrief sieht er das durch die "Salbung" gegebene unmittelbare Wissen gepaart mit sehr konkreten Bedingungen des christlichen Wandels.

164 ebd.

165 vgl. a.a.O., S.352-354

166 "Religiöse Erfahrung erscheint als eine in besonderer Weise strukturierte Erfahrung; unmögich kann von ihr als einer elementaren und einfachen gesprochen werden. Vor allem geht es nicht an, sie in die Sphäre des Gefühls (sentir) einzuschließen" (zit. in: Theologik III, S.352). - Mouroux nennt als Negativbeispiele den Messalianismus, Lutheranismus und Quietismus.

167 Theologik III, S.353

168 ebd.

169 a.a.O., S.354

170 vgl. a.a.O., S.354f

171 a.a.O., S.355

172 ebd.

173 Vorerwägungen, a.a.O., S.336

H.U.v. Balthasar wendet das Kriterium der Nichterfahrbarkeit, des Nicht-Erfolgs auch auf das Bemühen um christliche Weltgestaltung, um Frieden und soziale Gerechtigkeit an. Nach manchen läßt sich nur in dieser Art praktischer Umsetzung der Geist Christi feststellen. Im Sinn der Geistunterscheidung sagt Balthasar hierzu: "Solange die Anstrengung, dem Christlichen in der Welt Gestalt zu verleihen, den Christen beseelt, ist er auf dem Weg Christ; wenn ihm aber der Erfolg dieser Anstrengung zum Maßstab wird, weicht er ab" (Vorerwägungen, a.a.O., S. 338). Er erinnert an die atl. Kriterien für echte Prophetie, wo die wahren Propheten meist das Unerwünschte anzukündigen hatten und selbst erfolgreiche Zeichen und Wunder der falschen Friedensropheten nicht zur Beglaubigung genügen (Dtn 13,2-5): "Auch heute können solche Erfolgszeichen eine Erprobung der Gläubigen von Gott her sein... Wieder muß alles durch das Feuer eines grundsätzlichen Verzichts hindurch, um christlich glaubhaft zu werden: das war der Sinn der Versuchungen Jesu in der Wüste. Diese sind auch die wesentlichen, bleibenden Versuchungen der Kirche..." (ebd.).

Für Balthasar ist eine Reduktion des Missionsauftrags auf Entwicklungshilfe und die darin sich äußernde "humane" Gesinnung nicht statthaft: "Denn einzig die Glaubenswerte könnten den Völkern erlauben, mit den gefährlichen 'Kulturwerten' halbwegs fertig zu werden" (a.a.O., S.339).

"Der Christ ist zu jeder Anstrengung aufgerufen, das Elend der Welt, Krieg, Hunger, Unmoral, dumpfe Verzweiflung zu bekämpfen; einen durchschlagenden Erfolg seiner Anstrengungen zu erwarten, wäre aber schon wieder unchristlich...Keine Rede kann davon sein, daß das Kreuz Christi, das auch seiner Kirche mitzutragen auferlegt ist, an Aktualität verlieren könnte" (ebd.).

Auch im Bereich der Weltgestaltung ist an die Kennmale des Heiligen Geistes zu erinnern, der sich aus einer doppelten Hingabe werden läßt: "Allmächtigkeit und Verletzlichkeit der Liebe widersprechen einander nicht, so wie auch die Menschwerdung dieser Liebe, ihre Kreuzigung und Auferstehung einander nicht aufheben" (ebd.).

174 ebd.

"Glaube heißt: Du, Gott, hast auf jeden Fall recht, auch wenn ich es nicht einsehe oder vielleicht das Gegenteil wahrhaben möchte. Hoffnung heißt: in Dir, Gott, habe ich allein sinnvollen Bestand, und dafür lasse ich alle Selbstversicherung fahren. Liebe heißt: alle meine Kraft und mein ganzes Gemüt strengt sich an, Dich, Gott zu bejahen (und mich nur in Dir) und jene Menschen, die Du mir zu 'Nächsten' zugewiesen hast" (Vorerwägungen, a.a.O., S.336f).

175 a.a.O., S.337

176 ebd.

177 a.a.O., S.338

178 vgl. BALTHASAR, Hans Urs von: Kriterien, in: ders.: KLARSTELLUNGEN. Zur Prüfung der Geister, HerBü 393, Freiburg 1971, S.17-25.17f (= dass. als Neudruck mit gleichen Seitenzahlen, Einsiedeln 1978)

"Trübes läßt sich nur durch Unterscheidung klären. Wo aber letztes geklärt werden muß, wo es um Sein oder Nichtsein des Menschen vor Gott geht: wer will da unterscheiden können außer im Heiligen Geist? Dieser ist ein scharfer, schneidender Wind, der uns das Zähneklappern beibringen kann. Auch ein sengendes Feuer, der manchem, wenn er als Flammenzunge auf ihn herabkäme, das Gehirn ausbrennen würde. Und wer wird sich vermessen, zu behaupten, er habe den Geist? Fronten pachten ihn nicht, er fegt durch Spruch und Widerspruch. Vertreter der Tradition können geistlos vertrocknet sein; Vertreter der Progression können ins Leere voranmarschieren. Keine Partei fängt die himmlische Taube für sich ein. Sie kommt und geht. Sie schwebt herab, aber sie setzt sich nicht. 'Der Geistbraus stürmt, wo er will'" (a.a.O., S.17).

179 Kriterien, a.a.O., S.18

180 Kriterien, a.a.O., S.25

181 Vorerwägungen, a.a.O., S.333

182 vgl. a.a.O., S.332f

183 a.a.O., S.333

184 Kriterien, a.a.O., S.18

185 ebd.

H.U.v. Balthasar wendet dieses Kriterium auf den Kanzelredner oder den Theologieprofessor an:
"Das menschlich Geistvolle kann nach zwei Richtungen gezogen werden. In der einen stellt es sich helfend und selbstlos zur Verfügung, reiht sich ein, um die große Bürde des Allgemeinen an einer kleinen Stelle zu bewegen. In der andern will es, unter dem Vorwand des Weiterhelfens, dominieren: die Stimme wird herrisch, die Sprache magisch, der Gestus zwingend, der Gedanke mitreißend. Am Reißen in all seinen Formen - vom Hinreißen bis zum Zerreißen - erkennt man diesen Geist..." (Kriterien, a.a.O., S.18f)

186 "Was dem Wesen nach leise ist, kann auf eine Lautstärke gebracht werden, die das Wesen unkenntlich macht. Überraschend, wie das gleiche Wort, geflüstert oder gebrüllt, das genaue Gegenteil aussagen kann. Der Heilige Geist ist immer auch atmosphärisch. Die Wahrheit 'liegt in der Luft'. Das Klima entscheidet, auch in Theologie und Verkündigung, in der Art, wie Christen ihren Glauben leben" (Kriterien, a.a.O., S.19).

187 vgl. Kriterien, a.a.O., S.19-21.21

"Es gibt den Geist der Banalisierung, der nicht rastet, bis er das Außerordentliche, das mir zunächst nicht gehört, das ich mir schenken lassen muß, zu einem Ordentlichen, immer schon der Allgemeinheit Gehörigen herabnivelliert" (a.a.O., S.21)

188 Kriterien, a.a.O., S.21

189 a.a.O., S.21-23

190 a.a.O., S.22 (Hervorhebungen O.F.)

"In der Preisgabe alles eigenen Planens an den unfaßlichen Willen des Vaters, im Gehorsam mitten in der geistigen Nacht, im Geführtwerden 'wohin du nicht willst', im Versinken des Weizenkorns in der Erde liegt das Prinzip einer neuen, weltlich unbegreiflichen, in keiner Erfolgsrechnung zu buchenden Fruchtbarkeit... immer ist es das gleiche Prinzip: das Übersteigen der eigenen Zwecksetzung, das Angebot alles Persönlichen, damit Gott darüber verfüge: hier ist christliche Fruchtbarkeit, angeschlossen an die Fruchtbarkeit des gekreuzigten Christus: 'Ohne mich könnt ihr nichts tun', und was ihr tun könnt, das wird, wenn es echt ist, immer irgendwo das Zeichen meiner irdischen Vergeblichkeit tragen" (Kriterien, a.a.O., S.22).

191 vgl. Kriterien, a.a.O., S.23-25

"Das Wort ist Fleisch geworden und damit schwer...: das Christliche hat ein Schwergewicht, einen Realitätstgrad, einen Ernst, der nicht überbietbar ist... Gottes Liebesfülle zeigt sich uns im Christusereignis mit eschatologischem Gewicht. Es ist unmöglich, nach irgendeiner Richtung etwas zu ersinnen, was gewichtiger, gehaltvoller, erfüllender wäre. Unterscheidung und Einigung zwischen Gott und der Welt geschehen vollkommen. Gottes Gnade und des Menschen Freiheit spielen vollkommen ineinander. Gott erhält die ganze Ehre, die das Absolute erhalten muß, und dem Menschen wird kein bißchen seine Würde entzogen. In Christus sind Gottes- und Nächstenliebe vollkommen eins, da er selbst (in seiner Liebe zum Vater) der vollkommene Ausdruck der Liebe des Vaters zu uns ist und sich für uns alle - bis in unsere höllischen Verlorenheiten - dahingibt. Was sich sonst noch an 'Mysterien des Christentums' um diese zentrale Figur legt - etwa Gottes Dreieinigkeit (bis zur Zerspanntheit am Kreuz) oder Auferstehung als Bejahung des gesamten leibseelischen Menschen in Gott, personal und weltgeschichtlich sozial, oder Eucharistie in ihrem notwendig inkarnierten, realistischen Verständnis, oder sogar Jungfrauengeburt (deren theologische Stimmigkeit hier nicht demonstriert werden soll), oder die Kirche als raler Leib und als 'Braut' Christi - dies alles und noch manches andere gehört zum eschatologischen Schwergewicht der handelnden Selbsthingabe Gottes an die Welt" (Kriterien, a.a.O., S.23f).

Auch in der THEOLOGIK III taucht das Inkarnatorische als Kennzeichen des Heiligen Geistes auf. Der Geist ist an der Fleischwerdung des Wortes maßgeblich beteiligt, durchgeistet dieses schon vor der Auferstehung und macht es schließlich unendlich verströmbar. Aber er löst es dabei nicht in Geist auf. Mit Verweis auf I Joh 2,23;4,2f;5,6-8 nennt Balthasar als grundlegendes Unterscheidungsmerkmal für christlichen und antichristlichen Geist: Der Geist, der Jesus auflöst, stammt nicht aus Gott. Das Zeugnis des Heiligen Geistes ist immer inkarnatorisch. "Alles desinkarnierende, idealistische Vergeistigen ist antichristlich... Jede leibflüchtige Philosophie, Theologie, Mystik ist somit von vornherein als antichristlich entlarvt" (Theologik III, S.227).

192 Kriterien, a.a.O., S.24

Im Unterschied zu anderen Religionen, kann man aus dem Organismus des Christentums kein Wesensstück herausbrechen, ohne daß das Ganze einstürzt (vgl. Kriterien, a.a.O., S.24f): "Entfernt man aus der christlichen Synthese die Auferstehung, das 'Für-uns' des Kreuzes oder die Gottessohnschaft Jesu, so bleibt nichts übrig, außer durch ein Mißverständnis, das man mit den Pflästerchen der historischen Kritik oder durch ungenaues Hinsehen oder eine gewisse religiöse Sentimentalität oder Traditionalismus versuchsweise kaschieren kann. Auch der ökumenische Gestaltenreichtum spricht nicht gegen das Entweder-Oder von Wesen und Unwesen, Gestalt oder Ungestalt. Wer Jesus zu einem 'Propheten' oder 'Weltweisen' degradiert, widersetzt sich der Grundaussage des Evangeliums, und dann mogelt er entweder selbst oder stellt die Verfasser desselben (und vielleicht dessen Hauptgestalt) als Fälscher hin" (Kriterien, a.a.O., S.25).

193 vgl. Theologik III, S.362-369

Bei Paulus kann die Unterscheidung der Geister einerseits als besonderes Charisma auftreten, andererseits wird das Unterscheiden-Können im Geist von der Gemeinde als ganzer erwartet (I Kor 14,29; I Thess 5,21; I Joh 4,1; Did 11) (Theologik III, S.363).

194 Theologik III, S.363 (vgl. auch ders.: Vorerwägungen, a.a.O., S.336-338)

"Ferner besteht die Tendenz zu betonten Geist- oder Pfingstkirchen, heute auch in der Catholica, und diese weisen sich zweifellos durch erstaunliche Phänomene geistlicher Erneuerung, durch Eifer im Gebet und apostolische Einsatzbereitschaft aus. Charismatische Gnaden, die denen der Urkirche gleichen, blühen in ihnen und werden von ihnen oft mit echter Diskretion behandelt. Aber auch diese Kirchen müssen als ganze der Unterscheidung der Geister unterworfen werden, zumal dort, wo bewußt oder unbewußt eine Direktheit der Geisterfahrung behauptet oder gar angestrebt wird" (Vorerwägungen, a.a.O., S.336).

195 vgl. Theologik III, S.362f

196 vgl. a.a.O., S.363

H.U.v. Balthasar weiß um die Vorteile solcher kleiner Gruppen: "Als Gemeinschaft, die sich durch gegenseitige Stärkung und Anregung wirksam und fruchtbar erweist, dort wo eine traditionelle Gemeinde in ihren unorganischen Gottesdiensten und Pfarrvereinen sich selbst und der Umwelt unglaubhaft bleibt. Die kleine Gruppe ist nicht nur beweglicher, sondern phantasievoller: sie findet im wehenden Geist die neuen, zeitgemäßen Aufgaben, sie gewinnt in der gegenseitigen Anregung der Glieder die Initiative, das Geplante durchzuführen" (Vorerwägungen, a.a.O., S.335).

197 "Die Frage an solche Gruppen ist, ob sie bereit sind, sich als Glieder der Catholica zu verstehen und auf dieses Eine und Ganze hin auszurichten und zu übersteigen, das die Kirche Christi auch ihrer irdisch-sichtbaren Struktur nach sein muß, die nicht nur 'ein Geist', sondern auch 'ein Leib'(Eph 4,4) ist. Aufgrund der einen eucharistischen Hingabe Christi, der die Gruppe, die Pfarrei und jede Ortskirche beseelt, sind wir doch 'durch einen Geist alle in einen Leib hineingetauft', um so wieder 'alle mit dem einen Geist getränkt' zu werden (I Kor 12, 13)" (Vorerwägungen, a.a.O., S.335f).

198 Vorerwägungen, a.a.O., S.336

199 Vorerwägungen, a.a.O., S.336

200 vgl. Theologik III, S.363 (Hier bezieht sich H.U.v. Balthasar auf ein Diktum Yves Congars).

201 So z.B. N.Baumert und F.A.Sullivan; vgl. Theologik III, S.363, Anm.60

202 vgl. Theologik III, S.366

203 a.a.O., S.363

204 vgl. a.a.O., S.364

205 vgl. a.a.O., S.364f

206 a.a.O., S.365

207 ebd.

208 zit. a.a.O., S.365, Anm.70

209 a.a.O., S.366

210 Balthasar sieht dieses von Lukas stilisiert (ebd.)

211 THEOLOGIK III, S.366

212 ebd. (vgl. hierzu auch BALTHASAR, Hans Urs von: Alle Wege führen zum Kreuz, in: IKaZ 9/1980, S.333-342.339f)

213 ebd.

214 zit. a.a.o., S.367

215 H.U.v. Balthasar macht diese Aussagen im Zusammenhang mit Überlegungen zur Mystik (BALTHASAR, Hans Urs von: Zur Ortsbestimmung christlicher Mystik, in: ders.: PNEUMA UND INSTITUTION. Skizzen zur Theologie IV, Einsiedeln 1974, S.298-324.320)

"Die christliche Liebe hat konkret die Färbung des Weges Christi; auf diesem Weg kann es zu verschiedensten Formen der Erfahrungsintensität kommen; aber nicht der Intensitätsgrad liefert den Maßstab. Die Gesinnungsreinheit ist dieser Maßstab, und sie äußert sich genauso in schlichter weltlicher Aktion oder Orthopraxie wie in Kontemplation. Die Geschichte der christlichen Mystik kennt Mystikerinnen, die mit höchster subjektiver Intensität das Leiden Christi miterlebt haben; aber wieviel war an dieser Intensität echter Auftrag, wieviel subjektive Aufsteigerung, vielleicht sogar Begierlichkeit, eine Ausnahmerolle zu spielen?" (a.a.O., S.320f).

216 Theologik III, S.367

217 a.a.O., S.367f

218 a.a.O., S.368

219 ebd.

220 a.a.O., S.368

221 ebd.

222 a.a.O., S.369

223 ebd.

224 Wie der Heilige Geist schon in Gott "die Einheit des Gegenständigen in der Freiheit der Liebe" ist, "so will er kraft dieser freien, ewigen Liebesgewalt das für die Menschen unbewältigbar Auseinanderklaffende ohne Gewalttätigkeit vereinen: das unabgeschwächte Mysterium des Kreuzes mit den reifenden, sich weitenden Gesetzen der Schöpfung. Die Einigungen des Geistes sind immer solche der Freiheit und Liebe, nicht solche intellektuell absehbarer 'Aufhebungen'und 'Synthesen'; sie fordern deshalb den Christen immer neu in die Sichtlosigkeit des Sendungsgehorsams hinaus, um ihm dort einen Weg zu öffnen, den er mit bloßer Vernunft nicht zu finden vermöchte" (BALTHASAR, Hans Urs von: Summa Summarum, in: ders.: SPIRITUS CREATOR, S.322-344.341)
   Als "Geist der Wahrheit, der in alle Wahrheit einführt" (Joh 16,13) deckt der Heilige Geist immer zuerst die Abgründe der gefallenen Wirklichkeit und die Tiefe des Kreuzesgeschehens auf. Er überführt die Welt von der Sünde, von der Gerechtigkeit und vom Gericht (Joh 16,8).
   "Er kann 'Tröster' erst sein, nachdem er 'Anwalt vor Gericht' war, er kann einen erst, nachdem er als ewiger Geist die 'Unterscheidung der Geister' (1 Kor 12,10; Hebr 5,14) durchgeführt hat. Erste Wirkung des Geistes ist ein Sensorium für Sünde, unabdingbare Voraussetzung für das Sensorium für Kreuz und Gnade (der 'zermalmte Geist' führt zum 'gefestigten Geist', zum 'Heiligen Geist in mir' und so zum 'großmütigen Geist' Ps 51, 19.12.13.14). Deshalb braucht der Christ immer neu die Erfahrung des 'Verfluchtseins' (Mt 5,11), insbesondere der gesendete und verkündende Christ (1 Kor 4,12), um in der Nachfolge des 'Verfluchten am Holz' (Gal 3,13) zu verstehen, was wahrhaft Gesegnetsein und Segnen bedeutet. Der Geist der Wahrheit ist als erstes der Geist des Ärgernisses... Wer die(se) aufgerichteten Zeichen Gottes nicht beachtet und überführt, wird des Christlichen in der Welt nicht ansichtig, und seine Versöhnungsversuche können nicht innerhalb des Heiligen Geistes getan sein" (a.a.O., S.341f).

225 Zur Diskussion um das Verhältnis von Amt/Wort und Geist vgl.: HÄRING, Hermann: Der Geist als Legitimationsinstanz des Amtes, in: CONCILIUM (D), 15 (1979), S.534-539; MEYER, Harding: Amt und Geist: Protestantische Stellungnahme, in: CONCILIUM (D), 15 (1979), S.539-544; MONDIN, Battista: Der Heilige Geist als Legitimation des Papstamtes, in: CONCILIUM (D), 15 (1979), S.529-533; SCHÜTZ, Christian: Einführung in die Pneumatologie, S.265-270.

ANMERKUNGEN: *B.3 Heribert Mühlen*

1   Kurzcharakterisierung angeregt durch M. Plathow (PLATHOW, Michael: Heiliger Geist - Hoffnung der Schwachen, Hannover 1985, S.70). Was sich bei der Durchsicht der Literatur weiterführend ergab, bestätigt die Besprechung von Mühlens Buch "NEU MIT GOTT. Einübung in christliches Leben und Zeugnis", in der O.B. Knoch Heribert Mühlen als "theologischen Vorkämpfer für Erneuerung der Volkskirche aus der Kraft des Glaubens, der Gnadengemeinschaft der Kirchen und ihrer Sakramente" bezeichnet (KNOCH, Otto B.: Wegweiser. Zu dem Buch "Neu mit Gott", in: ERNEUERUNG IN KIRCHE UND GESELLSCHAFT, Heft 45, IV./1990, S.57).

2   SCHÜTZ, Chr.: Einführung in die Pneumatologie, S.134

3   H. Mühlen hat in seinen Veröffentlichungen im Rahmen der charismatischen Erneuerung die Frage nach der "UdG" mehrfach aufgenommen (vgl.: MÜHLEN, Heribert: Einübung in die christliche Grunderfahrung, Erster Teil: Lehre und Zuspruch (Unter Mitarbeit von BITTLINGER, Arnold/ GRIESE, Erhard/ KIESSIG, Manfred), Mainz 1978[5] (= Einübung I), S.167-196; ders.: Einübung in die christliche Grunderfahrung, Zweiter Teil: Gebet und Erwartung (Unter Mitarbeit von BITTLINGER, Arnold/ GRIESE, Erhard/ KIESSIG, Manfred), Mainz 1978[5] (= Einübung II), S.123-142; ders.: Die Erneuerung des christlichen Glaubens. Charisma-Geist-Befreiung, München 1974, S.99-107; MÜHLEN, Heribert/ KOPP, Otto: Ist Gott unter uns oder nicht?, Paderborn 1978[2], S.71-76; MÜHLEN, H.: Leitlinien der Gemeindeerneuerung - Eine Zusammenfassung, in: HEIN, L./ Hg.: DIE EINHEIT DER KIRCHE. Dimensionen ihrer Heiligkeit, Katholizität und Apostolizität, Festgabe Peter MEINHOLD zum 70.Geburtstag, Wiesbaden 1977, S.233f).
       Am stärksten theologisch bedacht hat er die Thematik in dem Aufsatz "Der gegenwärtige Aufbruch der Geisterfahrung und die Unterscheidung der Geister" (MÜHLEN, Heribert: Der gegenwärtige Aufbruch der Geisterfahrung und die Unterscheidung der Geister, in: KASPER, Walter/ Hg.: GEGENWART DES GEISTES. Aspekte der Pneumatologie, QD 85, Freiburg/ Basel/ Wien 1979, S.24-53).
       Grundsätzliche Aspekte und seelsorgerlich-pastorale Überlegungen finden sich in dem Beitrag "Erfahrung des Bösen und Unterscheidung der Geister" (MÜHLEN, Heribert: Erfahrung des Bösen und Unterscheidung der Geister. Auf dem Weg zu einer neuen Pastoral der Befreiung, in: ERNEUERUNG IN KIRCHE UND GESELLSCHAFT, Heft 21, 4/1984, S.9-18).

4   MÜHLEN, Heribert: Einleitung, in: ders. (Hg.): Geistesgaben heute, Topos-TB 116, S.7-11.9

5   Zur Pneumatologie H. Mühlens vgl.: BANAWIRATMA, Johannes B.: Der Heilige Geist in der Theologie von Heribert Mühlen. Versuch einer Darstellung und Würdigung, EHS.T 159, Frankfurt a.M./ Bern 1981; CONGAR, Y.: Der Heilige Geist, S.39-42; MÜHLEN, Heribert: Der Heilige Geist als Person. In der Trinität, bei der Inkarnation und im Gnadenbund: Ich - Du - Wir, MBTh 26, Münster 1988[5]; ders.: Una Mystica Persona. Die Kirche als Mysterium der heilsgeschichtlichen Identität des heiligen Geistes in Christus und den Christen: Eine Person in vielen Personen, München/ Paderborn/ Wien 1967[2]; SCHÜTZ, Chr.: Einführung in die Pneumatologie, S.134-136

6   "Mit 'Personologie' ist dabei jedoch nicht etwa gemeint: Wissenschaft von der Person, so wie Biologie bedeutet: Wissenschaft vom Leben usw.; vielmehr ist gemeint, daß die Person sich selbst als sie selbst im Wort (*logos) offenbar macht und so einen Zugang zu sich ermöglicht" (MÜHLEN, Heribert: Das Vorverständnis von Person und die evangelisch-katholische Differenz, Münster 1965, S.46 Anm.116).

7   vgl. BANAWIRATMA, J.B.: a.a.O., S.7-9

8   vgl. BANAWIRATMA, J.B.: a.a.O., S.82

       "Die für die Pneumatologie grundlegende philosophische Rückfrage geht deshalb nach den apriorischen Bedingungen der Möglichkeit von Erfahrung überhaupt in der frühkindlichen Wir-Erfahrung sowie in der urmenschlichen Gemeinschaftserfahrung. Dieser Denkweg wird durch die weltweite Sozialisation aller Menschen der technisch-industriellen Kultur des 20.Jahrhundert unausweichlich: Die neuzeitliche 'Wende zum Subjekt', zum 'Ich', wird fortschreitend überboten durch die Wende zum 'Wir' aller Menschen: Nicht 'Sein' sondern 'Wir' ist das unthematisch Ersterfahrene, und Wir-sein ist in jeder Hinsicht früher als Ding-sein. Sein ist das Allgemeinste, aber das allgemeine Seins-Verständnis ist begründet im Konkretesten, im Wir. Damit

eröffnet sich der Erfahrungsund Denkhorizont, innerhalb dessen Pneumatologie, d.h. die Reflexion der im Neuen Testament niedergelegten Geist-Erfahrung als christlicher Urerfahrung, theologiegeschichtlich erst möglich wird" (MÜHLEN, H.: Art. "Pneumatologie", in: ÖL², S.971).

9 Zu Mühlens Akzentsetzungen auch: MÜHLEN, Heribert: Das Christusereignis als Tat des
Heiligen Geistes, in: FEINER, Johannes/ LÖHRER, Magnus (Hg.): MYSTERIUM SALUTIS, Bd.
III/2: Das Christusereignis, Einsiedeln/ Zürich/ Köln, S.513-545; ders.: Die Erneuerung des christ-
lichen Glaubens. Charisma-Geist-Befreiung, München 1974, S.162-206; ders.: Die Geisterfahrung
als Erneuerung der Kirche, in: DILSCHNEIDER, Otto A. (Hg.): Theologie des Geistes,
Gütersloh 1980, S.69-94; ders.: Art. "Pneumatologie", in: ÖL², S.970-972; ders.: Pneumatologie
am Beginn einer neuen Epoche, in: HEITMANN, Claus/ SCHMELZER, Fidelis (Hg.): IM HORI-
ZONT DES GEISTES. Antwort auf eine Krise, Hamburg/ Paderborn 1971, S.48-65

10 vgl.: Der Heilige Geist als Person, S.26-82; BANAWIRATMA, J.M: a.a.O., S.6-10

11 Der Heilige Geist als Person, S.22

12 MÜHLEN, Heribert: Der Heilige Geist als Person, S.XXIV-XXVIII.XXV

13 Der Heilige Geist als Person, S.85-136.136-169; vgl. auch BANAWIRATMA, J.B.: a.a.O., S.15-38

14 Der Heilige Geist als Person, S.328

H. Mühlen unterscheidet innerhalb der göttlichen Wir-Gemeinschaft eine zweifache Form der
Perichorese: "Das wechselseitige Ineinandersein von Vater und Sohn, welches zum Urmodus des
'Ich-Du' gehört, und das wechselseitige Ineinandersein von Vater und Sohn einerseits und Hl.
Geist andererseits, welches die Fülle und Vollendung des 'Ich-Du' im 'Wir' ist. Man kann dies
formal etwa so ausdrücken: In der Perichorese zwischen Vater und Sohn ist jeweils *eine* Person in
einer anderen, in der Perichorese zwischen dem Hl. Geist einerseits und Vater und Sohn andererseits ist *eine* Person in *zwei* Personen zugleich. Sicherlich ist auf Grund der Perichorese aller drei
göttlichen Personen auch der Vater im Sohne und im Hl. Geiste zugleich, und der Sohn ist im
Vater und im Hl.Geiste zugleich. Die besondere Stellung des Hl.Geistes in der Trinität zeigt sich
aber gerade darin, daß er auf Grund seiner Konstitution als Person im Vater und im Sohne zugleich ist... Der Vater und der Sohn sind... nicht jeweils auf Grund ihrer *Konstitution als Person* im
Hl.Geiste, sondern auf Grund der Einheit der göttlichen Natur. Der Hl.Geist dagegen ist in den beiden anderen Personen auf Grund seiner ihn konstituierenden Relation zu beiden zugleich. Der
Heilige Geist ist als Person *EINE PERSON IN ZWEI PERSONEN*" (Der Heilige Geist als Person,
S.164).

15 MÜHLEN, H.: Soziale Geisterfahrung als Antwort auf eine einseitige Gotteslehre, in:
HEITMANN, Cl./ MÜHLEN, H. (Hg.): ERFAHRUNG UND THEOLOGIE DES HEILIGEN GEI-
STES, S.263

16 MÜHLEN, H.: Neu mit Gott. Einübung in christliches Leben und Zeugnis, Freiburg/ Basel/
Wien 1990, S.326

17 vgl.: Der Heilige Geist als Person, S.171-240; BANAWIRATMA, J.B.: a.a.O., S.41-61.178-182

Mit dieser Akzentuierung des In-Erscheinung-Tretens des Geistes bei der Salbung Jesu entsteht eine Spannung zu den ntl. Aussagen der Geisteswirkung bei der Inkarnation. Bei Mühlen
entsteht der Eindruck, der Heilige Geist habe bei der Menschwerdung keine aktive Funktion und
diese sei mehr oder weniger isoliert die Sache des Sohnes. Demgegenüber heben W. Kasper und
H.U.v. Balthasar die aktive Rolle des Heiligen Geistes in allen Stadien der Geschichte Jesu
hervor (vgl. BANAWIRATMA, J.B.: a.a.O., S.178-182)
Mühlen faßt trinitätstheologisch zusammen: "1. Der Sohn übt in der Heilsökonomie *zwei*
hypostatische Funktionen aus: a) Er macht *eine* menschliche Natur personhaft und steht zu ihr in
einem *Verhältnis von Person zu Natur.* - b) Er sendet im ersten zeitlichen Augenblick der Inkarnation
(mit dem Vater gemeinsam) in diese seine personhafte menschliche Natur den Hl. Geist. Als
so konstituiertes neues Haupt der Menschheit sendet er (nach seiner Auferstehung) diesen Hl.
Geist als *seinen* Hl. Geist dann auch in die Kirche. - 2. Der Hl.Geist übt in der Heilsökonomie
nur *eine* hypostatische Funktion aus: Er teilt sich als vom Vater und vom Sohne gesandte der
personhaften menschlichen Natur Jesu mit und vermittelt so die Mitteilung der geschaffenen

Gnaden an diese. Die Sendung des Hl.Geistes in die Menschheit Jesu setzt sich heilsgeschichtlich fort in der Kirche. Der Hl.Geist verbindet dabei viele Personen mit Christus und untereinander. Er steht zu ihnen in einem *Verhältnis von Person zu Person*" (Der Heilige Geist als Person, S.240).

18 Der Heilige Geist als Person, S.24

19 Der Heilige Geist als Person, S.195f

H. Mühlen will nach Congar mit der Betonung der Nichtidentität der Salbung mit der Inkarnation nicht aussagen, daß die Heiligung Christi nicht schon bei seiner Empfängnis stattgefunden habe, sondern daß sie nicht der hypostatischen Union als solcher, d.h. der Sendung des Logos, sondern dem Heiligen Geist zuzuschreiben ist. Dies stimmt mit dem Dogma des Trinitätsmysteriums überein, das dem Logos die hypostatische Union zuschreibt, dem Geist die "formatio corporis" und die Heiligung der von Maria empfangenen Frucht. Die Heiligung beinhaltet die absolute Fülle der geschaffenen Gnaden. Thomas von Aquin unterscheidet zwei Momente, die der Logik und Natur nach, nicht jedoch der Zeit nach, aufeinander folgen: 1) die Annahme der Menschennatur durch den Logos; 2) die Überhäufung des Gottmenschen mit der Fülle der Gnadengaben (vgl. CONGAR, Y.: Der Heilige Geist, S.41). - Congar sieht eine gewisse "analoge Abfolge" auch in der Kirche gegeben: "Sind nicht die Zwölfe zunächst von Jesus eingesetzt (vgl. Mk 3,14) und sodann durch den Pfingstgeist geheiligt und beseelt worden? Und so erfolgt auch zuerst die Einsetzung der Sakramente, die Botschaft des Evangeliums und darnach die Aktualisierung der Gaben des Bundes durch den Geist" (ebd.). Dieses in der Vätertradition bekannte Schema findet z.B. in der Sakramententheologie Anwendung bei dem Paar Taufe-Firmung und bei der Konsekration der eucharistischen Gaben durch die Einsetzungsworte und die Epiklese.

20 Der Heilige Geist als Person, S.196

21 BANAWIRATMA, J.B.: a.a.O., S.79

22 a.a.O., S.240

23 vgl: Der Heilige Geist als Person, S.241-306; BANAWIRATMA, J.B.: a.a.O., S.62-81

24 Der Heilige Geist als Person, S.24

25 Der Heilige Geist als Person, S.295

26 vgl. Una Mystica Persona, S.445-451

27 vgl. Una Mystica Persona, S.452-461

28 vgl. Una Mystica Persona, S.119-172; zur Kritik vgl.: BALTHASAR, Hans Urs von: THEOLOGIK, Band 3: Der Geist der Wahrheit, Einsiedeln 1987, S.263-267

29 vgl.: Una Mystica Persona, S.173-286; BANAWIRATMA, J.B.: a.a.O., S.82-114

30 vgl. BANAWIRATMA, J.B.: a.a.O., S.172-177

31 vgl. ROTZETTER, Anton: Pneumatologie und Spiritualität in der neueren Theologie. Versuch einer Bilanz, in: THEOLOGISCHE BERICHTE XVI: Pneumatologie und Spiritualität, Zürich 1987, S.53-89.57

32 vgl.: MÜHLEN, Heribert: Soziale Geisterfahrung als Antwort auf eine einseitige Gotteslehre, in: HEITMANN, Claus/ MÜHLEN, Heribert (Hg.): ERFAHRUNG UND THEOLOGIE DES GEISTES, Hamburg/ München 1974, S.253-272); ders.: Die Geisterfahrung als Erneuerung der Kirche, in: DILSCHNEIDER, O. (Hg.): THEOLOGIE DES GEISTES, S.91-94 - (vgl. hierzu auch MOLTMANN, Jürgen: Trinität und Reich Gottes. Zur Gotteslehre, München 1986², S.144-168.207-239)

33 Soziale Geisterfahrung, a.a.O., S.257

34 Soziale Geisterfahrung, a.a.O., S.259

35 "Geisterfahrung ist gleichursprünglich die Erfahrung des dualen Wir und die Erfahrung von dessen geschichtlicher Inexistenz im pluralen Wir der Jünger Jesu. Insofern sich uns das duale göttliche Wir im Modus des Kreuzes als Selbstweggabe, als Selbstüberschreitung geoffenbart hat, ist Geisterfahrung zugleich immer auch die Erfahrung der göttlichen Selbstüberschreitung in uns, in der doppelt einen Sinnrichtung: Durch Christus auf den Vater und auf die Mitmenschen hin" (Soziale Geisterfahrung, a.a.O., S.267).

"Wenn die Trinitätslehre ursprünglich bei diesem göttlichen Wir-Akt einsetzen würde, wie er sich im Kreuzesgeschehen als der im Vater und im Sohn identische Akt der Selbstweggabe gezeigt hat, dann wäre eine Unterscheidung zwischen der Lehre von dem einen Gott und der Lehre von der Trinität nicht mehr notwendig, ja, gar nicht mehr möglich, und dann wäre die sogenannte 'innere' Trinität vom allerersten Ansatz her zugleich als die 'heilsökonomische' Trinität beschrieben. Nicht nur die klassische Zwei-Naturen-Lehre in der Christologie könnte dann von einem genuin trinitarischen Verständnis der Inkarnation her neu interpretiert werden, sondern auch die Lehre von der Kirche, von den Sakramenten, vom kirchlichen Amt, und vieles andere wäre von vornherein in diesem pneumatologischen Zusammenhang zu sehen. Das eine und selbe Pneuma, der eine und selbe Wir-Akt der Selbstweggabe in Gott, in Christus und in der Kirche ist dann die umfassende Klammer der gesamten Theologie, ganz abgesehen davon, daß sich diese ja immer nur 'im Geist' vollziehen kann" (Soziale Geisterfahrung, a.a.O., S.272).

36 Die Geisterfahrung als Erneuerung, a.a.O., S.92

37 vgl. Die Geisterfahrung als Erneuerung, a.a.O., S.93

38 vgl.: ROTZETTER, A.: Pneumatologie und Spiritualität in der neueren Theologie, a.a.O., S. 57; SCHÜTZ, Chr.: Einführung in die Pneumatologie, S.136

39 vgl.: BANAWIRATMA, J.B.: a.a.O., S.13f; MÜHLEN, Heribert: Die Geisterfahrung als Erneuerung der Kirche, in: DILSCHNEIDER, Otto A. (Hg.): Theologie des Geistes, Gütersloh 1980, S.69-94

Der theologische Ort der lebendigen Geisterfahrung ist das Hineingenommenwerden in die heilsökonomische trinitarische Bewegung. Im ekklesialen Wir-Sagen tritt der Heilige Geist als die "eine Person in vielen Personen" in Erscheinung. Das Bewußtwerden der Wirksamkeit des Geistes läßt zugleich die eschatologische Dimension der christlichen Existenz deutlicher hervortreten, denn die Vermittlung des Geistes geschieht nicht nur vom historischen Jesus, "sondern auch von dem immer ankommenden, erhöhten und zukünftigen Christus her" (vgl. BANAWIRATMA, J.B.: a.a.O., S.156-158.157).

Hierher gehört auch Mühlens frühes Plädoyer für eine "*missionarische Liturgie als soziale Gotteserfahrung*". Diese entspricht der "Wir"-Gestalt des Heiligen Geistes. In dieser Gestalt sieht Mühlen Zukunft für die Kirche. Unter "missionarischer Liturgie" versteht er den Gebetsgottesdienst, in dem jeder etwas beitragen kann und die Teilnehmer nicht wie in anderen Liturgieformen voneinander isoliert und auf das Geschehen am Altar bzw. auf der Kanzel ausgerichtet sind. "Die Anwesenden sind miteinander verbunden über die Hauptperson, den einen 'Geistlichen'. Dieser allein ist im Grunde der aktive und gemeinschaftsbildende Faktor. In einem Gebetsgottesdienst... treten die Anwesenden in eine spirituelle Kommunikation ein" (Leitlinien der Gemeindeerneuerung, in: HEIN, L./ Hg.: DIE EINHEIT DER KIRCHE, S.226; vgl. auch MÜHLEN, Heribert: Die Erneuerung des christlichen Glaubens. Charisma-Geist-Befreiung, München 1974, S.208-223).

Im sozialen Beten wird auch die abendländisch-aufklärerische Privatisierung des Glaubens und die Tabuisierung der Glaubensemotion überwunden. Die Aufspaltung von Glaubenslehre und Erfahrung, Verstand und Emotionalität findet ein Ende. Mühlen sieht die Notwendigkeit einer dreifachen Entprivatisierung des Glaubens: "Gott gegenüber in der Anbetung (Beten als Vorgang in Gott selbst); der Gemeinde gegenüber im persönlichen charismatischen Beitrag zum Ereignis der Gemeinde-Versammlung sowie im charismatischen Dienst; der Gesellschaft gegenüber durch ein aus der Anbetung erfließendes politisches und soziales Engagement" (Leitlinien der Gemeindeerneuerung, a.a.O., S.227f; vgl. auch BANAWIRATMA, J.B.: a.a.O., S.159f).

40 vgl. MÜHLEN, Heribert: Mysterium - Mystik - Charismatik, in: GuL 46 (1973), S.256

Die Wiedergewinnung der in der Volks- und Staatskirche abgebauten Entscheidungsdimension und der durch ein "monokratisches Strukturmodell" abgedrängten Charismen hält Mühlen für dringend geboten (MÜHLEN, H.: Die Geisterfahrung als Erneuerung der Kirche, in: DILSCHNEIDER, O./Hg.: THEOLOGIE DES GEISTES, S.76). Im geschichtlich bedingten Ausfall der Grundentscheidung für Gott und die Kirche, wie sie dem Ernst und der Tiefe der neutestamentlichen Taufentscheidung entspricht, sieht er die krisenhafte Lage der Kirche in der Gegenwart wesentlich begründet.

41 vgl.: BANAWIRATMA, J.B.: a.a.O., S.155-165.162-165; MÜHLEN, Heribert: Einübung in die christliche Grunderfahrung II, Mainz 19785, Anhang S.143-151; ders.: Die Erneuerung des christlichen Glaubens. Charisma-Geist-Befreiung, S.263-268; ders. (Hg.): Gemeindeerneuerung aus dem Geist Gottes. I: Bericht aus einer Großstadtgemeinde, Mainz 1984; ders. (Hg.): Gemeindeerneuerung aus dem Geist Gottes. II: Zeugnisse und Berichte - Hoffnung für die Ökumene, Mainz 1985; ders.: Leitlinien der Gemeindeerneuerung. Eine Zusammenfassung, in: HEIN, Lorenz (Hg.): DIE EINHEIT DER KIRCHE. Dimensionen ihrer Heiligkeit, Katholizität und Apostolizität, Festgabe Peter MEINHOLD zum 70.Geburtstag, Wiesbaden 1977, S.220-234.231f; ders.: Einführung für den deutschen Sprachraum, in: SUENENS, Léon-Joseph (Kardinal): Gemeinschaft im Geist. Charismatische Erneuerung und Ökumenische Bewegung. Theologische und pastorale Richtlinien, Salzburg 1979, S.5-19; ders.: Morgen wird Einheit sein. Das kommende Konzil aller Christen: Ziel der getrennten Kirchen, Paderborn 1974

H. Mühlen unterstützt die drei von der 3.Europäischen Charismatischen Konferenz (23.-28. Juni 975, Schloß Craheim/Unterfranken) formulierten inhaltlichen *Schritte auf dem Weg zur Einheit*: 1. *Selbstfindung* - 2. *Öffnung* - 3. *Rezeption*. Diesen entsprechen methodisch die Schritte: 1. *Dialog* - 2. *Konvergenz* - 3. *Konsens*.

Theologisch begründet sieht Mühlen diese Schritte im Wesen der Kirche als Erscheinung des Geistes Christi, der in der Wir-Erfahrung in Erscheinung tritt. Der Heilige Geist ist das Prinzip der Einheit bzw. der Wirheit der Kirchen. Er ist das göttliche Wir, das die Verschiedenheit der Gnadengaben und Dienste zum allgemeinen Besten wirkt.

42 vgl.: BANAWIRATMA, J.B.: a.a.O., S.11f.115-155.138-148; MÜHLEN, Heribert: Entsakralisierung. Ein epochales Schlagwort in seiner Bedeutung für die Zukunft der christlichen Kirchen, Paderborn 1971, S.177-472; ders.: Die Erneuerung des christlichen Glaubens. Charisma-Geist-Befreiung, München 1974, S.21-68

"Die neuzeitliche Wende zum Subjekt ist nicht nur eine Auflösung und Zersetzung des so hochgepriesenen mittelalterlichen Denkens, sondern entspricht auch tiefen Intentionen der Bibel. Außerdem ist der neuere Personalismus zugleich ein Aufstand gegen die Überfremdung des personalen Lebens durch die Technik. Je mehr die technische Entwicklung fortschreitet, desto mehr muß auch das personale Leben des Menschen entfaltet werden, und die christliche Theologie hat dabei wahrlich keine geringe Funktion. Allerdings muß dann bei der Ausarbeitung personaler Kategorien zugleich versucht werden, den Wandel des 'neuzeitlichen' Verständnishorizontes in die nunmehr anbrechende bzw. bereits angebrochene Epoche hinein mitzuvollziehen. Diese Wende zeigt sich in einer umfassenden Sicht der wesenhaften Sozialität des Menschen und schließt mit der Wende zum 'Du' bzw. 'Wir' zugleich eine Wende zur Leibhaftigkeit des Menschen ein" (MÜHLEN, Heribert: Das Vorverständnis von Person und die evangelisch-katholische Differenz, S.44f).

43 vgl.: KUNTNER, Florian/ STIMPFLE, Josef/ WÜST, Otto: ERNEUERUNG AUS DEM GEIST GOTTES. Ermutigung und Weisung (Mit einem Kommentar von Heribert Mühlen), Mainz 1987, S.184-225.191-206; MÜHLEN, Heribert: Neue Gestalt des Christseins. Geschichtstheologische Überlegungen zur Gemeinde-Erneuerung, in: ders. (Hg.): Geistesgaben heute, Topos-TB 116, Mainz 1982, S.33-49; ders.: NEU MIT GOTT. Einübung in christliches Leben und Zeugnis, Freiburg/ Basel/ Wien 1990, S.14-25

44 vgl. ERNEUERUNG AUS DEM GEIST GOTTES, S.191-196

45 a.a.O., S.195

46 vgl. a.a.O., S.196-202

47 a.a.O., S.199

48 vgl. a.a.O., S.100

49 vgl. a.a.O., S.201

Eine gebundene Form der Evangelisation, wie er sie z.b. in der Oasis-Bewegung in Polen gefunden hat, hält er für die volkskirchliche Situation für angemessener als die ungebundene Form, wie sie sich im Kontext der Freiwilligkeitskirchen der USA entwickelt hat (vgl. MÜHLEN, H.: Was ist neu an der Gemeinde-Erneuerung? Rückblick auf die ersten sechs Jahre, in: ders. (Hg.): Erfahrungen mit dem Heiligen Geist. Zeugnisse und Berichte, Mainz 19834, S.146-181. 156-163).

50 vgl. a.a.O., S.202-206

51 a.a.O., S.203

52 a.a.O., S.203f

53 a.a.O., S.204

54 zit. a.a.O., S.205

55 a.a.O., S.205

56 s. Anm. 43

57 "Die neue Form der Volksmission geht... aus von kleinen, apostolisch gesinnten Gemeinschaften, die sich gemeinsam mit dem Pfarrer auf den Dienst der Evangelisierung vorbereiten und die dazu von Gott angebotenen Charismen angenommen haben: 'Als Hörer des ihnen verkündeten Evangeliums und als bevorzugte Adressaten der Evangelisierung werden sie dann ihrerseits unverzüglich zu Verkündern des Evangeliums' (Paul VI., EN 58). Nach dem Vorbild Jesu (vgl. Mk 3,14) wird der Pfarrer einen Kreis von zukünftigen, missionarisch gesinnten, im Glauben gefestigten Mitarbeitern sammeln und hier seinen pastoralen Schwerpunkt setzen. So kommt es auf die Dauer (man muß mit Zeiträumen von 5-10 Jahren rechnen) zum Beginn einer Selbstevangelisierung der Gemeinde. Die sich jeweils bildenden Gruppen sind dann in einem doppelten Sinn 'Verwirklichung von Gemeinde': Sie verhelfen dem einzelnen zur Einwurzelung und Beheimatung in seiner Gemeinde... und sind zugleich Verwirklichung von zukünftiger Gemeinde. Diese wird eine Gemeinschaft aus kleinen, überschaubaren Gemeinschaften (etwa 20-40 Personen) sein, in denen vielfältige Charismen lebendig sind" (ERNEUERUNG AUS DEM GEIST GOTTES, S.34).

58 H.Mühlen plädierte im Blick auf den deutschen Sprachraum für eine "volkskirchliche" Gestalt der Evangelisation, die zwischen dem ungebundene amerikanisch-freikirchlichen Weg und den Wegen der polnischen katholischen Kirche liegt: "Eine zwischen kirchlich gebundene Evangelisation... kann im deutschen Sprachraum wegen der konfessionellen Unterschiede nicht dieselbe Einheitlichkeit haben wie in Polen. In jedem Fall aber wird sie 'volkskirchlich' sein müssen, wenn man daran festhält, daß der Heilige Geist nicht ständig neue Strukturen und Kirchen ins Leben ruft. Also: Gemeinde-Erneuerung in der Kirche und mit dem Amt!" (Was ist neu an der Gemeinde-Erneuerung?, in: MÜHLEN, H.(Hg.): Erfahrungen mit dem Heiligen Geist, S.156-163.163).

Im Blick auf die Evangelisationstätigkeit überkonfessioneller "charismatischer" Initiativen schreibt Mühlen: "Die Begegnung mit geistlichen Traditionen der reformatorischen Kirchen, die in der europäischen Glaubensgeschichte gewachsen sind, hat einen anderen Charakter als die Begegnung mit den aus Nordamerika kommenden 'charismatischen' Initiativen. Aufgrund einer ausgeprägten Erweckungsfrömmigkeit ist diesen die 'Erfahrung' wichtiger als die Lehre, das Lied wichtiger als die Reflexion, Enthusiasmus wichtiger als Schweigen vor Gott. Die Sakramente und das kirchliche Amt treten in den Hintergrund. Zum Teil wird eine verbindliche kirchliche Tradition ausdrücklich abgelehnt, werden Evangelisationseinsätze ohne Rücksprache mit der jeweils zuständigen kirchlichen Autorität durchgeführt... Die Integration der von den überkonfessionellen Initiativen ausgehenden Impulse und der entsprechenden Literatur setzt Verwurzelung in der katholischen Tradition, theologische, geschichtliche und religionspsychologische Kenntnisse sowie ein waches Gespür für emeindefähigkeit voraus" (ERNEUERUNG AUS DEM GEIST GOTTES, S.135f).

59 ERNEUERUNG AUS DEM GEIST GOTTES, S.178

60 a.a.O., S.181

61 ERNEUERUNG AUS DEM GEIST GOTTES, S.178

62 a.a.O., S.179

63 Hierzu gehören die Bewegung für eine bessere Welt, das Neokatechumenat und der Cursillo (vgl. ERNEUERUNG AUS DEM GEIST GOTTES, S.149-152).

64 So z.B.: Die Fokolar-Bewegung (Einheit), die "Gemeinschaften Christlichen Lebens (GCL)" (Unterscheidung und Entscheidung), die action 365 (Handeln aus dem Geist), Bewegungen zur Erneuerung der Ehe- und Familienspiritualität, die Katholische Charismatische Erneuerung (Sprachengebet, Prophetengabe, Heilungsgabe) (vgl. a.a.O., S.153-162).
   Die Bewegungen haben unterschiedliche Ziele und Schwerpunkte und gehen methodisch ganz vielgestaltig vor. Die Grade der Zugehörigkeit zu ihnen reichen von loser bis festerer Anbindung, bis zu einer dauernden Bindung mit öffentlichem Akt. Was Fortdauer und Gestalt angeht, gibt es bleibende, geformte Bewegungen, andere mit durchlässiger Gestalt und wieder andere, die ihren Auftrag als zeitlich befristet verstehen, als "Hineinsterben in das Ganze der Kirche" (vgl. a.a.O., S.168-176).

65 vgl. ERNEUERUNG AUS DEM GEIST GOTTES, S.219f

66 a.a.O., S.180

67 KUNTNER, Florian/ STIMPFLE, Josef/ WÜST, Otto: ERNEUERUNG AUS DEM GEIST GOTTES. Ermutigung und Weisung (Mit einem Kommentar von H.Mühlen), Mainz 1987; DER GEIST MACHT LEBENDIG. Charismatische Gemeinde-Erneuerung in der katholischen Kirche in der Bundesrepublik Deutschland. Eine theologische und pastorale Orientierung. Erarbeitet vom Theologischen Ausschuß der Charismatischen Gemeinde-Erneuerung; nach Prüfung durch die Deutsche Bischofskonferenz hg. von der Koordinierungsgruppe des Rates der Katholischen Charismatischen Gemeinde-Erneuerung, in: BAUMERT, Norbert (Hg.): JESUS IST DER HERR. Kirchliche Texte zur Katholischen Charismatischen Erneuerung, Münsterschwarzach 1987, S.13-61
   (Beide Papiere sind Bearbeitungen des früheren Papiers ERNEUERUNG DER KIRCHE AUS DEM GEIST GOTTES, das mit der vorläufigen Ordnung im Mai 1981 von der Deutschen Bischofskonferenz zustimmend zur Kenntnis genommen worden war. Allerdings wurde diese Zustimmung mit der Bitte um eine gestraffte und präzisierte Neubearbeitung verbunden; vgl. MÜHLEN, H./ Hg.: Dokumente zur Erneuerung der Kirchen, S.19-100.25-27).
   BAUMERT, Norbert: Schlußbemerkungen des Herausgebers, in: ders. (Hg.): JESUS IST DER HERR, S.157-174.165-167; MÜHLEN, Heribert: "Erneuerung aus dem Geist Gottes" und "Der Geist macht lebendig". Unterschiedliche historische Wurzeln von zwei Dokumenten zur geistlichen Erneuerung, in: GuL 61(1988), S.143-157 (= dass.: in: ERNEUERUNG IN KIRCHE UND GESELLSCHAFT, Heft 35, II/1988, S.45-52); SUDBRACK, Josef: Der Geist der Einheit und der Vielheit. Ein Dokument zur "Erneuerung" christlichen Lebens in der Kirche, in: GuL 60(1987), S.411-430; ders.: Das Gespräch über die charismatische Gemeindeerneuerung, in: GuL 61 (1988), S.217-219

68 vgl. ERNEUERUNG AUS DEM GEIST GOTTES, S.28-32

   "Das vorliegende Dokument beschreibt einen fortdauernden, offenen Prozeß konziliarer Erneuerung, in dem aufgrund konkreter Anfangserfahrungen Schritt für Schritt nach der weiteren Führung des Heiligen Geistes gefragt wird. Da das Handeln Gottes immer konkret ist, zeichnet sich ein klar erkennbares geistliches Profil ab: Diese Erneuerung ist eine Intensivierung der 'gemeinsamen Spiritualität der ganzen Kirche und aller pastoralen Dienste', zielt hin auf eine Erneuerung der Grundpastoral und der Charismen und ist Weg zu einer lebendigen Volkskirche. Diese geistgewirkte Dynamik findet ihren konkreten Ausdruck in einem Katechumenat für Getaufte, das hinführt zu liturgischen Glaubensschritten und Anstoß ist zu einer persönlichen Weitergabe des Glaubens. In der Umkehrliturgie findet die Grundspiritualität der Kirche, die geprägt ist durch das Wort Gottes, die Sakramente, das Amt und die Charismen sowie durch die Grundentscheidung für Gott in der Gemeinschaft der Kirche, einen konkreten, geschichtlich bedingten Ausdruck" (a.a.O., S.30).

69 vgl. SUDBRACK, J.: Das Gespräch über die charismatische Gemeindeerneuerung, in: GuL 61(1988), S.217-219

   Für J.Sudbrack ist Mühlens Darstellung eine künstliche Konstruktion, da auch die charismatische Erneuerung sich zum Anstoß des II.Vatikanischen Konzils bekennt und die biblische Grundlegung betont. Eine Grundschwäche in Mühlens Konzept sieht Sudbrack darin, daß die amtlich verwalteten "Geistwirkungen": "Wort Gottes, Sakrament, Amt", mit den "Charismen"

gleichschaltet werden. Nach Sudbrack drückt sich in der "Doppelheit von Amt, das die Offenbarung Christi (Wort und Sakramente) verwaltet, und den vom Geist geschenkten 'Charismen'
die unüberholbare Struktur der katholischen Kirche aus: daß sie zur Offenbarung in Christus hin
'hörend' und 'empfangend' ist, aber zugleich im Wirken des Heiligen Geistes lebt, der dem Volke
Gottes seine Gaben schenkt wie er will" (a.a.O., S.218). Die charismatische Erneuerung ist als "eine
aus dem Volke Gottes (von unten) erwachsene Bewegung" anzusehen, die sich als solche dann
dem Amt der Kirche (von oben) .stellen muß. Wer die Grundstruktur von amtlicher Kirche und
dem lebendigen Wirken des Geistes im Volk Gottes aller Zeiten anerkennt, muß nach Sudbrack
dankbar sein, daß Gottes Geist heute an vielen Orten und vielen Gruppierungen ganz verschiedenartig wirkt und gerade damit der Einheit der Kirche dient. Mühlens Aufspaltung und
Entgegensetzung von "partikulärer" Spiritualität gegen "allgemeine" entspricht nicht der paulinischen Einsicht: "ein Geist" - "viele Gaben". An dieser Einsicht biblischer Theologie des Geisteswirkens scheitert nach Sudbrack Mühlens Jahrhunderte übergreifende Geschichtskonstruktion.
Diese müßte gerade umgekehrt werden und lauten: "Die Zeit der flächendeckenden Pastoration,
in der eine Gesamtpfarrei geschlossen mit gleichem Konzept seelsorgerlich betreut wurde, ist
vorbei" (a.a.O., S.219). Mühlens Konzept steht in der Tradition der alten Volksmissionen und
wäre nach Sudbrack an deren Entwicklung zu messen. Dies würde nach seiner Meinung zur
Einsicht führen, "daß eine 'Gesamtspiritualität' ihre Kraft und Lebensfähigkeit aus geprägten
Spritualitäten erhält, aus den 'vielen Geistesgaben', in denen der 'eine Geist' sich inkarniert" (ebd.).
    Die Differenzen zwischen H.Mühlen und anderen Vertretern über das Selbstverständnis
der Charismatischen Erneuerung haben sich bereits früher gezeigt. So spricht A.Bittlinger von
der "Mühlen"-Prägung der deutschen Erneuerung, die darin besteht, daß Mühlen amerikanische
Einflüsse zurückdrängt (Behinderung der Veröffentlichung amerikanischer Literatur). Im Frömmigkeitsstil dämpft er das enthusiastische und ekstatische Element. Von anders gesonnenen Vertretern der katholischen Erneuerung wurde ihm vorgeworfen, er wolle die Bewegung "verkirchli-
chen" (vgl. BITTLINGER, Arnold: Papst und Pfingstler. Der römisch-katholisch pfingstliche Dialog
und seine ökumenische Relevanz, Frankfurt a.M./ Bern/ Las Vegas 1978, S.448f Anm.10).

70 vgl.: ERNEUERUNG AUS DEM GEIST GOTTES, S.81f; NEU MIT GOTT, S.14f

    "Der gegenwärtige Traditionsbruch macht deutlich, daß ein entscheidungsloses, gleichsam
mit Geburt übernommenes Christentum nicht der Verkündigung Jesu entspricht und daß seine
Einladung zur Entscheidung für ihn und seine Kirche jedem einzelnen gilt. Diese Entscheidung
wird zwar immer mitgetragen durch die Mitglaubenden, kann von ihnen aber nicht stellvertretend vollzogen werden. - Der geschichtlich handelnde Gott hat in vielen Jugendlichen und
Erwachsenen das Verlangen geweckt, sich ihm ganz zu schenken. In den Pfarrgemeinden wird
dem einzelnen jedoch noch nicht die Möglichkeit geboten, dieses Verlangen auf eine leibhafte,
liturgische Weise zum Ausdruck zu bringen, die der Tiefe und dem Ernst des Taufbekenntnisses bei
der Erwachsenentaufe entspricht. Auf diese Weise wird der Entscheidungscharakter des Christseins verschwiegen und die Umkehrpredigt Jesu entschärft" (ERNEUERUNG AUS DEM GEIST
GOTTES, S.82).

71 "Der Weg der 'Eingliederung' Ungetaufter vollzieht sich in vier Schritten oder 'Stufen': 1. Annahme als Taufbewerber; 2. Zulassung zum Empfang der Sakramente der Eingliederung; 3. Empfang dieser Sakramente (Taufe, Firmung, Eucharistie); 4. Einübung und Vertiefung (Mystagogie).
Das vorliegende Glaubensseminar ist die vierte 'Stufe' unter Einbeziehung von Elementen der drei
vorausgehenden Stufen. Von der vierten Stufe heißt es: 'Dies ist die letzte Zeit der Eingliederung, die als *Zeit der Einübung und Vertiefung* (Mystagogie) der neuen Christen bezeichnet
wird. Eine vollere und fruchtbarere Erkenntnis der Heilsmysterien (= Mystagogie) wird nämlich
durch eine neue, vertiefte Auslegung und vor allem durch die *Erfahrung der empfangenen Sakramente* erworben'... Von besonderer Bedeutung ist die Feststellung...: 'Der Glaube, dessen Sakrament die Täuflinge empfangen, ist nicht allein der Glaube der Kirche, sondern auch ihr *eigener*'.
Der lebenslange Prozeß des Christwerdens ist deshalb immer auch eine durch den Geist Gottes
geschenkte Intensivierung des *persönlichen* Glaubens. Das Problem der Kindertaufe ist demgegenüber zweitrangig: Auch nach der Erwachsenentaufe bedarf es einer ständigen, *persönlichen*
"Einübung" in das Glaubensleben der Kirche" (NEU MIT GOTT, S.16).

72 NEU MIT GOTT, S.17 (vgl. auch ERNEUERUNG AUS DEM GEIST GOTTES, S.82-85).

73 NEU MIT GOTT, S.19

74 a.a.O., S.20.21

75 a.a.O., S.23

76 vgl.: EINÜBUNG IN DIE CHRISTLICHE GRUNDERFAHRUNG I,II; NEU MIT GOTT. Einübung in christliches Leben und Zeugnis

(Zu den verschiedenen gebräuchlichen "Leben im Geist" - Seminaren vgl. RUNDBRIEF FÜR CHARISMATISCHE ERNEUERUNG IN DER KATHOLISCHEN KIRCHE, 2/ 1991, S.25-29)

77 Geist-Erneuerung: "Dieses Wort bezeichnet eine von der Kraft des Hl. Geistes getragene Entscheidung für Gott und Erneuerung des menschlichen Geistes entsprechend Phil 2,12f; Eph 4,22f. Dieser im Rahmen einer Umkehrliturgie vollzogene Schritt ist immer ein Gesamtgeschehen, das mindestens drei Aspekte enthält: Umkehr, erneute Annahme des sakramentalen Gnadenangebotes Gottes und Offenheit für die Kraft des Hl.Geistes und seine Gaben. Bei der Wiederholung dieses Schrittes, der nicht als neue 'Stufe', sondern als Intensivierung des Anfangsgeschehens verstanden wird, tritt häufig ein anderer in ihm enthaltener Aspekt in den Vordergrund... Mit Geistererfahrung ist der Anfang des Glaubens und das Rechtfertigungsgeschehen gemeint, in welchem Gott durch seine zuvorkommende und erweckende Gnade das Herz des Menschen berührt" (MÜHLEN, Heribert: Art. "Charismatische Gemeinde-Erneuerung", in: ÖL², S.214-217.215f).

"'Geist-Erneuerung'meint primär den durch Gott gewirkten inneren Vorgang der Umkehr, der sich dem leib-geistigen Wesen des Menschen entsprechend in einem leibhaft-konkreten Schritt der Hingabe und Treuebindung an Gott äußert... 'Umkehrliturgie' bezeichnet den äußeren, liturgischen Vorgang, der als Ausdruck der inneren Erneuerung durch den Heiligen Geist nicht ohne Rückwirkung auf unseren inneren Mitvollzug bleibt und weist darauf hin, daß die Taufentscheidung in die Kirche eingliedert und von ihr mitgetragen wird. Die beiden Ausdrücke bezeichnen also jeweils den Gesamtvorgang der Begegnung mit Gott..." (ERNEUERUNG AUS DEM GEIST GOTTES, S.91).

78 vgl.: BANAWIRATMA, J.B.: a.a.O., S.158; MÜHLEN, H.: Was ist neu an der Gemeinde-Erneuerung?, a.a.O., S.146-181

"Im Verlauf oder am Ende des Katechumenats ist der einzelne eingeladen, inmitten der Gemeinde oder Gemeinschaft um eine erneute 'Ausgießung' seines Heiligen Geistes zu bitten..., den er in den Eingliederungssakramenten (Taufe, Firmung, Eucharistie) empfangen hat und der ihn dazu befähigt, im Sinne des Taufbekenntnisses erneut und vertieft auszusprechen: 'Ich gehöre dem Herrn'... Dabei bittet er zugleich um Fürsprache und Handauflegung der Anwesenden. Der innere Vorgang der Geist-Erneuerung... äußert sich auf diese Weise in einem leibhaft-konkreten Schritt, der ebenfalls 'Geist-Erneuerung' genannt wird. Das Wort 'Geist-Erneuerung' umfaßt in seiner vollen Bedeutung somit: - die Erneuerung durch den Heiligen Geist; - die Erneuerung des menschlichen Geistes; - die durch den Heiligen Geist ermöglichte Hinwendung des Menschen zu Gott in einem leibhaft konkreten-Schritt" (ERNEUERUNG AUS DEM GEIST GOTTES, S.84f).

79 vgl.: ERNEUERUNG AUS DEM GEIST GOTTES, S.85-93; MÜHLEN, Heribert: Grundentscheidung. Weg aus der Krise I, Mainz 1983, S.135-156; ders. (Hg.): Jugend erfährt Gott. Weg aus der Krise II, Mainz 19842; ders. (Hg.): Befreiende Gemeinschaft im Geist. Persönliche Zeugnisse aus Familien, Orden, Lebensgemeinschaften. Weg aus der Krise III, Mainz 1986; ders.: NEU MIT GOTT, S.242-261; ders.: Volkskirche und Umkehr. Auf dem Weg zu einer Umkehrliturgie für alle, in: ERNEUERUNG IN KIRCHE UND GESELLSCHAFT, Heft 12/1982, S.20-26

80 NEU MIT GOTT, S.249 (zum Verhältnis Neu-Evangelisation-Glaube-Taufe vgl. auch a.a.O., S.399-412)

81 ebd. - "Umkehrliturgie ist die Verleiblichung der mit der Taufe geschenkten Beziehung des einzelnen zu Gott und zur Kirche, sowie die Verleiblichung der Beziehung der Kirche zu ihm" (ERNEUERUNG AUS DEM GEIST GOTTES, S.88).

82 vgl. ERNEUERUNG AUS DEM GEIST GOTTES, S.88-90; NEU MIT GOTT, S.250-253

83 "Umkehr beginnt mit dem gläubigen Hören des in der Kirche überlieferten Wortes Gottes. Die in ihr sich vollziehende Grundentscheidung führt zur Annahme der sakramentalen Gnaden und der Geistesgaben. Hinwendung zu Gott ist untrennbar verbunden mit der Hinwendung zur Kirche, die in der konkreten Wort- und Altargemeinde anwesend ist. Häufig bedarf die Beziehung zur konkreten Kirche der Heilung durch den Geist Gottes. Grundentscheidung für Gott schließt auch die Absage an den Satan, an neuheidnische Kulte, falsche Bindungen und pseudoreligiöse Erlebnisse ein" (NEU MIT GOTT, S.251; fast identisch mit ERNEUERUNG AUS DEM GEIST GOTTES, S.88f).

Die Akzentuierung der Umkehrerfahrung, Entscheidung und Lebensübergabe an Gott steht in der Tradition des Pietismus und der Erweckungsbewegung. Hierbei findet Mühlen in Theologie und Praxis des kirchlichen Pietismus vieles vorgebildet, was auch ihm Anliegen ist. Die frühen Pietisten versuchten im Anliegen der innerkirchlichen Erneuerung: Taufe und Bekehrung, Sakrament und persönliche Glaubensentscheidung, objektive und subjektive Seite der Glaubenserfahrung zusammenzuhalten (vgl. hierzu etwa die von H. Mühlen betreute Paderborner Dissertation: KURTEN, Petra: Umkehr zum lebendigen Gott. Die Bekehrungstheologie August Hermann Franckes als Beitrag zur Erneuerung des Glaubens, PaThSt 15, Paderborn/ München/ Wien/ Zürich 1985). Neu ist die liturgische Gestalt, die Mühlen dem Geschehen gibt. Anders ist wohl auch die betonte sakramental-kirchliche Anbindung. In Mühlens Zuordnung und Gewichtung kommt sein "katholisches" Anliegen zum Ausdruck, wobei er die spiritualisierenden Momente des Pietismus und seine Unterscheidung von Wiedergeborenen und Nichtwiedergeborenen zurückdrängen muß.

84 "Die Spendung der Sakramente und die personale Antwort des Menschen bilden vom liturgischen Vollzug her eine Einheit. Andererseits gehört es zum Wesen der Sakramente, die der Mensch nur einmal in seinem Leben empfängt (Taufe, Firmung, Priesterweihe), daß er die in ihnen von Gott angebotenen Gnaden von Zeit zu Zeit ausdrücklich annimmt. Deshalb kann der liturgische Ausdruck einer bewußten und vertieften Antwort der Spendung dieser Sakramente zeitlich nachfolgen. Entscheidend ist nicht das Tauf- oder Firmalter, sondern der Prozeß des Hineinwachsens in die Antwort auf das Gnadenangebot Gottes. In der Zeit der Vorbereitung wird vielen bewußt, daß der Empfang des Firmsakramentes für sie nicht mit einer personalen Antwort verbunden war. Priester erkennen die Notwendigkeit, die Gnade des Weihesakramentes von Gott neu entfachen zu lassen (vgl. 2 Tim 1,6). Ehegatten sehen sich durch die erneuerte Treuebindung an Gott dazu befähigt, in der Erneuerung des Eheversprechens neu Ja zueinander zu sagen. Der Empfang des Bußsakramentes wird zur befreienden 'Feier der Versöhnung' und zur Hilfe für die tägliche Umkehr, die Krankensalbung zum Empfang der heilenden Gnade Gottes in Glauben und Erwartung, die Feier der Eucharistie zur Mitte des Lebens. Christen im Ordensstand verbinden die 'Tauferneuerung' häufig mit der Erneuerung der Ordensprofeß" (NEU MIT GOTT, S.251f; vgl. auch ERNEUERUNG AUS DEM GEIST GOTTES, S.89) - (vgl. auch MÜHLEN, H.: Was ist neu an der Gemeinde-Erneuerung, in: ders./ Hg.: Erfahrungen mit dem Heiligen Geist, S.169-174).

85 "Das Neue Testament bezeugt, daß der Heilige Geist mit seinen Gaben von Gott gegeben wird, wenn Menschen in erwartendem Glauben für ihn offen sind (vgl. Apg 1,4.14). Gott achtet die Freiheit des Menschen so sehr, daß er auf unsere Bitte um den Heiligen Geist wartet (vgl. Lk 11,9-13; Joh 14,13-16). Wachsende Reife des geistlichen Lebens läßt den Christen immer klarer erkennen, welche Gaben ihm Gott für den Dienst in Kirche und Gesellschaft geben will. Im Schritt der Geist-Erneuerung oder bei seiner Wiederholung kann er auch konkret um diese Gaben bitten. Die 'Katholische Charismatische Erneuerung' macht darauf aufmerksam, daß das Maß der Offenheit für alle Gaben des Heiligen Geistes Auswirkungen haben kann auf das Maß, in welchem Gott sie gibt" (ERNEUERUNG AUS DEM GEIST GOTTES, S.89f).

An der Parallelstelle in NEU FÜR GOTT gebraucht Mühlen nicht mehr den Ausdruck "Geist-Erneuerung", sondern bezieht die Bitte um konkrete Gaben auf die "Tauferneuerung" (vgl. a.a.O., S.252). Ähnlich auch an anderen Stellen. Ist das ein Hinweis darauf, daß er inzwischen die früher von ihm betonte Differenz von Inkarnation und Geistsalbung Jesu und entsprechend auch von Taufe und Firmung wieder mehr zurücknimmt?

86 vgl.: ERNEUERUNG AUS DEM GEIST GOTTES, S.90f; Faltblatt "CREDO"; NEU MIT GOTT, S.256-258.

"Die Lebensübergabe ist eine weitere 'Stufe' der Hingabe an Gott. In ihr liefert der Christ sich ohne Vorbehalte Gott aus und stellt den Anfang und das Ende seines Lebens, seine ganze Person, negative Erfahrungen, ungeläuterte Erwartungen und alle Bereiche seines Alltags unter seine Herrschaft. Dieser Schritt ist Ausdruck der Offenheit für die Gnade der 'zweiten Bekehrung' und in der Regel erst nach einem längeren Weg geistlichen Wachstums möglich... Die Lebenshingabe an Gott für andere ist Ausdruck der Bereitschaft -zum Dienst an der Familie, in Kirche und Gesellschaft, -zur Treuebindung an die Gemeinde oder Gemeinschaft, in welcher der einzelne lebt, oder an Menschen, für die er verantwortlich ist. Diese Form der Hingabe ist Nachvollzug der Lebenshingabe Jesu für die Kirche" (NEU MIT GOTT, S.258).

87 Kommentar von H. Mühlen: ERNEUERUNG AUS DEM GEIST GOTTES, S.205f

88 vgl.: MÜHLEN, Heribert: Was heißt "Neu-Evangelisierung"? Die Grundlagen der Vereinigung "Credo", in: ERNEUERUNG IN KIRCHE UND GESELLSCHAFT, Heft 43, II/1990, S.12-15; Anstoß zur Neu-Evangelisierung. Interview mit Heribert Mühlen über das Werk Credo, a.a.O., S.7f; Die Vereinigung "Credo. Katholisches Werk für Glaubenserneuerung und Evangelisierung e.V." - Auszug aus der Satzung, a.a.O., S.8f; Faltblatt: CREDO; MÜHLEN, Heribert: Neu mit Gott. Einübung in christliches Leben und Zeugnis (Handbuch der Neu-Evangelisierung), Freiburg 1990
"Das Werk hat nicht den Charakter einer spirituell geprägten Bewegung in der Kirche. Es möchte vielmehr dazu beitragen, daß die geistlichen Grundkräfte, die der Heilige Geist in den bestehenden Gemeinden geschenkt hat, sich zu einem missionarischen Gemeindeaufbau entfalten" (Faltblatt: CREDO).

89 "Erst-Evangelisierung ist die Hinführung Ungetaufter zur Taufe. Neu-Evangelisierung ist eine neue und neuartige Verkündigung der Frohen Botschaft *innerhalb* der Kirche und schließt die Hinführung zur erneuten und vertieften Annahme der schon empfangenen Taufgnade ein. An dieser 'Selbstevangelisierung' der Getauften ist das ganze Volk Gottes beteiligt: - Christen führen einander in der Kraft des zwischen ihnen wirksamen Heiligen Geistes zu einer tieferen Begegnung mit Christus hin. - Sie ermutigen sich gegenseitig dazu, die Heilsbotschaft zeugnishaft und kraftvoll in eine Christus entfremdete oder neuheidnische Umwelt hineinzutragen". - "Das Werk 'Credo' ist offen für alle Initiativen zur Neu-Evangelisierung. Besonders bewährt haben sich Glaubensseminare, die hinführen zur vertieften, persönlichen Annahme -der in den Sakramenten von Gott angebotenen Gnade, -der jedem Christen von Gott gegebenen Geistesgaben" (Faltblatt: CREDO).

90 Faltblatt: CREDO; vgl. auch NEU MIT GOTT, S.26-32 - Zu Mühlens Konzept für die volkskirchliche Situation vgl. auch den Ansatz von M. Seitz/ M. Herbst auf evangelischer Seite: HERBST, Michael: Missionarischer Gemeindeaufbau in der Volkskirche, Stuttgart 1988[2]

91 MÜHLEN, H.: Der Heilige Geist als Person, S.XXIX /Vorwort zur 5.Aufl.

92 ERNEUERUNG AUS DEM GEIST GOTTES, S.46f

93 a.a.O., S.47

H.Mühlen macht deutlich, daß es sich bei der Geisterfahrung um eine wahrnehmbare Begegnung mit Gott handelt (vgl. ERNEUERUNG AUS DEM GEIST GOTTES, S.61-65).
"Im Pfingstereignis wurde den Jüngern die Begegnung mit dem Gekreuzigten und Auferstandenen auf eine neue, endgültige Weise geschenkt... Das Pfingstereignis hat nicht den Charakter eines nur punktuellen, reflexionslosen oder gar rauschhaften (vgl. Apg 2,13.15) Erlebnisses, sondern erschloß den Jüngern das Ganze der Heilsgeschichte (vgl. Apg 2,14-36), war rückgebunden und die Taten, Wunder und Zeichen des vorösterlichen Jesus (vgl. Apg 2,22) und von einem Gewißheit verleihenden Wahrnehmungsurteil beleitet (vgl. Apg 2,36). So wurde den Jüngern im Pfingsterlebnis ein Erfahrungswissen geschenkt, das sie zeugnishaft weitergeben sollten. Indem die Äußerungen der Geist-Erfahrung der Jünger sahen und hörten, konnten sie den Heiligen Geist selbst in seinen Wirkungen 'sehen und hören', also ebenfalls innerlich wahrnehmen (Apg 2,33; vgl. 10,44-48). Diese anfängliche Geist-Erfahrung führte hin zu Umkehr, Taufe und Handauflegung und zum Empfang des Geistes (vgl. Apg 2,37f; 8,17; 11,15f). Der Geist ist also keine 'Parallelgestalt' neben Jesus; er führt uns vielmehr zu ihm hin und ermöglicht die Begegnung mit dem Vater...So führt Geist-Erfahrung zur Gewißheit, daß Jesus lebt. Diese Gewißheit kann durch rationale Argumente weder vermittelt noch genommen werden (vgl. Apg 4,20; Röm 8,38)... Diese Gewißheit ergibt sich aber nicht lediglich aus dem subjektiven Erlebnis einzelner, sondern ist immer rückgebunden an die Geist-Erfahrung der Jünger. Sie haben ihre im direkten Umgang mit Jesus gemachten Erfahrungen im Lichte der nachösterlichen Ereignisse gedeutet und gesammelt und der Kirche ihr für alle Zeiten normatives geistliches Erfahrungswissen überliefert. Geist-Erfahrung lebt deshalb immer auch vom Glaubenszeugnis anderer, ist mitgetragen von der Wir-Gemeinschaft der Kirche" (a.a.O., S.62f).
Zur Gemeinschaft der Kirche als äußerer Voraussetzung der Geisterfahrung vgl. auch ERNEUERUNG DER KIRCHE AUS DEM GEIST GOTTES, in: MÜHLEN, H.(Hg.): Dokumente zur Erneuerung der Kirchen, S.40f

94 vgl. MÜHLEN, H.: Der Heilige Geist als Person, S.XXX

95 vgl. MÜHLEN, H./ KOPP, O.: Ist Gott unter uns oder nicht?, S.59f

96 vgl. Leitlinien der Gemeindeerneuerung - Eine Zusammenfassung, in: HEIN, L. (Hg.): DIE EINHEIT DER KIRCHE, S.228f

"Die Dynamik der Gemeinde-Erneuerung zielt jedoch nicht auf eine neue Kirche, auch nicht auf eine Kirche in der Kirche, sondern auf eine erneuerte Kirche... Sie ist deshalb auch nicht eine besondere Spiritualität neben anderen, sondern die Befreiung zu einer spirituellen Kommunikation, zur Weitergabe der persönlichen Glaubenserfahrung, wie auch immer sie geprägt sein mag" (MÜHLEN, H.: Leitlinien der Gemeindeerneuerung - Eine Zusammenfassung, in: HEIN, L.: DIE EINHEIT DER KIRCHE, S.228).

"Durch den Schritt der Geist-Erneuerung... wird der einzelne nicht Mitglied einer neuen geistlichen Gemeinschaft oder 'Bewegung' im kirchensoziologischen Sinn, sondern intensiver das, was er ist: Christ innerhalb des ihm vorgegebenen Lebensraumes in Gemeinden und Gemeinschaften" (MÜHLEN, Heribert: Art. "Charismatische Gemeinde-Erneuerung", in: ÖL[2], S.215).

Im Kontext seines Pastoralkonzepts der Neu-Evangelisation schreibt Mühlen: "Neu-Evangelisierung gliedert den einzelnen tiefer in die Kirche und in die Gemeinde ein, zu der er gehört. Aus ihr erwachsen nicht neue, sondern erneuerte Kirchen und kirchliche Gemeinschaften" (NEU MIT GOTT, S.25).

Christopher O Donnell schreibt aus internationalem Blickwinkel über die Zielvorstellung der Charismatischen Bewegung: "Als letztes Ziel der C.B. wäre ein Stadium des *floreat ut pereat* zu denken: eine Entwicklung, die dazu führen würde, daß diese Bewegung aufgeht im vollen Leben charismatisch erneuerter Kirchen auf dem Wege zu der Einheit, um die Christus betete" (O DONNELL, Christopher: Art. "Charismatische Bewegung, 2.Christlich", in: EKL[3], Bd.1, S.646-648.648).

97 MÜHLEN, H.: Warum "Geistliche Gemeinde-Erneuerung?". Eine katholische Stellungnahme zu Wolfram Kopfermann: "Charismatisch ist nicht gleich charismatisch", in: ERNEUERUNG IN KIRCHE UND GESELLSCHAFT, Heft 19, 2/ 1984, S.44-55.44

98 vgl.: ERNEUERUNG DER KIRCHE AUS DEM GEIST GOTTES, in: MÜHLEN, H.(Hg.): Dokumente zur Erneuerung der Kirchen, S.62f; MÜHLEN, Heribert: Charismatisches und sakramentales Verständnis der Kirche. Dogmatische Aspekte der Charismatischen Erneuerung, in: Cath (M), 28/1974, S.169-187 (vgl. ferner die von H.Mühlen betreute Dissertation: SCHMIEDER, Lucida OSB: Geisttaufe. Ein Beitrag zur neueren Glaubensgeschichte, PaThSt 13, Paderborn/ München/ Wien/ Zürich 1982. - L. Schmieder bietet eine materialreiche Begriffsgeschichte und zeigt, wie in der röm.-kath. Theologie die Bezeichnung "Geistestaufe" durch die Einführung des Begriffs der "Geist-Erneuerung" korrigiert wird; a.a.O., S.395-461)

99 vgl. MÜHLEN, H.: Was ist neu an der Gemeinde-Erneuerung?, in: ders. (Hg.): Erfahrungen mit dem Heiligen Geist, S.165-181

So behandelt z.B. Anton Gots in seinem Glaubenskurs nach der Frage der Umkehr von der "Erneuerung durch die Annahme der sakramentalen Gnaden", ehe er vom Heiligen Geist und seinen Gaben spricht. Worauf dann ein Abschnitt über das geisterfüllte Leben im Alltag folgt (vgl. GOTS, Anton: Du machst uns neu durch Deinen Geist. Grundkurs der Glaubenserneuerung, Graz/ Wien/ Köln 1988, S.92-183.184-271.272-287). -

Ganz von den Sakramenten her wird z.B. die Heilungsfrage bedacht (vgl.: MARSCH, Michael: Heilung durch die Sakramente, Graz/ Wien/ Köln 1987; SCANLAN, Michael: Die Augen gingen ihnen auf. Sakramente und innere Heilung, Graz/ Wien/ Köln 1979).

100 Was ist neu an der Gemeinde-Erneuerung?, a.a.O., S.180f

"Gebetsgottesdienste ohne Eucharistiefeier können einen tiefen Sinn haben, denn Christus ist ja durch seinen Geist anwesend... Wie die Erfahrung in den Hauskreisen zeigt, besteht dabei jedoch zugleich die Gefahr einer individualistischen Verengung. In der Eucharistiefeier wird die im Glauben des einzelnen vorgegebene Wirklichkeit Jesu Christi anwesend, wird sein Gebet hineingenommen in das Opfer des universalen, alle Menschen erfassenden Christus selbst. Diese 'Objektivität' ist heilsam! Es ist kein Zufall, daß es sich gerade während der Eucharistiefeier die Geistesgaben, etwa auch die Sprachengabe, am intensivsten entfalten..." (Was ist neu an der Gemeinde-Erneuerung, a.a.O., S.180).

"Im Leben der sich bildenden Gebets- und Gemeindegruppen ist die Eucharistiefeier Höhepunkt des Lobpreises und der Anbetung. In ihr ist 'eine stärker dem Leben und der Vorstellungswelt des heutigen Menschen angepaßte Form der Meßfeier möglich. Damit kann in größerem Maße eine Erlebniskraft verbunden sein, die das persönliche Glaubensleben und den

Apostolatsgeist zu intensivieren vermag'... Im Vergleich zu der notwendigen Subjektivität der charismatischen Beiträge leuchten in der vorgegebenen Objektivität der liturgischen Gebete der Reichtum der geistlichen Tradition auf. Außerdem bringt die sakramentale Anwesenheit des erhöhten Herrn in der Eucharistiefeier zum Bewußtsein, daß seine Gegenwart unter uns nicht abhängig ist von der Geisterfahrung und Erlebnisintensität des einzelnen. Zugleich wird der Bezug auch kleiner Gebetsgruppen zur Gesamtkirche deutlich" (ERNEUERUNG DER KIRCHE AUS DEM GEIST GOTTES, in: MÜHLEN, H.(Hg.): Dokumente zur Erneuerung der Kirchen, S. 85f).

"Für die Erneuerung in der katholischen Kirche stehen Evangelisation, Erweckung und persönliche Umkehr untrennbar in einem eucharistischen Zusammenhang: 'Die Heiligste Eucharistie enthält ja das Heilsgut der Kirche in seiner ganzen Fülle, Christus selbst... Durch sein Fleisch, das durch den Heiligen Geist lebt und Leben schafft, spendet er den Menschen das Leben. So werden sie ermuntert und angeleitet, sich selbst, ihre Arbeiten und die ganze Schöpfung mit ihm darzubringen. Darum zeigt sich die Eucharistie als Quelle und Höhepunkt aller Evangelisation' (PO 5). Dies wird besonders deutlich, wenn die Umkehrliturgie innerhalb der Eucharistiefeier oder im Rahmen einer eucharistischen Anbetung vollzogen wird. Katholische 'Erweckungsfrömmigkeit' ist in ihrem innersten Kern eucharistische Frömmigkeit" (ERNEUERUNG AUS DEM GEIST GOTTES, S.137). - "Für die katholische Gemeinde-Erneuerung haben Umkehr und Charismen ihr Zentrum in der Feier der Eucharistie. Sie ist Quelle und Höhepunkt des ganzen christlichen Lebens und aller Evangelisierung" (a.a.O., S.181). - "Das Opfermahl der Eucharistie ist 'Quelle und Höhepunkt des ganzen christlichen Lebens' und aller Evangelisierung (LG 11; PO 5). In ihr kommt die Treue Christi zu seiner Kirche am stärksten zum Ausdruck, denn in ihr verschenkt er sich selbst an die Glieder seines Leibes" (a.a.O., S.49).

101 MÜHLEN, H.: Was ist neu an der Gemeinde-Erneuerung, a.a.O., S.170

Geist-Erfahrung/Erneuerung wird nicht nur als Erneuerung der Taufe gesehen, sondern auch als Erneuerung der *Firmung* und *Eingliederung der Charismen* in die Kirche. Da das Firmsakrament die geschichtliche Fortdauer der ersten Pfingsterfahrung darstellt, deutet Mühlen die *Firmerneuerung* als Bitte um die Pfingstgnade (vgl.: BANAWIRATMA, J.B.: a.a.O., S.161f; MÜHLEN, H.: Die Erneuerung des christlichen Glaubens, S.224-233; ders.: Was ist neu an der Gemeinde-Erneuerung, in: ders. / Hg.: Erfahrungen mit dem Heiligen Geist, S.169-177). Interessant ist, daß die traditionelle Begründung der Firmung sich auf die klassischen Stellen beruft, die in der Pfingstbewegung zur Begründung der Geistestaufe als zweitem Segen/ zweiter (bzw. dritter) Stufe der christlichen Erfahrung dienen: Act 8,14-17; 10,44-48; 19,1-7 (vgl. KOCH, Günter: Art. "Firmung", in: BEINERT, Wolfgang (Hg.): LEXIKON DER KATHOLISCHEN DOGMATIK, Freiburg/ Basel/ Wien 1988², S.156-159.156f). In den Pfingstkirchen ereignet sich die Geistestaufe scheinbar ganz im Gegensatz zu allem Amtlichen in Geistunmittelbarkeit, und doch ist ihr eine quasi-sakramentaler Charakter eigen, der zugleich eine Überholung des Vorangegangenen bedeutet.

In der heutigen katholischen *Firmtheologie* geht man vor allem drei Wege der Deutung des sakramentalen Geschehens: 1) der *christologische* Ansatz hebt die engere, gnadenhafte Verbindung mit Christus als Lehrer, Hirten und Priester hervor; 2) in der *ekklesiologischen* Akzentuierung stellt man die engere Einbeziehung in die Kirche als Wirkbereich des Heiligen Geistes und in ihre Sendung heraus; 3) die Vertreter eines *individualanthropologischen* Ansatzes sehen in der Firmung die geistgeschenkte Chance und Aufgabe, in freier Entscheidung die eigene Taufe zu übernehmen.

Bei zu starkem zeitlichen Abstand zwischen Taufe und Firmung tritt das Problem einer möglichen Zwei-Klassen-Gemeinde aus Gefirmten und Ungefirmten auf (vgl. a.a.O., S.158).

Nach den Aussagen des II Vaticanum gehören Taufe und Firmsakrament eng zusamen (LG 11; SC 71). Beide vereinigen mit Christus, dem Haupt (AA 3). Die Firmung verbindet vollkommener mit der Kirche und schenkt eine besondere Kraft des Heiligen Geistes. Dadurch befähigt und verpflichtet sie nachdrücklicher zum Apostolat und zur Verwirklichung der christlichen Berufung (LG 11; AA 3). Originäre, erstberufene Firmspender sind die Bischöfe (LG 26).

In den Ostkirchen blieb die Firmung aufs Unmittelbarste mit der Taufe verbunden. Die Reformatoren lehnten sie als eigenes Sakrament ab. Die evangelische Konfirmation hat die Bedeutung von Prüfung, Bekenntnis, Aufnahme in die Gemeinde bzw. Einsegnung) (a.a.O., S.158).

102 ERNEUERUNG AUS DEM GEIST GOTTES, S.47

103 a.a.O., S.51f

H.Mühlen nennt als die fünf Wesensmerkmale der christlichen Grunderfahrung: 1) die *Evangelisation*, 2) die persönliche *Umkehr*, 3) die *Taufe* (und die übrigen Sakramente), 4) die

Geistesgaben und 5) das kirchliche *Amt*, das den Dienst der Einheit und der Leitung vollzieht. Weil keine nachbiblische Epoche das Ganze der christlichen Grunderfahrung in allen Aspekten und mit gleicher Intensität leben kann, kommt es nach ihm zu unterschiedlichen geschichtlichen Ausprägungen. Während in der Zeit der Märtyrerkirche die Evangelisation und das persönliche Bekenntnis im Vordergrund standen, erhielten das Amt und die Sakramente einen stärkeren Akzent nach der konstantinischen Wende. Die Zeit nach dem II. Vatikanum ist nach Mühlen wieder gekennzeichnet durch die Evangelisation, die personal vollzogene Umkehr und die Geistesgaben. Von woher dann auch die Sakramente und das Amt wieder intensiver vollzogen werden. Mühlen sieht die geschichtliche Differenzierung der einen christlichen Grunderfahrung nicht nur in einem je anderen Gnadenhandeln Gottes, sondern auch in der Freiheitsgeschichte des Menschen begründet, die Gott nicht aufhebt (vgl. MÜHLEN, H.: Neue Gestalt des Christseins. Geschichtstheologische Überlegungen zur Gemeinde-Erneuerung, in: ders. Hg.: Geistesgaben heute, S.39f).

104 ERNEUERUNG AUS DEM GEIST GOTTES, S.206-210.207 (vgl. auch: MÜHLEN, Heribert: Die Selbstüberlieferung des Heiligen Geistes in der Geschichte der Kirchen. Zu zentralen Aussagen des Grundlagendokumentes "Geistliche Gemeinde-Erneuerung", in: ERNEUERUNG IN KIRCHE UND GESELLSCHAFT, Heft 24, III/1985, S.25-28)

105 MÜHLEN, Heribert: Art. "Charisma/ charismatisch", in: SCHÜTZ, Christian (Hg.): PRAKTISCHES LEXIKON DER SPIRITUALITÄT, Freiburg/ Basel/ Wien 1988, S.184-187.184

"Charismen und Sakramente haben miteinander gemeinsam, daß sie Zeichen sind (I Kor 14,22; Mk 16,17f); sie weisen nicht auf etwas von ihnen verschiedenes hin, sondern sind jeweils Ausdruckszeichen, in denen die Liebe Gottes anwesend ist und sich offenbart (I Kor 12,7; Joh 6,56f). Charisma und Sakrament ergänzen sich gegenseitig. Sie gehören beide wesenhaft zum Leben der Kirche. Während in den Sakramenten das äußere Zeichen die wirksame Gnade zuverlässig anzeigt, sind die charismatischen Zeichen, wenn sie echt sind, Ausdruck der in den Herzen wirksamen Gnade und Liebe Gottes, und zwar in je neuer, ereignishafter Weise. Deshalb handelt Gott in den sakramentalen Zeichen durch den Vollzug einer objektiven, vorgegebenen Liturgie, in den charismatischen Zeichen dagegen durch die Subjektivität und den personalen Einsatz des Menschen hindurch.

In den charismatischen Vollzügen handelt Gott durch die personale Einmaligkeit und Eigentümlichkeit des Menschen hindurch, während die Eigenart des Spenders für ein Sakrament nicht konstitutiv ist. Gott wirkt in den sakramentalen Zeichen auch unabhängig von der subjektiven Ergriffenheit des Spenders.

So verleihen die Sakramente dem Leben der Kirche eine gewisse Objektivität und Konstanz. Die Charismen dagegen machen es aktueller und situationsgerechter. Die Erfahrung zeigt, daß viele Christen aufgrund ihrer charismatischen Erfahrung eine tiefere Beziehung zu den Sakramenten, vor allem zur Eucharistie, gewinnen. Andererseits bewegt gerade die Feier des Herrenmahles viele Christen dazu, ihre Charismen zu gebrauchen" (ERNEUERUNG DER KIRCHE AUS DEM GEIST GOTTES, in: MÜHLEN, H.(Hg.): Dokumente zur Erneuerung der Kirchen, S.36f).

106 vgl. MÜHLEN, H./KOPP, O.: Ist Gott unter uns oder nicht?, S.7
Neben H.Mühlen, Kardinal Suenens u.a. hat in den USA und im internationalen Bereich Kilian McDonnell die theologische und pastorale Reflexion der charismatischen Erneuerung gefördert.

107 ERNEUERUNG AUS DEM GEIST GOTTES, S.49f

108 Die grundlegende Bedeutung des Amtes, und besonders des Petrusamtes für die Einheit legt H.Mühlen in einer Stellungnahme zu W.Kopfermanns Austritt aus der evangelischen Kirche im Herbst 1988 dar (vgl. MÜHLEN, H.: Tonkassette A70276: Ein Leib und ein Geist. Zur Entstehung einer neuen "charismatischen" Freikirche/ Anskar-Kirche, Hamburg).

109 ERNEUERUNG DER KIRCHE AUS DEM GEIST GOTTES, in: MÜHLEN, H.(Hg.): Dokumente der Erneuerung der Kirchen, S.37f
Die zu starke Gegenüberstellung in dem Papier wurde vom Pastoral der deutschen Bischofskonferenz für eine spätere Überarbeitung zur Korrektur angemerkt (vgl. a.a.O., S.27).

110 a.a.O., S.38

111 ERNEUERUNG AUS DEM GEIST GOTTES, S.99 (fast gleichlautend: MÜHLEN, H.: Art. "Charisma/charismatisch", in: PRAKTISCHES LEXIKON DER SPIRITUALITÄT, S.185)

(Zum Amtsverständnis vgl. auch: ERNEUERUNG DER KIRCHE AUS DEM GEIST GOT-
TES, a.a.O., S.38 und "Die ökumenische Gnade des erneuerten Amtes", in: MÜHLEN, Heribert
(Hg): Gemeindeerneuerung aus dem Geist Gottes. II: Zeugnisse und Berichte - Hoffnung für die
Ökumene, Mainz 1985, S.159-192)

112 MÜHLEN, H.: in: PRAKTISCHES LEXIKON DER SPIRITUALITÄT, S.185

113 ebd.

"Die Amtsträger haben 'nicht nur die Pflicht, falschem Geist zu wehren, die Geister zu
scheiden, sondern auch die Pflicht, den Geist zu suchen und mit seiner unkalkulierbaren, oft
unbequemen Spontaneität neu zu rechnen... Sie sind nicht nur für die Spendung der Sakramente,
sondern auch für die Weckung und Förderung der Charismen eingesetzt. Sie werden so neu darin
bestärkt, offen zu sein für die Geistesgaben, die Gott ihnen persönlich zugedacht hat und die
ihren seelsorgerlichen Dienst befruchten" (ERNEUERUNG DER KIRCHE AUS DEM GEIST
GOTTES, a.a.O., S.38).
"Erneuerung aus dem Geist Gottes dringt nicht von heute auf morgen in die ganze Breite
der Volkskirche ein. Wenn ein Pfarrer sich diesem Weg öffnet, ist es wichtig, daß er im Hören auf
die Führung des Heiligen Geistes eine Anfangsgruppe sammelt, deren Mitglieder zum missionarischen Dienst und zu geistlichen Leitungsaufgaben geeignet erscheinen. Die Priester sollen ja 'die
Geister prüfen, ob sie aus Gott sind, und die vielfältigen Charismen der Laien, schlichte wie
bedeutendere, mit Glaubenssinn aufspüren, freudig anerkennen und mit Sorgfalt fördern'. Sie
sollen 'vertrauensvoll den Laien Ämter zum Dienst in der Kirche anvertrauen, ihnen Freiheit
und Raum zum Handeln lassen, ja sie sogar in kluger Weise sie dazu ermuntern, auch von sich
aus Aufgaben in Angriff zu nehmen (PO 9; vgl. Dienste und Ämter 5.11). Häufig ist gerade Laien
ein starker Impuls zur Evangelisierung geschenkt. Der Priester muß jedoch kraft seines Amtes
dafür sorgen, 'daß Bewegungen zur geistlichen Erneuerung und des Laienapostolates in das
sakramentale, liturgische Leben der Kirche integriert werden'. Er kann aber seinen Dienst für die
Erneuerung 'nur dann ausüben, wenn er eine offene Haltung ihr gegenüber einnimmt, begründet
in dem Wunsch, den durch die Taufe mit jedem Christen teilt: hineinzuwachsen in die Gaben
des Heiligen Geistes' (Johannes Paul II., Ansprache an die Leiter der Katholischen Charismatischen
Erneuerung, L'Osservatore Romano 9.Mai 1981). Er wird achten auf die gesunde Lehre, die
Gemeindefähigkeit der kleinen Zellen, die Einheit der Gemeinde und darauf, daß Aufbruch und
Begeisterung sich in der konkreten Nachfolge Jesu im Alltag bewähren" (ERNEUERUNG AUS
DEM GEIST GOTTES, S.126f).

114 vgl. MÜHLEN, H.: in: PRAKTISCHES LEXIKON DER SPIRITUALITÄT, S.185 (dass.
etwas ausführlicher in: ERNEUERUNG AUS DEM GEIST GOTTES, S.99)

115 So wird z.B. unterschieden zwischen den besonderen Charismen, und dem "der Kirche selbst
eigenen" Charisma der Wahrheit und des Glaubens, das besagt, daß die Gesamtheit der Gläubigen
im Glauben nicht irren kann, "wenn sie ihre allgemeine Übereinstimmung in Sachen des
Glaubens und der Sitten äußert" (LG 25; LG 12). "Dieses der ganzen Kirche eigene Charisma ist
in besonderer Weise wirksam in den Trägern des kirchlichen Lehramtes (im Nachfolger Petri und
im Kollegium der Bischöfe in Einheit mit ihm), wenn sie verbindlich erklären, daß eine bestimmte
Wahrheit in der Offenbarung enthalten ist und von der ganzen Kirche im Glauben festzuhalten
ist. Der Heilige Geist überliefert dieses Charisma trotz Sünde und Fehlentwicklungen durch die
Geschichte hindurch, damit 'die Heilige Schrift in demselben Geist gelesen und ausgelegt wird, in
dem sie geschrieben wurde' (BV 12) und damit die ein für allemal ergangen Offenbarung, 'zu der
zu stehen und nach der sich zu richten alle gehalten sind', unversehrt weitergegeben wird
(LG 25). Durch das Charisma der Wahrheit verleiht Gott der Kirche Kontinuität und Stabilität, durch andere Charismen und geistliche Aufbrüche schenkt er ihr Erneuerung und führt in die
Zukunft" (ERNEUERUNG AUS DEM GEIST GOTTES, S.51).

116 "Das Laien gegebene Charisma der Leitung ist aus dem amtlichen Leitungsdienst nicht
abgeleitet, ihm aber zugeordnet (AA 3; 10)" (ERNEUERUNG AUS DEM GEIST GOTTES, S.117).

"Der pastorale Leitungsdienst von 'Laien' darf nicht völlig unabhängig vom Leitungsdienst
der ordinierten Amtsträger wahrgenommen werden. Die geschichtliche Erfahrung zeigt, daß andernfalls nicht die Kirche erneuert wird, sondern eine neue Kirche entsteht und die Christenheit
sich weiter aufspaltet" (MÜHLEN, H.: Leitlinien der Gemeindeerneuerung - Eine Zusammenfassung; in: HEIN, L.: DIE EINHEIT DER KIRCHE, S.230).

"'Pflicht und Recht zum Apostolat haben die Laien kraft ihrer Vereinigung mit Christus, dem Haupt. Denn durch die Taufe dem mystischen Leibe Christi eingegliedert und durch die Firmung mit der Kraft des Heiligen Geistes gestärkt, werden sie *vom Herrn selbst* mit dem Apostolat betraut'... Im gemeinsamen Priestertum aller Gläubigen und in der Berufung zum apostolischen Dienst durch die Taufe und Firmung zeigt sich, daß jeder Gläubige *'unmittelbar zu Gott'* ist, so daß sich für die Laien die Berufung zum Apostolat nicht als eine Teilhabe an dem apostolischen Dienst der ordinierten Amtsträger verstanden werden kann, auch nicht im Sinne eines 'Mandates'. Die Berufung der Laien ist auf den Dienst der Amtsträger zwar hingeordnet, aus ihm aber nicht ableitbar..." (MÜHLEN, Heribert: Das Gespür für das Wirken des Heiligen Geistes in den Einzelnen und in der Kirche. Zum Charisma der Leitung, in: ERNEUERUNG IN KIRCHE UND GESELLSCHAFT, Heft 14/1983, S.20-29.20).

"Geistliches Leben hat Ordnung Struktur. Deshalb schenkt Gott zugleich mit der Vielfalt der Geistesgaben auch das Charisma der Leitung... In den Gebets- und Gemeindegruppen bildet sich ein Leitungsdienst heraus, der zunächst durch die Zustimmung der Gruppe getragen wird. In einigen Gruppen wird auch ein Leitungsteam gewählt. Die Befähigung zur Leitung zeigt sich in einem wachen Gespür für die geistlichen Vorgänge innerhalb der Versammlung und für das, was vom Geist Gottes kommt; in einer besonderen Bereitschaft und Eignung, für alle Mitglieder der Gruppe dazusein und unterschiedliche Tendenzen in das Ganze der Gruppe einzufügen. Psychische Belastbarkeit und Ausgeglichenheit sind wesentliche Eignungsmerkmale" (ER-NEUERUNG DER KIRCHE AUS DEM GEIST GOTTES, a.a.O., S.91).

Das Charisma der Leitung "kann nur ausgeübt werden in der lauteren Hingabe an Gott für die Gemeinde oder Gemeinschaft (vgl. Joh 10,15) und in der Dienstgesinnung Christi (vgl. Mt 20,28). Wer in einem gestörten oder nicht geheilten Verhältnis zur Kirche lebt, kann diesen Dienst nicht fruchtbar ausüben" (ERNEUERUNG AUS DEM GEIST GOTTES, S.116f; vgl. hierzu auch ERNEUERUNG IN KIRCHE UND GESELLSCHAFT, Heft 14/1983, S.22-25).

117 ERNEUERUNG AUS DEM GEIST GOTTES, S.116

118 MÜHLEN, H.: Leitlinien der Gemeindeerneuerung - Eine Zusammenfassung, in: HEIN, L.: DIE EINHEIT DER KIRCHE, S.229-231.227

"Gebetsversammlungen und Wortgottesdienste bedürfen einer von der Liebe zur Kirche getragenen, wachsamen Leitung. Mögliche Gefährdungen sind: Überbetonung der Erfahrung, missionarischer Übereifer, Bekehrungsdruck, Selbstgenügsamkeit, Einseitigkeiten in Gebetsstil und Liedgut, unangemessenes Hervortreten einzelner. Die Leiter sind verantwortlich für eine ausreichende Information neu Hinzukommender, für eine verantwortliche Vorbereitung der Schriftauslegung, die seelsorgerlichen Dienste untereinander, die rechte Ausübung der Gabe der Unterscheidung, karitative und missionarische Dienste.

Wenn einzelne Teilnehmer oder psychisch belastete Menschen sich - oft unbewußt - selbst in den Mittelpunkt rücken, müssen die Leitenden sie zur Zurückhaltung hinführen. Gebetsgruppen, in denen auffallende Ausdrucksformen im Vordergrund stehen, müssen sich fragen, ob diese von innen her gewachsen sind und ob sie sich einfügen in das Ganze der grundlegenden Geistwirkungen in der Kirche" (ERNEUERUNG AUS DEM GEIST GOTTES, S.125f).

119 vgl.: MÜHLEN, Heribert: Warum "Geistliche Gemeinde-Erneuerung?". Eine katholische Stellungnahme zu Wolfram Kopfermann: "Charismatisch ist nicht gleich charismatisch", in: ERNEUERUNG IN KIRCHE UND GESELLSCHAFT, Heft 19, 2/1984, S.44-55.50f; ders.: Art. "Charisma/charismatisch", in: PRAKTISCHES LEXIKON DER SPIRITUALITÄT, S.185f; ders.: NEU MIT GOTT, S.412-417; ERNEUERUNG AUS DEM GEIST GOTTES, S.50f.96-98.145f.220-225

120 vgl. ERNEUERUNG IN KIRCHE UND GESELLSCHAFT, Heft 19, 2/1984, S.50 - "Seiner sprachlichen Grundbedeutung entsprechend bezeichnet das Wort alles, aber auch nur das, was zur Eigenart der Charismen gehört" (PRAKTISCHES LEXIKON DER SPIRITUALITÄT, S.185).

121 vgl. ERNEUERUNG IN KIRCHE UND GESELLSCHAFT, Heft 19, 2/1984, S.50f

"Wenn Gott Charismen verleiht, wendet er sich dem einzelnen auf eine besondere Weise zu und bringt seine jeweils besondere, persönliche Eigenart zur Entfaltung" (PRAKTISCHES LEXI-KON DER SPIRITUALITÄT, S.186).

122 vgl. ERNEUERUNG IN KIRCHE UND GESELLSCHAFT, Heft 19, 2/1984, S.51

123 vgl. ebd.

124 PRAKTISCHES LEXIKON DER SPIRITUALITÄT, S.186

125 MÜHLEN, H.: Art. "Geistliche Gemeinde-Erneuerung", in: ÖL², S.217

126 vgl. MÜHLEN, H.: Art. "Geistliche Gemeinde-Erneuerung", in: ÖL², S.217

127 vgl. MÜHLEN, H.: Der Heilige Geist als Person, S.XXXI

128 MÜHLEN, H.: Art. "Geistliche Gemeinde-Erneuerung", in: ÖL², S.216; vgl. auch ders.: Die Erneuerung des christlichen Glaubens. Charisma-Geist-Befreiung, München 1974, S.235

129 NEU MIT GOTT, S.413

130 PRAKTISCHES LEXIKON DER SPIRITUALITÄT, S.186

131 NEU MIT GOTT, S.415f

132 PRAKTISCHES LEXIKON DER SPIRITUALITÄT, S.183

133 NEU MIT GOTT, S.417

134 vgl. ERNEUERUNG AUS DEM GEIST GOTTES, S.138f

135 a.a.O., S.139

136 ebd.

137 In der Pfingstbewegung gilt die Sprachengabe als "physisches Anfangszeichen" und erhält gleichsam "sakramentale" Bedeutung, da sie als äußeres Zeichen die innere Gnade anzeigt.

138 a.a.O., S.140f (vgl. auch ERNEUERUNG DER KIRCHE AUS DEM GEIST GOTTES, in: MÜHLEN, H./ Hg.: Dokumente zur Erneuerung der Kirchen, S.62f)

139 a.a.O., S.141f (vgl. auch ERNEUERUNG DER KIRCHE AUS DEM GEIST GOTTES, a.a.O., S.61f)

140 ERNEUERUNG AUS DEM GEIST GOTTES, S.143

141 a.a.O., S.144

142 Der Fixierung auf punktuelle Höhenerlebnisse wirkt Mühlen dadurch entgegen, daß er Umkehr als Beginn eines lebenslangen Prozesses der Erneuerung und Geist-Erfahrung als kontinuierliche Vertiefung und Intensivierung einer Anfangserfahrung versteht. Wohl ist die Umkehr ein einmaliger, grundlegender Akt der Entscheidung für Gott. Zugleich jedoch soll nun das Leben mehr und mehr durchdrungen und die Anfangserfahrung gerade durch Zeiten der Dunkelheit hindurch losgelassen und im Glauben überschritten werden (vgl.: Grundentscheidung, S.78-85.119-131; MÜHLEN, Heribert: Von der Anfangserfahrung zum Alltag des Glaubens. Wege der Vertiefung, in: ERNEUERUNG IN KIRCHE UND GESELLSCHAFT, Heft 8/1980, S.38-43).
"Die Höherbewertung eines datierbaren Erfüllungserlebnisses (peak-experience, plötzliche Betroffenheit) gegenüber einem geistlichen Wachstumsprozeß (gewachsene Betroffenheit) wird ebenso abgelehnt... wie sentimentaler Enthusiasmus, Bekehrungsdruck und der Gebrauch des mißverständlichen Wortes 'Geisttaufe'. Entscheidend ist nicht die Intensität eines Gefühlserlebnisses, sondern der durch die Anfangserfahrung ermöglichte weitere Schritt zum vertieften Glauben... Es wird als verhängnisvolle Verkürzung der christl. Grunderfahrung angesehen, wenn in Erweckungsbewegungen versucht wird, die Anfangserfahrung mit menschlichen Mitteln ständig wachzuhalten: Wir können nicht das noch einmal aktiv erstreben, was wir passiv von Gott empfangen haben! Erst der Überschritt in das Nichtfühlen, Nichtwollen, Nichtwissen hinein eröffnet die Dimension des Geheimnisses Gottes und befähigt dazu, die dem Glauben wesentliche 'Trockenheit' in Geduld und angesichts der vor uns stehenden Freude durchzustehen und den Alltag des Glaubens zu leben" (MÜHLEN, Heribert: Art. "Charismatische Gemeinde-Erneue-

rung", in: ÖL², S.216; vgl. hierzu auch die ausführlichen Darlegungen in: ERNEUERUNG AUS DEM GEIST GOTTES, S.54-72).

143 ERNEUERUNG AUS DEM GEIST GOTTES, S.144

144 vgl. a.a.O., S.144f

"Die 'soziale Gotteserfahrung' führt notwendig auch zu einem verstärkten kritischen und die soziale Ordnung durchsetzenden Einsatz in der Gesellschaft. Die Gefahr einer subjektivistischen Innerlichkeit wird ebenso gesehen wie die eines rein innerweltlichen Aktivismus" (MÜHLEN, Heribert: Art. "Charismatische Gemeinde-Erneuerung", in: ÖL², S.217).
"Die gesellschaftskritischen Charismen haben im Zuge einer Wiederentdeckung der sozialen Dimension des Glaubens und in Abwendung von einem übertriebenen Individualismus in den heutigen Gemeinden bereits eine größere Leuchtkraft erhalten" (Leitlinien der Gemeindeerneuerung, a.a.O., S.225).
(vgl. auch: GRIESE, Erhard: Die gesellschaftskritische Dimension der Charismen, in: MÜHLEN, H./ Hg.: Geistesgaben heute, S.147-159; MÜHLEN, Heribert: Charisma und Gesellschaft, in: ders. Hg.: Geistesgaben heute, S.160-174; ders.: Einübung in die christliche Grunderfahrung I, S.156-160; ders.: Grundentscheidung, S.99-102; RENNER, Karl: Die gesellschaftlich-politische Dimension der Charismen, in: ERNEUERUNG IN KIRCHE UND GESELLSCHAFT, Heft 32, III/1987, S.32-36)

145 MÜHLEN, Heribert: Der gegenwärtige Aufbruch der Geisterfahrung und die Unterscheidung der Geister, in: KASPER, Walter (Hg.): GEGENWART DES GEISTES. Aspekte der Pneumatologie, QD 85, Freiburg/ Basel/ Wien 1979, S.24-73

146 a.a.O., S.24

147 ebd.

148 a.a.O., S.25

149 Die charismatische Bewegung im engeren Sinn unterscheidet Mühlen von anderen geistlichen Bewegungen, die im weiteren Sinn "charismatisch" sind. Geistliche Bewegungen erwachsen auf dem charismatischen Lebensgrund der Kirche. Sie sind als jeweilige geschichtliche Antwort Gottes auf Fehlentwicklungen oder Erstarrungen der Kirchengeschichte zu werten (vgl. a.a.O., S.25f). Mühlen nennt als Beispiele: die Wanderpropheten in der Ur-Kirche, das Predigtapostolat der Bettelorden, die prophetischen Durchbrüche zur Zeit der Reformation des 16.Jahrhunderts, die Volksmission seit der Mitte des 17.Jahrhunderts sowie die Entstehung der Orden und geistlichen Gemeinschaften. Als "geprägte" Bewegungen dieses Jahrhunderts nennt er: die Fokolare, Cursillo, die Gemeinschaft Charles de Foucauld, die Schönstattbewegung usw. Auf evangelischer Seite verweist er auf Taizé, die Jesus-Bruderschaft Gnadenthal, die Christusbruderschaft Selbitz und den großen, bis in die Gegenwart wirkenden pietistischen Aufbruch (a.a.O., S.25).

150 a.a.O., S.25 (vgl. hierzu die Ausführungen in: MÜHLEN, H.: Einübung in die christliche Grunderfahrung I, S.92-110.111-144)

151 a.a.O., S.27

152 ebd.

153 ebd.

154 Eine dogmatisch reflexive Rückfrage nach dem Ursprung des exklusiven Ich-Sagens Jesu kann nach Mühlen zeigen, "daß in diesem wie in einem apriorischen Urwort alle Aussagen des Neuen Testaments mitenthalten sind" (a.a.O., S.28). Mühlen versteht das prophetische Sprechen "an Christi statt" (2 Kor 5,20) in diesem Sinne als eine Ur-Form von Offenbarungsrede, die fester Bestandteil des urkirchlichen Gottes war.

155 "Ich habe dich mit meiner Kraft gestärkt. Ich will meine Kirche erneuern, ich will mein Volk zu einer neuen Einheit führen. Ich fordere dich auf: Wende dich ab von unnützen Vergnügungen, habe Zeit für mich! Ich möchte euer Leben zutiefst verwandeln. Schaut auf mich! Ich bin immer noch anwesend in meiner Kirche. Ein neuer Ruf ergeht an euch. Ich schaffe mir aufs Neue ein Heer von Zeugen und führe mein Volk zusammen. Meine Kraft liegt auf ihm. Sie werden meinen auserwählten Hirten folgen. Wende dich nicht von mir ab! Laß dich von mir durchdringen! Erfahre mein Leben, meinen Geist, meine Kraft! Ich will die Welt befreien. Ich habe damit begonnen, meine Kirche zu erneuern. Ich will die Welt zur Freiheit führen" (a.a.O., S.28f)

156 a.a.O., S.30

157 ebd.

158 a.a.O., S.30f

159 a.a.O., S.31

160 a.a.O., S.32

161 a.a.O., S.32f

162 a.a.O., S.34f

163 a.a.O., S.35

164 a.a.O., S.36

165 a.a.O., S.37

166 Mühlen bezieht sich hierbei auf Untersuchungen von R.Schnackenburg (vgl. a.a.O., S.37f).

167 a.a.O., S.39

168 vgl. a.a.O., S.39 - "Eine solche erneuernde 'Sendung' bzw. intensivere Anwesenheit des Heiligen Geistes wird vor allem dann geschenkt, wenn jemand in die Ausübung von Geistesgaben (Thomas nennt ausdrücklich Heilung und Prophetie) hineinwächst, sich aus Liebe zu Gott dem Martyrium aussetzt oder auf seinen Besitz verzichtet" (a.a.O., S.39).

169 ebd.

170 a.a.O., S.40 - Was die Rechtfertigungsgnade betrifft, so geht es in der Taufe "primär um das eigene Heil, um die Annahme des eigenen Todes und der die einzelne Person in ihrer Einmaligkeit treffenden Auferstehungsgnade". Die charismatische Gnade hingegen "wird nicht in erster Linie gegeben, ut homo ipse per eam iustificetur, sed potius ut ad iustificationem alterius cooperetur (Theologische Summe, I-II, 111,1). Sie übersteigt... das Vermögen der 'Natur', das Geschöpfseins, ist aber jedem Christen (bereits anfanghaft mit der Taufe) verliehen und nicht nur irgendwelchen Charismatikern... Diese Charismen werden von Thomas mit den 'Gaben des Heiligen Geistes' gleichgesetzt, durch die der Mensch befähigt wird, sich vom Heiligen Geist bewegen zu lassen, und die ihn daran hindern, ihm seine Eigenbewegung entgegenzusetzen (Theologische Summe, II-II, 19,9) (a.a.O., S.40 - vgl. auch: MÜHLEN, H.: Die Erneuerung des christlichen Glaubens, S.228-230; ERNEUERUNG DER KIRCHE AUS DEM GEIST GOTTES, a.a.O., S.34-36)

171 ebd.

172 vgl. a.a.O., S.41-44

173 "Es entspricht der kulturellen Mentalität im deutschen Sprachraum, daß die Menschen sich auf die Neuheit Gottes häufig erst dann einlassen, wenn sie das, was geschieht, anfanghaft reflektiert haben. Was die Zahlen angeht, ist der charismatische Aufbruch im deutschen Sprachraum bisher noch nicht zu einem erweckenden Zeichen geworden. Viele Theologen und Amtsträger verharren in der Haltung des klugen Gamaliel... Fachtheologen könnten neue Schuld auf sich laden, wenn sie den Kairos nicht erkennen und nur in kritischer, von außen beurteilender Distanz zu diesen geistlichen Aufbrüchen verbleiben. Man könnte sogar aus geschichtlicher Erfahrung die These begründen: Entweder überlassen sich die Theologen der Erfahrung reflektierter Geistererfahrung, oder der charismatische Aufbruch wird auf die Dauer unerfahren bleiben" (a.a.O., S.44).

174 vgl. a.a.O., S.44-53 (vgl. auch: ERNEUERUNG AUS DEM GEIST GOTTES, S. 113f;
ERNEUERUNG DER KIRCHE AUS DEM GEIST GOTTES, in: a.a.O., S.75-79)

175 Es ist für Mühlen selbstverständlich, daß Geisterfahrung nicht nur außergewöhnliche
Kraftwirkungen und die "leuchtenderen" Charismen beinhaltet, sondern sich in allen Lebensäuße-
rungen des Christen zeigt. So ist z.b. eine allgemeine Berufstätigkeit "charismatisch" in dem Maß,
wie sie als Dienst in und an der Gesellschaft aufgefaßt wird. Sie mit Enthusiasmus, emotionaler
Bewegtheit, rauschhaftem Erfülltsein, gruppendynamischem Wohlbehagen, außergewöhnlichen
Phänomenen oder gar pathologischen Zuständen zu identifizieren, ist irreführend (vgl.a.a.O., S.44).

176 a.a.O., S.45 - "Um die kostbaren Gaben seines Geistes vor Entstellung und Mißbrauch zu
bewahren, gibt Gott seiner Kirche als ganzer die Gabe der Unterscheidung und befähigt sie,
Echtes von Unechtem zu unterscheiden. Dieses Charisma ergänzt alle anderen Charismen und ist
besonders in Zeiten des Umbruchs und der Erneuerung von erhöhter Bedeutung für das Leben
der Kirche" (ERNEUERUNG DER KIRCHE AUS DEM GEIST GOTTES, in: a.a.O., S.75).

177 ebd.

178 MÜHLEN, Heribert: Erfahrung des Bösen und Unterscheidung der Geister. Auf dem Weg
zu einer neuen Pastoral der Befreiung, in: ERNEUERUNG IN KIRCHE UND GESELLSCHAFT,
Heft 21, 4/1984, S.9-18.14

179 ebd.

180 MÜHLEN, Heribert: Der gegenwärtige Aufbruch der Geisterfahrung und die Unterscheidung
der Geister, a.a.O., S.45

181 a.a.O., S.46

182 vgl. a.a.O., S.47

183 H.Mühlen sieht die häufig beim Auftreten geistlicher Aufbrüche vorgekommenen Spaltungen
der Christenheit schuldhaft verursacht durch einen Mißbrauch von Geistesgaben auf beiden Seiten
der jeweils Beteiligten: "Die verfaßte Kirche ließ sich meistens durch solche Aufbrüche nicht in
Frage stellen, machte übertreibend (die Undurchschaubarkeit des Dämonischen zeigt sich häufig in
der Übertreibung des Guten) das Charisma der Ordnung geltend; der prophetische Protest seinerseits ließ sich auf eine ebenfalls nur dämonisch zu verstehende Weise in die Übertreibung und
Absolutsetzung der geschichtlich neu geschenkten Geisterfahrung hineintreiben" (a.a.O., S.48).
   Zur Frage der *Übertreibung des Wahren und Guten und daraus resultierenden Spaltungen*, sowie
seinem *Verständnis von kirchlicher Einheit* vgl. MÜHLEN, H.: Einübung in die christliche Grunderfahrung. Erster Teil: Lehre und Zuspruch, S.120-123):
   "Die Schuld der Menschen auf beiden Seiten liegt dann häufig in der *Übertreibung des Guten
und Wahren:* Die katholische Kirche hat im Laufe ihrer Geschichte Ordnung und Disziplin
übertrieben... und wurde so blind für andere Geistesgaben. Das gleiche kann man auch von der
reformatorischen Rechtfertigungserfahrung und anderen Geisterfahrungen sagen (man denke nur
an die Überbetonung der Sprachengabe in den freien Pfingstkirchen). So kommt es, daß in *keiner*
der jetzt getrennten Kirchen *alle* Charismen Jesu lebendig sind. Die katholische Kirche bekennt
deshalb ausdrücklich, daß die in den anderen Kirchen und kirchlichen Gemeinschaften lebendigen Geistwirkungen zu ihrer eigenen Auferbauung beitragen und daß es ihr wegen der
Spaltungen schwierig ist, die Fülle dessen, was uns Christus hinterlassen hat, 'unter jedem
Aspekt in die Wirklichkeit des Lebens auszuprägen' (Dekret über den Ökumenismus, Art. 4,9f). -
Dies bedeutet dann andererseits: Wenn der eine Heilige Geist in den jeweils anderen Kirchen
und kirchlichen Gemeinschaften Geistesgaben geweckt hat, die in der eigenen Kirche nicht
ausgeprägt sind, dann *darf* keine der jetzt noch getrennten Kirchen ihr geistliches Erbe einfach
aufgeben! Jede Kirche *muß* ihre eigene, geprägte Geisterfahrung einbringen in eine erhoffte,
wiederversöhnte Christenheit. Aufgrund dieser Überlegungen haben katholische und evangelische Christen, die sich im europäischen Raum für die charismatische Erneuerung in ihren jeweiligen Kirchen verantwortlich wissen, einige Grundsätze verabschiedet... Aus ihnen geht hervor:
Die charismatische Erneuerung muß lutherisch, reformiert, orthodox, katholisch usw. sein, bevor
sie wahrhaft ökumenisch werden kann. *Die Dynamik dieser Erneuerung geht nicht auf eine neue
charismatische Überkirche (Geistkirche), sondern auf die eine charismatisch erneuerte Kirche.* Wir können nicht einfach in die Situation der Urkirche hinein zurückspringen und dann von vorne anfan-

gen. Dies wäre ein Widerspruch zu der Tatsache, daß der Geist Christi eben auch in der Geschichte wirksam gewesen ist, auch noch in den getrennten geistlichen Traditionen, und es wäre geradezu eine 'Sünde gegen den Heiligen Geist', dies nicht anzuerkennen. Jede Kirche muß sich deshalb von den Geistesgaben der anderen Kirche bereichern lassen. Alles, was wirklich vom Heiligen Geist kommt, kann nicht kirchentrennend sein. So beginnt im Zueinander der verschiedenen Charismen, die in den einzelnen kirchlichen Gemeinschaften besonders ausgeprägt sind, eine gemeinsame Tradition aller jetzt noch getrennten Traditionen" (a.a.O., S.121f).

184 MÜHLEN, H.: Der gegenwärtige Aufbruch der Geisterfahrung und die UdG, a.a.O., S.49

185 ebd.

186 a.a.O., S.50 - Trinitätstheologisch versteht Mühlen den Heiligen Geist als den innertrinitarischen Vorgang der Selbstweggabe "zwischen" Vater und Sohn, vorgängig zu ihrer Getrenntheit.

187 ebd. - "Das 'noch nicht' zeigt an, daß wir 'Gott' nur im Nacheinander eines zu sich selbst kommenden Prozesses denken können. Das von der Schöpfung her erschließbare eine 'Gott' ist der Selbsterschließung Gottes in seinem Kreuz entsprechend a priori wirhaft seien, und 'Geist' ist in diesem Stadium des theologischen Denkvorganges die Kraft und Macht der göttlichen Selbstvermittlung und Selbsterschließung" (a.a.O., S.50).

188 "Auch die menschliche Person ist ursprünglich konstituiert durch eine den aktuellen personalen Beziehungen transzendental vorangehende *apriorische Wirheit*, die 'Horizont' und Bedingung der Möglichkeit der vollzogenen personalen Beziehung ist" (a.a.O., S.50f).

189 a.a.O., S.51

190 ebd.

191 ebd.

192 ebd.

193 a.a.O., S.52 - "Der Ungeist, der Teufel, kann sich nicht zu sich selbst verhalten, obwohl dies sein ständiger Anspruch ist, weil er sich nicht zu Gott verhält. Der Heilige Geist ist die Relation der Relationen, der Ungeist die Negation jeglicher Relation und damit auch Vermittlung" (a.a.O., S.53).

194 ebd.

195 a.a.O., S.52f

196 a.a.O., S.53

197 a.a.O., S.47

198 ebd.

199 a.a.O., S.48

200 vgl. ebd.

Mit dieser Aussage wird die kontroverstheologische Frage der Heilsgewißheit berührt, die im evangelischen Bereich anders beantwortet wird als im katholischen. Mühlen zitiert das kirchliche Lehramt: "Keiner kann mit der Sicherheit des Glaubens, dem kein Irrtum unterlaufen kann, wissen, daß er Gottes Gnade erlangt hat" (DS 1534). Im Protestantismus hängt die Gewißheitsfrage mit der fundamentalen und entscheidenden Bedeutung der Heiligen Schrift, der Funktion des Wortes Gottes zusammen. Mühlen betont mit Nachdruck: "Die erfahrene Gegenwart des Heiligen Geistes in uns übersteigt erkennbar und erfahrbar unsere Erfahrung dieser Gegenwart. Gott ist immer noch größer als unser Herz, er wird von diesem nicht umgriffen. Die Erfahrung zeigt sogar: Je näher Gott uns zu sich selbst hinführt, um so mehr erfahren wir die abgründige Unterschiedenheit von ihm..." (Die Erneuerung des christlichen Glaubens, S.103f). - Mühlen sieht diese Grenze in der Erweckungs- und Heiligungsbewegung, die den Glauben ins Subjektive zog, nicht immer eingehalten. Andererseits bewertet er die Verneinung der Erfahrbarkeit Gottes durch die dialektische Theologie als übertriebenen Gegenschlag nach der anderen Seite (vgl. a.a.O., S.104). Gewißheit gibt es nach römisch-katholischem Verständnis in den sakramentalen Zeichen als Handlung der Kirche. So wird z.b. die Gnade der Taufe dem Täufling auch dann noch "von Gott mit *absoluter Gewißheit* angeboten, wenn der Taufspender selbst von diesem Vorgang persönlich nicht ergriffen ist" (MÜHLEN, H.: Einübung in die christliche Grunderfahrung I, S.128-132. 130). Der Taufspender handelt ja nicht aufgrund charismatischer Eingebung, sondern er tut und sagt das, was die Kirche tut und sagt. "Er erfindet nicht das sakramentale Zeichen, sondern er ist gehalten, sich genau an die Ordnung der Kirche zu halten" (ebd.). Gleiches gilt auch für das Abendmahl im Unterschied z.B. zu einem prophetischen Wort. "Alle Kirchen achten darauf, daß der Vorsteher der Eucharistiefeier an dem Einsetzungsbericht nichts ändert, und deshalb ist hier im Vergleich zum prophetischen Dienst die *Gewißheit* größer, daß wirklich Jesus selbst anwesend ist: Eine prophetische Äußerung muß *geprüft* werden, ob sie aus Gott kommt oder nicht, denn es gibt auch falsche Propheten... Es ist also keineswegs absolut sicher, daß in einem prophetischen Beitrag Gott selbst handelt. Man kann aber nicht in ähnlicher Weise von 'falschen Sakramenten' sprechen..." (ebd.). Mühlen will beachtet wissen, daß die sakramentalen Zeichen nie automatisch wirken, sondern ein *Angebot Gottes* sind, das in dem Maß wirksam wird, als der Empfänger es annimmt. Von daher kann man dieses Angebot auch als "unfehlbar" bezeichnen. "Die charismatischen Zeichen dagegen sind *nie ein absolut sicherer 'Beweis'* für die Anwesenheit des Geistes, der keinem Zweifel unterliegen kann. Sie müssen immer geprüft werden, und dazu ist der Kirche vor allem die Geistesgabe der Unterscheidung verliehen (vgl. 1 Kor 12,10). Dies gilt auch im Hinblick auf die Sprachengabe, die in den Pfingstkirchen zum Teil als unumstößlicher 'Beweis' für die Anwesenheit des Heiligen Geistes, für die 'Geisttaufe', angesehen wird" (a.a.O., S.130f).

201 Gott handelt *nie völlig unmittelbar und direkt* an uns und durch uns! Nur in Jesus Christus war Gott ganz unmittelbar und direkt anwesend. In gewisser Weise könnte man gleichwohl von Graden der "Unmittelbarkeit" sprechen. Der allererste und kaum wahrnehmbare Impuls des Heiligen Geistes hat etwas Unmittelbares, weil er noch nicht durch die eigene Lebensgeschichte, den eigenen Willen und die eigenen Gefühle vermittelt ist. Je mehr die Eingebung aber in die eigene Person eindringt, umso vermittelter wird sie, wenn sie geäußert wird. Aus diesem Grund müssen alle Geistesgaben geprüft werden (vgl. Die Erneuerung des christlichen Glaubens, S.102-104; Ist Gott unter uns oder nicht?, S.75f; Leitlinien der Gemeindeerneuerung, a.a.O., S.233f).

202 ERNEUERUNG AUS DEM GEIST GOTTES, S.73f (vgl. auch: Einübung in die christliche Grunderfahrung I, S.171-176; Die Erneuerung des christlichen Glaubens, S.102-104; Ist Gott unter uns oder nicht?, S.75f; Leitlinien der Gemeindeerneuerung, a.a.O., S.233f)

Mühlen stellt im Blick auf die menschliche Komponente den Grundsatz auf: "*Christliche Geist-Erfahrung schließt menschliche Selbst- und Gemeinschaftserfahrung ein, läutert und intensiviert sie.* Die Schöpfung soll 'befreit werden zur Freiheit und Herrlichkeit der Kinder Gottes' (Röm 8,21). Dieser Befreiungsprozeß ist jedoch ständig gefährdet, da auch im Getauften die Neigung bleibt, Selbst- und Gemeinschaftserfahrung aus dem Zusammenhang der Begegnung mit dem lebendigen Gott herauszulösen: Natürliche Begabungen oder ungewöhnliche Fähigkeiten werden vorschnell als Geistesgaben ausgegeben; in der Suche nach 'religiöser Erfahrung' herrscht das Streben nach Selbstverwirklichung und Selbstfindung vor; Gemeinschaftserfahrung und gruppendynamische Prozesse werden vorschnell mit der Erfahrung von Kirche identifiziert; seelische Bewegtheit, Gefühle der Freude, werden ungeprüft als Wirkungen des Heiligen Geistes angesehen; geschöpfliche Werte, Kunstgenuß, kirchliche Traditionen werden nicht eingebunden in die persönliche Beziehung zum lebendigen Gott; Methoden und Techniken aus nichtchristlichen Religionen werden unbesehen übernommen und nicht in das Ganze der Christusbegegnung integriert" (ERNEUERUNG AUS DEM GEIST GOTTES, S.74 = dass.: Erfahrung des Bösen und Unterscheidung der Geister, a.a.O., S.11).

203 vgl. ERNEUERUNG AUS DEM GEIST GOTTES, S.74-77.114-116; MÜHLEN, H.: NEU MIT GOTT, S.351; ders.: Einübung I, S. 167-170; ders.: Erfahrung des Bösen und Unterscheidung der Geister. Auf dem Weg zu einer neuen Pastoral der Befreiung, in: ERNEUERUNG IN KIRCHE UND GESELLSCHAFT, Heft 21, 4/1980, S.9-18; ders.: Grundentscheidung, S.102-107 (vgl. auch: MÜHLEN, H.: Geistliche Vollmacht in der Begegnung mit der Wirklichkeit des Bösen, Kassette Nr.70176, Verlag Erneuerung; ders.: Unterscheidung der Geister, Kassette Nr.7098, Verlag Erneuerung)

204 "Der Christ erkennt in einem geistlichen Läuterungsprozeß immer mehr, wie sehr er trotz der bewußten Absicht, Gott aus ganzem Herzen zu lieben, in seiner Tiefe getrennt von Gott lebt und einer 'Erlösung vom Bösen' (vgl. Mt 6,13) bedarf... Der Einfluß des Bösen zeigt sich vor allem in der Versuchung, das Angebot Gottes zur Begegnung abzulehnen, Gott zu mißtrauen und so das Geschenk der Freiheit zu mißbrauchen..." (ERNEUERUNG AUS DEM GEIST GOTTES, S.75).

205 NEU MIT GOTT, S.353

206 Erfahrung des Bösen und Unterscheidung der Geister, a.a.O., S.10 (vgl. auch NEU MIT GOTT, S.352f)

207 Erfahrung des Bösen und Unterscheidung der Geister, a.a.O., S.10f

208 NEU MIT GOTT, S.354f

209 Erfahrung des Bösen und Unterscheidung der Geister, in: a.a.O., S.11

210 ebd. (vgl. auch NEU MIT GOTT, S.363)

211 NEU MIT GOTT, S.364 (vgl. auch Erfahrung des Bösen und Unterscheidung der Geister, in: a.a.O., S.11f)

212 ebd. - "Wenn jemand sich jedoch in einer aus der Beziehung zu Gott herausgelösten Weise mit dem zur Schöpfung Gottes gehörenden 'Übersinnlichen' befaßt hat und diese Phänomene an die Stelle des alles umgreifenden göttlichen Geheimnisses getreten sind (DS 2823ff; 3642), kann ein Gebet um Befreiung notwendig werden. Das gleiche gilt, wenn jemand in Bindungen lebt, die ihn von Gott trennen, oder wenn er Süchten verfallen ist" (ERNEUERUNG AUS DEM GEIST GOTTES, S.115).

213 ERNEUERUNG AUS DEM GEIST GOTTES, S.115f

214 Erfahrung des Bösen und Unterscheidung der Geister, in: a.a.O., S.15

215 ebd.

216 a.a.O., S.16

217 a.a.O., S.16f.17

218 Erfahrung des Bösen und Unterscheidung der Geister, in: a.a.O., S.12

Auch gegen die fundamentalistischen Tendenzen bei den römisch-katholischen charismatischen Autoren SCANLAN, Michael/ CIRNER, Randall J.: "...erlöse uns von dem Bösen", Graz/ Wien/ Köln 1983 grenzt sich Mühlen ab (vgl. Erfahrung des Bösen und Unterscheidung der Geister, in: a.a.O., S.17).
In der von Mühlen maßgeblich mitverantworteten Zeitschrift ERNEUERUNG IN KIRCHE UND GESELLSCHAFT wurde das Buch von Christian Weis empfohlen, der die Phänomene Okkultismus und Besessenheit von der Psychologie und Parapsychologie mit ihrer religionswissenschaftlich neutralen Betrachtungsweise her angeht (WEIS, Christian: Begnadet, besessen oder was sonst? Okkultismus und christlicher Glaube, Salzburg 1986, S.13-100.60-100). Weis grenzt sich gegen katholische und evangelische Autoren (G.Siegmund, B.Günther, E.v. Petersdorff - K.Koch, W.C.v.Dam) ab, die ein direktes Wirken böser Geister annehmen. Weis geht von "natürlichen" Kräften aus und hält die Hypothese, daß im Fall der Magie böse Geister ihre Hand im Spiel haben, für überflüssig: "Es ist möglich, daß ein okkulten Praktiken das eine oder andere Mal wirklich Dinge geschehen, die man nicht in die Erklärungsmuster der klassischen Naturwissenschaften einordnen kann. Es scheint sich aber gleichwohl um 'natürliche' Vorgänge zu handeln, die von denen, die sie praktizieren, zu unmittelbar und direkt 'religiös' interpretiert werden - auch die Selbstinterpretation der Hexen und Satanisten, die ihre angeblichen Fähigkeiten durch teuflische Kräfte deuten, ist 'religiös' (a. a.O., S.60). - Während K.Koch und W.C.v.Dam die Berichte des Neuen Testaments über Jesu exorzistische Tätigkeit wörtlich nehmen und in die Gegenwart übertragen, will Weis diese neu verstehen. So meint er: Diese Begebenheiten "können wohl nicht mehr als buchstäbliche Austreibung von die Kranken persönlich beherrschenden Dä-

monen interpretiert werden, sondern müssen eher als charismatische Heilungen angesehen werden... Daß man zur Zeit Jesu annahm, in den körperlichen und psychischen Zwangszuständen, die die Menschen in bestimmten Krankheiten besonders augenfällig ihrer Freiheit und sogar Eigenpersönlichkeit berauben, seinen böse Geister unmittelbar am Werk ist eine Vorstellung, die heute nicht mehr verbindlich ist. Sie wurde zwar von Jesus sicher geteilt, aber doch eher als eine selbstverständliche Voraussetzung, die als solche nicht zum eigentlichen Glaubensinhalt gehört. Hier stellt sich nun die Frage, ob man - mit vielen Theologen unserer Zeit - nicht die Annahme der Existenz dämonischer Geister überhaupt als zeitbedingt und heute überholt ansehen muß" (a.a.O., S.91). - Weis versteht Besessenheitsphänomene - gegen den unmittelbaren Augenschein - als "eine Zusammenballung destruktiver Kräfte der menschlichen Psyche und zwar nicht nur eines einzelnen Menschen", sondern als "psychische Dynamik einer ganzen Gruppe" (a.a.O., S.93f). Trotzdem glaubt er, daß sich bei der Besessenheit - aber ebenso und vielleicht noch mehr bei anderen Gelegenheiten - zeigt, daß es in der Schöpfung personhafte böse Geister gibt und daß sie mit furchtbarer Macht am Werk sind. An diesem Punkt scheint ihm das Zeugnis Jesu und des Neuen Testaments nach wie vor maßgebend (a.a.O., S.94). Was er ablehnt ist die Annahme unmittelbarer Greifbarkeit des Dämonischen: "Auch in der Besessenheit wird eine Störung der Schöpfungsordnung sichtbar, eine Störung, die letztlich dämonischen Ursprungs ist, auch wenn wir sie heute mit Recht als Krankheit sehen. An der dämonischen Infektion der ganzen Schöpfung liegt es, daß es solche Zustände überhaupt gibt. Es ist auch nicht auszuschließen, daß der Einzelfall durch dämonisches Wirken (mit-)ausgelöst wird, ohne daß wir konkret angeben können, warum und wie das geschieht. Es ist aber nicht so, daß der Dämon direkt vom Menschen Besitz ergreifen oder gar in ihm 'wohnen' würde, um aus ihm zu sprechen oder in ihm zu toben. Diese Phänomene sind mit hoher Wahrscheinlichkeit psychische Abläufe und Mechanismen, eventuell ergänzt durch paranormale Fähigkeiten. Hier haben wir es nicht mit einem bösen Geist 'persönliche' zu tun, sondern mit der total desintegrierten Psyche eines Menschen, der zerrissen wird von der Gewalt seiner inneren Konflikte und den auf ihn einstürmenden Einflüssen seiner religiösen Umwelt mit einem oft fanatischen Dämonenglauben. Aus diesem Grund scheint mir eine Auge-in-Auge Konfrontation mit dem Dämon nicht angezeigt. An die Stelle eines direkten Kampfes gegen die Dämonen tritt die Bekämpfung der psychischen Störungen, soweit sie uns mit den uns zur Verfügung stehenden Mitteln möglich ist" (a.a. O., S.97). - Weis hält die auffälligen Phänomene für parapsychologisch erklärbar, wobei er eingesteht, daß mit seinen Ausführungen die Annahme, man könne es doch - vielleicht im Einzelfall - mit Dämonen persönlich zu tun haben, nicht endgültig widerlegt ist (a.a.O., S.100).

219 vgl. Erfahrung des Bösen und Unterscheidung der Geister, in: a.a.O., S.12f

220 vgl. NEU MIT GOTT, S.356-359.359 - Aus der Paradies-Erzählung ist zu ersehen, wie eine kaum wahrnehmbare Übertreibung schwerwiegende Folgen nach sich zieht (vgl. Gen 3,1 und 3,3; Eva übersteigert ihre Aussage, um Gott gegen die Einrede der Schlange zu verteidigen).

221 ERNEUERUNG AUS DEM GEIST GOTTES, S.76

H. Mühlen nennt als Beispiele die übertreibende Wirkung des Bösen: a) Die Über-Betonung der Allmacht als Wesenszug Gottes in der Theologie. Mit Hilfe der griechischen Philosophie wurde Gott als "reines", "absolutes" (= von der Welt abgelöstes) Sein beschrieben. Diese Betonung der Ferne Gottes von der Welt trug mit zur Ausprägung des späteren theoretischen und praktischen Atheismus bei. b) Übertriebene Forderungen an Kinder in der Erziehung, wenn die Bejahung der Person von Leistung abhängig gemacht wird oder auch übertriebene Zuwendung, die das Kind abhängig macht und verwöhnt. c) Im Blick auf die "Grundentscheidung" des Glaubens stellt der "Geist der Täuschung" die Konsequenzen in übertriebener Weise vor Augen und suggeriert, daß es aus eigener Kraft zu leisten seien und daß man vor Gott Angst haben müßte. d) Oder er übersteigert die geistgewirkte Freude an Gott, verführt den Menschen zum selbstsüchtigen Genießen, zur Freude an der Freude und damit zur Hinwendung zu sich selbst. "Nicht wenige versuchen sogar, sich mit menschlichen Mitteln (etwa musikalischen) in diesen Selbstgenuß hineinzusteigern. Es gibt durchaus einen methodisch herbeigeführten Enthusiasmus, der als eigenwillige Steigerung der Freude an Gott von Gott trennen kann" (NEU MIT GOTT, S.359). - Eine Überbetonung der Geist-Erfahrung kann in der Gemeinde leicht zur Spaltung führen (vgl.: Erfahrung des Bösen und Unterscheidung der Geister, in: a.a.O., S.13f; ERNEUERUNG AUS DEM GEIST GOTTES, S.75f; NEU MIT GOTT, S.356-359).

222 vgl.: Erfahrung des Bösen und Unterscheidung der Geister, in: a.a.O., S.14; ERNEUERUNG AUS DEM GEIST GOTTES, S.75f; NEU MIT GOTT, S.359-362.

Kein Mensch vereinigt in sich alle guten seelischen und körperlichen Eigenschaften. Nur Gott ist in der ganzen Fülle und ohne Begrenzung gut und hat keinen "negativen" Pol in sich. Wir Menschen dagegen sind jeweils immer ein bestimmter ausgeprägter "Typ" mit entsprechenden Mangelerscheinungen und einer Persönlichkeitsstruktur. H. Mühlen macht dies an der ganz allgemeinen Unterscheidung des "Verstandesmenschen" vom "Gefühlsmenschen" fest. Jeder Mensch hat nun in unterschiedlicher Ausprägung beide Pole in sich. Nun versuchen die widergöttlichen Mächte, den einzelnen auf die Schattenseiten seiner Persönlichkeit zu fixieren und ihn von sich selbst und von Gott zu entfremden. Es ist deshalb wichtig, seine eigenen Schattenseiten zu kennen und ihnen gegenüber wachsam zu bleiben. Der Geist Gottes entfaltet unsere positiven Seiten und hilft dabei, die negativen zu erkennen, anzunehmen und in die Persönlichkeit zu integrieren, daß wir zur Ganzheit heranreifen (vgl. NEU MIT GOTT, S.360-362).

Wie hier, nimmt H. Mühlen auch in anderen Veröffentlichungen psychologische Erkenntnisse in seine Überlegungen zur Geist-Erfahrung und Unterscheidung mit auf. So weiß er, daß die Geist-Erfahrung die ganze Person ergreift und dabei u.U. auch die Tiefen der Persönlichkeit freigelegt werden, in denen der Mensch "böse von Jugend auf" ist (Gen 8,21; 6,5). Dabei treten seine charakterlichen Einseitigkeiten und Schwächen oder verdrängte seelische Erkrankungen deutlicher zutage, damit sie überwunden werden können (vgl. ERNEUERUNG DER KIRCHE AUS DEM GEIST GOTTES, a.a.O., S.76).

Häufig kommen auch gerade seelisch unausgeglichene, labile Menschen mit der Hoffnung in die Gebetsgruppen, durch die "Gruppe" oder die charismatische Erneuerung innerlich entlastet zu werden. Wo vorwiegend solche Menschen sich in Gruppen einfanden, sind diese nicht lebensfähig geblieben. Mühlen hält aus der Beobachtung als Grundsatz fest: "Die charismatische Erneuerung ist für jeden einzelnen eine Zumutung, denn Umkehr und Sichloslassen ist oft mit langen inneren Kämpfen verbunden und setzt seelische *Gesundheit* voraus" (Einübung II, S.130). In der Regel sollten sich Gruppen deshalb nicht zumuten, seelisch kranke Menschen aufzunehmen und "therapieren" zu wollen, es sei denn, sie hätten einen erfahrenen Psychologen oder Psychotherapeuten zur Seite. Mühlen sieht es als großes Verhängnis an, wenn Gruppen nicht bereit sind, die weltliche Wirklichkeit in ihrer Eigengesetzlichkeit zu sehen und dilettantische, "kostenlose" Psychotherapie betreiben. "Seelische Erkrankungen werden dann häufig geistlich überdeckt und überhöht und kommen so erst recht nicht zum Bewußtsein. Dann der Prozeß einer seelischen Heilung wird dadurch geradezu verschoben oder verhindert" (a.a.O., S.131). Nach einer fachmännischen Beratung allerdings kann eine Gebetsgruppe mit ihrer Freude, Liebe und Freiheit sehr viel zum Gesundungsprozeß beitragen. Mühlen setzt aber beim Erkrankten die Demut voraus, nicht sich selbst zum Maßstab für die Erfahrung der Gnade Gottes zu machen.

Mühlen stellt zwei wichtige Krankheitsbilder mit ihren Fehlverhalten vor. Der *Depressive* leidet unter Niedergeschlagenheit, bezieht alles auf sich selbst und ordnet Gesagtes zu seinem Gericht ein. "Aus der biblischen Umkehrpredigt und aus Anleitungen, in sich selbst hineinzuschauen, lesen sie das heraus, was sie ohnehin schon belastet, und das verstärkt die Depression... Allerdings sehen sie oft auch schärfer als andere, was wirkliche Umkehr ist, und können so einen wichtigen Dienst tun, falls sie sich dabei nicht selbst zum absoluten Maßstab für andere machen. Häufig versuchen sie aber auch, ihre Niedergeschlagenheit durch umso größere Aktivität, Aktionen ohne Kontakt mit der Wirklichkeit, auszugleichen" (ebd.). - Der *Hysteriker* bezieht ebenfalls alles auf sich, aber er sieht in allem eine Gelegenheit, seine Geltung und sein Ansehen zu steigern. "Während der depressive Mensch seine Beschwerden oft vordergründig auf Einflüsse Satans zurückführt, lebt der hysterische Mensch auf unechte Weise ständig im 'Himmel'. Ihm geht es nicht primär um Umkehr, sondern er strebt ständig nach den 'höheren' Geistesgaben, um so seine Überlegenheit zu dokumentieren. Aufgrund eines tief verwurzelten Minderwertigkeitsgefühls weist er ständig darauf hin, daß die anderen noch nicht eigentlich 'charismatisch' seien" (a.a.O., S.131f). Daraus entsteht oft Unruhe, Streit und Spaltung in Gebetsgruppen. Von daher schließt Mühlen seine Überlegungen mit dem wichtigen Rat: "Seelisch unausgeglichene, labile Menschen sollten nie in der Leitung tätig sein!" (a.a.O., S.132).

223 vgl. ERNEUERUNG DER KIRCHE AUS DEM GEIST GOTTES, in: a.a.O., S.79

224 Die Lexikaartikel gehen auf die ignatianische Trost-Theologie zurück (so WULF, Hans: Art. "UdG", in: LThK², Bd.10, S.533ff) oder sie folgen einem transzendentalphilosophischen Ansatz (KLINGER, Elmar: Art. "UdG", in: SACRAMENTUM MUNDI, Bd.IV, S.1108-1114). Dieses Interpretationsschema ist unzureichend zur Beschreibung der charismatischen Erfahrung, da charismatische Erfahrung "keineswegs primär 'Identität mit sich selbst', sondern primär 'Wir- Erfahrung' (ist), in welcher eine gnadenhafte Ich-Erfahrung geschenkweise hinzugegeben wird" (Einübung I, S.208 Anm.41).

Gleiches gilt auch für die Ausführungen von J. Sudbrack, der bei Ignatius den Weg zwischen Skylla und Charybdis, zwischen einem naiven Rationalismus und einem naiven Spiritualismus gefunden sieht. Der Weg der Unterscheidung bzw. Entscheidungsfindung führt dabei über folgende Stufen: a) Bedenken der rationalen Gründe und Zusammenhänge; b) psychologisch-geistliche Selbstfindung im Anderen (Identität im Du); c) Bewußtmachen der sozialen Abhängigkeiten und Aufgaben; d) Konzentration auf Jesus Christus als der Mitte des Glaubens; e) Offenstehen vor dem Willen Gottes und den Anliegen seiner Welt (SUDBRACK, Josef: Unterscheidung der Geister - Entscheidung im Geiste, in: NIEDERWIMMER, Kurt/ SUDBRACK, Josef/ SCHMIDT, Wilhelm: Unterscheidung der Geister. Skizzen zu einer neu zu lernenden Theologie des Heiligen Geistes, Kassel 1972, S.35-63).

H. Mühlen wendet gegen K. Rahner ein, daß die charismatische Erfahrung "nicht lediglich eine Radikalisierung der Transzendentalität des Menschen, auch nicht eine 'vulgäre Mystik'" darstellt. Die "transzendentale" Wir-Erfahrung ist personologisch früher als die Ich-Erfahrung (Einübung I, S.201f; RAHNER, Karl: Das enthusiastisch-charismatische Erlebnis in Konfrontation mit der gnadenhaften Transzendenzerfahrung, in: HEITMANN, Cl./ MÜHLEN, H., Hg.: ERFAHRUNG UND THEOLOGIE DES HEILIGEN GEISTES, S.64-82).

225 vgl. ERNEUERUNG AUS DEM GEIST GOTTES, S.77; Erfahrung des Bösen und Unterscheidung der Geister, in: a.a.O., S.15

"Die Offenbarungswahrheiten sind uns verbindlich in der Heiligen Schrift und deren Auslegung durch das kirchliche Lehramt vorgegeben. Da alle charismatischen Vorgänge in demselben Geist geschehen, in dem das Wort Gottes geschrieben ist, sind sie nur dann echt, wenn sie mit diesem übereinstimmen" (ERNEUERUNG DER KIRCHE AUS DEM GEIST GOTTES, in: a.a.O., S.80).

In der relativ frühen Darstellung dieses Papieres führt Mühlen diesen Aspekt der "*Übereinstimmung mit dem Wort Gottes und der Lehre der Kirche*" erst an dritter Stelle zum Abschluß der "objektiven" Unterscheidungsmerkmale an. Als ersten Gesichtspunkt nennt er die "*Hinführung zu Christus*", als zweiten den "*Dienst am Aufbau an der Gemeinde*" (vgl. a.a.O., S.79f).

226 Einübung I, S.183

227 ebd.

228 a.a.O., S.184

229 "Geist-Erfahrung führt den Menschen zu einer Gemeinschaft mit Christus. Wo sie echt ist, ist sie auch mit einer tiefen Liebe zur Gemeinschaft der Gläubigen, der Kirche, verbunden, die ja ebenfalls 'der Christus' genannt wird (1 Kor 1,13; 12,12). Wenn eine Erfahrung von Christus und von der Kirche wegführt (1 Kor 12,3), kommt sie mehr aus menschlichen oder gar dämonischen Ursprüngen" (ERNEUERUNG DER KIRCHE AUS DEM GEIST GOTTES, in: a.a.O., S.79f).

230 Als grundlegendes *objektives Kriterium* für die von Christus geschenkte Geisterfahrung nennt Mühlen in seinem Buch "Die Erneuerung des christlichen Glaubens" den Gesichtspunkt der Auferbauung zum allgemeinen Besten (I Kor 14,26; 12,7): "Wenn also die Ausübung einer Geistesgabe nicht dem Ganzen der Gemeinde und der Kirche nützt, wenn sie nicht gestärkt und auferbaut wird, dann wird man sagen müssen, daß hier mehr menschliches Wollen, vielleicht sogar Geltungssucht und Betteln um Anerkennung am Werk sind als der Geist Gottes selbst. Mit Sicherheit ist dies so, wenn die Berufung auf Geisterfahrung Spaltung mit sich bringt... Spaltungstendenzen sind immer ein Attentat auf die einigende Funktion des einen Heiligen Geistes und kommen deshalb nicht von diesem selbst. Dieses Kriterium ist deshalb so wichtig, weil hier eine Täuschung kaum möglich ist. Jedermann kann sehen und hören, ob die Ausübung einer Geistesgabe die Gemeinde auferbaut oder nicht" (a.a.O., S.104).

"Dem Aufbau dient auch eine aus der Liebe kommende Kritik. Ihre Echtheit zeigt sich darin, daß sie nicht in feindselige Konfrontation umschlägt, sondern bereit macht, Spannungen zu ertragen. Spaltung innerhalb des Geist (1 Kor 3,3f) und sind oft Schuld der Menschen auf beiden Seiten" (ERNEUERUNG DER KIRCHE AUS DEM GEIST GOTTES, in: a.a.O., S.80).

"Das Gegenteil von Aufbau ist Spaltung. Diese kommt niemals vom Heiligen Geist... Spaltung ergibt sich meist aus einer übertriebenen Ich-Betonung, aus der Berufung auf die eigene, persönliche Erfahrung... Je tiefer die Geisterfahrung ist, je mehr sie eingeht in die persönliche Eigenart, um so einseitiger ist sie, und um so mehr bedarf sie der Ergänzung und Korrek-

tur... *Überbetonung* bestimmter Geistesgaben... kommt mehr aus menschlichen als aus göttlichen Impulsen. - Nicht nur Spaltung hindert den Aufbau der Kirche, sondern häufig auch die Art und Weise des persönlichen *Zeugnisses*. Wenn es Widerstände hervorruft, die nicht aus dem Ruf zur Umkehr kommen..., dann ist dies ein Merkmal dafür, daß es *mehr* aus einem menschlichen Bekehrungswillen oder sogar Überlegenheitsgefühl entspringt als aus den Impulsen des Heiligen Geistes... Auch eine Absonderung charismatischer Gruppen aus der Gemeinde oder ihre Weigerung, dem Aufbau der jeweiligen Ortsgemeinde zu dienen, geht mehr auf menschlichen Eigenwillen zurück als auf göttlichen Antrieb" (Einübung I, S.184f).
   Mit dem Kriterium der Auferbauung wird die Kirche bzw. die Kirchlichkeit und Integration zum entscheidenden Kriterium der Unterscheidung.

231 "Wer... seine täglichen Berufspflichten vernachlässigt oder glaubt, aufgrund seiner Geisterfahrung aus den politischen und sozialen Verpflichtungen entlassen zu sein, läßt sich nicht von der Dynamik des Heiligen Geistes führen" (Einübung I, S.185).
   In seinem Vortrag auf Kassette Nr.7098 strukturiert Mühlen das ganze Feld der *Kriterien* in *sechs Fragereihen*. Er fragt nach den Auswirkungen geistlicher Impulse im Blick auf die Beziehung 1) zu Gott, dem Vater, 2) zu den Menschen, 3) zur Kirche, 4) zur Gesellschaft, 5) zum Alltag, 6) zu sich selbst. Die Einbeziehung des Gesellschaftlichen in den Kriterienkatalog unterscheidet Mühlen von ähnlichen Katalogen der klassischen aszetischen Theologie. Mühlen fragt: "Führen bestimmte Vorgänge zu einer weltabgewandten Privatheit des geistlichen Lebens oder öffnen sie den Blick für soziale Lebensbezüge, für die institutionalisierte Sünde in der Gesellschaft? Motivieren sie zu einer Mitarbeit in der Gesellschaft? Wenn das nicht der Fall ist, ist das ein Kriterium für Unechtheit... Wer politisches, soziales Engagement ausschließt, darf gewiß sein, daß das, was er sonst als Geisterfahrung bezeichnet, verkürzt, entstellt ist oder sogar noch andere Ursprünge hat. Natürlich kann nicht jeder alles tun oder alles gleichzeitig, aber Jesus Christus in der Gesellschaft zu erkennen, wahrzunehmen, ist ein Kriterium für die Echtheit der Beziehung zu Gott" (Kassette Nr.7098).
   "Die Beziehung der einzelnen zu Christus und die dadurch ermöglichte 'soziale Gotteserfahrung' drängen direkt und unmittelbar zu sozialem Handeln. Kirche als Umkehrgemeinschaft, als das öffentliche Zeichen sozialer Gotteserfahrung und Hinkehr zu Gott, ist zugleich auch Ursprung sozialer und politischer Veränderungen. Jesus ist nicht nur hinabgestiegen in das 'Herz' des einzelnen, aus dem das Böse aufsteigt (Mk 7,21ff), sondern auch in ungerechte und widergöttliche gesellschaftliche Strukturen. In der Umkehr zu Gott gibt der Mensch seine von Gott gesonderte, 'private' Existenz auf, damit zugleich aber auch eine von den Mitmenschen und der Gesellschaft abgesonderte Existenzweise. Die 'missionarische' Liturgie ist deshalb in sich selbst auch Anstoß zum sozialen und politischen Handeln. Gebet und Aktion fordern sich gegenseitig" (NEU MIT GOTT, S.275).

232 ERNEUERUNG DER KIRCHE AUS DEM GEIST GOTTES, in: a.a.O., S.80f

233 vgl. a.a.O., S.81; Einübung I, S.186

   "Die alles durchströmende christliche Grunderfahrung der 'Liebe' zeigt sich darin, daß der einzelne sich von Gott angenommen und geliebt weiß. Diese tiefe Geist-Erfahrung drängt den einzelnen dann auch zum Dienst in der Kirche. Die hier gemeinte Liebe ist also nicht lediglich seelische Bewegtheit oder nur das Gefühl, von anderen Menschen angenommen zu sein, sondern die Grundkraft der Selbsthingabe, die jegliche charismatische Äußerung von innen her tragen und durchformen muß".
   "Zeichen von Liebe ist... *entspannte* Aktivität. Heftigkeit des Vorgehens kommt *mehr* aus den eigenen Impulsen als vom Heiligen Geist. - Charismatische Erneuerung ist ihrer inneren Dynamik entsprechend nicht in erster Linie kämpferische Reaktion gegen Bestehendes, sondern Aktion auf Zukunft hin. Dies schließt Konfrontation nicht aus, wenn sie in der Konsequenz dem Aufbau dient. Oft kann man deshalb erst nachträglich sagen, ob Worte oder Handlungen aus der Liebe geboren waren, nämlich aus der Liebe zur Kirche. *Feindselige* Konfrontation, Korrektur anderer im Zorn kommt aber nie vom Heiligen Geist" (Einübung I, S.187).

234 Einübung I, S.186

235 "Mit 'Freude' ist nicht in erster Linie ein Gefühl gemeint, erst recht nicht Rausch, Wohlbehagen oder ein oberflächlicher Enthusiasmus, sondern jene Freude, die auch noch das Leid umgreift (vgl. 1 Petr 4,13; Kol 1,24)" (ERNEUERUNG DER KIRCHE AUS DEM GEIST GOTTES, in: a.a.O., S.81).

"Die Liebe zeigt sich in vielfältiger Form, vor allem *als* Freude. Diese kommt aus der Gemeinschaft mit Gott und mit anderen Menschen, hat aber nichts zu tun mit oberflächlichem Enthusiasmus, Rausch oder Wohlbehagen. Sie ist nicht in erster Linie im Gefühl beheimatet, sondern erfaßt den ganzen Menschen, einschließlich seiner Leiden. Sie zeigt sich auch nicht in erster Linie im Ich-Gefühl, sondern umfaßt die anderen Menschen, ist eine *soziale* Erfahrung. Eben deshalb herrscht in den Gottesdiensten, zu denen jeder etwas beiträgt, die Grundstimmung der Freude: Alle erfahren gleichzeitig und gemeinsam, daß Gott als Heiliger Geist unter und zwischen ihnen anwesend ist, und zwar als *ein und derselbe*... Man kann diese Freude aber nicht machen und wollen, denn sie ist 'Frucht' und Geschenk. Ein Geschenk aber kann man nicht erzwingen" (Einübung I, S.187; vgl. auch S.188).

236 Einübung I, S.189 (vgl. auch S.190)

237 ERNEUERUNG DER KIRCHE AUS DEM GEIST GOTTES, in: a.a.O., S.81f

238 a.a.O., S.82

239 ebd.

240 vgl.: Erfahrung des Bösen und Unterscheidung der Geister, in: a.a.O., S.15; ERNEUERUNG AUS DEM GEIST GOTTES, S.78-80; NEU MIT GOTT, S.232-234 (vgl. auch Kassette Nr.7098)

241 vgl. Einübung I, S.190f - Die hier von Mühlen vorgeschlagene Art der Entscheidungsfindung steht wohl in der Tradition der ignatianischen Wahl-Entscheidung (vgl. hierzu etwa: SWITEK, Günter: "Geistliche Unterscheidung in Gemeinschaft", in: FRIELINGSDORF, Karl/ SWITEK, Günter (Hg.): Entscheidung aus dem Glauben. Modelle für religiöse Entscheidungen und eine christliche Lebensorientierung, Mainz 1978, S.153-164). - Auf evangelischer Seite wurde diese Art der Entscheidungsfindung, der Suche nach "Führung" im stillen Hören auf Gott, in der Oxford-Gruppen-Bewegung (später: MRA - Moral Re-Armament - Moralische Aufrüstung) von Frank Buchman praktiziert. Im "Marburger Kreis", einer seelsorgerlich-missionarischen Fortsetzung des Buchman´schen Ansatzes, wird diese Praxis weitergeführt.

242 vgl. ERNEUERUNG DER KIRCHE AUS DEM GEIST GOTTES, in: a.a.O., S.78f

243 vgl. Einübung I, S.192

244 vgl. MÜHLEN, H.: Art. "Pneumatologie", in: ÖL², S.971f

245 "Der Heilige Geist kann niemals in einem regionalen Sinne zum 'Gegenstand' theologischen Nachdenkens werden, denn er ist ja selbst jener umgreifende Horizont, innerhalb dessen jegliche theologische Reflexion überhaupt erst als solche erfolgen kann. Die Lehre vom Heiligen Geist ist ja keineswegs eine objektivistische Aussage *über* ihn, sondern jegliche theologische Aussage ist nur 'in' ihm möglich" (MÜHLEN, H.: Pneumatologie am Beginn einer neuen Epoche, in: HEITMANN, Cl./ SCHMELZER, F.: IM HORIZONT DES GEISTES, S.49f).

246 So LOSSKY, Vladimir: La Procession du Saint-Esprit dans la Doctrine Trinitaire Orthodoxe, Paris 1948, S.9ff (vgl. auch LOSSKY, V.: Die mystische Theologie der morgenländischen Kirche, Graz/ Wien/ Köln 1961; ORPHANOS, Makros A.: Der Ausgang des Heiligen Geistes bei einigen späteren Kirchenvätern, in: GEIST GOTTES - GEIST CHRISTI. Ökumenische Überlegungen zur Filioque-Kontroverse, hg. von VISCHER, Lukas, ÖR.B 39, S.43-64.43-46.49-53)

247 vgl. hierzu etwa auch THIELICKE, Helmut: Theologie des Geistes, Der evangelische Glaube III, S.598-606

248 vgl.: HEIM, Karl: JESUS DER HERR. Die Führervollmacht Jesu und die Gottesoffenbarung in Christus, (Der evangelische Glaube und das Denken der Gegenwart. Grundzüge einer christlichen Lebensanschauung, Bd.2), Berlin 1935, S. 106ff; ders.: JESUS DER WELTVOLLENDER. Der Glaube an die Versöhnung und Weltvollendung, Der evangelische Glaube und das Denken der Gegenwart. Grundzüge einer christlichen Lebensanschauung, Bd.3, Berlin 1937, S.229ff

249 SCHLIER, Heinrich: Mächte und Gewalten im Neuen Testament, QD 3, S.17-20.17

250 a.a.O., S.17f - Zum Erkennen der Täuschungen bedarf es der Gabe der Unterscheidung der Geister, nach der wir streben sollen: "Nur der offene und scharfe Blick, den Gott gewährt, erkennt die oft haarscharfe Grenze zwischen den guten Geistern und durchdringt den von dem bösen Geist absichtlich erzeugten Nebel. Wo diese Gabe (der Unterscheidung) wenig waltet, ist Gefahr, daß man entweder die finstere Energie des Teufels überall am Werk sieht und dann doch eben nirgends wirklich erkennt oder so harmlos ist und dann nicht sieht, wenn er mitten unter uns weilt" (a.a.O., S.62).

251 "Je mehr der Mensch die Wirklichkeit des Bösen wahrnimmt, um so mehr erkennt er, daß er gegen eine übermenschliche und unmenschliche Macht zu kämpfen hat, der er aus eigener Kraft nicht gewachsen ist. Gott bietet seiner Kirche das Charisma der "Unterscheidung der Geister" an (1 Kor 12,10; 1 Joh 4,1) und die Kraft, das Böse zu überwinden" (ERNEUERUNG AUS DEM GEIST GOTTES, S.77).

252 vgl.: BITTNER, Wolfgang J.: Heilung - Zeichen der Herrschaft Gottes, Neukirchen-Vluyn 1984, S.32-34; SEYBOLD, Klaus/ MÜLLER, Ulrich: Krankheit und Heilung, Biblische Konfrontationen Bd.1008, Stuttgart/ Berlin/ Köln/ Mainz 1978, S.101.104.127
    "Blindheit, Lahmheit, Taubheit und Aussatz sind doch wohl anders geartete Krankheiten als 'Besessenheit'. Im einen Fall war die dämonische Schädigung allenfalls partiell als Einwirkung von außen zu denken, wenn überhaupt eine solche vorlag. Im Fall der Besessenheit war sie total, der Dämon hauste im kranken Menschen" (SEYBOLD, Kl./ MÜLLER, U.: a.a.O., S.101). - "Dämonenaustreibungen und Heilungen charakterisieren Jesu Wirken. Beide Handlungen sind nicht einfach identisch, wie die getrennte Nennung beider Aktionen zu zeigen scheint" (a.a.O., S.104). - "Es legt sich nahe, die hier in Frage kommenden Wundergeschichten in zwei Hauptgruppen zu unterteilen, solche, die von *Exorzismen* berichten, und solche, die *Therapien* zum Gegenstand haben. Schon die zusammenfassenden Erwähnungen von Jesu Wundern (die sog. Summarien) nennen Exorzismen und Therapien je besonders (Mk 1,32f; 3,10f; 6,13; Lk 6,18f; 7,21; 13,32). Den Jüngern wird verheißen, im Namen Jesu Dämonen auszutreiben (Mk 16,17) und Kranke zu heilen (Mk 16,18). Besonders aber unterscheiden sich die dämonologischen Motive in beiden Erzählungsformen. In den Exorzismen bewohnt der Dämon den Kranken, entsprechend muß der Exorzist ihn austreiben, so daß er ausfährt. In den Therapien hat der Dämon die Krankheit nur von außen verursacht. Er braucht deshalb nicht ausgetrieben zu werden, die Heilung der Krankheit erfolgt auf dem Wege der Kraftübertragung, die die vom Dämon bewirkte 'Schwäche' aufhebt. Im übrigen sind die dämonologischen Motive für die Therapien gar nicht konstitutiv. Ein dämonologisches Verständnis der Krankheit fehlt oft, während die Vorstellung des in dem Kranken hausenden Dämons für die Exorzismen grundlegend ist" (a.a.O., S.127).

253 Nach röm.-kath. Sicht "stammt" die Konkupiszenz "aus der Sünde und macht zur Sünde geneigt", ist aber keine eigentliche Sünde (DS 1515); der freie Wille ist "nicht verloren und ausgelöscht" (DS 1555) nur "geschwächt" (DS 1521). - Nach Luther verderbt die Erbsünde die menschliche Natur vollends (CA 2). Weil sie den freien Willen raubt (WA 18, 635.670), muß der Mensch an seinen eigenen Kräften verzweifeln (WA 43, 178f; WA 1,183). Erbsünde und Konkupiszenz werden identisch (vgl. GANOCZY, Alexandre: Art. "Erbsünde", in: BEINERT, Wolfgang /Hg.: Lexikon der katholischen Dogmatik, Freiburg/ Basel/ Wien 1988², S.121-123).
    "Die ev. Theologie glaubt den Aussagen des Paulus über das sündige Begehren im Menschen nur gerecht werden zu können, indem sie diese Konkupiszenz als Erscheinungsform der Sünde versteht, die im Herzen des Menschen wurzelt. In der thomistischen Konzeption einer geschöpflich guten Konkupiszenz sieht sie mit Luther ein Ausweichen vor der Sünde, die allein die Selbsterfahrung des Menschen vor Gott bestimmen darf, so daß ihm keinerlei Chance zur Selbstrechtfertigung bleibt. Aus dem Dissens kath. und ev. Tradition ergibt sich heute als Kernfrage: Ist eine soziokulturelle Steuerung, ohne die es spezifisch menschliche Konkupiszenz überhaupt nicht gibt, schon in sich widergöttlich, und verleitet sie zum Bösen, oder vermittelt sie bereits Elemente göttlicher Hilfe, gleichsam Funken des Evangeliums, so daß der Mensch konkret niemals ohne die Sünde ausgeliefert ist, immer auch schon unter dem Heilsanruf Gottes und dem Wirken seines Geistes steht?" (LANGEMEYER, Georg: Art. "Konkupiszenz", in: Lexikon der katholischen Dogmatik, S.323f).
    Im Kontext der Missionstheologie traten die Unterschiede im "Dialog über Mission zwischen Evangelikale und der Römisch-Katholischen Kirche 1977-1984" ebenfalls zutage. So heißt es in dem Schlußbericht zur *Not des Menschen*: "Evangelikale halten daran fest, daß die Erbsünde alle Bereiche der menschlichen Natur entstellt hat, so daß sie vom Egoismus bestimmt ist. Deswegen beschreibt der Apostel Paulus folgerichtig alle Menschen als 'versklavt', 'blind', 'tot' und 'unter Gottes Zorn', weshalb sie völlig unfähig sind, sich selbst zu retten. - Katholiken sprechen von der

Erbsünde als von einem Unrecht und einer Unordnung, die den freien Willen des Menschen geschwächt, nicht aber zerstört hat... Katholiken glauben, daß die Evangelikalen die Schlechtigkeit des Menschen überbetonen, indem sie die 'völlige Verderbtheit' bekennen (d.h. daß jeder Bereich unseres Menschseins entstellt wurde) während die Evangelikalen glauben, daß Katholiken die Schlechtigkeit des Menschen unterschätzen und deshalb einen unweisen Optimismus hegen bezüglich der Befähigung, Möglichkeit und Sehnsucht des Menschen, auf die Gnade Gottes zu antworten..." (STOTT, John/ MEEKING, Basil /Hg.: Der Dialog über Mission zwischen Evangelikalen und der Römisch-Katholischen Kirche/ The Evangelical Roman Catholic Dialogue on Mission, ERCDOM. Ein Bericht, Vorwort von BEYERHAUS, Peter, Wuppertal 1987, S.34f).

Zur Frage der *Heilsgewißheit* heißt es zusammenfassend: "Evangelikale (erscheinen) in den Augen der Katholiken als pessimistischer (...) hinsichtlich der menschlichen Natur vor der Bekehrung, aber als optimistischer danach, während Evangelikale das Gegenteil von den Katholiken behaupten. Katholiken und Evangelikale stimmen gemeinsam darin überein, daß die Heilsgewißheit eher eine Gewißheit des Glaubens darstellt (Hebr 10,22) als eine Gewißheit der Erfahrung und daß das Ausharren bis ans Ende eine unverdiente Gabe Gottes ist" (a.a.O., S.54).

Im Blick auf die Fragen von *Evangelium und Kultur* heißt es: "Evangelikale neigen dazu, die Diskontinuität, Katholiken, die Kontinuität zwischen dem unerlösten und dem erlösten Menschen zu betonen. Tatsächlich werden aber beide Betonungen eingeschränkt. Die Aussage der Diskontinuität wird beschränkt durch die evangelikale Anerkennung des Bildes Gottes im Menschen, die Aussage der Kontinuität durch die katholische Erkenntnis, daß der Mensch und die Gesellschaft durch die Sünde verunreinigt sind" (a.a.O., S.59).

Auch bei den Fragen des *Wirkens Gottes außerhalb der christlichen Gemeinschaft* (vgl. a.a.O., S.31f) und des Ineinanders bzw. der Verschiedenheit von Weltgeschichte und Heilsgeschichte (vgl. a.a.O., S.28.40) treten die unterschiedlichen Ansätze hervor.

254 vgl. hierzu das evangelikale Standardwerk KOCH, Kurt E.: Seelsorge und Okkultismus. Eine Untersuchung unter Berücksichtigung der Inneren Medizin, Psychiatrie, Psychologie, Tiefenpsychologie, Religionspsychologie, Parapsychologie, Theologie, Basel 1982[25]. Eine andere Stellungnahme Mühlens und solchen anderer katholischer Autoren nahekommende weit offenere Position vertrat Adolf Köberle (vgl. KÖBERLE, Adolf: Art. "Okkultismus", in: RGG[3], Bd.4, S.1614-1619).

Köberle sieht mit der religionswissenschaftlichen Forschung okkulte Begabungen als zu der "ursprünglichen Ausrüstung des Menschengeschlechts" gehörend an: "Auch bei den okkulten Kräften handelt es sich um eine schöpfungsmäßige Begabung, die sogar vererbt werden kann. Frauen haben davon im allgemeinen mehr als Männer. Menschen auf dem Land werden häufiger damit beschenkt als der Großstädter. Pykniker finden sich zahlreicher darunter als leptosome Typen. Frühere Generationen besaßen eine reichere okkulte Erfahrung als der heutige Mensch, der bei allem neu erwachten Interesse überwiegend doch nur ein theoretisches Wissen davon hat. (OF: Diese vor über 30 Jahren getroffene Aussage läßt sich wohl heute so nicht mehr halten). Jedenfalls geht es nicht an, die Ausrüstung mit okkulten Kräften von vornherein für satanisch zu erklären, so gewiß auch dämonischer Mißbrauch an dieser Stelle häufig wahrzunehmen ist. Kritische Wachsamkeit ist sicherlich vonnöten, und was das Vordergründig-Sinnliche überschreitet, darf nicht schnellfertig mit dem Göttlich-Absoluten gleichgesetzt werden; denn auch das Übersinnliche gehört mit hinein in den Bereich des Kreatürlichen und darf mit dem Schöpfer aller Dinge keinesfalls verwechselt werden" (a.a.O., S.1617). - "Je mächtiger und großartiger eine Schöpfungskraft ist, umso furchtbarer und unheimlicher erweist sie sich bei widergöttlicher Verwendung. Bei den okkulten Phänomenen handelt es sich zweifellos um starke gewaltige Kräfte. Darum gilt es, im Besitz einer solchen Ausrüstung mit Wachen und Beten auf der Hut zu sein. Es scheint so, als würde die okkulte Begabung eine gewisse Durchlässigkeit für den Einbruch finsterer Mächte und Gewalten begünstigen. Ferner läßt sich nicht bestreiten, daß okkulte Kräfte besonders häufig von Menschen erstrebt, gebraucht und weitergereicht werden, von denen man den Eindruck hat, daß sie seelisch und sittlich ganz und gar nicht in Ordnung sind... Dennoch gilt, daß auch die okkulten Kräfte geheiligt werden können, wenn das Herz eines Menschen in Hingabe, Vertrauen und hl. Furcht dem Du Gottes lebendig verbunden bleibt" (a.a.O., S.1618). - Im Blick auf die Möglichkeit der planmäßigen Aktualisierung und Steigerung solcher Kräfte meint Köberle: "Die Möglichkeit eines solchen Seelentrainings kann nicht bestritten werden. Eine andere Frage ist, ob es ratsam ist, solche Exerzitien zielstrebig zu unternehmen. Die christliche Seelsorge vertritt hier den Grundsatz: Wer im Besitz übersinnlicher Gaben ist, möge sie mit hl. Händen verwalten, zur Ehre Gottes und zum Schutz und Nutz des Menschen. Wer nicht damit beladen ist, hüte sich davor, aus Neugierwissensdrang oder Herrschsuchtverlangen ein solches Vermögen gewaltsam an sich zu reißen, denn die Seele des Menschen kann daran auch zerbrechen und in die Umnachtung stürzen" (ebd.).

ANMERKUNGEN: *Katholische Charismatische Erneuerung in der BRD*

1   Die katholische CB/CE in der BRD hat die in ihrer Selbstbezeichnung der letzten Jahre enthaltene Spezifizierung "*Gemeinde*-Erneuerung" inzwischen aufgegeben und durch "*Erneuerung*" ersetzt. Damit paßt sie sich dem internationalen Sprachgebrauch an. In der jetzigen Betonung der Bildung von Gemeinschaften, Jüngerschaftszellen und der Evangelisation kommt eine Neuorientierung in den Schwerpunkten zum Ausdruck. Mit dem Streichen des Begriffs "Gemeinde" in der Selbstbezeichnung vollzieht man eine endgültige Absage an das Konzept von H.Mühlen, insofern man die Erwartung aufgibt, katholische charismatische Gemeinde in den alten Strukturen der Volkskirche zu bauen. "Das Ziel der Katholischen Charismatischen Erneuerung sind erneuerte Menschen, nicht erneuerte Strukturen" (News, in: GEMEINDE-ERNEUERUNG. Zeitschrift der Geistlichen Gemeinde-Erneuerung in der ev. Kirche, Heft 48, 2/93, S.38).

2 "DER GEIST MACHT LEBENDIG" (Joh 6,33). Charismatische Gemeinde-Erneuerung in der katholischen Kirche in der Bundesrepublik Deutschland. Eine theologische und pastorale Orientierung, in: BAUMERT, Norbert (Hg.): JESUS IST DER HERR. Kirchliche Texte zur Katholischen Charismatischen Erneuerung, Münsterschwarzach 1987, S.13-61.13 (= DER GEIST MACHT LEBENDIG)

3   vgl. BAUMERT, Norbert (Hg.): JESUS IST DER HERR, S.157

Im Unterschied zur Entwicklung in den USA und in Frankreich, ist die Charismatische Erneuerung in der Bundesrepublik weit stärker auf die Gemeinde hingeordnet und die zahlenmäßige Verbreitung ist bescheidener. Kommunitäre Gemeinschaften sind erst im Entstehen begriffen. "Auffallende" Gaben treten nicht allzu häufig auf (vgl. ebd. = vor der Namensänderung). N. Baumert nennt für die Bundesrepublik im Jahr 1987 die Zahl von ca. 12000 Menschen, die sich in fast 1000 Gebetsgruppen regelmäßig trafen (ebd.). In einem Rückblick aus dem Jahr 1991 berichtet er aufgrund einer Umfrage von einer leicht rückläufigen Tendenz und der Feststellung, daß 311 Gruppen in der Zeit neu dazugekommen sind und 338 aufgehört haben, dass sind etwa 43% (vgl. BAUMERT, Norbert: Vom Nach-Denken zum Voraus-Schauen, in: RUNDBRIEF der KCGE, 4/1991, S.24-26. 24). - Für Kanada, Frankreich und Korea werden Zahlen von jeweils über 100 000 Teilnehmern genannt. Für die USA die Zahl von über einer Million (vgl. BAUMERT: Gaben des Geistes Jesu, S.56-58.56).

4   Beide Arbeitspapiere stellen eine Überarbeitung des im Mai 1981 zustimmend zur Kenntnis genommenen Papiers ERNEUERUNG DER KIRCHE AUS DEM GEIST GOTTES dar (vgl.: BAUMERT, Norbert: Schlußbemerkungen des Herausgebers, in: ders./ Hg.: JESUS IST DER HERR, S.157ff.165-167; RUNDBRIEF der KCGE, 2/1988, S. 25-28; s. auch: Anm 67, S.xxx/ H. Mühlen).

5   Es ist im Rahmen dieser Arbeit nicht möglich z.B. die von Kilian McDonnell zusammengetragenen z.T. sehr unterschiedlichen, Verlautbarungen miteinander zu vergleichen und in ihren Akzentveränderungen im Lauf der Entwicklung zu analysieren. Erste Hilfen hierzu bietet er selbst in seiner allgemeinen Einführung zu Beginn des ersten Bandes (a.a.O., S.XIX-LXIX), in der speziellen Charakterisierung zu Anfang jedes Papieres und in einer Schlußauswertung (Mc DONNELL, Kilian: Towards a Critique of the Churches and the Charismatic Renewal, in: ONE IN CHRIST, Vol.XVI/ 1980, S.329-337). Hier kann es nur darum gehen, Einzelaspekte exemplarisch aufzunehmen.

Die katholischen Stellungnahmen finden sich in: McDONNELL, Kilian: *PRESENCE, POWER, PRAISE. Documents on the Charismatic Renewal*, Volume I: Continental, National, and Regional Documents (Numbers 1 to 37, 1960-1974), Collegeville/ Minn. 1980: S.207-210 (USA 1969), S.364-368 (Puerto Rico 1972), S.580-584 (Kanada 1974); ders.: PRESENCE, POWER, PRAISE. Documents on the Charismatic Renewal, Volume II: Continental, National, and Regional Documents (Numbers 38 to 80, 1975-1979), Collegeville/ Minn. 1980: S.82-83 (Australien 1975), S.84-98 (Kanada 1975), S.98-100 (Mexiko 1975), S.100-103 (Panama 1975), S.104-114 (USA 1975), S.256-267 (Antillen 1976), S.345-348 (Argentinien 1977), S.348-357 (Brasilien 1977), S.358-364 (Lateinamerika 1977), S.365-376 (Puerto Rico 1977), S.490-503 (Belgien 1979), S.507-511 (Deutschland 1979 = Vorläufige Ordnung), S.511-521 (Lateinamerika 1979); ders.: PRESENCE, POWER, PRAISE. Documents on the Charismatic Renewal, Volume III: International Documents (Numbers 1 to 11, 1973-1980), Collegeville/ Minn. 1980: S.1-11 (Theologische Basis der Katholischen Charismatischen Erneuerung 1973 = wichtige frühe Äußerung), S.11f (Ansprache von Papst Paul

VI. 1973), S.13-70 (1. Mechelner Dokument 1974 = auf Anregung von Kardinal Suenens erarbeitete, grundlegende theologische und pastorale Orientierung, die die trinitarische und kirchliche Basis der Erneuerung betont und zu vielen praktischen Fragen und Gefährdungen Stellung nimmt), S.70-76 (Ansprache von Paul VI. 1975), S.82-174 (2. Mechelner Dokument: Erneuerung und Ökumenismus 1978), S.175-279 (Papier von K.McDonnell: Erneuerung und Okumenismus 1978), S.291-357 (3. Mechelner Dokument: Erneuerung und soziales Engagement 1979)
     Deutsche Übersetzungen bzw. Originale: 1) Erklärung eines Ausschusses der Bischofskonferenz in den *USA* zur Charismatischen Erneuerung *1974/ 1975*, in: NEUE TRANSKON-FESSIONELLE BEWEGUNGEN. Dokumente aus der evangelikalen, der aktionszentrierten und der charismatischen Bewegung, Ökumenische Dokumentation III, hg. von GASSMANN, Günther/ MEYER, Harding/ ANSONS, Gunars J., Frankfurt/a.M. 1976, S.193-200; 2) *1. Mechelner Dokument*: Theologische und pastorale Orientierungen über die Katholische Charismatische Erneuerung *(1974)*. Verein für den Dienst an charismatischer Erneuerung in der katholischen Kirche, Kraygasse 92, A-1222 Wien = in Auszügen abgedruckt in: NEUE TRANSKONFESSIO-NELLE BEWEGUNGEN, S.156-183; 3) *Vorläufige Ordnung der Katholischen Charismatischen Gemeinde-Erneuerung in Deutschland (1979)*, in: MÜHLEN, H.(Hg.): Dokumente zur Erneuerung der Kirchen, S.95-99; 4) Die *theologische Basis* der katholischen charismatischen Erneuerung *(1972/1973)*, in: WIEDERENTDECKUNG DES HEILIGEN GEISTES, Ökumenische Perspektiven 6, hg.von MEYER, Harding/ LIENHARD, Marc, Frankfurt/a.M. 1974, S.41-51; 5) *2. Mechelner Dokument*: SUENENS, Léon-Joseph: GEMEINSCHAFT IM GEIST. Charismatische Erneuerung und Ökumenische Bewegung - Theologische und pastorale Richtlinien, mit einer Einführung von MÜHLEN, Heribert, Salzburg 1979; 6) *3. Mechelner Dokument*: SUENENS, Léon-Joseph/ CAMARA, Dom Helder: ERNEUERUNG IM GEIST UND DIENST AM MENSCHEN, mit einer Einf. von MÜHLEN, Heribert, Salzburg 1981
     Texte aus der Zeit nach Abschluß der Sammlung PRESENCE, POWER, PRAISE: Ansprache von Johannes Paul II. 1981, in: MÜHLEN, H.(Hg.): Dokumente zur Erneuerung der Kirchen, S.113-120; Bischof Émile Marcus: Die "Geistliche Erneuerung" - welche Aufgabe stellt sie dem Bischof? (Frankreich 1982/1983), in: BAUMERT, N.(Hg.): JESUS IST DER HERR, S.85-105; Fio Mascarenhas SJ: Die Charismatische Erneuerung: eine Glaubensbewegung, in: BAUMERT, N.(Hg.): JESUS IST DER HERR, S.106-111; Ansprachen von Johannes Paul II. 1987, in: BAU-MERT, N.(Hg.): JESUS IST DER HERR, S.150-152.153-156; USA: Eine pastorale Erklärung zur katholischen Charismatischen Erneuerung 1984, in: BAUMERT, N.(Hg.): JESUS IST DER HERR, S.69-84; 4. *Mechelner Dokument*: SUENENS, Léon-Joseph: ERNEUERUNG UND DIE MÄCHTE DER FINSTERNIS, Salzburg 1983; 5. *Mechelner Dokument*: ders.: ICH-KULT UND CHRISTLI-CHER GLAUBE, Salzburg 1985

6   vgl. DER GEIST MACHT LEBENDIG, a.a.O., S.14f

7   BAUMERT, Norbert: Gaben des Geistes Jesu, S.48-50.49f - Das ganze Dokument findet sich in: McDONNELL, Kilian: PRESENCE, POWER, PRAISE. Documents on the Charismatic Renewal, Volume II: Continental, National, and Regional Documents, Collegeville/ Minn. 1980, S.490-503.492-502

8   PRESENCE, POWER, PRAISE, Vol.II, S.82f.83

9   PRESENCE, POWER, PRAISE, Vol.II, S.104-114.198 - Weitere Ausführungen zu diesem Fragenbereich a.a.O., S.258-260.352.373

10 PRESENCE, POWER, PRAISE, Vol.III, S.9.16

11 vgl. etwa: BAUMERT, Norbert: Gaben des Geistes Jesu. Das Charismatische in der Kirche, Graz/ Wien/ Köln 1986, S.11-124; CONGAR, Y.: Der Heilige Geist, S.271-276; LAURENTIN, René: Pentecôtisme chez les Catholiques. Risques et avenir, Paris 1976², S.223-240; O'CONNOR, Edward: Spontaner Glaube. Ereignis und Erfahrung der charismatischen Erneuerung, Freiburg/ Basel/ Wien 1974, S.134-162.229-247; SCHÜTZ, Chr.: Einführung in die Pneumatologie, S.274-280

12 CONGAR, Y.: a.a.O., S.273

13 a.a.O., S.274

14 vgl. a.a.O., S.274-276

15 McDONNELL, Kilian: Die Erfahrung des Heiligen Geistes in der katholischen charismatischen Erneuerungsbewegung, in: CONCILIUM/D, 15.Jg/1979, S.545-549.546

16 vgl. a.a.O., S.546-549

17 McDONNELL, Kilian: Catholic Pentecostalism. Problems in Evaluation, in: DIALOG. A Journal of Theology, Vol.9/Winter 1970, S.35-54.42

18 a.a.O., S.39; vgl. auch S.43f

19 vgl. a.a.O., S.43f; so auch FORD, Josephine Massingberd: Pfingstbewegung im Katholizismus, in: CONCILIUM/D, 8.Jg./1972, S.684-687.684

20 McDONNELL, K.: a.a.O., S.36

21 a.a.O., S.41

22 vgl. a.a.O., S.48

23 vgl. a.a.O., S.47-51

Zur pfingstlerisch-charismatischen Frömmigkeit vgl. auch: McDONNELL, Kilian: Catholic Charismatic Renewal and Classical Pentecostalism: Growth and the Critique of a Systematic Suspicion, in: ONE IN CHRIST. A Catholic Ecumenical Review, Vol.XXIII/ 1987/ Nos.1-2, S.36-61; ders.: Classical Pentecostal/ Roman Catholic Dialogue: Hopes and Possibilities, in: SPITTLER, Russel P./Hg.: Perspectives on the New Pentecostalism, Grand Rapids/ Mich. 1976, S.246-268; ders.: The Distinguishing Characteristics of the Charismatic-Pentecostal Spirituality, in: ONE IN CHRIST, Vol.X/ 1974/ No.2, S.117-128; ders.: Pentecostal Culture: Protestant and Catholic, in: ONE IN CHRIST, Vol.VII/ 1971/ No.4, S.310-318; FORD, J. Massyngberde: Neo-Pentecostalism whithin the Roman Catholic Communion, in: DIALOG, Vol.13/ Winter 1974, S.45-50; dies.: The New Pentecostalism: Personal Reflections of a Participating Roman Catholic Scholar, in: SPITTLER, R.P./Hg.: Perspectives on the New Pentecostalism, S.208-229; GELPI, Donald: Die amerikanische Pfingstbewegung, in: CONCILIUM/D, 9.Jg/1973, S.652-657; ders.: Pentecostal Theology: A Roman Catholic Viewpoint, in: SPITTLER, R.P./Hg.: Perspectives on the New Pentecostalism, S.86-103

24 Der charismatische Aufbruch hat zu einer Neuentdeckung von Kirche als lebendiger Gemeinschaft geführt. Ein Kennzeichen der Erneuerung sind die vielerorts entstandenen Bibel- und Gebetskreise und die "kommunikativen" ("sozialen") Gottesdienstformen. Auch neue verbindliche Lebensgemeinschaften sind ein Ausdruck der Wirkungen des Heiligen Geistes (vgl. hierzu: die Rubrik "Kommunität/ Eine Gruppe stellt sich vor" in: RUNDBRIEF der KCGE; MÜHLEN, Heribert /Hg.: Befreiende Gemeinschaft im Geist. Persönliche Zeugnisse aus Familie, Orden, Lebensgemeinschaften, Weg aus der Krise III, Topos-TB 147, Mainz 1986; MÜLLER, J./ KRIENBÜHL, O.: Orte lebendigen Glaubens. Neue geistliche Gemeinschaften in der katholischen Kirche, Freiburg/CH 1987; VALENTIN, F.: Neue Wege der Nachfolge. Katholische Intensivgemeinschaften und Erneuerungsbewegungen in Österreich, Salzburg 1981).

25 In dem Papier DER GEIST MACHT LEBENDIG werden genannt: Liturgische Erneuerung; Bibelbewegung; Ökumenische Bewegung; Bewußtwerden des gemeinsamen Priestertums und der Mitverantwortung aller Gläubigen für die missionarische Sendung der Kirche; Neubesinnung auf das Wirken des Heiligen Geistes in Theologie und pastoraler Praxis; Erfahrung des charismatischen Reichtums der Kirche (a.a.O., S.15).

26 vgl. DER GEIST MACHT LEBENDIG, a.a.O., S.15

27 a.a.O., S.15f

28 vgl. a.a.O., S.16f

29 JESUS IST DER HERR, S.161

30 ebd.

31 ebd.

32 vgl. a.a.O., S.162-164

33 a.a.O., S.162f

34 a.a.O., S.164f; zum Ganzen vgl. auch: BAUMERT, Norbert: Gaben des Geistes Jesu, S.189-194; ders.: Das Wirken des Heiligen Geistes - Hoffnung und Herausforderung für Kirche und Theologie, in: RUNDBRIEF für Charismatische Erneuerung in der katholischen Kirche, 2/1989, S.4-10.7f

35 vgl. DER GEIST MACHT LEBENDIG, a.a.O., S.17f

36 vgl. a.a.O., S.18

37 vgl. a.a.O., S.18f

38 vgl. a.a.O., S.20

39 vgl. a.a.O., S.20-29 - Zur Erfahrungsdimension vgl. auch: BAUMERT, N.: Gaben des Geistes Jesu, S.125-131; WALGRAVE, Jan H.: Experience and Faith, in: ONE IN CHRIST, Vol.XIX/ 1983/ No.4, S.316-322

N. Baumert bemerkt zum Erfahrungsaspekt, daß in der scholastischen Definition des Glaubens ("fest für wahr halten, was Gott geoffenbart hat"), das "wahr-nehmende" Element zu kurz komme. Theologisch gesehen enhalte "Glaube" aber beides: "wahrnehmen und für wahr halten, Glaubens-licht und Glaubens-kraft, Glaubens-erkenntnis und Glaubens-bekenntnis" (Gaben des Geistes Jesu, S.128). Seit K. Rahner über die "Erfahrung der Gnade" geschrieben habe, sei es allmählich wieder möglich geworden, von "Glaubens-Erfahrung" zu sprechen und zwei Begriffe zusammenzubringen, die lange als Gegensätze galten. Hierbei gehe es nicht nur um einige Höhepunkte gläubigen Erlebens, sondern um eine Grundkategorie, die den Glauben konstituiere, "nämlich, daß dem Menschen Wahrheiten der christlichen Botschaft *bewußt* werden, ihm aufleuchten und für ihn Ralitätswert gewinnen: Ein Schimmer leuchtet auf von dem 'Glanz' Gottes, eine Ahnung von Seiner Größe, ein Wissen um Seine Nähe, ein 'Verstehen' seiner Zusage; der Mensch erfährt ein neues 'Du' von Gott her, sei es vom Vater oder von Christus, sowie die daraus resultierende Betroffenheit und Freude, eine Bewegung von innen her, die zu Anbetung, Dank, Bitte führt und die zur Liebe zu Gott und zum Nächsten befähigt. Es handelt sich also letztlich um den bewußten Vollzug von Glaube, Hoffnung und Liebe, ohne den es keine Bekehrung und keine christliche Existenz gibt. Wir haben ja 'den Geist Gottes empfangen, damit wir um das uns von Gott Geschenkte *wissen*' (I Kor 2,12)" (a.a.O., S.129). Baumert plädiert deshalb dafür, in der theologischen Terminologie nicht "Glaube" gegen "Erfahrung" auszuspielen. Vielmehr sei zunächst von der Deckungsgleichheit auszugehen, auch wenn in einem zweiten Schritt gesagt werden müsse, "daß die mir offenbarte und somit mir zum Bewußtsein gebrachte Wahrheit über mein Verstehen hinausgeht und darum 'Glaube' immer mehr umfaßt als jede noch so leuchtende 'Erfahrung' und Erkenntnis" und wenn zweitens bei einer tieferen Reflexion betont werden müsse, "daß das Heilswirken Gottes nicht isoliert erscheint, sondern immer an einer geschaffenen Wirklichkeit aufleuchtet" (ebd.).

Baumert hält fest, daß sich das Wirken des Heiligen Geistes nicht grundsätzlich dem Bewußtsein entzieht, sondern, "wenn nicht total, so doch bis zu einem gewissen Grad wahrnehmbar" ist. "Was wäre eine 'Erleuchtung', wenn der Mensch sie nicht 'wahrnimmt'?" (a.a.O., S.130). Baumert verweist auf die geistliche Tradition, in der vielfach von *Wahrnehmungen* des Geistes die Rede ist. Auch setze die durch die ganze Kirchengeschichte tradierte Lehre von der "Unterscheidung der Geister" voraus, daß es geistliche Wahrnehmungen, z.B. Bewegungen in der Seele, gäbe. Solche ins Bewußtsein der Menschen dringende Gnadenerweise Gottes bestimmten nicht nur das Leben der großen Heiligen, sondern auch zu zugewiesenem Maß auch das Leben jedes Christen. Von solcher "Erfahrung" sprächen z.B. Begriffe wie: Erkenntnis, Erleuchtung oder Berufung, Glaube, Hoffnung und Liebe, Frieden und Freude in Gott, Andacht, Stärkung und Festigung oder Gewissensanruf und Gewissensfrieden (vgl. a.a.O., S.130f).

40 vgl. JESUS IST DER HERR, S.159 (s. auch S.25, Anm. 10)

41 vgl. DER GEIST MACHT LEBENDIG, a.a.O., S.21

42 vgl. a.a.O., S.22

43 "Die Pfingstbe-'Geist'-erung der ersten Christen war ein Ergriffensein von Jesus, war ganzheitliche Erfahrung von ihm" (vgl. a.a.O., S.22-25.23)

44 vgl. hierzu ADNÈS, Pierre: Art. "Larmes", in: DSp, Bd.9, S.287-303

45 vgl. DER GEIST MACHT LEBENDIG, a.a.O., S.24f

46 "Es ist eine 'Erfahrung', die den Menschen gleichsam zwingt, alles Bewußtseins-Immanente, Gefühle und Stimmungen, zu überschreiten auf den, der 'ganz anders' ist. Der Mensch 'erfährt' Gottes Ferne, die Unbegreiflichkeit seines Wesens und seines Wollens, die Endlichkeit und Hinfälligkeit der eigenen Existenz, die dunkle Leere und das Zunichte-Werden all dessen, was er bisher von Gott dachte und zu 'erfahren' glaubte" (a.a.O., S.25).
   "Diese Dunkelheit der Gotteserfahrung reicht in alle Ebenen menschlicher Existenz hinein: in die körperliche (Leid, Tod), die interpersonale (Trennung, Abschied), die psychische (Verlassenheit, Angst) und die zutiefst geistige Ebene (Gotteserfahrung hat keine 'Gestalt' mehr). Die christlichen Mystiker erfuhren dies in letzter Zuspitzung, die manchmal der Kreuzesverlassenheit Jesu ähnelt. Aber sie 'erfuhren' darin auch die Kraft, durchzustehen und Gottes Du anzurufen - ähnlich wie der Herr: 'Mein Gott, mein Gott, warum hast du mich verlassen!' (Mk 15,34)" (a.a.O., S.25f).

47 DER GEIST MACHT LEBENDIG, a.a.O., S.26

48 "Er (i.e. der Mensch) wird fähig, sich mit ganzer Kraft einzusetzen und zugleich den Erfolg ganz Gott zu überlassen. Dadurch wird der Mensch frei von ungutem Drängen nach Erfahrung oder auch vom inneren Druck, etwas tun zu müssen, 'damit' eine geistliche Erfahrung eintritt. Er weiß, daß sie nicht 'machbar' ist. Er wird auch nicht mehr so schnell der Gefahr erliegen, frühere Erlebnisse wiederholen zu wollen, als hinge von ihnen die Tiefe seines Glaubens ab" (DER GEIST MACHT LEBENDIG, a.a.O., S.27 - Zur menschlichen Mitwirkung und der göttlichen Souveränität in der Geist-Erfahrung vgl. auch BAUMERT, N.: Gaben des Geistes Jesu, S.185-189).

49 DER GEIST MACHT LEBENDIG, a.a.O., S.28

50 a.a.O., S.28f

51 vgl. DER GEIST MACHT LEBENDIG, a.a.O., S.29-34

   In *kirchenoffiziellen Stellungnahmen* findet sich eine längere Passage zur Frage der Unterscheidung in dem Papier kanadischer Bischöfe aus dem Jahr 1974 (vgl. PRESENCE, POWER, PRAISE, Vol.I, S.581-584); im J.Mechelner Dokument wird auf zwei Seiten davon gehandelt (vgl. PRESENCE, POWER, PRAISE, Vol.III, S.43f). - Zur "UdG" in *Einzelveröffentlichungen* vgl. etwa: BUOB, Hans: Unterscheidung der Geister, in: ders.: Die Gabe der Unterscheidung der Geister. Drei Vorträge, Linz 1989, S.39-99; CONGAR, Y.: Der Heilige Geist, S.290-292; GOTS, Anton: Du machst uns neu durch Deinen Geist. Grundkurs der Glaubenserneuerung, Graz/ Wien/ Köln 1988, S.262-271.331f; LAURENTIN, René: Le discernement dans le Renouveau charismatique, in: ders.: Trois Charismes: Discernement-Guérison-Don de science, Paris 1982, S.9-38; MAHONEY, John: Discernment of Spirits, in: ONE IN CHRIST, Vol.XIII/ 1977/ No.1, S.64-77; MOHR, Johannes: Unterscheidung der Geister, in: RUNDBRIEF der KCGE, 4(1987), S.4-11

52 DER GEIST MACHT LEBENDIG, a.a.O., S.29

53 vgl. a.a.O., S.29f

54 a.a.O., S.30

55 vgl. a.a.O., S.31

56 vgl. a.a.O., S.31-33

57 Zu dieser Weise der Unterscheidung vgl.: BAUMERT, Norbert: Unterscheide die Geister. Hilfen zu geistlicher Unterscheidung nach Ignatius von Loyola, in: ders.: Dem Geist Jesu folgen.

Anruf und Unterscheidung, Münsterschwarzach 1988, S.45-94; ders.: Zur "Unterscheidung der Geister", in: ZKTh, 111/ 1989, S.183-195; GRESHAKE, Gisbert: Gottes Willen tun. Gehorsam und geistliche Unterscheidung, Freiburg/ Basel/ Wien 1987², S.62-85; GYR, Meinrad: Laßt euch im Geist erneuern! Acht Tage der Stille nach der Art geistlicher Übungen, Freiburg-CH/ Konstanz 1987, S.142-151; POPP, Georg: Aus Gottes Kraft leben. Ein Handbuch mit vielen praktischen Beispielen, Stuttgart/ Regensburg 1988, S.79-137.138-182

58 DER GEIST MACHT LEBENDIG, a.a.O., S.33

59 "Man wird also fragen, ob die zu prüfenden Erfahrungen helfen, den Verpflichtungen in Familie, Gemeinde und (Ordens-)Gemeinschaft, Beruf und Gesellschaft besser nachzukommen, oder ob sie dem entgegenstehen" (DER GEIST MACHT LEBENDIG, a.a.O., S.33).

60 a.a.O., S.33

61 vgl. a.a.O., S.33f

62 vgl. JESUS IST DER HERR, S.159

63 CONGAR, Y.: Der Heilige Geist, S.290f

64 a.a.O., S.292

65 BAUMERT, N.: Zur "Unterscheidung der Geister", in: a.a.O., S.184

66 ebd.

67 a.a.O., S.194

68 BAUMERT, N.: Gaben des Geistes Jesu, S.24

69 ebd.

70 a.a.O., S.137

71 ebd.

72 a.a.O., S.138

73 a.a.O., S.138f

74 a.a.O., S.139

75 vgl. a.a.O., S.139-143

76 a.a.O., S.141

77 a.a.O., S.142

78 BUOB, H.: Unterscheidung der Geister, in: ders.: Die Gabe der Unterscheidung der Geister, S.39-99; vgl. auch ders.: Das Charisma der "Unterscheidung der Geister". Merkmale nach Scaramelli, Kassetten Nr. 30204/1-4, Verlag Erneuerung
    Scaramelli selbst hat den Gegensatz von göttlicher und teuflischer Wirkung differenziert im Blick auf *Vorgänge im Verstandes- und Willensbereich des Menschen*; vgl. SCARAMELLI, Johannes B.: Regeln zur Unterscheidung der Geister, hg. von SCHAMONI, Wilhelm, Abensberg o.J., S.5-24 = Auszüge aus: SCARAMELLI, J.B.: Die Unterscheidung der Geister zu eigener und fremder Seelenleitung - Ein Handbuch für alle Seelenführer. Nebst einem kurzen Auszug aus dem Buche des Kardinals Johannes Bona, Cist. Ord., über die Unterscheidung der Geister, 2. gänzl. umgearb. Aufl., von P.Bernard Maria LIERHEIMER, Regensburg 1888, S.59-136

79 Unterscheidung der Geister, in: a.a.O., S.46f

80 a.a.O., S.56

81 vgl. a.a.O., S.56-63

82 vgl. a.a.O., S.63-70

83 vgl. a.a.O., S.70-99

84 GOTS, Anton: Du machst uns neu durch deinen Geist, S.262

85 a.a.O., S.331f - Mit diesem Auszug nimmt Gots *ein Beispiel der klassischen Regeln der Unterscheidung* aus der myst.Theologie auf. In den *Handbüchern der aszetischen und mystischen Theologie* findet sich immer ein Abschnitt zu diesen Fragen. So strukturiert z.B. A.TANQUEREY nach einer kurzen Einführung über das Wesen der Privatoffenbarungen die Regeln der Unterscheidung nach den drei Gesichtspunkten: a. *Person;* b. *Inhalt;* c. *Wirkungen.* Hinzu kommen Anweisungen zum Verhalten beim Auftreten von Privatoffenbarungen sowie Ausführungen über auffällige Begleitphänomene und die Frage der Besessenheit (vgl. TANQUEREY, Adolphe: Grundriß der aszetischen und mystischen Theologie, ins Deutsche übertr. von STERNAUX, P. Johannes/ S.J., Paris/ Tournai/ Rom o.J./1928, S.1028-1068). - In ähnlicher Weise verhandelt auch August Poulain diese Themen (vgl. POULAIN, August: Handbuch der Mystik, Freiburg/i.Br. 1925³, S.287-390).

86 vgl. DER GEIST MACHT LEBENDIG, a.a.O., S.35f

87 vgl.: BAUMERT, N.: Gaben des Geistes Jesu, S.179-185; ders.: in: JESUS IST DER HERR, S.169-173; CONGAR, Y.: Der Heilige Geist, S.293-300; McDONNELL, Kilian: Catholic Charismatic Renewal and Classical Pentecostalism: Growth and the Critique of a Systematic Suspicion, in: ONE IN CHRIST, Vol.XXIII/ 1987/ Nos.1-2, S.36-61.45-49; LAURENTIN, René: Pentecôtisme chez les Catholiques, S.31-57; O'CONNOR, Edward: Spontaner Glaube, S.126-131.192-196; SULLIVAN, Francis A.: Die Charismatische Erneuerung, S.62-81; ders.: Pfingstbewegung und charismatische Gemeindeerneuerung. Geschichte-Spiritualität-Stellungnahme, in: GuL 59.Jg.(1986), S.165-183.172-177 (= leichte Kürzung von: ders.: Art. "Pentecôtisme", in: DSp, Bd.12/1, S.1036-1052); SCHMIEDER, Lucida: Geisttaufe. Ein Beitrag zur neueren Glaubensgeschichte, S.395-455; 1.Mechelner Dokument, in: PRESENCE, POWER, PRAISE, Vol.III, S.38-42; TUGWELL, Simon: Did You Receive the Spirit?, London 1975⁴

88 vgl. McDONNELL, K.: in: a.a.O., S.46

89 ebd.

90 vgl. McDONNELL, K.: in: a.a.O., S.47f

91 in: a.a.O., S.48

92 SULLIVAN, F.A.: Die Charismatische Erneuerung, S.67

93 BAUMERT, N.: Gaben des Geistes Jesu, S.182

94 vgl. DER GEIST MACHT LEBENDIG, a.a.O., S.36f

95 BAUMERT, N.: in: JESUS IST DER HERR, S.169-173.171

96 ebd.

97 ebd.

98 Gaben des Geistes Jesu, S.131-136

99 a.a.O., S.132

100 a.a.O., S.133

101 vgl. a.a.O., S.133f

102   a.a.O., S.134

103   a.a.O., S.135

104   vgl. DER GEIST MACHT LEBENDIG, a.a.O., S.37-39

105   vgl. DER GEIST MACHT LEBENDIG, a.a.O., S.39f

106   "In ihrem Kern ist Umkehr ganzheitliches 'Umdenken', Abwendung von falscher Autonomie und Eigenmächtigkeit und Hinwendung zu Gott im Glaubensgehorsam. Umkehr ist Buße, Reue und Bitte um Vergebung der Sünden. Darum sollte der vor Zeugen ausgesprochenen Entscheidung für Christus und der Bitte um den Geist der Empfang des Bußsakraments vorausgehen oder folgen" (DER GEIST MACHT LEBENDIG, a.a.O., S.39). - Zur Psychologie der Bekehrung, zum Ineinander von längerer Anbahnung und plötzlicher "Erleuchtung" vgl. EGERER, H.: Bekehrung - ein plötzliches Wandlungserlebnis? Ein Einblick in psychologische Forschungsergebnisse, in: ERNEUERUNG IN KIRCHE UND GE-SELLSCHAFT, Heft 12(1982), S.31-37.

107   vgl. DER GEIST MACHT LEBENDIG, a.a.O., S.40f

108   DER GEIST MACHT LEBENDIG, a.a.O., S.40

109   vgl. DUSSEL, Enrique: Unterscheidung der Charismen, in: Conc/D 13/1977, S.571-580.572

110   vgl. KÜNG, Hans: Die Kirche, Serie Piper 161, München 1980[2], S.215- 230. 222

111   BROSCH, Joseph: Charismen und Ämter in der Urkirche, Bonn 1951, S.46-143; DUSSEL, E.: a.a.O., S.575-579

112   LAURENTIN, René: Zur Klärung des Begriffs "Charisma", in: CONCILIUM/D, 13.Jg./1977, S.551-556

113   a.a.O., S.553

114   a.a.O., S.554

115   ebd.

116   ebd.

117   a.a.O., S.555

118   ebd.

119   vgl.: BAUMERT, Norbert: Zur Begriffsgeschichte von *charisma im griechischen Sprachraum, in: ThPh 65/1990, S.79-100; ders.: Charisma und Amt bei Paulus, in: VANHOYE, A.: L'Apôtre Paul, BEThL 73, Leuven 1986, S.203-228; ders.: "Charisma" - Versuch einer Sprachregelung, in: ThPh 66/1991, S.21-48; ders.: Das Fremdwort "Charisma" in der westlichen Theologie, in: ThPh 65/1990, S.395-415; ders.: Gaben des Geistes Jesu, S.145-167; ders.: Die Gnadengabe in der Kirche. Ihre Bedeutung für das Leben des Einzelnen und der Gemeinde, in: GuL 51/1978, S.245-261; ders.: Zur Semantik von *charisma bei den frühen Vätern, in: ThPh 63/1988, S.60-78

120   Das Fremdwort "Charisma" in der westlichen Theologie, in: a.a.O., S.395-415.415

121   "'Charisma' - Versuch einer Sprachregelung", in: ThPh 66/ 1991, S.21-48.30

122   in: a.a.O., S.32

123   in: a.a.O., S.33

124   in: a.a.O., S.34f

125 vgl. in: a.a.O., S.35-37

126 in: a.a.O., S.38

127 in: a.a.O., S.39

128 in: a.a.O., S.40

129 in: a.a.O., S.42

130 in: a.a.O., S.41

131 in: a.a.O., S.43

132 in: a.a.O., S.44

133 in: a.a.O., S.44-48

134 in: a.a.O., S.45

135 in: a.a.O., S.46

136 ebd.

137 "'Die falsche Scheu, vor- und miteinander zu beten' (Gotteslob 20) wird überwunden, und in Familien, Gebets- und Gemeindegruppen werden der Reichtum und die Verschiedenheit des Betens neu entdeckt: regelmäßige Gebetszeiten und spontanes Beten mitten im Alltag; formulierte oder freie Gebete und Lieder; kirchliches Stundengebet und andere Formen; Schriftlesung, Meditation, Betrachtung; Fürbitte und Dank; Anbetung vor dem Allerheiligsten" (DER GEIST MACHT LEBENDIG, a.a.O., S.41).

138 DER GEIST MACHT LEBENDIG, a.a.O., S.42 (vgl.: SOLIGNAC, Aimé: Art. "Jubilation", in: DSp, Bd.8, S.1471-1478)

139 DER GEIST MACHT LEBENDIG, S.42 - "Das Sprachengebet erleichtert die ganzheitliche Beziehung zu Gott. Der Beter wird im Geist 'erbaut' (I Kor 14,4): Es ist ein Akt der Demut des Verstandes vor dem göttlichen Geheimnis; der Mensch wird vor Gott wie ein Kind (Mt 18,3); seine leibseelische Ganzheit und seine seelischen Tiefenschichten kommen mit ins Spiel. Sprachengebet hilft so zur Integration der Gesamtpersönlichkeit und hat eine ähnliche Funktion wie meditative Gebetsformen, die zu einem 'Zustand des Betens' führen, wie längeres Psalmenbeten, der Rosenkranz oder das sich wiederholende Jesus-Gebet" (a.a.O., S.43).

Zum Sprachengebet vgl. weiter etwa: BAUMERT, Norbert: Gaben des Geistes Jesu, S.15.91f.158; ders.: Art. "Sprachengebet", in: PRAKTISCHES LEXIKON DER SPIRITUALITÄT, S.1218f; LAURENTIN, René: Pentecôtisme chez les Catholiques, S.69-128 (Lit.); MÜHLEN, Heribert: Art. "Pfingsten", in: PRAKTISCHES LEXIKON DER SPIRITUALITÄT, S.988-992; ders.: Das Sprachengebet, in: ders. (Hg.): Geistesgaben heute, S.113-146; O'CONNOR, Edward D.: Spontaner Glaube, S.118-126; SULLIVAN, Francis A.: Die Charismatische Erneuerung, S.131-166; ders.: Katholische Kirche und Pfingstbewegung, in: GROSSMANN, S.(Hg.): Der Aufbruch, S.39-79. 62-67; 1. Mechelner Dokument, in: PRESENCE, POWER, PRAISE, Vol.III, S.56-58:

140 BAUMERT, N.: Gaben des Geistes Jesu, S.15

141 a.a.O., S.158

142 SULLIVAN, F.A.: Die charismatische Erneuerung, S.144-153.143

143 zit. a.a.O., S.152

144 vgl. a.a.O., S.154-166

145 MÜHLEN, H.: Das Sprachengebet, in: a.a.O., S.116

146 in: a.a.O., S.118

147 in: a.a.O., S.119

148 in: a.a.O., S.120

149 in: a.a.O., S.120-127.126

150 in: a.a.O., S.139-144.143

151 vgl. in: a.a.O., S.127-131.130

152 in: a.a.O., S.131-135

153 in: a.a.O., S.135-139

154 vgl. DER GEIST MACHT LEBENDIG, in: a.a.O., S.43f

       Zur Prophetie vgl.: 1. Mechelner Dokument, in: PRESENCE, POWER, PRAISE, Vol.III, S.58f; BAUMERT, Norbert: Gaben des Geistes Jesu, S.16f; ders.: Prüfet alles..., in: RUNDBRIEF FÜR CHARISMATISCHE ERNEUERUNG, 3(1990), S.11-15; SCHMIEDER, Lucida: Die Prophetengabe, in: MÜHLEN, H.(Hg.): Geistesgaben heute, S.65-85; SUENENS, Léon-Joseph: Gemeinschaft im Geist, S.72-74; SULLIVAN, F.A.: Die Charismatische Erneuerung, S. 97-130; YOCUM, Bruce: Propheten und Prophetie. Das Praktizieren der prophetischen Gaben des Geistes in den heutigen Gemeinden, Erzhausen 1990 (amerik. Ausgabe: Prophecy. Exercising the Prophetic Gifts of the Spirit in the Church Today, Ann Arbor/ Mich. 1976) - Dirk Grothues geht die Thematik mehr journalistisch-volkstümlich und phänomenologisch breit an (GROTHUES, Dirk: Kehren die Propheten wieder? Erfahrungen mit Gottes Geist in Geschichte und Gegenwart, HerBü 1568, Freiburg 1988, S.88-99: "Propheten und Prophetien in der Charismatischen Erneuerung") - WEIS, Christian: Begnadet, besessen oder was sonst. Okkultismus und christlicher Glaube, Salzburg 1986, S.121-131 (Weis kommt von der Parapsychologie her und betont stark die naturgegebene Grundlage einer paranormalen Fähigkeit).

155   Die Bezeichnung *"Gemeindeprophetie"* wurde von J.Reiling geprägt für das Prophezeien von Gemeindegliedern, die nicht den Titel "Prophet" erhielten und keine Führungsrolle innehatten wie jene, die man Propheten nannte (vgl. SULLIVAN, F.A.: Die Charismatische Erneuerung, S.102-106.118-125).

156   "Um seine Gläubigen vor falscher oder entstellter Prophetie zu schützen, schenkt der Geist dem durch christliche Prophetie angesprochenen Menschen, wenn er zu Gott hin offen ist, eine Erkenntnis, die dieser Prophetie entspricht (I Kor 14,25), und gibt der auf ihn hörenden Gemeinde ein Gespür für das, was von Gott und was von anderswoher kommt" (DER GEIST MACHT LEBENDIG, in: a.a.O., S.44).

157 DER GEIST MACHT LEBENDIG, in: a.a.O., S.44

158 BAUMERT, N.: Gaben des Geistes Jesu, S.16f

159 SULLIVAN, F.A.: Die Charismatische Erneuerung, S.114

160 vgl. a.a.O., S.112-118.115

161 a.a.O., S.130

162 ebd.

163 SCHMIEDER, L.: Die Prophetengabe, in: a.a.O., S.78

164 in: a.a.O., S.78f

165 in: a.a.O., S.79

166 vgl. in: a.a.O., S.80f

167 in: a.a.O., S.81f

168 in: a.a.O., S.82

169 in: a.a.O., S.83 - vgl. auch: GOTS, Anton: Prophetengabe und Unterscheidung der Geister, Verlag Erneuerung: Kassette Nr.30407; SCHMIEDER, Lucida: Prophetengabe und Unterscheidung der Geister, Verlag Erneuerung: Kassette Nr.30007

170 vgl. DER GEIST MACHT LEBENDIG, in: a.a.O., S.45 - Zum Zeugnis als Form der Verkündigung vgl. auch BAUMERT, N.: Gaben des Geistes Jesu, S.30-37

171 vgl. DER GEIST MACHT LEBENDIG, in: a.a.O., S.45f - Das *soziale Engagement* wurde von H.Mühlen immer wieder angemahnt, aber auch andere haben Tendenzen zur Privatisierung und bloßen Verinnerlichung des Glaubens bzw. Entgegensetzung des horizontalen/ spirituellen und des vertikalen/sozialen Aspekts in der CE entgegengewirkt (vgl. etwa: GRIESE, Erhard: Die gesellschaftskritische Dimension der Charismen, in:MÜHLEN, H./Hg.: Geistesgaben heute, S.147-159; MÜHLEN, Heribert: Charisma und Gesellschaft, in: ders./ Hg.: Geistesgaben heute, S.160-174; SUENENS, Léon-Joseph/ CAMARA, Dom Helder: Erneuerung im Geist und Dienst am Menschen, Salzburg 1981)

172 vgl. DER GEIST MACHT LEBENDIG, in: a.a.O., S.46f

Zur Frage der Heilung in der Erneuerung vgl.: 1. Mechelner Dokument, in: PRESENCE, POWER, PRAISE, Vol.III, S.60f; BAUMERT, Norbert: Jesus, heile mich. Heilungsgeschehen und Heilungsauftrag nach dem Neuen Testament, in: ders.: Dem Geist Jesu folgen, S.95-116 (= dass. in: KORRESPONDENZ ZUR SPIRITUALITÄT DER EXERZITIEN, 34.Jg./1984/49, S.78-85); COMBET, Georges/ FABRE, Laurent: Die Pfingstbewegung und die Gabe der Heilung, in: CONCILIUM (D), 10.Jg.(1974), S.689-692; GOTS, A.: Du machst uns neu durch deinen Geist, S.211-220; GUSMER, Charles W.: The Ministry of Healing in the Church, in: ONE IN CHRIST, Vol.XXI/ 1985, S.51-60 (= dass.: in: SANDIDGE II, S.163-178); LAURENTIN, René: Pentecôtisme chez les Catholiques, S.129-168; ders.: La guérison, in: ders.: Trois Charismes, S.39-57; MacNUTT, Francis: Die Kraft zu heilen. Das fundamentale Buch über Heilen durch Gebet, Graz/ Wien/ Köln - Metzingen 1986[5]; ders.: Beauftragt zu heilen. Eine praktische Weiterführung, Graz/ Wien/ Köln - Metzingen 1979; MARSCH, Michael: Heilen. Biblische Grundlagen des Heilungsauftrags der Kirche, Heiligkreuztal 1987[3]; ders.: Heilung durch die Sakramente, Graz/ Wien/ Köln 1987; MOHR, Johannes: Jesus Christus ist der Heiland. Krankheit und Heilung im Licht der Heilsbotschaft, in: RUNDBRIEF für Charismatische Erneuerung in der katholischen Kirche, 1/1991, S.4-10; MÜLLER, Jörg: Gott heilt auch dich. Seelische und körperliche Heilung durch lebendigen Glauben, Stuttgart 1983; SULLIVAN, F.A.: Die Charismatische Erneuerung, S.167-186; TOMMEK, Hubertus: "Heilt Kranke!" (Mt 10,8) - Erfahrungen mit dem Gebet um Heilung, in: KORRESPONDENZ ZUR SPIRITUALITÄT DER EXERZITIEN, 34.Jg./1984/49, S.78-85; WEIS, Christian: Begnadet, besessen oder was sonst. Okkultismus und christlicher Glaube, S.132-150 (Weis betont von der Parapsychologie die natürlich-neutrale Seite).
Zur inneren Heilung vgl. etwa: FARICY, Robert L.: Das Geschehen der Inneren Heilung im Blick auf die Exerzitien. Ein Vergleich, in: KORRESPONDENZ ZUR SPIRITUALITÄT DER EXERZITIEN, 34.Jg./1984/49, S.16-21; LINN, Matthew und Dennis: Beschädigtes Leben heilen. Was Gebet und Gemeinschaft helfen können, Graz/ Wien/ Köln 1984[4]; SAGNE, Jean-Claude: Literatur über die Charismen und die charismatischen Bewegungen: Die innere Heilung, in: CONCILIUM (D), 13.Jg.(1977), S.611-614; SCANLAN, Michael: Die Augen gingen ihnen auf. Sakramente und innere Heilung, Graz/ Wien/ Köln 1979

173 DER GEIST MACHT LEBENDIG, in: a.a.O., S.46

174 vgl. hierzu: MADRE, Philippe: Wort der Erkenntnis - warum und wie. Mit einem Nachwort von Norbert BAUMERT SJ, Münsterschwarzach 1988; BAUMERT, Norbert: Charisma der Heilung und "Wort der Erkenntnis". Zu den Gottesdiensten mit P.Emiliano Tardif MSC, in: RUNDBRIEF für Charismatische Erneuerung in der katholischen Kirche, 1/1991, S.30-33

Philippe Madre sieht das "Wort der Erkenntnis" als Aspekt der Gabe der Prophetie, als ein Wort, das aufruft, als Charisma für die Evangelisation (a.a.O., S.43-49). - N. Baumert versteht darunter - in Abgrenzung zum "Wort der Weisheit", das in I Kor 12,8 unmittelbar vorher genannt wird - einen einzelnen Impuls des Geistes, der jemand in die Lage versetzt, "eine verborgene, konkrete Wahrheit von Gott her zu erkennen und auszusprechen". Während eine allgemeine geistliche, geistgewirkte "Erkenntnis" jedem Christen zugänglich ist, empfängt nicht jeder ein "Wort der Erkenntnis" im Sinne einer konkreten Mitteilung. Das "Wort der Erkenntnis" ist "eher der 'Offenbarung' als der 'Lehre' von I Kor 14,26 verwandt. Da es um einen Dienst in der Gemeinde geht, ist anzunehmen, daß es sich dabei um die Heilsführung Gottes für diese Gemeinde oder im Leben eines einzelnen handelt" (BAUMERT, N.: Nachwort zu Ph.MADRE: Wort der Erkenntnis, S.68).

175   DER GEIST MACHT LEBENDIG, in: a.a.O., S.46f

176   in: a.a.O., S.47

177   SULLIVAN, F.A.: Die Charismatische Erneuerung, S.175ff

178   a.a.O., S.176

179   a.a.O., S.178f

180   vgl. a.a.O., S.180-186

181   BAUMERT, N.: "Jesus, heile mich", in: ders.: Dem Geist Jesu folgen, S.95-116

182   vgl. in: a.a.O., S.95-98

183   in: a.a.O., S.99

184   in: a.a.O., S.100

185   ebd.

186   ebd.

187   in: a.a.O., S.101

188   ebd.

189   in: a.a.O., S.103

190   ebd.

191   vgl. in: a.a.O., S.104

192   in: a.a.O., S.105

193   ebd.

194   vgl. in: a.a.O., S.107-109

195   in: a.a.O., S.107

196   ebd.

197   in: a.a.O.,S.107f

198   in: a.a.O., S.108

199   in: a.a.O., S.111-113

200 in: a.a.O., S.111

201 ebd.

202 in: a.a.O., S.112

203 in: a.a.O., S.113

204 ebd.

205 in: a.a.O., S.113-116

206 vgl. DER GEIST MACHT LEBENDIG, in: a.a.O., S.47-49

Zum Gebet um Befreiung vgl. auch: 1. Mechelner Dokument, in: PRESENCE, POWER, PRAISE, Vol.III, S.59f; SUENENS, Léon-Joseph: Erneuerung und die Mächte der Finsternis. Mit einem Vorwort von Joseph Kardinal RATZINGER, Salzburg 1983 (= 4. Mechelner Dokument); ders.: Gemeinschaft im Geist (2. Mechelner Dokument), S.81-85 - *Zum ganzen Feld* vgl.: DARLAPP, Adolf: Art. "Dämon, II.In der Theologie", in: LThK², Bd.3, S.142f; RAHNER, Karl: Art. "Besessenheit, IV.Theologische Aspekte", in: LThK², Bd.2, S.298-300; ders.: Art. "Dämonologie", in: LThK², Bd.3, S.145-147; RODEWYK, Adolf: Art. "Besessenheit, III.Die kirchl. Praxis zur Überwindung der B.", in: LThK², Bd.2, S.298f; SCHNACKENBURG, Rudolf: Art. "Besessenheit, II.Bibel", in: LThK², Bd.2, S.295-297; ders.: Art. "Dämon, II.In der Schrift", in: LThK², Bd.3, S.141f; ZÄHRINGER, Damasus: Die Dämonen, in: MYSTERIUM SALUTIS, Bd.II: Die Heilsgeschichte vor Christus, Einsiedeln/ Zürich/ Köln 1967, S.996-1019

207 DER GEIST MACHT LEBENDIG, in: a.a.O., S.49

208 ebd.

209 SUENENS, L.-J.: Erneuerung und die Mächte der Finsternis, S.10

210 vgl. a.a.O., S.14-21

211 vgl. a.a.O., S.22-30

212 a.a.O., S.29

213 vgl. a.a.O., S.31-40

214 vgl. a.a.O., S.41-58.41

215 a.a.O., S.44

216 a.a.O., S.44f

217 vgl. a.a.O., S.65-86

218 vgl. a.a.O., S.69-77

219 vgl. a.a.O., S.78-85

220 vgl. a.a.O., S.86-91

221 a.a.O., S.95

222 ebd.

223 a.a.O., S.96

224 vgl. a.a.O., S.100-114

225 a.a.O., S.116f

226 vgl. a.a.O., S.118f

227 a.a.O., S.120-124

228 vgl BAUMERT, N.: Gaben des Geistes Jesu, S.161-171.171-176

229 a.a.O., S.172

230 a.a.O., S.173

231 a.a.O., S.175

232 ebd.

233 ebd.

234 a.a.O., S.176

235 DER GEIST MACHT LEBENDIG, in: a.a.O., S.49-51

236 in: a.a.O., S.50

237 in: a.a.O., S.51

238 vgl. DER GEIST MACHT LEBENDIG, in: a.a.O., S.51-57

239 vgl. in: a.a.O., S.51f

240 in: a.a.O., S.52f

241 in: a.a.O., S.53f

242 vgl. DER GEIST MACHT LEBENDIG, in: a.a.O., S.54f

243 in: a.a.O., S.54

244 in: a.a.O., S.55

245 ebd.

246 ebd. (Hervorhebungen: O.F.)

247 vgl. DER GEIST MACHT LEBENDIG, in: a.a.O., S.55f

Zur kirchlichen Einordnung vgl. auch: KRÄMER, Peter: Kein neuer kirchlicher Verein? Kirchenrechtliche Erwägungen zur "Charismatischen Erneuerung" im Bereich der Deutschen Bischofskonferenz, in: TRIERER THEOLOGISCHE ZEITSCHRIFT, 97.Jg.(1988), S.52-63; Bischof Émile MARCUS, in: BAUMERT, Norbert (Hg.): JESUS IST DER HERR, S.102f (Positive Aufnahme - Anerkennung als Bewegung - Vermeiden des Anscheins der kirchlichen Vereinnahmung); PRESENCE, POWER, PRAISE, Vol.II, S.375f; SULLIVAN, Francis A.: Art. "Catholic Charismatic Renewal", in: DICTIONARY OF PENTECOSTAL AND CHARISMATIC MOVEMENTS, S.110-126.120-125 (Ausführungen zu örtlichen, diözesanen, nationalen und internationalen Organisationsstrukturen; vgl. hierzu auch: Art. "International Catholic Charismatic Renewal Office", in: a.a.O., S.460f) - Zu aktuellen Vorgängen im deutschsprachigen, europäischen und internationalen Bereich vgl. die Rubriken "Aktuell" und "Informationen/ Berichte" im RUNDBRIEF für Charismatische Erneuerung in der Katholischen Kirche, Passau

Bischof Joseph Cordes (Rom) nennt als *Kriterien für die Ekklesialität geistlicher Bewegungen:* 1) das *Bekenntnis* der Mitglieder *zu Jesus Christus* (wobei ein Jesuanismus ohne das Geheimnis der Trinität ungenügend ist); 2) den *Willen zur Einheit* entgegen Neigungen zur Abspaltung ("Vom Leib getrennte Glieder sterben ab"); 3) die *Bereitschaft, sich dem Urteil des kirchlichen*

Amtes unterzuordnen (darin wird sich Geistesführung als echt erweisen, weil das Amt in Lehre, Priestertum und Leitung ebenso geistgewirkt ist, wie die personalen Kundgebungen desselben Geistes); 4) die *"Früchte des Geistes"*: Liebe, Freude, eine Atmosphäre der Gelöstheit, Friede, Wohlwollen auch gegenüber Außenstehenden, missionarische Dynamik, Opfersinn, zeichenhafte Distanz zum "Geist der Welt" (vgl. BAUMERT, N./Hg.: JESUS IST DER HERR, S.146f).

248 DER GEIST MACHT LEBENDIG, in: a.a.O., S.55

"Der gegenwärtige charismatische Aufbruch innerhalb der katholischen Kirche, dessen Grundlinien in der theologischen und pastoralen Orientierung 'Erneuerung aus dem Geist Gottes' dargelegt sind, ist ein weitverzweigtes innerkirchliches Geschehen, das sich innerhalb der bestehenden kirchlichen Strukturen ereignet. Soweit sich eigene Gottesdienst-, Gebets- und Dienstgemeinschaften herausgebildet haben, die einen übergreifenden Zusammenschluß suchen, gilt in den Bistümern der Bundesrepublik Deutschland folgende Ordnung..." (JESUS IST DER HERR, S.63).
N.BAUMERT unterstreicht, daß für die Erneuerung *alles geistliche Leben hingeordnet ist auf die Sichtbarkeit des Leibes Christi*. Andererseits hält er auch an der Verpflichtung fest, neue Impulse und Korrektive in das Leben der Kirche einzubringen: "Wir sind im Glauben davon überzeugt, daß Gott in beidem am Werk ist, sowohl in der geschichtlichen Ordnung (Heilige Schrift, Verkündigung, Sakramente, Lehrund Leitungsamt) wie in der je neuen Unmittelbarkeit des Lebens der einzelnen und der Gemeinden. Darum kann es letztlich keinen Widerspruch zwischen diesen beiden Aspekten göttlichen Wirkens geben. Da beides aber in die Hände von Menschen gelegt ist, sind beide Elemente nicht frei von Fehlentwicklungen und erfahren ihre Korrektur oft genug in einem schmerzlichen Prozeß einer allmählichen gegenseitigen Verständigung und Durchdringung. So wissen wir uns einerseits mit unserer geistlichen Erfahrung auf die sichtbare Struktur der Kirche hingewiesen, um darin Form, Korrektur und Rückhalt zu finden, anderseits aber auch dem inneren Anruf des Geistes verpflichtet, um von ihm her neue Impulse und Korrektive in das Leben der Kirche einzubringen" (BAUMERT, N.: Gaben des Geistes Jesu, S.26).
Daraus folgert Baumert für das Wachstum der Bewegung, "daß wir in den Pfarreien und Gruppen, aber auch auf überregionaler Ebene *möglichst wenig eigene Strukturen schaffen* werden, da die vorgegebene Struktur die vielfältige Ordnung der Kirche selbst ist. Es gibt also hier keine 'Mitgliedschaft' im Sinne eines Verbandes oder einer Bewegung im soziologischen Sinn und folglich auch keine eigenständige 'Zentrale'. Einzelne und freie Zusammenschlüsse versuchen vielmehr, innerhalb der Kirche ihrer Berufung gemäß zu leben und von da her Initiativen zu ergreifen und Anregungen weiterzugeben" (ebd.). Man stellt sich bewußt der größeren Gemeinschaft der Gläubigen. "Die Kommunikation mit allen Glaubenden, ihre Kritik ebenso wie ihre Bestätigung, ist... wesentlich für ein gesundes Wachstum. Aus dem gleichen Grund werden wir uns bemühen, *keinen allzu eigengeprägten Stil* zu *entwickeln*, sondern in Sprache, Umgangsformen oder Liedgut immer wieder auch auf das allgemein Übliche zurückzugreifen - und dennoch in kluger Weise das einzubringen suchen, was uns auf dem Wege zu Gott geholfen hat und was möglicherweise auch anderen hilft" (a.a.O., S.27). (Hervorhebungen O.F.)

249 vgl. Ordnung für die Katholische Charismatische Gemeindeerneuerung im Bereich der deutschen Bischofskonferenz, in: JESUS IST DER HERR, S.63-68 (= ORDNUNG)

250 DER GEIST MACHT LEBENDIG, in: a.a.O., S.56

251 *Zu den Funktionen des ICCRO* und des *Interntional Council* vgl. SULLIVAN, Francis A.: Art. "Catholic Charismatic Renewal", in: DICTIONARY OF PENTECOSTAL AND CHARISMATIC MOVEMENTS, S.110-126.122f: "The International Catholic Charismatic Renewal Office, known as ICCRO, is a service offered to the worldwide Renewal. *It makes no claims of authority for directly supervising the Renewal,* and understands clearly that *in every area of the world where the Catholic Charismatic Renewal exists, it is always subject to the local ordinary.* At the same time, the Office *attempts to assure the pastoral and theological soundness of renewal groups.* Its basic goals could be expressed in the following way: To be a center for information regarding the history, development and activities of the Renewal, to organize activities of a worldwide nature and *to serve as a center of unity for the Renewal within the Church,* and with all elements of the Renewal throughout the world... General purposes: a) Serve as the international *center for unity* for the worldwide Renewal, thus avoiding regional fragmentation into autonomous parts in no way identified with each other. 'Unity' here means oneness in diversity, rather than some type of imposed uniformity... c) Work *to deepen the identification of the Renewal with the Universal Church.* This would include being active as liaison between the Renewal on the international level and the bishops and theologians of the Church. The desire here is *to clearly place the Renewal at the heart of the*

Church: within rather than at the fringe of Church life. d) Do everything possible to serve and stimulate world evangelization..." (Hervorhebungen O.F.)
    Die Namensänderung von ICCRO in ICCRS bringt zum Ausdruck bringen, daß man sich als einen Dienst an der Kirche versteht (vgl. RUNDBRIEF der KCE, 1/1994, S.32).

252 So eine Formulierung der ORDNUNG, in: JESUS IST DER HERR, S.63

253 ebd.

254 vgl. JESUS IST DER HERR, S.63f - Zur Praxis wird in der Ordnung angemerkt, daß es sich bei der Leitungsfindung und -beauftragung vor allem um einen geistlichen, nicht organisatorischen, Vorgang geht. Die Wahrnehmung der Leitung muß in jedem Fall durch die Zustimmung der Gruppe getragen sein, die auch durch Wahl erfolgen kann (vgl. a.a.O., S.64).

255 JESUS IST DER HERR, S.64

256 a.a.O., S.65-68

257 vgl. DER GEIST MACHT LEBENDIG, in: a.a.O., S.56f

    Ausführlich behandelt das 2. Mechelner Dokument die ***Frage ökumenischer Beziehungen*** im Bereich der Erneuerung (SUENENS, Léon-Joseph: GEMEINSCHAFT IM GEIST. Charismatische Erneuerung und Ökumenische Bewegung - Theologische und pastorale Richtlinien, Mit einer Einführung von H.MÜHLEN, Salzburg 1979 / MÜHLEN, H.: Einführung für den deutschen Sprachraum, in: a.a.O., S.5-19; die englische Version des 2. Mechelner Dokuments findet sich in McDONNELL, Kilian: PRESENCE, POWER, PRAISE III, S.82-174). - K. McDonnell hat ein eigenes Papier zum Ökumenismus entworfen, das ebenfalls weite Beachtung fand (THE CHARISMATIC RENEWAL AND ECUMENISM, abgedruckt in: PRESENCE, POWER, PRAISE III, S.175-279). - Vgl. auch den Abschnitt "Erneuerung und Ökumenismus" bei Y.Congar (Der Heilige Geist, S.300-306).

258 DER GEIST MACHT LEBENDIG, in: a.a.O., S.56

259 in: a.a.O., S.57

260 ebd. - "Es ist Ausdruck des Vertrauens auf den Herrn der Kirche, wenn katholische Christen den Schmerz über die noch fehlende eucharistische Tischgemeinschaft im Geist der Buße tragen und dennoch mit anderen Christen alles, was sie gemeinsam tun können, gemeinsam tun. Die innere Einheit von konfessioneller Festigkeit und Ehrfurcht vor dem Geistwirken außerhalb der katholischen Kirche ist Grundbedingung des Betens und Arbeitens für die erhoffte Einheit aller christlichen Bekenntnisse" (in: a.a.O., S.57).

261 "Sie hört hin auf das Wort und den Impuls Gottes. Sie eilt hin zum Menschen, zur 'Base Elisabeth' und bringt ihr das fleischgewordene Wort (Lk 1,39). Sie weist immer wieder auf Jesus hin: 'tut, was er euch sagt...' (Joh 2,5). Unter dem Kreuz empfängt sie im Wort Jesu, 'Frau, sieh deinen Sohn' (Joh 19,26), das Erbe Jesu. Beim ersten Pfingsten der Kirche ist sie mit den Zwölfen im Saal versammelt (Apg 1,14;2.1)" (in: a.a.O., S.57).

    Die sehr zurückhaltend formulierte, kurze Passage, die ***Maria*** als *"Urgestalt" des vom Geist erfüllten Menschen* bezeichnet, ist auch für evangelischen Glauben nicht anstößig, insofern der Vorbildcharakter Mariens herausgestellt wird. - In anderen Veröffentlichungen und Verlautbarungen werden die weitergehenden Lehraspekte deutlich.
    So schreibt KARDINAL SUENENS im 2.Mechelner Dokument über Erneuerung und Ökumenismus im Blick auf katholische Gruppen, die anderen christlichen Teilnehmern offenstehen: "Die Anwesenheit einiger Nichtkatholiken sollte sie nicht davon abhalten, laut auszusprechen, was integrierender Bestandteil ihres katholischen Glaubens und ihrer Spiritualität ist" (SUENENS, L.-J.: GEMEINSCHAFT IM GEIST, S.96). Er hält für normal und wünschenswert: daß sie die liturgischen Zeiten und Kirchenfeste einhalten und feiern und sich vorwiegend durch die von der Kirche ausgewählten biblischen Tageslesungen inspirieren lassen und weiter, *"daß sie sich regelmäßig an Maria und die Heiligen wenden* und daß sie für spezifisch katholische Anliegen beten (Papst, Bischöfe...)" (ebd.). - "Die Anwesenheit von Protestanten sollte die katholischen Gruppen nicht abhalten, das auszusprechen, was sie in bezug auf Maria glauben. Aber sie sollen es vermeiden, den

Ausdruck der Marienverehrung mit solchen Formen zu verbinden, die von irgendeiner Privatoffen-barung ausgehen" (S.97). Suenens verweist auf die klassische Lehre der Kirche über die Rolle und die Stellung Mariens, die er im VIII.Kapitel der Konstitution "Lumen gentium" stark biblisch und ökumenisch ausgerichtet dargelegt sieht. Dieser Text würde ergänzt durch das von Papst Paul VI. veröffentlichte Dokument "Marialis Cultus" (a.a.O., S.97; zur Frage *Heilung durch Maria und die Heiligen* in den Linien der Mariologie des Vatikanum vgl. MARSCH, M.: Heilung durch die Sakramente, S.114-122).

Im 4. Mechelner Dokument "Erneuerung und die Mächte der Finsternis" spricht Suenens unter dem Aspekt der Einheit von irdischer und himmlischer Kirche u.a. auch von der *Hilfe, die dem Christen im Kampf mit den Mächten durch Maria zuteil wird.* "Maria ist dabei in einzigartiger Weise 'eschatologisches Bild der Kirche', und mit ihr sind es die Engel und die Heiligen. Die einzige Wirksamkeit der triumphierenden Kirche uns gegenüber ist gerade die Fürsprache bis zur Vollendung der Heilsgeschichte... Die Tradition der Kirche und die Frömmigkeit der Gläubigen haben nicht aufgehört, die Rolle und den Platz Mariens in dieser Gemeinschaft der Fürbitte und in ihrer siegreichen Gegnerschaft zum Bösen anzuerkennen... Die Kirche hat in dieser Frau der Genesis Maria erkannt, die neue Eva, die Mutter der Lebenden. Die Christen aller Zeiten haben Zu-flucht genommen zu ihrem Schutz... Der Christ spürt instinktiv, daß Maria ein mächtiger Schutz gegen die Geister des Bösen ist und daß er in der tiefen Verbindung mit ihr eine Kraft findet zum Kampf gegen die Versuchungen und gegen alles, was das Leben Jesu Christi in uns bedroht. Wenn der Christ in seelischer Verbindung mit Maria, mit ihren Lippen und mit ihrem Herzen den Namen ausspricht, 'der größer ist als alle Namen, damit alle im Himmel, auf der Erde und unter der Erde ihre Knie beugen vor dem Namen Jesu' (Phil 2,9-10), dann läßt er den Sieg Jesu Christi in einzigartiger Weise zur Wirkung kommen. Die geistige Verbindung mit Maria ist für uns, Gläubige der Kirche, ein Unterpfand der Immunität und Befreiung in dem geistlichen Kampf, den wir auf Erden zu führen haben und in Erwartung der Begegnung am Ende in der Herrlichkeit Gottes. Wir verehren Maria im Himmel als Königin der Heiligen und der Engel" (SUENENS, L.-J.: Erneuerung und die Mächte der Finsternis, S.121f).

Die Zeitschrift ERNEUERUNG IN KIRCHE UND GESELLSCHAFT hat *die marianische Frage* in einem Themaheft aufgenommen (Heft 25, 4/1985). Neben dem Aspekt der vorbildlichen Spiritualität (Haltung des Empfangens) und Beiträgen zu einem evangelischen Marienverständnis finden sich auch typisch katholische Lehrpunkte und Frömmigkeitspraktiken wie: Beten zu Maria, Weihe an Maria, Wallfahrten zu Marienheiligtümern u.a. (vgl. GOTS, Anton: Marienverehrung, in: a.a.O., S.13f).

Für evangelisches Verständnis nicht akzeptabel sind die über die Aussagen der Schrift hinausführenden mariologischen *Dogmen* (unbefleckte Empfängnis, immerwährende Jungfräulich-keit, Himmelfahrt) und abergläubischen Praktiken des volkstümlichen Marienkultes (Zu den Diffe-renzen vgl. etwa die Diskussion hierüber im Dialog zwischen der röm.-kath. Kirche und den Pfingstkirchen: SANDIDGE, Jerry L.: Roman Catholic/ Pentecostal Dialogue 1977-1982: A Study in Developing Ecumenism, Volume I, Studien zur interkulturellen Geschichte des Christentums 44, Frankfurt/M./ Bern/ New York/ Paris 1987, S.234-253.305-312/Lit!; Volume II: Dialogue Documents, S.272-364). - Von daher ist der ganze Bereich der *Marienerscheinungen* und der *Wallfahrtspraktiken* für evangelische Christen äußerst suspekt und es bestehen ernsthafteste Beden-ken. Dies betrifft nicht nur die älteren Vorgänge, sondern auch die neueren Erscheinungen z.B. im kroatischen Medjugorje, für die innerhalb der Charismatischen Erneuerung große Offenheit vorhanden ist. T. Pervan wertet diese Erscheinungen wie den neuzeitlichen Aufbruch charismati-scher Erfahrungen als "Zeichen von Geisteswirkung, in dem das Evangelium von neuem mit Eindringlichkeit entdeckt wird" (PERVAN, Tomislav: Medjugorje. Marienerscheinungen - Wieder-hall des ewigen Wortes, in: ERNEUERUNG IN KIRCHE UND GESELLSCHAFT, Heft 25, 4/1985, S.17f.27-30.18). "Aus diesem Blickwinkel betrachtet", so schreibt er, "sind vielleicht die charismatisch erfahrenen Christen oder die bewußten Christen aus der Erneuerung die kräftigsten Befürworter der Echtheit der Marienerscheinungen auch hier in Medjugorje. Zu jeder Zeit erfaßt, bevollmächtigt und sendet der Geist die Menschen, um die vergessenen Wahrheiten von neuem ins Leben zu rufen und ein neues Kapitel der Kirchengeschichte zu schreiben. Maria, mit Leib und Seele Aufgenommene, ist vielleicht im göttlichen Plan die am meisten Berufene, die Notwen-digkeit eines gelebten Evangeliums zu fördern, damit der Glaube nicht zu einem blutleeren, herzlosen Gebilde degradiert wird..." (ebd.).

Mariologische Bezüge der Charismatischen Erneuerung werden auch von PAPST JOHAN-NES PAUL II. verschiedentlich artikuliert. So schließt er z.B. seine Rede vor Leitern über die kirchliche Wertschätzung und Integration der Bewegung mit den Worten: "Dieser Frau, Maria, der Mutter Gottes und unserer Mutter, die immer den Eingebungen des Heiligen Geistes gehorchte, vertraue ich voll Zuversicht euer bedeutsames Wirken für die Erneuerung der Kirche und in der Kirche an..." (in: MÜHLEN, H./ Hg.: Dokumente zur Erneuerung der Kirchen, S.113-120.120). -

Ähnlich später in Worten an die Vertreter der neueren Bewegungen am 2. März 1987 und vor den Delegierten des 6.Internationalen Leitertreffens der Katholischen Charismatischen Erneuerung am 15. Mai 1987 (vgl. BAUMERT, N./ Hg.: JESUS IST DER HERR, S.150-152.153-156): "Die heiligste Jungfrau, die Mutter der Kirche, stehe euch in eurer Arbeit bei und mache sie fruchtbar an weitreichenden und dauerhaften Ergebnissen, um gemeinsam in Einheit und gegenseitiger Zusammenarbeit zu wachsen und um der Kirche in ihrem Zeugnis vor den Menschen unserer Zeit mehr Glaubwürdigkeit zu geben" (a.a.O., S.152). - "'Indem die Kirche aus dem Herzen Marias schöpft, aus ihrem tiefen Glauben, wie er in den Worten des Magnifikat zum Ausdruck kommt, wird sich die Kirche immer wieder neu und besser bewußt, daß man die Wahrheit über Gott, der rettet, über Gott, die Quelle jeglicher Gabe, nicht von der Bekundung seiner vorrangigen Liebe für die Armen und Niedrigen trennen kann, wie sie bereits im Magnifikat besungen, dann in den Worten und Taten Jesu ihren Ausdruck findet' (Redemptoris Mater, Nr.37). Möge das heroische Beispiel der Liebe, das die jungfräuliche Mutter unseres Erlösers uns gegeben hat, euch inspirieren. Ihrer Fürsprache und mütterlichen Sorge vertraut euch an! In der Liebe ihres Sohnes, Christi, des Herrn, unseres Erlösers, erteile ich euch allen meinen Apostolischen Segen" (a.a.O., S.155f; Leitwort der 6. Leitertagung war: "Gute Nachricht für die Armen").

262   DER GEIST MACHT LEBENDIG, in: a.a.O., S.57-60

Mit unterschiedlichen Akzenten werden als *Gefahrenmomente* auch in anderen kirchenoffiziellen Stellungnahmen und Einzelveröffentlichungen dieselben Dinge und weiteres angesprochen: *Übertriebenes Fixiertsein auf die Charismen* ("Charismanie"), *Subjektivismus*, übertriebener *Supranaturalismus*, *Sensationslust*, *falsche Unmittelbarkeit* ("Illuminatentum"), *Elitedenken*, religiöse Euphorie, *Nachlassen des sozialen Engagements*, Paraklerikalismus, *Vernachlässigung der traditionellen Spiritualität*, Entfremdung von der Kirche, Spaltungen, *Mangel an Unterscheidungsfähigkeit*, u.a.

An *kirchlichen Stellungnahmen* vgl. etwa: Message of the Bishops of the Western Province of Quebec on the Catholic Charismatic Movement, Canada 1974, in: PRESENCE, POWER, PRAISE, Vol.I, S.580-584: "We wish to point out the dangers such as sensationalism, a false ecumenism, a false prophetism, 'fundamentalism', or a too exclusively literal interpretation of the Holy Scripture, sectarian tendencies, divisions of all sorts, psychological abnormalities, illuminism, and the want of spiritual discernment" (a.a.O., S.583). In dem noch breiter angelegten Papier CHARISMATIC RENEWAL: Message of the Canadian Bishops Addressed to all Canadian Catholics von 1975, das sich stark auf das erste Mechelner Dokument stützt, werden als negative Aspekte genannt: *The Seeking of Marvels, Excess Centered on "Belonging" to the Charismatic Movement, Sensationalism, Detrimental Consequences of Emotionalism, Fundamentalism, Selfcenteredness of Certain Charismatic Groups, False Ecumenism.* Damit werden die positiven Wirkungen aber nicht abgewertet. Das Dokument endet mit der Aufforderung, offen zu sein für das Wirken des Heiligen Geistes (vgl. PRESENCE, POWER, PRAISE, Vol.II, S.84-98).

Weitere Stellungnahmen entfalten dieselben Aspekte je nach örtlicher Situation und Zielsetzung ausführlicher oder kürzer und kommen im Lauf der Entwicklung immer stärkerzu einer positiven Einstellung zur Charismatischen Erneuerung und suchen sie zu integrieren, wobei nicht katholisch integrierbare Lehrelemente und Praktiken korrigiert und zurückgedrängt werden (vgl. etwa: PRESENCE, POWER, PRAISE, Vol.II, S.108f.260-265.352-354.373-375; PRESENCE, POWER, PRAISE, Vol.III, S.9f.45-51).

An *Einzelveröffentlichungen* vgl. etwa: CONGAR, Y.: Der Heilige Geist, S.271-282; LAURENTIN, René: Pentecôtisme chez les Catholiques, S.205-222; MOHR, Johannes: Wovor wir auf der Hut sein sollten, in RUNDBRIEF für charismatische Erneuerung in der Katholischen Kirche, 4/1989, S.22f; O'CONNOR, Edward: Spontaner Glaube, S.196-229; SCHÜTZ, Chr.: Einführung in die Pneumatologie, S.280f).

YVES CONGARs Kritik betrifft vor allem die falsche Unmittelbarkeit und das Nachlassen des sozialen Engagements (vgl. a.a.O., S.279-282).

NORBERT BAUMERT nennt als *Schwierigkeiten und Gefahren auf dem Weg* der charismatischen Erneuerung 1) die *Faszination der Erfahrung*, 2) die *Versuchung zur Selbstdarstellung* und 3) die Gefahr der *Eigenmächtigkeit* (BAUMERT, Norbert: Gaben des Geistes Jesu, S.20-25). - An anderer Stelle spricht er von dem Wirken des Geistes durch die Gebrochenheit der menschlichen Existenz hindurch und daraus resultierenden Gefährdungen (BAUMERT, Norbert: Das Wirken des Heiligen Geistes - Hoffnung und Herausforderung für Kirche und Theologie, in: RUNDBRIEF für charismatische Erneuerung, 2/1989, S.4-9.8f). Er markiert diese mit den Stichworten: 1) Gefahr des *Universalismus, der die eigene Gabe zum Maßstab für alle macht*; 2) Gefahr einer *falschen Unmittelbarkeit* (die Meinung, Gott müßte immer in außergewöhnlicher Weise reden oder er

würde immer heilen, wenn wir nur recht bäten); 3) Gefahr der *Verwechslung des Geistes Gottes mit anderen Einflüssen* (z.b. rein menschlichen Antrieben, "frommen" Wünschen, seelischen Bildern, Phantasien, starken Gefühlen, überhaupt mit allem Spontanen); 4) Gefahr eines *charismatischen Triumphalismus*; 5) die Gefahr *falscher Akzentsetzung in der Frage nach der Hierarchie der Wahrheiten.*
　　Im Zusammenhang mit Ausführungen über die neuen geistlichen Bewegungen nennt Bischof K. LEHMANN als Gefährdungen des Lebens in der Gruppe die *Überbetonung bestimmter Wahrheiten und Erfahrungen.* Der Einseitigkeit kann man entgehen, indem man offen ist für andere, den Kontakt und die Ergänzung sucht ("Das Wissen um diese Komplementarität schützt vor elitärer Übersteigerung, die ja eine sehr hohe, aber weitgehend verborgene Gefahr gerade spiritueller Menschen sein kann"). - Weiter erinnert er die Bewegung daran, daß sie wohl *Kirche im kleinen, aber nicht die Kirche* sind. Um der Gefahr zu entgehen, lediglich Fluchtburg und Getto für Aussteiger zu werden, mahnt er die liebende Zuwendung zur zerrissenen Welt an (LEHMANN, Karl: Neue geistliche Bewegungen - warum und wozu?, in: BAUMERT, Norbert /Hg.: Jesus ist der Herr, S.113-127.124f).

263　vgl. DER GEIST MACHT LEBENDIG, in: a.a.O., S.58

264　vgl. ebd.

265　vgl. in: a.a.O., S.58f

266　vgl. in: a.a.O., S.59f

　　"Wer seine Erfahrungen festhält und sie nicht immer wieder in Gottes größeres Geheimnis hinein losläßt, gerät in die Gefahr religiöser Selbstzufriedenheit und Selbstdarstellung. Das kann zu Eigenmächtigkeit und Mißbrauch von Geistesgaben führen, zu einem Absolutheitsanspruch und zum Ausüben eines Bekehrungsdrucks. Damit verbunden ist die Gefahr des Elitebewußtseins, die eine überhebliche Abgrenzung zu anderen Gemeinschaften mit sich bringt..." (a.a.O., S.59).

Anmerkungen: *B.5 Schlußbemerkungen*

1　Zu Bischofsworten und pastoralen Weisungen vgl. die Anmerkungen in den Teilen B.2-B.4.

　　Die katholischen Grundpfeiler und Zuordnungen wurden kurz in der Ansprache von Papst Johannes Paul II. an die Leiter der Charismatischen Erneuerung auf ihrem IV.Internationalen Kongreß am 7.5.1981 in Rom zusammengefaßt. So unterstrich er etwa im ersten Teil die *Bedeutung des Papstamtes*: "Wenn ihr Rom als Tagungsort gewählt habt, so ist das ein Zeichen dafür, daß ihr begriffen habt, wie wichtig es ist, tief in katholischer Einheit von Glaube und Liebe verwurzelt zu sein, die im Stuhl Petri die sichtbare Mitte findet" (in: MÜHLEN, H./Hg.: Dokumente zur Erneuerung der Kirchen, S.113-120.114). Als Anhaltspunkte zur geistlichen Unterscheidung wiederholte er drei Grundsätze aus einer Rede seines Vorgängers: 1) "die *Treue zur rechten Glaubenslehre*; was dieser Lehre widerspricht, kommt nicht vom Heiligen Geist"; 2) "die höheren Gaben schätzen - die *Gaben*, die *zum allgemeinen Wohl* verliehen werden"; 3) "das *Streben nach der Liebe*, die allen den Christen zur Vollendung bringt" (ebd.). Besonders lobte und verstärkte der Papst das *Bemühen um die Kirchlichkeit* der Bewegung: "Mit besonderer Freude haben wir bemerkt, wie die Leiter der Erneuerung mehr und mehr eine weite kirchliche Vision entwickelten und sich bemühten, diese zunehmend auch auf alle zu übertragen, die unter ihrer Führung stehen... Ganz besonders möchte ich die dringende Notwendigkeit herausstellen, jene kirchliche Vision, die für die Erneuerung auf der jetzigen Entwicklungsstufe so wesentlich ist, noch weiter zu entfalten und praktisch zu verwirklichen" (in: a.a.O., S.115). - Den Leitern kommen nach Johannes Paul II. drei Aufgaben zu: So sollen sie 1) selbst ein Beispiel des Gebets, daneben aber "mit umsichtiger Sorge darauf bedacht sein, daß jene, die geistliche Erneuerung suchen, *das vielgestaltige Erbe des Gebetslebens der Kirche* kennen und zu ihrer eigenen Erfahrung machen: die Meditation über das Wort Gottes...; Offenheit für die Gaben des Geistes ohne übertriebene Konzentration auf die außerordentlichen Gaben...; tieferes Eindringen in den Jahreskreis der liturgischen Festzeiten, besonders durch die Stundenliturgie; die angemessene Feier der Sakramente - mit besonderer Beachtung des Bußsakraments -, die die neue Austeilung der Gnade bewirken...; und vor allem Liebe und wachsendes Verständnis für die Eucharistie als dem Mittelpunkt allen christlichen Betens..." (in: a.a.O., S.116). - 2) Weiter sollen die Leiter "*für solide geistliche Nahrung sorgen*", indem sie "das Brot der wahren Lehre" brechen und austeilen. "Der Heilige Geist, der seine Gaben bald in reicherem, bald in geringerem Maß austeilt, ist derselbe, der die Heilige Schrift inspirierte und der *das lebendige Lehramt der Kirche* unterstützt, dem Christus die authentische Auslegung dieser Heiligen Schrift anvertraute..." (in: a.a.O., S.117). - 3) Der Papst forderte die Leiter der Erneuerung ferner auf, die Initiative zu ergreifen und "Bande des Vertrauens und der *Zusammenarbeit mit den Bischöfen*" herzustellen, "die nach Gottes Vorsehung die pastorale Verantwortung für die Führung des ganzen Leibes Christi, einschließlich der Charismatischen Erneuerung, haben". Die Bischöfe würden der Erneuerung "die sichere Leitung angedeihen lassen, die zu der ihnen übertragenen Aufgabe gehört. Gott, der Herr, läßt nicht nach in seiner Treue zu dem Versprechen ihres Weihegebetes, in dem er angefleht wurde, 'über diese Erwählten jene Macht auszuschütten, die von dir stammt, den Geist der Leitung...'" (ebd.). - Priestern kommt bei der *Integration der Erneuerung in die Gemeinden* eine besondere Bedeutung zu. Sie haben in der CE und für sie wie auch für die ganze Christengemeinde "eine einzigartige und unerläßliche Rolle". Der *Priester*, dessen Auftrag weder im Gegensatz steht zur legitimen Rolle der Laien noch parallel dazu läuft, hilft durch seine sakramentale Bindung an den Bischof gewährleisten, "daß Bewegungen zur geistlichen Erneuerung und des Laienapostolates in das sakramentale, liturgische Leben der Kirche integriert werden. Das geschieht besonders durch die Teilnahme an der Eucharistie." Der Priester hat teil an der Verantwortung des Bischofs für die Verkündigung des Evangeliums, wofür ihn seine theologische Ausbildung mit besonderem Rüstzeug versehen sollte. Seine Rolle beim Vorgang der Integration in das Leben der Kirche sei einzigartig und unerläßlich. Dadurch werde die "Tendenz zur Bildung von Alternativ- und Randstrukturen" vermieden und zu einer volleren Teilnahme am sakramentalen und apostolischen Leben der Kirche, vor allem innerhalb der Pfarrei, geführt (a.a.O., S.118f). Priester und Laien sollen Zeugnis geben von dem, was sie in Christus verbindet und Einheit und Zusammenarbeit beispielhaft vorleben. - Es folgt ein Schlußhinweis auf das Vorbild der Maria, "der Mutter und unserer Mutter, die immer den Eingebungen des Heiligen Geistes gehorchte", der der Papst voll Zuversicht das bedeutsame Wirken der Charismatiker für die Erneuerung der Kirche und in der Kirche anvertraut (a.a.O., S.120).

2 vgl. etwa die Unterscheidung und Abgrenzung von der neuen "Prophetenbewegung" aus den USA und einigen ihrer Grundlehren, ausgehend von der katholischen Ekklesiologie durch N. Baumert (BAUMERT, Norbert: "Die Propheten kommen"? Zur "Prophetenbewegung", in: RUNDBRIEF der KCGE, 4/1992, S.22-24; ders.: "Siegreiche Kirche der Endzeit"?, in: RUNDBRIEF der KCGE, 1/1993, S.22-25; ders.: Hl. Schrift und Verkündigung, in: RUNDBRIEF der KCGE, 2/1993, S.10-13; ders.: Prüfung von Prophetien, in: RUNDBRIEF der KCGE, 3/1993, S.18-22).

Zur Entwicklung der *Integration der CE in die Kirche* und zur bleibenden Herausforderung durch das prophetische Moment vgl. HOCKEN, Peter: Charismatic Renewal in the Roman Catholic Church: Reception and Challenge, in: JONGENEEL, Jan A.B. (Hg.): PENTECOST, MISSION AND ECUMENISM. Essays on Intercultural Theology - Festschrift in Honour of Professor Walter J. HOLLENWEGER, Studien zur interkulturellen Geschichte des Christentums 75, Frankfurt a.M./ Berlin/ Bern/ New York/ Paris/ Wien 1992, S.301-309.
Im Blick auf das *ökumenische Miteinander* plädiert Hocken für einen "dritten Weg" der charismatischen Erneuerung zwischen "Non-Konfessionalismus" und "Konfessionalismus", für eine gegenseitige Anerkennung der Einheit im grundlegenden christlichen Glauben, für eine Umkehr aller Seiten zum Zentrum, zur Abhängigkeit von Gott, zur tieferen geistlichen und d.h. letztlich ökumenischen Lebenswirklichkeit der eigenen Tradition (vgl. HOCKEN, Peter: Ein Herr, ein Geist, ein Leib. Die Gnade der Charismatischen Bewegung für die Ökumene, Münsterschwarzach 1993).

ANMERKUNGEN: *C.0.1 Vorbemerkungen - C.0.2 M.Luther - C.0.3. Weitere Geschichte*

1 DOMBOIS, Hans: Das Recht der Gnade. Ökumenisches Kirchenrecht III: Verfassung und Verantwortung, Bielefeld 1983, S.214-232.215

2 vgl. a.a.O., S.217f

3 a.a.O., S.217

4 vgl.: EVANGELISCHE SPIRITUALITÄT. Überlegungen und Anstöße zur Neuorientierung, vorgelegt von einer Arbeitsgruppe der evang. Kirche in Deutschland, (hg. von der Kirchenkanzlei im Auftrag des Rates der evang. Kirche in Deutschland), Gütersloh 1977, S.30ff.32; SEITZ, Manfred: Art. "Askese, IX. Praktisch-theologisch", in: TRE, Bd.4, S.250-259.251f

5 BOHREN, Rudolf: Einführung in das Studium der evangelischen Theologie, München 1964, S.25f

6 vgl.: HERAUSFORDERUNG: RELIGIÖSE ERFAHRUNG. Vom Verhältnis evangelischer Frömmigkeit zu Meditation und Mystik, hg. von RELLER, Horst und SEITZ, Manfred, Göttingen 1980; RUHBACH, Gerhard: Frömmigkeit und Religiosität im ausgehenden 20.Jahrhundert, in: Verkündigung und Forschung, Beihefte zu "Evangelische Theologie", 33.Jg., Heft 2/1988: Religion heute, (hg. von SUNDERMAIER, Theo), S.43-71; SEITZ, Manfred: Praxis des Glaubens. Gottesdienst, Seelsorge und Spiritualität, Göttingen 1978; ders.: Erneuerung der Gemeinde. Gemeindeaufbau und Spiritualität, Göttingen 1985; RUHBACH, Gerhard: Theologie und Spiritualität. Beiträge zur Gestaltwerdung des christlichen Glaubens, Göttingen 1987; s. auch: JONES, Cheslyn/ WAINWRIGHT, Geoffrey/ YARNOLD, Edward (Hg.): The Study of Spirituality, London 1986 (darin: HOLLENWEGER, Walter J.: Pentecostals and the Charismatic Movement, S.549-554); LOVELACE, Richard: Theologie der Erweckung, Marburg 1984 (amerik. Original: Dynamics of Spiritual Life, 1979; eine geistliche Theologie aus evangelikaler Sicht); PANNENBERG, Wolfhart: Christliche Spiritualität. Theologische Aspekte, Göttingen 1986

7 vgl.: FAHLBUSCH, Erwin: Art. "Frömmigkeit", in: EKL[3], Bd.1, S.1396f, ders.: Art. "Spiritualität, I.Wort und Geschichte", in: TRT[4], Bd.5, S.84f; HÄRING, Bernhard: Art. "Spiritualität, ökumenische II, kath. Sicht", in: ÖL[2], S.1129f; MILDENBERGER, Friedrich: Art. "Spiritualität, III.Neubesinnung in der Gegenwart", in: TRT[4], Bd.5, S.86-88; RUHBACH, Gerhard: Evangelische Spiritualität - Überlegungen und Kriterien, in: ders.: Theologie und Spiritualität, S.122-130; STANILOAE, Dumitru: Art. "Frömmigkeit III, orth.Sicht", in: ÖL[2], S.419f; SUDBRACK, Josef (S.J): Art. "Spiritualität", in: HTTL, Bd.7, S.115-130; VAJTA, Vilmos: Art. "Frömmigkeit I, evang.Sicht", in: ÖL[2], S.416f; ders.: Art. "Spiritualität, ökumenische I, evang.Sicht", in: ÖL[2], S.1127-1129; VOSS, Gerhard (OSB): Wachsendes Interesse an Spiritualität. Von einer notwendigen Dimension ökumenischer Theologie, in: LENGSFELD, Peter (Hg.): Ökumenische Theologie. Ein Arbeitsbuch, Stuttgart 1980, S.338-354; WINTZER, Friedrich: Art. "Frömmigkeit, III.Praktisch-theologisch", in: TRE, Bd.11, S.683-688; WULF, Friedrich (S.J.): Art. "Frömmigkeit II, kath.Sicht", in: ÖL[2], S.417-419

8 So ist z.B. der Art. "Spiritualität" im PRAKTISCHEN LEXIKON DER SPIRITUALITÄT (PLSp) untergliedert in die Artikel: *Christliche, afrikanische, biblische, evangelische, fernöstliche, indische, jüdische, liturgische, monastische, ökumenische und orthodoxe* Spiritualität (vgl a.a.O., S.1170-1216); s. auch "*Ordensspiritualität/* Ordensleben" (a.a.O., S.951-958) - (Über Taizé und die Weltkirchenkonferenz von Nairobi wurde die Christenheit zu einer "*Spiritualität des Kampfes*" aufgerufen). Im Memorandum der Arbeitsgruppe "Evangelische Spiritualität" werden als Hauptstränge gegenwärtiger erneuerter Spiritualität genannt: 1) die *bibelorientierte, evangelistisch-missionarische*, mit der die *charismatisch-pfingstliche* eng verwandt ist; 2) die *liturgische, meditative*, die sich z.B. in den Kommunitäten findet; 3) die *emanzipatorisch-politische*, die sich auf die prophetische Tradition beruft (vgl. hierzu auch: WÖLBER, Hans-Otto: Spiritualität. Das Gebet des Gerechtfertigten, in: MODELLE GELEBTEN GLAUBENS. Gespräche der Lutherischen Bischofskonferenz über Kommunitäten und charismatische Bewegungen, im Auftrag der Bischofskonferenz hg. von Lutz MOHAUPT, Heft 10 der Schriftenreihe ZUR SACHE, Hamburg 1976, S.55-77). Stärker abgrenzend arbeitet GEORG HECKEL die *Spezifika lutherischer Spiritualität* heraus (HECKEL, Georg: Lutherische Spiritualität, in: ZUGÄNGE ZU LUTHER, Veröffentlichungen der Luther-Akademie-Ratzeburg Bd.6, Erlangen 1984, S.55-95).

ANMERKUNGEN: *C.O.2   Rekurs: M. Luther*

9   Zu Luthers Pneumatologie vgl.: ASENDORF, Ulrich: Die Theologie Martin Luthers nach seinen Predigten, Göttingen 1988, S.203-304; EBELING, Gerhard: Luthers Ortsbestimmung der Lehre vom heiligen Geist, in: ders.: Wort und Glaube, Bd.III: Beiträge zur Fundamentaltheologie, Soteriologie und Ekklesiologie, Tübingen 1975, S.316-348; ENGELSVIKEN, Tormod: The Work of the Holy Spirit in the Theology of Martin Luther, (A Paper in Partial Fulfillment of the Requirements for the Course The Holy Spirit in the Lutheran Tradition - HT 499 - Prof.B.Holm), 1975; HAUSCHILD, Wolf-Dieter: Art. "Geist/ Heiliger Geist/ Geistesgaben, IV.Dogmengeschichtlich", in: TRE, Bd.12, S.196-217.208f; HERMS, Eilert: Luthers Auslegung des Dritten Artikels, Tübingen 1987; MAURER, Wilhelm: Historischer Kommentar zur Confessio Augustana, Bd.2, Gütersloh 1978, S.145-151; PETERS, Albrecht: Kommentar zu Luthers Katechismen, Bd.2: Der Glaube (Das Apostolikum), hg. von JACOBS, Manfred, Göttingen 1967, S.111-127; SCHWARZWÄLLER, Klaus: Delectari assertionibus. Zur Struktur von Luthers Pneumatologie, in: LuJ 38(1971), S.26-58; SCHÜTZ, Chr.: Einführung in die Pneumatologie, S.114-118; vgl. auch KINDER, Ernst: Zur Lehre vom Heiligen Geist nach den lutherischen Bekenntnisschriften, in: Fuldaer Hefte 15, Berlin/ Hamburg 1964, S.7-38 und: HEINTZE, Gerhard: Luthers Pfingstpredigten, in: LuJ 34(1967), S.117-140

Luther teilt die **augustinische Trinitätslehre** mit ihrer Betonung der Einheit der drei Personen (vgl. PETERS, A.: Kommentar zu Luthers Katechismen, Bd.2, S.190f). Von daher ist der Geist immer rückbezogen auf Vater und Sohn gedacht. Luther entfaltet die Trinitätslehre nicht denkerisch-spekulativ, sondern durchdringt sie von der Schrift und ihrem Zentralzeugnis her, der Zuwendung Gottes in Christus, und richtet sie heilsökonomisch aus. In den Katechismen strukturiert er nach den Stichworten "Schöpfung", "Erlösung", "Heiligung", die er jeweils einer der drei Personen zuordnet. In dieser katechetischen Ausformung tritt das trinitarische Wirken des einen Gottes in allen Bereichen zurück, im Hintergrund jedoch steht bleibend die klassische Gestalt, daß jeder Bereich "*vom*" Vater, "*durch*" den Sohn "*im*" Geist auf den Menschen zukommt bzw. in umgekehrter Reihenfolge erschlossen wird (vgl.: JANSEN, Reiner: Studien zu Luthers Trinitätslehre, BSHST 26, Bern/ Frankfurt a.M. 1976; PETERS, Albrecht: Die Trinitätslehre in der reformatorischen Christenheit, in: ThLZ 94(1969), S.563-570; ders.: Verborgener Gott - Dreieiniger Gott. Beobachtungen und Überlegungen zum Gottesverständnis Martin Luthers, in: Martin Luther 'Reformator und Vater im Glauben', hg. von G.MANNS, Wiesbaden/ Stuttgart 1985, S.74-105).

10 BSLK, Göttingen 1982², S.655,29-33

11 BSLK, 512,2f

12 BSLK, S.654,33-37

13 GLOEGE, Gustav: Art. "Schriftprinzip", in: RGG³, Bd.5, S.1540-1543.1541

14 vgl. PETERS, A.: Kommentar zu Luthers Katechismen, Bd.2, S.196-204.199-202

Gewißheit seiner Rechtfertigung empfängt der Mensch im Glauben an die in Christus geschenkte Gnade, die ihm vom Geist in der Schrift verheißen und daraus zugesprochen wird. Das tötende Gesetz wird durch das Evangelium, das eigentliche Wort Gottes, überwunden. Das Geisteswort, das den Glauben schafft, kommt nur durch das äußere Wort. Der Christ bleibt als Sünder, nicht als Christ, immer darauf angewiesen.

15 BSLK, S.654,22-27

16 PETERS, Albrecht: Realpräsenz. Luthers Zeugnis von Christi Gegenwart im Abendmahl, AGTL, Berlin 1966², S.50

17 vgl. PETERS, A.: a.a.O., S.51

18 Luther wirft Karlstadt eine Umkehrung des Heilswegs vor und warnt vor ihm, da er lehre, "nicht wie der Geist zu dir, sondern wie du zum Geist kommen sollt" (Wider die himmlischen Propheten, 1525; WA 18,137,16). Er betont gegen diesen das verbum externum als entscheidendes Kriterium im Geist- bzw. Gnadenverständnis. Am Verhältnis von Innen und Außen erörtert er in der Schrift "Wider die himmlischen Propheten" (1525) u.a. das dem Evangelium entsprechende Verhältnis von Wort und Geist. Den rechten ordo salutis (Gesetz-Evangelium-Tötung des Fleisches-Liebe) sieht er bei Karlstadt genau umgekehrt. Dieser stellt mit der spätmittelalterlichen Mystik die Tötung des Fleisches als Bereitung des Menschen auf den kommenden Geist an den Anfang. Damit taucht die Dimension des Gesetzes neu auf. R. Prenter kennzeichnet den Gegensatz zwischen Karlstadt und Luther als "anthropozentrisch-nomistische" Gesamtschau gegenüber einer "theozentrisch-evangelischen": "Dieser Enthusiasmus machte ja den Geist zur Krone der Gesetzesfrömmigkeit und zum Lohn für die Vollkommen, statt in ihm den Quellort des Evangeliums und den Trost der Armen zu erkennen" (PRENTER, Regin: Spiritus Creator. Studien zu Luthers Theologie, FGLP 10/6, München 1954, S.247-300.253). - "In Luthers Auseinandersetzung mit den Schwärmern geht es immer um eine einzige Sache, nämlich um das exklusive Verständnis des Geistes als des Geistes Gottes. Dem steht bei den Schwärmern die Idee des Geistes und der 'Geistlichkeit' gegenüber, die vom Dualismus einer spiritualistischen Metaphysik zwischen Seele und Leib, zwischen Sichtbar und Unsichtbar, zwischen Stoff und Gedanken bestimmt ist" (PRENTER, R.: a.a.O., S.284).
Konkret streitet Luther um die Zusammengehörigkeit von Wort und Geist, Geist und Fleisch, welche die "Schwärmer" auseinanderreißen und um Gottes Heilsordnung, die sie umkehren. Sie machen geistlich, was Gott leiblich macht und verachten die äußerlichen Mittel (Wort, Taufe, Abendmahl), durch die Gott erkannt sein will. Und machen aus dem, was Gott nach innerlichen Glauben und Geist ordnet, ein menschliches Werk (Legalismus statt Gnade). In dieser Auseinandersetzung steht das Heil auf dem Spiel und Luther kann im Kernvorgang der Bestreitung ganz unterschiedliche Größen als miteinander verwandte teuflische Angriffe auf das Evangelium sehen. So schaut er sie alle, Papisten, Zwickauer, Müntzer, Karlstadt, Zwingli, Oekolampad, i.e. Römische, Geisttreiber und Rationalisten unter dem Stichwort "Enthusiasten" zusammen (vgl. MAURER, Wilhelm: Luther und die Schwärmer, in: SThKAB 6, Berlin 1952, S.7-37.9-32 und BARTH, Hans-Martin: Der Teufel und Jesus Christus in der Theologie Martin Luthers, FKDG 19, Göttingen 1967, S.82-123.86-98).

Zu Luther und den Schwärmern vgl. auch: HOLL, Karl: Luther und die Schwärmer, in: ders.: Gesammelte Aufsätze zur Kirchengeschichte, Bd.I: Luther, Tübingen 1948[7], S.420-467; LINDBERG, Carter: The Third Reformation? Charismatic Movements and the Lutheran Tradition, Macon/ Georgia-USA 1983, S.21-54.55-130; LONNING, Inge: Die Reformation und die Schwärmer, in: Conc(D) 15(1979), S.515-518; LOHSE, Bernhard: Luther und der Radikalismus, in: LuJ 44(1977), S.7-27; MÜHLEN, Karl-Heinz zur: Nos extra nos. Luthers Theologie zwischen Mystik und Scholastik, BHTh 46, Tübingen 1972, S.244-258.262-265; PETERS, Albrecht: Luthers Lehre vom Heiligen Geist nach seinen Schriften gegen die Schwärmer, Phil. Examensarbeit (masch.), Hamburg 1949; STECK, Karl Gerhard: Luther und die Schwärmer, ThSt(B) 44, Zollikon-Zürich 1955; WINDHORST, Christof: Luthers Kampf gegen die "Schwärmer". Ihre theologische Beurteilung in der Vorlesung über den 1.Johannesbrief (1527), in: WuD NF 14(1977), S.67-87 (vgl. auch die historischen Skizzen bei BORNKAMM, Heinrich: Martin Luther in der Mitte seines Lebens, Göttingen 1979, S.56-71.133-165; BRECHT, Martin: Martin Luther, Bd.II: Ordnung und Abgrenzung der Reformation 1521-1532, Stuttgart 1986, S.43-46.148-158.178ff)

19 BSLK, S.57f

20 ebd.

21 "Gottes Geist heißet allein ein heiliger Geist, das ist, der uns geheiligt hat und noch heiliget" (Gr.Kat.; BSLK 653,42-654,1) - (vgl. hierzu auch PETERS, A.: Kommentar zu Luthers Katechismen, Bd.2, S.205-212).

22 "*Außer der Christenheit aber, da das Evangelion nicht ist, ist auch kein Vergebung nicht, wie auch keine Heiligkeit da sein kann. Darümb haben sich alle selbs erausgeworfen und gesondert, die nicht durchs Evangelion und Vergebung der Sund, sondern durch ihre Werke Heiligkeit süchen und verdienen wöllen*" (Gr.Kat.; BSLK 658,35-42).

23 "*Indes aber, weil die Heiligkeit angefangen ist und täglich zunimmpt, warten wir, daß unser Fleisch hingerichtet und mit allem Unflat bescharret werde, aber herrlich erfurkomme und aufer- stehe zu ganzer und völliger Heiligkeit in einem neuen ewigen Leben. Denn itzt bleiben wir halb und halb reine und heilig,* *auf daß der heilig Geist immer an uns erbeite durch das Wort und täglich Vergebung austeile bis in jenes Leben, da nicht mehr Vergebung wird sein, sondern ganz und gar rein und heilige Menschen, voller Frommigkeit und Gerechtigkeit... Siehe, das alles soll des heiligen Geists Ampt und Werk sein, daß er auf Erden die Heiligkeit anfahe und täglich mehre durch die zwei Stück: christliche Kirche und Vergebung der Sunde"* (Gr.Kat.; BSLK 659,1-20).

24 vgl. PETERS, A.: a.a.O., S.212-240

25 PETERS, Albrecht: Grundzüge biblisch reformatorischer Ethik, in: "In Christus". Beiträge zum Ökumenischen Gespräch, hg. von ZIEGLER, Josef Georg, Moraltheologische Studien - Systematische Abteilung Bd.14, St.Ottilien 1988, S.117-148.140

26 vgl. VOSS, Klaus Peter: Der Gedanke des allgemeinen Priester- und Prophetentums. Seine gemeindetheologische Aktualisierung in der Reformationszeit, Wuppertal/ Zürich 1990 (Zugl.: Göttingen, Univ., Diss., 1987/88), S.31-91.65-91; s. auch: BARTH, Hans-Martin: "Allgemeines Priestertum der Gläubigen" nach Martin Luther, in: UNA SANCTA 43 (1988), S.331-342; FAGERBERG, Holsten: Art. "Amt/ Ämter/ Amtsverständnis, VI.Reformationszeit", in: TRE, Bd.2, S.552-574.553-562

27 *"Denn ob wir wol alle gleych priester seyn, ßo kunden wir doch nit alle dienen odder schaffen und predigen"* (WA 11,414,30ff). - *"Ich hab ynn allen meynen schrifften nit mehr gewollt, denn nur so viel, das alle Christen priester seyen, aber doch... nit alle predigen, meß halten und priesterlich ampt uben, sie wurden denn dazu verordenet und beruffen"* (WA 10 III,395,38f).

28 vgl. WA 34 II,98-107; D.Martin Luthers Epistel-Auslegung, Bd.2: Die Korintherbriefe, hg. von ELLWEIN, Eduard, Göttingen 1968, S.147-151

29 a.a.O., S.150

30 a.a.O., S.151 (vgl. auch: WA 41,391-398.398-404.650-655 = a.a.O., S.152-172; WA 47,780-783).

31 *M. Lauterburg* sieht als Gründe für die geringe Berücksichtigung der charismatischen Wurzel des Amtes in der lutherischen Tradition zum einen die *Verortung* des geistlichen Amtes *im Allgemeinen* der Gemeinde, ohne irgendeine Differenzierung ihrer Glieder und Gaben (vgl. LAUTERBURG, M.: Der Begriff des Charisma, S.77-84.80f). Weitere Ursachen hierfür waren: 1) die starke Betonung der *äußeren Berufung* und 2) das Vorherrschen des *"sakramentalen"* Gesichtspunkts im Verständnis der Amtshandlungen. Im "Sakramentalen" werden Gott und Christus als die Gebenden herausgestellt. Die Gemeinde erscheint rein empfangend. Mit anderen Worten: Die eine "Charis" tritt in den Vordergrund, während die charismatische Ausrüstung des Pfarrers bzw. die Vielgestaltigkeit der gemeindlichen Charismata nicht weiter reflektiert wird (vgl. a.a.O., S.81-83).
A. Schlatter schreibt im Zusammenhang seiner Ausführungen über die Vernachlässigung des Dienstaspektes und der vorrangig passiven Akzentuierung des Glaubens in der älteren evangelischen Dogmatik: "Mit der Begründung des Pastorats war der zur Tätigkeit führende Impuls des Glaubens an das Wort erschöpft. Es schien damit genügend für die Verkündigung des Wortes und die Spendung der Sakramente gesorgt. Damit war wieder die Achtsamkeit auf das, was aus dem Empfänger derselben wird, zurückgedrängt... In beiden Centren der Reformation ist die Gemeindebildung gleichmäßig abgewehrt worden. Für Luther bildete sie kein dringendes, inneres Anliegen. Wenn er 'die Leute dazu hätte', schiene ihm die Gemeinde wohl schön; aber er konnte sie entbehren. An Karlstadts Versuchen, es zur Gemeindebildung zu bringen, hat er nur die gefährlichen Tendenzen und trüben Anschauungen, die dort freilich nicht fehlten, mit vernichtender Abwehr hervorgehoben, ohne daß er für das positive Ziel, das Karlstadt in Orlamünde anstrebte, ein schützendes Wort gehabt hätte. Den hessischen Versuch, die Kirche auf die Gemeinde aufzubauen, hat er verworfen... Das Bild der Kirche, das den Alten aus ihrer gläubigen Schätzung des göttlichen Wortes erwuchs, ist somit dies: Glaube und Erkenntnis pflanzt Gott durch die Bibel und das Predigtamt; das Böse beseitigt er, wenn es unerträglich wird, durch das Strafamt der Obrigkeit. Dem, der weder Pastor noch Obrigkeit ist, hat Gott in der Kirche keinen Dienst zugeteilt. Er höre, schweige, glaube, empfange glaubend seine Seligkeit und handle in seinen übrigen Verhältnissen nach Gottes Gebot..." (SCHLATTER, Adolf: Der Dienst des Christen in der älteren Dogmatik, BFChTh, 1.Jg./Heft 1/1897, Gütersloh 1897, S.14.15.19).
"Die nach 1530 sich herausbildende lutherische Kirche repräsentiert, was Verfassung des kirchlichen Lebens angeht, theologisch verantwortbare Notlösungen unter den Bedingungen des 16.Jahrhunderts, deren Schicksal es freilich war, durch wachsende Gewöhnung zur Normalität zu

werden, die die legitimierende Ekklesiologie durch eine eklektizistische Rezeption von Luthers ekklesiologischen Aussagen nach sich zog. Die dabei zutage tretenden ekklesiologischen Defizite - auf dem Kontinent verstärkt durch die Aufklärung - löste man auf ähnliche Weise wie vormals in der spätmittelalterlichen Kirche, nämlich kirchenrechtlich und kirchenpolitisch. Das Ergebnis ist nicht eine Kirche nach der Vision Luthers, sondern eine 'lutherische' Kirche, die juridisch auf der Basis der lutherischen Bekenntnisschriften, und geistlich-theologisch geprägt durch Luthers Theologie zuzüglich neuer, innerreformatorischer theologischer Einflüsse, das mittelalterliche 'Corpus Christianum' in den Rahmen der Territorialkirche transponierte - und theologisch erst seit der Aufklärung, juridisch (wenn überhaupt) erst seit 1918 sich ohne politische Rücksichten allein nach theologischen Argumenten zu gestalten in der Lage war und ist" (PESCH, Otto Hermann: Luther und die Kirche, in: LuJ 52/1985, S.113-139.125f).

"Was Luther angeht, so sei... unterstrichen, daß das Evangelium absoluten Vorrang vor allen anderen Gesichtspunkten hat... Von diesem Vorrang des Evangeliums her dürfte sich auch die Tatsache erklären, daß Luther gerade hinsichtlich der Ekklesiologie kein bestimmtes Programm hat, sondern erstaunlich elastisch gewesen ist. Gewiß war sein Kirchenverfassungsideal an sich das einer bischöflichen Verfassung, wobei freilich das Bischofsamt als ein synodales verstanden ist; aber trotz aller Bemühungen um Beibehaltung oder Wiedergewinnung des Bischofsamtes hat Luther sich doch wenigstens einstweilen sehr gut auch mit einer anderen Regelung der Kirchenverfassung einverstanden erklären können. Auch die Tatsache, daß Luther zwar den Gedanken des allgemeinen Priestertums aller Getauften vertritt, von da aus aber kaum zu Konsequenzen im Blick auf die Kirchenverfassung gelangt, dürfte sich von dem absoluten Vorrang des Evangeliums her am besten erklären" (LOHSE, Bernhard: Luther und die Kirche, in: LuJ 52/1985, S.145-147.146f).

32 vgl. ALTHAUS, P.: Die Theologie Martin Luthers, S.284-287

33 BSLK, 512,4f; vgl. auch die Formulierungen in WA 18,136,13 ("Wider die himmlischen Propheten"): Äußerlich handelt Gott mit uns durch Wort und Sakrament, innerlich *durch den Heiligen Geist und Glauben sampt anderen Gaben*; und WA 26,506,5 ("Vom Abendmahl Christi", 1528): "*Der Heilige Geist... gibt sich auch uns ganz und gar..., innerlich durch den Glauben und ander geistlich Gaben*".

34 vgl. PETERS, Albrecht: Kommentar zu Luthers Katechismen, Bd.2, S.202f

35 vgl. ebd. (wichtige Texte im Blick auf die Umorientierung der traditionellen Geistesgaben nach Jes 11,2 auf den Dekalog sind: WA 1,262-516,30; WA 4,326,19-328,7; WA 7,535.551-553; WA 31 II,84-85; WA 50,626-627)

36 vgl. ENGELSVIKEN, T.: The Work of the Holy Spirit in the Theology of Martin Luther, S.17-21

Luther hätte, im Gegensatz zu vielen heutigen Lutheranern, die Rückfrage, ob er denn auch den Heiligen Geist empfangen hätte, wie sie von pfingstkirchlicher Seite gestellt wird, nicht verunsichert. Seine Antwort wäre ein deutliches, glaubensfrohes Ja gewesen. Luther weiß um erfahrbare Wirkungen seiner Einwohnung im Christen. So führt er als äußere Zeichen, daß ein Mensch den Heiligen Geist empfangen hat, etwa an: die Freude, von Christus zu hören; ihn zu lehren, ihm zu danken, ihn zu loben und zu bekennen, selbst wenn es Besitz und Leben kostet; daß man männlich, glaubensvoll und froh seine Standespflicht erfüllt; keine Freude an Sünde hat; sich nicht in ein fremdes Amt drängt; einem notleidenden Bruder hilft, die Trauernden tröstet, usw. Auch die Fähigkeit, das Kreuz zu tragen, sieht Luther als Gabe des Geistes. Diese Zeichen vergewissern a posteriori, daß man im Stand der Gnade ist (vgl. seine Auslegung von Gal 4,6).

37 "*Gnade und gabe sind des unterscheyds, das gnade eygentlich heyst, Gottis hulde odder gunst, die er zu uns tregt bey sich selbs, aus wilcher er geneygt wirt, Christum, den geyst mit seynen gaben ynn uns zu gissen... Ob nu wol die gaben und der geyst in uns teglich zu nehmen und noch nicht vollkommen sind, das also noch bose luste und sund ynn uns uberbleyben, wilche wider den geyst streitten..., So thut doch die gnade so viel, das wyr gantz und fur voll rechtfertig vur Gott gerechnet werden, denn seine gnade teilet und stucket sich nicht, wie die gaben tun, sondern nimmpt uns gantz und gar auff ynn die hulde umb Christus unsers fursprechers und mittelers willen und umb, das ynn uns die gaben angefangen sind*" (WA.DB 7,8,10-18).

38 vgl. BRECHT, Martin: Luthers Verständnis der Geistesgaben, in: ERNEUERUNG IN KIRCHE UND GESELLSCHAFT, Heft 3(1988), S.31-33.31

39 Luther expliziert die Unterscheidung von Gnade und Gabe (gratia und donum) vor allem in der Streitschrift gegen Latomus (1521) (WA 8,105,36-108,18; 126,21-32). Gnade ist die umfassende, totale Zuwendung Gottes zum Sünder, die den Menschen durch den Gerichtszorn Gottes hindurch ganz anund in seine Gemeinschaft aufnimmt (*"Wen Gott in Gnaden annimmt, den nimmt er als Ganzen an, und wem er Gunst schenkt, dem schenkt er ganze Gunst; wiederum, wem er zürnt, dem zürnt er ganz"*; WA 8,106,38). Von daher sprach W. Joest vom "Totalaspekt" der Rechtfertigung im Unterschied zum "Partialaspekt" der aus der Rechtfertigung erwachsenden Heiligung. Was die Gnadengaben und Charismen des neuen Lebens angeht, so gilt auch für sie der Partialaspekt. Solange sich der Christ auf Erden mit den Todesgewalten und Chaosmächten herumschlagen muß, sind sie partiell und eben nicht total. Hierfür wird den Glaubenden die Gabe des Heiligen Geistes "eingegossen", damit der alte Sauerteig der Sünde ausgefegt werde, was ein ständiges Ringen bis zum Sterben bleibt. Festzuhalten ist die unumkehrbare Vor- und Überordnung der unteilbaren, totalen Heilsgnade, der Charis, über die mannigfaltigen partiellen Charismen (vgl. PETERS, A.: in: PESCH, O.H./ ders.: Einführung in die Lehre von Gnade und Rechtfertigung, S.143.167).

40 Thomas von Aquin unterscheidet zwischen *"heiligmachender"* und *"frei geschenkter"* Gnade (gratia gratum faciens und gratia gratis data). Frei geschenkte Gnade ist jede Gnadengabe, die nichts mit der persönlichen "Heiligkeit" des Empfängers zu tun hat, sondern verliehen wird, damit der Empfänger anderen Hilfe leistet, die heiligmachende Gnade zu empfangen, d.h. es handelt sich um die Geistesgaben oder Charismen (STh I-III 111,1ff) (PESCH, O.H.: in: ders./PETERS, A.: Einführung in die Lehre von der Rechtfertigung, S.90f).

41 vgl. PETERS, A.: Kommentar zu Luthers Katechismen, Bd.2, S.204 (wichtige Belege für die Geistbegabung von Heiden sind: WA 39 II,235-237, These 1-32/Promotionsthesen für Bachofen vom 24.4.1543 und WA 51, 207,21-210,21; 240,7-254,12/Auslegung von Ps 101, 1534/35)

42 vgl. ALTHAUS, Paul: Die Theologie Martin Luthers, Gütersloh 1975⁴, S.357-371 (Althaus geht der Entwicklung der Exegese Luthers anhand von Predigten und Niederschriften aus den Jahren 1525-1535 und späteren Disputationen nach); vgl.: WA 17 II,161-171; WA 34 I,162-170; WA 49,25-29; WA 49,351f = D.Martin Luthers Epistel-Auslegung, Bd.2: Die Korintherbriefe, hg. von ELLWEIN, Eduard, Göttingen 1968, S.173-194

Die Unterscheidung von Gnade und Gabe, von Total- und Partialaspekt, findet sich bereits in Luthers Vorrede zum Römerbrief (1522): "*Gnade und Gabe sind dies unterscheydz, das gnade eygentlich heyst, Gottis hulde odder gunst, die er zu uns tregt bey sich selbs, aus wilcher er geneygt wirt, Christum, den geyst mit seynen gaben ynn uns zu gissen, wie das aus dem funfften Capitel klar wirt, da er spricht, gnad und gabe ynn Christo etce. Ob nu wol die gaben und der geyst ynn uns teglich zu nehmen und noch nicht volkomen sind, das also noch bose luste und sund ynn uns verbleyben, wilche wider den geyst streytten..., So thut doch die gnade so viel, das wyr gantz und fur voll rechtfertig fur Gott gerechnet werden, denn seyne gnade teylet und stucket sich nich, wie die gaben thun, sondern nympt uns gantz und gar auff ynn die hulde, umb Christus unsers fursprechers und mittelers willen, und umb das ynn uns die gaben angefangen sind*" (WA.DB 7,8,10-21).

43 vgl. ALTHAUS, P.: a.a.O., S.357-362

44 vgl. ALTHAUS, P.: a.a.O., S.362-369

In der abendländischen Schultradition hat man das Wirken des Geistes nach der dreigestuften Gegenwart Gottes in seinen Geschöpfen unterschieden. So etwa P. Lombardus, nach dem Gott anwesend ist *in allen Kreaturen* kraft seiner allmächtigen Wesenheit, in *den Seelen seiner Heiligen* kraft der Gnade seiner Adoption und *im Menschsein Jesu* kraft der Gnade seiner Einung. Luther und Calvin greifen diese Unterscheidung auf und verbinden sie mit der Regimentenlehre. Sie sehen den Geist nicht nur in der außermenschlichen Kreatur und in der Christenheit, sondern auch in der gesamten Menschheit am Werk. Sie sehen Gott als gütigen Vater seine vernunftbegabten Geschöpfe auch in den Bereichen Volk und Staat, Politik und Wirtschaft, Kunst und Wissenschaft (im weltlichen Regiment) mit Charismen zur Bewahrung, Auferbauung und Gestaltung überschütten. Luther verbindet die drei Bereiche miteinander, den kreatürlichen, gesellschaftlich-politischen und den ekklesialen durch den immer wiederkehrenden Hinweis auf den Geschenkcharakter des Lebens. Bei ihm gewinnt der Heilige Geist gewissermaßen eine dreifache Gestalt: als *gütiger Spender der Charismen*, als *heiliger Gesetzgeber* und als *gnädiger Wirker des Glaubens* an Christus (vgl. PETERS, Albrecht: Kommentar zu Luthers Katechismen, Bd.2, S.193f - Zu Calvin vgl. KRUSCHE, Werner: Das Wirken des Heiligen Geistes nach Calvin, FKDG 7, Göttingen 1957, S.13f).

45 WA 39 I, 280,1

46 "7.Etsi Spiritus seu dona eius donari et adesse possunt absque fide Christi et charitate" (WA 39 II, 236,8).

47 Auch Calvin schreibt die vielfältigen, den Menschen verliehenen, Gaben ausdrücklich dem Heiligen Geist zu, dem Quell und Ursprung (*fons et origo*) aller Güter (CO 30,173). Jeder Mensch wird nach seiner Überzeugung mit einem besonderen Charisma begabt - Calvin und Luther unterscheiden aber sorgfältig zwischen der heilsentscheidenden Charis des rechten Christenglaubens und den vielfältigen Charismen, die Gott in allen Dimensionen menschlichen Lebens gibt (Wirken des Geistes in der Heilsdimension und in der Schöpfungsdimension). Sie erkennen vorbehaltlos an, daß Gott der Heilige Geist Gaben und Talente unter Christen, aber auch unter Nichtchristen, reichlich austeilt. Anders als Luther und Calvin, die zwischen dem Wirken des göttlichen Geistes im Horizont der Kultur und dem in der Dimension des Christusheils klar unterscheiden, sieht Zwingli in geistiger Begabung bereits einen Hinweis auf göttliche Gnadenwahl, so daß er überzeugt ist, daß der "sanctissimus Plato" und der "magnus theologus Seneca" in den Himmel aufgenommen wurden (vgl. hierzu PFISTER, Rudolf: Die Seligkeit erwählter Heiden bei Zwingli. Eine Untersuchung zu seiner Theologie, Zollikon-Zürich 1952).

48 WA 39 II, 237

49 WA 39 II, 236,16f

50 WA 39 II, 236,22-29

51 Luther ist durch seine furchtbaren Anfechtungen, in denen ihm vor dem heiligen Gott alle menschlichen Stützen zerbrachen, auf den allein tragfähigen Grund, auf das von außen zugesprochene Wort und das leibhaft zugewandte Sakrament gestoßen worden. Weil allein hier, im extra nos des Werkes Christi, der Mensch zum Frieden kommt insistiert Luther so hartnäckig auf diesen Punkt und ist auch im Blick auf Zeugnisse der Schrift restriktiv. "Weil Luther die Heiligkeit Gottes in einer fast visionären Weise erfahren hat, deshalb weist er uns unermüdlich auf Jesus Christus, auf das von Menschen verkündete Wort und auf die Sakramente, nur hier können wir die Vergebung finden. Alle Visionen, die ihm berichtet wurden, alle Prophezeiungen der Schwärmer führten von diesem Zentrum fort und nicht zu ihm hin, so muß er sie leidenschaftlich bekämpfen" (PETERS, A.: Luthers Lehre vom Heiligen Geist nach seinen Schriften gegen die Schwärmer, S.87).

52 Zur Frage der Mystik bei Luther vgl.: HOFFMANN, Bengt R.: Luther and the Mystics. A re-examination of Luther's spiritual experience in his relationship to the mystics, Minneapolis/Minnesota 1976; PETERS, Albrecht: Luther und die Mystik, in: MYSTIK IN DEN TRADITIONEN DES KIRCHLICHEN OSTENS UND WESTENS. Systematisch-theologische Referate des 8.Theologischen Südosteuropa-Seminars in Budapest 24.-31.8.1986, hg. von RITTER, Adolf Martin, Heidelberg 1987 (Im Selbstverlag des Lehrstuhls für Historische Theologie/ Patristik), S.66-106; PFÜRTNER, Stephan H.: Luthers Glaubenstheologie - das Ende der christlichen Mystik?, in: Una Sancta 43(1988), S.24-37; VOGELSANG, Erich: Luther und die Mystik, in: LuJ (19)1937, S.32-54; ders.: Die Unio mystica bei Luther, ARG 35(1938), S.63-80

53 vgl. VOGELSANG, E.: Luther und die Mystik, in: a.a.O., S.36f

54 vgl. etwa WA 34 I,534,3-537,14; Predigt über Lk 16,19-31 vom 18.6.1531, abgedr. in: MÜHLHAUPT, E.: Luthers Evangelien-Auslegung, Bd.3, S.270-273

55 zit. nach MÜLHAUPT, E.: Luthers Evangelien-Auslegung, Bd.3, S.271

56 vgl. PETERS, Albrecht: Luthers Lehre vom Heiligen Geist nach seinen Schriften gegen die Schwärmer, Phil.Examensarbeit (masch.), Hamburg 1949, S.59-81
Wichtige Stellen zur Frage besonderer Offenbarungen sind: WA 42,183, 9-186,15 (zu Gen 4,3); 451,35-458,18 (zu Gen 12,4);665,35-669,9 (zu Gen 17,22); WA 43,68,5-73,23 (zu Gen 19,14); 223,30-232,41 (zu Gen 22,11); 442,25-445,18 (zu Gen 26,5); WA 44,97,36-101,31 (zu Gen 32,24);166,16-167,42 (zu Gen 35,1);246,1-252,31 (zu Gen 37,9);386,37-390,5 (zu Gen 40,16ff).

57 Zu Träumen vgl. WA 44,246,1-252,31;386,37-390,5 (s.auch WA 41,606,24ff)

58 WA 44,387,39-42 (zu rechten und falschen Träumen vgl. auch WA 27,5-8.9-12)

59 WA 44,387,4-16

60 WA 44,248,35-249,1

61 WA 44,249,25f

62 zit. nach D.Martin Luthers Evangelien-Auslegung, Erster Teil: Die Weihnachts- und Vorge-
schichten bei Matthäus und Lukas, hg. von MÜLHAUPT, Erwin, Göttingen 1964⁴, S.36-46.45

63 WA 44,246,15-23

64 vgl. auch: WA 42,667,23-29; 44,97,37-40; WA 25,120,7 - 1527/29

65 WA 42,359,15ff;455,27ff

66 Predigt vom 18.6.1531, zit. n. MÜHLHAUPT, E.: Luthers Evangelien-Auslegung, Bd.3, S.271-273

67 WA 42,452,5f.9f.28-30;453,5-9

68 *"Neque nos hoc dono destituimur. Etsi enim Deus nobis non apparet singulari specie, ut Abrahamo,
tamen communis apparitio, et maxime amica et familliarissima est, quod se nobis offert in verbo, in usu
claviam, in Baptismo, in coena"* (WA 42,666,13-16).
  *"Abraham si conferatur nobiscum, qui vivimus in novo Testamento, magna ex parte, modo rem aequa
lance expendas, nobis minor est. Privata quidem dona in eo maiora sunt. Sed Deus non se exhibuit illi
propriorem aut faliariorem, quam nobis"* (WA 42,667,2-5).
  Solche, die sich wünschen, auch eine Erscheinung Gottes wie Abraham zu erfahren, verweist
Luther auf die viel klareren und stärkeren Erscheinungen in den Sakramenten und im Predigtamt:
  *"Respondeo: Non habes, quod queraris, te minus visitatum esse, quam Abraham aut Isaac. Tu etiam
apparitiones, et quodammodo firmiores, apertiores et plures, quam illi habuerunt, si tantum aperires oculos
et cor, et apprehenderes. Habes Baptismum, Sacramentum Eucharistiae, ubi panis et vinum sunt species,
figurae et formae, in quibus et sub quibus praesenter in aures, oculos et cor Deus loquitur et operatur. Postea
habes ministerium verbi et Doctores, per quos Deus tecum loquitur. Habes ministerium clavium, per quos
absolvit et consolatur"* (WA 43,443,5-12).
  *"Ideo non est, quod miremur aut exoptemus peculiares visiones patrum. Abraham in extremo die
dicet: Si fuissem ego Christianus, longe fortiore fide ista credidissem. Ego soli et uni promissioni credidi.
Ego fui exemplum et primus. Tu habes exempla infinita, habes tuos parentes, habes fratres, qui absolvunt,
et porrigunt istas visibiles species"* (WA 43,444,4-9).

69 zit. n. D.Martin Luthers Evangelienauslegung, Bd.5: Die Passions- und Ostergeschichten aus
allen vier Evangelien, hg. von MÜLHAUPT, Erwin, Göttingen 1969⁴, S.437f

70 *"Sed cum iuditio talia legenda sunt, nec statim credendum, quid quisque dicat: Ad normam fidei
examinandae sunt omnes apparitiones, et quaerendum, sintne analogia fide, an vero, ut plerunque accidit,
cum verbo revelato pugnent"* (WA 42,667,18). - *"Ideo examinandae sunt ad analogiam fidei, et scripturae
Canonem"* (WA 42,668,21).

71 *"Alle prophecey, gesicht und trewme, die dyr vorkummen et non sunt secundum analogia fidei, sperne"*
(WA 29,376,14f). - *"Haec tradenda, et ad posteros quoque propaganda sunt, ut fugiant et detestentur reve-
lationem novarum doctrinarum, et custodiant mandatum illud coeleste: HUNC AUDITE, id est, Euange-
listas, Apostolos... Quod si praeter haec aliquid revelatur, oportet, ut habeat Analogiam fidei, et sit revelatio
intellectus scripturae. Alioqui diabolica est"* (WA 43,3-9).

72 *"Ad hunc enim modum Moses etiam Prophetas vult iudicari, ut, si quid contra revelatum verbum
afferunt, non audiantur, etsi signa et miracula faciant, Deuteronomio decimo tertio"* (WA 42,667,20-22) -
(vgl. auch WA 15,552,33-553,26).

73 *"Oportet te audire verbum. Die geysterey spey an et dic: es diabolus"* (WA 46,476,12ff).

74 WA 18,653,28

75 "*Sonst wo man nicht auf den Beruf oder Befehl fest stunde und drunge, wurde zuletzt keine Kirche nirgend bleiben*" (WA 30 III,520,34). - (vgl. auch: Predigt vom 30.3.1529 über Joh 20,21-29; D.Martin Luthers Evangelienauslegung, Bd.5: Die Passions- und Ostergeschichten aus allen vier Evangelien, hg. von MÜLHAUPT, Erwin, Göttingen 1969[4], S.372-377)

76 WA 18,304,10

Luther unterscheidet *zwei Arten von Lehre* (genere doctrinarum). Solche, die *schon angenommen* ist und durch Gottes Autorität und Wunderzeichen befestigt wurde. Diese ist durch kein Wunder umzustürzen, wenn selbst ein Engel vom Himmel käme, sie aufzuheben, der sei verflucht (vgl. Gal 1,18) (WA 14,647,25ff;684,21ff). - Die andere Art ist die *noch anzunehmende* Lehre. Ihr soll man nur dann glauben, wenn sie durch Wunderzeichen bestätigt wird. Wie Gott ja sowohl das atl. Gesetz wie das ntl. Evangelium mit großen und gewaltigen Zeichen befestigt hat (WA 14,664,31ff).

77 "*Hic autem Propheteia scribitur daturus signa ad hoc, ut alios Deos introducat, hoc iam est ad- versus verbum acceptum de undo Deo colendo ideo non est audiendus...Cap.vero 18 (5.Mose 18, 22) loquitur de nova verbo nondum recepto nec adversarium recepto, unde ibidem dicit: Si locutus fuerit propheta in nomine meo, quod non mandavi ec. Talis Prophetea non est admittendus, nisi signa federit, sicut Christus Euangelion suum signis firmavit, cum esset ultra Mosem praedicandum. Deus enim non revelat aliquod verbum novum, nisi confirmat ipsum signis*"(WA 14,647,28ff - zu Gal 1,8).

78 WA 17,356-359.359,31f

79 "*Quod si fecerimus, fidelis est Deus, qui non permittat eos facere signa. Si autem non fecerimus, recte permittit fieri signa, ut fallamur et pereamus. Sic ego meis insanis Prophetis feci, qui cum iactarent suum spiritum tantum esse, quantum nec Apostolorum fuisse novimus, utpote qui cum Deo per sese sicut Mose facie ad facies loquantur quottidie, iussi, ut miracula educerent, alias fide eos indignos esse. Ipse sane promiserunt, sed ego nihil adhuc video vel audio, quia insultans dixi et dico: Deus seus providebit, ne Deus vester faciat signa et miracula*" (WA 14,684,35ff).

80 vgl.: BRECHT, Martin: Luthers Verständnis der Geistesgaben, in: ERNEUERUNG IN KIRCHE UND GESELLSCHAFT, Heft 3/1988, S.31-33; ENGELSVIKEN, T.: The Work of the Holy Spirit in the Theology of Martin Luther, S.21-26; LEHMANN, Helmut T.: Sprachen, Wort und Geist in Anlehnung an Luthers Schrift "Wider die himmlischen Propheten, von den Bildern und Sakramenten" (1525), in: Luther 55(1984), S.128-136

81 WA 23,721,4 (vgl. auch WA 20,394,12-20)

82 WA 23,192,15

83 Luther bezieht alles auf den Glauben. Der ist das eigentliche Wunder, bleiben doch die leiblichen Zeichen nicht ewig, sondern vergehen wieder. Die Zeichen dagegen, die Jesus etwa beim Hauptmann zu Kapernaum preist "gehen und bleiben immerdar" (WA 41,21,14), dringen durch den Tod hindurch zum ewigen Leben. - Zur Auferweckung der Tochter des Jairus sagt er: "*Der Glaube im Herzen des Vaters ist das größere Wunder als die Erweckung des Mägdleins*" (Predigt vom 22. 11.1528 über Mt 9,18-26 - WA 27,420-432; zit. nach MÜLHAUPT, Erwin/ Hg.: D.Martin Luthers Evangelien-Auslegung, Zweiter Teil: Das Matthäus-Evangelium - Kap.3-25, Göttingen 1973[4], S.333-337.334). Luther relativiert das Mirakulöse auch mit dem Verweis auf die alltäglichen Wunder Gottes in der Schöpfung. Durch einzelne besondere Wunder weist Gott in die täglichen Wunder der ganzen Welt: "*Es ist ein geringes Wunder (i.e. die Heilung eines Taubstummen), wenn mans vergleicht mit dem, was er täglich tut. Täglich werden Kinder geboren, die zuvor weder Ohren noch Zungen haben, nicht einmal eine Seele; aber in einem Jahr wird ihnen alles gegeben, Seele Leib Zunge und alles andre. Aber dies Wunder ist so gewöhnlich, daß mans nicht weiter achtet... Daß Christus diesen geheilt hat, darüber wundern sie sich. Aber daß sie selber hören, das wundert sie nicht. Durch diese kleinen Wunder reizt uns gott, daß wir die allerhöchsten Wunder erkennen sollen...*" (WA 46,493-495; Predigt vom 8.9.1538 über Mk 7,31-37, zit. nach D.Martin Luthers Evangelien-Auslegung, Dritter Teil: Markus- und Lukas-evangelium, hg. von MÜLHAUPT, Erwin, Göttingen 1968[4], S.25-28.25). - (Ähnlich auch der Verweis von der Brotvermehrung und Manna auf das wundersame kontinuierliche Wachstum des Korns: WA 22,121,5-10; WA 16,301,22-31).

84 zit. nach MÜLHAUPT, Erwin/ Hg.: D.Martin Luthers Evangelien-Auslegung, Zweiter Teil: Das Matthäus-Evangelium - Kap.3-25, Göttingen 1973[4], S.279f

85 zit. nach D.Martin Luthers Evangelien-Auslegung, Fünfter Teil: Die Passions- und Osterge-schichten aus allen vier Evangelien, hg. von MÜLHAUPT, Erwin, Göttingen 1969⁴, S.478-483.481f).

86 Luther weiß um außerordentliche Vorgänge wie Zungenreden, Krankenheilungen und dgl. auch ohne Bezug auf das Evangelium im nichtchristlichen Bereich (vgl. etwa sein Verweis auf die Visionen der Derwische: WA 39 I,391,12).

87 zit. nach D.Martin Luthers Evangelien-Auslegung, Erster Teil: Die Weihnachts- und Vorge-schichten bei Matthäus und Lukas, hg. von MÜLHAUPT, Erwin, Göttingen 1964⁴, S.205

In der Predigt vom 18.11.1537 über Mt 24,15-28 (WA 45,260,18-264,19) geht Luther auch auf die Wunder des Teufels ein. Dabei bringt er die Warnungen Christi vor den falschen Propheten der Endzeit und ihre verführerischen Wunderzeichen in Verbindung mit den Mirakeln des Heiligenwe-sens, die er als Blendwerke des Teufels bewertet: "*Lerne also daraus, daß nach Christi Offenbarung keinem Wunder mehr zu glauben ist. Und wenn ein Kind auch 10 Tage tot läge und ein Pfarrer oder Mönch erweckte es wieder in Annas Namen, so will ich dennoch sprechen: es ist durch den Teufel ge-schehen, Anna soll nicht meine Mittlerin sein, sondern Christus*" (WA 45,261,27-262,2; zit. nach MÜL-HAUPT, E.: D.Martin Luthers Evangelien-Auslegung, 2.Teil: Das Matthäus-Evangelium, S.837-841. 839).

88 zit. nach MÜLHAUPT, Erwin/ Hg.: D.Martin Luthers Evangelien-Auslegung, Zweiter Teil: Das Matthäus-Evangelium - Kap.3-25, S.517

89 zit. nach D.Martin Luthers Evangelien-Auslegung, Erster Teil: Die Weihnachts- und Vorge-schichten bei Matthäus und Lukas, hg. von MÜLHAUPT, E., S.31

90 a.a.O., S.172

91 zit. nach D.Martin Luthers Evangelien-Auslegung, Zweiter Teil: Das Matthäus-Evangelium, hg. von MÜLHAUPT, E., S.270f

92 vgl. WA 40 III,141,38-142,21

93 WA 3,543,10f; zit.n. Aland: Lutherlexikon, S.399 - (vgl. auch WA 20,385,1-26)

94 zit. n. D.Martin Luther Evangelien-Auslegung, Bd.5: Die Passions- und Ostergeschichten aus allen vier Evangelien, hg. von MÜLHAUPT, E., S.454f

95 vgl.: BITTNER, Wolfgang J.: Heilung - Zeichen der Herrschaft Gottes, Neukirchen-Vluyn 1984, S.54-56; DOEBERT, Martin: Das Charisma der Krankenheilung. Eine biblisch-theologische Untersuchung über eine vergessene Grundfunktion der Kirche, Furche-Studien 29, Hamburg 1960, S.88f.127f; ders.: Die Krankenheilung in der Amtsführung Luthers. Gedanken zu einem Lutherbrief von 1545, in: Luther 35(1964), S.89-97; FRITSCHE, Ulrich: Art. "Heilung/ Heilungen, II.Kirchenge-schichtlich/ Ethisch/ Praktisch-theologisch", in: TRE, Bd.14, S.768-774.769f; HOFFMANN, Bengt R.: Luther and the Mystics. A re-examination of Luther's spiritual experience and his relationship to the mystics, Minneapolis/ Minnesota 1976, S.195-201; KELSEY, Morton T.: Healing and Christianity. In Ancient Thought and Modern Times, New York 1973, S.221; MEINHOLD, Peter: Zur Theologie der Krankheit bei Martin Luther, in: Saec. 23(1972), S.15-29

96 "Gott kann nicht erkannt werden außer in Leiden und Kreuz" (WA 1,362, 28f).

97 vgl. WA 4,332,3ff;40 II,24,6f;3,301,11f

98 vgl. WA 43,672,33f;44,109,38ff;3,646,20ff

99 zit. nach MÜLHAUPT, E.: D.Martin Luthers Evangelien-Auslegung, Zweiter Teil: Das Matthäus-Evangelium, S.837-843.841

100 vgl. HOFFMANN, B.R.: a.a.O., S.197f

101 zit. nach D.Martin Luthers Evangelien-Auslegung, Fünfter Teil: Die Passions- und Osterge-schichten aus allen vier Evangelien, hg. von MÜLHAUPT, E., S.478-483.483

102 Übertragung in heutiges Deutsch von M.Doebert, in: Luther 35/1964, S.89f

103 *"Denn es sind zweierley Weissagung und Prophecey, Etliche betreffen das weltliche Regiment und zeitliche sachen auff erden und sagen, wie es sol gehen Königen, Fürsten und Herrn, landen und leuten etc. Diese Weissagung wird auch von Gott gegeben und zu weilen den Bösen so wol als den Fromen, Also haben die Propheten im volck Israel geweissaget nicht allein von jren Königen und volck, sondern auch uber frembde Königreich..."* (WA 46,60,34-40).

104 WA 46,61,16-24

105 WA 46,61,25-27

106 *"Ein Prophet wird der genannt, der sein Verständnis ohne eigene Mithilfe von Gott hat, dem der heilige Geist das Wort in den Mund legt, denn er ist die Quelle, und sie haben keinen anderen Meister als Gott. Niemand kann einen Propheten durch menschliche Predigt und Lehre machen, und wenn er gleich Gottes Wort ist und ich das Wort auf das allerreinste predigte, so machte ich doch keinen Propheten. Einen weisen und verständigen Mann kann ich machen. Wie Matth.23,34 die weise genannt werden, die aus den Propheten die Lehre schöpfeten; denn Gott redet durch Menschen und nicht ohne Mittel. Aber Propheten sind die, die ohne alle Mittel die Lehre von Gott haben"* (WA 16,110,24-32; zit. nach ALAND, K.: Lutherlexikon, Göttingen 1983⁴, S.266).

107 zit. nach D.Martin Luthers Evangelien-Auslegung, Erster Teil: Die Weihnachts- und Vorgeschichten bei Matthäus und Lukas, hg. von MÜLHAUPT, E., S.165-171.165f.166.167.ebd.

108 zit. nach D.Martin Luthers Epistel-Auslegung, Bd.2: Die Korintherbriefe, hg. von ELLWEIN, Eduard, Göttingen 1968, S.175

109 zit. nach D.Martin Luthers Epistel-Auslegung, Bd.2: Die Korintherbriefe, S.146

110 WA 29,375,32-376,15

111 Luther stellt immer wieder heraus, wie ahnungslos, ja widerstrebend er in die Sache der Reformation geraten sei ("*ego provocatus ging herzu wie ein geplendt Pferd*"; WA.TR 3,656,11f). Das *Element des Ungeplanten, Ungewollten* sieht er gerade als Kennzeichen des verborgenen göttlichen Tuns, das höher ist als Menschengedanken. So betont er, daß er diese Händel gerade nicht gesucht oder vorsätzlich begonnen habe. Völlig gewiß ist er sich in der Wahrheit des Evangeliums, für die er eintritt. Verschiedentlich beruft er sich auf sein Theologesein und sein kirchliches Amt. Entscheidend ist aber das Bewußtsein, für Gottes Wort und damit für Gott zu stehen. Die reformatorische Wiederentdeckung des Evangeliums sieht er in Paralle zur unmittelbaren Offenbarung des Evangeliums an Paulus vom Himmel her (Gal 1,10f). Nur selten und im weitesten Sinn nimmt er die Kategorie des Prophetischen auf. Im Unterschied zu den Schwärmern beruft er sich nicht auf den Geist bzw. spiritualistisch-enthusiastische Unmittelbarkeitserfahrungen, Zeichen oder Wunder. Seine Sendung betrifft das Wort des Evangeliums, seinen schriftgebundenen Verkündigungsauftrag. Die reformatorische Entdeckung kann er aber im Sinne einer Offenbarung deuten ("*mihi revelatus est*"). Die Grundtendenz ist aber, daß er eher von sich selbst und seinen Erfahrungen wegweist auf Christus und das Evangelium. *Gegenüber* dem *Aktivismus und Drängen* der Schwärmer steht Luthers unbeirrter *Glaube an die Alleinwirksamkeit und allgewaltige Durchsetzungskraft des Wortes.*

Zu Luthers Selbst- und Sendungsbewußtsein vgl.: CAMPENHAUSEN, Hans von: Reformatorisches Selbstbewußtsein und reformatorisches Geschichtsbewußtsein bei Luther 1517-1522, ARG 37/1940, S.128-150; HOLL, Karl: Luthers Urteile über sich selbst, in: ders.: Ges.Aufs. I, S.381-419; MÜLHAUPT, Erwin: Martin Luther oder Thomas Müntzer, - wer ist der rechte Prophet?, in: Luther 45(1974), S.55-71; PREUSS, Hans: Martin Luther: Der Prophet, Gütersloh 1933

Daß Luther die Unmittelbarkeit der Geisterfahrung, wie sie Karlstadt in quietistischer und Müntzer in aktivistischer Ausfolgerung beanspruchen, für Selbstbetrug hält, hängt mit seiner *radikaleren Auffassung von der Sünde* zusammen. Er verweist immer wieder auf den unüberbrückbaren Abstand zwischen Gott und Mensch. Von hier aus würde ihm auch die Betonung und Lehre einer unmittelbaren, besonderen Wirksamkeit des Geistes als göttlicher Führung oder "guidance" fragwürdig (weil zu unsicher und gefährdet) sein.

112 vgl. WA 40 I,571,12-572,5

113 zit. nach BORCHERT, H.H./ MERZ, G., Hg.: MARTIN LUTHER.Ausgewählte Werke, Bd.4, München 1964³, S.120-122

114 zit. nach D.Martin Luthers Epistel-Auslegung, Bd.2: Die Korintherbriefe, S.146

115 "'Die Geister zu unterscheiden', das ist eine große Gabe, zu wissen, welcher Geist aus Gott redet, und welcher nicht. Es ist eine größere Gabe als Weissagen. Denn wenn's mit der Lehre angeht, so entsteht Uneinigkeit. Es ist also etwas Großes, hier recht zu unterscheiden. Denn der Teufel ist ein nichtsnutziger Geist, der uns alsbald verführt. Die Vernunft läßt sich rasch verführen. Darum muß der Heilige Geist uns das Urteil eingeben, das der Schrift gemäß ist" (Predigt vom 4.6.1524 über I Kor 12; WA 15,602-609; zit. nach D.Martin Luthers Epistel-Auslegung, Bd.2: Die Korintherbriefe, S.146).

116 vgl. BARTH, Hans-Martin: Der Teufel und Jesus Christus in der Theologie Martin Luthers, FKDG 19, Göttingen 1967, S.92f

117 So kann er von den "himmlischen Propheten" sagen, "das yhr geyst der teuffel sey" (WA 18,214,1). Oder im Blick auf Karlstadt: "Das ich yhn nu eynen teuffel nenne, soll sich niemand verwundern, Denn an D. Carlstad ligt myr nichts, Ich sehe auff yhn nicht, sondern auff den, der yhn besessen hat und durch yhn redet" (WA 18,139,8) - (vgl. BARTH, H.-M.: Der Teufel und Jesus Christus, S.89-101).

118 WA 26,434,30;27,498,4 (vgl. BARTH, H.-M.: Der Teufel und Jesus Christus, S.86f.92f.96f)

Exorzismus geschieht für Luther im weitesten Sinn bereits in den Grundvollzügen der Kirche (Taufe, Abendmahl und Predigt) (vgl. WA 37, 317,2-318,5; Abschnitt einer Predigt vom 8.3.1534, abgedr. in: D.Martin Luthers Evangelien-Auslegung, Dritter Teil: Markus- und Lukasevangelium, S.179f). Scharf lehnt Luther magisch-exorzistische Praktiken und den Einsatz von Sakramentalien bei der Teufelsbannung in der römischen Kirche ab (vgl. WA 46,222,3-224,23; Abschnitt einer Predigt vom 24.3.1538, abgedr. in: a.a.O., S.179-182).

119 vgl. BARTH, H.-M.: a.a.O., S.101-105

120 *Zu den Zwickauer Propheten und ihrem Auftreten in Wittenberg* vgl.: WAPPLER, Paul: Thomas Müntzer und die "Zwickauer Propheten", SVRG 182/Jg.71, Gütersloh 1966, S.57-66; MAURER, Wilhelm: Der junge Melanchthon zwischen Humanismus und Reformation, Bd.2: Der Theologe, Göttingen 1969, S.200-210

Stübner berichtete von Gesichten, und äußerte u.a.: "Daß Martinus meistenteils recht habe, aber nicht in allen Stücken, daß noch ein anderer mit einem höheren Geiste über ihn kommen werde, daß der Türke in Bälde Deutschland einnehmen und alle Pfaffen erschlagen werde, auch wenn sie Weiber nähmen, ferner, daß in ungefähr 5-7 Jahren eine solche Veränderung in der Welt vorgehen solle, daß kein Unfrommer und böser Sünder am Leben bleiben würde, und daß dann ein Eingang, eine Taufe, ein Glaube werden solle und dergleiche Dinge mehr" (WAPPLER, P.: a.a.O., S.64f).

Melanchthon schrieb an den Kurfürsten über die Zwickauer Propheten: "*Ich habe sie angehört; was sie von sich sagen, klingt recht wunderlich (mira): Sie seien durch einen eindeutigen Auftrag (clara voce) Gottes zum Lehren ausgesandt worden; zwischen ihnen und Gott gebe es traute (familiaria) Gespräche; sie könnten die Zukunft vorhersehen; kurz: sie seien Propheten und Apostel. Ich kann kaum sagen, wie stark mich das beeindruckt. Jedenfalls hindern mich gewichtige Gründe daran, sie unbeachtet zu lassen (contemni nolim). Denn es gibt zahlreiche Hinweise dafür, daß sie von irgendwelchen Geistern ergriffen sind; aber diese kann nur Martinus sicher beurteilen... Auf der einen Seite müssen wir uns hüten, den Geist Gottes zu dämpfen (I Thess 5,19), auf der anderen dürfen wir uns aber auch nicht vom Satan gefangennehmen lassen...*" (Übers. des Briefes vom 27.Dez.1521 - in: OBERMANN, Heiko A.: Die Kirche im Zeitalter der Reformation, Kirchen- und Theologiegeschichte in Quellen, Bd.III, Neukirchen-Vluyn 1981, S.81).

Die Unsicherheit Melanchthons im Blick auf die Zwickauer Propheten hängt wohl mit Einflüssen des Humanismus zusammen: "In der Tauffrage und damit im Ringen um das Verständnis des Sakraments erwacht in ihm das humanistische Erbe zum neuen Leben. Es hindert die Geschlossenheit seiner Theologie. Die rationale Skepsis macht ihn unfähig, sich der Möglichkeit eines gegenwärtigen Wirkens des Geistes zu versagen, aber auch sich ihm völlig hinzugeben. Sie lähmt ihn, wenn es gilt, die Geister zu prüfen und zu scheiden. In der Auseinandersetzung mit den

Schwärmern fühlt der biblische Humanist sich zugleich als ihr Verwandter und ihr Gegner. Weil diese Gefühle sich gegenseitig aufheben, darum fällt diese Auseinandersetzung... ihm so schwer; darum konnte ihm aber auch die von ihm selbst beschworene Autorität Luthers nichts helfen" (MAURER, W.: Der junge Melanchthon, Bd.2, S.207).

121 Brief an Amsdorf 13.Jan.1522; WA.B II,423,61ff

122 Brief an Melanchthon 13.1.1522; WA.B II,424-427

123 Brief vom 17.Jan.1522; WA.B II,443,4ff

124 vgl.: WAPPLER, P.: a.a.O., S.72-76; zu Begegnungen mit Thomas Drechsel, Storch und Müntzer, a.a.O., S.76-79 (vgl. WA 49,450)

125 Ein Brief an die Fürsten zu Sachsen von dem aufrührerischen Geist, Juli 1524 (WA 15,210-221)

126 "*Und mügen doch nicht leyden, das man eyn wenig an yhrer hymelischen stym und Gottes werck zweyffel odder bedenck neme, Sondern wöllens stracks mit gewallt gegleubt haben, on bedencken das ich hohmütigern stoltzern heyligen geyst (wo ers were) widder gelesen noch gehort habe*" (WA 15,212,3-7). - Bei den Zwickauern stellte er bereits am 12. April 1522 fest: "*Dieser Geist ist höchst hochmütig und ungeduldig, kann keinerlei freundliche Vermahnung ertragen, sondern verlangt gleich aufs erste Wort hin autoritär Glauben, will auch nicht mit sich disputieren lassen und keinen Widerspruch dulden*" (WA.B II,493,19-22).

127 WA 15,212,1-3 (Müntzer betont wie Luther die Bedeutung des Kreuzes, allerdings nicht wie dieser in seiner Gestalt extra nos, sondern intra nos, im inneren Leerwerden des Menschen.)

128 WA 15,212,13

129 WA 15,213,2f - Nicht wehren sollten die Fürsten aber der Lehre, "*dem ampt des worts. Man lasse sie nur getrost und frisch predigen, was sie konnen, und widder wen sie wöllen. Denn, wie ich gesagt habe, Es müssen secten seyn, und das Wort Gottes mus zu felde ligen und kempffen... Ist yhr geyst recht, so wird er sich fur uns nicht furchten und wol bleyben. Ist unser recht, so wird er sich fur yhn auch nicht noch fur yemand fürchten. Man lasse die geyster auff eynander platzen und treffen*"; WA 15,218,18-219,1).

130 vgl. WA 15,213,13-15

131 WA 15,213,19-23

132 WA 15,213,24-26

133 vgl. WA 15,213,34-215,3

134 "*So ist ja keyn ander denn der selbige eynige geyst, der seyne gaben wunderlich austeylet. Wyr wissen yhe, was glaub und liebe und creutz ist, Und ist keyn höher ding auff erden zu wissen denn glaub und liebe. Daraus wyr ja auch wissen und urteylen künden, wilche lere recht odder unrecht, dem glauben gemes odder nicht sey. Wie wyr denn auch disen lügen geyst kennen und urteylen, das er das ym synn hat: Er will die schrifft und das mündlich wort auff heben und die sacrament der tauff und alltars austilgen und uns hyn eyn ynn den geyst füren, da wyr mit eygen wercken und freyem willen Gott versuchen und seyns wercks warten sollen und Gott zeyt, stet und mas setzen, wenn er mit uns wircken wölle*" (WA 15,216,23-217,2).

135 "*Gern möcht ich aber wissen, weyl der geyst nicht on früchte ist, und yhrer geyst so viel höher ist denn unser, ob er auch höher früchte trage denn unser. Ja er mus warlich ander und besser früchte tragen denn unser, weyl glaub und liebe und höher ist. So leren wyr ja und bekennen, das unser geyst, den wir predigen und leren, bringe die früchte von S.Paul Gal.5 erzelet, alls liebe, freude, frid, gedult, gütickeyt, traw, messickeyt, Und wie er Rö.8 sagt, das er tödte die werck des fleyschs und creutzige mit Christo den alten Adam sampt seynen lüsten Gal.5. Und summa, die früchte unsers geysts ist erfüllung der zehen gepott Gottes. So mus nu gewislich der Alstettische geyst, der seynem geyst nichts weil lassen, ettwas höhers tragen denn liebe und glauben, frid, gedult etc.(So doch S.Paulus die liebe fur die höhisten frucht erzelet 1.Corin. 13.), und mus viel bessers thun, denn Gott gepotten hat. Das wollt ich gern wissen, was das were, Syntemal wyr wissen, das der geyst durch Christum erworben alleyn dazu geben wird, das wyr Gottes gepot erfüllen, wie Paulus sagt Rom.8*" (WA 15,217,10-24).

136 "*Dazu war solch gepott den Juden geben alls dem volck, das durch wunder Gottes bewerd war, das gewis Gottes volck war, und dennoch mit ordentlicher gewallt und oberkeyt solch thet, und nicht sich eyne rotte aus sondert. Aber diser geyst hat noch nicht beweyset, das da Gottes volck sey, mit eynigem wunder, da zu rottet er sich selbs, als sey er alleyn Gottes volck, und feret zu on ordentlich gewallt von Gott verordenet und on Gottes geott, und will seynem geyst gegleubt haben*" (WA 15,220,18-24).

137 Zur Pneumatologie Calvins vgl.: BOCKMÜHL, Klaus: Gesetz und Geist. Eine kritische Würdigung des Erbes protestantischer Ethik, Bd.1: Die Ethik der reformatorischen Bekenntnisschriften, Gießen/ Basel 1987, S.372-439; HAUSCHILD, Wolf-Dieter: Art. "Geist/ Heiliger Geist/ Geistesgaben, IV.Dogmengeschichtlich", in: TRE, Bd.12, S.196-217.211f; KRECK, Walter: Wort und Geist bei Calvin, in: FS Günther DEHN, Neukirchen 1957, S.167-181; KRUSCHE, Werner: Das Wirken des Heiligen Geistes nach Calvin, FKDG 7, Göttingen 1957; NIESEL, Wilhelm: Die Theologie Calvins, München 1957², S.30-38.121-138.156f.220-225; SCHÜTZ, Chr.: Einführung in die Pneumatologie, S.118f

138 vgl. KRUSCHE, W.: a.a.O., S.140-160

139 vgl. BOCKMÜHL, K.: a.a.O., S.413-416; KRUSCHE, W.: a.a.O., S.301ff; NIESEL, W.: a.a.O., S.30-38

140 vgl. KRUSCHE, W.: a.a.O., S.272-288

141 vgl. KRUSCHE, W.: a.a.O., S.202-233

142 vgl. KRUSCHE, W.: a.a.O., S.13f.15-32

143 vgl.: BOCKMÜHL, Klaus: a.a.O., S.372-382; NIESEL, W.: a.a.O., S.38

144 vgl. NIESEL, W.: a.a.O., S.220-225

145 vgl. KRUSCHE, W.: a.a.O., S.125

146 ebd . - (Zu den Geistesgaben zur Erhaltung der menschlichen Sozietät: gratia generalis, für die Wissenschaften und Künste, für das öffentliche Amt und als Tugenden bei Calvin vgl. KRUSCHE, W.: a.a.O., S.95-125) - Krusche erkennt einerseits die Eindrücklichkeit des systematischen Entwurfs Calvins an, der Ernst mache mit dem Glauben an den Heiligen Geist als creator und vivificator. Andererseits sieht er in den Darlegungen zu "natürlichen" Gaben des Geistes eine nicht gerechtfertigte Überschreitung von Schriftaussagen (vgl. a.a.O., S.340-342).

147 vgl. KRUSCHE, W.: Das Wirken des Heiligen Geistes nach Calvin, S.316-322

148 vgl. a.a.O., S.323-327

149 a.a.O., S.329-332.331f - *Zum Charismenverständnis Calvins* vgl. auch: ELBERT, Paul: Calvin and the Spiritual Gifts, in: ders. (Hg.): ESSAYS ON APOSTOLIC THEMES. Studies in Honor of Howard M. ERVIN Presented to him by Colleagues and Friends on his Sixty-Fifth Birthday, Peabody/ Mass. 1985, S.115-143 (= aus pfingstl.-charismat. Sicht - Kurzdarstellung einzelner Charismen - Kritik am Schema: bleibend-befristet und am Zurückdrängen des Extraordinären); JENSEN, Peter F.: Calvin, Charismatics and Miracles, in: THE EVANGELICAL QUARTERLY 51/3(1979), S.131-144 (= aus ref. Sicht; betont die Dominanz des Wortes gegenüber Zeichen und Wundern)

150 vgl.: KRUSCHE, W.: a.a.O., S.288-294; BOCKMÜHL, K.: a.a.O., S.362ff.416-427

151 vgl.: BALKE, Willem: Calvin und die Täufer. Evangelium oder religiöser Humanismus, übers. von QUISTORP, H., Minden 1985, S.130f.186-193; BOCKMÜHL, K.: a.a.O., S.386-389.389-416; KRAUS, Hans-Joachim: Charisma Prophetikon. Eine Studie zum Verständnis der neutestamentlichen Geistesgabe bei Zwingli und Calvin, in: BOHREN, R./ GEIGER, M. (Hg.): WORT UND GEMEINDE. Probleme und Aufgaben der Praktischen Theologie, Eduard Thurneysen zum 80.Geburtstag, Zürich 1968, S.80-103.94-103

ANM.: *C.0.3 Weitere Geschichte der Behandlung der Fragen von Charisma und Unterscheidung*

152 vgl. LANDAU, Rudolf: Art. "Charisma, V.Praktisch-theologisch", in: TRE, Bd.7, S.693-698.693

R. Landau konstatiert im Blick auf das Lehrstück vom Heiligen Geist eine "*Reduktion*", der ein "*Verschweigen*" oder ein auf spezifische Fragestellungen "*eingeschränktes Reden*" entspreche. Diesbezüglich zeige sich in der neueren Theologiegeschichte eine deutliche Symmetrie zwischen Dogmatik und Praktischer Theologie (LANDAU, Rudolf: Art. "Geist/ Heiliger Geist/ Geistesgaben, VI.Praktisch-theologisch, in: TRE, Bd.12, S.237-242.237). Die Geschichte dieses Lehrstücks kann nach ihm gezeichnet werden "als eine Geschichte des verdrängten und als eine Geschichte des sich aufdrängenden Geistes Gottes" (ebd.). Die wohltemperierte Ausgeglichenheit der kirchlichen Lehre vom Heiligen Geist und gerade deshalb "*Geistvergessenheit*" hängt mit der *Unterordnung des Heiligen Geistes unter die Ekklesiologie* seit Schleiermacher zusammen. "Eine ausgebildete Amtskirche, die den Verlust der Charismen legitimiert, den Geist als Besitz reklamiert und dem Amt ein- und unterordnet, wird in der sie theologisch begleitenden Lehre ihrer Praxis dem Heiligen Geist wenig Aufmerksamkeit schenken müssen" (ebd.). - Neben einzelnen aus der Dogmengeschichte aufgenommenen Fragestellungen kam der Heilige Geist als der "theonome Vorbehalt" zur Garantie des gegenwärtigen Wirkens Gottes ins Spiel. Zwar wurde so einer Alleinwirksamkeit des Menschen gewehrt, aber letztendlich doch nur der Weg "von der Lehre zum Leben" in die Praxis gewährleistet (a.a.O., S.238). Die dogmatische Bemühung um den Geist und seine Beziehung auf die kirchliche Praxis bezeichnet Landau als "weitgehend reaktionär". Im Blick auf den andrängenden Geist betätigte sich die Praktische Theologie meist nur beobachtend, klärend und einordnend. Das Verhältnis der Großkirchen zu den Neuaufbrüchen des Geistes wurde nicht wirklich bedacht. Vom Konzept der Kirche als Selbstverwirklichung des ihr psychologisch-geschichtlich immanenten Geistes her wird der Heilige Geist allzuleicht mit dem Ziel oder Zweck von Kirche identisch. Die gängige Praxis der Kirche wurde ganz selten vom Subjekt des Geistes her in Frage gestellt (vgl. a.a.O., S.238f).

Landau verweist auf Grenz- und Differenzerfahrungen in der Kirchengeschichte (bei Enthusiasten, in Erweckungs- und Reformbewegungen), in denen das Leiden des Geistes an der Kirche zu neuer unmittelbarer Wahrnehmung des Geistes durchbrach. Dabei ging es immer um die Wirklichkeit der geglaubten Gegenwart des Heiligen Geistes in Kirche und Welt und die Wirklichkeit der verheißenen Geistesfülle. In diesen Grenz- und Differenzerfahrungen wurden die Fragen nach dem Herrn der Kirche, dem Subjekt des dreieinigen Namens Gottes und dem eschatologischen Ziel der Kirche, dem Reich Gottes, immer neu offengehalten. Die Fragen nach den "Früchten des Geistes" und den "Erweisen des Geistes und der Kraft" rufen die Praktische Theologie zu ihrem Thema. Antwort darauf ist nur von der Pneumatologie her möglich (vgl. a.a.O., S.239f).

153 vgl. WALLMANN, Johannes: Geistliche Erneuerung der Kirche nach Philipp Jakob Spener, in: JGP 12(1986), S.12-37.33-35

154 vgl. a.a.O., S.36

155 vgl. a.a.O., S.20.24.29-31

156 vgl. LANDAU, R.: TRE, Bd.7, S.693; CREMER, Hermann: Art. "Geistesgaben, Charismata", in: RE³, Bd.6 (1899), S.460-463.460

E. Böhl z.B. gibt die *klassische reformierte Position* wieder, nach der die Augenfälligkeit der Geistausgießung an Pfingsten Bestätigung des Opfers Jesu und Vergewisserung der Geistausgießung auch an uns ist. Die Hauptsache ist in Apg 2 ist den Geistvermittlung und die Verkündigung der großen Taten Gottes. Im Vergleich damit sind die daneben hergehenden Charismen "nur nebensächlich". Die außerordentlichen ersten Manifestationen mit allerlei besonderen Gaben waren "zeitweilig" und dienten zur Pflanzung und Konsolidierung der Gemeinde, "denn Gott wollte der nunmehr geschehenen Erlösung ein bestätigendes Zeugnis geben; ja ein so glänzendes, das sie nicht etwa zurückstehe hinter der Offenbarung am Sinai, sondern sie an Herrlichkeit überrage". Die entscheidende und über alle Charismen, die mißbraucht werden können, erhabene Wirkung des Hl. Geistes aber ist die Wiedergeburt und das Leben in ihr, sind Einmütigkeit, Liebe und Freudigkeit. "Diese Wirksamkeit des heiligen Geistes ist... vor und nach Pfingsten dieselbe gewesen und bleibt es bis in Ewigkeit. Jene Gaben (oder Charismen) sind aber reine Hilfsbeweise (s. Heb 2,4) und als solche auf die Stärkung der noch der Milch sehr bedürftigen Gemeinden berechnet: Sie haben jedoch *lediglich eine transitorische Bedeutung* (vgl. die Ausleger zu Apg 8,16; bes. Calvin). Nachdem der heilige Geist durch solche unabweisliche Manifestation sich gleichsam installiert und eingebürgert hatte in der Gemeinde des erhöhten Christus: so wirkt er fortan durch das Wort Gottes oder die heilige Schrift." (BÖHL, Eduard: Dogmatik. Darstellung der christlichen Glaubenslehre auf reformirt-kirchlicher Grundlage, Amsterdam/Leipzig/Basel 1887, S.437-439).

157 vgl. CREMER, H.: a.a.O., S.; LANDAU, R.: TRE, Bd.7, S.693

158 vgl. LANDAU, R.: TRE, Bd.7, S.693f

159 KYDD, Ronald A.N.: Charismatic Gifts in the Early Church, Peabody/ Mass. 1984, S.87 - Zur Frage der Charismatik in der alten Kirche vgl. auch RITTER, Adolf Martin: Charisma im Verständnis des Johannes Chrysostomos und seiner Zeit. Ein Beitrag zur Erforschung der griechisch- orientalischen Ekklesiologie in der Frühzeit der Reichskirche, FKDG 25, Göttingen 1972, S.197-220

160 vgl.: BLUMHARDT, Johann Christoph: Blätter aus Bad Boll, Faks.Ausg. mit einem erläuterndem Anh. hg. von ERNST, Paul, GW Reihe II: Verkündigung, Göttingen 1968ff: I/1: S.197-200; I/2: S.46-48.54-56.60-63.69-72.77-79.85-88.93-96.101-104.116-120; III/1: S.230-232.238-240.246-248; IV/1: S.215.293-295; IV/2: S.23f.38-40.46-48.54-56.159f; COX, James Carroll: Johann Christoph Blumhardt and the Work of the Holy Spirit, Assen 1959, S.93-199 (= Basel Univ.Diss. 1958); SAUTER, Gerhard: Die Theologie des Reiches Gottes beim älteren und jüngeren Blumhardt, SDGSTh 14, Zürich/ Stuttgart 1962, S.48-61.301-328; SCHARFENBERG, Joachim: Blumhardt und die kirchliche Seelsorge heute, Göttingen 1959; ders.: Art. "Blumhardt, Johann Christoph (1805-1880), in: TRE, Bd.6, S.721-727; SCHNEIDER, Dieter: Hoffen auf den Geist. Die Botschaft von Johann Christoph Blumhardt für unsere Zeit, Metzingen 1987; SCHULZ, Michael T.: J.Chr. Blumhardt. Leben-Theologie-Verkündigung, APTh 19, Göttingen 1984, S.199-216; ZÜNDEL, Friedrich: Johann Christoph Blumhardt, neubearb. von SCHNEIDER, H., Gießen/ Basel 1954[16]

161 allg.: KANTZENBACH, Friedrich Wilhelm: Wilhelm Löhe (1808-1872), in: KLASSIKER DER THEOLOGIE, Bd.II, München 1983, S.174-189; WILHELM LÖHE - Gesammelte Werke, hg. im Auftrag der Gesellschaft für Innere und Äußere Mission im Sinne der luth. Kirche e.V. von GANZERT, Klaus, Bd.I-VII in 12 Teilbd. 1951-1986; SCHLICHTING, Wolfhart: Art. "Löhe, Johann Konrad Wilhelm (1808-1872), in: TRE, Bd.21, S.410-414; STÄHLIN, Adolf: Art. "Löhe, Wilhelm", in: RE[3], Bd.11(1902), S.576-586. - Zu Löhes charismatischer Begabung, seinem Anliegen der Krankensalbung und seiner Vorgehensweise bei dämonischer Belastung vgl.: DEINZER, Johannes: Wilhelm Löhes Leben. Aus seinem schriftl.Nachlaß zusammengestellt, Bd.2, Gütersloh 1880, S.201-213; LÖHE, Wilhelm: Der evangelische Geistliche, GW 3/2, S.289-296; ders.: GW 3/1, S.58-74; GW 6/2, S.632-634; GW 7/2, S.539-542; 5/2, S.721-725.1048f)

162 vgl. BUCK, Fr.: Bilder aus dem christlichen Leben Württembergs im 19.Jahrhundert, 1.Hälfte, Stuttgart 1924[2], S.229-289. 255f

163 BENGHAUS, J./Hg.: Seelsorgerliche Briefe von Johannes Seitz, Bethel 1932, S.41, zit. in: ZIMMERLING, Peter: Leben und Glauben von Johannes Seitz 1839-1922, in: BRENNPUNKT SEELSORGE 3/1989, S.58-64.64 - Äußerungen Blumhardts über die "UdG" finden sich in: GW II: Verkündigung, I/1: S.165-167; I/2: S.103.198-200; IV/2: S.23f

164 zit. bei DEINZER, J.: a.a.O., S.111f). - (Zur Frage der Charismen vgl. auch: GW 6/3, S.146-161. 510-512.612-623).

165 vgl.: VILMAR, August Friedrich Christian: Dogmatik, 2.Teil, Gütersloh 1874, S.186.188-191. 227-229.261f; ders.: Lehrbuch der Pastoraltheologie, nach dessen akademischen Vorlesungen hg. von PIDERIT, K.W., Gütersloh 1872, S.29-34.175-177.196-199

166 LAUTERBURG, Moritz: Der Begriff des Charisma und seine Bedeutung für die praktische Theologie, BFChTh 2.Jg./1.Heft, Gütersloh 1898, S.113-141.133.141). - R.Landau vermutet die Ursache hierfür in der mangelnden pneumatologischen Fundierung - seiner Untersuchung (vgl. LANDAU, R.: TRE, Bd.7, S.694).

In der **neueren Diskussion um den Gemeindeaufbau** wird die Bedeutung des Charismatischen als Strukturelement der Ekklesiologie bzw. des Vollzugs spezieller Charismen in den Konzepten des *"missionarisch-evangelistischen"* Gemeindeaufbaus von F./Chr.A.Schwarz und des *"missionarisch-charismatischen"* Ansatzes der Geistlichen Gemeinde-Erneuerung betont (vgl. hierzu: MÖLLER, Christian: Lehre vom Gemeindeaufbau, Bd.1: Konzepte-Programme-Wege, Göttingen

1987[2], S.70-134.83-91.114-122 und HERBST, Michael: Missionarischer Gemeindeaufbau in der Volkskirche, Stuttgart 1987, S.244-304.268-289.289-304).

Fritz und Christian A. Schwarz unterscheiden in ihrem Programm "Überschaubare Gemeinde" in Anlehnung an E. Brunner, H. Gollwitzer und H.J. Kraus *Kirche als Institution und Ekklesia*. Nur durch den Heiligen Geist ist missionarischer Gemeindeaufbau möglich, kann Ekklesia werden (vgl. SCHWARZ, Fritz: Überschaubare Gemeinde, Bd.1: Grundlegendes. Ein persönliches Wort an Leute in der Kirche, Herne 1979, S.64-84; SCHWARZ, Fritz/ SCHWARZ, Christian A.: Theologie des Gemeindeaufbaus. Ein Versuch, Neukirchen-Vluyn 1984, S.149-179).

Im *missionarisch-charismatischen Gemeindeaufbau* setzt man bei der Bitte um den Heiligen Geist als "Geisterneuerung" bzw. erstmaliges Empfangen des Geistes an und bei der Bitte um Charismen, meist unter Handauflegung. Hinzu kommt die Ausübung von Charismen (auch der auffälligen wie Glossolalie, Prophetie, Heilung) im Gottesdienst, in Kleingruppen, Seminaren und Großveranstaltungen. Sowohl durch das Liedgut als auch durch bisher in den Großkirchen unübliche Ausdrucksformen des Gebets, des Lobpreises, des Zeugnisses und missionarischer Aktionen tritt pfingstkirchlich-charismatische Spiritualität in Erscheinung.

Christian Möller, der beim objektiven Datum der Taufe einsetzen möchte, kritisiert am missionarisch-evangelistischen und missionarisch-charismatischen Ansatz die Unterscheidung von Bekehrten und Nichtbekehrten sowie die zugrundeliegende Abwertung der Taufe. Ein Kriterium ist für ihn, ob auch andere als Christenmenschen anerkannt werden. Am charismatischen Konzept kritisiert er weiter die Sucht nach dem Außerordentlichen (vgl. MÖLLER, Chr.: Lehre vom Gemeindeaufbau Bd.1, S.116-122; ders.: Charisma als Begeisterung für das Alltägliche, in: RENDTORFF, Trutz (Hg.): CHARISMA UND INSTITUTION, Gütersloh 1985, S.452-466).

Gegen Verkürzungen im Charismaverständnis in Richtung auf "Ethisierung", bloßes alternatives Erleben und ekstatische Geistbegabung stellt er seine Sicht des *"Charisma als Begeisterung für das Alltägliche"* von der gottesdienstlichen Ruhe her (MÖLLER, Christian: Gottesdienst als Gemeindeaufbau. Ein Werkstattbericht, Göttingen 1988, S.52-69). Als Bedenken gegen die charismatische Verkürzung äußert er: *"So sehr ich die Begeisterung nachvollziehen kann, die sich in charismatischen Gottesdiensten, in Anbetungs- und Heilungsversammlungen ausbreitet, so sehr ich sehe, daß in normalen Gemeinden ein erhebliches Defizit, ja zuweilen gar eine Angst vor einer Erfahrung der Macht des Heiligen Geistes herrscht, so gut ich verstehen kann, daß gerade pietistische Gemeinschaften und Freikirchen sich durch die charismatische Bewegung bedroht, weil überboten sehen, so wenig sehe ich, auf welche Weise selbst so engagierte Theologen wie H. Mühlen oder W. Kopfermann einer Entwicklung der geistlichen Gemeindeerneuerung wehren können, die mehr und mehr zu einer ausschließlichen Begeisterung für das Besondere, das Außerordentliche, das Ekstatische, nicht aber zu einer Begeisterung für das Alltägliche führt... Hier ist eine Dynamik angelegt, die leicht, wie einst in der Gnosis, dazu führen kann, daß die Gemeinde mit dem Pochen auf den Geist in drei Klassen unterteilt wird: das 'Hyliker', die 'Psychiker' und die 'Pneumatiker'. Die Hyliker und die Psychiker wären dann solche, die sich noch in den Niederungen dieser Welt befinden...; die Pneumatiker aber wären solche, die sich auf dem Berg der Verklärung befänden, allmählich aber das Verhältnis zu den Niederungen der Welt verlieren, weil sie die Sehnsucht nach dem außerordentlichen Wirken des Geistes immer mehr gefangennimmt. In dieser Gefangenschaft wären letztlich auch die Pneumatiker sprachlos, unfähig, ja unwillig zur Mitteilung an solche, die nicht des Geistes sind"* (a.a.O., S.59f).

167 Zur Diskussion um das Verhältnis von Charisma und Amt vgl.: BROCKHAUS, Ulrich: Charisma und Amt. Die paulinische Charismenlehre auf dem Hintergrund der frühchristlichen Gemeindefunktionen, Wissenschaftliche Taschenbücher 8, Wuppertal 1987, S.7-94; BROSCH, Joseph: Charisma und Ämter in der Urkirche, Bonn 1951; HAHN, Ferdinand: Charisma und Amt. Die Diskussion über das kirchliche Amt im Lichte der neutestamentlichen Charismenlehre, in: ZThK 76(1979), S.419-449; ders.: Grundfragen von Charisma und Amt in der neutestamentlichen Forschung. Fragestellungen aus evangelischer Sicht, in: RENDTORFF, Trutz (Hg.): CHARISMA UND INSTITUTION, Gütersloh 1985, S.335-349; KERTELGE, Karl: Gemeinde und Amt im Neuen Testament, BiH 10, München 1972, bes. S.94-168; ders. (Hg.): DAS KIRCHLICHE AMT IM NEUEN TESTAMENT, WdF 439, Darmstadt 1977; LUZ, Ulrich: Charisma und Institution in neutestamentlicher Sicht, in: EvTh 49(1989), S.76-94; ROLOFF, Jürgen: Art. "Amt/ Ämter/ Amtsverständnis, IV.Neues Testament, in: TRE, Bd.2, S.509-533; SCHNACKENBURG, Rudolf: Charisma und Amt in der gegenwärtigen neutestamentlichen Forschung. Aspekte, Tendenzen und Fragestellungen aus römisch-katholischer Sicht, in: RENDTORFF, T. (Hg.): CHARISMA UND AMT, S.350-367; SCHÜTZ, J.H.: TRE, Bd.7, S.691f; SCHULZ, Siegfried: Die Charismenlehre des Paulus. Bilanz der Probleme und Ergebnisse, in: FRIEDRICH, J.(Hg.): RECHTFERTIGUNG, FS für Ernst KÄSEMANN zum 70.Geburtstag, Tübingen/ Göttingen 1976, S.443-460.448-454; ders.: Neutestamentliche Ethik, Zürich 1987, S.348-357; SCHWEIZER, Eduard: Konzeptionen von Charisma und Amt im Neuen Testament, in: RENDTORFF, T. (Hg.): CHARISMA UND AMT,

S.316-334; ders.: **Das Leben des Herrn in der Gemeinde und ihren Diensten.** Eine Untersuchung der neutestamentlichen Gemeindeordnung, AThANT 8, Zürich 1946; ders.: Gemeinde und Gemeindeordnung im Neuen Testamen, AThANT 35, Zürich 1959; WENZ, Gunter: Charisma und Amt, in: Theol.Beiträge 21(1990), S.116-135 - (zur Frage von Charisma und Recht vgl. auch: GEROSA, Libero: Charisma und Recht. Kirchenrechtliche Überlegungen zum "Urcharisma" der neuen Vereinigungsformen in der Kirche, Sammlung Horizonte NF 27, Einsiedeln/ Trier 1989, S.26-57).

In der Diskussion um die Entwicklung zur frühkatholischen Kirche wurde von manchen protestantischen Theologen Charisma und Amt einander entgegengesetzt, wobei die Bezeichnung charismatisch bzw. pneumatisch eine antiinstitutionalistische und antijuridische Färbung bekam, die so nicht im ursprünglichen Begriff liegt. Dies betonen besonders die röm. Forscher. So etwa N. Baumert, der sich mit H. Schürmann nach zwei Seiten abgrenzt: "Die paulinische Betrachtungsweise steht jenseits und über der ekklesiologisch so wichtigen Unterscheidung zwischen (hierarchischen) Ämtern und (freien) Charismen. Wer das sieht, wird die paulinische Betrachtungsweise nicht (mit den Reformatoren) spiritualistisch gegen eine hierarchische Ordnung ausspielen, wird aber andererseits auch bedenklich werden gegenüber der unverkennbaren Unterbewertung derjenigen Gaben in einzelnen Perioden der Kirchengeschichte, die nicht hierarchischer Art sind" (BAUMERT, Norbert: Das Fremdwort "Charisma" in der westlichen Theologie, in: ThPh 65/1990, S.395-415.415).

168 Eine *Vorordnung des Charismatischen* nach R.Sohm vertreten in den Grundlinien u.a.: A. Harnack, O. Scheel, H. Lietzmann, K. Holl, H.v. Campenhausen, E. Käsemann, E. Schweizer (vgl.: BROCKHAUS, U.: a.a.O., S.7-46; SCHULZ, S.: a.a.O., S.448f.454). - Für eine *Harmonisierung* von Amt und Charisma treten ein: M. Lauterburg, O. Michel, F. Grau, J. Schniewind, G. Friedrich, H. Greeven, L. Goppelt) (vgl.: BROCKHAUS, U.: a.a.O., S.62-70; SCHULZ, S.: a.a.O., S.451). - Die klassische röm.-kath.Position der *Vorordnung des Amtes* findet sich bei: J.Wobbe, A.Wikenhauser, Th.Soiron, J.Brosch; differenzierter bei: J.Gewiess, R.Schnackenburg, J.Gnilka (vgl.: BROCKHAUS, U.: a.a.O., S.71-87; SCHULZ, S.: a.a.O., S.449-451). - Zur "charismatischen" Dimension des urchristlichen Gemeindelebens im Verhältnis zu den Ämtern vgl. auch: SCHÜRMANN, Heinz: Die geistlichen Gnadengaben in den paulinischen Gemeinden, in: KERTELGE, K./ Hg.: DAS KIRCHLICHE AMT IM NEUEN TESTAMENT, S. 362-412; zum Dienstcharakter des apostolischen Amtes vgl. GIESRIEGL, Richard: Die Sprengkraft des Geistes. Charismen und apostolischer Dienst des Paulus nach dem 1.Korintherbrief, Hochschulschriften - Forschungen Bd.2, Thaur/Tirol 1989, S.251-329).

U.Brockhaus macht in seiner Dissertation deutlich, daß *Paulus nicht gegen die Ansätze zu Ämtern* ist. Paulus bewertet sie durchaus positiv. Er unterstützt die Funktionsträger in der Gemeinde, empfiehlt sie und fordert zur Anerkennung und zum Gehorsam auf. Andererseits erwähnt er diese Funktionen eher beiläufig und am Rande, so daß sie nicht in Rangordnungen aufgeteilt und als Herrschaftsstrukturen überhöht werden dürfen. Da wo man eine grundsätzliche Stellungnahme zu den Ämtern/Funktionen erwarten würde, entsteht der theologische Entwurf seiner Charismenlehre (vgl. BROCKHAUS, U.: a.a.O., S.95-127). - Zwar weist das Bild von Leib und Gliedern grundlegende Strukturen des Zusammenlebens in der Gemeinde an und könnte zur Grundlage einer Gemeindeverfassung gemacht werden, aber die Charismenlisten gehen über die Fragen einer Gemeindeordnung hinaus. Man kann die Charismenlehre (vgl. a.a.O., S.128-239) nicht einfach zur "paulinischen Gemeindeverfassung" deklarieren. - *"Paulus sah die sich allmählich bildenden Ämter als Charismen neben anderen, als Geschenke des Geistes, ergänzungsbedürftig und andere ergänzend, bruchstückhaft, aber an ihrem Platz notwendig... - von einem Gegensatz zwischen Geist und Amt kann daher keine Rede sein"* (a.a.O., S.237). - "Der eigentliche Ort der Charismen ist weder die Gemeindeverfassung noch die Ethik - beides würde die Charismenlehre verkürzen -, sondern das paulinische Verständnis des Geistes als Kraft und Norm des neuen Lebens. Der Geist als geschenkte, verwandelnde Kraft und der Geist als verpflichtende Norm fallen für Paulus nicht auseinander... Die Charismen lassen die Gegenwart des neuen Seins unter den Bedingungen der Endlichkeit wirksam werden und bilden so die geschichtliche Ermöglichung geistgewirkten Lebens in der Gemeinde. Die Gemeinde, will sie leben, bleibt daher stets auf die je neuen Verleiblichungen des Pneuma in den Charismen angewiesen" (a.a.O., S.239).
In den meisten aus dem "linken Flügel der Reformation" stammenden und späteren Freikirchen wird I Kor 12-14 als das biblische Gemeindemodell angesehen und die Entwicklung der frühen Kirchengeschichte als Abfall vom Ursprung bewertet. Man nimmt die charismatisch-demokratische Struktur auf, ohne daß notwendigerweise auch die extraordinären Charismata praktiziert würden. - In den pfingstlerischen und charismatischen Freikirchen und Gruppen gilt auch letzteres als biblisch legitim, für heute verbindlich und anzustreben. In der Frage von Charisma und Amt neigt man eher der institutions- und amtskritischen Position zu, wobei man in ungebremsten Enthusiasmus u.U. bereit ist, dem charismatischen Führer bzw. den Leitern und Ältesten fast

unbeschränkte Vollmacht einzuräumen. - In der innerkirchlichen charismatischen Erneuerungsbewegung versucht man, Charisma und Amt, Geist und Recht, Spontaneität und Ordnung miteinander zu verbinden.

169 So EICHHOLZ, Georg: Was heißt charismatische Gemeinde? 1.Kor.12, TEH NF 77, München 1960; vgl. auch SCHWEIZER, Eduard: Geist und Gemeinde im Neuen Testament und heute, TEH NF 32, München 1952

170 Zu den vier Deutungstypen der paulinischen Charismenlehre vgl. BROCKHAUS, U.: a.a.O., S.92f.

Zur radikalen Ausweitung der *"ethischen"* Deutung auf alle Lebensbereiche und die gesamte ethische Existenz des Christen vgl.: KÄSEMANN, E.: Amt und Gemeinde, a.a.O., S.114f.116; SCHULZ, S.: Die Charismenlehre des Paulus, in: a.a.O., S.456-460). - Die Ausweitung des Charismabegriffs ins Ethische läuft den Tendenzen des Paulus nicht grundsätzlich zuwider, dennoch geht die Prinzipialisierung von Käsemann und Schulz zu weit. Sie sprengt die Charismenlehre. Für Paulus wird nicht alles zum Charisma, sondern nur das, was in der Gemeinde als Geisteswirken erkennbar ist, ist Charisma. Die Erweiterung des Paulus betrifft Tätigkeiten, Begabungen und Funktionen, nicht aber sexuelle, soziale oder religiöse Gegebenheiten (vgl. BROCKHAUS, U.: a.a.O., S.220-226). - Die *"christologische"* Deutung geht von Röm 5,15f; 6,23 aus wo Christus als Gnadengeschenk Gottes bezeichnet wird. Er ist das entscheidende Charisma, in ihm sind alle Charismen enthalten (M.Lauterburg, O.Michel). Von ihm und dem entscheidenden Charisma der Christusverkündigung her werden die auffälligen Charismen relativiert. Insgesamt wird hier der spezifische Gebrauch des Charismabegriffes in I Kor 12-14; Röm 12 stark eingeebnet (vgl. BROCKHAUS, U.: a.a.O., S.90.140-142). - Die *"situationsbezogene"* Deutung wertet Korinth als untypischen Ausnahmefall und "Durchgangsstadium" einer überbordenden Frühzeit und keineswegs als das "normative Idealbild der paulinischen Gemeindeverfassung" (L.Goppelt) (vgl. BROCKHAUS, U.: a.a.O., S.93). - Zur "hierarchischen" Deutung, die die Ämteraufzählung von I Kor 12,28 als Rangordnung, "heilige Ordnung" (R.Schnackenburg) oder als Beweis einer "hierarchischen Ordnung" (Th.Soiron) in den paulinischen Gemeinden wertet (vgl. ebd.).

171 vgl. LANDAU, R.: TRE, Bd.7, S.694f

172 vgl. etwa: BALTHASAR, Hans Urs von: Der Unbekannte jenseits des Wortes, in: SPIRITUS CREATOR, Skizzen zur Theologie III, Einsiedeln 1967, S.95-105.104; DILSCHNEIDER, Otto A.: Ich glaube an den Heiligen Geist, Wuppertal 1969, S.9-17; KASPER, Walter: Geistvergessenheit in Kirche und Theologie, in: KASPER, Walter/ SAUTER, Gerhard: Kirche - Ort des Geistes, Freiburg/ Basel/ Wien 1976, S.14-25; ders.: Aspekte gegenwärtiger Pneumatologie, in: KASPER, W. (Hg.): GEGENWART DES GEISTES. Aspekte der Pneumatologie, QD 85, Freiburg/ Basel/ Wien 1979, S.7ff

173 Zunächst suchte man in einer Reihe von Sammelbänden dem offensichtlichen Mangel entgegenzuwirken - vgl. etwa: DIE ANRUFUNG DES HEILIGEN GEISTES IM ABENDMAHL, ÖR.B 31, Frankfurt/a.M. 1977; DILSCHNEIDER, Otto (Hg.): Theologie des Geistes, Gütersloh 1980; HEITMANN, Claus/ SCHMELZER, Fidelis (Hg.): IM HORIZONT DES GEISTES. Antwort auf eine Krise, Hamburg/ Paderborn o.J. (1971); HEITMANN, Claus/ MÜHLEN, Heribert (Hg.): ERFAHRUNG UND THEOLOGIE DES GEISTES, Hamburg/ München 1974; KREMKAU, Klaus (Hg.): DAS RELIGIÖSE BEWUSSTSEIN UND DER HEILIGE GEIST IN DER KIRCHE. Beiträge zur fünften theologischen Konferenz zwischen Vertretern der Evangelischen Kirche in Deutschland und der Kirche von England, ÖR.B 40, Frankfurt/a.M. 1980; RENDTORFF, Trutz (Hg.): CHARISMA UND INSTITUTION, Gütersloh 1985; VISCHER, Lukas (Hg.): GEIST GOTTES - GEIST CHRISTI. Ökumenische Überlegungen zur Filioquekontroverse, ÖR.B 39, Frankfurt/a.M. 1981; WIEDERENTDECKUNG DES HEILIGEN GEISTES. Der Heilige Geist in der charismatischen Erfahrung und theologischen Reflexion, ÖkPer 6, Frankfurt/a.M. 1974

174 So die Einschätzung der Situation von René Laurentin, Mariologe und Mitarbeiter an dem großen Gemeinschaftswerk röm.-kath. Theologie MYSTERIUM SALUTIS (vgl. TOSSOU, Kossi K. Joseph: Streben nach Vollendung. Zur Pneumatologie im Werk Hans Urs von Balthasars, FThSt 125, Freiburg/ Basel/ Wien 1983, S.15-23.20-23).

Ausnahmen mit einer selbständigen Behandlung der Pneumatologie und der Fragen von Enthusiasmus und Ekstase bildeten: TILLICH, Paul: SYSTEMATISCHE THEOLOGIE, Bd.III, Vierter Teil: "Das Leben und der Geist", Frankfurt 1984⁴, S.21-337 und TRILLHAAS, Wolfgang:

DOGMATIK, Berlin/ New York 1980[4], S.405-440. - Die pneumatische Dimension der Kirche hat E. Brunner prononciert herausgestellt (vgl. BRUNNER, Emil: Das Mißverständnis der Kirche, Zürich/ Stuttgart 1951; ders.: DOGMATIK, Bd.III: Die Lehre von der Kirche, vom Glauben und von der Vollendung, Zürich/ Stuttgart 1964[2], S.15-165). Schon früh bemühte er sich, der peinlichen Sprachlosigkeit im Blick auf den Heiligen Geist abzuhelfen (Vom Werk des Heiligen Geistes, Tübingen 1935/ Zürich 1941).

Zu dem nachgerade uferlos gewordenen Literaturstrom zu Fragen der Charismen und der neupfingstlerischen/ charismatischen Bewegungen vgl.: KUEN, Alfred: Der Heilige Geist. Biblische Lehre und menschliche Erfahrung, Wuppertal 1980, S.210-215; RÜEGG, Robert: Bücherrundschau über Geistesgaben und Gemeindedienste, CH-Schiers 1976 und unser Literaturverzeichnis..

175 Zur grundlegenden Bedeutung des Pneumatologischen vgl. etwa die relevanten Abschnitte in Barths "Einführung in die evangelische Theologie" (BARTH, Karl: Einführung in die evangelische Theologie, Siebenstern-TB 110, München/ Hamburg 1968, S.49f.125-133.129.132)

176 vgl. EICHER, Peter: Jesus Christus: Der geisterfüllte Mensch. Eine biblische Betrachtung nach K.Barth und J.Calvin, in: EICHER, Peter u.a. (Hg.): KOMM, HEILIGER GEIST - Das Wirken des Geistes nach Karl Barth. Eine kleine Festschrift für Gerhardt LANGGUTH, Herrenalber Protokolle 71 (Schriftenreihe der Evangelischen Akademie Baden), Karlsruhe 1990, S.8-25. 18.21

177 vgl. CHOI, Jong Ho: Aspekte der Pneumatologie Karl Barths. Mit einem Beitrag zur Lehre vom Heiligen Geist in der protestantischen Kirche Koreas, Evang. theol. Diss., Heidelberg 1987, S.47-53.53 (vgl. auch BARTH, Karl: Nachwort, in: SCHLEIERMACHER–AUSWAHL, besorgt von BOLLI, Heinz, Siebenstern-TB 113/114, München/ Hamburg 1968, S.290-312.307-310).

178 BARTH, Karl: Die Kirchliche Dogmatik, Bd. I/1-IV/3, Zürich 1932ff (= KD); ders.: Die Lehre vom Wort Gottes. Prolegomena zur Kirchlichen Dogmatik, KD I/1, S.470-514.472f; KD I/2, S.222-304

"Gottes Geist, der Heilige Geist, speziell in der *Offenbarung,* ist Gott selbst, sofern er nicht nur zum Menschen kommen, sondern im Menschen selbst sein und so den Menschen für sich selbst öffnen, bereit und fähig machen und so seine Offenbarung an ihm vollstrecken kann" (KD I/1, S.473). - "Christus, das Wort Gottes, das durch die Ausgießung des Heiligen Geistes dem Menschen zu Gehör gebracht wird, ist die Möglichkeit des Menschen, Empfänger göttlicher Offenbarung zu sein" (KD I/2, S.272).

179 vgl. KD I/1, S.473 (s.auch KD IV/3,2, S.578) - "Alles, was im dritten Artikel steht, die Kirche, die Vergebung der Sünden, die Auferstehung des Fleisches, das ewige Leben bezieht sich also auf Christus... Kurz und gut, der Heilige Geist ist nichts anderes als die Beziehung zwischen Christus und uns. Überall, wo diese Beziehung sich verwirklicht, da ist er gegenwärtig und tätig" (BARTH, Karl: Das Glaubensbekenntnis der Kirche. Erklärung des Symbolum Apostolicum nach dem Katechismus Calvins, aus dem Franz. übers. von Helmut Goes, Zürich 1967 / Sechs Vorträge aus den Jahren 1940-1943 / = Glaubensbekenntnis, S.107-120.109f).

"Der Heilige Geist ist also Gott, wie er von einem Ort zum anderen geht, von seinem Ort an unseren Ort, von der Höhe seiner Majestät in die Tiefe unserer Sünde, von der Heiligkeit seiner Herrlichkeit in das Elend unserer Schwachheit. Der Heilige Geist - das ist Gott, der uns Freiheit gibt, die wir in uns selber vergeblich suchten: die Freiheit für ihn" (Glaubensbekenntnis, S.112).

"Wie die Offenbarung des Sohnes in seiner Auferstehung keinen anderen Inhalt hat als den verborgenen Willen des Vaters, der als solcher schon in Christi Kreuz und Tod triumphierte, so kann auch die Offenbarung des Geistes der Offenbarung in Jesus Christus nichts hinzufügen... Wer die in Jesus Christus geschehene Offenbarung unter dem Titel des 'Geistes' durch allerhand der Natur oder der Geschichte entnommene, durch Vernunft oder Erfahrung oder gar durch unmittelbare Erleuchtung gewonnene angeblich göttliche Wahrheiten ergänzen und bereichern zu können glaubt, der wird jedenfalls vorhalten lassen müssen, daß dem Geist, auf den er sich beruft, ein anderer ist als der, den die Bibel Heiligen Geist nennt. Dieses Unternehmen endigte merkwürdigerweise noch in allen seinen Gestalten mit dem Versuch, von der Ergänzung und Bereicherung zur Verdrängung und Leugnung der in Jesus Christus geschehenen Offenbarung überzugehen" (BARTH, Karl: Credo. Die Hauptprobleme der Dogmatik dargestellt im Anschluß an das Apostolische Glaubensbekenntnis - 16 Vorlesungen, gehalten an der Universität Utrecht im Februar und März 1935, München 1935[5] / = Credo/ S.117).

"Der Heilige Geist, der Geist Christi, das ist eigentlich der Christus, dem man Gehör geschenkt hat. Der Heilige Geist ist nicht etwas Neues neben Christus, oder über ihn hinaus, in einem natürlichen oder übernatürlichen, von seinem Wort verschiedenen Bezirk... Der Heilige Geist ist keine Vermehrung dessen, was uns in Christus geschenkt ist, sondern jenes gegenwartsnahe und lebendige Geschenk selber. Da liegt vielleicht der größte und im Grund der einzige Fehler, den man zu allen Zeiten in Hinsicht auf den Heiligen Geist begangen hat. Man ist immer von neuem in den Irrtum verfallen, der Heilige Geist müßte etwas Neues, Besonderes sein neben der einfachen Wahrheit von der Erlösung in Christus, neben der einfachen Wahrheit vom Glauben und dem Leben des Glaubens. Auf der einen Seite gab es Leute, die meinten, im Namen des Heiligen Geistes der Wahrheit Christi der Vernunft des Menschen hinzufügen zu müssen... Und so entstand eine kleine Vermischung des Heiligen Geistes mit unseren verschiedenen vernünftigen Geistigkeiten. Auf der anderen Seite gab es christliche Sekten, wo man geglaubt hat, der Heilige Geist sei im Gegenteil eher etwas Irrationales, eine Art Mystik und übersinnliches Leben mit erstaunlichen Möglichkeiten im Vergleich zu dem, was wir in der Person Christi sehen. Kurz, man sagte sich: der arme Jesus, der alle diese schönen Sachen nicht hatte, die der Heilige Geist uns gegeben hat! Der römische Katholizismus hat in seinem Dasein, was den Heiligen Geist betrifft, diesen doppelten Irrtum. Man hat da der Person Christi etwas hinzufügen wollen. Und man hat es teils von Seiten der Natur und der Vernunft, teils von Seiten der Mystik getan. Einerseits: das schöne vernünftige Wissen, das erste Stockwerk der Gotteserkenntnis, die natürliche Theologie. Andererseits: die Heiligen und die Wunder, die gewaltigen Ausbrüche der religiösen Seele und jenes ganze glänzende Leben, das man uns in der römischen Kirche preist" (Glaubensbekenntnis, S.115f).

180 Der Geist *verbürgt* dem Menschen seine persönliche Teilnahme an der Offenbarung. - Er gibt ihm *Belehrung* und *Leitung*. Beides kann der Mensch sich nicht selbst geben. Aber der Geist ist nicht und wird nicht mit dem Menschen identisch: "Er bleibt der schlechthin Andere, Überlegene... Als unser Lehrer und Führer ist er in uns, nicht als eine Kraft, deren Herren wir werden könnten. Er bleibt selber der Herr" (KD I/1, S.476). - Weiter befähigt der Geist zum Sprechen von Christus und schenkt die Kindschaft (vgl. KD I/1, S.478-482).

Barth unterstreicht, daß im Geschehen der subjektiven Realisierung der Offenbarung Gott Gott und der Mensch Mensch bleibt. "Das bedeutet nun aber auch, daß die Kreatur, der der Heilige Geist in der Offenbarung mitgeteilt wird, dadurch keineswegs ihr Wesen und ihre Art als Kreatur verliert, um etwa selber Heiliger Geist zu werden. Auch im Empfang des Heiligen Geistes bleibt der Mensch Mensch, der Sünder Sünder. Und auch in der Ausgießung des Heiligen Geistes bleibt Gott Gott. Diese Sätze über die Wirkungen des Heiligen Geistes sind Sätze, deren Subjekt Gott ist und nicht der Mensch, und unter keinen Umständen dürfen sie in Sätze über den Menschen umgedeutet werden... Den Heiligen Geist haben heißt, *Gott* und gerade nicht sein eigenes *Haben* seine Zuversicht sein lassen" (KD I/1, S.484f).

"Und gerade echte und rechte Verkündigung der subjektiven Möglichkeit der Offenbarung, gerade rechte Predigt vom Heiligen Geist der Pfingsten wird nicht im Hinweis auf unser eigenes oder anderer Menschen Ergriffensein, sondern im Hinweis auf das göttliche Ergreifen und damit wiederum auf Christus selbst bestehen" (KD I/2, S.272).

181 vgl. KD I/1, S.486-489

"Nach dem Neuen Testament gehört der Heilige Geist unter die Gegenstände des Glaubens... Der Heilige Geist, Gegenstand des Glaubens, ist auch der Gegenstand des Gebets; man bittet nicht nur darum, den Heiligen Geist zu haben. Man bittet den Heiligen Geist: 'Veni creator spiritus, komm Schöpfer Geist! Ein christliches Gebet wird sich immer auch an den Heiligen Geist wenden" (Glaubensbekenntnis, S.117).

"Eschatologisch heißt nicht: uneigentlich, unwirklich gemeint, sondern: bezogen auf das *eschaton, d.h. auf das von uns aus gesehen, für unser Erfahren und Denken noch Ausstehende, auf die ewige Wirklichkeit der göttlichen Erfüllung und Vollstreckung... *Nicht* eschatologisch, d.h. ohne solche Beziehung auf ein Anderes, Jenseitiges, Zukünftiges, kann man nur von Gott selbst, hier: vom Heiligen Geist und seinem Werk als solchem reden... Was wir erfahren, was sich da quantitativ und qualitativ bei uns verändert, erweitert, entwickelt, auf und nieder, vielleicht auch gradlinig oder in Spiralen vorwärtsbewegt, was Gegenstand von Anthropologie, Psychologie, Biographie des gläubigen Menschen werden kann, das ist als menschliches Zeichen dessen, daß Gott sich uns durch seine Offenbarung im Glauben geschenkt hat, zwar gewiß nicht gering zu achten. Es müßte mit merkwürdigen Dingen zugehen, wenn solche Zeichen gar nicht sichtbar werden sollten. Aber auch da wird gelten: 'Was sichtbar ist, das ist zeitlich, was aber unsichtbar ist, das ist ewig' (II Kor 4,18). Der Mensch bleibt der Mensch, der sich selbst und andere täuschen kann; das Zeichen bleibt das Zeichen, das wieder vergehen und fallen kann... Man greift nach nicht einem Mehr, sondern nach einem Weniger und schließlich nach dem Nichts, wenn man vorbei an dem Unterpfand, daß Gott mit sich selbst identisch ist, nach einem in sich unzweideutigen Erfahren und Erleben, nach einer

Garantie der Garantie sozusagen, greifen zu müssen meint, um sich daraufhin zur Gewißheit des Glaubens zu entschließen" (KD I/1, S.487f).

Zur eschatologischen Dimension vgl. auch die frühe Äußerung der scharfen Diastase BARTH, Karl: Der heilige Geist und das christliche Leben (Vortrag, gehalten an der Theologischen Woche in Elberfeld am 9.Oktober 1929), in: BARTH, Karl/ BARTH, Heinrich: Zur Lehre vom heiligen Geist, Beiheft Nr.1 von "Zwischen den Zeiten", München 1930, S.39-105:

"Die Heiligkeit des heiligen Geistes besteht drittens und zu höchst darin, daß er dem menschlichen Geist in Gottes Offenbarung nicht anders eschatologisch gegenwärtig ist. Gerade damit bezeichnen wir seine in der Offenbarung wirkliche positive Beziehung, seine wahre Kontinuität zum menschlichen Geist. So, eschatologisch, ist er uns auch als Geist Gottes des Schöpfers und Versöhners gegenwärtig... Indem uns Gott unsere Erlösung verheißt, ist er uns gegenwärtig" (a.a.O., S.94. - "Wir sind Erlöste Gottes, indem Gott uns offenbar wird. In unserer Gegenwart ist durch das Wort unsere göttliche Zukunft, unsere letzte von Gott gewollte Wirklichkeit gegenwärtig" (a.a.O., S.97). - "Das heißt eben erlöst sein: Bei noch stehender Wand, diesseits der Todesgrenze, also im Empfangen der Verheißung, nicht im Besitz der Erfüllung Gottes Kind sein. Das Perfekt: wir sind wiedergeboren schließt ja nicht aus sondern ein: wiedergeboren zu einer lebendigen Hoffnung. Und das Präsens: wir sind Kinder Gottes, schließt nicht aus sondern ein, daß es heißen muß: das Reich Gottes ist nahe herbeigekommen! und darum: Dein Reich komme!" (a.a.O., S.98). "Was wir besitzen könnten, das würde als solches sicher nicht unsere Erlösung sein. Es müßte ja innerlich oder äußerlich sichtbar sein, was aber sichtbar ist, das ist zeitlich... Gerade um der wirklichen vollen Glaubens- und Heilsgewißheit willen darf unsere Erlösung nicht abstrahiert werden von der Tat des Erlösers, dürfen also diese Begriffe nicht anthropologisiert werden. Sie verlieren allen Sinn, sie werden zu leeren, sentimentalen oder prahlerischen Plerophorien, wenn darunter auf einmal, den biblischen Zusammenhängen völlig zuwider, Gegenstände einer christlichen Psychologie, d.h. aber menschliche Zuständlichkeiten werden... Es muß alles im Wort beschlossen bleiben, im zu uns gesprochenen Wort, aber im Wort und also nicht in unserem Besitz, nicht in den fleischlichen Fangarmen unserer rationalen oder auch irrationalen Erlebnismöglichkeiten" (a.a.O., S.99f).

Die *Paradoxie von Haben und Nicht-Haben, Greifbarkeit und Nicht-Greifbarkeit des Geistes* und auch *Unanschaulichkeit* hatte Barth im Römerbrief II ganz stark akzentuiert. Dort schrieb er: "Der 'heilige Geist' ist das Werk Gottes im Glauben, die Schöpfungs- und Erlösungskraft des Himmelreichs, das, nahe herbei kommend, im Glauben den Menschen und seine Welt berührt und wie ein Glas zum Klingen bringt. Er ist das ewige Ja, das den Inhalt des, zeitlich betrachtet, nur als Negation, nur als Hohlraum zu beschreibenden Glaubens bildet... Er ist das unanschauliche, jenseits aller Kontinuität mit dem psychologisch anschaulichen menschlichen Subjekt konstituierte neue Subjekt, das vor Gott stehende und bestehende Ich des Menschen, das im 'religiösen Erlebnis' immer gemeinte, immer gesuchte, nie zu findende 'wir' des Glaubens, auf das sich die unbegreiflichen Aussagen, daß 'wir' Frieden mit Gott, Zugang zu dieser Gnade haben, daß 'wir' uns der Hoffnung der Herrlichkeit Gottes rühmen, beziehen (5,1.2). Er ist darum 'gegeben', von Gott gegeben, also immer allen menschlichen Gegebenheiten vorausgegeben, von uns nur als nicht-gegeben anschaulich und begreiflich... In und mit dem von Gott Gegebenen, das den Menschen aufhebt, um ihn in Gott zu begründen, ist es Tatsache, unerhörte Tatsache, daß dem Menschen die 'Unanschaulichkeit Gottes' (1,20)... offenbar und zur Anschauung Gottes werden... kann... In dieser Tatsache, die der Mensch nie als 'tatsächlich' an sich reißen und in Besitz nehmen, sondern immer nur, immer aufs Neue nur als 'Ausgießung' von oben in Empfang nehmen kann, in dieser Liebe zu Gott (die doch Gottes eigenes Werk ist...)... liegt der Ankergrund unsrer Hoffnung" (BARTH, Karl: Der Römerbrief, München 1922[2] / Römerbrief II, S.136f; zu Röm 5,5). – "Wir rechnen mit dem Geist. Ja, als ob er ein Faktor, ein Motiv, ein Wirksames, einer Ursache wäre! Und wissen doch, daß er das alles nicht ist, sondern actus purus, reine Aktualität, reines Geschehen, ohne Anfang noch Ende, ohne Schranke noch Bedingung, ohne Ort noch Zeit, nicht Etwas neben Anderem, nicht Sache und darum auch nicht Ur-Sache. Aber gerade das Paradoxe geschieht ja: der Geist wird als Geist Etwas neben Anderem, das Nicht-Gegebene wird gegeben, das Unmögliche möglich, das Unanschauliche anschaulich, das Unbekannte bekannt. Das ist ja das Paradoxon des Geistes, daß er, der nur in Negationen zu Beschreibende, ist, und dem muß offenbar unsrerseits das Paradoxon entsprechen, daß wir uns unterwinden, mit ihm zu rechnen als wäre er Etwas neben Anderem, als wäre er Ursache, daß wir also auf ihn warten, ihn bitten, eigenes, eigenartig bestimmtes Tun ihm zutrauen, seinem Walten still halten, Sorge tragen, ihn nicht zu betrüben, ihn anbeten als dritte Person der Gottheit..." (Römerbrief II, S.258f; zu Röm 8,1-2).

183 "Indem es den geschichtlichen Christus sozusagen als antiquiert hinter sich lassen zu können meinte zugunsten seines Jüngers als des Trägers seines Geistes, bedeutet es faktisch die Auflösung der in dem *Filioque* ausgesprochenen Erkenntnis und damit der Erkenntnis der neutestamentlichen Einheit von Christus und Geist. Wo man den Heiligen Geist von Christus getrennt hat, da ist er aber früher oder später noch immer in einen ganz anderen Geist, nämlich in den Geist des religiösen Menschen und von da aus in den menschlichen Geist überhaupt uminterpretiert worden" (KD I/2, S.273).

184 Luther hält Papsttum und Schwärmertum entgegen, "daß es nämlich eine Gegenwart und Wirkung des Heiligen Geistes ohne Christus und neben ihm voraussetze und behaupte. nach diesen beiden Fronten gewendet, hat dann Luther in vielen Zusammenhängen in unerbittlichster Weise diese Einheit von Christus und Geist konkret dahin ausgelegt, daß das Werk des Heiligen Geistes für uns an die Schrift, an die Predigt, an die Sakramente gebunden, in seinen Wirkungen an ihm gemessen und nirgends als das Werk einer absolut 'subjektiven' Erleuchtung, Eingebung und Begeisterung zu verstehen sei. Man kann sich gerade bei Luther... klarmachen, daß gerade die unnachsichtige Haltung, in der, um vom Geist reden zu können, vom Geist weg und auf Christus und damit auf die ganze objektive Seite der Kirche hinweist, keinen anderen Sinn hatte als den, das Gefälle deutlich zu machen und immer wieder zum Bewußtsein zu bringen, kraft dessen die subjektive Offenbarungswirklichkeit nicht irgendeine, sondern eben *diese* Wirklichkeit ist: der Einbruch von *Gott* her zum Menschen hin, der Einbruch der *objektiven* Offenbarung in unseren subjektiven Bereich" (KD I/2, S.274).

185 KD I/2, S.275-304.275 - "Was man jetzt als Heiligen Geist zu kennen meinte, das war selbständig geworden gegenüber Jesus Christus, tatsächlich ein anderer Geist als der Geist Jesu Christi: der Geist der Mystik und der Moral, aber nicht mehr der Geist, in dem die alte und die reformatorische Kirche das Wort und nichts als das Wort gehört und geglaubt hatte" (KD I/2, S.278f).

186 vgl. KD I/2, S.279

187 KD I/2, S.290

188 ebd.

189 KD I/2, S.291 (vgl. auch die kritischen Ausführungen zur Mystik KD IV/3,2, S.619f)

Bei aller Kritik und Ablehnung mystisch-quietistischer bzw. aktivistisch-enthusiastischer Frömmigkeit konnte Barth durchaus das Anliegen auch positiv würdigen und den Enthusiasmusbegriff umgedeutet aufnehmen, so etwa in Abwehr einer falsch verstandenen Nüchternheit: "Aber *enthusiazein oder * entheos einai heißt ja ursprünglich einfach 'in Gott sein' bzw. dasjenige außerordentliche Handeln, das diesem Sein entspricht. Die Vorstellung von allerlei irrationalen Rauschzuständen, die sich diesem Begriff im Blick auf bekannte religionsgeschichtliche Erscheinungen angehängt hat, darf uns nun aber nicht einmal dazu verführen, etwa in einem solchen Zuständen entgegengesetzten Nüchternheitszustand als solchem *den* dem Christen durchaus und unter allen Umständen angemessenen Zustand zu erblicken, wenn wir uns nicht zu Schulmeistern der ersten Christen nicht nur, sondern auch ihrer Apostel, des Apostels Paulus nicht zuletzt [vgl. I Kor 14,18; II Kor 12,1ff], erheben wollen, die sich nun einmal durchaus nicht immer gerade der Nüchternheit befleißigt haben, der eines Christen nach A. Ritschl etwa allein würdig wäre. Und noch weniger werden wir uns dem verschließen dürfen, was abgesehen von der Frage der psychologischen Zuständlichkeit mit Enthusiasmus schließlich gemeint zu sein scheint: die gewiß nicht ontologische, wohl aber anthropologische Möglichkeit einer Direktheit menschlichen Handelns von der Gemeinschaft des Menschen mit Gott her und auf sie hin" (BARTH, Karl: Ethik II. Vorlesung Münster Wintersemester 1928/29, wiederholt in Bonn, Wintersemester 1930/31, hg. von BRAUN, Dietrich, GA 10 - II.Akademische Werke, Zürich 1978, S.378; vgl. auch a.a.O., S.403-415.408f.411f).

190 vgl. BARTH, Karl: Die Lehre von der Versöhnung, KD IV/1, S.718-872; KD IV/2, S.695-953; IV/3,1, S.317-424; IV/3,2, S.780-1038

191 Im *Römerbrief II* kommentierte Barth auch den Charismenkatalog 12,3-8 unter der Überschrift "Die Voraussetzung" (der Ethik). Dabei legt Barth den Akzent auf die *Einheit* und die *objektive Größe des Christusleibes* und den *Gnaden- bzw. Dienstaspekt* als Korrektur subjektivistisch-individualistischer Mißverständnisse (vgl. Römerbrief II, S.426ff).

Sinn des Gleichnisses [vom Leib] ist nach ihm, die "transzendente, unanschauliche Einheit des Individuums... gegenüber jedem Einzelnen und allen Einzelnen" (S.431). So sind die Gläubigen, "ein Leib, ein Individuum in Christus,... das Individuum, der Eine, der neue Mensch (I Cor 12,12-13). Dieser Eine ist's, der 'Leib des Christus" (ebd.). Weil der gekreuzigte Christus, das jedem von Gott gewiesen "Ziel des Glaubens" ist, "haben wir 'auf Grund der Gnade (die den Menschen tötet um ihn lebendig zu machen!) verschiedene Begnadungen', handelt es sich also für jeden Einzelnen (gerade in seiner Einzelheit!) um das 'Anziehen des Herrn Jesus Christus' (13,14), des neuen Menschen, ist der Andere, der immer neben dem Einzelnen steht, der aufgehobene Zeigefinger, der ihn durch seine Andersheit an den noch ganz Andern erinnert, ist Gemeinde Gemeinschaft, Gemeinschaft aber Einheit, diese Einheit, die Einheit des Menschen und der Menschen in dem unerforschlichen Gott, der der Herr über Leben und Tod ist" (ebd.). Christus ist der "Eine jedes Einzelnen" und die "Gemeinschaft aller Einzelnen" (S.437). Die Einheit der Verschiedenen wird begründet allein durch die "Beugung vor Gott und die absolute Sachlichkeit des Einzelnen". Raum für die eigene Begnadung, für das eigene Verschiedene gibt es nur von dieser Beugung her, "auf Grund der Gnade". "Dann mag - unter der großen Kautele: 'Vielleicht!', die Jeden an die Gnade, an das 'Eine' erinnert - das 'Seine' eines Jeden zu Ehren kommen". Dann tut der Einzelne das Seine, als "das Eine, das das Ganze ist" (S.433). - Mit einem "Vielleicht" leitet Barth dann auch jeweils die Erläuterung der einzelnen Charismen ein. So schreibt er etwa zur Prophetie: "'Vielleicht' Einer als Träger des 'prophetischen Wortes'. Wir behüten uns mit Recht vor Allem, was uns mit der Allüre des Prophetischen, mit dem Anspruch der Vertretung des 'ganz Andern' entgegentritt. Wir sind schmerzlich gewöhnt daran, jene Allüre in sich selbst zusammenzubrechen, das ganz Andere immer wieder kompromittiert zu sehen durch etwas sehr Anderes" (ebd.). Trotzdem bleibt nach Barth "das dringende Anliegen..., daß Einer komme und uns in der Tat das 'ganz Andere' in seiner nicht zu brechenden Fremdheit vor Augen stelle" (S.434). Gebeugt unter die "'Vielleicht' der Gnade", "redend 'dem Glauben gemäß', in der Sachlichkeit Gott gebend, was Gottes ist, daß Gott reden kann durch ihn, als ob er nicht wäre", wenn der Mensch in dieser Weise die Eine ist, "dann ist seine Prophetie die einzige ethische Möglichkeit, neben der es keine andre gibt, die keiner Ergänzung, keines Gegengewichtes bedarf. Denn weil ihre Einzigkeit Einheit bedeutet, bedeutet sie, daß sie genügt, und daß die Hybris des Einzelnen ausgeschlossen ist" (ebd.).

In seiner theologischen "**Erklärung von I Kor 15**" im Zusammenhang des ersten Korintherbriefs" (Vorlesung SS 1923, Göttingen) geht Barth hinführend auch auf die Kapitel 12-14 und die dort vorkommenden Probleme ein (BARTH, Karl: Die Auferstehung der Toten. Eine akademische Vorlesung über I Kor 15, München 1924, S.36-56). Barth sieht die Ausführungen über die Auferstehung als das eigentliche Thema und den eigentlichen Fluchtpunkt aller anderen Themen des Briefes an (a.a.O., S.2). *Paulus korrigiert von dort her etwa die Fixierung auf die eigenen Erfahrungen.* Er will nach Barth offenbar "zur Besinnung... aufrufen, zu einer Besinnung, die den Blick erhebt hinaus über die subjektiven Gegebenheiten korinthischer Christlichkeit zum Geber aller dieser Güter. *logos und *gnosis und *charismata sind ihm offenbar noch kein Letztes, religiöse Vitalität noch keine Gewähr für den christlichen Ernst, der unklagbar (*anegkletos) des Endes wartet (1,7-8)" (a.a.O., S.3). Der erste Irrtum der Korinther liegt "in der Kühnheit, Sicherheit und Begeisterung, mit der man hier statt an Gott an seinen eigenen Glauben an Gott und an den bestimmten Führer und Helden glaubt, in der Verwechslung des Glaubens mit bestimmten menschlichen Verhältnissen, Überzeugungen, Tendenzen und Thesen, deren besonderer menschlicher Inhalt folgerichtig die Erinnerung an besondere menschliche Namen unvermeidlich macht. Das Zeugnis von Christo droht in Korinth zu einem Gegenstand menschlichen Betätigungsdranges zu werden, zu einem Vehikel des echt menschlichen Bedürfnisses, zu führen und geführt zu werden. 'Niemand rühme sich eines *Menschen!* (3,21) lautet demgegenüber der Kanon des Paulus oder positiv ausgedrückt: 'Wer sich rühme, der rühme sich des *Herrn!*'" (a.a.O., S.3f). Die Mahnung des Paulus bringt Barth auf den Nenner: "*Besinnung, Umkehr zur Sache, aber zur Sache **Gottes** (Hervorhebung: OF) jetzt, zum Ursprung ihrer Christlichkeit, zu ihrer Erzeugung in Christus...*" (a.a.O., S.6).

192 Barth verklammert das Werk Jesu Christi eng mit dem Werk des Heiligen Geistes. Diese Verklammerung durchzieht die gesamte Versöhnungslehre. Für Barth "kommt... Alles darauf an, daß der Heilige Geist... nicht als eine zwischen Jesus Christus und den von ihm zu berufenden Menschen hineintretende, relativ oder gar absolut unabhängige und selbständig wirksame Potenz, sondern als *sein* Geist: eben als die Macht *seiner* Gegenwart, *seines* Werkes und Wortes, als das Einleuchten des Lebens, dessen Fülle *Er* ist, verstanden wird" (KD IV/3, S.578; vgl. IV/2, S.383).

193 vgl. KD IV/1, S.722-725.722.

Von anderen Geistern *unterscheidet* sich der Heilige Geist dadurch, "daß er der Geist des in *Jesus Christus* handelnden... Gottes ist. Er bezeugt dem Menschen nicht irgendein sozusagen Göttliches (und wenn dieses sich als die Transzendenz selber ausgäbe!), er vermittelt ihm nicht die Erkenntnis irgend einer angeblich höheren Weisheit, er beugt ihn nicht unter die Herrschaft irgend einer vermeintlichen Gewalt. Er bezeugt ihm den *Sohn*... Er erschöpft sich tatsächlich in *seiner* Bezeugung... Er ist der Geist Jesu Christi..." (a.a.O., S.723).

194   KD IV/1, S.744f

195   vgl. KD IV/3,2, S.979-1034.979-985

196   vgl. KD IV/3,2, S.985-1034

197   vgl. KD IV/3,2, S.979f

198   KD IV/3,2, S.980f.981

199   KD IV/3,2, S.982

200   vgl. KD IV/3,2, S.983

201   KD IV/3,2, S.984 - In früheren Ausführungen hebt Barth auch auf die paulinischen Kategorien der Ordnung und Unterordnung und das Herrsein Christi ab:

Einheit und Ordnung

Paulus wirft, so Barth, in I Kor 12-14 in die "mannigfaltig willkürliche Entfaltung der Geistesgaben... die kritischen Gedanken der *Einheit* und *Ordnung*" hinein, "die damit gegeben sind, daß diese Gaben als *Gaben Gottes* verstanden werden, die den begabten Menschen als solchen kein, gar kein besonderes Recht einräumen, nicht einmal seinen anders begabten Mitmenschen gegenüber, die vielmehr gerade durch ihre andersartige Begabung des Mitmenschen einen jeden in seine Schranken weisen, die er dann auch als von Gott ihm gesetzte erkennen soll" (Die Auferstehung der Toten, S.53 - Hervorhebungen: OF).

Die Gemeinde als Leib des *Herrn*

Die religiöse Fülle, die in Korinth entgegentritt, imponiert Paulus an sich nicht im geringsten. "Sie muß sich messen und bewähren lassen an ihrem Ursprung... In der Gemeinde des Herrn sind diese Dinge, die andere an sich auch haben können, *charismata, göttliche Gnaden*gaben. In der *Gemeinde des Herrn*. Das ist aber nicht ein Haufe von Begabten, Begeisterten, Erleuchteten, nicht eine Stätte noch so wunderbarer Einzelheiten, Besonderheiten, Zufälligkeiten, sondern der Leib Christi, dessen einzelne Glieder sich nicht selbsttätig bewegen, überhaupt nichts an sich bedeuten können. Gerade weil hier die Religion auch in ihren fremdartigsten Formen im Zusammenhang mit der Offenbarung gesehen, gerade weil hier das Begabt-, Begeistert- und Erleuchtetsein, der Einzelne und das Einzelne als solche, als direkt in Gott begründet verstanden werden, gerade darum gilt aufs schärfste: *derselbe* Geist, *derselbe* Herr, *derselbe* Gott (12,5-6). Gerade darum in und hinter und über jedem Einzelnen der Eine, der die Gemeinde begründet und als die Verkörperung dieses Einen das Ganze der Gemeinde. Gleichgültigkeit und Rebellion gegen den Einen, und wenn sie sich lange auf die Offenbarung als auf den Grund und Ursprung ihres besonderen Anliegens berufen würde; diese Berufung gerade ist's, die sie richtet" (Die Auferstehung der Toten, S.41f.41).

Kriterium: Auferbauung

"Der Gesichtspunkt, unter dem Paulus die Erscheinungen des christlichen Gemeindelebens miteinander vergleicht und auf ihren Wert prüft, ist der Gedanke der *oikodome, der gegenseitigen und gemeinsamen Erbauung. Das Wort ist für uns abgeschliffen bis zur Unverständlichkeit, weil wir dabei nur an das Subjektive, die religiös-geistige Bereicherung und Förderung zu denken gewöhnt sind. Für Paulus ist das Subjektive bezogen auf das Objektive" (Die Auferstehung der Toten, S.49).

Unterordnung des Irrationalen

"Das Irrationale bekommt seine Stelle, aber seine untergeordnete Stelle, es soll nicht mehr sein als Weg, Durchgangspunkt. Man soll nicht dabei verharren, sich darein versteifen als ob es *das* nun wäre... Inspiration an sich, die nicht zur Rede führt, zur Beziehung zu den Nichtinspirierten, zur Mitteilung von Erkenntnis ist nichts... Muß sich der Gnostiker und Prophet an die Liebe erinnern lassen, so der Zungenredner an Gnosis und Prophetie, an die Vernunft, die weiß, was sie sagt und die zu Menschen redet und nicht zu Gott oder zu sich selbst (V.2.28) Keine menschliche Begabung, auch wenn sie von Gott kommt, die nicht bestimmt ist, auf ihre Schranken zu stoßen, die sich nicht unterordnen müßte und wäre es denn einer anderen angrenzenden menschlichen Begabung " (Die Auferstehung der Toten, S.51).

202   vgl. KD IV/2, S.936-953

Auf **Charismen** (*individuelle Gestaltungen und Gaben*) des Geistes kommt Barth kurz auch in seiner Tauflehre zu sprechen, wo er die *"Geisttaufe"* als *Anfang des neuen Lebens* u.a. als *Hinein-gestelltsein in die "besondere Mitmenschlichkeit"* der *"Gemeinschaft der Heiligen"* charakterisiert (KD IV/4, S.40-42).

Weil es um die Taufe mit dem Heiligen Geist geht, "besteht sie aber auch und vor allem nicht darin, daß ihm eine Uniform übergezogen, ein Helm aufgestülpt und daß er als Glied der Gemeinde - ein Exemplar unter vielen anderen - demselben reglementsmäßigen geistlichen und ethischen Drill unterworfen würde. 'Unendlich reichst Du Gaben dar, Du Gottes Finger wunderbar'. Der Heilige Geist ist ja, so gewiß er der Geist des einen, aber 'ewig reichen' Gottes ist, keine kompakt gleichförmige Masse, sondern existiert, indem er ausgegossen wird, indem Menschen mit ihm getauft werden, in der Fülle der 'Charismen' der einen Gemeinde. Durch deren Mitteilung empfängt jeder einzelne Christ - unabhängig von der Besonderheit seines natürlichen Charakters und seiner persönlichen Anliegen - seine besondere geistliche Kraft und damit auch seinen besonderen Auftrag im Ganzen des Lebens und des Dienstes der Gemeinde (vgl. I Kor 12 und Röm 12). Sie kann mit seiner göttlichen Beauftragung zu einem bestimmten kirchlichen Amt und mit seiner göttlichen Einweisung in ein solches zusammenfallen - sie muß es aber nicht. Es gibt auch ganz individuelle, es gibt auch vorübergehende und wechselnde Befähigungen dieser Art - auch solche, die sich ganz unmöglich in den Rahmen einer institutionell kirchlichen Amtlichkeit einspannen lassen. Es kann und wird die 'Hierarchie' solcher Befähigungen und Einweisungen, die Über- und Unter-ordnung der Einen im Verhältnis zu den Anderen nie völlig eine starre, sie wird immer auf und überall beweglich sein und bleiben müssen, so daß je und je die ersten Empfänger und Träger einer bestimmten Gabe praktisch aus Letzten zu Ersten, aber auch aus Ersten zu Letzten werden können. Es wird aber auch umgekehrt das Kriterium der Echtheit der Praxis aller institutionell-kirchlichen Amtlichkeit immer und überall die Frage sein: ob der in diesem oder jenem 'Amt' Dienende ein Empfänger und Träger des zu seinem Tun unentbehrlichen Charismas und zuerst und zuletzt der allen Geistesgaben überlegenen Liebe ist oder nicht ist. So daß die Bitte: Veni Creator Spiritus! an keiner Stelle und zu keiner Zeit des Lebens und Dienstes der Gemeinde und also des Vollzugs der christlichen Mitmenschlichkeit entbehrlich werden kann, nicht immer und überall neu gebetet werden muß" (KD IV/4, S.41f).

203   KD IV/2, S.937

204   ebd.

205   ebd.

206   KD IV/2, S.937f

207   KD IV/2, S.938

208   ebd.

209   KD IV/2, S.939

210   ebd.

Bei der Skizzierung der Charismen in seiner Auslegung von I Kor 15 ging Barth davon aus, daß es sich in dem ganzen in sich gegliederten und sich gegenseitig bedingenden Kosmos "um Anlagen und Fähigkeiten handelte, die uns auch heute nicht fremd sind", geistige und religiöse, aus der Religionsgeschichte bekannte und vielleicht auch historisch einmalige (Die Auferstehung der Toten, S.40).

211 KD IV/2, S.940

212 KD IV/2, S.941

In seiner theologischen Auslegung von I Kor 15 spricht Barth davon, daß Paulus in Korinth die nicht leichte Aufgabe zukam, "dieser Explosion des Geistes und der Geister Herr zu werden, einen noch höheren Gesichtspunkt auch gegenüber diesen höchsten Möglichkeiten geltend zu machen und durchzusetzen" (Die Auferstehung der Toten, S.37). Dies tut Paulus u.a. mit dem Kap. 13, in dem er ein "entscheidendes, die ganze Umgebung grundsätzlich überbietendes Wort" spricht. Was hier geschieht wird in Beziehung gesetzt zur Liebe als einer eschatologischen Wirklichkeit. Alles durchaus auch positiv Gewertete wird vom Jenseits aller Zeit her relativiert. Barth sieht Kap. 13 als Vorspiel zu Kap 15. In beiden steht man mitten drin in der Eschatologie, in der Unzweideutigkeit. Paulus richtet den Blick auf den Punkt, wo es ein Ende hat mit dem Menschen, wo es von der besten Gabe heißt, sie ist Stückwerk (vgl. a.a.O., S.38).

"Was können alle Begabungen und Begeisterungen in unserer Mitte, so gewiß sie von Gott selbst kommen, was kann alles Streben nach höheren Gaben, so gewiß es von Gott geboten ist, anderes ausrichten, als die Spannung zwischen dem Jetzt und dem Ende, zwischen den Erscheinungen und der Realität, zwischen Zeit und Ewigkeit, zwischen unserem Erkennen und der Wahrheit noch verschärfen bis zur Unerträglichkeit?" (a.a.O., S.43-45.44f).

Barth sieht Kap. 13 als Berg, der "mit seinem plötzlichen Hinweis auf die Liebe, die nimmer aufhört, auf die Realität, die jenseits aller Krisis steht und von der alle Krisis herkommt", aus der Ebene herausragt (Die Auferstehung der Toten, S.53).

213 vgl. KD IV/2, S.941

Im Blick auf die korinthischen Verhältnisse ruft Barth in seinen Ausführungen zum Korintherbrief zur Vorsicht auf, die Gemeinde "einfach als eine Mördergrube von Parteihader, ungeordneter Sexualität, eigenwilliger Askese und üppiger Schlemmerei" vorzustellen. Gewiß sei das alles vorhanden gewesen "in roher, ungeschminkter Vitalität und auch wohl in feingeistiger und religiöser, Verkleidung. Aber daneben laut Kap. 12 und 14, was für eine Fülle hoher und höchster Möglichkeiten, die von Paulus als *geistliche Charismen* wahrhaftig sehr ernst genommen wurden" (Die Auferstehung der Toten., S.37).

Für Barth ist es nach dem exegetischen Befund keine Frage, daß Paulus die Glossolalie grundsätzlich positiv bewertet, auch wenn er sie zurückstellt: "Wir müssen bei jedem kritischen Wort, das er darüber sagt, bedenken, daß es sich für ihn nicht um etwas Krankhaftes, Wunderliches, Exaltiertes handelte, sondern um eine große, wichtige, göttliche Möglichkeit, die er als solche um keinen Preis verkennen und unterdrücken wollte... [14,2.5.13.14-17.18.21-22.28] Und dann trotzdem: *Nicht weg damit, aber zurück damit* in den zweiten Rang, in den Hintergrund" (Die Auferstehung der Toten, S.50f.50 - Hervorhebung: OF).

214 KD IV/2, S.941

215 ebd.

216 ebd.

217 KD IV/2, S.942

218 ebd.

219 ebd.

220 KD IV/3,2, S.1026-1030.1026f.1029

221 KD IV/2, S.943

222   ebd.

223   Das Glaubensbekenntnis, S.120

224   ebd.

225   vgl. KD IV/3,2, S.1015f

226   KD IV/2, S.943f

227   KD IV/2, S.944-948.944

228   KD IV/2, S.948

229   ebd.

230   ebd.

231   KD IV/2, S.949

232   KD IV/2, S.950

233   *Ph.J. Rosato* spricht in seiner Dissertation von einer "christologischen Einschränkung" des Geistes bei Barth ("Christological Restriction of the Spirit") (ROSATO, Philip Joseph: Karl Barths Theology of the Holy Spirit, masch. Diss. Tübingen 1976, S.302ff). - Wohl findet sich bei Barth auch die Linie der Geistinterpretation als der lebensspendenden Kraft des Vaters ("life-giving-power of the Father"; ebd.), aber das Schwergewicht liegt fast ausschließlich auf dem christologischen Geistverständnis. Rosato sieht als bedenkliche Tendenzen eine einseitige christologische Akzentuierung der Erlösung und eine einseitig transzendente Eschatologie ("a one-sided christological notion of salvation and a one-sided transcendental eschatology"; a.a.O., S.298). Der Grund hierfür ist die dominierende Rolle der Person und des Werkes Jesu Christi in Barths dogmatischem Denken, wodurch die Pneumatologie in der Konsequenz zu einer Funktion der Christologie wird ("The person and the activity of Jesus Christ so dominates Barth's dogmatic theology that pneumatology in the end becomes a function of christology"; a.a.O., S.303).
    D. Manecke sieht bei Barth die Selbständigkeit des Werkes des Heiligen Geistes gefährdet. Nach ihm liegt die Problematik darin, "daß bei Barth die im Raum der menschlichen Erfahrung sicherlich immer 'fließende und veränderliche Grenze' (IV/3, S.219) zwischen dem Mensch- und Christsein, Welt und Kirche, also jenem 'de iure' und 'de facto' theologisch unscharf wird, sofern die Grenze zwischen dem Werk Gottes in Jesus Christus und dem Werk Gottes im Heiligen Geist als einem neuen und entscheidenden Werk verschwimmt" (MANECKE, Dieter: Mission als Zeugendienst. Karl Barths theologische Begründung der Mission im Gegenüber zu den Entwürfen von Walter Holsten, Walter Freytag und Joh.Christiaan Hoekendijk, Wuppertal 1972, S.286). Barth setzt das Werk des Heiligen Geistes nahezu mit dem prophetischen Amt Christi gleich. Der Geist erscheint mehr als eine besondere Seinsweise der zweiten Person der Trinität als dritte Person der Trinität und besondere Seinsweise und Gestalt Gottes. Bei Barth ist "Gott in Jesus Christus nicht nur objektiv als Versöhner für den Menschen, sondern auch subjektiv als Offenbarer im Menschen tätig", so daß hier "eine Verschiebung des appropriativen Anliegens der Trinitätslehre in die Ämterlehre der Christologie" droht (a.a.O., S.287). Der Heilige Geist verliert seine hohe Eigenart und selbständige Gestalt. Dies hält Manecke für bedenklich, "weil damit die Gestalt des Heiligen Geistes im Wort und dessen besonderes Werk am und im Menschen in eine nicht mehr faßbare Unmittelbarkeit verflüchtigt zu werden droht. Damit steht der eschatologische Charakter von Gottes Wirken im Geist und damit die Relevanz menschlicher Entscheidungen und Unterscheidungen und damit ein Element der Notwendigkeit der Mission auf dem Spiel" (MANECKE, D.: a.a.O., S.287).

234   Die neutestamentlichen Zeugen sprechen hier deutlicher und unbefangener vom "Empfangen", "Wohnen", "Gegebensein" (Röm 8,15; 5,5; I Kor 3,16 u.a.) (vgl. hierzu SCHMIDT, Karl-Ludwig: Das Pneuma Hagion als Person und als Charisma, in: ders.: Neues Testament - Judentum - Kirche, Kleine Schriften, hg. von SAUTER, Gerhard, München 1981, S.215-263.231ff.258).

235   vgl.: BARTH, Karl: Die protestantische Theologie im 19. Jahrhundert. Ihre Vorgeschichte und ihre Geschichte, Zürich 1960³, S.92-105.97f.99f.118-120.459-468.588-597 BUSCH, Eberhard: Karl

Barth und die Pietisten. Die Pietismuskritik des jungen Karl Barth und ihre Erwiderung, BEvTh 82, München 1978; LODEWIGS, Siegfried: Der Pietismus im Licht seiner theologischen Kritiker, Evang. theol. Diss. Göttingen 1972, S.109-153

Barth charakterisierte den Pietismus als Humanisierung, Vereinzelung, Verinnerlichung und Moralisierung, den er durch die Betonung der Theozentrik, Kirchlichkeit, Christozentrik, und des Vorrangs des Evangeliums zu überwinden suchte.

Zur *Kritik an spiritualistischen Kirchenkonzepten (Sohm-Brunner)* vgl. KD IV/2, S.769-775. 769.775 - Zur *Kritik an Vereinzelung und Verinnerlichung* von geistlichen Vorgängen (vgl. etwa die Ausführungen zu "Erweckung", "Umkehr", "Erleuchtung", "Berufung", z.B. KD IV/2, S.626ff; KD IV/3,2, S.572-598. 590f). In allem hebt Barth auf die Wirkung Gottes , auf die transzendent-objektive Dimension ab, bzw. er bindet das subjektive Erleben des Menschen zurück an das objektive Geschehen in Christus.

236 Bekannt ist Barths Abscheu gegenüber dem Auftreten des Evangelisten Vetter in Safenwil (Mitte November 1916), das er als *"ganz üble Religionsmechanik"* und *"Psychologismus in der schlimmsten Form"* empfand (vgl.: BUSCH, Eberhard: Karl Barths Lebenslauf. Nach seinen Briefen und autobiographischen Texten, München 1978[3], S.47; BARTH, Karl: Karl Barth - Eduard Thurneysen. Briefwechsel Bd.1: 1913-1921, bearb. und hg. von THURNEYSEN, Eduard, GA V/1, Zürich 1973, S.161f.163-165). - Daß dies nicht nur eine pointierte Einschätzung aus der diastatischen Frühzeit ist, zeigen ähnliche Anmerkungen zu Billy Graham (vgl. BUSCH, E.: Karl Barths Lebenslauf, S.462).

Zur Frage der Erweckung merkt Barth an: "Nicht immer *waren* - und vor allem: nicht immer *blieben* die 'Erweckungen'..., was sie zu sein meinten, sein wollten und je in ihren Grenzen und in ihrer Art zum guten Teil wirklich waren. Nicht nur, weil die Dynamik des Erwachens und Erweckens als solche oft genug... nicht allzu lange *durchhalten* konnte, sondern bald in neue Statik und Schlafzustände überging, die dann neue, oft ganz andersartige Erweckungen nötig machten. Vor allem vielmehr darum, weil eben die *Dynamik* des jeweils neu erlebten und verkündigten Berufungsvorganges sich oft schon in den Anfängen als solche in den Vordergrund drängte. Sie konnte dann der vulgär-christlichen Statik gegenüber weithin doch mehr als die Gewalt allgemein religiöser und insofern ihrerseits höchst 'weltlicher' Gefühle, Erregungen und Explosionen, besonderer Erfahrungen des Numinosen, etwa der Majestät Gottes oder der Dringlichkeit eines moralischen Gebotes oder des Erschreckens vor Gottes Gericht im Tod und in der Hölle, nicht selten auch einfach als das magische Fluidum bestimmter Persönlichkeiten (Evangelisten, Seelsorger, gewaltiger Diakonissenväter usw.) und ihrer Affekte, gelegentlich auch ihrer diktatorischen Gelüste, sichtbar werden: weit ab vom Ruf des Herrn, zum Schaden der dynamischen Erleuchtung durch das *Evangelium*, der Erweckung durch *seine* Offenbarung und zu *seiner* Erkenntnis. Die 'Erweckungen' konnten dann unter Christen und Nichtchristen leicht Ärgernis erregen, verdunkeln statt zu erhellen, verwirren statt zu klären, vom Lichte Jesu Christi weg, statt zu ihm hin führen und so neue Krankheit über die Christenheit bringen, statt ihrer Gesundheit zu dienen" (KD IV/3,2, S.590f).

237 Im Römerbrief II, aber auch später, wandte sich Barth gegen die Berufung auf frommes "Haben" und "Besitzen" vor Gott (vgl. BUSCH, E.: Pietismuskritik, S.103). Barth kann pietistische Begrifflichkeit aufnehmen, prägt sie aber dialektisch um. So kann er z.B. in Aufnahme des Anliegens der Bekehrung von der Notwendigkeit einer radikalen "Wendung" sprechen. Diese vollzieht sich nicht bloß "unanschaulich", auch der Mensch ist beteiligt. Aber der neue Mensch befindet sich auf einer "ganz anderen" Ebene als der alte. Das Neue ist streng nur im Glauben gegeben. Das "Haben" der Gnade, der Vergebung, des Geistes usw. fällt nicht hin, aber solches "Haben" und "Sein" ist nicht verfügbar, sondern im Glauben bzw. in der Hoffnung gegeben (vgl. a.a.O., S.109-111). - In gleichem Sinn kann Barth auch von "Erweckungen", "Heilsgewißheit", "Erwähltsein", geistlichen "Erlebnissen" sprechen. Es gibt "Erweckungen", Gott kann sich auf solchen "Höhenkurven und religiösen Entwicklungen" finden lassen, aber zum Ärgernis aller gradlinigen Betrachtung nicht nur dort (vgl. a.a.O, S.111; Römerbrief II, S.383f). Auch von "Entzückungen und Erleuchtungen, Inspirationen und Intuitionen" spricht er dialektisch. Einerseits kann er sagen, "wohl denen, die solcher gewürdigt werden", andererseits: sie sind "nicht notwendig". Man soll nicht auf sie warten und wehe, wenn man nicht merkt, daß sie *"Beiwerk und Stückwerk"* sind (vgl. a.a.O., S.111; Römerbrief II, S.283f). - Zu Röm 5,1 merkt Barth an, daß der wahre "Frieden mit Gott", das Gerechtsein, nur im Glauben gegeben ist. Die "zinzendorfisch-romantisch-indische Gottinnigkeit" ohne die Furcht des Herrn" dagegen steht unter dem Zorn Gottes. *Gefühle sind sekundär und nicht konstitutiv.* Weder ein Einswerden von Gott und Mensch noch eine Aufhebung der Todeslinie noch ein proleptisches Anschreiben der Fülle Gottes, der Errettung und Enderlösung findet statt. *Der Mensch wird durch den Glauben zu einem nur auf Gott Wartenden* (vgl. Römerbrief II, S.283f).

Zur frühen Kritik Barths an Erlebnisfrömmigkeit und der Betonung des Verweischarakters vgl. auch: BARTH, Karl: Biblische Fragen, Einsichten und Ausblicke (1920), in: ders.: Das Wort Gottes und die Theologie. Gesammelte Vorträge, München 1929, S.70-98.81f; ders.: Der Christ in der Gesellschaft (1919), in: ders.: Das Wort Gottes und die Theologie, S.33-69.41f).

In einem Gespräch mit Predigern der schweizerischen Methodistenkirche Mitte Mai 1961 äußerte Barth im Blick auf die diskutierte Frage der "Heilserfahrung": "Ich leugne das Heilserlebnis nicht... Das Heilserlebnis aber ist das, was auf Golgatha geschehen ist. Demgegenüber ist mein eigenes Erleben nur Gefäß" (BUSCH, E.: Karl Barths Lebenslauf, S.463).

238   Barth verwendet in seiner Tauflehre den Terminus *"Geisttaufe"*, für den es im Neuen Testament einige Anhaltspunkte gibt und der besonders im linken Flügel der Reformation und von Zwingli aufgenommen wurde. Barth meint damit den grundlegenden Vorgang des Zum-Glauben-Kommens. In der Pfingstbewegung und in großen Teilen der Charismatischen Bewegung versteht man unter "Geistestaufe" eine zweite bzw. dritte Stufe im Handeln Gottes am Menschen. Abzulesen ist dieses geistliche Geschehen nach dem Verständnis der Pfingstbewegung am äußeren Zeichen der Glossolalie bzw. an ekstatisch-enthusiastischen Erscheinungen. Barth würde an dieser Füllung die Aufspaltung des "einen" Heilsgeschehens in mehrere Akte bzw. Stufen kritisieren (vgl. seine Kritik am ordo salutis der Orthodoxie und an der Evangelisationstheologie J.Vetters). Hinzu käme die Ablehnung eines substanzhaften Besitzdenkens im Blick auf den Geist und des Festmachens an einem äußeren Zeichen. Eine derartige Betonung menschlichen Erlebens und Selbstvergewisserung des Glaubens kann es bei ihm nicht geben. Die Geisttaufe bezieht sich bei Barth nicht primär auf die Frage der Vollmacht und charismatischer Befähigung, i.e. Einzelaspekte, sondern vorrangig auf die Heilsfrage als Gesamtgeschehen.

239   In Tillichs theologischem Gesamtentwurf kommt den Begriffen Geist und Heiliger Geist zentrale Bedeutung zu. Der Geist, und noch konkreter die Gegenwart des göttlichen Geistes, ist die Antwort auf die Zweideutigkeit von essentieller Endlichkeit und existentieller Entfremdung. In der Korrelation zu den Dimensionen des Lebens, von Religion, Kultur und Moralität in ihrer Zweideutigkeit, stellt Tillich den göttlichen Geist als Macht der Heilung der vorhandenen Zweideutigkeiten dar. Die Frage nach der Gegenwart des göttlichen Geistes ist die Grundfrage der Pneumatologie (vgl. hierzu etwa WITTSCHIER, Sturm: Paul Tillich - Seine Pneuma-Theologie. Ein Beitrag zum Problem Gott und Mensch, Nürnberg 1975; s. auch SCHÜTZ, Christian: Einführung in die Pneumatologie, S.131-134).
    Tillichs System liegt die Geistlehre des Paulus zugrunde (das "Neue Sein"/der Neue Äon) nicht nur die Rechtfertigung. Oberstes Kriterium, "materiale Norm" der Systematischen Theologie ist "das Neue Sein in Jesus als dem Christus... als das, was uns unbedingt angeht" (TILLICH, Paul: Systematische Theologie, Bd.I: Vernunft und Offenbarung - Sein und Gott, Stuttgart/Frankfurt am Main, 1984[8], = ST I, S.62). Diese materiale Norm benutzt Tillich wie Luther (Christus bzw. die Rechtfertigung) als kritisches Auslegungsprinzip der Schrift.

240   W. ELERT behandelt im Zusammenhang des "Ethos unter der Gnade" auch "Die neue Kreatur" und dabei u.a. die Erfahrung der "Kraft des Heiligen Geistes" in Lebensveränderung und dynamischen Wirkungen (ELERT, Werner: Das christliche Ethos. Grundlinien einer lutherischen Ethik, Hamburg 1961[2], S.277-286). Zum Erkennen des Geisteswirkens führt er aus, daß wohl nicht alle Wirkungen des Geistes sinnenfällig seien und z.B. Glossolalie, Weissagung und sogar der Glaube gegenüber dem Hochweg der Liebe abfielen, dennoch wolle Paulus Wirkungen "sehen", gehörten Geist und Kraft zusammen (vgl. a.a.O., S.285f).

241   W. TRILLHAAS nimmt im dritten Hauptteil seiner Dogmatik im Abschnitt Pneumatologie ausdrücklich die Frage der Charismen und des Enthusiasmus auf (TRILLHAAS, Wolfgang: Dogmatik, Sammlung Töpelmann 1.Reihe/ Bd.3, Berlin 1962, S.405-440).
    Im ersten Kapitel skizziert er kurz die *dogmengeschichtliche Entwicklung* der Geistlehre. Für uns ist die Beobachtung von Bedeutung, daß *im Mittelalter die Lehre vom Hl. Geist bzw. von seinen Gaben und Wirkungen mehr und mehr in die Gnadenlehre übergeht und in ihr versickert.* Hinzu kommt die *Kombination der Lehre vom Geist mit der Lehre vom Wort* in der Reformation, die im Abwehr des Enthusiasmus dem Geistproblem für die Folgezeit seine theologische Selbständigkeit nimmt. Als *Dilemma der Pneumatologie im modernen Protestantismus* betrachtet er: a) *Eine nur in der Trinitätslehre wurzelnde und um deretwillen vorgetragene Geistlehre* führt entweder zu einer *spekulativen Theologie* oder endet in *erbaulichen Sätzen,* in denen der Geist als Element des "Unverfügbaren" in andere Lehrstücke eingeflochten wird. - b) Die Abwehr des Enthusiasmus hat die Kirchen der Reformation tief beeinflußt. *Aus der Angst vor mißbräuchlicher Berufung auf den Geist wurde eine dogmatische Angst*

vor dem Geist, die eine positive Entfaltung lähmte. - c) Die Zurückhaltung vor der Lehre vom Hl. Geist fand eine gewisse Bestätigung im *Schillern des Geistbegriffs selbst.* - d) Die Aufnahme des Geistbegriffs im Idealismus hat die schriftgebundene Theologie vollends mißtrauisch gemacht und zu einem aus dem Gegensatz von Gott und Mensch entwickelten Geistverständnis und damit zur *Unanschaulichkeit* geführt (vgl. a.a.O., S.405-409). -

In der Skizzierung des *biblischen Zeugnisses vom Hl. Geist* stellt er heraus, daß dieser der *Spiritus creator, der Spiritus vivificans,* ist und vor allem das sich in Wundern manifestierende Zeichen der messianischen Heilszeit und daß er das Volk Gottes mit charismatischen Gaben erfüllt (vgl. a.a.O., S.409-410). Als *theol. Grundprobleme* nennt er: a) Die Frage des Verhältnisses der *Gabe des Geistes in den Erdentagen Jesu* zur *Ausgießung des Geistes an Pfingsten.* - b) Die Frage nach dem *Zeitpunkt der Geisterfüllung Jesu* (bei seiner Geburt, oder bei seiner Taufe?). - c) Die *phänomenologische Ähnlichkeit der Machttaten und "Wunder" des Hl.Geistes zu denen der Dämonen und des widerchristlichen Geistes* - die Versuchlichkeit und Mißverständlichkeit des "Zeichens" (Mt 12,38-45); die Problematik als messianischer Ausweis (Joh 3,2); die Relativität zum Glauben (Mt 13,58); die Bedrohung der Reinheit des Glaubens durch das Verlangen nach Wundern (Joh 4,48). - d) Die Frage, *ob Geistbesitz sich nur oder doch im wesentlichen in charismatischen und enthusiastischen Phänomenen äußert, oder (nach derem Abklingen) auch in anderer Gestalt* (z.B. sakramental) bzw. ganz abgesehen von solchen (a.a.O., S.409-413.411).

Im zweiten Kapitel versucht Trillhaas in der Abgrenzung von Mystik und Spiritualismus eine Klärung des Enthusiasmusbegriffs (vgl. a.a.O., S.421-426). Mit *Enthusiasmus* werden "*Zustände vermeintlich unmittelbarer Gotterfülltheit und rauschartigen Getriebenseins*" bezeichnet (a.a.O., S.423). Letzteres fehlt der Mystik. Kennzeichen des Spiritualismus ist mehr die Vergeistigung. Enthusiasmus beruft sich auf unmittelbare Geistwirkungen, Eingebungen, innere Erleuchtungen usw. Er bedeutet per definitionem eine Krise der Kirche. *Enthusiasmus ist immer emanzipatorisch.* Er bedeutet wenn nicht Ablehnung, so doch zumindest Abwertung bzw. Relativierung aller Vermittlung des Heils durch Schrift, Geschichte und geschichtliche Offenbarung. Nicht nur die Kirche, auch die Hl.Schrift, Wort und Sakrament, ja die einmaligen Heilstaten Gottes werden zugunsten neuer Kundgaben und neuer Offenbarungen des Hl.Geistes entwertet. In vielen Fällen bedeute dies, wie z.B. im Montanismus, auch eine inhaltliche Veränderung des Evangeliums. Typisch für enthusiastische Geistmitteilungen ist, daß *diese sich selbst autorisieren und legitimieren.* "Sie leiden keine außer ihnen liegende Kontrolle und Prüfung, etwa und vor allem durch das verbum externum der Schrift" (a.a.O., S.424). Da aber immer damit zu rechnen ist, daß sich der individuelle menschliche Geist, seine Wünsche und Triebe, der Zeitgeist und auch geradezu "unreine Geister" sich als Heiliger Geist ausgeben, *bedürfen* alle solche Ansprüche der subjektiv wirksamer Geistesantriebe *einer Prüfung.* "Solche Ansprüche... müssen in *Übereinstimmung mit dem 'Glauben' der Gemeinde* sein, und das bezieht sich in erster Linie auf den Inhalt, dann aber auch auf die Herkunft und damit auf die Legitimität solcher unmittelbarer Geistzeugnisse" (ebd.). Für Trillhaas steht es außer Zweifel, daß *die Christenheit das Recht und die Pflicht hat,* "*die Geister zu prüfen,* ob sie von Gott sind" (I Joh 4,1; Eph 5,10). Durch den Enthusiasmus aller Zeiten wird sie zu dieser Prüfung herausgefordert. Ohne die *Gabe der Geisterunterscheidung* ist sie wehrlos allen möglichen Täuschungen und eitlen Ansprüchen ausgeliefert. So sehr die UdG den Charismen zugerechnet werden müsse, wird sie sich doch *in keiner Weise geheimnisvoll* betätigen, sondern sich *in souveräner Nüchternheit des Urteils* vollziehen. "Der Geist, der aus dem Wort und durch das Wort gegeben wird, hat in diesem Wort auch sein Kriterium bei sich und er läßt uns daher auch nie im Unklaren über seine Rechtmäßigkeit und Wahrheit" (a.a.O., S.425). Bei aller *Prophetie* ist nach Trillhaas jedoch davon auszugehen, daß sie *insofern über das verbum scriptum hinausgreift, als sie das geschriebene Wort aktualisiert und das "heute! jetzt! Du! hier!" behauptet.* Echte Prophetie werde aber in der Analogie des Glaubens bleiben, sich *nicht grundsätzlich in Widerspruch zum Glauben der Gemeinde* setzen. Das bedeute durchaus, daß sie im Angriff auf den falschen Frieden die Einheit der Gemeinde auf die Probe stellen wird. Eine prinzipielle Sprengung der Einheit und religiös unmittelbare Emanzipation dagegen wecke den Verdacht der Unwahrheit und mahne zur Vorsicht.

Bei aller Zustimmung zu den *berechtigten Argumenten der Reformation* sieht Trillhaas *zwei bleibende Anfragen:* 1) Kann man eine Position vertreten, in der das prophetische Amt, in der der Pfingstgeist keinen Raum mehr haben? Alle Prophetie bedeute Unmittelbarkeit, Pfingsten sei das Fest des Geistes vor aller Schrift. Paulus kritisiere zwar den korinthischen Enthusiasmus, aber sei doch nicht nur negativ. Von daher könne die negative Antwort der Reformation sachlich nicht ganz befriedigen. *Von der Schrift her müsse die Pneumatologie offen bleiben für die Geistesgaben und das Charismatische.* 2) Bei allem konkreten Recht der damaligen Abwehr seien die Reformationskirchen durch diese gelähmt worden. "*Aus der Zaghaftigkeit, die dem Heiligen Geist nicht voll vertraut und sich lieber in jedem Falle auf die media verläßt, ist... eine bevorzugte Achtung vor allem Amtlichen, eine gewisse Überschätzung des Institutionellen zurückgeblieben*" (a.a.O., S.426). Die Souveränität des Geistes bleibe aber in Geltung. "Bei aller Zuversicht dazu, daß Gott seinen Geist zum Worte geben wird, ist doch die Wirkung des Geistes... ganz in das Geheimnis dieses Geistes und seiner verborgenen Macht getaucht. Denn dieser Geist wirkt Glauben, 'ubi et quando visum est Deo' (CA V)" (ebd.).

242 Der Leidener Systematiker H.BERKHOF hat sich immer wieder mit der Pneumatologie befaßt. In einer breiten reformierten Tradition des Nachdenkens über den Heiligen Geist stehend, suchte er wie andere Theologen, die christologischen Grenzen der von Barth zum Objektiven hin geprägten niederländischen Theologie zu überschreiten. Im Vergleich mit den Entwürfen von G.J. Honderdaal, A.A. van Ruler und O. Noordmanns sieht er sich am nächsten bei Barth stehen, aber wie diese auch "um die *Aufgabe* gestellt, "*dem Geist neben Christus, wenn auch in enger Beziehung zu ihm, ein eigenes Wirkungsfeld einzuräumen und damit dem Menschen als Bundesgenossen eine eigene geistgewirkte Kreativität zuzumuten*" (BERKHOF, Hendrikus: Die Pneumatologie in der niederländischen Theologie, in: DILSCHNEIDER, Otto/ Hg.: THEOLOGIE DES GEISTES, Gütersloh 1980, S.25-44.28; vgl. auch: KÄGI, Hansjörg: Der Heilige Geist in charismatischer Erfahrung und theologischer Reflexion, Zürich 1989 /Zugl.: Basel, Univ., Diss., 1987, S.122-139; GERBER, Uwe: Nachtrag zur neueren Diskussion, in: BERKHOF, Hendrikus: Theologie des Heiligen Geistes, Neukirchen-Vluyn 1968/ 1988², S.141-178).

Die Auseinandersetzung in der Pneumatologie zwischen Barth und den Niederländern ist zugleich eine *Auseinandersetzung zwischen einer christozentrischen, modalistischen und einer trinitarischen Pneumatologie.* H. Berkhof entwickelte seine Pneumatologie revolutionär modalistisch und rückt zunächst binitarisch und später unitarisch von der Personvorstellung ab (vgl. LIN, Hong-Hsin: "Wer ist der Heilige Geist" in der Pneumatologie H. Berkhofs?, in: EvTh 51/1991, S.259-270).

H. Berkhof versucht in seinen pneumatologischen Denkbemühungen auf eine dynamische Mitte zwischen verengter Christozentrik und subjektivem, normlosem Spiritualismus zuzustoßen. In seinem frühen Hauptwerk "Theologie des Heiligen Geistes" entfaltet Berkhof vom Ansatz einer "pneumatischen Christozentrik" (H. Kägi) her in Einzelkapiteln die Aspekte "Der Geist und Christus" (I), "Der Geist und die Sendung" (II), "Der Geist und die Kirche" (III), "Der Geist und der Einzelne" (IV), "Der Geist, die Welt und die Vollendung" (V), "Der Geist und der dreieinige Gott" (VI).

Im vierten Kapitel handelt er ausführlich von Rechtfertigung und Heiligung und dem *Erfahrungsaspekt* des Glaubens. Er bejaht einen relativen syllogismus practicus bzw. ethicus als eine Art secundarium adminiculum (vgl. a.a.O., S.90-96). Dagegen lehnt er einen syllogismus mysticus als Element der Vergewisserung ab, weil er das Relationsdenken der Reformatoren für angemessener hält als das röm.-kath. Substanzdenken. Grundlegend sei die glaubende Ausrichtung von uns weg auf Christus, den Gekreuzigten und Auferstandenen. "Nur wenn wir uns samt allen unseren Erfahrungen vergessen und unseren Erretter selbst ans Werk lassen, kommt es zu... Erfahrungen der Erneuerung" (a.a.O., S.96).

Im Unterschied zur traditionellen Dogmatik, die hier schweigt, versucht Berkhof, den Aspekt einer "*dritten Gabe*" neben Rechtfertigung und Heiligung, eine *Erfüllung und Taufe mit dem Heiligen Geist*, wie sie in der Pfingstbewegung gelehrt wird, auch positiv aufzunehmen (vgl. a.a.O., S.97-106).

243 TAYLOR, John Vincent: Der Heilige Geist und sein Wirken in der Welt, Düsseldorf 1977, S.218-244

Die *zentrale Aussage* der Pfingstchristen, *daß die Gabe des Geistes das menschliche Leben wirklich qualitativ umgestaltet und intensiviert* sieht Taylor *durch das ganze Gewicht des Neuen Testaments* bestätigt. Er bejaht die Kennzeichnung der Geisterfahrung als "*Taufe*", nicht folgen kann er jedoch dem Bestehen auf der Zungenrede als notwendigem und normalem Zeichen. Der Heilige Geist wird ferner zu sehr als übermenschliche Kraft und Weisheit betrachtet, die dem Gläubigen, wenn nötig, zu Hilfe kommt. Auch sieht er eine *verfehlte Betonung des Singulars* (der Hl. Geist als Privatbesitz des einzelnen) anstelle des Plurals ("wo zwei oder drei") gegeben. Ferner erliege die PB ebenso wie Katholiken und Protestanten auf ihre Weise der *Versuchung, das freie Wirken des Gottesgeistes "in ein System zu bringen, die Bedingungen seines Kommens und die Zeiten seiner Anwesenheit genau festzulegen*" (a.a.O., S.220). Taylor hält die Zeit für gekommen, in der alle positiven Elemente der PB aufgenommen und berücksichtigt werden müssen, soll es auf irgendeinem Gebiet des kirchlichen Lebens weitergehen (a.a.O., S.221). Er macht auf den engen *Zusammenhang zwischen Geistempfang und außerordentlichem Begabtsein und Wirken* bei Lukas aufmerksam. Von Paulus her hält er den *Übergangscharakter der Charismen* gegenüber Glaube, Hoffnung und Liebe fest, die eine andere Dauerhaftigkeit haben. Die Fülle des Geistes wird hauptsächlich am *neuen und tiefen Gespür der Gemeinde für die Wirklichkeit Gottes und Jesu Christi* erkannt. Wenn Gott und Jesus Christus gegenwärtig sind, könne den Gläubigen nichts mehr fehlen. Leben im Geist ist von *völliger Selbstlosigkeit* gekennzeichnet. Trotzdem benötigen wir nach Taylor dringend eine Wiederentdeckung der Charismen. Jeder Christ sollte seine eigene Gabe besitzen. Die Freiheit der Kindschaft sollte nicht nur ein

Rechtstitel, sondern Erfahrungstatsache sein. Lieber nenne man es zu Unrecht "zweiten Segen" und lasse sich von der Wirklichkeit des neuen Lebens in Christus ergreifen, als daß man aus Sorge um die reine Lehre sich ihrer Substanz beraube. Auf keinen Fall sollte man jedoch vom Heiligen Geist als von einer magischen Kraft sprechen, die uns Gott gibt, um uns zu "erfolgreichen Christen" zu machen. Eine Unterscheidung von natürlichen und übernatürlichen Gaben weist Taylor mit Paulus ab. *Alle Gaben sind wunderbar und durch eine gewisse Spontaneität gekennzeichnet. Sie sind unberechenbar, aber nicht unbegreiflich und wichtiger noch, sie sind untereinander verbunden* (vgl. a.a.O., S.222f). - Im weiteren wendet sich Taylor dann exegetischen, kirchengeschichtlichen und gegenwartsbezogenen Aspekten der Charismata Heilung, Exorzismus, Prophetie und Zungenrede zu (vgl. a.a.O., S.223-244). Was die *Zungenrede* angeht, sieht er zwei verantwortliche Faktoren für die Manifestation der Spontaneität und der emotionalen Reaktion. *Negativ* kann Zungenrede "ein leidenschaftlicher Ausdruck der Sorge um sich selbst" sein, also *Selbstzentriertheit* (a.a.O., S.242). *Positiv* ist das ständige Verlangen nach charismatischen Gaben aber auch als *Bemühen um menschliche Ganzheit* zu werten, die auch die verborgenen irrationalen Bereiche der Wirklichkeit einschließt (a.a.O., S.243).

(Zu J.V. Taylors Ansatz, Sprache und Verständnis von Geist vgl. auch BINYON, Pamela M.: The Concept of 'Spirit' and 'Demon'. A Study in the Use of different Languages describing the same Phenomena, Studien zur interkulturellen Geschichte des Christentums 8, Frankfurt a.M./ Bern/ Las Vegas 1977, S.83-99.101-111).

244 H. THIELICKE setzt in seiner Dogmatik "DER EVANGELISCHE GLAUBE" methodisch bewußt beim Heiligen Geist ein, um die Frage der Aneignung und Vergegenwärtigung des Heils zu beantworten (vgl. THIELICKE, Helmut: DER EVANGELISCHE GLAUBE, Bd.I: Prolegomena. Die Beziehung der Theologie zu den Denkformen der Neuzeit, Tübingen 1968, S.164-303). Dabei wendet sich Thielicke gegen die von ihm so genannte "cartesianische" Theologie und ihren anthropologischen Ansatz. Nicht durch einen gegebenen Existenzstatus wird das Wort Gottes angenommen, sondern durch das Geistwunder schafft dieses als Tatwort die alte Kreatur um und schafft selbst die Bedingungen seiner Annahme. Nicht wir ziehen Gott und sein Wort in unsere Existenz hinein, sondern treten in der Wiedergeburt uns selbst gegenüber und werden in Gottes Geschichte einbezogen (vgl. a.a.O., S.300ff). Der Heilige Geist bewirkt eine neue Analogie zwischen Gott und Mensch und führt zur "Hermeneutik des Heiligen Geistes". Gott teilt sich selbst mit und in diesem Geschehen von Offenbarung wird der Mensch durch das Geistzeugnis in die Teilnahme an der Selbsterkenntnis Gottes versetzt (vgl. THIELICKE, Helmut: DER EVANGELISCHE GLAUBE, Bd.III: Theologie des Geistes - Der dritte Glaubensartikel. Die Manifestation des heiligen Geistes im Wort, in der Kirche, in den Religionen und in den letzten Dingen, Tübingen 1978, S.11-16).

Thielicke stellt seine pneumatologischen Ausführungen unter den Gesichtspunkt des Geistes als der "unverfügbaren Macht der Vergegenwärtigung" (a.a.O., S.7). Im ersten Teil handelt er zunächst vom *Heiligen Geist* als dem *Grund von Glaube, Hoffnung und Liebe*, um dann auf die *Wirkungen der Geistesmacht* zu sprechen zu kommen (vgl. a.a.O., S.16-102.102-124). Im zweiten Teil befaßt er sich mit der Worthaftigkeit des Geistes, dem *"Mittel" der Vergegenwärtigung* (vgl. a.a.O., S.125-263). Die weiteren Teile betreffen die Kirche als *"Gestalt der Vergegenwärtigung"* (a.a.O., S.265-399), die *"Exklusivität der Vergegenwärtigung"*, i.e. das Verhältnis des Evangeliums zu den Religionen (vgl. a.a.O., S.401-502) und die Eschatologie als *"Überbietung der Vergegenwärtigung"* (vgl. a.a.O., S.503-623).

Thielickes Pneumatologie ist von der reformatorischen Grundentscheidung der *engen Zuordnung von Wort und Geist* bestimmt, was im Blick auf enthusiastisch-charismatische Frömmigkeit sofort als kritisches und begrenzendes Moment wirkt. Bereits in seiner "Vorausorientierung" schreibt er zur Gemeinsamkeit der verschiedenen biblischen Geistaussagen: "Sie sehen im Pneuma die Präsenz Gottes selbst. Und so gewiß sich Gott erschlossen hat und uns als der Immanuel, als der Gott-mituns, begegnen will, bleibt das Pneuma zugleich an das Wort gebunden, durch das sich jene Selbsterschließung vollzieht. Insofern hat es je*de Theologie des Geistes mit der Alleinwirksamkeit des Wortes, des 'geisthaltigen' Wortes zu tun*. Das Pneuma sagt nichts Zusätzliches über das Wort hinaus. Das Wort bleibt das Vehikel des Geistes. Und der Geist begegnet uns als die Macht, durch die sich das Wort erschließt, bei uns 'ankommt'" (a.a.O., S.3; vgl. S.16-38.128-132). Eine Emanzipation des Pneuma vom Wort kann es nicht geben.

Die Betonung der *Nichtintegrierbarkeit des Geistes* ist ein weiteres enthusiasmuskritisches Moment bei Thielicke. Gegen die Vereinnahmung des Geistes als "Besitz" schreibt er: "Genausowenig, wie Gott mit uns identisch wird, sondern auch als der Immanuel, als der sich uns zuwendende Herr, der *Andere* bleibt, so ist auch *der Geist Gottes die Macht eines extra nos, die uns beruft und erleuchtet, aber als erleuchtende niemals ein inneres Licht wird, das sich in unserem Inneren etabliert und die Emanzipation treibt"* (a.a.O., S.39-43.43). - Weiter verweist Thielicke auf die christologische Bindung des Geistes: *"Genauso, wie Christus im Gegenüber zu mir ist und bleibt, so auch der Geist, sein Geist. Wir stehen zu beidem in der Nähe und in der Ferne, in dem Schon und Noch-nicht des Glaubens"* (a.a.O.,

S.43-46.46). - *"Es geht nicht um eine unio mystica mit dem erhöhten Christus, sondern um die Eingliederung in das von ihm repräsentierte Heilsgeschehen"* (a.a.O., S.49). - Insbesondere wendet sich Thielicke gegen das "substanzielle" Mißverständnis des Heiligen Geistes wie es bei Osiander (vgl. a.a.O., S.52-62), aber auch in perfektionistischen Theorien der Heiligungsbewegung zu finden ist. Hiergegen hat sich Thielicke ausführlich bereits in seiner Ethik ausgesprochen (er bezieht sich dabei auf O.S.v. Bibra und Ch.G. Finney) und das lutherische "simul justus ac peccator" verteidigt (vgl. THIELICKE, Helmut: Theologische Ethik, Bd.I: Prinzipienlehre. Dogmatische, philosophische und kontroverstheologische Grundlegung, Tübingen 1965³, S.163-187). Die Kritik an Osiander betrifft den Kernvorgang, daß das Gegenüber des rechtfertigenden Gottes und das extra me seiner Gerechtigkeit zurücktritt zugunsten einer dem Menschen inhärierenden Qualität (vgl. Theologische Ethik, Bd.1, S.162f).

Wenn auch nur kurz und eher traditionell, so handelt Thielicke in der zweiten Hälfte des ersten Kapitel seiner Theologie des Geistes unter der Überschrift "Die Wirkung der Geistesmacht" auch von den *Charismata* und bedenkt dabei zumindest knapp auch die Frage der Scheidung der Geister (Der Evangelische Glaube, Bd.III, S.102-115.111-113).

Zu Fragen der *Glossolalie* und *Geistestaufe* hatte sich Thielicke schon früher sehr kritisch geäußert: THIELICKE, Helmut: Gespräche über Himmel und Erde. Begegnungen in Amerika, Stuttgart 1964, S.124-135. - Dort finden sich bereits Grundlinien seiner Ausführungen in "Der Evangelische Glaube, Band III". Das Verhältnis zum Heiligen Geist kann nicht durch das Possessiv-Verbum "haben", sondern nur durch ein Warten und Bitten (Veni creator spiritus!) zum Ausdruck gebracht werden. Thielicke sieht die Gefahr einer letzten dämonischen Verkehrung, die sich gegen die Rechtfertigung aus Glauben allein richtet: "Wir haben nicht die Verheißung, daß es irgend etwas zwischen Himmel und Erde gäbe, durch das der Glaube an das rechtfertigende Wort überboten werden könnte. Das einzige, was dieses Mehr-als-Glaube enthält, ist das Schauen. Das Schauen aber ist ein eschatologischer Akt... Solange wir in dieser Weltzeit leben, ist der Glaube das Letzte. Und dieser Glaube ist dadurch charakterisiert, daß er niemals nur Glaube *an* etwas ist (nämlich an jenes rechtfertigende Wort Gottes: Du bist mir recht - trotz allem, was du de facto bist), sondern er ist stets auch Glaube *gegen* etwas (gegen den Augenschein, der Gottes Macht und Gerechtigkeit verhüllt und unter der Decke des Kreuzes verborgen sein läßt). Der Glaube bleibt deshalb immer angefochtener Glaube... Wer aber den Heiligen Geist von dem glaubenerweckenden Wort *löst*, möchte *mehr* als bloßen Glauben. Er möchte das ihn ausfüllende oder das ihn auslöschende Erlebnis. Er will sich nicht damit begnügen, das Wort lasse sich ankommen zu lassen, damit es ihn am Ort seiner Pilgrimschaft und inmitten der Weltfremde tröste, stärke und ihm seiner Verheißungen gewiß mache, sondern er möchte, daß ihn der Geist aus Raum und Zeit *entführt*, ihn ekstatisch sich selbst entreißt und ihm ein vorzeitiges Schauen schenkt. So kann in diesen Ekstasen eine Schmähung des Wortes liegen, eine Hybris, die in die Erfüllung drängt, weil ihr die Verheißung zu wenig ist. Luther hat diese Form der Ekstase, die doch nur ein sublimes Hangen an sich selbst ist und auf Erfüllung und Steigerung des eigenen Ich drängt, immer wieder als den dämonischen Gottesdienst des frui deo (des illegalen Gottesgenusses) bezeichnet. Damit hat er drastisch und prägnant zum Ausdruck gebracht, worum es dem Menschen *wirklich* geht: um sich selbst, um sein frommes Fleisch und sonst nichts. Das aber ist dann die genaue Gegenbewegung zu dem, was die 'Rechtfertigung aus dem Glauben' wirklich will. Denn das Geheimnis dieser Rechtfertigung liegt darin, daß die Blickrichtung des Menschen geändert wird..." (Gespräche über Himmel und Erde, S.132f).

245 G. EBELING behandelt im dritten Band seiner Dogmatik die Pneumatologie in ihrer engen Verbindung mit der Eschatologie, wobei er sich an *reformatorischen Fundamentalunterscheidungen* orientiert (vgl. EBELING, Gerhard: Dogmatik des christlichen Glaubens, Bd.III: Der Glaube an Gott den Vollender der Welt, Tübingen 1982², S.3-60.49-60).

In seiner Darstellung streift Ebeling auch Fragen des *Enthusiasmus* und der Charismatik. So zeigt er z.B. in seiner Einführung die *große Nähe von profanem und religiösem Geistgeschehen* im ekstatischen Moment, in der Transzendierung zu einem Höheren hin auf (vgl. a.a.O., S.22f). Danach skizziert er Pneumatologie und Eschatologie als Quelle der Häresie und als *Infragestellung der kirchen- bzw. wortgebundenen Lösung des Geistproblems* (a.a.O., S.25-28). Katholische wie evangelische Kirche haben den religiösen Subjektivismus stets abgewiesen. Anstatt sich auf *das unverfügbare Wehen und Wirken des Geistes* zu verlassen, hat sich die Großkirche mit zunehmender Etablierung gegen das Unverfügbare und Unberechenbare *durch Tradition und Buchstaben, durch Dogma und Kirchenrecht* abgesichert. Im Mönchtum wurden domestizierte Formen von Geistspiritualität und eschatologischem Eifer des Einzelnen und Gruppen geduldet (vgl. a.a.O., S.27). Prinzipielle Infragestellungen wurden dagegen scharf bekämpft. Immer wieder stand in der Geschichte die offizielle Kirche und Theologie im *Streit mit Bewegungen, die mit leidenschaftlichem Enthusiasmus und eschatologischer Glut urchristliche Realitäten zur Geltung bringen wollten.* Vom Vorbild der Urkirche her kritisierten sie vorfindliche Kirchlichkeit, stellten die Antithetik von Welt und Kirche heraus und kämpften für das Ideal der apostolischen Armut. Auch wenn die Vorwürfe oft viel Verworrenheit und Widersprüchliches enthielten, so dürfe doch der Protest, "das Christentum habe sich den Weltverhältnissen angepaßt und seine weltverändernde Kraft eingebüßt, es sei sein eigener gefährlichster Gegner, der unter dem Schein des Christlichen das Christliche abschafft" nicht einfach beiseitegeschoben werden. Es drohe nicht nur die Gefahr eines solchen christlichen Realitätsverlusts, sie habe schon immer ihre Opfer gefunden: Geist erstarrte zu Buchstaben, das Eschatologische wurde durch das Geschichtliche ersetzt (vgl. a.a.O., S.28).

In seinen Ausführungen über das "Wesen und Walten des heiligen Geistes" geht Ebeling der Begriffsgeschichte nach und skizziert die Züge der urchristlichen Geisterfahrung und die *paulinische Lehre vom heiligen Geist* (vgl. a.a.O., S.94-109). Bei Paulus sieht Ebeling den Schnittpunkt aller theologischen Problemlinien im diakritischen Sinn. "In dem chaotischen Gewoge des Geistgeschehens im Zeichen des Christusglaubens wurden nun klärende Kriterien aufgestellt. Dadurch erhielt das Spezifische des christlichen Geistverständnisses allererst Profil" (a.a.O., S.102). Von Paulus her nennt Ebeling als entscheidende *Kriterien* des Geistes: a) den Christusbezug, b) den Glaubensbezug, c) den Humanbezug (vgl. a.a.O., S.102-109).

Im Zusammenhang mit Überlegungen zum Zeitgeist skizziert Ebeling den *Heiligen Geist als "die Kraft des Unterscheidens"* selbst (EBELING, G.: Heiliger Geist und Zeitgeist. Identität und Wandel in der Kirchengeschichte, in: ZThK 87/1990, S.185-205). - Zur Frage der Fundamentalunterscheidungen vgl. auch: EBELING, Gerhard: Das rechte Unterscheiden. Luthers Anleitung zu theologischer Urteilskraft, in: ZThK 85/1988, S.219-258.

246 W. JOEST geht im ersten trinitarisch gestalteten Band seines Lehrbuchs im dritten Kapitel auch auf besondere Geisteswirkungen und enthusiastisch-charismatische Bewegungen ein (JOEST, Wilfried: Dogmatik, Bd.1: Die Wirklichkeit Gottes, UTB 1336, Göttingen 1984, S.274-316.289-302). Er bewertet diese Bewegungen als Symptome von Defiziten in Lehre und Leben, auch wenn sie zur Sektenbildung führten und fragwürdige Theologumena entwickelten, wie: Empfang von direkten Geistoffenbarungen, die über das Christuszeugnis der Schrift hinausreichen; Wiederbelebung enthusiastischer Phänomene und Beanspruchung derselben als exklusives Merkmal der Geistbegabung; Emanzipation vom biblischen Wort und der kirchlichen Gemeinschaft (a.a.O., S.275).

247 Hatte J. Moltmann die "Theologie der Hoffnung" vom Akzent der "Auferstehung des Gekreuzigten" her entwickelt und in "Der gekreuzigte Gott" den Blick auf das "Kreuz des Auferstandenen" gelenkt, nahm er in "Kirche in der Kraft des Geistes" den *Aspekt der messianischen Geschichte des Geistes und der charismatischen Kraft seiner Gemeinde* auf (vgl. MOLTMANN, Jürgen: Kirche in der Kraft des Geistes. Ein Beitrag zur messianischen Ekklesiologie, München 1975, S.14). Mit dieser Ekklesiologie wollte Moltmann Impulse geben, von der "Betreuungskirche für das Volk" wegzukommen in Richtung auf eine "Gemeinschaftskirche des Volkes Gottes" im messianischen Horizont, in der Gegenwart des Geistes. "Gerade wenn sich die Kirche im Glauben an Christus und in der Hoffnung auf das Reich als messianische Gemeinschaft versteht, dann wird sie folgerichtig ihre Gegenwart und ihren Weg in der Gegenwart und im Prozeß des Heiligen Geistes verstehen" (a.a.O., S.222). Von der Gegenwart des Geistes her entfaltet Moltmann die klassischen Topoi der "Heilsmittel" und der "Ämter" der Kirche als "Vermittlungen und Dienste der messianischen Gemeinschaft in der Welt" (ebd.). Als solche "können sie nicht klerikal mißverstanden werden und dürfen auch nicht allein im inneren Wechselverhältnis zwischen Christus und Kirche, bzw. Kirche und Christus, dargestellt werden. Als Vermittlungen und Kräfte des Heiligen Geistes führen sie die Kirche über sich selbst hinaus in die Leiden der Welt und in die Zukunft Gottes" (a.a.O., S.223).

In seinen kurzen Ausführungen zu den Charismen innerhalb des Kapitels "Die Kirche in der Kraft des Heiligen Geistes" (a.a.O., S.316-362.321-326) folgt Moltmann im wesentlichen E. Käsemanns Aufsatz "Amt und Gemeinde im Neuen Testament".

248 Kirche in der Kraft des Geistes, S.325.326.

249 Von seiner Konzeption einer "sozialen Trinitätslehre" herkommend, wie er sie in seinem Buch "Trinität und Reich Gottes" entwickelte (MOLTMANN, Jürgen: Trinität und Reich Gottes. Zur Gotteslehre, München 1986[2]), schreitet Moltmann auf eine Darstellung des Wirkens des Heiligen Geistes in seiner relativen Eigenständigkeit weiter. Dabei nimmt er den Christozentrismus der reformatorischen und dialektischen Theologie in den größeren trinitarischen Rahmen der Gotteslehre auf.

Person und Wirken des Heiligen Geistes in ihrer relativen Selbständigkeit entfaltet Moltmann unter dem Aspekt des "Lebendigwerdens" und der "Heiligung des Lebens" (MOLTMANN, Jürgen: Der Geist des Lebens. Eine ganzheitliche Pneumatologie, München 1991). Dabei geht er davon aus, daß

Christi Wirken nicht ohne das Wirken des Geistes ist, auf das es zielt, daß aber das Wirken des Geistes vom Wirken Christi unterscheidbar bleibt und nicht in ihm aufgeht. "Das Wirken des Geistes Gottes geht, wie das Alte Testament zeigt, dem Wirken Christi voran; es geht, worauf das Neue Testament hinweist, über das Wirken Christi hinaus. Es bezieht das befreiende und erlösende Wirken Christi auf das Leben, das überall aus seiner Quelle strömt und vom 'Geist des Lebens' bewegt wird, denn es ist dieses Leben, das befreit und erlöst werden soll. Das Wirken des lebendig-machenden und lebensbejahenden Geistes Gottes ist universal und in allem wiederzuerkennen, das dem Leben dient und seinen Zerstörungen wehrt. Dieses Wirken des Geistes ersetzt das Wirken Christi nicht, sondern macht es universal relevant" (a.a.O., S.10).

Neben dem theologischen Verständnis nennt Moltmann ausdrücklich die "*Erfahrung des bejahten und geliebten Lebens*" als weiteren Zugang zu seinem Entwurf. Ihm schwebt eine Theologie vor, die aus der Erfahrung des Lebens entsteht, ähnlich dem Gegenentwurf F.Chr. Oetingers zum Mechanismus der Aufklärung "Theologia ex idea vitae deducta" (1765) (vgl. a.a.O., S.11f).

Im einführenden Kapitel wendet sich Moltmann *gegen eine einseitige Bindung des Geistes an das Wort* und tritt für ein *Wechselverhältnis* und eine *Ausweitung des Wortbegriffs* ein. "Der Geist reicht in seinen Wirkungen weiter als das Wort. Die Erfahrungen des Geistes äußern sich nicht nur in den Worten der Sprache, sondern sind so vielfältig wie es die sinnliche Wirklichkeit selbst ist. Es gibt auch nonverbale Ausdrucksformen des Geistes. Die Einwohnung des Geistes in 'unseren Herzen' geht tiefer als die Schicht des Bewußtseins in uns. Es erweckt alle Sinne, durchdringt auch das Unbewußte und den Körper und macht ihn lebendig (I Kor 6,19-20). Vom Geist geht eine neue Energie für das Leben aus. Die einseitige Bindung an das Wort unterdrückt diese Dimensionen. Die nichtverbalen Dimensionen zeigen ihrerseits, daß das Wort an den Geist, der Geist aber nicht an das Wort gebunden ist, und daß Geist und Wort in einem Wechselverhältnis stehen, das nicht exklusiv und auch nicht nur intellektuell aufgefaßt werden darf" (a.a.O., S.15f). - (Im Zusammen-hang von Ausführungen über "Die Christenheit in der Gemeinschaft des Geistes" schreibt Molt-mann: "Die Kirche geht aus dieser Wechselwirkung zwischen dem Sohn und dem Geist, dem Geist und dem Wort hervor. Wenn man diese Wechselseitigkeit ihrer Beziehungen und ihres Wirkens er-kennt, verbietet sich der geistvergessene Verbalismus protestantischer Fundamentalisten ebenso wie der wortvergessene Spiritualismus der... pfingstlichen Bewegung"; a.a.O., S.245).

Weiter geht es Moltmann um die "*Überwindung der falschen Alternative* zwischen der *göttlichen Offenbarung* und *menschlichen Erfahrung* des Heiligen Geistes" wie sie die dialektische Theologie vertreten hat (vgl. a.a.O., S.17-20). Barth hat mit der Entgegensetzung von Offenbarung und Erfah-rung nach Moltmann nur einen theologischen Transzendentalismus gegen einen theologischen Immanentismus gesetzt, während nach Moltmanns Sicht das wirkliche Phänomen "weder in der Immanenz noch in der Transzendenz des Geistes, weder in der Kontinuität noch in der Diskontinui-tät, sondern in Gottes *Immanenz* in der menschlichen Erfahrung und in der *Transzendenz* des Menschen in Gott" liegt (a.a.O., S.20). "Weil Gottes Geist im Menschen ist, ist des Menschen Geist selbsttranszendent auf Gott angelegt. Wer Offenbarung und Erfahrung zu Alternativen stilisiert, en-det bei unerfahrbaren Offenbarungen und offenbarungslosen Erfahrungen. Die Neubegründung der auf die Zukunft orientierten Eschatologie durch die 'Theologie der Hoffnung' setzt das platonische Zeit-Ewigkeits-Schema... außer Kraft und entwickelt Eschatologie als den Erwartungsho-rizont für die geschichtliche Erfahrung des Geistes Gottes. Der Heilige Geist ist nicht nur die subjektive seite der Selbstoffenbarung Gottes und der Glaube ist nicht nur das Echo des Wortes Gottes im menschlichen Herzen. Der Heilige Geist ist noch viel mehr die Kraft der Totenaufer-weckung und der Neuschöpfung aller Dinge, und der Glaube ist der Anfang der Wiedergeburt der Menschen zum neuen Leben. Das aber heißt: Der Heilige Geist ist überhaupt nicht nur eine Frage der Offenbarung, sondern auch eine Frage des Lebens und seiner Quelle" (ebd.).

Im Blick auf die *Schöpfung des Daseins* hatte Moltmann bereits Person und Wirken des Vaters unter dem Aspekt der relativen Eigenständigkeit aufgegriffen (MOLTMANN, Jürgen: Gott in der Schöpfung. Ökologische Schöpfungslehre, München 1985). Dabei geht er von der "Einwohnung" des göttlichen Schöpfungsgeistes aus, dem Ziel hat, "die ganze Schöpfung zum *Haus Gottes* zu machen. Voraussetzung hierzu ist die "soziale Trinitätslehre", mit der Moltmann vom Prinzip der gegenseitigen Durchdringung her versucht, die Gegenüberstellung von Subjekt und Objekt im Gottes- und Weltverständnis zu überwinden. "Gott der *Schöpfer* von Himmel und Erde ist in jedem seiner Geschöpfe und in der Schöpfungsgemeinschaft durch seinen *kosmischen Geist* präsent" (a.a.O., S.28).

250 Nach Ausführungen zu "Erfahrungen des Geistes" als Lebenserfahrung, als geschichtlicher und trinitarischer Erfahrung im ersten Teil (Der Geist des Lebens, S.29-90) behandelt Moltmann im zweiten Teil "Das Leben im Geist" als Aspekte der einen Gabe des Heiligen Geistes - nach Ab-schnitten über den "Geist des Lebens", "Die Befreiung zum Leben", "Die Rechtfertigung des

Lebens", "Die Wiedergeburt zum Leben" - auch *"Die charismatischen Kräfte des Lebens"* (a.a.O., S.91-227.194-210) und schließt mit einem Abschnitt "Theologie der mystischen Erfahrung".

Passagen, die für die Frage des Charismatischen relevant sind, finden sich auch in Moltmanns *"messianischer" Christologie* (MOLTMANN, Jürgen: Der Weg Jesu Christi. Christologie in messianischen Dimensionen, München 1989), vor allem im Abschnitt über die messianische Sendung Christi, die im weiten Rahmen des gesamten Weges Jesu Christi gesehen wird. Moltmann skizziert darin eine Geist-Christologie, reflektiert die Geist-Geburt und Geist-Taufe Christi und kommt im Zusammenhang mit Ausführungen über "Das Evangelium vom Reich Gottes an die Armen" und die "Annahme der Ausgestoßenen - Aufrichtung der Erniedrigten" auf die "Heilung der Kranken - Austreibung der Dämonen" zu sprechen (vgl. a.a.O., S.92ff). Weitere Erwähnung findet der Geist in Zusammenhang mit der eschatologischen Auferstehung Christi (a.a.O., S.270ff.286ff) und dem kosmischen Christus als Grund der Schöpfung (a.a.O., S.311ff). Wie mit anderen Arbeiten will Moltmann auch mit seiner messianischen Christologie - angesichts der Konflikte der modernen Zivilisation, der atomaren Bedrohung, der ökologischen Krise und der Verelendung der Dritten Welt - zur aktiven Antizipation des Reiches Gottes animieren. So endet er mit einem Zitat von der 4.Vollversammlung des ÖRK (Uppsala 1968): "Im Vertrauen auf Gottes erneuernde Kraft rufen wir euch auf: Beteiligt euch an der Vorwegnahme des Reiches Gottes und laßt heute schon etwas von der Neuschöpfung sichtbar werden, die Christus an seinem Tag vollenden wird" (a.a.O., S.366).

251 Der Geist des Lebens, S.194f

252 a.a.O., S.196

253 a.a.O., S.197

254 vgl. a.a.O., S.198

255 a.a.O., S.199

256 a.a.O., S.200

257 ebd.

258 a.a.O., S.202-205.202

259 a.a.O., S.203

260 a.a.O., S.204

261 a.a.O., S.205-207.206.207

262 WELKER, Michael: Gottes Geist. Theologie des Heiligen Geistes, Neukirchen-Vluyn 1992

M. Welker möchte zu einer *"realistischen" Wahrnehmung des Heiligen Geistes* anleiten, die Verzerrungen seines Wirkens durch theologische Modelle vermeidet. Welker sieht Theologie und Frömmigkeit in drei Denkformen gefangen: 1) in der alteuropäischen Metaphysik; 2) im dialogistischen Personalismus; 3) im Sozialmoralismus (vgl. a.a.O., S.49-57).

Gegenüber der metaphysischen "Ganzheitlichkeit" gibt eine *"realistische Theologie"* (so Welkers Programmformel) die Illusion auf, "von einem einzigen Bezugssystem aus über Gott und Gottes Macht disponieren zu können" (a.a.O., S.55) und sucht *Gottes Lebendigkeit und Freiheit in einer Vielzahl von Lebenskontexten und Lebenszusammenhängen.* - Im Blick auf den dialogistischen Ansatz gibt eine "realistische Theologie" die Illusion auf, "nach Maßgabe der je individuell konkretisierten Intimitätsvorstellungen und der danach aufgebauten Abstraktionen (Ich-Du-Modell) Gottes Wirklichkeit ausschöpfen zu können. Sie kritisiert auch den haltlosen Versuch, das Ich-Du-Modell durch Kontrastierung und 'dialektische' Vermittlung mit naiven Objektivitätsvorstellungen (Subjekt-Objekt-Modell) zu erweitern und zu verbessern" (ebd.). Die Kategorie der Person-zu-Person-Beziehung eignet sich nicht zur Weltwahrnehmung. - Im Blick auf den Sozialmoralismus bedeutet eine "realistische Theologie" die Aufgabe der Illusion, "Gottes Wirklichkeit mit der Verfaßtheit eines moralischen Marktes, mit seiner Flexibilität und Verbindlichkeit zu verwechseln. Sie ist sich der Korrumpierbarkeit auch der edelsten und höchsten Erfahrungen, Wertvorstellungen und Ziele durch menschliche Eigensucht und entsprechende perspektivische Verzerrung bewußt" (a.a.O., S.56).

Die realistische Theologie des Heiligen Geistes zielt auf *neue Sensibilität für Gottes Macht und Gegenwart* in den vielgestaltigen Lebens und Zeiterscheinungen. Sie beschreibt die Ausgießung des Geistes als befreiendes und weltüberwindendes Wirken, das auf die Präsenz Gottes inmitten der Schöpfung ausgerichtet ist.

Für die Fragestellung von "Charisma und Unterscheidung" relevant sind: die *kurze Darstellung der weltweiten charismatischen Bewegung* (a.a.O., S.20-27); der biblische Berichte referierende *Abschnitt über die "Kenntlichmachung von bösen Geistern und Lügengeistern"* innerhalb des 2.Teils "Frühe und undeutliche Erfahrungen der Macht des Geistes" (a.a.O., S.87-100); Teilaspekte der Ausführungen über *"Dämonenaustreibungen"* im 3.Teil "Jesus Christus und die konkrete Gegenwart des Geistes" (a.a.O., S.185-206) - (Welker versucht, die "Realität der Besessenheit" im Anschluß an Käsemann nicht auf seelische und geistige Krankheitszustände reduziert, sondern die ntl. Berichte in ihrer "metaphysische Tiefe und kosmische Weite" zu verstehen und strukturell zu erfassen - wobei er vor allem auf die Beeinträchtigung der geschöpflichen Möglichkeiten abhebt); die Passage über "Glaube und Hoffnung als *öffentliche Kraftfelder*", in der er auch auf die Charismen eingeht (a.a.O., S.224-231); der Abschnitt über "Zungenrede und Inspiration der Schrift" (a.a.O., S.246-258).

Im Blick auf die außerordentlichen Phänomene charismatischer Frömmigkeit gesteht Welker zu, daß sie in der biblischen Überlieferung Anhalt haben, merkt aber kritisch an: "Statt sich von ungewöhnlichem, sensationellem Geistwirken besetzen zu lassen, sollte eine Theologie des Heiligen Geistes auf ein Verstehen der nüchtern und realistisch wahrnehmbaren Erfahrungen des Geistes hinarbeiten und erst von dort her umsichtig in Richtung auf das spektakuläre Wirken des Geistes hin weiterfragen. Dabei ist nicht auszuschließen, daß am Ende das geistgewirkte Zungenreden etwa als weniger komplex und erstaunlich erscheint als z.B. die Tatsache, daß der Heilige Geist Gerechtigkeit, Freude und Frieden wirkt (a.a.O., S.27).

263   TRE: vgl. etwa die Artikel: "Charisma", in: TRE, Bd.7, S.681-693; "Geist/ Heiliger Geist/ Geistesgaben", in: TRE, Bd.12, S.170-254 u.a.m.; **EKL³:** vgl. etwa die Artikel: "Assembleias de Deus no Brasil", "Charisma", "Charismatische Bewegung", in: EKL³, Bd.1, S.292-295.641-644.644-648 u.a.m.; **TRT²:** vgl. etwa die Artikel: "Charismatische Bewegung", Bd.1, S.243-246, "Pfingstbewegung, Pfingstkirchen", Bd.4, S.97-101, "Meditation", Bd.3, S.241-246, "Spiritualität", Bd.5, S.84-88 - Besonders berücksichtigt das *ÖL²* die neueren Vorgänge.

264   Die RE³ bietet zur Sache die Artikel: CREMER, Hermann: Art. "Geistesgaben, Charismata", in: RE³, Bd.6(1899), S.460-463 und THIEME, Karl: Art. "Verzückung, Enthusiasmus, Schwärmerei, in: RE³, Bd.20(1908), S.586-593. - Die RGG³ hat kein eigenes Stichwort "Charisma", verhandelt die Sache aber unter dem Artikel "Geist": GERLEMANN, G.: Art. "Geist, II.Geist und Geistesgaben im AT"/ "III.Geist und Geistesgaben im Judentum", in: RGG³, Bd.2, S.1270-1272; KÄSEMANN, Ernst: Art. "Geist, IV. Geist und Geistesgaben im NT", in: RGG³, Bd.2, S.1272-1279. - Das EKL² informiert in einem kurzen Artikel: STÄHLIN, Rudolf: Art. "Charisma", in: EKL², Bd.1, S.678-680. - Weniger aus theologischen Gründen als aus Gründen der Anlage des Werkes hat das ThWNT ein Stichwort "UdG". Der Registerband verweist auf: III/594,21; 951,21; VI/857,47; 858,3; 861,57. Die Aufnahme des Stichworts "Unterscheidung" oder "Unterscheidung der Geister" wäre demnach ein Desiderat für Bearbeitungen bzw. Neueditionen der entsprechenden und zukünftiger Lexika.

Im Strom der erfahrungsorientierten pietistischen und erwecklichen Bewegungen stellte sich die Frage nach der rechten Frömmigkeit, nach "gesundem" und "überzogenem" Erleben bzw. der Abwehr falschgeistiger Einflüsse und damit nach einem "UdG" unmittelbarer. Hier kann man auf so etwas wie eine Tradition der "UdG" stoßen. In der Regel vollzog sich das Ringen um Klärung mehr im seelsorgerlich-pastoralen Kontext, auf der Ebene geistlicher Theologie ohne wissenschaftlich-systematischen Überbau. Die Auseinandersetzung fand meist auf der Ebene des Kleinschrifttums statt.

265   Dies trifft auf die Entwürfe K. Barths, P. Tillichs, E. Brunners ebenso zu wie auf die Dogmatiken von O. Weber, P. Althaus, W. Elert, K. Heim u.a.

266   vgl. Die Auferstehung der Toten, S.39f

267   vgl. KD IV/3,1, S.122ff.173.184

268   vgl. KD IV/3,1, S.123f.141ff

269   KD IV/3, S.141

270 KD IV/3,1, S.142f

271 KD IV/3,1, S.143f

272 vgl. KD IV/3, 1, S.123ff

273 KD IV/3,1, S.129

274 KD IV/3,1, S.142

275 KD IV/3,2, S.998

276 Einführung in die evangelische Theologie, S.47

277 vgl. TILLICH, Paul: Systematische Theologie, Bd.III: Das Leben und der Geist - Die Geschichte und das Reich Gottes, Frankfurt a.M. 1984[4], = ST III, S.479-526

278 vgl. etwa ST III, S.169

279 Tillich steht einerseits der dialektischen Theologie nahe, andererseits nimmt er theologische Grundtendenzen des 19. Jahrhunderts auf und verbindet beide Anliegen miteinander. Das zeigt sich z.B. an seiner eigentümlichen Offenbarungsdialektik, wonach Offenbarung überall da geschieht, wo das "Unbedingte" im "Bedingten", die metaphysische "Tiefe" in der physischen Welt, hervortritt. Dies gilt auch für Jesus Christus, der im Vergleich zu anderen (relativen) Offenbarungen die "letztgültige Offenbarung" ist. Die Dialektik der Offenbarung entspricht der "existentiellen Situation" des Menschen, der in "existentieller Entfremdung" von seinem "göttlichen Daseinsgrund" lebt, aber doch nicht von ihm abgeschnitten ist.

Tillich lehnt ungebrochenen Mythos, eine Vergegenständlichung des Transzendenten mit Anschauungen und Begriffen aus der Wirklichkeit ab. Gott ist das "Sein-Selbst". Wissen von Gott gibt es nur durch Symbole, die über sich selbst hinaus auf das transzendente Geheimnis des höchsten Seienden weisen. Unbedingte Transzendenz als solche ist nicht anschaubar. Weist ein Symbol nicht mehr über sich selbst hinaus und wird um seiner selbst willen verehrt, ist es zum Abgott geworden.

Mit der Anwendung des Symbolbegriffs aktualisiert Tillich nicht nur die Lehrtradition, sondern unterzieht sie einer indirekten Kritik und interpretiert sie neu. Wohl hätten die sprachlichen Symbole des Neuen Testaments und der Verkündigung teil am gemeinten Sinninhalt und repräsentieren ihn, aber sie dürften nicht mit diesem gleichgesetzt werden. Eine wörtliche Deutung sei ausgeschlossen. Damit entdogmatisiert Tillich die Lehrüberlieferung und relativiert ihre Metaphern und Begrifflichkeit. Zugleich hält er Symbole für notwendig. Sie könnten nicht willkürlich geändert und abgeschafft werden, da sie in der Transzendenz verankert seien. Sie verweisen auf etwas Geistiges, Unanschauliches, Ewiges, Unbedingtes und Göttliches.

In der positiven Aufnahme des Symbolischen (sprich Mythologischen) liegt die Differenz Tillichs zu R. Bultmann und dessen "Entmythologisierungsprogramm". - Von Schleiermachers Bewußtseinstheologie unterscheidet sich Tillich durch eine stärkere Betonung der Ontologie. - Gegenüber rein existentialtheologischen Auffassungen hält er daran fest, daß die Theologie nicht auf Seinsaussagen verzichten kann, da jedes Bekenntnis zu Gott auch eine Seinsaussage über Gott enthalte (vgl. HORNIG, Gottfried: Lehre und Bekenntnis im Protestantismus, in: HDThG, Bd.3: Die Lehrentwicklung im Rahmen der Ökumenizität, Göttingen 1984, S.71-287. 280-284.282f).

280 ST I, S.134

281 ST I, S.136

282 ST I, S.136f (vgl. auch Tillichs kritische Anmerkungen zur Evangelisation ST III, S.226-228 und zum Fehlweg der emotionalen Selbsterlösung ST II, S.95f)

283 ST I, S.137

284 ST I, S.138

285 ST I, S.86-189.139-142

286   ST I, S.139

287   ST I, S.141

288   ST I, S.139 - Apodiktisch stellt Tillich fest: "Jesus lehnt es ab, 'objektive' Wunder zu tun. Sie sind ein Widerspruch in sich selbst" (ST I, S.141), womit er sein Offenbarungsverständis auf die Wunderfrage anwendet, das durch den Grundsatz geprägt ist: "Die Vernunft empfängt die Offenbarung in Ekstase und Wunder; aber die Vernunft wird durch die Offenbarung nicht zerstört, wie auch die Offenbarung nicht durch die Vernunft entleert wird" (ST I, S.142).

289   ST I, S.140

290   ST III, S.124ff

291   vgl. ST III, 120.129

292   ST III, S.125

293   ebd.

294   ST III, S.126

295   ST III, S.34

296   TILLICH, Paul: Das Dämonische. Ein Beitrag zur Sinndeutung der Geschichte, in: TILLICH-AUSWAHL, Bd.3: Der Sinn der Geschichte, hg. von BAUMOTTE, Manfred, Gütersloh 1980, S.96-125.102

297   ST I, S.300

298   ST III, S.137

Im Zusammenhang von Überlegungen zur "Manifestation des göttlichen Geistes im menschlichen Geist" entfaltet Tillich das nach seiner Sicht metaphorische Reden von einem "Wohnen" des göttlichen Geistes im menschlichen Geist (vgl. ST III, S.134-164). "Wenn der göttliche Geist in den menschlichen Geist einbricht, so bedeutet das nicht, daß er dort einen 'Ruheplatz' findet, sondern daß er den menschlichen Geist über sich hinaus treibt. Das 'in' des göttlichen Geistes bedeutet ein 'über sich hinaus' des menschlichen Geistes. Der Geist als eine Dimension des endlichen Lebens wird zur Selbst-Transzendierung getrieben, er wird von etwas Letztem und Unbedingten ergriffen" (ST III, S.134f). Der göttliche Geist schafft "unzweideutiges Leben", etwas, wozu der menschliche Geist nicht selbst fähig ist. "Der Mensch bleibt immer er selbst. Er wird durch seine Selbst-Transzendierung dazu getrieben, die Frage nach unzweideutigem Leben zu stellen, aber die Antwort muß ihm durch die schöpferische Kraft des göttlichen Geistes gegeben werden" (ST III, S.135). Hier liegt die Grenze der natürlichen Theologie. Der menschliche Geist ist unfähig, den göttlichen Geist auf sich herabzuzwingen. Bereits der Versuch gehört unmittelbar zu den Zweideutigkeiten der Religion. "Wenn religiöse Hingabe oder sittlicher Gehorsam oder wissenschaftliche Redlichkeit imstande wären, den göttlichen Geist zu zwingen, auf uns 'herabzusteigen', so wäre der Geist, der 'herabstiege', der menschliche Geist in religiöser Verkleidung. Wo das geschähe, wäre es nichts als der Versuch des menschlichen Geistes selbst, sich zum göttlichen Geist zu erheben. Das Endliche kann das Unendliche nicht zwingen; der Mensch kann Gott nicht zwingen" (ST III, S.135f).

299   ST III, S.140

300   ebd.

301   ST III, S.141

302   vgl. ST III, S.142

303   ST III, S.142f

304   vgl. ST III, S.144

305 Die kritische Anfrage von Chr. Frey im Blick auf die Eschatologie, ob bei Tillich das zeitliche Ausstehen und die Realität der Hoffnung nicht in einer symbolischen Auffassung verflachen, ist analog auch auf andere Topoi zu übertragen.

A. Peters markiert bei Tillich als zentrale theologische Problematik den Tatbestand, daß wie die Rechtfertigung des Sünders so auch die endzeitliche Realdialektik von Gesetz und Evangelium aus dem Bezug auf die fremde Gerechtigkeit Jesu Christi herausgelöst und auf unsere gemeinsame Existenz im Kosmos transponiert wird. Tillich blendet die eschatologische Verantwortung vor dem kommenden Herrn aus. "Entsprechend dem 'absoluten Glauben' (GW XI,127-139) wird auch das 'transmoralische Gewissen' orientiert an einem abstrakten Imperativ als angeblich radikalem Gericht der Essenz über die entfremdete Existenz. Die handfesten reformatorischen Anwendungen des Dekalogs und die eindeutigen Beichtvermahnungen verschwinden; ein direkter Zuspruch der Vergebung um Jesu Christi fremder Gerechtigkeit willen taucht nicht mehr auf" (PETERS, Albrecht: Gesetz und Evangelium, HST 2, Gütersloh 1981, S.164). - Tillich geht "mit Herder, Goethe und Schelling aus vom Hineinverflochtensein des Menschen in die kosmische Dynamik des Lebensprozesses. Das Emporstreben aller Lebewesen zu immer vollkommeneren Gestalten, ihr noch unreflexer Wille zur Macht geht anscheinend bruchlos über in den Drang zur Wiedervereinigung mit dem gottheitlichen Urgrund. Die von unten her emporstrebende Sehnsucht des Eros wird umgriffen durch die von oben her herabneigende Agape" (ebd.). - Mit Jesus Christus und Gott büßt auch der Mensch sein personhaftes Antlitz ein. "Ein echtes Gerufenwerden vor das Angesicht des heiligen Richters und liebenden Vaters ist nicht mehr erkennbar. - 6. Damit wandelt sich auch das 'Evangelium' aus der Proklamation des Opfertodes und der Auferweckung Jesu Christi in die 'ewige Botschaft', daß alle Zeiten und Räume von jenen heilenden Kräften des Neuen Seins durchwaltet sind, die im 'Bild Jesu' als dem unüberbietbaren Zeichen gottverwurzelten Menschseins unter den Bedingungen entfremdeter Existenz kulminieren. Die 'Botschaft' ist letztlich Chiffre für jene dynamischen Kräfte, in denen die gottheitliche Tiefe in die Struktur des Seins heilend einbricht..." (a.a.O., S.165).

306 ST I, S.159; vgl. auch ST III, S.182

307 vgl. ST III, S.171-176

308 vgl. ST III, S.175f (vgl. hierzu auch die Ausführungen über das "innere Wort" unter der Frage der "Mittler" des göttlichen Geistes - ST III, S.150-153)

309 ST III, S.178f.178

310 ST III, S.179

311 ST III, S.266-272

312 ST II, S.87ff

313 ST III, S.280f

314 ST I, S.138.252; ST III, S.170f.236f

315 ST III, S.242-245.308-311

316 STEINWAND,Eduard: Die Gnadengabe, Geister zu unterscheiden, in: ders.: Verkündigung, Seelsorge und gelebter Glaube, Göttingen 1964, S.182-191

E. STEINWAND bedenkt die Erscheinung der Charismen in I Kor 12 auf dem Hintergrund der neuzeitlichen Entseelung der Weltwirklichkeit, der Rationalisierung und Mechanisierung und dem Verlust des Wunders. Die Entwicklung des 18. und 19. Jahrhunderts habe zu einem "Zustand der Verkrampfung ins ausschließlich Diesseitige" und zu einer "Schrumpfung des metaphysischen Bewußtseins" geführt (a.a.O., S.184), wogegen die Urgemeinde in einer anderen Ebene lebte und dachte. Sie kannte eine große Vielfalt Geisteswirkungen, nicht nur innerliche, sondern auch solche sinnenfälligen und vitalen Charakters. Steinwand kommt dann insbesondere auf die Gabe der "Unterscheidung der Geister" zu sprechen. In I Kor 12 werde nicht klar, ob sie sich nur auf die Prophetie oder nur auf die Zungenrede bezog. Sowohl das eine als das andere sei denkbar. Wohl sei bei den ekstatischen Erscheinungen zur Klärung ihres Ursprungs eine UdG von besonderer Bedeutung gewesen, aber es sei kaum anzunehmen, daß dieser Gnadengabe irgendwelche Grenzen gesetzt wurden. "Sie stellte sicherlich sowohl einen Schutz gegen falsche Propheten dar als auch eine Möglichkeit, Klarheit in die ekstatischen Erscheinungen zu bringen" (a.a.O., S.186). Mit Schlatter sei ferner anzunehmen, daß es sich noch um mehr gehandelt hat. Der Heilige Geist vereinige sich so mit dem Propheten, daß er in ihm spreche, zum Geist des Propheten werde und die Besonderheit und Begrenztheit seines Trägers bekomme. In ein und demselben Menschen träten einem bald der Heilige Geist und bald unheilige Geister entgegen und da bedürfe es einer Gnadengabe, um gleichsam auch den Charismatiker zur Ordnung zu rufen und ihn unter das Wort zu stellen (a.a. O., S.187). - Steinwand verweist dann auf die Rolle des Charismatikertums in der Ostkirche, wo das Charisma der UdG im Dienst der Seelsorge steht. Über diese Gabe - neben anderen - verfügen der Starez und der geistliche Tor. Es handelt sich dabei um eine unmittelbare Tiefensicht des konkreten Menschen. "Der Starez sieht die Regungen des Herzens mit einer Klarheit, die alle Unnatur verdrängt. Er hat aber nur ein Anliegen: die *Befreiung* der gefangenen und entwürdigten *Seele* durch die *Liebe Christi*" (a.a.O., S.190). Im Unterschied zur vorwiegenden Tätigkeit der Starzen in der Einzelseelsorge wendet sich Narr um Christi willen der Öffentlichkeit zu.

317 RUHBACH, Gerhard: Die Unterscheidung der Geister als Aufgabe von Theologie und Kirche, in: ders.: THEOLOGIE UND SPIRITUALITÄT. Beiträge zur Gestaltwerdung des Glaubens, Göttingen 1987, S.109-121

Im Unterschied zu Steinwand stellt G. RUHBACH die UdG in einen weiteren Rahmen und versteht sie als *allgemeine Aufgabe von Kirche und Theologie in der Gegenwart*.
Zunächst geht er auf *nichttheologische Aspekte* im Zusammenhang der Entwicklungen unserer Zeit ein, in der auf der einen Seite nach außen die großen Gegensätze in der Politik und im Blick auf die Kirchen aufgebrochen werden, andererseits aber diese wachsende Gemeinsamkeit gerade die Feindseligkeit und Unruhe nach innen steigert. In dem rasanten geschichtlichen Wandel lasse sich der Zeitgeist kaum noch eindeutig bestimmen und zu Recht würde die Verkündigung des Evangeliums pluriform (nicht pluralistisch!) sein und auf die Adressaten verschiedenartig laut werden. In dieser Situation kommt es nach Ruhbach vor allem darauf an, *einander in aller Verschiedenheit gelten zu lassen* und *sich zu hüten vor Verhärtungen* wie Flucht in Konservatismus oder einseitigen Aktionismus oder der Diskriminierung einer Mittelposition als Kompromißlertum. Daß sich verschiedene Gruppierungen in der Kirche bilden, hält er für natürlich. Gefahr sieht er erst im Verzug, wenn es zu *Parteien mit Fraktionszwang und Fronten mit geschlossenem Visier* kommt. Ruhbach möchte mit dem ersten Abschnitt deutlich machen, daß vieles, was heute auf Scheidung der Geister hin gesagt wird, im *allgemein menschlichen* und noch keineswegs im spezifisch theologischen Bereich seinen Grund hat. Hier ordnet er u.a. ein: Die zunehmende Allergie gegen Reizworte und Reiznamen, die wachsende Ideologisierung der Standpunkte und vielleicht entscheidend, den Verzicht auf Gemeinschaft, gegenseitiges Gespräch und Austausch von gemeinsamen Erfahrungen. Die Not liege nicht in dem, was man sich sagt, sondern was man sich nicht mehr sagt oder nur in Abwesenheit redet. "Scheidung beginnt... weit eher dort, wo man nicht kämpft oder nicht mehr kämpft, als an der Stelle, wo Auseinandersetzungen stattfinden, wenn sie zum Ziel haben, beieinander zu bleiben und einander besser zu verstehen" (a.a.O., S.109-113.112).

318 Die Unterscheidung der Geister, in: a.a.O., S.112

319 Die Unterscheidung der Geister, in: a.a.O., S.113

320 Die Unterscheidung der Geister, in: a.a.O., S.115

321 Die Unterscheidung der Geister, in: a.a.O., S.115f

322 vgl. Die Unterscheidung der Geister, in: a.a.O.,S.116f

323 vgl. Die Unterscheidung der Geister, in: a.a.O., S.117-119

324 Die Unterscheidung der Geister, in: a.a.O., S.118

325 Die Unterscheidung der Geister, in: a.a.O., S.119

326 vgl. Die Unterscheidung der Geister, in: a.a.O., S.119f

327 vgl. Die Unterscheidung der Geister, in: a.a.O., S.121f

328 vgl. RUHBACH, G.: Die charismatische Erneuerung in der katholischen Kirche als Anfrage an den Protestantismus, in: ders.: Theologie und Spiritualität, S.99-108; ders.: Zum Charisma-Verständnis des Neuen Testaments, in: a.a.O., S.84-98

329 vgl. SCHMIDT, Hans P.: Scheidung der Geister, in: DtPfrBl, Sonderausgabe zum Deutschen Pfarrertag, Nov.1974, S.813-818

330 a.a.O., S.815f

331 vgl. a.a.O., S.816f - Im dritten Teil seines Referates aktualisierte Schmidt seine Ausführungen zur Weltzuwendung als Unterscheidungskriterium auf drei zeitgeschichtliche Vorgänge (vgl. a.a.O., S.817f). Die anschließende Gruppenarbeit gelang nicht (vgl. den Bericht a.a.O., S.823).

332 DANTINE, Wilhelm: Der Heilige und der unheilige Geist. Über die Erneuerung der Urteilsfähigkeit, Stuttgart 1973

Auch in anderen kleineren Veröffentlichungen sucht Dantine den Heiligen Geist aus seiner "spiritualistisch-individualistischen Zwangsjacke" zu befreien und ihn "christologisch fundiert, als Neuschöpfung des gesamten Gott-Welt-Bezugs des Menschen" verstehen, wie überhaupt das starke sozialethische Moment seiner Theologie hervorsticht (DANTINE, W.: Phantasie zum Ausbruch aus dem Gewohnten. Spiritualität und geistliches Handeln, in: EK, 1976, S.591-593.592; ders.: Die ethische Dimension des "pneuma hagion", in: DILSCHNEIDER, O./ Hg.: THEOLOGIE DES GEISTES, S.45-57 - Eine gute Zusammenfassung der Theologie Dantines bietet: KÄGI, Hansjörg: Der Heilige Geist in charismatischer Erfahrung und theologischer Reflexion, S.139-167).

333 Der Heilige und der unheilige Geist, S.13ff

334 vgl. a.a.O., S.54-62

335 vgl. a.a.O., S.58

336 a.a.O., S.59f.60

337 a.a.O., S.60-62

338 a.a.O., S.61

339 vgl. a.a.O., S.71ff.101ff

340 vgl. a.a.O., S.161ff

341 vgl. a.a.O., S.174f

342 vgl. a.a.O., S.176-185

343 a.a.O., S.185-200

344 vgl. a.a.O., S.201-234

345 vgl. a.a.O., S.204-209

346 a.a.O., S.211

347 a.a.O., S.212

348 a.a.O., S.214-217.216

349 a.a.O., S.220

350 ebd.

351 vgl. a.a.O., S.220-234

352 a.a.O., S.235-253

353 vgl. a.a.O., S.248f.239

354 vgl. GRASS, Hans: Literatur zur systematischen Theologie, in: ThR 44/ 1979, S.135-186.167f

355 KÄGI, H.: a.a.O., S.165

356 vgl. SLENCZKA, Reinhard: Kirchliche Entscheidung in theologischer Verantwortung. Grundlagen-Kriterien-Grenzen, Göttingen 1991 (= Kirchliche Entscheidung)

(Zum dogmatischen Ansatz allgemein vgl. SLENCZKA, Reinhard: Art.: "Glaube, VI.Reformation/Neuzeit/Systematisch-theologisch", in: TRE, Bd.13, S.318-365.318-320 - Zur Anwendung auf den Bereich der Pneumatologie vgl. ders.: Die Erkenntnis des Geistes, die Lehre vom Geist und die Unterscheidung der Geister, in: DER HEILIGE GEIST IM VERSTÄNDNIS LUTHERS UND DER LUTHERISCHEN THEOLOGIE, Veröffentlichungen der Luther-Akademie Ratzeburg, Bd.17, Erlangen 1990, S.75-104)

357 "Die Prüfung und Scheidung der Geister (diakrisis pneumatoon; discretio spirituum) ist die biblische Bezeichnung für das theologische Urteil. Sie vollzieht sich, wo der Geist Jesu Christi ist. Daher gehört sie zu den Gaben des Geistes (I Kor 12,10); sie setzt den Empfang des Geistes bei dem einzelnen Glied der Gemeinde voraus (vgl. I Thess 4,7.8). Diese Gabe ist nicht an ein Amt gebunden, sondern sie begründet überhaupt erst einen solchen Dienst aus der besonderen Befähigung in der Einsetzung durch Gott (I Kor 12,28ff). Die durch den Geist gewirkte Prüfung und Scheidung wird nicht allein durch die Gemeinde vollzogen; sie vollzieht sich in der Gemeinde und an ihr, und dies geschieht, wie z.B. die drei Johannesbriefe zeigen können, in harten Auseinandersetzungen und im harten Widerspruch der Ansprüche, das Christliche zu vertreten, sich auf das Wort Gottes berufen zu können und über die Zeichen des Geistes zu verfügen". (Kirchliche Entscheidung, S.118).

358 vgl.: Kirchliche Entscheidung, S.38-62.94-117.262-271; SLENCZKA, R.: Was heißt und was ist schriftgemäß?, in: KuD 34(1988), S.304-320; ders.: Schrift-Tradition-Kontext. Die Krise des Schriftprinzips und das ökumenische Gespräch, in: GRENZÜBERSCHREITENDE DIAKONIE. Paul Philippi zum 60.Geburtstag (21.November 1983), hg. von SCHOBER, Th., Stuttgart 1984, S.40-52

"Die Heilige Schrift ist die einzige mögliche Erkenntnisgrundlage für das geistliche Urteilen, weil der Heilige Geist durch das Wort Gottes spricht und nur durch dieses Wort erkannt werden kann" (Kirchliche Entscheidung, S.137). - "Für das geistliche Urteilen ist die Klarheit der Schrift vorausgesetzt, und in ihr liegt daher auch das Kriterium für das geistliche Urteilen. Die Klarheit liegt im äußeren Wort..." (a.a.O., S.139).
"Die Heilige Schrift ist die Erkenntnisgrundlage und das Kriterium bei der Prüfung und Scheidung der Geister... Gegen das Schriftprinzip richtet sich... in der Selbstinfragestellung der christlichen Gemeinde immer der Einwand, daß die Schrift vieldeutig sei und infolgedessen unter unterschiedlichen Voraussetzungen auch unterschiedlicher Auslegung offensteht. Im akuten Konflikt jedoch wird sich immer wieder herausstellen, daß die nicht nur reformatorische 'sola scriptura' nicht von der Auslegung abhängig ist, sondern daß es gerade dabei um die Unterscheidung von Gottes Wort und Menschenwort als verbindliche Autorität geht. Mithin geht es auch um die Einsicht, daß wir Gottes Wort nirgendwo anders erkennen können, als in den Heiligen Schriften" (Neue Religiosität, in: a.a.O., S.37). - "Daß es sich bei dem Schriftprinzip nicht nur um eine Eigenart reformatorischer Theologie handelt, sondern um eine in der Schrift selbst begründete Grundsatzentscheidung, zeigt die Geschichte von der Versuchung Jesu... Das Schriftprinzip ist also im rechten Verständnis nicht einfach die Frage der Hermeneutik im Wandel der Zeiten, sondern jene Bindung an das Wort Gottes, die allein durch das Wort Gottes getragen wird" (in: a.a.O., S.38). - "Die Eindeutigkeit des Schriftprinzips ist die unabdingbare Voraussetzung für die Prüfung und Scheidung der Geister. Wenn aber diese Eindeutigkeit nach der religionsgeschichtlichen Betrachtungsweise aufgelöst wird in verschiedene religiöse Überlieferungen und Frömmigkeitsformen, dann muß man sich nicht wundern, wenn die christliche Gemeinde sich in einem hilflosen Pluralismus verliert, weil sie die sie tragende, verbindende und in diesem Sinne verbindliche Grundlage bereits verloren hat. Schon die Auseinandersetzung um die Hermeneutik erweist sich als Dogmenkonflikt: es geht um die Frage, ob die Schrift selbst das Kriterium der Unterscheidung von Gottes- und Menschenwort ist, oder ob die Schrift dieser Unterscheidung ihrerseits unterliegt. Und dann eben stellt sich die Frage nach dem Kriterium dieser Unterscheidung!" (Neue Religiosität, in: a.a.O., S.38f).

359 Kirchliche Entscheidung, S.119

360 Kirchliche Entscheidung, S.118

361 Kirchliche Entscheidung, S.143

"In Theologie und Kirche sind wir in Deutschland mit unserer Tätigkeit ganz darauf ausge-richtet, den Zusammenhang von Kirche und Gesellschaft... festzuhalten... Die Theologie dient sehr weitgehend solchen Zielsetzungen... Dies bedeutet aber unvermeidlich, daß die Bekenntnissituation, bei der es um das Heilsentscheidende geht, völlig zurücktritt hinter den Notwendigkeiten, die sich aus dem Bestehen der Kirche als Volkskirche und im Wechsel der Situationen ergeben. In der Perspektive eines solchen Modells kommt alles darauf an, eine möglichst breite, infolgedessen auch allgemeine Verständigungsgrundlage zu gewinnen... Konflikte sind dabei keineswegs ausgeschlos-sen. Aber ihre Lösung erfolgt zumeist entweder moralisch nach dem Prinzip, daß andere Meinun-gen zu respektieren seien und man niemand in seinen persönlichen Überzeugungen verletzen dürfe. Oder es werden in extremen Konfliktfällen die Gerichte bemüht. Unter solchen Voraussetzungen unterbleibt die theologische, dogmatische Klärung und Entscheidung. Auf Klärung und Entschei-dung wird aber keineswegs verzichtet, sondern diese wird durch Sitte und Recht, den allgemeinsten Instrumenten zur Bewahrung menschlicher Gemeinschaft, herbeigeführt. Die durch Sitte (Toleranz-gebot) und Recht gewährleistete Gemeinschaft oder Einheit tritt so als Kriterium an die Stelle des 'horos pisteoos', der Grenze der Gemeinschaft des Glaubens" (SLENCZKA, Reinhard: Neue Reli-gosität als dogmatisches Problem, in: "PRÜFET DIE GEISTER", JEB 31/1981, S.28-42.32-35 = Neue Religiosität; vgl. auch: Kirchliche Entscheidung, S.127-136).

362 Zusammenfassung der biblischen Maßstäbe und Sachverhalte, Manuskript vom 14.7.79 zum dogmatischen Oberseminar SS 1979 Heidelberg, R.S. (vgl. auch Neue Religiosität, in: a.a.O., S.39).

"Allen diesen Erscheinungen (i.e. große Namen, Wundertaten, etc.) gegenüber ist es auffal-lend, wie die geistliche Erkenntnis auf das Unscheinbare zurückführt, nämlich auf das 'Wort vom Kreuz' und auf das Bekenntnis, daß Jesus der Herr sei, das durch den Heiligen Geist gewirkt ist und daher auch das einzige eindeutige Kriterium für die Wirkung des Geistes bildet (I Kor 12,1-3). Die-sem Unscheinbaren gegenüber werden auch in der christlichen Gemeinde Forderungen erhoben, daß die selbstverständliche Voraussetzung, die nicht bestritten wird, doch in den praktischen Kon-sequenzen in Erscheinung treten müsse. Für die Theorie der Grundlage wird die Praxis der Ver-wirklichung verlangt, und es wird ausdrücklich proklamiert: 'Das neue Kriterium der Theologie und des Glaubens liegt in der Praxis'. Die Reduktion bei den biblischen Beispielen jedoch zeigt das Um-gekehrte, weil sie in der Umkehr besteht. Es wird nicht ein Prinzip entwickelt, um in der Praxis an-gewandt zu werden, sondern die Verwirklichungen in der christlichen Gemeinde..., die miteinander konkurrieren, werden zurückgeführt auf die tragende und verbindende Wirklichkeit des Geistes. Das ist der Weg der geistlichen Erkenntnis und der Vollzug des geistlichen Urteils: Nicht Fortschritt, sondern Rückkehr" (Kirchliche Entscheidung, S.139).

Das *reduktive Verfahren*, von dem Slenczka spricht, entfaltet E. Hahn in seiner Erlanger Dis-sertation von 1986 "Wo ist Kirche Jesu Christi?" (HAHN, Eberhard: Wo ist Kirche Jesu Christi? Theologische Beurteilung kirchlicher Trennung anhand von Fallbeispielen, Wuppertal 1988) und wendet es auf drei Fallbeispiele an. Im ersten exegetischen Teil befragt er in Anwendung des reformatorischen Schriftprinzips den I Korintherbrief exemplarisch nach Kriterien für die Beurtei-lung von Konflikten in der Gemeinde (vgl. a.a.O., S.5-79). Als drittes Fallbeispiel kirchlicher Tren-nung behandelt Hahn im zweiten, mehr darstellenden Teil seiner Arbeit die "Geistliche Gemeinde-Erneuerung in der Evangelischen Kirche in Deutschland" (vgl. a.a.O., S.80-234.159-234). Im dritten Teil beantwortet er die Frage nach der Mitte der Kirche Jesu Christi mit dem Hinweis auf das Be-kenntnis *Kyrios Iesous, das im Gottesdienst laut wird. Zentral geht es dabei um die Klärung des Zusammenhangs von Wort, Geist und Erfahrung. Diesen Zusammenhang beantwortet er mit Schrift-belegen von Lutherzitaten von dessen Grundentscheidungen her und kritisiert von da aus die von ihm ausgewählten Fallbeispiele und deren anderslautenden Akzentsetzungen (vgl. a.a.O., S.235-279). Seine Hauptkritik wendet sich gegen die *Verschiebung weg vom Wort Gottes auf die "Orientierung an der Empirie"* als unterscheidender Norm. Kriterium für die Ortsbestimmung der Kirche Jesu Christi kann dagegen allein das Wort Gottes sein. "Die Kirche hat das autoritative Wort Christi allein im Wort der Heiligen Schrift, das sie zu hören und dem sie zu gehorchen hat. Das Schriftwort kann daher seiner richtenden Autorität nicht dadurch beraubt werden, daß diese nur als Spiegelung der Autorität Jesu Christi verstanden wird. Diese Autorität findet ihren konzentrierten Ausdruck in der Aussage *'Kyrios Iesous'. Diese erweist sich zum einen als Zusammenfassung des Evangeliums: Kein anderer ist der Herr als der Nazarener, der gekreuzigt wurde, starb und von Gott auferweckt und zur Rechten erhöht wurde; in ihm allein ist die Rettung am Jüngsten Tag (vgl. Apg 4,12). - Zum andern ist dies das Bekenntnis der an diesen Herrn glaubenden Gemeinde. Da seine Herrschaft unter dem Kreuz verborgen ist und sie somit für menschliche Vernunft Torheit und Ärgernis darstellt, kann nur der Heilige Geist dieses Bekenntnis erschließen (I Kor 12,3). - Da damit zugleich die Mitte der Kirche bestimmt ist, bildet dieses Bekenntnis auch das Kriterium für ihre Grenze, d.h. den Maßstab für die Unterscheidung der Geister: Überall dort, wo die Herrschaft Jesu Christi bestritten oder durch menschliche Herrschaft verdrängt wird, wo sein Wort mit Menschenwort vermengt oder durch Menschenwort ersetzt wird, ist nicht Kirche Jesu Christi" (vgl. a.a.O., S.280-304.302).

363 vgl. Kirchliche Entscheidung, S.120-126.203-217.242-261

"Trennungen stehen nicht nur in äußerem Widerspruch zu dem, was die Kirche nach ihrem Wesen als Leib Christi ist, sie sind vielmehr eine innere Unmöglichkeit: 'Ist Christus etwa zerteilt?'(I Kor 1,13). Dennoch gehören sie zum Erscheinungsbild der Kirche aller Zeiten, und das offenbar nicht nur als Zeichen äußeren Zerfalls, sondern innerer Notwendigkeit: 'Denn es müssen ja Spaltungen (Häresien) unter euch sein, damit die Rechtschaffenen unter euch offenbar werden' (I Kor 11,19)" (Kirchliche Entscheidung, S.203).
"*5. Aller Prüfung und Scheidung geht der Ruf zur Umkehr voraus*, der ohnehin einen notwendigen Inhalt aller rechten Verkündigung bildet (Paraklese). Dies umschließt sowohl die Mahnung zum Gehorsam wie den Zuspruch der Vergebung (bes. Gal 5; Mt 18,15ff ctxt). - Die Entscheidung in letzter Instanz, die erst zur endgültigen Scheidung führen kann, wird in keinem Fall von einzelnen vorgenommen. Sie ist Sache der gesamten 'ekleesia', die im Namen des Herrn und in der Kraft seines Geistes versammelt ist (I Kor 5,4f; Act 15,28; wohl auch 5,2; Mt 18,17 - als Gegenstück vielleicht III Joh 9 die Einzelentscheidung des Diotrephes). Nach der Form ist dieser Vorgang nicht ein Gericht, sondern eine Gemeindeversammlung in gottesdienstlichem Rahmen. - 6. Die Prüfung und Scheidung der Geister zeigt, daß es für die Gemeinde *schon in dieser Zeit eine definitive Grenze* gibt. Die Texte zeigen aber auch, daß es sich dabei um eine letzte Grenze handelt, wobei die Gemeinde auch daran erinnert werden muß, bei auftretenden Streitigkeiten nicht voreilig und vor allem nicht aus falschen Gründen die Trennungslinie zu ziehen (Mt 18!). Freilich muß die Gemeinde auch gemahnt werden, die nötige Scheidung nicht zu versäumen (I Kor 5; Pseudopropheten, die an der Stelle Christi auftreten - antichristoi - oder fälschlicherweise seine Ankunft prophezeien)" (Manuskript vom 14.7.79 zum dogmatischen Oberseminar SS 1979 Heidelberg, R.S.).
"Daß Gott richtet, hebt menschliches Richten nicht auf, wohl aber setzt es ihm den rechten Maßstab, die rechte Zeit und eine genaue Grenze... Alles Richten des Menschen ist dem Gericht Gottes unterstellt, dessen unveränderlicher Maßstab allein aus dem Wort Gottes erkannt werden kann. Ohne die klare Erkenntnis des Wortes Gottes kann nur menschlich gerichtet werden, indem man sich nach Menschen richtet. Beim theologischen Urteil haben wir es daher nicht mit dem Urteil von Menschen, und seien es auch Theologen, zu tun, sondern mit dem Urteil nach dem Wort Gottes, durch welches das Gericht Gottes vollzogen und dem Gericht Gottes gerettet wird" (Kirchliche Entscheidung, S.123).
"In der Verbindung von Urteil und Gericht Gottes bezieht sich das theologische Urteil auf das, was heilsentscheidend ist, gegenüber dem, was ins Unheil führt. Das Endgültige darin ist das Grundlegende beim theologischen Urteil" (Kirchliche Entscheidung, S.127).

364 vgl. etwa: BRANDSCHEIDT, Renate: Der prophetische Konflikt zwischen Jeremia und Hananja, in: TThZ 98(1989), S.61-74; CRENSHAW, James L.: Prophetic Conflict. Its Effect upon Israelite Religion, BZAW 124, Berlin/ New York 1971; HALLER, Eduard: Charisma und Ekstasis. Die Erzählung von dem Propheten Micha ben Jimla 1.Kön. 22,1-28a, TEH NF 82, München 1960; HOSSFELD, Frank Lothar/ MEYER, Ivo: Prophet gegen Prophet. Eine Analyse der alttestamentlichen Texte zum Thema: Wahre und falsche Propheten, BiBe 9, Fribourg/CH 1973; KLOPFEN-STEIN, M.A.: Art. "*sqr/ täuschen", in: THAT, Bd.2, S.1010-1019.1016; McNAMARA, Martin: Kriterien zur Unterscheidung wahrer und falscher Prophetie in Israel, in: Conc 14(1978), S.568-574; MÜNDERLEIN, Gerhard: Kriterien wahrer und falscher Prophetie. Entstehung und Bedeutung im Alten Testament, EHS.T 33, Bern/ Frankfurt 1974; OSSWALD, Eva: Falsche Prophetie im Alten Testament, SGV 237, Tübingen 1962; QUELL, Gottfried: Wahre und falsche Propheten. Versuch einer Interpretation, BFChrTh 46/1, Gütersloh 1952; RAD, Gerhard von: Die falschen Propheten, in: ZAW 51 (1933), S.109-120; REITERER, Friedrich Vinzenz: Ekstase - Besessenheit - Vision. Anmerkungen aus der Sicht des Alten Testamentes, in: Kairos 25 (1983), S.156-175; VOGELS, Walter: Comment discerner le prophèt authentique?, in: NRTh 99(1977), S.681-701; WOLFF, Hans Walter: Hauptprobleme alttestamentlicher Prophetie, in: ders.: Gesammelte Studien zum Alten Testament, TB 22, München 1973[2], S.206-231.228-230; ders.: Wie wird der falsche

Prophet erkannt? Zu den Schwierigkeiten, die Geister zu unterscheiden, in: ders.: Prophetische Alternativen. Entdeckungen des Neuen im Alten Testament, KT 70, München 1982, S.70-83

365 CRENSHAW, J.L.: a.a.O., S.49-61

366 CRENSHAW, J.L.: a.a.O., S.54

367 WOLFF, H.W.: Hauptprobleme, in: a.a.O., S.217

368 WOLFF, H.W.: in: a.a.O., S.216; vgl. auch WOLFF, H.W.: Zur Gotteserfahrung der Propheten, in: ders.: Studien zur Prophetie. Probleme und Erträge, TB AT 76, München 1987, S.25-38

369 Zur Affinität von Traum und Vision vgl. LINDBLOM, J.: Prophecy in Ancient Israel, Oxford 1963², S.125

370 CRENSHAW, J.L.: a.a.O., S.60

371 WOLFF, H.W.: Wie wird der falsche Prophet erkannt?, in: a.a.O., S.77

372 WOLFF, H.W.: Hauptprobleme, in: a.a.O., S.230

373 QUELL, G.: a.a.O., S.13; vgl. a.a.O., S.37.213

374 WOLFF, H.W.: a.a.O., S.230

375 vgl. etwa: AUNE, David E.: Prophecy in Early Christianity and the Ancient Mediterannean World, Grand Rapids/ Mich. 1983; CALLAN, Terrance: Prophecy and Ecstasy in Greco-Roman Religion and in 1 Corinthians, in: NT 27(1985), S.125-140; DUNN, James D.G.: Jesus and the Spirit. A Study of the Religious and Charismatic Experience of Jesus and the First Christians as Reflected in the New Testament, SBT, London 1975, bes. S.233-237.291-297; ELLIS, E.Earle: 'Spiritual' Gifts in the Pauline Community, in: NTS 20(1974), S.128-144; GRUDEM, Wayne A.: The Gift of Prophecy in 1 Corinthians, Washington/D.C. 1982, bes. S.58-67.150-176; ders.: The Gift of Prophecy in the New Testament and Today, Eastbourne/ E.Sussex-GB 1990² (= popularisierte und auf praktische Fragen ausgerichtete Überarbeitung seiner Diss.); HILL, Clifford: Prophecy Past and Present, Crowborough/East Sussex GB 1989, (zur Prüfung von Prophetie bes. S.235-248.300-304); HILL, David: New Testament Prophecy, London 1979 (mit einem Kapitel über Prophetie in der Gegenwart, in dem er auf Erscheinungen in der Pfingstbewegung und charismatischen Bewegung eingeht - a.a.O., S.193-213); MALY, Karl: Mündige Gemeinde. Untersuchungen zur pastoralen Führung des Apostels Paulus im I Korintherbrief, SBM 2, Stuttgart 1967, S.176-253; MÜLLER, Ulrich B.: Prophetie und Predigt im Neuen Testament. Formgeschichtliche Untersuchungen zur urchristlichen Prophetie, StNT 10, Gütersloh 1975, bes. S.23-31.27; PANANGOPOULOS, Johannes (Hg.): PROPHETIC VOCATION IN THE NEW TESTAMENT AND TODAY, NT.S 45, Leiden 1977

In den *synoptischen Evangelien* findet sich die "UdG" nicht als Begriff, aber im Vollzug. Sie bezeugen die Kraft des Geistes Gottes und die Niederlage der bösen Mächte. Es werden Menschen geschildert, die auf das Wirken des Geistes Gottes eingehen und andere, die sich ihm verschließen und damit dem bösen Geist öffnen. Das Auftreten Jesu, seine Taten und seine Predigt, nötigt die Menschen zur Unterscheidung und Entscheidung. An der Person Jesu Christi scheiden sich die Geister. Jesus selbst unterscheidet die Geister, scheidet göttlichen und menschlich-fleischlichen Impuls (vgl. Mt 16,21-23). Bereits hier tritt das Kreuz, das Leiden als ein grundlegendes Unterscheidungskriterium hervor (Mt 16,24). - In den Abschiedsreden wird vor aufsehenerregenden, wunderhaften Manifestationen endzeitlicher Falschpropheten gewarnt.

In der *Apostelgeschichte* wird die Wirkung und Gegenwart des göttlichen Geistes offenbar in charismatischen Erfahrungen, in freimütiger Verkündigung und mutigem Bekenntnis, in Zeichen und Wundern, in Heilungen, im Erkennen von Herzensvorgängen, an der Freude mitten in der Verfolgung, am Glauben, an wunderbaren Führungen. Der Konfrontation mit dem falschen Geist wird dieser entlarvt und überwunden (vgl. Act 8,9;13,8;16,16). Es findet sich keine Theorie der Unterscheidung, aber im Vollzug sind die Linien klar: Der Geist Gottes erweist sich durch seine eigene Kraft und sein eigenes Licht. Seine Initiativen sind wunderbar, manchmal unberechenbar, aber nie verwirrend oder unordentlich. Er agiert in der Kirche, deren Frieden und Ausbreitung er garantiert. Sein Hauptwerk ist, den Namen des Herrn Jesus Christus bekannt zu machen und strahlen zu lassen. Zeichen und Wunder können ein Hinweis auf echte Offenbarung sein, scheiden aber als brauchbares Kriterium aus, da es auch dämonische Wunder gibt.

Auch bei *Johannes* vollzieht sich Scheidung der Geister an der Stellungnahme zu Jesus Christus. Besonders in der Passion werden Wesen und Wege des Satans offenbar, wie auch die Züge und Wege des Heiligen Geistes, der Jesus führt. Entscheidendes Wesensmerkmal der Jünger ist die Liebe (Joh 13,34-35).

Die Stellungnahme zu Jesus, das Bekenntnis zum fleischgewordenen Gottessohn, ist im *I Johannesbrief* das entscheidende Kriterium (vgl. I Joh 4,2-3 mit Joh 1,14;20,31). Hinzu kommt die wahre Liebe als Kennzeichen der echten Gottesbeziehung. Zu dem dogmatisch-konfessorischen bzw. doxologischen Kriterium tritt ein praktisch-ethisches. Orthodoxie und Orthopraxie, Glaube und Liebe sind nicht voneinander zu trennen und bilden in ihrer Verschränkung das Kennzeichen des wahren Christen.

Paulus erwähnt die "UdG", bietet aber keine systematische Theorie derselben. Die Sache selbst im weiteren Sinn nimmt bei ihm einen breiten Raum ein. Sie findet sich nicht nur in den Abschnitten, in denen sie explizit erwähnt wird. Paulus vollzieht "UdG" in verschiedensten Zusammenhängen mit den Fragen und Problemen der Gemeinden. In gewisser Weise ist all sein Tun Unterscheidung, insofern er auf die konkreten Vorgänge der Gemeinden und Herzen Gottes Licht projeziert, geistlich beurteilt und Geist und Ungeist scheidet. - Als Kriterien finden sich: 1) die *Früchte* im persönlichen Leben (Gal 5,19-22 u.a.); 2) die *aufbauende Wirkung* für die Gemeinde (I Kor 14,4.12.26 u.a.); 3) die *Liebe* als Grundwesenszug des Geistes (I Kor 13; Röm 14,15 u.a.); 4) das *Bekenntnis zu Jesus Christus* als Herrn als oberste Richte (I Kor 12,3).

376 LERLE, Ernst: Diakrisis Pneumaton bei Paulus, Ev. theol. Diss., Heidelberg 1947 (masch.)

377 vgl. a.a.O., S.90.2

378 vgl. a.a.O., S.20ff.38ff.94

379 a.a.O., S.88

380 a.a.O., S.87.88

381 CONZELMANN, Hans: Der erste Brief an die Korinther, KEK, Göttingen 1969, S.242f

382 a.a.O., S.243f

383 vgl. a.a.O., S.241

384 a.a.O., S.247

385 a.a.O., S.288f

386 WOLFF, Christian: Der erste Brief des Paulus an die Korinther. 2.Teil, ThHK VII/2, Berlin 1982, S.99

387 ebd.

Die Deutungsvorschläge für das *anathema Iesous* als 1) synagogale Verfluchung (A. Schlatter), 2) öffentliche Absage in römischer Verfolgung (O. Cullmann), 3) Fluchwort judenchristlicher Gnostiker in Ekstase (W. Schmithals), 4) Änderung eines aramäischen Responsoriums durch einen Kopisten (W.F. Albright/ C.S. Mann) erscheinen ihm weniger wahrscheinlich als Conzelmanns Lösungsvorschlag (WOLFF, Chr.: a.a.O., S.99-101; zu den verschiedenen Deutungsmöglichkeiten vgl. auch FEE, Gordon D.: The First Epistle to the Corinthians, NIC, Grand Rapids/ Mich. 1987, S.577-580 - Fee folgert nach Sichtung der wahrscheinlichen Lösungen der Frage ekstatischer Äußerung und der Deutung des *anathema*: "*In the final analysis... it seems more likely that it is either hypothetical, perhaps serving as an analogy to their pagan past, whose point is its shock value, or else it is something that some of them had actually experienced in their pagan past. In either case, Paul's point in context is not to establish a means of testing the spirits', but to remind them that 'inspired utterance' as such is not evidence of being 'led by the Spirit*"; a.a.O., S.580-582. 581).

U. Brockhaus zieht, im Unterschied zu Conzelmann, der 12,2 analogisch versteht, die Deutung als Gegensatz vor. Hierfür spreche das Einst-Jetzt-Schema und die Zurückweisung der Vorstellung, daß der Mensch willenloses Werkzeug unter der Macht des Geistes ist (14,27-32) (BROCKHAUS,

U.: Charisma und Amt, S.156-158.158). - Das *anathema Iesous versucht Brockhaus vom Satzbau von 12,3a her zu erhellen. Er sieht hier keinen Fall vorausgesetzt, weder faktisch noch hypothetisch. Ausgangspunkt sei grammatisch und sachlich das Reden im Geist, während in 3b das Kyrios Iesou Ausgangspunkt sei. "In 3a wird... eine Aussage über die Pneumatiker gemacht (nämlich, daß sie nicht Anathema Jesus sagen können bzw. werden), in 3b über diejenigen, die Kyrios Jesus sagen (nämlich, daß sie im heiligen Geist reden, also Pneumatiker sind). Da die Pneumatiker und ihre spezifischen Gaben aber Gegenstand der besorgten Anfrage aus Korinth waren, liegt es nahe, anzunehmen, daß Paulus hier auf diese Sorgen eingeht. Dann bedeutet V.3: Ihr braucht es nicht zu befürchten, daß ein Pneumatiker in der Glossolalie den Herrn lästert; außerdem: ihr alle, die ihr Jesus als den Kyrios anruft, redet ebenso im Geist wie die Pneumatiker" (a.a.O., S.158-161.160). - "Die in diesen Versen feststellbare Intention des Paulus... ist also einmal eine Beruhigung der Besorgten hinsichtlich der in Korinth auftretenden Pneumatiker und zum anderen die Einbeziehung aller Christen in den Pneumatikerstand" (a.a.O., S.161).

388 GRUDEM, W.A.: The Gift of Prophecy in 1 Corinthians, S.150-176

389 DAUTZENBERG, Gerhard: Art. *diakrino, in: BALZ, H./ SCHNEIDER, G. (Hg.): Exegetisches Wörterbuch zum NT, Bd.1, Stuttgart 1980, S.732-738; ders.: Zum religionsgeschichtlichen Hintergrund der *diakrisis pneumaton (I Kor 12,10), in: BZ 15(1971), S.93-104; ders.: Urchristliche Prophetie. Ihre Erforschung, ihre Voraussetzungen im Judentum und ihre Struktur im ersten Korintherbrief, BWANT 6.Folge/Heft 4 (Der ganzen Sammlung Heft 104), Stuttgart/ Berlin/ Köln/ Mainz 1975, bes. S.122-148

390 MÜLLER, U.B.: Prophetie und Predigt im Neuen Testament, S.27f.201-214 - GRUDEM, Wayne: A Response to Gerhard Dautzenberg on I Cor 12,10, in: BZ 22/1978, S.253-270 = ders.: The Gift of Prophecy in 1 Corinthians, S.263-288 (vgl. auch S.58-67.150-176)

391 vgl. Urchristliche Prophetie, S.128

392 a.a.O., S.103

393 vgl. a.a.O., S.143-146

394 a.a.O., S.147

395 a.a.O., S.143-146.144f

396 vgl. a.a.O., S.146

397 MÜLLER, U.B.: a.a.O., S.27

398 MÜLLER, U.B.: a.a.O., S.28

399 GRUDEM, Wayne A.: Response to Gerhard Dautzenberg, in: a.a.O., S.255

400 in: a.a.O., S.256

401 in: a.a.O., S.257

402 in: a.a.O., S.257f

403 vgl. in: a.a.O., S.259-265

404 in: a.a.O., S.269

405 ebd.

406 Auch Chr. Wolff tritt mit Bezugnahme auf W. Grudem für ein umfassenderes Verständnis von 12,10 ein, im Sinne von "*Fähigkeit, den Einfluß des Heiligen Geistes oder dämonischer Geister in einer Person zu erkennen*", etwa bei Kranken und bei Störungen im Gottesdienst. Da Paulus den Wortstamm sonst nirgends im Sinne von Deutung verwende und auch sonst nirgends im NT von der Notwendigkeit der Deutung einer prophetischen Äußerung durch eine andere Person die Rede ist, zieht Wolff die Bedeutungsnuance "richtige Beurteilung" vor. Im Blick auf Röm 12,6 stellt er sich den Vorgang so vor: "Der Beurteiler wird also - wenn mehrere prophetische Aussagen zu ein und derselben Sache vorlagen (vgl. den Plural) - geprüft haben, ob die Äußerungen mit den Grundaussagen des christlichen Glaubens, wie sie vom Apostel vermittelt wurden, in Einklang stehen" (WOLFF, Chr.: Der erste Brief and die Korinther, ThHK VII/2, S.105).

407   Ein weiteres Verständnis von *diakrisis pneumaton im Sinne einer "*evaluation of prophetic utterances, an investigating and interpreting which throws light on their source and their significance*" vertritt auch J.D.G. Dunn (Jesus and the Spirit, S.233-236.236)

408   vgl. Urchristliche Prophetie, S.138-140; DAUTZENBERG, G.: Botschaft und Bedeutung der urchristlichen Prophetie nach dem 1.Korintherbrief, in: PANAGOPOULOS, J.: PROPHETIC VOCATION, S.131-161.143f

409   DUNN, James D.G.: Discernment of Spirits - A Neglected Gift, in: HARRINGTON, Wilfrid (Hg.): WITNESS TO THE SPIRIT. Essays on Revelation, Spirit, Redemption, (Proceedings of the Irish Biblical Association No.3), Dublin/ Manchester 1979, S.79-96; ders.: Jesus and the Spirit, S.233-236.291-297; ders.: Prophetic 'I'-Sayings and the Jesus Tradition: The Importance of Testing Prophetic Utterances within Early Christianity, in: NTS 24(1978), S.175-198.183-193; ders.: The Responsible Congregation (I Cor 14,26-40), in: LORENZI, Lorenzo De: CHARISMA UND AGAPE (I Ko 12-14), Monographische Reihe von "Benedictina" Bd.7, Rom 1983, S.201-236.236-269

J.D.G. Dunn geht in mehreren Aufsätzen auf die Frage der "UdG" und ihrer Kriterien ein. Als **Grundkriterien**, die immer wieder auftauchen, nennt er: 1) das Kriterium der *früheren Offenbarung*; 2) das Kriterium der *gegenwärtigen Lebensführung* und 3) des *Nutzens für die Gemeinschaft* (vgl. Prophetic 'I'-Sayings, in: a.a.O., S.192f; Discernment of Spirits, in: a.a.O., S.83-87) oder: 1) den Test der *kerygmatischen Tradition*; 2) den Test der *Liebe* und 3) den Test der *oikodome* (vgl. Jesus and the Spirit, S.293-297; Responsible Congregation, in: a.a.O., S.223-226).
Dunn beantwortet die Frage "*Wer war verantwortlich für die Ausübung der Unterscheidung?*", indem er von verschiedenen Texten her differenziert. Die röm.-kath. Deutung auf die Hierarchie in LG mit Bezugnahme auf I Thess 5,12.19-21 kann er exegetisch nicht gelten lassen. "*It is quite clear that those who are adressed in 5,12 and again 14ff are the 'brethren' - that is, the community at large, as a whole. It is the community as a whole that Paul calls on not to quench the Spirit... It is almost impossible to avoid the exegetical conclusion that the gift of discernment is the prerogative of all - not to be exercised by just a few, but to be exercised by the whole community*" (Discernment of Spirits, in: a.a.O., S.88f). - *Hoi alloi in I Cor 14,29 deutet Dunn auf andere Propheten. "*Here at least Paul envisages the prime responsibility for evaluating prophecy as falling on the prophets - those who prophesy regularly*" (a.a.O., S.89). - "*The responsibility of I John 4,1ff is laid not on any specific ministry, or hierarchy, or even on the whole church as such, but on each individual member; as each member rejoices so fully the immediacy of his relationship with God, so each must know how to guard against spiritual deception both in his own case and when he encounters a brother*" (a.a.O., S.90; vgl. auch ders.: Responsible Congregation, in: a.a.O., S.226-230).

410   Discernement of Spirits, in: a.a.O., S.92

411   Discernment of Spirits, in: a.a.O., S.93

412   Discernment of Spirits, in: a.a.O., S.94f

413   G. Therrien untersucht in seiner exegetischen Studie "Le Discernement dans les Écrits Pauliniens" den Gebrauch des Begriffs *dokimazo/ prüfen im Neuen Testament und arbeitet den vorrangig moraltheologischen Kontext heraus (THERRIEN, Gérard: Le Discernement dans les Écrits Pauliniens, Études Bibliques, Paris 1973). Für unsere Fragestellung sind die Ausführungen zu I Joh 4,1-6 (a.a.O., S.54-60) und I Thess 5,19-22 (a.a.O., S.72-79) relevant. - Die Prüfung in I Joh 4,1-6 hat nach Therrien *dogmatischen, kirchlichen* und *pneumatischen* Charakter (vgl. a.a.O., S.58-60). Die Aufforderung zur Prüfung in I Thess 5,19-22 betrifft insbesondere die Prophetie, daneben sieht Therrien aber auch das Feld pneumatischen Lebens überhaupt einbezogen (vgl. a.a.O., S.73-76).

Anmerkungen: *C.1 Edmund Schlink*

1 Zu *Biographie und Lebenswerk* vgl.: EBER, Jochen: Einheit der Kirche als dogmatisches Problem bei Edmund Schlink, Ev. theol. Diss., Erlangen 1990, S.15-47.287-307; GASSMANN, Günter: Art. "Schlink, Edmund", in: ÖL², S.1084-1086

Im Kirchenkampf war Schlink nach kurzer Lehrtätigkeit als Privatdozent in Gießen 1934 wegen seines Engagements für die Bekennende Kirche die venia legendi entzogen worden. Danach hatte er in Bethel Aufnahme gefunden, wo er, von F. von Bodelschwingh d.J. berufen, von 1935 bis 1939 eine Dozententätigkeit an der kirchlichen Theologischen Schule ausübte. Nach deren Schließung durch die Staatsorgane wirkte er bis zur Verhängung eines Redeverbots in Hessen-Nassau als Visitator der Bekennenden Kirche. Im Jahr 1940 erschien die erste Auflage seiner "Theologie der lutherischen Bekenntnisschriften", die ihn weit über Deutschland hinaus bekannt machte. Nach kürzeren Vertretungsdiensten war er von 1941 bis zum Ende des Krieges Pfarrer in Bielefeld und zugleich Studiendirektor des Thomas-Stifts in Straßburg, wo er im Verborgenen regelmäßig Kurse für junge Theologen hielt. Im Jahr 1946 wurde er zum Ordinarius für Systematische Theologie an die Universität Heidelberg berufen, wo er bis zu seiner Emeritierung im Jahr 1971 lehrte. In Heidelberg engagierte er sich über den Rahmen der Universität hinaus von Anfang an für Kirche und Ökumene. Durch seine Lehrtätigkeit und die Gründung eines "Ökumenischen Instituts" hat er in der akademischen Welt dem Anliegen ökumenischer Theologie Raum und Anerkennung verschafft, wie er zugleich die ökumenische Verpflichtung lutherischer Kirche und Theologie bewußt machte und verdeutlichte. Schlink hat durch seine Veröffentlichungen, Vorträge und die Mitarbeit in kirchlichen und ökumenischen Gremien die deutsche Beteiligung an der ökumenischen Bewegung wesentlich gefördert. Er war Delegierter bei der ersten Vollversammlung des Ökumenischen Rates der Kirchen 1948 in Amsterdam. Über drei Jahrzehnte hinweg hat er in der Kommission für Glauben und Kirchenverfassung mitgearbeitet (1949-1975) und durch Aufsätze und Hauptvorträge auf den großen Konferenzen als eine der bestimmenden theologischen Gestalten der ersten Generation den Weg des ÖRK mitgeprägt. Er war Mitbegründer des Deutschen Ökumenischen Studienausschusses im Jahr 1950 und dessen Vorsitzender bis 1961. Durch seine Veröffentlichungen und Vorarbeiten hat er die Grundlagen für den bilateralen Dialog mit der römisch-katholischen und der Orthodoxen Kirche gelegt und war an diesem durch theologische Beiträge und die Mitarbeit in Kommissionen und bei Tagungen maßgeblich beteiligt. Als offizieller Beobachter am II.Vatikanum hat er dessen Arbeit intensiv mitbegleitet und kommentiert.

2 SCHLINK, Edmund: Ökumenische Dogmatik. Grundzüge, Göttingen 1983 (= ÖD)

"Eine ökumenische Dogmatik ist ausgerichtet auf das Ganze der Christenheit auf Erden mit der Frage nach der Einheit ihres Glaubens und ihrer Glaubensbekenntnisse. In der ökumenischen Dogmatik geht es zugleich um die Gemeinschaft der Glaubenden und somit um die Einheit der Kirche" (ÖD, S.1).

Zu den Aufgaben einer "ökumenischen" Dogmatik vgl. ÖD, S.51-59; zum Gesamtentwurf vgl. die Geleitworte von H. Fries und N.A. Nissiotis (ÖD, S.XVII-XXI) und die Rezensionen: BEINERT, Wolfgang: in: ThRv, 80(1984), S.390-392; MEHEDINTU, Viorel: in: ÖR, 2(1984), S.278-282; RAISER, Konrad: Katholizität des Denkens, in: EK, 17(1984), S.644f

3 So D. Ritschl in seiner Gedenkrede am 5.12.1984 (RITSCHL, Dietrich: Theologie als Erkenntnis. Edmund Schlinks Verständnis von Wahrheit vor dem Hintergrund der Theologen seiner Generation, in: ÖR, 34/1985, S.287-298.289). Ritschl sieht Edmund Schlink auf seiner ganzen Wegstrecke im Vorgehen und in der Zielsetzung "auf Integration bedacht" und beurteilt sein Werk als "*eine einzige theologische Integrationsbemühung*" (ebd.).

Als Grundfigur der ökumenischen Methodik könnte man vielleicht das Denken in **Komplementarität** im Unterschied zu einem exkludierenden Denken erheben. So schreibt Schlink etwa im Zusammenhang der Sündenlehre: "Unterschiedliche Lehraussagen brauchen sich nicht notwendig auszuschließen, sondern sie können sich ergänzen und gerade durch ihre Unterschiede die christliche Sündenerkenntnis nach verschiedenen Richtungen hin vor Irrtümern schützen..." (ÖD, S.135). Auch in anderen Zusammenhängen läßt sich diese Figur nachweisen (vgl. etwa die Ausführungen zur Trinitätslehre (ÖD, S.745-751; SCHLINK, E.: Art. "Trinität, IV.Dogmatisch", in: RGG³, Bd.6, S.1032-1038).

4 Zu Schriftverständnis und Schriftgebrauch Schlinks vgl. ÖD, S.631-641

Was seinen Umgang mit der Schrift angeht, steht Schlink in der Tradition Barths, der ihr Zeugnis relativ unmittelbar aufnimmt und die historisch-kritische Exegese zurückdrängt. Schlink hält die Grundgestalt des Glaubens und der Schriftinhalte als Vorgabe allen Theologisierens fest. Von der Auferstehung als seinem theologischen Vorverständnis und als der Krisis des Analogieprinzips herkommend, kann er Ergebnisse der historisch-kritischen Forschung aufnehmen und zugleich kritisch sichten.

Schlink unterscheidet zwischen der philologisch-historischen Erforschung biblischer Texte und dem Ereignis des Verstehens als Anrede Gottes an uns heute (vgl. ÖD, S.638). Zum grammatisch-philologischen, psychologischen, historischen und soziologischen Verstehen der Schrift muß *das theologische Verstehen*, als das für Schlink entscheidende Verstehen der "Sache" hinzutreten. "Diese 'Sache'... ist Gott und sein in der Geschichte ergehendes Wort. Die biblischen Texte sind Zeugnisse von Gottes geschichtlicher Offenbarung, durch die sich Gott heute offenbart. Auch wenn es in biblischen Berichten um die Geschichte von Menschen geht, geht es doch immer um Gottes Wort, nämlich um aufrührerische oder gehorsame Antworten der Menschen auf Gottes Wort und damit um die Aufdeckung unserer Wirklichkeit vor Gott. - Dieses theologische Verstehen tritt zu den zuvor angeführten Verstehensweise nicht als eine weitere, neben ihnen bestehende Art der Verstehens hinzu, vielmehr erschließt sich *letztlich* erst von der theologischen 'Sache' her das grammatische, psychologische, soziologische und historische Verstehen der Heiligen Schrift" (ÖD, S.643).

Eine Untersuchung allein mit textkritischen, literarkritischen, grammatischen, strukturanalytischen, traditions- und redaktionsgeschichtlichen und religionsgeschichtlichen u.a. Methoden kann zu philologisch-historischer Präzision helfen, sagt aber noch nichts über die Wahrheit der biblischen Aussagen und ihre Geltung für uns heute. Hierzu bedarf es des Eingreifens Gottes selbst. "Weder durch die differenziertesten Bemühungen um die Analyse des Textes noch durch die selbstkritische Bemühung um ein radikales Offensein für diesen Text gelangen wir zur Erkenntnis des Zuspruchs und Anspruchs, mit dem Gott uns heute durch die biblischen Worte anredet. Dies ist allein Gottes Tat, die sich in freier Gnade unseres Bemühens annimmt und uns für sich öffnet. Gott macht uns durch seinen Heiligen Geist zu Verstehenden. Die Erkenntnis des 'Unsinns des Wortes vom Kreuz' als Offenbarung von 'Gottes Kraft und Weisheit' ist Wirkung des Geistes Gottes (vgl. I Kor 1,18ff; 2,10ff)" (ÖD, S.644). Zum Verstehen der Heiligen Schrift gelangt man nach Schlink *durch den Glauben*, womit er das Anselm'sche "credo ut intelligam" auf die Schriftfrage überträgt (vgl. ÖD, S.645). - Auch in der Auslegung des biblischen Wortes vor den Mitmenschen bedarf es des Eingreifens Gottes, damit dieses Wort unmittelbare Anrede heute wird. "Durch keinerlei Methode kann es der Ausleger erreichen, daß der andere nicht nur den Bibeltext und nicht nur den auf ihn einredenden Menschen, sondern den durch den Text ihn anredenden Gott vernimmt. Dies ist Gottes souveräne Tat. Er vergegenwärtigt sich selbst, er wirkt das Verstehen durch den Heiligen Geist" (ebd.). - Dieses gnadenhafte Geschehen ist durch keine Methode zu gewinnen, es kann nur empfangen werden. "So können wir zwar philologisch-historische und erkenntniskritische Methoden entwickeln und einsetzen, aber es gibt keine pneumatische Methode der Schriftauslegung, die der Mensch entwickeln und handhaben könnte. Wir können um den Heiligen Geist nur bitten und Gott für seine Gnade danken" (ÖD, S.646).

Im Zusammenhang seiner Ausführungen über Zusammenhang und Verschiedenheit des alttestamentlichen Schriftzeugnisses und der nachösterlichen Christusbotschaft schreibt Schlink: "5. Dieses Vernehmen des gegenwärtigen Redens Gottes um diese Gewißheit der Gegenwart Christi in den alttestamentlichen Zeugnissen ist durch keine exegetische Methode erzwingbar, sondern kommt aus der Freiheit Gottes. Keine allegorische, typologische und anagogische Methode kann die alttestamentlichen Texte zur Anrede Gottes inmitten unserer heutigen Versuchungen, Verfehlungen und Ängste machen. Diese Durchbrechung des Abstands der Jahrtausende ist das Werk des Heiligen Geistes. Das Wirken des Heiligen Geistes ist daran zu erkennen, daß er an Jesus Christus erinnert (Joh 14,26). Wie die Geistesgaben zu prüfen sind (I Kor 12,10; I Joh 4,1ff), so auch die pneumatischen Auslegungen des Alten Testamentes" (ÖD, S.381).

5 Zum Aspekt des Doxologischen vgl. S.34f.64f.531.725-734.790f

Charakteristikum der Doxologie im Unterschied zur Metaphysik ist das Einbezogensein der Person in der Redeform der Akklamation im Unterschied zu konkludierenden Aussagen über die Taten Gottes aus der Abstandhaltung.

6 ÖD, S.791

7 "So gewiß die Dogmatik nicht selbst Doxologie ist, so gewiß kann sie als Lehre von Gott sich nicht von der Doxologie lösen und verselbständigen, ohne Schaden zu nehmen. Die Lehre von Gott ist zwar nicht Doxologie, aber sie hat zur Doxologie hinzuführen und ihr zu dienen. Sie sollte darum in der Nähe der Struktur doxologischer Aussagen bleiben. Dieser notwendige Zusammenhang zwischen Gotteslehre und Anbetung ist in der Ostkirche klarer bewußt als in der westlichen Christenheit" (ÖD, S.65).

8 Die Mittelpunktstellung der Auferstehung betrifft nicht nur den äußeren Tatbestand der Behandlung in der Mitte der Dogmatik (S.353-382), sondern ihre fundamentale Bedeutung auch in anderen Zusammenhängen (vgl. etwa die Bezugnahmen S.3.33.114-116.195-197.256f.266f.380).

9 ÖD, S.695f.696

10 Eine der ökumenischen Aufgabe verpflichtete Dogmatik darf sich nach Schlink nicht darauf beschränken, die eigene Lehre darzustellen und von dort aus nach gleichen Aussagen bei den anderen Kirchen zu schauen. Ungenügend bleibt auch ein Rückgriff auf die altkirchliche dogmatische Übereinstimmung. Verwehrt ist weiter eine bloß vergleichende Darstellung der gegenwärtigen Glaubensüberzeugungen der getrennten Teile der Christenheit ("*Dieses Vergleichen ist noch keine dogmatische Arbeit, sondern eine dogmenstatistische Vorarbeit*"; ÖD, S.53) und die Suche nach einem Minimalkonsens, der notwendig blaß und kraftlos sein wird und nicht weitergeführt. Vollends versagt ist die Flucht in eine "phänomenologische Analyse der Erlebnisse geistlicher Einheit und des frommen Gefühls", weil damit nicht nur das Gespräch mit den dogmatisch gebundenen Kirchen abgebrochen, sondern auch übersehen wird, daß der christliche Glaube notwendig nach gemeinsamen Aussagen des Bekenntnisses drängt (vgl. ÖD, S.53).

11 vgl. ÖD, S.33f - "Das Gebet ist die Antwort auf das Evangelium in der Anrede des göttlichen Du. In dieser Antwort wird die Heilstat, die durch das Evangelium verkündigt wird und geschieht, vom Glaubenden als an ihm geschehen und als für ihn in der Kraft stehend ergriffen und in Anspruch genommen. Das Gebet gründet auf der Tat Gottes am Sünder und bezeugt diese Tat wieder vor Gott und zwar so wie es Gott gebührt: indem der Glaubende sich als unwürdig bekennt, Gott für seine Heilstat dankt und unter Berufung auf sie die Hilfe Gottes erfleht" (ÖD, S.33f.33). - "Das Gebet ist als Anrede des göttlichen Du zugleich Aussage des menschlichen Ich" (ÖD, S.34).

12 vgl. ÖD, S.35f - "Das Zeugnis ist die Antwort auf das Evangelium in der Anrede des mitmenschlichen Du und Ihr. Auch das Zeugnis ist Antwort auf das Evangelium, denn der Glaubende bezeugt hier seinen Mitmenschen eben die Heilstat, die Gott an ihm getan hat. Die Antwort auf das Evangelium ist somit wieder das Evangelium. Das gehörte Evangelium kann niemals ein stiller Besitz des Glaubenden bleiben. Es ist ein eilendes in die Welt hineinstürmendes Wort, durch das der erhöhte Christus die ihm von Gott übergebene Welt in Besitz nimmt. Einen jeden Glaubenden stellt Christus in den Dienst seines rettenden Rufens und sendet ihn als Zeugen" (ÖD, S.35).

13 vgl. ÖD, S.34f

14 vgl. ÖD, S.36-38

15 "Die Doxologie ist nicht eine liturgische Aussagestruktur, die dem Belieben der Kirche überlassen wäre. Vielmehr ist sie eine notwendige Antwort des Glaubens, ohne die die anderen Antworten in Gebet, Zeugnis und Lehre früher oder später verkümmern würden" (ÖD, S.209).

16 ÖD, S.34

17 ÖD, S.726

18 ÖD, S.34

19 ÖD, S.35

20 ebd.

21 ÖD, S.37 - Schlink schreibt mit Bezug auf H. Greeven: "Prophetie und Lehre bilden... 'die vertikale und die horizontale Komponente' im Zeugnis der Gemeinde und sind dabei 'streng aufeinander bezogen': 'Prophetie ohne Lehre entartet zur Schwärmerei, Lehre ohne Prophetie erstarrt zum Gesetz'" (ebd.).

22 "Ihre Anrede des konkreten Menschen bleibt indirekt und der Entfaltung durch das prophetische Wort und somit durch Predigt und Seelsorge bedürftig. Wie das konkrete mitmenschliche Du, so tritt auch das Ich im Lehren stärker zurück als in der direkten Anrede der missionarischen Predigt oder des missionarischen Gesprächs" (ÖD, S.37f).
"Trotzdem fehlt natürlich das konkrete Ich in beiden Formen der Glaubensaussage insofern nicht, als es ja geschichtliche Menschen sind, die diese Aussagen machen. Die Existentialität dieser Aussagen besteht nur eben darin, daß das konkrete geschichtliche Ich sich im Dienst der Lehre und vollends im Anstimmen der Doxologie an Gottes geschichtliche Heilstat, ja an Gottes ewige Herrlichkeit hingibt, - daß es zum Werkzeug der Weitergabe und zum Opfer des Lobes wird" (ÖD, S.38).

23 vgl. ÖD, S.38-40.646-648 - "Im Bekenntnis fallen Gebet und Zeugnis, Doxologie und Lehre in eigentümlicher Weise zusammen. Auch wenn im Bekenntnis Gott nicht als Du angeredet wird, wird es doch ihm dargebracht und ist wie das Gebet an ihn gerichtet. Auch wenn im Bekenntnis die Mitmenschen nicht als Ihr angeredet werden, so ist es doch vor ihnen abgelegt und insofern als Zeugnis an sie gerichtet. Ohne nur Lehre zu sein, hat das Bekenntnis teil an der Weise, in der in ihr ohne Zuspitzung auf den konkreten Menschen von Gottes endgültiger Heilstat gesprochen wird. Ohne nur Doxologie zu sein, hat es Teil an der Struktur der Doxologie, die Gott und seinen Christus in ihrer der Geschichte überlegenen Herrlichkeit preist... Die verschiedenen Grundformen der Antworten des Glaubens sind im Bekenntnis geeint und konzentriert in einer unerhörten 'Sachlichkeit' der Aussage: anscheinend keine Begegnung Ich-Du und doch gerade so die Antwort, wie sie Gott dem Herrn und Heiland entspricht, der allein aus freier Gnade dem Sünder durch das Evangelium begegnet ist. Diese 'Sachlichkeit' des Bekenntnisses ist die eines Rechtsaktes, nämlich das Ja des Glaubenden zu dem Rechtsakt, den Gott am Kreuz zugunsten der Welt vollzogen hat, das Ja zu dem Bund, den Gott in Christi Tod gestiftet hat" (ÖD, S.39f).

24 ÖD, S.40

25 "In der konsequenten Isolierung und Verabsolutierung einer einzelnen Grundform würden bald auch diejenigen Inhalte verzeichnet werden, die innerhalb des Ganzen der Antworten des Glaubens durchaus legitimerweise in dieser Grundform auszusagen wären. Doxologie ohne Bittgebet bleibt nicht mehr wahre Doxologie, Lehre ohne konkreten Zuspruch nicht mehr die wahre Lehre, Zeugnis ohne Gebet geschähe nicht mehr in der Kraft des Namens Christi, und das Bekenntnis, das ohne Gebet und Zeugnis bleibt, würde alsbald zerfallen. Wo Gott nur als Er anerkannt, aber nicht mehr als Du angerufen wird, wird er nicht mehr als Vater geehrt. Wo nur die geschichtliche Heilstat gelehrt, aber nicht mehr als die gegenwärtige Heilstat dem Nächsten zugesprochen wird, wird Gottes Tat nicht mehr als eschatologische rettende Tat bezeugt" (ÖD, S.40).

26 vgl. ÖD, S.41-47.648-652 (vgl. auch: SCHLINK, Edmund: Die Struktur der dogmatischen Aufgabe als ökumenisches Problem, in: SCHLINK, Edmund: Der kommende Christus und die kirchlichen Traditionen. Beiträge zum Gespräch zwischen den getrennten Kirchen, Göttingen 1961, S.24-79) - "Strukturverschiebungen können erhebliche inhaltliche Verschiebungen zur Folge haben, ja manche dogmatischen Probleme sind überhaupt erst durch solche Strukturverschiebungen entstanden, die, wenn sie unbeachtet bleiben und ihre inhaltliche Auswirkung nicht erkannt wird, zur Quelle hartnäckiger Mißverständnisse, ja zum Anlaß von Gegensätzen und Kirchentrennungen werden können" (ÖD, S.58).

27 ÖD, S.45 - "Lehre führt dann nicht mehr wie die Taufunterweisung zu Buße, Glauben, Gebet und Zeugnis als anderen Akten hin, sondern sie wird Lehre über Buße, Glauben, Gebet und Zeugnis, und kommt in Gefahr, in die Funktion des Lehrens, die zwar für alle Antworten des Glaubens grundlegend wichtig, aber ihnen allen dienend zugeordnet ist, die anderen Gestalten theologischer Aussage aufzulösen" (ÖD, S.45).

28 Schlink verweist etwa auf das Hervorbrechen mystisch-asketischer Literatur als Ergänzung der scholastischen Theologie, auf den Pietismus als Korrektiv der Orthodoxie und auf den Existentialismus Kierkegaards als Reaktion auf eine mild-spekulative Dogmatik (vgl. ÖD, S.46).

29 ÖD, S.47 - "Darüber hinaus aber kann sich die Grundform der Lehre innerhalb der übrigen Grundformen der theologischen Aussage so herrschend durchsetzen, daß sie deren Vollzug verändert und sie aus dem kirchlichen Leben und dem theologischen Bewußtsein weitgehend verdrängt. Dann wird die Predigt der Kirche zur Unterweisung und zum Lehrvortrag, das Zeugnis des Christen gegenüber dem Mitmenschen zur theologischen Diskussion, und die Lieder der Kirche werden zu

Lehrgedichten. Derartige Phasen lassen sich in der Geschichte der meisten Kirchen aufzeigen. Je extremer diese Einseitigkeiten sind, desto stärker erfolgt jeweils die Reaktion vonseiten der anderen Antworten des Glaubens bis hin zu tiefer Entfremdung zwischen Lehre und Predigt, wie auch Lehre und Gebet, ja, zwischen Lehre und kirchlichem Leben überhaupt. - 3) Umgekehrt aber kann sich ebenso eine andere Grundform mit einem Totalitätsanspruch durchsetzen. Dies hat größte Konsequenzen für die Lehre: Beherrscht die doxologische Aussage das Bewußtsein des Glaubenden, so wird die Lehre schließlich zu einer metaphysischen Ontologie... Beherrscht das liturgisch-sakramentale Geschehen das Bewußtsein der Glaubenden, so wird die Lehre unter dieser Herrschaft zur Mystagogie... Aber auch die Grundform des Zeugnisses, nämlich des geschichtlich-konkreten, die Jeweiligkeit des Ich und Du aufdeckenden und treffenden Wortes, kann sich in einer solchen Weise durchsetzen, daß es die anderen Grundformen der Aussage aus dem theologischen Bewußtsein verdrängt und ihren Vollzug beeinträchtigt. Wird diese Grundform personaler Begegnung isoliert und totalisiert, so müssen die über das jeweilige Ereignis der Offenbarung hinausgehenden Aussagen über Gott selbst, über Gottes Sein, Wesen und Eigenschaften, als verdächtig, ja als unmöglich erscheinen, und die Heilsgeschichte löst sich auf in die Punktualität der existentiellen 'Geschichtlichkeit'. Es ist dann folgerichtig, daß die Möglichkeit von dogmatischen Aussagen, die über Jahrhunderte hinweg in Geltung stehen, grundsätzlich bestritten wird" (ÖD, S.46f).

30 vgl. ÖD, S.51-59 und S.655-659 ("Grundlinien einer dogmatischen Hermeneutik")

31 vgl. ÖD, S.51-59 - Ökumenische Theologie darf nicht eine minimale Quersumme der unterschiedlichen Aussagen anzielen, sie "muß den Mut haben, maximalistisch zu sein... in der Intensität, mit der sie die Mitte der apostolischen Botschaft zu Gehör bringt" (ÖD, S.53). - "Auch hier kann sich der ökumenische Dialog nicht auf einen kritischen Vergleich zwischen den unterschiedlichen Aussagen beschränken, sondern muß die geschichtlichen Fronten, die umgreifenden systematischen Zusammenhänge und die Struktur der Aussagen berücksichtigen. Wenn dies geschieht, ergibt sich auch hier, daß in der Verschiedenheit der Fronten unterschiedliche Lehraussagen entstehen, die sich nicht in jedem Fall auszuschließen brauchen, sondern sich auch gegenseitig korrigieren und ergänzen können" (ÖD, S.142).

32 vgl. ÖD, S.67-71

33 ÖD, S.1-71 - "Angesichts dieser in vieler Hinsicht gespaltenen Christenheit erhebt sich die Frage, wo eine ökumenische Dogmatik einsetzen soll. Der Einsatz kann nur bei dem geschehen, was allen Teilen der Christenheit vorgegeben ist und der Kirche zu allen Zeiten und an allen Orten zugrunde liegt: beim Evangelium von Jesus Christus. In ihm tritt Gott der ganzen Christenheit gegenüber..." (ÖD, S.2).

34 vgl. ÖD, S.69

35 ÖD, S.70

36 "Das trinitarische Dogma ist nur zu verstehen von der Anbetung und dem Lobpreis des Vaters und des Sohnes und des Heiligen Geistes als des einen Gottes. Aber die trinitarische Formel ist nicht selbst Lobpreis, sondern das formelhaft konzentrierte Ergebnis der Reflexion" (ÖD, S.753f).

37 vgl. ÖD, S.69f

38 "In *noetischer* Hinsicht ist das trinitarische Dogma letzte Aussage. Der dreieinige Gott wird aufgrund seiner erschaffenden, erlösenden und neuschaffenden Taten erkannt. In *ontischer* Hinsicht ist es erste Aussage. Denn es bekennt den ewigen Gott, der in der Freiheit seiner Liebe seine großen Taten vollbracht hat und vollbringen wird.

39 vgl. ÖD, S.793-804 - Auch die Lehre von der vorzeitlichen Gnadenwahl darf sich nicht vom "Akt des Empfangens, Dankens und Anbetens" lösen (ÖD, S.795). Eine doppelte Prädestination verbietet sich für Schlink, da die biblischen Aussagen Gnadenwahl und Verwerfung nicht verbinden (ÖD, S.800).

40 vgl. ÖD, S.69

41 "Die Stellung der 'Lehre von den letzten Dingen' am Ende der Dogmatik hat weithin zu dem Mißverständnis geführt, als sei sie ein bloßer Anhang zur Dogmatik, während doch nicht nur die

Lehre von der Kirche, sonden auch die Christologie und nicht nur das neutestamentliche Evangelium, sondern das alttestamentliche Gesetz, ja bereits die Erschaffung und Erhaltung des Menschen
von Gottes eschatologischer Verheißung her bestimmt sind... Diese Verteilung der eschatologischen
Aussagen auf das Ganze der Dogmatik ermöglicht, zugleich das neutestamentliche Miteinander der
futurisch- und präsentisch-eschatologischen Aussagen in einer Weise zum Ausdruck zu bringen, die
eine Auflösung der einen in die anderen ausschließt" (ÖD, S.70).

42   vgl. ÖD, S.537-724

43   vgl. ÖD, S.69

44   "Hat Gott durch Jesus Christus die Sünder gerechtfertigt und aus der Todverfallenheit gerettet,
so bekennt die Christenheit auch, daß Gott *durch Christus* die Welt geschaffen hat... Die Wurzel...
der Anerkennung von Christi Schöpfungsmittlerschaft ist... zu suchen ... in derauf den Erscheinun-
en des Auferstandenen und dem gegenwärtigen Wirken des Erhöhten gegründeten Gewißheit, daß
Jesus der ewige Christus und Gottessohn ist, der schon immer bei Gott dem Vater war. Damit wird
die geschichtliche Einmaligkeit seiner Menschwerdung keineswegs bestritten. Wohl aber wird
unterschieden zwischen dem Werk, das er zu Anfang bei der Erschaffung tat und dem Werk, das er
als Menschgewordener vollbrachte" (ÖD, S.82f).

45   vgl. ÖD, S.83f

46   ÖD, S.83

47   "So betet die Kirche: 'Komm, Schöpfer Geist, besuche die Herzen der Deinigen, erfülle mit
Gnade von oben die Herzen, die du geschaffen hast" (ÖD, S.84)

48   "Zu unterscheiden sind also die Taten, die der Schöpfer am Anfang und die der Erlöser, 'als
die Zeit erfüllt war', getan hat. Aber ein und derselbe Gott hat diese Taten getan und tut sie ständig
durch sein Wort und seinen Geist" (ÖD, S.84). - Im Zusammenhang der Frage der Ebenbildlichkeit des Menschen schreibt Schlink: "Ist Christus als das ewige Wort zu bekennen, durch das Gott
das All geschaffen hat, so auch als das ewige Ebenbild Gottes bei der Erschaffung des Menschen.
Diese Feststellungen bedeuten nicht, daß der Unterschied zwischen der Erschaffung und der Erlösung hinfällig und Gottes Schöpfungstat in sein Erlösungshandeln hinein aufgelöst würde, wohl
aber, daß die Identität des Schöpfers und Erlöser nicht aus dem Auge gelassen werden darf. Von
seinem schenkenden und gebietenden Erlösungshandeln fällt das Licht auf sein Schöpferhandeln"
(ÖD, S.107).

49   vgl. ÖD, S.101-122

50   ÖD, S.122

51   vgl. ÖD, S.211-536

52   vgl. ÖD, S.211-251

53   vgl. ÖD, S.224-227.224f

54   vgl. ÖD, S.232f

55   ÖD, S.283-288.284

56   "Es ist die Geburt eines Menschen so wie jede andere Geburt inmitten des ständigen Werdens
neuer Menschheitsgenerationen, und doch ist dieses Werden im Mutterleib erweckt durch den Heiligen Geist. Das Ereignis ist eingebettet in die Analogien dieser Welt und zugleich ein analogieloser
Neuanfang in der Menschheitsgeschichte. Je mehr man das von diesen Bekenntnisaussagen bezeugte
Geheimnis bedenkt, um so weniger wird man sich darüber verwundern, daß dieses Ereignis einer
biologischen und historischen Verifizierung entzogen ist. Die Problematik der historischen Erforschung dieser Texte entspricht der Einzigartigkeit des von ihnen bezeugten Ereignisses. Dieses kann,
so lange die Voraussetzungen und Grenzen der empirischen Wissenschaften im Auge behalten werden, durch biologische und historische Überlegungen zwar in Frage gestellt, aber nicht widerlegt
werden. Wo freilich das Analogieprinzip nicht heuristisch, sondern dogmatistisch verwendet wird,

kann die Jungfrauengeburt nur abgelehnt werden, - ebenso wie die Auferstehung Jesu von den Toten" (ÖD, S.285). - "Wem das unser Begreifen übersteigende Geheimnis der Menschwerdung Gottes im Glauben gewiß ist, für den sind die Berichte von Jesu Zeugung durch den Geist und seine Geburt von der Jungfrau kein zusätzliche Zumutung, sondern gerade in ihrer Anstößigkeit eine eindrückliche Konkretisierung dieses Geheimnisses, - eine Konkretisierung, die dem Geheimnis seinen Geheimnischarakter nicht nimmt, sondern es gerade als Geheimnis vor Augen stellt" (ÖD, S.287).

57 vgl. ÖD, S.286f

58 vgl. ÖD, S.288-302

Wie stark das pneumatische Moment aufgenommen werden könnte, zeigen im Kontrast zu Schlink etwa J. Moltmann und M. Welker (MOLTMANN, Jürgen: Der Geist des Lebens. Eine ganzheitliche Pneumatologie, München 1991, S.73-78; WELKER, Michael: Gottes Geist. Theologie des Heiligen Geistes, Neukirchen-Vluyn 1992, S.174-213).

59 vgl. ÖD, S.416ff.416

60 "Geschieht durch das Evangelium das Wirken des erhöhten Christus, so geschieht dadurch zugleich das Wirken des Heiligen Geistes, in dessen Kraft der Erhöhte auf der Erde gegenwärtig ist. Das Evangelium ist nicht Buchstabe, sondern lebendigmachender Geist... Das Evangelium ist nicht nur Menschenwort, sondern lebensspendendes Wirken des Geistes Gottes. Es ist rettende 'Kraft Gottes' (Röm 1,16). Durch das Evangelium wirkt der Heilige Geist und wird als Gabe zuteil. - So geschieht in der Verkündigung des Evangeliums das Heilshandeln Gottes in Christus durch den Heiligen Geist..." (ÖD, S.424f).

61 "Hat Gott einst durch die Menschwerdung seines Sohnes und durch die Ausgießung seines Geistes an den Menschen gehandelt, so tut er dies weiter durch das Wort und die Taten derer, die von seinem Sohn gesandt und vom Heiligen Geist erfüllt sind" (ÖD, S.425).

62 vgl. ÖD, S.427-444 - "Auch wenn in dem verschiedenen Zuspruch von Gottes Erlösungshandeln durch das Evangelium nicht immer ausdrücklich vom Heiligen Geist gesprochen wird, ist doch sein Wirken in jedem Fall vorausgesetzt. Durch Gottes Geist geschieht die Rechtfertigung, die Lebendigmachung, die Heiligung, der Abba-Ruf der Kinder Gottes, die Vergöttlichung" (ÖD, S.439).

63 vgl. ÖD, S.436f.437 - "Diese Heiligung wird zugleich bezeugt als Werk des Heiligen Geistes. Gottes Geist war auch schon zuvor in einzelnen Gliedern des Volkes Israel, zumal in den Propheten, wirksam gewesen. Nun aber ist er auf alle ausgegossen, die an Jesus Christus glauben. Er ist auch am Werke bei der rettenden Verherrlichung, bei der Rechtfertigung und bei der Lebendigmachung, die das Evangelium verkündigt und zuspricht. Durch ihn wird den Glaubenden die Herrlichkeit, die Gerechtigkeit und das Leben Jesu Christi zuteil. Aber am ausdrücklichsten ist das Wirken des Heiligen Geistes in den neutestamentlichen Aussagen über die Heiligung bezeugt. Durch sein heiligendes Wirken werden die Glaubenden in die Heiligkeit Gottes des Vaters und Jesu Christi hineingenommen und von ihr durchdrungen. Beides gehört zusammen: 'In Christus Jesus geheiligt' (I Kor 1,2), und 'geheiligt durch den Heiligen Geist' (Röm 15,16)" (ÖD, S.436).

64 vgl. ÖD, S.437-439.439

65 vgl. ÖD, S.442

66 vgl. hierzu auch die Ausführungen über die "Taufe als Tat Gottes in Christus durch den Heiligen Geist" (Die Lehre von der Taufe, S.70-75).

"Gott übereignet den Täufling dem Herrn Christus durch den Heiligen Geist. Ist der erhöhte Christus der Herr, dem Gott alles unterstellt hat, dann ist er nicht nur das Woraufhin der Übereignung, die Gott durch die Taufe vollzieht. Als der Herr ist er auch selbst am Werk, zieht durch den Heiligen Geist den Täufling an sich und gibt sich ihm zu eigen. Gott der Vater und Jesus Christus handeln in der Taufe durch den Heiligen Geist. Aber man wird auch nicht dabei stehenbleiben können, vom Heiligen Geist als der Kraft und dem Werkzeug Gottes und Christi zu sprechen. Er ist nicht nur das Organ, durch das der Vater und der Sohn in der Taufe handeln. Als Werkzeug ist der Geist zugleich der Wirkende, als Gabe zugleich der Geber, als der Gesandte zugleich der Sendende. Der Heilige Geist pfanzt durch die Taufe in Christus ein und macht zu

Gottes Kindern. So wirken durch die Taufe rechtfertigend, heiligend, rettend, lebendigmachend Vater, Sohn und Heiliger Geist. Dem entspricht es, daß in der Alten Kirche sowohl Gott der Vater als auch der erhöhte Christus als auch der Heilige Geist als das Subjekt des Heilshandelns in der Taufe gelehrt worden ist. Aber nicht drei Herren, sondern ein Herr ist hier am Werke, und nicht drei Herren, sondern einem Herrn wird der Täufling übereignet, wenn er dem Vater und dem Sohn und dem Heiligen Geist übereignet wird" (Die Lehre von der Taufe, S.74).

67   vgl. ÖD, S.444-470

68   vgl. ÖD, S.453.454

69   vgl. ÖD, S.459-461.460f

70   ÖD, S.461

71   vgl. ÖD, S.479-489.490-513

72 vgl. ÖD, S.479 (vgl. auch SCHLINK, Edmund: Die Lehre von der Taufe, Kassel 1969, S.15-19)

73   vgl. ÖD, S.480 (vgl. auch Die Lehre von der Taufe, S.19-22)

74   vgl. ÖD, S.40f (vgl. auch Die Lehre von der Taufe, S.23-25)

75   vgl. ÖD, S.481

76   vgl. ebd.

77   vgl. ÖD, S.484 (vgl. auch Die Lehre von der Taufe, S.39-92: "Das Heilshandeln Gottes durch die Taufe"; bes. S.75-89 "Das Ineinander von Wort, Wasserbad und Gottes Heilstat")

Die Wirkung des Heilshandelns Gottes durch die Taufe wird vielfältig ausgesagt: als Sündenvergebung (Act 2,38), Abwaschung, Heiligung und Rechtfertigung (I Kor 6,11), Reinigung (Eph 5,26), Reinigung der Herzen vom bösen Gewissen (Heb 10,22), Rettung vor dem göttlichen Gericht (Act 2,40.47), Vernichtung des Leibes der Sünde (Röm 6,6), Sterben und Begrabenwerden mit Christus (Röm 6,3ff). Auferstehen mit Christus (Kol 2,12ff), Christus Anziehen (Gal 3,27), Geburt von oben (Joh 3,5), Wiedergeburt und Erneuerung (Tit 3,5).

78   vgl. ÖD, S.483f (vgl. auch Die Lehre von der Taufe, S.39-53)

79   vgl. ÖD, S.484f (vgl. auch Die Lehre von der Taufe, S.53-63)

80   Die Lehre von der Taufe, S.55

81   a.a.O., S.56

82   vgl. ÖD, S.485 (vgl. auch Die Lehre von der Taufe, S.57-60)

"Die Einheit von Taufgeschehen und Geisteswirken ist auch vorausgesetzt Joh 3,5. Wasser und Geist gehören im Akt der Wiedergeburt zusammen. Es wird nicht unterschieden zwischen 'Wassertaufe' und 'Geisttaufe'" (ÖD, S.485).
"Den angeführten neutestamentlichen Taufaussagen [vgl. Anm. 72] ist gemeinsam, daß von der Taufe und dem Geisteswirken als *einem* Akt gesprochen wird. Die christliche Taufe geschieht durch den Geist, der Geist wirkt durch die christliche Taufe. Nirgends wird hier unterschieden zwischen *'Wassertaufe'* und *'Geisttaufe'*, oder auch zwischen Sündenvergebung und Geisteswirken als zwei verschiedenen Akten... Der Zusammenhang von Geisteswirken und Taufe ist auch von der Apostelgeschichte bezeugt. Was grundlegend an Pfingsten an dem kleinen Kreis der Apostel und Frauen ohne Taufe geschah, geschieht dann an allen weiteren, die zum Glauben kommen und sich taufen lassen. Ohne die besonderen Probleme des zeitlichen Verhältnisses von Taufe und Geistempfang, das die lukanischen Tauftexte stellen, bereits vorwegzunehmen, ist doch unbestreitbar, daß auch hier die Wassertaufe auf den Namen Christi und das Wirken des Heiligen Geistes grundsätzlich und faktisch zusammengehören" (Die Lehre von der Taufe, S.54).

83 ÖD, S.485

84 vgl. ÖD, S.485f.486 (vgl. Die Lehre von der Taufe, S.63-70)

85 Die Lehre von der Taufe, S.57

86 vgl. ebd.

87 Die Lehre von der Taufe, S.58

88 vgl. ebd.

89 Die Lehre von der Taufe, S.58f

90 a.a.O., S.59

91 vgl. a.a.O., S.59f

92 a.a.O., S.60

93 ebd.

94 a.a.O., S.62

95 a.a.O., S.63

96 a.a.O., S.89

97 vgl. ÖD, S.490–513.491

98 ÖD, S.497-499.498

99 vgl. ÖD, S.499-509

100 ÖD, S.502

101 vgl. ÖD, S.502

102 ÖD, S.507

103 ÖD, S.510

104 vgl. ÖD, S.537-724

105 vgl. ÖD, S.537-541

106 ÖD, S.537

107 ebd.

108 ebd.

109 vgl. ÖD, S.538

"Alles, was über das Geisteswirken gesagt ist, wäre irreführend, wenn nicht zugleich beachtet würde, daß im Unterschied zur Geburt, zum Tod und zur Auferstehung Christi die Geistausgießung zu Pfingsten kein einmaliges, sondern ein erstmaliges Ereignis war, dem weitere Geistausgießungen folgten, und dies nicht nur auf weitere Menschen, die den Geist noch nicht empfangen hatten, sondern auch auf dieselben, über die er schon ausgegossen war. Nie hört der Heilige Geist als der gegebene auf, der Herr zu sein, auf dessen Kommen der Mensch angewiesen bleibt... [vgl. Act 4,31; 9,17; 13,52]... Das Kommen des Heiligen Geistes ist ein immer neues göttliches Kommen und Wirken. Dasselbe gilt für jeden Getauften. Auch wenn der Geist auf ihn durch die

Taufe ausgegossen ist, bleibt er auf das Kommen des Geistes angewiesen. Die Ausgießung des Gei-
stes ist der Anfang für ein Leben in der Erwartung weiteren Geisteswirkens... [Eph 1,14; Röm 8,23;
II Kor 5,4f]... Was hier von der zukünftigen Vollendung gesagt ist, das gilt auch von dem irdischen
Lebensweg dieser Vollendung entgegen" (Die Lehre von der Taufe, S.56).

110 ÖD, S.538

111 ebd.

112 "Mit der Ausgießung des Heiligen Geistes ist das Angeld gegeben für weitere Geistesgaben,
die der Getaufte erbitten und empfangen darf für seinen Dienst in der Gemeinde und an der Welt.
Es wäre falsch, aus dem Empfang der Taufe bereits den Besitz aller Geistesgaben ableiten zu wollen,
wenngleich der Getaufte dem Machtbereich des Geistes übereignet ist. Der Geist gibt seine Gaben
in seiner Freiheit, wann und wem er will. Die Taufe ist so der *Anfang* des Empfangens seiner
Gaben" (Die Lehre von der Taufe, S.57).
"Wie die Ausgießung des Heiligen Geistes nach Jesu Erhöhung kein einmaliges, sondern ein
erstmaliges Ereignis war, so ist auch die Gabe des Geistes, die durch die Taufe zuteil wird, nicht nur
eine einmalige, sondern eine erstmalige, eine Erstlings-Gabe, ein Angeld, der Anfang eines
pneumatischen Wirkens und sich Schenkens. Das neue Leben der Getauften ist nicht nur ein Leben
von der Geistesgabe her, sondern auch auf weitere Geistesgaben hin. Zu dem Indikativ '*Ihr habt den
Heiligen Geist*' tritt der Imperativ, der gebietet: '*Dämpfet den Geist nicht*' (I Thess 5,19), '*eifert nach
den Geistesgaben*' (I Kor 14,1; vgl. 12,31). Die den Geist empfangen haben, sollen aus dem Geistempfang leben und sich nach den Charismen ausstrecken, die für den Dienst in der Gemeinde und
an der Welt vonnöten sind. Darüber hinaus gilt das Gebot, auf die kommende Vollendung des
Geisteswirkens zu warten, durch das der sterbliche Leib verwandelt wird in die Gleichheit der
Auferstehungsherrlichkeit Christi" (Die Lehre von der Taufe, S.61).

113 vgl. ÖD, S.538-541

114 vgl. ÖD, S.538f - Schlink nimmt H.Gunkel auf, nach dem es in der Apg als selbstverständlich gilt, daß gläubig werden und vom Geist ergriffen werden verschiedene Vorgänge sind.

115 ÖD, S.539f

116 ÖD, S.540

117 ebd.

118 ÖD, S.541

119 vgl. ÖD, S.541-544.541

120 vgl. ÖD, S.541f

121 ÖD, S.542

122 vgl. ebd.

123 vgl. ÖD, S.542f

124 ÖD, S.543

125 vgl. ÖD, S.543f - "Gibt der Geist dem Menschen Anteil am göttlichen Leben, so stellt er ihn
zugleich in den Dienst der göttlichen Liebe, die nicht den Tod der Sünder will, sondern ihr Leben...
So wirkt der Heilige Geist eine neue Gemeinschaft gegenseitigen Dienens. Gabe des Geistes und
Erweckung zum Dienst ist ein und dasselbe. Dieser Dienst geschieht in der wechselseitigen Liebe
derer, die den Geist empfangen haben, und wendet sich zugleich aus dieser Gemeinschaft heraus an
die Welt. Weil Gottes Liebe in Christus nach der Welt gegriffen hat, kann niemand die empfangenen Geistesgaben für sich behalten wollen. Der Heilige Geist stellt vielmehr durch seine Gabe
zugleich in den Dienst an der Welt. Dieser Dienst besteht vor allem im Christuszeugnis" (Die Lehre
von der Taufe, S.56).

126 ÖD, S.543

127 ÖD, S.544

128 ebd.

129 vgl. ebd.

130 Schlink unterscheidet drei Gruppen von Grundstrukturen: a) *heilsgeschichtlich-ekkle-siologische*, b) *ekklesiologische Grundstrukturen des Dienstes*, c) *Grundstrukturen der universalen Einheit.*

131 vgl. ÖD, S.554-561.557 - "In der Lehre von der Kirche ist die Reflexion über die theologischen Strukturen der Aussagen auszuweiten auf das Ganze des Lebens der Kirche, also auch auf ihr Dienen, ihr Leiden, ihr Wachsen und ihre Erhaltung in Raum und Zeit" (ÖD, S.558).

132 vgl. ÖD, S.560f

133 ÖD, S.561

134 vgl. ÖD, S.558

135 ÖD, S.566-569 - "Der Ruf heraus aus der Welt ergeht nicht nur am Anfang des Glaubens und bei der Entstehung der Kirche, sondern er ergeht immer wieder von neuem an jeden Christen und an jede Kirche. Denn wie die Glaubenden, wenngleich durch die Taufe Christus übereignet, doch bedroht bleiben von der Versuchung der Sünde und von der Gefahr, wieder ihr Sklave zu werden, so bleibt auch die Kirch in Gefahr, in der Bewegung heraus aus der Welt zu erlahmen, ihre radikale Andersartigkeit zu vergessen und sich der Welt anzupassen" (ÖD, S.568).

136 vgl. ÖD, S.569-571 (vgl. auch: Die Lehre von der Taufe, S.67f und: SCHLINK, Edmund: Christus und die Kirche. Zwölf Thesen für ein ökumenisches Gespräch zwischen Theologen der evangelischen und der römischen Kirche, in: ders.: Der kommende Christus und die kirchlichen Traditionen, S.88-105.89f)

137 vgl. ÖD, S.571

138 ÖD, S.569

139 vgl. ÖD, S.570

140 vgl. ebd.

141 vgl. ÖD, S.570f

142 ÖD, S.571 - In seiner Tauflehre würdigt Schlink das Element des *dynamischen Vorstoßes in die Welt* in der *freikirchlichen Tradition*, obwohl er deren Sicht von Taufe und Kirche nicht teilt.
Schlink lehnt das Zwinglische und baptistische Taufverständnis zwar ab, sieht sich gerade deshalb aber zugleich auch verpflichtet, die Gefahren des von ihm vertretenen Verständnisses der Taufe als einem Heilshandeln Gottes, wie auch die nicht fehlenden positiven Möglichkeiten des baptistischen Taufverständnisses, aufzuzeigen: "Es gibt ein Verständnis der Kirche als Organ des göttlichen Heilshandelns, als '*Mutter der Glaubenden*', als das All durchdringende Christusleib, dem die Wirklichkeit der Kirche, die diese Ekklesiologie vertritt, nicht entspricht. Es gibt Kirchen, deren Selbstverständnis zwar von den Aussagen des Paulus und zumal des Epheserbriefes bestimmt sind, in deren Wirklichkeit aber weder die Gemeinschaft der Charismen noch die pneumatische Dynamik des Vorstoßes in die Welt hinein erkennbar ist, und die auch die in ihrer Mitte getauften und heranwachsenden Kinder mit Gebet und Zeugnis nicht so umgeben, wie es von ihrem Kirchenverständnis her selbstverständlich wäre. Auf der anderen Seite gibt es Gemeinschaften, in denen sich der einzelne geborgen und durch Mahnung und Fürbitte getragen weiß, wenngleich hier die Kirche nicht als '*Mutter*', die Glaubenden gebiert, verstanden wird, sondern als die Versammlung , die durch das Zusammentreten der einzelnen und zwar durch den Bekenntnisakt ihrer Taufe konstituiert wird. Wenngleich hier theologisch nicht von der Kirche als der vorgegebenen, in ihrer Kontinuität und Universalität die Zeiten und den Kosmos durchdringenden und erfüllenden Wirklichkeit ausgegangen wird, ist faktisch von solchen Gemeinschaften und zwar von der Radikalität ihrer For-

derung einer Abkehr von der Welt oft eine Dynamik des Vorstoßes hinein in die Welt ausgegangen, hinter der manche Kirche zurückgeblieben ist, die sich zwar als den universalen Herrschaftsbereich Christi versteht, aber sich auf die Wahrung ihres Bestandes beschränkt" (Die Lehre von der Taufe, S.141).

143 vgl. ÖD, S.572-578 (vgl. auch SCHLINK, Edmund: Der Kult in der Sicht evangelischer Theologie, in: ders.: Der kommende Christus und die kirchlichen Traditionen, S.116-125)

144 vgl. ÖD, S.578

145 vgl. ÖD, S.573

146 vgl. ÖD, S.573f

147 vgl. ÖD, S.574f

148 vgl. ÖD, S.575f

149 vgl. ÖD, S.576-578

150 vgl. ÖD, S.578-585

151 ÖD, S.583f

152 vgl. ÖD, S.585-589 (vgl. auch SCHLINK, E.: Christus und die Kirche, in: ders.: Der kommende Christus und die kirchlichen Traditionen, S.95-98)

153 vgl. ÖD, S.589-591

154 vgl. ÖD, S.591-625 (vgl. auch: SCHLINK, Edmund: Die apostolische Sukzession, in: ders.: Der kommende Christus und die kirchlichen Traditionen, S.160-195 = KuD, 7/1961, S.79-114; ders.: Christus und die Kirche, in: ders.: Der kommende Christus und die kirchlichen Traditionen, S.93-95; EBER, Jochen: Einheit der Kirche als dogmatisches Problem bei Edmund Schlink, S.198-216

155 vgl. ÖD, S.569

156 vgl. ÖD, S.591-597

157 ÖD, S.596

158 vgl. ÖD, S.597

159 vgl. ÖD, S.591f

160 vgl. ÖD, S.592f.596f

161 vgl. ÖD, S.593

162 vgl. ÖD, S.594

163 "Nicht Petrus ist hier als der bezeichnet, der die Kirche baut, sondern Jesus Christus. Petrus ist der 'Felsengrund', auf den Christus seine Kirche bauen will. Grundlegung und Bau sind zweierlei. De Grund ist einmalig, das Bauen geht weiter. Das einmalige Gründungsgeschehen war bald in Jerusalem abgeschlossen, der missionarische Dienst aber ging ständig weiter" (ÖD, S.595).

164 vgl. ÖD, S.595f.596

165 vgl. ÖD, S.597-600; vgl. auch S.559 (Die apostolische Sukzession, in: a.a.O., S.161-164)

In seiner "Theologie der lutherischen Bekenntnisschriften" hat Schlink durch kritische Rückfragen vom neutestamentlichen Zeugnis über die Vielfalt von Ämter und Charismen her auf Engführungen der lutherischen Amtstheologie aufmerksam gemacht (SCHLINK, Edmund: Theologie der lutherischen Bekenntnisschriften, Berlin 1954/= Lizenzausgabe der 3.Aufl. München 1948, S.251f).

166 ÖD, S.597f

167 vgl. ÖD, S.598

168 vgl. ÖD, S.598-600

169 ÖD, S.598

170 ÖD, S.599

171 ebd.

172 ebd.

173 ebd.

174 vgl. ÖD, S.599f

175 vgl. ÖD, S.600-603

176 ÖD, S.600

177 ÖD, S.601

178 vgl. ÖD, S.601-603

179 vgl. ÖD, S.603-611

180 ÖD, S.604f.604

181 ÖD, S.605

182 ebd.

183 ebd.

184 vgl. ÖD, S.605f

185 vgl. ÖD, S.606

186 vgl. ÖD, S.606f

187 vgl. ÖD, S.607f

188 ÖD, S.607

189 ÖD, S.608

190 ebd.

191 ÖD, S.609

192 ebd.

193 vgl. ÖD, S.610f

194 ÖD, S.611

195 ÖD, S.612

196   ebd.

197   ebd.

198   ÖD, S.613

199   ebd.

200   ÖD, S.614

201   vgl. ÖD, S.614-622

202   vgl. ÖD, S.626-673

203   vgl. ÖD, S.644f.653f.662.666f

"Im *Bekenntnis* (OF) erfolgt die Selbstübergabe der Glaubenden an ihren Herrn. Diese Selbstübergabe geschieht durch den glaubenden Menschen, und doch kann er sich ihrer nicht als seiner Tat rühmen. Denn sie ist *Wirkung des Heiligen Geistes...*" (ÖD, S.653). - "Freilich bedeutet Treue zum Bekenntnis immer, daß die Kirche angewiesen bleibt auf das lebendige Wirken des Heiligen Geistes in ihrem Bekennen und somit auf die Erhörung ihrer unablässigen Bitten um seine Gaben" (ÖD, S.654).

"Dem Frieden Gottes und der Gemeinschaft des Heiligen Geistes soll die Ordnung dienen. Es geht in der *Kirchenordnung* (OF) um den Schutz des Raumes, in dem und aus dem heraus die Dynamik des Heiligen Geistes sich auswirkt" (ÖD, S.662). - "Bei der zentralen christologischen Begründung der kirchlichen Ordnung geht es um den Christus, der durch den Heiligen Geist herrscht, ja, der 'lebendigmachender Geist' ist (I Kor 15,45). Von daher ist es zu verstehen, wie sehr Paulus bei seinen Anordnungen auf die Geisteswirkungen in den Gemeinden, wie z.B. auf die Besonderheit der ihnen verliehenen Geistesgaben und damit auch auf die in ihnen lebendig gewordenen Dienste geachtet, zur rechten gegenseitigen Zuordnung dieser Dienste ermahnt, vor schwärmerischen Entartungen gewarnt, vor allem aber dazu ermutigt hat, Geistesgaben zu erstreben und ihnen Raum zu geben" (ÖD, S.666). - "Die Kirchenordnung verlangt nicht nur eine Verpflichtung auf ihren Inhalt, sondern auch die Bereitschaft, im Wechsel der geschichtlichen Situation mit dem Anordnen fortzufahren. Das bedeutet die Verpflichtung zu ständiger Wachsamkeit: Wie die Kirchenordnung in Abwehr in Gefährdungen der kirchlichen Gemeinschaft - durch Herrschsucht, Streit oder Schwärmerei - entstanden ist, so hat die Kirche jederzeit die gegenwärtig drohenden Gefahren zu beachten. Dabei darf sie darauf vertrauen, daß der Heilige Geist ihr die Augen öffnet und ihr zeigt, welche Maßnahmen zu ergreifen sind. Wachsamkeit bedeutet in anderer Weise auch das Gespür dafür, was neben den kirchlichen Ämtern an Diensten von Charismatikern und an pneumatischen Bewegungen entstanden ist. Sie sind zu prüfen, und ihnen sind Wirkungsmöglichkeiten in der Kirche zu geben, wie dies Paulus in Korinth getan hat. Wachsamkeit bedeutet auch, sich vom Heiligen Geist die Augen öffnen zu lassen für Nöte in der Welt, die bisher übersehen waren, deren Behebung aber in Angriff genommen werden müßte" (ÖD, S.667).

204   Nach Ausführungen über die "Einheit der Kirche und die uneinige Christenheit" (ÖD, S.673-708) nimmt Schlink mit dem Abschnitt "Die Vollendung der neuen Schöpfung" (ÖD, S.709-724) die heilsgeschichtliche Linienführung wieder auf, ehe er auch das pneumatologische Hauptkapitel mit der Zusammenfassung "Das Bekenntnis Gottes des Neuschöpfers" (ÖD, S.720-724) abschließt. Von dort her geht Schlink dann mit starker Hervorhebung des Doxologischen auf die Gotteslehre und speziell die Trinitätslehre als "erste und letzte Aussage" zu (ÖD, S.725-791.742-760).

205   vgl. ÖD, S.544-553

206   Schlink weiß um die *Realität des Verderbens inmitten der Schöpfung* als "*Macht der Entstellung, Zersetzung und Vernichtung*" (vgl. ÖD, S.175f) und um eine "*Herrschaft der Verderbensmächte*" (vgl. ÖD, S.180-184).

207   vgl. ÖD, S.182f

208   vgl. ÖD, S.181.183

209   vgl. ÖD, S.182.184

210 vgl. ÖD, S.184

211 ebd.

212 vgl. ÖD, S.545 - Das freie Beteiligtsein des Menschen hatte Schlink bereits im Zusammenhang mit Ausführungen über das "Gesetz des Geistes" angemerkt. Im Imperativ des neuen Lebens wird die Entscheidung des Menschen nicht beengt oder aufgehoben, sondern gerade angesprochen. Auch wenn das Wirken des Heiligen Geistes sich als ein "Drängen" oder "Hindern" vollzieht, wird der Mensch nicht übergangen. "Im Gegensatz zur Vergewaltigung und Ausschaltung des menschlichen Willens in der Besessenheit macht der Heilige Geist den Menschen frei" (ÖD, S.460).

213 ÖD, S.545

214 ebd.

215 ebd.

216 ÖD, S.546

217 ebd.

218 vgl. ÖD, S.547 - "Als empfangene Gabe hört der Geist niemals auf, der Geber zu sein. Er ist Gabe und Herr zugleich. Niemals wird der Getaufte Herr über den Geist. Als der Zuteilgewordene und Innewohnende bleibt der Heilige Geist der dem Menschen Begegnende. Er wirkt nicht nur als Kraft, sondern als Person. Er wirkt nach Jesu Kommen als '*der andere Paraklet*'. Er leitet in die Wahrheit, er vergegenwärtigt Jesu Wort und Tat, er sendet in den Dienst und begegnet als Gebieter. Zum geschehenen Empfang der Geisteswirkung tritt so der Imperativ, der Geistesleitung zu gehorchen" (Die Lehre von der Taufe, S.61).

219 ÖD, S.547

220 vgl. ebd.

221 vgl. ÖD, S.547f

222 vgl. ÖD, S.549

Hierher gehören auch Ausführungen über den konkreten Gehorsam der Glaubenden im Wandel der Zeiten unter der Führung des Heiligen Geistes. Zur *neutestamentlichen Mahnung* gehört nach Schlink von ihrem christologischen und pneumatologischen Ursprung her "das Offenhalten des Raumes der Freiheit für neue Initiativen der Liebe innerhalb der Gemeinde und im Verhalten zur Welt" (ÖD, S.460f).

Als Beispiel der *Vergegenwärtigung des Schriftworts durch den Heiligen Geist* kommt Schlink im Zusammenhang von Ausführungen zur *biblischen Hermeneutik* auch auf die *Möglichkeit unmittelbarer Geistesleitung* zu sprechen: "Durch Gottes Geist kann auch eine in der Heiligen Schrift überlieferte geschichtlich einmalige Anrede an einen längst vergangenen Menschen zu Gottes Anrede heute werden, - wie z.B. die Forderung, alles zu verlassen und das Reich Gottes zu verkündigen. Es läßt sich weder mit den Methoden philologisch-historischer Exegese noch durch die Bewußtmachung der subjektiven Voraussetzungen der Erweis dafür erbringen, daß eine solche, vor vielen Jahrhunderten ausgesprochene Forderung diesem und zwar gerade diesem heute lebenden Menschen gilt. Und doch geschieht es immer wieder, daß derartige in der Bibel überlieferte Forderungen heute einen Menschen mit einer solchen Kraft treffen, daß ihm unausweichlich deutlich wird, er würde gegen Gott ungehorsam sein, wenn er dieser Forderung nicht folgen würde. *Es gibt eine persönliche konkrete Führung durch Gottes Wort im Umgang mit der Heiligen Schrift*" (ÖD, S.644 - Hervorhebung: OF).

Schlink stellt heraus, daß der Heilige Geist im Leben der Kirche auf sehr unterschiedliche Art und Weise wirkt. Er erwähnt den Tatbestand, daß im Neuen Testament mehrfach von einem Reden des Geistes berichtet wird, das nicht durch ein Wort der Schrift vermittelt, sondern *unmittelbar* an einen einzelnen oder an eine Gemeinde erging (vgl. ÖD, S.644f.547f). Bei den Negativbeispielen aus der Kirchengeschichte hat sich der Gehorsam gegenüber dem Wort der Schrift unabhängig gemacht, folgte nur seinen Eingebungen und wurde so in die Irre geführt. Schlink versteht Geistesleitungen dagegen im weitesten Sinn als "Konkretisierungen" dessen, was nach dem Zeugnis der Schrift bleibend von Gott aufgetragen ist. Eine prinzipielle vom Zeugnis der Schrift bzw. von Christus losgelöste Unmittelbarkeit kann es für Schlink nicht geben. "Das Geisteswirken bleibt auch in seiner Freiheit vom schriftlich fixierten Buchstaben doch im Dienste dessen, den die biblischen Texte bezeugen. Denn der Heilige Geist lehrt alles und erinnert an alles, was Jesus gesagt hat (Joh 14,26 vgl. 15,26 u. 16,14). Daher bedeutet 'Erinnern' Vergegenwärtigen. Insofern bleibt die Heilige Schrift das Kriterium für die Anerkennung der Freiheit, in der der Heilige Geist heute unseren Gehorsam fordert" (ÖD, S.645).

223   ÖD, S.548

224   ebd.

225   ebd.

226   ebd.

227   vgl. ÖD, S.550

228   ÖD, S.551

229   ebd.

230   ebd.

231   vgl. ebd.

232   ÖD, S.551f

233   vgl. ÖD, S.552

234   vgl. ÖD, S.552f

235   Schlink beschließt die Pneumatologie mit Ausführungen über "Das *Bekenntnis* Gottes des Neuschöpfers" (vgl. ÖD, S.720-724). Dabei macht er u.a. auf den Tatbestand aufmerksam, daß sich im Neuen Testament trotz vieler Aussagen über das Geisteswirken kein den christologischen Formeln vergleichbares Bekenntnis zum Heiligen Geist findet. "Der Heilige Geist wird nicht als der zu Bekennende, sondern als Urheber des Bekenntnisses..., vor allem des Christusbekenntnisses genannt (z.B. I Kor 12,3)" (ÖD, S.720).
   Die Ursache sieht Schlink darin, daß der Heilige Geist dem Menschen nicht in gleicher Weise begegnet wie Christus. Während Christus dem Menschen mit einem klaren prosopon *gegenüber*tritt, wirkt der Heilige Geist *im* Menschen (vgl. ebd.). "Im Reden des Geistes ist im Unterschied zum Reden Gottes und des auferstandenen Christus das redende Ich des Geistes nicht hervorgehoben. Es fehlen z.B. Ich-bin-Worte, die im alten Bund für Jahwe charakteristisch waren und die im Johannesevangelium von zentraler Bedeutung sind. Der Heilige Geist weist von sich weg auf den Sohn und damit zugleich auf den Vater. Er konkretisiert und vergegenwärtigt die Worte Jesu im hic et nunc der angesprochenen Menschen und führt sie durch den Sohn zum Vater. Er verbindet so die Glaubenden mit dem Vater und dem Sohn und nimmt sie hinein in ihr Gegenüber und Miteinander. In einer - vom menschlichen Geist unterschiedenen - Selbständigkeit im Menschen wirkend ist er ganz hingewandt auf Gott den Vater und den Sohn" (ÖD, S.721).
   Im weiteren spricht Schlink von der *trinitarischen Einheit*, die auch im Neuschaffen des Geistes zum Ausdruck kommt. "Auch im personalen Gegenüber des Geistes zum Vater und zum Sohn ist das Wollen des Vaters und des Sohnes *ein* Wollen. Das Erleuchten, Erneuern, Heiligen, Sammeln des Heiligen Geistes ist zugleich das Wirken des Vaters und des Sohnes" (ÖD, S.722; vgl. auch ÖD, S.723f.742-760).

236   vgl. ÖD, S.552

237   vgl. ÖD, S.553

ANMERKUNGEN: *C.2 Rudolf Bohren*

1 "Praktische Theologie ist von der Pneumatologie her und auf die Pneumatologie hin zu denken. Sie reflektiert das Praktisch-Werden Gottes". - "Das Praktisch-Werden Gottes ist ein Schön-Werden, weil Gott selbst schön ist. Gott wird uns in seiner Gegenwart schön, so daß wir ihm in unserer Gegenwart schön werden" (BOHREN, Rudolf: Daß Gott schön werde. Praktische Theologie als theologische Ästhetik, München 1975, S.14).

2 vgl. BOHREN, Rudolf: Predigtlehre, EETh 4, München 1980⁴, S.59-61 (vgl. hierzu auch: ders.: Geist und Gericht. Arbeiten zur praktischen Theologie, Neukirchen-Vluyn 1979, S.169-195.181-187).

3 "Indem der Geist in Ewigkeit bei uns ist als der Freie, sprengt er alles systematisierende Denken. Die Sprache der Predigt und der Poesie entspricht dem Geist eher als die systematische Darlegung. Das pneumatologische Denken hat offensichtlich eine Affinität zur 'irregulären Dogmatik'..." (BOHREN, Rudolf: Das pneumatologische Denken, in: ders.: Vom Heiligen Geist. Fünf Betrachtungen, KT 57, München 1981, S.9-39.18)

"In der Predigtlehre reflektiere ich den Glauben in bezug auf das Predigen und das Predigen in bezug auf den Glauben. Aus diesem Grund wird in der vorliegenden Predigtlehre auch anvisiert, was ich den ungepredigten Glauben nennen möchte, es wird an vergessene Glaubenssätze erinnert, auf ungepredigte Bibel aufmerksam gemacht. In diesem Betracht schreibt sich eine Predigtlehre immer einer Dogmatik, mit dem Unterschied, daß sie Dogmatik sozusagen in Kurzschrift schreiben muß: als Predigtlehre ist sie zum Predigen unterwegs, sie hat darum gleichsam 'die Lenden gegürtet, die Schuhe an den Füßen und den Stab in der Hand'! Die königliche Ruhe des Systematikers kann sie nicht pflegen, sie gleicht Israel, das Passah feiert 'in angstvoller Eile' (2 Mose 12,11). In der Predigtlehre spreche ich nicht nur anders als im Bekennen, sondern auch anders als in der Dogmatik, das heißt, ich lege weniger Wert auf eine umsichtige Entfaltung eines Themas, ich kann es lediglich unter dem Gesichtspunkt des Predigens anreißen. Ich spreche perspektivisch verkürzt, indem ich auf den Predigtakt zugehe" (Predigtlehre, S.52).

"Praktische Theologie im Geleit des Geistes kann kein endgültiges, abgeschlossenes System ein für alle mal bilden. Praktische Theologie ist nur möglich als Weg in die Wahrheit, sie ist System unterwegs... Praktische Theologie muß voran allem die *Wahrheitsfrage* stellen... Nicht die Frage nach den Methoden ist das bedrängende Problem der Praktischen Theologie, sondern die Frage nach der Wahrheit, und das ist die Frage nach Gott selbst in der kirchlichen Praxis und in ihren Methoden. Ist der in der heutigen Kirche wirkende Geist Gott? Oder ist er etwa ein Götze? Wird in der kirchlichen Praxis Gott schön? Oder verfinstert oder verzerrt die kirchliche Praxis den, dem sie schön werden soll?" (Daß Gott schön werde, S.32). - "Wer Praktische Theologie auf das Novum hin zu durchdenken beginnt, überholt sie auf ihr Ende hin, dahin wo sie sich erübrigt... Wo Praktische Theologie ihr eigenes Ende nicht ständig mitbedenkt, bleibt sie - theologisch naiv und letztlich unkritisch, auch wenn sie sich noch so kirchenkritisch gebärdet. Sie konserviert dann Kirche, statt die Kirche auf ihr Ende vorzubereiten. Das Ziel kirchlicher Praxis überhaupt ist deren Aufhebung und die Zielvorstellung Praktischer Theologie das Überflüssig-Werden der Kirche" (a.a.O., S.32f). - "So wird... deutlich, daß ein System Praktischer Theologie von der Pneumatologie her... nicht ein System sein kann im Sinne eines Systems der Systemlosigkeit, sondern eben ein System im Sinne der Gegenwart und Zukunft des Geistes, ein System also, das von dieser Gegenwart und Zukunft her auf seine Selbstaufhebung aus ist" (a.a.O., S.33).

4 STOLLBERG, Dietrich: Heiliger Geist und Spiritualität in der deutsch-sprachigen Praktischen Theologie der Gegenwart, in: DAS RELIGIÖSE BEWUSSTSEIN UND DER HEILIGE GEIST IN DER KIRCHE, Beiträge zur fünften theologischen Konferenz der Evangelischen Kirche in Deutschland und der Kirche von England, hg. von KREMKAU, Klaus, ÖRB 40, Frankfurt a.M. 1980, S.45-52.47-50.47

5 "Polemik kann leicht geistlos und unästhetisch werden. So liegt im Polemischen ihrer Formulierung eine Gefährdung Praktischer Theologie. Wollte man sich aber dieser Gefährdung nicht aussetzen, bliebe alle Musik draußen... Ein Praktische Theologie, die nicht polemisch wäre, wäre unpraktisch, sie wäre auch theologisch ohne Bedeutung; auch würde sie die 'seltsame Lust' am 'Künftigen' schon verloren haben. Polemik vor allem wird da nötig sein, wo Gegenwärtiges und Vorhandenes auf Zukunft hin überholt werden muß... Für die Praktische Theologie ist die Zeit zu streiten gekommen; aber Ärger schadet der Schönheit" (Daß Gott schön werde, S.34).

6 "Weil die Theologie die Religion der Leute nicht kritisch reflektiert, verfällt der Pfarrer recht häufig der Religion der Leute. Er predigt dann, was die Leute sowieso schon denken, vermutlich alles andere als das Evangelium. Wer so predigt, dient nicht der Neuschöpfung, sondern der Bestätigung des Bestehenden. Die Nichtaufnahme der Gegenwart in der Theologie hat politische Konsequenzen. Die Predigt bestätigt nur das Vorhandene, sie konserviert, statt zu erneuern. Das ezechielische Rauschen in den Totengebeinen findet nicht statt" (Daß Gott schön werde, S.21). - "Praktische Theologie verfehlt ihr Wesen, wenn sie nicht auch dies ist: Religionskritik, und zwar auf ihrem eigensten Feld kirchlicher Praxis. Zu fragen ist dann, wie sich kirchliches Handeln zur Gegenwart des Geistes verhalte" (a.a.O., S.22). - "Eine Einführung in die Praktische Theologie wird darum - wenn anders sie Theologie ist - notwendigerweise kritisch sein, nicht nur gegenüber der hergebrachten kirchlichen Praxis, sondern auch gegenüber der Praxis theologischer Wissenschaften, zu allererst gegenüber der eigenen Disziplin und eigenen Arbeit" (a.a.O., S.24).

7 H.-J. KRAUS kommt von Karl Barth her, unterscheidet sich aber in seinem systematischen Ansatz von diesem darin, daß er eschatologisch vorwärtsdrängend den Wirklichkeitscharakter der biblisch bezeugten Glaubensinhalte herausstreicht (KRAUS, Hans-Joachim: Systematische Theologie im Kontext biblischer Geschichte und Eschatologie, Neukirchen-Vluyn 1983). Stärker als Barth spitzt Kraus seine Ausführungen in kritischer Zeitgenossenschaft auf eine gegenwartsbezogene Scheidung der Geister zu. Er will biblisch-prophetisch provozieren, theologie-, religions-, wissenschafts-, geschichts- und zeitkritische Markierungen setzen und auf die kommende Vollendung hin zu gesellschaftlichem und politischem Handeln motivieren.

Ungewöhnlich stark betont Kraus den Heiligen Geist bereits im Alten Testament, in der Christologie (S.359-365.371-373.378-383.404-410) ("Das Geheimnis der Ermächtigung und der verborgenen Messianität Jesu ist die uneingeschränkte, vollkommene Gabe des Geistes, des Charismas der Rettung und Befreiung an Gottes statt" - S.360) und dann im Blick auf die Sendung der Gemeinde (S.449-565). Im Heiligen Geist begegnet Gott selbst in seiner vereinigenden Macht und durchdringt das menschliche Sein erleuchtend und belebend bis in die letzten Tiefen hinein. "Geist" meint bei Paulus vom AT her Gottes souveräne Gabe und Tat. "Damit wird die Vorstellung ausgeschlossen, der Geist könne in die Verfügungsgewalt des Menschen gelangen. Die Gabe des Geistes kommt hervor aus der Freiheit Gottes und widerspricht somit dem, was wir 'Enthusiasmus' zu nennen pflegen. Nach neutestamentlichem Zeugnis sind 'Pneumatiker' keine Besitzer des Geistes im Sinne religiösen Habens; sie sind keine Virtuosen, die ein Sondergut empfangen und vorweisen könnten. Jeder *Christ* ist 'Pneumatiker'. Er hat teil am Geist des *Christus*, am pneumatischen Chrisma" (S.451). - Kraus stellt als Wesen des Geistes die eschatologische Wirkungs- und Durchsetzungs- mächtigkeit des Reiches Gottes heraus. Der Geist ist "Anfang und Angeld des zukünftigen Reiches der Freiheit in unserer Welt, Kraft der Veränderung im Diesseits" (S.454). Er wirkt nicht nur in der christlichen Gemeinde, sondern auch in allen guten, vernünftigen, hilfreichen und förderlichen Bewegungen in der Welt (vgl. S.458-460). Als Geist der Heiligung führt er in die Nachfolge und Christusgestalt im Alltag der Welt (vgl. S.461-469). Als Geist der Wahrheit, deren Inhalt das Kommen des Reiches Gottes ist, entlarvt er das Pseudos des menschlichen Lebens und dieser Weltwirklichkeit und verändert sie (vgl. S.470-476). Als Geist der Liebe erfüllt er das menschliche Leben mit der Kraft der Liebe Gottes, setzt mit ihr der Wahrheit und Freiheit ihre Grenze, befreit den Menschen aus Ich-Bezogenheit und Selbstliebe zur Nächstenliebe im gesellschaftlichem und politischen Kontext (vgl. S.477-487). Lebensgrund der christlichen Gemeinde ist das Wort des auferstandenen Christus, die Macht des Heiligen Geistes (vgl. S.493-495). Die ekklesia ist Erstgestalt und Vorraum des kommenden Reiches der Freiheit. Der erhöhte Christus ist mit den Charismen des Geistes gegenwärtig in seiner Gemeinde. Durch die Gaben des Heiligen Geistes wird die Gemeinde zusammengefügt und auferbaut. "Von diesen Gaben allein lebt die *ekklesia* und von den durch die Charismen erweckten Diensten (I Kor 12,5). Nach neutestamentlichem Verständnis ist die christliche Gemeinde *charismatische Gemeinde*. In ihr walten nicht die Amtsträger, sondern Pneumatiker, die in der Kraft des Geistes der *ekklesia* dienen. Jedes Glied des Leibes lebt in den Gaben und Kräften des Geistes. Jeder Christ ist Pneumatiker. Jeder dient dem Kyrios in der Gemeinde mit den Gaben, die er empfangen hat. Eine Hierarchie der Ämter ist gänzlich ausgeschlossen und unter den Voraussetzungen des Lebens im 'Leib Christi' undenkbar. Die charismatische Gemeinde lebt in Gemeinschaft (*koinonia*). Gemeinsam hört sie das Wort des erhöhten Christus und die Stimme der prophetischen und apostolischen Zeugen. Gemeinsam bekennt sie Jesus als den Kyrios (I Kor 12,3). Und in ihren Versammlungen erweist die Vielzahl der Charismen die Macht des Geistes und die Gegenwart des Christus (I Kor 12,8ff)" (S.496). Dezidiert stellt Kraus die ntl. ekklesia als Vorhut des Reiches Gottes der organisierten Kirche gegenüber, die sich an dieser messen lassen muß. Die ekklesia ist die Krisis der institutionellen Kirche, deren Kennzeichen (Organisation und Herrschaft, Tradition und Ordnungsrecht, unbedingter Kontinuitätswille und unablässige Vorsorge für den zukünftigen Bestand) der Voraussetzung und Lebensgestalt der charismatischen *ekklesia* widersprechen, ja sogar *Widerstand* gegen den Creator spiritus sind. Positive Bestimmung der institutionellen Kirche ist es, "Form und Ermöglichungsgrund für das Ereignis charismatischer Gemeinde" zu sein (vgl. S.500-503.501). Mit der provozierenden Unterscheidung und Betonung der charismatischen Gemeinde intendiert Kraus nicht die Wiederbelebung enthusiastischer Begabungen, wie sie im Urchristentum eine Rolle spielten, sondern er will damit sagen: 1. Die Gaben sind *der ganzen Gemeinde gegeben* und sollen nicht durch ein Einzelamt ignoriert oder verdrängt, sondern beachtet, gefördert und zur Geltung gebracht werden - 2. Die Glieder der christlichen Gemeinde sind zu "*beteiligten, urteilsfähigen und die Tatfolgen biblischer Botschaft gemeinsam beratenden Sprechern*" berufen (S.530f). Wesentlich ist Kraus das Veränderung bewirkende Leben der ekklesia(-Gruppen) (S.508ff). Die christliche Gemeinde hat Verheißung und Auftrag, erhellendes Licht und erhaltendes Ferment der Welt zu sein, soll für Gerechtigkeit, Frieden und Versöhnung unter den Menschen und Völkern eintreten, die humanen und sozialen Implikationen des in ihrer Mitte angebrochenen Reiches Gottes realisieren und im Vorläufigen in der Kraft und Krisis des Endgültigen tätig sein (vgl. S.517-565). (Zum Ansatz der Systematischen Theologie von H.-J.Kraus vgl. WEINRICH, Michael: Vom Charisma biblischer Provokationen. Systematische Theologie im Horizont Biblischer Theologie bei Hans-Joachim Kraus, in: JBTh 3/1988, S.253-265).

8 vgl.: BOHREN, Rudolf: Das Wort und die Kraft, in: ders.: Predigt und Gemeinde. Beiträge zur Praktischen Theologie, Zürich/ Stuttgart 1963, S.13-38

9 Das Wort und die Kraft, in: a.a.O., S.20

10 Das Wort und die Kraft, in: a.a.O., S.21

"Die Laien leben, mit dem Geist begabt, in dieser Welt als ein Zeichen dafür, daß diese Erde von Gott her umgestaltet wird. Gewiß leben wir im Glauben und nicht im Schauen. Gewiß dürfen wir die Gabe des Geistes nicht mit dem Geber selbst verwechseln. Aber ebenso gewiß kann der Geist nicht verborgen bleiben, er muß Gestalt annehmen, Früchte tragen. Gewiß können wir den Geist nicht sehen wie eine Taube. Aber ebenso gewiß hinterläßt der Geist seine Spuren. Gewiß sind die Feuerzungen des Pfingstberichtes für unsere Augen erloschen, aber ebenso gewiß gibt sein Brennen heute einen hellen Schein. Der Geist wird nach der Joel-Verheißung ausgegossen über alles Fleisch. Er bleibt also nicht wie in der Urzeit schwebend über den Wassern, er kommt in die Menschlichkeit, diese gestaltend und verändernd... Wir sind auch geneigt, aus einem antikatholischen Affekt heraus gegenüber der ecclesia triumphans das Kreuz, die Vorläufigkeit und Gebrochenheit zu betonen. Gut. Aber wir geraten dadurch leicht in Gefahr eines pneumatologischen Doketismus, der übersieht, daß der Geist als Angeld und Erstlingsgabe des Reiches Gottes auf Erden in Erscheinung tritt, daß die Kirche leibhaft existiert und daß darum alles Geistliche auf Versichtbarung drängt. Der Schöpfergeist ist der Unsichtbare, der auf Sichtbarkeit drängt" (BOHREN, Rudolf: Die Laienfrage als Frage nach der Predigt, in: Geist und Gericht, S.48-67.54f).

11 Das Wort und die Kraft, in: a.a.O., S.21f

12 Das Wort und die Kraft, in: a.a.O., S.23

13 vgl. Das Wort und die Kraft, in: a.a.O., S.23-28; Bohren bezieht sich u.a. auf E. Schweizers Art. "*pneuma*", in: ThWNT, Bd.VI, S.394ff und W. Grundmanns "Der Begriff der Kraft, 1932, S.94f und ders.: Art "*dynamis*", in: ThWNT, Bd.III, S.400ff

14 Das Wort und die Kraft, in: a.a.O., S.25

15 vgl. Das Wort und die Kraft, in: a.a.O., S.27

16 vgl. BOHREN, Rudolf: Heilsgeschichte und Predigt, in: Predigt und Gemeinde, S.39-46.44-46

17 Heilsgeschichte und Predigt, in: a.a.O., S.43

18 Heilsgeschichte und Predigt, in: a.a.O., S.44

19 ebd. - "Will die Predigt gegenwärtige Taten des Herrn verkünden, so bedarf sie des prophetischen Geistes. Unsere Blindheit für die Taten des Herrn im Jetzt und Heute kommt aus dem Fehlen des Heiligen Geistes... das Dilemma der Predigt kann nur behoben werden durch eine neue Ausgießung des Heiligen Geistes. Alles Fragen nach dem Sinn und Wesen der Predigt, nach ihrem

Inhalt muß zu dieser Frage vorstoßen, denn nur von da her wird das Wunder möglich, daß in der Predigt Heil Ereignis wird, wirklich Ereignis, wirkendes Ereignis" (Heilsgeschichte und Predigt, in: a.a.O., S.46).

20 Das Wort und die Kraft, in: a.a.O., S.31

21 ebd.

22 zit. in: Das Wort und die Kraft, in: a.a.O., S.32

23 Das Wort und die Kraft, in: a.a.O., S.32

24 Das Wort und die Kraft, in: a.a.O., S.33

25 vgl. Das Wort und die Kraft, in: a.a.O., S.33-38

Gegenüber einer verkürzenden historisch-kritischen Methode weist Bohren auf das Pneuma hin, das an Vergangenes erinnert und Zukünftiges eröffnet. Der Geist könne zwar nicht durch irgendwelche Methoden eingefangen und domestiziert werden, andererseits aber könne in der Methodenfrage nicht einfach von ihm abstrahiert werden (vgl. BOHREN, Rudolf: Die Krise der Predigt als Frage an die Exegese, in: Predigt und Gemeinde, S.85-117.105f.110). Zu Recht hätten Barth und Bultmann eine pneumatische Methode abgelehnt, trotzdem seien beide aber anzufragen, ob bei ihnen nicht ein aktualistisches Geistverständnis vorliegt, das die Perseverantia sanctorum mißachte: "Der Geist ist doch nicht nur der schlechthin Unberechenbare, der weht wo er will. Im Geist hat sich Gott doch ebenso festgelegt wie im Sohn. Es ist doch nicht nur so, daß auf das Wort Verlaß wäre und auf den Geist eben nicht. Kann man den Geist gebetet werden, dann ist auf ihn zu hoffen, mit ihm zu rechnen. Diese Dialektik des Geistes bedeutet für die Methodik: sie kann seiner nicht habhaft werden, soll aber auf ihn eingestellt sein. Nicht der Geist ist ein Instrument der Methode, die Methode kann aber ein Instrument des Geistes sein. Das 'ubi et quando visum est Deo' der CA kämpft wohl nicht mit Recht gegen einen magischen Wort- und Sakramentsbegriff, gegen eine Auffassung auch der Predigtwirkung ex opere operato. Diese Formel wird aber falsch, wenn sie nicht mehr Korrektur bleibt, sondern sich zum positiven dogmatischen Satz auswächst, als wäre der Heilige Geist der Allerunzuverlässigste im Himmel und auf Erden, der Inbegriff einer Launenhaftigkeit und Unbeständigkeit Gottes. Das Neue Testament kann durchaus mit seiner Gabe als einer dauernden rechnen" (in: a.a.O., S.112). - Weiter sei zu fragen, ob in den Zitaten Barths und Bultmanns nicht ein doketisches Geistverständnis vorliege, wenn sie sagen, es gäbe keine Methodik, wo Gott redet und der Geist wirkt (vgl. ebd.). Bohren fragt, ob nicht vom Gegenstand her die Methodik durchbrochen wird und plädiert für Exegese als Gebet, die echter Sachlichkeit und Wissenschaftlichkeit entspreche, weil sie das Wort der Vergangenheit als Wort des Lebendigen hört. "Darum ist Exegese als Gebet Bitte um den Geist. So entsteht das Paradox, daß das Rechnen mit dem Geist gleich ist mit der Bitte um den Geist. Um den Geist bitten heißt bitten, daß Gott den Buchstaben lebendig mache, die Vergangenheit des Textes zu seiner Gegenwart und Zukunft mache. Im Gebet korrespondiert das Geschehen vom Menschen her dem Geschehen von Gott her, diese Korrespondenz geschieht im Geist. Historische und theologische Exegese werden damit verbunden" (in: a.a.O., S.113). - Gegen die Reduktion der exegetischen Arbeit auf die Existenz des einzelnen bei Bultmann mahnt Bohren das Stehen in der Tradition und Kommunikation der Kirche an. Zwar sei dies nicht einfach zu identifizieren mit dem Wandel im Geist, aber so wahr es geistlose Kirche und falsche Tradition gebe, so wahr gebe es keine Kommunikation mit dem Geist, kein Hören auf das Wort ohne Kommunikation mit konkreter Gemeinde. "Kommunikation mit der lebendigen Gemeinde würde auch historisch vor falschen Konstruktionen schützen, sie könnte die Exegese vor einem falschen Gnostizismus bewahren und abstrahierenden Simplifikationen wehren" (in: a.a.O., S.114).

26 Das Wort und die Kraft, in: a.a.O., S.36

27 vgl. Das Wort und die Kraft, in: a.a.O., S.33-37

28 "Die Predigt ist mehr als Gespräch, mehr als Seelsorge, mehr als Anrede und Gedrückte, mehr als Aufmunterung für Kranke und Leidtragende. Das mag die Predigt alles auch sein. Aber wir müssen den Versuch wieder wagen, die Gewalten und die Mächte anzureden... 'Es geht jetzt um das, was man politische Predigt nennen könnte'... Die Gestalt der Predigt muß davon her bestimmt sein, daß sie an die Öffentlichkeit ergeht, an anonyme und greifbare Mächte. Geschieht sie in Vollmacht, wird sie zum Exorzismus, zur Befreiung der Menschen von den sie versklavenden

Mächten. Gegenüber aller existenzialistischen und pietistischen Verengung muß das gerade heute sehr betont und überdacht werden..." (BOHREN, Rudolf: Die Gestalt der Predigt, in: Predigt und Gemeinde, S.47-69.58f; vgl. auch ders.: Seelsorge - Trost der Seele oder Ruf zum Reich, in: Predigt und Gemeinde, S.119-147.126f.136-138 = Seelsorge).

Die Konkretion und Weite des Geisteswirkens wird auch deutlich in Bohrens Einführung in die Praktische Theologie als theologischer Ästhetik, in der er dem Schönwerden Gottes a) in der Schöpfung, b) in Kultur und Kunst, c) in und durch die Geschichte und d) in der Gemeinde nachdenkt (vgl. Daß Gott schön werde, S.90-125).

29 vgl.: BOHREN, Rudolf: Daß Gott schön werde, S.145-150; ders.: Die Leitung der Gemeinde, in: Predigt und Gemeinde, S.207-228.208-217; ders.: Unsere Gemeinden - Gemeinde Jesu Christi?, in: Predigt und Gemeinde, S.183-206.193-198
   Den Begriff des Charisma von der Ästhetik her aufnehmend, formuliert Bohren: "Die Gemeinde wird durch und in ihren Charismen schön, sie wird schön in der konzertierten Aktion ihrer Charismen. Sie ist und wird zum Kunstgebilde in dieser konzertierten Aktion. Das Charisma hat die Aufgabe, Welt und Gemeinde nach den Gesetzen der Schönheit zu gestalten" (Daß Gott schön werde, S.145).

30 Unsere Gemeinden, in: a.a.O., S.192

31 Unsere Gemeinden, in: a.a.O., S.193

32 vgl. ebd. - "Praktische Theologie als theologische Ästhetik im Horizont der Pneumatologie gedacht, wird den unschönen Unterschied zwischen den sogenannten Laien und den sogenannten Geistlichen kritisch reflektieren und wird vor allem dort wachsam sein, wo man erklärt, dieser Unterschied bestehe eigentlich gar nicht, prinzipiell wären die Geistlichen und Laien einander gleichgesetzt. Solche Egalität ist meist ein Anzeichen von Verschleierung massiver Herrschaft... Von der Pneumatologie her ist Praktische Theologie grundsätzlich Laientheologie; sie bedenkt den Laos Gottes und dessen Gestalt in der Welt: Gott wird in den Laien schön. Praktische Theologie ist Theorie der Praxis, nicht auf Grund des Unterschiedes zwischen Klerikern und Laien, sondern auf Grund des gemeinsamen Seins in der Neuheit des Geistes, auf Grund der Begabung aller Christen durch den Geist. Als Charismenlehre kann die Praktische Theologie zunächst nicht Pastoraltheologie sein. Von der Charismenlehre her stellt sich die Frage, ob Pastoraltheologie möglich sei als Frage, ob der Pastor theologisch möglich sei: Pfarrer sein, kann man das? Dann stellt sich sofort die Frage nach den Mitarbeitern, nach den aktiven und passiven Kirchengliedern, nach dem Verhältnis von Christentum und Gemeinde. Praktische Theologie hat Pfarrer auszubilden; aber Praktische Theologie kann nicht Pastoraltheologie bleiben, sie muß Laientheologie werden" (Daß Gott schön werde, S.189).

33 vgl. Die Leitung der Gemeinde, in: a.a.O., S.211f

34 vgl. Unsere Gemeinden, in: a.a.O., S.195

35 Unsere Gemeinden, in: a.a.O., S.196

36 Unsere Gemeinden, in: a.a.O., S.195

37 Unsere Gemeinden, in: a.a.O., S.197

38 vgl. Unsere Gemeinden, in: a.a.O., S.196f.194

39 Unsere Gemeinden, in: a.a.O., S.198

In der Predigtlehre greift Bohren neben dem politischen Nachtgebet und dem Versuch der Gottesdienstgestaltung als Happening auch ein Modell von W. Hollenweger auf, in dem die seelsorgerliche und liturgische Funktion des Pfarrers mit der eines Regisseurs verglichen wird. "Der Pfarrer wird Spielleiter im heiligen Spiel. Damit kommt es in der Gottesdienstvorbereitung zur Entdeckung und Erweckung der Charismen. Gottesdienstvorbereitung und Auferbauung charismatischer Gemeinde mögen dann zusammenfallen" (Predigtlehre, S.541-543.541)

40 vgl. BOHREN, Rudolf: Die Laienfrage als Frage nach der Predigt, in: Geist und Gericht, S.48-67.65

41 vgl. Unsere Gemeinden, in: a.a.O., S.199-201

42 vgl. Unsere Gemeinden, in: a.a.O., S.201

43 vgl. Unsere Gemeinden, in: a.a.O., S.201-204

44 Die Laienfrage als Frage nach der Predigt, in: a.a.O., S.52

45 Die Laienfrage als Frage nach der Predigt, in: a.a.O., S.53

46 vgl. Die Laienfrage als Frage nach der Predigt, in: a.a.O., S.55 (vgl. Anm. 51, S.67)

47 Die Laienfrage als Frage nach der Predigt, in: a.a.O., S.56

48 Die Laienfrage als Frage nach der Predigt, in: a.a.O., S.58

49 "Wo eine Seelsorge die Fleischwerdung in Jesus von Nazareth und die Gliedhaftigkeit der Kirche vergißt, wird sie klerikal und unterstreicht damit ihre Hoffnungslosigkeit; denn da, wo die Gemeinde nicht mehr in 'Reichsunmittelbarkeit'lebt, braucht sie umso mehr den Statthalter. In unserer landeskirchlichen Seelsorge hat sich darum weitgehend die Seelsorge auf den Pfarrer als Seelsorger reduziert. Das Bewußtsein, daß die Gemeinde Seelsorgerin ist, hat einem Mythos vom Seelsorger Platz gemacht... Wenn es uns ein Anliegen ist, daß Gott selber in Jesus Christus zur Seelsorge komme, dann können wir Pfarrer nichts Dringlicheres tun, als den Mythos vom pfarrherrlichen Seelsorger zu entmythologisieren und der Rolle des Seelsorgers so weit als möglich abzusagen. Gerade unser seelsorgerlicher Übereifer, unser Alles-selber-machen-Wollen hindert die Gemeinde daran, Seelsorgerin zu sein. Somit wird der Pfarrer am besten Seelsorge üben können, der sich im Stand der Demission befindet, in der Demission zugunsten der Gemeinde; der Pfarrer muß 'abnehmen', damit die Gemeinde wachse" (Seelsorge, S.132).

50 Das Geheimnis der Seelsorge Gottes auf Erden, jetzt und hier, sind die Menschen, die schon jetzt von seinem Licht erleuchtet sind, die Glieder am auferstandenen Leib Christi: "Die Seelsorge Jesu Christi ist heute eine Seelsorge in den Gliedern der Gemeinde. Indem Christus durch den heiligen Geist in der Gemeinde wirkt und wohnt, wird die Gemeinde zur Seelsorgerin Gottes auf Erden. Das Wunder von Gottes Seelsorge heute ist das Wunder der Gemeinde als Wohnung Christi. Mit dem Sein der Gemeinde ist Seelsorge..." (Seelsorge, in: a.a.O., S.124). - "Dies also ist Gottes Seelsorge heute, die Seelsorge der geistbegabten Glieder der Gemeinde, die Seelsorge der Kirche Christi. Darum gibt es nur eine Freude und einen Stolz der kirchlichen Seelsorge, daß in ihr der kommende Gott gegenwärtig ist und handelt. Der Quell von Lebenswasser, aus dem Christus bei seiner Wiederkunft die Dürstenden tränkt (Off. 21,6), ist in den Leibern der Glaubenden durch den Heiligen Geist schon aufgebrochen und zum Strömen gebracht (Joh 7,38). So fließt der Heilige Geist als Strom der Seelsorge in die Welt. So üben denn die Seelsorger die Seelsorge Gottes. Die Gnade gibt Gnadengaben, und in den Gnadengaben der Gemeinde geschieht Gottes Seelsorge" (Seelsorge, in: a.a.O., S.125). - "In der Seelsorge erweist sich der wiederkommende Herr als der schon gegenwärtige, wirkend in den lebendigen Gliedern seines lebendigen Leibes. Die Seelsorge Gottes heute ist die Seelsorge Jesu Christi in seinem Leib" (Seelsorge, in: a.a.O., S.125).

51 Seelsorge, in: a.a.O., S.140

52 Seelsorge, in: a.a.O., S.140

53 BOHREN, Rudolf: Gemeinde und Seelsorge, in: ders.: Geist und Gericht. Arbeiten zur Praktischen Theologie, Neukirchen-Vluyn 1979, S.129-142.130-133.133

Zwar seien etwa in den Entwürfen von A.Schweizer (1875), H.A. Köstlin (1907[2]) und E. Thurneysen Ansätze zu einem biblisch-theologisch begründenden Seelsorgeverständnis vorhanden, aber alle drei würden vom Gewordenen her bestimmt, von einer vom Pfarrer her bestimmten Kirche. "Seelsorge bleibt in der Gefangenschaft des Amtes; die Monopolstellung des einen Amtes hemmt die Entfaltung der Gaben" (in: a.a.O., S.133).

In der modernen Seelsorgebewegung des CPT sieht Bohren entgegen dem Anspruch, die Seelsorge aus der Gefangenschaft des Amtes zu befreien, diese in eine neue Abhängigkeit - in die der Psychologie und des ausgebildeten Therapeuten - geraten (vgl. Gemeinde und Seelsorge, in: a.a.O., S.133f): "Mit Hilfe klinischer Ausbildung wächst dem Pfarrer aufs neue Macht zu über die Seele. Zusätzliche psychologische Ausbildung renoviert die Seelsorge, die schon vor hundert Jahren für altmodisch gehalten wurde. So wird noch einmal verhindert, daß Gemeinde Seelsorge ist und wird. Der Pfarrer bleibt allemal der Macht-Haber in der Gemeinde. Er hat das Sagen nicht nur am Sonntagmorgen. Ihm eignet Macht, kraft seiner Ausbildung als Theologe, kraft seiner mysteriösen Kenntnis der alten Sprachen. Wenn er sich nun zusätzlich psychologisch ausbilden läßt, gewinnt er einen Machtzuwachs; er gewinnt in gewisser Weise zurück, was verloren ging: Macht über die Seelen... Die mittelalterliche Herrschaftsstruktur zwischen Beichtvater und Beichtkind wird wohl variiert, aber trotz gegenteiliger Versicherung aufgehoben, wenn der psychologisch Geschulte als Patron, als Seelsorger nun seinem Klienten gegenübersitzt" (Gemeinde und Seelsorge, in: a.a.O., S.134). - Ein weiterer Kritikpunkt Bohrens am CPT ist die zu beobachtende Konzentration auf das Innerseelische (vgl. in: a.a.O., S.138).

54 vgl. Gemeinde und Seelsorge, in: a.a.O., S.129.138-142

55 Predigtlehre, S.66

56 Predigtlehre S.65

57 vgl. a.a.O., S.66

58 a.a.O., S.66

59 a.a.O., S.67 - "Fatal wäre es, wollte man die Verinnerlichung der Pneumatologie in pauschaler Weise diskriminieren. Im Gegenteil. In der Zeit nach Freud sollte man den Mut haben, diese neu zu durchdenken, nicht in dem Sinne, daß man Pneumatologie mit Psychologie verwechselt, wohl aber in dem Sinne, daß man beide Lehren miteinander konfrontiert. Gehört das Unbewußte, die Tiefenschicht des Menschen zu dem, was die Joelweissagung 'Fleisch' nennt, dem der Geist verheißen wird, dann kann man schlecht das innere Zeugnis des Heiligen Geistes behaupten, ohne zu verrechnen, was wir seit der Reformation über das Innere erfahren haben" (a.a.O., S.67).

60 vgl. a.a.O., S.65.68

Bei J.Chr. Blumhardt d.Ä. findet sich einerseits das traditionelle Geistverständnis, nach welchem der Geist das Wort Jesu erschließt und die Seligkeit des Christen bewirkt. Blumhardt unterscheidet ein temporäres äußeres Einwirken des Geistes und das Innewohnen des Geistes. Zur Behebung des Elends der Welt, zur Vollendung der Dinge erwartet Blumhardt dagegen ein neues Offenbarwerden des Geistes "in Person", eine Rückkehr des Pfingstgeistes. Er blickt aus auf die Zukunft des Geistes unter dem Aspekt der Neuschöpfung aller Dinge. Mit der universalen Hoffnung überwindet er eine Engführung des traditionellen Geistverständnisses. - Was die Charismen angeht, so entspricht Blumhardts Verständnis seinem Geistbegriff. Er unterscheidet zwischen natürlichen und geistlichen Gaben. Während an natürlichen Gaben die Sünde klebt, haben die echten Gaben "den Charakter der Unfehlbarkeit". Sie sind "habituell" und "bleibend". Nach Blumhardt sind die echten Gaben selten geworden oder haben geradezu aufgehört. Zu erwarten sind sie erst von einer neuen Geistausgießung. Seine eigenen Gaben sieht er als Zeichen der Hoffnung auf das Kommen des Geistes (vgl. Predigtlehre, S.68f).

J.Chr. Blumhardt d.J. sah im Unterschied zu seinem Vater den Geist bereits wirksam in den großen Geschehnissen in der Völkerwelt, z.B. in der Haager Friedenskonferenz von 1899 ("...ohne daß sie an Christus glauben, müssen sie seinen Willen tun und zuletzt wird Christus als der ihnen erscheinen, von dem heute alles Gute ausgeht..."; zit. a.a.O., S.69). Auf Grund dieser Überzeugung konnte er so weit gehen, das Beten um den Geist für nicht mehr nötig zu erachten ("Wo ist heute dieser Geist? Mein Vater hat geschrien um diesen Geist, - man hat ihn ausgelacht, und so ist er gestorben. Aber er hat doch recht gehabt! Und die Zeit rumort, - er kommt, der Geist! Ich bete nicht mehr darum, weil ich ihn schon sehe"; zit. a.a.O., S.69).

61 vgl. a.a.O., S.70

62 a.a.O., S.71

63 a.a.O., S.72

64 ebd.

65 a.a.O., S.73

66 ebd.

67 a.a.O., S.74

68 vgl. Daß Gott schön werde, S.35f

Im Zusammenhang mit Ausführungen zur "Predigt als Erzählung" schreibt Bohren: "Predigendes Erzählen handelt nie von einer alten, sondern immer von einer neuen Geschichte. Indem die Gemeinde es mit der 'alten' Geschichte weitererzählt, wird neue Geschichte. In diesem Zusammenhang wäre darauf zu verweisen, daß die christologischen Aussagen des zweiten Artikels im Neuen Testament auch solche über die Gemeinde sind... Erzählen wir die Daten der Geschichte Jesu Christi, erzählen wir die Daten unserer neuen Geschichte. Die Existenz ist darum christologisch, heilsgeschichtlich zu interpretieren. Darin liegt die Dramatik predigenden Erzählens, daß ein Austausch der Zeiten stattfindet: Gottes Vergangenheit wird unsere Vergangenheit, Gottes Gegenwart wird unsere Gegenwart, Gottes Zukunft wird unsere Zukunft" (Predigtlehre, S.181f).

69 vgl. a.a.O., S.36-45

So kommentiert Bohren Gen 1,2 die Schöpfung am Anfang dahingehend, daß Gottes Geist noch von der Schöpfung getrennt ist, wo das Chaos west. Die Schöpfung durch das Wort vollzieht sich durch das Wirken des Geistes. "Ein geistloses Wort schafft nichts" (a.a.O., S.37). Das ununterbrochene Schöpferwirken des Geistes bezeugt Ps 104. "Das Geschaffen-Werden ist hier schon Geistes-Gabe - nicht ein für alle mal, sondern dauernd eine Zeit lang - und was geschaffen ist, bleibt abhängig von dieser Gabe, es existiert aus dieser Gabe, reflektiert diese Gabe" (a.a.O., S.38). Auch das überschießende, verzückende Moment des Geistes (Num 11,17.25-29) hat seinen Platz. Schon damals traten sogleich auch Abwehrmechanismen auf. Selbst der Zug des Chaotischen ist vorhanden, die ruach kann auch töten (vgl. a.a.O., S.38-40). Auch das ntl. Zeugnis kennt entsprechende Züge (vgl. a.a.O., S.40-42).

Zum Verhältnis des lukanischen, johanneischen und paulinischen Geistzeugnis merkt Bohren an: "Wenn in der Taufgeschichte der Geist auf Jesus kommt, dann bedeutet der Pfingstbericht, daß der Heilige Geist 'sozusagen' von Jesus kommt. Lukas impliziert, was der vierte Evangelist explizit macht... Die Passion ist die Wegbereitung des Geistes... Ich denke, wir verstehen den pneumatologischen Horizont nicht, wenn wir ihn nicht auch unter diesem Aspekt sehen: als Folge, als Konsequenz der Passion. Auch jetzt genügt es nicht, daß die Jünger vom Heiligen Geist erfüllt in anderen Zungen reden. Auch hier wird ein Interpretament notwendig. Nun nicht als Himmelsstimme, sondern als Petrusrede: Die Pfingsterzählung stellt den Namen des Gekreuzigten richtig, und die Petrusrede macht diese Richtigstellung namhaft, indem sie das Geschehen von Pfingsten mit der Joel-Verheißung einerseits und mit der Behauptung der Auferweckung und Erhöhung des Gekreuzigten (2,31ff;2,36) andererseits verknüpft" (a.a.O., S.40f).

Die Beziehung Lukas-Paulus sieht Bohren so: "In der lukanischen Geschichte wird nicht das Wort vom Kreuz als Kraft deklariert (I Kor 1,18), sondern umgekehrt: Der Krafterweis von Pfingsten wird in der Petrus-Predigt mit dem Wort vom Kreuz in Beziehung gebracht. - In diesem Sinne hat die Plazierung der Apostelgeschichte vor den paulinischen Briefen ihre theologische Berechtigung. - Das Hören auf Lukas soll verhindern, daß Paulus uns Leerformeln liefert" (a.a.O., S.41).

70 vgl. a.a.O., S.42f

71 "Das Fest der Tora und das Fest an Pfingsten, neu eröffnet, eröffnet neue sprachliche Möglichkeiten, ein neues Sagen und Hören. Der pneumatologische Horizont entgrenzt den Horizont unserer Sprache... Die Gabe des Heiligen Geistes... macht einerseits sagbar, was nicht sagbar ist, das für uns Unsägliche: das Praktisch-Werden Gottes in seinen Taten. Die Gabe des Heiligen Geistes durchbricht andererseits die Sprachbarrieren, die den Menschen vom Menschen trennen. Sie lehrt, von Gott zu erzählen und lehrt, allen Menschen von Gott zu erzählen" (Daß Gott schön werde, S.42f).

72 Daß Gott schön werde, S.43

73 a.a.O., S.44 (vgl. hierzu auch die Ausführungen Bohrens über "Die Zeitformen des Wortes: Erinnerung - Verheißung - Gegenwart"; Predigtlehre, S.159ff)

74 a.a.O., S.45

75 ebd.

76 vgl. a.a.O., S.47f

77 a.a.O., S.48

78 vgl. a.a.O., S.49-51

79 Bohren illustriert dies an einer Predigt E. Jüngels, dessen Predigtweise er ansonsten durchaus bewundert (vgl. Daß Gott schön werde, S.51-56).

80 Daß Gott schön werde, S.55f

81 a.a.O., S.57

82 ebd.

83 a.a.O., S.58 - Bohren versteht die lukanische Notiz Act 19,11f von den wunderwirkenden Tüchern des Apostels paradigmatisch, sieht in diesem Besonderen das Allgemeine, im Zufälligen das Gültige. "Wenn der Geist kommt, durchdringt er die Tücher des Geistträgers. Der Geist schießt also über die Person des Geistträgers hinaus, was schon bei Jesus deutlich wird... (Lk 8,40-56). Die Kleider Jesu und des Apostels erscheinen hier als durchlässig. Der Geist bleibt nicht außerhalb der Materie. Indem er über das Fleisch ausgegossen wird, durchdringt er auch, was mit dem Fleisch in Berührung kommt" (Daß Gott schön werde, S.64).

84 vgl. BERKHOF, Hendrikus: Die Pneumatologie in der niederländischen Theologie, in: DILSCHNEIDER, O.(Hg.): THEOLOGIE DES HEILIGEN GEISTES, S.25-44.33-38

85 vgl. BERKHOF, H.: in: a.a.O., S.34

86 zit. in: a.a.O., S.35

87 vgl. BOHREN, R.: Predigtlehre, S.75

Bereits in seiner Dissertation, die noch eine gewisse Christozentrik aufwies, wird dies deutlich. Van Ruler widersetzte sich einem rein noetischen applikativen Verständnis des Geistes und betonte die Geistausgießung als neue Heilstatsache und das Wirken des Geistes als kreatorisches. Ziel Gottes ist nach ihm der unvermittelte Umgang Gottes mit seinen Geschöpfen, "daß es nichts mehr gibt zwischen Ihm und der nackten Existenz der Dinge". Im Eschaton wird der Geist verschwinden. In der Gegenwart ist er die Macht, die die Erneuerung des Messias und die Strukturen des Geistes in die persönliche und gesellschaftliche menschliche Existenz hineintreibt. Von daher ist er mehr als Christus, jedenfalls "mehr-umfassend" (vgl. BERKHOF, H.: in: a.a.O., S.34).
Von barthianischer Seite wurde van Ruler über der Verwerfung der Christozentrik der Schwärmerei bezichtigt. Später hat er selbst gegen andere Vertreter der spiritualistischen Linie, die ihn mit noch radikaleren Thesen links überholten, Stellung genommen. "Ihnen gegenüber betonte er die Gottessohnschaft Christi, die Notwendigkeit der Versöhnung, die Unumgänglichkeit der Kirche und des Amtes. Die pneumatozentrische Humanisierung des Lebens wurde nicht geleugnet, wohl aber mehr und mehr zurückgestellt, zugunsten einer stärkeren Betonung von dem, was bisher nur als 'Notmaßnahme' gegolten hatte" (Versöhnung, Fleischwerdung) (BERKHOF, H.: in: a.a.O., S.39).

88 vgl. BERKHOF, H.: in: a.a.O., S.36

89 vgl. BOHREN, R.: Predigtlehre, S.75

90 zit. a.a.O., S.75

Bohren interpretiert: Der Geist geistet "in individuellen und kollektiven Geistern der Menschen" (ebd.). Er sieht hier bei van Ruler Gedanken von Chr. Blumhardt in neuer Gestalt auftauchen, der schrieb: "Das Werk des Geistes will vollkommen menschliche Gestalt erlangen, in mir, in dem, was ich denke, will und tue. Es kann sich unmöglich mit einer kirchlichen Gestalt begnügen. In der reinen Kirchlichkeit steckt immer noch ein halber Doketismus" (zit. ebd.).

91 zit. a.a.O., S.76

92 zit. ebd.

93 zit. ebd.

94 vgl. Predigtlehre, S.77

95 vgl. a.a.O., S.78

96 vgl. ebd.

97 a.a.O., S.79f.79

98 vgl. a.a.O., S.77

99 ebd.

100 Predigtlehre, S.76

101 vgl. etwa: BOHREN, Rudolf: Das pneumatologische Denken, in: a.a.O., S.9-39; ders.: Biblische Theologie wider den latenten Deismus, in: EINHEIT UND VIELFALT BIBLISCHER THEOLOGIE, JBTh 1(1986), Neukirchen-Vluyn 1986, S.163-181.170ff

"Im Kommen des Geistes kommt Gott anders zur Welt als in Jesus von Nazareth. In Jesus von Nazareth wurde das Wort Fleisch. Nun aber hat Gott angefangen, seinen Geist auszugießen über alles Fleisch. Ging Gott ein in die Begrenzung von Raum und Zeit, begrenzt er sich in der Erniedrigung des Sohnes, so durchbricht er nun im Kommen des Geistes alle Grenzen von Raum und Zeit und weht, wo er will. Nach der Begrenzung die Entgrenzung ohnegleichen. - Zugleich setzt er die Erniedrigung fort und geht ins Detail: Der Geist schreit den Schrei Jesu am Kreuz in den Gläubigen und läßt sich austeilen durch das Auflegen der Hände, ja er geht hinein in die Materie, manifestiert sich nicht nur in Personen, sondern auch in der Materie" (BOHREN, Rudolf: Lehre und Praxis der Kirchen in der industriellen Gesellschaft, in: PICHT, Georg/ RUDOLPH, Enno/ Hg.: Theologie - was ist das?, Stuttgart/ Berlin 1977, S.415-433.418).

102 "Die enge Zuordnung von Pneumatologie und Christologie zueinander steht nicht zur Debatte, denn sonst würde man alsbald eine Zwei- oder Drei-Götter-Lehre entwickeln" (Predigtlehre, S.75).
"Pneumatologisches Denken muß sich vom *christologischen* unterscheiden in ähnlicher Weise, wie Jesus den Parakleten von sich unterscheidet, sonst wird es dem Geist nicht gerecht. Weil die Unterscheidung Jesu in Joh 14,16f keine absolute ist, darum hat die dogmatische Tradition, die den Geist im Denkmodell der Christologie denkt, zwar ihr gutes Recht, reicht aber nicht aus, weil sie die Differenz von Erfahrung offensichtlich nicht beachtet, die Jesu Unterscheidung eröffnet... Im pneumatologischen Denken... muß das Pneuma Subjekt bleiben, muß das Subjekt des Denkenden mit dem Subjekt des Heiligen Geistes überein- und zusammenstimmen" (Das pneumatologische Denken, in: a.a.O., S.9). - "Gerade indem pneumatologisches Denken nicht vom Pneuma abstrahieren darf, sondern nur in der Partnerschaft des Geistes und in der Unterordnung unter den wahren Geist denken kann, unterscheidet es sich vom christologischen Denken, eben weil es von jenem 'anderen Tröster' auf den Weg geschickt wird und zu jenem 'anderen Tröster' hin denkt und im Medium jenes 'andern' denkfähig wird" (in: a.a.O., S.10).
"Pneumatologisches Denken verhält sich zum christologischen nicht alternativ, sondern komplementär; es ergänzt das christologische Denken, fügt dem Stückwerk des christologischen Denkens seinen Aspekt hinzu. Es denkt das Lob der Christologie, insofern diese mit Christus zusammenhängt, und bildet deren Krisis, insofern sie ein menschliches Denken ist, wohl wissend, daß es selbst des Lobes und der Kritik bedarf. Im Lob und in der Kritik des christologischen Denkens will es diesem nicht Konkurrenz machen, will es auf keinen Fall die Christologie in den Schatten stellen, sondern will sie vielmehr ins rechte Licht rücken. Pneumatologisches Denken ist

auf das christologische Denken bezogen, setzt das christologische Denken voraus: es ist ein Denken im Nehmen. Gott hat gesprochen im Schöpfungswort. Er hat gelitten im Sohn, und jetzt ist die Zeit seines Schenkens unbegrenzt... Geistliches Denken hat sein Wesen im Empfangen" (Das pneumatologische Denken, in: a.a.O., S.10).

103 Predigtlehre, ebd.

104 Daß Gott schön werde, S.27

105 a.a.O., S.28

106 Das pneumatologische Denken, in: a.a.O., S.16

107 vgl. in: a.a.O., S.31ff

108 vgl. in: a.a.O., S.19-39

109 in: a.a.O., S.12

110 Daß Gott schön werde, S.58

111 a.a.O., S.60

112 a.a.O., S.60f

113 vgl. a.a.O., S.64

114 a.a.O., S.66

115 a.a.O., S.69

116 a.a.O., S.71

117 ebd.

118 a.a.O., S.76

119 vgl. a.a.O., S.77f

120 a.a.O., S.78

121 ebd.

122 vgl. a.a.O., S.78f

123 a.a.O., S.80

124 ebd.

125 ebd.

126 vgl. a.a.O., S.81f

127 a.a.O., S.82

128 a.a.O., S.83

129 ebd.

130 vgl. ebd.

131 a.a.O., S.146f.147

132 a.a.O., S.147

133 vgl. a.a.O., S.148

134 a.a.O., S.149

135 vgl. a.a.O., S.147f

136 Das Wesen der Prophetie sieht Christoph Blumhardt im "Aufpassen, was man droben sagt!", nicht im Vorauswissen der Zukunft, sondern im Verstehen der Gegenwart (vgl. Predigtlehre, S.70ff).

Eine Reihe von *Anmerkungen zum Wesen des Prophetischen* finden sich in Bohrens Thurneysen-Biographie (BOHREN, Rudolf: Prophetie und Seelsorge. Eduard Thurneysen, Neukirchen-Vluyn 1982). Dort greift er das atl. Prophetenverständnis und den ntl. Begriff des Charisma auf. Er bezieht sich auf G. von Rad, der auf die Bedeutung des geschichtlichen Ortes der Propheten für ihre Botschaft aufmerksam macht. "Sie wissen sich in einen Geschichtszusammenhang mit weiten Perspektiven nach rückwärts und vorwärts gestellt. Innerhalb dieses Geschichtszusammenhangs aber steht jeder Prophet sozusagen an dem Schnittpunkt, da die schon fast zum Stehen gekommene Gottesgeschichte mit einem mal dramatisch wieder in Bewegung kommt'" (a.a.O., S.26). Diese Funktion des Propheten hält Bohren für eine pneumatologisch orientierte Bestimmung des Prophetischen für wichtig: "Unter dem Gesichtspunkt theonomer Reziprozität bekommt die Prophetie eine Geschichte auslösende Funktion. Die Geschichte Gottes geht weiter, und der Fehler aller Orthodoxie ist der, daß sie dieses Weitergehen in der Gegenwart nicht genügend beachtet" (ebd.).

Vom Charismenbegriff her schreibt er über das Prophetische in einer gewissen Entgegensetzung von Schriftgemäßheit und Glauben im Hier und Jetzt: "'Das Charisma Gottes aber ist das ewige Leben in Jesus Christus, unserem Herrn' (Röm 6,23). Im Charisma west ewiges Leben, kommt ewiges Leben zum Vorschein. Wichtig ist, daß Paulus den Gebrauch der Prophetie nicht an die Schrift bindet, sondern an den Glauben. Die Prophetie soll gebraucht werden 'nach Maßgabe des Glaubens' (Röm 12,6). Wo aber die Schriftgemäßheit sich in der konkreten Situation vor den Glauben stellt, muß die Prophetie erlöschen. Der Prophet hat nicht zu erklären, was der Text sagt. Der Prophet hat im Hier und Heute zu sagen, was Gott sagt. Das Charisma prophetikon hat seine von anderen Charismen unterschiedene Eigentümlichkeit und Selbstständigkeit darin, daß es in je neuer Situation eine entsprechende Ortsbestimmung angibt und in die Reziprozität einweist, sei es vergewissernd, sei es korrigierend - parakletisch. Es sorgt sich darum, daß der Geist nicht gelöscht werde (vgl. I Thess 5,19f) und das ewige Leben in je neuer Situation sich nicht verberge. So stark Paulus das Charisma prophetikon heraushebt, es bleibt eingebunden in die Gemeinde, die es zu prüfen und zu verantworten hat (vgl I Kor 14,29f)" (ebd.).

Bohren sieht Thurneysen mit seinem Vortrag "Schrift und Offenbarung" im Unterschied zum prophetisch-dynamischen Denken Blumhardts eher statisch "Im Schatten der Orthodoxie" stehen (vgl. Prophetie und Seelsorge, S.120-126). Auch hier stellt Bohren Schrift und Offenbarung, Schrift und Prophetie, Schrift und Glaube einander gegenüber und in Differenz: "Indem Thurneysen den Offenbarungsbegriff nach rückwärts zum Kanon hin absichert, nimmt er ihm die Stoßkraft ins Novum. Dem Ausgehen von der Erfahrung, vom Gefühl tiefen Unbefriedigtseins, steht nun kein Ausblick auf kommende Erfahrung gegenüber... Die Offenbarung, von der die Bibel Zeugnis gibt, kann nicht abschließen mit der Bibel, vielmehr eröffnet die Bibel Offenbarung zu dem Ende, daß die Toten auferstehen und Gott wird alles in allem" (a.a.O., S.123).

Bohren fragt: "Ob sich Thurneysen wohl Rechenschaft gegeben hat darüber, wie er sich mit seinem Vortrag von Blumhardt abwandte, der etwa in einer Predigt sagen konnte: 'Es ist gar nicht nötig, daß ich schriftgemäß bin, sondern daß ich Gott folgen kann!' Die Schrift ist Ausgang, nicht Ziel. Blumhardt meinte, daß deshalb 'alle wirklichen Männer Gottes in den Ruf kommen, daß sie unbiblisch seien'. Er sah in diesen 'von jeder menschlichen Gelehrsamkeit sich unabhängig stellenden Menschen' die Schrift ('Ihr Menschen seid Gottes!' 1936,311)" (a.a.O., S.124f).

Zum Wesen des Prophetischen schreibt Bohren weiter: "Prophetie kann nicht abgelesen werden. Sie spricht frei ins Offene. Glaube und Schrift sind nicht identisch. Wohl hat der Glaube seine Wurzel in der Schrift, er muß aber über die Schrift hinaus ins Novum je neuer geschichtlicher Situation. Als eine freie Rede ins Offene ist Prophetie nie unfehlbar. Sie muß geprüft werden an der Schrift" (a.a.O., S.125). In Thurneysens Vortrag tritt der Kanon an die Stelle der Eschatologie und damit des Heiligen Geistes, ohne daß der Heilige Geist ganz ausgeschaltet wäre. Thurneysen denke hier wohl im Sinne der Reformatoren, wenn er den Geist als "die Klammer der Erkenntnis, innerhalb derer sich Subjekt und Objekt begegnen' (1,43)" bezeichnet, "aber im Schatten dieser Orthodoxie vermag er nicht den Gedanken der Offenbarung nach vorn hin zu denken; zu Ende gedacht wird der

Gedanke der Offenbarung nicht im Schriftprinzip, sondern in der Vollendung" (ebd.). Bohren sieht bei Thurneysen hier griechisches Denken am Werk mit der Folge, daß das Werk des Geistes notorisch eingegrenzt wird. Die Orthodoxie Thurneysens hat weiter einen heimlich gnostizierenden Zug. "Und das ist wohl der Grundschaden aller Orthodoxie, daß sie sich auf das Erkennen beschränkt, sich selbst genügt und damit zum Schatten verkümmert. Die Warnung Luthers scheint mir nicht genügend bedacht: 'Der Geist ohne Fleisch und Bein ist der Teufel' (vgl. WA 23,260,29)" (ebd.).

Im Zusammenhang der kritischen Analyse einer "prophetischen" Predigt Thurneysens aus dem Jahr 1918 (vgl. Prophetie und Seelsorge, S.183-188) nennt Bohren als deren Aufgabe, die Zeichen der Zeit zu deuten. "Solches ist dem Prediger aller Zeiten aufgetragen. Jesus macht den Pharisäern zum Vorwurf, sie seien unfähig, die Zeichen der Zeit zu beurteilen (Mt 16,3). Unser Predigen steht unter der Nötigung, der Welt die Zeit anzusagen und zu deuten. Wie es Sache der Theologie ist, die Geister zu prüfen und zu beurteilen, so ist es Aufgabe der Predigt im besonderen, die Zeitgeister zu prüfen und zu beurteilen. Wir Prediger tun gut, nach geistlichen Gaben, am meisten nach der Gabe der Weissagung, zu eifern (I Kor 14,1). Da die Prophetie eine Last sein kann, die ins Leiden führt, wird die Mahnung des Eifers namentlich in einer leidensscheuen Zeit wichtig. Redner, 'die aus der Geldkatze reden', können nicht nach Prophetie streben, wohl aber 'solche, die aus dem Hunger reden,'" (a.a.O., S.185).

Bohren erhebt aus den Schwachpunkten in Thurneysens Predigt die gestellte Aufgabe: "Im prophetischen 'muß' leuchtet der Blitz auf, den der Mann am Fenster sieht. Seine Deutung der Zeit ist ein Akt 'freier Prophetie' im Horizont des Schriftganzen. Das Deuten der Zeit kann wohl kaum im strengen Sinn Textauslegung sein. Die Legitimation der Prophetie liegt in ihrer Zukunft, nicht in ihrer Vergangenheit. In seiner freien Prophetie bewegt sich Thurneysen in der Tradition von Christoph Blumhardt, Leonhard Ragaz und Hermann Kutter, bekommt aber Angst vor der eigenen Courage. Indem die freie Prophetie auf Zukunft aus ist, schließt sie den Text auf. Sie führt zur Schrift hin: 'Kehret euch zu mir...'. Prophetie öffnet den Text, bringt ihn neu zur Sprache. Diese Sprachbewegung ist geradezu ein Zeichen wahrer Prophetie. Sie hat ihre Wahrheit nicht im Schriftbeweis, nicht in richtiger Exegese, vermag jedoch die Schrift evident zu machen" (a.a.O., S.186).

"Gerade wenn Prophetie ein freies Wort sein muß, bedarf sie der Prüfung, der Einbettung in die Gemeinde. Dieser Aspekt blieb den beiden Freunden (i.e. Thurneysen und Barth) anscheinend fremd, und das Nichtwahrnehmen der theologischen Qualifikation ihrer Freundschaft deutet schon auf die Schwäche ihrer Prophetie! In 1 Kor 14 wird der ganzen Gemeinde zugemutet, nach den Geistesgaben und primär nach der Prophetie zu streben. Prophetie ist ein der Gemeinde gegebenes Charisma und nicht Leistung der Gemeinde... Thurneysen predigt als einzelner scheinbar in der unmittelbaren Abhängigkeit von Gott und seinem Wort. Die Aufgabe, die Zeichen der Zeit zu deuten, aber verweist uns an die Gemeinde, nicht zu dem Zweck, dem Common sense der Gemeinde zu übernehmen, sondern im Gespräch mit der Gemeinde die Geister zu prüfen und zu beurteilen" (a.a. O., S.187). Insofern sieht Bohren es als tragisch an, daß Barth und Thurneysen "mit der Entdeckung der paulinischen Gnadenlehre das Praktischwerden der Gnade in den Charismata der Gemeinde verborgen blieb" (a.a.O., S.187).

137 Bohren überträgt den Aspekt der lösenden und befreienden Kraft des *Exorzismus*, wie sie der ältere Blumhardt erlebte, auf das Predigtgeschehen (vgl. Prediglehre, S.313-316). Nach zwei Seiten wendet er sich kritisch gegen die Vorherrschaft von Weltbildern in der Frage des Dämonischen. Zustimmen kann er weder der Fixierung fundamentalistischer Kreise auf das Weltbild des Neuen Testaments, weil sie übersehe, daß Dämonien sich wandeln können, noch einer Aufklärung, die übersehe, daß sie sich auch gleich bleiben können. Allerdings stehe der Teufel nicht im Credo. Man müsse an ihn glauben, ihn auszutreiben genüge. Vorher sollte man ihn nur erkennen (a.a.O., S.314). Die größere Gefahr als die des Fundamentalismus scheint Bohren heute eine platte Aufgeklärtheit, die übersieht, "daß der Mensch in Verhältnissen lebt, die stärker sind als seine Willenskräfte" (ebd.), die verteufelt sind und eine exorzistische Reinigung erfordern. "Eine Predigt, die zur Entscheidung ruft, muß sich fragen lassen, ob sie Macht hat zu solchem Ruf, ob sie Macht hat, den Menschen von dem zu befreien, was stärker ist als seine Entscheidungskraft... Exorzistische Predigt sagt dem Menschen ein Wort, das er sich in seiner Lage nicht zu sagen vermag und das ihn an das Tun Jesu verweist. Sie setzt Jesu Macht gegen die Mächte, die den Menschen in Beschlag genommen haben. Exorzistische Predigt befreit, indem sie die Übermacht des Namens demonstriert, besser, indem der Name seine Übermacht demonstriert" (ebd.). Vom Markus-Evangelium her sieht Bohren Exorzismus in einem kosmischen Horizont. "Das individuelle Geschehen bleibt nicht lokal, der Exorzismus hat weltweite Wirkung" (a.a.O., S.315).

138 Das *Zungenreden* sieht Bohren in Paralle zum Dadaismus als moderner Sprachbemühung (Predigtlehre, S.331-342). "Literarisch betrachtet ist Zungenrede ein Lautgedicht in vorliterarischem Zustand: 'Die Lautgedichte wollen gar nichts mitteilen. Sie sind purer Ausdruck. Sie organisieren die Sprache als Musik'" (a.a.O., S.338). Beide Erscheinungen sprengen die Grenzen der Sprache. Beide möchte Bohren unter dem Aspekt des Sprachgewinns in Predigt und Gottesdienst einbeziehen. "In der Zungenrede werden die Möglichkeiten der Sprache überholt. Sie ist entfesselte Sprache. Man spricht schon im Morgen, das Morgen ist heute, und das Jauchzen nimmt teil an jener Schönheit, die die Welt erlösen wird. Sie zerbricht die Sprache, die uns gefangen hält... Abgehetzte Predigtsprache braucht den Sabbat, braucht eine Freizeit... Sie hat es nötig, bei sich selbst zu sein und bei dem, der als Schöpfer aller Welt auch Schöpfer aller Sprache ist. Die Lähmung der Sprache ruft nach Genesung, ihr Tod fordert Wiedergeburt. Darum nenne ich die Zungenrede den Sabbat der Sprache, der um des Menschen willen da ist" (a.a.O., S.332).

Bohren weiß, daß der Begriff "Zungenrede" in der evangelischen Theologie keine gute Presse hat und ähnlich wie die modernen Kunstrichtungen starke Abwehrreaktionen hervorruft. Für Extraordinäres und Fremdartiges ist kein Raum. Wo man sich in seiner Kritik auf Paulus beruft, übersieht man nach Bohren aber meist, daß der Apostel auf Grund einer Bejahung kritisiert im Unterschied zu heutigen Bekämpfern, die aus einem bereits vorher getroffenen Nein urteilen (vgl. a.a.O., S.333).

Was das Wesen der Zungenrede und seine Relevanz angeht, stellt Bohren zwei Aussagen heraus: Zuerst ist sie ein *Reden für Gott*, Lobpreis und Danksagung. Daneben aber dient sie auch der *Selbsterbauung*, dem Wohl des Selbst; ein Aspekt, der nach Bohren oft unreflektiert zurück- gewiesen wird. Angesichts des Identitätsverlustes des heutigen Menschen könnte gerade die Zungenrede zur Überwindung der Selbstzerfallenheit auch des Predigers von besonderer Wichtigkeit sein (vgl. a.a.O., S.334f).

Zwar ist Bohren bei den Anweisungen des amerikanischen, lutherischen Charismatikers Larry Christensons zum Erlernen des Zungenredens nicht besonders wohl, aber er möchte nicht bloß deshalb kritisieren, weil er keine Beziehung dazu hat (vgl. a.a.O., S.336). "Man widerstrebt dem Geist der Einheit, wenn man einen Vorgang, den die Schrift bezeugt und der in der Ökumene vorkommt, mit Schlagworten ablehnt: Möglicherweise sucht man nur die eigene Ohnmacht mit einer umso vehementeren Ablehnung der Schwärmer zu rechtfertigen. - Allerdings sind auch die Geister der Zungenrede zu prüfen! Wer freilich Zungenrede grundsätzlich abtun möchte als einen biblizistischen Versuch, Vergangenes zu wiederholen, sollte sich zuvor mit dem Problem der Sprachbemühungen in der modernen Literatur konfrontieren lassen" (a.a.O., S.337).

Wie die Zungenrede sieht Bohren auch die Poesie *durch Selbstgenuß gefährdet*. Ist es im ersten Fall eine Selbstgenügsamkeit, die vom prophetisch zu Sagenden ablenkt, so hier der ästhetische Selbstgenuß. "Die Gefahren, die sich so oder so von der Zungenrede her ergeben, liegen auf der Hand. Größer aber ist heute die Gefahr, daß wir den Heiligen Geist betrüben, der hie und da die Gabe der Zungenrede schenkt. Wir betrüben den Heiligen Geist gleichermaßen, wenn wir die Gaben verachten, die der Geist der Gemeinde in der modernen Kunst darreicht. Beidemal sind es Gaben der Freiheit, die Spracherweiterung und damit neue Erfahrung gewähren" (a.a.O., S.340). - "In der Zungenrede ergreift das Unbewußte das Wort; sie drückt aus, daß mit der Ganzheit von Herz und Seele Gott geliebt wird. Man kann schon verstehen, daß die Korinther die Gabe des Zungenredens so hoch schätzten; sie hatten gute theologische Gründe. Man kann auch verstehen, daß Paulus ihnen die Möglichkeit zuerkannte, in der Zungenrede vom Wort ergriffen zu werden... Es ist allerdings ein großer Schade, daß Paulus im Protestantismus sozusagen sklerotisch wurde, indem man seine Kritik am Enthusiasmus verkalken ließ, ohne daß man an seiner Begeisterung teilnahm, was dann von Zeit zu Zeit antiintellektuelle Reaktionen hervorruft... Unsere Predigt und unsere Gottesdienste sind keineswegs zu intellektuell. Im Gegenteil. Aber sie sind zu wenig menschlich, in dem Sinne, daß sie nicht die Ganzheit des Menschen ansprechen und zu Worte kommen lassen" (a.a.O., S.340f).

139 Die Kategorie des *Wunder*s hat mit dem Gottsein Gottes zu tun und ist Kennzeichen seines Wirkens überhaupt. Bohren überträgt sie zu Recht auch auf die Predigt: "Den Kommenden als Gegenwärtigen predigen heißt, seine Wunder und Zeichen entdecken und benennen, heißt sagen, was er tut" (Predigtlehre, S.317).

Die Kategorie des Wunders ist aus dem biblischen Zeugnis nicht zu eliminieren. "Für Israel beginnt mit der Welt das Wunder. Auch seine eigene Geschichte entspringt dem Wunder... Wer von Jesus erzählt, berichtet über seine Wundertaten als Zeichen seines kommenden Reiches. Der Bericht über seine Wundertaten wird verbunden mit dem Bekenntnis zu seiner Auferstehung von den Toten. Die Schrift berichtet im Alten wie im Neuen Testament Wunder über Wunder... Indem der Geist gegenwärtig wird, wird das Wunder gegenwärtig. Geistesgegenwart ist das Wunder schlechthin und kann nicht ohne Zeichen bleiben" (a.a.O., S.317).

Bohren nennt alles *Zeichen*, "was Geistesgegenwart anzeigt und zur Sprache bringt". Auf Wunder und Zeichen verzichten ist gleichbedeutend mit dem Verzicht auf die Gegenwart des Geistes. "Das Predigen geschieht als Wunder oder als - Nichts. Bleibt das Wunder aus, klingen die Leerformeln" (a.a.O., S.319). "Ich spreche vom 'Wunder' und sage 'Zeichen'. Die beiden Begriffe werden nicht streng zu scheiden sein. Hingegen sind Unterschiede zu notieren. Jedes geschehende Wunder wird zum Zeichen; aber nicht jedes Zeichen wird zum Wunder. Jede Predigt ist ein Zeichen; aber sie ist nicht von vorneherein ein Wunder. Dennoch hält eine leere Predigt immer noch die Möglichkeit des Wunders offen. Im Wunder ergreift der Kommende die Macht. Im Zeichen lesen wir die Spuren seiner Zukunft in der Gegenwart. - Am Zeichen kann ich vorbeigehen, ein Zeichen kann ich übersehen, mißdeuten, verachten. Das Wunder aber zwingt zum Staunen. Ihm antwortet angemessenerweise ein doxologischer Chorschluß (vgl. Martin Dibelius)" (a.a.O., S.319).

So sehr Bohren einerseits die Predigt in Zusammenhang mit Zeichen und Wundern bringt, so sehr wehrt er sich umgekehrt dagegen, den Wert des Predigens an den mitfolgenden Zeichen zu messen: "Es geht nicht an, daß man die Wahrheit und Kraft einer Predigt an den mitlaufenden Zeichen mißt, man würde sonst zu gering vom Wort denken, würde einerseits diesen Menschlichkeit nicht ehren und andrerseits die Zweideutigkeit des Zeichens übersehen. - Kann man nicht die Predigt einfach an den Zeichen messen, die sie begleiten - da war die Orthodoxie immer im Recht -, so darf auch nicht die Frage nach der Macht des Wortes unterdrückt werden, eine Frage, der sich die neuen Wissenschaften heute in Kommunikationsforschung und Kybernetik annehmen. Dabei ist nicht zu übersehen, daß die Frage nach dem Wunder streng als Frage nach Gott und seinem Kommen zu stellen ist, auch wenn zuzugeben ist, daß Wunder 'getan' werden" (ebd.).

Bohren sieht in der Verbindung der Wunderfrage mit der Gottesfrage weltbildhafte Verengungen vermieden, "sei es, daß man biblizistisch die neutestamentlichen Wunder wiederholt sehen will, sei es, daß man die biblischen Wunder im Namen eines modernen Weltbildes als unmöglich erklärt" (ebd.). - "Nicht der Durchbruch der Naturgesetze macht das Wunder für uns zum Wunder, sondern seine Herkunft als Tat des Schöpfers und Erlösers, der frei ist von allem Gesetz. Dann kann freilich das Wunder auch im Mirakel geschehen. - Gibt es eine abergläubische Mirakelsucht, so auch einen Wissenschafts-Aberglauben, der das Mirakel ausschließt, weil nicht sein kann, was nicht sein darf. Die Frage nach dem Wunder ist nicht vom Weltbild, sie ist nur von Gott her zu lösen. Die Wunderfrage ist eine streng theologische Frage" (a.a.O., S.319).

"Eine besondere *Gefahr des Zeichens* ist die *Verabsolutierung*, die das Zeichen für den nimmt, für den es steht. Diese Gefahr erweist sich als besonders groß, weil das Zeichen das Hier und Jetzt der Gegenwart signalisiert. - Die Polyphonie des Geistes geht verloren, es wird nur noch die Stimme gehört. - Analog dem Schriftganzen gibt es so etwas wie einen Kanon von Zeichen, eine reiche Orchestrierung, die vielstimmig die Vielzahl der 'Zeichen und Wunder' erzählt, die nicht katalogisierbar ist. Die Predigt verarmt, wird sektenhaft eng, wo sie sich mit *einem* Zeichen begnügt" (a.a.O., S.320).

"Die Problematik und die Zweideutigkeit des Wunders liegt in der Problematik der Geistesgegenwart. Wie die Geister, so sind die Wunder, so sind die Zeichen zu prüfen. - Wie 'Zeichen und Wunder' das Wort interpretieren, bedürfen sie der Interpretation durch das Wort. So gehört zum Wunder das Wort und das Wort zum Wunder" (a.a.O., S.317).

Zur "Nähe des Wunders" in Bad Boll im Zusammenhang mit Anmerkungen zum Einfluß Blumhardts auf Thurneysen (vgl. Prophetie und Seelsorge, S.33-38) gibt Bohren eine kurze Schilderung von L. Ragaz wieder: "Es lagerte über dieser Gegend, soweit Boll sie beherrschte, das Wunder. Man spürte ganz von selber, ohne es erwartet zu haben, sobald man eine bestimmte Zone überschritten hatte. Es waltete ein großer Friede darauf. Und noch mehr als dies: Es waltete fast sinnlich spürbar jener Heiliger Geist, um den zu bitten von Anfang an das große Anliegen der beiden Blumhardt war, sowohl in Möttlingen als in Boll. Es ist nicht Legende, wie berichtet wird, daß gelegentlich ein Hagelwetter, das die ganze Gegend verwüstete, den Bezirk von Boll nicht berührte, und daß die Vipern im Jurawald (vor denen ich Angst hatte) nie einen Menschen gebissen hätten, trotzdem die Kinder mit Wissen und Willen Blumhardts ruhig darin spielten (vgl. Jes. 11,8). Es hatte sich auf diesem Fleck Erde eben ein Stück Reich Gottes niedergelassen - war darauf hinabgezogen worden" (83, II, 131). 'Jesus ist lebendig, er tut etwas', das wirkt über die Kranken hinaus in die Schöpfung" (a.a.O., S.34).

140 Bohren plädiert für die Einbeziehung von *Traum und Vision*, um in glaubender Projektion eine Schau vom und für den Hörer zu gewinnen (vgl. Predigtlehre, S.489-493). Er sieht darin "Weisen, Wirklichkeit in Richtung auf Möglichkeit zu überschreiten" (a.a.O., S.489). "Vision und Traum zeigen möglicherweise futurologisch die Wirkung des Wortes. Die Schar der Erwählten kommt zur Vorstellung, das Predigtgeschehen wird sie entdecken und ans Licht bringen. Auf welche Weise nun

Traum und Vision vom Hörer sich gestaltet, bleibt relativ unwichtig gegenüber dem Postulat, daß der Prediger den Hörer voraussehe in dem, was er vom Wort her haben wird" (a.a.O., S.491).

Der Prediger sollte "unterwegs zum Hörer" die Träume nicht verachten und auch das Volk Gottes zum Träumen ermuntern. Bei aller Wertschätzung weiß Bohren natürlich auch, daß in der Vermischung von Heiligem Geist und menschlichem Wesen Traum und Vision "grundsätzlich zweideutig oder mehrdeutig" sind (a.a.O., S.490). Im Alten Testament weiß man um die Möglichkeit der Herkunft aus dem menschlichen Unbewußten (Jer 23,16; Dan 2,30). Daß sie auch im Gegensatz zur Wortoffenbarung stehen können (vgl. Jer 23,28), sollte aber nicht zu grundsätzlicher Verdächtigung führen. "Traum und Vision gehören zur Kreativität des Menschen und sind keineswegs zu verachten. Zu Herzen genommen, wird der Hörer nicht bloß optisch gesehen, akustisch gehört und rational bedacht, sondern vielmehr in der Tiefenschicht der Seele projiziert und dort neu gesehen... Eine solche Projektion kann durchaus vom Heiligen Geist, von der Liebe und vom Glauben gewirkt sein. Traum und Vision erweisen sich als Sprachmittel des Heiligen Geistes, indem dieser sich offenbar einmischt in die innerseelischen Vorgänge" (ebd.). Wurde in früheren Zeiten der Offenbarungscharakter von Traum und Vision herausgestellt, sieht Bohren heute die Neigung, die innerseelischen Zusammenhänge zu betonen und vom Wirken des Geistes abzutrennen. Aus den weltanschaulichen Unterschieden der Zeiten sollte aber kein Gesetz gemacht werden. Er hält es für töricht, dem Geist verbieten zu wollen, durch Vision und Traum zu reden. "Traum und Vision sind biblisch gesprochen 'Fleisch' und nicht 'Geist', können aber jederzeit zu Werkzeugen des Geistes und zu Instrumenten der Offenbarung werden.

Weil nicht von vornherein auszumachen ist, welche Qualität Traum und Vision haben, woher sie bestimmt werden, bedürfen gerade sie der theologischen Kritik. Die Geister dürfen nicht ungeprüft bleiben, es sei denn, man verwechsle das Wirken des Geistes im menschlichen Phänomen mit diesen menschlichen Phänomenen selbst. Diese grundsätzliche Zweideutigkeit wehrt auch einer unkritischen Überbewertung. Kein neutestamentlicher Zeuge hat 'daran gedacht, die zentrale Botschaft, das Evangelium, oder ein wesentliches Stück derselben auf Träume zu gründen' (Oepke, ThW V, 235)" (a.a.O., S.490f). - "Sind Traum und Vision geistgewirkt, stehen sie nie antithetisch zum Wort" (a.a.O., S.491).

In diesen Zusammenhang fügen sich auch Bohrens Ausführungen über die *Phantasie* ein: "In der theonomen Reziprozität braucht der Heilige Geist für sein Werk nicht nur die Kräfte der Vernunft und des Verstandes, sondern auch die Phantasie. Die Phantasie begleitet den Geist, wenn er uns in alle Wahrheit führt, sie ist aktiv dabei, wenn er uns das Künftige offenbart. Phantasie, in die sich Heiliger Geist hineinmischt und hineinvermengt, wird zu einer Kraft der Neuschöpfung, wird kreativ... Sie vergegenwärtigt Vergangenes und holt Künftiges her, sie stellt sich Gewesenes vor, um Neues zu finden. Sie malt sich Künftiges aus, um die Gegenwart zu verändern... Phantasie ist eine Gnadengabe der Hoffnung... Ich lobe die Phantasie; aber ich verwechsle sie nicht mit dem Heiligen Geist selbst. Es gibt ja nicht nur 'schöpferische' und 'heilige', es gibt auch 'ängstliche', 'törichte', 'müßige', 'schmutzige' und 'verdorbene Phantasie. Die Polemik der Propheten gegen die falschen Propheten, die Selbstgeschautes und Erträumtes weissagen, ist nicht zu vergessen, und das Mißtrauen gegenüber der Phantasie wurzelt in der Einsicht in die Abgründigkeit des menschlichen Herzens, dessen Dichten und Trachten böse ist von Jugend auf. Aber der Glaube an den Heiligen Geist bleibt nicht bei dieser Einsicht, er wird vielmehr frei für das Spiel der Phantasie. Der Heilige Geist und also der präsente Christus in uns schafft und wirkt einerseits Neues in und durch die Phantasie der schöpferischen Menschen - auch außerhalb der Kirche. Er schafft andrerseits auch die natürliche Gabe der Phantasie neu und heiligt sie. Aber er selbst ist wohl von ihr zu unterscheiden. Weil die Phantasie nicht mit dem Heiligen Geist zu verwechseln ist, also imperfekt bleibt, völlig rein und völlig unrein zugleich, bedarf sie der Prüfung durch den Intellekt. Die Geister der Phantasie bleiben immer prüfende Geister" (Predigtlehre, S.273).

141 Diese Figur gebraucht er etwa im Blick auf Zeichen und Wunder: "Ich sehe freilich eine Analogie zu der Dialektik zwischen dem, was der Vater Blumhardt als Kommen des Geistes erwartet, und dem, was der Sohn Blumhardt von gekommenem Geist in der Welt sieht. Wenn ich für einen Wunderbegriff plädiere, der weder biblizistisch noch aufklärerisch verengt sein soll, gewinne ich die Freiheit, die neutestamentlichen Wundererzählungen auf ihre Zukunft hin zu lesen und werde darüber hinaus die Wunder der Natur, der Technik und der Kunst danach befragen, ob in ihnen Gott heute seine Wunder tut" (Predigtlehre, S.319f).

142 "Unter dem Gesichtspunkt der *Vermengung* wird auch die *Charismenlehre* zu bedenken sein. Die Unterscheidung des älteren Blumhardt zwischen natürlichen und geistlichen Gaben mag das Fragmentarische und Fragwürdige unserer Charismata unterstreichen, wie sie die Sehnsucht und Hoffnung nach neuen Gaben stärken kann. Eine absolute Gegenüberstellung beider Gaben scheint aber nicht möglich zu sein. Charisma nenne ich die natürliche Gabe unter der Herrschaft der Gnade, wie die Gabe, die der Geist neu schafft. Der Begriff der Vermengung oder Vermischung erklärt das Fragwürdige und Fragmentarische unserer Gaben. In diesem Sinne sind Charismen vorläufig" (Predigtlehre, S.79).

Von der Kategorie der theonomen Reziprozität her, der Einbeziehung des Menschlichen in das Göttliche bzw. der Teilnahme des Geistes an der Menschlichkeit des jeweiligen Menschen, erscheinen Bohren auch das Gebet und sogar die Zungenrede als menschliche Phänomene (vgl. Predigtlehre, S.77).

143 Daß Gott schön werde, S.149

144 vgl. a.a.O., S.150

145 a.a.O., S.150

146 ebd.

147 ebd.

Die Frage der *Kirchenzucht* steht in großer Nähe zum Vorgang der Unterscheidung der Geister, so daß zur Erhellung von Einzelaspekten des Feldes auf eine frühe ntl.-exegetische Arbeit Bohrens zurückgegriffen werden kann (BOHREN, Rudolf: Das Problem der Kirchenzucht im Neuen Testament, Zollikon-Zürich 1952 = Kirchenzucht).

Bohren stellt darin u.a. *das eschatologische Moment* der Kirchenzucht heraus, die ein Vollzug der Kirche und nicht der einzelnen ist: "Ist die Kirche eins mit dem Christus, dann ist sie auch eins mit Christus, dem Richter. Sie ist also Richterin. Sichtbar wird das freilich erst im Eschaton... - Nun ist aber das Eschaton im Geist schon gegenwärtig. Im Geist übt darum die Kirche ihr Amt als Richterin schon jetzt aus" (a.a. O., S.49). - "Paulus kennt ein Charisma, die 'Unterscheidung der Geister' (I Kor 12,10f). Wenn er es zwischen 'Prophetie' und 'Zungenrede' aufzählt, dann meint er offenbar mit der 'Unterscheidung der Geister' eine Kontrollinstanz, welche das Reden überwacht. Damit bildet dieses Charisma wohl eine Voraussetzung zur Zucht. Das Charisma ist Gabe und Auftrag. Darum ruft Paulus der Gemeinde von Thessalonich zu: 'Prüfet alles!', Johannes aber mahnt: 'Prüfet die Geister, ob sie aus Gott sind!' (I Joh 4,1). Zwischen Paulus und Johannes herrscht Übereinstimmung darüber, daß solches Prüfen an einer Norm erfolgt, am Bekenntnis (I Kor 12,3; I Joh 4,2-3). Es ist wohl nicht zufällig, daß die Vokabel *dokimazein (prüfen) auch für die Prüfung des menschlichen Seins und Schaffens im letzten Gericht gebraucht wird (I Kor 3,13; Jak 1,12). Das Prüfen wäre demnach ein Akt auf das eschatologische Gericht hin" (a.a.O., S.50f).

Solches Prüfen ist Vorstufe zum *Schlüsselamt*. "Das Binden und Lösen der Kirche ist ein eschatologisch verbindliches Tun. Es ist ein Binden und Lösen auf das letzte Gericht hin und besteht im Zusprechen oder der Verweigerung der Vergebung" (a.a.O., S.51). - "Das Schlüsselamt kommt da zur Anwendung, wo verkündigt wird, wo Jesus seine Kirche baut. Es wird vollzogen im Binden und Lösen. Binden und Lösen ist ein menschliches Tun mit der Verheißung himmlischer Legitimation. Nur dann ist es eschatologisch verbindlich, wenn es aus dem Heiligen Geist heraus geschieht, dann allerdings ist es mehr als bloße Wortverkündigung, sondern den Dämonen gegenüber Exorzismus und Machttat, den Sündern gegenüber gleichsam eine richterliche Handlung, die aber nicht zur Trennung der Guten und der Bösen in der Welt dient" (a.a.O., S.58f). (Gegen Thurneysen, der dem Schlüsselamt jeden richterlichen Charakter nehmen will, wendet Bohren ein, daß er die "Gegenwart des Eschaton im Geist" übersehe).

148 a.a.O., S.151

149 ebd.

150 a.a.O., S.152

151 ebd.

152 ebd.

153 ebd.

154 vgl. a.a.O., S.151

155 a.a.O., S.152

156 a.a.O., S.153

157 ebd.

158 ebd.

159 ebd.

160 a.a.O., S.154

161 ebd.

162 ebd.

163 a.a.O., S.155

164 vgl. ebd.

165 ebd.

166 "Semantische und ästhetische Informationen sind miteinander zu kombinieren, wie denn auch die Funktion der zu prüfenden 'Geister' im Lebensprozeß der Gesellschaft berücksichtigt sein will" (a.a.O., S.155).

167 a.a.O., S.155

168 vgl. Predigtlehre, S.89-108

   Im Blick auf die Predigt schreibt Bohren über die Bedeutung des "Namens": "Predigt ist Namenrede. Sie ergeht und besteht im Namen des Vaters und des Sohnes und des Heiligen Geistes. Sie hat ihren Anhalt und Inhalt im Namen. Der Name bildet das Richtmaß. Der Name legitimiert und bevollmächtigt die Predigt, weil er einerseits die Herkunft des Geistes und seiner Sprache bezeichnet und andrerseits die Zunkunft und Antwort des Genannten herbeiführt" (Predigtlehre, S.90). - "Predigt des Dreieinigen wird Jahwepredigt sein. Freilich haben wir nicht Jahwe zu predigen, sondern Christus. Wir können aber Christus nur predigen, indem wir von Jahwe reden... Ein von Jahwe abgetrennter Jesus wird unwirklich, wird zum Jesusbild" (a.a.O., S.91). - "Durch das 'nihil nisi Christus' ist Jahwe nicht ausgelöscht, sondern zu Ehren gebracht. Christus predigen, heißt von Jahwe reden; denn Jahwe hat Jesus von den Toten auferweckt. Wer Jahwe verleugnet, verleugnet die Auferstehung, insofern sie den leugnet, der Jesus von den Toten auferweckt hat" (a.a.O., S.92). - "Die Legitimation der Predigt durch den Namen weist darauf hin, daß Gott selbst die Predigt legitimieren muß... Der Name kann evident werden durch die Art und Weise des Nennens, in der Heiligung des Namens durch den Nennenden. Auf alle Fälle wird er evident durch das Anwesen des Genannten... So zielt unser Predigen auf Wiedervereinigung von Name und Genanntem. Wenn sie geschieht, hört unser Predigen auf ohnmächtig zu sein" (a.a.O., S.93).

169 Daß Gott schön werde, S.155

   Der Heiligen Schrift kommt in der Prüfung der Geister ein besonderes Gewicht zu (vgl. Predigtlehre, S.109ff).
   Zum Verhältnis von Geist und Wort vgl. Predigtlehre, S.82-88. 109-144. - "Behaupten wir im Anschluß an das Neue Testament, daß der Geist das Wort gibt, ist der Geist selbst sozusagen nichts ohne das, was er gibt, das Wort. So fällt auf, daß sowohl nach Lukas wie nach Johannes die Geistbegabung nicht so recht zu genügen scheint. Das pfingstliche Sprachwunder... bedarf offensichtlich der Ergänzung durch die Petruspredigt... Nach Johannes wird die Geistbegabung eingerahmt durch ein Vorwort und Nachwort... während die Gabe des Geistes selbst durch eine Spendeformel begleitet wird: 'Empfanget den Heiligen Geist' (Joh 20,21-23)... Der Geist ist nicht nur Geber des Wortes, er bedarf anscheinend selbst des Wortes, der Auslegung, der Benennung zum mindesten.

Man könnte diese Wortbedürftigkeit des Geistes als Kenosis (Entäußerung) des Geistes bezeichnen" (Predigtlehre, S.83).

"Ohne Heiligen Geist ist die Bibel nicht heilige Schrift, und ohne heilige Schrift ist Geist kein Heiliger Geist. - Nicht soll mit einem solchen Satz der Geist domestiziert werden in die Gefangenschaft des Papiers; nicht er, sondern wir sind auf die Schrift angewiesen. Das zeigt schon die Pfingstgeschichte: Petrus braucht die Schrift, um das Wirken des Geistes zu verdeutlichen. Nicht einmal im Saus und Braus, im Lodern und Flammen von Pfingsten kann auf das Interpretament von der Schrift her verzichtet werden. - Wie sollten wir heute das Wirken des Geistes in Natur, Kultur und Geschichte namhaft machen können ohne die Schrift" (BOHREN, R.: Lehre und Praxis der Kirchen in der industriellen Gesellschaft, in: a.a.O., S.424).

170 vgl. Predigtlehre, S.114f

"Artikuliert die Schrift den Namen Jahwe-Kyrios, Kyrios-Jesus, haben wir die Schrift als ein Ganzes zu sehen... Verstehen wir die Schrift als Mittel des einen Herrn, der der Geist ist, so ist sie von ihm her als ein Ganzes zu sehen... Da die Schrift vom Geist gewirkt ist und es die Art des Geistes ist, vielfältig, polyphon zu wirken, will die Idee des Schriftganzen gerade nicht die einzelnen Teile, die Texte, nivellieren und einebnen! Diese sollen durchaus zu ihrem Recht kommen!" (Predigtlehre, S.114)

171 vgl. Predigtlehre, S.109ff.110

172 a.a.O., S.110

173 ebd.

174 a.a.O., S.111

175 ebd.

176 a.a.O., S.111ff

Bohren sieht im Kanon selbst eine Prüfung der Geister stattfinden, wodurch er zur Hilfe in der Prüfung der Geister wird. "Der Kanon bildet als Synopse des Ganzen einen Prozeß um die Wahrheit und dieser Prozeß geht im Gebrauch des Kanons weiter. Die theologische Auslegung eines Textes schließt - bewußt oder unbewußt - ein sachkritisches Bedenken des Textes in sich... - Als 'Schrift' mit ihren 'Texten' wird die Bibel andererseits zum Gnadenmittel. Die geistgewirkte Schrift wird zum vermittelnden Werkzeug des Geistes. Ihre Herkunft weist auf ihre Zukunft. Sie wurde durch den Geist. Jetzt wirken die kreativen Impulse des Geistes durch die Schrift. So wird die Schrift dem Prediger zur Quelle der Inspiration und zum Kritiker. Diese Doppelfunktion der Schrift ist nicht aufteilbar" (Predigtlehre, S.111f).

177 "Auch als kritischer Maßstab ist die Schrift Gnadenmittel. Dies wird an Folgendem deutlich: Wirkt der Geist auch außerhalb der Kirche, ist Gott in seinem Reden frei und nicht an einen Ort und auf eine Art und Weise seines Redens zu fixieren, muß ein Mittel geben zur Unterscheidung der Geister, ein Richtmaß, das den Namen eindeutig macht, und eben dies ist die Schrift. Redet Gott außerhalb der Kirche nicht weniger menschlich zu uns als innerhalb der Kirche, muß es eine Hörhilfe geben, die lehrt, Gottes Wort in den Menschenworten zu vernehmen, damit man nicht das Geklirre von Götzen mit Gottes Wort und das Raunen von Geistern mit Worten des Geistes und also das Irrlicht mit dem Licht verwechsle. Wir ehren die Freiheit des Geistes in seinem Schenken des Wortes, wenn wir das Empfangene kritisch prüfen. Dazu haben wir den Kanon nötig. Wir brauchen ihn, er ist heilsam... Weil Gott geredet hat und weil sich solches Reden in der Schrift niederschlug, wird mir jetzt die Schrift zum Filter für mein Hören auf Gott. Was auch immer ich höre oder zu hören vermeine, messe ich an der Schrift. Sie bildet das Kriterium für mein Empfangen des Wortes: Meine ich Gottes Wort außerhalb der Schrift zu hören, werde ich dies Wort besonders sorgfältig an den Worten zu prüfen haben, die vor mir, die in der Schrift gehört wurden. - Weil ich Mensch bin, weil mein Erkennen Stückwerk ist, brauche ich dieses Kriterium. Brauchte ich die Schrift nicht als kritische Regel für mein Erkennen, wäre ich ein Meister des Wortes Gottes, sein Richter und nicht mehr sein Schüler. Auch würde ich leugnen, daß ich in meiner Beschränktheit auf die Katholizität der Kirche des alten und neuen Bundes angewiesen bin" (Predigtlehre, S.112).

178 "Die Schrift ist nicht an und für sich und in jedem Fall das Kriterium der Wahrheit... Die Schrift erweist sich als Kriterium der Wahrheit, wenn man sie recht braucht... Die Schrift erweist sich als richtig, wenn sie der 'braucht', dessen Namen sie uns vorbuchstabiert. Wir buchstabieren sie nach in theonomer Reziprozität, lesen sie auf den hin, der gestern und heute und in Ewigkeit 'derselbe' ist. Die Schrift wird uns zum Kriterium der Wahrheit, wenn wir sie mit dem und in dem brauchen, der selber die Wahrheit ist" (Predigtlehre, S.112).

Bohren zitiert in diesem Zusammenhang Barth: "Die Bibel ist Gottes Wort, sofern Gott sie sein Wort sein läßt, sofern Gott durch sie redet" (KD I/1,112) (Predigtlehre, S.113).

Bohren kann sich zwar der Tendenz, nicht aber dem Konzept der lutherischen Orthodoxie als solchem, anschließen, die den Geist als dem Wort immanent denkt (vgl. Predigtlehre, S.129.133). Er versteht die Einheit von Wort und Geist pneumatologisch-dynamisch: "Ist Gott unter uns im Geist, wird 'sein' Wort durch den Geist sein Wort, und der Geist ist Ereignis des Wortes. Die Einheit von Wort und Geist ist ein Geschehen, das geschah, geschieht und geschehen wird..." (a.a.O., S.129). Weder Orthodoxie noch saubere Exegese bilden einen letzten Schutz vor dem Lügen (a.a.O., S.131). "Die Einheit von Wort und Geist ist weder vorgegeben noch machbar, wohl aber verheißen und in Dienst nehmend. Sie geschieht in einem Prozeß, und der Prediger wird seinerseits in diesen Prozeß verwickelt. Wie der Text ist das Gebet für das Predigen konstitutiv. Wie der Text steht das Gebet am Anfang der Predigt" (ebd.) - (OF: gleiches gilt analog für die Unterscheidung der Geister).

179 vgl. Daß Gott schön werde, S.155f

180 a.a.O., S.156

181 a.a.O., S.157

182 Bohren sieht den Theologen qua Berufung mit der Aufgabe betraut, die Geister (im weitesten Sinn) zu prüfen und theologischer Kritik zu unterziehen (vgl. Predigtlehre, S.59.78f). Die Abweisung des Perfektionismus in pneumatologischen Aussagen und das Prinzip der Vermengung machen die Unterscheidung der Geister erforderlich. Konkret im Blick auf das Predigtgeschehen z.B. als Predigtkritik (vgl. a.a.O., S.80.85ff.92), aber auch sonst überall wo der Geist sich einmischt oder äußert (z.B. bei außerordentlichen Erscheinungen - a.a.O., S.317ff.337). - "UdG" ist nach Bohren z.B. auch im Blick auf die exegetische Methodik zu üben: "Man kann nicht 'Vermischung' sagen, ohne gleich die Prüfung und Unterscheidung der Geister mitzudenken. Die Ausgießung des Geistes über das Fleisch setzt diesen Fragwürdigkeit aus. Keine Methode macht die Unterscheidung der Geister entbehrlich, wobei es fatal wird, machte man durch die Exegese geprüft wird. Darum scheint eine von der Systematischen Theologie gesteuerte Predigtanalyse ein taugliches Mittel der Wissenschaftskritik exegetischer Methodik zu sein. Man kann den Geist auch in der Weise 'vergessen', daß man ihn als das Selbstverständliche aus der exegetischen Methodik ausklammert..." (BOHREN, Rudolf: Biblische Theologie wider den latenten Deismus, in: a.a.O., S.176). - "Wo man im Denkmodell der Christologie gegen die Kategorie der Vermischung polemisiert, da nimmt man nicht ernst, daß der Geist allem Fleisch, auch dem wissenschaftlichen verheißen wird. Man huldigt im Grunde einem Spiritualismus, der dem Doketismus in der Christologie entspricht. Andererseits fordert gerade die Vermischung eine Kritik jeglicher Methode heraus. Auch die Geister der Methodik sind zu prüfen" (in: a.a.O., S.179). - Pneumatologisches Denken ist wissenschaftskritisch aber nicht wissenschaftsfeindlich: "So wie Israel z.B. die Weisheit und Poesie Ägyptens aufnimmt und umbildet, so werden wir ernst damit machen, daß der Heilige Geist auf verborgene Weise heute in Kunst und Wissenschaft Gutes und Schönes wirkt, das wir zu ehren haben, gerade im Prozeß einer kritischen Sichtung" (BOHREN, R.: Das pneumatologische Denken, in: ders.: Vom Heiligen Geist, S.12).

183 Daß Gott schön werde, S.109

184 vgl. a.a.O., S.93

185 a.a.O., S.105

186 a.a.O., S.105f

187 a.a.O., S.106

188 a.a.O., S.107

189 ebd.

190 vgl. a.a.O., S.108f

191 a.a.O., S.109

192 vgl. Prophetie und Seelsorge, S.154-162

193 a.a.O., S.155

194 a.a.O., S.155f

195 a.a.O., S.156

196 vgl. a.a.O., S.156-162.161

197 vgl. a.a.O., S.158

198 zit. a.a.O., S.159f

199 a.a.O., S.160

200 ebd.

201 vgl. a.a.O., S.160f

202 a.a.O., S.161

203 a.a.O., S.162

204 Das *Moment der Erfahrung* - ein gerade im Feld der Erweckung bedeutsamer Faktor - sieht Bohren in der Theologie des Wortes Gottes berücksichtigt und zugleich überholt. "Wahre Theologie geht von der Erfahrung aus und deutet Erfahrung von der Schrift her. Abstrahiert die Theologie von der Erfahrung, mißrät sie zur Spekulation und verliert ihren Inhalt. Sie wird leer. Deutet sie aber die Schrift von der Erfahrung her und wird die Erfahrung zum Kanon der Schriftdeutung, verliert sie ihre klare Sicht. Sie wird blind. So markiert die Stellung zum Kanon die Grenze zwischen Wahrheit und Lüge. So unterscheidet sich Theologie des lebendigen Gottes von der Theologie eines erdachten oder selbst ernannten Gottes. Offenbarung drängt auf Erfahrung, ist Erfahrung. Ein Jenseitiges, das anders ist als die Welt, kommt zur Welt, indem es eine neue Welt schafft. Darum gibt es keine wahre Theologie ohne Erfahrung, wie andererseits die Dominanz der Erfahrung die Theologie verfälscht" (Prophetie und Seelsorge, S.122).

205 vgl. Daß Gott schön werde, S.191ff

Theologisch ist Vollmacht die Macht des Dreieinigen als Gabe, "den Auftrag, den Schöpfer selbst zu vertreten, die Ermächtigung, den Auferstandenen zu vertreten, und in dem allem die Macht der Geistesgegenwart" (Daß Gott schön werde, S.191). Im Kontext einer bemächtigten Welt bedeutet Vollmacht, "die Freiheit von Herrschaft, die Unabhängigkeit von Herrschaften" (a.a.O., S.192).

206 a.a.O., S.192

207 "Weil aber Vollmacht die vom Dreieinigen dem Menschen übergebene Macht ist, weil sich der Geist mit dem Menschlichen mischt, darum gibt es Vollmacht nie ohne menschliche Mächtigkeit, nie abstrakt und unberührt von menschlicher Herrschaft... Vollmacht ist darum in gewissem Sinne nie 'rein', in dem Sinne nämlich, in dem sie nie 'an und für sich' ist" (ebd.).

208 a.a.O., S.193

209 BERKHOF, H.: Die Pneumatologie in der niederländischen Theologie, in: DILSCHNEIDER; O. (Hg.): a.a.O, S.35

Anmerkungen: *C.3 Enthusiastisch-charismatische Frömmigkeit im Pro und Contra der Meinungen*

1   vgl. JUNG, Friedhelm: Die deutsche Evangelikale Bewegung - Grundlinien ihrer Geschichte und Theologie, EHS.T 461, Frankfurt a.M./ Berlin/ Bern/ New York/ Paris/ Wien 1992, S.34

Die Evangelikalen im Umfeld der *Deutschen Evangelischen Allianz* gehören dem landes- und freikirchlichen Pietismus an und haben auch Elemente der angelsächsischen evangelikalen Bewegung aufgenommen. - Die Evangelikalen der *Bekenntnisbewegung* stehen in der Tradition früherer "bekenntnisorientier" Kreise innerhalb der evangelischen Landeskirche. - Die *"Pfingst"*-Evangelikalen leiten sich aus dem landes- und freikirchlichen Pietismus sowie der amerikanischen Pfingstbewegung her (Zur *konfessionellen Zugehörigkeit* vgl. die Skizze von F. Jung: a.a.O., S.376).

P. Beyerhaus differenziert *im internationalen Bereich*, etwa im Rahmen der "Lausanner Bewegung", zwischen: 1) *"Neuen Evangelikalen"* (Ablehnung des politischen Konservativismus der Fundamentalisten, kritische Offenheit gegenüber der Wissenschaft, Zusammenarbeit mit möglichst vielen Denominationen auf Allianzbasis: B. Graham); 2) *"Fundamentalisten"* (Irrtumslosigkeit der Heiligen Schrift, dezidiert antirömisch und antiökumenisch: C. McIntire); 3) *"Bekennende Evangelikale"* (bes. Ausprägung in D, die in der Konferenz Bekennender Gemeinschaften zusammengeschlossenen Gruppen: P. Beyerhaus); 4) *"Pfingst-Evangelikale"* (PB - CB, bes. Nachdruck auf der Praktizierung der Charismen: L. Cunningham); 5) *"Radikale Evangelikale"* (Betonung der sozialen Verantwortung der Christen, Gesellschaftsveränderung, Nähe zu Anliegen des ÖRK: R. Padilla); 6) *"Ökumenische Evangelikale"* (innerhalb von Mitgliedskirchen des ÖRK, Bejahung des Grundanliegens des ÖRK, unmißverständliche Kritik an Fehlentwicklungen: F. Kivingere) (vgl. JUNG, F.: a.a.O., S. 68f).

In der evangelikalen Bewegung gibt es eine große Bandbreite von lehrmäßigen und frömmigkeitsspezifischen Akzentuierungen, so daß man zur Beschreibung das Bild des *Mosaiks* heranzieht (vgl. GELDBACH, Erich: Art. "Evangelikale Bewegung", in: EKL³, Bd.1, S.1186-1191.1187)

2   vgl. JUNG, F.: a.a.O., S.227

3   Hierzu sei etwa auf die Sammlung von K. McDonnell verwiesen (McDONNELL, Kilian: PRESENCE, POWER, PRAISE. Documents on the Charismatic Renewal Vols. I-III, Collegeville/ Minnesota 1980)

4   vgl. JUNG, F.: a.a.O., S.180-189

5   vgl. JUNG, F.: a.a.O., S.201-206

Der THEOLOGISCHE KONVENT der KONFERENZ DER BEKENNENDEN GEMEINSCHAFTEN sieht seine spezielle Aufgabe als "pneumato-diakritische" Deutung des Zeitgeschehens in "endzeitlich-apokalyptischer" Charakterisierung der gegenwärtigen Zeitstunde (vgl. KILLUS, Dorothea: Jubilar: Theologischer Konvent, in: DIAKRISIS, 10.Jg./1989, S.11-14.16f).
"Hinter den zersetzenden Zeiterscheinungen erkennt er verschiedene Ausprägungen satanisch-dämonischen Geistes, der, weil er zumeist getarnt operiert, erst entlarvt werden muß". - Hinter den akuten Angriffen sieht man die langfristige Strategie des kommenden Antichristen. "Der Konvent versteigert sich nicht zu apokalyptischen Prognosen; auch hütet er sich vor vordergründiger Personalisierung. Er beobachtet aber eine Gesamttendenz der Entwicklungen und kommt so zu einer Einordnung der Ereignisse, die es glaubender Gemeinde möglich macht, Hindernisse auf ihrem Weg in Erwartung der Wiederkunft ihres Herrn zu erkennen und zu überwinden" (a.a.O., S.12f).
DIAKRISIS. Hilfen zur Unterscheidung von Geistesströmungen in Kirche und Welt (Hg.: Theologischer Konvent der Konferenz Bekennender Gemeinschaften in den evangelischen Kirchen Deutschlands e.V., in Verbindung mit dem International Christian Network e.V., Tübingen - Schriftleitung: Prof.Dr.Peter Beyerhaus in verbindung mit Prof.D.Dr. Walter Künneth DD und Landesbischof Dr. Joachim Heubach)

6   *Zur geschichtlichen Entwicklung* vgl.: FLEISCH, Paul: Geschichte der Pfingstbewegung in Deutschland von 1900-1950, Marburg 1983², S.24-186; ders.: Die Zungenbewegung in Deutschland, Leipzig 1914 (= Die moderne Gemeinschaftsbewegung in Deutschland, 3. verm. und vollst. umgearb. Aufl., Zweiter Band: Die deutsche Gemeinschaftsbewegung seit Auftreten des Zungenredens, I.Teil: Die Zungenbewegung in Deutschland), S.8-181; RUHBACH, Gerhard: Die Erweckung von 1905 und die Anfänge der Pfingstbewegung, in: JGP 15/1989, Göttingen 1989, S.84-94. - *Aus der Sicht* *der Gemeinschaftsbewegung*: LANGE, Dieter: Eine Bewegung bricht sich Bahn. Die deutschen Gemeinschaften im ausgehenden 19. und beginnenden 20.Jahrhundert und ihre Stellung zu Kirche, Theologie und Pfingstbewegung, Gießen/ Dillenburg 1979, S.12-169; SAUBERZWEIG, Hans von: Er der Meister - wir die Brüder. Geschichte der Gnadauer Gemeinschaftsbewegung 1888-1958, Offenbach 1959, S.53-180. - *Aus der Sicht der Mülheimer Pfingstbewegung*: KRUST, Christian Hugo: 50 Jahre Deutsche Pfingstbewegung Mülheimer Richtung nach ihrem geschichtlichen Ablauf dargestellt, Altdorf b. Nürnberg o.J. (1958). - (Die harte Verurteilung der PB möchte E. Giese durch eine eigene Darstellung und Interpretation der Kasseler Vorgänge entkräften: GIESE, Ernst: Und flicken die Netze. Dokumente zur Erweckungsgeschichte des 20. Jahrhunderts, hg. von BIBRA, Otto Siegfried von - mit einer Einordnung in die Kirchengeschichte von BENZ, Ernst, Metzingen/ Lüdenscheid 1987[2] . - Nach Gieses Sicht entgleist die anfangs gute Bewegung in Kassel durch mangelnde Unterscheidungs- und Leitungsfähigkeit Dallmeyers. Diesen sieht er im Zusammenhang mit einer exorzistischen Nachtsitzung unter okkulten Einfluß geraten. Da er als Mensch schwierig und in seinen Aussagen, die für die Ablehnung der PB maßgeblich wurden, widersprüchlich gewesen sei, müsse das damalige Urteil revidiert werden.

      Zum konkreten Ringen und zur Abgrenzung vgl. etwa: DALLMEYER, Heinrich: Sonderbare Heilige. Wahrheitsgetreue Darstellung der neuesten religiösen Bewegung, Kassel o.J.(1907); ders. (Hg.): Die sogenannte Pfingstbewegung im Lichte der heiligen Schrift. Aufsätze von Johannes Seitz und Bernhard Kühn mit einem Vor- und Nachwort, Gotha 1922; ders.: Die Zungenbewegung. Ein Beitrag zu ihrer Geschichte und eine Kennzeichnung ihres Geistes, 6.-8.Tausend, Langenthal o.J. (1.Aufl., Lindhorst 1924); KAISER, Otto: Erlebnisse und Erfahrungen mit der Pfingstbewegung, Gießen 1948; KLEMM, Hermann: Elias Schrenk. Der Weg eines Evangelisten, Wuppertal 1961, S.435-451.601-607; MICHAELIS, Walter: Erkenntnisse und Erfahrungen aus 50jährigem Dienst am Evangelium, Gießen 1949[2], S.139-158; MODERSOHN, Ernst: Er führet mich /auf rechter Straße, Stuttgart 19485, S.201-205; SCHRENK, Elias: Der biblische Weg zu vermehrter Geistesausrüstung, Kassel 1910

7   Abdrucke von einzelnen ***Stellungnahmen und Erklärungen*** finden sich: a) *BARMER KOMPROMISSBESCHLUSS 1907* (vgl.: FLEISCH, P.: Geschichte der Pfingstbewegung, S.73; LANGE, D.: a.a.O., S.287); b) *BERLINER ERKLÄRUNG 1909* (vgl.: FLEISCH, P.: Geschichte der Pfingstbewegung, S.109-116.112-115; ders.: Die Zungenbewegung, S.7-79.76-78; KRUST, Chr.H.: a.a.O., S.67-71; LANGE, D.: a.a.O., S.287-290 - c) *STELLUNGNAHME TH. HAARBECKS UND DES JOHANNEUMS 1909* (vgl.: FLEISCH, P.: Geschichte der Pfingstbewegung, S.123f; ders.: Die Zungenbewegung, S.87f; LANGE, D.: a.a.O., S.290f) d) *MÜLHEIMER ERKLÄRUNG 1909* (vgl.: KRUST, Chr.H.: a.a.O., S.72-77; FLEISCH, P.: Geschichte der Pfingstbewegung, S.143-148; ders.: Die Zungenbewegung, S.115-118; LANGE, D.: a.a.O., S.291-294) - (vgl. auch: BÜHNE, Wolfgang: Spiel mit dem Feuer, Bielefeld 1989, S.15-65.253-260); PIETISTEN, CHARISMATIKER, PFINGSTLER, IDEA-Dokumentation, Nr.1/92, S.29-36)

8   Walter Michaelis schrieb im Gnadauer Gemeinschaftsblatt 1923: "Die einen nennen die ganze Bewegung dämonisch, die anderen spiritistisch, die dritten sehen darin einen reinen Naturvorgang, eine Äußerung krankhaften Nervensystems, aufsteigende Blasen aus dem Unterbewußtsein. Ich für meine Person habe die Überzeugung, daß von allem diesen in der Zungenbewegung etwas ist" (zit. bei BEREWINKEL, Johannes S.J.: Zur Theologie der Gemeinschaftsbewegung, in: JGP 15/1989, Göttingen 1989, S.95-113.109-113.110)

9   vgl. hierzu: FLEISCH, P.: Die Zungenbewegung, S.80-83.124-136; SEITZ, Johannes: Ein klärendes Wort gegen Pastor Paul's Schrift: Zur Dämonenfrage, o.J. (bezieht sich auf: PAUL, Jonathan: Zur Dämonenfrage. Ein Wort zur Verständigung, Mülheim/ Ruhr 1912); SEITZ, Johannes: Erinnerungen und Erfahrungen, 2. erw. Aufl., Chemnitz 1921, S.138-145.183-187; STRÖTER, Ernst F.: Die Selbstentlarvung von "Pfingst"-Geistern, 4. Aufl. mit Anhang und Nachwort, als Manuskript gedruckt, o.O. 1911/1912 (erneut veröffentlicht von ISING, Richard, Berlin 1962) - (Zur Gesamtdeutung vgl. auch LOHMANN, Ernst: Pfingstbewegung und Spiritismus, Frankfurt/ a.M. 1910)

10   vgl.: FLEISCH, P.: Die Zungenbewegung, S.136-140; GEPPERT, W.: Die Pfingstbewegung, weder..., noch..., nur menschlich - allzumenschlich, göttlich oder dämonisch?, Schriftenreihe: Irrläufer frommer Sehnsüchte und religiöser Leidenschaft Heft 3, Neuffen/Württemberg o.J.; HAARBECK, Theodor: Die "Pfingstbewegung" in geschichtlicher, biblischer und psychologischer Beleuchtung, Barmen 1910[2]

11   J. Berewinkel verweist im Blick auf die Theologie der "Berliner Erklärung", um die dämonistische Engführung zu überwinden, zu Recht auch auf das Gewicht des zweiten Kritikpunkts (perfektionistische Heiligungslehre) und darauf, daß die Bezeichnung "*von unten*" in der Gemeinschaftsbewegung im allgemeinen für "seelisch" steht und eine differenzierte Deutung zuläßt. Der Kontext legt allerdings die Bedeutung "dämonisch" nahe ("Es wirken in ihr Dämonen... nachträglich als besessen erwiesen... Lügencharakter der ganzen Bewegung... II Kor 11,3.4.14"), wie sie ja auch meist verstanden wurde (vgl.: BEREWINKEL, J.: in: JGP 15(1989), S.110; PIETISTEN, CHARISMATIKER, PFINGSTLER, IDEA-DOKUMENTATION, Nr.1/92, S.10f).

12 KÜNNETH, Walter: Fundamente des Glaubens. Biblische Lehre im Horizont des Zeitgeistes, Wuppertal 1977³, S.155-158.155

13 Ausgangspunkt der Auseinandersetzung mit anderen Geistigkeiten ist für Künneth das *biblisch-reformatorische Verständnis* des Mysteriums des Heiligen Geistes. Mit diesem hält er fest: a) an der *Unverfügbarkeit des Heiligen Geistes* für menschliche, rationale, empirische und psychologische Möglichkeiten, an der *Unzugänglichkeit für den Menschen 'kata sarka';* b) an der *ganz anderen Herkunft* ("Heiliger Geist entstammt nicht den Weltdimensionen, gleichviel, ob sie durch die reine Immanenz oder ob sie durch metaphysisch-transzendente Spekulationen geprägt sind", der Heilige Geist ist "Offenbarungs-Geist") (KÜNNETH, Walter: Heiliger Geist im Widerstreit mit den Geistern der Zeit. Vortrag vor dem Theologischen Konvent der Konferenz der Bekennenden Gemeinschaften in der EKiD im Oktober 1976, veröffentlicht 1977).

14 vgl. ebd.

15 KÜNNETH, W.: Fundamente des Glaubens, S.156

16 ebd.

17 ebd.

18 ebd.

19 ebd.

20 a.a.O., S.157

21 ebd.

22 a.a.O., S.158

23 BEYERHAUS, Peter: Geisterfüllung und Geisterunterscheidung. Die schwarmgeistige Gefährdung der Gemeinde heute, Berlin 1978² (BEYERHAUS, Peter: Geisterfüllung und Geisterunterscheidung. Vortrag auf Kassette Nr. I-18, Krelinger Tonbanddienst)

24 a.a.O., S.1-4.3

25 vgl. a.a.O., S.4-11 (vgl. auch: BEYERHAUS, Peter: Art. "Holy Spirit", in: BAKER'S DICTIONARY OF CHRISTIAN ETHICS, hg. von HENRY, Carl F.H., Grand Rapids/ Mich.1973, S.292-294; ders.: Credo in Spiritum Sanctum, Dominum vivificantem, in: DIAKRISIS, 4.Jg./1983, S.17-19)

26 vgl. BEYERHAUS, Peter: Neue Vollmacht zur Sendung - Der Weg aus der Krise, in: ders.: Krise und Neuaufbruch der Weltmission. Vorträge, Aufsätze und Dokumente, Bad Liebenzell 1987, S.182-201.196-199

27 Aus dem Wesensmerkmal der Gemeinschaftsstiftung erhebt Beyerhaus ein Kriterium der Unterscheidung: "Der Heilige Geist ist ein Geist, der uns zusammenführt in der Wahrheit, im Glauben und in der Liebe. Deswegen ist auch dies ein wichtiges Erkennungszeichen, ob ein bestimmter Geist, der sich als Heiliger Geist ausgibt, wirklich von Gott ist: Führt er zur Trennung von den Brüdern in Christus oder aber zu größerer Gemeinschaft mit Ihm?" (a.a.O., S.8).

28 vgl. a.a.O., S.9f

29 vgl. a.a.O., S.10f

30 a.a.O., S.14

31 vgl. a.a.O., S.14f

32 a.a.O., S.18

33 vgl. a.a.O., S.17-25

34 vgl. a.a.O., S.23-25 - Beyerhaus nennt als Beförderer dieser Entwicklung A.Bittlinger, W. Hollenweger und E.Castro. Angebahnt sieht er diese Entwicklung bereits auf den Weltmissionskonferenzen 1973 in Bangkok und Nairobi 1975 (vgl.: KÜNNETH, Walter/ BEYERHAUS, Peter, Hg.: REICH GOTTES ODER WELTGEMEINSCHAFT? Die Berliner Ökumene-Erklärung zur utopischen Vision des Weltkirchenrates, Telos-Dokumentation 900, Bad Liebenzell 1975, S.230-243. 306-310.340f; BEYERHAUS, Peter/ BETZ, Ulrich (Hg.): ÖKUMENE IM SPIEGEL VON NAIROBI '75. Durch die Wüste zur Welteinheit, Telos-Dokumentation 903, Bad Liebenzell 1976, S.112-115. 158-176.160f).

35 vgl. hierzu BEYERHAUS, Peter/ PADBERG, Lutz von: Eine Welt - eine Religion? Die synkretistische Bedrohung unseres Glaubens im Zeichen von New Age, Asslar 1989[2]
  In diesem Sammelband des Kongresses der "Internationalen Konferenz Bekennender Gemeinschaften" vom 12.-16.September 1987 in Zürich wird die CB als möglicher Wegbereiter auf dem Weg zur Welteinheitsreligion gesehen. "Vor unseren Augen entsteht - auch wenn sich manche Charismatiker von der New-Age-Bewegung distanzieren - eine durch die Charismatische Bewegung mitgeprägte ökumenisch-synkretistische Spiritualität, vor der wir nur warnen können" (vgl. KILLUS, Dorothea: Charismatische Einheit und Geiseseinheit, in: a.a.O., S.215-222.223-226.226). - In der zusammenfassenden "Botschaft" des Kongresses heißt es: "9. Innerhalb der mannigfaltigen '*Charismatischen Bewegung*', in der es gewiß auch biblische Verkündigung gibt, wirken vielerorts falsche Propheten und Wundertäter (Mt 7,22f; 24,24), die durch vermeintliche Wiederherstellung urchristlicher Verhältnisse aufgrund einer gemeinsamen Geisterfahrung - ohne wahre Einmütigkeit in der biblischen Lehre! - die Einheit aller Christen, die Erweckung der Welt und die Errichtung des Gottesreiches schon jetzt auf dieser Erde herbeiführen wollen. Diese utopisch-ökumenische Ausrichtung könnte den Weg für die anti-christliche Welteinheitsreligion (New-Age) bereiten" (in: a.a.O., S.275). - Grundkritik ist, daß: 1) die menschliche Erfahrung zum Kriterium und Schlüssel der in der Schrift geoffenbarten Wahrheit wird; 2) die "Geistestaufe" und nicht die durch biblische Heilserkenntnis und Glauben geschenkte Wiedergeburt zum verbindenden Einheitsband wird; 3) Zungenreden als Erkennungszeichen des Christen gilt (vgl. a.a.O., S.223f).

36 vgl. Geisterfüllung und Geisterunterscheidung, S.26f

37 vgl. BEYERHAUS, Peter: Art. "Schwärmer", in: Evangelisches Gemeindelexikon, hg. von GELDBACH, E./ BURCKHARDT, H./ HEIMBUCHER, K., Wuppertal 1978, S.469f

38 a.a.O., S.470

39 BÄUMER, Rudolf: "Prüfet die Geister!" - "Den Geist dämpfet nicht!", in: INFORMATIONS-BRIEF der Bekenntnisbewegung "Kein anderes Evangelium", Lüdenscheid (= INFORMATIONS-BRIEF), Nr.50/ Juni 1975, S.21-24 (= dass. in: BÄUMER, Rudolf/ BEYERHAUS, Peter/ GRÜNZWEIG, Fritz (Hg.): WEG UND ZEUGNIS. Bekennende Gemeinschaften im gegenwärtigen Kirchenkampf 1965-1980, hg. aus Anlaß des 10jährigen Bestehens der Konferenz Bekennender Gemeinschaften in den evangelischen Kirchen Deutschlands, Bad Liebenzell/ Bielefeld 1980, S.287-290)

40 vgl. etwa: INFORMATIONSBRIEF, Nr.40/Okt. 1973, S.34-36; Nr.54/Feb. 1976, S.6-8 (Stellungnahme des Hauptvorstands der Deutschen Evangelischen Allianz über das Verhältnis zu den Pfingstgruppen); Nr.38/Mai 1973, S.6-10 (GRÜNZWEIG, Fritz: Gewisse Tritte durch sein Wort. Orientierungshilfen in der geistigen Verwirrung von heute = Merkmale des echten Geistes sind: Bindung an die Schrift; Überführung von Sünde und Gewißheit der Vergebung im Sühnetod Jesu; Demut; Leidensbereitschaft; Bleiben in der heilsgeschichtlichen Zwischenzeit; vgl. auch Nr.54/Feb.1976, S.6-8 (ders.:Unterscheidung der Geister - "Allein *Christus*, allein die *Gnade*, allein die *Schrift*"); Nr.62/Juni 1977, S.15-19 (TLACH, Walter: Biblische Orientierung = Ablehnung gegenwärtiger "Ich-Jesus"-Rede als Auflösung der Autorität des biblischen Kanons); Nr.76/Okt.1979, S.26-29 (LUBAHN, Erich: Thesen zum Schwarmgeist - "Wer dem Glauben in Jesus Christus die Geistestaufe als einen 'zweiten

Segen' hinzufügen will, hat den biblischen Boden verlassen. Der auf diese Weise eingebrochene Schwarmgeist führt von der Heilsgewißheit aus Gnaden durch den Glauben weg zur Heilssicherheit durch Fühlen, Wunder und Zeichen... Es gibt aufs Sichtbare und aufs Unsichtbare gerichtete Gnadengaben... Die Entfaltung der Offenbarung nach der Bibel lehrt uns, daß im Zuge der Ausreife der Gemeinde Jesu die aufs Sichtbare gerichteten Gnadengaben zurücktreten und dafür die aufs Unsichtbare gerichteten Gnadengaben sich verstärken... Der Schwarmgeist hat es besonders darauf abgestellt, die aufs Sichtbare gerichteten Gnadengaben entweder in den Vordergrund zu rücken oder zu imitieren und dadurch den Gabenträger attraktiv zu machen. Der Geist Gottes dagegen wird durch Gnadengaben stets nur Jesus Christus verherrlichen"; a.a.O., S.28 - vgl. auch: LUBAHN, Erich: Fromme Verführungen. Information und Wegweisung, Stuttgart 1969; ders.: Schwarmgeist. Versuch einer biblischen Deutung, Wuppertal 1976;); Nr.89/ Dez. 1981, S.16f

Zu späteren Äußerungen vgl. etwa: INFORMATIONSBRIEF, Nr.105/Aug.1984, S.21-24 (Ein charismatischer Gottesdienst); Nr.115/April 1986, S.12-17 (TLACH, Walter: "Charismatische" Erneuerung und neue Spiritualität-Erneuerung?); Nr.122/Juni 1987,S.15-18 (Wer ist John Wimber?); Nr.124, Okt.1987, S.28-36 (BAUER, Helmut: John Wimber - "Vollmächtige Evangelisation"?); Nr.130/Okt.1988, S.31f (BÄUMER, Rudolf: Kirchenaustritt Wolfram Kopfermanns); Nr.124/Okt.1987, S.17-20.19f (AFFELD, Burghard: Große Welt - Kleine Schar. Singapore 87); Nr. 137/Dez. 1989, S.34-36; Nr.140/Juni 1990, S.15-18; Nr.141/ Okt.1990, S.7-9 (AFFELD, B.: Chancen und Gefahren. Erfahrungen mit Christen in Ostasien, Teil 1-5); Nr.150/Feb.1992, S.18-20.20-22 (AFFELD, B./NEST-VOGEL, W.: Stellungnahme zum Nürnberger "Kongreß für Erweckung und Gemeindeaufbau"; BÄUMER, R.: Distanzierung von der "Berliner Erklärung?")

41 Stellungnahme zur "Charismatischen Bewegung", in: INFORMATIONSBRIEF, Nr. 97/April 1983, S.5-15

S. Findeisen, ein Hauptvertreter der *scharfen Ablehnung* und *dämonistischen Deutung*, hat seine eigene Sicht in einem *erläuternden Folgeaufsatz* weiter entfaltet (FINDEISEN, Sven: Noch einmal: "Charismatische Bewegung", in: INFORMATIONSBRIEF, Nr. 101/Dez.1983, S.9-23). Er stellt heraus, daß in besonderer Weise die *Christen* Zielscheibe der endzeitlichen Verführungsgewalt sind. Diese setzt da an, wo sich ihr Suchen und Sehnen verdichtet, bei der *Erfahrung von Mangel* im eigenen Leben und in dem der Gemeinde und macht *Angebote des "Mehr"* (mehr Vollmacht, mehr Frucht, mehr Durchblick, mehr Unmittelbarkeit, mehr Erfahrung von Heil und Heilungen, mehr Freude, mehr Seligkeit, mehr vom Reichtum Gottes) (in: a.a.O., S.9).

Findeisen versucht eine "*umfassende biblische Klärung*" und sieht von Gen 2-3 her den Geist des Versuchers am Werk, der zu einem Überschreiten des Menschlich-Natürlichen verführt, zum "*Sein-wollen-wie-Gott*". Diesen Geist sieht Findeisen am Werk in den vielgestaltigen Bestrebungen der heidnischen Religionen nach Geisterfüllungen und Vergeistigungen. Als Wege, die ein "Öffnen für den Geist" bewirken sollen - eine Forderung die so nirgends in der Schrift für den Heiligen Geist erhoben werde - nennt er: meditative Versenkungen und Erhebungen, Musik, Rhythmik, Tanz, Rollenspiele, Lobpreisungen und Segnungen und vor allem Körperkontakte wie Handauflegungen zu unmittelbarer Geistübertragung (in: a.a.O., S.11). Die möglichen Folgen solcher Geist-Erfüllungen, vielfache "Geistesgaben" vor allem übernatürlicher, aufsehenerregender Art (mediale Prophetie, okkulte Krankenheilung und scheinbare Dämonenaustreibung) sieht Findeisen in der "*Struktur des Turmbaus zu Babel*', der menschlichen Selbsterhebung bis in den Himmel, also der Welt des Geistes... und damit Teilhabe an dämonischer Machtfülle" (ebd.). Weiter sieht er im Augenfälligen, Staunenswerten, Sensationellen und öffentlichen Zurschaustellen von Geisteswirkungen in Publikationen und auf Bühnen die *Tendenz zur "Augenlust"*, die in der Verführung der Schlange liegt. Sein Urteil lautet: "Dieser Geist kommt *aus der Hölle* und führt in die tödliche Trennung von Gott" (ebd.).

Ganz anders der Heilige Geist, der "*vom Himmel her*" kommt, für den man sich nicht "öffnet", der im Gegenteil unsere totale Verschlossenheit für ihn nur selbst öffnen kann. Dies hat den Charakter einer Totenauferweckung (Eph 2) und geschieht nach Joh 16 durch eine Überführung von Sünde, Gerechtigkeit und Gericht, d.h. über Sündenerkenntnis, Sündenvergebung und Heiligung vor Gott. Grundlegendes Kennzeichen des Geistes Gottes ist, daß er nie sich selbst, sondern Jesus verherrlicht, nicht auf sich selbst, sondern allein auf Jesus weist.

Findeisen ist deshalb so scharf in der ganzen Auseinandersetzung, weil es nach seinem Verständnis in der *Geistfrage* um eine Frage *von ganz anderer Wertigkeit und Qualität* geht als bei anderen Lehrfragen. "Wenn Organe von mir krank sind, dann 'bin ich krank'. Wenn aber der Geist ungesund ist in mir, dann ist krank 'wer ich bin'... Nur die Schriftfrage kommt an Wertigkeit der Geistfrage nahe, weil Geist und Wort zusammen sind" (in: a.a.O., S.12). - "Hier geht es um das, was ursprunghaft alles im Herzen wirkt und im Denken bestimmt. Was der Geist tut, steckt also im Blut und ist dann überall zugleich: In der Geistfrage geht es ums Ganze!" (IDEA-Dokumentation 11/85, S.7f).

In dem massiven Geisteskampf, der um uns und in uns tobt (Apk 12,7-12), gilt es nach der Anweisung von Eph 6,10ff zu kämpfen und wie Jesus sich ausschließlich mit dem geschriebenen Wort zu wehren (Mt 4; Lk 4) (vgl. in: INFORMATIONSBRIEF, Nr.101, S.13-15). - Eine entscheidende Schriftstelle ist für Findeisen II Kor 11,2-15, die den Höhepunkt des Geisteskampfes um die verführte Gemeinde darstellt, welche durch die Schlange, die sich als "Engel des Lichts" verstellt, von der ersten Liebe und "Einfalt in Christus" abgebracht wird. Satan kann dabei "die frömmste, die entschiedenste, theologischste, ja ganz und gar biblisch erscheinende Gestalt annehmen und ahmt die Gaben, ja sogar die Früchte des Geistes... nach. Zeichen und Wunder, Heilungen und Austreibungen, Bekehrungen und Befreiungen, Sieg und Lobpreis selbst des 'Blutes Jesu' gehören zum Instrumentarium der Verführungsmethoden" (in: a.a.O., S.17). Während die Einfalt auf das Unsichtbare gerichtet ist, will der Verführer bewirken, daß man - weg von Gottes Wort, der Verbindung zum Unsichtbaren - auf das Sichtbarwerden und schließlich auf das Habhaftwerden aus ist. Dann kann Jesus, der Geist und das Evangelium in scheinbar unüberbietbarer Weise im Mittelpunkt stehen, und in Wirklichkeit geht es um einen "*anderen Jesus*", empfängt man statt dem Heiligen Geist "einen *anderen Geist*", wird "ein *anderes Evangelium*" verkündigt (vgl. in: a.a.O., S.17f). - Paulus setzt gegen die Verführung der Korinther das "Wort vom Kreuz", will unter ihnen nichts wissen als "Jesus, und den als den Gekreuzigten" (I Kor 2,4). - Findeisen versteht den Vorgang der Verführung wie eine ansteckende *Infektion*. Als Gegenmaßnahme ist der Infektionsherd zu diagnostizieren und sind die "Importeure der Infektion" abzuweisen. Das Gegenmittel ist gesundmachende Lehre über den alleinigen Zugang zu Gott (Buße, Kreuz, Vergebung und nicht Handauflegung, Segnungen, Geisterfahrungen, passives "Sich-Öffnen") (vgl. in: a.a.O., S.20-22).

Die *Gründe für die scharfe Ablehnung der CB* , die er selbst im wesentlichen so auch vertritt, faßt Findeisen in zehn Punkten zusammen: 1) statt des Rufs zu gründlicher Buße (Totenauferweckung), eine sog. "Lebenserneuerung" in einem unbiblischen Sich-Öffen für den Geist"; 2) statt Sünden- und Heilserkenntnis nach Joh 16, "Einsicht in die Hilflosigkeit und Leere des Menschen" als Zielrichtung des Kreuzesgeschehens; 3) statt biblischer Glaube, der "auf das Unsichtbare sieht", ein Verweisen auf sichtbaren Gaben-Besitz, persönliche Erfahrungen und Empfindungen und die Entwicklung einer Erfahrungs- und Wundersucht; 4) statt Vorordnung der Schrift vor Erfahrung, ihr Gebrauch zur Untermauerung eigener Erfahrungen und Bestimmtwerden des Glaubens von Erfahrungen; 5) Prophetie und Zungenrede als faktische Ergänzung der Schrift; nur formale Vorrangstellung der Schrift und Berufung auf sie; 6) es geht nicht wirklich um "die Gaben" (im NT mehr als 20), sondern nur um etwa vier von ihnen: Prophetie, Zungenrede, direkte Erkenntnis, Heilung, die wegen ihres übernatürlichen Charakters besonders herausgestellt und erstrebt, als besonders effektives Evangelisationsmittel behauptet und faktisch als sichtbarer Aufweis von Geisterfüllung gewertet werden; 7) das in der CB und PB praktizierte lallende Zungenreden sei eher heidnisch; abgelehnt wird von den Kritikern das Übertragen des Geistes durch Handauflegung (statt bevorzugt durch das Wort), wie auch das plötzliche Umfallen bei Handauflegung in einen bewußtlosen Zustand (während echte Gottesbegegnung bei vollem Bewußtsein geschehe); von Gott geschenkte "Dienst"-Gaben hätten verborgen dienenden unscheinbaren Charakter, "damit sie sich nicht vor das Wort als Samen der Erweckung drängen, ja faktisch den Geber selbst verdrängen"; 8) die behauptete "Einheit durch den Geist" ist nur eine behauptete, in Wirklichkeit besteht eine zerklüftete Landschaft; beruft man sich auf Aussagen eines des einen Vertreters der Bewegung, würden diese von anderen abgelehnt, so daß das Ganze nie zu greifen ist; 9) kritisiert wird an der CB die Zielvorgabe einer "im Heiligen Geist erneuerten Kirche", statt der biblisch und reformatorisch zu unterscheidenden lebendigen Gemeinde Jesu und der institutionalen Kirche; 10) kritisiert wird die Monopolisierung geistlicher Erneuerung im Sinn des Charismatischen durch die Selbstbezeichnung "Geistliche Gemeinde-Erneuerung"; in dieser Selbstverabsolutierung zeigt sich faktisch, daß der Blick für das Reich Gottes im Sinn von Joh 3 fehlt, zumal die großen Erweckungsbewegungen vor der Reformation bis heute, nicht im Sinn dieser Bewegung "charismatisch" waren (FINDEISEN, Sven: Die Geistliche Gemeinde-Erneuerung in der evangelischen Kirche. Eine Stellungnahme zu dieser charismatischen Bewegung vom Stellvertretenden Vorsitzenden der Bekenntnisbewegung "Kein anderes Evangelium", Pastor Sven Findeisen, Neumünster, IDEA-Dokumentation 11/85, S.4-6; ders.: Unser Ja und Nein zur Geistlichen Gemeindeerneuerung, INFORMATIONSBRIEF, Nr.110/ Juni 1985, S.5-32; vgl. auch ders.: Fragen für das Gespräch, in: IDEA-Dokumentation 1/93: MÖGLICHKEITEN, GRENZEN UND SCHWIERIGKEITEN in der Zusammenarbeit zwischen der evangelikalen und charismatischen Bewegung in Deutschland - Materialien und Stellungnahmen, erarb. und vorgel. von einer Studienkommission des Arbeitskreises für evangelikale Theologie (AfeT) im Auftrag des Hauptvorstandes der Deutschen Evangelischen Allianz, S.39-41

42   in: INFORMATIONSBRIEF, Nr. 97/April 1983, S.5

43   in: a.a.O., S.5f

44   vgl. in: a.a.O., S.6f

45   vgl. in: a.a.O., S.7f

46   in: a.a.O., S.8f.9

47   in: a.a.O., S.9

48   ebd.

49   vgl. in: a.a.O., S.9-12

50   in: a.a.O., S.10

51   in: a.a.O., S.11

52   vgl. in: a.a.O., S.12f

53   in: a.a.O., S.15

54   vgl.: FINDEISEN, Sven: Kennzeichen der charismatischen Bewegung, in: AUFTRAG UND WEG. Ideen-Impulse-Informationen, EC-Mitarbeiterzeitschrift, Kassel 3/87, S.101-106; ders.: IDEA-Dokumentation, Nr. 11/85, S.11-16; (Findeisens Deutung vertritt auch R. Westerheide, der auch eine positive Skizzierung der Weite des Geisteswirkens versucht und nicht nur die Abgrenzung thematisiert; WESTERHEIDE, Rudolf: Geisterfüllung und Geistesgaben, Telos-TB 596, Marburg 1990)

55   DAS NEUE FRAGEN NACH DEM HEILIGEN GEIST. Biblische-Orientierungshilfe, in: DIAKRISIS, 14.Jg./Heft 1(1993) (= Orientierungshilfe) - (umfangreiche Sonderausgabe)

    In der Zeitschrift DIAKRISIS finden sich immer wieder Artikel zur Beurteilung enthusiastisch-charismasmatischer Erscheinungen und Bewegungen. Die Bandbreite der Autoren entspricht der von uns skizzierten Front der Ablehnung (vgl. etwa: BEYERHAUS, Peter: Apokalyptische Perspektiven im heutigen Weltgeschehen. Eine heilsgeschichtliche Orientierungshilfe, in: DIAKRISIS, 12.Jg.(1991), S.1-8.4f; BUCHHOLZ, Meiken: Die Rolle der pfingstlerisch-charismatischen Evangelikalen in der Lausanner Bewegung, in: DIAKRISIS, 11.Jg.(1990), S.13-16; BÜRGENER, Karsten: Dämonisches Zungenreden, in: DIAKRISIS, 8.Jg.(1987), S.38-40; EINE WELT - EINE RELIGION? Die synkretistische Bedrohung unseres Glaubens im Zeichen von "New Age". Botschaft des Internationalen Bekenntniskongresses vom 12-16.September 1987 in Zürich, II/9, in: DIAKRISIS, 8.Jg.(1987), S.101-105.103; EVANGELISATION IN BIBLISCH-REFORMATORISCHER VERANTWORTUNG, in: DIAKRISIS, 9.Jg.(1988), S.33-47.40f; GEISTESGABEN IM LICHT DER BIBEL, in: DIAKRISIS, 6.Jg.(1985), S.57-60; HAUSCHILDT, Karl: Die Gabe, Geister zu unterscheiden, in: DIAKRISIS, 11.Jg.(1990), S.2f; LANGE, Johannes/ MÜNSTERMANN, Christian: Dr.Yonggi Cho und sein "Erfolgsevangelium", in: DIAKRISIS, 7.Jg.(1986), S.60-62; NEIDHART, Jürgen: Zeichen und Wunder in biblischer Sicht, in: DIAKRISIS, 11.Jg.(1990), S.11-20; ROGERS, Cleon L.: Die Gabe des Zungenredens in der Nachapostolischen Kirche (100-400 n.Chr.), in: DIAKRISIS, 7.Jg. (1986), S.52-58; SEIBEL, Alexander: Arnold Bittlinger und die Integration anderer Religionen, in: DIAKRISIS, 11.Jg.(1990), S.21-24; ders.: Passivität - Offenwerden wofür? Abgründe pseudo-charismatischer Erfahrungen, in: DIAKRISIS, 5.Jg.(1984), S.22-29; ders.: C.G. Jung und sein Einfluß auf die charismatische Bewegung, in: DIAKRISIS, 7.Jg.(1986), S.58-60; WELTMISSION NACH SAN ANTONIO UND MANILA. Frankfurter Stellungnahme des Europäischen Bekenntniskonvents (6.-8.3.1990), in: DIAKRISIS, 11.Jg.(1990), S.2-10 (bes.die Abschnitte: II.B.3; II.C.2; III.5)

56   Orientierungshilfe, S.2–10

57   vgl. Orientierungshilfe, S.5f

58   Orientierungshilfe, S.7

59   Orientierungshilfe, S.9

60   Orientierungshilfe, S.10

61   vgl. Orientierungshilfe, S.11-24

62   vgl. Orientierungshilfe, S.11f

63   vgl. Orientierungshilfe, S.13f

64   vgl. Orientierungshilfe, S.15f

65   vgl. Orientierungshilfe, S.16

66   vgl. Orientierungshilfe, S.16f

67   Orientierungshilfe, S.17

68   vgl. Orientierungshilfe, S.17f

69   vgl. Orientierungshilfe, S.18

70   ebd.

71   vgl. Orientierungshilfe, S.19f

72   vgl. Orientierungshilfe, S.20f

73   Orientierungshilfe, S.20

74   vgl. Orientierungshilfe, S.21

75   vgl. Orientierungshilfe, S.22f

76   Orientierungshilfe, S.22

77   Orientierungshilfe, S.23f

78   vgl. Orientierungshilfe, S.24

79   vgl. Orientierungshilfe, S.25-45

80   Orientierungshilfe, S.25f

81   vgl. Orientierungshilfe, S.26f

82   vgl. Orientierungshilfe, S.28-40

83   vgl. Orientierungshilfe, S.29

84   vgl. Orientierungshilfe, S.29f

85   vgl. Orientierungshilfe, S.31

86   vgl. Orientierungshilfe, S.32f (vgl. auch STADELMANN, Helge: Neue Praktiken innerhalb der pfingstlich-charismatischen Bewegungen. Eine Problemanzeige zu Entwicklungen innerhalb der letzten 30 Jahre, in: IDEA-Dokumentation 1/93: MÖGLICHKEITEN, GRENZEN UND SCHWIE-RIGKEITEN in der Zusammenarbeit zwischen der evangelikalen und charismatischen Bewegung in Deutschland, S.6-12

87   vgl. Orientierungshilfe, S.33

88   vgl. Orientierungshilfe, S.34-36

89   Orientierungshilfe, S.36

90   vgl. ebd.

91   vgl. Orientierungshilfe, S.37f

92   vgl. Orientierungshilfe, S.38f

93   vgl. Orientierungshilfe, S.40-45

94   Orientierungshilfe, S.45f.45

95   vgl. Orientierungshilfe, S.47-53.50f

96   vgl.: SAUBERZWEIG, H.: Er der Meister - wir die Brüder, S.180-244; LANGE, D.: Eine Bewegung bricht sich Bahn, S.162-226

97   vgl. LANGE, D.: a.a.O., S.294f

98   vgl.: FLUGFEUER FREMDEN GEISTES, Denkendorf b. Esslingen 1965[3]; GNADAUS STELLUNG GEGENÜBER DEM SCHWÄRMERTUM (1956), in: HEIMBUCHER, Kurt/ SCHNEIDER, Theo (Hg.): SAMMLUNG UND ZEUGNIS. Gnadauer Dokumente I: Die Gnadauer Pfingstkonferenzen von 1888 bis 1988 - Gnadauer Worte und Erklärungen von 1930 bis 1987, Gießen/ Basel/ Dillenburg 1988, S.97-100; HAARBECK, Hermann: LASS DIR AN MEINER GNADE GENÜGEN. Die Stellungnahme des Gnadauer Verbandes zur Pfingstbewegung und zum Christlichen Gemeinschaftsverband Mülheim, Denkendorf b. Esslingen 1965 (vgl. auch HEIMBUCHER, Kurt/ SCHNEIDER, Theo (Hg.): BESINNUNG UND WEGWEISUNG. Gnadauer Dokumente II: Ausgewählte Aufsätze und Vorträge, Gießen/ Basel/ Dillenburg 1988: HAARBECK, Theodor: Die Taufe mit dem Heiligen Geist nach der Schrift - 1906, in: a.a.O., S.199-207; SCHRENK, Elias: Das Bedürfnis der Gemeinde Gottes nach einer größeren Ausrüstung mit Geisteskraft und die Bedingungen für eine schriftgemäße Befriedigung derselben - 1910, in: a.a.O., S.208-226; BUDDEBERG, Ernst: Wo fängt die Schwärmerei an? - 1910, in: a.a.O., S.227-257; SCHNEPEL, Ernst: Der biblische Weg zu vermehrter Geistesausrüstung - 1933, in: a.a.O., S.258-265)

99   vgl.: GNADAUS STELLUNG GEGENÜBER DEM SCHWÄRMERTUM (1956), in: HEIMBUCHER, K./ SCHNEIDER, T.(Hg.): SAMMLUNG UND ZEUGNIS. Gnadauer Dokumente I, S.97-100.100; HAARBECK, H.: LASS DIR AN MEINER GNADE GENÜGEN, S.54-72 (1965)

100   vgl. HAARBECK, H.: LASS DIR AN MEINER GNADE GENÜGEN, S.44-46.48-53

Bis heute hilfreich zum Verständnis der Entstehung der "Geisttauflehre", zur biblisch reformatorischen Sicht von Rechtfertigung und Heiligung und zum Verständnis der Charismen sind Ausführungen von E. von Eicken (EICKEN, Erich von: Heiliger Geist - Menschengeist - Schwarmgeist. Ein Beitrag zur Geschichte der Pfingstbewegung, Wuppertal 1964 (bearb.Neuaufl.: EICKEN, Erich von: Die charismatische Frage - Heiliger Geist oder Schwarmgeist? Mit einem Vorwort von BLUNCK, Jürgen, Moers 1988).

101   HAARBECK, H.: LASS DIR AN MEINER GNADE GENÜGEN, S.48.49

102   a.a.O., S.49.50

103   a.a.O., S.50.51.52

104   a.a.O., S.52.53

105   vgl. etwa: HEIMBUCHER, Kurt (Hg.): Eine Gnade - viele Gaben. Beiträge zum biblischen Zeugnis von den Gnadengaben, Dillenburg o.J. (1980); HEIMBUCHER, Kurt: Vom Wirken des Heiligen Geistes. Ein Wort an die Brüder und Schwestern in unseren Gnadauer Gemeinschaften, Dillenburg 1987; MARKERT, Erich/ HAAG, Klaus: Der Heilige Geist und seine Gaben, in: HEIMBUCHER, Kurt (Hg.): DEM AUFTRAG VERPFLICHTET. Die Gnadauer Gemeinschaftsbewegung: Prägungen-Positionen-Perspektiven, Gießen/ Basel/ Dillenburg 1988, S.180-197; MORG-NER, Christoph: Herausforderungen durch charismatische und pfingstlerische Bewegungen. Ein Wort an die Mitarbeiter in unseren Gnadauer Gemeinschaften, Dillenburg 1990; PASCHKO, Werner: "Charismatisch" - was sagt die Bibel?, Gnadauer Materialdienst Heft 12, Dillenburg 1979; WORT DES GNADAUER VORSTANDES ZU GEISTLICHEN ERSCHEINUNGEN UNSERER ZEIT - Thesen zur Frage nach dem Heiligen Geist (1976/1979), in: HEIMBUCHER, K./ SCHNEIDER, T. (Hg.): SAMMLUNG UND ZEUGNIS. Gnadauer Dokumente I, S.137-143.144-147; Biblische Orientierung zu einigen Fragen über die Lehre vom Heiligen Geist, Manuskript für den innerkirchlichen Gebrauch, Jena März 1978

106   in: SAMMLUNG UND ZEUGNIS. Gnadauer Dokumente I, S.145

107   so in HEIMBUCHER, K. (Hg.): Eine Gnade - viele Gaben, Dillenburg 1980

108   in: a.a.O., S.20

109   MORGNER, Christoph: Herausgefordert - Wie begegnen wir den charismatischen und pfingstlerischen Bewegungen? Ein Wort an die Mitarbeiterinnen und Mitarbeiter in der Gemein-schaftsbewegung, Gnadau Aktuell 1, Dillenburg Nov. 1992 (= Herausgefordert)
(In diese Verlautbarung ist eingegangen: MORGNER, Christoph: Herausforderungen durch charismatische und pfingstlerische Bewegungen, Dillenburg August 1990 = dass. in: PIETISTEN, CHARISMATIKER, PFINGST-LER. Eine Zusammenstellung der jüngsten und der ältesten Voten u.a. vom Gemeindekongreß, Prälat Rolf Scheffbuch, Präses Christoph Morgner und anderen sowie aus dem zeitlichen Umfeld der "Berliner Erklärung". Dazu reichhaltiges Archivmaterial, IDEA-Dokumentation Nr.2/90.)
In der DDR hatte es von 1976 bis 1981 theologische Gespräche zwischen dem "Evangelisch-Kirchlichen Gnadauer Gemeinschaftswerk in der DDR" und Vertretern des "Arbeitskreises für geistliche Gemeinderneuerung" gegeben, in denen man im Blick auf die Pneumatologie und im Verständnis der Charismen ein hohes Maß an Gemeinsamkeiten feststellte aber auch gemeinsame Beschwernisse formulierte (vgl. Heiliger Geist und Gaben. Ergebnisbericht theologischer Gespräche, in: IDEA-Dokumentation Nr.1/92, S.38-42). - Von diesem Vorgang und der weitgehenden theolo-gischen Übereinstimmung in den besprochenen Fragen hatten sich viele Signalwirkung für eine intensivere Zusammenarbeit von Pietisten bzw. Evangelikalen und Charismatikern auf breiterer Ebene erhofft. Dies hat sich so nicht erfüllt. Das Gespräch ist nicht weitergegangen. Von Gnadauer Seite wird das Schlußpapier inzwischen als nur von begrenzter Bedeutung eingeschätzt, da man in der Praxis des charismatischen Lagers wenig von einer Umsetzung der gemeinsamen Erkenntnisse (eher mäßigend, abgrenzend) wahrnimmt, sondern stattdessen ein Fortfahren in Sonderbetonungen und weitere Aufnahme von bedenklichen Praktiken und Lehrelementen.

110   Herausgefordert, S.4f

111   Herausgefordert, S.5-11

112   Herausgefordert, S.7-9.8

113   Herausgefordert, S.11-21.11

114   Herausgefordert, S.11

115   vgl. Herausgefordert, S.12

116   vgl. ebd.

117   Herausgefordert, S.13

118   ebd.

119   vgl. ebd.

120   Herausgefordert, S.14

121   ebd.

122 vgl. ebd.

123 Herausgefordert, S.15

124 Herausgefordert, S.15f

125 vgl. Herausgefordert, S.16f

126 vgl. Herausgefordert, S.17

127 Herausgefordert, S.18f.18

128 Herausgefordert, S.19

129 vgl. Herausgefordert, S.19f

130 Herausgefordert, S.20

131 Herausgefordert, S.21

132 vgl. Herausgefordert, S.21f

133 vgl. Herausgefordert, S.22

134 Herausgefordert, S.22

136 vgl. Herausgefordert, S.23f

137 vgl. Herausgefordert, S.24

138 vgl. Herausgefordert, S.25

139 vgl. Herausgefordert, S.26-28

140 vgl. Herausgefordert, S.28f

141 vgl. Herausgefordert, S.29f

142 Mit Veröffentlichungen und Vorträgen war neben *F. Grünzweig* und *H. Brandenburg* in der Vergangenheit vor allem der ehem. Heidenheimer Dekan, Gründer und langjähriger Leiter des Albrecht-Bengel-Hauses *Walter Tlach* prägend (vgl.: BRANDENBURG, Hans: Kinderkrankheiten des Glaubens. Schwärmereien und Gesetzlichkeiten, Wuppertal 1975; GRÜNZWEIG, Fritz: Was sagt die Bibel über den Heiligen Geist?, Stgt.-Hohenheim o.J.; ders.: Demut - Kennzeichen der Jünger Jesu, in: LEBENDIGE GEMEINDE. Information und Orientierung, 3/85, S.6-9; TLACH, Walter: Biblische Orientierung, in: INFORMATIONSBRIEF der Bekenntnisbewegung, Nr.62/Juni 1977, S.15-19; ders.: Charismatische Bewegung - kritisch gesehen, in: SCHRITTE. Magazin für Christen, Neukirchen-Vluyn, 8/1978, S.10-12; ders.: "Charismatische" Erneuerung und neue Spiritualität - Erneuerung?, in: TLACH, W. u.a.: BIBLISCHE GRENZFRAGEN im Bereich der "Neuen Spiritualität", Tagesfragen 32, Neuhausen-Stuttgart 1986, S.11-16)

Die *Akzentuierungen des württembergischen Pietismus* sind aus den Zwischenüberschriften des Aufsatzes von F. Grünzweig "Demut" ersichtlich: *Gott sieht Zebrochene gnädig an - Kreuzes-Nachfolge - Schauen auf Jesus - Er bleibt Herr - Nicht nur "besondere" Gaben - Nicht Gaben erzwingen - Das große Halleluja ist noch nicht erreicht - Nicht von der Welt-Erweckung träumen - Wunder und Zeichen-nicht die Regel - Nicht über die Schrift hinaus! - Der Geist Gottes bindet sich an die Bibel - Glaube gründet sich auf die Schrift.* - An PB und CB werden u.a. das beanspruchte "Mehr" bzw. die behauptete "Fülle" kritisiert, wie auch "Ich-Jesus..."-Prophetien (Unterhöhlung bzw. Auflösung der Einzigartigkeit der Schriftgrundlage).

Diese Grundlinien finden sich auch in den *Äußerungen der jüngeren Zeit*, die auf weitergehende Entwicklungen wie die "Dritte Welle" oder die Schrift "Macht Bahn!" der charismatischen Adoramus-Gemeinschaft reagieren (vgl. etwa: MAIER, Gerhard: Pietisten und Charismatiker, in: MITTEILUNGEN des Albrecht-Bengel-Hauses Tübingen, Nr.87, August 1992, S.6-10; ders.: Ist aufgrund einer Wiederbelebung urchristlicher charismatischer Evangelisation für die Endzeit eine Erweckung zu erwarten?, in: IDEA-Dokumentation, Nr. 1/93, S.22-24; SCHEFFBUCH, Rolf: Das Interview, in: LEBENDIGE GEMEINDE, 3/85, S.18-21; ders.: Müssen Pietisten "charismatisch" werden? Zum geforderten "Schulterschluß" zwischen Charismatikern und Evangelikalen, in: IDEA-Dokumentation, Nr. 1/92, S.16-23; ders.: Die unüberbietbare Gnade Jesu Christi, in: TLACH, W. u.a.: BIBLISCHE GRENZFRAGEN, S.17-25; ders.: Reflexionen und Folgerungen für Europa, in: MARQUARDT, Horst/ PARZANY, Ulrich (Hg.): Evangelisation mit Leidenschaft. Berichte und Impulse vom II. Lausanner Kongress für Weltevangelisation in Manila, Neukirchen-Vluyn 1990, S.280-282). - Im Unterschied zu den meist polemisch-abgrenzenden Veröffentlichungen der Vergangenheit entfaltet H. Krimmer das Feld des Charismatischen pastoral-positiv (vgl.: KRIMMER, Heiko: Originale Gottes. Eine Gemeinde entdeckt ihre Gaben, Bad Liebenzell 1990).

143 Zum *Dispensationalismus* ("dispensation"/von gr. oikonomia), einer speziellen *Ausprägung der heilsgeschichtlichen Theologie* vgl.: GELDBACH, Erich: Art. "Darbysmus", in: EKL³, Bd.1, S.792-793; ders.: Art. "Darby, John Nelson/ Darbysten", in: TRE, Bd.8, S.357-358; RYRIE, Charles C.: Dispensationalism Today, Chicago 1990²⁷; STADELMANN, Helge: Art. "Dispensationalismus", in: EVANGELISCHES LEXIKON FÜR THEOLOGIE UND GEMEINDE, Bd.1, Wuppertal/ Zürich 1992, S.449
    Der Dispensationalismus teilt die Heilsgeschichte in besondere Heilsabschnitte ("dispensations") ein. In dieser Aufteilung unterscheidet man u.a. scharf zwischen der Zeit Israels und der Zeit der Gemeinde und zwischen dem apostolischen und dem nachapostolischen Zeitalter. Für die apostolische "Dispensation" waren die besonderen Geistesgaben charakteristisch, nicht mehr jedoch danach. Insgesamt ist für den Dispensationalismus eine starke endzeitlich-apokalyptische Ausrichtung charakteristisch.

144 So etwa BAXTER, Ronald E.: Gifts of the Spirit, Grand Rapids/Mich. 1985² - ähnlich auch EDGAR, Thomas R.: Miraculous Gifts. Are they for Today?, Neptune/ NJ 1983

145 So etwa GEISLER, Norman: Signs and Wonders, Wheaton/Ill. 1988, S.175f (vgl. auch: ANDREWS, E.H.: The Promise of the Spirit, Welwyn/Herts-GB 1982; BUDGEN, Victor: The Charismatics and the Word of God. A biblical and rhetorical perspective on the charismatic movement, Welwyn, Hert-GB 1986²; CHANTRY, Walter J.: Signs of the Apostles. Observations on Pentecostalism Old and New, Edinburgh 1979³; GROSS, Edward N.: Miracles, Demons, and Spiritual Warfare. An Urgent Call for Discernment, Grand Rapids/Mich. 1990²; McARTHUR, John F.: The Charismatics. A Doctrinal Perspective, Grand Rapids/ Mich. 1978; ders.: First Corinthians, The MacArthur New Testament commentary, Chicago 1988⁷, S.277-395; MASTERS, Peter/ WHITCOMB, John C.: The Charismatic Phenomenon, London 1989²; MASTERS, Peter: The Healing Epidemic, London 1988²; UNGER, Merill F.: The Baptism and Gifts, Chicago 1989¹⁵; ders.: New Testament Teaching on Tongues, Grand Rapids/Mich.-USA 1982⁷

146 vgl.: HERON, Alasdair I.C.: Art. "Calvinismus", in: EKL³, Bd.1, S.615-621.620; s. etwa auch HODGE, Charles: Systematic Theology, Part I: Theology, Grand Rapids/Mich. 1982, S.61-103

147 WARFIELD, Benjamin B.: Counterfeit Miracles (1918), Reprint Edinburgh 1986 (dass. auch unter dem Titel: Miracles: Yesterday and Today).

148 BIBEL UND GEMEINDE. Zeitschrift des Bibelbundes, Waldbronn 2 (= BuG) - vgl. etwa: BÜHNE, Wolfgang: "Power Evangelism" - Die dritte Welle, in: BuG, 90.Jg.(1990), S.176-183; HELLING, Helmut: Ein Gott, ein Herr, ein Geist, in: BuG, 83.Jg.(1983), S.31-56; HOLTHAUS, Stephan: Macht, Herrlichkeit und Politik - evangelikales US-Fernsehen in der Medienkritik, in: BuG, 86.Jg.(1986), S.447-449; ders.: Die Theologie Reinhard Bonnkes und des Missionswerks "Christus für alle Nationen", in: BuG, 87.Jg.(1987), S.97-106; LANGE, Johannes: Die Theologie Paul Yonggi Chos und seiner Full Gospel Central Church in Seoul/Korea, in: BuG, 89.Jg.(1989), S.37-67; ders.: Zusammenfassung einer biblischen Orientierung zu wichtigen Lehrpunkten der Charismatischen Bewegung, in: BuG, 86.Jg.(1986), S.168-178; MARKMANN, Otto: Die Dämonie in der Mystik, in: BuG, 83.Jg.(1983), S.386-416; NEIDHART, Jürgen: Das fortwährende Verlangen nach dem Übernatürlichen, in: BuG, 90.Jg.(1990), S.184-191; ders.: Zeichen und Wunder in biblischer Sicht, in: BuG, 90.Jg.(1990), S.148-157; ROGERS, Cleon: Die Gabe des Zungenredens in der nachapostolischen Kirche, in: BuG, 82.Jg.(1982), S.280-288; SARLES, Ken L.: Eine theologische Beurteilung des "Wohlstandsevangeliums", in: BuG, 87.Jg.(1987), S.292-312; SCHIRRMACHER, Thomas (Hg.): Dorothea Trudel von Männedorf. Ein Beitrag zur Geschichte der Gemeinschaftsbewegung und der Krankenheilung, in: BuG, 88.Jg.(1988), S.145-167; SEIBEL, Alexander: Arnold Bittlinger und die Integration anderer Religionen, in: BuG, 90.Jg.(1990), S.192-194; ders.: Bericht von der Evangelistenkonferenz 1988 ("Heil und Heilung"), in: BuG, 89.Jg.(1989), S.220-227; ders.: Der Geist der Wahrheit und der Geist der Täuschung, in: BuG, 83.Jg(1983), S.375-385; ders.: Peter Wagner und der fromme Spiritismus, in: BuG, 90.Jg.(1990), S.75-77; THOMAS, Geoffrey: Eine Kehrtwende. Von der Auseinandersetzung eines Christen mit den charismatischen Gaben, in: BuG, 87.Jg.(1987), S.92-96; WHITCOMB, John C.jr.: Möchte Gott, daß Christen heute Wunder wirken?, in: BuG, 82.Jg.(1982), S.33-42

149   GEMEINDEGRÜNDUNG. Mitteilungen der Konferenz für Gemeindegründung, Pfullingen (=GG) - vgl. etwa: BÜHNE, Wolfgang: Kampf oder Krampf. "Befreiungsdienst" und "Geistliche Kampfführung", in: GG, 6.Jg., Okt.-Dez. 1990, Heft 24, S.15-22; MAIER, Ernst G.: Die Zeichen- und Wundergaben, in: GG, 6.Jg., Juli-Sept. 1990, S.19-27; NEIDHART, Jürgen: Zeichen und Wunder aus biblischer Sicht, in: GG, 6.Jg., Juli-Sept. 1990, S.9-18
    vgl. auch: BROADBENT, W.G./ HUBMER, Fritz: Heute noch in Zungen reden?, Bad Liebenzell 1975; HUBMER, Fritz: Zungenreden, Weissagung - umkämpfte Geistesgaben, Denkendorf b. Esslingen 1972; MAYER, Peter: Dienstgaben für Gottes Volk, Beatenberg 1975, S.69f; ders.: Zur Frage der Pfingstbewegung einst und jetzt, Beatenberg 1978; PETERS, Benedikt: Zeichen und Wunder, CH-Berneck 1983[3]; SCHWENGELER, Bruno: Verschobene Proportionen, CH-Heerbrugg 1975; SHALLIS, Ralph: Zungenreden aus biblischer Sicht, Bielefeld/ Wuppertal 1986

150   SEIBEL, Alexander: Gemeinde Jesu - endzeitlich unterwandert?, Wuppertal 1982[5]; ders.: Die sanfte Verführung der Gemeinde, Wuppertal 1989; (vgl. auch: ders.: Arnold Bittlinger und die Integration anderer Religionen, in: DIAKRISIS, 11.Jg./1990, S.21-24; ders.: C.G. Jung und sein Einfluß auf die charismatische Bewegung, in: DIAKRISIS, 7.Jg./1986, S.58-60; ders.: Passivität - Offenwerden wofür? Abgründe pseudo-charismatischer Erfahrungen, in: DIAKRISIS, 5.Jg./1984, S.22-29)
    Die Gefährdung der *Passivität als Öffnung für Fremdgeister* stellt auch das aus Erfahrungen in der Erweckungsbewegung in Wales erwachsene Buch "War on the Saints" von J. Penn-Lewis (mit insgesamt sehr differenzierten Unterscheidungskriterien) heraus (PENN-LEWIS, Jessie/ in Collaboration with ROBERTS, Evans: War on the Saints, Fort Washington 1985 - abridged edition - Reprint; deutsche Übersetzung: PENN-LEWIS, Jessie: KAMPF NICHT MIT FLEISCH UND BLUT. Eine Orientierung über das Wirken finsterer Mächte unter den Kindern Gottes und über den Weg zur Befreiung, gekürzt und neu bearb. von I.E. STUKENBROCK-STERNBERG, Widdelswehr/ Ostfriesland o.J./1966 (Früher unter dem Titel: KRIEG DEN HEILIGEN! Ein Nachschlagebuch über das Wirken betrügerischer Geister unter dem Volke Gottes und über den Weg zur Befreiung, Rotenburg/ Fulda). - J.Penn-Lewis, "die Mystikerin der Walesbewegung" (REUBER, Kurt: Mystik in der Heiligungsfrömmigkeit der Gemeinschaftsbewegung, S.4) hat sich u.a. von Mme de Guyon anregen lassen. Die differenzierte Beobachtung von Innenvorgängen zeigt sich auch in PENN-LEWIS, Jessie: Seele und Geist. Ein Blick in die Psychologie der Bibel. Mit einem Anhang: Der unsichtbare Kampf unserer Tage: "Seelen-Kraft" gegen "Geistes-Kraft", o.O./o.J. (Rotenburg/ Fulda? - nach 1923)
    Ganz in der Linie der Ausführungen von J. Penn-Lewis wendet sich auch der im evangelikalen Raum vielgelesene Chinese *Watchmann Nee* gegen ein passiv sich entleerendes Grundverhalten in Glaubensdingen und die Vermischung von Seele und Geist (NEE, Watchman: Der geistliche Christ, Bd.1-3, Heerbrugg/CH 1975-1976; ders.: Die verborgene Kraft der Seele, Heerbrugg 1976)

151   vgl.: BÜHNE, Wolfgang: Spiel mit dem Feuer, Bielefeld 1989 (Die "drei Wellen des Heiligen Geistes" - Pfingstbewegung - Charismatische Bewegung - "Power-Evangelism"); ders.: Dritte Welle... Gesunder Aufbruch?, Bielefeld 1992[2] - vgl. auch die in Bühnes Verlag erschienenen Titel von D. Hunt, die in den USA heftige Diskussionen auslösten: HUNT, Dave/ McMAHON, T.A.: Die Verführung der Christenheit, Bielefeld 1987 *(Positives Denken - "Power Evangelism" - Innere Heilung - New Age in der Gemeinde - Visualisierung - u.a.)* - (The Seduction of Christianity. Spiritual Discernment in the Last Days, Eugene/Oregon 1985 - acht Aufl. innerhalb eines Jahres!); HUNT, Dave: Rückkehr zum biblischen Christentum, Bielefeld 1988 *(Psychologie-eine Ersatzreligion? - C.G. Jung und seine "christlichen" Interpreten - Selbstwertgefühl und Erfolgsevangelium - Zeichen und Wunder - Okkultismus im christlichen Gewand)* - (Beyond Seduction, Eugene/Oregon 1987)

152   KUEN, Alfred: Die charismatische Bewegung. Versuch einer Beurteilung, Wuppertal 1976 (Der Elsässer A. Kuen, ein bekannter Bibellehrer und Autor in der französischsprachigen Welt, war Leiter einer freien biblischen Gemeinde in Straßburg und später Direktor der Bibelschule Emmaus, St.Légier-CH. Eine Reihe seiner Bücher wurden auch ins Deutsche übersetzt.)

153   vgl. a.a.O., S.29

154   vgl. a.a.O., S.30-41

155   vgl. a.a.O., S.42-44

156   vgl. a.a.O., S.44f

157   vgl. a.a.O., S.45-47

158   vgl. a.a.O., S.47-52

159   a.a.O., S.52 (zur dispensationalistischen Sicht vgl. a.a.O., S.48f.59)

Auch *M. Griffith*, der langjährige internationale Direktor der Überseeischen Missionsgemeinschaft (frühere China-Inland-Mission), kann sich mangels nicht gegebener biblisch zwingender Begründung der dispensationalistischen Sicht nicht anschließen (vgl. GRIFFITH, Michael: Mit anderen Zungen. Zur Diskussion über die Frage der Geistesgaben, Gießen/ Basel o.J. [1968/69?], S.52-54). Er sieht die ernste Gefahr, "daß extreme Dispensationalisten der Heiligen Schrift gegenüber eine Haltung einnehmen, die sich kaum von der destruktiven Bibelkritik unterscheidet, indem sie nämlich die Bibel mit ihrer speziellen Schere angreifen" (GRIFFITH, Michael: Die Kraft des Heiligen Geistes, in: PADILLA, René / Hg.: ZUKUNFTSPERSPEKTIVEN. Evangelikale nehmen Stellung: Christen aus allen Kontinenten entfalten die umfassende Sendung der christlichen Gemeinde anhand der Lausanner Verpflichtung, Wuppertal 1977, S.223-238.235f.236).

Als eine Art von Bibelkritik lehnt auch *Samuel Külling*, Gründer und Rektor der Freien Evangelisch-Theologischen Akademie Basel (FTA), die dispensationalistische Sicht ab. Er wendet sich gegen ein "Anti-Pfingst-Schema" und tritt für "die klare biblische Linie" ein, in der die Zeugnisse vom Heiligen Geist weder herausgenommen noch unterdrückt werden, die Zeit und Wirkung des Heiligen Geistes nicht beschränkt und Geistesgaben weder über- noch unterbetont werden. Von der Bibel her korrigiert er auch die pfingstlerische Geisttauflehre (vgl. KÜLLING, Samuel: Wenn jemand hinwegnimmt..., in: ders.: Wenn jemand hinwegnimmt... Geistesgaben heute, Riehen-CH 1988, S.9-19; ders.: Was beweisen die Kirchenväter?, in: a.a.O., S.61-63).

160   vgl. a.a.O., S.52-61

161   a.a.O., S.55

162   a.a.O., S.56-58.57

163   vgl. TOZER, Aiden Wilson: How to try the Spirits, in: Man the dwelling place of God, Harrisburgh 1966, S.119-132

A.W. Tozer, bekannter evangelikaler Theologe und Anliegen der Mystik aufnehmender Erbauungsschriftsteller, Mitglied der von A.B. Simpson gegründeten Christian and Missionary Alliance (Leitsatz zur Frage des Zungenredens: "Seek not - Forbid not!") fragt: Wie beeinflußt dieses Erlebnis, diese Erkenntnis **1)** meine Verbindung zu **Gott**, meine Anschauung über ihn und meine Haltung ihm gegenüber? (*Gott muß absoluter Herr und Gebieter bleiben und in allen Dingen verherrlicht werden. - Wurde die Liebe zu Gott vergrößert, die eigene Vorstellung von Gott gereinigt?*); **2)** ...meine Haltung zu **Jesus Christus**? (*Er muß im Mittelpunkt aller wahren Lehre, allen geistlichen Lebens stehen. - Ist mir Christus unersetzlicher geworden? Wurde der Blick von mir und meinen Erlebnissen und Gefühlen weg auf ihn gerichtet?*); **3)** ...mein Verhältnis zur **Heiligen Schrift**? (*Hat die Erfahrung ihren Ursprung in derselben oder ist sie menschlich-psychologischer Beeinflussung entwachsen? Wurde meine Liebe zur Schrift und ihre Wertschätzung gefördert?*); **4)** ...mein **selbstbezogenes Leben**? (*"Nichts, was von Gott kommt, wird meinem Stolz oder meiner Selbstverherrlichung dienen."*); **5)** ...mein **Verhältnis zu anderen Christen**? (*Jedes religiöse Erlebnis, das unsere Liebe zu anderen Christen nicht vertieft, kann als falsch abgetan werden!*); **6)** ...meine **Haltung gegenüber der Welt**? (*Jeder Geist, der Kompromisse mit der Welt erlaubt, ist ein falscher Geist. Jede Bewegung, die in irgendeiner ihrer Manifestationen die Welt nachahmt, verrät das Kreuz Christi.*); **7)** ...meine **Haltung der Sünde gegenüber**? (*Das Wirken der Gnade wendet von der Sünde ab und der Heiligung zu. Was den Haß gegenüber der Welt schwächt, muß als verräterisch abgetan werden*).

164   KUEN, A.: Die charismatische Bewegung, S.60f.61

165   vgl. hierzu etwa das interne "Statement on spiritual gifts" (1978) des WEC-International in: THE WECCER, No.89/August 1987 bzw. die "Stellungnahme des WEC International in Deutschland zur charismatischen Frage" (erw. Fassung des Positionspapiers von 1984 - von Volkhard

Scheunemann vom 17.4.87) oder die Policy "Charismatic Christians" des COLUMBIA Bible College & Seminary vom Nov. 1989

166   vgl. KUEN, A.: Die charismatische Bewegung, S.61-66

167   vgl. a.a.O., S.66-69

168   vgl. a.a.O., S.69-71

169   vgl. a.a.O., S.71-76

170   vgl. a.a.O., S.77-81

171   So in seiner ausführl. biblischen Studie zur Thematik "Geistestaufe" - "Geistesfülle" (KUEN, Alfred: Der Heilige Geist. Biblische Lehre und menschliche Erfahrung, Wuppertal 1987[2], S.186-192).

172   vgl. Der Heilige Geist, S.168-181.116-142 - Die evangelikale Position Kuens in Fragen von Geistestaufe, Geistesfülle und Gaben vertritt auch der international bekannte anglikanische Evangelikale John Stott (STOTT, John R.W.: Ich glaube an den Heiligen Geist. Geistestaufe-Geistesgaben-Geistesfülle, Neukirchen-Vluyn 1986; engl. Orig.: Baptism and Fullness. The work of the Holy Spirit today, Leicester 1964).

173   PACKER, James I.: Auf den Spuren des Heiligen Geistes. Im Spannungsfeld zwischen Orthodoxie und Charismatik, Gießen/Basel 1989 (= Keep in Step with the Spirit, Old Tappan/NJ 1984)
Packer ist ein im evangelikalen Bereich weltweit respektierter Theologe und Redner auf großen evangelikalen Konferenzen. So hielt er z.B. auf dem II. Lausanner Kongreß für Weltevangelisation in Manila 1989 eines der Hauptreferate (vgl. PACKER, James I.: Das Werk des Heiligen Geistes - Überwindung und Bekehrung, in: MARQUARDT, H./ PARZANY, U./ Hg.: Evangelisation mit Leidenschaft, S.180-188).

174   vgl. Auf den Spuren des Heiligen Geistes, S.13-51.53-91

175   vgl. a.a.O., S.93-171

176   vgl. a.a.O., S.175f

177   a.a.O., S.176

178   vgl. a.a.O., S.179-185

179   vgl. a.a.O., S.185-188.188

180   vgl. a.a.O., S.188

181   vgl. a.a.O., S.190-196

182   vgl. a.a.O., S.196-202

183   a.a.O., S.203-205.205

184   vgl. a.a.O., S.207-245

185   vgl. a.a.O., S.207f

186   vgl. a.a.O., S.210-214

187   vgl. a.a.O., S.215-219

188   vgl. a.a.O., S.217-219

189   vgl. a.a.O., S.222-226

190   vgl. a.a.O., S.226-228

191   vgl. a.a.O., S.226-233.231f

192   vgl. a.a.O., S.235-238.235f

193   vgl. a.a.O., S.237

194   a.a.O., S.238

195   a.a.O., S.239f.239

196   a.a.O., S.234

197   vgl. a.a.O., S.239f

198   a.a.O., S.240f.240

199   vgl. a.a.O., S.241f

200   vgl. a.a.O., S.239

201   vgl. a.a.O., S.243f

202   vgl. a.a.O., S.240

203   vgl. a.a.O., S.260f

204   vgl. a.a.O., S.254-272

205   EVANGELIUM UND GEIST. Eine gemeinsame Erklärung, in: ORIENTIERUNGEN UND BERICHTE der EZW, Nr.9, IV/80, S.3-14 (GOSPEL AND SPIRIT. A joint statement prepared and agreed by a group nominated by the Fountain Trust and the Church of England Evanglical Council, Abingdon 1977; = dass., in: EVANGELICAL REVIEW OF THEOLOGY, Issue No.1/Oct.1977, S.125-138)

206   EVANGELIUM UND GEIST, in: a.a.O., S.3

207   vgl. REIMER, Hans-Diether: "Pfingstliche" Erweckung in Deutschland. Erwägungen zu einem unbewältigten Problem, in: ORIENTIERUNGEN UND BERICHTE der EZW, Nr.9, IV/80, S.15-21

208   vgl. HEILIGER GEIST UND GABEN. Ergebnisbericht theologischer Gespräche, in: IDEA-Dokumentation 1/92: PIETISTEN, CHARISMATIKER, PFINGSTLER, S.38-42

209   vgl. REIMER, Hans-Diether: AGGA - ein Programm und ein Netzwerk, in: EZW-Material-dienst, 2/88, S.54-59

210   vgl. PIETISTEN, CHARISMATIKER, PFINGSTLER, IDEA-Dokumentation Nr. 1/92, S.3-9

211   vgl. BUCHHOLZ, Meiken: Die Rolle der pfingstlerisch-charismatischen Evangelikalen in der Lausanner Bewegung, in: DIAKRISIS, 11.Jg., 1(1990), S.13-16

212   vgl.: HILLE, Rolf: Was die Evangelikalen eint: Evangelisation, in: IDEA, Nr.68/89, S.III-V; PARZANY, Ulrich: Verkündigt Christus bis er kommt, in: SCHRITTE 9/89, S.15f.25f.16; TESCHNER, Klaus: Bericht über Schwerpunkte, Schwachpunkte und Zielpunkte des 2. Kongresses für Welt-Evangelisation, IDEA-Dokumentation, Nr.22/89, S.2-21.12.18f (= dass. in: MARQUARDT H./ PARZANY, U./ Hg.: EVANGELISATION MIT LEIDENSCHAFT, S.11-34.30-32

213   vgl. FORD, Leighton: Stellungnahme zur charismatischen Frage am 14. Juli 1989, in: EVAN-GELISATION MIT LEIDENSCHAFT, S.311-313 (vgl. auch IDEA, Nr. 65/89 vom 17.Juli, S.3f)

214   vgl. Das Manifest von Manila (1989), in: EVANGELISATION MIT LEIDENSCHAFT, S.329-349.338 (= Das Manifest von Manila. Die Schlußerklärung des 2. Internationalen Missionskongresses des Lausanner Komitees für Weltevangelisation vom 11. bis 20. Juli 1989 in Manila, IDEA-Dokumentation, Nr. 18/89, S.5-15.10)

215   Zu den Schwachpunkten des Kongresses in Manila rechnet Klaus Teschner, daß man sich nicht um eine theologische Klärung der Unterschiede in der "charismatischen Frage" bemühte (Resümee eines Teilnehmers: "Wir sind uns in der Liebe, aber nicht in der Sache nähergekommen"), die nicht lediglich in der Unterschiedlichkeit des Stils bestehen (vgl. TESCHNER, Klaus: in: EVANGELISATION MIT LEIDENSCHAFT, S.30f).
   Teschner fragt u.a. zurück, was "Fülle und Leidenschaft für Fülle?"(J. Hayford) oder die Aufforderung zum Gebet "um eine solche Visitation des souveränen Geistes Gottes, daß seine ganze *Frucht* in seinem ganzen Volk erscheinen und alle seine *Gaben* den Leib bereichern mögen" eigentlich heiße. - "Beruht die Zurückhaltung der nichtcharismatischen Evangelikalen auf ihrer Angst vor dem ersten Sprung ins Wasser?, wie J. Hayford vermutet, oder gibt es theologisch begründete Furcht vor dem Unberechenbaren, vor einem Spiel mit dem Wirken des Heiligen Geistes?" (Teschner kann aufgrund des beobachteten Weggangs vieler Delegierter aus der 2/3-Welt von der umstrittenen charismatischen Abendandacht die charismatische Frage nicht mehr als spezifisches Problem deutscher Theologie sehen. - ÄhnlichU.Parzany, in: SCHRITTE, 9/89, S.25). "Ist Verkündigung durch Wort, Tat und Zeichen (word and deed and sign) die neue von allen akzeptierte Formel der Lausanner Bewegung?" - "Hoffnung auf Heilung und Segen des Leidens - wie verhalten sich beide zueinander?" (Teschner konnte bei Yonggi Cho, der in einem Seminar berichtete, daß 30% auf Gebet hin geheilt würden, nicht erkennen, wie seine Seelsorge und Theologie auf die anderen 70% einzugehen gedachte) (TESCHNER, Kl.: in: ebd.).
   Die unterschiedlichen Anliegen (*pragmatisches Miteinander - theologische Klarheit*) waren schon im Vorfeld des Kongresses deutlich geworden (vgl.: BERNEBURG, Erhard: Auf dem Weg nach Manila, in: Lausanner Informationen, Nr.1/89, S.3-7; IM GESPRÄCH, in: Lausanner Informationen, Nr.2/89, S.1-3 - Hier brachte Horst Marquardt, Leiter des deutschen Zweigs der Lausanner Bewegung, das Bild von zwei Schienen auf dem Weg zur Wiederkunft Christi, der evangelikalen und der charismatischen, ins Gespräch).
   Anstöße zu einem besseren Verständnis und Miteinander gibt R. Werner im Sammelband des Kongresses. Die von ihm angesprochenen Themen und Felder wären wohl auch in gemeinsamen Gesprächen aufzugreifen (vgl. WERNER, Roland: Einführung, in: EVANGELISATION MIT LEIDENSCHAFT, S.176-82).
   S. Liebschner, Dozent am Theologischen Seminar der Evangelisch Freikirchlichen Gemeinden erhofft sich von Lausanne II, daß der unübersehbare Tatbestand, daß die weltweite Evangelikale Bewegung nichtpfingstliche/charismatische und pfingstlich/ charismatische Evangelikale unter einem Dach hat, die deutschen Evangelikalen ein Stück weiter vorangebracht hat, "die Frage nach dem Heiligen Geist nicht zuerst aus dem Blickwinkel möglicher Gefahren, sondern aus der Perspektive biblischer Verheißung - und aus der eigenen Armut zu betrachten" (PUNKT 9/89, Themaheft: "Lausanne II in Manila", S.17).

216   vgl. MARQUARDT, Horst: Das Gemeinsame erkennen. Zum Miteinander von Pietisten und Charismatikern, in: IDEA-Spektrum, Nr.18/92, S.22 (= dass.: in: ANTENNE. Programmzeitschrift des Evangeliums-Rundfunks Wetzlar, September 1992, S.38)

217   ebd.

218   vgl. DIE "GEISTER" UNTERSCHEIDEN. Die Evangelische Allianz und die charismatische Bewegung, in: MÖGLICHKEITEN, GRENZEN UND SCHWIERIGKEITEN IN DER ZUSAMMENARBEIT ZWISCHEN DER EVANGELIKALEN UND CHARISMATISCHEN BEWEGUNG IN DEUTSCHLAND, IDEA-Dokumentation, Nr. 1/93, S.48

219   Im Rahmen der Evangelischen Allianz wird den einzelnen Gruppen und Gemeinden in ihrem Bereich das ungeschmälerte Recht eingeräumt, spezifische Formen des geistlichen Lebens zu praktizieren, ihrer theologischen Einsicht entsprechend zu leben und zu lehren, sofern dies nicht der Heiligen Schrift widerspricht. Im Miteinander aber dürfen bestimmte dogmatische Aussagen oder eigene geistliche Erkenntnisse nicht höher bewertet werden als das gemeinsame Bekenntnis zu Jesus Christus. Sie dürfen nicht werbend vertreten, geschweige denn zum Maßstab der Beurteilung der Brüder und Schwestern gemacht werden.

220 vgl. GASSMANN, Günther/ MEYER, Harding/ ANSONS, Gunnar J. (Hg.): Neue transkonfessionelle Bewegung. Dokumente aus der aktionszentrierten und der charismatischen Bewegung, Ökumenische Dokumentationen III, Frankfurt/M. 1976, S.7

221 vgl. a.a.O., S.29-35

222 vgl. a.a.O., S.37f

223 vgl. a.a.O., S.40-43

224 vgl. CHARISMATISCHE ERNEUERUNG UND KIRCHE. Im Auftrag der Theologischen Studienabteilung der Evangelischen Kirchen in der DDR hg. von KIRCHNER, Hubert/ PLANER-FRIEDRICH, Götz/ SENS, Matthias/ ZIEMER, Christof, Neukirchen-Vluyn 1984, S.95-104.182-191
Für eine dialogische Pluralität zwischen Kirche und CE hatte sich am 13. März 1980 auch Bischof Dr. Dr. Werner Krusche in einem Wort an die Synode der Kirchenprovinz Sachsen ausgesprochen. Darin nennt er als sein großes Anliegen, daß in der Kirche die "Grundeinstellung der Erwartung gegenwärtiger Wirkungen des Heiligen Geistes", wie sie in den Gruppen der CE zu finden ist, in der Kirche Raum gewinnen und als Auftrieb und Antrieb in ihr wirksam werden möchte (Stellungnahme, in: REIMER, Hans-Diether: Wenn der Geist in der Kirche wirken will. Ein Vierteljahrhundert charismatische Bewegung, Stuttgart 1987, S.117-123.118). Er sieht die CB weder als Vorbild ("Ich muß nicht so werden, wie sie dort sind") noch als Vorwurf ("Ich muß mir... nicht dauernd vorhalten: das hast du alles nicht"), sondern als einen Vorstoß des Geistes, der ihn zum Aufmerken nötigt und vor bestimmte Anfragen stellt, denen er standhalten will. Innerhalb der Kirche könnten die charismatischen Gruppen weder in einer "beziehungslosen Toleranz" noch in einer "profilverwischenden Integration" das werden, wozu Gott sie haben möchte. Sie sollten ihren Platz inmitten der Kirche finden und finden können. Das sei aber nur möglich, wenn sie und die anders geprägten Gruppen aus ihrer Isolierung gegeneinander herauskommen und in ein dialogisches Verhältnis zueinander eintreten würden. Krusche stellt dann an alle, die, wie er selbst, nicht zur CB gehören, eine Reihe von Anfragen (Beschränkung des Geisteswirkens auf Vorgänge des Erinnerns und Erkennens? Ausblenden der Wundermacht? Dürre durch Vernächlässigung verbindlicher geistlicher Vollzüge? Zu schnelles Hantieren mit dem Vorwurf der Schwärmerei? Will der Heilige Geist durch freies außerordentliches Wirken in einigen Gruppen vielleicht der ganzen Kirche aus weltbildlichen u.a. Engführungen helfen? Positive Bedeutung des Arkanums von Gruppen?). Umgekehrt stellt er auch kritische Rückfragen an die CB und ihre Frömmigkeit (Überbewertung des Außerordentlichen? Geringschätzung der Treue im Kleinen? Geisteswirken nur in Kraftwirkungen? Wie steht es mit Erfahrungen der Schwachheit? Wie mit der Klage? Gefahr der Gesetzlichkeit? Überschätzung bestimmter Gaben?). Insgesamt wünscht er sich, daß man diesen Fragen standhalten und daß es darüber "zum Abbau von Vorurteilen, zum Aufmerken auf spezifische Gefährdungen und zu Korrekturen" kommen möge. "Dadurch würden Begegnungen möglich und fruchtbar und schließlich auch Formen der Zusammenarbeit gefunden werden, in denen das, was Gott der charismatischen Bewegung geschenkt hat, als lebendiger Impuls für die ganze Kirche wirksam werden könnte. Es hieße, den Kairos - die von Gott jetzt gegebene, so nicht wiederkehrende Chance - schuldhaft verstreichen zu lassen, wenn es nicht zu diesem dialogischen Umgang miteinander käme" (in: a.a.O., S.123).
Zum *Modell der dialogischen Pluralität* vgl. auch HOERSCHELMANN, Werner: Kann die Charismatische Bewegung Teil unserer Volkskirche sein?, in: DOKUMENTE ZUR CHARISMATISCHEN BEWEGUNG, ORIENTIERUNGEN UND BERICHTE, Nr.14, VI/87, S.38-44

225 vgl. CHARISMATISCHE ERNEUERUNG UND KIRCHE, S.175f

226 vgl. a.a.O., S.176-178

227 vgl. a.a.O., S.178-180

228 a.a.O., S.180f.180

229 ebd.

230 STELLUNGNAHME DER BISCHOFSKONFERENZ, in: MOHAUPT, Lutz (Hg.): MODELLE GELEBTEN GLAUBENS. Gespräche der Lutherischen Bischofskonferenz über Kommunitäten und charismatische Bewegungen, Zur Sache Heft 10, Hamburg 1976, S.142-144.142

231 a.a.O., S.143

232 Erklärung der Lutherischen Bischofskonferenz zur Erneuerung der Kirche durch den Heiligen Geist, März 1988, abgedr. in: ERNEUERUNG IN KIRCHE UND GESELLSCHAFT, III/1988, S.35f (= dass. in: HELLMUND, Dietrich/ Hg.: Die Geistliche Gemeindeerneuerung (GGE) in der evangelischen Kirche. Erarb. im "Ausschuß für Weltanschauungsfragen" der Kirchenleitung der Nordelbischen Ev.-Luth. Kirche, Hamburg 1989, S.37-39)

233 in: a.a.O., S.35

234 in: a.a.O., S.36

235 ebd.

236 SORG, Theo: "CHARISMATISCHE GRUPPEN" IN UNSERER KIRCHE. Ein Wort zum Pfingstfest 1990, in: Theologische Beiträge, 21.Jg.(1990), S.159-166 (= dass. in: Evangelisches Gemeindeblatt für Württemberg, 85.Jg./Nr.22, 3.Juni 1990, S.10-13)

237 vgl. in: a.a.O., S.160

238 vgl. in: a.a.O., S.160f

239 vgl. in: a.a.O., S.160-162

240 vgl. in: a.a.O., S.162

241 vgl. in: a.a.O., S.163f

242 in: a.a.O., S.164

243 in: a.a.O., S.165

244 ebd.

245 vgl. in: a.a.O., S.165f

246 vgl. REIMER, H.-D.: Wenn der Geist in der Kirche wirken will, S.95f.96

247 vgl. REIMER, H.-D.: Wenn der Geist in der Kirche wirken will, S.96f; REIMER, Hans-Diether: Unterscheidung, in: MATERIALDIENST DER EZW, Heft 5, 23.Jg.(1990), S.113-127.119f

248 REIMER, H.-D.: Wenn der Geist in der Kirche wirken will, S.96

249 vgl. Unterscheidung, in: a.a.O., S.119

250 vgl. Wenn der Geist in der Kirche wirken will, S.97

251 vgl. a.a.O., S.99

252 vgl. a.a.O., S.100-105

253 a.a.O., S.105 - Zu *Vorwürfen gegen die CB/CE* vgl. auch REIMER, H.-D.: Unterscheidung, in: a.a.O., S.120-127 (Reimer weist neben der Anerkennung berechtigter Kritik aber auch zu Unrecht erhobene Vorwürfe zurück - vgl. hierzu auch REIMER, Hans-Diether: Neue Frömmigkeit in den Kirchen und ihr Verhältnis zur New Age-Bewegung, in: HEMMINGER, Hansjörg/ Hg.: Die Rückkehr der Zauberer. New Age - Eine Kritik, Reinbek bei Hamburg 1987, S.223-256)
    Im Blick auf den *Heilungsdienst* stimmt Reimer Grenzmarkierungen zu, wonach Glaubens- bzw. Lehraussagen unfertig, ja "häretisch" sind, die den Eindruck erwecken, "- als sei jede 'übernatürliche' Erscheinung schon Ausdruck oder Wirkung des Heiligen Geistes...; - als sei die Kraft des Heilens irgend jemandem zur Hand, entweder im Sinne einer Begabung oder Bevollmächtigung... oder aber im Sinne einer Zusage, die zu beanspruchen bzw. zu aktivieren ein Recht jedes Christen sei..." [Instrumentalisierung des Geistes; Über-ihn-verfügen-Wollen; Bestreitung seiner Souveränität];

"- als könnten - ja müßten - 'Zeichen und Wunder' von jedem wirklich Glaubenden vollbracht werden..." [Überbetonung der Heilung und anderer Machttaten gegenüber weiteren Gaben und Früchten des Geistes; Verwandlung der Gnadengabe in ein Soll oder anzustrebendes Ziel; neue Gesetzlichkeit bzw. Klassenunterschiede unter Christen resp. Evangelisten]; "- als sei es Gottes ausgemachter Wille, einen jeden Menschen körperlich zu heilen oder gar 'jetzt' zu heilen. Eine solche Heilungstheologie, die zwischen Heil und Heilung nicht zu unterscheiden vermag, hätte vor allem in seelsorgerlicher Hinsicht katastrophale Folgen, indem ein Erwartungsdruck erzeugt wird, der nicht eingelöst werden kann" (Wenn der Geist in der Kirche wirken will, S.115f).

254   vgl. REIMER, Hans-Diether/ EGGENBERGER, Oswald: ...neben den Kirchen, Gemeinschaften, die ihren Glauben auf besondere Weise leben wollen, Bibel-Kirche-Gemeinde Bd.12, Konstanz 1979, S.124-175.135-139

Als Psychotherapeut wandte sich Alfred Lechler, langjähriger Leiter der christlichen Klinik "Hohemark"/Oberursel aufgrund einer kritischen Analyse der Berichte über die exorzistische "Selbstentlarvung von Zungengeistern" gegen die u.a. darauf gründende Abwertung der PB als im Ursprung dämonisch (LECHLER, Alfred: Zum Kampf gegen die Pfingstbewegung, Witten 1964; zu allgemeinen Grundlinien der "UdG" vgl. sein Büchlein LECHLER, Alfred: Die Prüfung der Geister, Witten 1960). - W. Hollenweger greift in seinem psychologisch-soziologischen Ansatz der Betrachtung der PB und ihrer Anfänge u.a. auch auf Lechlers "Zum Kampf gegen die Pfingstbewegung" zurück, um - so seine Einschätzung - die "Legende vom dämonischen Ursprung" der PB zu entmythologisieren (vgl. HOLLENWEGER, Walter J.: Enthusiastisches Christentum, S.201-215.25.264).

255   vgl. REIMER, Hans-Diether: "Pfingstliche" Erweckung in Deutschland. Erwägungen zu einem unbewältigten Problem, in: MATERIALDIENST der EZW, Nr.2/1980, S.36-45.45

256   vgl. HORTON, Harold: Die Gaben des Geistes, Erzhausen 1968, S.25ff.35ff

257   HORTON, H.: Die Gaben des Geistes, S.27

258   a.a.O., S.37

259   a.a.O., S.35f

260   vgl. a.a.O., S.91-104

261   a.a.O., S.92

262   vgl. a.a.O., S.92-96.96

263   vgl. a.a.O., S.96

264   vgl. a.a.O., S.97-102 -   Daß die Gabe der UdG wesentlich auf das negative Wirken von Dämonen bezogen ist, bestreitet **Kenneth E. Hagin**, ein Hauptvertreter der "Wort des Glaubens"-Bewegung. In seinen Ausführungen zu den Charismen, die er in klassisch pfingstlerischer Weise von der Geistaufe und dem Zungenreden als Eingangszeichen her angeht, folgt er derselben Dreiteilung wie Horton. Im Unterschied zu diesem deutet er Unterscheidung als "Sehen", als ein *Hineinsehen in den Bereich des Geistes* allgemein. "So kann die UdG ein klares Sehen der Gestalt Gottes, ein klares Erkennen des auferstandenen Christus oder eine deutliche Wahrnehmung des Heiligen Geistes sein... Durch diese Gabe können auch Cherubim, Seraphim, Erzengel oder Heerscharen der Engel deutlich gesehen werden, ebenso wie auch Satan und seine Legionen erkannt werden. Auch der menschliche Geist kann unterschieden werden, sei es bezüglich guter oder böser Motive oder einer guten oder bösen Kraft, die hinter einem Geschehen oder einer Situation steht" (HAGIN, Kenneth E.: Der Heilige Geist und seine Gaben. Ein Studienkurs, Feldkirchen/ München 1987², S.95)

265   GEE, Donald: Über die geistlichen Gaben. Eine Reihe von Bibelstudien, 3.verb. und erw. Aufl. nach der Übers. von STEINER, Leonhard bearb. von MEIER, Johann Justus, Vaihingen/Enz o.J. /1951, S.22

266   vgl. a.a.O., S.43-47.43f

267   vgl. ZOPFI, Jakob: ...auf alles Fleisch. Geschichte und Auftrag der Pfingstbewegung, CH-Kreuzlingen 1985, S.98ff

268   ZOPFI, Jakob: Schwarmgeist?, CH-Baden 1976

269   vgl. a.a.O., S.14f

270   vgl. a.a.O., S.15-20

271   vgl. a.a.O., S.28-35.34

272   vgl. a.a.O., S.35-49 (vgl. auch ders.: ...auf alles Fleisch, S.104-107)

273   vgl. a.a.O., S.51-57.56

274   vgl. a.a.O., S.57-64

275   vgl. a.a.O., S.64-71

276   vgl. a.a.O., S.72f

277   vgl. a.a.O., S.73-75

278   vgl. ULONSKA, Reinhold: Geistesgaben in Lehre und Praxis. Der Umgang mit den Charismen des Heiligen Geistes, Erzhausen 1985[2], S.13-22

279   a.a.O., S.13

280   a.a.O., S.21f -   "Die Geistestaufe kann sehr wohl von der Heilserfahrung unterschieden, aber nicht von ihr geschieden werden. Sie ist keine abgekoppelte Erfahrung, sondern sie ist die Folge der Heilserfahrung. Sie kann nur dort erfahren werden, wo man von neuem geboren ist und um Vergebung der Sünden durch das Blut Jesu weiß. - Es geht aber nicht an, daß man einen Heiligungsstand zur Basis für den Empfang der Geistestaufe macht, denn dann wäre sie keine Gnadenerfahrung. Deswegen ist aber auch für uns der Geistgetaufte nie ein Christ höherer Klasse. Die Geistestaufe ist kein Rangabzeichen oder Orden, sondern eine Ausrüstung zum Dienst. Auch der geistgetaufte Charismatiker kann als Mensch unangenehm auffallen. Er bedarf der Korrektur. Auch er muß der Heiligung nachjagen. Die Erfahrung heiligt ihn nicht, sondern drängt ihn zur Heiligung... Für den Stand in Christus sind nicht die Gaben der Prüfstein, sondern die Frucht. - Für unser Heil ist einzig und allein die Tatsache ausschlaggebend, daß Jesus Christus durch den Glauben in unseren Herzen wohnt und Sein Blut uns von unseren Sünden gewaschen hat. Die Gaben und die Kraftwirkungen sind Hilfen zum Bau der Gemeinde. Alle Geisteserfahrungen aber sind Gnadenerfahrungen unter dem Kreuz... - Ich weiß, daß es leider auch unter Pfingstgläubigen einige gibt, die dies falsch sehen. Ihre Geisteserfahrungen mißbrauchen sie, um sich selber auf ein höheres Podest zu stellen... Schuld an dieser Haltung ist aber nicht die Erfahrung, sondern der Wandel im Fleisch, das heißt der Man- gel an Heiligung" (a.a.O., S.20f).

281   vgl. a.a.O., S.23-29.23.26f

282   vgl. a.a.O., S.29

283   vgl. a.a.O., S.137-141

284   vgl. a.a.O., S.142-146

285   vgl. a.a.O., S.147-151

286   vgl. a.a.O., S.152-162.157f

287   vgl. a.a.O., S.85-103

288   vgl. a.a.O., S.99ff

289 a.a.O., S.99f

290 a.a.O., S.101

291 a.a.O., S.102

292 vgl. a.a.O., S.93f

293 vgl. a.a.O., S.104-117.104

294 a.a.O., S.106

295 a.a.O., S.107

296 ebd.

297 vgl. a.a.O., S.110-112

298 a.a.O., S.109

299 vgl. a.a.O., S.77-84.83

300 CHRISTENSON, Larry: Komm Heiliger Geist. Informationen, Leitlinien, Perspektiven zur Geistlichen Gemeindeerneuerung, Metzingen/ Neukirchen-Vluyn 1989, S.20 (amerikan. Original: CHRISTENSON, Larry /Hg.: Welcome Holy Spirit. A Study of Charismatic Renewal in the Church, Minneapolis 1987)
In den *"Würzburger Richtlinien"* heißt es: "1. Die Charismatische Gemeinde-Erneuerung ist eine geistliche Erweckungsbewegung innerhalb der Kirche. - 2. Sie sieht sich im Schnittpunkt vieler Linien theologischer und spiritueller Impulse in der gegenwärtigen Christenheit... - 3. In der Charismatischen Erneuerung machen Menschen Erfahrungen des gegenwärtigen Wirkens des Heiligen Geistes. Diese Erfahrungen werden im Lichte der kirchlichen Lehre und der theologischen Reflexion durchdacht und artikuliert" (THEOLOGISCHE LEITLINIEN der Charismatischen Gemeinde-Erneuerung in der Evangelischen Kirche - 1976, in: NEUE TRANSKONFESSIONELLE BEWEGUNGEN, S.184-186.184).

301 vgl. Komm Heiliger Geist, S.21f

302 a.a.O., S.23 (Hervorhebung OF)

303 a.a.O., S.25

304 a.a.O., S.26

305 a.a.O., S.29

306 vgl. a.a.O., S.27-30.30

307 vgl. a.a.O., S.46-101

308 vgl. a.a.O., S.68-73

309 a.a.O., S.70f

310 vgl. a.a.O., S.72f

311 a.a.O., S.53f.74-77.76

312 a.a.O., S.81-84.82

313 a.a.O., S.84

314 vgl. ebd.

W.Kopfermann schrieb in der "Zwischenbilanz" u.a.: "3. Die CGE. *interpretiert neue geistliche Erfahrungen* von den vorgegebenen Lehrüberlieferungen her. Sie lehnt es ab, mit neuen spirituellen Erfahrungen auch neue, etwa pentekostale, Interpretationsschemata zu übernehmen. - 4. Insbesondere *übernimmt* die CGE *nicht* die mit der Bezeugung gewisser Charismen häufig verbundenen *Stufentheorien...*" (KOPFERMANN, Wolfram: Charismatische Gemeinde-Erneuerung. Eine Zwischenbilanz, Charisma und Kirche Heft 7/8, Hochheim 1983[2] , S.24).

315 vgl. a.a.O., S.85-101

316 vgl. a.a.O., S.102-133

317 Kritisch und von der klassischen lutherischen Akzentuierung der Rechtfertigung, von Gesetz und Evangelium, der Theologie des Kreuzes, von Wort-Glaube-Erfahrung und der Ekklesiologie her eher ablehnend beurteilt Carter Lindberg den lutherischen Zweig der CE (vgl. LINDBERG, Carter: Charismatische Erneuerungsbewegungen und lutherische Tradition, Lutherischer Weltbund Report Nr.21, Stuttgart 1985; ders.: The Third Reformation. Charismatic Movements and the Lutheran Tradition, Macon/Georgia 1983). - Auf der Herbsttagung 1989 der Luther-Akademie Ratzeburg nahm O.J. Jensen zu den charismatischen Bewegungen aus norwegischer Sicht Stellung. Auch er bestreitet die Übereinstimmung mit lutherischer Theologie (JENSEN, Oddvar Johan: Die charismatischen Erneuerungsbewegungen. Ihre Ziele und unsere Beurteilung aus norwegischer Sicht, in: DER HEILIGE GEIST IM VERSTÄNDNIS LUTHERS UND DER LUTHERISCHEN THEOLOGIE, Veröffentlichungen der Luther-Akademie Ratzeburg Bd.17, Erlangen 1990, S.105-118).

318 vgl. Komm Heiliger Geist, S.103-120

319 vgl. a.a.O., S.121-133

320 vgl. a.a.O., S.134-210

321 vgl. a.a.O., S.132f.178-184 -   Nach dem Verständnis der Verfasser von "KOMM HEILIGER GEIST" kann charismatische Theologie nur eine "Kreuzestheologie" sein, "weil Charismatiker von Gott ein garantiertes, jederzeit verfüg- und nutzbares Privateigentum an einem charismatischen 'Kraftwerk' erhalten. Sie leben nie in selbstgewisser Sicherheit, sondern bleiben stets die Armen, die Jesus in der Bergpredigt selig preist. Sie haben nichts als Auftrag und Verheißung; das unterscheidet Charismatiker 'in Christus' von Okkultisten und Magiern, die über Methoden, Formeln und Rituale verfügen. Jeder Schritt im charismatischen Dienst Jesu setzt das Sterben von Röm 6 fort, verlangt den Glauben, daß der Heilige Geist am Kreuz Tote lebendig zu machen vermag. Allerdings erfahren Christen Jesus in dieser Situation als den Treuen, der die Kraft hat, neues Leben zu schaffen - wie und wann er will, in erwarteter oder unerwarteter Gestalt" (Komm Heiliger Geist, S..227f).

322 vgl. a.a.O., S.211-327.227-266

323 vgl. a.a.O., S.228-236

324 vgl. a.a.O., S.267-327

325 In früheren Veröffentlichungen hat Wolfram Kopfermann, vor seinem Kirchenaustritt langjähriger Leiter des Koordinierungsausschusses der Charismatischen bzw. Geistlichen Gemeinde-Erneuerung in der evangelischen Kirche, ähnliche Aspekte hervorgehoben. Als neutestamentliche Kennzeichen charismatischer Kirche arbeitet er heraus: 1) Sie ist eine gewisse Kirche; 2) - eine bekennende Kirche (Zeugnis/parrhesia); 3) - eine hörende Kirche (Prophetie); 4) - eine betende Kirche (Priorität des Gebets/ Sprachengebet); 5) - eine Kirche geistlicher Laien; 6) - eine heilende Kirche (Erwartung und Erfahrung von Krankenheilung als urchristlicher Regelfall) (vgl.: KOPFERMANN, Wolfram: Charisma und Kirche, in: MÜHLEN, H./ Hg.: Geistesgaben heute, Mainz 1982, S.12-32.16-23; ders.: Charismatische Gemeinde-Erneuerung. Eine Zwischenbilanz, 33-40).

326 vgl.: REIMER, H.-D.: Wenn der Geist in der Kirche wirken will, S.26ff; FAILING, Wolf-Eckart: Neue Charismatische Bewegungen in den Landeskirchen, in: HOLLENWEGER, Walter J. (Hg.): Die Pfingstkirchen, Stuttgart 1971, S.131-145.133-138 - BITTLINGER, Arnold: Disziplinierte Charismen?, in: DtPfrBl, 1963, S.333f; ders.: Charisma und Amt, Calwer Hefte 85, Stuttgart 1967; ders.: Gemeinde ist anders. Verwirklichung neutestamentlicher Gemeindeordnung innerhalb der Volkskirche, Calwer Hefte 79, Stuttgart 1966; ders.: Glossolalia. Wert und Problematik des Spra-

chenredens, Craheim 1969; ders.: ...und sie beten in anderen Sprachen. Charismatische Bewegung und Glossolalie, Charisma und Kirche: Heft 2, Hochheim 1972/1983[5]; ders.: Charismatische Erneuerung - eine Chance für die Gemeinde?, Charisma und Kirche: Heft 6, Hochheim 1979
Inzwischen hat sich Bittlinger von den bibelbezogenen volksmissionarischen Anfängen entfernt zu einem von der Tiefenpsychologie C.G. Jungs geprägten synkretisierenden Religions- bzw. Geistverständnis. Das Interesse an der Elebnis- und Erfahrungsdimension der charismatischen Frömmigkeit bzw. an "ganzheitlicher" Religiosität hat offensichtlich den Vorrang vor der Bibelorientierung gewonnen (vgl.: BITTLINGER, Arnold: A "Charismatic" Approach to the Theme, in: THE ECUMENICAL REVIEW, Vol.42/No.2/April 1990 S.107-113; ders.: Schamanismus im Lichte der Bibel und der Psychotherapie, Metanoia. Schriftenreihe der Ökumenischen Akademie in Nidelbad-CH - Heft 5, 1986; ders.: Das Vaterunser. Erlebt im Licht von Tiefenpsychologie und Chakrenmeditation, München 1990).
In seinem Verständnis von Glossolalie und anderen transrationalen Phänomenen hat Bittlinger sich stark durch den von C.G. Jung herkommenden Amerikaner Morton Kelsey anregen lassen. Wie alle charismatischen Phänomene geht dieser auch die Frage der "UdG" tiefenpsychologisch an, was im wesentlichen darauf hinausläuft, auch als theologisch legitim zu betrachten, was nicht destruktiv und menschlich hilfreich ist (vgl. KELSEY, Morton: Discernment. A Study in Ecstasy and Evil, New York/ Ramsay/ Toronto 1978).

327 BITTLINGER, Arnold: Im Kraftfeld des Heiligen Geistes. Gnadengaben und Dienstordnungen im Neuen Testament, Marburg 1976[5], S.11

328 a.a.O., S.84f.86

329 in: NEUE TRANSKONFESSIONELLE BEWEGUNGEN, S.184f

330 KOPFERMANN, W.: Charisma und Kirche, in: a.a.O., S.13; ders.: Charismatische Gemeinde-Erneuerung. Eine Zwischenbilanz, S.12

331 Charisma und Kirche, in: a.a.O., S.14; Charismatische Gemeinde-Erneuerung. Eine Zwischenbilanz, S.13

332 vgl. ebd. - Durch die programmatische Funktionalisierung des "Übernatürlichen" im "Power Evangelism" hat das Moment des Transrationalen bzw. Paranormalen auch in der innerkirchlichen CB/CE eine verstärkte Betoung erfahren (vgl. etwa: KRAFT, Charles H.: Abschied vom aufgeklärten Christen- tum. Von der Natürlichkeit des Übernatürlichen, Lörrach 1991; SMEDES, Lewis B./Hg.:: Ministry and the Miraculous. A case study at Fuller Theological Seminary, Pasadena 1987)

333 TOASPERN, Paul: Leben in den Gaben des Geistes - Geschenk und Aufgabe. Biblische Aussagen und Gegenwartserfahrungen, in: FUNDAMENTUM. Zeitschrift der Freien Evangelisch-Theologischen Akademie Basel (FETA), Heft 2(1982), S.31-50.35f
Weitere Äußerungen zur Thematik: TOASPERN, P.: Leben im Heiligen Geist und in den Gnadengaben. Wie Gott uns beschenkt und worauf wir besonders achten müssen, Innerkirchliches Rundschreiben, Berlin 11.8.1978; ders.: Was ist die "geistliche Gemeindeerneuerung"? Innerkirchliches Rundschreiben, Berlin Sept.1981 (=dass.: in: IDEA- Dokumentation 26/82, S.10-14); ders.: Wesen und Geschehen der Prophetie. Aussagen und Fragen des prophetischen Wirkens im Neuen Testament und in der Gegenwart, Vortrag 26.Juli 1986 in Birmingham, Innerkirchliches Rundschreiben, Berlin 1987; ders.: Unterscheidung der Geister. Leben im Heiligen Geist und in den Gaben - eine Arbeitshilfe zur Gewinnung von Maßstäben, Innerkirchliches Rundschreiben, Berlin Ostern 1982

334 Im Blick auf die Glossolalie konkretisiert Toaspern diese Leitlinie: "Zu wehren ist einem Dramatisieren, Herausstellen und Überbewerten der Zungenrede. Es geht im Heilswerk Gottes in seiner Zielsetzung nicht um eine neue Zungenbewegung, sondern darum, 'daß alle Menschen gerettet werden und sie zur Erkenntnis der Wahrheit kommen' (I Tim 2,4). Es geht um Erweckung, Bekehrung, neue Geburt. Aber das heißt doch auch, nun im Heiligen Geist zu leben, der die neue Geburt gewirkt hat, und nicht bei der Bekehrung stehenzubleiben. Wer das Sprachengebet kennt und daraus für das eigene Leben aufbauende Kraft, Freude, Frieden und Geborgenheit gewinnt, darf sich nicht über andere erheben und meinen, in einer höheren Dimension von Spiritualität zu leben, sondern er sollte diese Gabe still, demütig und dankbar gebrauchen. Sie erbaut ihn selbst und damit indirekt und bei erfolgter Auslegung auch direkt die Gemeinde. Auf keinen Fall aber darf diese Gabe zurückgedrängt werden, etwa aus Furcht vor möglichen anderen Sprachphänomenen, die aus entfernten Teilen der Welt berichtet werden. Paulus warnt nicht vor der Zungenrede, sondern er ordnet ihren Gebrauch in der Gemeinde und lebt selbst mit Dank darin" (Leben in den Gaben des Geistes - Geschenk und Aufgabe, in: FUNDAMENTUM, Heft 2/1982, S.45).

335   "Es kann die Gefahr bestehen, das Leben in den Gaben ganz in den Mittelpunkt des Glaubens zu rücken. Die alleinige Mitte unseres Glaubens aber kann nur Gott selbst in Jesus Christus sein... Wir leben vom Erlösungsopfer Jesu, dessen vergebende und befreiende Kraft, dessen Leben und ewiges Leben gewährende Zuwendung wir immer neu erfahren. Der Platz des Christen bleibt immer der Platz unter dem Kreuz. Die geöffnete Tür zum Herzen des Vaters, zur Gotteskindschaft, zum Frieden mit Gott, zum ewigen Leben ist allein Jesus Christus. Aber diese Wirklichkeit macht der Heilige Geist in uns lebendig. Der Heilige Geist gibt uns Erleuchtung, Erkenntnis und Gewißheit. Er macht in uns Wohnung und wirkt in uns und durch uns, auch durch die Gaben des Geistes. *So haben die Gaben ihre Einordnung im Gesamtzusammenhang von Glaube und Gemeinde. Sie sind notwendig, aber zum Ganzen des Glaubens gehört unvergleichlich mehr*" (Leben in den Gaben des Geistes - Geschenk und Aufgabe, in: FUNDAMENTUM, Heft 2/1982, S.40).

336   Zur theologischen Einordnung der Geistestaufe bzw. Geisterneuerung und des Feldes der Charismen sowie zum Verständnis des Charisma der "UdG" in der CB/CE sei an dieser Stelle auf den Entwurf einer "Systematischen Theologie in charismatischer Perspektive" von Rodman Williams (USA), bekannter presbyterianischer Charismatiker, verwiesen. Er bezieht die "UdG" über die Wahrnehmung von Dämonen hinaus auch auf die von Engeln (WILLIAMS, Rodman J.: Renewal Theology: Salvation, the Holy Spirit and Christian Living, Grand Rapids/Mich. 1990, S.137ff.271-321. 323-409.388-394).
    In einer allgemeinverständlichen biblischen Studie entfaltet der englische baptistische Charismatiker Douglas McBain die Funktion der "UdG" im Zusammenhang von Zeichen und Wundern, Heilung, Befreiungsdienst, Offenbarungen und der Erkenntnis des Willens Gottes (Lebensführung) (McBAIN, Douglas: Eyes That See. The Spiritual Gift of Discernment, Basingstoke/Hants-GB 1986).

337 Leben in den Gaben des Geistes - Geschenk und Aufgabe, in: FUNDAMENTUM 2/1982, S.41

338 vgl. ebd.

339 vgl. a.a.O., S.41f

340 vgl. a.a.O., S.46.44f

341 a.a.O., S.46 - Zur Prophetengabe vgl. auch GEMEINDE-ERNEUERUNG. Zeitschrift der Geistlichen Gemeinde-Erneuerung in der evangelischen Kirche, Nr.39, Jan.-März 1991 (= z.T. in: ASCHOFF, Friedrich u.a.: Prophetie, Werkstattheft, Hamburg 1992 - Dieses Heft enthält zusätzlich einen Aufsatz von Aschoff und einen älteren Beitrag von Lucida Schmieder/OSB).
    F. Aschoff skizziert ein **Raster zur Prüfung von Prophetien**: "*Grundregeln der Prüfung: Prüfe mit Aufrichtigkeit (ohne voreingenommen zu sein). Prüfe mit Liebe. (Furcht ist nicht in der Liebe!) Prüfe mit einem gnädigen und dankbaren Herzen. - *Ziel der Prüfung: Sie geschieht erstens darum, damit Propheten unter uns reifen können; zweitens, um zu gewährleisten, daß die Prophetie in Ordnung ist; - und dafür brauchen wir Liebe, Aufrichtigkeit und Dankbarkeit. - *Wie prüfe ich den Inhalt einer Prophetie? -Was wurde konkret gesagt? Was ist schmückendes Beiwerk? Behalte das Gute und sondere die Teile aus, die nicht hilfreich oder nicht genügend klar waren. -Bestätigt die Prophetie etwas, was Gott in der Gemeinde bereits tut? Gott ist auch ein Gott der Kontinuität. -Stimmt die Prophetie mit biblischer Lehre und kirchlicher Unterweisung überein? Auf die großen Linien der Heilsgeschichte achten, keine Buchstabengläubigkeit! -Spricht Gott durch verschiedene Personen in der Gemeinde dasselbe? - *Prüfe die Prophetie an den Aussagen der Heiligen Schrift. -Prophetie setzt Akzente und aktualisiert die hl. Schrift. -Prophetie steht nie im Gegensatz zur heiligen Schrift. -Trotzdem Zurückhaltung üben, wenn eine Prophetie scheinbar nicht mit Schrift und kirchlicher Lehre übereinstimmt. An weiteren Kriterien prüfen. - *Prüfe Prophetie daran, ob sie auferbauend und hilfreich ist. -Welche Veränderung hat sie gebracht? Welche Früchte werden sichtbar? -Der Faktor Zeit mit einbezogen, war die Prophetie hilfreich? -Wenn Propheten in unserer Mitte reifen sollen, dann müssen wir mit ihnen freundlich und behutsam umgehen, nicht mit Kritik ersticken. - *Prüfe den Geist einer Prophetie. Bringt sie Überführung oder Verdammnis über die Hörer? Prüfe sie auf, stärkt sie den Glauben, ermutigt sie zu guten Taten? -Tut sie wohl? - *Prüfe den Propheten selbst: -Entspricht er selbst seinen Ermahnungen? -Ist er ein 'Wolf im Schafsgewand'? (Mt 7,15-23). -Ein guter Baum bringt auch gute Früchte (Lk 6,43-45). -Wie ist sein Lebenswandel? -Hat er/sie ein Herz für Gottes Sache? -Reift er/sie oder fällt er/sie immer wieder in alte Unarten und Sünden zurück? -Wie reagiert er/sie auf Korrektur? -Neigt er/sie zur Übertreibung? - *Prüfe*

die Genauigkeit der Prophetie. -Trifft ein, was geweissagt wird? (Wenn etwas nicht eintrifft, dann heißt das noch nicht, daß sie falsche Propheten sind, es kann auch nur 'fleischlich' d.h. nur auf menschlichen Eindrücken beruhend gewesen sein.) -Propheten reifen auch darin, vgl. Agabus in der Apostelgeschichte (Gemeinde-Erneuerung, Nr.39, S.4-8.8).

Als biblische **Prinzipien und Grundregeln** im Blick auf die prophetische *Praxis in der Gemeinde* benennt der ob seiner Bejahung gegenwärtiger Prophetie auch von Charismatikern als Referent eingeladene amerikanische Neutestamentler W. Grudem: 1) Jeder heutige Prophet wird Fehler machen! - 2) Die führenden Autoritäten der Gemeinde sollen diese "regieren", nicht die Propheten! - 3) Die wichtigste Quelle für die Führung einer Gemeinde sollte die gesunde Lehre vom Wort sein - nicht Prophetie. - 4) Prophetie kann ermutigen, ermahnen und sogar Buße hervorrufen - bei jedem in der Gemeinde, inklusive der Gemeindeleitung (GRUDEM, Wayne A.: Prophetie und Pastor als Team, in: Gemeinde-Erneuerung, Nr.39, S.14-21). - (Zur Frage gegenwärtiger Prophetie vgl. auch: GRUDEM, Wayne A.: The Gift of Prophecy in the New Testament and Today, Eastbourne-GB1990²; HOUSTON, Graham: Prophecy Now, Leicester-GB 1989).

342 TOASPERN, P.: Leben in den Gaben des Geistes - Geschenk und Aufgabe, in: FUNDAMENTUM, Heft 2/1982, S.47

343 ebd.

344 ebd.

345 a.a.O., S.47f

346 a.a.O., S.48

347 ebd.

348 ebd.

349 ebd.

350 a.a.O., S.48f (Hervorhebung: OF)

351 a.a.O., S.49 (Hervorhebung: OF)

352 KOPFERMANN, Wolfram: Die Geister unterscheiden. Systematische und pastorale Erwägungen aus evangelischer Sicht, in: ERNEUERUNG IN KIRCHE UND GESELLSCHAFT, Heft 21/4 (1984), S.19-24

353 vgl. in: a.a.O., S.19f

354 vgl. in: a.a.O., S.20

355 vgl. ebd.

356 in: a.a.O., S.20f.21

357 in: a.a.O., S.21

358 vgl. ebd.

359 vgl. in: a.a.O., S.22f

360 in: a.a.O., S.23

361 vgl. ebd.

362 vgl. in: a.a.O., S.23f (vgl. auch KOPFERMANN, Wolfram: Ein langlebiger Dämon. Zur jüngsten Kritik an der Charismatischen Gemeinde-Erneuerung, in: RUNDBRIEF der CHARISMATISCHEN GEMEINDE-ERNEUERUNG, Nr.15, Juni 1983, S.3-7 /= dass. in: IDEA-Dokumentation, Nr.23/1983, S.13-17).

363 vgl. in: a.a.O., S.24

364 vgl. KOMM HEILIGER GEIST, S.230

365 a.a.O., S.237

Zur UdG und ihrer Kriterien vgl. auch die jüngeren Äußerungen: ASCHOFF, Friedrich: Die Gabe der Unterscheidung der Geister, in: GEMEINDE-ERNEUERUNG, Nr.33 (September/Oktober 1989), S.8-11; DIE UNTERSCHEIDUNG DER GEISTER. Die Charismatiker benennen ihre Kriterien, in: IDEA-Dokumentation, Nr.1/93, S.49f; GEISTLICHES RICHTIG BEURTEILEN. Zehn Thesen der Jesus-Bruderschaft zu aktuellen Problemen (Zum gespannten Verhältnis von Pietisten und Charismatikern), in: IDEA-Spektrum, Nr.22(1992), S.18f

Eine ausgleichende evangelikale Position vertritt J.Kaldewey (KALDEWEY, Jens: Bemerkungen zum Umgang mit Geistesgaben und "pfingstlichen Strömungen", in: FUNDAMENTUM 2/1982, S.58-78).

366 vgl. KOMM HEILIGER GEIST, S.237f (zu H.Mühlen und N.Baumert vgl. unsere Arbeit S.134-136; II-140-146. II-158-160)

367 vgl. KOMM HEILIGER GEIST, S.237

368 MÜHLEN, Heribert (Hg.): Einübung in die christliche Grunderfahrung. Erster Teil: Lehre und Zuspruch, Topos TB 40, Mainz 1978[5], S.190-192

369 vgl. a.a.O., S.192-196

370 vgl. a.a.O., S.193f

371 vgl. a.a.O., S.194-196

ANMERKUNGEN: *D.1 Systematisch-pastorale Aspekte - D.2 G.Tersteegen - D.3 Thesen*

1   Im Unterschied zur traditionellen Dogmatik, die hier schweigt, versucht etwa H. Berkhof den Aspekt einer "*dritten Gabe*" neben Rechtfertigung und Heiligung, eine Erfüllung und Taufe mit dem Heiligen Geist, wie sie in der Pfingstbewegung gelehrt wird, positiv aufzunehmen (vgl. BERKHOF, H.: Theologie des Heiligen Geistes, S.97-106). In den Gruppen, in denen man dieses Moment vertritt, beruft man sich vor allem auf Act und I Kor 12-14. In den vorgebrachten Belegen der Act sind nach Berkhof bedeutsame Einzelheiten unklar. Klar sei aber die wesentliche Linie: "Durch eine besondere Wirkung des Geistes erhalten die Gläubigen das Vermögen, in Zungen zu reden, zu weissagen, Gott zu rühmen..." (a.a.O., S.98). In I Kor kämpft Paulus auf zwei Fronten: Auf der einen Seite ermutigt er, die Gaben zu suchen, auf der anderen bezeichnet er sie als nutzlos oder gar schädlich, wenn sie nicht durch die Liebe regiert oder im demütigen Dienst eingesetzt werden. Berkhof meint, daß Paulus auf einen ähnlichen Sachverhalt hinweise wie Lukas, auch wenn er nicht Begriffe des Erfüllens gebraucht. Das Werk des Geistes erschöpfe sich auch für Paulus nicht in Rechtfertigung und Heiligung. Eine ergänzende Wirkweise sei verheißen und soll gesucht werden. Von daher kommt Berkhof zum Schluß, "daß die Pfingstbewegung grundsätzlich im Recht ist, wenn sie von einer Wirkung des Heiligen Geistes spricht, die über jene hinausgeht, welche in den großen Konfessionen anerkannt ist" (a.a.O., S.99). Nicht folgen kann Berkhof der fundamentalistischen Harmonisierung der bestehenden Unterschiede zwischen Act und Paulus durch die Pfingstkirchen. Bei Paulus fehle die typisch lukanische Begrifflichkeit; Paulus rechne auch nichtspektakuläre Fähigkeiten zu den Charismen; während für Lk das Zungenreden eine zentrale Gabe zu sein scheint, halte Paulus sie fast für ein wertloses Randphänomen. Im Unterschied zu Lukas spreche Paulus nicht von einem zweiten Akt, der nach einer Zwischenzeit eintritt, sondern sehe die "dritte" Gabe in einer Reihe mit den beiden anderen und alle als Einheit. Diese auffallenden Unterschiede führt Berkhof darauf zurück, daß Lukas als Historiker schreibt, während Paulus pastorale Weisung in einer konkreten Situation gibt. Die systematische Theologie muß nach Berkhof Paulus folgen, der eine "Theologie der Geisterfüllung" entwerfe und einen dritten Weg beschreite zwischen der Festlegung auf das heftige Aufsprudeln der Frühzeit und der Meinung, die Quelle sei versiegt. Berkhof will weder die Vernachlässigung durch die großen Bekenntniskirchen mitmachen, noch die Theologie der Pfingstbewegung übernehmen, die Lukas folgt (vgl. a.a.O., S.100f).

Für das Verständnis des Wesens der dritten Gabe will sich Berkhof von einer Betonung leiten lassen, die Lukas und Paulus gemeinsam ist: beide betonen, was die Erfüllung mit dem Geist bewirkt, die Charismata. Der Geist wird ausnahmslos als Kraft gesehen, die auf Kommunikation mit anderen gerichtet ist. Der Einzelne wird zu einem wirksamen Instrument für den sich fortsetzenden Prozeß des Geistes in Kirche und Welt ausgestaltet. "Die Erfüllung mit dem Geist bedeutet..., daß die Gerechtfertigten und Geheiligten nunmehr von innen nach außen umgewandelt werden. In der Apostelgeschichte werden sie primär zur Welt hin gewendet; bei Paulus primär zum ganzen Leib Christi... Der Geist nimmt in der Rechtfertigung das Zentrum unseres Ichs in Besitz; in der Heiligung den ganzen Umkreis unseres menschlichen Seins; indem er uns 'erfüllt', ergreift er Besitz von unserer Individualität, von dem besonderen Charakter, den ich und ich allein besitze, von dem unauswechselbaren Beitrag, den ich zum Ganzen des Lebens zu leisten habe. Er beschlagnahmt ihn für das Ganze des Reiches Gottes" (a.a.O., S.102). Daraus folgt die Vielfalt der Gnadengaben. Berkhof entfaltet diese nicht im Detail. Mit Paulus gibt er der Prophetie, die er als Fähigkeit versteht, den Willen Gottes in einer konkreten Situation zur Sprache zu bringen, den Vorrang. Sie ist nicht individualistisch zu verstehen, sondern von der Kirche als ganzer zu gebrauchen und zu prüfen (a.a.O., S.103-105).

Berkhof will nach beiden Seiten, im Blick auf die Kirchen und die Sekten, *Wahrheit und Unwahrheit* markieren. Bei der Pfingstbewegung lehnt er das hermeneutische Verfahren ab, Paulus im Licht des Lukas zu interpretieren, statt umgekehrt. Ebenso kritisiert er die fast ausschließliche Bezugnahme auf I Kor 12,7-11, die als systematische und vollständige Darstellung der Charismen verstanden wird. Er bemängelt weiter die Vernachlässigung der unauffälligeren Gaben, die Höchstbeachtung des Redens in unbekannten Sprachen und die überwiegende Betrachtung der Gaben als Zeichen der Gnade Gottes gegenüber dem Einzelnen, statt als Instrumente des Dienstes an anderen. Aufgabe der Kirchen sei es, für die Sache derer einzutreten, die weniger sensationelle Gaben empfangen haben und mit Nachdruck dafür zu sorgen, daß alle Ausübung der Gaben von Liebe regiert wird und die Auferbauung des Leibes Christi als ein Ganzes zum Ziel hat.

Die Kirchen sollten die PB als Gottes Aufforderung hören, den Geist nicht auszulöschen und ernsthaft nach den geistlichen Gaben zu streben. Berkhof sieht die PB als Gottes Gericht an einer Kirche, die ihr inneres Wachstum und ihr Weiterwerden nach außen eingebüßt hat. Er plädiert dafür, die Gaben in die Formen und Erfordernisse des Lebens von heute hinein zu interpretieren. Dies bedürfe - mit der Bereitschaft so viel wie möglich von der PB zu lernen - einen langen Weg des Denkens und Betens. Berkhof betont dabei die Wichtigkeit, mit der Grundüberzeugung anzufangen, daß im Gemeindeleben jeder einen besonderen Beitrag zum Wachstum des Ganzen beizutragen hat. Zugleich seien gemeinsam verschiedene zu Unrecht vernachlässigte Gaben wiederzuentdecken, besonders die Prophetie (vgl. a.a.O., S.105f).

2   "Rechte Heiligung erwächst stets neu aus der Rechtfertigung heraus. In anthropologischer Hinsicht wird dabei eine spezifische Gestalt erkennbar, welche die Struktur des Wachstums mit derjenigen der Krise verknüpft und beide noch umgreift... Heiligung ist weder ein ständiges Hinundherschwanken zwischen Vertrauen und Zweifel, zwischen Ekstase und Urangst, zwischen Geistesfülle und Lebensekel, noch ist Heiligung ein organisches Vordringen der Grundgewißheit aus dem Personkern heraus bis hinein in die peripheren Schichten der Existenz oder ein wachsendes 'Vermögen, durch personal immer tiefere Akte immer totaler über sich selbst zu verfügen' (K. Rahner). Heiligung ist vielmehr ein lebendiger Weg aus den Vordergrundaspekten von Sünde und Gerechtigkeit hinein in deren Tiefendimension, ein Wandern aus den handgreiflichen Verstößen gegen die zweite Tafel des Dekalogs wie die Forderungen nach einem auswendigen Gebetsleben hinein in die Abgründe des ersten Gebotes wie in die Tiefen wahrhaft selbstloser Nächstenliebe. - Hierbei strukturieren sich auch die Anfechtungen in den unterschiedlichen Lebensbezügen als Angriffe, die uns von zwei Seiten her vom Königsweg des Christusgehorsams herabziehen wollen, einer als Anfechtungen hochmütiger Selbstvermessenheit und andrerseits als Versuchungen verzweifelten Sichfallenlassens. Die Sünden wie ihre Heilung lassen sich mit dem Apostel in ein Spannungsfeld zwischen dem ersten und dem zweiten Adam einzeichnen" (PETERS, Albrecht: Grundzüge biblisch reformatorischer Ethik, in: "In Christus". Beiträge zum Ökumenischen Gespräch, hg. von ZIEGLER, Josef Georg, Moraltheologische Studien - Systematische Abteilung Bd.14, St.Ottilien 1988, S.117-148.141).

Charakteristisch formuliert seine Peters die Wachstumsstruktur der Heiligung bei E. Brunner: " Wohl ist die Heiligung von Gott aus gesehen eine unteilbare und als Rechtfertigung durch Jesus Christus eine einmalige und totale, aber sie verwirklicht sich doch am empirischen Menschen in einer Reihe von Akten, gleichsam von Vorstößen Gottes in das sündige Sein des Menschen. Gott erobert sich den Menschen zurück, Schritt für Schritt, vom Personzentrum, von Herzen ausgehend, das den Spruch der Rechtfertigung vernommen hat, in die 'umliegenden Bezirke', in die Peripherie vordringend, indem er sich der verschiedenen Sektoren des menschlichen Fühlens Denkens und Wollens bemächtigt und sogar sein unbewußt Seelisches umgestaltet. Das ist es, was im katholisch mittelalterlichen Begriff eines Heiligen festgehalten ist" (Dogmatik III, S.330) (vgl. PETERS, A.: Grundzüge biblisch reformatorischer Ethik, in: a.a.O., S.141f).

Anregend für die Frage der *Einordnung des charismatischen Dienens* - gleich, ob man es als *Differenzierung der Heiligung* oder *drittes Glied im Gnadenhandeln* versteht - sind Überlegungen von A. Köberle, der auf die dialektische Bezogenheit und auf Gefährdungen der Einseitigkeit im Verhältnis von Rechtfertigung und Heiligung aufmerksam macht: "Der Glaube stirbt an dem mangelnden Gebrauch der ihm gewährten und darum möglichen Heiligung, und die Heiligung stirbt an dem Mangel eines bußfertigen Vergebungsglaubens... Wo Glaube ist, da ist auch Heiligung. Je treuer man sich an 'Gottes Für-uns-Sein' hält, um so mehr wächst und erstarkt dadurch auch 'unser Für-Gott-Sein' (OF: *unser Im-Dienst-begnadet-Sein*). Hinwiederum, wo Übung in der Heiligung aus Glauben ist, da ist wiederum zunehmende Erkenntnis der Sünde und damit vermehrtes Verlangen nach dem gnädigen Freispruch Gottes über dem Sünder (OF: *wo Dienst ist, wächst die Erkenntnis und Erfahrung der eigenen Ohnmacht und das Verlangen nach göttlicher Ausrüstung*)... Gewiß, weil die Rechtfertigung die Mutter der Heiligung ist, darum wird auf dem Wort von der Vergebung immer die ganze Wucht und die eigentliche Größe biblischer Botschaft liegen. Weil aber die Tochter 'Heiligung' die Mutter 'Vergebung' zwar nicht erzeugen, wohl aber töten kann, darum muß auch von der Bedeutung der Heiligung mit allem Nachdruck... geredet werden... Der schlechthinnige Vorrang der Rechtfertigung über der Heiligung erfordert für jene eine solche klar bestimmte Überbetonung, die furchtbar Wirkung des Ungehorsams auf den Glauben aber bedingt unentbehrlich die dialektische Zuordnung des zweiten Gliedes zum ersten... Werkeifriger Stolz ist für den Glauben so gefährlich wie die Trägheit, die jedem Dienst ausweicht... Der Kampf gegen die toten Werke ist so wichtig wie der gegen den toten Glauben. Ist die Rechtfertigung fortwährend dem Mißverständnis und der Gefahr des Quietismus ausgesetzt, so wird die Heiligung den Abgründen der Selbstgerechtigkeit (OF: charismatische Begabung des Stolzes)" (KÖBERLE, Adolf: Rechtfertigung und Heiligung. Eine biblische, theologiegeschichtliche und syste- matische Untersuchung, Leipzig 1930, S.281f).

3   Der Polarisierung der beiden Größen in der Gnadenlehre der Alten Kirche geht A. Schindler nach (SCHINDLER, Alfred: Charis oder Charisma? Zur Entstehung einer bedenklichen theologischen Alternative in der Alten Kirche, in: EvTh 41/1981), S.235-243). Er resümiert: "Wir stehen also einer Entwicklung gegenüber, die eine Alternative aufzuzeigen, ja aufzuzwingen scheint: auf der einen Seite der vor- oder unaugustinische Synergismus und zugleich eine in charismatische Erfahrungen verschiedenster Art ausgreifende Gnadenlehre, auf der anderen Seite eine streng allem Mit-

Tun des Menschen entgegengesetzte Gnadenlehre ohne charismatische Dimension... In der scholastischen und neoscholastischen Theologie wird zwar mit Hilfe der Unterscheidung der gratia gratis data von der gratia gratum faciens die Zusammengehörigkeit des Charismatischen und der wesenhaft heilbringenden Gnade zum Ausdruck gebracht, aber ohne weitere Konsequenzen für die Gnadenlehre od. die Kirchenlehre, geschweige denn für die trinitarische Pneumatologie" (a.a.O., S.241).

Schindler sieht im Protestantismus eine ähnliche Entwicklung und hält es für dringend nötig, "die elementare, für jeden Christen gleichermaßen entscheidende Heilserfahrung mit den individuellen Charismen zusammenzudenken" (a.a.O., S.242). Hier sieht er die östliche und voraugustinisch-westliche Kirche mehr dem paulinischen Zeugnis entsprechen, nach dem sich die eine ungeschuldete Gnade bei allen Christen auch in einem besonderen Charisma entfaltet. "Ich meine, daß wir wohl die Unbedingtheit, den Charakter, das Unverfügbare von Gnade, Glaube, Geist festhalten müssen mit unserer abendländisch-'orthodoxen' Tradition. Aber zugleich gilt es, mit der ebenso paulinischen Einsicht, die mehr im Osten weiterlebte, Ernst zu machen, daß aus *charis je und je Charismen entspringen und somit unser persönliches Glauben nie ohne bestimmte Geisterfahrungen in und für die Gemeinde, unsere persönliche Erbauung nie ohne die Auferbauung der Kirche geschehen kann" (a.a.O., S.243).

4 Zu dieser dogmengeschichtlichen Entwicklung vgl.: HAUSCHILD, Wolf-Dieter: Art. "Geist/ Heiliger Geist/ Geistesgaben, IV.Dogmengeschichtlich", in: TRE, Bd.12, S.196-217.205f; SCHLINK, Edmund: Ökumenische Dogmatik. Grundzüge, S.548f; TRILLHAAS,W.: Dogmatik, S.405-409).

5 "Was die Charismen anlangt, so ist ihre Bedeutung für das Problem der Ämter in der Mehrzahl nicht zu bestreiten. Zunächst muß aber betont werden, daß alle besonderen Charismen umklammert sind von dem höchsten Charisma, das bei keinem Glied der Gemeinde fehlen darf, dem Charisma der agape. In diesem Verbund mit der ekklesialen agape ist jedes Charisma ein besonderes Charisma. Darum erweist sich jedes Charisma in einer besonderen, bestimmten Betätigung.
Das bedeutet nicht, daß die Charismen Dienstleistungen im Sinne von Ämtern sind. In der Regel kommt es zur Betätigung des Charismas spontan, ohne einen formellen Auftrag durch Menschen. Unter den im Neuen Testament genannten Charismen finden sich zahlreiche charismatische Betätigungen, die unmittelbar durch die Geistesgabe spontan in Erscheinung treten und sich niemals zu einem Amt entwickeln können, was zum Beispiel eindeutig für die Gabe der Prophetie, der Krankenheilung, der Psalmendichtung oder der Zungenrede und ihrer Deutung gilt. Es ist sicher eine Verkennung solcher pneumatischen Spontaneität, daß das von Jesu Wirksamkeit her bekannte Charisma der Dämonenaustreibung im dritten Jahrhundert in das formelle Amt des Exorzistats eingeschlossen wurde.
Andererseits kann die Betätigung bestimmter Charismen auch zu regelmäßigen, festen Gemeindediensten führen, die gleichsam Amtscharakter haben, wenn auch kein formeller Auftrag vorliegt. In I Korinther 12,4 werden die geistgewirkten Zuteilungen von je verschiedenen Charismen mit Zuteilungen von je verschiedenen 'Dienstleistungen' (diakoniai) gleichgesetzt. Es ist kein Zufall, daß Luther hier diakoniai mit 'Ämter' übersetzt. Die Liste der Charismen (in Röm 12,6) zeigt deutlich eine Reihe von solchen Geistbegabungen, deren Ausübung zu festen Ämtern werden kann und die damals bereits einen gewissen amtlichen Charakter bekommen konnten.
Für unsere Überlegungen dürften folgende Gesichtspunkte von Bedeutung sein: *Wie das Priestertum aller Gläubigen vermittelt wird durch den amtlichen Dienst an Wort und Sakrament, so auch die Charismen. Charismen sind Gaben des heiligen Geistes. Heiligen Geist empfangen wir nicht 'ohn das leibliche Wort', das dem 'Predigtamt' (nach CA V) anvertraut ist. Charismen setzen die Ausübung des apostolischen Amtes voraus. Wenn sich Charismen zu einer Vielheit von Ämtern entwickeln, so kann das eine, in den österlichen Mandaten des Herrn gründende Amt in seiner Eigenart nicht angetastet und in dieser Entwicklung als eines der vielen Ämter eingeordnet werden.*
Die Grundform der Betätigung von Charismen ist pneumatische Spontaneität. Wir stehen vor der Frage, ob und in welchem Maße in unseren Kirchen echte Charismen noch erkennbar sind. Die innere Notlage unserer Kirchen, die geistliche Krise, in der sie sich offenbar befinden, hängt gewiß damit zusammen, daß ein Mangel an Gaben des heiligen Geistes herrscht. Umso dringender sollten die Hirten der Gemeinden darauf achten, wo solche Gaben vielleicht ganz im verborgenen sich regen" (BRUNNER, Peter: Das Amt und die Ämter. Über den Auftrag der Kirche nach den lutherischen Bekenntnisschriften, in: EK 10/1977/2, S.84-88.85; Hervorhebung OF).
Auf den *Unterschied* und das *Verhältnis der einen Amtes zu den "Ämtern" bzw. Charismen* geht Brunner auch in seinem Referat über das Hirtenamt und die Frau ein (BRUNNER, Peter: Das Hirtenamt und die Frau, in: Pro Ecclesia. Gesammelte Aufsätze zur dogmatischen Theologie, Bd.1, Berlin/ Hamburg 1962², S.310-338). Dabei zeigt er ein breites Feld der jedem Glied der Kirche offenstehenden Möglichkeiten der Evangeliumsverkündigung und Sakramentsspendung auf (a.a.O., S.320). Diese sind aber zu unterscheiden vom Amt, in das durch Berufung, Beauftragung und Sen-

dung einzelne eingesetzt werden. Neben dessen beiden Gestalten des Missionars und des Hirten hat Gott "sich noch einen dritten Weg vorbehalten, auf dem er sein Wort den Menschen schenken kann, nämlich die Erweckung von Propheten. Der Prophet wird ausschließlich und unmittelbar von Gott und nicht durch Menschen in seinen prophetischen Dienst eingesetzt. Es ist unmöglich, daß die Kirche ein Gemeindeglied zum Propheten 'ordiniert'. Die Prophetengabe ist wie die Gabe der Heilung entweder da, oder sie ist nicht da. Abgesehen von der Bitte um die Erweckung dieser Gaben kann die Kirche in dieser Sache nichts tun. Die Kirche hat gegenüber diesen im spezifischen Sinn des Wortes charismatischen Gaben nur die Aufgabe, dort, wo sie sich zeigen, die Geister zu prüfen, die charismatische Gabe und ihren Träger durch ihr Amen als legitim anzuerkennen oder den Pseudopropheten, den Schwärmer, zu entlarven und abzuweisen" (a.a.O., S.322).

6   vgl. BRUNNER, Peter: Zur Lehre vom Gottesdienst der im Namen Jesu versammelten Gemeinde, in: LEITURGIA. Handbuch des Evangelischen Gottesdienstes, hg. von MÜLLER, K.F. und BLANKENBURG, W., Bd.1, Kassel 1954, S.84-361.163-165
"Gewiß ist die Taufe vollständig, auch wenn jene Einsegung nicht in unmittelbarer Verbindung mit ihr vorgenommen wird. Aber zum Christsein gehört nicht nur jene fundamentale, *einmal* vollzogene, ontisch-reale Eingliederung in Jesu Leib. Aus dieser pneumatischen Neugeburt soll ein Pneumaleben mit mannigfachen Ausprägungen erwachsen. Das Pfingstgeschehen, das sich durch das Mittel der Taufe fortpflanzt, ist schon im Urbild der Apostelgeschichte mit dem Charismengeist verbunden. Jedes Glied im Leibe Jesu empfängt irgendeinen Anteil an dem Charismen. Auch der Vollzug des Gottesdienstes durch das Gottesvolk ist Auswirkung und Erscheinung des Charismengeistes. Die gottesdienstliche Akklamation des Herrn Jesu kann hier auf Erden nur im Charismengeist geschehen (I Kor 12,3). Die Mitwirkung des Gottesvolkes bei der gottesdienstlichen Verkündigung durch Psalm und Lied, das Gebet bestätigende und besiegelnde Amen-Akklamation, überhaupt der pneumatische Mitvollzug des Gottesdienstes im rechten usus, schließt den sich in Gaben und Diensten betätigenden Charismengeist ein, von dem kein Getaufter ausgeschlossen sein soll. Der Erweckung dieses Charismengeistes dient aber die genannte Segnung des Getauften mit Handauflegung. Gewiß ist diese Erweckung des Charismengeistes nicht an diese Segnung gebunden. Aber es wäre fahrlässig, diesen apostolischen Brauch in dem Augenblick zu unterlassen, wo der Getaufte die Schwelle überschreitet, die ihn zum pneumatischen Träger des Gottesdienstes, zum Mitpropheten und Mitpriester und Mitkönig Jesu Christi macht. Diese Einsegnung ist Berufung, Sendung und Ausrüstung zum Dienst in der ekklesia. Diese Segnung kann daher nur der Herangewachsene empfangen. Es ist darum sachlich richtig, daß diese Einsegnung bei der Kindertaufe von dem Taufakt abgezweigt und auf ein späteres Alter verlegt wird. Aber dort, wo der pneumatische Dienst des Christen in der ekklesia beginnt, wo der Christ den Mitvollzug des Gottesdienstes bevollmächtigt übernimmt, dort ist sie am Platz, dort soll sie nicht fehlen. Darum ist sie bei der Erwachsenentaufe unmittelbar mit der Taufe zu verbinden, bei der Kindertaufe aber beim öffentlichen Abschluß der Katechumenenunterweisung vorzunehmen. Damit haben wir angedeutet, was die *Konfirmation* ist und wie sie einerseits auf die Taufe und drerseits auf den Gottesdienst mit Abendmahl bezogen ist" (a.a.O., S.164f). Als viertes Element der Konfirmation nennt Brunner die "Einsegnung und Sendung zu denjenigen charismatischen Diensten in der ekklesia, an denen jedes Glied auf Grund der Taufe Anteil hat" (a.a.O., S.165).

7   "12. Der an Pfingsten ausgegossene Geist ist die endzeitliche Heilsgabe des Neuen Bundes... 14. Jeder Christ ist Geistträger. Die Tatsache, daß besondere Charismen nicht allen Christen, sondern nur einzelnen gegeben sind, hebt die Tatsache nicht auf, daß alle, die das Evangelium im Glauben angenommen und die Taufe empfangen haben, auch den Geist und Geistesgaben empfangen haben. 15. Das prophetische, königliche Priestertum aller Gläubigen deckt die allumfassende Allgemeinheit des Geistbesitzes der Kirche auf... 20. Der über die Kirche ausgegossene Geist vertritt vollmächtig Jesus als den Erretter. Der Geist ist die Weise, wie Jesus jetzt als Retter bei den Seinen ist. Der Geist ist das Mittel, durch das der erhöhte Herr sein rettendes Werk auf Erden durchsetzt. 24... Alle vom Geist gewirkte Heilserkenntnis ist christozentrisch und jesuanisch... 34. Der Geist ist der Träger der Realpräsenz Jesu Christi... 35. Gott der Heilige Geist ist mit der von ihm neu geschaffenen Kreatur nicht vermischt, aber auch nicht von ihr abgesondert, sondern mit ihr geheimnisvoll geeint... 37. Charismen sind verschiedene Weisen, in denen die vollzogene Einung zwischen dem Geist und neugeschaffener Kratur sich manifestiert. 38. Die Verschiedenheit und Mannigfaltigkeit der Geistesgaben zeigt uns erstens die Realität der Einung zwischen Gott dem Geist und der neugeschaffenen Kreatur; zweitens die Verschiedenheit in der Intensität dieser Einung; drittens die Möglichkeit einer auch in der Ewigkeit nie abgeschlossenen Zunahme in der Durchdringung der neugeschaffenen Kreatur mit Gott dem Geist... 40. Die Kirche ist werkzeugliche Spenderin des Geistes... 42. Gott allein gießt den Heiligen Geist aus. Jesus Christus allein vermittelt das Geschenk des ausgegossenen Geistes. Aber nach Gottes Heilsplan und auf Grund des Mandats Jesu Christi

geschieht die weitergehende Ausgießung durch den Dienst der Kirche... Wort und Sakrament sind die Instrumente, durch die Gott den Heiligen Geist gibt... 44. Bei der Taufe, die im Zusammenhang mit der missionarischen Verkündigung des Evangeliums gespendet wird, geschieht die Eingliederung in das endzeitliche Volk Gottes und und die Einleibung in den... Leib Jesu. Darum ist die Taufe für den einzelnen der grundlegende Empfang des Geistes, die grundlegende Geburt aus dem Geist. 45. Auch im Leben des einzelnen Christen soll die Ausgießung des Geistes weitergehen. Der Christ soll in seinem Geistbesitz und in seinen Geistesgaben wachsen. Das innergemeindliche Wort, die Absolution und das Mahl des Herrn sind die dafür von Christus gestifteten Mittel" (BRUNNER, Peter: Der Geist und die Kirche. 45 Thesen zur 107.Flensburger Lutherischen Konferenz 12.April 1955, in: Pro Ecclesia. Ges.Aufs. zur dogmat. Theologie, Bd.1, Berlin/ Hamburg 1962², S.220-224).

8   Diese wird etwa von der reformierten Tradition kritisch angefragt und bestritten (vgl. etwa KRECK, Walter: Grundfragen der Ekklesiologie, München 1981, S.157-208). Vor allem aber vom spiritualistischen oder auch kongregationalistisch-freikirchlichen Ansatz ergeben sich grundlegende Infragestellungen. Diese Elemente aus der täuferischen Tradition wurden auch im Pietismus und im Evangelikalismus aufgenommen (vgl. FAGERBERG, Holsten: Art. "Amt/ Ämter/ Amtsverständnis, VII.Von ca.1600 bis zur Mitte des 19.Jahrhunderts", in: TRE, Bd.2, S.574-593.582-585).

Zu *Differenzpunkten und Gemeinsamkeiten* im Amtsverständnis der verschiedenen kirchlichen Traditionen vgl.: KÜHN, Ulrich: Art. "Kirchliche Ämter", in: EKL³, Bd.2, S.1217-1224; LÖSER, W.: Art."Amt III, geistliches, kirchliches: Kath.Sicht", in: ÖL², S.55-57; RATSCHOW, Carl Heinz: Art. "Amt/ Ämter/ Amtsverständnis, VIII.Systematisch-theologisch", in: TRE, Bd.2, S.593-622; SCHOTT, E.: Art. "Amt, III.Dogmengeschichtlich und dogmatisch", in: RGG³, Bd.1, S.337-341; VISCHER, G.: Art. "Amt I, geistlich, kirchliches: Ök.Diskussion", in: ÖL², S.50-54; ders.: Art. "Amt II, geistliches, kirchliches: Evang.Sicht", in: ÖL², S.54f.

9   W.Trillhaas stellt unter dem Leitgedanken *Vergegenwärtigung* die Erfahrungsdimension in der Geisterfahrung heraus. Er kann die Lehrentscheidung über die Homousie des Geistes nur bestätigen. Sie besage einerseits, daß er nicht mehr ist als die Christusoffenbarung und diese nicht inhaltlich überbietet. Andererseits bedeute sie auch nicht weniger, als daß Gott in Christus sich uns zugewendet, kundgegeben und hingegeben hat. "Durch die Lehre vom Heiligen Geist kommt nichts Neues in die Gotteslehre hinein. Gott ist auch als Geist Schöpfer... Gott ist auch als der gegenwärtige Geist Erlöser und Herr... Als Geist ist Gott der nahe Gott. Als sich mitteilender Herr ist er hier der sich unserer Subjektivität mitteilende Herr... Gott bemächtigt sich unseres inwendigen Lebens" (Dogmatik, S.418).

Wegen des Bezugs zur menschlichen Subjektivität kann in der Pneumatologie der *Erfahrungs*aspekt nicht verschwiegen werden. "Das Wirken des Geistes, so wahr es gegenwärtig ist, ist auch erfahrbar, es reicht in die Erfahrung hinein. Freude und Trost, der 'Beistand des Heiligen Geistes', Erweckung und innere Erneuerung sind Beschreibungen zentraler christlicher Erfahrung, die in der dogmatischen Lehre vom Heiligen Geist nicht weggeleugnet oder verschwiegen werden können" (a.a.O., S.419). Trillhaas läßt offen, ob alle Wirkungen des Geistes erfahrbar sind oder nicht. "Nicht alle Wirkungen des Geistes werden im hellen Licht des Bewußtseins liegen. Vielfach werden Wirkungen des Geist in heimlich fortwirkenden Erinnerungen geschehen... Viele Wirkungen des Geistes werden sub contraria specie geradezu gegensätzlich bewußt sein: man lehnt leidenschaftlich ab, was doch schon heimlich in uns wirksam ist" (a.a.O., S.418). Offen mag nach ihm auch bleiben, ob alles, was Inhalt unserer christlichen Erfahrung ist, schlechthin zu den Wirkungen des Heiligen Geistes zu zählen sei. Trillhaas nennt etwa Anfechtungen und unerhörte Gebete. "So sehr es berechtigt sein wird, zu sagen, daß wir die Anfechtungen nur in der Kraft des Geistes bestehen können, so mag doch auch der Zweifel daran begründet sein, diese Anfechtungen, Enttäuschungen, Leid und Tod - alles nicht wegzudenkende Erfahrungen des Christen - einfach als Wirkungen des Geistes zu bezeichnen" (a.a.O., S.419). Die Dimension des *Erlebens*, der *Erfahrung des Glaubens* ist verstärkt aufzunehmen und sollte nicht prinzipiell diffamiert werden. Die theologisch begründete Abwehr eines Strebens nach securitas, darf nicht so weit überzogen werden, daß auch die biblisch bezeugte tiefe Gewißheit des Glaubens, die auch in die leib-seelische Erfahrungsdimension reicht, negiert wird. Ein prinzipielle Dialektik im Sinn einer bleibenden Schwebelage entspricht nicht dem Zeugnis des Neuen Testaments, das von einem deutlichen Anfang des neuen Lebens, einer letzten Grundgewißheit im Glauben auf Hoffnung hin und immer neuen Bezeugungen des Gegenwart Gottes auf dem Weg des einzelnen Christen wie der Gemeinde weiß. Der Geist ist ein ein wirkliches Angeld und "Schon" - wenn auch fragmentarisch und "Noch-nicht" vollkommene -, durch tägliches Sterben und Auferstehen ein wirkliches Wachsen und Zunehmen. Auf dem Weg der Nachfolge kann es auch überschwengliche Erfahrungen geben. Rechte Erfahrungen aber blähen nicht auf und wirken nicht zerstörend. Sie reinigen, helfen, läutern und befähigen zum Alltäglichen und zum Drunterbleiben auch unter Schwerem. Die Erfahrungen sind offenzuhalten für den Herrn selbst und nicht wie etwas Endgültiges, Ganzes, wie ein Besitz des Menschen abzuschließen. Dürfen sie einerseits der Vergewisserung dienen, gilt es zugleich darüber hinauszuwachsen. Es ist nicht prinzipiell verwerflich methodische Schritte zu Umkehr-, Geist- und Segens-Erfahrungen zu befolgen (Evangelisationen, Glaubenskurse, Freizeiten, Tagungen, Exerzitien etc.). Auch in der Bibel gibt es das Zustreben auf einen Punkt der Entscheidung. Anthropologisch gesehen ist es möglich, den Boden zu bereiten. Da die letzte geistliche Wirklichkeit aber menschlich nicht verfügbar ist, sind drängerisch-manipulative Techniken, die einen Durchbruch erzwingen wollen darin verwerflich daß sie die Freiheit Gottes wie die der Menschen übergehen. Hier sind besonders Massenveranstaltungen gefährdet.

10   James D.G. Dunn ist der Frage der Geistmitteilung im NT nachgegangen und sieht sie als ein Zielmoment des Gesamtvorgangs des Christwerdens, den er mit dem Doppelbegriff "conversion-initiation" umschreibt. Beide Aspekte gehören zusammen. Dunn gebraucht den Begriff *"initiation"* für die mehr rituellen, äußeren Akte im Unterschied zu den mehr inneren, die er in den Begriff *"conversion"* fassen möchte. Dazu rechnet er die subjektiven, ja mystischen Aspekte des Gesamtgeschehens wie Buße, Vergebung, Vereinigung mit Christus und innere Verwandlung (DUNN, James D.G.: Baptism in the Holy Spirit. A Re-Examination of the New Testament Teaching on the Gift of the Spirit in relation to Pentecostalism today, Studies in Biblical Theology 2/15, London 1970, S.1-7.224-229.7).

Dunn wendet sich vom Zeugnis des NT her sowohl gegen die in den Großkirchen übliche sakramentale Identifizierung des Geistempfangs mit der Wassertaufe als auch gegen die pfingstkirchliche Abtrennung im Sinn einer späteren höheren Stufe: "*The NT never uses 'baptism' as a description of the total event of becoming a Christian* (including repentance, confession, water-baptism, forgiveness, etc.)" (a.a.O., S.6). - "*I hope to show that for the writers of the NT the baptism in or gift of the Spirit was part of the event (or process) of becoming a Christian, together with the effective proclamation of the Gospel, belief in (*eis) Jesus as Lord, and water baptism in the name of the Lord Jesus, that it was the chief element in conversion-initiation so that only those who had thus received the Spirit could be called Christians; that the reception of the Spirit was a very definite and often dramatic experience, the decisive climactic experience in conversion-initiation, to which the Christian was usually recalled when reminded of the beginning of his Christian faith and experience. We shall see that while the Pentecostal's belief in the dynamic and experiential nature of Spirit-baptism is well founded, his separation of it from conversion-initiation is wholly unjustified; and that, conversely, while water-baptism is an important element in the complex of conversion-initiation, it is neither to be equated or confused with Spirit-baptism nor to be given the most prominent part in that complex event. The high point in conversion-initiation is the gift of the Spirit, and the beginning of the Christian life is to be reckoned from the experience of Spirit-baptism*" (a.a.O., S.4) - "*Like earlier 'enthusiasts' Pentecostals have reacted against both these extremes. Against the mechanical sacramentalism of extreme Catholicism and the dead biblicist orthodoxy of extreme Protestantism they have shifted the focus of attention to the experience of the Spirit... It is true that when the Spirit thus entered a life in the earliest days of the Church he regularly manifested his coming by charismata and his presence by power (to witness), but these were corollaries to his main purpose - the 'christing' of the one who had taken the step of faith...*" (a.a.O., S.225f).

Dunn beschließt seine Untersuchung zur Frage "Wer ist ein Christ nach dem Neuen Testament?" mit kritischen Rückfragen an das gegenwärtige Christentum: "*Our study has given us the NT answer to this question with some precision; with remarkable consistency the answer came: That man is a Christian who has received the gift of the Holy Spirit by committing himself to the risen Jesus as Lord, and who lives accordingly. - If this is an accurate assessment of NT Christianity, and the apostolic tradition and teaching has any normative significance for us today, then in turn inevitably raises several other large and important questions for present-day Christianity...: Are modern theologies of conversion-initiation adequate? Do Churches really understand the respective role of Spirit, faith and baptism, or give them satisfactory expression in their various liturgies and practices of initiation? Can infant baptism any longer be justified by the prevenient grace argument so popular today? Has modern evangelism held forth the promise of the Spirit explicitly enough?*" (a.a.O., S.229).

Während Dunn Einheit und Ineinander der verschiedenen Aspekte betont, stellt D.Pawson als dezidierter Baptist und Charismatiker das Nacheinander von Buße, Glaube, (Wasser-)Taufe und Geist-Empfang(-Taufe) als biblisch verpflichtende Abfolge heraus (PAWSON, David: Wiedergeburt. Start in ein gesundes Leben als Christ, Mainz-Kastel 1991/ engl.: "The Normal Christian Birth").

11   In der "entschlossenen *christologischen Orientierung* der Geistlehre" durch Paulus (E. Käsemann) wird das Geistproblem der Schlüssel der Deutung der christlichen Existenz nach der Erhöhung Christi. Im Geist ist Christus bei den Seinen. Der Geist ist keine vom Geber ablösbare Kraft. In ihm gibt sich der Herr selbst. Alle Christen sind "pneumatikoi", können geistlich urteilen, haben die Kindschaft. Der Geist ist die Realisierung der Kindschaft. Weiter ist er Prinzip und Kraft des christlichen Wandels. "Nicht Macht und Mirakel, sondern das sittliche Ziel eines neuen Wandels ist daher das Kennzeichen des Geistes (Schlatter). Der Geist zielt auf die Heiligung und ist eine die Christen beseelende göttliche Vollmacht" (TRILLHAAS, W.: Dogmatik, S.412).

Als weiterer Aspekt tritt bei Paulus hinzu, daß der Geist ein Gefälle zur Leiblichkeit hin hat. "Das Wirken des Geistes fordert und bewirkt leibliche Realität" (ebd.), was direkte Konsequenzen für die Ekklesiologie und die Lehre von der Eucharistie hat. Weiter kommt es zu einer eigentümlichen Verflechtung von präsentischer und futurischer Eschatologie. Einerseits ist der Kyrios im Geist gegenwärtig, andererseits ist der Geist Angeld des Künftigen (a.a.O., S.413).

Auch bei Johannes ist die Geistlehre christologisch orientiert. Anders als Paulus ist er weniger an der Verleiblichung des Geistes und den Geistesgaben interessiert. Die futurische Eschatologie tritt zurück. Aber noch eindeutiger wird der Geist als Gabe des erhöhten Christus beschrieben. Im Geist kommt Christus zu den Seinen. Der Geist wirkt das neue Leben. Er weist sich nicht so sehr durch wunderhafte Vorgänge aus, als durch Lehre und Erkenntnis. Er lehrt und erinnert die Gemeinde und bleibt bei ihr (vgl. a.a.O., S.413f).

Nach dem urchristlichen Geistverständnis setzt der Geist auch Recht. Kraft ihres Geistbesitzes kann die Gemeinde Charismatiker (I Thess 5,21; I Kor 12,10; 14,29) und Delegierte (I Kor 16,3; II Kor 8,19) prüfen und kompetent beurteilen. Aus diesem Grund steht ihr auch zu, Rechtsentscheide und Urteile zu fällen (I Kor 5,3-5; 6,1-7) (a.a.O., S.414).

Die grundlegende Bedeutung der christologischen Orientierung zeigt sich im Blick auf die Unterscheidung der Geister. Nicht vom bloßen Phänomen, sondern *nur vom Inhalt her* läßt sich unmittelbar *Spezifisches* über den Heiligen Geist aussagen. "Christologische Orientierung" darf aber keine Einschränkung bedeuten. Es geht um eine Entschränkung der Christologie insofern die Geistlehre die Schranken der puren Faktizität Christi aufhebt und Christus und das Heil wirklich vergegenwärtigt (vgl. a.a.O., S.416f).

A. Peters äußert im Blick auf den **pfingstlichen Kirchentypus**, dem dritten neben dem katholischen und reformatorischen: "*Er wehrt sich gegen einen ritualisierten Gottesdienst, gegen eine hierarchische Amtsstruktur, gegen eine juridische Fixierung der Gemeindezugehörigkeit, er drängt auf die Geistunmittelbarkeit eines jeden Glaubenden, er akzentuiert die Hoheit der Einzelgemeinde (Kongregationalismus). Er birgt in sich die Gefahr eines enthusiastischen Überschwangs, neuer Offenbarungen und pseudoprophetischer Menschenherrschaft, dämonischer Machtausübung. Dies erfordert die Unterscheidung der Geister. Der Geist ist als heiliger Geist der Geist Jesu Christi, der uns zum Sohn und im Sohn zu Gott dem Vater führt. Die Christenheit ohne diesen Geist ist geistlos und tot; die Kirche allein im Geist ohne Rückbezug auf den Sohn und den Vater verfällt den Geistern der Verführung wie der Finsternis*" (PETERS, Albrecht: Der dritte Glaubensartikel. Vorlesungsmanuskript WS 1977/78, S.28).

12   "Die Konzentration auf die Errettung der Seele hat das leibliche Neuwerden nicht zum Zuge kommen lassen; der doppelte Auftrag Jesu, das Evangelium zu verkünden und die Mächte der Dämonien zurückzuschlagen, ist nicht in seiner leibhaftigen Konkretion gesehen worden. Hierin muß der reformatorische Ansatz ausgeweitet und zugleich vertieft werden" (PETERS, A.: Der dritte Glaubensartikel. Vorlesungsmanuskript WS 1977/ 78, S.27).

13   vgl. PETERS, A.: Grundzüge biblisch reformatorischer Ethik, in: a.a.O., S.142f

"*Anthropologisch gesehen findet sich bei den Gläubigen sowohl ein langsames Hineinwachsen in die Glaubensgewißheit als auch ein eruptionsartiger Durchbruch, die Struktur sowohl des Wachstums als auch der Krisis; neben Francke steht Zinzendorf, und neben Blumhardt steht Löhe; auch kann sich in einem Leben beides finden. Die Struktur eines radikalen Durchbruchs (wie etwa bei Francke und Wesley), der sich auf Ort und Stunde fixieren läßt, hat ihr Recht; sie kann ausmünden in ein Hochgefühl bleibender Gewißheit. Doch will sich das neugewonnene Leben festigen und bewähren, auch darf uns der Geschenkcharakter des Durchbruchs nicht verlorengehen, sonst verhärten wir selber pharisäisch; insofern bleibt auch hier ein beharrliches Ringen um den neuen Gehorsam der Heiligung aus der uns stets neu zugesagten Rechtfertigung heraus. - Neben der Krisenstruktur hat ein Wachsen über Monate und Jahre hinweg sein eigenständiges Recht; hierbei wird man den Zeitpunkt des Durchbruchs nicht angeben können. Doch wird auch jenes allmähliche Wachsen Erfahrungen der Krise wie des Scheiterns nicht ausschließen, erfolgt doch unser menschliches Leben durch ein ständiges Sterben hindurch. - Gemeinsam wird für beide 'Typen' die Geistesgewißheit bleiben, das Leben aus dem Opfer Christi und die Teilhabe an der Nachfolge Jesu, das Anrufen Gottes als unseres Vaters; diese Verantwortung von Glaube, Liebe und Hoffnung durch jeden einzelnen als eines echten Gliedes am Leibe Christi in der Ausrichtung auf den Dienst an der Welt und doch letztlich vor Gott, dies ist und bleibt das gemeinsame Zentrum*" (PETERS, Albrecht: Der dritte Glaubensartikel. Vorlesungsmanuskript WS 1977/78, S.33).

14   Grundsätzliche Anfragen an die Verwendung dieser Kategorien im Für und Wider charismatischer Frömmigkeit äußert etwa HARPER, George W.: Renewal and Casuality: Some Thoughts on a Conceptual Framework for a Charismatic Theology, in: JES 24/1(Winter 1987), S.93-103

15   TRILLHAAS, W.: Dogmatik, S.426-429.428

16   a.a.O., S.429

17   In der Dogmengeschichte unterschied man eine abzulehnende, sich auf sichtbare oder datierbare Ursachen berufende Sicherheit *"securitas"* von einer in der Verheißung begründeten Gewißheit *"certitudo"*. Die Sehnsucht nach "securitas" kann verschiedene Gestalt annehmen (objektivistisch: sakramentalistisch oder ekklesiokratisch; oder gegenläufig, subjektivistisch: in mystischen oder Bekehrungs-Erlebnissen). Luther wies eine in sich selbst begründete certitudo ab, hielt aber an der Gewißheit des Glaubens auf Grund der Verheißung Gottes fest: *"Das ist die Weise, durch die unsere Theologie ihre Gewißheit hat: weil sie von uns selbst wegreißt und außerhalb von uns selbst stellt, damit wir uns nicht stützen auf unsere Kräfte, Gewissen, Erfahrung, Person, Werke sondern auf das, was außerhalb von uns ist, das ist die Verheißung und Wahrheit Gottes, die uns nicht täuschen kann"* (WA 40 I,585) (vgl. LOCHMANN, Jan Milic: Art. "Heilsgewißheit", in: EKL[3], Bd.2, S.468f).

18   "Die Erscheinungen, durch die sich der Heilige Geist manifestiert, die Kräfte, in denen er sich beweist, die Früchte, die er bringt, die Werke, die er inspiriert, sind ausnahmslos Phänomene dieses Äons und damit von der Zweideutigkeit bedeckt. Das heißt aber: auch hier ist eine *naive Gleichsetzung von Geist und Geisteswirkung* nicht möglich, wie sie der Pfingstbewegung oft genug unterläuft. Denn der Geist ist der Herr (II Kor 3,17)... *Die Gaben und ihre Wirkungen erlauben jenen eindeutigen Rückschluß auf den Wirker schlechterdings nicht...*" (METZGER, Wolfgang: Die Pfingstbewegung als Frage an die Kirche. Zur Lehre vom Heiligen Geist, in: FuH 15/1964, S.46-90.58f).
   Zum *bleibenden Charakter der Zweideutigkeit* extraordinärer Phänomene und speziell des Zungenredens vgl. auch HARRISVILLE, Roy A.: Speaking in Tongues - Proof of Transcendence?, in: DIALOG. A Journal of Theology, Vol.13 (Winter 1973), S.11-18: "Speaking in tongues can neither be tabooed nor touted, but its context is in the world we see, a world in which the signs of transcendence - beyond the realm of probabilities - are present to the eye of faith or not at all. Acknowledgement of this truth may spell a hard life, but walking through the dark with God is the way left to those who believe, till faith has turned to sight... (I Cor 13,12)" (a.a.O., S.18).

19   vgl. hierzu: NIESEL, Wilhelm: Die Theologie Calvins, München 1957[2], S.172-182; PETERS, Albrecht: Glaube und Werk, S.106-113.113-156.216-221; ders.: in: PESCH, Otto Hermann/ PETERS, Albrecht: Einführung in die Lehre von Gnade und Rechtfertigung, Darmstadt 1981, S.163-166
   Nach **Luther** werden aus dem Glauben Werke folgen. Wo dies nicht geschieht, ist der Glaube eingebildet. Wir erlangen nicht das Heil durch unser Tun, weil allein der Glaube rettet, aber um der Heuchler willen ist nach Luther zu sagen: "Gute Werke sind notwendig zum Heil; zeigen sie doch einerseits öffentlich vor den Menschen an, wer zu den wahrhaft Glaubenden gehört, und machen sie doch andererseits die angefochtenen Gewissen froh und getrost" (PETERS, A.: in: a.a.O., S.165). Diese "sekundäre Gewißheit aus dem Tun wie Erleiden" hat Luther sorgfältig rückgekoppelt an die "primäre Gewißheit der fremden Gerechtigkeit Jesu Christi". Er sieht dies in Analogie zu den Sakramenten. "Wo unser alltägliches Leben erfolgt im betenden Aufblick zu Gott, da bergen wir uns, indem wir nach Gottes Weisungen fragen und sie zu befolgen suchen, zugleich hinein in seine Gnadenzusage; hierin erweist sich die sittliche Existenz aus dem Glauben heraus als eine präzise Parallele zu Taufe oder Abendmahl" (PETERS, A.: in: ebd.).
   "Wo nicht Werk folgen, kann der Mensch nicht wissen, ob er recht glaube, ja er ist gewiß, daß sein Glaub ein Traum (ist) und nicht recht" (WA 10 III, 287,20). - *"Quod si opera non sequuntur, certum est, fidem hanc Christi in corde nostro non habitare, Sed mortuam illam, scilicet acquisitam fidem"* (WA 39 I,46, Th.30). - *"Opera sund necessaria ad salutem, sed non causant salutem, quia fides sola dat vitam. Propter hypocritas dicendum est, quod bona opera sint etiam necessaria ad salutem. Oportet operari... Summa summarum: Opera sund necessaria, ut testentur no esse iustos"* (WA 39 I,96,6).
   Für **Calvin** ist eindeutig, daß allein die Barmherzigkeit Gottes der Grund unseres Heils und demzufolge auch Grund unserer Heilsgewißheit ist. Das Wort allein macht den Menschen des Heils gewiß. Die Werke als Zeichen des Gnadenstandes sind dem nicht gleichgeordnet, sondern können hinzutreten, nachdem das Wort seine Aufgabe vollendet hat.
   Gegenüber dem katholischen Einwand kann Calvin schreiben: *"Ist das Gewissen auf solche Weise gegründet, aufgerichtet und gestärkt, so dient ihm auch die Betrachtung der Werke zur Stärkung, weil sie nämlich Zeugnisse dafür sind, daß Gott in uns wohnt und regiert. Diese Zuversicht auf die Werke hat also nur da Raum, wo man zuvor alle Zuversicht des Herzens auf Gottes Barmherzigkeit geworfen*

hat... Wenn wir daran gedenken, was für Gaben uns Gott alle hat zuteil werden lassen, so gleichen sie uns gewissermaßen Strahlen des göttlichen Angesichtes, die uns ereuchten, um dieses herrlichste Licht seiner Güte anzuschauen. Wieviel mehr kann uns dann aber die Gnadengabe der guten Werke dazu dienen, die uns beweist, daß er uns den Geist der Kindschaft gegeben hat" (Inst. III,14,18). - *"Siehe, wir rechtfertigen den Menschen vor Gott nicht aus seinen Werken, sondern wir behaupten, daß alle, die aus Gott sind, wiedergeboren werden und eine 'neue Kreatur' (II Kor 5,17) werden, um aus dem Reich der Sünde in das Reich der Gerechtigkeit überzugehen, an diesem Zeugnis ihren 'Beruf' 'festzumachen' (II Petr 1,10) und wie Bäume an ihren Früchten erkannt zu werden (Mt 7,20;12,33; Lk 6,44)"* (Inst. III,15,8).

20   vgl. DUNN, James D.G.: Ministry and the Ministry: The Charismatic Renewal's Challenge to Traditional Ecclesiology, in: ROBECK, Cecil M.jr. (Hg.): Charismatic Experiences in History, Peabody/ Mass. 1985, S.81-101.81

21   Nicht zu bestreiten ist wohl, daß durch die starke katechetische Durchformung des Glaubensgutes in der reformatorischen Tradition die kognitiven Aspekte Lehre, Unterweisung und Vermahnung in den Vordergrund traten und kirchliches Leben und Frömmigkeit prägten, während emotionale und expressive Momente insgesamt schnell in den Verdacht der Schwärmerei gerieten.
Von Luther her ist weiter die ernste, negative Erfahrung des heiligen Gottes ausgeprägt und vor allem der Zuspruch von außen als positive Erfahrung akzentuiert. "Unmittelbare" Geistwirkungen und innere Erfahrungen werden in Abgrenzung von den "Schwärmern" abgewiesen.

22   P.G. Hiebert sieht in der vollen Einbeziehung des Emotional-Expressiven in den Glaubensvollzug einen wichtigen Faktor des Wachstums der PB, CB/CE: *"The current Charismatic Movement reaffirms the importance of affective expression in Christian faith, this time in the feelings of joy and ecstasy expressed by means of glossolalia, joyful music, raising of hands, dance, and, in extreme cases, spirit possesion to the point of loosing consciousness. To people whose hearts are too often empty, this renewed concern for the affective dimensions of worship comes as a breath of fresh air. They begin to feel the presence of God again in their lives. In many ways it is this restoration of the emotional expressions of Christian faith rather than a new call to cognitive insights or to discipleship that has been the main contribution of the Charismatic Movement to the broader church"* (HIEBERT, Paul G.: Discerning the Work of God, in: ROBECK, Cecil M.jr. (Hg.): Charismatic Experiences in History, Peabody/ Mass. 1985, S.147-163.148).

23   H.-O. Wölber der in der gegenwärtigen Situation 1) *enthusiastisch-charismatische*, pfingstliche, 2) *gebundene*, meditative, kommunitäre, rituelle, kultische und 3) *prophetisch-politische* Spiritualität unterscheidet, merkt an:
"Neben der politisch-prophetischen Spiritualität hat aber auch die enthusiastisch-charismatische Spiritualität in den lutherischen Kirchen kaum Platz gefunden. Das mag einmal an den kulturellen Bedingungen liegen. Die deutsch-abendländische Seelenverfassung ist eben anders als etwa die südamerikanische. Wenn der Akzent auf Wortbindung liegt, dann kann sich die Gefühlsbindung oder die Temperamentsbindung nicht recht entfalten, obwohl wir alle unter der geringen Erlebnisintensität leiden. Es mag heute denkbar sein, daß sich hier etwas Neues Bahn bricht. Es gibt ja auch in einem gewissen Rahmen eine Verschmelzung der Weltkultur sonst, zum Beispiel auf dem Boden der modernen Musik. Bemühungen um neue gottesdienstliche Musik zeigen, daß die Bewegung vom besinnlichen oder feierlichen Choral zu mehr emotionalen und affektiven Ausdrucksformen hinüberwechseln. Jedenfalls wird der betonte Rhythmus immer beliebter... Aus lutherischer Sicht wären die Probleme der seelischen Einstimmung, des Geschmacks und der Psychotechnik bzw. auch des kulturellen Arrangements manchmal jedenfalls Fragen an die Manipulation. Wer so streng auf die Rechtfertigung ohne des Gesetzes Werke achtet, neigt hier zu Befürchtungen. Wie auf ethischem Gebiet kann sich hier auch auf religiösem, kultischem, charismatischem, liturgischem Gebiet ein Leistungsdenken verstecken, und abgesehen von unseren eigengearteten religiös-kultischen Bedürfnissen scheint uns hier wieder die Rechtfertigungsbotschaft neuralgisch zu machen. Doch möchte ich noch einmal betonen, daß sie kein Alibi für schwächliche Ausdrucksformen, für mangelndes Temperament und geringe Erlebnisintensität sein darf. Wenn der Heilige Geist ungetrennt und unvermischt durch unser menschliches Wesen wirkt, dann darf dies auch ganz beteiligt sein, und es muß zugestanden werden, daß der Preis für lutherische Leistungs- und Manipulationskritik ein doppelter ist, nämlich das Risiko des Intellektualisierung, weil eine Kontrolle durch das Wort nicht anders möglich ist, und das Risiko der Skepsis gegenüber allem spontan aufbrechenden Geschehen. Im ganzen... muß man sagen, daß die lutherische Spiritualität der gebundenen Spiritualität zuneigt" (WÖLBER, Hans-Otto: Spiritualität - Das Gebet des Gerechtfertigten, in: MOHAUPT, L./ Hg.: MODELLE GELEBTEN GLAUBENS, Hamburg 1976, S.55-77.70-72).

24 Wenn Paulus auf die Gestalt des Gekreuzigten insistiert (I Kor 1f) und Luther von dort her ein scharfes Nein zur Theologia gloriae seiner Zeit spricht, wollen sie ja nicht den Osterruf "Der Herr ist wirklich auferstanden!" (Lk 24,34) verdrängen, sondern gerade in seiner Wirklichkeitsmacht sichtbar werden lassen. Bleibend ist aber die Erkenntnis, daß vor der Erhöhung die Erniedrigung steht, daß Gott tötet, bevor er lebendig macht. "Die Auferstehung ergeht nicht am Kreuz vorbei, sondern durchs Kreuz hindurch. Der Sieg Christi versteckt sich hier wirklich in einer Niederlage, er ist sub specie contraria verhüllt und gerade nicht ein unverhüllter, direkter, jedem sichtbarer und aufweisbarer Sieg. Nur als der Besiegte siegt Christus hier. *Victor quia victima* = Er ist Sieger, *weil* Schlachtopfer. Nur in der Ohnmacht ist er mächtig, nur indem er sich klein macht, ist er groß, nur als Knecht ist er der Herr (Phil 2,5-11), nur als Sterbender lebt er" (PÖHLMANN, Horst Georg: Abriß der Dogmatik, Gütersloh 1980[3], S.211-213.212f).

25 Die Pole dieser dynamischen Dialektik beschreibt H. Kägi, der der CE nahesteht:

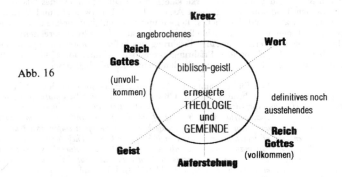

Abb. 16

"Das bisher Gesagte deutet darauf hin, daß biblisch-geistlich erneuerte Theologie und Gemeinde nur in einem *spannungsvollen Prozeß*... geschehen kann, der gegeben ist durch die grundlegende Spannung zwischen Kreuz und Auferstehung, zwischen bereits angebrochenem und noch ausstehendem Reich Gottes, aber auch zwischen Wort und Geist... Biblisch-geistliche Erneuerung ist und bleibt selber unterwegs, da die Menschen, denen sie geschenkt wird, unterwegs sind. Nur wenn wir bereit sind, in dieser heilvollen - weil uns in unserer Schwachheit immer wieder auf Gott werfenden - Spannung zu verharren, kann uns solch ganzheitliche Erneuerung geschenkt werden; nur dann kann sie vor falschen Verabsolutierungen und Einseitigkeiten bewahrt bleiben" (KÄGI, Hansjörg: Der Heilige Geist in charismatischer Erfahrung und theologischer Reflexion, Zürich 1989/ Zugl. Basel, Univ.Diss.1987, S.229).

"Die *Fülle dieser Zeichen* will der Geist schenken, wobei es ihm vorbehalten bleibt, wo und in welcher Gemeinde er was und zu welcher Zeit schenkt. Deshalb darf jede Gemeinde fröhlich erwartungsvoll alles von ihm erhoffen und sich an dem freuen, was der Geist ihr und anderen zu sagen und zu geben hat. *Offensichtlich sollen diese Zeichen das verkündigte Wort bestätigen* (Mk 16,20!), woraus erneut das unauflösliche Mit- und Ineinander von Wort und Geist ersichtlich ist!... So großes möchte der Geist wirken! Deshalb die Warnung, den Geist nicht auszulöschen (I Thess 5,19). Daß bei solchen Erweisen seiner Kraft, Macht und Liebe das Kreuz vergessen und ausgelöscht werden kann, muß im Auge behalten werden. Der Geist führt meist nicht in himmlische Höhen - obwohl er dies auch tun kann: II Kor 12,2-4 - sondern beschenkt uns mit viel *Liebes-, Konflikt- und Leidensfähigkeit*, damit wir in die Tiefen des menschlichen Leidens geführt werden, um den Ärmsten und Elendsten Brüder und Schwestern zu werden und ihnen damit Menschenwürde und Sinn neu zu schenken. Eine einseitige Theologia crucis, wie sie oft auch auf evangelischer Seite anzutreffen ist, darf nicht, in der Freude des erneuernden Geistwirkens, durch eine ebenso schlagseitige Theologia gloriae ersetzt werden. Es gilt auch und gerade hier: in der Spannung bleiben zwischen Kreuz und Auferstehung, angebrochenem und ausstehendem Reich Gottes, Geist und Wort. Aber: Abusus non tollit usum! Lassen wir uns durch keine extremen Verfälschungen dazu verlocken, ebenso extrem zu werden, sondern gehen wir den spannungsvollen und daher auch positiv spannenden Weg! Wenn wir das biblische, heilsgeschichtlich-trinitarische Gottes- und Geistverständnis vor Augen behalten, dann werden wir in Theologie und Gemeinde im eschatologischen Vorbehalt verharren, nicht über unser menschlich ambivalent-fragmentarisches Erfahren, Reflektieren, Erkennen und Verkündigen hinausgehen, aber gerade so auch in kühner Weise viel vom Geist erwarten: *Kreuz und*

Auferstehung, Gericht und Gnade, Trübsal und Freude, Leid und Heilung, Zeichen und Wunder, Geist und Kraft, neues Leben, Glaube und Hoffnung, liebendes, d.h. selbstkritisches und geisterfülltes Bekennen und Handeln zur Ehre Gottes und zum Besten der Menschen" (a.a.O., S.264f).
A. Köberle betont einerseits als Kennzeichen des Wirkens des Heiligen Geistes von Luther her, daß er tötet bevor er lebendig macht und alles Menschenwerk niederreißt. Andererseits mache der Geist wirklich lebendig und erneuere zu freudigem und kraftvollem Dienst für Gott (vgl. KÖBERLE, Adolf: Die Seele des Christentums. Beiträge zum Verständnis des Christusglaubens und der Christusnachfolge in der Gegenwart, Berlin 1932, S.120-122).

Gewiß habe der Sturmesgewalt des Pfingstgeistes, die Kraft der ersten Liebe, in der christlichen Kirche bald nachgelassen, "aber nicht deswegen, weil Christus nicht mehr auf dem Plan sein wollte mit seinem Geist und Gaben, sondern weil man nachließ im Glauben an die große Verheißung des Wortes, weil man nachließ in der anhaltenden Bitte um den Heiligen Geist und matt wurde in der Kraft und Hochspannung der gewaltigen, christlichen Zukunftshoffnung. Darum ist auch jedesmal da, wo ein Mensch aufstand und wagte, Gott bei seinem Wort zu nehmen und darauf felsenfest zu vertrauen, der Geist Gottes immer wieder neu gewaltig hindurchgebrochen, hat die Worte eines solchen Predigers und Zeugen wundersam gesegnet, hat neuen Mut und Kräfte zum Kampf gegen die alte Weltgestalt geschenkt und kühne Bereitschaft zum Martyrium" (a.a.O., S.122). "Durch das Neue Testament geht ein ganz anderer Zug der Freude und der Siegesgewißheit, ein ganz anderer Geist der Tapferkeit und der Angriffslust als durch die theologischen Zeugnisse und Lehrbücher unserer Tage. Man weiß dort wahrhaftig mehr als wir um viel Leid und Verfolgung von außen. Man kennt auch dort die bösen, gefährlichen Anfechtungen aus den eigenen Herzenstiefen wie aus dem Reich der Finsternis. Aber man richtet 'die lässigen Hände und die müden Knie' immer wieder auf, man tut feste, gewisse Tritte und strauchelt nicht wie ein Lahmer durchs Leben, weil man dort noch mit einer anderen Wirklichkeit rechnet als nur mit dem menschlichen Geist, der nichts anderes kann als bald trotzig und dann wieder verzagt zu sein, der sich bald weise dünkt und bald in resignierte Skepsis verfällt" (a.a.O., S.123).

"Die protestantische Geistlehre wird sich von der enthusiastischen Geistlehre immer dadurch unterscheiden, daß sie um den Stückwerkscharakter des erneuerten Lebens im Glauben weiß... Man vergißt auf dem Boden der Reformation niemals das Vorläufige, Fragmentarische, das über aller christlichen Heiligung nach Leib, Seele und Geist liegt. Man kommt da durch nicht neben Gott oder gar über Gott zu stehen. Man bleibt auch darin ganz unter Gott. Man ist auch darin ganz und gar auf sein immer neues Erbarmen und Schenken angewiesen, das geglaubt und erbeten sein will... Aber dieser evangelische Protest gegen die unehrerbietige, maßlosen Überschwenglichkeiten einer falschen Geistestheologie darf sich nun nicht nach der entgegengesetzten Seite so auswirken, daß unser Zeugnis vom Heiligen Geist aus lauter Angst, dabei doch ja nicht ins Schwärmen zu verfallen, dafür nun denkbar mager, ängstlich und kümmerlich wird. Diese Gefahr besteht heute tatsächlich in weitem Umfang..." (a.a.O., S.125).

"Die Berge-versetzende weltüberwindende Kraft des Glaubens zu einer rein zukünftigen Angelegenheit zu machen, die gegenwärtig anhebende res durch Verweisung auf eine rein jenseitige spes zu ersetzen, hieße im Grunde nichts anderes, als die geschichtliche Auferstehung Jesu Christi leugnen. Der Geist Christi bezeugt seine Todes- und Auferstehungskräfte an uns durch mortificatio und vivificatio, in den Niederlagen und Siegen, die er uns bereitet, durch Verwunden und Heilen, durch Arm-machen und Reich-machen (Joh 15,5!). Man kann nie eines von ihm allein empfangen, man hat entweder beides oder beides nicht" (KÖBERLE, Adolf: Rechtfertigung und Heiligung. Eine biblische, theologiegeschichtliche und systematische Untersuchung, Leipzig 1930[3], S.149f).

26 vgl.: HERMISSON, Hans-Jürgen/ LOHSE, Eduard: Glauben, Kohlhammer TB 1005, Stuttgart/ Berlin/ Köln/ Mainz 1978, S.89-102; REBELL, Walter: Alles ist möglich dem, der glaubt. Glaubensvollmacht im frühen Christentum, München 1989

27 vgl. DUNN, J.D.G.: in: a.a.O., S.83 - Dunn plädiert für einen Neuansatz des Amts- bzw. besser des Dienst-Konzepts von der Pneumatologie her: "*An emphasis on the diverse charisms of the people of God can be used neatly to supplement the established teaching about ordained ministry, to fill out the rather scanty treatment of the ministry of the whole people - to supplement but not to challenge that established teaching, to fill out but not to call in question that basic division, the 'essential difference' between clergy and laity. And yet that, it seems to me, is precisely the challenge and question of the charismatic renewal - to rethink our traditional conceptions of ministry and the ministry, not on the basis that the ordained ministry is a given, an established fixed point, but from first principles where any concept of 'special ministry' truly grows again from a thoroughly thought out understanding of the ministry of the whole people of God as the basis. The attempt to graft a concept of the ministry of the established root of the ordained ministry has not really worked. Now it is the time to reaffirm that the root of the ministry is the charismatic Spirit given variously to members of Christ's body, to recognize that our starting point is the new* *covenant of the Pentecostal Spirit and not an old covenant institution of priesthood"* (DUNN, J.D.G.: in: a.a.O., S.87). - *"If we take Paul seriously when he teaches that the health of the body depends on each member functioning properly, then a proper concern of corporate church life must be the discovery and recognition of all these ministries, and the encouragement and support of individuals in their ministry. This will require a truly broad perspective to recognize the full diversity of these ministries... The proper recognition of the responsibility of all believers in one form of ministry or another could do more to mobilize the witness of the church than almost anything else"* (in: a.a.O., S.96f).

Dunn hält es für unumgänglich, darauf zu bestehen, daß es keinen qualitativen Unterschied von Diensten gibt: *"If Paul is right in 1 Cor 12 and Rom 12, ministry has always to be seen more as a function than as an expression of official status. There are of course different functions, exercised by different people. Some of these functions are more important for the corporate life (as prophecy should have been more important than speaking in tongues in the Corinthian assembly - 1 Cor 14). But each is a charisma, an expression of God's free grace, and ministry properly exercised is the opposite of hierarchical status and authority (cf. Mark 10,42-45). This is not to deny the pragmatic sociological point that any large organization needs its full-time professionals to maintain it, and that some hierarchical structure is almost inevitable. But however much we may recognize the need for professionalism in organization, on questions of ministry per se, the distinction between professional and amateur is surely to be avoided. For if we take Paul seriously, the essence of ministry is openness to the Spirit to be a medium of grace to others. Training and experience can help facilitate (or hinder!) that openness, but they do not constitute the ministry itself"* (in: a.a.O., S.97).

Die praktische Konsequenz aus der Anerkennung der vielgestaltigen Dienstbegabung aller Glieder ist für Dunn ein Neubedenken der Ordinationstheologie und -praxis. *"The theology of ordination should include the recognition of this diversity of ministry. Ordination should not be confined to a life-long commitment, but should be equally expressive of a congregation's commendation of a short-term commitment. It should... be the congregation's identification with ministry of whatever kind through whatever member. This of course need not require an endless round of 'ordination services': a community's recognition can be expressed briefly or more elaborately, and the longer the commitment or the more strategic its task the fuller in expression will most congregations want their act of recognition to be"* (in: a.a.O., S.97f).

Was Dunn als Exeget von der Begegnung mit PB und CB/CE her äußert, ist nicht grundsätzlich neu. So hat schon vor Jahrzehnten *E. Brunner* auf den Widerspruch zwischen volkskirchlicher Wirklichkeit und neutestamentlich-paulinischem Gemeindebild aufmerksam gemacht: *"Das Neue Testament überrascht uns immer wieder durch die Vielfalt dieser Funktionen und die Vielfalt der Funktionsträger, der Dienste und Diensttuenden. Vor allem ist eines wichtig: daß alle Diensttuende sind und daß darum nirgends eine Scheidung, ja auch nur Unterscheidung von Diensttuenden und Nichtdiensttuenden, von Aktiven und Passiven, von Gebenden und Nehmenden wahrzunehmen ist"* (BRUNNER, Emil: Das Mißverständnis der Kirche, Stuttgart 1951, S.50). - Auch wenn man die sohmsche exklusive Entgegensetzung von Charisma und Amt, Charisma und Institution, Ekklesia und Kirche nicht teilt, sind doch hier Herausforderungen markiert, denen im Wandel der großkirchlichen Strukturen besondere Aufmerksamkeit zu schenken ist. So gilt es etwa mit H.-R.Weber den charismatischen "Status", das charismatische "Wachstum" und charismatischen "Dienst" des ganzen Volkes Gottes (vgl. WEBER, Hans-Ruedi: Gaben und Dienst der Laien, in: GELEBTE EINHEIT. Ökumenischer Dialog, FS für W.A. VISSERT HOOFT, hg. von Robert C. MACKIE und Charles C.WEST, Stuttgart 1965, S.177-193.186-192) in der theologischen Ausbildung wie in der kirchlichen Verkündigung viel stärker zu betonen und in Kirche und Gemeinde auch praktisch umzusetzen.

28   vgl. etwa die kritischen Rückfragen Schlinks an die lutherische Amtstheologie (SCHLINK, Edmund: Theologie der lutherischen Bekenntnisschriften, Berlin 1954/= Lizenzausgabe der 3.Aufl. München 1948, S.251f).

In der gegenwärtigen lutherischen Ekklesiologie sieht man den klassischen lutherischen Kirchenbegriff vor allem in zweierlei Hinsicht als ergänzungsbedürftig: "Einmal erscheint es notwendig, das Ethos der geschwisterlichen *Liebe* in wechselseitiger *Verantwortung* als entscheidend für das Wesen der Kirche, wenn auch als Wirkung von Gottes die Kirche konstituierendem Gnadenhandeln, deutlich zu benennen: als 'objektives Liebesethos' (W. Elert), im Sinne der *communio sanctorum* als verpflichteter Gemeinschaft (P. Althaus), in Sinne der Kirche als Bruderschaft (J.Wiebering). Zum anderen ist im 20.Jh. die *Sendungsdimension* der Kirche für das lutherische Kirchenverständnis bedeutsam geworden. Daß die Kirche ein entscheidender Faktor der gesellschaftlichen Öffentlichkeit ist und für diese Öffentlichkeit Verantwortung trägt, war den Reformatoren (im Rahmen des noch bestehenden Corpus Christianum) allerdings selbstverständlich und wird gegenwärtig neu reflektiert (W. Huber). Darüber hinaus aber wird die Kirche als Instrument des Sendungsauftrags Gottes an die nichtchristliche Welt gesehen (G. Vicedom: Missio Dei) und im Kontext einer säkularen Gesellschaft als 'Zeugnis- und Dienstgemeinschaft' verstanden und bezeichnet" (KÜHN, Ulrich: Art. "Kirche, 3.4. Lutherische Ekklesiologie", in: EKL³, Bd.2, S.1075- 1079.1077).

29 vgl.: VOSS, Klaus Peter: Der Gedanke des allgemeinen Priester- und Prophetentums. Seine gemeindetheologische Aktualisierung in der Reforma-tionszeit, Wuppertal/ Zürich 1990 (Zugl.: Göttingen, Univ. Diss., 1987/ 88), S.114-141; FAGERBERG, Holsten: Art. "Amt/ Ämter/ Amtsverständnis, VI.Reformationszeit, in: TRE, Bd.2, S.552-574.568-572; NIESEL, W.: Die Theologie Calvins, S.199-205

Calvin sieht, zur Auferbauung der Kirche vier Ämter bleibend gegeben: Pastoren, Doktoren, Presbyter und Diakone. Alle vier haben nur den einen Sinn, Christus und seine Herrschaft zu verkünden. Den wichtigsten Dienst haben die Pastoren, denen die Predigt und die Sakramentsverwaltung anvertraut ist. Dem Pastorenamt benachbart ist das Amt der Doktoren, dem die ständige Prüfung der kirchlichen Verkündigung an der Heiligen Schrift und die Ausbildung künftiger Prediger obliegt. Ohne Pastoren und Doktoren gibt es keine Leitung der Kirche. Durch diese beiden will Christus selbst zu uns sprechen. Auch das Presbyteramt verkündigt die Herrschaft Christi. Mit den Pastoren zusammen üben die Presbyter die Zucht aus. Die Diakone bezeugen, daß Christus sich auch der Armut und des Elends des Leibes annimmt. Neben diesen bleibenden Ämtern hat und kann es in der Kirche auch besondere Aufgaben, "*außerordentliche Ämter*", wie das Apostolat, das prophetische Amt oder die Gabe der Krankenheilung, geben (Inst.IV 3,4; OS 5,45,35; CR 49,506; Inst.IV 3,8; OS 5,50,17). Wie für Luther ist auch für Calvin die öffentliche Berufung wichtig. Sie erfolgt durch Wahl, wobei weder der Wille einer Mehrzahl von Wählenden, noch der Wille dessen, der ein Amt ausüben möchte, ausschlaggebend ist. Die Entscheidung trifft Christus, der Herr der Kirche, insofern er die für ein Amt erforderlichen Gaben verteilt. Die Wahl ist Anerkennung, Kennzeichnung und Herausstellung des Begabten. Sie geschieht in der Bitte um den Geist des Rates und der Unterscheidung (Inst.IV 3,12) (vgl. NIESEL, W.: Theologie Calvins, S.203f). Calvin rekurriert in seiner Ämterlehre vor allem auf den Leib- Christi-Gedanken, weniger auf den des allgemeinen Priestertums, das als allgemeines Haben aller mißverstanden werden kann. Ein falsches Gleichheitsdenken aber bringt Verwirrung und schadet dem Wohl des Leibes (CR 49,503 zu I Kor 12,17).

30 vgl. etwa: BRANDT, Edwin: Das allgemeine Priestertum im Leben der Baptistengemeinden, in: UNA SANCTA 44(1989), S.91-96; DURNBAUGH, Donald F.: Art. "Kirche, 3.6. Freikirchliche Ekklesiologie", in: EKL[3], Bd.2, S.1082-1085; VOLF, Miroslav: Kirche als Gemeinschaft. Ekklesiologische Überlegungen aus freikirchlicher Perspektive, in: EvTh 49(1989), S.52-76

"In den Freikirchen werden die Glaubenden zu verbindlicher Gemeinschaft und Nachfolge angeleitet. 'Wo das Wort Glauben findet, da entsteht Gemeinde' (Klaiber). Der *gelebte Glaube* ist unverzichtbarer Ausgangspunkt für den Gemeindeaufbau: Nur wer bereit ist, diesen vor der Gemeinde zu bekennen, kann Kirchenglied werden. Nur wer sich zur Gemeinde hält, kann es bleiben. *Freiwilligkeit* meint in den Freikirchen 'die frei Antwort des Glaubens auf das Evangelium mit Einschluß aller sich daraus ergebenden Konsequenzen' (Knierim). So will man 'die Reformation auf die Struktur der Kirche ausdehnen' (Thaut). Die Baptisten und der Bund Freier ev. Gemeinden arbeiten kongregationalistisch... Die Ev.-methodistische Kirche praktiziert eine Art presbyterianischer Ordnung... *Alle Dienste sind auf den Gemeindeaufbau hin angelegt, sollen jedem entsprechend seinem Charisma den nötigen Raum zur Entfaltung geben. Kirche wird so als 'charismatische Organisation' (Spörri) praktiziert.* - Die Freikirchen versuchen, Kirche als 'Raum der Gemeinschaft' (Popkes) darzustellen. Sie vertreten den evangelistischen Typ des Gemeindeaufbaus als Grundakzent... *Die ehrenamtliche Mitträgerschaft der sog. 'Laien' gehört ebenfalls zum Grundverständnis des Gemeindeaufbaus in den Freikirchen: Gemeinde als mündiges Gottesvolk...*" (SACKMANN, Dieter: Art. "Gemeindeaufbau, 2.Freikirchen", in: EKL[3], Bd.2, S.66f) - (Längere Hervorhebungen: OF).

31 KRAUSE, Burghard: Verheißungsorientierter Gemeindeaufbau in der Volkskirche. Eine Skizze, in: DAS MISSIONARISCHE WORT, 6/1990, S.207-212

"Der Glaube als persönliche Inanspruchnahme der Taufverheißung bleibt vielfach aus, die Taufe bleibt ohne Folgen. Kirchenmitgliedschaft ohne persönliche Grundentscheidung für Gott wird zum Normalfall. Die Taufpraxis suggeriert (ungewollt), man könne sich von dieser Grundentscheidung dispensieren nach dem Motto: 'Ein Christ ist, wer getauft ist'. Elementare Inhalte und Vollzüge des Glaubens werden immer unbekannter. Die Grenze zwischen Glaube und Unglaube ist unscharf geworden..." (a.a.O., S.209). - Krause will die volkskirchliche Vorgabe der Taufe beachten und statt mit einer "freischwebenden Entscheidungstheologie" zu arbeiten, sich im Ruf zum Glauben verkündigend auf die Taufe rückbeziehen. Als praktische Schritte einer Anleitung zur Umkehr, die sich vor allem in Glaubensseminaren bewährt haben, nennt er: "- eine Tauferinnerung als aktualisierter Zuspruch der Erwählung Gottes; - ein Beichtangebot; - ein an das Erleben der Konfirmation anknüpfendes Hingabegebet; - eine persönliche Segnung unter Handauflegung als sichtbares Zeichen der Nähe und Treue Gottes" (a.a.O., S.210). Als Konkretionen des Mandats der Einladung zum Glauben führt er die persönliche Evangelisation unter Freunden und Bekannten, den missionarischen Hauskreis, missionarische Freizeiten und Lehr-Evangelisationen an. Besondere Bedeutung wird nach seiner Sicht künftig die Frage bekommen, wie Gemeindegottesdienste wieder missionarische Strahlkraft gewinnen (ebd.).

32 "Frömmigkeit wird oft ins Private abgedrängt. Sie bleibt ohne prägende Kraft, weil ihr die Impulse einer tragenden Sozialgestalt des Glaubens fehlen. Unter der Devise 'Religion ist Privatsache' wird der Leib Christi vielfach zur Fiktion. Der 'Christus im Bruder und in der Schwester' bleibt unentdeckt. Die 'soziale Gotteserfahrung' im gegenseitigen Anteilnehmen und Anteilgeben im Glauben verkümmert in der Anonymität punktueller Kontakte zum Dienstleistungsbetrieb Kirche" (ebd.).

33 "Die bedrückende Dominanz des Pfarramts begünstigt eine pfarrerzentrierte Versorgungsmentalität. Aus der charismatischen Gemeinschaft der Christen ist weithin eine Gemeinde der pastoral Betreuten geworden. Der Pfarrer ist in der Erwartung der meisten Kirchenglieder der zentrale Repräsentant und Bürge des Evangeliums. Sein Amt dominiert. In die Rolle des 'Allround-Charismatikers' gedrängt ('Der Pastor hält (!) den Gottesdienst'), fungiert er oft als eine Art Gemeindeersatz. Man geht zur Kirche, aber man ist nicht Kirche. Ein gewaltiger Schatz verschütteter, nicht entdeckter und unentwickelter missionarischer Gaben bleibt so ungenutzt liegen" (ebd.).

34 "Für viele Gemeinden ist eine Privatisierung des Evangeliums (von 'privatio' = Raub) bezeichnend. Sie meint: dem anderen das Evangelium vorenthalten, indem man es für sich behält. Viele Gemeinden sind Sackgassen der missio dei geworden, statt sich als Durchgangsstationen der Liebe Gottes von der missio dei in Anspruch nehmen zu lassen. Sie konsumieren das Evangelium zu privater Erbauung, ohne es als Salz und Licht der Welt glaubwürdig zu bezeugen. Die Annahme des Sendungsauftrags bleibt aus, die Sammlung führt ins unmissionarische Getto" (ebd.).

35 vgl. a.a.O., S.209-212

36 HERBST, Michael: Missionarischer Gemeindeaufbau in der Volkskirche, Stuttgart 1987, S.305-410 (vgl. auch den Entwurf von EICKHOFF, Klaus: Gemeinde entwickeln. Für die Volkskirche der Zukunft. Anregungen zur Praxis, Göttingen 1992)

37 vgl. HERBST, M.: a.a.O., S.332-338

38 "Das Amt als Gegenüber garantiert zwar die Vorgegebenheit und Einheit des Evangeliums, damit auch seine Zuverlässigkeit, aber es tritt nicht in Konkurrenz zur Vielfalt der Charismen. Es erscheint vielmehr selbst als ein Charisma, eingebunden in die Vielfalt der Gemeinde. Es ist darum auch nicht exklusiv zu verstehen, sondern inklusiv, d.h. es darf nicht die vielen Begabungen behindern, sondern soll ihnen dienen, damit sie zur Entfaltung kommen" (a.a.O., S.333).

39 "Lehrhafte Verkündigung und Anleitung zur Mitarbeit (nicht: zur Hilfsarbeit) sind die Instrumente, mit denen der Pfarrer im Mitarbeiterkreis gemeindeleitend dem Dienst der Christen in Gemeinde und Welt dient... Wo der Pfarrer Leitungsgaben sieht, wird er zum Leiten anleiten und dann auch Verantwortung übertragen... Daß der Pfarrer entlastet wird, ist nur ein Nebenprodukt... Die Stimulierung und Koordination der charismatischen Mitarbeiterschaft ist das zweite Element des gemeindeleitenden Dienstes..." (a.a.O., S.336).

40 Das Pfarramt als Amt der Einheit ist in zahlreichen theologischen Dokumenten zu finden. Es erscheint oft als Klammer für den innergemeindlichen Pluralismus. Im missionarischen Gemeindeaufbau ist das Amt der Einheit anders verstanden. In Anlehnung an das ministerium verbi divini ist das Amt der Einheit zunächst an die Sakramentsverwaltung gebunden... Darüber hinaus wird der Pfarrer in seiner Leitungsfunktion die Vielfalt der Charismen in der Gemeinde zur Einheit der einen Gemeinde Jesu zusammenführen... Zum Dienst an der Einheit gehört aber auch Konfliktfähigkeit. Gegen ein romantisches Bild vom Gemeindeaufbau ist sofort einzuwenden, daß es missionarischen Gemeindeaufbau nur um dem Preis harter Konflikte geben kann. Sie werden nicht zuletzt den Pfarrer selbst treffen. Sie werden vor allem aus dem Inneren der Gemeinde kommen, keineswegs nur von 'draußen'..." (a.a.O., S.337).

41 vgl. a.a.O., S.338

42 ebd.

43 ebd.

44 a.a.O., S.339-344

45 "Es geht nicht darum, die Taufe geringzuschätzen, sondern zu ihr zurückzuführen. Es geht um Tauferneuerung. Es geht um eine erstmalige oder erneute Hinkehr der Getauften zu dem ihnen in Christus durch die Taufe zugeeigneten Heil. Dann geht es um die Einübung der glaubenden Getauften in den täglichen recursus ad baptismum. Angesichts zunehmender Erosion der Volkskirche werden wir darüber hinaus immer mehr mit Nicht-Getauften rechnen müssen, die wir zum Glauben und darum auch zur Taufe einladen sollen" (a.a.O., S.346).

46 Mit Theodosius Harnack tritt er für die Unterscheidung des "coetus vocatorum" der Getauften vom "coetus credentium", der Glaubenden, von empirischer und wesentlicher Kirche ein, auch wenn eine Grenzziehung im Ineinander der beiden Größen nicht einfach möglich ist. "Das zum Glauben rufende Wort ist es, durch welches die Frage nach der persönlichen Heilsgewißheit geweckt wird. Das zum Glauben rufende Wort ist es auch, das Trennung bringt... Nicht menschliches Richten, sondern das Wort unterscheidet dann zwischen Glauben und Unglauben" (a.a.O., S.346).

47 a.a.O., S.342

48 vgl. a.a.O., S.350-357

49 vgl. a.a.O., S.358-365

50 vgl. a.a.O., S.373-391

51 HERBST, Michael: Missionarischer Gemeindeaufbau in der Praxis, in: DAS MISSIONARISCHE WORT 6(1990), S.216-221 - Offensichtlich hat Herbst hier auch die Akzentuierung des Gottesdienstes, z.B. durch Chr. Möller, stärker aufgenommen, aber auch Impulse aus der Gemeindewachstumsbewegung, die er in den landeskirchlichen Kontext zu übertragen sucht (vgl. etwa die acht Basisprinzipien wachsender Gemeinden von SCHWARZ, Christian A.: Der Gemeinde-Test. Kybernetisch Gemeinde bauen, Mainz-Kastel 1991, S.16ff: 1.*Zielorientierter Pastor* - 2.*Gabenorientierte Mitarbeiterschaft* - 3.*Leidenschaft- liche Spiritualität* - 4.*Zweckmäßige Strukturen* - 5.*Inspirierender Gottesdienst* - 6.*Ganzheitliche Klein- gruppen* - 7.*Evangelistische Diakonie* - 8.*Hoher Liebesquotient*).

52 "*3.Evangelisierung als Aufgabe der Gemeinde.* - Die Aufgabe der Evangelisierung ist der ganzen Kirche anvertraut, dem Leib Christi, in dem die Gaben und Funktionen aller Glieder versammelt sind. Was der Kirche im ganzen gilt, muß jedoch in der einzelnen Gemeinde konkret werden... Unsere Ortsgemeinden in ihrer volkskirchlichen Prägung, wie sie uns in der BRD vorgegeben ist, sind aber nur unzureichend für diese Aufgaben vorbereitet. Ihre Strukturen dienen mehr dem Bewahren des Überkommenen als der missionarischen Bewegung nach draußen. Zu lange haben wir auf Extensität, auf flächendeckenden Service für religiöse und soziale Bedürfnisse gesetzt, haben dabei die Intensität des Glaubensvollzugs und die Spiritualität vernachlässigt" (SORG, Theo: Evangelisierung als gemeinsame Aufgabe der Kirchen in Europa, in: ThBeitr 23/1992, S.337-340.339).
"*4.Die doppelte Stoßrichtung der Evangelisierung.* - Evangelisierung muß sich... in einer zweifachen Richtung entfalten. Sie wird sich einerseits 'nach innen' richten und auf Erweckung der vorhandenen Gemeinde zielen, die weithin in traditionellen Formen festgefahren ist, im Blick auf den Einsatz ihrer Charismen unterentwickelt, verunsichert oder müde geworden. Die Paraklesen des Neuen Testaments, das Ermutigen und Ermahnen, werden dabei im Vordergrund stehen müssen. Im einzelnen geht es hier um die Gewinnung und Zurüstung von Mitarbeitern und Laien zu Zeugnis und Dienst, um Angebote spirituellen Lebens als Oasen für den Dienst in der Welt, um das Einüben eines Lebensstils, der von der Freiheit geprägt ist, zu der uns Christus befreit, und um Anleitung zur Gewissensbildung und zur verantwortlichen, öffentlichen Verantwortung zu übernehmen. - Hand in Hand damit muß durch die Gemeinde am Ort und durch übergemeindliche Bewegungen die 'Evangelisierung nach außen' Platz greifen. Sie geschieht durch den permanenten Einfluß, den eine Gemeinde ausstrahlt, die geistlich lebendig ist, durch Glaubensgespräche, durch einladende glaubenweckende Verkündigung und Bildungsarbeit, durch diakonische Zuwendung zu Armen und Benachteiligten, zu Randgruppen und Minderheiten, und durch die Bereitschaft zum Dialog mit Menschen anderen Glaubens, anderer Tradition und anderer Kultur" (a.a.O., S.339f).

53 vgl. SORG, Theo: Wie wird die Kirche neu? Ermutigung zur missionarischen Gemeinde, Wuppertal 1979², S.61-84.83f - MIRO, Ralf: Der Abendgottesdienst, in: GEMEINDEWACHSTUM, Nr.28/ Heft 1(1987), S.24

Zum Gottesdienst vgl. auch: MARTIN, Gerhard Marcel: Art.   "Gottesdienst, 7.Praktisch-theologisch", in: EKL³, Bd.2, S.282-284; SCHMIDT-LAUBER, Hans-Christoph: Art.   "Gottesdienst, 2.Westliche Tradition", in: EKL³, Bd.2, S.263-270.269f

54 "Die Pluriformität von Gemeindeprofilen, das Nebeneinander von 'Personal'-, 'Funktional'- und Orts-Gemeinde sind als Zeichen der Lebendigkeit zu werten. So ist es wünschenswert, daß Gemeinden unterschiedliche Profile entwickeln, verschiedene Identifikationsmöglichkeiten schaffen und somit Wahlmöglichkeiten eröffnen. Gemeindemitgliedschaft als Akt bewußter Partizipation kann nur gelingen, wenn sektorale Teilnahmemöglichkeiten in unterschiedlichen Gemeinden, bedingte Partizipation auf Zeit nicht unmöglich gemacht werden. Auf diese Weise entwickeln sich tendenziell alle Gemeinden zu 'Freiwilligkeits-Gemeinden' auch innerhalb der Bedingungen der Volkskirche. Aus guten Gründen bleibt aber die Orts-Gemeinde der Regelfall aller gemeindlichen Strukturen. Mit ihrer 'Bodenhaftung' bietet sie den notwendigen Widerstand gegen immer wiederkehrende Versuche, Gemeinde als System reiner Gesinnungsgruppen zu konstituieren" (GRÜNBERG, Wolfgang/ ALBRECHT, Horst: Art. "Gemeinde, 2.Praktisch-theologisch", in: EKL³, Bd.2, S.48-55.53)
    Zur Frage der Gemeindegestalt vgl. auch: HÄRLE, Wilfried: Art. "Kirche, VII.Dogmatisch", in: TRE, Bd.18, S.277-317.302-308; MÖLLER, Christian: Art. "Gemeinde, I.Christliche Gemeinde", in: TRE, Bd.12, S.316-335.316-329; ders.: Art. "Gemeindeaufbau, 1.Volkskirche", in: EKL³, Bd.2, S.64f; RITSCHL, Dietrich: Art. "Gemeinde, 4.Systematisch-theologisch", in: EKL³, Bd.2, S.57-62; RITTER, Adolf-Martin: Art. "Kirche, 2.2. Kirchenbilder und -theorien in der Christentumsgeschichte", in: EKL³, Bd.2, S.1058-1066; WEBER, Hans-Ruedi: Art. "Gemeindeaufbau, 3.Kirchen in der dritten Welt", in: EKL³, Bd.2, S.67-69

55 vgl.: SCHAIBLE, G.: Christliche Lebens-Gemeinschaften aufbauen, Neukirchen-Vluyn 1992

56 vgl. EICKHOFF, Klaus: Hauskirchen in der Volkskirche, in: GEMEINDEWACHSTUM, Nr.46/ Heft 2(1992), S.30f - *A.L. Foster* unterscheidet im Blick auf das ***Verhältnis der Hauskirchen/ Hauskreise zu den etablierten Kirchen*** sieben Typen: "1. *Zusatz-H.* (in Ergänzung der kirchl. Angebote); 2. *Ersatz-H.* (enthält in sich das ganze Spektrum kirchl. Angebote); 3. *Ökumen.-H.* (mit Teilnehmern unterschiedlicher konfessioneller Herkunft); 4. *Satelliten.-H.* (versteht sich bewußt als verantwortlicher Teil einer Kirche); 5. *Gruppen-H.* (mehrere Gruppen umfassend); 6. *Solo-H.* (eigenständig, mit oder ohne konfessionelle Einbindung, in gewissen Situationen im Untergrund lebend); 7. *Ketten-H.* (mit anderen H.n. zusammen vernetzt)" (PARKER, G.Keith: Art. "Hauskirche/ Hauskreise", in: EKL³, Bd.2, S.391f.392).

57 vgl. hierzu: ASCHOFF, Udo: Offener Brief an die Kirche. Neue Gemeindeformen innerhalb der Volkskirche sind überfällig, in: DAS MISSIONARISCHE WORT 1/1992, S.43f (= in: GE-MEINDE-ERNEUERUNG. Zeitschrift der GGE in der ev. Kirche, Nr.40, 2/1991, S.4f); STEFFEN, Reinhard: Richtungsgemeinden. Hat ein altes Modell Zukunft?, in: GEMEINDE-ERNEUERUNG, Nr.44, 2/1992, S.12-16; WIELAND, Walter: Ein "Zweiter Programm" für die Landeskirche, in: GEMEINDE- ERNEUERUNG, Nr.40, 2/1991, S.6-8
    "Eine Richtungsgemeinde unterscheidet sich wesentlich von einer 'Personalgemeinde'. Hier geht es nicht um eine überragende Persönlichkeit, die anziehend, prägend und faszinierend wirkt, sondern um eine Glaubensüberzeugung, die alle verbindet, die hier zusammenkommen. Diese Überzeugung bleibt auch, wenn der Leiter oder die Leiterin die Gemeinde verläßt. Eine Richtungsgemeinde bekommt auf diese Weise langfristig ein spezifisches und unverwechselbares Gesicht" (STEFFEN, R.: in: a.a.O., S.14).
    Steffen sieht als ***Möglichkeiten*** 1) den *Richtungsbezirk*, 2) die *Richtungsgemeinde*, 3) die *Gemeindeneugründung*: "Der Richtungsbezirk. Am einfachsten läßt sich das Modell einer 'Richtungsgemeinde' aus der Struktur einer städtischen Großstadtgemeinde heraus entwickeln. In Gemeinden mit mehreren Pfarrstellen könnte z.B. eine Stelle für eine bestimmte Richtung (Spiritualität) vorbehalten werden. In einem solchen Fall würde dem Landeskirchenrat oder einem ähnlichen Gremium ein ständiges Recht zufallen, diese Stelle entsprechend zu besetzen. Der Pastor oder die Pastorin auf dieser Position könnte gleich orientierte Gruppen oder Personen in der gesamten Kirchengemeinde oder im Kirchenkreis/ Dekanat betreuen. So würde ein Sonderpfarramt geschaffen, das beispielsweise dem Studentenpfarramt vergleichbar wäre. Diese Lösung würde bewirken, daß das Gespräch in der Gemeinde über verschiedene Ausprägungen der Spiritualität fortgesetzt werden könnte. Ein solcher 'Richtungsbezirk' benutzt Kirche und Gemeindehaus der Gesamtgemeinde. - Die Richtungsgemeinde. Eine Gemeinde, die schon länger besteht, könnte sich ganz für eine spirituelle Richtung entscheiden. Die Kirche von England verfügt hier über eine lange Erfahrung: Es gibt liberale, evangelikale, hochkirchliche und charismatische Gemeinden. Verkündigung und Gemeindeaufbau vollziehen sich nach entsprechenden Grundsätzen. Die anglikanische Kirche hat damit gute Erfahrun-

gen gemacht. Es wird allerdings auch darauf geachtet, daß bei der Neubesetzung einer Pfarrstelle keine totale 'Kurskorrektur' vorgenommen wird. - Die Gemeinde-Neugründung. Wenn keine Gemeinde in der Stadt oder im Kirchenkreis bereit ist, sich für einen Richtungsbezirk oder eine Richtungsgemeinde zu entscheiden, um auch die Betreuung auswärtiger spiritueller Gruppen mit zu übernehmen, sollte die Kirchenleitung bei entsprechenden Anfragen in eigener Regie eine neue Gemeinde gründen und mit allem Nötigen ausstatten. Damit wäre ein wichtiger Schritt getan, um die Abwanderung in die Freikirche zu bremsen" (STEFFEN, R.: in: a.a.O., S.15).

58 In der Abschlußerklärung des Deutschen Evangelisationskongresses (9.-12. Okt. 1990, Stuttgart) wird u.a. Bewegung in dieser Richtung angemahnt: "4. Wir erwarten daß die Leitungen der Landeskirchen ergänzend zu den flächendeckenden Parochialstrukturen neue, dem evangelistischen Auftrag dienliche Strukturen ermöglichen, z.B. Missionsstationen in städtischen Bereichen". - "Inhaltlich hätten diese Missions-Stationen keine andere Aufgabe, als neue Gemeinden auf missionarischer Basis zu bilden. Sie sollten, ohne den ganzen volkskirchlichen Ballast mit sich herumzutragen, frei sein, neue Menschen für einen biblisch fundierten Glauben an Jesus Christus zu gewinnen. Sie sollten ohne die ständigen volkskirchlichen Nörgler und Bremser frei sein für ihre missionarischen Versuche. Und dies alles mit volkskirchlicher Legitimation" (BLUNCK, Jürgen: Gemeinde als Missionsstation, in: DAS MISSIONARISCHE WORT, 1/1992, S.40-42.42).

59 vgl. KNOBLAUCH, Jörg/ EICKHOFF, Klaus/ ASCHOFF, Friedrich (Hg.): Gemeinde gründen in der Volkskirche - Modelle der Hoffnung, Moers 1992, S.153ff
Zur Diskussion um Gemeindeaufbau und Gemeindeneugründungen vgl. auch: HEMPELMANN, Reinhard: Charismatische Bewegung und neue Gemeindegründungen, in: MATERIALDIENST DER EZW, 56.Jg/1993, S.129-137; ders.: Gemeinde gründen in der Volkskirche, in: MATERIALDIENST DER EZW, 56.Jg./93, S.23-27; ders.: Neue Gemeindegründungen und Kirche. Bericht über eine Tagung in Schloß Craheim und Anmerkungen zu einem Thema, in: MATERIALDIENST DER EZW, 55.Jg./92, S.240-244; REIMER, Ingrid: Neue Gemeindebildungen, in: MATERIALDIENST DER EZW, 54.Jg./91, S.245-252

ANMERKUNGEN: *D.2 Anfragen und Anstöße: G. Tersteegen*

1 *Zu Leben und Denken G. Tersteegens* vgl.: ANDEL, Cornelis Pieter van: Gerhard Tersteegen. Leben und Werk - Sein Platz in der Kirchengeschichte, Neukirchen-Vluyn 1973; ders.: Gerhard Tersteegen, in: GRESCHAT, Martin (Hg.): Orthodoxie und Pietismus, S.347-372 ; ENSIGN, Chauncey David: Radical German Pietism, Diss. phil. Boston 1955, S.357-378; NIGG, Walter: Große Heilige, Zürich 1955⁵, S.356-409; HOFFMANN, Dieter: Der Weg der Reife. Eine religionspsychologische Untersuchung der religiösen Entwicklung Gerhard Tersteegens, Studia Psychologiae Religionum Lundensia 3, Lund 1982; RITSCHL, Albrecht: Geschichte des Pietismus, Bd.1, S.455-494; SCHMIDT, Martin: Art. "Tersteegen, Gerhard (Gerrit)", in: RGG³, Bd.6, S.697f; SIMONS, Eduard: Art. "Tersteegen, Gerhard, gest.1769", in: RE³, Bd.19(1907), S.530-537; TERSTEEGEN, Gerhard: Gerhard Tersteegens Geistliches Blumengärtlein inniger Seelen mit der Frommen Lotterie und einem kurzen Lebenslauf des Verfassers, Neue Ausg./2.Aufl.der Neuen Ausg., Stuttgart 1969¹⁶ (= BLUMENGÄRTLEIN), S.5-25; WALLMANN, Johannes: Pietismus, S.32-36; WOLFF, Gottfried: Solus Christus. Wurzeln der Christusmystik bei Gerhard Tersteegen, Gießen/ Basel 1989; ZELLER, Winfried: Art. "Tersteegen, Gerhard", in: EKL², Bd.3(1959), S.1332f
Johannes Wallmann begreift Tersteegens religiöse Frömmigkeit als *"eine pietistische Variante der quietistisch-romanischen Mystik"*, wie sie im 17.Jahrhundert in Italien, Frankreich und Spanien vertreten war (WALLMANN, Johannes: Pietismus, KIG Bd.4/Lfg. O 1, Göttingen 1990, S.32-36.35).

Biographische Skizze G.Tersteegens (1697-1769)

Gerhard Tersteegen wurde als Sohn eines pietistisch gesonnenen Kaufmanns am 25.11.1697 in Moers am Niederrhein geboren. Nach dem Besuch der Lateinschule, auf der er sich gründliche Kenntnisse in Latein, Griechisch, Hebräisch und Französisch aneignete, trat er in den Beruf des Vaters ein. Weil die einige kaufmännische Tätigkeit ihn aber zu sehr in weltliche Dinge verstrickte, entschloß er sich im Jahr 1719 dazu, Bandwirker zu werden, um sich neben der Arbeit auch der inneren Sammlung und Betrachtung widmen zu können.
Starken Einfluß auf Tersteegen hatte in Mülheim a.d. Ruhr der separatistische Theologiekandidat Wilhelm Hoffmann (1685-1746), ein Anhänger des quietistischen Mystik Pierre Poirets (1646-1719) und der "Apostel des Separatismus" Hochmann von Hochenau, der bereits Hofmann entscheidend geprägt hat (*1). Tersteegen folgte aber weniger dem kirchenstürmenden chiliastischen Hoch-

mann, als dem ruhigen Hoffmann in seiner mystisch-quietistischen Frömmigkeit und übernahm dessen Indifferenz gegenüber der verfaßten Kirche und dem allgemeinen Gottesdienst. Er zog sich daraus zurück und nahm auch nicht am Abendmahl teil, da auch öffentliche Sünder an diesem teilnehmen konnten. In späteren Jahren kam er zu einer positiveren Einschätzung. Seinen asketisch-klösterlichen Neigungen folgend, zog sich Tersteegen nach Aufgabe des Kaufmannsberufes in die Einsamkeit zurück. Zeitlebens blieb er ehelos. Am Gründonnerstag dem 13. April des Jahres 1724 verschrieb er sich am Ende einer langen Phase von geistlicher Dürre und Dunkelheit mit seinem eigenen Blut dem *"Heiland und Bräutigam"* Jesus Christus zum *"völligen und ewigen Eigentum"*. Nach dieser Verschreibung, die er seine *"zweite Bekehrung"* nannte, gab er sein Eremitendasein auf. Seit dem Jahr 1727 hielt Tersteegen auf Bitten von Hoffmann regelmäßige "Geistliche Reden" und "Erbauungsversammlungen" und begann eine ständig wachsende Seelsorgetätigkeit. Auf ausgedehnten Reisen suchte er pietistische Gruppen und Einzelpersonen auf, woraus sich ein reger Briefverkehr ergab.

Große Wirkung entfaltete Tersteegen auch als *Übersetzer mystischer Schriften, als Erbauungsschriftsteller und Liederdichter*. Seine erste Veröffentlichung war die Übersetzung von Labadies "Hand-Büchlein der wahren Gottseligkeit" (1727). Viel gelesen wurde sein "Geistliches Blumengärtlein inniger Seelen" (1729), eine Sammlung geistlicher Lieder und Sprüche sowie die Spruchsammlung "Der Frommen Lotterie" (1732). Unter den übersetzten Mystikern finden sich u.a. Texte von Madame de Guyon, Jean de Bernières-Louvigny und Thoma von Kempens "Nachfolge Christi". Die Herausgabe mystischer Texte war Tersteegen wichtiger als die Veröffentlichung seiner eigenen Gedanken. Lediglich den "Weg der Wahrheit, die da ist nach der Gottseligkeit" (1750), eine Sammlung erbaulicher Traktate und die Auseinandersetzung mit dem Deismus Friedrichs des Großen, "Gedanken über eines Anonymi Buch. Vermischte Werke des Weltweisen zu Sanssouci" (1762), hat er selbst zum Druck befördert. Tersteegens Hauptwerk ist die dreibändige biographische Sammlung "Auserlesene Lebens=Beschreibungen Heiliger Seelen" (1733-1753), in der er 25 Gestalten - meist Katholiken aus der romanischen Mystik der Gegenreformation - als Vorbilder des inneren Lebens darstellt (*2).

Während des Verbots der Hoffmannschen "Übungen" in den Jahren 1740-1750 betätigte Tersteegen sich vor allem schriftlich, versorgte Kranke, fertigte Arzneien an und organisierte ein großes Hilfswerk mit niederländischen Freunden. Mit der Wiederaufnahme der "Übungen" begann der Höhepunkt seines Wirkens. Seine Reise- und Versammlungtätigkeit mußte er wegen eines Bruch-leidens seit dem Jahr 1756 stark einschränken. Umso größer wurde aber der Zulauf zu seinem Haus. Tersteegen starb am 3.April 1769 in Mülheim a.d. Ruhr.

---

*1) vgl. BLUMENGÄRTLEIN, S.9f

Der Theologiekandidat Wilhelm Hoffmann war durch Hochmann von Hochenau für den spiritualistisch-separatistischen Pietismus gewonnen worden (vgl. AUGÉ, Fr.: Acht Briefe Ernst Christoph Hochmanns von Hochenau, in: Monatshefte für Rheinische Kirchengeschichte, 19/1925, S.133-154.133).

Wie sehr Tersteegen Hochmann bewunderte und verehrte, wird aus der Grabschrift deutlich, die er diesem setzte.   *"Wie hoch ist nun der Mann, der hier ein Kindlein gar,*
Herzinnig, voller Lieb', doch auch voll Glaubens war!
Von Zionskönigs Pracht er zeugte und drum litte;
Sein Geist flog endlich hin, und hier zerfiel die Hütte."

*2) "Tersteegen wollte nicht für katholische Frömmigkeit werben, hielt aber dafür, daß in der katholischen Kirche mehr wahre evangelische Christen seien als in der evangelischen Kirche" (WALLMANN, J.: Pietismus, S.35).

---

2   vgl. hierzu LUDEWIG, Hansgünter: Gebet und Gotteserfahrung bei Gerhard Tersteegen, AGP 24, Göttingen 1986, S.72

3   Tersteegen nimmt Vorstellungen und Begriffe der mittelalterlichen und romanischen Mystik positiv auf (vgl. hierzu etwa die Übersetzung von lateinischen Versen Taulers am Ende des ersten Teils im Blumengärtlein, a.a.O., S.181-185; oder im zweiten Teil des Blumengärtleins die Übersetzung "Die heilige Liebe Gottes und die unheilige Naturliebe, in erbaulichen Versen vorgestellt aus dem Französischen der Frau von Guyon, a.a.O., S.270-308) und gibt ihnen eine schriftbezogene evangelische Ausrichtung.

Einen guten Einblick in Tersteegens Grundanschauungen und seine Spiritualität geben die 606 Reimworte des Geistlichen Blumengärtleins (Des geistlichen Blumengärtleins erstes Büchlein, enthaltend kurze und erbaulich Schlußreime, a.a.O, S.35-187). Ebenso die geistlichen Lieder im dritten Teil (Des geistlichen Blumengärtleins drittes Büchlein, oder geistliche Lieder und Andachten, a.a.O., S.309-590) und die Reime der "Frommen Lotterie" (a.a.O., S.591-674). Dort tauchen alle Tersteegen wichtigen Züge und Akzentuierungen des christlichen Lebens auf: Geduldig sein in Kreuz und Pein, Anbetung im Geist, Wandel im Geist, Einfältigkeit, Kindlichkeit, Abgeschiedenheit und verborgenes Leben, Stilles Wesen, Ruhen in Gott, Gelassenheit, Selbstverleugnung, Selbstentwerdung, nackter Glaube, Gehorsam, Demut u.a.

4 vgl. TERSTEEGEN, Gerhard: KURZER BERICHT VON DER MYSTIK, in: ders.: WEG DER WAHRHEIT, die da ist nach Gottseligkeit; bestehend aus zwölf bei verschiedenen Gelegenheiten aufgesetzten Stücken und Traktätlein nebst zwei Zugaben, nach der letzten vom Verfasser besorgten 4.Aufl., Nachdruck Stuttgart 1968 (= WEG DER WAHRHEIT), S.269-279

5 a.a.O., S.271

6 a.a.O, S.274

7 a.a.O., S.275 (im Original jeweils biblische Belegstellen)

8 a.a.O., S.277f

9 a.a.O., S.278

10 a.a.O., S.271f

11 a.a.O., S.272

12 zit. bei RITSCHL, Albrecht: Geschichte des Pietismus, Bd.2, S.484

13 zit. bei RITSCHL, Albrecht: Geschichte des Pietismus, Bd.2, S.483

14 Tersteegen konnte sich auf Grund seiner spezifischen mystisch-asketischen Ausrichtung weder mit dem theosophisch-spekulativen Zweig des Pietismus, noch mit der Gnadenleichtigkeit der Herrnhuter anfreunden. Neben dem Kritikpunkt ihrer äußeren Sonderbildung machte er letzteren vor allem den Vorwurf der Leichtsinnigkeit. Er konnte bei ihnen wenig sehen von Heiligungsernst, Selbstverleugnung und Ehrfürchtigkeit und sah sich veranlaßt, ein Warnungsschreiben zu verfassen (TERSTEEGEN, Gerhard: WARNUNGSSCHREIBEN WIDER DIE LEICHTSINNIGKEIT; worin die notwendige Verbindung der Heiligung mit der Rechtfertigung, wie auch was gesetzlich und was evangelisch ist, kürzlich angezeiget wird, in: WEG DER WAHRHEIT, S.163-227).
Tersteegen wirft den Herrnhutern vor, daß sie mit der Bekehrung in wenigen Stunden oder Tagen fertig sein wollen. Außerdem wendet er sich gegen die in seinen Augen "gesetzlichen" Züge, den Glauben aufzudrängen. Er lehnt ihre Betonung des Fühlens der Sündenvergebung ab. Dies kann kein Gewißheitsgrund sein. Weiter kritisiert er die Bestreitung der "Zubereitungen um zu der göttlichen Vereinigung zu gelangen" und das Fehlen "eine(r) wirksame(n) Treue in der Verleugnung", das "neue Evangelio" das davon und vom "notwendigen Fortgang der in der Heiligung" nichts wissen will (a.a.O., S.166f).
In dieser "Gesetzesstürmerei" konnte er nichts anderes sehen, als die Absicht des Feindes, "durch ein leichtes und seichtes Evangelium Christi Kreuz zu vernichten und die erweckten Seelen von der seligen Übung des inwendigen Kraft- und Saftchristentums und von der reellen Erfahrung aller darin zu findenden göttlichen Mitteilungen in ein sinnliches Spiel heraus zu locken, da der Grund des Schadens unerkannt und ungetötet bleibt" (a.a.O., S.168). - "Daß heutzutage einige (durch einen neuen Trieb unter das Evangelium oder in den Stand der Gnade haben wollen, solches wäre zwar allen zu gönnen; möchte man nur nicht (wie zu befürchten besteht) zu sehr eine leichte, von außen angenommene Verbildung für die Sache selbst annehmen, welche der Geist Gottes allein geben kann" (a.a.O., S.172). - "Man springt zu leichtsinnig drüberhin, wenn man mit der Bekehrung in etlichen Stunden oder Tagen völlig fertig sein will. Ich fürchte, daß dadurch viel unreifes und ungegründetes Werk gemacht wird..." (a.a.O., S.173). Tersteegen führt an, daß in den ersten Jahrhunderten das Christsein den Haß und die Schmach der Welt auf sich zog und die Verleugnung aller Dinge bedeutete, die der Natur angenehm waren, den Verlust von Gut und Blut (vgl. a.a.O., S.175f).
Die *Hauptpunkte seiner Kritik* können in den folgenden *Kernsätzen* noch einmal zusammengefaßt werden: "Der Glaube hat seinen Anfang, aber er muß anwachsen und vollendet werden, sowohl als die Heiligung Hebr 12,1; 2 Kor 7,1 (a.a.O., S.178). -   "Die Vergebung unserer Sünden

muß sich allein auf Christum gründen und nicht auf unsere Reflexionen oder auf die Empfindlichkeiten, die wir etwa haben oder nicht haben können" (a.a.O., S.181). - "Die H.Schrift... spricht nicht mit solcher Geringschätzung von der ersten, auch gebrechlichen Arbeit in der Verleugnung. Daß aber auch im Verfolg, im Stand der Gnaden, die Verleugnung, ja wirksame Verleugnung und Treue noch mitgehen und statthaben müssen, saget uns nicht weniger die H.Schrift ganz deutlich..." (a.a.O., S.188).

An Tersteegens WARNUNGSSCHREIBEN wird eine *Andersartigkeit in Ansatz und Ausprägung von verwandter Frömmigkeit* deutlich. *A. Ritschl* sieht - im Rahmen seiner kritisch zu befragenden Gesamtbewertung des Pietismus als einer der evangelischen Glaubenshaltung zuwiderlaufenden römisch-katholischen Frömmigkeit - diese innerpietistische Kontroverse darin begründet, daß Zinzendorf sich ebenso von dem sogenannten "evangelischen" Pietismus unterscheidet wie von Tersteegen, "nämlich darin, daß er sich die formale Selbstverleugnung, die Einprägung des Elendes und der Nichtigkeit oder das Lampe'sche Wurmsbewußtsein erspart, und ohne diese Vorbereitung dazu anleitet, daß man aus der Intuition der Leiden Christi die Versicherung der Sündenvergebung und die Gegenliebe schöpfe. Es ist sehr begreiflich, daß die Zinzendorfsche Seitenlinie... den Verdacht der Unechtheit bei den übrigen Familiengliedern erregte. Denn die Familientradition hielt sich daran, daß für die katholische Gruppe die asketische Heiligung des Mönchslebens, für die evangelische Gruppe die immer wiederholte Einprägung der sündlichen und geschöpflichen Nichtigkeit vorausgehen müsse, bevor man aus der Seitenhöhle des Bräutigams Süßigkeit schöpfen oder in ihr Ruhe finden dürfe. Kann man sich wundern, daß es in jenem Kreise als Leichtsinnigkeit erschiene, daß Zinzendorf die höchste Aufgabe im Fluge lösen werde. Mußte es nicht den Gottseligen die ihrer vorausgehenden Selbstverleugnung, oder der Selbstverleugnung als dem Ganzen, oblagen, so vorkommen, als ob der Graf aus der Art geschlagen sei?" (RITSCHL, A.: Geschichte des Pietismus, Bd.2, S.483-486.486).

15 KURZER BERICHT VON DER MYSTIK, a.a.O., S.272

16 Rede über Apg 2,1-4 geh. am 2.Pfingsttag, 11.6.1753; Rede über Eph 4,30 geh. am 3.Pfingsttag, 12.6.1753, in: TERSTEEGEN, Gerhard: Bd.I, GEISTLICHE REDEN, hg.v. LÖSCHHORN, A./ ZELLER, W., TGP Abt.V/Bd.1, Göttingen 1979, S.28-54.55-76 = GEISTLICHE REDEN

17 a.a.O., S.57

18 a.a.O., S.32

19 vgl. a.a.O., S.34-52

20 vgl. a.a.O., S.33

21 a.a.O., S.49

22 a.a.O., S.50

23 a.a.O., S.50f

24 vgl. a.a.O., S.55-66 - *"Wir betrüben aber den heiligen Geist* I. Wann wir unserm Beruf und Überzeugung gemäß seinen Zügen, Lockungen und Erinnerungen nicht treulich nachkommen. - II. Durch allerley Verstellungen, wenn wir uns bemühen, anderst zu scheinen, als wir würcklich sind. - III. Wann wir denen heilsamen Rathschlägen und Anforderungen des heiligen Geistes nicht gebührenden Gehorsam leisten. - IV. Wann wir in unserm Hertzen in Gedancken und Worten etwas beginnen, oder das haben, das wir wissen Eigenschaften des heiligen Geistes entgegen ist. - V. Durch Hartnäckigkeit und Ungebrochenheit unseres Willens. - VI. Durch Argwohn, Neid, Haß, Bitterkeit und allerley Lieblosigkeit. - VII. Durch unzeitiges Vernünfteln über die Wege GOttes. - VIII.Durch Kleinmüthigkeit, Unglauben und Zweifel an seiner Hülfe" (a.a.O., S.66).

25 vgl. a.a.O., S.66-76

26 BLUMENGÄRTLEIN, S.502-504; TERSTEEGEN, Gerhard: Eine Auswahl aus seinen Schriften, hg.v. W.NIGG, S.49f

27 In dem Liede "Mein Erlöser, schaue doch" seufzt Tersteegen nach dem Kommen des Geistes zur Befreiung von der Sündengebundenheit:

> *"1. Mein Erlöser, schaue doch,*
> *Wie mein armer Geist verstricket,*
> *Mit geheimen Banden noch*
> *Ganz bedränget und bedrücket!*
> *Will ich los, so sinkt mein Herz*
> *Bald in Ohnmacht niederwärts...*
>   *6. Schau, wie ich entblößet bin,*
> *Wie mein Geist im Kerker stöhnet,*
> *Wie so inniglich mein Sinn*
> *Sich nach deiner Freiheit sehnet;*
> *Ach zerreiß den Himmel doch,*
> *Ach zerbrich des Treibers Joch!*
>   *7. Ach, wo ist der neue Geist,*
> *Den du wolltst den Deinen geben,*
> *Der den Sünden uns entreißt*
> *Und uns bringt dein reines Leben,*
> *Der mit Herzenslust und Kraft*
> *Alles in und durch uns schafft?..."*
> (BLUMENGÄRTLEIN, S.335-338)

28 Zu diesem Lied s. auch: DEICHGRÄBER, Reinhard: Gott ist genug. Liedmeditationen nach Gerhard Tersteegen, Göttingen/Regensburg 1975, S.59-64

29 "**23. Gebet zu dem heiligen Geist** (Aus dem Lateinischen)
>   *1. Komm, Heil'ger Geist, komm niederwärts,*
> *Schieß in mein kalt und finster Herz*
> *Dein'n hellen Lichts- und Liebesstrahl,*
> *Bereit mein Herz zu deinem Saal!*
>   *2. Du wahrer Armenvater fromm,*
> *Du Geber guter Gaben, komm,*
> *Komm, Licht der Herzen, komm herein,*
> *Leit mich in alle Wahrheit ein!*
>   *3. Komm, Tröster derer, die betrübt,*
> *Du süßer Gast der'r, die verliebt,*
> *Du sanfte Kühlung solcher, die*
> *In Kreuz und Leiden schwitzen hie!*
>   *4. In Müh und Unruh gibst du Ruh,*
> *Die größte Hitze linderst du,*
> *Selbst wenn das Aug' in Tränen fließt,*
> *Das Herz oft deinen Trost genießt.*
>   *5. O du höchst selig's Gotteslicht,*
> *Ach, laß mich ja im Finstern nicht;*
> *Mit deiner Glut, mit deinem Glanz*
> *Mein Innerstes erfülle ganz!*
>   *6. Mein Herz ohn' dich und deine Gnad'*
> *Kein Leben, Kraft noch Tugend hat;*
> *So tief die Sünde in mir steckt,*
> *Daß Leib und Seel' und Geist befleckt.*
>   *7. Drum wasche, was besudelt, doch,*
> *Befeuchte, was so dürre noch,*
> *Und was in mir möcht' sein verwund't,*
> *Das mach, o Salböl, recht gesund!*
>   *8. Mach mild und weich, was steif und hart,*
> *Erwärme, was vor Kält' erstarrt,*
> *Was irgend möchte sein verirrt,*
> *Das führ' zurecht, getreuer Hirt!*
>   *9. Schenk uns, dein'm armen Häufelein,*
> *Die in dich trauen nur allein,*
> *Ins Herz die heil'ge Siebenzahl (*Jes 11,2)*
> *Dein'r hohen Gaben allzumal!*
>   *10.Gib Gnade, Tugend, Heiligkeit*
> *Und endlich nach vollbrachtem Streit*

> *Die volle Seligkeit dazu*
> *In ew'ger Glorie, Freud' und Ruh!"*
> (BLUMENGÄRTLEIN, S.367-369)

30 Was *Tersteegens Schriftverständnis und Schriftgebrauch* angeht, so ist F. Winter wohl zuzustimmen, daß er gegenüber dem reinen Subjektivismus der quietistischen Mystik die Schrift "als Gnadenmittel und als letzten inhaltlichen Maßstab der inneren Erfahrung" beibehalten hat (ZELLER, Winfried: Die Bibel als Quelle der Frömmigkeit bei Gerhard Tersteegen, in: PIETISMUS UND BIBEL, hg. von ALAND, Kurt, AGP 9, Witten 1970, S.170-192.171). Tersteegen schloß im allgemeinen an die Auffassungen der zeitgeschichtlichen Orthodoxie an, seine Hochschätzung der Bibel ist aber verbunden mit einer "Relativierung der objektiven Heilspredigt im Sinne eines Subjektivismus", insofern die geistliche Bedeutung des Schriftworts heraustritt (C.v.Andel; vgl. ebd.). - Nach Tersteegen ist der eigentliche Hauptzweck Gottes mit der Bibel, uns "zu seiner innigen Gemeinschaft mit Christo Jesu" zu leiten. Christus ist und bleibt durch seinen Geist der Herr der Bibel: "Die Schrift kann uns das Leben nicht geben, sondern Christus allein, von dem die Schrift zeuget. O Seele, gehe zu Christo, vor, unter und nach dem Lesen der Schrift". Alle Bibellektüre zielt für Tersteegen darauf hin, daß "*du selber eine heilige Schrift werdest und in deinem ganzen Wesen und Wandel ein Brief, der gelesen mag werden von allen Menschen*" (zit. bei ZELLER, W.: in: a.a.O., S.176).

Drei Grundmotive sind es, die Tersteegens Umgang mit der Schrift prägen: 1) eine *tiefe Ehrfurcht und Überzeugtheit von ihrer unbedingten Wahrheit* als reformiertes Erbgut; 2) das *Drängen auf Existenzbezogenheit und Verwirklichung im Leben* als typisch pietistisches Anliegen; 3) die *Liebe zu ihrem geistlichen Sinn und die betende Versenkung in das einzelne Wort* als mystisches Erbe. - Nirgendwo schlägt der letzte Aspekt in einen radikalen Spiritualismus um. Die lebendige Christusfrömmigkeit Tersteegens umgreift und verbindet die drei Motive seines Schriftverständnisses (vgl. ZELLER, W.: in: a.a. O., S.176). - Tersteegen verbindet in seinen "*kurzgefaßten Betrachtungen über einige auserlesene Sprüche aus den vier großen Propheten, auf das innere Leben gerichtet*" das mystische Motiv der Innerlichkeit mit dem pietischen der Erbauung und Erweckung. Er fragt sowohl nach dem geistlichen Sinn als auch nach der gegenwärtigen Bedeutung einer Schriftstelle (vgl. in: a.a.O., S.185). - Auch in den geistlichen Reden ist die "pietistische Forderung der Erweckung" mit dem "mystischen Ruf zur Innerlichkeit" verbunden. Diese Verbindung bewahrt Tersteegen vor einem gefühlsbetonten Subjektivismus. "Die mystische Kategorie der Innerlichkeit führt bei ihm in erster Linie zu einer echten Unterscheidung von zentralen und peripheren Wahrheiten und verleiht zugleich dem evangelischen Protest gegen Äußerlichkeit und Veräußerlichung Ausdruck" (in: a.a.O., S.189).

31 Zugabe einiger Sprüchlein von der Kraft der Erhöhung Christi, am Tage seiner Himmelfahrt geschrieben, in: BLUMENGÄRTLEIN, S.264-270.):
"1. *Gaben für alle*
Du bist in die Höhe gefahren und hast das Gefängnis gefangen geführt; du hast Gaben empfangen für die Menschen, auch für die Abtrünnigen. Psalm 98,19
> *So fass' ich dennoch Mut, weil Jesus triumphiert.*
> *Die Siegesgaben, die er ohne Maß bekommen,*
> *Sind für uns Menschen doch und nicht nur für die Frommen;*
> *Er hat was mit für mich, ob ich gleich rebelliert.*" (a.a.O., S.264)

32 "3. *Der verheißene Geist*
Ich sage euch die Wahrheit: Es ist euch gut, daß ich hingehe. Denn wenn ich nicht hingehe, so kommt der Tröster nicht zu euch; wenn ich aber hingehe, will ich ihn zu euch senden. Joh. 16,7
> *Es hebet eine Wolk' den Lebensbrunnen auf;*
> *Wie reichlich werden nun die Himmelswolken regnen,*
> *Mit Gnade, Geist und Trost verschmacht'te Herzen segnen -*
> *Herr, überströme mich mit deines Geistes Tauf'!*" (a.a.O., S.265)

33 Der 5.Vers dieses Liedes lautet:
> *"Geist und Kraft nun überfließen, Drum wirk in mir kräftiglich,*
> *Bis zum Schemel deiner Füßen Alle Feinde legen sich;*
> *Aus Zion dein Szepter sende Weit und breit bis zum Weltende,*
> *Mache dir auf Erden Bahn, Alle Herzen untertan!"*
> (BLUMENGÄRTLEIN, S.432-434.433f)

34 In seiner KURZEN ABHANDLUNG VON DEM WESEN UND NUTZEN DER WAHREN GOTTSELIGKEIT (in: WEG DER WAHRHEIT, S.121-148) wertet Tersteegen außerordentliche Phänomene gegenüber der "wahren Gottseligkeit":

"... 6. Zum andern, sagte ich, daß die wahre Gottseligkeit nicht bestehen könne in etwas, das zwar einige Gottselige haben, oder gehabt haben, aber nicht alle. Hieher mögen dann etwa gerechnet werden: Entzückungen, Offenbarungen, die Gabe der Weissagung, Wunderglauben, außerordentliches Licht in göttlichen Geheimnissen, ausleuchtende Gaben, ausbrechender Eifer im Aeußern, und sonst alle andere Gnadengaben Gottes. In diesem allem besteht die Gottseligkeit nicht. - 7. Deshalb muß man alle dergleichen hohen Dinge nicht sonderlich begehren und ja nicht neidisch werden, wenn man solche in andern siehet oder höret; da oft die Eigenliebe denkt: Ach! hättest du solches Licht, solche Gabe und Eifer, wie der und der, dann würdest du recht fromm sein und andere erbauen können. Ja man sollte wohl dies oder jenes gar nachäffen wollen ohne Ruf und Gnade Gottes. Solches entspringt aus einem Grunde voller Einbildung und Selbstliebe und ist eine recht gefährliche Versuchung des Satans, wogegen man sich durch Gebet und Demut waffnen muß. Man muß sich nur um das Wesen der Gottseligkeit bemühen; indessen sich aber freuen über die Gaben, so Gott anderen mitgeteilet hat. - 8. Wer dergleichen Dinge besitzt, hat sich deswegen nichts einzubilden oder sich über andere zu erheben, sondern sich zu hüten, daß er nicht daran hange oder dabei stehen bleibe oder sich dessen in Eigenheit erfreue, wie auch Herz und Ohren vor dem Lob und Zujauchzen anderer zuzustopfen, maßen es nur Gaben sind, die an sich selbst niemand frömmer machen, sondern wobei man in größerer Gefahr stehet, als andere, die solche nicht haben. - 9. Zum dritten habe ich gesagt: Das Wesen der wahren Gottseligkeit kann auch nicht bestehen in etwas, das zwar alle Frommen, aber nicht zu aller Zeit haben. Alle Frommen, oder doch größtenteils, haben manchmal geistliche und göttliche Tröstungen, Frieden, empfindliche Freudigkeiten, Süßigkeiten, bisweilen Versicherungen und mancherlei göttliche Mitteilungen und Gnadengüter. Ich sage, sie haben dergleichen manchmal; aber nicht allemal und ohne Abwechselung, woraus folget, daß das Wesen der Gottseligkeit nicht darin bestehen kann. - 10. Und deshalb gehen die meines Erachtens unvorsichtig zu Werk, welche, weil sie selbst etwa dergleichen Gaben von Gott empfangen haben mögen, von denselben fast mehr als von dem Wesen der Gottseligkeit reden und rühmen, und dieselben als gewisse Kennzeichen und wesentliche Eigenschaften des Glaubens und der Gottseligkeit anzugeben scheinen, ja als das rechte Ziel, wohin man immer streben, wornach man trachten und nicht ruhen müsse, bis man selbiges erreicht habe... - 12. Hat man nun dergleichen Gnadengaben, so gefällt man sich durchgehends darin und denkt oft heimlich, man sei nun Gottes Schoßkind, nun sei man heilig, ja besser als andere und könne einem der Himmel nun nicht mehr entgehen. Da vergißt denn die Seele oft die wahren und allein sicheren Wege der Verleugnung und des Kreuzes und legt sich in das sanfte Bette der empfindlichen Erquickungen zur Ruhe nieder und will Hütten bauen, ehe die Reise vollendet ist..." (a.a.O., S.126-128).

35 Das Hauptanliegen Tersteegens in seiner mystischen Frömmigkeit ist wahre Heiligung, "die Notwendigkeit des Fortgangs in der Heiligung" (KURZER BERICHT VON DER MYSTIK, in: WEG DER WAHRHEIT, S.278). Heiligung nach der Schrift ist "die wirkliche Reinigung von Unart und Unordnung und... die Erneuerung des innern Menschen von einer Klarheit zur andern..., die Gleichförmigkeit mit Jesu Christo" (a.a.O., S.279). Diese soll man suchen "bei Verleugnung alles andern, durch Herzensgebet und Einkehr bloß in dem inwendigen Umgang und Gemeinschaft mit Gott..." (ebd.). Hierbei ist für Tersteegen "heilig sein und selig sein... eins und eben dasselbe, nur daß in diesem Leben die Sache stufenweise unter Kreuz und Proben fortgesetzt, in jenem Leben aber in völligem und unwandelbarem Genuß und Glanz erscheinen wird" (a.a.O., S.278).

36 TERSTEEGEN, Gerhard: KURZER BERICHT VON DER MYSTIK, in: ders.: WEG DER WAHRHEIT, S.269-279.273

37 Vom Wesen und Nutzen der wahren Gottseligkeit, in: WEG DER WAHRHEIT, S.128

38 NIGG, Walter (Hg.): Gerhard Tersteegen. Eine Auswahl aus seinen Schriften, S.42; BLUMENGÄRTLEIN, S.119

39 BLUMENGÄRTLEIN, S.41f

40 Fromme Lotterie, in: BLUMENGÄRTLEIN, S.659

41 Fromme Lotterie, in: BLUMENGÄRTLEIN, S.625

42 Fromme Lotterie, in: BLUMENGÄRTLEIN, S.605

43 "Alles, was euch ins Hohe und Außerordentliche führet, müßt ihr meyden wie die Pest" (BR IV 320, zit. bei LUDEWIG, Hansgünter: a.a.O., S.189).

44 BLUMENGÄRTLEIN, S.141 - (vgl. hierzu auch das Lied "Noch dennoch will ich lieben dich", das überschrieben ist: "Die beständige Liebe in Dunkelheiten", in: BLUMENGÄRTLEIN, S.408-410)

45 Fromme Lotterie, in: BLUMENGÄRTLEIN, S.603

46 H.G. Ludewig schreibt zur Frage der Emotionalität bei Tersteegen: "Im Bereich des Emotionalen liegt zwischen Tersteegen und den erweckten Kreisen, besonders den Inspirierten und den Herrnhutern eine beachtliche Distanz. Alles Gefühlsbetonte ist ihm fremd, und gegen die pietistische Gewohnheit, sich in seinen Entscheidungen von geistlichen Gefühlen leiten zu lassen gibt er den klaren Rat: 'im Umgang mit andern nehmet nimmer euer Gefühl zur Regel, als welches betrüglich ist'" (LUDEWIG, Hansgünter: Gebet und Gotteserfahrung bei Gerhard Tersteegen, S.189).
"Der Geist 'schmecket' die 'süße Frucht'. Gerade in Zeiten der 'Dürre', wo die Seele nichts anderes als Dunkelheit erfährt, kann sie in 'schmackhaftem' Genuß den Frieden Gottes empfinden. In dem Augenblick, wo das Herz allen Empfindungen abgestorben ist, empfindet es die größten Seligkeiten. Aber dieses Gefühl von Seligkeit wird nicht mehr sensitiv wahrgenommen. Es liegt tiefer, verborgener als der Bereich der Sinne, der Empfindungen aufnimmt. Wichtig ist nur, daß 'die Empfindlichkeit... nicht in das innere Kämmerlein kommen, und das Gemüth stören' kann. Das Vergnügtsein in der Gegenwart Gottes ist kein Zustand natürlicher Emotionalität, und doch eine Art von Emotionalität... " - "Die innere Freude ist unauffällig. Sie ist unter Armut und Leiden verdeckt, die sie wie Decken einhüllen und den Blicken entziehen. Um dieses inneren Genießens willen müssen die äußeren Gemütsbewegungen aufhören und auch das Verlangen danach absterben. Selbst Gott darf man nicht genießen wollen..." (a.a.O., S.188). - "Allerdings bedeutet die Abwehr Tersteegens gegen schwärmerische Gefühlsseligkeit keine grundsätzliche Ablehnung des Emotionalen. Vielmehr ist der Stand der Einwohnung gerade durch das Aufbrechen einer neuen, reinen Gottes-*empfindung* gekennzeichnet... Es ist nicht so sehr die Furcht vor Illusion..., die der romanischen Mystik und auch Tersteegen hier Zurückhaltung auferlegt..., sondern vielmehr die Erfahrung, daß Verzückung und Sinnlichkeit nahe beieinander stehen und es darum auf der Stufe der Reinigung eine Gefahr bedeutet, sich einer Gefühlsseligkeit auszuliefern, da die Seele noch nicht frei ist von sinnlichem Begehren" (a.a.O., S.189, Anm.287).

47 Dieser Bericht wird zusammen mit dem folgenden unter der Überschrift "Gabe, die Geister zu prüfen" überliefert: "Eine gewisse kränkliche Person glaubte, sie würde von einer außerordentlichen Stimme gerufen, um zum Gebet aufzustehen. Ihr schwacher Körper konnte das aber bei den damaligen Wintertagen fast nicht mehr ausstehen. Deswegen befragte sie sich diesfalls bei unserem Seligen. Er gab ihr den Rat, sie sollte in der Kälte nicht aufstehen, sondern wenn sie wieder gerufen zu werden meinte, sollte sie sich anstatt aufzustehen, ins Bett setzen und zum Gebet wenden. Wie sie das tat, hörete sie die außerordentliche Stimme nicht mehr, und andere sonderbare Dinge, die ihr begegneten, höreten auch auf.
Hierher gehöret noch folgendes: Ihn besuchte einst ein Freund, der einen vertrauten Umgang mit einer kindlichen, Gott ergebenen Seele pflegte, die aber dabei viel außerordentliche Vorfälle und Erscheinungen hatte, auch viel erbauliche Sachen und Begebenheiten erzählte, deren einige sogar nach ihrem Tode geschehen sollten. Diese Dinge eröffnete besagter Freund unserm Seligen. Derselbe erteilte ihm aber folgende Antwort: 'Gehe doch alle diese außerordentliche Sachen vorbei, wobei nur viele Gefahr und Aufenthalt ist. Ich liebe ihr wesentliches Gutes, das durch die Gnade Gottes in ihr gewirket ist, herzlich, aber du wirst es mir noch erleben, daß von allen diesen Sachen, die ich zwar mit wünschen möchte, nichts erfolgen wird'. Der Ausgang bestätigte diese Worte. Der selige Mann verachtete zwar keine außerordentlichen Gaben, Lichter und Erscheinungen, aber sein Rat ging dahin, daß sie gar gründlich und behutsam geprüfet werden, weil Personen, die damit umgingen, gar leicht von fremden Geisteskräften betrogen werden könnten" (Die Lebensbeschreibung des seligen Gerhard Tersteegen = die sog. "Alte Lebensbeschreibung", in: NIGG, Walter/Hg.: Gerhard Tersteegen. Eine Auswahl aus seinen Schriften, Wuppertal 1967, S.19f).

48 Fromme Lotterie, a.a.O., S.628

49 vgl. WEIGELT, Horst: Ein unbekannter Brief G.Tersteegens. Ein Beitrag zu Tersteegens Beziehungen nach Pennsylvania, MEKGR 23/1974, S.50-55
Zu den Gemeindegründungen wittgensteinischer Separatisten in Amerika vgl. HALKENHÄUSER, Johannes: Kirche und Kommunität. Ein Beitrag zur Geschichte und zum Auftrag der kommunitären Bewegung in den Kirchen der Reformation, KKTS 42, Paderborn 1985[2], S.140-143

50 in: WEG DER WAHRHEIT, S.149-162

Die Ausführungen zu Fragen besonderer Offenbarungen zeigen Tersteegen als vertrauten Kenner der romanischen Mystik, von der er sich offensichtlich hat anregen lassen. So finden sich viele parallele Gedankengänge etwa bei Johannes vom Kreuz, den Tersteegen auch in seinen "Auserlesenen Lebensbeschreibungen Heiliger Seelen" vorstellt. Johannes vom Kreuz äußert sich in seinem Werk "Empor den Karmelberg" an verschiedenen Stellen über Offenbarungen, Visionen usw. im Zusammenhang mit der mystischen Erfahrung (vgl. JOHANNES VOM KREUZ: Empor den Karmelberg, übertr. von Oda Schneider, = Lectio spiritualis 7: Johannes vom Kreuz. Sämtliche Werke, Bd.1, Einsiedeln 1977²; bes. II.Buch, Kap.3,11,18,19,21,22, 27,30,31 und III.Buch, Kap.8-11).

Johannes vom Kreuz (1542-1591) hat stark auf den französischen Quietismus (Fénelon, Guyon) gewirkt. Der stark kontemplative spanische Karmelit und Klassiker der spanischen Mystik systematisierte den mystischen "Aufstieg" der Seele zu Gott (Reinigung, Erleuchtung, Einung). Er betont die Askese als Vorbereitung der Beschauung. Johannes stellt die göttliche Transzendenz in der mystischen Einheitserfahrung heraus und steht schwelgerischen und visionären Erlebnissen sehr distanziert gegenüber. Wahrer Friede und wahre Freude ziehen erst in der vollkommenen Selbstvergessenheit ein, im Selbstverzicht auch hinsichtlich des "Trostes". Diese Akzentuierung hängt vermutlich mit der Begegnung mit der arabischen Mystik und der Auseinandersetzung mit den Alumbrados zusammen. - Johannes geriet selbst fast jeden Tag in Verzückung. Die Ekstasen kamen über ihn. Er hat sie nicht gesucht und keine Technik der Ekstase entwickelt. Auch das Phänomen der Elevation wird von ihm berichtet. Visionen und häufige Ekstasen hatte auch Theresa von Avila, das weibliche Pendant zu Johannes. Beide taten tiefe Einblicke in die Wirklichkeit der menschlichen Seele. Theresa ist dabei der mehr aktive Typ. Ihre Ausführungen sind noch stärker psychologisch als die von Johannes. (vgl.: KARRER, Otto: Art. "Johannes vom Kreuz", in: RGG³, Bd.3, S.816f; NIGG, Walter: Große Heilige, Zürich 1955⁵, S.201-254.255-304.255; ders.: Vom Geheimnis der Mönche, Zürich/ Stuttgart 1953, S.324-365; MESTERS, Gundolf: Art. "Johannes vom Kreuz", in: LThK², Bd.5, S.1052-1054; RICHES, John: Art. "Heiligung", in: TRE, Bd.14, S.718-737.726f; RUHBACH, Gerhard: Art. "Johannes vom Kreuz, 1542-1591", in: TRE, Bd.17, S.134-140)

51 vgl. etwa die Vorberichte zum Leben der Marina von Escobar oder dem Leben der heiligen Hildegard (GOEBEL, Max: Hochmann und Tersteegen über außerordentliche Bewegungen und Offenbarungen, in: Monatsschrift für die evangelische Kirche der Rheinprovinz und Westphalens, 1853, S.88-96.94-96).

52 in: WEG DER WAHRHEIT, S.151

53 vgl. a.a.O., S.151

54 a.a.O., S.152

55 a.a.O., S.152f

56 a.a.O., S.153f

57 a.a.O., S.154 - *Zu Tersteegens Beschäftigung mit romanischen Mystikern* vgl. etwa: ANDEL, Cornelis Pieter van: Gerhard Tersteegen - Leben und Werk. Sein Platz in der Kirchengeschichte, Neukirchen-Vluyn 1973, S.231-235; VAN GEMERT, Guilleaume: Teresa de Avila und Juan de la Cruz im deutschen Sprachgebiet. Zur Verbreitung ihrer Schriften im 17. und 18. Jahrhundert, in: BREUER, Dieter (Hg.): FRÖMMIGKEIT IN DER FRÜHEN NEUZEIT. Studien zur religiösen Literatur des 17.Jahrhunderts in Deutschland, (CHLOE. Beihefte zu DAPHNIS, Bd.2), Amsterdam 1984, S.77-107; WINTER, Friedrich: Die Frömmigkeit G. Tersteegens in ihrem Verhältnis zur französisch-quietistischen Mystik, in: Theol. Arbeiten aus dem wiss. Predigerverein der Rheinprovinz, 23.Heft, 1927, S.1-165; WOLFF, Gottfried: Solus Christus. Wurzeln der Christusmystik bei Gerhard Tersteegen, Gießen/ Basel 1989.

Eine Frucht seiner Beschäftigung mit der quietistischen Mystik war die Veröffentlichung der "Auserlesene(n) Lebensbeschreibungen heiliger Seelen" (drei Bändchen, 1733.35.53), in denen er 25 Gestalten dieser röm.-kath. Frömmigkeitsströmung der Gegenreformation evangelisch interpretiert und als nachahmenswerte Vorbilder des Lebens in der Gegenwart Gottes darstellt. - Aus seinen Studien wuchsen ihm auch *Gesichtspunkte zum Umgang mit außerordentlichen Phänomenen* zu. Solche finden sich z.B. in der "Kleinen Perlenschnur" im ersten Kapitel (TERSTEEGEN, Gerhard: KLEINE PERLENSCHNUR für die Kleinen nur; hie und da zerstreut gefunden, jetzt beisammen hier gebunden, Mülheim a.d.Ruhr 1882⁵, S.27-30). Dort gibt Tersteegen Auszüge aus der "Evangelischen Perle" unter der Überschrift "*VII. Schädlichkeit des Vorwitzes, wie auch der Anmaßung bei tröstlichen Gnaden-*

Gaben" wieder: "Vor zwei Dingen müssen wir uns besonders in acht nehmen in unserer inwendigen Übung. Das erste ist, daß wir nicht vermessen und vorwitzig Gott und dessen verborgene Werke erforschen sollen; daß wir auch nicht begehren, diese oder jene hohen Dinge zu wissen, oder daß Gott uns ein oder anderes offenbaren möge, worin doch keine Heiligkeit liegt; sondern wir sollen ganz einfältig in uns selber in der Gegenwart Gottes bleiben, nichts beäugend, als daß wir nur Gott einfältig, und uns selbst gründlich erkennen mögen... - 2. Das andere ist, daß wenn etwa Gott uns würdigt, eine sonderbare (*i.e. besondere) Gnade uns einzugießen, oder daß er uns inwendig von seiner Gutheit etwas zu erkennen gibt, oder daß er sonst was merklich wirket, wir uns dessen nicht annehmen, uns erheben und uns einbilden, als wenn wir nun etwas wären, da wir doch in Wahrheit nichts sind. In unserm Grunde muß es immer so liegen, daß wir sagen: O gebenedeiter Gott, wer bist du? und wer bin ich? Du bist eine unergründliche Gutheit, und ich eine unergründliche Bosheit. Die Gnade aber, die du mir jetzt mitteilest, bewahre du, Herr, in mir, und mache sie fruchtbar durch mich. Denn was nützen die Blumen, wenn nicht die Frucht darauf folgt? damit du mögest geehret, mein Nächster erbaut und deine gebenedeite Gottheit in mir zu sein, Vergnügen haben möge. - 3. Um bei Mitteilung der Süßigkeiten der Gnade nicht betrogen zu werden, sollen wir drei Stücke in acht nehmen: 1) Daß wir selbige nicht begehren; 2) daß wir ihnen nicht widerstehen; 3) daß wir uns nicht betrüben, wenn wir solche nicht haben. Damit wir uns aber gebührend verhalten bei dem Einwirken Gottes, und in Ansehung seiner Gnaden= Gaben, so müssen wir uns inwendig und auswendig blos und einfältig halten. Merken wir aber, daß Gott in uns wirken will, dann sollen wir unser eigenes Wirken lassen und inwendig leben und bleiben und schweigen, und hören, was der Herr in uns redet. Denn er redet das verborgene Wort, wovon die Seele zerschmilzt... - 4. Da wird dann der Geist trunken, verschlungen und umarmt in seiner Liebe, und die Seele zerschmilzt wie Wachs, daß Gott ihr eindrücken und mit ihr machen kann, was er will. Denn in ihr ist nichts mehr, das widerstehet; das Herz wird ganz brünstig und (vor Freude) aufhüpfend... - 5. In dergleichen Besuchungen und Tröstungen Gottes wird die Seele sehr gestärkt und gefördert, wo sie nur nicht ihre eigene Lust und Vergnügen darin sucht; sondern gleichmäßig friedsam, frei und fleißig bleibt. Denn die Heiligkeit besteht nicht in süßen Mitteilungen, als nur so weit sie die Seele wirksam machen zum Guten. Gleichmütigkeit aber ist Heiligkeit, daß man nämlich gleichzeit so bereit und fröhlich sei, Gott zu dienen in Widerwärtigkeit als im Wohlstand. Nein, die Seele muß ihr Vergnügen nicht setzen in ihren eigenen Schmuck, in Gaben und Tugenden, inwendig oder auswendig; sondern nur darin, daß Gott Vergnügen, Freude und Friede in ihr haben möge... - 6. Man setzt manchmal in dergleichen Empfindlichkeiten eine große Heiligkeit, ist doch oft nur Unordnung und Natur; wenn nämlich die Seelen dergleichen nur nach Lust der Natur brauchen, und so heißhungrig und durstig dabei sind, daß sie sich selbst nicht regieren können... - 7. Zwar ist Gott immer in dem Geist, er kommt aber mit seinen Erquickungen nicht stets herab in die Seele, als wenn es ihm gefällt. Die Seele muß ihn inzwischen nicht lieben seiner Gaben sondern sein selbst wegen, und nicht begehren weder Lohn, noch Versicherung, noch Briefe, noch Ehre, Gesichte, Träume, Tröstungen, sondern Gott allein, der über alles begehrlich und vergnügend ist. Darum richtet sie ihre Wohnung auf im Dunkeln, und ruht unter dem Schatten, woselbst sie wunderbar geheime Freundschaft mit Gott findet, über alle Wollust, Reichtum und Begriff des Verstandes, denn da wird sie Ein Geist mit Gott".

58 a.a.O., S.154

59 a.a.O., S.155

60 a.a.O., S.155f

61 a.a.O., S.156-158

62 a.a.O., S.158f

63 a.a.O., S.159f

64 a.a.O., S.160

65 a.a.O., S.161

66 a.a.O., S.162

67 a.a.O., S.162

LITERATURVERZEICHNIS:

Lexika:

DICTIONNAIRE DE SPIRITUALITÉ, ASCÉTIQUE ET MYSTIQUE, hg.von VILLER, Marcel,
    Paris 1932ff (= DSp)
DICTIONNAIRE DE THÉOLOGIE CATHOLIQUE, contenant L'Exposé des Doctrines de la Théologie
    Catholique. Leur Preuves et leur Histoire, hg.von VACANT, A./ MANGENOT,E.,
    Paris 1909ff (= DThC)
DICTIONARY OF PENTECOSTAL AND CHARISMATIC MOVEMENTS, hg. von BURGESS,
    Stanley M./ McGEE, Gary B./ ALEXANDER, Patrick H., Grand Rapids/ Mich. 1988 (= DPCM)
CATHOLICISME - Hier, aujourd'hui, demain. Encyclopédie en sept volumes, hg. von
    JAQUEMENT, G., Paris 1948ff (= Cath)
EVANGELISCHES KIRCHENLEXIKON. Kirchlich-theologisches Handwörterbuch, Bd.1-4, hg. von
    BRUNOTTE, Heinz/ WEBER, Otto, Göttingen 1956ff (= EKL²)
EVANGELISCHES KIRCHENLEXIKON. Internationale theologische Enzyklopädie, Dritte Aufl.
    (Neufassung), hg. von FAHLBUSCH, Erwin/ LOCHMANN, Jan Milic/ MBITI, John/
PELIKAN, Jaroslav/ VISCHER, Lukas, Göttingen 1986ff (= EKL³)
EXEGETISCHES WÖRTERBUCH ZUM NEUEN TESTAMENT, hg. von BALZ, Horst/
    SCHNEIDER, Gerhard, Stuttgart/ Berlin/ Köln 1992²
HANDBUCH RELIGIONSWISSENSCHAFTLICHER GRUNDBEGRIFFE, Bd.II, hg. von CANCIK,
    Hubert, Stuttgart/ Berlin/ Köln 1990
HERDERS THEOLOGISCHES TASCHENLEXIKON, hg. von K.RAHNER, HerBü 451-458,
    Freiburg/ Basel/ Wien, 1,1972-8,1973 (= HTTL)
LEXIKON DER KATHOLISCHEN DOGMATIK, hg. von Wolfgang BEINERT, Freiburg/
    Basel/ Wien 19882 (= LKD)
LEXIKON FÜR THEOLOGIE UND KIRCHE, 2.Auflage, hg. von J.HÖFER/ K.Rahner,
    Freiburg/Br. 1,1957-10,1965+Reg.Bd. 1965 (= LThK²); Erg.Bd.: Das Zweite Vatikanische Konzil.
    Dokumente und Dokumentation 1,1966-3,1968 (= LThK.E)
ÖKUMENE LEXIKON. Kirchen - Religionen - Bewegungen, hg. von KRÜGER, Hanfried/ LÖSER,
    Werner/ MÜLLER-RÖMHELD, Walter, Frankfurt a.M. 1987² (= ÖL²)
PRAKTISCHES LEXIKON DER SPIRITUALITÄT, hg. von Christian SCHÜTZ, Freiburg/
    Basel/ Wien 1988 (= PLSp)
REALENZYKLOPÄDIE FÜR PROTESTANTISCHE THEOLOGIE UND KIRCHE, Bd.1-24, begr.
    von HERZOG, Johann Jakob, hg.von HAUCK, Albert, 3.Aufl., Leipzig 1896-1917 (= RE³)
DIE RELIGION IN GESCHICHTE UND GEGENWART, Bd.1-6, + Reg.Bd., hg.von GALLING,
    Kurt, Tübingen 1956-1965 (= RGG³)
SACRAMENTUM MUNDI. Theologisches Lexikon für die Praxis, hg. von K.RAHNER/
    A.DARLAP, Freiburg/ Basel/ Wien, 1,1967-4,1969 (= SM/D)
TASCHENLEXIKON RELIGION UND THEOLOGIE, hg. von FAHLBUSCH, Erwin, Vierte, neu
    bearb. und stark erw. Aufl., Göttingen 1983 (= TRT⁴)
THEOLOGISCHE REALENZYKLOPÄDIE, hg. von KRAUSE, Gerhard und MÜLLER, Gerhard,
    Berlin/ New York 1977ff (= TRE)
THEOLOGISCHES WÖRTERBUCH ZUM NEUEN TESTAMENT, hg. von KITTEL, Gerhard u.a.,
    Stuttgart 1933ff (= ThWNT)

Literatur: *A.1 Verfahren und Zielsetzung* + *A.2 Geschichte und Erscheinungsform*

AICHELIN, Helmut: Abschied von der Aufklärung? Zu den Anzeichen einer neuen Religiosität,
    EZW-INFORMATION, Nr.44/XII/1970; ders.: Das Wiedererwachen des Mythos. Was ist neu
    an der "Neuen Religiosität"?, EZW-INFORMATION, Nr.56/IX/1974
AICHELIN, Helmut: Prüfet die Geister. Neue Religiosität und christlicher Glaube, in: "Prüfet die
    Geister", IM LICHT DER REFORMATION - (Jahrbuch des Evangelischen Bundes XXXI),
    Göttingen 1988, S.43-54
ARRINGTON, F.L.: Art. "Dispensationalism", in: DPCM, S.247f
BARRETT, David B. (Hg.): WORLD CHRISTIAN ENCYCLOPEDIA. A Comparative Study of
    Churches and Religions in the Modern World AD 1900-2000, Oxford/ Nairobi/ New York 1982
BARRETT, D.B.: Art. "Statistics, Global", in: DPCM, S.810-830
BARRON, Bruce: The Health and Wealth Gospel. What's going on today in a modern movement that
    has shaped the faith of millions?, Downers Grove/Ill. 1987

BATTLEY, D.H.: Die Charismatische Erneuerung. Betrachtungen eines Insiders, in: ORIENTIERUNGEN UND BERICHTE der Evangelischen Zentralstelle für Weltanschauungsfragen, Nr.14, VI(87), S.3-9

BAUCKHAM, Richard: Art. "Chiliasmus, IV.Reformation und Neuzeit", in: TRE, Bd.7, S.737-745

BAUMERT, Norbert: Zur Begriffsgeschichte von *charisma im griechischen Sprachraum, in: ThPh 65(1990), S.79-100

BAUMERT, Norbert: Charisma und Amt bei Paulus, in: VANHOYE, A.: L'Apôtre Paul, BEThL 73, Leuven 1986, S.203-228

BAUMERT, Norbert: Das Fremdwort "Charisma" in der westlichen Theologie, in: ThPh 65(1990), S.395-415

BAUMERT, Norbert.: Gaben des Geistes Jesu. Das Charismatische in der Kirche, Graz/ Wien/ Köln 1986

BAUMERT, Norbert: Zur Semantik von *charisma bei den frühen Vätern, in: ThPh 63(1988), S.60-78

BAUMERT, Norbert (Hg.): JESUS IST DER HERR. Kirchliche Texte zur Katholischen Charismatischen Erneuerung, Münsterschwarzach 1987

BENNETT, Dennis J.: In der dritten Stunde, Erzhausen 1972

BENNET, Gail: Great Britain's Alternative Churches, in: CHRISTIANITY TODAY, 16.Okt. 1987, S.56-59

BENZ, Ernst: Der Heilige Geist in Amerika, Düsseldorf/ Köln 1970

BENZ, Ernst: Kirchengeschichte in ökumenischer Sicht, ÖS III, Leiden/ Köln 1961, S.75-111

BERGER, Klaus: Art. "Geist/ Heiliger Geist/ Geistesgaben, III.Neues Testament", in: TRE, Bd.12, S.178-196

BERKHOF, Hendrikus: 200 Jahre Theologie. Ein Reisebericht, Neukirchen-Vluyn 1985

BIRNSTEIN, Uwe: Neuer Geist in alter Kirche? Die charismatische Bewegung in der Offensive, Stuttgart 1987

BITTLINGER, Arnold: Charismatische Erneuerung, in: HANDBUCH DER PRAKTISCHEN THEOLOGIE, Bd.4: Praxisfeld: Gesellschaft und Öffentlichkeit, Gütersloh 1987, S.90-99

BITTLINGER, Arnold: Charismatische Erneuerung - eine Chance für die Gemeinde, Reihe: Charisma und Kirche, Heft 6, Hochheim 1979

BITTLINGER, Arnold: Charismatische Erneuerung der Kirche, in: MOHAUPT, Lutz/ Hg.: MODELLE GELEBTEN GLAUBENS. Gespräche der lutherischen Bischofskonferenz über Kommunitäten und charismatische Bewegungen im Auftrag der Bischofskonferenz, ZUR SACHE - Kirchliche Aspekte heute, Heft 10, Hamburg 1976, S.78-89

BITTLINGER, Arnold: Charismatic Renewal - An Opportunity for the Church?, in: ders./ Hg.: THE CHURCH IS CHARISMATIC, Genf 1981, S.7-13 = THE ECUMENICAL REVIEW 31/1979, S.247-251

BITTLINGER, Arnold (Hg.): THE CHURCH IS CHARISMATIC, Genf 1981

BITTLINGER, Arnold: Der neutestamentliche charismatische Gottesdienst im Lichte der heutigen charismatischen Erneuerung der Kirche, in: PANAGOPULOS, Johannes (Hg.): PROPHETIC VOCATION IN THE NEW TESTAMENT AND TODAY, Leiden 1977, S.186-209

BITTLINGER, Arnold: Papst und Pfingstler. Der römisch-katholisch-pfingstliche Dialog und seine ökumenische Relevanz, Studien zur interkulturellen Geschichte des Christentums 16, Frankfurt a.M./ Bern/ Las Vegas 1978

BLOCH-HOELL, Nils: The Pentecostal Movement. Its Origin, Development and Distinctive Character, Copenhagen/ Stockholm/ Göteborg 1964

BLUMHOFER, Edith L.: Purity and Preparation: A Study in the Pentecostal Perfectionist Heritage, in: BURGESS, Stanley M. (Hg.): REACHING BEYOND. Chapters in the History of Perfectionism, Peabody/Mass. 1986, S.257-282

BOURGUIGNON, Erika (Hg.): RELIGION, ALTERED STATES OF CONSCIOUSNESS, AND SOCIAL CHANGE, Columbus/ Ohio 1973

BROCKHAUS, Ulrich: Charisma und Amt. Die paulinische Charismenlehre auf dem Hintergrund der frühchristlichen Gemeindefunktionen, Wuppertal 1987[3]

BRUNER, Frederick Dale: A Theology of the Holy Spirit. The Pentecostal Experience and the New Testament Witness, Grand Rapids/Mich. 1983[2]

BÜHNE, Wolfgang: Spiel mit dem Feuer, Bielefeld 1989

BUNDY, D.D: Art. "United Methodist Charismatics", in: DPCM, S.858-860

BURGESS, Stanley M./ McGEE, Gary B./ ALEXANDER, Patrick H. (Hg.): DICTIONARY OF PENTECOSTAL AND CHARISMATIC MOVEMENTS, Grand Rapids/ Mich. 1988 (= DPCM)

CHARISMA. Geistliche Erneuerung gestern-heute-morgen, Schorndorf 1985

CHO, Paul Yonggi: Errettung-Heilung-Erfolg. Unser dreifacher Segen in Christus, Köln 1987

CHRISTENSON, L.: Art. "Lutheran Charismatics", in: DPCM, S.562-565

COCHLOVIUS, Joachim: Art. "Gemeinschaftsbewegung", in: TRE, Bd.12, S.355-368

COGNET, Louis: Die Kirche im Zeitalter des Absolutismus und der Aufklärung, in: HANDBUCH ZUR KIRCHENGESCHICHTE, Bd.V, hg.v. JEDIN, Hubert, Freiburg 1970/1985

COLEMAN, John: Die neuen religiösen Bewegungen, in: Conc/D, 19/1983, S.1-4

COLPE, Carsten: Art. "Ekstase", in: EKL[3], Bd.1, S.1007-1009

COLPE, Carsten: Art. "Krisenkulte", in: TRT[4], Bd.3, S.158-160

CONZELMANN, Hans: Art. "*charisma", in: ThWNT, Bd.9, S.393-397

D'EPINAY, Christian Lalive: Chile, in: HOLLENWEGER (Hg.): PK, S.102-104

D´EPINAY, Christian Lalive: Politisches Regime und Chiliasmus in einer Dependenzgesellschaft. Überlegungen zur Pfingstbewegung in Chile, in: Conc (D), 19 (1983), S.46-57

DANKBAAR, Wilhelm F.: Art. "Arminianer", in: RGG³, Bd.1, S.620-62

DANKBAAR, W.F.: Art. "Arminius, Jacobus/ Jakob Harmensz, 1560-1609", in: RGG³, Bd.1, S.622

DAYTON, Donald W.: Theological Roots of Pentecostalism, Grand Rapids/Mich. 1987

DELFS, Hermann: Art. "Pfingstbewegung/ Pfingstkirchen", in: TRT⁴, Bd.4, S.100

DILLON- MALLONE, Clive: Neue Religionen in Afrika, in: CONCILIUM 19/1983, S.57-63

DOBSON, Ed/ HINDSON, Ed/ FALWELL, Jerry: The Fundamentalist Phenomenon. The Resurgence of Conservative Christianity, Grand Rapids/Mich. 1986²

DOKUMENTE WACHSENDER ÜBEREINSTIMMUNG. Sämtliche Konsenstexte interkonfessioneller Gespräche auf Weltebene 1931-1982, hg. u. eingel. von MEYER, H./ URBAN, H.J./ VISCHER, L., Paderborn/Frankfurt a.M. 1983

Du PLESSIS, David: The Spirit Bade Me Go. The Astounding Move in the Denominational Churches, Oakland/Cal. 1960

EDEL, Rainer F. (Hg.): KIRCHE UND CHARISMA. Die Gaben des heiligen Geistes in Neuen Testament, in der Kirchenge schichte und in der Gegenwart, Marburg 1966

EICKEN, Erich von: Heiliger Geist - Menschengeist - Schwarmgeist. Ein Beitrag zur Pfingstbewegung in Deutschland, Wuppertal 1964 = ders.: Die charismatische Frage - Heiliger Geist oder Schwarmgeist, (Neuaufl. mit einem Vorwort von BLUNCK, Jürgen), Moers 1988

ELIADE, Mircea/ GARDET, Louis/ u.a.: Art. "Extase", in: DSp, Bd.4/2, S.2045-2189

ENGELSVIKEN, Tormod: The Gift of the Spirit. An Analysis and Evaluation of the Charismatic Movement from a Lutheran Theological Perspective, PhD Diss. Dubuque/Iowa 1981

ERNST, Eldon G.: Art. "Erweckungstheologie, 2. Nordamerika", in: EKL³, Bd.1, S.1094-1096

ETZOLD, Eckhard: Der heilige Atem - Physiologische und psychische Beleiterscheinungen der Glossolalie, in: MATERIALDIENST der EZW 1/91, S.1-12

FARAH, Charles: Von der Zinne des Tempels. Glaube oder Vermessenheit, Hamburg 1984

FARAH, Charles: Differences within the Family, in: CHRISTIANITY TODAY, 16.Oct.1987, S.25

FIEDLER, Klaus: Ganz auf Vertrauen. Geschichte und Kirchenverständnis der Glaubensmissionen, Gießen/ Basel 1992, S.210-220

FLEISCH, Paul: Die moderne Gemeinschaftsbewegung in Deutschland, Bd.1: Die Geschichte der deutschen Gemeinschaftsbewegung bis zum Auftreten des Zungenredens (1875-1907), Leipzig 1912³

FLEISCH, Paul: Geschichte der Pfingstbewegung in Deutschland von 1900-1950, (Neuaufl.: Telos-Dokumentation 915), Marburg 1983

GELDBACH, Erich: Art. "Evangelikale Bewegung", in: EKL³, Bd.1, S.1186-1191

GERLACH, Luther P./ HINE, Virginia H.: Five Factors Crucial to the Growth and Spread of a Religious Movement, in: JSSR, 7(1968), S.23-40

GEWIESS, Josef: Art. "Charisma, I.Begriff/II.Hl.Schrift", in: LThK², Bd.3, S.1025-1027

GINS, Kurt: Werner Gruehn - ein Wegbereiter für experimentelle Forschung an Mystik und Ekstase, in: ARPS, Bd.19, Göttingen 1990, S.219-242

GOETERS, J.F.G.: Art. "Spiritualisten, religiöse", in: RGG³, Bd.6, S.255-257

GOODALL, Norman/ Hg.: Missions under the Cross, London 1953

GROSSMANN, Siegfried: Haushalter der Gnade Gottes. Von der charismatischen Bewegung zur charismatischen Erneuerung der Gemeinde, Wuppertal/ Kassel 1978²

GROSSMANN, Siegfried (Hg.): DER AUFBRUCH. Charismatische Erneuerung in der katholischen Kirche, Kassel 1973

GROSSMANN, Siegfried: Evangelisation in der Kraft des Geistes. Eindrücke vom "John- Wimber-Kongreß" in Frankfurt, in: ERN, Heft 34/1.Quartal 1988, S.39-41

GROSSMANN, Siegfried: Der Geist ist Leben. Hoffnung und Wagnis der charismatischen Erneuerung, Wuppertal/ Kassel 1990

GUSINDE, M.: Art. "Schamanentum/ Schamanismus", in: LThK², Bd.9, S.366f

HAAB, Walter: Fundamentalismus, in: HOLLENWEGER, W.J.(Hg.): Die Pfingstkirchen, S.149-156

HALE, J. Russell: Die Zähmung der Charismatiker. Neues aus der religiösen Szene Amerikas, in: PTh, Jg.77/1988, S.509-518

HAMILTON, Michael P.(Hg.): The Charismatic Movement, Grand Rapids 1975

HARRISON, Michael I.: Sources of Recruitment to Catholic Pentecostalism, in: JSSR, 13(1974), S.49-64

HART, D.G.: Divided between Heart and Mind. The Critical Period for Protestant Thought in America, in: JOURNAL OF ECCLESIASTICAL HISTORY, Vol.38/No.2/1987, S.254-270

HARTZFELD, David F./ NIENKIRCHEN, Charles /Hg.: THE BIRTH OF A VISION. Essays on the Ministry and Thought of Albert B. Simpson - Founder of the Christian and Missionary Alliance, = HIS DOMINION SUPPLEMENT, no.1, Saskatchewan/Can. 1986

HEILER, Friedrich: Das Gebet. Eine religionsgeschichtliche und religionspsychologische Untersuchung, München 1921³

HEMMINGER, Hansjörg (Hg.): Die Rückkehr der Zauberer. New Age - Eine Kritik, Hamburg 1987

HERON, Alasdair: Art. "Arminianismus", in: EKL³, Bd.1, S.271-273

HEWETT, J.A.: Art. "Baptist Charismatics", in: DPCM, S.48f; ders.: Art. "Mennonite Charismatics", in: DPCM, S.600-602

HEYER, Friedrich: Konfessionskunde, Berlin/New York 1977

HOCKEN, P.D.: Art. "Charismatic Movement", in: DPCM, S.130-160

HOCKEN, P.D.: Art. "Church, Theology of", in: DPCM, S.211-218

HOCKEN, P.D.: Art. "European Pentecostal Theological Association", in: DPCM, S.268

HOENDERDAL, Gerrit Jan: Art. "Arminius, Jacobus/Arminianismus", in: TRE, Bd.4, S.63-69

HOFER, G.: Art. "Suggestion", in: RGG³, Bd.6, S.503f

HOFER, G.: Art. "Hypnotismus", in: RGG³, Bd.3, S.503f

HOLLENWEGER, Walter J.: Charismatische und pfingstlerische Bewegungen als Frage an die Kirche heute, in: MEYER, H./ Hg.: WIEDERENTDECKUNG DES HEILIGEN GEISTES, Frankfurt 1974, S.53-75

HOLLENWEGER, W.J.: Das Charisma in der Ökumene. Der Beitrag der Pfingstbewegung an die allgemeine Kirche, in: UNA SANCTA, 25(1970), S.150-159

HOLLENWEGER, W.J.: Christen ohne Schriften. Fünf Fallstudien zur Sozialethik mündlicher Religion, Erlanger TB 38, Erlangen 1977

HOLLENWEGER, W.J.: Enthusiastisches Christentum. Die Pfingstbewegung in Geschichte und Gegenwart, Wuppertal/ Zürich 1969 (=EChr)

HOLLENWEGER, W.J.: Funktionen der ekstatischen Frömmigkeit der Pfingstbewegung, in: SPOERRI, Th. (Hg.): Beiträge zur Ekstase, Bibliotheca Psychiatrica et Neurologica 134, Basel/ New York 1968, S.53-72

HOLLENWEGER; W.J.: "Jesus People - Nur eine Episode?", INFORMATION, Nr.50, III/72, der EZW Stgt.

HOLLENWEGER, W.J. (Hg.): Die Pfingstkirchen. Selbstdarstellung, Dokumente, Kommentare, KW 7, Stuttgart 1971 (= PK)

HOLLENWEGER, W.J.: Roots and Fruits of the Charismatic Renewal in the Third World: Implications for Mission, in: THEOLOGICAL RENEWAL, Nr.14/Feb.1980, S.11-28

HOLLENWEGER, W.J.: Die Weisheit der Kinder, in: ders.: Christen ohne Schriften, S.93-109

HOLLENWEGER, W.J.: Art. "Afrikanische unabhängige Kirchen", in: ÖL², S.25f

HOLLENWEGER, W.J.: Art. "Charismatische Bewegung", in: TRT⁴, Bd.1, S.243-246

HOLLENWEGER, W.J.: Art. "Heiligungsbewegung", in: ÖL², S.534f

HOLLENWEGER, W.J.: Art. "Junge Kirchen", in: TRE, Bd.17, S.454-461

HOLLENWEGER, W.J.: Art. "Pfingstbewegung", in: ÖL², S.963-967

HOLLENWEGER, W.J.: Art. "Pfingstkirchen", in: EKL³, Bd.3, S.1162-1170

HOLLENWEGER, W.J.: "Pfingsten von N'Kamba", in: ders.: Christen ohne Schriften, S.49-69

HOUSE, Wayne H./ ICE, Thomas: Dominion Theology: Blessing or Curse? An Analysis of Christian Reconstructionism, Portland/Or. 1988

HUGHES, Richard T.: Christian Primitivism as Perfectionism: From Anabaptists to Pentecostals, in: REACHING BEYOND, S.213-255

HUMMEL, Reinhart: Zwischen den Zeiten und Kulturen: Die New Age Bewegung, in: HEMMINGER, H. (Hg.): Die Rückkehr der Zauberer, S.15-57

HUNT, Dave/ Mc MAHON, T.A.: Die Verführung der Christenheit, Bielefeld 1987

HUNTER, H.D.: Art. "Ordinances, Pentecostal", in: DPCM, S.653f

HUTCH, Richard A.: The Personal Ritual of Glossolalia, in: JSStR 19(1980), S.255-266

HUTTEN, Kurt: Seher, Grübler, Enthusiasten. Das Buch der traditionellen Sekten und religiösen Sonderbewegungen, Stuttgart 1984¹³

IRISH, C.M.: Art. "Episcopal Renewal Ministries", in: DPCM, S.261-263

JUNG, Carl Gustav: Psychologische Typen, verm. Aufl., Zürich/Leipzig 1942

KÄGI, Hansjörg: Der Heilige Geist in charismatischer Erfahrung und theologischer Reflexion, Zürich 1989

KANTZER, Kenneth S.: The Charismatics Among Us, in: CHRISTIANITY TODAY, 22.Feb. 1980, S.25-29

KÄSEMANN, Ernst: Amt und Gemeinde im Neuen Testament, in: Exegetische Versuche und Besinnungen I, Göttingen 1964⁵, S.109-134

KÄSEMANN, E.: Art. "Geist, IV.Geist und Geistesgaben im NT", RGG³, Bd.2, S.1272-1279

KÄSEMANN, E.: An die Römer, HNT 8a, Tübingen 1974³, S.310-330

KEHRER, Günter: Art. "Charisma", in: HANDBUCH RELIGIONSWISSENSCHAFTLICHER GRUNDBE-GRIFFE, hg. von CANCIK, Hubert, Bd.II, Stuttgart/Berlin/ Köln 1990, S.195-198

KELLER, Carl A.: Enthusiastische Transzendenzerleben in den nichtchristlichen Religionen, in: HEITMANN, Claus/ MÜHLEN, Heribert, Hg.: Erfahrung und Theologie des Heiligen Geistes, Hamburg/ München 1974, S.49-63

KENDRICK, K.: Art. "Initial Evidence, A Historical Perspective", in: DPCM, S.459f

KENDRICK, Klaude: Vereinigte Staaten von Amerika, in: HOLLENWEGER, W.J. (Hg.): PK, S.29-37

KNACKSTEDT, Wilhelm/RUPPERT, Hans-Jürgen: Die New Age-Bewegung. Darstellung und Kritik, EZW-INFORMATION, Nr.105, V/1988

KOPFERMANN, Wolfram: Charisma und Kirche, in: MÜHLEN, H. (Hg.): Geistesgaben heute, Mainz 1982, S.12-32

KOPFERMANN, Wolfram: Charismatisch ist nicht gleich charismatisch. Zur Verdeutlichung einer Selbstbezeichnung, in: ERNEUERUNG IN KIRCHE UND GESELLSCHAFT (= ERN), Heft 19 2(1984), S.43f

KOPFERMANN, Wolfram: Eine Dritte Welle des Heiligen Geistes?, in: RUNDBRIEF der Geistlichen Gemeinde-Erneuerung in der EKiD = RB der GGE, Nr.18, März 1985, S.20-22

KOTHGASSER, Alois M.: Über den Weg der Erneuerung im Heiligen Geist, in: RUNDBRIEF für charismatische Erneuerung in der Katholischen Kirche, 2/1992, S.16-20

KRUST, Christian Hugo: 50 Jahre Deutsche Pfingstbewegung Mülheimer Richtung, Altdorf/b.Nürnb. o.J

KRUST, Christian: Die Pfingstkirchen und die ökumenische Bewegung, in: GOODALL, N./ MÜLLER-RÖMHELD, W./Hg.: Bericht aus Uppsala 1968, Genf 1968, S.358-362

KÜENZLEN, Gottfried: Das Unbehagen an der Moderne: Der kulturelle und gesellschaftliche Hintergrund der New Age-Bewegung, in: HEMMINGER, Hansjörg (Hg.): Die Rückkehr der Zauberer, S.187-222

LANCZKOWSKI, Günther: Einführung in die Religionsphänomenologie, Darmstadt 1978

LANGE, Dieter: Eine Bewegung bricht sich Bahn. Die deutschen Gemeinschaften im ausgehenden 19. und beginnenden 20.Jahrhundert und ihre Stellung zur Kirche, Theologie und Pfingstbewegung, Gießen/ Dillenburg 1979

LAUTERBURG, Moritz: Der Begriff des Charisma und seine Bedeutung für die praktische Theologie, BFChTh 2/1, Gütersloh 1898

LEDERLE, Henry I.: The Spirit of Unity: a Discomforting Comforter. Some Reflections on the Holy Spirit, Ecumenism and the Pentecostal-Charismatic Movements, in: ER, Vol.42/ Nos.3-4/ Juli-Okt.1990, S.279-287

LINDSTRÖM, Harald: Wesley und die Heiligung, = Beiträge zur Geschichte des Methodismus Bd.6, Frankfurt a.M. 1961

LINNEWEDEL, Jürgen: Mystik-Meditation-Yoga-Zen. Wie versteht man sie, wie übt man sie, wie helfen sie - heute?, Stuttgart 19843, S.119-129

LOONEY, John Thomas: Nondenominational Churches: Vision of a New Testament Community, unveröffentl. Master of Divinity Thesis, Union Theological Seminary, New York 1981

LOVETT, L.: Art. "Positive Confession Theology", in: DPCM, S.718-720

MALICH, Immanuel: Damit die Heiligen zum Dienst ausgerüstet werden... (Eph 4,12). - "Signs and Wonders and Church Growth Part II". Bericht über eine viertägige Konferenz mit John Wimber und Team in Harrogate, England, vom 3.-6.11. 1986, in: RB der GGE, Nr.22, Dezember 1986, S.12-17; ders.: Bevollmächtigung zum Dienst... Rückblick auf den Wimber-Kongreß, in: RB der GGE, Nr.26, Dezember 1987, S.4-8; ders.: War der Wimber-Kongreß erfolgreich? Leitertagung in Gnadenthal, in: RB der GGE, Nr.27, März 1988, S.22-27; ders.(Hg.): Informationen und Impressionen vom II. Mitarbeiter-Kongreß mit John Wimber (GGE, Dezember 1988)

MALONY, H.Newton: Debunking some of the Myths about Glossolalia, in: ROBECK, Cecil M.jr.: Charismatic Experiences in History, Peabody/ Mass. 1985, S.102-110

MANN, Ulrich: Einführung in die Religionspsychologie, Darmstadt 1973

Mc DONNELL, Kilian: Presence, Power, Praise. Documents on the Charismatic Renewal, Vol.I, Collegeville/Minnesota 1980

McCONNELL, Donald R.: A Different Gospel. A Historical and Biblical Analysis of the Modern Faith Movement, Peabody/ Mass.1988; = ders.: Ein anderes Evangelium? Eine historische und biblische Analyse der modernen Glaubensbewegung, Hamburg 1990

McDONNELL, Kilian: Charismatic Renewal and the Churches, New York, 1976

McDONNELL, K.: The Ideology of Pentecostal Conversion, in: JES, 5/1968, S.105-126

McLOUGHLIN, William G.: Revivals, Awakenings and Reform. An Essay on Religion and Social Change in America 1607-1977, Chicago 1978

MENSCHING, Gustav: Art. "Besessenheit", in: RGG3, Bd.1, S.1093

MERKEL, Helmut: Art. "Charisma, 1.Im Neuen Testament", in: EKL3, Bd.1, S.641f

MEYER, Harding/URBAN, Hans Jörg/VISCHER, Lukas (Hg.): DOKUMENTE WACHSENDER ÜBEREINSTIMMUNG. Sämtliche Berichte und Konsenstexte interkonfessioneller Gespräche auf Weltebene 1931-1982, Paderborn/ Frankfurt 1983

MEYER, Harding: Pneumatische Herausforderung. Eine Einführung, in: WIEDERENTDECKUNG DES HEILIGEN GEISTES, S.7-25

MOHR, Johannes: Jesus ist der Herr, RUNDBRIEF für Charismatische Erneuerung in der Katholischen Kirche, 1/1987, S.4-9

MOORHEAD, James H.: The Erosion of Postmillenialism in American Religious Thought 1865-1925, in: CHURCH HISTORY, Jg.53/1984, S.61-77

MORTON, Tony: Das Volk des Neuen Bundes, Hamburg 1988

MÜHLEN, Heribert: Art. "Charismatische Gemeindeerneuerung", in: ÖL[2], S.214-217
MÜHLEN, H.: Art. "Charisma/ charismatisch, in: Praktisches Lexikon der Spiritualität, hg. von
SCHÜTZ, Christian, Freiburg/ Basel/ Wien 1988, S.183-187
MÜHLEN, H.: Warum "Geistliche Gemeinde-Erneuerung?" Eine katholische Stellungnahme zu
Wolfram Kopfermann: "Charismatisch ist nicht gleich charismatisch", in: ERNEUERUNG IN
KIRCHE UND GESELLSCHAFT, Heft 19, 2/1984, S.44-55
NEUBAUER, W.: Art. "Propaganda", in: LEXIKON DER PSYCHOLOGIE, Bd.2, S.1698
NEUE TRANSKONFESSIONELLE BEWEGUNGEN. Dokumente aus der evangelikalen, der
aktionszentrierten und der charismatischen Bewegung. Ökumenische Dokumentationen III, hg. von
GASSMANN, Günther/ MEYER, Harding/ ANSONS, Gunars J., Frankfurt a.M. 1976
NEWBIGIN, Leslie: Von der Spaltung zur Einheit, Basel/ Stuttgart 1956 (engl. The Household of God)
NIENKIRCHEN, Charles: A.B. Simpson: Forerunner and Critic of the Pentecostal Movement, in:
HARTZFELD/ NIENKIRCHEN (HG.): THE BIRTH OF A VISION, S.125-164
NIERMANN, Ernst: Art. "Spiritualismus", in: SM/D, Bd.IV, S.670-673
O'CONNOR, Edward D.: Spontaner Glaube. Ereignis und Erfahrung der charismatischen
Erneuerung, Freiburg/ Basel/ Wien 1974
OEPKE, Alfred: Art. "*ekstasis, existemi", in: ThWNT, Bd.2, S.447-457
ONYEKE, G./ HUMMEL, R./ REHBEIN, F.C./ SCHWAMBORN, I.: Art. "Neureligiöse Bewegung",
in: LEXIKON DER RELIGIONEN. Phänomene-Geschichte-Ideen, begr.von KÖNIG, Franz unter
Mitwirkung zahlreicher Fachgelehrter hg. von WALDENFELS, Hans, Freiburg 1987, S.450-458
OSWALD, Nico: Art. "Charisma, III.Judentum", in: TRE, Bd.7, S.685-688
PFISTER, Fr.: Art. "Ekstase", in: RAC, Bd.4, S.944-987
PLESSIS, David J.du: Art. "Pfingstbewegung", II.Mission der PB, in: RGG[3], Bd.5, S.310
POUSSON, Edward K.: The Emergence of the Independent Charismatic Church, in: GLOBAL
CHURCH GROWTH, Oct.-Dec. 1991/ Vol.XXVIII , No.4, S.7f
PRIEN, Hans-Jürgen: Art. "Assembleias de Deus no Brasil", in: EKL[3], Bd.1, S.294f
QUACK, Anton: Art. "Schamane/ Schamanismus", in: LEXIKON DER RELIGIONEN, S.580-582
QUEBEDEAUX, Richard: The New Charismatics II. How a Christian Renewal Movement became a Part of
the American Religious Mainstream, San Francisco 1983
RACK, Henry D.: Reasonable Enthusiast. John Wesley and the Rise of Methodism, London 1989
RATSCHOW, Carl Heinz: Art. "Charisma, I.Zum Begriff in der Religionswissenschaft", in: TRE, Bd.7, S.681f
REBELL, Walter: Psychologisches Grundwissen für Theologen. Ein Handbuch, München 1988
REED, D.A.: Art. "Oneness Pentecostalism", in: DPCM, S.644-651
REIMER, Hans-Diether: Die charismatische Bewegung in ihrer weltweiten Entwicklung, EZW-MD,
49.Jg./1986, S.284-296
REIMER, H.-D.: Der John-Wimber-Kongreß "Evangelisation in der Kraft des Geistes", in: EZW-MD,
50.Jg./1987, S.336-340
REIMER, H.-D.: Der katholisch-pfingstlerische Dialog, in EZW-MD, 42.Jg./ 1979, S.196-203.204-209
REIMER, H.-D.: Laßt uns miteinander sprechen. Der katholisch-pfingstlerische Dialog, in: CHARISMA.
Geistliche Erneuerung gestern-heute-morgen, hg. von BIALLY, Gerhard und PASSON, Klaus-Dieter,
Schorndorf 1985, S.178f
REIMER, H.-D.: Neue Frömmigkeit in den Kirchen und ihr Verhältnis zur New Age-Bewegung, in:
HEMMINGER, H. (Hg.): Die Rückkehr der Zauberer, S.223-256
REIMER, H.- D.: Ökumenische Gewissensbisse, in: EZW - MD, 47.Jg./1984, S.281f
REIMER, H.-D.: Power-Evangelism und Christusgeist. Gedanken zum John Wimber Kongreß, in: EZW-MD,
50.Jg. 1987, S.355-364 (ebd. S.372-374: "Kongreß-Impressionen")
REIMER, H.-D.: Starkes Wachstum, in: EZW - MD, 43.Jg., Nr.11(1980), S.310-312
REIMER, H.-D.: Wenn der Geist in der Kirche wirken will. Ein Vierteljahrhundert charismatische Bewegung,
Stuttgart 1987
REIMER, H.-D./ EGGENBERGER, Oswald: Neben den Kirchen. Gemeinschaften, die ihren Glauben auf
besondere Weise leben wollen, (Bibel-Kirche-Gemeinde, Bd.12), Konstanz 1979
RELLER, H./KIESSIG, M.(Hg.): HANDBUCH RELIGIÖSE GEMEINSCHAFTEN, Gütersloh 1985[3]
REMPLEIN, Heinz: Psychologie der Persönlichkeit. Die Lehre von den individuellen und typischen
Eigenart des Menschen, München/ Basel 1957[9]
REUBER, Kurt: Mystik in der Heiligungsfrömmigkeit der Gemeinschaftsbewegung, Gütersloh 1938
REY, Karl Guido: Gotteserlebnis in der Masse. Zur Problematik religiöser Massenveranstaltungen,
in: GuL 59/1986, S.185-194
REY, K.G.: Gotteserlebnisse im Schnellverfahren. Suggestion als Gefahr und Charisma, München 1985
RICHARDSON, James T.: Psychological Interpretations of Glossolalia: A Reexamination of Research, in:
JSStR 12(1973), S.199-207
RIECKER, Otto: Ruf an alle. George Whitefield - Bahnbrecher der modernen Evangelisation und
Erweckungsträger in zwei Kontinenten, Wuppertal 1984[2]

ROBECK, C.M.jr.: Art. "Azusa Street Revival", in: DPCM, S.31-36

ROBECK, C.M.jr.: Art. "National Association of Evangelicals", in: DPCM, S.634-636

ROBECK, C.M.jr.: Art. "Seminaries and Graduate Schools", in: DPCM, S.772-776

ROGGE, H.C.: Art. "Arminius, Jakobus, gest. 1609 und der Arminianismus", in: RE³, Bd.2/1897, S.103-105

ROTH, H.: Art. "Ideomotorisches Gesetz", in: LEXIKON DER PSYCHOLOGIE, Bd.2, S.1698

RUPPERT, Hans-Jürgen: Durchbruch zur Innenwelt. Spirituelle Impulse aus New Age und Esoterik in kritischer Beleuchtung, Stuttgart 1988

SAHLBERG, Carl-Erik: From Ecstasy to Enthusiasm. Some Trends in the Scientific Attitude to the Pentecostal Movement, in: EVANGELICAL REVIEW OF THEOLOGY, Vol.9/ No.1/1985, S.70-77

SAMARIN, William: Tongues of Men and Angels, New York/ London 1972

SANDIDGE, Jerry L.: Roman Catholic/Pentecostal Dialogue (1977-1982): A Study in Developing Ecumenism, Studien zur interkulturellen Geschichte des Christentums Bd. 44, Vol. I (Darstellung)/Vol. II (Dokumente), Frankfurt a.M./Bern/New York/Paris 1987

SANDIDGE, J.L.: Art. "Dialogue, Roman Catholic and Classical Pentecostal", in: DPCM, S.240-244

SARGANT, William: Battle for the Mind. A Physiology of Conversion and Brainwashing, London 1957

SARGANT, W.: The Mind Possessed. A Physiology of Possession, Mysticism and Faith Healing, London/ Melbourne/ Toronto 1973

SAWIN, John: The Fourfold Gospel, in: HARTZFELD/ NIENKIRCHEN (Hg.): THE BIRTH OF A VISION, S.1-28

SCHIMMEL, Annemarie: Art. "Ekstase", in: RGG³, Bd.2, S.410-412

SCHIMMEL: Art. "Ekstase", in: LEXIKON DER RELIGIONEN, S.138

SCHMIDT, Martin: John Wesley, Bd.II: Das Lebenswerk John Wesleys, Zürich/ Frankfurt a.M. 1966

SCHMIDT, Ludwig: Art. "Charisma, II.Altes Testament", in: TRE, Bd.7, S.682-685

SCHMIEDER, Lucida (OSB): Geistestaufe. Ein Beitrag zur neueren Glaubensgeschichte, (Paderborner Theologische Studien Bd.13), Paderborn 1982

SCHMITHALS, Walter: Art. "Ekstase", in: BHH, Bd.1, S.385f

SCHNEEWIND, Klaus A.: Persönlichkeitstheorien, Bd.1: Alltagspsychologie und mechanistische Ansätze, = Erträge der Forschung 168, Darmstadt 1982; Bd.2: Organismische und dialektische Ansätze, = Erträge der Forschung 216, Darmstadt 1984

SCHÜTZ, John H.: Art. "Charisma, IV.Neues Testament", in: TRE, Bd.7, S.688-693

SCHWARZ, Hans: Jenseits von Utopie und Resignation. Einführung in die christliche Eschatologie, Wuppertal/ Zürich 1990

SEEBASS, Gottfried: Art. "Apokalyptik/Apokalypsen, VII.Reformation und Neuzeit", in: TRE, Bd.3, S.280-289

SHAKARIAN, Demos/SHERILL, Elizabeth: Die glücklichsten Menschen auf Erden, Erzhausen o.J.

SILVOSO, Edgardo: Aus der Kraft des Geistes. Die geistliche Wende in Argentinien, in: RB der GGE, Nr. 28/Juni 1988, S.4-7

SIMPSON, Albert B.: Evangelium 4x, Frankfurt a.M. o.J., S.40-53

SLOSSER, Bob: Man nennt ihn Mr.Pentecost. Die Geschichte von David Du Plessis, Schorndorf 1977

SPITTLER, R.P.: Art. "Du Plessis, David Johannes", in: DPCM, S.250-254

SPITTLER, R.P.: Art. "Society for Pentecostal Studies", in: DPCM, S.793f

SPITTLER, R.P.: Art. "Spirituality, Pentecostal and Charismatic", in: DPCM, S.804-809

SPOERRI, Th.(Hg.): BEITRÄGE ZUR EKSTASE, Bibliotheca Psychiatrica et Neurologica 134, Basel/ New York 1968

SPOERRI, Th.: Ekstatische Rede und Glossolalie, in: ders. (Hg.): BEITRÄGE ZUR EKSTASE, S.137-152

SPOERRI, Th.: Zum Begriff der Ekstase, in: ders./ Hg.: BEITRÄGE ZUR EKSTASE, S.1-10

STEINBAUER, Friedrich: Art. "Krisenkulte/ Messianische Kulte", in: LEXIKON DER RELIGIONEN, S.355-358

STRANG, S.: Art. "Nondenominational Pentecostal and Charismatic Churches", in: DPCM, S.638-641

SUDBRACK, Josef: Neue Religiosität - Herausforderung für die Christen, Mainz 1987

SULLIVAN, Francis A.: Art. "Pentecôtisme, in: Dictionnaire de Spiritualité, Ascétique et Mystique.Doctrine et Histoire, Tome XII/1, Paris 1984, S.1036-1052.1036-1039 = ders.: Pfingstbewegung und charismatische Gemeindeerneuerung. Geschichte-Spiritualität-Stellungnahme, (leicht gekürzt und übers. von Josef Sudbrack), in: GEIST UND LEBEN, 59.Jg./1986, S.165-183

SULLIVAN, F.A.: Art. "Catholic Charismatic Renewal", in: DPCM, S.110-126

SULLIVAN, Francis A.: Die charismatische Erneuerung. Die biblischen und theologischen Grundlagen, Graz/Wien/ Köln 1986²

SYNAN, Vinson: Art. "Evangelicalism", in: DPCM, S.281-284

SYNAN, V.: Frank Bartleman und sein Verhältnis zur Azusa-Straße, Vorwort zu: BARTLEMAN, Frank: Feuer fällt in Los Angeles, Hamburg 1983, S.7-24

SYNAN, V.: Art. "Fundamentalism", in: DPCM, S.324-327

SYNAN, V.: The Holiness-Pentecostal Movement in the United States, Grand Rapids/ Mich. 1971

SYNAN, V.: In the Latter Days. The Outpouring of the Holy Spirit in the Twentieth Century,

Ann Arbor/Mich. 1984

SYNAN, V.:Pentecostalism: Varieties and Contributions, in: ONE IN CHRIST, Vol. XXIII/ Nos. 1-2/ 1987, S.97-109

SYNAN, V.: Art. "Presbyterian and Reformed Charismatics", in: DPCM, S.724-726

SYNAN, V.: The Role of the Holy Spirit and the Gifts of the Spirit in the Mystical Tradition, in: ONE IN CHRIST, Vol.X/1974/No.2, S.193-202

THEISSEN, Gerd: Psychologische Aspekte paulinischer Theologie, FRLANT 131, Göttingen 1983, S.269-340

THIEME, Karl: Art. "Verzückung, Enthusiasmus, Schwärmerei", in: RE³, Bd.20/1908, S.586-593

THOMAS, Klaus: Die Bekehrung als religiöses Erlebnis unter dem gewaltsamen Drängen von Sektierern und unter der freien Begleitung von Seelsorgern, in: THOMAS, Klaus: Die künstlich gesteuerte Seele. Brainwashing, Haschisch und LSD - chemische und hypnotische Einflüsse auf Gehirn und Seelenleben, Stuttgart 1970

THOMAS, Kl.: Meditation in Forschung und Erfahrung in weltweiter Beobachtung und praktischer Anleitung, Seelsorge und Psychotherapie Bd.1, Stuttgart 1973

THOMAS, Kl.:Schwärmer- und Sektierertum als außerwache "religions-psychopathologische" Erlebensstufen und die Schlafprediger, in: ARPS, Bd.7/ 1962, hg. von W. Keilbach, S.149-167

THUM, B./ SCHNACKENBURG, R./ RODEWYK, A./ RAHNER, K.: Art. "Besessenheit", in: LThK², Bd.2, S.294-300

THURMAN, Joyce V.: New Wineskins: A Study of the House Church Movement, Studien zur interkulturellen Geschichte des Christentums Bd.30, Frankfurt a.M./ Bern 1982

TRILLHAAS, Wolfgang: Dogmatik, Berlin/ New York 1980⁴, S.421-426

TRILLHAAS, W.: Art. "Enthusiasmus", in: RGG3, Bd.2, S.495f

ULRICH, E.: Art. "Suggestibilität", in: LEXIKON DER PSYCHOLOGIE, Bd.3, Freiburg/ Basel/ Wien 1987, S.2249f

ULRICH, E.: Art. "Wunderheilungen", in: a.a.O., S.2566f

VAUGHAN, John N.: Pentecostal/ Charismatic Megachurches, in: GLOBAL CHURCH GROWTH, Vol. XXVIII, No.4/ Oct.-Dec. 1991, S.9f.10

VIRGO, Terry: Die Wiederherstellung der Gemeinde, Hamburg 1988

VIVIER van ENTFELDT, L.M.: The Glossolalic and his Personality, in: SPOERRI, Th./ Hg.: BEITRÄGE ZUR EKSTASE, S.153-175 = ders.: Zungenreden und Zungenredner, in:

HOLLENWEGER, W. J.: PK, S.183-205

WACKER, Grant: "America's Pentecostals - Who They Are", in: CHRISTIANITY TODAY, 16.Okt. 1987, S.16-21

WAGNER, C.Peter: Art. "Church Growth", in: DPCM, S.180-195

WAGNER, C.P.: Der gesunde Aufbruch. Wie Sie in Ihrer Gemeinde für Kranke beten können und trotzdem gesund bleiben, Lörrach 1989

WAGNER, C.P.: Art. "Third Wave", in: DPCM, S.843f

WAGNER, C.P.: Spiritual Power and Church Growth. Seminal Lessons from the amazing growth of Pentecostal Churches in Latin America, London 1989 (= ders.: Look out! The Pentecostals are Coming, 1973)

WAGNER, Rudolf G.: Art. "Charismatische Bewegung, 1.Religionswissenschaftlich", in: EKL³, Bd.1, S.644-646

WALCH, Johann Georg: Art. "Enthusiasterey" und "Entzückung", in: Philosophisches Lexicon, Bd.1, Nachdr. der 4.Aufl. Leipzig 1775/Hildesheim 1968, S.1026-1032.1036-1041

WALDENFELS, Hans: Art. "Enthusiasmus", in: LEXIKON DER RELIGIONEN, hg. von WALDENFELS, Hans, Freiburg 1988², S.141f

WALDMANN, Michael: Trancen und Ekstasen in ihrer psychologischen Gegensätzlichkeit, in: GuL, 25/1952, S.54-67

WALKER, Andrew: From Revival to Restoration: the Emergence of Britain's New Classical Pentecostalism, in: SOCIAL COMPASS, XXXII/1985, S.261-271

WALKER, A.: Restoring the Kingdom. The Radical Christianity of the House Church Movement, London 1989²

WALLIS, Roy: Art. "Charisma, 1.Religionssoziologisch", in: EKL³, Bd.1, S.643f

WIEDERENTDECKUNG DES HEILIGEN GEISTES, hg. von LIENHARD, Marc/ MEYER, Harding, ÖkPer 6, Frankfurt a.M. 1974

WILKERSON, David: Die Vision, Erzhausen 1987¹¹

WILLIAMS, J.R.: Art. "Baptism in the Holy Spirit", in: DPCM, S.40-48

WILLIAMS, Don: Signs, Wonders and the Kingdom of God. A Biblical Guide for the Reluctant Skeptic, Ann Arbor/ Mich. 1989

WILSON, D.J.: Art. "Church Membership", in: DPCM, S.196f

WILSON, L.F.: Art. "Bible Institutes, Colleges, Universities", in: DPCM, S.57-65

WIMBER, John: Gott möchte in seiner Kirche herrschen, in: RB der GGE, Nr.23/24, Juni 1987, S.6-9

WIMBER, J.: Kingdom Evangelism: Proclaiming the Gospel in Power, London 1989

WIMBER, J.: Wenn der Geist kommt... Zu den körperlichen Manifestationen des Geistwirkens, in: RB der GGE, Nr.23/24, Juni 1987, S.9-13

WIMBER, John/ SPRINGER, Kevin (Hg.): Die Dritte Welle des Heiligen Geistes. Was kommt nach der Erneuerung?, Hochheim 1988 (engl.Titel: "Power Encounters").

WIMBER, John/ SPRINGER, Kevin: Vollmächtige Evangelisation. Zeichen und Wunder heute, Hochheim 1986

WISSMANN, Hans: Art. "Ekstase", in: TRE, Bd.9, S.488-491

ZINSER, Hartmut: Art. "Besessenheit", in: HANDBUCH RELIGIONSWISSENSCHAFTLICHER GRUNDBEGRIFFE, Bd.II, hg. von CANCIK, Hubert, Stuttgart/ Berlin/ Köln 1990, S.131-135

ZINSER, Hartmut: Art. "Ekstase", in: HANDBUCH RELIGIONSWISSENSCHAFTLICHER GRUNDBE-GRIFFE, Bd.II, 253-258

ZOPFI, Jakob: ...auf alles Fleisch. Geschichte und Auftrag der Pfingstbewegung, Kreuzlingen-CH 1985

Literatur: *B.0.1 Vorbemerkungen* + *B.0.2 Zur Geschichte der "UdG"*

Allgemeines zu: Aszetik, Spiritualität, "Unterscheidung der Geister"

ADNÈS, Pierre: Art. "Mystique, II.Théories de la mystique chrétienne. B.XVI-XXe Siècles, in: DSp, Bd.10, S.1919-1939.1924-1937

AUER, Alfons: Art. "Frömmigkeit, II.F. als menschliche Grundhaltung", in: LThK², Bd.4, S.400-405

AUMANN, Jordan (O.P.): Spiritual Theology, London 1980

BAKKER, Leo: Freiheit und Erfahrung. Redaktionsgeschichtliche Untersuchungen über die Unterscheidung der Geister bei Ignatius von Loyola, Studien zur Theologie des geistlichen Lebens Bd.III, Würzburg 1970

BELLOSO, Josep M. Rovira: Wer ist fähig zu unterscheiden?, in: Conc (D), 14.Jg./ Heft 11(1978), S.613-618

BOROS, Ladislaus: Scheidung des Geistes, in: Conc (D), 13.Jg./ Heft 11(1977), S.594-599

BOUCHET, Jean René: Die Unterscheidung der Geister, in: Conc (D), 15.Jg./ Heft 10 (1979), S.550-552

CASTILLO, José M.: Die "Nachfolge Christi" und "Der Weg". Zum Thema "unterscheidendes Erkennen", in: Conc (D), 14.Jg./ Heft 11(1978), S.585-590

CATALAN, Jean-François: Art. "Psychisme et vie spirituelle", in: DSp, Bd.12/2, S.2569-2605

COMMUNAL DISCERNMENT: NEW TRENDS, Rom 1975

CONCILIUM (D): 9.Jg./ Heft 11(1973): "Geistliche Erneuerungsbewegungen"; 13.Jg./ Heft 11(1977): "Die Charismen"; 14.Jg./ Heft 11(1978): "Unterscheidung des Geistes und der Geister"; 15.Jg./ Heft 10(1979): "Der Heilige Geist im Widerstreit"

DIEKAMP, Franz: KATHOLISCHE DOGMATIK (I-III) nach den Grundsätzen des heiligen Thomas, 12. und 13. neubearb. Aufl., hg.von JÜSSEN, Klaudius, Münster 1958-1962

DUQUOC, Christian/ FLORISTAN, Casiano: Unterscheidung des Geistes und der Geister, in: Conc (D), 14.Jg./ Heft 11(1978), S.567

DUSSEL, Enrique: Unterscheidung - Frage der Orthodoxie oder der Orthopraxis?, in: Conc (D), 14.Jg./ Heft 11(1978), S.591-598

ESSAYS ON DISCERNMENT, Dossier 'Deliberatio' C, Centrum Ignatianum Spiritualitatis, Rom 1981²

FISCHER, Heribert: Art. "Mystik", in: SM/D, Bd.III, S.649-661

FRIELINGSDORF, Karl/ SWITEK, Günter (Hg.): ENTSCHEIDUNG AUS DEM GLAUBEN. Modelle für religiöse Entscheidungen und eine christliche Lebensorientierung, Mainz 1978

FRIES, Heinrich: Fundamentaltheologie, Graz/ Wien/ Köln 1985

GYR, Meinrad: Laßt euch im Geist erneuern! 8 Tage der Stille nach der Art geistlicher Übungen, Freiburg-CH/ Konstanz 1987

HASENHÜTTL, Gotthold: CHARISMA. Ordnungsprinzip der Kirche, ÖF.E 5, Freiburg/ Basel/ Wien 1969

HISTOIRE DE LA SPIRITUALITÉ CHRÉTIENNE I-III - BOUYER, Louis: La spiritualité du Nouveau Testament et des Pères, Paris 1966; LECLERCQ, Jean/ VANDENBROUCKE, François/ BOUYER, Louis: La spiritualité du Moyen Age, Paris 1966; BOUYER, Louis: La spiritualité Orthodoxe & La spiritualité Protestante et Anglicaine, Paris 1965; COGNET, Louis: La spiritualité Moderne, Paris 1966.

KASPER, Walter/ SAUTER, Gerhard: Kirche - Ort des Geistes, ÖF.Erg.Abt. 8, Freiburg/ Basel/ Wien 1976

KLINGER, Elmar: Art. "Unterscheidung der Geister", in: SM(D), Bd. IV, S.1108-1114 (= dass., in: RAHNER, Karl/ Hg.: HTTL, Bd.8, S.7-12.371)

KÜNG, Hans: Die charismatische Struktur der Kirche, in: Conc (D), 1(1965), S.282-290

KÜNG, H.: Die Kirche, Serie Piper, München 1980², S.181-244

KÜNG, H.: Strukturen der Kirche, QD 17, Freiburg 1962

LONNING, Inge: Die Reformation und die Schwärmer, in: Conc (D), 15.Jg./ Heft 10(1979), S.515-518

MacAVOY, Joseph: Art. "Direction, IV. Direction spirituelle et psychologie, in: DSp, Bd.3, S.1143-117

McNAMARA, Martin: Kriterien zur Unterscheidung wahrer und falscher Propheten in Israel, in: Conc (D), 14.Jg./ Heft 11(1978), S.568-574

MYSTERIUM SALUTIS. Grundriß heilsgeschichtlicher Dogmatik, Bd.I-V, hg. von FEINER, Johannes/ LÖHRER, Magnus, Einsiedeln/ Zürich/ Köln 1965-1976

OTT, Ludwig: GRUNDRISS DER KATHOLISCHEN DOGMATIK, Freiburg/ Basel/ Wien 1961[5]

PANTSCHKOWSKI, Iwan: Geist und Geistesgaben: Orthodoxe Stellungnahme, in: Conc (D), 15.Jg./ Heft 10(1979), S.552-556

PETERS, William A.M.: Die "Unterscheidung der Geister" bei Ignatius von Loyola, in: Conc (D), 14.Jg./ Heft 11(1978), S.581-585

POULAIN, August (S.J.): Handbuch der Mystik, Freiburg 1925[3]

RAHNER, Hugo: Die "Anwendung der Sinne" in der Betrachtungsmethode des hl.Ignatius von Loyola, in: ZKTh 79(1957), S.434-456

RAHNER, H.: "Werdet kundige Geldwechsler". Zur Geschichte der Lehre des heiligen Ignatius von der Unterscheidung der Geister, in: IGNATIUS VON LOYOLA. Seine geistliche Gestalt und sein Vermächtnis 1556-1956, hg. von WULF, Friedrich, Würzburg 1956, S.301-341; (= ders.: Ignatius von Loyola als Mensch und Theologe, Freiburg/ Basel/ Wien 1964, S.312-343)

RAHNER, Karl: Das Charismatische in der Kirche, in: StZ 160/1957, S.161-186

RAHNER, K.: Das Dynamische in der Kirche, QD 5, Freiburg 1962[2]

RAHNER, K.: Die enthusiastische und die gnadenhafte Erfahrung, in: ders.: SCHRIFTEN ZUR THEO-LOGIE, Bd.XII: Theologie aus Erfahrung des Geistes, Zürich/ Einsiedeln/ Köln 1975, S.54-75

RAHNER, K.: Erfahrung des Geistes und existentielle Entscheidung, in: ders.: SCHRIFTEN ZUR THEOLOGIE, Bd.XII, S.41-53

RAHNER, K.: Die ignatianische Logik der existentiellen Erkenntnis. Über einige theologische Probleme in den Wahlregeln der Exerzitien des heiligen Ignatius, in: IGNATIUS VON LOYOLA. Seine geistliche Gestalt und sein Vermächtnis 1556-1956, S.343-405

RAHNER, K.: Die Kirche als Ort der Geistsendung, in: ders.: SCHRIFTEN ZUR THEOLOGIE, Bd.VII: Zur Theologie des geistlichen Lebens, Zürich/ Einsiedeln/ Köln 1966, S.183-196

RAHNER, K.: Löscht den Geist nicht aus!, in: ders.: SCHRIFTEN ZUR THEOLOGIE, Bd.VII, S.77-90

ROTZETTER, Anton, Hg.: Seminar Spiritualität I-IV, Zürich/ Einsiedeln/ Köln, 1979-1982

SCARAMELLI, Giovanni Battista (S.J.): Anleitung in der mystischen Theologie (2 Teile), Hildesheim/ New York 1973 (Reprint der Ausgabe Regensburg 1855-56)

SCHMAUS, Michael: DER GLAUBE DER KIRCHE. Handbuch katholischer Dogmatik, Bd.1-2, München 1969-1970; Bd.2, S.58-65

SCHMAUS, Michael: KATHOLISCHE DOGMATIK, Bd.IV/2: Von den letzten Dingen, München 1959[5], S.171f

SCHNEIDER, Michael: "Unterscheidung der Geister". Die ignatianischen Exerzitien in der Deutung von E.Przywara, K.Rahner und G.Fessard, Innsbrucker Theologische Studien 11, Innsbruck/ Wien 1983

SIMON, René: Das Sittengesetz und die Unterscheidung der Geister, in: Conc (D), 14.Jg./ Heft 11(1978), S.606-612

SPOHN, William: Charismatic Communal Discernment and Ignatian Communities, in: THE WAY SUPPLEMENT 20/1973, S.38-54

SUDBRACK, Josef: Geist-liches zu geist-lichen Übungen, notiert am Rande der Pfingstfrömmigkeit, in: GuL 46/1973, S.430-445

SUDBRACK, J.: Art. "Spiritualität", in: Herders Theologisches Taschenlexikon, Bd.7, S.115-130 = ders.: Art. "Spiritualität", in: SM/D, Bd.IV, S.674-691

SUDBRACK, J.: Unterscheidung der Geister - Entscheidung im Geiste, in: NIEDERWIMMER, Kurt/ SUD-BRACK, Josef/ SCHMIDT, Wilhelm: Unterscheidung der Geister. Skizzen zu einer neu zu lernenden Theologie des Heiligen Geistes, Kirche zwischen Planen und Hoffen 7, Kassel 1972, S.35-63.43f

SUDBRACK, J.: Art. "Unterscheidung der Geister", in: PLSp, S.1328-1330

SWITEK, Günter: Geistliche Unterscheidung in Gemeinschaft. Möglichkeiten und Grenzen, in: GuL 49(1976), S.445-457

TANQUEREY, Adolphe-Alfred (S.S.): Grundriß der Aszetischen und Mystischen Theologie, Paris/ Tournai/ Rom 1931

THALHAMMER, Dominik: Art. "Askese, III. Theologisch", in: LThK[2], Bd.1, S.932-937

TRUHLAR, Karl: Art. "Aszetik", in: LThK[2], Bd.1, S.968-973

URBINA, Fernando: Religiöse Erweckungsbewegungen und christliche Unterscheidung der Geister, in: Conc (D), 9.Jg./ Heft 11(1973), S.631-638

WALDENFELS, Hans: Kontextuelle Fundamentaltheologie, Paderborn/ München/ Wien/ Zürich 1985

WULF, Friedrich: Art. "Aszese/Aszetik", in: Herders Theologisches Taschenlexikon, Bd.1, Freiburg 1972, S.202-210

WULF, F.: Art. "Frömmigkeit II, kath.Sicht", in: ÖL[2], S.417-419

WULF, Hans: Art. "Unterscheidung der Geister", in: LThK[2], Bd.10, S.533-535

YODER, John H.: Die Schwärmer und die Reformation, in: Conc (D), 15.Jg./ Heft 10(1979), S.519-522

Didache

AUNE, David E.: Prophecy in Early Christianity and the Ancient Mediterranean World, Grand Rapids 1983

BACHT, Heinrich: Die prophetische Inspiration in der kirchlichen Reflexion der vormontanistischen Zeit, in: THEOLOGISCHE QUARTALSSCHRIFT 125/ SCHOLASTIK 19/1944, S.1-18

CAMPENHAUSEN, Hans von: Kirchliches Amt und geistliche Vollmacht in den ersten drei Jahrhunderten, (BHTh 14), Tübingen 1953

DIBELIUS, Martin: Der Hirt des Hermas, (HNT, Ergänzungsband: Die apostolischen Väter 4), Tübingen 1923

DREWS, P.: Apostellehre (Didache), in: HENNECKE, Edgar (Hg.): Handbuch zu den neutestamentlichen Apokryphen, Tübingen 1904, S.256-283. 272-278

FUNK, Franz Xaver (Hg.): Die Apostolischen Väter, (Kirchen- und dogmengeschichtliche Quellenschriften, Zweite Reihe: I), Tübingen 1906², S.1-8

HENNECKE, Edgar: Apostellehre (Didache), in: ders. (Hg.): Neutestamentliche Apokryphen, Tübingen1924², S.555-565

NIEDERWIMMER, Kurt: Die Didache, KAV 1, Göttingen 1989

TUILIER, André: Art. "Didache", in: TRE, Bd.8, S.731-736

Hirt des Hermas

AUNE, David E.: Magic in Early Christianity, in: PRINCIPAT 23/2: Religion (Vorkonstantinisches Christentum: Verhältnis zu römischem Staat und heidnischer Religion/ Forts.), hg. von W.HAASE, AUFSTIEG UND NIEDERGANG DER RÖMISCHEN WELT. Geschichte und Kultur Roms im Spiegel der neueren Forschung II, Berlin/ New York 1980, S.1507-1557

BROX, Norbert: Der Hirt des Hermas, KAV 7, Göttingen 1991

DIBELIUS, Martin: Der Hirt des Hermas, (HNT, Ergänzungsbd.: Die apostolischen Väter 4), Tübingen 1923

REILING, Johannes: Hermas and Christian Prophecy: A Study of the Eleventh Mandate, (Novum Testamentum Supplements, Vol.37), Leiden 1973

STAATS, Reinhart: Art. "Hermas", in: TRE, Bd.15, S.100-108

SWITEK, Günter: "Discretio spiritum". Ein Beitrag zur Geschichte der Spiritualität, in: ThPh 47(1972), S.36-76.38-40

WEINEL, Heinrich.: Der Hirt des Hermas, in: HENNECKE, Edgar (Hg.): Neutestamentliche Apokryphen, Tübingen 1924², S.327-384.352-354

WEINEL, Heinrich: Der Hirt des Hermas, in: HENNECKE, Edgar (Hg.): Handbuch zu den neutestamentlichen Apokryphen, Tübingen 1904, S.290-323

Montanismus

ALAND, Kurt: Bemerkungen zum Montanismus und zur frühchristlichen Eschatologie, in: ders.: Kirchenge- schichtliche Entwürfe (Alte Kirche-Reformation und Luthertum-Pietismus und Erweckungsbewegung, Gütersloh 1960, S.105-148

ALAND, K.: Augustin und der Montanismus, in: a.a.O., S.149-164

BACHT,Heinrich: Art. "Montanismus", in: LThK², Bd.7, S.578-580

BACHT,H.: Die Prophetische Inspiration in der kirchlichen Reflexion der vormontanistischen Zeit, in: THEOLOGISCHE QUARTALSSCHRIFT 125/ SCHOLASTIK, 19(1944), S.1-18

BAUS, Karl: Von der Urgemeinde bis zur frühchristlichen Großkirche, HKG/J: Bd.1, Freiburg/ Basel/ Wien 1962

BEYSCHLAG, Karlmann: Grundriß der Dogmengeschichte, Bd.1: Gott und Welt (Grundrisse Bd.2), Darmstadt 1982, S.147-149

BONWETSCH, Gottfried Nathanael: Grundriß der Dogmengeschichte, Gütersloh o.J., S.47-49

BONWETSCH, G.N.: Art. "Montanismus", RE³, Bd.13(1903), S.417-426

BROADBENT, E.H.: Gemeinde Jesu in Knechtsgestalt. Ein Gang durch ihre zweitausendjährige Geschichte, Dillenburg 1965

CAMPENHAUSEN, Hans von: Die Entstehung der christlichen Bibel, (BHTh 39), Tübingen 1968, S.245ff.257-290

CAMPENHAUSEN, H.v.: Kirchliches Amt und geistliche Vollmacht in den ersten drei Jahrhunderten, Tübingen 1953, S.195-233

EUSEBIUS (Caesariensis): Kirchengeschichte, hg. u. eingel.v. KRAFT, Heinrich (Übers. v. HAEUSER, Philipp neu durchges. v. GÄRTNER, Hans Armin, München 1967

FICKER, G.: Aussprüche des Montanus und seiner Prophetinnen, in: HENNECKE, Edgar (Hg.): Neutestamentliche Apokryphen, Tübingen 1924², S.425-429

HARNACK, Adolf: Lehrbuch der Dogmengeschichte, Bd.1: Die Entstehung des kirchlichen Dogmas, Freiburg/ Leipzig 1894³, S.389-403

KENNEDY, John: Die Fackel des Glaubens. Geschichte der Gemeinde Jesu, Wetzlar 1977

KNOX, Ronald A.: Christliches Schwärmertum. Ein Beitrag zur Religionsgeschichte, Köln/Olten 1957, S.36-58.43-47

KOEHLER, Walther: Dogmengeschichte. Als Geschichte des christlichen Selbstbewußtseins, Bd.1: Von den Anfängen bis zur Reformation, Zürich 1951³, S.68f

KRAFT, Heinrich: Die altchristliche Prophetie und die Entstehung des Montanismus, in: ThZ 11(1955), S.249-271

LOHSE, Bernhard: Askese und Mönchtum in der Antike und in der alten Kirche, Religion und Kultur der alten Mittelmeerwelt in Parallelforschungen, hg.v. COLPE, Carsten und DÖRRIE, Heinrich, Bd.1, München/ Wien 1969, S.145-148

MOHR, Johannes: Montanismus und charismatische Erneuerung - zwei ungleiche geistige Aufbrüche in der katholischen Kirche, in: KRÄMER, Peter/MOHR, Johannes: Charismatische Erneuerung der Kirche. Chancen und Gefahren, Trier 1980, S.13-77

NIGG, Walter: Das Buch der Ketzer, Zürich 1962⁴, S.95-111

NIGG, W.: Das ewige Reich, Zürich 1954, S.78-89

RITTER, Adolf Martin: Kirchen- und Theologiegeschichte in Quellen, Bd.1: Alte Kirche, Neukirchen-Vluyn 1987⁴, S.29f

SCHMIDT, Kurt Dietrich: Grundriß der Kirchengeschichte, Göttingen 1979⁷

WEGENER, Günter S.: Die Kirche lebt. Der Weg der Christen durch zwei Jahrtausende, 1963²

Zur weiteren Geschichte der "UdG" und ihrer Kriterien

BROULLARD, R.: Art. "Discernement des Ésprits", in: CATHOLICISME. Hier, aujourd'hui, demain, Bd.3, Paris 1952, S.874-877

CHOLLET, A.: Art. "Discernement des Ésprits", in: DThC, Bd.4/2, Paris 1911, S.1375-1415;

DERVILLE, André: Art. "Illusions", in: DSp, Bd.7/2, S.1392 -1401

DES HEILIGEN CYRILLUS BISCHOFS VON JERUSALEM KATECHESEN, aus dem Griech. übers. und mit einer Einl. versehen von HÄUSER, Philipp, BKV 34, München/ Kempten 1922

GUILLET, Jaques/ BARDY, Gustave/ VANDENBROUCKE, François/ PEGON, Joseph/ MARTIN, Henri: Art. "Discernement des Ésprits", in: DSp, Bd.3, S.1222-1291

LIENHARD, Joseph T. (S.J.): On "Discernment of Spirits" in the Early Church, in: Theological Studies 41 (1980), S.505-529

LOYOLA, Ignatius von: Die geistlichen Exerzitien des hl.Ignatius, hg. von BRUCKNER, Jakob (S.J.), Freiburg 1921⁹, (= Geistliche Exerzitien)

MADINGER, Herbert: Der unmittelbare göttliche Antrieb, in: MYSTISCHE THEOLOGIE, 4(1958), S.199-210

MADINGER, H.: Die Unterscheidung der Geister, in: MYSTISCHE THEOLOGIE, 4(1958), S.169-198

SWITEK, Günter (S.J.): "Discretio spiritum". Ein Beitrag zur Geschichte der Spiritualität, in: ThPh 47(1972), S.36-76

WEISUNG DER VÄTER. Apophthegmata Patrum, auch Gerontikon oder Alphabeticum genannt, (Einl. NYSSEN, Wilhelm/ Übers. MILLER, Bonifaz), SOPHIA. Qellen östlicher Theologie Bd.6, Trier 1980²

Literatur zu: B.1 Karl Rahner

Primärliteratur:

RAHNER, Karl: Amt und freies Charisma, in: ARNOLD, F.X./ RAHNER, K./ SCHNURR, W./ WEBER, L.M. (Hg.): Handbuch der Pastoraltheologie Bd.I, Freiburg 1964, S.154-160

RAHNER, K.: Bemerkungen zum Charismatischen in der Kirche, in: GuL 42(1969), S.251-262

RAHNER, K.: Art. "Charisma, III. Das Charismatische in der Kirche", in: LThK², Bd.2, S.1027-1030 (= dass.: in: HTTL, Bd.1, S.379-381)

RAHNER, K.: Das Charismatische in der Kirche, in: ders.: Das Dynamische in der Kirche, S.38-73

RAHNER, K.: Das Dynamische in der Kirche, QD 5, Freiburg 1958

RAHNER, K.: Das enthusiastisch-charismatische Erlebnis in Konfrontation mit der gnadenhaften Transzendenzerfahrung, in: HEITMANN, Cl./ MÜHLEN, H. (Hg.): ERFAHRUNG UND THEOLOGIE DES HEILIGEN GEISTES, S.64-80 (= Das enthusiastisch-charismatische Erlebnis)

RAHNER, K.: Die enthusiastische und die gnadenhafte Erfahrung, in: ders.: SCHRIFTEN ZUR THEOLOGIE, Bd.XII: Theologie aus Erfahrung des Geistes, Zürich/ Einsiedeln/ Köln 1975, S.54-75

RAHNER, K.: Erfahrung des Geistes und existentielle Entscheidung, in: ders.: SCHRIFTEN ZUR THEOLOGIE, Bd.XII, S.41-53

RAHNER, K.: Die Kirche als Ort der Geistsendung, in: ders.: SCHRIFTEN ZUR THEOLOGIE, Bd.VII, S.183-188

RAHNER, K.: Löscht den Geist nicht aus!, in: ders.: SCHRIFTEN ZUR THEOLOGIE, Bd.VII: Zur Theologie des geistlichen Lebens, S.77-90

RAHNER, K.: Die Logik der existentiellen Erkenntnis bei Ignatius von Loyola, in: ders.: Das Dynamische in der Kirche, S.74-148

RAHNER, K.: Art. "Privatoffenbarung", in: LThK², Bd.8, S.772f (dass.: in: SM/D, Bd.III, S.1285-1287)

RAHNER, K.: Art.: "Propheten, III.Theologisch", in: LThK², Bd.8, S.800-802

RAHNER, K.: SCHRIFTEN ZUR THEOLOGIE, Bd. XIII: Gott und Offenbarung, Zürich/ Einsiedeln/ Köln 1978

RAHNER, K.: SCHRIFTEN ZUR THEOLOGIE, Bd.XII: Theologie aus Erfahrung des Geistes, Zürich/ Einsiedeln/ Köln 1975

RAHNER, K.: SCHRIFTEN ZUR THEOLOGIE, Bd.VII: Zur Theologie des geistlichen Lebens, Zürich/ Einsiedeln/ Köln 1966

RAHNER, K.: Art. "Transzendentaltheologie", in: Herders theologisches Taschenlexikon, HTTL, Bd.7, S.324-329

RAHNER, K.: Transzendenzerfahrung aus katholisch-dogmatischer Sicht, in: ders.: SCHRIFTEN ZUR THEOLOGIE, Bd. XIII, S.207-225

RAHNER, K.: Visionen und Prophezeiungen (unter Mitarbeit von P.Th. Baumann SJ. ergänzt), QD 4, Basel/ Freiburg/ Wien 1960³ (= Visionen und Prophezeiungen)

Sekundärliteratur:

ADNÉS, Pierre: Art. "Mariage Spirituel", in: DSp, Bd.10, S.388-408

ADNÉS, Pierre: Art. "Révélations privées", in: DSp, Bd.13, S.482-492

BAAR, Hanne: Kommt, sagt es allen weiter. Eine Christin berichtet über charismatische Erfahrungen, Mit einem Nachwort von Karl Rahner, Freiburg/ Basel/ Wien 19863, S.71-78

BETTENCOURT, Estévao: Art. "Charismen", in: SM (D), Bd.I, S.713-716

BOVIS, André de: Art. "Inspirations divines", in: DSp, Bd.7/2, S.1791-1803

CONGAR, Y.: Der Heilige Geist, S.147-153.147.152f

DERVILLE, André: Art. "Paroles intérieures", in: DSp, Bd.12/1, S.252-257

FISCHER, Klaus: Art. "Rahner, K., in: PRAKTISCHES LEXIKON DER SPIRITUALITÄT, S.1027-1030

FORTE, Bruno: Kirche, Charismen und Dienste in der Erneuerung der katholischen Ekklesiologie, in: EvTh 49(1989), S.39-52

GEROSA, Libero: Charisma und Recht. Kirchenrechtliche Überlegungen zum "Urcharisma" der neuen Vereinigungsformen in der Kirche, Sammlung Horizonte NF 27, Einsiedeln/ Trier 1989, S.58-72

GRILLMEIER, A.: Dogmatische Konstitution über die Kirche. Kommentar zum I.Kapitel, in: LThK², E.I, S.160f

GROM, Bernhard: Religionspsychologische Bemerkungen zur charismatischen Bewegung, in: Wort und Antwort 1974/75, S.136ff, zit. in: Konfessionskundliche Informationen. Evangelischer Bund - Landesverband Württemberg, Heft 3/75, S.38-43

KOLPING, A.: Art. "Qualifikationen", in: LThK², Bd.8, S.914-919

LAIS, H.: Art. "Erscheinungen, I.Fundamentaltheologisch", in: LThk², Bd.3, S.1047-1049

LEHMANN, Karl: Karl Rahner, in: Bilanz der Theologie im 20.Jahrhundert, Bd.IV: Bahnbrechende Theologen, hg.von VORGRIMLER, Herbert/ GUCHT, Robert van der, Freiburg/ Basel/ Wien 1970, S.143-181

McNAMEE, John J.: The Role of the Spirit in Pentecostalism. A Comparative Study, Kath.Theol.Diss. Tübingen 1974, S.310-336

MONDEN, L.: Art. "Erscheinungen, II.Psychologisch", in: LThK², Bd.3, S.1049f

PETERS, Albrecht: Zwischen Gottesmystik und Christuszeugnis. Zur Theologie Karl Rahners (5.3.1904-30.3.1984), in: ThR 51(1986), S.269-314

REY, Karl Guido: Gotteserlebnis in der Masse. Zur Problematik religiöser Massenveranstaltungen, in: GuL 59/1986, S.185-194

REY, K.G.: Gotteserlebnisse im Schnellverfahren. Suggestion als Gefahr und Charisma, München 1985

SCHÜTZ, Chr.: Einführung in die Pneumatologie, Darmstadt 1985, S.136-140

SUDBRACK, Josef: Mystik. Selbsterfahrung - Kosmische Erfahrung - Gotteserfahrung, Mainz/ Stuttgart 1988, S.82f

SULLIVAN, Francis A.: Die Charismatische Erneuerung. Die biblischen und theologischen Grundlagen, Graz/ Wien/ Köln 1986², S.7-15

TRUHLAR, Karl Vladimir: Art. "Visionen", in: SM (D), Bd.IV, S.1177-1181

VORGRIMLER, Herbert/ GUCHT, Robert van der, (Hg.): Bilanz der Theologie im 20.Jahrhundert, Bd.IV: Bahnbrechende Theologen, Freiburg/ Basel/ Wien 1970

Literatur: *B.2   Hans Urs von Balthasar*

Primärliteratur:

BALTHASAR, Hans Urs von: Alle Wege führen zum Kreuz, in: IKaZ 9(1980), S.333-342
BALTHASAR, H.U.v.: Charis und Charisma, in: ders.: SPONSA VERBI, S.319-331
BALTHASAR, H.U.v.: Das Evangelium als Norm und Kritik aller Spiritualität, in: ders.: SPIRITUS CREATOR. Skizzen zur Theologie III, Einsiedeln 1967, S.247-263
BALTHASAR, H.U.v.: KLARSTELLUNGEN. Zur Prüfung der Geister, HerBü 393, Freiburg 1971, (Neudruck mit gleichen Seitenzahlen, Einsiedeln 1978)
BALTHASAR, H.U.v.: Kriterien, in: ders.: KLARSTELLUNGEN, S.17-25
BALTHASAR, H.U.v.: Zur Ortsbestimmung christlicher Mystik, in: ders.: PNEUMA UND INSTITU-TION, S.298-324
BALTHASAR, H.U.v.: PNEUMA UND INSTITUTION. Skizzen zur Theologie IV, Einsiedeln 1974
BALTHASAR, H.U.v.: SPIRITUS CREATOR. Skizzen zur Theologie III, Einsiedeln 1967
BALTHASAR, H.U.v.: SPONSA VERBI. Skizzen zur Theologie II, Einsiedeln 1961
BALTHASAR, H.U.v.: Summa Summarum, in: ders.: SPIRITUS CREATOR, S.322-344
BALTHASAR, H.U.v.: THEOLOGIK, Bd.III: Der Geist der Wahrheit, Einsiedeln 1987
BALTHASAR, H.U.v.: THOMAS VON AQUIN. Besondere Gnadengaben und zwei Wege menschlichen Lebens. Kommentar zu SUMMA THEOLOGICA II-II, 171-182, in: DEUTSCHE THOMAS-AUSGABE, Bd.23, Heidelberg/ Graz/ Wien/ Salzburg 1954, S.252-464
BALTHASAR, H.U.v.: Vorerwägungen zur Unterscheidung der Geister, in: ders.: PNEUMA UND INSTITUTION, S.325-339

Sekundärliteratur:

BAUMER, Iso: Vermittler des Unzeitgemäßen. Hans Urs von Balthasar als Autor, Herausgeber und Verle-ger, in: LEHMANN, K./ KASPER, W. (Hg.): Hans Urs von Balthasar - Gestalt und Werk, S.85-103
FISICHELLA, Rino: Fundamentaltheologisches bei Hans Urs von Balthasar, in: LEHMANN, K./ KASPER, W. (Hg.): Hans Urs von Balthasar - Gestalt und Werk, S.298-311
GREINER, Maximilian: Die Johannesgemeinschaft. Ein Gespräch mit Cornelia Capol und Martha Gisi, in: LEHMANN, K./ KASPER, W. (Hg.): Hans Urs von Balthasar - Gestalt und Werk, S.133-151
HAAS, Alois M.: Hans Urs von Balthasars 'Apokalypse der deutschen Seele'. Im Spannungsbereich von Germanistik, Philosophie und Theologie, in: LEHMANN, K./ KASPER, W. (Hg.): Hans Urs von Balthasar - Gestalt und Werk, S.62-77
HÄRING, Hermann: Der Geist als Legitimationsinstanz des Amtes, in: CONCILIUM (D), 15 (1979), S.534-539
HENRICI, Peter: Erster Blick auf Hans Urs von Balthasar, in: LEHMANN, K./ KASPER, W. (Hg.): Hans Urs von Balthasar - Gestalt und Werk, S.18-61
KANNENGIESSER, Charles: In der Schule der Väter. Balthasars Beschäftigung mit der patristischen Theologie, in: LEHMANN, K./ KASPER, W. (Hg.): Hans Urs von Balthasar - Gestalt und Werk, S.78-84
KEHL, Medard: Kirche und Institution. Zur theologischen Begründung des institutionellen Charakters der Kirche in der neueren deutschsprachigen katholischen Ekklesiologie, FTS 22, Frankfurt/M. 1976
LEHMANN, Karl/ KASPER, Walter (Hg.): Hans Urs von Balthasar - Gestalt und Werk, Köln 1989
LOCHBRUNNER, Manfred: Analogia Caritatis. Darstellung und Deutung der Theologie Hans Urs von Balthasars, FThSt 120, Freiburg/ Basel/ Wien 1981
MEYER, Harding: Amt und Geist: Protestanti-sche Stellungnahme, in: CONCILIUM (D), 15 (1979), S.539-544
MONDIN, Battista: Der Heilige Geist als Legitimation des Papstamtes, in: CONCILIUM (D), 15 (1979), S.529-533
PLATHOW, Michael: Heiliger Geist - Hoffnung der Schwachen, Hannover 1985
ROTEN, Johann G.: Die beiden Hälften des Mondes. Marianisch-anthropologische Dimensionen in der gemeinsamen Sendung von Hans Urs von Balthasar und Adrienne von Speyr, LEHMANN, K./ KASPER, W. (Hg.): Hans Urs von Balthasar - Gestalt und Werk, S.104-132
SICARI, Antonio: Theologie und Heiligkeit. Dogmatik und Spiritualität bei Hans Urs von Balthasar, in: LEHMANN, K./ KASPER, W. (Hg.): Hans Urs von Balthasar - Gestalt und Werk, S.191-206
TOSSOU, Kossi K.Joseph: Streben nach Vollendung. Zur Pneumatologie im Werk Hans Urs von Balthasars, FThSt 125, Freiburg/ Basel/ Wien 1983
VORGRIMLER, Herbert/ GUCHT, Robert van der (Hg.): BILANZ DER THEOLOGIE IM 20.JAHR-HUNDERT, Bd.IV: Bahnbrechende Theologen, Freiburg/ Basel/ Wien 1970

VORGRIMLER, H.: Hans Urs von Balthasar, in: BILANZ DER THEOLOGIE IM 20.JAHRHUNDERT, Bd.IV, S.122-142

Literatur: *B.3 Heribert Mühlen*

Primärliteratur:

MÜHLEN, Heribert: Von der Anfangserfahrung zum Alltag des Glaubens. Wege der Vertiefung, in: ERNEUERUNG IN KIRCHE UND GESELLSCHAFT, Heft 8/1980, S.38-43

MÜHLEN, H.: Anstoß zur Neu-Evangelisierung. Interview mit Heribert Mühlen über das Werk Credo, in: ERNEUERUNG IN KIRCHE UND GESELLSCHAFT, Heft 43, II/1990, S.7f

MÜHLEN, H. (Hg.): Befreiende Gemeinschaft im Geist. Persönliche Zeugnisse aus Familien, Orden, Lebensgemeinschaften. Weg aus der Krise III, Topos-TB 147, Mainz 1986

MÜHLEN, H.: Art. "Charisma/ charismatisch", in: SCHÜTZ, Christian (Hg.): PRAKTISCHES LEXIKON DER SPIRITUALITÄT, Freiburg/ Basel/ Wien 1988, S.184-187

MÜHLEN, H.: Art. "Charismatische Gemeinde-Erneuerung", in: ÖL^2, S.214-217

MÜHLEN, H.: Charisma und Gesellschaft, in: ders. (Hg.): Geistesgaben heute, S.160-174

MÜHLEN, H.: Charismatisches und sakramentales Verständnis der Kirche. Dogmatische Aspekte der Charismatischen Erneuerung, in: Cath (M), 28/1974, S.169-187

MÜHLEN, H.: Das Christusereignis als Tat des Heiligen Geistes, in: FEINER, Johannes/ LÖHRER, Magnus (Hg.): MYSTERIUM SALUTIS, Bd. III/2: Das Christusereignis, Einsiedeln/ Zürich/ Köln 1969, S.513-545

MÜHLEN, H.: CREDO (Faltblatt)

MÜHLEN, H. (Hg.): Dokumente zur Erneuerung der Kirchen, Topos-TB 118, Mainz 1982

MÜHLEN, H.: Einführung für den deutschen Sprachraum, in: SUENENS, Léon-Joseph (Kardinal): Gemeinschaft im Geist. Charismatische Erneuerung und Ökumenische Bewegung. Theologische und pastorale Richtlinien, Salzburg 1979, S.5-19

MÜHLEN, H.: Einübung in die christliche Grunderfahrung, Erster Teil: Lehre und Zuspruch (Unter Mitarbeit von BITTLINGER, Arnold/ GRIESE, Erhard/ KIESSIG, Manfred), Topos-TB 40, Mainz 1978^5 (= Einübung I)

MÜHLEN, H.: Einübung in die christliche Grunderfahrung, Zweiter Teil: Gebet und Erwartung (Unter Mitarbeit von BITTLINGER, Arnold/ GRIESE, Erhard/ KIESSIG, Manfred), Topos-TB 49, Mainz 1978^5 (= Einübung II)

MÜHLEN, H.: Entsakralisierung. Ein epochales Schlagwort in seiner Bedeutung für die Zukunft der christlichen Kirchen, Paderborn 1971

MÜHLEN, H.: Erfahrung des Bösen und Unterscheidung der Geister. Auf dem Weg zu einer neuen Pastoral der Befreiung, in: ERNEUERUNG IN KIRCHE UND GESELLSCHAFT, Heft 21, 4/1984, S.9-18

MÜHLEN, H. / HEITMANN, Cl. (Hg): Erfahrung und Theologie des Heiligen Geistes, Hamburg/ München 1974

MÜHLEN, H. (Hg.): Erfahrungen mit dem Heiligen Geist. Zeugnisse und Berichte, Topos-TB 90, Mainz 1983^4

MÜHLEN, H.: "Erneuerung aus dem Geist Gottes" und "Der Geist macht lebendig". Unterschiedliche historische Wurzeln von zwei Dokumenten zur geistlichen Erneuerung, in: GuL 61(1988), S.143-157 (= dass.: in: ERNEUERUNG IN KIRCHE UND GESELLSCHAFT, Heft 35, II/1988, S.45-52)

MÜHLEN, H.: Die Erneuerung des christlichen Glaubens. Charisma-Geist-Befreiung, München 1974

MÜHLEN, H.:Der gegenwärtige Aufbruch der Geisterfahrung und die Unterscheidung der Geister, in: KASPER, Walter/ Hg.: GEGENWART DES GEISTES. Aspekte der Pneumatologie, QD 85, Freiburg/ Basel/ Wien 1979, S.24-53

MÜHLEN, H.: Die Geisterfahrung als Erneuerung der Kirche, in: DILSCHNEIDER, Otto A. (Hg.): Theologie des Geistes, Gütersloh 1980, S.69-94

MÜHLEN, H. (Hg.): Geistesgaben heute, Topos-TB 116, Mainz 1982

MÜHLEN, H.: Art. "Geistliche Gemeinde-Erneuerung", in: ÖL^2, S.216-217

MÜHLEN, H.: Geistliche Vollmacht in der Begegnung mit der Wirklichkeit des Bösen, Kassette Nr.70176, Verlag Erneuerung

MÜHLEN, H. (Hg.): Gemeindeerneuerung aus dem Geist Gottes, I: Bericht aus einer Großstadtgemeinde, Mainz 1984

MÜHLEN, H. (Hg.): Gemeindeerneuerung aus dem Geist Gottes, II: Zeugnisse und Berichte - Hoffnung für die Ökumene, Mainz 1985

MÜHLEN, H.: Das Gespür für das Wirken des Heiligen Geistes in den Einzelnen und in der Kirche. Zum Charisma der Leitung, in: ERNEUERUNG IN KIRCHE UND GESELLSCHAFT, Heft 14/1983, S.20-29

MÜHLEN, H.: Grundentscheidung. Weg aus der Krise I, Mainz 1983

MÜHLEN, H.: Der Heilige Geist als Person. In der Trinität, bei der Inkarnation und im Gnadenbund: Ich - Du - Wir, MBTh 26, Münster 1988^5

MÜHLEN, H./ KOPP, Otto: Ist Gott unter uns oder nicht?, Paderborn 1978[2]

MÜHLEN, H. (Hg.): Jugend erfährt Gott. Weg aus der Krise II, Topos TB 133, Mainz 1984[2]

MÜHLEN, H.: Ein Leib und ein Geist. Zur Entstehung einer neuen "charismatischen" Freikirche/ Anskar-Kirche, Hamburg, Kassette Nr.A70276, Verlag Erneuerung

MÜHLEN, H.: Leitlinien der Gemeindeerneuerung. Eine Zusammenfassung, in: HEIN, Lorenz (Hg.): DIE EINHEIT DER KIRCHE. Dimensionen ihrer Heiligkeit, Katholizität und Apostolizität, Festgabe Peter MEINHOLD zum 70.Geburtstag, Wiesbaden 1977, S.220-234

MÜHLEN, H.: Morgen wird Einheit sein. Das kommende Konzil aller Christen: Ziel der getrennten Kirchen, Paderborn 1974

MÜHLEN, H.: Mysterium - Mystik - Charismatik, in: GuL 46 (1973), S.247-256

MÜHLEN, H.: Neu mit Gott. Einübung in christliches Leben und Zeugnis (Handbuch der Neu-Evangelisierung), Freiburg/ Basel/ Wien 1990

MÜHLEN, H.: Neue Gestalt des Christseins. Geschichtstheologische Überlegungen zur Gemeinde-Erneuerung, in: ders. (Hg.): Geistesgaben heute, Topos-TB 116, Mainz 1982, S.33-49

MÜHLEN, H.:Die ökumenische Gnade des erneuerten Amtes, in: ders. (Hg): Gemeindeerneuerung aus dem Geist Gottes II, S.159-192

MÜHLEN, H.: Art. "Pfingsten", in: PRAKTISCHES LEXIKON DER SPIRITUALITÄT, S.988-992

MÜHLEN, H.: Art. "Pfingstbewegung/ Charismatische Erneuerung", in: PRATKISCHES LEXIKON DER SPIRITUALITÄT, S.984-988

MÜHLEN, H.: Art. "Pneumatologie", in: ÖL[2], S.970-972

MÜHLEN, H.: Pneumatologie am Beginn einer neuen Epoche, in: HEITMANN, Claus/ SCHMELZER, Fidelis (Hg.): IM HORIZONT DES GEISTES. Antwort auf eine Krise, Hamburg/ Paderborn 1971, S.48-65

MÜHLEN, H.: Die Selbstüberlieferung des Heiligen Geistes in der Geschichte der Kirchen. Zu zentralen Aussagen des Grundlagendokumentes "Geistliche GemeindeErneuerung", in: ERNEUERUNG IN KIRCHE UND GESELLSCHAFT, Heft 24, III/1985, S.25-28

MÜHLEN, H.: Soziale Geisterfahrung als Antwort auf eine einseitige Gotteslehre, in: HEITMANN, Claus/ MÜHLEN, Heribert (Hg.): ERFAHRUNG UND THEOLOGIE DES GEISTES, Hamburg/ München 1974, S.253-272

MÜHLEN, H.: Una Mystica Persona. Die Kirche als Mysterium der heilsgeschichtlichen Identität des heiligen Geistes in Christus und den Christen: Eine Person in vielen Personen, München/ Paderborn/ Wien 1967[2]

MÜHLEN, H.: Unterscheidung der Geister, Kassette Nr.7098, Verlag Erneuerung

MÜHLEN, H.: Die Vereinigung "Credo. Katholisches Werk für Glaubenserneuerung und Evangelisierung e.V." - Auszug aus der Satzung, in: ERNEUERUNG IN KIRCHE UND GESELLSCHAFT, Heft 43, II/1990, S.8f

MÜHLEN, H.: Volkskirche und Umkehr. Auf dem Weg zu einer Umkehrliturgie für alle, in: ERNEUERUNG IN KIRCHE UND GESELLSCHAFT, Heft 12/1982, S.20-26

MÜHLEN, H.: Das Vorverständnis von Person und die evangelisch-katholische Differenz. Zum Problem der theologischen Denkform, Münster 1965

MÜHLEN, H.: Warum "Geistliche Gemeinde-Erneuerung?". Eine katholische Stellungnahme zu Wolfram Kopfermann: "Charismatisch ist nicht gleich charismatisch", in: ERNEUERUNG IN KIRCHE UND GESELLSCHAFT, Heft 19, 2/ 1984, S.44-55

MÜHLEN, H.: Was heißt "Neu-Evangelisierung"? Die Grundlagen der Vereinigung "Credo", in: ERNEUERUNG IN KIRCHE UND GESELLSCHAFT, Heft 43, II/1990, S.12-15

MÜHLEN, H.: Was ist neu an der Gemeinde-Erneuerung? Rückblick auf die ersten sechs Jahre, in: ders. (Hg.): Erfahrungen mit dem Heiligen Geist. Zeugnisse und Berichte, Mainz 1983[4], S.146-181

Sekundärliteratur:

BANAWIRATMA, Johannes B.: Der Heilige Geist in der Theologie von Heribert Mühlen. Versuch einer Darstellung und Würdigung, EHS.T 159, Frankfurt a.M. /Bern 1981

BITTLINGER, Arnold: Papst und Pfingstler. Der römisch-katholisch pfingstliche Dialog und seine ökumenische Relevanz, Frankfurt a.M./ Bern/ Las Vegas 1978, S.448f Anm.10

BITTNER, Wolfgang J.: Heilung - Zeichen der Herrschaft Gottes, Neukirchen-Vluyn 1984, S.32-34

CONGAR, Y.: Der Heilige Geist, Freiburg/ Basel/ Wien 1982, S.39-42

FRIELINGSDORF, Karl/ SWITEK, Günter (Hg.): Entscheidung aus dem Glauben. Modelle für religiöse Entscheidungen und eine christliche Lebensorientierung, Mainz 1978

GANOCZY, Alexandre: Art. "Erbsünde", in: BEINERT, Wolfgang (Hg.): LEXIKON DER KATHOLISCHEN DOGMATIK, S.121-123

GOTS, Anton: Du machst uns neu durch Deinen Geist. Grundkurs der Glaubenserneuerung, Graz/ Wien/ Köln 1988

GRIESE, Erhard: Die gesellschaftskritische Dimension der Charismen, in: MÜHLEN, H. (Hg.): Geistesgaben heute, S.147-159

HEIM, Karl: JESUS DER HERR. Die Führervollmacht Jesu und die Gottesoffenbarung in Christus, (Der evangelische Glaube und das Denken der Gegenwart. Grundzüge einer christlichen Lebensanschauung, Bd.2), Berlin 1935, S. 106ff

HEIM, K.: JESUS DER WELTVOLLENDER. Der Glaube an die Versöhnung und Weltvollendung, (Der evangelische Glaube und das Denken der Gegenwart. Grundzüge einer christlichen Lebensanschauung, Bd.3), Berlin 1937, S.229ff

HEITMANN, Claus/ MÜHLEN, Heribert (Hg.): ERFAHRUNG UND THEOLOGIE DES GEISTES, Hamburg/ München 1974

HEITMANN, Claus/ SCHMELZER, Fidelis (Hg.): IM HORIZONT DES GEISTES. Antwort auf eine Krise, Hamburg/ Paderborn 1971

HERBST, Michael: Missionarischer Gemeindeaufbau in der Volkskirche, Stuttgart 1988²

KASPER, Walter/ Hg.: GEGENWART DES GEISTES. Aspekte der Pneumatologie, QD 85, Freiburg/ Basel/ Wien 1979

KLINGER, Elmar: Art. "Unterscheidung der Geister", in: SACRAMENTUM MUNDI, Bd.IV, S.1108-1114

KNOCH, Otto B.: Wegweiser. Zu dem Buch "Neu mit Gott", in: ERNEUERUNG IN KIRCHE UND GESELLSCHAFT, Heft 45, IV./1990, S.57

KNOCH, O.B.: Die Wirklichkeit des Bösen im Neuen Testament, Kassette Nr.30566, Verlag Erneuerung

KOCH, Günter: Art. "Firmung", in: BEINERT, Wolfgang (Hg.): LEXIKON DER KATHOLISCHEN DOGMATIK, Freiburg/ Basel/ Wien 1988², S.156-159

KOCH, Kurt E.: Seelsorge und Okkultismus. Eine Untersuchung unter Berücksichtigung der Inneren Medizin, Psychiatrie, Psychologie, Tiefenpsychologie, Religionspsychologie, Parapsychologie, Theologie, Basel 1982²⁵

KÖBERLE, Adolf: Art. "Okkultismus", in: RGG³, Bd.4, S.1614-1619

KURTEN, Petra: Umkehr zum lebendigen Gott. Die Bekehrungstheologie August Hermann Franckes als Beitrag zur Erneuerung des Glaubens, PaThSt 15, Paderborn/ München/ Wien/ Zürich 1985

LANGEMEYER, Georg: Art. "Konkupiszenz", in: LEXIKON DER KATHOLISCHEN DOGMATIK, S.323f

LOSSKY, Vladimir: Die mystische Theologie der morgenländischen Kirche, Graz/ Wien/ Köln 1961

LOSSKY, V.: Procession du Saint-Esprit dans la Doctrine Trinitaire Orthodoxe, Paris 1948

MANSKY, Dorothea: Unterscheidung der Geister ist notwendig. Leserbrief zum Nationaltreffen, in: ERNEUERUNG IN KIRCHE UND GESELLSCHAFT, Heft 32, III/ 1987, S.6

MOLTMANN, Jürgen: Trinität und Reich Gottes. Zur Gotteslehre, München 1986², 207-239

NIEDERWIMMER, Kurt/ SUDBRACK, Josef/ SCHMIDT, Wilhelm: Unterscheidung der Geister. Skizzen zu einer neu zu lernenden Theologie des Heiligen Geistes, Kassel 1972

O'DONNELL, Christopher: Art. "Charismatische Bewegung, 2.Christlich", in: EKL³, Bd.1, S.646-648

ORPHANOS, Makros A.: Der Ausgang des Heiligen Geistes bei einigen späteren Kirchenvätern, in: GEIST GOTTES - GEIST CHRISTI. Ökumenische Überlegungen zur Filioque-Kontroverse, hg. von VISCHER, Lukas, ÖR.B 39, S.43-64

RAHNER, Karl: Das enthusiastisch-charismatische Erlebnis in Konfrontation mit der gnadenhaften Transzendenzerfahrung, in: HEITMANN, Cl./ MÜHLEN, H. (Hg.): ERFAHRUNG UND THEOLOGIE DES HEILIGEN GEISTES, S.64-82

RENNER, Karl: Die gesellschaftlich-politische Dimension der Charismen, in: ERNEUERUNG IN KIRCHE UND GESELLSCHAFT, Heft 32, III/1987, S.32-36

ROTZETTER, Anton: Pneumatologie und Spiritualität in der neueren Theologie. Versuch einer Bilanz, in: THEOLOGISCHE BERICHTE XVI: Pneumatologie und Spiritualität, Zürich 1987, S.53-89

SCANLAN, Michael/ CIRNER, Randall J.: "...erlöse uns von dem Bösen", Graz/ Wien/ Köln 1983

SCHLIER, Heinrich: Mächte und Gewalten im Neuen Testament, QD 3, Freiburg 1963³

SCHMIEDER, Lucida OSB: Geisttaufe. Ein Beitrag zur neueren Glaubensgeschichte, PaThSt 13, Paderborn/ München/ Wien/ Zürich 1982

SCHÜTZ, Chr.: Einführung in die Pneumatologie, Darmstadt 1985, S.134-136

SEYBOLD, Klaus/ MÜLLER, Ulrich: Krankheit und Heilung, Biblische Konfrontationen Bd.1008, Stuttgart/ Berlin/ Köln/ Mainz 1978, S.101.104.127

STOTT, John/ MEEKING, Basil /Hg.: Der Dialog über Mission zwischen Evangelikalen und der Römisch-Katholischen Kirche/ The Evangelical Roman Catholic Dialogue on Mission, ERCDOM. Ein Bericht (Vorwort von Peter BEYERHAUS), Wuppertal 1987, S.34f

SUDBRACK, Josef: Der Geist der Einheit und der Vielheit. Ein Dokument zur "Erneuerung" christlichen Lebens in der Kirche, in: GuL 60(1987), S.411-430

SUDBRACK, J.: Das Gespräch über die charismatische Gemeindeerneuerung, in: GuL 61 (1988), S.217-219

SUDBRACK, J.: Unterscheidung der Geister - Entscheidung im Geiste, in: NIEDERWIMMER, Kurt/

SUDBRACK, Josef/ SCHMIDT, Wilhelm: Unterscheidung der Geister. Skizzen zu einer neu zu lernenden Theologie des Heiligen Geistes, Kassel 1972, S.35-63

SWITEK, Günter: "Geistliche Unterscheidung in Gemeinschaft", in: FRIELINGSDORF, Karl/ SWITEK, Günter (Hg.): Entscheidung aus dem Glauben. Modelle für religiöse Entscheidungen und eine christliche Lebensorientierung, Mainz 1978, S.153-164

THIELICKE, Helmut: Theologie des Geistes, Der evangelische Glaube III, S.598-606

WULF, Hans: Art. "UdG", in: LThK², Bd.10, S.533ff

WEIS, Christian: Begnadet, besessen oder was sonst? Okkultismus und christlicher Glaube, Salzburg 1986

Literatur: *B.4 Katholische Charismatische Erneuerung in der BRD*

Primärliteratur:

Wichtige Arbeitspapiere zur CE in der röm.-kath. Kirche

DIE THEOLOGISCHE BASIS
der katholischen charismatischen Erneuerungsbewegung (1972/1973), in: WIEDERENTDECKUNG DES HEILIGEN GEISTES, Ökumenische Perspektiven 6, hg.von MEYER, Harding/ LIENHARD, Marc, Frankfurt/a.M. 1974, S.41-51

THEOLOGISCHE UND PASTORALE ORIENTIERUNGEN über die Katholische Charismatische Erneuerung (1. Mechelner Dokument 1974). (Erhältlich beim Verein für den Dienst an charismatischer Erneuerung in der katholischen Kirche, Kraygasse 92, A-1222 Wien = SUENENS, L.-J.: HOFFEN IM GEIST, Salzburg 1974 (in Auszügen abgedruckt in: NEUE TRANSKONFESSIONELLE BEWEGUNGEN, S.156-183)

THE CHARISMATIC RENEWAL AND ECUMENISM
McDONNELL, Kilian (1978): in: ders. (Hg.): PRESENCE, POWER, PRAISE III, S.175-279

GEMEINSCHAFT IM GEIST
SUENENS, Léon-Joseph: GEMEINSCHAFT IM GEIST. Charismatische Erneuerung und Ökumenische Bewegung - Theologische und pastorale Richtlinien, mit einer Einführung von MÜHLEN, Heribert, Salzburg 1979 (= 2. Mechelner Dokument; engl. Text in: PRESENCE, POWER, PRAISE III, S.82-174)

ERNEUERUNG IM GEIST UND DIENST AM MENSCHEN
SUENENS, Léon-Joseph/ CAMARA, Dom Helder: ERNEUERUNG IM GEIST UND DIENST AM MENSCHEN, mit einer Einf. von MÜHLEN, Heribert, Salzburg 1981

ERNEUERUNG DER KIRCHE AUS DEM GEIST GOTTES
ERNEUERUNG AUS DEM GEIST GOTTES (1981), in: MÜHLEN, H. (Hg.): Dokumente zur Erneuerung der Kirchen, Mainz 1982, S.19-100

ERNEUERUNG AUS DEM GEIST GOTTES
KUNTNER, Florian/ STIMPFLE, Josef/ WÜST, Otto: ERNEUERUNG AUS DEM GEIST GOTTES. Ermutigung und Weisung (Mit einem Kommentar von Heribert Mühlen), Mainz 1987

"DER GEIST MACHT LEBENDIG" (Joh 6,33).
DER GEIST MACHT LEBENDIG. Charismatische Gemeinde-Erneuerung in der katholischen Kirche in der Bundesrepublik Deutschland. Eine theologische und pastorale Orientierung. Erarbeitet vom Theologischen Ausschuß der Charismatischen Gemeinde-Erneuerung; nach Prüfung durch die Deutsche Bischofskonferenz hg. von der Koordinierungsgruppe des Rates der Katholischen Charismatischen Gemeinde-Erneuerung, in: BAUMERT, Norbert (Hg.): JESUS IST DER HERR. Kirchliche Texte zur Katholischen Charismatischen Erneuerung, Münsterschwarzach 1987, S.13-61

ORDNUNG
für die Katholische Charismatische Gemeindeerneuerung im Bereich der deutschen Bischofskonferenz, in: JESUS IST DER HERR, S.63-68 (=ORDNUNG)

Zeitschriften

ERNEUERUNG IN KIRCHE UND GESELLSCHAFT. Ökumenische Zeitschrift für Glaubenserneuerung und Evangelisierung, Verlag Erneuerung, Paderborn 1977ff (= EKG)

RUNDBRIEF FÜR CHARISMATISCHE ERNEUERUNG IN DER KATHOLISCHEN KIRCHE, Passau (= RUNDBRIEF der KCGE)

Zur Primärliteratur kann man sinngemäß die Veröffentlichungen von Prof.Dr. Norbert Baumert SJ, Frankfurt (St.Georgen) rechnen, der z.Zt. den Vorsitz des Theologischen Ausschusses der KCGE in der BRD innehat:

BAUMERT, Norbert: Zur Begriffsgeschichte von *charisma im griechischen Sprachraum, in: ThPh 65(1990), S.79-100

BAUMERT, N.: Charisma der Heilung und "Wort der Erkenntnis". Zu den Gottesdiensten mit P.Emiliano Tardif MSC, in: RUNDBRIEF der KCGE, 1/1991, S.30-33

BAUMERT, N.: Charisma und Amt bei Paulus, in: VANHOYE, A.: L'Apôtre Paul, BEThL 73, Leuven 1986, S.203-228

BAUMERT, N.: "Charisma" - Versuch einer Sprachregelung, in: ThPh 66(1991), S.21-48

BAUMERT, N.: Zum charismatischen Aufbruch. Information aus der Weltkirche, in: GuL 55(1982), S.55-60

BAUMERT, N.: Evangelisation und charismatische Zeichen, in: CHARISMA 78/Okt.-Dez. 1991, S.5f

BAUMERT, N.: Das Fremdwort "Charisma" in der westlichen Theologie, in: ThPh 65(1990), S.395-415

BAUMERT, N.: Gaben des Geistes Jesu. Das Charismatische in der Kirche, Graz/ Wien/ Köln 1986

BAUMERT, N.: Dem Geist Jesu folgen. Anruf und Unterscheidung, Münsterschwarzach 1988

BAUMERT, N.: Die Gnadengaben in der Kirche. Ihre Bedeutung für das Leben des Einzelnen und der Gemeinde, in: GuL 51(1978), S.245-261

BAUMERT, N.: Hl. Schrift und Verkündigung, in: RUNDBRIEF der KCGE, 2/1993, S.10-13

BAUMERT, N.: Jesus, heile mich. Heilungsgeschehen und Heilungsauftrag nach dem Neuen Testament, in: ders.: Dem Geist Jesu folgen, S.95-116 (= dass. in: KORRESPONDENZ ZUR SPIRITUALITÄT DER EXERZITIEN, 34.Jg./1984/49, S.78-85)

BAUMERT, N. (Hg.): JESUS IST DER HERR. Kirchliche Texte zur Katholischen Charismatischen Erneuerung, Münsterschwarzach 1987

BAUMERT, N.: Ein klärendes Wort zum charismatischen Aufbruch in der Kirche, in: GuL 54(1981), S.465-472

BAUMERT, N.: Neuer Wein in neue Schläuche, in: RUNDBRIEF der KCGE, 1(1990), S.4-9

BAUMERT, N.: "Die Propheten kommen"? Zur "Prophetenbewegung", in: RUNDBRIEF der KCGE, 4/1992, S.22-24

BAUMERT, N.: Prüfet alles..., in: RUNDBRIEF der KCGE, 3(1990), S.11-15

BAUMERT, N.: Prüfung von Prophetien, in: RUNDBRIEF der KCGE, 3/1993, S.18-22

BAUMERT, N.: Schlußbemerkungen des Herausgebers, in: ders. (Hg.): JESUS IST DER HERR, S.157-174 (vgl. auch RUNDBRIEF der KCGE, 2/1988, S. 25-28)

BAUMERT, N.: "Siegreiche Kirche der Endzeit"?, in: RUNDBRIEF der KCGE, 1/1993, S.22-25

BAUMERT, N.: Art. "Sprachengebet", in: PLSp, S.1218f

BAUMERT, N.: Unter der Führung des Geistes. Ein Zeugnis zum charismatischen Aufbruch in der Kirche, in: GuL 55(1982), S.106-111

BAUMERT, N.: Unterscheide die Geister. Hilfen zu geistlicher Unterscheidung nach Ignatius von Loyola, in: ders.: Dem Geist Jesu folgen, S.45-94

BAUMERT, N.: Vom Nach-Denken zum Voraus-Schauen, in: RUNDBRIEF der KCGE, 4(1991), S.24-26

BAUMERT, N.: Das Wirken des Heiligen Geistes - Hoffnung und Herausforderung für Kirche und Theologie, in: RUNDBRIEF der KCGE, 2(1989), S.4-10

BAUMERT, N.: "Worte der Erkenntnis", in: RUNDBRIEF der KCGE, 3(1987), S.24-26

BAUMERT, N.: Zur Semantik von *charisma bei den frühen Vätern, in: ThPh 63(1988), S.60-78

BAUMERT, N.: Zur "Unterscheidung der Geister", in: ZKTh 111(1989), S.183-195

Sekundärliteratur:

ADNÈS, Pierre: Art. "Larmes", in: DSp, Bd.9, S.287-303

BROSCH, Joseph: Charismen und Ämter in der Urkirche, Bonn 1951, S.46-143

BUOB, Hans: Die Gabe der Unterscheidung der Geister. Drei Vorträge, Linz 1989

BUOB, H.: Unterscheidung der Geister, in: ders.: Die Gabe der Unterscheidung der Geister, S.39-99 (vgl. auch ders.: Das Charisma der "Unterscheidung der Geister". Merkmale nach Scaramelli, Kassetten Nr. 30204/1-4, Verlag Erneuerung).

CHARISMATIC RENEWAL: Message of the Canadian Bishops Addressed to all Canadian Catholics (1975), in: PRESENCE, POWER, PRAISE, Vol.II, S.84-98

COMBET, Georges/ FABRE, Laurent: Die Pfingstbewegung und die Gabe der Heilung, in: CONCILIUM (D), 10.Jg.(1974), S.689-692

DARLAPP, Adolf: Art. "Dämon, II.In der Theologie", in: LThK², Bd.3, S.142f

DUSSEL, Enrique: Unterscheidung der Charismen, in: Conc/D 13/1977, S.571-580

EGERER, Helmut: Bekehrung - ein plötzliches Wandlungserlebnis? Ein Einblick in psychologische Forschungsergebnisse, in: ERNEUERUNG IN KIRCHE UND GESELLSCHAFT, Heft 12(1982), S.31-37

ERKLÄRUNG EINES AUSSCHUSSES DER BISCHOFSKONFERENZ IN DEN USA zur Charismatischen Erneuerung 1974/ 1975, in: NEUE TRANSKONFESSIONELLE BEWEGUNGEN, hg.v. GASSMANN,G./ MEYER,H., Frankfurt/a.M. 1976, S.193-200

FARICY, Robert L.: Das Geschehen der Inneren Heilung im Blick auf die Exerzitien. Ein Vergleich, in: KORRESPONDENZ ZUR SPIRITUALITÄT DER EXERZITIEN, 34.Jg./1984/49, S.16-21

FORD, J.Massyngberde: Neo-Pentecostalism whithin the Roman Catholic Communion, in: DIALOG, Vol.13/ Winter 1974, S.45-50

FORD, J.M.: The New Pentecostalism: Personal Reflections of a Participating Roman Catholic Scholar, in: SPITTLER, R.P./Hg.: Perspectives on the New Pentecostalism, S.208-229

FORD, J.M.: Pfingstbewegung im Katholizismus, in: CONCILIUM/D, 8.Jg./1972, S.684-687

GELPI, Donald: Die amerikanische Pfingstbewegung, in: CONCILIUM/D, 9.Jg.(1973), S.652-657

GELPI, D.: Pentecostal Theology: A Roman Catholic Viewpoint, in: SPITTLER, R.P. (Hg.): Perspectives on the New Pentecostalism, S.86-103

GOTS, Anton: Du machst uns neu durch Deinen Geist. Grundkurs der Glaubenserneuerung, Graz/ Wien/ Köln 1988

GOTS, A.: Marienverehrung, in: ERNEUERUNG IN KIRCHE UND GESELLSCHAFT, Heft 25, 4/1985, S.13f

GOTS, A.: Prophetengabe und Unterscheidung der Geister, Verlag Erneuerung: Kassette Nr.30407

GRESHAKE, Gisbert: Gottes Willen tun. Gehorsam und geistliche Unterscheidung, Freiburg/ Basel/ Wien 1987², S.62-85

GRIESE, Erhard: Die gesellschaftskritische Dimension der Charismen, in: MÜHLEN, H. (Hg.): Geistesgaben heute, S.147-159

GROSSMANN, Siegfried (Hg.): DER AUFBRUCH. Charismatische Erneuerung in der katholischen Kirche, mit Beitr. von McDONNELL, Kilian (OSB)/ MEDERLET, Eugen (OFM)/ McKINNEY, Joseph (Bischof)/ SULLIVAN, Francis A. (SJ) und einem Interview mit SUENENS, Leo Joseph (Kardinal), Kassel 1973

GROTHUES, Dirk: Kehren die Propheten wieder? Erfahrungen mit Gottes Geist in Geschichte und Gegenwart, HerBü 1568, Freiburg 1988, S.88-99

GUSMER, Charles W.: The Ministry of Healing in the Church, in: ONE IN CHRIST, Vol.XXI/ 1985, S.51-60 (= dass.: in: SANDIDGE II, S.163-178)

GYR, Meinrad: Laßt euch im Geist erneuern! Acht Tage der Stille nach der Art geistlicher Übungen, Freiburg-CH/ Konstanz 1987, S.142-151

HOCKEN, Peter: Charismatic Renewal in the Roman Catholic Church: Reception and Challenge, in: JONGENEEL, Jan A.B. (Hg.): PENTECOST, MISSION AND ECUMENISM. Essays on Intercultural Theology - Festschrift in Honour of Professor Walter J. HOLLENWEGER, Studien zur interkulturellen Geschichte des Christentums 75, Frankfurt a.M./ Berlin/ Bern/ New York/ Paris/ Wien 1992, S.301-309

HOCKEN, P.: Ein Herr, ein Geist, ein Leib. Die Gnade der Charismatischen Bewegung für die Ökumene, Münsterschwarzach 1993

KRÄMER, Peter: Kein neuer kirchlicher Verein? Kirchenrechtliche Erwägungen zur "Charismatischen Erneuerung" im Bereich der Deutschen Bischofskonferenz, in: TRIERER THEOLOGISCHE ZEITSCHRIFT, 97.Jg.(1988), S.52-63

KÜNG, Hans: Die Kirche, Serie Piper 161, München 1980², S.215-230

LAURENTIN, René: Le discernement dans le Renouveau charismatique, in: ders.: Trois Charismes, S.9-38

LAURENTIN, R.: La guérison, in: ders.: Trois Charismes, S.39-57

LAURENTIN, R.: Pentecôtisme chez les Catholiques. Risques et avenir, Paris 1976²

LAURENTIN, R.: Trois Charismes: Discernement-Guérison-Don de science, Paris 1982

LAURENTIN, R.: Zur Klärung des Begriffs "Charisma", in: CONCILIUM/D, 13.Jg.(1977), S.551-556

LEHMANN, Karl: Neue geistliche Bewegungen - warum und wozu?, in: BAUMERT, N. (Hg.): JESUS IST DER HERR, S.113-127

LINN, Matthew und Dennis: Beschädigtes Leben heilen. Was Gebet und Gemeinschaft helfen können, Graz/ Wien/ Köln 1984⁴

McDONNELL, Kilian: Die Erfahrung des Heiligen Geistes in der katholischen charismatischen Erneuerungsbewegung, in: CONCILIUM/D, 15.Jg.(1979), S.545-549

McDONNELL, K.: Catholic Pentecostalism. Problems in Evaluation, in: DIALOG. A Journal of Theology, Vol.9/Winter 1970, S.35-54

McDONNELL, K.: Catholic Charismatic Renewal and Classical Pentecostalism: Growth and the Critique of a Systematic Suspicion, in: ONE IN CHRIST, Vol.XXIII/ 1987/ Nos.1-2, S.36-61

McDONNELL, K.: Classical Pentecostal/ Roman Catholic Dialogue: Hopes and Possibilities, in: SPITTLER, Russel P. (Hg.): Perspectives on the New Pentecostalism, Grand Rapids/ Mich. 1976, S.246-268

McDONNELL, K.: The Distinguishing Characteristics of the Charismatic-Pentecostal Spirituality, in: ONE IN CHRIST, Vol.X/ 1974/ No.2, S.117-128

McDONNELL, K.: Pentecostal Culture: Protestant and Catholic, in: ONE IN CHRIST, Vol.VII/ 1971/ No.4, S.310-318

McDONNELL, K.: PRESENCE, POWER, PRAISE. Documents on the Charismatic Renewal, Vol.I: Continental, National, and Regional Documents (Numbers 1 to 37, 1960-1974), Collegeville/ Minn. 1980 (= PRESENSCE, POWER, PRAISE I)

McDONNELL, K.: PRESENCE, POWER, PRAISE. Documents on the Charismatic Renewal, Vol.II: Continental, National, and Regional Documents (Numbers 38 to 80, 1975-1979), Collegeville/ Minn. 1980 (= PRESENSCE, POWER, PRAISE II)

McDONNELL, K.: PRESENCE, POWER, PRAISE. Documents on the Charismatic Renewal, Vol. III: International Documents (Numbers 1 to 11, 1973-1980), Collegeville/ Minn. 1980 (= PRESENCE, POWER, PRAISE III)

McDONNELL, K.: Towards a Critique of the Churches and the Charismatic Renewal, in: ONE IN CHRIST, Vol.XVI/ 1980, S.329-337

McDonnell, K./ MONTAGUE, George T. (Hg.): Die Flamme neu entfachen. Die Beziehung zwischen der Taufe im Heiligen Geist und der Eingliederung in die Kirche, Münsterschwarzach 1993

MacNUTT, Francis: Die Kraft zu heilen. Das fundamentale Buch über Heilen durch Gebet, Graz/ Wien/ Köln - Metzingen 1986[5]

MacNUTT, F.: Beauftragt zu heilen. Eine praktische Weiterführung, Graz/ Wien/ Köln - Metzingen 1979

MARSCH, Michael: Heilen. Biblische Grundlagen des Heilungsauftrags der Kirche, Heiligkreuztal 1987[3]

MARSCH, M.: Heilung durch die Sakramente, Graz/ Wien/ Köln 1987

MADRE, Philippe: Wort der Erkenntnis - warum und wie. Mit einem Nachwort von Norbert BAUMERT SJ, Münsterschwarzach 1988

MAHONEY, John: Discernment of Spirits, in: ONE IN CHRIST, Vol.XIII/ 1977/ No.1, S.64-77

MARCUS, Émile: Die "Geistliche Erneuerung" - welche Aufgabe stellt sie dem Bischof? (Frankreich 1982/1983), in: BAUMERT, N.(Hg.): JESUS IST DER HERR, S.85-105

MASCARENHAS, Fio: Die Charismatische Erneuerung: eine Glaubensbewegung, in: BAUMERT, N.(Hg.): JESUS IST DER HERR, S.106-111

MESSAGE OF THE BISHOPS Of THE WESTERN PROVINCE OF QUEBEC ON THE CATHOLIC CHARISMATIC MOVEMENT, Canada 1974, in: PRESENCE, POWER, PRAISE, Vol.I, S.580-584

MILLS, Watson E.: A Theological/Exegetical Approach to Glossolalia, Lanham/ New York/ London 1985

MILLS, W.E. (Hg.): Speaking in Tongues. A Guide to Research on Glossolalia, Grand Rapids/ Mich. 1986

MOHR, Johannes: Jesus Christus ist der Heiland. Krankheit und Heilung im Licht der Heilsbotschaft, in: RUNDBRIEF der KCGE, 1/1991, S.4-10

MOHR, J.: Unterscheidung der Geister, in: RUNDBRIEF der KCGE, 4(1987), S.4-11

MOHR, J.: Wovor wir auf der Hut sein sollten, in: RUNDBRIEF der KCGE, 4(1989), S.22f

MÜHLEN, Heribert (Hg.): Befreiende Gemeinschaft im Geist. Persönliche Zeugnisse aus Familie, Orden, Lebensgemeinschaften, Weg aus der Krise III, Topos-TB 147, Mainz 1986

MÜHLEN, H.: Charisma und Gesellschaft, in: ders. (Hg.): Geistesgaben heute, S.160-174

MÜHLEN, H.: Art. "Pfingsten", in: PLSp, S.988-992

MÜHLEN, H.: Das Sprachengebet, in: ders. (Hg.): Geistesgaben heute, S.113-146

MÜLLER, Jörg: Gott heilt auch dich. Seelische und körperliche Heilung durch lebendigen Glauben, Stuttgart 1983

MÜLLER, J./ KRIENBÜHL, O.: Orte lebendigen Glaubens. Neue geistliche Gemeinschaften in der katholischen Kirche, Freiburg/CH 1987

NEUE TRANSKONFESSIONELLE BEWEGUNGEN. Dokumente aus der evangelikalen, der aktionszentrierten und der charismatischen Bewegung, Ökumenische Dokumentation III, hg.von GASSMANN, Günther/ MEYER, Harding/ ANSONS, Gunars J., Frankfurt/a.M. 1976

O'CONNOR, Edward: Spontaner Glaube. Ereignis und Erfahrung der charismatischen Erneuerung, mit einem Vorwort von Weihbischof MOSER, Georg und einer Einführung von MÜHLEN, Heribert, Freiburg/ Basel/ Wien 1974

PAPST JOHANNES PAUL II. an die Leiter der Charismatischen Erneuerung (1981): in: MÜHLEN, H. (Hg.): Dokumente zur Erneuerung der Kirchen, S.113-120

PAPST JOHANNES PAUL II.: Ansprache an die Delegierten des 6.Internationalen Leitertreffens der Katholischen Charismatischen Erneuerung am 15.5.1987, in: BAUMERT, N.(Hg.): JESUS IST DER HERR, S.153-156

PAPST JOHANNES PAUL II.: Ansprache an die Teilnehmer des 2.internationalen Treffens der kirchlichen Bewegungen am 2.März 1987, in: BAUMERT, N.(Hg.): JESUS IST DER HERR, S.150-152

PERVAN, Tomislav: Medjugorje. Marienerscheinungen - Wiederhall des ewigen Wortes, in: ERNEUERUNG IN KIRCHE UND GESELLSCHAFT, Heft 25, 4/1985, S.17f.27-30

POPP, Georg: Aus Gottes Kraft leben. Ein Handbuch mit vielen praktischen Beispielen, Stuttgart/ Regensburg 1988, S.79-137.138-182

POULAIN, August: Handbuch der Mystik, Freiburg/i.Br. 1925[3], S.287-390

RAHNER, Karl: Art. "Besessenheit, IV.Theologische Aspekte", in: LThK[2], Bd.2, S.298-300

RAHNER, K.: Art. "Dämonologie", in: LThK[2], Bd.3, S.145-147

RODEWYK, Adolf: Art. "Besessenheit, III.Die kirchl. Praxis zur Überwindung der B.", in: LThK[2], Bd.2, S.298f

SAGNE, Jean-Claude: Literatur über die Charismen und die charismatischen Bewegungen: Die innere Heilung, in: CONCILIUM (D), 13.Jg.(1977), S.611-614

SANDIDGE, Jerry L.: Roman Catholic/ Pentecostal Dialogue 1977-1982: A Study in Developing Ecumenism, Volume I, Studien zur interkulturellen Geschichte des Christentums 44, Frankfurt/M./ Bern/ New York/ Paris 1987, S.234-253.305-312

SANDIDGE, J.L.: Volume II: Dialogue Documents, S.272-364

SCANLAN, Michael: Die Augen gingen ihnen auf. Sakramente und innere Heilung, Graz/ Wien/ Köln   1979

SCANLAN, M./ CIRNER, Randall J.: "...erlöse uns von dem Bösen", Graz/ Wien/ Köln 1983

SCARAMELLI, Johannes B.: Regeln zur Unterscheidung der Geister, hg. von SCHAMONI, Wilhelm, Abensberg o.J., S.5-24 (=Auszüge aus: SCARAMELLI, J.B.: Die Unterscheidung der Geister zu eigener und fremder Seelenleitung - Ein Handbuch für alle Seelenführer. Nebst einem kurzen Auszug aus dem Buche des Kardinals Johannes Bona, Cist.Ord., über die Unterscheidung der Geister, 2. gänzl. umgearb. Aufl., von P.Bernard Maria LIERHEIMER, Regensburg 1888, S.59-136)

SCHMIEDER, Lucida: Geisttaufe. Ein Beitrag zur neueren Glaubensgeschichte, S.395-455

SCHMIEDER, L.: Die Prophetengabe, in: MÜHLEN, H.(Hg.): Geistesgaben heute, S.65-85

SCHMIEDER, L.: Prophetengabe und Unterscheidung der Geister, Verlag Erneuerung: Kassette Nr.30007

SCHNACKENBURG, Rudolf: Art. "Besessenheit, II.Bibel", in: LThK², Bd.2, S.295-297

SCHNACKENBURG, R.: Art. "Dämon, II.In der Schrift", in: LThK², Bd.3, S.141f

SMET, Walter/SJ: Survey of the scientific literature on tongue-speaking with an evaluation, in: ONE IN CHRIST, Vol.XIII/ 1977/ No.1, S.51-63

SOLIGNAC, Aimé: Art. "Jubilation", in: DSp, Bd.8, S.1471-1478

SPITTLER, R.P. (Hg.): Perspectives on the New Pentecostalism, S.86-103

SUENENS , Léon-Joseph/ CAMARA, Dom Helder: ERNEUERUNG IM GEIST UND DIENST AM MEN-SCHEN, mit einer Einf. von MÜHLEN, Heribert, Salzburg 1981 (= 3. Mechelner Dokument)

SUENENS , L.-J.: ERNEUERUNG UND DIE MÄCHTE DER FINSTERNIS. Mit einem Vorwort von Joseph Kardinal RATZINGER, Salzburg 1983 (= 4. Mechelner Dokument)

SUENENS , L.-J.: GEMEINSCHAFT IM GEIST. Charismatische Erneuerung und Ökumenische Bewegung - Theologische und pastorale Richtlinien, mit einer Einführung von MÜHLEN, Heribert, Salzburg 1979 (= 2. Mechelner Dokument)

SUENENS , L.-J.: ICH-KULT UND CHRISTLICHER GLAUBE, Salzburg 1985 (= 5. Mechelner Dokument)

SULLIVAN, Francis A.: Art. "Catholic Charismatic Renewal", in: DICTIONARY OF PENTECOSTAL AND CHARISMATIC MOVEMENTS, S.110-126

SULLIVAN, F.A.: Die Charismatische Erneuerung, Graz/ Wien/ Köln 1986²

SULLIVAN, F.A.: Katholische Kirche und Pfingstbewegung, in: GROSSMANN, S.(Hg.): Der Aufbruch, S.39-79

SULLIVAN, F.A.: Art. "Pentecôtisme", in: DSp, Bd.12/1, S.1036-1052

SULLIVAN, F.A.: Pfingstbewegung und charismatische Gemeindeerneuerung. Geschichte-Spiritualität-Stellungnahme, in: GuL, 59.Jg.(1986), S.165-183.172-177 (= leichte Kürzung von: ders.: Art. "Pentecôtisme", in: DSp, Bd.12/1, S.1036-1052)

TANQUEREY, Adolphe: Grundriß der aszetischen und mystischen Theologie, ins Deutsche übertragen von STERNAUX, P. Johannes/ S.J., Paris/ Tournai/ Rom o.J./1928, S.1028-1068

TOMMEK, Hubertus: "Heilt Kranke!" (Mt 10,8) - Erfahrungen mit dem Gebet um Heilung, in: KORRESPONDENZ ZUR SPIRITUALITÄT DER EXERZITIEN, 34.Jg./1984/49, S.78-85

TUGWELL, Simon: Did You Receive the Spirit?, London 1975⁴

USA: EINE PASTORALE ERKLÄRUNG zur katholischen Charismatischen Erneuerung 1984, in: BAUMERT, N.(Hg.): JESUS IST DER HERR, S.69-84

VALENTIN, F.: Neue Wege der Nachfolge. Katholische Intensivgemeinschaften und Erneuerungs-bewegungen in Österreich, Salzburg 1981

VORLÄUFIGE ORDNUNG der Katholischen Charismatischen Gemeinde-Erneuerung in Deutschland (1979), in: MÜHLEN, H.(Hg.): Dokumente zur Erneuerung der Kirchen, S.95-99

WALGRAVE, Jan H.: Experience and Faith, in: ONE IN CHRIST, Vol.XIX/ 1983/ No.4, S.316-322

WEIS, Christian: Begnadet, besessen oder was sonst? Okkultismus und christlicher Glaube, Salzburg 1986

WILLIAMS, Cyril Glyndwr: Tongues of the Spirit. A Study of Pentecostal Glossolalia and Related Phenomena, Cardiff/GB 1981

YOCUM, Bruce: Propheten und Prophetie. Das Praktizieren der prophetischen Gaben des Geistes in den heutigen Gemeinden, Erzhausen 1990 (amerik. Ausgabe: Prophecy. Exercising the Prophetic Gifts of the Spirit in the Church Today, Ann Arbor/ Mich. 1976)

ZÄHRINGER, Damasus: Die Dämonen, in: MYSTERIUM SALUTIS, Bd.II: Die Heilsgeschichte vor Christus, Einsiedeln/ Zürich/ Köln 1967, S.996-1019

Literatur: *C.0.1 Vorbemerkungen*

BOHREN, Rudolf: Einführung in das Studium der evangelischen Theologie, München 1964
DOMBOIS, Hans: Das Recht der Gnade. Ökumenisches Kirchenrecht III: Verfassung und Verantwortung, Bielefeld 1983
EVANGELISCHE SPIRITUALITÄT. Überlegungen und Anstöße zur Neuorientierung, vorgelegt von einer Arbeitsgruppe der evang. Kirche in Deutschland, (hg. von der Kirchenkanzlei im Auftrag des Rates der evang. Kirche in Deutschland), Gütersloh 1977
FAHLBUSCH, Erwin: Art. "Frömmigkeit", in: EKL³, Bd.1, S. 1396f
FAHLBUSCH, E.: Art. "Spiritualität, I.Wort und Geschichte", in: TRT⁴, Bd.5, S.84f
HÄRING, Bernhard: Art. "Spiritualität, ökumenische II, kath. Sicht", in: ÖL², S.1129f
HECKEL, Georg: Lutherische Spiritualität, in: ZUGÄNGE ZU LUTHER, Veröffentlichungen der Luther-Akademie-Ratzeburg Bd.6, Erlangen 1984, S.55-95
HERAUSFORDERUNG: RELIGIÖSE ERFAHRUNG. Vom Verhältnis evangelischer Frömmigkeit zu Meditation und Mystik, hg. von RELLER, Horst und SEITZ, Manfred, Göttingen 1980
JONES, Cheslyn/ WAINWRIGHT, Geoffrey/ YARNOLD, Edward (Hg.): The Study of Spirituality, London 1986 (darin: HOLLENWEGER, Walter J.: Pentecostals and the Charismatic Movement, S.549-554)
LOVELACE, Richard: Theologie der Erweckung, Marburg 1984 (amerik. Original: Dynamics of Spiritual Life, 1979; eine geistliche Theologie aus evangelikaler Sicht)
MILDENBERGER, Friedrich: Art. "Spiritualität, II.Neubesinnung in der Gegenwart", in: TRT⁴, Bd.5, S.86-88
PANNENBERG, Wolfhart: Christliche Spiritualität. Theologische Aspekte, Göttingen 1986
RUHBACH, Gerhard: Evangelische Spiritualität - Überlegungen und Kriterien, in: ders.: Theologie und Spiritualität, S.122-130
RUHBACH, G.: Theologie und Spiritualität. Beiträge zur Gestaltwerdung des christlichen Glaubens, Göttingen 1987
RUHBACH, G.: Frömmigkeit und Religiosität im ausgehenden 20. Jahrhundert, in: Verkündigung und Forschung, Beihefte zu "Evangelische Theologie", 33.Jg., Heft 2/1988: Religion heute, (hg. von SUNDERMAIER, Theo), S.43-71
SEITZ, Manfred: Art. "Askese, IX. Praktisch-theologisch", in: TRE, Bd.4, S.250-259
SEITZ, M.: Erneuerung der Gemeinde. Gemeindeaufbau und Spiritualität, Göttingen 1985
SEITZ, M.: Praxis des Glaubens. Gottesdienst, Seelsorge und Spiritualität, Göttingen 1978
STANILOAE, Dumitru: Art. "Frömmigkeit III, orth.Sicht", in: ÖL², S.419f
SUDBRACK, Josef (S.J): Art. "Spiritualität", in: HTTL, Bd.7, S.115-130
VAJTA, Vilmos: Art. "Frömmigkeit I, evang.Sicht", in: ÖL², S.416f
VAJTA, V.: Art. "Spiritualität, ökumenische I, evang.Sicht", in: ÖL², S.1127-1129
VOSS, Gerhard (OSB): Wachsendes Interesse an Spiritualität. Von einer notwendigen Dimension ökumenischer Theologie, in: LENGSFELD, Peter (Hg.): Ökumenische Theologie. Ein Arbeitsbuch, Stuttgart 1980, S.338-354
WINTZER, Friedrich: Art. "Frömmigkeit, III.Praktisch-theologisch", in: TRE, Bd.11, S.683-688
WÖLBER, Hans-Otto: Spiritualität. Das Gebet des Gerechtfertigten, in: MODELLE GELEBTEN GLAUBENS. Gespräche der Lutherischen Bischofskonferenz über Kommunitäten und charismatische Bewegungen, im Auftrag der Bischofskonferenz hg. von Lutz MOHAUPT, Heft 10 der Schriftenreihe ZUR SACHE, Hamburg 1976, S.55-77
WULF, Friedrich (S.J.): Art. "Frömmigkeit II, kath.Sicht", in: ÖL², S.417-419

Literatur: *C.0.2 Rekurs: M. Luther*

ALAND, Kurt: Lutherlexikon, Göttingen 1983⁴
ALTHAUS, Paul: Die Theologie Martin Luthers, Gütersloh 1975⁴
ASENDORF, Ulrich: Die Theologie Martin Luthers nach seinen Predigten, Göttingen 1988
BALKE, Willem: Calvin und die Täufer. Evangelium oder religiöser Humanismus, übers. von QUISTORP, H., Minden 1985
BARTH, Hans- Martin: Der Teufel und Jesus Christus in der Theologie Martin Luthers, FKDG 19, Göttingen 1967
BARTH, Hans-Martin: "Allgemeines Priestertum der Gläubigen" nach Martin Luther, in: UNA SANCTA 43 (1988), S.331-342
BITTNER, Wolfgang J.: Heilung - Zeichen der Herrschaft Gottes, Neukirchen-Vluyn 1984
BOCKMÜHL, Klaus: Gesetz und Geist. Eine kritische Würdigung des Erbes protestantischer Ethik, Bd.1: Die Ethik der reformatorischen Bekenntnisschriften, Gießen/ Basel 1987
BORNKAMM, Heinrich: Martin Luther in der Mitte seines Lebens, Göttingen 1979
BRECHT, Martin: Luthers Verständnis der Geistesgaben, in: ERNEUERUNG IN KIRCHE UND GESELLSCHAFT, Heft 3(1988), S.31-33

BRECHT, M.: Martin Luther, Bd.II: Ordnung und Abgrenzung der Reformation 1521-1532, Stuttgart 1986

CAMPENHAUSEN, Hans von: Reformatorisches Selbstbewußtsein und reformatorisches Geschichtsbewußtsein bei Luther 1517-1522, ARG 37/1940, S.128-150

DOEBERT, Martin: Das Charisma der Krankenheilung. Eine biblisch-theologische Untersuchung über eine vergessene Grundfunktion der Kirche, Furche-Studien 29, Hamburg 1960

DOEBERT, M.: Die Krankenheilung in der Amtsführung Luthers. Gedanken zu einem Lutherbrief von 1545, in: Luther 35(1964), S.89-97

EBELING, Gerhard: Luthers Ortsbestimmung der Lehre vom heiligen Geist, in: ders.: Wort und Glaube, Bd.III: Beiträge zur Fundamentaltheologie, Soteriologie und Ekklesiologie, Tübingen 1975, S.316-348

ELBERT, Paul: Calvin and the Spiritual Gifts, in: ders. (Hg.): ESSAYS ON APOSTOLIC THEMES. Studies in Honor of Howard M. ERVIN Presented to him by Colleagues and Friends on his Sixty-Fifth Birthday, Peabody/ Mass. 1985, S.115-143

ENGELSVIKEN, Tormod: The Work of the Holy Spirit in the Theology of Martin Luther, (A Paper in Partial Fulfillment of the Requirements for the Course The Holy Spirit in the Lutheran Tradition - HT 499 - Prof.B.Holm), 1975

FAGERBERG, Holsten: Art. "Amt/ Ämter/ Amtsverständnis, VI.Reformationszeit", in: TRE, Bd.2, S.552-574

FRITSCHE, Ulrich: Art. "Heilung/ Heilungen, II.Kirchengeschichtlich/ Ethisch/ Praktisch-theologisch", in: TRE, Bd.14, S.768-774

GLOEGE, Gustav: Art. "Schriftprinzip", in: RGG³, Bd.5, S.1540-1543

HAUSCHILD, Wolf-Dieter: Art. "Geist/ Heiliger Geist/ Geistesgaben, IV.Dogmengeschichtlich", in: TRE, Bd.12, S.196-217

HEINTZE, Gerhard: Luthers Pfingstpredigten, in: LuJ 34(1967), S.117-140

HERMS, Eilert: Luthers Auslegung des Dritten Artikels, Tübingen 1987

HOFFMANN, Bengt R.: Luther and the Mystics. A re-examination of Luther's spiritual experience and his relationship to the mystics, Minneapolis/ Minnesota 1976

HOLL, K.: Luther und die Schwärmer, in: ders.: Gesammelte Aufsätze zur Kirchengeschichte, Bd.I: Luther, Tübingen 1948⁷, S.420-467

HOLL, Karl: Luthers Urteile über sich selbst, in: ders.: Ges.Aufs. I, S.381-419

JANSEN, Reiner: Studien zu Luthers Trinitätslehre, BSHST 26, Bern/ Frankfurt a.M. 1976

JENSEN, Peter F.: Calvin, Charismatics and Miracles, in: THE EVANGELICAL QUARTERLY 51/3(1979), S.131-144

KELSEY, Morton T.: Healing and Christianity. In Ancient Thought and Modern Times, New York 1973

KINDER, Ernst: Zur Lehre vom Heiligen Geist nach den lutherischen Bekenntnisschriften, in: Fuldaer Hefte 15, Berlin/ Hamburg 1964, S.7-38

KRAUS, Hans-Joachim: Charisma Prophetikon. Eine Studie zum Verständnis der neutestamentlichen Geistesgabe bei Zwingli und Calvin, in: BOHREN, R./ GEIGER, M. (Hg.): WORT UND GEMEINDE. Probleme und Aufgaben der Praktischen Theologie, Eduard Thurneysen zum 80.Geburtstag, Zürich 1968, S.80-103

KRECK, Walter: Wort und Geist bei Calvin, in: FS Günther DEHN, Neukirchen 1957, S.167-181

KRUSCHE, Werner: Das Wirken des Heiligen Geistes nach Calvin, FKDG 7, Göttingen 1957

LEHMANN, Helmut T.: Sprachen, Wort und Geist in Anlehnung an Luthers Schrift "Wider die himmlischen Propheten, von den Bildern und Sakramenten" (1525), in: Luther 55(1984), S.128-136

LINDBERG, Carter: The Third Reformation? Charismatic Movements and the Lutheran Tradition, Macon/ Georgia-USA 1983

LOHSE, Bernhard: Luther und der Radikalismus, in: LuJ 44(1977), S.7-27

LOHSE, B.: Luther und die Kirche, in: LuJ 52(1985), S.145-147

LONNING, Inge: Die Reformation und die Schwärmer, in: Conc(D) 15(1979), S.515-518

LUTHER, Martin: Werke. Kritische Gesamtausgabe ("Weimarer Ausgabe"), Weimar 1883ff (= WA)

LUTHER, M.: Werke. Kritische Gesamtausgabe: Briefwechsel, Weimar 1930ff (= WA.B)

LUTHER, M.: Werke. Kritische Gesamtausgabe: Deutsche Bibel, Weimar 1906ff (= WA.DB)

LUTHER, M.: Werke. Kritische Gesamtausgabe: Tischreden, Weimar 1912ff (=WA.TR)

LUTHER, Martin: D.Martin Luthers sämtliche Schriften, hg. von WALCH, Johann Georg, St.Louis/ Missouri 1880-1910² (Nachdruck: Groß-Oesingen 1986) (= W²)

LUTHER, Martin: MARTIN LUTHER. Ausgewählte Werke, Bd.4, hg. von BORCHERT, H.H./ MERZ, G., Hg.: München 1964³

LUTHER, Martin: D.Martin Luthers Evangelien-Auslegung, Erster Teil: Die Weihnachts- und Vorgeschichten bei Matthäus und Lukas, hg. von MÜLHAUPT, Erwin, Göttingen 1964⁴

LUTHER, M.: D.Martin Luthers Evangelien-Auslegung, Zweiter Teil: Das Matthäus-Evangelium - Kap.3-25, hg. von MÜLHAUPT, Erwin, Göttingen 1973⁴

LUTHER, M.: D.Martin Luthers Evangelien-Auslegung, Dritter Teil: Markus- und Lukasevangelium, hg. von MÜLHAUPT, Erwin, Göttingen 1968⁴

LUTHER, M.: D.Martin Luthers Evangelienauslegung, Bd.5: Die Passions- und Ostergeschichten aus allen vier Evangelien, hg. von MÜLHAUPT, Erwin, Göttingen 1969⁴

LUTHER, M.: D.Martin Luthers Epistel-Auslegung, Bd.2: Die Korintherbriefe, hg. von ELLWEIN, Eduard, Göttingen 1968

MAURER, Wilhelm: Historischer Kommentar zur Confessio Augustana, Bd.2, Gütersloh 1978

MAURER, W.: Der junge Melanchthon zwischen Humanismus und Reformation, Bd.2: Der Theologe, Göttingen 1969

MAURER, W.: Luther und die Schwärmer, in: SThKAB 6, Berlin 1952

MEINHOLD, Peter: Zur Theologie der Krankheit bei Martin Luther, in: Saec. 23(1972), S.15-29

MÜHLEN, Karl-Heinz zur: Nos extra nos. Luthers Theologie zwischen Mystik und Scholastik, BHTh 46, Tübingen 1972

MÜLHAUPT, Erwin: Martin Luther oder Thomas Müntzer, - wer ist der rechte Prophet?, in: Luther 45(1974), S.55-71

NIESEL, Wilhelm: Die Theologie Calvins, München 1957²

OBERMANN, Heiko A.: Die Kirche im Zeitalter der Reformation, Kirchen- und Theologiegeschichte in Quellen, Bd.III, Neukirchen-Vluyn 1981

PESCH, Otto Hermann: Luther und die Kirche, in: LuJ 52/1985, S.113-139

PETERS, Albrecht: Die Bedeutung der Katechismen Luthers innerhalb der Bekenntnisschriften, in: LUTHER UND DIE BEKENNTNISSCHRIFTEN, Veröffentlichungen der Luther-Akademie Ratzeburg 2, Erlangen 1981, S.46-89

PETERS, A.: Grundzüge biblisch reformatorischer Ethik, in: "In Christus". Beiträge zum Ökumenischen Gespräch, hg. von ZIEGLER, Josef Georg, Moraltheologische Studien - Systematische Abteilung Bd.14, St.Ottilien 1988, S.117-148

PETERS, A.: Kommentar zu Luthers Katechismen, Bd.2: Der Glaube (Das Apostolikum), hg. von SEEBASS, Gottfried, Göttingen 1991

PETERS, A: Luthers Lehre vom Heiligen Geist nach seinen Schriften gegen die Schwärmer, Phil. Examensarbeit (masch.), Hamburg 1949

PETERS, A.: Luther und die Mystik, in: MYSTIK IN DEN TRADITIONEN DES KIRCHLICHEN OSTENS UND WESTENS. Systematisch-theologische Referate des 8.Theologischen Südosteuropa-Seminars in Budapest 24.-31.8.1986, hg. von RITTER, Adolf Martin, Heidelberg 1987 (Im Selbstverlag des Lehrstuhls für Historische Theologie/ Patristik), S.66-106

PETERS, A.: Realpräsenz. Luthers Zeugnis von Christi Gegenwart im Abendmahl, AGTL, Berlin 1966²

PETERS, A.: Die Theologie der Katechismen Luthers anhand der Zuordnung ihrer Hauptstücke, in: LuJ 43(1976), S.7-35

PETERS, A.: Die Trinitätslehre in der reformatorischen Christenheit, in: ThLZ 94(1969), S.563-570

PETERS, A.: Verborgener Gott - Dreieiniger Gott. Beobachtungen und Überlegungen zum Gottesverständnis Martin Luthers, in: Martin Luther 'Reformator und Vater im Glauben', hg. von G.MANNS, Wiesbaden/ Stuttgart 1985, S.74-105

PETERS, A./ PESCH, Otto Hermann: Einführung in die Lehre von Gnade und Rechtfertigung, Darmstadt 1981

PFISTER, Rudolf: Die Seligkeit erwählter Heiden bei Zwingli. Eine Untersuchung zu seiner Theologie, Zollikon-Zürich 1952

PFÜRTNER, Stephan H.: Luthers Glaubenstheologie - das Ende der christlichen Mystik?, in: Una Sancta 43(1988), S.24-37

PRENTER, Regin: Spiritus Creator. Studien zu Luthers Theologie, FGLP 10/6, München 1954

PREUSS, Hans: Martin Luther: Der Prophet, Gütersloh 1933

SCHLATTER, Adolf: Der Dienst des Christen in der älteren Dogmatik, BFChTh, 1.Jg./Heft 1/1897, Gütersloh 1897

SCHMIDT, Kurt Dietrich: Luthers Lehre vom Heiligen Geist (1950), in: ders.: Gesammelte Aufsätze, hg. von JACOBS, Manfred, Göttingen 1967, S.111-127

SCHWARZWÄLLER, Klaus: Delectari assertionibus. Zur Struktur von Luthers Pneumatologie, in: LuJ 38(1971), S.26-58

STECK, Karl Gerhard: Luther und die Schwärmer, ThSt(B) 44, Zollikon-Zürich 1955

VOGELSANG, Erich: Luther und die Mystik, in: LuJ (19)1937, S.32-54

VOGELSANG, E.: Die Unio mystica bei Luther, ARG 35(1938), S.63-80

VOSS, Klaus Peter: Der Gedanke des allgemeinen Priester- und Prophetentums. Seine gemeindetheologische Aktualisierung in der Reformationszeit, Wuppertal/ Zürich 1990 (Zugl.: Göttingen, Univ., Diss., 1987/88)

WAPPLER, Paul: Thomas Müntzer und die "Zwickauer Propheten", SVRG 182/Jg.71, Gütersloh 1966

WINDHORST, Christof: Luthers Kampf gegen die "Schwärmer". Ihre theologische Beurteilung in der Vorlesung über den 1.Johannesbrief (1527), in: WuD NF 14(1977), S.67-87

Literatur: *C.0.3 Weitere Geschichte der Behandlung der Fragen von Charisma und Unterscheidung*

AUNE, David E.: Prophecy in Early Christianity and the Ancient Mediterannean World, Grand Rapids/ Mich. 1983

BALTHASAR, Hans Urs von: Der Unbekannte jenseits des Wortes, in: SPIRITUS CREATOR, Skizzen zur Theologie III, Einsiedeln 1967, S.95-105

BARTH, Karl: Die Auferstehung der Toten. Eine akademische Vorlesung über I Kor 15, München 1924

BARTH, K.: Biblische Fragen, Einsichten und Ausblicke (1920), in: ders.: Das Wort Gottes und die Theologie. Gesammelte Vorträge, München 1929, S.70-98

BARTH, K.: Karl Barth - Eduard Thurneysen. Briefwechsel Bd.1: 1913-1921, bearb. und hg. von THURNEYSEN, Eduard, GA V/1, Zürich 1973

BARTH, K.: Der Christ in der Gesellschaft (1919), in: ders.: Das Wort Gottes und die Theologie, S.33-69

BARTH, K.: Credo. Die Hauptprobleme der Dogmatik dargestellt im Anschluß an das Apostolische Glaubensbekenntnis - 16 Vorlesungen, gehalten an der Universität Utrecht im Februar und März 1935, München 1935³ (= Credo)

BARTH, K.: Einführung in die evangelische Theologie, Siebenstern-TB 110, München/ Hamburg 1968

BARTH, K.: Ethik II. Vorlesung Münster Wintersemester 1928/29, wiederholt in Bonn, Wintersemester 1930/31, hg. von BRAUN, Dietrich, GA 10 - II.Akademische Werke, Zürich 1978

BARTH, K.: Das Glaubensbekenntnis der Kirche. Erklärung des Symbolum Apostolicum nach dem Katechismus Calvins, aus dem Franz. übers. von Helmut Goes, Zürich 1967 / Sechs Vorträge aus den Jahren 1940-1943 (= Glaubensbekenntnis)

BARTH, K.: Der heilige Geist und das christliche Leben (Vortrag, gehalten an der Theologischen Woche in Elberfeld am 9.Oktober 1929), in: BARTH, Karl/ BARTH, Heinrich: Zur Lehre vom heiligen Geist, Beiheft Nr.1 von "Zwischen den Zeiten, München 1930, S.39-105

BARTH, K.: Die Kirchliche Dogmatik, Bd. I/1-IV/3, Zürich 1932ff (= KD)

BARTH, K.: Nachwort, in: SCHLEIERMACHER–AUSWAHL, besorgt von BOLLI, Heinz, Siebenstern-TB 113/114, München/ Hamburg 1968, S.290-312

BARTH, K.: Die protestantische Theologie im 19. Jahrhundert. Ihre Vorgeschichte und ihre Geschichte, Zürich 1960³

BARTH, K.: Der Römerbrief, München 1922² (= Römerbrief II)

BAUMERT, Norbert: Das Fremdwort "Charisma" in der westlichen Theologie, in: ThPh 65/1990, S.395-415

BENGHAUS, J./Hg.: Seelsorgerliche Briefe von Johannes Seitz, Bethel 1932, S.41, zit. in: ZIMMERLING, Peter: Leben und Glauben von Johannes Seitz 1839-1922, in: BRENNPUNKT SEELSORGE 3/1989, S.58-64.64

BERKHOF, Hendrikus: Die Pneumatologie in der niederländischen Theologie, in: DILSCHNEIDER, Otto/ Hg.: THEOLOGIE DES GEISTES, Gütersloh 1980, S.25-44

BINYON, Pamela M.: The Concept of 'Spirit' and 'Demon'. A Study in the Use of different Languages describing the same Phenomena, Studien zur interkulturellen Geschichte des Christentums 8, Frankfurt a.M./ Bern/ Las Vegas 1977

BLUMHARDT, Johann Christoph: Blätter aus Bad Boll, Faks.Ausg. mit einem erläuterndem Anh. hg. von ERNST, Paul, GW Reihe II: Verkündigung, Bd. I/1-IV/2, Göttingen 1968ff

BÖHL, Eduard: Dogmatik. Darstellung der christlichen Glaubenslehre auf reformirt-kirchlicher Grundlage, Amsterdam/Leipzig/Basel 1887

BRANDSCHEIDT, Renate: Der prophetische Konflikt zwischen Jeremia und Hananja, in: TThZ 98(1989), S.61-74

BROCKHAUS, Ulrich: Charisma und Amt. Die paulinische Charismenlehre auf dem Hintergrund der frühchristlichen Gemeindefunktionen, Wissenschaftliche Taschenbücher 8, Wuppertal 1987

BROSCH, Joseph: Charisma und Ämter in der Urkirche, Bonn 1951

BRUNNER, Emil: DOGMATIK, Bd.III: Die Lehre von der Kirche, vom Glauben und von der Vollendung, Zürich/ Stuttgart 1964²

BRUNNER, E.: Das Mißverständnis der Kirche, Zürich/ Stuttgart 1951

BRUNNER, E.: Vom Werk des Heiligen Geistes, Tübingen 1935/ Zürich 1941

BUCK, Fr.: Bilder aus dem christlichen Leben Württembergs im 19.Jahrhundert, 1.Hälfte, Stuttgart 1924²

BUSCH, Eberhard: Karl Barths Lebenslauf. Nach seinen Briefen und autobiographischen Texten, München 1978³

BUSCH, E.: Karl Barth und die Pietisten. Die Pietismuskritik des jungen Karl Barth und ihre Erwiderung, BEvTh 82, München 1978

CALLAN, Terrance: Prophecy and Ecstasy in Greco-Roman Religion and in 1 Corinthians, in: NT 27(1985), S.125-140

CHOI, Jong Ho: Aspekte der Pneumatologie Karl Barths. Mit einem Beitrag zur Lehre vom Heiligen Geist in der protestantischen Kirche Koreas, Evang. theol. Diss., Heidelberg 1987

CONZELMANN, Hans: Der erste Brief an die Korinther, KEK, Göttingen 1969

COX, James Carroll: Johann Christoph Blumhardt and the Work of the Holy Spirit, Assen 1959 (= Basel Univ.Diss. 1958)

CREMER, Hermann: Art. "Geistesgaben, Charismata", in: RE[3], Bd.6 (1899), S.460-463

CRENSHAW, James L.: Prophetic Conflict. Its Effect upon Israelite Religion, BZAW 124, Berlin/ New York 1971

DANTINE, Wilhelm: Der Heilige und der unheilige Geist. Über die Erneuerung der Urteilsfähigkeit, Stuttgart 1973

DANTINE, W.: Phantasie zum Ausbruch aus dem Gewohnten. Spiritualität und geistliches Handeln, in: EK, 1976, S.591-593.592

DANTINE, W.: Die ethische Dimension des "pneuma hagion", in: DILSCHNEIDER, O./ Hg.: THEOLOGIE DES GEISTES, S.45-57

DAUTZENBERG, Gerhard: Botschaft und Bedeutung der urchristlichen Prophetie nach dem 1.Korintherbrief, in: PANAGOPOULOS, J.: PROPHETIC VOCATION, S.131-161

DAUTZENBERG, G.: Art. *diakrino, in: BALZ, H./ SCHNEIDER, G. (Hg.): Exegetisches Wörterbuch zum NT, Bd.1, Stuttgart 1980, S.732-738

DAUTZENBERG, G.: Urchristliche Prophetie. Ihre Erforschung, ihre Voraussetzungen im Judentum und ihre Struktur im ersten Korintherbrief, BWANT 6.Folge/Heft 4 (Der ganzen Sammlung Heft 104), Stuttgart/ Berlin/ Köln/ Mainz 1975

DAUTZENBERG, G.: Zum religionsgeschichtlichen Hintergrund der *diakrisis pneumaton (I Kor 12,10), in: BZ 15(1971), S.93-104

DEINZER, Johannes: Wilhelm Löhes Leben. Aus seinem schriftl. Nachlaß zusammengestellt, Bd.2, Gütersloh 1880

DIE ANRUFUNG DES HEILIGEN GEISTES IM ABENDMAHL, ÖR.B 31, Frankfurt/a.M. 1977

DILSCHNEIDER, Otto A.: Ich glaube an den Heiligen Geist, Wuppertal 1969

DILSCHNEIDER, Otto (Hg.): Theologie des Geistes, Gütersloh 1980

DUNN, James D.G.: Discernment of Spirits - A Neglected Gift, in: HARRINGTON, Wilfrid (Hg.): WITNESS TO THE SPIRIT. Essays on Revelation, Spirit, Redemption, (Proceedings of the Irish Biblical Association No.3), Dublin/ Manchester 1979, S.79-96

DUNN, J.D.G.: Jesus and the Spirit. A Study of the Religious and Charismatic Experience of Jesus and the First Christians as Reflected in the New Testament, SBT, London 1975

DUNN, J.D.G.: Prophetic 'I'-Sayings and the Jesus Tradition: The Importance of Testing Prophetic Utterances within Early Christianity, in: NTS 24(1978), S.175-198

DUNN, J.D.G.: The Responsible Congregation (I Cor 14,26-40), in: LORENZI, Lorenzo De: CHARISMA UND AGAPE (I Ko 12-14), Monographische Reihe von "Benedictina" Bd.7, Rom 1983, S.201-236.236-269

EBELING, Gerhard: Dogmatik des christlichen Glaubens, Bd.III: Der Glaube an Gott den Vollender der Welt, Tübingen 1982[2]

EBELING, G.: Heiliger Geist und Zeitgeist. Identität und Wandel in der Kirchengeschichte, in: ZThK 87/1990, S.185-205

EBELING, G.: Das rechte Unterscheiden. Luthers Anleitung zu theologischer Urteilskraft, in: ZThK 85/1988, S.219-258.

EICHER, Peter: Jesus Christus: Der geisterfüllte Mensch. Eine biblische Betrachtung nach Karl Barth und Johannes Calvin, in: EICHER, Peter u.a. (Hg.): KOMM, HEILIGER GEIST - Das Wirken des Geistes nach Karl Barth. Eine kleine Festschrift für Gerhardt LANGGUTH, Herrenalber Protokolle 71 (Schriftenreihe der Evangelischen Akademie Baden), Karlsruhe 1990, S.8-25

EICHHOLZ, Georg: Was heißt charismatische Gemeinde? 1.Kor.12, TEH NF 77, München 1960

ELERT, Werner: Das christliche Ethos. Grundlinien einer lutherischen Ethik, Hamburg 1961[2]

ELLIS, E.Earle: 'Spiritual' Gifts in the Pauline Community, in: NTS 20(1974), S.128-144

FEE, Gordon D.: The First Epistle to the Corinthians, NIC, Grand Rapids/ Mich. 1987

GERBER, Uwe: Nachtrag zur neueren Diskussion, in: BERKHOF, Hendrikus: Theologie des Heiligen Geistes, Neukirchen-Vluyn 1968/ 1988[2], S.141-178).

GERLEMANN, G.: Art. "Geist, II.Geist und Geistesgaben im AT"/ "III.Geist und Geistesgaben im Judentum", in: RGG[3], Bd.2, S.1270-1272

GEROSA, Libero: Charisma und Recht. Kirchenrechtliche Überlegungen zum "Urcharisma" der neuen Vereinigungsformen in der Kirche, Sammlung Horizonte NF 27, Einsiedeln/ Trier 1989

GIESRIEGL, Richard: Die Sprengkraft des Geistes. Charismen und apostolischer Dienst des Paulus nach dem 1.Korintherbrief, Hochschulschriften - Forschungen Bd.2, Thaur/Tirol 1989

GRASS, Hans: Literatur zur systematischen Theologie, in: ThR 44/ 1979, S.135-186

GRUDEM, Wayne A.: The Gift of Prophecy in 1 Corinthians, Washington/D.C. 1982

GRUDEM, W.A.: The Gift of Prophecy in the New Testament and Today, Eastbourne/ E.Sussex-GB 1990[2] (= popularisierte und auf praktische Fragen ausgerichtete Überarbeitung seiner Dissertation)

GRUDEM, W.A.: A Response to Gerhard Dautzenberg on I Cor 12,10, in: BZ 22/1978, S.253-270

(= ders.: The Gift of Prophecy in 1 Corinthians, S.263-288)

HAHN, Eberhard: Wo ist Kirche Jesu Christi? Theologische Beurteilung kirchlicher Trennung anhand von Fallbeispielen, Wuppertal 1988

HAHN, Ferdinand: Charisma und Amt. Die Diskussion über das kirchliche Amt im Lichte der neutestamentlichen Charismenlehre, in: ZThK 76(1979), S.419-449

HAHN, F.: Grundfragen von Charisma und Amt in der neutestamentlichen Forschung. Fragestellungen aus evangelischer Sicht, in: RENDTORFF, Trutz (Hg.): CHARISMA UND INSTITUTION, Gütersloh 1985, S.335-349

HALLER, Eduard: Charisma und Ekstasis. Die Erzählung von dem Propheten Micha ben Jimla 1.Kön. 22,1-28a, TEH NF 82, München 1960

HEITMANN, Claus/ SCHMELZER, Fidelis (Hg.): IM HORIZONT DES GEISTES. Antwort auf eine Krise, Hamburg/ Paderborn o.J. (1971)

HEITMANN, Claus/ MÜHLEN, Heribert (Hg.): ERFAHRUNG UND THEOLOGIE DES GEISTES, Hamburg/ München 1974

HERBST, Michael: Missionarischer Gemeindeaufbau in der Volkskirche, Stuttgart 1987

HILL, David: New Testament Prophecy, London 1979

HILL, Clifford: Prophecy Past and Present, Crowborough/East Sussex GB 1989

HORNIG, Gottfried: Lehre und Bekenntnis im Protestantismus, in: HDThG, Bd.3: Die Lehrentwicklung im Rahmen der Ökumenizität, Göttingen 1984, S.71-287

HOSSFELD, Frank Lothar/ MEYER, Ivo: Prophet gegen Prophet. Eine Analyse der alttestamentlichen Texte zum Thema: Wahre und falsche Propheten, BiBe 9, Fribourg/CH 1973

JOEST, Wilfried: Dogmatik, Bd.1: Die Wirklichkeit Gottes, UTB 1336, Göttingen 1984

KÄGI, Hansjörg: Der Heilige Geist in charismatischer Erfahrung und theologischer Reflexion, Zürich 1989 (Zugl.: Basel, Univ., Diss., 1987)

KANTZENBACH, Friedrich Wilhelm: Wilhelm Löhe (1808-1872), in: KLASSIKER DER THEOLOGIE, Bd.II, München 1983, S.174-189

KÄSEMANN, Ernst: Art. "Geist, IV. Geist und Geistesgaben im NT", in: RGG³, Bd.2, S.1272-1279

KASPER, Walter: Geistvergessenheit in Kirche und Theologie, in: KASPER, Walter/ SAUTER, Gerhard: Kirche - Ort des Geistes, Freiburg/ Basel/ Wien 1976

KASPER, W.: Aspekte gegenwärtiger Pneumatologie, in: KASPER, Walter (Hg.): GEGENWART DES GEISTES. Aspekte der Pneumatologie, QD 85, Freiburg/ Basel/ Wien 1979, S.7ff

KERTELGE, Karl: Gemeinde und Amt im Neuen Testament, BiH 10, München 1972

KERTELGE, K. (Hg.): DAS KIRCHLICHE AMT IM NEUEN TESTAMENT, WdF 439, Darmstadt 1977

KLOPFENSTEIN, M.A.: Art. "*sqr/ täuschen", in: THAT, Bd.2, S.1010-1019

KREMKAU, Klaus (Hg.): DAS RELIGIÖSE BEWUSSTSEIN UND DER HEILIGE GEIST IN DER KIRCHE. Beiträge zur fünften theologischen Konferenz zwischen Vertretern der Evangelischen Kirche in Deutschland und der Kirche von England, ÖR.B 40, Frankfurt/a.M. 1980

KUEN, Alfred: Der Heilige Geist. Biblische Lehre und menschliche Erfahrung, Wuppertal 1980

KYDD, Ronald A.N.: Charismatic Gifts in the Early Church, Peabody/ Mass. 1984

LANDAU, Rudolf: Art. "Charisma, V.Praktisch-theologisch", in: TRE, Bd.7, S.693-698

LANDAU, R.: Art. "Geist/ Heiliger Geist/ Geistesgaben, VI.Praktisch-theologisch, in: TRE, Bd.12, S.237-242

LAUTERBURG, Moritz: Der Begriff des Charisma und seine Bedeutung für die praktische Theologie, BFChTh 2.Jg./1.Heft, Gütersloh 1898

LERLE, Ernst: Diakrisis Pneumaton bei Paulus, Ev.theol.Diss., Heidelberg 1947 (masch.)

LIN, Hong-Hsin: "Wer ist der Heilige Geist" in der Pneumatologie H. Berkhofs?, in: EvTh 51/1991, S.259-270

LINDBLOM, J.: Prophecy in Ancient Israel, Oxford 1963²

LODEWIGS, Siegfried: Der Pietismus im Licht seiner theologischen Kritiker, Evang. theol. Diss. Göttingen 1972

LÖHE, Wilhelm: WILHELM LÖHE - Gesammelte Werke, hg. im Auftrag der Gesellschaft für Innere und Äußere Mission im Sinne der luth. Kirche e.V. von GANZERT, Klaus, Bd.I-VII in 12 Teilbd. 1951-1986

LUZ, Ulrich: Charisma und Institution in neutestamentlicher Sicht, in: EvTh 49(1989), S.76-94

MALY, Karl: Mündige Gemeinde. Untersuchungen zur pastoralen Führung des Apostels Paulus im I Korintherbrief, SBM 2, Stuttgart 1967

MANECKE, Dieter: Mission als Zeugendienst. Karl Barths theologische Begründung der Mission im Gegenüber zu den Entwürfen von Walter Holsten, Walter Freytag und Joh.Christiaan Hoekendijk, Wuppertal 1972

McNAMARA, Martin: Kriterien zur Unterscheidung wahrer und falscher Prophetie in Israel, in: Conc (D), 14(1978), S.568-574

MÖLLER, Christian: Gottesdienst als Gemeindeaufbau. Ein Werkstattbericht, Göttingen 1988

MÖLLER, Chr.: Lehre vom Gemeindeaufbau, Bd.1: Konzepte-Programme-Wege, Göttingen 1987²

MÖLLER, Chr.: Charisma als Begeisterung für das Alltägliche, in: RENDTORFF, Trutz (Hg.): CHARISMA UND INSTITUTION, Gütersloh 1985, S.452-466

MOLTMANN, Jürgen: Der Geist des Lebens. Eine ganzheitliche Pneumatologie, München 1991

MOLTMANN, J.: Gott in der Schöpfung. Ökologische Schöpfungslehre, München 1985

MOLTMANN, J.: Kirche in der Kraft des Geistes. Ein Beitrag zur messianischen Ekklesiologie, München 1975

MOLTMANN, J.: Trinität und Reich Gottes. Zur Gotteslehre, München 1986²

MOLTMANN, J.: Der Weg Jesu Christi. Christologie in messianischen Dimensionen, München 1989

MÜLLER, Ulrich B.: Prophetie und Predigt im Neuen Testament. Formgeschichtliche Untersuchungen zur urchristlichen Prophetie, StNT 10, Gütersloh 1975

MÜNDERLEIN, Gerhard: Kriterien wahrer und falscher Prophetie. Entstehung und Bedeutung im Alten Testament, EHS.T 33, Bern/ Frankfurt 1974

OSSWALD, Eva: Falsche Prophetie im Alten Testament, SGV 237, Tübingen 1962

PANANGOPOULOS, Johannes (Hg.): PROPHETIC VOCATION IN THE NEW TESTAMENT AND TODAY, NT.S 45, Leiden 1977

PETERS, Albrecht: Gesetz und Evangelium, HST 2, Gütersloh 1981

QUELL, Gottfried: Wahre und falsche Propheten. Versuch einer Interpretation, BFChrTh 46/1, Gütersloh 1952

RAD, Gerhard von: Die falschen Propheten, in: ZAW 51 (1933), S.109-120

REITERER, Friedrich Vinzenz: Ekstase - Besessenheit - Vision. Anmerkungen aus der Sicht des Alten Testamentes, in: Kairos 25 (1983), S.156-175

RENDTORFF, Trutz (Hg.): CHARISMA UND INSTITUTION, Gütersloh 1985

RITTER, Adolf Martin: Charisma im Verständnis des Johannes Chrysostomos und seiner Zeit. Ein Beitrag zur Erforschung der griechisch- orientalischen Ekklesiologie in der Frühzeit der Reichskirche, FKDG 25, Göttingen 1972

ROLOFF, Jürgen: Art. "Amt/ Ämter/ Amtsverständnis, IV.Neues Testament, in: TRE, Bd.2, S.509-533

ROSATO, Philip Joseph: Karl Barths Theology of the Holy Spirit, masch.Diss. Tübingen 1976

RÜEGG, Robert: Bücherrundschau über Geistesgaben und Gemeindedienste, CH-Schiers 1976

RUHBACH, Gerhard: Die charismatische Erneuerung in der katholischen Kirche als Anfrage an den Protestantismus, in: ders.: THEOLOGIE UND SPIRITUALITÄT. Beiträge zur Gestaltwerdung des Glaubens, Göttingen 1987, S.99-108

RUHBACH, G.: Zum Charisma-Verständnis des Neuen Testaments, in: ders.: Theologie und Sprititualität, S.84-98

RUHBACH, Gerhard: Die Unterscheidung der Geister als Aufgabe von Theologie und Kirche, in: ders.: Theologie und Spiritualität, S.109-121

SAUTER, Gerhard: Die Theologie des Reiches Gottes beim älteren und jüngeren Blumhardt, SDGSTh 14, Zürich/ Stuttgart 1962

SCHARFENBERG, Joachim: Blumhardt und die kirchliche Seelsorge heute, Göttingen 1959

SCHARFENBERG, J.: Art. "Blumhardt, Johann Christoph (1805-1880), in: TRE, Bd.6, S.721-727

SCHLICHTING, Wolfhart: Art. "Löhe, Johann Konrad Wilhelm (1808-1872), in: TRE, Bd.21, S.410-414

SCHMIDT, Karl-Ludwig: Das Pneuma Hagion als Person und als Charisma, in: ders.: Neues Testament - Judentum - Kirche, Kleine Schriften, hg. von SAUTER, Gerhard, München 1981, S.215-263

SCHMIDT, Hans P.: Scheidung der Geister, in: DtPfrBl, Sonderausgabe zum Deutschen Pfarrertag, Nov.1974, S.813-818

SCHNACKENBURG, Rudolf: Charisma und Amt in der gegenwärtigen neutestamentlichen Forschung. Aspekte, Tendenzen und Fragestellungen aus römisch-katholischer Sicht, in: RENDTORFF, T. (Hg.): CHARISMA UND AMT, S.350-367

SCHNEIDER, Dieter: Hoffen auf den Geist. Die Botschaft von Johann Christoph Blumhardt für unsere Zeit, Metzingen 1987

SCHULZ, Michael T.: J.Chr. Blumhardt. Leben-Theologie- Verkündigung, APThG 19, Göttingen 1984

SCHULZ, Siegfried: Die Charismenlehre des Paulus. Bilanz der Probleme und Ergebnisse, in: FRIEDRICH, J.(Hg.): RECHTFERTIGUNG, FS für Ernst KÄSEMANN zum 70.Geburtstag, Tübingen/ Göttingen 1976, S.443-460

SCHULZ, S.: Neutestamentliche Ethik, Zürich 1987

SCHÜRMANN, Heinz: Die geistlichen Gnadengaben in den paulinischen Gemeinden, in: KERTELGE, K./ Hg.: DAS KIRCHLICHE AMT IM NEUEN TESTAMENT, S. 362-412

SCHWARZ, Fritz/ SCHWARZ, Christian A.: Theologie des Gemeindeaufbaus. Ein Versuch, Neukirchen-Vluyn 1984

SCHWARZ, Fritz: Überschaubare Gemeinde, Bd.1: Grundlegendes. Ein persönliches Wort an Leute in der Kirche, Herne 1979

SCHWEIZER, Eduard: Geist und Gemeinde im Neuen Testament und heute, TEH NF 32, München 1952

SCHWEIZER, E.: Gemeinde und Gemeindeordnung im Neuen Testamen, AThANT 35, Zürich 1959

SCHWEIZER, E.: Konzeptionen von Charisma und Amt im Neuen Testament, in: RENDTORFF, T. (Hg.): CHARISMA UND AMT, S.316-334

SCHWEIZER, E.: Das Leben des Herrn in der Gemeinde und ihren Diensten. Eine Untersuchung der neutestamentlichen Gemeindeordnung, AThANT 8, Zürich 1946

SLENCZKA, Reinhard.: Die Erkenntnis des Geistes, die Lehre vom Geist und die Unterscheidung der Geister, in: DER HEILIGE GEIST IM VERSTÄNDNIS LUTHERS UND DER LUTHERISCHEN THEOLOGIE, Veröffentlichungen der Luther-Akademie Ratzeburg, Bd.17, Erlangen 1990, S.75-104

SLENCZKA, R.: Art.: "Glaube, VI.Reformation/Neuzeit/Systematisch-theologisch", in: TRE, Bd.13, S.318-365

SLENCZKA, R.: Kirchliche Entscheidung in theologischer Verantwortung. Grundlagen-Kriterien-Grenzen, Göttingen 1991 (= Kirchliche Entscheidung)

SLENCZKA, R.: Neue Religiosität als dogmatisches Problem, in: "PRÜFET DIE GEISTER", JEB 31/1981, S.28-42.32-35 (= Neue Religiosität)

SLENCZKA, R.: Schrift-Tradition-Kontext. Die Krise des Schriftprinzips und das ökumenische Gespräch, in: GRENZÜBERSCHREITENDE DIAKONIE. Paul Philippi zum 60.Geburtstag (21.November 1983), hg. von SCHOBER, Th., Stuttgart 1984, S.40-52

SLENCZKA, R.: Was heißt und was ist schriftgemäß?, in: KuD 34(1988), S.304-320

SLENCZKA, R.: Vorlesungsmanuskripte zum dogmatischen Oberseminar: "Unterscheidung der Geister", SS 1979 Heildelberg (Zusammenfassung der biblischen Maßstäbe und Sachverhalte, Manuskript vom 14.7.79)

STÄHLIN, Adolf: Art. "Löhe, Wilhelm", in: RE³, Bd.11(1902), S.576-58

STÄHLIN, Rudolf: Art. "Charisma", in: EKL², Bd.1, S.678-680

STEINWAND,Eduard: Die Gnadengabe, Geister zu unterscheiden, in: ders.: Verkündigung, Seelsorge und gelebter Glaube, Göttingen 1964, S.182-191

TAYLOR, John Vincent: Der Heilige Geist und sein Wirken in der Welt, Düsseldorf 1977

THERRIEN, Gérard: Le Discernement dans les Écrits Pauliniens, Études Bibliques, Paris 1973

THIELICKE, Helmut: DER EVANGELISCHE GLAUBE, Bd.I: Prolegomena. Die Beziehung der Theologie zu den Denkformen der Neuzeit, Tübingen 1968

THIELICKE, H.: DER EVANGELISCHE GLAUBE, Bd.III: Theologie des Geistes - Der dritte Glaubensartikel. Die Manifestation des heiligen Geistes im Wort, in der Kirche, in den Religionen und in den letzten Dingen, Tübingen 1978

THIELICKE, H.: Gespräche über Himmel und Erde. Begegnungen in Amerika, Stuttgart 1964

THIELICKE, H.: THEOLOGISCHE ETHIK, Bd.I: Prinzipienlehre. Dogmatische, philosophische und kontroverstheologische Grundlegung, Tübingen 1965³

THIEME, Karl: Art. "Verzückung, Enthusiasmus, Schwärmerei, in: RE³, Bd.20(1908), S.586-593

TILLICH, Paul: Das Dämonische. Ein Beitrag zur Sinndeutung der Geschichte, in: TILLICH-AUSWAHL, Bd.3: Der Sinn der Geschichte, hg. von BAUMOTTE, Manfred, Gütersloh 1980, S.96-125

TILLICH, P.: SYSTEMATISCHE THEOLOGIE, Bd.I: Vernunft und Offenbarung - Sein und Gott, Stuttgart/Frankfurt am Main, 1984⁸ (= ST I)

TILLICH, P.: SYSTEMATISCHE THEOLOGIE, Bd.III: Das Leben und der Geist - Die Geschichte und das Reich Gottes, Frankfurt a.M. 1984⁴, = ST III

TOSSOU, Kossi K. Joseph: Streben nach Vollendung. Zur Pneumatologie im Werk Hans Urs von Balthasars, FThSt 125, Freiburg/ Basel/ Wien 1983

TRILLHAAS, Wolfgang: DOGMATIK, Berlin/ New York 1980⁴

VILMAR, August Friedrich Christian: Dogmatik, 2.Teil, Gütersloh 1874

VILMAR, A.: Lehrbuch der Pastoraltheologie, nach dessen akademischen Vorlesungen hg. von PIDERIT, K.W., Gütersloh 1872

VISCHER, Lukas (Hg.): GEIST GOTTES - GEIST CHRISTI. Ökumenische Überlegungen zur Filioquekontroverse, ÖR.B 39, Frankfurt/a.M. 1981

VOGELS, Walter: Comment discerner le prophèt authentique?, in: NRTh 99(1977), S.681- 701

WALLMANN, Johannes: Geistliche Erneuerung der Kirche nach Philipp Jakob Spener, in: JGP 12(1986), S.12-37

WELKER, Michael: Gottes Geist. Theologie des Heiligen Geistes, Neukirchen-Vluyn 1992

WENZ, Gunter: Charisma und Amt, in: Theol.Beiträge 21(1990), S.116-135

WIEDERENTDECKUNG DES HEILIGEN GEISTES. Der Heilige Geist in der charismatischen Erfahrung und theologischen Reflexion, ÖkPer 6, Frankfurt/a.M. 1974

WITTSCHIER, Sturm: Paul Tillich - Seine Pneuma-Theologie. Ein Beitrag zum Problem Gott und Mensch, Nürnberg 1975

WOLFF, Hans Walter: Hauptprobleme alttestamentlicher Prophetie, in: ders.: Gesammelte Studien zum Alten Testament, TB 22, München 1973², S.206-231

WOLFF, H.W.: Zur Gotteserfahrung der Propheten, in: ders.: Studien zur Prophetie. Probleme und Erträge, TB AT 76, München 1987, S.25-38

WOLFF, H.W.: Wie wird der falsche Prophet erkannt? Zu den Schwierigkeiten, die Geister zu unterscheiden, in: ders.: Prophetische Alternativen. Entdeckungen des Neuen im Alten Testament, KT 70, München 1982, S.70-83

WOLFF, Christian: Der erste Brief des Paulus an die Korinther. 2.Teil, ThHK VII/2, Berlin 1982

ZÜNDEL, Friedrich: Johann Christoph Blumhardt, neubearb. von SCHNEIDER, H., Gießen/ Basel 1954[16]

Literatur: *C.1 Edmund Schlink*

EBER, Jochen: Einheit der Kirche als dogmatisches Problem bei Edmund Schlink, Ev. theol. Diss., Erlangen 1990, S.15-47.287-307

GASSMANN, Günter: Art. "Schlink, Edmund", in: ÖL[2], S.1084-1086

MOLTMANN, Jürgen: Der Geist des Lebens. Eine ganzheitliche Pneumatologie, München 1991

RAISER, Konrad: Katholizität des Denkens, in: EK, 17(1984), S.644f

RITSCHL, Dietrich: Theologie als Erkenntnis. Edmund Schlinks Verständnis von Wahrheit vor dem Hintergrund der Theologen seiner Generation, in: ÖR, 34/1985, S.287-298

SCHLINK, Edmund: Die apostolische Sukzession, in: ders.: Der kommende Christus und die kirchlichen Traditionen, S.160-195 (= KuD, 7/1961, S.79-114)

SCHLINK, E.: Christus und die Kirche. Zwölf Thesen für ein ökumenisches Gespräch zwischen Theologen der evangelischen und der römischen Kirche, in: ders.: Der kommende Christus und die kirchlichen Traditionen, S.88-105

SCHLINK, E.: Der Kult in der Sicht evangelischer Theologie, in: ders.: Der kommende Christus und die kirchlichen Traditionen, S.116-125

SCHLINK, E.: Der kommende Christus und die kirchlichen Traditionen. Beiträge zum Gespräch zwischen den getrennten Kirchen, Göttingen 1961

SCHLINK, E.: Ökumenische Dogmatik. Grundzüge, Göttingen 1983 (= ÖD)

SCHLINK, E.: Die Lehre von der Taufe, Kassel 1969

SCHLINK, E.: Die Struktur der dogmatischen Aufgabe als ökumenisches Problem, in: SCHLINK, Edmund: Der kommende Christus und die kirchlichen Traditionen, S.24-79

SCHLINK, E.: Theologie der lutherischen Bekenntnisschriften, Berlin 1954 (= Lizenzausgabe der 3.Aufl. München 1948)

SCHLINK, E.: Art. "Trinität, IV.Dogmatisch", in: RGG[3], Bd.6, S.1032-1038

WELKER, Michael: Gottes Geist. Theologie des Heiligen Geistes, Neukirchen-Vluyn 1992,

Literatur: *C.2 Rudolf Bohren*

BERKHOF, Hendrikus: Die Pneumatologie in der niederländischen Theologie, in: DILSCHNEIDER, O.(Hg.): THEOLOGIE DES HEILIGEN GEISTES, S.25-44

BOHREN, Rudolf: Biblische Theologie wider den latenten Deismus, in: EINHEIT UND VIELFALT BIBLISCHER THEOLOGIE, JBTh 1(1986), Neukirchen-Vluyn 1986, S.163-181

BOHREN, R.: Daß Gott schön werde. Praktische Theologie als theologische Ästhetik, München 1975

BOHREN, R.: Geist und Gericht. Arbeiten zur praktischen Theologie, Neukirchen-Vluyn 1979

BOHREN, R.: Gemeinde und Seelsorge, in: ders.: Geist und Gericht, S.129-142

BOHREN, R.: Die Gestalt der Predigt, in: Predigt und Gemeinde, S.47-69

BOHREN, R.: Heilsgeschichte und Predigt, in: Predigt und Gemeinde, S.39-46

BOHREN, R.: Die Krise der Predigt als Frage an die Exegese, in: Predigt und Gemeinde, S.85-117

BOHREN, R.: Die Laienfrage als Frage nach der Predigt, in: Geist und Gericht, S.48-67

BOHREN, R.: Lehre und Praxis der Kirchen in der industriellen Gesellschaft, in: PICHT, Georg/ RUDOLPH, Enno/ Hg.: Theologie - was ist das?, Stuttgart/ Berlin 1977, S.415-433

BOHREN, R.: Die Leitung der Gemeinde, in: Predigt und Gemeinde, S.207-228

BOHREN, R.: Das pneumatologische Denken, in: ders.: Vom Heiligen Geist. Fünf Betrachtungen, KT 57, München 1981, S.9-39

BOHREN, R.: Predigtlehre, EETh 4, München 1980[4], S.59-61

BOHREN, R.: Predigt und Gemeinde. Beiträge zur Praktischen Theologie, Zürich/ Stuttgart 1963

BOHREN, R.: Das Problem der Kirchenzucht im Neuen Testament, Zollikon-Zürich 1952 (= Kirchenzucht)

BOHREN, R.: Prophetie und Seelsorge. Eduard Thurneysen, Neukirchen-Vluyn 1982

BOHREN, R.: Seelsorge - Trost der Seele oder Ruf zum Reich, in: Predigt und Gemeinde, S.119-147

BOHREN, R.: Unsere Gemeinden - Gemeinde Jesu Christi?, in: Predigt und Gemeinde, S.183-206

BOHREN, R.: Das Wort und die Kraft, in: ders.: Predigt und Gemeinde, S.13-38

KRAUS, Hans-Joachim: Systematische Theologie im Kontext biblischer Geschichte und Eschatologie, Neukirchen-Vluyn 1983

STOLLBERG, Dietrich: Heiliger Geist und Spiritualität in der deutsch-sprachigen Praktischen Theologie der Gegenwart, in: DAS RELIGIÖSE BEWUSSTSEIN UND DER HEILIGE GEIST IN DER

KIRCHE, Beiträge zur fünften theologischen Konferenz der Evangelischen Kirche in Deutschland und der Kirche von England, hg. von KREMKAU, Klaus, ÖRB 40, Frankfurt a.M. 1980, S.45-52.47-50

WEINRICH, Michael: Vom Charisma biblischer Provokationen. Systematische Theologie im Horizont Biblischer Theologie bei Hans-Joachim Kraus, in: JBTh 3/1988, S.253-265

Literatur: *C.3 Enthusiastisch-charismatische Frömmigkeit im Pro und Contra der Meinungen*

GELDBACH, Erich: Art. "Evangelikale Bewegung", in: EKL³, Bd.1, S.1186-1191

JUNG, Friedhelm: Die deutsche Evangelikale Bewegung - Grundlinien ihrer Geschichte und Theologie, EHS.T 461, Frankfurt a.m./ Berlin/ Bern/ New York/ Paris/ Wien 1992

McDONNELL, Kilian: PRESENCE, POWER, PRAISE. Documents on the Charismatic Renewal Vols. I-III, Collegeville/ Minnesota 1980

Literatur: C.3.1 "Subtile endzeitliche Verführung durch fremde Geistesmächte!"

ANDREWS, E.H.: The Promise of the Spirit, Welwyn/Herts-GB 1982

BÄUMER, Rudolf: "Prüfet die Geister!" - "Den Geist dämpfet nicht!", in: INFORMATIONSBRIEF der Bekenntnisbewegung "Kein anderes Evangelium", Lüdenscheid (= INFORMATIONSBRIEF), Nr.50/ Juni 1975, S.21-24 (= dass. in: BÄUMER, Rudolf/ BEYERHAUS, Peter/ GRÜNZWEIG, Fritz (Hg.): WEG UND ZEUGNIS. Bekennende Gemeinschaften im gegenwärtigen Kirchenkampf 1965-1980, hg. aus Anlaß des 10jährigen Bestehens der Konferenz Bekennender Gemeinschaften in den evangelischen Kirchen Deutschlands, Bad Liebenzell/ Bielefeld 1980, S.287-290

BAXTER, Ronald E.: Gifts of the Spirit, Grand Rapids/Mich. 1985²

BEREWINKEL, Johannes S.J.: Zur Theologie der Gemeinschaftsbewegung, in: JGP 15/1989, Göttingen 1989, S.95-113

BEYERHAUS, Peter: Apokalyptische Perspektiven im heutigen Weltgeschehen. Eine heilsgeschichtliche Orientierungshilfe, in: DIAKRISIS, 12.Jg.(1991), S.1-8

BEYERHAUS, P.: Credo in Spiritum Sanctum, Dominum vivificantem, in: DIAKRISIS, 4.Jg./1983, S.17-19

BEYERHAUS, P.: Geisterfüllung und Geisterunterscheidung. Die schwarmgeistige Gefährdung der Gemeinde heute, Berlin 1978² (BEYERHAUS, Peter: Geisterfüllung und Geisterunterscheidung. Vortrag auf Kassette Nr. I-18, Krelinger Tonbanddienst)

BEYERHAUS, P.: Art. "Holy Spirit", in: BAKER'S DICTIONARY OF CHRISTIAN ETHICS, hg. von HENRY, Carl F.H., Grand Rapids/ Mich.1973, S.292-294

BEYERHAUS, P.: Neue Vollmacht zur Sendung - Der Weg aus der Krise, in: ders.: Krise und Neuaufbruch der Weltmission. Vorträge, Aufsätze und Dokumente, Bad Liebenzell 1987, S.182-201

BEYERHAUS, P.: Art. "Schwärmer", in: Evangelisches Gemeindelexikon, hg. von GELDBACH, E./ BURCKHARDT, H./ HEIMBUCHER, K., Wuppertal 1978, S.469f

BEYERHAUS, P./ PADBERG, Lutz von: Eine Welt - eine Religion? Die synkretistische Bedrohung unseres Glaubens im Zeichen von New Age, Asslar 1989²

BEYERHAUS, P./ BETZ, Ulrich (Hg.): ÖKUMENE IM SPIEGEL VON NAIROBI '75. Durch die Wüste zur Welteinheit, Telos-Dokumentation 903, Bad Liebenzell 1976, S.112-115.158-176

BIBEL UND GEMEINDE. Zeitschrift des Bibelbundes, Waldbronn 2 (= BuG)
[vgl. etwa: BÜHNE, Wolfgang: "Power Evangelism" - Die dritte Welle, in: BuG, 90.Jg.(1990), S.176-183; HELLING, Helmut: Ein Gott, ein Herr, ein Geist, in: BuG, 83.Jg.(1983), S.31-56; HOLTHAUS, Stephan: Macht, Herrlichkeit und Politik - evangelikales US-Fernsehen in der Medienkritik, in: BuG, 86.Jg.(1986), S.447-449; ders.: Die Theologie Reinhard Bonnkes und des Missionswerks "Christus für alle Nationen", in: BuG, 87.Jg.(1987), S.97-106; LANGE, Johannes: Die Theologie Paul Yonggi Chos und seiner Full Gospel Central Church in Seoul/Korea, in: BuG, 89.Jg.(1989), S.37-67; ders.: Zusammenfassung einer biblischen Orientierung zu wichtigen Lehrpunkten der Charismatischen Bewegung, in: BuG, 86.Jg.(1986), S.168-178; MARKMANN, Otto: Die Dämonie in der Mystik, in: BuG, 83.Jg.(1983), S.386-416; NEIDHART, Jürgen: Das fortwährende Verlangen nach dem Übernatürlichen, in: BuG, 90.Jg.(1990), S.184-191; ders.: Zeichen und Wunder in biblischer Sicht, in: BuG, 90.Jg.(1990), S.148-157; ROGERS, Cleon: Die Gabe des Zungenredens in der nachapostolischen Kirche, in: BuG, 82.Jg.(1982), S.280-288; SARLES, Ken L.: Eine theologische Beurteilung des "Wohlstandsevangeliums", in: BuG, 87.Jg. (1987), S.292-312; SCHIRRMACHER, Thomas (Hg.): Dorothea Trudel von Männedorf. Ein Beitrag zur Geschichte der Gemeinschaftsbewegung und der Krankenheilung, in: BuG, 88.Jg. (1988), S.145-167; SEIBEL, Alexander: Arnold Bittlinger und die Integration anderer Religionen, in: BuG, 90.Jg.(1990), S.192-194; ders.: Bericht von der Evangelistenkonferenz 1988 ("Heil und Heilung"), in: BuG, 89.Jg.(1989), S.220-227; ders.: Der Geist der Wahrheit und der Geist der Täuschung, in: BuG, 83.Jg(1983), S.375-385; ders.: Peter Wagner und der fromme Spiritismus, in: BuG, 90.Jg.(1990), S.75-77; THOMAS, Geoffrey: Eine Kehrtwende. Von der Auseinander- setzung eines Christen mit den charismatischen

Gaben, in: BuG, 87.Jg.(1987), S.92-96; WHIT- COMB, John C.jr.: Möchte Gott, daß Christen heute Wunder wirken?, in: BuG, 82.Jg.(1982), S.33-42]

BRANDENBURG, Hans: Kinderkrankheiten des Glaubens. Schwärmereien und Gesetzlichkeiten, Wuppertal 1975

BROADBENT, W.G./ HUBMER, Fritz: Heute noch in Zungen reden?, Bad Liebenzell 1975

BUCHHOLZ, Meiken: Die Rolle der pfingstlerisch-charismatischen Evangelikalen in der Lausanner Bewegung, in: DIAKRISIS, 11.Jg.(1990), S.13-16

BUDGEN, Victor: The Charismatics and the Word of God. A biblical and historical perspective on the charismatic movement, Welwyn, Hert-GB 1986²

BÜHNE, Wolfgang: Dritte Welle... Gesunder Aufbruch?, Bielefeld 1992²

BÜHNE, W.: Spiel mit dem Feuer (Die "drei Wellen des Heiligen Geistes" - Pfingstbewegung - Charismatische Bewegung - "Power-Evangelism"), Bielefeld 1989

BÜRGENER, Karsten: Dämonisches Zungenreden, in: DIAKRISIS, 8.Jg.(1987), S.38-40

CHANTRY, Walter J.: Signs of the Apostles. Observations on Pentecostalism Old and New, Edinburgh 1979³

DALLMEYER, Heinrich: Sonderbare Heilige. Wahrheitsgetreue Darstellung der neuesten religiösen Bewegung, Kassel o.J.(1907)

DALLMEYER, H.: Die Zungenbewegung. Ein Beitrag zu ihrer Geschichte und eine Kennzeichnung ihres Geistes, 6.-8.Tausend, Langenthal o.J. (1.Aufl., Lindhorst 1924)

DALLMEYER, H. (Hg.): Die sogenannte Zungenbewegung im Lichte der heiligen Schrift. Aufsätze von Johannes Seitz und Bernhard Kühn mit einem Vor- und Nachwort, Gotha 1922

DAS NEUE FRAGEN NACH DEM HEILIGEN GEIST. Biblische-Orientierungshilfe, in: DIAKRISIS, 14.Jg./Heft 1(1993) (= Orientierungshilfe)

DIAKRISIS. Hilfen zur Unterscheidung von Geistesströmungen in Kirche und Welt (Hg.: Theologischer Konvent der Konferenz Bekennender Gemeinschaften in den evangelischen Kirchen Deutschlands e.V., in Verbindung mit dem International Christian Network e.V., Tübingen - Schriftleitung: Prof.Dr.Peter Beyerhaus in Verbindung mit Prof.D.Dr. Walter Künneth DD und Landesbischof Dr. Joachim Heubach)

EDGAR, Thomas R.: Miraculous Gifts. Are they for Today?, Neptune/ NJ 1983

EICKEN, Erich von: Heiliger Geist - Menschengeist - Schwarmgeist. Ein Beitrag zur Geschichte der Pfingstbewegung, Wuppertal 1964 (bearb.Neuaufl.: EICKEN, Erich von: Die charismatische Frage - Heiliger Geist oder Schwarmgeist? Mit einem Vorwort von BLUNCK, Jürgen, Moers 1988).

EINE WELT - EINE RELIGION? Die synkretistische Bedrohung unseres Glaubens im Zeichen von "New Age". Botschaft des Internationalen Bekenntniskongresses vom 12-16.September 1987 in Zürich, II/9, in: DIAKRISIS, 8.Jg.(1987), S.101-105.103

EVANGELISATION IN BIBLISCH-REFORMATORISCHER VERANTWORTUNG, in: DIAKRISIS, 9.Jg.(1988), S.33-47

FINDEISEN, Sven: Fragen für das Gespräch, in: IDEA-Dokumentation 1/93: MÖGLICHKEITEN, GRENZEN UND SCHWIERIGKEITEN in der Zusammenarbeit zwischen der evangelikalen und charismatischen Bewegung in Deutschland - Materialien und Stellungnahmen, erarb. und vorgel. von einer Studienkommission des Arbeitskreises für evangelische Theologie (AfeT) im Auftrag des Hauptvorstandes der Deutschen Evangelischen Allianz, S.39-41

FINDEISEN, Sven: Die Geistliche Gemeinde-Erneuerung in der evangelischen Kirche. Eine Stellungnahme zu dieser charismatischen Bewegung vom Stellvertretenden Vorsitzenden der Bekenntnisbewegung "Kein anderes Evangelium", Pastor Sven Findeisen, Neumünster, IDEA-Dokumentation 11/85, S.4-6 (= ders.: Unser Ja und Nein zur Geistlichen Gemeindeerneuerung, INFORMATIONSBRIEF, Nr.110/ Juni 1985, S.5-32)

FINDEISEN, S.: Kennzeichen der charismatischen Bewegung, in: AUFTRAG UND WEG. Ideen-Impulse-Informationen, EC-Mitarbeiterzeitschrift, Kassel 3/87, S.101-106

FINDEISEN, S.: Noch einmal: "Charismatische Bewegung", in: INFORMATIONSBRIEF, Nr. 101/Dez.1983, S.9-23

FLEISCH, Paul: Geschichte der Pfingstbewegung in Deutschland von 1900-1950, Marburg 1983²

FLEISCH, P.: Die Zungenbewegung in Deutschland, Leipzig 1914 (= Die moderne Gemeinschaftsbewegung in Deutschland, 3. verm. und vollst. umge- arb. Aufl., Zweiter Band: Die deutsche Gemeinschaftsbewegung seit Auftreten des Zungenredens, I.Teil: Die Zungenbewegung in Deutschland)

FLUGFEUER FREMDEN GEISTES, Denkendorf b. Esslingen 1965³

GEISLER, Norman: Signs and Wonders, Wheaton/Ill. 1988

GEISTESGABEN IM LICHT DER BIBEL, in: DIAKRISIS, 6.Jg.(1985), S.57-60

GELDBACH, Erich: Art. "Darbysmus", in: EKL³, Bd.1, S.792-793; ders.: Art. "Darby, John Nelson/ Darbysten", in: TRE, Bd.8, S.357-358

GEMEINDEGRÜNDUNG. Mitteilungen der Konferenz für Gemeindegründung, Pfullingen (=GG) - [vgl. etwa: BÜHNE, Wolfgang: Kampf oder Krampf. "Befreiungsdienst" und "Geistliche Kampfführung", in: GG, 6.Jg., Okt.-Dez. 1990, Heft 24, S.15-22; MAIER, Ernst G.: Die Zeichen- und

Wundergaben, in: GG, 6.Jg., Juli-Sept. 1990, S.19-27; NEIDHART, Jürgen: Zeichen und Wunder aus
     biblischer Sicht, in: GG, 6.Jg., Juli-Sept. 1990, S.9-18]
GEPPERT, W.: Die Pfingstbewegung, weder..., noch..., nur menschlich - allzumenschlich, Schriftenreihe:
     Irrläufer frommer Sehnsüchte und religiöser Leidenschaften Heft 3, Neuffen/ Württemberg o.J.
GIESE, Ernst: Und flicken die Netze. Dokumente zur Erweckungsgeschichte des 20. Jahrhunderts, hg.
     von BIBRA, Otto Siegfried von - mit einer Einordnung in die Kirchengeschichte von BENZ, Ernst,
     Metzingen/ Lüdenscheid 1987[2]
GNADAUS STELLUNG GEGENÜBER DEM SCHWÄRMERTUM (1956), in: HEIMBUCHER, Kurt/
     SCHNEIDER, Theo (Hg.): SAMMLUNG UND ZEUGNIS. Gnadauer Dokumente I: Die Gnadauer
     Pfingstkonferenzen von 1888 bis 1988 - Gnadauer Worte und Erklärungen von 1930 bis 1987, Gießen/
     Basel/ Dillenburg 1988, S.97-100
GROSS, Edward N.: Miracles, Demons, and Spiritual Warfare. An Urgent Call for Discernment,
     Grand Rapids/Mich. 1990[2]
GRÜNZWEIG, Fritz: Was sagt die Bibel über den Heiligen Geist?, Stgt.-Hohenheim o.J.
GRÜNZWEIG, F.: Demut - Kennzeichen der Jünger Jesu, in: LEBENDIGE GEMEINDE. Information
     und Orientierung (Ludwig Hofacker-Vereinigung), 3/85, S.6-9
HAARBECK, Hermann: LASS DIR AN MEINER GNADE GENÜGEN. Die Stellungnahme des
     Gnadauer Verbandes zur Pfingstbewegung und zum Christlichen Gemeinschaftsverband Mülheim,
     Denkendorf b. Esslingen 1965
HAARBECK, Theodor: Die "Pfingstbewegung" in geschichtlicher, biblischer und psychologischer
     Beleuchtung, Barmen 1910[2]
HAUSCHILDT, Karl: Die Gabe, Geister zu unterscheiden, in: DIAKRISIS, 11.Jg.(1990), S.2f
HEILIGER GEIST UND GABEN. Ergebnisbericht theologischer Gespräche, in: IDEA-Dokumentation
     Nr.1/92, S.38-42
HEIMBUCHER, Kurt: Vom Wirken des Heiligen Geistes. Ein Wort an die Brüder und Schwestern in
     unseren Gnadauer Gemeinschaften, Dillenburg 1987
HEIMBUCHER, Kurt (Hg.): Eine Gnade - viele Gaben. Beiträge zum biblischen Zeugnis von den
     Gnadengaben, Dillenburg o.J. (1980)
HEIMBUCHER, Kurt/ SCHNEIDER, Theo (Hg.): BESINNUNG UND WEGWEISUNG. Gnadauer
Dokumente II: Ausgewählte Aufsätze und Vorträge, Gießen/ Basel/ Dillenburg 1988
     [HAARBECK, Theodor: Die Taufe mit dem Heiligen Geist nach der Schrift - 1906, in: a.a.O.,
     S.199-207; SCHRENK, Elias: Das Bedürfnis der Gemeinde Gottes nach einer größeren Ausrüstung
     mit Geisteskraft und die Bedingungen für eine schriftgemäße Befriedigung derselben - 1910, in: a.a.O.,
     S.208-226; BUDDEBERG, Ernst: Wo fängt die Schwärmerei an? - 1910, in: a.a.O., S.227-257;
     SCHNEPEL, Ernst: Der biblische Weg zu vermehrter Geistesausrüstung - 1933, in: a.a.O., S.258-265]
HERON, Alasdair I.C.: Art. "Calvinismus", in: EKL[3], Bd.1, S.615-621
HODGE, Charles: Systematic Theology, Part I: Theology, Grand Rapids/Mich. 1982
HUBMER, Fritz: Zungenreden, Weissagung - umkämpfte Geistesgaben, Denken- dorf b. Esslingen 1972
HUNT, Dave: Rückkehr zum biblischen Christentum, Bielefeld 1988 *(Psychologie-eine Ersatzreligion? -
     C.G. Jung und seine "christlichen" Interpreten - Selbstwertgefühl und Erfolgsevangelium - Zeichen und
     Wunder - Okkultismus im christlichen Gewand)* - (Beyond Seduction, Eugene/Oregon 1987)
HUNT, Dave/ McMAHON, T.A.: Die Verführung der Christenheit, Bielefeld 1987 *(Positives Denken -
     "Power Evangelism" - Innere Heilung - New Age in der Gemeinde - Visiualisierung - u.a.)* - (The
     Seduction of Christianity. Spiritual Discernment in the Last Days, Eugene/Oregon 1985 - acht
     Aufl. innerhalb eines Jahres!)
KAISER, Otto: Erlebnisse und Erfahrungen mit der Pfingstbewegung, Gießen 1948
KILLUS, Dorothea: Jubilar: Theologischer Konvent, in: DIAKRISIS, 10.Jg./1989, S.11-14.16f
KLEMM, Hermann: Elias Schrenk. Der Weg eines Evangelisten, Wuppertal 1961
KRIMMER, Heiko: Originale Gottes. Eine Gemeinde entdeckt ihre Gaben, Bad Liebenzell 1990
KRUST, Christian Hugo: 50 Jahre Deutsche Pfingstbewegung Mülheimer Richtung nach ihrem
     geschichtlichen Ablauf darge- stellt, Altdorf b. Nürnberg o.J. (1958)
KÜNNETH, Walter: Fundamente des Glaubens. Biblische Lehre im Horizont des Zeitgeistes,
     Wuppertal 1977[3]
KÜNNETH, W.: Heiliger Geist im Widerstreit mit den Geistern der Zeit. Vortrag vor dem Theologischen
     Konvent der Konferenz der Bekennenden Gemein- schaften in der EKiD im Oktober 1976,
     veröffentlicht 1977
KÜNNETH, Walter/ BEYERHAUS, Peter, Hg.: REICH GOTTES ODER WELTGEMEINSCHAFT?
     Die Berliner Ökumene-Erklärung zur utopischen Vision des Weltkirchenrates, Telos-Dokumentation
     900, Bad Liebenzell 1975, S.230-243.306-310.340f
LANGE, Dieter: Eine Bewegung bricht sich Bahn. Die deutschen Gemeinschaften im ausgehenden 19.
     und beginnenden 20.Jahrhundert und ihre Stellung zu Kirche, Theologie und Pfingstbewegung,
     Gießen/ Dillenburg 1979

LANGE, Johannes/ MÜNSTERMANN, Christian: Dr.Yonggi Cho und sein "Erfolgsevangelium", in: DIAKRISIS, 7.Jg.(1986), S.60-62

LOHMANN, Ernst: Pfingstbewegung und Spiritismus, Frankfurt/ a.M. 1910

LUBAHN, Erich: Fromme Verführungen. Information und Wegweisung, Stuttgart 1969

LUBAHN, E.: Schwarmgeist. Versuch einer biblischen Deutung, Wuppertal 1976

MAIER, Gerhard: Ist aufgrund einer Wiederbelebung urchristlicher charismatischer Evangelisation für die Endzeit eine Erweckung zu erwarten?, in: IDEA-Dokumentation, Nr. 1/93, S.22-24

MAIER, G.: Pietisten und Charismatiker, in: MITTEILUNGEN des Albrecht-Bengel-Hauses Tübingen, Nr.87, August 1992, S.6-10

MARKERT, Erich/ HAAG, Klaus: Der Heilige Geist und seine Gaben, in: HEIMBUCHER, Kurt (Hg.): DEM AUFTRAG VERPFLICHTET. Die Gnadauer Gemeinschaftsbewegung: Prägungen-Positionen-Perspektiven, Gießen/ Basel/ Dillenburg 1988, S.180-197

MASTERS, Peter: The Healing Epidemic, London 1988[2]

MASTERS, Peter/ WHITCOMB, John C.: The Charismatic Phenomenon, London 1989[2]

MAYER, Peter: Dienstgaben für Gottes Volk, Beatenberg 1975

MAYER, P.: Zur Frage der Pfingstbewegung einst und jetzt, Beatenberg 1978

McARTHUR, John F.: The Charismatics. A Doctrinal Perspective, Grand Rapids/ Mich. 1978

McARTHUR, J.F.: First Corinthians, The MacArthur New Testament commentary, Chicago 1988[7]

MICHAELIS, Walter: Erkenntnisse und Erfahrungen aus 50jährigem Dienst am Evangelium, Gießen 1949[2]

MODERSOHN, Ernst: Er führret mich auf rechter Straße, Stuttgart 1948[5]

MORGNER, Christoph: Herausforderungen durch charismatische und pfingstlerische Bewegungen. Ein Wort an die Mitarbeiter in unseren Gnadauer Gemeinschaften, Dillenburg August 1990 (= dass. in: PIETISTEN, CHARISMATIKER, PFINGSTLER. Eine Zusammenstellung der jüngsten und der ältesten Voten u.a. vom Gemeindekongreß, Prälat Rolf Scheffbuch, Präses Christoph Morgner und anderen sowie aus dem zeitlichen Umfeld der "Berliner Erklärung". Dazu reichhaltiges Archivmaterial, IDEA-Dokumentation Nr.1/92, S.43-50)

MORGNER, Chr.: Herausgefordert - Wie begegnen wir den charismatischen und pfingstlerischen Bewegungen? Ein Wort an die Mitarbeiterinnen und Mitarbeiter in der Gemeinschaftsbewegung, Gnadau Aktuell 1, Dillenburg Nov. 1992 (= Herausgefordert)

NEE, Watchman: Der geistliche Christ, Bd.1-3, Heerbrugg/CH 1975-1976

NEE, W.: Die verborgene Kraft der Seele, Heerbrugg 1976

NEIDHART, Jürgen: Zeichen und Wunder in biblischer Sicht, in: DIAKRISIS, 11.Jg.(1990), S.11-20

PASCHKO, Werner: "Charismatisch" - was sagt die Bibel?, Gnadauer Materialdienst Heft 12, Dillenburg 1979

PENN-LEWIS, Jessie: Seele und Geist. Ein Blick in die Psychologie der Bibel. Mit einem Anhang: Der unsichtbare Kampf unserer Tage: "Seelen-Kraft" gegen "Geistes-Kraft", o.O./o.J.

PENN-LEWIS, Jessie/ in Collaboration with ROBERTS, Evans: War on the Saints, Fort Washington 1985 - abridged edition - Reprint; deutsche Übersetzung: PENN-LEWIS, Jessie: KAMPF NICHT MIT FLEISCH UND BLUT. Eine Orientierung über das Wirken finsterer Mächte unter den Kindern Gottes und über den Weg zur Befreiung, gekürzt und neu bearb. von I.E. STUKENBROCK-STERNBERG, Widdelswehr/ Ostfriesland o.J./1966 (Früher unter dem Titel: KRIEG DEN HEILIGEN! Ein Nachschlagebuch über das Wirken betrügerischer Geister unter dem Volke Gottes und über den Weg zur Befreiung, Rotenburg/ Fulda)

PETERS, Benedikt: Zeichen und Wunder, CH-Berneck 1983[3]

PIETISTEN, CHARISMATIKER, PFINGSTLER, IDEA-Dokumentation, Nr.1/92

ROGERS, Cleon L.: Die Gabe des Zungenredens in der Nachapostolischen Kirche (100-400 n.Chr.), in: DIAKRISIS, 7.Jg. (1986), S.52-58

RUHBACH, Gerhard: Die Erweckung von 1905 und die Anfänge der Pfingstbewegung, in: JGP 15/1989, Göttingen 1989, S.84-94

RYRIE, Charles C.: Dispensationalism Today, Chicago 1990[27]

SAUBERZWEIG, Hans von: Er der Meister - wir die Brüder. Geschichte der Gnadauer Gemeinschaftsbewegung 1888-1958, Offenbach 1959

SCHEFFBUCH, Rolf: Das Interview, in: LEBENDIGE GEMEINDE, 3/85, S.18-21

SCHEFFBUCH, R.: Müssen Pietisten "charismatisch" werden? Zum geforderten "Schulterschluß" zwischen Charismatikern und Evangelikalen, in: IDEA-Dokumentation, Nr. 1/92, S.16-23

SCHEFFBUCH, R.: Reflexionen und Folgerungen für Europa, in: MARQUARDT, Horst/ PARZANY, Ulrich (Hg.): Evangelisation mit Leidenschaft. Berichte und Impulse vom II. Lausanner Kongress für Weltevangelisation in Manila, Neukirchen-Vluyn 1990, S.280-282

SCHEFFBUCH, R.: Die unüberbietbare Gnade Jesu Christi, in: TLACH, W. u.a.: BIBLISCHE GRENZFRAGEN, S.17-25

SCHRENK, Elias: Der biblische Weg zu vermehrter Geistesausrüstung, Kassel 1910

SCHWENGELER, Bruno: Verschobene Proportionen, CH-Heerbrugg 1975

SEIBEL, Alexander: Arnold Bittlinger und die Integration anderer Religionen, in: DIAKRISIS, 11.Jg.(1990), S.21-24

SEIBEL, A.: C.G. Jung und sein Einfluß auf die charismatische Bewegung, in: DIAKRISIS, 7.Jg.(1986), S.58-60

SEIBEL, A.: Gemeinde Jesu - endzeitlich unterwandert?, Wuppertal 1982[5]

SEIBEL, A.: Passivität - Offenwerden wofür? Abgründe pseudo-charismatischer Erfahrungen, in: DIAKRISIS, 5.Jg.(1984), S.22-29

SEIBEL, A.: Die sanfte Verführung der Gemeinde, Wuppertal 1989

SEITZ, Johannes: Ein klärendes Wort gegen Pastor Paul's Schrift: Zur Dämonenfrage, o.J. (bezieht sich auf: PAUL, Jonathan: Zur Dämonenfrage. Ein Wort zur Verständigung, Mülheim/ Ruhr 1912)

SEITZ, J.: Erinnerungen und Erfahrungen, 2. erw. Aufl., Chemnitz 1921

SHALLIS, Ralph: Zungenreden aus biblischer Sicht, Bielefeld/ Wuppertal 1986

STADELMANN, Helge: Art.: "Dispensationalismus", in: EVANGELISCHES LEXIKON FÜR THEOLOGIE UND GEMEINDE, Bd.1, Wuppertal/ Zürich 1992, S.449

STADELMANN, H.: Neue Praktiken innerhalb der pfingstlich-charismatischen Bewegungen. Eine Problemanzeige zu Entwicklungen innerhalb der letzten 30 Jahre, in: IDEA-Dokumentation 1/93: MÖGLICHKEITEN, GRENZEN UND SCHWIERIGKEITEN in der Zusammenarbeit zwischen der evangelikalen und charismatischen Bewegung in Deutschland, S.6-12

STRÖTER, Ernst F.: Die Selbstentlarvung von "Pfingst"-Geistern, 4. Aufl. mit Anhang und Nachwort, als Manuskript gedruckt, o.O. 1911/1912 (erneut veröffentlicht von ISING, Richard, Berlin 1962

TLACH, Walter: Biblische Orientierung, in: INFORMATIONSBRIEF der Bekenntnisbewegung, Nr.62/Juni 1977, S.15-19

TLACH, W.: Charismatische Bewegung - kritisch gesehen, in: SCHRITTE. Magazin für Christen, Neukirchen-Vluyn, 8/1978, S.10-12

TLACH, W.: "Charismatische" Erneuerung und neue Spiritualität - Erneuerung?, in: TLACH, W. u.a.: BIBLISCHE GRENZFRAGEN im Bereich der "Neuen Spiritualität", Tagesfragen 32, Neuhausen-Stuttgart 1986, S.11-16

UNGER, Merill F.: The Baptism and Gifts, Chicago 1989[15]

UNGER, M.F.: New Testament Teaching on Tongues, Grand Rapids/Mich.-USA 1982[7]

WARFIELD, Benjamin B.: Counterfeit Miracles (1918), Reprint Edinburgh 1986 (= Miracles: Yesterday and Today).

WELTMISSION NACH SAN ANTONIO UND MANILA. Frankfurter Stellungnahme des Europäischen Bekenntniskonvents (6.-8.3.1990), in: DIAKRISIS, 11.Jg.(1990), S.2-10 (bes. II.B.3; II.C.2; III.5)

WESTERHEIDE, Rudolf: Geisterfüllung und Geistesgaben, Telos-TB 596, Marburg 1990

WORT DES GNADAUER VORSTANDES ZU GEISTLICHEN ERSCHEINUNGEN UNSERER ZEIT - Thesen zur Frage nach dem Heiligen Geist (1976/1979), in: HEIMBUCHER, K./ SCHNEIDER, T. (Hg.): SAMMLUNG UND ZEUGNIS. Gnadauer Dokumente I, S.137-143.144-147; Biblische Orientierung zu einigen Fragen über die Lehre vom Heiligen Geist, Manuskript für den innerkirchlichen Gebrauch, Jena März 1978

Literatur: C.3.2   "Prüfet alles, das Gute behaltet!"

BERNEBURG, Erhard: Auf dem Weg nach Manila, in: Lausanner Informationen, Nr.1/89, S.3-7

BUCHHOLZ, Meiken: Die Rolle der pfingstlerisch-charismatischen Evangelikalen in der Lausanner Bewegung, in: DIAKRISIS, 11.Jg., 1(1990), S.13-16

CHARISMATISCHE ERNEUERUNG UND KIRCHE. Im Auftrag der Theologischen Studienabteilung der Evangelischen Kirchen in der DDR hg. von KIRCHNER, Hubert/ PLANER-FRIEDRICH, Götz/ SENS, Matthias/ ZIEMER, Christof, Neukirchen-Vluyn 1984

DAS MANIFEST VON MANILA (1989), in: EVANGELISATION MIT LEIDENSCHAFT, S.329-349   (Die Schlußerklärung des 2. Internationalen Missionskongresses des Lausanner Komitees für Welt-evangelisation vom 11. bis 20. Juli 1989 in Manila, IDEA-Dokumentation, Nr. 18/89, S.5-15)

DIE "GEISTER" UNTERSCHEIDEN. Die Evangelische Allianz und die charismatische Bewegung, in: MÖGLICHKEITEN, GRENZEN UND SCHWIERIGKEITEN IN DER ZUSAMMENARBEIT ZWISCHEN DER EVANGELIKALEN UND CHARISMATISCHEN BEWEGUNG IN DEUTSCHLAND, IDEA-Dokumentation, Nr. 1/93, S.48

ERKLÄRUNG DER LUTHERISCHEN BISCHOFSKONFERENZ ZUR ERNEUERUNG DER KIRCHE DURCH DEN HEILIGEN GEIST, März 1988, abgedr. in: ERNEUERUNG IN KIRCHE UND GESELLSCHAFT, III/1988, S.35f (= dass. in: HELLMUND, Dietrich/ Hg.: Die Geistliche Gemeinde-erneuerung /GGE in der evangelischen Kirche. Erarb. im "Ausschuß für Weltanschauungsfragen" der Kirchenleitung der Nordelbischen Ev.-Luth. Kirche, Hamburg 1989, S.37-39

EVANGELIUM UND GEIST. Eine gemeinsame Erklärung, in: ORIENTIERUNGEN UND BERICHTE der EZW, Nr.9, IV/80, S.3-14 (GOSPEL AND SPIRIT. A joint statement prepared and agreed by a group nominated by the Fountain Trust and the Church of England Evanglical Council, Abingdon 1977; = dass., in: EVANGELICAL REVIEW OF THEOLOGY, Issue No.1/Oct.1977, S.125-138)

FORD, Leighton: Stellungnahme zur charismatischen Frage am 14. Juli 1989, in: EVANGELISATION MIT LEIDENSCHAFT, S.311-313 (vgl. auch IDEA, Nr. 65/89 vom 17.Juli, S.3f)

GASSMANN, Günther/ MEYER, Harding/ ANSONS, Gunnar J. (Hg.): Neue transkonfessionelle Bewegungen. Dokumente aus der aktionszentrierten und der charismatischen Bewegung, Ökumenische Dokumentationen III, Frankfurt/M. 1976

GRIFFITH, Michael: Mit anderen Zungen. Zur Diskussion über die Frage der Geistesgaben, Gießen/ Basel o.J. [1968/69?]

GRIFFITH, M.: Die Kraft des Heiligen Geistes, in: PADILLA, René / Hg.: ZUKUNFTSPERSPEKTIVEN. Evangelikale nehmen Stellung: Christen aus allen Kontinenten entfalten die umfassende Sendung der christlichen Gemeinde anhand der Lausanner Verpflichtung, Wuppertal 1977, S.223-238

HEILIGER GEIST UND GABEN. Ergebnisbericht theologischer Gespräche, in: IDEA- Dokumentation 1/92: PIETISTEN, CHARISMATIKER, PFINGSTLER, S.38-42

HILLE, Rolf: Was die Evangelikalen eint: Evangelisation, in: IDEA, Nr.68/89, S.III-V

HOERSCHELMANN, Werner: Kann die Charismatische Bewegung Teil unserer Volkskirche sein?, in: DOKUMENTE ZUR CHARISMATISCHEN BEWEGUNG, ORIENTIERUNGEN UND BERICHTE, Nr.14, VI/87, S.38-44

IM GESPRÄCH, in: Lausanner Informationen, Nr.2/89, S.1-3

KUEN, Alfred: Die charismatische Bewegung. Versuch einer Beurteilung, Wuppertal 1976

KUEN, Alfred: Der Heilige Geist. Biblische Lehre und menschliche Erfahrung, Wuppertal 1987[2]

KÜLLING, Samuel: Wenn jemand hinwegnimmt..., in: ders.: Wenn jemand hinwegnimmt... Geistesgaben heute, Riehen-CH 1988, S.9-19

KÜLLING, S.: Was beweisen die Kirchenväter?, in: ders.: Wenn jemand hinwegnimmt..., S.61-63

LECHLER, Alfred: Zum Kampf gegen die Pfingstbewegung, Witten 1964

LECHLER, Alfred: Die Prüfung der Geister, Witten 1960

MARQUARDT, Horst: Das Gemeinsame erkennen. Zum Miteinander von Pietisten und Charismatikern, in: IDEA-Spektrum, Nr.18/92, S.22 (= dass.: in: ANTENNE. Programmzeitschrift des Evangeliums-Rund- funks Wetzlar, September 1992, S.38)

PACKER, James I.: Auf den Spuren des Heiligen Geistes. Im Spannungsfeld zwischen Orthodoxie und Charismatik, Gießen/ Basel 1989 (amerik. Orig.: Keep in Step with the Spirit, Old Tappan/NJ 1984)

PACKER, J.I.: Das Werk des Heiligen Geistes - Überwindung und Bekehrung, in: MARQUARDT, H./ PARZANY, U./ Hg.: Evangelisation mit Leidenschaft, S.180-188

REIMER, Hans-Diether: AGGA - ein Programm und ein Netzwerk, in: EZW-Materialdienst, 2/88, S.54-59

REIMER, H.-D.: Neue Frömmigkeit in den Kirchen und ihr Verhältnis zur New Age-Bewegung, in: HEMMINGER, Hansjörg/ Hg.: Die Rückkehr der Zauberer. New Age - Eine Kritik, Reinbek bei Hamburg 1987, S.223-256

REIMER, H.-D.: "Pfingstliche" Erweckung in Deutschland. Erwägungen zu einem unbewältigten Problem, in: ORIENTIERUNGEN UND BERICHTE der EZW, Nr.9, IV/80, S.15-21 (= dass.: in: MATERIALDIENST der EZW, Nr.2/1980, S.36-45)

REIMER, H.-D.: Unterscheidung, in: MATERIALDIENST DER EZW, Heft 5, 23.Jg.(1990), S.113-127

REIMER, H.-D.: Wenn der Geist in der Kirche wirken will. Ein Vierteljahrhundert charismatische Bewegung, Stuttgart 1987

REIMER, H.-D./ EGGENBERGER, Oswald: ...neben den Kirchen, Gemeinschaften, die ihren Glauben auf besondere Weise leben wollen, Bibel-Kirche-Gemeinde Bd.12, Konstanz 1979, S.124-175

SORG, Theo: "CHARISMATISCHE GRUPPEN" IN UNSERER KIRCHE. Ein Wort zum Pfingstfest 1990, in: Theologische Beiträge, 21.Jg.(1990), S.159-166 (= dass. in: Evangelisches Gemeindeblatt für Württemberg, 85.Jg./Nr.22, 3.Juni 1990, S.10-13)

STELLUNGNAHME DER BISCHOFSKONERENZ, in: MOHAUPT, Lutz (Hg.): MODELLE GELEBTEN GLAUBENS. Gespräche der Lutherischen Bischofskonferenz über Kommunitäten und charismatische Bewegungen, Zur Sache Heft 10, Hamburg 1976, S.142-144

STOTT, John R.W.: Ich glaube an den Heiligen Geist. Geistestaufe-Geistesgaben-Geistesfülle, Neukirchen- Vluyn 1986 (engl. Orig.: Baptism and Fullness. The work of the Holy Spirit today, Leicester 1964).

TESCHNER, Klaus: Bericht über Schwerpunkte, Schwachpunkte und Zielpunkte des 2. Kongresses für Welt-Evangelisation, IDEA-Dokumentation, Nr.22/89, S.2-21 (= dass. in: MARQUARDT H./ PARZANY, U./ Hg.: EVANGELISATION MIT LEIDENSCHAFT, S.11-34)

TOZER, Aiden Wilson: How to try the Spirits, in: Man the dwelling place of God, Harrisburgh 1966, S.119-132

WERNER, Roland: Einführung, in: EVANGELISATION MIT LEIDENSCHAFT, S.176-182

Literatur: C.3.3 "Die größte Erweckungsbewegung aller Zeiten!"

ASCHOFF, Friedrich: Die Gabe der Unterscheidung der Geister, in: GEMEINDE-ERNEUERUNG, Nr.33 (September/Oktober 1989), S.8-11
ASCHOFF, Friedrich u.a.: Prophetie, Werkstattheft, Hamburg 1992
BITTLINGER, Arnold: Charisma und Amt, Calwer Hefte 85, Stuttgart 1967
BITTLINGER, A.: Gemeinde ist anders. Verwirklichung neutestamentlicher Gemeindeordnung innerhalb der Volkskirche, Calwer Hefte 79, Stuttgart 1966
BITTLINGER, A.: Im Kraftfeld des Heiligen Geistes, Marburg 1976[5]
CHRISTENSON, Larry: Komm Heiliger Geist. Informationen, Leitlinien, Perspektiven zur Geistlichen Gemeindeerneuerung, Metzingen/ Neukirchen-Vluyn 1989 (amerikan. Original: CHRISTENSON, Larry /Hg.: Welcome Holy Spirit. A Study of Charismatic Renewal in the Church, Minneapolis 1987)
GEE, Donald: Über die geistlichen Gaben. Eine Reihe von Bibelstudien, 3.verb. und erw. Aufl. nach der Übers. von STEINER, Leonhard bearb. von MEIER, Johann Justus, Vaihingen/Enz o.J. /1951
GEISTLICHES RICHTIG BEURTEILEN. Zehn Thesen der Jesus-Bruderschaft zu aktuellen Problemen (Zum gespannten Verhältnis von Pietisten und Charismatikern), in: IDEA-Spektrum, Nr.22(1992), S.18f
GRUDEM, Wayne A.: Prophetie und Pastor als Team, in: GEMEINDE-ERNEUERUNG, Nr.39, S.14-21
GRUDEM, W.A.: The Gift of Prophecy in the New Testament and Today, Eastbourne-GB 1990[2]
HAGIN, Kenneth E.: Der Heilige Geist und seine Gaben. Ein Studienkurs, Feldkirchen/ München 1987[2]
HORTON, Harold: Die Gaben des Geistes, Erzhausen 1968
HOUSTON, Graham: Prophecy Now, Leicester-GB 1989
JENSEN, Oddvar Johan: Die charismatischen Erneuerungsbewegungen. Ihre Ziele und unsere Beurteilung aus norwegischer Sicht, in: DER HEILIGE GEIST IM VERSTÄNDNIS LUTHERS UND DER LUTHERISCHEN THEOLOGIE, Veröffentlichungen der Luther-Akademie Ratzeburg Bd.17, Erlangen 1990, S.105-118 (kritisch gegenüber der CB/CE)
KALDEWEY, Jens: Bemerkungen zum Umgang mit Geistesgaben und "pfingstlichen Strömungen", in: FUNDAMENTUM 2(1982), S.58-78
KELSEY, Morton: Discernment. A Study in Ecstasy and Evil, New York/ Ramsay/ Toronto 1978
KOPFERMANN, Wolfram: Die Geister unterscheiden. Systematische und pastorale Erwägungen aus evangelischer Sicht, in: ERNEUERUNG IN KIRCHE UND GESELLSCHAFT, Heft 21/4(1984), S.19-24
KOPFERMANN, W.: Ein langlebiger Dämon. Zur jüngsten Kritik an der Charismatischen Gemeinde-Erneuerung, in: RUNDBRIEF der CHARISMATISCHEN GEMEINDE-ERNEUERUNG, Nr.15, Juni 1983, S.3-7 (= dass. in: IDEA-Dokumentation, Nr.23/1983, S.13-17)
KRAFT, Charles H.: Abschied vom aufgeklärten Christentum. Von der Natürlichkeit des Übernatürlichen, Lörrach 1991
LINDBERG, Carter: Charismatische Erneuerungsbewegungen und lutherische Tradition, Lutherischer Weltbund Report Nr.21, Stuttgart 1985 (kritisch gegenüber der CB/CE)
LINDBERG, C.: The Third Reformation. Charismatic Movements and the Lutheran Tradition, Macon/ Georgia 1983 (kritisch gegenüber der CB/CE)
McBAIN, Douglas: Eyes That See. The Spiritual Gift of Discernment, Basingstoke/Hants-GB 1986
MÜHLEN, Heribert (Hg.): Einübung in die christliche Grunderfahrung. Erster Teil: Lehre und Zuspruch, Topos TB 40, Mainz 1978[5]
SMEDES, Lewis B./Hg.:: Ministry and the Miraculous. A case study at Fuller Theological Seminary, Pasadena 1987
THEOLOGISCHE LEITLINIEN der Charismatischen Gemeinde-Erneuerung in der Evangelischen Kirche - 1976, in: NEUE TRANSKONFESSIONELLE BEWEGUNGEN, S.184-186
TOASPERN, Paul: In der Schule des Heiligen Geistes. Biblische Aussagen - heutige Erfahrung, Metzingen 1994
TOASPERN, P.:Leben in den Gaben des Geistes - Geschenk und Aufgabe. Biblische Aussagen und Gegenwartserfahrungen, in: FUNDAMENTUM. Zeitschrift der Freien Evangelisch-Theologischen Akademie Basel (FETA), Heft 2(1982), S.31-50
TOASPERN, P.: Was ist die "geistliche Gemeindeerneuerung"? Innerkirchliches Rundschreiben, Berlin Sept.1981, S.4-9 (=dass.: in: IDEA-Dokumentation 26/82, S.10-14)
TOASPERN, P.: Leben im Heiligen Geist und in den Gnadengaben. Wie Gott uns beschenkt und worauf wir besonders achten müssen, Innerkirchliches Rundschreiben, Berlin 11.8.1978
TOASPERN, P.: Unterscheidung der Geister. Leben im Heiligen Geist und in den Gaben - eine Arbeitshilfe zur Gewinnung von Maßstäben, Innerkirchliches Rundschreiben, Berlin Ostern 1982
TOASPERN, P.: Wesen und Geschehen der Prophetie. Aussagen und Fragen des prophetischen Wirkens im Neuen Testament und in der Gegenwart, Vortrag 26.Juli 1986 in Birmingham, Innerkirchliches Rundschreiben, Berlin 1987, S.18-21
ULONSKA, Reinhold: Geistesgaben in Lehre und Praxis. Der Umgang mit den Charismen des Heiligen Geistes, Erzhausen 1985[2]

DIE UNTERSCHEIDUNG DER GEISTER. Die Charismatiker benennen ihre Kriterien, in: IDEA-Dokumentation, Nr.1/93, S.49f

WILLIAMS, Rodman J.: Renewal Theology: Salvation, the Holy Spirit and Christian Living, Grand Rapids/Mich. 1990

ZOPFI, Jakob: ...auf alles Fleisch. Geschichte und Auftrag der Pfingstbewegung, CH- Kreuzlingen 1985

ZOPFI, J.: Schwarmgeist?, CH-Baden 1976

Literatur:: *D.1 Systematisch-pastorale Aspekte*

ASCHOFF, Udo: Offener Brief an die Kirche. Neue Gemeindeformen innerhalb der Volkskirche sind überfällig, in: DAS MISSIONARISCHE WORT 1/1992, S.43f (= in: GEMEINDE–ERNEUE-RUNG. Zeitschrift der GGE in der ev. Kirche, Nr.40, 2/1991, S.4f)

BLUNCK, Jürgen: Gemeinde als Missionsstation, in: DAS MISSIONARISCHE WORT, 1/1992, S.40-42

BRANDT, Edwin: Das allgemeine Priestertum im Leben der Baptistengemeinden, in: UNA SANCTA 44(1989), S.91-96

BRUNNER, Emil: Das Mißverständnis der Kirche, Stuttgart 1951

BRUNNER, Peter: Das Amt und die Ämter. Über den Auftrag der Kirche nach den lutherischen Bekenntnisschriften, in: EK 10/1977/2, S.84-88

BRUNNER, P.: Der Geist und die Kirche. 45 Thesen zur 107.Flensburger Lutherischen Konferenz 12. April 1955, in: Pro Ecclesia Bd.1, S.220-224

BRUNNER, P.: Das Hirtenamt und die Frau, in: Pro Ecclesia Bd.1, S.310-338

BRUNNER, P.: Zur Lehre vom Gottesdienst der im Namen Jesu versammelten Gemeinde, in: LEITURGIA. Handbuch des Evangelischen Gottesdienstes, hg. von MÜLLER, K.F. und BLANKENBURG, W., Bd.1, Kassel 1954, S.84-361

BRUNNER, P.: Pro Ecclesia. Gesammelte Aufsätze zur dogmatischen Theologie, Bd.1, Berlin/ Hamburg 1962[2]

DUNN, James D.G.: Baptism in the Holy Spirit. A Re-Examination of the New Testament Teaching on the Gift of the Spirit in relation to Pentecostalism today, Studies in Biblical Theology 2/15, London 1970

DUNN, J.D.G.: Ministry and the Ministry: The Charismatic Renewal's Challenge to Traditional Ecclesiology, in: ROBECK, Cecil M.jr. (ed.): Charismatic Experiences in History, Peabody/Mass.1985, S.81-101

DURNBAUGH, Donald F.: Art. "Kirche, 3.6. Freikirchliche Ekklesiologie", in: EKL[3], Bd.2, S.1082-1085

EICKHOFF, Klaus: Gemeinde entwickeln. Für die Volkskirche der Zukunft. Anregungen zur Praxis, Göttingen 1992

EICKHOFF, Kl.: Hauskirchen in der Volkskirche, in: GEMEINDEWACHSTUM, Nr.46/ Heft 2 (1992), S.30f

FAGERBERG, Holsten: Art. "Amt/ Ämter/ Amtsverständnis, VI.Reformationszeit, in: TRE, Bd.2, S.552-574

FAGERBERG, H.: Art. "Amt/ Ämter/ Amtsverständnis, VII.Von ca.1600 bis zur Mitte des 19.Jahrhunderts", in: TRE, Bd.2, S.574-593

GRÜNBERG, Wolfgang/ ALBRECHT, Horst: Art. "Gemeinde, 2.Praktisch-theologisch", in: EKL[3], Bd.2, S.48-55

HÄRLE, Wilfried: Art. "Kirche, VII.Dogmatisch", in: TRE, Bd.18, S.277-317

HARPER, George W.: Renewal and Casuality: Some Thoughts on a Conceptual Framework for a Charismatic Theology, in: JES 24/1(Winter 1987), S.93-103

HARRISVILLE, Roy A.: Speaking in Tongues - Proof of Transcendence?, in: DIALOG. A Journal of Theology, Vol.13 (Winter 1973), S.11-18

HAUSCHILD, Wolf-Dieter: Art. "Geist/ Heiliger Geist/ Geistesgaben, IV.Dogmengeschichtlich", in: TRE, Bd.12, S.196-217

HEMPELMANN, Reinhard: Charismatische Bewegung und neue Gemeindegründungen, in: MATERIALDIENST DER EZW, 56.Jg/1993, S.129-137

HEMPELMANN, R.: Gemeinde gründen in der Volkskirche, in: MATERIALDIENST DER EZW, 56.Jg./93, S.23-27

HEMPELMANN, R.: Neue Gemeindegründungen und Kirche. Bericht über eine Tagung in Schloß Craheim und Anmerkungen zu einem Thema, in: MATERIALDIENST DER EZW, 55.Jg./92, S.240-244

HERBST, Michael: Missionarischer Gemeindeaufbau in der Volkskirche, Stuttgart 1987

HERBST, Michael: Missionarischer Gemeindeaufbau in der Praxis, in: DAS MISSIONARISCHE WORT 6(1990), S.216-221

HERMISSON, Hans-Jürgen/ LOHSE, Eduard: Glauben, Kohlhammer TB 1005, Stuttgart/ Berlin/ Köln/ Mainz 1978

HIEBERT, Paul G.: Discerning the Work of God, in: ROBECK, Cecil M.jr. (Hg.): Charismatic Experiences in History, Peabody/ Mass. 1985, S.147-163

KÄGI, Hansjörg: Der Heilige Geist in charismatischer Erfahrung und theologischer Reflexion, Zürich 1989/ Zugl. Basel, Univ.Diss.1987

KNOBLAUCH, Jörg/ EICKHOFF, Klaus/ ASCHOFF, Friedrich (Hg.): Gemeinde gründen in der Volkskirche - Modelle der Hoffnung, Moers 1992

KÖBERLE, Adolf: Rechtfertigung und Heiligung. Eine biblische, theologiegeschichtliche und systematische Untersuchung, Leipzig 1930[3]

KÖBERLE, A.: Die Seele des Christentums. Beiträge zum Verständnis des Christusglaubens und der Christusnachfolge in der Gegenwart, Berlin 1932

KRAUSE, Burghard: Verheißungsorientierter Gemeindeaufbau in der Volkskirche. Eine Skizze, in: DAS MISSIONARISCHE WORT, 6/1990, S.207-212

KRECK, Walter: Grundfragen der Ekklesiologie, München 1981

KÜHN, Ulrich: Art. "Kirche, 3.4. Lutherische Ekklesiologie", in: EKL[3], Bd.2, S.1075-1079

KÜHN, U.: Art. "Kirchliche Ämter", in: EKL[3], Bd.2, S.1217-1224

LOCHMANN, Jan Milic: Art. "Heilsgewißheit", in: EKL[3], Bd.2, S.468f

LÖSER, W.: Art."Amt III, geistliches, kirchliches: Kath.Sicht", in: ÖL[2], S.55-57

MARTIN, Gerhard Marcel: Art. "Gottesdienst, 7.Praktisch- theologisch", in: EKL[3], Bd.2, S.282-284

METZGER, Wolfgang: Die Pfingstbewegung als Frage an die Kirche. Zur Lehre vom Heiligen Geist, in: FuH 15/1964, S.46-90

MIRO, Ralf: Der Abendgottesdienst, in: GEMEINDEWACHSTUM, Nr.28/ Heft 1(1987), S.24

MÖLLER, Christian: Art. "Gemeinde, I.Christliche Gemeinde", in: TRE, Bd.12, S.316-335

MÖLLER, Chr.: Art. "Gemeindeaufbau, 1.Volkskirche", in: EKL[3], Bd.2, S.64f

NIESEL, Wilhelm: Die Theologie Calvins, München 1957[2], S.172-182

PARKER, G.Keith: Art. "Hauskirche/ Hauskreise", in: EKL[3], Bd.2, S.391f

PAWSON, David: Wiedergeburt. Start in ein gesundes Leben als Christ, Mainz-Kastel 1991

PETERS, Albrecht: Der dritte Glaubensartikel. Vorlesungsmanuskript WS 1977/78,

PETERS, Albrecht/ PESCH, Otto Hermann: Einführung in die Lehre von Gnade und Rechtfertigung, Darmstadt 1981, S.163-166

PETERS, A.: Grundzüge biblisch reformatorischer Ethik, in: "In Christus". Beiträge zum Ökumenischen Gespräch, hg. von ZIEGLER, Josef Georg, Moraltheologische Studien - Systematische Abteilung Bd.14, St.Ottilien 1988, S.117-148

PÖHLMANN, Horst Georg: Abriß der Dogmatik, Gütersloh 1980[3]

RATSCHOW, Carl Heinz: Art. "Amt/ Ämter/ Amtsverständnis, VIII.Systematisch-theologisch", in: TRE, Bd.2, S.593-622

REBELL, Walter: Alles ist möglich dem, der glaubt. Glaubensvollmacht im frühen Christentum, München 1989

REIMER, Ingrid: Neue Gemeindebildungen, in: MATERIALDIENST DER EZW, 54.Jg./91, S.245-252

RITSCHL, Dietrich: Art. "Gemeinde, 4.Systematisch-theologisch", in: EKL[3], Bd.2, S.57-62

RITTER, Adolf-Martin: Art. "Kirche, 2.2. Kirchenbilder und -theorien in der Christentumsgeschichte", in: EKL[3], Bd.2, S.1058-1066

SACKMANN, Dieter: Art. "Gemeindeaufbau, 2.Freikirchen", in: EKL[3], Bd.2, S.66f

SCHAIBLE, Günther: Christliche Lebens-Gemeinschaften aufbauen, Neukirchen-Vluyn 1992

SCHINDLER, Alfred: Charis oder Charisma? Zur Entstehung einer bedenklichen theologischen Alternative in der Alten Kirche, in: EvTh 41/1981), S.235-243

SCHLINK, Edmund: Theologie der lutherischen Bekenntnisschriften, Berlin 1954 (= Lizenzausgabe der 3.Aufl. München 1948)

SCHMIDT-LAUBER, Hans-Christoph: Art. "Gottesdienst, 2.Westliche Tradition", in: EKL[3], Bd.2, S.263-270

SCHOTT, E.: Art. "Amt, III.Dogmengeschichtlich und dogmatisch", in: RGG[3], Bd.1, S.337-341

SCHWARZ, Christian A.: Der Gemeinde-Test. Kybernetisch Gemeinde bauen, Mainz-Kastel 1991

SORG, Theo: Evangelisierung als gemeinsame Aufgabe der Kirchen in Europa, in: ThBeitr 23/1992, S.337-340

SORG, Th.: Wie wird die Kirche neu? Ermutigung zur missionarischen Gemeinde, Wuppertal 1979[2], S.61-84

STEFFEN, Reinhard: Richtungsgemeinden. Hat ein altes Modell Zukunft?, in: GEMEINDE-ERNEUERUNG, Nr.44, 2/1992, S.12-16

VISCHER, G.: Art. "Amt I, geistliches, kirchliches: Ök.Diskussion", in: ÖL[2], S.50-54

VISCHER, G.: Art. "Amt II, geistliches, kirchliches: Evang.Sicht", in: ÖL[2], S.54f.

VOLF, Miroslav: Kirche als Gemeinschaft. Ekklesiologische Überlegungen aus freikirchlicher Perspektive, in: EvTh 49(1989), S.52-76

VOSS, Klaus Peter: Der Gedanke des allgemeinen Priester- und Prophetentums. Seine gemeindetheologische Aktualisierung in der Reformationszeit, Wuppertal/ Zürich 1990 (Zugl.: Göttingen, Univ. Diss., 1987/88)

WEBER, Hans-Ruedi: Gaben und Dienst der Laien, in: GELEBTE EINHEIT. Ökumenischer Dialog, FS für W.A. VISSER'T HOOFT, hg. von Robert C. MACKIE und Charles C.WEST, Stuttgart 1965

WEBER, Hans-Ruedi: Art. "Gemeindeaufbau, 3.Kirchen in der dritten Welt", in: EKL[3], Bd.2, S.67-69

WIELAND, Walter: Ein "Zweiter Programm" für die Landeskirche, in: GEMEINDE- ERNEUERUNG, Nr.40, 2/1991, S.6-8

WÖLBER, Hans-Otto: Spiritualität - Das Gebet des Gerechtfertigten, in: MOHAUPT, L./ Hg.: MODELLE
GELEBTEN GLAUBENS, Hamburg 1976, S.55-77
Literatur: *D.2 G. Tersteegen*

ANDEL, Cornelis Pieter van: Gerhard Tersteegen - Leben und Werk. Sein Platz in der Kirchengeschichte,
Neukirchen-Vluyn 1973
ANDEL, C.P. van: Gerhard Tersteegen, in: GRESCHAT, Martin (Hg.): Orthodoxie und Pietismus, S.347-372
AUGÉ, Fr.: Acht Briefe Ernst Christoph Hochmanns von Hochenau, in: Monatshefte für Rheinische
Kirchengeschichte, 19/1925, S.133-154
DEICHGRÄBER, Reinhard: Gott ist genug. Liedmeditationen nach Gerhard Tersteegen, Göttingen/
Regensburg 1975
ENSIGN, Chauncey David: Radical German Pietism, Diss. phil. Boston 1955, S.357-378
GOEBEL, Max: Hochmann und Tersteegen über außerordentliche Bewegungen und Offenbarungen, in:
Monatsschrift für die evangelische Kirche der Rheinprovinz und Westphalens, 1853, S.88-96
HALKENHÄUSER, Johannes: Kirche und Kommunität. Ein Beitrag zur Geschichte und zum Auftrag
der kommunitären Bewegung in den Kirchen der Reformation, KKTS 42, Paderborn 1985[2]
HOFFMANN, Dieter: Der Weg der Reife. Eine religionspsychologische Untersuchung der religiösen
Entwicklung Gerhard Tersteegens, Studia Psychologiae Religionum Lundensia 3, Lund 1982
JOHANNES VOM KREUZ: Empor den Karmelberg, übertr. von Oda Schneider, = Lectio spiritualis 7:
Johannes vom Kreuz. Sämtliche Werke, Bd.1, Einsiedeln 1977[2]
KARRER, Otto: Art. "Johannes vom Kreuz", in: RGG[3], Bd.3, S.816f
LUDEWIG, Hansgünter: Gebet und Gotteserfahrung bei Gerhard Tersteegen, AGP 24, Göttingen 1986
MESTERS, Gundolf: Art. "Johannes vom Kreuz", in: LThK[2], Bd.5, S.1052-1054
NIGG, Walter: Große Heilige, Zürich 1955[5], S.356-409
NIGG, W.: Vom Geheimnis der Mönche, Zürich/ Stuttgart 1953
RICHES, John: Art. "Heiligung", in: TRE, Bd.14, S.718-737
RITSCHL, Albrecht: Geschichte des Pietismus, Bd.1: Der Pietismus in der reformierten Kirche, Bonn 1880,
S.455-494
RUHBACH, Gerhard: Art. "Johannes vom Kreuz, 1542-1591", in: TRE, Bd.17, S.134-140
SCHMIDT, Martin: Art. "Tersteegen, Gerhard (Gerrit)", in: RGG[3,] Bd.6, S.697f
SIMONS, Eduard: Art. "Tersteegen, Gerhard, gest.1769", in: RE[3], Bd.19(1907), S.530-537
TERSTEEGEN, Gerhard: Gerhard Tersteegens Geistliches Blumengärtlein inniger Seelen mit der Frommen
Lotterie und einem kurzen Lebenslauf des Verfassers, Neue Ausg./2.Aufl.der Neuen Ausg.,
Stuttgart 1969[16] (= BLUMENGÄRTLEIN)
TERSTEEGEN, G.: KLEINE PERLENSCHNUR für die Kleinen nur; hie und da zerstreut gefunden, jetzt
beisammen hier gebunden, Mülheim a.d.Ruhr 1882[5]
TERSTEEGEN, G.: KURZE ABHANDLUNG VON DEM WESEN UND NUTZEN DER WAHREN
GOTTSELIGKEIT, in: WEG DER WAHRHEIT, S.121-148
TERSTEEGEN, G.: KURZER BERICHT VON DER MYSTIK, in: ders.: WEG DER WAHRHEIT,
S.269-279
TERSTEEGEN, G.: Rede über Apg 2,1-4 gehalten am 2.Pfingsttag, dem 11.6.1753; Rede über Eph 4,30
gehalten am 3.Pfingsttag, dem 12.6.1753, in: TERSTEEGEN, Gerhard: Bd.I, GEISTLICHE
REDEN, hg.v. LÖSCHHORN, A./ ZELLER, W., TGP Abt.V/Bd.1, Göttingen 1979, S.28-54.55-76
TERSTEEGEN, G.: WARNUNGSSCHREIBEN WIDER DIE LEICHTSINNIGKEIT; worin die notwendige
Verbindung der Heiligung mit der Rechtfertigung, wie auch was gesetzlich und was evangelisch ist,
kürzlich angezeiget wird, in: WEG DER WAHRHEIT, S.163-227
TERSTEEGEN, G.: WEG DER WAHRHEIT, die da ist nach Gottseligkeit; bestehend aus zwölf bei
verschiedenen Gelegenheiten aufgesetzten Stücken und Traktädlein nebst zwei Zugaben, nach der
letzten vom Verfasser besorgten 4.Aufl., Nachdruck Stuttgart 1968 (= WEG DER WAHRHEIT)
VAN GEMERT, Guillleaume: Teresa de Avila und Juan de la Cruz im deutschen Sprachgebiet. Zur Ver-
breitung ihrer Schriften im 17. und 18. Jahrhundert, in: BREUER, Dieter (Hg.): FRÖMMIGKEIT IN
DER FRÜHEN NEUZEIT. Studien zur religiösen Literatur des 17.Jahrhunderts in Deutschland,
(CHLOE. Beihefte zu DAPHNIS, Bd.2), Amsterdam 1984, S.77-107
WALLMANN, Johannes: Pietismus, KIG Bd.4/Lfg. O 1, Göttingen 1990
WEIGELT, Horst: Ein unbekannter Brief G.Tersteegens. Ein Beitrag zu Tersteegens Beziehungen nach
Pennsylvania, MEKGR 23/1974, S.50-55
WINTER, Friedrich: Die Frömmigkeit G. Tersteegens in ihrem Verhältnis zur französisch-quietistischen
Mystik, in: Theol. Arbeiten aus dem wiss. Predigerverein der Rheinprovinz, 23.Heft, 1927, S.1-165
WOLFF, Gottfried: Solus Christus. Wurzeln der Christusmystik bei Gerhard Tersteegen, Gießen/ Basel 1989
ZELLER, Winfried: Die Bibel als Quelle der Frömmigkeit bei Gerhard Tersteegen, in: PIETISMUS
UND BIBEL, hg. von ALAND, Kurt, AGP 9, Witten 1970, S.170-192
ZELLER, W.: Art. "Tersteegen, Gerhard", in: EKL[2], Bd.3(1959), S.1332f

Bibelstellenregister

Sachregister